U0906740

中华制漆 CHINAPAINT

世纪品牌 漆业骄子

首都国际机场

香港亚视大楼

中华制漆(1946)有限公司1932年诞生于香港，1946年重组，1991年5月在香港联合交易所上市，同年成立中华制漆(深圳)有限公司。在70余年的历程中，中华制漆孜孜不倦追求品质、技术进步、奉献环保事业，达致与时代环境之高度融洽。

经过半个多世纪的精心锻造，成就了饮誉制漆业的四大知名品牌：长颈鹿牌、菊花牌、玩具牌、丹尼斯牌。其中长颈鹿牌涵盖了木器家具业、汽车维修业、电子产品及电器用品制造业等行业，产品多达数十种；菊花牌乳胶漆2001年跻身香港十大名牌之列，并于同年被中国环境标志产品认证委员会授予权威认证十环证书。

中华制漆的产品皆以选料精良，配方环保科学，生产工艺先进而卓尔不群！

地址：深圳市宝安区沙井镇环镇路衙边工业区
邮编：518104
电话：0755-27722788
传真：0755-27201228
http://www.chinapaint.com
E-mail:markting.cn@chinapaint.com

北京富麗裝飾裝璜工程有限公司

中国银行总行大楼　行史陈列馆

国贸大厦2座

公司简介

本公司一直坚信公司的完好形象是一个企业走向成功的必须条件。更重要的是，要把公司办好，必须以客户为先，得到客户的一致认同。富丽公司，作为一家专业的室内设计及工程公司，我们有足够的信心使我们的客户在公司形象及业务上得到更佳的表现。

以公司过去十几年在北京、上海等地的工作经验，我们在同行业里面证明了我们的专业性及能力。为客户提供节约地盘费用、合理设计、优质及耐用工程。另一方面，为了满足客户的专业要求，我们会以顾问身份时刻在客户身旁排忧解难。

中粮广场A座　中粮集团会议室

付

西安大彩设计工程有限责任公司

西安大彩设计工程有限责任公司是集工程设计、施工、木业家具生产、装饰材料销售、消防工程设计施工为一体的综合性建筑装饰企业，施工资质为二级、设计甲级，消防施工二级，装饰装修设计、施工资质均为国家贸易委甲级企业，系中国建筑装饰协会会员单位，中国室内装饰协会会员单位，陕西省建筑装饰协会常务理事单位，陕西省室内装饰协会常务理事单位。

公司注册资金壹仟万元人民币，现有员工81人，其中高中级职称技术管理人员41人。2001年初，公司通过ISO9001国际质量体系认证。2002年，公司荣获由建设部、中国建筑装饰协会颁发的全国住宅装饰行业质量服务诚信企业称号。同年，在2002年度陕西重点行业市场调研活动中，公司荣获陕西装饰装修行业消费者关注十大品牌荣誉称号。

公司注重人才，坚持以设计为龙头带动工程管理、工程施工、配套木业家具、室内装饰品等全面发展。大彩设计率先在国内倡导“健康设计的理念”，而活跃在行业理论的舞台上，倍受瞩目。近年来，大彩公司设计的多项工程在国家级大赛中得奖，曾荣获首届“爱家杯”中国室内设计大奖赛二等奖；1998年荣获由轻工部、中国室内装饰协会联合举办的第二届全国室内设计大展金奖；2000年度设计师余平荣获建设部、中央电视台“2000生活居室设计大赛”十佳优胜奖，其获奖作品在中央电视台展播；2001年，首届全国居室设计大赛中获得一项银奖；同年，在我省举办的首届西部室内设计大赛中荣获一项金奖、六项银奖、五项优秀奖。

办公区及走廊

公司施工程序按照ISO9001质量体系的要求严格管理，历年所承做的达乐尔曼大厦、富平陶艺村、金翅鸟娱乐城、申银万国证券西安营业部、银川宾馆、兰州人大宾馆、西安建筑科技大学粉体研究所、天津巴蜀人家餐饮中心、西安格兰德餐饮娱乐广场、亚洲国际证券、纽华金商务会所、朱雀国际商务会所、西安电子科技大学主教学楼、银桥集团办公环境、康复路嘉和服装广场、文艺南路布匹批发市场等装饰工程获得社会评，多项被 评为省市优良工程。公司荣获西市装饰行业十佳优秀企业及陕西省十大装饰企称号，全国装饰行业信得过企业。

科学的管理，优秀的设计，先进的设备，良的施工，完善的服务，赢得社会各界普遍赞公司被国内四所大专院校确定为环境艺术专业科生、研究生实习基地。

“脚踏实地，天天进取”是大彩人的精神照，“不慕尽善尽美，但求至纯至真”是大彩人不懈追求。

网管

公司地址：西安市雁塔中路19号4层
邮政编码：710054
电话传真：(029)　　5512704
E-mail：dchwa958@pub.xa oline.sn.cr

酒店大堂

湖北鼎元建筑装饰工程有限公司

董事长、总经理　程新明

湖北鼎元建筑装饰工程有限公司是经建设部审定的建筑幕墙工程和建筑装饰工程专业设计甲级资质企业，建筑幕墙工程，建筑装修装饰工程和金属门窗工程专业承包壹级资质企业，也是建设部国家质量技术监督局审定的隐框幕墙、铝合金门窗全国工业产品生产许可单位。同时还是中国建筑装饰协会常务理事单位、中国建筑金属协会会员、湖北省建筑装饰协会副会长单位，“执行新标准、承诺环保健康装饰”的《北京宣言》发起单位之一，已通过ISO9001国际质量标准体系认证，企业资信等级为AAA级。

公司现有一支集建筑装饰、幕墙、工艺、结构、环境、规划于一体的多学科、高素质的员工队伍598人，其中一级注册结构师、建筑师、高级工程师、高级会计师、高级经济师、高级工艺美术师、工程师、技术人员共计214 人，并配备了80多台电脑及先进的办公软件，拥有1300多平方米的现代办公场所和4000平方米的加工场地，施工机械设备420台，人均技术装备率达20000元。公司致力于“把建筑融入，以装饰美化生活”的事业目标，设计施工的湖北省委洪山礼堂、湖北省人民政府、华中电力集团科技综合大楼、长江三峡梯级调度中心、三峡展览馆、武商亚贸广场、中南民族大学教学实验综合楼、中科院武汉物理与数学研究所实验大楼，中国科学院武汉分院办公大楼、中国科学院南京地理与湖泊研究所、荆沙市人民银行、湖北省公安厅科技综合楼、十堰供电局高度大楼、中国华融资产管理公司南京办公大楼、山西华北工学院科研楼、湖北日报社、湖北省外文书店等200项工程得到了社会各界的一致好评。其中设计方案在多次国际装饰设计大赛上共获得金牌8枚、银牌5枚、铜牌6枚。湖北省委洪山礼堂、中南民族大学教学实验综合楼、中科院武汉物理与数学研究实验大楼先后获“武汉市建筑工程黄鹤奖”和“湖北省优良样板工程，而且华中电力集团科技综合大楼还荣获2001年度“全国建筑工程装饰奖”，公司连续多年被评为“湖北省建筑装饰信得过企业”、“湖北省安全生产先进单位”、“先进建筑施工企业”和“重合同、守信用”企业。

获得“湖北省十大杰出青年”、“湖北省新长征突击手”等多项殊荣的程新明董事长兼总经理，以“弘扬民族文化，锐志振兴中华”为已任，正率领全体员工发扬“踏实、诚信、进取、创新”的企业精神，本着“以客户为中心，以市场为主导，以设计为根本，以技术为保障，以质量求生存，以信誉求发展”的经营方针，一如既往地以更多的优秀设计和优质工程回馈社会！

企业精神：踏实　诚信　进取　创新

经营理念：优质服务　优质产品

服务优质客户

地　址：湖北省武汉武昌武珞路628号

亚贸广场A座20层

邮　编：430070

电　话：027—87854175

传　真：027—87854193

Http://www.xry—group.com

北京宝贵石艺科技有限公司

北京宝贵石艺科技有限公司是国惟一从事再造石装饰制品科研、设计、制作经营的民办科技企业。2001 年 5 月被北京市科委批准为高新技术企业。再造石装饰制品的制作方法已获国家发明专利，十几年来，公司聘请了高级设计师从事设计工作，先后为北京钓鱼台国宾馆、中国历史博物馆、北京国际会议中心、北京望京小区、北京香山植物园等几百个单位提供再造石装饰制品，取得了良好的社会效益、经济效益和环境效益。有的造石艺术品被中国美术馆和世界银行收藏。雕塑“对话”作为中国美术馆馆藏精品登载在《二十世纪中国美术》一书。再造石装饰制品经济、美观、实用的特点得到了国内外建筑界、艺术界、材料界和商界的关注。再造石装饰制品是用水泥与废石粉混合制成，此项工艺可大量处理工业废料，保护资源环境。2002 年 9 月本公司被北京经济委员会认定为资源综合利用企业；2002年4月再造石装饰制品被中国质量检验协会命名为国家质检合格建材绿色环保产品；2002 年 11 月加入中国知识产权研究会；2002 年 11 月公司总经理张宝贵被授予中国优秀民营科技企业家；2002 年张宝贵被聘为 GRC 协会副理事长。本公司为中国水泥制品协会常务理事单位，每届理事会上除了宣传再造石装饰品的新成果新经验外，也不断吸收新的水泥制品科研信息，以改善不足。再造石制品的发展不是孤立的，科研方向是符合社会发展要求的。再造石装饰制品具有明显的艺术个性，工艺简便，适宜推广，再造石装饰品是以模具成型的具有一定艺术效果的装饰制品。传统的制模工艺一般需要几个程序，再造石装饰品可以一道工序制成阴模，因此可以千变万化发展造型数量，能充分满足投资商和设计单位对造型的需要，并且不受规格、数量的限制，单位报价相对稳定。图案设计可由宝贵石艺公司协助完成，也可接图制作。

自然状态

天津梅江开发区芳水园假山

公司有十几年工作经验的技术工人，泡沫塑料在他们手中可以变成美化各种环境的雕塑，变成很有味道的艺术品。能够满足人们日益提高的装饰需要；再造石装饰制品外观可以实现石材效果，也可以镀铜，并且具有吸引市场的价格优势。本公司在实践中探索“无为而治”的经营理念，被列为清华大学经济管理学院教学案例。艺术的、建材的、建筑的、经济的、哲学的等融合现象引起了各界的关注。中央美院、清华大学、四川大学、中国政法大学等先后邀请讲座，讲艺术、讲经济、讲建筑、讲公关、讲哲学，一种来自生活和实践的体验激发了大学生、研究生的热情。北京电视台“中国之窗”、中央电视台“东方时尚”和“走进幕后”栏目从艺术探索的一种特殊角度先后作了专题报道。

奥林匹克塔

地　址：北京市昌平区振兴路 9 号
电　话：010—89711543　　89703776
传　真：010—89711540
邮　编：102200
http：//www.baogui.net
E—mail：baoguishiyi@263.net

中国装饰有限公司

CHINA NATIONAL DECORATION CO.LTD

公司简介

中国装饰有限公司(原中国装饰(集团)公司)，1984 年经国家经委批准成立，是室内外装饰设计、施工和配套的大型企业。

本公司具有建设部专项工程设计甲级资质、一级建筑装饰装修工程施工资质、甲级室内装饰设计资质和甲级室内装饰施工资质，并荣获ISO9001质量体系认证证书、 ISO14001环境管理体系认证证书、OHSAS18001职业安全健康管理体系认证证书，拥有一批室内外装饰、五金、家具行业的专家和专业技术人员，具备完成高级宾馆、饭店、公寓、商场、酒家、办公室、会议厅及各类大型综合公共建筑室内外装饰工程的能力和家庭装饰装修工作的能力。

和平宾馆

福寿宫酒楼

京昌大厦办公区

范围

承包宾馆饭店 商场等公共场所的室内外装饰工程 厨房工程的设计 施工 配套业务

经营装饰 家具 五金制品行业的原辅材料 化工产品 专用设备和配套件

开发新产品 兴办实业 提供与经营范围有关的技术咨询 信息服务

工程绩

北京友谊宾馆写字楼

国家无线电管理委员会办公楼

田园庄饭店

中国工商银行承德营业楼

苏源锦江大厦

烟台滨海假日大酒店

大同工行营业楼

圆山大酒店

九台山庄别墅

北京工商行中关村支行

白石桥支行

京东方科技开发中心办公楼

包头神华国际大酒店

公司的经营方针是：面向国内外市场，坚持质量第一，安全和环境管理并重，重信誉，守合同，为各界用户提供服务。

地　址：北京市东城区安定门外
地兴居 6 号楼

邮　编：100011

电　话：(010)64260477　　64260295

传　真：(010)64260160

HTTP：//WWW.SINODECOR.COM

E-mail：sinodecor@sina.com

总经理　褚粉生

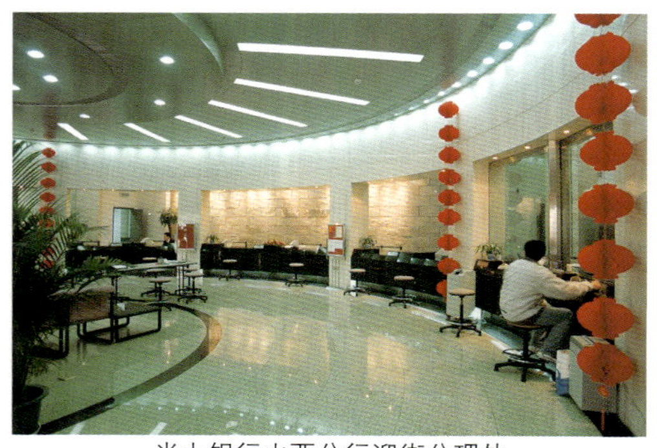

光大银行山西分行迎街分理处

山西三桥宾馆贵宾接待室

山西太原三桥宾馆大堂

山西太原天龙商厦

光大银行太原支行迎泽分理处营业大厅

北京中建华腾装饰工程有限公司

总经理 眭志华

北京中建华腾装饰工程有限公司是原中国建筑一局(集团)第四建筑公司装饰公司经体制改革后的国有企业控股公司，创建于1987年2月，1993年3月独立注册，是一家集建筑装饰装修设计、施工、木制品加工、幕墙工程施工、机电安装为一体的装饰施工企业，具有建筑装修装饰工程专业承包壹级资质、建筑装饰甲级设计资质、房屋建筑工程施工总承包叁级、建筑幕墙工程专业承包叁级和机电设备安装工程专业承包叁级资质。

公司设计所拥有20余位具备较高设计水平及丰富施工经验的设计师，能根据客户要求完成各种类型建筑装饰工程的从方案到施工图设计及设计监控等全方位设计工作。我公司多项工程设计在行业内获奖。

公司1997年3月通过ISO9002质量标准的第三方认证，1998 年11 月通过了ISO9001国际质量标准体系认证，2002年通过2000版换版复评认证，同时又通过ISO14001环境管理体系认证，2002年9月获得了银行AAA资信等级证书。公司内部管理积累了大量丰富的经验，建立了规范化、程序化、标准化的管理体制，能够充分满足用户要求，并向客户提供最完善的用户服务。

由我公司承建的中国工商银行总行营业办公楼、北京国际贸易中心二期装饰工程分别获得了1999年度及2000年度的鲁班奖(参建)；北京新侨饭店、中国科技馆装修工程分别获得国优奖(参建)；北京饭店装饰工程获北京市装饰优质工程奖；北京长富宫饭店、北大图书馆新馆装修工程获北京市装饰优良工程奖；中国工商银行总行营业办公楼获2001年度全国建筑工程装饰奖；北京大学100周年纪念讲堂工程获国家银质奖章。另外，我公司还多次受到中装协、市装协、中建总公司及集团的表彰，在装饰领域中享有较高的声誉。

北京长富宫饭店大堂
Lobby of Beijing Changfu Palace Hotel

钓鱼台国宾馆7# 楼门厅
Lobby of the No.7 villa of Diaoyutai National Hotel

北京饭店十八层接见厅
Interview hall on the 18th floor of Beijing Hotel

中国奥申委展览大厅
Exhibition hall of China OLympic Games bid Committee

北京展览馆莫斯科餐厅宴会厅
Banquet hall of Moscow restaurant of Beijing Museum

地址：北京市朝阳区鼎成路9号
世纪宝鼎A座 20层
邮编：100101
电话：010—84899591/92/93
传真：010—84899590

GOTOP 国泰家具

GUANGDONG GOTOP CORPORATION

Ranquility

办·公·酒·店·家·居 三 合 一

坐落于孙中山先生故居的广东国泰家具集团，系中国规模最大的家具生产基地之一。占地面积20多万平方米，下设六大工厂：实木家具厂、板式家具厂、沙发厂、床垫厂、红木家具厂、五金家具厂等。产品包括办公家具、酒店家具、民用家具等。只要您走进国泰，您所需要的家具无不齐备。

多年来，国泰人深谙"创新图强、优质取胜"的创业真谛，不仅不断地加强产品的开发和质量的管理，而且更加注重售后服务的提升和完善。国泰家具销售网络遍布全国各地，为消费者提供全方位的销售服务。国泰家具多次在国际家具博览会上荣获设计奖和优质产品奖，先后被评为"全国消费者信得过产品"、"中国环保质量信得过重点品牌"、"中国质量服务信誉AAA级企业"等殊荣，缔造了一个享誉全国的家具品牌。率先通过ISO9001（2000版）国际质量体系认证、ISO14025国际环保认证，走在中国家具行业的前列。

近几年来，国泰集团主要致力于家具配套工程的设计和开发。从南国的五星级酒店——汕头帝豪酒店、深圳五洲宾馆到北京的最高人民检察院、中央八一军委大楼、钓鱼台国宾馆、人民大会堂等；从东方的中国农行上海分行到西部的红塔集团、新疆东方王朝酒店等数千个家具配套工程。不仅深受社会各界的赞许和好评，而且还赢得党和国家领导人的青睐。特别值得一提的是，在人民大会堂的安徽厅、宁夏厅、四川厅，党和国家领导人会见中外来宾、处理国事所用的家具，就是国泰人的精心杰作。

作为中国家具业界的龙头企业，国泰家具集团一直以雄厚的整体实力、精益求精的品质追求、品种多样的产品结构及完善至诚的销售服务，赢得广大客户的认同和厚爱。已分别在北京、上海、济南、新疆、杭州、长沙、广州、深圳等地建立了国泰家具销售分公司。2001年、2002年北京分公司的销售业绩逐年翻番，增长率超100%。市场广阔，成绩喜人。国泰集团诚征全国各大、中城市的有志之士，结成合作伙伴，创立分公司，依靠资源优势，共同拓展家具工程这一潜力巨大的市场，共创双赢！

北京人民大会堂

北京西苑饭店

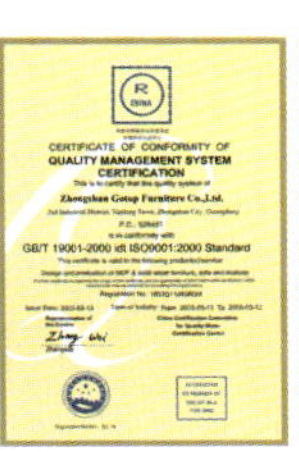

八一军委大楼

汕头帝豪酒店

铁道部

深圳五洲宾馆

钓鱼台国宾馆

青岛世贸中心

GOTOP 国泰

广东国泰集团有限公司

GUANGDONG GOTOP CORPORATION

地址：中山市南朗镇第二工业区电话：86-760-5522668 FAX:86-760-5523137
Add:The 2nd Industrial District of Nanlang Town Zhongshan City,Guang Dong

HTTP://WWW.CHINA-GOTOP.COM
E-MAIL:ZHSGT@PUB.ZHONGSHAN.GD.CN
Tel:86-760-5522668 Fax:86-760-5523137

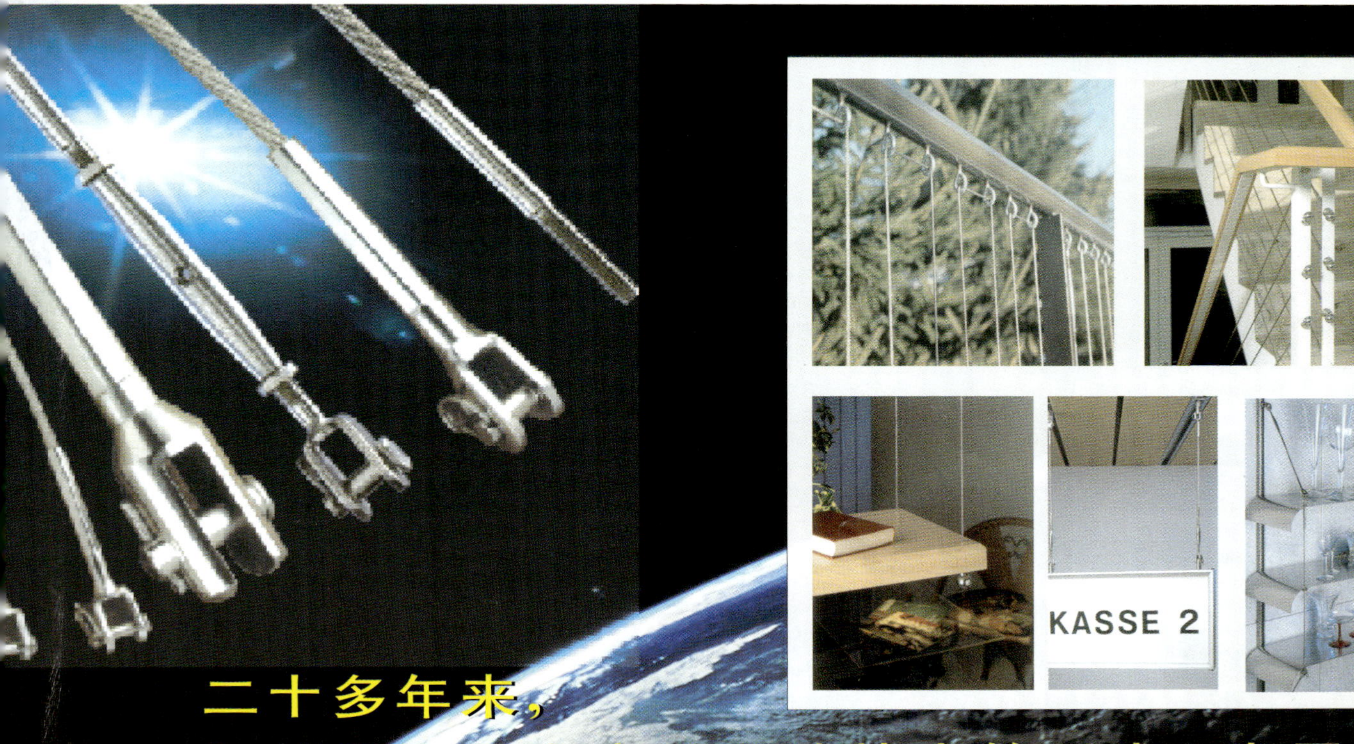

KASSE 2
二十多年来，
坚朗见证了点支式幕墙技术的诞生，发展……

《中国建筑装饰行业年鉴》编辑委员会

《中国建筑装饰行业年鉴》编辑部

主　　任：黄　白

副 主 任：田万良

编　　辑：王本明　鲁心源

封面设计：王　铁

编　　务：郑建平　张兰美　张熳红　纪　敏　高世彦　郎志春　牛　娜
贾　涤　李　玲　李　娟　周　英　刘五爱　郭丽云　陈丽君
董驰明　王进朝　田庆涛　吴芝倩　宋兆英

特约撰稿人：（按姓氏笔划为序）

王　惠　深圳市装饰行业协会会刊《深圳装饰》主编
王家国　苏州市装饰装修行业协会常务副秘书长
石慧中　大庆市建筑装饰协会办公室主任
丛廷才　长春市建筑装饰装修协会秘书长
关　帆　广州市建筑装饰协会副秘书长
毕诗宽　鸡西市建筑装饰协会副秘书长
江清源　厦门市建筑装饰协会副秘书长
孙　普　大连市建筑装饰协会副秘书长
辛　忠　汕头市装饰协会秘书长
张广礼　大同市建筑装饰协会秘书长
张树清　东莞市建筑装饰协会副秘书长
张庆维　中国建筑装饰协会五金委员会专家组成员
张永学　石家庄市装饰协会常务副秘书长
何木松　湖北省建筑装饰协会副秘书长
何正信　中国建筑装饰协会建筑电气委员会会员部主任
陈少平　天津市环境装饰协会办公室主任
吴德超　安徽省建筑装饰协会办公室主任
杨东新　辽宁省装饰协会副秘书长
赵乐丽　河南省建筑装饰协会副秘书长
赵兴斌　黑龙江省建筑装饰协会副秘书长
赵劲彬　山西省建筑装饰协会秘书长
钟建华　贵州省建筑装饰协会秘书长
徐心亮　上海市装饰装修行业协会材料专业委员会副主任
盖晨辉　内蒙古建筑装饰协会办公室主任
曾凡珩　江西省装饰行业协会副秘书长
路祯明　陕西省建筑装饰协会办公室主任

前 言

（2002年卷·总第二卷）

在建设部领导的关心下，在各级建设行政主管部门的支持下，在各地方建筑装饰协会以及业内众多企业家、学者、专家的配合下，2002年12月28日，中国建筑装饰协会主办主编的首部年鉴《2001年中国建筑装饰行业年鉴》，由中国建筑工业出版社出版发行。

在建设部所属的42个社团中，目前组织编写出版《年鉴》的只有中国建筑业协会和中国建筑装饰协会，这也是建筑装饰成为建筑业三大行业之一的又一标志，也是建筑装饰行业兴旺发达的表现和行业文化建设的重要组成部分。

《2001年中国建筑装饰行业年鉴》共分十大部分：行业公告、行业综述、政策法规、业内重大活动、地方行业发展、调研报告、行业表彰 、室内设计、企业运作、家庭装饰。共271篇，150万字，650页。其中包括建设部有关领导在中国建筑装饰协会重大活动上的讲话、建筑装饰协会系统、单位和个人及有关方面资深人士撰文105篇。

中国建筑装饰协会2003年1月9日在北京友谊宾馆召开了有300位代表出席的五届二次理事会；1月10日在人民大会堂小礼堂举行了有700位代表出席的2002年全国建筑工程装饰奖颁奖大会。此时正逢《2001年中国建筑装饰行业年鉴》出版发行，赠送与会代表人手一册。而后，中国建筑装饰协会还将此年鉴赠送给了建设部领导及各司局、有关政府部门、兄弟协会，以及酒店、金融等相关装饰工程业主、各地骨干装饰工程设计施工企业、材料生产经销厂商、设有室内设计的大专院校等相关单位。政府主管部门有关领导及业内人士给予这第一部我国建筑装饰行业年鉴以充分肯定和高度评价。所受到的业内欢迎超出了我们原先的预期。

年鉴编委会领导及编辑部负责人和同仁也对自己认真负责的创新工作很有成就感。

中国建筑装饰协会将《2001年中国建筑装饰行业年鉴》列为2001年协会10件大事之一。将《2002年中国建筑装饰行业年鉴》列为2003年协会10件主要工作之中。

在听取了各方面的意见或建议后，我们对《2002年中国建筑装饰行业年鉴》进行了调整、充实和提高，以进一步实现年鉴的性质：昨天的实录，今天的镜子，明天的见证。进一步保证年鉴的七个特点：年度性、综合性、宏观性、全面性、系统性、真实性和权威性。

在栏目设置方面，因行业调研工作是跨年度的，故取消了调研报告一部分。鉴于中国2002年正式加入WTO和幕墙工程在建筑装饰行业中地位作用的提高，增加了WTO与装饰、幕墙工程两部分。总栏目数比《2001年中国建筑装饰行业年鉴》多了一部分，现共十一部分：行业公告、行业表彰、行业综述、政策法规、业内重大活动、地方行业发展、室内设计、企业运作、WTO与装饰、家庭装饰、幕墙工程。共335篇，比2001年年鉴的271篇增加了24%。页码比2001年年鉴的649页增加了27%。

关于行业表彰，我们一方面选择了2002年做出的决定，其中多为对2001年度的表彰；另一方面也选择了2003

年初做出的决定，均为对2002年度的表彰。今后的年鉴，我们将选择与年鉴年度相一致的表彰。为了突出市场评价，我们将此部分调至第二部分。

《2001年中国建筑装饰行业年鉴》中介绍了1984～2001年行业发展的大事记，但尚缺1995、1996和1999三年的，我们对缺少的这三年行业大事记进行了收集和整理。

本卷年鉴共有20个省市区的129位作者（括号内的数字为篇数）撰写文章159篇。其中，撰写篇数位居前三位的地区是北京市、深圳市和湖北省。

北京市（39人 71篇）：张恩树（3）、马挺贵（6）、徐朋（5）、金德钧（1）、王素卿（1）、赖明（1）、李竹成（1）、黄白（9）、王本明（5）、吴承辉（4）、彭政国（3）、陈晋楚（3）、田万良（3）、王燕鸣（2）、王波（2）、郑纪文（1）、严克明（1）、鲁心源（1）、马怡西（1）、王少南（1）、王 奕（1）、郑曙旸（1）、李引擎（1）、梁小青（1）、包宗华（1）、赵西安（1）、蔡强和贺明（1）、晋永昶（1）、王京江和唐曾烈（1）、张宝贵（1）、曹安闽（1）、梁家珽（1）、崔如波（1）、崔永峰（1）、裴嵩（1）、周鸿一（1）、王小兰（1）。

深圳市（29人 29篇）：何文祥（1）、刘年新（3）、汪家玉（2）、姜峰（2）、楚梦兰和江崇元（1）、刘波（1）、成湘文（1）、管权（1）、王红（1）、乔辉和洪宇（1）、王黑龙和杜耘隆（1）、陈耀福（1）、潘育明（1）、张玮文（1）、李少奎和张志林（1）、洪宇（1）、沈俊强（1）、毛国强（1）、高岗（1）、白宝鲲（1）、方铭（1）、赵春生（1）、许雪峰（1）、吴智坚（1）、李耀庭（1）。

湖北省（15人 15篇）：何木松（1）、曾文涛（2）、潘耀生（1）、阳德广（1）、李兴儒（1）、程新明（1）、严振华（1）、高健（1）、潘俊（1）、许春建（1）、张智勇（1）、汪玲（1）、龙文志（1）、陶良虎和马跃珍（1）。上海市（7人9篇）：谢建伟（2）、何培德（2）、汪维（1）、忻国樑（1）、忻国樑和赵海（1）、王利雄（1）、程志平（1）。

辽宁省（4人4篇）：任文东、张颖、冯玉良、于成业。重庆市（6人5篇）：王金山、邓宗继、孔翔、杨志伟和王珊、刘静安。江苏省（4人4篇）：李宁、王琼、倪映辉、范建中。山东省（4人3篇）：惠铭生和商雪梅、李晓东、林璧。黑龙江省（1人3篇）：魏光。陕西省（3人3篇）：花恒久、刘兆培、杨东升。广州市（2人2篇）：卓菁、吴颂荣。

江西省（2人2篇）：汤瑞兴、曾凡珩。吉林省（2人2篇）：孙爱东、鲁章奎。河南省（3人1篇）：王晓惠、张项和赵峰伟。浙江省（3人1篇）：吴应强、宋雨丰、杨碎柽。天津市（1人1篇）：徐振家。河北省（1人1篇）：王跃。安徽省（1人1篇）：杨海波。新疆维吾尔自治区（1人1篇）：裴洪斌。台湾省（1人1篇）：王乙芳。

2003年4月，在《2002年中国建筑装饰行业年鉴》集中征稿和编辑时，正值我国SARS爆发并流行的时期，这项工作不但没被延误，反而效率与质量更高，出版时间比2001年年鉴提前了3个月。为此，我们特别感谢全体编委、特约撰稿人、作者和编辑部工作人员为本年鉴在非常时期所做出的非常贡献。

谨以本年鉴献给中国建筑装饰协会首次召开的“全国建筑装饰行业科技大会”。祝中国建筑装饰行业可持续发展。

《中国建筑装饰行业年鉴》编委会

目　录

第一部分　行业公告

第二部分　行业表彰

第三部分 行业综述

第四部分 政策法规

·专 门·

·家 装·

第五部分　业内重大活动

·社团运作·

·创新工作·

·其　他·

第六部分　地方行业发展

第七部分　室内设计

·从业资格评定·

·技术规范·

·行业发展·

·环保与绿色·

·酒店设计·

·实践心得·

第八部分　企业运作

·全国装修项目管理交流会·

• 企业家 •

• 核心竞争力 •

• 企业文化 •

• 企业认证 •

• 比较优势 •

• 人才战略 •

第九部分　WTO 与装饰

·社团工作·

·其　他·

·全国建筑装饰企业应对 WTO 战略研讨会·

·座谈会·

第十部分　家庭装饰

第十一部分　幕墙工程

附　录

第一部分

行业公告

建设部批准专业承包
471家一级建筑装修装饰工程、90家一级建筑幕墙工程、342家甲级建筑装饰工程设计、105家甲级建筑幕墙工程设计企业名单

2001年下半年，建设部对全国建筑业企业，包括建筑装修装饰工程专业承包企业和建筑幕墙工程专业承包企业进行资质就位工作，先后分四批——2001年10月6日建设部公告第38号、2002年1月16日建设部公告第42号、4月15日建设部公告第44号、6月28日建设部公告第49号审定。

分别批准建筑装修装饰工程专业承包一级资质企业第一批14家、第二批66家、第三批118家、第四批268家、第五批5家，全国29个省市区现共有471家。同时具有一级装饰施工和甲级装饰设计资质的企业231家（注△者）。

分别批准建筑幕墙工程专业承包一级资质企业第二批12家、第三批23家、第四批55家，全国18个省市区现共有90家。同时具有一级幕墙施工和甲级幕墙设计资质的企业69家（注△者）。

建设部自1990年11月17日以（90）建设字第60号文件对建筑装饰工程设计企业实行资质等级、市场准入制度以来，1992年11月9日进行了修订并以建设[1992]786号文件颁发，2001年1月9日再次修订并以建设[2001]9号文件颁发《建筑装饰工程设计企业资质等级标准》。全国26个省市区现共有342家甲级建筑装饰工程设计企业。同时具有甲级装饰设计和一级装饰施工资质的企业231家（注△者）。

建设部自2000年6月30日颁发《建筑幕墙工程设计专项资质分级标准》（建设[2000]126号），对建筑幕墙工程设计企业实行资质等级、市场准入制度以来，全国20个省市现共有105家甲级建筑幕墙工程设计企业。同时具有甲级幕墙设计和一级幕墙施工资质的企业69家（注△者）。

现公布如下，排序不分先后。

中国建筑装饰协会秘书处

二〇〇三年五月八日

全国471家建筑装修装饰工程专业承包一级资质企业名单

北京市（61家）

1. 中国建筑一局装饰公司△
2. 中国建筑装饰工程公司△
3. 中铁建厂工程局装饰工程总公司
4. 中信室内装修工程公司△
5. 东方泰隆建筑装饰工程有限公司
6. 国润建设有限公司
7. 北京市京深装饰工程公司
8. 北京中建恒基建设投资有限公司
9. 北京菲尼有限公司△
10. 北京巍明建筑装饰工程有限公司
11. 北京弘高建筑装饰设计工程有限公司△
12. 北京市建筑工程装饰公司△
13. 北京金丰环球远大装饰工程有限公司△
14. 北京洲际建筑装饰设计与工程有限责任公司△
15. 北京港源建筑装饰工程有限公司△
16. 北京国都建筑装饰工程有限公司△
17. 中艺建筑装饰有限公司
18. 北京花旗建设发展有限公司△
19. 北京城建长城装饰工程有限责任公司△
20. 北京燕佳建筑工程有限公司
21. 北京筑邦建筑装饰工程有限公司△
22. 北京神龙建筑装饰工程有限公司
23. 北京聚鑫装璜工程有限责任公司
24. 北京中建华腾装饰工程有限公司△
25. 北京侨信装饰工程有限公司△
26. 北京津樑装饰工程有限责任公司△
27. 北京益置建安装饰有限公司
28. 北京房修二华泰建筑装饰工程有限公司
29. 北京诺思威建筑装饰工程有限公司
30. 北京捷通机房设备工程有限公司
31. 北京爱地鑫装饰艺术有限责任公司
32. 北京华尊装饰工程有限责任公司
33. 北京永通建筑装饰工程发展有限公司
34. 北京建峰建设装饰工程集团△
35. 北京市金厦艺林装饰装修工程有限公司
36. 北京美仑装饰工程有限公司
37. 北京优高雅装饰工程有限公司
38. 北京迅航装饰工程有限责任公司
39. 北京丽贝亚建筑装饰工程有限公司△
40. 北京中建乐孚装饰工程有限责任公司
41. 北京华开建安装饰工程有限公司

42. 北京天图设计工程有限公司△
43. 北京金碧合力建筑设计工程有限公司
44. 北京长迪建筑装饰工程有限公司
45. 北京扶桑建筑装饰有限公司△
46. 北京清华工美建筑装饰工程有限公司△
47. 北京嘉寓装饰工程有限公司
48. 北京中远广田装饰工程有限公司
49. 北京贝盟国际建筑装饰工程有限公司△
50. 北京龙头建筑装饰工程有限公司
51. 北京住总装饰公司△
52. 北京建谊建筑工程有限公司△
53. 北京华夏建筑装饰工程有限公司
54. 北京市上瑞装饰工程有限责任公司
55. 北京国建建筑装饰工程有限公司
56. 北京中建科装饰工程有限责任公司
57. 北京艺成园装修设计有限公司
58. 中建二局装饰工程公司△
59. 北京宏美特艺建筑装饰设计工程公司
60. 北京市建筑装饰设计工程公司△
61. 中国装饰有限公司△

天津市（10家）

1. 金丰环球装饰工程（天津）有限公司△
2. 中国建筑第六工程局装饰工程公司△
3. 天津市南洋装饰工程公司
4. 天津市昆仑工程装饰公司
5. 天津市鲁班建筑装饰公司
6. 天津工程建设装饰有限公司
7. 天津市建设装饰工程公司
8. 天津华惠安信装饰工程有限公司
9. 天津美图装饰设计工程有限公司
10. 天津市艺术建筑装饰联合公司

上海市（36家）

1. 中建三局东方装饰设计工程公司△
2. 华鼎建筑装饰工程有限公司△
3. 上海建筑装饰（集团）有限公司△
4. 上海中企建筑装饰工程有限公司△
5. 上海新丽装饰工程有限公司△
6. 上海康业建筑装饰工程有限公司△
7. 上海市建筑装饰工程有限公司△
8. 上海海直建设工程公司△
9. 上海蓝天房屋装饰工程公司
10. 上海大华装饰工程有限公司△
11. 上海正方建筑装饰工程有限公司
12. 上海美达建筑装潢工程有限公司
13. 上海东尼建筑装饰有限公司
14. 上海现代建筑设计（集团）有限公司
15. 上海世家装饰实业有限公司
16. 上海华亮建筑装饰有限公司
17. 上海景泰建筑装潢有限公司△
18. 上海恒利益建装潢工程有限公司
19. 上海健尔斯装饰工程有限公司△
20. 上海东昌建筑装饰工程有限公司△
21. 上海金茂建筑装饰有限公司
22. 上海华懋建筑装饰工程有限公司
23. 上海锦丽华建筑装潢工程有限公司
24. 上海申雅装饰工程有限公司
25. 上海室内装饰（集团）有限公司
26. 上海华晖装饰装修工程有限公司
27. 上海住总集团建筑装饰有限公司△
28. 上海艺高装饰工程有限公司
29. 上海建筑装饰集团申兴装饰工程公司
30. 上海优高雅建筑装饰有限公司
31. 上海宏誉建筑装潢有限公司
32. 上海住安建筑装饰工程公司
33. 上海建威建筑装饰工程有限公司
34. 上海南市建筑装饰有限公司
35. 上海鸿立装饰设计工程有限公司
36. 上海福兴建筑装潢有限公司

重庆市（13家）

1. 重庆渝远建筑工程设计装饰有限公司△
2. 重庆港庆建筑装饰有限公司△
3. 重庆金梭装饰设计工程有限公司△
4. 重庆德辉装饰工程有限公司
5. 重庆港鑫建筑装饰设计工程有限公司△
6. 重庆皇城装饰工程公司△
7. 重庆金宇装饰工程有限公司△
8. 重庆志宇建筑装饰工程有限公司△
9. 重庆宏图装饰工程有限公司△
10. 重庆大方建筑装饰设计工程有限公司△
11. 重庆金飞建筑装饰工程有限公司△
12. 重庆聚金建筑装饰工程有限公司
13. 重庆东方建筑装饰（集团）有限公司△

河北省（18家）

1. 河北建设集团装饰工程有限公司△
2. 河北长城建筑装饰工程公司
3. 河北斯特龙装饰工程有限公司△
4. 河北省四建装饰工程公司△
5. 石家庄市大吉装饰有限公司
6. 石家庄常宏建筑装饰工程有限公司△
7. 石家庄特艺达装饰工程有限公司
8. 石家庄市通力建筑装饰工程有限公司△
9. 石家庄雅虹装饰设计工程有限公司△
10. 石家庄宏昌建筑装饰集团公司
11. 石家庄市博宏装饰工程有限公司
12. 唐山方舟建筑装饰工程有限公司
13. 唐山市集林装饰有限公司
14. 唐山市唐新装饰设计工程有限公司△
15. 秦皇岛市富立装饰有限公司

16. 秦皇岛市金盛达装饰工程有限公司
17. 秦皇岛艺腾装饰工程有限公司
18. 保定白云建筑装饰有限责任公司△

山西省（3家）

1. 山西省建筑装饰工程总公司
2. 山西万兴隆装璜设计有限公司
3. 香港神采设计装饰工程山西有限公司

内蒙古自治区（1家）

1. 内蒙古永新建筑装饰工程有限公司

黑龙江省（12家）

1. 黑龙江国光建筑装饰工程有限公司△
2. 黑龙江省高维建筑装饰工程有限公司△
3. 黑龙江长城装饰工程有限公司△
4. 黑龙江四海园装饰有限公司
5. 黑龙江省喜盈门建筑装饰工程有限公司
6. 哈尔滨君艺建筑装饰有限公司
7. 哈尔滨市亚泰装饰工程有限公司
8. 哈尔滨世纪千华建筑装饰工程有限公司
9. 哈尔滨建大建筑装饰机电工程有限公司
10. 鹤岗市中北金利建筑装饰工程有限公司△
11. 双鸭山市黑鸭子装饰有限责任公司
12. 大庆市华隆建筑装饰公司

吉林省（7家）

1. 吉林省凯基建筑装饰工程有限责任公司
2. 吉林省百洋装饰集团有限公司
3. 吉林省太阳神建筑装饰工程有限公司△
4. 吉林省浩昌装饰工程有限公司
5. 长春东方装璜工程有限公司△
6. 长春建工温馨鸟建筑装饰有限公司
7. 吉林省建筑装饰集团有限公司△

辽宁省（16家）

1. 辽宁东联装饰工程有限公司
2. 辽宁三立美术装饰工程公司
3. 辽宁荣昌装饰装修工程有限公司△
4. 沈阳嘉丰装饰设计工程有限公司△
5. 沈阳瑞德装饰工程有限公司△
6. 沈阳白云穗港装饰工程有限公司△
7. 沈阳市中元建筑装饰工程公司△
8. 沈阳大洋装饰工程有限公司
9. 沈阳海鸟装饰工程有限公司△
10. 大连盛大建筑装饰工程有限总公司△
11. 大连建筑设计装饰工程有限公司△
12. 大连通信装修工程有限公司
13. 大连红太装饰工程公司
14. 大连豪特建筑装饰设计工程有限公司
15. 澳连建筑装饰工程有限公司△
16. 丹东画院装饰工程有限公司△

山东省（31家）

1. 山东省鸿鑫工程有限公司△
2. 山东天元建设集团装饰工程(临沂)有限公司
3. 山东万得福装饰工程有限公司△
4. 山东剑桥装饰工程有限公司△
5. 山东省永隆装饰工程有限公司△
6. 山东省齐鲁装饰设计院△
7. 山东展鸿华商装饰工程有限公司△
8. 山东省装饰集团总公司△
9. 山东德泰装饰有限公司△
10. 山东德丰装饰工程有限公司
11. 山东雅都建筑装饰有限公司
12. 青岛雅托装饰有限公司
13. 青岛东亚建筑装饰有限公司△
14. 青岛市装饰集团公司△
15. 青岛金楷装饰工程有限公司
16. 青岛颐金建筑装饰工程有限公司
17. 青岛希尔装饰装潢有限公司△
18. 中国建筑第八工程局装饰公司
19. 济南盛顺装饰有限责任公司
20. 淄博美达装饰设计工程有限公司
21. 淄博政联装饰工程有限公司△
22. 蓬莱文成建筑装饰工程有限公司
23. 烟台宫苑建筑装饰工程有限公司
24. 烟台天成建筑装饰工程有限公司
25. 潍坊鸢港装饰工程有限公司
26. 潍坊百汇装饰工程有限公司
27. 日照市蓝天实业有限公司
28. 泰安精英装饰有限责任公司△
29. 泰安鲁润装饰装潢有限责任公司△
30. 泰安市鲁泉装饰工程公司
31. 泰安金缔建筑装饰工程有限公司

江苏省（45家）

1. 江苏绿美艺建筑装饰设计工程有限公司*
2. 江苏众达装饰有限公司
3. 江苏建设装饰工程公司
4. 江苏雄国装饰工程有限责任公司△
5. 江苏省新江南营造集团华宇装饰有限公司
6. 江苏港宁装璜有限公司△
7. 江苏鼎宏装饰工程有限责任公司
8. 江苏旭日新装饰有限公司
9. 江苏省装饰幕墙工程有限公司
10. 南京长岛建筑装饰工程有限公司△
11. 南京柏森实业有限责任公司△
12. 南京百会装饰工程有限公司△
13. 南京装饰工程公司△
14. 南京金陵建筑装饰有限责任公司△
15. 南京深圳装饰安装工程公司△
16. 南京市时代装饰工程公司
17. 南京金陵国际装饰设计工程实业有限公司
18. 南京富海装饰工程有限公司△

19. 南京香江华建工程有限公司△
20. 南京市室内装饰工程成套总公司△
21. 南京装饰联合总公司△
22. 南京金鸿装饰工程有限公司△
23. 中外合资南京皇冠装饰工程有限公司
24. 苏州金螳螂建筑装饰有限公司△
25. 苏州工业园区美瑞德建筑装饰有限公司
26. 苏州工业园区国发国际建筑装饰工程有限公司△
27. 苏州市建筑装饰工程总公司
28. 苏州金鼎建筑装饰工程有限公司△
29. 苏州市华丽美登装饰装璜有限公司
30. 苏州苏明装饰公司△
31. 常熟市新苑地建筑装饰工程有限公司
32. 镇江市建筑装饰工程公司△
33. 南通市建筑装饰装璜公司
34. 扬州日模邗沟装饰工程有限公司△
35. 中惠(江苏)建筑装饰工程有限公司
36. 无锡长城装璜有限公司
37. 无锡市江大建筑装饰工程有限公司△
38. 宜兴京城装饰工程有限公司
39. 常州市华东装璜总公司
40. 常州市环亚建筑装饰工程有限公司
41. 常泰建筑装璜工程有限公司△
42. 武进市华盛装饰公司
43. 武进市装璜工程总公司
44. 盐城七彩虹建筑装饰工程有限公司
45. 长江建筑装饰工程有限公司

安徽省（10 家）

1. 安徽东怡装饰工程有限公司△
2. 安徽省装饰工程公司
3. 安徽安兴建设装饰设计工程有限责任公司
4. 安徽合肥泰利美术装饰公司
5. 安徽省徽商集团创元装饰工程有限公司
6. 安徽恒信装饰工程有限责任公司△
7. 安徽华誉装饰工程有限公司
8. 合肥达美建筑装饰工程有限责任公司
9. 合肥建工装饰工程有限责任公司
10. 马鞍山市艺建装饰有限责任公司

浙江省（15 家）

1. 浙江金鼎建筑装饰工程有限公司△
2. 浙江广艺建筑装饰工程有限公司
3. 浙江飞耀装潢工程有限公司
4. 浙江华天装饰工程有限公司
5. 浙江亚厦装饰集团有限公司△
6. 浙江银建装饰工程有限公司
7. 浙江省嵊州市环影装饰工程有限公司
8. 浙江福田建筑装饰工程有限公司
9. 杭州大宇装饰有限公司
10. 杭州装潢工程有限公司
11. 杭州萧山建筑装饰实业有限公司
12. 武林建筑工程有限公司△
13. 宁波建乐建筑装潢有限公司
14. 温州云艺装饰有限公司△
15. 嘉兴市大都市装饰有限责任公司

湖南省（13 家）

1. 中国建筑第五工程局建筑装饰公司△
2. 湖南吉粤装饰有限公司
3. 湖南驷马装饰设计工程有限公司
4. 湖南建工集团装饰工程有限公司
5. 湖南六建装饰设计工程有限责任公司
6. 湖南四建华银工程有限公司
7. 湖南华意建筑装修装饰有限公司
8. 湖南省中南建设装饰总公司
9. 湖南省建筑装饰总公司
10. 湖南银华装饰有限公司
11. 湖南通程建筑装饰工程有限公司
12. 长沙广大建筑装饰有限公司
13. 长沙市新宇建筑装饰工程有限公司

江西省（12 家）

1. 江西利达装饰工程有限公司△
2. 江西圳昌装饰工程有限公司△
3. 江西融城建筑装饰工程有限公司△
4. 江西省电力装璜有限责任公司
5. 江西南方建筑装潢配套公司△
6. 江西省室内装饰成套工程总公司
7. 江西龙华建筑装饰工程有限公司
8. 江西省康盛广告装饰工程有限公司△
9. 南昌金昌装饰设计工程有限公司△
10. 南昌长江建筑装饰工程公司△
11. 赣州装饰工程公司△
12. 赣州市天星装饰工程有限公司

福建省（24 家）

1. 福建省泉州宏星装璜有限公司△
2. 福建天华建筑装饰工程有限公司△
3. 福建京华装饰装修有限公司
4. 福建省室内成套用品设计装修公司
5. 福建金亨装饰设计工程有限公司△
6. 福建金三角装饰工程有限公司
7. 福建嘉华装饰工程有限公司△
8. 福建喜来登设计装饰工程有限公司
9. 福建省五建装修装饰工程公司
10. 福建永盛设计装饰工程有限公司△
11. 福建隆恩建筑装饰工程有限公司△
12. 福建海山装饰装修工程有限公司
13. 福州融港侨装饰设计有限公司
14. 福州市兴雅达装饰装修有限公司
15. 武夷装修工程（福州）有限公司△
16. 厦门华丽设计装修工程有限公司△

17．厦门艺发装饰有限公司△
18．厦门东方设计装修工程有限公司△
19．厦门泛华工程有限公司
20．厦门辉煌装修工程有限公司△
21．合程(厦门)建筑装饰工程有限公司
22．泉州市豪太装饰工程有限公司
23．泉州粤港装饰工程有限公司△
24．兴美（福建）装饰工程有限公司

河南省（9家）

1．河南省江海集团建筑装饰工程有限公司
2．河南泛亚数码建设有限公司
3．河南省亚太工程有限公司
4．河南省大鹏装饰工程有限公司△
5．中国建筑第七工程局建筑装饰工程公司△
6．郑州康利达装饰工程有限公司△
7．周口豫深装饰工程有限公司
8．洛阳天鹰装饰工程有限公司△
9．中国建筑二局洛阳装饰工程公司

湖北省（15家）

1．湖北鼎元建筑装饰工程有限公司△
2．湖北华艺装饰设计工程有限公司
3．湖北龙泰建筑装饰工程有限公司△
4．湖北翔宇置业发展有限公司△
5．湖北凌志装饰工程有限公司
6．湖北星辰房地产装饰工程有限公司
7．湖北美格建筑装饰设计工程有限公司
8．武汉建工集团装饰工程有限公司△
9．武汉华达建筑装饰设计工程有限公司△
10．德信物业发展(武汉)有限公司
11．武汉市鑫金建筑安装装饰工程有限公司△
12．武汉恒华装饰工程有限公司
13．武汉旺轩物业有限公司
14．武汉市方正装饰工程有限公司△
15．普时(武汉)建筑安装工程有限公司

广东省（67家）

1．中国联和承造实业有限公司△
2．广东建雅室内工程设计施工有限公司△
3．广东广发装饰工程公司
4．广东华艺装饰工程有限公司
5．广东省装饰总公司△
6．广东省集美设计工程公司△
7．广东省建筑装饰工程有限公司△
8．广东省华侨建筑装饰公司△
9．广东省八建集团装饰工程有限公司
10．广东开平二建集团装饰工程公司△
11．广东省建筑装饰集团公司△
12．广东省美术设计装修工程公司△
13．广州城建开发装饰有限公司△
14．广州珠江装修工程公司△
15．广州市设计院工程建设总承包公司△
16．广州市美术公司△
17．广东建华装饰工程有限公司
18．广州市第一装修公司
19．广州市第二装修公司
20．广州市第三装修有限公司△
21．广州市第四装修公司△
22．华辉装修建筑工程有限公司△
23．深圳市华典装饰工程有限公司△
24．深圳市广胜达装饰设计工程有限公司△
25．深圳市特艺达装饰设计工程有限公司△
26．深圳市科信建筑装饰设计工程有限公司
27．深圳圳通工程有限公司
28．深圳市建艺装饰设计工程公司△
29．深圳市新鹏都装饰工程有限公司△
30．深圳新科特种装饰工程公司△
31．深圳市设计装饰工程公司
32．深圳市深建华辉装饰工程有限公司△
33．深圳市深装总装饰工程工业有限公司△
34．深圳长城家俱装饰工程有限公司△
35．深圳市南利装饰工程公司△
36．深圳市洪涛装饰工程公司△
37．深圳市建筑装饰(集团)有限公司△
38．深圳粤航装饰设计工程公司△
39．深圳市美术装饰工程有限公司△
40．深圳市晶宫设计装饰工程公司△
41．深圳蛇口建筑装饰工程公司△
42．深圳远鹏装饰设计工程有限公司△
43．深圳瑞和装饰工程有限公司△
44．深圳市美芝装饰设计工程有限公司△
45．深圳市广田装饰设计工程有限公司△
46．深圳市维业装饰设计工程有限公司△
47．深圳华丽装修家私企业公司△
48．深圳市华南装饰设计工程有限公司△
49．深圳市奇信装饰设计工程有限公司△
50．深圳市中航装饰设计工程有限公司△
51．深圳市黎源建筑设计装饰工程公司
52．深圳海外装饰工程公司△
53．深圳市科源建筑装饰工程有限公司△
54．深圳市茂华装饰工程有限公司△
55．深圳市宝鹰装饰设计工程有限公司△
56．深圳市新国俊建筑装饰设计工程有限公司△
57．深圳市华剑装饰设计工程有限公司△
58．深圳市文业装饰设计工程有限公司△
59．中国建筑第三工程局深圳装饰设计工程公司△
60．汕头市建安装饰工程总公司
61．汕头市晶莹建筑装饰安装有限公司
62．汕头市振侨装修工程总公司
63．汕头经济特区建华国际装饰工程有限公司△

64. 韶关市粤源建筑装饰工程有限公司
65. 江门市绿之洲建筑装饰工程有限公司
66. 广东世纪达装饰工程有限公司△
67. 广东中泓设计工程有限公司

海南省（6 家）

1. 海南金厦工程实业公司△
2. 海南中汇建筑装饰工程有限公司△
3. 海南雅园装饰工程有限公司△
4. 海南金海岸装饰工程有限公司△
5. 海南皇城装饰实业有限公司
6. 海南嘉恒建筑装饰工程有限公司△

广西壮族自治区（2 家）

1. 广西建林装饰工程有限责任公司
2. 广西建工集团桂港建筑装饰有限公司△

四川省（12 家）

1. 四川金惠建筑装饰工程有限公司
2. 四川怡安建设工程有限公司
3. 四川华西建筑装饰工程有限公司△
4. 四川泰兴装饰工程有限责任公司△
5. 四川兴泰来装饰工程有限责任公司△
6. 四川亨帝建筑装饰有限公司△
7. 四川省三通企业(集团)有限责任公司△
8. 中铁二局集团装饰装修工程有限公司△
9. 中铁四局集团建筑装璜有限公司
10. 成都导向设计装饰工程有限公司
11. 成都粤海装饰工程有限公司
12. 成都合诚工程有限公司

云南省（9 家）

1. 云南白杨建筑装饰工程有限公司△
2. 云南艺峰装饰有限公司
3. 云南龙都装饰设计工程公司△
4. 云南泰信装饰工程有限公司△
5. 云南同力建筑装饰有限公司
6. 云南凯捷装饰工程有限公司
7. 云南艺隆装修有限公司△
8. 云南翼发装饰工程有限公司
9. 云南高新装饰工程有限公司

甘肃省（9 家）

1. 甘肃省建筑企业兰山装饰设计工程公司△
2. 甘肃丽新建筑装饰有限公司
3. 甘肃辉丽建筑装饰工程有限公司
4. 甘肃金牛装饰工程有限责任公司△
5. 甘肃兰穗装饰工程有限责任公司
6. 甘肃省建筑装饰工程公司△
7. 甘肃陇海装饰工程有限责任公司△
8. 兰州宁远艺术装璜有限责任公司△
9. 兰州亚美装饰工程有限责任公司

陕西省（11 家）

1. 陕西艺林装饰工程有限公司△
2. 陕西省镜寰装饰实业有限公司△
3. 西安市建筑装饰工程总公司△
4. 陕西金华龙设计装饰工程有限责任公司
5. 西安市多国建筑艺术装潢公司
6. 西安市鑫龙建筑装饰工程有限公司△
7. 西安市彼特装饰工程公司△
8. 西安洪涛装饰设计工程有限公司△
9. 西安发记营造建筑有限公司△
10. 西安泛华建筑装饰工程有限责任公司
11. 耀华建筑装饰工程有限公司△

宁夏回族自治区（1 家）

1. 宁夏爱华建筑装饰工程有限公司

贵州省（2 家）

1. 中国建筑第四工程局装饰工程公司
2. 贵州通海装饰工程有限责任公司

新疆维吾尔自治区（1 家）

1. 新疆羚羊建筑装饰企业有限公司

全国 90 家建筑幕墙工程专业承包一级资质企业名单

北京市（7 家）

1. 北京建黎铝门窗幕墙有限公司△
2. 北京江河幕墙装饰工程有限公司△
3. 北京北方建磊装饰装修有限公司△
4. 北京京藤幕墙工程有限公司
5. 北京南隆建筑装饰工程有限公司△
6. 北京鸿恒基幕墙装饰工程公司△
7. 北京泓申铝质工程有限责任公司△

天津市（2 家）

1. 天津建工幕墙装饰有限公司
2. 天津市华方幕墙装饰工程有限公司△

上海市（14 家）

1. 上海科胜幕墙有限公司△
2. 上海信安幕墙建筑装饰有限公司△
3. 上海富艺幕墙工程有限公司△
4. 上海杰思工程实业有限公司△
5. 上海住总金属结构件有限公司△
6. 上海美特幕墙有限公司△
7. 上海邝沛幕墙有限公司△
8. 上海迪蒙幕墙工程技术有限公司△
9. 上海高新铝质工程合作公司△
10. 上海华艺铝制品有限公司
11. 上海东江建筑装饰工程有限公司△
12. 上海金桥瑞和装饰工程有限公司△
13. 上海金浦装潢工程有限公司
14. 和兴玻璃铝业（上海）有限公司△

河北省（4家）

1. 河北振海铝业集团有限公司△
2. 石家庄市海山建筑装饰工程总公司△
3. 秦皇岛渤海铝幕墙装饰工程有限公司△
4. 华北铝业有限公司△

辽宁省（10家）

1. 沈阳黎明门窗幕墙制造安装工程公司△
2. 沈阳凯达铝业工程有限公司△
3. 沈阳军鼎建筑装饰装修工程有限公司
4. 沈阳黎东幕墙装饰有限公司△
5. 沈阳飞机制造公司铝合金结构工程公司△
6. 沈阳黎新玻璃幕墙有限公司
7. 沈阳凯兴装饰工程有限公司△
8. 沈阳远大铝业工程有限公司△
9. 中外合资辽宁东林瑞那斯股份有限公司
10. 海城桦峪铝业工程有限公司

山东省（4家）

1. 山东津单幕墙有限公司△
2. 山东天幕集团总公司△
3. 青岛永鑫幕墙有限公司△
4. 山东雄狮建筑装饰工程有限公司△

江苏省（12家）

1. 江苏省建伟幕墙装饰工程有限公司△
2. 江苏合发集团有限责任公司△
3. 江苏苏鑫装饰(集团)公司△
4. 江苏锡厦铝业有限公司△
5. 南京金中建幕墙装饰有限公司
6. 南京开元黎星铝塑幕墙有限公司
7. 常州黎明玻璃幕墙工程有限公司△
8. 常州华艺铝型材有限公司△
9. 武进市苏南建筑装璜工程公司
10. 常熟市华丽坚装饰工程有限公司
11. 无锡王兴幕墙装饰工程有限公司△
12. 锡山市金城金属门窗安装有限公司△

浙江省（3家）

1. 浙江宝业幕墙装饰有限公司△
2. 杭州东升铝幕墙装璜有限公司
3. 温州市亚飞铝窗有限公司△

安徽省（1家）

1. 鞍山市永安集团有限公司

福建省（1家）

1. 福州联丰建筑装饰工程有限公司

湖南省（2家）

1. 中建(长沙)不二幕墙装饰有限公司△
2. 中国建筑第五工程局金属门窗厂△

湖北省（3家）

1. 武汉凌云建筑装饰工程有限公司△
2. 湖北高艺装饰工程有限公司△
3. 武汉高鹏装饰工程有限公司

广东省（18家）

1. 广东省铝合金建筑装饰公司
2. 广东科浩幕墙工程有限公司
3. 广州铝材厂装饰工程公司△
4. 广州铝质装饰工程有限公司△
5. 深圳中航幕墙工程有限公司△
6. 深圳金粤幕墙装饰工程有限公司△
7. 深圳市光华中空玻璃工程有限公司△
8. 深圳市瑞华幕墙装饰工程有限公司△
9. 深圳市三鑫特种玻璃技术股份有限公司△
10. 深圳粤源装饰工程有限公司△
11. 深圳华加日铝业有限公司△
12. 深圳市方大装饰工程有限公司△
13. 珠海兴业幕墙工程有限公司△
14. 珠海市红海幕墙有限公司△
15. 珠海市晶艺玻璃工程有限公司△
16. 中山市盛兴幕墙有限公司△
17. 汕头经济特区金刚玻璃幕墙有限公司△
18. 南海市兴发幕墙门窗有限公司△

重庆市（1家）

1. 重庆西南铝装饰工程有限公司△

海南省（1家）

1. 海口南光幕墙装饰工程有限公司△

云南省（2家）

1. 云南门窗工程公司△
2. 昆明市室内装饰配套公司

四川省（2家）

1. 四川华西蜀港装饰工程有限公司△
2. 成都铝合金豪华装饰工程公司

陕西省（2家）

1. 西安飞机工业装饰装修工程股份有限公司△
2. 陕西中金装饰工程有限公司

全国342家建筑装饰工程设计甲级资质企业名单

北京市（46家）

1. 中国建筑装饰工程公司△
2. 中国装饰有限公司△
3. 中建一局装饰公司△
4. 中寰艺高建筑装饰工程有限公司
5. 中建科产业有限公司装饰设计有限公司
6. 中外园林建设总公司
7. 中信室内装修工程公司△
8. 五洋建筑装饰工程有限公司
9. 华堂建筑装修工程有限公司

10. 希利德建筑装饰工程有限公司
11. 北方环境艺术装修公司
12. 北京中建华腾装饰工程有限公司△
13. 北京清华工美环境艺术设计所△
14. 北京市建筑工程装饰公司△
15. 北京市建筑装饰设计工程公司△
16. 北京市泛华装饰工程有限责任公司
17. 北京菲尼有限公司△
18. 北京港源建筑装饰工程有限公司△
19. 北京建峰建设装饰工程集团△
20. 北京建谊建筑装饰有限公司△
21. 北京金丰环球远大建筑工程有限公司△
22. 北京侨信装饰工程有限公司△
23. 北京贝盟国际建筑装饰工程有限公司△
24. 北京洲际建筑装饰设计与工程有限公司△
25. 北京住总装饰公司△
26. 北京筑邦建筑装饰工程有限公司△
27. 北京弘高建筑装饰设计工程有限公司△
28. 北京国建展示装饰设计公司
29. 北京华美装饰工程公司
30. 北京中房长虹装饰工程公司
31. 北京宝科技术开发中心
32. 北京正华建筑设计事务所
33. 北京市辛迪森建筑装饰设计工程有限公司
34. 北京中建银舍建筑装饰有限公司
35. 北京城建长城装饰工程有限责任公司△
36. 北京人福工程设计公司
37. 北京房修艺建筑设计有限责任公司
38. 北京国伟装饰工程有限公司
39. 北京津梁装饰工程有限责任公司△
40. 北京丽贝亚建筑装饰工程有限公司△
41. 北京天图设计工程有限公司△
42. 北京国都建筑装饰工程有限公司△
43. 北京扶桑建筑装饰有限公司△
44. 北京花旗建设发展有限公司△
45. 中国光大国际经济技术合作有限公司
46. 中国新兴建设开发总公司

上海市（21家）

1. 中建三局东方装饰设计工程公司△
2. 华鼎建筑装饰工程有限公司△
3. 上海市建筑装饰工程有限公司△
4. 上海市大华装饰工程有限公司△
5. 上海建筑装饰（集团）总公司△
6. 上海景泰建筑装潢工程公司　△
7. 上海康业建筑装饰工程有限公司△
8. 上海新丽装饰工程有限公司△
9. 上海东江建筑装饰工程有限公司
10. 上海民利室内装修承包工程公司
11. 上海索艺建筑工程咨询有限公司
12. 上海敦煌建筑设计有限公司
13. 上海同济室内设计工程公司
14. 上海中企建筑装饰工程有限公司△
15. 上海住总集团建筑装饰设计所△
16. 上海东昌建筑装饰工程有限公司△
17. 上海健尔斯装饰工程有限公司△
18. 上海海直建设工程公司△
19. 上海蓝天房屋装饰工程公司
20. 上海海艺建设股份有限公司
21. 上海华辉装饰工程有限公司

天津市（4家）

1. 金丰环球装饰工程(天津)有限公司△
2. 中建六局装饰工程公司△
3. 屹昌装饰设计工程（天津）有限公司
4. 天津开发区艺豪环境设计有限公司

重庆市（16家）

1. 重庆港庆建筑装饰设计有限公司△
2. 重庆宏图装饰工程有限公司△
3. 重庆大方建筑装饰设计工程有限公司△
4. 重庆西南铝型材装饰装修工程公司
5. 重庆志宇建筑装饰工程有限公司△
6. 重庆皇城装饰工程公司△
7. 重庆东方建筑装饰（集团）有限公司△
8. 重庆川美实业有限公司
9. 重庆渝远建筑工程设计装饰有限公司△
10. 重庆金宇装饰工程有限公司△
11. 重庆港鑫建筑装饰设计工程有限公司△
12. 重庆金梭装饰设计工程有限公司△
13. 重庆金字塔装饰公司
14. 四川美术学院设计装饰公司
15. 华康装饰（重庆）有限公司
16. 重庆金飞建筑装饰工程有限公司△

广东省（61家）

1. 中国联和承造实业有限公司△
2. 广东建雅室内工程设计施工有限公司△
3. 广东省华侨建设工程公司
4. 广东省华侨建筑装饰配套公司△
5. 广东省集美设计工程公司△
6. 广东省建筑装饰工程有限公司△
7. 广东省建筑装饰集团公司△
8. 广东省装饰总公司△
9. 广东建设实业公司
10. 广州市中联设计工程公司
11. 广州珠江建筑装饰集团公司
12. 广州市设计院工程建设总承包公司△
13. 广州市白云山建筑装修工程公司
14. 广州市城建总公司装饰有限公司△
15. 广州市第三装修有限公司△
16. 广州市第四装修有限公司△

17．广州市美术公司△
18．广州珠江装修工程公司△
19．华辉装修建筑工程公司△
20．深圳市建筑装饰（集团）有限公司△
21．深圳市洪涛装饰工程公司△
22．深圳市深装总装饰工程工业总公司△
23．深圳长城家俱装饰工程有限公司△
24．深圳海外装饰工程公司△
25．深圳市南利装饰工程有限公司△
26．深圳华丽装修家私企业公司△
27．深圳瑞和装饰工程有限公司△
28．深圳市广田装饰设计工程有限公司△
29．深圳市华南装饰设计工程有限公司△
30．深圳市建艺装饰设计工程公司△
31．深圳市晶宫设计装饰工程公司△
32．深圳市科源建筑装饰工程有限公司△
33．深圳市美术装饰工程有限公司△
34．深圳市美芝装饰工程有限公司△
35．深圳市奇信装饰设计工程有限公司△
36．深圳市深建华辉装饰工程有限公司△
37．深圳市维业建筑设计工程有限公司△
38．深圳市新鹏都装饰工程有限公司△
39．深圳市粤航设计装饰工程公司△
40．深圳文业装饰设计工程有限公司△
41．深圳新科特种装饰工程公司△
42．深圳远鹏装饰设计工程有限公司△
43．深圳市中航装饰设计工程有限公司△
44．深圳市新国俊建筑装饰设计工程有限公司△
45．深圳市安星装饰设计工程有限公司
46．深圳市宝鹰装饰设计工程有限公司△
47．中建三局深圳装饰设计工程公司△
48．广东开平二建集团公司装饰工程公司△
49．广东世纪达装饰工程有限公司*△
50．汕头经济特区建华国际装饰工程有限公司△
51．广东建华装饰工程有限公司
52．广东省美术设计装修工程公司△
53．深圳市华剑装饰设计工程有限公司△
54．深圳粤源装饰工程有限公司
55．深圳市广胜达装饰设计工程有限公司△
56．深圳市茂华装饰工程有限公司△
57．深圳市特艺达装饰设计工程有限公司△
58．深圳蛇口建筑装饰工程公司 △
59．汕头市爱富兰装饰工程有限公司
60．汕头市百得建筑装饰设计有限公司
61．深圳市华典装饰工程有限公司△

江苏省（27家）

1．江苏省建筑装饰设计研究院
2．江苏港宁装璜有限公司△
3．江苏雄国装饰工程有限责任公司△
4．江苏友联建设有限总公司
5．苏州金鼎建筑装饰工程有限公司△
6．苏州金螳螂建筑装饰有限公司△
7．苏州工业园区国发国际建筑装饰工程有限公司△
8．苏州苏明装饰公司△
9．南京装饰工程公司△
10．南京长岛建筑装饰工程有限公司△
11．南京金鸿装饰工程有限公司△
12．南京金陵建筑装饰工程有限责任公司△
13．南京深圳装饰安装工程公司△
14．南京佳的环境空间设计有限公司
15．南京柏森实业有限公司△
16．南京市室内装饰工程成套总公司△
17．南京装饰联合总公司△
18．扬州日模邗沟装饰工程有限责任公司△
19．镇江市建筑装饰工程公司△
20．常泰建筑装璜工程有限公司△
21．东方华圣（常州）建筑装饰有限公司
22．无锡东方新格环境设计装饰工程有限公司
23．无锡市江大建筑装饰工程有限公司△
24．南京富海装饰工程有限公司 △
25．南京香江华建工程有限公司△
26．南京百会装饰工程有限公司△
27．江苏华盛装饰工程有限公司

河北省（12家）

1．中建二局装饰工程公司△
2．河北省室内装饰工程有限公司
3．河北省四建装饰工程公司△
4．河北斯特龙装饰工程有限公司△
5．河北省石家庄市通力建筑装饰工程有限公司△
6．唐山市唐新装饰设计工程有限公司△
7．石家庄常宏建筑装饰工程有限公司△
8．石家庄雅虹装饰设计工程有限公司△
9．唐山建设（集团）公司
10．石家庄市博宏装饰工程有限公司
11．保定白云建筑装饰有限责任公司△
12．河北建设集团装饰工程有限公司△

内蒙古自治区（1家）

1．中国天诚集团新雅建筑工程设计装饰有限公司

辽宁省（30家）

1．辽宁海外装饰工程有限公司
2．辽阳市胜利装潢公司
3．沈阳飞机工业集团铝合金结构工程公司
4．沈阳黎东幕墙装饰有限公司
5．沈阳新帝装饰工程有限公司
6．沈阳白云穗港装饰工程有限公司△
7．沈阳讯兴建筑设计装饰工程有限公司
8．沈阳天地建设发展有限公司
9．沈阳海鸟装饰工程有限公司△

10. 沈阳远大铝业工程有限公司
11. 沈阳东宇环境艺术工程设计有限责任公司
12. 沈阳市范·兄弟设计有限公司
13. 澳连建筑装饰工程有限公司△
14. 大连建筑设计装饰工程有限公司△
15. 大连市建筑装饰设计研究院
16. 大连盛大建筑装饰工程有限总公司△
17. 大连壹阁室内装饰设计有限公司
18. 大连中信建筑设计装饰工程有限公司
19. 丹东画院建筑装饰工程公司△
20. 营口瑞那斯铝业有限公司
21. 鲁迅美术学院艺术工程总公司
22. 锦州市美华装饰装修有限公司
23. 锦州市恒烽木业装饰有限公司
24. 沈阳瑞德装饰工程有限公司△
25. 沈阳市中元建筑装饰工程公司△
26. 辽宁荣昌装饰装修工程有限公司△
27. 辽宁嘉春装饰工程有限公司
28. 沈阳嘉丰装饰设计工程有限公司△
29. 辽宁日林建设集团建筑设计研究院
30. 沈阳日汇装饰工程设计有限公司

吉林省（3家）

1. 吉林省建筑装饰集团有限公司
2. 吉林省太阳神建筑装饰工程有限公司△
3. 长春东方装潢工程有限公司△

黑龙江省（5家）

1. 黑龙江国光建筑装饰工程有限公司△
2. 黑龙江高维建筑装饰设计有限公司△
3. 哈尔滨新长城建筑装饰设计工程有限公司
4. 鹤岗市中北金利建筑装饰工程有限公司△
5. 黑龙江长城装饰工程有限公司△

山东省（18家）

1. 中建八局装饰公司
2. 山东省装饰集团总公司△
3. 山东齐鲁装饰设计院△
4. 山东永隆建筑装饰工程有限公司△
5. 山东展鸿华商装饰工程有限公司△
6. 山东剑桥装饰工程有限公司△
7. 山东德泰装饰有限公司△
8. 山东万德福装饰工程有限公司△
9. 青岛东亚装饰总公司△
10. 青岛市装饰集团公司△
11. 泰安鲁润装饰装潢有限责任公司△
12. 山东精英装饰有限公司△
13. 山东省鸿鑫工程有限公司△
14. 青岛希尔空间设计事业有限公司△
15. 青岛格里法装饰设计工程有限公司
16. 淄博市政联装饰工程有限公司△
17. 安艺格建筑装饰工程有限责任公司
18. 中国建筑第八工程局第二建筑公司

江西省（11家）

1. 江西圳昌装饰工程有限公司△
2. 江西南方建筑装璜配套公司△
3. 江西粤昌装饰设计工程有限公司
4. 江西省康盛广告装饰工程有限公司△
5. 江西融城建筑装饰工程有限公司△
6. 江西利达装饰工程有限公司△
7. 江西美华建筑装饰工程有限公司
8. 赣州装饰工程公司△
9. 赣州市跨世纪装饰有限责任公司
10. 南昌长江建筑装饰总公司△
11. 南昌金昌装饰设计工程有限公司△

浙江省（9家）

1. 浙江省室内装饰公司
2. 浙江金鼎建筑装饰工程有限公司△
3. 浙江亚厦装饰集团有限公司△
4. 杭州国美建筑装饰设计有限公司
5. 杭州典尚建筑装饰设计有限公司
6. 温州市云艺建筑装饰设计院△
7. 杭州潘天寿环境艺术设计有限公司
8. 杭州天澜建筑装饰设计院有限公司
9. 武林建筑工程有限公司△

福建省（16家）

1. 福建天华建筑装饰工程有限公司△
2. 福建省泉州宏星装璜有限公司△
3. 福建嘉华装饰工程有限公司△
4. 福建天正装修工程有限公司
5. 福建隆恩建筑装饰工程有限公司△
6. 福建永盛设计装饰工程有限公司△
7. 福州国广一叶建筑装饰工程有限公司
8. 福建金亨装饰设计工程有限公司△
9. 武夷装修工程（福州）有限公司△
10. 泉州粤港装饰工程有限公司△
11. 厦门市港龙装修工程有限公司
12. 厦门建利设计装修有限公司
13. 厦门华丽设计装修工程有限公司△
14. 厦门东方设计装修工程有限公司△
15. 厦门辉煌装修工程有限公司△
16. 厦门艺发装饰有限公司△

河南省（6家）

1. 郑州康利达装饰工程有限公司△
2. 中建七局建筑装饰工程公司△
3. 河南省大鹏装饰工程有限公司△
4. 河南穆氏设计装饰有限公司
5. 洛阳天鹰装饰工程有限公司△
6. 中国建筑第七工程局第三建筑公司

湖北省（10家）

1. 湖北中南信业建筑装饰工程公司

2. 湖北高艺装饰工程有限公司
3. 中美合资湖北鼎元建筑装饰工程有限公司△
4. 湖北龙泰建筑装饰工程有限公司△
5. 武汉华达建筑装饰设计工程有限公司△
6. 武汉凌云建筑装饰工程有限公司
7. 武汉建工集团装饰工程有限公司△
8. 武汉市鑫金建筑安装装饰工程有限公司△
9. 湖北翔宇置业发展有限公司△
10. 武汉市方正装饰工程有限公司△

湖南省（2家）

1. 中建五局建筑装饰公司△
2. 湖南省水利水电勘测设计研究总院

安徽省（3家）

1. 安徽恒信装饰工程有限责任公司△
2. 安徽艺源建筑艺术设计有限责任公司
3. 安徽东怡装饰工程有限公司△

广西壮族自治区（1家）

1. 广西建工集团桂港建筑装饰公司△

海南省（6家）

1. 海南中汇建筑装饰工程有限公司△
2. 海南中建建筑装饰设计工程公司
3. 海南金海岸装饰工程公司△
4. 海南金厦工程实业公司△
5. 海南雅园装饰工程有限公司△
6. 海南嘉恒建筑装饰工程有限公司△

四川省（7家）

1. 中铁二局集团装饰装修工程有限公司△
2. 四川华西建筑装饰工程有限公司△
3. 四川三通企业集团有限公司△
4. 四川泰兴装饰工程有限责任公司△
5. 四川亨帝建筑装饰有限公司△
6. 四川兴泰来装饰工程有限责任公司△
7. 四川辰宇装饰安装设计有限责任公司

云南省（4家）

1. 云南白杨室内设计工程有限公司△
2. 云南龙都装饰设计工程公司△
3. 云南艺隆装修有限公司△
4. 云南泰信装饰工程有限责任公司△

陕西省（14家）

1. 陕西省镜寰建筑装饰实业公司△
2. 陕西中金装饰工程有限公司
3. 西安飞机工业装饰装修工程股份有限公司
4. 西安航空发动机（集团）有限公司装饰工程分公司
5. 西安洪涛装饰设计工程有限公司△
6. 西安市彼特装饰工程公司△
7. 西安市鑫龙建筑装饰工程有限公司△
8. 西安发记营造建筑有限公司△
9. 西安大彩设计工程有限责任公司
10. 西安市建筑装饰工程总公司△
11. 西安市蓝码克装修工程有限责任公司
12. 西安市裕华建设有限责任公司
13. 陕西艺林建筑装饰工程有限公司△
14. 耀华建筑装饰工程有限公司△

甘肃省（7家）

1. 甘肃陇海装饰工程有限责任公司△
2. 兰州市兰穗装饰工程公司
3. 甘肃金牛装饰工程有限责任公司△
4. 兰州宁远艺术装璜有限责任公司△
5. 甘肃省建筑装饰工程公司△
6. 兰州时代建筑艺术装饰工程公司
7. 甘肃省建筑企业兰山装饰设计工程公司△

新疆维吾尔自治区（2家）

1. 新疆建筑装饰设计研究院
2. 新疆城市建筑装饰设计

全国105家建筑幕墙工程设计甲级资质企业名单

北京市（9家）

1. 中国新兴建设开发总公司
2. 北京泓申铝质工程有限公司△
3. 北京金粤装饰工程有限责任公司
4. 北京江河幕墙装饰工程有限公司△
5. 北京嘉寓装饰工程有限公司
6. 北京鸿恒基幕墙装饰工程公司△
7. 北京建黎铝门窗幕墙有限公司△
8. 北京北方建磊装饰装修有限公司△
9. 北京南隆建筑装饰工程有限公司△

上海市（16家）

1. 上海恒利益建装潢工程有限公司
2. 上海美特幕墙有限公司△
3. 上海住总金属结构件有限公司△
4. 上海金粤幕墙有限公司
5. 上海富艺幕墙工程有限公司△
6. 上海高新铝质工程合作公司△
7. 上海玻璃机械厂
8. 上海远大铝业工程有限公司
9. 上海杰思工程实业有限公司△
10. 上海科胜幕墙有限公司△
11. 上海邝沛幕墙有限公司△
12. 上海金桥瑞和装饰工程有限公司△
13. 上海东江建筑装饰工程有限公司△
14. 和兴玻璃铝业（上海）有限公司△
15. 上海迪蒙幕墙工程技术有限公司△
16. 上海信安幕墙建筑装饰有限公司△

天津市（2家）

1．天津市华方幕墙装饰工程有限公司△
2．金丰环球装饰工程（天津）有限公司

重庆市（1家）

1．重庆西南铝装饰工程有限公司△

广东省（22家）

1．广州铝质装饰工程有限公司△
2．广州铝材厂装饰工程公司△
3．深圳市方大装饰工程有限公司△
4．深圳中航幕墙工程有限公司△
5．深圳华加日铝业有限公司△
6．深圳金粤幕墙装饰工程有限公司△
7．深圳市光华中空玻璃工程有限公司△
8．深圳市深建华辉装饰工程有限公司
9．深圳市新鹏都装饰工程有限公司
10．深圳西林实业股份有限公司
11．深圳百荣铝业有限公司
12．深圳市三鑫玻璃工程有限公司△
13．深圳市科源建筑装饰工程有限公司
14．深圳市瑞华幕墙装饰工程有限公司△
15．珠海市红海幕墙有限公司△
16．珠海市晶艺玻璃工程有限公司△
17．汕头经济特区金刚玻璃幕墙有限公司△
18．中山市盛兴幕墙有限公司△
19．广东世纪达装饰工程有限公司
20．南海市兴发幕墙门窗有限公司△
21．深圳粤源装饰工程有限公司△
22．珠海兴业幕墙工程有限公司△

江苏省（9家）

1．江苏省建伟幕墙装饰工程有限公司△
2．江苏合发集团有限责任公司△
3．江苏锡厦铝业有限公司△
4．江苏苏鑫装饰（集团）公司△
5．苏州苏明装饰公司
6．常州黎明玻璃幕墙工程有限公司△
7．常州华艺铝型材有限公司△
8．无锡金城幕墙装饰工程有限公司△
9．无锡王兴幕墙装饰工程有限公司△

河北省（5家）

1．河北振海铝业集团有限公司△
2．石家庄市海山建筑装饰工程总公司△
3．秦皇岛渤海铝幕墙装饰工程有限公司△
4．华北铝业有限公司△
5．石家庄四站铝合金装饰工程处

辽宁省（11家）

1．辽宁泰丰铝业装饰工程有限公司
2．沈阳黎明铝门窗工程公司△
3．沈阳飞机制造公司铝合金结构工程公司△
4．沈阳远大铝业工程有限公司△
5．沈阳强风铝业工程有限公司
6．沈阳黎东幕墙装饰有限公司△
7．沈阳凯兴装饰工程有限公司△
8．沈阳凯达铝业工程有限公司△
9．营口瑞那斯铝业有限公司
10．澳连建筑装饰工程有限公司
11．鞍山市永安集团有限公司

黑龙江省（1家）

1．哈尔滨市东方墙业装饰有限公司

福建省（1家）

1．福建六建建工集团公司

山东省（4家）

1．山东天幕集团总公司△
2．山东津单幕墙有限公司△
3．山东雄狮建筑装饰工程有限公司△
4．青岛永鑫幕墙有限公司△

江西省（2家）

1．南昌长江建筑装饰工程公司
2．江西省美华建筑装饰工程有限责任公司

浙江省（3家）

1．浙江宝业幕墙装饰有限公司△
2．浙江省江南建筑装饰工程公司
3．温州市亚飞铝窗有限公司△

湖北省（4家）

1．湖北高艺装饰工程有限公司△
2．中美合资湖北鼎元建筑装饰工程有限公司
3．武汉凌云建筑装饰工程有限公司△
4．武汉华达建筑装饰设计工程有限公司

湖南省（3家）

1．中建（长沙）不二幕墙装饰有限公司△
2．中国建筑第五工程局金属门窗厂△
3．湖南吉粤装饰有限公司

河南省（1家）

1．中国建筑第七工程局第三建筑公司

海南省（2家）

1．海南新华黎明幕墙有限公司
2．海口南光幕墙装饰工程有限公司△

四川省（3家）

1．四川泰兴装饰工程有限责任公司
2．四川华西建筑装饰工程有限公司
3．四川华西蜀港装饰工程有限公司△

云南省（1家）

1．云南门窗工程公司△

陕西省（5家）

1．陕西艺林装饰工程有限公司
2．陕西中金装饰工程有限公司△
3．西安航空发动机（集团）有限公司装饰工程分公司
4．西安飞机工业装饰装修工程股份有限公司△
5．西安艺格建筑装饰工程有限责任公司

全国一级装饰施工、一级幕墙施工、甲级装饰设计、甲级幕墙设计企业按地区数量排序一览表

中国建筑装饰协会秘书处

全国471家一级建筑装修装饰工程专业承包企业按地区数量排序一览表

（单位：家）

序号	地　区	共计
1	广东省	67
2	北京市	61
3	江苏省	45
4	上海市	36
5	山东省	31
6	福建省	24
7	河北省	18
8	辽宁省	16
9	浙江省	15
10	湖北省	15
11	重庆市	13
12	湖南省	13
13	黑龙江省	12
14	江西省	12
15	四川省	12
16	陕西省	11
17	天津市	10
18	安徽省	10
19	河南省	9
20	云南省	9
21	甘肃省	9
22	吉林省	7
23	海南省	6
24	山西省	3
25	广西壮族自治区	2
26	贵州省	2
27	内蒙古自治区	1
28	宁夏回族自治区	1
29	新疆维吾尔自治区	1

全国342家甲级建筑装饰工程设计企业按地区数量排序一览表

（单位：家）

序号	地　区	共计
1	广东省	61
2	北京市	46
3	辽宁省	30
4	江苏省	27
5	上海市	21
6	山东省	18
7	重庆市	16
8	福建省	16
9	陕西省	14
10	河北省	12
11	江西省	11
12	湖北省	10
13	浙江省	9
14	四川省	7
15	甘肃省	7
16	海南省	6
17	河南省	6
18	黑龙江省	5
19	天津市	4
20	云南省	4
21	吉林省	3
22	安徽省	3
23	新疆维吾尔自治区	2
24	湖南省	2
25	内蒙古自治区	1
26	广西壮族自治区	1

全国90家一级建筑幕墙工程专业承包企业按地区数量排序一览表

（单位：家）

序号	地　区	原有	降级	新升	共计
1	广东省	14	7	11	18
2	上海市	14	3	3	14
3	江苏省	9	2	5	12
4	辽宁省	6	2	6	10
5	北京市	3	1	5	7
6	河北省	3	0	1	4
7	山东省	3	0	1	4
8	浙江省	1	1	3	3
9	湖北省	3	0	0	3
10	天津市	2	1	1	2
11	湖南省	2	0	0	2
12	云南省	1	0	1	2
13	四川省	2	1	1	2
14	陕西省	1	1	2	2
15	安徽省	0	0	1	1
16	福建省	2	1	0	1
17	重庆市	1	0	0	1
18	海南省	2	1	0	1

全国105家甲级建筑幕墙工程设计企业按地区数量排序一览表

（单位：家）

序号	地　区	共　计
1	广东省	22
2	上海市	16
3	辽宁省	11
4	江苏省	9
5	北京市	9
6	河北省	5
8	陕西省	5
7	山东省	4
10	湖北省	4
9	浙江省	3
12	湖南省	3
17	四川省	3
11	天津市	2
13	海南省	2
16	江西省	2
14	重庆市	1
15	黑龙江省	1
18	云南省	1
19	福建省	1
20	河南省	1

全国338家通过ISO9000国际质量体系认证建筑装饰企业名单

自1996年我国建筑装饰行业开始推行ISO9000国际质量体系认证以来，到2003年1月，全国共有27个省市区的338家通过认证。其中，通过ISO9001的295家；ISO9002的40家；ISO9000、ISO14001和OHSAS18001三项认证的有27家；ISO9000和ISO14001两项认证的有17家；ISO9001和ISO9002两项认证的有2家；ISO14001的2家。

通过认证最多的排在前六位的是：广东省80（深圳市62）、北京市38、江苏省32（苏州市10）、上海市28、辽宁省23、福建省21家。

现公布如下，排名不分先后。

中国建筑装饰协会信息部

二〇〇三年七月三十一日

北京市（38家）

1．北京市建筑装饰设计工程公司　ISO9001

2．北京市建筑工程装饰公司　ISO9002 ISO14001 OHSAS18001

3．北京港源建筑装饰设计工程有限公司　ISO9001 ISO9002 ISO14001

4．中建一局四公司装饰公司　ISO9002

5．北京菲尼有限公司　ISO9001

6．北京住总装饰公司　ISO9001

7．北京建谊建筑工程有限公司　ISO9001 ISO14001

8．中国建筑装饰工程公司　ISO9001

9．北京贝盟国际建筑装饰工程有限公司　ISO9001

10．北京城建长城装饰设计工程公司　ISO9001

11．北京花旗建设发展有限公司　ISO9001

12．中国装饰有限公司　ISO9001

ISO14001
OHSAS18001
13. 北京北方建磊装饰装修有限公司　ISO9001
14. 北京金粤装饰工程有限公司　ISO9001
15. 中信室内装修工程公司　ISO9001
ISO14001
OHSAS18001
16. 中铁建厂工程局装饰工程总公司　ISO9002
17. 北京中航黎明幕墙有限责任公司　ISO9001
18. 北京弘高建筑装饰工程有限公司　ISO9001
ISO14001
OHSAS18001
19. 北京恒诚建筑装饰工程有限公司　ISO9002
20. 北京国都建筑装饰工程有限公司　ISO9001
ISO14001
OHSAS18001
21. 北京神龙天宇建筑装饰工程有限公司　ISO9001
22. 北京中建华齐亚装饰公司　ISO14001
23. 北京市凯伯特装饰工程有限公司　ISO9001
24. 北京金丰环球远大装饰工程有限公司　ISO9001
25. 北京市三鸣博雅装饰有限责任公司　ISO9001
ISO14001
26. 北京蓝岛嘉辉装饰工程有限公司　ISO9001
27. 北京业之峰装饰有限公司　ISO9001
28. 中艺建筑装饰有限公司　ISO9001
29. 北京华运装饰工程有限责任公司　ISO14001
30. 北京扶桑建筑装饰有限公司　ISO9001
ISO14001
OHSAS18001
31. 北京侨信装饰工程有限公司　ISO9001
ISO14001
OHSAS18001
32. 北京市上瑞装饰工程有限责任公司　ISO9001
ISO14001
OHSAS18001
33. 北京捷通机房设备工程有限公司　ISO9001
34. 北京贝丽亚建筑装饰工程有限公司　ISO9001
ISO14001
OHSAS18001
35. 北京长迪建筑装饰工程有限公司　ISO9002
36. 北京龙头建筑装饰工程有限公司　ISO9001
ISO14001
OHSAS18001
37. 中国建筑一局装饰公司　ISO9001
ISO14001
38. 北京久世兴建筑安装饰设计有限公司　ISO9001
ISO14001

广东省（80家）

1. 深圳市建筑装饰（集团）有限公司　ISO9001
2. 深圳市洪涛建筑装饰工程公司　ISO9001
ISO14001
OHSAS18001
3. 深圳市深装饰总装饰工程工业有限公司　ISO9001
4. 深圳市南利装饰工程公司　ISO9001
5. 深圳长城家具装饰工程有限公司　ISO9001
6. 中建三局深圳装饰设计工程公司　ISO9001
7. 深圳瑞和装饰工程有限公司　ISO9001
ISO14001
OHSAS18001
8. 深圳市深建华辉装饰工程有限公司　ISO9001
9. 深圳市晶宫设计装饰工程公司　ISO9001
10. 深圳市粤航设计装饰工程公司　ISO9001
11. 深圳市广田装饰设计工程有限公司　ISO9001
12. 深圳远鹏装饰设计工程有限公司　ISO9001
13. 深圳市文业装饰设计工程有限公司　ISO9001
14. 深圳市维业建筑设计工程有限公司　ISO9001
15. 深圳市奇信装饰设计工程有限公司　ISO9001
16. 深圳市科源建筑装饰工程有限公司　ISO9001
17. 深圳市美术装饰工程有限公司　ISO9001
18. 深圳市新科特种装饰工程有限公司　ISO9001
19. 深圳市美芝装饰工程有限公司　ISO9001
20. 深圳海外装饰工程公司　ISO9001
ISO14001
OHSAS18001
21. 深圳市设计装饰工程公司　ISO9001
22. 深圳市茂华装饰工程有限公司　ISO9001
23. 深圳市华南装饰设计工程有限公司　ISO9001
24. 深圳市华丽装修家私企业公司　ISO9001
25. 深圳市先科装饰工程公司　ISO9001
26. 深圳市中航装饰设计工程有限公司　ISO9001
27. 深圳市安星装饰设计工程有限公司　ISO9001
28. 深圳市深港机电装饰工程公司　ISO9001
29. 深圳市飞龙美术装饰工程有限公司　ISO9001
30. 深圳市宝鹰装饰设计工程有限公司　ISO9001
31. 深圳市朗峰装饰设计工程有限公司　ISO9001
32. 深圳市枫叶装饰设计工程有限公司　ISO9001
33. 中建七局装饰工程公司深圳分公司　ISO9001
34. 深圳华加日铝业有限公司　ISO9001
35. 深圳方大装饰工程公司　ISO9001
36. 深圳百荣铝业有限公司　ISO9001
ISO9002
37. 深圳中航幕墙工程有限公司　ISO9001
38. 深圳西林实业股份有限公司　ISO9001
39. 深圳富诚幕墙装饰工程有限公司　ISO9001
40. 深圳金粤幕墙装饰工程有限公司　ISO9001
ISO14001
OHSAS18001
41. 深圳市新鹏都装饰工程公司　ISO9001
42. 深圳泰然铝合金工程有限公司　ISO9001
43. 深圳家乐装饰工程有限公司　ISO9001
44. 深圳南玻幕墙工程有限公司　ISO9001
45. 深圳市建业自然装饰工程有限公司　ISO9001
46. 深圳市新百森装饰工程有限公司　ISO9001
47. 深圳丽景装饰工程有限公司　ISO9001
48. 深圳广胜达装饰设计工程有限公司　ISO9001
49. 深圳市瑞华幕墙装饰工程有限公司　ISO9001
50. 深圳市光华中空玻璃工程有限公司　ISO9001
51. 深圳市三鑫玻璃工程有限公司　ISO9001

52．深圳粤源装饰工程有限公司 ISO9001
53．深圳南威建筑装饰工程有限公司 ISO9001
54．深圳市瑞华幕墙装饰工程有限公司 ISO9001
55．深圳市嘉信装饰设计工程有限公司 ISO9001
56．深圳汉顿建筑装饰工程有限公司 ISO9001
57．深圳市倪阳设计有限公司 ISO9001
58．深圳市华剑装饰设计工程有限公司 ISO9001
59．深圳市新国俊建筑装饰设计工程有限公司 ISO9001
60．深圳市广胜达装饰设计工程有限公司 ISO9001
61．深圳蛇口建筑装饰工程公司 ISO9001
62．深圳市建艺装饰设计工程公司 ISO9001 ISO14001 OHSAS18001
63．中国联和承造实业有限公司 ISO9001 ISO14001
64．广东建雅室内工程设计施工有限公司 ISO9001
65．广东建设实业公司 ISO9001
66．广东省装饰总公司 ISO9001
67．广东兴发铝型材集团公司 ISO9001
68．广东省建筑装饰集团公司 ISO9001 ISO9001
69．广东建华装饰工程有限公司 ISO9001
70．广东省建筑装饰工程有限公司 ISO9001
71．广东世纪达装饰工程有限公司 ISO9001
72．广东中泓设计工程有限公司 ISO9001
73．广州市第一装修公司 ISO9001
74．广州市第三装修有限公司 ISO9001
75．广州市第四装修公司 ISO9001
76．广州铝材厂装饰工程公司 ISO9001
77．广州珠江装修工程公司 ISO9001
78．汕头金刚玻璃幕墙有限公司 ISO9001
79．汕头市豪华装饰工程总公司 ISO9001
80．汕头市爱富兰装饰工程有限公司 ISO9001

上海市（28家）

1．上海市建筑装饰工程有限公司 ISO9001 ISO9002 ISO14001
2．上海市大华装饰工程有限公司 ISO9002
3．上海景泰建筑装潢工程公司 ISO9002
4．上海金茂建筑装饰有限公司 ISO9001 ISO9002
5．上海康业建筑装饰工程有限公司 ISO9001
6．上海东亚建筑实业有限公司 ISO9002
7．上海建筑装饰（集团）总公司 ISO9002
8．上海蓝天房屋装饰工程公司 ISO9001 ISO14001 OHSAS18001
9．上海健尔斯装饰工程有限公司 ISO9001
10．上海高新铝质工程合作公司 ISO9001
11．上海美特幕墙有限公司 ISO9001
12．上海杰思工程实业有限公司 ISO9001
13．上海科胜幕墙有限公司 ISO9001
14．上海百姓家庭装潢有限公司 ISO9002
15．上海金桥瑞和装饰工程有限公司 ISO9001
16．上海海直建设工程公司 ISO9002
17．上海千思装饰实业有限公司 ISO9002
18．上海正方建筑装饰工程有限公司 ISO9002
19．上海新亚建筑装饰工程有限公司 ISO9002
20．上海新丽装饰工程有限公司 ISO9002 ISO9001
21．中建三局东方装饰设计工程公司 ISO9001
22．上海中企建筑装饰工程有限公司 ISO9002
23．上海秋元华林建筑装饰有限公司 ISO9001
24．上海东江建筑装饰工程有限公司 ISO9001
25．上海华懋建筑装饰工程有限公司 ISO9001
26．上海海艺建设股份有限公司 ISO9002
27．上海华辉装饰工程有限公司 ISO9001
28．上海世家装饰实业有限公司 ISO9001

江苏省（32家）

1．南京金陵建筑装饰工程有限责任公司 ISO9001
2．南京装饰工程公司 ISO9001
3．南京金鸿装饰工程有限公司 ISO9001
4．南京长岛建筑装饰工程有限公司 ISO9001
5．南京室内装饰工程成套总公司 ISO9001
6．江苏港宁装璜有限公司 ISO9001
7．江苏苏鑫装饰（集团）公司 ISO9001
8．江苏建设装饰工程公司 ISO9001
9．苏州金螳螂建筑装饰有限公司 ISO9001 ISO14001 OHSAS18001
10．苏州工业园区美瑞德建筑装饰有限公司 ISO9001
11．苏州市贝特装饰设计工程有限公司 ISO9001
12．苏州市华丽美登装饰装璜有限公司 ISO9001
13．苏州金鼎建筑装饰工程有限公司 ISO9001
14．苏州市建筑装饰工程总公司 ISO9001
15．苏州市工业园区国发国际建筑装饰工程有限公司 ISO9001
16．苏州东港装饰装璜有限公司 ISO9001
17．苏州苏明装饰公司 ISO9001
18．镇江市建筑装饰工程公司 ISO9001
19．常熟华联装潢工程有限公司 ISO9002
20．扬州日模邗沟装饰工程有限责任公司 ISO9001
21．无锡金城幕墙装饰工程有限公司 ISO9002
22．无锡市华东建筑装饰工程有限责任公司 ISO9002
23．张家港市金都装饰有限责任公司 ISO9001
24．无锡东方新格环境装饰工程有限公司 ISO9001
25．南京富海装饰工程有限公司 ISO9001
26．南京百会装饰工程有限公司 ISO9001
27．南京金陵国际装饰设计工程实业有限公司 ISO9001
28．南京香江华建工程有限公司 ISO9001
29．常泰建筑装璜工程有限公司 ISO9001 ISO14001
30．无锡市锡佛装潢有限公司 ISO9001
31．南京柏森实业有限责任公司 ISO9001

32. 南京装饰联合总公司　ISO9001

湖北省（9家）

1. 武汉凌云建筑装饰工程有限公司　ISO9001 ISO14001 OHSAS18001
2. 武汉建工集团装饰工程有限公司　ISO9001
3. 武汉天立装饰工程有限公司　ISO9001
4. 湖北翔宇置业发展有限公司　ISO9001
5. 武汉市方正装饰工程有限公司　ISO9001
6. 科艺建筑装饰设计工程有限公司　ISO9001
7. 武汉凌宏建筑装饰工程有限公司　ISO9001 ISO14001 OHSAS18001
8. 湖北远东电机工程服务有限公司　ISO9002
9. 湖北艺海建筑装饰工程有限公司　ISO9001

陕西省（6家）

1. 西安飞机工业装饰装修工程股份有限公司　ISO9001
2. 西安市彼特装饰工程公司　ISO9001 ISO14001
3. 西安大彩设计工程有限责任公司　ISO9001
4. 西安市鑫龙建筑装饰工程（集团）有限公司　ISO9001
5. 西安发记营造建筑有限公司　ISO9001
6. 陕西中金装饰工程有限公司　ISO9001

辽宁省（23家）

1. 辽宁泰丰铝业装饰工程有限公司　ISO9001
2. 沈阳远大铝业工程有限公司　ISO9001
3. 沈阳黎东幕墙装饰有限公司　ISO9001
4. 沈阳强风铝业工程有限公司　ISO9001
5. 沈阳凯兴装饰工程有限公司　ISO9001
6. 沈阳黎明铝门窗工程公司　ISO9001
7. 沈阳白云穗港装饰工程有限公司　ISO9001
8. 沈阳飞机制造公司铝合金结构工程公司　ISO9001
9. 大连红太装饰工程公司　ISO9001
10. 大连建筑设计装饰工程公司　ISO9001
11. 大连开建集团装饰工程公司　ISO9001
12. 大连通信装饰装修公司　ISO9001
13. 大连班雅装饰装修有限公司　ISO9001
14. 澳连建筑装饰工程有限公司　ISO9001
15. 辽宁强大铝业工程有限公司　ISO9001
16. 大石桥宏远装饰工程有限责任公司　ISO9001
17. 辽宁荣昌装饰装修工程有限公司　ISO9001 ISO14001
18. 沈阳瑞德装饰工程有限公司　ISO9001
19. 沈阳市中元建筑装饰工程公司　ISO9001
20. 辽宁日林建设集团建筑设计研究院　ISO9001 ISO14001
21. 辽宁三立美术装饰工程有限责任公司　ISO9001
22. 锦州凌云装饰装修工程有限公司　ISO9001
23. 沈阳天地建设发展有限公司　ISO9001 ISO14001 OHSAS18001

河北省（7家）

1. 石家庄常宏建筑装饰工程有限公司　ISO9001
2. 石家庄海山建筑装饰工程总公司　ISO9001
3. 石家庄市通力建筑装饰工程有限公司　ISO9001
4. 河北斯特龙装饰工程有限公司　ISO9001
5. 秦皇岛渤海铝幕墙装饰工程有限公司　ISO9001
6. 唐山市唐新装饰设计工程有限公司　ISO9001 ISO14001
7. 石家庄四站铝合金装饰工程处　ISO9001

天津市（9家）

1. 天津市建设装饰工程公司　ISO9001 ISO14001
2. 天津市金厦建设装饰工程公司　ISO9002
3. 天津惠顺装饰工程有限公司　ISO9002
4. 天津市艺术建筑装饰联合公司　ISO9001 ISO14001 OHSAS18001
5. 天津建工幕墙装饰有限公司　ISO9001
6. 天津南洋装饰工程公司　ISO9001 ISO14001
7. 金丰环球装饰工程（天津）有限公司　ISO9001
8. 中国建筑第六工程局装饰工程公司　ISO9001
9. 天津鑫平装饰工程有限公司　ISO9001

河南省（2家）

1. 中建七局建筑装饰工程公司　ISO9001
2. 中建二局洛阳装饰工程公司　ISO9002

贵州省（1家）

1. 中建四局装饰工程公司　ISO9001

黑龙江省（14家）

1. 黑龙江省国光建筑装饰工程有限公司　ISO9001
2. 黑龙江省高维建筑装饰工程有限公司　ISO9001
3. 黑龙江省喜盈门建筑装饰工程公司　ISO9001
4. 黑龙江乔信建筑装饰工程有限公司　ISO9001
5. 黑龙江省龙港装修有限责任公司　ISO9001
6. 黑龙江省新巨丰装饰工程有限公司　ISO9001
7. 哈尔滨君艺建筑装饰有限公司　ISO9001
8. 哈尔滨世纪千建筑装饰工程有限公司　ISO9001
9. 哈尔滨恒誉装饰工程有限公司　ISO9001
10. 哈尔滨新长城装饰公司　ISO9001
11. 哈尔滨亚泰装饰工程有限公司　ISO9001
12. 松竹集团黑龙江长城公司　ISO9001
13. 黑龙江圣龙建筑装饰工程有限公司　ISO9001
14. 黑龙江信德装饰工程有限公司　ISO9001 ISO14001

山东省（11家）

1. 山东省齐鲁装饰设计院　ISO9001
2. 山东津单幕墙有限公司　ISO9002
3. 山东省装饰集团总公司　ISO9001
4. 山东万得福装饰工程有限公司　ISO9001 ISO14001
5. 烟台西飞铝业有限公司　ISO9002
6. 中建八局装饰公司　ISO9001
7. 山东精英装饰有限公司　ISO9001
8. 山东省剑桥装饰工程有限公司　ISO9001
9. 山东展鸿华商装饰工程有限公司　ISO9001
10. 山东三箭建设工程股份有限公司装饰总　ISO9001

公司	ISO14001 ISO80001
11. 山东金楷装饰工程有限公司	ISO9001 ISO14001 ISO80001

山西省（3家）

1. 山西省建筑装饰工程总公司	ISO9001
2. 太原市现代建筑装饰工程有限公司	ISO9001
3. 山西圣通装饰工程有限公司	ISO9001

四川省（5家）

1. 铁二局集团装饰装修工程有限公司	ISO9001
2. 绵竹市宏建建筑装饰有限责任公司	ISO9001
3. 四川亨帝建筑装饰有限公司	ISO9001
4. 四川华西建筑装饰工程有限公司	ISO9001
5. 成都全兴广告装饰有限公司	ISO9001

湖南省（3家）

1. 长沙不二幕墙装饰工程公司	ISO9002
2. 中国建筑第五工程局建筑装饰公司	ISO9001
3. 湖南六建装饰设计工程有限公司	ISO9001

江西省（10家）

1. 江西圳昌装饰工程有限公司	ISO9001
2. 江西融城建筑装饰工程有限公司	ISO9001
3. 江西省康盛广告装饰工程有限公司	ISO9001
4. 江西利达装饰工程有限公司	ISO9001
5. 江西省装饰总公司	ISO9001
6. 江西南方装潢配套公司	ISO9001
7. 江西美华建筑装饰工程有限责任公司	ISO9001
8. 南昌新颖装饰机电消防工程有限公司	ISO9001
9. 南昌长江建筑装饰工程公司	ISO9001
10. 赣州装饰工程公司	ISO9001

浙江省（8家）

1. 浙江亚厦装饰集团有限公司	ISO9001
2. 浙江江南建筑装饰工程公司	ISO9002
3. 浙江九鼎日盛装饰工程有限公司	ISO9001
4. 武林建筑工程有限公司	ISO9001 ISO14001 OHSAS18001
5. 嵊州市环影装饰工程有限公司	ISO9001
6. 浙江华天装饰工程有限公司	ISO9001
7. 浙江福田建筑装饰工程有限公司	ISO9001
8. 浙江省时代建筑装饰有限公司	ISO9001 ISO14001 OHSAS18001

广西壮族自治区（2家）

1. 广西建工集团桂港建筑装饰公司	ISO9001
2. 广西建林装饰工程有限公司	ISO9001

内蒙古自治区（2家）

1. 中国天诚集团新雅建筑工程设计装饰总公司	ISO9002
2. 内蒙古大盟装饰工程有限公司	ISO9001`

重庆市（8家）

1. 重庆宏图装饰工程有限公司	ISO9001
2. 重庆金字塔装饰公司	ISO9001
3. 重庆渝远建筑工程设计装饰有限公司	ISO9001
4. 重庆港庆建筑装饰有限公司	ISO9001
5. 重庆港鑫建筑装饰设计工程有限公司	ISO9001
6. 重庆金梭装饰设计工程有限公司	ISO9001
7. 重庆金宇装饰工程有限公司	ISO9001
8. 重庆金飞建筑装饰工程有限公司	ISO9001

云南省（2家）

1. 云南白杨室内设计工程有限公司	ISO9002
2. 玉溪市富豪建筑装饰公司	ISO9001

海南省（4家）

1. 海南金厦工程实业公司	ISO9001
2. 海南嘉恒装饰工程有限公司	ISO9001
3. 海南雅园装饰工程有限公司	ISO9001
4. 海南中汇建筑装饰工程有限公司	ISO9001

安徽省（5家）

1. 安徽省装饰工程公司	ISO9001
2. 安徽华誉装饰工程有限公司	ISO9002
3. 安徽安兴建设装饰设计工程有限责任公司	ISO9001
4. 马鞍山市艺建装饰有限责任公司	ISO9001
5. 合肥建工装饰工程有限责任公司	ISO9001

福建省（21家）

1. 福建天华建筑装饰工程有限公司	ISO9001
2. 福建嘉华装饰工程有限公司	ISO9001
3. 福建省永盛设计装饰工程有限公司	ISO9001
4. 福建省五建装修装饰公司	ISO9001
5. 厦门华丽设计装修工程有限公司	ISO9001
6. 合程（厦门）建筑装饰工程有限公司	ISO9001
7. 厦门辉煌装修工程有限公司	ISO9001
8. 福州人文装修建筑工程有限公司	ISO9001
9. 泉州市豪太装饰工程有限公司	ISO9001
10. 福州国广一叶建筑装饰工程有限公司	ISO9001
11. 厦门港龙装修工程有限公司	ISO9001
12. 福建金亨装饰设计工程有限公司	ISO9001
13. 厦门市百将设计装饰工程有限公司	ISO9001
14. 福建省泉州市恒达信装饰工程有限公司	ISO9001
15. 泉州市粤港装饰工程有限公司	ISO9001
16. 福建省工程建设承包公司	ISO9001
17. 福州经济技术开发区时代装修有限公司	ISO9001
18. 福州市兴雅达装饰装修有限公司	ISO9001
19. 福建隆恩建筑装饰工程有限公司	ISO9001
20. 福建金三角装饰工程有限公司	ISO9001
21. 福建喜来登设计装饰工程有限公司	ISO9001

吉林省（5家）

1. 吉林浩昌装饰工程有限公司	ISO9001
2. 吉林鑫源建筑装饰装修有限公司	ISO9001
3. 吉林省太阳神建筑装饰工程有限公司	ISO9001
4. 长春东方装潢工程有限公司	ISO9001
5. 一汽实业建筑装饰工程有限责任公司	ISO9001

甘肃省（1家）

1. 甘肃陇海装饰工程有限责任公司	ISO9001

第二部分

行业表彰

中国建筑装饰协会公告

2002年全国建筑工程装饰奖评审会已于2002年12月4日至6日在北京召开，共评审出109项工程荣获2002年全国建筑工程装饰奖（公共建筑装饰类，含50个设计奖，4个参建奖），5项工程荣获2002年全国建筑工程装饰奖（单项设计类），22项工程荣获2002年全国建筑工程装饰奖（建筑幕墙类），104项工程荣获2002年全国建筑工程装饰奖（住宅装饰类）。

现将获奖工程及获奖单位公告如下。

会　长：馬挺貴

二〇〇二年十二月八日

2002年全国建筑工程装饰奖获奖名单

公共建筑装饰类（共109个工程）

一、北京市（共10个工程）

1．工程名称：北京国宾酒店

承建单位：ZJ0200011深圳海外装饰工程公司

（承建范围：整体室内装饰装修）

设计单位：ZJ0200013深圳海外装饰工程公司

（设计内容：整体室内装饰装修设计）

2．工程名称：北京保利大厦

承建单位：ZJ0200021北京清华工美建筑装饰工程有限公司

（承建范围：剧院大堂、观众厅、贵宾休息厅、化妆间，饭店前厅、后厅、电梯厅、酒吧、茶苑，大厦西餐厅、中餐厅等装饰装修）

设计单位：ZJ0200023北京清华工美环境艺术设计所

（设计内容：室内装饰装修设计）

3．工程名称：北京亚洲大酒店

承建单位：ZJ0200031北京花旗建设发展有限公司

（承建范围：一至三层公共区域装饰装修）

设计单位：ZJ0200033北京花旗建设发展有限公司

（设计内容：一至三层公共区域装饰装修设计）

4．工程名称：北京人民大会堂小礼堂

承建单位：ZJ0200041北京市第一房屋修建工程公司

（承建范围：室内装饰装修）

设计单位：ZJ0200043华堂建筑装修工程有限公司

（设计内容：室内装饰装修设计）

5．工程名称：北京人民大会堂舞台、观众厅

承建单位：ZJ0200051中国新兴建设开发总公司

（承建范围：改造装饰装修工程）

6．工程名称：北京中华世纪坛

承建单位：ZJ0200061深圳市建筑装饰（集团）有限公司

（承建范围：地下一层、地上三层装饰装修）

设计单位：ZJ0200063深圳市建筑装饰（集团）有限公司

（设计内容：地下一层、地上三层装饰装修设计）

7．工程名称：北京中华世纪坛

承建单位：ZJ0200071北京燕佳建筑工程有限公司

（承建范围：名人雕塑环廊、地上二层西方艺术馆、地下一层多媒体数字艺术馆等装饰装修）

参建单位：ZJ0200072北京中远广田装饰工程有限公司

（参建范围：二层南北门厅装饰装修）

8．工程名称：北京东直门国际公寓

承建单位：ZJ0200081江苏省建筑工程公司

（承建范围：室内装饰装修）

9．工程名称：北京人民大会堂四川厅

承建单位：ZJ0200091四川华西建筑装饰工程有限公司

（承建范围：室内装饰装修）

设计单位：ZJ0200093四川华西建筑装饰设计有限公司

（设计内容：室内装饰装修设计）

10．工程名称：北京人民大会堂青海厅

承建单位：ZJ0200101北京清华工美建筑装饰工程有限公司

（承建范围：室内装饰装修）

设计单位：ZJ0200103北京清华工美环境艺术设计所

（设计内容：室内装饰装修设计）

二、天津市（共2个工程）

11．工程名称：中国人民银行天津分行办公楼(灰楼)

承建单位：ZJ0200111天津华惠安信装饰工程有限公司

（承建范围：办公楼室内外装饰装修）

12．工程名称：天津市商业银行营业楼大厅

承建单位：ZJ0200121天津建工集团装饰工程公司

（承建范围：营业大厅、地下代保管库内装饰装修）

三、河北省（共3个工程）

13．工程名称：河北移动通讯公司石家庄分公司办公楼

承建单位：ZJ0200131石家庄常宏建筑装饰工程有限公司

（承建范围：室内装饰装修）

设计单位：ZJ0200133石家庄常宏建筑装饰工程有限公司

（设计内容：室内装饰装修设计）

14．工程名称：乐亭县乐泰大酒店

承建单位：ZJ0200141 唐山方舟建筑装饰工程有限公司
（承建范围：整体室内装饰装修）

15. 工程名称：邢台电业局生产调度楼
承建单位：ZJ0200151 河北省四建装饰工程公司
（承建范围：大堂、会议室、营业厅、办公室、调度室等装饰装修）

四、山西省（共 1 个工程）

16. 工程名称：山西省人民政府四方院
承建单位：ZJ0200161 山西三利装饰有限公司
（承建范围：室内中庭（涉外会客厅）、首长办公室、会议室、休息室等室内装饰装修）
设计单位：ZJ0200163 山西三利装饰有限公司
（设计内容：室内装饰装修设计）

五、内蒙古自治区（共 1 个工程）

17. 工程名称：内蒙古华胜宾馆（现名神东宾馆）
承建单位：ZJ0200171 广东省建筑装饰集团公司
（承建范围：宾馆五层及地下一层的室内外装饰、机电安装、消防安装及配套工程）
设计单位：ZJ0200173 广东省建筑装饰集团公司
（设计内容：室内装饰装修设计）

六、辽宁省（共 10 个工程）

18. 工程名称：大连金石国际会议中心
承建单位：ZJ0200181 深圳市南利装饰工程公司
（承建范围：室内装饰装修）
设计单位：ZJ0200183 深圳市南利装饰工程公司
（设计内容：室内装饰装修设计）

19. 工程名称：大连金石国际会议中心
承建单位：ZJ0200191 大连盛大建筑装饰工程有限公司
（承建范围：三至五层大堂、中西餐厅、电梯间等装饰装修）
设计单位：ZJ0200193 大连盛大建筑装饰工程有限公司
（设计内容：室内装饰装修设计）

20. 工程名称：大连金石国际会议中心
承建单位：ZJ0200201 大连建筑设计装饰工程公司
（承建范围：地下一层、一至二层等装饰装修）
设计单位：ZJ0200203 大连建筑设计装饰工程公司
（设计内容：室内装饰装修设计）

21. 工程名称：辽宁省邮电管理局办公楼
承建单位：ZJ0200211 澳连建筑装饰工程有限公司
（承建范围：一二层装饰装修）
设计单位：ZJ0200213 澳连建筑装饰工程有限公司
（设计内容：一二层装饰装修设计）

22. 工程名称：沈阳二十一世纪大厦
承建单位：ZJ0200221 沈阳白云穗港装饰工程有限公司
（承建范围：一层大堂、高务中心、办公室、电梯间，二至三层等装饰装修）
设计单位：ZJ0200223 沈阳白云穗港装饰工程有限公司
（设计内容：一至三层装饰装修设计）

23. 工程名称：沈阳皇朝万豪酒店
承建单位：ZJ0200231 沈阳瑞德装饰工程有限公司
（承建范围：二层金钱酒吧等装饰装修）
设计单位：ZJ0200233 沈阳瑞德装饰工程有限公司
（设计内容：二层金钱酒吧室内装饰装修设计）

24. 工程名称：中信实业银行大连开发区分行营业楼
承建单位：ZJ0200241 大连乾豪建筑装饰工程有限公司
（承建范围：室内装饰装修）
设计单位：ZJ0200243 大连壹阁室内装饰设计有限公司
（设计内容：室内装饰装修设计）

25. 工程名称：大连阿尔滨康乐中心
承建单位：ZJ0200251 大连阿尔滨集团装饰工程有限公司
（承建范围：宾馆和康乐两部分装饰装修）

26. 工程名称：中国工商银行大连市旅顺口支行营业楼
承建单位：ZJ0200261 大连盛大建筑装饰工程有限公司
（承建范围：一至二层大堂，营业区、办公区、会议室、多功能厅等装饰装修）
设计单位：ZJ0200263 大连盛大建筑装饰工程有限公司
（设计内容：室内装饰装修设计）

27. 工程名称：沈阳军区总医院门诊急诊楼
承建单位：ZJ0200271 辽宁荣昌装饰装修工程有限公司
（承建范围：一层门诊急诊大厅、各诊室、二至四层回廊、多功能厅、贵宾厅等装饰装修）
设计单位：ZJ0200273 辽宁荣昌装饰装修工程有限公司
（设计内容：室内装饰装修设计）

七、吉林省（共 2 个工程）

28. 工程名称：空军长春第二航空学院外训宾馆
承建单位：ZJ0200281 长春东方装璜工程有限公司
（承建范围：整体室内装饰装修）
设计单位：ZJ0200283 长春东方装璜工程有限公司
（设计内容：整体室内装饰装修设计）

29. 工程名称：延吉市邮政大厦
承建单位：ZJ0200291 长春长江装饰装璜有限公司
（承建范围：室内装饰装修）
设计单位：ZJ0200293 长春长江装饰装璜有限公司
（设计内容：室内装饰装修设计）

八、黑龙江省（共 6 个工程）

30. 工程名称：黑龙江省医院门诊急救中心
承建单位：ZJ0200301 黑龙江国光建筑装饰工程有限公司
（承建范围：大堂、会议室、阅览室、病房、办公室、诊疗室、手术室等装饰装修）
设计单位：ZJ0200303 黑龙江国光建筑装饰工程有限公司
（设计内容：室内装饰装修设计）

31. 工程名称：大庆建设大厦
承建单位：ZJ0200311 黑龙江省喜盈门建筑装饰工程有限公司

（承建范围：办公区大堂、交易厅、四季厅、招投标大厅、多功能厅、贵宾厅、报告厅等装饰装修）

设计单位：ZJ0200313 黑龙江省喜盈门建筑装饰工程有限公司

（设计内容：室内装饰装修设计）

参建单位：ZJ0200312 哈尔滨市亚泰装饰工程有限公司

（参建范围：餐厅、舞厅、保龄球馆等装饰装修）

32. 工程名称：鹤岗九州大酒店

承建单位：ZJ0200321 黑龙江四海园装饰有限公司

（承建范围：一至二层室内装饰装修）

设计单位：ZJ0200323 哈尔滨四海园建筑装饰有限公司

（设计内容：室内装饰装修设计）

33. 工程名称：佳木斯机场候机楼

承建单位：ZJ0200331 佳木斯蓝鲸建筑装饰工程有限公司

（承建范围：室内、吊棚、墙面、顶面、白钢门、卫生间等装饰装修）

34. 工程名称：金宝利商务酒店

承建单位：ZJ0200341 黑龙江高维建筑装饰工程有限公司

（承建范围：地上五层、地下一层室内装饰装修）

设计单位：ZJ0200343 黑龙江高维建筑装饰设计有限公司

（设计内容：室内装饰装修设计）

35. 工程名称：哈尔滨锦秀教化电子大世界

承建单位：ZJ0200351 黑龙江锦秀建筑装饰工程有限公司

（承建范围：办公区、活动区、小吃广场、会议区等室内装饰装修）

设计单位：ZJ0200353 黑龙江锦秀建筑装饰工程有限公司

（设计内容：办公区、活动区、小吃广场、会议区等室内装饰装修设计）

九、上海市（共 11 个工程）

36. 工程名称：上海市第二中级人民法院审判法庭办公楼

承建单位：ZJ0200361 上海市建筑装饰工程有限公司

（承建范围：二至四层大堂、共享空间、贵宾室、办公室、法庭、电梯间等室内装饰装修）

设计单位：ZJ0200363 上海市建筑装饰工程有限公司设计所

（设计内容：室内装饰装修设计）

37. 工程名称：中国工商银行上海市分行营业部大楼

承建单位：ZJ0200371 上海建筑装饰（集团）有限公司

（承建范围：一至六层结构加固装饰总承包，一至三层室内装饰装修）

38. 工程名称：建行上海分行科教中心

承建单位：ZJ0200381 上海蓝天房屋装饰工程公司

（承建范围：八至十一层室内装饰装修）

39. 工程名称：上海市浦东新区政府行政办公中心

承建单位：ZJ0200391 上海东江建筑装饰工程有限公司

（承建范围：九至十三层室内装饰装修）

设计单位：ZJ0200393 上海东江建筑设计工程有限公司

（设计内容：室内装饰装修设计）

40. 工程名称：上海民防大厦

承建单位：ZJ0200401 上海市第七建筑有限公司

（承建范围：一层、二层、五层、三十一层装饰装修）

设计单位：ZJ0200403 上海市地下建筑设计研究院

（设计内容：室内装饰装修设计）

41. 工程名称：上海太平洋百货站前店

承建单位：ZJ0200411 上海华亮建筑装饰有限公司

（承建范围：一至二层室内装饰装修）

42. 工程名称：中国民生银行上海分行

承建单位：ZJ0200421 上海建筑装饰（集团）有限公司

（承建范围：一至二层室内装饰装修）

43. 工程名称：上海会计学院

承建单位：ZJ0200431 上海新丽装饰工程有限公司

（承建范围：教师公寓、娱乐中心、餐厅及信息中心等室内装饰装修）

44. 工程名称：上海会计学院

承建单位：ZJ0200441 上海市建筑装饰工程有限公司

（承建范围：教学楼、BC 学生公寓室内装饰装修）

45. 工程名称：上海大剧院南区

承建单位：ZJ0200451 深圳市洪涛装饰工程公司

（承建范围：室内装饰装修）

46. 工程名称：上海静安广场

承建单位：ZJ0200461 上海海直建设工程公司

（承建范围：裙房一至四层室内装饰装修）

十、江苏省（共 6 个工程）

47. 工程名称：昆山市周庄宾馆

承建单位：ZJ0200471 苏州工业园区国发国际建筑装饰工程有限公司

（承建范围：室内外装饰装修）

48. 工程名称：江阴市海澜集团会展中心

承建单位：ZJ0200481 苏州金螳螂建筑装饰有限公司

（承建范围：整体室内装饰装修）

设计单位：ZJ0200483 苏州金螳螂建筑装饰有限公司

（设计内容：整体室内装饰装修设计）

49. 工程名称：南京丁山香格里拉大酒店

承建单位：ZJ0200491 苏州金螳螂建筑装饰有限公司

（承建范围：大堂、酒吧、三层、八至九层室内装饰装修）

50. 工程名称：无锡太湖饭店

承建单位：ZJ0200501 深圳长城家俱装饰工程有限公司

（承建范围：一层大厅室内装饰装修）

设计单位：ZJ0200503 深圳长城家俱装饰工程有限公司

（设计内容：室内装饰装修设计）

51. 工程名称：无锡太湖饭店

承建单位：ZJ0200511 苏州金螳螂建筑装饰有限公司

（承建范围：二层餐厅、会议中心、会见厅，地下游泳池、多功能厅等室内装饰装修）

52. 工程名称：无锡丽湖花园度假村（无锡邮电职工休养所）
承建单位：ZJ0200521 上海蓝天房屋装饰工程公司
（承建范围：接待楼室内外装饰、地下室、地上一层餐厅装饰装修）

十一、山东省（共5个工程）

53. 工程名称：济南市银行电子结算中心
承建单位：ZJ0200531 山东剑桥装饰工程有限公司
（承建范围：一至十六层室内装饰装修）

54. 工程名称：临淄区地税局办税服务厅
承建单位：ZJ0200541 山东高阳建设公司
（承建范围：室内装饰装修）

55. 工程名称：济南贵和皇冠假日酒店
承建单位：ZJ0200551 青岛东亚建筑装饰有限公司
（承建范围：中庭区及客房装饰装修）

56. 工程名称：山东济南胜利大厦
承建单位：ZJ0200561 山东万得福装饰工程有限公司
（承建范围：大堂、地下餐厅、职工餐厅、电梯厅、大会议室、董事会会议室、普通办公区等装饰装修）

57. 工程名称：莱芜市电信局第二枢纽大楼
承建单位：ZJ0200571 山东精英装饰有限公司
（承建范围：营业大厅、电梯厅、领导办公室、会议室、接待室、十一至十六层普通办公室、开放办公区、十九层餐厅等装饰装修）

十二、安徽省（共1个工程）

58. 工程名称：黄山花溪饭店
承建单位：ZJ0200581 合肥建工装饰工程有限责任公司
（承建范围：整体室内装饰装修）
设计单位：ZJ0200583 合肥建工装饰工程有限责任公司
（设计内容：整体室内装饰装修设计）

十三、浙江省（共10个工程）

59. 工程名称：衢州电信枢纽大楼
承建单位：ZJ0200591 浙江耀江建设集团股份有限公司
（承建范围：主楼底层门厅、八至十一层办公用房、营业用房的室内装饰装修）

60. 工程名称：嘉兴香溢大酒店
承建单位：ZJ0200601 浙江雅迪装饰工程有限公司
（承建范围：一至五层、十四至十五层室内装饰装修）
设计单位：ZJ0200603 浙江雅迪装饰工程有限公司装饰设计所
（设计内容：室内装饰装修设计）

61. 工程名称：浙江省肿瘤医院病房大楼
承建单位：ZJ0200611 浙江省长城建设集团股份有限公司
（承建范围：室内外装饰装修）

62. 工程名称：浙江康莱特药业有限公司综合楼
承建单位：ZJ0200621 武林建筑工程有限公司
（承建范围：室内装饰装修）

63. 工程名称：海宁市信用联社综合用房
承建单位：ZJ0200631 浙江八达建设集团有限公司
（承建范围：五至十六层室内装饰装修）

64. 工程名称：海宁市信用联社综合用房
承建单位：ZJ0200641 浙江亚厦装饰集团有限公司
（承建范围：一至四层室内装饰装修）

65. 工程名称：中国人民银行台州市中心支行办公楼
承建单位：ZJ0200651 台州市大自然建筑装饰工程有限公司
（承建范围：一至五层室内装饰装修）

66. 工程名称：义乌信联大厦
承建单位：ZJ0200661 浙江广艺建筑装饰工程有限公司
（承建范围：室内装饰装修）

67. 工程名称：杭州城市花园酒店
承建单位：ZJ0200671 浙江亚厦装饰集团有限公司
（承建范围：一层大堂、中庭、西餐厅、一至三层公共区域、二十三至二十八层套房、总统套房、观光餐厅等室内装饰装修）

68. 工程名称：杭州城站广场
承建单位：ZJ0200681 深圳海外装饰工程公司
（承建范围：地下一层、一至二层全部室内装饰装修）

十四、福建省（共5个工程）

69. 工程名称：晋江电力大厦
承建单位：ZJ0200691 福建嘉华装饰工程有限公司
（承建范围：一至二十一层整体室内装饰装修）

70. 工程名称：厦门悦华会展酒店
承建单位：ZJ0200701 厦门辉煌装修工程有限公司
（承建范围：一至五层整体装饰装修）
设计单位：ZJ0200703 厦门辉煌装修工程有限公司
（设计内容：整体装饰装修设计）

71. 工程名称：厦门海沧大桥东锚碇桥梁建设展示馆
承建单位：ZJ0200711 厦门市路桥景观艺术公司
（承建范围：四层装饰装修及展馆展品制作、布展工程）
设计单位：ZJ0200713 厦门市路桥景观艺术公司
（设计内容：四层装饰装修及展馆展品制作、布展设计）

72. 工程名称：福州市人民检察院办案大楼
承建单位：ZJ0200721 福州经济技术开发区时代装修有限公司
（承建范围：中区五至八层、东区一至十三层室内装饰装修）

73. 工程名称：南安大酒店
承建单位：ZJ0200731 泉州市豪太装饰工程有限公司
（承建范围：大堂及一至三层室内装饰装修）
设计单位：ZJ0200733 泉州市豪太装饰工程有限公司
（设计内容：室内装饰装修设计）

十五、河南省（共2个工程）

74. 工程名称：河南省口岸系统EDI管理服务中心
承建单位：ZJ0200741 中国建筑第七工程局
（承建范围：一至五层室内装饰装修）
设计单位：ZJ0200743 中国建筑第八工程局装饰公司

（设计内容：室内装饰装修设计）
参建单位：ZJ0200742 中国建筑第八工程局装饰公司
（参建范围：六至十二层室内装饰装修）

75. 工程名称：郑州航院教学科研综合楼
承建单位：ZJ0200751 河南省第一建筑工程有限责任公司
（承建范围：室内楼地面、墙面、大小门厅等室内装饰装修）
设计单位：ZJ0200753 河南中泓装饰设计工程有限公司
（设计内容：室内装饰装修设计）
参建单位：ZJ0200752 河南中泓装饰设计工程有限公司
（参建范围：走廊、电梯间、卫生间、造型顶棚、雨篷等装饰装修）

十六、湖北省（共4个工程）

76. 工程名称：武汉亚洲心脏病医院
承建单位：ZJ0200761 武汉豪强装饰工程有限公司
（承建范围：室内装饰装修）

77. 工程名称：中南财经政法大学教学办公楼
承建单位：ZJ0200771 武汉华达建筑装饰设计工程有限公司
（承建范围：办公楼、教学楼、国际学术报告厅及阅卷中心等装饰装修）
设计单位：ZJ0200773 武汉华达建筑装饰设计工程有限公司
（设计内容：室内装饰装修设计）

78. 工程名称：武汉长江置地有限公司办公大楼
承建单位：ZJ0200781 深圳市汉顿建筑装饰工程有限公司
（承建范围：大堂、多功能厅、电梯厅、楼梯等装饰装修）
设计单位：ZJ0200783 深圳市汉顿建筑装饰工程有限公司
（设计内容：室内装饰装修设计）

79. 工程名称：工商银行武汉江岸支行营业办公大楼
承建单位：ZJ0200791 深圳市新鹏都装饰工程有限公司
（承建范围：一至四层、屋顶花园等室内装饰装修）

十七、湖南省（共3个工程）

80. 工程名称：长沙市中心医院老干保健中心
承建单位：ZJ0200801 湖南通程建筑装饰工程有限公司
（承建范围：整体室内装饰装修）
设计单位：ZJ0200803 湖南通程建筑装饰工程有限公司
（设计内容：整体室内装饰装修设计）

81. 工程名称：湖南省电子出版大楼
承建单位：ZJ0200811 湖南华天装饰有限公司
（承建范围：大楼室外外墙装饰装修）

82. 工程名称：津市移动大楼营业厅
承建单位：ZJ0200821 长沙市新宇建筑装饰工程有限公司
（承建范围：室内装饰装修）
设计单位：ZJ0200823 长沙市新宇建筑装饰工程有限公司
（设计内容：室内装饰装修设计）

十八、广东省（共11个工程）

83. 工程名称：深圳市税务征收综合办公楼
承建单位：ZJ0200831 深圳市华南装饰设计工程有限公司
（承建范围：五层、七至八层、十一至十二层、十六至二十六层、三十七至三十八层等室内装饰装修）

84. 工程名称：深圳华为科研电气楼
承建单位：ZJ0200841 深圳华丽装修家私企业公司
（承建范围：一至四层室内精装修）
设计单位：ZJ0200843 深圳华丽装修家私企业公司
（设计内容：一至四层室内装饰装修设计）

85. 工程名称：深圳圣廷苑酒店
承建单位：ZJ0200851 深圳市文业装饰设计工程有限公司
（承建范围：一至四层、二十八至二十九层室内装饰装修）

86. 工程名称：深圳嘉汇百货商场
承建单位：ZJ0200861 深圳市科源建筑装饰工程有限公司
（承建范围：室内装饰装修）

87. 工程名称：南海枫丹白鹭酒店二期装饰工程
承建单位：ZJ0200871 广州珠江装修工程公司
（承建范围：第二期别墅区室内装饰装修）

88. 工程名称：顺德华桂园C座
承建单位：ZJ0200881 广东中泓设计工程有限公司
（承建范围：室内外装饰装修）
设计单位：ZJ0200883 广东中泓设计工程有限公司
（设计内容：室内外装饰装修设计）

89. 工程名称：广东省电信规划设计院办公楼
承建单位：ZJ0200891 广州市第三装修有限公司
（承建范围：十三至十五层装饰装修）

90. 工程名称：广东省南海市电力调度综合楼
承建单位：ZJ0200901 广东省装饰总公司
（承建范围：一至十九层装饰装修）

91. 工程名称：广州市经济技术开发区外商活动中心
承建单位：ZJ0200911 广东省建筑装饰集团公司
（承建范围：一层二层、地下一层室内装饰装修）

92. 工程名称：广州市麓湖阁商住楼
承建单位：ZJ0200921 广州珠江装修工程公司
（承建范围：南北塔入口、大堂、电梯厅、过廊、各户型装饰装修）
设计单位：ZJ0200923 广州珠江室内设计有限公司
（设计内容：室内装饰装修设计）

93. 工程名称：广州市大都会广场
承建单位：ZJ0200931 广州市第四装修有限公司
（承建范围：室内外装饰装修）

十九、广西自治区（共3个工程）

94. 工程名称：桂林高尔夫乡村休闲世界度假酒店
承建单位：ZJ0200941 广西建工集团桂港建筑装饰有限公司
（承建范围：室内装饰装修）

95. 工程名称：广西路桥大厦（金都大酒店）
承建单位：ZJ0200951 湛江市粤西建筑工程公司南宁分公司
（承建范围：大堂、夜总会、中西餐厅、多功能厅、会议厅等室内装饰装修）

96. 工程名称：广西北海甲天下国际大酒店

承建单位：ZJ0200961 广西建林装饰工程有限责任公司
（承建范围：室内装饰装修）

二十、海南省（共 2 个工程）

97．工程名称：海南太阳城大酒店
承建单位：ZJ0200971 海南雅园装饰工程有限公司
（承建范围：大堂、中餐厅、会议中心、康体中心、客房装饰装修）
设计单位：ZJ0200973 海南雅园装饰工程有限公司
（设计内容：大堂、中餐厅、会议中心、康体中心、客房装饰装修设计）

98．工程名称：博鳌金海岸温泉大酒店
承建单位：ZJ0200981 海南金海岸装饰工程有限公司
（承建范围：室内装饰装修）
设计单位：ZJ0200983 海南金海岸装饰工程有限公司
（设计内容：室内装饰装修设计）

二十一、重庆市（共 5 个工程）

99．工程名称：重庆地王广场
承建单位：ZJ0200991 重庆宏图装饰工程有限公司
（承建范围：外立面及室内装饰装修）
设计单位：ZJ0200993 重庆宏图装饰工程有限公司
（设计内容：室内装饰装修设计）

100．工程名称：重庆美术馆
承建单位：ZJ0201001 重庆金字塔装饰公司
（承建范围：展厅、门厅、会议厅、多功能厅等室内装饰装修）
设计单位：ZJ0201003 重庆金字塔装饰公司
（设计内容：室内装饰装修设计）

101．工程名称：重庆人民大礼堂
承建单位：ZJ0201011 重庆港庆建筑装饰有限公司
（承建范围：室内装饰装修）

102．工程名称：重庆武隆仙女华邦酒店
承建单位：ZJ0201021 重庆皇城装饰工程公司
（承建范围：大堂、餐厅、茶室、客房、套房、夜总会等室内装饰装修）
设计单位：ZJ0201023 重庆皇城装饰工程公司
（设计内容：室内装饰装修设计）

103．工程名称：第三军医大学新桥医院综合餐厅
承建单位：ZJ0201031 重庆天美装饰工程有限公司
（承建范围：室内装饰装修）

二十二、四川省（共 3 个工程）

104．工程名称：成都皇城老妈餐饮中心
承建单位：ZJ0201041 中铁二局集团装饰装修工程有限公司
（承建范围：一至五层室内装饰、正立面外墙装饰装修）

105．工程名称：四川农业大学逸夫教学楼
承建单位：ZJ0201051 四川华西建筑装饰工程有限公司
（承建范围：二装学术交流中心和教学楼装饰装修）

106．工程名称：成都天府丽都喜来登饭店
承建单位：ZJ0201061 南京金陵建筑装饰有限责任公司
（承建范围：裙楼一至四层室内装饰装修）

二十三、贵州省（共 1 个工程）

107．工程名称：贵州贵龙饭店
承建单位：ZJ0201071 深圳长城家俱装饰工程有限公司
（承建范围：一至九层室内装饰装修）

二十四、云南省（共 1 个工程）

108．工程名称：昆明市汽车客运新南站
承建单位：ZJ0201081 云南建设装璜有限责任公司
（承建范围：一楼及附楼一二楼室内装饰装修）

二十五、甘肃省（共 1 个工程）

109．工程名称：兰州明德宫酒店
承建单位：ZJ0201091 甘肃兰穗装饰工程有限责任公司
（承建范围：室内外装饰装修）

公共建筑装饰单项设计类（共 5 个工程）

1．工程名称：苏州图书馆
设计单位：ZJ0230013 苏州金螳螂建筑装饰有限公司
（设计内容：室内装饰装修设计）

2．工程名称：浙江嘉兴广电中心
设计单位：ZJ0230023 杭州典尚建筑装饰设计有限公司
（设计内容：办公楼、演播楼、培训休闲楼室内装饰设计）

3．工程名称：浙江杭州红星文化大厦
设计单位：ZJ0230033 杭州典尚建筑装饰设计有限公司
（设计内容：大剧院、大厅等室内装饰装修设计）

4．工程名称：南平市国家税务局综合楼
设计单位：ZJ0230043 福州国广一叶建筑装饰工程有限公司
（设计内容：一至二十层室内装饰装修设计）

5．工程名称：深圳市五洲宾馆附楼
设计单位：ZJ0230053 深圳市维业装饰设计工程有限公司
（设计内容：大堂、中庭、会议厅、客房、套房等室内装饰装修设计）

建筑幕墙类（共 22 个工程）

1．工程名称：北京凯旋大厦
承建单位：ZJ0250011 北京磊鑫装饰设计工程有限公司

2．工程名称：北京北航活动中心
承建单位：ZJ0250021 沈阳黎明门窗幕墙制造安装工程公司

3．工程名称：邢台电业局生产调度楼
承建单位：ZJ0250031 沈阳黎东幕墙装饰有限公司

4. 工程名称：晋城煤炭交易中心综合楼
承建单位：ZJ0250041 石家庄市海山建筑装饰工程总公司
5. 工程名称：大连森林动物园热带雨林馆
承建单位：ZJ0250051 大连红太装饰工程公司
6. 工程名称：沈阳市科学宫宇宙天象馆穹幕影院
承建单位：ZJ0250061 沈阳黎东幕墙装饰有限公司
7. 工程名称：辽宁省新华书店图书音像配送中心大楼
承建单位：ZJ0250071 辽宁泰丰铝业装饰工程有限公司
8. 工程名称：沈阳二十一世纪大厦
承建单位：ZJ0250081 沈阳远大铝业工程有限公司
9. 工程名称：大连金石国际会议中心
承建单位：ZJ0250091 大连红太装饰工程公司
10. 工程名称：上海民防大厦
承建单位：ZJ0250101 和兴玻璃铝业（上海）有限公司
11. 工程名称：上海建设大厦
承建单位：ZJ0250111 武汉凌云建筑装饰工程有限公司
12. 工程名称：洛阳市电信大楼
承建单位：ZJ0250121 武汉凌云建筑装饰工程有限公司
13. 工程名称：荆州电信枢纽大楼
承建单位：ZJ0250131 湖北高艺装饰工程有限公司
14. 工程名称：长沙黄花机场航站楼
承建单位：ZJ0250141 武汉凌云建筑装饰工程有限公司
15. 工程名称：长沙黄花机场航站楼
承建单位：ZJ0250151 西安飞机工业装饰装修工程股份有限公司
16. 工程名称：深圳电子科技大厦
承建单位：ZJ0250161 深圳市金粤幕墙装饰工程有限公司
17. 工程名称：深圳市邮电枢纽信息大厦
承建单位：ZJ0250171 深圳市深建华辉装饰工程有限公司
18. 工程名称：四川省地税局综合楼
承建单位：ZJ0250181 四川华西建筑装饰工程有限公司
19. 工程名称：西安开元商城
承建单位：ZJ0250191 江苏省建伟幕墙装饰工程有限公司
20. 工程名称：陕西国家安全厅办公大楼
承建单位：ZJ0250201 陕西艺林实业有限责任公司
21. 工程名称：咸阳财苑大厦
承建单位：ZJ0250211 西安西航祥和铝业装饰工程有限公司
22. 工程名称：甘肃省广播电视中心
承建单位：ZJ0250221 甘肃省建筑企业兰山装饰设计工程公司

住宅装饰类（共 104 个工程）

一、天津市（共 5 个工程）

1. 工程名称：天津市河西区万顺温泉公寓
承建单位：ZJ0260011 天津市顺源装饰有限公司
2. 工程名称：家庭居室二室二厅住宅装修
承建单位：ZJ0260021 天津市家世界家饰装修有限公司
3. 工程名称：恬园 D 型公寓张先生家装工程
承建单位：ZJ0260031 天津开发区金泰达建筑装饰有限公司
4. 工程名称：天津市彩虹花园黄女士家居（4 号楼 1 门 901 室）
承建单位：ZJ0260041 广东星艺装饰有限公司天津分公司
5. 工程名称：天津市金厦新都花园吴先生家居 3 幢 2 门 402
承建单位：ZJ0260051 广东星艺装饰有限公司天津分公司

二、内蒙古自治区（共 2 个工程）

6. 工程名称：欧式小宅
承建单位：ZJ0260061 呼伦贝尔纵横安全技术装饰工程有限公司
7. 工程名称：正达小楼
承建单位：ZJ0260071 呼伦贝尔纵横安全技术装饰工程有限公司

三、辽宁省（共 5 个工程）

8. 工程名称：格林豪森样板间
承建单位：ZJ0260081 沈阳统代装饰工程有限公司
9. 工程名称：沈阳河畔花园 F8B 座高层公寓
承建单位：ZJ0260091 深圳海外装饰工程公司
10. 工程名称：瑞士家园 4#1-1 家庭装修
承建单位：ZJ0260101 沈阳市海天家庭装修有限公司
11. 工程名称：城中花园
承建单位：ZJ0260111 沈阳市富恒装修工程有限公司
12. 工程名称：新家源 9 号楼 3 单元 3 楼 2 号
承建单位：ZJ0260121 沈阳市富恒装修工程有限公司

四、吉林省（共 5 个工程）

13. 工程名称：富苑华城样板间
承建单位：ZJ0260131 长春市自由空间设计装饰有限公司
14. 工程名称：富苑高宅
承建单位：ZJ0260141 长春市自由空间设计装饰有限公司
15. 工程名称：杨玉宝家庭居室装饰工程
承建单位：ZJ0260151 长春星宇集团股份有限公司装饰设计工程分公司
16. 工程名称：一汽 416 栋 3 单元 601 室金宅
承建单位：ZJ0260161 吉林省艺典装饰工程有限公司—公健原创工作室
17. 工程名称：听涛雅居 4#504 刘府
承建单位：ZJ0260171 大连丽豪建筑装饰工程公司长春分公司

五、黑龙江省（共 3 个工程）

18. 工程名称：大庆市时代丽景 1-12-1 单元-302 住宅
承建单位：ZJ0260181 大庆市田军装饰设计工程有限公司
19. 工程名称：运华地产样板房
承建单位：ZJ0260191 哈尔滨麻雀装饰工程设计有限公司
20. 工程名称：通达雅苑四单元 702 室家庭装饰工程
承建单位：ZJ0260201 黑龙江省润恒建筑装饰工程有限公司

六、上海市（共4个工程）

21. 工程名称：“风和云墅”样板房
承建单位：ZJ0260211 上海全筑建筑装饰工程有限公司

22. 工程名称：徐国明家庭居室装饰工程
承建单位：ZJ0260221 上海聚通建筑装潢材料有限公司

23. 工程名称：顾坤荣家庭装潢
承建单位：ZJ0260231 上海市百姓家庭装潢有限公司

24. 工程名称：徐汇苑
承建单位：ZJ0260241 上海市建筑装饰工程有限公司

七、江苏省（共12个工程）

25. 工程名称：南京梅花山庄39幢701室
承建单位：ZJ0260251 江苏锦华装饰工程有限责任公司

26. 工程名称：馨泓花园B区6-301室装饰工程
承建单位：ZJ0260261 苏州市贝特装饰设计工程有限公司

27. 工程名称：住宅装饰（周逢齐）
承建单位：ZJ0260271 苏州市台北装饰工程有限公司

28. 工程名称：成贤公寓01幢10D座住宅装修
承建单位：ZJ0260281 南京钟凯丽装饰工程有限公司

29. 工程名称：徐军宅装饰装修
承建单位：ZJ0260291 镇江市嘉禾装饰有限公司

30. 工程名称：镇江市东方花苑朱宅室内装饰工程
承建单位：ZJ0260301 镇江市今典装饰有限公司

31. 工程名称：锦江苑30#702室
承建单位：ZJ0260311 无锡市雅风装饰装璜有限公司

32. 工程名称：无锡市听松坊小区41号602室住宅装饰
承建单位：ZJ0260321 无锡市精工建筑装饰工程有限公司

33. 工程名称：家和花苑5幢301室
承建单位：ZJ0260331 江苏省南通市崇川区金屋室内装饰中心

34. 工程名称：包衙前23号109室
承建单位：ZJ026034 苏州市吴中区金象家庭装饰有限公司

35. 工程名称：家和花苑三幢602室住宅装饰工程
承建单位：ZJ0260351 南通万艺广告装饰有限责任公司

36. 工程名称：南通市千禧园137-202室
承建单位：ZJ0260361 南通金辉装饰工程有限公司

八、山东省（共8个工程）

37. 工程名称：普照小区家装工程
承建单位：ZJ0260371 泰安鲁润装饰装潢有限责任公司

38. 工程名称：济宁军分区13#经济适用房
承建单位：ZJ0260381 济宁市建筑安装工程公司

39. 工程名称：滨州市工商银行住宅楼
承建单位：ZJ0260391 山东滨州城建集团公司

40. 工程名称：山东省滨州市滨城区政府住宅楼
承建单位：ZJ0260401 山东桓台建设工程有限公司

41. 工程名称：金丽花园8#楼西单元1楼西户装修
承建单位：ZJ0260411 淄博新艺装饰工程有限公司

42. 工程名称：济南市经十一路56号住宅装修
承建单位：ZJ0260421 济南盛顺装饰有限责任公司

43. 工程名称：沈轶轩住宅装饰工程
承建单位：ZJ0260431 烟台金海建工有限公司

44. 工程名称：瑞士花园
承建单位：ZJ0260441 青岛东亚建筑装饰有限公司

九、江西省（共8个工程）

45. 工程名称：包先生室内住宅装修工程
承建单位：ZJ0260451 江西省业星室内设计装饰工程有限公司

46. 工程名称：御锦城
承建单位：ZJ0260461 南昌心诚装饰有限公司

47. 工程名称：住宅装饰工程
承建单位：ZJ0260471 南昌家庭装修服务有限公司

48. 工程名称：恒辉花园刘女士家居装饰工程
承建单位：ZJ0260481 江西省银河装饰有限公司

49. 工程名称：现代庄园二期22栋别墅徐小姐雅居
承建单位：ZJ0260491 南昌市雅美居装饰设计工程有限公司

50. 工程名称：胡钢家庭装修
承建单位：ZJ0260501 江西三利实业发展有限公司红树林家庭装修分公司

51. 工程名称：郑雪峰先生住宅装饰装修工程
承建单位：ZJ0260511 南昌金银禾装饰行公司

52. 工程名称：洪城广场A座1304室家居装饰
承建单位：ZJ0260521 江西福泰建筑装饰工程有限公司福满堂分公司

十、浙江省（共10个工程）

53. 工程名称：湖州市阳光城8幢204室
承建单位：ZJ0260531 杭州森佳装潢工程有限公司

54. 工程名称：万向城市花园一幢1501室
承建单位：ZJ0260541 杭州正楷装饰工程有限公司

55. 工程名称：香樟公寓段宅室内装饰
承建单位：ZJ0260551 杭州正源室内装饰有限公司

56. 工程名称：凯旋苑11幢1单元301室
承建单位：ZJ0260561 杭州九鼎装饰工程有限公司

57. 工程名称：南都德加吴宅室内装饰
承建单位：ZJ0260571 杭州名师装饰设计工程有限公司

58. 工程名称：清泰小区56幢1单元501室住宅装修
承建单位：ZJ0260581 杭州嘉艺城建装饰工程有限公司

59. 工程名称：西湖花园罗宅装饰工程
承建单位：ZJ0260591 杭州中冠建筑装饰工程有限公司

60. 工程名称：湖畔花园9幢1单元301室
承建单位：ZJ0260601 杭州亚加装潢有限公司

61. 工程名称：南都德迦19-2-501室
承建单位：ZJ0260611 杭州新寓装饰有限公司

62. 工程名称：蔡官巷小区3幢1单元101室姜先生住宅
承建单位：ZJ0260621 杭州新时家装饰有限公司

十一、福建省（共5个工程）

63. 工程名称：福州金鸡山温泉花园6座404室
承建单位：ZJ0260631 福州经济技术开发区时代装修有限公司

64．工程名称：福州海景花园11#303室陈先生家居
承建单位：ZJ0260641 福州大千环艺设计工程有限公司
65．工程名称：厦门洪文八里71号别墅二次装修工程
承建单位：ZJ0260651 厦门惠龙装修设计工程有限公司
66．工程名称：东方巴黎楼中楼
承建单位：ZJ0260661 厦门百将设计装饰工程有限公司
67．工程名称：中信惠扬大厦公寓楼31D、31E住宅
承建单位：ZJ0260671 厦门市华盟装修工程有限公司

十二、河南省（共8个工程）

68．工程名称：郑州金水区英协花园园中苑9号楼2单元602室
承建单位：ZJ0260681 郑州泰运装饰设计工程有限公司
69．工程名称：陇海星级花园吴先生住宅装饰工程
承建单位：ZJ0260691 河南省凯利装饰工程有限公司
70．工程名称：郑州市铁路局家属院阴先生
承建单位：ZJ0260701 郑州市联升建筑装饰设计有限公司
71．工程名称：未来花园1203复式装饰
承建单位：ZJ0260711 河南省云爵装饰工程有限公司
72．工程名称：河南省郑州市金水区未来大道未来花园1503
承建单位：ZJ0260721 河南美巢荣欣家庭装潢有限公司
73．工程名称：舒女士家庭装饰工程
承建单位：ZJ0260731 河南蓝色实业有限公司
74．工程名称：孙伟先生住宅装饰
承建单位：ZJ0260741 郑州市星星装饰有限公司
75．工程名称：明鸿新城汪小姐住宅装修
承建单位：ZJ0260751 河南时代装饰设计工程有限公司

十三、湖北省（共9个工程）

76．工程名称：杨子浩工地
承建单位：ZJ0260761 武汉嘉禾装饰工程有限公司
77．工程名称：张松工地
承建单位：ZJ0260771 武汉嘉禾装饰工程有限公司
78．工程名称：松湖小区国税公寓1#、2#楼
承建单位：ZJ0260781 宜昌华宇建设集团第一工程有限公司
79．工程名称：东方恒星园4栋803室内装饰
承建单位：ZJ0260791 武汉市雅庭装饰设计工程有限公司
80．工程名称：东方花园38栋401室
承建单位：ZJ0260801 武汉天立装饰工程有限公司
81．工程名称：玫瑰西苑91栋3单元602室
承建单位：ZJ0260811 武汉天立装饰工程有限公司
82．工程名称：宜昌市夷陵区松湖小区二期A组团国税5#住宅楼
承建单位：ZJ0260821 浙江省二建建设集团有限公司
83．工程名称：亚安花园A栋样板房
承建单位：ZJ0260831 武汉澳华装饰设计工程有限公司
84．工程名称：沁园春A型样板房
承建单位：ZJ0260841 武汉澳华装饰设计工程有限公司

十四、广东省（共9个工程）

85．工程名称：淘金华庭样板房装饰工程
承建单位：ZJ0260851 广州珠江装修工程公司
86．工程名称：广州市颐和山庄E3-3型别墅室内装修
承建单位：ZJ0260861 广州市第三装修有限公司
87．工程名称：新世纪豪苑丽兰轩07B装饰工程
承建单位：ZJ0260871 东莞市同力装饰工程有限公司
88．工程名称：石龙聚龙湾住宅
承建单位：ZJ0260881 东莞市王评装饰设计有限公司
89．工程名称：中房美荔园样板房
承建单位：ZJ0260891 深圳市汉顿建筑装饰工程有限公司
90．工程名称：深圳市南山区蔚蓝海岸二期19栋3G
承建单位：ZJ0260901 深圳市至尚轩家居装饰设计工程有限公司
91．工程名称：深业花园C-18A陈小姐住宅
承建单位：ZJ0260911 深圳市时代居家装饰有限公司
92．工程名称：学林雅院某跃式楼
承建单位：ZJ0260921 深圳市拓步家居装饰设计工程有限公司
93．工程名称：万科温馨家园2-D301
承建单位：ZJ0260931 深圳市拓步家居装饰设计工程有限公司

十五、广西自治区（共4个工程）

94．工程名称：南宁市荣和新城蓝宅装饰工程
承建单位：ZJ0260941 广西建林装饰工程有限责任公司
95．工程名称：桂林市七星花园紫竹苑刘宅装饰工程
承建单位：ZJ0260951 广西建林装饰工程有限责任公司
96．工程名称：南宁市青山路28号秀山花园绣景园E单元702室韦震
承建单位：ZJ0260961 南宁市雅阁装饰工程有限公司
97．工程名称：南宁市琅东新区金碧苑韦宅
承建单位：ZJ0260971 广西南宁柏雅设计装饰工程有限公司

十六、重庆市（共5个工程）

98．工程名称：城市花园C-1-5-2#
承建单位：ZJ0260981 重庆港庆建筑装饰有限公司
99．工程名称：南方花园C4-9-1-2-1
承建单位：ZJ0260991 重庆港庆建筑装饰有限公司
100．工程名称：珠江花园毛丽家装
承建单位：ZJ0261001 重庆大方建筑装饰设计工程有限公司
101．工程名称：珠江花园望江阁5-4
承建单位：ZJ0261011 重庆天古装饰艺术设计工程有限公司
102．工程名称："在水一方"样板房装饰工程
承建单位：ZJ0261021 重庆宏图装饰工程有限公司

十七、云南省（共1个工程）

103．工程名称：昆明加州枫景A户型精装修
承建单位：ZJ0261031 云南星耀装饰设计工程有限公司

十八、浙江省（共1个工程）

104．工程名称：新世纪花园别墅
承建单位：ZJ0261041 杭州国盛装饰有限公司

2002年度鲁班奖（国优）装饰工程参建装饰企业名单

2002年11月22日，中国建筑业协会做出《关于2002年度中国建筑工程鲁班奖（国家优质工程）评选结果的通知》[（2002）建协字第26号]。2002年度，我国又有43家建筑装饰企业在34项工程中荣获鲁班奖（国优），其中，沈阳远大铝业工程有限公司6项，中国建筑装饰工程公司3项，秦皇岛渤海铝幕墙装饰工程有限公司、沈阳白云穗港装饰工程有限公司、苏州金螳螂建筑装饰有限公司3家各2项。2002年我国建筑装饰行业又有很大的进步，体现了全行业的先进生产力和先进文化。

1990～2002年，我国建筑装饰企业共在159项工程中荣获鲁班奖（国优），说明了建筑装饰行业同建筑业发展的与时俱进。

新年伊始，我们一并表示热烈祝贺！

中国建筑装饰协会信息部　　《中国建筑装饰》编辑部

二〇〇二年十二月二十五日

序号	工程名称	参建单位
1	宣新大厦	深圳市建筑装饰（集团）有限公司
2	中国北京劳动力市场业务用房	秦皇岛渤海铝幕墙装饰工程有限公司
3	北京东方广场酒店	北京北方建磊装饰装修中心
4	河北大学教学主楼	河北建设集团装饰工程有限公司 沈阳飞机制造公司铝合金结构工程公司 河北省室内装饰工程有限公司
5	国航呼和浩特客货销售及航空培训中心（内蒙古国航大厦）	中国天诚集团内蒙古新雅建筑工程设计装饰有限公司 西安飞机工业装饰装修工程股份有限公司
6	辽宁省总工会办公大楼	沈阳远大铝业工程有限公司 沈阳白云穗港装饰工程有限公司 鲁迅美术学院艺术工程总公司
7	大连东方信息技术研修学院教学楼	沈阳白云穗港装饰工程有限公司 大连亿达装饰工程有限公司
8	上海市久事大厦	上海康业建筑装饰工程有限公司 上海正方建筑装饰工程有限公司
9	上海红塔大酒店	上海杰思工程实业有限公司
10	上海科技馆	沈阳远大铝业工程有限公司
11	北京市第二中级人民法院审判楼	北京侨信装饰工程有限公司
12	天目大厦	苏州金螳螂建筑装饰有限公司 沈阳远大铝业工程有限公司
13	苏州大学理工实验大楼	苏州苏明装饰公司
14	常州市第二人民医院门急诊住院楼	常泰建筑装璜工程有限公司
15	湖州电力能源调度中心	浙江广艺建筑装饰工程有限公司 浙江宝业幕墙装饰有限公司
16	萧山经济技术开发区综合服务大楼	沈阳远大铝业工程有限公司 深圳海外装饰工程公司
17	浙江德清会展中心	浙江华天装饰工程有限公司
18	温州市青少年活动中心	南京装饰联合总公司
19	荣城博物馆	深圳市华南装饰设计工程有限公司
20	临沂桃园大厦	山东天元建设集团装饰工程（临沂）有限公司
21	福建会堂	福建天华建筑装饰工程有限公司
22	洛阳市国税局综合楼	石家庄市海山建筑装饰工程公司 中国建筑装饰工程公司
23	武汉大学生命科学学院	湖北创威建筑装饰工程有限公司
24	中国人民银行长沙中心支行住宅综合楼	湖南吉粤装饰有限公司 秦皇岛渤海铝幕墙装饰工程有限公司
25	金汇大厦	中山市盛兴幕墙有限公司
26	中国石化开元大厦	深圳市洪涛装饰工程公司
27	广东奥林匹克体育场	广东建华装饰工程有限公司
28	青海省农业银行营业办公培训综合楼	中国建筑装饰工程公司 重庆西南铝型材装饰装修工程公司
29	美丽华酒店（原农资批发市场）	深圳长城家俱装饰工程有限公司
30	国家电力调度中心工程	上海凌云振升股份有限公司 北京神龙建筑装饰工程有限公司
31	海信大厦	中国建筑装饰工程公司 沈阳远大铝业工程有限公司 苏州金螳螂建筑装饰有限公司
32	中保人寿湖北分公司培训综合楼	中建三局东方装饰设计工程公司武汉分公司 深圳市文业装饰设计工程有限公司武汉分公司
33	中国人民解放军南京军区空军综合楼	沈阳远大铝业工程有限公司 上海建筑装饰（集团）有限公司
34	贵阳站房	中铁建厂工程局装饰工程总公司

2002年度中国人民解放军建筑装饰协会表彰通报

中国人民解放军建筑装饰协会

（二〇〇二年十二月六日）

金榜企业

[2002]军装协奖字第01号

在“三个代表”重要思想的指引下，我国国民经济持续增长，建筑装饰行业蓬勃发展，我军队建筑装饰企业与时俱进，开拓创新，一年来，靠自身优势，奋力拼搏，取得了良好的经济效益和社会信誉，经本会评审，批准下列13家企业为2002年度“全军建筑装饰行业金榜企业”。（排名不分前后）

1．武汉凌云建筑装饰工程有限公司
2．上海蓝天房屋装饰工程公司
3．上海海直建设工程公司
4．石家庄市海山建筑装饰工程总公司
5．芜湖天航建筑设备安装工程公司
6．中国人民解放军第6108工厂九鼎网架公司
7．徐州环海机电网架厂
8．石家庄四站铝合金装饰工程处
9．中国人民解放军第五七〇一工厂
10．陕西武功盛达建筑安装工程公司
11．武汉凌云建安工程有限公司
12．晋城市晋翔建筑装饰工程有限公司
13．当阳市雄风建筑安装装饰工程公司
（凌云航地特种厂房建设公司）

金奖工程

[2002]军装协奖字第02号

建筑装饰工程的质量既是企业的生命，又是企业市场竞争制胜的法宝，一年来，我军队建筑装饰企业注重质量管理，增强精品意识，树立了一批具有时代特色的建筑装饰工程，经本会评审，批准下列13家企业承建的工程为2002年度“全军建筑装饰金奖工程”。（排名不分前后）

一、上海海直建设工程公司
鸿艺豪苑会所装饰工程
二、石家庄市海山建筑装饰工程总公司
1．河北科技会堂科技馆1号穹幕复合外壳装饰工程
2．郑州银基商贸城三期幕墙工程
3．北京豪景大厦铝板幕墙工程
三、武汉凌云建筑装饰工程有限公司
1．湖州市政府行政综合楼幕墙工程
2．辽宁省人民会堂幕墙工程
四、芜湖天航建筑设备安装工程公司
淮北体育馆网架屋面工程
五、石家庄四站铝合金装饰工程处
1．石家庄康泰广场幕墙工程
2．巨鹿电力生产调度楼幕墙工程
3．河北医科大学第四医院综合楼门窗、幕墙工程
4．石家庄人民商场点驳幕墙、铝板幕墙工程
六、涿州蓝天网架厂
1．涿州中心广场商厦2号钢结构工程
2．北京西三旗建材城工业厂房钢结构工程
七、南京华亭建设工程公司
1．信息产业部第二十八研究所901号系统科研楼装饰工程
2．南京市集合村国家粮食储备库简四、五号仓改造工程
八、武汉凌云装饰设计工程有限公司
1．武汉凌云电子大厦室内装饰工程
2．湖北省政府办公楼10-11层装饰工程
3．湖北省省委组织部培训综合楼装饰工程
4．湖北省移动通讯支撑中心大楼首层装饰工程
九、吉林市吉翔建筑安装工程有限责任公司
中航一集团五七〇四厂职工住宅95号楼建设工程
十、武汉凌云建安工程有限公司
1．武汉凌云电子大厦建设工程
2．伊尔76飞机喷漆厂房建设工程
十一、中国人民解放军第6108工厂九鼎网架公司
1．中国人民解放军63979部队8号库房网架及屋面工程
2．中国人民解放军总装备部通用设备保障部器材库网架工程
3．滕州市圣泰电缆有限责任公司厂房网架工程
十二、武汉特凌节能门窗有限公司
惠园大厦金属门窗工程
十三、当阳雄风建筑安装装饰工程公司
新乡陆军航空兵米八直升机修理厂房建设工程

优秀企业经理

[2002]军装协奖字第03号

我国加入WTO后，面对更加开放的市场形势，我军

队建筑装饰企业的领导者，勇于挑战，捕捉商机，塑造企业形象，提升企业品牌，圆满完成各项任务，为行业发展做出了积极贡献。经本会评审，批准下列14位同仁为2002年度“全军建筑装饰行业优秀企业经理”。(排名不分前后)

1. 上海蓝天房屋装饰工程公司　总经理　洪兆雄
2. 上海海直建设工程公司　总经理　唐海金
3. 武汉凌云建筑装饰工程有限公司　总经理　曾文涛
4. 石家庄市海山建筑装饰工程总公司　总经理　史永平
5. 中国人民解放军第五七〇一工厂　厂　长　梁　力
6. 中国人民解放军第6108工厂九鼎网架公司　总经理　刘星宇
7. 芜湖天航建筑设备安装工程公司　总经理　胡银发
8. 武汉凌云装饰设计工程有限公司　总经理　余武社
9. 石家庄四站铝合金装饰工程处　总经理　李占伟
10. 当阳雄风建筑安装装饰工程公司　总经理　孙　健
11. 大连辽南建筑设备安装工程处　处　长　李志刚
12. 武汉凌云建安工程有限公司　总经理　邓中生
13. 晋城市晋翔建筑装饰工程有限公司　总经理　石正乾
14. 武汉特凌节能门窗有限公司　总经理　江　峰

优秀项目经理

[2002]军装协奖字第04号

造就和培养一支懂技术、会管理、善经营的项目经理队伍，这既是企业的财富，又是行业发展的骨干力量，一年来，我军队建筑装饰企业涌现出了一批注重质量、严格管理、保证安全的项目经理。经本会评审，批准下列16家企业的同仁为2002年度“全军建筑装饰行业优秀项目经理”。(排名不分前后)

1. 上海海直建设工程公司
缪连忠　计海凌　陶　宏　王志林　陆逸程
余付友　孙啸虎　芮志和　薛朝福　马丹章
黄堂斌
2. 上海蓝天房屋装饰工程公司
田　荣　郭夕山　顾正国
3. 石家庄市海山建筑装饰工程总公司
史永平　范玉玲　胡德军　李建林　杨　明
刘春晖　赵正平　曲　明　王长力　石作高
王学勇　姚树搀　丁良铁　许宏亮　邱中国
4. 武汉凌云建筑装饰工程有限公司
朱小军　黄昌凯
5. 中国人民解放军第6108工厂九鼎网架公司
张华斌　朱　龙
6. 芜湖天航建筑设备安装工程公司
郭志安　胡捍东　奚正江　胡春利
7. 南京华亭建设工程公司
徐建农　吴惠铮
8. 武汉凌云装饰设计工程有限公司
张深根　李　军
9. 陕西武功盛达建筑安装工程公司
金科社　代瑞华　李文辉　康建明
10. 石家庄四站铝合金装饰工程处
陆卫民　曹敬良　贾丽荣
11. 当阳市雄风建筑安装装饰工程公司
朱发涛　郑为利　万金超
12. 中国人民解放军第五七〇一工厂
曾西国
13. 吉林市吉翔建筑安装工程有限责任公司
刘文权
14. 徐州环海机电网架厂
高晓峰　李　健
15. 陕西澳达轻钢建筑工程有限公司
钮　旭　王福明　王永力
16. 武汉凌云建安工程有限公司
余红雄　史光新　董利文

优秀联络员

[2002]军装协奖字第05号

协会既是企业之家，又是企业的连结纽带，一年来，各企业的联络员发挥了重要的作用，他们为沟通协会与企业的联系，完成协会所交办的工作做出了积极贡献。经本会研究决定，授予下列20位同仁为“2002年度全军建筑装饰协会优秀联络员”称号。(排名不分前后)

1. 武汉凌云建筑装饰工程有限公司　米　沙
2. 上海蓝天房屋装饰工程公司　路占山
3. 上海海直建设工程公司　邱维德
4. 石家庄市海山建筑装饰工程总公司　任凤章
5. 武汉凌云装饰设计工程有限公司　李惠英
6. 芜湖天航建筑设备安装工程公司　王全生
7. 中国人民解放军6108工厂九鼎网架公司　仝君莉
8. 武汉凌云建安工程有限公司　付继红
9. 南京华亭建设工程公司　吴惠铮

10．陕西武功盛达建筑安装工程公司　谷台生
11．辽南建筑设备安装工程处　王茂华
12．武汉特凌节能门窗有限公司　曹清明
13．陕西澳达轻钢建筑工程有限公司　张　锋
14．晋城市晋翔建筑装饰工程有限公司　刘　君
15．石家庄四站铝合金装饰工程处　陆卫民
16．涿河蓝天网架厂　许国杰
17．当阳市雄风建筑安装装饰工程公司　林尚华
18．旅顺金山建筑工程公司　梁玉琦
19．全军建筑装饰协会　梁亚平
20．全军建筑装饰协会　刘艳霞

推荐品牌

[2002]军装协奖字第06号

为应对我国入世后的国际竞争态势，保护我国民族工业的发展，展示国产名牌产品的新形象，扩大产品在行业内的影响，为用户提供高质量产品，经本会研究决定：

浙江凌志精细化工有限公司生产的“凌志牌硅酮密封胶”，为本会2003年度推荐品牌。

[2002]军装协奖字第07号

随着我国建筑装饰行业的快速发展，设计理念、设计风格、设计手段、与时俱进，不断创新，为满足广大用户需求，经本会研究决定：

广州市圆方计算机软件工程有限公司所开发的“圆方室内设计系统计算机软件”为本会2003年度推荐品牌。

[2002]军装协奖字第08号

为应对我国入世后的国际竞争态势，保护我国民族工业的发展，展示国产名牌产品的新形象，扩大产品在行业内的影响，为用户提供高质量产品。经本会研究决定：

南海市嘉俊陶瓷有限公司生产的“嘉俊牌抛光砖”，为本会2003年度推荐品牌。

[2002]军装协奖字第09号

为应对我国入世后更加开放的国际市场，促进我国民族工业的发展，展示国产名牌产品的新形象，扩大产品在行业内的影响，为用户提供高质量产品，经本会研究决定：

郑州市中原应用技术研究所生产的“思蓝得”硅酮聚硫密封胶系列产品，为本会2003年推荐品牌。

关于表彰2001年度北京市优质工程长城杯工程获奖单位的决定

京建质[2002]627号

各区、县建委，各局、总公司，各有关单位：

2001年度我市共有183家施工企业参评申报市优质建筑工程242项，市政基础设施工程申报21项，建筑装饰工程申报78项，总计341项。

经市评审委员会评审，评出市优质建筑工程120项，市政基础设施工程6项，长城杯建筑工程47项，市政基础设施工程10项。建筑装饰市优质工程28项，共计211项。同时评出市政基础设施优质结构工程5项，结构长城杯工程5项，共计10项。北京市建设委员会、北京市人事局决定对获奖工程的施工单位和主要参建单位予以表彰。

希望各创优单位继续总结经验，与时俱进，树立首都质量意识和企业形象，为首都的建设创出更多的优质工程。

附：1．2001年度市优质工程、长城杯工程名单

2．2001年度市优质建筑装饰工程名单

3．2001年度市政基础设施优质结构和结构长城杯工程名单

北京市建设委员会　北京市人事局

二〇〇二年八月二十五日

北京市 2001 年度建筑装饰优质工程

序号	工程名称	建筑面积（m^2）	施工单位	项目经理	技术主管
1	北京潮皇食府	10000	北京侨信装饰工程有限公司	001 唐雪怀	张 月朋
2	北京会议中心 2 号楼	2080	北京港源建筑装饰工程有限公司	陈春喜	李　忠
3	醇亲王府古建修缮工程	4100	北京房管一建设经营有限责任公司	方世长	王俊喜
4	北京马哥孛罗大酒店	2400	北京大元装饰工程有限公司	宋道胜	李　军
5	北京亚洲锦江酒店会议楼	3400	北京花旗建设发展有限公司	祁　羽	曹大和
6	浙江大厦 F1—4、F18—23	14000	浙江耀江建设集团股分有限公司	郦　琪	洪培德
7	人民大会堂国宴厅（西）	2050	深圳市洪涛装饰工程公司	刘远星	唐曾烈
8	北京饭店 16、17 层装饰改造	5200	北京中建华腾装饰工程有限公司	陈建东	高　静
9	北京市第一中级人民法院审判楼	70000	北京贝盟国际建筑装饰工程有限公司	谢剑波	李绍柏
10	中国建筑文化中心 A 座 F15—20	6000	中国建筑装饰工程公司	谷晓峰	吴友顺
11	北京市朝阳区政府办公楼幕墙	11200	北京磊鑫装饰设计工程有限公司	杨建明	隆和德
12	北京国华电力综合楼幕墙	3800	北京中黎幕墙装饰工程有限公司	刘　琳	樊　荣
13	国土资源部西四办公楼改造	20330	铁道部建厂工程局北京第一建筑工程处	杨智燕	焦新德
14	国会街礼堂（文物）装饰改造	1693	北京市第二房屋修建工程公司	朱永伟	倪　原
15	南方证券北京分公司办公楼	6000	北京中建海外装饰工程有限公司	朱冠霖	孟　英
16	中国电信通讯指挥中心 F4—7	7000	深圳海外装饰工程公司	万　征	黄长滨
17	中国妇女旅行社 F1 西、F2、3	4000	中艺建筑装饰有限公司	林　钢	王浩健
18	山水宾馆 F-1、1、2	3800	北京弘高建筑装饰设计工程有限公司	王　京	朱　红
19	西四北二条甲 48 号院古建	660	北京城建亚泰建设工程有限公司	孙振清	张殿贵
20	北京农垦管理干部学院职业教育楼	4700	北京城建北方建筑工程有限责任公司	张全瑞	张庆喜
21	北京亚洲大酒店 F5—19	23000	北京欧乐装饰工程有限公司	张　强	伊善智
22	建行北京市分行综合楼	9587	北京市城乡建设第四建筑工程公司	刘金海	张景朝
23	长峰科技开发与培训中心	33965	北京市建筑装饰设计工程公司	高玉龙	昌永祥
24	西城区检察院	2500	北京华开建安装饰工程有限公司	卢智铸	胡江海
25	中南海 151 翻建	2168	北京房修一建筑工程有限公司	丁永聚	张明英
26	国管局西山 53 号楼	2250	北京港源建筑装饰工程有限公司	丁加春	余海青
27	郎讯公司办公层	6600	北京金碧合力建筑设计工程有限公司	郝淑渝	甄耀南
28	中国国际科技会展中心 F4、14、23	6760	北京道元装饰工程有限责任公司	朱小伟	王　凯

单位工程进入市优质工程系列中的装饰优质工程

序号	工程名称	建筑面积（m^2）	施工单位	项目经理	技术主管
1	昆泰大酒店公共部分装饰工程	11000	中信室内装修工程公司	王　彬	何惠杰
2	北京市人才服务中心装饰工程	7000	北京住总装饰公司	齐向军	李金友
3	中央党校综合教学楼幕墙工程	21000	中国新兴建设开发总公司	葛诗洪	066 姜学文

上海市装饰装修行业协会公告

2001年上海市信得过建筑装饰企业名单

（二OO二年七月二十六日）

为促进建筑装饰施工企业管理水平和工程质量的全面提高，树立企业信誉，我会报经上海市建筑业管理办公室批准，开展评选“2001年上海市信得过建筑装饰企业”活动。现经评审委员会评定，以下62家建筑装饰施工企业为“2001年上海市信得过建筑装饰企业”（排名不分先后，以企业全称笔划为序）。

1．上海八汇建筑装饰工程有限公司
2．上海大华装饰工程有限公司
3．上海中企建筑装饰工程有限公司
4．上海艺高装饰工程有限公司
5．上海正方建筑装饰工程有限公司
6．上海东尼建筑装饰有限公司
7．上海东亚建筑实业有限公司
8．上海东江建筑装饰工程有限公司
9．上海东昌建筑装饰工程有限公司
10．上海市建筑装饰工程有限公司
11．上海市第一建筑有限公司
12．上海市第七建筑有限公司
13．上海申纬建筑装饰工程有限公司
14．上海申坤装饰工程有限公司
15．上海申峰装饰工程有限公司
16．上海申雅装饰工程有限公司
17．上海世家装饰实业有限公司
18．上海永怡建筑装饰工程有限公司
19．上海华艺铝制品有限公司
20．上海华亮建筑装饰有限公司
21．上海华懋建筑装饰工程有限公司
22．上海优高雅建筑装饰有限公司
23．上海住总金属结构有限公司
24．上海住总集团建筑装饰有限公司
25．上海宏誉建筑装潢有限公司
26．上海沪翔建筑装潢工程有限公司
27．上海陆海建设有限公司
28．上海杰思工程实业有限公司
29．上海国仕幕墙工程有限公司
30．上海金桥瑞和装饰工程有限公司
31．上海金粤幕墙有限公司
32．上海欧亚建设发展有限公司
33．上海宝钢建设有限公司
34．上海建筑装饰（集团）有限公司
35．上海建筑装饰集团申兴装饰工程公司
36．上海建筑装饰集团申良装饰工程有限公司
37．上海凯恩建筑装饰艺术工程有限公司
38．上海秋元华林建筑装饰有限公司
39．上海室内装饰（集团）有限公司
40．上海恒利益建筑装潢工程有限公司
41．上海科胜幕墙有限公司
42．上海鸿立装饰设计工程有限公司
43．上海美达建筑装潢工程有限公司
44．上海美特幕墙有限公司
45．上海海艺建设股份有限公司
46．上海海直建设工程公司
47．上海健尔斯装饰工程有限公司
48．上海高新铝质工程合作公司
49．上海康业建筑装饰工程有限公司
50．上海景泰建筑装潢有限公司
51．上海新圳装饰工程有限公司
52．上海新发展装饰有限公司
53．上海新丽装饰工程有限公司
54．上海新都装饰工程有限公司
55．上海蓝天房屋装饰工程公司
56．上海锦丽华建筑装潢工程有限公司
57．上海福兴建筑装潢有限公司
58．上海静安建筑装饰实业股份有限公司
59．中建三局东方装饰设计工程公司
60．宁波华丰建设集团股份有限公司（沪）
61．华鼎建筑装饰工程有限公司
62．和兴玻璃铝业（上海）有限公司

2001年度江苏省建筑装饰十强企业

江苏省人民政府办公厅　苏政办发[2002]68号

（二〇〇二年六月二十四日）

1．苏州金螳螂建筑装饰有限公司
2．江苏省建伟幕墙装饰工程有限公司
3．江苏苏鑫装饰集团
4．江苏合发集团有限责任公司
5．南京装饰工程公司
6．江苏锡厦铝业有限公司
7．南京金中建幕墙装饰有限公司
8．无锡王兴幕墙装饰工程有限公司
9．常州华艺铝型材有限公司
10．苏州苏明建筑装饰公司

关于授予2001年度苏州市建筑装饰第七届“天堂杯”优质工程奖暨苏州市第二届“家庭装饰优质工程”奖的决定

苏州建筑[2002]41号

为贯彻国务院《建设工程质量管理条例》和“质量兴业”的方针，鼓励建筑装饰企业争创优质工程，根据苏州市建筑装饰“天堂杯”优质工程奖评审办法（苏建质[2002]27号）文的规定，在企业自愿申报，各市、区推荐、资料审查、现场检验、征求业主意见、社会公示的基础上，经苏州市“天堂杯”优质工程奖评审委员会投票通过，苏州市建设局核准，对“周庄舫”水上会议厅、南京鼓楼区检察院办公楼、苏州市会议中心天棚及室内装饰、工商银行工业园区支行等 44 个项目授予 2001 年度苏州市建筑装饰“天堂杯”优质工程奖。常熟市第二人民医院门诊大楼、苏州市第三中学报告厅等5个项目给予表扬。同时，对叶山别墅、润福园、桂花新村、都市花园等31个家庭装饰工程授予“苏州市家庭装饰优质工程奖”。独墅苑、贵都花苑等8个家装工程给予表扬。

希望获奖企业再接再厉，更上一个台阶，全市的建筑装饰装修企业要学习获奖单位的精心设计，精心施工，一丝不苟，争创名牌的精神，共同为城市建设增光添彩，造福人民，做出更多的贡献。

苏州市建设局　苏州市建筑装饰协会

二〇〇二年八月二十八日

第七届“天堂杯”优质装饰工程名单

（排序不分先后）

序号	项目名称	施工单位
1	虹光精密工业（苏州）有限公司一期厂房及大厅	苏州市建筑装饰工程总公司
2	招商银行苏州支行园区分行营业大厅、办公楼	苏州新发市政公用发展有限公司
3	苏州光裕书厅	苏州苏明装饰公司
4	苏州会议中心幕墙、天棚及室内装饰	苏州苏明装饰公司
5	苏州工业园区同明装饰工程有限公司办公室及室外	苏州工业园区同明装饰工程有限公司
6	苏州国家安全局指挥中心	苏州荣华装饰有限公司
7	苏州海关办公楼改扩建	苏州工业园区美瑞德建筑装饰有限公司
8	吴中大厦1～2层	苏州苏明装饰公司
9	上海浦东发展银行苏州分行	苏州市吴中区东吴建筑装饰工程公司
10	苏州国家税务局直属局办公楼	苏州工业园区国发国际建筑装饰工程有限公司
11	碧庐山庄装饰工程	苏州金螳螂建筑装饰有限公司
12	常熟市劳动局社保综合大楼改建装饰	常熟华联装璜工程有限责任公司
13	常熟市王庄镇经济发展总公司办公楼	常熟市金龙装饰有限责任公司
14	常昆工业园区管委会办公楼	常熟市建筑安装工程有限责任公司装饰装璜分公司
15	常熟市天上人间联谊俱乐部	常熟市建苑装饰工程有限责任公司
16	常熟市凯达尔制衣厂综合楼	江苏华亭建筑装饰工程有限公司
17	中国农业银行常熟市支行国际业务部	常熟市卓越装饰工程有限责任公司
18	太仓市工商行政管理局办公大楼	苏州工业园区美瑞德建筑装饰有限公司
19	中国人寿保险公司昆山支公司	苏州金螳螂建筑装饰有限公司
20	“周庄舫”水上会议厅	苏州金螳螂建筑装饰有限公司
21	江苏省太仓市花园大酒店改造	上海鹿岛建设公司
22	吴江市出入境检验检疫局办公楼	吴江市巨人建筑装饰有限责任公司
23	交通银行吴江市支行营业办公楼	吴江市巨人建筑装饰有限责任公司
24	吴江市松陵镇芦香茶社	苏州市新创意广告装饰有限公司
25	吴江市海关直通关办公楼	苏州市新创意广告装饰有限公司
26	苏宁环球大厦21～24层酒店及附属工程	苏州金螳螂建筑装饰有限公司
27	南京丁山逸仙美食城餐厅	苏州金螳螂建筑装饰有限公司
28	丁山花园酒店客房及大堂公共区域	苏州金螳螂建筑装饰有限公司

29	扬州金鹰国际购物中心 1、5、6 楼	苏州金螳螂建筑装饰工程有限公司
30	无锡市物价局办公楼	苏州金鼎建筑装饰有限公司
31	江苏省太湖明珠国际大酒店 I、II 标段	苏州金螳螂建筑装饰有限公司
32	南京市鼓楼区检察院办公楼	苏州工业园区美瑞德建筑装饰有限公司
33	江苏省计委办公楼改造	苏州金螳螂建筑装饰有限公司
34	江苏省人民政府办公楼维修改造	苏州金螳螂建筑装饰有限公司
35	上海紫金山大酒店 25～28 层客房改造	苏州金螳螂建筑装饰有限公司
36	青岛海信大楼 1、2、4 层	苏州金螳螂建筑装饰有限公司
37	工商银行苏州分行工业园区支行 1～2 楼	苏州金螳螂建筑装饰有限公司
38	苏州金螳螂企业董事楼	苏州金螳螂建筑装饰有限公司
39	江阴三毛集团国际会议中心	苏州金螳螂建筑装饰有限公司
40	苏州市图书馆主馆	苏州金螳螂建筑装饰有限公司
41	中国人民银行海盐县支行营业楼	江苏华新建设工程集团装饰装璜成套工程公司
42	成都市华厦生态花园石化中心加油站	苏州工业园区新城瑞佳建筑装饰工程有限公司
43	苏州图书馆报告厅及少儿馆	苏州华丽美登装饰装璜有限公司
44	苏州日报新闻大楼	苏州华丽美登装饰装璜有限公司

第二届“家庭装饰优质工程”名单

（排序不分先后）

序号	施工单位名称	工程名称
1	苏州市港隆家庭装饰工程有限公司	新加花园工程
2	苏州市港隆家庭装饰工程有限公司	时代花园工程
3	苏州市大陆装饰工程有限公司	桂花新村工程
4	苏州市大陆装饰工程有限公司	都市花园工程
5	苏州市信诚家庭装饰工程有限公司	都市花园工程
6	苏州工业园区新城瑞佳建筑装饰工程有限公司	都市花园工程
7	苏州工业园区新城瑞佳建筑装饰工程有限公司	龙港花园工程
8	苏州市红蚂蚁装饰设计工程有限公司	紫滕苑工程
9	苏州市红蚂蚁装饰设计工程有限公司	时代花园工程
10	苏州市红蚂蚁装饰设计工程有限公司	润福园工程
11	苏州市红蚂蚁装饰设计工程有限公司	润福园工程
12	苏州新一族装饰装璜工程有限公司	东港花苑工程
13	苏州市水木清华装饰工程有限公司	娄江新村工程
14	苏州市水木清华装饰工程有限公司	群谊新村工程
15	苏州市贝特装饰设计工程有限公司	嘉怡园工程
16	苏州市贝特装饰设计工程有限公司	美之国工程
17	苏州市百姓装饰工程公司	韶山花园工程
18	苏州市海侨建筑装饰工程有限公司	独墅苑工程
19	苏州市百顺装饰工程有限公司	独墅苑工程
20	苏州市百顺装饰工程有限公司	狮林苑工程
21	苏州市台北装饰工程有限公司	景德路工程
22	苏州兰翔装饰工程有限公司	馨园小区工程
23	苏州工业园区金房子室内装饰有限责任公司	姑香苑工程
24	苏州工业园区金房子室内装饰有限责任公司	莫厘苑工程
25	苏州鑫诚装饰工程有限公司	都市花园工程
26	苏州市吴中区东吴建筑装饰工程公司	东吴花园工程
27	苏州市吴中区金象家庭装饰有限公司	叶山别墅工程
28	江苏百姓装饰工程有限责任公司	大坝桥工程
29	苏州楸饰建筑装饰有限公司	景仓花园工程
30	苏州楸饰建筑装饰有限公司	银泰花园工程
31	苏州市新创意广告装饰有限公司	振泰小区工程

获"天堂杯"优质工程表扬奖的工程

序号	施工单位	工项目名称
1	苏州新发市政公用发展有限公司	苏州市第三中学报告厅
2	常熟市金龙装饰有限责任公司	常熟市第二人民医院门诊大楼
3	苏州华丽美登装饰装潢有限公司	中国联通国信综合楼
4	苏州金螳螂建筑装饰有限公司	江苏省地税大楼一楼大厅等
5	苏州金螳螂建筑装饰有限公司	国投大厦 8—16 层客房等

获"家庭装饰优质工程"表扬奖的工程

序号	施工单位	项目名称
1	苏州市吴中区金象家庭装饰有限公司	独野苑工程
2	苏州市红蚂蚁装饰设计工程有限公司	贵都花园工程
3	苏州市水木清华装饰工程有限公司	东港二村工程
4	苏州市信诚家庭装饰工程有限公司	竹之园工程
5	苏州新发市政公用发展有限公司	滨河花园工程
6	苏州市吴中区东吴建筑装饰工程公司	东吴花园工程
7	苏州市新创意广告装饰有限公司	木浪路工程
8	苏州市港隆家庭装饰工程有限公司	金龙花园工程

关于授予 2001 年度"苏州市建筑装饰优秀企业"暨"家庭装饰优秀企业"的决定

苏装协秘[2002]5 号

根据苏装协秘（2002）4 号文件精神，为更好地推动我市建筑装饰企业和家庭装饰企业增强质量意识，争创品牌企业，提高管理水平，提高服务质量，促进我市建筑装饰行业的健康发展，为表彰企业的业绩，经协会认真考核，授予下列装饰施工企业为 2001 年度"苏州市建筑装饰优秀企业"暨"苏州市家庭装饰优秀企业。"

希望获奖企业继续努力，为我市建筑装饰装修业增辉添彩，为美化城市建设做出更多贡献。

苏州市建筑装饰协会

二〇〇二年八月二十日

苏州市建筑装饰优秀企业

（排序不分先后）

1. 苏州金螳螂建筑装饰有限公司
2. 苏州工业园区美瑞德建筑装饰有限公司
3. 苏州苏明装饰公司
4. 苏州金鼎建筑装饰工程有限公司
5. 苏州市建筑装饰工程总公司
6. 苏州市华丽美登装饰装璜有限公司
7. 苏州工业园区国发国际建筑装饰工程有限公司
8. 苏州新发市政公用发展有限公司
9. 苏州市吴中区东吴建筑装饰工程公司
10. 常熟华联装璜工程有限责任公司
11. 苏州楸饰建筑装饰有限公司
12. 吴江市巨人建筑装饰有限责任公司
13. 苏州市新创意广告装饰有限公司

第五届苏州市家庭装饰优秀企业

（排序不分先后）

1. 苏州市吴中区金象家庭装饰有限公司
2. 苏州市贝特装饰设计工程有限公司
3. 苏州市台北装饰工程有限公司
4. 苏州市大陆装饰工程有限公司
5. 苏州市港隆家庭装饰工程有限公司
6. 苏州市百顺装饰工程有限公司
7. 苏州市红蚂蚁装饰设计工程有限公司
8. 苏州兰翔装饰工程有限公司
9. 苏州工业园区新城瑞佳建筑装饰工程有限公司
10. 苏州市水木清华装饰工程有限公司
11. 江苏百姓装饰工程有限责任公司

关于表彰2001年度浙江省优秀建筑装饰工程的公告

各市（地）建委（建设局）丽水地区计委，省有关厅局、总公司、各市装饰协会：

根据省建筑装饰协会关于2001年度浙江省优秀建筑装饰工程评选工作的通知，在省建设厅的领导下，由省装协组织的专家评审委员会经过对企业申报材料的审查和工程现场质量检查以及通过评审会议的投票表决。在报省建设厅后，以下项目荣获浙江省2001年度优秀建筑装饰工程称号（排名不分先后），并予以表彰，特此公告。

浙江省建筑装饰协会

二〇〇一年十一月十八日

2001年度浙江省优秀建筑装饰工程获奖项目名单

项目名称	设计单位	施工单位
1．浙江省消防指挥中心	浙江省建筑设计研究院	浙江宝业建筑装饰工程有限责任公司
2．浙江联通杭州分公司大楼	浙江银建建筑装饰设计研究院	浙江银建装饰工程有限公司
3．杭州金山大酒店	上海金山石油化工设计院 上海康业建筑装饰工程有限公司装饰设计所	杭州三箭建设集团有限公司
4．萧山机场航站楼	浙江省建筑设计研究院	龙元建设集团股份有限公司 深圳市美术装饰工程有限公司（参建）
5．浙江省建工大楼	浙江省建工建筑设计院	浙江省通力建设有限公司 杭州装潢工程有限公司（参建）
6．上海浦东发展银行杭州分行综合楼	机械工业部第二设计研究院	浙江省通力建设有限公司
7．东方通信城中试基地及A厂房	浙江泛华工程有限责任公司设计院	浙江省第一建筑工程公司
8．浙江省肿瘤医院病房大楼	浙江省建筑设计研究院	浙江省长城建设集团股份有限公司
9．杭州市滨江区行政中心	浙江江南建筑装饰设计所	浙江江南建筑装饰工程公司
10．浙江康莱特药业有限公司综合楼	浙江富厦建筑装饰工程有限公司	武林建筑工程有限公司
11．浙江省公路职工莫干山休养所二期装饰工程	杭州大昌建筑装饰设计事务所	杭州大昌盛建筑装饰工程有限公司
12．杭州余杭区社保委大楼	浙江亚厦装饰集团有限公司设计研究所	浙江亚厦装饰集团有限公司
13．中国银行嘉兴分行营业楼	浙江亚厦装饰集团有限公司设计研究所	浙江亚厦装饰集团有限公司
14．嘉兴市秀城区人民法院	嘉兴市大都市装饰有限公司	嘉兴市大都市装饰有限公司
15．嘉兴市香溢大酒店	嘉兴雅迪装饰工程有限公司装饰设计所	嘉兴雅迪装饰工程有限公司
16．嘉兴市电力调度通讯营业大楼	嘉兴市建筑设计研究院 上海康业建筑装饰工程有限公司设计所	浙江环宇建设集团有限公司 浙江泛华工程有限责任公司
17．海宁市信用联社综合用房	海宁市建筑设计研究院	浙江八达建设集团有限公司 浙江亚厦装饰集团有限公司
18．海宁市博物馆	杭州市建筑设计研究院	浙江省通力建设有限公司
19．海盐县国税局办公业务大楼	嘉兴市建筑设计研究院	浙江省第一建筑工程公司
20．浙江天外绿色包装印刷工业园综合楼	浙江省轻纺建筑设计院	浙江大东吴建设集团有限公司
21．绍兴市邮件处理中心	绍兴县工业与民用建筑设计院	浙江宝业建筑装饰工程有限责任公司
22．交通银行柯桥分行营业大楼	绍兴县工业与民用建筑设计院	浙江宝业建筑装饰工程有限责任公司
23．绍兴市便民服务中心	绍兴市建筑设计研究院有限公司	绍兴现代设计装潢有限公司
24．绍兴市绍剧艺术中心	中国美术学院风景建筑设计研究院	浙江绍兴第一建工集团有限公司
25．嵊州市农信大厦	嵊州市建筑规划设计院	浙江省嵊州市环影装饰工程有限公司
26．宁波大榭国税局综合办税楼	宁波建乐建筑装潢设计所	宁波建乐建筑装潢有限公司
27．舟山市人民检察院办公大楼	舟山市大昌建筑设计院	舟山飞龙新型建装饰有限公司
28．普陀山息来小庄大堂	浙江省水产工程设计所	舟山市新世界装饰实业有限公司
29．永康市交警大楼	永康市千足装饰工程有限公司	永康市千足装饰工程有限公司

30. 义乌信联大厦	义乌市建筑设计研究院	浙江宝业建筑装饰工程有限责任公司
31. 中国人民银行台州市中心支行办公楼	浙江省台州市雅典建筑装饰工程有限公司 浙江省城建装饰装潢公司	台州市大自然建筑装饰工程有限公司 中国建筑第五工程局第三建筑安装公司台州分公司
32. 缙云县行政中心县府大楼	杭州园林设计院	浙江八达建设集团有限公司
33. 衢州电信枢纽大楼	浙江泛华工程有限责任公司设计院	浙江泛华工程有限责任公司
34. 临海市崇和商城	浙江泛华工程有限责任公司装饰设计事务所	浙江泛华工程有限责任公司
35. 温岭国际大酒店	深圳建筑装饰（集团）有限公司	温岭市第二建筑工程有限公司

关于表彰2002年度浙江省优秀建筑装饰工程的通知

各地、市、县建筑装饰协会，各会员单位：

2002年度浙江省优秀建筑装饰工程的评选工作，在主管部门的领导和支持下，在各单位积极申报基础上，经评审委员会评委对申报资料的验审，工程现场质量考评及征求用户意见后，并于9月20日经评委会议无记名投票产生决定，以下47个工程项目为2002年度浙江省优秀建筑装饰工程（见附表）特此通知，并予通报表彰。

浙江省建筑装饰协会

二〇〇二年九月二十六日

2002年度浙江省优秀建筑装饰工程获奖项目名单

（排列不分先后）

1. 浙江省血液中心综合大楼
设计单位：杭州民用建筑设计院
浙江华能建筑装饰设计所
施工单位：浙江省建工集团有限责任公司
2. 中国工商银行杭州市羊坝头支行营业楼
设计单位：杭州市建筑设计研究院
浙江万迪建筑装饰有限公司设计所
施工单位：浙江省建工集团有限责任公司
3. 杭州标力广场C楼外墙及二层室内装饰
设计单位：深圳市洪涛装饰工程公司
施工单位：浙江省建工集团有限责任公司
4. 杭州红星文化大厦剧场观众厅装饰工程
设计单位：杭州典尚建筑装饰设计有限公司
施工单位：武林建筑工程有限公司
5. 杭州历史博物馆
设计单位：南京百会装饰工程有限公司
施工单位：武林建筑工程有限公司
杭州建工集团有限责任公司
6. 余杭瓶窑大厦装饰工程（1）标段
设计单位：武林建筑工程有限公司
施工单位：杭州天工装饰工程有限公司
7. 萧山经济技术开发区综合服务大楼
设计单位：深圳海外装饰工程公司
施工单位：杭州萧山第二建筑工程有限公司
8. 浙江省高级人民法院审判大楼
设计单位：浙江省建筑设计研究院
浙江金鼎建筑装饰工程有限公司
施工单位：龙元建设集团股份有限公司
中天建设集团有限公司
9. 杭州百货大楼北楼改建工程
设计单位：杭州市城建设计研究院
施工单位：浙江省一建建设集团有限公司
10. 杭州汇丽绣花制衣有限公司综合楼
设计单位：浙江富厦建筑装饰设计院
施工单位：浙江省长城建设集团股份有限公司
11. 邵逸夫医院医疗科教综合楼
设计单位：浙江中南建设集团有限公司设计院
施工单位：浙江省长城建设集团股份有限公司
浙江中南建设集团有限公司
12. 浙江省卫生厅办公综合楼
设计单位：深圳美术装饰工程有限公司
施工单位：杭州三箭建设集团有限公司
湛江经济技术开发区耀华建筑装饰工程公司（参建）
浙江富厦建筑装饰工程有限公司（参建）
13. 杭州市下城区财税局财税大楼
设计单位：浙江省建筑设计研究院
施工单位：广厦建设集团有限公司总承包公司
14. 萧山宝盛宾馆办公楼及宾馆1～3层装饰
设计单位：杭州萧山建筑装饰实业有限公司
施工单位：杭州萧山建筑装饰实业有限公司
15. 中国农业银行杭州市下沙支行办公楼
设计单位：浙江省装饰有限公司
施工单位：浙江华天装饰工程有限公司
16. 耀江发展中心
设计单位：浙江泛华工程有限责任公司设计院
杭州市城建设计研究院

施工单位：浙江耀江建设集团股份有限公司
17. 宁波经济技术开发区创业大厦一、二层室内装饰
设计单位：武林建筑工程有限公司
施工单位：武林建筑工程有限公司
18. 舟山南海实验学校会议中心
设计单位：上海工程勘察设计有限公司
施工单位：舟山市新世界装饰实业有限公司
19. 海宁市交巡警大楼
设计单位：浙江开元建筑工程设计院
施工单位：浙江省建工集团有限责任公司
20. 海宁市电信局综合楼
设计单位：西湖装饰工程有限公司
施工单位：海宁市宏厦建筑装饰工程有限公司
21. 嘉兴市行政中心
设计单位：杭州国美建筑装饰设计院有限公司
浙江亚厦装饰集团有限公司设计院
施工单位：浙江省一建建设集团有限公司
浙江亚厦装饰集团有限公司
22. 德清县会展中心
设计单位：同济大学建筑设计研究院
施工单位：中天建设集团有限公司
23. 湖州电力能源调度中心
设计单位：杭州国美建筑装饰设计院有限公司
施工单位：浙江广艺建筑装饰工程有限公司
24. 嘉善烟草公司综合大楼
设计单位：浙江亚厦装饰集团有限公司
施工单位：浙江泛华工程有限责任公司
25. 盘安县广电新闻中心
设计单位：浙江省建筑装饰公司设计部
施工单位：浙江歌山建设集团有限公司
26. 浙江师范大学艺术教学楼（音乐厅）
设计单位：金华恒建城市建筑设计院
施工单位：浙江省一建建设集团有限公司
27. 浙江移动通信永康分公司大楼
设计单位：浙江银建建筑装饰设计研究院
施工单位：浙江银建装饰工程有限公司
28. 永康市急救中心综合楼
设计单位：杭州萧山建筑装饰实业有限公司设计所
施工单位：杭州萧山建筑装饰实业有限公司
29. 温州将军大酒店
设计单位：温州市云艺建筑装饰设计院
杭州大宇装饰有限公司设计所
施工单位：浙江福田建筑装饰工程有限公司
杭州大宇装饰有限公司
30. 温州大学共享会议中心
设计单位：杭州大宇装饰有限公司设计所
施工单位：杭州大宇装饰有限公司
31. 温州市鹿城文化活动中心
设计单位：温州市云艺建筑装饰设计院
施工单位：温州建设集团公司建筑装饰工程分公司
32. 平阳县人民政府综合办事中心
设计单位：温州市鹿城中天装饰设计室
施工单位：浙江飞耀装璜工程有限公司
33. 缙云县仙都度假村
设计单位：缙云县建筑设计所
施工单位：缙云县配套装潢工程有限公司
34. 浙江移动通信绍兴分公司综合楼
设计单位：绍兴市现代装饰设计有限公司
施工单位：绍兴市现代设计装潢有限公司
35. 台州市立医院门诊综合楼
设计单位：浙江省建筑设计研究院
施工单位：方远建设股份有限公司室内装饰分公司
台州市大自然建筑装饰工程有限公司
36. 绍兴市城市广场二期装饰工程
设计单位：杭州国美建筑装饰设计院有限公司
施工单位：浙江环宇建设集团有限公司
绍兴第一建工集团有限公司
37. 台州市公安局指挥大楼
设计单位：杭州市城建设计研究院
施工单位：浙江省一建建设集团有限公司
台州市大自然建筑装饰工程有限公司
38. 绍兴市国家税务局一层营业厅装饰工程
设计单位：绍兴长成装饰设计工程有限公司
施工单位：绍兴第一建工集团有限公司
39. 临海市烟草大楼
设计单位：广东建雅室内工程设计施工有限公司
施工单位：浙江中联建设有限公司
40. 绍兴市东街口电信楼立面改造工程
设计单位：浙江华汇建筑设计咨询有限公司
施工单位：浙江宝业建设集团有限公司
41. 绍兴咸亨大酒店多功能厅
设计单位：绍兴县工业民用建筑设计所
施工单位：浙江广艺建筑装饰工程有限公司
42. 绍兴县农行柯桥金融大厦
设计单位：绍兴县工业民用建筑设计所
施工单位：浙江广艺建筑装饰工程有限公司
43. 台州市财税干校综合楼
设计单位：深圳长城家俱装饰工程有限公司
施工单位：浙江泛华工程有限责任公司
44. 金华今日大酒店
设计单位：浙江银建建筑装饰设计研究院
施工单位：浙江银建装饰工程有限公司
45. 上海浦东发展银行杭州分行解放路支行
设计单位：杭州天澜建筑装饰设计院有限公司
施工单位：杭州大昌盛建筑装饰工程有限公司
46. 湖州市妇幼保健院新门诊综合楼
设计单位：湖州市建筑设计研究院
施工单位：湖州市建工集团建筑装饰有限公司
47. 上海浦东发展银行杭州分行余杭支行办公楼
设计单位：杭州典尚建筑装饰设计有限公司
施工单位：浙江亚厦装饰集团有限公司

关于表彰2001年度杭州市优秀建筑装饰工程的通知

杭装协[2002]3号

各县（市）、区建筑业协会，各会员单位：

根据杭州市建筑装饰协会杭装协字[2002]1号《关于开展杭州市优秀建筑装饰工程评选活动的通知》精神，在企业申报、资料审查、现场核验与征求用户意见的基础上，经杭州市优秀建筑装饰工程评审委员会投票决定，以下25项工程被评为杭州市2001年度优秀建筑装饰工程，6项工程为表扬工程。（排列不分先后）

杭州市建筑装饰协会

二〇〇二年四月二十八日

1．浙江省高级人民法院审判大楼
承建单位：龙元建设集团股份有限公司（总包）
参建单位：中天建设集团有限公司（12—16层装饰工程）

2．工行杭州羊坝头支行主楼内外装饰工程
承建单位：浙江省通力建设集团有限公司

3．标力广场C楼外墙及二至四层装饰工程
承建单位：浙江省通力建设集团有限公司

4．浙江大学医学院附属妇产科医院病房大楼
承建单位：浙江省一建建设集团有限公司（总包）

5．下城区财税大楼1—11层室内装饰1—4层外墙24层大会议室装饰工程
承建单位：广厦建设集团有限公司总承包公司

6．耀江发展中心
承建单位：浙江耀江建设集团股份有限公司

7．杭州学军中学体育艺术馆
承建单位：杭州建工集团有限责任公司

8．浙江省血液中心综合大楼
承建单位：浙江省通力建设集团有限公司

9．邵逸夫医院医教综合楼
承建单位：浙江省长城建设集团股份有限公司（总包）
参建单位：浙江省江南建筑装饰工程公司（1—5层室内装饰工程）

10．浙江省卫生厅办公综合楼
承建单位：杭州三箭建设集团有限公司

11．浙江出版印刷物资大楼
承建单位：浙江省长城建设集团股份有限公司

12．杭州红星文化大厦剧场观众厅装饰工程
承建单位：武林建筑工程有限公司

13．杭州历史博物馆
承建单位：杭州建工集团有限责任公司（总包）
参建单位：武林建筑工程有限公司（主楼室内装饰工程）

14．杭州百货大楼北楼（改建）装饰工程
承建单位：浙江省一建建设集团有限公司

15．杭州农业银行下沙支行办公楼装饰工程
承建单位：浙江华天装饰工程有限公司

16．招商银行杭州分行（新址）装饰工程
承建单位：恒木建设（集团）有限公司

17．浙江世贸中心二期工程
承建单位：龙元建设集团股份有限公司

18．浙江省交通规划设计研究院业务楼
承建单位：浙江省一建建设集团有限公司

19．浙江省水电大厦
承建单位：杭州二建建设有限公司

20．余杭瓶窑大厦装饰工程I标段
承建单位：杭州天工装饰工程有限公司

21．萧山经济技术开发区综合服务大楼
承建单位：杭州萧山第二建筑工程有限公司

22．萧山歌剧院
承建单位：浙江华成建设实业有限公司

23．杭州汇丽绣花制衣有限公司综合楼
承建单位：浙江省长城建设集团股份有限公司

24．杭州萧山国际酒店27层鲍翅厅、25层商务客房及商务中心装饰工程
承建单位：浙江华天装饰工程有限公司

25．宝盛宾馆办公楼及宾馆1—3层室内装饰工程
承建单位：杭州萧山建筑装饰实业有限公司

表扬工程：

1．浙江大学医学院附属妇产科医院病房大楼外墙装饰工程
承建单位：浙江银建装饰工程有限公司

2．浙江工业大学之江礼堂装饰工程
承建单位：浙江华天装饰工程有限公司

3．笕桥农村信用合作社综合用房1、2、6层室内装饰工程
承建单位：杭州大昌盛建筑装饰工程有限公司

4．之江写字楼B楼室内装饰工程
承建单位：武林建筑工程有限公司

5．浙江省电力局千岛湖电力培训中心
承建单位：浙江省通力建设集团有限公司

6．浦发银行杭州分行解放路支行装饰工程
承建单位：杭州大昌盛建筑装饰工程有限公司

关于表彰2002年度杭州市优秀建筑装饰工程的通知

杭装协[2003]4号

各县(市)、区建筑业协会、各有关单位：

根据杭州市建筑装饰协会杭装协字(2002)05号《关于2002年度杭州市优秀建筑装饰工程评选工作的通知》精神，在企业申报、资料审查、现场核验与征求用户意见的基础上，经杭州市优秀建筑装饰工程评审委员会投票后决定，中国江南水乡文化博物馆陈列布展工程等26个工程被评为杭州市2002年度优秀建筑装饰工程，新华大厦8～12层室内装饰工程等2个工程为表扬工程。现将评审结果公布于后，并予通报表彰。

附件：2002年度杭州市优秀建筑装饰工程名单(26个)

杭州市建筑装饰协会

二〇〇三年四月二十九日

2002年度杭州市优秀建筑装饰工程名单

（排名不分名次，括号内为项目经理）

装饰工程名称	承建单位	设计单位
1. 中国江南水乡文化博物馆陈列布展工程(二标段)	杭州三箭建设集团有限公司（谢卓谊、潘三红）	浙江省装饰有限公司
2. 留学生创业园1～3层室内装饰，室外幕墙	杭州三箭建设集团有限公司（赵华君）	杭州市光明建筑设计院
3. 金都杰地大厦1～8层室内装饰	杭州三箭建设集团有限公司（金华伟）	浙江省建筑设计研究院
4. 余杭市心商厦1～3层室内装饰，室外幕墙	杭州三箭建设集团有限公司（方茂才）	浙江城建建筑设计院
5. 滨江区省级高教园区E区1号楼1～3层食堂室内	杭州三箭建设集团有限公司（葛伟）	浙江城建建筑设计院
6. 余杭区政府办公中楼大堂与1～3层室内	浙江圣大建筑装饰有限公司（龚忠勇）	浙江圣大建筑装饰有限公司
7. 省总工会工人疗养院室内改建装饰	浙江中南建设集团有限公司（王铁民）	杭州国美建筑装饰设计院有限公司
8. 南都·银座公寓1～6号楼室内精装饰	武林建筑工程有限公司（朱开）	杭州典尚建筑装饰设计有限公司
9. 黄龙体育中心训练馆室内	浙江省建工集团有限责任公司(卓建民)	浙江省建筑设计研究院
10. 白马公寓2号楼会所	恒木建设(集团)有限公司（谢伯意）	中国美术学院风景建筑设计研究院
11. 杭州市总工会综合楼室内	浙江省长城建设集团股份有限公司（俞向阳）	浙江省建筑设计研究院
12. 杭州海关大楼大堂、1～5层室内	浙江省长城建设集团股份有限公司（杨建民）	江苏省建筑设计研究院
13. 浙江省公安厅指挥中心和技术用房室内	浙江耀江建设集团股份有限公司（柴汉峰）	同济大学建筑设计研究院
14. 浙江省委党校综合楼1～2层室内	浙江耀江建设集团股份有限公司（俞伯金）	中国联和承造实业有限公司
15. 拱墅区政府办公楼1～9层室内装饰　附楼1～4层室内	浙江广通装饰工程有限公司（杨东栋）	浙江城建建筑设计院有限公司
16. 杭州陈经纶体校教育综合楼室内	杭州建工集团有限责任公司（李士珍）	中国美术学院风景建筑设计研究院
17. 雷峰塔景区建筑工程室内	浙江亚厦装饰集团有限公司（谢兴龙）	清华大学建筑设计研究院
18. 富阳富春山居一期配套别墅室内	中天建设集团有限公司（吴昌龙）	浙江省建筑设计研究院
19. 余杭第一人民医院病房楼1～2层室内	浙江圣大建筑装饰有限公司（龚忠勇）	浙江圣大建筑装饰有限公司
20. 浙医二院门诊科教综合楼18、20、21、22层室内	浙江中南建设集团有限公司（徐友国）	深圳市美术装饰工程有限公司
21. 杭州市第六人民医院医疗综合楼	浙江省建工集团有限责任公司(邵祖强)	中国美术学院风景建筑设计研究院
22. 南都·银座公寓1～6号楼幕墙	浙江中南建设集团有限公司（包立忠）	上海美特幕墙有限公司
23. 滨江区中心花园3号综合楼幕墙	浙江中南建设集团有限公司（童林明）	浙江省江南建筑装饰工程公司
24. 杭州滨江大厦幕墙	浙江华天装饰工程有限公司（洪国昌）	杭州市嘉威门窗幕墙装饰工程有限公司 武林建筑工程有限公司
25. 浙江建工发展中心A座幕墙	浙江省建工集团有限责任公司(许传惠)	浙江省建工集团有限责任公司建筑幕墙公司
26. 杭州市总工会大楼及工人文化宫活动大楼幕墙	武林建筑工程有限公司（黄刚）	武林建筑工程有限公司

关于表彰2001年度温州市建筑装饰优质工程的通知

温装协[2002]010号

各会员单位，各建筑装饰施工企业：

温州市2001年度建筑装饰优质工程评审工作已于日前结束。在主管部门的领导、关心和支持下，在各参评单位积极申报的基础上，经温州市建筑装饰优质工程评审委员会对申报工程进行了资料验审、现场踏勘并征求用户意见后，评委会于10月11日集中评议且经公示，温州市邮件转运中心行政楼等21个工程项目荣获2001年度温州市建筑装饰优质工程奖。特此通知，并予通报表彰。

（附获奖名单，排列不分先后）

温州市建筑装饰协会

二〇〇二年十月二十八日

2001年度温州市建筑装饰优质工程项目名单

（排列不分先后）

一、公装项目

序号	项目	施工单位
1	温州市邮件转运中心行政楼	温州建设集团装饰分公司
2	温州建行新城支行	温州建筑装饰安装工程公司
3	平阳信用联社办公楼	温州中川装饰公司
4	温州物资回收公司办公楼	温州中川装饰公司
5	温州商业银行江滨支行	温州青川装饰有限公司
6	温州发电厂综合楼	温州嘉和装饰公司
7	工行市中行营业大厅	温州圣夏装饰设计公司
8	永嘉县文化中心观众厅	温州中天装饰公司
9	温州市安全局工作用房	温州市工艺美术研究所

二、家装项目

序号	项目	施工单位
1	天盛公寓1-601室	温州青川装饰有限公司
2	南亚都市花园B2-401室	温州市家居乐装饰有限公司
3	东南大厦2304室	温州市华鼎装饰有限公司
4	城开花苑10幢602室	温州市新一方装饰有限公司
5	温迪锦园17幢706室	温州建设集团公司建筑装饰工程分公司
6	新城玫瑰园33幢	温州市腾业建筑装饰安装工程有限公司
7	新城云中花园双鱼座B幢102室	温州市圣夏装饰设计工程公司
8	新城云中花园山羊座B座102室	温州百特利艺术装饰配套有限公司
9	瑞安安阳新区怡心苑9幢401室	温州市易家装饰有限公司
10	瑞安紫金大厦12层A室	温州市嘉和装饰有限公司
11	平阳昆阳镇西直街19幢502室	温州市添锦装饰有限公司
12	龙港银苑大厦A座9楼	鹿城三川装饰有限公司

关于2001年度深圳市装饰优质样板工程的决定

深装协[2002]017号

各有关单位：

2001年度我市装饰工程评优工作在市建设局的监督指导下已圆满结束。根据各单位申报，按照“深圳市优质装饰工程评选办法”，经过专家现场检查和实测，并通过评审委员会认真评定，共评出优质样板工程51项（含市外）。其中深圳市证券卫星通信地球站、深圳邮电信息枢纽大厦分别获室内装饰和幕墙工程“金鹏奖”。在此，对创建这批优质样板工程的建设、监理、施工单位给予表彰。

希望获奖单位再接再厉，不断提高，创出更多的优质精品工程。其它各单位要学习获奖单位的先进经验，以提高工程质量、创优质工程为目标，强化设计、完善管理，使我市装饰工程质量水平再上一个新台阶。

附：2001年度深圳市装饰优质样板工程名单

2001年度深圳市装饰工程“金鹏奖”获奖名单

深圳市装饰行业协会

二〇〇二年六月二十六日

2001年度深圳市装饰优质样板工程名单

工程名称	施工单位
1. 中国人寿大厦（北京世界金融中心）装饰工程	深圳市洪涛装饰工程公司
2. 上海科技城幕墙工程	深圳金粤幕墙装饰工程有限公司
3. 长沙市市委市政府办公大楼装饰工程	深圳市设计装饰工程公司
4. 福州金源国际大酒店客房装饰工程	深圳市广田装饰设计工程有限公司
5. 深圳市国税局征收综合大楼装饰工程	深圳市华南装饰设计工程有限公司
6. 深圳市华为电气科研楼精装饰工程	深圳华丽装修家私企业公司
7. 深圳市证券卫星通信地球站建筑幕墙工程	深圳市科源建筑装饰工程有限公司
8. 中国注册会计师北京培训基地	深圳市方大装饰工程有限公司
9. 福州金源国际大酒店大堂装饰工程	深圳市建筑装饰（集团）有限公司
10. 北京清华国际科技交流中心装饰工程	深圳长城家俱装饰工程有限公司
11. 深圳圣廷苑酒店改造装饰工程	深圳市文业装饰设计工程有限公司
12. 深圳中盛大厦建筑幕墙工程	深圳市深建华辉装饰工程有限公司
13. 深圳圣廷苑酒店改造装饰工程	深圳市设计装饰工程公司
14. 深圳市木棉花酒店室内装饰工程	深圳市新鹏都装饰工程有限公司
15. 深圳证券交易所办公楼二期装饰工程	深圳市深装总装饰工程工业有限公司
16. 上海市金陵欣大厦幕墙工程	深圳市方大装饰工程有限公司
17. 国家财政部原办公大楼装饰工程	深圳远鹏装饰设计工程有限公司
18. 乌鲁木齐机场航站楼出港大厅装饰工程	深圳市中航装饰设计工程有限公司
19. 沈阳桃仙国际机场扩建新航站楼装饰工程	深圳海外装饰工程公司
20. 郑州金桥宾馆室内装饰工程	深圳市深建华辉装饰工程有限公司
21. 湖北省人寿保险公司综合楼室内装饰工程（武昌）	深圳市文业装饰设计工程有限公司
22. 武汉长江证券装饰工程	深圳市汉顿装饰设计工程有限公司
23. 天津邮电公寓底层商城装饰工程	深圳市深装总装饰工程工业有限公司
24. 温州移动通信大楼室内装饰工程	深圳长城家俱装饰工程有限公司
25. 武汉丝宝行政综合楼装饰工程	深圳市华南装饰设计工程有限公司
26. 厦门海关总署鼓浪屿培训基地装饰工程	深圳市建筑装饰（集团）有限公司
27. 大连现代博物馆装饰工程	深圳市南利装饰工程公司
28. 深圳市汉唐证券装饰工程	深圳市丽景装饰工程有限公司

29. 天津国际商务交流中心装饰工程　　深圳洪涛装饰工程公司
30. 深圳市嘉汇百货商场装饰工程　　深圳市科源建筑装饰工程有限公司
31. 光炬科技（深圳）有限公司装饰工程　　深圳市洪涛装饰工程公司
32. 威海中韩经济交流中心（海景花园大酒店）装饰工程　　深圳瑞和装饰工程有限公司
33. 广西省柳州饭店 8 号楼及附楼装饰工程　　深圳市美术装饰工程有限公司
34. 浙江省金华市浦江神舟大酒店 1～3 层装饰工程　　深圳市广田装饰设计工程有限公司
35. 西安阎良润天酒店室内装饰工程　　深圳市建筑装饰（集团）有限公司
36. 中国华能财务有限责任公司写字楼装饰工程　　深圳市凌龙装饰股份有限公司
37. 新疆环球会展中心室内装饰工程　　深圳长城家俱装饰工程有限公司
38. 大连百年商城装饰工程　　深圳市南利装饰工程公司
39. 安徽滁州市金地大酒店装饰工程　　深圳市宝鹰装饰设计工程有限公司
40. 深圳市海上田园风光旅游区渡假村主楼装饰工程　　深圳市黎源建筑设计装饰工程有限公司
41. 深圳市世纪村会所装饰工程　　深圳市中装设计装饰工程有限公司
42. 国通证券无锡证券营业部装饰工程　　深圳市新国俊装饰工程有限公司
43. 中信实业银行青岛分行装饰工程　　深圳市科信建筑装饰设计工程有限公司
44. 西安市开元商城室内装饰工程　　深圳市晶宫设计装饰工程有限公司
45. 山东威海兰天宾馆三号楼装饰工程　　深圳市维业装饰设计工程有限公司
46. 惠州丽日百货购物广场装饰工程　　深圳市丽日装饰设计工程有限公司
47. 广州中泰国际广场裙楼 1～2 层装饰工程　　深圳市奇信装饰设计工程有限公司
48. 深圳市五洲宾馆二期装饰工程　　深圳市美芝装饰设计工程有限公司
49. 深发行济南分行 1～4 层室内装饰工程　　深圳市华剑装饰设计工程有限公司

2001 年度深圳市装饰工程“金鹏奖”获奖名单

工程名称　　**施工单位**

1. 深圳市证券卫星通信地球站室内装饰工程　　深圳市建艺装饰设计工程有限公司
2. 深圳邮电信息枢纽大厦建筑幕墙工程　　深圳市深建华辉装饰工程有限公司

汕头市 2002 年度优秀建筑装饰工程设计评选结果

为提高汕头市建筑装饰工程设计水平和工程效益，推动技术进步，鼓励广大设计人员努力创作出质量优、水平高、效益好的优秀设计作品，并为参加广东省优秀工程勘察设计评选活动作好准备，汕头市建设局于 2003 年 3 月组织对全市 14 个单位报送的 54 个参评项目进行了评选，现将评选结果公布如下：

汕头市装饰协会

二〇〇三年四月

编号	项目名称	获奖等级	设计单位
1	汕头市委会议中心	一等奖	广东建华装饰工程有限公司
2	汕头市翠茵景苑大堂、会所	一等奖	汕头市百得建筑装饰设计有限公司
3	汕头市北山湾迎宾花园 A、B 幢、服务中心大楼、客房	二等奖	广东建华装饰工程有限公司
4	汕头市广播电视中心续建工程	二等奖	广东建华装饰工程有限公司
5	汕头市翠茵景苑样品房（13 楼）	二等奖	汕头市百得建筑装饰设计有限公司
6	汕头市华景广场样品房	二等奖	汕头市百得建筑装饰设计有限公司
7	汕头市龙湖区隔震减震厂房一期	三等奖	汕头市百得建筑装饰设计有限公司
8	汕头电信公司粤东信息大厦营业厅	三等奖	汕头经济特区雅达环境艺术设计事务所

9	中国工商银行汕头分行招待所	三等奖	汕头市百得建筑装饰设计有限公司
10	汕头市人民政府办公楼	三等奖	广东建华装饰工程有限公司
11	广东奥林匹克体育场三层贵宾区域	三等奖	广东建华装饰工程有限公司
12	汕头市锦峰集团办公楼	三等奖	汕头市百得建筑装饰设计有限公司
13	汕头市金新花园样品房系列	三等奖	汕头市大斑马环境设计有限公司

关于表彰“2002年度成都市建筑装饰优秀工程”的决定

成建装字（2002）034号

各会员单位：

为了贯彻落实国家“质量兴业”的方针，鼓励广大建筑装饰企业发挥创造性，创优良工程，创品牌企业，我会于2002年7月发出了“评选2002年度成都市建筑装饰优秀工程”的通知。8月下旬，协会组织专家评审组经过认真的审查工程资料、现场考察、评议等，共评出“成都市建筑装饰优秀工程一等奖”5项，“二等奖”3项，现予以表彰和公布（名单附后）。

希望各会员单位向这些先进企业学习，精心设计、施工出更多的精品工程，在提高企业的市场竞争力的同时为成都市城市建设做出更大贡献。

成都市建筑装饰协会

二○○二年九月

一等奖

建筑装饰企业名称	装饰工程项目
1. 中铁二局集团装饰装修工程有限公司	成都皇城老妈餐饮中心
2. 成都合诚工程有限公司	天府丽都喜来登酒店
3. 成都恒基装饰工程有限公司	石象湖生态公园游客接待中心
4. 四川兴泰来装饰工程有限责任公司	双流国际机场第II标段、VIP服务中心及一层餐厅部分
5. 四川华西建筑装饰工程有限公司	省地方税务局办公楼裙楼外墙干挂花岗石工程

二等奖

建筑装饰企业名称	装饰工程项目
1. 成都精诚建筑装饰工程有限责任公司	市三医院扩建工程住院大楼外墙装饰工程
2. 成都倍特装饰工程有限公司	玉林中学高中部科技综合楼
3. 成都市秦宇装饰工程有限责任公司	六合悦酒楼

关于公布成都市2002年度优秀家装工程获奖项目的通知

成建装字（2002）039号

各会员单位：

为了鼓励家装企业争创精品工程，提高家装企业的竞争能力，推动我市家装行业不断发展，成都市建筑装饰协会于2002年10月中旬，组织专家对申报2002年度优秀家装工程的40个项目的各项资料进行了认真审查和充分评议，专家组认为，今年申报参评的家装工程总体水平高于去年，设计比较简练，大方，有一定创新，使用功能较合理，制图水平较高，客户满意。但我市家装工程在设计理念、选材等方面与全国同行比还有差距，希望各家装企业努力提高管理、设计和施工水平，与时俱进，多出精品工程，创品牌企业，促进我市家装上水平、上台阶。

现将评出的2002年度家装工程优秀奖9项，佳作奖18项（共27项）公布如下：（排名不分先后）

成都市建筑装饰协会

二○○二年十月二十三日

2002年度家装工程优秀奖名单（9项）

序号	单　位	项　目
1	成都市华达建筑装饰工程有限公司家装分公司	四川托普集团别墅B1型装饰工程（别墅）
2	成都市华达建筑装饰工程有限公司家装分公司	新绿季节A幢3单元
3	成都田园装饰工程有限公司	碧云天8号楼4单位2B
4	成都田园装饰工程有限公司	成都花园朗庭苑12-106
5	成都恒基装饰工程有限公司	成都博瑞*都市花园3A、3C套房
6	成都华森建筑装修工程公司	府河音乐花园B型样板房
7	成都兴泰兴装饰工程有限公司	绿杨新村3号楼3806号
8	金牛龙徽装饰公司	锦官新城金榕园D-506号
9	金牛龙徽装饰公司	懋园堪培拉602室（一期跃层）

2002年度家装工程佳作奖名单（18项）

序号	单　位	项　目
1	四川省新空间实业有限公司	天鹅星座徐氏住宅
2	四川省新空间实业有限公司	置信丽都花园C区D型
3	四川省新空间实业有限公司	置信丽都花园C区A型
4	四川美家堂装饰工程有限公司	成都花园11幢1单元802室
5	四川美家堂装饰工程有限公司	芳草东街新玉林3单元802室
6	四川美家堂装饰工程有限公司	府河音乐花园29幢1单元102室
7	成都市华达建筑装饰工程有限公司家装分公司	禾嘉花园家装工程
8	成都雅舍实业有限责任公司	战旗新区群康路2-1-4住宅
9	成都雅舍实业有限责任公司	清水绿苑1-4-4-13住宅
10	成都雅舍实业有限责任公司	锦城花园某住宅
11	四川省红地装饰艺术有限公司	万科城市花园一期样板房
12	成都市奥丽达建筑装饰有限公司	成都花园唐女士住宅
13	成都雅兴装饰工程有限责任公司	电信局宿舍
14	成都兴泰兴装饰工程有限公司	督院府邸一单元7楼C型
15	四川伟强装饰设计工程有限责任公司	电信宿舍吴氏住宅
16	成都市杰奥装饰工程有限公司	督院府邸范氏住宅
17	成都市蓝建装饰有限责任公司	菁华园汪女士
18	徐胜明（个人）	付先生家居

关于表彰2002年度建筑装饰行业先进企业的决定

成建委发[2003]123号

各区(市)县建设局，各装饰企业：

2002年，我市建筑装饰行业认真学习邓小平理论和“三个代表”重要思想，积极迎接入世挑战，更新观念，开拓进取，强化管理，狠抓质量，拓展市场，全行业取得了可喜的成绩。由四川华西建筑装饰工程公司和中铁二局集团装饰工程公司承建的人民大会堂四川厅、川农逸夫楼、省地税局综合楼、皇城老妈餐饮中心等4项装饰工程荣获了“2002年全国建筑工程装饰奖”，一些骨干家装企业走出成都，积极发展外地市场，他们为我市经济发展和建筑装饰行业水平的提高做出了积极的贡献。

为促进我市建筑装饰行业持续、稳定、健康的发展，由市建筑装饰协会推荐，经我委研究，决定表彰四川华西建筑装饰工程有限公司等46家企业为“成都市2002年度建筑装饰行业先进企业”。希望受表彰的企业继续发扬成绩，带动全行业认真学习十六大精神，面对新形势，迎接新挑战，为促进企业和行业上水平、上台阶，为全面建设小康社会而努力奋斗！

附：成都市2002年度建筑装饰行业先进企业名单

成都市建设委员会

二〇〇三年三月六日

成都市2002年度建筑装饰行业先进企业名单

1. 四川华西建筑装饰工程有限公司
2. 中铁二局集团装饰装修工程有限公司
3. 四川金惠建筑装饰工程有限公司
4. 四川泰来装饰工程有限公司
5. 四川兴泰来装饰工程有限责任公司
6. 成都金圣装饰有限公司
7. 成都市华达建筑装饰工程有限公司
8. 成都建工装饰装修有限公司
9. 成都恒基装饰工程有限公司
10. 成都平原装饰工程有限公司
11. 成都粤海装饰工程有限公司
12. 成都导向设计装饰工程有限公司
13. 成都精诚建筑装饰工程有限责任公司
14. 四川省天艺装饰设计工程有限公司
15. 四川华亚建筑装饰工程有限公司
16. 成都兴雅装饰工程有限公司
17. 四川禾嘉装饰工程有限责任公司
18. 成都倍特装饰工程有限公司
19. 成都市奥丽达建筑装饰有限公司
20. 成都文化艺术建筑装饰工程有限公司
21. 成都明石装饰工程有限公司
22. 成都天科装饰有限责任公司
23. 成都全兴广告装饰有限公司
24. 四川省展览馆广告装饰工程中心
25. 成都市建筑装饰工程公司
26. 成都市大立装饰有限公司
27. 四川省宏美建筑装饰工程有限公司
28. 成都市雅舍实业有限责任公司
29. 成都田园装饰工程有限公司
30. 四川美家堂装饰工程有限公司
31. 四川省新空间实业有限公司
32. 成都市华森建筑装修工程公司
33. 四川省红地装饰艺术有限公司
34. 成都市杰奥装饰工程有限公司
35. 成都市洋龙装饰工程有限公司
36. 成都市家和装饰工程有限责任公司
37. 四川华西建筑装饰设计有限公司
38. 成都多维设计事务所
39. 四川省展览馆纵横设计事务所
40. 成都中铁二局建筑装饰设计有限公司
41. 四川创视达建筑装饰设计有限公司
42. 成都富森美家居现代装饰材料物流中心
43. 西南建材中心
44. 东方家园有限公司成都分公司
45. 成都正泰木业有限责任公司
46. 成都圣象木业有限公司

关于表彰成都市 2002 年度建筑装饰优秀项目经理的决定

成建装字[2003]04 号

各会员单位：

2002 年，为提高装饰行业的管理及工程质量水平，行业内开展了建筑装饰工程评优，会员单位的多项工程荣获了中装协“全国建筑工程装饰奖”、“成都市 2002 年度建筑装饰优秀工程奖”、“2002 年度优秀家装工程奖”等。为提高获奖项目经理的知名度，鼓励更多的企业创精品工程，创品牌企业，理事会研究，决定将 2001 年至 2002 年间获中装协、市装协装饰奖及“天府杯”、“芙蓉杯”奖的工程主管项目经理评为“成都市 2002 年度建筑装饰优秀项目经理”予以表彰，经审查有李哈京等 13 名项目经理获此殊荣。希望受表彰的项目经理再接再厉，更上一层楼，做出更多更好的精品工程，同时希望各会员单位的项目经理向他们学习，以项目管理为中心，努力创精品工程，为企业和行业的发展贡献自己的力量！

附：成都市 2002 年度建筑装饰优秀项目经理名单。

成都市建筑装饰协会

二〇〇三年三月三日

成都市 2002 年度建筑装饰优秀项目经理名单（13 名）

李哈京　黄元雷　白成冀　陈家正　王才旭　郭新建　曾官粟　万正权　姚文明　孙中和　孙德华　邹蜀梁　张　建

关于表彰 2002 年度协会活动积极分子的决定

成建装字[2003]05 号

各会员单位：

我会在各会员单位的支持帮助下，2002 年开展了丰富多彩的活动，圆满地完成了各项任务，受到了业内外人士的好评，其间涌现出了许多热心协会活动、支持协会工作的好同志，经理事会研究，决定将表现十分突出的陈小龙等 84 名同志评为“2002 年度协会活动积极分子”，予以表彰和奖励。希望在新的一年里，全体会员向他们学习，大家都来积极关心、支持、参与协会的各项活动，把我会办成全国一流协会。

附：2002 年度协会活动积极分子名单。

成都市建筑装饰协会

二〇〇三年三月三日

成都市建筑装饰协会活动积极分子名单（84 名）

陈小龙	赵　平	徐　杨	龙　韬	邵长铭	杨先蓉	杜其友	柳荣春
邵　春	杨艺专	王晓鸣	先永定	杜　星	刘世忠	唐卓韧	黄长明
徐　彬	冉春林	彭　建	聂　鑫	黄　彦	黄道君	谢华君	杨永大
何　英	黄　超	陈　海	何绍林	陈卫东	刘有达	张修齐	张　灿
肖　波	张晓莹	吴小霖	何　杰	田　浩	刘云华	王金蓉	张向明
赵　勇	朱玲英	钟维兴	车天祥	周继光	邓筱蓉	张　涛	夏　锦
王霞美	孙文强	李清盛	蔡兵兵	杨　波	张世忠	王木兰	张　华
乔开发	淳　盛	许泰华	刘蓉萍	刘　宇	蔡　平	廖礼敏	韩　峰
刘　军	方晓虹	黄新德	申建祖	田　梅	卢　兴	钱杉杉	周渝成
侯舒信	祁战敏	程　成	赵开义	夏　木	唐　妮	汪　注	黎天春
刘　松	刘学玲	毛　萍	姚自然				

河南省装饰工程质量管理先进企业及先进个人

河南省建设厅以豫建建[2002]59 号文下发了《关于表彰 2001 年度河南省建设工程质量管理先进单位、先进个人的通报》，对 2001 年度全省建设工程质量管理工作中涌现出来的先进单位和先进个人进行了表彰。其中，建筑装饰装修行业有 5 家先进施工企业和 8 名先进个人受到表彰。现公布如下。

河南省建筑装饰协会

二○○二年四月

工程质量管理先进企业

1．郑州康利达装饰工程有限公司
2．河南省大鹏装饰工程有限公司
3．河南锦隆装饰工程有限公司
4．洛阳天鹰装饰工程有限公司
5．焦作市平光仕德铝业安装有限公司

工程质量管理先进个人

王晓惠（女）　金世雄　崔宗杰　薛景霞（女）
杨　坤　魏仲惠　董立武　王开宇

关于表彰河南省 2001 年度先进建筑装饰企业的决定

豫建装字[2002]09 号

各市建筑装饰协会（行业管理办公室）、各会员单位：

2001 年，我省建筑装饰企业面对新世纪带来的机遇与挑战，强化管理，提高水平，涌现了一批效益好，讲信誉，质量高、无事故的先进企业，为推动全省装饰行业的发展做出了积极贡献。

为鼓励先进，经研究决定授予“郑州康利达装饰工程有限公司”等 43 家企业为“河南省 2001 年度先进建筑装饰企业”。希望受表彰的企业继续努力，求真务实、开拓进取，带动全行业迈上新台阶，开创新局面。

河南省建筑装饰协会

二○○二年三月六日

河南省 2001 年度建筑装饰装修行业先进单位名单

一、优秀协会

1．洛阳市建筑装饰协会

二、先进企业

1．郑州康利达装饰工程有限公司
2．河南锦隆装饰工程有限公司
3．郑州粤发装饰设计工程有限公司
4．河南新大地装饰工程有限公司
5．河南鹰承建筑装饰工程有限公司
6．河南省江海集团建筑装饰工程有限公司
7．中国建筑第七工程局建筑装饰工程公司
8．河南省蓝宇装饰工程有限公司
9．郑州市联升建筑装饰设计有限公司
10．洛阳国脉通信有限公司装饰工程分公司
11．洛阳天鹰装饰工程有限公司
12．洛阳佛阳装饰工程公司
13．中国建筑二局洛阳装饰工程公司
14．洛阳制冷空调设备公司
15．河南省税银建筑装饰公司
16．周口豫深装饰工程有限公司
17．南阳市建筑装饰工程公司
18．南阳市建筑工程总公司装饰分公司
19．河南省大鹏装饰工程有限公司
20．焦作市平光仕德铝业安装有限公司
21．信阳市城建建筑装饰公司
22．固始县广宇建筑装饰工程公司
23．河南省第二建筑工程有限责任公司装饰工程公司
24．鹤壁市天艺装饰有限公司
25．河南元洲装饰有限责任公司
26．河南省平顶山市常绿置业有限公司
27．河南省商丘特种玻璃制品厂
28．郑州豫华建设实业总公司
29．安阳市建筑工程公司装璜公司

三、先进家装企业

1．郑州东升实业有限公司
2．河南省科瑞装饰工程设计有限公司
3．河南银龙装饰工程有限责任公司
4．河南时代装饰设计工程有限公司
5．郑州泰运装饰设计工程有限公司
6．河南省建达装饰设计工程有限公司
7．河南云爵装饰工程有限公司
8．北京业之峰装饰有限公司郑州分公司
9．郑州市星星装饰有限公司
10．河南大地装饰设计工程有限公司
11．河南立德装饰设计工程有限公司
12．洛阳市东兴装饰工程公司

四、优秀市场

1．郑州金海贸易发展有限公司康居家装大厦

关于表彰2001年度河南省建筑装饰协会活动积极分子的决定

豫建装字[2002]10号

各市建筑装饰协会（行业管理办公室）、各会员单位：

2001年，协会为促进行业发展开展了一系列工作，会员单位及个人积极参加各项活动，献计献策使协会较圆满地完成了既定工作计划。经研究决定表彰王喜元等55名同志为“2001年度河南省建筑装饰协会活动积极分子”。希望全体会员支持协会工作，为行业发展贡献力量。

河南省建筑装饰协会

二〇〇二年三月六日

2001年度河南省建筑装饰协会活动积极分子（共55名）

王喜元	盛养源	薛景霞	董立武	杨　坤	牛合顺	赵安敏	刘宝德	张景顺	张俊亭	崔公亮
张保现	姜克生	郑立东	杨恩席	司马鸿彬	杨国干	代　丽	王开宇	刘万闻	陈宝强	叶　萍
雷茂萱	雷从庚	邢振才	李丙寅	李晓松	张继珠	赵曙光	胡建强	刘亚峰	刘世尧	孔令伟
丁　辉	黄海军	刘德民	要　建	徐永革	张　帆	韩　利	陈素红	宋柏均	赵保玉	张春生
贾洪涛	冯玉龙	李　岚	王　爽	刘运涛	周　凯	罗　越	胡中州	田　兵	金世雄	崔宗杰

关于表彰2002年度河南省建筑装饰行业先进单位和先进个人的决定

豫建装字[2003]3号

各会员单位及有关单位：

2002年，我协会全体会员单位面对入世后带来的机遇和挑战，强化管理，提高水平，取得了可喜的成绩，涌现了一批效益高、信誉好的先进单位和懂经营、会管理的先进个人，促进了全省建筑装饰行业的快速发展。

为鼓励先进，在各市主管部门和各专业委员会组织推荐的基础上，我协会组织了评审小组，按照先进单位和先进个人的评审原则进行认真评审，经研究决定授予郑州康利达装饰工程有限公司等67个单位为“2002年度河南省建筑装饰行业先进单位”，授予赵安敏等68位同志为“2002年度河南省建筑装饰行业先进个人”，希望受表彰的先进单位和个人继续努力，再接再厉，与时俱进，开拓创新，开创全省建筑装饰行业工作的新局面(名单见附件)。

附件：河南省建筑装饰行业先进单位及先进个人名单

河南省建筑装饰协会

二〇〇三年三月二十四日

附件

2002年度河南省建筑装饰行业先进单位名单

（共67个单位　排名不分先后）

1. 洛阳市建筑装饰协会
2. 开封市建筑业协会
3. 禹州市装饰装修行业协会
4. 郑州康利达装饰工程有限公司
5. 中建七局建筑装饰分公司
6. 河南凯利装饰工程有限公司
7. 郑州市联升建筑装饰设计有限公司
8. 郑州泰运装饰设计工程有限公司
9. 河南锦隆装饰工程有限公司
10. 河南大地装饰设计工程有限公司
11. 中国建筑第七工程局
12. 河南易居装饰有限公司
13. 郑州市星星装饰有限公司
14. 河南丰源装饰安装工程有限公司
15. 河南超凡装潢设计工程有限公司
16. 河南中泓装饰设计工程有限公司
17. 河南省第一建筑工程有限责任公司
18. 河南科瑞装饰工程设计有限公司
19. 河南时代装饰设计工程有限公司
20. 河南宇超装饰工程有限公司
21. 北京日照天门装饰设计公司郑州分公司
22. 郑州粤发装饰设计工程有限公司

23. 郑州妙正装饰设计工程有限公司
24. 河南省江海集团建筑装饰工程有限公司
25. 河南美巢荣欣家庭装潢有限公司
26. 北京业之峰装饰有限公司郑州分公司
27. 河南省建达装饰工程有限公司
28. 河南佳乐装饰工程有限公司
29. 河南云爵装饰工程公司
30. 河南鹰承建筑装饰工程有限公司
31. 洛阳天鹰装饰工程有限公司
32. 中建二局洛阳装饰工程公司
33. 洛阳航空建设发展公司
34. 洛阳鸿阳装饰工程有限公司
35. 洛阳佛阳装饰工程公司
36. 洛阳国脉通装饰工程有限公司
37. 洛阳市东兴实业(集团)总公司建筑装饰工程公司
38. 洛阳市天鹤装饰设计工程有限公司
39. 洛阳丰泰铝业有限公司
40. 漯河市天桥建筑工程装饰公司
41. 河南大鹏装饰工程有限公司
42. 河南元洲装饰有限责任公司
43. 鹤壁市天艺装饰工程有限公司
44. 焦作市万方铝材有限责任公司
45. 焦作市平光仕德铝业安装有限公司
46. 焦作市春光装饰工程有限公司
47. 河南省第二建筑工程有限责任公司装饰工程公司
48. 南阳市建总装饰分公司
49. 南阳市豫兴建筑装饰工程有限公司
50. 河南亚鹰钢结构幕墙工程有限公司
51. 河南省税银建筑装饰有限公司
52. 周口豫深装饰工程有限公司
53. 郑州金海贸易有限公司
54. 郑州东升实业有限公司
55. 郑州富林地板有限公司
56. 郑州市金水区风格壁柜门销售部
57. 郑州东建材大世界达利建材商行
58. 郑州联益装饰材料有限公司
59. 郑州市金水区恒兴建材经营部
60. 河南精品建材新方圆木业商行
61. 郑州现代建材有限公司
62. 河南戴丽居室用品有限公司
63. 河南永明厨房设备有限公司
64. 郑州市郑汴路喜通地板商行
65. 上海斯米克建材有限公司郑州经营部
66. 郑州东富装饰装潢有限公司
67. 河南精品建材晟达木业商行

2002年度河南省建筑装饰行业先进个人名单

（共68人　排名不分先后）

赵安敏	刘亚峰	张春生	张国顺	黄海军	李忠平	赵峰伟	王　凯	许　巍	陈　铎	马新春	伍新杰
李铁亮	刘世尧	王登攀	马保钦	郑立东	王开宇	赵乐丽	张　帆	尤　涛	丁　辉	王小滨	弓保印
贾建军	张志田	徐永革	王文兴	雷从庚	崔四德	王瑞东	魏根献	石松乐	张领涛	李丙寅	邢振才
常传立	崔宗杰	王　健	沈　辉	肖　敏	杨　坤	闫　辉	赵　勇	刘如意	代筱丽	孔令伟	赵曙光
任铁栓	韩秀波	王根发	谢军昌	王藏豹	要　建	刘　晔	韩　静	赵明喜	张学亮	陈晔文	赵剑波
李海涛	张忠民	孙金学	王飞跃	韩　利	杨　栋	兰　红	史付全				

关于公布2001年度湖北省优质建筑装饰工程评选结果的通知

鄂建[2002]42号

各市、州、直管市、林区建设局（建委）：

根据鄂建饰字[2002]01号《关于开展2001年度湖北省优质建筑装饰工程评选活动的通知》的要求，全省共推荐45项建筑装饰工程参加湖北省优质建筑装饰工程的评选。按《湖北省优质建筑装饰工程评选办法》，经对申报工程的资料初审、现场复查和省优质建筑装饰工程评审委员会严格评审、无记名投票，确定湖北剧场室内建筑装饰工程等35项工程为2001年度湖北省优质建筑装饰工程。推荐国家电力公司电网建设分公司宜昌建设部专家公寓室内外装饰工程等8项工程为2001年度全省建筑装饰观摩工程。现将获奖建筑装饰工程、推荐观摩建筑装饰工程名单予以公布。

附件一：2001年度湖北省优质建筑装饰工程名单

附件二：2001年度湖北省推荐观摩建筑装饰工程名单

湖北省建设厅

二〇〇二年七月二十九日

附件一：

2001年度湖北省优质建筑装饰工程名单

（排名不分先后）

装饰工程名称	装饰施工企业	法人代表	项目经理
宜昌市中级人民法院审判综合楼石材干挂	浙江省二建建设集团有限公司湖北三公司	黄林森	钱去楠
葛洲坝集团公司人防办综合楼（小蓝鲸餐馆）	宜昌三信建设有限责任公司	林　龙	王功高
葛洲坝电厂葛电宾馆室内外	镇江建筑装饰公司宜昌分公司	孙玉宽	孙小明
国家电力公司电网建设分公司宜昌建设部专家公寓室内外	汕头市南华建筑总公司宜昌分公司	郑俊池	陈喜鹏
宜昌市夷陵区国税局4#5#住宅楼工程	浙江省二建建设集团有限公司湖北三公司	黄林森	黄道灿
宜昌电信技术交流中心室内外	深圳市建筑装饰（集团）有限公司	汪家玉	苗　鸣
宜昌交运集团绿萝路住宅楼	江都嘶马建筑安装总公司第八工程处	唐以荣	徐祝平
宜昌市松湖小区四期安居工程3#住宅楼	宜昌市华宇建设集团第一工程有限公司	付高权	付高权
中科院武汉物数所办公大楼室内外	湖北鼎元建筑装饰工程有限公司	程新明	马德和
中南民族学院综合教学实验楼门楼幕墙　工程	湖北鼎元建筑装饰工程有限公司	程新明	张跃华
天河机场综合楼C区室内	湖北翔宇置业有限公司	周　翔	章文新
襄樊铁路调度综合楼室内外	中国核工业第二二建设公司	刘德滨	朱殿平
中共湖北省委党校地厅级学员综合培训楼室内外	湖北龙泰建筑装饰工程有限公司	许春建	熊松桥
湖北省无线电管理委员会综合楼室内外	湖北龙泰建筑装饰工程有限公司	许春建	朱国华
武汉大学人民医院综合门诊楼室内外	中建三局深圳装饰设计工程公司	毛国强	张汉西
长航广场外墙	中建三局深圳装饰设计工程公司	毛国强	蒋汝文
湖北省随州市农村信用社联社综合楼	随州市第三建筑工程公司	刘克育	钟先勇
汉阳帅府车友饭店室内外	湖北珠江龙装饰工程有限公司	李兴儒	邓伟勋
咸宁市泉山宾馆室内外	湖北珠江龙装饰工程有限公司	李兴儒	陈　永
武汉江龙大厦幕墙工程	武汉凌云建筑装饰工程有限公司	陈木林	张国定
武汉卷烟厂幕墙工程	武汉凌云建筑装饰工程有限公司	陈木林	李生信
武汉跨世纪大厦室内外	湖北凌志装饰工程有限公司	欧阳德志	邱　瑄
武汉德润大厦室内	湖北凌志装饰工程有限公司	欧阳德志	刘四炎
湖北核工业地质大队综合楼室内外	孝感市扬子江建安公司	熊青林	孙芳洲
孝感宾馆主楼室内外	孝感市艺美装饰工程有限公司	陈运新	陈运新
孝感市财政局双峰山白云山庄别墅	孝感市艺美装饰工程有限公司	陈运新	陈运新
武磷商厦室内外	武穴市建筑装饰设计工程有限公司	卢耀金	杨　涛
湖北剧场室内	武汉华达建筑装饰工程设计有限公司	潘耀生	潘　俊
中南财经政法大学教学综合楼室内外	武汉华达建筑装饰工程设计有限公司	潘耀生	潘　俊
襄樊市地税局办公楼室内	武汉豪强装饰工程有限公司	陈志钊	陈志钊
襄樊市露香园大酒店室内外	襄樊市海洋建筑装饰工程有限公司	汤文彬	张云国
襄樊市公路总段综合楼室内外	泰州五建襄樊分公司	帅如云	帅如云
荆州市电信枢纽大楼幕墙工程	湖北高艺装饰工程有限公司	胡圣明	胡圣舫
湖北省国家税务局培训中心（东湖大厦）室内	湖北高艺装饰工程有限公司	胡圣明	夏天麓
武汉华官大厦幕墙工程	武汉凌宏建筑装饰工程有限公司	阳德广	阳德广

附件二：

2001年度湖北省推荐观摩建筑装饰工程名单

（排名不分先后）

装饰工程名称	装饰施工企业	法人代表	项目经理
国家电力公司电网建设分公司宜昌建设部专家公寓楼室内外	汕头市南华建筑总公司宜昌分公司	郑俊池	陈喜鹏
长航广场外墙	中建三局深圳装饰设计工程公司	毛国强	蒋汝文
中南财经政法大学教学综合楼室内外	武汉华达建筑装饰工程设计有限公司	潘耀生	潘　俊
宜昌市夷陵区国税局4#5#住宅楼	浙江省二建建设集团有限公司湖北三公司	黄林森	黄道灿
中科院武汉物数所办公大楼室内外	湖北鼎元建筑装饰工程有限公司	程新明	马德和
湖北省随州市农村信用社联社综合楼	随州市第三建筑工程公司	刘克育	钟先勇
武汉卷烟厂幕墙工程	武汉凌云建筑装饰工程有限公司	陈木林	李生信
中南民族学院综合教学实验楼门楼幕墙工程	湖北鼎元建筑装饰工程有限公司	程新明	张跃华

关于表彰2002年度福建省住宅装饰行业质量服务诚信单位的决定

福州、厦门、莆田市装协及有关单位：

根据省建协装工委《关于福建省建筑装饰行业“诚信单位”评选办法》，通过有关单位和所在地装协的申报推荐，经省建协装工委召开福州、厦门、泉州装协秘书长联席会议评审核定和公示，决定授予福州经济技术开发区时代装修有限公司等20家单位为2002年度福建省住宅装饰行业质量服务诚信单位。现予通报表彰，并颁发奖牌和证书。

希望受表彰的单位再接再厉，全面贯彻党的“十六大”精神和“三个代表”重要思想，为我省的经济建设和社会发展做出新的贡献。

福建省建筑装饰协会

二〇〇三年三月七日

附件：

2002年度福建省住宅装饰行业质量服务诚信单位名单

（以下排名不分先后）

1. 福州经济技术开发区时代装修有限公司
2. 福州国广一叶建筑装饰工程有限公司
3. 福州瑞奇环艺设计工程有限公司
4. 福州鹏程建筑装修设计工程有限公司
5. 福州大千环艺设计工程有限公司
6. 福州华盈装饰装修工程有限公司
7. 福建省建筑科学研究院技术开发部
8. 福州远步艺术装饰有限公司
9. 福州市华辉装饰工程有限公司
10. 厦门惠龙装修设计工程有限公司
11. 厦门百将设计装饰工程有限公司
12. 厦门市泽宇装饰设计工程有限公司
13. 厦门龙安盛装修工程有限公司
14. 厦门市建筑装饰公司
15. 厦门百利达设计装饰工程有限公司
16. 厦门市斯特安装饰工程有限公司
17. 泉州市恒达信装饰工程有限公司
18. 泉州市大地装璜装饰有限公司
19. 福建省泉州市金帝装璜有限公司
20. 宁德市建设发展工程公司

山东省第二届装饰装修工程质量“泰山杯奖”获奖工程和单位名单

根据山东省装饰装修工程质量“泰山杯”奖评选办法，省建设厅、省建管局组织了山东省第二届装饰装修工程质量“泰山杯”奖评选活动。通过各市推荐、复查小组复查和山东省装饰装修工程质量“泰山杯”奖评审委员会评审，报省建设厅、省建管局审核批准，确定获得山东省第二届装饰装修工程质量“泰山杯”奖的工程34个，现予以公布。

山东省建设厅　山东省建筑工程管理局

二〇〇二年十二月四日

工程名称	承建单位	设计单位
济南市房产大厦	济南盛顺装饰有限责任公司	济南市民用建筑设计院
上海浦东发展银行济南分行	山东德泰装饰有限公司	山东德泰装饰有限公司
山东省交通厅职工活动中心	中国建筑第八工程局第一建筑公司	中国航天建筑设计研究院济南分院
天同证券旧楼改造工程	山东万得福装饰工程有限公司 山东省天太实业有限公司	山东万得福装饰工程有限公司
中国国际贸促会山东省分会办公楼改造工程	山东省中鲁建筑集团总公司	山东鼎达装饰工程有限公司
济南九中综合体育馆	济南市第二建筑工程总公司	济南市建筑设计研究院
济宁市客运北站候车楼	济宁市建筑安装工程公司	济宁市建筑没计研究院
威海卫大厦改造工程	威海新世纪装饰有限公司	陈永超建筑师有限公司
山东省电信公司威海分公司办公楼	威海阳光装饰工程有限公司	威海阳光装饰工程有限公司
胜利石油管理局勘探开发综合楼维护与加固工程	胜利油田胜利工程建设（集团）有限责任公司	胜利石油管理局勘察设计研究院
烟台市地税局办公楼	烟台市正泰装饰工程有限公司	烟台市正泰装饰工程有限公司
烟台市北海医院病房楼	山东中允建设有限公司	山东中允建设有限公司
烟台市莱山区地税局办公楼	烟台市黄海建筑工程装饰分公司	烟台市黄海建筑工程装饰分公司
烟台开发区邮政大楼	烟台市飞龙建筑开发公司装饰分公司	迈克电脑图文制作事务所
泰安市建设大厦	泰安市金缔建筑装饰工程有限公司	泰安市金缔建筑装饰工程有限公司
泰安市自来水公司供水大厦	泰安市建筑设计院室内设计装饰公司	泰安市建筑设计院室内设计装饰公司
泰安移动通信综合楼	山东精英装饰有限公司	山东精英装饰有限公司
新泰市钓鱼台宾馆	新泰金鼎广告装饰有限公司	新泰金鼎广告装饰有限公司
昌润大酒店	山东万得福装饰工程限公司 聊城市万美达建筑装饰工程有限公司	山东万得福装饰工程有限公司
淄博市建设工程质量监督站检测楼	淄博美达装饰设计工程有限公司	淄博美达装饰设计工程有限公司
淄博市工商局干部培训中心	山东新城建工股份有限公司设计装饰公司	山东新城建工股份有限公司设计装饰公司
周村区电信局通信楼	淄博市王村建工实业总公司	山东省邮电规划设计院
临淄区地税局办税服务厅	山东高阳建设公司	淄博市新空间建筑设计有限公司
博兴县地税局办公楼	博兴县北关建筑公司	博兴县工程设计院
山东滨洲移动通信综合楼	滨洲城建集团公司	山东邮电设计院
莱芜发电厂招待所	山东省永隆装饰工程有限公司	山东省永隆装饰工程有限公司
德州市太阳楼酒店	德州大地装饰工程有限公司	德州大地装饰工程有限公司
德州市邮政局综合楼	山东德泰装饰有限公司	山东德泰装饰有限公司
日照市国土资源局办公楼	山东雅都装饰有限公司	山东雅都装饰有限公司
日照市人民医院病房楼	山东蓝天实业有限公司	山东蓝天实业有限公司
青岛市企业经营者评荐中心创业园	青岛东亚建筑装饰有限公司	青岛东亚建筑装饰有限公司
海尔国际培训中心二期装饰工程	青岛市装饰集团公司	青岛市装饰集团公司
海尔国际培训中心二期装饰工程	青岛雅托装饰有限公司	青岛雅托装饰有限公司
菏泽电视台演播厅装饰工程	菏泽市建筑工程总公司	菏泽市建筑规划没计院

2000～2001年度黑龙江省建筑装饰优质工程奖（龙江杯）名单

黑龙江省建筑装饰协会

（二○○二年九月九日）

序号	申报企业名称	建筑装饰工程名称	工程地址
1	鹤岗市中北金利建筑装饰工程有限公司	世纪兴购物中心	鹤岗市
2	黑龙江省喜盈门建筑装饰工程有限公司	大庆建设大厦	大庆市
3	黑龙江省喜盈门建筑装饰工程有限公司	黑龙江省人大	哈尔滨
4	哈尔滨恒誉装饰工程有限公司	同三公路起点标志广场	同江市
5	黑龙江筑安建筑集团有限公司	信用联社办公楼	加格达奇
6	哈尔滨君艺建筑装饰有限公司	大兴安岭地区邮政楼	加格达奇
7	哈尔滨君艺建筑装饰有限公司	大兴安岭地区移动通信分公司	加格达奇
8	黑龙江锦秀建筑装饰工程有限公司	哈尔滨锦秀教化电子大世界	哈尔滨
9	黑龙江省华坤建筑装饰工程有限公司	黑龙江省政协办公楼	哈尔滨
10	黑龙江四海园装饰有限公司	鹤岗九州大酒店	鹤岗市
11	黑龙江四海园装饰有限公司	鹤岗客运枢纽站	鹤岗市
12	黑龙江四海园装饰有限公司	鹤岗移动公司	鹤岗市
13	黑龙江四海园装饰有限公司	哈医科大学主楼	哈尔滨
14	黑龙江国光建筑装饰工程有限公司	黑龙江省医院门诊急救中心	哈尔滨
15	黑龙江国光建筑装饰工程有限公司	吉林省政协同馨宾馆	长春市
16	黑龙江国光建筑装饰工程有限公司	黑龙江省大正投资集团有限责任公司办公楼	哈尔滨
17	黑龙江华瑞建筑装饰工程有限公司	哈尔滨哈飞汽车制造公司科技开发中心综合楼	哈尔滨
18	哈尔滨圣龙建筑装饰工程有限公司	哈双高速公路办公楼	哈尔滨
19	哈尔滨圣龙建筑装饰工程有限公司	哈尔滨碧澄洗浴中心	哈尔滨
20	黑龙江省龙港装修有限责任公司	哈市人民银行培训中心	哈尔滨
21	黑龙江省高维建筑装饰工程有限公司	港澳证券	哈尔滨
22	黑龙江省高维建筑装饰工程有限公司	金宝利商务酒店	哈尔滨
23	黑龙江东北通圆建筑装饰公司	哈市海外学人创业圆	哈尔滨
24	哈尔滨市市政装饰工程公司	齐市北兴特殊钢有限责任公司办公楼	齐齐哈尔
25	哈尔滨市东建艺术装饰有限公司	中国银行哈尔滨市动力支行营业厅	哈尔滨
26	黑龙江省润恒建筑装饰工程有限公司	王维家居装饰	哈尔滨
27	佳木斯市蓝鲸建筑装饰工程有限公司	佳木斯机场候机楼	佳木斯
28	哈尔滨金辰装饰工程有限公司	大庆市天园殡仪馆	大庆市
29	哈尔滨市新长城建筑装饰设计工程有限公司	大庆云都洗浴广场	大庆市
30	黑龙江省新巨丰装饰公司	福成海鲜饮食广场	哈尔滨
31	哈尔滨市麻雀装饰工程设计有限公司	王宅	哈尔滨
32	哈尔滨市麻雀装饰工程设计有限公司	付宅	哈尔滨
33	黑龙江省鸡西市昊月装饰有限公司	黑龙江科技学院报告厅	鸡西市
34	哈尔滨君艺建筑装饰有限公司	鸡西市华联商厦	鸡西市
35	黑龙江乔信建筑装饰工程有限公司	福顺天天酒店	哈尔滨
36	鸡西市阳光装饰装修有限责任公司	鸡西市军分区会议室	鸡西市
37	哈尔滨市正海建筑装饰有限责任公司	黑龙江省高级人民法院	哈尔滨
38	黑河市华联建筑装饰公司	黑河市工人文化宫场	黑河市
39	大庆市华隆建筑装饰公司	大庆市府鹏大酒店	大庆市
40	大庆市华隆建筑装饰公司	大庆创业集团大楼	大庆市
41	大庆市田军建筑装饰设计工程有限公司	丽景小区样板房	大庆市
42	大庆市田军建筑装饰设计工程有限公司	大庆釜城海鲜火锅	大庆市
43	大庆三禾建筑安装工程有限公司	大庆研究院五号楼	大庆市
44	大庆市新时代装潢有限责任公司	龙湾鱼村大酒店	葫芦岛市
45	哈尔滨电力建筑装饰工程有限责任公司	黑龙江省高级人民法院	哈尔滨
46	哈尔滨市豪盛装饰工程有限公司	正明锦江大酒店（中国北方森林资源保护培训中心）	哈尔滨
47	哈尔滨建大建筑装饰机电工程有限公司	大庆金融大厦	大庆市
48	双鸭山市黑鸭子装饰有限责任公司	北京东方龙宫燕鲍翅酒楼	北京市

关于表彰“2000～2001年度鸡西市优秀建筑装饰工程设计、施工单位”的决定

鸡装协[2002]7号

随着我市国民经济的发展，建筑装饰企业取得了显著的成就。设计水平和施工水平、工程质量、行业整体素质都有了新的提高。两年来，创造了一大批优秀建筑装饰设计、施工工程。

依据全国和黑龙江省建筑装饰工程评选办法，经评委现场考察，评审会讨论通过，决定授予鸡西市阳光装饰公司等3家公司2000～2001年度优秀建筑装饰设计奖；授予鸡西市昊月装饰公司等4家公司2000～2001年度优秀建筑装饰施工奖。

并推荐鸡西市昊月装饰公司装饰设计施工的黑龙江省科技学院报告工程、鸡西市阳光装饰公司设计施工的鸡西军分区会议室工程，参加黑龙江省建筑装饰优质工程“龙江杯”评选。

希望获奖单位再接再厉，为我市建筑装饰行业的发展和提高，再创新水平，做出新的成绩。

鸡西市建筑装饰协会

二〇〇二年八月

附：

2000～2001年度鸡西市优秀建筑装饰设计奖

1．鸡西市阳光装饰公司
2．鸡西市昊月装饰公司
3．鸡西市京德广告装璜公司

2000～2001年度鸡西市优秀建筑装饰施工奖

1．鸡西市昊月装饰公司
2．鸡西市阳光装饰公司
3．鸡西市晨耀装饰公司
4．鸡西市京德广告装饰公司

关于表彰2002年度鸡西市建筑装饰装修业先进企业决定的通知

鸡装[2003]7号

各会员单位：

随着我市建筑装饰业的蓬勃发展，经过一年多的创建先进企业和优秀经理活动，涌现出了认真贯彻执行政府法律、法规和方针政策，自觉遵守行业自律公约，经营管理规范化，工程质量高，诚信服务，有社会名望的施工企业和营销装饰材料店。

根据评选先进企业和优秀经理的条件，企业自行申报，经评委考核评审，本会决定对7家先进企业和4名优秀经理、3名优秀项目经理，在全行业中予以表彰。希望各建筑装饰企业以此为榜样，与时俱进，继续开展争创先进企业和优秀经理，项目经理活动，为把我市建筑装饰行业的服务质量再提高一个新水平而努力。

附：先进企业、优秀经理、优秀项目经理名单

鸡西市建筑装饰协会

二〇〇三年六月三十日

2002年度装饰装修业先进企业名单

1．鸡西正信装修有限责任公司
2．鸡西市华盛建筑装饰有限责任公司
3．鸡西市广鑫塑钢门窗厂
4．黑龙江省亚森装饰材料有限责任公司
5．鸡西市晨耀装饰工程有限公司
6．鸡西市昊月装饰工程有限公司
7．鸡西市阳光装饰装修有限公司

优秀经理名单

王发文　　姜旭东　　马京城　　高玉德

优秀项目经理名单

陈年贵　　刘志华　　魏启宏

关于公布2002年辽宁省建筑工程装饰奖获奖工程的通告

辽装协字[2002]5号

各市协会、省协会各市特邀理事、协会会员、各获奖单位：

根据中国建筑装饰协会[2002]年50号文“关于开展2002年全国建筑工程装饰奖评选工作的通知”精神，按照我会二届三次理事会通过的“2002年辽宁省建筑工程装饰奖评选办法”及辽装协字[2002]年4号文“关于评选辽宁推荐2002年全国建筑工程装饰奖工作的通知”安排，经企业自愿申报，各市建设主管部门或行业协会推荐，省协会组织专家评审组对申报资料进行了认真细致的审查、从中筛选出装饰奖候选工程，又对候选工程逐一进行了实地考核，做出评价，由省协会终审确定

2002 年辽宁省建筑工程装饰奖获奖工程：装修装饰工程 13 项；建筑幕墙工程 10 项；住宅装修工程共 6 项其中 5 项单体户型装修、1 项整楼（60 户三种户型）装修；装饰工程设计奖 3 项。

2002 年辽宁省建筑工程装饰奖颁奖大会，定于 12 月 8 日与辽宁省装饰协会成立十周年纪念大会同时召开。获奖工程及承建单位名单 10 月 17 日通过《辽宁日报》向社会公示。我省申报 2002 年全国建筑工程装饰奖的工程项目，从以上获奖工程中选拔，向中国建筑装饰协会推荐。

现将各获奖工程及承建单位公布通告如下。

辽宁省装饰协会

二〇〇二年十月十六日

2002 年辽宁省建筑工程装饰奖获奖工程

装修装饰工程项目名称	承建单位
1. 大连金石国际会议中心大堂、会议室、客房	深圳市南利装饰工程公司
2. 大连金石国际会议中心俱乐部饰面	大连红太装饰工程公司
3. 大连金石国际会议中心游泳馆综合	大连建筑设计装饰工程公司
4. 大连金石国际会议中心餐饮及网球馆	大连盛大建筑装饰工程有限公司
5. 辽宁省邮电管理局办公楼修旧加固	澳连建筑装饰工程有限公司
6. 沈阳二十一世纪大厦大堂装修工程	沈阳白云穗港装饰工程有限公司
7. 沈阳二十一世纪大厦餐饮、洗浴	辽宁荣昌装饰装修工程有限公司
8. 沈阳皇朝万豪酒店二层金钱酒吧	沈阳瑞德装饰工程有限公司
9. 中信实业银行大连开发区分行营业楼	大连乾豪建筑装饰工程有限公司
10. 大连阿尔滨康乐中心整体建筑	大连金州阿尔滨装饰有限公司
11. 中国工商银行大连市旅顺口支行营业楼	大连盛大建筑装饰工程有限公司
12. 沈阳军区总医院门、急诊楼	辽宁荣昌装饰装修工程有限公司
13. 辽宁省卫生厅办公楼整体修旧改造	沈阳市悦利装饰装修有限公司
14. 大连红太企业厂区综合建筑	大连红太装饰工程公司
15. 中国工商银行抚顺分行河北支行营业楼	抚顺中宇建设（集团）装修分公司
16. 辽阳东方精品城（金尔派商厦）	辽阳市胜利装璜公司
17. 抚顺石油化工研究院办公楼	辽宁嘉春装饰工程有限公司

幕墙工程项目名称	承建单位
1. 大连森林动物园热带雨林馆网架	大连红太装饰工程公司
2. 大连平安大厦	深圳市南利装饰工程公司
3. 沈阳佳合大厦	沈阳松陵铝合金结构公司
4. 沈阳科学宫宇宙天象馆穹幕影院	沈阳黎东幕墙装饰有限公司
5. 沈阳二十一世纪大厦	沈阳远大铝业工程有限公司
6. 辽宁省新华书店图书音像配送中心大楼	辽宁泰丰铝业装饰工程有限公司
7. 沈阳裕宁大厦	沈阳黎明门窗幕墙制造安装工程公司
8. 沈阳航空科技博览园外整体装饰	沈阳飞机制造公司铝合金结构工程公司
9. 大石桥云桥大厦	大石桥宏远装饰工程有限责任公司
10. 中国人民银行锦州市中心支行办公楼	锦州凌云装饰装修工程有限责任公司

住宅装修工程项目名称	承建单位
1. 沈阳格林豪森公寓样板间	沈阳统代装饰工程有限公司
2. 沈阳新家源 9 号楼 3 单元 3 楼 2 号	沈阳市富恒装修工程有限公司
3. 沈阳城中花园 4 号楼 3 单元 15 楼 1 号	沈阳市富恒装修工程有限公司
4. 沈阳皇城公寓	沈阳富捷装饰工程有限公司
5. 沈阳瑞士家园 4 号 1-1 号	沈阳市海天家庭装修有限公司
6. 沈阳河畔花园 B 座	深圳海外装饰工程公司

设计奖项目名称	设计单位
1. 鞍山金磊特装饰工程有限公司办公楼	鞍山金磊特装饰工程有限公司
2. 辽宁宾馆修旧改造	中国建筑装饰工程公司
3. 抚顺罕王商场	辽宁三立美术装饰工程有限责任公司

关于表彰2002年度沈阳市装饰装修行业先进施工企业的通报

沈装协发[2003]4号

为提高我市装饰装修行业的整体素质，促进我市装饰装修行业的发展，现决定对2002年度在工程质量、安全生产、文明施工、遵章守纪等各方面均达到标准的装饰装修施工企业进行表彰。经考核，沈阳强风铝业工程有限公司等25家单位被评为沈阳市2002年度装饰装修行业先进施工企业。

附：沈阳市2002年度装饰装修行业先进施工企业名单。

沈阳市建筑装饰协会

二OO三年四月十日

沈阳市2002年度装饰装修行业先进施工企业名单

1. 沈阳强风铝业工程有限公司
2. 沈阳远大铝业工程有限公司
3. 沈阳沈飞集团铝业幕墙工程有限公司
4. 沈阳黎东幕墙装饰有限公司
5. 辽宁泰丰铝业装饰工程有限公司
6. 辽宁荣昌装饰装修工程有限公司
7. 沈阳天野装饰工程有限公司
8. 沈阳凯达铝业工程有限公司
9. 沈阳瑞德装饰工程有限公司
10. 鲁迅美术学院艺术工程总公司
11. 沈阳天地建设发展有限公司
12. 沈阳市中元建筑装饰工程公司
13. 沈阳大洋装饰工程有限公司
14. 辽宁嘉春装饰工程有限公司
15. 沈阳建筑装饰装修有限公司
16. 沈阳市雅美装饰有限公司
17. 沈阳迅兴建筑设计装饰工程有限公司
18. 沈阳市崇博装饰工程有限公司
19. 沈阳融科计算站系统工程有限公司
20. 沈阳市飞翔装饰有限公司
21. 沈阳市博雅装饰工程有限公司
22. 沈阳新晶艺工程装饰有限公司
23. 沈阳市海天家庭装修有限公司
24. 沈阳市辰星装饰装修有限公司
25. 沈阳正丰装饰装修工程有限公司

关于表彰2002年度沈阳市装饰协会优秀会员单位的通报

沈装协发[2003]5号

为提高会员单位的综合素质，促进协会健康发展，决定对认真执行政策法规，遵守行业自律原则，按时交纳会费，关心协会发展，积极参加协会举办的各项活动和具有良好会员形象的会员单位进行表彰，授予2002年度装饰协会优秀会员单位荣誉称号。

附：沈阳市2002年度装饰协会优秀会员单位名单。

沈阳市建筑装饰协会

二OO三年四月十日

沈阳市2002年度装饰协会优秀会员单位名单

1. 沈阳强风铝业工程有限公司
2. 沈阳天地建设发展有限公司
3. 沈阳建筑装饰装修有限公司
4. 沈阳沈飞集团铝业幕墙工程有限公司
5. 沈阳黎新玻璃幕墙有限公司
6. 辽宁荣昌装饰装修有限公司
7. 沈阳市中元建筑装饰工程公司
8. 沈阳凯达铝业工程有限公司
9. 沈阳瑞德装饰工程有限公司
10. 鲁迅美术学院艺术工程总公司
11. 辽宁嘉春装饰工程有限公司
12. 沈阳市雅美装饰有限公司
13. 沈阳黎天装饰工程有限公司
14. 沈阳市崇博装饰工程有限公司
15. 沈阳市骄阳建筑装饰工程有限公司
16. 沈阳市天界广告装饰有限公司
17. 辽宁金盛建筑装饰工程有限公司
18. 沈阳艺腾装饰工程有限公司
19. 艺林（香港）有限公司
20. 沈阳市博雅装饰工程有限公司

21．辽宁海益装饰工程有限公司
22．辽宁金轮装饰工程有限公司
23．辽宁易林装饰工程有限公司
24．沈阳市宗盛装饰工程有限公司
25．沈阳东港装饰工程有限公司
26．沈阳雅帅装饰工程有限公司
27．沈阳天宇装饰工程有限公司
28．沈阳辽海装饰工程公司
29．沈阳五林装饰工程有限公司
30．沈阳科林建筑智能化系统工程有限公司
31．沈阳科通建筑装饰工程部
32．沈阳国大装饰工程有限公司
33．沈阳好地装饰工程有限公司
34．沈阳市龙太装饰工程有限公司
35．沈阳梦美装饰工程有限公司
36．沈阳时苑装饰工程有限公司
37．沈阳市成运装饰工程有限公司

关于表彰2002年度沈阳市家装行业品牌企业的通报

沈装协发[2003]6号

为进一步规范和提高我市家庭居室装饰装修工程的整体质量和水平，促进我市家庭装修行业的健康有序发展，决定对2002年度模范遵守行规行约、业绩良好、重合同守信誉、无消费者投诉，各方面表现出色的家装企业进行表彰，授予2002年度家装行业品牌企业称号。

附：沈阳市2002年度家装行业品牌企业名单。

沈阳市建筑装饰协会

二〇〇三年四月十日

沈阳市2002年度家装行业品牌企业名单

1．沈阳市海天家庭装修有限公司
2．沈阳市辰星装饰装修有限公司
3．沈阳统代装饰工程有限公司
4．沈阳鑫弛装饰工程有限公司
5．沈阳善美装饰设计工程有限公司
6．沈阳黎建装饰工程有限公司·都室家装
7．沈阳辰风建筑装饰设计工程有限公司
8．沈阳建亚装饰工程有限公司
9．沈阳赛百装饰工程有限公司
10．沈阳天地建设发展有限公司
11．沈阳迅兴建筑设计装饰工程有限公司
12．沈阳富而特装饰工程有限公司
13．沈阳五林装饰工程有限公司
14．沈阳港华装饰工程有限公司
15．沈阳辽海装饰工程公司
16．沈阳华新建筑装饰工程有限公司
17．沈阳梦美装饰工程有限公司
18．沈阳鸿基装饰工程有限公司
19．沈阳伟洪装饰工程有限公司
20．沈阳时苑装饰工程有限公司

关于表彰2002年度沈阳市装饰行业优秀项目经理的通报

沈装协发[2003]7号

为加强我市装饰装修业项目经理队伍建设，提高从业人员素质和企业的施工技术与管理水平。为此，沈阳市建筑装饰协会决定对装饰装修行业能熟悉并遵守政策法规，对项目管理中有一定突出业绩者给予表彰，授予装饰装修行业优秀项目经理荣誉称号。

附：沈阳市装饰行业优秀项目经理名单。

沈阳市建筑装饰协会

二〇〇三年四月十日

沈阳市2002年度装饰行业优秀项目经理名单

高文正　张　强　周利友　陆克启　魏　鹏　隋青春　罗文生　张　浩　关　宇　张士臣
王志斌　赵铁桥　黄　宁　周德利　时文忠　何明全　鹿　岩　马国强　张　毅　张　旭

关于表彰2001年度长春市建筑(装修装饰)业优秀企业、优秀企业家、优秀项目经理、“君子兰”杯优质工程的决定

长城乡建字[2002]55号

各县(市)建设局(委)、各建筑(装修装饰)企业及有关单位：

根据长春市建委长城乡建字[2001]196号、202号文件，关于长春市建筑(装修装饰)业评优办法，长春市“君子兰”杯建筑工程、建筑装修装饰工程评选办法的规定，长春市建委、长春市建筑业协会、长春市建筑装饰装修协会组成评委会，对企业申报的优秀企业、优秀企业家、优秀项目经理和“君子兰”杯优质工程进行综合考评和审定。决定授予吉林省新生建筑工程公司等9家房屋建筑企业、吉林省凯基建筑装饰工程有限责任公司等 8 家建筑装修装饰企业为长春市建筑(装修装饰)业“优秀企业”荣誉称号；授予李景和等25位同志为长春市优秀建筑(装修装饰)企业家荣誉称号；授予张维程等76位同志为长春市建筑施工企业“优秀项目经理”荣誉称号；授予吉林省公安厅指挥中心楼等52项单位工程为长春市建筑(装修装饰)“君子兰”杯优质工程荣誉称号。

希望获奖单位和个人戒骄戒躁，谦虚谨慎，再接再厉，进一步发挥先进示范作用。希望我市建筑(装修装饰)企业积极向他们学习，争做先进企业和争当先进个人，争创“君子兰”杯优质工程，为长春市建筑(装修装饰)业的发展，为长春市的城市建设做出更大的贡献。

附件：

1．长春市建筑(装修装饰)业优秀企业名单；

2．长春市建筑(装修装饰)业优秀企业家名单；

3．长春市建筑施工企业优秀项目经理名单；

4．长春市建筑(装修装饰)“君子兰”杯优质工程奖工程名单。

长春市建委
长春市建筑业协会
长春市建筑装饰装修协会
二〇〇二年四月五日

附件一

2001年度长春市建筑装修装饰业优秀企业名单

1．吉林省凯基建筑装饰工程有限责任公司
2．吉林省宝鑫建筑装饰工程有限责任公司
3．吉林省太阳神建筑装饰工程有限公司
4．长春东方装璜工程有限公司
5．长春长江装饰装璜有限公司
6．一汽实业建筑装饰工程有限责任公司
7．长春金豆装饰工程有限公司
8．吉林省创艺装饰装璜工程有限公司

附件二

2001年度长春市建筑装修装饰企业优秀企业家名单

1．西志敏(吉林省太阳神建筑装饰工程有限公司)
2．袁大陆(长春东方装璜工程有限公司)
3．孙爱东(吉林省建筑装饰集团)
4．艾　民(吉林省泰格装饰工程有限公司)
5．张　勇(一汽实业建筑装饰工程有限责任公司)
6．温铁义(长春市长江建筑装饰公司)
7．金明南(吉林省金豆装饰工程有限公司)
8．陈兴海(吉林省宝鑫建筑装饰工程有限责任公司)
9．石彦文(女)(吉林省创艺装饰装璜工程有限公司)

附件三

2001年度长春市建筑装修装饰企业优秀项目经理名单

1．王树义(吉林省太阳神建筑装饰工程有限公司)
2．于秋波(吉林省百洋装饰集团有限公司)
3．张宏峰(长春东方装璜集团有限公司)
4．张文旭(吉林省建筑装饰集团有限公司)
5．马　雷(吉林省凯基建筑装饰工程有限责任公司)
6．金　磊(吉林省鑫源装饰装修有限公司)
7．李宝明(长春东方装璜集团有限公司)
8．陈兴海(吉林省宝鑫装饰工程有限责任公司)
9．徐凤德(吉林省百洋装饰集团有限公司)
10．杨　波(吉林省百洋装饰集团有限公司)
11．西志学(吉林省太阳神建筑装饰工程有限公司)
12．西志权(吉林省太阳神建筑装饰工程有限公司)

13. 孙　雷(吉林省建筑装饰集团)
14. 赵　亮(吉林省凯基建筑装饰工程有限责任公司)
15. 耿　直(吉林省凯基建筑装饰工程有限责任公司)
16. 温铁男(长春长江装饰装璜有限公司)
17. 孙祥山(长春客车厂建筑公司)

附件四

2001年度长春市建筑装修装饰“君子兰杯”优质工程奖工程名单

1. 中行上海路支行装饰工程
(吉林省凯基建筑装饰公司)
2. 吉林省人大常委会综合楼装饰工程
(吉林省凯基建筑装饰公司)
3. 一汽进出口公司办公楼改造装饰工程
(吉林省太阳神设计装饰公司)
4. 七家茶茶艺园
(长春长江建筑装饰装璜公司)
5. 空军二航院外训宾馆及基础楼改造
(长春东方装璜公司)
6. 中国联通吉林分公司办公楼
(长春东方装璜公司)
7. 中国华融资产管理公司长春办事处办公楼改造工程
(吉林省泰格装饰公司)
8. 长春国际会展中心B、C、D厅
(长春东方装璜公司)
9. 华夏证券长春营业部改造装饰工程
(吉林省百洋装饰公司)
10. 长春国际会展中心展馆报告厅
(吉林省百洋装饰公司)
11. 一汽大众外籍人员餐厅
(一汽实业装饰公司)
12. 长春市国际会展中心音乐厅
(长春金豆装饰工程公司)
13. 建工学院装饰学院室内装饰工程
(吉林省建筑装饰集团)
14. 工行长春市兴城支行青年分理处
(吉林省宝鑫建筑装饰公司)
15. 长春市第一外国语中学
(三馆及会议室)(吉林省创艺装饰公司)
16. 冲压车间办公楼
(一汽实业装饰公司)

关于表彰陕西省建筑装饰优秀设计、优质工程的决定

陕建装发（2002）019号

各会员单位、建筑装饰企业：

为了进一步提高我省建筑装饰装修工程设计、施工水平，经省建设厅批准，省建筑装饰协会组织了2002年度“陕西省建筑装饰优秀设计、优质工程”评选活动，得到了广大企业的积极参与和大力支持。经协会组织专业技术人员对所报工程项目进行了认真考察、评审，分别评出：建筑装饰优秀设计一等奖2项、二等奖4项、三等奖2项；住宅优秀设计2项；建筑装饰优质工程一等奖3项、二等奖5项、三等奖5项。现予以表彰。

希望各会员单位、装饰企业向获奖企业学习，精心设计，精心施工，设计和承建更多的精品工程，提高企业的市场竞争力，为我省经济发展做出更大的贡献。

附：陕西省2002年建筑装饰优秀设计、优质工程获奖名单

陕西省建筑装饰协会

二〇〇二年十一月十九日

2002年建筑装饰优秀设计、优质工程获奖名单

设　计　单　位	优秀设计工程名称
优秀设计一等奖	
1. 西安飞机工业装饰装修工程股份有限公司	陕西省出版发行大厦建筑幕墙工程
2. 陕西大洋立恒装饰有限公司	大唐电信综合楼建筑装饰工程

优秀设计二等奖	
1. 陕西艺林实业有限责任公司	西安咸阳国际机场客货运中心建筑幕墙工程
2. 陕西中金装饰工程有限公司	陕西银河大酒店建筑幕墙工程
3. 陕西大洋立恒装饰有限公司	陕西省蓝海风生产科研楼建筑装饰工程
4. 陕西中金装饰工程有限公司	西北航空中心大厦建筑幕墙工程
优秀设计三等奖	
1. 陕西艺林实业有限责任公司	建行宝鸡市分行开发区支行建筑幕墙工程
2. 西安飞机工业装饰装修工程股份有限公司	西安市国税局干部培训中心综合楼建筑幕墙工程
住宅装饰工程优秀设计奖	
1. 西安发记营造建筑有限公司	高山流水别墅 V10 型样板房住宅工程
2. 陕西大洋立恒装饰有限公司	赵先生住宅工程

承建单位	优质工程名称
优质工程一等奖	
1. 西安发记营造建筑有限公司	陕西中大国际大厦建筑装饰工程
2. 西安西航祥和铝业装饰工程有限公司	咸阳财苑大厦建筑幕墙工程
3. 陕西中金装饰工程有限公司	西北航空中心大厦建筑幕墙工程
优质工程二等奖	
1. 西安西航祥和铝业装饰工程有限公司	大唐电信综合楼建筑幕墙工程
2. 陕西省镜寰装饰实业有限公司	工行北大街支行办公营业楼建筑装饰工程
3. 西安飞机工业装饰装修工程股份有限公司	陕西省出版发行大厦建筑幕墙工程
4. 陕西艺林实业有限责任公司	西安咸阳国际机场客货运中心建筑幕墙工程
5. 陕西省汉中市大河装饰幕墙有限公司	西安深业商城建筑幕墙工程
优质工程三等奖	
1. 西安飞机工业装饰装修工程股份有限公司	西安市国税局干部培训中心综合楼建筑幕墙工程
2. 陕西艺林实业有限责任公司	建行宝鸡市分行开发区支行建筑幕墙工程
3. 陕西省汉中市大河装饰幕墙有限公司	汉中中银大厦建筑幕墙工程
4. 西安大愚装饰工程有限责任公司	陕西粮食经济中心建筑装饰工程
5. 陕西大洋立恒装饰有限公司	陕西省蓝海风生产科研楼建筑装饰工程

关于表彰“先进建筑装饰企业”、“优秀会员单位”的决定

陕建装发（2002）021 号

各会员单位、建筑装饰装修企业：

近几年来，随着西部大开发和我省国民经济的持续发展，全省建筑装饰装修行业取得了很大成绩，行业整体素质、市场开拓能力都有了较大提高，涌现了一批市场信誉好、工程设计水平高、工程质量好、经济效益、社会效益好的企业和积极支持、踊跃配合承担协会各项工作，为行业进步和发展做出贡献的会员单位。

为了激励先进，经秘书处推荐，并经协会常务理事会审定，决定授予西安飞机工业装饰装修工程股份有限公司等 26 家企业为 1999～2001 年先进建筑装饰企业称号，授予西安西航祥和铝业装饰工程有限公司等 26 家单位为 1999～2001 年优秀会员单位，以资表彰和鼓励。

希望广大建筑装饰企业和全体会员单位向他们学习，为我省建筑装饰装修行业发展做出更大贡献。

附：1. 陕西省建筑装饰协会 1999～2001 年先进建筑装饰企业名单

2. 陕西省建筑装饰协会 1999～2001 年优秀会员单位名单

陕西省建筑装饰协会

二OO二年十二月二十四日

1999～2001年度先进建筑装饰企业名单

1. 西安飞机工业装饰装修工程股份有限公司
2. 西安西航祥和铝业装饰工程有限公司
3. 陕西中金装饰工程有限公司
4. 西安洪涛装饰设计工程有限责任公司
5. 西安市鑫龙建筑装饰工程有限公司
6. 陕西镜寰装饰实业有限公司
7. 西安市彼特装饰工程公司
8. 陕西艺林实业有限公司
9. 西安市多国建筑艺术装潢公司
10. 西安发记营造建筑有限公司
11. 西安市建筑装饰工程总公司
12. 陕西金华龙设计装饰工程有限责任公司
13. 耀华建筑装饰工程有限责任公司
14. 陕西省建筑装饰工程公司
15. 西安青云空调装饰安装公司
16. 陕西大洋立恒装饰有限公司
17. 西安市蓝码克装修工程（集团）有限公司
18. 西安市四腾工程有限公司
19. 陕西秦泾装饰冷气工程有限公司
20. 西安市建筑装饰工程公司
21. 西安市银锚幕墙装饰有限公司
22. 陕西正大装饰工程有限公司
23. 西安环岳装饰设计工程有限公司
24. 西安德凌装饰工程有限责任公司
25. 西安天公楼宇配套装饰工程有限责任公司
26. 陕西华强装饰工程有限公司

1999～2001年度优秀会员单位名单

1. 西安西航祥和铝业装饰工程有限公司
2. 西安飞机工业装饰装修工程股份有限公司
3. 陕西中金装饰工程有限公司
4. 西安发记营造建筑有限公司
5. 西安市鑫龙建筑装饰工程有限公司
6. 西安市多国建筑艺术装潢公司
7. 陕西艺林实业有限责任公司
8. 耀华建筑装饰工程有限责任公司
9. 陕西镜寰装饰实业有限公司
10. 西安市建筑装饰工程总公司
11. 西安市彼特装饰工程公司
12. 西安洪涛装饰设计工程有限公司
13. 陕西金华龙设计装饰工程有限责任公司
14. 陕西省建筑装饰工程公司
15. 西安青云空调装饰安装公司
16. 陕西正大装饰工程有限公司
17. 西安市蓝码克装修工程（集团）有限公司
18. 西安市四腾工程有限公司
19. 西安环岳装饰工程有限公司
20. 西安市建筑装饰工程公司
21. 陕西大洋立恒装饰有限公司
22. 陕西秦泾装饰冷气工程有限公司
23. 西安市银锚幕墙装饰有限公司
24. 西安德凌装饰工程有限责任公司
25. 西安天公楼宇配套装饰工程有限责任公司
26. 陕西华强装饰工程有限公司

关于公布江西省第四届（2001年度）优良装饰工程名单的通知

赣装协字[2002]04号

本会各市联络处，各获奖单位：

我会2003年年初部署开展的全省第四届（2001年度）优良装饰工程评选活动，在各市联络处和广大会员单位的关注和支持下，评选活动已圆满结束。

第四届评优工作，在全面通知部署的基础上，采取企业自愿申报、本会各市联络处推荐，省装协秘书处初审并组织复查小组对入围项目分组实地考查，审阅工程资料，走访建设单位征求意见，最后经评委会审定公布。此次共收到申报参评的项目32个。经初审，有3个项目因工程竣工时限不符合规定未予受理。其余29项经专人复查和评委会审定，共评出全省第四届（2001年度）优良装饰工程项目17个，占参评数的58.6%。

必须指出：在此次评选、复查工作中，发现有的企业工程质量管理环节薄弱，不熟悉省优工程如何创建，工程资料零乱不全，尤其是有规避报建、施工许可、质监等违规行为。致使有些参评项目虽然设计风格新颖，施工质量尚好，亦未能入选“省优”。希望广大装饰企业引起重视并认真改进。

现将第四届优良装饰工程名单予以公布（见附件）。

特此通知

江西省装饰行业协会

二〇〇二年七月二十三日

江西省第四届（2001年度）优良装饰工程名单

江西省装饰行业协会

（二〇〇二年六月二日）

序号	装饰装修工程名称	工程金额（万元）	施　工　单　位
1	江西出版大厦主楼16-26F内装修	1013	江西省康盛广告装饰工程有限公司
2	江西出版大厦主楼6-15F内装修	609	深圳长城家俱装饰工程有限公司
3	南铁赣州培训中心大楼内装修	216	南铁智新建筑装饰有限责任公司
4	赣州市金赣大酒店1-6F内装修	232	赣州市天星装饰工程有限公司
5	赣州市图书馆大楼2-5层内装修	239	赣州恒立装饰工程有限责任公司
6	南康农联社综合楼内装修	410	赣州银兴装饰工程有限公司
7	南昌市工行洪城分理处综合楼装饰工程	200	江西伟谊装饰工程有限公司
8	江西省社保干部井冈山培训中心大楼内装修	320	赣州装饰工程公司
9	南昌市新东方大酒店首层、夹层宴会厅内装修	203	江西省粤昌装饰设计工程有限公司
10	建行安福县支行营业大厅装修	107	吉安市经纬装饰工程有限公司
11	吉安盐业综合楼内装修	440	吉安装饰工程总公司
12	万安水电厂专家楼（芙蓉山庄）内装修	139	江西省水平装饰有限公司
13	中国寿保抚州分公司办公楼2-4层内装修	230	江西融城建筑装饰工程有限公司
14	江西省丰源商务会馆楼3-7层内装修、北外墙幕墙、顶楼钢造型装饰	1020	江西圳昌装饰工程有限公司
15	农行鹰潭市分行金穗大酒店内装修	329	江西省美华建筑装饰工程有限责任公司
16	南昌电信生产综合楼走廊、电梯间装修	160	江西南方建筑装潢配套公司
17	交通银行景德镇支行办公楼装修	1172	江西利达装饰工程有限公司

关于公布“江西省首届住宅装饰奖”获奖名单的通知

赣装协字[2002]08号

各获奖单位：

我会开展的“江西省首届住宅装饰奖”评选活动业已结束。经过企业自愿申报，专家实地考核，评委审定，已评出获奖住宅装饰工程12项，现予公布。

我省住宅装饰行业起步较晚，但发展很快。通过评选，将对装饰行业的整体设计、施工水平的提高及住宅装饰市场的规范化管理起着积极的推动作用。希望获奖企业再接再厉，不断创新，为我省住宅装饰行业的发展做出新的贡献！

现将获奖名单公布如下（排名不分先后）：（注　为保护业主隐私权，故略去姓氏）

序号	单　　位	项　　目
1	南昌心诚装饰有限公司	御锦城5栋某宅
2	江西省经典装饰设计工程有限公司	三星大厦（C座某宅）
3	南昌家庭装修服务有限公司	长运商住楼某宅
4	江西银河装饰有限公司	恒辉花园9栋某宅
5	南昌市雅美居装饰设计工程有限公司	现代庄园2栋某宅
6	江西三利实业发展有限公司红树林家装分公司	贤士二路103号某宅
7	南昌市金银禾装饰行公司	御锦城9A某宅
8	江西福泰建筑装饰工程有限公司福满堂分公司	洪城广场某宅
9	江西省业星室内设计装饰工程有限公司	恒茂花园瑞香园9幢某宅
10	江西省业星室内设计装饰工程有限公司	御锦城4幢某宅
11	江西融城建筑装饰工程有限公司	恒茂花园牡丹园G座某宅
12	江西省经典装饰设计工程有限公司	万福园8栋某宅

特此通知

江西省装饰行业协会

二〇〇二年十一月十二日

关于公布江西省装饰行业协会专家组成员名单的通知

赣装协字[2002]10号

各有关单位，本会各市联络处：

为了适应社会主义市场经济发展和国内市场趋于国际化形势的需要，建立和健全公开、公平、公正的竞争机制，推动我省装饰装修行业健康、有序发展，尽快培育和发展行业协会，强化协会组织建设，本会于今年五月以“赣装协字[2002]03号”文件布置了筹建本会专家库的工作。在各联络处和广大企业的重视与支持下。经过自下而上推荐和直接邀聘，经本会审核确认，筹建工作已经完成。现将专家组名单及有关事项公布如下：

一、本会专家组全称

江西省装饰行业协会专家组。在理事会领导和委托下开展工作。办公地点设协会秘书处。

二、专家组主要工作范围

1．协助协会完成建设行政主管部门交办的有关行业规范性文件、技术法规、标准等文件的起草工作；

2．参与行业的调研、咨询、培训、教育、相关工程质量鉴定以及行业自律性文件起草等工作；

3．参与协会举办的各类评比活动的评审工作；

4．参与行业内调停纠纷或涉及诉讼需要技术援助的活动；

5．协会交办的其他工作。

三、专家组的管理及要求

1．凡经本会正式聘任的专家，由本会颁发聘任证书，聘期为三年。

2．需组织专家工作时，以随机抽号方式抽调一定名额的专家参加相关活动；如遇该项活动与抽中的专家有利害关系时，应予回避，另行抽补；如抽中的专家因公务或私事无法参与时，也另行抽补。

3．协会秘书处建立专家考评登记制度，如实记录专家的工作情况。

专家完成本会委托的有偿服务项目时，酌情发给一定劳务费（标准另定）。

4．专家在执行任务时，必须遵纪守法和按相关标准、规范办事，实事求是，廉洁奉公，不徇私作弊。如有违反，视情节轻重及后果予以警告或中止其该项参与，直至撤消聘任。

5．专家人数将根据需要和可能适量增减。专家聘期届满时，将根据工作需要，予以续聘或解聘。

6．专家组成员应当加强政治、业务、技术学习，树立良好职业道德，不断提高自身综合素质。

四、首届聘任的专家组成员名单（见附件）。

特此通知

附件：江西省装饰行业协会专家组首批成员名单

江西省装饰行业协会

二〇〇二年十二月二十六日

附　件：

江西省装饰行业协会专家组首批成员名单

（40人　排名不分先后）

序号	姓　名	年龄	单　　位	职　务	最高学历	职　称	专　业
1	杨　辉	47	江西省建设工程装饰装修管理站		大专	经济师	工程管理
2	万志峰	48	江西省质监总站	站长	本科	高工	工民建
3	余建国	42	江西省质监总站	副站长	本科	高工	工民建
4	钱　勇	44	江西省质监总站	副站长	研究生	教授级高工	土建
5	龚福根	43	江西省质监总站	副总工	本科	高工	工民建
6	杜根英	39	江西省质监总站	副科长	本科	高工	工民建
7	王　平	36	江西省质监总站		本科	高工	建筑工程
8	王学明	65	江西省质监总站	原站长	大专	高工	工民建
9	吴　旭	60	江西省建筑设计研究总院	副院长	本科	教授级高建师	建筑学

10	王锦海	60	江西省建筑设计研究总院	副总建师	本科	高级建筑师	建筑学
11	吴　红	38	江西省建筑设计研究总院	主任建筑师	本科	高级建筑师	建筑学
12	王　骏	32	江西省建筑设计研究总院	主任建筑师	本科	高级建筑师	建筑学
13	罗玉珠	39	江西省建设工程造价管理站	科长	本科	高工	工民建、造价管理
14	龚桂林	39	江西省建设工程造价管理站	副站长	本科	高工	工民建、造价管理
15	付和鸣	51	江西省建设工程造价管理站		大专	工程师	工程造价
16	朱　凡	39	江西省建筑科学研究院	副院长	本科	高工	建筑材料
17	戴　持	31	江西省武警消防总队防火部		本科	高工	建筑防火
18	肖必请	46	江西省武警消防总队防火部	副部长	本科	工程师	建审
19	李嗣垦	35	南昌大学	副校长	本科	教授	建筑学
20	周　曙	47	南昌大学艺术学院	副院长	双学士	教授	艺术设计
21	丘　斌	50	江西师大美术学院设计系	系主任	本科	教授	美术设计
22	支　林	40	江西科技师范学院艺术设计系	系主任	本科	副教授	艺术设计
23	娄　山	57	江西省博物馆	总设计师	本科	研究员	美术绘画
24	汪红屏	42	南昌金昌装饰设计工程有限公司	总经理	本科	高工	暖通
25	邹小明	40	南昌金昌装饰设计工程有限公司	副总	本科	高工	弱电
26	林谋祥	40	南昌金昌装饰设计工程有限公司	副总经理	大专	工程师	施工管理
27	傅安安	60	江西圳昌装饰工程有限公司	总工	本科	副教授	力学
28	汤瑞兴	38	江西省美华建筑装饰工程有限责任公司	董事长	大专	舞美师	空间艺术
29	侯宗福	58	江西龙新建筑装饰工程有限公司	总工	本科	高级工程师	土木建筑
30	王秀芝	42	江西南方建筑装潢配套公司	项目经理	大专	工程师	环艺
31	孙传科	52	江西省赛春江工程有限公司	副总	大专	工程师	设计施工
32	龚龙彪	55	江西利达装饰工程有限公司	董事长	本科	高级经济师	工艺美术
33	刘俊峰	34	赣州市建筑设计研究院	副院长	大专	高经建筑师	设计
34	赖春宝	34	赣州江南工程监理有限公司	总经理	本科	工程师	给排水、暖通
35	童文丰	35	抚州建筑装璜工程有限公司		大专	工程师	环艺设计
36	江英模	51	鹰潭市建设局	科长	大学	工程师	施工技术管理
37	罗　晟	42	江西美新艺术有限公司	董事长	大专	讲师	施工设计管理
38	韩晓辉	38	宜春市质监站		大学	高工	质量监督
39	何晓雄	46	宜春市综合设计研究院		大专	高级建筑师	设计
40	邹细毛	52	景德镇市质监站	站长	大学	高工	工民建

第三部分

行业综述

2002年中国建筑装饰行业大事记

中国建筑装饰协会信息部　《中国建筑装饰》编辑部

一　月

▲1月1日，根据WTO的要求，全国有5000多种进口产品关税进行调整，其中包括下调七种装饰材料产品进口关税：釉面砖从45%降到34%，大理石从24%降到19%，瓷具从30%降到24%，厨房器具从30%降到24%，窗从16%降到12.4%，红柳安饰面薄板从8%降到4%，红木家具从22%降到14.7%，不锈钢家具从185%降到16%。

▲1月5日，中国建筑业工程项目管理委员会做出《关于对2001年度项目经理培训先进单位给予表彰的通报》[（2002）中协项字001号]，有20个项目经理培训先进单位，包括中国建筑装饰协会培训中心。

▲1月5日，全国十大玻璃生产企业——江苏华润（集团）有限公司举行有850人参加的2002年度订货暨联谊会，中国建筑装饰协会名誉会长张恩树在信息咨询委员会副理事长兼秘书长田万良陪同下，出席此活动并考察了该企业。

▲1月7日～8日，建设部在北京召开了“全国建设工作会议”，部长汪光焘作了题为《贯彻扩大内需方针加快建设事业发展》的报告，他指出2002年建设工作主要任务有八项重点工作，其中第四项要求是：要加强对建筑装饰装修，特别是住宅装饰装修工程质量的监督，对违反法律法规和工程建设质量安全强制性条文，以及在装饰装修中擅自变动房屋建筑主体和承重结构，导致严重质量安全隐患，危害市场经济秩序的违法行为和有关责任人，要严肃查处，决不手软。

汪部长指出：行业管理职能要逐步转移。在这种情况下，建设行政主管部门必须转变观念，从管理行业转向管理市场，不直接干涉企业运作、不直接管理行业具体事物。要通过加强和改进市场管理，更好地履行相关职责，实现更有效的管理和调控。凡是通过市场机制能够解决的，应当由市场机制去解决；通过市场机制难以解决，但通过公正、规范的中介组织、行业自律能够解决的，应当通过中介组织和行业自律去解决。在职能转变过程中，要充分发挥行业协会等社团组织的作用。但发挥行业协会等社团组织的作用，并不是简单地将原来由政府管理的事务转移到社团组织。一些该由企业、公民自行解决的事务，政府不管，社团组织也不应干预。社团组织应当做到自立、自强、自律，决不能籍变相的审批生存发展。

▲1月7日，国家计委与建设部共同公布《工程勘察设计收费管理规定》（计价格[2002]10号），与1992年的标准相比，由政府定价改为政府指导价格，调整后的勘察设计收费比现行标准提高120%，设计收费比现行标准提高56%，从2002年3月1日起施行。1992年国家物价局与建设部共同颁发的《关于发布工程勘察和工程设计收费标准的通知》（[1992]价费字375号），建筑装饰设计收费标准是3%～5%。

▲1月7日，中国人民解放军总后勤部军需生产部军代局上校局长助理、中国人民解放军建筑装饰协会原副会长王京玲，就任该会会长。

▲1月7日，山东省政府以省政府令第132号颁发《山东省建筑安全生产管理规定》，自2002年2月1日起施行，包括从事装饰装修活动的单位和个人，必须遵守该规定。

▲1月8日，全国化学建材协调组秘书组和建设部科学技术司做出“关于印发《中国建筑涂料发展战略与技术研讨会纪要》的通知”（建科综函[2002]4号）。

▲1月9日，《北京晚报》公布2001年北京市消费者对商品房等十大投诉热点，家装自1996年首次进入京城“十大投诉热点”后，连续五年位居前列。2001年北京家装首次退出“十大投诉热点”。

▲1月9日，江西省装饰行业协会做出《关于开展全省第四届优良装饰工程评选活动的通知》（赣装协字[2002]01号）。

▲1月9日，河南省建设工程质量监督总站发出《关于成立河南省建设工程质量监督总站装饰装修工程质量监督站的通知》（豫建质[2002]1号），通知说：根据国务院办公厅关于进一步整顿和规范建筑市场秩序的通知（国办发[2001]81号）、河南省人民政府关于进一步加强全省工程建设管理有关问题的通知（豫政[2001]50号），以及河南省人民政府办公厅关于贯彻国办发[2001]81号文件进一步整顿和规范建筑市场秩序的通知（豫政办[2001]121号）文件的精神，为加强我省建筑装饰装修工程质量的监督管理，经省建设厅同意，决定成立河南省建设工程质量监督总站装饰装修工程质量监督站，由王晓惠同志兼任站长。

▲1月10日，《北京晚报》报道：北京现有各类装饰材料家具市场上百家，其中上万平方米的就有30多家，2001年有1/3亏损，真正能赢利的不到20%。该报认为，北京的装饰材料家具市场一直在高速增长，盲目追求规模，多数企业的经营管理仍处于发达国家20年前水平。

▲1月10日，《中华建筑报》以“福建又揪出两只‘巨贪’涉嫌金额达百万元”为题报道，原厦门国旅经济发展公司总经理王伟泽因贪污、挪用公款及职务侵占罪，被判有期徒刑20年，其中包括1992～1993年，王伟泽负责国旅中山商场装修，原本只花30万元，但他却要承包人开具40万元的发票，多出的10万元归为已有。

▲1月10日，上海市人民政府做出“关于发布《上海市行业协会暂行办法》的通知”（沪府发[2002]2号）。

▲1月11日，中央人民广播电台“早间新闻联播”报道，北京市近日抽查，强化木地板有三成不合格。

▲1月14日，中国建筑装饰协会名誉会长张恩树在信

息咨询委员会副理事长兼秘书长田万良陪同下，出席了 3.7 万 m^2 山西省大同市云城装饰材料大世界开业典礼。

▲1 月 14 日，《北京晚报》报道，北京市海淀区法院受理的因打掉卫生间防水层、改装暖气设备、改变阳台用途等家装不当引发的邻里官司在北京越来越多，这类家装案件年均增加 50%，仅复兴路法庭近来就审理了 10 多件装修引起的邻里纠纷案件，使本应和睦相处的邻居变成了法庭相见的冤家。

▲1 月 15 日，中国建筑装饰材料市场信息网组团 33 人对越南建筑装饰材料市场进行了 7 天的考察，在广西期间，代表团听取了广西建筑装饰协会副秘书长庞云的介绍，在越南，会见了越南国家投资发展部王坚司长，就装饰行业的交流与合作进行了探讨。

▲1 月 17 日，中国建筑装饰协会在培训中心召开今年培训工作协调会，主要研究衔接会刊编辑部、信息咨询委员会专家组与培训中心的培训工作，会议由副秘书长房箴主持，参加者有行业发展部主任兼会刊《中国建筑装饰》主编黄白、办公室主任兼行业自律委员会办公室主任王本明、信息咨询委员会专家组办公室主任鲁心源、培训管理部主任兼培训中心主任王燕鸣、常务副主任杨建伟、市场部主任王海峰、李健、郭蕾以及陈一山等，会议就 2002 年行业培训工作达成一致：按照协会五届一次常务理事会的精神，将培训工作全面融入协会活动中，以 WTO 为主线，大胆创新，满足行业发展新需求。

▲1 月 17 日，中国建筑装饰协会召开“2001 年（首届）全国建筑工程装饰奖”评奖和颁奖工作总结会，会议由常务副会长兼秘书长徐朋主持，参加者有副秘书长房箴、谢少宁、工程委员会秘书长顾国华，以及杨天军、陈京明、熊翔等工作人员，会议对评奖和颁奖工作给予高度评价，评奖和颁奖工作圆满结束；工程委员会工作十分广泛，评奖只是其中一部分，还有行业技术创新课题的研究、WTO 形势下的装饰工程管理、装饰企业运作等重要工作的开展；评奖机构及人员组成另行考虑。

▲1 月 17 日，山西省建筑业协会做出《关于表彰山西省 2001 年度建筑工程汾水杯质量奖的决定》（晋建协[2002]第 10 号），其中包括 2 家建筑装饰企业所承建的 2 项优质装饰工程：长治华发装饰工程有限公司承建的长治市煤炭运销公司办公楼、石家庄海山装饰工程公司承建的晋城煤炭交易中心（晋城大酒店）。

▲1 月 18 日，建设部公布《建设部 2002 年整顿和规范建筑市场秩序工作安排》，其中要求：整顿和规范建筑装饰装修特别是住宅装饰装修活动，确保装饰装修工程质量，重点解决住宅装饰装修活动中擅自变动房屋建筑主体和承重结构，以及使用对人体有害的装饰装修材料等问题，对违法违规的责任单位和责任人，要依法做出处罚。

▲1 月 18 日，中国建筑装饰协会受建设部委托，进行 10 家晋升甲级资质建筑装饰工程设计企业行业审查，参加的专家有中国建筑装饰协会信息咨询委员会专家组办公室主任鲁心源高级经济师、咨询委员会专家组成员、中国建筑学会室内设计分会会长张世礼教授。

▲1 月 18 日，深圳市装饰行业协会召开年会，中国建筑装饰协会致电祝贺。贺电说：深圳不仅是我国改革的前沿，也是我国现代建筑装饰业最早发展的地区，集中了一批优秀企业和资深专家，成为我国建筑装饰行业的中坚和骨干，为建筑装饰行业的大发展、大提高做出了突出贡献，我们坚信在中国加入 WTO 后的建筑装饰行业“二次创业”历程中，深圳装饰行业协会、深圳的建筑装饰企业必将做出更大的贡献。深圳市装饰行业协会及会员单位、理事单位、常务理事单位长期以来与中国建筑装饰协会建立了融洽、和谐的友好关系，新春佳节到来之际，祝愿深圳市装饰行业的所有朋友新春快乐，马年成功。

▲1 月 18 日，深圳市装饰行业协会召开会员代表大会，选举产生第六届理事会及领导机构，会长：何文祥，副会长（10 位）：深圳市装饰行业协会秘书长冯桂兰、深圳市建筑装饰（集团）有限公司董事长兼总经理汪家玉、深圳市深建华辉装饰工程有限公司总经理庄志伟、深圳市南利装饰工程公司总经理张伟文、深圳长城家具装饰工程有限公司董事长兼总经理张朝煊、深圳市洪涛装饰工程公司总经理刘年新、深圳远鹏装饰设计工程有限公司总经理叶大岳、深圳市广田装饰设计工程有限公司董事长叶远西、深圳市设计装饰工程公司总经理罗自超、深圳海外装饰工程公司董事长孙尚高，副秘书长韩雪梅。

▲1 月 20 日，中国建筑装饰协会向各专业委员会、地方建筑装饰协会、全军建筑装饰协会、各会员单位发出《关于秘书处领导分工的通知》（中装协[2002]03 号），通知说：根据 2002 年中国建筑装饰协会第一次秘书长办公会研究决定，秘书处领导分工如下：常务副会长兼秘书长徐朋主持全面工作，分管办公室及会刊《中国建筑装饰》编辑部。副秘书长谢少宁分管行业发展部和市场研究部，联系铝制品、陶瓷卫生洁具、暖通空调、石材、建筑电气委员会。副秘书长张京跃分管组织联络部和培训管理部，负责筹组行业自律工作委员会，联系五金、信息咨询、化学建材委员会。副秘书长房箴分管技术推广部，负责筹组专家工作委员会和技术服务中心，联系工程委员会、家庭装饰委员会筹备机构。

▲1 月 20 日，北京市建筑装饰协会公布一项统计，2001 年北京市有 32 家一级装饰企业平均装饰工程产值 1 亿元，其中，北建工、港源、弘高、建谊、中建装饰 5 家超过 2 亿元。

▲1 月 12 日，中国建筑学会室内设计分会会长扩大会议对原工作委员会人员做出调整，组织工作委员会：周家斌（主任）、尹思瑾；职称评定与培训工作委员会：劳智权（主任）、李劲；学术工作委员会饶良修（主任）、苏丹、谢剑洪；竞赛与展览工作委员会：李书才（主任）、赵虎、陈静勇；教育工作委员会：郑曙旸（主任）、邹瑚莹。会议由室内设计分会会长、中国建筑装饰协会理事张世礼主持。

▲1 月 21 日，《北京晚报》以“广东怒砸百万瓷砖，抵制仿冒之风”为题报道，因目前仿冒、追随广东东莞唯美陶瓷有限公司生产的“马可波罗品牌”陶瓷企业有 50 家之多，

1 月 20 日，唯美公司在东莞对 163724 条瓷砖腰花和 32615 片瓷砖中花，以及部分地砖和瓷片，用两台推土机将价值 130 多万元的陶瓷产品压为粉碎。

▲1 月 21 日，《建筑时报》上刊登浙江省建设厅和省政府驻沪办事处的表彰“荣获 2001 年度浙江省进沪施工‘优胜单位’的企业”，共 42 家，其中有装饰企业 2 家：绍兴县建筑装潢有限公司、温岭市石料装饰工程有限公司。

▲1 月 23 日，建设部在哈尔滨市召开“全国建设系统计划财务工作会议”，建设部副部长傅雯娟要求，改进统计信息工作，提高信息服务质量。

▲1 月 23 日，建设部公布《2002 年精神文明建设工作要点》（建精[2002]19 号）。

▲1 月 24 日，建设部办公厅与中国建设建材协会共同做出《关于 2001 年全国建筑安全生产检查情况的通报》（建办质[2002]4 号）。

▲1 月 24 日，中国建筑装饰协会常务副会长兼秘书长徐朋出席江苏省建筑装饰协会在南京市举行的年会，并做了关于 WTO 与中国建筑装饰行业发展的专题报告。

▲1 月 24 日，成都市建委做出《关于表彰 2001 年度建筑装饰先进企业的决定》（成建委发[2002]48 号）。

▲1 月 26 日，中国建筑装饰协会信息咨询委员会在北京国谊宾馆举行专家组新春联谊会，中国建筑装饰协会会长马挺贵、常务副会长兼秘书长徐朋、副秘书长房箴，由 40 位专家组成的专家组均出席，信息咨询委员会副理事长兼秘书长田万良作了 2001 年工作和 2002 年工作设想的报告，会议由专家组办公室主任鲁心源主持。

▲1 月 28 日，青海省建设厅做出《关于颁发 2001 年度青海省优质工程奖（江河源杯）的决定》，共 13 项，其中包括深圳海外装饰工程公司和深圳长城家具装饰工程有限公司合作的盐湖大酒店。

▲1 月 30 日，中国建筑装饰协会信息咨询委员会在北京东方花园酒店举行 2002 年迎新春联谊会，中国建筑装饰协会名誉会长张恩树、会长马挺贵、常务副会长兼秘书长徐朋与信息咨询委员会及清华大学企业集团副总裁、环艺所所长吴晞、副秘书长王善林等有关方面代表 60 多人欢聚一堂，会议由中国建筑装饰协会常务理事、信息咨询委员会理事长崔勇主持，徐朋在讲话中高度赞扬了信息咨询委员会的工作，认为是中国建筑装饰协会 12 个专业委员会中工作最为活跃最为出色的。联谊会气氛热烈、亲切、祥和。参加此活动的还有中国建筑装饰协会副秘书长房箴、张京跃，荣誉理事石连峰、行业发展部主任兼《中国建筑装饰》主编黄白、组织联络部主任杜桂玲、办公室主任兼行业自律委员会办公室主任王本明、市场研究部主任李小宝、技术推广部李卫青、办公室张军莉，信息咨询委员会副理事长兼秘书长田万良，副秘书长高世彦、李娟、刘五爱，工作人员郭丽云、周英、李玲、陈丽君、贾迪、董池明、郎志春、吴芝倩、田庆涛、王晋朝等位。

▲1 月 30 日，国家工程建设质量奖审定委员会公布《关于表彰 2001 年度国家优质工程的决定》（工质字[2002]02 号），一级装饰施工、甲级装饰设计企业——天津市建设装饰工程公司参建的中国民用航空学院新区一期教育中心装饰工程荣获银质奖，天津仅此一家装饰企业。

▲1 月 31 日，建设部在合肥市召开“全国建设系统纪检监察工作经验交流会”，部长汪光焘出席并作重要讲话，他强调要把“三审（各种资质的审查、评优评奖的审定、规划的审批）、二交易（工程承发包和房地产交易）、一服务（公用事业的各项服务）”工作做好，加大从源头上治理腐败力度，狠抓三五年，取信于民。

▲1 月 31 日，吉林省建设厅、省建筑业协会和省建筑装饰业协会共同做出《关于表彰 2001 年度吉林省建筑业优秀企业、优秀项目经理、优秀文明工地的决定》，其中包括 9 家优秀装饰企业：吉林省百洋装饰集团有限公司、吉林省宝鑫建筑装饰工程有限责任公司、吉林省凯基建筑装饰工程有限公司、吉林省利源涂装有限责任公司、双吉机械厂装饰装修分厂、四平市雅都设计装饰有限公司、吉林省大安市大发实业有限责任公司、延边天宇装饰有限责任公司、延边迁禧家居装饰有限公司。9 位优秀项目经理：吉林省太阳神建筑装饰有限公司王树义、吉林省百洋装饰集团有限公司于秋波、长春东方装璜工程有限公司张宏峰、吉林省建筑装饰集团有限公司张文旭、吉林市云瀚装饰装璜工程有限公司姜学勤、吉林市神州建筑装饰装璜有限公司王修金、四平市雅都设计装饰有限公司赉伟、延边迁禧家居装饰有限公司郑明、延边天宇装饰有限责任公司韩英景。

二　月

▲2 月 1 日，天津市建委公布《2002 年天津市建设工程质量工作要点》（建质管[2002]118 号），在主要工作和措施要求中的第 7 条提出：加大装饰工程监督检查力度，确保工程质量安全。

▲2 月 1 日，中国建筑装饰协会召开专业委员会秘书长联席会议，这既是中国建筑装饰协会 2002 年的第一次，也是中国建筑装饰协会自 2001 年换届会后的第二次此类会议。名誉会长张恩树，会长马挺贵，常务副会长兼秘书长徐朋，副秘书长房箴、张京跃，各职能部门和各专业委员会的秘书长出席了本次会议。会议主题：一是根据《中国建筑装饰协会 2001 年工作总结和 2002 年工作计划》，由各专业委员会简要汇报各自的 2001 年工作和 2002 年工作安排；二是听取协会领导今年工作思路及要求。会议由常务副会长兼秘书长徐朋主持。徐朋提出，2002 年工作的整体思路是“一个重点，两只轮子（或两翼）”，一条主线是：通过协会的工作，提高 WTO 条件下行业、企业的竞争能力；两只轮子：一只是自律；另一只是创新。会议强调，协会新一年的工作关键是创新。2001 年协会提出“二次创业”，2002 年是协会落实年。

▲2 月 1 日，中国建筑装饰协会在中国传统的春节前夕，举行协会每年的例行活动——新春联谊会，中国建筑装饰协会会长马挺贵发表新年祝词，向全国建筑装饰行业从业者拜

年，名誉会长张恩树和有关方面领导及 100 多位首都装饰界人士云集北京西苑饭店大宴会厅，新春联谊会由常务副会长兼秘书长徐朋主持。

▲2 月 1 日，广州市建筑装饰协会根据广州市建委《广州市家庭装饰装修管理办法》（穗建筑[2001]208 号）和《关于家庭居室装饰装修工程施工企业资格审查有关事项的通知》（穗建筑[2001]410 号），做出《广州市家庭居室装饰装修企业资格证审批公告》，申请 70 多家，通过 43 家。

▲2 月 2 日，吉林省建设厅、省建筑业协会和省建筑装饰业协会做出《关于命名 2001 年度吉林省优质工程的决定》，其中包括 8 项装饰工程：松原市地中海洗浴会馆（长春东方装潢工程有限公司）、长春市梦回夜总会（吉林百洋装饰集团有限公司）、吉林省公安厅交警总队办公楼（吉林百洋装饰集团有限公司）、中国银行长春市工农大路支行营业办公楼（吉林省凯基建筑装饰工程有限责任公司）、东北电力设计院 CAF 科研楼（吉林省凯基建筑装饰工程有限责任公司）、延吉德铭大酒店（吉林浩昌装饰工程有限公司）、长春新宇富贵苑（吉林浩昌装饰工程有限公司）。

▲2 月 2 日《中华建筑报》报道，上海市消费者协会发出 2002 年第一号消费警示：消费者千万要留神，谨防家装骗子卷款潜逃。四家被通报的家装公司是：上海弘群建筑装饰材料有限公司第一分公司、上海群姓建筑装饰有限公司长宁公司、上海家友装饰设计有限公司、上海久菱装潢设计有限公司。

▲2 月 3 日，河南省建设厅表彰“河南省建设工程‘中州杯’（省优质工程）建筑装饰获奖工程及获奖单位”——共三项：郑州市上街区电信大楼——郑州康利达装饰工程有限公司设计施工；水利部黄河水利委员会勘测规划设计院科研试验大楼——河南锦隆装饰工程有限公司设计施工；周口迎宾馆——河南大鹏装饰设计工程有限公司设计施工。

▲2 月 4 日，青海省建设厅厅长王西明在“全省建设工作会议”上指出：要加强对建筑装饰装修，特别是住宅装饰装修工程质量的监督，对违反法律法规和工程建设质量安全强制性条文，在装饰装修中擅自变动房屋建筑主体和承重结构，以及使用假冒伪劣建筑装饰材料导致严重质量、安全隐患的有关责任人，要严格查处，决不手软。

▲2 月 5 日，天津市建委做出《外地进津建筑业企业备案办法》（建筑[2002]139 号），包括装修工程。此举目的是为落实国务院关于打破行业垄断，取消地区封锁，建立统一开放大市场，提高政府政策透明度。

▲2 月 5 日，中国建筑装饰协会五金委员会迎新春联谊会在北京金隅集团腾达大厦举行，向全国建筑装饰五金行业从业人士拜年。出席联谊会的有中国建筑装饰协会名誉会长张恩树、会长马挺贵、常务副会长兼秘书长徐朋、荣誉理事石连峰、副秘书长房箴、张京跃，《中国建材报》总编谢镇江、中国生产力促进中心主任俞扬、中国名牌战略推进委员会秘书处副处长姜新、北京市建委建材行业管理办公室主任王建中、北京市建材行业协会秘书长张宗兴、北京市建筑五金水暖器材质量监督检验中心中任肖瑞凤等有关方面领导，以及中央、北京市政府有关部门、五金委员会在京的常务理事、理事、会员单位代表 100 多人。联谊会由五金委员会副理事长兼秘书长郑纪文主持，理事长唐澄致新春贺词。

▲2 月 6 日，国家统计局公布 2001 年我国建筑业完成增加值 6426 亿元，比上年增长 7.4%；全国四级及四级以上建筑业企业实现利润 226 亿元，比上年增长 17.6%。施工面积 178758 万 m^2。

▲2 月 6 日，中国建筑装饰协会会长、中国和平统一促进会常务理事马挺贵出席中国和平统一促进会迎新春联谊会。

▲2 月 7 日，深圳市装饰行业协会统计，2001 年全市 194 家公装企业、115 家家装企业、19 家幕墙企业，申报产值总计 48.26 亿元，其中，公装 41.61 亿元，幕墙 4.62 亿元，家装 2.03 亿元。

▲2 月 7 日，江苏省建筑装饰协会召开家庭装饰委员会首届会员代表大会，江苏省建管局副局长顾炎睛、省建筑装饰协会会长毛家泉、朱镇修副会长、居乃巩秘书长及会员企业代表 76 人出席，会议由副会长同庆轩主持。大会选举产生家装委员会首届理事会，主任兼秘书长孙建设，常务副主任王文斌，副秘书长陆国建、陆春南，大会讨论通过《家装委员会管理办法》、《优秀家装示范企业评选办法》及《家装委员会会员会费标准》。

▲2 月 7 日，中国建筑装饰协会五金委员会统计，作为建筑装饰五金业的传统产品，2001 年全国锁具销售额 200 亿元，出口 5 亿美元，占五金产品出口额的 16.6%，产品现已发展成为 20 大类 100 个系列 8000 多个品种规格。

▲2 月 8 日，建设部发出《关于加强全国建设系统安全生产工作的紧急通知》（建质电[2002]3 号），通知说，2001 年全国建设系统安全生产状况十分严峻，共发生伤亡 1008 起，死 1049 人，伤 302 人。为此，建设部成立了安全生产工作领导小组，组长：部长汪光焘，副组长：副部长郑一军、仇保兴。要求执行《建筑业安全卫生公约》。

▲2 月 8 日，《建筑时报》报道一级装饰工程施工、甲级装饰工程设计企业——上海海直建设工程公司举行 WTO 后建筑装饰行业发展专家研讨会，会议由中国建筑装饰协会理事、该公司总经理唐海金主持，出席会议的有上海市建筑装饰协会秘书长潘志昌、同济大学博导来增祥教授、上海环境与建筑装饰设计院总建筑师王世慰、上海民港国际建筑设计公司总经理张皆正、上海商业建筑设计院总建筑师顾廷才。会议认为，装饰行业 10 年内都会十分兴旺，象上海海直这样年产值上亿元的装饰企业，要进入上海建筑业 30 强或 20 强，为此，当务之急是一定要提高室内设计水平。

▲2 月 10 日，建设部做出“关于印发《对工程勘察、设计、施工、监理和招标代理企业资质申报中弄虚作假行为的处理办法》的通知”（建市[2002]40 号）。

▲2 月 21 日，为加强信息工作，建设部以人教[2002]10 号文件批准在科技司设立信息产业处。

▲2 月 22 日，辽宁省建设厅做出《关于印发 2002 年整顿和规范建设市场秩序工作方案的通知》，工作重点和主要任务，包括 50 万元以上的新建、在建的各类房屋的建筑装

饰装修项目。具体措施和工作要求，包括加强建筑装饰装修工程质量监督管理。重点检查在装修过程中擅自变动房屋建筑主体和承重结构的现象。各地工程质量监督机构要设立专门机构对建筑装饰装修工程进行监督管理。

▲2 月 23 日，建设部郑一军副部长在“全国工程质量安全监督工作会议”上讲话指出：要狠抓最薄弱环节，开展专项治理，一是勘察，二是装修，特别是家庭居室的装饰，以减轻居室污染为主要内容的装修质量。前一阶段做了大量工作，建设部和国家质检总局、环保总局对于居室环境的卫生标准，对于居室装修使用材料和卫生标准，做了一系列的工作，陆续出台，希望大家把这项工作抓紧。

▲2 月 23 日，建设部工程质量安全监督与行业发展司副司长、中国建筑装饰协会副会长王素卿在题为“加强政府监管，努力提高工程质量安全生产工作水平”的报告中指出，当前建筑工程室内环境污染严重，引起社会关注。她强调，要认真执行建设部 110 号令《住宅室内装饰装修管理办法》，对在住宅中擅自变动承重结构的要依法严肃查处。在住宅装饰装修中，禁止使用污染物释放量超标的装饰装修材料，以使住宅室内有一个清新洁净的环境。

▲2 月 26 日，中国建筑装饰协会发出《关于开展装饰行业网站建设及专业刊物调研的通知》（中装协函[2002]01 号）。

▲2 月 27 日，中国建筑装饰协会第四届、第五届理事会副会长、深圳市建筑装饰（集团）有限公司董事长兼总经理汪家玉撰写的著作《平凡与价值》一书，由海天出版社出版发行，中国建筑装饰协会名誉会长张恩树、深圳建设集团总裁张宝为其作序。书中集纳了汪家玉从事建筑装饰行业企业管理 10 多年来的 36 篇精彩文章。封面上写着：人生难得糊涂，人生难得知足，人生难得有始有终做成功一件事。

▲2 月 27 日，国家经贸委硅酮结构密封胶工作领导小组办公室公布《关于 2002 年度硅酮结构密封胶产品检测结果和有关要求的通知》（国经贸胶办文[2002]48 号）。

三月

▲3 月 1 日，建设部办公厅发出“关于印发《关于加强建筑工程室内环境质量管理的若干意见》的通知”（建办质[2002]17 号）。

▲3 月 1 日，中国建筑装饰协会在长春市紫荆花饭店召开有政府、协会和企业共同参加的“东北三省大型装饰企业应对 WTO 座谈会”。本次座谈会被会议主持人中国建筑装饰协会常务副会长兼秘书长徐朋在总结讲话中评价为“有了国际感觉”，成为中国建筑装饰行业应对 WTO 的良好开端，也是中国建筑装饰协会落实“二次创业”，在 4 月召开的“全国建筑装饰行业应对 WTO 发展战略研讨会”的预习。出席座谈会的有吉林省建设厅厅长朱廷士、建筑管理处处长金育辉博士、中国建筑装饰协会行业发展部主任兼《中国建筑装饰》主编黄白、吉林省建筑装饰业协会秘书长张文学、副秘书长黄云玲、辽宁省装饰协会会长杨帅邦、常务副秘书长刘国军、黑龙江省建筑装饰协会副秘书长赵兴斌，以及东北三省建筑装饰行业的企业精英，共 36 人。徐朋 2 月 27 日～3 月 3 日，还考察了吉林省和辽宁省建筑装饰行业的发展。

▲3 月 1 日，中国建筑装饰协会做出“关于做好《建筑装饰工程推荐单价》一书发行工作的通知”（中装协[2002]06 号）。为推进建筑装饰工程造价管理体制的改革，与入世后国际建筑装饰市场遵行的工程量清单计价方式逐步接轨，中国建筑装饰协会与中国建设工程造价管理协会共同编制了《建筑装饰工程推荐单价》一书。

▲3 月 1 日，由北京市建筑装饰协会和勘察设计协会共同主办的“北京市第三届建筑装饰成就暨第三届美化家居展”在全国农业展览馆举行，建设部原副部长廉仲、中国建筑装饰协会名誉会长张恩树、会长马挺贵、荣誉理事石连峰等有关方面领导出席展会开幕式。

▲3 月 1 日，大连市建筑装饰协会召开年会，中国建筑装饰协会理事、大连市建筑装饰协会秘书长杨昭富做了题为“冲破羁绊，迎接挑战，促进大连装饰行业新发展新提高”的工作报告。中国建筑装饰协会副秘书长房箴、办公室主任王本明和当地有关方面领导及会员企业代表 200 多人出席。

▲3 月 3 日，由中国建筑装饰协会和中建总公司共同主办的“第三届中国国际建材与配套设备博览会”在北京展览馆举行，中国建筑装饰协会名誉会长张恩树、会长马挺贵、荣誉理事石连峰等有关方面领导出席展会开幕式。

▲3 月 3 日，建设部部长汪光焘签发中华人民共和国建设部令第 110 号《住宅室内装饰装修管理办法》，自 2002 年 5 月 1 日起施行。

▲3 月 5 日，经建设部建标函[2002]46 号文件批准，国家建筑工程室内环境污染检测中心在郑州成立，业务上受建设部标准定额司领导，设立在国家标准《民用建筑室内环境污染规范》（GB50325-2001）主编单位河南省建筑科学研究院内。

▲3 月 6 日，中国建筑装饰协会马挺贵会长视察了五金委员会，听取了五金委员会工作汇报并发表了讲话。中国建筑装饰协会常务理事、五金委员会理事长唐澄，常务副理事长兼秘书长郑纪文，副秘书长齐秀满、张仲玲，办公室主任张鸣玉等参加了工作汇报会。

▲3 月 6 日，国家经贸委硅酮结构密封胶工作领导小组办公室公布《关于批准硅酮结构密封胶企业和产品认定的批复》（国经贸胶办文[2002]49 号）。

▲3 月 6 日，天津市质量技术监督局颁发《关于天津市贯彻实施“室内装饰装修材料有害物质限量”国家强制性标准的意见》（津质技监局标[2002]91 号）。

▲3 月 6 日，河南省建筑装饰协会做出《关于表彰河南省 2001 年度先进建筑装饰企业的决定》（豫建装字[2002]09 号）。

▲3 月 8 日，国务院办公厅做出《转发建设部国家计委监察部关于健全和规范有关建筑市场若干意见的通知》（国办发[2002]21 号）。

▲3 月 8 日，建设部办公厅发出“关于印发《建筑市场举报投诉受理工作管理办法》的通知”（建办稽[2002]19 号），办法指出，受理举报、投诉的范围是有关建筑市场、

工程质量和施工安全的各种举报、投诉。稽查办负责对各种渠道来的投诉、举报统一登记，内容包括：举报、投诉人姓名（要求对姓名保密者除外），地址，联系电话，举报、投诉的时间，举报、投诉的主要问题。

▲3月8日，郑州康利达装饰工程有限公司董事长兼总经理薛景霞被全国妇联评为2001年度全国三八红旗手，出席了人大会堂的颁奖大会，建筑装饰行业仅此一位。

▲3月8日，由中国国际贸易中心、中国建筑装饰协会等单位共同在北京·中国国际贸易中心举行"第九届全国建筑装饰行业订货会"，参展厂商600多家，这是自1994年中国建筑装饰协会参与主办且在中国国际贸易中心设置此例会以来的第二次规模最大的展会。由于这是每年全国最早的建筑装饰材料展会之一，故已形成每年最早的市场信号之一，引起业界业内足够的重视。出席首日开展活动的有中国建筑装饰协会名誉会长张恩树，会长马挺贵，副秘书长房箴，原副会长、荣誉理事石连峰，原副秘书长、国际建筑装饰室内设计协会副理事长霍明远，原副秘书长钱光正，以及黄白、王本明、陈一龙、李卫青、熊翔，崔勇、田万良、高世彦、鲁心源、王炜钰、黄德龄、唐澄、郑纪文、严克明、赵文德、李秀、朱希斌、郭仁智、杜玲玲、孙东翔、张广礼等。

▲3月9日，由中国建筑业协会公布"2001年度全国建筑业企业优秀项目经理"，366名中有建筑装饰企业的5人：河北省第四建筑装饰工程有限公司宁顺玉、河北省建筑装饰工程有限公司陈仓库、上海建筑装饰（集团）有限公司李庆华、云南玉溪市富豪建筑装饰公司朱练麟、深圳海外装饰工程公司奚海林。

▲3月9日，由中国建筑装饰协会主办、信息咨询委员会共同承办的"第二届全国建筑装饰行业高峰论坛"在清华大学美术学院举行，主题是"建筑装饰与环境保护"，演讲者是信息咨询委员会专家组的三位专家：中国环境科学研究院副院长兼总工程师、中国环境标志产品认证证书签发人夏青，中国新型建材专业委员会副主任、教授级高级工程师王少南，中国建筑学会室内设计分会教育工作委员会主任、清华大学美术学院环境艺术系主任、教授郑曙旸。中国建筑装饰协会名誉会长、信息咨询委员会专家组顾问张恩树高级经济师、会长马挺贵教授级高级工程师出席并讲话。会议由中国建筑装饰协会副秘书长房箴高级建筑师主持。200多人出席。

▲3月10日，北京市工商局12315消费者投诉中心统计报告，2001年北京市消费者十大申诉投诉热点，家装位居第五，占总投诉量的2.92%，集中在"目前使用的合同多是各家装公司自拟的，其中陷阱颇多。"申诉投诉对象七成为游击队。

▲3月11日，中国建筑装饰协会培训中心与厦门建筑装饰协会共同举办首期装饰项目经理学习班，建设部建筑市场管理司监理处副处长王秀娟、中国建筑装饰协会常务副会长兼秘书长徐朋与当地业界领导出席开班典礼、中国建筑装饰协会厦门培训工作站的挂牌仪式。徐朋做了关于装饰行业应对WTO的专题讲座。厦门活动由中国建筑装饰协会培训管理部主任兼培训中心主任王燕鸣主持。

▲3月12日，北京市建委发布《北京市建设工程预算定额》，从4月1日起施行，由政府指令性变成了市场化。新的计价原则是"在国家宏观调控下，由市场形成工程造价的机制"，并逐步向国际惯例"工程量清单"过渡。新的造价办法可降低建设成本8%。

▲3月13日，由中国建筑装饰协会与陕西省建筑装饰协会共同组织的"2002年中国西部国际建筑装饰化学建材博览会"在陕西国际展览中心举行，中国建筑装饰协会信息咨询委员会秘书长田万良陪同名誉会长张恩树出席开幕式，在西安期间，名誉会长张恩树会见了陕西省建筑装饰协会、西安建筑装饰装修协会负责人，中国建筑装饰协会理事，建筑电气委员会理事长花恒久，《新居室》总编辑洪涛，陕西新艺华室内设计装饰有限公司、西安彼特装饰工程有限公司董事长杨东升等当地业界人士。

▲3月13日，中国消费者协会在《北京晚报》报告：对北京建筑装饰市场上销售的33个牌号的大芯板进行质量比较实验，结果发现甲醛释放量只有一个符合国家标准《室内装饰装修材料人造板及其制品甲醛释放限量》，97%不符合国标。其中福军、森森、鸿飞、春林等15个品牌没有达到最基本的横向静曲强度的要求，产品承受外力的能力较差；福球、金华、三星等8个品牌的容易开胶。

▲3月14日，国家工商总局公布"2001年全国消费者申诉举报的10大热点"，商品房纠纷成为热点之首，包括"不按合同施工装修房屋，使用劣质木材和电料，油漆、涂料含有毒有害物质超标。"

▲3月14日，中国建筑装饰协会铝制品委员会2002年在深圳市召开"全国一级幕墙大型重点企业领导座谈会"，全国知名度很高的24家一级幕墙大型重点企业的董事长、总经理等企业主要经营管理者31人到会。会议由中国建筑装饰协会常务理事、铝制品委员会理事长兼秘书长彭政国主持。企业家们一致表示，要带头遵守中国建筑装饰协会铝制品委员会2001年有近百家建筑装饰门窗幕墙企业制定的《建筑装饰门窗幕墙行业自律监督公约》。如发现本企业员工有违反公约者，愿接受批评和监督，并倡议全国建筑门窗幕墙企业都来遵守《建筑装饰门窗幕墙行业的自律监督公约》。

▲3月15日，山西省建设厅副厅长夏志朴在"全省整顿和规范建筑市场秩序暨建筑业表彰大会"上讲话中指出，2001年加强了对建筑装饰装修的监督管理。2002年重点工作之一仍要加强对建筑装饰装修业的管理，未取得建筑行政主管颁发的建筑装饰装修资质证书的单位，不得从事建筑装饰装修活动。认为室内装饰装修引起的室内环境污染问题，已成为当前媒体和社会关注的影响人民群众身体健康的热点问题，这是一个薄弱环节，应给予重视和解决。

▲3月15日，《北京晚报》报道，北京市质监局开通"12365"投诉举报电话一年来共接收投诉10300件，装饰装修材料成为2001年8大投诉热点，且位居第6位；在5大烦恼中，位居第3位。

▲3 月 15 日，深圳市建设局委托市装饰行业协会三项政府职能：企业资质预审、工程评优、从业人员培训。

▲3 月 16 日，上海市家庭装饰行业协会在《中华建筑报》上公布：2001 年上海市家装市场工程产值约 150 亿元，正规公司仅占 1/3 市场份额，最大企业不过 1.5%，游击队仍活跃在 2/3 市场。

▲3 月 17 日，中国建筑装饰协会常务副会长兼秘书长徐朋在副秘书长房箴、办公室主任兼行业自律委员会办公室主任王本明陪同下，出席由成都建筑装饰协会等单位组织的“西部家装峰会”，并做了主题报告，在成都期间，还会见了四川省、成都市建设行政主管部门和建筑装饰协会的领导，中国建筑装饰协会常务理事、中铁二局集团装饰装修工程有限公司董事长兼总经理陈小龙，参观了该公司设计施工的、被成都市建筑装饰协会室内设计研究会推荐为 2001 年度行业观摩项目的“皇城老妈”饭店装饰工程，并给予高度评价。

▲3 月 18 日，中国建筑装饰协会做出《关于成立中国建筑装饰协会产品推介服务中心的通知》（中装协[2002]14 号），该中心为协会非法人机构，设在市场研究部，主要任务是接受装饰装修材料厂商委托，向社会推介优质装饰装修材料。

▲3 月 18 日，中国消费者协会公布“中国城镇消费者消费状况调查”。该会近对上海等全国 19 个大中城市的四大消费热点——饮食、衣着、医疗保健、家庭装修进行消费习惯、行为以及有悖科学消费的商品和服务的认知状况进行调查，结果发现：部分家装消费者消费态度不科学。为此，中消协副会长兼秘书长宁望鲁指出，协会为 2002 年“科学消费”年宣传主题确定的一个基本目标是：以保护消费者安全权和知情权为核心，以监督食品、药品和装饰材料等热点消费领域为重点，全面提高消费者素质，适应 WTO 需求。

▲3 月 20 日，建设部和劳动和社会保障部联合发出《关于建设行业生产操作人员实行职业资格证书制度有关问题的通知》（建人教[2002]73 号）。

▲3 月 20 日，深圳市装饰行业协会公布《深圳市室内设计师从业资格评定办法》。这是继 2001 年 7 月 21 日大连市建筑装饰协会公布《大连市室内设计师职称资格评审暂行办法》后，我国建筑装饰行业社团出台的第二个有关室内设计师从业资格评定办法的文件。

▲3 月 20 日～23 日，由中国建筑装饰协会和厦门市人民政府共同支持、中国建筑装饰协会石材委员会和贸促会厦门分会共同主办、北京伟业达展览有限公司及其代理公司厦门盈拓展览有限公司共同承办的“2002 年厦门国际石材业及技术装备展览会暨石材业发展研讨会”在厦门会展中心举办的。本届展会共有 200 多家国内外厂商参加，近 300 个展位；共接待专业人士 3.5 万人次，境外客商 6221 人次，成交额人民币 3.6 亿元，美元 5600 万元（折合人民币 8 亿多元）。在石材业发展研讨会上，中国建筑装饰协会石材委员会理事长兼秘书长严克明作了题为《总结过去，开拓未来，抓住机遇，迎接挑战》的专题报告。

▲3 月 22 日，杭州市建委做出《杭州市 2002 年整顿和规范建筑市场秩序工作意见》[杭建工通知（2002）50 号]，通知要求：加强对建筑装饰装修特别是住宅装饰装修工程的质量监督。重点是依法监督应招标的装饰装修工程必须招标和在装饰装修工程中擅自变动房屋建筑主体和承重结构问题。施工企业要严格执行有关防治环境污染的规定，严格禁止使用对人体有害的装饰装修材料，房管部门要切实加强对住宅装饰装修的管理，进一步规范整顿家庭装修市场。对违法违规单位和责任人，要依法做出处罚。

▲3 月 25 日，中央人民广播电台早间新闻联播报道：“国家近颁发《住宅室内装饰装修管理办法》，从此，家装有法可依。”

▲3 月 25 日，《北京晚报》头版报道，北京市市政管委会一项最新调查显示，在北京市居民燃气事故中，95%是家庭装修对燃气设施私自改动或封装，以及使用不当所致。

▲3 月 25 日，大连市建筑装饰协会向市建委提出《关于放开大连建筑装饰市场，促进我市建装饰市场提高的意见》，一是提出组建大连市装饰市场指导小组；二是建立装饰工程住处发布制度；三是建立盟友网络；四是开展培训活动；五是建设计师沙龙活动场所；六是开展装饰工程观摩活动，提高全市装饰行业水平。4 月 11 日市建委副主任王忠国批示：“根据您（市建委孙吉春）的指示，请昭富秘书长（大连市建筑装饰协会秘书长杨昭富）草拟出此意见，并已着手做前期工作，当否，请批示。”4 月 12 日市建委主任孙吉春批示：“很好，工作落实得很快，原则同意，成立后发布信息。”这是大连建筑装饰协会为行业发展的一项创新工作。

▲3 月 26 日，山东省装饰装修管理工作座谈会在济南召开，省建管局局长杨焕彩及 17 个市的建管部门的负责人出席，会议由省建管局副局长程源明主持。会议强调，各级建设行政主管部门一定要高度重视装饰装修管理工作，这既是省政府赋予我们的一项重要职能，也是解决了多头管理后对建设行政主管部门的一个考验。要求积极探索行业和市场管理工作新机制。

▲3 月 26 日，中国建筑装饰协会做出《关于贯彻民政部、建设部有关规定加强协会分支机构建设的若干意见》（中装协[2002]016 号）和《关于使用中国建筑装饰协会名义举办各类活动的管理办法》（中装协[2002]017 号）。

▲3 月 26 日，中国建筑装饰协会印发《中国建筑装饰协会各专业委员会发展会员及收取会费的管理办法》（中装协[2002]018 号），要求做到“三统一”：统一证书、统一发票、统一会费标准。一般会员单位年会费统一标准为 1500 元。

▲3 月 26 日～27 日，中国建筑装饰协会建筑电气委员会 2002 年年会在西安市秦都大酒店举行。年会主题是“应对 WTO 二次创业”，主要议题：一是建筑电气委员会的工作报告；二是有关建筑装饰行业与 WTO 的报告；三是有关电气专家的学术技术讲座；四是部分电气生产厂商的优质产品展示与推介；五是颁发优质建筑电气产品证书及奖牌。会议得到了中国建筑装饰协会、陕西省建设厅、西安市政府及

有关方面的高度重视和大力支持。出席会议的有 40 多家电气生产厂商、100 多家建筑装饰工程企业、30 多家设计研究院、5 家高等院校、30 多家房地产开发商。出席年会的有关方面领导有中国建筑装饰协会常务副会长兼秘书长徐朋，陕西省建设厅总工程师万人选、陕西省建筑装饰协会理事长孔祥清、秘书长王卫国，西安市人大常委会副主任张富春，市政府秘书长王文华，市原人大常委会主任康兴中，市建委副主任薛武平，市建筑装饰装修协会理事长田自立、秘书长白磊，陕西省土木建筑学会理事长梁建智、秘书长孙博学，中国建筑西北设计研究院院长樊宏康、党委书记张秀梅、副书记兼院办主任王振海，西安交通大学工程学院博导薛钧义教授，西安建筑科技大学信控学院任庆昌教授。会议分别由建筑电气委员会办公室主任孙秀华、理事长花恒久、副理事长崔家勤主持。

▲3 月 27 日，建设部发出《关于房屋建筑面积计算与房屋权属登记有关问题的通知》（建住房[2002]74 号），其中在“外墙墙体”一节规定：“同一楼层外墙，既有主墙，又有玻璃幕墙的，以主墙为准计算建筑面积，墙厚按主墙体厚度计算。金属幕墙及其他材料幕墙，参照玻璃幕墙有关规定处理。”

▲3 月 27 日，建设部办公厅公布《工程勘察设计廉政责任书》（建办监[2001]21 号），从 2002 年 5 月 1 日起在设计、施工、监理中推行“廉政责任书”制度，其中规定：“甲方不准要求、暗示或接受乙方和相关单位为个人装修住房。”“乙方不准接受或暗示为甲方、相关单位和个人装修住房。”

▲3 月 27 日，吉林省建筑装饰业协会召开第二次会员代表大会，选举产生第二届理事会。理事长：丘久才，副理事长：袁大陆、西志敏、孙爱东、杜伯洋、吕丰日、俞生、孙壮、张文学，秘书长：张文学，副秘书长：黄云玲、周玉春、郭玉仙、宫世玉。下属 7 个专业委员会，装饰材料委员会主任：鲁奎章，工程造价委员会主任：杨霁野，工程委员会主任：祝庆俊，家装委员会主任：郎伟，专家委员会：董赤，新技术开发应用委员会主任：冯晓刚，培训委员会主任：孙爱东。吉林省建筑装饰行业近年有很大发展，全省现有有资质等级的装饰施工企业 310 家，其中一级 5 家，公装和家装从业人员共有 10 万多人，年装饰工程产值 50 多亿元。协会现有会员单位 113 家。

▲3 月 27 日，四川省建设厅公布《四川省 2002 年整顿和规范建筑市场秩序的意见》，规定的范围是投资在 50 万元以上在建（包括新开和在建）的各类房屋建筑的装饰装修的违法违规行为。要求整顿和规范建筑装饰装修特别是住宅装饰装修活动，确保装饰装修工程质量。涉及变动房屋建筑主体和承重结构的，要有报批手续。严禁使用对人体有害的装饰装修材料。对于违法违规的责任单位和责任人，要依法做出处罚。

▲3 月 27 日，江苏省建工局做出《关于表彰 2001 年度江苏省建筑业质量管理先进单位和个人的通知》（苏建管质[2002]5 号），80 个质量管理先进单位其中有 6 家装饰企业：南京装饰工程公司、无锡市锡山三建实业有限公司、溧阳市建筑装潢工程有限公司、苏州金螳螂建筑装饰有限公司、江苏正太建设集团股份有限公司、宿迁市建筑装饰装潢总公司。3 位管理先进个人是：沈维先、路平、韩秋宏。

▲3 月 29 日，杭州市建筑业联合会做出《关于公布 2001 年度杭州市建筑工程西湖杯奖的通知》[杭建联（2002）8 号]，其中有浙江天华装饰工程有限公司参建的杭州文化大厦。

▲3 月 30 日，《北京晚报》报道：北京亚运村北苑清友园沿街一住宅楼晨 7 时 50 分，16 层一住户正装修，民工放置的小液化气罐泄漏遇明火发生爆炸，冲击波将封闭的铝合金窗全部弹出阳台外，正砸在楼下停放着的两辆桑塔纳轿车上，所幸没有伤人，沿街近百米全是碎玻璃。

四 月

▲4 月 1 日，最高人民法院《关于民事诉讼证据的若干规定》的司法解释开始施行：环境污染致人伤害等 8 类民事诉讼举证责任由加害人承担，新规则采用举证责任倒置的原则，将举证责任划给了加害人一方。如装饰装修造成的环境污染致人伤害，不由业主来证明装饰装修公司或厂商有过错，而要由装饰装修公司或厂商来证明自己的行为无过错。其他 7 类民事诉讼举证责任由加害人承担的有：医疗纠纷、专利侵害、高度危险作业致人损害、共同危险行为致人损害、缺陷产品致人损害、搁置物或悬挂物致人损害、饲养动物致人损害。

▲4 月 1 日，青海省建设厅做出《关于公布 2001 年度省外建设队伍业绩考核情况的通报》（青建工[2002]66 号）。考核合格的有：甘肃省建筑装饰工程公司、济宁市中区华东天棚幕墙安装公司、兰州显思装饰设计工程有限公司、溧阳市建筑装潢有限公司。考核为不合格的有：深圳市建筑装饰（集团）有限公司承建的青垦大厦整体改造项目，给予通报批评。不服从建设行政主管部门管理，并清退出省的有：北京融海阳光建筑装饰公司、甘肃辉丽建筑装饰工程有限公司。

▲4 月 2 日，《光明日报》以“荧光灯具超半数不合格”为题，《北京晚报》以“荧光灯具大半粗制滥造”为题报道，国家质量技术监督检验局对 2001 年四季度荧光灯具产品质量抽查的结果：合格率只有 43.1%。部分质量较差的有：湖州市织里恒琪电器厂生产的恒琪牌、顺德市华强本邦电器有限公司生产的华强牌、浙江东方集团公司德方玻璃灯具厂生产的德方牌、南海市罗村联星迴龙灯饰电器厂生产的迴龙牌。

▲4 月 2 日，根据建设部 110 号令《住宅装饰装修管理办法》，为加强家装行业管理，北京市建筑装饰协会家庭装饰委员会决定成立“住宅装饰装修工程质量检测中心”。

▲4 月 2 日，广州市建筑装饰协会成立家庭装饰委员会，主任：广州家庭之星装饰有限公司总经理黄翔。

▲4 月 3 日，杭州市建筑业联合会做出《关于表彰 2001 年度杭州市建筑工程 QC 小组优秀成果的通知》[杭建联（2002）9 号]，一等奖 4 项，其中有装修的 2 项：提高阴角

粉刷质量——浙江省长城建股份有限公司杭州海关大楼项目部QC小组，攻克大面积干挂外墙花岗岩施工质量关——杭州建工集团有限责任公司国信嘉园一期三标段项目部QC小组。二等奖8项，其中有装修的1项：克服外墙粉刷质量通病——杭州建工集团有限责任公司恒花园项目部 QC 小组。三等奖13项，其中有装修的1项：提高平顶饰面的观感质量——浙江省通力建设集团有限公司省血液中心综合楼项目部QC小组。优秀奖7项，其中有装修的2项：内墙面装饰施工质量的控制和提高——杭州二建建设有限公司浙江商学院图书行政楼项目部QC小组，提高花岗岩板块质量——浙江省长城建股份有限公司永康市站前区综合市场项目部QC小组。

▲4月3日，成都市建筑装饰协会举行第三次会员代表大会，选举产生第三届理事会及其领导机构。会长：成都市建委副主任李家松。秘书长：张桂芳。至此，地方建筑装饰协会已有7位女秘书长：河南省建筑装饰协会王晓惠、辽宁省装饰协会王志杰、深圳市装饰行业协会冯桂兰、杭州市建筑装饰协会傅祖华、株洲市建筑装饰协会谭玉兰、乌鲁木齐市建筑装饰协会辛凤芝。成都市建筑装饰协会副秘书长：蒲生龙、周命礼，副会长：彭长远、陈小龙、赵平、曾官粟、刘家琨、陈卫东、徐彬、黄彦、王金容、张向明，除彭长远是成都市建委巡视员以外，其他9位副会长均为装饰企业家。

▲4月3日，青海省建设厅发布《青海省2002年整顿和规范建筑市场秩序实施意见》，要求各级建设行政主管部门要切实加强对建筑装饰装修，特别是住宅室内装饰装修工程质量的监督，重点是依法监督和查处在装修工程中擅自变动房屋建筑主体和承重结构、在建筑装饰装修中使用假冒伪劣的装饰装修材料问题，如有发现，对违法违规的责任单位和责任人，要坚决依法做出严厉处罚

▲4月4日，建设部做出《关于当前行业作风建设情况和开展“树行业新风，让人民满意”主题活动的通知》（建精[2002]81号）。

▲4月4日，《中国青年报・青年时讯》报道北京市北京工商局公布2001年度10大消费者投诉，其中，装饰装修服务名列第8位。

▲4月5日，中国建筑业协会宣布，2002年度鲁班奖（国优）6月申报，7月底前初审，8～9月复查，10月底完成评审。他指出，住宅工程必须是包括装修在内全部竣工的工程，初装修的住宅工程不能申报；申报工程必须是一次成优，申报前不得将已使用的工程进行维修或重新装修。据中国建筑装饰协会信息部统计，1990～2001年，我国共有北京、上海、天津、广东、湖北、辽宁、黑龙江、陕西、河北、江苏、山东、浙江、内蒙古、山西、福建、云南、新疆等17个省市区的97家装饰企业的125项装饰工程荣获该奖。

▲4月8日～9日，为了贯彻“三个代表”重要思想，分析WTO给我国建筑装饰市场、行业、企业带来的挑战和机遇，提出今后的工作方向和应对措施，增强了全行业可持续发展的能力，由中国建筑装饰协会主办，湖北省建筑装饰协会、武汉建筑装饰协会、中国人民解放军建筑装饰协会共同承办的“全国建筑装饰企业应对WTO战略研讨会”在九省通衢的历史文化名城——武汉市滨湖大厦举行。会议同时召开了中国建筑装饰协会会长办公会议和全国建筑装饰协会秘书长工作会议。与会200位代表来自北京、天津、上海、重庆、湖北、河北、山西、黑龙江、吉林、辽宁、山东、江苏、安徽、浙江、江西、福建、河南、广东、四川、贵州、陕西、甘肃等22个省市的建筑装饰协会和骨干建筑装饰企业。在会议开幕式上，中国建筑装饰协会马挺贵会长、湖北省建设厅武孟灵副厅长、武汉市建委唐昌海副主任相继讲话。在闭幕式上，中国建筑装饰协会张恩树名誉会长做讲话，马挺贵会长做报告。在大会上，中国建筑装饰协会常务副会长兼秘书长徐朋、清华大学经济管理学院企业管理系经济学博士胡左浩副教授、外经贸易部国际经济贸易研究院跨国经营研究部主任邢厚媛研究员相继作了具有指导性的主题报告。来自北京、上海、湖北、深圳、黑龙江、吉林、辽宁、江苏等8省市的代表提交高质量论文25篇。

▲4月8日，山东省建设厅、省建管局决定，从2002年二季度起全省开展建筑装饰装修市场专项治理活动，重点：一是加强建筑装饰装修特别是家庭居室装饰装修工程质量监督；二是杜绝装饰装修过程中擅自变动建筑主体、改变承重结构、乱砸乱建现象；三是依法查处违反法定建设程序和法定制度、转包和违法分包、规避招标投标及招投标中的弄虚作假、违反工程建设强制性标准和偷工减料等问题；四是规范政府主管部门的行政行为，提高行政效率和服务水平。具体要求：一是在设立山东省整顿规范装饰市场领导小组的同时，各市、县（区）也要成立专门机构，加强行业的统一管理；二是建立严格的监督管理体系，强化执法队伍建设，严厉查处违规行为；三是加大执法力度，建立健全法规体系，认真贯彻落实建设部《建筑装饰装修管理办法》和《家庭居室装饰装修管理暂行办法》，严格落实工程项目法人目标责任制；四是加强对装饰材料和装饰装修后的环境检测，严格按照国家标准《建筑装饰装修工程质量验收规范》（GB50210—2001）、《住宅装饰装修工程施工规范》（GB50327—2001）和《民用建筑工程室内环境污染控制规范》（GB50325—2001）标准执行；五是根据家庭装饰装修中投诉多、解决处理较复杂的情况，实施建立装饰装修保证金制度，以保证按照合同进行赔偿，确保工程质量；六是加大对家庭居室装饰装修管理力度。按照建设部《住宅室内装饰装修管理办法》、《山东省家庭居室装饰装修管理办法》和《山东省家庭居室装饰装修专业资格管理细则》的有关规定，清理整顿无证施工队伍。

▲4月9日，中国建筑装饰协会家装委员会（筹）从协会办公地点华通大厦中迁出，工作由协会秘书处管理。

▲4月11日，苏州市建设局致苏州市建筑装饰协会文件《关于同意“苏州市建筑装饰协会”为独立法人协会的批复》（苏建筑[2002]12号），批复指出：“遵照国务院关于整顿和规范装饰装修市场秩序，确保工程质量的要求，鉴于建筑装饰装修行业飞速发展的形势及社会对该行业的要求，为

充分发挥协会的桥梁纽带作用，经研究，同意‘苏州市建筑装饰协会’为独立法人协会。请按照规定办理社团登记注册手续。”

▲4 月 12 日，北京市建委施工安全管理处做出《关于贯彻国务院令开展危险化学品使用安全大检查的通知》，强调特别是建筑装饰施工企业，对接触有毒有害危险化学品的生产作业场所，必须建立职业病危害的监测和预防体系，对作业过程必须保证通风，并采取防火、防爆、隔离污染操作等项安全防护措施。对从事此类操作的工人必须定期进行安全培训和上岗操作知识教育，对长期接触职业危害环境的工人要定期进行健康状况身体检查。

▲4 月 12 日，苏州市建筑装饰协会公布《关于开展 2001 年度苏州市建筑装饰第七届“天堂杯”市优质工程暨第二届“家庭装饰优质工程”评选活动的通知》（苏装协[2002]3 号），同日还发出《关于开展 2001 年度首届“苏州市建筑装饰优秀企业”暨“第五届家庭装饰用户满意单位”评选的通知》（苏装协[2002]4 号）。

▲4 月 12 日～14 日，为了贯彻国家标准《建筑装饰装修工程施工验收规范》和《民用建筑工程室内环境污染控制规范》，中国建筑装饰协会培训中心在北京举行第一期学习班暨师资班，来自 12 省市的 80 多人参加，中国建筑装饰协会常务副会长兼秘书长徐朋在开班典礼上做了讲话，主讲教师是规范组成员孟小平、王喜元。

▲4 月 13 日，2002 年第 4 期《浙江建筑业》公布了 2001 年浙江省 403 家建筑业产值超亿元企业的名单，其中浙江亚厦装饰集团有限公司、绍兴县建筑装潢工程公司、浙江宝业幕墙装饰有限公司、宁波鸿坚建筑装饰工程有限公司四家装饰企业分列第 27、130、205、317 位。

▲4 月 16 日，山西省建筑装饰协会发布《山西省建筑工程装饰奖评选办法（试行）》。

▲4 月 17 日，建设部发出《关于开展 2002 年建设系统“安全生产月”活动的通知》（建质[2002]98 号），通知指出，根据中共中央宣传部、国家安全生产监督管理局、全国总工会、共青团中央《关于开展 2002 年“全国安全生产月”活动的通知》（安监管政法字[2002]4 号）的统一部署，建设部定于 2002 年 6 月在全国建设系统开展以“安全责任重于泰山”为主题的“安全生产月”活动。

▲4 月 18 日，建设部在《中国建设报》上公布 2002 年科技成果推广项目，其中有关装饰装修的有：承重、轻质和装饰混凝土砌块技术，内外墙乳胶漆应用技术，EIFS 外墙保温建筑装饰技术，集成型多功能铝合金门窗应用技术，建筑幕墙、门窗物理性能自动化检测系统，喷水式冲洗节水便器生产技术，可分离组合滑动式三轨道带纱窗铝合金门窗生产与应用技术，CST90 系列推拉开型材应用技术等 8 项。反映了建筑装饰行业技术创新的成果。

▲4 月 18 日，沈阳市工商局召开“建立信用制度暨重合同守信用单位表彰大会”，一级幕墙施工、甲级幕墙设计企业、ISO9001 认证通过者——沈阳飞机制造公司铝合金结构工程公司被授予“重合同守信用单位”，沈阳市副市长孙祥剑授予中国建筑装饰协会理事、公司总经理冯玉良牌匾。

▲4 月 19 日，国家新闻出版总署批准中国建筑装饰协会主管主办《中华建筑报》。

▲4 月 19 日，建设部建筑市场管理司在苏州市召开的“建筑市场有关企业和个人信用档案会议”决定，全国各地建筑市场的企业和个人信用档案将于今年 10 月 1 日前建成并运作。建筑市场管理司司长张鲁风指出，建筑市场有关企业和个人信用档案，是指工程勘察、设计、施工、监理、招标代理、造价咨询工程师和建筑企业项目经理等专业技术人员的业绩、建筑市场违法违规行为、工程质量安全事故及其他不良记录等。将与企业资质、专业人员从业资格注册相结合。

▲4 月 22 日，中国建筑装饰协会向各专业委员会、地方建筑装饰协会、全军建筑装饰协会和有关专家及企业发出“关于撰写《2001 年中国建筑装饰行业年鉴》条目的通知”（中装协函[2002]02 号），截止时间为 2002 年 6 月底，年鉴编辑部由信息部牵头，设在中国建筑装饰协会信息咨询委员会。

▲4 月 23 日，中国施工企业管理协会在宁波市召开年会，表彰 2001 年度全国优秀施工企业，在 61 家土建施工企业中只有一家建筑装饰企业：一级建筑装饰工程施工、甲级建筑装饰工程设计企业、ISO9001 认证通过者——山东万得福装饰工程有限公司。

▲4 月 23 日，黑龙江国光建筑装饰工程有限公司副董事长于立军，近被哈尔滨市市委、市妇联评为 2001～2002 年年度哈尔滨城镇妇女“巾帼建功”活动先进个人。

▲4 月 23 日，中国建筑装饰协会做出《关于开展“吉事多中国第二届卫浴空间设计大赛”的通知》（中装协[2002]22 号）。

▲4 月 24 日，中国建筑装饰协会会长马挺贵，常务副会长兼秘书长徐朋，副秘书长张京跃、房箴视察了中华建筑报社，看望全体员工，勉励该报实施改革，增强服务意识，尽快成为全国优秀行业报纸。

▲4 月 24 日～25 日，为了进一步落实 2002 年国家新闻出版署批准创办《中国建筑装饰装修》杂志的办刊宗旨：“坚持四项基本原则，贯彻江泽民同志：三个代表“重要思想，指导全国建筑装饰装修行业健康发展及企业管理，规范建筑装饰装修市场。”中国建筑装饰协会常务副会长兼秘书长徐朋分别召开了“装饰设计施工企业”和“装饰出版人”两个座谈会，专门研究刊物出版发行的市场定位问题，讨论有效率，认识一致，有很多具有规律性的真知卓见。参加此座谈会的有中国建筑学会室内设计分会会长张世礼、北京花旗建设发展有限公司董事长费祺、北京筑邦建筑装饰工程有限公司总经理孟建国、北京艾迪尔装饰有限公司总经理罗劲、深圳瑞和装饰工程有限公司副总经理杜玲玲、《时尚·先生》主编逄伟、中国建筑学会室内设计分会会刊《中国室内》主编赵虎、《中国建材报·装饰世界》主编虞建华，以及中国建筑装饰协会副秘书长房箴、会刊《中国建筑装饰》主编兼行业发展部主任黄白。

▲4 月 25 日，根据上海市政府《关于本市促进行业协会发展的指导意见的通知》[沪府办发（2002）1 号]的精神，

以及上海市政府、市建委的指示与部署，原上海市建筑装饰协会与上海市家庭装饰行业协会合并，重新组建了上海市装饰装修行业协会，会长：李洪鑫，常务副会长兼秘书长：忻国樑，常务顾问：潘志昌，专职副秘书长：赵海、潘根林、高志萍、黄仰鹤，兼职副秘书长：张年、李娟娟、季进成，副会长（14位）：谢建伟、张洪星、陈丽、陈新、刘海韵、傅华东、唐家安、陈国宏、时寇强、张龙明、蒋佳学、黄振、田浩、潘根林。全部为装饰企业家，包括设计施工材料。

▲4 月 25 日，中国建筑装饰协会名誉会长张恩树、常务副会长兼秘书长徐朋应邀分别出席在上海和广州举行的第二届吉事多卫浴空间大赛新闻发布会，并会见了当地建筑装饰协会负责人。

▲4 月 25 日，吉林省建筑装饰业协会公布《吉林省建筑装饰优质工程评选办法》。

▲4 月 26 日，青海省建设厅召开“全省建设工程质量安全监督工作座谈会”，省建设厅副厅长杨峰林在报告中指出，当前存在的主要问题，包括装饰装修过程中擅自变动承重结构，任意增加楼层荷载的现象时有发生。从此次全省建设工程质量大检查和质量投诉情况来看，在装饰装修过程中，随意施工，观感差，“渗、漏、堵、空、裂、粗”，直接影响了建筑工程的使用功能，给住户使用带来诸多不便，住户反应强烈，称之为“住着担心，看着难心，想着伤心”的“三心”牌工程。对于这些质量通病，我们要下大力气治理。

▲4 月 26 日，国家经贸委、财政部、教育部、卫生部、劳动和社会保障部、建设部共同发出《关于进一步推进国有企业分离办社会职能工作的意见》（国经贸企改[2002]267 号）。

▲4 月 26 日，中国建筑装饰协会培训中心召开“制定装饰行业职业技能岗位标准编制座谈会”，通报了前期的筹备工作，统一编写思想，确定编写原则，研讨有关问题，落实编写工作。会议由中国建筑装饰协会培训管理部主任兼培训中心主任王燕鸣主持，中国建筑装饰协会副秘书长张京跃、北京市建筑装饰协会理事长朱希斌、副秘书长周利华及部分专家出席。

▲4 月 27 日，广州市建筑装饰协会家居装饰委员会成立，广州市人大常委会副主任、协会名誉会长戴治国等领导及会员代表 100 多人出席。

▲4 月 27 日，江西省建设厅发出《关于明确江西省建设工程装饰装修管理站暂行工作职责的通知》（赣建筑办函[2002]24 号），职责主要为监督管理全省装饰装修市场，提出违规违法处理意见；负责全省住宅装饰装修管理工作，对住宅装饰装修企业资审；对装饰装修工程质量进行监督管理。

▲4 月 28 日，陕西省施工图审查办公室、陕西省建设工程质量安全监督总站共同做出《关于加强外墙饰面砖工程质量通病防治的通知》（陕图审办发[2002]001 号）。

▲4 月 28 日，杭州市建筑装饰协会做出《关于表彰 2001 年度杭州市优秀建筑装饰工程的通知》（杭装协[2002]3 号）。

▲4 月 29 日，上海市委建委在《建筑时报》上发表公告，经对在沪施工企业 2001 年度的经营行为、工程质量、施工安全、科技进步、队伍管理、文明施工等六方面的综合考评，有 60 家成绩优良，荣获 2001 年度优秀（进沪）施工企业称号给予表彰，包括上海建筑装饰（集团）有限公司。

▲4 月 29 日～5 月 1 日，中国建筑装饰协会会长马挺贵在办公室主任兼行业自律委员会办公室主任王本明的陪同下，在出席了“广东省东莞市房地产与建筑科技博览会”开幕式并参观展会后，会见了东莞市建筑装饰协会赵家梁秘书长等协会领导，考察了东莞市星艺装饰工程公司、唯美陶瓷有限公司、华尔泰装饰材料有限公司等当地优秀装饰企业和装饰材料厂商。

▲4 月 30 日，人事部在《光明日报》上公布，建筑类人才（包括建筑装饰的人才）排在招聘专业数量前 10 位的第四位；排在求职专业数量前 10 位的第八位。

五 月

▲5 月 1 日，北京市规划委员会在《北京市住宅区住宅安全防范设计标准》要求，对窗户低于 2m 的住宅要加装护栏，但不得凸出，以防成为小偷的梯子。

▲5 月 3 日，《建筑时报·家周刊》报道，上海现有家装设计师上万人，主为原建筑设计和艺术设计转行人员，设计费 15～300 元/m^2。

▲5 月 8 日，江西省装饰行业协会做出《关于组建江西省装饰行业专家库的通知》（赣装协字[2002]03 号），工作范围主要为：一是协助建设行政主管部门制定有关装饰行业的政策法规；二是参与协会的各类评比、竞赛的评审；三是参与协会的行业调研、咨询、培训及相关质量鉴定。

▲5 月 8 日，上海市装饰装修行业协会上报上海市建筑业管理办公室《关于整顿规范家庭装饰建筑材料市场秩序的实施报告》[沪装协（2002）第 004 号]。

▲5 月 9 日，天津市建委公布《天津市建筑业企业安全生产资格登记管理办法》（建筑安管[2002]359 号），要求建筑装饰工程施工企业在取得资质证书后，也须办理安全生产资格登记。

▲5 月 13 日，《北京青年报·人才时代》报道，《北京市劳动力市场 2002 年一季度职业供求状况》显示，装修施工人员平均年薪 10570 元，居前 40 位平均年薪的第 31 位。

▲5 月 13 日，《中国建设报》报道，2001 年我国建筑业完成产值 14000 亿元；上缴税金 441.2 亿元，比上年增加 54 亿元；实现利润 226 亿元，比上年增加 34 亿元；建筑业亏损面同比下降 1.1 个百分点。

▲5 月 13 日，苏州市建设局做出“关于印发《苏州市建筑装饰“天堂杯”优质工程奖评审办法》的通知”（苏建质[2002]27 号）。

▲5 月 14 日，江苏省民政厅批准成立“江苏省建筑装饰协会家庭装饰委员会”，并颁发“社会团体分支（代表）机构登记证书”。

▲5 月 16 日，中国建筑装饰协会以中装协[2002]24 号

文件决定：协会常务副会长兼秘书长徐朋任《中华建筑报》报社社长。以中装协[2002]25号文件决定：聘任邓千任报社总编辑，华敬友、赵刚任副总编辑。

▲5月16日，长春市人民政府召开“长春市第二批星级文明市场命名大会暨市场规范管理先进个人表彰大会”，长春星宇家居市场被评为“三星级文明市场”，为该市家装建材市场惟一一家，其总经理、吉林省建筑装饰业协会家装委员会主任郎伟被评为先进个人。

▲5月17日，中共北京市第九次党代会召开，中共中央政治局委员、北京市委书记贾庆林在报告中指出，要努力发展北京的现代服务业。现代服务业是指，工业产品的大规模消费阶段以后出现快速增长的服务业，主要包括两大类。一类是伴随工业化的展开而加速发展的服务业，也称为补充性服务业。如银行、证券、交易、信托、保险、基金、租赁等现代金融业；开发、建筑、装饰、物业、交易等房地产业；会计、审计、评估、法律服务等中介服务业。另一类是工业化后期大规模发展的新兴服务业，如移动通信、网络、传媒、咨询等信息服务业；教育培训、会议展览、国际商务、现代物流等新兴行业。

▲5月17日，中国建筑装饰协会名誉会长张恩树在信息咨询委员会秘书长田万良陪同下出席了在昆明举行的“第十届中国建筑装饰（昆明）博览会”。

▲5月18日，北京家具行业协会会长周维明预测，2002～2010年北京家具需求量约为900亿元。目前北京经营家具、包括装饰材料在内的综合市场5000 m^2的有43家，1万m^2的有30家，经营总面积80万m^2，其中经营家具的49万m^2。全市营销总额60亿元。北京家具市场分额，本市占72%，外地占23%，进口占5%。北京现有家具生产厂商1300家，营销额5000万元以上的有30家，1亿元以上的有4家，绝大多数为小企业。

▲5月18日，中国建筑装饰协会信息部统计：2001年各类木地板在我国的销售量达1.2亿m^2，比上年增长20%以上，其中实木地板5600～5800万m^2，比上年增长40%以上，2002年将达到9000万m^2。未来三年我国木地板市场仍将以20%发展，2005年将达到2亿m^2。

▲5月20日，深圳市装饰行业协会发出除名通报，原深圳市飞龙装饰设计工程有限公司职员汤爱良（身份证号430223620527181）因冒用公司总经理私刻公章，骗取施工单位押金，造成恶劣影响与不良后果，根据深圳市装饰行业协会“行业除名制”规定，对汤爱良给予行业除名处罚。

▲5月21日，建设部住宅产业化促进中心公布《商品住宅装修一次性到位实施细则》（试行稿）。

▲5月21日，建设部住宅产业化促进中心在广州召开现场会，交流广州保利花园95%以上住房人进户后不需要进行二次装修的经验，建设部向全国开发商提出，尽力把不需“返工”的房子交到消费者手中，让令人生厌的二次装修成为历史。据建设部的调查，在未来二三年内，家装消费的国内生产总值会以30%的速度增长，达到2000～3000亿元。

▲5月21日，河南省建设厅做出《转发建设部建办质[2002]17号关于加强建筑工程室内环境质量管理的若干意见的通知》（豫建建[2002]66号）。规定自2002年7月1日以后开工的民用建筑工程完工后，建设单位必须委托由市建委认证备案的检测机构进行检测验收，否则不得交付使用，并按法律法规严肃查处。

▲5月22日，建设部发出《关于立即组织开展建设系统安全生产大检查的紧急通知》（建质[2002]122号），检查的重点领域包括存在安全隐患的公共娱乐场所、体育场馆、校舍和居民住宅等危旧房屋建筑及其附属设施。

▲5月22日，建设部副部长傅雯娟在“中国建设教育协会2002年会员代表大会暨第三届理事会全体会议”上讲话指出：从现实情况看，建筑业已经成为吸纳农村剩余劳动力的一个重要领域。如何把庞大的农民工的从业压力，转变为现实的人力资源优势，对建设教育而言，这既是机遇又是挑战，看似经济领域工作，又是贯彻落实“三个代表”解决“三农”问题的政治领域的工作。这就要求我们既要把住“市场准入”这道关，又不能把大量农民工挡在门外，事实上挡也挡不住，目前在施工一线工人中农民工已占半数以上。惟一的办法就是加强培训，按照国家劳动预备制度和职业资格制度的要求，“先培训后就业，先培训后输出，先培训后上岗”。可见，培训任务任重道远。

▲5月22日，中国建筑装饰协会马挺贵会长视察所属化学建材委员会工作，上海市建筑科学研究院院长张燕平、化建委员会负责人黄治祥向马会长汇报了该院和协会的近期的工作，马会长对化建委员会依托实力雄厚的科技型企业上海建科院的工作给予肯定。建设部的“全国化学建材协调组建筑涂料专家组”设在化建委员会，多年来承担了多项政府委托的科研课题和促进技术进行的工作。

▲5月22日，中国建筑装饰协会常务副会长兼秘书长徐朋在培训管理部主任兼培训中心主任王燕鸣陪同下，到乌鲁木齐市，参加由中国建筑装饰协会培训中心与乌鲁木齐市建委培训中心共同组织的“首期建筑装饰企业项目经理培训班”开班仪式并讲课，同时出席中国建筑装饰协会培训中心乌鲁木齐工作站挂牌典礼。

▲5月22日～26日，中国饭店业协会在北京瑞城大酒店举行“中国饭店业装饰装修更新改造高级研讨会”，中国建筑装饰协会信息咨询委员会专家组成员、中国建筑科学研究院防火所所长李引擎研究员、《中国建筑装饰》主编黄白高级工程师等应邀授课。随着我国经济快速发展和旅游业的持续升温，饭店装饰装修更新改造加快速度，并逐渐成为一专门的学问。

▲5月24日，建设部、国家计委、国家经贸委、财政部国、国土资源部、国家工商行政管理总局、监察部联合做出《关于整顿和规范房地产市场秩序的通知》（建住房[2002]123号），关于装饰装修的只有一条：房地产开发企业销售商品房时设置样板房的，应当说明实际交付的商品房质量、设备、装修与样板房是否一致；未作说明的，实际交付的商品房应当与样板房一致。

▲5月24日，中国建筑装饰协会工程委员会在石家庄

召开“《建筑装饰装修施工工法》教材编写工作会议”，由工程委员会秘书长顾国华主持，此举为填补行业空白。

▲5月25日～26日，江西省装饰行业协会经省建设厅批准，会同省装饰装修管理站、省建设厅培训中心共同组织了“《建筑装饰装修工程施工验收规范》和《民用建筑工程室内环境污染控制规范》宣传贯彻学习班”，省建设厅副厅长马志武、培训中心主任周洪林、省装饰装修管理站站长、省装饰行业协会秘书长章雪儿等当地业界领导出席。

▲5月25日～27日，受建设部委托、由中国建筑装饰协会培训中心组织的首期国家标准《住宅装饰装修工程施工规范》（GB50327—2001）学习班暨师资班在北京举行，中国建筑装饰协会副秘书长房箴、培训中心副主任杨建伟出席开班仪式，由教研室主任李健、陈一山主持。江西省装饰行业协会会长王儒明、江苏省建筑装饰协会副秘书长兼南京市建筑装饰协会副秘书长孙建设以及来自北京、广西、河北、山西、湖北、河南、安徽、湖北等地的30多位高层次人士出席，规范组副组长、中国建筑装饰协会行业发展部主任兼会刊《中国建筑装饰》主编黄白，规范组主要成员、中国建筑装饰协会办公室主任王本明进行了讲解。

▲5月26日～28日，国务院在北京召开了第十一次全国民政会议，江泽民总书记等党和国家领导人接见了全体会议代表，朱镕基总理听取了会议情况汇报并作了重要指示。在谈到培育发展和管理民间组织时，朱镕基总理强调，要坚持培育发展和管理监督并重的方针，把培育发展的重点放在真正按照市场经济要求建立的行业中介组织、社会公益和服务性的民间组织上来。切实做好管理监督工作，坚持依法严格审批，搞好登记管理。对非法活动组织，坚决依法取缔。

▲5月27日，人事部、建设部关于实施房地产经纪人执业资格认定考试工作有关问题的通知（人发[2002]54号）。

▲5月27日，江西省建设厅做出“关于转发建设部《住宅室内装饰装修管理办法》的通知”（赣建房[2002]16号），要求制定统一的《住宅室内装饰装修管理服务协议》、《住宅室内装饰装修登记单》和《住宅室内装饰装修完工单》。

▲5月28日，中央人民广播电台早间新闻联播播出，家装市场混乱，有50多种涂料假冒环保材料。

▲5月28日，苏州市建设局做出“关于印发《苏州市住宅装饰装修企业资格管理办法》的通知”（苏建筑[2002]17号）。

▲5月29日，根据建设部关于领导干部年度考核测评的要求，中国建筑装饰协会进行领导干部述职会，由常务副会长兼秘书长徐朋和副秘书长张京跃述职。会议由副秘书长房箴主持，出席者有行业发展部主任兼会刊《中国建筑装饰》主编黄白，组织联络部主任杜桂玲，办公室主任王本明、张军莉，市场研究部主任李小宝，技术推广部李卫青、熊翔。会上大家交换了意见，均对述职表示满意。常务副会长兼秘书长徐朋在此会上，还介绍了两位到协会工作的新同仁：一位是王毅强，原在中建总公司办公厅，处长，高级工程师，来协会负责公关、宣传工作并兼秘书长的秘书；另一位是樊淑玲，原在中建总公司海外部，从事过18年的国际承包工作，英文翻译，副译审，人民大学投资管理专业硕士，来协会从事国际部工作。

▲5月29日，国家标准化管理委员会做出“《室内装饰装修材料内墙涂料中有害物质限量》第一号修改单”（国标委工交函[2002]23号），自2002年8月1日起实施。修改前：附录AA．3．1．2．2“…柱长1mm，…。”修改后：附录AA．3．1．2．2．“…柱长1m…。”

▲5月30日，成立于1980年，现由中国建筑学会建筑经济学术委员会与中国建筑设计研究院合办的国内著名杂志《建筑经济》召开编委会，组成第三届编委会，顾问：建设部副部长郑一军，主任中国建筑设计研究院党委书记樊康，编委（39人）：应红、赵承、汲凤翔、王树华、王昕、李秉仁、吴慧娟、金一平、赵晖、刘世杰、缪长江、刘宇昕、丁传波、刘哲、万健一、尚春明、姜万荣、刘昕、李政、刘洪玉、刘易生、张兴野、田振郁、刘哲生、赖刚、杨俊杰、胡育科、尤完、王立平、汪文忠、张颖、杨卫江、雷艺君、黄白、柴强、王铭三、蔺怀义、吴迪、李春敏。会议着重研究了该刊市场定位与运作。

▲5月30日，四川省建筑装饰协会在江油市召开市州建筑装饰协会秘书长座谈会，成都、绵阳、德阳、广元、南充、内江、达州、乐山、雅安、眉山、广安等11个市州建筑装饰协会秘书长和建设局的代表与会，会长杨乾芳出席，会议由副秘书长陈建文主持，会议讨论通过了《四川省建筑工程装饰奖评选办法》（试行），6月27日发文并进行评选。

▲5月31日，建设部发出“关于印发《建设部安全生产管理委员会工作制度》和《建设部有关部门安全生产工作职责》的通知”（建质[2002]130号），建设部安全生产管理委员会组成：主任：部长汪光焘，副主任：副部长郑一军，成员：总工程师金德钧、总经济师兼住宅与房地产业司司长谢家瑾、工程质量安全监督与行业发展司副司长王素卿（中国建筑装饰协会副会长）、建筑市场管理司司长张鲁风、城市建设司司长李东序、城乡规划司司长唐凯、标准定额司司长杨鲁豫、办公厅主任齐骥、科学技术司司长赖明。

▲5月31日，中国建筑装饰协会常务副会长兼秘书长徐朋主持专门会议，向建设部办公厅副主任朱中一、宣传处副处长毕建玲汇报协会的报刊工作。关于国家新闻出版总署批准的《中国建筑装饰装修》杂志，现已进行完市场定位及其运作的调研，面向全社会，6月份正式筹备，10月份创刊。而面向会员企业的会刊还应保留并一定要继续办好。原由中建总公司主管主办的《中华建筑报》已经国家新闻出版总署批准，由中国建筑装饰协会主管主办，5月11日重新出报。会议就协会“一报二刊”的内容、形式、组织、发展等问题进行了沟通。中国建筑装饰协会非常感谢建设部主管领导多年来对协会的支持关心，并将加强向主管领导部门的汇报协商。出席此会的有副秘书长张京跃、房箴，行业发展部主任兼会刊《中国建筑装饰》主编黄白，办公室主任王本明，秘书王毅强，《中华建筑报》副总编华敬友、赵刚。

▲5月31日，是“世界室内设计日”，在这天由中国建筑学会室内设计分会、香港设计中心、香港室内设计协会共

同主办、深圳市洪涛装饰工程公司承办的纪念会上，香港室内设计协会深圳代表处挂牌成立，洪涛装饰公司总经理刘年新任代表处主任。在深港室内设计学术交流会上，香港室内设计师何志雄作了“深圳威尼斯酒店富强内设计概念”、清华大学美术学院环境艺术系主任郑曙旸教授作了“绿色设计的思辩”的学术报告。深圳市建设局副局长杨胜军、深圳市装饰行业协会会长何文祥、中国建筑学会室内设计分会秘书长周家斌等出席并表示祝贺。

六 月

▲6 月 1 日，国家经贸委发布的 8 项装饰材料行业标准开始施行：《卫生设备用软管》（JC886—2001）、《干挂石材幕墙用环氧胶黏剂》（JC887—2001）、《天然大理石建筑板材》（JC/T79—2001）、《天然花岗石荒料》（JC/T202—2001）、《坐便器塑料坐圈和盖》（JC/T764—2001）、《幕墙玻璃接缝密封胶》（JC/T882—2001）、《石材用建筑密封胶》（JC/T883—2001）、《中空玻璃用弹性密封胶》（JC/T484—2001）。这是 2002 年第 2 期《北京建材》和 2002 年第 5 期《化学建材市场信息》报道的。

▲6 月 3 日，建设部做出“关于发布行业标准《建设事业 IC 卡应用技术》的通知”（建标[2002]142 号），通知指出：根据我部《1999 年建设部第一批工业产品标准制、修订项目计划》（建标[1999]159 号）的要求，由建设部 IC 卡应用领导小组等单位编制的《建设事业 IC 卡应用技术》标准，经我部审查，现批准为行业标准，编号为：CJ/T166-2002，自 2002 年 10 月 1 日起实施。本标准由建设部标准定额研究所组织中国标准出版社出版。

▲6 月 5 日，根据合肥市政府的决定，装饰行业由合肥市建管局统一归口管理，原轻工装饰办的人员已合并到建工开始办公。

▲6 月 5 日，湖北省建筑业协会和湖北省建筑装饰协会共同发表公告，表彰 2002 年度先进建筑业企业 99 家，其中有建筑装饰企业 10 家，湖北美格建筑装饰设计工程公司、湖北鼎元建筑装饰工程有限公司、湖北珠江龙装饰设计工程公司、武汉凌云建筑装饰工程有限公司、武汉旺轩物业有限公司、武汉华达建筑装饰设计工程有限公司、武汉豪强装饰工程有限公司、湖北凌志装饰工程有限公司、武穴市建筑装饰设计安装工程有限公司；优秀建筑业企业经理 99 人，其中有建筑装饰企业 10 人：湖北美格总经理夏长海、湖北鼎元总经理程新明、湖北珠江龙总经理李兴儒、湖北龙泰总经理许春建、湖北凌志副总经理徐想娣、武汉豪强总经理陈志钊、武汉华达总经理潘耀生、武汉凌云总经理曾文涛。

▲6 月 6 日，河北省建筑装饰协会召开第二次会员代表大会，选举产生第二届理事会及其领导集体。名誉会长：省建设厅副厅长张凤珠、总工程师曲俊义，会长：省工程建设标准化管理办公室副主任蓝政，副会长：石家庄常宏总经理王跃、石家庄雅虹董事长王保山、保定白云总经理杨云英、唐山集林董事长李宝兴、秦皇岛渤海铝总经理李爱森、河北振海总经理胡振海、河北斯特龙总经理贾轩，秘书长：省建设厅建管处主任科员赵春旺，副秘书长：郁达飞、徐向东、刘纪堂、李希元、柴维月、史向东。河北省建设厅厅长邓泽洪在大会上指出：“少存副省长对此非常关心，促成了二会合并，现在协会运行很好。协会会员是一家，不分彼此，都要一视同仁。”河北省装饰行业多头管理已经解决，建工和轻工的两家装饰协会在省建设厅的领导下合并办公。

▲6 月 6 日，甲级装饰工程设计企业——清华工美环境艺术研究设计所总设计师马怡西著作的《迷失的中国本土设计师》，由河北美术出版社出版发行。马怡西 1982 年毕业于原中央工艺美术学院环境艺术系，曾设计施工过人大会堂重庆厅、安徽厅等装饰工程，为我国著名的年轻室内设计师。

▲6 月 9 日，成都市建委、市房管局和市市政公用局共同发出《关于创建国家环境保护模范城市活动中全面开展创建“绿色环境工地”活动的实施意见的通知》（成建委发[2002]280 号），在《成都市创建“绿色环保工地”工作标准》中，提出了对主要噪声源装修的要求，吊车、升降机，噪声限值：昼间 65dB，夜间 55dB。

▲6 月 10 日～11 日，为今后深圳对家装实行监理打下基础，深圳市建设局培训中心举行“国标《住宅装饰装修工程施工规范》学习班”，参加学习的 124 人多为监理公司的业务骨干，其中一半以上为高级工程师，学习态度十分认真，深圳市建设局培训中心主任潘丰贵、副主任樊财声、顾问宁向东、一部部长戴美秀出席开班仪式，规范组副组长黄白进行了讲解。

▲6 月 11 日，深圳市建设局公布《深圳市建筑市场主体及从业人员不良行为记录与公示办法》，自 2002 年 7 月 1 日起施行。这是深圳市建设行政主管部门又一个市场经济思路的行政规章。

▲6 月 11 日，河南省建设厅颁布《河南省建筑装饰装修工程质量监督管理工作暂行规定》

▲6 月 14 日～15 日，中国建筑装饰协会培训中心在湖南省张家界市举办了有 30 多人参加的“国标《住宅装饰装修工程施工规范》学习班”，由培训中心主任王燕鸣主持，王本明讲解。

▲6 月 15 日，2002 年第 6 期中国饭店协会会刊《中国饭店与餐饮》报道：1998～2000 年中国饭店业连续三年全行业亏损，利润率为－5.84%～－5.64%。2000 年占全国旅游饭店总数 5%的外资饭店利润占全国饭店业利润的 98%。全国旅游业从业人员中 86.06%在饭店就业。目前国际上排名前 20 位的著名饭店集团已有 9 家进入中国。中方饭店劳动力成本总支出占百元营业收入的 32～35%，而外方饭店却为 26%～30%。

▲6 月 15 日，中国建筑装饰协会信息部统计：2001 年我国石材产量达 1.3 亿 m^2，高于上年。其中花岗石 8000 万 m^2，石材荒料开采 650 万 m^2，达到 1600 万 t，仍居世界首位。出口 8 亿美元，进口 4.5 亿美元，高于上年。花岗石、大理石荒料出口同比减少 30%以上，石材产品出口同比增长 29%。花岗石、大理石荒料进口同比增长 46%和 42%，板材

进口同比下降 49%和 55%。我国已进口石材生产线 120 多条，均为国企，问题是大马小车，小规格荒料用大锯，效率低下。目前锯、辅料全部达到国产化，并达到国外中等水平。对此，中国石材工业协会秘书长张文波认为，这说明我国石材业加工水平和参与国际竞争能力都有所提高。

▲6 月 18 日，杭州市建委做出《关于印发杭州市建筑工程施工招标投标办事指南的通知》（杭建市发[2002]286 号），办事指南包括招标条件、申请、文件备案、招标文件澄清或修改备案、开标、评标、招投标书面报告、合同备案等。

▲6 月 18 日～19 日，中国建筑装饰协会在太原市三晋国际酒店召开有 130 多人参加的"三北地区（东北、华北、西北）重点住宅装饰装修企业研讨会"。会议的主题是：管理、技术、机制、人才。出席会议的有中国建筑装饰协会名誉会长张恩树，山西省建设厅厅长马骏，副厅长夏志朴、李俊明，建管处处长张新民，副处长吕安峥、郝竹清，中国建筑装饰协会常务理事、山西省建筑装饰协会会长史应标，秘书长赵劲杉，副会长陈瑞明，太原市建筑装饰协会会长姚吉生，中国建筑装饰协会理事、太原市建委建管处副处长兼太原市建筑装饰协会秘书长杨凯，副秘书长王振琪等。会议由中国建筑装饰协会副秘书长张京跃、房箴分别主持。张恩树、夏志朴、史应标、姚吉生分别在会议开幕式上作了讲话。14 位代表在会议上作了重点发言。

▲6 月 18 日，广州市建筑装饰协会召开四届六次常务理事会，会议决定增补陈婵英为副理事长，兰芳、黄翔为常务理事。

▲6 月 19 日，广州市建筑装饰协会发出《关于加强对家庭居室装饰装修企业管理的通知》（穗建装协[2002]7 号），通知指出：统一使用国家工商总局监制、广州市工商局印制的《家装工程施工合同》；积极参加协会活动；凡不参加市建委要求的培训、协会组织的有关业务学习或有违法乱纪的，协会将不予年审；各企业每季度末填报《家装企业基本情况统计表》。

▲6 月 19 日～21 日，建设部在上海召开"2002 年科技成果推广项目与重点实施技术示范工程发布会"，深圳市富诚幕墙装饰工程有限公司荣获两项建设部科技成果奖：集成型多功能门窗；建筑幕墙、门窗物理性能自动化检测系统。

▲6 月 20 日，苏州市建设局发出公告，要求苏州市的家装企业必须接受市建设局的领导，委托苏州市建筑装饰协会进行家装企业资质初审，

▲6 月 22 日，山东省勘察设计协会装饰工程设计专业委员会成立大会暨省届装饰高级论坛在济南市举行。

▲6 月 24 日，为适应上海作为中国改革开放的前沿和发展国际大都市的需求，上海市政府在今年年初做出一项战略决策，成立上海市政府行业协会发展署，按国际惯例改革调整发展上海市行业协会。1989 年成立的上海市建筑装饰协会和 2001 年 3 月由原上海市建筑装饰协会家装委员会与原上海市室内装饰协会家装委员会合并的上海市家庭装饰行业协会，2002 年 4 月重组为"上海市装饰装修行业协会"，成为上海市建委第一个改革调整的试点协会，上海市政府四个改革调整试点的协会之一。2002 年 4 月 25 日成立之时，上海市市长陈良宇出席挂牌仪式，电视直播。上海的行动引起了北京、深圳等地政府的注意并赴沪调研学习。

中国建筑装饰协会在上海建工锦江大酒店召开"8 省市建筑装饰协会应对 WTO 协会工作研讨会"，旨在总结上海做法，交流彼此经验。出席此会的有关方面领导有中国建筑装饰协会名誉会长张恩树、会长马挺贵、常务副会长兼秘书长徐朋，建设部人事教育司副司长杨忠诚、直属干部处处长兼社团办负责人初天斌、综合处陈少鹏，上海市建委秘书长孙建平、上海市建管办主任马自强、副主任朱建纲。出席会议的 8 省市建筑装饰协会领导人是：上海市装饰装修行业协会会长李洪鑫、常务副会长兼秘书长忻国樑、常务副秘书长赵海、薛德兴以及幕墙委员会理事长刘海韵、家装委员会理事长陈国宏、设计委员会理事长来增祥、北京市建筑装饰协会理事长朱希斌、江苏省建筑装饰协会会长毛家泉、浙江省建筑装饰协会会长董宜君、安徽省建筑装饰协会会长王金平、秘书长李增堂、河南省建筑装饰协会副秘书长金世雄、吉林省建筑装饰业协会副会长袁大陆、四川省建筑装饰协会办公室主任傅可嘉。会议期间，中国建筑装饰协会领导会见了上海市政府行业发展署副署长刘庆。会议强调行业协会工作的两大突破口：一是政府的职能转移；二是协会的自身建设。

▲6 月 24 日，《北京晚报》报道中国人民银行公布的统计数据，到 2002 年 5 月底，我国城乡居民储蓄存款余额为 8.04 万亿元。但是，消费热点尚未形成。原因是占 80%的储蓄者为低收入者，他们更多地是追求储蓄的安全性和流动性，即期消费欲望不足。如何拉动即期家装消费，值得认真研究。

▲6 月 25 日，国家质量监督检验检疫总局做出《关于实施室内装饰装修材料有害物质限量 10 项强制性国家标准的通知》（国质检标函[2002]392 号）。

▲6 月 25 日～26 日，中国建筑装饰协会会长马挺贵在出席了上海召开的"8 省市建筑装饰协会应对 WTO 协会工作研讨会"后，在行业发展部主任兼《中国建筑装饰》主编黄白、苏州市建筑装饰协会会长陆浩生的陪同下，考察了江苏省苏州市建筑装饰行业的发展，并为苏州市建筑装饰装饰协会、苏州金螳螂建筑装饰有限公司、苏州美瑞德装饰工程有限公司分别题词：企业之家；精益求精，勇攀高峰；厚积薄发。在此之前，中国建筑装饰协会常务副会长兼秘书长徐朋也为他们题了词。

▲6 月 27 日，最高人民法院发出公告，《关于建设工程价款优先受偿权问题的批复》（法释[2002]16 号）已于 2002 年 6 月 11 日由最高人民法院审判委员会第 1225 次会议通过，即日起施行。包括装饰装修工程。

▲6 月 27 日，深圳市装饰行业协会做出《关于 2001 年度深圳市装饰优质样板工程的决定》（深装协[2002]017 号）。

▲6 月 27 日，江西省建设厅做出："关于印发《江西省住宅室内装饰装修施工企业资质管理暂行办法》的通知"（赣建字[2002]4 号）。

▲6 月 27 日，中国建筑装饰协会秘书处李卫青因随其先生赴中国驻赞比亚共和国大使馆经济商务参赞处工作出国，此前 6 月 21 日中国建筑装饰协会给她开了一个欢送宴会，感谢她 1994 年以来到协会工作的成绩并祝她好运。协会培训管理部主任蓝弢因办理了提前退休手续，也于 6 月离开协会，他是 1987 年来到中国建筑装饰协会工作的，大家同样感谢他对建筑装饰行业的贡献。

▲6 月 28 日，建设部历时一年的建筑业企业资质就位审批工作结束，标志着我国建筑业企业结构性调整初步完成。全国现有特级企业 99 家、一级企业 3822 家，其中施工总承包企业 1989 家，专业承包企业 1833 家。总承包企业减少了 10%。

▲6 月 28 日，上海市建筑业管理办公室做出“关于贯彻执行建设部《关于加强建筑工程室内环境质量管理的若干意见的通知》的通知”[沪建建管（2002）第 007 号]。要求自 2002 年 8 月 1 日起全装修住宅必须按《民用建筑工程室内环境污染控制规范》验收；11 月 1 日起医院、饭店、宾馆等民用建筑工程及装饰装修工程必须按《规范》验收；自 2003 年 2 月 1 日起所有民用建筑必须按《规范》验收；自 2003 年 3 月 1 日起所有民用建筑必须按《规范》进行材料进场验收。

▲6 月 28 日，深圳市装饰行业协会举行“深圳市网上家装市场正式开通新闻发布会”，该网是由深圳市建设局局长邹国华提议，由深圳市建设局主管，市装饰行业协会主办，深圳市科筑信息技术有限公司技术支持和协作，为全国首创。先期入选的 25 家家装企业提供家装设计方案 127 套，有 141 家家装企业的相关信息，专栏有企业信息、法规动态、供需信息、人才服务、咨询投诉、设计沙龙等，网址：http:www.szzs.com.cn。

▲6 月 29 日，《中华人民共和国清洁生产促进法》经九届全国人大常委会第 28 次会议通过，国家主席江泽民以主席令第 72 号公布，自 2003 年 1 月 1 日起施行。第二十四条：建筑工程应当采取节能、节水等有利于环境与资源保护的建筑设计方案、建筑和装修材料、建筑构配件及设备。建筑和装修材料必须符合国家标准。禁止生产、销售和使用有毒、有害物质超过国家标准的建筑和装修材料。第三十八条：违反本法第二十四条第二款规定，生产、销售有毒、有害物质超过国家标准的建筑和装修材料的，依照产品质量法和有关民事、刑事法律的规定，追究行政、民事、刑事法律责任。

七 月

▲7 月 1 日，具有市场经济意义与国际接轨的、包括装饰装修在内的《安徽省建设工程造价管理办法》，经省政府第 104 次常务会议讨论通过，开始施行。

▲7 月 2 日，重庆市建筑装饰协会做出《关于撤消家装委员会的通知》（重建发[2002]12 号），理由是原则上不设专业委员会，只设立与业务范围相关的工作部门。以重建发[2002]13 号文件宣布领导班子有人事任免，增补《城市风》杂志社副总编陈天玲、市建委设计处处长梁汉之、广厦重庆一建装饰分公司总经理邓思宁为副理事长，广厦一建副总经理兼总经济师李学荣为代理秘书长，陈林为理事长助理，同意陈林辞去秘书长之职，柏春宇辞去副秘书长之职。

▲7 月 2 日，北京市工商局在《北京晚报》报道，据 12315 消费者投诉中心、市消费者协会统计，2002 年上半年北京市的五大投诉是：手机、食品、美容、家装、商品房。家装名列第四位。通过对家装投诉的分析发现，异地经营正成为解决家庭装修纠纷的瓶颈。如今，许多装饰公司在怀柔、密云、门头沟等郊区县登记注册，实际却在城区经营，一旦出现装修质量纠纷，属地工商部门很难与该公司取得联系，致使投诉解决难度加大。此外，一些装饰公司为外地人注册，没有固定经营场所，出现问题也无法与之取得联系。

▲7 月 3 日，为学习贯彻两部新国标《民用建筑工程室内环境污染控制规范》（GB50325—2001）和室内装饰装修材料有害物质限量十个国家强制性标准，由中国建筑装饰协会主办、《中华建筑报》报社承办的“全国百家企业实施新国标・承诺环保健康装饰《北京宣言》暨中华建筑报变更主管主办单位新闻发布会”，在人民大会堂河南厅隆重举行。出席会议的有全国政协副主席万国权，全国人大环境与资源委员会副主任委员、原建设部常务副部长、中国建筑装饰协会高级顾问叶如棠，建设部副部长郑一军，国家质量监督检验检疫总局副局长王秦平，质量监督司副司长王步步，全国政协委员邵华，国家认证认可监督管理委员会副主任梁杰，国家标准化管理委员会副主任石保全，建设部标准定额司司长杨鲁豫，建设部建筑市场管理司副司长，中国建筑装饰协会副会长符曜伟，中国建筑装饰协会会长马挺贵，中国建筑工程总公司党组书记兼副总经理张青林。中国质量检验协会会长李保国，中国建筑设计研究院院长张文成，中国建筑装饰协会副会长，深圳市建筑装饰（集团）有限公司董事长兼总经理汪家玉，中国建筑装饰协会副会长、北京港源建筑装饰工程有限公司董事长王波，北京电视台常务副台长徐道礼。会议由中国建筑装饰协会常务副会长兼秘书长、《中华建筑报》报社社长徐朋主持，中国建筑装饰协会会长马挺贵讲话。

▲7 月 3 日～6 日，第四届中国国际建筑装饰博览会在广州广交会举行，这是由中国建筑装饰协会与中国对外贸易广州展览公司共同主办的，参展商 1100 多家，展位 3000 多个。中国建筑装饰协会名誉会长张恩树在信息咨询委员会秘书长田万良的陪同下出席了展会开幕式。展会后张恩树赴深圳会见了深装集团、远鹏、新鹏都等当地知名装饰企业家，并看望了《现代装饰》杂志社。

▲7 月 4 日，北京市工商局做出《关于贯彻装饰装修材料 10 项强制性国家标准，落实市场建材有害物质超标专项整治工作的通告》，要求：一是严禁无照经营；二是油漆、板材必须实行索证索票，所有经营者必须建立销售台帐，票证要真实有效，出售商品后要出具信用单（卡）；三是所售商品要有产品合格证和检测报告。在 2002 年 7 月 1 日以后，装饰装修材料涉及 10 项新标准的，必须严格执行新标准；

四是未经许可禁止使用“绿色”“环保”以及“奥运”等标志；五是市场内经营者要掌握10项强制性标准的基本知识，以及各类商品的标识、检测报告的识别和商品的感官检查方法等内容；六是各市场要高度重视建材市场专项整治工作，对市场内部商品一次全面检查，对损害人民生命健康和安全的商品，要依法查处并清出市场；七是各市场要落实《市场分类分级管理规范》、《市场索证索票办法》、《市场预警警示制度实施办法》，落实经营主体不良行为记录和网上公示的制度，建立市场警示公布栏，强化市场的信誉意识，完善各项监管制度，营造良好的市场环境。

▲7月5日，中华建筑报全国记者站站长会议在北京建设大厦召开，中国建筑装饰协会常务副会长、秘书长、中华建筑报报社社长徐朋以及房箴、黄白、王本明、王燕鸣出席，会议由中华建筑报总编邓千、副总编华敬友主持，徐朋向解放军、合肥、江西、内蒙古、包头、成都、湖北、南昌、陕西、西安、郑州、秦皇岛、太原、南京、沈阳、吉林、石家庄、黑龙江、鸡西、浙江、辽宁、河南、广西、海南、山东等地以及中国新兴建设集团、中建有关公司颁发了记者站站牌，记者站中2/3为各地装饰协会。会议就如何办好该报——就市场定位、行业导向、组织体制、文风进行了热烈地讨论，认为今年下半年有望完成布置的3万份报纸发行定购任务。徐朋在总结讲话中指出，希望记者站成为报纸与企业交朋友的纽带，按报纸规律运作，反映业内最敏感的话题，疏通与政府的关系，搞好发行工作，他强调越是专业化市场覆盖能力就越强，办报纸与办企业是一致的，做精。

▲7月5日，中国建筑装饰协会召开第二次组织机构人事制度改革会议。会议宣布了聘任结果：综合部主任王毅强、行业发展部主任王本明、信息部主任黄白、培训部主任王燕鸣、国际部主任樊淑玲。同时确定秘书长、副秘书长的分工为：徐朋——综合部和会刊《中国建筑装饰》编辑部的工作；张京跃——协助秘书长分管综合部的行政工作，主管培训部、国际部的工作；房箴主管信息部和行业发展部。

▲7月7日，《北京晚报》指出，养花也会致癌？近来京城一些媒体炒作此事，令人不安。该报原引中国预防医学科学院病毒所曾毅院士指出，致癌和促癌是两个完全不同的概念，促癌物质本身并不会直接导致癌症，人们不必太紧张。经研究，52种促癌物质的花草中，只有铁海棠等不多的几种是观赏性植物。铁海棠本身以及它的叶、花、果，到种植的土壤里，都含有促癌物质，这些物质很容易被人体吸收。曾毅院士建议，家中最好不要养这些植物。

▲7月8日，青海省建设厅与省质量技术监督局共同做出《关于整顿建筑门窗市场、规范行业的通知》（青建工[2002]169号），要求全省90多家门窗生产企业取得生产许可证，未经验收不得交付使用，委托省建筑门窗协会开展门窗行业大检查。

▲7月8日，中国建筑装饰协会在秘书处召开2002年第一次专业委员会秘书长联席会。会议的主题：一是互通情况；二是讨论五届二次理事会工作报告。中国建筑装饰协会名誉会长张恩树、会长马挺贵、常务副会长兼秘书长徐朋出席会议并讲话。会议由徐朋主持。参加会议的有副秘书长张京跃、房箴，秘书处工作人员黄白、王本明、杜桂玲、张军莉、熊翔、王毅强、樊淑玲。各专业委员会负责人有：信息咨询委员会秘书长田万良、副秘书长高世彦，铝制品委员会理事长兼秘书长彭政国，五金委员会秘书长郑纪文，工程委员会秘书长顾国华，电气委员会秘书长崔家勤，石材委员会理事长兼秘书长严克明、副秘书长高峰，暖通空调委员会秘书长赵文德，化学建材委员会办公室副主任诸秋萍，培训中心主任王燕鸣，《中华建筑报》邓千，住宅装饰装修管理办公室张仁。各专业委员会负责人相继扼要地汇报了今年上半年工作和下半年的工作计划后，徐朋做了总结讲话。

▲7月8日，中国建筑装饰协会会长马挺贵、常务副会长兼秘书长徐朋在发展部主任王本明、综合部主任王毅强、北京市建筑装饰协会理事长朱希斌、家装委员会秘书长崔世海的陪同下，考察了北京阔达建筑装饰工程有限责任公司和北京业之峰装饰有限公司。马挺贵会长为北京阔达公司题词。

▲7月9日，中华人民共和国建设部办公厅做出《关于同意调整全国建筑工程装饰奖评比时间的通知》，通知说：经部领导研究，同意全国建筑工程装饰奖评比时间由每两年一次改为每年一次，奖项名称不变。希望你们严格按照《建设部关于严格控制评比、达标、表彰活动的管理办法》（建办[2001]38号）规定，控制评比条件和数量，确保评比质量和效果。

▲7月10日～12日，中国建筑装饰协会行业培训工作会议在北京太申祥和山庄举行。本次会议得到建设部人事教育司的支持。出席会议的领导有建设部人事教育司副司长兼建设部执业资格注册中心主任李竹成、中国建筑装饰协会名誉会长张恩树、会长马挺贵、常务副会长兼秘书长徐朋、建设部人事教育司专业人才与培训处何任飞、北京市朝阳区教委副主任张治中。会议由中国建筑装饰协会副秘书长张京跃、培训部主任兼培训中心主任王燕鸣分别主持。会议听取了李竹成副司长、张恩树名誉会长、张治中副主任在会议开幕式上的讲话；王燕鸣主任所作题为《抓住机遇 把培训工作推上一个新台阶》的工作报告。徐朋常务副会长兼秘书长题为《与时俱进　开创行业培训工作新局面》的讲话。马挺贵会长作了会议工作总结讲话。会议讨论了国家标准《建筑装饰装修技术工人岗位技能标准》（征求意见稿）、《关于建筑装饰装修行业职业资格专业设置的意见》、《全国家装监理人员培训大纲》等三个文件。会议交流了14篇论文。

▲7月11日，建设部做出“关于印发《建设领域违法违规行为举报管理办法》的通知”（建法[2002]185号）。

▲7月12日，上海市建设和管理委员会做出“关于印发《关于推进上海建设交通系统行业协会改革的指导意见》的通知”（沪建经[2002]469号），要求建立符合国际惯例的行业协会，并采用符合社会主义市场经济要求、与国际通行规则相衔接的新的运作机制。

▲7月15日，广东省东莞市政府召开会议，采取措施防治职业病，重点是：制鞋、箱包、皮革、玩具、家具、饰

材等行业。

▲7 月 16 日，中国建筑装饰协会五届二次常务理事会在广东省佛山市佛山宾馆召开。会议的主要议题：一是听取常务副会长兼秘书长徐朋所作 2001 年 12 月 24 日五届一次常务理事会以来的工作报告。二是讨论四个提案：《关于调整中国建筑装饰协会分支机构设置的提案》、《关于增补中国建筑装饰协会副会长的提案》、《关于调整、增补中国建筑装饰协会理事、常务理事的提案》、《关于调整中国建筑装饰协会会费标准的提案》。出席会议的有中国建筑装饰协会名誉会长张恩树、会长马挺贵、常务副会长兼秘书长徐朋、副会长汪家玉、王波、副秘书长张京跃、房箴，88 人组成的常务理事会到会 47 人。会议由汪家玉、王波分别主持，马挺贵作了会议总结，张恩树作了讲话。会议讨论通过了五届二次常务理事会工作报告和四个提案。调整了 14 位理事、6 位常务理事；增补了理事 70 位、常务理事 26 位。会议体现了民主精神，四个提案，其中三个是鼓掌顺利通过；《关于调整中国建筑装饰协会分支机构设置的提案》不同意的 2 人，弃权的 7 人，原则上通过，会后由会长办公会议决定，进行局部调整。

▲7 月 16 日，北京市商委在《北京晚报》上公布，北京今年消费三大热点是汽车、家装、数码。对家装的刻划是：家装消费市场增长再掀高潮，本市 6 家大型家居建材市场的统计，前 6 个月，设在市场内的家装公司签订的家装合同和合同金额分别比上年同期增长 15%和 12.5%。

▲7 月 17 日，建设部公布《房屋建筑工程施工旁站监理管理办法（试行）》（建市[2002]189 号），建设部解释道：本办法所称房屋建筑工程施工旁站监理（以下简称旁站监理），是指监理人员在房屋建筑工程施工阶段监理中，对关键部位、关键工序的施工质量实施全过程现场跟班的监督活动。本办法所规定的房屋建筑工程的关键部位、关键工序，在基础工程方面包括：土方回填，混凝土灌注桩浇筑，地下连续墙、土钉墙、后浇带及其他结构混凝土、防水混凝土浇筑，卷材防水层细部构造处理，钢结构安装；在主体结构工程方面包括：梁柱节点钢筋隐蔽过程，混凝土浇筑，预应力张拉，装配式结构安装，钢结构安装，网架结构安装，索膜安装。

▲7 月 17 日～18 日，中国建筑装饰协会名誉会长张恩树在出席了广东省佛山市召开的五届二次常务理事会后，2002 年在信息部主任兼《中国建筑装饰》主编黄白、东莞市建筑装饰协会副秘书长张树清的陪同下，看望了东莞市建筑装饰协会，考察了东莞市建筑装饰协会副会长单位东莞市金锋五金喷涂有限公司、红锋装饰材料有限公司，并分别为他们题词：会员之家；精益求精，金锋出精品；做强做大，红锋诚待客。张恩树还考察了王评设计有限公司总经理王评、环球石材集团有限公司助理总经理肖建平，会见了东莞市城区政府副区长卢森、莞城分局局长周锦辉、深圳市南铝幕墙装饰材料有限公司总经理白宝鲲，参观了土建与装修投资分别为 2 亿元的私营五星级富盈大酒店等装饰工程。

▲7 月 18 日，建设部公布“关于印发《商品住宅装修一次到位实施导则》的通知”（建住房[2002]190 号）。

▲7 月 18 日，天津市十三届人大常委会第 34 次会议通过《天津市建筑市场管理条例》，7 月 18 日，市人大常委会以津人发[2002]20 号文件印发。该条例明确包括“装修工程”。并明确：从事家庭居室装饰装修工程的单位，应当取得家庭居室装饰装修资质证书，具体办法由市人民政府制定。

▲7 月 18 日，天津市建筑业协会召开第五次会员代表大会，选举产生第五届理事会理事 306 名，其中有装饰企业家 18 名：建设装饰总经理张建民、建工装饰副总经理王震、津工装饰总经理刘成魁、华惠装饰总经理黄柏青、天美装饰总经理陈宝元、艺术装饰总经理刘捷、南洋装饰总经理李文鹏、天昌装饰董事长张长明、鲁班装饰总经理姜嘉禄、装饰联合总经理邹礼华、六局装饰总经理张和平、半岛装饰总经理刘文藻、金厦装饰董事长兼总经理顾龙生、津利堡装饰总经理梁振辉、昆仑装饰总经理张秀荣、天兴装饰总经理崔春年、津工幕墙装饰副总经理孟宪柱、巨豪装饰总经理孙洪庆。

▲7 月 19 日，北京市建委公布《北京市优质工程评审管理办法》（京建质[2002]559 号），评审范围包括“建筑装修工程”：一是公共建筑更新改造工程的装饰装修工程，建筑面积在 3000 m^2 以上；二是古建筑装修工程，建筑面积在 1000 m^2 以上。

▲7 月 19 日，乌鲁木齐建筑装饰协会举行第三届常务理事会，对第三届理事会进行了调整，理事长：冯旗（市建委副主任），副理事长：侯伟（新疆华凌建筑装饰设计工程有限公司总经理）、朱岩（新疆二建公司高级装饰公司总经理）、柳任洁（新疆城市建筑装饰工程有限公司总经理）。7 月 22 日，乌鲁木齐建筑装饰协会以乌装协[2002]1 号、2 号文件的形式做出任免决定：秘书长：陈果（市建委建管站），副秘书长：林国顺（市建委建管站）、赵付平（市怡然家装咨询服务中心主任），免去艾尼瓦尔的秘书长职务；赵付平任家装委员会主任，免去吴建新的这项职务。

▲7 月 19 日，浙江省建筑业协会、省勘察设计协会和省工程建设质量管理协会共同发出《关于公布 2002 年度浙江省建设工程“钱江杯”（优质工程）奖的通知》，99 项工程中其中有 13 项、11 家装饰企业作为参建单位荣获该奖（括号内为该工程的项目经理）：邵逸夫医院医疗科教综合楼——浙江江南建筑装饰工程公司（徐友国）、浙江省高级人民法院审判大楼——浙江亚厦装饰集团有限公司（金小机）、宁波经济开发区科技创业大楼——武林建筑工程有限公司（袁立峰）、温州市青少年活动中心——南京装饰联合总公司（倪超）、瑞安市电信局安阳电信大楼综合楼——深圳市洪涛装饰工程公司（张信标）、越秀外国语学院图书馆——浙江广艺建筑装饰工程有限公司（叶兴夫）、望越中央花园 4 号商业楼——绍兴市现代设计装潢有限公司（宋长根）、横店集团旅游大厦东楼——浙江横店建筑装潢工程公司（冯黎明）、义乌市宾王客运大楼——浙江亚厦装饰集团有限公司（胡银根）、沈阳远大铝业工程有限公司（李江南）、嘉兴市行政中心——浙江亚厦装饰集团有限公司（王文广）、中

国银行嘉兴市分行营业大厦——浙江亚厦装饰集团有限公司（王银章）、湖州电力能源调度中心——浙江广艺建筑装饰工程有限公司（周连华）、浙江宝业幕墙装饰有限公司（童军庆、夏晓明）、台州市环保局综合楼——温州市天马建筑装潢工程公司（卢平华）。

▲7月21日，中国环境科学研究院副院长兼总工程师、中国环境标志产品认证证书签发人夏青教授在《北京晚报》上指出，这里面存在一个误区：《室内装饰装修材料有害物限量》标准只是室内装饰装修材料进入市场的"准入标准"，是最基本的质量要求，达不到这个标准就没有进入市场的资格，而非绿色环保产品的要求。以内墙涂料为例，国家质监总局颁布的标准对内墙涂料VOC（有机挥发物）含量的要求是≤200g/L，指的是不扣水分时1L涂料中所含VOC量，表面上看接近欧洲水平，而实际上，各国VOC计量都是以每升涂料扣水分后的干重中VOC的含量，这一差别导致国际的200g/L只相当于国外的400g/L以上。而中国环境标志的标准是≤100g/L，限值与美国标准相同，是真正的绿色标准。

▲7月22日，建设部和国家工商总局共同颁发"关于印发《建设工程造价咨询合同（示范文本）》的通知"（建标[2002]197号）。建设部还做出"关于印发《〈造价工程师注册管理办法〉的实施意见》的通知"（建标[2002]187号）。

▲7月23日，《深圳市装饰行业工资协商协议书》签字仪式在深圳市人大会堂举行。深圳市装饰行业协会会长何文祥作为100家民营装饰企业的公司方首席代表，深圳市装饰行业协会副秘书长兼行业工会工作委员会主席韩雪梅作为12141名员工方首席代表，在协议书上郑重的签了字。出席签字仪式的深圳市人大常委会副主任兼市总工会主席张宝琴、市建设局局长邹国华、市劳动局局长孙大海、市总工会副主席毛晓碚、梁耀发、市中外企业家协会会长夏德明等有关方面领导和装饰企业及其员工代表、众多新闻媒体记者对此报以热烈掌声。自此，不仅是我国建筑装饰行业，而且是我国行业第一个行业工资协商制度诞生，具有重要的行业示范和导向作用。该协会规定，深圳市装饰行业从事经营管理、行政保障和一线生产的固定人员月均工资不低于2000元，临时劳务人员日均工资不低于60元。各企业应于每月25日前向员工全额支付本月工资，不得无故拖欠。各企业依承诺承担各自义务，并独立承担相应法律责任。协会自签订之日起生效，有效期至2005年7月23日止。

▲7月23日，中央人民广播电台早间新闻广播，7月20日北京富亚涂料、立邦涂料等30家企业生产的水性涂料获得"中国环境标志"认证，但是，目前还有许多商家正对消费者进行"绿色欺诈"。

▲7月23日，江西省装饰行业协会公布《关于公布江西省第四届（2001年度）优良装饰工程名单的通知》（赣装协字[2002]04号）。

▲7月23日，上海市装饰装修行业协会举行会长会议，三位协会名誉会长作了重要讲话，预示着上海装饰行业和协会将有新举措。原副市长夏克强认为，2002年4月25日陈良宇市长来揭牌说明市长很重视很关心，上海肯定会有新发展。市人大法制委员会副主任委员钱富兴指出，装饰协会工作体现了热情，主动，活跃，协会应在推动企业发展、行业服务、自律管理上下功夫。市建委副主任黄健之对协会提出具体要求：一是行业自律；二是评优，"信得过"要从公装延伸到家装、材料生产、销售企业，要有新形式，如交货期、质量；三是培训，主要是项目经理、上岗人员和设计师，要考试，家装要与公装一样；四是纠纷、价格的调解，协会与仲裁委员会合作，协会建立专家组成的仲裁体，制定标准合同，由协会来做；五是协会自身建设。美国行业协会最少有50人，最多的有200多人，文化程度30%是大专，70%为本科。我们的协会要瞄准国外的成功协会；六是研究一个问题，工程设计香港有两个人签字银行就能付款，一个是律师，一个是建筑师，装饰行业呢？

▲7月24日，建设部办公厅做出《建设部办公厅关于坚决制止各种乱评比活动的通知》（建办秘[2002]52号），通知指出：最近，一些单位和组织违反《中共中央办公厅、国务院办公厅关于严格控制评比活动有关问题的通知》（厅字[1996]10号）精神，未经主管部门批准，擅自决定评比项目、出台评比标准、评选办法，从事"生态住宅"、"健康住宅"等评选、评比及授牌活动，给企业或项目冠以名目繁多、名不符实的称谓，甚至冠以国际、亚太、中国等名称混淆视听，有的还在报纸上大肆宣传，误导消费者。这不仅干扰了房地产市场的正常秩序，增加了企业的负担，而且助长了弄虚作假之风，有的还损害了群众的切身利益，引发了不应有的法律纠纷，影响社会的稳定，社会各界反映强烈。为了维护房地产市场秩序，纠正各种乱评比活动，切实贯彻好建设部等7部门联合下发的《关于整顿和规范房地产市场秩序的通知》（建住房[2002]123号）精神。

▲7月24日，深圳市装饰行业协会举办有60多人参加的"国标《住宅装饰装修工程施工规范》学习班"，规范组副组长黄白进行了讲解。

▲7月25日，由深圳市建设局和深圳市装饰行业协会共同主办、两年一度第二届的深圳建筑装饰行业设计师的盛会——深圳市2002年建筑装饰设计作品展在深圳大剧院召开，80多家企业、100多位有成就的设计师展示了300多幅公装和家装的设计新作，除家装外，大多部分公装作品产自深圳以外之地，就其水平而言，与其说是代表了深圳，不如说反映了全国。展会十分热闹，到处是用数码录像、拍照、记录的。出席开幕式并剪彩的有深圳市建设局副局长梁小群、建筑管理处处长孙晓明，中国建筑装饰协会常务理事、深圳市装饰行业协会会长何文祥，副会长、中国建筑装饰协会常务理事：深圳市长城家具装饰工程有限公司董事长兼总经理张朝煊，深圳市洪涛装饰工程公司总经理刘年新，深圳市广田装饰设计工程有限公司董事长叶远西，深圳市晶宫设计装饰工程公司顾问陈炜，享受国务院津贴专家、深圳市大学建筑系教授吴家骅，早年毕业于中央工艺美术学院建筑装饰设计专业、深圳市城建工程设计公司副总工程师、一级注册建筑师丁培道，清华工美建筑装饰工程有限公司总设计

师、高级建筑师马怡西，深圳市职业技术学院设计艺术学部副主任刘伟平副教授，还有深圳市装饰行业协会副秘书长韩雪梅，会刊《深圳装饰》主编兼设计委员会主任王惠，培训部主任兼幕墙委员会主任王岚，深圳市建筑装饰（集团）有限公司总工程师兼设计院院长、2001 年度深圳市十大杰出青年姜峰等。开幕式由深圳市装饰行业协会秘书长冯桂兰主持。何文祥会长、梁小群副局长分别致辞。

▲7 月 25 日，上海市装饰装修行业协会发布《2001 年上海市信得过建筑装饰企业公告》。

▲7 月 29 日，建设部办公厅做出“关于转发《最高人民法院关于建设工程价款优先受偿权问题的批复》的通知”（建办市[2002]51 号）。

▲7 月 29 日，湖北省建设厅公布《关于公布 2001 年度湖北省优质建筑装饰工程评选结果的通知》（鄂建[2002]42 号）。

▲7 月 30 日～8 月 3 日，中国建筑装饰协会常务副会长兼秘书长徐朋在信息部主任兼会刊《中国建筑装饰》主编黄白的陪同下，通过出席大连建筑装饰协会安排的活动，考察大连建筑装饰行业的发展。7 月 31 日，出席了由中国建筑文化中心和大连建筑装饰协会共同组织，在星海国际会展中心举办的“2002 年大连第九届城建·装饰材料及配套设备展览会”开幕式，一同剪彩的还有大连市政协副主席王希智、市长助理洪源栋、市人大城建委主任陈学群、市建委主任孙吉春、副主任刘庆茂、总工程师蔡源珍、市装饰协会会长魏作全、秘书长杨昭富、市勘察设计协会会长郭昌惠等有关方面领导，开幕式由中国建筑文化中心大型展览部主任范东杰主持，市建委副主任刘庆茂致词。与 200 多家厂商、3000 多种产品一同参展的还有“‘嘉丽杯’大连第二届室内设计大赛暨 2002 大连家装成果展”，100 多位设计师展出了 300 多幅具有上乘水平的作品。

▲7 月 30 日，中央电视台二频道“经济信息联播”晚间 9：30 播报：原引《科技日报》的消息，我国每年室内装修污染案达 400 起，致使 1.5 万人受害。

▲7 月 30 日，《郑州日报》原引《粤港信息日报》报道，最近广州出入境检验检疫局化矿金属材料检测技术中心发现，多种品牌、多种型号的进口涂料涉嫌致癌危险，给予封杀。该机构警告：相当部分进口涂料中的重金属（铅）、游离甲醛、VOC 等有害物质超标几十倍，务必引起高度注意，不能盲目进口涂料。

八月

▲8 月 1 日，北京市建筑装饰协会在市政协礼堂举行“执行国家标准·创建环保健康室内环境活动大会”。中国建筑装饰协会会长马挺贵等有关方面领导出席。

▲8 月 1 日，由重庆市建筑装饰协会、《城市风》杂志社主办，重庆市建委、市环保局、市技监局、市消费者协会、《中华建筑报》支持的重庆百家建筑、建材、装饰企业共同发起的“执行国标、推行环保健康装饰、加强行业自律重庆宣言”在五星级重庆海逸酒店举行。出席此活动的有中国建筑装饰协会常务副会长兼秘书长徐朋、重庆市建委建管处处长董勇，中国建筑装饰协会理事、重庆市建筑管理站站长、建筑装饰协会理事长喻上沛，市民间组织管理局局长刘韵秋，市技术监督局副局长吕长富，市建筑装饰协会秘书长李学荣、常务副秘书长肖能定，副理事长、《城市风》杂志法人代表兼副总编陈天玲，以及中国建筑装饰协会综合部主任王毅强、信息部主任兼会刊《中国建筑装饰》主编黄白，中国建筑装饰协会常务理事：西南铝型材装饰装修工程有限公司总经理李淳凌、重庆渝远建筑工程设计装饰有限公司总经理钟传荣，中国建筑装饰协会理事：重庆宏图装饰工程有限公司董事长兼总经理张天宏，重庆港庆建筑装饰有限公司总经理丁域庆，重庆皇城装饰工程公司董事长王金山、重庆金梭装饰设计工程有限公司董事长张仁希、重庆华力设计装饰工程有限公司总经理李兴民等重庆装饰行业人士近 300 人。活动由中国建筑装饰协会理事、重庆市建筑装饰协会副理事长邓思宁主持。喻上沛理事长、陈天玲副总编分别致辞。刘韵秋局长、董勇处长、吕长富副局长、徐朋常务副会长兼秘书长分别作了讲话。

▲8 月 1 日，是一级装饰施工、甲级装饰设计企业——上海蓝天房屋装饰工程公司成立 15 周年，应该公司总经理、中国建筑装饰协会理事洪兆雄之邀，中国建筑装饰协会常务副会长兼秘书长徐朋以及上海市建委、装饰协会、知名装饰企业、学者专家上百人聚会庆贺。

▲8 月 2 日，建设部在北京召开“全国建设系统协调劳动关系三方会议成立大会暨工作会议”，建设部副部长刘志峰任主席，中国海员建设工会副主席李全良、中国建筑业协会秘书长徐义屏任副主席，建设部人事教育司副司长张其光任办公室主任，中国海员建设工会副处长肖敏、中国建筑业协会副秘书长陈立飞任办公室副主任。中国建筑装饰协会会长马挺贵出席。

▲8 月 2 日，建设部与教育部共同发出《关于进一步加强学校教育设施建设质量安全的紧急通知》，要求杜绝违法违规建设。

▲8 月 4 日，天津市建委发出《关于在我市实行建筑工程室内环境质量验收的通知》（建质管[2002]611 号），自 2002 年 10 月 1 日起施行。

▲8 月 5 日，中国建筑装饰协会进行人事制度改革，从社会上招聘工作人员，分别在《中国建设报》、《中华建筑报》等媒体上刊登多次招聘工作人员启事。协会对前来应聘的 8 人进行面试，主考为副秘书长张京跃、房箴，考评成员有王毅强、黄白、王本明、樊淑玲。招聘部门为住宅装饰装修委员会（筹）、厨卫委员会（筹）和技术推广部。

▲8 月 5 日，国建设部和全国化学建材协调组共同做出《关于加强建筑涂料生产与应用管理工作的意见》（建科[2002]209 号）。

▲8 月 6 日，中国建筑装饰协会向各专业委员会、各地方建筑装饰协会、各培训中心及工作站发出《关于学习贯彻中国建筑装饰协会第一次培训工作会议精神的通知》（中装协[2002]046 号）。

▲8 月 7 日，天津市建委公布《关于在我市部分行政区域进行建设工程施工人员意外伤害保险试点工作的通知》（建安管[2002]601 号），包括“装饰工程”。同时实行《天津市建设工程施工人员意外伤害保险办法》（试行）。

▲8 月 8 日，建设部办公厅发出《关于向建设部报送请示文件和重要情况报告的通知》（建办秘[2002]53 号），通知指出：为进一步做好公文处理和重要紧急情况的处置工作，加快公文运转效率，根据部领导指示，重申如下要求：各地区、各单位报建设部的请示件，应统一报建设部，具体接收和批办部门为建设部办公厅；不要直接报部有关司局，也不宜直接报部领导同志。有关司局遇特殊情况直接接收有关地区和单位的请示文件时，也应及时送办公厅补办登记等手续。对地方(单位)发生的应急性事项、重大的质量安全事故及部批示交办的事项，各地区、各单位应及时报告或反馈我部。

▲8 月 8 日，“山东省创建无质量通病住宅工程现场会暨建筑管理工作座谈会”在青岛市举行，省建设厅厅长兼省建管局局长杨焕彩在讲话中指出，今年上半年全省建筑业呈现出良好的增长势头，主要标志包括：装饰装修市场管理进一步规范化，行业劳保、培训和鉴定工作再创佳绩。今年下半年要继续把装饰装修专项治理工作推向深入。会议由省建管局副局长、中国建筑装饰协会常务理事程曾惠主持。

▲8 月 8 日，鸡西市建筑装饰协会举行第二届会员代表大会，中国建筑装饰协会、黑龙江省建筑装饰协会等有关部门致电祝贺，鸡西市副市长张森、市建设局局长王文才等领导到会并讲话，会议通过一届理事会理事长王世德所做的工作报告、根据“自愿、自助、自主、民主、民办、民享”原则进行的章程修改、财务报告，选举生产二届理事会：高级顾问孙永亮（原市长）、都方兴（原市委副书记）、白玉田（原市政协副主席），名誉会长孙永成（市政府副秘书长）、王文才（市建设局局长），会长兼秘书长王世德（中国建筑装饰协会理事），副会长孟金树（原市公用局党委书记）、张书安（市金洲建筑装饰公司总经理）、张凯（市建设局施工管理科科长）、孔繁国（市一建公司总经理）、马京城（昊月装饰工程有限公司总经理），副秘书长李玉琴（原市人大科教文卫办主任）。

▲8 月 9 日，建设部发出《关于组织开展 2002 年“让世界清洁起来”活动的通知》（建城[2002]210 号）。通知指出，2002 年是全球第十个“让世界清洁起来”活动年。要在我国各城市组织好这一活动，“让世界清洁起来(Clean up the World)”是一项全球性的清洁城市的有益活动。全球活动的主题是“心想全球，从我做起（Think Globally，Act Locally)”；今年我国活动的主题是“清洁城市，爱我中华”。

▲8 月 9 日，山西省建筑装饰协会召开一届二次理事会，省建设厅副厅长张立光到会祝贺并讲话，他认为，省建筑装饰协会成立虽不长，各项工作已逐步开展，有些方面很有成效，对行业发展起到了积极推动作用。规范装饰市场，提升企业核心竞争力，是当前我们的主要任务。他对协会工作提出三条意见：一是对全省装饰行业发展现状进行调研，为政府决策提供依据；二是根据 WTO 的要求，研究协会工作新思路；三是大力发展会员，提高凝聚力。史应标会长作了题为“与时俱进，开拓创新，推动我省装饰行业发展”的工作报告。太原市建筑装饰协会会长姚吉生、大同市建筑装饰协会秘书长张广礼和太原、晋中、运城、忻州等地的建设局负责人出席。

▲8 月 12 日，建设部召开会议，决定中国建筑装饰协会、中国建筑业协会、中国房地产业协会和中国金属结构协会四家行业协会，为建设部转移政府职能试点行业协会。中国建筑装饰协会常务副会长兼秘书长徐朋出席此会。

▲8 月 12 日，建设部发布《关于贯彻执行建筑工程勘察设计及施工质量验收规范若干问题的通知》（建标[2002]212 号），为了贯彻执行《建设工程质量管理条例》，加强工程建设标准化工作，我部最近批准发布了 21 个建筑工程勘察设计及施工质量验收规范，包括《建筑装饰装修工程质量验收规范》（GB50210—2001），同时废止 GBJ210—83，自 2002 年 3 月 1 日起施行。要求国务院有关部门、各省、自治区建设厅（直辖市建委）应当认真复审并修订不符合新版规范规定的行业标准、地方标准。各标准设计图、计算机软件、工程设计施工指南手册等工程技术文件组织管理单位，应当按照新版规范的规定组织修改。

▲8 月 14 日，建设部发出《关于立即制止在风景名胜区开山采石加强风景名胜区保护的通知》（建城[2002]213 号）。通知强调，风景名胜资源是珍贵的、不可再生的自然和文化遗产。风景名胜区地形地貌、自然山体和林木植被是风景名胜资源极其重要的组成部分。各地要把风景名胜资源保护工作放在首要地位，采取切实有效的措施，严格保护风景名胜区自然山体的完整和森林植被的完好。任何部门、任何单位和任何个人不得在风景名胜区内进行或批准进行开山采石、挖沙取土以及其他任何形式的严重破坏地形、地貌和自然环境的活动。

▲8 月 15 日，中国建筑装饰协会发出《关于开展 2002 年全国建筑工程装饰奖评选工作的通知》（中装协[2002]50 号），包括名额分配、评选程序、办法，首次设立住宅（试行）专项奖。

▲8 月 15 日，北京市建筑装饰协会网站开通，网址：www.bbad.com.cn。

▲8 月 15 日，福建省人民政府公布《关于促进行业协会改革与发展的指导意见》（闽政[2002]39 号）。

▲8 月 15 日～19 日，中国建筑装饰协会会同有关单位在北京·中国国际贸易中心展览大厅举行“第九届中国国际星级饭店建筑装饰材料博览会”，中国建筑装饰协会名誉会长张恩树、会长马挺贵、副秘书长张京跃、房箴及有关方面领导出席开幕式。博览会承办者中国建筑装饰协会信息咨询委员会同期召开了专家组关于行业理论——建立建筑装饰学的研讨座谈会。

▲8 月 16 日，山东省建管局组织全省 17 市建筑装饰主管部门的负责人和一级装饰施工企业总经理举行“山东省建筑装饰行业发展研讨会”，省建管局副局长程明源在讲话中

指出，山东装饰行业要实现“三个转变”：一是由理顺关系、健全机构向正常管理转变；二是建立、健全法律法规向遵纪守法方面转变；三是由试验性、探索性检查向严格执法、规范市场行为上转变。会上，万德福、东亚、剑桥等装饰企业进行了典型发言。

▲8月19日，为了查清7月17日《北京晚报》发表过一篇题为“四川小伙患血癌，疑是石材惹的祸”，石材究竟是不是致癌症祸根，在中国石材工业协会的支持下，国家建材工业质量监督检验测试中心和中国地质大学（北京）辐射与环境实验室的专家，突击检测了那位四川小伙工作过的石材仓库，在场专家肯定一致地得出结论，那小伙患血癌，不是石材惹的祸，石材与癌症无关。

▲8月20日，台湾室内设计装饰商业同业公会副理事长、台北市室内设计装饰商业同业公会副理事长林谦先生到中国建筑装饰协会访问，同副秘书长房箴、行业发展部主任王本明、信息部主任黄白进行了沟通，双方共同回忆了近年来双方装饰界在大陆的四次交流活动，并就今后的合作与交流互换了意见。

▲8月21日，建设部办公厅做出《关于建立建筑业企业一级资质项目经理数据库的通知》（建办市函[2002]366号），要求各地区、各部门于2002年9月30日前将本地区、本部门的一级资质项目经理上网材料通过书面形式或从网上报送建设部建筑市场管理司。

▲8月21日～22日，江苏省建筑装饰协会在南京召开三届十次常务理事会暨2001年度全省优秀装饰企业颁奖表彰大会，会长毛家泉、各位副会长及常务理事60多人参加，会议由同庆轩副会长主持。毛家泉会长传达了中国建筑装饰协会在上海举行的8省市建筑装饰协会应对WTO协会工作研讨会的精神，居乃巩秘书长传达了中国建筑装饰协会在佛山举行的五届二次常务理事会的精神，省建筑装饰协会2002年上半年工作总结和下半年工作安排。讨论并通过调整、增补理事会成员的提案，表彰2001年度全省优秀装饰企业并颁奖。

▲8月22日，《中国青年报·青年时讯》以“最像福音的协议——深圳达成首份行业工资协议”这题，报道深圳市装饰行业工资协商制度。

▲8月22日，北京市建筑装饰协会家庭装饰委员会召开第二届会员代表大会，通过北京市建筑装饰协会理事长兼家庭装饰委员会会长朱希斌的工作报告和三年财务报告，副会长黄飞莉的修改会员章程的报告，选举产生了第二届理事会，朱希斌连任会长，会议表彰了一批优秀家装企业、家装市场。会议提出在市建委领导下，经过三年奋斗，创“六个一流”：一流全国家装行业管理水平、一流家装设计水平、一流家装施工水平和环保健康水平、一流正规家装企业和家装市场——60%以上市场占有率、一流家装市场管理水平、一流家装企业管理水平。出席会议的有中国建筑装饰协会名誉会长张恩树、副秘书长房箴，北京市建筑业联合会秘书长程振东，市工商局市场处副处长李晓梅，市社团办处长王杰，市市场协会秘书长国杰，市建筑装饰协会总顾问李秀等有关方面负责人和家装企业会员代表共298人。

▲8月23日，中国建筑装饰协会建筑五金委员会报道：随着我国锁具行业发展，锁具产量迅速增加，但市场反映有些门锁很容易用其他钥匙打开。为此，国家日用五金行业生产力促进中心不久前委托上海锁具产品质量监督检验站对全国包括“十大锁王”在内有影响的13家锁厂产品质量进行了一次调查，结果表明，“十大锁王”中的山东双山电子锁业股份有限公司、温州市坚士锁业有限公司、温州市霸力锁具有限公司三家产品质量不合格，达不到国标，特别是互开率。有的“锁王”厂家甚至执行的是1987年废止的国标。该中心负责人希望一些行业组织在评选“××王”时，要把质量放在首位，否则不仅所评出的荣誉不真实，且容易误导消费者。

▲8月26日，建设部、财政部、中国人民银行、国家计委、国土资源部、国家税务总局共同发出《关于加强房地产市场宏观调控促进房地产市场健康发展的若干意见》。

▲8月27日，苏州市经贸委、市建设局联合做出“关于司意成立《苏州市装修装饰行业协会》的批复”（苏建筑[2002]39号）。该批文指出：经研究同意“苏州市建筑装饰协会”和“苏州市室内装饰行业管理中心”合并，成立“苏州市装修装饰行业协会”。市建设局为行政主管部门。

▲8月28日，中央电视台“劳动就业”栏目到中国建筑装饰协会，就“油漆工如何进入装饰市场的就业”问题采访了行业发展部主任王本明，中国建筑装饰协会常务理事单位、北京阔达建筑装饰工程有限公司进行了油漆工现场操作演示。

▲8月29日，温州市建筑装饰协会召开温州市建筑装饰行业“信用建设”动员会议，市建设局局长陆光中、总工程师陈高鲁、装饰协会会长林毅，副会长：市建设局建筑业处处长朱剑忠、云艺装饰有限公司总经理周锦云、建设集团装饰分公司经理张维恒、天马装饰有限公司董事长胡理勇、东海实业有限公司总经理朱建设等50多个会员单位的代表出席。会议认为，装饰行业进行“信用建设”，符合“三个代表”，协会成立“活动指导办公室”，三年目标是：建立符合国际惯例的行业、市场、企业和个人信用体系、信用制度和信用管理手段，会议通过《温州市建筑装饰行业自律公约》。

▲8月29日，辽宁省装饰协会召开二届三次理事会，会议通过：辽宁省装修装饰设计师认证工作；2002年辽宁省建筑工程装饰奖，报送2002年全国建筑工程装饰奖；成立学术专家委员会。

▲8月30日，《光明日报》公布国家工商总局对北京、武汉、河北正定、安徽铜陵四地细木工板的质量监督抽查，合格率为33.3%。合格的细木工板是：将其剖开观察内部的芯条是否均匀整齐，芯条侧面缝隙不能超过2mm，端面缝隙不能超过4mm，缝隙越小越好；板芯的宽度不能超过厚度的2.5倍，否则容易变形；芯条应无腐朽、断裂、虫孔、节疤等。如发现问题，应及时更换。如果细木工板散发出刺鼻气味，说明甲醛释放量较高，不要购买。

▲8 月 30 日，上海市装饰装修行业协会公布《上海市装饰装修行业协会建筑室内设计师从业资格认定暂行办法》。

▲8 月 30 日，中国建筑装饰协会会长马挺贵、常务副会长兼秘书长徐朋到建设部，向刘志峰副部长汇报协会工作，沟通了政府向行业协会转移职能的思路，如行业统计、产业规划制定、行业归口管理、资质行业审查、设计师执业资格行业审查、从业者培训的组织发证、企业信誉制度的建立等。刘志峰副部长对中国建筑装饰协会 2001 年组织的三项课题调研——行业在国民经济中的地位和作用、装饰文化、国企改制给予重视，中国建筑装饰协会整理后即报上。8 月 27 日中国建筑装饰协会领导向中纪委驻建设部纪检组组长姚兵，此前向建设部总工程师金德钧、建筑市场管理司司长张鲁风、副司长符曜伟等领导作了协会工作汇报。

▲8 月 30 日，中国建筑装饰协会与北京大陆航星认证中心达成《关于合作开展质量、环境、职业安全卫生管理体系认证工作的协议》，联合成立“中国建筑装饰协会认证工作指导中心”。

▲8 月 31 日，天津市建委发出《关于外地进津建筑业企业备案办法有关事项的通知》（建筑[2002]687 号），其中要求应当是通过 ISO9000 认证的企业，应当以企业法人备案，不得以分公司名义。

▲8 月 31 日，吉林省建设厅、省建筑业协会与省建筑装饰业协会共同做出《关于命名 2002 年度吉林省优质工程的决定》（吉建管字[2002]26 号），其中包括 9 家装饰企业承建的 13 项装饰工程：吉林省百洋建筑装饰工程有限公司——长春国际会展中心展馆报告厅；长春市东方装饰工程有限公司——长春国际会展中心 B、C、D 厅、中国联通吉林省分公司办公楼、空军第二航空学院外训楼；吉林省凯基建筑装饰工程有限公司——吉林省人大常委会综合楼、中行上海路支行；吉林省建筑装饰集团——吉林省建工学院装饰学院；吉林省太阳神建筑装饰工程有限公司——一汽进出口公司办公楼改造；吉林省宝鑫建筑装饰工程有限公司——工行长春市兴城分行青年分理处；吉林省泰格装饰工程有限公司——松源市政府宾馆大堂；吉林市云瀚装饰装潢工程有限责任公司——吉林市世纪大饭店；吉林市圆方装饰装潢工程有限责任公司——吉林市国家税务局办公楼。

九 月

▲9 月 1 日，新的《天津市建筑管理条例》经天津市人大常委会批准开始施行，在资质管理中增加了对个人职业资格和家庭居室装饰装修的管理。

▲9 月 3 日，中国建筑装饰协会“民营装饰企业建立现代企业制度”调研课题组正式组建，组长：常务副会长兼秘书长徐朋，副组长：副秘书长张京跃、信息部主任兼会刊《中国建筑装饰》主编黄白（执笔），成员：信息咨询委员会秘书长田万良、副秘书长高世彦、信息部张熳红、国际部主任樊淑玲、住宅装饰装修委员会（筹）张振路，共 8 人。统筹部门：信息部。会议着重讨论了调研提纲、向装饰企业和协会的问卷调研表。9 月 9 日，两个问卷调研表随同第 9 期协会会刊发往各地，要求 9 月底返回。9 月 10 日～15 日，课题组在当地建筑装饰协会组织下，分别在武汉、福州、郑州召开三个了座谈会。

▲9 月 4 日，建设部颁发“关于贯彻《关于加强领导干部学法用法工作的若干意见》，切实推进建设系统普法工作的通知”（建法[2002]220 号），目的是为切实贯彻中组部、中宣部、司法部《关于加强领导干部学法用法工作的若干意见》和全国建设系统“四五”普法依法治理工作会议精神，就加强建设系统领导干部、行政执法人员、专业技术人员学法用法工作提出要求。

▲9 月 5 日，北京市规划委员会印发“关于发布北京市地方标准《北京市建筑装饰装修工程文件编制深度的规定》（DBJ01-612-2002）和《北京市建筑装饰装修工程设计制图标准》（DBJ01-613-2002）的通知”（市规发[2002]1185 号），自 2002 年 9 月 15 日起施行。此两项标准，是北京市规划委员会委托北京市建筑装饰协会组织制定的，北京辛迪森建筑装饰工程设计有限公司、黑龙江国光建筑装饰工程有限公司等参与。

▲9 月 5 日，《中华建筑报》召开“面向装饰行业定位座谈会”，旨在与中国建筑装饰协会秘书处各部门、各专业委员会资源共享，优势互补。出席会议的有会长马挺贵、常务副会长兼秘书长、《中华建筑报》社长徐朋、副秘书长房箴、综合部主任王毅强、行业发展部主任王本明、信息部主任兼会刊《中国建筑装饰》主编黄白、信息咨询委员会秘书长田万良、工程委员会秘书长顾国华，五金委员会秘书长郑纪文、副秘书长刘振彪，化学建材委员会副秘书长钱景贤，暖通空调委员会秘书长赵文德，培训中心副主任杨建伟，电气委员会副秘书长何志祥，住宅装饰装修委员会（筹）张仁。《中华建筑报》主编邓千、副主编华敬友、赵刚汇报了《中华建筑报》自 2002 年 4 月 19 日经国家新闻出版总署批准改由中国建筑装饰协会主管主办、5 月 11 日正式出报以来的所做出的努力，现每周三期，每期 12 版，每版 7000 字，共 20 个编辑记者，80 个地方记者站，现发行量两万份。会议积极评价了其快速的进步，研讨了这份中国建筑装饰协会机关报的发展思路。会议指出，《中华建筑报》变更主管主办单位后走出了困境，要突出行业特点、重点、热点，更活泼一点、亲切一点，深入服务市场，与企业交朋友，遵循新闻出版和装饰行业发展规律，以专业化提升竞争力。

▲9 月 5 日～8 日，由石家庄市建设局主办、石家庄装饰协会与市建筑业协会共同承办、有 116 幅作品参加的“石家庄市第三届建筑装饰设计评比展览会”在河北省博物馆举行，经专家组评审，评出一等奖公装 2 个、家装 2 个，二等奖公装 5 个、家装 4 个，常宏装饰公司、佳林装饰公司荣获最高奖——最佳设计奖。

▲9 月 5 日～8 日，广州市建筑装饰协会家居装饰委员会、装饰材料委员会与广州住博会共同在广州天河体育中心举办“广州首届家居装饰节”，广州市建筑装饰协会常务副会长兼秘书长易自华、副秘书长罗焕良、关帆、办公室主任

刘淑霏、家居装饰委员会主任黄翔、广州市建筑业联合会常务副会长兼秘书长李万年、行业信息部主任姚巨仁等有关方面负责人出席。

▲9月6日，建设部发布《建设部推广应用新技术管理细则》（建科[2002]222号）。

▲9月6日，中国建筑装饰协会召开“秘书处全体工作人员暨欢迎新同志会议”，出席会议的有会长马挺贵、常务副会长兼秘书长徐朋、副秘书长张京跃、房箴，综合部主任王毅强、职员杜桂玲（女）、张军莉（女）、李小宝，行业发展部主任王本明、职员熊翔，信息部主任兼会刊《中国建筑装饰》主编黄白、培训管理部主任兼培训中心主任王燕鸣（女）、国际部主任樊淑玲（女），新来的同志有四位：住宅装饰装修委员会（筹）职员张仁、张振路，设计委员会职员刘剑（女），信息部职员张熳红（女）。协会秘书处专职领导和工作人员现共有17人，其中女同志6位。均为大专以上学历，其中有硕士研究生4人。

▲9月6日，北京市建筑装饰协会幕墙委员会2001年经北京市社团管理办批准，在国宏宾馆召开成立大会。出席会议的有中国建筑装饰协会信息部主任兼会刊《中国建筑装饰》主编黄白，中国金属结构协会铝门窗幕墙委员会主任黄圻，北京市建委副总工程师陈建军，北京市勘察设计处处长周荫如，北京市建筑装饰协会理事长朱希斌、常务副秘书长郭仁智、副秘书长兼培训中心主任周利华，中国建筑装饰协会副会长、北京港源建筑装饰工程有限公司董事长王波，深圳建筑装饰（集团）有限公司北京办事处主任贾奎章等企业代表60多人。北京现有幕墙门窗企业700多家，其中幕墙企业占17%、119家，其中专营47家，包括一级幕墙施工企业7家、甲级幕墙设计企业8家，居全国第五位。会议由中国建筑装饰协会理事、北京北方建磊装饰装修有限公司董事长胡家奇主持。会议通过协会章程，由企业家轮流担任执行会长。会议选举产生首届理事会和领导机构，顾问：彭政国（中国建筑装饰协会铝制品委员会理事长兼秘书长）、黄圻，理事长：朱希斌，执行会长：班广生（北京金粤装饰工程有限公司董事长），秘书长：暂缺。会议指出，全国幕墙企业年产值在3亿元的有10多家，8000万元的有20多家，北京距广东、沈阳、武汉还相差较远，要争创一流。幕墙既是结构也是装饰问题，要以质量和诚信为要义。会议通过《首都幕墙门窗行业自律公约》。

▲9月9日，建设部发布《建设领域安全生产行政责任规定》（建法[2002]223号）。

▲9月9日～10日，由中国建筑装饰协会主办，河南省建筑装饰协会和《新居室》杂志社共同承办，北京欧德装饰材料有限公司冠名的“2002年第二届‘欧典杯’全国居室装饰大赛颁奖大会及居室装饰设计研讨会”在河南省郑州市召开。参加会议的200多位代表分别来自北京、上海、重庆、河南、湖北、陕西、四川、辽宁、湖南、广东、江苏、浙江、云南、广西、宁夏等15个省市区的家装企业。出席大会有中国建筑装饰协会常务副会长兼秘书长徐朋，原河南建设厅厅长、河南省人大常委会法制委员会主任委员、中国建筑装饰协会常务理事、河南省建筑装饰协会会长洪盈，河南省建设厅副厅长刘洪涛、建管处处长张达，中国建筑装饰协会常务理事、《新居室》杂志社总编辑洪涛，河南省建筑装饰协会秘书长王晓惠、副秘书长金世雄、杨东洲，中国建筑学会室内设计分会副会长饶良修、李书才，北京欧德装饰材料有限公司总裁闰培金等有关方面负责人。

▲9月9日，由中国建筑装饰协会主办、石材委员会和北京伟业达展览有限公司共同承办的“2002年中国建筑装饰石材及技术装备展览会”在北京中国建筑文化中心举行。中国建筑装饰协会名誉会长张恩树、会长马挺贵、石材委员会理事长兼秘书长严克明等有关方面领导出席开幕式。在同期举行的“中国建筑装饰石材发展研讨会”上，严克明、王本明等专家进行了专题讲座。

▲9月9日，黑龙江省建筑装饰协会公布《2000～2001年度黑龙江省建筑装饰优质工程奖（龙江杯）名单》。

▲9月10日，由一级装饰施工、甲级装饰设计企业——深圳市维业装饰设计工程有限公司承建的人大会堂国家接待厅装饰工程举行竣工验收，出席此活动的有中国建筑装饰协会会长马挺贵，人大会堂管理局局长王庆喜，深圳市建设局副局长杨胜军，深圳市装饰行业协会会长何文祥，清华大学建筑学院教授王炜钰，全国人大常委会委员、原中央工艺美院院长常沙娜，人大会堂华堂设计室主持人张志奇博士等位。

▲9月10日，杭州市建委、市监察局共同发出《杭州市工程建设违法违纪行为警示制度》，包括装修装饰工程。

▲9月11日，国家税务总局做出《关于纳税人销售自产货物提供增值劳务并同时提供建筑业劳务征收流转税总是的通知》（国税发[2002]117号），通知中明确，建筑业劳务包括装饰，自产货物范围主要是铝合金门窗和玻璃幕墙。

▲9月11日，福州《海峡都市报》报道：福建省教育厅表示，全省将建立健全农村义务教育监督机制，根据省教育厅、省监察厅、省委机构编制委员会、省财政厅四部门《关于建立健全监督机制，保证农村义务教育健康发展的意见》的规定，有“四不准”，其中之一是“不准新建或装修办公楼”。

▲9月12日建设部、中国海员建设工会全国委员会、中国建筑业协会共同发出《关于在全国建设系统推行协调劳动关系三方会议制度的意见》（建人教[2002]226号）。

▲9月12日，中国建筑装饰协会向地方建筑装饰协会、会员单位及装饰企业发出“关于订阅2003年《中华建筑报》的通知”（中装协[2002]61号）。

▲9月13日，四川省建筑装饰协会会同省建筑业协会、省家具行业商会和省新型建材与石材协会在成都举行“室内装饰装修材料有害物质限量10项强制性国家标准宣传报告会”。

▲9月16日，中国建筑装饰协会建筑五金委员会在成都市召开2002年年会，北京市建筑五金门窗协会年会同时举行，会议由中国建筑装饰协会建筑五金委员会副理事长、北京市建筑五金门窗协会会长浦万生主持。建筑五金委员会

理事长唐澄致辞，秘书长郑纪文进行工作报告。会议还举行了五金行业应对 WTO 研讨会。

▲9 月 16 日，经连运港市建设局 383 号文件批复和市民政局 26 号复函，连运港市装饰装修行业协会成立，理事长：徐维宏（市建设局），秘书长：梁刚（市室内装饰装修管理办公室）。

▲9 月 18 日，中国建筑装饰协会铝制品委员会在杭州市召开年会，中国建筑装饰协会名誉会长张恩树在综合部杜桂玲陪同下出席，会议由铝制品委员会理事长兼秘书长彭政国主持，来自全国 200 多家主要幕墙企业参加了年会。

▲9 月 19 日，河北省建筑装饰协会副秘书长刘纪堂经济师、李希元高级工艺美术师、办公室主任唐稳高级工艺美术师一行三位，到中国建筑装饰协会与副秘书长张京跃、房箴、信息部主任兼会刊《中国建筑装饰》主编黄白、行业发展部主任王本明、住宅装饰装修委员会（筹）张仁、张振路进行工作座谈。这是 2002 年河北省彻底解决了多头管理，室内装饰协会合并到建筑装饰协会后，原两会秘书处领导人共同到中国建筑装饰协会的第一次交流与沟通，中国建筑装饰协会对他们的到来和团结的面貌，表示热烈欢迎并给予高度评价，双方就家装投诉管理、协会部门设置、专家组及专业委员会的组建等问题进行了认真、广泛的座谈。河北建筑装饰协会工作很有可能很快出现新气象。

▲9 月 19 日，成都市建筑装饰协会会同市建委联合为 8 个优秀公共装饰工程和 10 个家装诚信企业举行颁奖大会。出席此活动的有四川省建设厅原副厅长、省建筑装饰协会会长杨乾芳，成都市建委副主任袁峰、总工程师李隆海、成都市建筑装饰协会秘书长张桂芳、副秘书长蒲生龙等。这是落实 2002 年 8 月四川省副省长邹广严为成都装饰行业的题词“发展装饰行业，美化人民生活”的一项重要工作。

▲9 月 19 日，北京市建筑装饰协会专家组在北京饭店成立，首批应聘的专家有五位：清华大学建筑学院教授王炜钰、北京市建筑设计研究院顾问总建筑师吴观张、中央美术学院教授张绮曼、中国建筑学会室内设计分会会长张世礼、北京市建筑设计研究院一级注册建筑师张国良。北京市建筑装饰协会已有家装和幕墙二个委员会，还将成立设计和古建装饰两个委员会。

▲9 月 20 日，中共湖北省委办公厅、省人民政府办公厅共同发出《关于印发省直机关学查改若干整改通知》（鄂办文[2002]44 号），其中包括《关于明确职权、理顺多头行政执法行为的整改意见》，共 29 项，第 4 条为：室内装饰装修的管理，目前暂维持现状，待行业改革时，归口到建设部门统一管理，并将轻工行业办的室内装饰行业管理办公室划转建设部部门。第 5 条为：室内装饰设计资质的管理，目前暂维持现状，待行业改革时，归口到建设部门统一管理（具体管理办法同上条）。

▲9 月 20 日～23 日，由中国建筑装饰协会和中国房地产协会共同主办的“中国（福州）住宅装饰文化博览会暨住宅成品房发展论坛”在福州举行，主题是“倡导装饰文化，弘扬家居艺术，美化生活环境。”建设部原副部长、全国人大常委会环境与资源保护委员会副主任委员、中国建筑装饰协会高级顾问叶如棠，中国建筑装饰协会常务副会长兼秘书长徐朋，中国房地产协会秘书长顾云昌等有关方面负责人出席会议并作专题讲座。常务副会长兼秘书长徐朋、行业发展部主任王本明还会见了福建省建筑装饰协会、福州市建筑装饰协会的领导，召开了有 5 家装饰企业参加的座谈会，沟通了行业情况。

▲9 月 21 日，中国建筑装饰协会会长马挺贵在信息咨询委员会秘书长田万良陪同下，出席了在深圳举行的房地产博览会开幕式剪彩仪式，随后出席了中国建筑装饰协会协办、已成为民航机上读物的《现代装饰》杂志召开的 2002 年度编委会，并考察了深装集团、新鹏都、美术、广田、晶宫等部分知名装饰企业。

▲9 月 23 日，《建筑装饰行业岗位技能标准》专家论证会在中国建筑装饰协会培训中心召开。出席此会的有建设部人事教育司劳动与职业教育处副处长王立秋，中国建筑装饰协会副秘书长张京跃，信息咨询委员会专家组办公室主任鲁心源，培训部暨培训中心主任王燕鸣、副主任杨建伟，《标准》编制办公室主任姬文晶，北京市建筑装饰协会理事长朱希斌，北京宏美特艺装饰公司总经济师陈晋楚，北京市建筑工程装饰公司梁家珽，北京中建华腾装饰有限公司董事长陈一龙，深圳金粤幕墙装饰工程有限公司朱峰，中国新兴建设开发总公司魏秀本，北京东易日盛装饰有限公司朱普应，山西省城乡建设职工中等专业学校讲师李栓义等 14 人。会议认为，《标准》符合建设部的要求和行业的特点，对建筑装饰行业主要工种、岗位的分类符合实际，基本涵盖了行业的主要工种，分级适当，层次清晰，界定清楚，所列应知应会内容符合行业习惯及施工需要。《标准》具有可操作性，是可行的，将对行业的发展起到重要的促进作用。

▲9 月 23 日，深圳市装饰行业协会召开有市住宅局、市物业协会及上百家家装企业代表参加的“2002 深圳放心家装工程高峰论坛”，20 多家家装企业在会上签署了《深圳市家装企业放心家装工程自律公约》。

▲9 月 26 日，《沈阳日报》头版消息：9 月 25 日辽宁省副省长、沈阳市市长陈政高会见了以欧洲门窗协会秘书长赫伯特·卡尔·汉斯为团长的欧洲门窗协会考察团。考察团是由欧洲最具实力的外装饰厂家代表组成的，此次是到沈阳远大企业集团参观考察。陈政高说，沈阳远大企业集团是沈阳市最具发展潜力的企业之一，也是中国最著名的外装饰企业。陈政高希望欧洲外装饰企业积极在沈投资，入驻远大工业园，同时在各个领域开展经贸合作。赫伯特·卡尔·汉斯表示，要积极寻求与沈阳市开展合资合作的良好机遇。沈阳市副市长赵长义、中国建筑金属结构协会铝门窗幕墙委员会主任黄圻会见时在座。沈阳远大铝业工程有限公司是一级幕墙施工、甲级幕墙设计企业，副董事长郭忠山为中国建筑装饰协会理事。在欧洲，幕墙被定义为“外装饰”。

▲9 月 26 日，由中国建筑装饰协会主办、浙江省建筑装饰协会承办的“首届中国住宅装饰产业发展论坛”在杭州萧山国际酒店召开。中国建筑装饰协会名誉会长张恩树、会

长马挺贵、常务副会长兼秘书长徐朋，浙江省建设厅副厅长赵如龙，中国房地产协会秘书长顾云昌，中国建筑装饰协会副秘书长房箴，浙江省建筑装饰协会秘书长崔承毅，杭州市建筑装饰协会秘书长傅祖华等有关方面领导，以及来自北京、上海、天津、重庆、江苏等地建筑装饰行业的专家、学者、企业家共150余人参加了本届论坛。

▲9月27日，建设部部长汪光焘与对外贸易经济合作部部长石广生共同签发建设部、对外贸易经济合作部令第113号《外商投资建筑业企业管理规定》；第114号《外商投资建设工程设计企业管理规定》。

▲9月28日，甘肃省建设厅做出《关于表彰2002年甘肃省建设工程飞天奖工程项目的通知》（甘建工[2002]320号），其中金奖5项，包括2项装饰工程：深圳洪涛装饰工程公司施工的人民大会堂甘肃厅改造工程，深圳瑞和装饰工程有限公司施工的玉门石油管理局培训中心（阳光大厦）。

▲9月29日，建设部分布《关于评选全国建设行业技术能手的通知》（建质函[2002]246号），目的是：为表彰和宣传建设行业优秀技术工人，促进广大劳动者提高技术技能，选拔和培养优秀技能人才和能工巧匠，营造重视技能、尊重技能人才的社会氛围，配合全国技术能手的评选，经部常务会议研究，决定今年开展全国建设行业技术能手的评选表彰活动。此项工作由建设部工程质量安全监督与行业发展司负责。

十月

▲10月1日，由山东省建设厅制定的《山东省建筑工程施工发包与承包计价管理办法》开始施行，包括室内外装饰装修工程。该办法强调，承发包价在政府宏观调控下，由市场形成。

▲10月11日，大连市建委发布《大连市装饰装修企业资质管理暂行办法》（大建委发[2002]153号）。

▲10月12日，上午10时20分，中国建筑装饰协会常务理事、铝制品委员会理事长兼秘书长、国家经贸委硅酮结构密封胶领导小组成员、专家组组长彭政国同志，因病医治无效在北京逝世。这位在中国建筑装饰协会1984年一成立就到协会，并主持铝制品委员会工作长达18年的优秀协会领导干部走完了他不平凡的71年的人生旅途。10月16日上午，中国建筑装饰协会在北京八宝山人民公墓殡仪馆大礼堂隆重举行彭政国同志的遗体告别仪式。中国建筑装饰协会、国家经贸委硅酮结构密封胶领导小组、中国建筑金属结构协会及有关部门、彭政国同志生前好友，来自广东、北京、上海、天津、重庆、辽宁、湖北、江西、江苏、四川、山东、浙江、陕西、海南、河南等地的知名幕墙装饰企业的代表近二百人出席，并向彭政国同志的夫人周丽君及其家属表示深切的慰问。出席彭政国同志的遗体告别仪式的有中国建筑装饰协会名誉会长张恩树、会长马挺贵、常务副会长兼秘书长徐朋、副秘书长张京跃、房箴，荣誉理事，原中国建筑装饰协会秘书长石连峰，国家经贸委硅酮结构密封胶领导小组办公室主任李振中，中国建筑金属结构协会副理事长郑金峰，门窗幕墙委员会主任黄圻，北京市建筑装饰协会理事长、幕墙门窗委员会会长朱希斌，幕墙门窗委员会执行会长班广生等有关方面领导。

▲10月12日，我国第一个设在民营企业的博士后流动站在我国最大的民营涂料企业——广东顺德鸿昌涂料有限公司成立，中国科学院院士、原中国科学院副院长王佛松，国家“863计划”材料科学领域首席科学家、原中山大学校长曾汉民教授出任合作导师，由该公司主持的一项课题被列入国家“863”高科技计划项目，开创了民营企业主持国家重大科研项目的先河。10月13日《光明日报》认为，此举标志着我国民营企业开始走向科技创新的主战场。

▲10月13日～14日，中国建筑装饰协会化学建材委员会2002年年会在上海市金岛温莎酒店召开。会议主要议程：一是“化学建材委员会工作报告”；二是“化学建材委员会理事会人员调整和增补事宜”；三是听取全国化学建材协调组秘书组和建设部科技司“关于我国化学建材产业发展面临形势和方针政策”的讲话；四是听取中国建筑装饰协会副秘书长张京跃“关于建筑装饰行业在国民经济和社会发展中的地位和作用”的报告。出席者有建设部科技司副处长柴文忠、上海市建筑科学研究院院长张燕平、化学建材委员会副理事长张永定、秘书长汪维等和来自全国各地会员代表110名。新一届理事长、全国化学建材综合专家组组长何星华表示，调动协会依托单位中国建筑科学研究院和上海市建筑科学研究院的一切积极因素，为政府、行业、会员单位提供前瞻性、方向性、战略性服务，使入世后的我国化学建材行业更好更健康的发展。

▲10月13日，中国建筑装饰协会化学建材委员会做出《关于调整增补中国建筑装饰协会化学建材委员会理事会成员的通知》（中装协[2002]化字007号），顾问：张恩树（中国建筑装饰协会名誉会长）、钱宜伦（中国建筑装饰协会化学建材委员会原理事长）、阎雷光（中国建筑金属结构协会塑料门窗委员会主任）、孙庆杰（中国建筑防水材料工业协会副理事长）、王真杰（建设部科技促进中心处长）。理事长：何星华（中国建筑科学研究院顾问总工程师）。秘书长：汪维（上海市建筑科学研究院副院长）。副秘书长：孟小平（国家化学建材检测中心常务副主任）、黄冶祥（《化学建材》主编）、朱永骅（上海建研院）、诸秋萍（上海建研院）。

▲10月14日～16日，“第二届中国建筑涂料产业发展战略与合作论坛”在上海召开，此会由全国化学建材协调组秘书组和建设部科学技术司主办，协调组建筑涂料专家组、中国建筑装饰协会化学建材委员会、全国涂料工业信息中心承办。协调组秘书组组长、建设部科技司副司长陈宜明，以及来自全国26个省市区和香港、相关行政主管部门、涂料生产及原料、设备、仪器等相关企业、研发机构、施工设计监理企业和新闻媒体近500名代表出席。

▲10月15日，国家计委印发《招标代理服务收费管理暂行办法》（计价格[2002]1980号），明确包括“各类土木工程、建筑工程、设备安装、管道线路敷设、装饰装修等建设以及附带服务的工程招标代理服务收费。”

▲10 月 15 日，中国建筑装饰协会向各省、自治区、直辖市、解放军建筑装饰协会发出通知《关于推荐中国建筑装饰协会副会长候选人的通知》（中装[2002]63 号），要求根据 2002 年 7 月 16 日中国建筑装饰协会五届二次常务理事会通过的《关于增补中国建筑装饰协会副会长》的决议，各自推荐一名民营装饰企业家为本会副会长候选人。

▲10 月 15 日～26 日，中央美术学院在该院美术馆举行“英国格拉斯哥美术学院室内设计展”。

▲10 月 16 日，由中国质量协会和全国用户委员会组织的“全国住宅用户满意度指数测评”10 月在全国 15 个城市开始，包括家装质量。

▲10 月 18 日，浙江省建设厅副厅长赵如龙在杭州市建筑业联合会第二届会员代表大会上讲话指出，我厅对建筑业做出规划，要形成装饰等专业优势，不断提高装饰水平。

▲10 月 18 日，中国建筑装饰协会决定，由中国建筑装饰协会副秘书长张京跃代理铝制品委员会理事长，铝制品委员会办公室主任邱建辉主持铝制品委员会秘书处日常工作。

▲10 月 20 日，中国消费者协会与国际铜业协会联合启动“倡导科学消费，关注家居布线”。不久前中国消费者协会进行的这方面的调研显示，有 67%的消费者对此不了解。该会此举目的，家装不仅要关注个性和美观，而且要十分注意电气安全。

▲10 月 21 日～22 日，中国建筑装饰协会在北京银龙苑宾馆召开了“全国建筑装饰工程项目管理经验交流及观摩会”。来自北京、天津、上海、重庆、广东、江苏、江西、浙江、福建、河北、山东、陕西、湖南、湖北、新疆、内蒙古、宁夏、广西等 18 个省市区的代表，共 200 多人出席。就装饰工程的项目管理进行全国性的经验交流，无论在中国建筑装饰协会的历史上，还是我国建筑装饰行业的经历上，均属首次。这是 2001 年 12 月 25 日中国建筑装饰协会在人民大会堂小礼堂举行了有 119 个获奖项目的“2001 年全国建筑装饰工程奖”颁奖大会活动的继续。会议的主题有三：一是两位专家所作的关于菲迪克（FIDIC）条款的讲座；二是 10 项获奖装饰工程的企业家所作的报告；三是观摩中国银行大厦大堂、国家电力公司办公大楼、北京京都信苑宾馆等获奖装饰工程。中国建筑装饰协会的领导有会长马挺贵、常务副会长兼秘书长徐朋，副会长北京港源建筑装饰工程有限公司董事长王波、上海市建筑装饰工程有限公司总经理谢建伟，副秘书长张京跃、房箴。会长马挺贵作了会议总结讲话。会议由常务副会长兼秘书长徐朋和副秘书长张京跃、房箴分别主持。

▲10 月 22 日，建设部办公厅做出《关于抓紧建立并充实建筑市场有关企业和专业技术人员数据库的通知》（建办市函[2002]481 号）。

▲10 月 22 日中国建筑装饰协会名誉会长张恩树应广州航空港华南有限公司邀请，出席四川省雅安荥经县龙苍沟国家森林公园开工典礼。龙苍沟国家森林公园总面积 7573 公顷，是一座以森林生态环境等自然景观为主体，开展森林生态旅游为宗旨，集旅游、度假、疗养、文化娱乐于一体，首期投资 3 亿元，二期 9 亿元，共 12 亿元。出席此活动的还有中国国际科学和平促进会副会长李贤德、建设部办公厅原副主任刘雪海、建设部建筑管理司施工监管处廖玉平等 10 多人。10 月 23 日～24 日，名誉会长张恩树应成都建筑装饰协会邀请，在成都与部分家装企业座谈，走访了四川华西建筑装饰工程有限公司等当地部分优秀装饰企业，参观了中铁二局集团装饰装修工程有限公司承建的皇城老妈酒店、成都恒基装饰工程有限公司承建的小区家装工程。

▲10 月 23 日，由中国新兴建设开发总公司组织制定的企业标准《石材双切面背栓式干挂施工技术规程》，通过专家评审。这是对《金属与石材幕墙工程技术规程》（JGJ133—2001）和重要补充。

▲10 月 23 日，成都市建筑装饰协会做出《关于公布成都市 2002 年度优秀家装工获奖项目的通知》（成建装[2002]039 号）。

▲10 月 24 日，天津市建委做出“关于颁布《天津市民用建筑工程室内环境质量检测试验室资质管理暂行规定》的通知”（建科教[2002]852 号）。

▲10 月 25 日，国家新闻出版部署 2 月 6 日以新出版[2002]129 号文件批准的《中国建筑装饰装修》杂志（月刊）试刊号出版。国内统一刊号为 CN11-4803/Z。大 16 开，192 页，全铜进口彩印。办刊宗旨是：定位于为中国建筑装饰行业，特别是室内建筑师服务的期刊。学术、权威、交流——旨在将杂志办成中国室内建筑师的园地，推进成就中国室内建筑大师的摇篮，中国建筑装饰行业同国际交流的平台。社长兼主编：中国建筑装饰协会常务副会长兼秘书长徐朋；常务副社长（发行人）：王永强；出品人：刘晓丹。执行主编：于冰；副主编：杨北帆、李华东。广告总代理：北京装华广告有限公司，总经理：王永强。

▲10 月 26 日～28 日，亚洲室内设计联合会中国年会暨中国建筑学会室内设计分会 2002 年在年会西安举行（2000 年，中、日、韩三国在汉城组建了“亚洲室内设计联合会”，2002 年轮值中国任主席——中国建筑学会室内设计分会会长张世礼教授），会议主题是：21 世纪亚洲室内设计文化发展趋势。中国建筑装饰协会常务副会长兼秘书长徐朋应主办者之邀出席了西安活动，并考察了耀华建筑装饰工程有限公司和西安市鑫龙装饰工程（集团）有限公司。

▲10 月 29 日，北京市建委举行全市建筑装饰工程质量表彰大会，中国建筑装饰协会名誉会长马挺贵、北京市原常务副市长张百发、市建委主任刘永福、总工程师原祖荫、市建筑装饰协会理事长朱希斌等领导出席，为荣获 2001 年度北京市建筑装饰优质工程奖的装饰企业颁发了奖状。北京市现有装饰企业 1100 多家，20 多万人，2001 年装饰工程产值 400 亿元，其中公装 250 亿元，家装 150 亿元。中国建筑装饰协会行业发展部主任王本明以及 200 多位装饰企业代表参加了大会。

▲10 月 29 日，成都市建委、市工商局共同发出“关于推广使用《成都市家庭装饰装修工程施工合同》的通知”（成建委发[2002]662 号）。通知指出：随着人民生活水平

的不断提高，我市家庭装饰装修工程量逐年增大，同时因合同不规范引起的家装投诉也呈上升趋势。为规范家装市场行为，切实保护装修业主和施工单位双方的合法权益，经研究决定从2003年1月1日起在全市范围内的家庭装饰装修活动中，推广使用由成都市建设委员会编制、成都市工商行政管理局监制的《成都市家庭装饰装修工程施工合同》（2002年版）。

▲10月29日，国家质检总局公布2002年第二季度对漏电断路器产品质量监督抽查的结果，合格率为81.3%。此次抽查不带过电流保护产品不合格的6家品牌和企业是：南海市华达电器厂生产的“金舵”、华威电器集团有限公司生产的“Hiway”、厦门市厦虹电器有限公司生产的“XIAHONG”、上海正大电器有限公司生产的“正大”、乐清市长城电力控制厂和乐清市一帆电气有限公司。

▲10月30日，建设部在北京银龙苑宾馆召开“建设行业社团党委成立大会”。建设部部长汪光焘、副部长刘志峰出席并讲话，以及建设部所属40多家全国性社团的负责人和工作人员100多人出席。成立了中共建设行业社团第一党委、第二党委，分别由中国建筑业协会秘书长徐义屏、中国市长协会副秘书长林家宁担任。中国建筑装饰协会常务副会长兼秘书长徐朋为第一党委委员。

▲10月30日～12月10日，受建设部建筑市场管理司委托，中国建筑装饰协会进行了“2002年度建筑装饰设计企业甲级资质升级初审”工作，共22个省市107家。因工作规范且有效率，得到政府主管部门的表扬。

▲10月30日，苏州市装修装饰行业协会召开了建设和轻工两个装饰协会合并后的第一次会员代表大会，选举产生一届理事会和领导机构，名誉会长：伍柏兴、吴敏学，顾问：陆浩生、赵公复，会长：孔全林（苏州市建设局调研员），秘书长：陈丰（原苏州市室内装饰行业管理中心主任），副会长：陈丰、魏宝林、张永熙、顾汝龙、谭福庆、倪林、马朝明、王正、李荣，常务副秘书长：王家正，副秘书长：刘启权、黄静贤、庄明耿、柏志刚、王伟民、朱维新、倪均乐、叶正明、石忠良、尤东明、陆国建。出席成立大会的有江苏省建管局副局长汪士和，省建筑装饰协会会长毛家泉、苏州市建设局副局长顾国华、姜礼荣、凌鸣等有关领导。

▲10月31日，上海市人大常委会发布第78号公告《上海市促进行业协会发展规定》。

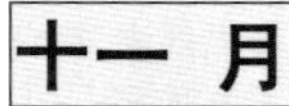

十一 月

▲11月1日，国务院做出《国务院关于取消第一批行政审批项目的决定》（国发[2002]24号），共取消国家各部委行政审批项目789项。其中，国家经贸委被取消46个，包括装饰企业的资质审批。建设部被取消135项，包括“房屋装饰装修审批”（序号318），当时设定的依据是“建筑装饰装修管理规定（建设部令第46号）”；还剩9项，包括装饰企业在内的建筑业企业资质审批、房地产资质审批、施工许可、招标代理、外商投资建筑业企业、项目经理资质、工程质量验收、环境检测等。

▲11月2日，大连市建筑装饰协会评出2002年度（首批）室内设计师、助理室内设计师，分别为16人和15人。这是行业协会向国际惯例接轨的一项创新工作。

▲11月5日，甘肃省建筑业联合会做出《关于表彰2001年度全省建筑业企业优秀经营者、工程建设优秀项目经理、技术业务创新能手和建设工程文明工地的决定》甘建联[2002]第23号，其中有一批装饰企业，优秀建筑业企业（71家）：武威建筑装饰工程公司、张掖地区建设装饰工程有限公司。优秀建筑业企业经营者（74人）：甘肃新力建筑装饰工程有限责任公司总经理郑云龙、张掖地区建设装饰工程有限公司董事长宋自宏。优秀项目经理（292人）：甘肃新力建筑装饰工程有限责任公司李望河，张掖地区建设装饰工程有限公司张虎、程学谦、宋自保，甘肃嘉祥建筑装饰工程有限公司吕雄明，甘肃兰穗装饰工程有限公司常卫东。文明工地（152个）：武威市金塔建筑装饰工程公司——武威市中心血站业务楼、甘肃新力建筑装饰工程有限责任公司——兰化800t/年碳五加氢石油树脂生产装置。

▲11月6日，常州市建筑业协会装饰分会召开第三次会员代表大会，选举产生第三届理事会及其领导机构，会长：何亚光（常泰建筑装璜工程有限公司总经理），秘书长：（暂缺）。

▲11月8日，按照建设部的安排，中国建筑装饰协会上午组织收看江泽民总书记在十六大开幕式上所作的报告，下午组织讨论。会长马挺贵、常务副会长兼秘书长徐朋作了主题发言。参加的人还有张京跃、房箴、王毅强、黄白、李小宝、杜桂玲、熊翔、樊淑玲、张君莉、张嫚红、张振路、张仁。徐朋作为中共建设行业社团第一党委委员，传达了10月30日建设部在北京银龙苑宾馆召开“建设行业社团党委成立大会”上部长汪光焘、副部长刘志峰的讲话。建设部强调要切实加强党对社团的领导。

▲11月8日，由沈阳市建筑装饰协会起草的《家庭装修工程质量验收规范》经沈阳市质量技术监督局批准发布，作为沈阳市地方规范DB/T2101.F04—2002，自2002年12月8日起实施。该标准主要起草人（9人）：丁玉松、牛占宇、黄志勇、李志远、刘添福、王宏林、赵国涛、王允波、王文武。

到2002年底，全国制定有地方家装工程质量验收标准的计沈阳共有7部：1997年5月20日上海市建委批准的《住宅建筑装饰工程技术规程》（DBJ08—62—97）、1997年9月11日河南省建设厅公布的《湖南省家庭居室装饰装修施工工艺及验收标准》（YJG32—97）、1999年3月13日武汉建筑装饰协会制定的《武汉市家庭装饰工程质量验收暂行规定》、2000年1月10日江苏省质量技术监督局批准的《住宅装饰标准》（DB32/381—2000）、2000年2月18日北京市建委发布的《家庭居室装饰工程质量验收标准》（DBJ/T01—43—2000）、2000年10月21日深圳市建设局发布的《深圳市家庭装饰装修工程质量验收标准》。

▲11月9日～12日，为充实关于家装消费的课题研究，中国建筑装饰协会行业发展部主任王本明、张爱宁到武汉

市，在当地建筑装饰协会的大力支持和精心安排下，分别召开了有家装企业、房地产商、小区物业管理部门等方面人士参加的6个专题座谈会。

▲11月11日，湖北省建筑装饰协会常务理事、一级幕墙施工、甲级幕墙设计、甲级装饰设计企业——湖北高艺装饰工程有限公司董事长兼总经理胡圣明所著的《胡圣明书法集》，由湖北美术出版社出版发行。

▲11月12日，根据徐州市政府机构改革方案，装饰行业统一归市建设局管理，原徐州市建筑装饰协会和市室内装饰协会合并，新成立的“徐州市装饰装修行业协会”在市民政局登记注册。这是继苏州后江苏省第二家建设与轻工合并的装饰行业协会。会长：市建设局副局长张俊生，常务副会长（法人代表）：徐州市装饰管理办公室书记侍建怀，秘书长：徐州市建筑装潢有限公司总经理严孝友，会员单位92家。

▲11月13日，成都市建委做出《关于同意成都市建筑装饰协会对我市住宅室内装饰装修企业实行资格管理的批复》（成建委发[2002]663 号）。对家装企业实行资格管理，成都是全国第一个城市。

▲11月13日～30日，根据中国建筑装饰协会关于“2002年全国建筑工程装饰奖”的安排，中国建筑装饰协会对申请装饰奖的工程进行比例为50%的抽查，并进行了严格的纪律规定，严禁收企业好处。参加此项工作的有5人：行业发展部熊翔、工程委员会秘书长顾国华、杨天军、陈京明、住宅装饰装修委员会（筹）张仁。

▲11月15日～17日，中国建筑装饰协会与中国工业设计协会等单位在青岛市共同主办“第一届中国青岛设计节”，中国建筑装饰协会会长马挺贵、常务副会长徐朋、青岛市副市长于冲、中国工业设计协会理事长朱焘等有关方面领导出席开幕式。据2002年11月19日《中华建筑报》报道，来自美、英、德、日、韩、港、台等20多个国家和地区的100多家设计单位和国内装饰企业参展，30 多位设计师发表演讲。中国建筑装饰协会对此活动十分看好并重视，副秘书长房箴带领协会秘书处樊淑玲、张君莉、张爱宁、刘剑、张振路等5人前往组织会务。

▲11月19日，中国建筑装饰协会做出《关于协助开展企业认证情况调查工作的函》（中装协函[2002]07 号）。联系人：中国建筑装饰协会认证指导中心李晓宝、强克兵。

▲11月19日，陕西省建筑装饰协会做出《关于表彰陕西省建筑装饰优秀设计、优质工程的决定》（陕建装发[2002]019 号）。

▲11月20日，建设部科技司主持召开了“室内环境污染控制与改善技术工作研讨会”，会议通过了《室内环境污染控制与改善技术工作研究》课题项目可行性研究报告和编写计划。

▲11月22日，中国建筑业协会做出《关于2002年度中国建筑工程鲁班奖（国家优质工程）评选结果的通知》（[2002]建协字第26号）。2002年度，我国又有43家建筑装饰企业在34项工程中荣获鲁班奖（国优），其中，沈阳远大铝业工程有限公司6项，中国建筑装饰工程公司3项，秦皇岛渤海铝幕墙装饰工程有限公司、沈阳白云穗港装饰工程有限公司、苏州金螳螂建筑装饰有限公司3家各2项。2002年我国建筑装饰行业又有很大的进步，体现了全行业的先进生产力和先进文化。1990～2002 年，我国建筑装饰企业共在159项工程中荣获鲁班奖（国优），说明了建筑装饰行业同建筑业发展的与时俱进。

▲11 月 20 日，中国建筑装饰协会与中国国际展览集团公司、北京家具行业协会共同在中国国际展览中心举办“第五届中国（北京）国际家具及木工机械展览会”。中国建筑装饰协会会长马挺贵、常务副会长兼秘书长徐朋等有关方面领导出席开幕式。展会由中国建筑装饰协会建筑五金委员会承办。

▲11 月 23 日，南京市市容局组织专家对征集的 45 个艺术公厕设计方案进行评审，标准是“方便、舒适、环保、科学、生态”。共评出一等奖1名、二等奖3名、三等奖6名，鼓励奖3名。这些获奖作品将于2003年实施。一等奖获得者是江苏省建筑设计院的周雷，方案以红、黄、绿、灰为主调，外观简洁，线条明快；内部分休息厅、管理间、盥洗室，并设计了残疾人卫生间，男女厕7个蹲位，还配备了老年厕位、婴儿台板、残疾人坡道、大小便池合理分开，通风采光良好。

▲11月25日，由中国建筑装饰协会主办，中国建筑学会室内设计分会和吉事多（中国）卫浴有限公司共同协办的“中国第二届卫浴空间设计大赛”颁奖仪式在北京保利剧院举行，奖金总额为16万元，本次大赛共评出19个优秀奖：金、银、铜奖各1名，并获得免费参加2003年度德国法兰克福工业产品商务考察团。中国建筑装饰协会名誉会长张恩树、会长马挺贵等领导出席并为获奖者颁奖。常务副会长兼秘书长徐朋发表了贺辞。仪式由中央电视台主持人贺贝奇、北京电视台主持人向真主持。仪式后中央交响乐团向与会的1000多位代表演奏了中外名曲。

▲11月26日，成都市建筑装饰协会做出《关于加强设计软件正版化工作的通知》（成建装字[2002]042 号），此举旨在落实3月四川省建设厅公布的《关于在整顿和规范市场经济秩序工作中加强保护知识产权、加强软件正版化的通知》（川建勘设[2002]17 号）。

▲11月28日，中国建筑装饰协会培训中心组织专家审定会，讨论并通过了由10本教材组成的《建筑装饰装修职业技能培训教材》，会议由协会培训部主任兼培训中心主任王燕鸣主持， 参加会议的有协会副秘书长张京跃、培训中心教材编写办主任姬文晶，有关专家梁家珽、陈晋楚、路化林、李栓义、宋兵虎、徐延凯、李平、王旭光、李继业、朱峰、王春、李滨、朱首明、陈一龙等相继作了工作汇报。

▲11月30日，北京市依据《北京市城市建筑外立面保持清洁管理规定》，2000年8月～2002年11月底，建筑外立面重新装饰——清洗粉刷全部完成，三年共 20811 幢楼房、142座立交桥和过街天桥，9442万m^2。

十二月

▲12 月 4 日，北京市建委做出《关于对主项为建筑装饰工程专业一级资质的承包企业可增项房屋建筑工程施工总承包二级及以下资质进行试点工作有关规定的通知》（京建管[2002]876 号），同时发布审核标准（试行）。中国建筑装饰协会、北京市建筑装饰协会等有关单位为维护装饰企业的利益做出了积极的努力。

▲12 月 5 日～6 日，由中国建筑装饰协会组织的“2002 年全国建筑工程装饰奖”评审工作在北京奥林匹克饭店举行，评审委员会由 16 人组成：黑龙江省建筑装饰协会常务副会长赵兴斌高级建筑师，天津市环境装饰协会秘书长王文焕教授级高级工程师，重庆市建筑装饰协会常务副秘书长肖能定，清华大学美术学院教授张世礼，上海现代建筑设计（集团）有限公司环境装饰设计研究院总建筑师王世慰高级建筑师，中国建筑装饰工程公司总工程师谷晓峰高级建筑师，深圳市晶宫设计装饰工程公司原顾问陈炜高级工艺美术师，华辉装修建筑工程有限公司副总经理梁可文高级工程师，西安大彩设计工程有限公司副总经理胡文，铝制品委员会专家组刘智龙、张芹、李之毅、孟庆范、姜成爱、李善廷，办公室主任邱建辉。会务工作在中国建筑装饰协会副秘书长房箴的领导下，综合部张君莉、行业发展部熊翔、工程委员会秘书长顾国华、杨天军、陈京明、信息咨询委员会专家组鲁心源、住宅装饰装修委员会（筹）张仁、张振路、杨芸等 8 人参加。评审会期间，中国建筑装饰协会会长马挺贵、常务副会长兼秘书长徐朋到会看望了评委及全体工作人员。

▲12 月 7 日，中央电视台“焦点访谈”节目以“一次性装修的烦恼”为题，报道北京一房地产商一次性装修样板房与实际用房材料、灶具设备严重不符、假冒伪劣的情况，业主奋起而起诉。主持人敬一丹还报告了中国消费者协会的统计，2002 年全国消费者有关一次性装修的投诉有 1.2 万起，占全国全部投诉的 5%。

▲12 月 7 日，中国建筑装饰协会会长马挺贵在行业发展部主任王本明陪同下，出席好美佳家超市在北京第二家的开业仪式。

▲12 月 8 日，中国建筑装饰协会常务副会长兼秘书长徐朋在综合部主任王毅强陪同下，出席了辽宁省装饰协会成立十周年庆典活动。大会表彰了对辽宁省装饰行业作出过重大贡献的中国建筑装饰协会的领导和同仁：名誉会长张恩树、原秘书长石连峰、原副秘书长霍明远、信息部主任兼《中国建筑装饰》主编黄白、信息咨询委员会秘书长田万良、五金委员会秘书长郑纪文等。

▲12 月 8 日，国家工商总局在《光明日报》上公布，2002 年三季度组织对流通领域的插头进行监督抽查，合格率仅为 35%。

▲12 月 9 日，国家人事部、建设部联合公布《建造师执业资格制度暂行规定》（人发[2002]111 号）。

▲12 月 12 日，安徽省芜湖市建管处成立了装饰装修管理办公室，主任：谢润中，副主任张新兵。到 2002 年底，全国各地建设行政主管部门成立的专门从事装饰行业的管理机构（装饰装修管理处、装饰装修业管理办公室、装饰装修管理办公室、建筑装饰管理办公室、装饰装修管理站等）的有 20 个省市：黑龙江省鸡西市、辽宁省沈阳市、山东省、济南市、泰安市、潍坊市、聊城市、江苏省南京市、徐州市、宿迁市、连云港市、南通市、安徽省合肥市、安庆市、芜湖市、湖南省株洲市、江西省、陕西省西安市、河南省、郑州市。

▲12 月 13 日，由建设部政策研究中心住宅厨房卫生间研究所、中国房地产及住宅研究会厨房卫生间委员会与宁波方太厨具有限公司共同承担的课题《住宅集成化厨房》通过建设部组织的专家审定会审定。

▲12 月 13 日，中国质量万里行促进会、《中国质量报》联合投诉办公室发布 2002 年第 12 号投诉警示，提醒消费者注意选购涂料。我国每年因建筑装饰装修涂料引起的急性中毒约 400 起，中毒人数达 1.5 万人。

▲12 月 16 日，安徽省建设厅公布《安徽省住宅室内装饰资质暂行办法》（建管[2002]368 号）和《安徽省建筑装饰装修暂行办法》（建管[2002]373 号）。

▲12 月 16 日，云南省建设厅做出《关于表彰 2002 年度云南省优质工程获奖单位的通报》（云建建[2002]1044 号），其中一等奖 31 项，包括 4 家装饰企业参建的 4 项工程：云南玉溪至元江高速公路第 10—1 合同段——昆明利鲁绿化装饰有限公司，云南省计量测试中心大楼——云南高新装饰工程有限公司，个旧市人民医院外科大楼——昆明云港装饰设计工程公司，蒙自烟草综合楼——云南科达装饰公司，曲靖卷烟厂综合办公辅楼——云南景瑞建筑装饰装潢有限责任公司。二等奖 46 项，包括 3 家装饰企业的 3 项工程：昆明红塔体育中心网球馆、运动员餐厅——云南高新装饰工程有限公司，（玉溪）玉丰信用社综合楼——玉溪市呈升建筑装饰工程有限责任公司，曲靖珠江源文化广场——曲靖市天工建筑装饰有限公司。

▲12 月 18 日，国家质量监督检验检疫总局、国家环境保护总局与卫生部三部门共同颁发《室内空气质量标准》，自 2003 年 3 月 1 日起施行。

▲12 月 18 日，吉林省建筑装饰业协会工程造价委员会成立，主任：长春东方装璜有限公司副总经理杨霁野，副主任：长春市定额处信息管理办公室主任韩雪华、信息价格科科长杨阿玲。

▲12 月 18 日，上海市装饰装修行业协会公布首批建筑室内设计师，经 12 月 20 日～30 日公示后批准 283 名，其中，高级建筑室内设计师 75 名，中级建筑室内设计师 208 名。这是根据 8 月 30 日，上海市装饰装修行业协会公布的《上海市装饰装修行业协会建筑室内设计师从业资格认定暂行办法》的首次实践。

▲12 月 18 日，由深圳市工业经济联合会、深圳商报等单位共同组织的“首届深圳市企业新记录”经公示后召开表彰大会，其中，经深圳市装饰行业协会推荐，深圳建筑装饰（集团）有限公司 2000 年 5 月 30 日在山东国际会展中心装饰工程中研发的“超大规格石板材高层建筑内外墙干挂设备

技术”，成为首届深圳市装饰类新记录项目。

▲12 月 18 日，福建省莆田市建筑装饰协会召开 2002 年会，福建省建筑装饰协会秘书长赖桂华、莆田市建筑装饰协会名誉会长陈荣、市建设局纪检组组长、市建筑装饰协会会长林其周、秘书长郑俊喜及市科协、市消防支队等有关方面领导及会员企业代表 60 多人出席，会议讨论并通过了《莆田市建筑建筑装饰行业公约》、《关于成立莆田市建筑装饰行业自律工作小组的意见》，表彰了 2002 年度行业先进企业、项目经理。

▲12 月 20 日，中国建筑装饰协会会长马挺贵在信息咨询委员会秘书长田万良的陪同下，出席了江苏华润集团 2003 年度订货会。该集团是江苏省知名的大型民营玻璃深加工企业，副总经理陈志平在 2002 年 7 月 16 日中国建筑装饰协会五届二次常务理事会上被增补为协会理事。

▲12 月 20 日，杭州市建筑装饰协会举行第三次会员代表大会，选举产生第三届理事会及其领导机构，理事长：杭州市建委助理巡视员陆秀乔，秘书长：原杭州市建筑业管理局市场处处长楼志武，副理事长：浙江中南建设集团有限公司总裁吴建荣、浙江华天装饰工程有限公司总经理历生荣、武林建筑工程有限公司总经理于利华、原杭州市建筑业管理局党委副书记傅祖华（第二届杭州建筑装饰协会秘书长），副秘书长：杭州市建委建筑市场管理处处长谷利斌。

▲12 月 20 日，杭州市建筑装饰协会公布《杭州市优秀建筑装饰工程评比办法》。

▲12 月 20 日，甘肃省建设厅做出《关于表彰全省建设工程质量管理先进单位及先进个人的决定》（甘建工[2002]426 号），先进个人其中有 2 位装饰企业经理：武威市金塔建筑装饰工程公司经理徐文兴、甘肃新力建筑装饰工程有限责任公司总经理郑龙。

▲12 月 23 日，中国建筑装饰协会铝制品委员会主编的《中国建筑门窗幕墙十二年——彭政国同志文集（1990～2002）》出版，中国建筑装饰协会会长马挺贵的题词是：协会工作者学习的楷模。常务副会长兼秘书长徐朋的题词是：为行业发展鞠躬尽瘁，做协会模范人人思念。名誉会长张恩树作序。本书大 16 开，230 页，首印 2000 册。

▲12 月 20 日，国家经贸委硅酮结构密封胶工作领导小组办公室做出《关于委托建设部中国建筑金属结构协会和中国建筑装饰协会从事硅酮结构密封胶监督管理工作的通知》（国经贸胶办文[2002]55 号）。通知强调，二会加强合作协助政府进一步搞好该行业的管理。

▲12 月 23 日，江苏省宿迁市建筑装饰协会召开成立大会暨第一届理事会，江苏省建筑装饰协会秘书长居乃巩出席。大会选举产生名誉理事长：宿迁市建设局副局长王守庆，理事长：宿迁市建筑工程管理处处长徐业愚，常务副理事长兼秘书长：宿迁市建筑装饰管理办公室主任王朝辉，副理事长：余宝君、王效军、王政武、袁秀梅，副秘书长：刘璞、仲晓平、樊荣生、陈清。地址：宿迁市平安大道 9 号，邮编：223800，电话：0527-4363171。这是江苏省继南京市、扬州市、常州市、无锡市、苏州市、徐州市、镇江市、江都市、淮阴市、连运港市之后，成立的第 11 个省内地方装饰协会。是全国地方装饰协会最发达的省份。

▲12 月 24 日，陕西省建筑装饰协会第二次会员代表大会在西安举行，选举产生第二届理事会及其领导机构，孔祥清连任会长，王卫国任秘书长，聘请陕西省副省长潘连生、陕西省建设厅厅长高峰、张锦秋院士任高级顾问，陕西省建设厅副厅长彭吉新为名誉会长。中国建筑装饰协会常务副会长兼秘书长徐朋、陕西省建设厅副厅长彭吉新、施恩、张阳、候龙、张恒亮，陕西省民间组织管理局副局长邓文英等有关方面领导到会祝贺。大会表彰 1999～2001 年度全省先进装饰企业、优秀会员单位和优秀装饰设计、优质工程获奖单位。

▲12 月 26 日，由中国建筑装饰协会信息部、《中国建筑装饰》编辑部、中国建筑装饰协会信息咨询委员会、深圳瑞和装饰工程有限公司共同编著的《建筑装饰企业管理体系认证手册——质量·环境·职业健康》一书，由中国建筑工业出版社出版发行。大 16 开，443 页，精装，定价 50 元/册，首版 3000 册。

▲12 月 27 日，甘肃省建厅做出《关于进一步加强建设工程施工安全生产管理的通知》（甘建建[2002]412 号），包括装修工程。

▲12 月 27 日，山西省建筑业协会发出《关于表彰山西省 2002 年度建筑工程“汾水杯”质量奖获奖工程的通知》（晋建协[2002]48 号），其中有 4 家装饰企业作为参建单位受到表彰，山西大学文学楼——太原市汇超装潢工程有限公司、山西同力达装饰工程有限公司，中国农业发展银行山西分行 12 号综合楼——山西浩海装饰设计有限公司、深圳方大装饰有限公司。

▲12 月 28 日，中国建筑装饰协会主办主编首部年鉴《2001 年中国建筑装饰行业年鉴》，由中国建筑工业出版社出版发行，共 271 篇，150 万字，650 页。其中包括有关领导在中国建筑装饰协会的重大活动上的讲话、建筑装饰协会系统和单位和个人及有关方面资深人士撰文 105 篇，在建设部所属的 42 个社团中，目前作《年鉴》的只有中国建筑业协会和中国建筑装饰协会，这也是建筑装饰成为建筑业三大行业之一的又一标志，也是建筑装饰行业兴旺发达的又一标志。

▲12 月 30 日，中国质量协会和全国用户委员会公布测评结果，2002 年全国住宅用户满意度指数仅为 63.3 分（国际上此指标的最高值为 88 分），1/3 住户不满住宅质量和服务。调查显示，住户对室内装修以及户型、布局、自然环境、建筑质量、物业管理这 5 项指标基本满意。

▲12 月 31 日，北京市宣武区法院下达民事判决书，依法判决某装饰公司一次性付给秦女士装修费、装修拆装费、木地板费、检测费、医疗补偿费、精神损失费等共计 11.9891 元。事因是 2000 年 4 月秦女士与某装饰公司签定环保装修合同，但搬进去后一家 4 口就连续不断的感冒，2001 年 6 月请有关单位检测，结果室内甲醛超出国家标准 9 倍，秦女士多次与装饰公司协调未果遂将其告上法庭。2003 年 1 月 3 日中央电视台晚间新闻联播，以“全国首起家装污染损害案受害人获赔”为题作了报道，与 2003 年 1 月 2 日《北京晚报》报道的不同点是，中央电视台明确了原告和被告的名字。

1995年中国建筑装饰行业大事记

中国建筑装饰协会信息部　中国建筑装饰协会信息咨询委员会

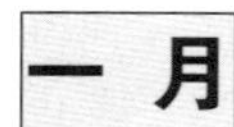

一月

▲1月7日，建设部公布《建筑施工企业项目经理资质管理办法》（建建[1995]1号），该办法同样适用于建筑装饰施工企业。

▲1月8日，四川省建委、省公安厅共同发出《关于开展全省建筑装饰市场和装饰工程质量、消防安全检查的通知》（川建委发[1995]055号）。

▲1月8日，杭州市建筑装饰协会成立。

▲1月10日，由建设部建筑业和中国建筑装饰协会共同编辑的《全国建筑装饰会议专集》出版。

▲1月10日，河南省建筑装饰协会第三次会员代表大会召开。中国建筑装饰协会致电祝贺。大会选举产生第三届理事会，理事长：河南省建设厅厅长洪瀛，秘书长：省建设厅副总工程师解淑惠，副秘书长：省建设厅副处长魏琳，省建筑科学研究院副主任杨东洲。

▲1月15日，建设部侯捷部长在“全国建设工作会议”上指出，年内将颁布《建筑装饰装修管理规定》，以加强和改善对建设事业的宏观调控与监督服务。

▲1月16日，建设部统计，全国现有从事建筑设计的人员近20万人，其中，具有大专以上建筑学学历的人员只有205万人。

▲1月25日，中国建筑装饰协会在北京西苑饭店举行新春茶话会，由理事长张恩树主持，秘书长石连峰致辞，建设部原副部长肖桐、廉仲等领导及首都装饰界人士200多人出席。

▲1月26日，公安部部长陶驷驹签发公安部令第22号《公共娱乐场所消防安全管理规定》。

▲1月26日，由中国建筑装饰协会信息咨询委员会主办的会刊《中国建筑装饰信息咨询》创刊。

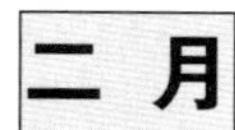

二月

▲2月6日，公安部做出“关于实施《公共娱乐场所消防安全管理规定》有关问题的通知”（公通字[1995]9号）。

▲2月6日，山东省建委、省建工局共同做出《山东省建筑业企业安全资格认证实施办法》（鲁建工劳[1995]03号），包括装饰装修施工企业。

▲2月7日，北京市创优工程活动领导小组公布“1994年度北京市优秀装饰工程和优秀装饰企业”。到1994年底，北京市有资质等级的装饰企业为307家，比上年的227家增加了80家。

▲2月9日，据广东省海关统计，1994年广东省进口高档装饰材料占建材进口总额的30%，达4000多万人民币，进口关税平均达65%。

▲2月14日，成都市建委做出“关于转发省建委、省公安厅《关于开展全省建筑装饰市场和装饰工程质量、消防安全检查的通知》的通知”（成建委发[1995]32号）。

▲2月20日，国务院办公厅做出“关于转发公安部《消防改革与发展纲要》的通知”（国办发[1995]11号），强调抓紧制定《装修装饰防火》行政法规和技术标准。

▲1月20日，乌鲁木齐市建设工程质量监督站印发《关于建筑装饰工程质量的若干规定》（市质监字[1995]第4号）。

▲2月22日～25日，由中国建筑装饰协会主办的“第二届全国建筑装饰行业订货会”在北京中国国际贸易中心举行，参展厂商400多家。出席剪彩仪式的有建设部原副部长、全国政协副秘书长、中国建筑装饰协会高级顾问周干峙，建设部原副部长、中国建筑装饰协会名誉理事长肖桐，建设部原副部长、中国建筑业协会会长廉仲，中国建筑装饰协会理事长张恩树，台湾室内设计师北京参访团名誉团长陈国华、团长叶博文等有关方面负责人。开幕式由中国建筑装饰协会石连峰秘书长主持。

▲2月23日，由中国建筑装饰协会、台湾室内设计师北京参访团、《当代设计》共同组织的“海峡两岸室内设计装饰界交流与合作恳谈会”在北京举行，会议由中国建筑装饰协会秘书长石连峰和台湾室内设计师北京参访团名誉团长陈国华、团长叶博文主持。参加此活动中国建筑装饰协会的代表有霍明远、严克明、黄白、李秀、吴观张、郭保宁、朱忆林、叶谋兆、万蕴芳、陈小龙、谢立维、崔勇、田万良、徐闯、金抚民、席平刚、朱达之、刘清泉、朱象清、汪家玉、陈英星、江荣宇、杨志凌、孙超美等；台湾方面的有郑兴国、徐明乾、陈国辉、郑唐皇、韦光新、侯志宪、王悟生、阮汉城、史南桥、张孙智、黄茂智、马昌国、罗铭录、陈玄智、叶君超、黄小石等20位。会议期间，建设部原副部长、中国工程院院士、全国政协副秘书长、中国建筑装饰协会顾问周干峙，建设部台办主任龚沪生、副主任高德俊、建筑业司司长姚兵等领导会见了台湾室内设计师北京参访团的全体代表。3月2日《中国建设报》作了报道。

▲2月28日，厦门市建委做出《关于本市铝合金玻璃幕墙及铝门窗企业资质审查的暂行规定》。

三 月

▲3月6日，建设部办公厅印发谭庆琏副部长在2月28日“全国建筑业处长工作会议”上的讲话，他指出，制定并开始在新建住宅中实施《住宅工程初装饰竣工验收办法》突出了工程质量管理。1994年中国建筑装饰协会等行业社团，积极配合政府主管部门的中心工作，进行了行业管理、人员培训、调查研究、信息传播、法规起草等工作，很好地发挥了政府与企业之间的桥梁纽带作用和政府的参谋助手作用。根据邹家华副总理在“全国建设工作会议”上的指示，要抓紧制定《建筑装饰装修管理规定》。

▲3月6日，广东省建筑业协会发出“关于成立广东省建筑装饰艺术沙龙的通知”，并同时在深圳举行“首届广东省建筑装饰艺术作品展”（深圳市装饰行业协会承办）。

▲3月10日，福建省建筑装饰协会在福州市成立。中国建筑装饰协会致电祝贺。

▲3月10日，中国建筑装饰协会秘书处同仁到北京医院，看望并慰问3月4日因公意外遭车祸的铝制品委员会会长兼秘书长彭政国。

▲3月14日，苏州市建委公布《关于确保玻璃幕墙质量与安全的通知》。

▲3月15日，广西建筑装饰协会在南宁市成立。中国建筑装饰协会致电祝贺。

▲3月15日～17日，中国建筑装饰协会工作会议在烟台培训中心举行，主要是研究落实建设部《关于选择中国建筑装饰协会为建筑装饰行业管理中转变政府职能试点单位的通知》（建人[1994]635号），理事长张恩树，副理事长刘正发、傅鹏，山东省建管局副局长、省建筑装饰协会副理事长兼秘书长程曾惠，建设部建筑业司杨存成等有关方面领导出席，会议由石连峰秘书长主持。参加会议的有中国建筑装饰协会8个专业委员会、10个地方建筑装饰协会的负责人：石材严克明，五金唐澄、郑纪文，工程张秀良，信息咨询田万良、王本明，铝制品彭政国，化学建材汪维，电气杜乐，暖通空调赵文德，北京李秀、郭仁智，上海潘志昌，天津刘保钟，大连杨昭富，成都万蕴芳、卢红，广州江荣宇，深圳何文祥，江苏陈基生，重庆钟传荣，甘肃孙学龙，中国建筑装饰协会副秘书长霍明远，常务秘书黄白，秘书蓝弢、张军莉、孙平、李卫青，中国建筑装饰协会烟台培训中心副主任丁运礼等。会议还讨论了家装问题，提出一手抓公装，一手抓家装。

▲3月16日，南京市建筑装饰协会第六次年会召开。

▲3月16日，郑州市建委发出《关于加强建筑装饰业管理的通告》。

▲3月17日，河南省建筑装饰协会会刊《河南建筑装饰》创刊。

▲3月22日，呼和浩特市政府发出《关于做好本地区建筑装饰工程防火安全监督管理工作的通知》。

▲3月24日，中国建筑装饰协会通过建设部社团年检，成为建设部系统40个全国性社团首个通过年检的协会。前来参加年检的有建设部社团办副主任肖厚忠以及张京跃、刘平星，建筑业司综合体改处副处长李礼平。秘书长石连峰做主汇报。建设部有关部门负责人提出的意见：一是人员要充实，素质要提高；二是与建设部、所属专业委员会、地方装饰协会进一步理顺关系；三是解决用人机制，走社会公开招聘之路；四是建设部交办的8项工作，协会秘书处要有专人抓。

▲3月25日，温州市建筑装饰协会召开二届一次理事会，名誉理事长、市政协主席马云博，理事长、市建委总工程师曾耀华，副理事长陈锡强、韩少华、周锦云、章新顺、吴秋兰以及秘书处吴坚、蔡鸽飞等出席，会议强调贯彻全国建筑装饰管理工作会议精神。

▲3月26日，建设部谭庆琏副部长邀请11省（自治区）建委主任到郑州参加“建筑市场治乱座谈会”，河南省建设厅厅长洪瀛汇报说，政府有关部门关系不顺是我们头痛的问题，当前最突出的是装饰行业的多头管理，3月25日，郑州电视台晚间新闻的头条是郑州市建委加强建筑装饰行业管理和内容，要求各装饰企业必须持有建设行政主管部门颁发的资质证书才能进入市场。但第二条新闻则是当地轻工主管部门召开的室内装饰行业工作会议，会议要求装饰企业必须接受轻工部门的行业管理。

▲3月28日，《建筑装饰装修管理规定》完成报批稿，上报建设部。自1994年5月起制订，先后易稿17次，建设部还协调了建筑业司、勘察设计司、房地产业司、建设监理司的意见。起草小组负责人：建设部建筑业司企业处处长杜昌熹、副处长李慎梅，中国建筑装饰协会黄白，主要成员：大连市建筑装饰协会秘书长杨昭富，北京市建筑装饰协会常务副秘书长鲁心源，广东省建筑业协会副秘书长杨扬，深圳市南利装饰工程公司总经理庄其干，深圳市圳通工程有限公司总经理王龙章等。

▲3月28日～31日，由中国建筑装饰协会和香港建筑与城市出版社共同主办的“1995年南京国际建筑装饰材料博览会”在南京装饰城举行，参展商300多家，中国建筑装饰协会理事长张恩树、南京装饰工程公司总经理陆铁军等出席开幕式。

▲3月29日，建设部做出“关于发布国家标准《建筑内部装修设计防火规范》（GB50222-95）的通知”（建标[1995]181号）

▲3月30日，建设部建设监理司发出《关于开展房屋结构工程和装饰工程质量检查的通知》（建监质[1995]20号）。

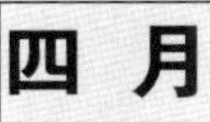

▲4月5日，湖南省株洲市建委做出《关于确定株洲市

建筑装饰协会为全市建筑装饰行业管理中转变政府职能试点的通知》(株建字[1995]24号)，共5项。

▲4月14日，建设部体改法规司召开“《建筑装饰装修管理规定》(报批稿)研讨会”，出席此会的有体改法规司法规处副处长郭家汉、佟英，建筑业司企业处副处长李慎梅、杨存成，综合体改处刘晓艳，中国建筑装饰协会霍明远、黄白，会议肯定3月28日报批稿，要求按照侯捷部长的指示，抓紧研定。

▲4月15日，中国建筑装饰协会举行三届五次常务理事会，会议由张恩树理事长主持。参加会议的有理事长许溶烈、傅鹏、刘导澜、魏丙坤，常务理事严克明、李艾田、石连峰、郑纪文、沈渭、崔勇，刘香艳代表彭政国，赵文德代表钱宜伦。会议主题是研定中国建筑装饰协会1995年工作要点和安排。会议按照建设部《关于选择中国建筑装饰协会为建筑装饰行业管理中转变政府职能试点单位的通知》(建人[1994]635号)，确定12个试点地区建筑装饰协会：北京、天津、上海、成都、重庆、广州、深圳、江苏、甘肃、大连、山东、西安。

▲4月18日，建设部勘察设计司与中国建筑装饰协会共同发出《关于举办全国“康居杯”住宅装修装饰室内设计作品邀请赛的通知》，承办单位是中国建筑装饰协会北京培训中心、北京维奥米建筑装饰材料有限公司、房地产信息报社(北海)。

▲4月18日～21日，中国建筑装饰协会、辽宁省建设厅、省建材局合办的“’95全国建筑装饰材料沈阳订货会暨首届全国建筑装饰五金产品订货会”在辽宁省工业展览馆举行，参展厂商260多家。出席开幕式的有中国建筑装饰协会信息咨询委员会秘书长田万良，五金委员会会长唐澄、秘书长郑纪文，辽宁省建设厅副厅长杨帅邦，省装饰协会秘书长王志杰等有关方面负责人。这是中国建筑装饰协会第一次在辽宁办展，受到业内好评。

▲4月19日，河南省鹤壁市建委做出《关于委托市建筑装饰协会部分政府职能的通知》(鹤建[1995]34号)，共6项。

▲4月20日，沈阳市建委、市建筑工程管理局联合做出《沈阳市建筑装饰工程招标投标实施办法》(沈建委发[1995]15号)。

▲4月25日，中国建筑装饰协会石材委员会在北京培训中心举行四届二次理事会，出席会议的有中国建筑装饰协会理事长张恩树、副理事长兼工程委员会会长傅鹏、副秘书长张秀良、常务秘书黄白、信息咨询委员秘书长田万良，中国集体企业协会常务副会长兼秘书长周世英，北京市建筑装饰协会副秘书长郭仁智，原深圳市装饰行业协会副秘书长，北京鑫泰装饰工程有限公司总设计师庞雨霖等有关方面人士，会议由石材委员会常务副会长兼秘书长严克明主持，并汇报了石材委员会管理北京培训中心、成立中外合资的北京维奥米建筑装饰材料有限公司、承办“康居杯”住宅装修装饰室内设计作品邀请赛等项工作。会议决定增补3位常务理事：王燕鸣、刘革、王嘉声。

▲4月26日，鹤壁市建筑装饰协会成立，会长：市建委副主任兼总工程师田耕余，秘书长：市建委副总工程师徐从友。

▲4月28日，经中国建筑装饰协会石材委员会批准，石材行业企事业家联谊会成立，会长：严克明，副会长：耿树芳、王燕鸣、安家禹、斯新、安静、罗国庆、马春生，秘书长：王燕鸣，副秘书长：刘革、马金环。

五月

▲5月2日，新华社内参反映建筑装饰行业多头管理隐患严重。

▲5月2日，西安市建筑装饰业管理办公室、市建筑工程质量监督站、市公安消防支队和市城市规划管理局共同做出《关于在西安全市范围内开展建筑装饰工程质量大检查的通知》(市建饰字[1995]第11号)。

▲5月8日，兰州市建筑工程质量监督站发出《关于隐框铝合金玻璃幕墙存在质量的隐患的通报》。

▲5月11日，江苏省建委、省公安厅、省建工局共同发出《关于加强建筑装修装饰工程管理的暂行规定》(苏建科[1995]213号)。江苏省现有资质的装饰企业496家，其中一级15、二级165、三级316家，从业人员10万人，年装饰工程产值26亿元。

▲5月13日～22日，中国建筑装饰协会常务秘书黄白与四川省建委建管处副处长、省建筑装饰协会秘书长俞维康带队到重庆检查装饰市场、装饰工程和消防安全。

▲5月16日～18日，中国建筑工程总公司第五次装饰工作会议在北京举行，中国建筑装饰协会理事长张恩树、秘书长石连峰，中建企业协会会长孟广水，中建总公司副总经理郭爱华及其系统8个工程局的40多位代表出席。

▲5月25日，杭州市建筑业管理局发出《关于明确市建筑装饰协会部分职责报告的批复》[杭建管市(95)字第96号]，共4项职责。

▲5月25日，广东省建筑装饰艺术沙龙在深圳召开成立大会。出席大会的有中国建筑装饰协会秘书长石连峰、常务秘书黄白，广东省建委副主任张三戒、施工管理处处长程涛，深圳市建设局副局长邹国华，以及会员代表200多人。大会选举产生首届组委会：会长：张三戒，副会长：程涛、王福元、刘淑言、邹国华、颜松悦，秘书长杨扬，副秘书长：熊国伟、何文祥、张小平、杜玲玲、韩雪梅。广东省时有一级装饰施工企业30家，其中深圳11家。

▲5月25日，中国建筑装饰协会决定与国家体改委主办的《中国经济时报》联合在该报上开辟“中国建筑装饰专栏”，每月两期两版。

▲5月27日，建设部副部长谭庆琏在“全国大中城市

建筑业行业管理工作会议”上讲话指出，目前建筑装饰行业发展之快，管理之乱已引起全社会的关注。他强调，这个问题如不解决，将来要出大乱子，必须加强建筑装饰行业统一管理。

▲5月30日，《华厦装璜》宣布停刊。

▲5月30日，上海市建筑业管理办公室做出《关于开展上海市装饰工程质量检查的通知》（沪建建[1995]第095号）。

▲5月30日，河南省南阳市建委、市工商局和市公安消防支队共同发出《关于加强南阳市建筑装饰业管理的通知》（宛建施字[1995]第034号）。

六月

▲6月8日～14日，由中国建筑装饰协会信息咨询委员会主办、有136位装饰企业代表参加的“全国建筑装饰工程防火培训研讨班”在烟台举行，中国建筑科学研究院防火部主任李引擎、公安部消防局防火处潘丽、中国建筑装饰协会黄白分别就国标《建筑内部装修防火设计规范》进行了讲座。

▲6月13日，浙江省省长万学远签发省政府令第60号《浙江省城镇房屋装修管理办法》。

▲6月15日，建设部建筑业司发出《关于建筑业企业资质就位工作有关事项的通知》（建建企[1995]29号），包括建筑装饰工程施工企业。

▲6月20日，福建省建委、省公安厅发出《关于开展建筑装饰市场和装饰工程质量、消防安全检查的通知》（闽建筑施[1995]058号）。

▲6月21日，沈阳市建筑工程管理局做出《关于成立建筑装饰装修业管理办公室的决定》（沈建工发[1995]36号）。

▲6月27日，建设部勘察设计司与中国建筑装饰协会共同举办“家庭装修装饰问题暨’95 ‘康居杯’住宅装修装饰室内设计作品邀请赛研讨会”，出席会议的有中国建筑装饰协会理事长张恩树、副理事长兼工程委员会会长傅鹏、副理事长刘导澜，建设部勘察设计司副司长窦以德，建筑设计处副处长郭保宁，《中国建筑装饰》主编黄白，石材委员会秘书长严克明、副秘书长王燕鸣等，会议强调，1994年家装产值已达190亿元，发展速度超过30%，已呈“群众运动”之势，必须赶快立法。

▲6月30日，在建设部、中国建筑装饰协会的支持下，由深圳市装饰行业协会和深圳市南利装饰工程公司共同主办的“’95南利·全国装饰行业发展战略高级研讨会”在深圳阳光酒店举行，出席会议的有建设部建筑业司副司长年福礼、国际市场处副处长吴慧娟、中国建筑装饰协会秘书长石连峰、《中国建筑装饰》主编黄白、深圳市装饰行业协会秘书长李旭东、深圳市南利装饰工程公司总经理庄其干等120多人。会议议题有四：一是未来10年装饰市场的发展趋势；二是行业管理法规的完善与实施；三是装饰企业在促进行业发展中的公平竞争；四是家装的发展与施工组织。这是我国建筑装饰行业第一次研讨发展战略问题。在大会上发言的有：中国建筑装饰协会黄白，深圳市南利装饰工程公司常务副总经理张绪昭、总设计师杜昀，青岛办事处经理曹文生，广东省建筑装饰艺术沙龙秘书长杨扬，深圳市装饰行业协会副秘书长何文祥，深圳市圳通工程有限公司总经理王龙章，深圳茂华装饰工程公司总经理陈英星，深圳远鹏装饰设计工程有限公司总经理叶大岳，深圳建艺装饰设计工程公司总经理苏有玉，深圳市瑞和装饰工程有限公司副总经理何新基等。

七月

▲7月4日～8日，在中国建筑装饰协会支持下，由河北省建委、秦皇岛市建管局和市装饰艺术协会共同主办的“现代建筑装饰艺术培训研讨班”在海军秦皇岛东山宾馆举行，中国建筑装饰协会副秘书长霍明远、常务秘书黄白作了讲座。培训研讨班由秦皇岛市装饰艺术协会秘书长赵永全主持。

▲7月8日，四川省建委和省公安厅共同做出《关于四川省建筑装饰市场和装饰工程质量、消防安全检查情况的通报》（川建委发[1995]498号）。通报指出：多头管理严重，消防隐患严重，玻璃幕墙隐患严重。

▲7月10日，民政部和国家工商局联合发出《关于社会团体开展经营活动有关问题的通知》。

▲7月12日，河南省建筑装饰协会联络网成立并召开第一次会议，联络员均为全省各地级市建设行政主管部门的有关负责人。

▲7月14日，建设部印发《建设工程施工现场综合考评试行办法》，包括装饰装修工程。

▲7月15日，沈阳市建筑工程管理局装饰装修业管理办公室成立，这是继西安后全国第2个。

▲7月17日～20日，第七届中华建筑装饰博览会在广州市中国商品交易会举行，参展厂商548家，出席开幕式的有建设部原副部长、全国政协副秘书长、中国建筑装饰协会高级顾问周干峙，中国建筑装饰协会理事长张恩树、秘书长石连峰、副秘书长霍明远，广东省建委副主任张三戒，广州市副市长戴治国，广州市建委副主任金更生，广州市建筑装饰协会秘书长江荣宇等有关方面领导。

▲7月18日，中国建筑装饰协会报刊联谊会在广州召开一届二次理事会，会议由联谊会理事长江荣宇主持。出席会议的有中国建筑装饰协会理事长张恩树、秘书长石连峰、副秘书长霍明远，联谊会副理事长《新居室》总编洪涛，中国建筑工业出版社总编朱象清，《广州建设报》主编李名杰，《中国建筑装饰》主编黄白。会议指出，联谊会成立一年，

这是一个好的组织形式，要坚持开展活动。

▲7月18日，全国建筑装饰材料情报信息网在广州召开一届三次理事（扩大）会，全国建筑装饰材料情报信息网顾问：中国建筑装饰协会理事长张恩树、中国建材出版社社长王守敏，该网理事长周立淼、《现代装饰报》总编梁剑章等出席，《中国建筑装饰》主编黄白应邀作了关于行业发展的报告。

▲7月19日，由广州市建筑装饰协会与台湾装潢材料同业公会共同主办的“海峡两岸装饰界交流会”在广州流花宾馆举行，会议由广州市建筑装饰协会秘书长江荣宇和台湾装潢材料同业公会代表团团长洪春安共同主持。中国建筑装饰协会理事长张恩树、秘书长石连峰、副秘书长霍明远以及出席中国建筑装饰协会报刊联谊会一届二次理事会的代表参加了交流会。

▲7月21日，云南省八届人大常委会发布第36号公告《云南省建筑市场管理条例》，明确包括室内外建筑装饰工程。

▲7月24日，洛阳市建委公布《关于1995年房屋结构和装饰工程检查情况的通报》（洛市建字[1995]第104号）。

▲7月25日，建设部建筑业司、建设监理司的领导到国务院法制局汇报当前建筑装饰行业管理工作。

八月

▲8月1日～4日，由中国建筑装饰协会与内蒙古自治区建设厅共同主办，中国建筑装饰协会信息咨询委员会与内蒙古建筑装饰协会联合承办的“’95全国建筑装饰材料（内蒙古）博览会”在呼和浩特市举行，中国建筑装饰协会理事长张恩树、秘书长石连峰等有关方面出席开幕式，10多个省市区的70多家厂商参展。

▲8月1日，《中华工商时报》开辟“现代装饰周刊”，主要由中国建筑装饰协会供稿。

▲8月2日，中国建筑装饰协会副秘书长霍明远到国家新闻出版署，就中国建筑装饰协会申办《中国建筑装饰报》的问题与国家新闻出版署有关部门的负责人沟通。

▲8月7日，建设部部长侯捷签发部令第46号《建筑装饰装修管理规定》。这是我国建筑装饰行业第一部比较完整的行政规章。

▲8月9日，中国建筑装饰协会组织建设部建筑业司副司长张允宽、勘察设计司副司长郑春源、民政部社团管理司乔申乾处长、国家新闻出版署报纸司樊淑兰处长等参观福建天华建筑装饰工程有限公司承建的人民大会堂“联合国第四届妇女大会新闻发布厅”，中国建筑装饰协会理事长张恩树、秘书长石连峰、副秘书长霍明远、常务秘书黄白，人大会堂管理局副局长陆学贵，新闻发布厅室内设计主持、东南大学教授赖聚奎，福建天华总经理王平等出席。

▲8月9日，上海市建筑业管理办公室公布《关于1995年上海市装饰工程质量检查情况的报告》（沪建建管[1995]第0154号）。优良率为5.7%，合格率为79.5%，不合格率为20.5%。

▲8月17日，成都市市长王荣轩签发市政府令第45号《成都市住宅小区管理办法》，第二十四条规定：装修房屋应符合国家和市政府的有关规定，不得擅自改变房屋的使用性质、结构、外形及色调，不得擅自改装、拆除公有房屋附属设施。

▲8月18日～20日，中国建筑装饰协会信息咨询委员会95年会暨一届二次理事会在烟台举行，100多位参加，建设部建筑业司司长姚兵，副司长张允宽、张鲁风，中国建筑装饰协会副秘书长霍明远，国家信息中心开发部主任胡小明，山东省建管局副局长，山东省建筑装饰协会副理事长兼秘书长程曾，信息咨询委员会专家组副组长、石材委员会常务副会长兼秘书长严克明等有关方面领导出席，242家会员单位的102位代表来自15个省市区的33个城市，会员单位1/5是装饰工程企业，3/5是装饰材料生产厂商。会议由信息咨询委员会会长崔勇、秘书长田万良、副秘书长王本明、刘五爱分别主持。会议认为，信息咨询委员会的工作方向是：为了开拓市场，为了装饰工程质量，为了技术进步，为了企业经营管理和发展。

▲8月22日，中国建筑装饰协会信息咨询委员会与中国工程建设标准化协会合作在烟台共同举办“全国第二期建筑装饰工程防火培训研讨班”，参加者100余人。

▲8月23日，宁夏回族自治区民政厅做出《关于成立宁夏建筑装饰协会的批复》（宁民发[1995]第101号），会长是宁夏建设厅副厅长史是伟。

▲8月28日，建设部房地产业司发出“关于认真贯彻《建筑装饰装修管理规定》做好原在房屋安全管理工作的通知”（[95]建房物字第33号）。

▲8月28日，上海市建筑装饰协会公布《’94（首届）上海市信得过建筑装饰企业评选活动通报》。

▲8月30日，中国建筑装饰协会发出“关于贯彻执行建设部令第46号《建筑装饰装修管理规定》的通知”）（中装协会[1995]第018号）。

九月

▲9月5日，广西壮族自治区建筑装饰协会会刊《广西建筑装饰》创刊。

▲9月13日，成都市政府批准《成都市城市房屋室内装修结构安全管理规定》。

▲9月20日，沈阳市建筑工程管理局发出《沈阳市建筑装饰装修管理办法》。

▲9月21日，江西省室内装饰成套工程总公司状告南昌市建管局行政诉讼案经南昌市东湖区法院审结，只有轻工室内装饰企业资质的江西省室内装饰成套工程总公司因工

程被南昌市建管局查处不服而起诉，法院宣告败诉。此为江西省首起由室内装饰引起的行政诉讼案。

▲9 月 24 日，《光明日报》在“提倡节约反对浪费”栏目中刊登中国建筑装饰协会黄白文章“家装避免重复装修利国利民”。

▲9 月 28 日～10 月 4 日，由建设部勘察设计司和中国建筑装饰协会共同主办，《中国建设报》和北京维奥米建筑装饰协会有限公司联合承办的“’95 全国‘康居杯’住宅装修装饰室内设计作品邀请赛”在北京中国革命博物馆举行。从全国各地参赛的 400 多幅作品中选择了 300 多幅参展。出席开幕式的有建设部副部长李振东，建设部原副部长、中国建筑业协会会长廉仲，中国建筑装饰协会理事长张恩树，建设部勘察设计司副司长窦以德等有关方面领导，开幕式由窦以德主持，张恩树致词辞，李振东、廉仲、张恩树剪彩，邀请赛秘书长、北京维奥米建筑装饰协会有限公司董事长王燕鸣宣读 16 项获奖名单。建设部副部长、中国建筑装饰协会顾问叶如棠为展会题词：“室小何须大，和谐情更浓。”

十 月

▲10 月 1 日，中国建筑业协会会刊《中国建筑业》创刊。

▲10 月 6 日，建设部部长侯捷签发部令第 48 号《建筑业企业资质管理规定》，包括装修装饰工程。

▲10 月 6 日，辽宁省建设厅公布《辽宁省装饰工程质量监督管理规定》（辽建发[1995]142 号）。

▲10 月 7 日，《中国建设报》刊登湖北省丹阳市建委黄徐文章“尽快理顺建筑装饰行业管理体制”。

▲10 月 15 日～17 日，由建设部委托中国建筑装饰协会组织的“学习贯彻《建筑装饰管理规定》会议”在北京金台饭店举行，150 多位各地代表与会，中国建筑装饰协会理事长张恩树、秘书长石连峰，建设部建筑业司副局长姚兵，副司长张允宽、吴之乃，政策法规司副司长朱中一、建筑业司企业处处长谢少宁等有关方面领导出席。

▲10 月 30 日，建设产人事教育劳动司做出《建设部社团招聘工作人员工资问题处理意见》（建人办[1995]195 号）。

十一 月

▲11 月 1 日～3 日，由中国建筑装饰协会石材委员会主办的“全国石材工业发展战略研讨会”在北京举行。

▲11 月 8 日，武汉市房地产管理局发出《关于对原有房屋装饰工程实行安全审批制度的通知》。

▲11 月 14 日，广西壮族自治区人大常委会第 18 次会议通过《广西壮族自治区建设工程施工招标投标管理条例》，包括工程造价在 30 万元以上的装饰装修工程。

▲11 月 15 日，乌鲁木齐市建设工程质量监督站发布《建筑装饰工程技术资料的有关规定（试行）》（市质监字[1995]32 号）。

▲11 月 17 日，建设部印发《建筑业企业资质等级标准（试行）》（建建[1995]666 号），包括装饰工程施工企业。

▲11 月 17 日，深圳市装饰行业协会召开三届三次理事会，会议决定，邹国华、李旭东不再兼任协会会长、秘书长，新任会长颜松悦，秘书长何文祥。

▲11 月 12 日，全国装饰材料情报信息网秘书长梁剑章被免职，张恒赞继任。

▲11 月 20 日，中国建筑装饰协会召开三届五次常务理事会，确定三届理事会（扩大）会议内容和议程。会议由会长张恩树主持。

▲11 月 21 日～23 日，中国建筑装饰协会在西安举行三届理事（扩大）会议。会议的主题是：贯彻中共中央十四届五中全会精神，民主办会，广开言路，进一步促进建筑装饰行业发展提高。出席会议的有会长张恩树，副会长钱宜伦、傅鹏、刘导澜，秘书长石连峰，副秘书长霍明远，陕西省建设厅厅长高峰、副厅长彭吉新、总工程师孔祥清，西安市副市长张富春，西安市建筑装饰协会理事长、市建委副主任乔征，以及中国建筑装饰协会 6 个专业委员会、30 个地方装饰协会的负责人共 200 多位代表。会议听取了会长张恩树“进一步解放思想，开拓工作新局面”的讲话，秘书长石连峰“振奋精神，开拓进取，大力推进我国建筑装饰协会行业的健康发展”的工作报告，增补、调整了部分理事、常务理事，修改了章程，制定了协会会徽，通过了《全国建筑装饰行业公约》、《中国建筑装饰协会所属专业委员会、培训中心、装饰报刊联谊会管理暂行办法》、《关于会费缴纳的办法》、《中国建筑装饰协会与省、市、区、解放军建筑装饰协会联系制度》等文件，听取了江苏省建筑工程总公司装饰设计工程部总工程师李宁的学术报告。会议由西安市建筑装饰协会和西安彼特装饰工程公司承办。

▲11 月 28 日，建设部成立“建筑业企业资质审查委员会”，主任委员：建设部副部长谭庆琏，委员有中国建筑装饰协会理事长张恩树、秘书长石连峰。

十二 月

▲12 月 1 日，成都市建筑装饰协会举行成立 6 周年庆祝大会，四川省建委主任刘丹陵、副主任杨启厚，成都市建委常务副主任刘玉成，成都市建筑管局局长李家松，中国建筑装饰协会常务秘书黄白、四川省建筑装饰协会秘书长俞维康，成都市建筑装饰协会秘书长万蕴芳，深圳市装饰行业协会秘书长何文祥等有关方面负责人和会员单位代表 300 多人与会。

▲12 月 4 日，无锡市建委、市建工局共同印发《关于玻璃幕墙工程质量大检查的通报》（锡建施[1995]第 12 号）。

▲12 月 6 日，山东省建委公布《工程建设项目实施阶段程序管理暂行规定实施细则》，包括装饰装修工程。

▲12 月 7 日～8 日，建设部在重庆召开“全国《建筑装饰工程施工合同示范文本》研讨会”，会议由建设部建设监理司建筑市场与招标投标管理处副处长刘哲主持，中国建筑装饰协会常务秘书黄白和 8 家装饰企业与会。会议通过建设部将与国家工商局共同发布的《建筑装饰工程施工合同示范文本》。

▲12 月 8 日，建设部印发《建筑业企业建立现代企业制度试点指导意见》（建法[1995]721 号）。

▲12 月 8 日，中国建筑业协会公布 1995 年度鲁班奖，其中有 2 家装饰企业参建的 2 项装饰工程：广州珠江装修工程公司承建的广州好世界贸易中心，哈尔滨名都装饰工程有限公司承建的佳木斯邮电局电信综合楼。

▲12 月 8 日～10 日，中国建筑装饰协会会同建设部普法领导小组在温州市举行“贯彻《建筑装饰装修管理规定》培训研讨班”，建设部政策法规司副司长朱中一、建筑业司企业处副处长李慎梅进行了讲座。

▲12 月 11 日，天津市建委印发《天津市建筑装饰工程有关施工质量的几项规定》（[1995]建质管 1023 号）。

▲12 月 12 日，浙江省建筑装饰协会第三次会员代表大会召开，董宜君继任理事长，蒋敖树继任秘书长，大会通过《浙江省建筑装饰公约》。1995 年浙江省有资质的装饰企业 140 多家，从业人员 2 万人，装饰工程产值 10 亿元。

▲12 月 14 日，建设部印发《1995 年全国房屋结构和装饰工程质量检查总结》（建监[1995]734 号），装饰工程合格率 68.12%，优良率 8.5%。

▲12 月 15 日，由新西兰羊毛局主办，《室内设计与装修》协办的“’95 室内设计大奖赛”在北京揭晓，清华大学建筑学院的王炜钰教授设计的人大会堂澳门厅获大奖。大连轻工学院副教授任文东、建设部建筑设计研究院室内设计研究所总建筑师黄德龄、同济大学建筑学院左琰、清华大学建筑学院宫力维的作品获优秀奖。

▲12 月 16 日，北京市消费者协会共受理投诉上万件，其中家装的投诉比上年增长 50%以上，成为投诉热点，首次进入北京市消费者十大投诉之列。北京市有 20 万户乔迁新居，加上旧居新装修，年家装消费约 20 亿元。

▲12 月 21 日，建设部建筑业司司长姚兵在“全国第六次建设监理工作会议”上指出，从各地投诉来看，包括装饰装修粗糙等质量问题，必须解决。建设部自 12 月设立投诉电话后，一个月收到全国各地投诉 205 件。

▲12 月 21 日，湖南省建委致函建设部建设监理司，报告湖南省建委 12 月 18 日接到中国建筑装饰协会铝制品委员会“关于长沙市友谊商场假隐框玻璃幕墙已开始掉落的紧急报告”后，12 月 20 日组织省质监站、长沙市质监站和省经济电视台前往调查，经核实已掉落 10 多块玻璃，已要求停业整改。

▲12 月 25 日，河南省政府办公厅印发《河南省建设厅职能配置、内设机构的人编制方案的通知》（豫政办[1995]121 号），明确其负责“建筑装饰装修的行业管理”。

1996 年中国建筑装饰行业大事记

中国建筑装饰协会信息部　　中国建筑装饰协会信息咨询委员会

一　月

▲1 月 2 日，杭州市建管局、市建筑装饰协会共同发布《关于表彰 1995 年度杭州市优质装饰工程的通报》。

▲1 月 4 日，深圳市装饰行业协会公布《深圳市装饰行业公约》。

▲1 月 5 日，广东省东莞市建委印发《东莞市建筑装饰企业经营管理暂行规定》。

▲1 月 8 日，建设部做出《关于加强装修装饰行业管理的通知》（建建[1996]16 号）。

▲1 月 9 日，中国建筑装饰协会决定增补 3 位理事：深圳市广田装饰设计工程有限公司董事长叶远西、贵州省建筑厅副总工程师兼省建筑装饰协会副会长兼秘书长童印佩、贵州华航装潢公司总经理张文虎。

▲1 月 10 日，中共河南省委办公厅做出《关于加强我省建筑市场管理的通知》（豫办[1996]4 号），明确指出，河南省建设行政主管部门负责全省“室内外装饰装修的管理”。

▲1 月 10 日，洛阳市建委致河南省建设厅《关于洛阳市装饰行业管理急剧混乱的再次报告》，洛宁县城建局反映的一起执法严重受阻事件，1 月 8 日《洛阳日报》对此作了报道。

▲1 月 10 日，1995 年度上海市建筑装饰集团教育奖励金颁奖仪式在同济大学逸夫楼举行。这是我国首家大型建筑装饰企业设立的教育奖励金。

▲1 月 12 日，福建省建筑装饰协会一届二次理事会召开，会议由理事长、省建委副主任杨纶钊主持，会议强调装饰行业统一归口管理问题。

▲1 月 12 日，深圳市装饰行业协会召开第四次会员代表大会，选举产生第四届理事会及其领导机构，会长：颜松悦，秘书长：何文祥。副会长单位（5 家）：装饰总、南利、

长城、洪涛、华辉。

▲1 月 16 日，大连市建筑建筑装饰协会印发《大连市建筑装饰设计人员行业内部等级职称评定规定》（征求意见稿）。

▲1 月 16 日，福建省建委致函省政府“关于请求撤销《福建省室内装饰装修市场管理暂行办法》的请示”（闽建筑[1996]2 号）。

▲1 月 18 日，乌鲁木齐市建委做出《关于乌鲁木齐地区 1885 年度建筑装饰工程质量检查情况的通报》（市城建委字[1996]12 号）。

▲1 月 22 日，河南省建筑厅厅长洪瀛答《河南日报》记者问，强调理直气壮抓好建筑装饰行业管理。

▲1 月 24 日～26 日，建设部召开“全国建设工作会议”，侯捷部长在工作报告中指出，制定了建筑装饰劳动定额系列标准，是法制建设取得重大进展的标志之一，而装饰装修粗糙，则是一些地区住宅工程质量的主要问题之一。要求对装饰装修的各个环节实施全方位、全过程的质量管理与监督，大力推行建筑装饰工程合同示范文本。中国建筑装饰协会副秘书长霍明远出席此会。

▲1 月 27 日，中央纪委第六次全会公告，要求重点抓好三项工作，其中之一是采取有力措施，解决领导干部在装修住房等方面存在的以权谋私的问题。

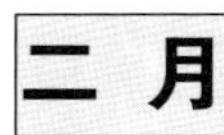

▲2 月 4 日，大连市人大常委会发布第 2 号公告《大连市建筑市场条例》，包括建筑装饰装修。

▲2 月 5 日，新疆维吾尔自治区建设厅公布《新疆维吾尔自治区建筑装饰工程设计管理暂行办法》（新建设字[1996]02 号）。

▲2 月 8 日，中国建筑装饰协会召开秘书处工作联席会，正副理事长、秘书长，各部门各专业委员会负责人出席，会议由石连峰秘书长主持。会议汇报了 12 个试点地区装饰协会的工作，强调家装工作要有突破。

▲2 月 12 日，北京市宣武区公安局破获一起装修民工入室抢劫杀人案。

▲2 月 16 日，中国人民解放军建筑装饰协会召开一届三次理事会，决定总后勤部生产管理部副部长张志祥少将为理事长，沙启云为秘书长。

▲2 月 18 日，建设部审批全国建筑装饰施工企业资质就位一级资质 157 家，其中中建总公司 12、云南 2、江苏 15、四川 5、北京 7、江西 3、浙江 2、广东 38（深圳 15）、湖南 2、黑龙江 2、河南 5、天津 6、内蒙古自治区 1、辽宁 7、吉林 3、上海 20、安徽 1、福建 1、山东 10、湖北 2、陕西 4、甘肃 4、青海 2、电子部 1、解放军 2 家。

▲2 月 13 日，中国建筑装饰协会在北京西苑饭店举行’96 迎新春联谊会，建设部原副部长、中国建筑装饰协会名誉理事长肖桐，建设部原副部长、中国建筑业协会会长廉仲，中国建筑装饰协会理事长张恩树，建设部建筑业司司长姚兵，中国建筑装饰协会常务副理事长、中国对外建设总公司总经理刘正发，秘书长石连峰，副秘书长霍明远等 200 多人出席。

▲2 月 14 日，中国建筑工业出版社召开新春座谈会，会议由总编辑朱象清主持，中国建筑装饰协会秘书长石连峰、副理事长魏丙坤、常务秘书黄白、信息咨询委员会秘书长田万良、副秘书长王本明等出席。会议指出，全国目前有几十家出版社争相出版建筑装饰类书籍上百种，中国建筑装饰协会愿与建工出版社加强合作，多出精品。中国建筑装饰协会在建工出版社已出了 8 本书：《建筑装饰行业政策法规标准定额选编》、《’94 中国建筑装饰工程企业名录大全》、《建筑装饰工程概预算及投标报价手册》、《建筑装饰材料必备手册》、《建筑装饰手册》（已出版设计分册，3 月出版材料分册，6 月出版施工分册）、《’96 中国建筑装饰工程企业名录大全》。

▲3 月 1 日，中国建筑装饰协会三届六次常务理事（扩大）会议在建设部召开，会议由理事长张恩树主持。出席会议的有副理事长许溶烈、傅鹏、钱宜伦、魏丙坤、刘导澜，常务理事石连峰、吴元炜、何镇强、吴观张、彭政国、郑纪文、严克明、田国祥，理事霍明远、黄白、崔勇、田万良。会议强调落实建设部转移给中国建筑装饰协会的 8 项政府职能，筹备召开第四次会员代表大会。

▲3 月 5 日～8 日，由中国建筑装饰协会主办的“第三届全国建筑装饰行业订货会”在北京中国国际贸易中心举行，参展厂商近 500 家，其中海外代理商占 20%，合资占 20%，材料水平有很大提高，与会者 6 万多人，成交额 6 亿多元。出席开幕式的有建设部原副部长、中国建筑装饰协会名誉理事长肖桐，建设部原副部长、全国政协副秘书长、中国建筑装饰协会顾问周干峙，中国建筑装饰协会理事长张恩树，建设部建筑业司司长姚兵，建设部办公厅副主任张允宽，建筑业司企业处处长谢少宁等有关方面负责人。此次展会上第一次评选“订货会优秀产品”31 项，并经北京市公证处公证。

▲3 月 11 日，江西省建设厅印发《关于加强建筑装饰装修行业管理的通知》（赣建建字[1996]第 12 号）。

▲3 月 13 日，建设部办公厅印发《建设部展览管理暂行办法》（建办[1996]82 号）。

▲3 月 14 日，中国建筑装饰协会通过建设部年检。

▲3 月 15 日，新疆维吾尔自治区建设厅发出《新疆维吾尔自治区建筑装饰装修工程质量监督管理办法》（新建质

字[1995]03 号)。

▲3 月 15 日,河南省建筑装饰协会与省质量管理协会公布"河南省'95 建筑装饰行业信得过企业"。评信得过装饰企业,除中国建筑装饰协会 1994 年评选过一次外,地方有上海市和河南省。

▲3 月 16 日,中国建筑装饰协会铝制品委员会理事长彭政国在《北京晚报》上撰文"高层建筑'镜面'太多　城市光污染不容忽视"。

▲3 月 17 日,中国建筑业协会公布"第四届(1995)全国优秀建筑企业家",共 87 名,其中有一位装饰企业:武汉凌云建筑装饰工程总公司总经理陈木林。

▲3 月 21 日,江西省建设厅在《江西日报》上刊登"关于加强全省建筑装饰装修待业管理的公告"。

▲3 月 22 日,天津市第十二届人大常委会第 23 次会议通过《天津市建设工程质量管理条例》,包括从事建筑装饰装修经营活动。

▲3 月 25 日,北京市装饰行业协会与市工程建设质量管理协会共同发布《关于 1995 年度北京市优秀样板工程项目和优秀装饰工程项目的通知》[(96)京装协字第 001 号]。

▲3 月 28 日,吉林省装饰业协会成立。出席会议的有中国建筑装饰协会秘书长石连峰、常务秘书黄白,吉林省建设厅副厅长邱久才,省建筑设计研究院总工程师王辅臣等,会议由省建设厅建管处副处长张文学主持。会议选举产生理事会及其领导机构,理事长:邱久才,秘书长:张文学,副理事长:朱万春、袁大陆、西志敏等 12 人。吉林省现有装饰企业 353 家,其中一级 3 家;从业人员 2.7 万人。

四月

▲4 月 3 日,上海市建委、市监察委员会共同做出《关于对建筑市场中具有行贿行为的单位处理的暂行办法》(沪建监[1996]第 0253 号)。

▲4 月 9 日,建设部印发《关于公布 1995 年度建设部优质样板工程的通知》(建监[1996]186 号),共 104 家施工企业承建的 95 项工程,其中有 1 家装饰企业的 1 项工程:上海蓝天房屋装饰工程公司承建的上海市地铁一号线人民广场站。

▲4 月 10 日,陕西省建设厅做出《关于选择陕西省建筑装饰协会为建筑装饰行业管理中转变政府职能试点单位的通知》(陕建政发[1996]120 号)。

▲4 月 10 日,国家审计署、国家计委、财政部、建设部、国家工商局 6 部委共同发布《建设项目审计处理暂行规定》。

▲4 月 10 日～11 日,中国建筑装饰协会与建设部现代企业制度试点工作领导小组、建筑业司、体改法规司共同在北京召开"建筑装饰行业推行现代制度试点工作研讨会",来自北京、广东、上海、吉林、辽宁、甘肃 7 省市的 14 家国有装饰企业总经理与会。中国建筑装饰协会理事长张恩树,建设部现代企业制度试点工作领导小组办公室主任兼体改法规司司长张元端等领导出席。

▲4 月 11 日,建设部审批 9 家建筑装饰工程施工企业为一级资质,1995 年全国一级建筑装饰工程施工企业资质就位工作结束,全国共 166 家。

▲4 月 12 日,建设部在北京召开社团工作会议,叶如棠副部长等领导出席,会议对 30 个协会、33 位社团工作者进行了表彰,包括中国建筑装饰协会信息咨询委员会、工程委员会副秘书长张秀良。

▲4 月 12 日,西安市政府第 15 号令颁布《西安市建筑市场管理办法》,包括装饰装修。

▲4 月 18 日,乌鲁木齐市建筑装饰协会做出《关于表彰 1995 年度先进集体和协会活动积极分子的决定》。

▲4 月 19 日,天津市环境装饰协会召开第三次会员代表大会,选举产生第三届理事会及其领导机构,理事长:毛昌五,秘书长:王文焕。

▲4 月 25 日,陕西省八届人大常委会第 19 次会议通过《陕西省建筑市场管理条例》,包括装饰装修工程。

五月

▲5 月 2 日,湖北省建设厅、省监察厅、省工商局共同做出《湖北省建筑市场管理办法》(鄂建[1996]13 号),包括室内外装饰装修。

▲5 月 3 日,湖南省建委、省建筑装饰协会在株洲市召开"全省建筑装饰管理工作会议暨省建筑装饰协会第三次会员代表大会",湖南省现有有资质的装饰企业 250 多家,从业人员 10 多万人。大会选举产生三届理事会及其领导机构,会长:石超刚。

▲5 月 6 日～10 日,中国建筑装饰协会在温州市举办"建筑装饰行业贯彻 ISO9000 学习班",有 40 多人参加,由信息咨询委员会王本明、李娟主持。

▲5 月 8 日,贵州省建筑装饰协会一届三次常务理事会召开,会议认为,协会最好挂靠在某一大型装饰企业内,以解决人员、经费的不足。

▲5 月 10 日,杭州市建筑业管理局做出《杭州市建筑装饰工程质量监督管理办法》(杭建管[1996]字第 118 号)。

▲5 月 12 日,温州市建筑装饰协会、市建筑学会共同表彰《温州市首届厅、堂、居室装饰展获奖项目和单位》。

▲5 月 14 日,建设部以 1996 年第一号公告发布一级资质建筑装饰工程施工企业 165 家。

▲5 月 15 日,由中国建筑装饰协会主编的《建筑装饰

实用手册·装饰材料与五金》，由中国建筑工业出版社出版发行，全书200万字。

▲5月15日，北京市建设工程造价管理处印发《关于装饰工程概预算编制办法的通知》（京造字[1996]5号），规定“定额量，市场价”。

▲5月18日，浙江中南集团创办企业内刊《中南报》。

▲5月20日，郑州市建委、市房地产管理局共同印发《关于加强郑州市原有房屋装饰装修管理的通告》。

▲5月20日～26日，中国建筑装饰协会信息咨询委员会与建设部干部管理学院共同在厦门举行“全国建筑装饰工程企业管理培训班”，60多人参加，黄白、王本明分别作了专题讲座。

▲5月22日，中国建筑装饰协会专业委员会秘书长扩大会议在北京召开，会议指出按建设部的要求，协会运作要规范。

▲5月29日，陕西省建筑装饰协会在西安召开成立大会。

▲5月30日，北京市十届人大常委会第27次会议通过《北京市建筑市场条例》，包括建筑装饰装修工程的设计、施工的发包和承包。

六月

▲6月1日～3日，根据建设部现代企业制度试点工作领导小组办公室的意见，中国建筑装饰协会会同建设部体改法规司、建筑业司共同在北京举办“建筑装饰行业推行现代企业制度工作学习研讨会”。来自20个省市区的134家国有装饰企业的代表155位。出席会议的领导有中国建筑装饰协会理事长张恩树，建设部现代企业制度试点工作领导小组办公室主任兼体改法规司司长张元端，领导小组办公室副主任符曜伟，建设监理司副司长何俊新，建筑业司企业处处长谢少宁、副处长李慎梅，综合体改处处长李礼平，体改法规司体制改革处副处长杨家友、佟英。会议认为，建筑装饰行业已具现代企业制度雏形，有必要大力推进。

▲6月1日，甘肃省八届人大常委会第21次会议批准《甘肃省建筑市场管理条例》，包括装饰装修。

▲6月2日，杭州市建委发布《关于加强杭州市建筑装饰设计市场管理的通知》。

▲6月4日～7日，在建设部科技司的支持下，中国建筑装饰协会在杭州召开“’96全国建筑塑料发展与技术战略研讨会”。

▲6月5日，中国建筑装饰协会与建设部政策研究中心合编的《建筑装饰工程概预算与投标报价手册》，自1994年8月由中国建筑工业出版社出版发行以来，已再版三次，发行量达2.1万册。

▲6月10日，福建省南平市建委发布“关于认真贯彻执行《南平市建筑装饰装修管理规定》的通知”（南建[1996]建字038号）。

▲6月10日，深圳市装饰行业协会表彰行业先进企业和先进协会工作者。

▲6月14日，江苏省八届人大常委会第21次会议通过《江苏省工程建设管理条例》，明确建筑装饰装修属于工程建设活动。

▲6月14日，无锡市装饰协会成立，会长：市建工局副局长彭杏林，秘书长：朱镇修。

▲6月17日，中国建筑装饰协会按建设部现代企业制度试点工作领导小组的要求，将18家试点装饰企业的推荐名单上报建筑业司和体改法规司。

▲6月18日，成都市建委公布“关于贯彻建设部《关于确保玻璃幕墙质量与安全的通知》的通知”。

▲6月18日，西安市建委、西安建筑装饰协会共同创办的《现代建设装饰报》试刊。

▲6月19日，江西省装饰行业协会召开第二次会员代表大会，1993年11月26日成立时原称“江西省建筑装饰协会”。来自全省25个地市的200多位代表与会。中国建筑装饰协会秘书长石连峰，江西省建设厅厅长吴景柏、副厅长雷新修等领导出席。大会选举产生第二届理事会及其领导机构，理事长：原省建设厅副厅长王儒明，秘书长：省建设厅建管处副处长罗祯云，副秘书长曾凡珩。

▲6月24日，北京市建委批准《北京市高级建筑装饰工程质量检验评定标准》（DBJ01-27-96）（京建科[1996]26号），该标准是由北京市建筑装饰协会起草的。北京市时有有资质的装饰企业364家，其中一级14、二级160、三级132家。北京市建筑装饰协会时有会员单位227家。

▲6月28日，中国建筑装饰协会常务秘书黄白、信息咨询委员会秘书长田万良在重庆市会见了中共重庆市委宣传部副部长、市社会科学院院长、《装饰导报》社长鲁济典、《装饰导报》常务总编柏春宇，双方就《装饰导报》合作事宜达成了一致，中国建筑装饰协会信息咨询委员会作为协办单位。

▲6月28日，建设部以（建人[1996]386号）文件公布4个文件：《建设部所属合资（合作）企业管理暂行办法》、《建设部关于设立中外合资经营企业审批细则》、《建设部所属境外企业管理暂行办法》、《建设部关于在境外设立企业、机构审批细则》。

七月

▲7月3日，浙江省建设厅发布《工程建设项目开工安全生产条件审查暂行办法》，包括50万元以上的装饰工程项目。

▲7 月 5 日，丹东市建筑装饰协会成立，理事长：市建委副主任许传林，秘书长：市建委建筑市场管理办公室副主任赵仁选。

▲7 月 6 日，中国建筑装饰协会铝制品委员会四届理事会暨会员代表大会在北京劳动大厦举行，200 多名代表与会，中国建筑装饰协会理事长张恩树、副理事长傅鹏、副秘书长霍明远、常务秘书黄白、信息咨询委员会秘书长田万良，国家经贸委外经司外资处副处长李振中等有关方面负责人出席，大会通过了铝制品委员会彭政国秘书长所作的工作报告，大会鼓励幕墙企业积极申办资质。

▲7 月 8 日，经建设部建筑业司企业处安排，中国建筑装饰协会秘书长石连峰就家装问题接受了中央电视台“东方时空”的采访。

▲7 月 15 日，广东省八届人大常委会第 27 次会议通过《广东省建设工程招标投标管理条例》，包括装饰施工。

▲7 月 15 日，中国建筑装饰协会召开三届七次常务理事会，会议确定了第四次会员代表大会的日程和议程。会议由张恩树理事长主持，副理事长窦以德、刘正发、傅鹏、刘导澜，秘书长石连峰，常务理事吴元炜、彭政国、崔勇、郑纪文、魏丙坤、李艾田、严克明、李秀等出席。

▲7 月 16 日，武汉建筑装饰协会召开常务理事扩大会议，研究决定协会呈市政府报告“装饰装修行业务必统一管理”，强烈要求解决装饰行业多头管理问题，会议由理事长彭国云、秘书长张定国主持。

▲7 月 18 日，南京市物价局印发《南京市建筑装饰行业价格管理试行办法》（宁价商字[1996]200 号）。

▲7 月 26 日～28 日，由中国建筑装饰协会、广州市建筑装饰协会共同主办的“第七届中华建筑装饰博览会”在广州举行，中国建筑装饰协会会长张恩树、副秘书长霍明远，广州市副市长戴治国等领导出席开幕式。

▲7 月 26 日～8 月 8 日，中国建筑装饰协会第一次赴朝装饰业考察团一行 40 人在朝鲜考察，负责人为信息咨询委员会秘书长田万良。

▲7 月 29 日～8 月 2 日，由中国建筑装饰协会、内蒙古自治区建设厅共同主办的“全国建筑装饰材料内蒙古博览会”在呼和浩特市举行，中国建筑装饰协会秘书长石连峰出席。

▲7 月 29 日，天津市建委印发《关于加强装饰装修工程开工报建管理工作的通知》（建材[1996]608 号）。

▲7 月 30 日，建设部发出“关于发布行业标准《玻璃幕墙工程技术规范》（JGJ102-96）的通知”（建标[1996]447 号）。同日公布《建筑幕墙》（JG3035-1996）。

▲7 月 30 日，西安亚泰建筑装饰工程公司致函西安市政府办公厅反映多头管理问题。陕西省秦经装饰冷气工程公司致函西安市政府，投诉因多头管理造成的工程损害。西安毅立装饰实业有限公司致函西安市建筑装饰装修业管理办公室，反映多头管理问题。

▲7 月 31 日，陕西省建筑装饰工程公司致函西安市建筑装饰装修业管理办公室，投诉因多头管理造成的工程损害。

八 月

▲8 月 1 日，内蒙古自治区办公厅印发《内蒙古自治区建筑内装饰工程消防管理暂行办法》。

▲8 月 5 日，西安市建筑装饰装修业管理办公室致函市政府办公厅《关于西安地区建筑装饰市场当前的一些情况的反映》。

▲8 月 6 日，吉林省政府办公厅做出《省政府专题会议纪要 112 号》，明确装饰行业由省建设厅统一管理。

▲8 月 6 日，广西壮族自治区八届人大常委会第 23 次会议批准《广西壮族自治区建筑市场管理条例》，包括装饰装修工程。

▲8 月 9 日～11 日，中国建筑装饰协会在辽宁省丹东市召开第四次会员代表大会，大会的主题是：促进建筑装饰行业大发展大提高。中国建筑装饰协会 9 个专业委员会、61 个地方建筑装饰协会的 216 位代表出席，代表全国 8000 多家会员单位。第三次会员代表大会是 1992 年 5 月 10 日～12 日在河南省郑州市召开的。出席大会的有中国建筑装饰协会名誉理事长肖桐、理事长张恩树、副理事长窦以德（建设部勘察设计司副司长）、张鲁风（建设部建筑业司副司长），辽宁省建设厅副厅长周宏煜，副理事长傅鹏、刘导澜，秘书长石连峰、副秘书长霍明远，丹东市市长刘廷耀、副市长唐永林、市建委主任吕需国等有关方面负责人。中央纪委原常务书记、原国家建委主任韩光为大会题词：质量第一。大会通过秘书长石连峰作的“承上启下，继往开来，坚持‘双向服务’为宗旨，积极促进我国建筑装饰行业健康有序地向前发展”的工作报告。表彰了 16 个先进地方装饰协会和 50 位优秀协会工作者。选举产生第四届理事会，理事 223 人，常务理事 51 人。在五届一次常务理事会上，根据建设部 1996 年 7 月 30 日的批复（建人直[1996]164 号），选举协会领导机构，会长：张恩树，副会长（按姓氏笔划）：石连峰、刘正发、李艾田、汪家玉、张鲁风、张志祥、徐正忠、窦以德，高级顾问：肖桐、周干峙、谭庆琏，荣誉理事：许溶烈、刘导澜、魏丙坤，秘书长：石连峰，副秘书长：霍明远、才秀山。大会通过张恩树会长的《在“两个转变”中，团结协作，推进建筑装饰行业大发展大提高》的大会总结报告。大会同时召开“装饰行业多头管理问题座谈会”和“室内设计业发展座谈会”，分别由张鲁风和窦以德副会长主持。

▲8 月 10 日，建设部建筑业司国际市场处统计，我国

现有中外合资合作建筑业企业2000多家，其中80%为装饰企业，1600多家。

▲8月14日～17日，中国建筑装饰协会会同有关单位共同在北京中国国际贸易中心举办“首届中国国际星级饭店装饰与室内配套用品展览会”，参展厂商300多家。

▲8月20日，陕西省建设厅做出《关于加强建筑装饰工程设计管理核发建筑装饰设计资格证书的通知》（陕建建发[1996]236号）。

▲8月20日，中国建筑装饰协会同意作为石家庄《现代装饰报》的主办单位。

▲8月20日～9月4日，中国建筑装饰协会第二次赴朝装饰业考察团一行20人在朝鲜考察，负责人为信息咨询委员会副秘书长刘五爱和李娟。

▲8月22日，福建省建委致省建筑装饰协会《关于同意在全省开展优秀建筑装饰工程评选活动的批复》（闽建筑[1996]50号）。

▲8月26日，建设部、人事部共同颁发《造价工程师执业资格制度暂行规定》（人发[1996]77号）。

▲8月26日，河南省建筑装饰协会致函省建设厅《关于成立“河南省装饰装修行业管理办公室”建议的请示》（豫建装协[1996]018号）。

▲8月28日，建设部印发“贯彻实施《建筑业企业资质管理规定》的意见”（建建[1996]493号）。

九　月

▲9月1日，福建省建筑装饰协会公布《福建省建筑装饰行业公约》。

▲9月2日，浙江省建筑装饰协会发出《关于表彰1995年度浙江省优秀建筑装饰工程的通报》。

▲9月4日，建设部办公厅发出“关于印发《加强玻璃幕墙管理工作座谈会纪要》的通知”（建办建[1996]114号）。中国建筑装饰协会参加了此座谈会。

▲9月5日，建设部副部长叶如棠在“全国小康住宅开工小区经验交流暨第五次规划设计方案评审会议”上强调，要避免二次装修带给住户的干扰和浪费，实行“菜单式”装修设计方案。

▲9月10日，天津市环境装饰协会会刊《天津装饰》创刊。

▲9月12日，福建省建筑装饰协会公布《福建省优秀建筑装饰工程评选办法（试行）》（闽建筑装饰协会[1996]010号）。

▲9月14日，江苏省物价局发出《关于建立建筑材料市场价格测报的通知》（苏价信[1996]388号），其中装饰材料包括17大类、2400多种。

▲9月18日～21日，中国建筑装饰协会石材委员会第五次会员代表大会暨海峡两岸石材形势研讨会在辽宁省兴城市召开，大会选举产生第五届理事会，名誉理事长：郭云麟，理事长兼秘书长：严克明。

▲9月23日～24日，中国建筑装饰协会在福州市召开“全国建筑装饰行业发展研讨会”，此为中国建筑装饰协会首次举办，来自12个省市的60位代表，提供论文23篇，张恩树会长作了“论我国建筑装饰行业十大关系”的讲话。

▲9月24日，建设部建设监理司发出《关于开展玻璃幕墙质量情况调查的通知》（建监[1996]38号）。

▲9月25日，中国建筑装饰协会工程委员会理事会在福州举行，会议由工程委员会理事长傅鹏主持。

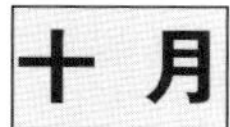

十　月

▲10月1日，《建筑装饰实用手册·施工技术》由中国建筑工业出版社出版发行，180万字，主编黄白。

▲10月3日，内蒙古自治区建设厅致函自治区政府“关于建议修改《内蒙古自治区室内装饰市场管理暂行规定》的请示”（内建施字[1996]297号）。

▲10月8日，中国建筑装饰协会信息咨询委员会年会暨装饰行业发展企业管理研讨会在宁波举行，中国建筑装饰协会会长张恩树、副会长兼秘书长石连峰等90多人出席。

▲10月10日，黑龙江省建委发出《关于全省建筑装饰施工资质和设计证书有关问题的紧急通知》。

▲10月10日，河南省建筑装饰协会成立家庭装饰委员会。

▲10月10日～15日，中国建筑装饰协会信息咨询委员会在厦门举行“全国建筑装饰工程质量培训班”，90多人参加，此班由副秘书长王本明主持。

▲10月14日，建设部做出“关于认真贯彻执行《建筑装饰装修管理规定》的通知”（建建[1996]523号）。

▲10月14日，四川省八届人大常委会第23次会议通过《四川省建筑市场条例》，包括建筑装饰装修工程。

▲10月25日，建设部副部长谭庆琏在“全国建设工程质量工作会议”上强调，要理直气壮地抓好装饰行业管理。

▲10月28日，江苏省建委公布《关于进一步加强江苏省建筑装饰装修工程管理的通告》。

▲10月29日，建设部呈中央机构编制委员会《关于请尽快协调解决建筑装饰装修管理问题的报告》（建建[1996]565号）。

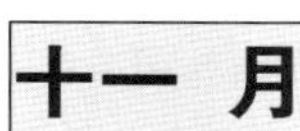

十一　月

▲11月3日，中国建筑装饰协会批准丹东建筑装饰协会成立“中国建筑装饰协会丹东培训中心”。

▲11 月 3 日，北京市建筑装饰协会公布《北京市建筑装饰行业公约》。

▲11 月 5 日，中国建筑装饰协会做出“关于转发建设部《关于请尽快协调解决建筑装饰装修管理问题的报告》的通知”（中装协[1996]第 038 号）。

▲11 月 12 日，建设部与国家工商局共同做出《关于印发建筑装饰工程施工合同示范文本的通知》（建监[1996]585 号），分甲种本 GF-96-0205 和乙种本 GF-96-0206 两种。

▲11 月 12 日，建设部公司社团办公室以建社管函[1996]82 号文件致中国建筑装饰协会，同意成立中国建筑装饰协会家庭装饰委员会，其主要任务是：积极开展调研工作，协助政府主管部门制定家庭装饰方面的政策、法规及技术标准，规范家庭装饰市场，加强行业管理，组织人才培训和技术交流；引导家庭装饰行业健康发展。要求按社团管理的有关规定，尽快组建该委员会，待成立具备后报建设部审批。

▲11 月 12 日，由中国建筑装饰协会化学建材委员会主办的“1996 全国装饰与功能性化学建材技术发展交流会”在无锡市举行，建设部科技司副司长唐美树等 160 多人出席，会议对功能性化学建材市场发展前景表示乐观。

▲11 月 13 日，由中国天诚（集团）内蒙古新雅建筑工程设计装饰总公司设计施工的人大会堂内蒙古厅装修改造进行验收，参加者有建设部原副部长、全国政协副秘书长、中国建筑装饰协会高级顾问周干峙，中国建筑装饰协会会长张恩树，内蒙古自治区党委书记刘明祖，区政府副主席周维德，全国人大常委会副秘书长、人大会堂管理局局长苏秋成，副局长牟宝喜等有关方面负责人 30 多位，内蒙古厅装修改造顺利通过验收。

▲11 月 15 日，建设部建筑业司在北京召开“《建筑幕墙工程施工企业资质等级标准》审定会”，会议由建设部建筑业司企业管理处处长谢少宁主持，中国建筑装饰协会常务秘书黄白、中国建筑金属结构协会秘书长郑金峰、《玻璃幕墙工程技术规范》编制组负责人侯茂盛、国家建筑工程质量监督检测中心谈恒玉等 17 人参加，会议通过该标准。

▲11 月 26 日，四川省建委公布《关于加强全省建筑装饰装修统一管理的通告》。

▲11 月 28 日～30 日，经建设部批准，中国建筑装饰协会在南京市召开“全国家庭装饰工作研讨暨经验交流会”，出席会议的有中国建筑装饰协会会长张恩树，建设部建筑业司企业管理处处长谢少宁，江苏省建委副主任徐益民，省建工局副局长毛家泉，省建筑装饰协会理事长邱良，中国建筑装饰协会副会长兼秘书长石连峰、副秘书长霍明远，以及 4 个专业委员会 16 个地方装饰协会的代表 130 多人。 这是中国建筑装饰协会召开的第二次专门研究家庭装饰行业管理的会议。谢少宁宣读了建设部关于同意中国建筑装饰协会成立家庭装饰委员会的批复。会议着重讨论了建设部建筑业司委托中国建筑装饰协会起草的《关于加强全国家庭装饰行业管理的指导意见》、《全国家庭装饰行业公约》、《中国建筑装饰协会家庭装饰委员会（筹）细则》等文件。会议决定成立由石连峰、霍明远、钟晓春、田万良、洪涛、李秀、邱良、李永洲、王国栋 9 人组成的家装委员会筹备组。此会议是由中国建筑装饰协会家庭装饰委员会（筹）承办，南京广奇装饰工程有限公司协办。

▲11 月 29 日～30 日，中国建筑装饰协会在南京市举行装饰工程专家组成立第一次会议，经过半年的酝酿，专家组宣告成立，组长：石连峰，副组长：傅鹏、刘达文、房箴，首批成员有 19 人：陈炜、江崇元、叶远西、汪家玉、来增祥、朱金生、王福林、陆慕天、李宁、沙启云、任文东、唐建、崔鸿修、江荣宇、劳汝根、黄剑豪、简仁秩、刘友达、常显忠，会议讨论了《中国建筑装饰协会专家组组成方案》。

十二 月

▲12 月 3 日，建设部公布《建筑幕墙工程施工企业资质等级标准》（建建[1996]608 号）。

▲12 月 3 日～5 日，中国建筑装饰协会与建设部标准定额司在深圳市共同举行“全国建筑装饰工程定额研讨会”。会议由中国建筑装饰协会信息咨询委员会承办，深圳市装饰行业协会协办。出席会议的有中国建筑装饰协会会长张恩树，建设部标准定额司副司长王绍成、工程造价处处长徐惠琴，深圳市政府秘书长宋枝旺，以及 22 个省市区的 200 多位装饰企业的代表，会议展开了热烈的讨论，呼吁按照市场经济的思路，尽快改革现行装饰工程定额。会议由秘书长石连峰、副会长汪家玉、信息咨询委员会秘书长田万良分别主持。

▲12 月 18 日，中国建筑物资公司投资的北京德胜门建材市场开业，中国建筑装饰协会秘书长石连峰、副秘书长霍明远，信息咨询委员会秘书长田万良，家装委员会（筹）钟晓春等前往致贺。

▲12 月 23 日，深圳市建设局公布《深圳市 1995 年度装饰工程市级优质样板工程名单》。

▲12 月 27 日，中国建筑装饰协会召开所属专业委员会秘书长工作会议。会议主题是总结 1996 年工作，配合建设部的社团整顿工作。出席会议的有会长张恩树，建设部公司社团办副处长张京跃，秘书长石连峰主持会议并做工作报告，9 个专业委员会秘书长参加。

1999年中国建筑装饰行业大事记

中国建筑装饰协会信息部　中国建筑装饰协会信息咨询委员会

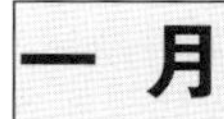

一 月

▲1月1日，北京市建筑装饰协会印发《北京市建筑装饰优质工程评审细则（试行）》。

▲1月5日，建设部发出《建设工程施工发包与承包价格暂行规定》（建标[1999]1号），明确“也适用于现有房屋装修工程”。

▲1月5日，中国建筑装饰协会做出《关于本会秘书处成立五个工作职能部门及其职责范围的通知》（中装协[1999]第1号）和《关于本会黄白等四位同志职务的任命》（中装协[1999]第2号）。行业发展部主任黄白，培训管理部主任蓝弢，市场研究部主任李晓宝，技术推广部主任梁岳峰。

▲1月6日，建设部公布1999年第14号公告，1998年晋升一级资质的建筑装饰工程施工企业65家，原有216家，共281家；晋升一级资质幕墙工程施工企业18家，原有47家，共有65家。

▲1月7日，浙江省建设厅发出《1999年全省建筑业工作要点》（建建发[1999]1号），要求进一步推行装饰工程合同示范文本。

▲1月8日，江苏省建筑装饰协会召开三届理事会，中国建筑装饰协会秘书长谢少宁出席。中国建筑装饰协会根据1998年9月8日建设部人事教育司《关于谢少宁等二同志职务任免建议的通知》（建人[1998]128号），由会长张恩树作出动议并主持召开四届北京地区常务理事会议，原建设部建筑业司企业管理处处长谢少宁任中国建筑装饰协会秘书长，原秘书长石连峰免职，改任驻会专职副会长。

▲1月10日，全国政协主席李瑞环在全国人大常委会副秘书长、人大会堂管理局局长苏秋成和北京市副市长汪光焘的陪同下，视察了正在施工的人大会堂宴会厅装修改造工程。该工程是由北京市建筑装饰设计工程公司承建的。

▲1月12日，建设部召开“全国建设工作会议”，部长俞正声指出，把工程建设质量放在建设工作的中心和首位。

▲1月12日，中国建筑装饰协会在北京新大都饭店举行新春联谊会，参加者有建设部原副部长、中国建筑装饰协会名誉会长肖桐，中国建筑装饰协会会长张恩树、副会长石连峰、秘书长谢少宁、副秘书长霍明远，建设部综合财务司司长张允宽，中国建筑学会秘书长窦以德等有关方面负责人和首都业内人士200多人。张恩树会长致辞，石连峰副会长主持。

▲1月13日，中国建筑装饰协会与北京市建筑装饰协会在北京云翔大厦举行新年联欢座谈会，参加者有中国建筑装饰协会会长张恩树、秘书长谢少宁、副秘书长霍明远，北京市建筑装饰协会副理事长李秀、朱希斌、常务副秘书长郭仁智等，以及北京港源建筑装饰工程有限公司总经理王波、中国建筑装饰工程公司总工程师房箴等中国建筑装饰协会在北京的优秀会员单位的负责人。1998年中国建筑装饰协会评选出112家优秀会员单位，北京占23%、25家。活动由北京市建筑装饰协会顾问鲁心源主持。

▲1月15日，中央纪委第三次全体会议公报发表，要求严格控制装修办公楼。对中央关于“从1997年起三年内不准对办公楼进行装修”的规定进行一次检查，特别是违反规定公款装修住房。

▲1月16日～20日，陕西省政协八届二次会议召开，政协委员、中国建筑装饰常务理事、西安彼特装饰公司总经理杨春生的发言“庸碌无为的领导应先下岗”引起了与会代表的共鸣。

▲1月20日，四川省政府发出《关于加强建筑市场管理确保工程质量的紧急通知》，要求建筑装修企业也要实行责任制。

▲1月20日，北京市建筑装饰协会印发《关于评选建筑装饰企业优秀项目经理的办法》。

▲1月23日，建设部人事教育劳动司颁发《建设部社团领导干部管理办法》（建人直[1999]15号）。

▲1月25日，建设部建筑管理司致函中国建筑装饰协会《关于同意设立建筑施工企业项目经理培训点的批复》（建建监便字[1999]20号）。

▲1月25日，上海市建委公布《关于1998年度上海市文明工地的通知》（沪建建[1999]第0050号），其中有一家装饰企业：上海市建筑装饰集团参建的中共一大会址工程获特别奖。

▲1月26日，中国建筑装饰协会呈建设部勘察设计司“关于共同开展建筑装饰设计（精通内设计）市场调研的请示报告”。

▲1月28日，中国建筑装饰协会信息咨询委员会副秘书长王本明主编的《家庭装修顾问》一书由北京出版社出版发行，全书21万字。

二 月

▲2月1日，中国建筑装饰协会呈建设部建筑管理司并郑一军副部长“关于当前建筑装饰行业多头管理情况的报告”，并附上国家体改委主办的《中国改革报》1998年12月3日、22日出版的两期报纸。

▲2月2日，民政部召开社团工作座谈会，中国建筑装饰协会副秘书长霍明远参加。

▲2月3日，建设部部长俞正声签发部令第66号《建设行政处罚暂行规定》。

▲2月7日，上海卫视台报道，改革开放20年中国最流行的50句语言，包括“装饰装修”。

▲2月9日，上海市建委与市技术监督局共同发布《上海市住宅装饰装修验收标准》。上海市已有60%的居民进行

家装消费，户均3万元，全市约100亿元。

▲2月10日，温州市建筑装饰协会召开三届二次理事会，提出要创建一流协会，会议由副秘书长吴坚主持。理事长、市人大城建委副主任杜玉生，市建设局局长陈光亮，副理事长周锦云、周前、吴秋兰、袁纲平、陈锡强等出席。

▲2月12日，中国建筑装饰协会在北京新大都饭店举行迎新春联谊会，中国建筑装饰协会会长张恩树、秘书长谢少宁、副秘书长霍明远等首都装饰界人士200多人出席。

▲2月15日，中国建筑装饰发出《关于统一集中收取会费的通知》，通知指出，根据1998年11月本会四届二次理事会暨秘书长工作会议的精神，决定对会员单位的服务工作进行改革，会费从原来的由各专业委员会收取改为由中国建筑装饰协会秘书处直接收取。会员单位1500元/年，理事单位2000元/年。

▲2月26日，四川省政府办公厅印发《四川省政府办公厅关于由省建委管理全省装饰装修业的通知》（川办发[1999]13号）。四川省装饰行业的多头管理问题得到解决。

▲2月15日，北京市政府宣布1999年为本市将办60件实事，其中第45件是：规范住房装修市场，使广大居民装修住房更放心、更满意。在全市推行统一的家庭装修合同文本，以法律文书形式当事人的利益。

▲2月24日，中国消费者协会公布1998年消费者投诉四大热点，家庭装修位列第二。消费者要求“装修业自律”。

三　月

▲3月2日，建设部部长俞正声、监察部部长何勇共同签发两部联合部令第68号《工程建设若干违法违纪行为处罚办法》，包括“建筑装饰装修活动”。

▲3月4日，四川省建委、省工商局共同印发《关于由省建委管理全省装饰装修业并对室内装饰资质企业换证的通知》（川建委发[1999]0170号）。

▲3月10日，成都市建委、市工商局联合做出《关于成都市室内装饰资质企业换证的通知》（成建委发[1999]85号）。

▲3月12日，成都市建委做出《关于表彰1998年度建筑装饰先进企业的》（成建委发[1999]88号）。

▲3月15日，浙江省建筑装饰协会工程委员会第二届理事会组成，理事长：徐二华，秘书长：陈孟坡。

▲3月22日，建设部建筑管理司发出“关于转发《四川省政府办公厅关于由省建委管理全省装饰装修业的通知》等文件的通知”（建建发[1999]5号）。

▲3月23日，建设部勘察设计司做出《关于开展建筑装饰设计管理调研工作的通知》（[99]建设市字第19号）。建设部勘察设计司与中国建筑装饰协会成立了调研工作小组，组长：建设部勘察设计司市场管理处调研员粟元珍，中国建筑装饰协会秘书长谢少宁，成员有黄白、梁岳峰等。

▲3月25日，建设部发出《关于公布建筑门窗、建筑幕墙生产许可证换（取）证企业名单的通知》（建综[1999]77号），许可证有效期1999年3月1日～2004年3月1日。

▲3月25日，南京市建工局印发《南京市建筑业企业施工人员持证上岗管理办法》（宁建工字[1999]89号），规定此项工作由局属建筑装饰业管理处负责。

▲3月26日，成都市建筑装饰协会做出《关于表彰“1998年度协会活动积极分子”的决定》（成建装字[1999]07号）。

▲3月30日，四川省建委副主任杨乾芳在成都市建筑装饰协会二届七次会员代表大会上指出，省政府决定由省建委统一归口管理全省装饰装修业，我们的队伍要扩大，原由轻工管理的1200多家装饰企业要转到建委系统行业要欢迎，做好服务工作。

▲3月31日，河南省装饰装修行业管理办公室做出《关于表彰1998年度河南省装饰行业先进企业的决定》。

四　月

▲4月2日，上海市建委通报表彰60家“1998年度上海市优秀（进沪）施工企业”，其中有一家装饰企业：上海市建筑装饰（集团）公司。

▲4月3日，深圳市建设局通报表彰“1998年度新闻信息宣传报道优秀单位和个人”，深圳市装饰行业协会连续两年获优秀单位，秘书长何文祥被评为优秀信息管理干部，韩雪梅、万艳萍被评为优秀信息员。

▲4月4日，《光明日报》报道，河北省1998年节约经费10亿元，包括停建、缓建和停止装修办公楼项目493个。

▲4月5日～10日，建设部装饰设计管理调研工作小组到广州和深圳调研。

▲4月5日，成都市消费者协会做出《关于成立成都市消费者协会家庭装饰装修投诉中心的决定》（成消协[1999]第16号）。

▲4月14日，中共中央办公厅、国务院办公厅联合发出《关于在建国50周年庆祝活动中严禁铺张浪费的通知》，要求不得借机对楼堂馆所进行豪华装修。

▲4月15日，由中国建筑装饰协会家庭装饰委员会（筹）主编的《家庭装饰装修法规标准选编》由中国建筑工业出版社出版发行，主编：黄白，副主编：田万良、钟晓春。

▲4月17日，河南省建筑装饰协会三届三次会员代表大会在洛阳举行，省建设厅副厅长、省装饰协会理事长于法典指出，多头管理必须尽快解决。

▲4月17日～18日，在建设部、国家经贸委、国家工商局的支持下，中国建筑装饰协会召开“全国一级幕墙企业保证工程质量座谈会”，会议由中国建筑装饰协会铝制品委员会秘书长、国家经贸委结构胶领导小组办公室专家组组长彭政国主寺。出席会议的有中国建筑装饰协会会长张恩树，建设部建筑管理司质量技术处处长吴慧娟，国家经贸委对外经贸协调司副司长、国家经贸委结构胶领导小组组长张广义，结构胶领导小组办公室主任李振中，中国建筑装饰协会副会长石连峰、秘书长谢少宁、副秘书长霍明远等有关部门负责人，以及64家幕墙企业和生产厂商的代表100多人。会议通过《一级建筑幕墙企业保证工程质量自律公约》，幕墙企业在公约上签字。

▲4月19日，由中国建筑装饰协会联办的重庆市建筑装饰协会会报《装饰导报》更名为《装饰博览》。

▲4月19日～22日，中国建筑装饰协会在北京杏林山庄召开“第二次全国家庭装饰管理试点工作会”。第一次会

议是1997年11月建设部建筑业司与中国建筑装饰协会在北京宝灵城宾馆召开的。出席第二次家装管理工作会议的有中国建筑装饰协会会长张恩树，建设部建筑管理司副司长符曜伟、建筑业发展处处长李礼平，中国建筑装饰协会秘书长谢少宁，北京市建委副总经济师范魁元以及15个试点城市的代表，会议由中国建筑装饰协会副秘书长霍明远主持，由家装委员会（筹）承办。谢少宁秘书长作了“家装管理试点工作报告”，家装委员会（筹）负责人钟晓春就试点工作具体情况进行了通报。会议认为试点工作取得很大成绩，经验教训值得汲取。同时宣布2000年试点工作结束。

▲4月19日，辽宁省建设厅印发《辽宁省建筑幕墙工程项目经理资质等级标准》（辽建发[1999]47号）。

▲4月20日，上海市建委公布《建筑幕墙专项设计资质标准（试行）》（沪建建[99]第0171号）。

▲4月22日，贵州省建设厅发出《关于决定贵州省民政厅社会福利中心综合楼全隐框玻璃幕墙产品拆除的通知》（黔建标能发[1999]143号）。这项决定包括中国建筑装饰协会铝制品委员会所做工作的结果。

▲4月22日～28日，建设部装饰设计管理调研工作小组到上海、苏州和南京调研。

▲4月23日，福建省建筑装饰协会发布《福建省优秀建筑装饰工程评选方法（试行）》。

▲4月26日，建设部建筑管理司在上海召开“修订建筑施工企业资质等级标准工作会议”，中国建筑装饰协会秘书长谢少宁参加。根据此会要求，中国建筑装饰协会负责修订《建筑装饰工程施工企业资质等级标准》和《建筑幕墙工程施工企业资质等级标准》，具体工作由行业发展部主任黄白负责。

▲4月28日，黑龙江省鸡西市建委做出《关于委托鸡西市建筑装饰协会协助做好行业管理的批复》（鸡建字[1999]第16号），共8项职能。

▲4月30日，南京市建筑工局发出《关于对投资在50万元以下的建筑装饰装修工程管理的通知》，要求业主办理报建手续。

五　月

▲5月10日，天津市建委以建质安管[1999]386号文件批准“天津市房屋修建工程质量监督管理站”更名为“天津市建设工程质量监督管理总站装饰工程分站”。

▲5月11日，建设部发布《关于进一步加强办班管理切实解决办班中存在的问题的通报》（建办[1999]127号），强调办班过多过滥。应由建设部人事教育司统一管理，实行报批、备案制度。

▲5月14日，太原市建筑装饰协会召开第二次会员代表大会，选举产生第二届理事会及其领导机构，会长：市建委副主任姚吉生，秘书长：市建委企业管理处副处长杨凯。

▲5月18日，广西政府发布《关于加强全区有形建筑市场建设和管理的通知》，要求装饰工程也须在有形建筑市场内交易。

▲5月18日，贵州省建设厅以（黔建人复发[1999]031）号文件批复贵州省建筑装饰协会，彭友庆任秘书长，童印佩不再担任。

▲5月18日，沈阳市建工局做出《关于表彰1998年度沈阳市装饰装修行业先进企业的决定》（沈建管通[1999]56号）。

▲5月20日，上海市建委印发《关于加强建筑装饰装修工程文明施工管理的通知》（沪建建[1999]第0309号）。

▲5月20日，武汉建筑装饰协会呈市建委《关于切实加强武汉市建筑装饰工程行业管理工作的建议》。

▲5月21日，建设部勘察设计司以（99）建设综字第28号文件，委托中国建筑装饰协会三项工作：一是装饰设计市场现状的调查；二是提出建筑工程装饰设计管理办法；三是进行建筑工程装饰设计标准修订。

▲5月21日，沈阳市建筑装饰协会公布《关于表彰1998年度沈阳市家庭装修优胜企业和优秀会员单位的通报》（沈装协通[1999]154号）。

▲5月26日，中国建筑装饰协会培训工作会议在北京培训中心举行，会议讨论确定了《中国建筑装饰协会培训管理规定》。出席会议的有中国建筑装饰协会会长张恩树、副会长石连峰、秘书长谢少宁、培训管理部主任蓝岆、行业发展部主任黄白、培训中心主任安静、副主任王燕鸣、工程委员会秘书长顾国华、信息咨询委员会秘书长田万良等。这是中国建筑装饰协会就培训工作召开的第一次专门的会议。

▲5月26日，成都市建委、市监察局共同做出《1999年整顿和规范建筑市场意见》（成建委发[1999]212号），包括投资在50万元以上的室内外装饰装修工程。

▲5月26日，中国人民解放军建筑装饰协会在上海召开理事会，中国建筑装饰协会副秘书长霍明远、解放军装饰协会常务副理事长罗果志、秘书长沙启云，同济大学教授来增祥等38人出席。会议表彰“1998年度全军建筑装饰金榜企业和优秀企业经理（厂长）”。

▲5月26日，广西纪委、监察厅、建设厅共同发出《关于开展学习建设法规活动的通知》（桂经发[1999]11号），共17个，包括《建筑装饰装修管理规定》。

▲5月26日，鸡西市建委做出《鸡西市装饰装修工程招标投标管理暂行办法》（鸡建字[1999]第37号）和《鸡西市外进装饰企业管理暂行办法》（鸡建字[1999]第38号）。鸡西市机构编制委员会《关于在鸡西市建设局施工科增挂“鸡西市建筑装饰装修行业管理办公室”牌子的批复》（鸡编字[1999]第59号）。

▲5月27日，上海市建设工程质量监督总站印发《加强建筑门窗质量监督管理的暂行规定》（沪建质监总[1999]第036号）。

六　月

▲6月1日，国家标准《建筑内部装修设计防火规范》（BG50222—95）经对部分条文修改，重新实施。

▲6月3日，国家经贸委、海关总署、国家出入境检验检疫局共同发出《关于加强硅酮结构密封胶进口管理的通知》（国经贸外经[1999]519号）。中国建筑装饰协会铝制品委员会为此作了大量工作。

▲6月3日，无锡市装饰协会致文江苏省建筑装饰协会

《关于必须立即改革工程建设中对装饰分项工程质量现行等级评定办法的报告》（锡装协[1999]第2号）。

▲6月4日，建设部办公厅和中国建筑业协会共同发出《关于颁发1998年度中国建筑工程鲁班奖（国家优质工程）的决定》（建办秘[1999]25号），这是第一次两奖合一。共85项工程获奖，其中在16项工程中有15家建筑装饰企业作为参建单位获奖。

▲6月7日，建设部人事教育司发出《关于进一步规范社团管理，深化人事制度改革，建立和完善直属社团自养自律机制的通知》（建人教[1999]126号）。

▲6月8日，大连市建委公布《大连市家庭装饰工程质量验收标准（试行）》（大建委发[1999]73号），此文件是大连建筑装饰协会负责起草的。

▲6月11日，深圳市新鹏都装饰工程公司总经理陈子麟因患鼻咽癌医治无效逝世，中国建筑装饰协会致唁电。陈子麟是位行业知名活跃人士。

▲6月8日，北京市建筑装饰协会召开家庭装饰委员会第一次会员代表大会。

▲6月11日，建设部致国家经贸委《关于报送全国化学建材协调组及秘书组名单的函》（建科[1999]190号），建材综合专家组中有两位中国建筑装饰协会常务理事：专家顾问钱宜伦（中国建筑科学研究院原副院长），成员汪维（上海建筑科学研究院副院长）。

▲6月17日，建设部建筑管理司副司长符曜伟看望了“1999年中央建筑业企业资质年检办公室”的同志。自1999年起，中央各部委（总公司）建筑业企业的资质年检统一由建设部负责，建设部组织了有关行业协会进行此项工作，办公室主任是中国建筑业协会副秘书长陈立飞，副主任是中国建筑装饰协会秘书长谢少宁、中国安装协会秘书长贾立才，成员有6人：中国建筑业协会李慎梅、李燕鸣、赵丰，中国建筑装饰协会黄白，中国安装协会程同庆、张文显。年检历时一个多月。

▲6月21日，武汉建工集团装饰工程有限公司更换法人代表和总经理，严振华换吴永久。

▲6月21日，深圳市建设局与市装饰行业协会共同召开“家庭装饰管理工作研讨会”，会议认为，家装实行行业管理最好由协会担当。

▲6月21日，大连市建委颁布《大连市外来施工企业管理办法》（大政发[1999]58号），包括装饰装修企业。

▲6月25日，海峡两岸建筑装饰行业经验交流恳谈会在昆明绿洲大酒店举行，大陆68位、台湾48位装饰界人士参加。出席此活动的领导有中国建筑装饰协会会长张恩树、副会长石连峰、秘书长谢少宁、副秘书长霍明远，云南省建设厅厅长程政宁，云南省建筑装饰行业协会理事长朱葆荣，台湾室内设计师参访团团长、台湾室内设计装修同业公会理事长蔡照兴。会议的主题是：21世纪装饰行业的发展。

▲6月28日，建设部举办部属社团秘书长学习班，中国建筑装饰协会秘书长谢少宁参加。

▲6月29日，上海市建设工程交易管理中心建筑幕墙分中心揭牌。同时举行上海市建筑装饰协会建筑幕墙专业委员会二次会员代表大会，装饰协会秘书长潘志昌兼任幕墙委员会主任，副主任忻国樑宣读了《幕墙行业自律公约》。

▲6月30日，杭州市建筑业管理局、市建筑装饰协会共同做出《关于表彰1998年度杭州市优秀建筑装饰工程的决定》（杭建管工[1999]124号）。

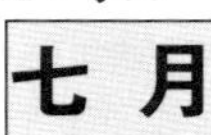

七月

▲7月1日，北京市建筑装饰优质工程初评委员会公布《北京市建筑装饰优质工程评审管理细则》。

▲7月3日～4日，国家经贸委硅酮结构密封胶领导小组在青岛召开“全国结构胶管理工作会议”，大会颁发了第二批35家被认定的结构胶销售厂商证书。

▲7月10日，江西省装饰行业协会出版资料《装饰装修行业多头管理中有关与国家法律、法规相悖的部分文件例证》，送交有关政府部门。

▲7月12日，辽宁省建设厅印发《家庭居室装饰装修业户资质管理暂行规定》（辽建发[1999]93号）。

▲7月15日，湖北省建设厅呈省政府《关于明确我厅为全省室内、外建筑装饰行业行政主管部门的请示》。

▲7月15日，上海市建筑装饰协会家庭装饰委员会一届三次会员代表大会召开，公布《上海市家庭装饰行业自律公约》，表彰家装信得过企业。装饰协会秘书长潘志昌兼任家装委员会主任。

▲7月15日，天津市建委做出《天津市建设工程质量手册管理暂行办法》（建质安管[1999]632号），包括装饰装修工程。

▲7月16日～22日，中国建筑装饰协会在北京中国人民革命军事博物馆举行“改革开放20年建筑装饰行业发展成就暨优秀建筑装饰工程作品展”，23个省市区的180件优秀作品参展。出席展会开幕式的有建设部原副部长、中国建筑装饰协会高级顾问肖桐，建设部原副部长、中国建筑业协会会长廉仲，建设部原副部长、两院院士、中国建筑装饰协会高级顾问周干峙，建设部原副部长、中国城市规划协会理事长储传亨，中国建筑装饰协会会长张恩树，建设部总工程师姚兵，标准定额司司长齐骥，建筑管理司副司长符曜伟，中国建筑业协会副秘书长周世英，中国建筑金属结构协会理事长杜宗翰、秘书长徐文铎，中国建设监理协会秘书长田世宇等有关方面负责人，展会由中国建筑装饰协会秘书长谢少宁主持。出席在北京新世纪饭店举行的颁奖典礼的领导有中国建筑装饰协会高级顾问肖桐，建设部综合财务司司长张允宽，建筑管理司副司长符曜伟，勘察设计司副司长王素卿，标准定额司副司长焦占栓，85家参展企业、70家参评企业均到会，张恩树会长致开幕、闭幕词。

▲7月17日，中国建筑装饰协会在北京西苑饭店召开四届三次理事会，出席会议的有会长张恩树，副会长石连峰、窦以德、汪家玉，秘书长谢少宁，副秘书长霍明远、张京跃，常务理事27人，还有建设部人事教育司直属干部处处长肖厚忠。肖厚忠宣读了建设部人事教育司《关于同意张京跃同志为中国建筑装饰协会副秘书长人选的批复》（建人教直[1999]84号）。会议决定因才秀山长期在国外工作未到协会

就任，免除其副秘书长的职务；李艾田已退休免除其副会长职务。会议增补、调整了一批理事、常务理事。听取了谢少宁关于1999年上半年的协会工作报告。

▲7月20日，甘肃省建委公布《甘肃省家庭居室装饰装修管理暂行办法》（甘建建[1999]240号）。

▲7月20日，上海市建筑装饰协会公布“1998年度信得过建筑装饰企业”，上海市建筑装饰协会自1995年评审信得过装饰企业，每年一次，已坚持四年，全国独此一家。

▲7月22日，中国建筑装饰协会做出《关于公布“改革开放20年建筑装饰行业发展成就暨优秀建筑装饰工程作品展”获奖建筑装饰工程的通知》（中装协[1999]第19号），经评审委员会评审，一等奖27个、二等奖65个、三等奖55个。此次活动对行业发展影响很大。

▲7月25日，浙江省九届人大常委会第14次会议批准《杭州市建筑工程防火管理条例》，包括装饰装修工程。

八　月

▲8月1日，经国家技术监督局批准《天然石材统一编号》（GB/T17670-1999）施行。

▲8月4日～5日，受建设部勘察设计司委托，中国建筑装饰协会进行了1999年晋升甲级资质建筑装饰工程设计企业的初审工作。参加者有中国建筑装饰协会秘书长谢少宁、清华大学建筑学院教授王炜钰、建设部建筑设计研究院室内设计研究所总建筑师黄德龄、建设部城市建设研究院于正伦、中国建筑技术研究院院长助理陈重、北京市建筑装饰协会顾问鲁心源。

▲8月4日，北京市建委以（京建教[1999]287号）文件要求自1999年11月1日起，北京市从事家装施工的人员，逐步实行持证上岗。

▲8月5日，福建省建筑装饰协会做出《关于表彰1998年度福建省建筑装饰行业先进企业的决定》（闽装协[1999]012号）。

▲8月6日，天津市建委做出《天津市工程项目建设管理机构资格审查暂行办法》（建施[1999]714号），包括装饰装修工程。

▲8月13日，四川省建委公布《关于加强玻璃幕墙与主体结构可靠连接确保幕墙工程结构安全的通知》（川建委质安发[1999]1101号）。

▲8月20日，国务院办公厅做出《转发建设部等部门关于推进住宅产业现代化提高住宅质量若干意见的通知》（国办发[1999]72号），第五条指出：加强对住宅装修的管理，积极推广一次性装修或菜单式装修模式，避免二次装修造成的破坏结构、浪费和扰民的现象。

▲8月26日，中华世纪坛组委会公布装饰设计中标单位，全部为深圳市建筑装饰（集团）有限公司所为，设计主持是公司副总工程师顾伟和设计院副院长姜峰，此两人为业内知名人士。深圳市时有装饰施工企业212家，其中一级32、二级59、三级23家；装饰设计企业162家，其中甲级25、乙级18、丙级3家。

▲8月27日，沈阳市建筑工程管理局、市工商局共同颁发“关于统一使用《家庭装饰装修工程交易合同》的通知”（沈建管通[1999]82号）。

▲8月30日，四川省建委转发省财政厅、省物价局“对省建委《完善省外建筑企业入川管理费收取办法》的复函”，装饰工程为3%，其中省建委留40%，市（地、州）留60%。

▲8月31日，天津市建委颁发《天津市建筑装饰工程质量管理暂行办法》（建质安管[1999]784号）。

九　月

▲9月1日，中国建筑装饰协会发出《关于聘请郭家汉同志为中国建筑装饰协会常年法律顾问的通知》（中装协函[1999]第21号）。郭家汉原为建设部体改法规司法规处副处长，时为北京鼎业律师事务所律师。

▲9月1日，浙江省政府令第113号《浙江省住宅区物业管理办法》施行。第二十四条对装修做出规定：“业主或非业主使用人装修房屋，应当事先通知物业管理企业。物业管理企业应当将装修房屋的注意事项告知业主或非业主使用人。物业管理企业发现在装修过程中有违反有关规定时，应当通知行为人立即停止并改正。对拒不改正的，应当及时告知业主委员会并报有关行政管理部门依法处理。”

▲9月3日，33岁的陕西省政协八届政协委员、中国建筑装饰常务理事、西安彼特装饰公司总经理杨春生在西安前往扶贫的路途中因突遭车祸当场身亡。中国建筑装饰协会致唁电。

▲9月9日，四川省建委做出《关于外国企业入川从事建筑活动管理的通知》，明确包括“室内外装饰装修、建筑幕墙装饰工程”。

▲9月9日，苏州市建筑装饰协会公布《关于授予苏州市第四届“天堂杯”优秀装饰工程奖和第二届“家庭装饰用户满意单位”的决定》（苏装协秘字[1999]第005号）。

▲9月13日，陕西省建筑装饰协会发出《关于表彰陕西省建筑装饰优秀工程、优秀设计获奖项目的通知》（陕建装发[1999]05号）。

▲9月16日，四川省建委发布《关于进一步加强装饰装修市场管理工作的通知》（川建筑委建发[1999]1187号）。

▲9月22日，“全国装饰设计管理调研工作报告”征求意见座谈会在北京市勘察设计管理处召开，会议由中国建筑装饰协会秘书长谢少宁主持，由报告起草人黄白作说明，中国建筑装饰协会工程委员会秘书长顾国华、杨天军、陈京明，北京市勘察设计管理处处长于春普，北京市建筑装饰协会常务副会长李秀、朱希斌、常务副秘书长郭仁智，北京辛迪森建筑装饰设计工程有限公司总经理李劲等17人参加。会议给予此报告以充分肯定和良好评价。

▲9月22日，北京市建委公布《北京市家庭居室装饰装修工程承发包及施工管理暂行规定（试行）》（京建筑法[1999]413号）。

▲9月22日，沈阳市建筑装饰协会召开会员代表大会暨建筑装饰行业发展研讨会，市建管局副局长、市装饰协会会长卜宝儒，市装饰办主任、市装饰协会秘书长王志斌等100多人与会。

▲9 月 23 日，建设部以（建设[1999]237 号）文件批准 1999 年晋升甲级建筑装饰工程设计资质的企业 45 家，原有 137 家，全国共 182 家。

▲9 月 24 日，建设部颁发《关于部有关司局职能转移的意见》（建人教[1999]238 号），通知要求，各有关司局在三年内转移政府职能给予相关行业协会。

▲9 月 24 日，广东省九届人大常委会第 12 次修订 1993 年 7 月 15 日经八届人大常委会第 3 次会议通过的《广东省建设工程招标投标管理条例》，包括装饰装修施工。

▲9 月 24 日，上海市建委做出《关于减轻建筑施工企业负担精减五类检查评比取消有关收费项目的通知》（沪建建[1999]第 0722 号），确定一个社团只能保留一个评比项目，上海市建筑装饰协会保留的是“上海市信得过建筑装饰企业”。

▲9 月 27 日，江苏省镇江市建委、市建筑装饰协会共同做出《关于表彰镇江市建筑装饰企业“优秀装饰设计及优质工程”评比获奖单位的决定》（镇政建[1999]236 号）。

▲9 月 29 日，中国建筑装饰协会召开“庆建国 50 周年装饰协会成立 15 周年座谈会”。出席者有会长张恩树、副会长石连峰、副秘书长张京跃，行业发展部主任黄白、市场研究部主任李晓宝、培训管理部主任蓝弢、技术推广部主任梁岳峰，秘书处秘书谢韶光、杜桂玲、张军莉，工程委员会理事长傅鹏、秘书长顾国华，信息咨询委员会秘书长田万良、副秘书长王本明，五金委员会理事长唐澄、秘书长郑纪文，石材委员会理事长兼秘书长严克明，家装委员会（筹）负责人钟晓春、王振杰、马骅，铝制品委员会办公室主任邱建辉。座谈会由秘书长谢少宁主持。

十 月

▲10 月 1 日，教育部批准中央工艺美术学院并入清华大学，改称“清华大学美术学院”。

▲10 月 10 日，沈阳市建筑工程管理局印发《关于加强家庭居室装饰装修管理的通知》（沈建管通[1999]93 号）。

▲10 月 12 日，中国建筑装饰协会石材委员会第六次会员代表大会暨首届全国石材展贸会在广东省云浮市举行。中国建筑装饰协会会长张恩树、秘书长谢少宁、石材委员会理事长兼秘书长严克明，云浮市委书记温耀深、市长郑利平以及来自 25 个省市区的 160 多名代表出席。

▲10 月 15 日，建设部部长俞正声签发部令第 71 号《建筑工程施工许可管理办法》，包括“装修装饰工程的施工”。同日，俞正声签发部令第 72 号《城市房屋白蚁防治管理规定》，包括装饰装修的房屋。

▲10 月 18 日，福州市建筑装饰协会 1999 年年会召开，会长邓捷、秘书长叶斌总结了自 1998 年 8 月成立以来的工作。

▲10 月 20 日，建设部勘察设计司、中国建筑装饰协会“全国建筑装饰设计管理工作调研小组”发表《全国建筑装饰设计调研工作报告》。

▲10 月 21 日，中国建筑装饰协会将中国室内装饰协会出版的《室内装饰信息》1999 年 7 月 31 日特刊 17 期、9 月 9 日特刊第 19 期，报送建设部副部长叶如棠、郑一军和建筑管理司、勘察设计司、标准定额司，希望对装饰行业的多头管理问题给予重视。

▲10 月 22 日，江西省物价局、省建设厅共同发布“关于试行《工程勘察和工程收费标准》补充规定的通知”（赣价房字[1999]9 号），装饰设计收费为 3.8%～6.0%。

▲10 月 28 日，无锡市建委公布《无锡市家庭居室装饰装修资格管理办法》（锡建施[1999]第 17 号）。

十一 月

▲11 月 16 日，成都市建委公布《成都市家庭房屋装饰装修工程质量检验规定》（城建委发[1999]404 号）。

▲11 月 19 日，深圳市市长李子彬签发市政府令第 90 号《深圳市家庭居室装修管理规定》。

▲11 月 19 日，建设部人事教育司直属干部处处长肖厚忠到中国建筑装饰协会征求对秘书长谢少宁、副秘书长张京跃的意见，此前的 10 月 25 日，谢少宁、张京跃参加了建设部为期近两个月的“三讲”学习。肖厚忠分别与张恩树、石连峰、霍明远、黄白、蓝弢、杜桂玲、张军莉、李卫青谈了话。

▲11 月 26 日，中国建筑学会室内设计分会召开成立 10 周年庆祝大会暨年会，中国建筑装饰协会致电祝贺。

▲11 月 26 日，江苏省淮阴市建筑装饰协会成立，会长：市建委主任马德祥，秘书长：市建管局市场管理科科长佘明龙。

十二 月

▲12 月 3 日，成都市建筑装饰协会举行成立 10 周年庆祝大会，中国建筑装饰协会副会长石连峰、副秘书长霍明远等有关领导和会员代表 200 多人出席。

▲12 月 8 日，中国建筑装饰协会召开“三讲”民主生活会，会议由建设部“三讲”巡视组成员、建设部人事教育司直属干部处处长肖厚忠和建设部纪检组成员周凤歧主持，听取对谢少宁、张京跃的“三讲”汇报，参加会议的有会长张恩树、副会长石连峰和黄白、蓝弢、杜桂玲、张军莉、李卫青、谢韶光。

▲12 月 8 日，石家庄市装饰协会召开第四次会员代表大会，选举产生第四届理事会及其领导机构，刘亚东继续任会长，赵秀民继续任秘书长。

▲12 月 8 日，天津市建委公布《天津市建筑业企业项目经理资质管理办法》（建筑[1999]1219 号），包括装饰装修企业。

▲12 月 22 日～24 日，中国建筑装饰协会四届三次理事会暨全国装饰协会秘书长工作会议在成都举行。会议主题是：新世纪建筑装饰行业大发展大提高。出席会议的有中国建筑装饰协会会长张恩树，建设部建筑业发展处副处长缪长江，四川省建委副主任杨乾芳，成都市建委主任刘玉成，中国建筑装饰协会副会长石连峰、汪家玉，秘书长谢少宁，副秘书长霍明远、张京跃，中国建筑装饰协会 8 个专业委员会、31 个地方装饰协会的负责人。会议强调，装饰协会要与企业同呼吸共命运，共促装饰行业大发展大提高。

▲12 月 22 日，中国消费者协会发布 2000 年第一号消费警示：装修，安全比美更重要。

▲12 月 25 日，《美术报》评出 1999 年中国美术十大新闻，其中之一是中央工艺美术学院并入清华大学。

2002年我国建筑装饰行业的法制建设

中国建筑装饰协会信息部主任兼会刊《中国建筑装饰》主编　黄　白

2002年我国建筑装饰行业的法制建设最突出的特点是：制度创新，且力度比较往年为最大。

一、适应WTO需求

1．调整市场准入政策

1月1日，外经贸部根据WTO的要求，全国有5000多种进口产品关税进行调整，其中包括下调8种装饰材料产品进口关税：釉面砖从45%降到34%，大理石从24%降到19%，瓷具从30%降到24%，厨房器具从30%降到24%，窗从16%降到12.4%，红柳安饰面薄板从8%降到4%，红木家具从22%降到14.7%，不锈钢家具从18.5%降到16%。

2月5日，天津市建委做出《外地进津建筑业企业备案办法》（建筑[2002]139号），包括装修工程，此举目的是为落实国务院关于打破行业垄断，取消地区封锁，建立统一开放大市场，提高政府政策透明度。

9月27日，建设部部长汪光焘与对外贸易经济合作部部长石广生共同签发建设部、对外贸易经济合作部令第113号《外商投资建筑业企业管理规定》；第114号《外商投资建设工程设计企业管理规定》。

11月1日，国务院做出《国务院关于取消第一批行政审批项目的决定》（国发[2002]24号），共取消国家各部委行政审批项目789项。其中，国家经贸委被取消46个，包括装饰企业的资质审批。建设部被取消135项，包括“房屋装饰装修审批”（序号318），当时设定的依据是“建筑装饰装修管理规定（建设部令第46号）”；还剩9项，包括装饰企业在内的建筑业企业资质审批、房地产资质审批、施工许可、招标代理、外商投资建筑业企业、项目经理资质、工程质量验收、环境检测等。

2．新出台司法解释和法律

4月1日，最高人民法院《关于民事诉讼证据的若干规定》的司法解释开始施行：环境污染致人伤害等8类民事诉讼举证责任由加害人承担，新规则采用举证责任倒置的原则，将举证责任划给了加害人一方。如装饰装修造成的环境污染致人伤害，不由业主来证明装饰装修公司或厂商有过错，而要由装饰装修公司或厂商来证明自己的行为无过错。其他7类民事诉讼举证责任由加害人承担的有：医疗纠纷、专利侵害、高度危险作业致人损害、共同危险行为致人损害、缺陷产品致人损害、搁置物或悬挂物致人损害、饲养动物致人损害。

6月27日，最高人民法院发出公告，《关于建设工程价款优先受偿权问题的批复》（法释[2002]16号）已于2002年6月11日由最高人民法院审判委员会第1225次会议通过，即日起施行。包括装饰装修工程。7月29日，建设部办公厅做出“关于转发《最高人民法院关于建设工程价款优先受偿权问题的批复》的通知”（建办市[2002]51号）。

6月29日，《中华人民共和国清洁生产促进法》经九届全国人大常委会第28次会议通过，国家主席江泽民以主席令第72号公布，自2003年1月1日起施行。第二十四条：建筑工程应当采取节能、节水等有利于环境与资源保护的建筑设计方案、建筑和装修材料、建筑构配件及设备。建筑和装修材料必须符合国家标准。禁止生产、销售和使用有毒、有害物质超过国家标准的建筑和装修材料。第三十八条：违反本法第二十四条第二款规定，生产、销售有毒、有害物质超过国家标准的建筑和装修材料的，依照产品质量法和有关民事、刑事法律的规定，追究行政、民事、刑事法律责任。

3．调整设计取费、工程造价定额和流转税

1月7日，国家计委与建设部共同公布《工程勘察设计收费管理规定》（计价格[2002]10号），与1992年的标准相比，由政府定价改为政府指导价格，调整后的勘察设计收费比现行标准提高120%，设计收费比现行标准提高56%，从2002年3月1日起施行。1992年国家物价局与建设部共同颁发的《关于发布工程勘察和工程设计收费标准的通知》（[1992]价费字375号），建筑装饰设计收费标准是3%～5%。

3月12日，北京市建委发布《北京市建设工程预算定额》，从4月1日起施行，由政府指令性变成了市场化。新的计价原则是“在国家宏观调控下，由市场形成工程造价的机制”，并逐步向国际惯例“工程量清单”过渡。新的造价办法可降低建设成本8%。

7月1日，具有市场经济意义与国际接轨的、包括装饰装修在内的《安徽省建设工程造价管理办法》，经省政府第104次常务会议讨论通过，开始施行。

6月18日，杭州市建委做出《关于印发杭州市建筑工程施工招标投标办事指南的通知》（杭建市发[2002]286号），办事指南包括招标条件、申请、文件备案、招标文件澄清或修改备案、开标、评标、招投标书面报告、合同备案等。

7月22日，建设部和国家工商总局共同颁发“关于印发《建设工程造价咨询合同（示范文本）》的通知”（建标[2002]197号）。建设部还做出“关于印发《〈造价工程师注册管理办法〉的实施意见》的通知”（建标[2002]187号）。

9月11日，国家税务总局做出《关于纳税人销售自产货物提供增值劳务并同时提供建筑业劳务征收流转税总是的通知》（国税发[2002]117号），通知中明确，建筑业劳务包括装饰，自产货物范围主要是铝合金门窗和玻璃幕墙。

10月1日，由山东省建设厅制定的《山东省建筑工程施工发包与承包计价管理办法》开始施行，包括室内外装饰装修工程。该办法强调，承发包价在政府宏观调控下由市场形成。

10月15日，国家计委印发《招标代理服务收费管理暂行办法》（计价格[2002]1980号），明确包括"各类土木工程、建筑工程、设备安装、管道线路敷设、装饰装修等建设以及附带服务的工程招标代理服务收费。"

4．建立装饰行业工资协商制度

7月23日，《深圳市装饰行业工资协商协议书》签字仪式在深圳市人大会堂举行。深圳市装饰行业协会会长何文祥作为100家民营装饰企业的公司方首席代表，深圳市装饰行业协会副秘书长兼行业工会工作委员会主席韩雪梅作为12141名员工方首席代表，在协议书上郑重的签了字。出席签字仪式的深圳市人大常委会副主任兼市总工会主席张宝琴、市建设局局长邹国华、市劳动局局长孙大海、市总工会副主席毛晓碚、梁耀发、市中外企业家协会会长夏德明等有关方面领导和装饰企业及其员工代表、众多新闻媒体记者对此报以热烈掌声。自此，不仅是我国建筑装饰行业，而且是我国行业第一个行业工资协商制度诞生，具有重要的行业示范和导向作用。该协会规定，深圳市装饰行业从事经营管理、行政保障和一线生产的固定人员月均工资不低于2000元，临时劳务人员日均工资不低于60元。各企业应于每月25日前向员工全额支付本月工资，不得无故拖欠。各企业依承诺承担各自义务，并独立承担相应法律责任。协会自签订之日起生效，有效期至2005年7月23日止。8月22日，《中国青年报·青年时讯》以"最像福音的协议——深圳达成首份行业工资协议"为题，报道深圳市装饰行业工资协商制度。

8月2日，建设部在北京召开"全国建设系统协调劳动关系三方会议成立大会暨工作会议"，建设部副部长刘志峰任主席，中国海员建设工会副主席李全良、中国建筑业协会秘书长徐义屏任副主席，建设部人事教育司副司长张其光任办公室主任，中国海员建设工会副处长肖敏、中国建筑业协会副秘书长陈立飞任办公室副主任。中国建筑装饰协会会长马挺贵出席。刘志峰副部长在大会讲话中举了深圳的例子。

9月12日建设部、中国海员建设工会全国委员会、中国建筑业协会共同发出《关于在全国建设系统推行协调劳动关系三方会议制度的意见》（建人教[2002]226号）。

5．建立市场诚信机制

1月23日，建设部公布《2002年精神文明建设工作要点》（建精[2002]19号）。

4月4日，建设部做出《关于当前行业作风建设情况和开展"树行业新风，让人民满意"主题活动的通知》（建精[2002]81号）。

1月31日，建设部在合肥市召开"全国建设系统纪检监察工作经验交流会"，部长汪光焘出席并作重要讲话，他强调要把"三审（各种资质的审查、评优评奖的审定、规划的审批）、二交易（工程承发包和房地产交易）、一服务（公用事业的各项服务）"工作做好，加大从源头上治理腐败力度，狠抓三五年，取信于民。

2月10日，建设部做出"关于印发《对工程勘察、设计、施工、监理和招标代理企业资质申报中弄虚作假行为的处理办法》的通知"（建市[2002]40号）。

3月8日，国务院办公厅做出《转发建设部国家计委监察部关于健全和规范有关建筑市场若干意见的通知》（国办发[2002]21号）。

3月8日，建设部办公厅发出"关于印发《建筑市场举报投诉受理工作管理办法》的通知"（建办稽[2002]19号），办法指出，受理举报、投诉的范围是有关建筑市场、工程质量和施工安全的各种举报、投诉。稽查办负责对各种渠道来的投诉、举报统一登记，内容包括：举报、投诉人姓名（要求对姓名保密者除外）、地址、联系电话，举报、投诉的时间，举报、投诉的主要问题。

3月27日，建设部办公厅公布《工程勘察设计廉政责任书》（建办监[2001]21号），从2002年5月1日起在设计、施工、监理中推行"廉政责任书"制度，其中规定："甲方不准要求、暗示或接受乙方和相关单位为个人装修住房。""乙方不准接受或暗示为甲方、相关单位和个人装修住房。"

6月11日，深圳市建设局公布《深圳市建筑市场主体及从业人员不良行为记录与公示办法》，自2002年7月1日起施行。这是深圳市建设行政主管部门又一个市场经济思路的行政规章。

7月11日，建设部做出"关于印发《建设领域违法违规行为举报管理办法》的通知"（建法[2002]185号）。9月10日，杭州市建委、市监察局共同发出《杭州市工程建设违法违纪行为警示制度》，包括装修装饰工程。

4月19日，建设部建筑市场管理司在苏州市召开的"建筑市场有关企业和个人信用档案会议"决定，全国各地建筑市场的企业和个人信用档案将于今年10月1日前建成并运作。建筑市场管理司司长张鲁风指出，建筑市场有关企业和个人信用档案，是指工程勘察、设计、施工、监理、招标代理、造价咨询工程师和建筑企业项目经理等专业技术人员的业绩、建筑市场违法违规行为、工程质量安全事故及其它不良记录等。将与企业资质、专业人员从业资格注册相结合。

8月21日，建设部办公厅做出《关于建立建筑业企业一级资质项目经理数据库的通知》（建办市函[2002]366号），要求各地区、各部门于2002年9月30日前将本地区、本部门的一级资质项目经理上网材料通过书面形式或从网上报送建设部建筑市场管理司。

9月4日，建设部颁发"关于贯彻《关于加强领导干部学法用法工作的若干意见》，切实推进建设系统普法工作的通知"（建法[2002]220号），目的是为切实贯彻中组部、中宣部、司法部《关于加强领导干部学法用法工作的若干意见》和全国建设系统"四五"普法依法治理工作会议精神，就加强建设系统领导干部、行政执法人员、专业技术人员学法用法工作提出要求。

6．提高信息工作效率

1月23日，建设部在哈尔滨市召开"全国建设系统计划财务工作会议”，建设部副部长傅雯娟要求，改进统计信息工作，提高信息服务质量。

2 月 21 日，为加强信息工作，建设部以人教[2002]10 号文件批准在科技司设立信息产业处。

8 月 8 日，建设部办公厅发出《关于向建设部报送请示文件和重要情况报告的通知》（建办秘[2002]53 号），通知指出：为进一步做好公文处理和重要紧急情况的处置工作，加快公文运转效率，根据部领导指示，重申如下要求：各地区、各单位报建设部的请示件，应统一报建设部，具体接收和批办部门为建设部办公厅；不要直接报部有关司局，也不宜直接报部领导同志。有关司局遇特殊情况直接接收有关地区和单位的请示文件时，也应及时送办公厅补办登记等手续。对地方(单位)发生的应急性事项、重大的质量安全事故及部批示交办的事项，各地区、各单位应及时报告或反馈我部。

7．继续推进国企改制

4 月 26 日，国家经贸委、财政部、教育部、卫生部、劳动和社会保障部、建设部共同发出《关于进一步推进国有企业分离办社会职能工作的意见》（国经贸企改[2002]267 号）。

二、强化市场监管

1．整顿规范特别是家装市场加强质量管理

1 月 7 日，建设部在北京召开了“全国建设工作会议”，部长汪光焘作了题为《贯彻扩大内需方针加快建设事业发展》的报告，他指出 2002 年建设工作主要任务有 8 项重点工作，其中第 4 项要求是：要加强对建筑装饰装修，特别是住宅装饰装修工程质量的监督，对违反法律法规和工程建设质量安全强制性条文，以及在装饰装修中擅自变动房屋建筑主体和承重结构，导致严重质量安全隐患，危害市场经济秩序的违法行为和有关责任人，要严肃查处，决不手软。

1 月 18 日，建设部公布《建设部 2002 年整顿和规范建筑市场秩序工作安排》，其中要求：整顿和规范建筑装饰装修特别是住宅装饰装修活动，确保装饰装修工程质量，重点解决住宅装饰装修活动中擅自变动房屋建筑主体和承重结构，以及使用对人体有害的装饰装修材料等问题，对违法违规的责任单位和责任人，要依法做出处罚。

2 月 1 日，天津市建委公布《2002 年天津市建设工程质量工作要点》（建质管[2002]118 号），在主要工作和措施要求中的第 7 条提出：加大装饰工程监督检查力度，确保工程质量安全。

2 月 4 日，青海省建设厅厅长王西明在“全省建设工作会议”上指出：要加强对建筑装饰装修，特别是住宅装饰装修工程质量的监督，对违反法律法规和工程建设质量安全强制性条文，在装饰装修中擅自变动房屋建筑主体和承重结构，以及使用假冒伪劣建筑装饰材料导致严重质量、安全隐患的有关责任人，要严格查处，决不手软。

2 月 22 日，辽宁省建设厅做出《关于印发 2002 年整顿和规范建设市场秩序工作方案的通知》，工作重点和主要任务，包括 50 万元以上的新建、在建的各类房屋的建筑装饰装修项目。具体措施和工作要求，包括加强建筑装饰装修工程质量监督管理。重点检查在装修过程中擅自变动房屋建筑主体和承重结构的现象。各地工程质量监督机构要设立专门机构对建筑装饰装修工程进行监督管理。

3 月 27 日，四川省建设厅公布《四川省 2002 年整顿和规范建筑市场秩序的意见》，规定的范围是投资在 50 万元以上在建（包括新开和在建）的各类房屋建筑的装饰装修的违法违规行为。要求整顿和规范建筑装饰装修特别是住宅装饰装修活动，确保装饰装修工程质量。涉及变动房屋建筑主体和承重结构的，要有报批手续。严禁使用对人体有害的装饰装修材料。对于违法违规的责任单位和责任人，要依法做出处罚。

4 月 3 日，青海省建设厅发布《青海省 2002 年整顿和规范建筑市场秩序实施意见》，要求各级建设行政主管部门要切实加强对建筑装饰装修，特别是住宅室内装饰装修工程质量的监督，重点是依法监督和查处在装修工程中擅自变动房屋建筑主体和承重结构、在建筑装饰装修中使用假冒伪劣的装饰装修材料问题，如有发现，对违法违规的责任单位和责任人，要坚决依法做出严厉处罚。

4 月 8 日，山东省建设厅、省建管局决定，从 2002 年二季度起全省开展建筑装饰装修市场专项治理活动，重点：一是加强建筑装饰装修特别是家庭居室装饰装修工程质量监督；二是杜绝装饰装修过程中擅自变动建筑主体、改变承重结构、乱砸乱建现象；三是依法查处违反法定建设程序和法定制度、转包和违法分包、规避招标投标及招投标中的弄虚作假、违反工程建设强制性标准和偷工减料等问题；四是规范政府主管部门的行政行为，提高行政效率和服务水平。具体要求：一是在设立山东省整顿规范装饰市场领导小组的同时，各市、县（区）也要成立专门机构，加强行业的统一管理；二是建立严格的监督管理体系，强化执法队伍建设，严厉查处违规行为；三是加大执法力度，建立健全法规体系，认真贯彻落实建设部《建筑装饰装修管理办法》和《家庭居室装饰装修管理暂行办法》，严格落实工程项目法人目标责任制；四是加强对装饰材料和装饰装修后的环境检测，严格按照国家标准《建筑装饰装修工程质量验收规范》（GB50210—2001）、《住宅装饰装修工程施工规范》（GB50327—2001）和《民用建筑工程室内环境污染控制规范》（GB50325—2001）标准执行；五是根据家庭装饰装修中投诉多、解决处理较复杂的情况，实施建立装饰装修保证金制度，以保证按照合同进行赔偿，确保工程质量；六是加大对家庭居室装饰装修管理力度。按照建设部《住宅室内装饰装修管理办法》、《山东省家庭居室装饰装修管理办法》和《山东省家庭居室装饰装修专业资格管理细则》的有关规定，清理整顿无证施工队伍。

4 月 26 日，青海省建设厅召开“全省建设工程质量安全监督工作座谈会”，省建设厅副厅长杨峰林在报告中指出，当前存在的主要问题，包括装饰装修过程中擅自变动承重结构，任意增加楼层荷载的现象时有发生。从此次全省建设工程质量大检查和质量投诉情况来看，在装饰装修过程中，随意施工，观感差，“渗、漏、堵、空、裂、粗”，直接影响了建筑工程的使用功能，给住户使用带来诸多不便，住户反应强烈，称之为“住着担心，看着难心，想着伤心”的“三心”牌工程。对于这些质量通病，我们要下大力气治理。

6 月 11 日，河南省建设厅颁布《河南省建筑装饰装修工程质量监督管理工作暂行规定》。

7 月 8 日，青海省建设厅与省质量技术监督局共同做出《关于整顿建筑门窗市场、规范行业的通知》（青建工[2002]169 号），要求全省 90 多家门窗生产企业取得生产许可证，未经验收不得交付使用，委托省建筑门窗协会开展门窗行业大检查。

8 月 8 日，“山东省创建无质量通病住宅工程现场会暨建筑管理工作座谈会”在青岛市举行，省建设厅厅长兼省建管局局长杨焕彩在讲话中指出，今年上半年全省建筑业呈现出良好的增长势头，主要标志包括：装饰装修市场管理进一步规范化，行业劳保、培训和鉴定工作再创佳绩。今年下半年要继续把装饰装修专项治理工作推向深入。会议由省建管局副局长、中国建筑装饰协会常务理事程曾惠主持。

8 月 31 日，天津市建委发出《关于外地进津建筑业企业备案办法有关事项的通知》（建筑[2002]687 号），其中要求应当是通过 ISO9000 认证的企业，应当以企业法人备案，不得以分公司名义。

10 月 18 日，浙江省建设厅副厅长赵如龙在杭州市建筑业联合会第二届会员代表大会上讲话指出，我厅对建筑业做出规划，要形成装饰等专业优势，不断提高装饰水平。

11 月 8 日，由沈阳市建筑装饰协会起草的《家庭装修工程质量验收规范》经沈阳市质量技术监督局批准发布，作为沈阳市地方规范 DB/T2101.F04—2002，自 2002 年 12 月 8 日起实施。该标准主要起草人：丁玉松、牛占宇、黄志勇、李志远、刘添福、王宏林、赵国涛、王允波、王文武。

到 2002 年底，我国制定有地方家装工程质量验收标准的计沈阳共有 7 部：1997 年 5 月 20 日上海市建委批准的《住宅建筑装饰工程技术规程》（DBJ08—62—97）、1997 年 9 月 11 日河南省建设厅公布的《湖南省家庭居室装饰装修施工工艺及验收标准》（YJG32—97）、1999 年 3 月 13 日武汉建筑装饰协会制定的《武汉市家庭装饰工程质量验收暂行规定》、2000 年 1 月 10 日江苏省质量技术监督局批准的《住宅装饰标准》（DB32/381—2000）、2000 年 2 月 18 日北京市建委发布的《家庭居室装饰工程质量验收标准》（DBJ/T01—43—2000）、2000 年 10 月 21 日深圳市建设局发布的《深圳市家庭装饰装修工程质量验收标准》。

2．重视安全生产

1 月 7 日，山东省政府以省政府令第 132 号颁发《山东省建筑安全生产管理规定》，自 2002 年 2 月 1 日起施行，包括从事装饰装修活动的单位和个人，必须遵守该规定。

1 月 24 日，建设部办公厅与中国建设建材协会共同做出《关于 2001 年全国建筑安全产生检查情况的通报》（建办质[2002]4 号）。

2 月 8 日，建设部发出《关于加强全国建设系统安全生产工作的紧急通知》（建质电[2002]3 号），通知说，2001 年全国建设系统安全生产状况十分严峻，共发生伤亡 1008 起，死 1049 人，伤 302 人。为此，建设部成立了安全生产工作领导小组，组长：部长汪光焘，副组长：副部长郑一军、仇保兴。要求执行《建筑业安全卫生公约》。

4 月 12 日，北京市建委施工安全管理处做出《关于贯彻国务院令开展危险化学品使用安全大检查的通知》，强调特别是建筑装饰施工企业，对接触有毒有害危险化学品的生产作业场所，必须建立职业病危害的监测和预防体系，对作业过程必须保证通风，并采取防火、防爆、隔离污染操作等项安全防护措施。对从事此类操作的工人必须定期进行安全培训和上岗操作知识教育，对长期接触职业危害环境的工人要定期进行健康状况身体检查。

4 月 17 日，建设部发出《关于开展 2002 年建设系统“安全生产月”活动的通知》（建质[2002]98 号），通知指出，根据中共中央宣传部、国家安全生产监督管理局、全国总工会、共青团中央《关于开展 2002 年“全国安全生产月”活动的通知》（安监管政法字[2002]4 号）的统一部署，建设部定于 2002 年 6 月在全国建设系统开展以“安全责任重于泰山”为主题的“安全生产月”活动。

5 月 9 日，天津市建委公布《天津市建筑业企业安全生产资格登记管理办法》（建筑安管[2002]359 号），要求建筑装饰工程施工企业在取得资质证书后，也须办理安全生产资格登记。

5 月 22 日，建设部发出《关于立即组织开展建设系统安全生产大检查的紧急通知》（建质[2002]122 号），检查的重点领域包括存在安全隐患的公共娱乐场所、体育场馆、校舍和居民住宅等危旧房屋建筑及其附属设施。

5 月 31 日，建设部发出“关于印发《建设部安全生产管理委员会工作制度》和《建设部有关部门安全生产工作职责》的通知”（建质[2002]130 号），建设部安全生产管理委员会组成，主任：部长汪光焘，副主任：副部长郑一军，成员：总工程师金德钧、总经济师兼住宅与房地产业司司长谢家瑾、工程质量安全监督与行业发展司副司长王素卿（中国建筑装饰协会副会长）、建筑市场管理司司长张鲁风、城市建设司司长李东序、城乡规划司司长唐凯、标准定额司司长杨鲁豫、办公厅主任齐骥、科学技术司司长赖明。

7 月 17 日，建设部公布《房屋建筑工程施工旁站监理管理办法（试行）》（建市[2002]189 号），建设部解释道：本办法所称房屋建筑工程施工旁站监理（以下简称旁站监理），是指监理人员在房屋建筑工程施工阶段监理中，对关键部位、关键工序的施工质量实施全过程现场跟班的监督活动。本办法所规定的房屋建筑工程的关键部位、关键工序，在基础工程方面包括：土方回填，混凝土灌注桩浇筑，地下连续墙、土钉墙、后浇带及其他结构混凝土、防水混凝土浇筑，卷材防水层细部构造处理，钢结构安装；在主体结构工程方面包括：梁柱节点钢筋隐蔽过程，混凝土浇筑，预应力张拉，装配式结构安装，钢结构安装，网架结构安装，索膜安装。

7 月 15 日，广东省东莞市政府召开会议，采取措施防治职业病，重点是家具、饰材、制鞋、箱包、皮革、等行业。

8 月 2 日，建设部与教育部共同发出《关于进一步加强学校教育设施建设质量安全的紧急通知》，要求杜绝违法违规建设。

8 月 7 日，天津市建委公布《关于在我市部分行政区域进行建设工程施工人员意外伤害保险试点工作的通知》（建安管[2002]601 号），包括“装饰工程”。同时实行《天津市建设工程施工人员意外伤害保险办法》（试行）。

9 月 9 日，建设部发布《建设领域安全生产行政责任规定》（建法[2002]223 号）。

12 月 27 日，甘肃省建厅做出《关于进一步加强建设工程施工安全生产管理的通知》（甘建建[2002]412 号），包括装修工程。

3．成立专门行业管理机构，建立专项资质

1 月 9 日，河南省建设工程质量监督总站发出《关于成立河南省建设工程质量监督总站装饰装修工程质量监督站的通知》（豫建质[2002]1 号），通知说：根据国务院办公厅关于进一步整顿和规范建筑市场秩序的通知（国办发[2001]81 号）、河南省人民政府关于进一步加强全省工程建设管理有关问题的通知（豫政[2001]50 号），以及河南省人民政府办公厅关于贯彻国办发[2001]81 号文件进一步整顿和规范建筑市场秩序的通知（豫政办[2001]121 号）文件的精神，为加强我省建筑装饰装修工程质量的监督管理，经省建设厅同意，决定成立河南省建设工程质量监督总站装饰装修工程质量监督站，由河南省建筑装饰协会秘书长王晓惠兼任站长。

4 月 27 日，江西省建设厅发出《关于明确江西省建设工程装饰装修管理站暂行工作职责的通知》（赣建筑办函[2002]24 号），职责主要为监督管理全省装饰装修市场，提出违规违法处理意见；负责全省住宅装饰装修管理工作，对住宅装饰装修企业资审；对装饰工程质量进行监督管理。

12 月 12 日，安徽省芜湖市建管处成立了装饰装修管理办公室，主任：谢润中，副主任张新兵。

到 2002 年底，全国各地建设行政主管部门成立的专门从事装饰行业管理机构（装饰装修管理处、装饰装修业管理办公室、装饰装修管理办公室、建筑装饰管理办公室、装饰装修管理站）的有 21 个省市：黑龙江省鸡西市、辽宁省沈阳市、山东省、济南市、泰安市、潍坊市、聊城市、江苏省南京市、徐州市、宿迁市、连云港市、南通市、安徽省合肥市、安庆市、芜湖市、湖南省株洲市、江西省、陕西省西安市、河南省、郑州市、湖北省宜昌市。

10 月 11 日，大连市建委发布《大连市装饰装修企业资质管理暂行办法》（大建委发[2002]153 号）。

12 月 4 日，北京市建委做出《关于对主项为建筑装饰工程专业一级资质的承包企业可增项房屋建筑工程施工总承包二级及以下资质进行试点工作有关规定的通知》（京建管[2002]876 号），同时发布审核标准（试行）。中国建筑装饰协会、北京市建筑装饰协会等有关单位为维护装饰企业的利益做出了积极的努力。

12 月 9 日，国家人事部、建设部联合公布《建造师执业资格制度暂行规定》（人发[2002]111 号）。

4．整顿硅酮结构密封胶市场

2 月 27 日，国家经贸委硅酮结构密封胶工作领导小组办公室公布《关于 2002 年度硅酮结构密封胶产品检测结果和有关要求的通知》（国经贸胶办文[2002]48 号）。

3 月 6 日，国家经贸委硅酮结构密封胶工作领导小组办公室公布《关于批准硅酮结构密封胶企业和产品认定的批复》（国经贸胶办文[2002]49 号）。

12 月 20 日，国家经贸委硅酮结构密封胶工作领导小组办公室做出《关于委托建设部中国建筑金属结构协会和中国建筑装饰协会从事硅酮结构密封胶监督管理工作的通知》（国经贸胶办文[2002]55 号）。通知强调，二会加强合作协助政府进一步搞好该行业的管理。

三、发挥行业协会作用

1．培育行业协会

1 月 7 日，建设部汪光焘部长在“全国建设工作会议”上指出：行业管理职能要逐步转移。在这种情况下，建设行政主管部门必须转变观念，从管理行业转向管理市场，不直接干涉企业运作、不直接管理行业具体事物。要通过加强和改进市场管理，更好地履行相关职责，实现更有效的管理和调控。凡是通过市场机制能够解决的，应当由市场机制去解决；通过市场机制难以解决，但通过公正、规范的中介组织、行业自律能够解决的，应当通过中介组织和行业自律去解决。在职能转变过程中，要充分发挥行业协会等社团组织的作用。但发挥行业协会等社团组织的作用，并不是简单地将原来由政府管理的事务转移到社团组织。一些该由企业、公民自行解决的事务，政府不管，社团组织也不应干预。社团组织应当做到自立、自强、自律，决不能借变相的审批生存发展。

8 月 12 日，建设部召开会议，决定中国建筑装饰协会、中国建筑业协会、中国房地产业协会和中国金属结构协会四个行业协会，为建设部转移政府职能试点行业协会。中国建筑装饰协会常务副会长兼秘书长徐朋出席此会。

10 月 30 日，建设部在北京银龙苑宾馆召开“建设行业社团党委成立大会”。建设部部长汪光焘、副部长刘志峰出席并讲话，以及建设部所属 40 多家全国性社团的负责人和工作人员 100 多人出席。成立了中共建设行业社团第一党委、第二党委，分别由中国建筑业协会秘书长徐义屏、中国市长协会副秘书长林家宁担任。中国建筑装饰协会常务副会长兼秘书长徐朋为第一党委委员。

各地方特别突出的是上海市，以及福建等地。1 月 10 日，上海市人民政府做出“关于发布《上海市行业协会暂行办法》的通知”（沪府发[2002]2 号）。4 月 25 日，根据上海市政府《关于本市促进行业协会发展的指导意见的通知》[沪府办发（2002）1 号]的精神，以及上海市政府、市建委的指示与部署，原上海市建筑装饰协会与上海市家庭装饰行业协会合并，重新组建了上海市装饰装修行业协会。7月12日，上海市建设和管理委员会做出“关于印发《关于推进上海建设交通系统行业协会改革的指导意见》的通知”（沪建经[2002]469号），要求建立符合国际惯例的行业协会，并采用符合社会主义市场经济要求、与国际通行规则相衔接的新的运作机制。10月31日，上海市人大常委会发布第78号公告《上海市促进行业协会发展规定》。8月15日，福建省人民政府公布《关于促进行业协会改革与发展的指导意见》（闽政[2002]39号）。

2．转移政府职能

3月15日，深圳市建设局委托市装饰行业协会三项政府职能：企业资质预审、工程评优、从业人员培训。

3月25日，大连市建筑装饰协会向市建委提出《关于放开大连建筑装饰市场，促进我市建装饰市场提高的意见》，一是提出组建大连市装饰市场指导小组；二是建立装饰工程发布制度；三是建立盟友网络；四是开展培训活动；五是建设计师沙龙活动场所；六是开展装饰工程观摩活动，提高全市装饰行业水平。4月11日市建委副主任王忠国批示：“根据您（市建委孙吉春）的指示，请昭富秘书长（大连市建筑装饰协会秘书长杨昭富）草拟出此意见，并已着手做前期工作，当否，请批示。”4月12日市建委主任孙吉春批示：“很好，工作落实得很快，原则同意，成立后发布信息。”这是大连建筑装饰协会为行业发展的一项创新工作。

10月30日～12月10日，受建设部建筑市场管理司委托，中国建筑装饰协会进行了“2002年度建筑装饰设计企业甲级资质升级初审”工作，共22个省市107家。因工作规范且有效率，得到政府主管部门的表扬。

在建设部支持下，12月28日，中国建筑装饰协会主办、主编首部年鉴《2001年中国建筑装饰行业年鉴》，由中国建筑工业出版社出版发行，共271篇，150万字，650页。其中包括有关领导在中国建筑装饰协会的重大活动上的讲话、建筑装饰协会系统和单位和个人及有关方面资深人士撰文105篇，在建设部所属的42个社团中，目前作《年鉴》的只有中国建筑业协会（《中国建筑业年鉴》是建设部主办，中国建筑业协会主编）和中国建筑装饰协会，这也是建筑装饰成为建筑业三大行业之一的又一标志，也是建筑装饰行业兴旺发达的又一标志。

3．增加就业机会加强培训工作

3月20日，建设部和劳动和社会保障部联合发出《关于建设行业生产操作人员实行职业资格证书制度有关问题的通知》（建人教[2002]73号）。

4月30日，人事部公布，建筑类人才（包括建筑装饰的人才）排在招聘专业数量前10位的第四位；排在求职专业数量前10位的第八位。

5月13日，《北京市劳动力市场2002年一季度职业供求状况》显示，装修施工人员平均年薪10570元，居前40位平均年薪的第31位。

5月22日，建设部副部长傅雯娟在“中国建设教育协会2002年会员代表大会暨第三届理事会全体会议”上讲话指出：从现实情况看，建筑业已经成为吸纳农村剩余劳动力的一个重要领域。如何把庞大的农民工的从业压力，转变为现实的人力资源优势，对建设教育而言，这既是机遇又是挑战，看似经济领域工作，又是贯彻落实“三个代表”解决“三农”问题的政治领域的工作。这就要求我们既要把住“市场准入”这道关，又不能把大量农民工挡在门外，事实上挡也挡不住，目前在施工一线工人中农民工已占半数以上。惟一的办法就是加强培训，按照国家劳动预备制度和职业资格制度的要求，“先培训后就业，先培训后输出，先培训后上岗”。可见，培训任务任重道远。

4．建立室内设计师从业资格

3月20日，深圳市装饰行业协会公布《深圳市室内设计师从业资格评定办法》。这是继2001年7月21日大连市建筑装饰协会公布《大连市室内设计师职称资格评审暂行办法》后，我国建筑装饰行业社团出台的第二个有关室内设计师从业资格评定办法的文件。

8月30日，上海市装饰装修行业协会公布《上海市装饰装修行业协会建筑室内设计师从业资格认定暂行办法》。12月18日，上海市装饰装修行业协会公布首批建筑室内设计师，经12月20日～30日公示后批准283名，其中，高级建筑室内设计师75名，中级建筑室内设计师208名。

四、家装仍为社会关注焦点

家装被列为现代服务业。5月17日，中共北京市第九次党代会召开，中共中央政治局委员、北京市委书记贾庆林在报告中指出，要努力发展北京的现代服务业。现代服务业是指，工业产品的大规模消费阶段以后出现快速增长的服务业，主要包括两大类。一类是伴随工业化的展开而加速发展的服务业，也称为补充性服务业。如银行、证券、交易、信托、保险、基金、租赁等现代金融业；开发、建筑、装饰、物业、交易等房地产业；会计、审计、评估、法律服务等中介服务业。另一类是工业化后期大规模发展的新兴服务业，如移动通信、网络、传媒、咨询等信息服务业；教育培训、会议展览、国际商务、现代物流等新兴行业。

继续保持家装成为消费热点。6月24日，中国人民银行公布，到2002年5月底，我国城乡居民储蓄存款余额为8.04万亿元。但是，消费热点尚未形成。原因是占80%的储蓄者为低收入者，他们更多地是追求储蓄的安全性和流动性，即期消费欲望不足。如何拉动即期家装消费，值得认真研究。

1．装饰材料市场监查

北京市年初抽查，强化木地板有三成不合格。

3月13日，中国消费者协会报告：对北京建筑装饰市场上销售的33个牌号的大芯板进行质量比较实验，结果发现甲醛释放量只有一个符合国家标准《室内装饰装修材料人造板及其制品甲醛释放限量》，97%不符合国标。其中福军、森森、鸿飞、春林等15个品牌没有达到最基本的横向静曲强度的要求，产品承受外力的能力较差；福球、金华、三星等8个品牌的容易开胶。

4月2日，国家质量技术监督检验局公布对2001年四季度荧光灯具产品质量抽查的结果：合格率只有43.1%。部分质量较差的有：湖州市织里恒琪电器厂生产的恒琪牌、顺德市华强本邦电器有限公司生产的华强牌、浙江东方集团公司德方玻璃灯具厂生产的德方牌、南海市罗村联星迴龙灯饰电器厂生产的迴龙牌。

8月30日，国家工商总局公布对北京、武汉、河北正定、安徽铜陵四地细木工板的质量监督抽查，合格率为33.3%。合格的细木工板是：将其剖开观察内部的芯条是否均匀整齐，芯条侧面缝隙不能超过2mm，端面缝隙不能超过4mm，缝隙越小越好；板芯的宽度不能超过厚度的2.5倍，否则容易变形；芯条应无腐朽、断裂、虫孔、节疤等。如发现问题，应及时更换。如果细木工板散发出刺鼻气味，说明甲醛释放量较高，不要购买。

10月29日，国家质检总局公布2002年第二季度对漏电断路器产品质量监督抽查的结果，合格率为81.3%。此次抽查中的6种不合格产品及其企业是：南海市华达电器厂生产的"金舵"不带过电流保护、华威电器集团有限公司生产的"Hiway"不带过电流保护、厦门市厦虹电器有限公司生产的"XIAHONG"不带过电流保护、上海正大电器有限公司生产的"正大"不带过电流保护、乐清市长城电力控制厂生产的不带过电流保护和乐清市一帆电气有限公司生产的不带过电流保护。

12月8日，国家工商总局公布2002年三季度组织对流通领域的插头进行监督抽查，合格率仅为35%。

2．家装投诉继续突出

家装在保持消费热点的同时，继续成为投诉热点。

1月14日，《北京晚报》报道，北京市海淀区法院受理的因打掉卫生间防水层、改装暖气设备、改变阳台用途等家装不当引发的邻里官司在北京越来越多，这类家装案件年均增加50%，仅复兴路法庭近来就审理了10多件装修引起的邻里纠纷案件，使本应和睦相处的邻居变成了法庭相见的冤家。

2月2日上海市消费者协会发出2002年第一号消费警示：消费者千万要留神，谨防家装骗子卷款潜逃。四家被通报的家装公司是：上海弘群建筑装饰材料有限公司第一分公司、上海群姓建筑装饰有限公司长宁公司、上海家友装饰设计有限公司、上海久菱装潢设计有限公司。

3月10日，北京市工商局12315消费者投诉中心统计报告，2001年北京市消费者十大申诉投诉热点，家装位居第五，占总投诉量的2.92%，集中在"目前使用的合同多是各家装公司自拟的，其中陷阱颇多。"申诉投诉对象七成为游击队。

3月14日，国家工商总局公布"2001年全国消费者申诉举报的10大热点"，商品房纠纷成为热点之首，包括"不按合同施工装修房屋，使用劣质木材和电料，油漆、涂料含有毒有害物质超标。"

3月15日，《北京晚报》报道，北京市质监局开通"12365"投诉举报电话一年来共接收投诉10300件，装饰装修材料成为2001年8大投诉热点且位居第6位；在5大烦恼中，位居第3位。

3月18日，中国消费者协会公布"中国城镇消费者消费状况调查"。该会对上海等全国19个大中城市的四大消费热点——饮食、衣着、医疗保健、家庭装修进行消费习惯、行为以及有悖科学消费的商品和服务的认知状况进行调查，结果发现：部分家装消费者消费态度不科学，特别是家装。为此，中消协副会长兼秘书长宁望鲁指出，协会为2002年"科学消费"年宣传主题确定的一个基本目标是：以保护消费者安全权和知情权为核心，以监督食品、药品和装饰材料等热点消费领域为重点，全面提高消费者素质适应WTO需求。

3月25日北京市市政管委会一项最新调查显示，在北京市居民燃气事故中，95%是家庭装修对燃气设施私自改动或封装，以及使用不当所致。

4月4日，《中国青年报·青年时讯》报道北京市工商局公布2001年度10大消费者投诉，其中，装饰装修服务名列第8位。

7月2日，北京市工商局在《北京晚报》报道，据12315消费者投诉中心、市消费者协会统计，2002年上半年北京市的五大投诉是：手机、食品、美容、家装、商品房。家装名列第四位。通过对家装投诉的分析发现，异地经营正成为解决家庭装修纠纷的瓶颈。如今，许多装饰公司在怀柔、密云、门头沟等郊区县登记注册，实际却在城区经营，一旦出现装修质量纠纷，属地工商部门很难与该公司取得联系，致使投诉解决难度加大。此外，一些装饰公司为外地人注册，没有固定经营场所，出现问题也无法与之取得联系。

10月20日，中国消费者协会与国际铜业协会联合启动"倡导科学消费，关注家居布线"。不久前中国消费者协会进行的这方面的调研显示，有67%的消费者对此不了解。该会此举目的，家装不仅要关注个性和美观，而且要十分注意电气安全。

12月30日，中国质量协会和全国用户委员会公布测评结果，2002年全国住宅用户满意度指数仅为63.3分（国际上此指标的最高值为88分），1/3住户不满住宅质量和服务。调查显示，住户对室内装修以及户型、布局、自然环境、建筑质量、物业管理这5项指标基本满意。

12月13日，中国质量万里行促进会、《中国质量报》联合投诉办公室发布2002年第12号投诉警示，提醒消费者注意选购涂料。我国每年因建筑装饰装修涂料引起的急性中毒约400起，中毒人数达1.5万人。

3．重视家装管理

2月1日，广州市建筑装饰协会根据广州市建委《广州市家庭装饰装修管理办法》（穗建筑[2001]208号）和《关于家庭居室装饰装修工程施工企业资格审查有关事项的通知》（穗建筑[2001]410号），做出《广州市家庭居室装饰装修企业资格证审批公告》，申请 70 多家，通过 43 家。

3 月 3 日，建设部部长汪光焘签发中华人民共和国建设部令第 110 号《住宅室内装饰装修管理办法》，自 2002 年 5 月 1 日起施行。

3 月 25 日，中央人民广播电台早间新闻联播报道：国家颁发《住宅室内装饰装修管理办法》，从此家装有法可依。

4 月 2 日，根据建设部 110 号令《住宅装饰装修管理办法》，为加强家装行业管理，北京市建筑装饰协会家庭装饰委员会决定成立"住宅装饰装修工程质量检测中心"。

5 月 14 日，江苏省民政厅批准成立"江苏省建筑装饰协会家庭装饰委员会"，并颁发"社会团体分支（代表）机构登记证书"。

5 月 27 日，江西省建设厅做出"关于转发建设部《住宅室内装饰装修管理办法》的通知"（赣建房[2002]16 号），要求制定统一的《住宅室内装饰装修管理服务协议》、《住宅室内装饰装修登记单》和《住宅室内装饰装修完工单》。

5 月 28 日，苏州市建设局做出"关于印发《苏州市住宅装饰装修企业资格管理办法》的通知"（苏建筑[2002]17 号）。

6 月 27 日，江西省建设厅做出："关于印发《江西省住宅室内装饰装修施工企业资质管理暂行办法》的通知"（赣建字[2002]4 号）。

7 月 18 日，天津市十三届人大常委会第 34 次会议通过《天津市建筑市场管理条例》，7 月 18 日，市人大常委会以津人发[2002]20 号文件印发。该条例明确包括"装修工程"。并明确：从事家庭居室装饰装修工程的单位，应当取得家庭居室装饰装修资质证书，具体办法由市人民政府制定。

10 月 29 日，成都市建委、市工商局共同发出"关于推广使用《成都市家庭装饰装修工程施工合同》的通知"（成建委发[2002]662 号）。通知指出：随着人民生活水平的不断提高，我市家庭装饰装修工程量逐年增大，同时因合同不规范引起的家装投诉也呈上升趋势。为规范家装市场行为，切实保护装修业主和施工单位双方的合法权益，经研究决定从 2003 年 1 月 1 日起在全市范围内的家装活动中，推广使用由成都市建委编制、成都市工商局监制的《成都市家庭装饰装修工程施工合同》（2002 年版）。11 月 13 日，成都市建委做出《关于同意成都市建筑装饰协会对我市住宅室内装饰装修企业实行资格管理的批复》（成建委发[2002]663 号）。对家装企业实行资格管理，成都是全国第一个城市。

12 月 16 日，安徽省建设厅公布《安徽省住宅室内装饰资质暂行办法》（建管[2002]368 号）和《安徽省建筑装饰装修暂行办法》（建管[2002]373 号）。

4．推行商品住宅装修一次性到位

作这政策性引导，5 月 21 日，建设部住宅产业化促进中心公布《商品住宅装修一次性到位实施细则》（试行稿）。

5 月 21 日，建设部住宅产业化促进中心在广州召开现场会，交流广州保利花园 95%以上住房人进户后不需要进行二次装修的经验，建设部向全国开发商提出，尽力把不需"返工"的房子交到消费者手中，让令人生厌的二次装修成为历史。据建设部的调查，在未来二三年内，家装消费的国内生产总值会以 30%的速度增长，达到 2000～3000 亿元。

7 月 18 日，建设部公布《商品住宅装修一次性到位实施导则》（建住房[2002]190 号）。

5．整顿规范房地产市场秩序推动家装发展

5 月 24 日，建设部、国家计委、国家经贸委、财政部、国土资源部、国家工商行政管理总局、监察部联合做出《关于整顿和规范房地产市场秩序的通知》（建住房[2002]123 号），关于装饰装修的只有一条：房地产开发企业销售商品房时设置样板房的，应当说明实际交付的商品房质量、设备、装修与样板房是否一致；未作说明的，实际交付的商品房应当与样板房一致。

5 月 27 日，人事部、建设部关于实施房地产经纪人执业资格认定考试工作有关问题的通知（人发[2002]54 号）。

8 月 26 日，建设部、财政部、中国人民银行、国家计委、国土资源部、国家税务总局共同发出《关于加强房地产市场宏观调控促进房地产市场健康发展的若干意见》。

12 月 7 日，中央电视台"焦点访谈"节目以"一次性装修的烦恼"为题，报道北京一房地产商一次性装修样板房与实际用房材料、灶具设备严重不符、假冒伪劣的情况，业主奋起而起诉。主持人敬一丹还报告了中国消费者协会的统计，2002 年全国消费者有关一次性装修的投诉有 1.2 万起，占全国全部投诉的 5%。

五、建立工程环保管理制度

1．领导重视

2 月 23 日，建设部郑一军副部长在"全国工程质量安全监督工作会议"上讲话指出：要狠抓最薄弱环节，开展专项治理，一是勘察，二是装修，特别是家庭居室的装饰，以减轻居室污染为主要内容的装修质量。前一阶段做了大量工作，建设部和国家质检总局、环保总局对于居室环境的卫生标准，对于居室装修使用材料和卫生标准，做了一系列的工作，陆续出台，希望大家把这项工作抓紧。

2 月 23 日，建设部工程质量安全监督与行业发展司副司长、中国建筑装饰协会副会长王素卿在题为《加强政府监管，努力提高工程质量安全生产工作水平》的报告中指出，当前建筑工程室内环境污染严重，引起社会关注。她强调，要认真执行建设部 110 号令《住宅室内装饰装修管理办法》，对在住宅中擅自变动承重结构的要依法严肃查处。在住宅装饰装修中，禁止使用污染物释放量超标的装饰装修材料，以使住宅室内有一个清新洁净的环境。

11 月 20 日，建设部科技司主持召开了"室内环境污染控制与改善技术工作研讨会"，会议通过了《室内环境污染控制与改善技术工作研究》课题项目可行性研究报告和编写计划。

2．措施及时

3 月 1 日，建设部办公厅发出"关于印发《关于加强建筑工程室内环境质量管理的若干意见》的通知"（建办质[2002]17 号）。

3 月 5 日，经建设部建标函[2002]46 号文件批准，国家建筑工程室内环境污染检测中心在郑州成立，业务上受建设部标准定额司领导，设立在国标《民用建筑室内环境污染规范》（GB50325-2001）主编单位河南省建筑科学研究院内。

3 月 6 日，天津市质量技术监督局颁发《关于天津市贯彻实施"室内装饰装修材料有害物质限量"国家强制性标准的意见》（津质技监局标[2002]91 号）。

3 月 15 日，山西省建设厅副厅长夏志朴在"全省整顿和规范建筑市场秩序暨建筑业表彰大会"上讲话中指出，2001 年加强了对建筑装饰装修的监督管理。2002 年重点工作之一仍要加强对建筑装饰装修业的管理，未取得建筑行政主管颁发的建筑装饰装修资质证书的单位，不得从事建筑装饰装修活动。认为室内装饰装修引起的室内环境污染问题，已成为当前媒体和社会关注的影响人民群众身体健康的热点问题，这是一个薄弱环节，应给予重视和解决。

3 月 22 日，杭州市建委做出《杭州市 2002 年整顿和规范建筑市场秩序工作意见》（杭建工通知[2002]50 号），通知要求：加强对建筑装饰装修特别是住宅装饰装修工程的质量监督。重点是依法监督应招标的装饰装修工程必须招标和在装饰装修工程中擅自变动房屋建筑主体和承重结构问题。施工企业要严格执行有关防治环境污染的规定，严格禁止使用对人体有害的装饰装修材料，房管部门要切实加强对住宅装饰装修的管理，进一步规范整顿家庭装修市场。对违法违规单位和责任人，要依法做出处罚。

5 月 21 日，河南省建设厅做出《转发建设部建办质[2002]17 号关于加强建筑工程室内环境质量管理的若干意见的通知》（豫建建[2002]66 号）。规定自 2002 年 7 月 1 日以后开工的民用建筑工程完工后，建设单位必须委托由市建委认证备案的检测机构进行检测验收，否则不得交付使用，并按法律法规严肃查处。

5 月 28 日，中央人民广播电台早间新闻联播播出，家装市场混乱，有 50 多种涂料假冒环保材料。

6 月 9 日，成都市建委、市房管局和市市政公用局共同发出《关于创建国家环境保护模范城市活动中全面开展创建"绿色环境工地"活动的实施意见的通知》（成建委发[2002]280 号），在《成都市创建"绿色环保工地"工作标准》中，提出了对主要噪声源装修的要求，吊车、升降机，噪声限值：昼间 65dB，夜间 55dB。

6 月 25 日，国家质量监督检验检疫总局做出《关于实施室内装饰装修材料有害物质限量 10 项强制性国家标准的通知》（国质检标函[2002]392 号）。

6 月 28 日，上海市建筑业管理办公室做出"关于贯彻执行建设部《关于加强建筑工程室内环境质量管理的若干意见的通知》的通知"（沪建建管[2002]第 007 号）。要求自 2002 年 8 月 1 日起全装修住宅必须按《民用建筑工程室内环境污染控制规范》验收；11 月 1 日起医院、饭店、宾馆等民用建筑工程及装饰装修工程必须按《规范》验收；自 2003 年 2 月 1 日起所有民用建筑必须按《规范》验收；自 2003 年 3 月 1 日起所有民用建筑必须按《规范》进行材料进场验收。

7 月 4 日，北京市工商局做出《关于贯彻装饰装修材料 10 项强制性国家标准，落实市场建材有害物质超标专项整治工作的通告》，要求：一是严禁无照经营；二是油漆、板材必须实行索证索票，所有经营者必须建立销售台帐，票证要真实有效，出售商品后要出具信用单（卡）；三是所售商品要有产品合格证和检测报告。在 2002 年 7 月 1 日以后，装饰装修材料涉及 10 项新标准的，必须严格执行新标准；四是未经许可禁止使用"绿色""环保"以及"奥运"等标志；五是市场内经营者要掌握 10 项强制性标准的基本知识，以及各类商品的标识、检测报告的识别和商品的感官检查方法等内容；六是各市场要高度重视建材市场专项整治工作，对市场内部商品一次全面检查，对损害人民生命健康和安全的商品，要依法查处并清出市场；七是各市场要落实《市场分类分级管理规范》、《市场索证索票办法》、《市场预警警示制度实施办法》，落实经营主体不良行为记录和网上公示的制度，建立市场警示公布栏，强化市场的信誉意识，完善各项监管制度，营造良好的市场环境。

7 月 30 日，中央电视台二频道"经济信息联播"晚间 9：30 播报：原引《科技日报》的消息，我国每年室内装修污染案达 400 起，致使 1.5 万人受损。

7 月 30 日，《郑州日报》原引《粤港信息日报》报道，最近广州出入境检验检疫局化矿金属材料检测技术中心发现，多种品牌、多种型号的进口涂料涉嫌致癌危险，给予封杀。该机构警告：相当部分进口涂料中的重金属（铅）、游离甲醛、VOC 等有害物质超标几十倍，务必引起高度注意，不能盲目进口涂料。

8 月 4 日，天津市建委发出《关于在我市实行建筑工程室内环境质量验收的通知》（建质管[2002]611 号），自 2002 年 10 月 1 日起施行。10 月 24 日，天津市建委做出"关于颁布《天津市民用建筑工程室内环境质量检测试验室资质管理暂行规定》的通知"（建科教[2002]852 号）。

12 月 18 日，国家质量监督检验检疫总局、国家环境保护总局与卫生部三部门共同颁发《室内空气质量标准》，自 2003 年 3 月 1 日起施行。

3．综合治理

8 月 9 日，建设部发出《关于组织开展 2002 年"让世界清洁起来"活动的通知》（建城[2002]210 号）。通知指出，2002 年是全球第十个"让世界清洁起来"活动年。要在我国各城市组织好这一活动，"让世界清洁起来（Clean up the World）"是一项全球性的清洁城市的有益活动。全球活动的主题是"心想全球，从我做起（Think Globally，Act Locally）"；今年我国活动的主题是"清洁城市，爱我中华"。

8 月 14 日，建设部发出《关于立即制止在风景名胜区开山采石加强风景名胜区保护的通知》（建城[2002]213 号）。通知强调，风景名胜资源是珍贵的、不可再生的自然和文化遗产。风景名胜区地形地貌、自然山体和林木植被是风景名胜资源极其重要的组成部分。各地要把风景名胜资源保护工作放在首要地位，采取切实有效的措施，严格保护风景名胜区自然山体的完整和森林植被的完好。任何部门、任何单位和任何个人不得在风景名胜区内进行或批准进行开山采石、挖沙取土以及其他任何形式的严重破坏地形、地貌和自然环境的活动。

11 月 30 日，北京市依据《北京市城市建筑外立面保持清洁管理规定》，2000 年 8 月～2002 年 11 月底，建筑外立面重新装饰——清洗粉刷全部完成，三年共 20811 幢楼房、142 座立交桥和过街天桥，9442 万 m^2。

4．解除误区

8 月 19 日，为了查清 7 月 17 日《北京晚报》发表过一篇题为“四川小伙患血癌，疑是石材惹的祸”，石材究竟是不是致癌症祸根，在中国石材工业协会的支持下，国家建材工业质量监督检验测试中心和中国地质大学（北京）辐射与环境实验室的专家，突击检测了那位四川小伙工作过的石材仓库，在场专家肯定一致地得出结论，那小伙患血癌，不是石材惹的祸，石材与癌症无关。

12 月 31 日，北京市宣武区法院下达民事判决书，依法判决某装饰公司一次性付给秦女士装修费、装修拆装费、木地板费、检测费、医疗补偿费、精神损失费等共计 11.9891 元。事因是 2000 年 4 月秦女士与某装饰公司签定环保装修合同，但搬进去后一家 4 口就连续不断的感冒，2001 年 6 月请有关单位检测，结果室内甲醛超出国家标准 9 倍，秦女士多次与装饰公司协调未果遂将其告上法庭。2003 年 1 月 3 日中央电视台晚间新闻联播，以“全国首起家装污染损害案受害人获赔”为题作了报道，与 2003 年 1 月 2 日《北京晚报》报道的不同点是，央视明确了原告和被告的名字。

六、解决多头管理

3 月 26 日，山东省装饰装修管理工作座谈会在济南召开，省建管局局长杨焕彩及 17 个市的建管部门的负责人出席，会议由省建管局副局长程源明主持。会议强调，各级建设行政主管部门一定要高度重视装饰装修管理工作，这既是省政府赋予我们的一项重要职能，也是解决了多头管理后对建设行政主管部门的一个考验。要求积极探索行业和市场管理工作新机制。

4 月 11 日，苏州市建设局致苏州市建筑装饰协会文件《关于同意“苏州市建筑装饰协会”为独立法人协会的批复》（苏建筑[2002]12 号），批复指出：“遵照国务院关于整顿和规范装饰装修市场秩序，确保工程质量的要求，鉴于建筑装饰装修行业飞速发展的形势及社会对该行业的要求，为充分发挥协会的桥梁纽带作用，经研究，同意‘苏州市建筑装饰协会’为独立法人协会。请按照规定办理社团登记注册手续。” 6 月 20 日，苏州市建设局发出公告，要求苏州市的家装企业必须接受市建设局的领导，委托苏州市建筑装饰协会进行家装企业资质初审，8 月 27 日，苏州市经贸委、市建设局联合做出“关于同意成立《苏州市装修装饰行业协会》的批复”（苏建筑[2002]39 号）的结果。该批文指出：经研究同意“苏州市建筑装饰协会”和“苏州市室内装饰行业管理中心”合并，成立“苏州市装修装饰行业协会”。市建设局为行政主管部门。10 月 30 日，苏州市装修装饰行业协会召开了建设和轻工两个装饰协会合并后的第一次会员代表大会，选举产生一届理事会和领导机构，会长：孔全林（苏州市建设局调研员），秘书长：陈丰（原苏州市室内装饰行业管理中心主任）。

6 月 5 日，根据合肥市政府的决定，装饰行业由合肥市建管局统一归口管理，原轻工装饰办的人员已合并到建工开始办公。

6 月 6 日，河北省建筑装饰协会召开第二次会员代表大会，选举产生第二届理事会及其领导集体。名誉会长：省建设厅副厅长张凤珠、总工程师曲俊义，会长：省工程建设标准化管理办公室副主任蓝政，秘书长：省建设厅建管处主任科员赵春旺。河北省建设厅厅长邓泽洪在大会上指出：“少存副省长对此非常关心，促成了两会合并，现在协会运行很好。协会会员是一家，不分彼此，都要一视同仁。” 河北省装饰行业多头管理已经解决，建工和轻工的二家装饰协会在省建设厅的领导下合并办公。

8 月 16 日，山东省建管局组织全省 17 个市建筑装饰主管部门的负责人和一级装饰施工企业的总经理举行“山东省建筑装饰行业发展研讨会”，省建管局副局长程明源在讲话中指出，山东装饰行业要实现“三个转变”：一是由理顺关系、健全机构向正常管理转变；二是建立、健全法律法规向遵纪守法方面转变；三是由试验性、探索性检查向严格执法、规范市场行为上转变。会上，万德福、东亚、剑桥等装饰企业进行了典型发言。

9 月 16 日，经连运港市建设局 383 号文件批复和市民政局 26 号复函，连运港市装饰装修行业协会成立，理事长：徐维宏（市建设局），秘书长：梁刚（市装饰装修管理办公室）。这是一个建设与轻工共同组建的装饰行业协会。

9 月 20 日，中共湖北省委办公厅、省人民政府办公厅共同发出《关于印发省直机关学查改若干整改通知》（鄂办文[2002]44 号），其中包括《关于明确职权、理顺多头行政执法行为的整改意见》，共 29 项，第 4 条为：室内装饰装修的管理，目前暂维持现状，待行业改革时，归口到建设部门统一管理，并将轻工行业办的室内装饰行业管理办公室划转建设部部门。第 5 条为：室内装饰设计资质的管理，目前暂维持现状，待行业改革时，归口到建设部门统一管理（具体管理办法同上条）。

11 月 12 日，根据徐州市政府机构改革方案，装饰行业统一归市建设局管理，原徐州市建筑装饰协会和市室内装饰协会合并，新成立的“徐州市装饰装修行业协会”在市民政局登记注册。这是继苏州后江苏省第二家建设与轻工合并的装饰行业协会。会长：市建设局副局长张俊生，常务副会长（法人代表）：徐州市建设局装饰管理办公室书记侍建怀，秘书长：徐州市建筑装潢有限公司总经理严孝友，会员单位92家。

目前全国仍有多头管理的地区只有北京市、陕西省、黑龙江省、内蒙古自治区等少数省市区。

七、加强技术立法

1．建立完善新标准

3月27日，建设部发出《关于房屋建筑面积计算与房屋权属登记有关问题的通知》（建住房[2002]74号），其中在"外墙墙体"一节规定："同一楼层外墙，既有主墙，又有玻璃幕墙的，以主墙为准计算建筑面积，墙厚按主墙体厚度计算。金属幕墙及其他材料幕墙，参照玻璃幕墙有有关规定处理。"

5月1日，北京市规划委员会在《北京市住宅区住宅安全防范设计标准》要求，对窗户低于2m的住宅要加装护栏，但不得凸出，以防成为小偷的梯子。

5月29日，国家标准化管理委员会做出"《室内装饰装修材料内墙涂料中有害物质限量》第一号修改单"（国标委工交函[2002]23号），自2002年8月1日起实施。修改前：附录AA．3．1．2．2"…柱长1mm，…。"修改后：附录AA．3．1．2．2．"…柱长1m…。"

6月1日，国家经贸委发布的8项装饰材料行业标准开始施行：《卫生设备用软管》（JC886—2001）、《干挂石材幕墙用环氧胶粘剂》（JC887—2001）、《天然大理石建筑板材》（JC/T79—2001）、《天然花岗石荒料》（JC/T202—2001）、《坐便器塑料坐圈和盖》（JC/T764—2001）、《幕墙玻璃接缝密封胶》（JC/T882—2001）、《石材用建筑密封胶》（JC/T883—2001）、《中空玻璃用弹性密封胶》（JC/T484—2001）。

6月3日，建设部做出"关于发布行业标准《建设事业IC卡应用技术》的通知"（建标[2002]142号），通知指出：根据我部《1999年建设部第一批工业产品标准制、修订项目计划》（建标[1999]159号）的要求，由建设部IC卡应用领导小组等单位编制的《建设事业IC卡应用技术》标准，经我部审查，现批准为行业标准，编号为：CJ/T166-2002，自2002年10月1日起实施。本标准由建设部标准定额研究所组织中国标准出版社出版。

8月12日，建设部发布《关于贯彻执行建筑工程勘察设计及施工质量验收规范若干问题的通知》（建标[2002]212号），指出：为了贯彻执行《建设工程质量管理条例》，加强工程建设标准化工作，我部最近批准发布了21个建筑工程勘察设计及施工质量验收规范，包括《建筑装饰装修工程质量验收规范》（GB50210—2001），同时废止GBJ210—83，自2002年3月1日起施行。要求国务院有关部门、各省、自治区建设厅（直辖市建委）应当认真复审并修订不符合新版规范规定的行业标准、地方标准。各标准设计图、计算机软件、工程设计施工指南手册等工程技术文件组织管理单位，应当按照新版规范的规定组织修改。

9月5日，北京市规委员会印发"关于发布北京市地方标准《北京市建筑装饰装修工程文件编制深度的规定》（DBJ01-612-2002）和《北京市建筑装饰装修工程设计制图标准》（DBJ01-613-2002）的通知"（市规发[2002]1185号），自2002年9月15日起施行。此两项标准是北京市规委委托北京市建筑装饰协会组织制定的，北京辛迪森建筑装饰工程设计有限公司、黑龙江国光建筑装饰工程有限公司等参与。

9月6日，建设部发布《建设部推广应用新技术管理细则》（建科[2002]222号）。

2．推广新技术新材料

4月18日，建设部上公布2002年科技成果推广项目，其中有关装饰装修的有：承重、轻质和装饰混凝土砌块技术，内外墙乳胶漆应用技术，EIFS外墙保温建筑装饰技术，集成型多功能铝合金门窗应用技术，建筑幕墙、门窗物理性能自动化检测系统，喷水式冲洗节水便器生产技术，可分离组合滑动式三轨道带纱窗铝合金门窗生产与应用技术，CST90系列推拉开型材应用技术等8项。反映了建筑装饰行业技术创新的成果。

4月28日，陕西省施工图审查办公室、陕西省建设工程质量安全监督总站共同做出《关于加强外墙饰面砖工程质量通病防治的通知》（陕图审办发[2002]001号）。

6月19日～21日，建设部在上海召开"2002年科技成果推广项目与重点实施技术示范工程发布会"，深圳市富诚幕墙装饰工程有限公司荣获两项建设部科技成果奖：集成型多功能门窗；建筑幕墙、门窗物理性能自动化检测系统。

3．促进涂料发展

1月8日，全国化学建材协调组秘书组和建设部科学技术司做出"关于印发《中国建筑涂料发展战略与技术研讨会纪要》的通知"（建科综函[2002]4号）。

8月5日，建设部和全国化学建材协调组共同做出《关于加强建筑涂料生产与应用管理工作的意见》（建科[2002]209号）。

八、重视企业市场评价工作

1．完善评比制度

7月9日，建设部办公厅做出《关于同意调整全国建筑工程装饰奖评比时间的通知》，通知说：经部领导研究，同意全国建筑工程装饰奖评比时间由每两年一次改为每年一次，奖项名称不变。希望你们严格按照《建设部关于严格控制评比、达标、表彰活动的管理办法》（建办[2001]38号）规定，控制评比条件和数量，确保评比质量和效果。

7月19日，北京市建委公布《北京市优质工程评审管理办法》（京建质[2002]559号），评审范围包括"建筑装修工程"：一是公共建筑更新改造工程的装饰装修工程，建筑面积在3000 m^2以上；二是古建筑装修工程，建筑面积在1000 m^2以上。

7月24日，建设部办公厅做出《建设部办公厅关于坚决制止各种乱评比活动的通知》（建办秘[2002]52号），通知指出：最近，一些单位和组织违反《中共中央办公厅、国务院办公厅关于严格控制评比活动有关问题的通知》（厅字

[1996]10 号）精神，未经主管部门批准，擅自决定评比项目、出台评比标准、评选办法，从事“生态住宅”、“健康住宅”等评选、评比及授牌活动，给企业或项目冠以名目繁多、名不符实的称谓，甚至冠以国际、亚太、中国等名称混淆视听，有的还在报纸上大肆宣传，误导消费者。这不仅干扰了房地产市场的正常秩序，增加了企业的负担，而且助长了弄虚作假之风，有的还损害了群众的切身利益，引发了不应有的法律纠纷，影响社会的稳定，社会各界反映强烈。为了维护房地产市场秩序，纠正各种乱评比活动，切实贯彻好建设部等 7 部门联合下发的《关于整顿和规范房地产市场秩序的通知》（建住房[2002]123 号）精神。

9 月 29 日，建设部公布《关于评选全国建设行业技术能手的通知》（建质函[2002]246 号），目的是：为表彰和宣传建设行业优秀技术工人，促进广大劳动者提高技术技能，选拔和培养优秀技能人才和能工巧匠，营造重视技能、尊重技能人才的社会氛围，配合全国技术能手的评选，经部常务会议研究，决定今年开展全国建设行业技术能手的评选表彰活动。此项工作由建设部工程质量安全监督与行业发展司负责。

2．继续企业市场评价工作

1 月 21 日，《建筑时报》上刊登浙江省建设厅和省政府驻沪办事处的表彰“荣获 2001 年度浙江省进沪施工‘优胜单位’的企业”，共 42 家，其中有装饰企业 2 家：绍兴县建筑装潢有限公司、温岭市石料装饰工程有限公司。

1 月 28 日，青海省建设厅做出《关于颁发 2001 年度青海省优质工程奖（江河源杯）的决定》，共 13 项，其中包括深圳海外装饰工程公司和深圳长城家具装饰工程有限公司合作的盐湖大酒店。

1 月 31 日，吉林省建设厅、省建筑业协会和省建筑装饰业协会共同做出《关于表彰 2001 年度吉林省建筑业优秀企业、优秀项目经理、优秀文明工地的决定》，其中包括 9 家优秀装饰企业：吉林省百洋装饰集团有限公司、吉林省宝鑫建筑装饰工程有限责任公司、吉林省凯基建筑装饰工程有限公司、吉林省利源涂装有限责任公司、双吉机械厂装饰装修分厂、四平市雅都设计装饰有限公司、吉林省大安市大发实业有限责任公司、延边天宇装饰有限责任公司、延边迁禧家居装饰有限公司。9 位优秀项目经理：吉林省太阳神建筑装饰有限公司王树义、吉林省百洋装饰集团有限公司于秋波、长春东方装璜工程有限公司张宏峰、吉林省建筑装饰集团有限公司张文旭、吉林市云瀚装饰装璜工程有限公司姜学勤、吉林市神州建筑装饰装璜有限公司王修金、四平市雅都设计装饰有限公司贲伟、延边迁禧家居装饰有限公司郑明、延边天宇装饰有限责任公司韩英景。

2 月 2 日，吉林省建设厅、省建筑业协会和省建筑装饰业协会做出《关于命名 2001 年度吉林省优质工程的决定》，其中包括 8 项装饰工程：松原市地中海洗浴会馆（长春东方装潢工程有限公司）、长春市梦回夜总会（吉林百洋装饰集团有限公司）、吉林省公安厅交警总队办公楼（吉林百洋装饰集团有限公司）、中国银行长春市工农大路支行营业办公楼（吉林省凯基建筑装饰工程有限责任公司）、东北电力设计院 CAF 科研楼（吉林省凯基建筑装饰工程有限责任公司）、延吉德铭大酒店（吉林浩昌装饰工程有限公司）、长春新宇富贵苑（吉林浩昌装饰工程有限公司）。

2 月 3 日，河南省建设厅表彰“河南省建设工程‘中州杯’（省优质工程）建筑装饰获奖工程及获奖单位”——共三项：郑州市上街区电信大楼——郑州康利达装饰工程有限公司设计施工；水利部黄河水利委员会勘测规划设计院科研试验大楼——河南锦隆装饰工程有限公司设计施工；周口迎宾馆——河南大鹏装饰设计工程有限公司设计施工。

3 月 27 日，江苏省建工局做出《关于表彰 2001 年度江苏省建筑业质量管理先进单位和个人的通知》（苏建管质[2002]5 号），80 个质量管理先进单位其中有 6 家装饰企业：南京装饰工程公司、无锡市锡山三建实业有限公司、溧阳市建筑装潢工程有限公司、苏州金螳螂建筑装饰有限公司、江苏正太建设集团股份有限公司、宿迁市建筑装饰装潢总公司。3 位管理先进个人是：沈维先、路平、韩秋宏。

4 月 1 日，青海省建设厅做出《关于公布 2001 年度省外建设队伍业绩考核情况的通报》（青建工[2002]66 号）。考核合格的有：甘肃省建筑装饰工程公司、济宁市中区华东天棚幕墙安装公司、兰州显思装饰设计工程有限公司、溧阳市建筑装潢有限公司。考核为不合格的有：深圳市建筑装饰（集团）有限公司承建的青垦大厦整体改造项目，给予通报批评。不服从建设行政主管部门管理，并清退出省的有：北京融海阳光建筑装饰公司、甘肃辉丽建筑装饰工程有限公司。

4 月 29 日，上海市委建委上发表公告，经对在沪施工企业 2001 年度的经营行为、工程质量、施工安全、科技进步、队伍管理、文明施工等六方面的综合考评，有 60 家成绩优良，荣获 2001 年度优秀（进沪）施工企业称号给予表彰，包括上海建筑装饰（集团）有限公司。

8 月 31 日，吉林省建设厅、省建筑业协会与省建筑装饰业协会共同做出《关于命名 2002 年度吉林省优质工程的决定》（吉建管字[2002]26 号），其中包括 9 家装饰企业承建的 13 项装饰工程：吉林省百洋建筑装饰工程有限公司——长春国际会展中心展馆报告厅；长春市东方装饰工程有限公司——长春国际会展中心 B、C、D 厅、中国联通吉林省分公司办公楼、空军第二航空学院外训楼；吉林省凯基建筑装饰工程有限公司——吉林省人大常委会综合楼、中行上海路支行；吉林省建筑装饰集团——吉林省建工学院装饰学院；吉林省太阳神建筑装饰工程有限公司——一汽进出口公司办公楼改造；吉林省宝鑫建筑装饰工程有限公司——工行长春市兴城分行青年分理处；吉林省泰格装饰工程有限公司——松源市政府宾馆大堂；吉林市云瀚装饰装潢工程有限责任公司——吉林市世纪大饭店；吉林市圆方装饰装潢工程有限责任公司——吉林市国家税务局办公楼。

关于建筑装饰装修的定义、范围及其国家法律依据

黄　白

一、建筑装修装饰的定义和范围

1. 建筑装修装饰的定义和范围

目前有四种解释：一是“组成”说，二是“归属”说，三是“本身”说，四是“六面体”说。

▲“组成”说

1991年8月3日，建设部在致国务院《关于明确建筑装饰行业由建设部归口管理的请示》（建施[1991]541号）中指出：建筑装饰装修是建筑工程的组成部分，它依附于建筑物的主体和空间环境，只有通过基础、主体和室内外装饰的设计与施工，才能构成一个完整的建筑物。它们之间有许多内在联系，是不应该分开的。

1991年10月11日，建设部在致国家机构编制委员会《关于建筑装饰行业管理问题的报告》（建施[1991]669号）中也指出：建筑装饰工程，是建筑工程不可分割的组成部分，历来由建设行政主管部门统一归口管理。我们所说的建筑装饰，是建筑物和构筑物的内外装饰，是建筑装饰工程不可分割的重要组成部分。建筑装饰本身都依附于建筑物的主体或环境空间。房屋建筑工程一般是由地基基础、主体结构和内外装饰等三个部分组成的整体，每个部分都不是独立存在的。

1996年10月14日建设部在“关于认真贯彻执行《建筑装饰装修管理规定》的通知”（建建[1996]523号）中强调：任何建筑物、构筑物一般都是由地基基础、主体结构和装饰装修三部分组成，其室内、室外装饰装修都依附于建筑物、构筑物主体，都是建筑工程不可分割的重要组成部分。

2000年4月20日，建设部做出“关于发布《工程建设标准强制性条文》（房屋建筑部分）的通知”（建标[2000]85号），强制性条文由8篇、1549个条文组成，作为《建设工程质量管理条例》的一个配套性技术法规，包括建筑装饰工程：第一篇建筑设计，含室内环境设计；第二篇建筑防火，含装修；第五篇结构设计，含玻璃幕墙、玻璃屋顶、饰面砖等。

▲“归属”说

1998年10月6日，建设部在致江苏省建委的“对《关于明确建筑装饰装修归口管理的紧急请示》的复函”（建建函[1998]292号）中指出：我部认为，根据《中华人民共和国建筑法》、国家标准《国民经济行业分类与代码》和建设部“三定方案”，装饰装修业是建筑业的重要组成部分。各地建设行政主管部门要认真抓好包括装饰装修业在内的建筑业的行业管理。

2000年6月7日，建设部在致河南省建设厅《关于建筑装修装饰归口管理问题的复函》（建建函[2000]181号）中再次指出：根据《中华人民共和国建筑法》、《建设工程质量管理条例》、国家标准《国民经济行业分类与代码》和国务院批准的建设部的“三定方案”，建筑装修装饰属于建筑活动，建筑装修装饰业是建筑业的重要组成部分。

2002年10月15日，国家计委印发《招标代理服务收费管理暂行办法》（计价格[2002]1980号），明确包括“各类土木工程、建筑工程、设备安装、管道线路敷设、装饰装修等建设以及附带服务的工程招标代理服务收费。”

▲“本身”说

1995年8月7日建设部令46号《建筑装饰装修管理规定》中定义：本规定所称的建筑装饰装修，是指为使建筑物、构筑物内、外空间达到一定的环境质量要求，使用建筑装饰装修材料，对建筑物、构筑物的外表和内部进行修饰处理的工程建筑活动。

2001年11月1日，建设部批准国家标准《建筑装饰装修工程质量验收规范》（GB50210—2001），同日，建设部会同国家质量监督检验检疫总局联合发布。在“术语”中对建筑装饰装修（building decoration）定义是：为保护建筑物的主体结构，完善建筑物的使用功能和美化建筑物，采用装饰装修材料或饰物，对建筑物的内外表层及空间进行的各种处理过程。

▲“六面体”说

1992年9月3日，国务院办公厅《国务院批复通知》（国办通[1992]31号）中关于“建筑装饰工程止于墙壁六面体的处理，不再向室内空间装饰延伸”的解释，很显然至少是不妥并难以说通的。1996年10月29日建设部在致中央机构编制委员会《关于请尽快协调解决建筑装饰装修管理问题的报告》（建建[1996]565号）中的建议是：修改国办通[1992]31号批复通知，并重新下发，彻底解决装饰装修行业多头管理。

2. 建筑装饰设计的定义和范围

1992年11月9日，建设部在《建筑装饰设计资格分级标准》（建设[1992]1786号）中指出：建筑装饰设计是建筑工程设计的一个有机组成部分，是建筑或室内设计专业人员根据建筑的功能及其环境的需要，为使建筑室内、外空间达到一定的环境质量要求，运用建筑工程学、人体工程学、环境美学、材料学等知识而从事的一种综合性的设计活动。建筑装饰设计的内容主要包括：建筑物室内、外各界面（顶面、墙面、柱面、地面等）和各界面上与建筑功能有关专业及其设备、设施装饰（不含一般粉刷）以及与之相关的室外环境、绿化设计及经济概预算等。

2000年12月13日，建设部发出“关于印发《建筑工程设计事务所管理办法》的通知”（建设[2000]285号），在附件《建筑工程专业设计事务所资质标准》中指出，根据《中华人民共和国注册建筑师条例》、《注册结构工程师执业资格暂行规定》《建筑工程设计资质分级标准》和《建筑工程设计事务所管理办法》，建筑设计事务所资质标准：可以承

接包括建筑装饰工程在内的项目方案设计、初步设计及施工图设计与咨询业务。

2000年3月29日，建设部在发出的《关于国外独资工程设计咨询企业或机构申报专项工程设计资质有关问题的通知》（建设[2000]67号）中明确：允许国外独资工程设计咨询企业或机构，在我国境内从事工程设计咨询的专项工程设计专业有：建筑装饰专项设计。

另有由公安部主编、1995年3月29日由建设部批准的国家标准《建筑内部装修设计防火规范》(GB50222—95)（建标[1995]181号）。

3．建筑装饰装修与土建、安装的区别、界定和范围

建筑装饰工程与建筑业中的土建、线路管道和设备安装的区别、界定和范围，建设部主要从四方面划分：

▲工程施工合同

1996年11月12日，建设部和国家工商局共同发出的《关于印发建筑装饰工程施工合同示范文本的通知》（建监[1996]585号）中明确：为了规范建筑装饰工程市场行为，维护承发包双方权益，现将建筑装饰工程施工合同甲种本（GF—96—0205）和乙种本（GF—96—0206）两个示范文本印发给你们。建筑装饰工程施工的界定，建议以工程造价为界定依据，由各地区、各部门具体规定。

当时建设部对《建筑装饰工程施工合同示范文本》适用性的划分是：甲种本适用于公共建筑装饰工程；乙种本适用于家庭装饰工程。

2001年1月9日，建设部在“印发《关于加强建筑装饰设计市场管理的意见》和《建筑装饰设计资质分级标准》的通知”（建设[2001]9号）中指出：高档建筑装饰工程，指单位建筑装饰工程造价为每平方米3000元以上的项目。

▲国家技术标准

包括《建筑装饰装修工程质量验收规范》（GB50210—2001)、《建筑内部装修设计防火规范》(GB50222—95)。

▲工程造价依据

2001年12月26日，建设部做出的“关于发布《全国建筑装饰装修工程量清单计价暂行办法》的通知”（建标[2001]270号）中指出：为促进全国统一建筑市场的建立，规范建筑装饰装修工程量清单计价行为，由我部组织制订的《全国建筑装饰装修工程量清单计价暂行办法》已经审查，现批准发布，自2002年1月1日起施行。建设部1995年批准发布的《全国统一建筑工程预算工程量计算规则》（土建工程 GJD_{G2}—101—95）中的相应部分同时停止执行。在同时发布的《全国建筑装饰装修工程量清单计价暂行办法》中强调，该办法是根据《中华人民共和国招标投标法》、《建筑工程施工发包与承包计价管理办法》（建设部令第107号）制定的，以规范建筑装饰装修工程量清单计价行为，维护招标人与投标人的合法权益。

2001年12月26日，建设部做出的“关于发布《全国统一建筑装饰装修工程消耗量定额》的通知”（建标[2001]271号）中指出：为适应装饰装修工程造价管理的需要，由我部组织制订的《全国统一建筑装饰装修工程消耗量定额》（GYD—901—2002）已经审查，现批准发布，自2002年1月1日起施行。建设部1995年批准发布的《全国统一建筑工程基础定额》（土建工程 GJD—101—95）中的相应部分司时停止执行。

▲幕墙工程

幕墙工程，最初是包含在建筑装饰工程中的。1996年建设部认为幕墙工程有其特殊性和危险性，决定进行相对独立的行业管理，采取了增设了施工、设计企业资质和制定技术标准二大措施：

一是，建设部1996年12月3日发布《建筑幕墙工程施工企业资质等级标准》（建建[1996]608号）。2000年6月30日发布《建筑幕墙工程设计专项资质分级标准》（建设[2000]126号）。

二是，建设部相继颁发了建筑装饰行业技术立法最快最多的5项幕墙工程技术行业标准：1996年7月30日《玻璃幕墙工程技术规范》(JGJ102—96)（建标[1996]447号)，2001年5月29日《金属与石材幕墙工程技术规范》（JGJ133—2001）（建标[2001]108号)，2001年11月21日《点支式玻璃幕墙支承装置》（JG138-2001）和《吊挂式玻璃幕墙支承装置》（JG139-2001）（建标[2001]240号)，2001年12月26日《玻璃幕墙工程质量检验标准》（JGJ/T139—2001）（建标[2001]261号）。

4．建筑装修装饰被确定为“行业”

国家明确装修装饰为“行业”，始见于1994年8月由国家统计局出版、国家技术监督局修订并颁发的国家标准《国民经济行业分类与代码》（GB/T4757—94）其中，装修装饰业确定为：门类E，大类49，中类490，小类4900，包括从事对建筑物的内、外装修和装饰的施工活动，车、船、飞机等装饰、装璜活动也包括在内。

修订的理由是：装修装饰属于建筑业的活动范围并在迅速发展，修订时将现行的“建筑业”门类中的“土木工程建筑业”、“线路、管道和设备安装业”、“勘察设计业”调整为“土木工程建筑业”、“线路、管道和设备安装业”、和“装修装饰业”三大类。

5．建筑装修装饰行业的地位和作用

1993年7月28日，建设部在《关于加强对建筑装饰工程质量监督管理的通知》（建建[1993]552号）中指出：随着国民经济的发展，人民生活水平的提高，人们对美化城市、美化建筑及美化生产和生活环境的要求越来越高，建筑装饰设计与施工作为一门新兴的专业由此得到迅速地发展。

1996年1月8日，建设部在致国务院的“关于请示国务院批转《建设部关于加强装修装饰行业管理意见》的请示”（建建[1996]16号）中指出：改革开放以来，我国建筑装饰装修行业发展迅速，为美化城市、改善城乡居民的生活条件，满足人民精神和物质文化的需要，扩大我国对外开放，加强国际交流做出了重要贡献。在为国务院的代拟稿中指出：装修装饰业涉及建设、建材、纺织、轻工、化学、石化等部门，装修装饰工程的质量涉及人民生命和国家财产安全。因此，要切实加强对装修装饰行业的统一协调管理，坚持“百年大计，质量第一”的方针，确保工程质量和消防安全，不断提高全行业整体素质和水平，满足人民生活和社会发展需要。

2001 年 11 月 1 日，建设部和国家质监总局联合发布的国标《建筑装饰装修工程质量验收规范》（GB50210—2001）（建标[2001]221 号）中的“条文说明”中指出：随着我国经济的快速发展和人民生活水平的提高，建筑装饰装修行业已经成为一个重要的新兴行业，年产值已超过 1000 亿元人民币，从业人数达到 500 多万人。建筑装饰装修行业为公众营造出了美丽、舒适的居住和活动空间，为社会积累了财富，已成为现代生活中不可或缺的一个组成部分。

6．家庭居室装饰的属性、地位和作用

1998 年 10 月 6 日，建设部在致江苏省建委的“对《关于明确建筑装饰装修归口管理的紧急请示》的复函”（建建函[1998]292 号）中指出：建设部“三定方案”提到“住宅建成后住户室内装饰的指导职能，下放给地方人民政府。”其中的“住宅建成后住户室内装饰”是指家庭居室装饰。这部分家庭居室装饰由地方人民政府定给地方建设行政主管部门管理，会更有利于建筑业、建筑市场的统一管理，有利于保障建筑工程的质量安全，我们支持地方人民政府把这部分职能定给地方建设行政主管部门。至于除“住宅建成后住户室内装饰”以外的装饰装修，则应全部归建设行政主管部门管理。

2000 年 6 月 7 日，建设部在致河南省建设厅《关于建筑装修装饰归口管理问题的复函》（建建函[2000]181 号）中再次指出：国务院批准建设部“三定方案”（国办发[1998]86 号）提到：“住宅建成后住户室内装饰的指导职能，下放给地方人民政府”，其中的“住宅建成后住户室内装饰”，是指家庭居室的装修装饰，其主要属性是建筑装修装饰。这部分家庭居室装修装饰由地方建设行政主管部门管理，会更有利于保障建筑工程的质量和住户生命财产的安全。我们认为地方人民政府应该把家庭居室装修装饰的管理职能定给地方建设行政主管部门。

2001 年 3 月 15 日第九届全国人民代表大会第四次会议批准《中华人民共和国国民经济和社会发展第十个五年计划纲要》中确定：发展以居民住宅为重点的装修装饰业。这是我国调整经济结构，发展服务业，提高供给能力和水平，发展面向生活消费和服务业的国策。

2001 年 12 月 9 日，建设部以建标[2001]266 号文件批准国家标准《住宅装饰装修工程施工规范》（GB50327—2001），同日，建设部与国家质量监督检验检疫总局联合发布。

该规范的颁布，从而与“发展以居民住宅为重点的装修装饰业”的国策、《民用建筑工程室内环境污染控制规范》（GB50325—2001）（2001 年 11 月 26 日建设部批准并与国家质量监督检验检疫总局联合发布）、“室内装饰装修材料有害物质限量十个国家强制性标准”（国家质量监督检验检疫总局 2001 年 12 月 10 日发布）、《住宅室内装饰装修管理办法》（2002 年 3 月 5 日建设部令第 110 号），《商品住宅装修一次到位实施导则》（建设部 2002 年 7 月 18 日建住房[2002]190 号），共同构筑了新时期我国家庭装饰行业法制管理的基本框架。

二、装修装饰的国家法律依据

据我们不完全统计，到目前为止，我国有关装饰装修的国家法律共有 5 部，相关条款 10 条：

▲涉及建筑主体和承重结构变动的装修工程，建设单位应当在施工前委托原设计单位或者具有相应资质条件的设计单位提出设计方案；没有设计方案的，不得施工。——《中华人民共和国建筑法》第四十九条，1998 年 3 月 1 日起施行。

▲违反本法规定，涉及建筑主体和承重结构变动的装修工程擅自施工的，责令改正，处以罚款；造成损失的，承担赔偿责任；构成犯罪的，依法追究刑事责任。——《中华人民共和国建筑法》第七十条。

▲本条例所称建设工程，是指土木工程、建筑工程、线路管道和设备安装工程及装修工程。——《建设工程质量条例》第二条， 2000 年 1 月 30 日起施行。

▲涉及建筑主体和承重结构变动的装修工程，建设单位应当在施工前委托原设计单位或者具有相应资质条件的设计单位提出设计方案；没有设计方案的，不得施工。房屋建筑使用者在装修过程中，不得擅自变动房屋建筑主体和承重结构。——《建设工程质量条例》第十五条。

▲违反本条例规定，涉及建筑主体和承重结构变动的装修工程，没有设计方案擅自施工的，责令改正，处 50 万元以上 100 万元以下的罚款；房屋建筑使用者在装修过程中擅自变动房屋建筑主体和承重结构的，责令改正，处 5 万元以上 10 万元以下的罚款。有前款所列行为，造成损失的，依法承担赔偿责任。——《建设工程质量条例》第六十九条。

▲公共场所室内装修、装饰根据国家工程建筑消防技术标准的规定，应当使用不燃、难燃材料的，必须选用依照产品质量法的规定确定的检验机构检验合格的材料。——《中华人民共和国消防法》第十一条，1998 年 9 月 1 日起施行。

▲在已竣工交付使用的住宅楼内进行室内装修活动，应当限制作业时间，并采取其他有效措施，以减轻、避免对周围居民造成环境噪声污染。——《中华人民共和国环境噪声污染防治法》第四十七条，1997 年 3 月 1 日起行施行。

▲建筑工程应当采取节能、节水等有利于环境与资源保护的建筑设计方案、建筑和装修材料、建筑构配件及设备。

建筑和装修材料必须符合国家标准。禁止生产、销售和使用有毒、有害物质超过国家标准的建筑和装修材料。——《中华人民共和国清洁生产促进法》第二十四条，2003 年 1 月 1 日起施行。

▲违反本法第二十四条第二款规定，生产、销售有毒、有害物质超过国家标准的建筑和装修材料的，依照产品质量法和有关民事、刑事法律的规定，追究行政、民事、刑事法律责任。——《中华人民共和国清洁生产促进法》第三十八条。

以“二次创业”为指针　提高工作层次和水平

——2001年中国建筑装饰协会信息咨询委员会专家组工作报告

中国建筑装饰协会理事　信息咨询委员会副理事长兼秘书长　**田万良**

信息咨询委员会2001年1月5日在北京国海宾馆召开委员会专家组工作座谈会至今整整一年了，今天在北京的专家和中国建筑装饰协会领导欢聚一堂，参加2002年信息咨询委员会专家组新春工作座谈会，总结一年来的工作，研讨今后的工作方向，是很有意义的。这既是贯彻江总书记“三个代表”的重要思想，也是落实中国建筑装饰协会五届理事会提出的“以二次创业的精神，促进行业大发展大提高”的重要举措。

请允许我代表本委员会全体工作者，代表名誉会长张恩树、会长马挺贵、常务副会长兼秘书长徐朋感谢各位专家在百忙之中出席今天的会议，感谢各位专家在过去的一年里在各自的工作岗位上，在专家组的工作中为我国建筑装饰行业发展做出的积极贡献。

在2001年专家组工作座谈会，张总到会并讲了话，今天张总、马挺贵会长、徐朋秘书长、房箴副秘书长和中国建筑装饰协会办公室主任王本明都来出席会议，看望各位专家，使座谈会充满温暖和喜庆的气氛。让我们对尊重知识、尊重人才、关怀专家的协会领导表示衷心的感谢！

2001年信息咨询委员会专家组的工作

在协会的大力支持下，现在委员会专家组的队伍已扩充为43人，分为4个专业，其中设计18人，工程10人，材料6人，管理9人。其中教授级高工16人和具有高级职称的14人，占专家组总人数的70%，2001年专家组开展了卓有成效的工作：

1．就我国建筑装饰材料的发展趋势进行论证，正确引导材料生产企业的投资方向。

2.参与建设部《建筑装饰装修工程质量管理条例》、《住宅装饰装修施工规范》的制定工作，参与建筑装饰设计单位甲级资质的评审工作。

3．参加《国有建筑装饰企业改制》的调研工作，组织参与《建筑装饰行业在国民经济发展中的地位和作用》、《建筑装饰工程产品的文化属性问题》的课题调研和编写工作。

4.与协会行业发展部、《中国建筑装饰》编辑部合编《中国建筑装饰企业荣获鲁班奖（国优）（1990-2000年）建筑装饰工程选集》，已于2001年12月由中国建筑工业出版社出版发行。

5．专家撰写论文，通过《中国建筑装饰》和《装饰名品》等刊物及“中国建筑装饰网”，向行业提供了高品质的各种论文36篇。

6．组织或参加建筑装饰工程评标共10项：北京国管局办公楼、北京海关综合楼、朝阳区人民政府办公楼、杭州萧山机场综合办公楼、辽宁省政协办公楼、沈阳方圆大厦、北京市朝阳区社区活动中心、包头神华大酒店、北京航空航天大学综合楼、北京翌景家园。

7．对企业进行咨询服务：包括向美国盾牌涂料中国代理商提供有关市场信息和营销策略的咨询、向北京宏美特装饰公司、奥杰装饰公司提供技术与管理咨询、参加河北省矿业学院建筑装饰项目经理班讲座、北京建发硅橡胶的营销策略咨询等。

8．组织推广法国瀚柯装饰家具公司生产的“工厂化生产、部件系列配套，成品现场组装”的室内木装饰材料。

9．组织召开“中国室内设计高峰论坛”，全国建筑装饰设计人员近200人到会，5位专家学者作了精彩的演讲——清华大学建筑学院教授王炜钰，江苏省建筑装饰设计研究院院长李宁，中国建筑学会室内设计分会会长张世礼教授，中国建筑设计研究院室内设计研究所总建筑师、教授级高级建筑师黄德龄，清华大学美术学院环艺系主任郑曙旸教授。中国建筑装饰协会名誉会长张恩树、会长马挺贵、常务副会长兼秘书长徐朋到会。徐朋秘书长对会议的召开表示祝贺并做了讲话，名誉会长张恩树做了总结讲话。

一年来专家组的工作表明，依靠专家支持，发挥专家作用，是发展知识经济、信息经济的重要实践，对促进我国建筑装饰行业发展起着举足轻重的作用。

我们协会工作取得的每一点一滴的进步和成绩，都凝聚着专家们的努力和贡献。举两个例子：

鲁心源作为信息咨询委员会专家组办公室主任，不仅为专家组的组织建设、工作统筹做了不懈的努力，而且身体力行，提出了许多宝贵的建议，做了很多具体工作。在制定《住宅装饰装修施工规范》的工作中，他积极组织并为规范的制定筹措经费，为了广泛征求各地方建设行政主管部门、建筑装饰协会及企业的意见，鲁总在北京、天津、华北地区召开片会，不仅和我们一起研究调研方案，而且事必躬亲，包括所有资料的收集反馈等，从不马虎。在天津和石家庄两地组织片会都是凌晨乘早班车，晚上很晚赶回北京，甚至个人承担差旅费。工作节奏之快、工作量之大是年轻人都难以承受的，在与鲁总一起工作中，我们不仅学到了很多专业知识和管理经验，更重要的是被他精益求精的工作态度和对行业高度的责任感所感动。

王玮钰教授是令人尊敬的业内杰出人士，王教授身上反映的谦虚谨慎、平易近人、对工作一丝不苟的品德十分令人敬佩。2001 年 8 月 17 日召开的“中国室内设计高峰论坛”，她不仅认真准备发言，而且早上 7 点多就先于会务人员到了清华美院阶梯教室。为了“首届全国建筑工程装饰奖”的颁奖活动的圆满召开，她主动帮助协会联系人民大会堂会场，那天约好下午三点钟在人大会堂西南门集合，当我们提前 5 分钟到集合地点时，王教授一个人正静静地站在路旁等着我们，人大会堂内各个部门十分尊敬她，为落实好颁奖会场，王教授全程负责人大会堂内的协调工作。当离开人大会堂时，我们坚持要给王教授打车付费，她很平静地说：自己能处理。至今想起那一幕，我们仍被她那高尚的品格所感动。

张恩树名誉会长是我们委员会专家组的总顾问，时刻在关心着专家组的工作，关心着每一位专家，与专家保持着密切的联系，并鼓励大家不断创新，开拓思路，服务行业。张总和蔼可亲，平易近人，与群众打成一片，每次专家组的活动他必到场，他熟悉各地协会所有的情况，在行业内人士中他即是领导又是朋友，17 年来在业内深受爱戴。张总任中国建筑装饰协会四届会长 17 年，作为协会会长和法人代表却没有拿到一分钱工资，连补贴也没有。这些年协会不富裕，再困难也不能不发工资，过去秘书处太疏忽了，会长不拿工资不应该。由此也可以看出张总顾全大局，先天下之忧而忧，后天下之乐而乐的高尚品德。

张总及鲁心源、王炜钰两位专家身上体现出的敬业精神，相信也代表了专家组所有成员，应该说是“三个代表”的集中体现，我们应该用鲜花和掌声感谢他们多年来为行业做出的杰出贡献。

2001 年是中国建筑装饰协会发展历程中光辉的一年，自第五届会员代表大会选举产生五届理事会、常务理事会和新一届领导集体以来，在张总的关怀和马挺贵会长、徐朋秘书长及五届理事会的正确领导下，中国建筑装饰协会的工作取得了重大进步。

第五届会员代表大会结束后不久，协会召开了“学习江总书记‘七一’讲话，促进装饰行业发展座谈会”，学习贯彻“三个代表”的重要思想，提高协会高层次的“双向服务”能力，已成为新一届协会的指导思想和工作方向。在短短半年时间里，协会做了大量的工作，全国地方建筑装饰协会、会员单位及业内企业都倍感振奋，一致认为五届理事会的工作为推动行业发展做出杰出的贡献。

2001 年下半年来中国建筑装饰协会工作

突出地反映在以下四个方面：

一、研究行业发展中的一些方向性问题，提高协会推动行业发展的能力

开展了四个专题的调研：一是建筑装饰行业在我国国民经济和社会发展中的地位和作用；二是国有建筑装饰企业的改制；三是建筑装饰行业的技术创新；四是建筑装饰工程产品的文化属性问题。

二、抓住重点，提高为会员企业的服务层次

1. 召开“中国建筑装饰协会工作经验交流会”。

2. 加强协会培训工作，打造协会培训品牌。

3. 全面提高、加强协会专业委员会的工作。

4. 举办多种大型的展示会和竞赛活动，服务社会、扩大协会影响。

5. 强化编辑出版和学术交流活动。

三、组织“全国建筑工程装饰奖”评奖，召开颁奖大会

“全国建筑工程装饰奖”评奖工作，是我国建筑装饰行业的一件大事，如实地反映行业发展成就，在交流中推动行业进步是评奖的根本目的。通过颁奖将对扩大获奖项目和受奖企业的声誉，增加协会的凝聚力产生巨大的作用。

2001 年 12 月 25 日中国建筑装饰协会在人民大会堂举行“首届全国建筑工程装饰奖”颁奖大会，这是中国建筑装饰协会 1984 年 9 月成立以来，历史上组织得最成功的一次活动，达到了“热烈、朴实、讲究实际效果”的目的，将永载中国建筑装饰行业发展史册，将对中国建筑装饰协会的“二次创业”和我国建筑装饰行业的大发展大提高，起到重要的现实作用，并产生深远的历史影响。

四、认真做好政府委托的工作

1. 装饰企业资质审查

受建设部委托组织了建筑装饰工程设计单位甲级资质的审查工作，参与了建筑幕墙工程设计单位的甲、乙级资质的审查工作。参与了全国建筑业企业（装饰企业）资质就位审查工作。

受建设部委托，组织了国家标准《住宅装饰装修施工规范》的编制工作。经过一年半的艰苦努力，在 11 月 30 日建设部标准定额司主持的“审查会议”上通过了审查。建设部近期将给予发布。

根据建设部刘志峰、傅雯娟副部长的批示，参加了建设部召开“室内设计师从业资格协调会”，会议决定按照部领导的要求，积极研究在注册建筑师系列中纳入室内设计师，以解决其从业资格问题。

国家经贸委硅酮结构密封胶领导小组办公室专家组设在协会铝制品委员会，全国化学建材协调组办公室建筑涂料专业组设在协会化学建材委员会，我会两个专业委员会做了大量工作，发挥了积极作用。

五届理事会半年来的工作，徐朋秘书长在五届一次常务理事会上的工作报告很客观、全面，希望大家有时间读一下 2001 年第 1 期协会会刊《中国建筑装饰》，里面有张总、马总、徐总的几篇重要讲话。

张总说："五届理事会成立之后，新的领导班子在半年的时间做了非常有成效的工作，而且起点高，大家各方面都给了很好的评价"。

徐朋秘书长说："马会长和我本人已到协会工作了6个月，如果讲工作体会的话，就是三句话：如果没有很好的政治责任感，就干不好协会工作；如果没有敬业精神，就完成不了协会任务；如果没有一定的工作能力，就实现不了高层次'双向服务'目的。"

马挺贵会长在五届一次常务理事会讲话指出："'二次创业'是协会的大事，又是全行业的大事，是今后的工作中心。'二次创业'的目标、任务、实施的步骤和具体的方法，还要请地方协会、企业和专家热情参与共同论证，因为这是我们共同的责任，共同的目标。今后一个时期中国建筑装饰协会工作的指导思想是：以'三个代表'作指针，以'二次创业'为中心，以提高'双向服务'层次为宗旨，与时俱进，奋发有为，研究规律，提高水平，推动全行业的大发展大提高。"

行业在发展、协会的工作要求在提高，在当前新形势下委员会如何为专家组创造更好的市场环境，充分发挥专家的作用，使专家组的工作上一个新台阶，是关系到落实五届一次常务理事会工作目标的大事。

我今天要告诉专家们一个好消息，作为协会建设的重要内容，今年协会要加快组建专家工作委员会。协会要集中一批专家作为行业精英参加协会工作，是协会的性质所决定的，也是协会权威的重要依托。房箴同志是大家熟悉的在建筑装饰行业颇有建树的专家，作为中国建筑装饰协会副秘书长，今后负责专家委员会的工作，我希望各位专家全力支持协会整体建设，积极支持参与中国建筑装饰协会专家委员会的工作，在2002年取得更大的发展。

2002年信息咨询委员会专家组工作计划

2002年委员会专家组的工作应根据中国建筑装饰协会总体工作的指导思想，以"三个代表"为指南，以"二次创业"为中心，以提高"双向服务"层次为宗旨，现提出今年工作计划如下：

1. 组织召开"环境质量与建筑装饰"的高峰论坛。（计划请夏青副院长，王少南理事长[材料]，郑曙旸教授[设计]，港源装饰公司[工程]，建设部有关环保的主管部门领导主讲，会期一天，初步安排与3月9日与展览会相结合。）

2. 组织召开室内设计研讨会。重点：建筑装饰设计、施工、材料一条龙的优缺点和发展趋势。设计不收费和取费标准的研讨，根据研讨意见向建设部报告。

3. 与培训中心共同举办企业领导层高级研讨班，研讨重点是：

有关参加WTO后建筑装饰行业的准备、建筑装饰项目管理概论、建筑装饰工程怎样提高中标率、怎样承担建筑装饰任务、预算编制新发展。学习期内考试合格发给项目经理岗位证。

4. 与培训中心共同组织建筑装饰技术工人技能培训，2002年试点工作以提高行业整体素质，促进行业生产力发展为目标，2002年北京试点，全行业2003年启动。

5. 组织专家参加中央电视台教育台举办的住宅装修基本知识和施工要点。

以上工作是由中国建筑装饰协会主办，专家委员会（筹）、信息咨询委员会承办。

6. 组织专家完成建设部交办的各项任务。

7. 组织专家继续为《中国建筑装饰》、《装饰名品》、《中华建筑报》、《中国建设报》等重点相关报刊发表论文，专家年度供稿2篇以上。

8. 组织专家参加行业的评标、评审和信息咨询服务。

以上我们总结了过去一年的工作，提出了今年的工作目标，希望各位专家、各位领导提出更好的意见和建议。专家组的工作能否做好，要靠各位的积极支持和参与，同时专家组也应该在组织联络、后勤保障、信息开发、科研攻关、服务导向等各方面做好准备。今年我们重点要做好专家组办公室的工作，确保工作经常化、制度化、系统化，为协会整体工作目标，为行业发展做出新的贡献。

我还想讲一讲我们协会的新一届领导，半年工作的耳濡目染，马挺贵会长和徐朋秘书长以身作则，艰苦奋斗的拼搏精神，使我们深受感动和教育。马挺贵会长和徐朋秘书长是党的高级干部，为了协会工作，应该说体力用到了极限，我们在工作亲眼所见，感受颇深。我只举两个例子：

马总在南京召开的"国有建筑装饰企业改制座谈会"上利用晚上时间总结全天会议过程，研究当天各地典型企业的改制状况和江苏省企业改制的比较，思考大会总结报告的要点，一个人工作到凌晨三点多。在2001年11月深圳召开"中国建筑装饰协会工作经验交流会"之前，马总患病，淋巴发炎，高烧不退，由于咽喉疼痛已经两天没有进食，他仍然带病坚持参加会议，在深圳开会时，他高烧40度，却一直坚持到会议主要议程结束，又做了补充讲话，才到医院打吊针。我想马总一方面是尊敬张总和深圳市建设局杨副局长，另一方面也是高度的责任感，马总那天的讲话思路非常清晰。各地建筑装饰协会负责人及所有与会者都高度评价这次会议，高度评价协会领导。

徐朋秘书长这半年是协会工作最忙的人，特别是这两个月是协会工作最繁忙的时期。谁会想到徐总每天晚上还要到医院去守候病人，徐总今年60岁，这么大的困难从不流露，坚持很早上班，全盘领导协会的大量繁杂的各项重要工作。直到前不久他岳母去世，大家才知道。

回顾这半年的工作历程，我们相信，在这样坚强的对行业有高度责任感的领导核心的带领下，中国建筑装饰协会的工作一定会与时俱进，建筑装饰行业一定会大发展大提高。

各位专家是我们协会最宝贵的财富和最珍贵的资源，各位是行业的精英，没有精英的行业是没有前途的，没有专家的支持和参与，实现“三个代表”就是一句空话。中国建筑装饰协会五届理事会领导十分珍爱我们行业内的所有专家，并把建设专家委员会作为今年重要工作之一。希望大家紧密的团结在五届理事会周围，集中智慧，与时俱进，开拓进取，在新的一年里为行业发展做出新的贡献。

祝各位专家、各位领导新春快乐，身体健康！

我国建筑装饰行业的信息化建设

中国建筑装饰协会信息咨询委员会 秘书长 **田万良**

2002 年是我国信息化建设取得重大成就的一年。从 2002 年 2 月 27 日国家科技教育领导小组在中南海举办国家领导人参加的信息技术讲座，到 2002 年 11 月中共十六大会议都把推进信息化建设作为国家发展战略头等大事。

2002 年 11 月 23 日，中国建筑装饰协会在深圳召开了第一次“全国建筑装饰行业信息工作座谈会”反映了中国建筑装饰行业信息化建设的进程和成就。

一、建筑装饰行业信息化建设现状

建筑装饰行业是建筑领域中对信息产业依赖最强，投入最大的行业，这与本行业的知识密集和科技含量高有直接关系。

1．传统信息手段较强

平面媒体凸显强大。当前国内已有《中华建筑报》、《中国建筑装饰装修》、《中国建筑装饰》、《装饰名品》、《现代装饰》、《新居室》等社会不同渠道建筑装饰专业媒体等计 200 余家。是我国建筑装饰业有史以来最繁荣的时期，也是国民经济中其他行业无法比拟的。从市场依存度来看平面媒体这种传统信息手段在业内仍占很大优势。

2．“e”化建设速度惊人

企业办公自动化在行业重点企业中得到高度重视，建筑装饰一级企业基本实现了总部联网、远程登录。不仅解决了制定方案、营销报价、投标演示的功能，而且建立了人事管理信息系统、质量保障系统。但从总体分析仍有 60%的业内企业没有建立自己的网站，在建立了网站的企业中，仍有不少是走过场，网站的应用局限在推广企业形象和信息查询上，特别是做到网上互动的企业网站更少得可怜。

中国建筑装饰网www.ccd.com.cn 是中国建筑装饰行业门户网站，通过七年坚持不懈的努力，基本上具备了电子商务和电子政务的水准，日点击率达到上万次，成为全国最大的建筑装饰网站。在全国 73 个地方建筑装饰协会中，专业网站建设 2002 年尚不足 30%，上海市装饰装修行业协会、深圳装饰行业协会、吉林省建筑装饰业协会、长春市建筑装饰装修协会的网站在地方协会建设中是比较优秀的。

如何实施电子政务、电子商务和建立全国地方协会的网站有效链接仍然是摆在我们面前亟待解决的问题。特别是网上互动交流的提高也是“中国建筑装饰网”要下大力量从事的开发工作。现在“行业公告”、“全国建筑工程装饰奖”的网上报名、“国际交流”的报名都已开通。网上办公的编程及技术支持已基本完成，2004 年要启动协会网上办公，进一步提高协会的整体办公水平。

二、函待解决的问题和建设规划

中国建筑装饰协会的信息工作十分活跃，从 2002 年首次编撰《中国建筑装饰年鉴》也反映出信息工作在不断加强，做好专业展示、出版工作、培训工作、推广工作、发布活动、组织交流与论坛、建立专家库都是信息交流的形式与平台。极大的促进了行业的发展。

在我们执着地以传统方法推动着各项事业发展的时候，必须充份认识到信息已经成为经济建设的战略资源，信息技术已经成为现代化社会的生产力、竞争力和经济成功的关键，是提高企业核心竞争力的关键。

面对现代化信息产业的发展，相当多的企业缺乏应对能力和参与力度。

根据调查显示，由于企业信息化有效程度不高，特别是企业如何开发和应用好在网络平台上进行工程管理及不到位，已经制约了企业进一步发展，信息化的落后已经成为制约企业保持竞争优势的重大障碍。

促进企业建立企业网站，内部局域网和经营生产、分包、劳动力等信息平台，把市场信息、客户要求、竞争对手、内部质量、安全管理、决策管理、办公自动化等各种信息流集纳成信息管理系统，是企业真正走向信息建设的关键。也是中国建筑装饰协会信息咨询委员会下一个年度的工作重点。

我们将与国家信息中心、国家统计局联合建立全国建筑装饰市场景气指数系统，预测市场规避风险，对行业发展进行指导和调控。这包括对企业景气度的调查，对合同签订情况景气度的调查、对建材产品价格指数的预测、对上市施工企业、上市建材企业股指进行跟踪，对港、澳、台相关行业综合指数及全国各大中心城市专业建材、施工市场调查与评估。全国建筑装饰市场景气指数的发布将有利于政府和行业制定行业发展规划，有利于国民经济持续健康稳定发展，对国家和全行业将是一个积极的推动和贡献，也是行业信息化建设的一个创举。

2003 年到 2004 年将是中国建筑装饰业信息化建设取得更大成就的一年。

2002年我国门窗幕墙业发展趋势

中国建筑装饰协会常务理事　铝制品委员会理事长兼秘书长
国家经贸委硅硐结构密封胶领导小组办公室专家组组长
彭政国

21世纪的第一年2001年，在发展中渡过。正像多数业内专家所预测的2001年门窗幕墙发展趋势所说的那样，是门窗幕墙行业继续由量变到质变的一年。

2002年，我国门窗幕墙行业将伴随着我国国民经济的迅猛发展而发展。在新材料不断的出世，门窗幕墙行业将向高档、新型式、多功能、多品种、多种真正节能型发展。

我国加入WTO，北京申办2008年奥运会成功。在全球经济明显放缓的时候，中国是世界经济发展的热点，北京则是中国发展的热点。北京不仅为奥运会做好前期建筑准备工作，更主要的是北京要建设为国际型大都市。北京的城市建设日新月异，北京大剧院的动工兴建，大规模城市改造及各种新型建筑，大部楼堂馆所已到装修改造期，是我国建筑业——建筑装饰行业——门窗幕墙业的黄金时期，企业一定要抓住这难得的机遇。

2002年我国门窗幕墙发展的趋势如何？

一、2002年我国门窗发展趋势

门窗材料品种日益增加，除铝合金型材，有塑料型材、塑钢型材、铝木结合材料、铝塑结合材料及不锈钢型材等等，在2002年以什么材料为主？

1．铝合金型材占主导地位。铝合金型材具有其他门窗材料所没有的特殊性能，它不仅强度高（有的铝合金可以达到45号钢的强度），并且重量轻（为钢材的1/3重量），可塑性好，可挤压成各种复杂的型材断面。耐腐蚀性强，无任何污染。废旧铝合金型材可以回收重融，重复利用。国际上多年来一直采用6063铝合金型材作为门窗材料。20多年虽有各种材料制成的窗对它进行挑战，并想取而代之，但至今在国际上尚没有哪种材料可以取代铝合金型材制作门窗，当然为了不同用途，各种材料制成的各种类型的门窗，根据不同需要而产生，这是发展的需要。铝型材根据建筑业发展的需要，必需发展才能满足当代门窗的需要，这表现在：

（1）铝合金品种和性能的提高。以前国际上通用的为6063型材，冷却制作为用风吹速冷（称风冷淬火，T_5状态），现在为了解决门窗面积增大提高铝合金型材强度，可采用水冷淬火（T_6状态），其抗拉强度由160MPa可提高到205MPa

（2）如果门窗强度要求更高。可用铝合金6061 T_6状态。6061T_6合金抗拉强度可达到265MPa。

（3）铝合金可以代替不锈钢材。铝合金可以配制近百种合金，其抗拉强度、屈服强度都可以超过不锈钢，如我国牌号Lc4铝合金，国际称为7075T_6铝合金，其抗拉强度可达到540～560MPa，而一般不锈钢为530MPa。铝合金不仅能满足门窗需要，而且满足飞机、坦克防弹的需要，所以说铝合金有强大的生命力。

（4）铝材可以得到多种表面处理。铝材前几年一直是表面阳极氧化处理，只有白色和古铜色现在可以得到粉沫喷涂和氟碳喷涂，可以得到各种喜欢的颜色使建筑门窗多姿多彩。粉沫喷涂怕太阳紫外线照射，易均匀退色，阳面和阴面几年后颜色有所差别。一般用于门窗不明显，且价格便宜。氟碳喷涂即不存在上述问题，但价格较贵，多用于铝板幕墙的铝板的喷涂。

（5）铝合金型材可以隔热。在铝型材之间插入低导热非金属构制成的隔热条，以减少铝型材内外的热传导。这种铝合金型材称为“断桥铝材”，或称“断热冷桥”。加断桥的铝合金型材比一般不加断桥的铝合金型材，热传导系数有明显的减少（导热系数由6W/（m^2K）最小可以减到1.8W（/m^2K））。

断桥铝型材按制作方法可分为插条滚压式和注入发泡式。插隔热条的材料为PA66GF（简称尼龙PA66）。PA66GF最突出特点是它是非金属，但有近似铝合金的热膨胀系数和抗拉强度，内外两块铝合金通过插入PA66可以组成一个新的铝合金断面，整体强度和铝合金型材基本一致。这种断桥型材可用于大型窗和幕墙。注入发泡式（又称填充式）是在铝合金的中间空隙注入发泡，凝固后再把注放的树脂的铝材两面切割掉，形成“断桥”，这种断桥生产工艺复杂，非金属填物面积太大，不适应铝型材的热胀冷缩，一般用于门窗。

特别提醒大家注意，现在有一些厂家仍在用PVC（塑料）条代替PA66，生产假“断桥”，这是非常危险的，因为PVC热膨胀系数和强度与铝材相差太远，用PVC代替PA66其效果是“断桥铝材易断”。

断桥铝材有一特点，铝材内外面颜色可以不一样。制作方法是用阳极氧化或喷涂，把前后两块铝材制成不同颜色，然后再穿断热条及压合，制成一个断面铝型材。

（6）新型木铝结合材料，铝塑结合材料。国外近期出现各种铝木结合门窗，外面是铝材，内部是木材。外面利用铝窗材料防腐、防蚀等一些优势，内部以木材的暖调结合室内木器家具，即协调又可隔热，而且可以制成各种类型窗，颇具特色。但在国内不是发展的方向，一是浪费木材，二是铝材的竖式阳极氧化可以得到和木材一样的木纹效果。可以在两种不同表面型材中间夹断桥，制成外面是铝材表面，内面是木纹表面，因为中间有隔热条又可达到隔热作用。

铝塑结合门窗材料，也只适用于小型门窗，因为这两种材料的热膨胀系数差别太大。

综上所述，铝合金型材不仅在今年，仍至较长时期仍为门窗，乃至幕墙的主要原材料，这是无可非议的。

2．正确认识什么是“节能窗”。节能窗是我们行业的发展方向，如何认识节能窗，怎样才能达到节能效果，应当有个正确的认识，曾经有人依窗框的导热系数的大小，来确定是否是节能窗，塑料窗框比铝合金窗框导热系数低，即称塑料窗或塑钢窗为节能窗，这种观点缺乏科学性，也造成一些地区的误导，应该看到现在和将来都将给国家带来不小的损失。怎样才算节能，必须从热力学去研究。

要利用热力学热传导的三个要素去认识，热力学热量的流失（热量的交换）为热的对流、传导和辐射。对流是在门窗空隙间热冷气流的循环流动，导致气体产生对流带动热量交换，热冷空气的循环对流产生热量的流失。热传导则是由材料本身分子运动而进行的热量传递，热传导通过物体本身一个面传递到另一个相对的面。辐射传热是能量以射线即红外线直接传递。不论用什么材料制成的窗，如能对上述三种热交换最有效的阻断，才能称为最好的节能窗。

为了更好达到三种热交换的阻断，达到真正的节能窗，要从以下几个方面考虑：

1．推拉窗不是节能窗，平开窗、固定窗是节能窗。首先要从窗的结构设计考虑，窗的结构对节能起着主要的作用。如推拉窗在窗框下滑轨来回滑动，上有较大的空间，下有滑轮间的空隙，窗扇上下形成明显的对流交换，热冷空气的对流形成较大的热损失，对流的大小、热损失的大小和窗扇上下空间成正比。此时用什么隔热型材作窗框都达不到节能效果，可以说不论是铝合金或塑钢做的推拉窗均没资格称为节能窗。平开窗，窗扇和窗框间一般正常的均用良好的橡胶密封压条，在窗扇关闭后，密封橡胶压条压得很紧，几乎没有空隙，很难形成对流。

这种窗型的热量流失主要是玻璃、窗扇和窗框型材，热传导和辐射散热，这种散热远比对流热损失少的多，如果能很好的解决上述玻璃和窗框型材的热传导，平开窗的节能效果远比推拉窗节能效果有明显的优势，平开窗可以称为“节能窗”。固定窗，窗框嵌在墙体内，玻璃直接安装在窗框上，玻璃和窗框已用密封胶密封，接触的四边均密封，如密封胶密封得严密，空气很难通过密封胶形成对流，很难造成热的损失。固定窗的玻璃和窗框热传导为主要热损失的源泉，在玻璃上和窗框材料采取有效措施，可以大大提高节能效果。从结构上讲，固定窗是最节能的窗型。为了通风通气，在固定窗上开装小型上翻下翻窗，或在固定窗的一侧安装一小型平开窗，专门作为定时放风使用。

现在还有平开带内翻转、各种上下滑动窗，以及各种类型外开、内开等型式窗，但均在推拉、平开和固定三种窗型之内变动而已。

2．玻璃是节能窗第二要素。除窗的结构外，其次窗的最大导热和辐射面积就是玻璃，玻璃占窗户面积的70%～90%，如以平开窗或固定窗为例，从热力学观点看，热的对流很小，如果窗和玻璃密封很好，对流的热交换微乎其微。玻璃主要散热是依靠热传导和热辐射，传导是热量从玻璃内面通过玻璃的分子运动把热量传导到玻璃窗外表面。热传导的大小和传导速度、玻璃的厚度、不同玻璃的导热系数有关，同时也和不同性质的玻璃性能有关，辐射则和不同性质的玻璃有关。

（1）*热反射镀膜玻璃。*对光学有较好的控制性能，对波长以0.3～2.5mm的太阳光有良好的反射和吸收能力，能够明显减少太阳光的辐射能向室内的传递，保持室内温度稳定，可以节约能源。在室外各种物体吸收大量太阳辐射能后，再辐射出来的远红外线热辐射能波长为 3～30mm，有较高的反射率。冬季室内暖气、热风被阳光照射后产生远红外线辐射能，升高室内温度。太阳辐射能从窗户玻璃射进室内，一部分辐射能被玻璃反射到室外，一部分辐射能透过玻璃进入室内，一部分辐射能被玻璃吸收，被玻璃吸收的这部分辐射能又再向室外、室内两个方向辐射。

在窗的结构确定以后，窗的大面积玻璃是节能的关键，热反射镀膜玻璃的节能效果，早已被大家所认可，并首先在隐框玻璃幕墙上大量使用。但在窗户上使用有待认识和使用。在一般情况下，热反射镀膜玻璃已能满足一般节能窗的需要，如要求更高，还有中空玻璃和热反射镀膜中空玻璃以及低辐射镀膜玻璃等，但均有其特点和不同用途。

（2）*中空玻璃。*中空玻璃不仅有优良的采光性能，同时具有隔热、隔声、防霜露等特殊优点。在某些条件下其隔热性能可优于一般混凝土墙。中空玻璃隔热能力主要来源于两层玻璃间密封的空气层。空气的导热系数为0.028W/㎡ K，而玻璃的导热系数为0.77 W/㎡ K，密封的中空玻璃除玻璃四边用密封胶导热，其余大面积玻璃均依靠空气层导热，加大热阻。因此，能明显提高中空玻璃隔热效果，如要提高中空玻璃的热阻，增加隔热效果，可采取加大中空玻璃空气层厚度或在空气层中放置氩气或其他导热系数低的气体，或者用热反射镀膜玻璃制成中空玻璃，均能提高中空玻璃的隔热效果，从而达到节能窗的真正效果。

（3）*低辐射镀膜玻璃。*低辐射镀膜玻璃又称（Low—E译称娄义玻璃）。按生产方法，可分为“在线Low—E玻璃”和“离线Low—E玻璃”。在线Low—E玻璃，即在浮法玻璃生产线上，一般把锡的气体直接喷射到熔融的金属表面上，随着玻璃的冷却，金属膜层成为玻璃的一部分，它的特点，可以直接在空气中使用，可以钢化、热弯，可以长期保存，它的缺点是热学性能比较差，比“离线”溅射法生产的Low—E 玻璃的“u”值差近一半，窗玻璃的绝热性能一般用“u”值来表示，“u”值和玻璃的辐射率有直接关系 ，“u”值越低，通过玻璃的传热量越低，窗玻璃的传热性能越好。

另一种方法，溅射法生产 Low—E 玻璃（又称离线Low—E 玻璃），生产方法是把金属银直接用溅射法镀在玻璃表面，它的缺点是银膜层非常脆弱，并易生成氧化银层，所以，它不可能像普通玻璃一样使用，必须做成中空玻璃，在做中空玻璃前不能长期保存和运输。

Low—E中空玻璃对0.3～2.5um的太阳能辐射具有60%以上的透过率，白天来自室外辐射能量可大部分透过，但夜晚和阴雨天气来自室内物体的热辐射约有 50%以上被其反射回室内，仅有小于15%的热辐射被其吸收后通过再辐射和对流交换散失，故可有效地阻止室内的热量泄向室外。Low—E 玻璃的这一特性使其控制热能单向流向室内的作用。因此在冬季可以保持相对高的室内温度，这样在室内的人也会倍感舒适，但有人把Low—E玻璃说成“冬暖夏凉”是不确切的，一般仅适用于高寒地区。

Low—E玻璃虽有节能效果，但也有它的缺点，这表现在玻璃的反射率低，没有光泽，光亮性差，玻璃基本没有颜色，装饰效果也不太好。国内现生产的Low—E镀膜玻璃为单层镀银，它和双层镀银u值相差很大，双层镀银成本又太高。单层镀银 Low—E 中空玻璃比一般热反射镀膜玻璃制成的中空玻璃节能效果也只是略有提高。

Low—E 中空玻璃寿命长短，一是取决于镀膜的质量，二是取决于中空玻璃的玻璃透气率，在长期使用中如中空玻璃内进入空气，则会在镀膜玻璃表面生成氧化银，不仅破坏了镀银层而且，使玻璃不透光，一般仅能保持五年。

3. 窗框用材是节能窗第三要素。窗框用材不外乎，铝合金型材、塑料型材、塑钢型材、不锈钢和以前木材、钢材。现在，有不同看法的是，塑钢型材制成窗以前有人认为就是节能窗、隔热窗，就因为塑钢型材导热系数低。从热力学观点看问题，这种看法不确切。我们特意到欧洲德国考察，它们塑钢型材分三代。第一代塑料型材制成的窗又笨又重断面又大。第二代在空心塑钢内插钢板，由于有空隙易生锈。第三代是表面处理过的钢板和塑料共挤生成一体，这才是真正的塑钢型材，用这种型材做的窗才能真正称为塑钢窗。前期，国内引进了 3000 多条国外淘汰的插钢板式塑料型材线，用这种型材制成的门窗只能称为塑料窗，塑钢型材和铝型材相比，在强度及其他性能上都有明显的差距，唯独在导热系数上远比铝材导热系数小。铝材利用国外的断桥技术，已在全国大量生产断桥铝材，用这种铝材制成的窗不仅隔热性能有突出的提高，并可制成内外不同色彩和花纹，并在气密性、水密性、抗风压、防污染方面均是其他材料无可比拟的优势。

PVC 塑钢窗防火为 B1 级，根据我国建筑防火规范，仅能用于单层厂房和两层民用建筑外墙。APC 为聚氯乙稀，在燃烧作用下产生氯化氢，氯化氢是剧毒气体，人吸一口即可窒息，希望引起大家的重视。

为了简单说明问题，现就铝合金型材和塑料型材性能比较简单介绍如下：

铝合金型材和塑料型材性能比较表

材质牌号	铝合金型材 6063-T5	PVC 塑料型材 硬聚氯乙烯 热塑性塑料
密 度	2.7 (g/cm^3)	1.4 (g/cm^3)
抗拉强度	≥157 (N/cm^2)	≥50 (N/cm^2)
屈服强度	≥108 (N/cm^2)	≥37 (N/cm^2)
伸长度	≥8%	100%
弹性模量	7x10^4 (N / cm^2)	0.196x10^4(N / cm^2)
线膨胀系数	2.35×10^{-5} (K^{-1})	7～8×10^{-5}(K^{-1})
导热系数	203 （断桥铝材 1.5-2.8）(W/m．K)	0.16 (W/m．K)
燃烧性	不燃 A 级	可难燃 B_1 级

4. 铝合金窗在 2002 年及近年仍为主流。这是因为：

（1）铝合金门窗是金属材料。铝加各种金属元素制成各种合金，具有其他门窗材料无可比拟的优点，质轻且强度高，可挤压成各个时期所用各种新的复杂的断面型材，可满足门窗设计师的各种新型断面要求。耐腐蚀、变形量小、防火性强、使用寿命长（50～100 年），报废后还可高价回收再利用，无任何污染。

（2）表面可喷成各种美丽的颜色。给外墙穿上美丽的外装。

（3）节能窗必不可少的材料。断桥铝材不仅可以隔热，也可以隔冷，铝材内外表面可以不同颜色、不同花纹，木纹铝材也已开始应用。

（4）满足高层建筑需求。一是要材质轻，二是强度高，三是使用寿命长，四要防火性能好，五是采光性能好。铝合金窗均能满足上述各项要求。

（5）真正共挤的塑钢窗也有它的特点和优点。在民用建筑上真正的共挤塑钢窗同样有发展，社会各有所需，谁也代替不了谁。但在塑料中穿废钢材，这些假塑钢窗将伴随着时间的考验，将会受到冷落。

（6）铝合金窗总的发展趋势向高档次，多性能发展。原 90、70 系列逐渐会转向小城填和农村，最后将很快被淘汰。

（7）今年高档门窗的重点。在北京，不单纯是因为奥运在北京开，而是北京要建成世界大都市。北京高档门窗 2001 年每平方米价格可达 600～1400 元，但质量要求较高。其次是上海、广东、西部地区及其他省会城市，这些城市均会有明显的发展。

总起来看：2002 年门窗行业，以铝合金为龙头，但要求高档铝材，高档铝门窗，那些薄壁低档次铝型材市场将会明显逐渐缩小。可能有的质量低劣的铝材厂家要一个个破产。应该看到，现在用户逐渐不是以谁的价钱低而买谁的，而是要求质量可靠，质量第一，这也是与国家整顿建筑市场分不开的。

二、2002 年我国幕墙发展趋势

我国经济迅猛的发展，2001 年加入了 WTO，奥运申办成功，北京要建成国际大都市，这都给我国建筑业带来特殊的发展时期，也是给我国建筑装饰行业，特别是外墙装饰业带来难得的机遇。高层和新型建筑外墙，决不会用砌块和砖头，必然大量采用幕墙，也决不会因以前个别单位幕墙设计、施工中曾存在有不安全因素或“光污染”因噎废食。不仅是 2002 年，近几年均是各种幕墙发展的机遇。2002 年我国幕墙发展重点在哪里？

1. 今明几年幕墙将以多种幕墙组合为特点。在一栋建筑中，将会包括几种幕墙，例如玻璃幕墙、铝板幕墙、石板幕墙和点驳接式幕墙等。从制造工艺分，将会有单元式幕墙、隐框幕墙、气动式（智能）幕墙及个别光电幕墙等。因此，要求幕墙企业知识面要广，什么样幕墙都能制作，要做到这点一般幕墙企业并不容易。

2. 单元式幕墙在国内大城市将会有新的发展。单元式幕墙的单元件高度为楼层高层，宽度一般为 1.2m 左右。故传力简捷，可直接挂在楼层预埋件上，安装方便。单元件在工厂内加工制作，可以把玻璃、铝板或其他材料在加工厂内组装在一个单元件上，促进了建筑工业化程度。因为单元件在加工厂内整件组装，易于在工厂内进行检查，有利于保证单元件整体质量，保证了幕墙的工程质量。单元式幕墙从楼层下方向上方安装能够和土建配合同步施工，大大缩短了工程周期。

单元式幕墙能够很好的解决幕墙漏水问题。压力差是造成大部分幕墙接缝漏水的主要原因，幕墙外水分，不论是雨水或洗窗水进入室内，除了必须有破口或是裂缝存在，还必须要求室外的压力比室内压力大。如果室内的压力与室外压力相等，甚至大于室外压力，即使有破口或是裂缝存在，水分也不会进入墙内。一般传统防水方式是尽量设法在漫长的接缝处减少可能发性的开口，如用各种密封胶、胶条对接触缝密封堵塞。新的防水进入室内的方式，则是用对雨水疏导的方式，引水入等压腔内，再引水流出墙体。为了达到完全等压效应，“等压腔”内的压力必须随时维持大于或等于室外的压力。但是我们知道建筑物表面压力，因风速随时的变化，不会永久不变，建筑物愈高愈大，压力差程度也就愈明显。接近地面的正风压比高处正风压小，立面中央正风压比角落正风压大，同一根横料可能一端受正压，另一端受负压，再加上其它因素影响使得等压效应的设计更加复杂困难。因此要求高技术加以解决。等压原理是单元式幕墙独特的核心。

单元式幕墙技术性较高，造价高，前两年在上海发展较多，在广东、北京为数不多。2002 年，在北京及部分大城市可能有所发展，不会大面积发展。

3．隐框玻璃幕墙仍将为幕墙发展主流。隐框玻璃幕墙，表面看不见框架，整个幕墙成大玻璃镜面型，感观效果好，倍受建筑师及人们的青睐。近几年隐框玻璃幕墙的发展速度很快，每年以 500 万 m^2 以上的速度发展。

隐框玻璃幕墙没有用以夹持玻璃并承重的铝合金外框。它是完全依靠硅酮结构胶把成百上千块的玻璃粘在铝型材框架上，组合成一个大面积幕墙，玻璃间的空隙由密封胶黏接，隐框玻璃幕墙用的均为镀膜玻璃，也只有镀膜才能把铝框隐住，从而形成一个大的镜面幕墙。

隐框幕墙分全隐和半隐，半隐又分竖隐横不隐或横隐竖不隐。我国是个大国，虽然近几年隐框幕墙发展速度很快，也只是沿海几个大城市和东北沈阳地区为主，全国还有十个或几十个省会城市、中等城市仅有少量或还没有隐框玻璃幕墙。今年会有不少省份将会发展隐框玻璃幕墙，沿海和珠江三角洲一些中小城市，甚至农村仍在广泛建筑隐框或半隐框幕墙。因此，隐框玻璃幕墙仍是幕墙的主流。

隐框玻璃幕墙用硅酮结构胶，国产结构胶标准，在三个方面高于国外结构胶，国家经贸委每年都对国内外结构胶抽查几次，可以大胆使用国产硅酮结构胶。购买结构胶时一定要有国家认定标识，无标识的为国家经贸委没批准的假胶，勿上当受骗。

4．单层铝板幕墙逐渐取代铝塑板。单层铝板幕墙一般用 3mm 厚纯铝板或 2.5mmLF21（21 号防锈，美国牌号 3003）。一般先按设计制好板块，再进行氟碳喷涂，喷涂膜厚 30～40mm 左右。国外进口的有先辊涂好的 2mm 厚 5005 铝合金板，然后再裁剪加工成型。边角料浪费大，要幕墙公司自已加工，氟碳辊涂模厚 15～25mm 左右，膜层比喷涂的薄。

单层板使用寿命长，几十年不会变形，导电性能好，易和幕墙一起接地，可以预防雷击。

铝塑复合板内外两层均为 0.5mm 厚铝板（国内还有减薄的），中间夹有 PE，铝板表面有 10mm 左右厚度的氟碳辊涂罩面层。这种复合板国外一直用于室内装修和门面小面积装修，前几年国内即用在外墙装修，甚至用做大面积幕墙，这在国外是没有的，这种材料做的幕墙不仅不耐用，更为严重的是，铝板中间夹有 PE（聚乙稀塑料），不能导电，复合板幕墙无法接地，无法预防雷电对楼房复合板幕墙的侧击，这是非常危险的。从 2001 年开始，用铝塑板做幕墙的明显减少，2002 年铝塑板将逐渐退出铝板幕墙。

5．笨重的石板高层幕墙将会明显减少。3cm 厚的花岗岩板 $75kg/m^2$ 重，石板又是天然产物，不能每块测其性能，石板又是脆性材料、多孔材料，有看不见空隙和暗纹，防火性又差，用干挂法把这样的石板，挂在 50～100m 高度，再加上低价中标，施工规范不严，实属危险性极大。用石材的目的，单纯为了美观，现在审美观和过去几年相信有大的差别，提醒大家注意国外近几年建筑高大的石材幕墙为数很少。国内常州已和法国合资生产石材蜂窝板，性能比花岗岩好几倍，重量才 15～$16kg/m^2$。石材蜂窝板将会逐渐代替笨重的花岗岩。花岗岩可以用于一般群楼，为了子孙后代的安全，不宜用于高层。

6．点驳接式幕墙仍是发展时期。点驳接式幕墙采用透明的白色玻璃，从室外直接可以看到室内没有框格式结构影响视线，只有拉杆、绳索简单的结构，在室内有明亮开阔、通透晶莹的效果，适用于大的公共建筑，如剧院、展览大厅、机场、建筑物的大堂及入口顶棚等。

2001 年是点驳接式玻璃幕墙的发展高潮。今明两年仍将会有较大的发展，尤其是北京的奥运。特别要重视点驳接幕墙安全性，由于幕墙只是由拉杆、绳索和穿透玻璃的驳接头驳接爪，基本上没有框架，尤其是驳接头和不锈钢绳索，一是要考虑强度，二是要考虑热胀冷缩。要购买有国家检测部门检测合格证的产品，以免出现质量事故，香港坚朗公司的驳接头已占领我国市场 70%左右。

7．智能幕墙（气循幕墙）和光电幕墙是发展方向。气循幕墙又称双层幕墙，两层玻璃幕墙中间有 20～50mm 的空间，空间利用“烟囱”效应，气流在两个玻璃幕墙中间由下向上循环，带走外面一层玻璃幕墙太阳照射的热量，可以几个楼层分一通道，也可以整个幕墙为一个通道。一般不用电能，设计成自然气流循环。这种幕墙在国外也用得很少，是在发展、研究的新型幕墙。这种幕墙存在两个问题有待解决：一是“烟囱”效应对防火不利，二是空气循环带进两层玻璃中间的尘土落在幕墙玻璃上如何处理。

光电幕墙，展现是把光电板安装在幕墙上，利用光电板数量的多少来供给室内用电，是光电在幕墙应用技术，但因造价太高国外也很少建造。

今后幕墙的应用，根据楼层的需要将会各种型式的幕墙综合应用。在安全上节能上也将会有愈来愈高的要求。

总的来看 2002 年门窗和幕墙，离不开各种铝合金型材和板材，WTO 的参加给门窗幕墙业，除可以打出国外去的机遇外，在国内只有挑战。应该看到，国内大型门窗幕墙企业不多，也不太大，今后和国外的竞争，必须走联合的道路，希望能引起门窗幕墙企业家的注意。

蓬勃发展的建筑装饰电气行业

中国建筑装饰协会建筑电气委员会理事长　**花恒久**

“建筑电气”是一门综合学科，经过多年的发展壮大，它已建立了自己完整的理论和技术体系，发展成为一门独立的学科。我国先后成立了建筑电气相关职能管理部门、科研院所、行业协（学）会、情报网等组织，并在许多高校开设建筑电气专业。涌现了一批实力雄厚的现代化建筑电气生产企业和知名品牌，国际知名企业也先后进入中国市场，成为带动国民经济增长的基础产业之一，实现了历史的跨越。如今，一个以信息技术、自动控制技术、计算机技术、现代机电技术相结合的建筑电气行业得到了迅速发展，发生了巨大的变化。建筑电气产品一般分为低压电器、附件和智能建筑电器产品。

一、生产企业分类

1．建筑电器产品制造业有三种类型

（1）国有重点骨干企业。其生产设备相对较先进，有的已达到国外90年代水平，有一定技术力量，产品技术水平和质量水平处于中高档，大多数有质量保证能力。用户中有较高的信誉。有些企业正在转为股份。

（2）民营企业。多数以手工作坊式生产起家，以简单、普通的加工设备生产低压电器零件或成品。也有部分企业经过近几年的“资本积累”，发展成颇具规模的企业群体或企业集团，而且走到了市场经济股份制改造、资本经营的前列，其发展十分活跃，产品质量有较大提高。其中比较有代表性的有浙江正泰集团、德力西集团等。

（3）三资企业：电器行业的一些跨国公司近来纷纷来华投资，建立合资或独资的生产制造企业。这些企业大多由国内原骨干、重点企业与国外大公司的结合而建立，多由外国公司控股、以国内市场为主要目标，利用外国公司的先进技术，打着跨国公司的品牌，生产、销售跨国公司的产品，发展趋势十分强劲。如西门子、施耐德、ABB、默勒TCL国际电工等，开办了30多个建筑电器合资或独资企业，预计会有更多的合资企业建立。

2．各种产品产值和不同类别企业，目前在市场占有率估计

（1）各个年代设计的建筑电器产品目前的市场占有率：据不完成统计，70年代设计产品的市场占有率大约35%左右；80年代设计产品的占有率大约40%左右；90年代设计产品大约25%左右。（2）各年代产品市场上产值的占有率：70年代设计产品的市场产值的占有率25%；80年年代设计产品市场产值占有率约40%；90年代设计产品产值占有率约35%。（3）在企业群体的产品价值上，国有骨干企业目前的市场占有率在25%左右，但有缩小的趋势；民营企业市场占有率约50%，增长将趋缓，但部分国营或集体企业的转制又壮大了这一群体的市场。三资企业和进口产品目前的市场占有率为25%左右，有较高的增长趋势。

随着我国宏观经济的快速增长，对电器元件的可靠性及适应场合、安全性提出了更广泛的要求，“十五”期间国内建筑电器市场需求仍会有一个较高的增长期，但对产品的性能指标和可靠性指标会越来越高。

“十五”期间主要产品全部升级换代，70%的产品达到20世纪80年代末90年代初水平，20%达到国际90年代末先进水平。

3．存在问题

我国建筑电器制造业存在不少问题：（1）质量参差不齐，有很大一部分低压电器产品质量低劣，如国家质量技术监督检验局对2001年四季度荧光灯具产品质量抽查的结果，合格率仅为43.1%；（2）企业组织规模小而散，且数量过多，缺乏竞争力和优势；（3）区域结构趋同，低水平重复建设，难能体现比较优势和协作效益；（4）技术结构不合理，主要产业技术装备水平低，骨干企业主导达到90年代国际水平的仅占18%左右。

二、建筑电器市场竞争分析

1．市场竞争的特点

我国建筑电器制造业面临供大于求的严峻形势。由于建筑产业的大发展，给建筑电器制造业的大发展提供了良好的机遇，但是企业数量增加太多，再加上国外一些电器公司面对中国这个巨大的市场也一涌而上，更加剧了竞争的激烈程度。

（1）市场容量很大，随着国民经济发展，由于电器产品需求量愈来愈大，品种愈来愈多，除国内建筑电器制造产品外，国外一些公司已进入国内市场；

（2）竞争非常激烈。我国正处于经济体制转轨环节中，竞争还不规范，质优未必市场优。

（3）在科技含量较高的产品竞争中，原来的骨干企业（或重点企业）与民营企业相比仍占有很大优势。

2．市场竞争对手实力比较

在国内建筑电器产品中，国企仍是主力军，这些企业经过50年的发展，设计和制造水平有了很大提高，自行设计和制造的产品基本能满足国民经济的需求。但也应看到，我国建筑电器行业企业的制造工艺落后，专用工艺设备少，企业负担重，资金紧张，技术改造资金投入太少，产品水平不高，形不成规模经济和经济批量。国企的市场竞争对手主要有两个，一个是合资企业，另一个是民营企业（或私企）。合资企业通常是外资出技术及装备，中方出厂房及劳动力。产品的起点高，系列化、工装模具好，又没有国企那样重的负担，可谓经济实力比较强。由于合资企业建立的时间尚短，规模也比较小，合资企业的产品价格又高，在竞争中并不占上风。我国民营企业（私企）从1985年以来增速很快，现在已是增中趋缓，但增加的速度仍快于其他所有制。起初从事建筑电器的民营企业规模很小，产品品种规格不多，近几年经济规

模不断扩大，经济效益愈加明显。他们的产品成本比国企的低，产品售价有优势，经营思路符合市场经济的规律，销售系统强大、有效，因此他们的经济的效益比国企高。这类企业的不足之处在于设计、制造工装的能力不强，开发新产品的能力不强，技术力量相对较弱，但是这类企业与合资企业一样潜力很大。

3．国外大公司的进入

这些跨国大公司历史长、管理好、技术力量雄厚、新产品开发周期短、对市场反应迅速。加入WTO后，许多国际先进的电器企业还要大举抢滩我国市场。他们也许会以合资、独资等方式，利用我国境内低成本的劳动力和原材料进行生产，从而降低产品成本。这是严峻的挑战。但同时，随着市场的开放，我国建筑电器也会轻易地获得国际上先进生产和管理技术，再以我们的地域优势取得新的优势。有了来自外部的压力，就促使我们的建筑电器企业引进先进的生产资料，形成先进的生产力。唯此，才能整体提高我们的企业档次，提高我国建筑电器行业的整体竞争力。

三、建筑电气的发展趋势

1．随着全国房地产市场进一步发展，其电气配套件竞争激烈，需求会增大，前景乐观。城市建筑用电器附件以中、高档为主，其产品在市场上有相当的份额；而我国边远地区及农村，地域广阔，但人民生活水平仍较低，使用电器附件产品以低档次的为主，因此，目前低档的产品在市场上仍占有较大的比重，但生产企业创造利润较低。今后随着城乡电网的改造，电器附件产品的技术将会有较大的改进，市场销售将会扩大。

2．随着微电子技术和计算机技术的发展，电器产品由机电一体化进一步发展为智能化。这就是现场总线控制技术。现场总线技术是20世纪80年代末90年代初发展起来的应用于自动化领域的现场设备互联网络通信技术，它集中了自动化控制技术、网络通信技术、计算机技术等多项成果。由它组成的双向、串行、数字化的开放式自动控制系统在制造业、楼宇自动化系统中有着广泛的应用前景。它的出现将给自动化领域带来了一次重大变革。高度网络化、信息化、智能化、具有知识经济时代的特征，包涵丰富的知识和信息含量，对传统的开关电器行业将提出巨大的挑战。

3．随着现场总线的出现，电气自动化系统正由过去封闭、集散式控制向开放式的总线控制系统发展，开关电器、控制设备之间只要符合同一现场总线通信协议，就无论出自开哪个制造商，它们之间都可以互换，可以相互操作。这就为用户提供了很大的选择余地，对所需设备进行最佳组合。综上所述，人类正进入一个网络时代，开关电器的网络化也是大势所趋。环保化、智能化、网络化、可通信化、设计无图化、制造高效化是国际当今建筑电器发展的总趋势。

4．随着社会的发展，智能和生态将成为21世纪对建筑的基本要求。我国智能建筑市场蕴含商机十分巨大，仅“十五”期间在城镇住宅建设方面用于智能化系统的投资就超过800亿元，智能建筑是以建筑为平台，兼备建筑设备自动化、通讯网络系统及办公自动化，集结构、安全、服务、管理及它们之间的优化组合，向人们提供一个安全高效、舒适、便利的环境。

(1) 建筑设备自动化系统（Building Automation）亦称楼宇自动化系统BAS（Building Automation System），主要对大楼内各类设备（如空调、供暖、变配电、照明、电梯消防、公共安全等）进行监视、控制、测量，应做到运行安全可靠，节省能源，注意环保，节省人力。

(2)通信网络系统（Communication Network System）亦称通信自动化系统CAS（Communication Automation System），它是以计算机为核心，完成网络通信的控制系统。它是楼内语言、数据、图像传输的基础。同时与外部通信网络相连，实现建筑物内、外的信息交流。

(3)办公自动化系统OAS（Office Automation System）或称OA，它是应用计算机技术、通信技术、多媒体技术和行为科学等先进技术，接收、发送处理人们的办公信息，提高办公效率的信息系统。

四、行业法制建设

建筑电器是我国工业产品执行颁发生产许可证的产品，从1981年开始低压电器走上了通过颁发生产许可证的途径来提高产品质量和改进质量管理工作的发展道路。不少企业通过领取生产许可证促进了企业的发展，尤其是温州不少民营企业通过颁发生产许可证从街头摆摊销售电器，发展成为正规的和强有力的建筑电器生产集团。20世纪80年代后期建筑电器开始实行产品认证制度，对漏电断路器、塑壳断路器和低压电器产品等质量管理实行了强制性安全认证，为建筑电器产品质量和质量管理工作的提高与国际接轨开始了一个新的阶段。1992年国家技术监督局颁发了技监局发[1992]438号文“实施对首批安全认证电器进行了强制性的规定”，1993年又颁发了114号文，发布了第二批产品认证目录。1999年第136号文进一步发布关于第三批产品认证实施强制管理的通知。国家质量技术监督局、出入境管理局和外贸联合发布认证产品目录；统一进口产品和国产产品的标准、技术法规和合格评定程序；统一安全认证标志；对进口产品及国家产品均实行一次申请、一次检验、一次收费的具体办法。为产品质量国家管理开辟了一个新的阶段。

为了使我国产品质量体系认证工作和贯彻实施国际质量管理标准ISO9000；1994年标准（国内标准B/T19000-1994），全国有近万家企业取得了体系认证证书。从2000年开始，我们又开始学习和推广新的国际质量标准版本ISO9000：2000标准；2000版的国际质量标准不但在结构内容上比1994年版标准有了很大的发展和变化，而且在质量控制、质量管理的基本理念上也有重大的发展，从消极的形式的质量控制转向积极主动的全面提高产品质量，强调对顾客的承诺、强调以人为本、强调从系统的角度对企业的质量进行管理的控制、强调不断改进和提高、强调相关方的共同利益和最大效益。这些都对我国的产品质量和质量管的提高有极大的推进作用。

2002年国家颁布了建筑电气行业新规范《建筑电气工程施工质量验收规范》（GB50303-2002）。

建筑装饰化学建材行业的现状与发展

中国建筑装饰协会化学材料委员会　秘书长　**汪　维**

1．建材行业的现状和总体评价

化学建材是继钢材、木材、水泥之后成为第四大类新型建筑材料。其品种繁多，主要包括塑料管道、塑料门窗、新型防水材料、建筑涂料、塑料壁纸、装饰板、泡沫塑料保温材料及建筑胶粘剂等。化学建材在建筑工程、市政工程、村镇建设、工业建设及装饰装修工程中用途十分广泛，发展化学建材对国民经济持续发展具有十分重要意义。

化学建材制品是一种很好的节能型建材，用以取代传统建材将会节约大量的天然资源，降低建材产品的生产和建筑物使用能耗，改善居住环境，提高建筑物的使用功能和装饰质量。大力发展化学建材可以推动石油化工、塑料加工、机电制造、建筑建材等相关产业的发展。

化学建材行业在全国化学建材协调组的指导下，积极贯彻落实《关于加强我国化学建材生产和推广应用的若干意见》和《关于加强技术创新推进化学建材产业化的若干意见》后，化学建材行业的装备水平和生产能力得到了迅速的发展，建成了一批原材料生产基地，主要原材料聚氯乙烯树脂的供应量基本可以满足需要。化学建材主要产品塑料管道、塑料门窗、新型防水材料，建筑涂料等的生产能力初步形成了规模，某些系列的品种比较齐全，产品和质量稳步上升。化学建材的应用量逐步扩大，现已成为实施建筑节能的主要材料，并占据了装饰装修材料的主要市场。化学建材的科技力量迅速增长，初步形成了一定规模的生产管理、研究开发和质量检测的队伍。

总之，化学建材的生产和应用出现了蓬勃向上的发展新局面。但在产品质量、新产品开发、配套技术、规范市场等方面还存在一些问题，必须引起行业的重视。

2．2002年化学建材行业生产状况

——塑料管道：全国生产线约有2000余条，生产企业约1000家以上，年生产能力为200万t左右，实际销售量达110万t。

——塑料门窗：全国塑料门窗型材生产线约有3800条以上，生产企业为396家左右，年生产能力280万t，实际销售量达120万t。塑料门窗组装线已有6000条左右，生产企业近万家，组装能力达2.5亿m²，实际销售量约1.5亿m²以上。

——新型防水材料：高聚物改性沥青防水卷材（SBS、APP该性沥青卷材）生产线约有150条左右，年生产能力可达2.3亿m²，实际销售量约8000万m²以上。高分子防水卷材约有80余家，总生产能力达1亿m²，实际销售量为4000万m²左右。防水涂料实际销售量为20万t以上，建筑密封材料为6万t以上。

——建筑涂料：全国生产企业约4000家以上，年生产能力可在200万t以上，实际销售量达150万t左右。

——泡沫塑料在建筑上应用实际销售量达100万t左右，占全国保温材料用量的30%以上。建筑胶粘剂的用量已达35万t左右。

综上情况，化学建材行业塑料管道城市供水管（UPVC）的使用率已达35%左右，排水管使用率在某些地区已占90%左右。塑料门窗在全国建筑门窗市场占有率已达25%以上。新型防水材料在全国防水工程市场占有率约占50%以上。建筑涂料在新建住宅建筑外墙面使用率占80%，高层建筑外墙面约占20%左右。从全国初步统计，化学建材在装饰工程中的用量的比重为8%左右，全年销售总额为600亿元左右。

3．化学建材行业四大类品种主要生产企业情况(表1)

表　1

品 种	企业名称	主要产品	生产能力	产值（万元）
塑料管道	福建亚通	UPVC 管 PE 管	10 万 t	5
	华亚塑胶	塑料管材、管件	10 万 t	5
	湖北凯乐	塑料管道和型材	15 万 t	8
	福建振云	塑料管道	6.2 万 t	6
	安徽国通	大口径塑料管道等	6.0 万 t	5
	浙江永高	塑料管道及配件	6.0 万 t	3
	河北宝硕	管件、管材	5.0 万 t	2
	浙江中财	塑料管、电缆管	4.5 万 t	5

塑料型材门窗	芜湖海螺	异型材、门窗	18 万 t	16
	大连实德	异型材、塑料门	28 万 t	15
	青岛宏达	异型材	5 万 t	2
	上海开捷	异型材、门窗	5 万 t/100 万m^2	5
	广东中标	异型材、门窗	5 万 t/16 万m^2	3
	保定德玛斯	异型材、门窗	4 万 t/50 万m^2	5
	浙东建材	异型材、门窗	3 万 t/10 万m^2	2
	青岛青路	异型材、门窗	2 万 t/15 万m^2	2
新型防水材料	北京奥克兰	改性油毡、高分子卷材	2000 万m^2	5
	沈阳兰光	APP 改性卷材	1000 万m^2	2
	辽宁盘锦	SBS 改性卷材	1000 万m^2	3
	保定石化	改性沥青卷材	500 万m^2	1
	重庆新型	改性卷材	500 万m^2	1
	上海防水	改性卷材、高分子卷材	1000 万m^2	2
	潍坊宇虹	复合卷材	1000 万m^2	1
	济南渗鲁泉	PVC 卷材	1000 万m^2	2
建筑涂料	立邦涂料（中国）	乳胶漆	20 万 t	15
	卜内门太古（中国）	乳胶漆	5 万 t	5
	上海汇丽	建筑涂料	5 万 t	8
	杭州亚士	乳胶漆、金属漆	3.5 万 t	3.1
	南京华彩	内外墙涂料	3.5 万 t	3
	重庆宏漆	建筑涂料	2.1 万 t	0.7
	中山大桥	乳胶漆等	2 万 t	2.8
	浙江环球	建筑涂料、家具漆	2 万 t	1.7

4．化学建材行业 2002 年与往年生产的比较(表 2)

表 2

品种	1995 年		2000 年		2002 年	
	年生产能力	实际销售量	年生产能力	实际销售量	年生产能力	实际销售量
塑料管	43.5 万 t	35 万 t	165 万 t	100 万 t	200 万 t	110 万 t
塑料型材	30 万 t	10 万 t	135 万 t	90 万 t	280 万 t	120 万 t
新型防水材料	1.6 亿m^2	4100 万m^2	1.9 万m^2	8000 万m^2	3.3 亿m^2	1.2 亿m^2
建筑涂料	40 万 t	28 万 t	200 万 t	120 万 t	300 万 t	150 万 t

5．化学建材行业的法制建设

为了加强对化学建材生产和应用管理，推动化学建材产业的发展，促使技术创新，优化产业结构，提高行业技术水平，规范市场，顺应 WTO 市场运行规则，推动化学建材行业的健康持续的发展，全国化学建材协调组和建设部先后发布下列政策法规：

《关于加强我国化学建材生产和推广应用的若干意见》（建科[1995]223 号）、《国家化学建材推广应用“九五”计划和 2010 年法制规划纲要》（建科[1997]154 号）、建设部公告第 10 号《关于推广应用住宅建设新技术新产品的公告》、《关于做好铝塑复合管推广应用工作的通知》（建科综[1999]054 号）、《关于加强技术创新推进化学建材产业化的若干意见》的通知（建科[1999]271 号）、《国家化学建材产业“十五”计划和 2010 年发展规划纲要》（建科[2000]217 号）、《国家化学建材标准体系框架》的通知（建科综[2000]067 号）、建设部第 27 号公告《化学建材技术与产品的公告》、《关于加强建筑涂料生产与应用管理工作的意见》（建科[2002]209 号）。

这是我们行业发展的法治保障。

全面开创建筑装饰五金业跨入世界强国之林的新局面

中国建筑装饰协会建筑五金委员会理事长　**郑纪文**

十六大报告，全面总结了过去五年的工作和十三年的基本经验，提出了“与时俱进，全面建设小康社会，开创中国特色社会主义事业新局面”的奋斗目标。这给建筑五金业提出了很值得思考的问题，我们要结合建筑五金行业的实际，以实现跨入世界建筑五金强国为目标，为全面建设小康社会做出贡献。

一、坚持改革创新，建筑五金业由“弱小五金”发展成为现代的充满生机和活力的重要产业

我国建筑五金业从历史发展看，基础相当薄弱。企业规模小、经济实力差，设备陈旧、技术水平低、质量档次低、配套能力差、企业管理落后等。改革开放以来特别是近十三年以来，在“三个代表”重要思想的指引下，坚持改革创新，进一步解放了生产力，加快了建筑五金业发展的步伐。实现了由“弱小的五金业”向建筑五金生产大国的转变。

一是建筑五金产品从建筑装饰装修工程的辅助配件发展成为能起主导作用的主体材料之一。

二是建筑五金业从单一的、落后的传统小五金发展成为多品种、多门类、多功能、高品质的现代新型产业。

三是：建筑五金业从小五金、小企业、小行业的弱小五金业发展成为在国民经济社会发展和人民生活中发挥重要作用的重要行业，发展成为建筑五金生产大国。主要表现在：

1. 行业生产快速发展

随着建筑业、建筑装饰业的高速发展，我国的建筑五金业得到了快速发展。2002 年，全国建筑五金行业企业超过一万三千家，工业总产值将超过 900 亿元，年均递增 10%以上，行业总产值占国内生产总值的 0.9%左右。对国民经济增长、拉动内需、扩大就业、增加税收、提高人民生活、繁荣市场，满足国家建设的需要等发挥着重要作用。如广东省中山市小榄镇现有工业企业 3825 家，其中五金类企业 1224 家，2001 年全镇经济收入 152 亿元(税收 9 亿元)，其中五金及配套产业 65 亿元，五金制造业现已形成以固力、华锋为代表的锁具制造企业，以史丹利、长青为代表的铰链制造企业，以威卡、万里为代表的脚轮制造企业，以力高为代表的电动工具制造企业，以广合代表的钣金制造企业。

2. 出口贸易迅猛增长

我国建筑五金业质量水平的提高，提高了国际竞争能力，促进了出口贸易的迅猛增长。2002 年，出口贸易额超过 20 亿美元，年均递增 12%以上。如浙江玉环县生产阀门和卫浴五金件的企业大大小小 800 余家，年产值 50 亿元人民币，出口 25 亿元人民币，从业人员 3 万余人，阀门生产约占全国的 60%以上，形成了以浙江博民机电股份有限公司等一批科研、生产、出口企业为龙头的阀门生产基地。我先后参观了其中 6 个厂，感到他们的共同特点：一是精，产品质量精；二是严，质量标准执行企业管理严格；三是专，产品专业化程度很高；四是快，生产效率高，企业发展快；五是强，区域产品的配套性强。2002 年广交会五矿化工馆，总交易额 13.7 亿美元，其中五金建材增长最快占 63%。而五金在五矿化工类商品中成为当之无愧的主角。山东三环锁具公司接洽了 500 多位外商，签下了 600 多万美元的订单。目前“三环”锁已经销往 170 多个国家和地区。浙江“步阳”防盗门也拿到了 300 万美元的订单，还有一批意向性合同待签。建筑五金产品出现了强劲发展的出口势头。

3. 行业结构发生深刻变化

全国建筑五金业的行业结构、企业结构、发生了深刻变化。市场经济的发展，部门垄断，地区封锁格局的打破，结构的调整和机制的改变，大大促进了生产力的发展。随着建筑装饰业的发展和人民生活水平的提高，建筑装饰五金、建筑不锈钢五金和安全防火等新兴行业迅猛发展起来；通过改革开放，民营、股份制、合资、外资企业发展很快，已占行业企业的 99%以上。特别是民营企业已发展成为建筑五金业的主力军。一批国营、集体所有制企业，通过改制也增添了活力。如江苏无锡迪达锁业有限公司，原是一个乡镇集体所有制的制锁小厂(原无锡羊尖锁厂)，年总产值不足 300 万元。由集体改为民营以后，把满足国内外客户的需要作为永恒追求的质量方针，严格按照质量管理体系的要求实施和运作。由于产品质量过硬，先后打入东南亚、中东、欧美和日本。2001 年实现销售 8000 万人民币，出口创汇 900 万美金。台州市东升金属制品有限公司原是一个家庭小作坊，现已发展成为一个占地三万七千多平方米，员工 200 多人，所生产的阀门水龙头等产品全部向德国、法国、意大利、美国等近 20 个国家出口，年创汇 800 余万美元。

4. 创出了一批有竞争力的名优产品

通过产品结构调整和科技创新，创造了一批如北京森德散热器，广东固力保安制锁、温州五洲、浙江博民等一批在国内外有竞争力的名优产品。温州五洲、浙江博民等企业产品全部或大部分出口，在国际市场享有盛誉。北京森德散热器有限公司生产的钢管多柱散热器，外形美观，节约能源，承压力高，重量轻，采暖性能和装饰效果合为一体，卖的非常火，年销售额成倍增长。1998 年投产实现销售 2000 万，

1999年到5000万，2001年达到1亿多元，税金2000多万元。2002年，又研制开发成功了森德无限防腐散热器，25年以上无需维护。浙江杭州金星铜饰工程材料厂、金星铜世界装饰材料厂等创作的铜装饰制品，被称为世界之门的人民大会堂、北京钓鱼台、亚洲最高建筑的上海浦东金茂大厦、南京希尔顿酒店、普陀山南海观音大殿等重点工程普遍选用，他们为人大会堂香港厅制作的铜门高2.9m，宽3.4m。为香港回归创作的金属书(共同的心愿)被我国故宫博物院、历史博物馆等七大博物馆收藏。新作雷峰塔是“古有秦砖汉瓦、今有金星铜瓦”，增添杭州一景，载入史册。建筑五金业充满着生机和活力。所谓“小五金”没有大品牌的历史已将成为过去。

5．产品生产专业化基地逐步形成

建筑五金产品向专业化基地发展，是生产力发展的必然趋势和具体体现。如锁具、卫浴五金配件、铜装饰制品、电动工具、阀门、灯饰等等已经形成和逐步形成专业生产基地。被授予“中国锁都”的温州，20世纪80年代中期，锁具生产以集体企业为主导，形成产值达3000万元的产业群。80年代末期锁具企业就发展到了200多家，2001年发展到了400多家，总产值50多亿元，锁具产品约占全国份额的65%以上。出口交易值16亿元，产品远销世界60多个国家和地区。形成了以天宇、五洲、宝得利、坚士、霸力、华光等一批品牌企业为龙头的锁具生产基地。为适应发展需要，温州计划兴建占地2000多亩的中国(温州)锁都产业园区。集生产、科研、展销为一体，成为中国最大的制锁生产基地。安徽工贸实业公司，将在安徽蚌埠投资1亿美元，创造世界一流汽配、五金产业园。一流的产品、一流的模具加工中心、一流的表面处理技术，再加上一流的技术和员工队伍，实现85亿出口贸易额的目标。

6．建筑五金专业市场进入发展期

到2002年，全国已有经营建筑装饰材料的建材五金综合市场2500余家，年交易额2200亿元左右。北京建材五金综合市场已近150家。市场中经营门窗五金、水暖五金、家具五金、装饰五金、工具五金的商家一般占市场商家的30%。建筑五金市场交易额达到400～500亿元，进入发展期。综合性、摊位式的建材五金综合市场已进入整合期，逐步向“超市型、超市摊位型”和“专业化”方向发展。五金专业化市场的发展是体现市场经济的标志，是市场经济发展和建筑五金行业发展的必然产物，也是广大消费者和五金生产厂家所希望的。

浙江永康五金城创业十年打造信用市场，已有2300多家中外厂商，3000多个摊位，2000多个品牌落户。2001年成交额100个亿，2002年将达到120个亿。二期工程占地500亩 也已动工。成为全国首家最大的龙头五金专业市场，北京兴隆灯饰批发市场创业不到5年，营业面积由最初的8000平米发展到30000平米，2002年营业额达2亿多元，并先后在哈尔滨、济南开了两家连锁市场。上海要投5亿元巨资打造上海五金城。现在北京和全国一批五金、灯饰专业市场、超市逐步发展起来。

7．五金专业展会越做越大、越强

专业五金展会越做越大、越强，这也是市场经济发展的必然结果。原定2003年5月10日北京举办的全国五金商品交易会，暨国际五金商品博览会，展览面积超过35000㎡，标准展位1800余个，参展厂商1000余家，专业采购商数万人，被业界公认为当前中国规模最大、也是亚洲规模最大的知名度最高的国际性五金专业展会(因非典流行，展会决定延期到9月5日举行)。2004年展出面积将达到42000㎡，标准展位2300个。三年内办成国际一流展会。

“上海中国国际五金展”，要用五年时间于2006年秋第49届世界五金大会在上海召开之际培育一个能够与美国芝加哥、德国的科隆两大名展相媲美的国际五金展。永康五金展，国际标准展位超过1000个，成为知名的专业五金展会之一。

回顾改革开放以来，特别是近13年来，我国建筑五金业辉煌发展的历史，充分证明：建筑五金业的发展，已实现了历史性的突破和转变。已经发展成为一个在建筑装饰装修工程中起主导作用的建筑五金业；发展成为一个现代的新型的建筑五金业；发展成为一个在国民经济、社会发展中起重要作用的重要产业；发展成为一个建筑五金生产大国。

那种小五金没有大品牌的历史也将成为过去。建筑五金业充满了生机和活力。必须重新认识建筑五金业在国民经济社会发展和人民生活中的地位和作用，给予客观而公正的定位，从传统认识，习惯势力和偏见中解脱出来。为实现建筑五金业由生产大国向强国的转变努力奋斗。

但是，也必须清醒的看到，我国建筑五金业与国际先进水平相比还有很大差距，产品档次需要提高，产品配套需要加强，南北发展也不平衡，装饰五金需加速更新换代。要在竞争和挑战中大发展、大提高。

二、抓住机遇，把建筑五金业的发展提高到一个新水平

1．国家给建筑五金业的发展创造了极好的发展环境

中共十六大提出了全面建设小康社会的目标，提出了一系列解放生产力，发展生产力的指导方针。为我建筑五金行业生产力的大解放、大发展、大提高指明了方向。如：十六大报告明确指出“在社会变革中出现的民营科技企业的创业人员、个体户、私营企业主等新的社会阶层，都是中国特色社会主义的建设者”。“一切合法劳动收入和合法的非劳务收入都应得到保护。不能简单地把有没有财产，有多少财产

当作判断人们政治上先进和落实的标准”。“营造鼓励人们干事业，支持人们干成事业和气氛”。“放手让一切劳动、知识、技术、管理和资本的活力竞相进发，让一切创造社会财富的源泉充分涌现，以造福于人民”。“必须毫不动摇地支持鼓励和引导非公有制经济发展。个体、私营等各种形式的非公有制经济是社会主义市场经济的重要组成部分”。“各种所有制经济完全可以在市场经济中发挥各自优势，相互促进共同发展”。

我国建筑五金业企业绝大多数是中小企业，而主要是民营企业，要在这个极好的发展环境下进一步促进生产力的大解放、大发展、大提高，让建筑五金业行业企业更快的发起来、富起来、大起来、强起来。为改善中小企业经营环境，促进中小企业健康发展，发挥中小企业在国民经济和社会发展中的重要作用，国家还制订了“中华人民共和国中小企业促进法”。对有利于满足社会需要，增加就业，符合国家产业政策的中小企业，实行积极扶持，加强引导，完善服务，依法规范，保障权益的方针。为中小企业的创立和发展创造有利的环境。国家对中小企业将给予资金支持，创业扶持，技术创新，市场开拓，社会服务等方面的支持和扶持。

中小企业不仅在中国，在发达的资本主义国家也是大多数，在国家和国民经济中同样扮演着越来越重要的角色。在英国有中小企业 140 多万户，在日本小企业占企业总数的 72.3%，法国占 78.7%，意大利占 86%，中国内地占 90%以上。60%的总产值和 40%的利税来自中小企业。我建筑五金业中小企业所占比例则更大，这些中小企业小而精，小而美，小而活，船小掉头快，经营灵活自由，销售快捷方便，资金流动自如，产品专业化很强，在竞争和挑战中也具有很强的生命力和很大的优势。

2．从北京和全国装饰业的发展看五金业发展前景

北京奥运建设、北京国际大都市建设、重点工程项目陆续开始启动。北京 2008 年奥运会，总投资 16.5 亿美元；50 项重大工程总投资 1228.5 亿元；从 2002 年到 2007 年 300 多个星级酒店都要装修改造。同时还将再建一批新的星级酒店；装修费及投资近 100 亿元；5 年内完成危房改造 300 万㎡，住房 1000 多万㎡；房地产每年开复工面积 5000 万㎡，其中住宅3000 多万㎡。总建筑面积 72 万㎡的北京财富中心；46 万㎡亚洲最大的新国展；14.95 万㎡的国家大剧院；6 万㎡的首都博物馆；100 万㎡的北京金融街中心区；16.5 万㎡的北京电视中心；16.8 万㎡的中国第一座文化酒城等一批重点工程都已陆续开工建设。

全国“十五”期间，住宅新增 57 亿㎡，其中城镇住宅竣工面积 27 亿㎡，农村住宅竣工面积 30 亿㎡。中国住宅建设在未来 10 年仍是建设高速发展期。并将起到拉动经济增长的作用。去年底中国人均居住面积为 20.4 ㎡，到 2005 年城市人均住宅面积达到 22 ㎡。浙江省不仅是建筑五金产品的生产大省，而且是建筑五金产品的需求大省。据悉：2001 年全省建筑业完成总产值 1768 亿元，列全国第一位，建筑业增加值达 377 亿元，占全省国内生产总值的 5.4%，建筑业被省委、省政府列为增势强劲的优势行业。房地产业发展迅速，2001 年完成投资额 536 亿，高出全国 22.7 个百分点，居华东首位，全国第四，其中商品房建设投资达 382 亿元，房屋施工面积 6242 万㎡，竣工面积 1937 万㎡。建筑装饰业的发展给建筑五金业带来光辉的发展前景。

3．从市场对建筑五金产品的需求看行业发展商机。

建筑与建筑装饰业快速发展，带动了建筑饰材业和建筑五金业的快速发展。专家预测“十五”期间全国建筑饰材年需求量将达到 4000～5000 亿元。建筑五金产品年需求量将达到 1000～1200 亿元。这个测算是从“十五期间”城镇年均新建住宅 5.4 亿㎡，现有住宅每年有 10%即 6 亿㎡进行装修改造；农村年均新建住宅 6 亿㎡，现有住房每年有 3%进行装修改造；全国新建涉外宾馆饭店 1500 万㎡，现有宾馆饭店约 3000 万㎡行装修；新建办公、文化、体育、旅游等 1.2 亿㎡；全国现有 1400 万个商业设施，21 万家文化场所，和 21 万家旅馆饭店陆续进行装修改造等。逐项测算，合计年均需求量为 4700 亿元。如果按建筑装饰工程产值估算，2000 年全国装饰工程产值约 5500 亿元，“十五”期间每年按 10%的速度递增(实际预计增幅 20%)年均工程产值为 8000 亿元左右。饰材按 60%计算，年需 4800 亿元左右。如果按 2000 年实用装饰材料 3300 万元为基数，每年按 10%递增计算，其需求量为 5000 亿元左右。

所以我们把“十五”期间建筑装饰材料年均需求量测算为 4000～5000 亿元是有依据，而且是留有余地。其中建筑五金产值“十五”期间，年需求量也将达到 1000～1200 亿元，将以年均 12%～15%的高速发展。对建筑五金 1000～1200 亿的需求量是实实在在的。这对建筑五金行业来讲是个极好的发展机遇。但对一个企业来讲就未必都能抓得住。

4．从“入世”后的影响看建筑五金业的发展机遇。

“入世”是中国改革开放的又一个里程碑，对建筑五金行业企业来说，是一个难得的机遇与挑战。一般的讲法是，机遇与挑战并存，但对一个企业来讲，是“机遇与挑战并存”，是“利大于弊”，还是“弊大于利”等，不尽相同，应具体分析，具体对待。但我认为，从战略的角度，从不利方面，多想些谋略，则更为主动。但对建筑五金行业的整体发展是利大于弊。

2001 年居全球五金工具销售前三位的是：美国 1420 亿美元、德国 324 亿美元、日本 273 亿美元。亚洲五金制品生产大国除日本外，依次是中国、韩国、中国香港和台湾。我国2001年产值为650亿人民币---约合80亿美元，只占美国的1.25%、德国的24.6%、日本的29.3%。

要充分利用“入世”后的有利因素发展自己，提高自己。如，入世后，更有利于扩大产品出口和企业跨国经营；更有利于扩大利用外资促进产品结构调整；更有利于推动企业科技进步和技术创新；更有利于利用国外优质低价原料提高产品质量，降低成本等。要充分利用这些有利因素发展自己，提高自己。

对入世后的不利因素要认真对待。关键是要认真分析认识不利因素，采取相应对策，把不利变为有利。如入世后一些国外高档建筑五金产品纷纷进入中国。和我们分抢1000～1200亿的大蛋糕。这对我国内同类产品的冲击就比较大。据调查，上海有的五金市场的门窗五金、水暖五金、家具五金、装饰五金、工具五金五大类，上千种商品，进口的已占40%，国产只占60%。

又如在东京召开的亚洲地区发展前景大型研讨会上，三次研讨中国。结论是：十年内中国可能成为实力突出的全球制造业中心。理由是：它拥有无与伦比的成本结构和源源不断的廉价劳动力，它能把大量信息融入资本设备，再加上纪律严明的劳动大军，生产力直线上升。他们断言：十年内，它必定成为实力突出的全球制造业中心，“中国将成为实力雄厚的生产大国”，将在各行各业崭露头角。在中国做生意的好处只会增加不会减少等。

国外高档建筑五金产品的冲击，外资的进入，外商在中国办厂等等。对我国同类产品，对我民族工业无疑是个冲击，但它可以使我们，而我们也完全可以利用这些因素，结合本单位情况，找出利用、合作、提高发展自己的切入点。在全面建设小康社会的新的历史时期，在我国建筑五金业全面开创跨入世界强国之林的新的发展阶段，存在着极好的发展环境，发展前景和发展机遇。但在机遇面前，有些或者说多数企业可以也能够抓得住，但有一些企业想抓抓不住，这也是历史的必然。

据调查，当前我国建筑五金行业企业的竞争实力和对入世的态度，大致有三种情况。

第一类：竞争能力比较强，思想准备比较充分，不怕狼来，敢于在国内外两个市场与国外企业进行竞争，迎接挑战。从我最近在浙江、温州、玉环、永康走访的十个企业看，均属这一类。这些企业抓住世界建筑五金产业大转移的机遇，开发产品，打造品牌，开发市场，扩建企业，具有一种朝气蓬勃，奋发向上的动人景象。他们的共同点是居安思危，开拓创新，走持续发展战略。对这类企业要扶持、培育，使其逐步发展成为有竞争力的，能够带动行业发展的大型企业或企业集团。

第二类：在5年宽限期内或者说在当前还能维持一阵子，还能过得去。但竞争能力不强，经不住激烈竞争的考验。这类企业必须增强危机感和紧迫感，在入世保护期有限的时间内积极调整产品结构，采取应对举措，提高竞争力，对这类企业，要支持帮助他们渡过难关。

第三类：对入世毫无思想准备，产品无竞争力，甚至继续生产劣质产品，坑害国家和人民。这些企业如不立即改进，势必被淘汰出局。

三类中，一类二类是大多数，三类虽是少数，但危害很大。在机遇与挑战中，有些企业发展了，提高了，而有些企业破产了，淘汰了，优胜劣汰，这就是市场经济发展的必然规律。

在市场经济发展过程中，多数企业发展了，壮大了。一些企业大体占20%左右倒闭了，破产了，这种情况不仅在中国，在国外也是如此，美国每年有20万家小企业倒闭，而同时又有60万家企业诞生，一些企业为什么倒闭，究其原因：一是短期行为，只顾暂时能赚到钱就行，甚至采取一系列非常手段，导致破产。二是急于求大，造成投入产出失当陷入困境。三是多个领域投入。在干什么都成功干什么都赚钱的思想支配下盲目在一些不相干的领域投入，造成精力资源分散，使自己陷入困境。四是决策失误。五是管理混乱等等。这些教训应予以警惕，一个成熟的、成功的企业家非常善于从自己和他人成功的经验中吸收精华。善于从自己或他人的失误或失败中吸取教训，从正反两方面经验中不断完善自己，提高自己，发展自己。

建筑五金业的行业企业一定要从本企业的实际情况出发，充分认识和抓住面临的非常难得的发展环境，发展前景和发展机遇，全面提高企业的国际竞争能力，把建筑五金业的发展全面提高到一个新水平。

三、与时俱进、全面开创建筑五金业跨入世界强国之林的新局面

新形势给建筑五金业带来了极好的发展机遇，同样也带来了竞争和挑战。有机遇就有竞争和挑战，竞争、挑战存在于机遇之中，同样机遇也存在于竞争和挑战之中，挑战竞争才能带来更好的发展机遇和发展成果。

我国建筑五金业，虽有很大的发展和提高，但从总体上看水平还比较低。要从一个建筑五金生产大国转变为建筑五金世界强国需要做出极大的努力。建筑五金强国，一般要看三条。一是建筑五金销售额在国际市场的排序。二是建筑五金产品在国际市场的占有率。三是建筑五金品牌在国际市场的知名度。

这个任务是相当艰巨的，在当前：我国建筑五金业的发展要注意四个问题。产品功能要根据国家的产业政策和国内外市场的需求，要符合环保、节能、节水、安全、防灾、装饰和艺术化的要求；产品质量要向高质量，高档次，高科技含量方向发展；企业管理要逐步实现管理手段的现代化；发展速度，必须继续坚持持续、健康、高速发展的势头，以满

足国内外市场的需求，满足建筑及建筑装饰业高速发展的需求，使中国建筑五金业在国民经济，社会发展和人民生活中发挥更大的作用。

在当前主要应做好以下方面工作：

1．首先要学习

学习贯彻十六大精神是首要的政治任务和中心工作，我建筑五金业各企业要把学习十六大文件和本企业的发展实际结合起来。按照“发展要有新思路，改革要有新突破，开放要有新局面，工作要有新举措”的要求，制订和落实本企业的发展目标，发展思路和发展举措。同时要学习 WTO 基本知识，提高自我保护的能力。要学习和掌握 WTO 的原则和规则，了解和熟悉 WTO 的贸易争端的解决机制，反倾销机制；知识产权保护的有关规定等。只有掌握了这些规则，机制和规定，才能利用 WTO 的技巧，保护自身的利益。同时还要善于利用行业协会来维护自己的合法权益，当国内五金企业受到国外商品倾销的威胁时，可以求助于行业协会来维护权宜。反倾销案件的申诉一般都是通过行业协会，行业协会在规范行业行为，协调企业立场，维护企业合法权益。沟通各方面的情况，协调行业内出口商品价格等方面都发挥着重要作用。温州五金商会创造了很好的经验，黄聪弟会长要专题介绍。各企业都要客观的分析“入世”后。面临的新形势和新问题，充分利用有利因素，善解各种不利因素，采取有力举措，在激烈产竞争中发展壮大自己。

2．开拓创新，全面提高企业竞争力

如何适应新形势，关键要创新。创新是企业发展源泉和动力。首先思想要创新，切实树立与时俱进的新思想，开拓新的发展思路。第二是技术要创新。要靠科技兴企把科技渗透到新工艺、新材料、新技术、新产品中去。第三是管理、机制、经营等都要创新，都要适应，都要与 WTO 接轨。

全面树立企业新形象，提高企业竞争力。创新的集中点是体现在产品的品牌上。品牌是一个企业核心竞争力的集中体现，是发展之策，兴企之根，强国之本。产品品牌又集中体现在产品的质量和服务的水平上。各企业要按照产业政策，打造自己的品牌，在创中国名牌的基础上创造国际名牌。我五金委员会要根据“扶优、扶大、扶强”的品牌发展战略，全面实施品牌工程战略。以产品品牌为基础，打造企业品牌，支持、培育、发展专业化生产基地品牌、专业五金市场品牌、专业五金展会品牌。给企业创造一个良好的发展环境，体现行业整体优势，推动行业全面发展。我会将通过《装饰与五金》、《中华建筑报》、《中国建材报》、《首都建设报》等新闻媒体，运用工程信息发布会、名优品牌推介会等多种形式宣传品牌，推介品牌，把品牌的名声叫响，做强。

3．以大型优势企业为龙头走联合之路

针对我建筑五金行业企业多、产品整体水平低、竞争实力差的情况，要通过资产重组、兼并、改革等，实行各种形式的联合和合作。企业之间要提倡优势互补。提倡强强联合，优上加优，避免相互排斥，优势互相抵消。要支持、培育、发展以名牌产品优势企业为龙头的能够带动产业升级和推动行业技术进步的有竞争能力的大型企业或企业集团。我国建筑五金业要以这些有经济实力的大企业和大集团为龙头带动产业升级，推动行业技术进步，参予国际市场竞争。协会要把支持、扶植、培育这类大企业和大集团作为工作的重点。同时也要支持培育有名牌产品的中小企业发展。行业企业之间要加强团结，加强自律，搞好协作，互相支持，联合起来，保护自身利益。

4．要选好市场定位，积极开拓国内外市场

市场是企业的中心环节，各企业要以市场为导向，结合本企业的实际情况，加强市场调查，确定市场定位，开拓国内外市场。国内市场很大，重点地区也很多。如上海，西部大开发等，北京国际奥运工程和国际大都市建设几千亿投入的商机。加入世贸组织之后中国已变成了国际大市场，我们有些企业在开拓国内市场的同时应走出国门积极开发国外市场。而有些外向型企业要在开发国外市场的同时，开发国内市场。在国外国内两个市场和国外企业竞争。在国内，我们不仅要巩固发展已占绝对优势的中档市场，还要积极打造品牌参予高档市场竞争。我协会将为企业开拓国内外两个市场服务。

5．协会之间要优势互补，共同为发展行业服务

服务是协会工作的灵魂，协会的根本任务就是为会员单位服务，为行业企业服务，为发展行业服务。五金委员会是建设部所属的中国建筑装饰协会的专业委员会，我们的根本任务就是为发展建筑五金行业和为建筑、建筑装饰工程及广大消费者推介名优建筑五金产品服务。我们的任务目标就是让企业兴旺起来，让行业发展起来。

我们建筑五金业在历史上是个弱小的行业，而且是被部门分割的行业，处于谁也管谁也不管的状态，随着市场经济的发展，部门垄断的格局被打破了，民营企业发展起来了，各个行业协会组织起来了，这是市场经济发展的必然结果。现在全国各个五金行业协会、商会其目标都是一个，而各个行业协会都有各自的优势和特点。因此应充分发挥优势，从不同的角度为行业企业服务，为发展行业服务。各协会都有自己的活动，而有些相同的活动应逐步联合起来，加强联合与合作，共同发展，形成整体优势。这是企业所欢迎的。也是市场经济发展的必然趋势。

让我们紧密团结起来，在“十六大”精神的指引和鼓舞下，与时俱进，开拓创新，为全面开拓我国建筑五金业跨入世界强国之林的新局面而努力。

第四部分

政策法规

·专　门·

关于选择中国建筑装饰协会为建筑装饰行业管理中转变政府职能试点单位的通知

建人[1994]631号

中国建筑装饰协会：

为了适应社会主义市场经济的要求，逐步将政府行业主管部门的部分职能转移给行业协会，有利于行业协会协助政府做好行业管理工作，发挥政府的重要助手作用，根据建设部、国家体改委《关于在全国大中城市推行建筑业行业管理的意见》以及《建设部关于加强社会团体的意见》，经研究，首先选择建筑装饰行业作为转变政府职能、发挥协会作用的试点。为此，特通知如下：

一、根据目前建筑装饰行业发展的状况，以及中国建筑装饰协会的实际情况，确定中国建筑装饰协会为建设部转变政府职能，发挥社团作用的试点单位。

二、现阶段，受建设部的委托，中国建筑装饰协会的主要任务是：

1. 协助部制定建筑装饰行业管理的有关政策、法规和行业标准，参与政府决策；

2. 在部建筑业司的指导下，加强建筑装饰行业和市场管理；

3. 在建筑业司的指导下，做好地方建筑装饰一级施工企业的资质初审和相关管理工作；

4. 组织制订行业规章、从业道德规范，并监督遵守；

5. 在建设监理司的指导下，具体实施建筑装饰工程质量抽查，奖优罚劣；

6. 开展建筑装饰行业的技术和管理培训；

7. 开展建筑装饰行业的国内外信息交流、合作和企业咨询；

8. 指导地方协会的工作。

三、为做好这项工作，要求如下：

1. 根据“分类管理，对口指导”的原则，部责成建筑业司、人事教育劳动司及有关司与中国建筑装饰协会就上述委托任务进行具体协商，建立实施细则和工作制度，积极为协会开展工作创造必要的条件；

2. 协会应积极围绕部的中心工作开展活动，要提高在新形势下做好行业管理工作的自觉性和重要性的认识，以搞好“双向”服务为核心，加强协会的工作，承担起相应的职能。

3. 部有关司和中国建筑装饰协会要认真总结试点的工作经验，为进一步推广做好准备。

中华人民共和国建设部

一九九四年十月二十四日

关于委托中国建筑装饰协会协助做好家庭居室装饰有关管理工作的通知

建建[1997]149号

中国建筑装饰协会：

为了加强家庭居室装饰装修管理，发挥行业协会的作用，经研究，委托你会协助部做好以下工作：

一、积极做好《家庭居室装饰装修管理试行办法》（建建[1997]92号）的宣传、贯彻和实施工作，协助抓好城市试点，指导家庭居室装饰装修管理工作；

二、协助做好对个体装饰装修从业者的管理，包括登记注册、培训考核、技能鉴定、持证上岗等工作；

三、协助做好全国家庭居室装饰装修交易市场的指导和受理家庭居室装饰装修的投拆等工作；

四、协助制订《家庭居室装饰装修合同》文本等；

五、认真听取各地对做好家庭居室装饰装修管理工作的建议和意见，收集有关资料，为完善和修订《家庭居室装饰装修管理试行办法》做好准备。

请你会在原有工作的基础上，进一步充实人员，建立健全工作制度，认真做好上述工作，为促进全国家庭居室装饰装修工作健康、有序、规范发展做出贡献。

中华人民共和国建设部

一九九七年六月二十六日

全国建筑装饰装修工程量清单计价暂行办法

建设部 建标[2001]270号

（二〇〇一年十二月二十六日）

第一条 为了适应我国社会主义市场经济体制的需要，规范建筑装饰装修工程量清单计价行为，维护招标人与投标人的合法权益，根据《中华人民共和国招标投标法》、《建筑工程施工发包与承包计价管理办法》（建设部第107号令）等相关法律法规，制定本办法。

第二条 凡我国境内实行工程量清单计价的建筑装饰装修工程应执行本办法。

第三条 建筑装饰装修工程量清单（以下简称工程量清单）是招标文件的组成部分，由总说明、分部分项工程量清单项目、工程量等内容组成。

工程量清单由招标人或受其委托具有相应资质的工程造价咨询或招标代理机构，依据本办法、《全国统一建筑装饰装修工程量清单计量规则》（附后）、招标文件有关规定、施工设计图纸、施工现场情况进行编制。

工程量清单中的总说明、清单项目、工程量等应详实、准确。

第四条 招标标底由招标人或受其委托具有相应资质的工程造价咨询或招标代理机构，根据招标文件中的工程量清单和有关要求，结合施工现场实际情况、合理的施工方法，按照建设行政主管部门发布的《全国统一建筑装饰装修工程消耗量定额》以及工程造价管理机构发布的相应市场价格信息进行编制。

第五条 投标报价由投标人根据招标文件中的工程量清单及有关要求，结合施工现场实际情况、自行制定的施工方案或施工组织设计，按照企业定额或者参照建设行政主管部门发布的《全国统一建筑装饰装修工程消耗量定额》以及工程造价管理机构发布的相应市场价格信息自主确定。

第六条 工程量清单及工程量清单计价主要采用下列表格。

1．工程量清单总说明（见表1——略）；

2．分部分项工程量清单（见表2——略）；

3．计价汇总表（见表3——略）；

4．分部分项工程量清单计价表（见表4——略）；

5．技术措施计价表（见表5——略）；

6．其他措施计价表（见表6——略）；

7．主要材料价格表（见表7——略）。

第七条 投标报价和招标标底按分部工程、技术措施、其他措施等项目，采用综合单价分别计算。

第八条 综合单价由完成单位工程清单项目所必须的人工费、材料费、机械费、管理费、风险金、利润、规费和税金等相关费用组成。

第九条 工程量清单中的清单项目和工程量是招标人与投标人进行招标、投标以及签订合同、工程结算和竣工结算的依据。招标人提供的工程清单项目、工程量与实际完成的不符时，按合同约定调整。

第十条 工程变更后综合单价按下列方法确定（合同另有规定者除外）：

（一）合同中已有适用于变更工程综合单价的，按已有的综合单价确定；

（二）合同中只有类似于变更工程综合单价的，可参照类似综合单价确定；

（三）合同中没有适用或类似于变更工程综合单价的，由承包人提出适当的综合单价，经与发包人确认后确定。

第十一条 各省、自治区、直辖市人民政府建设行政主管部门可依据本办法结合本地区实际情况制定实施细则。

第十二条 本办法自2002年1月1日起施行。

窗体顶部 窗体底部 木地板铺设面层验收规范

2002-09-02发布 2002-11-01实施

国家经济贸易委员会

前 言

木地板是目前居室及公用建筑装饰中普遍使用的地饰材料。随着其销售量居增，投诉也呈上升趋势。特别是住房制度改革及取消毛坯房上市的提出，有必要就木地板铺设面层验收制定基本要求。为规范木地板市场，保证产品质量和铺设质量，特制定本标准。本标准是在大量调查研究的基础上，结合一些大型木地板生产、经销、装饰企业的施工验收技术要求，广泛征求各方面的意见而制定的。

本标准由中国木材流通协会提出。

本标准负责起草单位：中国木材流通协会、中国室内装饰协会、中国建筑装饰协会。

本标准参加起草单位：北京圣象百隆装饰材料有限公司（圣象）、广东省宜华木业股份有限公司（宜华）、天津福亚实业有限公司（福满地）、中国出国人员服务总公司（瑞嘉）、富林国际集团（富力数码王）、顺德市盈彬木业有限公司（大自然）、升佳木业有限公司（升佳）、浙江绍兴富得利木业有限公司（富得利）、北京宏耐世嘉建材有限公司（宏耐）、南海精诚木业有限公司（金钢鹦鹉）、上海佳乐美木业有限公司（美丽岛）、杭州明成木业有限公司（明成）。

本标准主要起草人：高志华、王永成、翁少斌、刘绍喜、张雨生、袁怡德、张杰强、佘学彬、卜海林、孟荣富、李卫、江大川、曾志文、夏叶明、方崇荣。

木地板铺设面层验收规范

1．范　围

本标准规定了对民用室内木地板面层的基本规定、验收内容及保修义务。

本标准适用于民用室内木地板铺设面层的验收，亦适用于因地板铺设不当，地板状态改变而引起的争议和仲裁。本标准不适用于对保温、地热、防静电、防辐射、体育场所等特殊要求的木地板铺设验收。本标准不涉及木地板的基层施工验收。

2．规范性引用文件

下列文件中的条款通过本标准的引用而成为本标准的条款。凡是注日期的引用文件，其随后所有的修改单（不包括勘误的内容）或修订版均不适用于本标准，然而，鼓励根据本标准达成协议的各方研究是否可使用这些文件的最新版本。凡是不注日期的引用文件，其最新版本适用于本标准。

GB/T-15036.1-2001 实木地板　技术条件

GB/T-15036.2-2001 实木地板　检验和试验方法

GB/T-18102-2000 浸渍纸层压木质地板

GB/T-18103-2000 实木复合地板

LY/T1573-2000 竹地板

3．基本规定

3.1　民用室内木地板包括：

a）　实木地板（包括企口地板、平口地板、拼花地板、指接地板、集成地板等）；

b）实木复合地板（包括三层实木复合和多层实木复合）；

c）　浸渍纸层压木质地板（强化木地板）；

d）　竹地板。

3.1.2　面层使用木地板的质量应分别符合 GB/T1803、GB/T-18102、LY/T1573、GB/T-15036.1 和 GB/T-15036.2 的规定。在铺设前，应得到用户对质量、数量等验收认可；还应对树种、花色、型号、含水率、颜色、油漆、尺寸偏差、加工精度、甲醛含量等验收认可。

3.1.3　木地板铺设方法、工艺步骤、基层材料、质量要求、工期、验收规范等在铺设前应得到用户认可，施工方应严格执行。

3.2　对木地板基层的基本要求

3.2.1　干净：无浮土，无明显施工废弃物等。

3.2.2　干燥：应达到或低于当地平衡湿度和含水率，严禁含湿施工，并防止有水源处向地面渗漏，如暖气出水处，厨房和卫生间接口处等。

3.2.3　平整：用 2m 靠尺检验应小于 5mm。

3.2.4　牢固：基层材料应是优质合格产品，并按序固接在地基上，不允许松动。龙骨两端应钉实，或粘实。严禁用水泥沙浆填充。毛地板应四周钉头，钉距应小于 350mm。

3.2.5　伸缩缝：龙骨间、龙骨与墙体间、毛地板间、毛地板与墙体间均应留有伸缩缝。

3.2.6　耐腐：用于燥耐腐材（宽度＞35mm）作龙骨料。严禁细木工板料作龙骨料。用针叶板材、优质多层胶合板（厚度＞9mm）作毛地板料，严禁整张使用，必要时须进行涂防腐油漆处理和防虫害处理。

3.3　施工程序

严禁在木地板铺设时，与其他室内装饰装修工程交叉混合施工。

3.4　环境意识

提高环保意识，严禁在室内基层使用有严重污染物质，如沥青、苯酚等。

3.5　施工前提

所有木地板基层验收，应在木地板面层施工前达到验收合格，否则不允许进行面层铺设施工。

3.6　验收时间

木地板的面层验收，应在竣工后三天内验收。

4．面层验收内容

4.1　基本要求

4.1.1　悬浮式铺设木地板面层幅面每边长度最大不能超过 8m，相邻地板应留伸缩缝，做过桥连结处理。门口应隔断。

4.1.2　木地板表面应洁净、平整、无毛刺、无裂痕，铺设应牢固、不松动。

4.2　木地板铺设面层尺寸允许安装偏差

5．保修义务

地板铺设竣工后，委托双方（用户方与施工方）应及时进行铺设地板面层验收，对铺设总体质量、服务质量等予以评定，并办理签收手续。铺设施工方应出具地板保修卡（单），承诺地板保修期内义务。

关于对主项为建筑装修装饰工程专业一级资质的承包企业可增项房屋建筑工程施工总承包二级及以下资质进行试点工作的有关规定的通知

京建管[2002]876号

各区、县建委，各有关单位：

根据建设部《关于对〈主项为建筑装修装饰工程一级承包企业可增项房屋建筑工程施工总承包二级及以下资质的请示〉的复函》的有关批示精神，经我委认真研究，决定在北京市行政区域内开展对主项为建筑装修装饰工程一级承包企业增项房屋建筑工程施工总承包二级及以下资质的试点工作，现将有关规定通知如下：

一、申请资格：凡在本次资质就位期间（2001年7月1日至2002年9月30日）经我委审核并上报建设部批准的主项为建筑装修装饰工程专业承包一级的施工企业（以下简称装修一级企业），均可根据本企业的实际能力，按本通知规定的《建筑装修装饰工程专业一级承包企业增项房屋建筑工程施工总承包二级及以下资质的房屋建筑工程施工总承包审核标准（试行）》（见附件1）选择申请二级或三级房屋建筑施工总承包增项资质。

二、申请及审批程序：申请及审批严格按照《北京市建设委员会行政审批程序性规定》的“建筑业企业晋升、增项二级以下资质”的有关规定执行。

三、申请及受理时间：2002年12月10日始至2003年1月15日止。

四、申请房屋建筑工程施工总承包二级及以下资质增项，经我委按程序审批获得相应增项资质的装修一级企业其主项仍为装修一级，不得更换主项。一级装修企业如获准增项房屋建筑施工总承包三级资质，只可配合期以装修工程为主要内容而涉及的房建结构等工程施工，其增项的房建三级，不得以任何方式独立承担房屋建筑工程总承包施工。

特此通知

附件：建筑装修装饰工程专业一级承包企业增项房屋建筑工程施工总承包二级及以下资质的房屋建筑工程施工总承包审核标准（试行）

北京市建委

二〇〇二年十二月四日

附　件

建筑装修装饰工程专业一级承包企业增项房屋建筑工程施工总承包二级及以下资质的房屋建筑工程施工总承包审核标准（试行）

一、增项房屋建筑工程施工总承包三级标准：

1. 技术负责人除具备装修一级要求标准外，还须具有5年以上从事建筑结构施工技术管理工作经历。

2. 工程技术人员中从事结构工程施工人员不少于6人，其中中级以上房建结构工程师不少于3人。

3. 企业具有的三级资质以上项目经理不少于10人，且从事房建工程的项目经理不少于5人。

4. 企业具有与配合装修工程的结构工程相适应的施工机械和质量检测设备。

5. 企业具有与三级房建结构工程相应的安全与质检控制人员。

6. 申请三级房屋建筑工程总承包可不考核其房建业绩。

二、增项房屋建筑工程施工总承包二级标准：

1. 企业具有的二级资质以上房建项目经理不少于12人。

2. 企业其他条件均须达到房屋建筑工程施工总承包二级资质各项标准。

关于印发《河南省建筑装饰装修工程质量监督管理工作暂行规定》的通知

各省辖市建委，省直有关部门：

为了进一步深入贯彻《建设工程质量管理条例》，加强装饰装修工程质量的监督管理，现将《河南省建筑装饰装修工程质量监督管理工作暂行规定》印发给你们，望各有关单位认真遵照执行。

河南省建设厅

二〇〇二年六月十二日

河南省建筑装饰装修工程质量监督管理工作暂行规定

第一章　总　则

第一条　为了加强对建筑装饰装修工程质量的监督管理，提高装饰装修工程质量，保障人民的生命财产安全，依照《中华人民共和国建筑法》、《建设工程质量管理条例》以及《国务院办公厅关于进一步整顿和规范建筑市场秩序的通知》，特制定本规定。

第二条　凡在河南省境内从事建筑装饰装修活动，包括新建、改建、扩建和对原有房屋进行更新改造的建筑装饰装修工程及二次装饰装修工程，均应遵守本规定。

建设单位（含房屋所有权人、使用人）、建筑装饰装修设计单位、施工单位、监理单位、质量监督和检测单位等，均应遵守本规定。

第三条　本规定所称建筑装饰装修工程，是指为使建筑物、构筑物内、外空间达到一定的环境质量要求，使用装饰装修材料和对建筑物、构筑物外表和内部进行装修处理的工程。

第四条　本规定所称建筑装饰装修工程质量，是指符合国家、省现行有关建筑装饰装修工程质量的技术标准、质量验收标准、设计文件以及合同文本要求的综合指标。

第五条　凡在河南省境内，总造价在30万元以上，建筑面积大于300m^{2}的建筑装饰装修工程，必须按照本规定实行质量监督。

第六条　河南省建设行政主管部门统一负责全省建筑装饰装修工程质量管理工作，组织和监督本规定的实施。

各市、县（市）建设行政主管部门负责本行政区域内建筑装饰装修工程的质量管理工作，并由其委托的当地工程质量监督站（专业站）负责实施装饰装修工程质量的监督。一些规模较大（造价在200万元以上），技术较复杂的装饰装修工程，原则上应由省建设工程质量监督总站装饰装修工程质量监督站负责工程质量监督。

第二章　监督管理

第七条　各级工程质量监督站（专业站）是建筑装饰装修工程质量实行监督的专门机构，其主要职责是：

1．依据国家、省现行有关法律、法规以及现行的有关建筑装饰装修工程技术标准、规范、设计文件、合同文本等，对本辖区内建筑装饰装修工程的参建各方主体行为以及建筑装饰装修工程实物质量实施监督与检测；

2．参与重大装饰装修工程质量事故的处理；

3．查处装饰装修工程施工过程中出现的质量违章行为；

4．参与装饰装修工程的评优与申报工作；

5．调查研究并及时将装饰装修工作新动态上报有关部门；

6．完成建设行政主管部门委托的其它装饰装修工程质量监督管理工作。

第三章　对装饰装修各方主体质量行为的监督

第八条　对建设单位质量行为的监督：

1．通过招投标选择资质等级与工程相应的勘察、设计、施工与监理单位；

2．按规定审查装饰施工图设计文件，持有关图纸资料到公安消防部门进行消防安全核准，领取消防设计审核意见书；

3．凡建设单位没有专业工程质量管理人员的，应委托有资质等级的工程监理单位，对工程质量实施监理；

4．工程开工前，持承发包合同（含监理合同）、设计图纸、消防设计审核意见书及有关技术资料，到工程所在地工程质量监督站办理质量监督手续后，方可办理施工许可证；

5．无明示或暗示勘察、设计、施工、监理等单位违反强制性标准降低工程质量和迫使承包方任意压缩合理工期等行为；

6．无明示或暗示监理、施工单位使用不合格的建筑材料、建筑构配件和设备的行为，按合同约定由建设单位采购的建筑材料、建筑构配件和设备必须符合质量要求；

7．配备驻工地代表，负责组织装饰工程设计交底，参与施工技术交底，负责组织隐蔽工程的检查验收、结构中间验收、完工初验和竣工验收。建设单位收到施工单位竣工验收报告后，应当组织设计、施工、监理等有关单位进行竣工验收，并应严格按照国家有关档案管理的规定，及时收集、整理建设项目各环节的文件资料，建立、健全建设项目档案，并在工程竣工验收合格后向当地建设行政主管部门申请备案；

8．凡涉及建筑主体和承重结构变动的装修工程，建设单位应当在施工前委托原设计单位或者具有相应资质等级的设计单位提出设计方案，没有设计方案的，不得施工。房屋建筑使用者在装修过程中，不得擅自变动房屋建筑主体和承重结构；

9．二次装饰装修的房屋，必须由原结构设计单位或有相应资质的检测单位进行质量鉴定，并根据检测鉴定结果采取加固、维修等措施后，再进行装修设计与施工；

10．一个单位工程应由一个施工单位总承包，严禁建设单位肢解工程。

第九条　对设计单位质量行为的监督：

1．按其核定的资格等级承担相应的设计项目。提供的设计文件应符合国家、省现行有关设计标准、规范、规程，满足设计任务书和合同的要求，严禁无证设计；

2．装饰工程的防火设计必须经消防监督机构审核；

3．在设计中，对装饰工程使用的装饰装修材料应注明产品规格、型号、色泽、性能和质量标准，但不能指定生产厂家；

4．参加建设单位组织的图纸会审，做好设计施工图的技术交底，负责解决施工过程中有关设计修改或变更工作；

5.对原有建筑物的结构需要进行拆改的装饰装修设计，必须保证原建筑物的整体性、抗震性和结构的安全，并应征得设计单位总工程师签章认可；

6．参加主体结构、消防、使用安全等主要隐蔽工程验收、完工初验和竣工验收；

7．装饰装修工程造价在100万元以上的，设计单位应派驻地设计单位人员负责日常的设计修改工作。

第十条　对施工单位质量行为的监督：

1．按其核定的资质等级和营业范围承建相应的建筑装饰工程施工任务。严禁无证施工超资质施工和转包工程；

2．严格按设计施工图组织设计，不经设计单位同意，不得任意改变设计；

3．严格按质量标准和防火规范的要求，使用各种装饰装修材料、构配件及相关设备；应有出厂合格证、质保书等资料，并经具有资质的材料检测机构复验合格后，施工现场方可使用。凡涉及结构主体安全、使用安全的装饰装修材料及构配件应委托具有资质的材料检测机构进行检测、复验；

4.建立质量管理制度，切实保证工程质量和消防安全；

5．认真做好质量保证资料和其它技术资料的收集整理工作；

6.装饰装修工程完工后，及时向建设单位提出竣工验收。

第十一条　对监理单位质量行为的监督：

1．应在其资质等级许可的监理范围内，承担工程监理业务，不得转让监理业务；

2．应当客观、公正地执行监理任务，对其监理人员出具的监理文件、签字等监理行为负责；

3．监理单位与被监理工程的承包单位以及建筑材料、建筑构配件及设备供应单位，不得有隶属关系或者其他利害关系。监理单位不得为其监理的工程指定建筑材料、建筑构配件及设备的生产、供应单位；

4．监理单位应当与建设单位签订书面委托监理合同，明确双方的质量责任。监理单位应当根据监理合同制订监理规划，并抄送工程质量监督机构、建设单位和施工单位；

5．建设工程监理应当依照法律、法规及有关的技术标准、设计文件和工程承包合同，对施工质量、建设工期和建设资金使用等实施监督，对重要的工程部位和隐蔽工程实行旁站监理。未经监理人员签字认可，建筑材料、设备及建筑构配件不得在工程上使用或安装，不得进入下一道工序的施工，不得拨付工程进度款，不得进行工程质量初验。监理人员对达不到质量要求的工程不得签字，并有权责令返工。有关责任方拒不接受，监理单位应当告知建设单位处理；发现违法行为的，移交执法部门处理；

6．不按照委托监理合同的约定履行监理义务，对应当监督检查的项目不检查或者不按照规定检查，给建设单位、施工单位造成损失的，应当承担相应的赔偿责任；

7．监理单位不得与建设单位或者施工单位串通，弄虚作假，降低工程质量。

第四章　监督程序

第十二条　各级各类建设工程质量监督机构（含专业站）是省级以上建设行政主管部门考核认定具有独立法人资格的事业单位，并受建设行政主管部门的委托，依法对建筑装饰装修工程质量进行强制性监督。受监的装饰装修工程开工前，建设单位通过招投标确定施工（监理）单位后，须持承发包（监理）合同副本、工程施工许可证（或开工报告）、设计图纸、设计消防许可证和有关技术资料，到工程所在地工程质量监督站办理监督手续。监督收费按国家有关规定收取。

新建、扩建工程的装饰装修属单位工程的一部分，应与单位工程一次办理工程质量监督手续；改造项目的装饰装修工程及二次装饰装修的工程应在开工前15天办理工程质量监督手续。

第十三条　工程质量监督站在接到工程质量监督的有关资料后7日内提出装饰装修工程的质量监督计划，确定质量监督员并及时通知各有关单位。

第十四条　施工单位在工程开工前应将项目负责人和质量检查人员及特种工种操作人员的上岗证报质量监督站备案。

第十五条　工程质量监督员应按监督计划定期与不定期地对装饰装修工程质量及所有原材料质量进行巡检和抽查。对承重结构部位、有防火、防水、防腐、防放射性及有毒有害气体等特殊要求部位和影响使用安全的部位进行重点监督检查；并委托有资质的检测机构进行检测合格后，方可使用。

施工单位不按设计图施工，违反工程技术标准、规范、规程或使用不合格装饰装修材料、构配件、设备等，监督人员有权责令施工单位停工。

在日常监督过程中，除检查装饰工程的实物质量外，还要检查参建各方主体的质量行为，现场有关单位及人员的资质或资格、质保体系落实情况。

工程完工后，建设单位组织设计、施工、监理等有关单位，提前7天将验收时间、地点通知工程质量监督机构，并组织竣工验收。验收合格后15天之内到建设行政主管部门委托的备案部门办理竣工验收备案手续。

第五章　罚　则

第十六条　在建设过程中，有关各方若有违反本规定者，按照有关法律、法规进行处罚。

第六章　附　则

第十七条　本规定由河南省建设行政主管部门负责解释。

第十八条　本规定自公布之日起执行。

安徽省建筑装饰装修管理暂行办法

安徽省建设厅

第一章 总 则

第一条 为了加强对建筑装饰装修行业的管理，规范市场行为，确保工程质量和公共建筑设施安全，保障当事人的合法权益，促进建筑装饰装修业的健康发展，根据《中华人民共和国建筑法》、《中华人民共和国招标投标法》和国务院《建设工程质量管理条例》等法律、法规，结合我省实际，制定本办法。

第二条 凡在本省行政区域内对新建、改建、扩建工程和原有建筑物、构筑物进行装饰装修的，均适用本办法。本办法所称建筑装饰装修，是指为使新建建筑物、构筑物和原有房屋内、外空间包括住宅室内装饰装修达到相应的环境质量要求，使用装饰装修材料，对新建筑物、构筑物和原有房屋外表及内部进行装饰装修处理的建筑活动。

本办法中所称原有房屋，是指已投入使用的各类房屋。具有文物保护价值的建筑、古建筑的装饰装修，依照有关规定执行。

第三条 建筑装饰装修应坚持安全、美观、经济、适用的原则，并符合城市规划、设计、消防、物业管理、供电、通讯、抗震、环保等有关规定和标准。

第四条 省建设行政主管部门负责全省建筑装饰装修行业统一管理。

市、县人民政府建设行政主管部门负责本行政区域内建筑装饰装修行业管理。

市、县人民政府房地产管理部门负责本行政区域内的住宅室内装饰装修活动的管理工作。

第二章 资质、资格管理

第五条 建筑装饰装修企业是指依法成立的从事装饰装修活动的独立法人实体。

第六条 凡从事建筑装饰装修的企业，必须经建设行政主管部门进行资质审查，取得相应的设计、施工资质证书后，方可在其资质等级允许的范围内承包工程。资质申请办法、资质等级标准和经营范围分别按建设部《建筑业企业资质管理规定》、《建筑业企业资质等级标准》和《建设工程勘察设计企业资质管理规定》、《建筑装饰设计资质分级标准》执行。住宅室内装饰装修企业资质管理按照《安徽省住宅室内装饰装修企业资质管理暂行办法》执行。

第七条 在本省行政区域内从事建筑装饰装修工程设计、施工、监理等活动的外省企业，必须持所在省、市、自治区建设行政主管部门出具的外出设计、施工证明、资质等级证书、法人营业执照等证件到本省建设行政主管部门登记备案。

第八条 业主不得将建筑装饰装修工程发包给无资质证书或不具备相应资质条件的企业。

第九条 省建设行政主管部门对建筑装饰装修企业实行分级资质年检制度。凡在规定期限内没有参加资质年检的企业，其资质等级证书自行失效，且一年内不得重新申请资质。年检不合格的企业不得承接建筑装饰装修业务。

第十条 建筑装饰装修企业变更名称、法定代表人、经营场所或者分立、合并、终止的，应当在变更或终止后的一个月内，到原发证部门办理手续。

第十一条 从事建筑装饰装修活动的项目经理及专业技术人员，应当依法取得相应的执业资格证书或岗位证书，并在证书许可的范围内从事建筑装饰装修活动。

第三章 施工许可

第十二条 本省行政区域内的建筑装饰装修工程，应当办理施工许可手续。投资额在 30 万元以下或建筑面积在 $300m^2$ 以下的建筑装饰装修工程是否需要办理施工许可或备案等手续，由各市建设行政主管部门确定。

住宅竣工验收合格后，业主或者使用人(以下简称装修人)对住宅室内进行装饰装修的建筑活动按照建设部发布的 110 号令规定办理开工申报手续。

第十三条 与主体工程一起发包的建筑装饰装修工程应按照有关规定，一起办理施工许可手续。单独发包的装饰装修工程应单独办理施工许可手续。

单独发包的建筑装饰装修工程在办理施工许可证时应具备以下条件：

（一）原有房屋的使用人装饰装修房屋，已征得房屋所有权人的同意，并签订协议，协议中明确了装饰装修后修缮、拆迁和补偿等内容，并已报主管部门备案；

（二）施工图纸已由相应资质的设计单位进行了设计，并按规定通过建设行政主管部门的审查；

（三）应监理的工程办理了委托监理手续；

（四）应通过招标发包工程，中标通知已经下达；

（五）业主或装修人和施工单位按规定经过审查并依法正式签订了工程承包合同；

（七）业主按照工程建设质量安全管理的有关规定，到工程所在地的质量安全监督部门办理了装饰装修工程质量安全监督手续；

（八）工程建设资金已经落实；

（九）其它必备的条件。

凡不具备上述规定条件的建筑装饰装修工程，建设行政主管部门不得发放工程施工许可证。对未取得建设行政主管部门颁发施工许可证的建筑装饰装修工程，施工、监理单位不得进行施工和监理。

第四章 发包与承包

第十四条 按照《安徽省实施〈中华人民共和国招标投标法〉办法》，凡应采取招标的建筑装饰装修工程，必须通过招标方式发包。

第十五条 招标人具有编制招标文件和组织评标能力的可以自行办理招标事宜。但必须向当地建设行政管理监督部门备案。凡不具备自行招标条件的，招标人应委托招标代理机构办理招标事宜。

第十六条 承包单位必须在核准的资质等级范围内承揽工程，不得越级承包、挂靠承包和层层转包。

第十七条 发包方不得损害承包方的利益，强迫承包方购入合同约定之外的装饰装修材料和设备。

第十八条 承发包双方应当使用建设部和国家工商行政管理局颁发的合同示范文本。

第五章　质量与安全

第十九条　建筑装饰装修企业必须严格执行国家强制性标准和施工安全技术规范等有关标准和规定，按照工程设计图纸和施工技术标准施工，不得擅自修改设计，不得偷工减料，确保装修工程质量。

第二十条　凡涉及建筑主体和承重结构变动的建筑装饰装修工程，业主必须在施工前委托原设计单位或具有相应资质的设计单位提出施工图设计文件，并报县级以上地方人民政府建设行政主管部门审查，无施工图设计文件或施工图设计文件未经审查批准的不得施工。

第二十一条　建筑装饰装修工程使用的材料必须有质量检验合格证明和有中文标明的产品名称、规格、型号、生产厂名、厂址。

第二十二条　建筑装饰装修设计、施工和材料使用，必须严格遵守装饰装修防火规范。施工现场必须建立严格的防火管理制度。

第二十三条　建筑装饰装修企业，必须采取措施，控制施工现场的各种粉尘、废气、固体废弃物以及噪声、振动对环境污染和危害，文明施工，以保护人们的正常生活、工作和人身安全。

第二十四条　建筑装饰装修工程竣工后，由业主组织设计、施工、监理单位按照《建筑装饰装修工程质量验收规范》等相关规范进行验收。办理施工许可或备案手续工程应在验收合格之日起十五日内向工程所在地的县级以上建设行政主管部门(或其授权机构)备案。不合格工程和未经验收备案的工程不得交付使用。

第二十五条　建筑装饰装修工程发生重大事故的，由县以上人民政府建设行政主管部门会同有关部门调查处理，并按有关规定向上级建设行政主管部门报告。

第六章　住宅室内装饰装修

第二十六条　本办法所称住宅室内装饰装修(以下简称住宅装修)，是指居民为改善居住环境，在住宅竣工验收合格后，业主或住宅使用人对住宅室内进行装饰装修的建筑活动。

第二十七条　省建设行政主管部门负责本行政区域内的住宅室内装饰装修活动的管理工作。市、县人民政府房地产行政部门负责本行政区域内的住宅装饰装修活动的管理工作。

第二十八条　从事住宅室内装饰装修的企业，应当持有建设行政主管部门颁发的《建筑业企业资质证书》或《住宅室内装饰装修企业资质证书》。

第二十九条　未取得主管部门颁发的资质证书的单位，不得承接住宅室内装饰装修业务；居民应当按规定选择持有资质证书者承接其住宅装修。

对未办理装饰装修工程开工申报手续的业主和非业主使用人，建筑企业和室内装饰装修企业不得承接装饰装修业务。

第三十条　住宅装修活动必须保证建筑物结构和使用安全，符合物业管理、消防、供水、供电、燃气、环境保护等有关规定和标准。

从事住宅装修活动不得干扰周围居民的正常生活，不得造成房屋渗漏。

第三十一条　住宅装修活动应当签订书面合同，合同统一使用由省建设行政主管部门统一印制的住宅装修工程施工合同示范文本。

装修人和装饰装修企业，应当与物业管理单位签定住宅室内装修管理服务协议。

第三十二条　住宅装修工程当事人发生合同纠纷，可以向省、市消费者协会投诉或申请调解，或者直接向人民法院起诉。

第三十三条　住宅装修管理方面的具体规定，按建设部110号令《住宅室内装饰装修管理办法》办理。

第七章　法律责任

第三十四条　装饰装修发包方违反本办法，有下列行为之一的，由县以上建设行政主管部门责令改正或限期改正，拒不改正的按《建筑法》、《建设工程质量管理条例》、《安徽省建筑市场管理条例》中规定进行处罚。

(一)明示或暗示设计单位或施工单位违反工程建设强制性标准、降低工程质量的；

(二)明示或暗示施工单位使用不合格建筑材料、建筑构配件和设备的；

(三)未按规定进行施工图设计审查或审查不合格、擅自开工的；

(四)应招标而未采取招标形式发包工程的；

(五)发包给无资质等级证书的或承包任务与资质等级证书不符的企业的；

(六)未按照国家规定办理工程质量监督手续的；

(七)涉及建筑主体或者承重结构变动擅自施工的；

(八)未办理建筑装饰装修工程施工许可证或开工报告未经批准，擅自施工的；

(九)未经竣工验收备案就交付使用的工程；

(十)应实行监理而未实行工程监理的。

第三十五条　建筑装饰装修工程承包方违反本办法，有下列行为之一的，由县以上建设行政主管部门分别予以责令纠正，限期整改，停止施工、降低或吊销资质的处罚，并按《建设工程质量管理条例》中有关条款进行处罚。

(一)未取得建筑装饰装修资质证书承包工程的；

(二)伪造、涂改、买卖、借用资质证书和设计图签的；

(三)擅自超出资质等级范围从事经营活动的；

(四)将承包工程转包或者违法分包的；

(五)企业被降低或取消资质后仍按原资质从事经营活动的；

(六)破坏房屋结构或造成环境污染，危及人身安全的；

(七)拒绝接受质量安全监督机构监督检查的；

(八)将不合格的材料、设备用于建筑装饰装修工程、偷工减料、不按技术标准施工的。

第三十六条　因装饰装修造成质量安全事故的，按照国家的有关法律法规追究事故单位和个人的责任。

第三十七条　住宅室内装饰装修的违法行为按《住宅室内装饰装修管理办法》(建设部110号令)规定执行。

第三十八条　国家机关工作人员玩忽职守、滥用职权、徇私舞弊，构成犯罪的，依法追究刑事责任；尚不构成犯罪的，依法给予行政处分。

第八章　附　则

第三十九条　本办法由安徽省建设厅负责解释。

第四十条　本办法自发布之日起施行。

关于印发《大连市装饰装修企业资质管理暂行办法》的通知

大建委发[2002]153号

各区、市、县建设行政主管部门、建筑业主管部门、各装饰装修企业：

现将《大连市装饰装修企业资质管理暂行办法》印发给你们，请认真贯彻执行。

附件：1．大连市装饰装修企业资质管理暂行办法

2．大连市装饰装修企业资质等级标准

大连市城乡建设委员会

二〇〇二年十月十一日

大连市装饰装修企业资质管理暂行办法

第一条　为加强对我市装饰装修企业的管理，规范市场行为，根据建设部《建筑业企业资质管理规定》等有关法规、规范，结合我市实际，制定本办法。

第二条　凡在我市行政辖区内从事装饰装修施工的企业和各区市县建筑业管理部门都应遵守本办法。

第三条　市建设行政主管部门负责全市装饰装修企业资质管理工作。装饰装修企业的资质管理要纳入建筑业企业资质范畴，统一管理。

第四条　符合装饰装修企业资质标准，经市建设行政主管部门审批批准，取得了建筑业企业资质证书的企业，才能从事装饰装修施工。

第五条　企业申请资质，应当向建设行政主管部门提供下列资料：

1．建筑业企业资质申请表；

2．企业法人营业执照；

3．企业章程；

4．企业法定代表人身份证、任职文件；

5．证明企业达到标准要求的有关资料。

第六条　企业应在取得企业法人营业执照后，持本办法第五条所要求的资料，到企业所在地区市县建筑业主管部门申办资质证书。

区市县建筑业管理部门在收到申请材料20日内，提出审查意见，合格的上报市建筑业管理部门。市建筑业管理部门，20天内提出审批意见。

符合资质等级标准要求的，发给由市建设行政主管部门统一印制的建筑业企业资质证书。企业资料不符合要求的，应告知申请人。

第七条　建设行政主管部门对装饰装修企业资质实行年检制度。年检不合格的，将吊销其资质证书，且两年内不得申报资质。

第八条　装饰装修企业因破产、倒闭、撤销、歇业的，应将企业资质证书交回原发证机关销毁。

第九条　装饰装修企业资质及资质证书，按照各级建设行政主管部门颁布的建筑业企业资质管理的有关规定，进行管理。

第十条　本办法与国家、辽宁省有关规定相抵触时，执行国家和省有关规定。

第十一条　本办法由大连市城乡建设委员会负责解释。

第十二条　本办法自发布之日起施行。

大连市装饰装修企业资质等级标准

企业资质等级分为一级、二级、三级。

一级资质标准：

1．企业注册资本金30万元以上。

2．企业具有相关专业技术员或高级工以上的技术负责人。

3．企业具有初级以上木工、砖瓦工、抹灰工、油漆工、水暖工、电工等技术工人不少于30人，其中，中、高级工不少于12人；企业作业人员持证上岗率100%。

4．企业近3年最高年完成结算收入100万元以上。

5．企业具有与装饰装修承包范围相适应的机具。

二级资质标准：

1．企业注册资本金20万元以上。

2．企业具有高级工以上的技术负责人。

3．企业具有初级以上木工、砖瓦工、抹灰工、油漆工、水暖工、电工等技术工人不少于20人，其中，中、高级工不少于8人；企业作业人员持证上岗率100%。

4．企业近3年最高年完成结算收入50万元以上。

5．企业具有与装饰装修承包范围相适应的机具。

三级资质标准：

1．企业注册资本金10万元以上。

2．企业具有中级工以上的技术负责人。

3．企业具有初级以上木工、砖瓦工、抹灰工、油漆工、水暖工、电工等技术工人不少于10人，其中，中、高级工不少于4人；企业作业人员持证上岗率100%。

4．企业近3年最高年完成结算收入30万元以上。

5．企业具有与装饰装修承包范围相适应的机具。

承包范围：

可承担各类装饰装修工程施工。一级企业可承担单位工程造价50万元以下的装饰装修工程。二级企业可承担单位工程造价30万元以下的装饰装修工程。三级企业可承担单位工程造价20万元以下的装饰装修工程。

关于印发《苏州市建筑装饰“天堂杯”优质工程奖评审办法》的通知

苏建质[2002]27号

各市、区建设局、苏州工业园区规划建设局、苏州新区建设管理局，市区各有关单位：

现将《苏州市“天堂杯”优质工程奖评审办法》印发给你们，请遵照执行。

苏州市建设局

二〇〇二年五月十四日

苏州市建筑装饰“天堂杯”优质工程奖评审办法

第一条　为贯彻国务院《建设工程质量管理条例》和“质量兴业”的方针，针对目前建筑装饰行业迅速发展的新情况，鼓励建筑装饰企业争创优质工程，为城市建设增辉添彩，特制定《苏州市建筑装饰“天堂杯”优质工程奖评审办法》简称“天堂杯”奖。

第二条　苏州市建筑装饰“天堂杯”优质工程奖是苏州市建筑装饰工程质量最高荣誉奖，等同于“苏州市优质工程奖”，由苏州市建设局和苏州市建筑装饰协会联合颁发。

第三条　苏州市建筑装饰“天堂杯”优质工程奖的评审由苏州市建设局领导，苏州市建筑装饰协会具体实施。各市、区建设局（协会）负责初审，由苏州市建设局会同苏州市建筑装饰协会并邀苏州市监理协会等组成专家组进行复审。凡属苏州市建筑装饰协会的会员单位均可申报苏州市建筑装饰“天堂杯”优质工程奖。

第四条　苏州市建筑装饰“天堂杯”优质工程奖每年评审一次，按标准严格掌握。

第五条　申报“天堂杯”奖的工程必须是建筑装饰企业通过工程招投标的工程。

第六条　申报“天堂杯”奖的建筑装饰企业在工程施工期间未发生火灾和四级（含四级）以上伤亡事故，工程质量（建筑装饰分部）被当地质量监督部门核定为合格工程。其建筑装饰设计风格突出，体现地方特色，现代文化与传统文化相融合，功能、美观、经济相结合。

第七条　申报“天堂杯”奖的工程必须在上一年竣工验收的项目，并经建设单位签署意见。

第八条　凡具备下列条件之一的建筑装饰项目均可申报：

1．一级资质企业，单位工程造价200万元以上（含200万元）（工程造价以工程审核决算书为准。）

2．二级资质企业，单位工程造价120万元以上（含120万元）

3．三级资质企业，单位工程造价60万元以上（含60万元）

4．有重大政治意义或纪念性质的工程或市府实事建筑装饰工程项目。（不受工程造价限制）

第九条　建筑装饰施工企业在申报“天堂杯”奖时，须提供下列资料。

1．“天堂杯”奖申报表一式两份。

2．工程中标通知书及合同文件（复印件一份）。

3．市质量监督部门质量核定书。

4．工程验收记录文件。

5．工程现场彩色照片三张。

第十条　评审程序

1．评委、复查组组成。

由市建设局、市建筑装饰协会，市工程监理协会、市质量监督站，各市、区有关职能部门专家组成。

2．听取项目经理对有关工程及质量介绍。

3．实地查验工程状况。

4．听取建设，使用单位意见。

5．查阅工程有关资料。

6．评委听取复查组讲评、审核意见。

凡是建筑装饰协会会员单位，须申报“天堂杯”和“家装满意单位”的，均须按标准向市建筑装饰协会申报。如需申报省装饰优秀企业或优质工程的必须由我协会评定认可并经建设局签署意见后，方能上报。

第十一条　对获得“天堂杯”奖的建筑装饰企业给予表彰，颁发奖杯、奖状。

第十二条　“家庭装饰优质工程奖”参照上述办法执行，具体条件评审办法另行颁布。

第十三条　申报企业必须实事求是，不得弄虚作假，否则，不予评审。

第十四条　复查、评审人员必须秉公办事，廉洁自律。

第十五条　本办法由苏州市建设局负责解释。

第十六条　本办法自批准颁布之日起执行。

关于加强外墙饰面砖工程质量通病防治的通知

陕图审办发（2002）001号

各施工图审查办公室、各质安监督机构、各施工图审查机构及有关建设、设计、施工、监理单位：

为了贯彻落实国务院《建设工程质量管理条例》，严格执行《建筑装饰装修工程质量验收规范》（GB50210-2001）、《外墙饰面砖工程施工及验收规程》（JGJ126-2000）、《建筑工程饰面砖粘结强度检验》（JGJ110-97）等技术标准，确保外墙饰面砖工程质量，进一步提高建筑的安全适用性，经厅领导同意，现将加强外墙饰面砖工程质量通病防治的有关事项通知如下：

一、充分认识外墙饰面砖工程质量防治通病的必要性

建筑物表面饰面砖材料已成为建筑装饰的主要手段之一。但由于粘结材料质量不高，施工不规范，加之监督不力，检测不到位，致使不少工程存在着不安全隐患，严重影响建筑物的使用功能，因饰面砖脱落伤人毁物的事故时有发生。如××市华都商厦饰面砖脱落，造成上百万元的经济损失；××市一法院饰面砖脱落砸死一人，伤一人；××市西单民航售票处饰面砖脱落，砸坏一领事馆参赞的汽车；西安某单位综合楼饰面砖脱落，砸伤行人等等。外墙饰面砖渗漏问题也比较普遍，因饰面砖脱落影响建筑美观的更比比皆是。诸如此类的质量事故不仅造成人员伤亡和财产损失，而且严重影响建筑施工企业的形象，带来不必要的法律纠纷。根据沿海地区建筑工程外墙饰面砖粘贴质量的检测结果，检测的合格率仅为44.7%。事实上，我省外墙饰面砖粘贴质量也不容乐观。因此，各级质安监督机构，建设、设计、施工、监理等责任单位必须高度重视，真正做到认识到位、管理到位、责任到位，确保外墙饰面砖工程质量。

二、外墙饰面砖工程质量通病防治的重点

1. 设计单位必须依据工程建设标准强制性条文及《建筑装饰装修工程质量验收规范》、《外墙饰面砖工程施工及验收规程》等技术标准的有关规定，对外墙饰面砖工程进行专项设计或编制设计说明。

2. 严格控制基体含水率、基面松散粉尘。在施工中对基层、找平层、粘结层除满足抗压强度外，还应考虑其抗拉强度；对基体的抗拉强度低于外墙饰面砖粘结强度的工程必须进行加固处理；对加气混凝土、轻质砌块和轻质墙板等基体使用外墙饰面砖时，必须有可靠的粘结质量措施；对混凝土基体表面应采用聚合物水泥砂浆或专用干粉界面剂进行处理，特别是对清水混凝土墙面必须使用界面剂进行处理。

3. 按照工程建设标准强制性条文的要求，对饰面砖的粘结强度必须进行检测，出具检测报告。

4. 外墙饰面砖找平、粘结、勾缝等材料必须选用符合国家有关标准规定的合格产品，并按标准规定进行抽样复试，出具复验报告。

5. 外墙饰面砖工程采用的陶瓷，其吸水率不应大于6%，抗冻性应符合国家标准。

6. 依据JGJ126-2000标准要求，粘贴饰面砖必须采用水泥基干粉粘结剂，水泥基干粉粘结剂应符合《陶瓷墙地砖胶粘剂》（JC/T547）的技术要求，并按JGJ110-97标准在试验室进行制样检验，粘结强度不得小于0.6Mpa。

7. 为确保外墙防水功能，饰面砖的勾缝材料必须采用抗渗的粘结材料，其性能应符合现行标准《砂浆、混凝土防水剂》JC474第5.2节的技术要求。禁止使用普通水泥砂浆进行勾缝。

8. 施工前必须做饰面砖粘结样板，经建设、设计和监理等单位根据有关标准确认后，方可全面施工。

三、外墙饰面砖工程质量通病防治的措施

1. 加强人员培训，提高整体素质

目前工程质量各方责任主体相关人员不熟悉规范、标准是造成饰面砖工程质量不高的重要原因，为此，必须加强有关人员认真学习《建筑装饰装修工程质量验收规范》（GB50210-2001）和《外墙饰面砖工程施工及验收规程》（JGJ126-2000）、《建筑工程饰面砖粘结强度检验》（JGJ110-97）、《陶瓷墙地砖胶结剂》（JC/T547）等技术标准，加强新工艺、新技术、新材料的应用培训，全面推动建设各方人员的整体素质的提高。

2. 完善检测手段，强化质量监督

各级质安监督机构、施工、监理企业应尽快配备饰面砖原位检测设备，充实检测人员，严把质量关，切实做到“三不准”，即：

（1）施工图未按规范要求进行专项设计或编制设计说明的工程不准发放施工图设计文件技术性审查报告。

（2）未使用水泥基粘结材料和防火勾缝材料或使用有机粘结材料的工程不准验收。

（3）未按工程建设强制性条文进行粘结强度原位测试的工程不准进行工程质量验收备案。

陕西省施工图审查办公室
陕西省建设工程质量安全监督总站
二〇〇二年四月二十八日

·家　装·

住宅室内装饰装修管理办法

中华人民共和国建设部令

第110号

《住宅室内装饰装修管理办法》已于2002年2月26日经第53次部常务会议讨论通过，现予发布，自2002年5月1日起施行。

部　长　**汪光焘**

二〇〇二年三月五日

第一章　总　则

第一条　为加强住宅室内装饰装修管理，保证装饰装修工程质量和安全，维护公共安全和公众利益，根据有关法律、法规，制定本办法。

第二条　在城市从事住宅室内装饰装修活动，实施对住宅室内装饰装修活动的监督管理，应当遵守本办法。

本办法所称住宅室内装饰装修，是指住宅竣工验收合格后，业主或者住宅使用人（以下简称装修人）对住宅室内进行装饰装修的建筑活动。

第三条　住宅室内装饰装修应当保证工程质量和安全，符合工程建设强制性标准。

第四条　国务院建设行政主管部门负责全国住宅室内装饰装修活动的管理工作。

省、自治区人民政府建设行政主管部门负责本行政区域内的住宅室内装饰装修活动的管理工作。

直辖市、市、县人民政府房地产行政主管部门负责本行政区域内的住宅室内装饰装修活动的管理工作。

第二章　一般规定

第五条　住宅室内装饰装修活动，禁止下列行为：

（一）未经原设计单位或者具有相应资质等级的设计单位提出设计方案，变动建筑主体和承重结构；

（二）将没有防水要求的房间或者阳台改为卫生间、厨房间；

（三）扩大承重墙上原有的门窗尺寸，拆除连接阳台的砖、混凝土墙体；

（四）损坏房屋原有节能设施，降低节能效果；

（五）其他影响建筑结构和使用安全的行为。

本办法所称建筑主体，是指建筑实体的结构构造，包括屋盖、楼盖、梁、柱、支撑、墙体、连接节点和基础等。

本办法所称承重结构，是指直接将本身自重与各种外加作用力系统地传递给基础地基的主要结构构件和其连接节点，包括承重墙体、立杆、柱、框架柱、支墩、楼板、梁、屋架、悬索等。

第六条　装修人从事住宅室内装饰装修活动，未经批准，不得有下列行为：

（一）搭建建筑物、构筑物；

（二）改变住宅外立面，在非承重外墙上开门、窗；

（三）拆改供暖管道和设施；

（四）拆改燃气管道和设施。

本条所列第（一）项、第（二）项行为，应当经城市规划行政主管部门批准；第（三）项行为，应当经供暖管理单位批准；第（四）项行为应当经燃气管理单位批准。

第七条　住宅室内装饰装修超过设计标准或者规范增加楼面荷载的，应当经原设计单位或者具有相应资质等级的设计单位提出设计方案。

第八条　改动卫生间、厨房间防水层的，应当按照防水标准制订施工方案，并做闭水试验。

第九条　装修人经原设计单位或者具有相应资质等级的设计单位提出设计方案变动建筑主体和承重结构的，或者装修活动涉及本办法第六条、第七条、第八条内容的，必须委托具有相应资质的装饰装修企业承担。

第十条　装饰装修企业必须按照工程建设强制性标准和其他技术标准施工，不得偷工减料，确保装饰装修工程质量。

第十一条　装饰装修企业从事住宅室内装饰装修活动，应当遵守施工安全操作规程，按照规定采取必要的安全防护和消防措施，不得擅自动用明火和进行焊接作业，保证作业人员和周围住房及财产的安全。

第十二条　装修人和装饰装修企业从事住宅室内装饰装修活动，不得侵占公共空间，不得损害公共部位和设施。

第三章　开工申报与监督

第十三条　装修人在住宅室内装饰装修工程开工前，应当向物业管理企业或者房屋管理机构（以下简称物业管理单位）申报登记。

非业主的住宅使用人对住宅室内进行装饰装修，应当取得业主的书面同意。

第十四条　申报登记应当提交下列材料：

（一）房屋所有权证（或者证明其合法权益的有效凭证）；

（二）申请人身份证件；

（三）装饰装修方案；

（四）变动建筑主体或者承重结构的，需提交原设计单位或者具有相应资质等级的设计单位提出的设计方案；

（五）涉及本办法第六条行为的，需提交有关部门的批准文件，涉及本办法第七条、第八条行为的，需提交设计方案或者施工方案；

（六）委托装饰装修企业施工的，需提供该企业相关资质证书的复印件。

非业主的住宅使用人，还需提供业主同意装饰装修的书面证明。

第十五条　物业管理单位应当将住宅室内装饰装修工程的禁止行为和注意事项告知装修人和装修人委托的装饰装修企业。

装修人对住宅进行装饰装修前，应当告知邻里。

第十六条　装修人，或者装修人和装饰装修企业，应当与物业管理单位签订住宅室内装饰装修管理服务协议。

住宅室内装饰装修管理服务协议应当包括下列内容：

（一）装饰装修工程的实施内容；

（二）装饰装修工程的实施期限；

（三）允许施工的时间；

（四）废弃物的清运与处置；

（五）住宅外立面设施及防盗窗的安装要求；

（六）禁止行为和注意事项；

（七）管理服务费用；

（八）违约责任；

（九）其他需要约定的事项。

第十七条　物业管理单位应当按照住宅室内装饰装修管理服务协议实施管理，发现装修人或者装饰装修企业有本办法第五条行为的，或者未经有关部门批准实施本办法第六条所列行为的，或者有违反本办法第七条、第八条、第九条规定行为的，应当立即制止；已造成事实后果或者拒不改正的，应当及时报告有关部门依法处理。对装修人或者装饰装修企业违反住宅室内装饰装修管理服务协议的，追究违约责任。

第十八条　有关部门接到物业管理单位关于装修人或者装饰装修企业有违反本办法行为的报告后，应当及时到现场检查核实，依法处理。

第十九条　禁止物业管理单位向装修人指派装饰装修企业或者强行推销装饰装修材料。

第二十条　装修人不得拒绝和阻碍物业管理单位依据住宅室内装饰装修管理服务协议的约定，对住宅室内装饰装修活动的监督检查。

第二十一条　任何单位和个人对住宅室内装饰装修中出现的影响公众利益的质量事故、质量缺陷以及其他影响周围住户正常生活的行为，都有权检举、控告、投诉。

第四章　委托与承接

第二十二条　承接住宅室内装饰装修工程的装饰装修企业，必须经建设行政主管部门资质审查，取得相应的建筑业企业资质证书，并在其资质等级许可的范围内承揽工程。

第二十三条　装修人委托企业承接其装饰装修工程的，应当选择具有相应资质等级的装饰装修企业。

第二十四条　装修人与装饰装修企业应当签订住宅室内装饰装修书面合同，明确双方的权利和义务。

住宅室内装饰装修合同应当包括下列主要内容：

（一）委托人和被委托人的姓名或者单位名称、住所地址、联系电话；

（二）住宅室内装饰装修的房屋间数、建筑面积，装饰装修的项目、方式、规格、质量要求以及质量验收方式；

（三）装饰装修工程的开工、竣工时间；

（四）装饰装修工程保修的内容、期限；

（五）装饰装修工程价格，计价和支付方式、时间；

（六）合同变更和解除的条件；

（七）违约责任及解决纠纷的途径；

（八）合同的生效时间；

（九）双方认为需要明确的其他条款。

第二十五条　住宅室内装饰装修工程发生纠纷的，可以协商或者调解解决。不愿协商、调解或者协商、调解不成的，可以依法申请仲裁或者向人民法院起诉。

第五章　室内环境质量

第二十六条　装饰装修企业从事住宅室内装饰装修活动，应当严格遵守规定的装饰装修施工时间，降低施工噪声，减少环境污染。

第二十七条　住宅室内装饰装修过程中所形成的各种固体、可燃液体等废物，应当按照规定的位置、方式和时间堆放和清运。严禁违反规定将各种固体、可燃液体等废物堆放于住宅垃圾道、楼道或者其他地方。

第二十八条　住宅室内装饰装修工程使用的材料和设备必须符合国家标准，有质量检验合格证明和有中文标识的产品名称、规格、型号、生产厂厂名、厂址等。禁止使用国家明令淘汰的建筑装饰装修材料和设备。

第二十九条　装修人委托企业对住宅室内进行装饰装修的，装饰装修工程竣工后，空气质量应当符合国家有关标准。装修人可以委托有资格的检测单位对空气质量进行检测。检测不合格的，装饰装修企业应当返工，并由责任人承担相应损失。

第六章　竣工验收与保修

第三十条　住宅室内装饰装修工程竣工后，装修人应当按照工程设计合同约定和相应的质量标准进行验收。验收合格后，装饰装修企业应当出具住宅室内装饰装修质量保修书。

物业管理单位应当按照装饰装修管理服务协议进行现场检查，对违反法律、法规和装饰装修管理服务协议的，应当要求装修人和装饰装修企业纠正，并将检查记录存档。

第三十一条　住宅室内装饰装修工程竣工后，装饰装修企业负责采购装饰装修材料及设备的，应当向业主提交说明书、保修单和环保说明书。

第三十二条　在正常使用条件下，住宅室内装饰装修工程的最低保修期限为两年，有防水要求的厨房、卫生间和外墙面的防渗漏为五年。保修期自住宅室内装饰装修工程竣工验收合格之日起计算。

第七章　法律责任

第三十三条　因住宅室内装饰装修活动造成相邻住宅的管道堵塞、渗漏水、停水停电、物品毁坏等，装修人应当负责修复和赔偿；属于装饰装修企业责任的，装修人可以向装饰装修企业追偿。

装修人擅自拆改供暖、燃气管道和设施造成损失的，由装修人负责赔偿。

第三十四条　装修人因住宅室内装饰装修活动侵占公共空间，对公共部位和设施造成损害的，由城市房地产行政主管部门责令改正，造成损失的，依法承担赔偿责任。

第三十五条　装修人未申报登记进行住宅室内装饰装修活动的，由城市房地产行政主管部门责令改正，处5百元以上1千元以下的罚款。

第三十六条　装修人违反本办法规定，将住宅室内装饰装修工程委托给不具有相应资质等级企业的，由城市房地产行政主管部门责令改正，处5百元以上1千元以下的罚款。

第三十七条　装饰装修企业自行采购或者向装修人推荐使用不符合国家标准的装饰装修材料，造成空气污染超标的，由城市房地产行政主管部门责令改正，造成损失的，依法承担赔偿责任。

第三十八条　住宅室内装饰装修活动有下列行为之一的，由城市房地产行政主管部门责令改正，并处罚款：

（一）将没有防水要求的房间或者阳台改为卫生间、厨房间的，或者拆除连接阳台的砖、混凝土墙体的，对装修人处5百元以上1千元以下的罚款，对装饰装修企业处1千元以上1万元以下的罚款；

（二）损坏房屋原有节能设施或者降低节能效果的，对装饰装修企业处1千元以上5千元以下的罚款；

（三）擅自拆改供暖、燃气管道和设施的，对装修人处5百元以上1千元以下的罚款；

（四）未经原设计单位或者具有相应资质等级的设计单位提出设计方案，擅自超过设计标准或者规范增加楼面荷载的，对装修人处5百元以上1千元以下的罚款，对装饰装修企业处1千元以上1万元以下的罚款。

第三十九条　未经城市规划行政主管部门批准，在住宅室内装饰装修活动中搭建建筑物、构筑物的，或者擅自改变住宅外立面、在非承重外墙上开门、窗的，由城市规划行政主管部门按照《城市规划法》及相关法规的规定处罚。

第四十条　装修人或者装饰装修企业违反《建设工程质量管理条例》的，由建设行政主管部门按照有关规定处罚。

第四十一条　装饰装修企业违反国家有关安全生产规定和安全生产技术规程，不按照规定采取必要的安全防护和消防措施，擅自动用明火作业和进行焊接作业的，或者对建筑安全事故隐患不采取措施予以消除的，由建设行政主管部门责令改正，并处1千元以上1万元以下的罚款；情节严重的，责令停业整顿，并处1万元以上3万元以下的罚款；造成重大安全事故的，降低资质等级或者吊销资质证书。

第四十二条　物业管理单位发现装修人或者装饰装修企业有违反本办法规定的行为不及时向有关部门报告的，由房地产行政主管部门给予警告，可处装饰装修管理服务协议约定的装饰装修管理服务费2至3倍的罚款。

第四十三条　有关部门的工作人员接到物业管理单位对装修人或者装饰装修企业违法行为的报告后，未及时处理，玩忽职守的，依法给予行政处分。

第八章　附　则

第四十四条　工程投资额在30万元以下或者建筑面积在300m^{2}以下，可以不申请办理施工许可证的非住宅装饰装修活动参照本办法执行。

第四十五条　住宅竣工验收合格前的装饰装修工程管理，按照《建设工程质量管理条例》执行。

第四十六条　省、自治区、直辖市人民政府建设行政主管部门可以依据本办法，制定实施细则。

第四十七条　本办法由国务院建设行政主管部门负责解释。

第四十八条　本办法自2002年5月1日起施行。

关于印发《商品住宅装修一次到位实施导则》的通知

建住房[2002]190号

各省、自治区建设厅，直辖市建委及有关部门，新疆生产建设兵团建设局，解放军总后营房部：

为了进一步贯彻落实《关于推进住宅产业现代化提高住宅质量若干意见》（国办发[1999]72号）要求，加强住宅装修的管理，推行一次性装修模式，规范住宅装修市场行为，提高住宅装修集约化水平，加快推进住宅产业化进程，引导住宅建设健康发展，现将《商品住宅装修一次到位实施导则》印发你们，请各地结合实际，参考执行。

中华人民共和国建设部

二〇〇二年七月十八日

商品住宅装修一次到位实施导则

1 总则

1.1 一般原则

1.1.1 为贯彻《关于推进住宅产业现代化提高住宅质量的若干意见》（国办发[1999]72 号）精神，加强对住宅装修的管理，积极推广装修一次到位或菜单式装修模式，避免二次装修造成的破坏结构、浪费和扰民等现象，提高住宅装修生产的工业化水平，引导住宅产业现代化快速发展，编制本实施导则。

1.1.2 商品住宅装修一次到位所指商品住宅为新建城镇商品住宅中的集合式住宅。装修一次到位是指房屋交钥匙前，所有功能空间的固定面全部铺装或粉刷完成，厨房和卫生间的基本设备全部安装完成，简称全装修住宅。

1.1.3 本实施导则率先在国家康居示范工程和申请商品住宅性能认定项目执行，其他新建城镇商品住宅可采取分地区、分阶段的方式逐步全面推行。

1.1.4 推行装修一次到位的根本目的在于：逐步取消毛坯房，直接向消费者提供全装修成品房；规范装修市场，促使住宅装修生产从无序走向有序。坚持技术创新和可持续发展的原则，贯彻节能、节水、节材和环保方针，鼓励开发住宅装修新材料新部品，带动相关产业发展，提高效率，缩短工期，保证质量，降低造价 。

1.1.5 坚持住宅产业现代化的技术路线，积极推行住宅装修工业化生产，提高现场装配化程度，减少手工作业，开发和推广新技术，使之成为工业化住宅建筑体系的重要组成部分。

1.2 住宅开发

1.2.1 住宅开发单位必须更新观念，建造全装修住宅，做到住宅内部所有功能空间全部装修一次到位，销售成品房的价格中包含装修费用，并应在商品房预售合同中单独标明装修标准。

1.2.2 住宅装修应在市场调查的基础上正确定位，装修档次和标准应和住宅本身的定位相一致。在标准化、通用化的前提下，力求多样化。

1.2.3 加强住宅装修组织与管理。对设计、施工和监理单位进行资质审查，运用公开招标形式优选设计、施工和监理单位。贯彻执行国家有关规范、规定和标准，坚持高起点、高标准、高效率和高科技含量，创出装修设计、施工和管理的新水平。

1.3 装修设计

1.3.1 住宅装修必须进行装修设计，由开发单位委托具有相应资质条件的设计单位设计。

住宅装修设计是住宅建筑设计的延续，必须将装修设计作为一个相对独立的设计阶段，并强化与土建设计的相互衔接，住宅装修设计应在住宅主体施工前进行，以避免施工过程中的拆放。

1.3.2 住宅装修设计必须树立以人为本的设计思想，多方听取意见，细化设计方案，做到符合人体工程学，贴近业主的实际需要，适应不同的结构形式，功能合理齐全，环境舒适卫生，装修简洁美化，造价经济适宜。

1.3.3 住宅装修设计必须执行《住宅建筑模数协调标准》，厨卫设备与管线的布置应符合净模数的要求，在设计阶段就予以定型定位，以适应住宅装修工业化生产的要求，提高装配化程度。

1.3.4 积极推广应用住宅装修新技术、新工艺、新材料和新部品，提高科技含量，取得经济效益、环境效益和社会效益。

1.4 材料和部品的选用

1.4.1 建立和健全住宅装修材料和部品的标准化体系，淘汰技术落后、性能差或不符合卫生要求的材料和部品，开发和发展住宅装修新材料和新部品，进行标准化、系列化、集约化生产，实现住宅装修材料和部品生产的现代化。

1.4.2 住宅装修部品的选用应遵循《住宅建筑模数协调标准》，执行优化参数、公差配合和接口技术等有关规定，以提高其互换性和通用性。

1.4.3 实施材料和部品配套供应，形成成套技术。不但要求主体材料和辅助材料、主件和配件配套、施工专用机具配套，而且要求有关设计、施工、验收等技术文件配套，做到产品先进有标准，设计方便有依据，施工快捷质量有保证。

1.4.4 材料与部品的选择应符合产业的发展方向，经过国家授权机构的测试，满足国家有关环保、节能和节水的最新标准要求，对产品质量责任进行投保；生产企业通过 ISO9000 或 ISO14000 系列认证。

1.4.5 材料与部品采购体现集团批量采购的优势，大幅度降低采购成本。

1.5 装修施工

1.5.1 住宅装修由开发单位委托具有相应资质的建筑装饰施工单位施工。

住宅装修应积极推行工业化施工方法，鼓励使用装修部品，减少现场作业量，积极引进和开发、应用施工专用机具，提高施工工艺水平，有效缩短施工周期。

1.5.2 加强施工组织管理，编制施工组织设计，拟定相应措施，有效控制装修施工。

1.5.3 加强质量管理，制定质量通病防治措施，争创优质工程。严把材料和部品质量关，不合格产品不准进入施工现场。

1.5.4 加强安全生产、文明施工管理，坚持安全第一、预防为主的方针，创造良好的施工环境。

1.6 工程监理

1.6.1 住宅装修必须实施工程监理，由开发单位委托具有相应资质条件的监理单位监理。

1.6.2 装修工程监理的目标是：控制投资、进度和质量，强化合同管理和信息管理， 协调各方关系。其主要内容是：审核装修合同、审核设计方案、审核设计图纸、审核工程预算、查验装修材料和设备、验收隐蔽工程、检查工艺作法、监督工程进度、检查工程质量、协助甲方验收装修工程。

1.7 质量保证

1.7.1 确立开发单位为住宅装修质量的第一责任人，承担住宅装修工程质量责任，负责相应的售后服务。建筑装饰施工单位、装修材料和部品生产厂家负责相应施工和产品的质量责任。

1.7.2 建立和推行住宅装修质量保证体系，将设计、生产和施工的质量保证有机地联系起来，便于发现问题，研究对策，改进措施，使装修质量经得起长时间的检验。

1.7.3 住宅开发单位必须向购房者提交装修质量保证书，包括装修明细表，装修平面图和主要材料及部品的生产厂家，并执行建设部关于《住宅室内装饰装修管理办法》中规定的保修期负责保修。即：在正常使用条件下，住宅室内装饰装修工程的最低保修期限为二年，有防水要求的厨房、卫生间和外墙面的防渗漏为五年，保修期自住宅室内装饰装修工程竣工验收合格之日起计算。

2 装修管理

2.1 资质管理

2.1.1 推行装修一次到位的商品住宅，由住宅开发单位负责装修工程的全过程，以装修完成的商品住宅向购房者交付。

2.1.2 开发单位要严格选择装修设计和装修施工的单位。

（1）根据建设部建设[2001]9 号文《关于加强建筑装饰设计市场管理的意见》和《建筑装饰设计资质分级标准》，装修设计单位分为甲、乙、丙三个级别，其承担的工程项目不得超过相应级别所规定的业务范围。

（2）装修施工单位，应持有建设行政主管部门颁发的具有建筑装饰装修工程承包范围的《建筑业企业资质证书》、个体装饰装修从业者应具有上岗证书，否则不得承接家庭居室装修工程。

（3）装修施工单位应当遵循以下规则：

①采用的装饰材料不得以次充好，弄虚作假；

②施工不得偷工减料，粗制滥造；

③不得野蛮施工，危及建筑物自身的安全；

④不得冒用其他企业名称和商标；

⑤不得损害居民和开发单位的权益；

⑥国家和地方规定的有关规范和规则。

2.2 质量管理

2.2.1 工程监理单位对装修工程进行监理，严格执行每道工序特别是隐蔽工程的签字验收制度，以保证对施工质量的控制。工程质量监督机构应进行监督抽查。

2.2.2 装修施工单位应当按月填写单项工程汇总表，报表发单位和监理单位，以保证施工进度。

开发单位应根据工程汇总表和预算额按时支付费用。

2.2.3 居室装修质量首先应表现在样板间上，样板间要真实地反映装修档次和装修施工质量。交付给购房者的装修质量，不应低于样板间的质量水平。作为装修质量的衡量标准，样板间在购房者入住之前不宜拆除。

2.2.4 全装修住宅工程应在竣工验收合格之日起 15 日内，向工程所在地的县级以上地方人民政府建设行政主管部门备案。

2.3 合同管理

2.3.1 住宅开发单位和购房者应按照国家和地方的有关规定签订制式合同，并在房屋结构及设备标准中设置相关全装修标准的内容（参见表 4-3 全装修配套项目选择表和表 4-2 全装修标准装饰材料）。

2.3.2 住宅开发单位应在和装修设计单位、施工单位等签订合同，合同中包括全装修配套项目选择和标准装饰材料等内容（参见表 4-3 全装修配套项目选择表、表 4-2 全装修标准装饰材料），并规定实施中应贯彻全装修住宅的思路，实行工业化装修方式。

3 装修设计

3.1 一般规定

3.1.1 室内装修的功能

（1）室内空间的美化功能。主要包括：①造型艺术处理；②照明艺术处理；③材料的色彩，材料的质感。

（2）室内空间的利用和再塑。①空间的竖向分隔；②空间的水平分隔；③空间的有效使用；④室内外空间的相互渗透。

（3）结构及设备的隐蔽功能。①土建饰面层的保护；②水暖电管线及设备的隐蔽和保护；③防渗防潮的措施。

（4）住宅物理性能的提高。①提高保温、隔热、隔声、防尘性能；②提高防火、防跌、防滑、防晒性能；③延长住宅的使用寿命。

3.1.2 设计步骤与思路

（1）确定标准

配合开发单位通过市场调查研究，结合装修的流行趋势，明确销售对象，确定装修标准。其装修水平至少应达到购房者所期望的档次和标准。

装修一次到位应在土建施工开工前，确定装修设计方案，由开发单位优选队伍，统一组织，采用工业化的集成方式加以实施。装修一次到位应建立在通用化的设计基础之上，其前提是规范化的有序管理。

装修的多样化，可表现在不同套型平面采用不同“菜单”的差异上，精选出具有代表性的装修方案，强调在同一档次上的统一性和均好性，同时通过设计引导消费者向装饰个性化方向发展。

（2）提前衔接

建造全装修住宅，首先要实施土建设计和装修设计一体化。土建设计方案确定后，装修设计单位就应提前介入，针对住宅套内的平面布置、设备及管线的位置，提出相应的装修方案图，两个方案相互补充完善并进行调整。重点解决土建、设备与装修的衔接问题，解决界面的联系，真正达到装修的标准化、模数化、通用化，为装修的工业化生产打下基础，改变土建、装修相互脱节的局面，使室内空间更趋合理。

①土建设计宜选用净模制，用模数空间包容部品群；②土建设计宜选用定型门窗洞口系列，尽量避免使用刀把门，为后装房门、做门套提供便利条件；③水、暖、气等设施管道系统应集中定型定位布置，竖向管道宜综合设计使之固定在轻钢龙骨支架上，形成定型的预制管束，逐层吊装对接后包敷。水平管道可利用地面垫层、吊顶布置，或采用布管矮墙连接管束中的竖管和洁具；④强、弱电线路，最好采用独立的布线系统，以便维护、更新线路和增加、改变用电点位置，从而避免影响其他部品和装修面层的完好。

（3）部品集成

设计人员应了解材料部品的规格、式样和品质，以及生产厂家的加工能力和安装方式等，通过组合先在图纸上加以集成。尤其是厨房、卫生间的设备配置，必须通过排列才能确定空间的各种尺寸。对于非标准装修的部位，要进行尺寸实测。工厂加工，现场组装，要求装修设计为现场的快速组装创造接合条件，尽可能减少手工加工的环节。

（4）提供图纸

设计图纸完成后，应向装修施工单位进行交底，说明施工中应注意的问题和技术要求。

设计单位应向开发单位和施工单位提供以下图纸资料：

①装修施工详图（包括水暖电附属专业图）；

②设备部品清单；

③概算。

开发单位应向购房者提供以下竣工图：

①套型（套内）平面图及使用面积；

②选材和设备配置使用说明书；

③设备接口位置和接口图。

装修设计图纸作为必备资料交给购房者，购房者对照图纸进行验收。

（5）指导施工

首先指导施工单位做出样板间，以引导装修工程按一个标准全面展开。样板间应以交付给购房者时的实景为主，以带个性化装饰为辅，真实地反映装修一次到位的商品房的内在质量。

设计人员要配合开发单位、监理单位、施工单位，对材料和部品进行把关，现场解决在安装集成过程中的问题，确保装修按图纸施工。

3.1.3 装修的环保原则

室内装修必须十分重视环保及防污问题。要在选材、施工用料方面坚持如下原则：

（1）节约资源

①提倡使用可重复使用、可循环使用、可再生使用的材料。

②选用良好的密封材料，改进装修节点，提高外墙的保温隔热性能及外门窗的气密性。

③选用先进的节能采暖制冷技术与设备。

④选用高效节能的光源及照明新技术。

⑤节约用水，要强制性淘汰耗水型器具，推广节水器具，选用节水水嘴和节水便器。

（2）减少室内空气污染

①选用符合国家标准的环保型装修材料。

②选择无毒、无害、无污染环境、有益于人体健康的材料和部品。宜采用取得国家环境标志的材料和部品。

③使用能改善室内空气质量的先进技术及设备。

④防止成品家具对室内造成的污染。

3.2 住宅功能空间设备配置推荐标准

3.2.1 商品住宅装修必须达到购房者入住即可使用的标准，从装修入手，整合提高住宅的品质，达到相应等级的舒适程度。

3.2.2 住宅功能空间的推荐标准：

（1）住宅功能空间推荐标准

室内空间等级＼标准		设备名称					
		电视插口	电话	空调专用线	电热水器专用线	电源插座	信息插口
主卧室	普通住宅	1	1	√		3组	1
	中高级住宅	1	1	√		4组	
	高级住宅	1	1	√		5组	
双人卧室	普通住宅			√		2组	
	中高级住宅	1	1	√		3组	
	高级住宅	1	1	√		4组	
单人卧室	普通住宅			√		2组	1
	中高级住宅		1	√		3组	1
	高级住宅	1	1	√		3组	1
起居室	普通住宅	1	1	√		4组	
	中高级住宅	1	1	√		5组	
	高级住宅	1	1	√		6组	1
厨房	普通住宅					3组	
	中高级住宅					4组	
	高级住宅	1	1		√	5组	
卫生间	普通住宅					3组（含洗衣机插座）	
	中高级住宅				√	4组	
	高级住宅		1		√	5组	
餐　厅	中高级住宅					1组	
	高级住宅	1	1	√		2组	
书　房	中高级住宅		1	√		3组	1
	高级住宅		1	√		4组	1
其余设备	给水设备	用水量200～300L人·日　热水管道系统					
	采暖通风	散热器（空调机）北方地区采暖如用电					
	电器设备	电表5（20）A—10（40）A（特殊设备选型用电量，设计定）负荷6000W以上					

（2）厨房、卫生间部分

功能空间 \ 标准		设施配置标准
厨房	普通住宅	灶台、调理台、洗池台、吊柜、冰箱位、排油烟机（操作面延长线≮2400mm）（防水防尘）吸顶灯，配置厨房电器插座3组
	中高级住宅	灶台、调理台、洗池台、搁置台、吊柜、冰箱位、排油烟机（操作面延长线≮2700mm）、消毒柜、微波炉位、厨房电器插座4组，吸顶灯（防水、防尘型）
	高级住宅	灶台（带烤箱）、调理台、洗池台、洗碗机、搁置台、吊柜、冰箱位、排油烟机（操作面延长线≮3000mm）微波炉位、电话、电视插口、厨房电器插座5组、吸顶灯（防水、防尘型）
卫生间	普通住宅	淋浴、洗面盆、坐便器、镜（箱）、洗衣机位、自然换气（风道）吸风机、电剃须等电器插座3组，吸顶灯（防水型）镜灯
	中高级住宅	浴盆（1.5m）和淋浴器、（蒸汽房）洗面化妆台、化妆镜、洗衣机位、座便器（2个）、排风扇（风道吹风机、电剃须等电器插座4组，电话（挂墙式分机）接口
	高级住宅	浴盆（水按摩）和淋浴器、（蒸汽房）洗面化妆台、化妆镜、洗衣机位、座便器（2个）净身器、换气扇、红外线灯、吹风机、电剃须等电器插座5组，电话接口、顶灯、镜灯

注：卫生间中不含整体浴室.

3.3 商品住宅装修防火与安全

3.3.1 住宅装修设计应严格执行现行的《建筑设计防火规范》（GBJ16-87）、《高层民用建筑设计防火规范》（GB50045-95）、《建筑内部装修设计防火规范》（GB50222-95）等规范相关条文。住宅装修设计安全因素要把防火设计放在首要位置。

3.3.2 商品住宅装修防火等级：分为高层住宅及低层、多层住宅两个等级，高层住宅为一级防火，低层、多层住宅二级防火。

3.3.3 高层住宅内部装修材料的燃烧性能等级不应低于下表规定：

高层住宅各部位装修材料的燃烧性能等级

建筑等级	顶棚	墙面	地面	隔断	固定家具	装饰织物				其他装饰材料
						窗帘	帷幕	床罩	家具包布	
普通住宅	B_1	B_2	B_2	B_2	B_2	B_2		B_2	B_2	B_2
高级住宅	A	B_1	B_2	B_1	B_2	B_1		B_1	B_2	B_1

注：本导则中，中高级住宅装修材料的燃烧等级由设计人员视情况确定。A、B_1、B_2、B_3指装修材料的不燃性、难燃性、可燃性、易燃性。

3.3.5 低层及多层住宅内部装修材料燃烧性能等级不应低于下表规定：

低层、多层住宅各部位装修材料的燃烧性能等级

建筑等级	装饰材料燃烧性能等级							
	顶棚	墙面	地面	隔断	固定家具	装饰织物		其他装饰材料
						窗帘	帷幕	
普通住宅	B_1	B_1	B_1	B_1	B_2	B_2		B_2
高级住宅	A	B_1	B_1	B_1	B_2	B_2		B_2

注：中高级住宅同高级住宅。

3.3.6 住宅内部常用装修材料燃烧性能等级划分举例见下表：

住宅内部常用装修材料燃烧性能等级

材料类别	级别	材料举例
各部位材料	A	花岗石、大理石、水磨石、水泥制品、混凝土制品、石膏板、石灰制品、粘土制品、玻璃、瓷砖、马赛克、钢铁、铝、铜合金等
顶棚材料	B_1	纸面石膏板、纤维石膏板、水泥刨花板、矿棉装饰吸声板、玻璃棉装饰吸声板、珍珠岩装饰吸声板、难燃胶合板、难燃中密度纤维板、岩棉装饰板、难燃木材、铝箔复合材料、难燃酚醛胶合板、铝箔玻璃钢复合材料等
墙面材料	B_1	纸面石膏板、纤维石膏板、水泥刨花板、矿棉板、玻璃棉板、珍珠岩板、难燃胶合板、难燃中密度纤维板、防火塑料装饰板、难燃双面刨花板、多彩涂料、难燃玻璃钢平板、PVC 塑料护墙板、轻质高强复合墙板、阻燃模压木质复合板材、彩色阻燃人造板、难燃玻璃钢等
	B_2	各类天然木材、木制人造板、竹材、纸制装饰板、装饰微薄木贴面板、印刷木纹人造板、塑料贴面装饰板、聚酯装饰板、复塑装饰板、塑纤板、胶合板、塑料壁纸、无纺贴墙布、墙布、复合壁纸、天然材料壁纸、人造革等
地面材料	B_1	硬 PVC 塑料地板，水泥刨花板、水泥木丝板、氯丁橡胶地板等

	B_2	半硬质PVC塑料地板、PVC卷材地板、木地板、氯纶地毯等
装饰织物	B_1	经阻燃处理的各类难燃织物等
	B_2	纯毛装饰布、纯麻装饰布、经阻燃处理的其他织物等
其他装饰材料	B_1	聚氯乙烯塑料、酚醛塑料，聚碳酸酯塑料、聚四氟乙烯塑料。三聚氰胺、脲醛塑料、硅树脂塑料装饰型材、经阻燃处理的各类织物等。 另见顶棚材料和墙面材料内中的有关材料
	B_2	经阻燃处理的聚乙烯、聚丙烯、聚氨酯、聚苯乙烯、玻璃钢、化纤织物、木制品等

3.3.7 商品住宅内部装修材料燃烧性能升级使用措施：住宅内部装修应根据不同防火等级的建筑及不同使用部位选择相应的燃烧性能等级的材料。如不能达到以上标准，则应采取必要的防火措施：

（1）安装在钢龙骨上燃烧性能达到B_1级的纸面石膏板、矿棉吸声板，可作为A级装修材料使用。当胶合板表面涂覆一级饰面型防火涂料时，可作为B_1级装修材料使用。

（2）当胶合板用于顶棚和墙面装修并且不内含电器、电线等物体时，宜仅在胶合板外表面涂覆防火涂料；当胶合板用于顶棚和墙面装修并且内含有电器、电线等物体时，胶合板的内、外表面以及相应的木龙骨应涂覆防火涂料，或采用阻燃浸渍处理达到B_1级。

（3）当低层、多层民用建筑需要内部装修的空间内装有自动灭火系统时，除顶棚外，其内部装修材料的燃烧材料等级可在3.3.5表规定的基础上降低一级；当同时装有火灾自动报警装置和自动灭火系统时，其顶棚装修材料的燃烧性能等级可在3.3.5表规定的基础上降低一级，其他装修材料的燃烧性能等级可不限制。

3.3.8 厨房装修材料的燃烧性能规定及消防措施：厨房顶棚、墙面、地面均应采用A级装修材料。

3.3.9 住宅内灯具安装部位装修材料规定：照明灯具的高温部位，当靠近非A级装修材料时，应采取隔热、散热等防火保护措施。灯饰所用材料的燃烧性能等级不应低于B_1级。

3.3.10 住宅内灯具安装要点：

（1）灯具高温部位与可燃物之间应采取隔热、散热等防火保护措施。如设绝缘隔热物，以隔绝高温；加强通风降温散热措施。

（2）灯饰所用材料的燃烧性能等级不应低于B_1级。

（3）功率在100W以上的灯具不准使用塑胶灯座，而必须采用瓷质灯座。

（4）镇流器不准直接安装在可燃建筑构件上，否则，应用隔热材料进行隔离。

（5）碘钨灯的灯管附近的导线应采用耐热绝缘材料（玻璃浮、石棉、瓷珠）制成的护套，或采用耐热线，以免灯管内高温破坏绝缘层，引起短路。

（6）功率较大的白炽灯泡的吸顶灯、嵌入式灯应采用耐热绝缘护套对引入电源线加以保护。

（7）有一定重量的饰物、吊灯、吊柜以及悬挂的其他物件，一定要解决好构造安装牢固可靠。

3.3.11 装修设计要充分考虑建筑结构的完好性，对结构主体不得拆改。

3.3.12 装修设计不得破坏消防器材及设备，不得影响其使用和标识。

3.3.13 阳台装修设计不宜扩大其原有功能，地面不宜铺设石材。在放置花盆处，必须采取防坠措施。

3.4 装修对室内环境的控制

3.4.1 室内环境质量标准，以满足《民用建筑工程室内环境污染控制规范》的要求。

室内物理环境质量标准

项目			指标
光环境	采光		≥1%（室外全天空光照度与室内距窗1m高天然光照度比）
	照明		起居厅及一般活动区 30lx—70lx 卧室、书写阅读 150lx—300lx 床头阅读 75lx—150lx 餐厅、厨房 50lx—100lx 卫生间 20lx—50lx 楼梯间 15lx—30lx
声环境	空气隔声 撞击隔声		分户墙、楼板≥40dB～50dB 楼板≤75dB～65dB
热环境（按不同气候区别）	冬季	采暖区	16～21℃
		非采暖区	12～21℃
	夏季		<28℃

3.4.2 改善室内热环境措施：

（1）装修设计应妥善考虑散热器的位置及散热效果，不应把散热器包严封死，影响室内热空气的对流。提倡采用先进采暖技术，或选用美观、热效高的新型散热器。

（2）装修设计应充分考虑门窗安装节点，严格门窗安装规程，确保室内的气密性。

（3）装修设计宜通过设置百叶窗或多种窗帘来反射、吸纳阳光，从而达到降低或提高室温的目的。

（4）空调机的室内机安装位置要考虑最佳效果。外窗可附加风扇，加强空气对流。提倡增加新风的设备，改善室内空气质量。

3.4.3 改善室内声环境措施：

（1）铺设架空或有软垫层的地板、地毯、半软质的橡胶地板、软木复合地板，减少固体传声。

（2）提倡采用隔声优良的门、窗和分室隔墙。

（3）提倡墙面贴墙纸、墙布，悬挂装饰物达到吸声效果。

3.4.4 改善室内光环境措施：

（1）尽量采用自然光改善居室卫生指标。

（2）装修设计宜采用浅色及低反射系数的材料，以提高室内亮度，同时避免过强的阳光影响购房者的工作、休息。

（3）通过窗帘的设置，将直射光线变为漫射光线，改善透光系数，调节室内明亮程度。

（4）人工照明应选择恰当的光源及灯具，照度应符合3.4.1表光环境照明部分的规定。

3.4.5 改善室内空气质量：

（1）住宅穿堂风，通风排气烟道和通风设施是保持空气净化、防止空气污染的有效设计，装修时应充分利用，不应破坏。

（2）为避免燃气热水器排出有害气体对人的影响，应采用专用排气道或采用平衡式燃气热水器。

（3）设有空调和采暖设备的房间应增加补充新风的设备或安通风窗，减少空气的滞留。

（4）装修应避免形成通风死角。厨房、卫生间直装排气扇及门下装百叶，形成负压，有利于空气流动，有利于换气。

3.5 住宅电器线路的装修设计

3.5.1 配电线路应有完善的保护措施，且有短路保护，过负荷保护和接地故障保护，作用于切断供电电源。配电箱内的开关均采用功能完善的低压断路器。每栋住宅楼的总电源进线断路器，应具有漏电保护功能，配电用保护管采用热镀锌钢管或聚氯乙烯阻燃塑料管，阻燃塑料管的质量应符合行业标准规定（氧指数不大于27）。吊顶内强电严禁采用塑料管布线。

3.5.2 电气线路采用符合防火要求的暗敷配线，导线采用绝缘铜线，表前线不应小于 $10mm^2$，户内分支线不小于 $2.5mm^2$。厨房、空调分支线不应小于 $4mm^2$，每套住宅的空调电源插座、与照明电源分路设计，电源插座回路设有漏电保护，分支回路数不少于6回。采用可靠的接地方式，并进行等电位联结，且安装质量合格。主要电气材料设备具有出厂合格证等质量保证资料，电源插座均采用安全型。

3.5.3 导线耐压等级应高于线路工作电压，截面的安全电流应大于负荷电流和满足机械强度要求，绝缘层应符合线路安装方式和环境条件。

3.5.4 线路应避开热源，如必须通过时，应做隔热处理，使导线周围温度不超过35℃。

3.5.5 线路敷设用的金属器件应做防腐处理。

3.5.6 各种明布线应水平垂直敷设。导线水平敷设时距地面不小于2.5m，垂直敷设时不小于1.5m，否则需加保护，防止机械损伤。

3.5.7 布线便于检修，导线与导线、管道交叉时，需套以绝缘管或作隔离处理。

3.5.8 导线应尽量减少接头。导线在连接和分支处不应受机械应力的作用。导线与电器端子连接时要牢靠压实。大截面导线连接应使用与导线同种金属的接线端子。

3.5.9 导线穿墙应装过墙管，两端伸出墙面不小于100mm。线路接地绝缘电阻不应小于每伏工作电压1000Ω。

3.5.10 考虑到智能化的发展，要为住宅智能化布线安装预留线路。可以隐藏在可拆卸的压顶线、挂镜线、踢脚线中，便于更换。结合装修平面设计，在各功能空间内预留数字视频、信息网络接口，且位置恰当。

对不同等级商品住宅规定的智能设施标准示于下表。在装修时应考虑各信息点的布线到位，以满足用户方便使用的要求。一般应与智能化设计的集成商共同研究确定。

4 装修实施

4.0.1 住宅装修一次到位的具体实施步骤（表4-1）应围绕全装修住宅精心组织每个阶段的工作，努力解决传统做法中所带来的一系列问题。

4.0.2 表4-1到4-3以工程实例为样本，可以在实施中参照执行。

商品住宅性能等级的智能系统设施

商品住宅等级 / 智能设施	高级	中高级	普通
设置出入口及周边安防报警和电视监控系统	▲	▲	▲
设置电子巡更系统	▲	▲	▲
设置可视对讲与门控系统	▲	▲	▲
水、电、燃气三表户外计量，有供暖温控、计量设施	▲	▲	▲
设置供电、公共照明、供水、消防、车库等公共设施的电视监控系统	▲	▲	
设置物业管理计算机局部网络系统	▲	▲	▲
设置有线电视网、高速宽带数据光纤传输、交互式数字视频服务信息网络系统	▲		
设置购房者内安防和紧急呼救报警系统	▲		

表4-1 传统装修方式和装修一次到位实施对比

装修流程	传统装修做法	装修一次到位	实施提示
装修时间	由购房者自行组织实施。时间在毛坯房或初装修房交房后随个人入住时间而定，容易对周围购房者形成干扰	由住宅开发单位统一组织，时间在土建完成以后购房者入住之前，不对购房者形成干扰 购房前应与开发建设单位（售房单位）签订装修合同	住宅开发单位应通过大量的市场调查确定装修标准。表4—3：全装修套餐选择表
装修设计	有的由装修公司设计，也有的没有专门设计。装修和装饰同时进行。装修设计和土建设计脱节，装修设计经常改变管线和隔墙位置	统一对装修设计进行招标，对装修设计资质严格把关，进行多方案比较并和土建设计相衔接和协调，将装修设计的意见及时反馈给土建设计，注意运用标准化、模数化和通用化，为住宅装修的工业化生产创造条件	将装修和装饰分开为两个阶段，装修风格简洁大方实用，着重解决功能问题。装修设计造价应和住宅本身的定位相适应，反映装修最新进展，使用新材料和新部品。装修设计的提前介入对土建设计提出了更高的要

			求，促使土建设计更趋合理
装修施工组织	多由规模较小的装修企业甚至马路游击队进行施工，无法对施工资质进行把关，与购房者之间缺少稳定的合同关系	住宅开发单位组织对装修施工进行招标，对装修施工企业资质严格把关，优选信誉好、水平高和具有工业化生产住宅部品的企业完成施工	装修施工企业应择优选择一家总包单位
装修材料和部品采购	购房者到装饰市场采购装修材料和部品，因为对装修产品不熟悉，无法保证产品的品质和环保要求	由住宅开发单位统一组织对装修材料和部品进行招标，企业有责任避免选用对人体有危害的材料	集团采购大幅度降低装修材料和部品成本
装修施工	交房时的初装修多被拆毁，造成大量的建筑垃圾和浪费。现场作业工作量大，多以手工操作为主，噪声大，精度差，工期长，工作环境差，危害现场工人身心健康，噪声影响周围购房者。甚至随意拆墙打洞、改动管线，给整栋住宅带来抗震、消防等安全隐患，影响建筑物的使用寿命	建造全装修住宅，推行住宅装修工业化生产，大大提高劳动生产率，加快施工速度，保证装修质量	
装修监理	大多数无	由住宅开发单位选定监理公司进行装修监理。	
质量验收	住宅开发单位交房时为毛坯房，由购房者自行组织装修和对装修质量进行验收，推迟了购房者实际入住时间	建造全装修住宅，将土建与装修进行紧密衔接，并由住宅开发单位对质量首先进行验收。购房者可以对照样板间对所购住房的装修标准和质量进行验收	样板间作为装修质量的衡量标准，用于购房者参照验收，在购房者入住之前不宜拆除 表4—2：全装修标准装饰材料
保修、保险和维护	多数无法得到正常的保修和维护，无保险	由住宅开发单位和选定的装修公司对所有购房者实行统一的质量保证和保修制度，并可和物业公司协商维护。全装修住宅为保险制度在住宅装修中的引入创造条件	合理界定住宅开发单位和购房者间的责任
厨　房	交房时的初装修多被购房者拆掉，造成大量的建筑垃圾和浪费		
	土建设计没有考虑室内空间的模数化和标准化，造成空间的浪费和布局不合理，管线位置没有结合室内家具和设备的布置	装修设计和土建设计同步完成并互相衔接，综合考虑烟道和管线对炊事流程设置的影响。由工厂定型生产各种标准化接口	重点解决厨房内各种管线的合理敷设问题，使用复合材料管线的暗埋应用技术
	改动管线可能带来防火方面的安全隐患	管线应采用新型复合管材，进行隐蔽和暗藏。为加强管道及管件的防腐性能，宜采用新型管材。a.给水管宜采用铝塑复合管，交联聚乙烯（PE-X）管；b.排水管宜采用UPVC塑料管，有压力部分应采用防腐焊接管；c.热水管宜采用铜管或PE-X管或PP—R管；d.燃气管干管应采用防腐无缝钢管，支管应采用PE-X管或热镀锌管；e.电线套管应采用阻燃塑料管或热镀锌管	设立集中管井于厨房的一角。厨房水平管线应设在橱柜的后面或下方墙角处；对远离集中管井的厨房废水，应设立单独的排水立管。排水管线和水槽与厨房家具的结合应严密不渗漏水
	现场测量尺寸现场制作橱柜，不符合家电模数标准和炊事流程的要求，加工周期长，成本高，产品非标化	根据装修设计，采购符合标准化、模数化和通用化要求的厨房设备，工厂批量生产。实现厨房设备商品化供应和专业化安装服务。成本低，速度快 厨房设备种类和色彩由购房者自行选择	重视整体设计，厨房家具设备和配件在尺度上要符合建筑模数和设计要求； 表4—3：全装修套餐选择表
	墙面砖和地板砖都在现场切割并磨砖对缝，材料不符合模数化的要求，精度差，浪费大	墙面砖和地板砖有可能根据设计的需要和模数化的要求进行批量化定型生产，提高功能的合理性，突出装修特色	
		烟道采用成品烟道，有效防止倒灌和串味	
卫生间	建筑设计未考虑室内净尺寸的模数化，管线位置没有结合卫生洁具和洗衣机等的布置	室内设计和土建设计互相衔接，综合考虑洗衣机和卫生洁具的位置，由工厂定型生产各种标准化接口	

		采用节水型和品牌卫生洁具	集团采购降低品牌卫生洁具的成本
	装修施工中经常无意破坏防水层，造成渗漏	装修施工和土建施工衔接良好，有利于提高防火防渗性能	防水工程和饰面工程同期完成
	回水弯在下层，检修不方便	管线采用新型复合管材（具体参照厨房），进行隐蔽和暗藏。竖管走管道井，回水弯在同层，检修不对其他层购房者形成干扰	竖管走管道井，卫生间楼板下沉处理，或设置管束或管
	墙面砖和地板砖都在现场切割并磨砖对缝，材料不符合模数化的要求，精度差，浪费大	墙面砖和地板砖可以根据设计的要求进行批量化定型生产，提高功能为合理性，突出装修特色	土建设计和装修设计考虑标准化模数化的要求，为工业化生产提供条件 表 4—3：全装修套餐选择表
		整体浴室由工厂生产，现场装配，减轻结构自重，提高工业化生产水平，减少现场作业工作量，极大地缩短施工周期，克服跑、冒、滴、漏的质量通病	用 SMC 一体化浴缸防水盘或浴缸和 SMC 防水盘组合、一体化洗面盆或洗面盆和台板组合、壁板、顶板构成的 SMC 整体框架，配上各种功能洁具形成的独立卫生单元。土建设计阶段开始选用整体卫生间定型产品，土建施工后期现场装配
木制产成品	原材料未经处理，含水率偏高，易变形	木材含水率经严格处理，达到企业或国家标准	表 4—3：全装修套餐选择表
	以手工作业为主，机械加工为辅，加工精度差	以工业化机械加工为主，加工精度高，周期短	
	现场作业噪声较大，对周围购房者干扰大	现场作业以拼装为主，噪声小，施工周期短	
	现场制作的木制品，表面着色、刷漆，施工环境恶劣，施工条件无法保证施工质量。气味长期难以散尽，影响人体健康	由工厂提供木制产成品，在工厂完成着色、喷漆等工艺流程，现场用胶粘结	装修定货安装合同
地　面	装修材料不适合地面设计保留的厚度，形成地面高差，甚至材料使用不当加大地面荷载，形成安全隐患	装修材料可由住宅开发单位提供有限的菜单，购房者在购房时进行选择	在装修设计过程中考虑到土建设计的要求，土建设计给装修设计选择地面留有余地 表 4—3：全装修套餐选择表
	地面面材现场手工切割，精度较低，成本较高，材料浪费大	地面面材在工厂切割，精度高，成本低	

表 4-2　　　　**全装修标准装饰材料**

位置	项目	名称	品牌	规格/型号	颜色	备注
客厅	地坪	实木地板	***	90×900	金黄/暗红	可供客户选择
		仿古地板	***	500×500		
	墙面	乳胶漆	***		浅黄	
	平顶	乳胶漆	***		白色	
	过道平顶	乳胶漆	***		白色	
	踢脚板	红橡木	***	12×120	木色	
	灯具	多头吊灯	***		白色	
	分户门	多木大门	***	900×2050	木色	
	门套线	实木	***		木色	
	大门锁		***		金黄	
	门槛石	大理石	***	280×900	绿色	
	跃层扶手	实木扶手	***	900 高		
	台阶面	大理石	***		绿色	
	开关、插座		***		白色	

餐厅	地坪	实木地板	***	90×900	金黄/暗红	供客户选择
		仿古地板	***	500×500	米黄	
	墙面	乳胶漆	***		浅黄	
	平顶	乳胶漆	***		白色	
	踢脚板	红橡木	***	12×120	木色	
	门槛石	大理石	***	280×900	绿色	
	灯具	多头吊灯	***		白色	
	开关、插座		***		白色	
主卧	地	实木地板	***	90×9000	金黄/暗红	
	墙面	乳胶漆	***		浅黄	供客户选择
	平顶	乳胶漆	***		白色	
	踢脚板	红木橡	***	12×120	木色	
	灯具	多关吊灯	***		白色	
	卧房门	夹板木门	***	720×2050	木色	
	门套线	实木	***		木色	
	门锁		***		金黄	
	窗台面	大理石	***		米黄	
	开关、插座		***		黄色	
客卧（1、2）	地	实木地板	***	90×900	金黄/暗红	
	墙面	乳胶漆	***		浅黄	供客户选择
	平顶	乳胶漆	***		白色	
	踢脚板	红橡木	***	12×120	木色	
	灯具	多关吊灯	***		白色	
	卧房门	夹板木门	***	720×2050	木色	
	门套线	实木	***		木色	
	门锁		***		金黄	
	窗台面	大理石（进口）	***		米黄	
	开关、插座		***		白色	
主卫	地坪	仿古砖	***	300×300	土黄/浅蓝	
	墙面	瓷片	***	280×330	白色	供客户选择
	平顶	铝扣板	***	0.8cm	白色/蓝色	
	灯具	多头吊灯	***		白色	
	卫生间门	夹板木门	***	720×2050	木色	
	门套线	实木	***		木色	
	卫生间门锁		***		金黄色	
	洁具		***		白色	座厕为6L节水型
	洗面盆台面	人造石	***		灰白/绿色	供客户选择
	门槛石	大理石	***	280×900	绿色	
	开关、插座		***		白色	
客卫	地坪	仿古砖	***	300×300	米黄/白色	
	墙面	瓷片	***	200×300		
	平顶	铝扣板	***	0.8cm	白色/蓝色	
	灯具	多关吊灯	***		白色	
	卫生间门	夹板木门	***	720×2050	木色	
	门套线	实木	***		木色	

	卫生间门锁		***		金黄色	
	洁具		***		白色	
	洗面盆台面	人造石	***		灰白/绿色	座便器为 6 升节水型
	门槛石	大理石	***		绿色	供客户选择
	开关、插座		***		白色	
厨房	地坪	仿古砖	***	300×300	土红/浅黄	供客户选择
	墙面	瓷片	***	200×200×300×280		
	平顶	铝扣板	***	0.8cm	白色	
	灯具	多关吊灯	***		白色/绿色	
	门套线	夹板木门	***		白色	
	橱柜	实木	***			供客户选择
	台面石	大理石	***		绿色	
	洗涤盆	不绣钢洗涤盆	***	双星		
	水嘴	洗涤盆龙头	***			
	开关、插座		***		白色	
阳台	阳台地面	仿古砖	***	300×300		
	阳台护栏	铝合金框全夹胶玻璃护栏	***			
	阳台落地门	断桥式铝金中空玻璃节能门	***		外（内）框黄（白色）玻璃白玻	意大利引进设备涂料美国杜邦
	窗	断桥式铝金中空破璃节能窗	***		外（内）框黄（白色）玻璃白玻	

表 4-3　　全装修配套项目选择表

序号	项目名称	选　择　方　案	选择意向
一	客厅、餐厅地面	1、500×500 规格**牌米黄仿古地砖	
		2、金黄色木制地板	
		3、暗红色木制地板	
二	厨房地、墙面	1、300*米黄色**牌仿古地砖配 200×200 白瓷片	
		2、300*土黄色**牌仿古地砖配 200×200 白瓷片	
		3、300*米黄色**牌仿古地砖配 280×330 白瓷片	
		4、300*土黄色**牌仿古地砖配 280×330 白瓷片	
三	次卫生间地、墙面	1、300*米黄色**牌仿古地砖配 200×300 白瓷片	
		2、300*白色**牌仿古地砖配 200×300 白瓷片	
四	主卫生间地、墙面	1、300*土黄色**牌仿古地砖配 2800×30 白瓷片	
		2、300*米浅蓝色**牌仿古地砖配 280×300 白瓷片	
五	卫生间洗手台面	1、浅灰色**牌人造石	
		2、绿色**牌人造石	
六	近户门及房门	1、白色艺**牌模压门	
		2、进口木皮饰面木门	
七	厨房橱柜颜色搭配选择	1、浅绿色以与米黄色柜门搭配	
		2、浅绿色与白色柜门搭配	
		3、深绿色与米黄色柜门搭配	

注：表 4-1 和 4-2 为国家康居住宅示范工程的一个实例样本，品牌略，可参照执行。

关于在上海市开展新建住宅菜单式全装修试点工作的通知

沪住产[2001]175号

各区（县）住宅发展局（署）、各房地产开发企业、各有关单位：

为了进一步提高本市住宅建设发展水平，使居民更方便地入住，更好地满足住房消费需求，自2001年6月份起，在本市开展新建住宅菜单式全装修试点工作（以下简称试点工作）。现将有关事项通知如下：

指导思想与目的

1．为认真贯彻国务院99年（72）号文件精神，推进住宅产业现代化进程，以开展新建住宅产业现代化进程，以开展新建住宅全装修为切入口，提高住宅建设整体质量，进一步完善住宅功能，提升住宅品位，正确引导市民消费。

2．向消费者提供完整的商品住宅是本市住宅建设发展水平进一步提高的标志。新建住宅全装修的逐步推行，将规范家庭装修市场，提高住宅科技含量，促进绿色环保型住宅商品（材料）的应用，带动相关产业的发展，并有利于提高住宅产业对GDP的贡献率，有利于充分发挥房地产业作为支柱产业的重要作用。

3．通过试点工作，在结构设计、材料采购、工业化生产、规范化施工和监理、质量验收等一系列产业政策导向和运作机制方面进行深入探索，从根本上解决二次装修造成的结构破坏、资源浪费和噪音扰民等问题，坚持住宅产业可持续发展战略。

内容与重点

新建住宅全装修包括两种模式：一种是房地产开发企业直接向市场提供统一装修标准的住宅（简称全装修住宅）；另一种是房地产开发企业在预售时，提供多种装修设计方案、材料设备菜单和报价，供购房者选定后统一装修（简称菜单式全装修住宅）。菜单式全装修住宅交房的基本要求是：厨房、卫生间、储藏室、顶板、墙面、地面、门和门套、窗和窗套、水电煤气表具和管线等一次装修到位。

目前试点工作的重点是新建住宅菜单式全装修。要按照长远规划、分步实施、积极稳妥、有序推进、自愿参加的原则组织开展。首批计划安排约3000套住宅进行试点。

试点要求与管理

1．试点工作在市建委的领导下，由市住宅发展局组织实施。各区、县住宅发展局（署）结合本地区实际选好试点项目；凡具有较强综合开发能力、较佳企业资信的房地产开发企业，具有较强建筑质量控制能力的施工单位，具备条件的新开工和在建住宅项目优先考虑，以保证试点项目积极推进。

2．试点项目的开发企业是责任主体，按照自愿、属地的原则，向区、县住宅发展局（署）申报试点项目，填报试点项目申请表（见附件）。试点项目须以幢为单位，并相对集中。各区、县住宅发展局（署）按要求分批将推选的试点项目上报市住宅发展局确认并公布。

3．列入试点的项目，有关开发企业应严格按照试点工作要求，根据工程项目选择具有相应资质的施工企业承建，同时，各工程监理单位必须实施全过程监控，确保住宅整体质量。

4．各试点项目开发企业应和购房者签订包括选定的装修项目在内的购房合同，房价中应含装修费用；并向购房者提供包括装修项目质保条款和使用说明的《新建住宅质量保证书》和《使用说明书》。

5．各试点项目开发企业应积极选用经主管部门认定或推荐的部门（材料）做到用料明码标价、质优价廉，让购房者高兴、放心地消费。

6．试点项目土建竣工、完成装修后，由开发企业组织设计、施工、监理等单位按照标准分别对土建工程和住宅装修项目进行验收，并报市有关部门备案。各区（县）住宅发展局（署）要做好跟踪总结工作。

7．交房时，试点项目开发企业向购房者交付的住宅应有符合合同条款，并已完成整幢住宅的装修施工。

8．建立试点工作例会制度。例会成员由市、区、县住宅发展局（署）的有关部门负责人以及试点项目负责人等组成。例全主要听取和了解各试点项目的进度，商确有关试点工作中需明确的目标、要求，协调、解决试点项目在实施中的问题，并就提高住宅产业现代化水平进行探索研究。要通过试点工作，编制出新建住宅全装修设计图集与相关规范。

9．试点工程竣工后将开展试点项目考评工作，试点工程的综合质量和业主的反馈意见将作为考评的重要依据。被评定为优秀的试点项目将通过现场交流以及媒体予以宣传，并授予优秀试点项目的荣誉称号。

特此通知。

上海市住宅发展局

二〇〇一年六月十四日

上海市新建住宅菜单式全装修试点项目申请表

小区名称：____________________

申报单位：____________________

年 月 日

（单位盖章）

填写说明

1．申请报告一律采用A4规格纸，四号宋体字型打印。

2．每一项内容若一页打印不完，可加页。

3．开发模式指独家开发或多家开发。

4．该申报表一式四份。

一、申报理由

二、基本情况：1．所在地区的经济发展水平；2．建设类型；3．住宅小区所在具体位置（附简图）；4．基地代码；5．小区规模；6．资金、用地落实情况；7．规划、设计要求如建筑容积率等；8．周边一般住宅建设成本、销售价格及销售情况；9．开发模式；10．进度安排。

三、菜单式全装修试点工作实施方案及特色

四、主管部门意见

区、县住宅发展局（署）推选意见： （盖章） 年 月 日

市住宅发展局确认意见： （盖章） 年 月 日

五、项目负责人及联系方式

1．试点项目开发企业名称、负责人及通讯方式：

2．施工企业名称、资质等级、负责人及通讯方式：

3．装修企业名称、资质等级、负责人及通讯方式：

4．监理单位名称、资质等级、负责人及通讯方式：

上海仲裁委员会装饰装修争议简易程序仲裁规则（试行）

上海仲裁委员会

（二〇〇二年九月一日）

一、上海仲裁委员会装饰装修争议仲裁中心是上海仲裁委员会设立在上海市装饰装修协会的派出机构，负责依本规则的规定处理相关的争议仲裁工作。

二、当事人约定由上海仲裁委员会或上海仲裁委员会装饰装修争议仲裁中心（以下简称仲裁中心）仲裁，或者由仲裁中心根据当事人达成的调解/和解协议制作裁决书的，应视为同意按照本规则进行仲裁。

三、当事人请求仲裁中心仲裁或者请求仲裁中心依据双方的调解/和解协议书制作裁决书的，应当向仲裁中心提交仲裁申请书，经仲裁中心同意后予以立案审理。

被申请人有反请求的，可以在首次开庭前向仲裁中心提出反请求申请，反请求申请经仲裁中心同意受理后与仲裁申请并案审理。

四、当事人约定由仲裁中心进行仲裁的，由仲裁中心指定的1～3名仲裁员，当事人对仲裁员没有回避申请的，则本案由有关仲裁员组成的仲裁庭负责审理。

五、当事人约定由仲裁中心根据当事人达成的调解/和解协议制作裁决书的，由仲裁委员会主任指定仲裁员依据仲裁法和当事人的调解/和解协议制作裁决书。

六、当事人在收到仲裁通知后，应当通知仲裁活动。

一方当事人未经仲裁庭同意，不参加仲裁活动的，仲裁庭可以缺席开庭。

七、仲裁庭在审理装饰装修争议案件时，应当由当事人进行陈述、答辩、相互质证，仲裁员可以根据案情进行必要的调查、询问，在查明事实的基础上，作出裁决。

八、仲裁庭在作出裁决前，应当询问当事人是否愿意调解，愿意调解的由仲裁庭主持调解，调解达成协议的由仲裁庭制作调解书，或者根据调解协议制作裁决书，调解不成或者不愿意调解的由仲裁庭作出裁决。

调解书和裁决书具有同等法律效力。

九、仲裁庭的裁决是终局的，当事人应当自觉履行。一方当事人不履行的，另一方当事人可以依法申请人民法院执行。

裁决书中有文字、计算错误，或者遗漏事项的，仲裁庭应当补正；当事人自收到裁决书之日起三十日内，可以请求补正。

十、当事人、法定代表人或者其委托的代理人均可以参加仲裁活动。当事人、法定代表人委托代理人的，必须向仲裁中心提交授权委托书。

十一、仲裁中心受理仲裁申请或者仲裁反请求申请后，应当及时向双方当事人发出相关的仲裁文书、通知或资料。

仲裁文书、通知或资料可以以挂号信、特快专递、传真、电报、公告以及电话通知等方式发送当事人或者其代理人。发送的地点为当事人的住所地点、营业地点、通信地点，以及最后一个为他人所知的上述地点，均应视为已经送达。

十二、本规则由上海仲裁委员会负责解释。

关于印发《江西省住宅室内装饰装修施工企业资质管理暂行办法》的通知

赣建字[2002]4号

各设区市建设局（建管局、建工建材局），省直有关厅（局、总公司）：

《江西省住宅室内装饰装修施工企业资质管理暂行办法》已经2002年6月17日厅长办公会议讨论通过。现印发给你们，请遵照执行。

江西省建设厅

二〇〇二年六月二十七日

江西省住宅室内装饰装修施工企业资质管理暂行办法

第一章　总　则

第一条　为规范我省住宅室内装饰装修施工企业（以下简称住宅装修企业）的行为，维护正常的建筑装饰装修市场秩序，提高住宅室内装饰装修质量，保护消费者的利益和安全健康，根据《中华人民共和国建筑法》、《建设工程质量管理条例》和建设部《住宅室内装饰装修管理办法》（部长令110号）等有关法律法规，结合我省实际，制定本办法。

第二条　本办法所称住宅室内装饰装修，是指住宅竣工验收合格后业主或者住宅使用人，对住宅室内进行装饰装修的建筑活动。

第三条　本办法适用于在我省城市规划区内从事住宅室内装饰装修的施工企业。

第四条　从事住宅室内装饰装修活动的企业应当取得省级以上建设行政主管部门颁发的装饰装修资质证书。

第五条　江西省建设行政主管部门对全省住宅装修企业资质实行统一管理。江西省建设工程装饰装修管理站承担日常管理工作。

各设区市、县建设行政主管部门负责本区域内住宅装修企业资质的管理工作。

第二章　资质标准

第六条　住宅装修企业资质分为A级、B级。

A级企业资质条件标准：

（一）企业经理具有3年以上从事工程管理工作经历；技术负责人具有4年以上从事装饰装修施工技术管理工作经历并具有助理级以上技术职称或相关专业学历；财务负责人具有会计员以上职称或相应专业学历；企业有职称的工程技术人员和经济管理人员不少于3人，其中工程技术人员不少于2人，且具有泥水、木作、涂饰、电气、水暖等专业的施工人员。

（二）企业注册资本金10万元以上，企业净资产12万元以上，且具有相应的施工机械设备。

（三）企业近三年内承担过两项10万元以上的住宅室内装饰装修工程施工，企业近三年最高年工程结算收入50万元以上，且工程质量合格。

B级企业资质条件标准：

（一）企业经理具有2年以上从事工程管理工作经历；技术负责人具有3年以上从事装饰装修施工技术管理工作经历并具有技术员以上技术职称或相关专业学历；财务负责人具有会计员以上职称或相应专业学历；企业有称职的工程技术和经济管理人员不少于2人，其中工程技术人员不少于1人，企业具有泥水、木作、涂饰、电气、水暖等专业施工人员。

（二）企业注册资本金5万元以上，企业净资产6万元以上，且具有相应的施工机械设备。

（三）企业近三年内承担过两项5万元以上的住宅室内装饰装修工程施工，企业近三年最高年工程结算收入30万元以上，且工程质量合格。

新设立的A、B级企业，可不提供工程业绩、企业净资产材料。

第七条　企业按下列规定承接工程：

（一）A级企业可承接：单位工程造价在30万元以下的各类住宅室内装饰装修工程；工程造价在20万元以下或建筑面积$200m^2$以下的非住宅室内装饰装修工程的施工。

（二）B级企业可承接：单位工程造价在10万元以下的各类住宅室内装饰装修工程的施工。

第八条　省建设行政主管部门负责住宅室内装饰装修专业技术人员的岗位考核发证工作。

第三章　资质申请和审批

第九条　住宅装修企业应当向企业注册所在地县级以上建设行政主管部门申请资质。

第十条　新设立的住宅装修企业，到工商行政管理部门办理登记注册手续并取得企业法人营业执照后，方可到建设行政主管部门办理资质申请手续。

新设立的企业申请资质，应当向建设行政主管部门提供下列资料：

（一）住宅装修企业资质申请表；

（二）企业法人营业执照；

（三）企业章程；

（四）企业法定代表人和企业技术、财务负责人的任职文件、职称证书、身份证；

（五）企业工程技术人员和管理人员职称（或学历）证书；

（六）需要出具的其他有关证件、资料。

第十一条　住宅装修企业资质由企业注册所在地县级以上建设行政主管部门逐级签署意见上报，经省建设工程装饰装修管理站审核后，报省建设行政主管部门批准。

第十二条　省建设行政主管部门对符合住宅装修企业资质标准的企业颁发《住宅室内装饰装修企业资质证书》。

《住宅室内装饰装修企业资质证书》分为正本和副本，由省建设行政主管部门统一印制，正、副本具有同等法律效力。

第十三条　任何单位和个人不得涂改、伪造、出借、转让《住宅室内装饰装修企业资质证书》。

第十四条　住宅装修企业在领取新的《住宅室内装饰装修企业资质证书》的同时，应将原资质证书交回原发证机关予以注销。

企业因破产、倒闭、撤销、歇业的，应将资质证书交回原发证机关予以注销。

第四章　监督管理

第十五条　县级以上建设行政主管部门和其他有关部门应当加强对住宅室内装饰装修企业资质的监督管理。

第十六条　建设行政主管部门对住宅装修企业资质实行年检制度。具体组织实施工作由省建设工程装饰装修管理站负责。年检时间与全省建筑企业资质年检时间相一致。

第十七条　住宅装修企业资质年检按下列程序进行：

（一）企业在规定时间内向当地建设行政主管部门提交以下资料：

1. 住宅装修企业资质年检表；

2. 企业法人营业执照；

3. 住宅室内装饰装修企业资质证书；

4. 企业经营情况报表；

5. 企业名称、主要人员等变更的，提供变更及相关材料；

6. 其它需出具的证件、资料。

（二）省建设工程装饰装修管理站会同有关部门在收到企业年检资料后对企业资质年检做出结论（注册有效期一年），并记录在《住宅室内装饰装修企业资质证书》副本的年检记录栏内。

第十八条　住宅装修企业资质年检的内容是检查企业资质条件是否符合标准，是否存在质量、安全、市场行为等方面的违法违规行为。

年检结论分为合格、基本合格、不合格三种。

第十九条　住宅装修企业资质条件符合标准，且在过去一年内未发生以下行为之一的，年检结论为合格：

（一）采取欺骗手段承揽装饰装修工程业务的；

（二）违反《住宅室内装饰装修管理办法》擅自施工的；

（三）将承包的工程非法转包或者违法分包的；

（四）严重违反国家工程建设强制性标准的；

（五）发生过四级以上工程建设重大质量安全事故的；

（六）隐瞒或者谎报、拖延报告工程质量安全事故或者破坏事故现场，阻碍对事故进行调查的；

（七）未履行保修义务，造成严重后果的；

（八）违反国家有关安全生产规定和安全生产技术规程，情节严重的；

（九）其他违反法律法规规定的行为。

第二十条　住宅装修企业资质条件中，净资产、人员、经营业绩未达到资质标准的，但不低于标准的80%，且过去一年内未发生本办法第十九条所列行为之一的，年检结论为基本合格。

第二十一条　有下列情形之一的，企业资质年检结论为不合格：

（一）资质条件中，净资产、人员、经营业绩任何一项未达到标准的80%；

（二）有本办法第十九条所列行为之一的。

第二十二条　企业资质年检不合格或连续两年基本合格的，由省建设行政主管部门收回其资质证书。

第二十三条　在规定时间内没有参加年检的住宅装修企业，其资质证书自行失效。

第二十四条　省建设工程装饰装修管理站在每年年检结束后30日内，在公众媒体上公布年检合格、基本合格、不合格及未参加年检企业名单。

第二十五条　企业遗失《住宅室内装饰装修企业资质证书》，应当在公众媒体上声明作废，并按有关规定向原发证机关申请补办。

第二十六条　企业变更名称、地址、法定代表人、技术负责人等，应当在变更后的一个月内，到原审批部门办理《资质证书》变更手续。

第五章　附　则

第二十七条　本办法由省建设行政主管部门负责解释。

第二十八条　本办法自颁布之日起施行。

关于印发《苏州市住宅装饰装修企业资格管理办法》的通知

苏建筑[2002]17号

各市、区建设局、苏州工业园区规划建设局、苏州新区建设管理局、市各有关装饰企业：

现将《苏州市住宅装饰装修企业资格管理办法》印发给你们，请遵照执行。在实施过程中，如有建议请及时反馈给苏州市建设局。

苏州市建设局

二〇〇二年五月二十八日

苏州市住宅装饰装修企业资格管理办法

为加强我市住宅装饰装修的管理，保证住宅装饰装修工程质量，维护产权人或使用人的合法权益，确保安全，建立统一规范的住宅装饰市场。根据《中华人民共和国建筑法》、《建设工程质量管理条例》、《建筑业企业资质管理规定》、《住宅室内装饰装修管理办法》等有关法律法规的规定，以及苏州市人民政府对建设局三定方案的批复，结合本市的实际情况，特制定本办法。

第一条　凡在本市城镇（含园区、新区、各县市）从事住宅装饰装修工程的企业，均应执行本办法。

第二条　市建设行政主管部门负责全市住宅装饰装修资格的管理工作。

第三条　凡从事住宅装饰装修工程的单位，必须持有建设行政主管部门颁发的具有装饰装修工程承包范围的《建筑业企业资质证书》或《住宅装饰装修企业资格证书》（以下简称资格证书）和工商行政管理部门核发的《营业执照》，方可承接业务。

第四条　申请《住宅装饰装修企业资格证书》的单位，应当具备下列条件：

1．具有独立法人资格，并依法领取营业执照；

2．20～50万元的注册资本金；

3．具有相应的施工机械和设备；

4．具有相应工程技术、施工管理、预决算，设计人员，以及相应专业配套的施工操作人员；

5．主要操作工人均应持有经建设主管部门培训合格的上岗证书；

6．应具有固定的办公场所和管理制度。

第五条　申领《资格证书》的程序：资格等级分为一、二、三级（标准详见附件二）。

1．申请《住宅装饰装修企业资格证书》的企业，应向建设行政主管部门提供以下资料：

（1）住宅装饰装修企业资格申请表；

（2）企业法人营业执照；

（3）企业法人身份证、职称证书；

（4）企业章程和管理制度；

（5）技术、经济人员名单和专业技术职务资格证书、身份证、有效的劳动合同、外聘人员的聘用证明；

（6）企业有固定经营场所的产权证明或租赁合同；

（7）企业完成的代表工程资料（包括合同、工程照片、用户满意意见书等）；

（8）其它需要出具的有关证明材料。

2.市建设行政主管部门应在收到申请资料后15个工作日内进行审查，经审查合格的企业，由市建设行政主管部门在5个工作日内颁发《住宅装饰装修企业资格证书》。资格证书分为正本和副本，由市建设行政主管部门统一印制，正、副本具有同等法律效力，资料不符合要求的，应告知申请人。

第六条　企业因破产、倒闭、撤销、歇业的，应将资格证书交回原发证机关予以注销。

第七条　企业变更名称、地址、法定代表人等，应在变更后的30天内到原审批部门办理变更手续。

第八条　任何单位或个人不得涂改、伪造、出借或出卖资格证书。

第九条　企业遗失资格证书，须及时报告资格管理部门，并应在本市市级报纸上声明作废后，方可申请补领。

第十条　《资格证书》实行年检制度，进行动态管理。年检结论分为合格、基本合格、不合格三种。在规定的时间内，没有参加资格年检的企业，其资格证书自行失效。

第十一条　有以下情形之一的，由市建设行政主管部门责令纠正，并依照有关法律、法规进行处罚：

1．涂改、伪造、出借或出卖《资格证书》的；

2．违反管理办法或发生严重质量安全事故，或损害居民和其他经营者合法权益行为的，视情节轻重依有关法规给予警告直至吊销其资格证书。

本管理办法自发布之日起实施，本办法解释权属苏州市建设局。

苏州市住宅装饰装修企业资格等级标准

苏州市住宅装饰装修企业资格分为一、二、三级。

一级：

（一）企业近三年承担过两项以上单位工程造价30万元以上的装饰装修工程的施工，工程质量合格，并获得业主的满意。

（二）企业经理具有三年以上从事工程管理的工作经历；技术负责人具有五年以上从事装饰装修施工技术管理工作经历并具有相关专业中级以上技术职称；财务负责人具有初级以上会计职称。

（三）企业有职称的工程技术和经济管理人员不少于8人，其中工程技术人员不少于6人（其中具有中级职称的人员不少于2人）且建筑装饰装修、结构、水电气等专业人员齐全。

（四）企业具有持证项目经理不少于4人。

（五）企业注册资金50万元以上。

（六）企业近三年最高年工程结算收入500万元以上。

二级：

（一）企业近三年承担过两项以上单位工程造价20万元以上的装饰装修工程的施工，工程质量合格，并获得业主的满意。

（二）企业经理具有三年以上从事工程管理的工作经历；技术负责人具有三年以上从事装饰装修施工技术管理工作经历并具有相关专业中级以上技术职称；财务负责人具有初级以上会计职称。

（三）企业有职称的工程技术和经济管理人员不少于6人，其中工程技术人员不少于4人（其中具有中级职称的人员不少于1人）且建筑装饰装修、结构、水电气等专业人员齐全。

（四）企业具有持证项目经理不少于3人。

（五）企业注册资金30万元以上。

（六）企业近三年最高年工程结算收入300万元以上。

三级：

（一）企业近二年承担过两项以上单位工程造价10万元以上的装饰装修工程的施工，工程质量合格，并获得业主的满意。

（二）企业经理具有两年以上从事工程管理的工作经历；技术负责人具有三年以上从事装饰装修施工技术管理工作经历并具有相关专业初级以上技术职称；财务负责人具有会计员以上职称。

（三）企业有职称的工程技术和经济管理人员不少于4人，其中工程技术人员不少于3人。

（四）企业具有持证项目经理不少于2人。

（五）企业注册资金20万元以上。

（六）企业近三年最高年工程结算收入150万元以上。

承包工程范围：

一级企业：可承担各类住宅装饰装修的施工。

二级企业：可承担住宅装饰装修，单位工程造价50万元及以下住宅装饰装修工程的施工。

三级企业：可承担住宅装饰装修，单位工程造价20万元及以下住宅装饰装修工程的施工。

·社　团·

社会团体分支机构、代表机构登记办法

民政部第23号部令

第一条　为了加强对社会团体分支机构、代表机构的管理，根据《社会团体登记管理条例》有关规定，制定本办法。

第二条　社会团体的分支机构，是社会团体根据开展活动的需要，依据业务范围的划分或者会员组成的特点，设立的专门从事该社会团体某项业务活动的机构。

分支机构可以称分会、专业委员会、工作委员会、专项基金管理委员会等。

社会团体的代表机构，是社会团体在住所地以外属于其活动区域内设置的代表该社会团体开展活动、承办该社会团体交办事项的机构。

代表机构可以称代表处、办事处、联络处等。

第三条　社会团体设立分支机构、代表机构应当按照章程的规定，履行民主程序，经业务主管单位审查同意后，向负责该社会团体登记的登记管理机关提出申请。经登记管理机关登记后，方可开展活动。

第四条　社会团体申请设立分支机构、代表机构应当具备下列条件：

（一）有规范的名称；

（二）有固定的住所；

（三）有符合章程所规定的业务范围。

第五条　社会团体申请设立分支机构、代表机构应当向登记管理机关提交下列文件：

（一）设立申请书；

（二）业务主管单位审查同意的意见；

（三）拟任主要负责人基本情况以及本人所在单位人事部门的意见；

（四）住所产权或使用权证明；

（五）社会团体理事会或常务理事会决议；

（六）登记管理机关要求提交的其他材料。

申请书应当包括设立的理由，分支机构、代表机构的业务范围和工作任务。

社会团体设立专项基金管理委员会，应当遵照《社会团体设立专项基金管理机构暂行规定》办理。

社会团体代表机构以及分支机构住所与社会团体住所不在一地的，还需提交拟设在地登记管理机关的意见。

第六条　有下列情形之一的，登记管理机关不予登记：

（一）在社会团体内拟设立的分支机构与已设立的分支机构业务范围相同或者相似的；

（二）拟设立的分支机构冠以行政区划名称，带有地域性特征的；

（三）在分支机构、代表机构下又设立分支机构、代表机构的；

（四）拟设立的分支机构业务与该社会团体宗旨、业务范围无关的；

（五）拟设立代表机构的活动内容、承办事项与该社会团体的业务范围无关的；

（六）拟设立的分支机构、代表机构设定的活动范围超越该社会团体设定的活动地域的；

（七）有法律、行政法规禁止的其他情形的。

第七条　登记管理机关自收到本办法第五条所列全部有效文件之日起60日内作出准予或者不予登记的决定。准予登记的，由登记管理机关发给《社会团体分支机构登记证书》或《社会团体代表机构登记证书》；对不予登记的，应当将不予登记的决定书面通知社会团体，并说明理由。

社会团体分支机构、代表机构登记事项包括：名称、住所、业务范围、活动地域、负责人。

第八条　符合《社会团体登记管理条例》第十七条规定的社会团体设立分支机构、代表机构、应当向登记管理机关备案。登记管理机关自收到备案文件之日起30日内，发给《社会团体分支机构登记证书》或《社会团体代表机构登记证书》。

第九条　社会团体可以凭登记管理机关颁发的《社会团体分支机构登记证书》或《社会团体代表机构登记证书》向有关部门申请刻制印章。

分支机构因特殊需要建立银行基本存款帐户的，由社会团体向登记管理机关申请，经登记管理机关同意后，按有关规定办理。

印章式样、银行帐号向登记管理机关备案。

第十条　社会团体办理分支机构、代表机构变更，应当向登记管理机关提交下列文件：

（一）社会团体法定代表人签署的变更申请书；

（二）社会团体理事会或常务理事会关于变更事项的会议决议；

负责人变更的还需提交本人的基本情况及身份证明。

住所变更的还需提交新住所产权或使用权证明。

第十一条　社会团体决定注销其分支机构、代表机构，应当经业务主管单位审查同意后，向登记管理机关提交下列文件，申请注销登记：

（一）注销登记申请书；

（二）业务主管单位审查同意的意见；

（三）社会团体理事会或常务理事会决议。

登记管理机关准予注销的，发给注销证明文件，收缴该分支机构、代表机构的《社会团体分支机构登记证书》或

《社会团体代表机构登记证书》印章。

第十二条　社会团体的分支机构、代表机构是社会团体的组成部分，不具有法人资格，其法律责任由设立该分支机构、代表机构的社会团体承担。

社会团体的分支机构应当在该社会团体的授权范围内发展会员、收取会费，其发展的会员属于该社会团体的会员，其收取的会费属于该社会团体所有。

社会团体分支机构、代表机构的名称前应当冠以社会团体名称；开展活动，应当使用全称。分支机构、代表机构的英文译名应当与中文名称一致。

第十三条　社会团体在申请设立分支机构、代表机构时弄虚作假的，或者自取得《社会团体分支机构登记证书》或《社会团体代表机构登记证书》之日起1年未开展活动的，由登记管理机关对所设立的分支机构、代表机构予以撤销。

第十四条　社会团体有下列情形之一的，由登记管理机关依据《社会团体登记管理条例》第三十三条规定予以处理：

（一）未经登记，擅自以分支机构、代表机构名义进行活动的；

（二）以分支机构下设的分支机构名义进行活动的；

（三）以地域性分支机构名义进行活动的；

（四）未经批准，擅自开立分支机构银行基本存款帐户的；

（五）未尽到管理职责，致使分支机构、代表机构进行违法活动造成严重后果的。

第十五条　社会团体被注销或者被撤销登记的，其所属的分支机构、代表机构同时注销。

第十六条《社会团体分支机构登记证书》、《社会团体代表机构登记证书》的式样由国务院民政部门制定。

第十七条　本办法实施前已经备案的社会团体分支机构、代表机构，应当自本办法施行之日起1年内依照本办法有关规定申请登记。

第十八条　香港特别行政区、澳门特别行政区、台湾地区和外国社会团体在中国大陆设立分支机构、代表机构的，另行规定。

第十九条　本办法自发布之日起施行。

关于印发《关于本市促进行业协会发展的指导意见》的通知

沪府办发[2002]1号

各区、县人民政府，市政府各委、办、局：

《关于本市促进行业协会发展的指导意见》已经市政府同意，现印发给你们，请按照执行。

上海市人民政府办公厅

二〇〇二年一月十日

关于本市促进行业协会发展的指导意见

行业协会是市场经济发展的产物，它由同业经济组织自愿组成，是行业性、自律性的非营利社团组织。作为社会主义市场经济活动中的一个重要中间组织，行业协会具有协调市场主体利益、提高市场配置效率的功能。发展行业协会，是适应入世需要，规范市场经济秩序，转变政府职能的重要举措。目前，本市行业协会存在着数量少、行业代表性差、分布不合理、行政依附性强等问题，必须抓紧改革，以推动行业协会健康发展。为此，现制订本市促进行业协会发展的指导意见如下：

一、明确行业协会发展的指导思想和工作方针

发展改革行业协会，要以企业发展的需要为基点，把握新形势下行业协会工作的规律和要求，努力建立行业协会与产业发展的良性互动机制。通过政会分开，自主办会，营造有利于行业协会健康发展的市场环境，充分发挥行业协会的作用。

要坚持以发展为主线，以发展促调整，以新促老，通过发展新的行业协会，为现有行业协会的改革和调整提供经验和示范；要坚持行业协会自主办会和政府依法管理相结合，建立登记管理机关、行业业务主管部门、行业协会业务主管部门相配合的新型管理体制；要抓住时机，主动改革，积极试点，并区分不同情况，逐步推进。

二、确立行业协会的发展目标

争取用3～5年的时间，基本形成行业协会市场化生成发展机制；基本形成行业协会分布合理、覆盖广泛的布局结构；基本形成符合社会主义市场经济要求、与国际通行规则相衔接的运作机制；基本形成保障行业协会健康有序发展的法律规范；初步建立起与上海中心城市地位相适应、市场化运作、规范化管理的行业协会体系。

三、扩大行业协会的社会覆盖面

行业协会发展会员要打破部门、所有制界限。当前，要特别注意吸收行业内民营企业、外资企业等各类经济组织入会，进一步提高行业协会覆盖面。要适当放宽入会条件，允许与行业相关的本市高等院校、科研机构和符合条件的外地在沪同业经济组织入会，增强行业协会的代表性。

要创造良好的环境，积极吸引全国性的行业协会落户本市。本市具有产业、产品和市场优势的行业，可以试点组建全国性的行业协会。

四、优化行业协会的布局和结构

要根据市场发展的情况和市场需求，制定“十五”期间本市行业协会的发展规划，不断优化行业协会的布局和结构。鼓励和支持在优势行业、新兴产业和入世相关领域中，发展和培育一批行业协会，形成有利本市生产力发展和产业升级、符合国际惯例的行业协会群体。行业协会要按照国家现行行业分类标准设立，也可以根据社会经济发展的需要，按照产品、经营方式、经营环节及服务功能设立。允许不同行业协会的服务领域有所交叉。同一企业根据自身的需要，可以自愿参加不同的行业协会。对同一名称的行业协会，本市只设立一个。

五、发挥行业协会的职能

行业协会是会员的服务机构。要通过服务，增强行业协会的凝聚力，促进行业的发展。行业协会是会员的自律组织，通过法律法规、行规行约来约束企业的行为，督促企业依法经营。行业协会是会员的代表，有权代表会员提出涉及会员集体利益的意见，健全与政府协商的机制，维护会员的合法权益。行业协会也是行业的协调组织，开展与会员有关的商事和其他事务协调。

政府支持行业协会的发展，充分发挥行业协会在经济建设和社会发展中的作用。行业协会要成为企业与政府、企业与社会沟通的桥梁。支持行业协会协助政府从事行业管理。要把属于行业协会的服务标准的制定、技能资质的考核及行业自律等社会职能转移给行业协会；把适宜于行业协会承担的行业管理职能委托给行业协会行使，支持行业协会开展行业统计、行业调查、制定行业发展规划、价格协调和公信证明等工作。清理不适应行业协会发展的政策措施，进一步转变政府管理社会经济活动的方式和方法。

六、切实推进政会分开

要把推进政会分开作为发展、改革行业协会的重要切入点，从目前主要由政府发起组建行业协会，改为原则上由企业自发组建。政府有关职能部门要在机构、人事等方面与行业协会分开，行业协会办事机构不得与政府有关部门的工作机构合署。行业协会的领导经选举产生，一般由企业经营者担任。政府工作人员不得担任行业协会的领导职务。

七、支持行业协会自主办会

支持行业协会实行“自愿入会、自理会务、自筹经费”。行业协会要有广泛的会员基础，要以企业为依托，以服务会员为宗旨。行业协会章程是行业协会的基本规范，必须由会员大会或会员代表大会审议通过。要依照章程和有关规定，健全行业协会选举制度和内部组织制度，完善民主监督机制。鼓励行业协会走市场化、企业化的道路。行业协会经费应自理。政府有关部门委托行业协会承担有关行业管理职责，应给予相应的经费；政府要求行业协会提供服务，应通过“购买服务”的方式进行。行业协会一般应按企业建立人事分配制度和社会保障制度，对由机关、事业单位流动进入行业协会的工作人员，按本市有关规定办理。

八、推动现有行业协会的改革和调整

要根据行业协会的实际情况，加大改革调整的力度。现有的行业协会要与原发起的单位实行分离。要面向全社会的同行业企业，扩大行业协会的覆盖面，注意吸收民营企业、外资企业等各类经济组织入会，增强行业协会的代表性，使同业入会或会员单位的营业额占同行业的比例达到一定的要求。

已兼任行业协会领导的政府现职工作人员，要按照《上海市行业协会暂行办法》的规定，辞去政府职务或逐步退出。行业协会办事机构与政府有关部门的工作机构合署的，要分立单设。

政府支持行业协会履行服务、自律、代表、协调职能。把应当属于行业协会的社会职能移交给行业协会，把适宜行业协会行使的行业管理职能委托给行业协会。要指导和协助行业 协会明确工作定位和转变职能，健全民主决策和选举制度，完善内部组织体制和工作规章。

对一些行业覆盖面过大和行业特点不明确的行业协会，要经过梳理，进行细化。对一些不符合产业升级要求和行业日趋萎缩的行业协会，要进行归并、重组。争取用 2 年的时间，完成现有行业协会的调整改革任务，具体方案由行业协会业务主管部门会同各行业业务主管部门另行制定。

九、健全行业协会的退出机制

不能代表会员利益和缺乏行业代表性的行业协会，应自律解散，或由政府引导解散，并依法办理注销登记。对一些长期不开展活动、内部管理混乱的行业协会，应予撤销登记。行业协会注销登记和撤销登记的，要依法清算。

十、构建有利于行业协会规范发展的管理体制

社团登记管理机关现有的法定职能不变，负责全市行业协会的设立、变更、注销的登记和备案，对行业协会实施年检和监督检查。成立上海市行业协会发展署，负责全市行业协会的总体规划、布局调整、政策制定、协调管理，以及行业协会的协会业务管理，并由所属的专职部门承担部分行业协会的组织、人事等管理事务。行业业务主管部门负责行业协会所涉及的产业发展、行业规范等事务的业务指导和监督，并承担所属行业协会的组织、人事等管理事务。现有的行业协会联合组织要逐步过渡，新的行业协会联合组织不再成立。政府相关部门和其他相关单位也要加强对行业协会的监督、指导，共同促进行业协会沿着正确、健康的方向发展。

关于印发《关于推进上海建设交通系统行业协会改革的指导意见》的通知

沪建经[2002]469号

各有关单位：

现将《关于推进上海建设交通系统行业协会改革的指导意见》印发给你们，请按照执行。

特此通知。

上海市建设和管理委员会

二〇〇二年七月十二日

关于推进上海建设交通系统行业协会改革的指导意见

行业协会改革，是政府转变职能、企业深化改革和推进经济进一步发展的重要举措，是建立社会主义市场经济的必然要求。根据市政府颁发的《上海市行业协会暂行办法》等三个规范性文件，特制定建设交通系统行业协会改革的指导意见。

一、总体目标

根据“十五”期间建设交通系统产业结构调整的方向，从市场需求出发，争取用两年时间，完成建设交通系统现有行业协会的改革调整，在本系统优势行业、入世相关领域，以及目前行业协会发展尚不完善的行业中，发展和培育部分有利于本系统产业升级、符合国际惯例的行业协会，并采用符合社会主义市场经济要求、与国际通行规则相衔接的新的运作机制。

二、改革原则

（一）政会分开，自主办会的原则——坚持行业协会自主办会和政府依法管理相结合，行业协会原则上由企业自发组建，实行自愿入会、自理会务、自筹经费。政府有关职能部门在机构、人事等方面与行业协会分开，改变协会的政府附属地位，消除协会行政化倾向，进一步转变政府管理社会经济活动的方式和方法，把应属于行业协会的行业自律等社会职能和适应于行业协会承担的行业管理职能转移和委托给行业协会。

（二）完善协会内部运行机制的原则——通过改革，在新建和改制后的行业协会内部要建立规范的、真正体现自主和自治原则的一整套规章制度，建立严格的民主决策的程序，完善民主监督机制，行业组织的领导班子必须经协会章程规定的民主程序产生或罢免。同时，行业协会要面向社会同行业企业，扩大覆盖面，增强行业协会的代表性。

（三）“一业一会”的组建原则——按照建设交通系统的行业分类，对代表行业水平，具备承担一定行业管理职能条件的行业协会，实行“一业一会”，政府将相应的行业管理职能授予协会，并对协会加强指导和监督。

（四）协会队伍年轻化、职业化的原则——要建立一支年轻化、职业化的协会专职人员队伍，充实一批专职、年轻、专业化人才到协会工作，现职政府工作人员不再担任协会领导职务。

（五）调整中体现稳妥的原则——在改革调整中要正确处理改革、发展、稳定的关系，统一思想，平稳过渡，既要建立适应改革发展要求的新格局、新机制，又要兼顾各职能部门的相互关系和老同志的工作热情。

三、具体要求

（一）业务指导和监督管理

从有利于本系统行业协会规范发展出发，根据市建委和委系统各相关行业业务主管局行业管理职能的具体情况，由各行业业务主管部门负责对本系统行业协会进行管理和监督，对行业协会涉及的产业发展、行业规范等有关事务进行业务指导和监督管理，并协调和监管所属行业协会的组织、人事管理事务。

市建委经济合作处是本系统行业协会改革综合协调部门，负责本系统行业协会的发展规划、布局调整、政策制订、综合协调和日常管理工作；

市建委办公室负责本系统行业协会在设立、变更、注销过程中与社团管理局联系的有关工作；

市建设党委干部处负责本系统行业协会专职人员的编制和组织人事的管理；

市建设党委组织处和建设直属单位党委负责本系统行业协会的党建管理工作；

市建委各有关业务处室负责相关行业协会的业务指导工作；

各行业业务主管局负责所属行业协会的有关管理工作。

（二）改革的主要内容

1. 建设交通系统行业协会的改革按照市政府的有关规定进行，由行业内具备一定实力和知名度的企业发起，实行“自愿入会、自理会务、自筹经费”，以服务会员为宗旨，以协会章程为基本规范。协会理事长通过选举产生，采用任期制，协会中龙头企业应对行业协会的工作起主要支持作用。

2. 建设交通系统行业协会应逐步完善协会机制，依照章程和有关规定，健全内部组织机构、工作制度和监督机制，使协会的工作有序开展。现兼任行业协会领导的政府现职工作人员，应按照市政府有关文件规定退出或辞去政府职务。各协会应通过法律法规、行规行约来约束、督促会员企业的行为，同时应强化协会协调功能，增强服务手段，真正成为以服务为宗旨的自律性协会组织，使各协会在不同方面、不同层面发挥各自的作用。

3．建立行业协会秘书长职业化制度，专职秘书长任职的基本条件如下：

——熟悉本行业情况，具有相关专业知识；

——在国家机关和其他企事业单位无现任公职；

——具有大专以上学历，中级以上技术职称；

——年龄：男性55岁以下，女性50岁以下，身体健康；

——热心行业协会工作，具有较强的组织协调能力。

（三）行业协会的发展

建设交通系统行业协会的根本宗旨是为会员企业谋利益，通过建立行业自律机制，规范行业自我管理行为，维护行业内公平竞争，监督会员企业履行行规、行约，从而满足会员企业的需要，为会员企业提供全方位的服务。通过服务，增强行业协会的凝聚力，促进行业协会的自身发展。

在新的形势下，建设交通系统行业协会应走市场化、职业化的道路，以行业服务、行业自律、行业代表、行业协调为基本职能，各行业协会的具体职能将由有关行业主管部门对协会逐步予以明确。在协会顺利完成改革的前提下，建委将结合政府职能的转移，将部分行业管理职能转移或委托给若干具有行业代表性的协会；各行业职能局对所属行业协会进行梳理、改制后，原则上重点扶持一家行业协会，并转移或委托其相关的行业管理职能。

四、实施进度

（一）2002年7月初召开会议，统一思想认识，明确建设系统行业协会改革任务；成立建设交通系统行业协会改革推进小组，黄健之副主任为组长，鹿金东、孙建平秘书长为副组长，建委经济合作处、办公室、干部处、直属单位党委、组织处和有关业务处室的人员参加。各局根据具体情况成立相应推进小组。推进小组负责审核和认定各行业协会的改革方案，并对具体实施进行指导协调。

（二）2002年三季度，各行业协会完成改革实施方案，并按照“成熟一个，实施一个”的原则，由推进小组负责指导改革方案的实施。

（三）2002年底，兼任行业协会领导的政府现职工作人员全部退出协会职务，或改任协会顾问等非领导职务。

（四）2003年底，基本完成建设系统所有行业协会的改革工作。

关于发布《上海市行业协会暂行办法》的通知

沪府发[2002]2号

各区、县人民政府，市政府各委、办、局：

现发布《上海市行业协会暂行办法》，请认真按照执行。

上海市人民政府

二〇〇二年一月十日

上海市行业协会暂行办法

第一条　（制定目的）

为了进一步促进本市行业协会的健康发展，发挥行业协会在社会主义市场经济中的积极作用，维护行业协会的合法权益，制定本办法。

第二条　（定义）

本办法所称行业协会，是指由本市同业经济组织以及相关单位自愿组成的非营利性的以经济类为主的社团法人。

第三条　（组织管理机构）

市行业协会发展署是经市人民政府授权的本市行业协会协会业务的主管部门，负责本市行业协会的发展规划、布局调整、政策制订和协调管理。

市政府有关委、办、局是本市相关行业业务的主管部门，负责对行业协会涉及的产业发展、行业规范等有关事务进行业务指导和监督管理。

市社团管理局是本市行业协会的登记管理机关，负责全市行业协会的设立、变更、注销的登记和备案，对行业协会实施年检和监督检查。

其他政府部门应当协同做好行业协会的促进和发展工作，依法对行业协会的相关活动进行指导和监督。

第四条　（政府扶持和促进）

各级政府部门应当扶持和促进行业协会的发展，将行业协会的发展规划纳入本市社会团体的发展规划，将本应属于行业管理的职能转移给行业协会承担，同时保障行业协会独立开展工作。

第五条 （设立原则）

行业协会按照国家现行行业或者产品分类标准设立，也可以按照经营方式、经营环节及服务功能设立。

对大类行业协会和经法律法规授权或者接受政府委托、具有一定行业管理职能的行业协会，实行“一业一会”。

同一行业或者产品，在本市范围内只设立一个行业协会。

对同业企业较集中、具有构成区域经济特色的行业或者产品，也可以由以区县区域内企业为主体发起组建市行业协会，经市社团管理局批准后，承担全市性行业协会的功能。

第六条 （发起筹备的条件）

在本市发起筹备行业协会，应当具备以下条件：

（一）有10名以上的发起人，发起人为在本市取得营业执照、连续经营2年以上的企业、个体工商户或者其他经济组织；

（二）拟成立的行业协会应有行业代表性，发起人和其他参加会员应当达到或者承诺在2年内达到本市同业组织数量的20%以上或者同业销售额的50%以上；

（三）具有符合任职条件的拟任法定代表人和3名以上与其业务开展相适应的专职工作人员。

第七条 （行业协会拟任法定代表人的任职条件）

行业协会的拟任法定代表人应当符合下列条件：

（一）从事本行业事务2年以上，熟悉行业情况，具有专业知识；

（二）社会信用记录良好；

（三）由发起人共同推举；

（四）在国家机关无现任公职；

（五）无刑事处罚记录，但过失犯罪的除外。

第八条 （名称）

行业协会的名称应当表明其所属行业，可以使用“行业协会”或者“同业公会”等名称，并冠以“上海”字样。

其他社会团体不得使用“行业协会”、“同业公会”等名称。

第九条 （申请筹备）

需要筹备行业协会的，行业协会发起人应当向市行业协会发展署提出筹备申请，经审查同意筹备的，由行业协会发起人依照《社会团体登记管理条例》，持市行业协会发展署的批准文件和相关材料向市社团管理局申请筹备。

第十条 （筹备的审查程序）

需要筹备行业协会的，行业协会发起人应当向市行业协会发展署提交以下材料：

（一）筹备申请书；

（二）行业协会章程草案；

（三）发起人的基本情况、身份证明和拟任法定代表人的基本情况、身份证明及个人信用报告；

（四）会员单位的基本情况；

（五）活动经费筹措渠道、办公场所使用权证明；

（六）专职工作人员的来源及基本情况。

市行业协会发展署应当自收到相关材料之日起30日内，对行业协会的筹备条件进行审查，并对其拟任法定代表人的任职资格进行审查。

对符合条件的，应当提出审查同意意见；对不符合条件的，应当书面说明理由。

市行业协会发展署进行审查意见时，应当听取行业业务主管部门的意见。行业业务主管部门应当在15日内作出答复。

第十一条 （申请登记）

经批准筹备行业协会的，行业协会发起人应当依照《社会团体登记管理条例》的规定完成筹备工作，并向市社团管理局申请登记。

第十二条 （章程审查及核准）

完成筹备工作的行业协会，应当将行业协会章程、行业协会法定代表人基本情况等报市行业协会发展署审查。

行业协会修改章程的，应当自市行业协会发展署审查同意之日起30日内，报市社团管理局核准。

第十三条 （分支、代表机构的设立）

本市行业协会需要设立分支、代表机构的，应当经市行业协会发展署同意后，按照有关规定办理相关登记手续。

第十四条 （变更、注销）

行业协会需变更登记、注销登记的，应当按审批程序报市行业协会发展署审查同意后，依照《社会团体登记管理条例》到市社团管理局申请办理相关手续。

第十五条 （行业协会的职能）

行业协会以行业服务、行业自律、行业代表、行业协调为基本职能。

行业协会应当遵守法律、法规，贯彻党和政府的方针、政策，协助政府从事行业管理，保护会员的合法权益，提高行业协会整体素质，维护社会道德风尚。

行业协会可以结合本行业的具体情况，承担以下职责：

（一）组织行业培训、技术咨询、信息交流、会展招商以及产品推介等活动；

（二）参与有关行业发展、行业改革以及与行业利益相关的政府决策论证，提出有关经济政策和立法的建议，参加政府举办的有关听证会；

（三）代表行业企业进行反倾销、反垄断、反补贴等调查，或者向政府提出调查申请；

（四）依据协会章程或者行规行约，制定本行业质量规范、服务标准；

（五）参与地方或者国家有关行业产品标准的制定；

（六）通过法律法规授权、政府委托，开展行业统计、行业调查、发布行业信息、公信证明、价格协调、行业准入资格资质审核等工作；

（七）监督会员单位依法经营，对于违反协会章程和行规行约，达不到质量规范、服务标准、损害消费者合法权益、参与不正当竞争，致使行业集体形象受损的会员，行业协会可以采取警告、业内批评、通告批评、开除会员资格等惩戒措施，也可以建议有关行政机关依法对非会员单位的违法活动进行处理；

（八）协调会员与会员，会员与行业内非会员，会员与其它行业经营者、消费者及其他社会组织的关系；

（九）开展国内外经济技术交流和合作；

（十）承担法律法规授权、政府委托及章程规定的其他职能。

第十六条 （行业协会的办会原则）

行业协会应当遵循自主办会的原则，实行自愿入会、自理会务、自筹经费。行业协会应依照协会章程和有关规定，健全内部组织机构、工作制度和监督机制，确保工作有序开展。

第十七条 （行业协会的加入）

在本市取得营业执照的企业、个体工商户和其他经济组织可以申请加入相关的行业协会。与这一行业相关的本市高等院校、科研机构也可以申请加入行业协会。

兼营两种以上行业业务的企业，可以分别申请加入两个以上相关的行业协会。

在本市设有分支机构、连续营业6个月以上的非本市登记的企业、个体工商户或者其他经济组织，也可以申请加入本市行业协会。

第十八条 （行业协会的组织机构）

行业协会实行会员制。会员大会或者会员代表大会为行业协会的最高权力机构。

行业协会的章程必须经会员大会或者会员代表大会审议通过，并符合法律、法规的规定。

行业协会的会长、副会长、常务理事、理事经选举产生。选举规定则、任期和职权、理事会、常务理事会的职责由行业协会章程规定。

选举或者改选的行业协会的法定代表人，应当符合本办法第七条要求的任职条件。

第十九条 （经费）

行业协会可以通过收取会费、接受捐赠、开展服务或者承办政府部门委托事项获得资助等途径，筹措活动经费。

行业协会的经费使用，应当执行行业协会章程的有关规定。

第二十条 （适用例外）

本办法第十五条第三款第（七）项关于开除会员资格的惩戒措施、第十六条关于自愿入会的规定，不适用于经济鉴证类中介机构等实行当然会员制的行业协会。

第二十一条 （过渡条款）

本市现有行业协会的改革调整，按照市人民政府具体组织实施方案，参照本办法的有关规定执行。

第二十二条 （施行日期）

本办法自2002年2月1日起施行。

上海市人民代表大会常务委员会公告

第78号

《上海市促进行业协会发展规定》已由上海市第十一届人民代表大会常务委员会第四十四次会议于2002年10月31日通过，现予公布，自2003年2月1日起施行。

上海市人民代表大会常务委员会

二〇〇二年十月三十一日

上海市促进行业协会发展规定

第一条 为了促进本市行业协会的发展，保障行业协会依法开展活动，规范行业协会的组织和行为，根据有关法律、行政法规，结合本市实际情况，制定本规定。

第二条 本规定所称的行业协会，是指由同业企业以及其他经济组织自愿组成、实行行业服务和自律管理的非营利性社会团体。

第三条 行业协会的宗旨是为会员提供服务，维护会员合法权益，保障行业公平竞争，沟通会员与政府、社会的联系，促进行业经济发展。

行业协会遵循自主办会的原则，实行会务自理，经费自筹。

行业协会的活动应当符合法律、法规以及行业的整体利益和要求，不损害社会公共利益。

行业协会的正常活动受法律保护，任何组织或者个人不得非法干涉。

第四条 各级人民政府应当促进、扶持行业协会的发展，支持行业协会自主办会，依法进行管理，保障行业协会独立开展工作。

市行业协会发展署、市社团登记管理部门和市政府有关工作部门应当按照各自保障，做好促进行业协会发展的具体工作。

第五条 行业协会按照国家现行行业分类标准设立，也可以按照产品、经营方式、经营环节及服务功能设立。行业协会应当具有全市的行业代表性。

设立行业协会应当制定行业协会章程。行业协会的宗旨、业务范围、组织机构、活动规划以及会员的权利义务等，由行业协会章程规定。

行业协会设立的基本程序和审批条件，按照国家关于社会团体登记的规定和市人民政府的有关规定执行。

第六条　行业协会应当对不同的区域、部门、所有制、经营规模的企业或者其他经济组织设定相同的入会标准，保证其平等的入会权利。

同业的企业或者其他经济组织自愿申请加入行业协会的，经行业协会批准，可以成为该行业协会的会员。

行业协会会员可以自愿退会。对严重违规违约的会员，行业协会也可以依据行业协会章程规定，取消其会员资格。

第七条　行业协会实行会员制。会员大会或者会员代表大会是行业协会的权力机构。行业协会设立理事会，作为会员大会或者会员代表大会的执行机构，行业协会设立秘书处，作为行业协会的办事机构。

行业协会会长、副会长和理事按照行业协会章程规定的方式选举产生。秘书长是行业协会的专职管理人员，由理事会聘任，也可以按照行业协会章程规定的其他方式产生。行业协会秘书处工作人员应当逐步职业化。

第八条　政府有关工作部门的机构、人事和财务应当与行业协会分开，其工作机构不得与行业协会办事机构合署办公。

国家机关工作人员不得兼任行业协会的领导职务。

第九条　行业协会可以根据会员需求，组织市场拓展，发布市场信息，推介行业产品或者服务，开展行业培训，提供咨询服务。

第十条　行业协会可以制订本行业的行规行约，可以向政府有关工作部门提出制订有关技术标准的建议或者参与有关技术标准的制订。

第十一条　行业协会可以对会员之间、会员与非会员之间或者会员与消费之间就行业经营活动产生的争议事项进行协调，可以对本行业协会与其他行业协会或者其他组织的相关经营事宜进行协调，可以代表本行业参与行业性集体谈判，提出涉及行业权益的意见和建议。

第十二条　行业协会可以根据法律、行政法规的规定，代表行业内相关企业或者其他经济组织向政府有关工作部门提出反倾销调查、反补贴调查或者采取保障措施的申请，协助政府有关工作部门完成相关调查。

行业协会可以参与反倾销的应诉活动。

第十三条　行业协会可以代表本行业向有关国家机关反映涉及行业利益的事项，提出经济政策和立法方面的意见和建议。

第十四条　行业协会对违反行业协会章程或者行规行约、损害行业整体形象的会员，可以按照行业协会章程的规定，采取相应的行业自律措施，并可将有关行业自律措施告知政府有关工作部门。对行业内违法经营的企业或者其他经济组织，行业协会可以建议并协助政府有关工作部门予以查处。

行业协会可以根据需要，制订行业内争议处理的规则和程序。

第十五条　有关国家机关在制订涉及行业利益的地方性法规、规章、公共政府、行政措施、技术标准或者行业发展规划时，应当听取行业协会的意见；制订有关技术标准时，也可以委托行业协会起草。

第十六条　政府有关工作部门应当支持行业协会开展行业服务，并根据实际情况，逐步将行业评估论证、技能资质考核、行业调查、行业统计、产品展览展销等职能转移或者委托给行业协会承担。

第十七条　政府有关工作部门应当为行业协会提供行业信息和咨询，并向国家主管部门反映行业的需求。

政府有关工作部门或者社会组织应当支持行业协会参加反倾销、反补贴、反不正当竞争的有关活动。

第十八条　行业协会可以通过收取会费、接受捐赠、开展服务或者承办政府有关工作部门委托事项等途径，筹措活动经费。行业协会的会费标准，由行业协会章程规定。经费使用应当限于行业协会章程规定的业务范围，并接受会员及政府有关工作部门的监督。

行业协会承担公共管理事务的经费，由公共资金支出。政府有关工作部门委托行业协会承担事务的，应当采用购买服务的方式。对设立初期经费确有困难的行业协会，可以按照有关规定给予必要的公共资金资助。

第十九条　行业协会不得通过制订行业规则或者其他方式垄断市场，妨碍公平竞争，损害消费者、非会员企业或者其他经济组织的合法权益、社会公共利益；不得滥用权力，限制会员开展正当的经营活动或者参与其他社会活动，或者在会员之间实施歧视性待遇；不得利用组织优势开展与本行业经营业务相同的经营活动。

行业协会的任何会员不得利用其经营规模、市场份额等优势，限制其他会员在行业协会中发挥作用。

第二十条　行业协会会员对行业协会实施行业规则、行业自律措施或者其他决定有异议的，可以提请行业协会进行复核，或者依法提请政府有关工作部门处理。

消费者、非会员企业或者其他经济组织认为行业协会的有关措施损害其利益的，可以要求行业协会调整或者变更有关措施，也可以依法提请政府有关工作部门处理或者向人民法院提起诉讼。

第二十一条　市社团登记管理部门、市行业协会发展署以及市政府有关工作依照有关法律、法规或者规章的规定，对行业协会的活动实施监督管理。

第二十二条　由鉴证类市场中介机构组成的行业协会或者法律、法规规定执业人员必须加入的行业协会，参照适用本规定。

第二十三条　本规定自2003年2月1日起施行。

关于促进行业协会改革与发展的指导意见

福建省人民政府

（二〇〇二年八月十五日）

各市、县（区）人民政府，省政府各部门、各直属机构，各大企业，各高等院校：

行业协会是由同行业经济组织自愿组成的行业性、自律性的非营利社团组织。改革开放以来，我省行业协会在服务企业、促进行业发展方面起到了积极的作用。但总体上看，存在数量少、实力弱、行业代表性差、分布不合理、政会不分、运作不规范等问题。加快行业协会的改革和发展步伐是适应我国加入世界贸易组织、规范市场秩序、提升行业竞争力、转变政府职能和加快建立社会主义市场经济体制的迫切需要。为此，提出如下指导意见：

一、明确行业协会改革与发展的指导思想和目标、任务

1. 行业协会改革与发展的指导思想：以邓小平理论、江泽民总书记“三个代表”重要思想为指导，深入贯彻党的十五大、十六大关于培育和发展社会中介组织的精神，根据社会主义市场经济的要求，充分发挥行业协会在维护企业合法权益、协调市场主体利益、维护行业公平竞争、促进行业经济发展、提高市场配置效率的作用，努力建立行业协会与产业发展的良性机制，营造有利于行业协会健康发展的市场环境。

2. 行业协会改革和发展的目标：争取在3～5年内初步建立符合社会主义市场经济要求，与国际惯例相衔接的行业协会运作机制；初步形成适应企业发展需要和福建产业特点的，分布合理、覆盖广泛的行业协会体系；初步形成保障行业协会健康发展的法律规范。

3. 行业协会改革和发展的任务：根据福建经济发展的需要，发展一批新的行业协会；调整和改革现有行业协会；推进政会分开，实现自主办会，规范行业协会运行机制；结合政府职能转变，适时明确行业协会职能定位；制订出台有关法律、法规，明确行业协会的法律地位，规范其行为；建立和健全有利于行业协会规范发展的新的管理体制。

4. 行业协会改革和发展的工作方针：以发展促调整，通过发展新的行业协会为现有行业协会提供经验和示范，促进现有行业协会的调整；以改革促提高，选择若干个基础较好的行业协会进行改革试点，区分不同情况，分类指导，逐步推进；坚持行业协会自主办会和政府依法管理相结合，推进行业协会的整体发展。

5. 各级政府要进一步提高对行业协会改革与发展工作重要性的认识。要把行业协会改革和发展工作列入重要议事日程，认真抓紧、抓好。要把行业协会改革与发展的各项任务进行分解落实，确保各项工作的顺利实施。

二、认真制定行业协会改革与发展规划

6. 省及设区市都要根据国民经济的行业布局特点，制定“十五”期间行业协会改革与发展规划。明确“十五”期间本地区行业协会改革与发展工作的重点；并对尽快实现在本地区建立起适应市场经济要求的行业协会体系，基本完成行业协会对国民经济主要行业和企业的覆盖等任务做出具体的安排，制定相应的政策措施，确保行业协会改革与发展工作健康有序地推进。

三、着力培育和发展一批新的行业协会

7. 积极推动一批亟需的行业协会的设立。为适应政府职能转变和加入世界贸易组织的需要，当前要加快在重点行业、新兴行业和加入世贸组织受影响较大的行业，如农业、信息、金融、现代流通、文化、生物医药、环保、旅游等相关领域，发展和培育一批行业协会。要防止不顾行业分布情况，简单按行政区划层层设立行业协会的行为。各级政府的职能部门，对当前要重点发展的行业协会，在筹建、设立、登记等方面要给予积极帮助、指导，确保这些行业协会的顺利设立。

8. 在培育和设立一批新的行业协会时，要坚持以民间性、自律性为发展方向，切实把握好以下原则：(1)必须坚持根据“自愿入会、自理会务、自筹经费”的原则自主办会，政府主要是做好推动、引导和总体规划工作。(2)打破部门、所有制界限，吸收同行业内各类经济组织特别是民营企业、外资企业、在闽的外省(市)企业入会，增强行业协会的代表性，行业协会对区域内同行业企业应有一定的覆盖率，设立时同行业企业入会率不能低于20%。(3)实行“一业一会”。同一地区(市或县)不能有一业多会，行业协会应按照国家现行行业分类标准设立，或根据社会经济发展的需要按产品、经营方式、经营环节及服务功能设立。对区域内分布较集中的行业或产品，也可由区域内企业为主体设立全省性行业协会。(4)坚持政会分开。新设行业协会的办事机构不得与政府机关合署办公，政府工作人员不得担任行业协会的领导职务。(5)赋予行业协会必要的职能，行业协会要把为会员企业提供服务作为办会的根本宗旨。

四、稳步推进现有行业协会的改革、调整

9. 推动现有行业协会的总体布局调整。对一些无行业代表性、未开展正常活动、不能维护和代表会员利益、无行业自律作用、名不符实的行业协会要予以注销；对不利于市场规范、重复设置及行业覆盖面日益萎缩的行业协会要予以合并重组；对一些行业覆盖面过大、业务交叉重叠的行业协会，要进行梳理、细化和分拆；对一些会员企业少，行业内企业入会率过低的，要限期提高覆盖面，增强代表性，力争吸纳全社会同业企业，尤其要注意吸收民营企业、外资企业及在闽外省市企业入会。

10. 加快完善现有行业协会的运行机制。切实抓好“政会分离”，现有的由政府发起组建的行业协会，要逐步改为由企业自发组成、自主办会。政府有关职能部门要在机构、人事等方面与行业协会分离，行业协会秘书处不得与政府部门的工作机构合署办公。对已兼任行业协会领导政府现职工作人员要按照有关文件要求，退出行政职务或辞去行业协会领导职务。行业协会的工作重点要从服务于政府，转向服务于企业，同时加强行业自律，维护市场秩序。

11. 积极开展行业协会改革的试点工作。在继续抓好厦门市作为国家经贸委行业协会改革试点的同时，将泉州市作为全省行业协会综合试点市，就行业协会的设立、运行机制、管理机制及布局调整进行探索，为全省行业协会的改革提供经验；在漳州市开展农业行业协会试点工作。现有行业协会改革和调整工作从今年下半年开始，到2004年底完成。具体方案由省行业协会改革与发展工作领导小组办公室会同各行业业务主管部门、民政部门和试点城市共同制定，并组织实施。

五、充分发挥行业协会的职能作用

12. 根据社会主义市场经济的要求，行业协会的主要职能是：

(1)行业服务职能。帮助企业解决生产经营中的困难，为企业提供市场信息、技术咨询、员工培训等服务，向企业提供或发布行业发展研究、统计资料、行业分析和行业政策，组织或举办各种会展、商务考察、商务交流。开展国内外经济技术交流与合作等。

(2)行业自律职能，依据协会章程或行规行约，制定本行业质量规范、服务标准；参与地方或国家有关行业产品标准的制定，监督会员单位依法经营，对违反协会章程和行规行约的，达不到行业质量规范，服务标准、损害消费者合法权益、参与不正当竞争、影响行业形象的会员，采取警告、业内批评、通告、开除会员资格等惩戒措施；对会员企业的产品和服务质量、竞争手段、经营作风进行行业评定，维护行业信誉、维持公平竞争秩序。

(3)行业代表职能。代表会员企业，维护会员正当的权益，向政府反映企业和行业的要求；代表行业企业进行反倾销、反垄断、反补贴等调查，或向政府提出调查申请；代表行业企业参与制定与行业相关的发展规划、产业政策、行政法规和法律；参与行业利益相关的政府决策论证。

(4)行业协调职能。引导会员企业贯彻执行政府的有关行业政策，协调会员与会员，会员与行业内非会员、会员与其他行业经营者、消费者及其他社会组织的关系。通过法律法规授权、政府委托，开展行业统计、行业调查、发布行业信息、公信证明，价格协调、资质审核等工作。

13. 结合我省行政管理体制改革，政府相关经济管理部门要积极清理不适应行业协会发展的政策法规，并提出职能转换的方案，将一些属于行业协会的职能移交给行业协会，将一些适宜行业协会承担的行业管理职能委托给行业协会，积极支持行业协会开展行业统计、行业信息发布、行业培训、资质培训、会展招标、行业质量标准制定、价格协调和公信证明等工作。政府部门在对行业发展和改革的有关政策进行决策论证时，应充分吸纳行业协会的意见，并尽快形成制度。

14. 行业协会要将为会员企业提供服务作为自己的根本宗旨。积极发挥自身的职能作用，加大为会员企业服务的深度和广度，通过开展行业培训、技术咨询、信息交流、会展招标、产品推介、法律服务等活动，增强行业协会的凝聚力；要积极运用反倾销、反垄断、反补贴等措施，切实维护会员企业的合法权益；建立与政府的协商机制，成为沟通会员与政府及其他社会组织的桥梁，促进行业协会发展。行业协会经批准可组织会员单位设立贷款担保公司，为会员企业的短期资金融通提供担保；各级政府可依据当地财政和行业协会的情况，对担保公司投入一定的资本金予以支持。行业协会要认真履行行业自律的职能，维护市场秩序。行业协会要通过行规、行约等自律措施督促企业依法经营。对会员企业的不正当竞争行为要按照行规、行约及时给予处罚教育，对涉及违法犯罪的要及时向业务主管部门通报情况。

六、规范行业协会的运行机制

15. 行业协会要本着“自愿入会、自理会务、自筹经费”的原则办会。行业协会要有广泛的会员基础，要以企业为依托，以服务会员为宗旨。同一行业内的经济组织和个体工商户，承认行业协会章程并缴纳会费，经申请批准均可成为该行业协会会员。

16. 行业协会实行会员制，由会员组成会员大会或会员代表大会。会员大会或会员代表大会为行业协会的权力机构。行业协会的章程是行业协会的基本规范和法律性文件，必须由会员大会或会员代表大会审议通过。行业协会要依照章程和有关规定建立和完善协会的选举制度、内部组织制度、民主监督制度。

17. 行业协会的理事会为会员大会或会员代表大会的常设机构，理事的产生方法、任期、职能、运作方法由协会章程规定。理事会依照会员大会或会员代表大会的决议和行业协会章程履行职责。理事人数较多的，可以设常务理事会。

18. 行业协会的会长是行业协会的法定代表人。会长、副会长由理事会在理事中提名，经会员大会或会员大会选举产生，副会长人数及正副会长的任期由行业协会章程规定。担任会长的人选应有相当时间的本行业工作经历，熟悉行业情况，具有相当的专业知识，社会信用良好，无不良记录，且无担任国家党政机关公职。

19. 行业协会的秘书处为行业协会常设办事机构，秘书长负责处理行业协会的日常工作，秘书长由会员大会或会员代表大会选举产生，任期由章程确定。

20. 行业协会可设监事。监事人数、产生方法、职能、工作方式由行业协会章程规定。监事可列席理事会、常务理事会会议。

七、认真帮助解决当前行业协会运作中的困难

21. 扩大行业协会经费收入。行业协会主要通过依照章程收取会费、接受捐赠、开展服务等途径筹措活动经费。行业协会会费标准可根据经济发展情况适时调整。政府要求行业协会提供服务的，应通过“购买服务”的方式进行。有条件的地方对新建的行业协会可以在办公场所、设备、租房补贴等方面给予一定支持。对行业协会目前遇到税收、票据使用等问题，由省民政厅、省财政厅、省国税局、省地税局共同研究提出解决的具体方法。

22. 推动行业协会参照企业做法建立人事分配和社会保障制度。由党政机关流动进入行业协会的工作人员，可比照执行党政机关机构改革分流人员的政策待遇。有关部门要制定具体政策措施切实解决行业协会工作人员的职称评定等工作，行业协会的管理部门要加强对行业协会各层次专职人员的培训。

八、完善行业协会的管理体制

23. 为加强对行业协会改革与发展的宏观协调，成立省行业协会改革与发展工作领导小组，领导小组由分管副省长任组长，省改革开放办、经贸委、财政厅、民政厅、司法厅、建设厅、农业厅、法制办、编办、工商联、人行福州中心支行等单位领导参加；领导小组下设办公室，挂靠省改革开放办，其主要职责是：负责全省行业协会的发展规划、布局调整、政策制定和宏观协调。

24. 民政部门作为行业协会登记管理机关，主要负责行业协会的设立、变更、注销的登记，对行业协会实施年检和依法实施监督管理。

25. 政府有关部门是相关行业业务的主管部门，负责对行业协会所涉及的产业发展、行业规范有关事务进行业务指导和监督管理，对行业协会设立、变更、终止进行初审等工作。政府有关行业主管部门可委托综合性社会团体对行业协会进行业务指导。对工商联系统所属的同业公会或同业商会，可继续在县(市)和乡镇两级进行试点，工商联继续作为这部分同业公会或同业商会的联系与指导部门，民政部门要支持这些同业公会或同业商会依法进行社团登记。

·环　保·

关于印发《关于加强建筑工程室内环境质量管理的若干意见》的通知

建办质[2002]17号

各省、自治区建设厅，直辖市建委，国务院有关部门建设司：

为了更好地贯彻执行国家标准《民用建筑工程室内环境污染控制规范》，加强对建设工程勘察、设计、施工、验收阶段的管理，我部制定了《关于加强建筑工程室内环境质量管理的若干意见》，现印发给你们，请各地结合实际，贯彻执行。

中华人民共和国建设部办公厅

二OO二年三月一日

关于加强建筑工程室内环境质量管理的若干意见

为了预防和控制新建、扩建、改建的民用建筑工程室内环境污染，建设部制定了《民用建筑工程室内环境污染控制规范》（以下简称《规范》），对建筑工程室内氡、甲醛、苯、氨、总挥发性有机化合物（TVOC）含量的控制指标作了规定。这是我国第一部控制室内环境污染的工程建设强制性标准，将从颁布之日起施行。现就贯彻执行《规范》和加强建筑工程室内环境质量管理提出以下意见。

一、提高对建筑工程室内环境污染严重性和控制室内环境污染紧迫性的认识。近年来由于建筑工程环境污染日益严重，已引起社会各界的关注。有关部门制定的建筑和装修材料的环境指标，以及《规划》的颁布实施，基本形成了控制建筑工程室内环境污染的技术标准体系。各地建设行政主管部门要把控制室内环境污染作为确保建筑工程质量和居民身体健康的一项重要工作，抓实抓好。

二、在勘察设计和施工过程中严格执行《规范》。各地要组织工程建设有关单位学习《规范》，对有关人员进行室内环境污染与控制知识的培训。勘察设计单位要在工程勘察和室内通风、装饰装修设计中充分考虑室内环境污染控制。施工单位和监理单位要作好材料进场检验工作，凡无出厂环境指标检验报告或者放射性指标、有害物质含量指标超标的产品不得使用在工程上。积极引导和鼓励勘察、设计、施工企业贯彻ISO14000环境管理体系认证，不断改进施工工艺，开展洁净生产。

三、建立民用建筑工程室内环境竣工验收检测制度。建筑工程竣工时，建设单位要按照《规范》要求对室内环境质量检查验收，委托经考核认可的检测机构对建筑工程室内氡、甲醛、苯、氨、总挥发性有机化合物（TVOC）的含量指标进行检测。建筑工程室内有害物质含量指标不符合《规范》规定的，不得投入使用。

从事建筑工程室内环境质量检测的机构要经过有关部门认证后，方可从事建筑工程室内环境质量检测。

四、加强对建筑工程室内环境质量的监督管理。各级工程质量监督机构应将建筑工程室内环境质量作为工程质量监督的重要内容之一。在工程质量监督机构报送给工程竣工验收备案机关的工程质量监督报告中，应包括对建筑工程室内环境质量监督的结论性意见。备案机关发现建筑工程室内环境质量不符合规范规定的，不得同意备案。对于施工单位不按照设计图纸和强制性标准施工，或者使用国家明令淘汰的建筑材料的，使用没有出厂检验报告的建筑材料，不按规定对有关建筑材料进行有害物质含量指标复验的，要根据《建设工程质量管理条例》第六十四条、第六十五条规定对现任单位进行处罚。对于建设单位在竣工验收时不对室内有害物质含量进行检查，或检查不合格擅自投入使用的，要根据《建设工程质量管理条例》第五十八条规定对现任单位进行处罚。

室内装饰装修材料有害物质限量 10项强制性国家标准

国家质量监督检验检疫总局

（自2002年7月1日起施行）

一、内装饰装修材料溶剂型木器涂料中有害物质限量

本标准适用于室内装饰装修用溶剂型木器涂料，其他树脂类型和其他用途的室内装饰装修用溶剂型涂料可参照使用。

项　目		限量值		
		硝基漆类	聚氨酯漆类	醇酸漆类
挥发性有机化合物（VOC）[a]/（g/L）≤		750	光泽（60°）≥80，600 光泽（60°）<80，700	550
苯[b]/%≤		0.5		
甲苯和二甲苯总和[b]/%≤		45	40	10
游离甲苯二异氰酸酯（TDI）[c]/%≤		—	0.7	—
重金属（限色漆）(mg/kg) ≤	可溶性铅	90		
	可溶性镉	75		
	可溶性铬	60		
	可溶性汞	60		

a 按产品规定的配比和稀释比例混合后测定。如稀释剂的使用量为某一范围时，应按照推荐的最大稀释量稀释后进行测定

b 如产品规定了稀释比例或产品由双组分或多组分组成时，应分别测定稀释剂和各组分中的含量，再按产品规定的配比计算混合后涂料中的总量。如稀释剂的使用量为某一范围时，应按照推荐的最大稀释量进行计算

c 如聚氨酯漆类规定了稀释比例或由双组分或多组分组成时，应先测定固化剂（含甲苯二异氰酸酯预聚物）中的含量，再按产品规定的配比计算混合后涂料中的含量。如稀释剂的使用量为某一范围时，应按照推荐的最小稀释量进行计算

本标准不适于水性木器涂料。

包装标志

产品包装标志除应符合GB/T9750—1998的规定外，按本标准检验合格的产品可在包装标志上明示。

对于由双组分或多组分配套组成的涂料，包装标志上应明确各组分配比。对于施工时需要稀释的涂料，包装标志上应明确稀释比例。

安全涂装及防护

涂装时应保证室内通风良好，并远离火源。

涂装方式尽量采用刷涂。

涂装时施工人员应穿戴好必要的防护用品。

涂装完成后继续保持室内空气流通。

涂装后的房间在使用前应空置一段时间。

二、室内装饰装修材料内墙涂料中有害物质限量

本标准规定了室内装饰装修用墙面涂料中对人体有害物质容许限值的技术要求、试验方法、检验规则、包装标志、安全漆装及防护等内容。

本标准适用于室内装饰装修用水性墙面涂料。

有害物质限量要求

项　目		限量值
挥发性有机化合物（VOC）/（g/L）≤		200
游离甲醛（g/kg）	≤	0.1
重金属（mg/kg）	可溶性铅≤	90
	可溶性镉≤	75
	可溶性铬≤	60
	可溶性汞≤	60

本标准不适用于以有机物作为溶剂的内墙涂料。

包装标志

产品包装标志除应符合GB//T9750—1998的规定外，按本标准合格的产品可在包装标志上明示。

安装涂装及防护

涂装时应保证室内通风良好。

涂装方式尽量采用刷涂。

涂装时施工人员应穿戴好必要的防护用品。

涂装完成后继续保持室内空气流通。

入住前保证涂装后的房间空置一段时间。

三、室内装饰装修材料胶黏剂中有害物质限量

本标准规定了室内建筑装饰装修用胶粘剂中有害物质限量及其试验方法。

本标准适用于室内建筑装饰装修用胶粘剂。

溶剂型胶黏剂中有害物质限量值

项　目	指　标		
	橡胶胶黏剂	聚氨酯类胶黏剂	其他胶黏剂
游离甲醇（g/kg）≤	0.5	—	—
苯[1]/（g/kg）≤	5		
甲苯+二甲苯/（g/kg）≤	200		
甲苯二异氰酸酯/（g/kg）≤	—	10	—
总挥发性有机物（g/L）≤	750		

注：1）苯不能作为溶剂使用，作为杂质其最高含量不得大于表的规定

水基型胶粘剂中有害物质限量值

项　目	指　标				
	缩甲醛类胶黏剂	聚乙酸乙烯酯胶黏剂	橡胶类胶黏剂	聚氨酯类胶黏剂	其他胶黏剂
游离甲醇(g/kg)≤	1	1	1	—	1
苯/(g/kg)≤	0．2				
甲苯+二甲苯/(g/kg)≤	10				
总挥发性有机物/(g/L)≤	50				

用于室内装饰装修材料的胶粘剂产品，必须在包装上标明本标准规定的有害物质名称及其含量。

四、室内装饰装修材料人造板及其制品中甲醛释放限量

本标准规定了室内装饰装修用人造板及其制品（包括地板、墙板等）中甲醛释放量的指标值、试验方法和检验规则。

本标准适用于释放甲醛的室内装饰装修用各类人造板及其制品。

人造板及其制品中甲醛释放量试验方法及限量值

产品名称	试验方法	限量值	使用范围	限量标志[b]
中密度纤维板、高密度纤维板、刨花板、定向刨花板等	穿孔萃取法	≤90mg/100g	可直接用于室内	E_1
		≤30mg/100g	必须饰面处理后可允许用于室内	E_2
胶合板、装饰单板贴面胶合板、细木工板等	干燥器法	≤1.5mg/L	可直接用于室内	E_1
		≤5.0mg/L	必须饰面处理后可允许用于室内	E_2
饰面人造板（包括浸渍纸层压木质地板、实木复合地板、竹地板、浸渍胶膜纸饰面人造板等）	气候箱法[a]	≤0.12mg/m^3	可直接用于室内	E_2
	干燥器法	≤1.5mg/L		

a 仲裁时采用气候箱法

bE_1为可直接用于室内的人造板，E_2为必须饰面处理后允许用于室内的人造板

五、室内装饰装修材料木家具中有害物质限量

本标准适用于室内使用的各类木家具产品。

术语和定义

本标准采用下列术语和定义。

甲醛释放量

家具的人造板试件通过BG/T17657—1999中4.12规定的24h干燥器法试验测得的甲醛释放量。

可溶性重金属含量

家具表面色漆涂层中通过GB/T9758—1988中规定的试验方法测得的可溶性铅、镉、铬、汞重金属的含量。

有害物质限量要求

项　目		限量值
甲醛释放量（mg/L）		≤1.5
重金属含量（限色漆）（mg/kg）	可溶性铅	≤90
	可溶性镉	≤75
	可溶性铬	≤60
	可溶性汞	≤60

六、室内装饰装修材料聚氯乙烯卷材地板中有害物质限量

本标准适用于以聚氯乙烯树脂为主要原料并加入适当助剂，用涂敷、压延、复合工艺生产的发泡或不发泡的、有基材或无基材的聚氯乙烯卷材地板(以下简称为卷材地板)，也适用于聚氯乙烯复合铺炕革、聚氯乙烯车用地板。

要求

氯乙烯单体限量

卷材地板聚氯乙烯层中氯乙烯单体含量应不大于5mg/kg。

可溶性重金属限量

卷材地板中不得使用铅盐助剂；作为杂质，卷材地板中可溶性铅含量应不大于20mg/m^2。卷材地板中可溶性镉含量应不大于20mg/m^2。

挥发物的限量（单位：g/m^2）

发泡类卷材地板中挥发物的限量		非发泡类卷材地板中挥发物的限量	
玻璃纤维基材	其他基材	玻璃纤维基材	其他基材
≤75	≤35	≤40	≤10

七、混凝土外加剂中释放氨的限量

本标准规定了混凝土外加剂中释放氨的限量。

本标准适用于各类具有室内使用功能的建筑用、能释放氨的混凝土外加剂，不适用于桥梁、公路及其他室外工程用混凝土外加剂。

要求：混凝土外加剂中释放氨的量≤0.10%(质量分数)。

八、室内装饰装修材料壁纸中有害物质限量

本标准规定了壁纸中的重金属（或其他）元素、氯乙烯单体及甲醛三种有害物质的限量、试验方法和检验规则。

本标准主要适用于以纸为基材的壁纸。主要以纸为基材，通过胶黏剂贴于墙面或天花板上的装饰材料，不包括墙毡及其他类似的墙挂。

壁纸中的有害物质限量值（单位：mg/kg）

有害物质名称		限量值
重金属（或其他）元素	钡	≤1000
	镉	≤25
	铬	≤60
	铅	≤90
	砷	≤8
	汞	≤20
	硒	≤165
	锑	≤20
氯乙烯单体		≤1.0
甲醛		≤120

九、室内装饰装修材料地毯中有害物质释放限量

有害物质释放限量（单位：mg/m^2h）

序号	有害物质测试项目	限量	
		A级	B级
1	总挥发性有机化合物（TVOC）	≤0.500	≤0.600
2	甲醛（Formaldehyde）	≤0.050	≤0.050
3	苯乙烯(Styrene)	≤0.400	≤0.500
4	4—苯基环己烯（4—Phenylcyclohexene）	≤0.050	≤0.050

地毯衬垫有害物质释放限量（单位：mg/m^2h）

序号	有害物质测试项目	限量	
		A级	B级
1	总挥发性有机化合物（TVOC）	≤1.000	≤1.200
2	甲醛（Formaldehyde）	≤0.050	≤0.050
3	丁基羟基甲苯BHT—butylatedhydroxytoluene	≤0.030	≤0.030
4	4—苯基环己烯（4—Phenylcyclohexene）	≤0.050	≤0.050

地毯胶粘剂有害物质释放限量（单位：mg/m^2h）

序号	有害物质测试项目	限量	
		A级	B级
1	总挥发性有机化合物（TVOC）	≤10.000	≤12.000
2	甲醛（Formaldehyde）	≤0.050	≤0.050
3	2—乙基己醇（2—ethy1—1—hexanol）	≤3.000	≤3.500

A级为环保型产品，B级为有害物质释放限量合格产品。

在产品标签上，应标识产品有害物质释放量的级别。

十、建筑材料放射性核素限量

本标准规定了建筑材料中天然放射性核素镭—226、钍—232、钾—40放射性比活度的限量和试验方法。

本标准适用于建造各类建筑物所使用的无机非金属类建筑材料，包括掺工业废渣的建筑材料。

建筑材料

本标准中建筑材料是指：用于建造各类建筑物所使用的无机非金属类材料。

本标准将建筑材料分为：建筑主体材料和装修材料。

建筑主体材料

用于建造建筑物主体工程所使用的建筑材料。包括：水泥与水泥制品、砖、瓦、混凝土、混凝土预制构件、砌块、墙体保温材料、工业废渣、掺工业废渣的建筑材料及各种新型墙体材料等。

装修材料

用于建筑物室内、外饰面用的建筑材料。包括：花岗石、建筑陶瓷、石膏制品、吊顶材料、粉刷材料及其他新型饰面材料等。

建筑主体材料放射性核素限量

当建筑主体材料中天然放射性核素镭—226、钍—232、钾—40的放射性比活度同时满足 $I_{Ra}≤1.0$ 和 $I_r≤1.0$ 时，其产销与使用范围不受限制。

对于空心率大于25%的建筑主体材料，其天然放射性核素镭—226、钍—232、钾—40的放射性比活度同时满足 $I_{Ra}≤1.0$ 和 $I_r≤1.3$ 时，其产销与使用范围不受限制。

装修材料放射性核素限量

本标准根据装修材料放射性水平大小划分为以下三类：

A类装修材料

装修材料中天然放射性核素镭—226、钍—232、钾—40的放射性比活度同时满足 $I_{Ra}≤1.0$ 和 $I_r≤1.3$ 要求的为A类装修材料。A类装修材料产销与使用范围不受限制。

B类装修材料

不满足A类装修材料要求但同时满足 $I_{Ra}≤1.3$ 和 $I_r≤1.9$ 要求的为B类装修材料。B类装修材料不可用于Ⅰ类民用建筑的内饰面，但可用于Ⅰ类民用建筑的外饰面及其他一切建筑物的内、外饰面。

C类装修材料

不满足A、B类装修材料要求但满足 $I_r≤2.8$ 要求的为C类装修材料。C类装修材料只可用于建筑物的外饰面及室外其他用途。

$I_r>2.8$ 的花岗石只可用于碑石、海堤、桥墩等人类很少涉及的地方。

其他要求

使用废渣生产建筑材料产品时，其产品放射性水平应满足本标准要求。

当企业生产更换原料来源或配比时，必须预先进行放射性核素比活度检验，以保证产品满足本标准要求。

花岗石矿床勘查时，必须用本标准中规定的装修材料分类控制值对花岗石矿床进行放射性水平的预评价。

装修材料生产企业按照本标准要求，在其产品包装或说明书中注明其放射性水平类别。

各企业进行产品销售时，应持具有资质的检测机构出具的，符合本标准规定的天然放射性核素检验报告。

在天然放射性较高地区，单纯利用当地原材料生产的建筑材料产品，只要其放射性比活度不大于当地地表土壤中相应天然放射性核素平均本底水平的，可限在本地区使用。

以上标准由中华人民共和国国家质量监督检验检疫总局发布。

自2002年1月1日起，生产企业生产的产品应执行该国家标准，过渡期6个月；自2002年7月1日起，市场上停止销售不符合该国家标准的产品。

关于实施室内装饰装修材料有害物质限量10项强制性国家标准的通知

国质检标函[2002]392号

各省、自治区、直辖市及计划单列市、副省级市质量技术监督局，各直属检验检疫局，各有关单位：

根据国务院领导同志的重要批示，国家标准化管理委员会组织有关部门制定并发布了室内装饰装修材料有害物质限量10项强制性国家标准（编号和名称见附件），自2002年1月1日起执行。自2002年7月1日起，市场上停止销售不合该10项国家标准的室内装饰装修材料。

为更好地贯彻实施以上国家标准，确保广大消费者人身健康，现就有关工作通知如下：

一、广泛开展宣传贯彻活动

（一）室内装饰装修材料有害物质限量10项国家标准统一宣传贯彻教材已正式出版发行。请各省、自治区、直辖市和计划单列市、副省级市质量技术监督局及全国各有关专业标准化技术委员会结合本地区或本行业实际，按此教材，开展实施工作。同时，可配合中国标准化协会组织的标准宣传贯彻工作，对本地区生产企业执行标准情况进行摸底，督促生产企业完善产品检验手段，做好有关标准实施的技术咨询服务工作。

（二）请各地质量技术监督部门组织有关单位及新闻媒体（电视台、广播电台、报刊和杂志等）联合举办各种面向社会、形式多样、生动活泼的知识性宣传及咨询服务活动。

二、做好有关产品生产许可证和强制性认证工作，公布各地具有资质的检验机构情况

（一）对室内装饰装修材料10项强制性国家标准涉及的产品实施工业产品生产许可证或强制性认证制度。

（二）国家认证认可监督管理委员会将于近期对检测机构和实验室进行计量认证、认可或对其进行有关检验项目的扩项，公布一批具有资质的检验机构。

三、加大监督检查力度

（一）今年下半年，总局将组织有关检验机构对部分室内装饰装修材料产品进行国家监督抽查，并及时发布产品质量国家监督抽查结果，对不合格产品予以曝光。请各省级质量技术监督部门针对抽查中反映的问题，做好处理工作，督促产品质量不合格企业认真整改，按时复查，并结合各地情况安排好监督检查工作。

（二）根据《室内装饰装修材料溶剂型木器涂料中有害物质限量》（GB18581—2001）和《室内装饰装修材料内墙涂料中有害物质限量》（18582—2001）强制性国家标准，各地要将涂料作为今年下半年建材专项打假的重要内容来抓：一要加大对各涂料生产企业产品的执法检查力度，严厉打击生产不符合强制性国家标准产品的违法行为；二要端掉一批涂料制假数量大、时间长、危害面广的制假窝点；三要开展涂料区域性质量整治工作，各省、自治区、直辖市质量技术监督局要根据本地区涂料生产企业分布情况，对产品质量低劣、生产和检测条件简陋、管理混乱，特别是制造假冒伪劣产品问题严重的作坊式企业，提请有关部门予以取缔。

附件：10项国家标准编号及名称

中华人民共和国国家质量监督检验检疫总局

二〇〇二年六月二十五日

附件：

10项国家标准编号及名称

1．GB18580—2001《室内装饰装修材料人造板及其制品中甲醛释放限量》

2．GB18581—2001《室内装饰装修材料溶剂型木器涂料中有害物质限量》

3．GB18582—2001《室内装饰装修材料内墙涂料中有害物质限量》

4．GB18583—2001《室内装饰装修材料胶黏剂中有害物质限量》

5．GB18584—2001《室内装饰装修材料木家具中有害物质限量》

6．GB18585—2001《室内装饰装修材料壁纸中有害物质限量》

7．GB18586—2001《室内装饰装修材料聚氯乙烯卷材地板中有害物质限量》

8．GB18587—2001《室内装饰装修材料地毯、地毯衬垫及地毯胶黏剂有害物质释放限量》

9．GB18588—2001《混凝土外加剂中释放氨的限量》

10．GB6566—2001《建筑材料放射性核素限量》

首批达到水性涂料环境标志产品技术要求的产品名单

2002 年 3 月，国家环境保护总局颁布实施新的水性涂料环境标志产品技术要求（HBC12-2002），规定内墙涂料的有机挥发物 TVOC（扣除水份）含量应小于 100g/l，外墙涂料应小于 200g/l。

下列 30 家企业生产的产品为首批达到水性涂料环境标志产品技术要求的产品。

企业名称	产品名称	证书编号
卜内门太古漆油（中国）有限公司	多乐士、DULUX、卡普林诺、CUPRINOL、幻色家、MAXILITE、晴雨、WEATHERSHIELD 牌、A965 幻色家哑光墙面漆、A960 幻色家半光墙漆、A914—65965 幻色家底漆、A965 多乐士皓白墙面漆、A966 多乐士第 2 代五合一墙面漆、A952 多乐士弹性晴雨漆、A194—103 多乐士防水弹性中层漆、A194—105 多乐士弹性中层漆、A867 多乐士浮雕中层漆、A931—65913 多乐士底漆、A931—18177 多乐士抗碱底漆、C816 卡普林诺水性木器清漆（哑光）、C816 卡普林诺水性木器清漆（高光）C816 卡普林诺水性木器底漆、A959 梦色家半光墙面漆、A901 梦色家哑光墙面漆、A907 工程乳胶漆、A949 工程专用外墙漆、A914—65946 工程专用底漆	SCCEL—002—045
立邦涂料（中国）有限公司	立邦牌乳胶漆	SCCEL—002—080
廊坊立邦涂料有限公司	立邦牌乳胶漆	SCCEL—002—049
立邦涂料（广州）有限公司	立邦牌乳胶漆	SCCEL—002—074
中国电子进出口东方贸易公司	芬琳牌内、外墙涂料，通用底漆、防水涂料、室内木器漆、室内木器底漆、室内木器清漆	SCCEL—002—082
山东泰山史宾莎涂料有限公司	泰山史宾莎牌内、外墙乳胶涂料	SCCEL—002—092
上海阿帝兰实业发展有限公司	Artilian 牌内、外墙乳胶漆，内墙灭虫乳胶漆，水性木器漆；霸王画牌内、外墙乳胶漆，内墙灭虫乳胶漆；Fragonard 牌、YAHUANG 牌内、外墙乳胶漆	SCCEL—002—099
顺德市嘉乐士化学企业有限公司	嘉乐士牌乳胶漆	SCCEL—002—040
北京富亚涂料有限公司	富亚牌内、外墙乳胶漆；富亚牌复层涂料、水性木器清漆、耐水柔韧腻子。	SCCEL—002—095
中山市巴德士化工有限公司	巴德士牌大澳内、外墙乳胶漆 巴德士牌大帅内、外墙乳胶漆 巴德士牌别克内、外墙乳胶漆 巴德士牌海豹内、外墙乳胶漆	SCCEL—002—043
广州秀珀化工有限公司	秀珀牌、SUPE（图形）牌内、外墙乳胶漆；水性还氧地坪漆	SCCEL—002—102
东莞秉顺制漆有限公司	CSP 型防霉内墙乳胶漆、CC 型内墙乳胶漆、MA487 型内墙乳胶漆	SCCEL—002—088
广东赛特国际集团化学工业有限公司	SAT 牌内、外墙乳胶漆、SAT 牌水性木器漆	SCCEL—002—089
新疆华生化工涂料有限公司	HS 华生牌内墙乳胶漆	SCCEL—002—090
新疆银河（集团）涂料公司	花之丽牌内、外墙乳胶漆	SCCEL—002—091
上海汇丽（集团）一厂	汇丽牌外墙乳胶漆	SCCEL—002—087
山东乐化漆业股份有限公司	乐化牌合成树脂内、外墙乳胶漆	SCCEL—002—093
山东省建筑科学研究院、山东省建筑科学研究院科技开发中心	科韵牌内、外墙乳胶漆	SCCEL—002—094
北京星光苑装饰工程有限责任公司	星光苑牌仿石涂料、复层建筑涂料、内墙耐擦洗涂料、内墙乳胶漆	SCCEL—002—096
承德兴华化工有限公司	珂丽牌内、外墙涂料	SCCEL—002—097
中山钟意制漆厂有限公司	钟意、高尔、金飞马牌内、外墙漆胶漆	SCCEL—002—098
邱氏（湖北）涂料有限公司	钻丽、爱司克丝、必特思牌环保内、外墙乳胶漆	SCCEL—002—100
顺德市澳贝化工有限公司、顺德市汇龙涂料实业有限公司	澳贝牌、汇龙牌内、外墙乳胶漆	SCCEL—002—101
东莞大宝化工制品有限公司	大宝漆宝中宝内墙乳胶漆	SCCEL—002—103
浙江环球制漆集团股份有限公司	金瀛牌乳胶漆	SCCEL—002—019
深圳市宝光工业有限公司	宝丽牌乳胶漆	SCCEL—002—022
杭州亚士油漆有限公司	亚士牌乳胶漆	SCCEL—002—027
福州福川化学有限公司	海峡牌乳胶漆	SCCEL—002—039
新疆灯塔电河涂料有限公司	灯塔牌乳胶漆	SCCEL—002—036
新会嘉宝莉化工有限公司	嘉宝莉、千色花、燕巢、龙特利、威雅莉内、外墙乳胶漆	SCCEL—002—086
上海拜伦公司	鲨克牌内、外墙乳胶漆	SCCEL—002—104

（原载 2002 年 8 月 29 日《中国建设报·涂料专刊》）

关于天津市贯彻实施“室内装饰装修材料有害物质限量”国家强制性标准的意见

津质技监局标[2002]91号

各区县质量技术监督局、各有关局（总公司）、市质量技术监督稽查大队及各有关质检机构、各生产经营单位：

国家质量监督检验检疫总局（下称国家质检总局）已于2001年12月10日批准发布了“室内装饰装修材料有害物质限量”10项强制性国家标准，分别是：GB18580—2001《室内装饰装修材料　人造板及其制品中甲醛释放限量》；GB18581—2001《室内装饰装修材料　溶剂型木器涂料中有害物质限量》；GB18582—2001《室内装饰装修材料　内墙涂料中有害物质限量》；GB18583—2001《室内装饰装修材料　胶黏剂中有害物质限量》；GB18584—2001《室内装饰装修材料　木家具中有害物质限量》；GB18585—2001《室内装饰装修材料　壁纸中有害物质限量》；GB18586—2001《室内装饰装修材料　聚氯乙烯卷材地板中有害物质限量》；GB18587—2001《室内装饰装修材料　地毯、地毯衬垫及地毯胶黏剂有害物质释放限量》；GB18588—2001《混凝土外加剂中释放氨的限量》；GB6566—2001《建筑材料放射性核素限量》。为了保障人民群众的身体健康，提高生活质量，保护消费者和生产经营者的合法权益，按照国家质检总局的统一部署，结合我市室内装饰装修材料生产经营的具体情况，提出以下贯彻实施意见，请各有关单位遵照执行。

一、各级标准化行政主管部门及有关标准化技术机构要及时组织好“室内装饰装修材料有害物质限量”强制性国家标准的宣贯工作，帮助企业解决贯彻实施中的具体问题。各区县质量技术监督局、各有关局（总公司）标准化机构要帮助企业尽快做好标准的制修订和备案登记工作，抓住生产源头，确保室内装饰装修材料产品符合标准要求。市质量技术监督信息研究所要采取措施。为企业贯彻实施标准提供有效的标准信息咨询服务。

二、自2002年1月1日起，我市生产室内装饰装修材料的企业必须严格按照国家强制性标准组织生产，不符合标准的产品不得出厂。同时生产企业应认真学习消化标准，严把原材料、辅料入厂关，调整生产工艺，加强生产过程中的质量管理和检验，完善质量保证体系，确保本企业生产的产品符合国家强制性标准，满足市场需要。

三、自2002年7月1日起，我市市场不得销售不符合国家强制性标准的室内装饰装修材料。在我市销售涉及国家强制性标准的室内装饰装修材料实行市场准入制度，具体办法及程序如下：

1. 各经营单位须提供所经销的室内装饰装修材料贯彻实施国家强制性标准的产品执行标准文本（或复印件）。

2. 各经营单位须提供与产品执行标准相符并经认可的省级以上质量监督检测机构出具的产品符合国家强制性标准的检验合格报告。

3. 经各级质量技术监督部门核查无误后，由室内装饰装修材料产品经营者签署承诺经营符合国家强制性标准产品的保证书（正副本），并将正本悬挂于经营场所。

4. 经我局授权的质检机构逐批抽样检测合格的产品，经营者可粘贴由市质量技术监督局统一制作的该产品符合国家强制性标准的专用标志。

四、各类批发零售室内装饰装修材料的市场经营者，对不符合国家强制性标准的室内装饰装修材料产品和不符合市场准入条件的，不得提供经营场所。

五、各建筑施工单位、各装饰装修施工单位也须严格执行国家强制性标准，使用符合国家强制性标准的装饰装修材料。

六、各相关质量检验机构应尽快熟悉、掌握标准，完善必要的工作条件，在市质量技术监督局授权下，承担质量检验任务。

七、各级质量技术监督行政执法部门按照各自职能，依据相关法律法规规定开展质量监督抽查和行政执法稽查。对违反国家强制性标准的生产、经营行为和提供假冒伪劣产品经营场所的违法行为，依法惩处，严厉打击。

天津市质量技术监督局

二〇〇二年三月七日

·综　合·

关于建设行业生产操作人员实行职业资格证书制度有关问题的通知

建人教[2002]73 号

各省、自治区建设厅、劳动和社会保障厅，陕西省交通厅，直辖市建委、劳动和社会保障局及有关部门，新疆生产建设兵团建设局、劳动保障局，国务院有关部门：

为了贯彻落实国家职业资格证书制度，加快提高建设行业职工队伍素质，根据《劳动法》和《建筑法》的有关规定，在建设行业实行职业资格证书制度。现将有关问题通知如下：

一、建设行业实行职业资格证书制度的工种（职业）范围是：建设行业内各类企、事业单位施工、生产、服务的技术工种。技术工种（职业）目录依据《中华人民共和国职业分类大典》、《中华人民共和国工种分类目录》确定。

二、各级建设行政主管部门和劳动保障行政主管部门要紧密配合、加强协作，按照建立健全国家职业资格证书制度的总体要求，结合当地建设行业实际情况，认真做好建设行业的职业技能培训和职业技能鉴定工作。各地劳动保障行政主管部门要加强对建设职业技能培训与鉴定工作的指导，切实履行综合管理和监督检查职能，做好统筹规划、质量督导工作。各地建设行政主管部门要在劳动保障行政主管部门的综合管理和指导下，组织实施本地区建设行业的职业技能培训、鉴定工作，并按照统一标准、统一命题、统一考核管理、统一证书的原则及规定的程序开展鉴定工作。

三、建设行业从业人员，经职业技能鉴定合格者，由劳动保障行政主管部门和建设行政主管部门共同核发劳动保障部统一印制的《职业资格证书》，并在《职业资格证书》上加盖劳动保障行政主管部门和建设行政主管部门印章。职业资格证书的填写、编码和打印，按劳动保障部的有关规定执行。职业技能鉴定的收费管理按《财政部国家计委关于考试收费管理有关问题的通知》（财综[2001]4 号）执行。

四、特种作业人员的培训和资格证书的核发，按国家有关部门的规定执行。对建设行业涉及国家财产和人民生命安全的关键岗位的持证上岗，按建设部有关规定执行。

五、对原《建设职业技能岗位证书》按规定需换发《职业资格证书》的，采取逐步过渡的办法。过渡期间《建设职业技能岗位证书》继续有效，待持证者升级或转岗时，按规定进行培训与鉴定，合格后核发《职业资格证书》。

六、各地区要按照《招用技术工种从业人员规定》（劳动保障部令第 6 号）和《建筑业企业资质管理规定》（建设部令第 87 号）对生产作业人员的持证上岗要求，实行就业准入和持证上岗制度。

各省、自治区、直辖市建设和劳动保障行政主管部门可根据本通知精神，结合本地区实际情况，制定具体实施办法。

中华人民共和国建设部
中华人民共和国劳动和社会保障部
二 OO 二年三月二十日

外商投资建筑业企业管理规定

中华人民共和国建设部　中华人民共和国对外贸易经济合作部令
第 113 号

《外商投资建筑业企业管理规定》已经 2002 年 9 月 9 日建设部第 63 次常务会议和 2002 年 9 月 17 日对外贸易经济合作部第 10 次部长办公会议审议通过，现予发布，自 2002 年 12 月 1 日起施行。

建设部部长　　汪光焘
对外贸易经济合作部部长　石广生
二〇〇二年九月二十七日

外商投资建筑业企业管理规定

第一章　总　则

第一条　为进一步扩大对外开放，规范对外商投资建筑业企业的管理，根据《中华人民共和国建筑法》、《中华人民共和国招标投标法》、《中华人民共和国中外合资经营企业法》、《中华人民共和国中外合作经营企业法》、《中华人民共和国外资企业法》、《建设工程质量管理条例》等法律、行政法规，制定本规定。

第二条　在中华人民共和国境内设立外商投资建筑业企业，申请建筑业企业资质，实施对外商投资建筑业企业监督管理，适用本规定。

本规定所称外商投资建筑业企业，是指根据中国法律、法规的规定，在中华人民共和国境内投资设立的外资建筑业企业、中外合资经营建筑业企业以及中外合作经营建筑业企业。

第三条　外国投资者在中华人民共和国境内设立外商投资建筑业企业，并从事建筑活动，应当依法取得对外贸易经济行政主管部门颁发的外商投资企业批准证书，在国家工商行政管理总局或者其授权的地方工商行政管理局注册登记，并取得建设行政主管部门颁发的建筑业企业资质证书。

第四条　外商投资建筑业企业在中华人民共和国境内从事建筑活动，应当遵守中国的法律、法规、规章。

外商投资建筑业企业在中华人民共和国境内的合法经营活动及合法权益受中国法律、法规、规章的保护。

第五条　国务院对外贸易经济行政主管部门负责外商投资建筑业企业设立的管理工作；国务院建设行政主管部门负责外商投资建筑业企业资质的管理工作。

省、自治区、直辖市人民政府对外贸易经济行政主管部门在授权范围内负责外商投资建筑业企业设立的管理工作；省、自治区、直辖市人民政府建设行政主管部门按照本规定负责本行政区域内的外商投资建筑业企业资质的管理工作。

第二章　企业设立与资质的申请和审批

第六条　外商投资建筑业企业设立与资质的申请和审批，实行分级、分类管理。

申请设立施工总承包序列特级和一级、专业承包序列一级资质外商投资建筑业企业的，其设立由国务院对外贸易经济行政主管部门审批，其资质由国务院建设行政主管部门审批；申请设立施工总承包序列和专业承包序列二级及二级以下、劳务分包序列资质的，其设立由省、自治区、直辖市人民政府对外贸易经济行政主管部门审批，其资质由省、自治区、直辖市人民政府建设行政主管部门审批。

中外合资经营建筑业企业、中外合作经营建筑业企业的中方投资者为中央管理企业的，其设立由国务院对外贸易经济行政主管部门审批，其资质由国务院建设行政主管部门审批。

第七条　设立外商投资建筑业企业，申请施工总承包序列特级和一级、专业承包序列一级资质的程序：

（一）申请者向拟设立企业所在地的省、自治区、直辖市人民政府对外贸易经济行政主管部门提出设立申请。

（二）省、自治区、直辖市人民政府对外贸易经济行政主管部门在受理申请之日起30日内完成初审，初审同意后，报国务院对外贸易经济行政主管部门。

（三）国务院对外贸易经济行政主管部门在收到初审材料之日起10日内将申请材料送国务院建设行政主管部门征求意见。国务院建设行政主管部门在收到征求意见函之日起30日内提出意见。国务院对外贸易经济行政主管部门在收到国务院建设行政主管部门书面意见之日起30日内作出批准或者不批准的书面决定。予以批准的，发给外商投资企业批准证书;不予批准的，书面说明理由。

（四）取得外商投资企业批准证书的，应当在30日内到登记主管机关办理企业登记注册。

（五）取得企业法人营业执照后，申请建筑业企业资质的，按照建筑业企业资质管理规定办理。

第八条　设立外商投资建筑业企业，申请施工总承包序列和专业承包序列二级及二级以下、劳务分包序列资质的程序，由各省、自治区、直辖市人民政府建设行政主管部门和对外贸易经济行政主管部门，结合本地区实际情况，参照本规定第七条以及建筑业企业资质管理规定执行。

省、自治区、直辖市人民政府建设行政主管部门审批的外商投资建筑业企业资质，应当在批准之日起30日内报国务院建设行政主管部门备案。

第九条　外商投资建筑业企业申请晋升资质等级或者增加主项以外资质的，应当依照有关规定到建设行政主管部门办理相关手续。

第十条　申请设立外商投资建筑业企业应当向对外贸易经济行政主管部门提交下列资料：

（一）投资方法定代表人签署的外商投资建筑业企业设立申请书；

（二）投资方编制或者认可的可行性研究报告；

（三）投资方法定代表人签署的外商投资建筑业企业合同和章程（其中，设立外资建筑业企业的只需提供章程）；

（四）企业名称预先核准通知书；

（五）投资方法人登记注册证明、投资方银行资信证明；

（六）投资方拟派出的董事长、董事会成员、经理、工程技术负责人等任职文件及证明文件；

（七）经注册会计师或者会计事务所审计的投资方最近三年的资产负债表和损益表。

第十一条　申请外商投资建筑业企业资质应当向建设行政主管部门提交下列资料：

（一）外商投资建筑业企业资质申请表；

（二）外商投资企业批准证书；

（三）企业法人营业执照；

（四）投资方的银行资信证明；

（五）投资方拟派出的董事长、董事会成员、企业财务负责人、经营负责人、工程技术负责人等任职文件及证明文件；

（六）经注册会计师或者会计师事务所审计的投资方最近三年的资产负债表和损益表；

（七）建筑业企业资质管理规定要求提交的资料。

第十二条　中外合资经营建筑业企业、中外合作经营建筑业企业中方合营者的出资总额不得低于注册资本的25%。

第十三条　本规定实施前，已经设立的中外合资经营建筑业企业、中外合作经营建筑业企业，应当按照本规定和建筑业企业资质管理规定重新核定资质等级。

第十四条　本规定中要求申请者提交的资料应当使用中文，证明文件原件是外文的，应当提供中文译本。

第三章　工程承包范围

第十五条　外资建筑业企业只允许在其资质等级许可的范围内承包下列工程：

（一）全部由外国投资、外国赠款、外国投资及赠款建设的工程；

（二）由国际金融机构资助并通过根据贷款条款进行的国际招标授予的建设项目；

（三）外资等于或者超过50%的中外联合建设项目；及外资少于50%，但因技术困难而不能由中国建筑企业独立实施，经省、自治区、直辖市人民政府建设行政主管部门批准的中外联合建设项目；

（四）由中国投资，但因技术困难而不能由中国建筑企业独立实施的建设项目，经省、自治区、直辖市人民政府建设行政主管部门批准，可以由中外建筑企业联合承揽。

第十六条　中外合资经营建筑业企业、中外合作经营建筑业企业应当在其资质等级许可的范围内承包工程。

第四章　监督管理

第十七条　外商投资建筑业企业的资质等级标准执行国务院建设行政主管部门颁发的建筑业企业资质等级标准。

第十八条　承揽施工总承包工程的外商投资建筑业企业，建筑工程主体结构的施工必须由其自行完成。

第十九条　外商投资建筑业企业与其他建筑业企业联合承包，应当按照资质等级低的企业的业务许可范围承包工程。

第二十条　外资建筑业企业违反本规定第十五条，超越资质许可的业务范围承包工程的，处工程合同价款2%以上4%以下的罚款；可以责令停业整顿，降低资质等级；情节严重的，吊销资质证书；有违法所得的，予以没收。

第二十一条　外商投资建筑业企业从事建筑活动，违反《中华人民共和国建筑法》、《中华人民共和国招标投标法》、《建设工程质量管理条例》、《建筑业企业资质管理规定》等有关法律、法规、规章的，依照有关规定处罚。

第五章　附　则

第二十二条　本规定实施前已经取得《外国企业承包工程资质证》的外国企业投资设立外商投资建筑业企业，可以根据其在中华人民共和国境内承包工程业绩等申请相应等级的建筑业企业资质。

根据本条第一款规定已经在中华人民共和国境内设立外商投资建筑业企业的外国企业，设立新的外商投资建筑业企业，其资质等级按照建筑业企业资质管理规定核定。

第二十三条　香港特别行政区、澳门特别行政区和台湾地区投资者在其他省、自治区、直辖市投资设立建筑业企业，从事建筑活动的，参照本规定执行。法律、法规、国务院另有规定的除外。

第二十四条　本规定由国务院建设行政主管部门和国务院对外贸易经济行政主管部门按照各自职责负责解释。

第二十五条　本规定自2002年12月1日起施行。

第二十六条　自2003年10月1日起，1994年3月22日建设部颁布的《在中国境内承包工程的外国企业资质管理暂行办法》（建设部令第32号）废止。

第二十七条　自2002年12月1日起，建设部和对外贸易经济合作部联合颁布的《关于设立外商投资建筑业企业的若干规定》（建建[1995]533号）废止。

外商投资建设工程设计企业管理规定

中华人民共和国建设部　中华人民共和国对外贸易经济合作部令

第114号

《外商投资建设工程设计企业管理规定》已经2002年9月9日建设部第63次常务会议和2002年9月17日对外贸易经济合作部第10次部长办公会议审议通过，现予发布，自2002年12月1日起施行。

建设部部长　汪光焘

对外贸易经济合作部部长　石广生

二〇〇二年九月二十七日

外商投资建设工程设计企业管理规定

第一条　为进一步扩大对外开放，规范对外商投资建设工程设计企业的管理，根据《中华人民共和国建筑法》、《中华人民共和国中外合资经营企业法》、《中华人民共和国中外合作经营企业法》、《中华人民共和国外资企业法》、《建设工程质量管理条例》、《建设工程勘察设计管理条例》等法律、行政法规，制定本规定。

第二条　在中华人民共和国境内设立外商投资建设工程设计企业，申请建设工程设计企业资质，实施对外商投资建设工程设计企业监督管理，适用本规定。

本规定所称外商投资建设工程设计企业，是指根据中国法律、法规的规定，在中华人民共和国境内投资设立的外资建设工程设计企业、中外合资经营建设工程设计企业以及中外合作经营建设工程设计企业。

第三条　外国投资者在中华人民共和国境内设立外商投资建设工程设计企业，并从事建设工程设计活动，应当依法取得对外贸易经济行政主管部门颁发的外商投资企业批准证书，在国家工商行政管理总局或者其授权的地方工商行政管理局注册登记，并取得建设行政主管部门颁发的建设工程设计企业资质证书。

第四条　外商投资建设工程设计企业在中华人民共和国境内从事建设工程设计活动，应当遵守中国的法律、法规、规章。

外商投资建设工程设计企业在中华人民共和国境内的合法经营活动及合法权益受中国法律、法规、规章的保护。

第五条　国务院对外贸易经济合作行政主管部门负责外商投资建设工程设计企业设立的管理工作；国务院建设行政主管部门负责外商投资建设工程设计企业资质的管理工作。

省、自治区、直辖市人民政府对外贸易经济行政主管部门在授权范围内负责外商投资建设工程设计企业设立的管理工作；省、自治区、直辖市人民政府建设行政主管部门按照本规定负责本行政区域内的外商投资建设工程设计企业资质的管理工作。

第六条　外商投资建设工程设计企业设立与资质的申请和审批，实行分级、分类管理。

申请设立建筑工程设计甲级资质及其他建设工程设计甲、乙级资质外商投资建设工程设计企业的，其设立由国务院对外贸易经济行政主管部门审批，其资质由国务院建设行政主管部门审批；申请设立建筑工程设计乙级资质、其他建设工程设计丙级及以下等级资质外商投资建设工程设计企业的，其设立由省、自治区、直辖市人民政府对外贸易经济行政主管部门审批，其资质由省、自治区、直辖市人民政府建设行政主管部门审批。

第七条　设立外商投资建设工程设计企业，申请建筑工程设计甲级资质及其他建设工程设计甲、乙级资质的程序：

(一)申请者向拟设立企业所在地的省、自治区、直辖市人民政府对外贸易经济行政主管部门提出设立申请。

(二)省、自治区、直辖市人民政府对外贸易经济行政主管部门在受理申请之日起30日内完成初审；初审同意后，报国务院对外贸易经济行政主管部门。

(三)国务院对外贸易经济行政主管部门在收到初审材料之日起10日内将申请材料送国务院建设行政主管部门征求意见。国务院建设行政主管部门在收到征求意见函之日起30日内提出意见。国务院对外贸易经济行政主管部门在收到国务院建设行政主管部门书面意见之日起30日内作出批准或者不批准的书面决定。予以批准的，发给外商投资企业批准证书；不予批准的，书面说明理由。

(四)取得外商投资企业批准证书的，应当在30日内到登记主管机关办理企业登记注册。

(五)取得企业法人营业执照后，申请建设工程设计企业资质的，按照建设工程设计企业资质管理规定办理。

第八条　设立外商投资建设工程设计企业，申请建筑工程乙级资质和其他建设工程设计丙级及以下等级资质的程序，由各省、自治区、直辖市人民政府建设行政主管部门和对外贸易经济行政主管部门，结合本地区实际情况，参照本规定第七条以及建设工程设计企业资质管理规定执行。

省、自治区、直辖市人民政府建设行政主管部门审批的外商投资建设工程设计企业资质，应当在批准之日起30日内报国务院建设行政主管部门备案。

第九条　外商投资建设工程设计企业申请晋升资质等级或者申请增加其他建设工程设计企业资质，应当依照有关规定到建设行政主管部门办理相关手续。

第十条　申请设立外商投资建设工程设计企业应当向对外贸易经济行政主管部门提交下列资料：

(一)投资方法定代表人签署的外商投资建设工程设计企业设立申请书；

(二)投资方编制或者认可的可行性研究报告；

(三)投资方法定代表人签署的外商投资建设工程设计企业合同和章程(其中，设立外资建设工程设计企业只需提供章程)；

(四)企业名称预先核准通知书；

(五)投资方所在国或者地区从事建设工程设计的企业注册登记证明、银行资信证明；

(六)投资方拟派出的董事长、董事会成员、经理、工程技术负责人等任职文件及证明文件；

(七)经注册会计师或者会计师事务所审计的投资方最近三年的资产负债表和损益表。

第十一条　申请外商投资建设工程设计企业资质应当向建设行政主管部门提交下列资料：

(一)外商投资建设工程设计企业资质申报表；

(二)外商投资企业批准证书；

(三)企业法人营业执照；

(四)外方投资者所在国或者地区从事建设工程设计的企业注册登记证明、银行资信证明；

(五)外国服务提供者所在国或者地区的个人执业资格证明以及由所在国或者地区政府主管部门或者行业学会、协会、公证机构出具的个人、企业建设工程设计业绩、信誉证明；

(六)建设工程设计企业资质管理规定要求提供的其他资料。

第十二条　本规定中要求申请者提交的资料应当使用中文，证明文件原件是外文的，应当提供中文译本。

第十三条　外商投资建设工程设计企业的外方投资者及外国服务提供者应当是在其本国从事建设工程设计的企业或者注册建筑师、注册工程师。

第十四条　中外合资经营建设工程设计企业、中外合作经营建设工程设计企业中方合营者的出资总额不得低于注册资本的25%。

第十五条　外商投资建设工程设计企业申请建设工程设计企业资质，应当符合建设工程设计企业资质分级标准要求的条件。

外资建设工程设计企业申请建设工程设计企业资质，其取得中国注册建筑师、注册工程师资格的外国服务提供者人数应当各不少于资质分级标准规定的注册执业人员总数的1/4；具有相关专业设计经历的外国服务提供者人数应当不少于资质分级标准规定的技术骨干总人数的1/4。

中外合资经营、中外合作经营建设工程设计企业申请建设工程设计企业资质，其取得中国注册建筑师、注册工程师资格的外国服务提供者人数应当各不少于资质分级标准规定的注册执业人员总数的1/8；具有相关专业设计经历的外国服务提供者人数应当不少于资质分级标准规定的技术骨干总人数的1/8。

第十六条　外商投资建设工程设计企业中，外国服务提供者在中国注册的建筑师、工程师及技术骨干，每人每年在中华人民共和国境内累计居住时间应当不少于6个月。

第十七条　外商投资建设工程设计企业在中国境内从事建设工程设计活动，违反《中华人民共和国建筑法》、《建设工程质量管理条例》、《建设工程勘察设计管理条例》、《建设工程勘察设计企业资质管理规定》等有关法律、法规、规章的，依照有关规定处罚。

第十八条　香港特别行政区、澳门特别行政区和台湾地区的投资者在其他省、自治区、直辖市内投资设立建设工程设计企业，从事建设工程设计活动，参照本规定执行。法律、法规、国务院另有规定的除外。

第十九条　受理设立外资建设工程设计企业申请的时间由国务院建设行政主管部门和国务院对外贸易经济行政主管部门决定。

第二十条　本规定由国务院建设行政主管部门和国务院对外贸易经济行政主管部门按照各自职责负责解释。

第二十一条　本规定自2002年12月1日起施行，《成立中外合营工程设计机构审批管理规定》(建设[1992]180号)同时废止。

关于印发《建设工程造价咨询合同（示范文本）》的通知

建标[2002]197号

各省、自治区建设厅、直辖市建委、工商行政管理局，国务院有关部门：

为了加强建设工程造价咨询市场管理，规范市场行为，根据《中华人民共和国合同法》的规定，我们制定了《建设工程造价咨询合同（示范文本）》（以下简称《示范文本》），现印发给你们，并对《示范文本》贯彻实施的有关问题通知如下：

一、凡在我国境内开展建设工程造价咨询业务，签订建设工程造价咨询合同时，应参照本《示范文本》订立合同，请各地区、各部门做好推广使用工作。

二、签订建设工程造价咨询合同的委托人应当是法人或自然人，咨询人必须具有法人资格，并应持有建设行政主管部门颁发的工程造价咨询资质证书和工商行政管理部门核发的企业法人营业执照。

三、《示范文本》的合同条件分“合同标准条件”和“合同专用条件”两部分。

1.“合同标准条件”应全文引用，不得删改。

2.“合同专用条件”则应按其条款编号和内容，根据咨询项目的实际情况进行修改和补充，但不得违反公正、公平原则。

四、《示范文本》的解释权属建设部和国家工商行政管理总局。施行中有何问题和建议，请及时反馈给建设部标准定额司和国家工商行政管理总局市场规范管理司。

五、《示范文本》自2002年10月1日起施行。

中华人民共和国建设部
中华人民共和国国家工商行政管理总局
二〇〇二年七月二十二日

附件：《建设工程造价咨询合同(示范文本)》

《建设工程造价咨询合同》示范文本

GJ—2002—0212

中华人民共和国建设部
国家工商行政管理总局　制定

第一部分　建设工程造价咨询合同

________（以下简称委托人）与________（以下简称咨询人）经过双方协商一致，签订本合同。

一、委托人委托咨询人为以下项目提供建设工程造价咨询服务：

1. 项目名称：

2. 服务类别：

二、本合同的措词和用语与所属建设工程造价咨询合同条件及有关附件同义。

三、下列文件均为本合同的组成部分：

1. 建设工程造价咨询合同标准条件；

2. 建设工程造价咨询合同专用条件；

3. 建设工程造价咨询合同执行中共同签署的补充与修正文件。

四、咨询人同意按照本合同的规定，承担本合同专用条件中议定范围内的建设工程造价咨询业务。

五、委托人同意按照本合同规定的期限、方式、币种、额度向咨询人支付酬金。

六、本合同的建设工程造价咨询业务自　年　月　日开始实施，至　年　月　日终结。

七、本合同一式四份，具有同等法律效力，双方各执两份。

委托人：（盖章）	咨询人：（盖章）
法定代表人：（签字）	法定代表人：（签字）
委托代理人：（签字）	委托代理人：（签字）
住所：	住所：
开户银行：	开户银行：
帐号：	帐号：
邮政编码：	邮政编码：
电话：	电话：
传真：	传真：
电子信箱：	电子信箱：
年　月　日	年　月　日

第二部分　建设工程造价咨询合同标准条件

词语定义、适用语言和法律、法规

第一条　下列名词和用语，除上下文另有规定外具有如下含义。

1. “委托人”是指委托建设工程造价咨询业务和聘用工程造价咨询单位的一方，以及其合法继承人。

2. “咨询人”是指承担建设工程造价咨询业务和工程造价咨询责任的一方，以及其合法继承人。

3. “第三人”是指除委托人、咨询人以外与本咨询业务有关的当事人。

4. “日”是指任何一天零时至第二天零时的时间段。

第二条　建设工程造价咨询合同适用的是中国的法律、法规，以及专用条件中议定的部门规章、工程造价有关计价办法和规定或项目所在地的地方法规、地方规章。

第三条　建设工程造价咨询合同的书写、解释和说明，以汉语为主导语言。当不同语言文本发生不同解释时，以汉语合同文本为准。

咨询人的义务

第四条　向委托人提供与工程造价咨询业务有关的资料，包括工程造价咨询的资质证书及承担本合同业务的专业人员名单、咨询工作计划等，并按合同专用条件中约定的范围实施咨询业务。

第五条　咨询人在履行本合同期间，向委托人提供的服务包括正常服务、附加服务和额外服务。

1. “正常服务”是指双方在专用条件中约定的工程造价咨询工作；

2. “附加服务”是指在“正常服务”以外，经双方书面协议确定的附加服务；

3. “额外服务”是指不属于“正常服务”和“附加服务”，但根据合同标准条件第十三条、第二十条和二十二条的规定，咨询人应增加的额外工作量。

第六条　在履行合同期间或合同规定期限内，不得泄露与本合同规定业务活动有关的保密资料。

委托人的义务

第七条　委托人应负责与本建设工程造价咨询业务有关的第三人的协调，为咨询人工作提供外部条件。

第八条　委托人应当在约定的时间内，免费向咨询人提供与本项目咨询业务有关的资料。

第九条　委托人应当在约定的时间内就咨询人书面提交并要求做出答复的事宜做出书面答复。咨询人要求第三人提供有关资料时，委托人应负责转达及资料转送。

第十条　委托人应当授权胜任本咨询业务的代表，负责与咨询人联系。

咨询人的权利

第十一条　委托人在委托的建设工程造价咨询业务范围内，授予咨询人以下权利：

1. 咨询人在咨询过程中，如委托人提供的资料不明确时可向委托人提出书面报告。

2. 咨询人在咨询过程中，有权对第三人提出与本咨询业务有关的问题进行核对或查问。

3. 咨询人在咨询过程中，有到工程现场勘察的权利。

委托人的权利

第十二条　委托人有下列权利：

1. 委托人有权向咨询人询问工作进展情况及相关的内容。

2. 委托人有权阐述对具体问题的意见和建议。

3. 当委托人认定咨询专业人员不按咨询合同履行其职

责，或与第三人串通给委托人造成经济损失的，委托人有权要求更换咨询专业人员，直至终止合同并要求咨询人承担相应的赔偿责任。

咨询人的责任

第十三条 咨询人的责任期即建设工程造价咨询合同有效期。如因非咨询人的责任造成进度的推迟或延误而超过约定的日期，双方应进一步约定相应延长合同有效期。

第十四条 咨询人责任期内，应当履行建设工程造价咨询合同中约定的义务，因咨询人的单方过失造成的经济损失，应当向委托人进行赔偿。累计赔偿总额不应超过建设工程造价咨询酬金总额（除去税金）。

第十五条 咨询人对委托人或第三人所提出的问题不能及时核对或答复，导致合同不能全部或部分履行，咨询人应承担责任。

第十六条 咨询人向委托人提出赔偿要求不能成立时，则应补偿由于该赔偿或其他要求所导致委托人的各种费用的支出。

委托人的责任

第十七条 委托人应当履行建设工程造价咨询合同约定的义务，如有违反则应当承担违约责任，赔偿给咨询人造成的损失。

第十八条 委托人如果向咨询人提出赔偿或其他要求不能成立时，则应补偿由于该赔偿或其他要求所导致咨询人的各种费用的支出。

合同生效，变更与终止

第十九条 本合同自双方签字盖章之日起生效。

第二十条 由于委托人或第三人的原因使咨询人工作受到阻碍或延误以致增加了工作量或持续时间，则咨询人应当将此情况与可能产生的影响及时书面通知委托人。由此增加的工作量视为额外服务，完成建设工程造价咨询工作的时间应当相应延长，并得到额外的酬金。

第二十一条 当事人一方要求变更或解除合同时，则应当在14日前通知对方；因变更或解除合同使一方遭受损失的，应由责任方负责赔偿。

第二十二条 咨询人由于非自身原因暂停或终止执行建设工程造价咨询业务，由此而增加的恢复执行建设工程造价咨询业务的工作，应视为额外服务，有权得到额外的时间和酬金。

第二十三条 变更或解除合同的通知或协议应当采取书面形式，新的协议未达成之前，原合同仍然有效。

咨询业务的酬金

第二十四条 正常的建设工程造价咨询业务，附加工作和额外工作的酬金，按照建设工程造价咨询合同专用条件约定的方法计取，并按约定的时间和数额支付。

第二十五条 如果委托人在规定的支付期限内未支付建设工程造价咨询酬金，自规定支付之日起，应当向咨询人补偿应支付的酬金利息。利息额按规定支付期限最后一日银行活期贷款乘以拖欠酬金时间计算。

第二十六条 如果委托人对咨询人提交的支付通知书中酬金或部分酬金项目提出异议，应当在收到支付通知书两日内向咨询人发出异议的通知，但委托人不得拖延其无异议酬金项目的支付。

第二十七条 支付建设工程造价咨询酬金所采取的货币币种、汇率由合同专用条件约定。

其　他

第二十八条 因建设工程造价咨询业务的需要，咨询人在合同约定外的外出考察，经委托人同意，其所需费用由委托人负责。

第二十九条 咨询人如需外聘专家协助，在委托的建设工程造价咨询业务范围内其费用由咨询人承担；在委托的建设工程造价咨询业务范围以外经委托人认可其费用由委托人承担。

第三十条 未经对方的书面同意，各方均不得转让合同约定的权利和义务。

第三十一条 除委托人书面同意外，咨询人及咨询专业人员不应接受建设工程造价咨询合同约定以外的与工程造价咨询项目有关的任何报酬。

咨询人不得参与可能与合同规定的与委托人利益相冲突的任何活动。

合同争议的解决

第三十二条 因违约或终止合同而引起的损失和损害的赔偿，委托人与咨询人之间应当协商解决；如未能达成一致，可提交有关主管部门调解；协商或调解不成的，根据双方约定提交仲裁机关仲裁，或向人民法院提起诉讼。

第三部分 建设工程造价咨询合同专用条件

第二条 本合同适用的法律、法规及工程造价计价办法和规定：

第四条 建设工程造价咨询业务范围：

“建设工程造价咨询业务”是指以下服务类别的咨询业务：

（A类）建设项目可行性研究投资估算的编制、审核及项目经济评价；

（B类）建设工程概算、预算、结算、竣工结（决）算的编制、审核；

（C类）建设工程招标标底、投标报价的编制、审核；

（D类）工程洽商、变更及合同争议的鉴定与索赔；

（E类）编制工程造价计价依据及对工程造价进行监控和提供有关工程造价信息资料等。

第八条 双方约定的委托人应提供的建设工程造价咨询材料及提供时间：

第九条 委托人应在___日内对咨询人书面提交并要求做出答复的事宜做出书面答复。

第十四条 咨询人在其责任期内如果失职，同意按以下办法承担因单方责任而造成的经济损失。

赔偿金=直接经济损失____酬金比率（扣除税金）

第二十四条 委托人同意按以下的计算方法、支付时间与金额，支付咨询人的正常服务酬金：

委托人同意按以下计算方法、支付时间与金额，支付附加服务酬金：

委托人同意按以下计算方法、支付时间与金额，支付额外服务酬金：

第二十七条 双方同意用_______支付酬金，按汇率计付。

第三十二条　建设工程造价咨询合同在履行过程中发生争议，委托人与咨询人应及时协商解决；如未能达成一致，可提交有关主管部门调解；协商或调解不成的，按下列第　种方式解决：

（一）提交________仲裁委员会仲裁；

（二）依法向人民法院起诉。

附加协议条款：

____

____

____

《建设工程造价咨询合同》使用说明

《建设工程造价咨询合同》包括《建设工程造价咨询合同标准条件》和《建设工程造价咨询合同专用条件》（以下简称《标准条件》、《专用条件》）。

《标准条件》适用于各类建设工程项目造价咨询委托，委托人和咨询人都应当遵守。《专用条件》是根据建设工程项目特点和条件，由委托人和咨询人协商一致后进行填写。双方如果认为需要，还可在其中增加约定的补充条款和修正条款。

《专用条件》的填写说明：

《专用条件》应当对应《标准条件》的顺序进行填写。例如：第二条要根据建设工程的具体情况，如工程类别、建设地点等填写所适用的部门或地方法律法规及工程造价有关办法和规定。

第四条在协商和写明"建设工程造价咨询业务范围"时首先应明确项目范围如工程项目、单项工程或单位工程以及所承担咨询业务与工程总承包合同或分包合同所涵盖工程范围相一致。其次应明确项目建设不同阶段如可行性研究、设计，招投标阶段或全过程工程造价咨询中投资估算、概算或预算的内容等。

在填写建设工程造价咨询酬金标准时应根据委托人委托的建设工程项目内容繁简程度，工作量大小、双方约定，一般应当在签订合同时预付30%预付款____元，当工作量完成 70%时，预付 70%的工程款____元，剩余部分待咨询结果定案时一次付清。如果由于委托人及第三人的阻碍或延误而使咨询人发生额外服务也应当支付酬金，并应约定好酬金的计算方法及支付时间，在写明其支付时间时应写明其后的多少天内支付。

如果经双方协商同意，可以设立奖罚条款，但必须是对等的。

关于印发《建造师执业资格制度暂行规定》的通知

人发[2002]111 号

各省、自治区、直辖市人事厅（局）、建设厅（委），国务院各部委、各直属机构人事（干部）部门，中央管理的企业：

为了加强建设工程项目总承包与施工管理，保证工程质量和施工安全，根据《中华人民共和国建筑法》和《建设工程质量管理条例》的有关规定，人事部、建设部决定对建设工程项目总承包及施工管理的专业技术人员实行建造师执业资格制度。现将《建造师执业资格制度暂行规定》印发给你们，请遵照执行。

中华人民共和国人事部
中华人民共和国建设部
二〇〇二年十二月九日

建造师执业资格制度暂行规定

第一章　总　则

第一条　为了加强建设工程项目管理，提高工程项目总承包及施工管理专业技术人员素质，规范施工管理行为，保证工程质量和施工安全，根据《中华人民共和国建筑法》、《建设工程质量管理条例》和国家有关职业资格证书制度的规定，制定本规定。

第二条　本规定适用于从事建设工程项目总承包、施工管理的专业技术人员。

第三条　国家对建设工程项目总承包和施工管理关键岗位的专业技术人员实行执业资格制度，纳入全国专业技术人员执业资格制度统一规划。

第四条　建造师分为一级建造师和二级建造师。英文分别译为：Constructor 和 Associate Constructor。

第五条　人事部、建设部共同负责国家建造师执业资格制度的实施工作。

第二章　考　试

第六条　一级建造师执业资格实行统一大纲、统一命题、统一组织的考试制度，由人事部、建设部共同组织实施，原则上每年举行一次考试。

第七条　建设部负责编制一级建造师执业资格考试大纲和组织命题工作，统一规划建造师执业资格的培训等有关工作。

培训工作按照培训与考试分开、自愿参加的原则进行。

第八条　人事部负责审定一级建造师执业资格考试科目、考试大纲和考试试题，组织实施考务工作；会同建设部对考试考务工作进行检查、监督、指导和确定合格标准。

第九条　一级建造师执业资格考试，分综合知识与能力和专业知识与能力两个部分。其中，专业知识与能力部分的考试，按照建设工程的专业要求进行，具体专业划分由建设部另行规定。

第十条　凡遵守国家法律、法规，具备下列条件之一者，可以申请参加一级建造师执业资格考试：

（一）取得工程类或工程经济类大学专科学历，工作满6年，其中从事建设工程项目施工管理工作满4年。

（二）取得工程类或工程经济类大学本科学历，工作满4年，其中从事建设工程项目施工管理工作满3年。

（三）取得工程类或工程经济类双学士学位或研究生班毕业，工作满3年，其中从事建设工程项目施工管理工作满2年。

（四）取得工程类或工程经济类硕士学位，工作满2年，其中从事建设工程项目施工管理工作满1年。

（五）取得工程类或工程经济类博士学位，从事建设工程项目施工管理工作满1年。

第十一条　参加一级建造师执业资格考试合格，由各省、自治区、直辖市人事部门颁发人事部统一印制，人事部、建设部用印的《中华人民共和国一级建造师执业资格证书》。该证书在全国范围内有效。

第十二条　二级建造师执业资格实行全国统一大纲，各省、自治区、直辖市命题并组织考试的制度。

第十三条　建设部负责拟定二级建造师执业资格考试大纲，人事部负责审定考试大纲。

各省、自治区、直辖市人事厅（局），建设厅（委）按照国家确定的考试大纲和有关规定，在本地区组织实施二级建造师执业资格考试。

第十四条　凡遵纪守法并具备工程类或工程经济类中等专科以上学历并从事建设工程项目施工管理工作满2年，可报名参加二级建造师执业资格考试。

第十五条　二级建造师执业资格考试合格者，由省、自治区、直辖市人事部门颁发由人事部、建设部统一格式的《中华人民共和国二级建造师执业资格证书》。该证书在所在行政区域内有效。

第三章　注　册

第十六条　取得建造师执业资格证书的人员，必须经过注册登记，方可以建造师名义执业。

第十七条　建设部或其授权的机构为一级建造师执业资格的注册管理机构。省、自治区、直辖市建设行政主管部门或其授权的机构为二级建造师执业资格的注册管理机构。

第十八条　申请注册的人员必须同时具备以下条件：

（一）取得建造师执业资格证书；

（二）无犯罪记录；

（三）身体健康，能坚持在建造师岗位上工作；

（四）经所在单位考核合格。

第十九条　一级建造师执业资格注册，由本人提出申请，由各省、自治区、直辖市建设行政主管部门或其授权的机构初审合格后，报建设部或其授权的机构注册。准予注册的申请人，由建设部或其授权的注册管理机构发放由建设部统一印制的《中华人民共和国一级建造师注册证》。

二级建造师执业资格的注册办法，由省、自治区、直辖市建设行政主管部门制定，颁发辖区内有效的《中华人民共和国二级建造师注册证》，并报建设部或其授权的注册管理机构备案。

第二十条　人事部和各级地方人事部门对建造师执业资格注册和使用情况有检查、监督的责任。

第二十一条　建造师执业资格注册有效期一般为3年，有效期满前3个月，持证者应到原注册管理机构办理再次注册手续。在注册有效期内，变更执业单位者，应当及时办理变更手续。

再次注册者，除应符合本规定第十八条规定外，还须提供接受继续教育的证明。

第二十二条　经注册的建造师有下列情况之一的，由原注册管理机构注销注册：

（一）不具有完全民事行为能力的。

（二）受刑事处罚的。

（三）因过错发生工程建设重大质量安全事故或有建筑市场违法违规行为的。

（四）脱离建设工程施工管理及其相关工作岗位连续2年（含2年）以上的。

（五）同时在2个及以上建筑业企业执业的。

（六）严重违反职业道德的。

第二十三条　建设部和省、自治区、直辖市建设行政主管部门应当定期公布建造师执业资格的注册和注销情况。

第四章　职　责

第二十四条　建造师经注册后，有权以建造师名义担任建设工程项目施工的项目经理及从事其他施工活动的管理。

第二十五条　建适师在工作中，必须严格遵守法律、法规和行业管理的各项规定，恪守职业道德。

第二十六条　建造师的执业范围：

（一）担任建设工程项目施工的项目经理。

（二）从事其他施工活动的管理工作。

（三）法律、行政法规或国务院建设行政主管部门规定的其他业务。

第二十七条　一级建造师的执业技术能力：

（一）具有一定的工程技术、工程管理理论和相关经济理论水平，并具有丰富的施工管理专业知识。

（二）能够熟练掌握和运用与施工管理业务相关的法律、法规、工程建设强制性标准和行业管理的各项规定。

（三）具有丰富的施工管理实践经验和资历，有较强的施工组织能力，能保证工程质量和安全生产。

（四）有一定的外语水平。

第二十八条　二级建造师的执业技术能力：

（一）了解工程建设的法律、法规、工程建设强制性标准及有关行业管理的规定。

（二）具有一定的施工管理专业知识。

（三）具有一定的施工管理实践经验和资历，有一定的施工组织能力，能保证工程质量和安全生产。

第二十九条　按照建设部颁布的《建筑业企业资质等级标准》，一级建造师可以担任特级、一级建筑业企业资质的建设工程项目施工的项目经理；二级建造师可以担任二级及以下建筑业企业资质的建设工程项目施工的项目经理。

第三十条　建造师必须接受继续教育，更新知识，不断提高业务水平。

第五章　附　则

第三十一条　国家在实施一级建造师执业资格考试之前，对长期在建设工程项目总承包及施工管理岗位上工作，具有较高理论水平与丰富实践经验，并受聘高级专业技术职务的人员，可通过考核认定办法取得建造师执业资格证书。考核认定办法由人事部、建设部另行制定。

第三十二条　建造师的专业划分、建设工程项目施工管理关键岗位的确定和具体执业要求由建设部另行规定。

第三十三条　二级建造师执业资格的管理，由省、自治区、直辖市人事部门、建设行政主管部门根据国家有关规定，制定具体办法，组织实施，并分别报人事部、建设部备案。

第三十四条　经国务院有关部门同意，获准在中华人民共和国境内从事建设工程项目施工管理的外籍及港、澳、台地区的专业人员，符合本规定要求的，也可报名参加建造师执业资格考试以及申请注册。

第三十五条　本规定由人事部和建设部按职责分工负责解释。

第三十六条　本规定自发布之日30日后施行。

关于印发《对工程勘察、设计、施工、监理和招标代理企业资质申报中弄虚作假行为的处理办法》的通知

建市[2002]40号

各省、自治区建设厅，直辖市建委，江苏省建管局：

为严格建筑市场准入管理，防止企业资质申报中弄虚作假行为的发生，我部制定了《对工程勘察、设计、施工、监理和招标代理企业资质申报中弄虚作假行为的处理办法》，现印发给你们，请遵照执行。

中华人民共和国建设部

二〇〇二年二月十日

对工程勘察、设计、施工、监理和招标代理企业资质申报中弄虚作假行为的处理办法

第一条　为严格建筑市场准入管理，防止工程勘察、设计、施工、监理和招标代理企业资质申报中弄虚作假行为的发生，依据《中华人民共和国建筑法》和有关规定，制定本办法。

第二条　本办法所称企业资质申报，是指工程勘察、设计、施工、监理和招标代理企业申报资质的定级、换证（就位）、升级、年检等。

第三条　企业申报资质，必须按照规定如实提供有关申报材料（包括附件），凡有与其实际情况不符的，可以认定为弄虚作假行为。

第四条　对于在资质申报中弄虚作假的企业，按照审批权限，分别由建设部和省、自治区、直辖市建设行政主管部门在全国或者本省（自治区、直辖市）范围内予以通报，并视情节轻重给予如下处理：

（一）对于在申报资质换证（就位）、升级中弄虚作假的企业，不批准其申报该类别资质换证（就位）或者升级，并在两年内不受理其该类别资质申报。

（二）在资质年检中弄虚作假，情节严重的，定为年检不合格，并按照有关规定处理。

（三）新设立企业申报资质弄虚作假的，不批准其资质，并在两年内不受理其资质申报。

对于弄虚作假已骗取资质证书的企业，应当按照《中华人民共和国建筑法》第六十五条第四款和《建设工程质量管理条例》第六十条第三款的规定，予以处罚。

第五条　建设行政主管部门参与资质申报弄虚作假的，由上级建设行政主管部门责令改正，通报批评；建设行政主管部门工作人员参与资质申报弄虚作假的，由所在机关责令改正，按照有关规定给予行政处分。

第六条　各级建设行政主管部门要加强对企业资质申报的监督，对主管范围内的资质申报企业有弄虚作假嫌疑或者被举报的，应当进行核查。

第七条　申报资质的企业对建设行政主管部门组织的资质申报抽查或者核查应予配合，按照要求提供相应的证明材料和原始资料等；对于不能提供有效证明材料和原始资料的，建设行政主管部门可以不受理该企业的资质申报。

第八条　本办法自发布之日起施行。

附：

1.《中华人民共和国建筑法》第六十五条第四款：以欺骗手段取得资质证书的，吊销资质证书，处以罚款；构成犯罪的，依法追究刑事责任。

2.《建设工程质量管理条例》第六十条第三款：以欺骗手段取得资质证书承揽工程的，吊销资质证书，依照本条第一款规定处以罚款；有违法所得的，予以没收。

关于在工程建设勘察设计、施工、监理中推行廉政责任书的通知

建办监[2002]21号

各省、自治区建设厅，直辖市建委及有关部门，新疆生产建设兵团建设局：

为加强工程建设中的廉政建设工作，从源头上预防和解决腐败，确保工程质量，决定从2002年5月1日起，在工程建设勘察设计、施工、监理中，推行《廉政责任书》制度。现将《廉政责任书》范本推荐给你们，请根据本地区、本单位的实际情况，抓好落实工作，并注意总结经验。对推行中出现的新情况和新问题，及时报告我们。

附件：工程勘察设计、工程建设项目、工程监理廉政责任书

中华人民共和国建设部办公厅

二○○二年三月二十七日

工程勘察设计廉政责任书

工程项目名称：

工程项目地址：

建设单位（甲方）：

勘察设计单位（乙方）：

为加强工程建设中的廉政建设，规范工程建设勘察设计委托与被委托双方的各项活动，防止发生各种谋取不正当利益的违法违纪行为，保护国家、集体和当事人的合法权益，根据国家有关工程建设的法律法规和廉政建设责任制规定，特订立本廉政责任书。

第一条 甲乙双方的责任

（一）应严格遵守国家关于市场准入、项目招标投标、工程建设、勘察设计和市场活动的有关法律、法规，相关政策，以及廉政建设的各项规定。

（二）严格执行建设工程勘察设计合同文件，自觉按合同办事。

（三）业务活动必须坚持公开、公平、公正、诚信、透明的原则（除法律法规另有规定者外），不得为获取不正当的利益，损害国家、集体和对方利益，不得违反工程建设管理、勘察设计的规章制度。

（四）发现对方在业务活动中有违规、违纪、违法行为的，应及时提醒对方，情节严重的，应向其上级主管部门或纪检监察、司法等有关机关举报。

第二条 甲方的责任

甲方的领导和从事该建设工程项目的工作人员，在工程建设的事前、事中、事后应遵守以下规定：

（一）不准向乙方和相关单位索要或接受回扣、礼金、有价证券、贵重物品和好处费、感谢费等。

（二）不准在乙方和相关单位报销任何应由甲方或个人支付的费用。

（三）不准要求、暗示或接受乙方和相关单位为个人装修住房、婚丧嫁娶、配偶子女的工作安排以及出国（境）、旅游等提供方便。

（四）不准参加有可能影响公正执行公务的乙方和相关单位的宴请、健身、娱乐等活动。

（五）不准向乙方和相关单位介绍或为配偶、子女、亲属参与同甲方项目工程勘察设计合同有关的勘察设计业务等活动。不得以任何理由要求乙方和相关单位在设计中使用某种产品、材料和设备。

第三条 乙方的责任

应与甲方保持正常的业务交往，按照有关法律法规和程序开展业务工作，严格执行工程建设的有关方针、政策，尤其是有关勘察设计的强制性标准和规范，并遵守以下规定：

（一）不准以任何理由向甲方及其工作人员索要、接受或赠送礼金、有价证券、贵重物品及回扣、好处费、感谢费等。

（二）不准以任何理由为甲方和相关单位报销应由对方或个人支付的费用。

（三）不准接受或暗示为甲方、相关单位或个人装修住房、婚丧嫁娶、配偶子女的工作安排以及出国（境）、旅游等提供方便。

（四）不准以任何理由为甲方、相关单位或个人组织有可能影响公正执行公务的宴请、健身、娱乐等活动。

第四条 违约责任

（一）甲方工作人员有违反本责任书第一、二条责任行为的，按照管理权限，依据有关法律法规和规定给予党纪、政纪处分或组织处理；涉嫌犯罪的，移交司法机关追究刑事责任；给乙方单位造成经济损失的，应予以赔偿。

（二）乙方工作人员有违反本责任书第一、三条责任行为的，按照管理权限，依据有关法律法规和规定给予党纪、政纪处分或组织处理；涉嫌犯罪的，移交司法机关追究刑事责任；给甲方单位造成经济损失的，应予以赔偿。

第五条 本责任书作为工程勘察设计合同的附件，与工程勘察设计合同具有同等法律效力。经双方签署后立即生效。

第六条 本责任书的有效期为双方签署之日起至该工程项目竣工验收合格时止。

第七条 本责任书一式四份，由甲乙双方各执一份，送交甲乙双方的监督单位各一份。

甲方单位：（盖章）

法定代表人：

乙方单位：（盖章）

法定代表人：

地　址：
电　话：
年　月　日
甲方监督单位（盖章）
年　月　日

地　址：
电　话：
年　月　日
乙方监督单位（盖章）
年　月　日

工程建设项目廉政责任书

工程项目名称：
工程项目地址：
建设单位（甲方）：
施工单位（乙方）：

为加强工程建设中的廉政建设，规范工程建设项目承发包双方的各项活动，防止发生各种谋取不正当利益的违法违纪行为，保护国家、集体和当事人的合法权益，根据国家有关工程建设的法律法规和廉政建设责任制规定，特订立本廉政责任书。

第一条 甲乙双方的责任

（一）应严格遵守国家关于市场准入、项目招标投标、工程建设、施工安装和市场活动等有关法律、法规，相关政策，以及廉政建设的各项规定。

（二）严格执行建设工程项目承发包合同文件，自觉按合同办事。

（三）业务活动必须坚持公开、公平、公正、诚信、透明的原则（除法律法规另有规定者外），不得为获取不正当的利益，损害国家、集体和对方利益，不得违反工程建设管理、施工安装的规章制度。

（四）发现对方在业务活动中有违规、违纪、违法行为的，应及时提醒对方，情节严重的，应向其上级主管部门或纪检监察、司法等有关机关举报。

第二条 甲方的责任

甲方的领导和从事该建设工程项目的工作人员，在工程建设的事前、事中、事后应遵守以下规定：

（一）不准向乙方和相关单位索要或接受回扣、礼金、有价证券、贵重物品和好处费、感谢费等。

（二）不准在乙方和相关单位报销任何应由甲方或个人支付的费用。

（三）不准要求、暗示和接受乙方和相关单位为个人装修住房、婚丧嫁娶、配偶子女的工作安排以及出国（境）、旅游等提供方便。

（四）不准参加有可能影响公正执行公务的乙方和相关单位的宴请和健身、娱乐等活动。

（五）不准向乙方介绍或为配偶、子女、亲属参与同甲方项目工程施工合同有关的设备、材料、工程分包、劳务等经济活动。不得以任何理由向乙方和相关单位推荐分包单位和要求乙方购买项目工程施工合同规定以外的材料、设备等。

第三条 乙方的责任

应与甲方保持正常的业务交往，按照有关法律法规和程序开展业务工作，严格执行工程建设的有关方针、政策，尤其是有关建筑施工安装的强制性标准和规范，并遵守以下规定：

（一）不准以任何理由向甲方、相关单位及其工作人员索要、接受或赠送礼金、有价证券、贵重物品和回扣、好处费、感谢费等。

（二）不准以任何理由为甲方和相关单位报销应由对方或个人支付的费用。

（三）不准接受或暗示为甲方、相关单位或个人装修住房、婚丧嫁娶、配偶子女的工作安排以及出国（境）、旅游等提供方便。

（四）不准以任何理由为甲方、相关单位或个人组织有可能影响公正执行公务的宴请、健身、娱乐等活动。

第四条 违约责任

（一）甲方工作人员有违反本责任书第一、二条责任行为的，按照管理权限，依据有关法律法规和规定给予党纪、政纪处分或组织处理；涉嫌犯罪的，移交司法机关追究刑事责任；给乙方单位造成经济损失的，应予以赔偿。

（二）乙方工作人员有违反本责任书第一、三条责任行为的，按照管理权限，依据有关法律法规和规定给予党纪、政纪处分或组织处理；涉嫌犯罪的，移交司法机关追究刑事责任；给甲方单位造成经济损失的，应予以赔偿。

第五条 本责任书作为工程施工合同的附件，与工程施工合同具有同等法律效力。经双方签署后立即生效。

第六条 本责任书的有效期为双方签署之日起至该工程项目竣工验收合格时止。

第七条 本责任书一式四份，由甲乙双方各执一份，送交甲乙双方的监督单位各一份。

甲方单位：（盖章）
法定代表人：
地　址：
电　话：
年　月　日
甲方监督单位（盖章）
年　月　日

乙方单位：（盖章）
法定代表人：
地　址：
电　话：
年　月　日
乙方监督单位（盖章）
年　月　日

工程监理廉政责任书

工程项目名称：
工程项目地址：
建设单位（甲方）：
监理单位（乙方）：

为加强工程建设中的廉政建设，规范工程建设监理委托与被委托双方的各项活动，防止发生各种谋取不正当利益的违法违纪行为，保护国家、集体和当事人的合法权益，根据国家有关工程建设的法律法规和廉政建设责任制规定，特订立本廉政责任书。

第一条 甲乙双方的责任

（一）应严格遵守国家关于市场准入、项目招标投标、工程建设、工程监理和市场活动的有关法律、法规，相关政策，以及廉政建设的各项规定。

（二）严格执行建设工程项目监理合同文件，自觉按合同办事。

（三）业务活动必须坚持公开、公平、公正、诚信、透明的原则（除法律法规另有规定者外），不得为获取不正当的利益，损害国家、集体和对方利益，不得违反工程建设管理、建设监理的规章制度。

（四）发现对方在业务活动中有违规、违纪、违法行为的，应及时提醒对方，情节严重的，应向其上级主管部门或纪检监察、司法等有关机关举报。

第二条 甲方的责任

甲方的领导和从事该建设工程项目的工作人员在工程建设的事前、事中、事后应遵守以下规定：

（一）不准向乙方和相关单位索要或接受回扣、礼金、有价证券、贵重物品和好处费、感谢费等。

（二）不准在乙方和相关单位报销任何应由甲方或个人支付的费用。

（三）不准要求、暗示或接受乙方和相关单位为个人装修住房、婚丧嫁娶、配偶子女的工作安排以及出国（境）、旅游等提供方便。

（四）不准参加有可能影响公正执行公务的乙方和相关单位的宴请、健身、娱乐等活动。

（五）不准向乙方和相关单位介绍或为配偶、子女、亲属参与同甲方工程项目合同有关的监理分包项目等活动。不准向乙方和相关单位介绍或为配偶、子女、亲属参与同项目工程合同有关的设备、材料、工程分包、劳务等经济活动。不得以任何理由向乙方和相关单位推荐分包单位和要求购买与项目工程合同规定以外的材料、设备等。

第三条 乙方的责任

应与甲方和相关单位保持正常的业务交往，按照有关法律法规和程序开展业务工作，严格执行工程建设的方针、政策，尤其是有关勘察设计、建筑施工安装的强制性标准和规范，以及监理法规，认真履行监理职责，并遵守以下规定：

（一）不准以任何理由向甲方和相关单位及其工作人员索要、接受或赠送礼金、有价证券、贵重物品及回扣、好处费、感谢费等。

（二）不准以任何理由为甲方和相关单位报销应由对方或个人支付的费用。

（三）不准接受或暗示为甲方、相关单位或个人装修住房、婚丧嫁娶、配偶子女的工作安排以及出国（境）、旅游等提供方便。

（四）不准违反合同约定而使用甲方、相关单位提供的通信、交通工具和高档办公用品。

（五）不准以任何理由为甲方、相关单位或个人组织有可能影响公正执行公务的宴请、健身、娱乐等活动。

第四条 违约责任

（一）甲方工作人员有违反本责任书第一、二条责任行为的，按照管理权限，依据有关法律法规和规定给予党纪、政纪处分或组织处理；涉嫌犯罪的，移交司法机关追究刑事责任；给乙方单位造成经济损失的，应予以赔偿。

（二）乙方工作人员有违反本责任书第一、三条责任行为的，按照管理权限，依据有关法律法规和规定给予党纪、政纪处分或组织处理；涉嫌犯罪的，移交司法机关追究刑事责任；给甲方单位造成经济损失的，应予以赔偿。

第五条 本责任书作为工程监理合同的附件，与工程监理合同具有同等法律效力。经双方签署后立即生效。

第六条 本责任书的有效期为双方签署之日起至该工程项目竣工验收合格时止。

第七条 本责任书一式四份，由甲乙双方各执一份，送交甲乙双方的监督单位各一份。

甲方单位：（盖章）
法定代表人：
地　址：
电　话：
　　年　月　日
甲方监督单位（盖章）
　　年　月　日

乙方单位：（盖章）
法定代表人：
地　址：
电　话：
　　年　月　日
乙方监督单位（盖章）
　　年　月　日

关于印发《建设领域违法违规行为举报管理办法》的通知

建法[2002]185 号

各省、自治区建设厅，直辖市建委及有关部门：

现将《建设领域违法违规行为举报管理办法》印发给你们，请认真贯彻执行。

中华人民共和国建设部

二〇〇二年七月十一日

建设领域违法违规行为举报管理办法

第一条 为加强对建设领域违法违规行为举报工作的管理，保障公民、法人和其他组织行使检举、控告的权利，依法严肃查处建设领域违法违规行为，制定本办法。

第二条 本办法所称建设领域违法违规行为包括：城乡规划方面的违法违规行为；城市建设和管理方面的违法违规行为；建筑市场和工程质量安全方面的违法违规行为；住宅建设、房屋拆迁、房地产市场、物业管理、住房公积金管理等方面的违法违规行为。

第三条 各级建设行政主管部门和法律法规授权的机构（包括在城市中按照地方人民政府职责分工独立设置的建设、城乡规划、住宅和房地产、城市建设等行政主管部门和住房公积金管理机构等法律法规授权机构，以下统称主管部门）应当设立并向社会公布建设领域违法违规行为的举报信箱（包括通信地址、邮政编码）、举报电话、电子信箱等，明确专门机构或者专人负责举报的受理和处理工作。

第四条 向建设部举报的建设领域违法违规行为，由全国建筑市场稽查特派员办公室归口管理，有关司予以配合。具体工作程序按照《建筑市场举报投诉受理工作管理办法》执行。

涉及党员领导干部及其他行政监察对象等有关人员违法违纪的举报由建设部举报中心负责办理。

第五条 任何单位和个人都有权向主管部门举报建设领域方面的违法违规行为。

第六条 举报人的举报方式不受限制，可以由本人或者委托他人采用电话、信函、面谈等方式举报。鼓励举报人表明真实姓名、工作单位、住址或者提供其他通讯方式，以便核查情况和回复处理结果。

第七条 主管部门对于举报的受理和处理，一般应当按照下列程序进行：

（一）登记举报材料；

（二）根据举报内容进行分类；

（三）移送有关部门核查或者直接核查；

（四）研究做出处理决定，其中上级部门要求反馈处理情况的应当按期反馈，对有通讯地址的署名举报人应当回复处理情况；

（五）分类整理有关资料，立卷归档。

第八条 对于来访的举报人，接待人员应当有 2 名以上，并应当做好记录，将记录向举报人宣读或者交其阅读，经确认无误后，请举报人签字；如果需要录音的，须事先征得举报人同意。

第九条 受理举报的主管部门应当自受理后 3 个工作日内完成登记，并做如下分类处理：

（一）举报的内容属于下级主管部门管辖，且不直接涉及该主管部门的，可以转交该下级主管部门处理；但举报的问题情节严重、性质恶劣、影响重大或者直接涉及下级主管部门的，上级主管部门可以直接进行核查。

（二）举报的内容属同级政府其他部门管辖的，转交同级政府有关部门处理。

（三）对于已做出处理并且没有新内容的重复举报，在进行登记后存档备查。

受理举报的部门应当在受理举报的文书上签署意见。

第十条 对于举报的核查工作一般应当在 30 日内完成，并做出处理决定；情况比较复杂的，经领导批准，可以适当延长办理期限，但不得超过 3 个月。

对于上级主管部门转交核查的举报，应当按照规定的时间完成核查工作，并向上级主管部门提出处理意见；对于情况复杂，一时难以查清或者需要同有关部门协调后方可提出处理意见的，应当定期向上级主管部门反馈工作进展情况。

第十一条 负责举报工作的人员必须恪尽职守，廉洁奉公，保守秘密。

第十二条 上级主管部门应当加强对下级主管部门受理和处理举报情况的监督检查，必要时应当派人到承办地区或者单位进行督办。

任何单位和个人不得以任何借口打击、报复举报人。对于违反者应当按照有关规定处理；构成犯罪的，由司法机关依法追究刑事责任。

第十三条 上级主管部门对下级主管部门报送的案件处理结果，应当进行认真审核；凡发现事实不清、证据不足或者处理不当的，应当及时通知下级主管部门采取措施予以纠正。

第十四条 负责受理和处理举报的人员，不得私自摘抄、复制、扣压、销毁举报材料，严禁泄露举报人的姓名、单位、住址等情况。凡与举报事项有利害关系的，应当主动回避。

对于不公正履行职责或者私自摘抄、复制、扣压、销毁举报材料以及泄露举报人有关情况的人员，应当根据情节及其造成的后果，给予行政处分；构成犯罪的，由司法机关依法追究刑事责任。

第十五条 举报人的举报应当实事求是。对于借举报捏造事实，诬陷他人或者以举报为名，制造事端，干扰主管部门正常工作的，应当依照有关法律、法规规定处理。

第十六条 本办法由建设部负责解释。

第十七条 本办法自 2002 年 8 月 1 日起施行。

招标代理服务收费管理暂行办法

计价格[2002]1980号

第一条　为规范招标代理服务收费行为，维护招标人、投标人和招标代理机构的合法权益,根据《中华人民共和国价格法》、《中华人民共和国招标投标法》及有关法律、行政法规,制定本办法。

第二条　中华人民共和国境内发生的各类招标代理服务的收费行为,适用本办法。

第三条　本办法所称招标代理服务收费,是指招标代理机构接受招标人委托,从事编制招标文件（包括编制资格预审文件和标底）,审查投标人资格,组织投标人踏勘现场并答疑,组织开标、评标、定标,以及提供招标前期咨询、协调合同的签订等业务所收取的费用。

第四条　招标代理机构从事招标代理业务并收取服务费用的,必须符合《中华人民共和国招标投标法》第十三条、第十四条规定的条件,具备独立法人资格和相应资质。

第五条　招标代理机构应当在招标人委托的范围内办理招标事宜,遵守国家法律、法规及政策规定,符合招标人的技术、质量要求。

第六条　招标代理服务应当遵循公开、公正、平等、自愿、有偿的原则。严格禁止任何单位和个人为招标人强制指定招标代理机构或强制具有自行招标资格的单位接受代理并收取费用。

第七条　招标代理服务收费按照招标代理业务性质分为:

（一）各类土木工程、建筑工程、设备安装、管道线路敷设、装饰装修等建设以及附带服务的工程招标代理服务收费。

（二）原材料、产品、设备和固态、液态或气态物体和电力等货物及其附带服务的货物招标代理服务收费。

（三）工程勘察、设计、咨询、监理,矿业权、土地使用权出让、转让和保险等工程和货物以外的服务招标代理服务收费。

第八条　招标代理服务收费实行政府指导价。

第九条　招标代理服务收费采用差额定率累进计费方式。收费标准按本办法附件规定执行,上下浮动幅度不超过20%。具体收费额由招标代理机构和招标委托人在规定的收费标准和浮动幅度内协商确定。

出售招标文件可以收取编制成本费,具体定价办法由省、自治区、直辖市价格主管部门按照不以营利为目的的原则制定。

第十条　招标代理服务实行“谁委托谁付费”。

工程招标委托人支付的招标代理服务费,可计入工程前期费用。货物招标和服务招标委托人支付的招标代理服务费,按照财政部门规定列支。

第十一条　招标代理机构按规定收取代理费用和出售招标文件后,不得再要求招标委托人无偿提供食宿、交通等或收取其他费用。

第十二条　招标代理业务中有超出本办法第三条规定的要求的,招标代理机构可与招标委托人就所增加的工作量,另行协商确定服务费用。

第十三条　招标代理服务收费纠纷,依据《中华人民共和国价格法》、《中华人民共和国合同法》及其他有关法律、法规处理。

第十四条　各级政府有关部门或者其授权、委托的单位,按照国务院关于招标投标管理职能分工规定履行监督职能,要求招标投标当事人履行审批、备案及其他手续的,一律不得收费。

违反前款规定,擅自设立收费项目、制定收费标准以及收取管理性费用的,由政府价格主管部门予以处罚。

第十五条　招标代理机构违反本办法规定的,由政府价格主管部门依据《中华人民共和国价格法》和《价格违法行为行政处罚规定》予以查处。

第十六条　本办法由国家计委负责解释。

第十七条　本办法自2003年1月1日起执行。国家计委及有关部门,各省、自治区、直辖市价格主管部门制定的相关规定,凡与本办法相抵触的,自本办法生效之日起废止。

中华人民共和国国家发展计划委员会

二〇〇二年十月十五日

建设领域推广应用新技术管理规定

中华人民共和国建设部令

第109号

《建设领域推广应用新技术管理规定》已于2001年11月2日建设部第50次常务会议审议通过，现予发布，自发布之日起施行。

部　长　**俞正声**

二〇〇一年十一月二十九日

第一条　为了促进建设科技成果推广转化，调整产业、产品结构，推动产业技术升级，提高建设工程质量，节约资源，保护和改善环境，根据《中华人民共和国促进科技成果转化法》、《建设工程质量管理条例》和有关法律、法规，制定本规定。

第二条　在建设领域推广应用新技术和限制、禁止使用落后技术的活动，适用本规定。

第三条　本规定所称的新技术，是指经过鉴定、评估的先进、成熟、适用的技术、材料、工艺、产品。

本规定所称限制、禁止使用的落后技术，是指已无法满足工程建设、城市建设、村镇建设等领域的使用要求，阻碍技术进步与行业发展，且已有替代技术，需要对其应用范围加以限制或者禁止使用的技术、材料、工艺和产品。

第四条　推广应用新技术和限制、禁止使用落后技术应当遵循有利于可持续发展、有利于行业科技进步和科技成果产业化、有利于产业技术升级以及有利于提高经济效益、社会效益和环境效益的原则。

推广应用新技术应当遵循自愿、互利、公平、诚实信用原则，依法或者依照合同的约定，享受利益，承担风险。

第五条　国务院建设行政主管部门负责管理全国建设领域推广应用新技术和限制、禁止使用落后技术工作。

县级以上地方人民政府建设行政主管部门负责管理本行政区域内建设领域推广应用新技术和限制、禁止使用落后技术工作。

第六条　推广应用新技术和限制、禁止使用落后技术的发布采取以下方式：

（一）《建设部重点实施技术》（以下简称《重点实施技术》）。由国务院建设行政主管部门根据产业优化升级的要求，选择技术成熟可靠，使用范围广，对建设行业技术进步有显著促进作用，需重点组织技术推广的技术领域，定期发布。

《重点实施技术》主要发布需重点组织技术推广的技术领域名称。

（二）《推广应用新技术和限制、禁止使用落后技术公告》（以下简称《技术公告》）。根据《重点实施技术》确定的技术领域和行业发展的需要，由国务院建设行政主管部门和省、自治区、直辖市人民政府建设行政主管部门分别组织编制，定期发布。

《技术公告》主要发布推广应用和限制、禁止使用的技术类别、主要技术指标和适用范围。

限制和禁止使用落后技术的内容，涉及国家发布的工程建设强制性标准的，应由国务院建设行政主管部门发布。

（三）《科技成果推广项目》（以下简称《推广项目》）。根据《技术公告》推广应用新技术的要求，由国务院建设行政主管部门和省、自治区、直辖市人民政府建设行政主管部门分别组织专家评选具有良好推广应用前景的科技成果，定期发布。

《推广项目》主要发布科技成果名称、适用范围和技术依托单位。其中，产品类科技成果发布其生产技术或者应用技术。

第七条　国务院建设行政主管部门发布的《重点实施技术》、《技术公告》和《推广项目》适用于全国或者规定的范围；省、自治区、直辖市人民政府建设行政主管部门发布的《技术公告》和《推广项目》适用于本行政区域或者本行政区域内规定的范围。

第八条　发布《技术公告》的建设行政主管部门，对于限制或者禁止使用的落后技术，应当及时修订有关的标准、定额，组织修编相应的标准图和相关计算机软件等，对该类技术及相关工作实施规范化管理。

第九条　国务院建设行政主管部门和省、自治区、直辖市人民政府建设行政主管部门应当制定推广应用新技术的政策措施和规划，组织重点实施技术示范工程，制定相应的标准规范，建立新技术产业化基地，培育建设技术市场，促进新技术的推广应用。

第十条　国家鼓励使用《推广项目》中的新技术，保护和支持各种合法形式的新技术推广应用活动。

第十一条　市、县人民政府建设行政主管部门应当制定相应的政策措施，选择适宜的工程项目，协助或者组织实施建设部和省、自治区、直辖市人民政府建设行政主管部门重点实施技术示范工程。

重点实施技术示范工程选用的新技术应当是《推广项目》发布的推广技术。

第十二条　县级以上人民政府建设行政主管部门应当积极鼓励和扶持建设科技中介服务机构从事新技术推广应用工作，充分发挥行业协会、学会的作用，开展新技术推广应用工作。

第十三条　城市规划、公用事业、工程勘察、工程设计、建筑施工、工程监理和房地产开发等单位，应用积极采用和支持应用发布的新技术，其应用新技术的业绩应当作为衡量企业技术进步的重要内容。

第十四条　县级以上人民政府建设行政主管部门，应当确定相应的机构和人员，负责新技术的推广应用、限制和禁止使用落后技术工作。

第十五条　从事新技术推广应用的有关人员应当具有一定的专业知识，或者接受相应的专业技术培训，掌握相关的知识和技能，具有较丰富的工程实践经验。

第十六条　对在推广应用新技术工作中做出突出贡献的单位和个人，其主管部门应当予以奖励。

第十七条　新技术和技术依托单位在推广应用过程中，应当提供配套的技术文件，采取有效措施做好技术服务，并在合同中约定质量指标。

第十八条　任何单位和个人不得超越范围应用限制使用的技术，不得应用禁止使用的技术。

第十九条　县级以上人民政府建设行政主管部门应当加强对有关单位执行《技术公告》的监督管理，对明令限制或者禁止使用的内容，应当采取有效措施限制或者禁止使用。

第二十条　违反本规定应用限制或者禁止使用的落后技术并违反工程建设强制性标准的，依据《建设工程质量管理条例》进行处罚。

第二十一条　省、自治区、直辖市人民政府建设行政主管部门可以依据本规定制定实施细则。

第二十二条　本规定由国务院建设行政主管部门负责解释。

第二十三条　本规定自发布之日起施行。

关于印发《中国建筑涂料发展战略与技术研讨会纪要》的通知

建科综函[2002]4号

各省、自治区、直辖市及计划单列市化学建材协调组、建设厅（建委），各有关单位：

现将《中国建筑涂料发展战略与技术研讨会纪要》印发给你们，请结合实际贯彻执行。请你们将建筑涂料工作作为重点，加强领导和组织协调，切实采取措施，促进其生产与应用。

全国化学建材协调组秘书组　建设部科学技术司

二○○二年一月八日

中国建筑涂料发展战略与技术研讨会纪要

为了贯彻《关于加强技术创新，推进化学建材产业化的若干意见》和全国化学建材工作会议精神，交流国内外建筑涂料生产应用技术，研讨加入WTO后我国建筑涂料发展对策，加强行业管理，提高建筑涂料行业整体水平，全国化学建材协调组秘书组和建设部科学技术司于2001年10月30日～31日在北京召开了“中国建筑涂料发展战略与技术研讨会”，纪要如下：

一、会议概况

本次研讨会由全国化学建材协调组秘书组和建设部科学技术司主办；由全国化学建材协调组建筑涂料专家组、中国涂料工业协会建筑涂料分会、中国建筑装饰协会化学建材委员会和中国建筑装饰装修材料协会建筑涂料专业委员会承办；由中国化工学会涂料涂装专业委员会、四川省建筑材料工业科学研究院、江苏省建筑涂料科技情报网、江苏省化学建材信息网、上海市化学建材行业协会、福建省建筑涂料科技情报网、中西部涂料技术信息中心、全国涂料工业信息中心等单位协办。来自全国25个省、市、自治区的化学建材协调组及行政主管部门，建筑涂料研究、生产、施工、设计单位以及相关行业协会的450余名代表参加了会议。

全国化学建材协调组秘书组组长、建设部科学技术司陈宜明副司长作了讲话，全国建筑涂料专家组组长汪维作了《依靠科技进步，促进我国建筑涂料行业健康发展》的技术报告，阐述了国内外建筑涂料的发展趋势，提出了我国建筑涂料的发展方向。上海市化学建材协调组、大连市建委分别介绍了应用建筑涂料和规范市场的经验及建筑涂料在美化城市市容中所起的重要作用。19位来自全国各地科研院所、大专院校、国内外涂料生产销售企业和建筑涂料行业的专家学者宣讲了学术论文，其内容涉及了当前我国建筑涂料领域的新技术、新产品、新工艺、新材料、新标准、新规范及建筑涂料涂装设计和涂装施工的先进技术，介绍了国外建筑涂料行业管理的先进经验。本次会议为与会代表提供了高水平的论文集和全国各省市有关建筑涂料的政策法规文件集。

与会代表就政府主管部门发布的有关政策文件及我国加入WTO后建筑涂料发展方向、发展战略及存在的问题展开了认真、热烈的研讨，为我国建筑涂料行业的发展提出了许多建设性建议和意见。

二、会议共识

1．与会代表对本次会议的召开给予了很高的评价和充分的肯定，一致认为这是一次影响大、内容充实的会议，是全国建筑涂料界团结协作、交流切磋的会议，是促进中国建筑涂料快速、健康发展的新起点。

2．会议代表一致认为，我国建筑涂料已进入快速发展阶段，近年平均增长速度为7%左右，建筑涂料的年产量已达150万吨，约占全国涂料总产量的1/2，列世界第三位。我国建筑涂料的总体技术已达到国际90年代初的先进水平，研究开发周期大大缩短，竞争能力不断增强，已发展成初具规模的产业之一。

3．与会代表进一步认识到，科学技术的进步是促使企业发展的根本动力，建筑涂料企业只有摆脱低起点、低水平、低价位、手工作坊式的生产模式，加强技术创新、体制创新，提高产品技术含量、改善企业管理水平、努力生产具有高附加值的产品，形成合理的规模效益才能在入世后日益激烈的市场竞争中立于不败之地。

4．与会代表认为，配套的政策法规、完善的管理体系、规范的市场运作和必要的行政管理是推动我国建筑涂料健康发展必不可少的支撑条件。相关政府主管部门对建筑涂料行业的发展给予了密切关注和积极支持，今后随着管理体系的不断加强和完善，我国建筑涂料行业会走上以质量求生存、以科技求发展、以管理求效益、以制度规范市场的健康发展轨道。

5. 与会代表充分肯定了我国建筑涂料行业取得的成绩，对今后的发展提出了很多中肯的意见和建议。目前阻碍我国建筑涂料行业健康发展的主要问题是：

（1）多数建筑涂料生产企业规模偏小，没有形成规模效应，缺乏技术改造能力和市场开拓能力，难以在激烈的市场竞争中生存发展。

（2）建筑涂料企业的整体创新能力较弱，产品结构不合理，产品品种单一，企业经营缺乏特色，技术改造与创新投资不足，不能适应市场迅速扩大的需求。

（3）建筑涂料市场尚不规范，质量监督检验监管力度不够。有些地区还存在明显的地方保护，不利于产品的流通和公平竞争，造成资源和资金的不必要浪费。

（4）政策法规不够健全，管理规程不够细化，管理体系尚需要完善。

（5）《建筑工程 96 概算定额》应根据发展情况，对建筑涂料部分的定额做适当修改，以利于中高档建筑涂料得到更大范围的推广应用。

三、下一步工作建议

1. 国家和地方相关主管部门应结合实际情况加强相关政策法规的制定完善工作，出台具有可操作性的政策文件，推动建筑涂料行业的健康发展，使各监管部门有法可依，有章可循，为规范市场提供政策依据。

2. 加大市场监管力度，采取规定送检、授权抽查等多种形式鉴别建筑涂料产品质量，淘汰不合格产品，打击假冒伪劣产品，建立市场信用制度，抵制不正当的市场竞争行为。

3. 国家和地方相关主管部门应加快制订修订相关标准、规范，加强同类标准、规范的统一和协调。各质检单位应秉公执法，严把产品质量关。

4. 建筑涂料生产企业应保证技术创新资金的投入，努力开发新技术、新产品，积极申报建设部科技成果推广项目，参与建设部重点实施技术示范工程工作，为企业技术升级和创建产业化基地创造条件。

5. 进一步加强建筑涂料专家组、行业协会、学会、信息中心、信息情报网等组织的联系和协作，做到信息资源共享，为企业、行业和市场的发展做好服务。

6. 根据与会代表的要求，今后将每年举办一次全国性研讨会，2002 年的研讨会将于上海举行。根据建筑涂料专家组的建议，今后的会议定名为“建筑涂料发展战略与合作论坛”，同时积极探索技术交流的其他形式，推进建筑涂料行业的技术创新与进步。

关于加强建筑涂料生产与应用管理工作的意见

建科[2002]209 号

近年来，在全国化学建材协调组及其组成部门的指导下，建筑涂料行业经过研究开发、技术引进与消化吸收，技术水平、生产能力、推广应用和产业化工作均有较大发展。2001 年全国建筑涂料产量达到 150 万吨，基本满足了建筑工程的发展需求，已经成为建筑内外墙装饰的主导材料。

目前，我国建筑涂料的生产应用已达到 20 世纪 90 年代初期的国际技术水平，具备了进一步发展的条件，但也存在企业规模小，技术力量薄弱，产品质量不稳定，市场竞争无序等问题。为了实现《国家化学建材产业“十五”计划和 2010 年发展规划纲要》确定的建筑涂料的发展目标，现就进一步加强全国建筑涂料生产与应用协调管理工作提出如下意见：

一、确立企业技术创新的主体地位，健全技术创新体系

各级相关行政主管部门要积极引导建筑涂料及原辅材料生产企业走依靠科技进步和提高劳动者素质的道路，推动大中型企业建立技术开发中心，研究开发具有自主知识产权的新技术、新产品，赶超国际先进水平。鼓励支持从事建筑涂料及相关材料研究开发的科研院所和高等院校以不同的方式与生产企业结合，成为企业技术创新体系的有机组成部分。开拓多种投资融资渠道，加大技术创新资金投入，企业每年需有一定的经费用于技术开发和技术改造，有条件的大中型企业每年用于研究开发的经费不应低于年销售额的 1%～3%。

二、调整产品结构，提高产品档次，促进建筑涂料技术不断升级换代

各地相关行政主管部门要按照《推广应用化学建材和限制淘汰落后技术与产品管理办法》和《关于化学建材技术和产品的公告》要求，制定具体政策，落实限制淘汰落后技术与产品的具体措施。鼓励生产应用环保型丙烯酸合成树脂乳液类内墙涂料，鼓励开发生产环保型或低毒性的丙烯酸、有机硅丙烯酸、聚氨酯和氟碳漆等系列的高性能外墙涂料。在应用通用型建筑涂料技术产品的基础上，不断调整产品结构，开发新技术、新产品，提高产品的技术含量和市场竞争力。完善产品的系列化和配套技术，提高应用技术和服务水平。

三、完善生产装备，提高劳动生产率，促进生产技术现代化

生产企业应努力提高生产装备的技术工艺水平，保证建筑涂料制浆分散(研磨)和配漆等基本生产设备齐全，运行状态完好。要逐步改造并建立机械化物料输送系统、生产工艺控制系统、电脑配色调色系统、半成品及成品的检测体系、自动计量和包装系统。推广应用电脑配色调色系统取代低效率的手工调色工序，形成生产流水线，提高劳动生产率，确保产品质量。

四、完善质量管理体系，加大质检监督力度

建筑涂料生产企业应建立全面质量管理体系，配备必要的检验仪器(如天平、鼓风恒温烘箱、漆膜涂布器、反射率测定仪、耐洗刷仪、刮板细度计、涂-4杯黏度计、旋转黏度计等)，严格控制原材料、半成品和成品质量，保证出厂产品的合格率达到100%。生产企业标准规定的产品技术指标必须等同或高于国家标准规定的指标值。

生产企业应定期到有资质的质检单位进行产品的型式检验。大中型企业应积极争取通过ISO9001质量体系认证，有条件的生产企业应积极争取通过ISO14000环境体系认证。

对进入工地的建筑涂料产品严格把关，按照国家及行业标准实行质量监督检查，防止假冒伪劣产品进入工程。

五、保证售前、售中和售后服务质量，增强市场开拓能力

建筑涂料生产企业应培育名牌产品，宣传企业文化，树立企业形象。加强建筑涂料的施工配套材料、施工机具等成套应用技术研究开发，提供方便可行的使用说明，注明施工工艺和使用条件，提供用户操作程序。建立完善的售前宣传、售中指导和售后回访的服务体系，树立质量第一、用户至上的营销理念，不断拓展市场。

六、健全建筑涂料产业化标准体系，严格执行施工规程和验收规范

健全和完善建筑涂料产业化各种原材料、生产设备、涂料产品标准和环保卫生规范。根据科技进步的需要，有关部门应及时制定修订国家、行业和地方的相关标准，提高产品质量，淘汰落后产品。建筑涂料涂装应严格施工规程操作，各类涂料工程完工后，应严格按照有关规范规程进行验收。鼓励组建专门从事建筑涂料施工的队伍，定期对施工人员进行上岗培训或知识更新教育。

七、促进规模化和专业化发展，增强企业综合竞争能力

各地要合理规划，采取淘汰、兼并、重组和联合发展等措施，改变多数建筑涂料企业规模偏小、生产工艺落后、产品档次低、质量不稳定和产品结构不合理的局面，逐步淘汰低起点、低水平、低价位、手工作坊式的生产模式。要重点扶植一批配料技术与工艺设备条件好、年产销量超过5000吨的大中型建筑涂料生产企业，促进规模化发展，使其成为骨干企业。加强对小企业的指导，限制其盲目发展，促进专业化发展，通过提高自身技术水平，以满足市场多种需求。

八、制定在外墙装饰中优先采用高性能涂料、淘汰落后装饰材料的相关政策

各地相关行政主管部门可根据需要制定城市中主要公共建筑、工业建筑、住宅小区以及景观道路两侧的建筑物外立面每隔几年用建筑涂料进行粉饰的政策规定。采取措施逐步限制使用能耗大、安全性差和污染环境的外墙装饰材料，优先使用高性能外墙涂料。提倡在住宅、工业建筑、公共建筑及构筑物等装修工程中应用建筑涂料，多层住宅及一般工业建筑和公共建筑的外墙装饰宜使用寿命期5年以上的建筑涂料，高层建筑宜使用寿命期10年以上的建筑涂料。制定淘汰落后产品、推广应用高性能环保型建筑涂料的政策措施。

各地相关行政主管部门应根据实际情况制定具体措施，推动建筑涂料行业的技术进步，推动生产企业技术升级，增加产品技术含量，完善质保体系，提高劳动生产率和规模效益。加强管理，引导建筑涂料生产企业合理布局。切实采取有效措施规范市场，提高企业的自身素质和竞争能力，使我国建筑涂料企业，走上以质量求生存、以科技求发展、以管理求效益、以制度求规范的轨道，实现我国化学建材产业"十·五"计划确定的建筑涂料发展和推广应用目标。

中华人民共和国建设部　全国化学建材协调组

二〇〇二年八月六日

第五部分

业内重大活动

·中国建筑装饰协会五届一次常务理事会·

会议综述

新世纪第一年中国建筑装饰界的一次重要会议

——记中国建筑装饰协会五届一次理事会

《中国建筑装饰》编辑部观察员

一、会议简况

2001年12月24日，即在“全国建筑工程装饰奖”在人民大会堂举行颁奖大会的前一天，中国建筑装饰协会在北京新侨饭店召开五届一次常务理事会。会场上悬挂着会旗。

五届一次常务理事会的主要议题有七项：一是听取五届一次常务理事会工作报告；二是审议四个议案——增补本会副秘书长、调整增补本会理事和常务理事、本会专家委员会工作条例、本会行业自律公约；三是听取有关“全国建筑工程装饰奖”的三个说明——评选工作、奖颁活动组织工作、奖颁活动具体安排；四是听取本会会标设计及CI的说明；五是听取名誉会长张恩树、会长马挺贵的重要讲话；六是听取颁奖活动安排和注意事项说明；七是参加人大会堂“全国建筑工程装饰奖”颁奖大会。获奖单位中，有中国建筑装饰协会理事单位59家、常务理事单位28家。

出席会议的有中国建筑装饰协会名誉会长张恩树、会长马挺贵、常务副会长兼秘书长徐朋，6位副会长：建设部建筑市场管理司副司长符曜伟、深圳市建筑装饰（集团）有限公司董事长兼总经理汪家玉、上海市建筑装饰工程有限公司总经理谢建伟、凌云科技集团有限公司董事长陈木林、南京装饰集团有限公司董事长兼总裁陆铁军、北京港源建筑装饰工程有限公司董事长王波。

这是2001年6月中国建筑装饰协会第五届会员代表大会后召开的第一次常务理事会，也是新世纪第一年中国建筑装饰界的一次重要会议，引起了常务理事的高度重视，85位来了71位。

会议分别由徐朋、汪家玉、陆铁军主持。

二、五届一次常务理事会工作报告

常务副会长兼秘书长徐朋作了以《与时俱进　奋发有为　努力完成协会新一年的工作任务》为题的五届一次常务理事会工作报告，报告分三大部分：

第一部分是五届会员代表大会以来的工作：

一是研究行业发展中的一些方向性问题，提高协会推动行业发展的能力，包括四大课题：“建筑装饰行业在我国国民经济和社会发展中的地位和作用”、“国有建筑装饰企业的改制”、“建筑装饰行业的技术创新”、“建筑装饰工程产品的文化属性”。

二是抓住重点，提高为会员企业的服务层次，包括：召开“中国建筑装饰协会工作经验交流会”、加强协会培训工作打造协会培训品牌、关于协会专业委员会的工作、举办多项展示会和竞赛活动、关于编辑出版和学术交流活动五方面工作。

三是组织“全国建筑装饰工程奖”评奖，开好颁奖大会。

四是认真做好政府委托的工作，包括装饰企业资质行业审查、主编国标《住宅装饰装修施工规范》两方面工作。

五是加强协会自身建设，为开创工作新局面创造条件。

第二部分是2002年协会工作的设想：

一是新时期协会工作的指导思想。

二是关于2002年协会工作安排，包括提高“双向服务”的层次能力和水平、应对入世全面提高企业核心竞争能力、搞好培训工作全面提高从业者的素质、建立行业自律机制和企业的信用秩序、加强协会对西部大开发和奥运工程的指导和交流、继续组织好“全国建筑工程装饰奖”的评奖活动、加强协会的国际交流七方面工作。

第三部分是加强协会自身建设，创造完成协会工作的条件：

一是加快秘书处和专业委员会的改革规范协会内部管理。

二是加快与地方协会的沟通和交流共同完成协会任务。

三是探索协会工作的新思路提高协会的自养自立能力。

四是加快组建并发挥专家委员会和自律委员会的作用。

常务副会长兼秘书长徐朋报告中的最后一段话，十分令人感动：马会长和我本人，已到协会工作了6个月，如果讲工作体会的话，就是三句话：如果没有很好的政治责任感，就干不好协会工作；如果没有敬业精神，就完不成协会任务；如果没有一定的工作能力，就实现不了高层次“双向服务”的目的。

使我们感到十分欣慰的是，无论是中国建筑装饰协会还是地方建筑装饰协会，目前都有一大批忠诚于协会工作，并得到会员单位支持的干部，这些同志是我们协会最宝贵的财富和最珍贵的资源。这些同志凭借着对我国建筑装饰装修行业和企业的忠诚，在协会工作岗位上忠于职守的完成任务。按照民主办会的原则，我们随时随地的倾听大家的意见，集中大家的智慧，真心实意地同大家一起把协会工作做好。

三、听取四项议案和二项工作说明

1．增补房箴为本会副秘书长

常务副会长兼秘书长徐朋首先作了“增补本会副秘书长

的议案"，他提名中国建筑装饰协会专家小组副组长、技术推广部和专家委员会负责人、高级建筑师房箴为中国建筑装饰协会副秘书长，经报请建设部领导研究，同意提名并按协会章程履行程序。徐朋介绍了房箴的简历，指出他多年来从事装饰设计工作和装饰企业技术管理工作，其业务能力已受到业内专家的普遍认可，公道，正直，普遍团结同志。房箴加入中国建筑装饰协会领导班子，除改变班子结构外，还可更好的做好协会内部、外部的协调工作，有助于中国建筑装饰协会更好完成任务。

2．调整增补本会5位常务理事和5位理事

协会副秘书长张京跃作了"调整本会理事和常务理事的议案"，2001年6月中国建筑装饰协会举行第五届会员代表大会，选举产生了第五届理事会。到目前为止，由于部分理事、常务理事单位担任理事或常务理事的负责人工作调动，该单位提出要求，当地建筑装饰协会同意，按章程规定需要对这部分理事、常务理事给予调整。同时，根据工作需要增补个别理事、常务理事。普遍的理事、常务理事的调整工作待2002年五届二次常务理事会研究，届时，中国建筑装饰协会将另行通知。

一是调整3位常务理事，2位理事：

因福建省建筑业协会装饰工程委员会原理事长薛依强工作调动，由该协会现任常务副会长张福如任我会常务理事。因深圳市南利装饰工程公司原法人代表兼总经理张绪昭工作调动，由该公司现任法人代表兼总经理张玮文任我会常务理事。因甘肃省建筑装饰协会原副会长宋紫林工作调动，由该协会常务副会长韩学政任我会常务理事。因深圳金粤幕墙装饰工程有限公司原法人蔡国强工作调动，由该公司现任总经理梁铭任我会理事。因广东省装饰总公司总经理曾伯坚工作调动，由该公司现任总经理王冶任我会理事。

二是增补2位常务理事，3位理事：

根据我会秘书处提议，增补我会理事、中国建筑装饰工程公司总经理刘晓一为我会常务理事。根据吉林省建筑装饰协会提议，增补我会理事、吉林省建筑装饰集团有限公司董事长、吉林建筑工程学院建筑装饰学院院长孙爱东为我会常务理事。根据上海市建筑装饰协会提议，增补上海建筑装饰（集团）有限公司董事长张洪星为我会理事。根据深圳市装饰行业协会提议，增补深圳市深建华辉装饰工程有限公司董事长庄志伟为我会理事。根据海南省建筑装饰协会提议，增补海南雅园装饰工程有限公司董事长郑涛为我会理事。

3．本会专家委员会工作条例和行业自律公约的议案

协会副秘书长谢少宁作了"本会专家委员会工作条例的议案"。协会副秘书长张京跃作了"本会行业自律公约的议案"。

4．全国建筑工程装饰奖

协会副秘书长谢少宁作了"评选工作的说明"；协会办公室主任兼行业自律委员会办公室主任、颁奖大会组委会组长王本明作了"颁活动组织工作的说明"；协会信息咨询委员会副理事长兼秘书长、颁奖大会组委会秘书长田万良作了"奖颁活动具体安排的说明"。

奖颁宣传工作集中在六张大报、二本会刊、一本书和一项展示上：

一是中央级的三张大报——《人民日报》、《光明日报》、《经济日报》同时刊出，并各订了一千份：

12月24日《人民日报》第八版半版的"中国建筑装饰协会公告——2001年全国建筑工程装饰奖获奖工程及获奖单位"。

12月23日《光明日报》第三版半版中国建筑装饰协会《建筑装饰文化研究》课题组撰写的"提高建筑装饰的文化品位，满足人民群众的文化需求"的文章。

12月24日《经济日报》四个整版：

一整版的中国建筑装饰协会课题组的"建筑装饰业：充满生机和活力"；

半版的由中国建筑装饰协会副会长、北京港源建筑装饰工程有限公司董事长王波，中国建筑装饰协会常务理事、深圳远鹏装饰设计工程有限公司总经理叶大岳，中国建筑装饰协会理事、中国建筑装饰工程公司董事长兼总经理刘晓一合写的"加强行业自律，做社会和群众满意的装饰工程"的文章；

中国建筑装饰协会秘书处撰写的"中国建筑装饰行业大检阅——首届"全国建筑工程装饰奖"的综合评述；

一整版的"全国建筑工程装饰奖获奖企业单位"；

为获奖装饰工程做出较大贡献的四家优秀装饰材料生产会员厂商——江苏华润集团公司、深圳康利石材集团、北京壁虎粘合剂厂、中华制漆（深圳）有限公司"热烈祝贺全国建筑工程装饰奖颁奖大会召开"的贺词。

二是行业的二张大报——建设部机关报《中国建设报》、《中华建筑报·装饰周刊》：

12月24日《中国建设报》第四版一整版的"中国建筑装饰协会公告——2001年全国建筑工程装饰奖获奖工程及获奖单位"。

12月29日《中华建筑报·装饰周刊》头版一整版及第二版半版，公告和颁奖大会报道。

三是协会专集和特刊：

12月24日出版的中国建筑装饰协会编辑的《全国建筑工程装饰奖获奖工程作品集》，2001年第12期中国建筑装饰协会会刊《中国建筑装饰》、信息咨询委员会会刊《装饰名品》等。

四是获奖工程作品展示：

人大会堂小礼堂外百米走廊的两侧的展架上，展示着"首届建筑工程装饰奖"获奖工程作品的大幅照片，中国建筑装饰协会为与会领导和代表提供了最有视觉冲击力的交流的机会和场所。

五是专题记者招待会：

12月24日下午，中国建筑装饰协会在北京新侨饭店举行了一个小时的专题记者招待会，由房箴主持，副秘书长谢少宁作了“首届全国建筑工程装饰奖”评奖工作和颁奖活动的准备情况介绍，常务副会长兼秘书长徐朋回答了记者提出的问题。参加新侨饭店记者招待会的记者，应邀出席了人大会堂颁奖大会的报道。

5．本会会标设计及CI的说明

房箴作了“本会会标设计及CI的说明”。

四、小组讨论，会议通过工作报告和全部四项议案

会议分东北、华北、华东区和中南、西北、西南区两个小组，分别以谢建伟、王波和陆铁军、陈木林副会长为召集人进行讨论。发言认真，踊跃。王波副会长代表东北、华北、华东区的第一组，陆铁军副会长代表中南、西北、西南区的第二组，向会议作了汇报。

1．一致充分肯定了协会换届以来，短短6个月，做了很多工作，而且抓得很实际，以会长马挺贵、常务副会长兼秘书长徐朋为核心的新一届常务理事会，是一个抓重点、办实事、工作踏实的领导集体。有决心在中国建筑装饰协会的领导下，加大改革力度，加快与市场经济接轨的速度，提高企业核心竞争能力，争取建筑装饰行业有更大的发展提高。

2．常务副会长兼秘书长徐朋从中国建筑装饰协会和地方协会在行业管理的深度上，从市场变化的力度上，从未来发展的导向上，既有具体指导方法又有操作性，作了一个很好的工作报告，将对协会今后的工作起到很大地作用。工作报告实在，有层次，实事求是，协会工作会做得更好，大家都很有信心。

3．入世以后，行业协会应与时俱进，与国际接轨，塑造新型的行业协会。行业协会要抓紧自身建设，特别是加强人才储备。希望迅速建立国际部，引导企业闯出去，参与国际市场竞争。一不要形成“二政府”，二要“自负盈亏”。

4．自律公约很好，有公约就必须有措施的保证。协会胆子要更大一些，多制定一些行业行规。

5．中国建筑装饰协会为“首届全国建筑装饰工程装饰奖”人大会堂的颁奖活动所进行的宣传工作，力度大、层次高、覆盖面广，无论在中国建筑装饰协会历史上还是在我国建筑装饰行业发展历程中，甚至在建设系统类似的活动中，都是前所未有的。评奖建议由两年一次，应象鲁班奖（国优）一样，改为一年一次，但从内容上要与鲁班奖（国优）有区别，可考虑设计等配套奖项。

有的常务理事提出评奖有四方面的欠缺：一是投资方面，豪华的东西多，简化的东西少；二是在功能方面，宾馆饭店多，文化工程少；三是风格方面，趋同的东西多，个性的东西少；四是在文化方面，西方文化多，地方、民族文化少；五是重施工，轻设计；六是在设计上，重实际，轻理论。

6．协会应多考虑一些维护企业利益的问题，多做一些企业的实际工作。现在是信息时代，多提供一些对企业有用的信息。

会议采取举手表决的方式，一致通过五届一次常务理事会工作报告；原则通过了全部四项议案；对“全国建筑工程装饰奖”的三个说明及“本会会标设计及CI的说明”表示满意。

常务副会长兼秘书长徐朋认为，这次原则性通过的这几项议案，特别是“行业自律公约”，需要听取各方面的意见，现在的文字和内容，要作较多的修正。在讨论中，大家希望有公约，并希望履行公约或者能够把公约落实下来的一些具体的措施和管理办法，保证公约的可操作性。秘书处将按照大家的意见继续工作，原则性的表决，表明同意行业搞一个自律公约。

他向大家说明并解释了一下所通过的工作报告的背景情况，提交给大家的工作报告，文字上疏漏的比较多，说明我们的工作还不够细，还不够认真，代表秘书处向大家作自我批评。这些日子我们把全部精力集中到今天报纸发表的文章上，这是个难度和工作量极大，争取这几篇文章能够有一点高度，有一点深度，秘书处从事文字工作的能力本身比较弱，能够介入这项工作的人员也比较少，我们是全力以赴。工作报告最后定稿是昨天晚间，再修改也来不及了，我只好做了局部修改。作为规范秘书处和常务理事会工作，大家提的意见都非常好、非常正确。现在给大家稿子中的基本内容不会有大的修正，但是错别字、语句不顺的要进行重新修改。昨天晚间补充的部分在报告中的，也同时予以考虑。

五、名誉会长张恩树讲话

张恩树名誉会长认为徐朋常务副会长兼秘书长的工作报告很好，五届理事会在新的领导班子的领导下，在半年的时间内做了非常有成效的工作，而且起点很高。他谈了几点意见：

一是关于“二次创业”。我们要上齐心协力的支持协会的“二次创业”。“二次创业”是全行业的“二次创业”，中国建筑装饰行业要融入世纪经济的大潮中，中国建筑装饰协会和全行业要打“国际牌”，按国际标准找差距。协会提出的“二次创业”，非常正确。

马挺贵、徐朋有优势的资源，有能力、有条件带领我们全行业走向国际市场。我非常赞成中国建筑装饰协会尽快成立国际部，增强搞国际工作的能力和人才。“二次创业”一定能够做的非常的成功。这届理事会，到2008年，我国建筑装饰行业一定会有更大的变化。

入世首先是政府入世，总体而言，政府入世不够，计划经济的尾巴还非常长，协会的行为、企业的行为还在一种困难的处境中挣扎。随着中国入世的发展，我们行业会同其他行业一样发展，大家应该有这个信心。企业应加快与国际接轨的步伐。

二是大力地宣传行业。本次以举行“全国建筑工程装饰奖”颁奖大会为契机，来了一个轰动效应。《人民日报》、《光

明日报》、《经济日报》同时发表一个行业的东西，历史上很少。各大新闻媒体全部出动，来宣传建筑装饰行业，使全社会了解建筑装饰行业和重要性。徐朋同志和秘书处作了大量工作。建筑装饰行业已经同人民群众密不可分的，是国民经济发展中不可缺少的重要组分，建筑装饰行业 2001 年产值已占了 GDP 的 6.2%。目前行业的理论建设十分滞后，要加强并推进。希望各位常务理事回去后，也造些声势。个别地方想把装饰协会并入建筑业协会，主要原因是他们不了解我们行业，因此我们要加大宣传行业力度。“绿色装修”不如叫“环保装修”。

三是积极发展新技术。我觉得我们装饰行业没有多少新技术，应加强。

四是行业自律。争取全行业好名声。违规的要曝光。在中国的外国公司也可以发展入会。中国建筑装饰协会现在是个穷协会，会费是个关键，期望大家多支持。企业是以营利为目的，但协会却不能这样。

这是张恩树名誉会长积从 1984 年中国建筑装饰协会成立以来担任了四届 17 年会长的经验之谈，受到与会代表高度重视。

六、会长马挺贵讲话

马挺贵会长指出，这次会议是自今年 6 月中国建筑装饰协会五届会员代表大会以来，常务理事的首次聚会。会上大家听取了徐朋常务副会长兼秘书长所作的工作报告；审议通过了增补副秘书长、理事、常务理事等几个议案；又进行了分组讨论。总的来说，这次会议安排的内容丰富，会议开得也很有实效。大家都很忙，能够抽出宝贵的时间，全身心地参加这次会议，既说明各位常务理事有很强的责任感和使命感，也说明了大家对协会的信任和热情支持。在此，我代表中国建筑装饰协会对大家表示衷心的感谢。

他就中国建筑装饰协会提出“二次创业”的方针和协会今后的工作，讲了两个问题。

第一个问题，是关于“二次创业”方针的提出：一是我国已经加入了世界贸易组织，建筑装饰行业将面临新的机遇和挑战。二是政府职能的转变，不仅带来了协会工作内容的变化，也向协会工作提出了更高的要求。三是我们建筑装饰行业发展现阶段的要求。四是加强协会自身建设，更好地、高层次地进行“双向服务”。

第二个问题，是关于协会今后的工作：一是要进一步加强对 WTO 的对策研究。二是加大培训力度。三是加强企业信息化建设。四是要进一步推动协会工作的国际化水平。五是要进一步加强行业自律意识。六是协会自身建设问题。

马挺贵会长指出，协会在行业国际化后，如何成为行业利益的代表、行业发展的引路人，成为行业管理的主体，这也需要我们认真、仔细的加以研究，而且需要把行业的发展放在大的国际环境中加以研究。这就要求协会的工作要有新思路、新举措、新作风、新面貌。

“二次创业”是协会的大事，又是全行业的大事，是今后的工作中心。“二次创业”的目标、任务、实施的步骤和具体的方法，还要请地方协会、企业和专家热情参与共同论证，因为这是我们共同的责任，共同的目标。

他强调，今后一个时期中国建筑装饰协会工作的指导思想是：以“三个代表”作指针，以“二次创业”为中心，以提高“双向服务”层次为宗旨，与时俱进，奋发有为，研究规律，提高水平，推动全行业的大发展大提高。

七、常务副会长兼秘书长徐朋会议总结

常务副会长兼秘书长徐朋指出，恩树同志的讲话和挺贵同志的讲话，会后我们将整理成文字给大家，理解这两个讲话以及工作报告的共同特点，突出的有两方面：

第一研究入世后新的竞争环境当中，研究我们所处的地位

从各个企业的实际出发，认真研究入世以后，给我们带了什么样的机遇？入世以后对我们这个企业又有什么样的挑战？不能把机遇与挑战并存，作为一个习惯性的用语，而是要把它具体化。哪个企业对这些问题分析得透了、研究明确了，迎接挑战的能力就强了。

现在有一个问题，需要我们共同去完成，外国的一定品牌的装饰企业，设计、施工，或者是设计施工都包括的，究竟是什么样的？我们对它理解到什么程度，我们和这些企业有过没有过接触，我们作过没有作过比较。如果说我们还不理解不大清楚，那就说明我们对中国市场国际化的竞争环境，竞争对手还不清楚，这种国际性的感觉还没有形成。

一个企业有没有一个国际感觉，这个企业的能力和水平是区别很大的。正是由于我们缺乏这些方面的研究，可能这种感觉就不是非常敏锐，以至于可能还处于一种麻木的状态。我们现在讨论的问题还是概念化的、肤浅的，所以我希望协会、企业共同努力，一定在这几个方面，把我们与外国企业作一下比较，我想讲五个方面：体制、机制、企业的发展战略、核心竞争能力、技术进步和可持续发展能力。如果在这几个方面我们和外国企业在比较的过程当中，能够研究出我们的优势，能够看出我们不足，我们迎接挑战的能力就会提高了。

入世以后，在座的常务理事的企业，可能是首先和外国公司发生竞争的层面。张总、马总的工作报告中的一个很重要的主题，就是入世以后我们的企业怎么办。既要解决怎么看的问题，又解决怎么干的问题，这样就把我们入世后迎接挑战的思考具体化了。

多次和业内人士交换入世以后我们面临的机遇和挑战的过程当中，我都引述了常务理事李宁同志的讲话：“中国国民经济的持续发展，申奥成功及城市大规模的更新改造，带来了更大的市场，随着 WTO 进入，国际市场的介入，带来了全新的市场概念，应充分认识境外设计队伍的逐步涌入对中国室内设计的挑战。他们有成熟的国际市场经营理念，有国

际性联动的业主关系，有规划与建筑设计等多学科合作配合的实践基础，他们有在世界范围内对审美情趣、材料、技术信息的最新感悟，无一不是对刚刚起步的，既分散又稚嫩的中国室内设计师的严峻考验。”当时是在清华大学美术学院“2001年中国室内设计高峰论坛”听李宁同志讲这段话的。那时候我和李宁同志不熟悉，但我觉得李宁同志有国际感觉。如果没有国际感觉，她不会讲出这么些话来。现在需要我们企业有国际感觉，才能迎接中国市场国际化的挑战。

由于工作的关系，我们曾经把过去马总和我所服务的中建总公司，同国际知名商作了比较研究，这个课题迟续了几年时间。研究结果表明，虽然在美国的权威的机构上，中建总公司2000年在世界225家知名承包商中，排列第20名，但是我们的技术进步水平、人材储备、技术投入、国际竞争策略、技术干部专业化能力，资金扶持能力、综合竞争实力，远远不如排在我们后面的欧美公司。如果说中建总公司满足于自己在世界排行第20名，而没有一点居安思危的意识，就缺乏了一个用科学和清醒的头脑来判断自己的未来前途了的能力了。有这种比较和没这种比较不一样，因此，我们这次会议的一个很突出的问题就是WTO以后我们企业怎么办，怎么围绕提高我们的核心竞争能力，应对挑战，把这篇文章做好，我想这是我们这次会议的很重要的问题，也是这次会议很重要的特点。

第二入世以后协会应该如何开展工作，协会的工作规律是什么

张总和马总都提到了这样一个问题，这就需要我们协会的工作同志要认真的分析和研究了。入世以后协会具备了政府不可替代的作用。

任何一个世贸组织的成员国都不可能没有国内一系列的壁垒，都不可能没有对本国工业，对本国企业的保护，只不过是不通过政府的手段，而通过那些商会、协会、学会的手段来保护自己本国的民族工业。到目前为止，日本的建筑市场仍然是不开放的，但是它完全运用了WTO规则所允许的技巧在保护本国的行业，而这些技巧的掌握对于中国来讲，取决于三个条件：一是政府职能的转换；二是我们协会的工作能力和水平的提高；三是会员企业对协会工作的支持。

这次会议上会长挺贵同志对“二次创业”做了阐述。相信以这次为建筑工程装饰奖颁奖为起点，为“二次创业”创造了一个很好的机会。相信通过这次会议，在统一思想的基础上，能够完成我们“二次创业”的目标，为实现我们行业大发展大提高奠定一个很好的思想基础。衷心祝愿我们各个会员企业、地方协会，在新的一年里把工作做得更好，取得更大的成绩。

参加会议的常务理事还有：中国建筑装饰协会副秘书长谢少宁、张京跃，信息咨询委员会理事长崔勇，铝制品委员会理事长兼秘书长彭政国，五金委员会理事长唐澄，陶瓷卫生洁具委员会理事长花恒久，石材委员会理事长兼秘书长严克明，暖通空调委员会理事长吴元炜，化学材料委员会秘书长汪维，家庭装饰委员会（筹）秘书长钟小春，江西省装饰行业协会理事长王儒明，陕西省建筑装饰协会理事长孔祥清，山西省建筑装饰协会会长史应标，宁夏建筑装饰协会理事长史是伟，深圳市广田装饰设计工程有限公司董事长叶远西，深圳远鹏装饰设计工程有限公司总经理叶大岳，深圳海外装饰工程公司董事长兼总经理孙尚高，深圳市洪涛装饰工程公司总经理刘年新，天津市建设装饰工程公司总经理张建民，深圳长城家俱装饰工程有限公司董事长兼总经理张朝煊，深圳市南利装饰工程公司总经理张玮文，中国建筑进出口总公司董事长李东南，天津市建委建筑业管理办公室主任李秀堂，江苏省建筑装饰设计研究院院长李宁，安徽省建筑装饰协会副会长兼秘书长李增堂，中国天诚集团新雅建筑工程设计装饰有限公司总经理杨志凌，深圳市装饰行业协会会长兼秘书长何文祥，中铁二局集团装饰装修工程有限公司董事长兼总经理陈小龙，上海市家庭装饰行业协会副会长兼秘书长忻国梁，南京市室内装饰工程成套总公司总经理吴葆生，甘肃省建筑装饰协会常务副会长韩学政，深圳市设计装饰工程公司总经理罗自超，北京北方建磊装饰装修中心总经理胡家奇，石家庄常宏建筑装饰工程有限公司总经理王跃，上海康宇铜门设计工程有限公司董事长兼总经理施森彬，河南省建筑装饰协会理事长洪瀛，西安飞机工业装饰装修工程股份有限公司总经理徐忠义，长春东方装璜工程有限公司董事长兼总经理袁大陆，沈阳远大铝业工程有限公司副董事长郭忠山，黑龙江高维建筑装饰工程有限公司总经理郭长军，黑龙江国光建筑装饰工程有限公司总经理魏光，北京弘高建筑装饰设计工程有限公司副董事长刘仲麟，北京筑邦建筑装饰工程有限公司总经理孟建国，丹东画院建筑装饰工程公司董事长于兵，武汉华达建筑装饰设计工程有限公司董事长兼总经理潘耀生，河北省建筑装饰协会秘书长赵春旺（代表会长兰英富），江苏省建筑装饰协会秘书长居乃巩（代表会长毛家泉），苏州金螳螂建筑装饰有限公司常务副总经理顾小冬（代表总经理朱兴良），北京建峰建设装饰工程集团董事长王磊（代表总经理孙建峰），青岛市装饰集团公司常务副总经理尹健（代表总经理刘建祥），北京建谊建筑装饰有限公司总经理助理裴永胜（代表总经理张鸣），江西圳昌装饰工程有限公司副总经理梁耀科（代表总经理苏少彬），重庆西南铝型材装饰装修工程公司副总经理程绍文（代表总经理李淳凌），广州珠江装修工程公司总经理助理李航（代表总经理林芷珊），广东省华侨建设工程公司工程部经理黎明峰（代表总经理李魁舜），江西南方建筑装璜配套公司副总经理朱艳（代表粟立民），洛阳天鹰装饰工程有限公司副总经理李存政（代表董立武）。

12月24日晚，中国建筑装饰协会副会长、北京港源建筑装饰工程有限公司董事长王波在北京新侨饭店设宴招待与会全体领导和常务理事，体现了东道主——首都装饰界的一片深情厚谊。

在中国建筑装饰协会五届一次常务理事会上的讲话

中国建筑装饰协会　名誉会长　**张恩树**

（二〇〇一年十二月二十四日）

徐朋同志作了一个很好的工作报告，一会儿马挺贵会长要做总结讲话。

五届理事会成立之后，新的领导班子在半年的时间，作了非常有成效的工作，而且起点很高，大家都给了很好的评价。我想几点意见：

一是上下齐心协力支持协会的“二次创业”

这个“二次创业”，我理解是全行业的创业，就是我国建筑装饰行业要融入世界经济的大潮中，简而言之，就是我们建筑装饰协会和全行业要打国际牌。不管是政府行为，还是协会行为、企业行为，都应当按照国际的行为来衡量，找差距、找突破。我认为协会提出的“二次创业”非常正确。

以中国参加WTO为起点，把我国建筑装饰行业带入世界经济一体化这个大潮中去。最近召开的“中央经济工作会议”上，江泽民同志的报告从政治、经济、形势分析，提出了八个字“稳定、安全、灵活、多元”，中国参加世贸组织之后，中国全方位的更加开放，对国家整体来讲是利大于弊，但就目前来讲，有一些会受到一些影响，比如说，预计2002年的出口贸易增长可能更困难。

江总书记的报告当中，提到了发展对外承包劳务合作，这么多年来，由党中央总书记提出这方面的事，我认为这还是第一次。他指出，要积极地大力地走出去，要开展对外承包和劳务合作。当然包括我们装饰行业。按照WTO规则，你走进来，我们也走出去，同等国民待遇。美国“9·11”事件以后，国际旅游业，重点可能放在中国了。我国的旅游事业的发展要带动装饰行业，加上北京申奥成功，有广阔、大量的建筑装饰空间，市场是很大的。到2008年正是本届理事会及全行业大发展、大提高的关键时期。

国际、国内建筑装饰行业的发展空间非常之大。2002年北京申奥的项目开始启动，2001年12月国家大剧院开工了，最近中国大饭店要重新装修，预算2亿美元，大量的旅游酒店将迎接国际旅游的高潮，旅游酒店等公共建筑新建和改建的装饰工程，家居装饰的工程，其量是巨大的。国内市场的国际化，“走出去”到海外市场去竞争，把我们行业推进国际大潮中去，完全有条件。这方面挺贵同志、徐朋同志有优势的资源，他们长期做对外工作，有能力也有这个条件带领我们全行业走向国际市场。

我非常赞成陆铁军同志提出的秘书处很快成立国际部，增强搞国际工作的力量和人才。我们“二次创业”一定能够做得非常成功。到2008年，我国建筑装饰行业一定会有个很大的变化。

入世，首先是政府入世，小组会讨论现在我们企业有这困难那困难，有的政府行为还制约着协会和企业的行为。我相信随着中国加入WTO的发展，政府行为必然会深化改革，适应WTO的规则，装饰行业也跟其他行业一样会得到改善，大家应当有这个信心，协会行为、企业行为，必须认清形势，也要深化改革，全面提高素质。作为企业来讲，我希望特别是我们重点的企业，应当加快与国际接轨的步伐，动作得越早越好，我们全行业要打国际牌。

二是大力宣传建筑装饰行业

对行业的宣传要加大力度，这一次以颁发“建筑工程装饰奖”为契机，来了一个轰动效益。徐朋同志及秘书处做了很多努力。《人民日报》、《光明日报》、《经济日报》、《中国建设报》，以及参加今天新闻发布会的各个媒体，一起出动来宣传建筑装饰行业，使领导机关和全社会的各个阶层，都了解我们建筑装饰行业的重要性——已经和人民的生活和工作密不可分了。在“三个代表”的指引之下，建筑装饰行业是国民经济当中不可缺少的组成部分，也是我国发展国民经济当中不可缺少的部分。

按照“中央经济工作会议”的安排，2002年还要大力的扩大国内内需，还要实行积极的财政政策，要求2002年经济的发展速度还要保持7%以上。据中国社会科学院的经济学家估计，2002年我国的投资是42000亿元。2001年我国建筑装饰行业产值已占GDP的6.2%。宣传本行业，还要推进本行业的评论，推动理论建设。这一次在报纸发布的文章当中，有一部分是经济理论，有一部分是文化建设。。

现在装饰行业的理论工作非常滞后，包括设计。建设部通过了在全国试点建立100个建筑事务所，北京批了8个，这符合入世的要求，今后建筑大师，领头的事务所，就会出现了。建筑装饰设计今后这种局面也会出现。设计是龙头，徐朋同志报告当中讲了，加入WTO，将来冲击中国最大的一是设计，二是材料设备。当然施工单位也不可掉以轻心。北京申奥成功以后，外商的眼纷纷盯着这块肥肉，据原北京市建委主任，现人大城建委主任王宗礼同志讲，他接待了德国一个州的建筑业协会的会长，他说他们一个州有几百个建筑企业都希望到北京为申奥作贡献。不是作贡献，而是吃这块肥肉。建筑装饰业这种局面也会出现。

要宣传我们自己的品牌，宣传我们自己的行业。有人说，我们“与狼共舞”，与外商要平起平坐展开交锋，怎样宣传自己，这是一篇大文章。我希望我们各省市协会借这个机会回去也造点声势。有个别地方，把建筑装饰协会并入建筑业协会，这是对行业发展专业化的了解不够。我今天问张福如同志，福建省就这么办了，叫建筑业协会装饰工程委员会，我不赞成这种作法，张福如同志说有可能还改回来。据天津市环境装饰协会王文焕秘书长说，天津也有人提出，但毛昌五会长坚决反对。什么问题，就是因为对行业了解不够，所以我们要加大宣传的力度。

徐朋同志工作报告中，讲了建筑装饰行业在国民经济中的作用和地位，也是针对某一些怪论。宣传行业，包括我们对领导机关和社会上的宣传。这一次我们秘书处特别是徐朋同志起了很大的作用，找了有关方面，这是一个轰动效益。《人民日报》、《经济日报》、《光明日报》三大中央报纸同时发表一个行业的东西很少，希望借这个东风，回去之后多做宣传工作。

关于宣传问题，现在炒作得很厉害的叫做“绿色装饰”，叫“绿色”不如叫“环保”合适。叫“绿色”基本是上是农产品，没有化学的东西，建筑装饰行业大量用化学建材，当然有个环保的要求标准。叫“绿色装饰”容易误导。有多少“绿色装饰材料”？我请教过一位专家王少南同志，他讲全国装饰材料真正绿色不到10%，没有绿色材料怎么搞绿色装饰。听到了一个笑话，把墙涂成绿的，于是“绿色建筑”出来了。我们要实事求是，装饰工程就是搞环保产品，要从源头做起，使用环保标准的材料，坚决杜绝假冒伪劣产品。深圳市装饰行业协会何文祥秘书长在深圳做了一件好事，凡是虚假广告登报曝光。除了树立好的外，个别差的也应加以纠正。有位专家曾说过一项装饰工程，那叫什么装饰，那是垃圾，我说你写写好不好，他说我不写，怕得罪人。要大胆宣传行业，要开展评论、研讨，积极引导企业健康发展。建设部曾给中国建筑装饰协会试点的8项政府职能，没有落实到位，不容易啊！

三是积极搞新技术

我觉得我们建筑装饰行业没有申办多少专利，专利的观念非常差，不是没有，而是没有重视。期望由深圳带头，再来一次，从南向北发展，高一个层次，新的技术来了，世贸组织来了，是不是深圳仍然带头全国发展。我看到了可喜的现象，深圳长城装饰公司搞了一个五星级威尼斯假日酒店，我们参观了，我认为这个工程就是国际水平，经营方式上采取总包，9000多万元，石材工程木工化，有机会大家可以去看一看。深圳又带新的头，采取工厂化预制到现场操作，减少了许多湿作业。现在国际上流行的就是工厂化产业化发展，减少湿作业，提倡干作业。入世之后，外国公司可以带来很多新的技术和管理。不要忽略专利。今后我们与外国公司直接面对面的交锋，会有矛盾和纠纷，肯定是靠协会来解决。装饰协会保护自己的行业利益。

关于设计费、定额等，入世之后，这一套都得改革，大家不要焦急，这是一个过渡时期，入世之后，外商享受国民待遇，中国公司更应当享受国民待遇，应当一事同仁。新技术注意发展自己的专利，注意保护自己的好的成果，这非常重要，将来运用这个名牌和外商合作。本土化好多可以和外商竞争的，例如竹子，外国人不大会利用竹子，我国竹子产品装饰起来很漂亮，在全国政协礼堂，有一个会议室搞了竹地板，很好。外国人利用竹子没有中国的特长，木材进口少了，中国竹子有的是，外国人就不行。

新技术领域我们还有差距，因为我们企业的规模比较小，工厂化水平低，虽然形成了这么个大行业，多是中小企业，手工劳动，真正工厂化、产业化还不行。最近建设部住宅发展中心提出加快产业化，最近报纸上讲了建筑住宅设计层高、光线、厨房设计等十大问题，有很多要改革。家庭装饰最大的问题，就是建筑设计和装饰设计脱节，所以产生二次装饰。从新技术、新工艺角度，与国外公司在每个环节上相比较，找找差距在哪里。

四是行业监督自律

现在整顿建筑市场中，有一些装饰上的问题。一方面，发扬优势，表彰名牌，表彰好的，包括这次发奖；另一方面差的不能护短。我非常赞成何文祥的作法，他对深圳家装公司虚假广告，不管是不是名牌公司，都上报纸曝光。这对企业，协会本身也自律。这次评奖我们要求各个复查组，一律住三星级宾馆，装饰协会的成员和建设行政主管部门的官员一律不参加评选，大家都自律。建筑行业是国家反腐败的重点之一，从事建筑装饰行业，更要贯彻“三个代表”的要求，中国建筑装饰协会成立自律委员会，这次会上通过“行业自律公约”，非常好。

在中国的外国公司也可以吸收入会，要积极发展会员。有些地方要成立装饰协会，如东莞，积极的促成，成立就好，就能把行业管起来。就是要争取社会上的好名声，包括中国建筑装饰协会的人到各地去也要接受地方的监督，争取个好名声，希望大家共勉。

在协会目前经费非常困难的情况下，要开展工作，希望大家给予支持。主要靠会费，是我们的会员单位应当交会费的。希望我们各专业委员会、各地方协会，给企业多创造一些有力条件，企业以营利为目的，协会不能做这样的事。

我即席讲了这些意见，不妥之处，请大家指正，谢谢！

在中国建筑装饰协会五届一次常务理事会上的讲话

中国建筑装饰协会　会长　**马挺贵**

（二〇〇一年十二月二十四日）

各位常务理事：

这次会议是自6月份中国建筑装饰协会五届会员代表大会以来，常务理事的首次聚会。会上大家听取了徐朋常务副会长兼秘书长所作的工作报告；审议通过了增补副秘书长、理事、常务理事等几个议案；又进行了分组讨论。总的来说，这次会议安排的内容丰富，会议开得也很有实效。大家都很忙，能够抽出宝贵的时间，全身心地参加这次会议，即说明各位常务理事有很强的责任感和使命感，也说明了大家对协会的信任和热情支持。在此，我代表中国建筑装饰协会对大家表示衷心的感谢。

大家聚在一起共议协会大事、行业大事的机会不是很多，我想借大会结束前的一点时间，就协会提出“二次创业”的方针和协会今后的工作，与大家共同研究、探讨。

我主要讲两个问题。

第一个问题：关于“二次创业”方针的提出

新一届理事会提出“二次创业”的方针，是在协会成立17年取得成绩的基础上，根据行业面临的新形势、新要求，为实现行业的大发展大提高而提出的。

当前我们所面临的经济形势究竟发生了哪些变化呢？

一是我国已经加入了世界贸易组织，建筑装饰行业将面临新的机遇和挑战。一方面是将在更大范围和更深程度上参与国际竞争；另一方面，加入世贸组织后，将会对国内的市场环境、法制环境和管理体制带来新的变化，企业更多的是参与国内市场的国际竞争。我们的企业对加入世贸组织后，市场运行规则了解掌握得怎么样？在思想上、观念上、管理体制上、运作规则上如何与国际接轨，大家都做了哪些准备和应对措施？这些都是我们应认真研究的。协会在行业国际化后，如何成为行业利益的代表、行业发展的引路人，成为行业管理的主体，这也需要我们认真、仔细的加以研究，而且需要把行业的发展放在大的国际环境中加以研究。这就要求协会的工作要有新思路、新举措、新作风、新面貌。

二是政府职能的转变，不仅带来了协会工作内容的变化，也向协会工作提出了更高的要求。按照党的十五大提出的战略目标，到2010年，我国将建立起比较完善的社会主义市场经济体制。什么是比较完善的社会主义市场经济体制？我理解应该是政府主要利用经济的、法律的，辅之以必要的行政手段对市场进行宏观调控，企业作为市场主体，根据市场需求，自主经营，自负盈亏。达到这种目标模式后，应该是一个小政府、大社会的社会架构，而这个问题又是和加入世贸组织，按国际市场规则运作的要求相一致的。加入世贸组织后，将更加加快政府职能转变的步伐，政府管宏观，企业搞微观，那么谁来进行中间协调呢？自不待言，这项使命就要由行业协会来承担。

行业协会作为社会中介组织的组成部分，在社会主义市场经济体制框架中的地位和作用是不可替代的。行业协会不仅要起到政府与企业间的桥梁和纽带作用，搞好“双向服务”，而且要逐步成为行业管理的主体，真正担负起行业引路人的责任。特别是行业多头管理问题将很快得到解决，这个问题解决之后，行业协会工作将更加繁重，而政府主管部门和企业对协会工作的要求和期望将会更高，这也要求我们以更高的标准来要求自己，不断开创协会工作的新局面。

三是我们建筑装饰行业发展现阶段的要求。我国国民经济的持续高速发展为建筑装饰行业的发展提供了广阔的空间，据不完成统计，我们建筑装饰行业已经发展成为年产值5500多亿元，有850多万从业人员的行业，在国民经济和社会发展中的地位越来越重要，特别是在拉动内需、促进国民经济可持续发展方面的作用就更为突出。2002我国的固定资产投资规模将超过4万亿元，同时政府把扩大内需作为我国国民经济发展的重点，无论是西部大开发还是加快城镇建设，都对我们这个行业提出了更高的要求。按照“三个代表”的要求，如何发挥行业在经济发展中的作用，实现建筑装饰行业的大发展大提高，如何加大建筑装饰工程的技术、文化含量，大胆探索、推陈出新，如何满足我国城乡居民和社会日益增长的物质文化的需求，这都需要我们审时度势，与时俱进的提出新的方针、政策和新的目标。

四是加强协会自身建设，更好地、高层次地进行“双向服务”。加入世贸组织，政府职能转换，建筑装饰业形势的发展，对协会的工作提出了更高的要求。协会的生命力就在于为政府、行业和企业提供更优质的服务。因此，我们一方面要加强协会自身的建设，这是搞好服务的前提和基础；另一方面，则要求调动各方面，特别是协会秘书处、各专业委员会和地方协会的积极性、主动性和创造性，营造出一个全国协会整体团结、活动策划和运作能力强，能掌握行业发展特点和要求，有较高政策水平和能力的工作氛围，并能为政府、行业和会员单位提供前瞻性、方向性、战略性的服务。因此新一届理会提出“二次创业”的方针，是协会根据新形势、新任务而提出的，是搞好协会工作，推动行业大发展大提高的客观要求。

第二个问题　关于协会今后的工作

徐朋常务副会长兼秘书长在今天上午的五届一次常务理事会工作报告中都已经讲了，讲的很具体也很全面，我都同意。

我想在工作方向的把握上谈几点意见：

一是要进一步加强对WTO的对策研究。对策研究的前提是要了解和掌握WTO的规则内容，因此我们首先要在全行业进一步普及WTO的知识，龙永图同志曾担心国内企业对加入WTO准备不足，其中一个方面就是不了解WTO的基本知识，他的担心是有道理的。首先要了解WTO的基本知识，并在此基础上把重点放在对策的研究上。我们加入WTO的目的是要利用WTO的规则，趋利避害，为中国企业赢得更大的市场和发展空间。

比如，研究加入WTO以后协会职能的国际化问题和如何成为行业利益的代表、行业发展的引路人，成为行业管理的主体？如何适应政府职能转换的要求，为政府和企业提供更高层次的服务问题？要研究建筑装饰企业发展的战略，如何加强国内外的交流与合作，发展我国企业核心技术和优势，把企业做大、做强的问题等。

我国加入WTO，企业之间的竞争，人才之间的竞争，必然是非常激烈的，企业与企业之间就要看哪一个企业的素质高、水平高、能力强，而我们现在建筑装饰企业，规模普遍偏小，素质亟待提高。因而协会要审时度势，引导、培育一大批素质高、技术高、能力强的骨干企业。通过强强联合、中外合资使一批企业成为行业的“旗舰”。企业加快建立现代企业制度，不仅是体制上，而且在机制上，都要和国际接轨，并通过国际质量体系认证。

这些都是加入WTO后的热点和难点问题，又是协会和企业的共性问题，这都需要我们共同研究、探讨。

二是加大培训力度。加入WTO后，对企业各个层次人才素质要求将更高，因此各协会、企业更要重视这方面的工作，扩大培训范围、加快培训速度并提高培训质量和水平。强化培训工作，即是适应加入WTO和国际接轨的客观需要，也是企业提高素质、提高竞争力的必然要求。培训中心必须统筹安排，当前要把普及WTO基本知识放在首位，与各级建设行政主管部门、协会、专业委员会共同研究合作的问题。企业的领导人要树立“早掌握早主动，晚掌握就被动”的观念，因为加入WTO后客观上要求企业的领导人必须掌握这方面的知识，只不过对你个人是主动了解掌握还是被动了解掌握的问题。

三是加强企业信息化建设。现在已经进入了信息时代，信息化使企业的销售方式、生产方式和管理内容都发生了很大变化。国外发达国家信息化程度已高达60%～65%，而我国只有25%。企业信息化是带动企业各项工作创新和升级的突破口，尤其是当前我国建筑装饰企业管理工作中存在的问题很多，企业信息化是企业提高管理水平的重要途径，也是适应入世增强企业国际竞争力的需要。吴邦国副总理2001年11月26日在“推进企业管理信息化工作现场会”上，讲到国外汽车的零部件是全球网络销售，如果中国的汽车行业做不到，可能就会有三分之一的被淘汰。与法国一家飞机制造厂合作设计直升飞机，人家问我们有没有“远程网上设计能力”，如果没有，就没有合作的基础。这些都说明企业信息化既是竞争又是合作的前提条件。

还有是把行业信息网建设好，为了企业自身的发展和市场竞争，为了为会员提供超前的、高层次的服务，加强建筑装饰行业网站建设，就是一项十分重要和紧迫的工作。“中国建筑装饰协会信息网站”建设已经搞了多年了，但是还没有和地方协会、企业联网，由于这是一项非常庞大的系统工程，因此，我们希望各地方协会、企业能积极参与并支持这项工作。

四是要进一步推动协会工作的国际化水平。我国建筑装饰行业发展本身就是内外交流，相互学习、相互促进的结果。在新的形势下，建筑装饰行业要满足国内日益提高的要求，要想在国际市场上占有一席之地，仍要坚持走出去，请进来的对外开放的路线，积极地吸收国际先进的东西，包括设计理念、管理手段、新型工艺材料等。这就要求协会不断提高工作的国际化水平，首先要积极与国际上相关组织建立对等的联系，其次协会应该为中国企业走出国门助一把力，提供学习考察和国际合作的机会。第三协会要积极收集国外的技术、管理、商务信息，为国内企业提供服务。

五是要进一步加强行业自律意识。建筑市场经济秩序混乱由来已久，当前正在进行的整顿和规范建筑市场秩序的工作，重点是建设单位违反建设基本程序问题，当然设计施工有问题的一样要查处，从中我们可以看到这次市场整顿是一次全面整顿。但是市场整顿，不是一时的。市场秩序的好坏，根本的是所有从业者必须自律，必须自觉维护政府的法令、法规、行业道德和公约。外在的约束是必要的，但要建立起一种内在的机制。因此要在行业内大力宣传和执行“行业自律公约”所确定的原则，要让广大企业认识到诚信是企业之本，要想把企业做成百年老店，必须要有远见，不能被眼前利益挡住视线。行业协会最初产生时的作用就是实行行业自律，维护行业的整体利益，因此协会要在行业自律建设上多做工作，通过“行业自律公约”的贯彻执行和监督，加大奖惩力度，维护市场秩序，改善协会和行业的形象，提高企业素质和水平。

六是协会自身建设问题。这是一篇大文章，又是一项系统工程。从“二次创业”的角度出发，从加入WTO后，协会将承担更多的行业管理职能出发，从为政府和企业提供更高层次的服务出发，协会都必须认真审视现在协会的素质、能力，工作的方式、方法，适应不适应行业发展的需求。这就要求我们协会一定要加强自身的思想建设、组织建设、业务建设和制度建设，探索协会工作的新思路、新方法。

协会还要对秘书处和专业委员会的机构进行整合，理顺关系，明确职责，以利行业发展。中国建筑装饰协会的这项工作正在进行，我们还要加大这方面的工作力度。同时，协会还要加强同地方建筑装饰协会的联系与合作，互相学习、借鉴。充分发挥多方面的积极性，共同促进行业素质水平的提高。

各位常务理事对协会的工作有什么意见和期望，希望大家能提出来，以改进我们的工作。

“二次创业”是协会的大事，又是全行业的大事，是今后的工作中心。“二次创业”的目标、任务、实施的步骤和具体的方法，还要请地方协会、企业和专家热情参与共同论证，因为这是我们共同的责任，共同的目标。

今后一个时期中国建筑装饰协会工作的指导思想是：以“三个代表”作指针，以“二次创业”为中心，以提高“双向服务”层次为宗旨，与时俱进，奋发有为，研究规律，提高水平，推动全行业的大发展大提高。

祝各位常务理事身体健康，事业兴旺发达。

与时俱进　奋发有为
努力完成协会新一年的工作任务

——中国建筑装饰协会五届一次常务理事会工作报告

中国建筑装饰协会　常务副会长兼秘书长　**徐　朋**

马挺贵会长、张恩树名誉会长，各位副会长、常务理事：

自今年6月7日，中国建筑装饰协会第五届会员代表大会选举产生了五届理事会、常务理事会和新一届领导集体以来，在马挺贵会长和五届常务理事会的正确领导下，在各位常务理事和理事及会员单位的大力支持下，中国建筑装饰协会的工作如同我国建筑装饰行业发展一样，取得了重大的进步。

下面，我代表中国建筑装饰协会秘书处，向五届一次常务理事会报告工作。本报告分三部分：一是五届会员代表大会以来的工作；二是2002年协会工作的设想；三是关于加强协会自身建设问题。请各位常务理事审议。

第一部分　五届会员代表大会以来的工作

中国建筑装饰协会第五届会员代表大会结束后不久，协会召开了“学习江总书记‘七一’讲话，促进装饰行业发展座谈会”，协会负责人及工作人员、部分在京常务理事、理事及专家、学者出席了座谈会。通过学习我们深深体会到：“三个代表”的重要思想，是建筑装饰行业发展的指导方针，我们立会之本。发展建筑装饰行业生产力，使其成为先进生产力的代表，企业、行业才有竞争力；发展建筑装饰文化，使其同群众生活息息相关的建筑装饰产品代表先进文化的发展方向，不断满足群众的文化需求，是我们义不容辞的任务；代表群众利益，做群众满意工程不仅是我们应尽的职责，也是我们行业赖以生存的社会条件。学习贯彻“三个代表”的重要思想，提高协会高层次的“双向服务”能力，已成为新一届协会的指导思想和工作方向。2001年下半年来，我们重点开展了以下几方面工作。

一、研究行业发展中的一些方向性问题　提高协会推动行业发展的能力

在做好协会一般性服务工作的同时，我们着手研究了一些在行业发展中具有方向性的热点、难点问题，以力求提高协会指导行业发展的能力。开展了四个专题的调研：一是建筑装饰行业在我国国民经济和社会发展中的地位和作用；二是国有建筑装饰企业的改制问题；三是建筑装饰行业的技术创新；四是建筑装饰工程产品的文化属性问题。

1．关于“建筑装饰行业在我国国民经济和社会发展中的地位和作用”课题

定性、定量的摸清我国建筑装饰行业的发展现状和资源配置，科学和实事求是的认识建筑装饰行业在我国国民经济和社会发展中的地位和作用，并以此确定建筑装饰行业的发展战略和发展目标，是我们进行这一课题的主要目的。经过四个多月的努力，12月5日协会在北京召开了有国家统计局、国家海关总署、中国社会科学院、中国国情调查所等单位出席的“专家论证会”。从目前的中间性研究成果看，可以得出如下判断：

（1）建筑装饰行业已经具备了一定的规模，成为我们国家经济新的增长点。经测算，2000年全国建筑装饰工程产值是5500亿元人民币，占当年国内生产总值（GDP）的6%左右，预测现仍以20%左右的速度递增。建筑装饰行业在实现我国国民经济7%的增长速度中具有举足轻重的地位。2000年建筑装饰行业所形成的附加值是1700亿元，高于2005年才能实现的我国汽车工业1300亿元附加值的目标。

（2）建筑装饰行业在扩大内需中具有重要作用。据测算，2000年家装消费为3000亿元左右，在全部家庭消费中，家装消费已排在第一位。改善生活质量已成为人们的第一消费需求。从扩大消费，拉动内需的角度，建筑装饰行业具有不可忽视的作用。

（3）建筑装饰行业的发展推动了相关产业的发展，促进了相关产业部门产品的升级换代和产品技术含量的提高，不仅促进了这些行业的产品结构调整，而且也促进了整个经济结构的调整。

（4）创造了新的就业机会。经测算，建筑装饰行业的从业者约850万人，在相关领域中，如装饰材料流通领域的从业人员约300万人。建筑装饰市场已成为我国最活跃的市场，在吸纳就业人员，维护社会稳定方面发挥了重要的作用。

（5）建筑装饰行业的发展，改善了人民的生活质量，提高了人民的生活水平和国民的文化素质。建筑装饰产品既是一个物质产品的消费过程，又是一个文化产品的消费过程，同时推动了人们环保意识的提高。

由于统计口径的不同，现有的有关方面统计数字已不能准确地反映我们行业发展的全貌。运用多种计算方法，力求做出一个接近于实际的测算数字，是本课题的难点。全面完

成本课题的内容，将是我会完成的一项历史性任务。本课题的阶段性成果将体现在12月24日《经济日报》发表的“建筑装饰业：充满生机和活力”的文章中。

2．关于“国有建筑装饰企业的改制”课题

加快国有建筑装饰企业改革步伐，进一步解放和推动生产力的发展，是“国有建筑装饰企业改制”课题的主要任务。课题组分别到北京、上海、江苏、广东，以及陕西、湖北6省市进行了重点调研，相继在南京、无锡、常熟、广州、西安5市召开了调研座谈会，总共调查86个企业165位从业人士。

通过这个课题的调研使我们基本掌握了国有建筑装饰企业的改制情况，经过系统的分析改制的途径、方法和步骤，形成了推动改制的思路和工作要求。9月20日协会在南京召开了“国有建筑装饰企业改制座谈会”，有15个省市装饰协会负责人和部分国有装饰企业代表 96 人出席了会议，5个企业做了经验介绍。马挺贵会长做了重要讲话，通过大量改制企业的实例明确指出：“早改早主动，晚改就被动，不改死胡同”。会后，我会以文件形式下放了马挺贵会长的讲话。

3．关于“建筑装饰行业的技术创新”课题

创新是一个民族的灵魂，也是我们行业发展和生存的保证，8 月份已完成了课题“纲要”，由于课题组成员集中于“全国建筑工程装饰奖”的评奖活动而暂停，下一步将尽快恢复课题组工作。

4．关于“建筑装饰工程产品的文化属性”课题

通过学习江总书记“七一讲话”，大家都感觉到浮燥、摆阔的时代基本过去了，当前社会各界，特别是群众家装的实践，提高了对建筑装饰工程文化品位的追求。建筑装饰产品不是简单的材料堆砌，而是一个艺术创作过程，为建筑装饰产品的功能属性以准确定位，有利于承认建筑装饰产品的文化附加值，提高业内人士繁荣建筑装饰的使命感。这个课题仅仅是开始，介入的成员还不多，成果也不深入，今后我们将吸收更多的专家参与。同时为2002年协会准备召开的“建筑装饰设计经验交流会”做一些必要准备。这个课题的初步成果已反映在12月24日《光明日报》发表的“提高建筑装饰的文化品位，满足人民群众不断提高的文化需求”的文章中。

二、抓住重点，提高为会员企业的服务层次

1．召开“中国建筑装饰协会工作经验交流会”

11 月中国建筑装饰协会工作经验交流会在深圳召开。这次会议旨在加强我会和地方装饰协会，以及地方装饰协会之间的工作交流和合作，共同利用协会资源，共同做好协会工作，共同创造行业发展的新局面。22 个省、市及中心城市和解放军装饰协会的负责人出席了会议。江西、武汉、安徽、深圳 4 家协会负责人以及我会 3 个专业委员会和培训中心负责人做了重点发言。深圳市建设局副局长杨胜军同志在会上介绍了政府如何支持协会工作的经验，大家深受启发。这次会议交流了搞好协会工作的体会，通过加强沟通，增强了搞好协会工作的信心，老会长恩树同志讲：“这是中国建筑装饰协会历史上一次具有里程碑式的会议”。

2．加强协会培训工作，打造协会培训品牌

我们十分重视培训工作，8月份召开了“协会培训工作座谈会”，明确提出为加强从业人员素质，协会要“加大培训力度，加快培训速度，扩大培训对象，增加培训内容，确保培训质量”的要求。为有效配置培训资源，协会已将培训管理部与培训中心合并，一个班子两块牌子，全面抓好培训工作。

培训中心承担的项目经理培训工作，得到了建设部的肯定与重视，不久前又委托我们开办了“家装监理人员培训试点”。培训中心 2001 年下半年已举办各类培训班 36 期，培训了4000 多人，为迎接入世，举办了有装饰企业经理参加的“WTO 的机遇与挑战”大型讲座。培训中心还联合地方装饰协会，分别在西安、安徽、浙江等地办班。目前，培训中心的培训规模不断扩大，初步形成了培训网络，为打造协会的培训品牌创造了条件。

3．关于协会专业委员会的工作

2001 年下半年有三个专业委员会召开了年会，会议内容普遍受到会员单位好评。9月份五金委员会的年会以“创新”为主题，并同“第六届中国（北京）国际装饰材料及五金制品展览会”同时举行， 100 多人与会。10 月份信息咨询委员会召开年会，主题为“我们还能为你做些什么”，200多人与会。11 月份铝制品委员会召开年会，讨论通过了《门窗幕墙行业工程质量自律监督公约》，120 人与会。

上述三个委员会年会工作报告的共同特点是，强调做好对会员企业的服务工作。三个年会都安排了会员单位十分关心的“奥运场馆建设”、“入世后的机遇和挑战”等课题讲座，与会代表普遍认为信息量大，收获大。

由中国建筑装饰协会家庭装饰委员会（筹）会同上海市家庭装饰行业协会、河南省建筑装饰协会家庭装饰委员会共同组织的“上海—河南家装业高峰论坛”，参加者 220 多人。这些活动不仅有利于中国建筑装饰协会同地方协会的交流，同时也为发展合作，共同完成协会任务创造了条件。

信息咨询委员会的“中国建筑装饰网站”影响力不断扩大，每天的点击率已超过 1500 次，为今后协会的信息化建设奠定了基础。

4．举办多项展示会和竞赛活动

中国建筑装饰协会作为主办单位之一，在广州举办了“第三届中国（广州）国际建筑装饰博览会”，1000 多家国内外厂商参展。信息咨询委员会承办了“第八届中国国际星级饭店建筑装饰博览会暨第二届中国家庭装饰博览会”，300多家国内外厂商参展。五金委员会承办了 “第四届（北京）国际家具及木工机械展览会”，600 多家国内外厂商参展,展会均收到了较好效果，为今后形成品牌展创造了条件。

协会家装委员会（筹）组织了“吉事多首届卫浴空间设计大奖赛”，近期正在举办作品巡回展览。协会与中华建筑报社共同开展了“全国装饰装修材料厂商市场评价调查问卷”活动，现已基本结束。这些展会和行业活动均收到了较好的效果。

5．关于编辑出版和学术交流活动

为使中国建筑装饰协会会刊《中国建筑装饰》成为公开出版物，协会领导亲自出面拜会了国家新闻出版总署的负责同志，并得到了极大支持，表示将积极促成我国建筑装饰行业有一本指导行业发展、公开发行的权威性刊物。建设部主管部门领导也给予积极支持，建设部已向国家新闻出版总署提交了《中国建筑装饰装修》期刊公开发行的报告。

协会信息咨询委员会编辑的《中国建筑装饰用材必备手册》、《中国建筑装饰企业荣获鲁班奖（国优）建筑装饰工程选集（1990—2000年）》，已由中国建筑工业出版社出版发行。

由信息咨询委员会承办的主题为“饰材——室内设计如何面对新世纪的挑战”的“2001’中国室内设计高峰论坛”8月在清华大学美术学院举行，5位资深专家作了精彩的演讲。10月由协会化学建材委员会承办的“中国建筑涂料发展战略与技术研讨会”在北京举行。上述活动对于推动行业发展，推动协会的学术气氛，取得了积极的效果。

三、组织“全国建筑装饰工程奖”评奖，开好颁奖大会

我会四届理事会经过多年的努力，2000年11月建设部批准了“全国建筑工程装饰奖”，并由中国建筑装饰协会组织评奖活动。协会于2001年3月召开了“全国建筑装饰协会秘书长工作会议”并下达了通知，在地方装饰协会工作的基础上，8月底协会在北京召开了“工程复查工作会议”，组成了由45位成员参加的10个复查工作组，对127项建筑装饰工程进行复查。要求复查人员一定要公正廉洁、遵守工作制度与纪律。复查小组在有关地方装饰协会的配合下，经过两个多月的工作，11月中旬协会在北京召开“专家评审会”，共评出获奖装饰工程119项，承建企业129家，参建企业30家，设计单位33家。评委会认为，这些工程反映了我国建筑装饰行业的水平。获奖单位中，有中国建筑装饰协会理事单位59家、常务理事单位28家。第一次评奖工作总体上进展顺利。

“全国建筑工程装饰奖”评奖工作，是我国建筑装饰行业的一件大事，如实地反映行业发展成就，在交流中推动行业进步是评奖的根本目的。通过颁奖将对扩大获奖项目和受奖企业的声誉，增加协会的凝聚力产生巨大的作用。我们奖在“热烈、朴实、讲究实际效果”的指导思想下，努力完成好颁奖大会的准备工作，近一个阶段协会秘书处正在全力以赴地进行会务组织和对外宣传工作，包括策划组织系列文章、刊登公告、出书等。我们相信，本次活动将以明天在人大会堂的举行的颁奖大会为契机，创造行业发展的新起点。

四、认真做好政府委托的工作

1．装饰企业资质行业审查

受建设部委托组织了建筑装饰工程设计单位甲级资质的审查工作，参与了建筑幕墙工程设计单位的甲、乙级资质的审查工作，参与了全国建筑业企业（装饰企业）资质就位审查专家组工作。

受建设部委托，我会组织了国家标准《住宅装饰装修施工规范》的编制工作。经过一年半的艰苦努力，在11月30日建设部标准定额司主持的“审查会议”上通过了审查。建设部年内将给予发布。

根据建设部刘志峰、傅雯娟副部长的批示，建设部召开“室内设计师从业资格协调会”，会议决定按照部领导的要求，积极研究在注册建筑师系列中纳入室内设计师，以解决其从业资格问题。

国家经贸委硅酮结构密封胶领导小组办公室专家组设在协会铝制品委员会，全国化学建材协调组办公室建筑涂料专业组设在协会化学建材委员会，我会两个专业委员会做了大量工作，发挥了积极作用。

五、加强协会自身建设，为开创工作新局面创造条件

五届理事会后，在加强协会秘书处思想、组织、业务、制度建设上做了如下工作：一是明确了部门职责、调整了秘书处领导人的分工；二是加强秘书处制度建设，首先建立四个会议制度——会长办公会、秘书长办公会、部门负责人碰头会、专业委员会秘书长联席会；三是加强内部档案工作；四是编辑秘书处工作《简报》；五是提出了秘书处“工作要实、效果要好、接受监督要自觉”的要求。

为增加协会的工作力量，从企业和专业委员会抽调两名同志分别担任办公室和技术推广部负责人。自换届以来秘书处已出版《简报》11期，除有利于加强理事以上单位的沟通外，也促进了地方协会和常务理事、理事对秘书处的工作监督。几个月来基本做到重大问题要经秘书长办公会研究决定，并建立了向会长报告的制度。基本坚持了部门负责人碰头会议制度，增进了秘书处工作人员的沟通，促进了理解和团结。

为了“通报工作，沟通情况”，10月份协会召开了“专业委员会秘书长联席会”，报告了五届理事会以来的协会工作，并布置了年末的工作。秘书处和专业委员会、培训中心基本上建立起了互相配合、支持、信任，团结起来共同完成任务的氛围。

在广泛征求意见的基础上，进行了中国建筑装饰协会CI设计，除完成会标的设计制作外，现已延续到协会旗帜、手袋、贺卡等。下一步将继续完成协会整体的CI设计。

半年来的协会工作还有很多不尽人意的地方，同常务理事、理事及会员单位的期望还有很大的差距，我们将继续努力工作，以不负重望。

第二部分　2002年协会工作的设想

一、新时期协会工作的指导思想

2001年是我国实施“十五”计划的起始之年，在世界经济增长明显放缓的情况下，我国经济一枝独秀。投资和消费稳定增长，经济结构调整和西部大开发取得重要进展，各项改革不断深化，对外开放迈出新步伐，财政收入增加，金融运行平稳。良好的宏观经济环境，将使我国建筑装饰工程市

场规模的不断扩大；WTO 后外商投资比重的增加，将提供新的商业机会。我国二十多年来的改革开放，国泰民安，人民生活水平不断提高，加快改善居住环境的欲望和积极的家装消费行为，已列为大众消费之首。2000 年已占到全国建筑装饰行业产值一半以上的家装，将以既是物质消费又是文化消费的倾向更加活跃的扩充市场。我们初步预测，2002 年我国建筑装饰行业产值将以 20%左右的速度递增，这无疑是我们全行业发展的福音。但是，在分析研究这种机遇的同时，我们也必须用科学的态度和冷静的头脑认识我们面临的挑战。

中国加入世贸，即改变着中国的经济运行方式，也将改变着人们的社会生活方式。在同国际接轨的过程中，我们将面临着一系列新的更加深刻的变革。外国公司的进入，将有助于推动我国建筑装饰行业生产力水平的进步，有助于提高中国公司的国际经验，增强中国公司开拓国际市场的能力。中国市场的国际化，将极大的增加了中国公司在建筑装饰市场上的竞争压力。

从竞争的层面上分析，首先可能表现为大公司之间的竞争，大项目，特别是技术含量高的项目上的竞争，设计方面的激烈竞争程度将先于施工方面。不仅企业面临国际竞争考验，协会也将面临工作国际化的考验。任何时候都不如现在这样的逼迫我们：不能简单的把“机遇与挑战”并存，成为我们习惯性用语；把机遇的利用和挑战的应对措施具体化，成为可操作的实际行动，是我们行业、企业及协会共同面临的历史任务，是对我们能力和水平的严肃考验。总之，目前既要解决“怎么看”的问题，更要解决“怎么干”的问题。

我国政府职能的转换已历时多年，协会以其缓慢的历程，不断地接受来自于政府方面的工作安排。这个阶段协会作用的发挥和内部业务建设的速度都较多地依赖于政府的工作布置。入世以后，政府的职能将在履行 WTO 规则中，创造中国的公正、公平、开放的市场，创造一个真正运行主体是企业的市场。实现这样的目标将会极大的加快政府职能的转换步伐，协会的职能将发生转变，作用将更加重要，地位将更加权威，具有政府不可替代的作用。这将对协会工作产生极大的压力，对协会及其领导和工作人员的方针政策水平、办事能力和效率，都提出了新的要求，协会素质面临新的考验。

中国建筑装饰协会已经有 18 年的发展历史，在老会长张恩树同志领导下，已积累了一系列“双向服务”的经验，为协会今后工作奠定了良好的基础。我们要充分认识五届理事会提出的“二次创业”同“一次创业”的区别，更好地把握“二次创业”中协会的工作特点和工作规律。

马挺贵会长 11 月在“中国建筑装饰协会工作经验交流会”上的讲话中明确指出，新时期协会总体工作的指导思想是：“以三个代表为指南，以‘二次创业’为中心，以提高‘双向服务’层次为宗旨，与时俱进，奋发有为，研究规律，提高水平，推动全行业大发展大提高。”我们将按此要求安排协会 2002 年的工作。

二、关于 2002 年协会工作安排

2002 年的协会工作将十分繁重，按照新时期协会总体工作指导思想的要求，本着“突出重点，抓住要点，多方配合，共同努力”的方针，完成好以下的任务。

1．提高“双向服务”的层次、能力和水平

协会在全面支持企业及地方协会工作，做好一般性服务的同时，要继续认真研究关于行业发展具有方向性、方针性的问题，大力提高“双向服务”的层次、能力和水平。我们将完成“建筑装饰行业在我国国民经济和社会发展中的地位和作用”、“国有建筑装饰企业改制”两个课题的收尾工作，近期将再次组织相关专家论证会，力求内容准确翔实，争取一季度正式上报建设部及有关部门，为政府决策提供依据。报告也将同时发送地方协会和常务理事单位，使业内在了解报告内容的基础上做好各自的工作。

积极启动“我国建筑装饰企业科技进步和技术创新”的课题，通过调研确定建筑装饰行业技术创新目标，以及实现创新目标的途径、步骤和方法，有效地推进全行业的技术进步。

三个报告完成后，力求使其的成果对推动行业发展产生一系列积极的实质性影响，并提高协会从政策方针上指导行业发展的能力。

2002 年协会将着手研究我国建筑装饰企业的发展战略问题，其中包括大型以及中小型企业发展的战略问题，初步确定一季度将会同有关地方装饰协会、全军装饰协会在武汉共同举办“大型装饰企业发展战略研讨会”。

继“国有建筑装饰企业改制座谈会”后，我们已着手研究中小型建筑装饰企业建立现代企业制度问题，通过交流改革经验，提高中小企业的管理水平。

建筑装饰设计是建筑装饰工程产品的龙头，行业发展的龙头。提高设计进步水平，对行业发展具有至关重要的地位。结合深入进行的“建筑装饰工程产品的文化属性及提高其文化品位”的课题研究，继续加强设计的学术研究，创造造就中国建筑装饰设计大师的条件，考虑年中召开“建筑装饰设计工作经验交流会”及相关的研讨会。

2001 年评出的 119 项“全国建筑工程装饰奖”获奖项目，代表着当前全国建筑装饰工程的总体发展水平，是推动行业技术与管理进步的最好的教材，协会初步决定在 2002 年三四月份对有代表性的项目组织观摩交流会。与此同时召集不同层次的技术创新座谈会。

家装在行业发展中占据着越来越重要的地位，同时也成为我们实现“三个代表”思想的重要组成部分，2002 年我们将在指导家装行业、市场发展举办系列活动，并在调研的基础上，加大工作力度，形成“家装行业发展指导意见”。

2．应对入世，全面提高企业核心竞争能力

加强对 WTO 规则的学习和研究，是当前我们一项重要任务，特别是大企业，不理解 WTO 将无以应对挑战。面对入世，我们不能麻木，更不能对新的竞争环境掉以轻心。我们主张：一要有信心；二要有居安思危的意识；三要抓住机遇寻求发展的思路；四要有应对挑战的措施。无论是协会，

还是常务理事、理事单位及会员企业，我们要共同做好提高企业核心竞争能力的文章，包括：

（1）加快公司体制改革和机制再造的过程。

（2）加快形成企业优势技术领域，特别是创造自有知识产权的技术优势。在完成关于“技术创新”课题的同时，一定要尽快地把协会专家委员会建立起来，充分发挥专家在技术进步中的作用。

（3）以国际化市场意识选择企业发展的参照系，加强同国际知名建筑装饰企业在体制机制、经营方式、核心竞争力、技术进步和可持续发展等方面的比较研究，以求从战略、战术上确定应对挑战的具体措施。

（4）认真研究运用 WTO 规则允许的技巧，保护我国建筑装饰企业利益和获得公正、公平的竞争机会。我们将组织有地方协会和企业领导参加的班子，用一定的时间和精力，研究外国协会保护本国企业、行业的作法和经验。

（5）从协会的角度积极支持企业联合与重组，在实行“扶大扶优扶强”的发展战略中，扩大规模形成实力，创建“旗舰式”的中国建筑装饰企业，并积极支持中国建筑装饰企业参与国际竞争。

3．搞好培训工作，全面提高从业者的素质

“加大培训力度，加快培训速度，增加培训内容，扩大培训对象，确保培训质量。”仍然是我们今后要坚持的培训工作方针。协会在培训方面做了大量工作，已有较好基础。协会面临的培训资源十分丰富，培训潜力仍然很大，当前要从以下几个方面做好培训工作：

（1）搞好培训资源和现状调查，制定培训规划。

（2）加强同地方协会合作，尽快形成全国性的培训工作网络。

（3）努力创造并提高办班层次的能力，让企业主要经营管理者接受更高级的培训。

（4）探讨市场经济条件下协会培训工作的规律，使培训既为企业服务，又面向市场成为个人就业技能提高的投资行为。

（5）加强师资队伍和教材建设，特别是高级专家型师资队伍的建设。

（6）继续争取政府主管部门支持，把继续教育同岗位许可结合起来。

2002 年在继续办好传统的项目经理、家装监理等培训班的情况下，努力开拓新的培训领域。并做好以下工作：

一是在国标《住宅装饰装修施工规范》颁发后，就规范内容加快对家装从业者的培训；二是努力完成 2001 年 11 月 22 日建设部人事教育司委托我会编制“建筑装饰行业职业技能岗位标准、鉴定规范、技能鉴定试题库和培训教材”的工作，并开办职业技能岗位培训班；三是建设部已公布了《建设工程质量监督工程师资格管理暂行规定》，积极争取建筑装饰装修工程质量监督工程师资格的培训；四是积极争取室内设计师从业资格的培训。

4．建立行业自律机制和企业的信用秩序

五届理事会提出的“行业自律委员会”正在组建中，提交本次会议的《全国建筑装饰行业自律公约》，如能经本次常务理事会原则通过，秘书处将做进一步修改，使其成为全面提高行业自律意识的公约性文件。

铝制品委员会已经制定的《门窗幕墙行业工程质量自律监督公约》，如能认真执行，将有助于形成并提高行业的自律意识。

形成有效的行业自律机制，将会促进行业健康发展，保证协会有能力维护会员企业的利益，提高行业及企业的社会服务能力，改善行业和企业的社会形象，提高竞争力。我们设想一季度底完成协会行业自律委员会的组建工作，二季度开始工作。考虑行业自律委员会为初建，制度和工作机制尚需探索，希望能集中各位常务理事的智慧，完成好这项涉及行业发展的重要的基础性建设。

我们设想，行业自律委员会将从影响行业形象和会员企业利益的突出问题抓起，诸如严重的恶性压价竞争、损害相关企业形象的诋毁贬损行为，不按国家有关法律法规办事的严重违法行为，特别是社会及百姓反映极大的投诉等。自律就要做到“违者戒，好者扬”。1994 年协会曾评选出 118 家“全国信得过建筑装饰工程施工企业”，业内反映良好。我们将根据工作进展，配合“行业自律公约”的实施，设置必要的奖项。总之，通过贯彻《行业自律公约》，树立协会及其自律委员会的权威，改善协会和行业形象，提高企业的核心竞争能力。

5．加强协会对西部大开发和奥运工程的指导和交流

西部大开发和奥运工程，为我国建筑装饰行业带来了新的发展机遇。建设部已下发了《关于建设系统实施西部开发的工作意见》，协会铝制品委员会组织了“西部开发技术服务团”，收到了很好的效果。信息咨询委员会、五金委员会利用年会聘请奥运场馆规划、设计单位负责人所作的报告，深得会员企业的欢迎。推进会员企业参加西部大开发，创造会员企业参与奥运装饰工程建设是协会义不容辞的工作。

初步设想是：我会将同西部各省市装饰协会加强合作，组织必要的技术咨询，如举办展览和工程观摩交流，组织工程、信息发布会等，通过多种形式的服务为增加东西部企业沟通创造条件。我会也将同北京市建筑装饰协会合作，及时公布奥运工程信息，《中国建筑装饰》及专业委员会刊将增加报道西部大开发和奥运工程信息的版面，从协会的角度为会员企业创造西部大开发和参与奥运工程建设的条件。于此同时，我们将认真考虑加强协会信息化建设问题，条件成熟时将召开协会“信息和宣传出版工作会议”。

6．继续组织好“全国建筑工程装饰奖”的评奖活动

经过四届理事会的多年努力，在建设部的大力支持下，2001 年顺利的完成了“首届全国建筑工程装饰奖”的评奖工作。颁奖大会后我们将认真总结此次评奖的经验与不足。作为今后协会的日常工作，我们将认真研究并完善评奖工作制度，提高评奖工作质量。初步设想：2002 年将增加设计评奖内容，根据“统一的全国大市场”的原则，研究解决好属地评奖的公正公平、合理确定名额分配、一定要把好工程评出来，并努力争取解决缩短评奖年限等问题。通过评奖做到以工程项目展行业风范，以工程项目促全行业进步的目的。

7．加强协会的国际交流

中国市场国际化以后，积极推进行业国际交流已提到协会工作的重要日程。协会将利用各方面资源加快同有关国外和地区相关协会建立联系，积极组织一系列交流考察活动，通过“走出去，请进来”，促进我国建筑装饰行业和企业国际业务水平的提高。

第三部分 加强协会自身建设，创造完成协会工作的条件

作为协会常设机构——秘书处及各专业委员会的素质，决定着协会的工作质量。我们深知，各位常务理事企盼着协会常设机构是一个顾全大局、具有良好政治和业务素质、团结共事的集体，能够为会员企业提供负责任的、公正、公平的服务。因此，加强秘书处建设已成为协会全局工作的重要环节。

当前，我们准备从以下几个方面努力：

1．加快秘书处和专业委员会的改革，规范协会内部管理

逐步建立秘书处的全员合同制度，打破铁饭碗，引入竞争机制，从机制上解决秘书处缺乏活力的问题，要为干事的人、能干事的人创造良好的工作环境。要运用激励机制解决当前工作人员收入水平过低的问题。通过会长办公会建立群众对秘书处负责人的民主评议制度，提高秘书处负责人接受监督的能力。继续完成建章立制工作，并着力解决有章不循的问题。按照六中全会的要求，认真研究改进秘书处的工作作风问题。在充分发挥专业委员会作用的同时，要按协会章程理顺协会秘书处和专业委员的管理关系，强化协会的整体效应。要逐步解决专业委员会工作发展不平衡的问题，按照入世后的新形势搞好专业委员的整合工作，从体制上解决完成新时期协会工作的条件。要进一步加强以协会名义开展各项活动的管理工作。

2．加快与地方协会的沟通和交流，共同完成协会任务

加强我会同地方装饰协会的合作关系，并对地方装饰协会给予力所能及的工作指导，是我会秘书处自身业务建设的重要组成部分。除以《简报》、刊物的交流外，要更多的与地方装饰协会联合开展活动，其中包括上述已列入计划的活动，以促进协会资源共享，在优势互补中提高协会的工作水平。我们也衷心希望地方装饰协会解决好发展不平衡问题，我会将接受地方装饰协会的建议，组织一些必要的秘书长的联谊活动。为促进上述交流，以及更好地为会员企业提供信息咨询服务，协会将进一步加强信息网络工程建设。力争“中国建筑装饰网”日点击率突破2000次，在为企业服务中发挥更大的实质性作用。努力争取《中国建筑装饰装修》成为公开刊物。

3．探索协会工作的新思路，提高协会的自养自立能力

市场经济体制下的协会工作宗旨，是为会员企业和政府提供有效的服务。在我会专业委员会秘书长联席会议上，我们曾提出“营造协会，经营协会，壮大实力，提高服务能力”的问题。

所谓营造协会：一是营造协会的品牌，扩大协会在业内和社会上的影响力；二是营造提供高层次“双向服务”的能力；三是营造同会员企业共同完成推动行业发展的使命感；四是营造协会秘书处与专业委员会、培训中心，协会与地方装饰协会，协会与会员企业之间的和谐工作气氛和友情；五是营造协会与国内兄弟协会、与国外和地区协会的合作与交流的精神。

所谓经营协会：就是经营协会资源，让协会资源更好地为行业发展创造条件。一是用市场的机制提高协会的竞争能力和策划能力；二是通过自养、自立，实现协会可持续发展能力；三是通过提高面向社会有偿服务的能力，加强面向行业为会员成员提供更多无偿服务的能力；四是要有招聘优秀人才成为协会工作者的能力，促进协会人才来源的社会化、市场化，协会工作更应该“以人为本”，形成吸引、凝聚高素质协会工作者愉快从业的环境。在激励和约束机制下，将职业道德良好、专家型和复合型的创新人才提拔到协会重要工作岗位上；五是改善协会工作条件，提高协会工作者劳动力报酬和社会保障的能力；六是提高发展会员以及收缴会费能力。按协会当前财力情况，现在可以考虑根据协会章程接受协会理事、常务理事的赞助。经过一个阶段的努力，我们相信协会自养、自立的能力会大幅度提高，成为有实力的协会。

4．加快组建并发挥专家委员会和自律委员会的作用

发挥这两个委员会的作用，是协会建设的重要内容。协会要集中一批专家，作为行业和精英参加协会工作，是由协会的性质所决定的，是协会权威性的重要依托。强化行业自律，是适应逐步完善的市场经济的需要，是行业建设和协会建设的内容，也是协会功能的重要组成部分，协会一定争取做好。

马会长和我本人，已到协会工作了6个月，如果讲工作体会的话，就是三句话：如果没有很好的政治责任感，就干不好协会工作；如果没有敬业精神，就完不成协会任务；如果没有一定的工作能力，就实现不了高层次“双向服务”目的。

使我们感到十分欣慰的是，无论是中国建筑装饰协会还是地方建筑装饰协会，目前都有一大批忠诚于协会工作，并得到会员单位支持的干部，这些同志是我们协会最宝贵的财富和最珍贵的资源。这些同志凭借着对我国建筑装饰装修行业和企业的忠诚，在协会工作岗位上忠于职守的完成任务。按照民主办会的原则，我们随时随地的倾听大家的意见，集中大家的智慧，真心实意地同大家一起把协会工作做好。

各位副会长、各位常务理事：

明天，我们将在人大会堂举行隆重的“全国建筑工程装饰奖”的颁奖活动，我们衷心祝愿大会圆满成功！

再过一星期，新年将至，我们衷心祝愿大家，并通过大家祝愿全国建筑装饰行业从业人士新年快乐，身体健康，全家幸福，事业有成！

·中国建筑装饰协会五届二次常务理事会·

会议综述

中国建筑装饰协会五届二次常务理事会举行

《中国建筑装饰》编辑部观察员

2002年7月16日，中国建筑装饰协会五届二次常务理事会在广东省佛山市佛山宾馆召开。会议的主要议题：一是听取常务副会长兼秘书长徐朋所作2001年12月24日五届一次常务理事会以来的工作报告。二是讨论四个提案："关于调整中国建筑装饰协会分支机构设置的提案"、"关于增补中国建筑装饰协会副会长的提案"、"关于调整、增补中国建筑装饰协会理事、常务理事的提案"、"关于调整中国建筑装饰协会会费标准的提案"。

出席会议的有中国建筑装饰协会名誉会长张恩树、会长马挺贵、常务副会长兼秘书长徐朋、副会长汪家玉、王波、副秘书长张京跃、房箴，88人组成的常务理事会到会47人。会议由汪家玉、王波分别主持，马挺贵作了会议总结，张恩树作了讲话。

会议讨论通过了五届二次常务理事会工作报告和四个提案。调整了14位理事、6位常务理事；增补了理事70位、常务理事26位。会议体现了民主精神，四个提案，其中三个是鼓掌顺利通过；"关于调整中国建筑装饰协会分支机构设置的提案"不同意的2人，弃权的7人，原则上通过，会后由会长办公会议决定，进行局部调整。

马挺贵在总结中强调，发展、创新、服务（全文另发）。

张恩树在讲话中指出，会议开得很好，我们按江泽民总书记的要求，同唱一首歌：解放思想，事实求是，与时俱进，开拓创新。马会长的讲话很好，协会要"三个面向"：面向企业、面向市场、面向国际。协会工作者要实现"三化"：知识化、专业化、职业化。不要等靠要，一切在于"新"：新时代、新思维、新做法。希望各地建筑装饰协会超前引导行业发展。迎接十六大，再上新台阶。

与会常务理事进行了民主、务实、创新和高效的讨论，体现了常务理事"参政议政"的认真、热情、负责和能力。会议讨论有如下意见或建议：

1. 新一届理事会做了大量工作，在"二次创业"的指导思想下，工作层次和层面均有了较大的提高。应继续遵从行业协会的运作规律，代表行业的根本利益，多做行业最需求得人心的事。应多研究行业发展的热点、难点问题，如最低价中标、定额、设计师职称等，这正是当前企业最关心的问题。

2. 中国建筑装饰协会争取、建设部批准的"全国建筑工程装饰奖"，由两年一评改为一年一评，是个进步。根据"效率优先，兼顾公平"市场经济的原则，评奖程序可改变为由地方建筑装饰协会主评，中国建筑装饰协会抽查。关键是完善评定标准。此奖名称还得改。

3. 增加有影响的民营企业的副会长，非常必要。我国建筑装饰行业国有企业只占不到万分之五，说明建筑装饰是一个以民营企业为主体的行业。现在的副会长企业均为国有的，不能完全代表这个行业的利益。本业是以建筑装饰工程承包商为主体的行业协会，副会长应以装饰工程公司企业家为主，可考虑个别装饰材料制造商和经销商。

4. 成立设计委员会非常有必要，应作为头等大事来抓。工程、信息咨询、铝制品、五金等委员会有必要保留。

5. 室内设计师的评定，现在出现了对行业十分不利的"多头管理"——中国室内装饰协会、中国建筑学会室内设计分会都在评，"多头管理"的结果肯定是把自己搞臭，把行业搞垮。中国建筑装饰协会应与建设部及时协调，也可以独立评定。

6. 要加强行业发展规律性的引导，如装饰企业做大不做强、做精没有前途。家装企业更多是体现区域性、专业化的特征，就不是做大的模式，更不宜提倡做大。家装企业的"诚信制度"怎样建立应重点研究。

7. 中国建筑装饰协会的"官本位"没多大变化，与地方建筑装饰协会既然是合作关系，就应进一步落实这种互相尊重、互相依靠的工作思路、方式、方法，凡事多商量、多通气、多沟通。中国建筑装饰协会要更多地考虑地方建筑装饰协会想做而做不了的事，如室内设计师的评定。

8. 中国建筑装饰协会专业委员会的设置，应宜粗不宜细，宜少不宜多，压缩比扩大好，上面千根线下面一根针，矛盾增多，负担增大，地方建筑装饰协会难以承受，协会内部绝对不能乱。协会应体现五湖四海，大家好心情。

9. 对于打着中国建筑装饰协会向地方建筑装饰协会和企业乱收费的事情应坚决给予制止。同时，中国建筑装饰协会应着力解决乱发文、文件前后不一致、行为与文件不一致的问题。决不能借着协会发行业、企业之财。

10. 行业发展导致培训任务更重，还应下大力气研究培训工作的指导思想、重点、方式、方法。加强技术交流，特别是区域性的活动。

会议期间，中国建筑装饰协会领导会见了佛山市市长梁绍棠、副市长黄振辉、副秘书陈道明；出席了南海市嘉俊陶瓷有限公司佛山陶瓷展示中心开幕式。与会常务理事参观考察了嘉俊陶瓷有限公司、蒙娜丽沙陶瓷有限公司、顺德家具城等当地优秀装饰材料制造厂商。

参加会议的还有中国建筑装饰协会信息部主任兼会刊《中国建筑装饰》主编黄白、行业发展部主任王本明、综合部主任王毅强、杜桂玲，《中华建筑报》总编邓千、副总编华敬友、《中国改革报》记者白明星、《佛山日报》等。

出席中国建筑装饰协会五届二次常务理事会的常务理事共47位：马挺贵、于兵、王波、王跃、王儒明、居乃巩（代表毛家泉）、赵建国（代表刘建祥）、史应标、史是伟、周清（代表叶远西）、叶大岳、朱希斌、朱兴良、朱葆荣、孙尚高、刘年新、刘晓一、张京跃、张鸣、张建民、张朝煊、邝锡鸣（代表张玮文）、张福如、李淳凌、李爱森、李宁、何星华、何文祥、傅安安（代表苏少彬）、忻国梁、吴葆生、吴建荣、汪家玉、汪维、房箴、林芷珊、罗醒民、徐朋、唐澄、袁大陆、张乙明（代表郭长军）、曹永清、粟立民、顾国华（代表傅鹏）、彭政国、葛金平（代表程曾惠）、魏光。

在与此会同期举行的"装饰行业与材料发展论坛"上，中国建筑装饰协会常务副会长兼秘书长徐朋、中国环境科学院副院长夏青、对外贸易经济合作部国际经济贸易研究院跨国经营研究部主任邢厚媛、中国建筑装饰协会行业发展部主任王本明分别就WTO与装饰行业、环境与装饰、WTO与装饰材料、装饰工程采购作了演说，受到与会300多人的好评。

创新　发展　服务

——在中国建筑装饰协会五届二次常务理事会上的讲话

中国建筑装饰协会　会　长　**马挺贵**

（二〇〇二年七月十六日·广东佛山）

各位常务理事：

自协会五届一次常务理事会以来，我们围绕以"三个代表"为指针，以"二次创业"为中心，以提高"双向服务"为宗旨，与时俱进，奋发有为，研究规律，提高水平，推动全行业的大发展、大提高的思路，在建设部的领导和各地方建设行政主管部门的支持下，在各位常务理事、地方建筑装饰协会的配合下，作了大量的工作，取得了较好的成效。

协会开展了对行业发展，特别是入世后形势的分析和企业、协会工作的应对战略研讨，加强了协会的组织建设、思想建设、制度建设、业务建设；为行业发展开展了一系列专业服务。争取到了"中国建筑工程装饰奖"每年评选一次。拥有了公开出版发行的行业报（中华建筑报）和行业刊物（中国建筑装饰装修）；实践表明，我会2002年工作的思路是正确的，行业发展的势头是可喜的，为今后协会完成更为艰巨的任务奠定了基础。

关于今年协会上半年的工作总结和下半年的工作安排，常务副会长兼秘书长徐朋都已经向大家作了报告，讲得很好，很全面，我就不重复了。我仅就当前协会工作谈几点意见：

协会是市场经济的产物，市场经济越发展，行业协会的作用就越重要、越突出。我国正面临着由计划经济向市场经济的过渡，随着政府职能的转变，更多的行业管理职能将由协会承担，行业协会的地位和作用将越来越重要。

特别是加入WTO后，各项工作进一步和国际接轨，将加快市场经济建立和政府职能转换的速度。协会将真正成为行业管理的主体，企业利益的代表。在新形势下，协会工作不仅更加繁重、更加重要，而且也将成为市场经济改革成败的重要内容而倍受党和政府的高度重视。近年来，在党和国家一系列重要会议和文件中，都提到发挥行业协会作用的问题。党的十四届三中、五中全会，党的十五大都明确提出了要培育和发展社会中介组织的问题。

朱镕基总理在2001年国家机关党的第十三次会议上讲到，中央国家机关要抓三个转变：一是转变政府职能；二是转变工作作风；三是转变工作方式。如果这三个转变不进行，政府机构改革成果将付之东流；如果人减了、庙撤了、职能不变，人员随时就会膨胀起来。改革逼迫我们尽快培育和发展行业协会，使行业协会的作用真正得到发挥，并承担起政府转移出去的一些职能。这实际上是政府机构改革后对行业协会的培育和发展提出的一个新的迫切要求。

今年1月，建设部召开"全国建设工作会议"，汪光焘部长在工作报告里特别强调：行业管理职能要逐步转移。建设行政主管部门必须转变观念，从管理行业转向管理市场，不直接干涉企业运作、不直接管理行业具体事物。要通过加强和改进市场管理，更好地履行相关职责，实现更有效的管理和调控。凡是通过市场机制能够解决的，应当由市场机制去解决；通过市场机制难以解决，应当通过中介组织和行业自律去解决。

从以上我们看出党和政府对行业协会的工作非常重视。协会是在国民经济和社会发展中不可替代、极为重要的组织。绝不是可有可无而是必须强化和发展的组织。各位常务理事是协会的领导者和决策者，大家一定要认清形势，明确使命，与时俱进，努力工作，共同开创协会工作的新局面。下面谈三点意见：

一、行业协会运作的国际惯例与我国的现状及入世后面临的挑战

国际上，特别是发达国家的行业协会，具有很悠久的历史，很多是自18世纪末、19世纪初的工业革命时期就已经成立了，（如建筑师、土木工程师协会），是为了达到共同目标而自愿组织起来的同行或商人团体，虽然不具有任何政府管理职能，但由于其具有民间性、广泛性、自愿性、服务性和中介性的特点，企业会员相信它们的意见和利益会通过协会反映给政府与社会，最终能够达到维护自身权益的目标。现在国际上各国行业协会尽管具体作法不同，但国外的行业协会具有极高的社会认知度，也具有极强的权威性。

概括起来，国外的行业协会主要以四种角色尽到四种职责：

一是沟通企业与政府的中介者：代表本行业与政府和立法机构处好关系，疏通企业与政府之间、企业与金融机构之间的渠道。

二是多功能服务企业的勤务员：向会员企业提供业务指导、技术培训、市场咨询、经验交流、促进销售等多功能服务，尽心尽力帮助改善企业经营和解决企业（特别是中小企业）经营管理中的难题。

三是调研和技术推广组织者：重视和从事行业内外经济调研、数据统计、情报搜集、出版行业刊物、推广技术成果，其形式多种多样。

四是开展对外交流的联络者：联络组织对外技术考察、国际学术会议，以及开展双边、多边合作研究项目等。

国外行业协会是企业利益的忠实代表；企业与政府沟通的桥梁；企业的服务者与协调人；为企业提供多功能服务；为企业发展提供方便；协助政府制定行业政策法规。

在中国工业经济联合会向朱镕基总理汇报工作时，朱镕基总理讲"中国的行业协会都像美国大豆协会那样就好了"，而且又补充说"你们就拿我这句话推动协会工作"。

对比国外，我国的行业协会是经济体制改革的产物，大多是伴随着政府机构的改革而产生的，这就决定了我国的行业协会有以下几方面的不足：

一是行政色彩浓厚，带有一定计划经济遗痕和行政色彩，目前国内行业协会中的大多数还是政府机构的外延，在人员、经费、职能方面依赖于政府主管部门，缺乏公信力。

二是政府转移职能不到位，（职能转移涉及的方面很多，是权利和利益的调整，也是观念认识的更新），发展总是受到政府职能转移不到位的制约，协会职能作用的发挥受到影响。

三是协会过多过滥、工作交叉重叠。由于行政隶属关系的不同，不仅新生的协会过多过滥，而且协会有大量的工作交叉和重叠。协会之间争夺市场、资源的竞争十分激烈。

四是自身建设问题，以装饰协会为例：

1．有些省市没有建立装饰协会。

2．有些协会人员少，素质不高，办公条件差，开拓业务的能力不强。

3．不少协会对市场经济还不很适应，人员和知识结构都显老化，企业认同度比较低；会员单位的行业覆盖面小，代表性差，行业协会的特点不突出。协会没有相应的发挥作用。

中国加入 WTO，意味着中国的建筑装饰行业和国际全面接轨，行业协会的作用将越来越大，但存在的差距也越大。这就需要协会加大改革力度，加强自身建设。

二、上海装饰装修行业协会改革的作法

在上海市政府的领导下，今年年初市政府成立了行业协会发展署，行业协会的改革迈出了重大的一步。

一是将原来的上海建筑装饰协会和上海市家庭装饰行业协会合并，成立了上海市装饰装修行业协会，实现了一业一会，解决了协会重叠与交叉的问题。

二是上海市建委将很多政府职能转移给了协会。用建委领导自己的话说，就是把很多原来就应该由协会完成的职能归还给协会，从而开创了行业协会工作的新局面，目前，上海装饰装修行业协会具有的职能，根据上海市人民政府办公厅《上海市促进行业协会发展的指导意见》的规定，协会具有行业服务、行业自律、行业代表、行业协调的职能。

协会的具体职能除组织行业培训、技术咨询、信息交流、会展招商；参与有关行业发展、行业改革以及与行业利益相关的政府决策论证、参与地方或者国家有关行业产品标准的制定外，还有几项很重要性的职能：通过法律法规授权、政府委托，开展行业统计、行业调查、发布行业信息、公信证明、价格协调、行业准入资格资质审核等工作；监督会员单位依法经营，对于违反协会章程和行规行约，达不到质量规范、服务标准、损害消费者合法权益、参与不正当竞争，致使行业集体形象受损的会员，行业协会可采取警告、业内批评、通告批评、开除会员资格等惩戒措施，也可以建议有关行政机关依法对非会员单位的违法活动进行处理；

三是上海市装饰装修行业协会通过改革，现在的面貌焕然一新，人员的年龄结构、知识结构更为合理，现在协会秘书处工作的 30 位工作人员均具有大专以上学历，其中有 3 位硕士，协会各专业委员会的理事长全部由企业家和行业内资深专家担任。

四是协会在行业管理中创造性地开展了实质性的工作，规范了行业市场，提高了服务质量，受到政府和广大会员单位的高度赞誉，协会的凝聚力，影响力和号召力大幅度增强，起到了促进行业健康发展的作用。仅接受"消费者投诉，一年就高达 2000 多件，而且处理得体。

上海的改革思路和作法，给我们的行业协会工作提供了可借鉴的有价值的改革经验，很有推广意义。我们将把上海的经验再提炼整理，便于各地方建筑装饰协会参考并能够很好的运用这些经验，向建设主管部门反映，推进协会工作。

三、加强行业协会建设的几点意见

以上我们分析了协会的地位和作用，了解了我国行业协会的现状和存在的主要问题，介绍了上海装饰装修行业协会在协会改革方面的经验，明确了加入 WTO 后，协会工作的努力方向和要解决的问题。我们一方面要积极争取更多的职能转换，拓展协会工作的广度和深度，提高为会员单位服务的层次和质量。一方面要争取政府的支持，解决好协会交叉的问题，争取一个较好的开展协会工作的外部环境。但是，更为重要的是我们要加强协会的自身建设，提高协会的自身素质，增强协会的工作能力和工作水平。

首先，是协会工作者要树立创新、发展、服务的思想意识。协会即不是政府，也不是企业，在工作中没有硬性指标弹性很大，但不是没事可做，而是怎么做？怎么做好的问题？市场经济条件下，协会工作的内容十分广阔，责任也非常重要，因此，协会工作者要不等、不靠、创造性的开展工作。协会的一切工作，都要围绕发展这个主题做文章，行业发展、企业发展、协会自身也要发展，要以发展的眼光去判断、去启动各项工作，只要有利于发展的事就做，就会增加协会的凝聚力和影响力。协会要积极提高服务水平，才能有生存和发展的空间。

创新、发展与服务的思想，应该成为今后协会工作的指导思想。

协会发展的目标就是要真正成为行业利益的代表者，行业管理的主体和行业发展的引路人。力求在一段时期内，基本形成行业市场化发展机制；基本形成地区行业协会分布合

理、覆盖广泛的布局结构；基本形成符合社会主义市场经济要求，与国际通行规则相衔接的运行机制；基本形成保障行业协会健康发展的法律、规范；初步建立与行业地位和作用相适应，市场化运作，规范管理的协会体系，推动我国建筑装饰行业在国际市场大背景下的发展和提高。

第二，是坚持企业家办会的方向。这次会议通过了增加民营企业家副会长名额的议案和增补理事、常务理事的议案。

企业是国民经济的细胞，是国家经济发展的基础，是创造社会财富的基础，也是国家经济活力的根源，国家的经济发展离不开企业，行业的发展更离不开企业，协会的发展也必须依靠企业。

企业家是企业市场运转的中枢，是经济运转的根本动力，他们是技术进步的推动者，企业文化的创造者和传播者。企业家代表了经济发展的要求，他们最了解行业发展的状况，最掌握行业发展的重点和难点问题，也最明确自身利益的所在，他们对行业最有发言权，其提出的建议更为科学、准确，更有针对性。

我国民营企业家在经济发展中的作用更为突出，我国民营企业是在长期的经济垄断和社会歧视环境中成长壮大的，对市场经济规律的认识与运用能力强，与市场对接能力高于其他所有制企业，竞争、拼搏的意识强。由于民营企业产权清晰、责任明确、管理机制更为灵活，市场经营组织更为有效，建筑装饰业还是劳务密集型行业，其民营企业占企业总数的绝大多数。因此，充分发挥民营企业家的优势，对推动协会工作的改革就更有突出的现实意义。

从国外协会运作的成功经验上分析，以行业内的龙头、骨干企业为主，团结绝大多数企业办会，才能把协会办的有规模、有权威、有代表性。我们要与国际惯例接轨，就是要学习和掌握国际协会的运作规律和运作方法，其中很重要的是学习他们企业家办会的经验和方法。

中装协要走企业家办会的路子，一是增加中装协副会长名额中企业家的数量，特别是要按照行业发展状况，增加民营企业家和从事住宅装饰装修企业家的数量，随着会员基础的扩大和会员结构的调整，还将增加建材生产企业的副会长名额。二是新设立的专业委员会的理事长由企业家担任，首先在住宅装饰委员会试行，三是通过一个时期的调整，增加企业家进入理事会、常务理事会领导层的比重。

同时依靠企业家办会，就一定要加强协会的民主化、程序化、制度化的建设，要建立会长办公会制度，保证企业家能更多、更及时的对协会发展中重大问题发表意见，参与决策，切实体现出协会自主办会，独立运作的办会思想，真正保证企业家作用的充分发挥。

第三，加强协会自身建设。

一是没有建筑装饰行业协会的省、市，尽快在建设主管部门的指导下，成立起来。

二是当前我国各地建筑装饰协会普遍存在着人员少、人员老化、人员知识结构不适应的现状，有些协会的状况不仅不能满足未来发展的需要，就是守个摊子的能力都没有，因此要学习上海的经验，加强组织建设，加大协会内部改革力度。

加强组织建设，人事制度的改革是一个十分关键的环节，近期中装协秘书处进行了社会公开招聘人才，内部竞聘上岗，全员聘任的人事制度改革，旨在建立鼓励和制约机制，调动积极性，提高办事效率，提高人才素质，这是协会加强自身建设，应对 WTO 后新形势必须要走的一步。

协会组织机构的调整，也是提高协会工作能力的重要环节，没有一个能够涵盖建筑装饰行业和建筑装饰工程全过程的组织系统，就无法顺利的、有成效的开展工作。中装协秘书处部门的设置作了调整，有关专业委员会（即分支机构设置的调整方案）已经提交本次常务理事会审议通过了，这是我们组织机构变革的初步设想和目标，但还不完整，协会还将建立质量体系认证中心，质量检测中心。这个目标实现后，我们在行业内的代表性就会增强，工作的范围就会更为系统、完整，工作将更为有效率。

三是关于地方协会发展会员，即成为中国建筑装饰协会会员的问题。有的地方协会提出了这个构想，主要是为了：

1．减轻企业负担（双重入会，双重交费）。

2．扩大会员基础，有利开展全行业活动。

3．加强中装协与地方协会的沟通和联系。

但这里又存在单向、双方问题，新、老会员问题，省协会会员与省辖市协会会员的关系问题，会费标准和分成比例问题，专业委员会发展会员的会藉归属问题；协会是民间、自律性组织，中装协和地方协会不是领导与被领导的关系，工作方式是协商式的。因此这件事也是自愿的和协商式的。今天作为一个课题提给各位常务理事酝酿，同时我们将加快与地方协会协商。

第四，加强合作，认认真真干几件实实在在有助于推动行业发展的事情。

中装协和地方协会有着很好的合作关系和基础，考虑到各地方协会的资源都有局限性而又有各自的特点，发展都有一定的困难，因此推动协会工作整体水平的提高，就必须加强协会之间的合作，做到优势互补、资源共享、共同发展。要有二个积极性，即有各地方协会独立的工作，又要共同合作。

今后凡涉及行业发展的方针性、方向性、全面性的工作，中装协都要加强和地方协会沟通、联系，共同研究，共同合作。

今年和今后一个时期要扎扎实实抓几件有关全局的大事，这就是徐秘书长在工作报告中所说的：

抓好二个薄弱环节，即设计与材料；解决 2 个短缺，即诚信与服务；造就 2 个一批，即一批大、强、精的企业，一批管理上同国际接轨的项目，办好二个刊物，即中华建筑报，中国建筑装饰装修刊物；搞好今年全国建筑工程装饰奖的评奖工作。

这些都是今年和今后一个时期的重要工作，又是全行业的工作，是中装协和各地方协会的共同工作和任务。我们要加强合作，认认真真抓好，抓出成效，推动行业的发展。

各位常务理事：

我们这次常务理事会开的很好，会议圆满完成了全部议题，通过的工作报告，为下一步的工作奠定了基础，会议的成果在今后的工作中还要逐步落实，我们相信，有各级政府部门的支持，有广大会员单位信任和参与，有各协会工作者的共同努力，有各位常务理事的把关掌舵，再加上我们这个行业长久不衰的市场环境，我们的协会就可能办好，我们的协会就一定能够办好，协会工作就一定能开创出新的局面。

祝大家身体健康，工作顺利。谢谢。

中国建筑装饰协会五届二次常务理事会工作报告

中国建筑装饰协会　常务副会长兼秘书长　**徐　朋**

（二〇〇二年七月十六日·广东佛山）

各位常务理事：

自2001年12月24日在北京新侨饭店举行了中国建筑装饰协会五届一次常务理事会以来，在中国建筑装饰协会五届理事会确定的“二次创业”奋斗目标，提高双向服务质量水平方针的指引下，协会开展了一系列的工作，现在，我受中国建筑装饰协会秘书处的委托，向五届二次常务理事会做工作报告，请各位常务理事审议。

一、五届一次常务理事会以来的工作汇报

（一）针对中国加入WTO的新形势、积极开展了应对研讨工作

中国加入WTO是我国经济发展和社会生活中的一件大事。巨大的中国建筑装饰市场，随着入世后的市场的开放，外国公司将陆续进入中国，它们会带来新的设计理念、商业运作模式，以及新的更具技术含量和环境品质的材料和产品，必将对我国市场带来巨大的冲击，机遇与挑战再也不是一般的口号及概念，而是摆在行业面前的现实，如何使建筑装饰行业正确认识入世后的新形势，提高应对能力已成为协会的一项重要工作内容。为了提高行业应对WTO的素质和水平，协会开展了以下几项工作：

首先，召开了东北地区部分企业应对入世战略研讨会。

在2002年3月初在广泛调研和征求意见的基础上，由中国建筑装饰协会主办，东北三省建筑装饰协会协办，在长春市举行了东北部分企业应对WTO战略研讨会，这是行业内第一次专题研讨应对WTO后行业的发展，企业发展的专题性会议，得到了东北地区企业的高度重视，东北地区的高资质等级的企业都积极参加了会议，会议发言积极、勇跃，与会者根据各自企业在与国际设计、施工公司及业主的合作，及在境外实施工程项目的体会谈了很多好经验，大家普遍认为，应对WTO，建筑装饰行业无论是思想上，还是行动上都有很大差距，会议在相当多问题上取得共识，反映了一些大的建筑装饰企业已经有了应对入世的国际感觉。会议时间虽短，但研讨会的形式很有推广的必要，本次会议为协会举行同类会议积累了经验。

其次，召开了全国建筑装饰行业应对WTO战略研讨会。

2002年4月中国建筑装饰协会主办、湖北建筑装饰协会、武汉建筑装饰协会和中国人民解放军建筑装饰协会在武汉联合举办了“全国建筑装饰行业应对WTO战略研讨会”会议聘请了中国对外经济贸易研究员邢厚媛研究员，清华大学管理学院胡佐浩博士到会进行了专题报告，针对WTO的市场形势和WTO规则，企业发展战略的制定等做了高水平的介绍，协会负责人也做了精心准备，在会上做了讲话和报告，提出了一系列战略性思考。全国各地近20位企业负责人，分别从加强企业内部管理；创新和提高企业核心竞争力；调整人才战略，加速人才培养；建立企业自律机制，诚信经营；积极参与国际竞争，开拓海外市场；提升设计水平等方面介绍了成功的经验。在行业内引起了很大反响。会议收到了近30篇论文，会议对WTO后企业的发展有了一个比较清晰的认识，树立了以积极进取的战略，抓住时间，寻求发展的大思路。与会200名代表和行业内部受到很大的鼓舞和启发。

第三，召开了“部分省市协会应对入世协会工作研讨会”。

入世后，协会将面临新的工作规律和工作重点，为了更好的研究和探讨协会工作，协会于2002年6月，在上海举办了部分省、市协会应对WTO工作研讨会，会议重点介绍了上海市装饰装修行业协会改革的成功经验和在政府职能转换和应对入世协会工作采取的对策。部分省、市协会也就各地协会的改革、工作重点的调整、人才培养、协会工作的国际接轨，运用WTO规则保护本国企业，以及从实际出发，扎扎实实搞好本地协会工作等方面进行了交流，对下一步提高协会工作对WTO的适应能力和积极开展有利于行业发展的活动形成了一系列新思路和举措。

为了增强行业的WTO意识，提高企业应对的能力，协会充分利用各种形式宣讲入世的影响和对策，在各地举办的区域性会议，各种培训班上讲解WTO的知识，从思想上提高了人们应对入世的精神准备。

关于WTO后的协会工作，需要研究的问题很多，大量的工作等待我们去做，协会今后还要继续开展有针对性的工作，力争提高对WTO后问题的研究能力和操作能力，把应对入世后的各项工作做好。

（二）全面完成几个课题，引起有关领导的重视，并做重要批示

在去年开始的《建筑装饰行业在国民经济与社会发展中的地位和作用》、《国有装饰企业改制》等课题所取得的阶段性成果的基础上，今年又经过了精练和提高，形成了报送建设部、国务院等国家主管部门的报告，引起了领导的高度重视，并做了重要批示，形成了今后协会开展工作的良好社会基础。

（三）积极搞好一报一刊的出版发行准备工作

建筑装饰行业做为国民经济的一个发展热点和旺而不

衰的消费热点，在推动国民经济发展，调整产业、就业、消费结构，提高人民生活质量水平方面具有极为重要的作用，但行业整体宣传和社会认知程度不高，拥有自己的宣传阵地，自己的媒体一直是协会长期企盼的一件大事，并进行了长期的努力，目前已经有了结果。《中国建筑装饰装修》已变为公开出版发行的刊物，《中华建筑报》已经由协会主管主办，并已正式改版发行，现就有关情况报告如下：

1．关于《中国建筑装饰装修》的公开出版，发行准备工作

我会会刊《中国建筑装饰》是一份信息量大，在行业内极富影响的内部刊物，为了能够使刊物公开出版发行，协会分别向中宣部、国家新闻出版总署汇报建筑装饰行业在国民经济和社会发展中的地位和作用，说明行业发展需要一个公开刊物，这个想法引起了上级的重视和支持。2002 年 1 月，由国家新闻出版署核准公开出版发行，按建设部办公厅建议已将名称改为《中国建筑装饰装修》，目前已完成全部注册登记手续，为了保证公开出版发行的《中国建筑装饰装修》杂志的顺利出版，协会开展了一系列工作。

首先在刊物的定位上，参考了现在市场中各版本的同类刊物的同时，又召开了几次专家论证会，现在确定刊物为“能够反映建筑装饰行业技术进步并能参与国际交流的，具有一定的学术性、权威性、以专业人士为主，兼及社会爱好者，实施商业性运作的高品位月刊”，并以此为宗旨组织了刊物的各项准备工作。

其次是组建了专门经营《中国建筑装饰装修》出版发行和广告业务的文化传播公司，确保了今年 10 月份能够试刊发行，2003 年 1 月正式发行。

2．更改《中华建筑报》的主管、主办工作

《中华建筑报》是一个已经有 6 年历史的行业大报，原由中国建筑工程总公司主管主办，协会多次同中国建筑工程总公司联系，希望交由协会主管、主办，经过一个时期的磋商和谈判过程，就《中华建筑报》更换主管、主办单位达成有关协议，协会为变更主管、主办单位，多次向国家新闻出版总署汇报，并得到大力支持，4 月 19 日经国家新闻出版总署审核、批准，《中华建筑报》正式变更为由中国建筑装饰协会主管主办，从此，中国建筑装饰协会有一张属于自己的、能够为行业和企业服务的新闻媒体。

为了保证由协会主办的《中华建筑报》能够办出特色和水平，协会明确了新的报社领导班子，自 2002 年 5 月 7 日改版发行以来，在稿件搜集、新闻采集，报纸的编辑等方面，都有了突出的变化，报社运行正朝着良性循环的方向上发展，报社在新主管，主办单位的管理、协调下，开始了新的创业。

为了保证《中华建筑报》能够按照现代企业制度和媒体运作模式进行市场运作，协会积极组建以运营《中华建筑报》为主的经济实体，现已完成由协会控股，有会员企业参股的文化运营公司的组建准备工作并于近期投入运转。

经过半年多时间的运作，在中宣部、建设部、国家新闻出版总署的支持和帮助下，目前协会拥有公开出版发行一报、一刊的局面已经形成，我们还将继续努力，争取保留协会的内部刊物，做为协会内部传播信息，开展工作的手段，继续发挥作用。

（四）积极组织行业内的专业活动

五届一次常务理事会以来，在促进行业发展，提高建筑装饰工程设计、施工水平，提高行业整体素质方面，协会还开展了以下工作。

1．关于专业培训工作

今年实施的建筑装饰行业规范标准有《住宅装饰装修工程施工规范》、《民用建筑工程室内环境污染控制规范》、《建筑装饰装修工程验收规范》，十项主要装饰材料有害物质限量强制性标准及《住宅室内装饰装修管理规定》，新规范的颁布实施，对行业产生的影响十分深远，为此，协会培训中心联合各地方建筑装饰协会，各培训中心、培训点，开展了一系列培训活动。今年上半年在全国各地共举办培训班 10 期次，培训人数 973 人。在培训上述有关规范、标准的同时，协会加强了同地方协会合作，扩大培训业务，先后增设了厦门、武汉、宜昌、乌鲁木齐等培训站点，在贯彻“加大培训力度、加快培训速度、扩大培训对象、增加培训内容、确保培训质量”的方针上，取得了明显的成果。

各专业委员会也根据各自的专业特点举办了专业培训。五金委员会举办了锁艺培训，铝制品委员会举办了幕墙培训，化学建材委员会举办了涂料培训，建筑电气委员会搞了职称评定及岗位技能培训等。

2．在住宅装修方面开展了专项工作

今年 4 月份由协会会同成都市、重庆市地方装饰协会共同主办了西部地区家装峰会，与会人员就住宅装饰装修工程的设计、选材、施工管理、行业发展、当前存在的问题及解决的办法进行了高层次的研讨。6 月又在太原举办三北地区家装研讨会，这一系列会议，都对规范住宅装饰装修工程市场，提高住宅装饰装修企业素质，保证住宅装饰装修的可持续发展起到了积极的作用。

3．为推动建筑装饰工程设计水平的提高，开展了有关设计的专项活动。

为了更好的推动行业的设计工作，协会还同企业联合举办了“欧典杯居室设计赛”和“吉事多卫浴设计大赛”等设计竞赛活动，对推动设计水平提高起到了较好的作用。

为了适应当前大户型住宅使用中、小中央空调日益普遍的现象，暖通委员会搞了全国中央空调设计、应用大赛，不仅取得了提高设计水平的作用，也直接提高了空调安装工程质量。

4．举办了环保高层次论坛，今年 3 月份，针对当前环

保问题是社会关注的热点问题，一系列有关环保标准、法规即将出台，而行业内对环保的意识不强、实施措施不足和在今后工程中将面临更多环境质量要求等情况，信息咨询委员会和专家工作委员会共同组织了高层次论坛，环保权威人士，国标起草人等与会，共同就建筑装饰行业的环保工作进行了认真的研讨，其中关于绿色装修的认识和标准；材料的环保标准及检测，环保设计，材料应用等高层次报告，在行业内引起了很大的反响。

5. 举办展览，展示及检定等活动，并取得了较好的效果。展览展示活动是市场经济的必然产物，也是当前行业内沟通供求信息，推广新材料，新技术、新产品、新工艺的主要渠道之一，今年上半年，协会除在北京举办“第九届全国建筑装饰行业订货会”取得圆满成功外，在黑龙江、辽宁、广东、福建等地举办的行业展会也收到了较好的效果。

由协会同中国质量检验协会共同组织的“全国建筑装饰产品质量检定”活动，自 2001 年 6 月开展以来，已经为近百家企业的产品进行了检定，起到了规范市场、服务企业、引导消费、扶优制劣的良好社会效益。

6. 加强了协会信息网站建设，协会的《中国建筑装饰网》经过五年的建设，已经具有了相当的规模，信息量在专业网站中属规模较大的一类，点击率较高，在行业内已经有了较大的影响力，今年上半年，网站加强了建设的力度，并通过注册，对行业内电子商务，电子政务和信息交流的开展奠定了基础，今年 7 月底将进行全面改版，改版后的协会网站，将是目前国内行业网站中库容量最大，功能最全，专业性最强的行业网站，并计划在今年年底协助各地协会建立各自网站，并完成至少 25 个条件成熟的地方协会网站的连接。

7. 启动了《中国建筑装饰年鉴》的编辑工作，此项工作是行业内的一项重要工作，由信息咨询委员会具体负责组织工作，已经向各地装饰协会发出通知，各地积极响应，现在编委会人员已基本组建完成，下半年将进入采稿、编辑阶段。

8. 举办了“执行国家标准、创造环保健康的室内环境北京宣言”活动，为了贯彻落实《民用建筑工程室内环境污染控制规范》和 10 类主要装饰材料有害物质限量规范，由协会主办，中华建筑报承办，组织百家建筑、建材、装饰单位共同发起了《北京宣言》活动，并于 7 月 3 日在北京人民大会堂召开了新闻发布会，国家领导人及建设部、相关部委领导出席了大会，会议开得有规模、有质量，已经在行业内引起了强烈的影响。

（五）加强协会的自身建设

为了完成协会面临的“二次创业”的艰巨任务，必须有强有力的组织保证，协会根据四届理事会的决议和行业发展的状况，进行了以下方面的组织建设。

1. 调整协会秘书处工作机构

为适应加入 WTO 新形势对协会工作的要求，创造良好的协会工作机制，协会对内设机构进行了调整，对原有的部门也做了名称的改动和职责范围的调整，调整后的协会秘书处共有 6 个部门，分别是综合部、行业发展部、信息部、培训部、国际部、技术推广部，新的机构设置，工作范围有了扩大，工作职责清晰，考核目标明确，将会更好的开展各项工作。

2. 改革秘书处的人事制度，实行聘任制。

为了规范秘书处工作，提高办事效率，保证秘书处完成理事会交办的各项任务，为会员单位提供更高层次的服务，秘书处工作人员实行了全员聘任制，通过自报、推荐、组织决定等双向选择的原则产生各部门负责人和部门组成人员。

3. 广召人才，充实协会秘书处的工作班子

为了提高协会秘书处的服务能力，我们采取切实可行措施充实秘书处的工作人员，通过建设部人才交流中心，并在《中国建设报》、《中华建筑报》上刊登招聘广告，从社会各界招聘协会工作人员，我们将通过认真的面试和考核，尽快将符合标准、适于做好协会工作的人才吸收到秘书处工作。

4. 完成了协会内部的制度建设

自五届一次常务理事会以来，我们制定了并颁发了《关于以协会名义开展活动的管理办法》、《关于发展会员及会费收缴办法》、《协会内部分设机构的管理办法》，基本理顺了协会内部关系。

各位常务理事，2002 年上半年的工作虽然取得了一定的成绩，但也存在着很多不尽人意的地方，特别是在落实四届理事会关于组建“行业自律委员会”和“专家工作委员会”两个机构上，由于多方面的原因造成延误，一些已列入协会重大活动的项目未按计划完成，影响了协会的整体工作进度，此外，一些由协会主办而由其它单位承办的活动，由于协会管理不严，在会员企业中造成一些不好影响都是值得总结的教训。在今后的工作中要努力提高协会秘书处的办事质量，积极完成理事会及常务理事会安排的工作。

二、2002 年下半年的工作安排

2002 年下半年的工作，要以实现协会“二次创业”为目标，以迎接入世，全面提高行业素质为指导，以落实国家各项政策与法规为重点，具体做好以下几项工作。

（一）继续就行业发展的方向性、方针性课题开展调查研究

去年和今年年初完成的几个课题，对推动行业发展，提高行业的影响力，促进行业技术进步等都取得了很好的效果，今年上半年，我们又就行业在入世后的应对战略等进行了深入的研讨，在此基础上，我们要继续做一些涉及行业发展方向性、方针性的课题研究，从理论上进一步提高对行业的认识水平，推动行业的健康发展，初步确定以以下几个课题开展工作。

1．在去年《建筑装饰行业地位与作用》课题研究成果的基础上，进一步深入探讨建筑装饰行业的投资与消费的特点和规律，要象研究房地产市场那样研究建筑装饰装修相关的理论与实践问题。挖掘消费潜力，更好的贯彻中央经济工作方针，发挥出行业在扩大内需，促进经济增长和增加就业等方面的作用。为了完成这一课题，我们要积极争取国务院发展研究中心、建设部、相关研究机构的支持和参与，也需要各地协会及广大会员单位的帮助，力争在明年春天提出课题报告。

2．关于住宅一次性装修到位的相关问题的调研，研究住宅一次性装修的特点、实现形式，以及在当前在房地产开发中的应用状况及发展趋势，达到推动一次性装修商品房市场比重的提高。协会将与地方协会合作，完成本课题项目，这个课题也计划在今年完成。

3．进行民营装饰企业建立现代化制度问题的调研。针对建筑装饰行业民营企业占绝大多数的实际情况，要具体研究民营企业的发展战略、经营方式和管理机制创新，并形成有现实指导意义的研究报告，以此开展行业内的民营企业间的交流，推动民营企业管理机制的改善，并促进其健康发展。这个课题是一个不断深化的题目，力争今年拿出阶段的研究成果。

4．继续完成行业的技术进步的课题，这是去年留下的一个课题，现已完成初稿。力争在今年拿出有实际指导意义和工作建议的研究成果。

5．加快《建筑装饰装修施工工法》的编制工作步伐。一是为了迅速改变行业内劳务人员的素质参差不齐的状况；二是面对新技术、新工艺、新材料、新设备的不断变化，行业急需较实用、易传授的工法教材。这套教材应当有科学性、先进性和指导性。上半年由工程委员会召开了编审工作会议，在下半年争取完成一稿的初审工作。望行业内技术工艺专家更多的参与这项活动。

此外，协会将会同地方协会共同研究一些会员企业关心、并希望解决的一些问题。

行业调研是协会的一项重要工作内容，也是协会为行业及会员单位提供服务的一种基础形式，我们要在积极争取社会各方面支持与帮助的同时，调动协会自身的力量，发挥协会了解行业，熟悉企业的优势，完成好以上的调研任务。

（二）宣传和贯彻两个强制性国家标准，推动行业环保工作水平的提高

由建设部和国家技术监督局编制并公布实施的《民用建筑工程室内环境污染控制规范》及10种装饰材料有害物质限量强制性标准，已在2002年7月1日起开始实施，上述配套的强制性标准颁布与实施是一件有历史意义的大事，这充分反映了党和国家对人民生活环境质量的高度重视，并体现了代表人民群众根本利益的宗旨，两个强制性国标的颁布是我国社会生活、经济生活的一大进步，是中国建筑装饰行业在新世纪中可持续发展的一个里程碑，协会要通过一系列活动，推动强制性标准的贯彻，重点做好以下几个方面的工作：

1．由《中华建筑报》承办，百家企业发起的《北京宣言》活动，承诺不生产、不经营、不使用不符合国家环保标准的产品，倡导环保装饰工程，本项活动已经于7月3日在北京人民大会堂举行，下一步继续扩大《北京宣言》的签约单位，加强对签约单位的指导与监督，《中华建筑报》要按原计划对签名企业提供宣传和广告服务，完成长达一年的“北京宣言”的后续工作。真正起到贯彻强制性国标的示范作用。

2．要同有资格的、权威的材料及环境质量检测机构合作，加强对材料、产品及工程的环境质量检测，使检测和监督工作跟上新的国家标准的要求，在这方面，协会要同中国环境科学研究院、中国建设工程质量检测中心和国家建筑材料检测中心、上海建筑科学研究院等单位合作，把装饰材料的检测和市场监督工作扎扎实实的进行下去。

3．调研两个国家强制性标准在实施过程的问题及促进实施的办法，一次出台一系列配套的国家室内环保标准，这在我国专项法制建设中还是第一次，各方面都会有很多不适应的地方，标准的贯彻也会受到多种因素和实际工作中困难的影响。我们要及时的发现实施过程中出现的问题，总结各地在贯彻标准，落实措施上的经验，保证标准能够顺利的得以贯彻实施。

4．要把“全国建筑工程装饰奖”评比，同标准的检测达标结合起来。在适当时候，在评奖中增加有关环境质量的约束性条款，确保获奖工程在环境质量方面是达标的合格产品，提高全行业的环保意识，有效的推动标准的贯彻落实。

5．要积极的组织强制性国家标准的培训与宣传工作，提高行业对新标准的理解，掌握和运用的水平，协会要在上半年已组织的培训工作的基础上，进一步扩大培训范围，推动全行业学习两个强制性国标，同时，要充分利用办班和电视、广播、报刊等媒体多种形式，进行宣传教育和贯彻落实，中装协的各培训中心，各专业委员会都应积极认真的组织各种宣教工作，提高行业依法生产经营，按照新国标施工，检测验收的自觉性，增强法制观念及环境质量意识，奠定落实强制性国标的工作基础。

（三）针对入世对行业影响和对策的思考，突出重点，干几件实实在在有助于推动行业进步的事情

今年上半年，我们针对入世进行了一系列的研讨活动，在思想认识上有了一定的提高，并取得一系列共识，今后要把这些共识落实到协会的具体工作中去，针对行业的实际问题和薄弱环节，抓住几件实实在在的事情，做出几个实实在在的成果。今年下半年计划在以下几个方面做些工作：

1．同地方协会合作，造就一批做强、做大、做精的企业。针对我国建筑装饰企业竞争平台单一，企业核心竞争能力不突出的现状，我们要对行业内的重点骨干企业给予扶助、支持和指导，使其通过做精、做专，最终达到做大、做强的目标，形成自己的经营特色、技术优势和核心竞争能力，逐步发展成为地区和国家的行业旗舰。企业的发展与壮大，既要有自身的努力，也需要协会的帮助和指导，在企业发展目标的确定，发展规划的编制，管理制度的完善，市场开发的途径，技术创新等很多环节，协会都有工作的空间，协会要发挥自己的优势，力争把这方面工作做出成效。

2．要认真抓住设计和材料两个薄弱环节，开展工作，提高行业的整体进步水平，设计和材料是建筑装饰行业两个重要环节，也是我们同国际水平有较大差距的环节，更是入世后首先在国内市场展开国际竞争的环节，协会要认真研究在这两个领域发挥作用的途径。初步设想，协会在今年下半年在通过开展设计竞赛、作品推介、设计经验交流，以及会同有关科研检测机构共同组织材料评优活动，提高设计和材料生产整体水平的提高。

3．要造就一批在管理上同国际惯例接轨的项目。以项目为载体，通过提高项目管理水平，提高入世后的企业竞争能力。我国每年仅公共建筑物的装饰工程项目就有 60 多万个，提高项目管理水平，是提升企业竞争力和参与国际竞争的基本条件，即是企业基础性工作，也是协会工作的重点内容之一，下半年初步设想结合全国建筑工程装饰奖评比开展一次项目管理的经验交流和优秀项目经理的评比和交流活动。

4．解决服务、诚信的两个短缺，加强行业的自律体系建设，由于我国市场经济体制建立时间不长，又存在着很多非经济的干扰因素，造成我国市场服务意识差，约束与监督机制不健全等问题，加强企业自律、行业自律，提高服务为本，诚信操守的水平，是协会的又一项迎对入世的实实在在工作。建设部已经建立了企业信用档案制度，这也为我们今后开展工作提供了条件，协会将积极配合建设部开展工作，使服务、诚信两大短缺现象能够得到缓解及解决。

5．加强协会的国际交流，推动企业进入国际市场，这不仅是行业采取积极进取的有效途径，也是今后我国经济与国际接轨后的协会工作的重要工作内容之一，为此，协会已经成立国际部，国际部要尽快开展工作，要研究国际建筑装饰市场，推动我国建筑装饰施工企业参与国际竞争，积极开展国际学术交流和考察活动、争取能有实质性的工作突破。目前，协会秘书处已专门成立了一个小组，调研国外协会是怎样开展工作，借以提高对入世后协会工作的认识。

（四）做好一报两刊的出版、发行

公开出版发行的“中华建筑报”、“中国建筑装饰装修”及协会内部刊物“中国建筑装饰”的三个报刊中，其中公开发行的一报，在今年上半年已经完成交接、筹备工作，一刊下半年也将公开面市，为此，要做好以下几个方面的工作：

1．确保“中国建筑装饰装修”杂志，于 10 月份出版试刊，2003 年 1 月正式出版发行，在试刊期间，我们还要陆续的配齐人员，逐步的调整版面，请各位副会长、常务理事届时给予指导。

2．关于“中华建筑报”，我们希望办成一份建筑装饰装修的专业报，这既是协会工作需要，又是市场的需要，同时也是行业发展的需要。报纸由我会主管、主办后，即要遵循一般的办报规律，又要注意办报的特点，在强调报纸面向市场的同时，要注意贯彻协会为会员企业服务的宗旨，在广交企业朋友中办好报纸。今后协会要加强对报纸的领导，请各地方协会和会员企业提出更多建设性意见并对报纸的稿件、新闻采集、发行等各方面给予支持，把报纸办出特色，办出影响，成为一份优秀的报纸。

做为协会的报刊，在公开出版发行方面，协会没有经验，要不断摸索，这需要大家的帮助。希望我们共同努力，把一报一刊的工作做好，使其在促进协会工作和行业发展上更好的发挥作用。

3．关于“中国建筑装饰”内部发行的会刊，它已经成为会员企业和协会工作者不可缺少的工具，创办 10 几年来，在行业内已有了很大的影响，协会将努力，正在做北京新闻出版局的工作，争取保留这个刊物，此项请求已获得了国家新闻出版总署的理解。长期以来，会刊得到了广大会员企业，特别是理事、常务理事、副会长的大力支持，希望能够一如既往的继续给予支持，把刊物越办越好。

4．做好《中国建筑装饰年鉴》的编辑、出版工作，出版年鉴是行业发展到一定规模时的必然产物，是记载行业发展阶段性成果的历史性资料，编辑一套高质量的行业年鉴，有利于提高行业的社会认知度，增强行业的凝聚力、影响力，促进行业技术交流和整体素质的提高，年鉴的编辑工作是一项长期性、真实性和时效性极强的工作，需要各地方协会、各副会长、常务理事、理事及会员单位的参与、支持和帮助才能完整、才能权威的反映出行业发展的全貌，在今后的编辑工作中，希望继续得到大家的支持，协会也要加大投入，争取在年底将首卷出版、发行。

（五）做好本年度评奖工作

《全国建筑工程装饰奖》在 2001 年经过首次评选，给行业发展和进步注入了极大的推动力，根据行业的特点，广大会员单位提出希望，把两年一评改为一年一评，经过协会努力，建设部已经批准，自 2002 年开始，《全国建筑工程装饰奖》每年评选一次，这是行业内极具有长久影响力的一件大事。为此我们要积极做好今年的评奖工作。

1．认真总结去年评奖的经验。2001 年的评奖工作，在各地协会和广大企业的参与和支持下，取得了比较圆满的成绩，为今年开展评比工作奠定了基础，要认真总结经验，同时也要找出差距和不足，在今后的工作中予以改进，使评奖真正起到树样板、奖先进、传经典的作用。

2．由于此项工作已经成为一个常规性的工作，同时又是一项专业性，政策性很强的工作，因此，为了保证评奖工作的连续性，要配备相对固定的专人负责此项工作，要有较强的组织、协调能力，有敬业精神和一定的作品评价能力。保证评奖工作质量。

3．在具体的评奖办法上，除要求准确、科学的评出获奖项目外，要尽量减少会员企业负担，降低评奖成本，因此在评比程序、考察方法、评审过程等方面要更多发挥地方协会的作用。

关于评奖工作，协会很快要召开专门会议进行研究，布置今年的评奖工作，在年底完成今年颁奖工作。

（六）认真落实全国培训工作会议精神，进一步推进培训工作全面开展

进入半年，协会已召开了中国建筑装饰协会成立以来的第一次培训工作会议。建设部主管部门对装饰行业培训工作给予了极大的肯定和支持，并提出了忠恳的希望和要求，为下一步的培训工作开展提供了有力的保证。据此，下半年的培训工作主要是贯彻落实培训工作会议精神，推进实现建立协会培训工作体系的设想。具体为：

1．在继续完成部里委托的建筑装饰行业职业资格专业设置目录工作同时，抓好两个项目试点：

一是建筑装饰设计员从业资格培训试点。二是建筑装饰设计造价员从业资格培训试点。

2．为争取时间和市场，拟采用边起草边争求意见，边报审、边搞试用教材、边进行培训试点的方法，完成工人职业技能标准稿送审、鉴定规范、题库大纲和教材的编写和出版，并按人教司领导意见，选定二至五个培训基地。

3．与铝制品委员会合作组织幕墙施工项目经理培训。

4．建立培训点站，拓展培训网络。

5．筹组全国培训工作委员会。

6．与各地方建筑装饰协会联合组织全国家装企业巡回公益讲座活动。

7．开展装饰项目经理继续教育。

8．结合新教材，开展装饰项目经理师资培训活动。

（七）继续加强协会自身建设，研究入世后协会工作规律，全面提高协会工作质量，离不开政府职能的转换，协会自身素质的提高和广大会员单位的支持，这里面最重要的是提高协会自身素质。特别是协会秘书处和各专业委员会的思想、组织和业务的建设。今年下半年要着重进行以下三个方面的工作：

1．完善制度，促进规范化、制度化管理，在基本建立完善协会管理工作制度后，关键在于坚持，秘书处将在这方面做出工作上的努力。

2．继续推进人事制度改革、引入竞争机制，增强协会活力。在巩固协会秘书处已实行的全员岗位聘任制基础上，进一步提高吸引社会人才能力。在打破铁饭碗，大锅饭的过程中，不仅要扩大秘书处工作人员的数量，又要不断提高协会秘书处和各专业委员会工作人员的政治素质和业务能力。当前，要特别突出的强调加强思想建设问题，没有大局意识，没有团结共事能力，没有办实事的良好作风，就很难实现“营造协会，经营协会”，“策划项目，创造工作”的目标。

3．一定要牢固的树立协会为企业服务的指导思想，协会的生命力在于服务，在于为企业和行业发展提供有效的服务，协会组织的一切活动都应以不给企业添麻烦、增负担，并以收到实际效果为原则。

4．加强协会组织建设，关于协会的组织机构建设，本次常务理事会将就秘书处提出的方案进行审议，如获得通过，将尽快履行报批程序，待批复完成后，尽快实施。

（八）加强同地方协会合作，整体推进行业发展

中装协和地方协会历史上就建立了很好的合作关系和业务指导关系，一年来这种关系又得到了新的发展。我非常感谢地方协会对中装协的支持和帮助。

实践证明，加强协会间沟通、联系，合作策划和举办活动。将有助于推动行业发展和提高为会员企业服务的能力。

中装协初步设想，今后要同地方协会共同研究，涉及行业发展的方针性、方向性课题研究，诸如建筑装饰装修消费和投资规律和特点的研究，一次性装修到位的研究，应对入世协会工作规律的研究等，中装协将提出具体合作意见，希望有更多的地方协会参与。

今后要加强协会工作者联谊活动，特别是高层次、资深人士之间的联谊、交流。中装协及地方协会要继续提供相互交流的机会，中装协和地方协会都要积极主动的参与各自组织的活动，真正做到优势互补、共同发展。

五届常务理事会秘书处经过一年的工作实践，有三点突出的体会：其一是广阔的中国建筑装饰装修市场，长期的协会工作基础及常务理事、理事和会员企业的支持，我们有信心完成协会工作任务。其二是不管协会有没有行政职能，只要协会工作者把协会工作当作一项事业去干，协会就会有干不完的工作，就会有广阔的生存和发展空间，就能为推动行业发展，为会员单位服务做出贡献；第三点体会是要不断研究协会工作规律、工作特点，提高工作水平。总结工作成绩的同时，一定要总结工作的不足，在不断满足会员企业要求中，坚持协会工作的与时俱进。

各位常务理事，不久将召开党的十六次全国代表大会，这将对中国的改革、开放和政治、经济、文化生活产生极大影响，我们要严格以江泽民同志“三个代表”的思想为指导，努力实现党的十六大提出的各项工作目标，把我国建筑装饰行业推向新的发展水平。

上述报告请各位常务理事审议，谢谢大家。

·中国建筑装饰协会培训工作会议·

会议综述

中国建筑装饰协会第一次行业培训工作会议在京举行

《中国建筑装饰》编辑部观察员

一、会议简况

为了进一步推动建筑装饰行业培训工作，促进行业整体水平提高，2002年7月10日～12日，中国建筑装饰协会行业培训工作会议在北京太申祥和山庄举行。本次会议得到建设部人事教育司的支持。

出席会议的领导有建设部人事教育司副司长兼建设部执业资格注册中心主任李竹成，中国建筑装饰协会名誉会长张恩树、会长马挺贵、常务副会长兼秘书长徐朋，建设部人事教育司专业人才与培训处何任飞，北京市朝阳区教委副主任张治中。会议由中国建筑装饰协会副秘书长张京跃、培训部主任兼培训中心主任王燕鸣分别主持。

会议听取了李竹成副司长、张恩树名誉会长、张治中副主任在会议开幕式上的讲话；王燕鸣主任所作题为“抓住机遇 把培训工作推上一个新台阶”的工作报告。

徐朋常务副会长兼秘书长题为“与时俱进　开创行业培训工作新局面”的讲话。马挺贵会长作了会议工作总结讲话。

会议讨论了国家标准《建筑装饰装修技术工人岗位技能标准》（征求意见稿）、《关于建筑装饰装修行业职业资格专业设置的意见》、《全国家装监理人员培训大纲》等三个文件。

会议交流了14篇论文：中国建筑装饰协会培训中心的“培训教材简介”、信息咨询委员会“抓培训工作　促行业发展”、化学建材委员会“加强技术培训　提高行业水平”、电气委员会和中国建筑装饰协会西安技术交流培训中心“认真实践‘科教兴国’战略　强化培训工作　提高全行业整体素质”、中国建筑装饰协会培训中心厦门工作站和厦门建筑装饰协会“充分利用社会资源开展培训工作”、安徽省建筑装饰协会“培训是行业振兴的基础”、安庆市装饰装修管理办公室“加快提升我国装饰装修产业化素质的构想”、宜昌市建设教育培训中心“搞好建设职后培训 服务宜昌经济建设”、华北科技学院建筑工程系“把学历教育和岗位培训结合起来　培养高素质的项目管理人才”、武汉建筑工程专修学校“适应入世　规范办学　确保质量”、河北工程技术专科学校土木工程系“发挥自身优势　创建有特色的授权培训站”、山西省城建职工中专学校“搞活培训形式　抓好培训质量”、山东农业大学水利工程学院项目经理培训站“项目经理培训工作总结报告”、湖南融城考试服务中心“融城考试服务中心培训情况汇报”。在会议典型发言后，培训中心首席管理顾问刘斌作了题为“变革之舞——体验新经济时代的家装企业管理”的讲座。

二、领导讲话

李竹成认为，中国建筑装饰协会召开第一次行业培训工作会议，体现了协会领导对培训工作的重视。我5月30日曾到装饰协会培训中心进行了一个短暂的调研，看到装饰协会多年来所进行的卓有成效的培训工作，确实引起了行业的重视，把培养人才作为行业发展的战略，我作为建设部主管培训教育的负责人对此深感欣慰。他谈了以下三点意见：一是进一步认识培训工作的重要性和紧迫性。二是建设部教育培训工作的思路。三是做好装饰行业的培训工作。

张恩树指出，本次会议很重要，把培训工作提高到重要日程上来，才是行业发展的根本。WTO后的竞争，最根本的是人才的竞争，人才从哪里来，一是正规教育，二是行业培训。现在已经有一些装饰企业的经理跟不上形势了，“脑盲（不会用电脑）”，这不行。随着市场的规范，过去靠投机取巧吃不开了，而是靠人的素质的全面提高——法律法规、职业道德、业务技能、财务管理、经营能力，特别是与外商打交道的能力。

他指出培训的两个误区：一是短期行为，这次会议有的地方没来，说明尚缺乏对培训工作的认识。一定要加以引导。当前有组织的家装公司的市场占有率不及20%，说明还是低水平素质的竞争，没能收编游击队。协会工作也不平衡，等、靠、要不行。协会本身也需要培训辄要有个从业标准、执业规划。二是把培训当作一个手段不行，“靠培训赚钱养活协会”——把协会培训工作完全商业化了，这不行。他最后强调，多出主意少埋怨，与时俱进，开拓创新，事在人为。

张治中介绍了当前培训的走势：一是终身教育体系，以满足人们终身学习的需求，学习社会化，从正规培训到非正规培训，从正规专业到非正规专业；二是产业化突出，以满足人们对各种教育品种的需求。

马挺贵会长作了会议总结讲话，他强调一定要以解放思想的态度搞好新时期的装饰行业培训工作。

参加会议的还有中国建筑业协会项目管理委员会培训部主任徐巧云，中国建筑装饰协会信息部主任兼会刊《中国建筑装饰》主编黄白、行业发展部主任王本明、综合部主任王毅强、信息咨询委员会秘书长田万良、电气委员会副理事长崔家勤、化学建材委员会办公室副主任诸秋萍，北京市建筑装饰协会理事长朱希斌、副秘书长兼培训中心主任周丽华，天津市环境装饰协会秘书长王文焕，湖北省建筑装饰协会副秘书长何木松，吉林省建筑装饰业协会秘书长张文学，安徽省建筑装饰协会秘书长李增堂，山西省建筑装饰协会秘书长赵劲杉，河北省建筑装饰装饰协会常务副秘书长刘纪堂，宜昌市建筑装饰协会副会长吴刚，厦门建筑装饰协会副秘书长江清源，西安建筑装饰协会培训中心主任罗天兴，安庆市装饰装修管理办公室主任杨平，安庆市装饰服务中心主任姜文斌等 11 个省市建筑装饰行业培训的负责人，以及中华建筑报、中国建设报的记者，共 60 多位。

本次会议是中国建筑装饰协会首次研究行业培训问题的专门会议，预示着我国建筑装饰行业培训工作有了一个新起点，将有一个新发展。

在中国建筑装饰协会第一次培训工作会议上的讲话

建设部人事教育司副司长兼建设部执业资格注册中心主任　**李竹成**

（二〇〇二年七月十一日·北京）

尊敬的张恩树名誉会长、马挺贵会长，同志们：

今天能有机会参加中国建筑装饰协会第一次培训工作会议感到非常高兴。首先，请允许我代表部人事教育司对本次会议的召开表示祝贺！一个月以前，我到协会培训中心做过一次短时间的调研，了解到装饰协会这几年在培训方面做了大量的、卓有成效的工作，我感觉培训工作确实引起了行业协会的领导和同志们的高度重视。协会已经把人才的培养作为行业发展战略来对待，我作为一名建设教育工作者，确实感到非常欣慰。因为我对装饰行业不太熟悉，过去跟装饰行业的同志们接触得也很少，所以今天来，主要是想听听我们协会同志的报告，对装饰行业及其教育培训工作做进一步了解。马会长让我先说，我只好从命，把我想到的一些意见与同志们作一交流。有不妥之处，请张会长、马会长和同志们指正。

下面我想谈三点意见。

第一，谈点认识问题，即对我们教育和培训工作的认识；第二，扼要地介绍一下部里对当前教育和培训工作的一些思路；第三，在新形势下，协会如何进一步做好教育和培训工作，说点建议。

一、充分认识提高职工队伍素质的重要性和紧迫性，大力加强建筑装饰行业教育培训

大家知道，十五大提出了在新世纪的头 10 年，我们国家要全面地建设小康社会，国民生产总值要比 2000 年翻一番，人民的生活要更加宽裕。到建国 100 周年，也就是说到本世纪的中叶，我国国民经济和社会的发展要更上一个新的台阶，人民生活水平进一步得到提高，我们国家要基本实现现代化。

从我们建设行业来讲，集中表现在城镇化建设的进程要大大加快，城镇人口的比例要大大增加，城镇建设的任务将越来越繁重。全社会固定资产投资规模在今后十年将有大幅度地增加，而其中多数要靠建设行业来实现。而建筑装饰行业在我们整个建设行业中占有相当大的比重，随着社会的发展，现代化水平的提高这个比重还在不断增加。所以，装饰行业将是一个长盛不衰的行业。如今，人民生活环境有了很大改善，文化品位在不断提高，就拿人们的居住条件来讲，家装的标准也在逐年提高，既要舒适、实用，还要优美、高雅。这就要求我们的工程质量，包括我们装饰工程的质量要有一个明显的提高，也就是说，我们的建筑装饰从设计到施工，到生活的整个环境，包括空气质量都要有一个明显的提高。为此，我们从事这个行业的各个层次的专业技术人员、管理人员和施工人员，在学识水平、设计能力、操作技能等各方面素质都要有一个很大的提高。这是加快城镇化建设进程对我们提出的新的要求。

目前我们这支队伍的现状与行业发展的要求相比，在各个方面，特别在素质方面还存在着比较大的差距。大家知道，江泽民总书记最近不止在一个场合讲过，我们国家有很丰富的人力资源，但还不是人力资源优势，我们要把丰富的人力资源转化为人力资源优势，就要靠教育和培训。

在我们建筑行业的操作层队伍当中，存在着整体素质较低的局面。首先，学历水平偏低，农村工占 80%，其中，初中和初中以下文化程度的占 90%以上。这意味着 90%的一线生产操作人员没有完成九年制的义务教育。其次，技能水平很低，他们当中，高级技师不到 0.3%，技师不到 1%。装饰行业的队伍状况可能也是大同小异。技术水平的低下直接影响到工程建设质量和劳动生产的安全。大家知道，农民工如果没有经过严格培训，对很多知识都很缺乏，甚至缺乏很常识性的东西。装饰行业也有很多农民工，由于没有经过培训，不具备一些最基本的知识，所以违反操作规程，甚至发生事故，这也是常有的事情。

现在，我们装饰行业的队伍有 850 万人，装饰企业 25 万家，其中主营装饰工程的、有资质的企业仅有 2 万家，

兼营有装饰施工资质的企业约5万家，有执照、但没有资质的小型家装公司占了18万家，这个比例非常大。装饰从业人员很多，但很多人员没有拿到相应的、或者是某一种资格、资质。还有一些什么都没有的所谓“三无”装饰公司。由于现在要求高，他们就挂靠在某一个有执照的装饰公司里边。

大量农民工没有受过严格的训练、培训，素质很低。有一些手艺不错的人，在城里做了几年，又找一些老乡来，搞一个装饰公司，自己做老板，挂靠在有资质的公司里，当了老板，穿上西服，也不干活了。真正在一线干活的还是那些素质低下的农民工。

分析了队伍的现状，我们可以清楚地看到，与我国城镇化建设进程加快、老百姓生活质量以及文化品位日益提高这种新的形势要求相比，与对建筑装饰工程质量不断提高的要求相比，我们这支队伍的素质很不相适应。怎么解决这个问题？我认为，只有通过教育和培训来提高这支队伍的素质。这是一项非常紧迫的任务。

随着我国加入WTO以后，市场进一步开放，要应对国内、国际的市场竞争，也必须要加快队伍素质的提高。实际上这里有两个含义，其一，必须要有一支工种配套的高素质的队伍，才能做好一个工程，才能在国际国内市场上具有竞争力。其二，现在人才争夺非常激烈，这种争夺表现在国内企业和企业之间的人才争夺，还有表现在国内企业和国外跨国公司间的人才争夺。有资料讲，全球500强跨国公司当中，已经进入我国市场的有400多家。他们基本上都是采取人才本土化的策略，包括科技人才、管理人才和一线操作与管理人员，用人基本上是从我们国家招揽，只要真正有手艺的，他们就要挖。这个竞争是非常激烈的。

所以，我们的应对办法，就是要加强培训和教育工作，提高这支队伍的整体素质，当然还要有一些配套措施。总之，就是要培养人，用好人，留住人。

二、当前和今后一个时期，建设教育与培训工作的一些思路

我想重点介绍关于两支队伍的建设。一是专业技术人员与管理人员队伍的建设，二是生产一线操作层工人队伍的建设。

从专业技术人员和管理人员这支队伍建设来讲，1991年开始，建设部、国家计委和人事部联合发文后，部里就已经实行了关键岗位持证上岗制度。10多年来，应该说这项工作是很有成绩的　。

但随着社会主义市场经济的建立，特别是我国加入WTO以后，政府还要不要这样去管理？就是说，还要不要管理到某一个企业和事业单位内部的关键岗位？市场经济体制下的企业和事业单位自身有岗位设置和用人的权利，除个别特殊的岗位外，政府不能管到企业如何设置岗位和用什么样的人。

在社会主义市场经济体制下，某一个企业单位内部岗位怎么设置，怎么选人用人，怎么培训，作为政府要转变职能，要为企业和事业单位提供这样一种服务。如在专业人才队伍建设方面，一种是现在实行的注册师制度。大家知道，现在有注册建筑师、注册结构工程师、注册城市规划师、监理工程师、造价工程师、房地产估价师，还有一些其他专业的注册工程师，等等，这是对于一些很重要的、关系到国家和人民生命财产安全的重要的关键岗位实行的一种注册制度。这是少量的。

还有一种针对量大面广的基层专业技术管理人员实行的持证上岗制度，即原来的“五大员”“八大员”等。在社会主义市场经济体制下，我们要将其改革为从业资格制度，这就是国家规定的职业资格制度中的重要组成部分。

从业资格制度，简单地说，就是在过去的关键岗位持证上岗制度基础上，拓宽知识面，增强适应性，不再针对某一个具体的岗位，而是针对一个专业，或者针对一个岗位群，规定它的标准，通过教育、培训来培养具有多种资格的人才。企业怎么设置岗位，这样的人才放到哪一个岗位上工作，这是企业的自主权利。我们做这方面的研究和论证工作已经两年多了。

原来的关键岗位持证上岗制度，岗位设置过多，职业范围过窄。比如说，拿了施工员的证，要转到质量员或者安全员的岗位上去，还要再经过一次培训，再取得一个证。这种重复地培训，增加了企业的负担。这种起点比较低、适应性不强、不利于人才流动和企业用人自主权的弊端，要加以克服。这种模式已经很难适应社会主义市场经济条件下建设事业发展的需要，所以要实行从业资格制度，就是针对一个专业和岗位群设置一种从业资格，对其他从业人员通过规定标准的教育和培训，取得这个专业的从业资格证书，有了这个从业资格证书，譬如他取得了施工管理方面的从业资格证书，企业可以让他做施工员，也可以让他做质量员、安全员，还可以做其他工作。这样就增强了人才的适应性。

实行从业资格制度后，原来的岗位证书制度要逐步地转到从业资格证书上来，过渡办法是这样设想的，即过去的关键岗位证书不再发新证书，原岗位证书可以在原来的岗位上继续使用，也可以根据新的考核认定条件取得新证书。新的从业人员和转岗人员，就要按照新的规定取得从业资格证书。

从去年开始，部里已经在反复研究建设行业从业资格的专业设置问题，这个问题涉及的量很大，面很广，非常复杂，各方面的意见也不尽一致。我们的想法是，基本一致的，或者说基本上没有争议的，我们可以先搞起来；有争议的，或

者一时大家还没有统一认识的可以缓一步，待意见统一以后，再分期分批地出台。

装饰行业从业资格需要设置哪些专业？专业的要求及其适用的岗位等问题，需要听取装饰行业的专家和企业的意见，制定好装饰行业从业资格的专业目录。我们正在和装饰协会一起，共同做这方面的工作。

执业资格，涉及装饰行业目前比较突出的就是室内设计，最近我们正在加紧研究。

关于生产操作层队伍建设问题，最近建设部和国家劳动与社会保障部一起出台了一个文件，即"关于建设行业生产操作人员实行职业资格证书制度有关问题的通知"，可能大家都已经看过这个文件了。过去在一线操作层的工人当中，实行的是部里颁发的职业技能岗位证书。同时，国家劳动部门通过地方劳动部门也要给工人们发证，这样，一个工人必须要拿到两个证才能上岗，增加了工人的负担。有的工人还要拿几个证。各地反映很强烈。

从 2001 年开始，建设部和国家劳动部一起经过讨论形成了一致意见，就是要在技术工人中实行国家职业资格证书制度，颁发由国家劳动部统一印制的、由劳动部门和建设部门双方盖章的职业资格证书，具体的培训、鉴定工作由建设部门来组织实施。

在技术工种操作人员中实行这个制度，需要建设行政主管部门和劳动主管部门紧密配合，加强合作，在国家的职业资格证书制度的指导下，结合当地建设行业的实际情况，认认真真做好职业技能培训和鉴定工作。

各地要在劳动保障部门的指导下，由建设主管部门具体组织实施本地区建设行业职业技能的培训和鉴定工作，并且按照统一标准、统一命题、统一考务和统一证书这样一个原则和程序来开展。建设行业从业人员经过建设职业技能的培训和鉴定合格的，就由劳动部门和建设行政主管部门共同核发由劳动保障部统一印制双方盖章的职业资格证书，然后凭着这个证书上岗。其中涉及国家财产和人民生命安全的关键岗位，比如钢筋工、架子工等工种，还要再拿一个建设部的建设职业技能岗位证书，这是建设行业准入证书，然后才能上岗。到 2005 年，这样的岗位要百分之百实现持证上岗，从根本上改变生产操作人员素质低下的局面。

对于普通工人，如农民工，刚刚放下锄把就来到城里，进入土建施工单位，或者装饰施工企业。这些人怎么办呢？我们也要对他们进行法律法规、行业基本知识、安全生产、职业道德、文明施工等方面的专业培训，通过培训，考核合格的，方可上岗。

为了使建设行业职业技能培训和鉴定工作顺利实施，必须坚决地贯彻先培训后鉴定、先培训后上岗、先培训后输出、先培训后就业的原则，大力开展建设职业技能的培训。我们要把现有各个方面的教育培训资源充分地利用起来，包括技工学校、职业高中、成人中专、普通中专等中等职业学校。要引导他们主动地开展职业技能培训。

作为我们协会，就要研究制定企业职工技能培训标准，制订培训大纲，建立试题库，编制教材，抓一批职业技能培训示范基地等等。协会要发挥协会的作用，要做好这方面的工作。同时，我们在操作层作业人员当中把持证上岗制度与企业的资质管理、市场管理、工程项目管理紧密地结合起来，与新颁发的建筑业企业资质管理规定中劳务企业的资质等级标准挂起钩来，明确规定了劳务企业具有初级工以上作业人员的基本数量，其中，中高级工的作业人员不少于 50%，所有的人员必须持证上岗。今年就开始，企业的资质等级按这种标准就位，需要我们抓紧对生产操作人员进行培训、鉴定和发证的工作。各地要加大这方面的管理力度，和有关部门积极配合，认真部署，确保培训和鉴定工作的质量。

三、发挥协会优势，切实加强培训工作，为全面提高装饰行业职工队伍的素质做出我们新的贡献

今天是中国建筑装饰协会培训工作会议，从我们协会角度怎么做好培训工作我也说几点想法和建议，供参考。

1．协会要制定、研究培训规划，提出培训的目标和具体的措施

作为协会应该做好这方面的工作。协会有协会的优势，协会有行业管理的功能。我认为，装饰行业专业性很强，尤其是现代科技成果在装饰材料、装饰技术上广泛得到应用，装饰理念也在不断更新。我刚才讲，装饰行业是一个长盛不衰的行业，即使新楼盖得少了，但楼的装修少则几年，多则十几年以后又要翻新、维护。另外，人们的文化品位也在不断地提高，家庭装修几年以后觉得落后了，就要再翻新一下。这也是长盛不衰的，大家知道，国外这方面的行业是非常兴旺的。

所以我希望协会认认真真地来抓装饰培训工作，这个市场很大，潜力很大，工作量也很大，任务非常繁重。作为行业协会来讲，我建议要对整个装饰行业的队伍的素质提高，认真规划，提出目标，制定措施，分步实施，比如说到 2005 年我们要达到什么样的目标，到 2010 年的时候我们要达到一个什么样的目标，如何来实现，协会要有这一套规划和计划。然后，我们按照规划和计划，编制培训大纲，组织教材建设，我认为，作为一个协会来讲，不一定直接去操作举办很多具体的培训班，要办师资班，示范班。更重要的是从宏观上规划，从培训上加强指导，为行业培训提供项目、教材和模式。

你们可以组织专家制定标准规范，编写教材，全行业都用，协会要承担这方面很繁重的任务，只有这样才能够把我

们整个行业队伍的素质提高起来，而且很规范地把这项工作做下去。

2.要认真加快研究装饰行业如何实行从业资格制度

我上次到培训中心搞调研的时候说了一些意见，部人教司与协会已经开始共同研究装饰行业从业资格的问题。如何把装饰行业的若干个岗位组合起来，设置成几个专业的从业资格，要很好地研究，要请专家们讨论。每个专业的职业范围怎么界定，覆盖一个岗位群或者覆盖多大的业务范围，要宽窄适当，面太窄，适应性差，面过宽，课程不好设置，大纲、教材也没法编。

再有，它与建筑工程管理类里的几个专业，如造价、施工管理等之间是什么关系，共性的东西有哪些，个性的东西有哪些，要研究。如果共性的东西多于个性的，可以在同一个从业资格里体现装饰行业特点。例如可以通过增加一门课程或者教学内容，也可以编一本可适用于两方面的教材，以多学时和少学时区分，不搞装饰的学 40 个学时，搞装饰的学 60 个学时。以课程的增减来实施我们装饰行业从业资格的培训，这个要研究。不是说要建立一个独立的装饰行业的从业资格体系，可能也没有这个必要。有些可以和土建施工的一致起来，减少专业目录的数量，拓宽适应面。

有了目录以后，我建议，装饰协会要抓几个重点，特别是现在看准了的，大家认识比较一致的，就把它启动起来。我建议你们马上就可以从某一个专业开始搞。室内设计师现在还没有定下来，那么我想可以先做室内设计员，因为室内设计员是一个从业资格，你把这个从业资格的标准、大纲、教材搞起来，然后在整个行业里做起来。这个是我的建议，你们提出方案以后，部里研究确定后就可以做了。

还有如造价员，你们叫概算、预算员，装饰造价员的特点到底有哪些，课程怎么设置，研究出一个方案，然后按照课程的加减和学时的多少来解决调整的问题。有了这个方案以后，我们也可以先做起来，如果在实施过程中觉得不够成熟，再进行调整、完善，几年以后就理顺了。抓住几个大家认识比较一致的、条件比较成熟、也是企业呼声高的专业，尽快地启动。

当然，既然是重点工作，我们还必须要注重它的质量，抓好质量这个问题大家都会注意的。

3．要切实地把操作层队伍的培训工作作为协会人才队伍建设和教育培训工作的重点来抓

最近部里委托中国建筑装饰协会制定工人职业技能标准、规范并编制大纲题库和教材，我希望协会能够抓紧做好，要组织专家很好地研究装饰装修行业生产操作人员的职业技能标准，建立规范，编制培训计划和大纲，搞好教材建设。

现在协会培训部和培训中心合二为一了，我觉得这样很好，既有行业培训管理职能，又有具体的培训手段，我感觉到，协会的领导和培训中心的同志们对这项工作也是非常重视的。我认为这项工作非常有意义，希望我们装饰装修行业一线的操作层队伍能够在协会努力工作下，尽快地提高素质，这就要靠我们实实在在的工作。这项工作面广，人多，量大，做起来不容易。我曾经建议王燕鸣同志，要在全国选几个条件比较好的技工学校、中专学校或企业，建成示范性的职业技能培训基地，把它做大，做好，然后在全国推广，扎扎实实地把装饰行业的一线操作层队伍的培训工作开展起来。

在抓这项工作的时候，建议重点先抓好一两个工种，比如木工或者油漆工等，把这一两个工种的技能培训真正抓出成效，以带动其他工种的培训工作。

4．要规范培训市场，确保培训质量

关键还是要做好两方面的工作，一方面是协会要搞好自身建设，建立一种很好的自律机制；另一方面就是要搞好管理。

现在搞培训是一个热点，大家都在搞培训，觉得培训市场很大，也可能有钱赚，所以有些地方就把赚钱看得过重，说是不以盈利为目的，可在实际工作中 还是把盈利看得过重。有些事情甚至就发生在我们眼皮子底下，规定培训多少课时，但课时严重缩水，却收很多钱，降低了质量，效果不好，下面有反映。

作为装饰协会的培训部，不光是管好一个培训中心，同时还要对整个行业的培训机构、培训单位、培训项目、培训质量进行管理。只有高质量，才能够取得社会的信誉。现在我听到一些说法，说某某某你怎么跑到我这儿来搞培训啊？ 这是我的市场，你怎么来占领我的市场？按我的观点，不存在这个问题。我们不搞这种计划经济体制下的市场分割，什么这块市场是你的，那块市场是他的，记得我曾讲过这个问题，我们要打破这种人为的市场 分割，市场的重新分割就是靠你的质量，靠社会的信誉度，你搞好了你就能占领市场。我们已经入世了，我们就不能对国外企业说这个市场是我的，那个市场是你的。市场是靠质量，靠竞争能力争取的。当然，我说的这是一个目标，要实现这个目标还要有一个过程，但在这个过程当中，一定要处理协调好和地方的关系，方方面面的关系，尽量地减少矛盾。而核心问题还是要保证我们的质量。有了这个，你什么时候都占有主动。你如果不讲质量，只是想挣一把钱就走，什么时候你都是被动的。

总而言之，我希望我们装饰协会在协会领导同志的关心、支持下，齐心协力，扎扎实实地研究和做好我们装饰行业的教育和培训工作，为我们这个行业整个队伍素质的提高和行业的发展做出自己新的贡献。

我预祝这次会议能够开得很成功。

谢谢大家。

在中国建筑装饰协会第一次培训工作会议上的讲话

中国建筑装饰协会　会　长　**马挺贵**

（二〇〇二年七月十一日·北京）

同志们：

我们这次培训工作会议开得非常好，非常必要。这是中装协成立以来第一次全国行业性的培训工作会议。来自全国各地的培训工作者、地方协会和建设主管部门的同志，齐聚一堂，共同研讨行业培训工作。大家交流了经验，沟通了情况，增进了了解，也取得了共识。因此，这次培训工作会议应该是我们培训工作历史上一次带有标志性的会议。它既是行业培训工作者共议行业培训工作大计的会，又是推进培训工作，共同开创行业培训工作新局面的会。我相信，通过这次会议，将会推动行业培训工作的进一步开展，将对行业整体素质的提高起到极大的推动作用。

借这个机会，讲两点意见。

一、装饰行业的发展极大地推动了培训工作，又对培训工作提出了更高的要求

我国的建筑装饰行业的发展速度非常快，去年协会专门做了一个关于建筑装饰行业在国民经济和社会发展中的地位和作用的专题调研。调研的结果显示，建筑装饰行业2000年的产值是5500亿，而且正以每年20%的速度递增。现有企业达到25万家，从业人员高达850万，并且带动了建材、化工、轻工等行业的发展，可以说，为国民经济的发展做出了显著的贡献。

建筑装饰行业的高速发展极大地推动了行业的培训工作，给培训工作带来了春天；同时也给培训工作提出了更高的要求。当然从另一方面讲，我们培训工作的发展和提高，又极有利地促进了行业的发展，这是一个问题的两个方面。现在我们行业培训的形势非常好。概括起来，表现在以下几个方面：

一是行业发展带动了企业和从业人员队伍的迅猛增长和急剧扩张。这种急剧扩张、迅猛增长的势头给培训工作提供了一个极为有利的条件，而急剧增长的从业人员的素质又参差不齐，更需要我们加强培训工作。

二是广大消费者和业主呼吁高质量高水平的装饰产品、装饰工程，这就需要有高水平高素质的企业和从业人员。

三是新材料和新工艺的不断涌现，要求我们的从业人员不断更新知识、提高水平。

四是市场竞争愈演愈烈，可以说，谁拥有高素质的人才队伍，谁就拥有强大的市场竞争力，谁就会在市场上占有更大的份额。最近，我走访了几个企业，得出一个共同的结论：凡是搞得好的企业，大概都有几个共同的特点，第一，有一个好的班子，有创新开拓力非常强的领导者；第二，有一支高素质的人才队伍。第三，有一个好的机制。第四，有一个好的经营谋略。第五，有一个好的品牌。企业实力的竞争归根到底是人才的竞争，所以有一支好的人才队伍，这是企业在市场竞争中获胜的条件和基础。企业急需提高自己的人才素质，提高竞争力。

五是市场经济的发展逐渐成熟和规范，各项法律法规标准不断出台，需要从业者认真学习、掌握和执行，特别是入世以后带来的新的管理运作模式，新的理念和经验，也都需要我们学习和更新。所以，现在无论是企业还是企业的各个层次的管理者、经营者和从业人员都有着非常强烈的学习愿望和培训要求。这是我们行业培训工作所面临的极好的形势。

从政府的角度讲，也可以说是第六个方面，就是市场经济要求政府的管理职能要从行业管理转化为市场管理，要从对行业负责转化为对社会公众负责，把本应该由协会做的事情移交给协会。所以，政府职能转换以后，协会的工作范围和内容将更加广泛和丰富，责任也将更加繁重。同样，培训工作的内容将会更多，培训工作者的责任也更加重要。可以说，我们行业培训工作面临的是前所未有的大好形势，这是行业高速发展所带来的大好局面，在客观上对我们培训工作和培训工作者也提出了更高的要求。

江泽民总书记在“5.31”讲话中指出，党的先进性是具体的历史的，必须放到推动中国先进生产力和先进文化的发展中去考察，放到维护和实现最广大人民的根本利益的奋斗中去考察。

如果用“三个代表”思想来观察和分析我们整个建筑装饰行业的现状和发展，用“三个代表”思想来衡量行业的培训工作，我们就会发现，我们所从事的工作，对于行业的进步和发展，继而对国民经济的发展都具有极为重要的关系。我们所做的每件事，不管是办好一个学习班，还是编好一本教材，都关系到促进行业生产力的进步，关系到广大人民群众的切身利益。所以我们做好培训工作，同样要有与时俱进的精神，这既是时代的要求，也是装饰行业迅速发展的必然要求。

去年协会换届以后，协会新的领导班子根据行业发展形势的需要，提出了新的培训工作的方针，这就是“加大培训力度，加快培训速度，扩大培训对象，增加培训内容，确保培训质量”。同时，根据强化行业培训工作统一协调的需要，把协会的培训部和培训中心合并，两块牌子，一套人马，并且赋予了培训部规划、协调和指导协会系统培训工作的职能。

从去年底开始，协会培训部开展了对协会系统培训资源和企业培训需求的调查，也制定了协会培训工作的规划

和计划，并与我们地方协会、建设主管部门和大专院校合作，卓有成效地开展了各种形式的培训活动。同时，各地方协会，建设主管部门和行业培训工作者也都在积极地开展企业和当地行业系统的培训工作。大家为我国建筑装饰队伍的建设付出了辛勤的劳动，并且取得了丰硕的成果，有利地推动了行业和市场的发展。在此，我代表装饰协会，对于大家的工作、大家的辛勤劳动表示衷心地感谢和诚挚的问候。

今天我们在这里成功地召开了协会系统第一次培训工作会议，大家交流了经验，这些经验很丰富，有创举、有创新、有思路，很值得互相学习、借鉴和推广，刚才张京跃副秘书长已经做了小结。我相信通过大家的共同努力，我们的培训工作一定会出现新的气象，新的局面。

二、要用创新的精神开创培训工作的新局面

创新是一个民族的灵魂，也是一个行业的灵魂。培训工作是我们行业协会一项非常重要的工作，是一项提高从业人员素质的基础工作，但是它又是一项艰苦的、默默无闻的工作。从另外一个角度讲，它又是一个桃李满天下的工作　。

搞好培训工作，第一，要取决于政府职能的转换程度和领导的支持。第二要取决于社会各方和从业者的信任和支持。第三，最最重要的是我们培训工作者的强烈的责任感、使命感和是否具有创造性、开拓性的工作能力，这是最为关键的。刚才我说了现在政府的职能越来越多地转移到协会，这里就包括培训工作。现在协会培训中心积极地参与和接受了很多政府委托的项目，比如说，制定工人职业技能的标准规范，设置技术和管理人员从业资格的专业目录等等，应该说这是主管部门的信任，也是我们协会责无旁贷的责任。我们一定要发挥大家的力量，出色地完成任务。我想这里有两层含义，一是本来这就是协会的工作，二是我们的工作搞得越好，就越能得到政府的信任和支持，就越会有更多的工作转移到协会，转移到我们的培训这方面来。我在上海的经验交流会上说过一句话，叫有为才能有位。

我们总在说不能“等靠要”，不等不靠，无可争议，但这个“要”字应该重新理解，即不是要条件，而是要主动地向政府去争取更多的职能，更多的工作，更多的支持。前几天我们在上海召开协会工作经验交流会，上海协会的经验就证明了这一点，他们的工作就得到了政府的信任和支持，很多政府的职能都在逐渐向协会转移。另一个方面现在社会各方和企业从业者对培训工作也非常重视和支持，不少地方协会、专业委员会的领导亲自抓培训，越来越多的企业和培训机构也都在抓行业培训。有的协会不仅建立了培训点、站，还设立了专业的学校，有的还和大专院校合作开发培训业务，热情非常高涨，效果非常显著。

搞好行业的培训工作光有一个积极性不行，要有两个积极性。中装协要做好这方面的服务，只要是有利于行业发展的事情，我们会坚决地支持，帮助地方协会的培训工作者，帮助基层解决可能遇到的困难，尽可能多地为地方协会和培训工作者创造创新工作的有利条件。

那么，如何创造性地开展工作呢？这些问题徐朋秘书长和王燕鸣主任已经讲得很全面，也很深刻了。

我再强调三个方面的问题：

第一个问题是培训工作者必须要有强烈的责任感，使命感。

这是一个认识问题，态度问题，也是搞好培训工作的基础问题。我们装饰行业的培训工作面临如此的大好局势，从业人员的培训热情如此迫切，如此高涨。但是横向看，我们的培训工作发展并不平衡，地方之间存在着很大的差距。我们不能不说，这里首先是一个认识问题，当然不仅是我们培训工作者的认识问题，也包括某些政府领导人或者是协会领导人的认识问题。我认为在座的各位都有这种强烈的使命感和责任感。认识问题不解决，工作就没有积极性。所以我们首先要解决认识问题。越是差距大，越是发展不平衡，越是存在着这样、那样的认识问题，我们就越要讲这个问题。

我们行业集中了很多人才，有很丰富的培训经验。同时，还有很多的社会资源，市场资源，可以说行业的培训空间非常广阔，徐朋秘书长在讲话里说，我们的培训工作不是没事可做，而是如何去做，如何做好的问题。我看是说到点上了。每位培训工作者都要主动地去争取各方面的支持，主动地去克服各方面的困难。要打破传统的思维方式和做法，要根据市场的需求制定培训计划和培训内容，要根据自己的情况挖掘和利用市场资源，搞好培训工作。

第二个问题是要加强自身建设。

首先你要有一个组织机构，要有几个好的带头人。有了人还得提高认识，还要有自己必要的一些办公教学条件和设备。老会长张恩树同志说，我们的培训工作不是短期行为，是一项基础工作，是一项长期的工作。从行业的特点上来看，我们是重要行业，是发展中的行业，更需要加强自身的建设。

现在，全国每年要有350万下岗职工进行上岗培训，还要有500万人的从业培训，像纺织行业，有大量职工下岗，下岗以后要转岗，有条件的才能上岗，这就需要上岗的培训。我们是朝阳行业，是上岗行业，所以培训不是短期行为，要有长远考虑。因此，协会一定要加强自身建设，从硬件到软件，该配备的要配备，尤其是人员的问题，组织机构要健全，条件要逐步完善。作为专门从事培训工作的同志，一定要有责任感和使命感，一定要努力加强自身建设。

第三个问题就是要创造性地开展工作。

王燕鸣同志的报告里讲到培训部今后的工作规划时提

出：要成立中装协培训工作委员会，对全行业的培训工作进行宏观决策，这是事物发展到一定程度的产物，是一种创举，是一种新思路、新举措；要建立中国建筑装饰培训网站，为我们行业培训提供一个共享平台，通过网站，发布信息，交流经验，使大家沟通交流，共促培训工作的发展，这又是一个创举；变革培训思路，进行多元的、针对性强、符合企业和行业中需求的培训，提升培训服务层次等等，都是创造性的工作思路和举措。这次会上，各地方协会、培训工作者也介绍了一些经验，也都有很多新的、开拓性的举措，这是我们提倡和鼓励的。

这里我想再说一个证书体系的问题，这是各地方协会和广大从业者共同关心的问题。协会要有自己的证书体系，包括政府委托的项目，也包括我们自己开发的项目。政府已经有的，我们协会主动承担；政府没有的，协会要根据需要积极组织，这是我们协会的职能，又是协会协助政府开展的具体工作，同时也是市场的需求。现在我们已经有了项目经理资格证书，家装监理证书是我们自己开发的。下一步我们除了做好政府委托项目以外，还要积极开发符合行业和企业需要的培训项目，尽快形成协会自己的证书体系。

我想只要我们的标准是高的，质量是高的，我们就可以去做。当然开发什么，我们培训部可以和大家共同商讨。协会要有点权威，同样培训中心、培训点也应当有点权威，在很大程度上，我觉得通过培训，通过考核，发放证书，就可以树立自己的权威。作为我们开创性工作的内容，可以从设计人员培训开始，建设部李竹成副司长谈了一个很好的意见，具体做法请培训中心拿出方案进一步商讨。

随着装饰行业的不断发展，培训工作任重道远。我们培训工作者一定要强化终身学习的意识，努力提高自身的素质，提高培训管理水平，要借鉴国外人才资源开发和管理的先进经验，通过创新观念和开拓思路，研究装饰行业从业人员在职教育和培训的规律和特点，探索市场经济体制下优质人才的培训途径和方法，真正为我们装饰行业的发展培养一支高素质、高层次、高水平的建设队伍。

同志们，在这次培训工作会议上，部里主管部门的领导和协会内外的行业培训工作者一起，共同研究了建筑装饰行业培训工作当前的任务和今后的方向，为大家创造了一个交流的机会，会议以后，大家就要回到各自的工作岗位上，我希望协会系统内外的培训工作者要以“三个代表”思想为指导，要以这次会议为契机，结合各自不同的情况，落实会议的精神，扎扎实实地开展工作，共同开创我们行业培训工作的新局面。

谢谢大家。

与时俱进　开创行业培训工作新局面

——在中国建筑装饰协会第一次培训工作会议上的讲话

中国建筑装饰协会　常务副会长兼秘书长　**徐　朋**

（二〇〇二年七月十日·北京）

同志们：

今天，中国建筑装饰协会第一次行业培训工作会议在北京召开，　我代表协会向出席本次会议的建设部的领导和教育主管部门的领导、向来自全国各地的建设行业培训工作者表示欢迎；向辛勤工作在培训工作第一线、致力于装饰行业培训工作的同志们致以衷心地慰问和诚挚地谢意。

中国建筑装饰协会在这里举行全行业第一次培训工作会议，为来自全国各地装饰协会系统、建设系统、大专院校的教育和培训工作者提供一个交流经验、探讨发展的场所，也给我们提供一个听取基层和各方面对行业培训工作意见和建议的机会。在这里，我想就协会和行业培训工作谈三点意见，供同志们参考。

一、强化培训意识，逐步建立协会（行业）培训体系

我们不少地方协会、专业委员会一直很重视培训工作，结合行业工作的热点、重点组织开展了多种形式、多种内容的培训活动，取得了很好的效果。但也有一些地方还没有把培训工作提到重要日程上来，培训工作没有很好地开展。另外，由于缺少沟通、协调和统一规划，又使得培训资源得不到合理配置和利用。

因此，我想，这次会议除了即定的议题外，第一个重要的作用，就是希望我们的协会工作者迅速提升对行业培训工作的认识，把培训工作作为我们协会工作的重要组成部分，作为促进整个行业发展的重要手段和途径。

在培训管理部所做的培训工作调查中，有一位企业高级管理人员在一份文字意见中诚恳地写到：“完善培训机制，加强培训工作，关键是领导。一是企业领导要提高对人才的重视程度，认识到人才是企业兴衰的关键，要把做好企业人才培训工作纳入企业发展计划。二是行业协会要把培训工作放在重要位置，要认识到做好培训工作是增强企业竞争力、提高全行业总体素质保证。”

企业的同志已经认识到了，我们协会的工作者怎么办？一定要尽快转变观念，行动起来，克服困难，创造条件，把培训工作落到实处。

第二个作用，就是沟通。多年来，协会的培训工作缺乏这样一种机会，彼此信息不畅或者说是信息不对称，使得信息资源得不到迅速和充分的利用，成为培训工作发展不平衡的一个重要原因。可以说，信息的及时、快捷地传递和合理、有效地利用已成为一个社会进步的标志，成为经济增长的核心因素，我们对协会培训工作提出的“加大培训力度，加快培训速度”，很重要的一点，就是要加强沟通，象今天这样的培训工作会议，我想应该定期召开，还要根据需要，不定期的召开其他内容的会议，就一些事关行业培训全局的、重点的问题，听取大家的意见，集中全行业的智慧，同时，统一思想，协调步调，联手共进，推动行业培训工作有序地开展。

去年底，协会明确把协会培训部和培训中心合二为一，赋予其规划、协调和指导协会系统培训工作的职能就是出于这种考虑，从协会角度，有专门的部门负责协会（行业）培训工作，有利于培训工作协调有序和今后的发展。半年多来，培训部在组织了培训资源和企业培训需求调查的基础上，制订了今后一段时期协会培训工作规划，这就为今后开展工作摸清了底数，明确了方向，使我们的工作更加适应企业需求。

协会换届以后，提出了提高“双向服务”层次的问题，在培训工作方面，协会应该发挥自身的优势，为各地行业培训工作提供更多的服务。通过统一规划，形成统一的、符合行业发展和市场需要的、有层次的培训体系，形成合力，形成较强的市场竞争力。要建立一个行业培训工作平台，使全行业培训工作通过这个平台高效运转起来。这个平台的内容应该包括，行业培训工作规划与计划、信息的沟通与协调、培训项目的开发与推广、市场的拓展与合作等。目前，可以着手建立和完善协会培训工作信息平台，包括培训网站、新闻媒体和必要的会议这么几种载体，加快信息交换速度，实现行业培训信息共享。

目前，建筑装饰行业发展迅猛，已经成为相对独立、具有一定技术、艺术含量和专业化施工的行业，就其本身特点和内涵而言，传统的建筑专业的培训已经不适应日益增长的行业培训需求。入世以后，随着政府职能的转变，更多的工作将转移到行业协会上来，行业培训工作就是其中的一项重要内容。要做好这个工作，就要逐步建立并不断完善协会的培训工作体系。

这个体系应该包括：

（一）组织体系

协会有8个专业委员会、有72个省市级地方协会，有个会员单位，就培训工作而言，开展的不平衡，有些单位和地区有自己的培训机构，有些正在建立，有些还没有设立培训机构或者没有专人来负责这项工作。组织不健全，没有形成统一的体系，就难以实现信息的有效沟通，就难以开展工作。

作为各专业和各地方协会的领导，重视行业培训工作首先要建立相应的组织，配备专门的人员，这是开展培训工作的首要条件。培训工作不仅是协会的工作内容之一，也是增强协会自养自立能力的一个途径。我想，协会培训组织的建立健全，是考核协会工作的非常重要的一条，争取在较短的时间里，逐步把协会的培训组织建立起来。

协会的培训组织体系应该是开放的，就是说，进入这个组织体系中的不限于协会系统，我们要利用一切社会资源，争取社会各界关心支持，为行业培训服务，以合作双赢的思想与所有热心行业培训事业的单位、组织开展多种形式的合作，把众多分散的培训行为纳入协会统一规划和市场运作中，形成整个行业培训工作的合力，这也符合WTO的运作规则。

（二）项目体系

开展培训就要有培训项目，目前与行业从业人员的构成相对应的培训项目还没有形成完整的体系。中装协培训中心受建设部委托并组织开发的建筑装饰项目经理是一个比较成熟的项目，现在，正式教材已经出版，教学模式基本成型；去年，受建设部委托而组织的家装监理培训也取得了经验，这次会上，也推出了试用教材。但就总体来说，培训项目还有空白，还不能满足基层和行业的培训急需，培训项目的深度和广度开发还很欠缺。

所谓培训项目，就是满足从业人员培训需要的教学产品，包括教材和完整的教学模式。作为行业培训项目，首先要满足行业培训的急需，要符合学习者或者说受训者的切实要求。所以，开发的速度要快，要与急速发展的行业形势相适应；其次，要保证质量，保证提供的是准确有用的行业信息；另外，尽量采取符合从业人员特点、为从业人员喜闻乐见的形式，比如多媒体教学、远程教学和函授教学等等。

我们这个行业是一个涉及多领域、多层次的行业，培训需求是多方面的，因而，培训项目也应该是多元的完整的体系，以满足不同层次的需要。它包括，经营决策层、管理层和操作层，包括各个专业、各个岗位，还可以包括新技术、新材料等等。

培训项目体系既要满足行业的急需，还要与国家和建设系统教育培训体系接口；我们在承担政府委托项目的同时，还要根据行业需要组织开发协会自己的培训项目，逐步建立行业协会培训项目的市场品牌。

协会培训部要对开发项目做出规划和计划，充分利用一切资源，调动一切积极因素，加快项目的开发进度。

（三）证书体系

根据国家从业资格制度的建立，行业协会要承担建设部更多的培训项目，这是落实协会“两个服务”方针的重要内容，也是协会培训工作的组成部分。这些培训项目颁发的是建设部门和相关部门的统一证书。

目前，行业从业人员的培训还存在空白，比如说，已经占据了装饰行业“半壁江山”的家装行业，从业人员达几百万人，没有规范的培训，也没有从业资格证书。这样的培训仅靠政府部门是做不过来的，也不可能要求政府以一纸命令解决他们的培训问题，这正是协会要主动承担的，也是协会培训工作要研究和解决的问题。

协会应该在政府的规划和指导下，发挥更大的作用，在培训方面，应该逐步形成自己的证书体系。这个体系既包括建设主管部门委托的培训项目，也包括协会自己开发和颁发证书的培训项目。政府主管部门已有的项目，我们要主动承担，没有的或者说是考虑不到的需求，协会应该积极组织有关的培训项目，颁发协会证书，比如家装监理人员（包括装饰监理）证书，通过前一段时间的试点，持有协会所发证书的不少学员已经在监理岗位上工作，并且受到监理单位的肯定。

一般来说，国际上从业资格证书都是由行业协会来颁发的。在现阶段，我们还不完全具备这样的条件，包括我们协会自身能力的条件。但应对入世的要求，协会应该有所作为，我们要逐步建立协会自身的证书体系，这是形势发展的趋势，是市场的要求，也是协助政府转变职能的重要工作。

协会证书的权威性是靠市场检验的，只要我们的培训是高质量的，所培训的学员是受企业欢迎的，这个证书就有价值，就会逐步形成权威性，这与国际通行做法是一致的。

二、解放思想，开创性地做好“两个服务”

我们大家都有一个共识，那就是改革开放以来，国民经济的迅速发展和社会进步的巨大成果，得益于改革初期的全党、全国人民的思想解放，可以说，没有解放思想，就没有今天。

江总书记在“5.31 讲话”中指出“坚持解放思想、实事求是的思想路线，弘扬与时俱进的精神，是党在长期执政条件下保持先进性和创造力的决定性因素”。联系行业培训工作，也有一个进一步解放思想、转变观念的问题。

长期以来，建设系统培训工作更多的是由政府主管部门管理并具体操作，具有较强的行政色彩，随着改革的进程，行业培训至今仍在不同方面和不同地区表现出明显的非市场竞争的因素，使一些地方协会（行业）培训工作遇到困难。这里面，有两个问题，其一，应该承认，由于体制、制度和利益分配因素，确实存在着政府行为，存在着不正当竞争现象，我想，这种现象会随着改革的深入和入世进程的发展而逐步减弱直至消失；其二，我们也应该看到，一些同志在思想观念上还存在着“等靠要”的想法，缺乏主动争取政府有关部门支持的积极态度，这就更存在着一个解放思想、转变观念的问题。

协会是行业的自律性组织，本身没有行政约束力，我们不可能依靠行政手段解决问题，协会培训机构（组织）是为培训对象提供培训服务而生存和发展的，等是等不来的，向别人伸手索取既不现实，也不符合市场交换的规则，惟一的就是自强自立、自养自立，同时积极争取政府有关部门和社会的支持。

事实上，政府部门非常希望协会发挥自身的优势，协助政府做一些行业内部的工作，关键是我们要有积极的态度，主动承担有关项目。这方面，协会培训中心就有体会，他们现在的培训项目都是通过积极努力、或者说是艰苦努力才争取到的。之所以他们的工作已经 比较好的基础，就是因为有不等不靠的思想，主动争取政府支持，开展培训工作。

我们协会系统集中了行业很多人才，有很丰富的培训资源，这都是我们的优势，只要解放思想，转变观念，我们的办法自然就会多起来，就会发现尚未发挥的创造力，就会逐步打开培训工作的局面。

衡量我们工作的标准只有一个，那就是对行业生产力的作用，只要是有利于行业生产力的发展，有利于建筑装饰市场的规范健康发展，我们就应该坚持，就应主动地、开创性开展。当然，在具体工作中，我们培训工作者要注意工作方法，讲究策略和艺术，搞好合作，创造一种协调的工作氛围。

“两个服务”的另外一个方面，就是要为企业服务，为会员服务，为学员服务，这是协会自身性质决定的，也是协会培训组织赖以生存的基础。

所谓服务，就是要研究基层企业的需要，研究学员的需要，通过对这种需要的分析，制订我们的规划和计划，开发培训项目，通过多种形式的培训来满足这种需要。

装饰行业的迅速发展和市场竞争的日益加剧，已经使业内的企业和从业人员产生多种学习、培训需求，现在的问题不是我们没的可做，而是如何以适销对路的培训产品来满足需要的问题。这既取决于我们的态度，也取决于我们的能力。

教育属于服务业，随着社会的进步，服务业已经成为国民经济中的重要产业。目前，对于受训对象来说，教育已经成为一种投资行为，对于教育组织来说，教育已经成为一种经营行为。行业培训既有教育的属性，也有行业培训的属性，如何创造性地把两个属性的特点充分结合起来，发挥行业优势，是我们行业培训工作者要研究和实践的课题。

三、加强自身建设，提高培训工作者素质，提高竞争能力

我们上面说到组织问题、思路问题、态度问题，开展工作还要靠培训组织的素质，解决问题还要取决于我们的能力。这里面就自然产生加强自身建设的问题。

首先，要加强培训组织建设。

至少涉及到两方面，第一，组织机构要建立健全。各地的协会组织不尽相同，各自都有不同的情况，培训机构的形式也要因地制宜，关键是看当地培训工作的组织开展情况，但有一点可以肯定，倘若基本的组织形式没有保证，也就很难把培训工作开展起来。第二，要选配好培训组织的负责人，要有强烈的事业心和责任感，要了解行业的情况，要有一定的组织和协调能力，可以说，培训工作开展得怎么样，取决于协会的领导，同时取决于培训组织的负责人。

组织建设中，我们要注意吸收热爱培训事业并具备专业知识和能力的年轻人，尽早实现培训组织的人员结构和知识结构的知识化、年轻化和专业化，同时，要团结协会内外和企业的专家，他们既是行业的财富，也是培训工作的智囊团和项目库，我们要听取他们的意见和建议，创造良好的氛围，使他们的知识和智慧在行业培训事业中有用武之地。

第二，要加强培训组织的思想建设。

我在去年协会工作经验交流会上讲过：“没有很好的政治责任感，就干不好协会工作；如果没有敬业精神，就完不成协会任务；如果没有一定的工作能力，就实现不了高层次

‘双向服务’。做协会工作就是凭借着对我国建筑装饰行业、企业的忠诚。”行业培训工作是一项提高从业人员素质的重要工作，与行业生产力的提高有着直接关系，同时，又是一项艰苦的、具有开拓性的工作，这就需要我们的培训工作者要有强烈的责任感，有高涨的工作热情，有开创性工作的思想，有不畏困难、进取向上的精神，以优质的培训来满足企业和行业的需要，这也是落实“三个代表”思想的具体体现。

加强思想建设，就是要树立致力于提高行业生产力水平的使命感和为行业服务、为企业服务的意识，教育者应该首先受教育，应该率先垂范，以自身的高尚精神境界来影响学员，并把这种精神贯穿培训服务的过程之中。这种建设既来自领导的言传身教，也取决于平日工作细节的严格管理。

加强思想建设，要注意党中央精神和国家政策法规的学习，关心国民经济的发展，关注和研究新形势下行业出现的特点，坚持这种学习，有助于自身思想水平的提高，也会有助于我们对行业形势发展趋势的判断，从而提高开创行业培训工作局面的能力。

第三，要加强培训组织的业务建设。

培训工作是一项培养人才的工作，所以，从事这项工作的同志应该具备较强的业务能力，这种能力除了我上面讲到的思想素质，还表现在：培训项目的开发能力、培训市场的开拓能力、培训教学的组织能力和培训经营的创新能力等方面。要具备这种能力，我们的培训组织就要汇集具有不同专长的人才，形成培训组织的核心竞争能力。

现在，有一种流行的说法是“把企业建成学习型组织”，这也非常适合培训机构，至少从两重意义上可以这样说，其一，知识的更新速度在加快，每个人都必须树立终身学习思想，否则，很快就会被形势淘汰；其二、我们作为教育者，作为教别人学习的人首先自己要学习，要以“一桶水”来给学员“一杯水”。

加强培训组织的业务建设要强化培训管理，建立健全各项培训业务的管理制度和程序，像企业“贯标”那样来保障教学质量，通过严格的管理过程，促进业务的提高。同时，要提倡钻研业务的风气，爱一行专一行，使我们的培训工作者成为行业培训专家。

同志们，我国进入了全面建设小康社会，加快推进社会主义现代化的新的发展阶段，形势的发展，为我们展现了光明的前景，也给我们提出了更加艰巨而光荣的历史使命。我国的建筑装饰行业的发展，为行业培训提供了广阔的市场空间，我们应当有所作为，我们一定会为行业生产力的提高做出应有的贡献。

谢谢大家。

抓住入世机遇　把行业培训工作推上一个新台阶

——中国建筑装饰协会第一次培训工作会议工作报告

中国建筑装饰协会培训部主任兼培训中心主任　**王燕鸣**

随着建筑装饰行业在国民经济和社会发展中的地位和作用的提升,对从业人员的素质要求越来越高,行业培训工作的重要性和紧迫性也越来越明显。因此我们召开这次会议，目的在于回顾过去的工作,找到存在的问题，明确未来的任务。下面我就从两个方面向领导和朋友们作一汇报。

一、对过去培训工作的回顾

中国建筑装饰协会历来重视培训工作，先后根据地方装饰协会的需求批准成立了大连、河南、烟台、深圳、西安、丹东、北京等七个培训机构，为装饰行业培训工作铺垫了一条绿色通道。

根据今年初所作的协会系统培训资源和装饰企业培训需求调查及近期所收集来的专业委员会资料分析，培训工作已成为各地方协会广为重视的诸项工作内容之一，是各专业委员会的工作组成部分，也是企业的强烈需求。调查结果显示：

1. 辽宁、安徽、湖南、河北、江苏、山西、陕西、甘肃、广西、北京、沈阳、大连、石家庄、厦门、深圳、温州、杭州、江都、鸡西等 19 个地方协会都通过不同渠道和不同方式开展了培训活动。有 14 个协会已自办或合办了装饰项目经理、预算员、施工员、质检员、项目经理继续教育、家装工长、家装设计以及装饰装修工和相关行业管理规范等培训活动。截至调查时止，共办培训班 230 期，培训学员 29600 人次，其中装饰项目经理培训占很大比例。并且，除其中的 5 家协会（河北、石家庄、陕西、江苏、鸡西）之外，其他协会都具备一定的培训条件：拥有专职培训工作人员，拥有长期或临时租用的教学和办公场所，拥有办公用和教学用计算机及相应办公设备，自有和外聘各级各类师资共 443 人，其中，讲师占 13%，高级讲师占 10%，工程师占 24%，高级工程师占 26%，副教授占 5%，教授占 6%，其他占 16%。

2. 中国建筑装饰协会各专业委员会也都围绕行业发展和自身工作重点开展了不同类型各具特色内容的培训和研讨活动。其中：

信息咨询委员会在近十年里相继举办了有千余名人员参加的“建筑内部装修设计防火规范强制性标准培训班”，召开了有 500 多人参加的“全国建筑装饰工程定额改革研讨会”和“全国建筑装饰行业现代企业制度改革研讨会”，举办了“全国建筑装饰工程企业 ISO9000 族质量管理与质量保证体系标准培训班”和“ISO14000 国际环境管理体系培训”，还多次组织了中国饭店工程设计研讨、中国室内设计和室内环境高峰论坛、首都十年规划建设与发展、奥运场馆的设计与规划的学术研讨活动。

铝制品委员会1992年在广东南海举办全国第一个“隐框幕墙学习班”至今，已举办了20期，约2400人参加培训。

化学建材委员会受建设部科技司委托自2000年7月以来，先后与建材企业、经销商和科研单位，在上海、沈阳、南京、杭州、深圳、成都、北京和太原举办了9期“建筑涂料生产和应用”培训班，约800人参加培训。

我会西安技术交流培训中心多年来与陕西省和西安市乡镇企业局合作为1000多名企业的专业技术人员进行了在岗培训并解决了专业技术职称问题，培训了170多名项目经理，与陕西工业专修学院合作建立了西安分院，开设了计算机信息管理、工商企业管理等13个专业。此外，电气委员会还举办了3次技术培训班以及由企业法人和骨干参加的“WTO与中国建筑电气行业”研讨班，约有200人次参加。

石材委员会在1997年与台湾石材行业发展委员会合作举办了一期“石材幕墙装饰研讨会”，在2001年与美国石材防护公司合作举办了两期培训班，分别请台湾和美国专家授课，共培训学员200多人。还举办了关于石材放射性的讲座。

五金委员会为提高锁具和门上配套产品水平和安装质量，推广锁具安装工程专业化，于今年3月在广州举办了第一期锁艺培训试点班，并计划继续举办。

暖通空调委员会针对在装修过程中片面地注重装饰效果，忽视了空调、通风、采暖而产生的一些问题，举办了数期“关于空调设计与建筑装饰装修的关系”培训。

3．中国建筑装饰协会培训中心工作主要包括两部分：**第一部分是自主培训。**自1999年被建设部批准成为全国惟一的装饰项目经理培训定点单位以来，已完成了专用教材的编写和出版，并组织培训了装饰项目经理近万人。2001年受建设部委托开展了家装监理培训试点，举办了3期培训班，培训学员157人。另外还培训了其他岗位人员1000多名以及结合新出台的政策法规举办了《建筑法》、《合同管理与索赔》、《建筑装饰装修工程质量验收规范》、《民用建筑工程室内环境污染控制规范》及《住宅装饰装修工程施工规范》的宣贯培训。在我国加入世贸组织前后组织了多次“入世对建筑装饰行业的影响和对策及项目经理如何应对挑战”的专题报告。

第二部分工作是在全国设立培训点站，建设培训网络，拓展培训市场。到目前为止，已经在辽宁、大连、武汉、宜昌、浙江、温州、安徽、厦门、山西、湘潭、乌鲁木齐、深圳、西安、河北、山东、黑龙江、北京等地方建立了23个培训工作点站，开展了以装饰项目经理为主的各类培训活动，取得了很好的效果。

上述培训工作为提高装饰行业从业人员素质、提高工程项目管理水平起到了重要作用，树立了协会形象，提升了全行业的层次和水平。这些成绩的取得是我们协会工作者努力的结果——我们有急企业学员所急、想方设法创造条件开展培训工作的协会；有把正规教育和岗位培训结合起来，为行业培养高素质的项目管理人才的大专院校；还有愿与装饰协会共同携手为装饰行业培训事业做出贡献的各界朋友。

这些成绩的取得是一大批深受学员欢迎的专家教授辛勤付出的结果——我们有一大批来自行业主管部门、各大专院校、科研单位和施工企业的领导、专家、教授，他们为我们的培训事业、为我们的学员倾注了极大的心血，为我们的行业培养出一批又一批优秀人才。

这些成绩的取得也是各级领导关心支持的结果——建设部人教司、建筑市场管理司、标准定额司、科技司等部门不断从政策上、业务上给予了巨大的支持和具体的指导，特别是中装协换届，马挺贵会长和徐朋秘书长对协会工作提出“二次创业”的目标并连续实施了有效的举措以及对培训工作提出了更高的要求和标准后，培训工作更成为全行业乃至全社会关注的重点之一，“强化培训工作、提高建筑装饰行业整体水平”和“加快培训速度、加大培训力度、增加培训内容、扩大培训范围、确保培训质量”已成为行业培训工作的方向，也更受到了建设部主管部门领导的重视和支持。也正是由此开始，深圳、厦门、武汉市装饰协会、辽宁建筑装饰协会陆续成立了培训分站，宜昌市建委系统的建设教育培训中心、乌鲁木齐市建委培训中心很快与我会培训中心建立了合作关系，并成立了培训分站，安徽省安庆市装饰行业管理办公室积极与我们策划成立装饰协会和设立培训分站及在更广泛的领域里开展多种合作。

2001年7月，我们根据建设部郑一军副部长在中国建筑装饰协会第五届会员代表大会上提出的“要在建筑行业操作层面上工人的培训和管理上下点功夫”的要求，起草了“关于开展建筑装饰行业工人技能培训的方案”，呈送给部人教司职业与劳动教育处，11月21日人教司即发函，全权委托协会承担从工种设置、标准和规范起草、大纲和教材编写、题库的建立及培训的组织等一系列工作。

2002年5月30日，建设部人教司李竹成副司长到中装协培训中心调研时，要求我们参考部里拟定的建筑行业从业资格目录提出装饰装修行业施工管理层次的从业资格目录框架意见,并可先对比较成熟的、争议不大的、专业设置清晰的项目经理、室内装饰设计等专业进行培训；对于技术工人的培训,李司长要求我们把它搞起来,要编好教材,要选几个点,建全国的技术工人培训基地,以点带面,推动全行业操作层队伍的职业培训和技能鉴定工作,尽快在装饰行业实现技术工人取得国家建设部和劳动部共同颁发的职业资格证书。

政府主管部门的信任和支持是我们做好培训工作的强大后盾和有力保证，日趋激烈的人才竞争为我们提供了巨大的培训空间，我们的行业培训工作大有可为。

然而不容置疑，我们的工作还存在很多不足和问题。主要有：

1．培训工作开展不均衡。从这次协会培训资源调查情况看，收回调查表数仅占发出调查表数的27%。

2．一些装饰协会面临着地方建设主管部门不放手的问题，想培训却得不到支持，协调又无效。

3．缺少成熟的培训产品。

4．缺少专用培训教材。

5．由于培训发展的不均衡，企业的培训需求不能得到就近的、及时的和广泛的满足。

具体到装饰项目经理培训工作，也还存在着个别地方未使用专用教材、课时较长、工学矛盾突出的问题。

通过对过去的回顾和总结，对现状的分析和思考，对未来的展望和规划，下面再向各位领导和同仁报告下一步的培训工作计划和安排。

二、下一步培训工作的任务

入世，加速了经济全球化的进程；入世，导致了国内和国际市场日益激烈的竞争。这种竞争是多方面、多层次的，但归根结底，都将集中表现为人才的竞争。这就迫使我们必须在人力资源的开发和管理上加大力度，加快速度。要学习、研究和运用WTO规则，借鉴国际上先进的理念和模式，通过对人才的开发管理、教育培训，迅速缩小国际竞争需要与现有人才素质之间的差距。

首先，我们要转变思想观念，强化培训意识，逐步建立协会的培训体系，要从依靠政府转变为依靠市场，要从等待政府关心支持转变为主动争取政府关心支持，要根据市场需求自主地确定培训内容和培训方式，要营造公平的竞争环境，要根据协会自身的实际情况，因地制宜，树立优势互补、合作互利、资源共享的思想，充分挖掘和合理利用社会资源，降低培训成本，确保培训质量，提高培训效益，在为社会、为行业培训人才的同时，实现协会和培训机构自身良性地滚动发展。

具体的工作任务是：

第一，培训。

1．要继续加强装饰项目经理的培训工作。据了解，全国装饰项目经理的培训工作还没有普遍开展起来，在部分地区还是空白，不少当地企业和学员经常向我们反映和呼吁：本地没有装饰项目经理培训，参加土建项目经理培训有点文不对题，到北京学习时间长，成本高，不论是企业还是个人都很难承受。鉴于此，从为企业服务、为行业服务出发，我们要在最短的时间里，积极创造条件，与地方装饰协会和有条件的培训机构合作，建立培训点站，把装饰项目经理培训工作推向全国，填补部分地区装饰项目经理培训工作的空白。

2．要做好装饰项目经理师资培训工作。经过将近4年的努力，中心在建设部和协会的支持指导下，在专家们的努力下，中心已经完成了装饰项目经理专用教材的编写、题库的建立以及培训模式的形成，并且拥有一大批既有理论又有实践、热爱教育事业、熟悉装饰行业、深受学员欢迎的师资队伍。为了进一步推广，提高培训质量，中心拟定于下半年举办全国师资培训班，为普及装饰项目经理培训工作提供充足的准备。

3．与铝合金委员会合办建筑幕墙项目经理培训班。建筑幕墙施工项目具有专业化强、质量和安全责任重大的特点，在项目管理上具有明显的专业内容，铝合金委员会和培训中心从行业和企业的需要出发，发挥各自的优势，将合作开展这个专业的项目经理培训，目前正在起草培训大纲，计划今年下半年开始。

4．要根据建设部的要求，在已经开展装饰项目经理培训的地区开展项目经理的继续教育。这也是已经开展了装饰项目经理培训工作的地方的急迫要求。中心已经组织编辑了培训教材，并提出了有关教学意见和要求。

5．要在全国有条件、有需求的地方推广家装监理人员培训。在按照建设部要求在北京地区开展培训试点以来，中心已经编出了专用培训教材，摸索出了一套较成熟的培训管理模式。据了解，在北京参加培训的来自全国20多个地区的157名学员学习之后，已经在各自的岗位上发挥着重要作用，而且，部分地方协会正在根据地方家装市场的发展和从业人员的需求进行培训准备。我们将在与地方装饰协会的合作培训过程中，继续充实培训内容，不断完善培训模式，使家装监理人员培训项目更成熟，培训范围更广。

6．继续围绕建设部出台的各种相关政策法规，开展宣贯培训活动。此前我们已经和一些地方就《建筑装饰装修工程质量验收规范》、《民用建筑工程室内环境污染控制规范》和《住宅装饰装修工程施工规范》进行了合作培训，但还不够广泛，应该继续增加培训力度。

第二，新项目开发。

要按照建设部主管部门的要求，完成好部里委托项目：

1．建筑装饰装修技术工人岗位技能标准规范制定、大纲教材编写、题库建立和培训组织。一是标准稿送审后即着手组织大纲和教材的编写，计划在10月份左右推出教材试用本。二是按照部人教司的要求，从协会角度对全国技术工人培训现状和需求进行调研，选择几个师资力量较强、实际操作条件较好的学校或企业建立全国的技术工人培训基地，尽快在装饰行业实现技术工人取得国家建设部和劳动部共同颁发职业资格证书。

2．建筑装饰行业专业技术人员从业资格专业设置和相关教材编写及培训组织。一是提出专业设置目录。目前，部人教司已经委托中心组织了一次座谈会，陶建明处长向与会者介绍了实行专业技术人员从业资格制度的重要性和紧迫性，并指导中心拿出了专业设置目录初稿，我们还将在此基础上进一步论证，完成这项工作。二是针对市场需求和不规范的培训市场，尝试首先开展设计人员从业资格的培训，既满足市场需求，又为向从业资格制度过渡和接轨作准备。

（3）摸索适合参培人员需求的、切实有效地培训模式。

（4）组织编写培训教材。

3．根据中小企业实际需要，尤其是家装企业，进行定制上门培训。包括课程设置、师资选配、教材组编和教学组织等。先在一至两个企业进行试点，成功后再推广。

第三，教材建设。

由于装饰行业培训工作起步较晚，每一个培训项目基本上都是从零开始运作，因此，要想确保培训工作的质量，必须要从教材建设入手。培训管理部本着满足急需、整体规划、逐步完善、创新求精的原则，已经根据行业培训工作规划和实际培训工作需求制定了较详细完整的“建筑装饰系统培训教材编写计划”。主要包括：

1．建筑装饰行业工人岗位技能培训教材。本套教材依据建设部岗位技能标准进行编写，是建设部委托项目的组成部分，拟于2002年6月开始，2002年10月陆续完成。共5个工种，5个级别，全套5册。

2．建筑装饰行业技术管理层从业资格培训教材。装饰项目经理的培训对于提高装饰施工项目管理水平具有重要的意义，随着建筑装饰行业从业资格制度的建立，各专业的培训也将普遍开展起来，教材的编写就将成为重中之重。

本套教材拟计划从建筑装饰设计、工程技术管理和经济管理三个方面编写试用教材，从2002年第三季度开始，2003年第一季度完成。

3．家装企业培训教材。家装行业近几年快速发展，已有企业提出 全员培训的要求，培训中心已将此列为培训工作计划之中，并正在着手组织编写家装企业专用培训教材，包括家装企业经营管理、家装工程管理、家装设计和家装施工技术几类。计划与几家规模较大的家装企业共同合作，计划2002年下半年完成初步尝试。

4．继续教育和短训教材。配合新法规的出台，满足受训者掌握新技术、新材料的愿望，结合各类短训活动，组织编写各类岗位继续教育教材和培训资料。

5．对已编写出版的教材（包括项目经理教材）进行更新、补充和完善。由于培训教材要体现建筑装饰行业相关理论研究水平，反映实践经验的总结和提升，而且编写工作量很大，因此，需要全行业的热情关注和支持，需要相应的组织和专家共同完成，为此，我们计划组建装饰行业培训教材编写常设机构，按计划组织编写各类教材。

第四，培训网络建设。

到目前为止，我们已经在全国部分地区装饰协会、大专院校和地方建设主管部门项目经理专业培训机构建立了 23 个培训站(点)，探索出了比较成熟的合作培训模式。为了满足更广大的培训需求，在与已有的培训网络开展深层合作和对其规范化运作的同时，我们还将与各地方协会加强联系，与具备条件、有培训工作热情的培训机构联合，积极创造条件，迅速扩张全国的培训网络，促进全行业培训工作均衡发展。

协会培训部计划在原中心网站基础上建立“中国建筑装饰培训”专业网站，为行业培训提供一个共享平台，这个网站内容计划包括培训信息、培训项目和各个培训站点的培训动态、培训证书的检索、远程教学以及教学双方的网上交流等。

构建这样一个网站需要一定的人力、财力投入，需要各培训单位积极参与，我们在此邀请具有一定实力的企业、各协会培训机构和其他参与者本着优势互补、利益共享的原则，来共同搭建这样一个平台，我们将先拿出初步方案与参与者共同商量。

第五，变革培训思路，提升培训服务层次。

作为建筑装饰行业的专业培训机构，要不断更新培训理念，除了开发适销对路的培训项目外，还要提供满足差异化、个性化、有效、有益的培训项目，要把单一的报名、交费、听课、考试、在教室里完成的取证培训转化为多元的、针对性强的、符合企业和学员需求的、在企业内和市场里进行的服务性培训。为此， 培训中心将从 2002 年下半年开始，组织专业管理顾问、优秀企业家，在全国范围内进行为期两年的公益讲座——体验经济时代的家装企业管理，同时为家装企业特别是中小企业推出一项整体解决方案式服务。通过讲座、培训、咨询和配套服务，帮助企业更新理念，实施深层变革，提高核心竞争力，创造生存和发展空间。此项活动将与各地方装饰协会（家装委员会）、地方建设行政主管部门联合组织。

第六，成立培训工作委员会。

为了调动各地方建筑装饰协会的积极性，充分发挥致力于行业培训事业专家的重要作用，理性地、科学地、循序渐进地引导和促进行业培训工作的广泛开展，我们将成立中国建筑装饰协会培训工作委员会，汇集一批专家，形成培训工作的智囊团，对全行业培训工作进行宏观决策，在宣传策划、教材编写、师资队伍建设、教学教法改革及重大项目的组织实施等方面形成强大的合力，促进各项培训工作的落实，推动装饰行业培训工作的广泛深入开展。

委员会将由建设部主管部门领导、中国建筑装饰协会领导、各专业委员会理事长、各地方装饰协会理事长、业内专家和大专院校教授以及企业高级管理人员等组成。

各位领导，各位朋友：

建设部汪光焘部长今年 1 月 7 日在“全国建设工作会议”上的讲话中指出：在职能转变过程中,要充分发挥行业协会等社团组织的作用,要本着以大局为重、以事业发展为重的精神,尽职尽责,积极主动,加强与有关部门的合作,积极研究在各种环境和条件下把工作落到实处的方法。

随着入世后政府职能向行业协会的转变，要求我们每一个协会工作者迅速转变思想观念，提升自身素质，以适应转变的需要,要积极主动地为政府承担更多的工作，要想方设法创造条件，确实把工作做到实处。随着入世后人才竞争的日益激烈，培训工作将更加重要，更加紧迫，更加繁重，作为中国建筑装饰协会的培训管理部和专门培训机构，我们将切实承担起协会赋予我们对行业培训工作的责任，作到与市场接轨，与政府接轨，与国际接轨，与我们协会的全体同仁团结协作，全力以赴作好行业培训工作，为提高从业人员素质，提高建筑装饰行业整体水平做出我们的贡献。

·社团运作·

关于贯彻民政部　建设部有关规定加强协会分支机构建设的若干意见

中装协[2002]016号

根据民政部、建设部的有关规定及本会章程，为加强协会的组织建设、思想建设和业务建设，提高协会的综合素质，积极应对我国加入世贸组织后行业所面临的挑战，以及政府职能转变后协会将要面临的更加繁重的工作任务，经秘书处及会长办公会议研究，就加强协会分支机构建设提出如下意见：

一、为推动协会的人事制度改革，建立有效的激励和约束机制，调动协会工作人员的工作积极性，促进协会工作人员的合理流动和公平竞争，协会将实行工作人员的劳动合同制和中层领导岗位聘任制。今年首先在秘书处实行，今后视条件逐步在部分分支机构实行。

二、根据民政部、建设部的有关规定，各委员会一律由理事会制改行委员会制。设主任一人，常务副主任（兼秘书长）一人，副主任委员若干人。以上人员由中装协秘书长提名，理事会通过。

各委员会可设常务委员会，常务委员应选举产生。

各委员会可自行设立顾问若干人，向秘书处备案。

三、各委员会不再召开会员大会或会员代表大会。可视工作需要召开委员会年会或工作会议。年会应得到秘书处的批准。

四、各委员会主持日常工作的秘书长必须是专职人员。各委员会应设有常设办事机构。

五、各委员会只允许使用一个财务帐号，并应向秘书处备案，不得设置帐外帐。使用依托单位帐号的，财务往来不得与依托单位的财务往来混记，应设立独立账页。

有财务部门的委员会应会计、出纳分设，并应加强对财务人员的管理和培训，提高其业务水平。

需使用协会发票的，应按协会的发票管理制度办理。

各委员会应向秘书处报告年度财务预算和决算，并接受秘书处组织的审计。

六、各委员会设立新的经济实体组织，应向秘书处履行报批手续，未经批准，不得擅自设立。各委员会已有的经济实体组织应向秘书处备案。

七、协会专职工作人员今后不允许个人参股办经济实体。已参股办经济实体的，应向秘书处备案，说明情况。

八、各委员会以中装协名义开展的活动，应严格执行《关于使用中装协名义举办各类活动的管理办法》。

九、各委员会发展会员及收取会费，应按《发展会员及会费管理办法》执行。

中国建筑装饰协会

二〇〇二年三月二十六日

关于使用中国建筑装饰协会名义举办各类活动的管理办法

中装协[2002]017号

本会各专业委员会、各有关单位：

为贯彻落实协会二次创业的工作目标、支持各专业委员会积极开展各类活动，并加强协会对以协会名义举办的各类活动的管理，使活动有计划进行，并维护协会声誉，扩大协会影响，现对使用“中国建筑装饰协会”名义举办的各类活动制定如下管理办法：

一、本办法所称各类活动是指：“展览（展销、博览、订货）会”、“信息（新闻）发布会”、“新产品（技术）推介（鉴定）会”、“经验交流会”、“研讨会”、“评奖”、“评比”、“评优”、“排序”、“竞赛”、“推荐”、“培训”等活动，包括出版各类公开或内部发行的书刊、杂志、报纸、文字资料，在国际互联网上建立网站（页）、发布有关信息资料等。

二、任何单位以中国建筑装饰协会名义主办、协办、合办、支持的上述活动，均需向协会秘书处履行报批手续，并经协会批准，

三、报批时，须填写“以中国建筑装饰协会名义举办活动申报表”（附后），写明所办活动的名称、时间、地点、预计规模及收支预算；主办、协办、承办、合办单位的情况介绍。协会以外单位还需附上举办这项活动的协议书。除特殊情况外申请报告应提前一个月报请协会秘书处批准。

四、申请获批准后，活动举办单位要严格按照协会所批

准（或同意）的权限开展活动，不得擅自在活动中增加未经批准的内容。

五、任何单位及个人未经批准擅自以中国建筑装饰协会名义举办上述活动，并进行广告宣传或招商的，协会将对其做出严肃处理，必要时还将追究其单位或个人行政，直至法律责任。

六、协会各部门、各专业委员会及任何个人，都无权对上述各类活动做任何口头批准或承诺。对没有协会正式批文的上述各类活动，协会一律不予承认。所造成的后果一律由举办者自负。

七、协会各部门、各专业委员会的申请报告应按协会的工作程序报主管业务的秘书处负责人审核。协会外的单位，如以中国建筑装饰协会的名义组织上述活动，应按所办活动内容由协会秘书处负责人审核，经秘书长或由秘书长委托副秘书长批准。

八、上述各类活动如用建设部或其他政府部门的名义举办，也应严格按上述审批程序，由协会秘书处报请建设部或相应部门批准。

九、上述各类活动中同内容但地点不同，同地点但内容不同或同地点、同内容定期举行的活动，都不能批准一次以后按惯例执行，必须每次举办前履行报备手续。

十、凡以中国建筑装饰协会名义发文并举办的各类活动，协会将对活动收取一定比例的费用，收取费用比例原则按总收入的 5%～20%之间（具体比例见收费细则），并对过程进行监督和管理，以保证不违反国家有关法律、法规和政策，不损害协会的形象并且达到最初的举办目的。

本办法自下发之日起执行，在此之前没有报批但已开始运做的上述各类活动，秘书处各部门、各专业委员会应以书面报告的形式向协会秘书处提交情况说明备案。否则，将按没有报批的活动处理。

中国建筑装饰协会

二〇〇二年三月二十六日

山西省建筑工程装饰奖评选办法（试行）

山西省建筑装饰协会

（二〇〇二年四月十六日）

第一章　总　则

第一条　为了贯彻落实“质量兴业”方针，激励广大建筑装饰企业争创精品工程、打造企业品牌，推动我省建筑装饰工程整体水平不断提高，经山西省建设厅批准，山西省建筑装饰协会特设立“山西省建筑工程装饰奖”（以下简称装饰奖）。

第二条　装饰奖是我省建筑装饰行业工程的最高荣誉奖，获奖工程的装饰水平应达到省内一流水平。

第三条　装饰奖的评选对象是在山西省辖区内的建筑装饰工程。

第四条　装饰奖与全国建筑工程装饰奖接轨，凡申报全国建筑工程装饰奖的工程，必须是山西省建筑工程装饰奖获奖工程。

第五条　装饰奖每年评选一次，奖牌不分等级，一般评选数额不超过 20 个。

第二章　评选范围

第六条　装饰奖的评选范围：

1．宾馆、饭店、培训中心等旅游度假性建筑装饰工程；办公楼、教学楼等公共建筑装饰工程。建筑装饰工程的建筑面积在 5000m^2 以上。

2．商业服务设施建筑装饰工程；各类商场、营业大厅建筑装饰工程；候机楼、候车室等交通设施建筑装饰工程；影剧院、博物馆、体育馆、文化馆等体育文化类建筑装饰工程。建筑装饰工程的建筑面积在 1000m^2 以上。

3．各类古建筑、保护性文物建筑（含近、现代文物建筑）的修复性装饰工程；纪念性建筑装饰工程。

4．确属优秀的单项建筑装饰工程项目，也可申报。其中建筑幕墙工程，幕墙面积在 2000m^2 以上，其它单项不受限制。

第七条　下列工程不列入评选范围：

1．境外施工企业总承包的装饰工程；

2．竣工后被隐蔽的工程或保密工程；

3．虽已建成，但未通过质量和防火验收的装饰工程。

第三章　申报条件

第八条　装饰奖建筑装饰工程的申报条件：

1．装饰设计合理、使用功能完善，符合国家、建设部和我省颁布的有关标准、规范的要求；

2．通过有关部门、项目法人或投资单位组织的全面验收，达到优良标准；

3．交付使用并经过一个冬雨季使用考验，未出现质量问题和隐患；

4．应为市（地）范围内的优秀建筑装饰工程。

第九条　申报单位为建筑装饰工程的主承建单位，大型建筑装饰工程可由两个以上主承建单位申报；建筑装饰总承包的由该建筑装饰工程总承包单位申报；有主承建或总承包单位承建的建筑装饰工程，允许最多三个参建单位同时申请该建筑装饰工程的参建奖，参建单位应与有关单位签订有效“建筑装饰施工合同”。

第四章　申报程序和申报资料

第十条　申报装饰奖的承建单位填写申报表，经企业主管部门审核签署意见后，征求用户意见，报工程所在地建筑装饰协会（没有成立建筑装饰协会的由工程所在地建设行政主管部门推荐）审查同意后报省建筑装饰协会。

申报程序是：

1．市（地）所属建筑装饰企业向工程所在地建筑装饰协会或建设主管部门申报，经审核并提出推荐意见后报本会评选。

2．省属和中央部委管理的直属企业驻晋建筑装饰企业直接向省建筑装饰协会申报。

第十一条　申报资料：

1．申报资料总目录（注明各种资料的名称及份数）；

2．《山西省建筑工程装饰奖申报表》一式三份；

3．建筑装饰工程概况和施工质量以及采用新技术、新工艺、新材料等情况文字材料一份；

4．建筑装饰工程施工合同书复印件一份（合同的主要部分）；

5．建筑装饰工程全面竣工验收交付使用的证明文件复印件一份（加盖有关单位公章）；

6．反映建筑装饰工程全貌和装饰工程主要部位彩色照片一份（照片七寸大小）并附文字说明；

7．其它需提供的材料。

以上资料统一装订成册，A4幅面大小。

第十二条　申报截止时间为每年九月底。

第五章　工程复查

第十三条　为了保证装饰奖的严肃性和权威性，对申报工程由省建筑装饰协会的组织安排专家进行复查。

第十四条　复查本着简化程序、掌握重点的原则进行：

1．听取装饰工程施工和质量情况介绍；

2．实地核查装饰工程质量情况，听取建设单位的意见；

3．查阅工程有关的技术档案和业内资料。

第六章　工程评选

第十五条　装饰奖的评选由有关专家组成评选委员会进行，评选委员会由主任1人、副主任2人及委员若干人组成。委员会下设办公室（设在省建筑装饰协会秘书处）负责具体工作。

第十六条　评选委员会根据申报资料和工程复查情况进行评议，以无记名投票方式确定获奖工程。

第七章　评选纪律

第十七条　申报工作要坚持实事求是，不得弄虚作假，不得请客送礼。

第十八条　评审人员要坚持标准、秉公办事、廉洁自律。

第八章　奖　励

第十九条　对获得装饰奖的施工企业授予奖牌和证书，对设计单位、参建单位颁发证书，并通报表彰。

第二十条　山西省建筑装饰协会组织编辑出版《山西省建筑工程装饰奖专辑》，将获奖工程和获奖单位载入我省建筑装饰行业光荣史册。

第九章　附　则

第二十一条　“装饰奖”评选的有关费用，根据自愿原则由申报单位适当交纳工本费。

第二十二条　本办法由山西省建筑装饰协会负责解释。

第二十三条　本办法自发布之日起实行。

吉林省建筑装饰优质工程评选办法

吉林省建筑装饰业协会

（二〇〇二年四月二十五日）

一、总　则

1．为加强建筑装饰施工企业科学管理，推动技术进步，促进全省建筑装饰工程质量的提高，以适应人民物质文化生活的需要，制订本办法。

2．省装饰优质工程评选是以现行国家通用和专业验评标准、设计、施工及验收规范与技术规定为依据，提出评审意见，最终结果实行择优选定。

3．省装饰优质工程，由吉林省建筑装饰业协会负责组织评审，每年评审和公布一次。

4．省建筑装饰优质工程奖由省建设厅、省建筑装饰业协会颁发，具体工作由省建筑装饰业协会组织实施。

二、评选范围

凡在吉林省境内的建筑装饰施工企业承装的建筑装饰工程项目都可申报评优。

三、参评工程规模

1．装饰装修工程面积在1000m^2（含1000 m^2）以上；

2．工程造价在200万元（含200万元）以上；

3．工程规模低于上述条件，但具有独特风格、有代表性的工程，亦可参报。

四、申报条件

1．工程竣工并已在各市、州工程质量监督站备案，无质量隐患；

2．工程交工使用期达到一年以上，没出现质量问题，用户满意，并获市优工程；

3．工程项目必须是申报企业（一、二、三级企业）自行设计和施工；

4．工程技术档案、有关资料齐全。

五、评选内容

1．评选内容分设计、施工、技术档案、工程反馈部分。评选总成绩为100分，其中设计25分，施工60分，技术档案10分，工程反馈5分。

2．有下述情况之一者，不能评为装饰优质工程。

（1）未经消防部门验收的装饰工程；

（2）出现重大质量事故的装饰工程；

（3）在装饰工程施工过程，曾发生过重伤或死亡事故的装饰工程；

（4）工程出现过施工验收规范允许范围的裂缝、下坠、沉陷、渗漏或因质量问题使该设计变更造成永久性缺陷，影响了使用功能的装饰工程。

六、申报程序

1．申报工程由该装饰工程项目的总承包（包括包工不包料）装饰企业，向工程所在地的建设行政主管部门和建筑业协会（装饰协会）申报；

2．经各市、州建设行政主管部门和建筑业协会（装饰协会）推荐上报省建筑装饰业协会；

3．申报企业填写《吉林省建筑装饰优质工程申报表》一式两份（申报表附后）。

七、评选办法

1．初评：根据各单位申报的装饰优质工程，由省建筑装饰优质工程专业复查小组依据《建筑装饰工程消防技术管理规定》（DB22/20—91）、《民用建筑工程设计质量特性和质量评定实施细则》（1998建设资字第53号）、《建筑设计防火规范》GBJ16—87（2001版）、《建筑工程施工质量验收统一标准》（GB50300—88）、《建筑装饰装修工程质量验收规范》（GB50210—2001）、《玻璃幕墙工程技术规范》（JGJ102—96），对申报的装饰工程质量保证资料进行审查合格后，再进行现场感观检查和实测量，并征求用户意见，提出初评意见。

2．审定：将初评意见，交省装饰优质工程奖评审委员会审定，评选出全省装饰优质工程。

八、奖　励

对荣获吉林省建筑装饰优质工程，由吉林省建设厅、吉林省建筑装饰业协会颁发奖杯、证书并进行宣传表彰。

关于装饰行业开展“信用建设”活动的实施意见

温州建筑装饰协会

（二〇〇二年八月二十一日）

2002年是中央提出的进一步转变作风年。为认真贯彻党的十五届六中全会精神，加强全行业作风建设，以实际行动迎接党的十六大召开，为进一步贯彻落实朱镕基总理在今年全国人大政府工作报告中强调指出的“切实加强社会信用建设，逐步在全社会形成‘诚信为本、操守为重’的良好风尚”和我市李强书记最近提出的建设“信用温州”的总体要求以及温州市建设局在近日召开的“全市建设系统‘信用建设’动员大会”的会议精神，我会决定在全市建筑装饰行业企业中立即广泛开展“诚信为本、共促发展”为主题的活动，推动我市建筑装饰行业诚实守信、依法经营、共促发展、再创辉煌。结合本行业实际，具体实施意见如下：

一、指导思想

以江总书记“三个代表”重要思想为指导，以市委提出建设“信用温州”为目标，以规范建筑装饰市场秩序为内容，落实《公民道德实施纲要》，建立社会信用体系，提高建筑装饰企业干部、职工道德素质，优化建筑装饰经济发展环境，树立行业新形象，把行业的两个文明建设推上新的台阶。

二、工作目标

按照我市建设系统“信用建设”的总体部署要求，我市建筑装饰行业“信用建设”目标，分为近期（三年）目标和远期（八年）目标。

（一）近期（三年）目标

1．全行业的信用意识、信用观念初步确定，良好、有序的信用环境初步形成。

2．企业（公司）严重的不良信用行为基本消除，企业信用能力有较大提高，三年内达到诚信经营的企业（公司）35家，占装饰行业（会员单位）60%。

3．个人信用制度初步建立，个人的经济社会活动开始遵循信用规则。

4．建筑装饰信用市场初步形成。

5．着手探讨、建立符合国际惯例的信用体系、信用制度和信用管理手段。

（二）远期（八年）目标

1．建筑装饰行业与市场能确定良好的信用意识、信用观念，形成良好的信用环境。

2．企业（公司）不良信用行为消除，企业信用能力普遍提高。八年内达到诚信经营的企业（公司）80家，占整个装饰企业（会员单位）90%。

3．个人信用制度比较完善，个人的经济社会活动基本遵循信用规则。

4．建筑装饰信用市场基本健全。

5．基本形成符合国际惯例的信用体系、信用管理制度和管理手段。

三、组织形式

经研究，协会决定成立“活动指导办公室”，具体负责对本行业开展“信用建设”主题活动组织实施，并负责评优推荐工作。

指导办公室由会长负责主持，成员由常务理事组成。

四、时间安排与主要内容

根据市建设局召开的“全市建设系统‘信用建设’动员大会”的会议精神，经我会研究，现提出“信用建设”主题活动的内容及安排：

（一）动员组织阶段（2002年8月）

在市建设局总动员大会后召开温州市建筑装饰协会会员大会，进行装饰行业“信用建设”活动总动员，要求各企业都要成立“活动指导办公室”，组织企业员工认真学习中央、省、市有关负责人对“信用建设”的重要讲话，并开展各项相应的活动，形成浓厚的活动氛围。

（二）目标制订和实施阶段（2002年8月～2003年6月）

1．协会制订行业自律公约，提供会员大会通过。

2．协会准备组织8～10家活动开展较好的企业，向全行业倡导开展“信用工程”竞赛活动，把温州装饰业的“信用建设”推向高潮。

“信用工程”要求：质量达到优良，工期不超过合同期限，造价真实、合理。

（三）检查评选阶段（2003年7月）

协会活动指导办公室牵头，在企业（单位）自评的基础上，对各企业（单位）“主题活动”开展情况进行检查、考评，推荐评选“信用建设”优胜单位、先进个人。

（四）总结表彰阶段（2003年8月）

协会召开“信用建设”活动总结表彰大会，对本行业开展主题活动的情况进行全面总结。对在主题活动中成效显著的企业（单位）以及个人予以表彰，并推荐参加建设局“信用建设活动”优胜单位、先进个人的评选。

关于实施建设工业产品（建筑装饰材料及产品）备案管理工作的通知

大装协（2002）18号

装饰材料生产、经销企业、各会员单位：

为保证我市建筑工程质量和安全，依据《大连市建设工业产品备案管理办法》及《大连市建设工业产品备案管理实施细则》，对建设工业产品供应实行备案管理，大连市城乡建设委员会科技教育处委托大连市建筑装饰协会承担国家强制有害物质限量的建筑装饰材料及产品的备案初审工作。包括：细木工板、人造板及其制品、各类地板、卫生洁具、瓷砖、石材、装饰涂料、橱柜、屋面材料、型材、管材、管件、门窗、玻璃、电器、胶黏剂、暖通设备、吊顶材料、装饰工艺品、纤维装饰材料等。

现将本通知印制给你们，请按要求执行。需要申请备案的企业请携带相关资料到大连市建筑装饰协会办理相关于续。

联系电话：0411-3679081/3679082

联 系 人：孙　丽　邓婉容　李媛媛

大连市建筑装饰协会

二〇〇二年十二月二十五日

附件1

大连市建设工业产品备案管理工作实施细则（试行）

第一章　总　则

第一条　为规范我市建设工业产品备案管理，提高工作效率，保证备案管理质量，充分发挥行业协会、检测机构的作用，依据《建筑法》和《大连市建设工业产品备案管理办法》，特制定本实施细则。

第二条　实行备案管理的建设工业产品主要是涉及建筑工程质量、安全、节能、环保的产品，其范围由大连市城乡建设委员会统一规定并公布。

第三条　凡列入备案范围内的建设工业产品需取得市城乡建设委员会统一印发的《大连市建设工业产品备案证》。各建设、施工、监理、质量监督、安全监督等单位，要严格把关，严禁无《大连市建设工业产品备案证》的产品进入大连建设市场。

第四条　大连市城乡建设委员会负责全市建设工业产

品备案管理工作，并指导、监督区（市）县建设工业产品备案管理工作。

第五条　建设工业产品备案管理分为初审和终审两个阶段。初审工作由市城乡建设委员会授权相关的行业协会和检测机构负责，终审和发证工作由市建委科教处负责。

第六条　市城乡建设委员会授权的行业协会须具有技术服务咨询资质，有备案管理办公室，有必要的工作人员和办公设备，具有对已备案产品进行跟踪监督管理的能力。检测机构必须是经国家认证的专业检测机构，具有相应备案工业产品的检测能力，有技术咨询服务资质，有固定的办公地点和工作人员，有一定数量的专家。

第二章　申报单位及申办程序

第七条　申报单位：建设工业产品在连的供应商，外地或境外生产企业在连的总代理商负责申办。

第八条　申办程序：

（一）领取申请表：申报单位到经市城乡建设委员会授权的行业协会备案管理办公室（以下简称备案办）领取《建设工业产品备案申请表》、《备案申报程序指南》及信息化软盘等资料。

（二）准备资料：填写完建设工业产品备案申请表后，携带下列有效资料的原件及复印件三套，到备案办办理备案初审。

1. 企业营业执照原件。

2. 代理商的代理证明原件。

3. 计划单列市及其以上级别的《产品鉴定证书》原件，在时效期内的有效检验报告原件。

4. 国家及省有关部门颁发的生产许可证（实行生产许可证的产品提供）、产品质量认证证书、质量体系认证证书原件。

5. 进口产品应有权威机构的产品质量鉴定证书以及相关的报关资料原件。

6. 产品执行标准，产品技术、使用说明书，施工工艺要求，检验、验收方法和标准，保证使用安全措施等资料。

7. 企业名称如有变更，提交相关证明材料。

8. 申请备案产品的样品。

9. 其它相关必备资料。

（三）初审：

采取联合办公会形式进行，由行业协会备案办组织相关专家、检测机构技术负责人、备案申请单位技术负责人等有关人员参加备案审查会。要求备案办在2个工作日内完成备案资料原件审核，并提出意见：在5个工作日内完成组织专家审查；对涉及结构安全、人身安全的建设工业产品，须组织专家到生产厂实地考察，10个工作日内完成。对初审未通过的，必须将不予备案的理由及申办人的相关权利、投诉以书面形式一次性告知申办人，并退还相关申报材料。对于需要进行检测的产品，申报单位须持《建设工业产品备案工作联络单》到经授权的检测机构进行产品检测，一般检测应在7个工作日内完成（特殊检测除外）。

初审费和检测费由行业协会和检测机构按照物价部门批准或备案的收费标准收取，并报市城乡建设委员会备案，严禁乱收费。

（四）终审：初审合格的备案产品，由市城乡建设委员会进行终审。终审工作在2个工作日内完成。对终审合格产品，颁发《大连市建设工业产品备案证》，并录入大连市建设工业产品备案目录。

（五）公告：采取企业自愿的原则，定期通过网上、报刊发布备案产品名录，推广介绍产品，并依据物价部门批复的收费标准收取一定的公告费和推广费。

第三章　备案证管理

第九条　备案证有效期为二年，有效期内实行动态管理，每年至少检查一次，申报社位必须携带近期有效检验报告原件，每年末到备案办办理年检，有效期满后须重新办理备案证。

第十条　对已备案的建设工业产品进行跟踪检查。由行业协会备案办、检测机构、市质量监督站对备案产品进行跟踪抽检，对存在的问题，视情况给予警告、吊销其备案证处罚，并向社会公告。

第十一条　凡经备案公布的建设工业产品使用中出现质量问题，任何单位和个人有权向市城乡建设委员会进行检举、控告、投诉（投诉电话：3605344）。

第四章　评审机构和人员管理

第十二条　承担备案审查任务的行业协会和检测机构要坚持原则，实事求是，工作严谨认真，自觉抵制不正之风，对在审查过程中原则性不强，弄虚作假者，将视情况给予批评警告成撤消其审查资格的处罚。

第十三条　评审专家要遵守职业道德，秉公办事。对在评审中徇私舞弊者，视其情节轻重，给与警告、取消其专家评审资格的处理。

第五章　附　则

第十四条　各县（市）区建设行政主管部门在备案管理工作中可参照本细则执行。

第十五条　本实施细则由大连市城乡建设委员会科教处负责解释。

第十六条　本实施细则自发布之日起实施。

大连市城乡建设委员会

二〇〇二年十月三十一日

附件2

大连市建设工业产品备案管理通告

根据市政府《关于削减行政审批事项的通告》规定，将核发《建设工业产品许可证》转为备案管理。根据国家有关规定，2003 年须备案的建设工业产品主要是涉及建筑工程质量、安全、节能、节水和环保的下列 13 类产品：水泥；建筑钢材；墙体材料及保温材料；防水材料；建筑涂料、胶粘剂、外加剂；建筑门窗、幕墙及其配件；散热器及其配件；卫生洁具；塑料管材及其配件；塔式起重机、施工升降机、电梯；建筑扣件和安全防护用品；国家强制有害物质限量的装饰材料（细木工板、地板、人造板及其制品、瓷砖、石材等）；电线电缆、插头插座、配电柜、控制箱、节能灯具，电信电缆及其配件。请上述建设工业产品的生产、经销企业及时到大连市行政审批服务中心办理备案手续，对继续供应和使用未备案建设工业产品的单位和个人，市建委将会同有关部门依法处理。

2002 年办理备案的 10 大类 450 余个建设工业产品名录已在大连市政府建设工程招投标网（www.ztb.dl.gov.cn）、大连建筑装饰网（www.dlbuilding.com）及大连市行政审批服务中心三楼建委窗口公示，请社会各界进行监督评议。

建筑装饰材料产品请到大连市建筑装饰协会办理。

备案咨询电话：3679081/3679082

办公地点：大连市西岗区五四路 66-2 号万益大厦 505 室

大连市城乡建设委员会科技教育处

二〇〇二年十二月二十五日

附件3

大连市建设工业产品备案管理初审工作委托书

大连市建筑装饰协会：

依据《大连市建设工业产品备案管理办法》及《大连市建设业产品备案管理实施细则》，经考察认为你单位基本具备了承担建设工业产品备案管理初审条件，现委托你单位承担国家强制有害物质限量的下列建筑装饰材料及产品的备案初审工作：

细木工板、人造板及其制品、各类地板、卫生洁具、瓷砖、石材、装饰涂料等。请你单位依据《大连市建设工业产品备案管理实施细则》有关规定，尽快办理相关手续，本着重在服务，规范管理的原则及早开展工作。

大连市城乡建设委员会科技教育处

二〇〇二年十二月二十四日

·创新工作·

中国建筑装饰协会召开学习十六大精神座谈会

《中国建筑装饰》编辑部观察员

2002年11月19日，在中共十六大闭幕的第五天，中国建筑装饰协会召开“学习党的十六大报告座谈会”。参加座谈会的有中共建设行业社团第一党委专职副书记国忠和，中国建筑装饰协会名誉会长张恩树、会长马挺贵、常务副会长兼秘书长徐朋，副秘书长张京跃、房箴，综合部主任王毅强、行业发展部主任王本明、信息部主任兼《中国建筑装饰》主编黄白、《中国建筑装饰》编辑张熳红、信息咨询委员会理事长崔勇、秘书长田万良、建筑五金委员会理事长唐澄、秘书长郑纪文、铝制品委员会办公室主任邱建辉、培训部主任兼培训中心主任王燕鸣、《中华建筑报》副总编赵刚、理论部主任兼“装饰周刊”主编李廉等30多人。

徐朋主持座谈会并作了总结。马挺贵、李廉、王燕鸣、郑纪文、崔勇、王本明相继作了主题发言。张恩树、国忠和作了讲话。这是十六大召开以来，继11月8日收看和学习了江泽民同志在十六大的报告后，中国建筑装饰协会召开的第二次学习十六大精神的座谈会。

马挺贵会长从三个方面谈了学习十六大的体会：

第一点，学习十六大体会。党的十六次代表大会胜利闭幕了，这是我们党在新世纪召开的第一次代表大会，也是我们党在开始实施社会主义现代化建设第三步战略部署的新形势下召开的一次十分重要的代表大会，是一次继往开来的大会。

会议高举邓小平旗帜，坚持党的基本路线，贯彻“三个代表”重要思想，全面回顾了五年工作和十三年的经验，根据国内外形势的深刻变化，对实现中华民族的伟大复兴提出了全面部署，是划时代的宣言书和行动纲领。

十六大的报告高屋建瓴，总揽全局，高举邓小平理论伟大旗帜，全面贯彻“三个代表”重要思想，继往开来，与时俱进，全面建设小康社会，加快推进社会主义现代化，为开创中国特色社会主义事业新局面而奋斗，这是十六大主题。

坚持解放思想、实事求是、与时俱进，是我们党始终保持先进性和增强创造力的决定性因素，是十六大报告的精髓。

十六大胜利实现了新老交替，七个政治局常委，六个人因年龄原因退出，在我们党的历史上是从来没有过的，这说明：党在思想理论上成熟了；组织建设上成熟了；经验上、领导水平上成熟了。体现了老一代领导的远见卓识，博大的胸怀，体现了继往开来的魄力。

第二点，对“三个代表”的理解。“三个代表”是十六大的灵魂，是立党之本、执政之基、力量之源。“三个代表”的重要思想是从中国、世界、历史、现实、未来着眼，科学判断的历史基础上提出的。贯彻“三个代表”的重要思想，关键是与时俱进，坚持党的先进性是根本，执政为民是本质。

一、与时俱进，开拓创新已经成为党和国家事业发展的必然要求。贯彻“三个代表”重要思想，必须使全党始终保持与时俱进的精神状态，不断开拓马克思主义理论发展的新境界。

二、“三个代表”重要思想的本质定位在坚持执政为民，充分体现出党对自身发展规律和执政规律在认识上有了升华，一方面代表最广大人民的根本利益，是“三个代表”重要思想的出发点和落脚点；另一方面，执政为民是我们党代表最广大人民根本利益的必然要求。

三、坚持党的领导是“三个代表”重要思想的核心，是加强和改进党的建设、保持党的先进性的强大理论武器。我们要认真贯彻十六报告，毫不放松地加强和改进党的建设。

第三点，贯彻十六大精神，以创新带动行业发展。中国建筑装饰行业发展要按照“三个代表”要求不断加强和改进工作。根据形势和任务的发展要求，准确把握时势，以创新的方法、思路，全面推进行业发展。落实三个代表的要求，就要坚持与时俱进的精神。“与时俱进”给我们指出的是一个先进的工作方法，就要分析清我们目前所面临之“时”，找准我们工作中该“进”之处，促“进”之法。

我们面对国家经济建设飞速发展的形势；面对加入WTO后中国建筑装饰行业飞速发展的形势；面对“政府入世”、政府主管部门职能调整，协会工作亟待加强的形势；面对行业飞速发展与行业管理不到位、市场亟待规范形势；面对协会会员单位迅速增加、但会员单位素质参差不齐的形势。凡此种种，如何提高和改进我们工作，才能做到“与时俱进”？这就需要我们在工作中贯彻十六大精神，以“三个代表”思想为主线，全面推动和改进协会工作。

一要成为促建筑进装饰业生产力发展的领跑者。建筑装饰业是同经济发展和社会进步紧密联系的行业。要使建筑装饰业成为国民经济增长的生力军；成为拉动内需的生力军；成为拉动产业发展的生力军，由此成为行业的领跑者。

二要成为维护装饰行业会员企业利益的代表。切实营造行业发展的良好环境，稳妥地解决行业发展中实际问题；加快行业的改组改制；认真研究全面提高企业核心竞争能力的问题。

三要成为先进装饰文化的实践者。建设小康社会，不仅表现在人民生活水平的提高，还应是表现在人们的文化教育水平的提高上。建筑装饰业的发展，不仅是建设小康社会的标志，同时也是我们“代表先进文化”的具体实践。

李 廉：十六大的突出的一点是将“三个代表”思想写入党章，把它评定到一个相当高的地位，是一个思想理论的制高点。“三个代表”从丰富共产主义理论的角度讲，对马克思主义发展起了相当大作用，从中国共产党的终极奋斗目标来看它忠实于共产主义的伟大理想。

人类物质财富按原来的提法是最大限度地满足人民群众的利益，这是一个落脚点，也符合中国共产党的终极目标。从党的历史看，多次提到要发展生产力，因为这是“三个代表”赖以发展的基础，但从来没有如此集中地提出来，很鲜明，是对马克思主义邓小平理论的发展。对党和人民将产生强大的凝聚力，代表广大群众愿望和根本利益，将会调动老百姓的激情，代表广大群众奔向小康，奔向高级社会。

三个代表是符合发展规律的理论，是党总结从正反两个方面的历史规律提出的，是马克思主义升华，生产力发展在前、文化发展在后，这符合唯物主义的辩证关系，因此，中国共产党找准了路线，保证了国家向正确方向发展。“三个代表”是一盏明灯，把握住了我们党的前进方向，符合历史的发展规律。

郑纪文：“十六大”总结了13年来的十个方面的经验，感到总结得很客观、具体，小康目标的提出十分鼓舞人心。回顾近年来的中国已进入到国民经济发展最快，新事物产生最多，国际交流广泛，改革力度最大，国内外环境最好的时期。

我们建筑装饰五金行业原来发展相对落后，但从最近考察的结果来看已发展成为充满活力的行业，产业结构发生深刻的变化，民营企业为主力军，产品档次上的很快。将形成五金生产专业化基地，形成龙头企业来带动整个行业的局面，五金市场将进入专业化市场。2006 年世界五金大会在中国召开，这证明13年来改革开放路线的正确性。“三个代表”写入党章要长期坚持下去，是深入人心的。全面建设小康目标的提出是实现中华民族伟大复兴的可靠保障，十分振奋人心，是生产力的大解放、大开放。五金行业要与时俱进，开拓创新，要跨出世界，提出行业目标。

对行业来讲：一要认真学习文件，解放思想，认清责任，承担使命。二要创新，行业发展要创新、协会工作要创新，要引导行业创新，还要在思想上、管理机制上创新。三要做大做强，建立品牌工程发展战略，培养行业企业品牌、专业生产基地品牌、专业化市场品牌，为建筑五金行业发展提供一个良好的环境。四要加强国际交流，为中国五金走向国际市场做准备。五要加强秘书处的工作。树立与时俱进思想，建立时效作风，创新精神。

王燕鸣：学习十六大最深的体会是江泽民多次提到创新。我们培训工作应与时俱进，做到创新培训，培训创新。

崔 勇：十六大修改了党的章程，从十三年来经验中体现出这是一个比较成熟的纲领，是一个继往开来的接力棒。是十几年来党的最重要的一次会议，具有历史性，是今后二十年的前进方向。十六大体现了党很大的政治勇气、很强的政治灵活性和很高的政治气度。

学习十六大的报告要结合做好协会的工作，协会工作也存在着一个举什么旗、走什么路、为什么人、实现什么奋斗目标的问题。协会应成为行业利益的代表。2001 年中国建筑装饰协会第五届理事会换届后，新一届领导提出“二次创业”，协会一要丰富“二次创业”的内容，协会的性质随着社会生产关系的变化而变化，要由原来的行业工作性质、内容的自上而下，到自下而上的变化，要成为行业的代表，就要把握行业的发展方向，掌握全局。二是应树立动态的观念，人员要有进有出，秘书处的人员结构要处于变动状态。三是专业委员会应是服务的载体。

王本明：十六大是实现第三个战略目标的大会，开的非常成功，为国民经济发展提出了近期目标，并提出了与时俱进的工作方法论。协会要贯彻十六大精神，认识到装饰行业在全面建设小康社会的作用，分析研究当前阻碍行业发展的问题 ：一是在带动 GDP 增长上不够充分的问题；二是信息资源、人力资源没有一个优化配置结构问题；三是行业管理交叉和混乱的问题。应解决诸多的问题来推动行业发展。建设小康社会进程中要不断研究行业发展趋势，制定远景规划，形成良性循环。我们要贯彻“三个代表”，代表行业利益，提升工作质量、层次，与时俱进、开拓创新。要根据行业的实际情况开展工作，协会会员目前大多数为民营企业家，存在着资本周转循环不良的问题，协会要成为企业利益的代表，要从具体方面入手来协助解决这个问题。

张恩树：我拥护江泽民同志在十六大会议中工作报告，拥护修改党章，拥护中央政治局的安排。我们要扫除一切不与时俱进的陈旧观念，特别是我们的老同志。这次会议很重要，是一个表态性的学习，更多的学习还应在于实践中。

国忠和：很高兴有这样的机会参加这次座谈会，这是建设部建设行业社团党委成立以来第一次参加这样的会议，会议体现了中国建筑装饰协会理论联系实际的工作作风。

首先，学习贯彻十六大是目前的中心工作，是首要的政治任务。我们要重点学习江泽民同志的工作报告，胡锦涛同志在十六大一中全会的讲话。我们要从七个方面来把握十六大的重点：十六大的主题、灵魂、13年的基本经验精髓、全面建设小康社会奋斗目标、加强和改进党的建设。中共十六届中央委员、建设部部长汪光焘对建设部工作提出了“四个思考”：一是认真总结十三年，特别是五年的经验；二是认真思考全面建设小康社会，我们建设部所面临的责任；三是认真思考用发展的办法解决问题；四是认真思考部机关的工作。

其次，我们要学习贯彻十六大精神，充分发挥团、党组织作用。一是认真研究新形式下的建设社团在建设中应发挥的作用；二是支持社团组织，按社团章程开展工作；三是加强社团的政治思想工作，积极发展党员；四是加强行业精神文化建设工作。

第三，我们要学习贯彻十六大精神，建立高素质的队伍。一是要踏实、坚持不懈的开展工作；二是要建立完善的各种规章、制度；三是要加强监督、规范党员的行为，进行廉政建设。

第四，我们要扎实开展各项工作。一是要学习宣传建设部汪光焘部长、刘志峰副部长在建设部建设行业社团党委成立大会上的讲话。加强组织建设，建立党支部，党员的临时关系也转到协会，同时做好换届工作。不断把握规律提高行业社团的水平，强化服务意识，找准工作着力点。

徐朋秘书长在总结讲话中指出：马会长并同行业发展工作结合起来全面地讲述了学习十六大的体会，其它发言的同志从不同角度汇报了自己的学习心得。今天的会议为今后的学习打下一个好的基础。下一个阶段学习十六大文件将是我们的中心任务。学习中一定要贯彻部党组的精神，要求抓住重点，深刻理解把思想统一到十六大精神上来。

其次，要树立理论与实际相结合的学风，把学习与实际工作联系起来，要思考协会工作如何同贯彻“三个代表”结合起来。一是要思考如何把协会工作，同促进行业生产力的发展挂起钩来。通过技术创新、管理创新、用新型工业化的发展方向改造这一传统产业；二是要思考如何繁荣装饰设计创作，使其代表先进文化的前进方向，把既有物质消费功能和文化消费功能的建筑装饰产品做为文化建设的组成部分；三要加强装饰市场整顿，把为老百姓提供更多的满意工程同“代表广大群众的根本利益”连接起来；四是要总结建筑装饰行业的发展历程，调查研究我们行业发展方向、方针、目标，在实现小康社会的奋斗目标上发挥行业及协会的作用；五是要用发展的思想方法和与时俱进的要求，解决协会建设上的问题，发展是第一要务，以此作为指导思想才能更好地掌握协会工作的规律，高质量、高水平地完成工作。

目前需要做好以下几个方面的工作：一是要组织好2003年1月9日召开的中国建筑装饰协会理事会，这是贯彻十六大精神的一次会议；二是要作好住宅装饰装修消费的课题研究，这个课题的思路是受江泽民同志“七一”讲话的启示而诞生的；三是要做好“2002年中国建筑工程装饰奖”的评奖、颁奖活动，以此推动行业生产力的发展。

第三，我们要加强协会党的建设和思想建设近期要向建设部社团党委递交中国建筑装饰协会成立党支部的报告。

在协会工作人员的思想建设上，当前重点抓好三点，一是一心为公；二是以大局为重；三是团结共事；总之，要把十六大的学习与本职工作结合起来，在岗位上高质量、高水平的努力工作是十六大精神的最好的落实。

中国建筑装饰协会 进行组织机构人事工资“三项制度”改革

《中国建筑装饰》编辑部观察员

根据建设部和民政部的有关社团要求，中国建筑装饰协会开始尝试内设组织机构人事工资“三项制度”的局部性改革，以思想、组织、作风、业务“四项建设”带动建立激励和约束机制，这在中国建筑装饰协会历史上是第一次。

2002年7月4日，中国建筑装饰协会召开第一次内设组织机构人事工资制度改革会议。马挺贵会长出席。会议由常务副会长兼秘书长徐朋主持。协会秘书处所有人员出席了会议。

张京跃宣读了《中国建筑装饰协会全员岗位聘任制管理办法》和《中国建筑装饰协会岗位工资分配管理暂行办法》并进行了解释。协会秘书处原所属6个机构——行业发展部、组织联络部、市场研究部、技术推广部、培训管理部、办公室均撤消。其中办公室、组织联络部、市场研究部职能合并至综合部之中，另设立信息部、行业发展部、国际部、培训部，共5个部门。

聘任的7个条件是：岗位概况、岗位责任、工作关系、岗位权限、任职条件、应尽义务。秘书处聘任部门主任，部门主任聘任职员。产生方式和程序是，填表推荐自己和推荐他人，然后由秘书处领导班子集体研究，会长办公会决定，本次聘任均为试聘，聘期到今年年底。在总结经验的基础上，全面展开。

马挺贵、徐朋指出，这次以聘任制和解决工资偏低为主要内容进行的机制上的改革尝试，协会工作大有前途，任重道远，希望大家认真对待，踊跃参与，毛遂自荐，所有人员都暂不下岗，领导心中有数，建议很轻松地完成此项工作。

2002 年 7 月 5 日，中国建筑装饰协会召开第二次内设组织机构人事工资制度改革会议。马挺贵会长出席。会议由常务副会长兼秘书长徐朋主持。参加会议的有副秘书长张京跃、房箴和秘书处全体工作人员。

张京跃宣读了秘书处工作人员填表统计的结果，信息部、行业发展部、综合部、培训部、国际部主任一级推荐自己和推荐他人票数均过半数的人选分别为：王毅强、黄白、王本明、王燕鸣、樊淑玲。

接着徐朋宣布了聘任：综合部、行业发展部、信息部、培训部、国际部主任分别为王毅强、王本明、黄白、王燕鸣、樊淑玲。保留会刊《中国建筑装饰》编辑部。

秘书长、副秘书长的分工为：徐朋——分管综合部和会刊《中国建筑装饰》编辑部的工作；张京跃——协助秘书长分管综合部的行政工作，分管培训部、国际部的工作；房箴——分管信息部和行业发展部。

常务副会长兼秘书长徐朋、会长马挺贵相继作了重要讲话。

徐朋表示，大家很认真，聘用工作进展顺利。他指出：

1．实行聘任制的根本目的。是为了形成增加秘书处工作人员活力并形成一种机制，按聘任要求完成任务就能得到保留或提升；完不成的则要退下来。形成收入分配与职务职责相一致的机制。形成一级抓紧一级的工作机制。

2．今后要少抓过程多抓结果。以办成事为原则，少看或不看过程，鼓励事在人为。市场经济最不承认的就是一事无成的人。

3．逐步引入竞争机制。创造优胜劣汰的竞争机制，研究“末位淘汰制”的实施。不久前，我与马会长向郑一军副部长作了工作汇报，他强调协会要新陈代谢。我们现在的工作岗位还不太完善，要注意：一是工作不饱满的应主动争取任务；二是不能按规定完成任务的要提前报告；三是聘任制的基本原则是“双向选择”，不想做领导不劝。

4．切实加强思想建设。一是工作人员的大局意识，要有顾全大局的能力，完成本职工作；二是维护协会形象；三是搞好工作配合，一荣俱荣，一辱俱辱，应该以协会为家，协会工作搞不好，个人也没前途；四是团结意识，要主动创造消除过去一些矛盾的机会，消除历史上不团结的痕迹，创造心情舒畅合作的工作气氛，三位秘书长副秘书长处理问题一定要公平、公正；五是加强纪律意识，遵守规章制度，重大问题按组织程序请示汇报，迟到早退要请假，绝对不能耽误事，规范化，解决随意性；六是学习的意识，非常希望大家能够与企业家们讨论业内问题，讲出一些作为职业协会工作者的心得。

5．加强作风建设。一是要有干实事的能力；二是要有埋头苦干的精神，飘不行；三是不等不靠，克服困难，我要表扬两个人：一人是黄白，几乎所有的企业、协会都对会刊《中国建筑装饰》给予好评，这次上海“8 省市装饰协会应对 WTO 协会工作研讨会”6 月 25 日结束，马会长的讲话稿 7 月 1 日整理完，黄白也于当日拿出一份 6000 字的综合报道，使上海会议能及时发表，工作十分及时，再一个是王燕鸣，7 月 10 日的协会培训工作会议，其筹备工作没让领导操心，如果大家都能向他们一样就好了，关键是有没有严格要求自己的能力；四是一旦有个别同志对聘任制有什么想法，争取自己消化，可以找领导谈谈，要有消化能力，工作机会有的是。

6．当前的几项具体工作。一是各部门主任制定出本部门下半年的工作计划，特别是组织什么活动，待 7 月 16 日五届二次常务理事会后汇报；二是五届二次常务理事会仍由张京跃牵头，以王本明为主，王毅强为辅；三是考虑营造协会、经营协会的问题，策划项目，创造工作，核心是人才。协会缺人才，不缺钱。

马挺贵指出：这是中国建筑装饰协会第一次进行组织人事工资“三项制度”的改革，向被聘任的同志表示祝贺，既有权力和待遇，又有压力和责任。

1．行业协会组织人事制度改革势在必行，是改革中必然的深化。这次聘任工作我们走群众路线，被聘任的各部门主任得票均通过半数，说明既是众望所归，也是领导的企求，以此推动人才的合理流动，提高工作人员素质。提高工作人员素质，首先是秘书处领导班子。有个比方：1.2 的干部——开创性工作，敬业精神，为帅才；1.0 的干部——能完成本职工作，老实；1.2 的干部加上 1.0 的干部——事业能干好；0.5 的干部——有能力但不走正道，挑拨离间。我们要互相补台而不要拆台，告状的全是两败俱伤，窝里斗都没有好结果。进步要靠学习、培养、教育、提高工作效率，靠制度。专业委员会也要加强思想、组织建设。大家都是受聘人员，这有必然、偶然、机遇，我们要维护团结。

2．业务上有了分工，各负其责。尚需完善，秘书长副秘书长决策该断一定要断，办事公道，敢于要求。工作、业务、纪律，要定性定量考核。

3．工作作风。要有敬业精神，顾全大局。部门与专业委员会的沟通也很重要。

希望协会工作出现新面貌，上新台阶。

国家建设部主管　中国建筑装饰协会主办

《中国建筑装饰装修》试刊号10月25日出版

——中国建筑装饰协会常务副会长兼秘书长、社长兼主编徐朋提出九点工作改进意见

《中国建筑装饰》编辑部观察员

2002年2月6日，国家新闻出版部署以新出版[2002]129号文件批准《中国建筑装饰装修》杂志（月刊）公开发行。经过8个月的筹备，10月25日试刊号出版。10月26日在“亚洲室内设计联合会中国年会暨中国建筑学会室内设计分会2002年西安年会”上，向来自全国各地以及亚洲其他国家和地区的广大室内建筑师，进行了广泛而深入的宣传和展示，得到了业内人士的认知和肯定。

《中国建筑装饰装修》，国内统一刊号为CN11-4803/Z。大16开，192页，全铜进口彩印。办刊宗旨是：定位于为中国建筑装饰行业，特别是室内建筑师服务的期刊。学术、权威、交流——旨在将杂志办成中国室内建筑师的园地，推进成就中国室内建筑大师的摇篮，中国建筑装饰行业同国际交流的平台。

社长兼主编：中国建筑装饰协会常务副会长兼秘书长徐朋；常务副社长（发行人）：王永强；出品人：刘晓丹。执行主编：于冰；副主编：杨北帆、李华东。广告总代理：北京装华广告有限公司，总经理：王永强。

为《中国建筑装饰装修》2003年1月正式出版，在海内外公开发行，积累经验，总结不足，10月31日，杂志社召开工作会议，中国建筑装饰协会常务副会长兼秘书长、《中国建筑装饰装修》杂志社社长兼主编徐朋，就杂志的办刊方向与发展规划，提出了以下九点工作改进意见：

1．关于建筑设计与建筑装饰设计的关系。虽然在设计界，建筑设计与装饰设计，往往有时难以简单划分和界定，存在某种临界状态，但我们的办刊思路和特点应该围绕和侧重于建筑装饰设计，特别是突出室内装饰设计。

2．关于中国与外国的关系。杂志的定位在于国际交流，在内容上要有国外大师、室内建筑师的作品，但主要的版面应该是介绍和反映中国的设计作品及本土室内建筑师。内容上要以中国为主，外国为铺。

3．关于公装与家装的关系。一定要有家装方面内容的介绍，目前国内家装方面有不少好的设计作品，也有一些优秀的室内建筑师专门从事家装的设计，这是不容忽视的资源。

4．关于原创与非原创的关系。我们对杂志权威性的追求，首先要体现在是否有最新的东西，是否有第一手的材料，是否有真正的营养价值。原创的、我们自己拥有版权的内容目前还比较薄弱，建立杂志自己的作者队伍，尤其是特邀作者、记者，培养杂志自己的专业摄影师，是我们今后一段时期工作的重点。

5．关于主题、专题与一般的关系。科技含量、学术价值是专业杂志的立足之本，也是衡量一个杂志是否具备专业化的国际水准的重要尺度。我们的杂志不能仅仅停留在一般地反映建筑装饰装修作品本身这样一个简单的平面上，我们每一期都要有一个深入和细化的主题，或者是一期之内有几个不同的侧重，要做一系列的储备，由点至面，由偏到全，处理好主题、专题和一般的关系。

6．发挥老专家的作用和培养新人的关系。我国拥有一批长期从事建筑装饰装修设计与教学的卓有成就的专家、学者，有些同志目前仍工作在第一线，宣传他们并积极的加快对青年设计师的培养工作，介绍他们的作品是我们刊物的一大任务。我们的刊物一定要注意对青年室内建筑师的培养，一定要成为中国青年室内建筑师喜爱的刊物，一定要在杂志上更多地推荐青年作品，更多地推荐青年室内建筑师，这些活跃在设计一线的青年室内建筑师代表着中国室内装饰设计界的未来与希望。

7．关于图片和文字的关系。这里面既有视觉上的要求，更多的是要考虑怎么使我们的图片从不同的角度更直观地体现创作过程中的构思与技巧，要有创作手稿和平、立、剖面图等，图片一定要附以说明文字。通过刊物不仅交流思想，也要学术、技术和技巧。

8．关于中文与英文的关系。突出的标题及内容可以采用中英对照，其他部分可适当减少英文比例，同时也减少英文出错的机率。

9．关于介绍作品与介绍设计师的关系。要把介绍我国作品与推荐我国室内建筑师结合起来，要筹划建立中国建筑装饰行业与国际上同行业真正对话和交流的平台，最终使我们的杂志成为培养中国室内建筑师的园地，使我们的杂志成为造就中国室内建筑大师的摇篮，并真正成为一本技术含量较高、参与国际交流的建筑装饰设计专业刊物。真正实现协会办刊宗旨：学术、权威、交流。

《中国建筑装饰装修》杂志社

办公地址：北京市海淀区三里河路21号甘家口大厦812室
邮　　编：100037
电　　话：010-88392911-11/12/13/14/16/17/18
传　　真：010-88392911—14/15

全国建筑装饰企业媒体信息工作座谈会

《中国建筑装饰》编辑部观察员

为了研讨中国建筑装饰企业媒体的地位、作用和发展方向，2002 年 11 月 23 日，建筑装饰行业企业媒体主编齐聚深圳海外装饰工程公司，参加由中国建筑装饰协会主办、《现代装饰》、《海外装饰》承办的“全国建筑装饰企业媒体信息工作座谈会”。

参加会议的单位既有公装企业，也有家装公司；既有内装企业，也有幕墙公司；既有工程企业，也有材料供应厂商；既有公开出版的，也有内部发行的；既有企业家，也有行业社团工作者。共 12 个单位、26 人：中国建筑装饰协会信息部主任兼《中国建筑装饰》主编黄白，信息咨询委员会秘书长兼《装饰名品》主编田万良，上海市建筑装饰工程有限公司《新装饰》主编刘加农，苏州金螳螂建筑装饰有限公司办公室主任兼《金螳螂企业》主编阴皓明，黑龙江国光建筑装饰工程有限公司《国光天地》副主编李学东，深圳市洪涛装饰工程公司总工程师兼《洪涛装饰》主编江崇元，执行主编兼香港室内设计协会深圳代表处秘书长刘力平，深圳市建筑装饰（集团）有限公司总经理办公室主任兼《装饰集团报》主编王朝贵，深圳金粤幕墙装饰工程有限公司总办副主任兼《金粤简报》主编王忠（女），深圳市南铝建筑装饰材料有限公司董事总经理兼《门窗幕墙信息》总编白宝鲲、主编肖建东（女），深圳北新装饰设计工程有限公司《北新装饰》主编赵国彬，《现代装饰》社长兼主编叶子星、社长助理万艳萍（女）、策划总监李勇、办公室主任王平、编辑封明、吴蒙友、摄影记者钱翔，深圳海外装饰工程公司总经理兼《海外装饰》编委会主任高岗、策划部经理兼《海外装饰》全案总监赵春生、策划部规划发展中心主任兼《海外装饰》主编时愚、总经理办公室主任兼《海外装饰》副主编梁得贵、总经理助理兼《海外装饰》编辑刘春平、文化中心主任兼《海外装饰》责任编辑张盈（女）、责任编辑唐婷（女）。

与会企业在业内地位均很高：深圳市建筑装饰（集团）有限公司、上海市建筑装饰工程有限公司为中国建筑装饰协会副会长单位；深圳海外装饰工程公司、深圳市洪涛装饰工程公司苏州金螳螂建筑装饰有限公司、黑龙江国光建筑装饰工程有限公司为中国建筑装饰协会常务理事单位；深圳金粤幕墙装饰工程有限公司为中国建筑装饰协会理事单位；深圳市南铝建筑装饰材料有限公司为中国建筑装饰协会铝制品委员会常务理事单位。《现代装饰》是中国建筑装饰协会惟一支持的行业公开媒体。

黄白就会议背景进行了说明。会议由叶子星、赵春生分别主持。田万良作会议总结。

一、会议背景

■大背景

国家背景：中共十六大 11 月 14 日闭幕，9 天后的 11 月 23 日在深圳召开“全国建筑装饰企业媒体信息工作座谈会”。这是建筑装饰行业学习贯彻十六大精神的第一次全国性活动。

新闻出版背景：不久前，深圳市新闻出版局召开了“深圳市企业报刊工作会议”，肯定了企业媒体在社会和经济生活中的地位和作用。

装饰行业背景：装饰企业媒体存在的普遍问题是：如何为本企业更有效率地服务，同时在装饰市场和行业中发挥积极作用。大家均有交流提高的需求。

■会议指导思想和主题

指导思想：贯彻十六大，学习“三个代表”，体现与时俱进和“四新”精神——发展要有新思路，改革要有新突破，开放要有新局面，各项工作要有新举措。

会议主题：沟通信息：本企业媒体是如何办的？服务企业：怎样更有效率的为本企业服务？共谋发展：如何共享信息情报资源？惠及行业：在业内发挥何等作用？

■我国装饰企业媒体情况

据会议不完全统计，我国建筑装饰企业媒体现有 14 家。

从企业市场份额上看：目前，全国一级装饰施工企业 466 家，一级幕墙施工企业 90 家。甲级装饰设计企业 267 家，甲级幕墙设计企业 90 家。同时具有一级装饰施工和甲级装饰设计资质的企业 180 家。同时具有一级幕墙施工和甲级幕墙设计资质的企业 63 家。

2000～2002 三年，据会议不完全统计，年装饰工程产值上亿元的装饰/幕墙企业约 50 家左右，主要集中在深圳、北京、上海三地，占全国一级装饰施工和一级幕墙施工 556 家的 9%。占同时具有一级装饰施工和甲级装饰设计资质、同时具有一级幕墙施工和甲级幕墙设计资质 243 家的 20%。我们这 10 多家有媒体的装饰/幕墙企业占 50 家最优企业的 20%。

从区域上分：深圳的有 9 家：深圳海外装饰工程公司《海外装饰》、深圳市建筑装饰（集团）有限公司《装饰集团报》、深圳南利装饰工程公司《南利装饰》、深圳洪涛装饰工程公司《洪涛装饰》、中建三局深圳装饰设计工程公司《装饰之窗》、深圳北新装饰设计工程有限公司《北新装饰》、深圳金粤幕墙装饰工程有限公司《金粤简报》、深圳方大装饰工程有限公司《方大装饰》、深圳市南铝建筑装饰材料有限公司《门窗幕墙信息》，占全国的 65%。浙江的 2 家：武林建筑工程有限公司《武林装饰》、浙江中南建设集团有限公司《中南报》。上海、江苏、黑龙江的各1家：上海市建筑装饰工程有限公司《新装饰》、苏州金螳螂建筑装饰有限公司《金螳螂企业》、黑龙江国光建筑装饰工程有限公司《国光天地》。

从企业市场运作方向上分：除深圳市南铝建筑装饰材料有限公司（《门窗幕墙信息》）为知名幕墙配件供应商以外，其他13家均为装饰企业。除深圳北新装饰设计工程有限公司（《北新装饰》）为家装企业外，其他12家均为大型公装企业。除深圳金粤幕墙装饰工程有限公司（《金粤简报》）和深圳方大装饰工程有限公司（《方大装饰》）2家为幕墙企业外，其他11家均为内装企业。

从企业所有制划分：国有的8家，民营的6家，分别占66%和34%。

媒体性质和出版时间：均为“内部资料出版物”，均在二三年的时间。

综上所述，装饰企业媒体的出现，是企业兴旺、行业繁荣的主要标志之一。我们这10多家有媒体的装饰企业，是全国20%最优企业中的20%。

■装饰企业媒体的地位和作用

反映企业的先进生产力，体现企业先进文化，维护企业根本利益。建立信息情报系统，提高核心竞争力，塑造企业文化，增进企业收益，扩大市场和行业影响。

信息披露程度的高低，是企业、行业实力强弱的主要标志之一。

不但要成为本企业的代表，而且要成为行业的先锋。从而形成我国建筑装饰行业文化的重要组成部分和良好的社会品牌。

■装饰企业媒体从业人员的地位和作用

装饰企业和行业的高级信息情报人员，难得的行业复合性人才。

■本次会议的选择和延伸

1. 建立建筑装饰企业媒体信息共享和情报互换的制度，如形成“建筑装饰企业媒体主编信息工作例会”、引用对方信息征求意见制、相关装饰企业媒体一定范围阅读制（如副总经理以上）、尊重知识产权制（注明出处）、准入制（如至少双月、至少一张8开、至少发行500册）等。

2. 筹备成立“全国建筑装饰行业媒体联谊会”。

3. 为2003年中国建筑装饰协会组织的“全国建筑装饰行业信息出版宣传工作会议”作策划（会议范围：中国建筑装饰协会系统公开和内部媒体、装饰企业媒体、相关行业公开和内部媒体、部分网站。规模：约200人左右）。

二、会议成果

与会代表围绕着会议主题进行了积极的发言，会议气氛轻松、愉快、民主、平等、公平、高效。会议发现：

■装饰公司投资企业媒体的动机和动力

1. 当装饰企业总部管理人员达到上百人（如深圳洪涛装饰工程公司管理者经常反映彼此信息不通），特别是设计人员达到50位以上（如黑龙江国光建筑装饰工程有限公司有70多人），年装饰工程产值至少1亿元（如苏州金螳螂建筑装饰有限公司2001年4.8亿元），此时，装饰公司发展规模与企业内部信息交易（传递）效率成反比。

2. 当装饰企业物质建设达到一定程度时（如上海市建筑装饰工程有限公司、苏州金螳螂建筑装饰有限公司、黑龙江国光建筑装饰工程有限公司均为当地最好的企业），企业文化建设就成为当务之急。此时，装饰公司物质建设与企业内部文化建设成正比。

3. 当企业简介或样本的固定性与市场变化的多样性矛盾越来越突出时，作为企业简介或样本的补充，加强企业动态宣传，以弥补企业“公信力”的不足，建立企业营销平台。

■为了实现和增进本企业的利益最大化——实施“三个服务”

为本企业服务——领导决策、市场运作、文化建设、价值输出；为本企业工程业主服务；为与本企业相关的政府服务。

企业媒体已成为企业可持续发展的强烈需求，提升企业核心竞争力的不可或缺的重要手段、形式、载体和平台。为此，企业家投资企业媒体，回报则是企业的总体市场收益。

企业主观上是本企业的利益最大化服务，客观上则为了行业服务；直接目的是为本企业服务，而间接为了行业服务。特别是为工程业主服务，是行业协会出版物、公开媒体所可望不可及的，而且交易（传递）成本最低。

■企业媒体已建立的制度

1. 发行量，多在上千册以上，如《海外装饰》1200、《洪涛装饰》1500、《门窗幕墙信息》3000（几乎送达国内所有幕墙工程企业）、《北新装饰》5000。

2. 媒体成本，如《金螳螂企业》，8开胶版纸彩印1.30元/张；《洪涛装饰》，大16开进口铜版纸32页6.80元/册。远低于企业广告支出，如《门窗幕墙信息》年印刷邮资 20多万元，仅占企业宣传费的1.5%。

3. 编辑人员，通常2人以上，与办公室合署办公，一般为30岁左右，大学文科类专业毕业。

4. 编委会，各企业媒体均有一个编辑委员会或审稿委员会，有严格的审查规定。每期均有个策划。均采取主编负责制。经济上为“准市场运作原则”。

5. 出版周期，如《金螳螂企业》为半月报，《装饰集团》为月报，《门窗幕墙信息》、《北新装饰》为月刊，《海外装饰》、《南利装饰》为双月刊。

6. 均建立了通讯员制度。有的要求每位设计师设计每项工程后不论中标与否，均要写一篇心得；每个项目部完成一项工程，均要写一篇工程总结。以解决稿源不足、质量不高的问题。

■会议目标

1. 建立建筑装饰企业媒体信息共享和情报互换的制度是必要的。共享和互换的收益大于成本，在部分商业资源可能损失的同时，输出了本企业的价值和文化观念，使本企业的商业利益保值增值。

为此，会议决定建立“建筑装饰企业媒体主编信息工作例会”制度——中国建筑装饰协会信息部和信息咨询委员会为召集人。会议欢迎其他有媒体的装饰企业加入到这一行列。使每一位参与者均会感到，人格、智慧、劳动成果等方面在这个集体里都能得到普遍的尊重，给企业及行业带来有效率的效益。

2. 把企业“内部资料出版物”办成具有公开出版物的水平是可能的，原则是：遵纪守法，务实创新，与时俱进，实事求是。按先进生产力的发展方向要求调整战略部署，按先进文化的前进方向深入企业文化营造，依托最广大人民的根本利益为出发点和归宿。

3. 建议筹备成立“全国建筑装饰行业媒体联谊会”。支持中国建筑装饰协会 2003 年召开“全国建筑装饰行业信息出版宣传工作会议”。

■会务工作满意度

中国建筑装饰协会感谢为开好本次会议而细心策划会议框架和交通、住宿、会场、餐饮等会务工作而付出很大努力的承办单位，以及深圳市广田装饰设计工程有限公司所做出的努力。会议感谢与会各单位的主编及其老总的重视和支持。会议尤其对不收会务费表示高度的赞赏。这是中国建筑装饰协会举办的仅有几次不收会务费的全国性会议之一。

本次座谈会虽为小型会议，但意义重大，这是我国建筑装饰企业界高级信息情报人员和企业文化建设负责人的首次聚会，是我国建筑装饰行业信息工作和企业文化建设发展史上的一个重要事件。中国建筑装饰协会贯彻十六大精神，进一步落实“三个代表”，维护企业、行业利益，促进企业、行业先进生产力和文化发展的一次有益的探索。

具有行业示范和导向的创新举措

深圳市装饰行业协会首创行业工资协商制度

《中国建筑装饰》编辑部观察员

一、签字仪式

2002 年7月23日，《深圳市装饰行业工资协商协议书》签字仪式在深圳市人大会堂举行。深圳市装饰行业协会会长何文祥作为 100 家民营装饰企业的公司方首席代表，深圳市装饰行业协会副秘书长兼行业工会工作委员会主席韩雪梅作为 12141 名员工方首席代表，在协议书上郑重的签了字。出席签字仪式的深圳市人大常委会副主任兼市总工会主席张宝琴、市建设局局长邹国华、市劳动局局长孙大海、市总工会副主席毛晓碚、梁耀发、市中外企业家协会会长夏德明等有关方面领导和装饰企业及其员工代表、众多新闻媒体记者对此报以热烈掌声。自此，不仅是我国建筑装饰行业，而且是我国行业第一个行业工资协商制度诞生，具有重要的行业示范和导向作用。

该协会规定，深圳市装饰行业从事经营管理、行政保障和一线生产的固定人员月均工资不低于 2000 元，临时劳务人员日均工资不低于 60 元。各企业应于每月 25 日前向员工全额支付本月工资，不得无故拖欠。各企业依承诺承担各自义务，并独立承担相应法律责任。协会自签订之日起生效，有效期至 2005 年 7 月 23 日止。

二、领导及有关方面评论

深圳市人大常委会副主任兼市总工会主席张宝琴认为，推行行业工资协商制度，对保障劳动者的合法权益，建立和谐稳定的劳动关系具有意义。市总工会法律工作部部长刘秦指出，该协议对一个行业的工资分配制度、标准和支付形式等做出规范，在协调劳动关系方面开创了深圳行业工资协商之先河。市中外企业家协会会长夏德明表示，任何行业，协商工资者是解决劳资关系的大事。双方共同坐下来协商工资问题，这是一个正确、健康解决劳资关系的很好的途径。

何文祥指出，该协议的签订，为装饰行业健康稳步的发展创造了良好的环境。工资收入是劳动关系中最关键的环节，有了可靠的工资保障，员工才会为企业的发展贡献聪明才智。近三年来我会会员中有 180 多家民营装饰企业建立了工会组织，并在全国率先成立了行业工会工作委员会，各级工会组织在协调企业劳动关系，共谋企业发展中起到了良好的作用。而今，该行业又在百家民营企业中推行工资协商制度，签订了行业性工资协商协议，把企业的劳动关系纳入了法制轨道。韩雪梅表示，不久我们将动员包括国有企业在内有全市装饰企业共同协商，将这项突破性的工资协议推广到各种企业中去，保护员工权益。

第一家签订协议的深圳市海大家居装饰有限公司总经理、2001 年度深圳市十大杰出青年高峰表示，企业要稳步健康地向前发展，一定要在企业内部建立一种协调和谐的劳动关系，要有一个企业爱护员工、员工关心企业的良好氛围，这种关系和氛围要靠企业文化来熏陶，更要有可靠的机制作保证。

三、舆论报道及评价

深圳市电视台于当日晚黄金时间作了报道，当地以及广州市主流新闻媒体（在深航、南航飞机上赠阅）均于第二天7月24日在显著位置作了报道并作了积极的评论。

《深圳特区报》标题是："百家装饰企业与万名员工协商工资——深圳首份行业工资协议签订"，指出：在平等对话、利益共享的原则下，协议是在采取了自下而上、逐层推举、渐次授权的方式，经过企业和员工充分酝酿协商之后，最终达成的。

《广州日报》的标题是："装饰业员工工资有标准——深圳率先实行装饰行业工资协商制度，建立和谐稳定的劳资关系。"评论道：近年来深圳装饰行业发展迅速，现有装饰企业340多家，员工4万多人。由于外来建设者居多，人员流动性大，员工队伍极不稳定，企业之间恶性明显。深圳劳动力市场现只有劳动部门发布的各工种工资指导线，并没有统一的劳动标准和工资支付制度。目前装饰行业的员工报酬主要是计件工资，最高可达几万元，最少只有六七百元。一般情况下，在企业与企业工会的工资协商中，工会力量相对较弱，难以与企业方形成平等对话，而借助行业工会和力量，就可以较好解决这一问题。

《晶报》的标题是："首个行业工资协议出炉——深圳100家装饰企业双方签协议，规定临时工日均工资最少60元。"认为这一工资协议在其他行业推行工资协商工作起了示范和导向作用。

《深圳新闻》的标题是："深圳市100家装饰企业实行协商工资——工资拿多少，员工有'说话权'。"指出，深圳市总工会对劳动者权益的保护有了突破性举措。近年来，深圳市装饰行业迅速发展，许多民营企业、私营企业脱颖而出。由于市场竞争激烈，一些企业曾出现拖欠、克扣员工尤其是临时劳务人员工资的状况。为了保障劳动者的合法权益，在市总工会、市建设局和劳动局的推动下，装饰行业在全行业推行工资协商制度。这是一项具有示范和导向意义的工作，值得其他行业其他民营企业仿而效之。

《深圳法制报》的标题是："深圳装饰行业首创工资协商制度"，认为在深圳市协调劳动关系中具有开创意义。同时以"稳定大局的创新举措"为题发表了短评。

我们注意到，深圳是劳务工占常住人口比例最高的大城市，劳动工资纠纷是深圳企业最常见、且又极易引发社会群体事件、影响社会稳定的民事纠纷。深圳市装饰行业的企业代表和工会代表在劳动部门协调下通过协商，以合同的形式确定了有关工资标准、支付方式、期限等一系列问题，以创新的精神，率先大胆进行了有益的尝试。市场经济的发展，加剧了劳资双方基于利益分配而形成的矛盾。但是，无论企业所有制关系如何，劳资矛盾与纠纷都是在社会主义市场经济这个大环境中形成的，劳资双方的法律地位完全平等。装饰行业的开拓性举措，提纲挈领地抓住了劳资关系的关键所在，即充分发挥社会主义民主与法治的精神，通过平等协商的方式，使双方的人格、地位、权利都得到充分的尊重，并在此基础上以签订合同的方式，确定了双方互为依存的关系。这无疑会大大降低全行业的劳资纠纷发生率，促进社会稳定。江总书记在"5·31"讲话中要求我们坚持讲大局、讲团结、讲稳定。处理经济事务矛盾的时候如何依法办事，民主协商，抓住机遇，稳定大局？装饰行业为深圳市、广东省、也为全国提供了非常宝贵的经验。

四、事情原委

深圳市装饰行业工资集体协商工作始于2001年7月。作为深圳市总工会确立的深圳市工资集体协商试点单位，深圳市装饰行业协会在市总工会、市劳动局、市企业家协会三方协调机制的悉心指导下，于2001年7月10日召开了首次工资协商工作座谈会。此次会议围绕如何确定装饰行业工资标准的问题，征求了海大、科源、怡庭、满堂红、名雕、嘉音、经典、居家公司等数家有代表性的企业的意见；2001年7月16日，又召开了第二次装饰行业工资协商工作座谈会。此次会议围绕如何确定行业工资标准以及职工平均工资问题，广泛征求了广田、吉祥如意、老房东、红兰、华剑、玉兔、居众、美芝、经典、海大等数家有代表性的企业工会和员工的意见。以这两次座谈会为基础，由装饰行业协会负责拟定了行业工资协商协议书文本。

2001年8月，装饰行业工资协商进入实质性阶段。为使此项工作最大限度地体现合法、公正的原则，在市总工会的指导下，本行业工资协商借鉴深圳市龙岗区坂田区域性集体合同的成功经验，采用自下而上、逐层推举、渐次授权的方式确定协商会议代表。其次，为了最大限度地反映本行业所属企业和企业员工的集合意志，充分体现协商精神，行业协会向所属150余家企业印发了本行业工资协商协议文本，广泛征求协商意见，并于同时印发了协商会议代表授权书。截止2001年12月，本行业共有72家企业和企业员工参与了工资协商活动，推举了各自的协商会议代表并交验了授权书。9月，装饰行业协会在建设工会的大力协助下，在大梅沙举办平等协商签订集体合同培训班，由市总工会权益保障部对开展工资协商的实际操作问题进行了富有实效的指导和说明。与此同时，在几经讨论之后，本行业工资协商协议文本也进行了多次修改。其中，有关本行业固定职工月平均工资标准问题在协商过程中，企业方协商代表认为每月2000元定得过高，应以1600元为宜；临时劳务人员日平均工资因受物价和企业工程量影响，不好确定，拟以每日40元计。经与员工方协商代表协商，考虑到2001年深圳市企业在岗职工月平均工资为2010元，本行业职工月平均工资以2000元为准，属正常情况；临时劳务人员以日平均工资60元为准，实行计件工资制。又如：原协议中曾有“固定人员年工资增长幅度为5%的条款，在协商中，有代表提出由于装饰业市场化程度高，企业效益与市场竞争、与所接工程量多少密切相关，很难保证工程量每年都有确定比例的增长，所以工资增长幅度也很难做出定量的指标，在修改中把此删去。

2002年4月，在广泛、充分、反复听取并吸收本行业相关企业和员工的协商意见后，装饰行业工资协商协议文本定稿，将原来的三章二十一条缩减为现今的三章十三条。至2002年6月，装饰行业又有28家企业和企业员工，在充分了解协议内容、书面表示“承认并接受本行业工资协商有关会议和活动所确认的全部内容”的基础上，陆续加入了工资协商活动，推举了各自的协商会议代表并出具了授权书。至此，装饰行业工资协商协议覆盖企业100家，员工12141人。

2001年8月～2002年7月，装饰行业工资协商会议代表以书面形式推举员工方协商代表10名，企业方协商代表10名。装饰行业工资协商工作自去年以来进展十分顺利。它对于协调本行业劳动关系，保护企业员工和企业的根本利益，稳定职工队伍，促进企业在市场竞争中健康有序地发展有着十分重要的意义。此项工作开展以来，装饰行业协会会长何文祥以高度负责的精神，求真务实的态度，给予了装饰行业工会工作委员会大力支持和配合；深圳市总工会的领导给予了热诚的关心和帮助。深圳市劳动局、市总工会、市企业家协会充分发挥三方协调机制的作用，多次临场指导，排难释疑，所有这些都为本装饰行业工资协商活动的顺利开展提供了有利的条件。

编●后●记

不久前，由劳动和社会保障部、中华全国总工会、中国企业联合会/中国企业家协会组成了“国家协调劳动关系三方会议制度”，决定首先在从业者多问题突出的建设系统推行。

2002年8月2日，建设部在北京召开有200多人参加的“全国建设系统协调劳动关系三方会议成立大会暨工作会议”。中国建筑装饰协会马挺贵会长参加，并将本报道呈送给出席大会的建设部刘志峰副部长等有关方面领导。刘志峰在大会的讲话中念了本报道的前二部分，并给予好评。中华全国总工会苏立清副主席、中国建筑业协会徐义屏秘书长也在大会讲了话。会议指出，“三方会议制度”是国际惯例，我国已批准加入，体现了“三个代表”，对于保障社会稳定，发展产生力，建立民主政治具有重要意义，同时也是建筑业的呼声。会议要求在全国积极推行，今年年底明年年初各省市均要建立此制度。

会后，马挺贵会长立即向协会传达了建设部的会议精神和深圳装饰行业的作法，充分肯定了深圳装饰行业协会此方面的创新工作，要求各地建筑装饰行业积极贯彻推行。

深圳的举措与国家的大政方针、建设部的要求不谋而合。

附录：

深圳市装饰行业工资协商协议书

（二〇〇二年七月二十三日）

为了保障劳动者的权益，维护企业的正当经营利益，合理配置、开发、利用人力资源，根据《中华人民共和国劳动法》、《中华人民共和国工会法》及相关的法律、法规、规章的规定，经充分协商，甲乙双方就本行业工资分配事宜达成如下协议。

基本原则及方式

第一条　甲乙双方在涉及工资协商问题时，应遵循下列原则：

（一）平等对话；

（二）利益共享，风险共担；

（三）权利与义务相统一；

（四）遵章守法。

第二条　根据行业特性，本行业工资协商过程采用自下而上、逐层推举、渐次授权的方式进行。

第三条　本行业工资协商协议的签订、履行、变更、解释及终止事宜，依集体合同有关规定办理。

工资分配及相关问题

第四条　本行业实行如下工资分配制度：

（一）从事经营管理（含技术人员）及行政保障的固定人员实行岗位工资制。

（二）从事一线生产的固定人员实行技术等级工资制。

（三）从事临时劳务工作的人员，实行计件工资制。

上述各项所涉人员在本协议中统称为工作人员。

第五条　本行业固定人员平均工资不低于2000元/月；本行业临时劳务人员平均工资不低于60元/日。

第六条　本行业固定人员临时劳务人员年度工资增长幅度根据企业经营状况、社会物价水平等因素，由甲乙双方在年度工资协商时另行商定。

第七条　本行业各企业应于每月25日前向工作人员全额支付其本月工资，临时劳务人员的工资可按月清洁，亦可即时清结；按月清结的，亦须于每月25日之前清洁完毕。

企业不得无故拖欠工作人员工资。

第八条　本行业各企业应按《劳动法》有关规定支付工作人员加班加点工资报酬。

工作人员加班加点工资依其本人标准工资为计算基数；标准工资依其本人当月实得工资为准。

工作人员标准工资低于深圳市本年度最低标准的，依深圳市本年度最底工资标准为基数计算加班加点工资报酬。

其它事项

第九条　本行业建立年度工资协商制度。

本行业应于每年5～7月间，就本行业下年度工资分配事宜进行协商。

本行业年度工资协商的内容，依本行业工资分配变化情况适时商定。年度工资协商达成协议的，该协议作为本协议附件，与本协议具有同等效力。

在本协议有效期内，本行业年度工资协商的协商代表非因法定事由不予更换，且得依原有授权依法履行职责。

第十条　本协议一经生效，甲乙双方均须严格遵守，认真履行。

本协议有效期内，因涉本协议履行发生争议的，甲乙双方应及时协商，并有权要求与争议有关的企业依法对争议进行调处。

依前款规定，与争议有关的企业对甲乙双方提出的处理意见和要求不得予以拒绝，并应于规定的时间内对争议处理的结果做出答复。

第十一条　本协议各条款所涉之效力及于参与推举工资协商会议代表的各企业。各企业依照对工资协商会议代表授权时所做的承诺承担各自的义务，并独立承担相应的法律责任。

第十二条　本协议自依法生效之日起，至2005年7月23日止。

本协议未尽事宜，法律、法规有规定的，依有关法律法规处理；法律、法规无明文规定的，由甲乙双方协商解决。

第十三条　本协议壹式叁份，甲乙双方各执一份，一份报劳动部门备案。

甲方首席代表　　　　乙方首席代表
年　月　日　　　　年　月　日

附（略——本刊注）

一、行业工资协商企业名录（100家）

二、行业工资协商会议代表名录

1．公司方会议代表（100人）

2．员工方会议代表（100人）

三、行业工资协商代表名录

1．公司方代表（10人）

2．员工方代表（10人）

中国建筑装饰协会在人大会堂举办

全国百家企业实施新国标·承诺环保健康装饰《北京宣言》暨中华建筑报变更主管主办单位新闻发布会

《中国建筑装饰》编辑部观察员

《民用建筑工程室内环境污染控制规范》（GB50325—2001），2001年11月26日建设部批准并与国家质量监督检验检疫总局联合发布，从2002年1月1日起施行；室内装饰装修材料有害物质限量十个国家强制性标准，国家质量监督检验检疫总局2001年12月10日发布，从2002年7月1日起施行，为学习贯彻这两部新国标，2002年7月3日，由中国建筑装饰协会主办、《中华建筑报》报社承办的“全国百家企业实施新国标·承诺环保健康装饰《北京宣言》暨中华建筑报变更主管主办单位新闻发布会”，在人民大会堂河南厅隆重举行。

出席会议的有全国政协副主席万国权，全国人大环境与资源委员会副主任委员、原建设部常务副部长、中国建筑装饰协会高级顾问叶如棠，建设部副部长郑一军、国家质量监督检验检疫总局副局长王秦平、质量监督司副司长王步步、全国政协委员邵华、国家认证认可监督管理委员会副主任梁杰、国家标准化管理委员会副主任石保全、建设部标准定额司司长杨鲁豫、建设部建筑市场管理司副司长、中国建筑装饰协会副会长符曜伟、中国建筑装饰协会会长马挺贵、中国建筑工程总公司党组书记兼副总经理张青林、中国质量检验协会会长李保国、中国建筑设计研究院院长张文成，中国建筑装饰协会副会长、深圳市建筑装饰（集团）有限公司董事长兼总经理汪家玉，中国建筑装饰协会副会长、北京港源建筑装饰工程有限公司董事长王波、北京电视台常务副台长徐道礼。

会议由中国建筑装饰协会常务副会长、秘书长、《中华建筑报》报社社长徐朋主持。

会议首先由中国建筑装饰协会会长马挺贵讲话，他指出，改革开放20多年来，我国建筑装饰业飞速发展。特别是近几年，产值以每年以20%左右的速度递增。去年，全国建筑装饰业实现总产值6600亿元，其中家装产值达到3300亿元。这不仅为国家、社会创造了大量的物质财富，同时带动了建材、化工、轻工等相关产业的发展，拉动了社会需求，推动了社会消费，还解决了上千万人的就业问题，在国民经济和社会发展中占有日益重要的地位。

马挺贵会长说，当前，我国已经告别了住房短缺的状况，全国人均使用面积已经达到了13.5m^2，而功能齐全，装饰一新的小康住宅目标正在全国逐步实现。然而，建材带来的室内装饰装修污染，已严重损害了人民群众的身体健康，成为消费者的一大忧患。这促使全国的建筑装饰工程、建材生产及销售企业和科研检测单位，严格执行新的国家标准，全面提升建筑装饰行业的产品质量、工程质量、服务质量，为广大消费者营造环保健康的工作环境和居住环境。

马挺贵会长表示，从今年7月1日起，强制执行的两项新国家标准，是政府、行业主管部门以法规的形式，控制室内环境污染的开创性举措。贯彻执行新标准将是全国建筑、建材、装饰企业和中装协，今后一个时期的主要工作。此次活动是贯彻国家标准，引导行业自律的第一步。《北京宣言》对承诺的任何一个企业来说，都不仅仅是荣誉。面对市场竞争，建筑、建材、装饰企业是选择自觉执行国标，还是选择浑水摸鱼、不择手段地争取“最后的晚餐”，这对企业来说是一个考验。

马挺贵认为，签署《北京宣言》的企业，实际上是企业调整产品结构的宣言，既是对社会公众许下的诺言，也是承诺者对自身高标准的要求。承诺者要力行，就必须真正从群众的利益出发，处理好企业和群众利益的关系，努力开拓，不断提高技术、创新能力。同时，要必须加强人才培训，不断地提高业务人员的素质和企业管理水平、技术水平。全国执行北京宣言和实施新的国家标准，将使承诺者得到全面的提升，同时产生一批具有国际竞争力的建筑装饰名牌产品和骨干企业，大幅度地提升建筑装饰行业的形象。

然后由中国建筑装饰协会副会长、深圳市建筑装饰（集团）有限公司董事长兼总经理汪家玉宣读《北京宣言》。

建设部副部长郑一军、国家质量监督检验检疫总局副局长王秦平、国家认证认可监督管理委员会副主任梁杰、国家标准化管理委员会副主任石保全相继讲话。

建设部副部长郑一军指出，近年来，由于一些建筑装饰材料有害物含量过高，在建筑装修工程中发生的室内环境质量问题日益突出，并逐渐发展成为社会的热点问题之一。广大群众和新闻媒体对室内环境污染问题的关注，引起了国务院领导同志的高度重视。

郑一军副部长表示，在有关部门的通力合作之下，经过一年多的艰苦努力，《民用建筑工程室内环境污染控制规范》、“室内装饰装修材料有害物质限量”等11项国家标准相继发布，并于今年1月1日起实施。这批强制性标准的执行，为有效控制民用建筑工程的室内环境污染，提供了有力的保障。今年3月1日，为严格贯彻这些标准、规范，切实强化监督管理，建设部印发了《关于加强建筑工程室内环境质量管理的若干意见》，要求各级建设主管部门提高对建筑工程室内环境污染严重性和控制室内环境污染紧迫性的认识，把控制室内环境污染作为确保建筑工程安全性和居民身体健康的一项重要工作，抓实抓好；要求勘察设计单位在工程勘察、设计、特别是室内通风、装饰装修设计中严格执行有关标准、规范；要求施工单位和监理单位都要按各自职责作好材料进场检验工作，确保有害物含量超标的产品不在工程上使用；要求各地建设行政主管部门和建设单位严把工程验收备案关，建筑工程室内空气中有害物含量指标不符合《规范》规定的，不得投入使用。

郑一军副部长指出，当前，控制室内环境污染、为人民群众提供健康的室内生活环境的技术依据和法制环境已经具备。但是执行新标准不是一件容易的事情，还需要企业不断增强法制意识，需要各方面的监督。他强调，全国各地的建筑企业、装修企业以及有关部门和单位，一定要以对广大人民群众高度负责的精神，提高加强建筑工程室内环境、安全管理重要意义的认识，积极行动起来，共同营造一个学习、贯彻控制民用建筑室内环境污染标准规范，生产、销售、使用达标材料，设计、建造达标工程的良好氛围。

国家质量监督检验检疫总局副局长王秦平接着指出，根据国务院领导同志的批示，在建设部的大力支持下，国家质检总局制定了“室内装饰装修材料有害物质限量十个国家强制性标准”，在本标准实施的第三天，今年百家企业进行这次活动，我们向建设系统和百家企业表示敬意，感谢大家对这个国标和国家质检总局工作的支持。他认为，装饰装修现已成为支柱产业，带动了众多相关产业的发展。近年来，对装饰装修的投诉越来越多，医学上有的肯定，有的则有争议。严重地影响了人体的健康，成为社会关注的热点，官司不断。这十个标准，保证装饰装修材料的安全环保，为装饰装修行业的发展创造了条件，希望百家企业在工程中实践承诺。当前我们要严格禁止生产、销售不符合十个标准的装饰装修材料，严格进行监督，发现后即取消其生产许可证、认证，加强执法力度，保证市场环境达到标准，欢迎新闻监督，对广大消费者而言，对家装而言，今后有了保证，有问题可到有关部门投诉，政府保护其合法权益。他强调，执行十个标准，就是实践“三个代表”，希望百家企业真正执行，让百姓放心，让党中央放心、让国务院放心。祝企业万事如意！

国家认证认可监督管理委员会副主任梁杰代表王凤清主任向大会表示祝贺，他认为这是创造环保的一项重大举措。国家标准化管理委员会副主任石保全表示，越来越严重的室内环境污染，广大消费者反映强烈，引起国务院领导的关注，2001年6月、8月、9月李岚清、温家宝副总理多次批示，要求完善法规，对装饰装修材料的生产、销售、使用进行管理，保护消费者的身心健康。这十个标准，从2001年7月起草到2001年底颁布不到半年，而一般标准则需要二三年时间，体现了特事特办，规范组有70多个单位的80多位专家，认真研究了国外先进的标准，尽量与国际接轨。这十个标准分二步执行：自2002年1月1日起是生产企业；自2002年7月1日起是销售企业。他指出，只要做出努力都能达标，不会是太难的事。今天百家在全国起了一个带头和典范作用，希望为保护投资者和消费者做出较大的贡献。国家认证认可监督管理委员会和国家标准化管理委员会都是国家质量监督检验检疫总局的下属单位。

作为《北京宣言》的发起单位，与会百家企业代表在中国建筑工程总公司党组书记兼副总经理张青林的带领下签署《北京宣言》。

出席会议的党和国家领导人及各部门领导向企业代表颁发《北京宣言》发起单位铜牌。

参加会议的有中国建筑装饰协会副秘书长房箴、行业发展部兼会刊《中国建筑装饰》主编黄白、组织联络部主任杜桂玲、办公室主任兼行业自律委员会办公室主任王本明、信息咨询委员会理事长崔勇、副秘书长高世彦、培训管理部主任兼培训中心主任王燕鸣、工程委员会秘书长顾国华，《中华建筑报》总编邓千、副总编华敬友、赵刚。

有中国人民解放军建筑装饰协会秘书长沙启云和地方建筑装饰协会的负责人：北京市建筑装饰协会理事长朱希斌、常务副秘书长郭仁智，上海市建筑装饰协会常务副秘书长薛德兴，重庆市建筑装饰协会常务副秘书长肖能定，江苏省建筑装饰协会副秘书长孙建设，黑龙江省建筑装饰协会副秘书长赵兴武，江西省装饰行业协会副秘书长曾凡珩，广州市建筑装饰协会副秘书长关帆，家装委员会主任黄翔，材料委员会主任蓝芳，辽宁省装饰协会组织协调部主任杨东新，太原市建筑装饰协会秘书长杨凯，陕西省建筑装饰协会办公室副主任路祯明，湖北省建筑装饰协会办公室主任马潇，石家庄市装饰协会常务副秘书长张永学，鸡西市建筑装饰协会办公室主任李玉琴等。

知名建筑装饰企业家有北京筑邦建筑装饰工程有限公司总经理孟建国、北京清华工美建筑装饰工程有限公司董事长吴晞、中国建筑装饰工程公司副总经理金成镐、金丰环球集团董事长陈康权、深圳南利装饰工程公司副总经理邝锡鸣、深圳中航装饰工程有限公司董事副总经理曲延峰、深圳海外装饰工程公司总经理高岗、湖北鼎元建筑装饰工程有限公司董事长兼总经理程新明、武汉凌宏建筑装饰工程有限公司总经理阳德广、重庆渝远建筑工程设计装饰有限公司董事长钟传荣、重庆港庆建筑装饰有限公司总经理丁域庆、重庆金字塔装饰有限公司总经理张文海、重庆西南铝型材装饰装修有限公司总经理李淳凌、山东德泰装饰有限公司董事长李晓东、山西森永建筑装饰工程有限公司总经理石磊等。

中央电视台、北京电视台、人民日报、经济日报、光明日报等首都30多家新闻媒体的记者到会作了采访。

北　京　宣　言

（二〇〇二年七月三日·北京人民大会堂）

2002年7月1日，中国室内环境污染控制迈出具有重要历史意义的一步：《民用建筑工程室内环境污染控制规范》和室内装饰装修材料有害物质限量10项强制性国家标准全面实施。

以法规的形式护卫环保健康的室内环境、营造舒适健康的生活空间，这是人类可持续发展的共同目标，也是走向富裕小康之路的13亿中国人民的强烈愿望。

让有害物质远离室内环境，让人民群众真正拥有符合国家标准的室内生活，两大国标的出台与实施，体现了“三个代表”的根本宗旨，倾注了党和国家对提高人民群众居住质量的关切之情。

今天，我们百家建筑装饰工程、建材生产及经销企业、科研检测单位的代表汇聚在庄严的人民大会堂，向全国人民发出宣言并郑重承诺：

一、学习国标从严要求。我们将本着对国家负责、对人民负责的态度，认真做好本企业的学习、宣传工作。让企业的每一位员工成为新国标的宣传者、贯彻者。

二、贯彻国标以我先行。以严密的制度、有效的机制做保证，不生产、不销售、不使用有害物质超标的建筑装饰装修材料，把为人民大众建造、装饰达标的“放心房”，作为我们的基本行为准则。做贯彻标准的先行者和模范。

三、规范市场从我做起。我们愿意接受广大投资者、消费者和政府主管部门、行业协会、新闻媒体的监督；并积极配合建设行政主管部门、国家质量监督检验部门的工作，共同打击生产、销售、使用不符合国家标准材料和产品的行为，为营造良好的市场秩序而努力。

四、关爱民生从实入手。投入力量，积极主动研制、开发、生产达标产品，销售、使用符合国家标准的装饰装修材料，建造符合国家标准的工程，把企业的效益与维护公共安全和公众利益作为共同目标。

五、共同创建健康生活。我们呼吁全国更多的企业能响应“北京宣言”；我们期望全国广大人民群众关注“北京宣言”；形成“执行国标光荣、违背国标可耻”的社会氛围，共同为创建中国环保健康文明的居住生活而努力奋斗。

以诚立信，承诺如山。我们将维护“北京宣言”发起者的光荣和神圣职责。今天，我们在首都北京向全社会做出了承诺。请庄严的人民大会堂作证，为葆每个家庭的美丽，我们有诺必践；请刚刚开元的新世纪作证，为了子孙后代的健康，我们的承诺将伴世纪同行。

《北京宣言》发起承诺单位名单

（排名不分先后）

1 中国建筑工程总公司
2 北京建工集团有限公司
3 北京城建新创工程有限责任公司
4 河南省第二建筑工程公司
5 中国建筑设计研究院
6 中国建筑科学研究院
7 中国环境科学研究院
8 国家建筑材料测试中心
9 北京市建筑设计研究院
10 上海市建筑科学研究院
11 河南省建筑科学研究院
12 华南绿色产品认证中心
13 郑州市中原应用技术研究所
14 深圳市建筑装饰（集团）有限公司
15 武汉凌云建筑装饰工程有限公司
16 北京港源建筑装饰工程公司
17 深圳市南利装饰工程公司
18 南京装饰工程公司
19 中国建筑装饰工程公司
20 北京市建筑工程装饰公司
21 北京清华工美建筑装饰工程有限公司
22 北京筑邦建筑装饰工程公司
23 北京吉泽装饰工程有限公司
24 北京和玺彩建筑装饰工程有限公司
25 北京鑫溢达建筑装饰工程公司
26 北京湘宁装饰有限公司
27 北京安创装饰设计有限公司
28 北京华尊装饰工程有限责任公司
29 北京华安正泰装饰设计有限公司
30 北京中海装饰有限责任公司
31 深圳市海外装饰工程公司
32 深圳瑞和装饰工程有限公司
33 深圳中航装饰工程有限公司
34 中建三局东方装饰设计工程公司
35 上海金茂建筑装饰有限公司
36 上海天宏建筑装璜有限公司
37 金螳螂建筑装饰有限公司
38 江苏苏鑫装饰（集团）公司
39 江苏合发集团有限责任公司
40 江苏鑫宇装饰有限公司
41 福州国广一叶建筑装饰工程公司
42 湖南六建装饰设计工程有限责任公司
43 湖南银华装饰有限公司
44 天津金丰环球装饰工程有限公司
45 湖北鼎元建筑装饰工程有限公司
46 重庆西南铝型材装饰装修工程公司
47 山东德泰装修有限公司
48 青岛德才装饰工程有限公司
49 沈阳黎明门窗幕墙工程（集团）公司
50 秦皇岛渤海铝幕墙装饰工程有限公司
51 吉林省建筑装饰集团有限公司
52 长春东方装璜工程有限公司
53 黑龙江高维装饰工程有限公司
54 东北通圆建筑装饰公司
55 重庆港庆装饰工程有限公司
56 重庆金梭装饰设计工程有限公司
57 重庆港鑫装饰工程有限公司
58 重庆渝远建筑装饰设计工程有限公司
59 重庆金字塔装饰有限公司
60 海天家庭装修有限公司
61 山西森永建筑装饰工程有限公司
62 武汉凌宏建筑装饰工程有限公司
63 西安飞机工业铝业股份有限公司
64 北新建材（集团）有限公司
65 北京市经科信息咨询有限责任公司
66 重庆四维陶瓷集团
67 圣象制造集团
68 北京宏耐世嘉建材有限公司
69 华鹤集团有限公司
70 澳丽特内外墙保温节能应用中心
71 溪石集团
72 北京博莱通灯饰照明器材有限公司
73 北京华安灯饰照明有限公司
74 南海达美灯饰照明有限公司
75 北京桑威万宝龙有限公司
76 北京格莱斯地毯有限公司
77 广州白云粘胶厂
78 杭州之江有机硅化工有限公司
79 美嘉生化保卫有限公司
80 北京西令胶粘密封材料有限公司
81 北京市京齐树脂厂
82 德国贝康木业公司上海代表处
83 德国梅菲特集团涂料公司北京办
84 上海白蝶管业科技股份公司
85 浙江德仁集团
86 上海申得欧有限公司
87 长沙万励管业有限公司
88 山东晨鸣板材有限公司
89 山东大明塑料型材有限公司
90 上海禾普化工有限公司
91 山西晋城市龙芳塑钢门窗厂
92 中国建筑进出口总公司
93 好美家装潢建材有限公司
94 北京居然之家家居市场
95 北京东方家园
96 北京环三环建材城
97 北京家和家美家居商城
98 北京欧贝德建材超市
99 北京百安居建材超市
100 北京东百发集团
101 中美华建文化艺术培训学校

重庆百家建筑、建材、装饰企业共同发起 执行国标 推行环保健康装饰 加强行业自律

《重 庆 宣 言》

《中国建筑装饰》编辑部观察员

《民用建筑工程室内环境污染控制规范》(GB50325—2001),2001年11月26日建设部批准并与国家质量监督检验检疫总局联合发布,从2002年1月1日起施行;室内装饰装修材料有害物质限量十个国家强制性标准,国家质量监督检验检疫总局2001年12月10日发布,从2002年7月1日起施行。

为学习贯彻这两部新国标,2002年7月3日,由中国建筑装饰协会主办、《中华建筑报》报社承办的"全国百家企业实施新国标·承诺环保健康装饰《北京宣言》暨中华建筑报变更主管主办单位新闻发布会",在人民大会堂河南厅举行。

为响应《北京宣言》,北京市建筑装饰协会8月1日在北京市政协礼堂召开"执行国标·创建环保健康室内环境"活动。

紧接着,另一个直辖市——最大的直辖市——3400万人口,其中市区人口1400万人的重庆,作了《北京宣言》的第二个响应。2002年8月1日,由重庆市建筑装饰协会、《城市风》杂志社主办,重庆市建委、市环保局、市技监局、市消费者协会、《中华建筑报》支持的"重庆百家建筑、建材、装饰企业共同发起执行国标 推行环保健康装饰 加强行业自律《重庆宣言》"在五星级重庆海逸酒店举行。

出席此活动的有中国建筑装饰协会常务副会长兼秘书长徐朋,重庆市建委建管处处长董勇,中国建筑装饰协会理事、重庆市建筑管理站站长、建筑装饰协会理事长喻上沛,市民间组织管理局局长刘韵秋,市技术监督局副局长吕长富,市建筑装饰协会秘书长李学荣、常务副秘书长肖能定,副理事长、《城市风》杂志法人代表兼副总编陈天玲,以及中国建筑装饰协会综合部主任王毅强、信息部主任兼会刊《中国建筑装饰》主编黄白,中国建筑装饰协会常务理事:重庆西南铝型材装饰装修工程有限公司总经理李淳凌、重庆渝远建筑工程设计装饰有限公司总经理钟传荣,中国建筑装饰协会理事:重庆宏图装饰工程有限公司董事长兼总经理张天宏、重庆港庆建筑装饰有限公司总经理丁域庆,重庆皇城装饰工程公司董事长王金山,重庆金梭装饰设计工程有限公司董事长张仁希,重庆华力设计装饰工程有限公司总经理李兴民等重庆装饰行业人士近300人。

活动由中国建筑装饰协会理事、重庆市建筑装饰协会副理事长邓思宁主持。

喻上沛理事长、陈天玲副总编分别致辞。刘韵秋局长、董勇处长、吕长富副局长、徐朋常务副会长兼秘书长分别作了讲话。

刘韵秋局长指出,据重庆市民间组织管理局统计,全市现有110多家行业协会,本着不能成立相关相近的行业协会的原则,装饰协会只此一家。行业协会最重要的作用是公正、协调、自律、维权——维护本业的权益。重庆市政府成立了以副市长为组长的"重庆市中介组织领导小组",将出台《重庆市中介服务业指导意见》,将企业资质审查、评优、统计等10多项政府职能赋予行业协会,以进一步培育和规范行业协会。她认为,此次活动发表《重庆宣言》,是重庆建筑装饰行业发展的一个飞跃,期望广大会员单位支持。

董勇处长表示,宣言,最重要的是实践。2002年7月11日,重庆市建委召开了"全市整顿规范装饰装修会议",《重庆宣言》是这次会议的延伸。装饰装修业体现了安全、环保、艺术,根据朱总理的指示,本业要对社会、人民健康负责。建设部已把重庆作为民用建筑工程室内环境污染控制检测的试点城市,市质量监督站增加了室内环境检测中心。他强调,生产流通由技监部门负责,进入工程领域由建委负责。近年来重庆市每年有近千亿元的投资,其中装饰装修在上百亿元。装饰行业如何做大做强,是我们面临的一项重要工作。装饰协会重要的职能是维护本业利益、形象,装饰协会应成为听取企业诉苦、分享企业快乐的地方。我们鼓励装饰企业做大做强做精,装饰协会做大做强。学习外地企业先进,开放市场,欢迎高水平外地企业进来,本地企业市场占有率应达到60%。行业自律,他引用了市混凝土协会的例子,合同到协会备案,对方不给钱不供货。行业协会做了好事,企业自然拥护,有为才能有位。

吕长富副局长指出,当前室内装饰环境污染严重,政府操心,百姓担心。现在还有不少厂商怀疑政府的决心,开足马力生产不达标的产品,并低价销售,关键的时刻召开了此会,十分及时和重要,意义深远。最近市技术监督局检查,问题十分突出和棘手,细木工板甲醛含量国标规定是

1.5mg/L，而 90%的产品不合格，达到 10～50 mg/L；不合格的市场份额很大，强化木地板 30%，花岗石 30%，瓷砖 20%；假冒证书等，严重困扰了建筑装饰行业的健康发展。因此，我们要发挥政府、行业协会及企业的作用，同仇敌忾，净化装饰市场。

徐朋常务副会长兼秘书长表示，两个强制性国标的颁发，使我们有法可依。通过装饰装修创造符合环保健康要求的环境，是我们装饰行业从业者义不容辞的责任，是落实"三个代表"行动，也是形成企业核心竞争力的组成部分。他同时指出，室内装饰装修材料有害物质限量十个国家强制性标准，只是市场准入的标准，而并非环保绿色标准，反映了我国国民经济发展水平的下限要求，今后还会提高。中国建筑装饰协会大力支持此次活动，重庆装饰业人士热情很高，积极参与，希望有诺必践。

百家企业的代表——重庆宏漆涂料有限公司宣读了《重庆宣言》，大会进行了发牌仪式。百家企业郑重地签了字。同时颁发了中国建筑装饰协会"诚信家装企业"铜牌。

作为此会的配套活动，重庆市建筑装饰协会同期组织了"魅力重庆（宏漆）装饰论坛"，召开了二场专题讲座：中国建筑装饰协会常务副会长兼秘书长徐朋的" WTO 与装饰行业的战略选择"、中国政法大学商学院常务副院长兼工商管理系主任孙选中教授的"装饰企业发展战略选择"，得到 300 多位听众的高度评价。进行了公装与家装企业的大会交流，受到重庆装饰业内的热情称赞。

中国建筑装饰协会与重庆市建筑装饰协会召开了有 9 家家装企业参加了"家装民营装饰企业建立现代企业制度座谈会"，会议别开生面，收获颇多。

重庆建筑装饰协会自 2002 年 7 月调整了秘书处领导机构以后，工作发生了重大变化，此次活动展示了重庆建筑装饰协会运作行业的才华与经验。

重庆建筑装饰协会大有希望，重庆建筑装饰行业大有希望。

建筑装饰行业电气界的一次盛会

——记中国建筑装饰协会建筑电气委员会 2002 年年会

《中国建筑装饰》编辑部观察员

2002 年 3 月 26 日～27 日，中国建筑装饰协会建筑电气委员会 2002 年年会在西安市秦都大酒店举行。年会主题是"应对 WTO 二次创业"，主要议题：一是建筑电气委员会的工作报告；二是有关建筑装饰行业与 WTO 的报告；三是有关电气专家的学术技术讲座；四是部分电气生产厂商的优质产品展示与推介；五是颁发优质建筑电气产品证书及奖牌。会议得到了中国建筑装饰协会、陕西省建设厅、西安市政府及有关方面的高度重视和大力支持。出席会议的有 40 多家电气生产厂商、100 多家建筑装饰工程企业、30 多家设计研究院、5 家高等院校、30 多家房地产开发商。

在会议召集人——原中国建筑西北设计研究院院长、中国建筑装饰协会常务理事、建筑电气委员会理事长、中国建筑装饰协会五届理事会中惟一享受国务院特殊津贴的专家花恒久的邀请下，出席年会的有关方面领导有中国建筑装饰协会常务副会长兼秘书长徐朋，陕西省建设厅总工程师万人选，陕西省建筑装饰协会理事长孔祥清、秘书长王卫国，西安市人大常委会副主任张富春、市政府秘书长王文华、市原人大常委会主任康兴中、市建委副主任薛武平，市建筑装饰装修协会理事长田自立、秘书长白磊，陕西省土木建筑学会理事长梁建智、秘书长孙博学，中国建筑西北设计研究院院长樊宏康、党委书记张秀梅、副书记兼院办主任王振海，西安交通大学工程学院博导薛钧义教授、西安建筑科技大学信控学院任庆昌教授。会议分别由建筑电气委员会办公室主任孙秀华、理事长花恒久、副理事长崔家勤主持。

出席会议的还有中国建筑装饰协会行业发展部主任兼会刊《中国建筑装饰》主编黄白，中国建筑装饰协会理事、《新居室》总编洪涛，陕西省建筑装饰协会常务秘书哈波，西安市建筑装饰装修协会副秘书长赵洁心，中国建筑装饰协会理事、西安西航祥和铝业装饰工程有限公司总经理张宜贵等 5 人，中国建筑装饰协会理事、陕西新艺华室内设计装饰有限公司总经理王跃民，中国建筑装饰协会理事单位、耀华建筑装饰工程有限公司副董事长兼总经理陈华龙，西安市建筑装饰装修协会副理事长、西安发记建造有限公司董事长刘兆培、办公室主任杨军，中国建筑西北设计研究院各设计所的电气专家，台湾御城集团工程副总经理林文辉，《建筑电气资讯》副主编何志祥以及西安今早报、民声报、粤港信息日报、陕西省广播电台、西安电视台等多家新闻媒体的记者。

在花恒久理事长代表中国建筑装饰协会建筑电气委员作了题为“认请形势 抓住机遇迎接挑战”的工作报告（全文附后）赢得热烈掌声后，有关方面领导相继讲话。

陕西省建设厅总工程师万人选指出，此会对陕西省建筑装饰行业、对电气业是一个很大的促进。地处西部的陕西省有20万平方公里，2001年GDP达1800亿元，西安是13朝古都，曾是中华经济、政治和文化的中心。他认为，当前工作重点是推进城镇化，发展区域经济，商机巨大，欢迎优秀电气生产厂商到陕西来发展、来创业。

西安市政府秘书长王文华认为，西安市人口171万人，面积占全省的1/10，西安区域经济若要大发展，就要大力发展建筑装饰行业。他强调，如今建筑装饰行业已占到了建筑业的半壁河山，随着WTO的进程，政府职能将有极大的改革和转换，建筑装饰行业将有更大的发展，协会是同业同仁联欢的场所，希望电气委员会做出新贡献。

中国建筑装饰协会常务副会长兼秘书长徐朋作了关于中国建筑装饰行业发展现状与应对WTO思考的讲话。他指出，非常感谢陕西省、西安市政府多年来对建筑装饰行业的关心，政府的支持是搞好协会工作的保障。中国建筑装饰协会今年的工作是“一个中心，二个基本点”：迎接WTO挑战，全力以赴提高企业核心竞争力；自律与创新。电气委员会很好地贯彻了本会的工作精神，相信一定能够完成今天的工作任务。

他说，中国建筑装饰协会是2001年6月换届的，形成了现在的第五届理事长。本届理事会认为，为了推动行业的可持续发展，就必须摸清行业的资源，于是我们开展了“建筑装饰行业在国民经济和社会发展中的地位与作用”的课题调研，初步成果已发表在2001年12月24日《经济日报》上，4月底上报建设部。据我们估测，2000年建筑装饰行业产值是5500亿元，占当年GDP的6.2%，其中家装占3000亿元。近年来行业发展速度在25%～30%，远高于同期国民经济7%的发展速度。另据中央电视台3月22日报道，2001年全国建筑装饰行业产值6600亿元，其中家装占54%，3600亿元，发展速度是20%。我们预计2001～2005年行业发展速度可达20%～25%。建筑装饰行业，特别是家装是拉动内需的重要力量，搞好此业，完全符合中央经济工作的指导思想。建筑装饰工程从业人员850万人，销售流通人员400万人，创造了大量的就业机会，对保持社会稳定产生了积极作用。同时提高了人们的文化品位与环保意识。

徐朋强调，当前影响行业发展的主要障碍，是“多头管理”，否则行业发展的效果和质量会更好。

关于行业WTO的对策，他认为：一是要减少投机心理与浮燥情绪；二是要调整企业发展的坐标系；三是WTO后将产生新的一批中外合资装饰企业和厂商，电气、幕墙、设计等技术含量高的将是首先竞争的领域；四是本业的两个弱项：设计、材料，两大短缺：服务、信用。五是竞争手段发生变化，需要核心竞争能力，其重要组成部分是策划并形成比较优势，即经营特色。为此，他指出：一要创造人力资本价值产生的条件，忠诚企业、忠诚老板也是一种良好品德；二是实施联合发展战略；三是坚决走专业化发展道路。

年会期间，中国建筑装饰协会常务副会长兼秘书长徐朋、建筑电气委员会理事长花恒久共同接受了《西安今早报》、《民声报》、《粤港信息日报》三家当地主流新闻媒体的联合采访。对他们提出的六个问题进行了回答：一是协会怎样指导行业发展；二是陕西建筑装饰行业在全国的地位；三是协会在西部大开发的指导作用；四是新的合资建筑装饰企业和厂商，中方无形资产怎样考虑；五是装饰装修与建筑的界限是什么；六是提倡性政策——一次性家装的影响。

中国建筑装饰协会常务副会长兼秘书长徐朋在西安期间，还会见了陕西省建设厅副厅长彭吉新，并与陕西省建筑装饰协会理事长孔祥清、秘书长王卫国一起就推动行业发展沟通了情况，交换了意见。看望了《新居室》杂志社全体工作人员，与总编辑洪涛就如何办刊进行了研讨。

年会进行了两场学术技术讲座：西安交通大学工程学院博导薛钧义教授的“适应智能建筑发展需要，开发智能电气设备”，西安建筑科技大学信控学院任庆昌教授的“当前我国智能建筑主要技术和发展趋势”。领导讲话、专题报告和学术技术讲座受到了与会人士的热烈欢迎。

TCL国际电工、杭州鸿雁、西安鸿雁、北京明日、上海伦宝、温州九川、哈尔滨威林等多家知名电气厂商进行了电气新产品新技术的新闻发布，电气设计、施工企业和材料厂商进行了有效率的技术交流。电气委员会对其中的优质产品颁发了证书和奖牌。业内普遍认为这种会议形式非常好，内容丰富、实用，今后应多多举办。

如此多的各方面的高层领导和200多位电气界人士齐聚一堂，共商应对WTO建筑电气界的“二次创业”，这是中国建筑装饰协会建筑电气委员会近年来召集的会议所少有的，开出了人气，标志着建筑装饰行业智能化程度最高的电气业将有一个大发展大提高，显示出建筑电气委员会工作的新气象，新世纪一个良好的开端。

·其　他·

彭政国同志遗体告别仪式在北京举行

中国建筑装饰协会铝制品委员会

（二OO二年十月十六日·北京）

2002年10月12日上午10时20分，中国建筑装饰协会常务理事、铝制品委员会理事长兼秘书长、国家经贸委硅酮结构密封胶领导小组成员、专家组组长彭政国同志，因病医治无效在北京逝世。这位在中国建筑装饰协会1984年一成立就到协会，并主持铝制品委员会工作长达18年的优秀协会领导干部走完了他不平凡的71年的人生旅途。

中国建筑装饰协会铝制品委员会成立于1984年，曾用名中国建筑业联合会装饰铝制品协会，简称中国建筑装饰铝制品协会。1995年改称为中国建筑装饰协会铝制品委员会，第一任理事长赵春茂，秘书长李书球，1989年高锡久出任第二任理事长。1992年彭政国出任第三任理事长兼秘书长，现有会员单位1100多家。

10月16日上午，中国建筑装饰协会在北京八宝山人民公墓殡仪馆大礼堂隆重举行彭政国同志的遗体告别仪式。中国建筑装饰协会、国家经贸委硅酮结构密封胶领导小组、中国建筑金属结构协会及有关部门、彭政国同志生前好友，来自广东、北京、上海、天津、重庆、辽宁、湖北、江西、江苏、四川、山东、浙江、陕西、海南、河南等地的知名幕墙装饰企业的代表近两百人出席，并向彭政国同志的夫人周丽君及其家属表示深切的慰问。

出席彭政国同志的遗体告别仪式的有中国建筑装饰协会名誉会长张恩树、会长马挺贵、常务副会长兼秘书长徐朋、副秘书长张京跃、房箴，荣誉理事、原中国建筑装饰协会秘书长石连峰，国家经贸委硅酮结构密封胶领导小组办公室主任李振中、中国建筑金属结构协会副理事长郑金峰、门窗幕墙委员会主任黄圻，北京市建筑装饰协会理事长、幕墙门窗委员会会长朱希斌、幕墙门窗委员会执行会长班广生等有关方面领导。

有中国建筑装饰协会彭政国同志治丧小组全体成员，铝制品委员会三任常务秘书兼办公室主任白宝鲲（3年）、刘香艳（6年）、邱建辉（6年），专家组成员刘志龙、谈恒玉、耿滨、姜成爱等；有《装饰名品》编辑部郎志春，《中国建设报》马小丽，《中国建设动态》李燕赤，《建筑》杂志马红、黄荔，《建筑装饰材料世界》杂志社高卫华、王子强，《中国有色金属报》曹祥汉等新闻媒体的朋友。很多知名幕墙装饰企业家亲自来京参加，如深圳南铝幕墙材料有限公司总经理白宝鲲、深圳金粤幕墙装饰工程有限公司总经理梁铭、深圳华加日铝业有限公司总经理姚锐红、沈阳远大集团副董事长郭忠山、深圳市三鑫特种玻璃技术股份有限公司总裁韩平元、香港成功集团总经理陈燕南、广东省铝合金建筑装饰公司总经理黄江、广东省南海市装饰工程有限公司总经理吴文锋、广州白云粘胶厂厂长李和昌、石家庄市海山建筑装饰工程总公司总经理史永平等。有国家化学建筑材料测试中心孟小平、国家建材工业建筑防水材料产品质检中心朱德明、中国建筑科学研究院姜红、中国建筑标准设计研究所刘达民等高级知识分子。中国建筑装饰协会信息咨询委员会在副理事长兼秘书长田万良及其秘书处工作人员来了10多位。

北京八宝山人民公墓殡仪馆大礼堂庄严肃穆，室内外横幅分别写着：“沉痛悼念彭政国同志”和“向彭政国同志告别仪式”。一大清早赶来的人们在签到簿上签字，阅读由“中国建筑装饰协会彭政国同志治丧小组”印发的《彭政国同志生平》。

彭政国同志安详地躺在苍松、翠柏、鲜花丛中，周围环绕着布满的花圈。人们缓步向前，向彭政国同志这位好领导、好专家、好同志、好朋友依依不舍的告别。彭政国同志的逝世，是中国建筑装饰协会和我国铝门窗幕墙业、建筑装饰行业的重大损失，大家十分悲恸，向彭政国同志致以最沉痛的哀悼，向彭政国同志的夫人及其亲属表示深切的慰问。

彭政国同志逝世事发十分突然。据彭政国同志的夫人周丽君和中国建筑装饰协会铝制品委员会办公室主任邱建辉介绍，10月11日星期五早晨，彭政国同志象往常一样去协会办公室上班，并计划应山东一家幕墙企业之邀10月15日出差前往咨询服务，上班不久，他突然晕倒，身边工作人员和家属急将他送往医院。到医院检查结果无问题，遂晚上回家，仍与办公室同志谈协会工作。次日～10月12日星期六上午10时多，彭政国同志招呼身边工作人员和家属，说自己久躺身体不适想坐起，刚被扶起就说自己头痛遂躺下，数秒钟后不醒人事，急唤医生抢救未果，不料竟于10时20分溘然长逝。

中国建筑装饰协会对彭政国同志的治丧工作非常重视。

10月12日深夜，铝制品委员会办公室主任邱建辉将此情报告中国建筑装饰协会常务副会长兼秘书长徐朋，徐朋立即通知协会综合部主任王毅强、信息部主任兼《中国建筑装饰》主编黄白、信息咨询委员会副理事长兼秘书长田万良，次日早晨8时30分集合去彭政国同志家中。

10月13日星期日上午，常务副会长兼秘书长徐朋一行到彭政国同志家中，代表中国建筑装饰协会和名誉会长张恩树、会长马挺贵，向彭政国同志的夫人周丽君及其长子等家属、铝制品委员会办公室主任邱建辉表示深切的慰问，详细听取了关于彭政国同志逝世过程的汇报，他表示，彭政国同志长期负责中国建筑装饰协会铝制品委员会的领导工作，并作为铝门窗幕墙行业的权威专家，坚持以服务为宗旨，与时俱进，不断探索协会工作规律，他是一位颇具人格魅力的优秀协会工作者，中国建筑装饰协会一定全力以赴地把彭政国同志的治丧工作办好。

10月14日星期一上午，中国建筑装饰协会召开会长办公会，名誉会长张恩树、会长马挺贵、常务副会长徐朋对彭政国同志的治丧活动进行了认真的研究，决定：

1. 立即成立由9人组成的“中国建筑装饰协会彭政国同志治丧小组”，组长：常务副会长兼秘书长徐朋，副组长：综合部主任王毅强、铝制品委员会办公室主任邱建辉，成员：信息部主任兼《中国建筑装饰》主编黄白、综合部杜桂玲、信息咨询委员会副理事长兼秘书长田万良、建筑五金委员会副理事长兼秘书长郑纪文、石材委员会理事长兼秘书长严克明、工程委员会副理事长兼秘书长顾国华。

2. 以“中国建筑装饰协会彭政国同志治丧小组”的名义向协会秘书处各部门、各专业委员会、各地方建筑装饰协会、全军建筑装饰协会、有关单位传真，并在中国建筑装饰网和中国建筑幕墙行业专业网上发布《讣告》和“关于彭政国同志治丧有关事项的通知”。

3. 给彭政国同志的夫人周丽君及其家属慰问金。

4. 10月16日上午9：00在北京八宝山人民公墓殡仪馆大礼堂举行遗体告别仪式。

5. 起草“彭政国同志生平”。

10月15日，中国建筑装饰协会信息部和会刊《中国建筑装饰》编辑部作为“中国建筑装饰协会彭政国同志治丧小组”的临时办公地，一天之内接受了象雪片一样来自全国各地上百个慰问电话和传真，均要求订制花圈。有北京、上海、重庆、深圳、辽宁、江西、黑龙江、江苏、陕西、福建、吉林等地的建筑装饰协会和中国人民解放军建筑装饰协会。

唁电感人至深，如国家经贸委硅酮结构密封胶领小组办公室主任李振中：“一生耿直敢批敢评有马列主义真功夫，九洲闻名为政为协以三个代表是先锋。” 就连铝制品委员会会刊的承印企业——北京市文兴胶印厂也致了唁电，落款是“全体职工及彭政国同志的残疾朋友”。还有美国GE、道康宁、香港成功集团等海外知名幕墙材料厂商。

铝制品委员会首任常务秘书、深圳南铝幕墙材料有限公司总经理白宝鲲在铝制品委员会网站上看到了消息并经核实后，立即联络了深圳10多家知名幕墙企业自愿来京参加彭政国同志的遗体告别仪式。中国建筑装饰协会信息咨询委员会副理事长兼秘书长田万良给彭政国同志夫人送去慰问金2001元，海口南光幕墙装饰工程有限公司总经理刘仕伦汇来慰问金1000元，大家均以不同的方式表达对彭政国同志最沉痛的哀悼，向他的夫人及其亲属表示深切的慰问。

彭政国同志遗体告别仪式的当日下午，中国建筑装饰协会常务副会长兼秘书长徐朋约见了铝制品委员会副秘书长刘志龙，就近期铝制品委员会的工作交换了意见。

彭政国同志的夫人周丽君及其亲属，对中国建筑装饰协会主办的彭政国同志的治丧工作非常满意，并表示衷心的感谢。

中国建筑装饰协会以及铝制品委员会对前来出席彭政国同志遗体告别仪式、送花圈、致唁电，以及用其他方式对彭政国同志逝世表示悼念的各界领导、同志、朋友表示衷心的感谢。

中国建筑装饰协会对一位协会工作者的逝世举行这样的治丧活动，在历史上还是第一次，旨在号召我们行业协会工作者向彭政国同志学习，提高行业凝聚力和亲和力，推动行业发展。

中国建筑装饰协会和业内人士将永远怀念彭政国同志。

彭政国同志生平

中国建筑装饰协会彭政国同志治丧小组

（二〇〇二年十月十六日·北京）

中国建筑装饰协会第三、四、五届常务理事、中国建筑装饰协会铝制品委员会理事长兼秘书长、北京市建筑装饰协会幕墙门窗委员会名誉理事长、高级工程师彭政国同志，因病医治无效，于2002年10月12日上午10时20分在北京逝世，享年71岁。

彭政国同志生于1931年5月1日。1953年毕业于东北工学院铝加工专业；1953～1961年在东北轻合金加工厂任技术员；1961年支援三线建设调往贵州铝业公司技工学校任教师；1963年调贵州铝厂（原贵州铝业公司总厂）技术处任工程师；1968年任高级工程师。1981年由中国有色金属总公司调重庆西南铝加厂任高级工程师。1984年到中国建筑装饰协会铝制品委员会任理事长兼秘书长；1997年任国家经贸委硅酮结构密封胶领导小组成员、专家组组长；2002年任北京市建筑装饰协会幕墙门窗委员会名誉理事长。

20世纪80年代，我国铝门窗幕墙行业刚起步，为改变这种落后局面，彭政国同志18年来为协会和行业的发展做了大量的工作，呕心沥血，鞠躬尽瘁，功勋卓著，德高望重，对我国铝门窗幕墙行业、建筑装饰行业的发展做出了突出贡献。

他作为铝门窗幕墙行业的权威专家，著书立说，在中央电视台、《人民日报》、《经济日报》、《光明日报》、《中国建设报》、《建筑》、《中华建筑报》、《中国建筑装饰》、《铝制品委员会会讯》等重要新闻媒体和协会内部刊物上发表了数百篇有关铝门窗幕墙工程设计、施工、材料等先进技术和企业、行业管理的论文，如“带隐患玻璃幕墙如空中的‘定时炸弹’”、“玻璃幕墙的光污染”、“铝塑板上高楼应防雷击”、“高层建筑须慎用石材幕墙”等，引起了国务院及建设部、国家经贸委等有关政府部门领导的重视和表扬。根据铝门窗幕墙发展的不同时期，及时组织专家共同研究并编写适应行业亟需的最新幕墙技术资料与教材，如《铝合金玻璃幕墙与玻璃采光顶》、《单元式幕墙》等。主编了《铝合金玻璃幕墙与玻璃采光顶》一书，由中国建筑工业出版社出版发行，得到了业内的普遍欢迎和高度评价。

幕墙工程是一项科技含量较高的技术，特别是硅酮结构密封胶，为改变全部进口的被动局面，在彭政国同志的呼吁下，国家经贸委成立了硅酮结构密封胶领导小组，他作为成员同时担任专家组组长，积极支持国内几家硅酮结构密封胶生产企业，创出了达到国际水平的中国品牌，结束了我国依赖进口的历史。组织建立了我国硅酮结构密封胶市场准入标准和年检的制度。

彭政国同志积极开展协会工作，在高层次的服务中赢得了行业的拥护，会员单位发展到1100多家。为规范铝门窗幕墙行业，率先在业内推出玻璃幕墙行业技术标准，制定并发布了行业自律公约，积极推荐并表彰业内优秀企业和产品，定期公布行业指导价，主编的会刊已到77期。经常在各省市举办各类铝门窗幕墙技术学习班。带领优秀幕墙企业组团为西部大开发咨询服务。彭政国同志工作十分认真、主动，有求必应，亲和力很强，常年不辞辛苦地奔走于国内各铝门窗幕墙企业，提供了大量的技术咨询服务。特别是1995年在山东为会员企业进行技术服务途中发生了严重车祸，经抢救治愈后腿内带着钢板继续工作。2002年9月18日，中国建筑装饰协会铝制品委员会在杭州召开年会，国内知名大企业200多位代表与会，彭政国同志提出铝门窗幕墙行业应对WTO的对策。就在病危逝世的当日，他还惦记着协会工作，并准备出差外地为一家企业提供咨询服务。

彭政国同志以自己深厚的专业知识和严谨务实的态度，给予企业无私的帮助，在推广应用新技术、新工艺、新材料方面卓有成效。他为人坦诚、耿直，敢于批评和纠正业内不良现象，在业内深受同业同仁拥戴，声望极高。他是一位优秀知识分子，热爱祖国、热爱自己从事的事业，工作谦虚谨慎，雷厉风行，兢兢业业，艰苦奋斗，为行业的发展献出了自己毕生的精力。彭政国同志长期负责中国建筑装饰协会铝制品委员会的领导工作，坚持以服务为宗旨，与时俱进，不断探索协会工作规律。他是一位颇具人格魅力的优秀协会工作者。

彭政国同志的逝世，使我们失去一位好领导、好专家、好同志、好朋友，是中国建筑装饰协会和我国铝门窗幕墙业、建筑装饰行业的重大损失，我们十分悲恸，谨致最沉痛的哀悼，并向彭政国同志的夫人及其亲属表示亲切的慰问。

彭政国同志是我们行业协会工作者学习的楷模，我们要以搞好本职工作的实际行动来悼念他。协会和业内人士将永远怀念彭政国同志。

彭政国同志安息吧！

第六部分

地方行业发展

北京市建筑装饰行业

北京市建筑装饰协会

【协会简介】本会由北京市建设委员会、北京市规划委员会发起成立，并实施业务指导，经北京市社会团体登记管理机关核准登记，具有社团法人资格非营利性全市建筑装饰业组织。

本会宗旨：以经济建设为中心，坚持四项基本原则，坚持改革开放，遵守社会道德风尚，推动有关建筑装饰的设计、施工、材料生产供应单位，为促进北京市建筑装饰行业的发展而努力。

本会接受业务主管单位北京市建设委员会和北京市社会团体管理办公室的业务指导和监督管理。

本会工作方针：在企业和政府间发挥桥梁纽带作用，进行双向服务。

主要任务：

1．宣传贯彻党和政府的方针政策，协助建设主管部门推动行业管理。

2．接受政府主管部门委托，编制有关建筑装饰技术标准、规程。

3．对行业的重点问题进行调查研究，提出对策建议，供政府主管部门参考。

4．积极开展国内外学术、技术、经济信息交流，举办技术讲座、产品展览等项活动，推广新技术、新产品、新材料、新机具，促进建筑装饰行业的技术进步。

5．积极开展人才培训，树立高尚职业道德，不断提高行业整体素质。

6．促进企业加强质量管理，协助主管部门进行优秀工程评选，提高建筑装饰工程质量。

7．编辑出版刊物、样本、手册、教材及其他有关学术、技术资料。

8．进行装饰工程咨询，装饰技术服务，开办与装饰有关的实体企业。

9．维护会员单位的合法权益，协助政府部门规范建筑装饰市场，促进其健康有序的发展。

名誉理事长：张百发（原常务副市长，首规委副主任）

王宗礼（原市建委主任，市人大常委会城建环保委员会主任）

总顾问：李　秀

顾　问：范魁元　侯承儒

理事长：朱希斌(法人代表)

常务副理事长兼秘书长：西广智

常务副秘书长：郭仁智

副秘书长：周利华　石　澜　黄飞莉

总工程师：彭纪俊

培训中心副主任：周利华

家装委员会秘书长：崔世海

幕墙门窗委员会执行会长：班广生

幕墙门窗委员会副秘书长：杨　丹

专家组办公室主任：贾中池

朱希斌

西广智

【行业概况】北京市建筑装饰行业随着我国改革开放，特别是我国加入世贸组织和北京申奥成功，北京将翻开大发展的新篇章，也给北京的建筑装饰业的发展带来了历史发展机遇。2002 年，全国固定资产投资 1800 亿元，房地产开发投资 900 亿元，开复工面积达 9600 万㎡。在激烈的市场竞争中，北京市建筑装饰企业已经跃上了一个新的发展阶段，进入了全国先进行列。具有建筑装饰资质的企业已达 1600 多家，其中一级资质 58 家，占全国的 1/10，同时具有一级施工和甲级设计的企业达 23 家。一级幕墙施工企业 27 家。核准 1365 名家装从业资格设计人员。装饰专业施工人员已达 35 万。全年装饰工程产值达 560 亿元，年生产总值占全国的 1/10。其中公共建筑装饰工程 250 亿元，幕墙工程 160 亿元，家装 150 亿元。

2002 年，是我国入世和北京申奥成功后，加快行业发展的第一年。认清形势，抓住机遇，奋力拼搏，力求发展，已经成为我市装饰企业特别是重点企业的共识。同时认为参与国际竞争的主要差距是装饰企业规模小；设计水平低；缺乏竞争意识；管理水平代；技术缺乏创新等。各重点企业围绕把企业做强做大，研究制定企业发展策略。全行业提出了 7 点对策：

一是重视人才资本，创建人才基地，为企业培养精英，全面提高全员素质；二是抓住设计龙头，全面提升装饰设计水平；三是重视实施品牌战略，形成品牌效应；四是重视参与国际竞争，积极开拓国际市场；五是重视建立现代企业制度，从机制上和管理制度上解决提高企业综合竞争能力问题；六是重视建立行业自律制度，树立诚实守信意识；七是注意发挥行业协会作用。

2001 年是我市建筑装饰行业优质工程的又一丰收年，从参与评选的数量和工程的规模质量上都好于上年。为此，在市建委和市人事局的支持下，本年度共评出 30 项市优工程、16 项优良工程

2002 年 10 月 29 日召开的北京市建筑装饰工程质量大会是一次动员全市建筑装饰工程建设者，深入开展创优质装饰工程活动，努力提高工程质量，把企业做强做大，为建设新北京、办好新奥运做贡献的誓师会。老市长张百发、市建委主任刘永富、中国建筑装饰协会会长马挺贵到会并讲话。在讲话中，他们充分肯定了北京装饰行业最近几年发展很快，成绩喜人，同时指出北京的装饰业与国际大都市地位比，与奥运工程建设标准比，还有差距。提出要树立首都意识，全面加强企业管理，把企业做强做大；要立足北京装饰市场，抢占全国装饰市场，打到国外承接装饰工程；装饰企业要以人为本，做环保优质工程，给人们提供健康的生活空间。

会上，市建委总工程师原祖荫做了题为“认清形势，努力奋斗，开创我市建筑装饰工程质量新局面”的报告。他在回顾成绩、查找问题的基础上，提出了今后工作意见。一是强化首都质量意识，争创全国第一；二是提高设计水平，创造个性代、艺术代的人文环境；三是加强材料的使用管理，严把质量关；四是狠抓工程质量，创建无质量通病工程；五是加大培训力度，提高队伍素质。

我市住宅建设的大发展，为家装业的发展提供了巨大的舞台，也给做好协会家装委员会的工作创造了条件。2002 年 8 月 22 日，召开了家装委员会第二届全体会员大会，审议通过了朱希斌做的“与时俱进，团结奋斗，促进家装行业健康发展”的工作报告，选举产生了新一届会长、副会长和秘书长。同时，对 13 个“信得过家装市场”、19 个“优秀家装企业”、12 个“先进家装企业”、12 个“特殊贡献奖”、70 个“贡献奖”和 195 个“优秀会员单位”进行了表彰。会议提出了今后 5 年北京市家装行业的奋斗目标：

一是创全国一流家居装饰行业管理水平，切实加强家装行业管理，更好的为家居装饰消费者服务；二是创全国一流家居装饰设计水平，为市民提供舒适温馨的居住环境；三是创全国一流家居装饰施工质量，为市民提供环保健康居住环境；四是创全国一流正规家装公司、市场占有率 60%以上，为市民家居装饰装修提供省心、放心的家装工程；五是创全国一流家居市场管理水平，取缔无证无照施工企业，取缔假冒伪劣家具和装饰材料，规范市场经营行为，为市民家居装饰提供优良的市场环境；六是创全国一流家装企业施工水平，立足北京，走向全国，迈出国门，为北京家装行业争光。

为了加强我市装饰设计规模化管理，使我市装饰设计工程制图基本统一，清晰简明，保证图面质量，提高制图效率，符合设计、施工、存档要求，经过规委批准，我会组织了清华大学建筑设计研究院、辛迪森装饰工程设计公司、黑龙江国光建筑装饰装修工程公司等 10 多位专家，编制了《北京市建筑装饰装修工程设计文件编制深度的规定》和《北京市建筑装饰装修工程设计制图标准》，已于 2002 年 9 月在全市颁布实施。

【协会工作】2002 年，是我国入世和北京申奥成功，加快我市经济发展和城市建设的第一年。在这一年里，协会围绕理事扩大会议上提出的“抓住建设新北京，办好新奥运的历史机遇，促进北京市建筑装饰行业大发展”这一工作中心，带领广大会员，抓住机遇，谋求发展。在认真做好双向服务中，完成了二届三次常务理事会确定的工作任务。

一年来，协会在为政府和企业的双向服务中，主要做了 3 个方面的工作：

一、协助政府主管部门做好促进行业发展的工作

1. 在行业规范建设上，修定、编制了有关规定、标准

在市建委、市规委等有关部门和领导的支持下，协会组织了相关人员提出修定《北京市高级建筑装饰装修工程验收规定》、《北京市家庭居室装饰装修管理办法》、《北京市家庭居室装饰装修工程质量验收标准》以及参予了《北京市商品住宅装修一次到位实施导则》的草案，报市建委审批。

编制了《北京市建筑装饰装修工程设计文件编制深度的规定》和《北京市建筑装饰装修工程设计制图标准》，已于 2002 年 9 月发布实施。

还根据北京市建委 719 号文件精神，起草制订了《北京市建筑装饰优质工程评审管理办法》。上述工作对加强行业规范化建设，提高我市装饰装修水平起到了推动作用。

2. 协助第六片组企业和部分会员单位做好资质就位，完成了政府主管部门交办的有关工作

资质就位前，我市共有建筑装饰专业资质的企业达 1780 家，就位后，为 1400 家，减少 380 家，达 18%。就位后，一二级企业数量有所增加，一级企业由原来的 36 家增加到 58 家，就位工作促进了企业人才素质的提高，加强了企业的经营管理，全市装饰业的整体水平得到了提升。

这次资质就位工作涉及每一企业，工作量大，要求严。在第六片组的 140 家企业资质就位工作中，协助 80 多家企业做好申报的组织安排工作；针对我市家装企业的现状，组织 141 家家装专业企业取得二三级资质的认定。还针对一级装饰施工企业要求解决二级土建资质的实际问题，向主管部门做了汇报后，市建委下发了增项房屋建筑工程施工总承包二级及以下资质进行试点的有关规定，为企业市场运作创造了条件。

针对项目经理资质认定中存在的问题，我会还为六片组企业和部分会员单位的 419 名项目经理办理了资质证书的

申报工作，为企业资质就位创造了条件。同时，还为 108 名项目经理进行了复查，办理了 729 名项目经理做好网上的发布工作。

3．组织开展“安全生产月”活动，确保六片组企业安全生产落到实处

为此，协会秘书处明确了职责分工，认真及时传达“关于加强建筑工地现场管理和安全管理若干事项的紧急通知”、“关于贯彻国务院令，开展危险化学品使用安全大检查的通知”以及做好“十六大”期间的安全保卫工作，组织开展企业内部自查自纠。同时，组织人员用三天的时间对部分企业的施工现场进行了抽查。从总体上看多数企业重视安全工作，有措施，责任落实到人，但也有的企业安全工作的措施不力，存在安全隐患，检查组对此提出了限期整改的要求，取得了全年未发生重大安全事故的好成绩。

4．组织做好 2001 年度建筑装饰优质工程评选工作，隆重召开了“北京市建筑装饰工程质量大会”

参与这一年度评优的企业共有 42 家，申报 78 项工程，总规模达 67 万㎡，上万米的工程有 7 项。共评出 30 项市优工程、16 项优良工程。

获奖企业都十分珍惜有规模和水平的中标工程，精心组织和实施创优计划，使得这一年创优工程出现新的特点，参加评选范围在扩大；以侨信施工的潮皇食府、花旗施工的亚洲大酒店等一批独具特色的工程在业内引起较大反响；一些新技术、新工艺、新材料应用，保障了工程的高质量。

为了进一步推动我市创优工程活动，全面提高工程质量，我会根据市建委 11 月 17 日通知制定了《北京市建筑装饰优质工程评审管理办法》，进一步突出了协会评优工作的职能，设立了评优办公室；确定了古建装饰工程、幕墙工程纳入评优范围；吸纳了更多的评选人员，建立评委专家库，实施评选人员轮换制；改变了一个年度企业只能评一个工程的做法，鼓励企业创更多的优质工程。

5．积极贯彻新国标，创建环保健康室内环境

为贯彻落实刘永富主任提出的“把控制室内环境污染作为确保建筑工程安全性和居民身体健康的重要工作，切实抓好”的指示，协会 2002 年 8 月 1 日召开了“执行新国标，创建环保健康生活环境”的大会，百家建筑装饰、建材企业向社会发出了《北京倡议书》和《环保健康四项承诺》。会后开办了学习贯彻一个规范、十项标准的培训班；举办环保健康室内装饰装修材料专题研讨会；举办了设计人员环保评估培训班，在专业权威单位大力支持下，深入到 14 个家居市场检查环保工作，落实标准，推动全行业增强营造环保健康室内环境的使命感和责任心。

6．进一步推动了我市家装业的健康发展

一年来，在实施“健康家装”主题，提高服务质量，加强规范化建设上，集中抓好三个环节：第一是组织建立企业的信誉体系；第二是加强工程质量管理。今年成立的家装工程质量检测中心，加大了解决投诉力度，受理的 118 起投诉都得到了解决。对 71 项涉及工程质量、空气质量的问题进行现场认定，受到了用户和企业的好评；第三是举办第三届美化家居展览会，评选 30 项优质工程，20 项优良工程，21 个优秀设计作品，19 个优秀企业，12 个先进企业，13 个信得过市场，为激励企业，提高服务质量，引导市民合理健康消费，起到了推动作用。

二、积极为行业和企业发展做好服务工作

促进行业和企业发展是协会工作的出发点和落脚点，开展多种有效的活动，促进交流、合作、发展，是协会生命力的体现。一年来，协会主要做了以下 5 项工作：

1．全力办好“北京市第三届建筑装饰成就展览会”

这是一次规模、水平和人气都要好于前两届的展会。目的就是以此造势，创造企业与社会勾通交流的平台，提高行业和企业的知名度，为更多地占领北京装饰市场创造条件，因此，得到了重点企业的全力参与和支持，取得了较好的效益。

为了扩展市场，我会还加强了与市旅游行业协会的交流，邀请 20 位饭店建设主管参观了花旗公司施工的亚洲大酒店、弘高公司施工的新世纪饭店和中建海外施工的国宾酒店等三个五星级酒店的装饰工程。组织了 10 家企业听取并交流国家大剧院装饰工程选材信息发布会，扩展与建设方的直接交流、合作的机会。

2．认真组织入世报告会，企业发展论坛会，促进重点企业增强把企业做强做大的紧迫感，制定好企业发展对策

这一年，针对入世和北京举办奥运会给装饰业带来的机遇和挑战，先后请中国建筑装饰协会常务副会长副秘书长徐朋、外经贸部研究院邢厚瑗研究员做了两场入世后对建筑装饰业影响及对策的专题报告会。会上，协会理事长朱希斌做了题为“北京建筑装饰业面对入世机遇、挑战对策”的报告，结合我市行业发展现状，提出了 7 个方面的发展对策，以指导企业研究自身策略。在此基础上，协会还邀请部分重点企业经理就行业和企业发展进行研讨，交流做强做大，加快发展的思路。同时，协会领导和秘书处有关人员坚持走访一些企业，调查研究，进行座谈交流，传递企业发展经验。总之，这一年是我市建筑装饰企业抓住机遇，加快发展，迈出新步伐的一年。

3．开发信息资源，建立协会网站，进一步拓展为企业服务渠道

做好协会资源的开拓利用是协会自身发展的重要任务，也是服务会员企业，增强凝聚力的重要工作，是服务社会，树立行业形象和企业品牌的重要措施。为此，协会加大了资金投入，明确了专职人员，建立了北京市建筑装饰协会网站(www.bcda.com.cn)，按照网站版块内容，开展了网页制作和

网站的组织建设工作。目前，共有10个版块内容，已有500多会员单位网上在线，点击率达到6965次。一年来，网站得到了广大会员单位的支持，初步取得了一些成效。

在市有关部门支持下，协会还召开三次北京建设工程信息发布会，为会员企业收集投标工程信息起到了积极作用。

4．组织开展了多项培训工作

一年来，协会在为企业提高人才素质上，加大了培训工作力度，调整和改善了办学条件，开展了与中装协培训中心的合作。突出抓了三个方面的培训：一是岗位培训，包括项目经理、预算员、质检员、工长以及设计人员等，总计15期，人数达864人。二是短期岗位培训及讲座，如《民用建筑工程室内环境污染控制规范》、WTO招投标、ISO14000认证以及“绿色环保工程设计予评价”等内容的讲座，听课人数达630多人次。三是专业管理人员岗位证书复查及继续教育。全年共有28个岗位中的899人进行了证书复检，对其中的537人进行了各岗位继续教育培训和考核。今年，还开展对外学习交流活动，组织16位设计人员赴香港参加国际设计展示论坛会。组织参加了西安亚洲室内设计高科技年会、青岛国际设计节等活动，颇有收获。

三、加强协会自身建设

一年来，协会在自身建设中，成立了幕墙门窗委员会，加大了这一专业化领域里的服务。同时，还为进一步开展协会工作，首批聘请了王炜钰、张绮曼、吴观张、张世礼、张国良等5位业内资深专家，成立了协会专家组，设立了专家办公室，得到了各位专家的支持，专家组的成立将对我市建筑装饰行业发展发挥重要作用。

在组织发展中，全年共有63家企业入会，会员总数已达748家，其中，公装企业320家，家装378家，幕墙门窗50家。特别是开始注意吸收来京的深圳、广州等外省市企业入会，成立了进京装饰企业联谊会，增强与外地企业的交流与合作，有利于促进我市装饰业的发展。

一年来，在广大会员单位的支持下，全年经费收支基本平衡，并略有盈余。

北京市建筑装饰业虽有发展，但与首都建设规模和水平的要求，与国内外先进国家、先进地区比仍存在一定差距，需要认真研究改进。随着入世，协会的工作空间会进一步扩展，协会秘书处工作人员要在转变观念，转变作风，更好的为企业服务，提高办事效能上下功夫。

天津市建筑装饰行业

天津市环境装饰协会

【协会简介】天津市环境装饰协会成立于1988年7月31日，协会在天津市建委市社团局以及中国建筑装饰协会的领导下和广大会员企业的支持下，在推进行业队伍建设，规范和拓展装饰市场，帮助会员企业提高经营管理，增强企业信誉，取得了一定的成绩，今后将继续抓好三个服务：为政府服务、为行业发展服务、为企业服务，为实现新的跃进而努力工作。

会　长：毛昌五

常务副会长：李全喜

副会长兼秘书长：王文焕

协会下设综合办公室、技术培训部、家装管理部、会刊出版部。

毛昌五

王文焕

【行业概况】为把天津建成国际大都市，我市建筑装饰业发展很快，尤其是近十几年来更为突出，装饰业的发展由过去粗放型的管理和作坊式经营模式，逐步转向有序化、规范化、服务化的管理方向发展。不仅改善了室内外环境，满足社会发展的需要，同时大大提高人民的文化品位、艺术品位、环保健康品位的素质修养。

据不完全统计，2002年我市建筑总产值达75亿元，其中家装占48%、，36亿元，从业人员10余万人。

2002年通过企业资质就位，我市装饰企业有资质的企业共296家，其中，一级9家、二级39家、三级241家，专业幕墙企业7家。全市从事公装和家装的企业近2000家。2002年家装企业通过培训，考核，持证上岗，我市家装企业，有家装资质企业近500家。

【协会工作】2002年协会在市建委、市社团管理局和中国建筑装饰协会领导下，以及广大会员企业大力支持下，协会工作取得一定的进展，尤其在规范家装市场上，组织设计大赛上，人员培训持证上岗，推进精装修及住宅产业化进程等方面，取得了一定的进展。

一、进一步规范家装市场，确保家装市场有序健康的发展

1．2002年7月1日由协会起草，建委颁布的《天津市住宅装饰工程质量验评标准》。于2002年9月1日开始实施，这对我市家装工程质量将有进一步提高。

2. 对从事家装企业其从业人员实行持证上岗，协会举办了十九期家装培训班，共培训从业人员1386人，通过培训，提高了从业人员的服务意识，提高了质量意识，提高了法制意识。

3. 为了提高我市家装设计水平，引导家装设计新理念、新时尚，协会与房地产开发企业、新闻媒体。共同在环渤海家装市场及珠江新起点家装广场举办了两次家装设计大赛，评出一、二、三等奖及优秀奖，共有40余人在比赛中获奖，在我市反响很大，并积极组织，研讨，实施全装修成品房，与开发企业、电台、报社等有关部门专题研讨，加快发展住宅产品化进程。

4. 在2002年的3·15活动中，在抗震纪念塔、环渤海市场及开发区建材市场等地，与有关部门配合，共同宣传建筑装饰材料有害物质十项限量标准，提高和增强装饰企业及百姓的综合环保意识。

二、组织评选全国建筑装饰奖

2002年我市共选出全国建筑装饰奖共7项，其中公共建筑装饰奖2项，住宅建筑装饰奖5项，公建奖有天津市商业银行大厦、有天津市人民银行办公楼，这一活动推动了我市装饰业水平的发展。

三、提高我市整体装饰水平，促进装饰行业的发展

为了缩短地区之间差距，组织我市装饰企业赴北京，参加观摩，交流全国装饰奖获奖工程，并亲自由项目经理、设计主持人介绍经验，对我市装饰企业启发很大，并组织我市装饰企业参加全国应对WTO战略研讨会，利用有限的过渡期，提高我市装饰企业的综合素质，增加企业国际竞争能力。

四、及时向业内传递信息

为及时向业内传递信息，协会编辑出版了在全国同行业中发送的《天津装饰》杂志，设置了行业法规、施工工艺、装饰设计、家庭装饰、装饰材料等栏目，每年四期。

五、会员发展

2002年度大力开展会员组织建设活动，扩大开展协会活动的空间，促进行业的发展。在原有的一二级企业会员的基础上，发展三级资质、家装资质的企业，吸收独资企业、合资以及民营企业加入协会组织，并吸收一部分名优材料厂商加入协会组织。

今后协会要进一步转变观点，从提高自身素质上着手，以全行业发展为中心，树立为企业服务、为行业服务的基本思想，把促进行业的发展作为重中之重。

上海市建筑装饰行业

上海市装饰装修行业协会

【协会简介】

会　长：李洪鑫

常务副会长兼秘书长：忻国樑

副会长：谢建伟　张洪星　陈　丽　陈　新　刘海韵　傅华东　唐家安　陈国宏　时寇强　张龙明　蒋佳学　黄　振　卫　哲　潘根林　朱　斌

协会机构设置

1. 秘书处：行业管理部、技术培训部、质量监督部、宣传企划部、综合办公室。

2. 分支机构：家庭装饰专业委员会、建筑幕墙专业委员会、装饰设计专业委员会、装饰材料专业委员会、建筑装饰工程专业委员会。

李洪鑫

忻国樑

3. 行业发展战略研究中心

【行业概况】随着上海经济的迅速发展，尤其是房地产业、建筑业的崛起，为装饰装修业提供了较大的发展空间和稳定的发展时间。注册上海的企业改变了起步初期境外企业一统上海装饰天下的局面，成为上海装饰装修市场的主力军，在上海标志性建筑装饰中，展示了雄厚的实力和技术水平，涌现出一批具有品牌效应的著名企业。本行业的发展势头强劲，潜力很大，但也存在一些影响行业发展的问题。

根据上海市的有关资料测算建筑装饰业年产值约500亿元，其中家庭装饰约250亿。上海建筑装饰企业759家，其中一级35家、二级205家、三级519家。

建筑幕墙企业37家，其中一级15家、二级13家，其余为三级和专业级。以家装为主营的企业2556家，民营企业占90%，会员单位有1085家。家装企业中，二级6家、三级15家，专业级资质225家。上海建筑装饰行业从业人员（包括非正规就业人员）有30万人左右。

【协会工作】

1. 实行新举措，保证行业健康发展。完成家装行业市场状况调查。制定会员诚信宣言。

2. 建立家装企业工程质量保证金制度。

3. 引进仲裁机制，配合上海仲裁委设立装饰装修争议仲裁中心。

4．开展“信得过”企业评选活动。

5．建立网站“上海装饰网——我爱我家”。www.home.online.sh.cn www.525j.com.cn。会刊《上海装饰》，发行量2200份，《上海家居》公开发行6万份。

6．开展行业治劣工作，配合市主管部门开展整顿规范装饰材料市场秩序，开展家装隐蔽工程质量专项检查。

7．扩大岗位培训，由原来6个岗位扩大到15个岗位培训。其中技术工人培训3700余人，管理人员培训300余人，规范标准学习班500余人，职称评审600余人。培育装饰设计队伍，推行建筑室内设计师从业资格认证办法，认证一批设计人员。

8．开展行业文化活动，举办第二届装饰文化节。

9．加强行业档案管理，整理充实会员档案资料，建立“一户一档”。2002年新发展企业会员440家，个人会员（装饰设计）880人。

重庆市建筑装饰行业

重庆市建筑装饰协会

【协会简介】重庆市建筑装饰协会成立于1992年，是本市辖区内及中央在渝所有从事建筑装饰的施工、建筑装饰装修专项设计单位、建筑装饰材料生产厂家、销售商等事业单位、社会团体自愿组成的行业协会。是非盈利性的社会组织，是根据国务院《社团登记管理条例》依法注册登记的行业性社会团体法人，主管单位是重庆市建设委员会，业务主管部门是重庆市建筑管理站，社团登记管理机关是重庆市民间组织管理局，本会接受上述单位的业务指导和监督管理，现有会员单位400多家。

协会的宗旨是：维护本行业和协会会员的合法权益，维护公平竞争，在政府和企业之间起纽带桥梁作用，进行“双向服务”，提高重庆市建筑装饰装修行业水平并使之达到国内外先进水平。

本协会开展以下主要业务：

1．贯彻党和政府的方针政策，协助建设行政主管部门加强建筑装饰行业的管理。

2．受政府主管部门委托，编制、拟定、修改有关建筑装饰方面的技术标准、经济技术规范及有关法规，并组织贯彻实施。

3．开展对建筑装饰行业基础资料的调查，收集整理工作，向政府提出行业发展、经济技术政策和立法方面的建议。

4．积极开展本行业性的学术、技术交流，举办学术讨论、展览会、报告会、研讨会等，促进技术进步，推动行业发展。

5．积极开展职业教育和培训，编辑出版刊物、教材和有关学术、技术资料，提高行业队伍的素质。

协会现已设立培训部、材料事业部、家居事业部、投诉部。

本协会随着国民经济的持续、快速发展，建筑装饰行业的变化日新月异，我会仍将紧紧咬住“双向”服务方针，积极发展对行业的指导、协调、服务监督职能，不断开拓进取。

协会理事长：喻上沛

代理秘书长：李学荣

常务副秘书长：肖能定

喻上沛

李学荣

肖能定

【行业概况】2002年在重庆市建设委员会领导和各相关部门的关怀支持下，在广大建筑装饰企业和业内人士的共同努力下，市装协积极协助政府主管部门，整顿和规范建筑装饰装修市场，加强行业管理，在行业发展过程中越来越显示出不可忽视的作用。近几年，我市建筑装饰行业发展迅猛，已形成一个规模较大的产业，现从事建筑装饰装修施工企业已达1412家（主项资质建筑装饰企业739家），协会会员单位400多家。重庆现有1万㎡的家装建材市场7个，我市原有一级装饰施工企业1家，经过资质就位现有13家，一级企业数量居全国12位。

【协会工作】

1．完成协会秘书处的调整工作，基本理顺了协会工作思路

2002年3月，协会根据工作需要对协会秘书处进行了组织和人员调整，充实了秘书处工作人员，协会办公场地搬迁；6月份经协会常务理事会讨论通过增补协会副理事长等人事任免事项，撤消了原协会家居委员会，加强协会领导班子的建设，协会组织机构的逐步建立健全，秘书处各个岗位职能的逐步明确到位，为协会正常开展工作提供了强有力的组织保证。

2．协助政府主管部门做好促进建筑装饰行业发展工作

配合建设行政主管部门加强家装市场管理，完善市场运行机制，保障消费者权益，是协会加强行业自律，促进行业发展的一项重要工作。4 月接受市建委的委托起草了《关于开展建筑装饰装修市场整顿的实施意见（讨论稿）》。在 7 月 11 日市建委召开“重庆市建筑装饰装修专项整治动员大会”上，《重庆市建筑装饰装修专项整治工作方案》作为会议文件下发。我们始终将协助政府主管部门理顺和规范家装市场管理，为百姓解难作为协会工作的出发点。

3. 成功的举办和组织《服务质量联合宣言》和《重庆宣言》活动

2002 年中国建筑装饰协会组织在全国开展争做“质量诚信企业和住宅装饰诚信品牌企业”活动，我们也及时转发文件贯彻执行，推荐的 16 家建筑装饰会员单位均获“全国住宅装饰行业质量服务诚信企业”称号。

为了宣传贯彻 2002 年 7 月 1 日起施行的两部新国标，由我会和《城市风》杂志社主办，市建委、市民政局、市环保局、市技监局、市消委及《中华建筑报》支持的“重庆百家建筑建材装饰企业实施新国标、承诺环保健康装饰，加强行业自律《重庆宣言》暨魅力重庆装饰论坛”活动在海逸大酒店举行，中国建筑装饰协会常务副会长兼秘书长徐朋到会作了精彩演讲，著名的青年经济学家、中国政法大学教授孙选中就发展经济的新理念作报告。对指导我们的工作意义非常深远。期间还召开了两场专题讲座、论坛，我们与中国建筑装饰协会共同召开了有 9 家家装企业参加的“装饰企业建立现代企业制度座谈会”。

4. 组织开展了 2001 年度评优评先工作

我们组织开展了 2001 年度重庆市建筑装饰先进企业、优秀经理、重庆市优质工程奖、重庆市建筑工程装饰（住宅）奖的评选活动。共评选出重庆市优质工程奖 15 项，工程装饰（住宅）奖 9 项。43 家企业获得重庆市建筑装饰先进企业称号，34 人获得建筑装饰企业优秀经理荣誉称号。2002 年 12 月 13 日我会与重庆市建筑业管理办公室举办了“2001 年度评优评先表彰大会”及颁奖活动。“2002 年全国建筑工程装饰奖”评选活动，我市 7 家装饰企业获得 13 项奖。

河北省建筑装饰行业

河北省建筑装饰协会

【协会简介】 河北省建筑装饰协会成立于 1998 年 1 月，是具有全省性社会团体法人资格的行业组织，接受河北省建设厅和省民政厅的监督管理，在业务上直接接受河北省建设厅管理。其宗旨和工作方针是：充分发挥联系政府与企业间的桥梁纽带作用，进行“双向服务”。

名誉会长：张凤珠　曲俊义

会　　长：蓝　政

秘 书 长：赵春旺

协会下设秘书处，下辖办公室、信息咨询委员会、住宅装饰装修委员会。

蓝　政

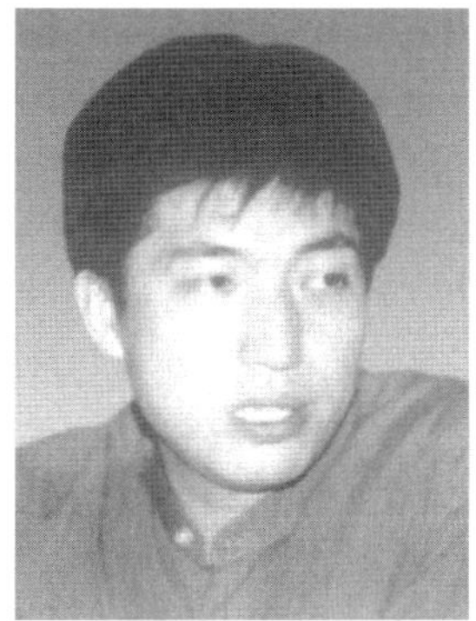

赵春旺

【行业概况】河北省 2002 年建筑装饰行业产值达 270 亿元，建筑装饰企业 400 余家，其中一级施工资质企业 22 家（含建筑幕墙 4 家），甲级建筑装饰设计单位 11 家、甲级建筑幕墙设计单位 4 家，从业人员 26 万人（含不具备资质的家装人员。）

【协会工作】2002 年是在党的“十六大”精神指引下，我省建筑装饰行业蓬勃发展的一年，为适应新形势发展的需求，我协会开展了卓有成效的工作。

1. 以调整结构为主导，提高行业适应市场的能力

面对 WTO 的冲击，抓住“十六大”提出的全面建设小康社会的大好机遇，协助和配合政府建设行政主管部门，完善住宅装饰装修各项法规，受省建设厅委托，制定了《河北省住宅装饰装修施工企业资质管理暂行办法》，鼓励和引导装饰企业拓宽经营领域，并向“专、精、特、新”的方向发展。

2. 以人才、科技为核心，提高行业的整体实力

加快建设和启动建筑装饰装修行业专家库。抓住关键环节，提高设计水平，与中国建筑学会设计分会第 23 专业委员会联合举办了两届“河北省建筑室内设计沙龙”，请专家作学术报告，对大型优秀建筑装饰工程设计项目进行研讨、论证和参观，为提高我省的室内设计水平创造了条件。加强项目经理的培训，促进行业整体素质的提高。按照规定程序，开展了优秀项目经理的评选工作，有 10 人荣获 2002 年度河北省建筑业企业优秀项目经理称号。

3. 以“创名牌”为先导，提高行业市场信誉

提高工程质量是企业生存和发展的重要保障，健全完善工程质量保证体系，引导企业严格执行行业标准，使工程的各道工序处于严格的质量监控之下，在全行业大力开展创优质工程活动，塑造河北建筑装饰行业良好的整体形象，2002年有3项工程被评选为“全国建筑工程装饰奖”，22项装饰工程荣获河北省建筑工程安济杯奖（省优质工程）。

4．以加强协会自身建设为基点，提高为行业发展服务水平

以“三个代表”重要思想为指导，紧紧围绕“双向服务”的协会宗旨，大力发展行业生产力，实现代表先进文化的前进方向，以政府、企业满意为目标，探索协会的工作规律。2002年6月6日召开了协会第二届会员大会，协会进行换届，修订了章程、通过了协会会员自律公约，协会的向心力和凝聚力进一步增强。协会会刊《河北建筑装饰》杂志，内容丰富、格调新颖、形象美观、质量上乘，为行业的发展做出了贡献，被河北省建设厅评为2002年度优秀社团期刊。

石家庄市建筑装饰行业

石家庄市装饰协会

【协会简介】本届为第四届理事会，主要领导成员如下：

会　长：刘亚东

副会长：刘 成　王　跃　王保山　贾　轩　张铁军　赵秀民　史永平　柴维月　邢洪涛　王万华　朱宁顺

秘　书　长：赵秀民（兼）

常务副秘书长：张永学

副 秘 书　长：高殿平　康清源

协会下设：秘书处、家居装饰委员会。

刘亚东

赵秀民

【行业概况】本市现有建筑装饰企业153家，从业人数约3万余人。其中取得一级装饰施工企业资质的会员单位9家，甲级装饰设计资质的会员单位5家。全市2002年建筑装饰总产值约20余亿元，其中家装约8亿元。

【协会工作】

一、配合主管部门做好建筑装饰企业的资质就位

协会把资质就位工作列为中心议题进行了部署，以主要精力投入，主动深入企业宣传资质就位的重要性，引导督促企业抓紧落实，为企业提供信息、疏通关系、解疑释惑、提供样本，使企业少走弯路，大受其益。

二、宣传贯彻《住宅室内装饰装修管理办法》，努力规范和活跃家装市场

建设部制定的《住宅室内装饰装修管理办法》发布实施后，为了在家装企业尽快落实，让家装消费者家喻户晓，让社会对家装企业进行监督，协会大力开展了宣传贯彻活动，确保了“办法”顺利实施，我会采取的主要措施：一是与企业联合举办了以贯彻“办法”倡导科学消费为主题的新闻发布会；二是组织我市五大家装市场的老板们召开了落实“办法”的座谈会，并共同推出了家装施工“四项承诺”；三是与《生活早报》协作开通了“家装质量投诉电话”；四是会长刘亚东通过调查研究，综合有关资料，以“法制建设与装饰装修”为题，以增强企业法制观念，提高员工综合素质为目的，巡回到正在进行内部培训的单位宣传“办法”。这是我市装饰行业第一次从法制角度认识和规范家装企业，使大家受到一次生动的法制教育，同时也使大家学会了用“办法”来保护企业的正常经营和合法权益。

为了加大对“办法”的宣传力度，进一步规范和活跃家装市场，协会还与省市新闻媒体合作，多渠道开展活动，先后与《生活早报》联合推出“红五月”专版；与市电视台协作举办了家装系列报道；在河北电视台5频道开辟了“家装空间”专栏；在《燕赵都市报》举办的房展会上，专设了“家装咨询服务台”，现场发放自编的“家装参考”资料200余份，并免费咨询，为消费者解疑释惑，使家装市场异彩纷呈。

三、经常组织行业活动，增强协会活力

为增强活力，协会经常开展一些行业活动，先后召开了省级10强装饰企业座谈会，分析我市建筑装饰市场形势及加入WTO后的应对措施。举办两次电脑软件演示会；与企业合作举办“优秀跃层方案展示活动”，评选优秀设计方案。承办我市第三届建筑装饰设计评比展览，展出作品116幅，经专家评审组评审，评出最佳设计奖、一等奖、二等奖、优秀奖共25个。

我会还与省市电视台、省市各种报纸等新闻媒体建立了广泛联系，全年共接受新闻媒体采访、约稿、专访咨询等40余次。在我市召开的全市行业协会经验交流会上，刘亚东会长作了重点发言，介绍了我会成长、建设和发展的情况，受到市领导和与会兄弟协会的好评，并作为全市惟一的市级协会应约报送省领导。同时协会在连续多年被评为先进协会的基础上又被市科协评为星级协会，协会和行业知名度进一步提高。

四、增强装饰装修环保意识，加大装饰装修材料环保检测力度

在室内空气中的有毒有害气体威胁消费者健康，越来越引起人们重视的情况下，如何加强室内装饰装修材料环保质量控制，减少室内空气污染问题列入了协会工作重点。为提高装饰装修企业和消费者的环保意识，营造环保工作和居住环境，协会在广泛宣传的基础上抓了环保家装试点，组织20多家企业召开了环保装饰装修座谈会。同时与设在石家庄的国家环保产品质量监督检验中心达成合作协议，为企业与“中心”牵线搭桥，开展装饰装修材料和室内空气检测活动。目前已有一个装饰材料市场和10余家装饰企业与国家环保产品质量监督检验中心签约合作。此举深受广大消费者欢迎，并已初见成效。

内蒙古自治区建筑装饰行业

内蒙古建筑装饰协会

【协会简介】内蒙古自治区建筑装饰协会，是经自治区民政厅批准注册登记，（社证字第F0215号）具有法人资格的全区性建筑装饰行业的社团组织。业务主管部门为自治区建设厅。

会　长：甄小兵

秘书长：杨志凌

副秘书长：张伯荣　杨朝晖

甄小兵

杨志凌

【协会工作】近年来，在自治区建设厅领导下和中国建筑装饰协会的指导与支持下，我会就本地区行业信息交流、专业技术培训、咨询服务、参与中国建筑装饰协会举办的各项活动、工程评优等方面开展工作，主要是：

一、加强培训，提高业务素质

行业要发展，企业要发展，关键是要不断提高从业人员的业务管理水平和技能素质。近年来，协会十分重视培训工作，在建设厅的支持安排下，我们积极配合建设厅教育培训中心，多次组织对项目经理、工长、质检员、安全员等各类人员的培训和继续教育。通过培训许多企业提高了一线管理人员的岗位技能和施工技术水平，也为当时企业资质就位和升级创造了有利条件。

二、增强质量意识，创品牌，造精品

中国建筑装饰协会开展“全国建筑装饰工程奖”评选活动，给我区建筑装饰行业开创了一个新局面，许多装饰企业十分重视提高工程质量，争创精品工程，积极投入这项活动。我协会认真组织，在内蒙古质检总站的支持下，经过专家组的初评初审、筛选上报推荐，并配合中装协做好申报工程的复查工作。这两年来我区共有3项公装荣获“全国建筑装饰工程奖”，2项家装获得了“全国住宅装饰奖”，2项装饰工程获得鲁班奖（国优）。

三、坚持双向服务，及时提供资料，开展信息交流

通过会刊《内蒙古建筑装饰》，及时向企业传达建设行政主管部门颁发的政策法规和有关管理规定以及行业领导的讲话、指示精神，传达行业动态信息，宣传和讲座加入世贸组织后装饰业的形势等。会刊直接发到装饰设计施工企业及各地主管单位：同时与全国兄弟省市协会互相交流学习，努力增进友谊。

四、积极参与中国建筑装饰协会活动

由我协会推荐区内装饰行业领导和骨干企业参加中国建筑装饰协会理事会，甄小兵、杨志凌、杨英、张雪、刘历程等5人为理事会理事，杨志凌当选为常务理事。中国建筑装饰协会成立专家委员会专家库，我区推荐杨志凌和成芸两位高级工程师。这些企业和专家直接参加全国性行业活动，对推动我区装饰行业运作起到很大作用。

黑龙江省建筑装饰行业

黑龙江省建筑装饰协会

【协会简介】

名誉会长：史殿臣（省建设厅副厅长）

秘书长：吴景阳

常务副会长：柴　千　赵兴斌　郭长军

副会长：高立志　刘汉忠　魏　光　孙传礼　王世德　盛羡石　朱方群　龚　璞　王永枫　徐铭泽　罗兴远　王宝成　李　野　刘　铎　王　巍

副秘书长：刘汉忠（兼）　赵兴武

吴景阳

赵兴斌

【行业概况】黑龙江省建筑装饰业是随着中国改革开放得到迅猛发展的。经过了20余年的设计施工实践，基本处于平稳发展阶段，多数企业都在努力加强自身建设，增强企业综合竞争力，大多数企业能把经济效益与社会效益放在同等地位上。尽管目前市场竞争依然激烈，但企业的经营者的心态是平和正常的，企业之间能够团结自律。在实际工作中能比较关注人本、环保、精品及可持续发展的理念。多数企业基本上找准了自身的市场位置，特别是国家一级企业在保护建筑的装饰装修及地域文化方面做了突出的贡献。

2002年在省建设行政主管部门取得资质的装饰企业共有295家，其中一级13家、二级126家、三级156家，总承包兼营企业68家。现有会员单位98家，年产值20亿元，从业人数为2万人（以上各数据不含家装、轻工所发资质、无资质、兼营企业及外省施工企业）。

【协会工作】我会自1989年成立以来，在国家及省内有关部门的关心支持下，经过十多年的工作实践，基本形成了适应本地区的工作方法。尽管本地区装饰行业的多头管理依然严重，协会工作基本平稳，各专业委员会的工作在协会的统一组织安排下有序进行。我会与中国建筑学会室内分会、黑龙江省土木建筑学会等组织联手组织活动。

协会为装饰企业做了大量实事，真正起到了桥梁纽带作用。2002年评选了地方建筑装饰的最高奖项“龙江杯”、与建筑企业合作举办“欧洲新城”住宅建筑装饰设计大赛、修改黑龙江省建筑装饰施工技术操作规范、培训项目经理3期204人、晋升技术职称120余人、出版会刊《黑龙江建筑装饰》，与哈尔滨医科大学联办环保检测机构等。

鸡西市建筑装饰行业

鸡西市建筑装饰协会

【协会简介】鸡西市建筑装饰协会成立于1998年，在这几年的工作中，协会发挥了桥梁纽带的作用，主要在行业管理方面，为政府和建设行政主管部门解决很多难以解决的问题，为会员排忧解难，为建设行政主管部门当了帮手，得到了政府主管部门和会员企业的认可。

会　长：王世德

副会长：孟金树　张书安　张　凯　孔繁国　马京城

秘书长：王世德（兼）

王世德

副秘书长：李玉琴　李艳华　毕诗宽

常务理事：王宇明　李世进　胡吉光　姜旭东　靳为忠

协会下设秘书处、行业管理办会室、培训部、信息部。

我会现有会员单位22个，其中建筑装饰企业18家，生产厂1家，设计单位1家，销售2家。会员个人72名。

【行业概况】全市的房屋建设有了突破性的发展，人民的居住条件得到了空前的改善，对装饰业提供了极好的机遇，使全市的建筑装饰企业逐年扩大，截止到2002年底，有建筑装饰企业28家，实现年产值3.6亿元。随着建筑业的快速发展，不仅在扩大内需中具有重要的作用，而且也推动了相关产业的发展，也创造了新的就业机会。改善了人民的生活质量，提高了人民的生活水平。

本地区现有装饰装修企业25家，按这些企业情况是可以满足市场需求的，可是这些企业都不能满负荷工作，家装大部分仍由马路游击队施工，这些队伍，无资质，无营业执照，不交管理费，偷漏税，要比正规装饰价格低得多。一些用户图便宜用“马路队”施工。造成了建筑装饰市场的混乱。在治理马路游击队的工作中，协会虽然发了布告，多次稽查，予以取缔，但“马路游击队”仍占据家装装修市场多半份额。

随着建筑业的快速发展，给建筑装饰业的发展提供了极好的机遇。家装的增长幅度高于公装两个百分点，新建临街的门市房占据住宅的20%以上，公共建筑装饰更新，改造工程明显增多，这给装饰企业增加了活源，使装饰消费需求对全市经济增长起到了拉动作用。

鸡西地区2002年家装2.1亿元，公装1.5亿元，合计全年装饰装修工程总产值3.6亿元，现有装饰装修人员8200人，其中企业固定工人3000人，技术工人1000人，马路游击队4200人。

鸡西现有装饰装修企业25家，其中一级1家、二级1家、三级3家，有2家是国营企业，其他都是个体民营企业。家装单项资质的企业都没有就位，在黑龙江省没下达《住宅室内装饰装修资质管理办法》前，协会计划在2003年开始办理在本市区域内有效的家装单项资格证书。

随着建筑装饰业的发展，产业规模进一步扩大，队伍素质不断提高，设计施工建造了一批优秀建筑装饰工程，评选出市级优秀设计施工工程4项，省级优质工程“龙江杯”2项。

本地区的建筑装饰施工队伍，打入了外市县建筑装饰市场，取得了可观的经济效益。如阳光装饰公司施工的七台河市火车站候车室、贵宾室，豪华候车室等工程受到了建设单位的好评。还有昊月装饰公司施工的佳木斯地税局办公楼装饰装修，做到了设计合理，造价低，工期短，建设单位给予了很高的评价，并准备报省优质工程。

鸡西地区 2002 年底注册登记建筑装饰企业 28 家，比 2001 年 19 家增长了 47.6%，建筑装饰装修工程总产值 3.6 亿元，比 2001 年总产值 3.12 亿元。增长 15.3%，建筑装饰装修工程质量明显提高。

为了进一步贯彻执行建设部《住宅室内装饰装修办法》、《建筑装饰装修工程质量验收规范》、《建筑业企业资质管理规定》的文件精神，协助行政主管部门开展有关建筑装饰行业方面的执法检查，控制装饰装修污染等法规的宣传工作，把各种法规文件转发给各建筑装饰企业，加大了宣传力度，让各企业有法可依，遵章守法。

【协会工作】

1．遵照章程规定，2002 年 8 月 8 日召开了第二届会员代表大会，通过了第一届理事会的工作报告、财务报告、修改章程报告。并选举产生了第二届协会的会长、副会长、秘书长、理事成员。本届理事会在人员构成方面，体现了广泛的代表性，理事中增加了民营企业的成员，更加符合知识化和年轻化的要求，体现了民主管理协会的原则，符合我会作为行业协会的性质和工作要求。

2．积极主动为政府建设行政主管部门服务当参谋、做助手。开展对全市建筑装饰企业普查备案，对具备条件的装饰企业予以登记注册，纳入行业管理。加大了行业管理力度，一年来共查处纠正公装违章 4 起，家装违章 56 起，使建筑装饰装修市场走上了有序的轨道，对个体从业者进行登记注册备案，经相关的法规、技术培训考核，发个体劳务从业证，允许建筑装饰企业招用有执业证者的劳务用工。

3．开展创优评选活动，促进装饰装修工程质量的提高，总结推广经验，树立先进企业和个人的学习榜样，协会下发了《关于开展创建装饰企业先进企业、优秀经理、优秀项目经理、优秀会员单位的通知》规定了创建范围条件，2003 年 4 月进行申报评选。

根据省建筑装饰优质工程奖的评选办法，针对本市的具体情况，对 2000 年至 2001 年竣工验收使用的装饰、设计、施工的工程项目进行考评，经单位申报，评委会评审决定，授予阳光装饰公司、昊月装饰公司、京德广告装饰公司、晨耀装饰公司设计施工的工程为优秀设计、装饰工程，并推荐阳光装饰公司、昊月装饰公司施工的装饰工程申报省建筑装饰优质工程（龙江杯），黑龙江省建筑装饰协会已于 2002 年 11 月批准了该 2 项工程为省建筑装饰装修优质工程，并颁发了奖杯、证书。

4．开展建筑装饰市场专项整治，针对一些无资质企业和马路游击队占据装饰装修市场现象，会同建设局施工科、行管办、招投标办于 11 月份开展了对全市建筑装饰市场的整治。联合检查组对市中心进行了重点检查，查出了 10 家无资质企业，10 家公装没有履行报建、招投标、办理施工许可证等手续的单位。

5．为了提高装饰装修人员的素质，组织会员单位参加建设局举办的建筑装饰装修工程施工验收规范培训班，与黑龙江省建筑装饰协会联办了项目经理培训班，与市消防支队联办了装饰装修防火规范培训班。

6．2002 年初对全市会员单位进行了清理整顿，对不合格单位进行清理，新发展会员单位 8 个，个人会员 20 名，使协会的队伍扩大起来。现有会员单位 22 个，个人会员 72 名。

7．在协会领导班子和全体工作人员的共同努力下，积极主动地为政府，为会员，为行业做了大量的工作，凭着对政府忠诚，对行业忠诚，对建筑装饰企业忠诚，开展卓有成效的工作，受到了黑龙江省和中国建筑装饰协会的好评。

大庆市建筑装饰行业

大庆市建筑装饰协会

龚　璞

【协会简介】2002 年 10 月，大庆市建筑装饰协会召开了一届三次会议，会议增补了常务经理、理事各两名，成立了大庆市建筑装饰协会专家委员会，几名在大庆从事装饰行业多年德高望重的同志成为了专家委员会的成员。

会　长：孙东伟

副会长：孙春林　龚　璞　王　巍　田军　张　明　崔燕方　哈永江　闵宏伟

常务理事：张庆君　姜云鹏　毕祥坤

秘书长：龚　璞

【行业概况】大庆是盛产石油的城市，从 20 世纪 60 年代大庆石油会战开始到现在虽然已历经 44 年，但大庆市成立到现在仅仅是14年的时间（政企正式分开），可以说是一个新兴的城市。大庆地处黑龙江省的西北部，除了石油及化工产业外，旅游资源以及其他产比较落后，流动人口少，城市的建设从规模以及速度上相对滞后，大多数建筑装饰企业从成立到现在，还没有真正承揽过如三星级以上宾馆、酒店或大型商场等重要的建筑装饰工程，原因是这些工程项目太少，极大地限制了建筑装饰业的发展。

虽然有许多条件限制着大庆建筑装饰行业的发展，但大庆建筑装饰行业的同仁们，经过不懈努力，使得建筑装饰行业在短短的十几年时间里取得了很大的发展，建筑装饰企业从最初的一个发展到现在的150多家，其中一级1家、二15家、三级12家、非等级18家，其他105家企业均为在工商部门注册，但没有取得建设主管部门资质审定的小型装饰设计公司及工作室（大多从事家庭装修的设计与施工）。建筑装饰材料市场从最初的一个发展到现在的7个（有综合和专业）。

随着大庆市城市总体规划以及大庆市从能源型城市逐渐转变为多功能型特大型城市的发展规划，大庆市建筑装饰行业必将大有作为。

大庆市2002年的建筑装饰工程总产值给为4.78亿元（根据协会年终企业上报统计，含房屋改造装修），建筑装饰行业从业人员约为1万人左右（不含外来施工人员）。

2002年，我省开展了清理整顿建筑施工企业及资质就位工作，通过这项工作的开展，使一些经营有方，管理得当的建筑施工企业堂堂正正地走到了前台，淘汰了一些经营管理不善的施工企业，使建筑市场得到了健康有序的发展，为建筑装饰市场的公平竞争，合理安排经营模式提供了保障。

“2001年全国建筑装饰优质工程奖”已经结束，我市一批企业榜上有名，其中田军装饰设计工程有限公司的大庆时代丽景样板间获得奖。大庆华隆建筑公司、大庆三禾建筑安装工程有限公司、大庆新时代装璜有限责任公司、张一二广告装饰工程有限公司分别获得了黑龙江省建筑装饰优质工程奖（龙江杯）以及大庆市建筑装饰优质工程奖（油城杯），以上奖项的获得是大庆市建筑装饰行业的荣誉，同时对大庆市建筑装饰行业的发展也起到了一个促进作用。

随着时代的发展，社会的进步，人民的生活水平不断提高，人们对于建筑装饰的环保要求、设计风格、装饰施工质量管理的标准也越来越高。企业如何面对这些挑战，成为了大庆建筑装饰行业的新的课题。很多企业不断加强对工程的施工管理和技术管理，在外省市聘请高级技工充实到生产一线，提高了工程的施工质量，另外，大庆市一些企业已不满足在市内的发展，纷纷在全国建筑装饰发达地区成立了分公司及办事机构，如广厦建筑装饰工程有限公司、大庆市致璞建筑装饰工程有限公司、大庆张一二广告装饰工程有限公司等企业在立足大庆的同时，在北京、广州、大连等立设立了分公司，取得了很好的经济效益。

【协会工作】大庆市建筑装饰协会成立于2000年6月28日，成立之初，协会的领导班子认真组织学习了中国建筑装饰协会有关文件及协会的组织章程，共同研究制定了大庆市建筑装饰协会2001～2003年发展规划及设想，其指导思想是：以企业协会整体发展为立体，加大双向服务已为任，推进体制创新、机制创新、管理创新、技术创新等工作，推进我市建筑装饰相关产业蓬勃发展，把协会建设成为政府满意，企业拥护，社会承认，在国内协会工作中争创一流的奋斗目标，为此 ，我们主要做了以下工作。

一、建立健全协会的组织机构、管理制度

由于协会成立时间不长，其领导成员90%来自于企业，他们在完成企业工作的同时，还要完成协会安排的工作，因此，明确工作职能和工作范围极为重要，我们通过工作例会、工作反溃、工作职责、财务管理、经费公开等工作制度，较好地实现了协会的正常运作，提高了工作效率。

二、提高协会知名度，树立协会形象，为企业办好事

协会成立之初，在资金紧张的情况下，协会首先拿出一部分资金，在大庆市所有协会当中率先建立了大庆建筑装饰网，利用网站这个阵地来宣传大庆的装饰企业，发布国家法规、行业信息、专家论坛、供求信息等，在社会上取得了明显的宣传效果。大庆市建筑装饰协会还结合本地实际情况，开展了家装免费咨询活动，开通了一部家装免费咨询热线电话，其宗旨是：最大限度地维护消费者的合法权益，保障消费者的家装质量，引导消费者正确消费，打击“马路游击队”的各种欺诈行为，提高我市家装企业的市场占有率，推动我市建筑装饰行业的健康发展。热线电话开通以来，平均每天接到咨询电话十几个，在引导消费，推荐施工与设计企业，装饰材料的特性以及价格咨询方面起到了很好的效果，家装咨询热线已深入人心。

另外，我会还与大庆市消费者协会、黑龙江《读者新报》联合举办了大庆市建筑装饰行业消费者信得过的“诚信企业”评比活动，通过评比与推荐，一批诚信企业浮出水面，为消费者创造了一个可以信任的消费空间。

三、积极配合上级协会工作，较好地完成了上级协会交给的各项工作任务

我会在日常工作中，非常注意与上一级协会的沟通，遇有问题，主动联系上一级协会，寻求解决问题的方式、方法，我协会为配合2000～2001年度全国建筑装饰工程奖，根据黑龙江省建设厅、黑龙江省建筑装饰协会的指示精神，以及广大建筑装饰施工企业的要求，设立了大庆市建筑装饰优质工程奖（油城杯），协会从奖项的设立到评选标准，实施办法均专门组织会议研究，并组织各施工企业总经理参加的工作会议，与会人员认为黑龙江省“龙江杯”以及大庆市“油城杯”的评选工作的开展，极大地促进了企业管理水平的提高，增加了企业知名度，促进了企业间的交流与学习。我协会组织成立了“油城杯”评审专家组，使评审公开化、透明化，参评企业感到公平、公正、公开。

吉林省建筑装饰行业

吉林省建筑装饰业协会

【协会简介】吉林省建筑装饰业协会成立于1996年3月，协会在吉林省建设厅、中国建筑装饰协会的领导下，在广大会员单位的大力支持下，在规范建筑装饰市场，指导行业发展，推进行业队伍建设，提高会员企业管理方面取得了一定的成绩。

协会理事长：邱久才，副理事长：袁大陆　西志敏　孙爱东　杜伯洋　吕丰日　孙壮，副理事长兼秘书长：张文学，副秘书长：黄云玲　周玉春　郭玉仙　宫世玉。

邱久才

张文学

协会的机构设置进一步科学化、体系化、完善化、下设8个专业委员会：装饰材料、造价研究、工程、家装、专家、新技术开发应用、培训、信息咨询。

由协会主办，信息咨询委员会承办，吉林省宝鑫建筑装饰工程有限公司投资联办的吉林建筑装饰网（www.jlde.com）是2002年的一大亮点，网站运行8个月来，注册会员单位近千家，与中国工商银行吉林省分行合作解决了在线支付问题，在网站的服务职能、信息传播等方面都取得了较大的进展，已成为吉林省建筑业、建筑装饰业权威性的行业门户网站，并且成为吉林省唯一一家实现在线支付的网站，信息化建设有着长远的意义。

【行业概况】吉林省建筑装饰行业从80年代初至今经过了由无到有、由小到大、由分散到规模化的历程。协会以江泽民主席“三个代表”重要思想为指导，贯彻党中央、国务院的各项方针政策和指示，协同吉林省建筑装饰施工企业，开拓创新，奋勇拼搏，在企业深化改革的同时，以市场为导向，以信誉求发展，以效益为基础，使得吉林省的建筑装饰行业成规模，成体系，越上了一个新的台阶。

吉林省建筑装饰行业现有具备资质等级的建筑施工企业200家，其中一级资质7家，二级资质企业21家，三级资质企业172家，其中设计甲级企业6家，乙级企业40家。吉林省建筑装饰工程年完成施工产值达80亿元，比上年同期增长60%，其中公装50亿元，家装30亿元，从业人员达30万人左右。

【协会工作】2002年以来，协会在以往的工作基础上再上新的台阶，协会紧紧围绕行业的中心工作，始终坚持“双向服务”的宗旨，充分发挥了行业协会的桥梁与纽带作用。在推动行业不断发展的工作中，立足行业需要，开拓进取，不断探索。

1．积极配合政府部门加强行业管理，参与建筑装饰市场的整顿规范工作

协会始终坚持“双向服务”为宗旨，及时的宣传贯彻政府有关法规、政策和文件，参与和协助政府管理建筑装饰市场，制定相关管理规定，使建筑装饰业市场由混乱的局面进一步改善，规范化了市场，以产业内形成了良好的发展格局。

2．适应市场新形势，加强协会自身建设，增强协会的凝聚力，充分发挥协会的作用

协会通过深入主抓自身建设，建立健全机构设置，通过服务会员，发展会员增强协会的凝聚力，协会现已发展会员140家，其中一级资质企业7家，二级资质企业21家，三级资质企业112家。

3．加强信息化建设，提高协会知名度，树立协会形象

协会通过与吉林省宝鑫建筑装饰公司的合作，建立了吉林省建筑装饰网，利用网络有利的宣传了吉林省的装饰企业，通过网站发布国家法规。行业信息，市场供求信息，为企业服务。

4．组织开展建筑装饰行业评优活动

协会积极组织建筑装饰业的评优活动，2002年至2003年，协会在全省组织开展了评选优秀企业、优质工程、优秀项目经理的活动，分别有42项获省优质工程，其中有5项工程获中国建筑工程装饰奖，有11家企业被评为省优秀企业，有10名项目经理被评为省优秀项目经理。通过评优活动，极大的调动了吉林省建筑装饰行业的热情，在行业内质量意识，高品质的服务意识已成为众多企业的宗旨和目标，协会在评优工程上严把质量关，严格按照评优体系标准，塑造优质样板工程，在吉林省形成自觉良好的争优意识，形成了良好的行业风气，对吉林省整个建筑装饰市场起到了巨大的推动作用。

5．组织开展各种展销会、设计大赛、提高行业实力

几年来，协会紧紧把握市场契机，开展了两届全省装饰材料展销会，一次公装设计和一次家装设计大赛，同时2003年4月9日～12日，由协会主办的建筑装饰材料展第一届网上展会在吉林建筑装饰网上隆重拉开序幕。得到了广大装饰企业和市民的好评和热烈欢迎，通过举办这样丰富多彩的活动，极大的调动了人们的热情，对提高行业内整体素质起到了良好的作用。

6．加强宣传，努力塑造协会新形象

协会在建设网站同时，充分利用信息化的作用，通过媒体资源优势，宣传引导建筑市场，协会主办的会刊《吉林建筑业》深受会员企业的欢迎。

协会今后在建设行政主管部门和中国建筑装饰协会的指导下，积极努力工作，定会取得更大的成绩！

长春市建筑装饰行业

长春市建筑装饰装修协会

【协会简介】长春市建筑装饰装修协会是经长春市人民政府社团管理办公室 1997 年 4 月 10 日发出的长社办复字（1997）4 号文件批准成立的。长春市建筑装饰装修协会根据国务院《社会团体登记管理条例》的规定，从行业发展的大局出发，做了大量积极有效的工作，取得了可喜的成果，被长春市人民政府授予“先进社会团体”荣誉称号。

会　长：杨洪斌（长春市建委建工处处长）　副会长：周玉春（长春市建筑业协会秘书长）　吕丰日（长春建工温馨鸟建筑装饰有限公司总经理）　西志敏（吉林省太阳神建筑装饰工程有限公司董事长）　袁大陆（长春东方装璜工程有限公司董事）　孙爱东（吉林省建筑装饰集团有限公司董事）　杜伯洋（吉林省百洋装饰工程有限责任公司董事长）　冯晓刚（吉林省浩昌装饰工程有限责任公司董事长）　祝庆俊（吉林省凯基建筑装饰工程有限公司总经理）　温铁义（长春长江装饰装璜有限公司总经理）　鲁章奎（吉林省鑫源装饰装修有限公司董事长）　陈兴海（吉林省宝鑫建筑装饰工程有限责任公司董事长）　秘书长：从廷才（长春市建筑业协会副秘书长）

副秘书长：田长海（长春市建委建工处主任科员）　安宏伟（吉林省正业通建筑装饰有限责任公司总经理）　王树义（吉林省太阳神建筑装饰工程有限公司副经理）　孟杰（长春东方装璜工程有限公司副经理）　杨少卿（吉林省创艺装饰装璜工程有限公司副经理）

杨洪斌

从廷才

【行业概况】目前，长春市共有一级建筑装饰装修企业 7 户，二级 25 户，三级 55 户，还有兼营 16 户，据不完全统计，年完成产值约 20 亿元。建筑装饰装修行业在近几年得到快速发展，本市装饰企业市场占有率从 20%上升到 50 左右。今后在全面建设小康社会的进程中，必将起到举足轻重的作用。

【协会工作】为了促进长春市建筑装饰装修行业的发展，提高建筑装饰装修水平和工程质量，2002 年继续积极开展创精品工程活动。特别是开展了创建筑装饰“君子兰杯”优质工程奖活动，共创出 16 项“君子兰杯”优质工程奖工程。推荐 24 项省优质工程，创出了有长春东方装璜公司、长春长江装饰装璜公司、吉林省浩昌装饰工程有限公司、吉林省百洋装饰集团有限公司等设计、施工的 5 项中国建筑工程装饰奖。通过这些活动，使长春市装饰装修水平上了一个新台阶。在设计上，紧跟时代步伐，新颖别致。每个工程都有一处或多处点睛之笔，给人以耳目一新的感觉，成为有中国文化传统美和现代艺术美相结合的建筑艺术品，给人以美的享受。

协会积极开展创优秀企业、优秀企业家、优秀项目经理活动。涌现出吉林省凯基建筑装饰工程有限责任公司、长春东方装璜工程有限公司、吉林省宝鑫建筑装饰工程有限责任公司、吉林省太阳神建筑装饰工程有限公司、长春长江装饰装璜有限公司、吉林省百洋装饰公司、一汽实业建筑装饰工程有限责任公司、长春金豆装饰工程有限公司、吉林省创艺装饰装璜工程有限公司、吉林省泰格装饰公司、吉林省正业通装饰有限责任公司、吉林省华冠装饰有限责任公司等一批优秀企业。同时，也成长起来祝庆俊、西志敏、袁大陆、孙爱东、温铁义、陈兴海、石彦文（女）、艾民、张勇、金明南、冯晓刚、安宏伟、曾金培等一批优秀企业家，他们大多是吉林省、长春市的先进工作者、劳动模范、杰出青年，有的还是人大代表、政协委员。

辽宁省建筑装饰行业

辽宁省装饰协会

【协会简介】辽宁省装饰协会成立于 1992 年，十多年来，在业务主管部门辽宁省建设厅、登记管理机关省民政厅的关怀、引导下，在广大会员单位的关心、支持和参与下，不断探索，不断创新，走出了一条自己的顺应时代发展的，符合国家规范社会团体发展方向的工作自主、经费自筹、人员自聘的独立法人的发展道路。

第二届辽宁省装饰协会领导机构及秘书处机构设置：

名誉会长：从正龙（辽宁省人大常务副主任）

总顾问：周宏煜（辽宁省建设厅副厅长）

顾　问：邵　武（辽宁省建设厅厅长助理）

会　长：杨帅邦（辽宁省建设厅原常务副厅长，辽宁省装饰协会第一届会长）

副会长：于秋生（辽宁省建设厅建筑管理处副处长），澳连建筑装饰有限公司等 14 家装饰企业为副会长单位，常务理事单位 59 家 ，理事单位 91 家 。

常务副会长兼秘书长：王志杰

秘书处办事机构：综合办公室、行业部、培训部、信息部、门窗幕墙委员会、中国建筑装饰协会培训中心辽宁工作站、《中华建筑报》辽宁记者站、辽宁三鼎展览服务有限公司。

杨帅邦

王志杰

【协会工作】协会各项工作的开展紧紧围绕政府对行业管理的政策、法规为中心，把“双向服务”作为一切工作的出发点和归宿，得到了主管部门和行业的认可，先后三次被中国建筑装饰协会授予“全国先进建筑装饰协会”和“优秀建筑装饰协会”称号；两次被辽宁省民政厅、辽宁省人事厅评为“先进社会团体”，近日被辽宁省建设厅推荐惟一一个建设系统的“省级示范社团”。

2002 年我省装修装饰业继续保持高速发展，企业实力进一步增强，队伍不断发展壮大，一级装饰企业 16 家，比上年增长 33.3%；一级幕墙企业 13 家，比上年增长 121.7%；装饰甲级设计单位 30 家，甲级幕墙设计企业 11 家，施工、设计双一级企业 18 家。无论是建筑装饰，还是幕墙装修在全国均居前列，施工足迹遍及全国并进入国际市场。住宅装修市场不断规范，竞争日趋激烈 ，国内名牌企业纷纷进入辽宁市场。

2002 年辽宁省装饰协会认真回顾、总结前十年发展创业历程，进一步加强了人员的思想建设，提高了工作人员的工作水平和业务能力，完善了秘书处各项规章制度，改善了办公环境，扩大了办公面积，添置了办公设备，提高了工作效率。通过了协会年检和分支机构复查工作，我会铝门窗幕墙委员会被辽宁省建设厅确定为建设系统该专业惟一的社团分支机构，并正式更名为辽宁省装饰协会门窗幕墙委员会。

应邀参加了全省建筑业企业资质就位的评审工作，站在协会角度，本着为政府、为企业负责的态度，介绍装修装饰、建筑幕墙、金属门窗等相关专业的企业状况，为主管部门公正、合理的评定企业资质等级提供参考意见；受建设厅委托还承担了全省建筑业企业新资质证书的打印、发证、企业资质申报表的批准等级盖章、档案的整理、保管、开据发票等系列工作；派员参加了建设厅组织的对全省十四个市整顿和规范建设市场秩序的督察工作。

随着中国入世，政府职能的转变和建筑装修装饰业的发展，行业协会担负的责任更加艰巨，为帮助企业提高综合实力和国际竞争能力，2001 年 3 月组织企业参加“东北三省大型装饰企业应对 WTO 座谈会”；4 月参加了“全国建筑装饰企业应对 WTO 战略研讨会”，会上，澳连公司、沈飞公司分别做了“通过与国外设计高手合作提升中国建筑装饰设计应对 WTO 的水平”和“实现‘四个接轨，应对入世挑战’”的主题发言和书面发言。

4 月 10～13 日“第八届全国建筑装饰材料沈阳展览订货会”在沈阳市隆重举行，一年一度由我会承办的该展会以“届次长久，运作规范，专业性强”闻名全国，为沟通东北地区装饰材料市场信息和购销渠道起到了积极的促进作用，并带动了东北地区会展业的发展。

为宣传、贯彻国家质量监督检验检疫总局发布的《室内装饰材料有害物质限量》十项国家强制性标准，先后与沈阳市质量技术监督局、省质量技术监督局合作开展“装饰装修安全产品”的检测、认证和“装饰材料放心工程”推荐活动，对打击假冒伪劣、有毒有害材料的违法销售起到了一定作用。

组织评选“辽宁省建筑工程装饰奖”，其中装修装饰工程奖 13 项，建筑幕墙工程奖 10 项，住宅装修工程奖 6 项，装饰工程设计奖 3 项。从中选拔推荐申报国家级装饰奖 19 项，最终 8 项工程获公共建筑装饰奖，6 项工程获建筑幕墙类装饰奖，5 个工程获住宅装饰类奖项。

适时举办各类岗位、技术培训，2002 年共举办项目经理培训 4 期，项目经理继续教育 2 期，施工员（工长）、安全员、质量检查员等培训，培训学员达千余人；为宣传贯彻国家标准规范，分别在营口、丹东举办宣传学习班，学员达 300 余人，同时还举办建筑装修装饰、建筑幕墙施工企业管理规范化辅导班。

为推进行业技术进步，加强信息交流和沟通，举办装饰沙龙，新产品、新技术交流推广等活动；会刊《辽宁装饰》及时宣传政府政策法规，开展行业热点问题研讨，介绍企业和会员，在政府、协会和企业间铺路架桥。

按照协会章程，根据工作需要，适时召开理事会、常务理事会，2002 年 8 月末召开的二届三次理事会表决通过了关于筹备成立学术专家委员会的提案和开展设计师资格认证工作的实施计划。

2001 年 12 月 8 日是协会成立 10 周年的纪念日，纪念活动分三部分进行：

一是辽宁省建筑装饰名牌企业发展成就暨装饰材料放心工程推荐产品展示会，以图片、文字、实物多种形式展示了协会 10 年的变化和主要成就，展示了我省行业先进企业和获奖工程代表作品的成就和业绩，以及放心装饰材料和名优品牌的装饰工程配套用品的展示推广活动。

二是“首届建筑装修装饰高峰论坛讲座”吸引了来自全省 14 个市的近 300 人参加，中国建筑装饰协会常务副会长兼秘书长徐朋、鲁迅美术学院田奎玉副院长、沈阳建工学院博士导师陈伯超教授分别做了题为“我国建筑装饰行业基本情况与应对入世的思考”、“新的历史时期建筑装饰业及设计师所肩负的历史使命”和“建筑设计与装饰设计的关联”的讲座。

三是庆祝辽宁省装饰协会成立 10 周年纪念大会对秘书处 10 年工作进行了回顾，对协会有贡献的功勋人员表达了永不忘记之情，对优秀协会工作者、优秀联络员进行了表彰，同时还举办了 2002 年辽宁省建筑工程装饰奖的颁奖仪式，《中华建筑报》辽宁记者站和中国建筑装饰协会培训中心辽宁工作站授牌仪式。隆重而丰富的庆祝活动是协会迈向新征程的里程碑，会后印制了纪念画册以志留念。

2002 年协会工作的回顾，深感行业工作的重担，面对新形势，我们有决心以新思路、新举措开创装饰协会工作新局面。

大连市建筑装饰行业

大连市建筑装饰协会

【协会简介】大连市建筑装饰协会是 1988 年 1 月 22 日由装饰企业发起，经政府主管部门批准，市民政局注册的民间社团组织。成立 15 年从无到有逐步壮大。协会组建当时，没有办公场所，没有专职人员，会员也只有十几家。1993 年协会召开第二届会员大会，当时也只有会员 30 多家。十几年来通过抓协会的组织建设，思想建设，稳定了工作班子，开展了一系列活动，提高了协会服务的知名度，扩大服务领域，会员增多了，工作部门齐全了，各项服务工作走上了轨道，保证了协会健康的发展。

目前协会的主要工作机构有：会员管理部、培训部、装饰材料专业委员会、室内设计研究分会、家庭装饰中心、网站等。

魏作全

杨昭富

【行业概况】20 世纪 80 年代初由南吹来的现代装饰风登陆大连，当第一项装饰工程在大连开始时，大连尚没有装饰企业。一切从零开始。1985 年有 5 家装饰企业在大连问世，当年工程量不到 1000 万元，1988 年装饰企业已发展到 17 家，年工程量不到 5000 万元。

1993 年装饰行业出现了一个大突破，装饰企业达近 200 家，从业人数超了万人，年工程量达到 2 亿元。1998 年随着大连城市建设的发展，装饰企业加快了发展速度，年工程量超过 30 亿元。同年协会开展装饰质量评优活动，一批优秀工程涌现出来。

2002 年度我市有 8 项工程被评为全国建筑工程装饰奖，22 项工程被评为 2001 年度大连装饰奖。截止 2002 年底，我市共创全国性的装饰工程奖共 18 项（含鲁班奖），辽宁省优工程 57 项，大连市优工程 113 项。通过近 20 年的努力，大连装饰行业队伍壮大了，质量提高了。

目前大连拥有一级装饰企业 6 家，二级近 40 家，涌现出大连建筑装饰设计工程公司、大连盛大装饰工程有限公司这样一批过得硬的装饰企业，涌现出任文东、唐建、陈晓蔓、刘士海、盖永成这样一批优秀的设计师，大连队伍已远征俄罗斯、韩国、东南亚一些国家和地区并广泛开展了为国内各省市的服务，均以质量好，信守合同受到建设单位的赞誉。

【协会工作】

1. 发展会员，现有装饰企业会员 135 家，家装会员 87 家，装饰材料专业委员会会员 104 家，室内设计研究分会会员 261 人。协会在工作中注意加强了会员管理，反映会员的呼声，真正起到桥梁纽带作用。

2. 开展培训工作，提高全行业的素质。十几年来开展了项目经理、家庭装饰、预算、材料等多种学习班，培训了一大批专业人员，为行业的发展提供了条件，截止目前我会培训的项目经理近 400 人。

3. 以质量为核心，开展质量评优、贯标等活动，为提高全行业质量奠定基础。

4. 抓好家庭装饰工作，全心为民服务，协会 1988 年组织家装中心，逐步完善了家装管理程序，严格按章管理，培养出一批为民服务的标杆家装企业，带动了行业良性发展，截止目前我中心组织的家装近 8000 户，发生投诉的仅 6 户，投诉率不到千分之一。

5．开展为政府服务活动，自协会组建以来，把为政府服务做为一项主要工作，先后参与了街道改造，大型项目方案评审，招投标等多项工作，受到了有关部门的赞扬。

济南市建筑装饰行业

济南装饰协会

【协会简介】济南市装饰协会成立于 1990 年 5 月。

会　长：赵世忠

副会长兼秘书长：王建森

下设秘书处、会刊《济南装饰》。

赵世忠

王建森

【行业概况】济南市建筑装饰业近几年里不断兴旺发达，正在以最快的速度接近全国最高水平，政府主管部门高度重视、大力扶持行业发展，大量的建筑装饰新理念、新时尚、新材料和新设计涌入济南，促进了行业的发展，装饰市场规模不断膨胀。目前，已建成大型装饰材料市场 15 个，家装市场 3 个。

全市现有取得建设部建筑装饰专业资质的企业 273 家，其中一级 11 家、二级 106 家、三级 156 家。其他总承包兼营建筑装饰资质队伍 92 家，家装企业 300 余家。从业人员约 6 万余人，年建筑装饰工程总量在 80 亿元左右，其中家居装饰工程量约 30 亿元。同时，江苏、上海、深圳等地的装饰队伍也进入济南承揽工程，形成了竞争的格局，促进了济南装饰行业的发展。

济南装饰企业经过十几年的成长，逐渐形成了自己的风格，开始有意识地探索企业发展的最佳途径。针对现有市场竞争日益加剧的局面，采取了不同的经营战略。山东万德福装饰工程有限公司在装饰施工的同时，积极拓宽经营范围，大力开展家居装修和其他产业的开发，在生物保健品领域有了新的突破，大大提高了企业的综合实力，2002 年，企业获得山东省建筑行业“特级信誉企业”，成为山东省装饰行业惟一获此荣誉的企业。山东德泰装饰有限公司围绕提高工程质量，降低工程成本，提高环保质量做文章，投资 1800 万元，从德国、意大利引进目前国际最先进的加工设备，实现了装饰木业制作的工厂化、集成化生产。通过为装饰工程提供配套的产品、半成品，极大的缩短装饰装修施工工期，提高了工程质量，并在很大程度上减少了装饰装修施工中产生的各种污染。

近几年，济南市装饰行业主管部门，在大力扶持本地企业，培育品牌的同时，鼓励济南市装饰企业纷纷走出去承揽工程任务。山东万得福公司先后在新疆和北京承揽工程，为当地城市建设做出贡献；山东剑桥公司、德泰公司、鸿鑫公司等企业也都走出济南市，在山东其他地区参与投标，承揽工程，既推动了这些地区装饰工程水平的提高，又增加了企业效益。2002 年济南市企业外埠施工产值近 4 亿元。

【协会工作】2002 年，济南装饰协会在转变政府职能、提高工作效率、发挥行业协会桥梁和纽带作用方面，做了以下工作。

1．组织评选了 2002 年度济南市优秀装饰工程。为了提高装饰装修工程质量，促进企业创优意识，我市继续开展了装饰装修工程评优活动。在上级主管部门、质监部门及装饰企业的支持配合下，协会按照事先公布的评选办法，对我市 2001 年度竣工的装饰装修工程进行了认真的对照筛选工作，最终选出了 10 个代表工程作为 2001 年度济南市优秀装饰工程。对本年度获奖企业，济南市建委、济南市建管局、济南市装饰协会联合进行了表彰。截止到 2002 年，连续 4 年共评选出济南优秀工程 46 个。

2．组织参加了山东省“泰山杯”奖、全国建筑工程装饰奖的评选活动。按照省局关于组织评选 2002 年度建筑装饰装修工程“泰山杯”奖的文件要求，我会从 10 个济南市优秀装饰装修工程中，选出了 6 个参加了“泰山杯”奖的评选，按照评选要求，作了认真细致的准备工作。经过检查组认真检查，我市推荐的 6 个装饰装修工程全部通过了终审，获得了 2002 年度山东省装饰装修工程“泰山杯”奖。自这项活动开展以来，我市装饰企业获得此项荣誉的共有 11 个工程。

2002 年 10 月底接到中国建筑装饰协会举办“2002 年（第二届）全国建筑工程装饰奖”评选活动的通知后，我会按照评选要求，代表济南市通过山东省建工局作了认真细致的参评上报工作。中国建筑装饰协会于 11 月上旬派出检查组来济进行复查，我市推荐的 3 个装饰装修工程（2 个公建、1

个家装）全部获得了“2002年度全国建筑工程装饰奖”。2002年度的金奖工程与往年相比，无论是工程体量还是工程质量、设计水平都有了很大提高，代表了济南市装饰行业的实际水平。两年来，我市共有5个工程获此殊荣。

3. 组织参加了全省一级装饰企业高级研讨会。8月份，山东省建工局组织召开了全省一级装饰企业及各地地市装饰办主任参加的“高级研讨会”，我市组织11家一级企业的经理参加。会上，与会代表们畅所欲言，从企业管理到市场竞争、行业发展等不同的角度阐述了各自的观点。省局领导作了重要指示，提出了装饰行业的发展思路，解答了主管部门在市场扮演什么角色的问题，阐述了管理与服务的辨证关系。

4. 编辑出版了协会刊物——《济南装饰》四期。把上级各主管部门、行业协会的有关文件精神、行业动态、市场动向以及新材料、新工艺的推广应用，及时输送给广大会员单位，指导、促进会员单位在本行业中健康发展。同时，每期都给会员单位留有较大篇幅，宣传企业业绩，展示企业风采。

潍坊市建筑装饰行业

潍坊市装饰装修协会

【协会简介】潍坊市装饰装修协会成立于1999年4月，原属轻工系统，其前身为潍坊市室内装饰协会。按照潍坊市机构改革的相关规定，装饰装修管理职能划归建设行政主管部门后，协会于2003年4月召开了二届会员代表大会，选举产生了新一届理事会，表决通过了有关协会名称变列事项，修改了协会章程。协会现有会员单位188家。

名誉理事长：张庆吉（潍坊市建设局局长）

理事长：陈爱文（潍坊市建设局副局长）

常务副理事长：徐小朋（潍坊市装饰装修管理办公室主任）

2002年，潍坊市装饰装修协会在各级行业主管部门的正确领导下，以高度负责的精神，昂扬的姿态，带领全体会员单位，认真贯彻执行党的十六大精神，积极实践“三个代表”重要思想，视行业发展为已任，树立为人民负责的意识，发奋图强，与时俱进，开拓进取，转变观念，将管理寓于服务之中，不断创新服务手段、优化服务方式、提升服务水平，促进了依法行政良好环境的形成。发挥各方面的积极性，自觉服从、服务于经济建设这个中心，妥善处理改革、发展、稳定的关系，与有关行政执法部门通力协作形成齐抓共管的强大合力，充分发挥政府与企业间的桥梁纽带作用，认真履行职责，积极为企业开展全方位服务，以行业发展为主线，以市场整顿、工程质量、施工安全、人才培训和技术交流为重点，加强市场管理，提高行业素质，使我市的装饰装修行业管理工作逐步纳入了法制化管理的轨道，装饰装修业正在持续、稳定、健康发展。

【行业概况】

1991年至2002年，全市装饰装修企业数量由54家发展到185家，其中，一级2家、二级66家、三级106家，家装企业11家，从业人员由1680人发展至2万多人，年完成装饰工程量由860万元上升到3.92亿元，装饰施工能力由只能承担几十万元的单项工程提高到能承担2000多万元以上的四星及宾馆、饭店的综合装饰装修业务，年创税收达3000多万元。装饰装修队伍由小到大，由弱变强，成为潍坊建筑业的重要组成部分，极大的带动了轻纺、电子、建材等相关产业的发展，为全市经济和社会发展做出了积极贡献。

一是装饰装修行业管理步入正规，装饰装修法律、法规、规章逐步配套完善。为了强化行业管理，规范市场秩序，先后印发了《整顿和规范装饰装修市场秩序的意见》，制定了《潍坊市装饰装修工程项目管理程序》，印制了《潍坊市装饰装修工程施工许可证》、《工程项目报建证》及《装饰装修工程质量隐患通知书》等，拟定了《潍坊市装饰装修管理办法》，已报市政府审批。同时，为加强家装工程管理，还制定了《住宅装饰装修管理暂行规定》等规范性文件。装饰装修行政执法工作有法可依，依法行政，综合执法水平不断提高，行业发展驶入快车道。

二是行业管理的职责更加明确。2001年装饰装修行业划归市建设行政主管部门统一管理，扩大了管理部门的执法范围，将“室内”与“室外”装饰管理归为一体，从根本上理顺了装饰装修管理体制，彻底改变了装饰装修两头管理、政出多门的混乱局面，为强化行业管理创造了有利条件。

三是行业管理活动开展得有声有色。各级建设行政主管部门对装饰装修这一新兴行业非常重视。2002年度协会配合各级行业主管部门组织开展了业务调研，工程质量安全检查，经验交流，“泰山杯”奖评选等各类活动，这些活动的开展对规范行业管理，促进行业发展发挥了积极的作用。

四是抓了企业资质就位，调控了队伍规模，我市现有装饰装修资质企业223家，根据建设部的统一要求和标准，对全市装饰装修企业进行了资质就位工作。截止2002年，经山东省建管局批准就位合格的企业174家，占就位前企业总数的78.1%。通过资质就位，企业的整体素质明显提高，初步形成了比较合理的梯形结构，达到了压缩队伍规模、改善专业结构、提高企业素质的目的。

五是理顺了建设工程管理程序。对工程报建、施工许可、图纸审核、工程质量安全监督实行程序化管理，规范了建筑装饰装修市场秩序。

六是建立了有形家装市场。为解决我市家装市场有市无场的局面，依托“建陶市场”建立起了3300㎡的“潍坊市住宅装饰装修市场”，组织有实力的装饰企业入驻家装市场，开展家庭居室装饰装修业务。市场的建立为进一步规范家装市场秩序管理，依法维护消费者和经营者合法权益，提高住宅装饰质量，让人民群众住上放心房、舒心房发挥了重要作用。

【协会工作】

一是开展专业培训，提高队伍整体素质，2002年先后组织举办企业项目经理等各种培训班多期，培训各类专业人员1000余人，规范了企业专业技术人员持证上岗制度，不断提高各类专业人员业务素质。

二是组织装饰装修设计单位、施工企业、材料生产、配套用品供应、经营厂商参加各种形式的展览、评优活动，极大提高了会员单位的荣誉感和责任感，增强了协会的凝聚力。

三是推行全省统一合同文本，规范合同条款，减少经济纠纷，帮助、指导企业依法保障正当经营权益，维护工程双方合法权益。为增强企业合同法律意识，联合工商部门制定了《装饰装修企业重合同守信用企业评定标准》，评定表彰了16家“重合同守信誉”企业，并在《山东工商时报》予以公告。

四是创办《潍坊装饰信息》内部刊物，传播行业动态，交流行业信息，推广新技术、新材料、新工艺应用，引导装饰装修向时尚美观、绿色环保、人性、健康的发展方向。为企业定购各种技术、标准、规范文本等书籍资料3100多册，提供新材料、新技术、新工艺信息1800余条。

五是积极组织动员行业有识之士，参加各级社团管理部门举办的社会公益活动，受到有关部门的一致好评，连年被评为省级先进社团组织。

协会当前总的工作指导思想是充分发挥协会的桥梁纽带作用，增强行业凝聚力，首先是加强协会组织机构建设，把热爱装饰装修行业并为本行业发展做出突出贡献的有志之士选入理事会，参加协会领导，增强协会活动。协会还要根据工作需要设立有关部室和专业委员会，负责处理各项技术业务工作，建立完善各项工作制度，制定发展规划和议事规则，实行例会制度，定期总结部署工作，共同制定协会工作的发展规划和加强协会建设措施，做到协会活动经常性，上下联系不中断，年年都有新成绩。

一是建立健全行业行风规则，加强行业自律，促进行业物质文明和精神文明建设。目前，装饰装修业不论是装饰装修管理部门，还是装饰设计单位，施工企业，在管理服务，经营思想，市场行为等方面，还不同程度的存在为基层服务起点低、效率差、不文明以及行业不正之风和不正当竞争等问题，因此加强行风建设是今后协会工作的重要任务，协会将定期组织检查，总结经验，树立典型，表彰先进，推动后进，努力把装饰装修行业建成整体素质高，行业信誉好，市场行为规范的文明服务行业。

二是要大力开展从业人员的岗位培训工作，力争在3年内使从业人员持证上岗率达到80%以上。

三是适应国民经济发展水平，推动全市装饰装修行业每年以15%的速度递增，2005年装饰工程量要达到15亿元。

四是继续坚持以设计为龙头，技术为手段，产品为基础，努力提高配套和施工水平，发展横向联合，走集团化的道路，逐步建成现代化的完善的装饰装修行业体系，把装饰装修行业的发展推进到与国民经济发展和人民生活需要相适应的新阶段。

五是认真开展行业争先创优活动。2003年要争创省“泰山杯”工程奖2个，潍坊市“鸢都杯”工程奖10个、省级安全文明工地2个，装饰装修工程程序管理先进单位5个，装饰装修工程质量管理先进单位5个。通过一系列活动的开展，逐步提高我市装饰装修工程质量水平。

六是组织开展住宅装饰装修设计大赛，促进装饰装修设计整体水平的提高。

安徽省建筑装饰行业

安徽省建筑装饰协会

【协会简介】安徽省建筑装饰协会创建于1989年12月23日，时称为“安徽省建筑业联合会装饰协会”。经会员代表大会选举产生理事单位41个，常务理事13名。1993年，安徽省建筑业联合会装饰协会经安徽省民政厅住宅登记，改为“安徽省建筑装饰协会”，成为省一级的建筑装饰行业协会。1999年，根据《社会团体登记管理条例》及有关文件精神，重新修改章程，进行严格审查，经安徽省建设厅批准推荐，报送安徽省民政厅社会团体核准登记。2002年，经安徽省质量技术监督局核验，颁发组织机构代码证，代码为74306321-3。

理事长：王金平

常务副会长兼秘书长：李增堂（法人代表）

副会长：陈幼年（兼职）。

协会下设办公室、培训部、财务部三个职能部门。

2002年发展会员12家（其中个人会员2名），现有会员120个，理事61个。2002年培训部经省建设厅检查审核，

王金平

李增堂

评定为省建设类二级培训机构。协会现有专职人员6名，其中：正高级工程师1名，高级工程师1名，高级政工师2名，工程师1名，有会计证的会计1名，基本上适应了工作的需要。协会制定了办公会议、财务管理和文件档案管理制度，而且执行得比较好。其中：财务收支方面，2001年经上级年审合格。

【行业概况】我省现有建筑装饰企业1450家。按新资质标准就位的有842家（含土建兼营企业），其中，一级10家、二级131家、三级701家。住宅室内装饰企业正在申报资质就位的预计有500家左右。施工产值近100亿元，从事装饰设计、施工的员工约30多万人。

我省装饰行业由建设行政主管部门统一管理的文件下发后，经过多方面的努力，职能交叉关系基本理顺。家装由20世纪90年代户均消费2～3万元，发展到现在的5～6万元，有的已超过10万元以上。在公装方面，高层建筑、旅游宾馆、饭店、商场、机场、车站等工程的内外装饰档次不断更新换代。要实现小康社会的目标，城市建设随之兴起，建筑装饰水平和环境建设大大改善，因此，在未来10～20年时间，建筑业的发展乃是高潮发展时间。由此看来，装饰行业的前景十分广阔，大有作为。

我省的建筑装饰行业于20世纪90年代初起步，虽然起步迟，但发展较快，特别是近几年民营企业的兴起，逐步形成了自己的装饰队伍，涌现了一批经营管理有方的企业家，培养了一大批项目经理和专业设计管理人员。据统计，去年除完成公装任务外，住宅工程竣工面积达1750万m²，为改变城乡面貌和居住环境做出了积极贡献，为实现全面小康社会的宏伟目标打下了良好基础。

全省10家一级装饰施工企业，仅占企业总数的1.19%，且分布不均衡，其中9家企业均在合肥市。素质不高，有些企业高层次技术管理人员仅有3～4人，一级项目经理为数也很少，竞争力不强。我省规模在1000万元以上的装饰工程，大多数被外省、市企业承包。省内工程由于发包分割，工程量分解，很难形成总体承包的装饰企业。

【协会工作】2002年，我会在中国建筑装饰协会和安徽省建设厅的指导下，认真履行协会职能，积极地开展工作，主要抓了以下几点：

一、加强行业法制建设，推动行业可持续发展

2002年，建设领域的法制化建设有了很大发展。《建筑装饰装修工程质量验收规范》、《民用建筑工程室内环境污染控制规范》、《住宅室内装饰装修管理暂行办法》和《室内装饰装修有害物质限量十个国家法制性标准》等法规相继颁布，我们都及时进行宣传，提高贯彻执行的自觉性。其中，两个规范颁布后，我们及时地组织人员参加中装协在我省黄山市举办的学习两个规范的师资培训班。接着，又购置两个规范500余本，分发给本会举办培训班的全体学员，聘请有培训资格证书的教师和专家讲授，有效地提高了他们执行两个规范的能力。

在此基础上，我会还协助安徽省建设厅制定了《安徽省装饰装修管理办法》和《安徽省住宅室内装饰企业资质管理暂行办法》。两个“办法”均已及时地下发执行。此外，安徽省建设厅又制定了《安徽省建设厅所属社团组织管理暂行规定》，合肥市装饰管理处提出了“关于规范与发展家庭装饰市场的几点意见”。

二、组织学习、宣传入世知识，增强了行业应对入世的能力

2002年是我国入世的第二年，为了贯彻执行“三个代表”的重要思想，分析WTO给我国建筑装饰市场、行业和企业带来的挑战和机遇，我们认真地抓了两点：一是协会会刊《安徽装饰》开辟了“入世须知”栏目，大力宣传有关入世知识，引导全省各装饰管理部门和企业的全体员工学习入世知识，提高应对入世能力；二是带领部分企业的领导干部参加中国建筑装饰协会在武汉召开的“全国建筑装饰企业应对WTO战略研讨会”，会后我们又大力宣传这次会议精神和装饰企业如何应对入世的文章。参加会议的安徽华誉装饰公司和安徽安兴建设装饰公司的同志还在我会会刊上发表论文。其中，安徽华誉装饰公司发表的“安徽省建筑装饰企业在WTO缓冲期应有的策略”一文被中国建筑装饰协会会刊《中国建筑装饰》采用。

三、上下结合，认真开展各类培训

为了适应企业需求，配合建设部开展的建筑业企业按新资质等级标准就位，提高我省装饰队伍的整体素质，我们在合肥、黄山两市先后举办装饰企业项目经理培训班和质检员培训班7期，其中举办装饰企业项目经理培训班5期，全年共培训学员707人。在办班中，我们坚持同各市建管部门密切合作，请他们组织学员，提供办班条件；坚持把住学员的文化程度等原有素质关和教师的教学水平关；坚持加强教学管理。为了加强教学管理，我们先后制定了“教师管理制度”和“教学管理制度”，并认真贯彻执行。每期培训班，我们坚持了教育在先、经常检查和认真监督的管理方法，确保了培训质量。由于我们培训认真、力度大，得到了中装协培训中心的肯定。我会以题为“培训是行业振兴的基础”一文在2002年6月中国建筑装饰协会召开的培训工作经验交流会上进行了交流。

四、协助开展全国建筑工程装饰奖活动，推动全省装饰行业争创名牌工程

中国建筑装饰协会“关于开展2002年全国建筑工程装饰奖评选工作通知”（中装协[2002]50号）下达后，我会进行了以下工作：一是及时转发了中装协的通知，动员各企业积极申报，争创名牌装饰工程。经过动员，合肥建工装饰工程公司申报自行设计施工的黄山花溪饭店装饰工程参加2002年全国建筑工程装饰奖评选；二是组织专家对申报工程进行检查评审。根据专家评审意见和公示情况，及时地将该工程推荐参加“全国建筑工程装饰奖”评选；三是协助中国建筑装饰协会做好申报全国建筑工程装饰奖工程的复查工作。经过中国建筑装饰协会复查组的认真复查评审，我省黄山花溪饭店装饰工程被评为全国建筑工程装饰奖工程，荣获装饰设计奖和装饰施工奖，合肥建工装饰公司为获奖工程的设计单位和承建单位。

五、开展调查研究，扶植骨干龙头企业

为了掌握我省企业情况，有针对性的为企业服务，我们确定对在资质就位中新批准的一级资质企业开展调查研究，并完成了第一步的调查。通过这一步调查，对企业的管理人员、注册资本、施工产值、施工机械、工程质量安全和认证情况等方面进行了全面了解，为下一步的深入调查和扶植骨干龙头企业奠定了基础。

六、办好会刊，为企业提供信息服务

我会会刊《安徽装饰》为双月刊，出刊正常。我会会刊的特点是：有关装饰装修方面的政策、法律、法规刊登比较全面，信息传播迅速，经验适应企业需要，各个栏目的文章都围绕装饰业的实际，很受企业管理人员的欢迎。每期会刊，除发往全省100多个会员单位外，还同全国30多个省、市协会进行了交流。

七、加强自身建设，较好地发挥协会的桥梁纽带作用

2002年，为了提高协会人员素质，圆满完成全年的各项任务，协会领导狠抓了协会人员的思想建设和作风建设。年初，协会订的《中国建设报》、《建筑时报》、《中华建筑报》等业务性报刊，协会人员每天坚持阅读，《安徽省建设厅关于加强社团组织管理暂行规定》下达后，协会人员及时传阅。党的“十六大”胜利闭幕后，协会及时组织学习“十六大”报告，深刻领会精神实质。协会领导每次从外地开会回来后，都及时传达会议精神，使大家领会精神，开阔眼界。通过学习，有效地提高了协会人员的思想水平和业务知识，增强了服务意识。我会人员少，但分工不分家，只要有工作，大家都立即主动去干。比如在举办装饰项目经理培训班和质检员培训班中，协会领导和全体工作人员全力以赴，有时晚间和星期天还连续工作，没有一个同志有怨言。

协会人员认识到，搞好“双向服务”是我们应尽的职责。因此，对中国建筑装饰协会和安徽省建设厅交办的工作，及时迅速地保质保量地完成；对各市建管部门、市装饰办和企业来我会办事的同志，做到热情接待，尽量满足他们工作上的需求。

杭州市建筑装饰行业

杭州市建筑装饰协会

【协会简介】杭州市建筑装饰协会成立于1995年1月，是杭州市建筑装饰施工、建材、经营等企事业单位自愿组成的地方性行业社团组织，业务接受杭州市建设委员会的领导，会员单位76家（该数字不包括家居装饰、装饰设计企业）。2002年进行协会换届改选，选举产生第三届理事会，充实和完善领导班子。

理事长：陆秀乔（杭州市建设委员会助理巡视员）

副理事长：吴建荣（浙江中南建设集团有限公司总裁）　厉生荣（浙江华天装饰工程有限公司总经理）　于利生（武林建筑工程有限公司副总经理）　傅祖华（原杭州市建筑业管理局党委副书记）

秘书长：楼志武（原杭州市建筑业管理局市场处处长）

协会设置秘书处，培训工作委员会和技术咨询工作委员会。

【行业概况】杭州是世界闻名的风景城市，又是历史文化名城，这对装饰行业来说，有着广阔的发展前景，特别是市政府提出“构筑大都市，建设新天堂”的宏伟目标，给装饰行业的发展增添了无限的空间。

近年来，杭州的装饰行业有了长足的发展。经资质就位，杭州有专业资质的装饰施工企业179家，其中一级7家、二级27家、三级145家；专业幕墙施工企业12家，其中一级1家、二级5家、三级6家。2002年完成施工产值18.27亿元，从业人员1.74万。2002年与2001年相比，产值提高了30.5%，从业人员下降了13%，装饰企业的家数下降了17%左右。这些数字不包括总承包企业和家装企业完成的装饰施工产值和从业人员人数。

为了加强行业管理，规范市场行为，提高装饰工程质量，杭州市建委和有关部门在2002年制订的规章有：杭州市人民政府令第183号《杭州市住宅区建设项目综合验收管理办法》、杭州市建委《杭州市工程建设违法违规警示制度》[杭建市（2002）0240号]、杭州市建委《关于健全和规范杭州市有形建筑市场的若干意见》[杭建市（2002）193号]、杭州市建设工程招标投标管理办公室《关于防止在招投标活动中以低于成本价报价竞标的若干规定》[市招标办（02）08号]、杭州市建筑装饰协会《杭州市优秀建筑装饰工程评选办法》[杭装饰协字（2002）05号]。

【协会工作】

1．评选 2002 年度杭州市优秀建筑装饰工程的活动。2002 年共评出杭州市优秀建筑装饰工程 26 个。其中 16 个工程获得省优秀建筑装饰工程奖。中国建筑装饰协会评选的全国优秀建筑装饰工程，我市浙江康莱物药业有限公司综合楼等 5 个工程获此殊荣。

2．贯彻中国建筑装饰协会“家装管理”会议精神。为装饰专业企业进入家庭装饰这个大市场创造了条件，和浙江省建筑装饰协会联合召开了“展望 2003 年家装业创品牌及营销策划研讨会。”

3.做好培训工作，提高企业职工素质。积极开展法制教育和技术培训是协会为会员办实事的一项重要内容，协会结合装饰企业的实际需要，开展项目经理、中岗的培训与“建筑装饰施工验收新规范”讲座等活动，对企业不同层次的职工进行教育与培训。

4.开展行业活动，促进行业发展。为帮助企业作好资质就位工作，协会根据部省的有关文件精神，编制了“企业资质就位资料申报参考”，并对企业做好咨询服务工作。

福建省建筑装饰行业

福建省建筑装饰协会

【协会简介】福建省建筑装饰协会于 1995 年 3 月成立，目前拥有会员单位 238 家，是福建省从事建筑装饰行业的科研、设计、施工、生产、销售、教育单位，以及从事建筑装饰的管理人员，技术人员等，自愿组成的行业性社会组织，是非营利性的社会团体。理事会领导班子成员：

顾　问：杨纶钊（原福建省建委副主任、第一届协会理事长）

理事长：钟昌辉（省建设厅建筑业处副处长）

常务副理事长：张福如（专职）

副理事长：邓婕（福州市建筑装饰协会会长）　林鹰（厦门华丽设计装修工程有限公司总经理）　邱锦生（福建嘉华装饰工程有限公司董事长）

秘书长：赖桂华（福州闽港建筑开发有限公司党支书）

本会宗旨：遵守宪法、法律、法规和国家政策，遵守社会道德风尚；团结和动员有关建筑装饰管理、科研、设计、施工、生产、销售、教育等单位，为提高产品质量，加强经营管理，增强配套能力，搞好装饰行业自查自律，广泛开展技术交流，努力提高我省建筑装饰水平，推动建筑装饰行业向现代化方向发展。

本会工作范围：

一是协助政府贯彻执行建筑装饰的方针、政策、法规，组织会员单位对建筑装饰经营管理的政策法规、行业规划和发展方向等进行研讨，向政府提供相关的建议并协助制订。

二是协调与加强地区行业之间的横向联系，端正经营思想，改善经营管理，提高工程质量和服务质量，为建筑装饰行业的改革和发展服务。

三是调查研究本行业的发展趋势，收集、整理和提供国内外有关资料、信息，做好技术引进，开展咨询服务，组织学术经验交流，推广应用科技新成果，代表本行业积极发展与国内外装饰行业的联系。办好行业刊物，帮助会员企业的领导当好经理，办好企业。

四是根据行业发展与需要，为提高行业整体素质，采取多种形式，培训专业技术人才。

五是根据行业主管部门的授权，组织行业检查，进行产品鉴定，开展装饰工程创优活动，参与工程纠纷的协调及工程质量的分析处理。

六是承办政府部门、会员委托办理各项事宜，依照国家法规，搞好行业自律，维护会员单位的合法权益。

【行业概况】改革开放以来，随着社会的进步和人民物质生活水平的提高，我省建筑装饰业快速发展，作为我省五大支柱产业之一的建筑业的重要组成部分，其年产值占 1/2 全省市场份额，并成为推动全省国民经济持续、健康发展的一个新的经济增长点。2002 年全省建筑装饰业总产值 180 亿元，其中公共装饰 100 亿元，家庭装饰 80 亿元，比 2001 年增长 20%。

据权威部门统计：我省装饰装修企业资质就位前共有 1024 家（含二轻部门归口管理的企业），2002 年企业资质就位后，装饰装修专业承包企业 468 家，企业总数下降 54%，其中一级企业从 16 家上升到 24 家，二级企业从 365 家下降到 213 家。

目前全国一级装饰施工企业 471 家，福建 24 家，排名第六；甲级建筑装饰专项设计企业 16 家，一级幕墙施工企业 90 家，福建 1 家，排名 16 位；至 2002 年 9 月 30 日止，全国建筑装饰企业已通过 ISO9001 国际质量保证体系认证的 267 家，福建 24 家（排名第五），反映了我省装饰装修企业领导对质量管理工作的重视程度，以及做大做强的信心，代表了我省装饰行业发展的趋向。

【协会工作】

一、接受政府主管部门委托，努力搞好我省建筑装饰工程评优工作

1．根据福建省建委筑（1996）50 号文《关于同意在全省开展优秀建筑装饰工程评选活动的批复》，我会已经连续开展了四届建筑装饰工程评优活动，这项活动深得建筑装饰企业的欢迎和政府部门的肯定。前三届由省建设厅署名，第四次评优，改由协会颁奖。四届评优活动共评出获奖企业21家，单位工程43项，其中金奖14项（包括荣获“全国建筑装饰工程奖”奖项，银奖29项）。

2. 从2002年2月份开始，我们继续进行了第四届建筑装饰工程优质奖的评选工作，在以往三届评优的基础上，认真总结经验，逐步完善评优标准和评优办法，评优工作力求做到规范、公开、公平、公正，并将评审结果在《城乡建设报》进行为期10天的公示活动。在公示期内省建设厅监察室和我会秘书处均未收到举报、投诉电话和信件。这次我们编辑出的《福建省建筑装饰工程优质奖（1996～2001年度）获奖专辑》，专揖共印2000册，每个获奖企业30本，其余赠送有关单位，宣传企业业绩，塑造企业品牌，进一步扩大影响，提高获奖企业知名度。

3. 2002年10月，我会还专门推荐了“晋江电力大厦”等五项建筑装饰工程，参加“全国建筑工程装饰奖“评选，经过中国建筑装饰协会严格评审，我省申报的5项工程全部获奖。

二、认真开展积极推动福建省建筑装饰行业可持续发展

1. 应企业要求，协会秘书处适时推出《福建省建筑装饰行业诚信企业评选试行办法》，经过企业自荐，各地市建设行政主管部门和装饰协会推荐，协会常务理事会审定，根据企业信誉状况，工程施工安全，质量管理水平，依法纳税，遵章守法和热心协会工作等方面的考核，共评出我省建筑装饰行业2001年度诚信企业36家，并对获奖单位颁发了奖牌和评书，协会开展诚信企业评选活动，会员单位反响热烈，这对鼓励先进、树立典型，促进我省建筑装饰行业的健康发展，将产生积极良好的作用。

2. 主动配合建设行政主管部门，参与编制我省〈装饰装修新定额〉、建筑装饰装修工程验收规程、评优标准等工作。从装饰企业中选派富有实践经验的专业人员，主动配合省建设工程造价总站编制我省《装饰装修新定额》工作，该定额已于2002年正式出台，通过实际操作，大家普遍反映该定额版本适应范围广，可操作性强，造价编制合理，较好地维护了业主和企业的合法权益，协会还选派了装饰企业的工程管理专家、高级技术骨干和有关人员，主动配合省建设工程安全质量总站，参与福建省建筑装饰工程验收规程、评优标准等地方标准的编制工作。

3. 积极配合省建设干部培训中心搞好装饰企业项目经理的培训工作。由协会组织选送的137名学员，均已通过考核，领取了项目经理培训合格证书。举办装饰企业高级管理人员消防安全知识讲座，聘请省公安消防总队工程技术人员为装饰企业经理作“装饰工程消防安全常识演讲”等，进一步增强了装饰企业管理人员的综合素质。

一是办好会刊，为会员服务。我会会刊《福建装饰》自1995年创刊以来，从不定期到定期出版，目前是采用双月刊形式，及时宣传国家行业政策法规，业内资讯，适时发布行业最新信息，工程设计和施工管理经验的交流报道等，会刊发放一律为免费赠送，始终坚持不以营利为目的，力求保持收支平衡，得到会员的大力支持和拥护。

二是搞好“双向服务”，较好发挥桥梁纽带作用。及时了解会员企业动态与呼声，对于企业反映较多的对主管部门窗口单位意见，如项目经理资质证书申报、审批时间太久等，以及职能部门服务态度和效能等热点、焦点问题，秘书处适时整理成书面材料，呈送上级有关部门协调解决。积极协助会员企业完成专项设计资质、施工企业资质就位的咨询、协调工作。只要会员单位有反映，我们都热情接待，及时办理，并主动与上级有关部门联系，争取为会员企业多办实事。

厦门市建筑装饰行业

厦门市建筑装饰协会

【协会简介】厦门市建筑装饰协会成立于1987年10月19日，现有会员单位115家，个人会员36人。

会　长：刘伟可

副会长：汤才祥　林　鹰　陈　水　林如山　徐息兹　杨静芝　蔡国俊　徐瑞木　连俩进

秘书长：连俩进

秘书处内设：综合办公室、行业发展部、法律咨询部、技术服务部、家装部。

协会下设分支机构：建筑装饰工程质量安全专业委员会；建筑智能化信息专业委员会；厦门市建筑装饰装修培训中心。

刘伟可

连俩进

【行业概况】厦门建筑装饰行业起步较早，引进外资、境外施工队伍、新型装饰材料及装饰技术也早，建筑装饰工程质量和效果都比较显著。据我会不完全统计，2002 年市建筑装饰工程项目总产值 5.19 亿元，加上各市属区的工程项目约 1.9 亿元，合计 7.09 亿元（家装未列入建设口统计）。

厦门市建筑装饰企业总数 133 家，通过资质就位 89 家，其中一级 6 家、二级 48 家、三级 36 家，幕墙施工企业 3 家均为二级，尚有 43 家尚未就位。

企业精品意识提高，创出了品牌，继 2001 年厦门辉煌装修工程有限公司的"厦门悦华酒店总统楼"和厦门东方设计装修工程有限公司的"泉州航空酒店"获全国建筑工程装饰奖后，2002 年厦门辉煌装修工程有限公司的"厦门悦华会展酒店"项目和厦门路桥景观艺术公司的"厦门海沧大桥东锚桥梁建设展示馆"项目再获全国建筑工程装饰奖（公装），以及厦门惠龙装修设计工程有限公司、厦门百将设计装饰工程有限公司和厦门市华盟装修工程有限公司三家企业获全国建筑工程装饰（住宅）奖。

同时有 4 家企业 5 项工程获福建省建筑装饰工程优质奖（金奖 2 项、银奖 3 项）；4 家企业获"全国住宅装饰行业质量服务诚信单位"荣誉，7 家企业获"福建省住宅装饰行业质量服务诚信单位"荣誉；5 家企业获福建省装饰行业"信得过企业"；1 家企业总经理被评为福建省优秀建筑企业经理；2 名项目经理获福建省建筑业企业优秀项目经理。

【协会工作】

1．接受建设主管部门委托，协助主管部门做好企业资质就位工作。

一是围绕举办建设法规和企业资质就位的培训班和座谈会，讲明企业资质就位的目的、意义和具体操作程序，接受企业咨询，帮助企业做好资质就位的准备工作，使大部分企业顺利就位或晋升资质等级。

二是接受建设主管部门委托项目经理申办和换证工作；同时受理施工员、装饰安装员、安全员、质检员等各种岗位证书的初审、收件、报批、制作以及中级岗位证书的报批工作。

2．接受建设主管部门委托代拟建筑装饰市场管理的相关报告和有关规定，上报政府出台相关文件或法规。

3．加强行业自律，制订了《厦门市建筑装饰装修行业企业自律行规》和《厦门市建筑装饰装修行业公约》。开展装修企业"诚信为本，共促发展"行动宣言的活动。

4．为开展企业评先评优活动，协会制订了《厦门市先进建筑装饰企业评选暂行办法》、《厦门市优秀建筑装饰企业经理评选暂行办法》、《厦门市优秀建筑装饰项目经理评选暂行办法》以及《厦门市优秀建筑装饰工程评选办法》。

5．加大培训力度，提高装饰企业素质，为企业资质就位创造必备条件。

一是企业资质就位大量缺少项目经理，协会与中国建筑装饰协会培训中心合作，在厦门设立"中国建筑装饰协会培训中心厦门工作站"。先后举办两期项目经理培训班，共有 265 人考试合格取得建设部建筑管理司和人事教育司颁发的培训证书，解决了企业资质就位的最大难题。

二是为贯彻《民用建筑工程室内环境污染控制规范》和《室内装饰装修材料有害物质限量》十项强制性国家标准，协会举办一期标准宣贯培训班。

三是为提高企业的竞争力，优化企业管理，特邀请中装协培训中心首席管理顾问刘斌先生来厦举行一场"体验经济时代装饰企业管理"的公益讲座，并为 5 家企业和材料市场进行企业诊断和管理咨询。

四是为全面开展培训工作，协会经市教育主管部门批准，成立"厦门市建筑装饰装修培训中心"。

6．加强协会自身的建设。组建建筑装饰工程质量安全专业委员会和建筑智能化信息专业委员会，经民政局社团办正式批准开展工作。

7．做好沟通工作，起到政府与企业间的桥梁和纽带作用。

一是根据建筑装饰工程招投标和市场管理不同时期反映出的不同问题，协会及时召开各种形式的座谈会，听取各方面意见，与建设主管部门和相关业务部门进行沟通，以引起分管领导的重视，并逐步以予解决。

二是针对家装市场管理问题，协会也提出了解决问题的建议和报告，得到政府的重视。

三是接受政府相关部门的咨询，为市人事局人才管理中心"留学者和高级专家公寓装修设计"项目提供专项咨询。

河南省建筑装饰行业

河南省建筑装饰协会

【协会简介】经我会研究，报河南省建设厅社团处批准同意，2002 年 3 月 18 日经河南省建筑装饰协会四届会员代表大会三次会议上通过，由王晓惠任秘书长职务。2003 年 4 月 8 日召开河南省建筑装饰协会四届会员代表大会四次会议调整并增补了理事、常务理事和副理事长、名誉理事长。增补河南省建设厅副厅长刘洪涛为协会名誉理事长，增补王晓惠为协会副理事长，增补常务理事 44 名，理事 63 名。

经民政厅批准，我会成立了家装委员会、材料委员会、工程委员会、设计委员会、专家委员会、室内环境污染控制委员会、培训中心、信息中心等八个专业机构。

洪　瀛

王晓惠

【协会工作】本协会四届第四次会议以来，本着“搞好双向服务，促进行业发展”的原则，充分发挥协会的职能作用，有计划、有目的地开展服务工作，不断进行省内外行业交流，大力促进了全省装饰装修行业的快速健康发展。

一、积极配合省建设行政主管部门开展工作，当好参谋和助手

1．积极协助省建设厅进行装饰企业的资质就位工作。建筑业企业资质就位是建设厅2002年一项中心工作，协会积极协助建设厅做好装饰企业的资质就位工作。一方面向装饰企业宣传资质就位的目的、方法、步骤，提高装饰企业资质就位的积极性，鼓励装饰企业及早完成资质就位工作，另一方面指派专人参与装饰企业资质就位的初审工作。在省建设厅建管处和设计处的指导下，我们认真对待资质初审工作，对申报企业提交的资料严格审核，核实企业审报条件，建立企业资质档案，堵塞了资质就位中企业资质申报资料的虚假漏洞，保证了资质就位中装饰企业资质初审工作的质量。截止年底，共初审装饰施工企业资质资料167家，装饰设计企业资质资料5家。

2.组织起草了《河南省住宅装饰企业资质的等级标准》、《河南省住宅装饰设计师的资格认定办法》。近年来，随着居民生活水平的不断提高，住宅装饰已成为居民生活的消费热点，住宅装饰企业营运而生，住宅装饰行业也就成了新兴起的发展行业。然而，由于该行业起步较晚，至今还没有适合住宅装饰特点的企业资质标准，更没有住宅装饰设计师的资格认定，不利于住宅装饰企业的发展，我们经过市场调研，根据装饰市场和住宅装饰企业的需要，借鉴先进省市的经验，结合我省的实际情况，组织起草了《河南省住宅装饰企业资质的等级标准》和《河南省住宅装饰设计师的认定办法》，目前“标准”和“办法”的所有资料已报送建设厅。

二、组织优质装饰工程、优秀设计作品、绿色建材产品的评选活动，提高装饰工程质量

1．组织了“河南省建设工程＂中州杯＂奖”（省优装饰工程）的评选工作。“河南省建设工程＂中州杯＂奖是全省建设行业的最高奖，从今年开始，装饰工程的＂中州杯＂奖”的初审工作委托给我协会进行。我协会一方面组织企业申报，一方面召开专门会议组织成立工程复查专家组。采取“查内业资料，看实物工程，听取建设单位及使用单位意见”的形式，对申报工程进行考察验收，并写出专家推荐意见向“中州杯奖”评审委员会做了专题汇报。经评审委员会评审，有9项工程分别获得了“河南省建筑工程＂中州杯＂奖”（省优装饰工程）。

2．组织推荐“全国建筑工程装饰奖”工程。2002年是评选“全国建筑工程装饰奖”的第二年，根据中装协[2002]50号文的要求，除保留原来的评选项目外，2002年又增设了设计奖和住宅（试点）等专项奖。我协会对此十分重视，专题下发了文件，组织公装企业和家装企业进行申报工程，同时我们组织专家成立评审委员会进行内审，通过“审核资料，实地考察工程，征求消费者意见”等程序，严把推荐工程的质量关，使推荐的工程，从工程的整体效果到内部质量都达到较高的水平。经过认真审核、筛选，选出了8家公司的装饰工程，推荐参加了“全国建筑工程装饰奖（住宅奖）”的评选，并全部获奖。

3．开展了“绿色建材产品”推荐活动。为了加强对会员单位经营产品的宣传，提高绿色环保产品的知名度，满足广大消费者的消费需求，抵制假冒伪劣产品，引导装饰装修材料市场规范发展，11月份，我们在会员单位中开展了“绿色建材产品”推荐活动，这次活动主要是对木制品、壁布类的甲醛；陶瓷洁具类的放射性元素；油漆涂料类的发挥性有机化合物（TVOC）含量、游离甲醛等有害物质的检测。送检产品统一有“国家建筑工程室内环境检测中心”检测，经检测建骏装饰材料有限公司郑州东建材大世界装饰部、郑州东升实业有限公司等24家单位的41个产品符合《民用建筑工程室内环境污染控制规范》（GB50325-2001）的要求，被推荐为“绿色建材产品”。协会给达标单位颁发了证书和铜牌，并在《郑州日报》、协会《会刊》、网站进行公告，公告刊出后咨询电话接连不断，效果较好。这次活动，不仅为会员单位做好了宣传服务工作，同时也为消费者选择材料提供了方便，收到了良好的社会效益。

三、组织省内外行业交流，促进装饰行业的发展

1．组织企业赴先进省市学习考察。为了让企业开阔眼界，提高业务水平，我们不断组织企业走出去学习考察。6月24日～27日，我们组织了省内11家装饰材料厂商一行16人赴上海市进行了为期四天的考察。通过考察交流，大家更新了观念，增加了见识，而且体会到了团队精神的作用，行业协会的温暖。此外，今年我们还组织企业前往北京、西安、青岛等先进地区考察学习，收到了良好的效果。

2．同广州市建筑装饰协会座谈交流。为了加强行业协会以及企业之间的沟通交流，取长补短，促进发展，7月8日，广州市建筑装饰协会一行来我省进行行业交流，我们组织了省内家装企业和材料厂商与其进行了座谈，座谈会上双方与会人员各自介绍了当地的市场情况、企业经营情况以及他们的成功经验，剖析了目前装饰行业存在的共性问题，探讨了今后装饰行业发展的方向，这次座谈会，我省与会代表在阐述自己观点、看法的同时，也吸取了广州同行业在发展过程中的先进经验，不仅增进了友谊，而且推动了我省装饰行业的向前发展。

3．召开了省内装饰材料厂商与家装企业座谈会。为了适应装饰装修市场发展的需要，进一步加强装饰材料厂商与家装企业的沟通与交流，推广品牌产品和新型材料，促进全省装饰装修行业的健康发展，我们组织召开了装饰材料厂商与家装企业座谈会。通过座谈，大家理清了思路、加强了了解，为供需双方的进一步合作提供了机遇，受到了与会者的好评。

四、举办不同形式的宣传活动，树立企业的良好形象

为了让更多的消费者了解装饰行业、家装企业、设计行业、装饰材料，我们充分发挥协会团队精神的作用，举办不同形式的宣传活动，扩大行业和企业的宣传。通过这些活动不仅宣传了品牌产品、设计作品，提高了会员单位的知名度，而且让消费者了解到了新颖的装饰材料，超前的设计理念，得到了会员单位和消费者的交口称赞。

五、加强信息传递交流工作，为行业发展服务

1．利用我会会刊《河南建筑装饰》，传递行业信息。《河南建筑装饰》是我们宣传国家和省有关政策法规、介绍装饰技术知识、传授发展管理经验的主要阵地，并已成为我们与政府、企业、会员单位联系的主要渠道。2002 年，我们注重了《河南省建筑装饰》的编辑出版质量，在认真编审稿子，精心设计版面的同时，扩大刊物的信息量，多方位、多板块介绍各方面的专业知识，真正成为会员单位的知识园地，保质保量地为会员单位输送精神食粮。目前由于《河南建筑装饰》信息最大，内容丰富，知识性强，稿子质量高，已成为全体会员单位爱不释手的读物。

2．加强河南建筑装饰网的管理，利用高科技传递信息。河南建筑装饰网开通以来，由于缺乏专职人员管理，一直没有发挥其作用。今年我们加强网站的管理力度，与河南省建筑科学研究院信息中心联手，成立于协会信息中心，有专职人员负责信息的搜集和网站的维护，及时宣传党的政策、法规，传递行业信息，并与企业网站友情连接，扩大河南建筑装饰网的覆盖面，为行业的宣传，企业的宣传，发挥了应有的作用，收到了较好的效果。

3．利用新闻媒体，加强行业宣传。长期以业，我们一贯重视新闻媒体对行业的宣传报道工作，与《大河报》、《郑州日报》、《郑州晚报》、《河南商报》、《东方家庭报》、河南电视台、郑州电视、河南人民广播电台等多家媒体建立良好的合作关系，不仅及时宣传报道装饰行业发展动态，而且开设专业板块介绍装饰装修知识。2002 年我们在《郑州日报》开设的“设计师之窗”、“绿色建材推荐”栏目，深受消费者的欢迎。同时，为了能让更多的企业走出河南，宣传优秀企业，塑造我省装饰企业的良好形象，我们成立了“中国建设报•中国建筑装饰”记者站。这些工作的开展，为我们行业的宣传、企业形象塑造、居民的合理消费、装饰市场的规范起到了一定的推动作用。

六、加强项目经理培训工作，提高管理人员素质

项目经理培训是建设厅授予协会的一项主要培训工作，按照上级主管部门的要求和建筑业企业资质就位的需要，加强了项目经理培训工作的管理，制定完善的培训计划，采用有效的管理措施，调整合理的授课内容，充分体现专业培训班的特点，培训合格的专业的技术人才。2002 年共举办项目经理培训班 3 期，培训学员 464 人，不仅提高了项目管理人员的整体素质，而且为资质管理、持证上岗创造了条件。

七、加强协会自身建设，提高服务质量

2002 年协会在贯彻执行上级主管部门有关文件精神的同时，充实秘书处的力量，增加了 2 名专职工作人员，3 名兼职工作人员。发展了一批实力较强，积极性高的会员单位，目前有会员单位 210 家，其中家装会员 54 家，材料会员 50 家，公装、监督、检测等其他会员单位 108 家。购买了汽车、检测仪器、电脑、空调等必要的办公用具。协会自身建设的加强，扩大了协会的服务面，为协会工作的顺利开展，快捷、准确的传递信息，进一步提高服务质量，创造了良好的条件。

我们将在“十六大”精神的鼓舞下，认真贯彻落实江泽民总书记“三个代表”思想，与时俱进，开拓进取，努力工作，求实创新，推动全省装饰装修行业再上新台阶。

湖北省建筑装饰行业

湖北省建筑装饰协会

【行业概况】全年共完成产值 153 亿元，比上年同期增长 16.4%，实现增加值 50.8 亿元，比上年同期增长 8.8%。全省工程质量合格率 100%，优良率达 30%以上，创建了一批在社会上有影响的精品工程。建筑装饰业在国民经济中的地位和 作用进一步得到增强。

自从改革开放以来，湖北省的建筑装饰业得到了突飞猛进的发展，我省建筑装饰工程产值 1998 年、1999 年、2000 年分别为 85 亿元、102 亿元、124 亿元，分别比上年增长 21%、25%、

30%，2001年达到153亿元。其中家庭装饰的发展速度更快，具体资料不好测算。但全省每年住宅竣工面积300多万平方米，再加上旧房装饰，每年就有超亿元的产值。我省这几年建筑装饰的发展速度远远高于全省同期国民经济的发展速度。

我省建筑装饰业的从业人员，近几年来稳定在20万人左右，占整个建筑业从业人员的1/6强,这尚不包括二轻管的资质那部分企业和走街串巷的装饰游击队。装饰业的发展，为城乡待业人员创造了大量的就业机会，为扩大内需促进国民经济持续稳定健康向前发展做出了重要贡献。

近几年，我省建筑装饰一级、二级企业有了较大幅度地提高，目前全省有一级建筑装饰企业8家，二级建筑装饰企业100多家，全省2001年建筑装饰企业在建设行政主管部门办的资质总数达到465家，并且企业素质也有了很大程度地提高。

【协会工作】

一、加快发展装饰行业

2002年湖北建筑装饰业在党的正确路线指引下，认真贯彻“发展就是硬道理”的指导方针，面对加入WTO后的新形势，埋头苦干抓发展，认真提高全行业的综合素质，取得了较好的成绩，全行业的整体素质明显提高。

围绕加快发展这根主线，湖北省深入整顿和规范建筑装饰市场，强化工程质量和安全生产管理，实施科技兴业战略，扎扎实实地认真贯彻国务院和建设部一系列加快改革的重要指示，出台了加快建筑业发展的指导意见，并加强了对建筑装饰业的管理，使建筑装饰业成为建筑业的一个重要组成部分。

在全行业广大从业人员的努力下，各项工作都取得了新的进展，建筑装饰工程的招标率和公开招标率都有较大幅度地上升，全省创“全国建筑工程装饰奖”7项，在全国安全生产形势严峻的情况下，湖北的安全事故频率和死亡率远低于全国的平均水平。2002年，湖北省以资质改革为契机，抓紧进行全行业的结构调整，适时地让国有经济退出建筑装饰领域，很多民营企业进入了良性循环的发展轨道。大部分国有建筑企业也实现了产权多元化，建立起产权清晰、权责分明、政企分开、管理科学的现代企业制度。目前，湖北省建筑装饰企业除个别企业如武建集团装饰工程有限公司外，基本上都是民营企业，民营企业已占全省建筑装饰企业总数的90%以上。行业重视科技进步的风气大为增强，这主要表现在企业的设计施工能力有了长足的进步，并把现代装饰科技同湖北民族地域文化特色有机地结合起来，提高了建筑装饰企业的竞争力。。一些重点企业的核心竞争力正在形成，提高了全省建筑装饰业企业在国内外建筑市场的竞争力，湖北建筑装饰企业开始走向北京、上海、天津、广东、江苏等地，并向国内高级建筑装饰市场发出了冲击，实现了湖北省工程建设新世纪及“十五”计划的良好开局。

二、坚持双向服务，努力做好协会工作

1．积极协助政府部门加强行业管理，为解决装饰市场的多头管理问题积极开展工作

2001年以来，湖北省建筑装饰市场多头管理的问题愈演愈烈，各自在新闻媒体上造成了宣传声势，这引起了一些企业的思想混乱，加重了建筑装饰市场管理的混乱现象。有的企业反映，搞一个工程要进两个庙门，办两套手续，政出多门双重管理，加重了企业负担，降低了政府部门的工作威信

为解决装饰市场的多头管理问题，省建筑装饰协会协助政府做了大量工作。2001年以来，省建筑装饰协会积极配合建设主管部门在报纸、刊物、电台等新闻媒介上作了大量的宣传工作，在《湖北建筑业信息》上刊登建设部和省建设厅有关装饰管理的规定，在各地建设行政主管部门和各地协会的共同努力下，收到了一定的成效，宜昌市人民政府已下文明确建筑装饰归口到建设行政主管部门进行管理，其他如随州、仙桃等市也已下文明确建筑装饰归口到建设行政主管部门进行管理。

2．宣传党和政府的方针政策，参与建筑装饰市场的整顿规范工作

近年来，随着经济体制改革的不断深化，投资主体呈多元化的发展趋势，各种深层次的矛盾逐渐显露出来，再加上装饰工程中、小工程多，多头管理的漏洞，因而形成装饰市场的招标投标管理很不规范，有的规避招投标，有的不报建，有的私下交易，有的违法转包、分包，装饰工程建设领域成了腐败问题的高发区。针对这些问题，省建筑装饰协会积极参与由省政府领导的，由省建设厅、监察厅具体组织实施的整顿规范建筑市场工作，积极宣传党和政府关于整顿规范建筑市场的一系列方针政策，并参与检查各地的整顿规范建筑市场活动。对会员单位反映的有关招投标中存在的问题，我们及时向有关管理部门反映，并积极做好协调工作。很多企业反映，经过整顿，湖北省的建筑装饰市场环境比过去宽松多了，招标率和公开招标率大幅度上升，一个公开、公正、公平的市场竞争环境已基本形成。

3．开展ISO9000标准的宣贯工作，为企业贯标创造条件

中国加入WTO，建筑装饰业必须与国际惯例接轨，而贯彻ISO9000系列标准，正是与国际接轨的重要举措之一。2001年，我们同省建筑业协会一起，采取分期培训的方法，对全省中小型建筑装饰企业的负责人、从事质量管理工作的同志，进行了宣贯工作，使大家对ISO9000系列标准有了初步的了解。通过培训，使大家了解了什么是ISO标准，以及如何贯标，这对提高全省建筑装饰企业的整体素质和质量意识很有帮助。有些暂不认证的企业，也反映要把标准的思想贯彻到平时的质量管理中去。并希望协会今后多办此类的培训班，为企业提高质量管理水平做出新的贡献。同时，省协会还积极为企业贯标提供热情而又周到的服务，很多企业都积极开展贯标工作，2001年以来，全省贯彻ISO9000的企业比上年同期有了较大幅度的增长，为提高全省建筑装饰企业的施工质量提供了较好的保证作用。

4．推广应用建筑装饰新技术，促进行业科技进步和创新

要振兴湖北建筑装饰业，必须依靠体制创新和科技创新。近几年来，我们始终把企业技术进步和创新的主体作为工作的重点。我们组织会员单位参加中装协举办的全国装饰成就展，并和有关展览公司在武昌洪山体育馆举办新装饰材料和新设备、新机具展览会，并组织会员单位到广东、深圳等地参观学习装饰新技术、新成果，组织会员单位参加中国建筑装饰协会举办的幕墙技术培训班，促进装饰新材料在我省广泛使用，不断提高企业技术素质，推动我省建筑装饰行业的技术创新不断向前发展，以跟上当今世界装饰新材料、新工艺、新技术的发展步伐。2001 年，全省建筑装饰企业的整体素质得到很大的提升，业内外普遍认为，湖北的装饰企业长高了，长大了，湖北省建筑装饰企业的设计施工能力迈上了一个新的台阶。

5．加强协会自身建设，提高双向服务水平

2001 年，省建设厅十分重视协会的建设，加强了对协会工作的领导。在此情况下，省建筑装饰协会也十分注重加强协会自身建设。一是对协会领导班子如正副会长，工作变动了的就及时进行调整，增补；二是秘书处有专职工作人员，并根据工作的需要，增加了协会工会专职工作人员，并且保持了人员的连续性和稳定性；三是注意提高秘书处工作人员的素质，主要从提高思想素质入手，使他们热爱协会工作，要求他们努力学习和钻研技术业务知识，广泛联系和团结会员单位，树立求是精神，不断提高政策理论水平和做协会工作的能力，便于更好地开展工作，这几年秘书处的工作取得了较大的成绩，他们为会员单位排忧解难，得到众多会员单位的赞扬；四是按照协会章程规定，抓好会费的收缴和使用管理工作，节约开支；五是全省各市州建筑装饰协会（建筑业协会）积极支持省建筑装饰协会的工作，较好地发挥了联络、协调、指导、服务的职能，在为企业排忧解难、维护企业合法权益方面做了大量工作，提高了协会的凝聚力。

6．积极开展调查研究活动

2002 年以来，省建筑装饰协会积极配合中国建筑装饰协会开展了国有建筑装饰企业改制的调查研究工作，武汉建工集团装饰工程有限公司抓大放小的经验得到了国家协会的肯定。另外，我们还和省建筑业联合会一起到宜昌、恩施自治州等地开展了企业改制和经营情况的调查，并写出了"关于我省企业改制及经营情况的调查报告"，为省建设厅指导全省建筑业企业改革和转换企业经营机制提供了参考。另外，我们还配合中国建筑装饰协会开展了建筑装饰在国民经济中的地位和作用的书面调查研究。

7．积极开展家庭装饰装修管理模式的探讨

家庭装饰，关系到老百姓的切身利益，因此，建设部要求以三个代表的精神，认真负责地抓好，这是为老百姓办实事的一个体现。2001 年以来，省建筑装饰协会和武汉建筑装饰协会一起，探索在湖北省全省如何开展家庭装饰装修的管理，武汉建筑装饰协会为此作了大量的工作，并取得了一定的成绩。他们派驻工作人员，到新建的住宅小区，和当地的物业公司一起，对居民住宅家庭装饰实行服务式的管理，引进材料经销商和装饰施工企业到住宅小区，供居民挑选。他们的家庭装饰管理与小区的物业管理相结合的管理模式，得到了有关专家和建设部的肯定，也受到大部分老百姓和所有的物业公司的欢迎。这一经验，在全国深圳家装会议上作了交流，并向其他省市推荐。目前，省内其他市、州的家庭装饰管理工作还开展得不够理想，需要不断地根据当地的实际情况探索家庭装饰管理的方法。

在充分肯定协会取得较好工作成绩的同时，也应看到，和政府的要求相比，和广大会员单位的期望相比，还有较大的差距，如为企业排忧解难还不够，有些工作还不够主动积极。今年，要继续加强协会建设，发挥好桥梁纽带作用，为湖北建筑装饰业的发展，为湖北的经济振兴做出应有的贡献。

三、为促进全省建筑装饰企业整体素质的提高，持续开展优秀建筑装饰企业评选活动

近几年来，为了激励建筑装饰企业提高管理水平，在业内掀起比学赶帮超的热潮，为优秀的建筑装饰人才创造良好的舆论氛围，促进我省建筑装饰企业家的成长，省建筑装饰协会一直坚持了评选先进建筑业施工企业、优秀企业经理、优秀项目经理的活动，受到了业内人士的普遍欢迎，同时，也促进了全省建筑装饰管理水平的提高。2001 年，省建筑装饰协会和省建筑业协会继续联合开展了评选先进建筑装饰施工企业、优秀企业经理、优秀建筑业项目经理的评选工作。全年共评出了 11 个先进企业、11 个优秀建筑业企业经理、19 个优秀建筑业项目经理。

通过评先、评优，激发了企业的创优热情，促进了企业经营机制的转换和经济效益的提高。这一活动，既为众多装饰企业创造了施展才能的机会，也为优秀企业家的诞生创造了条件，深受广大企业的欢迎。它使获奖企业增加了社会知名度，提高了社会信誉。有利于质量好、信誉高的企业参与市场竞争，提高他们的中标率，从而带动全省建筑装饰企业不断提高管理水平。

四、提高装饰企业的核心竞争力，积极开展评选省优质建筑装饰工程活动

评先创优活动，目的是引导企业提高市场竞争力。为了提高行业的整体素质，引导企业多创优质工程。2001 年，受湖北省建设厅的委托，省建筑装饰协会进行了首届"湖北省优质建筑装饰工程"评选活动。经过各地企业申报，各地建筑装饰协会（建筑业协会）认真审查，省建筑装饰协会进行了认真的复查，省评审委员会按照条件认真评审，宜昌电信枢纽大楼室内外建筑装饰工程等 30 项工程被评为 2000 年度"湖北省优质建筑装饰工程"，并向中国建筑装饰协会推荐 7 项工程参加"全国建筑工程装饰奖"评选活动。湖北省上报的武汉建银大厦室内建筑装饰工程、中国三峡工程建设总公司办公大楼幕墙工程、华中电管局幕墙工程、武信实业银行室内建筑装饰工程、荆门地税局综合楼室内外建筑装饰工程、宜昌电信大楼室内外建筑装饰工程发、武汉瑞通广场B楼室内建筑装饰工程等七项工程获“全国建筑工程装饰奖”的荣誉称号。这次获奖，无论是数量还是实物工程质量，湖北省在全国处于比较领先的地位，优质建筑装饰工程的评选，提高了全省建筑装饰施工企业的社会信誉，在建筑装饰工程投标中有利于向工程质量好、信誉高的企业倾斜，形成建筑装饰企业重视工程质量的社会风气，有利于提高全省建筑装饰企业的技术素质，有利于参加全国建筑装饰市场的竞争。

目前，湖北省的建筑装饰企业在评选湖北省优质建筑装饰工程和“全国建筑工程装饰奖”的激励下，不少企业已形成了创品牌意识，注重在施工实践中创造自己的品牌，如武汉凌云建筑装饰工程有限公司，他们的凌云18幕墙不仅在国内建筑装饰市场上小有名气，而且已进军国际建筑装饰市场。2001年，他们在美国匹兹堡中标一幕墙工程，其施工质量得到了业主的好评。象武汉华达建筑装饰设计工程有限公司、湖北鼎元建筑装饰工程有限公司也都十分注重品牌建设。品牌是企业核心竞争力的一个重要因素。

五、开展行业自律建设，参与公平市场竞争

针对湖北省建筑装饰企业在行业自律方面存在的一些问题，如在投标中互相“杀价”，以垫资等手段来吸引业主，有些企业光看别人的缺点，议论别人的缺点等。这在与外资企业竞争中，等于全行业向外资企业举起白旗，很容易被外资企业各个击破，在自己的家门口败下阵来。更不用说有形成一个拳头，整个行业有点散。象深圳的装饰企业，他们在外省投标中，常常采取“围标”的方法，即在投标中团结一致，这次没有中标绝不说中标企业的坏话，而是总结经验教训，争取下次投标再中。而我们有少数企业却是“本是同根生，相煎何太急”，我中不了标，也不能让你中标，尽量找中标企业的碴。当然，严重违背市场规则的是要向政府有关部门反映，但一定要实事求是，不能道听途说和捕风捉影，不能把别人搞臭，自己再中标。2001年，在加强行业自律方面，省协会做了一些力所能及的工作，找一些企业的负责同志交换看法，并要求大家在招标投标中遵守“游戏”规则，实现公平竞争。并多次在有关会议上强调要增强湖北建筑装饰企业的团结，实现大家共同发展的目标。希望湖北的建筑装饰企业团结一致，互相取长补短，对一些重点工程为什么不能联合投标，中了标，对大家都有好处。只有实行联合，才能求得共同发展，共同富裕。2001年，省建筑装饰协会和省建筑业协会联合发布了《湖北省建筑业行业公约》，要求大家自觉遵守。

广州市建筑装饰行业

广州市建筑装饰协会

【协会简介】广州市建筑装饰协会成立于1988年8月，是经市民间组织管理局登记注册具有独立法人资格的社团组织，业务主管部门为广州市建委。现有会员350多家。

荣誉会长：戴治国

会　　长：许和铁

副 会 长：易自华　陈婵英　陈金荣　林芷珊　唐同海　陈家安　关　超　陈奕明　王　冶

秘 书 长：易自华（兼）

副秘书长：罗焕良　关　帆

协会下设：工程委员会、技术委员会、教育培训部、装饰材料委员会、家居装饰委员会。

许和铁

易自华

【行业概况】广州市建筑装饰行业伴随着国家改革开放和广州经济的快速发展，凭借毗领港澳的地理优势，经过20多年的不断发展，取得了较大的成绩。至2002年底止，广州市装饰施工企业总数家，其中公装115家，家装110家，所占比例分别为51%和49%。

经过了解，发现目前装饰市场的主要问题：一是没有建立规范化的管理制度，装饰市场比较混乱；二是无资质设计、施工的情况多，装饰工程质量无保证，三是装饰工程私下交易多，财政税收失控；四是工程合同、设计施工、竣工验收不规范，意见多，投诉无门，得不到解决。鉴于这种不规范的市场状况下，许多有牌有照、有资质的装饰企业，在缺乏公平竞争环境的情况下，无法参与竞争，出现任务不足，这种情况，业内迫切希望尽早得到解决，我会已向有关部门反映，争取能予以支持。

【协会工作】广州市建筑装饰协会第四届会员代表大会第二次会议暨2000年总结表彰大会胜利召开。我们在中国建筑装饰协会、广东省、广州市建设行政主管部门的关心、支持下，在市建委、市社团办等政府主管部门的直接领导下，认真贯彻国家及省市建设主管部门制定的有关建设工程的方针、政策、法规，按照年初制定的工作计划，主要做了以下工作：

一、加强协会自身建设，建立组织机构，健全管理制度，为会员服务

2002年初，按照市建委的指示，结合协会工作的实际，组织筹备工作，根据《社会团体登记管理条例》的规定，对有关登记工作和协会章程作了安排和补充修改。包括办公场地、协会宗旨、业务范围、会员资格及权利义务；组织管理制度；执行机构的产生程序，负责人的条件和产生，罢免的程序，资产管理及使用原则，章程的修改程序等有关规定的其他事项。并报请市建委批准，报经社团办审核，确认有关工作符合要求，办理领取了《社会团体法人登记证》和《税务登记证》。

根据工作需要，购置了一批办公设施，确保工作正常运。健全机构，建立了协会的办公制度、财务管理制度和资料、档案、设备管理制度。为发挥协会在政府与企业之间的桥梁和纽带作用，更好地为会员服务，协会下设工程委员会、技术委员会、教育培训委员会和市场管理监督部，各部委设有主任或负责人，在常务理事会中作了明确分工，各部门作了大量的工作。工程委员会组织了一年一度的优质工程评选活动，组成专家小组，对申报的工程做了认真的检查和评分，严格按照评选的方案进行了评审，评出16个优质装饰工程。技术委员会和教育培训部委员会与广州四通电子技术有限公司共同组织举办了“松下四通电工产品展示会”；与广州市第一装修公司共同组织召开了“室内空间设计新潮流的设计技术交流会”，普遍反映强烈，对于新产品推向市场和提高装饰设计水平起到了一定的作用，广大会员单位建议今后多搞一些类似的活动。市场管理监督部为便于掌握当前建筑装饰市场情况，根据常务理事会意见，带着如何搞好协会工作和如何为会员单位服务的问题，协会秘书处组织人员到企业进行了一次全面调查了解，对市属12个行政区域、44家会员单位进行座谈、征求意见、以便针对当前的情况和存在的问题，采取措施和对策。

二、认真贯彻执行国家和建设行政主管部门颁发的政策法规，发挥协会传媒作用

协会编辑出版的会刊《广州装饰》，定期每两个月出版一期，主要栏目有：政策法规、社团工作、家居装饰、专家论坛、会员天地、行业信息以及市场动态等。及时刊登转载国家建设部、省市建设行政主管部门制定的有关政策、法规就有20多篇，让会员单位及时掌握了解到有关建筑业的方针政策，以便依照有关法规进行经营活动，同时，通过会刊，向广大会员单位通报协会主要工作和活动，宣传企业的经营状况和主要经验以及所取得的业绩。介绍有关装饰业行情和沟通的重要园地，又是外界了解会员的重要窗口。

为了办好会刊，加强协会与会员的联系、沟通，鉴于许多企业的经理工作任务繁忙，有时不能参加协会过多的活动，我们建立了协会通讯网，要求各会员单位推荐一名通讯员，及时反映企业的经营情况或将建议反馈给协会，并将协会的工作意见带回单位。此外，有不少通讯员为会刊组织稿源，为办好会刊作努力，起到应有的作用，涌现了一批协会工作积极分子。

2002年以来，协会共出版了六期会刊，每期会刊除了寄发给会员单位外，还及时邮寄给中国建筑装饰协会，上海、北京、沈阳、湖北、陕西、四川等30多家主要省市建筑装饰协会和本省市的建设行政主管部门、管理和监督部门，会刊内容受到了广大会员单位的好评，得到了有关管理部门的重视和充分肯定。

三、调查研究，采取措施，促进装饰市场健康发展

随着社会的发展，现代化的建设进入了新的历史时期，装饰行业的兴起，为掌握行情，深入基层调查研究，采取措施，促进装饰市场的健康发展，作为协会一项工作任务。为此，我们分期到企业做了调查了解，当前情况反映，市场发展得非常之快。装修队伍迅速扩大，其中私营个体装饰企业占80%以上，装修产值大，覆盖面广，其中私营酒店、商场、商铺、餐厅、家居装修投资占装饰工程投资的50%以上，绝大多数工程设计、施工进行私下交易，设计施工都很不规范，存在问题多，甚至留下事故隐患。不少会员单位呼吁，要求协会向市建委等有关主管部门反映，要加强对装饰行业市场的管理，要求尽快改变现阶段装饰市场的混乱现象。为保障装饰行业各方的权利和合法权益，要逐步建立健全管理规章和法规，在市场管理上有章可循，有法可依；要建立一个公平、公开、公正的竞争机制，才能有效地保障各方利益和合法权益，促进装饰市场健康有序的发展。协会已将有关问题和意见向建设主管部门反映。并从内部做起，制定了广州市建筑装饰协会《建筑装饰行业管理办法》

四、学先进，促管理，创优质

为推动建筑装饰行业的发展，加强企业自身建设，促进管理，提高企业整体素质，发挥企业经理和项目经理的作用，调动干部和员工的积极性，创造条件为企业开拓创新，经常务理事会议决定，协会以穗建装协[2000]006号和穗建装协[2000]007号发出通知，在行业内开展评选先进企业、优质装饰工程、优秀经理，优秀项目经理、优秀装饰设计和协会工作积极分子的活动，从组织参评，初审到评审整个过程，领导和专家都非常认真，特别是优质装饰工程和优秀装饰设计的评审，评审专家亲临现场观察检查，征求使用单位意见，结合工程有关技术资料进行评议、评分。通过评选，评出了1999年度先进企业10家，优质装饰工程16项，优秀经理7名，优秀项目经理12名。优秀设计3项，协会工作积极分子43名。通过开展评先活动，促进了企业管理，逐步实现工作程序化、规范化、制度化。在技术岗位上落实岗位责任制，实行目标管理，从传统管理方式转变到科学的管理轨道上来，有效地提高企业的生产工作效率，提高了企业在社会上的形象、地位和市场竞争能力。从检查评比的情况来看，装饰工程设计和施工质量都有所提高，所评出的优质工程和优秀设计都达到同类型同行业的先进水平。

五、交流经验，推动技术进步。

在进入21世纪的新时代，我国正处于现代化建设历史时期，特别是中国即将加入WTO，建筑装饰市场竞争将显得特别严峻，我们的队伍，在市场竞争中能否占主导地位，关键在于主动参与竞争，必须采取措施，发挥自己的优势，化解困难。我们希望各会员单位务必充分认识市场的发展，要靠技术进步，以技术进步求生存，求发展。

我们根据协会职能和会员意见，尽可能多开展一些有益的活动，召开类似研讨会、推广会，把新产品、新技术、新工艺、新材料推进市场，打开新局面。为此，我们于8月22日与广州四通电子有限公司共同举办了一次“松下四通电工新产品展示会”，有关管理部门的领导和企业经理，以及工程技术负责人120多人参加了会议，四通公司作了新产品的介绍，并在现场实物展示，扩大和增强了广州四通公司在社会上的信誉，新产品质量得到公众的认可，影响很大，会议组织活动和产品介绍都很有特色，收到了较好的效果。9月26日我们与市第三装修有限公司合办“日本著名室内空间设计师若松胜喜先生的学术报告会”，出席参加报告会的有市建委建管处的领导，企业的经理、工程设计师和工程技术负责同志180多人，到会的同志以认真学习交流的精神听取了这次的报告会。通过这次报告会，将会促进和加强广州装饰行业与国外的装饰技术合作和发展，将会推进我市有关室内空间设计的技术进步，提高我们的装饰设计水平，更好地为社会服务。

随着国民经济的发展，装饰装修业正面临着一个良好的发展机遇，特别是国家采取的努力扩大消费，深化改革的方针政策，将会进一步提高建筑装饰标准和改善商贸经营环境，以及办公、居住条件的需求和消费的扩大，我们应该不失时机的抓住机遇求发展。

1．要调整企业的组织结构。现在的装饰企业是在社会主义市场经济体制下发展起来的，从目前的情况来看，我们不少企业的内部组织管理机构尚不能适应新形势下行业发展的需要，就要联系实际，进行改革，为适应形势发展，一方面协会要支持企业开展业务，根据相关的政策法规，技术信息，市场动态，材料供应，提供信息，以便及时采取措施，参与竞争。引导会员之间相互合作或联营，增强企业市场竞争力，协助企业开拓市场；另一方面，企业要通过内部改革，挖掘潜力提高竞争力。实践已证明，不少企业大胆改制，最大限度地调动了员工的积极性，落实工作责任，取得了较好的效果。

2．为探讨家庭装饰行业管理模式，配合工商、物业管理、劳动等部门，协助政府加强对家装市场的管理。据不完全统计，我市装饰大小企业有1000多家，其中相当部分属私营企业，队伍分散，规模小，绝大多数未通过资格审查，这些队伍承接绝大多数的家装工程，至今尚未纳入规范化管理。对于目前的现状，已引起有关管理部门的高度重视，研究制定有关管理法规，建立健全管理制度，促进家居装饰市场健康发展，将会提到重要的议事日程上来抓。

3．为提高行业的整体不质，在市建设行政有关部门支持和协助下，大力开展各专业、各类人员的培训工作，包括企业经理、项目经理、管理人员、生产作业人员的培训。

4．为适应市场需求，继续办好会刊。与市建委信息中心合作，建立装饰信息网络，宣传装饰行业政策法规，传授高新技术知识，及时发布装饰材料价格信息和工程信息，为企业服务。

5．加强协会自身的建设。随着改革的不断深入，政府职能的转变，协会工作将会越来越重。因此，必须加强协会自身的建设，包括组织建设和思想建设。秘书处的工作人员要加强学习，学习有关政策法规，学习深入实际调查研究的工作方法和工作作风，认真学习和遵照“讲学习，讲政治、讲正气”的精神，提高服务质量和工作效率。建立常务理事会和秘书长工作例会制度，每年召开一次会员代表大会，根据需要和实际情况，不定期地组织学术交流或管理工作经验交流会，推广新技术、新产品、新工艺应用，提高工程质量，更好地为社会服务。

深圳市建筑装饰行业

深圳市装饰行业协会

【协会简介】　协会现任领导班子为2002年1月18日换届选举产生的第六届理事会。

会　长：何文祥

副会长兼秘书长：冯桂兰

副会长：汪家玉　叶远西　庄志伟　张玮文　张朝煊　刘年新　叶大岳　罗自超　孙尚高

机构设置：办公室、会刊编辑部、资料室、家装专业委员会、幕墙专业委员会、设计专业委员会、艺术插花专业委员会、家装工程监管分会。

何文祥

冯桂兰

【行业概况】2002 年,深圳装饰业在市场竞争进一步加剧，装饰单体工程量缩减，企业利润率普遍降低的严峻形势下，战胜各种困难，开拓前进，取得了优异成绩，行业产值再创新高，在全国保持了较大市场份额，其发展继续走在全国前列。

1．行业发展良好。到 2002 年底，深圳装饰从业人员超过 5 万人，共有企业 357 家，其中公装企业 204 家（一级施工资质 43 家、二级 61 家、三级 100 家）；幕墙专业公司 14 家（一级施工资质 7 家、二级 5 家、三级 2 家）。以上企业中甲级装饰设计资质 35 家、乙级 27 家、丙级 8 家，幕墙甲级设计 11 家、乙级 19 家，钢结构设计乙级 2 家。家装企业 137 家。行业总产值 52.04 亿元，比上年增长 9.3%。其中，公装 41.89 亿元，幕墙 7.79 亿元，家装 2.35 亿元。一级企业完成产值合计为 41.35 亿元，占全行业产值的 64.5%，其骨干作用与主导地位十分突出。全行业拥有项目经理 1555 人（一级 461 人、二级 371 人、三级 723 人）。首批中、初级室内设计持证上岗人员分别为 188 人、105 人。有 63 家企业取得 9001 国际质量认证证书。

2．各企业继续在科技、商贸、通信、文教、卫生、司法等各行业系统承接完成了一大批类型多样的高档项目和精品工程。如华为培训中心、创维数字研究中心、青岛高新区创新服务中心、中证天慧网络中心、武汉凯迪技术中心、北师大国际学术交流中心、北京海关总署大楼、杭州海关办公楼、深圳龙岗海关、国家经贸委综合楼、公安部装备局、新疆高级法院、新疆自治区公安厅、南京检查院、浙江省司法培训中心、中国电信北京冠华大厦、浙江电信综合楼、安徽电视台、北京武警总医院、山东临沂、潍坊人民医院、北京铁路西山疗养院、上海新世界百货、山西国际贸易中心、昆明集大沃尔玛广场及一大批五星级酒店、会所和大型写字楼工程。特别是继洪涛公司承接完成了人民大会堂国宴厅装饰后，维业公司又先后承接完成人大会堂国家接待厅和江西厅等目前国内最高档次的装饰项目，得到了行业专家的充分肯定。三鑫公司在完成广州新白云国际机场 15 万㎡的施工图设计（设计费达 640 万）后，又完成了目前国内最大的机场之主楼玻璃幕墙施工任务。该工程幕墙面积为 3.4 万㎡，产值 7200 万。这批在全国和各地有重要影响的项目精品，再一次显示了深圳装饰的超群实力和在全国行业中所处的重要地位。

3．全国工程奖评选深圳成绩卓著。在 2002 年全国建筑工程装饰奖评选中，本市 13 家公装企业获公共装饰类 14 项工程的施工奖，7 项设计奖，占全国同类总量的 12.8%；单项设计奖一项，占全国的 20%；幕墙奖两项，占全国的 9%； 5 家家装公司获家装类 6 项奖，占全国的 5.8%； 长城、南利、洪涛、文业、海外 5 家公司各有一项装饰工程获得鲁班奖。此外，在“全国诚信家装企业”的评选活动中，我市有 13 家企业荣获“全国诚信家装企业”称号。

4．家装行业发展艰辛。过去的一年，家装行业经历了诸多困难，发展艰辛。2002 年底家装队伍总数为 137 家，118 家企业参加年审，产值统计为 2.35 亿元。除海大公司年产值超过 2000 万，位居第一，居众、北新两公司分别以 600 万元、520 万元，列第二、第三。 而在 2001 年，曾有相当数量的企业产值超过千万，家装市场一度是群雄争霸，列强逐戈。2002 年家装业中一些讲诚信、重服务、声誉好的企业，经受住了市场的考验，保持了良性稳步发展态势。多数家装公司出现了经营困难，效益下滑，市场流失的情况，从而使“游击队”再度泛起。市场变化发人深省。家装是个新的行业，有许多新的问题要探讨和解决。家装行业管理如何促进家装市场健康发展，任务十分艰巨。

【协会工作】随着政府职能的转换，协会发挥越来越重要的作用，政府对行业协会的要求也越来越高。2002 年深圳装饰协会面对新形势、新要求，结合装饰业发展实际，落实贯彻十六大精神，坚持解放思想、实事求是、与时俱进、开拓创新，不断探索行业服务创新，工作卓有成效。

一、协会日常主要工作

1．更新址，提升实力。协会为了解决行业培训长期无固定教室并便于管理，于 2002 年 9 月底以售卖原址和集资方式，购买了新的办公物业 250m^2。使长期无教室问题得以解决， 并顺利通过了有关方面对本会培训资质的考核、认定，使久拖未决的培训资质很快得到落实。办公环境也有了根本改善，协会的实力进一步增强。

2．开展行业调研，反映企业需要，为改善政府工作提建议，服务行业。协会针对专项设计归口不明及过低价中标恶性竞争的情况，进行专题行业调研，及时发现和反映了行业发展的困难和问题，协助政府正确决策，维护企业利益，充分发挥了协会的桥梁作用。

一是 2002 年政府职能调整专项设计管理归口一时未明确，出现了外出施工介绍信需要两个职能局盖章，企业办事难的情况，协会急企业所急，征得常务理事会同意，一面请业内市政协委员向政府反映情况，一面将表达企业意见的联名信送达政府，阐明利弊，为减轻企业负担，施工、设计统一管理的问题最终解决做了努力。

二是企业对招投标工作提出意见时，协会随即与有关方面取得联系，索取装饰工程招投标汇总表，选择其中价格过低的中标单位及投标单位进行调查走访。协会在充分调查的基础上汇总情况，把低价中标的危害、甲方资格预审造成的大量浪费及企业为逃避风险退出投标，致使挂靠再度抬头的情况向局里提交了调研报告，如实反映了企业意见，并就招标工作提出了三条建议。

3．多样化活动促发展。

一是2002年协会不但开展了建立网上家装市场、举办设计展、签定行业工资协议等重大活动，还顺利完成了行业培训、设计师从业资格评审、检查整顿家装行业等工作，组织了优质工程、放心家装、环保装饰材料、富通杯家装设计赛等评优活动及两批赴欧考察学习。编印协会会刊《深圳装饰》四期，编辑出版了2002深圳装饰设计精品集-《前沿作品》两卷。

二是协会投诉受理中心全年共受理家装投诉826宗，调查解决281宗。纠纷中，因水电部分引起的占54%；材料质量占25%；设计虚报、价格欺诈、工期延误、拖欠款问题占21%。为从根本上解决管理难、投诉居高不下的问题，协会设立了家装监管分会，制定了家装工程监管条例、家装工程监管流程等规范，探索我国家装工程管理方法，切实保障消费者和企业权益的新途径。

4．协助政府工作，完成政府交办的各项任务。2002年，在入世的推动下，政府加快了职能转换的步伐，更加注重培养、发挥行协作用。市建设局于2002年3月15日召开会议，将企业资质初审、培训、工程评优等工作交给协会。协会完成了企业资质就位、新企业设立、企业施工、设计资质、项目经理资质年审的申报、复核、初审工作，组织专家起草了《深圳市建筑玻璃安全使用规定（草案）》等由政府交办的各项工作任务。

5．圆满完成深圳市工艺美术品师职称评定工作。随着改革的深化，深圳市职管办首次将工艺美术师职称评审委员会设在我会，协会圆满完成了此次评审工作，获得了市职管办2002职称评审工作先进单位、先进个人荣誉称号，受到市人事局的表彰。

二、业内重大活动

1．建立全国首个网上家装市场。“深圳市网上家装市场正式开通”新闻发布会于2002年6月28日在设计大厦召开。深圳网上家装市场是全国首个网上家装市场，是利用互联网技术，推动行业规范发展，提高行业服务水平，促进社会消费的又一创新。首批入选的有25家企业提供的127套家装方案，消费者可按自己需要的户型、面积、造价、风格选择方案，还可以随时将施工中出现的问题在网上投诉，以便有关方面及时处理相关问题。深圳网上家装市场的开通和运营，为家装企业拓展市场提供了更好的服务，将对全国的家装市场发展产生重要而深远的影响（网上家装市场网址：www.szzs.com.cn）。

2．签定全国首份行业工资协商协议。《深圳市装饰行业工资协商协议书》签字仪式于7月23日在深圳市人民大会堂隆重举行。由协会领导和行业工会领导分别代表100家民营企业和12141名员工签定工资协商协议。这一举措在社会上引起了强烈反响，各大报刊连续发表专题文章进行了详尽的报道和积极地评价。全国总工会、建设部、中装协也充分肯定了深圳装饰协会在此方面的创新，高度赞扬此举为其他行业推广工资集体协商工作所起的示范导向作用。

3．深圳市2002年建筑装饰设计作品展。深圳市装饰设计作品展两年一届，由深圳市建设局、深圳市装饰行业协会共同主办，设计展已成为深圳装饰的品牌活动。2002年展于7月25日～29日在深圳大剧院隆重举行。本次设计作品规模和参观人数超过历届，逾500幅展板的380多个展出项目共评出获奖作品113件，虽获奖率高达30%，却因精品众多获奖难度仍很大。北京来的特邀评委和其他教授评委、来宾高度赞扬了赛事水平，展出显示我市的总体设计水平已有较大提高，代表了中国装饰设计的部分水平。

汕头市建筑装饰行业

汕头市装饰协会

【协会简介】汕头市装饰协会（英文译名为SHANTOU DECORATION ASSOCIATION）是经市政府有关部门批准组建的非营利性行业社会团体，正式成立于2002年1月18日。汕头市装饰协会成立以来，在全体同仁的共同努力下，协会在完善本身机制的同时，发挥了中介、桥梁和纽带的作用，做了大量认真细致的工作，取得了一定的成绩，不仅增强了会员对协会的信心和凝聚力，更在社会上打响了装饰协会的品牌，形成一定的影响力。

2002年，装饰协会在开创之初132名会员的基础上，发展新会员73人，截止年底，会员总人数达到205人。汕头市装饰协会本着自愿的原则，按章程要求发展会员。现已发展会员205家，包括具有相当实力和知名度的装饰公司、材料供应商、家具饰品商等。

汕头市装饰协会的宗旨是：坚持四项基本原则，遵守国家政策法令，适应社会主义市场经济体制要求，联结潮汕地区从事装饰活动的企业单位、社会团体和从业人员，起政府和企业间的桥梁和纽带作用，为行业服务，为企业服务，为装饰设计师服务，为材料商和家具、灯具、饰品商服务，为消费者服务，维护会员合法利益，维护装饰市场秩序，促进装饰行业和企业持续、快速、健康、稳定地发展。

汕头市装饰协会本着一切为行业及会员营造发展平台的理念开展协会业务，包括：

1．开展行业调查研究，提出行业发展规划并向政府提请有关政策法规的建议。

2．制定行业标准和行规行约，倡导职业道德，规范行业行为。

3．组织学术交流，推广先进经验，促进企业素质和行业水平的提高。

4．开展咨询服务，与汕头知名杂志《潮声》联合出版行业刊物，并利用行业靓屋网（houseABC.com）向会员提供本行业国内外市场动态和技术经济信息；

5．促进会员之间的联系，组织行业间活动，推动行业技术合作与进步；

6．促进与外界同行的交流，发展与粤东地区以及省内外相关组织的联系，帮助会员扩展国内外市场。

陈展群

辛　忠

【行业概况】汕头市毗邻港澳台，是我国著名侨乡及最早四大经济特区之一，社会经济发展较快，人民生活较为富裕。汕头人的生活方式、生活态度深受港澳台地区的影响，无论装饰理念、风格，还是装饰用料，都紧跟时代潮流。汕头人杰地灵，潮汕工匠对工艺精益求精，在汕头装饰界涌现出了一大批精通设计，精通施工的装饰人才，创造了一大批风格各异，工艺精湛的优秀作品。汕头的设计、施工人员遍布全国各地，很多高水平的宾馆、商场、办公楼、写字楼的内部装修是由潮汕人设计施工完成的。

除了在全国各地承建公共装修外，家装业也是汕头装饰行业的一个重要支柱，汕头目前有300多家家装企业。汕头市是一个最适宜居住的城市，人们对居住环境和质量要求较高，人们买房后一般都投入较大资金加以装修，因此也刺激了整个家装市场向规模化、工艺化、高档化发展，在此基础上也造就了一大批专业家装企业。这些企业在获得家装的丰富经验后，正迅速向周围城镇发展，争取扩大市场份额。

由于政府管理企业方式的改革及市场竞争有序化的要求，汕头市装饰协会应运而生。协会成立以来，积极开展行业调查，组织会员签订诚信公约，引导会员企业守法经营，正当竞争。多次组织会员到外地进行参观、学习、调研，努力提高会员的业务水平，积极鼓励会员进行横向联合，将企业做强做大，鼓励会员努力开拓市场，向周边城市和国内其他城市发展。据不完全统计，目前从事装饰工作的人员已超过10万人，其中相当部份人员长期驻外从事装饰工作。目前协会有一级建筑装饰施工资质企业5家，甲级装饰设计资质4家，幕墙一级施工企业1家。

这些企业充分发挥自身优势，在全国承接完成了一大批风格各异、影响力强、投资大、标准高的装饰工程，例如由广东建华装饰工程有限公司承建的汕头国际金融大厦、广州天河城广场、广东国际大厦、广东奥林匹克体育场、济南房产大厦等建筑物获鲁班奖（国优）。

在新型材料的研究开发运用方面，广东金刚玻璃科技股份有限公司研制的高强度单片铯钾防火玻璃、LOW-E节能防火玻璃、防滑玻璃地板、自洁玻璃、光电玻璃、星星玻璃、TFT用超薄无碱玻璃基板等新型建筑材料，分别获得国家专利。其中高强度单片铯钾防火玻璃被列为“2002年建设部科技成果推广项目”，国家科技部列入“国家级火炬计划项目”，被国家科技部等五部委评为“国家重点新产品”，列入国家重点技术改造“三高一优”项目导向计划。其中LOW-E节能防火玻璃列入2003年国家重点技术改造“双高一优”项目导向计划。

【协会工作】多次组织外出考察及研讨会：其中包括组织20余名会员参加于2002年4月份在澳大利亚悉尼举办的“第14届商业及住宅建筑室内设计展览与国际研讨会”；8月份组织了80多名会员参加“室内设计创造更大商机”——香港室内设计研讨会暨中国广州国际家具博览会；今年初与来汕采风的中国建筑学会室内设计分会深圳地区委员会等会员在金刚玻璃股份有限公司举行了近百人的联谊活动，交流室内设计及装饰装修心得，还通过协会将会员的产品在全国装饰行业内进行了推介，并应邀组织近30名会员赴深圳参观了“深圳设计师李益中、于强个人作品展”及深圳住宅小区规划，不仅开阔了汕头装饰届设计人员的视野，提升了设计水准，更增进了同行之间的沟通和交流。

1。龙光及中南房地产等单位联手举办多次材料、设计展。装饰协会充分发挥整体协调的优势，统一部署设计、装饰公司和材料商等会员单位与房地产开发公司进行合作，达到互惠互利的双赢效果。包括与龙光房产联合举办了为期一个月的“金禧之夏”家居设计暨装饰材料、家具电器展示会；举办为期7日的“真诚关注，贴心服务——金禧社区文化和家装知识宣传活动”，并组织30家参展单位联合赞助了价值18万元的现金消费券供本次活动金禧业主抽奖用；9月份，与中南房地产公司在新世纪花园会所联合举办为期一个月的“绿色家居设计咨询展示会”，以及年初在龙禧花园举办的装饰设计咨询活动等，都在社会上进一步宣扬了装饰协会的品牌及声誉。

2．规范我市家居市场秩序，避免同行间恶性竞争。我会于2002年10月18日在龙湖宾馆召开了家装企业座谈会，探讨我市家装市场发展的趋势,研讨如何规范我市家居装饰市场，与会会员达成共识：在良性的竞争环境里，充分体现知识产权的价值，并谋求行业间的共同进步，维护家装市场的正常发展秩序。采取的措施：

一是为规范企业间的经营活动，避免和减少纠纷的发生，应广大会员的要求和建议，结合国家建设部今年5月1日起实施的《住宅室内装饰装修管理办法》，制订了《汕头市室内装饰装修工程施工合同》及《汕头市室内装饰设计合同》规范文本，供会员采用。

二是装饰协会秉承“双向服务”原则，在家装企业与业主之间起到中介和桥梁作用。已参考国家和地方的规范文本，制定出《汕头市装饰协会行业诚信公约》，规范会员企业的诚实守信、守法经营和有序竞争，在严把会员企业信誉关的同时，努力营造协会品牌优势，使装饰协会成为市民心目中的“信用印章”，减少业主对家装施工质量的“后顾之忧”，充分体现装饰协会的信誉保证。

三是编辑出版三期《汕头市装饰协会会员通讯》，向会员传递行业动态、政策法规及市场信息，受到会员的普遍欢迎。

新年伊始，装饰协会将2003年的工作重点着重放在个人设计师资格考评工作以及完善协会的服务机制上，具体计划如下：

1．汕头市装饰协会作为中国建筑装饰协会的地方协会，将争取得到中国建筑装饰协会的支持，与其联手在汕头设点，取得设计资质培训资格，组织个人设计师参加培训及考核，获取国家承认的资格证书，解决设计人员的职称问题。

2．通过协会将会员的产品在行业内进行推介。收集、整理材料商会员的产品及商品信息，归类分档，在行业内进行推介，从而起到沟通信息，促进交流，优势互补，共图发展的作用。

3．新年里，协会仍将针对会员不同的需要，选择有代表性的专业研讨会，组织会员前往考察交流，并不定期举办各类学术讲座、座谈会及展览会，沟通会员的思想及学术理念，推动汕头装饰界理论、学术水平的逐步提升。

成都市建筑装饰行业

成都市建筑装饰协会

【协会简介】成都市建筑装饰协会1989年12月27日经市建委批准成立，2002年4月进行了第三届理事会换届选举，现协会秘书处工作人员8人，有会员单位500多家，2002年新增会员单位36家。

张桂芳

会　长：李家松

副会长：彭长远　陈小龙　赵　平　陈卫东　刘家琨　徐　彬　黄　彦　王金蓉　张向明

秘书长：张桂芳

副秘书长：蒲生龙　周命礼

协会下设：设计分会、家装专业委员会、材料市场分会。

【行业概况】2002年，成都市建筑装饰行业在党的“十六大”精神指引下，积极迎接入世挑战，与时俱进，圆满地完成了全年的目标任务，估计完成装饰产值40亿元。

据不完全统计，成都地区装饰企业共有1300多家，2002按建设部标准进行了资质就位的装饰企业为400家，其中一级6家、二级147家、三级247家，这400家中大部份为公装企业，专业家装企业只有50多家。

2002年装饰行业发展是健康的，竞争也很激烈。与往年相比，装饰企业尤其是家装企业，都把提高服务质量和工程环保质量作为企业大事来抓。2002年，成都几个骨干家装企业在本地稳扎稳打的同时，开拓向四川境内的绵阳、内江等地州市拓展业务，发展连锁经营店，并取得了成功。

【协会工作】2002年我会主要完成了以下10项主要工作：

1．完成了《成都市家庭装饰装修工程施工合同》的编审工作，并于2003年11月起正式推广使用，结束了我市家装施工无正规合同的历史。

2．努力贯彻执行国家“室内装饰装修材料有害物质限量10项强制性标准”和《住宅室内装饰装修施工规范》等国家相关标准，促进了装饰工程质量和环境质量的提高。

3．受市建委委托，从2002年12月起由协会审核颁发“成都市住宅装饰装修企业资格证书”，为进一步规范家装市场秩序创造了有利条件。

4．开展装饰工程评优，市上评出优秀公装工程8项，家装工程 27 项。经市装协推荐在中国建筑装饰协会有 10

个家装企业被评为"全国住宅装饰服务诚信企业"，4个公装工程获全国建筑装饰工程奖。大力促进装饰企业创精品工程，努力提高行业的设计、施工、服务水平。

5．成功举办了"中国西部家装峰会"，中国建筑装饰协会常务副会长兼秘书长徐朋、副秘书长房箴、行业发展部主任王本明等有关方面领导应邀到会并作了精彩演讲，推动成都家装业走向全川。

6．除有90个获奖方案的《第三届家装设计大赛获奖作品集》出版发行外，我市2002年还有华西装饰公司、田园装饰公司等11个设计作品获得"欧典杯"等，标志着成都家装设计水平进入全国先进行列。

7．积极组织39个装饰材料及家装企业参加"中国成都住宅产业博览会"等相关展出，促进成都饰材市场的繁荣。

8．除努力办好会刊《成都装饰》，共出会刊10期15万册以外，还与我市多家电视台、报纸配合做专题，出专版宣传行业及知名企业，努力提高行业和企业的知名度。

9．表彰成都市2002年度建筑装饰先进企业46家，优秀项目经理13名，评出协会活动积极分子95人。

10．加强建筑装饰协会自身建设，完成了协会第三届的换届选举工作，召开了两次常务理事会，并发展了一批新会员。

云南省建筑装饰行业

云南省建筑装饰行业协会

【协会简介】我会成立于1987年6月。

理事长：赵正洪（云南省建设厅副厅长）

常务副理事长兼秘书长：朱保荣（原云南省建设厅副厅长）

协会设置秘书处。

赵正洪

朱保荣

【行业概况】经资质就位，我省从事建筑装饰装修的企业共311家，其中一级12家（幕墙2家）、二级146家（幕墙1家）、三级143家（幕墙1家）。

经过10余年的发展，我省装饰企业总体水平有了长足进步和质的飞跃。2001年有3家企业荣获"全国建筑工程装饰奖"，2002年有1家企业荣获"全国建筑工程装饰奖"，1家企业荣获"全国建筑工程装饰（住宅装饰）奖"。

为适应我省经济发展的变化，云南省、昆明市的一部分装饰公司走出昆明，到地州去发展，有3家公司已走出国门到缅甸承担装饰工程。

【协会工作】

1．当好参谋，编好装饰定额。2001年国家建设部拟定修编全国统一建筑工程预算额（含装饰定额），后又制定了指导定额，省建设厅定额处，在全国统一装饰预算定额的基础上，经过一年多的编制，已基本定稿，颁布在即。此项工作政策性、技术性均强，涉及装饰企业的切身利益，协会、会员单位、装饰企业都非常关心和支持这项工作。协会受建设厅定额处委托，编制一开始，协会就推荐企业有经验的预算人员参加编修工作，多次召开各种形式的会议，研究、讨论，征求企业意见。2002年12月召开协会常务理事会，对建设厅定额处编的《云南省装饰工程预算定额》征求意见稿，进行了审定。

新的装饰定额编制完成，是我省建筑装饰行业的一件大喜事，长期以来装饰定额附属于建筑工程定额，体现不了装饰的艺术性和技术份量，这次分离出来，独立成册，归属于建设工程定额体系的一个系列，是改革开放的成果，也是我国加入WTO后，为适应国际形势要求，进一步规范建筑装饰市场经济的需要。

2．积极配合省建设厅建管处做好新办企业的资质申报初审工作，2002年有六家企业申请资质经协会初审合格，建设厅审定后，已发给资质证书。

3．积极开展评奖活动，引导企业提高市场竞争能力。积极开展"全国建筑工程装饰奖"评审工作，引导企业树品牌工程，提高企业的竞争能力，是协会的一项主要工作。协会自始至终坚持评奖标准、程序、实事求是的原则。

2002年我省云南建设装璜有限公司承建的昆明市汽车客运新南站、云南星耀装饰设计工程有限公司承建的昆明加州枫景A户型住宅荣获"全国建筑工程装饰奖"和"全国建筑工程装饰（住宅）奖"。协会在组织评奖活动中，严格按照评奖办法实施，保证了评奖的公平、公正。

4．积极开展联合协作办好装饰材料展览。"中国建筑装饰材料（昆明）博览会"是协会与中国建筑装饰协会信息咨询委员会联合举办的，每年5月展出，已成功举办十届。

5．积极帮助企业技术骨干解决技术职称。建筑装饰行业是一个新兴行业，人员来自各行业，管理水平、技术素质参差不一，在技术管理层中，除少数来自国营企业和行政事业单位的人员有职称外，绝大多数来自学校加入装饰企业的人，无法评定技术职称，这与企业的自身需要极不相称，为了解决长期以来从事建筑装饰设计、施工人员的职称问题，协会与省建设厅职改办协商，同意由协会牵头组织装饰企业职称申报工作。2002 年已评定职称 8 人，其中工程师 1 人，助工 5 人，技术 2 人。

贵州省建筑装饰行业

贵州省建筑装饰协会

【协会简介】我会在 2003 年初完成换届工作。

会　长：罗醒民（建设厅原总工程师）

秘书长：钟建华

秘书处现有工作人员共 4 名。

罗醒民

钟建华

【行业概况】2002 年，我省建筑装饰企业在 2001 年全国建筑业施工资质就位工作后发生了较大变化，10 余家二级装饰企业，以及 30 余家三级装饰企业被淘汰，同时 10 余家发展较好的三级企业升为二级，成为新一代的行业主力军。2002 年全省有资质装饰（幕墙）企业 120 家，其中一级 2 家、二级 41 家、三级 77 家，装饰（幕墙）设计公司（院、所） 5 家，其中甲级 2 家、乙级 5 家。

更可喜的是原轻工室内装饰企业主动向建设行政主管部门靠拢，到 2002 年底止，已有 10 余家在本地区较有知名度的家装龙头企业已参加资质就位，并取得了建筑装修装饰工程专业承包资质，由此吹响了我省建筑装饰行业的健康发展的号角。2002 年，我省装饰企业经历了优胜劣汰的整合后，从 2001 年前的 162 家减为 120 家，由于部份原轻工室内家装较有实力企业的加入，将会使本地区装饰行业的发展全面化，这对于城市建设及城市居民的生活美化起到更大的作用。

据我会不完全统计，2002 年实现建筑装饰工程总产值 50 亿元，其中公共建筑装饰占 60%、30 亿元，住宅装修（含旧房改造装修）占 40%、20 亿元。

全省装饰行业从业人员约 6 万人，其中公装 3.5 万人，家装 2.5 万人。

2002 年，我省装饰企业由于受到资质等级普通偏低的影响，在业绩上表现平平，且与发达地区装饰企业相比在规模、技术、设备上相对落后，但随着国家西部开发的深入，我省许多基础比较好的企业能抓住机会快速发展。

【协会工作】贵州省建筑装饰协会在省建设厅的大力支持下，协会工作有较大进步，承担了企业资质就位的初审工作，且将全省消防企业纳入装饰协会管理，使协会会员达到了 161 家。为提高企业整体素质，开展了工程技术人员培训、项目经理培训等相关培训工作。受建设厅委托对会员单位工程技术人员职称进行推荐、初评，增强了与会员单位的凝聚力，为今后协会工作和推动行业发展奠定了基础。我们将努力地开展工作，为我省装饰行业的美好明天而奋斗。

山西省建筑装饰行业

山西省建筑装饰协会

【协会简介】山西省建筑装饰协会成立于 2000 年 1 月 22 日。

会　长：史应标

副会长：姚吉生　陈瑞明　王茂春

秘书长：赵劲杉

副秘书长：吕安峥　郝竹清　李万龙　屈　智　霍小强　周仁德　马凤祥

协会常务理事 45 人，会员单位 174 家。

2002 年，山西省建筑装饰协会在山西省建设厅和中国

史应标

赵劲杉

建筑装饰协会的关心和指导下，坚持改革和创新的发展思路，逐步完善规章制度，把为企业服务作为协会基本职能，努力为会员单位服务，为经济建设服务，使协会工作由少到多、由点到面逐步展开，为全省建筑装饰装修行业的发展做出积极贡献。2002 年被山西省民间组织管理局、山西省民间组织联合会评为“山西省省直社团先进单位”。

【行业概况】山西省建筑装饰行业随着我国国民经济的持续健康快速发展得到长足进步。2002 年，全省在建设行政主管部门注册的装饰装修施工企业 295 家，其中一级 3 家、二级 97 家。据不完全统计，全省从事装饰装修的人员 6 万人，建筑装饰装修工程产值 50 亿元左右。

经山西省建设厅批准，协会出台了《山西省优秀建筑装饰企业评选办法》、《山西省建筑装饰企业优秀项目经理评选办法》、《山西省建筑工程装饰奖评选办法》(简称二优一奖)，在全省建筑装饰行业开展了争先创优活动，涌现出一批先进装饰企业、先进个人和优秀的装饰工程项目，推动了我省建筑装饰设计和工程质量水平的不断提高。山西三利装饰工程有限公司设计施工的人民政府四方院装饰工程获“2002 年度全国建筑工程装饰奖”，这是我省装饰工程首次获全国最高奖。建筑装饰装修企业为城市建设，美化环境和山西省经济建设做出了重要贡献。

【协会工作】2002 年山西省建筑装饰协会团结广大会员单位，克服困难，各项工作取得了明显的进展，主要工作有：

一、不断提高对协会工作的认识，确立明确的指导思想，尽快适应行业发展要求

2002 年 8 月，山西省建筑装饰协会召开首届二次理事会，山西省建设厅副厅长张立光出席会议，代表省建设厅向大会表示祝贺。会议进一步明确协会工作的指导思想是：高举邓小平理论伟大旗帜，积极贯彻“三个代表”重要思想，团结全省建筑装饰装修行业的广大职工，以市场为中心，以提高行业整体素质为目标，以加快培训和交流经验为主要措施，以服务企业为基本职能，以创品牌效益为目的，努力为我省建设小康社会做贡献。会议对协会工作进行了总结，提出进一步转变工作作风、改进工作方式、开创协会工作新局面的工作思路。

受中国建筑装饰协会的委托，2002 年我会承担了“三北地区重点住宅装饰装修企业工作研讨会”的组织和安排，加强了和兄弟省市协会、装饰企业的联系；组织省城建职工中专和省建工技校参加了全国建筑装饰行业工人职业技能标准、鉴定规范、题库和教材编制等工作，并按期完成了任务。

二、认真履行协会职能，协助主管部门加强行业管理

1．完成了装饰企业项目经理资质初审工作。按照省建设厅赋予协会的职能，经协会审查建设厅批准装饰项目经理 520 人，使全省装饰企业项目经理队伍达到 800 人以上，基本在全省形成了一支装饰专业项目经理队伍，为企业的发展创造了条件。

2．进行调研，起草了我省住宅装饰装修资质管理办法。依据《建筑法》、《建筑工程质量管理条例》和建设部《住宅室内装饰装修企业资质管理办法》等法律、法规和规章，收集和参照了全国 10 多个省、市的管理办法，起草了《山西省住宅装饰装修资质管理办法》，并上报了山西省建设厅审定。

三、认真做好行业培训工作

2002 年协会与市、地行业协会密切配合，培训项目经理 650 余人，项目经理的业务水平和能力得到进一步提高，为今后装饰行业项目经理队伍建设打下基础。

四、开展了“二优一奖”评选工作。

2002 年协会开展了“二优一奖”的评选工作。经企业申报，市、地行业协会的推荐，省装协组织专家对申报企业和工程进行了考察和评选。共评选出 2002 年度山西省优秀建筑装饰企业 27 家，优秀项目经理 28 名，山西省建筑工程装饰奖 24 项。

优秀建筑装饰企业是：山西省建筑装饰工程总公司、山西三利装饰有限公司、山西万兴隆装潢设计有限公司、香港神采设计装饰工程山西有限公司、山西知本装饰工程有限公司、太原市现代建筑装饰工程有限公司、山西唐明装饰广告有限公司、太原赛南方装饰工程企业总公司、太原市城建装饰公司、太原市黎明幕墙装饰有限公司、山西聚豪装饰装潢有限公司、山西圣通装饰工程有限公司、山西利昌元装饰工程有限公司、太原五方装饰工程有限公司、山西南北建筑装潢有限公司、太原市鑫天成装潢有限公司、山西省新时代装饰工程有限公司、山西宏德装饰工程有限公司、山西浩海装饰设计工程有限公司、山西艺华装饰工程有限公司、太原市建筑装饰工程有限公司、大同市广鑫建筑装饰有限责任公司、山西省榆次中山饰业有限公司、榆次新型装饰有限公司、山西安民装饰工程有限公司、山西海翔装饰工程有限公司、山西永华装饰工程有限公司。

优秀项目经理是：王建、赵玉红、赵凤德、张磊、陈晋华、尚智、常青、缪俊、任建斌、蒋南、武海林、徐殿开、赵丰年、苏云飞、施卫军、袁钟刚、王俊义、刘启明、张勇、牛冬福、高原、赵利民、师卫红、翟印民、高建军、樊二庆、张鑫、刘俊平。

装饰工程获奖工程项目是：山西三利装饰有限公司的省人民政府四方院、山西省建筑装饰工程总公司的人民大会堂山西厅、山西宏德装饰工作有限公司的省电力调度大楼，山西艺华装饰工程有限公司的中行大同分行营业办公楼、山西省建筑装饰工程总公司和太原市现建筑装饰工程有限公司的汾酒大厦、山西三利装饰有限公司的银河证券太原迎泽营业部和太原迎春楼广东酒家，山西翔远装饰工程有限公司的山西省科技会展中心、山西圣通装饰工程有限公司的灵石麒麟大厦、太原市建筑装饰有限公司的太原市图书馆、太原五方装饰工程有限公司的山西省行政学院教学楼、山西浩海装饰工程有限公司的山大二院门诊楼、山西万兴隆装潢设计有限公司的太原日报新闻大夏、山西万兴隆装潢设计有限公司的华夏银行水西关分理处营业楼、太原市黎明幕墙装饰有限公司的盛伟大厦玻璃幕墙工程、山西唐明装饰广告有限公司的长治清华宾馆、香港神采设计装饰工程山西有限公司的离石汉画像博物馆和临汾黄河大酒店、山西安民装饰工程有限公司的河津市广电大楼、山西海翔装饰工程有限公司的运城行署大会议厅、山西永华装饰工程有限公司的吕梁地区国税局办公楼、榆次新型装饰有限公司的榆次云龙大厦、山西省榆次中山饰业有限公司的平旺联合总公司办公楼。

五、出版了协会会刊和通讯。

经省建设厅和省新闻出版局的批准，2002 年协会成立会刊编辑部，正式出版了《山西建筑装饰》会刊，会刊在会员单位发行并进行兄弟协会交流；协会《通讯》登载国家装饰装修方面的法律法规和规章，定期向会员单位传达了政府信息和行业动态。

大同市建筑装饰行业

大同市建筑装饰协会

【协会简介】大同市建筑装饰协会成立于 1993 年，并正式在当地民政局登记注册，具备法人资格，同年作为团体会员加入中国建筑装饰协会。

名誉会长：闫文照（大同市人民政府副市长） 徐世立（大同市建设委员会主任） 张建业（大同市建设委员会副主任） 张 和（大同市房产管理局副局长）

会 长：郭 荣（原大同市建设委员会 副主任）

副会长：田 玺（大同市建设委员会建筑业科科长） 杨顺元（大同市物业管理协会秘书长） 薛守荣（大同市金牛装饰有限责任公司总经理） 李晓彬（大同市好运达广告装饰有限责任公司总经理） 库瑞庭（大同市伊鑫装饰有限责任公司总经理）

秘书长：张广礼（大同市美术设计院院长）

郭 荣

张广礼

【行业概况】大同市现有建筑装饰企业 100 多家，其中二级 14 家、三级 27 家，家装企业 48 家，从业人数近万人。2002 年大同市建筑装饰行业全年总产值 3 亿元。这一年协会为了规范市场，搞好服务，做了大量的工作，取得了不少成绩。

【协会工作】大同市建筑装饰协会 2003 年的工作重点，在全市范围内贯彻落实《住宅室内装饰装修管理办法》和有关部门配合整顿建筑装饰材料市场。

山西大同云城装饰大世界坐落在大同市南出口——京大高速公路、大运公路的入口处，于 2002 年元月份开业的一座建筑面积达 7 万多平方米、投资 1 亿多元、由 18 幢环式建筑群落组成的大型装饰材料市场，是晋、冀、蒙地区装饰材料集散地。

从开业之日起，我们积极贯彻“服务意识决定一切”的指导思想，将管理者与商户的关系定位在荣辱与共的基础上。在服务上实行“亲情化”管理，想商户所想、急商户所急，市场为方便商户先后设立了大型仓储、装卸、餐饮、住宿、医疗、法律、会计咨询等，为商户提供全方位服务。

在经营和生活方面，我们积极倡导管理人员与商户交朋友、心贴心服务理念，为商户排忧解难。市场统一为入市经营的商户提供工商注册、税务登记、银行开户、通讯、保险等一条龙服务。为外地商户办理临时户籍、子女入学、入托等手续，解决他们经营和生活中的繁杂和苦恼。商户在经营中最常见也是最难办的困难就是资金周转问题，我们就在费用手续方面实行免缓政策，以解决他们的燃眉之急，真正做到雪中送炭，让商户感觉到市场就是我们的家，市场与我们心连心。这样既密切市场与商户的关系，又使得市场的各项活动、制度在商户中积极响应和广泛认可 ，更增强了市场的凝聚力。

为使我们的管理和服务更上一个新台阶，2002 底我们进行了国际质量管理体系认证前的各项准备工作，使我们的管理更加规范。2002 年我们又在《中国建材流通总网》“网上建材城”栏目中设立了网页，并在互联网上注册了域名网站：www.dtyc.com.cn（网络实名：云城装饰大世界），为 300 多家商户在网上宣传经营品牌，为我市筹建网上超市、进行电子商务奠定了良好的基础。

通过一系列服务，不仅使我们和商户有了一定的亲和力、凝聚力，而且聚集起了前所未有的商业旺气，原有商户不断扩大面积，增加经营品种，前来预定和办理入驻的商户络绎不绝。也使我市成为大同市首批被山西省工商局命名的“文明规范市场”。

我们清醒地认识到：要想搞好管理，必须首先搞好服务，服务出信誉，信誉出活力，活力出效益。基于这种认识，我们云城人将继续打好服务这张牌。为此，我们将不遗余力。

陕西省建筑装饰行业

陕西省建筑装饰协会

【协会简介】陕西省建筑装饰协会成立于1996年5月，于2002年12月召开第二次会员代表大会，进行了改选换届。

会　长：孔祥清

常务副会长兼秘书长：王卫国

陕西省建筑装饰协会是由陕西省从事建筑装饰工程的设计单位、施工单位、建材生产营销等企业和有关科研、教学单位自愿参加组成的全省性建筑装饰行业组织。本协会的宗旨是全面贯彻十六大精神，努力实践"三个代表"重要思想，坚持党的基本路线，坚持四项基本原则，遵守宪法、法律、法规和国家政策，以经济建设为中心，贯彻改革开放的总方针；协助建设行政主管部门加强建筑装饰行业管理，充分发挥政府与企业的桥梁纽带作用；反映行业呼声，维护行业利益，全心全意为会员单位服务，促进会员单位适应市场和我国加入WTO后的形势，转换机制，提高效益，开拓创新，与时俱进，进一步提高我省建筑装饰装修行业整体水平，改善人们工作生活环境，为西部大开发、陕西大发展作贡献。本会业务主管单位为陕西省建设厅，登记管理机关为陕西省民政厅。本会地址：陕西省西安市东新街486号新城国际A座一层D室。

本会的最高权力机构是会员代表大会，会员代表大会的职权：

1．制定和修改章程。

2．选举和罢免理事。

3．审议理事会的工作报告和财务报告。

4．决定其他重大事宜。

会员代表大会每届五年。因特殊情况需要提前或延期换届，需由理事会表决通过，报业务主管部门审查并经社团登记机关批准同意，延期换届最长不超过一年。理事会是会员代表大会的执行机构，在闭会期间领导本会开展日常工作，对会员代表大会负责。理事会的职权：

1．会员代表大会的决议。

2．举常务理事，选举和罢免会长、副会长、秘书长。

3．筹备召开会员代表大会。

4．向会员代表大会报告工作和财务状况。

5．决定会员的吸收或除名。

6．决定设立办事机构、分支机构、代表机构和实体机构。

7．决定副秘书长、各机构负责人的聘任。

8．领导本会各机构开展工作。

9．制定内部管理制度。

10．定其他重大事项。

孔祥清

王卫国

【协会工作】陕西省建筑装饰协会今年以来在中国建筑装饰协会的指导下、在陕西省建设厅的领导下，协会全体同仁的奋发努力，团结一致，较好地完成了各项工作任务。

1．协助省厅做好建筑装饰企业资质就位的初审和报批工作。建筑装饰企业按新的资质标准进行就位是协会今年的重点工作，量大、面广、时间长，协会全体同仁按照建设部87号令《建筑业企业资质管理规定》和省建设厅《关于全省建筑业企业资质就位工作的安排意见》等文件精神，积极认真地做好装饰企业资质就位资料的接收、初审和报批工作，不厌其烦的地指导企业填报好申报资料，今年先后五批共受理初审申报建筑装饰企业资质就位180家，其中一级14家，二级83家，三级83家。

2．极做好装饰企业资质就位中的项目经理的初审报批工作。企业有无项目经理是这次企业资质就位的一个关键问题。今年通过五批受理初审报批装饰企业项目经理303人，其中一级项目经理24人，二级项目经理178人，三级项目经理101人，通过项目经理的报批为企业资质就位创造了必备条件，为企业承揽工程也具备了条件。

3．认真组织了省建筑装饰行业"优秀设计、""优质工程"评选活动和"全国建筑装饰奖"的推荐申报工作。为了提高我省建筑装饰装修设计和施工水平，培育精品意识，提高行业整体水平，经省建设厅批准，今年协会组织建筑装饰优秀设计、优质工程的评选活动，组织专家现场查看，组织评审会共评出建筑装饰优秀设计一等奖2项，二等奖4项，三等奖2项，住宅优秀设计奖2项；评出优质工程一等奖3项，二等奖5项，三等奖5项。另外根据中国建筑装饰协会《关于评选全国建筑装饰奖的通知》精神，向中国建筑装饰协会推荐申报了西航祥和铝业装饰有限公司承建的咸阳财苑大厦幕墙工程、陕西艺林实业有限公司承建的陕西安全厅办公大楼幕墙工程、西飞装饰工程股份有限公司承建的长沙黄花机场（在湖南申报），并接待了中国建筑装饰协会复查组于11月初对申报工程的复查工作，通过评优，促进装饰企业设计和承建精品工程的意识和水平。

4．完成了建筑装饰设计企业资质年检工作。根据省建设厅关于设计企业资质年检工作的通知精神，2002年对装饰设计企业资质年检33家。同时，初审上报了耀华等4家公司甲级建筑装饰专项设计资质的转正，上报了中金等3家公司轻型房屋钢结构专项设计资质，四腾公司幕墙乙级专项设计资质。

5．做好协会的换届改选工作。为了做好2002年协会换届改选工作，下半年以来协会作了大量换届改选准备工作。于11月26日召开了常务理事会，讨论通过了有关文件和换届候选人组成名单，在12月24日进行了换届改选。陕西省副省长潘连生发了贺信，中国建筑装饰协会常务副会长兼秘书长徐朋到会祝贺，并做了热情洋溢的讲话，省建设厅在家8名厅领导出席了会议，副厅长彭吉新讲了话，省民政厅民间组织管理局副局长邓文英到会讲话。大会讨论通过了协会“工作报告”、《协会章程》、“会费管理办法”。大会选出120名理事、42名常务理事，选举孔祥清为会长，王卫国为常务副会长兼秘书长。大会表彰了“先进建筑装饰企业”、“优秀会员单位”，表彰了评选出的陕西省建筑装饰优秀设计、优质工程并颁发了奖牌和证书，会议结束时全体代表合影留念。大会收到辽宁建筑装饰协会等10多家兄弟省市装饰协会的贺信、贺电。

6．抓好各项培训工作，提高企业人员的素质。今年协会为抓好培训工作，先后下发了《关于举办建筑装饰施工员等岗位的培训通知》、《关于举办建筑幕墙施工岗位的培训通知》、《关于举办建筑装饰企业项目经理继续教育的通知》，目前，装饰企业项目经理继续教育培训工作已在进行。

7．编写《建筑装饰简讯》七期。为了互通信息，让企业及时了解市场资源信息，行业发展动态、国家有关行业标准、政策法规及时刊登于《陕西建筑装饰简讯》，发送会员单位、装饰企业和政府有关部门，这必将扩大信息交流，促进行业发展。

江西省建筑装饰行业

江西省装饰行业协会

【协会简介】

会　长：王儒明（原江西省建设厅副厅长）

秘书长：章雪儿（江西省建设厅建管处副处长、省装饰管理站站长）

副秘书长：曾凡珩（专职）

为了适应形势和任务的要求，省建设厅有关领导加强了协会工作的活力，使专职人员达到2名，与此同时，还购置了联想电脑，打印机，传真机，提高了工作效率，加速信息化建设，工作更富有朝气。

王儒明

章雪儿

【行业概况】截止2002年底，全省共有186家企业获得建筑装饰装修专业承包资质，其中一级13家、二级64家、三级109家。按照《江西省住宅室内装饰装修施工企业资质管理暂行办法》的要求，已有26家专业住宅室内装饰装修施工企业办理获得了A级资质。

【协会工作】江西省建设厅2002年下发了《关于加强我省装饰装修行业管理工作的通知》，要求各地按照《中华人民共和国建筑法》和《江西省建筑管理条例》的规定，把建筑装饰装修行业纳入各地建设行政主管部门并加强规范管理。同年6月省建设厅颁布了《江西省住宅室内装饰装修施工企业资质管理暂行办法》，规范管理住宅装修市场。

我会开展了第四届装饰优良工程评比，成立了《中国建筑报》和《中华建筑报》江西记者站，建立了有40人组成的行业协会专家组。

根据中国建筑装饰协会统一教学安排，省装饰行业协会报经省建设厅批准，协同省装饰装修管理站、省厅培训中心，共同举办《建筑装饰装修工程质量验收规范》和《民用建筑工程室内环境污染控制规范》宣贯班，于2002年5月25～26日在南昌建设大厦开学。省建设厅马志武副厅长在开学仪式上作了重要讲话。省厅人事处副处长朱金贵、培训中心周洪林主任、余克敏副主任、省装饰管理站站长、我会秘书长章雪儿出席了开学仪式。“两个规范”由中建总公司总工程师、一级注册建筑师、“规范”执笔人之一的李爱新讲授，受到了学员普遍欢迎。

协会帮助企业依法维权，获建设部、江西省建设厅的支持。一级装饰企业、江西南方建筑装潢配套公司2002年元月25日在南昌建设工程交易中心参与了某单位综合楼玻璃幕墙工程投标，以89.45的最高综合得分被主持人当场宣布为“第一中标排序人”，并征求了各投标单位意见，在场人员没有一人提出异议，会后，通知“南方”按有关规定交纳中标价 267 万元的 0.6‰进行交易费。就在“南主”静候中标通知书时，突于 2 月 25 日接到甲方的“废标通知书”，认为在6家投标企业中有4家投标文件技术标中出现不符合招标文件的要求，需要重新招标。“南方”在惊诧、愤慨之余，冷静分析了甲方有关“废标”的意见，认为：纵观此项工程的招标全过程，有依法成立的招、评标机构及专家评委，有江西省建设行政主管部门招投标人员的全程监督，有依法选择合乎要求的投标企业，有合法的程序和公开、公平、公正的运作过程。在当场宣布“南方”为“第一中标排序人”、依法交纳进场交易费后，为什么对这个依法运作、合法有效的招投标结论，一个月后被人以某种借口而全盘否定？直觉上，“南方”认为这起码是业主某些人士对有关评标规定条款的认识片面和误解。在重新认真学习研读国家七部委《评标委员会和评标方法暂行规定》后，从“评标活动依法进行，任何单位和个人不得非法干预和影响评标过程和结果（《规范》第四条）的规定中获得提示，在省装饰行业协会支持、帮助下，“南方”毅然向省建设厅招投标办和建设部如实写出申诉报告。江西省建设工程招标投标办公室也于 2 月 28 日以“赣建招标[2002]01 号”文向建设部请示有关投标人投标文件有效性的问题。国家建设部办公厅于 3 月 28 日以“建办市函[2002]113 号”函对所请示问题作了明确答复。

复函称：“按照《房屋建筑和市政基础设施工程施工招标投标管理办法》（建设部第 89 号令）第三十五条规定：“投标文件出现下列情形之一的，应当作为无效投标文件，不得进入评标：……（二）投标文件中的投标函未盖投标人的企业及法人法定代表人印章的……”。据此，判定投标文件无效，应当看其投标函是否加盖了投标人的企业及企业法定代表人的印章，而不应以投标文件中某一部分未加盖了投标人的企业及企业法定代表人的印章，将其判定为无效投标文件。但是，招标文件中明确规定技术标、商务标未加盖印章为无效投标文件的，应依其作为判定是否无效的依据。

在建设部和省建设厅招标办的支持下，甲方已实际改正了关于“废标“的看法，正式向”南方“下达了“中标通知书”。“南方”也在认真组织实施，甲乙双方彼此加深了了解，开始了目标一致的合作。

第七部分

室内设计

·从业资格评定·

关于印发实施《深圳市室内设计师从业资格评定办法》的通知

在装饰业快速发展中，装饰设计市场的扩大和社会责任的加重，对装饰设计人员的素质、专业水平、管理能力、相关学识、职业道德提出了新的要求，其地位、作用、责任也需要相应提高强化。同时，行业管理也随之进一步规范化、系统化。

为加强装饰设计队伍建设、提高从业人员素质，促进我市装饰业的持续发展，深圳市装饰行业协会根据行业发展需要，借鉴和依据相关执业资格认证办法和文件，于2001年3月30日制定、印发了“深圳市室内设计师资格评定试行办法”。依照该“试行办法”，协会对会员单位的装饰设计人员实行从业资格评审认证。评审工作得到市建设局、会员单位及广大设计人员的积极支持和好评。实施后，对评审的有关规定做了必要的修改完善，《深圳市室内设计师从业资格评定办法》经六届一次常务会审议批准，现予印发实施。原试行办法作废。

深圳市装饰行业协会

二〇〇二年三月二十日

深圳市室内设计师从业资格评定办法

第一章　总　则

第一条　为了加强装饰设计队伍建设，发挥本行业设计人员的作用，提高我市装饰设计水平，本会依据中室协字（2000）第144号文并参照有关职称、注册师评审规定，结合我市装饰业实际，制定本办法。

第二条　本办法所称室内设计师，亦称装饰设计师。是指运用物质技术和艺术手法，对建筑物及飞机、车、船等内部空间进行环境设计的专业人员。

第三条　本会会员单位中从事第二条所指的专业人员适用于本办法。

第四条　深圳市装饰行业协会设计委负责装饰设计师从业资格考核、评审工作。

第二章　室内设计师的职责

第五条　高、中级室内设计师对承接的设计项目负责。室内设计师从事的主要工作包括：

1．进行空间形象设计；

2．进行装饰装修设计；

3．进行装饰物理环境设计；

4．进行装饰空间分隔组合、装饰用品及成套设施配置等装饰陈设艺术设计；

5．对装修施工进行技术配合或指导。

第三章　室内设计师的资格等级设立和申报条件

第六条　室内设计师资格等级设有高级、中级、初级。

第七条　室内设计师必须热爱祖国，遵纪守法，具有良好的职业道德，有事业心和责任感并具备相应的专业学历及从事专业设计工作的经历、业绩。

第八条　高级室内设计师条件

（一）学历或职称及工作经历

获得博士学位、或具有高级职称、从事设计工作两年以上；

或获得硕士学位、或双学士学位、两年以上的研究生班毕业、从事设计工作六年以上；

或获得大学本科毕业，获得学士学位，从事设计工作十年以上。

（二）业绩

1．主持设计装饰造价3000万以上工程两项，或1000万以上工程五项。

2．设计作品曾在全国性或国际性评比、展览中获奖；在市级以上报刊发表过2000字以上论文两篇或有专著。

（三）能熟练掌握1～2门外语；

（四）取得装饰协会高级室内设计师专业考试合格证。

第九条　中级室内设计师条件

（一）学历及工作经历：

获得博士学位的人员；

或获得硕士学位、或学士学位、研究生班毕业、或具有中级职称，从事设计工作三年以上；

或大学本科毕业，从事设计工作五年以上；

或大学专科毕业，从事设计工作七年以上；

或中专毕业，从事设计工作十年以上。

（二）业绩

主持或主要设计装饰造价1000万元以上工程两项，或500万元以上工程五项；

或主持设计2000m^{2}以上的工程三项，或楼盘样板间工程五个以上（其中至少应有三个180m^{2}以上的项目）；

在市级或在国内公开发行的市级以上报刊上发表过1000字以上论文。

设计作品曾在市级评比或展览中获奖者，可从规定年限中减少一年。

（三）能掌握一门外语。

（四）参加装饰协会设计师培训、考试，取得合格证。

第十条　初级室内设计师条件

（一）学历及工作经历

本专业或相关专业大学本科毕业，从事设计工作一年以上；

或本专业或相关专业大学专科毕业，从事设计工作三年以上；

或本专业或相关专业中专毕业，从事设计工作五年以上。

（二）业绩

参加设计装饰工程项目两项以上；

或独立设计并实施的家装工程五项以上。

（三）非本专业或相关专业毕业的从业者，需获得装饰协会室内设计师培训考试合格证。

第十一条　本办法第十条规定的相关专业是指建筑学、城市规划、工民建、建筑经济或设计艺术专业（工艺美术、美术、环境艺术、园林艺术、工业设计专业）。

第十二条　室内设计师资格的取得必须经过考核评定。由市装饰行业协会成立的室内设计师评审委员会考核评定。

第十三条　深圳市室内设计师资格评审委员会为非常设机构，主要由本市行业专家及有关部门负责人组成，设主任委员一人，副主任委员及委员若干人。

第十四条　深圳市室内设计师资格评审委员会下设办公室，负责室内设计师申报、评审的具体工作，办公室设在市装协设计委。

第十五条　室内设计师考核评审的主要内容按第八、九、十条各款办理。

第十六条　申报评定设计师资格者必须具有深圳市户口或在深圳暂住满一年以上，可按本办法规定予以申报。

第十七条　室内设计师经评审通过后，　由深圳市装饰协会认定，发给相应等级的室内设计师资格证书。

第十八条　室内设计师资格培训考试办法由深装协统一制定。

第四章　室内设计师的管理

第十九条　深圳市装饰行业协会负责会员单位室内设计师的管理。

第二十条　室内设计师实行持证上岗。

第二十一条　《深圳市室内设计师资格证书》实行定期复查制度，一般每两年复查一次，复查工作按以下程序进行：

（一）受检人按规定时间提交《室内设计师资格复查表》、《深圳市室内设计师从业资格证书》及有关资料。

（二）在审查核实有关资料后，对受检设计师复查作出结论。

第二十二条　复查结论为“合格”、“不合格”两种。

（一）室内设计师能正常完成设计项目，未发生过责任过失的为“合格”。

（二）室内设计师不能完成设计项目，或在复查期内从事设计或设计管理工作不满一年的，或有责任过失产生了严重经济后果的为“不合格”。

第二十三条　复查结论为“不合格”者，经过重新申请与评定方可获得相应等级的室内设计师资格。

第二十四条　未按规定参加复查的，取消其已获资格，经重新申请与评定后可获得相应等级的室内设计师资格。

第二十五条　室内设计师达到上一个资格认证条件的，可向深圳市室内设计师资格评审委员会申请晋级。

第二十六条　违反本办法，以不正当手段取得《室内设计师资格证书》的，市装饰协会有权收缴其资格证书。

第二十七条　被收缴资格证书的室内设计人员，自被收缴之日起，两年后方可重新申请室内设计师资格。

第二十八条　本办法由深圳市装饰行业协会负责解释。

深圳市装饰行业协会

二〇〇二年三月

关于报送《上海市装饰装修行业协会建筑室内设计师从业资格认定暂行办法》的报告

沪装协（2002）第033号

上海市建筑业管理办公室：

上海市的建筑装饰、幕墙装饰、家庭装饰行业在全国处于相对领先的地位，近几年来，全市建筑装饰装修行业年产值都在500亿元左右，市场对装饰装修的需求激增的同时，对装饰装修设计从业人员的要求也越来越高，但目前装饰装修设计市场较为混乱，从业人员的资格认定政出多门，一些境外机构也在搞这项工作。而在整个建筑装饰装修行业中，也唯独缺“建筑室内设计师”资格认定办法，管理体系上是个空白点。

为规范装饰装修设计市场，促进装饰装修企业和装饰装修设计从业人员的整体水平提高，满足广大消费者的需求，保障装饰装修设计从业人员权益不受侵害。我行业协会在抓好装饰装修企业管理的同时，注意加强对装饰装修设计从业人员的个人管理，实行对装饰装修设计从业人员的“从业资格认定”工作，为今后逐步过渡建立“注册建筑室内设计师”打好基础。

为使这项工作较为规范化，我会拟定了《上海市装饰装修行业协会建筑室内设计师从业资格认定暂行办法》，（以下简称《认定办法》）。该《认定办法》经上海市装饰装修行业协会装饰设计专业委员会主任委员扩大会议进行多次专题讨论，修改之后，又专门邀请装饰设计专业委员会职称评审认定，专家组认真审查、评议并经协会装饰设计专业委员会第二次理事会全体会议表决一致通过。

现将《上海市装饰装修行业协会建筑室内设计师从业资格认定暂行办法》呈送，备案。

特此报告。

上海市装饰装修行业协会

二〇〇二年八月三十日

上海市装饰装修行业协会
建筑室内设计师从业资格认定暂行办法

第一章　总　则

第一条　为提高室内设计在装饰装修工程中的地位，发挥设计从业人员的积极性和创造性，对室内设计从业人员的专业技术能力、水平给予客观、公正评价，并纳入规范有序的行业管理，根据上海市装饰装修行业协会行业规范、标准要求并参照国内外有关职称评审认定条例、规定、办法，结合上海市装饰装修行业设计方面实际情况，特制定本办法。

第二条　本办法所指“建筑室内设计师”是指从事建筑室内、室外空间环境（含车、船飞机等）的设计，包括装饰、装修、陈设的设计专业从业人员。

第三条　建筑室内设计师应对其所承接的工程负责，其职责是根据建筑物内、外空间的建筑结构、功能和布局，在保障建筑物的主体安全、设备运转，符合消防与环保的条件下，运用物质技术和艺术手段创造出满足人类居住、生活和活动空间的环境。

第四条　本办法针对上海市装饰装修行业设计队伍的现状，对室内设计从业人员按照不同学历、资历、专业理论和工作业绩分为三个从业资格等级，其名称为高级建筑室内设计师、建筑室内设计师、助理建筑室内设计师三个等级，为下一步与国际接轨过渡到“注册室内设计师”考核评审奠定基础。

第五条　本会会员单位中从事第二条所指的设计专业从业人员适用于本办法。

第六条　建筑室内设计师从业资格评审认定工作由上海市装饰装修行业协会会同上海市有关部门领导、专家、学者共同负责组织领导，是上海市装饰装修行业对室内设计从业人员专业技术水平的资格评审认定工作。

第二章　建筑室内设计师资格等级

第七条　建筑室内设计师必须是热爱祖国、遵守国家有关部门法律、法规、遵守职业道德标准和专业行为准则，具有一定专业理论知识和从业经验，有事业心和责任感，并具备相应的学历及从事专业设计工作的经历和业绩。

第八条　建筑室内设计师资格认定条件

（一）高级建筑室内设计师

1．学历或职称要求

1）大学专科毕业，从事设计工作 12 年以上；

2）大学本科毕业，从事设计工作 8 年以上；

3）获得硕士学位、双学士学位或研究生毕业，从事设计工作 5 年以上；

4）获得博士学位、或具有高级职称，从事设计工作 3 年以上；

5）已取得建筑室内设计师资格 4 年，现仍从事设计工作。

2．工作经历与业绩（具备下列条件中的 2 项）

1）主持设计大型建筑装饰工程，投资在 1000 万元以上的工程；

2）参与设计大型建筑装饰工程，投资在 500 万元以上的工程 2 项；

3）主持设计高级民居住宅装饰工程 30 项，投资额在 600 万元以上；

4）设计作品曾获得上海市评比、展览中的较高奖项或获全国性评比、展览中获奖（报送相应证书）。

3．专业理论知识及著述

1）全面系统掌握建筑装饰基础理论和相关知识、专业技术知识和艺术修养；

2）熟练掌握建筑装饰设计技能、标准、规范和相关法律、法规；

3）在专业杂志或市级报刊上发表过建筑装饰方面有影响的学术论文两篇以上或有专著；

4）熟练掌握一门外语。

（二）建筑室内设计师

1．学历或职称要求

1）中专或职高毕业，从事设计工作 10 年以上；

2）大学专科毕业，从事设计工作 7 年以上；

3）大学本科毕业，从事设计工作 4 年以上；

4）获得硕士学位、双学士学位或研究生毕业，从事设计工作 3 年以上；

5）获得博士学位，或具有高级职称，从事设计工作 1 年以上；

6）已取得助理建筑室内设计师资格 4 年，现仍从事设计工作。

2．工作经历与业绩（具备下列条件中的 2 项）

1）主持设计建筑装饰工程，投资在 500 万元以上的工程；

2）参与设计单项建筑装饰工程，投资在 300 万元以上的工程 2 项；

3）主持设计中高级民居住宅装饰工程 20 项，投资额在 300 万元以上；

4）设计作品曾获上海市或全国评比、展览中的奖项。（报送相应证书）

3．专业理论知识及著述

1）较全面系统掌握建筑装饰基础理论和相关知识、专业技术知识和艺术修养；

2）较熟练掌握建筑装饰设计技能、标准、规范和相关法律、法规；

3）在专业杂志或市级报刊上发表过建筑装饰方面较有影响的学术论文或有专著；

4）能掌握一门外语。

（三）助理建筑室内设计师

1．学历或职称要求

1）中专或职高毕业或同等学历者，从事设计工作 5 年以上；

2）大学专科毕业，从事设计工作 3 年以上；

3）大学本科毕业，从事设计工作 1 年以上；

4）获得硕士学位、双学士学位或研究生毕业或具有中级职称，从事设计工作的。

2．工作经历与业绩（具备下列条件中的 2 项）

1）曾设计建筑装饰工程，投资在 200 万元以上的工程；

2）参与设计单项建筑装饰工程，投资在 100 万元以上的工程 2 项；

3）主持设计民居住宅装饰工程 10 项，投资额在 100 万元以上；

4）设计作品曾获有关部门或业的主好评。（报送相应证明）

3．专业理论知识及著述

1）能系统掌握建筑装饰基础理论和相关知识、专业技术知识和艺术修养；

2）能掌握建筑装饰设计技能、标准、规范和相关法律、法规；

3）对所设计作品能独立完成设计说明。

第九条　破格认定高级建筑室内设计师资格条件

1．学历或职称要求

1）获得国内外本专业硕士学位 4 年以上；

2）获得国内外博士学位 2 年以上或具有高级职称 2 年以上；

3）已取得建筑室内设计师资格 3 年以上。

2．工作经历与业绩（具备下列 1～4）项条件中的 2 项）

1）直接主持设计大型建筑装饰工程投资在 2000 万元以上并获有关部门好评；

2）作为建筑装饰工程设计专业负责人，且该工程获国家级或地方设计评比二等奖以上；

3）在国际或全国性学术会议、刊物上发表过两篇以上建筑装饰方面有价值的学术论文；

4）正式公开出版由本人撰写的建筑装饰方面有学术价值的专著或参与起草、编审有关部门装饰装修方面的规范、规章、标准等和译著；

5）熟练掌握一门外语。

第十条　各级建筑室内设计师评审认定条件中，关于工作经历与业绩一项，要求工程项目数量、面积、投资大小的具体规定是评审认定工作中很重要也是很具体的量化标准。对申报者如果在从事设计项目的业绩中，虽项目不大，投资也不高，但设计确有水平，且有一定的知名度和社会影响的，评委也会根据具体情况酌情掌握。

第三章　申报条件

第十一条　建筑室内设计师必须具备的基础理论知识为室内设计发展史，建筑设计基础，人体工程学，建筑及装饰材料，装饰构造及制图，绘画表现技法，建筑美学等。

第十二条　建筑室内设计师应基本掌握相关理论知识为建筑史、美术史、建筑设计原理、建筑构造、建筑生态、建筑物理、建筑设备、装饰装修施工知识、施工监理、工程概预算知识等。

第十三条　本暂行办法所称本专业为：建筑学、室内设计、室内外环境艺术设计专业；相关专业为：城市规划设计、园林设计、工业设计、家具设计、舞台美术设计专业等；其它专业为：除本专业和相关专业以外的为其它专业。

建筑幕墙工程设计所指本专业为：建筑学、工业与民用建筑、机械类专业。

第十四条　本专业毕业的设计从业人员，申报各级建筑室内设计师资格时，须向上海市装饰装修行业协会建筑室内设计师资格评审认定工作委员会提出申请，评审认定工作由专家委员会进行认定。

第十五条　非本专业或相关专业毕业的设计从业人员，申报各等级资格前，需要在上海市装饰装修行业协会进行有组织的培训，经考试合格后，再按第十四条规定进行申报。

第十六条　申报高级建筑室内设计师及建筑室内设计师资格者，需参加相应职称的外语考试，并取得合格证书（在有效期内）。通过全国外语等级考试四级以上者（以证书为准），可不参加外语考试。各级建筑室内设计师都应掌握计算机绘图基本技能，在评审认定中作为参考条件。

第十七条　建筑室内设计师达到上一等级资格条件的可申请升级。

第十八条　申报认定建筑室内设计师资格者必须是上海市装饰装修行业协会装饰设计专业委员会团体会员成员或个人会员，并建立“个人信息卡”。具有上海市常住户口或在上海市住满二年以上的非上海市常住户口者亦准予以申请。

第四章　评审认定组织机构

第十九条　为确保建筑室内设计师资格评审认定工作的顺利进行，上海市装饰装修行业协会会同上海市建委、大专院校、设计单位等有关领导、专家、学者组成上海市装饰装修行业协会建筑室内设计师资格认定工作领导小组（以下简称领导小组)，领导组织上海市装饰装修行业协会建筑室内设计师资格认定工作，领导小组下设资格评审认定工作委员会和资格评审认定专家委员会。

第二十条　资格评审认定工作委员会由协会领导，各有关部门负责人组成，主要负责上海市装饰装修行业协会建筑室内设计师资格评审认定的监督、管理、培训、协调工作。

第二十一条　资格评审认定专家委员会由本行业有关领导、专家、学者组成，主要负责各级建筑室内设计师的资格评审、认定工作。

第二十二条　领导小组下设办公室，为常设办事机构。承办上海市装饰装修行业协会建筑室内设计师资格评审认定的具体事项，办公室地点设在上海市装饰装修行业协会装饰设计专业委员会处。

第五章　评审认定程序

第二十三条　申报人需向评审认定机构报送以下资料：

1）统一印制的（上海市装饰装修行业协会建筑室内设计师资格申报表）一式三份；

2）学历证明、原有职称证书（复印件）各一份；

3）培训、考试合格证书（复印件）一份（适用于非本专业人员）；

4）外语考试成绩合格证明或外语等级证书（复印件）一份（适用于高级建筑室内设计师和建筑室内设计师）；

5）团体会员证或个人会员证（复印件）一份；

6）规定的工程设计项目资料（包括图纸、照片、设计说明书等）各一份；

7）有关部门的论文、著作（复印件）一份；

8）获奖证明（复印件）一份；

9）其它有关证明材料。

第二十四条　对评审认定符合要求合格的建筑室内设计师，由上海市装饰装修行业协会　　建筑室内设计师资格评审认定工作委员会颁发统一印制的《上海市装饰装修行业协会建筑室内设计师资格证书》，并报上海市建设和管理委员会备案。所有资料都将键入“个人信息卡”内。

第二十五条　培训考试办法由上海市装饰装修行业协会另行制定。

第二十六条　上海市装饰装修行业协会建筑室内设计师资格申报表由上海市装饰装修行业协会统一印制、发放。

第六章　建筑室内设计师资格管理

第二十七条　上海市装饰装修行业协会负责各会员单位建筑室内设计师资格的管理。

第二十八条　经认定为建筑室内设计师资格的执业设计人员将在媒体、网页上予以公告，并实行持证上岗。

第二十九条　建筑室内设计师资格评审认定工作每年进行一次，一般安排在十月份。对建筑室内设计师资格证书持有者每两年复查一次，未按时接受复查者，将取消建筑室内设计师资格，同时收回《上海市装饰装修行业协会建筑室内设计师资格证书》，一年后方可重新申请建筑室内设计师资格。

复查工作按以下程序进行：

一、受检人按规定时间向行业协会提交《建筑室内设计师资格复查表》（一式两份）和《上海市装饰装修行业协会建筑室内设计师资格证书》（复印件）及有关资料。

二、在审查核实有关资料后，对受检建筑室内设计师复查做出结论。

第三十条　复查结论为“合格”与“不合格”两种

一、建筑室内设计师能正常完成设计项目，未发生责任过失的为“合格”；

二、建筑室内设计师不能正常完成设计工作，或在复查期内从事设计或设计管理工作不满一年的，或有责任过失并产生严重后果的为“不合格”。

第三十一条　复查结论为“不合格”者，将取消建筑室内设计师资格，同时收回《上海市装饰装修行业协会建筑室内设计师资格证书》，一年后经过重新申请与评定，方可获得相应等级的建筑室内设计师资格。

第三十二条　未按规定参加复查的，取消其已获资格，需经重新申请与认定后方可获得相应等级的建筑室内设计师资格。

第三十三条　对严重违反建筑装饰装修行业法规，违反国家有关建筑装饰装修行业规定，构成重大影响和损失的，发证机构有权取消其建筑室内设计师资格，吊销其资格证书，并且在三年内不得申报建筑室内设计师资格。

第三十四条　上海市装饰装修行业协会装饰设计专业委员会有权对持有《上海市装饰装修行业协会建筑室内设计师资格证书》的人员进行不定期检查，受检人员不得以任何理由拒绝接受检查。

第三十五条　违反本暂行办法，以不正当手段取得《上海市装饰装修行业协会建筑室内设计师资格证书》的，上海市装饰装修行业协会有权收缴其资格证书，并通报批评，发生相应责任由本人承担。

第三十六条　被收缴资格证书的室内设计人员，自被收缴之日起，三年后方可重新申请建筑室内设计师资格。

第七章　其　它

第三十七条　本办法由上海市装饰装修行业协会负责解释。

第三十八条　本暂行办法自公布之日起施行。

上海市装饰装修行业协会
装饰设计专业委员会
二〇〇二年六月

辽宁省装修装饰设计师资格认证暂行办法

辽宁省装饰协会

二OO二年八月二十八日

第一章　总　则

第一条　为评价并肯定装修装饰设计人员的能力水平，规范装修装饰工程设计，提高我省装修装饰业设计水准；参照建设部有关专业技术职务、职称、注册师评审标准等规定，结合我省装修装饰业基本状况，制定本办法。

第二条　装修装饰设计师资格标准是为装修装饰工程及相关专业(如金属门窗、园林古建筑、绿化等)设计人员设置的专业从业资格标准。

第三条　装修装饰设计师按个人学历、资历、专业理论和业绩等综合情况的不同分为三个等级，分别为：高级设计师、设计师、助理设计师，逐步与国际接轨，并为过渡到注册设计师奠定基础。

第四条　装修装饰设计师资格称谓：统称——装修装饰设计师；按专业划分——专门从事室内设计的称内装设计师，专门从事建筑幕墙设计的称外装设计师；同时具备内装修、外装修两个资格的称装修装饰设计师。

第五条　辽宁省装饰协会负责全省装修装饰设计师的资格考核、评审、认证工作。

第二章　资格条件

第六条　装修装饰设计师(以下简称设计师)应热爱祖国，遵纪守法，具有良好的职业道德和责任感；应具备本专业或相关专业的学历、有从事本专业设计的经历、业绩；申报资格认证还应按申报级格规定的各项标准接受考核，缺项的应通过参加培训取得合格证书。

第七条　高级设计师资格标准

一、学历、资历要求

1．大学本科毕业，从事设计工作10年以上；

2．大学专科毕业，从事设计工作15年以上；

3．博士学位、或具有高级职称，从事设计工作2年以上；

4．硕士学位或双学士学位，二年以上研究生毕业，从事设计工作6年以上；

5．学士学位、从事设计工作9年以上；

6．设计师三年以上。

二、业绩、综合能力要求

1．内装修高级设计师

能主持大型装饰工程设计，已独立承担工程造价在1000万元以上的工程设计三项以上；

2．外装修高级设计师

能主持大型幕墙工程设计，已独立承担过两项高度在100m以上的建筑幕墙设计或幕墙工程造价在800万元以上的设计项目三项以上；

3．设计的作品获得国家、省以及行业的嘉奖，已在省级刊物上发表过3000字左右装修装饰方面较有影响的学术论文两篇或有学术专著；

4．全面系统掌握建筑装修装饰基础理论和专业技术知识；

5．参与过国家、省装修装饰行业有关法规、标准和规范的起草；

6．能熟练掌握一门外语，有省、市级职称外语考试合格证书；

7．辽宁省装修装饰设计师资格认证考试合格。

第八条　设计师资格标准

一、学历、资历要求

1．大学本科毕业，从事设计工作5年以上；

2．大学专科毕业，从事设计工作7年以上；

3．中专毕业，从事设计工作10年以上；

4．硕士学位、学士学位、研究生毕业或具有中级职称，从事设计工作2年以上；

5．助理设计师4年以上。

二、业绩、综合能力要求

1．内装修设计师

能独立主持工程设计，已完成装饰工程造价在1000万元以上的工程设计一项或主持完成工程造价在500万元的设计三项以上；已独立完成20个家居装饰设计，且风格各异，反映出较好的设计水平；

2．外装修设计师

能独立主持工程设计，已完成三项高度在60m以上的建筑幕墙工程设计或完成工程造价在500万元以上的幕墙工程设计三项，且反映出较好的设计水平；

3．所设计的项目(作品)获得过有关部门的嘉奖；在市级以上刊物上发表过2篇专业论文；

4．较全面掌握建筑装修装饰基础理论和专业技术知识；

5．能较熟练掌握装修装饰设计技能、标准和规范，了解与装修装饰相关的法律、法规；

6．能掌握一门外语，有省、市职称外语考试合格证书；

7．辽宁省装修装饰设计师资格认证考试合格。

第九条　助理设计师资格标准

一、学历、资历要求

1. 大学本科毕业，从事设计工作1年以上；

2. 大学专科毕业，从事设计工作3年以上；

3. 学士以上学位现从事设计工作；

4. 中专毕业，从事设计工作5年以上；

二、业绩、综合能力要求

1. 内装修助理设计师

独立完成5个工程造价在50万元以上的公共建筑装饰设计项目；或能独立完成面积在100㎡以上10个风格不一的家居装饰设计项目，有辅助完成复杂设计方案的能力；且能独立完成设计项目说明，具有一定的设计水平；

2. 外装修助理设计师

独立完成两项以上高度在30m；或能独立完成工程造价在100万元的幕墙工程设计项目；且能独立完成设计项目说明，具有一定的设计水平；

3. 掌握必要的专业基础理论知识和专业技术知识，具有基本的艺术修养；

4. 了解本专业的标准、规范、规程、技术规定和行业管理制度；

5. 辽宁省装修装饰设计师资格认证考试合格。

第十条　破格晋升高级设计师资格标准

一、已取得装修装饰设计师资格3年以上；

二、在装修装饰工程设计中成效显著者(具备以下条件中的三项)：

1. 作为装修装饰工程设计的负责人，且该工程在国家及省建筑工程装饰奖中获得荣誉；

2. 直接主持完成过重大装修装饰工程设计(工程造价在3000万以上)；

3. 在国内外学术会议或刊物上发表过三篇以上装修装饰方面有价值的学术论文；

4. 正式公开出版由本人撰写的装修装饰方面有价值的专著和译文。

第三章　受理、评审和考核

第十一条　辽宁省装饰协会秘书处负责受理设计师资格认证的申报。

第十二条　辽宁省装修装饰设计师资格的评审和考核，由辽宁省装饰协会专家学术委员会组织设计师资格评审组统一进行。

第十三条　评审组设组长1人，副组长2人，评委若干人。由资深专家组成。

第四章　资格管理

第十四条　辽宁省装饰协会负责对全省装修装饰设计师的认证和管理工作。

第十五条　装修装饰设计师资格评审工作每年进行一次，6月30日前截止报名，8月末结束当年的工作。

第十六条　通过认证的设计师发《辽宁省装修装饰设计师资格证书》和设计资格印章，证书和印章由辽宁省装饰协会统一印制、刻发，在辽宁省装饰协会开展的相关工作和活动中承认并普遍适用。

第十七条　设计师资格，每两年复查一次，未按期复查或复查不合格的取消其资格，一年后方可重新申报。

第十八条　已获资格的设计师达到上一级资格认证条件的，可申请晋级。

第十九条　对违反本办法，以不正当手段取得《辽宁省装修装饰设计师资格证书》的，辽宁省装饰协会有权取消和收缴其资格证书；并通报批评，发生相应责任由其本人承担。

第二十条　本暂行办法由辽宁省装饰协会负责解释。

第二十一条　本暂行办法自公布之日起实施。

家庭居室装修装饰设计人员从业资格评审办法（试行）

北京市建筑装饰协会家装委员会

（二〇〇〇年十二月十八日）

第一章　总　则

第一条　为了规范家庭居室装修装饰设计人员队伍，加强管理，提高家装设计人员的专业水平，充分发挥家装设计人员的积极性，促进家装设计水平提高，结合北京市家装设计队伍实际情况，特制定本办法。

第二条　家庭居室装修装饰设计从业资格标准是为家装施工企业、中介机构、设计单位中从事家装设计人员设置的专业从业资格标准。

第三条　家庭居室装修装饰设计人员的从业资格标准定为：一、二、三、四级家装设计师。

第四条　家装设计人员对所承接家庭居室装修装饰工程的设计负责。其职责是根据用户的要求，对室内空间、室内建筑构件的装修、室内家具和陈设、室内照明和室内绿化进行技术与艺术的设计。达到既保证安全、满足使用功能，又提供温馨、舒适、符合环保生活空间环境的设计标准。

第五条　评审家庭居室装修装饰设计人员从业资格的依据是：取得家装设计从业资格合格证书的设计人员，必须具备履行相应职责的实际工作能力，专业知识和设计水平，应具有相应的专业学历或参加过规定的培训并取得合格证书。

第二章　评审条件

第六条　家装设计人员必须热爱祖国，遵守国家有关法律，遵守中华人民共和国建设部、北京市建设委员会、北京市规划委员会颁发的职业道德标准和专业行为准则及行业协会制订的文明公约，积极投身于家装设计工作。

第七条　取得四级家装设计师从业资格，应具备下列条件：

1. 具有中专以上本专业学历，由所在单位推荐。

2. 具有中专以上非本专业学历，或通过国家中专以上本专业考试，或参加北京市建筑装饰协会举办的家装设计培训，经考试取得合格证书。

3. 具有高中学历，须参加北京市建筑装饰协会举办的家装设计培训，经考试取得合格证书。

4. 了解本专业的标准、规范、规程、技术规定和行业管理制度。

第八条　取得三级家装设计师从业资格，应具备下列条件：

1. 具有完成一般家装设计方案，辅助完成复杂设计方案的能力。

2. 初步掌握装修装饰业基础知识和专业技术知识。

3. 掌握本专业的标准、规范、技术规定和行业管理制度。

4. 学历、专业和工作要求：

①具有大专、中专本专业学历，在家装设计岗位工作一年以上，参与工程设计项目二个以上。

②具有中专以上非本专业学历，或通过国家中专以上本专业考试，或参加北京市建筑装饰协会举办的家装设计培训，经考试取得合格证书。在家装设计岗位工作二年以上，参与工程设计项目二个以上。

③具有高中文化水平。参加北京市建筑装饰协会举办的家装设计培训，经考试取得合格证书。在家装设计岗位上工作三年以上，参与工程设计项目二个以上。

第九条　取得二级家装设计师从业资格，应具备下列条件：

1. 具有独立设计比较复杂类型如复式、越层、别墅等住宅装修装饰方案的能力。

2. 全面掌握装修装饰业必备的基础理论知识和专业技术知识，了解相关专业理论知识。

3. 了解国内外家装设计的现状和趋势，具有一定艺术修养。

4. 熟悉本专业的标准、规范、规程、技术规定和与本专业有关的法律、法规、行业管理制度。

5. 承担过下列工作之一：

①主持设计家庭居室装修装饰综合项目三个以上。

②独立设计过复式、越层、别墅等住宅工程项目二个以上。

6. 取得下列成果、奖项之一可作为参考条件：

①独立撰写已公开出版著作的部分章节。

②在省市以上刊物公开发表过有价值的学术论文或设计作品。

③曾获得经由北京市建筑装饰协会家装委员会认定的论文、设计作品奖项。

7. 本专业学历要求

①中等专科毕业，从事本专业工作 5 年以上；

②大学专科毕业，从事本专业工作 3 年以上；

③大学本科毕业，从事本专业工作 2 年以上；

④获得硕士以上学位，从事本专业工作 1 年以上。

8. 具有中专以上学历非本专业学历，须通过国家中专以上本专业考试，取得合格证书。

第十条　取得一级家装设计师从业资格，应具备下列条件：

1. 具有主持设计各种类型住宅群居室装修装饰方案的能力，并有解决设计过程中本专业领域各类关键问题的能力。

2. 具有系统坚实的家装设计专业基础理论知识和专业技术知识。

3. 熟悉国内、外家装设计现状和发展趋势、并能在工作中应用；具有高水平的艺术修养。

4. 熟练掌握装修装饰业的标准、规范、规程、技术规定和有关的法律、法规、行业管理制度。

5. 承担过下列工作之一：

①主持设计综合家庭居室装修装饰项目六个以上。

②独立设计别墅、复式住宅、四合院项目造价 100 万元以上。

6. 取得下列成果、奖项之一可作为参考条件：

①正式出版过专业著作。

②在省市以上专业学术刊物上发表过学术论文或设计作品二篇以上。

③在全国性专业会议上交流过学术论文。

④曾获得经北京市建筑装饰协会家装委员会认定的论文、设计作品奖项。

7. 本专业学历要求

①中等专科毕业，从事本专业工作 15 年以上；

②大学专科毕业，从事本专业工作 10 年以上；

③大学本科毕业，从事本专业工作 5 年以上；

④获得硕士以上学位，从事本专业工作3年以上。

8．具有中专以上非本专业学历，须通过国家大学本科本专业考试，取得合格证书。

9．参加全国职称外语等级考试，取得C级合格证书（有效期内），或通过高校外语四级考试。

第三章　家装设计人员从业资格评审和考核

第十一条　北京市家装设计人员从业资格的评审和考核，由北京市建筑装饰协会家装委员会成立北京市家装设计人员从业资格评审、考核委员会统一组织进行。

第十二条　北京市家装设计人员从业资格评审、考核委员会，由资深的建筑师、环境艺术师、室内设计师和工程师组成，并由北京市建筑装饰协会家装委员会按照有关规定组建。

第十三条　家装设计人员申报家装设计从业资格，须经申请人所在单位推荐，出具同意的意见，报北京市建筑装饰协会家装委员会家装设计人员从业资格评审、考核委员会进行评审、考核。

第十四条　评审、考核内容

1．家装设计人员从业资格评审主要按第二章限定的条件进行。

2．家装设计人员从业资格考核要求三、四级家装设计师写出并提交做本专业工作的体会文章，要求一、二级家装设计师写出并提交本专业内容的论文。

第十五条　评审考核程序：报名——报送材料——资格审查——考验——向合格者发证。

第十六条　评审、考核需报材料：

1．家装设计人员从业资格评审表（1式3份）

2．学历证明、培训合格证（原件、复印件）（1份）

3．外语考试成绩合格证（原件、复印件）（1份）

4．设计技术工作总结、论文（原件）（1份）

5．已发表论文著作（原件、复印件）（2份）

6．获奖证明（原件、复印件）（1份）

7．其他有参考价值的材料（2份）

所有材料原件审核后退回。

第四章　取得家装设计从业资格合格证书人员的管理

第十七条　北京市建筑装饰协会受北京市建设委员会委托负责全市家装行业管理工作。北京市建筑装饰协会委托家装委员会负责家装设计人员管理工作。

第十八条　家装设计人员拟申报比自己现有从业资格等级高一级的从业资格，可向北京市建筑装饰协会家装委员会家装设计从业资格评审、考核委员会申请。

第十九条　凡违反本《办法》的有关规定，以不正当手段取得家装设计从业资格合格证书者，北京市建筑装饰协会家装委员会有权收缴其证书。

第二十条　取得家装设计从业资格合格证书的人员，如发生重大问题，所在单位须向北京市建筑装饰协会家装委员会上报，经审查属实，取消资格，收回证书。一年以后视本人表现方能重新申报。

第二十一条　家装设计从业资格评审、考核工作每年进行一次。

第二十二条　本办法由北京市建筑装饰协会家装委员会负责解释。

·技术规范·

关于发布实施《深圳市建筑装饰工程设计文件编制深度的试行规定》的通知

各会员单位：

为规范我市建筑装饰工程设计文件编制工作，完善装饰设计行业管理，进一步推动我市装饰设计水平的提高，深圳市装饰行业协会在装饰设计文件编制暂无国家专项标准，行业急需规范的情况下，组织制订了《深圳市建筑装饰工程设计文件编制深度的试行规定》。经我会常务理事会2001年12月14日会议审议通过，现予发布。

希各会员单位认真组织学习和实施，以切实提高我市装饰设计文件编制水平，促进我市装饰行业的发展进步。

实施中有修改意见，请与我会设计委员会联系。特此通知。

深圳市装饰行业协会

二〇〇一年十二月十七日

深圳市建筑装饰工程设计文件编制深度的试行规定

第一章　总　则

第一条　为加强对建筑装饰工程设计文件编制工作的管理，保证设计文件的质量和完整性，在国家现行有关设计文件深度规定的基础上，结合深圳市装饰行业的实际，制定本规定。

第二条　本规定适用于民用建筑和一般工业建筑工程的装饰装修设计（以下简称装饰工程设计）。

第三条　设计文件的编制除应遵守本规定外，还必须贯彻执行国家有关工程建设的政策和法令，应符合国家及本市现行相关的规范、标准，遵守设计工作程序。

第四条　建设单位另有要求的，宜结合本规定与其要求进行文件编制，但均应符合第三条的规定。

第五条　本规定关于设计说明书和图纸应表达的内容、深度等要求，是考虑一般性建筑装饰工程而编制的。在进行一项具体的装饰工程设计时，通常应根据设计任务书的要求，按照本规定相应内容的深度要求编制设计文件；当工程项目中有本规定未列入的内容时，则应参照本规定的要求，补充和增加相关内容并编入设计文件中。

第六条　设计前应进行调查研究，消化建筑设计图纸（包括建筑、结构、水、电、空调等），搞清与装饰工程设计有关的基本条件，收集必要的设计基础资料，在认真分析相关专业图纸的基础上，对已建成的建筑物应进行实地踏勘。

第七条　本试行规定的解释权在深圳市装饰行业协会。

第二章　设计文件的内容与深度

第八条　建筑装饰工程设计一般分为方案设计和施工图设计两个阶段。比较复杂的大型装饰工程应增加初步设计阶段。

第九条　方案设计应根据方案设计任务书的要求进行，应达到能据以进行施工图设计并满足工程估算的要求。方案设计的具体内容与深度应与甲方商议确定。

第十条　初步设计是在方案设计的基础上加以深化后，整体设计接近实施阶段的设计文件，只需经过局部深化设计，便可达到施工图设计的要求，初步设计的具体内容与深度应与甲方商议确定。

第十一条　施工图设计

（一）施工图设计文件应按已批准的方案设计或初步设计进行编制，内容以图纸为主，应包括：封面、扉页、图纸目录、设计与施工说明、图纸等。

（二）施工图设计文件一般以楼层或功能分区为编排单位。各专业分别编制与装订。小型装饰工程也可将各专业图纸综合编制在一起。

（三）施工图设计文件的深度应满足下列要求：

1. 能据以编制施工图预算及施工招标之用；
2. 能据以安排材料、设备订货和非标准设备的制作；
3. 能据以进行施工和安装；
4. 能据以进行工程预、决算和工程验收。并在工程验收时作为竣工图的基础性文件之用（竣工图一般由施工单位完成）。

第三章　施工图设计

第十二条　装饰工程施工图设计

（一）图纸目录

1. 图纸目录应包括序号、图纸名称、图号、电脑档案号等，当图纸比较多需分册装订时，每个分册均应有全册目录。

2. 如有选用标准图时，应先列新绘制图纸名称，后列标准图名称。

（二）施工图说明

施工图说明应包括的内容如下：

1. 本装饰工程施工图设计的设计依据及现行有关技术

法规。

2. 根据方案设计或初步设计批准文件和设计图纸，说明装饰工程设计的工程概况，其内容一般应包括装饰工程名称、工程地点、建设单位、装饰工程范围、建筑面积、装修等级等。

3. 设计说明（包括需要特别交代的设计说明）

对防火、防潮、防水、消声、抗震防震、防静电、防腐蚀、防尘、防辐射等特殊要求的说明。特别是在消防设计说明中，应包括项目的建筑类别、耐火等级、防火分区的划分，防火门、消火栓的设置、安全疏散标志的设计等需用文字交代的内容。

4. 四新说明

为保证工程质量，施工中需要特别交代的内容，包括对新技术、新材料、新工艺、新设备作必要的说明。

5. 图例说明等。

（三）装修表和材料表

1. 装修表为用表格形式表达房间和各部位地面、天花、墙面、隔断、固定家具、装饰织物及其他装饰用材和需要交代的特殊做法。

2. 材料表应注明主要装饰材料的名称、型号、规格、颜色、燃烧性能等级等。

（四）门窗表

用表格形式表达的门窗分类、型号、尺寸、五金配件数量等。

（五）平面图

1. 大型装饰工程的平面图可能包括平面布置图、墙体定位图、地饰图、家俱布置图、立面索引图、防火分区及防火墙。防火门、消火栓等布置图等。

2. 平面图中应表示的内容

（1）柱网和承重墙、柱的轴线与其编号。柱网轴线编号应与建筑设计图一致。

（2）房间名称要注全，建筑条件图中标注的房间、走道、管井等部位的名称均应保留，相同功能的房间可加注序号如：办公室（一）、办公室（二）、会议室（一）、会议室（二）等……。大型建筑可在比例较小的总体图中用编号标注房间。如 001、005……另编房间名称与编号对照表。

（3）室内外地面标高和各层楼面装修面层（即建筑面层）标高。为方便装修施工，各楼层建筑标高可定为 0.00，写在标高线之上，而将相对于±0.00 的标高写在标高线之下，如 $\frac{0.00}{12.20}$ 中，表示本层楼面建筑面层假定标高为 0.00；本层楼面建筑面层相对于全±0.00 的标高为 12.20，其它装饰造型等的标高，包括天花标高，均为自所在层建筑地面算起的高度，可表示为 7.80　1.10……等。

（4）墙体厚度与材料种类应注明，亦可用图例表示，并标注墙体定位尺寸。

（5）地面材料种类、地面拼花及不同材料分界线应予表示。

（6）卫生洁具、水池、台、柜等固定建筑设备和家具的尺寸、定位以及详图索引。

（7）建筑平面较大时可分区绘制，但需在各分区平面图的一角绘出组合图，并表示分区编号和分区部位处轴线编号。

（8）指北针，可只在首层平面或主要平面图中表示，一般放在图纸的右上角。

（9）有关节点详细或局部放大图的索引。

（10）楼梯上下方向示意。

（11）门的编号及开启方向。

（12）防火分区、消防通道、防火门、防火卷帘、消火栓等防火设施。

（13）地面上的电源插座、通讯插孔、地面灯饰等用电设施。

（14）活动家俱布置及盆景、雕塑、工艺品等的配置。

（六）天花布置图

天花布置图应表示的内容与要求如下：

1. 柱网轴线及其编号应齐全，并与建筑设计图一致。

2. 房间名称应注全。并应标注天花底面相对于本层地面建筑面层的市局。

3. 天花造型尺寸定位及详图索引。

4. 天花灯具（包括火灾或事故照明）、风口、喷淋头、火灾探测器、扬声器、挡烟垂壁以及疏散方向标志牌等。

（七）立面图

1. 立面图包括外立面和室内立面，一般外立面和室内房间或公用空间各方向的立面均应画全。无特殊装修要求者亦可不画立面图，仅在装修表中予以交代。

2. 立面图中应表示的内容

（1）轴线与其编导轴线和外包尺寸。

（2）室内外高差尺寸。

（3）墙柱面装饰造型、花台、栏杆、台阶、线角等的尺寸及其它尺寸定位，节点详图索引等。定位尺寸一般应与轴线发生关系。

（4）门窗标高和高度应分别注明。

（5）墙柱面上的灯饰、电源插座、电源开关、通讯插孔、空调控制器等的定位。

（6）立面装饰材料名称，材料分块尺寸及节点索引。

（7）室内立面应将相应部位的天花剖面一并画出，并标注天花造型部分的尺寸与标高。

（8）固定在墙、柱面上的各种挂画、壁毯等装饰艺术品的尺寸和定位。

（八）剖面图

1. 剖面图包括表示空间关系的大剖面图和表示墙身构造的墙身剖面，以及为表达设计意图所需要的局部剖面。大剖面应剖在室内外空间比较复杂的部位。

2. 剖面图应表达的内容

（1）标高尺寸。

（2）装修材料图例应表示出来。

（3）楼板、梁等结构件的尺寸一般应严格按结构图或实际情况画出。

（九）局部放大图和节点详图

1. 局部放大图和节点详图应表示出轴线位置，相邻部位可用剖断线或虚拟的总断线断开。施工中的关键部位、需要重点表达的部位，均应绘制节点详图。

2．节点详图的索引和详图编号应有可追溯性。

（十）图纸签署与盖章

1．图标中的设计负责人、设计人、制图人、校对人、审核人、审定人签署应完整，（其中设计与制图、设计和设计负责人、审核与审定可以是同一人签署）。

2．每张图纸的签署人不得少于三人，包括设计人、审校人和审定人。

3．有多专业配合内容的主要图纸，应由各有关专业设计人进行会签。

4．每套施工图封面、每张施工图均应盖有设计单位的设计专用章。设计专用章中应有设计单位名称、设计资质等级，设计证书编号。

5．每套施工图的封面，每张施工图均应标注设计出图日期（年、月、日）。

第十三条　室内给水排水工程施工图设计

（一）图纸目录

先列新绘制图纸，后列选用的标准图或重复利用图，图纸目录应包括图纸名称、图号、电脑档案号、张号等。

（二）设计说明

一般应在设计图纸之前有一个设计总说明。设计说明应包括设计依据、设计与施工说明、使用图例等。在设计图纸中有需要特别说明的，可在每张设计图纸中加附注说明。

（三）平面图

绘出底层及标准层主要轴线编号，底层平面标出给排水管道进出口与轴线位置尺寸和标高。

复杂部份如开水间、卫生间、给排水设备及管道较多的地方，绘出局部放大平面图。

当建筑物内用水点较多时，分别绘出各层平面卫生设备、生产工艺用水设备位置（并注明名称或编号）和给排水管道平面布置图。

（四）系统图

按一定比例分别绘出各种管道系统图，图中表明管道走向、坡度、管径、进出口的（起点、末点）标高，各系统编号、各楼层卫生设备和工艺用水设备的连接点位置和标高。

（五）局部设施

当建筑物内有提升，调节或小型局部给排水处理设施时，单独绘出其平面、剖面及详图或注明引用的详图或标准图号。

（六）详图

凡管道附件、设备、仪表及特殊配件需要加工又无标准图可利用时，应绘制详图。

（七）与装饰及其它专业的配合

1.若原有卫生间等用水点排水点在装饰设计中未变动，可接原土建的设计图施工，装饰给排水可不出图。

2．经消防设计的喷淋喷头平面布置须在天花图上作，避开灯具及风口等位置，既考虑装饰美观的要求，又保证符合消防规范的要求。

3．卫生间、厨房、海鲜池、水景、吧台等用水点，装饰给排水设计需作预留给水点及排水点，包括管径、位置、坡度、埋深等。

4．在装饰平面图标明消火栓位置、型号等。

第十四条　室内电气工程施工图设计

（一）图纸目录

先列新绘制图纸，后列选用的标准图或重复利用图。

（二）设计说明

一般应在设计图纸之前有一个设计总说明。设计说明应包括设计依据、设计与施工说明、使用图例等。在设计图纸中有需要特别说明的，可以每张设计图纸中加附注说明。

（三）电力工程施工图设计

1．电力平面图

（1）图纸内容

A．出电力平面图、画出轴线、主要尺寸、工艺设备编号及容量、进出线位置等。

B．配电箱、开关、起动器、线路及接地平面布置；注明编号、配电箱总容量、型号规格、保护管径、安装高度和敷设方法；两种以上电源的配电箱应冠以文字符号区别。

C．不出电力系统图时，必须在平面图上注明自动开关额定电流和熔丝电流。

D．引见标准安装图编号、页次、施工说明。

（2）设计说明

设计说明中应交代电源电压、引入方式、导线选型和敷设方式、设备安装高度、接地或接零等。

（3）设备、材料表。

按整个项目汇总列出设备和主要材料表。

2．电力系统图

用单线图绘制、标出各电气设备及导线型号规格、线路保护管径和敷设方法、用电设备名称等，并标注各部位电气参数。

3．电力自控、连锁及信号装置等原理图

包括控制原理图和设备元件布置图、接线图、外引端子板图，并列出控制设备及元器件的型号规格等。

4．电力安装图

包括设备安装图和非标准件制作图，设备材料明细表。

5．接地平面系统图

包括金属构件，浴室等局部电位接地，弱电设备接地系统及综合布线，防静电接地图。

（四）电气照明工程施工图设计

1．照明平面图

图纸内容包括：

（1）照明配电箱、灯具、开关、插座、照明及插座回路的平面布置。

（2）线路走向，引入线规格，有效功率，电流计量方法。

（3）复杂工程的照明，需要局部平剖面图；多层建筑可绘出标准层照明平面图。

2．设计说明

设计说明中应交代电源电压、引入方式；导线选型和敷设方式；设备安装高度；接地或接零等。

对于较特殊的照明灯具（如发热量较大或重量较大的灯具）应该注明安装注意事项。

3．设备、材料表

按整个项目汇总列出设备和主要材料表。

4．照明系统图

绘制照明配电箱电气系统图，标注照明配电箱型号规格，负荷容量，计算电流。配电箱进出线型号规格及继电保护措施，不需出系统图时，要求同电力部分。

5．照明控制图

包括照明控制原理图和特殊照明装置图。

6．照明安装图

尽量选用标准图，一般不出图。

7．电气与装饰及其他专业的配合

（1）熟悉原设计院的电气施工图，结合装饰平面、天花图尽量利用原设计系统，以节约投资。如原设计不能满足新的装饰设计的要求，注明新增加的内容及其电力需求，协调完成与原设计的接口。

（2）灯具布置既要符合装饰设计要求，又应核算照度是否满足规范。不符合要求的，要及时向装饰设计人员提出修改意见。

第十五条　弱电

（一）图纸目录

先列新绘制图纸，后列选用的标准图或重复利用图。

（二）设计说明

主要内容为：施工时的主要注意事项、施工要求、图例符号、设备安装高度等（简单工程亦可写在有关图纸上）。

（三）弱电系统设计

弱电系统包括有线电视、闭路监控、火灾报警、背景音乐、电脑网络、事故广播、会议系统等。主要设计图纸有：

1．各种设备平面布置图。

2．各种弱电设备系统图及设备间线路连接图。

3．各设备出线端子外部接线图。

4．各建筑物内弱电设备安装大样图、设备平面布置图、布线图等（包括屋面天线安装大样）。

5．各种弱电设备交、直流供电系统图。

6．工作接地、防雷、保护接地平面图和安装大样图等。

7．其它非标准设备电气原理图、控制方式图、安装大样图。

（四）设备、材料表

按整个项目汇总列出设备和主要材料表。

（五）计算书

其内容应包括室内电气工程的全部内容。（不对外）各部分的计算书应作为技术文件归档。

第十六条　空调通风

（一）图纸目录

先列新绘制图纸，后列选用的标准图或重复利用图。

（二）设计说明

主要内容为：设计依据、设计参数、系统总冷热负荷、空调系统形式及施工要求等。气流组织与装饰工程的相关配合如风口定位原则及颜色等。

（三）平面图

平面图，应给出建筑轮廓、主要轴线号及轴线尺寸，与本专业有关的房间名称，有关的工艺设备位置、编号及标高（简单项目、采暖、通风可分绘在一张平面图上）。

1．通风、除尘平面图

以双线绘出管道、异径管、弯头、检查口、测定孔、调节阀门、防火阀、送排风口位置及标高。

2．空调平面图

在天花图上绘制空调管道图，标明空调设备型号、名称、定位尺寸，标明风管管径、风口大小及位置。根据天花造型决定风口形式。既要满足空调要求，又要满足装饰效果。空调要求高的房间，尚须增加标注各房间基准温度和精度要求，可以设计说明中予以说明。

（四）系统图

1．通风空调和除尘管道系统图

（1）当平面图无法表示清楚时绘此图，一般按45度轴测投影图绘制。标注出风口、调节阀、检查口、测量孔、风帽以及各种异形部位的位置。

（2）标注风管管径（或截面尺寸）标高、坡度、坡向、每个送排风口的风量、风帽的型号及标高。除尘系统的零件列表编号，注明规格尺寸。

2．空调冷热媒管道系统图

（1）用单线按45度轴测投影图绘制，用图例表示阀门等部件，注明管径、管道坡度、坡向及有关标高。

（2）用细线绘出加热器、冷却器等有关设备的轮廓、表明设备与管道的联系。

（3）复杂系统须绘制管井接口管道详图，并注明各层主干管标高及管径。

（五）空调系统控制原理图

1．绘出整个空调系统控制点与测点的联系，表明控制方案及控制点参数。

2．绘出空调和控制系统的所有设备轮廓，表示出空气处理过程的走向。

3．用图例表示出仪表及控制元件型号。

（六）制作图

加工制作图应尽量采用标准图，补充的非标准件制作图应按标准图格式绘制。

（七）设备、材料表

按整个项目汇总列出设备和主要材料表。

（八）与装饰及其它专业的配合

1．熟悉原设计的施工图，结合装饰平面、天花图、尽量利用原设计系统，节约投资；如原设计不能满足新的装饰图，注明新增加的内容及其与原设计的接口。

2．给装饰工程提供天花上的风口平面布置图纸。风口的平面布置应与装饰设计师一起进行协调、配合，结合天花造型并与灯具、喷淋头、烟感探头、扬声器等统一考虑，既考虑装饰美观的要求，又保证符合本专业的规范要求，同时在天花平面图上一起表示。

3．空调风管、水管的设计要充分考虑原土建的层高与装饰设计天花的高度，保证管道走向的合理性，并留有适当的维修空间。

建筑装饰施工图设计审校提纲

深圳新科特种装饰工程公司　总工程师　**楚梦兰**
深圳市洪涛装饰工程公司　总工程师　**江崇元**

一、设计方案及施工图是否符合合同要求

1. 设计依据是否齐全。

2. 设计范围是否明确，有无漏项或超范围。

3. 设计方案评审及合同评审的意见是否落实？业主在设计过程中的补充要求或修改意见是否落实。

二、设计图纸是否符合国家现行防火规范的要求

1. 注意防火分区（特别是对于改建和翻修工程），是否符合规范要求。

非高层民用建筑耐火等级、层数、长度和允许最大建筑面积

耐火等级	最多允许层数	防火分区间		备　注
		最大允许长度（m）	每层最大允许建筑面积（m^2）	
一、二级	九层及九层以下的住宅和高层工业厂房等	150	2500	体育馆、剧院等的长度可以放宽托幼用房不应设在四层及四层以上
三级	5层	100	1200	托幼用房不应设在三层及三层以上医院及疗养院不应超过三层
四级	2层	60	600	学校、食堂、菜市场、托儿所、幼儿园、医院等不应超过一层

注：建筑内部有自动灭火设备时，每层最大允许建筑面积可按本表增加一倍。

高层民用建筑每个防火分区允许最大建筑面积

建筑类别	每个防火分区允许最大建筑面积（m^2）
一类建筑	1000
二类建筑	1500
地下室	500

注：建筑内部有自动灭火设备时，每层最大允许建筑面积可按本表增加一倍。

2. 防火卷帘、防火门的设置是否符合规范要求。

3. 消火栓有无遗漏。

4. 防火门是否向疏散方向开启；空调机房、配电室等设备用房的门是否外开。

5. 在高层建筑中，位于两个安全出口之间的房间，当面积不超过60 m^2时，可设一个门，门的净宽不应小于0.9m。位于走道尽端的房间，当面积不超过75 m^2时，可设置一个门，门的净宽不应小于1.4m。如不满足上述条件，是否有第二疏散出口。

6. 在非高层建筑中，一个房间的面积不超过60 m^2，且人数不超过50人时，可设一个门；位于走道尽端的房间内，由最远一点到房门口的直线距离不超过14m，且人数不超过80人时，也可设一个向外开启的门，但门的净宽不应小于1.4m。如不满足上述条件，是否有第二疏散口。

7. 高层民用建筑的安全疏散距离是否符合《高层民用建筑设计防火规范》（GB50045-95）表6.1.5的规定；非高层民用建筑的安全疏散距离是否符合《建筑设计防火规范》（GBJ16-87）表5.3.8的规定。

《建筑设计防火规范》规定的安全疏散距离

名　称	房间至外部出口或封闭楼梯间的最大距离（m）					
	位于两个外部出口或楼梯间之间的房间			位于袋形走道两侧或尽端的房间		
	耐火等级			耐火等级		
	一、二级	三级	四级	一、二级	三级	四级
托儿所幼儿园	25	20	—	20	15	—
医院疗养院	35	30	—	20	15	—
学校	35	30	—	22	20	—
其他民用建筑	40	35	25	22	20	15

《高层民用建筑设计防火规范》规定的安全疏散距离

名称		房间或户门至最近的外部出口和楼梯间的最大距离（m）					
		位于两个外部出口或楼梯间之间的房间			位于袋形走道两侧或尽端的房间		
医院	病房部分	25	20	—	20	15	—
	其他部分	35	30	—	20	15	—
旅馆、展览馆、教学楼		35	30	—	22	20	—
其它		40	35	25	22	20	15

8．疏散通道的设置与宽度是否合乎要求。

（1）办公建筑走道最小净宽

走道长度（m）	走道净宽（m）	
	单面布房	双面布房
≤40	1.30	1.40
>40	1.50	1.80

（2）文化馆内走道最小净宽

部分名称	走道净宽（m）	
	单面布房	双面布房
群众活动部分	1.80	2.10
学习辅导部分	1.50	1.80
专业工作部分	1.20	1.50

（3）高层建筑首层疏散外门和走道的最小净宽

高层建筑	每个外门的净宽	走道净宽（m）	
		单面布房	双面布房
医　院	1.30	1.4	1.50
居住建筑	1.10	1.20	1.30
其　它	1.20	1.30	1.40

9．开向疏散走道及楼梯间的门扇开足时，不应影响走道及楼梯平台的疏散宽度。

10．在一类高层建筑或高度超过 32m 的二类高层建筑中长度超过 20m 的封闭内走道，或虽有直接自然通风，但长度超过 60m 的内走道有没有采取机械排烟措施。

11．防火墙体的选择是否符合防火规范规定的耐火极限。

12．各部位的装修材料是否符合《建筑内部装修设计防火规范》（GB50222-95）的要求；特别注意天花部位，是否有可以使用石膏板等 A 级材料，而使用木夹板的情况。天花上的材料，无特殊原因一律应为 A 级。

三、方便残疾人的设施是否齐全

根据《方便残疾人使用的城市道路和建筑物设计规范》（JGJ50-88）的要求，需要进行无障碍设计的工程，是否进行了无障碍设计。重点检查：

1．残疾人卫生间和坡道的设计是否符合《方便残疾人使用的城市道路和建筑物设计规范》（JGJ50-88）表 3.3.2 的规定。

2．供残疾人使用的门，净宽是否不小于 0.80m。

3．供残疾人使用的公共厕所内，是否留有 1.50m×1.50m 的轮椅回转面积。

4．残疾人客房是否靠近低层部位、安全出入口及公共活动区。

5．残疾人客房在乘轮椅者的床位一侧，是否留有不小于 1.50m×1.50m 的轮椅回转面积。

6．供残疾人使用的客房内的卫生间，当门向外开时，卫生间内的轮椅面积是否不小于 1.20m×0.80m。在大便器及浴盆、淋浴器临近的墙壁上是否安装安全抓杆。

四、建筑室内环境照明和声学环境是否符合有关规范要求

1．室内灯具设置，除考虑装饰艺术效果外，是否满足《民用建筑照明设计标准》（GBJ133-90）对各类建筑照明照度标准值的要求。

类别	部　位		参考平面及高度	照度标准值（lx）		
				低	中	高
办公楼	办公室、报告厅、会议室、接待室		0.75m 水平面	100	150	200
	设计室、绘图室、打字室		实际工作面	200	300	500
	值班室		0.75m 水平面	50	75	100
	门厅		地面	30	50	75
图书馆	一般读者阅览室、研究室		0.75m 水平面	150	200	300
	老年读者阅览室		0.75m 水平面	200	300	500
	陈列室、目录厅、出纳厅、视听室		0.75m 水平面	75	100	150
商店	柜台		台面上	100	150	200
	收款处		收款台面	150	200	300
	一般区域		0.75m 水平面	75	100	150
旅馆	多功能厅、总服务台、餐厅柜台		0.75m 水平面	150	200	300
	门厅、休息厅、邮电		0.75m 水平面	75	100	150
	西餐厅、酒吧间、咖啡厅、舞厅		0.75m 水平面	20	30	50
	烹调、配餐		0.75m 水平面	200	300	
	客房	床头	0.75m 水平面	50	75	100
		写字台	0.75m 水平面	100	150	200
		卫生间	0.75m 水平面	50	75	100
		会客间	0.75m 水平面	30	50	75
公用场所	走廊、厕所		地面	15	20	30
	盥洗间		0.75m 水平面	20	30	50
	电梯前室		地面	30	50	75
	楼梯间、浴室		地面	20	30	50
	吸烟室		0.75m 水平面	30	50	75

2．室内房间与房间之间隔墙的隔声性能，是否符合《民用建筑隔声设计规范》对维护结构的空气声隔声标准的规定。

3．有较高声学要求的房间，是否作了声学设计。

五、与建筑条件图是否一致

1．与建筑结构柱网轴线、剪力墙、承重墙位置以及轴线编号是否一致，客房管道井及加压、排风竖井是否与梁相碰。

2．建筑图中的消火栓在装修图中有无表示；消火栓如要移动位置，是否有说明并在图中表示。

3．与建筑图中的防火分区及防火门的位置是否一致，确实需要作的修改，是否符合防火规范的要求。

4．非轻质隔墙的位置是否在梁上，在楼层改造项目中原有的梁是否承受得了新加的较重的墙体荷载；砖隔断墙的稳定性有没有核算过，砖砌体上门窗过梁作法有无交代。

5．天花高度与结构梁及水、电、空调等管线有无矛盾。

6．洗手间马桶的下水管道，是否躲开结构梁的位置。

7．所有对原有建筑牵涉到结构安全的修改，包括在楼板上增加桑那浴池等较重的设备，是否得到结构工程师的同意或原设计单位的认可。

六、建筑与装饰设计通则方面

1．洗手间厕位、洁具的数量和设置是否符合相关规范的规定，在大会议室、报告厅、观众厅等处集中使用的洗手间内，应安排较多的厕位和洗手盆。洗手盆的数量一般不少于厕位总数的三分之一，男厕所内的小便斗数量一般不少于大便器的数量。设置蹲厕的洗手间，应考虑一定数量的马桶。小厕间的标准宽度为 0.90m，深度为 1.20m（门外开时）或 1.40m（门内开时）；小便斗和洗手盆的标准间距为 0.70m。

2．照明的照度计算和灯具选型是否合理，防爆、防潮等特殊要求的房间是否做了特殊考虑。

3．室内外踏步的设置是否合理：室内设置踏步时，最好不小于两步。踏步的高度和宽度一般应符合下列公式：2A+B=600，式中 A 为踏步高，B 为踏步宽。室内较舒服的踏步一般 A=150，B=300，室外踏步宽度宜大于 300。

4．可供残疾人使用的坡道的坡度，应符合规范规定（坡道长度不大于 2.8m 时，坡度不能大于 1/8；坡道长度不大于 6m 时；坡度不能大于 1/10，坡道长度不大于 9m 时，坡度不能大于 1/12）。

5．走道地面有高差时，当高差不足两级踏步时，不得设置台阶，应设坡道。

6．防护栏杆（阳台、外廊、室内回廊，内天井、室外楼梯临空处等地方）是否符合下列规定：

（1）栏杆高度不应小于 1.05m，高层建筑、中高层住宅不应小于 1.10m。

（2）栏杆离地面 0.10m 高度内不应留空，以防杂物坠落伤人。

7．幼儿园只能布置在三层以下，阳台、屋顶平台栏杆高度不应小于 1.20m，栏杆分格尺寸要考虑小孩安全。竖杆净距不应大于 0.11m。

七、专业配合方面

1．与建筑条件图不一致的卫生间、浴室、厨房、吧台等用水点有没有作上下水设计。

2．大空间的吊顶，有无设置过渡钢结构。

3．大型吊灯的固定系统，有无进行结构设计。

4．独立的石材门套，有无进行钢骨架结构设计。

5．装饰设计立面图中的壁灯、开关、插座等用电位置处，有无电器布线设计。

6．立面图中在软包的位置上，有无配电箱、空调温度控制器、开关、插座、天线及电话插孔等设备。

7．设计人员在收到各专业互提条件图后，先进行自我消化，有矛盾时及早解决，各专业图纸应安排一次专业之间的核对和确认。

8．底层隔墙基础墙身防潮问题，在统一工程说明中有无交待。

9．经常开启的防火卷帘两侧，是否都设有电动或手动控制开关。

八、图面质量和设计深度方面

1．图标签署是否齐全。

2．图纸目录中的图名与图标中的图名是否一致。

3．总尺寸与分尺寸是否相符。

4．图纸比例是否合适。

5．图纸的主方向定的是否合适。

6．数字与汉字的大小及线条的粗细是否合适。

7．平面图中建筑标高有无标注。

8．平面图或立面图、局部放大的平面图中，轴线与轴号有无表示。

9．图例索引是否正确，详图有无可追溯性。

10．装饰设计立面图四个面是否交圈。

11．装饰材料的使用和搭配是否得当。

12．平面图（包括天花图）中有没有标注房间、部位、以及各种管道井的名称。

13．图纸的相互照应方面：

（1）局部放大图与小样图是否相符。

（2）门窗编号与门窗表是否相符。

（3）平面分段表示时，各段图纸交接处是否相符。

九、有关环保、安全及贯彻“四新”方面

1．有无采用已经淘汰了的材料、设备和施工工艺（如石材铺贴的湿做法施工）。

2．有无采用对环境有污染和对人体有害的装饰材料（如 107 胶）是否还在用。

3．应该使用安全玻璃的地方和部位是否采用了安全玻璃。

必须使用建筑安全玻璃的部位有：

（1）7 层以上（含 7 层）建筑物的外向窗，包括装有玻璃的阳台门。

（2）单块大于 $1m^2$ 的窗玻璃和落地窗，包括装有玻璃的阳台门。

（3）裙楼围蔽、内墙围蔽、朝向内庭的窗、内庭栏板、楼梯、阳台、平台、走廊的栏板。

（4）采光篷、雨篷、出入口通道上盖、天花。

（5）公共场合的室内玻璃隔断、玻璃门。

（6）建筑物和构筑物的玻璃制标牌。

十、装饰装修构造及防水、防潮方面

1．新增隔断的墙体材料是否有交代。

2．建筑变形缝处的地面、墙面、天花是否都有构造详图或引用标准图。

3．室内贴石材不能贴在木基层上。

4．卫生间、浴室、厨房等多水房间的防水、防潮作法是否有交代。木质门框（包括木制贴脸）的下部易受潮、发霉部位的防潮措施有无交代。

5．多水房间、窗下墙、外墙内侧、开敞的阳台等有可能淋到雨水的内墙和天花部位的防水、防潮措施是否有交代。

6．首层地面当无地下室时，对基层进行防水、防潮处理措施有无交代。

7．建筑变形缝（包括地面、墙面、天花）的装修处理有无交代。

·行业发展·

幸运的深圳设计师

——记深圳市2002年建筑装饰设计作品展暨设计沙龙

《中国建筑装饰》编辑部　观察员

一、装饰设计作品展会

2002年7月25日，由深圳市建设局和深圳市装饰行业协会共同主办、两年一度第二届的深圳建筑装饰行业设计师的盛会——深圳市2002年建筑装饰设计作品展在深圳大剧院召开，80多家企业、100多位有成就的设计师展示了300多幅公装和家装的设计新作，除家装外，大多部分公装作品产自深圳以外之地，就其水平而言，与其说是代表了深圳，不如说反映了全国。展会十分热闹，到处是用数码录像、拍照、记录的。

出席开幕式并剪彩的有深圳市建设局副局长梁小群、建筑管理处处长孙晓明，中国建筑装饰协会常务理事、深圳市装饰行业协会会长何文祥，副会长、中国建筑装饰协会常务理事：深圳市长城家具装饰工程有限公司董事长兼总经理张朝煊、深圳市洪涛装饰工程公司总经理刘年新、深圳市广田装饰设计工程有限公司董事长叶远西，深圳市晶宫设计装饰工程公司顾问陈炜，享受国务院津贴专家、深圳市大学建筑系教授吴家骅，早年毕业于中央工艺美术学院建筑装饰设计专业、深圳市城建工程设计公司副总工程师、一级注册建筑师丁培道，清华工美建筑装饰工程有限公司总设计师、高级建筑师马怡西，深圳市职业技术学院设计艺术学部副主任刘伟平副教授，还有深圳市装饰行业协会副秘书长韩雪梅、会刊《深圳装饰》主编兼设计委员会主任王惠、培训部主任兼幕墙委员会主任王岚，深圳市建筑装饰（集团）有限公司总工程师兼设计院院长、2001年度深圳市十大杰出青年姜峰等位。

开幕式由深圳市装饰行业协会秘书长冯桂兰主持。何文祥会长、梁小群副局长分别致辞。由何文祥、陈炜、吴家骅、丁培道、马怡西、刘伟平等组成的评委会，在现场进行了认真的评审，评出了令业内均比较信服的一、二、三等奖及优秀奖。

此展为深圳市装饰行业协会受市人事局委托、8月开始评审的室内设计师中级职称奠定了良好的基础，政府授权评定职称，开中国室内设计之先河，深得建筑装饰行业之人心。

二、装饰设计沙龙

2002年7月26日，作为“深圳市2002年建筑装饰设计作品展”配套活动的“设计沙龙”在市建设局办公楼举行。主题为：对当今设计业问题评论并介绍部分参展设计作品。会期只半天，内容十分丰富，承载了大量高质量的信息，具有全行业的引导性。何文祥、韩雪梅及150多位有见解的设计师出席。沙龙由王惠主持。

马怡西高级建筑师根据自己主持人大会堂重庆厅、安徽厅、118厅等重大装饰工程的设计实践，演讲的题目是“设计的多样性与个人风格的形成”。他认为，中国的室内设计经过一二十年的发展，现在到了进入成熟的时期。设计不应有、也不可能有什么流行趋势，否则此业还是不成熟，室内设计与服装设计不一样。简约主义带来了大量的模仿，现到了没落的时候了。早期美术一个潮流跟着一个潮流，现在没有了，成熟了。入世对室内设计的影响不太大，原因是设计里面有文化，我们需要的是对法律等专业知识的补课。

现在很难形成个人的设计风格，因为设计没有延续性、市场没有成熟。如今的设计风格是由业主和建筑空间的功能所定。大量的教训是，我们因风格定位不准而丧失了大量的中标机会，如本人认为最好、最大教训的人大会堂山西厅——虽满足了自己的设计愿望过了一把瘾，但只三小时后即被业主否定。他指出，个人的设计风格有机会就要去探求，不中不西，不土不洋，站在业主的立场上，培养市场，广交有钱的朋友。风格的形成不是变戏法，而需脚踏实地。

丁培道高级建筑师作为深圳老一代室内设计师的代表性人物和评审委员会负责人，点评了此展的设计作品。他讲了三方面的问题：一是此展出现了一批具有“新现代主义”的优秀作品。由于我们的一些设计尚处于学习阶段，就难免跟风。二是此展中酒店多注重了地域性、环保、历史，但还有一批仍停留在“后现代主义”，虽不能说气数已尽，也已不被看好。感觉是太花了，语言符号太多了，这方面在深圳太厉害了。三是家装多种风格都有，但空间表现自然——十分地道的却不多，尚停留在附加物太多的阶段，应提倡“轻装修，重装饰”，设计师要大力提高自身修养。

姜峰高级建筑师作为深圳年轻一代室内设计师的代表性人物，演讲的题目是“深圳室内设计的发展与展望”。他认为深圳室内设计的发展经过三个时期：一是20世纪80年代，特点是香港设计师为主，本地的为辅；二是90年代，本地的设计师活跃起来，模仿能力很强；三是90年代后，原创作品增多。

深圳室内设计的成绩有四：一是求新求变，这与深圳是个新兴的移民城市有关；二是注重文化，创造精品，从商业性向文化性过渡，内地重点装饰工程多由深圳设计师完成；三是强调服务，重视过程，注重企业形象，不再单纯追求个人，而是作品本身；四是加强协作，重视市场，以主人翁的意识投入市场。

不足有四：一是后备力量，因深圳缺乏文化根基，缺少高校，市场狭小，与北京、上海等城市无法相比；二是后期教育、理论水平不高；三是设计与施工处理不妥，要利用市场的力量分中有合、合中有分，坚持设计理念，学习施工技术；四是明显进步的不多，施工质量有很大的进步，与国外相差无几，但比较起施工，设计进步没有那么大，优秀装饰工程多为外国设计师主笔，深圳在全国的绝对优势已不复存在，北京、上海进步很快，如不创新，深圳将无法保持在全国的领先地位。

今后的创新方向有四：一是强调学术气氛，提高理论水平，高水平的"走出去请进来"，与国外高手合作，一定要走出去；二是转变观念、思维模式、传统理念；三是建立沟通平台，培养外语语言环境，培养一批精设计、懂管理、会外语的复合型人才，他们将是外国"打猎"的首选；四是熟悉国际惯例，包括法律规则、制图标准等。

姜峰的不同凡响之处还在于他向大家介绍了他不久前去阿拉伯迪拜考察了一周的"七星级酒店"的照片，这座位于阿不扎比海上中庭高182m的地标性建筑的装饰，充分体现了地域性与国际性的良好结合，水平非常高，引起全场极大兴趣。

深圳市洪涛装饰工程公司设计部经理**杨邦胜**介绍了送展的五件作品，特别是新落成的四星级深圳圣庭苑宾馆、改造的西安唐城宾馆、新建的只有7间客房的天津开发区休闲酒店。他语惊四座的语言是：深圳的设计师很幸运，因为全国大多数优秀的职业项目经理集中在深圳，使我们有很多的创新机会。他还强调，深圳现存很大的危机，北京等内地有不少高才生现不愿到深圳来，我们应特别加强设计展、沙龙这类交流。

深圳古艺现代艺术发展有限公司设计总监**马家骏**简介了深圳市设计装饰工程公司的深圳欢乐谷二期装饰工程。学建筑搞室内颇具艺术家气质的他强调，一个好的设计作品需要一个团队，包括美术、环艺、灯光、雕塑、作家等不同专业的优秀人员的相聚，以此赢得设计的快感。

深圳市建筑装饰（集团）有限公司设计院的李维设、深圳市文业装饰设计工程有限公司副总经理兼总工程师王红等位分别介绍了各自的深圳地铁站装饰工程设计方案。深圳倪阳设计有限公司、深圳市汉顿建筑装饰工程有限公司总经理、建筑学博士倪阳介绍了他新近收集的国外室内设计作品，使人大开眼界。

三、深圳装饰行业协会干了三件大好事

受深圳市装饰行业协会之邀，7月24日在深圳进行国标《住宅装饰装修工程施工规范》讲学的中国建筑装饰协会会刊主编《中国建筑装饰》兼信息部主任黄白也参加了开幕式，参观了展览和沙龙活动，拜访了深圳市装饰行业协会领导和中国建筑装饰协会副会长、深圳市建筑装饰（集团）有限公司董事长兼总经理汪家玉。他收获颇大，感慨良多。参加深圳建筑装饰设计作品展暨设计沙龙，是一种高品位的享受。

深圳市装饰行业协会近为行业做了三件大好事：一是在全国率先创建了行业工资协商制度；二是受政府委托评审中级设计师职称；三是举办装饰设计展和沙龙活动。这是深圳装饰行业必然仍将领先于全行业的标志性事件。深圳的装饰行业不仅是企业运作水平高，而且是行业协会工作水平也高。其中得益于一位好的带头人——深圳市装饰行业协会会长何文祥，他热爱企业，热爱行业，热爱协会，办事公道，五湖四海，求真务实，开拓创新，在协会内部和广大企业中享有很高的威望，是全国装饰行业协会工作者学习的典范。

设计沙龙活动质量很高，如同设计展一样是一种对精品的享受。业内具有影响的设计师对多样化与流行的关系进行了探讨与思考。从对深圳装饰室内设计的反思找到了其中的比较优势。深圳的装饰行业是幸运的，因为有来自全国大量优秀项目经理的资源。深圳的设计师感到迷惘，这正是清醒的人的感觉。深圳的同业同仁深有危机之感，这正是创新的动机和动力。可以想像，WTO的到来，将使深圳率先涌现大师级的人物由理想变为现实。

参加"深圳市2002年建筑装饰设计作品展暨设计沙龙"活动的当地业内知名人士或活跃分子还有：深圳市南利装饰工程公司总经理张玮文、总经理助理李新光、设计师乔辉、洪宇、温斌、项目经理陈康保，深圳市洪涛装饰工程公司总江崇元，深圳市黎源建筑设计装饰工程公司总经理傅引德、工程部部长郭和银、办公室主任邓贵珍，深圳市文业装饰设计工程有限公司总经理陈耀福，深圳市建艺实业股份有限公司总经理兼建艺装饰设计工程有限公司总经理苏有玉、副总经理王莜芬、总工程师朱宣，深圳市广田装饰设计工程有限公司经营部经理周清，深圳瑞和装饰工程有限公司设计二部经理周海滨，深圳市华南装饰设计工程有限公司董事长叶强、总经理杜小露、设计部经理刘烈，深圳市深建华辉装饰工程有限公司总经理庄志伟、副总经理何东斌、设计师刘戈盛、颜政、邓志琼，深圳粤航装饰设计工程公司总经理助理柳明、工程师甄经怡，深圳市晶宫设计装饰工程公司总经理沈俊强、副总经理臧晓坚、办公室主任王晓兰，深圳市嘉信装饰设计工程有限公司董事长周福新、总经理李坚，深圳倪阳设计有限公司、深圳市汉顿建筑装饰工程有限公司总工程师明光华，深圳市广宁实业有限公司营销总监沈建平，深圳市居众家庭装饰有限公司董事长谢威，深圳市南铝幕墙材料有限公司总经理白宝鲲，深圳康利石材有限公司副总经理熊文俊，东莞市红锋装饰材料有限公司总经理毛秉洪，以及《现代装饰》编辑万艳萍，《深圳商报》经济新闻部主任记者陈朗，深圳市信息化办公室葛钧陶等有关方面人士。

我们深深地感到：在全国建筑装饰行业，深圳的设计师是多么的幸运。他们总是乐观、自信、豁达、高兴——心态好。恰有2002年第7期《深圳航空》载有一幅书法作品——吕坤的《呻吟语》——心态——为证：

心术以光明笃实为第一。容貌以正大老成为第一。
言语以简重真切为第一。

勇敢迎接新世纪的挑战

中国建筑装饰协会常务理事　江苏省建筑装饰设计研究院院长兼总工程师　一级注册建筑师　李　宁

前　言

世纪之交，中国的室内设计正在发生着可喜的变化。

回顾自20世纪80年代至今，中国的室内设计从早期依附于施工队伍而逐步发展为一个相对独立且蓬勃发展的专业学科；涉及范围从最初仅为星级酒店室内装饰而遍及各类空间以及千家万户的家庭装饰；专业作品由早期抄袭模仿“港澳风”“欧陆情”而逐步趋向理性分析，不乏追求创新、表现个性的佳作；专业队伍从最初依附于施工企业的“枪手”而逐步形成有一定专业理论基础、注重工程实绩的相对独立的设计群体。作为“上帝”的业主，其组成和心态也发生着很大的变化，由早期资金相对雄厚而文化层次不一定很高的业主，变化为多层次组成，特别是一些有一定文化水准、带来境外先进环境理念的业主的加入。业主也从单纯彰显财富到追求表现一定文化内涵，心态亦从浮躁趋于平和。

种种可喜变化的最直接因素是源于中国持续的改革开放政策，带来了全新的信息和理念，促进了全社会装饰文化的提高。

世纪之交，中国室内设计正面临着严峻的挑战。

中国国民经济的持续发展，申奥成功及城市大规模的更新改造，带来了更大的市场，随着WTO进入，国际市场的介入，带来了全新的市场概念，应充分认识境外设计队伍的逐步涌入对中国室内设计的挑战。他们有成熟的国际市场经营理念，有国际性联动的业主关系，有规划与建筑设计等多学科合作配合的实践基础，他们有在世界范围内对审美情趣、材料、技术信息的最新感悟，无一不是对刚刚起步的，既分散又稚嫩的中国室内设计师的严峻考验。

回顾我们伴同社会发展的中国室内设计师多年来的探求前进历程，明确目标，勇敢迎接新世纪的挑战。

一、深入研究以人为本的设计准则

1. 以人为本的使用功能的注重

室内设计始终要将满足使用功能要求放在首位。改革开放以来，中国人民的生活模式发生了很大变变化，进入新世纪且随着经济的发展和社会进步，人们的价值观念以至行为模式将会发生更大变化，室内设计工作者本着承担着“组织生活”的职责，我们要关注新世纪人们生活模式的变化，组织引导更为科学、合理的新生活模式。

进入新的世纪，室内设计在满足业主提出使用功能要求时，要研究对人群全方位的关爱，特别是对弱势群体的关爱。有人曾提出在中国公共场所看到残疾人较国外为少，是否是中国残疾人占人群比例特别低?研究结论是主要因为公共环境中考虑残疾人的特殊使用设施还不够普遍，这不得不引起我们环境设计者高度重视；大家都认同日本坐便器多功能座盖调节冷热水，多方向冲洗，音乐伴音等考虑设计周到，而近日笔者在日本公共女厕中看到不仅有专供婴儿换尿片的躺台，还有在紧挨着坐便器的设有保护带的婴儿坐凳，不得不赞叹对单身携婴女士这样的弱势群体各方位需求的细微至极的关怀。

2. 以人为本的精神功能的追求

改革开放以来，中国人民物质生活水平以举世瞩目的速度大幅度提高，近20多年来，人们对“物质”给予了较多的关注。公众的追求从单纯的“物质世界”上升为“物质与精神世界并重”是社会的进步，步入小康社会的中国人从室内装饰中获得视觉上美的享受之外，更希望从中进一步获得深层次对人们情感上的关爱。

人原于自然，归于自然。崇尚自然是人类的固有属性。步入21世纪的中国人，对过去室内装饰的过度“做作”已厌烦，对到处五光十色的装饰材料的充塞，对过度表现财富的浮躁心态也已逐步摈弃，而更加崇尚自然、朴实的风格，逐步以趋向平和的心态，还室内装饰在环境设计中应有的位置。

全球经济一体化的趋势，使得全球物质、文化共享，这一变化趋势促成了人们对民族特征、地域文化以及自有生活历程的怀念，近年来“老照片”、“老房子”等等文化现象的出现，反映出当今人们的恋旧情结，我们也常常在一些别致的茶馆和小餐馆中，看到墙上挂贴着一些特意作成泛黄的照片，或在一角放置一把古旧的椅子，让小小的空间充溢一种怀旧的情绪和略显沧桑的历史感。以上种种外在的手法表现无不传达了人们内心深处对逝去年华和生活环境的追忆和怀念。

3. 以人为本的文化内涵和提炼

在经济持续发展中，保持文化的延续性和多元化是全人类的共同愿望，室内装饰本身就是一种文化，在室内设计现代文化创造中，如何融入民族的传统文化神韵，保持地方文化特色，是我们中国室内设计师面临的一大挑战。在这方面近年来进入中国市场的境外设计师表现了更多的热情和关注。

中国有着五千年文明史的沉淀，有极丰厚的文化底蕴。中国曾经历的特殊历史时代，使中国文化发展出现过断层，一定时期里的较大范围人群中表现了文化的缺乏。21世纪的今天，人们更加企盼着文化的回归，有着亲身经历和感悟的中国室内设计师对于重新挖掘中国文化的深入性和本元性，有着义不容辞的历史责任。这里有对中国本土文化的提炼，而不是重复；有对外来文化高层次的吸收，而不是滥收。这也需中国室内设计师通过工程去探索去实践。

4. 以人为本的个性追求和创新意识

人的求新、求变、求异是人类的本性反映，装饰文化有别于其他类别的文化现象，是它更多地体现个性追求和创新意识，人类进入21世纪，对多元文化给予了更大的宽容度，在提倡装饰文化的多元性的同时，中国室内设计界更需鼓励创新，批评抄袭性的重复，张扬个性，避免雷同。

二、积极参与生态建筑环境的创造

人类遇到了前所未有速度最快的地球温暖化及生存环境迅速恶化现实，促使人类深刻认识到应认真改变我们人类这一物种与地球关系的时候了，生态价值观越来越规范着人们的社会行为：保持自然环境，维护生态平衡，注重经济发展与自然资源的协调发展，实现人类社会的可持续性发展。

维持良好的生态系统和环境质量是城市更新改造的重要原则，人们把生态学的观点延伸到城市整体环境的各个领域，其中包括室内设计。室内设计是创造生态环境，实现人类可持续性发展的一个重要组成部分。

首先应提倡室内设计的绿色设计原则。21世纪将开始生态产业革命的步履，建立循环资源系统和利用再生资源。室内、外环境设计中要注意人为生态环境设计，改善小环境气候，充分利用自然光、太阳能和自然通风，节约能源，加强天然 保护和利用，开发环保型装饰材料。室内装饰中封闭采光窗，大面积占用使用面积进行所谓人工造景，实不可取。而在综合性大型室内环境中配合环境氛围的营造，引入阳光、水景以及天然植物绿化，既满足人们亲向自然的情感需求，又可以适当改善小环境气候。

另一方面应积极提倡人为环境与自然环境的协调和配合，提倡地球、城市、环境、建筑以至室内的融合与共性。21世纪要求我们室内设计师将不再只是孤立地研究室内空间的六个面和仅仅关心某些细部处理，某一局部陈设，而是要求我们室内设计师有更为博大的胸怀、更为宽广的视角、更为深邃的眼光以及更为厚实的基础知识，去关注整个城市环境，并在此基础上做好室内设计工作，做一名21世纪合格的室内设计师。因为室内空间的再创造是整个城市生态环境创造的继续和延伸。

近日笔者结合工程考察了上海“新天地广场”项目，这个在上海市中心地段进行的三万平方米的旧城改造项目引起业内、外人士的普遍关注。新天地广场位于紧邻中共一大会址的原法租界的石库门里弄建筑区，项目开发目的为建设新的商业、餐饮、娱乐空间。改造中建设者和设计师们延续了旧城原有的人们认知的空间形态，发掘了上海极富地域特色的石库门里弄建筑文化，在组织新的商业活动空间及重新进行室内装饰时，都兼承了统一的设计概念和整体规划思路，采用了新老建筑对话，中西方建筑文化结合手法，激发旧建筑环境新的社会活力，更难得可贵的是在上海市中心寸土寸金的地段，在新天地广场一侧，大面积改造为绿岛中心湖泊，既维护了城市环境生态，又提升了环境整体质量。城市更新是目前全世界城市发展中都普遍关注的问题，人们都在探索既能传承城市、民族和国家的历史、文化，又能满足经济发展、社会进步的更新的方式和方法，“新天地广场”项目为此作出探索和实践，据知该项目的开发者及提出概念设计和整体规划思路的主要设计者均为境外人士，这不得不进一步引起我们的思索和奋进。

三、不断追求全新的时代气息

建筑装饰是一个永远年轻、富有朝气的行业，它最能反映全新的时代信息，最能体现不断发展变化着的现代审美情趣，最密切地跟动着时代的脉搏。21世纪新结构会产生全新的空间形态，新技术会产生意想不到的技术美感，新材料的层出不穷更是室内设计取之不尽的设计语汇。另外信息时代的到来，会改变全人类新世纪的生活模式，从而给室内环境产生前所未有的前景，还有智能化技术在建筑中应用与实施，会全方位地提高室内环境的整体品质，要求我们室内设计更为广泛深入地了解这些新信息和新技术，能够与它们有机地紧密配合，共同参加环境品质的再创造。

让我们室内设计师在新世纪里永远作一名“研究生”，不断实践不断探索，以敏锐的感觉，随时感悟直接体现时代的脉搏，以适应新世纪不断前进、发展的需要。

迷失的中国本土设计师——格式塔小组谈话录

清华工美环境艺术设计所　总设计师　**马怡西**

格式塔小组并不是一个严格的组织，而仅仅是几位敏感而又乐观的设计师的联合体。

他们不同于“完全意义”上的艺术家——就是说，他们通常不会（应该是永远不会吧？）蓬头垢面地出现，也不会吞云吐雾地控诉民众的麻木不仁，他们还不会怀有某种类似于“艺术救国”的宏大理论，他们一直以来似乎都在谨小慎微和潇洒自由间摇摆，试图找到自己的道路——不是艺术的道路，而是生存的道路。同时，由于专业和工作背景使然，他们也绝不是一颗颗的、普通意义上的螺丝钉，他们有自己的意愿，会自我选择“去处”及“如何去”。

在一些“经院派”人士的眼中，他们多少带有“实用主义”的色彩。他们似乎没有确定的、值得终生追随的艺术目标；如果说有的话，也只是审时度势地选择适宜的“艺术原则”，并进行适宜的组合，再包装面世罢了。

但是，他们成功了！

他们一步步地在业内确立了自己的地位，扩大了影响——而最让人无法释怀的是，这一切都来得那么不经意。连他们自己都对自己的知名度感到匪夷所思，不明白为什么会有莫名其妙的人上前来握手。

在夏初的一个清爽的早晨——事实上，这对在座的所有人来说，都不是一种美好的经历：因为做这一行的，很少有人不是夜猫子，但这是一个适于谈话的时间，我和他们进行了一次长谈。

尽管许多事先准备的问题，被搅得七零八落——在这一点上，他们倒真像所谓的“艺术家”——但我仍然有颇多收获，并希望将此经历，与诸位同享——并不如满汉全席之包罗万象，而只是夏夜的一小块冰点，精致、美味也别有风情。

或许，这也是他们所追求的。

聂影（以下简称聂）：几位，早上好！关于你们的作品，已经有诸多的媒体都报道过了，今天我不想陷入具体的设计细节中。我更感兴趣的是，你们是如何工作和思考的，以及这些年来在业内浮沉的一些感想和体会。不知道能不能透露一些？

马怡西（以下简称马）：哎呀，随便问嘛 ！没有什么可保密的！

聂：那么我可以问一些比较尖锐的问题喽？

马：那当然！

聂：那好，就从时下比较热门的话题开始吧！WTO 的加入，2008 年奥运会申办的成功，无疑为中国社会的进一步发展，创造了良好的契机。目前我也在内外听到两种声音：第一是，一些朋友说，为什么有这么好的发展前景，可目前的就业市场这么不景气呢？第二是，国外设计公司进入中国市场后，他们的设计费肯定会比中国本土的设计师高，那么我们仍会有一定的生存空间。这两种说法，虽然并不完全对立，但显然表现出两种心态和现实。不知道您几位对此有何看法。

马：我觉得，从长远讲，这个特殊的时代背景，绝对会是中国的建筑业大发展的时期，但认为国外的设计公司费用一定高，甚至还想借此机会，提高国内设计师的设计费，就大错特错喽！

聂：哦？现在有很多设计师都在抱怨，设计质量上不去的原因，是因为时间紧、任务重，而且设计费用偏低。如果在费用上能有所提高，应该会有一些大的改观。

马：何以见得？

聂：（笑）能解释一下吗？

马：我说，那种人其实是在“走穴”。如果现在做一个“活”，可以拿 100 块，以后做一个“活”，可以拿 200 块，他绝对不会慢下脚步，考虑如何将设计深入下去，而会更加匆忙地去考虑如何省工省时，挣更多的钱。现在设计师的心态和出租车司机是一样的，一个活没完，又在忙第二个，那可就真正成为一种恶性循环了！其实设计师的创作状态是需要寂寞的，需要一些闲暇时间，在无聊的时候才会出闪光的东西。

聂：嗯，很有道理，如果是我，也会这么做的。（笑）

马：前几天，我有一个朋友打电话给我，告诉我一件特别“恐怖”的事情。一个县级市举办了一次国际招标，其实其中只有一家外国公司，所以冠名为“国际”，当然还有七八家国内单位，不可思议的是，七八家国内单位最后却败在了这家“国际”公司手下，更让人惊奇的是，他的设计费只收国内标准的三分之二，交图时间一个月。

聂：怎么可能？

马：其实他把他们在意大利已经完成的建筑全套图纸带来，还附有建成的照片，在以后的工作中，最多只是基础部分稍做修改；而且还是一个百分之百的“洋货”，所以他当然中标了！

聂：的确是个“物美价廉”的好设计。

马：对嘛！现在的全套内外设计施工图一步到位，只需修改地基部分，省工省时。建设方选中的是一个“双赢”的产品；既然投标文件要求此建筑设计要现代、要有时代感、要有前瞻性，就干脆来个一步到位，这是谁都会作出的明智选择。

聂：的确，如果我是这家乡镇企业的老总，我也会选择这家公司。不仅因为这是一件百分之百的“洋货”，更因为这是一件已完成的作品，他的结构、材料和施工等技术方面的可行度要大得多。而且，他们的施工图可以做到相当细致的程度，细致到大多数的国内单位无法达到的程度。

但是，这里面似乎隐藏着一种危机，如果我们自己的设计师再多遇到几次这样的情况，那种抱怨设计任务重，设计费太低的情绪，恐怕就会转变成一种情绪壁垒，更加内向了。

马：对呀！所以，我的那个朋友就大为感慨，说，谁说国外设计师进入中国会比我们成本高？他们绝对会试图以我们难以想像的低价杀入市场，所以我们的前景绝对没有那么乐观！

聂：这件事听来的确是毛骨悚然。但是，您认为我们应该以何种方式应对呢？

马：我认为，最重要的就是要取消资质等级制度！

聂：能深入谈谈吗？

马：好，你看，任何一家设计单位，如果设计师的名誉和经济没有和资质直接挂钩的话，就不会有人对“资质”负责，这种资质其实限制的只能是设计师群体的发展，而且越来越成为孳生“豆腐渣”工程的温床，而这种掩耳盗铃的行为已成为行业内公开的秘密。

没有人需要为资质或设计院的荣誉担保和负责，也无法组建起任何有效的防御体系，连具有这种思想和意图都会被嘲笑为“愚不可及”。许多设计师像是生长在一只烂苹果上的苍蝇，他们舍不得离开这个熟悉和依然有利可图的环境，当然有时还会带回成群结队的食客；从唯利是图这一点上，我们倒“市场化”得绝对彻底，而“市场化”得以存在和发展的另一支柱——规则化——便乏人问津了，毕竟，那是政府的事情！

聂：这种资质等级制度应该说是计划经济下的产物。的确在市场经济中，显得有些力不从心。但这似乎仍然是目前国内建筑和室内设计市场的主流，恐怕很难在较短的时间内清楚。

马：对，这才是更深层的问题。这种政府的建筑设计院，在充当运动员的同时，还做裁判，甚至制订规则，这更加大了行业竞争的不合理性。而真正受损失的是投资商，是国家，毕竟其中仍有大批的国家建设项目；连带受到波及的还有整个建筑及相关产业；也加深了业外人士对本行业的误解。

聂：对不起，我冒昧地问一句，您对资质等级的这种“深恶痛绝”，会不会与现在您所处的地位，并能享受资质制度的“好处”所切身感受到的？

马：正因为我们难以享受这种“好处”，所以我们才能更清楚地看到这种设计市场上的不公平性！而这种不公平性，绝对会扼杀中国设计师身上的创造力，这是与设计活动的本质背道而驰的。设计行业大量“挂靠”、“买图签”现象，正是这种不正当竞争的产物。

近二十年中国设计界，似乎一直交替回荡着两个主旋律：天才的设计师们却在市场经济领域中像个白痴；主流的设计单位与“在野”的设计公司之间的乱仗。在这种主旋律中，中国设计行业成为一门严重脱离中国现实状况的“屠龙术”，建设者和设计师都是“见物不见人”，严重缺乏人文关怀，没有共同利益驱动，只有各自利益，缺乏共同的文化价值观。

聂：这也是与设计的本质背道而驰的。

马：是这样！大锅饭式的计划经济体系，不仅不适应当今中国的经济和设计业的发展，更可怕的是，还给一些淘金者在市场经济条件下提供了千载难逢的机会：大批的垃圾产品成为他们骗取金钱的最佳手段，所谓的“机会面前人人平等”，成为不负责任的托词。名誉、诚信、饭碗、金钱完全脱节。设计院和设计公司的老板们恐怕多半的精力都不得不放在手下小厮们的烂摊子上，讨价还价，打理不清。国有无形资产大量流失，大量毁灭。

聂：那么如您所谈到的，资质等级制度对于当今国内的设计界有如此重大的伤害，已经到了非改不可的地步了。而那些占有主导地位的设计单位又仍然在享受着计划经济遗留下来的某种制度的“好处”，那么这种改变的突破口在哪里呢？

马：我想，只有两个方向，第一是政府部门下决心，既是为了从长远考虑，保护中国的设计行业，真正提高国内设计的文化品质；也是为了减少国有资产的流失。第二就是设计师自身的调整。

聂：对于第一点，很好理解；关于第二点，您认为设计师的主要缺陷在哪里？又如何调整呢？

马：我思考这个问题的起因，是由于我发现，大多数的中国设计师在市场经济条件下，显得无所适从。在这些人的教育和文化背景中，几乎没有经济（尤其是市场经济）的意识，所以在市场竞争中，经常会表现出一种无知和低能。

聂：比如呢？

马：比如，许多设计师在意识到：无论是投标，还是组织设计和施工，无一不是经济活动之时，便陷于一种恐慌之中，进而出现类似中国彩电业内的情况，以为大力杀价才是取胜法宝。殊不知这种做法的结果，是使得业主对建筑师更加不信任，甚至在业界内也互相猜度，使得设计师们将自己的生存空间人为缩小。在这一点上，还不如中国唐代的手工业者。

聂：提到这一点，不知道您有没有就中国的设计师，或者说是古代的工匠，进行过研究？您认为他们对今天的设计师和设计界又有何影响呢？

马：关于中国古代的工匠们，我多少有些了解。这源于我在进行一些具有文化和乡土气息的设计时，需要了解这些文化的历史。

聂：比如重庆厅和安徽厅？

马：是的。我觉得目前我们对民族文化、乡土文化等等，理解太肤浅了！……唉，我好像跑题儿了？！

聂：没关系，您继续。

马：好，待会儿你再把我拉回来！

聂：（笑）没问题。关于民族文化……

马：我觉得前几年弄的那些大屋顶，然后又有所谓的“西洋仿古”，现在又是各种具有乡土气息的装修类型等等，其实是对文化的不理解导致的。

聂：我也有同感。我们似乎一直沉迷于一种典型的风格和式样……

马：就像是每到一个旅游点儿，一定要在有景点名字的牌楼和石头前留影一样。……

聂：（笑）从这层意义上说，当今国内的设计倒是体现了经济和文化的现状！

马：但是，设计师在设计中的作用，就完全被抹煞啦！毫无历史感和文化感。只是像个白痴那样，对现实状况进行“写实主义”的描摹，那么我们的创造性和前瞻性应该在哪里体现呢？

聂：所以，您认为的文化性、地域性和民族性等等设计，应该采用一种什么样的方式呢？毕竟，完全抛开我们的文化不谈，也不现实。

马：我认为，我们对文化的“定型性”的东西太多了，恰恰说明我们对文化的理解太过肤浅了！

聂：哪些是“定型性”的东西呢？

马：比如，一提到中国文化，就是紫禁城，就是长城。当然，紫禁城和长城是历史遗留下来的精品，但绝不能代表中国文化的方方面面。

聂：甚至他们还并不完全代表了中国文化中的方方面面。

马：对呀，紫禁城是中国封建社会衰退期的作品，而长城则更是体现了"防御"而非"进攻"的概念。作为历史文物，它们都无疑是当时历史和文化背景的极佳体现，但在上升期的当今中国社会中，一再重复这样的和类似的形象语言，到底是对历史的尊重，还是污蔑，值得探讨。

聂：我明白了，您认为我们自己对自己的文化并没有深刻的理解，所以也难以做出真正具有民族文化品质的作品。

马：所以，只有有文化的设计师才能做出有文化的设计，这是必然的！

聂：那么，您认为您自己和您这个小组，具有这种文化特质吗？

马：（笑）我们在努力！

聂：好，我们来谈个具体的问题：在您的设计工作中，您和您的合作伙伴是采用哪种方式呢？毕竟，观点和概念必须通过具体的形式语言来体现。如果您抛弃了那些具有典型性的形式，又如何体现某种特殊的文化呢？

马：设计工作中有诸多细节值得仔细考虑，所以这种所谓的"特殊的文化"应该体现在设计语言的方方面面。但简单地说，就是要用一些"看起来像"而又绝对不典型的语言和方式来体现这些特定的文化。

聂：我还得问，比如呢？

马：比如，在进行重庆厅的设计时，我们并没有再到实地去考察学习，由于大多数的设计师都是重庆人，但已经离开那里多年了，所以我们仅仅将记忆中的重庆，用设计的语言表达出来。同时，我们充分考虑了大会堂的功能性。所以在平面布局中，完全没有着意去体现重庆的那种崎岖山路。但在墙面上以粗大的大理石柱来隐喻那种传统的在岩石上"攀爬"的栏杆式的竹楼。……

聂：很有意思，但看上去却有一种古埃及多柱厅的雄伟和苍凉。在艺术趣味上却有极大的差异。

马：你说得很对，可人民大会堂绝对需要的是那种雄伟和苍凉，而不是真正的竹楼般轻盈和密集。

聂：在重庆厅的设计中，这种"似是而非"的设计很多吧！

马：是的，还有像槽灯的设计灵感来源于"堡坎"的滴水，那些壁画、浮雕等也是体现了重庆的地方特色。

聂：所以，现在的结果是，整个空间的感觉并不像我们经常看到的那些所谓"地域文化"中的"逼人"的感觉，而显得非常从容和开阔。

马：对，我很喜欢你用的这个词——逼人。这也是我们在设计中一直避免的气氛。要知道中国文化是极为宽容和宽厚的，而过多的典型形式的堆砌，其实只能显现出设计者自身对文化和个人能力的不自信。而且由于繁复的、条理不清的典型符号的应用，导致的这种"逼人"的气势，才是与中国固有文化相悖的！

聂：这种观念是您一直以来就有的吗？

马：应该说是逐渐成熟的。开始只是对目前的手段和方式不太满意，试图找到一种不同于以往的办法，在进行重庆厅的设计时，初步进行了尝试。当然，尽管有些细节，现在看来还可以再斟酌和修正，但整体看来，艺术和社会效果都还是不错的。

聂：能不能这样说，您的设计为国内的文化类设计提供了一种有效的新语言？

马：我们本来并无此意，而只是就事论事地进行设计。但从现在的结果看，如果能提供一种像你说的什么"新语言"，我们当然很高兴。

聂：那么，再回到刚才的题目，您对中国本土的设计师的看法是怎样的呢？

马：……

聂：具体说，您认为目前设计师在设计思想、手法和市场意识上的欠缺——如果这种欠缺较普遍的话——是由什么造成的呢？

马：原因很复杂，也难以三言两语说清。但我认为主要是由于一种"人格分裂"导致的！

聂：一种群体意识上的"人格分裂"吗？

马：应该说是群体意识上的。

聂：请具体说明一下。

马：总体说来，中国的设计师的精神和文化来源有几个：

第一，直接创造了中国传统建筑的工匠。当然，他们的职责和社会角色都不是具有现代意义的"设计师"。第二，是中国古代的"文人"，这又有秦汉时期的"士人"和唐宋以后的"士大夫"等等之分。第三，受西方知识分子传统影响颇深的西方近现代设计师及其先祖。还有一种更为隐蔽的来源，就是具有国学背景，又兼有"西学"影响的近现代学者和设计师，他们一手创立了中国的现代设计教育体系，也正是他们才将以上三点结合了起来。

聂：没有具体解释，仅就您以上所谈的几点，对中国设计师的渊源就很负责了。那么，我们一项一项地来分析好吗？

马：可以。

聂：那就先谈谈工匠的问题吧。这看来像是一个有趣的悖论。几乎所有的教材上都强调了中国古代工匠，劳动人民的聪明才智，也对他们为中国文化所作出的贡献给予了肯定，但几乎没有几个设计师会说自己是中国古代工匠的后人。是这样吗？

马：看来如此。

聂：您认为是什么原因呢？

马：我认为直接原因是，学校中的教材不是任何一位工匠编写的，也没有几位授课教师是工匠出身，尤其是设计课的教师。所以学生们很难将自己和古代的工匠联系起来。深层的原因，很可能还因为一些设计师羞于承认这个事实：即我们在继承前人文化遗产的同时，也继承了那些工匠的衣钵。而这些工匠在当时的社会中，甚至在历史中的地位都微乎其微，这与我们认定的设计师在社会中的“崇高威望”是那么格格不入。

聂：您是想说，设计师们非常势利，为了抬高自己，就想为自己寻到一个好出身，而工匠们在当时的时代中，是属于社会底层的，出身绝对不高贵，所以一直以来，我们一直在有意无意地淡化这一点。对吗？

马：你说得太直接喽！但不排除这种可能。

聂：于是设计师们继续寻找能与之相匹配的出身了吗？

马：是的，而且很轻易地就找到了，那就是……

聂：文人！

马：对。现代的设计师们通常会首先将自己看成是“文化人”，而几乎所有中国的文化人都是古代文人的子孙，当然设计师也就不例外啦！

聂：（笑）这种出身的确体面多了。但您认为这是虚假的吗？

马：也不能这么说，其实整个当代的中国文化都有古代文人的影子，设计师也不能例外。但关键是，我们的来源决不仅这一处，为什么我们单单只强调这一点，却值得商榷。甚至，具体到中国历史的不同时代，文人的生存状况也是不尽相同，甚至截然相反的。而我们是哪朝哪代的哪种文人的子孙呢？或者说，我们愿意作谁的子孙呢？这是个大问题。

聂：的确有点“大”，那么您怎么看呢？

马：说来有趣，中国古人所崇尚的“士”的精神，与现代西方人所刻画的“知识分子”的基本性格极为相似。孔子所最先揭示的“士志于道”便已规定了“士”是基本价值的维护者；这种带有原始教义色彩的训导，对后世的“士”发生了深远的影响，而且愈是在“天下无道”的时代也愈显出它的力量。社会学家曼罕认为，近代的自由知识分子不属于任何固定的经济阶级，知识和思想则成为他们的惟一的凭藉，因此他们才能坚持自己的“思想上的信念”。这个说法又与孟子的“无恒产而有恒心者，唯士为能”相暗合。

聂：那么，我们又比西方人“先知先觉”了吗？

马：不能这么说。因为中国文化精神的指向，主要是在成就道德而不在成就知识。因此，中国人读书，不是为了知识；知识也不是衡量中国知识分子的尺度。所以，中国知识分子，缺乏“为知识而知识”的传统，也缺乏对客观知识负责的习惯。坦率地说，这恐怕是当今中国设计师在一团乱麻中自我放纵并心安理得的根源。

聂：就是说，我们起了个大早，赶了个晚集。

马：有点类似。但悲剧并没有结束。

聂：您该说科举制度了吧！

马：的确，在这样的“士人”理论下，隋唐以后的封建科举制度更是火上浇油。唐肃宗时已有人指出：当今选取人才的方式是只重小趣味，而非志向的远大，这就像以蚯蚓等小虫作为海钓的垂饵，而妄图捕到吞舟之大鱼；认为“食垂饵者皆小鱼，就科目者皆小道”。故而，所以有文人评到：“清流遂随唐社而俱尽”。

在这样的文化背景下，即使在当代的教育中，我们仍然被强迫认为：自己的祖先是那些具有傲骨和胆略的“清流”，文化的源头在于“诸子百家”。而我们也渐渐习惯了这样的思维模式：我们的祖先是伟大的，于是我们的文化就必然是完美的，我们自己更是不可战胜的。而丝毫意识不到，我们对光辉时代的缅怀，和对杰出人物的迷恋，到底是单纯因为他们的美好，还是更折射出自身群体性格的缺欠呢？

聂：我们的确善于以光辉的一面来掩盖自身的缺欠。遗憾的是，这倒似乎是我们文化的一部分，而且是很传统的一部分。

马：所以，我们不能再麻木不仁，而应该有所警醒。

聂：那么，再问您一个更深入的问题，您认为中国古代建筑的艺术品质如何呢？如果他们都是工匠们的作品，而这些工匠中，又有许多可能还不识字，这是不是意味着我们的古建筑在艺术品质上也有折扣呢？

马：这个问题，我不能妄加评论，毕竟我不是古建专家，也不是建筑评论家。但是，我认为这可能也是我们不愿正视“匠人才是今天的设计师的直接祖先”这一事实的原因。因为，没有人愿意得出一个让大家都不愿接受的结论。

聂：但是，一些晚期的中国建筑中“福、禄、寿、喜”等愿望的形式体现是不是能说是“匠人”习气的体现呢？

马：不同时代和地域的“匠人”完全可能有不同的社会角色和含义，欧洲的知识分子也源于“工匠”嘛！他们也都有各自的生存难题，所以，我们不应对他们中的任何一种人有所贬损。而且，即使是你提到的那些工匠，要知道，他们毕竟不需要先创作一组建筑，再写一篇拉拉杂杂的文章来分析解说或教人如何欣赏。我觉得，这一点倒很“真”，以本来面目示人，更需要才能和勇气。

聂：您刚才提到的，关于中国设计师的一个“隐蔽的来源”，能理解为教育制度吗？

马：基本可以这么看。尽管我们时常把中国文化的盛期推至“诸子百家”时的春秋战国，我们也通过匠人之作来认识中国的历史和建筑，尽管这些匠人们并不是我们的关注焦点；但必须看到，真正开始了现代中国建筑教育的先驱们，却不是单纯由这两个体系所产生的。他们通常是有深厚的国学功底，又在专业理论和教育思想上直接得益于欧洲、甚至是受欧洲影响而本地化了的美国和日本的“产品”的影响。他们不仅创建了中国人自己的建筑学研究领域；而且客观地说，也正是他们，才使得中国建筑师的“多重人格”得以形成。

聂：这种话，会不会有些伤人？

马：在这里，我毫不质疑这些学界泰斗们的动机和作法，恰恰相反，我认为他们是时代的精英，他们有中国“士人”的济世之心，也有早期西方知识分子的斗志和勇气。但我不得不指出这样的事实：任何杂交品种，在子一代时往往发育良好、枝繁叶茂，但此后却常常会出现“返祖现象”。

聂：您是想说，他们的愿望很好，但结果并未成功？

马：至少并不完全成功。植物的这种属性，似乎也预示着文化领域中的相应态势。

聂：在社会的剧烈动荡面前，学界精英们的追求和努力的确不堪一击。

马：所以中国近现代的设计教育一直在“准科举制度”与强化条块分割的计划经济中步履蹒跚。

聂：而这种不停的摇摆，是否也是您最初所谈的资质等级制度产生的原因呢？

马：现在已经很难讲到底谁是因，谁是果了。只是要注意，一旦在教育的指导思想上产生了偏差的话，其不良后果是很难纠正的。而且，教育成果所显现的周期是如此之长，使得我们往往在发现其流弊之初，便已经遗害无穷了。

聂：所以说，“补药”用不好，其毒更甚于“毒药”。

马：正是这样。

聂：今天我们谈到了不良的市场竞争，也提到了“鬼子来了”，我们该怎么办，还讲到设计教育的种种弊端，甚至您还给中国本土的设计师的出身“画”了一个谱系。最后，我只问一个问题，您认为我们还有希望吗？

马：哎哟，没有这么严重吧！希望肯定是有的，毕竟我们的民族起起落落这么多年，现在又呈现出强大的生命力，为什么我们的设计界做不到呢？关键是如何去做的问题。

聂：那么，您的作品都可以说是对这个问题的回答吗？

马：我们一直在努力！

聂：今天的谈话很愉快，谢谢！

马：谢谢，再见！

设计师的自白

马怡西

设计师注定将成为这个世界最微不足道琐事的敏锐观察者，他将从事物的全部偏狭、琐碎的局部处境中看待这个世界。他在这局部的处境里面游来游去，却发现这个局部是如此的纷繁，如此的丰富，又是如此的难以把握。设计师只好把这些细节送入意识的粉碎机，进行无差别的粉碎，找到思维的出发点，然后沾沾自喜地上路。碰见无数的陌生面孔，频频点头，寻找认可。设计师突然觉得自己的伟大之处竟在于对这些生活细节的拥有和执行。在众多细节缀拥下的设计师，将它们无限度地打碎再进行组合。直到生活细节出现新的面孔，再把这些经过筛选而非加工的细节重新排列组合，一一放大，以至后来把这些重新强烈起来的事物与自然进行同步交流，取得相同的质、得到常人的认同。一桩伟大事物的尘埃就这样落定到大众趣味中去，完成了一个平静的在多数时间里毫无反响的循环。

旁观者

清华工美环境艺术设计所第一设计室　副主任　**张庆华**

从铭记、引用大师格言的学生时代，到几年的社会实践，以一种旁观者的轻松心态，去做设计，用心去体会感悟。天赋、勤奋、机遇三种简单事物在时间催化剂的作用下，不再是简单相加，而发生了化学反应般的变化，演变为一种成熟和自信，提前完成设计的初期蜕变，给一个有志于设计的青年好的基础，为自己做一个命题，为人生做一个全新的设计，成为我感兴趣的事情。

设计需用心去体会，没有专业眼光的制约，没有过多的兴趣与爱好，去进行、去完成，再进行、再完成，用“真诚”做筛，滤去众多的世俗、虚无的繁杂，形成鲜明个性的选择集，追求色彩、质感、线型所编织出的完美。

设计需用心去做，严谨、朴实地耕作，用天赋灵气来养育，注入精气、注入能量让它自由自在地去呼吸、去行走、去飞翔，放射出无限活力与生机。

真诚、天赋、努力、进取、用实践、言语来让人们领会我们的意思，用一颗朴实的心，去从文化、传统、语言中感知，去完成岁月的磨炼，去生活，去完成人生的设计。

无　题

清华工美环境艺术设计所第一设计室　副主任　**许　捷**

室内设计作为一种艺术活动，而这种活动与人的距离更接近，影响着人们的行为方式甚至生活方式。她也同其他艺术活动一样，通过功能的组织，造型的处理，材料的运用等表达手段，来表达设计师所要传达给使用者的空间意境。这些表达手段是为其空间意境而存在的。悦目只是一种低层次的追求，传情才是艺术存在的意义。之所以有大师作品，是他们能够运用最纯粹的语言，表达其所要表达的精神主旨，摒弃那些可有可无甚至“画蛇添足”的东西，使各个部分组成一个不可分割的完美整体。

表现手法可以丰富多彩，而追求的精神也多种多样，因此产生了不同的艺术流派。任何艺术流派都有其所要表达的精神主旨，表达这种精神应是我们作为一名设计师通过长期的设计实践，不断否定自己，不断求索的境界。

“经济设计”——中国室内设计之路

大连轻工业学院艺术设计学院院长　教　授　任文东

从某种意义上说，室内设计是一个国家国力的强弱与国民审美水准高低的综合体现。而就当今中国的综合国力与国民的基本审美素质来看，中国室内设计应该且必行“经济设计”（“经济”为形容词）之路，而非西方特别是美国等发达国家的“高消费型设计”之路。

1．“经济设计”符合中国国情

中国是一个有着14亿人口的大国，由于历史的、社会的、以及经济的诸多原因，我们迄今仍是一个经济相对落后的发展中国家，我们没有理由，更没有财力，从某种角度上说也没有必要去倡导“奢华型”的设计，从而误导消费者的消费心理，造成消费偏差，而应该在我们所能承受的财力的基础上“量力而行”。所以经济型的设计符合中国的国情，从某种特定意义上说应为中国室内设计的出发点。

2．“经济设计”符合室内设计的本质

室内设计的本质应为：通过合理的设计，为人们提供舒适的、愉悦的空间环境，所我们的设计不能一味追求玄耀型的消费与设计。我们允许特定场合的“豪华”设计的存在，但不应为主导设计，更不应该一味追求“好看”而忘记或者远离基本的实用功能，真正的设计应该是“合理地花钱”，而非将造价与效果作为正比。实践证明：一个优秀的设计并非必须使用昂贵的高级材料。

3．环保的观念要求“经济设计”

作为发展中国家，我们切不能以牺牲环境过度开发使用资源来换取暂时的经济繁荣，而更应该以可持续发展的角度，合理地使用资源，以便使有限的资源得到长期持久的利用。在室内设计领域，以“绿色设计”作为选用材料时的第一观念，具体地如：主动、更多使用可回收、可降解的建筑装饰材料，通过设计合理的施工工艺形成无污染的施工过程等等。

4．“经济设计”要求最合理地使用材料

（1）对天然材料的控制使用

石材、木材等天然材料是现今广泛使用的装饰材料。而恰恰因为“天然”，所以此类材料多为绿色环保之无污染材料，但是我们切不可忽视这样一个原则：即：天然材料的资源如石矿、森林等，由于其形成周期极长，需要的条件亦非常特殊，故而此类资源对人类说来是极其有限的，所以我们对宝贵的自然资源的使用，应采取控制使用的原则，极其小心地限制使用，试想如果几十年后人类用尽了最后一片漂亮的大理石片后，我们室内设计师将会是怎样的痛心！

（2）大力倡导环保型复合材料

我们应倡导使用符合环保要求的、绿色无污染的复合型装饰材料，来进一步替代对天然材料的过度使用，复合型材料或者是纯人造的制品，或者是以最少量的天然材料作为使用表面的面料，从而使人们在使用此种材料时的触觉与视觉与天然材料无差，这样既符合环保要求，又满足人们对天然材料质感的使用渴求。

（3）最大限度地使用本地（国）材料

首先，我们中国国内有非常优秀品质的装饰材料，我们没有必要必用“泊来品”。其次，作为设计师应极大发掘本地区的优秀材料，这样做既方便使用，大大地减小损耗，又降低了成本。同时，对于专业的设计师说来，充分利用本土材料有利于保持设计的地区风格，从而进一步重新认识所谓“低档材料”的设计价值。现今，特别是对于经济相对滞后的我国，尽量使用本地材料对设计师说来，十分重要。

（4）恰当的使用“昂贵”建材

当然，我们说“经济设计”并非一味地限制甚至拒绝高档材料的使用，在那些高消费类别性质的项目及普通项目中的某些重要部位，适当地使用（甚至是大量地使用）高级材料亦是十分必要的。所以我们应把握整体的设计原则恰当地使用特定的材料，运用如局部的搭配等手法，真正做到对材料使用的合理性把握。

5．“经济设计”需要更高的设计能力与水准

优秀的设计需要高品质的材料，但昂贵材料的大量使用并不一定会产生最佳的设计效果，“豪华”的设计往往“堆砌感”较强，常常传达不出设计自身的本质，而使用简单的材料因为具有设计上的“限定性”所以对设计师说来，更加具有挑战性。而著名设计大师密斯·凡·德罗（Mies·Vander·Rohe）的定论“Less is more”更要求我们在设计中运用“减法”来营造合理的空间与环境。

6．“经济设计”需要正确的施工行为得以体现

（1）精细的施工品质

精心的设计需要精细的施工质量的保障，“经济设计”的实现更加需要精准的施工，因为只有这样才能把受到价格等因素限制的材料运用得好，才能把合理的设计充分予以体现。

（2）简化的施工工艺

随着社会的发展与经济的增长，劳动力的价值将逐步得以体现与提升，人工费在项目造价中的比例将不断增大，所以简化、合理的施工工艺（如现场组配式的施工方式等）将在一定程度上节省项目的开支，从而更好地实现“经济设计”的目的。

7．“经济设计”有利于设计更新

由于因为“经济设计”强调的是以较低的工程造价，实现高水准的设计理念，所以“经济设计”使得人们有机会、有能力实践“更新”频率的提高，这样做既有能力上的前提，又符合室内设计需时常翻新的行业特性，从而可积极促进室内设计业的发展。

图 1

图 3

图 2

图 4

8．笔者的努力

笔者在近年的教研与设计实践中注重在此“经济设计”观念下的实践努力。下举 4 例。

图 1，为大连自然博物馆设计，主要墙面采用黏土薄片砖进行装饰，价廉而且自然感强烈。

在富源商务酒店（四星级）的设计中，运用天然文化石做主材镶装立面，灯光照射后的光影效果使整个区域空间倍显丰富之变化。**（图 2）**

图 3，咖啡厅强调的是情调与趣味，片状文化石铺设的地面造价低易维护，且无比环保，墙面的设计亦与总体风格协调。

在大连凯莱大酒店多功能厅的设计中，利用剩余的走廊地毯作为地面的主拼花，既“废物利用”，又感觉独特，应为一举两得。**（图 4）**

作为专业的室内设计工作者，如果我们每个人都认同并主动遵循“经济设计”的设计原则，都凭以强烈的合理设计的责任心去执笔每一个项目，那我们将会对社会做出更多“额外的”贡献，不是吗？

我国健康空间装饰设计的现状与发展趋势

中国建筑装饰协会 **田万良 王本明**

人类历来把居住环境好坏看成是一件最大的事情，在中国结束长期动荡之后，开始普遍重视居住、生活、工作空间的数量与质量，经过一个历史阶段的发展，在量的目标基本实现后，就越来越注重质的要求，因此，在建筑装饰装修领域不断有新的社会需求产生，从而引发建筑装饰行业新的概念，新的思想以及新的设计思路与手段的产生与发展，这是社会经济发展和文明进步的反映，其中对健康空间的日益强烈的追求，就是我国经济步入小康水平，人们开始追求更高居住环境质量的一个集中的反映。

一、什么是健康空间

任何客观物质条件，都会直接或间接的对人类自身造成影响，会对人类的肌体，精神形成有益或有害的作用，随着人类对自然界的认识程度不断的提升，现在已经发展到“以人为本”处理世间一切事物的阶段，要最大限度的、最持久的去满足人们物质与精神的需求，反映在人们对居住环境的要求，就是要有一个健康的空间，即能够促进人类不断发展与完善，有利于人类身心健康的空间。

一个健康空间应该满足以下4个方面的基本特征。

第一是要有利于人的全面发展，其空间尺度、容积能够满足人类生活、学习、工作的要求，能够满足各项使用功能得以实现的要求，环境的容量，设施的配置，色彩的表现等等，都要有利于人的身心健康、生活舒适，有人提出以人为本，功能为先是有道理的，一个健康的空间首先应是一个体量充足、流程科学、合理，环境舒适、能够充分挖掘人的潜能，使人在文化、艺术、道德等方面的修养不断提高与完善的空间。

第二是最大限度的利用自然资源的空间，包括光、热、水、空气等一切自然资源都能被充分、合理利用，也就是我们现在常说的是节能的空间，这是降低建筑物整体成本最基本途径，建筑物的初始建造成本只占总成本的1/50，而使用成本却占98%，充分利用自然资源能够有效的控制与降低使用成本，减少人类对大自然的索取，这是人类进步的重要体现，只有空间能够合理的利用自然界的资源，尽可能多的使有限的资源能够循环使用，就能降低资源的消耗，提高自然资源的利用效果，将有利于实现人类的可持续发展目标。

第三是与自然环境具有极强亲和力的空间，这包括空间使用的材料不会对人类赖以生存的自然环境造成破坏，不会对自然界进行掠夺式的开采、开发，特别是对不可再生的资源，必须要科学、合理的开发和得到充分、准确的利用，以保持生态平衡。同时对材料使用后的废弃，也不会对自然界造成破坏，要在空间环境的装饰装修中使用可降解的，可再造、再生的材料，以保持生态平衡和自然环境的质量，这将对人类的长远生存与健康产生巨大的、持久的影响。

第四是要安全无污染的空间，这里包括的主要是空间的环境质量，即空气中的有害物质含量、辐射、粉尘等有害物质及噪音、波动、振动等的数量及等级，这主要是为了保证人的身体健康，防止有毒、有害物质造成对人类肌体及器官的直接损害，以提高人类的寿命。也就是我们常说的绿色，环保的空间环境，这是健康空间的最低标准，是在当今社会发展条件下最起码的要求。

以上四点是个人对健康空间的一个粗浅的认识，在这里可以引用英国关于此问题的界定标准，其标准包括使用太阳能电池板、水的循环使用、三层玻璃窗及隔离、使用无污染涂料4个方面，如果满足以上四个条件，可以在建房税等多方面给予优惠，也从一个方面阐明了健康空间的含义，当然，各国的国情不同，自然条件，经济与文化的发展水平不同，其健康空间的标准是有区别的，但环保、安全、舒适与节能是构成健康空间的基本要素是统一的。

二、健康空间装饰设计的现状

健康空间装饰是在人们基本解决了温饱问题后的一种新的追求，是建筑装饰行业发展到一定阶段时的产物，同时也是人类不断认识自然、认识自我的结果，因此，健康空间装饰是一个不断发展的过程，是一个在认识上、实践中不断完善的过程，经过建筑装饰行业近20年的高速发展，我国在健康空间装饰设计无论是在理论上还是在实践上都取得了一定的成果。

第一是在法规、标准方面取得了长足的进步，应该说，在很长的一段历史阶段，我国建筑装饰行业在法制建设方面相对滞后，自90年代中后期开始，加快了立法的步伐，到目前为止，我们已经有了一批能够保证实现健康空间装饰设计的规范标准，比如在实现健康装饰工程使用空间的材料方面，我们已经制定了10类主要装饰材料有害物质的限量规范，对材料实施了较为严格的市场准入标准，在设计方面，我们制定了住宅设计规范，老年人住宅设计规范，建筑物内部装修防火设计规范，建筑节能设计规范等一批保证健康空间装饰得以实现的设计标准，在健康空间装饰施工保证的方面，我们制定了民用建筑工程室内环境污染控制规范、住宅装饰装修工程施工规范等标准，可以说在健康空间装饰设计立法方面已经填补了大量空白，做出了开创性的工作，取得了阶段性成果，表明从社会、政府层面上对健康空间装饰设计的关注与参与。

第二是从市场状态上看，我们虽然取得了很大的进步，但市场总体状态存在很多问题，距发达国家的先进水平还有很大差距。应该看到，在人们普遍的企盼呼吁下，健康空间需求已经成为引导市场的主要杠杆，但我们仍然可以看到大量的楼盘中存在着大进深房间的采光不足和不见光的黑屋，也有高层过密、日照间距不足等现象。在装饰装修设计方面，不仅有不合理的流程设计和追求不必要的豪华等现象，也有在选材方面使用有毒有害材料，以次充好和欺骗行为，在设计中，没有充分体现以人为本的宗旨，没有充分尊重人的权利和尊严，使工程存在着损害人们身心健康，不利于人们使用、发展的空间，特别是对弱势群体的关爱不够。在装修设计中，普遍存在不核算使用成本，不考虑节能增效，对于中国这样一个资源相对贫乏的国家，存在大量的奢华及浪费。

第三是从社会氛围上分析，我国的社会心态对推动健康空间装饰设计的发展也有很大障碍，大众的知识水平和审美理念普遍较低，再加上普遍存的虚荣心和攀比心态，使大众很难以正常的心态去面对装饰装修，特别是存在着的生态意识差、环保观念片面等因素，使行业内存在着一个很奇怪的现象，一方面人们渴望拥有健康的空间，另一方面又想表现出富足和豪华，再加上我国大众存有极强的参与意识，对空间设计的参与程度很深，外观要求很高，但受经济条件的限制，往往不能以优秀的设计师和优质的材料实现。从行业从业者队伍上看，特别是设计人员，很难说服业主按照相关的标准与规范要求进行设计、施工，设计人员在工程中的地位低下，得不到应有的重视和利用，往往会把装饰工程搞得一塌糊涂，很难达到健康空间的目标。

第四是从社会效果上看，我国建筑装饰工程作品的环保健康水平是十分低下的，即使在执行国家相关的强制性材料标准，实行材料市场准入制后，仍有可能出现环境质量不达标的工程，这主要是因为：（1）我国仅对 10 类主要材料进行了限定，但装修工程使用的材料的种类要比 10 种多得多，存在无限量规范的材料。（2）造成环境质量不合格除装饰材料外，其他的污染源也会对室内空间造成污染。（3）单位空间内使用材料的数量过多，也会影响空间环境质量。（4）我国产品存在批次间的差异，送检产品合格而工程使用的却是不合格材料等多种原因。行业整体对环保健康认识不足，社会监管不配套，其社会效果就不可能明显，因此，必须看到我们要达到健康空间装饰设计任重而道远。

三、健康空间装饰设计的未来发展

在中国加入 WTO 后，我国经济已经同国际经济完全接轨，在建筑装饰设计领域也必然要国际化，在全球范围内重视环保、人权等发展趋势的推动下，我国建筑装饰行业也将发生重大变化，健康空间装饰设计会得到加强，预测会有以下几个方面的发展。

第一是相关的立法会更为配套，执法会更为严格。

在人们对健康空间的要求不断提高，政府建设行政主管部门及技术监督部门给予了高度重视，按照江泽民主席三个代表重要思想的要求，必定会加强在环保方面的立法工作，把建筑装饰行业的环保、安全、节能方面的法规、标准健全起来，目前已经制定的清洁生产法等，就是在法制建设方面逐步完善的重要例证。在抓紧立法的同时，要狠抓法规、标准的执行，进一步整顿建筑装饰材料市场，建筑装饰工程市场。

在这方面有三个重要内容，第一是加强市场准入的制度、法规建设和执法力度，封堵有损健康的材料流入市场的途径，第二是加大工程准入的法规、标准建设和执法力度，保证工程的环保质量水平，惩处使用不达标企业及项目，第三是加大工程整体健康水平的监督、管理力度，保证装饰工程达到国家的健康标准。当前我国大、中城市，特别是在向国际性大都市发展的北京、上海、深圳、大连等城市，除国家法规外，还会有大量的地方性法规出台，以形成完整的法规体系作为保障。

第二是从业者队伍，特别是设计人员的素质会更为提高。

在人们健康空间装饰设计知识水平日益提高的基础上，对建筑装饰设计队伍的环保、节能、安全的要求会越来越高，这就会促使设计师队伍不断提高环境保护方面的知识水平和运用能力，更能够准确的掌握相关的法规、标准，能够更科学、合理的使用各种装饰材料，能够更经济、合理的进行空间装饰的设计，特别是在未来工程招、投标中，健康空间装饰设计将是一个很大的卖点，将成为企业生存与发展的重要条件，这些都在提高设计师地位的同时，要求设计师提高自觉性，要有紧迫感。从业者对健康空间装饰水平提高主要表现为以下几个方面，首先是对各种材料的特性、功能、环保水平有较系统的了解和掌握；其次是对空间的处理能力，特别是功能的实现有手段和方法有准确的掌握和运用，能够体现“以人为本”的设计思想；再次是在细部的构思，材料的使用上能够有体现出其使用价值和艺术价值；最后就是在整体设计上更为简洁、自然。

第三是在空间处理上会更为简洁化、自然化、更为重视功能的实现。

建筑装饰设计从内容上看是对空间环境的设计，但是其基础是对各种材料的准确把握和设计，随着人类科学技术的发展，特别是大量新型可再生材料的发明和使用，使人们对空间环境的要求发生了极大的变化，玻璃、金属建材等大量使用，使空间环境更为简洁、安全，也符合人们对健康空间的要求，这也会成为设计师主要使用的材料，特别是在人们注重与自然的交流与沟通，强调室内、室外空间交融的条件下，将会成为空间设计的主要材料。在室内装饰设计上，更多的是以简洁的手法，以单调、单纯的色彩，以流畅、自然的线条，以安全、环保的材料，去追求简洁、自然的美感，一个健康的空间，不仅有物质条件下的健康，同时应该是情调高雅，品位上乘的空间，不仅要能实现其物质消费的需求，同时也要满足人们精神文明的需要，因此，摈弃浮躁和奢华，崇尚简洁、自然，将会成为今后流行趋势的主导。

第四是对健康空间装饰设计的社会关注程度提高。

健康空间装饰设计问题不仅是这个市场利益主体间关心的事情，会引起业主、设计单位、施工单位、监理单位、金融保险单位的重视和参与，非利益主体的国家行政管理部门，新闻媒体，甚至医疗保健机构和相关的国际组织，都对此给予了充分的关注和参与，形成了大范围的社会舆论监督环境，在这种环境的作用下，人们对健康空间的标准会越来越高，市场实际操作的力度也会越来越大，体现出来的新思路、新成果也就会越来越多，从而在提高了我国建筑装饰设计地位的同时，加大了我国装饰设计队伍的责任，会形成全社会对行业的监督与参与，行业内的从业者要做好物质方面和精神方面的准备，任何失误都会形成强大的社会压力，给企业及个人造成业务上，名誉上和财产上的巨大损失，换一种说法，就是“只能给客户提供健康空间，否则你就会死”。

浅析深圳装饰设计创作之概况

中国建筑装饰协会常务理事　深圳市装饰行业协会会长　**何文祥**
深圳市建筑装饰（集团）有限公司总工程师兼设计院院长　2000年度深圳市十大杰出青年　**姜　峰**

我国的建筑装饰设计，特别是室内设计，应当说是改革开放的产物，在改革开放的冲击下，随着经济快速增长和城市建设迅猛发展，室内设计也逐渐成为日新月异的行业。

深圳市的建筑装饰设计，也是随着改革开放后深圳经济特区建设的发展而同步发展起来的。走过了近二十年的“设计”之路，深圳的装饰设计形成了自己的特点、自己的优势。

一、深圳装饰设计创作历程

1. 80年代：深圳作为我国改革开放的窗口，是国家最早开发的经济特区，因其毗邻香港的特殊地理位置所带来的优势，在设计力量薄弱的情况下，其建筑装饰多交由香港设计师来进行设计，因此本地建筑也沿用了香港建筑的特征，形成了以香港为主，本地为辅的装饰设计局面。

2. 90年代初期：随着改革的进一步加快，经济快速增长和城市建设迅猛发展为深圳的建筑装饰设计行业营造了无数的契机。作为新兴的行业，它越来越彰显出其重要的地位。本地设计师队伍在不断成长，本地创作力量也在不断扩大。尽管如此，其部分设计仍不能独立，仍以模仿香港风格为主。

3. 90年代后期开始：深圳凭着其得天独厚的地理优势，已由不起眼的小渔村迅速发展成了国际化大都市，在走过了模仿、探索的过程之后，本地原创作品不断增加，设计理念和手法也不断提高，涌现出了大批优秀的设计作品，深圳的装饰设计开始真正的独立起来。

二、深圳装饰设计创作的特点

1. 求新求变，不断突破

随着人们生活方式的巨大改变，设计创作的空间也越来越大，设计的创新和提高成了企业竞争的法宝，一个好的立面造型、一张效果甚佳的彩色渲染图，已远远不是当代设计师追求的目标。“注重生态环境，倡导以人为本”是21世纪的主旋律，深圳的设计师在创作理念上勇于突破，在设计手法上敢于创新，积极引导和运用新科技、新工艺、新材料，把“人性”作为出发点，充分地预测到现代信息、技术与传统的地域观对环境和意识带来的影响和改变，形成独创性和自我性，创造出更具时代特色的建筑空间，同时也大大的提升了企业的综合实力，促进了企业的发展。

2. 注重文化，追求精品

建筑文化是建筑创作根源，是社会的上层建筑，建筑的文化意义也越来越受到人们的广泛认同。深圳的装饰设计作品已逐步实现从商业性到文化性的过渡，设计师充分认识到，一个好的设计作品，必须以深厚的文化内涵作为依托。此外，深圳设计师已开始较多地参与北京、上海等地的文化性建筑装饰设计，且较多作品获奖，真正实现了商业价值与文化因素的相互补充、有机结合。

3. 强调服务，重视过程

就设计而言，深圳的设计师在设计过程中，能积极与业主进行沟通，重视业主的意见和要求，努力完善设计方案，使之满足业主需求，赢得了业主的好评。此外，设计师还注重设计创作的连贯性，从方案设计到施工图的完善，以及工程施工过程的监控，都体现出了良好的服务意识和高度的责任心，直至工程的顺利完工。强调后期服务，为设计师在以后的设计中积累了宝贵的现场经验，也增强了作品的可操作性。

4. 增强协作，共建市场

随着装饰设计市场的进一步规范化，深圳的设计师能以职业设计师的操守投入到了每项设计中，大大减少了“炒更”现象，在设计过程中更加注重团体的协作，发挥团体的力量，讲究企业整体形象，力创设计品牌，使设计市场逐步规模化、系统化，形成了良好的竞争环境，也推动了设计行业向更高水平的发展。

三、深圳装饰设计创作存在的问题

1. 后备力量不足：深圳是一个年轻的城市，没有悠久的历史，没有更多的文化积淀，虽然早期设计行业发展较快，但由于高校较少，后备资源相对缺乏，建设市场规模不大。

2. 后续教育不够，理论水平提高不快：深圳的设计师在一定程度上对于理论水平及专业知识的提高不太注重，很多设计师都存在“吃老本”的现象，过多地关注个人经济效益的提高，忽略了很重要的一点，就是加强后续教育，不断学习和实践才是提高设计质素的重要途径。

3. 设计与施工关系的处理不妥：设计与施工两者本是相互关联、不可分割的整体，设计师在坚持设计方案的同时，还要结合实际，不能一味地为了降低档次和造价而影响了设计效果。要真正做到设计与施工的有机结合，分中有合，合中有分，这也是能否最终完成优秀作品的关键。

4. 进步不够明显：北京、上海等大城市，因其高校多、人力资源丰富、后备力量充裕等优势，设计业也在迅猛地发展。深圳的装饰业虽然起步早、起点高，但相比之下，近年来的进步却不够明显，早期优势有逐步减弱的趋向，与国外高水平设计相比还存在着一定的差距。

四、深圳装饰设计创作的发展方向

随着新世纪的到来，装饰设计将向更高的层次、更广的领域、更深的内涵、更专业化方向发展。如何才能真正地发挥设计的龙头作用，带动整个行业的发展，我们的装饰企业和设计师应当着重以下几个方面：

1。提高素质，强调氛围

在当前社会经济发展迅猛，科学技术日新月异，竞争日益激烈的条件下，我们能否以高水平作品占有市场，归根到底，取决于设计人员的素质。因此，强调学术氛围，以良好的创作环境和学术环境，提高设计师的专业素质，使其在设计运作过程和服务模式上紧跟时代发展的步伐。

多年来，我们只是倡导“请进来”，也就是引进国外先进的设计理念和先进的管理模式。现在，我们在“请进来”的同时，也应该大力推行“走出去”。既要举办国际性设计竞赛，与国外高水平的设计师事务所合作设计；也要结合设计任务，组织设计人员出国参观考察进修等多种形式，努力进入国外设计市场，让对方了解我们，我们也逐渐了解对方，能够从找出的差距中不断改进人才的使用和优化设计的机制，也使得中国的室内设计师在与国外设计师的合作交流、竞争的过程中，通过学习形成整体水平的提升。

2。寻求创新，转变模式

市场的转变，需求的转变，迫切的需要设计观念的转变。在科技发展日新月异的形势下，新技术、新材料、新的管理模式、新的运行机制在不断发生变化。中国的建筑装饰设计在融入世界的过程中，向世界开放，也意味着更大的机遇与挑战，更艰巨的竞争与风险。因此，观念、理论、规则、思维方式都面临着调整。

目前我们的设计水平与国外的先进水平相比还存在很大的差距，其原因归根结底是由于我们传统的思维模式。如果我们怀着积极的心态，从基础教育入手，改变过去封闭式的思维模式，创造良好的社会氛围，加强个人的修养，在设计上提倡创新，寻求设计理念与方法的进一步提高，才能缩短差距，创作出国际性的优秀作品。

3。掌握外语，加强交流

中国已经加入WTO，与国际的学术交往与合作将日益频繁，看懂英文图纸、资料，了解国际最新建筑资讯，与国外设计师自如沟通交流，这将对设计师提出更高的要求。会外语、懂技术、精通国际商务的复合型人才成为设计师努力的目标。而建立一个互通的语言环境，是我们走向国际市场所必须的基础。国内的设计师面对境外公司进入国内市场，或国内设计走向国际，不应让语言成为我们的一道屏障。作为一名21世纪的设计师，一定努力学习英语，融入国际化的语言环境，建立起良好的沟通平台，为走向经济一体化做好铺垫。

五、接轨国际，熟悉惯例

当前国际经济界最热门的话题就是“全球化”，中国毫无例外的将卷入到这个全球化的潮流中去，也必将毫无例外的遵循世界贸易的规则。作为装饰企业来说，当务之急，应当立即引进国际标准，如装修构件、制图标准、色彩标准、投标文化、评标法规以及相应的建筑法律法规等，否则，将无法与国际市场接轨。而作为设计师，也应当积极主动的去迎接变革，不能一味的墨守成规。

世界在前进，中国也正在前进，我们的建筑装饰企业将面临更加严峻的挑战，设计师也必须迅速提高自己的专业素质，在设计运作过程和服务模式上紧跟时代发展的步伐。把握机会，迎接挑战，我们有理由坚信，深圳的装饰设计将迎来明天更加的辉煌与灿烂，也将为我国的装饰行业做出更大的贡献！

装修专业工匠之建立对室内设计的发展

王乙芳（台湾）

一、两岸装修业之起源与定位

1-1　概论(楔子)

从传统施工理念、习性及工具操作技巧角度，看两岸装修市场起源这个问题其答案应该是一致的。虽然台湾在经营管理、工法研究这一方面，可能提早某些时间，但以时间去探讨这个问题并不正确，如在台湾处于日据时代、中国大陆处于列强割据的年代，自有其属于装修工程这一相关产业的存在，且其产生一种演变性的地域体系。

于1927年后，“interior　design”这个一直在台湾称之为“室内设计”的专业名词出现开始时，两岸完全处于两种不同生活方式及隔离的状态，所以当其本身受经济能力之影响，而提升追求某些实际需求时，自然的，“装修”工作会因地、因时而发展出一个适应自我生存的法则。当这个法则：不是因一个既有的优良传统及时间经验所累积而形成，在它发展到某些层面时，它就可能出现许多没有形成体系的习惯，也就是：它会因市场的快速膨胀，而形成一种不自然及不规则的惯例。此时若政府及相关单位能因势利导，广邀专家学者，度量国情、社会所需，加以拟定制度规范，就不致于因这种惯例的产生，而影响往后健全制度的形成及发展。

反观有着相同发展轨迹的中国大陆，在其开放经济、推展贸易的同时，却能针对这个市场的管理，预先投下许多心力，从所获得资料显示，中国大陆主管建筑官员对装修市场定位与重视，比台湾的官员先进多了。同样的，两岸都将“装修”工作称之为“室内设计”(CSID)(CIID)，但两岸的此项专业人员，所被定位却有所差异。两岸的建筑主管官员，大多是具有建筑专业背景，而非室内设计专业的“中国人”，但显然的，大陆的建筑主管官员，比较能面对现实的修改法令，并使法令符合事实所需。

1-2　论两岸装修业的定位问题

以两岸所实施之《建筑法》而论，台湾修订《建筑法》的目的，在为了维护“营造业”及“建筑师”的老大地位。自始至终(至 1996 年修订第七十七条)故意忽略一个自古在房屋建筑工程中，即占有重要地位的“装修工程”，于建筑物的重要性。

《建筑法》(台湾)第十条:“本法所称建筑物设备为敷设于建筑物之电气、煤气、给水、排水、空气调节、升降、消防、防空避难及污物处理等设备。‘同法第十三条：本法……。’但有关建筑物结构与设备等专业工程部分，除……外，应由承办建筑师交由依法登记开业之专业工业技师负责办理……。”

依《专门职业及技术人员考试法施行细则》第二条所定之精神，“建筑物”设备之施工人员“依法”得为专门职业，因执行业务之需要，得参加专业设备技师之考试。但这样一个简单的逻辑，却被舍弃，而搞出一个四不像的《建筑物室内装修管理办法》，用一个“命令”去管理已是社会经济活动比重极大之装修市场，根本就没“办法”。庆幸的是它让本业正名为“室内装修业”。

中国大陆的《建筑法》表面上虽未明确定位装修业的位阶，但将它和其他法令对照，却可发现在“各类房屋建筑”、“附属设施的建造”、“装修装饰”“配套的线路、管道、设备”等施工行为上，它是被相提并论的。如《建筑法》(大陆)第二条第二款:“本法所称建筑活动，是指各类房屋建筑及其附属设施的建造……等”。而从事建筑活动的“建筑业”，在建设部第 87 号令《建筑业企业资质管理规定》第二条第二项：“本规定所称建筑业企业，是指从事土木工程，建筑工程，线路管道的安装工程，装修工程的新建、扩建、改建活动的企业”。明确归类出“建筑业”的企业。或如建设部给河南省建设厅《关于建筑装修装饰归口管理问题》的复函提到：“建筑装修装饰属于建筑活动，建筑装修装饰是建筑业的重要组成部分。”(2000.6.6，中国建设报)。2001 建设部第 9 号文《关于加强建筑装饰设计市场管理的意见》提到：“建筑装饰设计是建筑工程设计的重要组成部分”。并谈到应认真贯彻执行建设部颁发的《建筑装饰设计资质分级标准》，依其分级标准如下：“一，总则(三)建筑装饰设计资质设甲、乙、丙三个级别”。然而将这个标准对照建设[2000]285 号《建筑工程设计事务所管理办法》第一章第四条第二款“……。综合设计事务所分甲级和乙级”。同法第四条第三款“……。专业设计事务所不分级别”。从上述三个“资质标准”来看，中国似乎也没有将“装修设计”定位在“建筑工程专业设计”。以地方法令：如上海市建委发布的《住宅装修装饰验收标准》2—1:“住宅装饰装修(以下简称装饰)……等。”从中央到地方，对本业的正式名称，尚未有一统一共识。但显然的；已正视到它是“建筑业的重要组成部分”。

自 1938 年台湾颁布第一部《建筑法》开始，历经 1944 年、1971 年、1976 年、1984 年、1995 年等次修正，修改时参照抄录一些日本、美国的法令规则，而中国大陆亦参考一些英国、前苏联的建筑规章，两岸的建筑法令，就是如此所拼凑出，确不适国情所需之产物，而台湾更因某些专业背景的影响，在既得利益维护之下，根本不愿认真探讨时潮所需，实质已成长存在的“装修业”这一问题。所以“装修”专业合法地位及法规更难企盼定位。而如此不愿正视此一专业的结果，无异是造成现今“装修专业技术人员”，一直无法合理定位的症结所在。

l-3　专业名词的探索

(一)室内设计

1904 年，出生纽约上层社会的爱莉丝·华芙女士（Elsie de Wolfe）开风气之先，将室内装饰(interior decoration)当成一专业工作，开启了一个全新的领域。同年帕森思设计学校(Parsons School of Design)的前身、纽约应用及美术学校(The New York School of Applied and Fine Arts)，首开室内装饰课程，这是此一领域正式进入美术殿堂之始(Piotrowski，1994，4)。1927 年，“interior design”这个英文名词首度出现，此一领域从此进入“室内设计”时代(庄修田《室内设计之法令管理研究》)。

(二)室内装潢、室内装饰

在英文的涵义中，室内装潢或室内装饰其实是同一个解释(interior decoration)，它的目的在于美化(beautify)，在于建筑物的内部空间中，对维护表面进行绘画、雕塑和涂脂抹粉的装点修饰(中国建筑工业出版社《室内设计资料集》)。

(三)装潢、装饰

装潢一词在《辞海》的注释为：“用黄色的布，包裹书籍、画册”，亦即“裱褙作”，可以单纯的指为地毯、壁纸或家具裱布等铺贴工作。

装饰一词在《辞海》的注释为：“在器物上涂抹漆彩”。勉强只能算是涂装工作或为漆工的一种。

台湾在装修业未分业之前，从事此项建筑活动，一直以“装潢业”代表本业，中国的许多法令文字上，“装潢”二字的使用并不多见。但“装饰”一词则常被应用。

(四)装修

装修一词在《辞海》的注释为:“附着于建筑物上之门窗、橱、扇、隔、屏……等之工作”，“这些门窗隔扇，在中国建筑中一概叫做装修;台基以上、舵枋以下、左右到柱间，都可以发展。按地位大概可分为外檐装修和内檐装修两大类。”(梁思成《清式营造则例及算例》)

外檐装修：街门、垂花门、月洞装的屏门及走廊上采用的倒挂楣子、坐凳楣子、什锦窗等。其功能为建筑物内部与外部之间隔物，其功用与檐墙山墙相称。

内檐装修:天花板、槛框、隔扇、帘架、花罩以及护墙板、随墙、壁橱、地棚水槽等。是建筑物内部分为若干部分之间隔物，而非用以避风雨寒暑的。

台湾于 1996 年 5 月，“立法院”三读通过修改《建筑法》77 条之 2；定名为“室内装修”，而中国大陆则用“建筑装修装饰”。

(五)建筑物

依据台湾“内政部”颁《建筑法》第四条“建筑物为定着于土地上或地面下，具有顶盖、梁柱或墙壁供个人或公众使用之构造或杂项工作物，谓之建筑物”。

很清楚的，所谓的建筑物尚未达到人类居住的功能，它只是在地上立着四根柱子，顶着一个屋顶，就是建筑物，而且连“墙壁”都不是必需的。

从以上的内容可以看的出来下面几点:

1. 室内设计：是一种意念的表达，经过慎密的动线规划，机能探讨，色调搭配，造型美感，达到符合人们居住的“合理人性空间。”

2. 室内装潢：是一种表面的修饰工作。

3. 装潢、装饰：指的是进行一些美化的施工行为。

4. 装修：是执行一种意念目的，以完整体现建筑物使用功能的工作。

5. 室内：以建筑物而言，是指建筑物之内部。

由以上五点可以得出这样的一个结论，最常使用，也最为为从事本业人员接受使用的“室内设计”这一名词，无法完全涵盖本业的业务意涵。如同建筑设计无法代表“营造业”，建筑师无法代表“建筑业”一样。因本业的业务一直无法将“设计”与“施工”完全的脱离，故往往要求设计师本身既是一位设计师、是一位监工(监修)，也是一总承揽人，所以“室内设计”这个名词一直无法代表本业完整的业务范围。

1-4　专业人员应有的专业定位

在庄修田先生“室内设计专业地位之建立问题探讨”一文之中，对本业之定位有这样的叙述：“国内常见的与室内设计有关的用语包括：室内设计、室内装修设计、空间设计、装潢、装饰、室内装修、内部装修、内部布置……等”，建议将动脑的层次统称为“室内设计”，将动手的层次统称为“室内装修”(事实上此两者，均应是手脑并用的工作)。

“设计”与“施工”既然是两种截然不同的专业行为，且“室内设计”这专有名词也无法涵盖这项专业的实际意义，将这样的行为给于一个明确的定位是必须的，而以“室内设计”这一名词去标示今日此业的设计业务，其实并不能算是一个最好的名词。

如前段“装修”所述，现在所一直使用的“室内设计”的设计范围，事实上不应只是“附着于建筑物”的一种行为，它应该是完成一件“有机能建筑物”时，所必备的一项行为。可以说,没有建筑物就不会出现“装修行为”，但建筑物没有装修，根本失去了使用功能。因为居室不仅是为遮风避雨，还得注意动线、色感、照明及提升生活品味等问题。应该正视它是“建筑业重要组成部分”，这个“建筑业”范围的解释，应该如大陆《建筑法》所称之“建筑活动”。所以“室内”两字的出现并不适合，且单纯的套用“室内”，则航空器、船舰之内部亦是“室内”，如此则背离“建筑物”的范围了。以营造工程而论，自古至今，营造的意义多数指向，以完成“建筑物的主结构”为目的之“建筑活动”(当然，以营造业的法定位阶及规模，它可以独立完成这所有的建筑活动)。而完成这些工作有一定的分工、分业，以营造一栋法定“建筑物”而言，它只是这些分工之中的一项而已，如古代之“大木作”。

宋《营造法式》全书三十四卷，分成五部份，第三名“作”，制度十三卷，分别叙述了壕寨、石、大木、小木、雕、旋、锯、竹、瓦、泥、彩画、砖、窑十三个工种的标准作。

《清式营造则例及算例》各分为大木作、装修作(门窗、隔扇、小木作)石作、土作、瓦作、搭材作(架子工一鹰架、扎彩、棚匠)、铜铁作、油作(油漆作)、画作及裱糊作等十一个专业，所谓“作”，也就是今日所称的“业”，如“营造业、装潢业、装修业”等。但“业”的意思有经营的涵义，所以解释为工匠的分类可能更为适当。

依现存之法章制度，完成一件建筑物的设计、规划、申请、监造均由建筑师负责其事，但专业技术部分须由专业技师设计、签证，如结构技师、消防设备师、水电技师、空调技师、升降设备技师等，须依相关法令规章，另行设计、签证。从 1971 年初台湾订《建筑师法》始，至 1995 年修订止(1938 年颁布之《建筑法》即已将建筑物之设计人、监造人称之为“建筑师”)，国内之建筑营造管理法令均因应时势所趋，朝专业分工作必要之调整，如修订结构技师法，1995 年修订《消防法》，消防设备师(士)法，均因现有建筑法令之不足，也应有专业分工。然而与消防设备息息相关之“装修行为”，并未因事实所需，订定相关管理规则，而使得《消防法》未能彻底有效执行，因此已实属必须，且与消防(防火、防焰、防燃建材)、逃生（动线规划)、避难等关系紧密之装修业，有必要提高其专业人员之法定位阶及订定合理的法令规章。

在台湾，“装修”的行为称为“造作”，而装修的行为也一直被很清楚的有别于“房屋修建”的改梁换柱，所以,这样的一种施工行为一直被定位在增加美感与使用功能的目的上,并无关联于主体结构的维修和改变。而所谓的“造作”，在宋《营造法式》一书中提到，小木工的施工行为称为“造作功”，台湾话“造作”的意思为，在实用器物上增加美化，就中文字汇的意思也有故意作态的目的，而这样的目的，基本上和“设计”的目的不谋而合，只是“造作”面貌所呈现的是，以“工匠”的承袭技术、传承“样式”而展现，而现今的专业分工，将这一个“样式”提供的工作，另行独立出一个设计专业领域。

香港在这方面使用的名词似乎较为统一，多数使用“装修公司”这个名词，它让人很清楚的知道他的营业项目。所以，以“装修”两字去定位本业是很明确的，而放弃“室内”这个名词，也就没有那么的不舍得了。相信没有一位装修设计师会拒绝为业主的一栋别墅、独栋大楼的外观，做“拉皮”或二次工程的设计或施工，更不会拒绝为它设计一个美丽的围墙大门或通往主建筑物的林荫大道，如此“室内”两个字，原则上不适用于本业业务范围。

综合上论，在此建议，提供“样式”者的工作称之为“装修设计”，将此“样式”建筑完成之行为称之为“装修工程”，如此名正言顺，无须为英文字而争论不休，毕竟我国本业自古就有自己的语言。如清朝把主管建筑设计的部门叫“样式房”，其所提供之图样“烫样”则已有粗图、细图、大样图之分类。

二、两岸装修工程体系之探索

2-1　装修市场发展起源

从西方“室内设计”这一代表新思维的装修设计名词的勃兴与流行起，台湾由于信息的传达，开始了解这个名词的真正目的，也由于一些先进的钻研与学习，进而推广与运用，方使得此一行业逐渐的从师匠工艺转入专业学术领域，再由学术领导而形成了一个新的行业。当然,这当中的演变仍然有赖于经济力的提升，使此一市场到达相对的供需目的。

30 年前的台湾，由农业社会慢慢转型为以出口导向之工业社会，并因“政府”的前瞻远见、人民的勤奋努力，进而提升经济力与消费力。而因贸易发展、观光旅游业兴盛，使得许多国人得以有机会，接触各先进国家之建筑设计与商场策划，因此当有能力者投资国内商场时，也同时带进一些新的装修理念与要求。

当社会达到这种需求，而本身尚无此资源可供应时，最快、也最安全的方法则是引进国外的先进技术与观念。装修设计启蒙之初，多数经由下列的模式，而建构出今日台湾装修市场的面貌。

1．引进外国设计师或设计图。

2．由业主依其记忆或摄影图片转述。

3．由工匠提出既有样式配合业主讨论修正。

4．由国内设计师领会业主需求，依其所学、所知绘制图面、指挥工匠。

在这个时期，设计人员是发萌期，而施工人员是转型期，双方必需使用新旧语言互相了解与学习。

从商业投资的需求到全面建筑业兴起，将此业普及到所有建筑物的装修，而使得台湾在“装修设计”的专业研究上，有一快速的发展，并且加速其成长，进而开发出独特风格。

中国大陆虽在装修设计市场的全面发展上起步较晚（以二次大战结束之后起算），但也面临了同样的情况，和台湾所不同的是中国大陆在此一方面的发展，某部份是由台湾投资者，引进同文同种的专业人员，而非对外来文化的摸索。在这一发展模式的背景下，却隐含一个问题：台湾开发装修市场的初期，工艺师匠之各项传统技艺均日臻完备，正是设计者处于摸索阶段，所以施工者多数可配合设计者之要求。但中国大陆在这方面却是一个反向模式，虽设计师本身可以担任工匠指挥的角色，但毕竟设计者本身非专业施工技术人员，所以在传授新设计理念的同时，并无法同时传授相对的工艺技术。不过这一点从中国大陆官方的资料中，倒是表达了实质的关切，例如《中华建筑报》6 月 15 日引述建设部郑一军副部长的谈话，其中提到“建筑装饰行业还应该重点研究建立合理的管理模式，引导建筑装修的消费方向,建立良好的质量保证体系和质量监督机制，确保建筑装修工程的安全，尽快提高从业人员的素质，加快对操作人员的培训，真正做到持证上岗。”又如,沪建教（2000）0177 号文件，已规定“装饰施工员”、“装饰预算员”、“装饰质量员”等，需有建设部岗位证书，其执行时间由 2000 年起。也许某些的规定分工太细，但中国在培植与管理本业发展的态度上，应有助于其日后建构出装修业的良好规范。在这么多完备的法令规章与领导管理之下，似乎让装修业的发展有一美好远景，现实却似乎没这么理想，它正逐渐面临和台湾一样的发展模式，探究这个原因，在于未能建立专业工匠制度。

2-2　装修业专业工匠组成分析

以现在的知识去看待“装修”这个名词，当然可以很清楚的定位它的业别，但事实上,它所涵盖的“业”几乎是所有“建筑业”中之大部份专业分类，但因“装修业”的兴起，原本属于“营造工程”的规模及技术，被缩小及改造，且因施工规模的影响而改变工匠的专业分工。以下就几项工程作一些比较：

营造业之泥工可分为:

1．砌工(砌砖、石)

2．粉光(镘灰)

3．修整(人力分工)

4．敷铺、贴(敷贴砖瓦)

5．填缝(后期分工)

6．斩、磨(早期分工)

就现代营造业体系而言，此类分工有其必要，但除了砌工和粉光之外，其余匠作，以现今的建筑目的，并不需归类于营造工程之中，它应该更接近于以装饰为目的的“装修业”。所以,从事于类似“修建”工作的现代水泥匠，因工作的量少类繁，而具备了上述几项技术的“通才”本领，当然在某些成本、专业技术的考量之下，承揽装修泥作工程之承揽人，并非事必躬亲。具体而言装修泥工较无转型问题的存在，其各项技术、材料，几乎在装修业兴起之前早已定型，时至今日，并没有太多的改变。

在从事于装修工作之前，多数的泥工均为民间建筑之工匠，所习技艺含砌、镘、斩、磨等泥作工艺，他们先从事于居房修建，进而从事于装修泥作，因装修工程之泥作规模及施工品质及工法，均有别于营造泥工分类与技术要求，所以自然的存留下专业的装修泥工。泥匠的工作不如木工之关键在于经济与消费能力，且在装修工程之中所占比例及其精准度亦不如木工，这项工匠在大陆装修业的施工体系中，应该没有木工问题大。

（二）木工

1. 大木工

2. 模板工

3. 门窗工

4. 小木工

大木工几乎已不存在于现有的营造工程体系（以台湾地区之建筑科系而论，几无木结构之课程），而装修木工具备之技艺几乎涵盖如：小木工、门窗、隔屏、天花板、橱柜、大木工（如样品屋——样板屋、小木屋等营造结构工程之建造，虽然它属于临时建筑物，但多数由装修业承揽施工。）……等。现今之木工工程则因工资高涨而分出；专业地板工、系统家具组合工、门、窗棂加工业、轻钢架工等、除轻钢架工为新式材料外，其它均以木料为主要材料，但所谓专业施工的工匠，则多数已脱离传统小木工的工匠技术。

现阶段的台湾装修木工已几乎没有分类，之所以没有分类的原因在于，“室内设计”初兴之时，是融合了大木工、小木工、传统家具木工及美式家具木工等之粗细木工，各依所学，承做设计者或业主所需要之构件而形成，各种木工匠均为真正继承师艺学有所长，相对的在不悖离施工原理的原则下，逐渐转型成一个装修木工的专业工匠，但之后再加入的学徒，虽具备了装修木工的专业技艺，但同时也失去了各项专业木工所专属的部份技艺。

中国大陆由于装修业发展太快，传统技艺与新工艺几乎没有衔接期，它由多数未有基础养成的工人来从事此工作，大量投入的结果，对于本业日后的发展，将是一种极大的隐忧。

（三）涂装工

用于建筑物的涂料称之为“油”，用于家具的涂料称之为“漆”，所以,古代营造工程将涂装工程称之为“油作”。而油作又可细分为画、旋，以现在或古代的建筑营造而言，均不可能同时出现“油”、“漆”这样的施工模式，但装修工程因部份“附着于”建筑物，部分则为家具、橱柜，所以它同时出现了“油、漆”的应用。

然而,所谓油、漆已被新式涂料所替代，所以在材料、人工考量之下，涂装工程不可能再细分“油作”或“漆工”，而必须具备了喷、涂、刷、染等之全部技能。在新式涂料的应用与工法要求之下，除家具涂装、古建筑修缮油作之外，装修涂装工可以说是在一种拼凑下的新行业。事实上，如明代规定：“庶民房舍，不过三房五架，不得用斗拱，饰彩色。”，古代皇族威权之下，民居建筑几乎是白墙黑瓦而不饰彩色，相对的从事油作工作的师匠也自然的减少，更由于炼油技术几为各家不传之秘，所以真正的油作工匠并不多见。

这样的情形下，装修工程初期的涂装工作，多数为木工简单的刷涂处理，并将装饰面尽量以无须涂装之“美术板”——丽光板、美耐板或以裱褙工作完成。但涂装工匠的需求则因设计目的而日益殷切，为此，始由某些专业油作工匠逐渐加入本业，并配合设计者以新涂料的运用，研发应用于装修工程的涂装技术，同时期台湾建筑业兴起，需大量之刷涂水泥漆工，从事于补、披、刷、滚涂之工作。之后，这些工匠因应装修业需求而加入装修行列，并开始引进家具喷涂技术，而形成现今之专业装修涂装工，并几乎完全取代原有木工所处理之涂装工作。新式涂料的研发应用，已将此业的技术要求降的极低。中国大陆在这方面的工匠技术并没有太多的问题，但相较于台湾，它所需研究的课题如气候、温湿度、人文环境、材料应用等，反而更为重要。

（四）其他

新装修材料与新行业，会因应实际需求而产生，也可能因设计者和使用者的需求研发而成。例如，轻质发泡混凝土砖、预制隔间墙板、无尘高架地板、发泡 PU 线板、空间桁架、涂装材料、人造石等。因应新材料之研发与运用，亦同时出现专业施工工匠。总而言之，台湾现存的装修工程体系，就是在因应市场需求之下所组织而成，台湾是如此，相信中国大陆也会是如此。 在“室内设计”这个名词出现之前，几乎现有之专业工匠即已存在，而从事于技艺所学之各项工作，在此一新兴行业兴起时，将既有的技术应用在此一新名词的工作领域，并在新观念的引导和既有技术的配合之下，而逐渐成形。

2-3 装修业之分类

“装修业”是本业的一个统称，就设计专业而言，可以因设计师本身所专门从事的业别，专业从事于如：住家、商场、旅馆、展示橱窗等之设计，亦可以建筑空间分类如：装修规划、色彩计划、装饰设计、照明设计等之专业分工。前者针对硬件的使用目的从事专业研究，容易规划营业规模及学识深造；后者则有利于大项工程设计之专业分工，装修工程的承揽业务大致区分如下：

(一) 装修工程类：如 1.木作 2.泥作 3.大理石 4.玻璃 5.新式隔间工程 6.轻钢架 7.鹰架 8.家具

(二) 装潢工程类：如 1.地毯 2.壁纸 3.窗帘 4.裱褙

(三) 装饰工程类：如 1.涂装 2.摆设 3.灯具

(四) 铁件工程类：如 1.各式黑、白铁件 2.铝门、窗 3.法琅板 4.空间桁架

(五) 水电、消防工程类：如 1.水配管 2.电配管线(弱电工程)3.空调 4.消防洒水 5.消防警示 6.安保系统

(六) 视听工程类:如 1.音响系统 2.视听系统

上述的工程业别，以现今之发包习惯或专业承揽者区别，它们是装修业所承揽之工程分类，也是设计者规划配置及指挥施工之设计项目，所以各大分类亦是一种专业分类之行业。当然，这些行业是由一些原有的行业细分而独立出来，某些则是因应新式材料之发明，或适应政府法令而出现的，这正反映出装修工程之求新求变的本质，但可以肯定的是，所有技术原理之应用，并没有脱离木工、油漆工、裱褙工、铁工及水电装配工等技术原理。

三、从两岸现存工匠体质探讨如何提升其素质

3-1　两岸工匠的人文背景

台湾自荷郑时期起，历经清政府移民垦荒、日本统治以至迄今，数百年来，以汉民族文化为主干，融入许多的外来文化而成台湾文化。

环境对人的效应政策，《地理学》有三种态度看此问题:

（1）环境决定论：实质环境决定了人们的行为。

（2）可能论：环境提供了限制与可能性，于其中人们主要依循文化的准则，而决定行为。

（3）或然论：现今流行的论点是，实质环境的确提供了选择的可能性，但不是决定性的，尚且在特定的实质环境中，某些选择的或然率高过其他选择(关华山《人与环境学》，1988，11)。

日据时期，日人大量以留欧建筑师在台湾大兴土木，故而引进许多欧洲的建筑观念、名词、技术，大大的拓展本土师匠的工艺视野。更因地域狭小技术流通快速及平均，普遍的提升既有工匠技艺，并相对的增加接受外来技术的能力与速度，这为日后台湾建筑业起飞及装修业的兴起，提供了相对的利基。不可讳言，日本统治台湾 50 年，在某些思想观念上带给台湾一些改变，除原有垦荒精神、道德思想外，台湾工匠更多了一份责任心，这份心借着社会的教育、家庭教育及师传徒授而深植于每位匠师的意识之中。

中国大陆在清末列强割据之前，建筑工艺技术早已成熟精湛，在外来文化入侵之后，当然的也学习了相当的技术观念，二次大战之前，以两岸的建筑工艺技术比较，中国大陆超越台湾。

幸运的是，战后的台湾，因经济的快速成长，且上述工匠也均能衔接营建所需，使得多数工艺得以保存，而没有产生断层的现象。并拜市场经济所赐，前述的人文精神得以发扬。然而，中国大陆在这方面似乎没有这么幸运，而使得在需动用本土工艺技术之时，产生了某些断层，并且在工作精神上也多少的产生质变。究其原因大致如下:

(一)中国大陆历经战乱之层面与时间长于台湾。

(二)中国大陆经济发展较台湾为晚。

(三)工匠思想模式不同于台湾。

(四)既有工匠技艺的质量，无法应付相对的市场需求。

(五)大量工匠没有经过正规的技术训练(人力资源供应过剩)。

(六)既有技术观念与新技术无法衔接，也没有衔接时间(太快接纳，速度高于既有技术之设计观念) 。

有许多资料显示，中国大陆官方均极为重视此部分工艺技术之提升，鼓励引进先进技术，培养优良工匠等，但十几年来,无论在培训、教育等各方面，似乎见不到具体的实证。

3-2　公司设立与工程承揽分级

台湾现有之营建机构分类:

(一)营造厂:分为甲、乙、丙三级，另为因特殊工程承揽需要，而特许甲级厂评鉴为“特甲级”。依其级别承揽所规定之土木、营造工程。

(二)装修业:依建筑法第七十七条之二修订《建筑物室内装修管理办法》(“内政部”2000 年 9 月 1 日台内营字第 8985763 号令修正)增设。业务范围：如营业项目登记(营造业除外)——需登记专业设计、施工技术人员。

(三)装潢业:既有之分类。业务范围：如营业项目登记(营造业除外)。《建筑物室内装修管理办法》施行之后，修改业务范围为：如营业项目登记(营造业、装修业除外)。

此一“装修业”制度的变革之初，曾在台湾本业的从业者间产生滔天巨浪的风波，但“政府”的力量毕竟有其主导权，在事实上此项法令的施行，对既有之承揽制度并未发生大的差异。究其矛盾如:《建筑法》第七十七条之二第二款:装修材料应合于建筑技术规则之规定。

后来订定的《建筑物室内装修管理办法》第三条之一却是:“室内装修是指固着于建筑物构造体之天花板、内部墙面或高度超过一点二公尺固定于地板之隔屏之装修施工或分间墙之施工，但不包括壁纸、家具、壁布、窗帘、活动隔屏、地毯等之黏贴及摆设”。以《建筑技术规则》(设计施工篇)第八十八条装修相关材料规定外，不知道装修工作少了壁纸、家具、壁布、窗帘、活动隔屏、地毯之后，像个什么东西!

这些矛盾根本不为主管官员所重视,立法的目的为了找替死鬼，建筑界每以“装修业之不守法、破坏建物原结构，因而产生灾变”为籍口，以达推卸责任之目的，根本不是为了规划此一行业的经营管理。然而在相对的既得利益之下，要由这些既得利益者，订定一套分食自己业务的法令，那无异椽木求鱼。

事实上，台湾“政府”于 1995 年，增订建筑物内部隔间规定时，未全盘考虑“装修设计”之需求，而建筑师作内部隔间规划的考量,亦只为符合政府法令规定及建商产品销售之利益，未针对实际使用者之所需。所以，完工交屋之住宅或因应特定消费目的之商场，修改内部空间，几乎难于避免。此在于，本属“二次”施工之“装修设计”、“装修工程”，并不适合于建筑物之总体营造。

中国大陆建筑业分级:

1. 建筑业企业依《建筑业企业资质管理规定》(建设部第 87 号)第五条，建筑业企业分为：施工总包，专业承包和

劳务分包三个序列。

2．建筑工程设计资质分级标准：综合设计事务所分甲级和乙级，专业设计事务所不分级。

3．建筑装饰设计资质设甲、乙、丙三个级别。

建筑装饰装修施工企业

施工一级（不限金额）

施工二级（承揽 1500 万以下）

施工三级（承揽 600 万以下）

家庭装饰（承揽家庭装修）

3-3　承揽与发包

台湾装修业的正名，并未使得原有的承揽制度有重大的改变，例如，依公司法设立之法人机构、行、号、工作室等之营利单位名称，事实上，不管是以何种名称为营利单位，与承揽工程并无太大的直接关系，装修业在设计师尚未能因智慧财产权被肯定，而因此获得相对报酬时，承揽工程业务成为必然之行为。当然，如公共工程、大型商业工程或业主指定之承揽人(设计师)则另当别论。但在考虑专业技术升级的前提下，如同“营造”与“建筑设计”分立，“装修设计”与“装修施工”分立，是一条必须要走的路。

台湾装修工程承揽与发包的模式大致是,当一件工程承揽定案，通常经由承揽人以发总包，分包(行业别)或自行施工完成，而例如一位木工的分包承揽者，多数具有下列条件：

1. 具有完成所承揽业务的人力、技术，机具、物料等。

2．具有完成所承揽之业务读图能力。

3．具备下包应有之职业道德。在许多情形下,承包人在设计师与业主之间的关系，在于“名份”的差别，而不是工作能力，所以不得不注重职业道德要求。

所谓“名份”差别，是指职务的立场，在台湾，所有工匠随时都有变成“承包人”的可能，也就是说，台湾装修市场的现况，并无法明确的定位出“工匠”、“承揽人”，这两者之间，往往只在于“机会”与“利益”。因而“大包”“小包”各自为政，削价竞标、抢标无所不在，在无标准施工规则下，工程施工品质参差不齐，工程纠纷无日无夜。当然,这也是台湾时至今日，装修施工体系，未能出现大型团队的原因之一。

中国大陆在建筑业企业采用分级标准，各项施工、安装、建筑工程等，均有详细分工分类。其承揽总包、专业承包、专业分包、劳务分包等规划详尽，但以装修市场的规模及市场经济的潜在因素，除非所订法规真正具体可行，否则,以现有市场机制的现实面，法规所订的完美目标将面对重大的考验。以目前的市场而言，它有逐渐步向台湾装修市场既有习惯的走向。

在职业道德的规范上，中国的法令规章可以见到明确的文字诉求，台湾则有赖于既有道德思想之约定俗成。如《上海市建筑市场管理条例》第 46 条、《北京市教育条例》第 5 条第 2 项、《中华人民共和国职业教育条例》第 4 条等，均对“职业道德”做出要求。然而,道德思想的建立，关系宗教、社会、家庭、教育等文化背景的培养，法规的明文规定反而与“道德”目的背道而驰。在法律上；“道德”的认定标准在于“不违反社会善良风俗习惯”，也就是社会群体一种自我的行为规范，这个规范会因功利主义抬头、道德沦丧而不复存在，像“装修工程”这样一个庞大的利益市场，与其要求遵守职业道德，不如用心于商业行为的规范，必竟在商业利益的前提之下，工匠、设计师、承包人、发包人那个不是为达目的不择手段，这是自古皆然，各民族皆然。

3-4　薪资制度

如果有一个习惯，是妨碍台湾工匠提升技术的主因，那无疑的就是齐头式的日薪工资制度。

台湾早期，技术优秀而受肯定的师匠，被争相聘请，所以工匠技术之优劣决定其工作生命及薪资高低，而后因工匠的供需失调，致使此一优良传统未能延续，因此，在市场竞争之下，工资只被分成三种等级：师、半技师、学徒。一但升为师匠(因 70 年代中后期工程量暴增，故许多未达学艺年限者被升级)，无论技术优劣、速度快慢均发给同样工资，而日久成习，资深或技艺精湛者未获特别肯定，相对的,已坐领高薪成习者，亦少思长进。在台湾开放高等教育受学机会，及工匠地位长期未受社会重视之下，后继乏人。

无论何种职业，在社会上，均有其立足之地，而同工同酬也应是一个好的制度，所以，台湾也应利用现阶段装修市场之供需要求，对此重新作一个应有的调整。毕竟，同工同酬是一个好的制度，但不同工而同酬绝对不是一个好的现象。

以最近几年上海、大连的装修工匠工资分析，已有部分工资发放不同等级(以地区或技术分级尚待研究)，但如南京市劳动局所颁标准(2001.7.1)，既已将劳动工时报酬标准，以地区明确划分最低工资标准，如南京市(江宁区) 3.6 人民币/时，溧水县 3.1 人民币/时，高淳县、江浦县、六合县为 2.6 人民币/时。

以工匠而论，若可以因技术、经验等级不同而订定如《装修业技术工分级标准》,配合《持证上岗管理规定》,相信更有利于工业技术升级的目的。两岸在这一方面的“技术工”检定规定(办法)并不是没有，相反的，非常多，但都只是为参加检定者“证明”一种身分，并非着眼于“技术”认证。例如：台湾甲、乙、丙级电工检定、家具木工分级检定，电焊工分级检定等。中国大陆亦有如《房屋修建工人技术等级标准》、《古建筑修缮工人技术等级标准》等。

四、两岸装修工匠之养成

4-1　台湾工匠之养成

在新式教育的实施之前，多数学徒的年龄约在 10 岁左右。台湾光复之初(1947～1968)，在政府实施国民义务教育后，多数提高至 12～13 岁。也就是国民小学毕业。再之后，因延长国民义务教育为九年(1968 以后)，而提高至 15～16 岁。约在 10 年前(1991)开始，受高等教育影响，普遍开始升高至 18～20 岁，甚至服完兵役再投入者。

以上述的学艺年龄及其受教育的背景分析。

(一)12～13 岁的少年，心智、体力尚未完全发育成熟，较无独立思考的能力，也较无法胜任粗重的工作，但因尚未到达青少年的叛逆期，服从性高、较专心学习繁琐的基础工作，当三年四个月学艺完成之时，尚有许多时间可以吸收实务经验，以使技术成熟，但教育程度过低，对于新技术之开发、工程管理或业务经营的能力，有其不足之处。

(二)15～16 岁的青少年，心智、体力都已渐趋成熟，较有独立思考能力，也较能胜任某些粗重的工作，但以现今缺少"尊师重道"的教育背景下，正值叛逆期的青少年，有其难以专心学习及管教的问题存在。而学艺期满之时，以台湾地区而言，正好赶上服兵役，这段时间会有荒废先前所学的可能，虽然教育程度，对一位专业工匠而言似属足够，但以现今的眼光，也稍嫌不足。

(三)18～20 岁，心智、体能更加成熟，高等教育程度的教育背景，在学识上也足够应付装修工程所需的沟通能力，但因其服兵役年龄太近或者朝更高教育程度发展，这个年龄的学徒，很少能学有专精及认真学艺，且因开始接近独立生活，会因生活经济压力而无法专心学习，或自以为是的不肯认真学习非理论部分之基本技术。

由以上三点的分析,可以肯定的一点，15～16 岁的年龄是一个学艺黄金期，如果兼顾到教育程度的提升，绝对可以培养出符合现代装修市场所需求之工匠。

台湾的高职教育体系中，并没有"装修工"的培养教育，只有依"职训局"有办理检测之技工项目，才有该项科别。但因所授课的理论重于实际，授课的方向朝取得"技工分级检定"为目的，所以,只有少部分的学生，毕业后能真正投入市场。

因市场需求的饱和及受教育程度的提升，在未有完整培养教育的影响之下，未来可预见的，台湾装修工程工匠，将朝老化迈进，并出现严重的断层现象。

4-2　中国大陆现有之工匠

如果说台湾既将(可能)出现工匠断层现象，则可以说，中国大陆在十几年前开始发展市场经济时，已先出现断层。当台湾资金及装修设计理念、施工技术进入中国大陆之后，中国大陆装修队的领导者，直接接纳这部分的技术及管理模式，但工匠养成工作仍未落实，更未能实时的修正装修工程体系的制度及专业用语的统一，甚至利用中国庞大装修市场的附属价值的优势。

文革后，当中国大陆开始发展市场经济之时，大量的工匠需求使得中国大陆出现了一些残存的老工匠，及许多未有任何养成训练的人投入这个行业(具有专业技术的工匠严重不足，而以其他人力填补)。其中以木工、泥工的情况最为严重，当外资大量投入这个市场及各个工程队纷纷成立时，因市场的快速需求而在短短的一两年内，原工资结构漫无章法的增加，以上海地区而言，自 1992～1994 这二三年内，工资由 20 人民币涨到近 50 人民币(广州地区 1991 年日薪 12 人民币，1993 年日薪 40 人民币，同时期：1991 年餐厅经理月薪 400 人民币，1993 年 700 人民币，1996 年大连日薪 35～45 人民币、2001 年日薪 70 人民币，2001 年北京、上海日薪 80 人民币)，而这时期所投入的人员只是"工"的程度，根本达不到"匠"的要求。这方面的潜在因素如前段 3-1 所述，其为领导者之技术都尚有可议，更何况于未有正规培养之工匠，所以,它无形之中减慢了对新技术的接收速度。

此一现象如早期台湾"涂装工"之形成模式，因工匠的大量需求，而投入大量工员，当该市场对技术人力到达一定的饱和，技术等级亦需相对提升时，因多数投入者未有技术养成基础，学习或研发更高技术的能力亦相对的减弱，且因多数的已入行者不愿退出本业，最后造成工匠技术严重参差不齐。

当然，中国大陆目前的某些工匠技术及工作优势是台湾无法比拟的，如笔者几年于中国大陆亲眼所见的一位铁工，其认真的工作态度及技术让我印象深刻。其他如瓦工、漆工、裱褙工等，亦有许多是台湾工匠技术所无法企及的。

4-3　工具与专业术语

近两年来，台湾的工具店开始出现中国式的刨刀，可惜只进口了刨刃床，亦即刨刀的刀刃，仍由台湾自行锻造。这部分是由于中国式的刨刀，使用木压板，而台湾惯用的日式刨刀则为铁压版，再则台湾使用刨刀刃与中国使用的硬度习惯不同，这里面没有孰优孰劣。以投资者的眼光看中国大陆现有及以后的装修市场，值得投入相当资金作这方面的研发，而这一方面，正是当中国大陆接纳台湾部分技术的同时，应该另行发展，也是值得发展的广大市场。台湾在受日本殖民教育 50 年的同时，在生活习性与思维上、工艺制作技巧等方面影响甚巨，不易改变。所以，有许多的专业术语惯用日语，电动工具也几乎是日制产品的市场。当然，台湾也有自产品牌（国兴），但接受度不高，且内销市场的规模小，少有人愿意投入资金，研发适于本土使用的机械。但中国的市场有其绝对的市场需求与行销能力，可积极自行研发相关机具及创新品牌，而减少日货的侵略。

我们希望：中国大陆可以发展出独立风格之装修工程体系，而不要出现次日本文化的台湾技术风格，更不希望在北京、上海的装修工地，出现台湾腔的日本专业术语或者"牧田"的电锯。更希望中国大陆有一套设计师和施工者都能奉行使用的《装修技术规则》、《装修施工规范》标准统一的专业术语。

五、中国装修业新式工匠培养教育的建议

5-1　新式培养教育之可行性评估

以传统的"师传徒授"方式，已不足以培养现代装修工匠的需要，且无助于建构出自我技术风格的目标，所以建议成立高职程度的养成教育机构，这方面台湾有其实施的困难

因素，但中国大陆却有下列的许多优势而可行：

1．现阶段的中国大陆，在技术方面正面临开发及转型期。

2．在刚发展的装修市场有其专业工匠的发展空间及时间。

3．社会价值对工匠地位之肯定。

4．高中教育程度尚可满足有意愿的投入者(依《中华人民共和国职业教育法》第二章第十三条)。

5．在全盘新式的培养教育之下，有助于提升工匠素质，完成全国标准施工法之实行，亦有利于持证上岗之实施。(《职业教育法》第三章第二十条第二项)

6．建校的土地取得较易（土地均属国有）。

7．基本物质要求较易满足，培养教育所需成本相对较低。

为免台湾高职教育的形式化，而能真正落实这样的培养教育训练，所以在师资、教材，设备、训练流程等，都应该由多方考量订定一套完整的规范，这在需以大量人员投入前提下，中国大陆有足够应付的能力。

5-2　建立完整学科与师资

在符合教育规定的授课范围之外，培养的科目与教材应切中要点，审慎规划，不应该是一群“理论学者”闭门造车的产物，也不是师徒口授式的土法炼钢。师资方面，除了具有专业背景的专家之外，亦可聘用资深匠师作为辅佐，依《职业教育法》第四章第三十六条第二项：“职业学校和职业培训机构可以聘请专业技术人员，有特殊技能的人员和其他教育机构的教师担任兼职教师”。(技术教师制度)

以装修木工的养成训练为例，它不能只是坐在课桌上，听了三年的讲义或者是实习工厂混几次就毕业了事。在“师传徒授”的时代，习艺均以三年四个月为基本期限，事实上，这当中的时间，大部分是浪费在所谓的“入门”功夫。而这样的入门功夫，实因习艺者年龄太低，无法应付粗重工作及传艺者欲先取得部分投资报酬的原故。而今,将入门的年龄提高至15～16岁，心智、体能发展均较为成熟，且现代人的视界亦不若前人那样的封闭，所以，以三年的时间，用教育训练的方式，培养一位木工、泥工、油漆工等工匠，相信时间是足够的。但如果这全部的教育训练课程，不是一套有效、可行、完整学科与流程，那也只是流于形式的高职教育罢了。

学科的制定与编排有赖于教材的完整，以现有的教材而言，除了一些古籍、营造、土木建筑、家具木工、家具涂装等书籍外，真正属于装修工程的教材与著作极少。所以，应集合这方面的专业人士重新厘订，而所谓的“专业人士”这里指的是：

1．学有专精、技艺精湛的师匠。

2．装修专业设计师。

3．建筑师、结构技师、消防设备师、电气技师、空调、升降设备技师。

4．大专院校科、系、所及相关行业之讲师、教授、技术教师。

5．教育专业行政人员。

6．新式装修材料之研发人员(行销与新工法)。

7．主管官员。

所建立的教材能真正朝“装修”的规模大小、技术等级及经营管理而制定，避免套用土木工程、营造、家具生产或翻译不适用本土语汇的外国资料。这一方面：如结构力学、环境学，材料学、室内设计学、装修工程估价、消防工程、营建法规等，在装修学术上均有其重新研究的空间与必要。其他如木材的力学涂装与环境关系、标准施工法、装修技术规则等。

以木材力学而论，自从结构力学朝向钢筋及钢筋混凝土的现代科技材料究，本就少有的木建筑结构力学(仅北美地区尚有 2×4 木建构教学)，更显得被压缩与忽略，而使得太多传统材料的结构力学须靠“经验”判断。林徽因在《清式营造则例及算例》第一章《绪论》中提到：“匠师对于梁的尺寸，因没有计算木力的方法(木结构力学)，不得不尽量放大，用极高的安全率，以避免危险。”这在装修工程或设计工作上，都是设计师与施工者共同面临的问题。

以涂装而论，在温湿度变化不大的台湾、四季分明的北京、四季如春的昆明等地，其所应用的技术、材料即有不同。中国因地域广大，经纬分明的地理特性，各地域装修材料所适合之干燥度、涂装施工时所合适之温度、溶剂燃点、挥度等，均有其研究价值。此专业研究不只设计者是必备的专业知识，同时也是施工人员所应具备的常识。

在师资的选聘方面，最好能跳出现有教育思考模式的巢臼，而真正建立在实际教学目的。当然，在理论上，学有专精之学者及相关科系的讲师，是绝对适用的。但像要教授如“认识工具与应用”这样的课程，可能一位学徒出身的工具店老板，比一位教授家具木工的讲师可以教得更多。而如认识“木材”这样的课程，也许一位资深的锯木厂厂长，他所知道的，更符合一位学习装修木工的学生所需要的知识。当然，一位科班出身的专业木匠，应该更加需要知道一些学理常识，但在一个以培养专职工匠为目的的教育前提之下，相信，教他如何应用一颗树，比让他知道如何培养一颗树来得重要。如同包豪斯的教育理念：“理论、实务并重”，早就阐明了重点所在。

5-3　初期养成

除了基本学科之外，这样一座职业学校，当然少不了一间实习工厂(依《职业教育法》第三章第二十三条第二项)，但这间工厂的规模却无须太大，它应该能提供下列的教学功能既可：

1．工具的认识、维护及使用。

2．基础技能的训练。

3．材料应用与管理。

4. 安全、卫生、环保。

5. 技术实习与测验。

6. 前置工程之内场制作。

装修工的培养教育，之所以一直无法由学校教室完成，其困难点即在于空间、时间等不确定因素太多，它不像家具木工，有一定的学理及容易建立实习课程。所以，实习工厂的设立永远也无法应付实际需求，且无法应付那样庞大的材料费用。而千变万化的装修施工工地，也难以用模拟的方式代替临场实习。

5-4　中期养成

以高职程度的培养教育方式，去培养一位装修工匠而言，几乎不能不配合所谓的“建教合作”(产教结合)，但这个建教合作的架构，应有别于台湾曾施行之模式。台湾职校施行建教合作之目的，多数为了配合协助部分无经济能力的求学者，完成进修目的，而不在于取得实务经验，以利投入实际工作。

这里所提的建教合作，指的是建立在以培养实务经验为目的的理念上，能真正以三年的时间去学就专业技能(如北美区的技能职训中心，学员结业后有正式执照，而业界依照录用，或如日本之技匠分级，依其技术、经验，分级订定期持证等级)。装修工程之专业技能，多数建立在临场所见所闻，而不是一些空泛的理论。而建教之目标，更无法寄托于一般企业或所谓的工程队。所以，配合的对象应是与当地的“职业工会”或“装修公会”较为理想(《职业教育法》第四章第三十七条第二款) 。笔者曾于 2001 年 5 月于“台湾装修市场之现况分析”一文中提到，“台湾因工作自由、迁徙自由，而使得南工北运，以致破坏北部装修市场之工作生态。……此因于工会功能不彰所致”。事实上，工会的功能在台湾几乎没有真正的发挥及应用，这是相当可惜的。这方面美国的地区工会组织，是一个值得中国大陆借鉴的良好示范。正常的工会应该有下列的基本功能：

1. 保障会员的工作权、防止非法劳工的出现。

2. 会员技术能力之鉴定。

3. 掌握地区工作资源，促进人力资源流通。

4. 传播新技术，协助提升工匠素质，

5. 协助新工程队之成立。

6. 协助政府推展政令。

中国大陆的“工会”、“学会”、“协会”、“公会”，多数在政府相关法规中列为“相关组织”，并接受政府委托，协助执行政策、法令。可以肯定,以其既有之法令、规章，以“工(公)会”、“协(学)会”的配合教学，应该具体可行。

培养中期的学生，在学习完成应有的基础技术之后，可以在寒暑假时(因应实际所需，可依全年度之实习计划，分批投入装修市场，以配合装修市场之实际需求)，经由“工会”或“公会”组织的功能，安排首次的实地实习课程。当然，这样的课程另须一套完整研究，如现场的工作项目、学习进度、实习准则、技术测验、劳务报酬等。(依法上岗实习之学员，应给予适当的劳务报酬)。

之所以建议和工会、公会配合，在于利用公(工)会会员的既有资源，使学生有更多的实习机会。如利用公会会员承揽工程之剩余材料，以供学生实习，不仅量多且品类丰富，从资源回收的角度也利于环保。

和传统的“师传徒授”相比，就木工而论，以前的学徒最后所学的一定是较精致的橱、柜、壁饰等，而事实上，如果有一个完整的工厂，反而是在学习“装修木工”之中期较容易教授与学习的过程，例如，部分可内场制作之构件、橱柜等。而工(公)会提供实习机会的同时，也有助于填补教育资源。依法职业学校亦可兴办教学所需之企业，亦即，因实习所需与企业结合，依学生所学习的技术等级，受委托生产相关产品。

5-5　后期培养

后期的培养教育，除了继续实习熟练技能之外，更重要的是从这当中学习工地的文化、人文、职业道德及人际关系的历练。这时期的实习模式，可能需要采用一对一的模式，以利于传授特殊技巧、培养其专业理论及尊师重道观念。这一既传统又创新的学习领域，以新式的培养方式培养工匠，虽脱离“师传徒受”的许多冗巢，但在这个传统技艺的背后，要能培养尊师重道、师承伦理的人文背景观念。

后期的学习环境应该进入临场实习课程，为了配合实务所需，配合相关的课程时间，将学科授课改成周六、日或者晚上，以利于评估最后阶段的学习成果。真如我们所期盼，大陆的装修工程队，如预期规模的稳定成长，他所实习的工程队或公司，也许,就是他日后发展所长的工作地方。相信，这样新式工匠的投入，将为中国大陆装修业的发展提供一个优质的基因。

六、结　论

希望这一个构想所培育出来的匠师们，他所具备的是：既有传统道德、高超的技术水准、创新的技匠观念，及具有绝对领导能力的专业匠师。而这样的要求，绝对是我新中国所要的。台湾的地域环境，不足以发展出大型的装修工作团队，中国大陆则可以！而要发展出这样大型工作团队的过程，正需要这样的专业人才。

以中国大陆将“国家优质工程”，这样一个鼓励提升建筑技术的奖项称之为“鲁班奖”而言，在重视先进技术的同时，更能保有传统道德伦理，从这个奖项的评鉴列入了“装修装饰工程”的意义来看，装修工匠的资质提升有其绝对的必要，应该说它是：“今天不做，明天就会后悔”的重要工作。

当今的装修市场必须有这样新的力量加入，没有理由不去施行，当然，这或许是一条艰辛而漫长的路，但相信他值得这样去走。

·环保与绿色·

什么叫做“绿色”

记第二届全国建筑装饰行业高峰论坛

《中国建筑装饰》编辑部观察员

一、会议简况

2001年8月17日，中国建筑装饰协会主办、信息咨询委员会承办的“首届全国建筑装饰行业高峰论坛”在清华大学美术学院（原中央工艺美术学院）举行，主题是“饰材——室内设计如何面对新世纪的挑战”。中国建筑装饰协会名誉会长张恩树、会长马挺贵、常务副会长兼秘书长徐朋出席。以中国建筑装饰协会信息咨询委员会专家组为主体的5位均十分权威的专家学者相继作了精彩的演讲——清华大学建筑学院教授、中国建筑学会室内设计分会资深会员王炜钰，江苏省建筑装饰设计研究院院长兼总工程师、中国建筑装饰协会常务理事、教授级高级建筑师李宁，清华大学美术学院环境艺术系教授、环境艺术研究所所长、中国建筑装饰协会理事、中国建筑学会室内设计分会会长张世礼，中国建筑设计研究院室内设计研究所总建筑师、教授级高级建筑师黄德龄，清华大学美术学院环境艺术系主任、教授、中国建筑学会室内设计分会教育委员会主任郑曙旸。

时隔半年，2002年3月9日，清华大学美术学院200座的第一阶梯教室座无虚席，由中国建筑装饰协会主办、专家委员会和信息咨询委员会共同承办的“第二届全国建筑装饰行业高峰论坛”在这里举行，主题是“建筑装饰与环境保护”，演讲者是信息咨询委员会专家组的三位专家：中国环境科学研究院副院长兼总工程师、中国环境标志产品认证证书签发人夏青，中国新型建材专业委员会副主任、教授级高级工程师王少南，中国建筑学会室内设计分会教育工作委员会主任、清华大学美术学院环境艺术系主任、教授郑曙旸。中国建筑装饰协会名誉会长、信息咨询委员会专家组顾问张恩树高级经济师、会长马挺贵教授级高级工程师出席并讲话。会议由中国建筑装饰协会常务理事、副秘书长兼专家委员会办公室、技术推广部主任、高级建筑师房箴主持，信息咨询委员会专家组办公室主任、高级经济师鲁心源为召集人。

中国建筑装饰协会会长马挺贵教授级高级工程师致论坛开幕词，他说，如今人们对居住品质的要求越来越高，更加重视对人文环境的追求。关注人们的身心健康，关注生态环境，是建筑装饰行业和中国建筑装饰协会的主要工作。现在，“绿色”很热，但概念不一，误区不少，我们要理性对待，引导企业普遍重视人文亲和，保护生态环境。通过这次三位知名专家的演讲，使我们对什么是“绿色”有新的正确的认识。

参加会议的专家组成员还有：中国建筑装饰协会常务理事、信息咨询委员会理事长、《装饰名品》编委会主任、高级工程师崔勇，中国建筑装饰协会理事、信息咨询委员会副理事长兼秘书长、《装饰名品》总编、高级工程师田万良，中国建筑装饰协会理事、中国建筑学会室内设计分会会长、清华大学美术学院环境艺术系教授、“全国建筑工程装饰奖”评委张世礼，在清华大学建筑系教书50年的名教授、“全国建筑工程装饰奖”评委、王炜钰，中国建筑装饰协会理事、会刊《中国建筑装饰》主编兼行业发展部主任、高级工程师黄白，中国建筑装饰协会技术推广部高级工程师陈一龙，原北京市建筑装饰设计工程公司总经济师、中国建筑装饰协会培训中心兼职教授、高级经济师吴承辉，原北京市建筑装饰设计工程公司总经济师、高级经济师陈晋楚，原北京市建筑工程装饰公司常务副总经理兼总工程师、高级工程师梁家斑，原北京建材集团有限责任公司总工程师、教授级高级工程师李怀之，中国建筑学会室内设计分会副会长兼竞赛与展览工作委员会主任、北京建工学院建筑系教授李书才，北京艾迪尔装饰有限公司董事总经理罗劲，北京三似伍酒店设计工程有限公司董事长兼总设计师王奕，中国建筑装饰协会理事、北京花旗建设发展有限公司董事长费琪，哈尔滨麻雀艺术设计有限公司董事长兼首席设计师冯雪冬。

参加会议的还有中国环境标志产品认证委员会秘书处副主任于洁，河南省洛阳市建筑装饰协会秘书长赵安敏及其5家装饰企业，辽宁省装饰协会市场发展部主任孙东翔，清华工美装饰工程公司总设计师马怡西等来自全国各地的建筑装饰界人士220多人。

本次论坛，基本上解决了什么是“绿色”的问题，夏青副院长以不容置疑的权威性与挥洒自如的风格，郑曙旸教授以扎实的理论功底与严谨的学者风范，王少南高级工程师以对装饰装修材料很少人能与其相比的熟悉程度与“绿色材料”的举例，均引起了与会人士强烈的共鸣，会场内始终保持着令人足够兴奋的气氛。

二、专家演讲

夏青主讲了现代环境理念与绿色标准，从宏观上、从国策上讲解了何谓“绿色”，从国内外交通、艾滋病、人口、粮食、北京西客站，到伐木种树、国家大剧院、某老板喝涂料，举了大量事例，并解释了国家10个装饰装修材料强制性限量标准，随手拈来，皆成文章，风趣幽默，引人入胜。

他指出“绿色”是有标准的，不讲标准，谈“绿色”无意义。社会上流传的什么装修导致小儿白血病、装修等于污染，太过分，必须有大量的科学依据，否则只能被认为是一种炒作。

“绿色”是当人们追求环保的俗称。“绿色”关键是理念。

1．现代环境的基本理念

一是人与自然的和谐共处。这是对“人定胜天”错误思潮的否定。人类的发展活动，不仅要关心其使用价值，更要关心生态环境。这是全世界20世纪80年代以来主要努力的方向。起因主要是氟利昂，当时被认为制冷效果很好，但没想到它会破坏臭氧层。上届美国总统克林顿入主白宫后第一件事就是将所有的百页窗换下，争取自然光，草坪换水。要警惕“生态难民”在中国的出现。

二是发展要有环境目标。要解决的是发展的外部不经济问题，可持续发展，可持续消费。近年来我国GDP是7%，但环境损失却高达12%，其结果是越干越穷。美国驻华使馆给其工作人员每人每年 2 万美元的环保补贴。法国法律规定，人只要闻到装修的气味就可以报警，含苯系列的溶剂一律不能使用。

三是国家环境安全。联合国认为，如果一国GDP有1%的损失就可以称为“灾”，而中国高达12%。我国10%的粮食、12%的农畜、40%的蔬菜不符合美国70年代的标准。

四是以人为本。这是中共中央十五大提出的“提高人民生活质量”，以及“三个代表”的要求。

2．绿色基本标准

香港绿色房地产就有两条标准：一是阳台不算面积；二是公共过道放宽，以得垃圾分类处理。

中国建筑装饰协会提出的6升水很好。我们要“明明白白享受科学，清清楚楚购买绿色。”

从2002年7月1日起，不符合国家对室内装饰装修材料10个限量强制性标准的将不准上市。这10个标准，基本上与国际接轨了。涂料对人身健康的影响，是气味而不是肠胃，而北京有家涂料公司竟然说什么“健康涂料为您喝为您造”，真是可笑荒唐。VOC（挥发性有机化合物）与装修有关。全国90%以上的板材达不到标准。对室内环境产生污染的主要载体为：一是家具；二是气味。

我国的环境保护标准分两大类：一是强制性的，如国家对室内装饰装修材料10个限量强制性标准，是标准的下限，是市场准入；二是推荐性的——“绿色”，是标准的上限，倡导性，自愿性。

3．环保的实施

实施的要点：一是标准；二是保障体系；三是年度的复检、市场抽检。具体为：

一是难点。我国现有的经济发展水平还难以一下子达到。在市场经济条件下，政府并不是不干预市场，只是干预的是市场的外部不经济或说市场失灵、市场缺陷，标准就是其一。同时，由标准引导出来市场的力量。

二是要研究标准。如检测方法，用的是气雾法。

三是要守法。应有保证体系，李岚清、温家宝副总理等党和国家领导人多次强调要抓装饰装修行业。整顿和规范装饰装修市场，重点是材料。

四是中国环境标志产品认证，是受国家环境保护总局领导的中国唯一的环境标志产品认证机构，现已认证了 300 多个。

夏青强调，WTO，需要人们老实一点了；WTO，对老实人有好处。不能浮燥，要讲科学，讲标准。建筑装饰是劳动密集型的行业，是最有前途的行业。我们愿与中国建筑装饰协会合作，只要我们扎实地干，绿色就会在大家共同的帮助下更快地发展。对此我们充满了信心。

##

王少南从全国装饰装修材料行业的角度，提出“发展绿色饰材，改善室内环境”，系统地讲解了“绿色装饰装修材料”的含义与范畴，并举例经中国环境标志产品认证的装饰装修材料。他的思路：一是绿色装饰装修材料与有病建筑综合症；二是室内环境主要污染物；三是应对WTO，大力发展绿色装饰装修材料。

他认为，“绿色材料”一说是1988年国际材料协会提出的，主要针对生态，包括建材、装饰装修材料。对此，现国际上还没有统一说法。1999年我国“第一次绿色建材会议”提出“绿色材料”概念，有五个特点：一是尽可能少用天然资源；二是发展低能耗制造技术；三是减少人为的苯等有毒物质的配置；四是改善生产环境；五是产品达到生命周期仍能循环使用。其核心：是清洁的生产技术、污染控制技术，从摇篮到坟墓，最高的资源利用率，最少的环境污染。

1．有病建筑综合症，主要来自20世纪70年代欧洲的能源危机。污染有三代，第一代是18世纪的煤；第二代是19世纪的石油；第三代是20世纪的空气。据世界银行的报告，中国因室内空气污染造成的损失每年达106亿元。

2．室内空气污染的来源，主要有六个方面：一是建材、装饰装修材料、家具；二是地基基础；三是地段环境；四是家用电器；五是清洁护肤用品；六是人体自身活动。其中第一位的是建材、饰材、家具。

主要污染物有五种：甲醛、苯系列、氨、氡、VOC（挥发性有机化合物）。世界卫生组织认为，甲醛是致癌物质，而苯是强烈致癌物质，后者存于溶剂型材料中，中国曾于1992～1995 年广泛流行溶剂型的“多彩花纹涂料”长达四年之久，其中问题值得深究。美国不用“多彩花纹涂料”的原因：一是其中含有苯、三甲苯等占20%～25%；二是太贵；三是影响眼睛健康；四是不利于个性发展。

3. 应对WTO，积极宣传贯彻与国际接轨的国家10个室内装饰装修材料限量强制性标准，运用行政、法律、市场的力量，发展环保，发展绿色。他列举了部分经中国环境标志产品认证委员会认证的装饰装修材料。

郑曙旸不慌不忙地娓娓道来他的最新理论研究成果——室内环境与绿色设计，他认为美好的愿望靠设计实现。思维线路：一是研讨的基础——室内环境与绿色设计的主要理念；二是现实的对策——实施室内绿色设计的可行性方案；三是未来的展望——与生态建筑相符的室内环境系统。

关于室内环境与绿色设计的主要理念：一是绿色设计的基本概念。绿色是生命的象征，成为了生态环境良性循环的代名词。其核心概念是：创造符合生态环境良性循环规律的设计系统。包括可持续发展的概念、宏观绿色设计、微观绿色设计，结论是环境与发展是人类惟一可选择的道路。二是室内设计的发展方向。从历史来看有三个发展阶段：装饰——空间——绿色。三是科技进步的关键作用。没有科技进步就没有绿色设计。

关于现实的对策，存在的主要问题：一是滥用能源的陋习；二是过度装修的弊端，当今绝大部分是这样；三是对人性关爱的漠视。首先从材料做起，终结奢糜之风。国外设计师在用材方面比我们强得多。日本武藏大学成立有“环境情报学院”，值得重视。寻找环境系统设计的突破口是：阳光、水流、空气。

关于三是未来的展望：一是与生态建筑相符的室内环境系统应从封闭再次走开放；二是建立良性循环和生态系统，重点是技术改造，特别推荐的是德国的国会大厦；三是建立可供回收的产品体系；四是建立与之相配的空间形态。

中国建筑装饰协会名誉会长张恩树高级经济师作了总结讲话，他指出，我国建筑装饰行业正在做着伟大的事业，包括中国建筑装饰协会组织的行业发展论坛，有四大意义：

一是我国现代建筑装饰行业从20世纪80年代起步，发展迅速，但理论滞后。21世纪开始加强理论建设，将创造出中国建筑装饰行业的理论体系。二是我们的专家正在大力引导行业创新。三是积极与国际接轨，应对WTO，熟悉国际建筑装饰市场运作规则。四是出经验出人才。建筑装饰行业低层次老板的时代已经过去，需要再教育。他强调，这类活动很好，要继续下去，使全行业向更高的层次上发展提高。

名誉会长张恩树与常务副会长兼秘书长徐朋在2001年“首届全国建筑装饰行业高峰论坛”上的讲话有一个一致性的预言：中国建筑装饰行业将出一批设计大师。

这是一个令人兴奋的预言，指日可待。

三、中央人口资源环境工作座谈会

2002年3月10日，“中央人口资源环境工作座谈会”在人民大会堂举行，中共中央总书记、国家主席江泽民主持座谈会并发表重要讲话，他强调，为了实现我国经济和社会的持续发展，为了中华民族的子孙后代始终拥有生存和发展的良好条件，我们一定要按照可持续发展的要求，正确处理经济发展同人口资源环境的关系，促进人和自然的协调与和谐，努力开创生产发展、生活富裕、生态良好的文明发展道路。党和国家领导人李鹏、朱镕基、李瑞环、胡锦涛、尉健行、李岚清等出席座谈会。

江泽民指出，实现可持续发展，核心的问题是实现经济社会和人口资源环境的协调发展。发展不仅要看经济增长指标，还要看人文指标、资源指标、环境指标。我国已经开始实施现代化建设的第三步战略部署，进一步做好人口资源环境工作，对我们实现既定的发展目标，具有十分重大的意义。我们既要保持经济持续快速健康发展的良好势头，又要抓紧解决人口资源环境工作面临的突出问题，着眼于未来，确保实现可持续发展的目标。

江泽民说，我国人口资源环境工作取得了很大成绩，实现了“十五”人口资源环境工作的良好开局。同时也要看到，我国人口资源环境工作仍然面临不少亟待解决的突出问题，人口资源环境状况与经济社会发展还很不协调。我们必须加紧解决存在的问题，坚定不移地实施可持续发展战略。

江泽民强调，加入世贸组织后，我国人口资源环境工作面临着新的形势和新的要求，最突出的特点是，我们做人口资源环境工作，不仅要把国内因素与国际因素结合起来考虑，而且要更多地考虑国际因素。加入世贸组织，既为我们充分利用国内外两个市场、两种资源，实现经济社会与人口资源环境的协调发展提供了新的机遇，也对我们提高经济和社会的可持续发展能力提出了新的挑战。要充分利用有利因素，努力避免不利影响。各级党委和政府以及有关部门要增强紧迫感和责任感，抓住机遇，应对挑战，开拓创新，趋利避害，把人口资源环境工作提高到一个新水平。

要积极推行国际通行的环境管理体系认证和环境标志产品认证。

四、评　论

中国建筑装饰协会3月9日组织的“第二届全国建筑装饰行业高峰论坛——建筑装饰与环境保护”与3月10日的“中央人口资源环境工作座谈会”，可谓不谋而合。

充分体现了中国建筑装饰协会第五届理事会在会长马挺贵、常务副会长兼秘书长徐朋的领导下，与党中央保持高度的一致性，学习和实践“三个代表”重要思想，与时俱进。

充分说明了中国建筑装饰协会当前工作的指导思想：以“三个代表”作指针，以“二次创业”为中心，以提高“双向服务”层次为宗旨，与时俱进，奋发有为，研究规律，提高水平，推动全行业的大发展大提高；2002年工作的整体思路：一条主线：通过协会的工作，提高WTO条件下行业、企业的竞争能力，两只轮子（或两翼）”：一只是自律，另一只是创新，是完全符合中央精神，是十分正确的。

发展绿色饰材　改善室内环境

中国建筑装饰协会信息咨询委员会专家成员　中国新型建材专业委员会副主任　王少南

10 多年来，家庭装饰热正在我国城乡持续升温，据中国建筑装饰协会调查统计，2000 年家装消费已达 3000 亿元，占全国建筑装饰工程产值的 55%。并预测，今后几年，仍将保持 20%以上的高增长态势。

但当人们将居室打扮装饰得豪华温馨，享受这份舒适与气派时，却忽视了一些建筑材料、装饰材料的使用不当，带来的污染性、放射性、致癌性、致畸性等的危害。换句话说：人们在家装中，只重视了看得见的环境质量，而忽视了看不见的环境质量。至使室内空气污染，带来的伤害、中毒事件频频发生，有关居室污染案例的投诉呈上升趋势。因此，室内环境质量问题已日益成为社会各界关注的热点问题之一。

一、绿色建材和有病建筑综合症

1. 绿色建材

建材工业是国民经济非常重要的基础性产业，传统的建筑材料虽为国民经济的建设做出了重要的贡献。然而传统建材工业却未能做到有效地利用资源和能源，并产生了大量的有害物，造成了严重的环境污染。解决建材工业对环境负面影响的根本途径，就是要发展绿色建材，走资源节约型、污染最低型、质量效益型、科技先导型的发展道路。

为了保护生态环境，谋求材料的可持续发展，在 1998 年第一届国际材料学研究会上，材料科学家们提出了“绿色材料”的概念。

“绿色建材”的概念来源于“绿色材料”，但至今在国际上尚未见到一致认同的定义。1999 年 3 月 15 日，全国新型建材情报信息网在北京举办的“首届全国绿色建材发展与应用研讨会”上，我国建材专家和学者提出了绿色建材的概念是：绿色建材是指采用清洁生产技术，少用天然资源和能源，大量使用工农业或城市固态废弃物生产的无毒、无污染、无放射性，达到生命周期后，可回收再利用、有利于环境保护和人体健康的建筑材料。

绿色建材与传统建材相比，具有以下五个特征：

一是生产所用原料尽可能少用天然资源，应大量使用尾矿、废渣、垃圾、废液等废弃物。

二是采用低能耗的制造工艺和无污染环境的生产技术。

三是在产品配制或生产中，不得人为添加甲醛、卤化物溶剂或芳香族碳氢化合物，不得人为添加含有汞、铅、镉、铬及其他化合物。

四是产品的设计是以改善生产环境，提高生活质量为宗旨，即产品不仅不损害人体健康，而且有益于人体健康，产品具有多功能化，如抗菌、灭菌、防霉、阻燃、防火、调温、调湿、消磁、防射线，抗静电等。

五是产品可循环或回收利用，无污染环境的废弃物。

绿色建材的核心是采用清洁的生产技术。所谓清洁的生产是指原料采用、产品制造、使用或者再循环以及废弃物处理等环节中进行了污染控制设计、选用无毒和低毒的原料，生产过程尽可能减少污染物的产生，副产物料尽量做到回收利用，产品在使用过程中不应对环境造成污染或威胁。总之，清洁生产技术就是以最高的资料利用率和最小的污染物产生，生产环境可接受的产品，达到经济的发展与环境相协调，符合可持续发展的方针。

绿色建材又叫生态建材、环境协调建材、环境友好建材、可持续发展建材等等。其叫法在形式上略有不同，但其本质没有多大区别，都是以保护生态环境和维护人体健康为最基本的出发点，其内涵是相通的。发展绿色建材，做到了发展与环境的统一，当今和未来的结合，既满足现代的需要，又不损害后代人的更大需求，从而能使建材工业步入可持续发展的坦途。

2. 有病建筑综合症

有病建筑综合症概念源于 20 世纪 70 年代的欧洲，由于建筑物节能的需要，普遍增加了建筑物气密性，绝热性的措施，致使室内通风率不足，室内空气质量恶化，有些人开始出现头痛、呼吸道感染、干咳、咽喉肿痛、皮肤干燥发痒、注意力难于集中、恶心、过敏等诸多症状。于是欧洲一些国家科学家就着手对室内空气质量进行研究，在全面系统的基础研究后指出：从室内空气中，检出了 500 多种有机物，其中有 20 多种为致癌物。由于室内空气质量受到了污染而影响人体健康的病症，称为“有病建筑综合症或致病建筑综合症”。

（1）有病建筑综合症在国外

由于人的一生有 80%以上的时间是在室内渡过的，因而室内环境质量对人们的健康至关重要。世界卫生组织（WHO）对室内空气质量问题一直非常关注，自 1974～1990 年的 16 年间，共召开了 8 次关于“室内空气质量与健康”（IAQ）的国际性会议。

1987 年联合国世界卫生组织发表了一份调查报告指出：近 30%的新建及改建的建筑物中，存在着“有病建筑综合症”。

美国 120 万商业建筑中，有 2500 万工作人员患有“有病建筑综合症”。据统计，美国因室内空气质量问题引起的案件已上升为主要案件之一，年造成的经济损失在百亿美元以上。

法国的一项调查表明，法国绝大多数家庭居室内的化学污染物含量超标。其中 76%的家庭有机挥发物超过美国制定的标准，90%的家庭室内的甲醛、乙醛浓度超过世界卫生组织对哮喘、过敏等特殊人群规定的建议指标。

日本横滨国立大学环境科学研究中心的一项调查报告显示：竣工两周后的房子，其室内污染程度比室外高出近 40 倍，即使在采取换气措施后，其污染程度仍可相差近10倍。

对于室内环境的污染，国外环境专家提醒人们：在经历了18世纪工业革命带来的煤烟污染（第一代污染）和19世纪石油和汽车工业发展带来的光化学烟雾污染（第二代污染）之后，现代人正进入以“室内空气污染”为标志的第三代污染时期。

（2）有病建筑综合症在中国

室内空气污染在中国目前也较为严重。据来自世界银行的一份调查研究指出：我国目前每年由于室内空气污染，造成的经济损失，约为106亿美元。

中国消费者协会2001年8月初，公布的一项调查显示：在对北京30户装修后的室内环境污染进行检测，甲醛超标者达73%，对杭州53户装修后的室内环境污染进行检测，甲醛超标者达71%。

我国环境科学研究院和澳大利亚国际健康建筑公司联合会共同合作，于1997～1998年期间对北京的4座建筑物（分别是电影院、餐厅、宾馆和写字楼）夏、冬两季室内空气质量进行全面的测试，结果显示，室内空气中的微生物和可吸入颗粒物均大大超过国际通行的标准，挥发性有机化合物、二氧化碳也有部分监测点超标。

1999～2000年，中国人类生态学会、中国预防医学会劳动卫生职业病研究所、北京市卫生防疫站联合主持，对北京30家高、中、低档餐馆和咖啡厅室内空气质量的测试研究，根据我国现行的《公共场所卫生标准》的15个检测项目进行检测，绝大部分项目都有不同程度的超标。其中以可吸入颗粒物，二氧化氮、湿度、温度和甲醛超标严重。

2001年，中国室内装饰协会室内环境检测中心对京城几家大商场的空气质量进行测试：结果显示：普通营业日，开门后一小时，其空气中细菌含量就高于室外45%以上，空气中的悬浮颗粒浓度高于室外60%，9小时后的浓度竟高达室外空气的9倍，二氧化碳浓度最高时也可达到室外的4倍以上。

二、室内空气污染源及主要污染物

1．室内空气污染源

室内空气污染主要有如下来源：

（1）建筑材料、装饰材料及家具

如矿渣砖、煤矸石砖、混凝土砌块、花岗石板等含有的氡气、放射性；中高密度板、大芯板、油漆涂料、胶粘剂带来的甲醛、苯、二甲苯等，板式家具释放的甲醛，布艺沙发喷胶带来的苯等。

（2）建房所处地段

屋基土壤或岩石中析出的氡气。

（3）房子所处地段的大气质量

如大气中的总悬浮颗粒，二氧化硫、氮氧化物、臭氧等。

（4）家用电器、燃器

彩色电视机、电子计算机、空调、电冰箱、微波炉等使用和操作过程，电磁辐射、臭氧、有机物、颗粒、燃气罩、取暖器、热水器等的使用排出的一氧化碳、氮氧化物、颗粒物、有机物等。

（5）清洁和保护用品

家用清洁剂 、清洗剂、杀虫剂、化妆品等使用，释放的挥发性有机化合物。

（6）人体自身活动污染

据研究，人体代谢产物中，有400多种化学物质，如人的肠道排泄物和穿久的衣服、鞋袜等会散发出恶臭味，这些臭味的主要成分是硫化氢气体。人在自身的新陈代谢产生的皮屑、头屑和呼出的二氧化碳等，人在吸烟时，吐出的烟雾等，烟雾中含有的尼古丁也是致癌物质。

造成室内空气污染的来源主要来自上述的几种，但经国内外环境专家反复深入研究，最主要的是建筑材料、装饰材料及家具，如在1991年召开的“首次健康建筑与屋室室内空气质量的国际会议”上指出：建筑材料、建筑装饰材料以及家具等用品是导致室内空气污染的重要来源。

2．室内空气主要污染物及其危害

据国外报导室内空气污染物，有500多种之多，如：甲醛、苯、甲苯、二甲苯、苯乙烯、氯乙烯、氨气、氡气、一氧化碳、二氧化碳、氮的氧化物、二氧化硫、对二氯苯、甲基丙烯酸甲酯、丙烯酸甲酯、邻苯二甲酸酐、甲苯二异氰酸酯（TDI）、苯并（a）芘、重金属离子（如：铅、铬、汞、镉、砷等）、石棉、细菌、可吸入颗粒物等等。

室内空气污染物及其危害程度与建造房子所用建筑材料和家居装修时所用建筑装饰材料有关。北京地区根据有关单位调查检测，主要有甲醛、苯系物、氨气、氡气及有机挥发物，这五大有毒气体和有害物被称为室内空气五大隐形“杀手”。

（1）甲醛

是一种无色容易溶解的刺激性气体。是世界上公认的可致癌的有机物之一。有关资料研究表明，甲醛对人体健康有负面影响。当室内甲醛含量为0.1mg/m^{3}时，人们就可以感到有异味和不适；含量为0.5mg/m^{3}时，就有刺激眼睛的感觉，引起流泪；达到0.6mg时，就会引起咽喉不适或者疼痛；浓度再高可引起恶心、呕吐、咳嗽、胸闷、气喘、甚至肺气肿；当空气中的甲醛含量达到30mg时，可当时导致死亡。长期接触低剂量甲醛，可以引起慢性呼吸道疾病、女性月经紊乱，妊娠综合症，引起新生儿体质降低、染色体异常，甚至引起鼻咽癌。高浓度的甲醛对神经系统、免疫系统、肝脏等都有毒害。根据流行病学调查，长期接触甲醛的人，可引起鼻腔、口腔、鼻咽、咽喉、皮肤和消化道的癌症。

居室中的甲醛主要从装修中所用的各种人造板材（如三合板、五合板、刨花板、中密度板等）、涂料、胶粘剂等挥发出。实测数据说明，在一定的条件下，家庭装修导致室内空气含有甲醛释放期可达3～15年。

（2）苯系物

苯系物是指苯、甲苯、二甲苯等化合物。苯是一种无色具有特殊芳香味的液体，被称为室内装修中的“芳香杀手”。世界卫生组织确认苯化合物为强烈致癌物质。存在于胶粘剂、涂料、油漆中，如溶剂型多彩涂料，其油滴中，甲苯和二甲苯的含量约占 20%～25%。人在短时间内吸入高浓度的苯，会出现中枢神经系统麻醉的症状，轻者头晕、头痛、恶心、乏力、意识模糊、重者会出现昏迷以至呼吸循环衰竭而死亡。去年，位于北京市三里河的居民区一住户发生了一起因装修而引起的爆炸事件，不仅造成了装修材料的财产损失，而且还有人员中毒的伤亡。据了解，造成此次事故的主要原因是装修时所用的油漆稀料中的苯，其空气中含量超过国家允许最高浓度的 14.7 倍，由于苯的浓度过高而引起的爆炸。

（3）氨

氨是一种无色具有强烈刺激性臭味的气体，它比空气轻（比重为 0.5）可感觉到的最低浓度为 5.3ppm，氨气的溶解度极高，所以常被吸附在皮肤粘膜和眼结膜上，从而产生刺激和炎症，减弱人体对疾病的抵抗力。短期内吸入大量氨气后，可出现流泪、咽痛，并伴有头晕、头痛、恶心、呕吐、乏力等，严重者，可发生肺气肿、引起心脏、停博或呼吸停止而死亡。

氨气主要来自于冬季建筑施工中，采用了含有尿素的混凝土防冻剂和室内装修时使用的装饰材料。如在做家具面层饰面时，大都使用添加剂和增白剂，而它们都含有氨水。

（4）氡

氡是一种无色无味具有放射性的气体，是土壤及岩石中铀、镭、钍等放射性元素的衰变产物。氡被国际癌症研究机构（IARC）列为第一类致癌物。氡随着空气一起被人吸入肺部，一部分通过呼吸排出体外；另一部分进入支气管、肺叶和血液。进入人体的氡不断辐射变成子体，由于氡和氡的子体的衰变，致使人的呼吸道上皮细胞受到照射造成损伤，从而引发肺癌。氡对人体健康的威胁已逐步被人们所认识，并受到许多国家的重视。如瑞士、英国、加拿大、前苏联等都相继开展了氡的全国抽样调查和检测。美国环保局和住宅者建筑国家协会共同制订了防氡的建筑规程，同时逐步发展了防氡结构技术以及进行建房前土壤氡含量的测试和调查。截止 1991 年，全世界已有 22 个国家和地区制定了“室内氡”的标准。

室内氡气主要来源于建筑物地基周围土壤中的氡气和建筑装修时采用的石材、废渣砖等。

我国政府和有关部门对室内氡对人体健康的损害也非常重视，1986 年以后，国家和有关部门相继颁布了《建筑材料工业废渣放射性物质限制标准》、《核工业废渣建筑材料产品防射性物质控制标准》、《天然石材产品放射性分类控制标准》、《住房内氡浓度控制标准》、《地下建筑氡及其子体控制标准》、《地热水应用中的放射卫生防护标准》等。

（5）有机挥发物

有机挥发物主要包括芳香烃、直链烃、卤代烃、酮、醇、酯、醛等，室内装饰中所用的各种溶剂类有机涂料和胶粘剂中，常含有这些有机挥发物。它们在施工过程中大量挥发，在使用过程中缓慢释放，是室内挥发性有机物的主要来源之一。有机溶剂一般都具有不同程度的麻醉作用和对皮肤粘膜的刺激性。长期低浓度接触，可导致疲劳、易发脾气、精力不集中、记忆力下降等神经行为改变。不同的有机物对人体的危害有较大的差别，例如：醚醇类具有影响生殖和发育的毒性，可导致胎儿畸型，聚氨酯类可刺激皮肤、眼睛，引起过敏反应，造成支气管哮喘发生。氯乙烯已被国际癌中心确定为致癌物质。

三、应对 WTO 加速发展绿色建材饰材

绿色家装，绿色奥运，入世后国际市场上绿色壁垒的竞争都对建筑材料、建筑装饰材料的质量和环境行为提出了越来越高的要求，也即我国绿色建材的发展面临着更为严峻的挑战和广阔的发展环境。为此，我们需要抓紧做好如下工作：

1．积极宣传贯彻《室内装饰装修材料有害物质限量》国家标准，促进绿色建材发展

最近国家质量监督检验检疫总局发布了“室内装饰装修材料有害物质限量 10 项国家强制性标准”。包括人造板及其制品、内墙涂料，溶剂型木器涂料、胶粘剂、地毯及地毯用胶粘剂、壁纸、木家具、聚氯乙烯卷材地板、混凝土外加剂 、建筑材料放射性核素等。这 10 项标准是紧密结合我国的国情、环境特征、经济技术条件以及建筑装饰材料发展水平的实际情况而制定的，是利国利民造福社会的大好事，它的实施为消费者保护自身权益提供了有力武器，为人民身体和身心健康构筑了法制化屏障，为推动我国建筑装饰市场的发展，规范市场行为，杜绝假冒产品提供了法律依据。

所制定的 10 项国家标准起点较高，基本与国际标准接轨，标准中有害限量值大多与美国及欧洲共同体相关产品的限量一致。如人造板及其制品中的甲醛限量与欧洲“刨花板”等有关标准的指标相一致；溶剂型木器涂料中，可溶性重金属限量值与英国、法国及德国儿童玩具材料重金属限量值一致，苯的限量值与“欧共体生态标志产品——色漆和清漆生态指令”相同； 地毯、地毯衬垫及地毯用胶粘剂产品分为 A，B 两级，其中 A 级环保型的限量值与美国地毯协会标准规定的挥发性有机物、甲醛等指标相同。也即这 10 项国家标准的发布，为我国建筑装饰装修材料企业和产品，搭建了与国外产品公平竞争的平台，推动我国建材工业产业和产品结构调整，加快落后产品淘汰的步伐，提高国际市场的竞争力。

2．强化绿色建材的认证工作，使更多的产品通过绿色通道进入市场

我国绿色建材的环境标志认证工作始于 1994 年，7 年多来已取得可喜的成绩。已有水性涂料、低铅陶瓷制品、无石棉建筑制品、粘合剂、磷石膏建材制品、人造木质板材、建筑用塑料管材等 7 大类建材制品通过了中国环境标志产品认证。

（1）水性涂料

已有白塔牌、丰彩牌、宝丽牌、龙牌、沧浪牌、紫荆花牌、神州牌、电视塔牌、中美牌、亚力美牌、金鱼牌、

亚士牌、天祥牌、蒙来特牌、福派牌、京建牌、雅士利牌、立邦牌、JVI 牌等几十个品牌。

（2）无石棉建筑制品

纸面石膏板：龙牌（北新建材公司）、博罗牌（上海博罗石膏板有限公司）等，埃特牌埃特板（广州埃特尼特有限公司），FC 牌无石棉硅酸钙板（江苏爱富希新型建材公司），FC 牌无石棉纤维水泥板（江苏爱富希新型建材公司），龙牌矿渣棉吸声板（北新建材（集团）公司），星牌矿棉装饰吸声板（北京星牌建材公司）。

（3）人造木质板材

强化复合地板：三威牌（广西梧州木材厂）、欧典牌（北京欧德装饰材料有限公司）、柏高牌（粤海装饰材料（中山）有限公司）、升达牌（四川升达林产有限公司）、吉象牌（乐山吉象人造林制品有限公司）、汇丽牌（上海汇丽地板制品有限公司）、双凤牌（江苏福万特纤维板有限公司）、永林兰豹牌（福建永安林业（集团）公司）、福人牌（福州人造板厂）、巨宁牌（湖北巨宁森工集团股份有限公司）等。

刨花板：三威牌（广西三威林产公司）、威达牌 （广西三威林产公司）等。

中密度纤维板：森华牌（北京森华人造板有限公司）、吉象牌（四川升达林产有限公司）、三威牌（广西三威林产公司）、威达牌（广西三威林产公司）等。

胶合板：百霖牌（上海百霖木业有限公司）。

薄木装饰贴面板：莫干山牌（浙江云峰绿色建材股份有限公司）。

实木复合地板：福满地牌（天津福业有限公司）。

（4）建筑用塑料管材

铝塑管：龙牌（北新建材（集团）公司）、日丰牌（佛山市日丰企业有限公司）、金洲牌（浙江金洲集团）、裕康牌（广东省揭阳市延升实业发展有限公司）等。

UPVC 管：龙牌[北新建材（集团）公司]。

PP-R 管：龙牌[北新建材（集团）公司]。

芯层发泡管：龙牌[北新建材（集团）公司]。

（5）粘合剂

无三苯聚氨酯胶：通用牌（福建省通用树脂化工有限公司、恒宝牌（南海市白沙恒宝树脂制品厂）、奇嘉牌（福建省莆田市奇嘉化工有限公司）、大东明牌（保定东明树脂化工有限公司）、立星牌 （温州立新化工有限公司）等。

无三苯氯丁胶：通用牌（福建通用树脂化工有限公司）。

建筑装饰胶：禹王牌（山东禹王实业有限公司）、长相依牌（山东禹王实业有限公司）、哥俩好牌（抚州合乐化工有限公司）等。

白乳胶：汉港牌（西安汉港化工有限公司）。

胶粘剂：金鱼牌（石家庄市油漆厂建筑涂料厂）。

（6）陶瓷制品

建筑陶瓷制品：冠军牌[信益陶瓷（中国）有限公司]。

我国建材制品通过国家环境标志认证工作虽已取得显著成绩，但仍远远满足不了市场的需要。由于过去环境标志认证强调企业在自愿原则上进行申请，因此，部分企业的产品已达到国家环境标志产品标准，但尚未申请认证。如中国建筑材料流通协会公布的2001年度在北京地区开展的复合木地板十大放心品牌，只有吉象、欧典、柏高三个品牌通过了国家环境标志认证，尚有万宝龙、圣象、宏耐、迪科森、欧陆佳、泰步、瑞嘉等 7 个品牌没有进行国家环境标志认证。因此，必须加大宣传工作，让更多的人了解环境标志认证的意义，让更多的企业积极参加环境标志工作，使更多的产品打通绿色通道进入市场。

3．大力发展绿色建材高新技术产品，提高国际市场竞争力。

在绿色浪潮的推动下，21 世纪建材的消费市场将是以绿色建材为主导地位的市场。世界绿色建材的竞争将是高科技含量、高品质、高附加值、低能耗、省资源等方面展开竞争，谁家的产品对环境友好、性能优、价格合理、谁就能在国内外市场上占有较多的市场份额。因此，国内外有眼光的企业，都竞相投入巨资和人才，大力开发各种绿色建材高新技术产品，或用高新技术改造传统产品，促进产品的升级换代。

近年来，我国一些企业，在绿色建材高新技术产品的研究和开发方面，取得了可喜的成果，并有部分产品已实现了工业化。

如上海汇丽集团、上海星伟树脂公司开发的低有机挥发物的内墙健康涂料；上海大学环境化工学院采用氟树脂、硅丙树脂、纳米溶胶共混改性开发成功可常温固化环保型水性自分层超耐候耐污涂料，北京建材研究院采用纳米材料研究成功的高耐候性建筑涂料和水性交联防霉杀菌涂料；大连明辰振帮涂料股份有限公司研究成功的水性环保型氟碳漆；中国建材科学研究院利用稀土技术等开发成功的保健抗菌釉面砖、并在广东佛山园林陶瓷厂建成投产，北京新型建材（集团）采用纳米技术研究成功的可净化室内有害气体的矿棉装饰吸声板；上海汇丽集团公司开发成功的可产生负离子的强化复合地板；常州华碧宝特种新材料有限公司开发的华碧宝石英壁布；北京中创新技术研究中心研究开发的水性木器漆；北京京南应用技术研究所推出的导电水泥地板采暖；北京伴邦科技有限公司开发成功的甲醛喷刷净；广东英陶洁具有限公司开发的节水型 3/6 双阀冲水坐便器；北新集团山东潍坊美林窑业有限公司推出的系列节水坐便器；山东兖矿集团北京兖矿宏圣新技术公司开发的太阳能低温地板辐射采暖系统等等。我们希望有更多的事企业单位积极投入到绿色建材高新技术产品的研究开发中来，开发出更多更好的绿色建材产品，提高国际市场竞争力，满足国内外市场需要。

绿色建材、绿色装饰，营造一个温馨、舒适、安全、无污染的居室环境，需要生产、设计、施工、流通、管理等各个环节的通力配合和共同努力。随着 WTO 的进程，人们期望百分之百的、真正意义的健康住宅，绿色住宅定能早日实现。

室内环境与绿色设计

中国建筑装饰协会信息咨询委员会专家组　成　员
清华大学美术学院环境艺术系　主　任　教　授
郑曙旸

一、研讨的基础
——室内环境与绿色设计的主要理念

1. 绿色设计的基础概念

·绿色设计的实质

在环境设计（包括室内环境设计）的专业范畴，绿色设计是世纪之交出现频率最高也最为时髦的一个词组。然而什么是绿色设计？在公众乃至业界的理解却不尽相同。从专业设计者到行政领导可能在正规的文稿或报告中，大谈可持续发展，大谈绿色设计，然而在实施的各类与环境有关的工程项目中却完全与绿色背道而驰。

要弄清楚什么是绿色设计，首先要明白绿色概念的由来。绿色是生命的象征。绿色就其自然属性而言来源于植物的物质表象。“一个有用的衡量经济规模对地球生命承载能力的极限，是全球光合作用产物供给人类活动的比率。”[1]其生命之源——植物的光合作用，即：净初始生产力（Net Primary Productivity,NPP），即绿色植物通过光合作用所固定的太阳能，减去绿色植物本身所消耗掉的能量（如呼吸作用），其差值即被称为 NPP，这个数量实质上是全世界的食物来源的大本营，是支持地球上一切形式的动物体（包括人类）生存的生物化学能量。NPP 实质上代表着全世界的食物来源[1]，正因如此，绿色才成为生态环境良性循环的代名词。以绿色作为定语的“绿色设计”，其核心概念就是创造符合生态环境良性循环规律的设计系统。

·可持续发展的概念

毫无疑问迄今为止人工环境的发展（自然包括室内环境）是以对自然环境的损耗作为代价的。于是从科技进步的基本理念出发，可持续发展思想成为制定各行业发展的理论基础。可持续发展思想的核心，在于正确规范两大基本关系：一是“人与自然”之间的关系；二是“人与人”之间的关系。要求人类以最高的智力水准与道义上的责任感，去规范自己的行为，创造一个和谐的世界。作为室内设计行业在可持续发展战略总体布局中[1]，是处于如何协调人工环境与自然环境关系的重要位置。因此绿色设计成为行业依靠科技进步实施可持续发展战略的核心环节。

绿色设计从本质上来讲是宏观的战略概念。“环境与发展”的均衡，是国家可持续发展战略的核心，也是“人与自然”之间取得平衡的基本标识。绿色因此成为基本标识的代称。体现人类理想生存环境的最佳状态是：生态系统的良性循环；社会制度的文明进步；自然资源的合理配置；生存空间的科学建设。绿色设计作为这种最佳状态——可持续发展总体战略下的实施系统。可以界定为两类概念，一类是宏观的绿色设计，一类是微观的绿色设计。作为中国的设计者，宏观的绿色设计是中国可持续发展战略的实施方案：2030 年实现人口数量和规模的“零增长”，跨上中国可持续发展战略目标的第一台阶；2040 年实现能源和资源消耗速率的“零增长”，跨上中国可持续发展战略目标的第二台阶；2050 年实现生态环境退化速率的“零增长”，跨上中国可持续发展战略目标的第三台阶；目标实现我国将整体进入可持续发展的良性循环。微观的绿色设计则体现于可持续发展战略目标下的环境设计系统[1]：这个系统是可供实际操作的城市设计、建筑设计、园林设计、景观设计、室内设计等。

·惟一可供选择的道路

是否将绿色设计定为 21 世纪我们行动的指南，是否将绿色设计定为可持续发展战略的实施系统，关系到人类的生存还是毁灭。这个问题提得很严峻，是否危言耸听，让我们来看现实：人类历史到公元 1900 年为止全球经济总规模折算为 6000 亿美元。100 年后全世界每年仅新增产值就达到当时世界总财富的 50%；中国 1997 年全年的 GDP 即相当或略高于当时全球经济的总规模。财富大量积聚的代价是资源和能源的无节制消耗和向地球的无情掠夺，人类现在一年所消耗的矿物燃料，相当于在自然历史中要花费 100 万年所积累的数量。在此种经济模式、经济规模和巨量消耗物质形式资源和能量形式资源的现实中，如不能够有效地遏止这种汹涌增长的势头，人类无疑于是在为自己挖掘坟墓。

然而我们不得不面对环境与发展的矛盾。中国经济持续高速增长的势头、人口基数庞大并在不断膨胀的现实、自然资源的大量消耗、区域发展不平衡等，均对 21 世纪中国的环境与发展造成巨大的压力。我们处在一个既不能走世界发达国家“先污染、后治理”的老路，又不能不把“发展”置于优先位置的“二难”境地之中。例如，美国是当其人均国民生产总值 GNP 达到 11000 美元、日本是当其人均 GNP 达到 4000 美元时，才开始大规模的环境治理，要求中国在目前人均 GNP 不足 700 美元的发展阶段上，动用大量资金投入环境治理是不现实的；但与此同时，我们在环境问题上亦不能无所作为。否则我们将愧对于我们的子孙[1]。如何解决环境与发展之间的矛盾，如何在二者之间寻求合理的均衡点，在摆在中国未来的严峻任务。绿色设计因此成为惟一的出路。

2. 室内设计的发展方向

·历史发展的三个阶段（装饰、空间、绿色）

我们按照人工环境与自然环境融会的程度来区分建筑的内部空间——室内的发展阶段。以界面装饰为空间形象特征的第一阶段，开放的室内形态与自然保持最大限度的交融，贯穿于过去的渔猎采集和农耕时期；以空间设计作为整体形象表现的第二阶段，自我运行的人工环境系统造就了封闭的室内形态，体现于目前的工业化时期；以科技为先导真正实现室内绿色设计的第三阶段，在满足人类物质与精神需求高度统一的空间形态下，实现诗意栖居的再度开放，成为未来的发展方向。

从整个人类的营建历史来看，室内装饰的历史甚至早于建筑。岩壁上的绘画是人类栖身于洞穴时的室内装饰；坐立于地面的彩绘陶罐成为最初建筑样式人字形护棚穴居的装饰器物。石构造建筑以墙体作为装饰的载体，从而发展出西方建筑以柱式与拱券为基础要素的装饰体系；木构造建筑以框架作为装饰的载体，从而发展出东方建筑以梁架变化为内容的装饰体系，形成天花藻井、隔扇、罩、架、格等特殊的装饰构件。发端于19世纪后期的现代主义建筑思潮，是建立在理性的功能主义之上的。钢筋混凝土框架结构和玻璃的大量使用，为室内空间争得了发展的更大自由，空间的流动在技术上变成了可能。这是人类建筑史上的一次革命，它促进了现代室内设计的诞生。而恰恰在这时，依附于建筑内外墙面的装饰被减到了最少。而代之以从室内环境整体出发的装饰概念。在现代建筑的国际式室内设计中，装饰的效果是通过运用简洁的造型和材料纹理，在布置手法上注重各种器物之间的统一和谐，创造平静惬意的整体室内环境气氛来实现的。

人工环境的主体是建筑。在生产工具极其简陋的狩猎采集时期，生活方式和生产力水平，决定了当时的人类不可能营造像样的建筑。正如《韩非子.五蠹》记载："上古之世，人民少而禽兽众，人民不胜禽兽虫蛇，有圣人作，构木为巢，以避群害。"因此这个时期的人工环境显得非常原始，基本上处在与自然环境共融的状态。

农耕时期的建筑无论是单体型制、群体组合，还是比例尺度、细部装饰都达到了相当高的水平。世界文化名城几乎都建成于这个时期。其空间的构图与自然环境高度和谐统一。由于建筑内部的采暖通风设备，相对处于自然的原始状态。所以除了建筑本身所耗的自然资源外，很少有向外的有害排放物。加之人口数量有限，建筑的规模相对较小。极少的生产性建筑，又基本是为农耕服务的水利设施。因此农耕时代的人工环境，在促进了人类社会向前发展的同时，基本上做到了与自然环境共融共生，尽管这时人类生活的质量仍处于较低的水平。

进入工业化时代，人类的生产方式出现了革命性的变化。机器的使用，大大解放了生产力。生产的高速运转，促进了社会分工的加速发展。城市化的趋势，使建筑的类型猛增。建筑空间的功能需求日趋复杂，农耕时代原有的传统建筑形式已很难适应新的功能要求。对功能的需求促进了现代建筑理论的诞生。"形式随从功能""住宅是居住的机器"等言论，成为现代主义建筑产生的催化剂。随着钢筋混凝土框架结构和玻璃的大量使用，营造更大的内部空间成为可能。灵活多变的空间形式，完全打破了农耕时代传统建筑较为呆板的空间布局。创造出功能实用，造型简洁的建筑样式。

在这个时期建筑的体量和规模都达到了前所未有的程度。大批的生产性建筑冒出了地平线。机器轰鸣的巨大厂房，高耸林立的烟囱，一度成为时代的骄傲与象征。居住与公共建筑内部开始大量使用人工的采暖通风设备，从而造就了一个个隔绝于自然的封闭人工气候。这样的人工环境造就了现代的物质文明。虽然人类的物质生活水平达到了相当高的程度，但是人类违背自然规律的"自私"行为，却很快使我们尝到了苦果。温室效应加速了自然灾害的频度，臭氧层空洞的出现，预示了人类生存危机的到来。事实证明工业化时代人工环境的建造，没有能够完全做到与自然环境的共融共生。

展望未来，人工环境还将继续发展，与自然环境的共融共生，将会摆在最重要的位置予以考虑。建筑领域"绿色设计"生态建筑将会成为发展的主流。室内环境只有在生态建筑的基础上，才能达到更高的水平。

·多元化的过渡阶段

室内作为建筑的组成部分，其专业的发展必然依托于建筑。绿色的生态建筑在目前尚处于试验的阶段，我们今天看到的世界上已有的"生态建筑"基本上呈现两种状态：一类是从生态到建筑，一类是从技术到自然。前者利用地形特征以最小空间的可能性；以地上生出的体量；以走近自然景观的景观元素来开发建筑。或者利用景观改造以及创造居住建筑的生态学来与自然结合。后者利用高技派的进化；高效能的立面和生物气候的屋顶来营造建筑。或者利用技术手段直接将自然要素运用于建筑本体。这些散在于世界各地的探索性建筑体现了未来发展的方向。即便要把这些观念性建筑推而广之，普及成为社会大规模建筑的主流尚有待时日。作为过渡阶段的室内设计自然也不可能超越建筑的发展而另辟蹊径。因此设计的多元化就成为时代典型的特征。在这个时期室内设计首先要实现观念的转换，在技术条件许可的情况下，以绿色设计的概念创造符合时代要求的多种风格并存的室内空间形象。

3. 科学技术的关键作用

·没有科技的进步就没有真正的绿色设计

科学技术作为第一生产力成为可持续发展的引擎，只有科技的进步才能促使绿色设计的实现。然而，即使依靠科技进步绿色设计的实现也不可能一蹴而就。其间需要攻克的难关难以数计，必须将绿色设计作为行业发展的最终战略目标。在经过相当长的一个历史阶段的努力之后，才能真正实现。我们这一代人正处于战略发展的十字路口，要在分析当代科学技术特点的基础上，去努力寻找绿色设计的突破点，为行业的可持续发展在21世纪中叶中华民族实现伟大复兴之前奠定基础。

·需要突破的技术瓶颈

作为生态系统的良性循环，关键在于协调人工环境与自然环境的关系。作为行业的绿色设计就是要解决两个方面的问题：自然环境——城市摆脱污染的困扰。废弃固体、气体、水体的排放控制；绿化与水资源的合理配置。尤其是由建筑装饰业的不良设计所造成的城市视觉污染，要得到有序的控制。人工环境——建筑从封闭再次走向开放，实现生态建筑的理想。作为室内设计专业需要解决制约瓶颈的三个问题是，通风与温控、采光与照明、水的循环使用。实现突破必须依赖新的材料与能源。可再生资源、非传统矿产资源、第四代能量资源、太空资源。

根据当代科学技术的特点：我们可利用科学技术活动交叉性、复杂性、多样性特点所提供的各类平台，打破行业的界墙与相关专业进行广泛的合作。首先利用新材料技术的发展将形成功能化、复合化、智能化、环境友好、可再生材料和纳米材料等的基础上，与先进的制造技术结合形成智能、柔性、虚拟的工程制造体系；利用新能源技术的发展，特别是核能技术、洁净煤技术、可再生能源技术和天然气开采技术等的发展，使洁净、安全、高效、可再生性、可储存性、可分配性在建筑领域成为可能，从而促使室内设计行业有一个良好的人工环境系统；利用环保技术的发展，特别是绿色技术的发展，绿色材料的生产，环境综合治理等带来更好的环境效果的同时，促进装饰材料向全面绿色化转变；利用信息技术的发展，在微电子与光电子结合，多媒体与宽带网络技术结合，计算机与网络通信结合，超级并行计算机与虚拟现实结合，智能计算与认知、脑科学结合，以及应用领域的广泛性和多样性结合实现的基础上，最终实现室内设计行业设计领域的革命。

二、现实的对策
——实施室内绿色设计的可行性方案

也许我们会觉得宏观的目标与实际的项目设计相距甚远。一个具体的室内设计行业从业者是无计可施还是有所作为。不要说社会责任，即使是设计者的职业良心，也要从设计观念上实现彻底转变。是融于环境之中还是凌驾于环境之上，是个人价值还是社会价值，艺术表现的传统惯性模式已经不适合新时代的要求。

是空间概念还是界面概念，要实现从二维设计方式到四维设计方式的转换。室内设计者要明白空间氛围的创造才是艺术形象在室内体现的最终目标。把握好实体与虚形的关系，不以界面表现为设计的终极，才能为绿色设计奠定良好的概念基础。

1. 存在的问题

要想在绿色设计上有所作为，首先要看到存在的问题。即使以绿色设计概念的最低限来衡量我们今天的室内环境设计，不是无所作为而是大有可为。关键在于我们的决策者、我们的设计师、我们的社会大众观念的转变。不少问题并非客观上的不能改变，而是我们主观上愿意不愿意改变。

·滥用能源的陋习

克服滥用能源的陋习是最容易做到而又最难做到的一点。小到随手关灯、随手关水龙头；大到设备选型、定制标准。贪大求全、讲排场、慕虚荣、喜炫耀成为滥用能源的病根。至少在我们还没有找到取之不尽用之不竭的能源之前，再不能作对不起子孙后代的事情。节约能源不仅是设计专业的准则，也应该成为全民的基本道德规范。

·过度装修的弊端

过度装修的弊端所反映的问题，体现于以下几个方面：将追求美观悦目空间效果的装修愿望理解为表象豪华的社会观念；设计者缺乏空间的整体概念以二维平面设计的理念去应对复杂的四维空间设计；设计者缺乏实际工作的经验设计手法单调无法从总体上把握空间氛围的创造；业主与设计者单方或双方的艺术修养达不到应有的水准。过度装修纯粹是材料的堆积，无论从哪个角度来讲都是有违于绿色设计观念的。

·人性关爱的漠视

设计的本质在于对人性的关爱，也是绿色设计的基本出发点。室内设计中的见物不见人和以偏概全的手法是对人性关爱的漠视。体现在对老龄人群、残疾人群、特殊职业人群生活环境的设计，也体现在设计者专业技能基本素养的缺失。

2. 关于材料与构造的思考

材料与室内设计的关系密不可分，没有材料室内设计只能是无米之炊。不同的材料可以代表不同的时代特征；不同的材料可以造就不同的空间样式；不同的材料可以营造不同的装饰风格；材料甚至可以左右设计的流行时尚；作为绿色设计的战略目标，在现阶段也只有从材料寻求突破。

·环保材料的概念

材料的环保概念包括两个层面的含义：第一是材料自身的环保性，即材料的内部构成物质不存在危害自然环境的成分，不会向外发散有害物质；第二是材料的再生性，即材料能否循环使用的性质。

材料的环保性在某种程度上说是可转化的动态概念，同一种材料由于受内因或外因的作用，在某种状态下是环保的，但在某种状态下可能就成为非环保的。以最基本最常用的建筑天然材料木材与石材为例：木材本身的植物属性，决定了材质的环保性。但大量超采森林的行为和改变性质加入填充料的人造板材，却使木材使用的环保性质发生了变化。石材用于建筑外墙和用于室内就是两种概念，放射性物质含量的标准成为环保与否的分界。

由于材料的环保逆转特征，出于绿色设计的需要：我们一方面期待新型环保材料的出现，一方面要在现有材料的应用中，尽可能因时因地制宜选用符合环保概念的材料。

·首先从选材做起

滥用材料过度装修还是合理用料适度装修，成为衡量设计者环保意识的天平。设计者要树立正确的用材观。

一般来讲设计者总是希望选用高档材料，这是因为所谓的高档材料本身具有华丽的外表，易于产生良好的视觉效果。但是滥用高档材料不但得不到好的空间装饰，而且还会因为材料衔接过渡的处理不当，造成适得其反的效果。设计者合理选用与合理搭配材料的能力并不是一蹴而就的简单技巧。同一空间中使用的材料越多面临的矛盾也就越大，因此一些高档的场所反而用材极为简洁。当然材料用得少就更需要精细的工艺水平。

从绿色的选材概念出发，在装修设计中能用一种材料解决就不用两种，能用可再生的环保材料就不用不可再生的非环保材料。一句话终结奢靡之风。“盖居室之制，贵精不贵丽，贵新奇大雅，不贵纤巧烂漫。凡人止好富丽者，非好富丽，因其不能创异标新，舍富丽无所见长，只得以此塞责[2]。”在真正实现绿色设计之前，惟有这一点是我们最容易也最难做到的。

·构造更新的观念

从20世纪90年代开始在世界上由工厂加工大型建筑构件来装配房间的建筑项目越来越多。最典型的例证是机场航站楼的建筑，仅中国境内的三个大型航站楼：北京、上海浦东、香港赤蜡角都是这种模式的建筑。材料与构造的更新使空间的样式发生了很大的变化。同时也为建筑装饰业的设计提出了新的课题。从表象上看这种变化似乎只是简单的材料与构造更替引发的空间样式变更。但从建筑装饰的概念出发则可能成为新时代设计与施工模式根本转变的开端。在以往的建筑装饰行业粗放式的现场加工模式占据施工方式的主流，材料损耗率极大。在以天然材料为主（包括大量使用粘土砖作为构造主材）的建筑年代，正是这种方式对环境造成了相当大的破坏。今天，当我们还不能立刻从本质上实现绿色设计，而随着大量人工复合再生材料的应用，一次成型构造方式的推广，材料与构造的更新就成为室内环境绿色设计用材在现阶段的关键。

·寻找环境系统设计的突破口

在科学的发展还不能为我们提供理想的绿色设计技术保证的情况下，只能以现有建筑技术为基础，从环境系统设计的角度去寻求绿色概念的室内设计。这就是如何利用现有技术，在改造建筑界面物理构造的过程中，将阳光、空气、水流等自然要素合理运用于室内，成为我们寻求实现当代有限绿色设计的突破口。实际上目前的ISO14001国际环保认证体系，就是以太阳能、自然通风、水的循环使用等自然环境要素在建筑中利用的程度来作为基本衡量标准的。在这里我们来看一个实例：武藏工业大学环境情报学院，是日本新近通过ISO14001国际环保认证的惟一校园。仔细研究该校园建筑的构造特征，就不难发现其在环境系统设计方面所做的工作都是基于现有技术的巧妙与合理利用。这是一个值得我们学习与参考的有效实例。

三、未来的展望
——与生态建筑相符的室内环境系统

建立与生态建筑相符的室内环境系统，最终实现室内的绿色设计，成为我们对未来的展望——实现人类诗意地栖居于大地的理想。

1. 从封闭再次走向开放

在人类漫长的发展历程中，只是在工业化之后我们的室内环境才趋向于封闭。正是因为封闭才产生了诸多的环境问题。如何打破封闭使室内再次走向开放，成为衡量室内环境是否绿色的天平。

·摆脱人工气候的控制，在高技术的层面回归于自然。

·环境因素成为人类生存利益的主体，创造融会于自然环境的建筑内部空间。

·恢复已退化的自然环境区域，将自然生态循环的过程整合于建筑之中。

2. 良性循环的生态系统

自然环境本身就是一个生态循环的系统，作为生态建筑的室内环境首先在于其系统循环的良性化。这是室内环境绿色设计的基本点。

·建立与地球生态系统相适应，能够良性循环的建筑生态系统。

·在三个方面实现室内环境系统的技术改造：空间的形式、朝向、采光、通风等方面的优化；太阳能开发与智能系统利用；自然循环的可再生天然材料。

·德国的生态建筑——德国国会大厦太阳能穹顶与自然通风系统。

3. 可供回收的产品体系

从一种单纯的意识形态发展成为一种真正的经济要素：建立可供回收的产品体系是室内走向绿色设计的必由之路。

·耗费最少资源或实现资源自给的100%的生态建筑

·建立与生态建筑相适应的室内可供回收产品体系

4. 与之相配的空间形态

仅做到技术层面的室内环境生态化，还不是完整的室内绿色设计。我们还需要满足人类精神追求的高文化品位的环境氛围。

·建筑物的生态学——着眼于综合环境与气候因素，将其转化为高品质、高舒适度、完美形式的空间。

·局限于对节能和生态设备的表现还是结合为建筑自身的构成元素。

注释:

1. 中国科学院《2000中国可持续发展战略报告》。
2. 清·李渔《闲情偶记》。

绿色饭店基本条件

（饭店与餐馆分别执行相应条款）

中国饭店协会　中饭协标字[2001]第80号

（二○○一年十二月二十八日）

绿色饭店是国际通用的“生态标志”和环境品牌。绿色饭店要求饭店与餐馆（以下简称饭店）运用环保健康理念，坚持绿色管理，使企业节约水和电，使用与环境友好的清洁材料，垃圾分类以利循环使用，增强对环境的认识程度，实现可持续发展。

一、绿色营销

1．饭店最高管理者必须任命专人负责绿色任务，严格遵守国家有关环保、节能、卫生、防疫、食品等法律法规。

2．饭店有绿色计划，明确环境目标和行动措施，健全有关节能、环保和降耗的规章制度，并且按绿色环保要求不断更新和发展。

3．全员参与，饭店每年至少召开一次以绿色环保为主题的员工大会，开展一次以节能为主题的绿色活动，实现环保任务。

4．饭店有环境培训计划，分管绿色的负责人必须参加有关环境问题的培训和教育，开展“环境员工”培训，提高绿色技能。

5．顾客参与，对饭店顾客提出绿色消费的要求，使顾客关心绿色行动。顾客在大堂和客房可以看见绿色饭店活动的资料和标准。饭店被授予“绿色饭店”后，必须把牌匾置于醒目处。

6．建立绿色饭店的文件档案。

二、节约用水

1．水的消耗是很重要的环境问题。饭店的水消耗主要来源客房、厨房清洁和餐具清洗。各主要部门要有用水的定额标准和责任制。

2．饭店用水总量每月至少登记一次，厕所水厢每次冲水量、水龙头每分钟水的流量、浴池水龙头的水流量、小便池的用水量、洗碗机的用水量等有明确的标准并执行。

3．新型节水设备的使用按说明书指导运用，以达到最少的用水量。

4．对于室内游泳池，周围的气温比水温至少高2℃。

5．有关较高水消耗的部门应独立安装水表。

6．严格禁止水龙头漏水。

三、能源管理

1．能源消耗是一个重要的影响环境的因素。饭店要有能源管理体系报告，每月至少一次对电能总消耗进行监测，各主要部门有电、煤（油）能耗定额和责任制。

2．饭店通风设备的热交换器表面以及暖气和空调表面，每年至少定期清理一次。排风装置中的过滤器必须根据需要，每周清洁一次。

3．饭店采用通风调节装置，使普通客房和厨房在不使用时，可以关闭和关小。通风间装备使用能量适中的通风装置和节能发动机。

4．冰箱、冷藏柜、热橱柜装有完整的气流排除器。

5．在主要部门单独安装电表以控制能源消耗。

6．积极采用节能新技术，有条件的企业应使用可再利用的能源（太阳能供热装置、地热等）系统。

四、环境保护

1．饭店污水处理、锅炉烟尘排放、废热气排放、厨房大气污染物排放、噪声排放达到国家有关标准。

2．洗浴与洗涤用品使用和用量正确，对于环境的影响降到最低。

3．纸巾与厕所用纸是由非氯漂白的纸制成，或者是知名企业的环保商标产品。

4．冰箱、空调、冷水机组等积极采用环保型设备用品。

5．室内绿化与环境相协调，无装饰装修污染，空气质量符合国家标准。

6．室外可绿化地的绿化覆盖率达到100%，自来水浇花或扫地只能在18：00至次日7：00间进行。营业场地不得使用化学除草剂和化学肥料。

五、垃圾管理

1．垃圾对环境造成巨大的影响，饭店要通过垃圾分类、回收利用和减少垃圾数量而控制。

2．饭店在所有有可能的区域建立垃圾收集以便回收利用。员工能将垃圾按照细化的标准分类。

3．对顾客做好分类处理垃圾的宣传，废电池能统一收集。

4．食品垃圾、厨房垃圾积极采用独立容器包装处理。

5．卫浴用品用可再循环或可降解的材料包装处理。

6．对危险废弃物有专用存放点。

六、绿色客房

1．有无烟客房楼层（无烟小楼）。

2．房间的牙刷、梳水、小香皂、拖鞋等一次性客用品和毛巾枕套、床单、浴衣等客用棉织品，按顾客意愿更换，减少洗涤次数。

3．取消塑料封套、塑料擦鞋合、一次性洗衣袋，使用无污染、可再生的替代品。

4．摆放绿色植物。

5．供应洁净的饮用水。

6．如果客房重新装修或维护，要重点考虑室内的气候。

七、绿色餐饮

1．餐厅有无烟区，设有无烟标志。

2．保证出售检疫合格的肉食品，严格蔬菜、果品等原材料的进货渠道，确保食品安全。

3．不使用一次性发泡塑料餐具、一次性木制筷子，积极减少使用一次性毛巾。

4．制订绿色服务规范，倡导绿色消费，提供剩余食品打包服务和存酒服务。

5．不出售国家禁止销售的野生保护动物。

6．积极采用绿色食品、有机食品和无公害蔬菜。在餐厅至少有一道菜是获权威部门认可的名菜，至少有一道菜使用的是符合生态标准的原料。

八、绿色管理

1．饭店运行积极采用绿色饭店质量管理体系。

2．饭店新购置设备用品尽量选购环保产品或者是绿色供应商的产品。

3．饭店积极采用现代经营方式和服务技术，推行绿色品牌。

4．饭店积极采用绿色设计，提高饭店的文化艺术品位。

5．饭店的绿色行动受到社会的积极赞同。

6．顾客对饭店的环境质量满意率达到80%以上。

·酒店设计·

酒店设计的地域性和文化性

苏州金螳螂建筑装饰有限公司 总设计师 王琼

酒店设计是一种商业文化设计的类型，如同文化场所、交通场所、办公场所、医疗康复场所，均是一种社会的需求，即是文化，则有其文化的属性。文化本身是一种庞杂的概念，其广义是指人类在实践中所获得物质精神生存能力和创造物质、精神财富的总和；其狭义指精神生产能力和精神产品一切意识形式。尔今的酒店，早以不是以往行旅所代替步途中转的客栈、驿站，而是随着社会的发展具有丰富的内容和多种形式的类别，如具有综合功能的城市中心酒店、开展各种大型会务活动的会议型酒店、为广大商务人氏所提供的商务性酒店、为诸多观光旅游者所提供的度假性酒店、为长期客人所提供的公寓性饭店以及各种交通类型的酒店如汽车旅馆等等。随着社会经济的发展，外出人员也随之有不同的要求。

如今世界上，饭店不仅具备着繁多的类别，其等级也有严格的划分，如欧洲的饭店有三个等级。它的四星级饭店通常有餐厅及酒吧；三星级饭店可能有；二星级饭店大多数没有餐厅及酒吧；一星级饭店没有餐厅，但有欧陆式早餐供应。而国际上多数国家则采用国际 AA 饭店集团编印的国际五星级饭店标准及要求，将商业性酒店分为五个星级的标准，以满足不同消费者的需求。

成功的酒店设计不仅是满足其使用的功能的需要、设计新颖，更重要的是具备其不同的地域性和文化性。现今在国际主义的设计思潮的影响下已经使诸多地域及不同的民族具有了同一张面孔，这是极其悲哀的，如同国内的许多设计师将现代主义、极少主义、高技术主义信奉为设计原则，这是一种极错误的趋势。世界之所以多姿多彩，正是由于不同的民族背景、不同的地域特征、不同的自然条件、不同历史时期所遗留的文化而造成世界的多样性。故而从这一点上来讲，越具有地域性也越具有世界性。而酒店的设计从功能上是满足使用，这是与国际必须接轨的，换句话说，也是具有同国际相同的规范、相同的标准，以满足不同国度及不同民族的消费权及使用权，而酒店的精神取向及文化品味则因考虑地域性及文化性的区别，我认为，这是一个酒店的成功所在。

一、地域性

所谓设计的地域性（regionalism 或 location），是指设计上吸收本地的、民族的、民俗的风格以及本区域历史所遗留的种种文化痕迹。地域性在某种程度上比民族性更具狭隘性或专属性，并具有极强的可识别性。由于许多极具地域性的民俗、文化及艺术品均是在与世隔绝的状态中发展演变而来的，即使是在以往有限的交流和互通下其同化和异化的程度也是有限的，因而其可识别性是非常明确的，譬如同是刺绣品，湘绣和苏绣则相去甚远。

另一方面，同一地区不同时代所形成的文化和民俗及文物也有所不同，这是由于时间段所造成的。正如我们所看到同是吴地的家具明与清差别是很大的。

而地域性的形成离不开三个主要因素：一是本土的地域环境、自然条件、季节气候；二是历史遗风、先辈祖训及生活方式；三是民俗礼仪、本土文化、风土人情、当地用材。

正由于上述的因素，才构架出地域性的独特风貌。在现代设计中，体现地方主义特色的设计师大有人在。早在战后的日本现代建筑中已得到体现，丹下健三的广岛原子弹受害者纪念公园、香川会所的设计，都以及广泛吸收了日本当地的民族、民俗建筑动机，比较早地体现出地方主义的发展趋势。以后一系列日本当代建筑家的作品，都有类似地探索趋向。地方主义不等于地方传统建筑的仿古、复旧，地方主义依然是现代建筑的组成部分，在功能上，在构造上都遵循现代的标准和需求，仅仅在形式上部分吸收传统的动机而已。

对地方主义所倡导的设计基本有四个途径：

1．复兴传统风格设计（reinvigorating tradition）

这种方式也被称为“振兴民俗风格”，或者“振兴地方风格”（evoking the vernacular）手法。其特点是把传统、地方建筑的基本构筑和形式保持下来，加以强化处理，突出文化特色，删除琐碎的细节，基本是把传统和地方建筑及室内加以简单化处理，突出形式特征。比较突出的代表性建筑及室内包括有泰国“布纳格建筑设计事务所”（Bunnag Architects）1996 年设计的印度尼西亚巴厘的“诺维特·别诺阿旅馆”（Novotel Benoa）,新加坡建筑家贝德玛 1997 年设计德“瑞士俱乐部路会所”（Ernes to Bedmar, House at Swiss Club road）等等。这几个建筑和室内基本都是采用了比较纯粹的民俗建筑和室内特征，强化了形式特点，突出了地方特色，而省略了传统、地方建筑的部分细节，效果很突出。

2．发展传统设计（reinveting tradition）

这种方式具有比较明显的运用传统、地方设计的典型符号来强调民族传统、地方传统和民俗风格。与第一种类型相比较，这种手法更加讲究符号性和象征性，在结构上则不一定遵循传统的方式。比较典型的例子有泰国布纳格设计事务所 1996 年在缅甸仰光设计的“坎道基皇宫大旅馆”（Kandawgyi Palace Hotel），日本建筑家 Kazu-hiro Ishii1993 年设计的日本圣胡安海洋博物馆，柯里亚 1986～1992 年在印度斋普尔设计的“斋普尔艺术中心”（Jaahar Kala Kendra, Jaipur）,泰国阿基才夫建筑事务所 1996 年在马尔代共和国设计的“榕树马尔代代夫度假旅馆“（Architrave Designand Planning, Banyan Tree Maldives）等等都属于这一类型，。严格地讲，这两种类型之间其实没有明确地区分，都具有比较多的依靠传统、地方建筑及室内形式的地方，而建筑的对象也往往是博物馆、度假旅馆这类比较容易发挥传统、地方特色的建筑及室内。

3．扩展传统设计(Extending tradition)

所谓扩展传统，是使用传统形式，扩展成为现代的用途，比如教育机构、大型旅馆、度假中心，这些类型的结构是传统、地方建筑及室内以往没有的，这就形成所谓的“扩展”，扩展是指功能的扩展，而形式上则是传统的。比如斯里兰卡建筑家巴瓦 1981 年设计的斯里兰卡皮里亚达拉的综合教育中心建筑群（Itegra Education Centre）,采用依靠山坡起伏的形状设计带顶走道，联系所有建筑单体的方式，这种作法在传统斯里兰卡建筑种虽然存在，但是从来没有如此大规模使用，这样就扩展了传统和地方建筑及室内的构造和形式，是这个类型的典型。印度尼西亚的“格拉哈西普塔·哈第普拉纳设计事务所”1997 年在印度尼西亚巴厘设计的“丽晶旅馆”(Deli Kusnadi of Grahacipta Hadiprana Design Office, the Legian) 也具有类似的特点，这种方式很受欢迎，因为不仅仅局限于传统的框框内，而能够以反复扩展、重叠等手法来强调地方建筑、传统民族建筑的动机，而同时达到为现代服务的功能性目的。

4．对传统建筑的重新诠释（reinterpreting tradition）

这种方式颇接近后现代主义的某些手法。与西方建筑家的手法不同的仅仅在于西方建筑家使用的是西方古典主义的建筑符号，或者西方通俗文化的符号和色彩，而这个流派则主张使用亚洲和其他非西方国家的传统建筑符号来强调建筑的文脉感，作为后现代主义的一个流派来讲，是应该得到提倡的一个途径和方式。比较突出的代表作品包括日本建筑家 Waro Kishi 1995 年设计的日本京都的一个餐馆(Murasa Kino Wakuden）建筑，这个建筑采用了非常朴素的钢筋混凝土结构，建筑的支撑使用混凝土柱和钢梁，而且全部暴露无遗，具有某些“构成主义”的形态，但是立面采用了成片垂直的木墙面，木墙面占了整个立面一半以上的面积，使木头体现了传统建筑的符号性，而不是依靠形态或者装饰，室内也非常整洁朴素，方方正正，而体现了日本传统室内的工整特征。这一类的设计仅仅是使用了部分地方主义特色，整个设计则是使用了现代结构形成具有地方主义、民族主义特色的后现代主义。

在我们酒店设计中，我们通常会采用后两种办法，即不断扩展和延续传统的设计，和对传统设计的重新诠释。因为我们所要营造的环境首先是要符合酒店使用的功能，并为此烘托氛围与品味所作的移植或重新演绎。这里所要强调的移植多半是家具和饰品，而演绎的则是空间与形态设计。

二、文化性的介入

“文化”指：

一是广义指人类在社会实践过程中所获得的物质、精神的生产能力和创造的物质、精神财富的总和。狭义指精神生产能力和精神产品，包括一切社会意识形式：自然科学、技术科学、社会意识形态。有时又专指教育、科学、文化、艺术、卫生、体育等方面的知识与设施。作为一种历史现象，文化的发展有历史的继承性；在阶级社会中，又具有阶级性，同时也具有民族性、地域性。不同民族、不同地域的文化又形成了人类文化的多样性。作为社会意识形态的文化，是一定社会的政治和经济的反映，同时又给予一定社会的政治和经济以巨大影响。

二是泛指一般知识。

三是中国古代封建王朝所施的文治和教化的总称。南齐王融《曲水诗序》：“设神理以景俗，傅文化以柔远。”

多元化设计思潮的今天，文化性的介入已不可避免，其介入的方式是多重性的。通过室内概念的设计、空间设计、色彩设计、材质设计、布艺设计、家具设计、灯具设计、陈设设计，均可产生一定的文化内涵，达到其一定的隐喻性、暗示性及叙述性。在上述的手段中陈设设计最具表达性和感染力，即陈设的范围主要是指墙壁上悬挂的各类绘画艺术、图片、壁挂等……，各类家具上陈设和摆设的瓷器、陶罐、青铜、玻璃器皿、木雕等……。这类陈设品从视觉形象上最具有完整性，既表达一定的民族性、地域性、历史性，又有极好的审美价值，这是目前国内外最常用的手法之一，如纽约文艺复兴酒店（The Renaissance Hotel, New York · U.S.A）酒吧墙壁的雕塑、香港港岛香格里拉酒店（The Island Shangri-la Hotel, Hong Kong – China）中庭巨幅壁画、澳大利亚雷德沃旅馆（Leatherwood Lodge）客房瓷盘、美国凯悦渔夫码头酒店（Hyatt Fisherman Wharf Hotel, San Francisco .USA）入口楼梯前的玄关台。

1．隐喻性、暗示性、象征性

隐喻性往往是具体的物所传达的意念，也是抽象的记号，人们可以从非语言的直觉来理解，也可以从语言的符号化的、有历史文化因素的方面来理解它。毫无疑问，设计是有意义的，设计一产生就具有实用功能性和象征性。最早的设计可以说是人类居住的场所或者是建筑，它象征着家庭，象征着温暖等等。尽管设计从其物质构成的本身来说是毫无意义的，但设计的意义是人赋予的，建筑是人造的，它必定含有人为的因素，实用性和象征性是它不可缺少的两个方面。舒尔茨在《西方建筑的意义》(Meaning in Western Architecture)一书中也说设计是一种有意义的符号形式(symbol form)。人是从一系列现象的变化中得出抽象意义的，任何现象的含义都互相关联，现象就在这一关联中得以体现，而且任何人都是能理解的。因此抽象、归纳能力是人与别的动物的根本区别，对意义的感受是它的根本需要。

任何一种符号的基本目的都是保存人的归纳、抽象结果，是对人归纳、抽象的补充，正是通过符号化，人类才变得能够超越个人的环境，并过上一种社会的、有目的的生活。而符号并不限于口头和书写的语言，它也包括手势和其他表现行为，以及更抽象的概念。任何人类的产品都可以看作是一种符号的工具，它有助于在和环境的联系中造成一种规定的意义，非语言行为和语言行为一样依赖于有结构的符号体系。设计体系实际上是一种符号体系，整个建筑史已说明了设计符号体系的发展和应用，它属于文化史的一部分。

设计的象征意义是很重要的一方面，过去被忽略了。在酒店空间的设计意义中必须交往才可以理解，当然设计的目的不只是为了交往，更重要的是创造环境。

隐喻性正是利用符号学的观点，把设计视为一种语言，即基本的体裁是通用的和固有的语言，由实用性、结构的可靠性、经济性和技术、设备等因素决定。而语言的另一方面即设计的诗化语言使建筑外观、空间形态、色彩质地、社会习俗礼仪、历史文化的积淀等等因素。成功的应是这两种语言的双重表达。

当代西方实践中，把设计作为语言对待的方法有三种：

一是用点、线、面、空间、质感、色彩等作为词汇，趋于创造抽象几何的纯形式美。单靠直觉理解，只有心理和生理反映，并不需要修养。

二是把门、窗、墙、屋顶等建筑构件作为词汇，引入了功能概念，对建筑的理解需要更多的知识，产生立面放应平面的结果。

三是采用古典词汇及传统地方词汇，类似于文学上采用方言、成语、典故等，理解这类建筑较高的文化修养。这一类设计方法就属于隐喻主义的范畴。

从字面解释，隐喻是一种修辞手法。隐喻是一种自觉的象征，是在形象化中从意义出发的比喻。黑格尔说："象征是直接呈现于感性观念的一种现成的外在事物，对这种外在事物并不直接就它本身来看，而是就它所暗示的一种较广泛较普遍的意义来看。所以象征就是用具体的视形象来暗示抽象的概念。

隐喻主要有两方面的因素，一方面是意义，另一方面是形象，在隐喻中意义与形象并不完全吻合，所以隐喻的理解是模糊的、多重的。比如悉尼歌剧院的象征性就有许多中解释。隐喻性是要求设计用暗示、联想、回忆等手法使人有所感觉。从符号学角度来说，隐喻是指一种处理方法，它通过选择或替代某个信息组成部分，把信息与信码联系起来；也可以通过信码把各组成部分联系起来，从而建立一种在信息中出现的部分和信息中未出现的部分之间的联系。

还有一种就是引用历史片段，并加以变形或更改位置、改变材料、改变组合，也即所谓引经据典的隐喻主义。这类隐喻用了符号学的方法，使原来的传统语言和时间能再次复活，使新空间与老空间有一种视觉关联性，就象文学上引用古典成语和典故一样。古代建筑原有的功能在今天已基本消亡，但在新空间中重新采用古空间的形式或结构片段，会使人意会到历史文明的继承性，提高室内的美学价值。

2. 叙事性

较设计的隐喻性，设计的叙事性更为直接而具体，其形象和物体的本身具有独立性和完整性，但又同时属于更大范围的一部分，如大量应用于室内的壁画、书法、各类瓷器、陶器中含有较为完整的故事情节、典故和文样直接向人们诉说。因此在设计中利用叙事性可达到主题性的烘托，，如港岛香格里拉的中庭壁画、九龙香格里拉酒吧内的壁画及陈设品、威廉德欧盟酒店 Round Robin bar，奥克兰德市政剧院，Radisson Palm Springs Resort and Hotel 餐厅，均为人们诉说一种直接而具体的典故，同时增添了室内空间的趣味性和知识性。这样的设计既可体现酒店空间的个性化，又可为人们传达地域的文化和历史，而增添酒店的文化性。

三、如何对待历史文脉，寻求切入点

人文的脉络及地域场所精神是每一个民族繁衍发展的所积淀的产物，是原样照搬还是取于表象，是关注符号还是择其精髓，或是立于现代感怀过去，这便是众说纷纭、各述己见。设计过程是一个感悟的过程，不仅是对尺度的感悟，空间的感悟，重要的对人性的感悟，而对待传统依然是一个感悟的过程。传统美学将性分为三种："天性为神，人性为气，物性为形。"只有具备人性的——气，物质的形才可谓"气韵生动"，才可谓神形兼备。苏州现存的园林，或已消失的园子多数是私家的花园。有一点很多前辈没有注意的问题——即所遗留下来的经典园林多数是园主与工匠完美结合之作品。而这些园主也大多是有钱的"文化人"，多数的园林并非是现今的容貌，规模也不是建设一次到位的。她是一个不断的感悟过程，不断的修善过程，不断的补充过程，是不断地寻求自己感情、"意"与"境"的过程。

而"意境"则是"悟"所寻求的结果。意境……这一美学概念贯穿唐以后的中国传统艺术发展的整个历史，渗透到几乎所有的艺术领域，也是中华民族美学的精髓。她自明清后尤其在书画、造园中得到了独特的体现。

而“悟”纯是个人的行为。离开“悟”的个性行为的园主则无法真正理解其造园的妙处。众所周知留园与网狮园，其二园的书房则由于园主的个性、志趣、品性的不同而产生不同的效果。留园的第二代园主刘恕，字行之，号蓉峰，是典型的文人士大夫，中年归隐，“无声色之好，惟性嗜花石，好书法名画”。其书房在园中所处清净幽避的独立环境，可供专心攻读，斋名取陶渊明《读山海经》诗：“既耕亦已种，时还读我书”之意。计成《园冶》云：斋教堂，惟气藏而致敛，有使人肃然斋敬之义……故式宜不敞显。书房之基……择偏僻处……游人莫知有此。如此可见刘恕专心攻读的心态。而另一名园——网狮园则有四处书屋，最为精彩的是看松读画轩及五峰书屋。看峰读画轩位于彩霞池西北，掩映于苍古柏之后。轩面宽四间，三明一暗，高敞轩昂，乃园中一处主景，也是北部书房区的唯一不以围墙阻隔的客书房。文人雅士探访，为园中美景所动，诗兴勃郁、画意浓浓，便相邀来到客书房中，磨墨铺纸或诗词留题，或挥毫命素，或主客联句，备极风雅。其室内家具陈设精致讲究，又不失古朴典雅。三面雕花半窗使轩内明亮洁净，纵观园内环池一周，非亭则廊，非轩则阁，建筑多临池而建，稍有隙地也与池山相呼应以得水之神韵。撷秀楼后的五峰书屋是网狮园住宅区的第四进。从横轴线看它位于园内四所书屋的最东头，位置也最靠前，与集虚斋只错开半个屋脊。二座书楼前后错落，紧紧相靠。楼内有侧门相通，庭前则以墙相隔。书屋面宽五间，南北没有半墙，上部均为玻璃半窗，屋内走廊东通西达。庭院东西宽南北窄，其南是撷秀楼北墙，大片粉白恰如画纸，以托寄园主孤高闲雅的人生情怀。庭前无水，筑以假山摹写真山之雄奇秀，可谓“远山一起一伏则有势，疏林或上或下则有情”。庭前石山，其状神似庐山五老峰。北山主峰似片状湖石叠砌，似片片云雾重重叠叠，而外围湖石多成横向叠砌，似云雾片片朵朵相围相拥，围住靠墙中间一垛峰石，其状难摸摹难绘，似如五老峰在云遮雾障中似真似幻的神姿仙态。此山此景亦是园主情寄林泉。神往丘壑的内心世界的真实写照，所谓“山性即我性，山情即我情”也。由此可见，仅就这二处书屋就可表现出这位自称“网师渔父”宋宗元是一位极尽风雅之人。

综上所述，正是两位园主的品性、嗜好的不同，感“悟”的差异……进而产生的意与境的不同。而工匠们只是在园主的提议下不断地完成其作品。这是一个共同感知的过程。不错，江南诸多优秀的传统工匠们确有其惊人的精湛技艺，但其终究不是一个创造者，仅是建造者。就其上述二园的书房来看，其营造的手法，诸如挂落、斗拱、挑檐……多有近似之处，但从整体的感受却是不同的，因为空间是含有情态的，所以我们对待传统不能仅从表象来认识它，不能因为过多研究传统营造中的诸多技艺及空间的划分而忽略了对情态的认识，对园主感“悟”过程的认识。设计如同艺术创作，如不能做到有感而发，其作品必是苍白无力的。故而，在设计过程中设计师“感”与“悟”是不言而喻的。

由此可见，取其形则易浮，取其意则易涩、而不得完备，此乃其一，是空间的时间化、有选择的复古和加以组合的复古。如在现代空间环境设计中融入属性极强的饰品或符号，又如借助于传统的营造手法、特殊的空间处理及传承人文的精神内在。其二是时间的空间化——人类文化遗产的“模拟型的复兴”。“时间隧道”是通过人的记忆来完成的，在时间长河中的历史风格、样式、事件是通过人类的记忆重新编排组合，从而在同一空间组合中呈现出来，这便涉及到设计中各个空间的部位的连接点是均质空间，把人类一切可以利用信息资源重新编排、拟象融入其中。因此，这里所谈的“复兴”而不是复古，前者则是有选择的复古，而时间的空间化是人类用其大脑对人类所拥有的文化遗产进行独自的重新加工整理、编排组合，其特点是极富个性化的。这样的设计作品大多在追求差异而不是统一的秩序。

无论是何种方式、手法来寻求切入点，均可产生不同的结果。随着人们生活水准和生活素质的提高，人们对酒店的要求也越来越高，不仅是为人们提供便捷舒适的居住环境，提供迅速流畅的信息，重要的是为人们提供了精神的享受，提升了酒店的文化品味。

酒店设计两要点

中国建筑装饰协会信息咨询委员会专家组　成　　员
北京345酒店设计研究中心　总设计师　王　奕

一、客房为客人设计“经历”

酒店设计中的客房设计，往往被认为是最容易的，甚至有很多酒店业内的朋友也这么认为，相对大堂、餐厅、夜总会而言，他们觉得客房都是一个样子，“就那么几件东西!”，实在不复杂。糟糕的是，在这种想法的影响中，有些酒店业主在客房设计中对设计师完全没有更高的要求。客房，于是千篇一律、平俗而没落。我在国内走访的绝大多数中资酒店、客房的形式、客房中家具的式样，布艺、地毯的颜色，甚至衣柜和小酒吧的位置和做法，都惊人的一致。

这种“雷同”和“模式化”扼杀着一个个酒店，特别大量中等星级酒店的生命。

实际上，客房是酒店客人的真正归宿。世界上98%以上的酒店客房是客人驻留时间最长的地方（有些赌场酒店除外），酒店也以销售客房的收入为其主要的经济收益来源。无论从客人的角度还是从酒店方的角度、客房都是最重要的地方。

有人为经济型酒店的投资战略总结了一个顺口溜：“五星的床、四星的房，三星的堂，二星的墙”，我觉得很准确。所谓“五星的床”，是指这件与客人身体接触时间最长的东西，其舒适度、美观程度都应该是一流的，尽管酒店可能只是三星，或者是二星，床和床上用品都万万不可怠慢。其次“四星的房”，还是说客房。客房的格局，空间、氛围以及客房卫生间里的设备设施等等的确也不能含糊。客房，关上门以后就如同客人自己的“家”。如果这个家索然无味，何谈“宾至如归”呢？

在我国各地的酒店建设项目中，客房的长方形模式很早就被建筑设计部门固定在建筑设计中了。简单易行的、无风险也无创意的常见模式一次又一次被克隆。直到今天，依然继续着。被建筑设计锁定的客房格局使客房空间缺少变化，也使室内设计的发挥受到局限，最终使投资人打造“特色酒店”的初衷在客房中难以体现。“先天不足”，由此开始。

我们发现，客人对自己入住的酒店会有一种“期待”，这种期待对于客房更表现得十分具体和敏感。经常有人在推开自己要住的客房门的一刹那，会产生短时间的兴奋，这是“心理期待”的作用。如果进得房来，看见似曾相识平庸无奇的一堆东西，他们会立刻大失所望；而如果发现房间内很多颜色、形式、陈设品、家具都是未曾见过的，新奇的，而且很美，很高雅，他们会感到一种极大的满足和愉悦。住酒店的人，无论度假还是公差，还是商务旅行，都渴望“经历”。尽管这种渴望常常只是潜意识的。

“经历”，通过室内环境和客房内每一个物品注入到客人的印象里和体验中：一个意想不到简洁而实用的电视柜，一个奇特的玻璃球制的照明开关，一组精美松软的大枕头，一个嵌在床头的、用树脂成型的逼真的小鸟雕塑，一个坐在座便器上还可以看到卧室里电视节目而且还能就近拿到遥控器的“隔而不闭”的卫生间，一把极富现代感的椅子，一个方便精巧的小书架……只要是客人没有见过的，就会变成他的“经历”。客人有了这种经历，就会为酒店树起口碑。

我以为，让客人感到新奇的，比较遥远的，富于异国情调的或是某种悠久文化历史的创意，以及那些细微的，使用新材料、新工艺、新技术成果的设计，无论是空间方面、色彩方面，还是家具、陈设品、照明、五金制品等方面，只要想到了，并这么去做了，客房就不会再是陈旧的、使客人失望的地方。客房的魅力和价值就会极大显示出来。

但愿酒店业人士都能支持设计师！但愿此文能引发一次客房设计大竞赛。

二、越时髦 越短暂

英文“Fashion”是流行和时髦的意思，在一个特定的、不太长的时期内广为流传并引起追求和崇尚的社会文化现象、人物或是某种物品，都可以被称为“Fashion”。最近几年，媒体给 Fashion 打造出了一个更好听的字眼：时尚，于是便有了关于“时尚”的种种潮流、种种“热点”，甚至有了种种“时尚”类的杂志，颇受欢迎；连每年春、秋两季的“时装秀”（Fashion Show；秀=Show，就是表演和展示的意思）也已家喻户晓，深入人心了。

的确，人类社会生活中不能没有时髦的、引人注意的，使人疯狂地喜爱和追求的事物。没有这些调剂，不仅生活会显得死气沉沉，没有意思，而且生命力也会衰退，人的智慧也将受到压抑。但是，对酒店的规划和设计来说，是否应该“时髦”“时尚”呢？应该如何把握 Fashion 的尺度呢？

最近，受国际上“Fashion Design”（时尚设计）潮流的影响，国内不少档次较高的酒店都在室内设计中接纳了这种新的时尚风格：黑胡桃木、不锈钢、一层层的钢化玻璃加上低压的石英灯，当然还有碗式洗面盆……这种发源于“20 世纪末的时尚设计风格”，是人们对欧洲古典主义和所谓新古典主义风格的一种反叛，连习惯于设计北京国际俱乐部那样的“新古典艺术主义”室内风格的贝德纳先生也为上海瑞吉红塔大酒店导演了一幕“美式时尚设计”的经典。后者中，设计师的个性更加突出了，在那些强烈的、未曾相识的、新奇的形态和浓重的色彩包围中，客人被征服着，被训教着……。

我听有的外籍总经理说，这种时尚设计可能是在迎合当代人对时尚文化的渴求心理，酒店业要应对市场挑战，时尚潮流不得不跟。但我更喜欢上海波特曼丽嘉酒店、上海花园饭店、上海四季酒店、北京建国饭店和没有改造前的中国大饭店和长城饭店的设计风格。我不是反对时尚，只是觉得时尚要有分寸，不能一哄而上，全面铺开。要知道，酒店不是一件服装，可以常换常新。酒店要“Fashion”一下，迎合客人一时的口味，可以在一个餐厅、一个酒吧或某种房型内试试设计师的身手，就像北京王府饭店刚刚搞的“Jin”餐厅，局部点缀，适当调剂一下，这才是“Fashion”的最佳应用。如果把整个酒店全部“时尚”起来，时间一过，流行风格一变，酒店就会迅速落伍，失宠。毕竟 Too Fashionable，Too Short！（越时髦，越短暂！）是社会规律，是真理。

酒店设计要提倡耐久性和深层次的文化、艺术性，即使时尚，也要植入文化的营养，使人在文化的享受中受益，切不可过分追求“克隆”来的时髦；设计师要为业主的长久利益着想，不能让业主把大量的投资注入到一时光彩夺目而终究生命短暂的时髦设计中；设计的终极目标要“以人为本”，为客人的利益、客人的方便和舒适、客人的需求去创造，而不该仅仅为设计师自己而设计。

星级酒店的客房家具设计

——2002年全国建筑工程装饰奖 南京丁山香格里拉大酒店的客房家具设计理念

苏州金螳螂家具设计制造有限公司　总经理　**范建中**

在现代室内设计中，家具设计已是整个室内设计活动中重要组成部分。一个完整的设计作品，离不开风格、色彩相协调的家具、道具等重要元素。设计师倡导一体化的整体的设计概念，除了建筑空间、室内造型、灯光等元素外，家具在其中也扮演十分重要的角色。家具可通过划分、界定并丰富充实着整个室内的空间关系。家具除了它具有不可或缺的功能性同时，在空间环境中也是最具效果的装饰元素。

以南京丁山香格里拉大酒店为例，探讨一下，酒店客房家具的设计理念。

一、整体设计概念

星级酒店或国际品牌中酒店的客房家具设计中，在某种程度上，它应是室内设计的范畴，而不是狭义的家具设计。广义的家具设计是室内设计的延伸和细化，是从整体到局部的一个过程，而且它不仅指木作造型、布艺、软体、五金等方面，还应延伸到灯具、饰品甚至绿化等领域。基于这样的理解平台，设计师才能把握整体思维，做出和谐的空间环境，且不露丝毫装饰、拼凑的痕迹，才能举重若轻地处理诸如：造型、材质、色调等元素的搭配与协调问题。

丁山香格里拉大酒店客房的设计正是基于这样一种认识，室内设计师充分利用建筑给予的固有空间，重点挖掘造型语言，把室内和建筑、家具和室内灯具饰品布光等其它要素有机结合，从主材的确认到色板甚至一块布艺选择，均服从整体的利益，力求营造一种和谐的空间关系。

衣帽间

功能化的家具设计

香格里拉是著名的国际酒店管理专家，管理的地方是五星级的品牌酒店，对酒店功能自然有十分严格的要求。设计师充分考虑了这一点，除了常见功能：如迷你酒吧、保险箱外，在本案中，每个房间均配有独立的化妆台、妆镜和带滑轮的梳妆凳，另设独立的传真机，另有单独书桌，而且每间客房均拥有一间宽敞的衣帽间（**图例**），一个物品柜和带装饰性的客房全身镜。如此齐全的功能，渗透在每件家具的创意中，使每件家具都有一个丰富的内涵，而不纯是一种无谓的摆设。

在客房平面中建筑空间的局限，有的房型没有合适的酒吧、冰箱位置，设计师在家具设计中充分挖掘家具的功能潜力。

在有限的家具空间中，巧妙地把TV柜、酒吧、VCD、小冰箱等各种功能融汇一体，设计成一个综合视机柜，且室内布置紧凑又合理，它兼容酒店客房的诸多必备功能，巧妙地弥补了房间结构的某些不足，而且综合TV柜材质、色彩、风格与其它家具有着较明显的区分，也起到一种对立统一的装饰效果。

另外，在本案的A型房的家具设计上，设计师也作了一个非常有意义的探索。在平面布置中，设计师觉得卫生间的门正对着客房区，空间关系并不合理，且该房型面积较大，建筑结构上又缺少诸如：挂衣橱、行李架等功能性家具位置。于是，根据平面特征，因地制宜，设置了一排长了M条的综合橱柜。它既作为卫生间与房间的隔断，又融TV柜、衣橱、妆台、行李柜等多功能于一体（**图例**），解决了酒店的功能需要，而且还巧妙的界定了卫生间与房间，房间与会客区以及玄关与房间等几个区域的划分，使客房流线清晰，存程使用紧凑（**见图例、平面**）从客房看综合橱的反面，橱柜已演变成一个造型简洁的木作隔断，充分发挥了家具的区域工划分和界面功能。

二、人性化的家具

“设计以人为本”在香格生拉家具的设计中，也是一个贯穿始终的概念，很多细节之处、细微之处，均体现了设计师对宾客的无微不至的关怀。如房间的床头柜一改过去，因要装集控装置，而做成了一个沉闷的箱体这一传统做法。这次，在形态上大胆创新，箱体变成可有四根金属腿支撑的框架式玻璃圆几，造型活泼，使人倍感轻松、随意。而集控装置则移至床头样体上变成了随手触及的大块面板。使用方便、自如。而且，这样对床头光源也进行的合理的改革。

A 型房

除了原有的床头壁灯，不管单人房或双人房，均配置了两盏定制的读书灯。这样，客人房间看、读报，两个互不干扰，且读书灯带有厚厚的陶瓷隔垫层，隔垫层陶瓷又是一个三级调光的触摸开关，客人夜间使用一触而就，倍添家居的感觉。在 C 型房的 FA 装饰柜的灯箱开关上，也使用这种触摸开关的装置，小小的改革，给客人带来极大的方便。

家是百料、布艺的选择，也同样倾注了设计师对家居贵客的关怀和体贴。家境主材选用最为朴素的法国红样，染成梨木色，色泽柔和，家具的存料及其他布艺均以暖黄色和金黄色作为基调，配以少许咖啡色，做房间整体色调柔和、温馨。再加上几乎所有房间等空间，力求营造“佳居客人”回家的感觉。

三、不拘一格的家具面布艺

几乎所有的酒店客房，其他的均是陈室化的地毯，旅客长期住店，难免生厌。丁山香格里拉由著名的巴马丹拿（英文）事务的主持其建筑设计，为室内设计构筑了一个良好的建筑基础。室内设计师在营造内部环境时，充分利用了建筑平面的丰富性柔软、多变性，以满足酒店的精神和物质、审美和功能的双重要求的目的。创意出丰富而不零乱，多变而统一的客房平面布置，依据不同的建筑条件，共设置了 A、B、C、D、E 等不同格局的五种套型（见平面图），且每种套型内部尚有一些细微的变化，使客人每次住店仍能保持一份惊喜和新鲜感。

在家具设计中，依据不同的类型，家具的造型材质，色彩也相应的在变化，如有的房型使用了东方情调的综合 TV 柜作为家具装饰主体。另外，沙发区精致的玻璃金属也和中国文化内涵的木框架玻璃茶几相匹配使用，双人沙发和两侧扶手沙发椅的款型和布艺均发生变化。所有这一切，均形成了对立统一和谐之美。

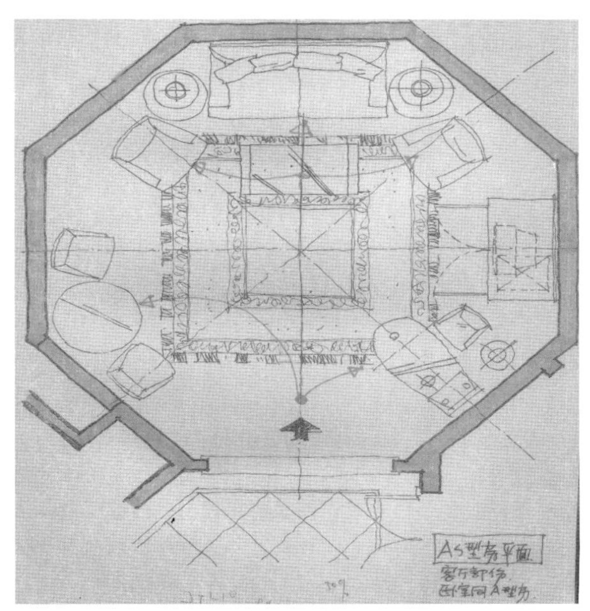

四、结束语

在室内环境中，家具实际上是除了装饰装修以外人们接触的最为亲密的朋友。酒店客房的家具无时不在与宾客“亲密接触”，因此，我们既赋于它实用性和功能性，还应让它具有高尚的审美情趣。一个酒店客房的设计实际主要就是客房家具的设计，它的设计成果对室内效果起到了举足轻重的影响。各方面的处理其实是最为基础的，家具对室内处理具有很大的灵活性和可控性，客观存在既可以点缀活跃空间，又可以弥补空间的某些不足。所以，客房家具既是客房功能的载体，又是审美情趣的主角，高品质的家具是具有精神的、内涵的，并是富有灵活性和气质。

注：

1．室内设计和家具设计由香港 Leese Robertson Freeman Designers Limited 主持。

2．家具绿化设计由苏州金螳螂家具设计制造有限公司主持。

3．家具制造商：苏州金螳螂家具设计制造有限公司主持。

——营造“窗口”之“窗口”再塑形象之形象

深圳尚格设计有限公司 设计总监 刘波

五洲宾馆位于我国改革开放的前沿——深圳特区深南大道的南侧。从其首期工程完成至今，已接待了无数的四海宾客、五洲朋友。今春，我们接受宾馆业主的重托——对宾馆二期工程进行装饰设计。期间，我作为深圳本土青年设计师一员，深感责任重大、压力沉重。然而，为不辜负业主的殷切期望，为建设特区作贡献，我们决定全身心投入，努力拼博，要向业主和深圳人民交上满意的设计答卷，让美丽的“新五洲”向海内外宾客和朋友传达浓浓的特区情谊，向世界展示中华民族的气魄，泱泱大国的风采。

几个月转眼过去，五洲宾馆二期工程如期竣工，一座现代的崭新而优美的五星级宾馆再度屹立在南国的大地，显示它特有的个性，展现出它动人的美态与风采。当我看到崭新的“五洲”迎来第一批面带笑容、表示赞叹的宾客，听到上级首长的第一声好评时，那一颗悬挂多时的心总算放下，从而感到无比的欣慰与喜悦。此时此刻，回首设计的艰辛历程，万语千言，难以尽说，但我必须感谢，曾给予我鼓舞和支持的领导和各界朋友，还有与我日夜并肩奋战的设计组成员。是他们的支持和鼓励激发了我们的智慧，绘就了今天美丽的“新五洲”。

五洲宾馆二期工程与一期工程紧密相连。通过精巧的连廊相接，整体建筑外观设计现代、简洁、大方，充分体现年青的现代化城市的装点特色。室内装饰部分在与外观风格相协调的基础上作了进一步的升华和深化，总体的构思和意念来自于对“深圳精神”的发掘。在对深圳这一特定的地域范畴进行延展之后，我们获得了许多灵感，最后在总体构思上确定了“现代、简洁、舒适、优美、大方”的格调及开放、新颖、自然的个性，同时兼备文化品味和人文气息。在满足涉外五星级酒店的各项指标的基础上进行精巧设计，大胆创新，将五洲宾馆设计成“窗口”中的“窗口”，特区形象的形象，表现开放的中国敞开胸怀笑迎八方来宾的姿态和泱泱大国朝气蓬勃进入变革时代的大家风度。

宾馆入口：是宾馆给宾客的第一印象，它象乐章中的引子或序曲，起着启引的作用。设计配以轻巧的雨棚，使入口处显得简练而耐人寻味，门楣金属直线图案与五线谱相结合，寓意是精彩乐章从这里开始；入口处的灯饰选用与整体风格融合，优雅而洗炼；层叠状的门套造型具有很强的进深感和导向性，象征着特区展开双臂欢迎来自五湖四海的朋友，亲切而友善。

宾馆大堂：整个宾馆之灵魂所在。设计给人的印象是典雅、温馨、舒适、柔和充满热带气息和典雅的东方情怀。在对各项功能布局进行研究推敲之后，我们将总台的位置确定在最合理的方位，同时，在充分注意人流的导向和交通便利的前提下，努力使大堂给人们流畅、整体、一气呵成的感觉。

根据中国传统的“天圆地方”的理念，我们采用必要的符号元素。地面采用云石拼花勾勒简洁的方形图案，与之相呼应的天花造型则采用了富于变化的圆形，对比呼应，相得益彰。立面造型简洁隽永，尤其是大堂立柱的造型寓变化于统一之中。云石加工的工艺要求很高，但却为实现大堂既有变化又不张扬浮夸的设计构思添了“神来之笔”。整体色调，我们采用了令人感觉温馨舒适的中明度暖色系列。主材选用淡雅的米黄云石，使整体感觉精致而轻松。木材选用了优雅亮丽的非洲桃木，木色晶莹而色调和谐。我们利用云石的天然纹理，设计了美丽的灯饰和总台的立面藏光，给大堂平添了一份自然气息和舒适温暖的感觉。灯饰的选用也相当考究，我们认为，首先要在满足照明度要求的前提下，力求与总体风格相协调，富有文化内涵的艺术品装饰摆设，还有精心推敲的挂画和绿化，使大堂成为一个美妙的“人间天堂”。

宾馆中庭：酒店拥有十一层高的内庭，这在深圳五星级酒店中是一个创举，又是一个“深圳之最”。中庭的栏杆造型非常重要，我们设计了一个大方、富有力度的栏杆，采用黄铜和实木相结合的材质对比，再加上玻璃的通透晶莹，使整个围绕中庭的栏杆轻盈、简洁，又别具一格。中庭正立面是巨型木雕壁画“鲁班世家”，其寓意颇深：中国是鲁班的故乡，鲁班，这位古代被尊为“神”的能工巧匠在宾馆的再现，对于迈向新纪元的中国深圳，其意义不同寻常。鲁班的形象，它可无时无刻地告诉四海宾客：凭中华民族的智慧和力量，中华能崛起，中国必富强，中国的建筑装饰艺术必将形成中国的特色，汇入时代的潮流，乃至进入世界领先地位。

中庭之中的大堂吧也是一个亮点。在错落有致的平面上，我们大胆采用了玻璃作为地面装饰材料，在透光的玻璃之下，采用光导纤维制造五光十色的戏剧效果。在灯光的烘托下，两台观光梯穿梭上下，人们在大中庭内俯视——声色俱全，仰视——巨型壁画与雄伟的空间相映成趣……所有这些，充分体现了空间与景观、声音的融合共享气氛，展现了一个国际化大都市的开放胸怀。

为五星级“威尼斯新娘”梳妆

深圳长城家具装饰工程有限公司 总工程师兼副总经理 成湘文

不久前，一位仪态万千、浪漫柔情的“威尼斯新娘”在“圣西奥多守护神”的陪伴下，乘着“贡多拉”船，从万里之遥的地中海起航，经过上千个日升日落，来到了中国南海的深圳湾，落埠于华侨城内。当人们轻轻撩开她的神秘面纱时，无不为“威尼斯新娘”的尊贵所折服，无不为“地中海文化”的浪漫而惊叹——这就是深圳威尼斯大酒店。

对于“美”，千百年来，人们何曾停止过对它的追求。从沉淀的历史文化中挖掘精髓来美化生活，使之“承前启后”；从遥远的西方文化中吸收营养来装点家园，让其“入境结庐”。深圳威尼斯大酒店的建筑就是一个最好的明证。

深圳威尼斯大酒店的建筑装饰艺术是典型的意大利古典装饰风格，她既集中体现了地中海建筑文化特征，又是威尼斯历史风情的具象化，而这个来自西方的“古典美”的“新娘”却是由东方人打造的，更具体地说，承担威尼斯大酒店精装修工程项目的是深圳自己的装饰公司。

首先，让我们浏览一下威尼斯城市的艺术特点：威尼斯位居地中海，阳光充盈，日照时间长，因此，当地建筑为遮挡日光，喜欢设置“百叶窗”。威尼斯因水而闻名于世，是一座水城，“贡多拉”船穿梭于盈盈碧波的流水之中，充满古典情趣的“单拱涵桥”又将弯曲的小河点缀得更加富有生气，“石材马赛克”的拼花地面随处可见，它让艺术溢满了威尼斯的每一个角落。“沙岩”墙体的点点斑痕记载着地中海文化历史的沧桑变化，让人发出怀古之遐思。公爵的“拱廊”、威尼斯的“飞狮”、手执盾牌、脚踏鳄鱼的“圣西奥多”，歌特式教堂的“四尖券拱”、这众多的城市建筑文化特征，像音符一样组成了一首风格独特的“地中海文化”曲。

深圳威尼斯大酒店的建筑装饰艺术正是取材于这首“乐章”的音符，又根据建筑本身的空间形式加以演变和衍生，从而构筑了国内第一座以威尼斯地域文化特征为主题的“主题酒店”，或者说是一首“威尼斯变奏曲”。

一位建筑大师说：“所谓‘主题’，就是将建筑与某种特定的文化拉上关系”。威尼斯大酒店的“主题”就是浪漫、尊贵的地中海风情。从建筑装饰艺术的角度来看，“新娘”的“梳妆人”正是抓住了这种风格的特点，从“变奏曲”中的“引子”——室外车道装饰铺垫过渡，逐步进入第一次“高潮”——大堂装饰，再转入悠扬的“慢板”——连廊装饰，进而达到第二次“高潮”——宴会厅装饰，节奏抑扬顿挫，旋律紧紧围绕“威尼斯”的主题而展开。

刚踏入威尼斯大酒店的领地，还未入大门，您便被外廊车道两边散发着浓郁的水城气息和特有的文化符号共同营造的氛围所包围，溪水长流、水影朦胧、闪烁的灯光、起付伏蜿蜒的坡道引您向前，远远望去，一艘“贡多拉”船停靠在“单拱涵桥”边。

直步上桥，就进入了酒店大堂之内。只见头顶上飘着蓝天白云，石材马赛克拼花图案流金似的撒在地面，沙安娜米黄大理石构成地中海式的柱头柱式，砂岩装饰的墙体古老而沉重，渲泻出一种怀旧的情绪，像是在怀念逝去的岁月。墙上，柚木百叶窗中射出几点若隐若现的灯光，石桥下的河水静静流淌。地中海神话中，流传着有一个头生羊角的神，它会给人带来幸福吉祥，设计师巧妙运用这个典故，塑造出一个“四面铜雕像”置放于大堂中央喷水池之上，给前来的您送上一个吉祥的祝福。水池周边一座红瓦木栏的廊亭，有袅绕的音乐从廊亭上传来，余音缠绕着铜雕像，令人心迷，令人陶醉。好一派“圣马可广场”的街头景象。可以说大堂的装饰是“主题变奏曲”的第一高潮。

大堂进入到各个区域都由桥相连。过桥后有百米连廊，连廊顶端的“四尖券拱”静静流露着歌特式的异国情调，不由得让人激昂的心绪宁静下来。这个连廊是一个过渡空间，也是一个交通枢纽，它南连宴会厅，北通咖啡厅，东接旋转楼梯。

经过连廊的“慢板”铺垫之后进入到了宴会厅。这是装饰艺术的变奏曲又掀起另一个高潮。宴会厅的装饰素材取自于 1709 年的一座威尼斯贵族沙龙。它紧紧抓住了沙龙中雍容华贵的气势，极力渲染出一种“尊贵”。700m^2 的天花是由两组贝壳造型的艺术天花所构成，层次丰富，造型繁杂，而且不惜用 24K 金箔大面积来贴饰。四周墙面采用米色石岩作贴壁柱，两柱之间用大幅的反映贵族沙龙生活场景的油画来装饰。深柚木色的大门宽阔厚重，门的厚度是一般门的两倍，体现出该空间卓尔不凡的气势。地面手编地毯的图案极其富丽复杂，与金色的天花相呼应。整个空间金碧辉煌、珠玉交辉、美如天境。如果说“变奏曲”的第一个高潮是吟颂着一支轻松的“饮酒歌”，那么这第二个高潮则是 C 调男高音的“我的太阳”。

连廊北面是咖啡厅，与宴会厅不同的是，它呈现出一种休闲的氛围。480m^2 的空间中，整个地面采用了“石材马赛克”拼花图案，在用埃特板分割成条块的造型天花上，彩绘了威尼斯的分区地理拼图。砂岩雕刻的罗马柱头，意大利特有的比萨炉、煎锅等陈设，别有一番风味，尤其令人称绝的是通过玻璃墙，可将室外水景、绿色园林、婆娑树影引入到室内。引景入室、借景生情使空间充满了绿意，充满了柔情。在这喧闹的城市中，寻觅到一隅心灵的宁静之地。连廊东面有一座四层的“旋转楼梯”，它的柱式，扶手式样均来自威尼斯的一座历史悠久教堂的楼梯。古老的造型使人浮想连翩，那实木圆柱，方园结合的扶手及石头雕凿的花盆，点点滴滴都散发出古典美的气息。

“威尼斯新娘”已梳妆整齐，正笑迎四方宾客；她的倩影，她的绰约风姿，正是世人追寻的目光。

2001 年 11 月 24 日，在深圳出席“中国建筑装饰协会工作经验交流会”的中国建筑装饰协会名誉会张恩树、会长马挺贵、常务副会长兼秘书长徐朋及全体与会代表，在中国建筑装饰协会常务理事、深圳长城家具装饰工程有限公司董事长张朝煊和我本人的陪同下，参观考察了深圳威尼斯大酒店，并给予高度评价。

现代酒店建筑典型空间及空间组合

深圳美术装饰工程有限公司设计部　**管 权**

（一）典型空间及空间环境

一幢建筑都是有不同形式的空间有计划地组合而成的空间秩序，“食、宿、乐”是酒店建筑的核心，从古至今，虽然结构上变化甚微，但随着文明进程而演变和发展的酒店建筑，其空间形式在不断变化中成熟，逐渐典型化。不同的酒店建筑的空间和组织方式虽有差别，但它们所具有的核心是相同的，即可以把它们归纳为典型空间来分析。根据现代酒店建筑空间特点，可划分为以下几种典型空间形式。

（1）门厅

门厅，或称大堂、中庭，规模大贯穿多层者称共享大厅，是酒店建筑空间组织的核心，是给予旅客建筑内部空间环境印象的起点和焦点，具有使用功能和心理功能双重性，现代酒店建筑门厅包含许多功能部分，一般有：入口、服务总台、大堂值班经理、交通组织、休息区、零售商店、商务中心等辅助设施。现代酒店建筑尤其是大型建筑，已习惯于把各种零星的功能集中在大厅里，以创造新奇的空间尺度感，改善空间质量，营造出种种连续的生活场景。波特曼的“共享空间”所获得的巨大效应和贝聿铭的“到场空间”所带来的趣味都证明了现代酒店建筑门厅的这一特点。如日本福冈哈特区饭店的中庭设计充分体现出 “共享空间”的功效。饭店的门廊位于圆形大厅的中央，整个大厅仿佛是一座金字塔式的剧院。从大厅客房的阳台上就能欣赏到它的风采。当然，一个酒店建筑的门厅是否设计成功，重要的是看它在合理满足该建筑多种使用功能的同时，面积又不至于浪费——恰到好处。现代酒店建筑的门厅虽在一步一步地扩大以满足多用途目的和未来的功能变化，但衡量门厅的空间环境质量并不应从规模和档次上看，而应看门厅是否适合该建筑的实际情况，在中庭空间成为时尚的今天，仍有一些中小型酒店建筑的门厅，如西班牙拉芒加俱乐部的门厅设计是古典风格和现代风格的结合，虽没有超常的尺度和堂皇的格调，但追求小巧亲切的空间尺度和宾至如归的空间氛围而同样使人们印象深刻。此外，门厅结合休息空间，满足旅客的多种生理、心理需要，增加空间魅力，形成旅游生活中理想的交往空间。

（2）餐饮空间

餐饮空间历来是酒店建筑最基本的组成部分，现代酒店建筑的餐饮空间是人类广泛交流的结果。标准的餐饮空间内容极多，在建筑中占较大比重，要求比较便捷的交通路线，其收入占总收入的1/3以上，也就是说它直接关系到整个酒店建筑的布局和经济效益；另一方面，对外开放使餐饮空间在城市生活中起着联系和媒介的作用，推动了酒店建筑多功能，综合化发展的进程，也赋予空间自身更多的活力，室内设计师常在这里大做文章，以表现其独特的空间设计手法。餐饮空间面向社会，在人流组织上应作合理安排，既要与主门厅保持直接联系，又要设次入口和次门厅，方便外来顾客，内部空间必须有良好的导向性，以保证客人可达性，且内外客人在路线上互不干涉，如北京香格里拉饭店、成都岷山饭店的餐饮空间。热餐应集中布置，以便利用集中厨房，也可以设分厨房。不同的文化架构有着不同的餐饮习惯，进餐只是餐饮空间的表层功能，其深层功能是隐藏在内部的民族文化和气质的象征。那么，在空间环境上应反映饮食文化的历史背景的同时，也要超越时代，满足时代的要求，使每个空间富于独特性。如美国洛杉矶内大陆饭店的宴会大厅，设计新颖的天花板镶饰，适于会议厅和舞厅两种场合使用。

（3）客房

客房是酒店建筑的主要功能部分，一般占总面积50%—60%，是酒店建筑收入的主要来源，越是低标准的酒店建筑，客房所占比重越大。客房是建筑中最具私密性的空间，应创造出宁静、和谐的休息环境和“家”的气氛。酒店建筑的标准同客房的标准是相应的，客房有单间、套间、单幢别墅之别，有无卫生间之别，通常可从简陋的通铺、多人间、标准间、单人间、套房至总统套房分成若干档次。纽约四季大饭店在这基础上，把单间分为四个等级，面积约56㎡，套房分为五个等级，面积75～280㎡；280㎡的总统套房有前厅、起居室、餐厅、两卧室、两浴室；所有客房采用英国传统榕木细作装修和陈设，配以酱色和浅黄色主调，体现出舒适、温暖、雅致、宽敞、安静的“旅客之家”的感觉，使客房成为纽约喧闹都市中的一个理想安静的避难所，三星级的北京大观园酒店，重点处理的总统套房以“贾母”为主题，另设“宝玉”“黛玉”两套间，其余皆以舒适明快的空间格调，提供一个实际的休息空间。美国伍德森山高尔夫俱乐部饭店的设计风格，致力于使室内的布置产生一种让人过目不忘的强烈而又搭配和谐的效果。这种设计可以激发起住宿的旅客对未来旅程的向往和对未知旅途的好奇。它的设计思想是从历史文化的遗迹中获得的灵感。

（4）功能空间

酒店建筑的功能空间泛指所有的多功能空间，它是酒店建筑公共空间中最能体现类型差别的功能系统；其项目构成、空间构成和规模构成都与酒店建筑类型直接有关，并很大程度地影响着其他公共空间的功能构成。本世纪以来，企业或公司团体的发展需要各种规模的空间举行各种会议和培训，如团体集会、宴会、会议、展览等用途，地方组织也常常使用酒店建筑的功能空间来进行各种如年会、招待会等，一些重大比赛有时也常常使用酒店建筑的功能空间来进行，功能空间是现代酒店建筑的新特征，是为酒店建筑更适应社会，更适应市场，更适应变化的未来而应运而生的空间形式。如湖南国际影视会展中心是具有地中海风情及文化的五星级酒店，它的多功能厅设计可以满足用途的要求。

（5）康乐空间

随着酒店建筑的不断完善和人们对健身娱乐要求的不断提高，康乐空间在酒店建筑中越来越显得重要，作为事实，康乐设施已是衡量酒店建筑标准的重要依据之一。对于星级酒店来说，康乐设施与星级的关系有着国际上的规定。酒店建筑为康乐设施提供了一个理想的场所。一般情况下，四星级以上的酒店几乎应具有全套康乐设施。康乐空间有较强的心理功能，现代而昂贵的设施能创造一种轻松和豪华的环境气氛，客人们都喜欢它们，但大多无暇享用它们。酒店建筑中的康乐设施都面向社会（内部使用的私人、政府的豪华酒店建筑例外），也对一些体育协会提供服务或组织各种团体比赛，以实现其经济价值。康乐空间在使用功能上有一定的连续性，各部分应较集中布置，以求联系方便，较集中布置卫生间、更衣间、淋浴间等辅助空间，并可不须穿过主门厅而到达康乐空间；对外开放的康乐空间，应单独设出入口，以方便会员使用和不干扰酒店建筑的其它部分。如广东东莞三正半山酒店内的天鹅湖歌舞剧院，简直是一个歌舞的殿堂。绘满彩绘的圆形天顶，精致的细部装饰，带有受阿拉伯文化影响的东欧建筑的影子。对某些可能产生的噪声、振动等影响的康乐设施应作必要的空间安排和技术处理，如保龄球对地板会产生较大的振动，常设在地下层或不怕干扰的空间上层。否则必须作必要的减振处理。北京大观园酒店、达川市华川宾馆保龄球都设在地下层。

（6）商场、停车、内部使用空间

商场是酒店建筑必须具备的空间部分，一般出售报刊、杂志、礼品、药品、日常生活用品、地方纪念品和土特产品等，主要服务对象是酒店建筑的客人，因此，面积很小，如成都锦江饭店，九寨沟宾馆等，商店都设在过道边或大厅的一角，数十平方米左右。海口宾馆的商场较大，空间独立，对外开放，所经营商品大多是服装、电器等，是为城市服务。有些城市型酒店建筑，由于所处地段较好，从商业上考虑，设置较大的、面向城市社会的商场，但必须处理好人流对酒店建筑本身的干扰问题，如重庆沙坪坝酒店设置了单独的出入口，西安唐城宾馆商场面积达 300 多 m^2，厦门东海大厦一至四层皆为商场，每层面积为 2000m^2，都较好地解决了人流问题。

停车虽属酒店建筑中次要空间，但必须考虑设置，停车分为车场和车库（单层和多层）。车库设在地下层的居多，车库空间的构成取决于酒店建筑类型、规模、环境等诸多因素综合考虑，厦门东海大厦地下车库约为 1000m^2。

内部使用空间是相对酒店建筑公共空间而言的，包括洗衣房、设备用房（水、暖、电等各种机房）、备品库（家私、器具、纺织品、日用品及消耗物品库房）、职工用房（行政办公、职工食堂、更衣室、医务室等），属酒店建筑的辅助空间。

（二）典型空间组织

19 世纪以来，作为世界范围内的频繁交往的结果，诞生了现代酒店建筑，即舒适、简洁、方便、经济的住宿设施。20 世纪开始，高层建筑发展的日趋成熟使全球出现了兴建高层建筑的热潮。酒店建筑也是较早采用高层建筑形式的建筑类型之一，1975 年建成的美国亚特兰大市桃树广场旅馆高 70 层，使高层酒店建筑达到了顶峰，也出现了高层酒店建筑为代表的竖向空间组织形式，以此同时，中国园林式酒店建筑的横向空间组织形式也在现代社会的进步中得到了发展。北京香山饭店、安徽黄山云谷山庄等都作为现代中国园林式酒店建筑的杰作而产生了广泛影响。酒店建筑的平面布置大体分为集中式和自由式两种，就现代酒店建筑典型空间而论，围绕门厅这一核心来组织空间是最基本的形式，在此基础上，有：（1）以高层（或超高层）酒店建筑为代表的集中的竖向空间组织形式；（2）中国园林式酒店建筑的自由的横向空间组织形式。

（1）竖向空间组织

竖向空间组织形式即在竖向上展开一系列酒店建筑空间，新兴的高层（或超高层）酒店建筑为竖向空间组织带来了新的变化，现代竖向空间组织分有裙式、无裙式两种。设备是保证竖向空间组织运转的关键，如给排水，强弱电、暖通等，其中以电梯为核心的垂直交通是联系各层空间的枢纽，深圳贝岭居是深圳市的一个中等标准的酒店，高十一层，属无裙式竖向空间组织形式，空间布置紧凑，一层为门厅、餐厅、厨房、车库等，二层至十层为客房和小型会议室，十一层为 200 座会议室。空间的重叠，荷载集中传递，使大空间受到限制。无裙式高层酒店建筑适合于规模不大或层数不多的酒店建筑。顺便提一下，如亚特兰大海特摄政旅馆、香港黄金海岸酒店和游艇俱乐部、北戴河海滩旅馆、广州温泉大厦这些酒店建筑，其平面布置成“口”封闭形，中央形成内院，上部做成采光屋顶，即形成舒适的中庭。

高层酒店建筑空间功能的变化集中在顶层的公共活动空间、共享空间、景观电梯三个焦点上。构成竖向组织的酒店建筑最大的特点，这也是空间竖向发展有利的结果之一。顶层公共活动空间有宽广的视野，无论白天夜晚，阳光温馨，还是阴雨连绵，皆可满足人们登高望远的心理愿望，现代绝大多数高层酒店建筑都利用顶层设置餐饮、娱乐空间。高层酒店建筑需要一个大的门厅，旅客需要一个强调精神功能、可识别的空间环境，现代酒店建筑共享空间产生于前人的基础之上，并满足现代社会需求，旅客喜欢具有大中寓小、小中见大、快速的运动感、室内外空间秩序渗透等特色的现代酒店建筑共享空间。观光电梯是电梯的进一步发展，从竖向交通工具到空间组织因素，早先是为了让人们得到登高观景的体验，60 年代运用于高层酒店建筑，与自动扶梯一起构成了现代酒店建筑室内空间环境的移动组景和移动观景。

（2）横向空间组织

横向空间组织形式，即在水平方向展开酒店建筑的一系列空间，高层建筑出现之前，建筑空间大多采用横向空间组织，其中，中国园林式酒店建筑是最具特点，最为成功的横向空间组织形式，创造出了妙趣横生，耐人寻味的室内外空间环境。中国幅员辽阔，山河锦绣，自然地貌富丽多姿，景观之奇为世界其它国家所难以媲美，长期以来崇尚自然，笃信“天人合一”，形成了中国传统的自然美学思想，两千多年的造园史所积淀的丰硕成果，被现代酒店建筑创造性吸收，产生出独树一帜的中国园林式酒店建筑的空间组织形式。

黄山云谷山庄是典型的中国园林式酒店建筑的横向空间组织形式，该地区地貌复杂，坡度约为 17%，景色奇特，为了保持环境原有的野趣，山庄实际上是依据地势而成形，巧妙地贴在这一地带上。建筑布局采用傍水跨溪，分散围合设置，共分五区：中心区接入口大门，为公共服务部分（门厅、餐厅、娱乐），空间局部采用对称，反映中国传统建筑特征；东区紧邻中心区，设高级客房，名为“停云馆”，接待贵宾时可用东部专设出入口，并直接进入专用小餐厅，自成一组；另三区为客房，南区命名为“竹溪楼”，西区名为“松韵堂”。并设分区服务台和管理房，区与区之间以廊联系。各区以中心为核心向外延伸，相对独立，并围合成形状各异的庭园，廊子作为空间引伸、延续、导向的功能，是横向空间组织的关键，其“随形而便，依势而曲”，虚虚实实，真可谓“处处邻虚，方方侧景”妙在其中。

纵观中国园林艺术，无不包括阴阳互易的辩证哲学：虚与实、形与神、景与情、情与境、因与借、有限与无限、有法与无法，这一系列对立的理性精髓，是中华民族特质的写照。借鉴中国园林艺术的现代酒店建筑，贵在探索园林艺术和建筑空间艺术的内涵，在水平方面巧妙地应用变化规律，或浸透、或连隔、或虚实，使有限空间小中见大，局促中见舒展，以丰富空间的层次变化，借以造成一种极其深远和不可究尽的氛围。中国园林式酒店建筑，作为一种典型的横向空间组织形式，优越于国外传统的酒店建筑横向空间组织形式，在立足传统的基础上走向世界，在结合时代中得到发展。

·实践心得·

室内设计的创作感悟

深圳市文业装饰设计工程有限公司　副总工程师　王　红

作为深圳市建筑装饰行业中一级建筑装饰工程施工、甲级建筑装饰工程设计企业的总工，我非常幸运的能带领公司一群设计精英在设计领域中去寻找自己的畅想之作。

也许是专业出身的缘故，对工程的要求很高，对设计的要求就更高了。既注重设计的结果，更注重设计的过程。一个优秀的室内设计作品同他整个设计过程是息息相关的，前期的策划和定位，中期的设计深入和后期的设计修改、调整却是设计工程中三个关键性阶段。对一个装饰设计项目来说，设计师站的角度应该也是多方位的：

一是要站在业主的角度；

二是要站在设计师创作的角度；

三是要站在施工的角度，如此去完成的室内设计工作才是全面的。

本人认为可将设计划分为三个阶段：

一是调查分析阶段和方案策划阶段；

二是初步设计阶段和施工图设计阶段；

三是设计监理阶段和对使用管理配套的设计变更调整阶段。以上这几个过程和阶段是室内装饰设计创作过程必经之路，更是环环相扣，忽视和跳跃某一过程，都会造成设计中的一定缺陷。

改革开放以来，室内装饰设计作为一个仅仅发展二十几年的行业来说，不能同欧美发达国家的建筑室内装饰设计同一概念，也不同于国内的建筑设计和环境设计，它已从建筑设计的一部分，发展为包括门窗、幕墙、入口和室内环境、水、电、空调、消防等各配套专业和技术专业的综合设计项目。在目前却是既没有室内设计师的评定，更没有室内设计完整的规范可寻，装饰市场的不规范，一直是摆在我们装饰行业发展的一个严重问题。如何作好一个室内装饰设计的作品，的确是我们值得探讨的问题，站在什么样的角度去考虑室内设计工作，采取哪一种更完善的过程和阶段，是做好室内设计工作的关键之所在。

一、站在业主的角度去完成设计

也许我一直是一个经营者，因此，在同业主沟通的时候非常容易，我也经常带着公司的主设计师去谈设计任务，但最终设计的沟通工作业主总是针对我一个人。为什么？因为，我非常注重设计的沟通工作，能够抓住客户的心理，多为业主考虑，更能够站在业主的角度去考虑设计问题，多方面同业主沟通。

作为业主去装修一个物业总是有他的目的性：

一是为了自用，如自用写字楼、医院、体育馆等公建装修之外，更多一类是为了追求更多利润点作为投资用的，如公用写字楼、娱乐城、酒店、餐馆之类的。前一种注重个性化、功能性，后一种更注重设计定位、功能性和公众认同性、个性化。而无论哪一种类型的设计，前期的调查分析和方案策划都是非常重要的。我经常遇见这样的业主，对筹建一个室内装饰设计工程非常没有经验，更不知对自己使用的功能怎么提出要求，对电气、空调等配套专业方面更不知如何使用才更好，再加上工程的筹备期又非常短，在短时间内为设计师提出一个完善的设计任务要求和建议基本是不可能的。相反，他们会要求设计师能够提出一个非常好的建议，由他们来决策。那么，设计任务就必须从设计咨询阶段开始做起，设计师应根据不同的使用功能空间，做多方面的了解和调查、研究：

二是要了解业主和用户的要求，其中包括行业、企业的研究、现有设施和设施的功能及改进方案、中长期规划、现有的场地条件和迁移设施的调查、相应的法规。

三是要确认业主的设计内容和设计范围、做出调研报告和背景资料、规划计划报告、设计条件认定书。

四是要做出设计构思、设计计划、设计品位上的定位。

比如医院方面的室内设计，不但要对医院建筑的室内方面的格调、品位提出一个建议，还要对其使用和经营方面的要求提出建设性的意见，对空调系统的洁净和节能要求，对照明的各种可调性要求，对装饰方面的清洁要求，洗手间的防滑助扶要求，对不同病房的病人的环境和用具设计等等，都必须由设计师提出一个或几个设计建议和构思，共同与业主沟通，最后由业主确定设计要求，然后才进行图纸的深入工作。只有这样，我们的作品才能是最具生命力的。我们的设计师往往忽视这一点，这也许就是我们现有的室内设计作品为什么不能同建筑一样拥有同等地位的关键。

建筑是建立在一定的社会文化背景、个人环境状况、建筑的现象环境和使用功能等基础上的。而室内装饰实际上也应如此。注重作品的存在性、立足于现实，超越现实应该是我们追求的创作风格。

二、要站在设计师创作的角度去完成设计

我经常讲述一个道理，这个道理亦被业内外人士所认同：每一个人都会做设计，都有自己的理念和意图，有的甚至可以创造自己的形象表达空间和具有较强的造型能力。而我们作为设计师之所以区别与业主和常人去完成设计任务，主要是设计师可以把业主在功能上不完整的要求、设计风格上的琐碎理念，经过我们对特定空间环境、特定的历史人文环境以及运用特定的空间表达手法和装饰手法、系统的进行

归纳总结，并赋予室内空间个性化的设计品质。

因此，如何做好一个设计创作工作，设计师本身具备的素质是非常关键的：

1. 以社会和环境的深度和广度对待室内装饰艺术

设计实际上也是一种艺术创作的过程，是艺术同技术的高度统一。一个设计师的创作灵感和表达的空间艺术形象、各种空间界面的深入表现及艺术风格的体现，是非常能够反映到一个设计师的整体素质。如果设计师总是目光停留于满足功能，流行趋势，而不是挖掘设计自身的特定环境和空间、特定历史背景、区域风俗等装饰艺术创作的源泉，结合各种技术手段和各专业的综合协调，是无法创作出一个好的设计作品来。

2. 系统而科学的创作手法

室内设计是一种系统的内环境设计科学，它包括室内各功能区域规划、空间特质和各种空间和功能区域的流线组织；整体艺术风格和各种空间区域和界面的深入表现。而空间存在的因素包括固定、活动家具、陈设用品、装饰艺术品、招牌、灯光、绿化、信息设备、音响设备、安全的配套和保安、等各种深化设计和整体协调。许多设计师只是完成了室内环境设计，出具家具布置图，并将图纸写明：家具、陈设由业主购买。什么款式，什么颜色一概不做说明，这是非常不合理的。这样，有可能由于家具设计的色彩和款式上的不协调，破坏整体装饰效果。一个好的室内设计作品，完成后能给人一种震撼和洗练。

3. 较全面的各技术专业知识和整体协调能力

作为我们目前的室内设计工作同欧美等发达国家的概念不同，他们所谓的室内设计工作是在建筑事务所里完成的，主要是从事装饰方面和家具陈设、挂画、铺地毯等方面的建筑配套工作。而我们现承接的室内设计工作是系统工程的概念，是建筑的深化，是室内空间和各环境功能区域的整体设计，是要协同相关各专业来共同完成的。而目前国内的许多室内设计师，只是关心装饰设计部分，而对电气、空调、给排水、消防、弱电（电视、电话、广播、监控、闭路电视、电脑、门禁系统）等各专业都一概不清楚，更不知做整体协调工作。造成许多设计手法同现有的配套专业的技术系统冲突非常大，无法达到预想的设计效果；有的因不懂各种专业之间的协调，造成室内设计的图纸变更，不对相关专业的协调变更，造成整个专业设计和施工的失败，有时给施工造成无法挽救的损失。我们曾经遇到过此类这样的施工问题。由于装饰设计的图纸因业主在造价上做了非常大的调整，使得装饰设计的电气照明系统作了较大的调整，灯具线路也增加了许多回路，但设计师未通知电气工程师进行电器设计调整。施工还按原设计图纸施工，工人只是根据原有的线路做了简单的线路并联调整，并未计算每路的荷载。待到完工时总是发现跳闸现象，经过设计各专业工程师的图纸会审才发现问题，但这时再去做各种补救已给工程造成很大的遗憾。因此，作为一个室内设计师，他的综合技术知识和协调能力是必不可少的。

4. 成熟的表现技巧

室内设计的表现技巧，也是经历了一个过程，就拿中国近 20 多年的发展进程而言，就有两个阶段性的表现：手工绘制阶段，电脑绘制阶段。而无论哪一种阶段，表现技巧对一个设计师来说都是非常关键的。从设计构思和空间组织的表达，到室内空间的表达，到装饰细部的表现，以及家具、灯具、陈设饰品的表现等等，都是要表达的清晰、真实、系统而全面。而如何将设计的三个阶段：方案策划阶段、初步设计阶段、施工图阶段的设计成果表达的更加清晰，以下几方面的图纸是必要的。

室内装饰设计方案策划阶段：基本设计构思、方案展示板、创意照片展示板、创意草图、创意模型、基本平面图、日程安排表、内装饰工程的概算书。

室内装饰设计初步设计阶段：初步设计和说明、平面设计和说明、家具布置图、吊顶平面图、剖面图、立面展开图、色彩设计图、照明设计图、控制项目设计书，招牌设计图、绿化设计书、消防安全设计书、面积概算书、饰面一览表、饰面样板展示板、透视图、模型/模型照片、分项概算表、工程量表、内装饰工程概算书。

室内装饰设计装饰施工图阶段：施工图纸、特殊工程说明书、饰面一览表、平面图、吊顶平面图、立面展开图、标准详图、剖面详图、装饰工程图、定制家具详图、配件表、空调设备图、电气设备图、卫生设备图、标牌配置图、工程量表、饰面展示板、工程发包书、工程预算表。

5. 对空间和形式以及细部比例刻画的准确性和协调性

我们所创造的空间序列是有其内在规律和序列有机化的，空间比例和尺度的来源，是有其历史的根源和人体工程学的综合体现。比方说西方人和中国人对柱子比例、层高、使用空间的尺度的认知比例都是不同的，同样的叠级吊顶，放在不同的空间内，他的比例尺度就是不同的。不同的设计师对比例尺度的认知也是不同的。

因此，设计师得根据不同的空间，不同的功能使用要求和不同空间区域，做出不同细部尺度来。有时，一些设计师，只是注重方案设计，不注重施工图纸的设计，有的甚至将施工图纸全权委托另一个设计公司来完成，那么，这就非常容易造成室内设计空间比例尺度的不协调。我一向认为，形式同比例是不可分割的造型因素，因此，一个优秀的室内设计作品应该是从设计各阶段到施工配合阶段都是环环相扣的，更是要求设计师自始至终的付出艰辛的劳动换来的。同时也是我们综合设计能力的体现。

6. 技术设计的要求

不同的室内设计案例对结构、音响、灯光的要求是不同的，而其技术参数的要求也是不同的，并达到量化的要求。比如剧场的室内设计，必须对音响的设计提出更专业的要求，我们必须计算每种材料的混响时间，准确的计算出声音的反射时间。这样才能达到室内设计的技术要求。娱乐城的要求也是一样的，有的设计师刻意去追求现代、高科技，用大量的金属材料和玻璃材料，造成声音无法处理。有的，到完工后才发现以上问题，最后再去补救。因此，室内设计中的技术设计是非常关键的，我们应该根据不同的使用要求，细化技术设计部分，这样才能将我们的室内设计工作做的更完善。通过科学严格的技术手段达到预期的装饰效果。

三、站在施工的角度去完成设计

室内设计师的作品，最终的目的是要付之以实现的，那么，如何将我们的设计意图体现在图纸上是一个关键，而图纸的可实施性又是非常关键的。这就要求设计师必须从多方面去考虑：

1. 熟悉各种材料和性能

室内设计师同建筑设计师的最大区别就是，必须对材料的应用非常了解，室内设计的装饰手法，一是靠空间品质，更重要的是靠装饰材料。同样的空间，不同的装饰材料就会创造出不同的空间品质来。金属、玻璃赋予其现代感；木制、石材材料赋予其自然、人情化；地毯、布艺赋予其温馨、舒适感。因此，对每种材料我们都必须恰当的应用，这样，才能使我们的所创作得到充分的体现。

2. 熟悉各种材料的工艺要求和施工规范

每一种材料都有其自身的特点和施工上的要求，无论是其自身的技术参数，安装要求，场所要求以及工序的先后要求、施工设备的要求都必须熟悉。就拿装饰材料的接口问题来讲，装饰材料大部分都是成品材、如块材、板材、卷材、液体材料。设计师却往往只从设计效果考虑，在同一平面采用不同材质的材料进行装饰，这就会给施工带来许多困难，比如：地毯与石材交接，木地板与地毯拼接，水泥沙浆抹灰面与石膏板墙面拼接等。还有一种就是空调通风口、探头、喷淋头、墙面的电气开关和插头等。这种不同材料之间的拼接会产生裂缝和交口，如何处理好以上工艺上的问题是设计师必须要掌握的，也是设计师要进行设计细部刻画的重点。处理的不到位，就会给空间留下一个败笔。

3. 熟悉工人的施工能力

对于设计师来讲，设计的表现形式可以是多种多样的，但有些形式是工人的施工能力无法达到的，即使达到，反而弄巧成拙。我们曾经设计过一些东西，就是由于工艺的原因，让我们改变了设计手法和用材，但我认为这是恰当的。比如，在使用地胶板时，如果是大块面的拼色处理就必须使用卷材，如果是方块之间的拼色就必须根据块材的规格进行设计。

4. 大胆的运用新型材料

室内设计的创作理念是空间品质的关键，而新型材料的应用却赋予空间更多的品质，因此，大胆应用新型材料会丰富我们现代的设计语汇，会将我们生硬的建筑空间变得更加生动和活泼宜人。

以上的种种观点是将室内装饰设计过程的简单概括，作为一个优秀的室内设计师是要经过一个非常漫长的时间去磨练的，不但要做好设计，而且还要具备多种专业素质。掌握一定的创作方式和技巧，注重设计全过程的深化，以一种严谨的设计态度去对待我们的每一个设计作品，我们的室内装饰设计的整体素质才会提高。在此，我更希望装饰设计人才辈出，不断超越，为我们的居住环境和公共空间提供更多、更美、更完善的艺术空间。

略论室内设计与茶

——从“水上街市·　一品茶园”说开去

王黑龙　杜耘隆

室内设计与茶，看似风马牛不相及的两者，一个偶然的因素把它们联系到了一起，机缘起于深圳“海上田园风光”中的“水上街市·　一品茶园”的室内装修方案设计。那是一座水光山色中的小楼。

既然是“茶园”，那么它的室内设计与茶便须臾不可分了。

我国的茶文化渊源流长，“茶道”这一词语一千二百多年前的唐代就出现了，近现代因意识形态方面的因素而日渐式微。反到是后起的日本，茶道发展到今天已形成了一套固定复杂的程序和仪式，我国最近几年逐渐又兴起了茶室茶道，多少都受日式茶道的影响。而中式和日式其实都在东方文化的这个大圈子之内，本质上是没有冲突的，而此茶园的一个总体设计以及构想也就是在中式和日式之间。周作人先生有段很随意的对茶的看法：“茶道的意思，用平凡的话来讲，可以称作为忙里偷闲，苦中作乐，在不完全现实中享受一点美与和谐，在刹那间体会永久”。这座小楼中的乾坤亦在于此。室内设计就是给小楼穿衣服，穿什么样的衣服，就有什么样的心性，这儿室内设计的格调和宗旨与茶的品格就

「入口门厅效果图」

应是浑然天成。乃一曰苦、二曰净、三曰凡、四曰放，从而达到和、静、怡、真这四谛。

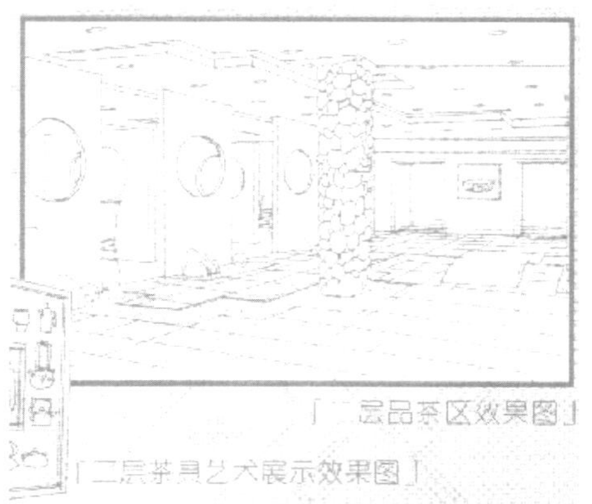

「二层品茶区效果图」

「二层茶具艺术展示效果图」

「二层水榭品茶区效果图」

「三层中庭效果图」

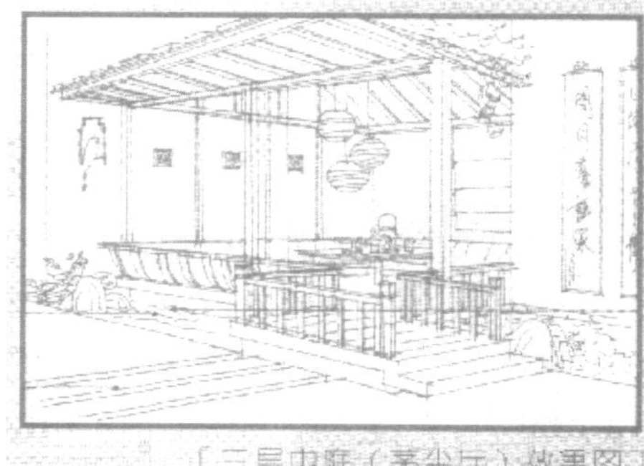

「三层中庭（茅尖厅）效果图」

“水上街市·一品茶园”座落于深圳“海上田园风光”一角，室外山水幽雅，清风妙曼，茶园隅于其中，人至莫不惊羡。中国茶道的倡导者或曰提出者是道家和僧家，唐代诗人杜牧就有这样的诗句，“今日鬓丝禅榻畔，茶烟轻扬落花风”，追求的就是超然物外，达到自我涅槃。而日本有句格言：“茶室中人人平等”，因为茶室是个和谐、尊重、纯净、安宁的环境。而此处外在的清雅妙曼为室内设计能达到如此的意境，提供了一个非常好的氛围。

甫入门厅，地面上茶字形的石材拼图立即点明了主题，周围艾叶青碎石铺地，墙面以代表茶文化的百子柜作装饰，一层层一列列的屉格韵律有序，中间柜面上置古式铜水煲，起到了画龙点睛之效。入口正面以洞屏作间隔，一遮一透之间，空间变得更有意味。

穿过洞屏，布置了一个“古现代制茶文化演示厅”，地面以万年青花岗石拼成一条抽象的透迤的河流，既起到了引导人流的作用，又寓意茶文化源远流长，而地铺青砖那部分区域作播青、揉捻等展示，内侧还间隔了一间专供音像演示的小厅。

经过月亮门，是专售自制名茶的销售区。销售区柜台布置错落有致，沿伸而引导至单独区划的名茶店。名茶店只售各类中国名茶，地面以马赛克拼花铺地，曲折而伸展。

二层的茶文化表演区和茶具展销区看似浑然一体，实则泾渭分明。地面是深色烧毛面地砖，拙朴怀旧，其间一条人工的半抽象流水小桥，水下以白沙石作底，深浅明暗交错，于传统中透出现代，天花上的暗藏灯槽与地面的水流相呼应，围合成天上的银河。水流中间的柱子用卵石覆其上，形成粗细有致的空间质感。茶廊下品茶区以三个圆月之墙作为视觉上的阻隔，三个一组，似隔非隔。水榭品茶轩是其中的一个亮点，旧时的亭台楼阁在此以和式的面目展现，端坐于其中，犹如临波而茗，心境的悠然写意尽在茗香之中。另一侧窗下设有不规则的异形茶台，作茶艺表演，从选茗、取水、备具到佐料、烹茶、奉茶以及品尝的六法逐一介绍。

走到这儿，地面上出现了一个接着一个接着又一个的马赛克拼嵌而成的茶壶拼图，这就是到了茶具展销区了。茶具展销区最具特色的是茶具艺术展示墙屏，用各种分门别类的高贵的紫砂茶具镶嵌于白墙上，中间一个木质的茶字，古典而精妙。

三层厅房着意于每个厅房分门别类的境界，室内装饰与布置的各各不同是可以造就室内意境的各各不同的。乌龙有乌龙的浓郁，云雾有云雾的飘渺，毛尖有毛尖的清冽，雨花有雨花的优雅，龙井有龙井的高贵，菊花亦有菊花的朴素……。而中庭是这个楼面的中心，将建筑上一个难以避让的柱子围合起来而成的大树，镇守了中庭，这一化腐朽为神奇的一笔，将此空间变成了一个宁静自然的区域，中式的木质窗格符号运用于室内，配以轻舟、流水、石景和透光天棚，令封闭的空间有了室外感，舟上备有小几，可供两人品茗，天光水色之间，卿卿我我最好。

三层小楼，自成一统。面积不算太大，作为茶楼足矣，最重要的是于细微处见精神，此乃室内设计的最高境界。大局把握设计思想，小处别具匠心，看似随心所欲，实则细致精到，给人以宁静、舒适、轻松、和谐的感觉，达到茶之精髓——天人合一。

浮生偷得半日闲，芸芸众生之中，普罗大众之间，茶是一个过程，一个通道，室内设计也是一个过程，一个通道。从物欲中抽身而出，达到超然物外的彼岸，自我涅槃。

最后以赵朴初的诗一首作结：

“七碗受之味，
一壶得真趣，
空持百千偈，
不如吃茶去”。

关于建筑装饰工程的材料样板

深圳　乔辉　洪宇

如果香港设计师和大陆设计师对同一个空间作设计，当他们向业主展示自己的设计时，你会发现他们的最大区别在于：香港设计师一定会做材料样板，而大陆设计师多数是没有的。

有感于此，就很想对关于材料样板的话题展开一些讨论。

首先，我们为什么要做材料样板？从专业的角度而言，是为了向业主更好地展示自己的设计理念，同时告诉业主我们的设计是可行的，我们的报价是有现实依据的。

可见，材料样板是设计的一个重要环节，是设计本身不可缺少的一个组成部分。业主甚至会由于喜欢你提供的材料的纹理、色泽而与你产生共鸣，而达到事半功倍的效果。

制作精良的材料样板本身就是一件艺术品，是可遇而不可求的艺术品。然而我们多数的设计师还没有重视到这一点，这在我们的众多投标的设计中可见一斑。在各大专院校室内专业中，重视材料样板设计和制作的也是不多见的。关于这方面的素质，的确是我们大家一起需要改进和提高的，我们不重视材料样板的行为是值得检讨和反省的。

这一句话一点也不为过。为什么？因为设计师的不专业、不规范，从而导致了建筑装饰工程项目招投标时的不合理局面。我们国家制定的招投标法规，没规定在统一材料样板的范围内进行工程的报价，那么，在报价时，就会有各个单位对材料名称、级别而产生不同的理解产生的价格差异。要知道，材料的名称是由各个石材厂家自定的。蒙古黑也可叫中国黑，那么叫中华黑可不可以呢？而且，正因为没有材料样板的严格封样，而导致低价中标的情况频频发生。低价中标的单位在施工时，就任意改变主材，利润是相同的，结果是不合理的。比如说，报价时主材是美国灰麻，施工时就以无现货供应等等理由，改为山东灰麻或者其他便宜的主材，美其名曰是为国家省钱。

这些现象的产生的确是因为设计师的不专业和不具责任心造成的。这固然有很多客观原因，但这里我们只想说主观原因。如果设计师制作样板成为主流，政府关于招投标法的规定就更完善和更合理。

从设计的本身而言，设计的过程不只是苦思冥想，也需要见多识广。对于材料样板的认识可以改变你的很多设计理念。认识材料样板需要全方位的认识，包括其价格、产地、颜色纹理、物理性质、使用年限、施工工艺等等。设计的过程还是对材料样板寻找的过程，这种过程充满乐趣和挑战性。试想，见都没见过的材料，你又怎么会设计得巧夺天工呢？

我们觉得，我们大陆设计师与香港、台湾和国外先进设计师当前主要的差别在：对于材料的认知程度，以及对新材料的及时了解。现代的设计越来越注重体现材料本身的纹理和质感，一个好的材料，会令一个平凡的空间翌翌栩栩生辉。比如香港半岛酒店餐厅的银色波浪板设计，没见过波浪板时，还不知道是怎么做出来的。材料本身将是设计灵感新的来源。

制作材料样板的过程也是十分专业和有趣的。它包括设计师对设计构成的修养，对色彩的搭配的学问，甚至对心理学的认知程度。前面说过，好的材料样板本身就艺术品。其艺术价值还有待于认识和理解。我们认为，好的材料样板本身是可以入画，可以摆饰甚至是收藏的。

在制作材料样板时，只要条件许可，为什么不能象制作模型一样呢？比如一个门的款式，为什么我们不能制作一个小的模型放在材料样板上呢？而且是真材实料的。这也是一个展望，目的是希望我们一起重视材料样板的制作。在各公司质量认证中，不是有一条设计认证过程记录吗？其实，材料样板就是这一过程的记录之一。

设计师对材料样板的重视，其实就是对自己劳动的重视。我们为什么从事这项工作？从事这项工作，我们的专业性表现在哪里？

在平时的工作中，经常遇见这样的问题，你所设计的东西，在制作的过程中或还没完成时业主就给予否认，而说出另外的设想，而他们的依据往往是刚见到的一个设计，或者是一个图片。这就是专业和不专业的区别：专业的是每天都能见到不同的好或差的设计，不专业的是临时抱佛脚的恶补和照搬。制作材料样板也有这个问题，专业的设计师有很多现成的材料样板，对于多数新的材料了如指掌，与供货商保持良好的关系，有最快的资讯消息。专业的是先有材料样板再做设计，不专业的是先有设计再做材料样板。

以上是关于材料样板的一点认识，目的是希望我们所有从事室内设计的人员都要有专业精神和态度，不断地向先进学习，这将是室内设计行业走上正轨和室内设计师走上国际舞台的必由之路。

第八部分

企业运作

·全国装修项目管理交流会·

会议综述

一　次　务　实　的　会

——记全国建筑装饰工程项目管理经验交流及观摩会

《中国建筑装饰》编辑部观察员

一、会议简况

2001 年 12 月 25 日，中国建筑装饰协会在人民大会堂小礼堂举行了有 119 个获奖项目的“2001 年全国建筑装饰工程奖”颁奖大会，作为此活动的继续，2002 年 10 月 21 日—22 日，中国建筑装饰协会在北京银龙苑宾馆召开了“全国建筑装饰工程项目管理经验交流及观摩会”。来自北京、天津、上海、重庆、广东、江苏、江西、浙江、福建、河北、山东、陕西、湖南、湖北、新疆、内蒙古、宁夏、广西等 18 个省市区的代表，共 200 多人出席。就装饰工程的项目管理进行全国性的经验交流，无论在中国建筑装饰协会的历史上，还是我国建筑装饰行业的经历上，均属首次。

出席会议的中国建筑装饰协会的领导有会长马挺贵、常务副会长兼秘书长徐朋，副会长、北京港源建筑装饰工程有限公司董事长王波、上海市建筑装饰工程有限公司总经理谢建伟，副秘书长张京跃、房箴。地方建筑装饰协会的领导有中国建筑装饰协会常务理事：北京市建筑装饰协会理事长朱希斌、江西省装饰行业协会理事长王儒明、福建省建筑装饰协会常务副会长张福如、甘肃省建筑装饰协会常务副会长韩学政，中国建筑装饰协会理事：天津市环境装饰协会秘书长王文焕，陕西省建筑装饰协会办公室主任哈博等，还有江西省建设厅装饰管理站副站长杨辉。

中国建筑装饰协会会长马挺贵作了会议总结讲话。会议由常务副会长兼秘书长徐朋和副秘书长张京跃、房箴分别主持。

会议的主题有三：

一是 2 位专家所作的关于菲迪克（FIDIC）条款的讲座：

田威（中国土木工程集团副总经理，教授级高级工程师）：菲迪克条款的基本内容及在工程中的应用。

梁健（原中国水利水电对外总公司副总经理，教授级高级工程师，小浪底技术委员会委员）：国际工程索赔。

二是 10 项获奖装饰工程的企业家所作的报告：

李健（原北京中国银行大厦工程项目经理，现中建国际建设公司副总经理，教授级高级工程师）：北京中国银行大厦工程项目按菲迪克条款实施项目总承包经验。

董光（北京建工一建工程建设有限公司装饰公司经理）：“东方”践行“菲迪克”北京东方广场装饰工程实施菲迪克条款进行项目管理的体会和经验。

谢建伟（中国建筑装饰协会副会长、上海市建筑装饰工程有限公司总经理）：外资工程的实践与认识。

刘年新（中国建筑装饰协会常务理事、深圳市洪涛装饰工程公司总经理）：全方位贯彻精品意识的施工管理体会——北京中银大厦、上海大剧院、人民大会堂国宴厅重大装饰工程的施工管理。

卓菁（中国建筑装饰协会常务理事单位、广州珠江装修工程公司南海枫丹白鹭酒店项目部经理）：广东南海枫丹白鹭酒店装修工程项目管理的体会。

陈耀福（中国建筑装饰协会理事、深圳市文业装饰设计工程有限公司总经理）：把握设计要点　精心施工　打造优质样板工程——深圳市中级人民法院国优装饰工程项目管理心得。

王波（中国建筑装饰协会副会长、北京港源建筑装饰工程有限公司董事长）：科学运行项目管理体系是化解市场风险的有效途径。

王跃（中国建筑装饰协会常务理事、石家庄常宏建筑工程有限公司总经理）：ISO9000 质量管理体系在工程项目管理中应用的经验和体会。

魏光（中国建筑装饰协会常务理事、黑龙江国光建筑装饰工程有限公司总经理）：传承历史，巧绘新篇——哈尔滨龙门大厦贵宾楼装饰工程改造体会。

潘耀生（中国建筑装饰协会常务理事、武汉华达建筑装饰设计工程有限公司总经理）：金牌之路——武汉建银大厦装饰工程降低造价及国际采购的体会和经验。

刘兆培（陕西省建装饰协会副会长、西安发记营造建筑有限公司董事长）：重庆大都会广场——海逸酒店室内装修工程管理方法。

三是观摩 3 项获奖装饰工程：

中国银行大厦大堂、国家电力公司办公大楼、北京京都信苑宾馆。

出席会议的装饰企业的代表均是各地一级建筑装饰施

工、甲级建筑装饰设计企业、ISO9000国际质量体系认证的排头兵，均是项目经理以上的优秀企业主管，只有他们才会对本次会议的主题有需求、感兴趣、给予重视，如江西来了26位，其中有中国建筑装饰协会理事单位：江西省美华建筑装饰工程有限责任公司和江西圳昌装饰工程有限公司均来了3人；中国建筑装饰协会常务理事单位、苏州金螳螂建筑装饰有限公司来了15位；北京住总装饰有限责任公司来了7位、宁夏爱华建筑装饰工程有限公司来了6位、新疆新海建筑装饰工程有限公司来了4位。

这样的建筑装饰企业能不兴旺发达吗！

二、普及FIDIC条款知识

1. FIDIC是国际通用的一个标准合同。起源于英国土木工程学会（ICE），由五个协会起草制定，适用于英联邦体系和世界银行、亚洲开发银行投资的项目，符合WTO要求，是设计、施工、协调、验工、仲裁等定量、强制性、以文字交往为主的解决问题的依据，是施工合同管理的重要组成部分和合同双方的权利和义务。

2. FIDIC的思路使人深受启发。国际惯例认为，质量就是规范。多年来，有关FIDIC条款的文章、书籍广泛见诸于各类报刊，几乎人人耳熟能详。此次来自中土、中建、中水三家大型国有建筑业企业的三位有着多年丰富实践经验的FIDIC专家，他们都直接从事过FIDIC的工程，所讲述的有关FIDIC合同条件的问题，使与会的绝大多数没直接干过FIDIC装饰工程的代表耳目一新，均认为通性的道理可供借鉴，特别是有关装饰工程运用FIDIC的建议，深受启发。

三、建筑专家关于装修运用FIDIC的建议

1. 适用版本和最重要的条款。现已有三个版本——1977年、1988年和1999年，以使用1977年版为宜。承包合同宜用FIDIC，分包合同宜用ICE。FIDIC共有7本，按书皮颜色可分为红、黄、白、橙、银、绿——又称彩虹系列。装饰工程适用于红、黄、绿皮三种。

最重要的条款：60款——工程量清单（BQ单）。原则是：单价合同，量价分离，验工计价，据实付款。点工费：12.5—148%。国外咨询工程师比监理工程师权威得多。

2. 承包商追求更多收益的三大法宝。一是变更令（VO）；二是调价公式；三是索赔。索赔不是目的，而是手段。误区是“低价中标，索赔赚钱”。成本和时间的关系。有的专家指出是一条斜率为负的抛物线，有的则认为是呈钟形。能产生戏剧性变化的地方，一是汇兑；二是调价公式。

3. 调价公式或索赔公式。以用“实际费用法”为宜：{直接费（人工+材料+设备）+间接费[工地管理费（总部5%～8%，工地10%～40%）+保险费+贷款费（利息）]}×利润。综合索赔适用于装修。要给咨询工程师留点面子；索赔预期值与实际付款值相差50%（拦腰砍一刀）。工期损害赔偿费——工期延误占总索赔的10%。

4. 增强企业核心竞争力与国际接轨。一是要有长远的发展战略目标；二是要培养自己专业化、职业化的人才，有的专家指出，我们为什么要自己培养呢，香港有的是，引进就是了，这是一条快速发展提高的捷径；三是提高二次设计的能力；四是要积极采用各类先进的施工工具；五是与国际承包商交流合作，特别是标准规范，以及优秀项目的考察；六是采用环保装饰材料。

5. 我们缺什么。一改革开放中国就进入了WTO，逐渐熟悉FIDIC，中国不缺项目管理人才，特别是装修。缺少的：一是管理理念——市场经济的思维方式；二是市场机制——关键是政府是否接受这种管理制度。

6. 合同。要非常熟。我们的装修合同不完善，有些不是BQ单，文字、照片等要尽量齐全。在“附加条款”中弥补合同中的不足，如材料、工期，特别是对业主的要求。建立健全施工记录、报表。

四、徐朋秘书长的评论

中国建筑装饰协会常务副会长兼秘书长徐朋对专家讲座后的评论是：一是我们要有足够的准备，国际上通用的合同有6种，其中FIDIC最权威，我们分认真加以研究；二是要大力提高我们对合同管理的水平，保护自己利益；三是通过多种渠道培养自己的合同专家，暂时没有可能的可聘请国外或海外专家；四是不会索赔的企业别人不会同情，反而会认为是个没有水平、无知的企业，竞争不会停留在感情上的，尽快树立自己企业的索赔意识，是提高企业管理水平的重要标志之一；五是企业若没有自己的索赔专家则很难发展，我们要培养一批具有国际水平的索赔工程师；六是需要加强业务建设，特别是施工原始记录——这是我们企业的普遍弱点，在企业运作中真正按现代企业管理制度办。

他强调，我们要尽快结束中国企业“只会干不会算”的历史，转变思维方式，非常希望不久的将来有我们自己的装饰企业来讲关于装饰工程的索赔，寄希望于年轻一代的装饰企业家。

五、马挺贵会长的会议总结讲话

中国建筑装饰协会会长马挺贵作了题为“与时俱进　顺势应变　开创WTO背景下的中国建筑装饰业的新局面”的讲话。他指出，2003年是企业入世，本次会议的目的一是以项目为载体加强与国际接轨的能力；二是企业增强核心竞争力做好入世准备。他强调了三个问题：

一是要提高项目管理水平。荣获2001年全国建筑工程装饰奖的119个项目代表了当代中国建筑装饰行业的最高水

平，在管理、技术上有很多创新。项目是与国际竞争的舞台，最能体现企业管理能力和水平。由于WTO后我国发生的“三个变化”（市场环境将向规范化、法制化发展；政府职能将从对行业负责向对社会公众负责；行业、企业均面临着重新洗牌、准入和清出）。竞争主体多元化、竞争形式多样化，企业不能“见温煮蛙”、“春眠不觉晓”，要有紧迫感和危机感。外商带来先进管理，促进我们的接轨能力。早接轨早主动；晚接轨就被动。

二是当前我国装饰工程项目管理的现状。我国建筑装饰行业起步晚、起点低、发展速度超常。企业注重合同管理，贯彻ISO9000，具备了与国际接轨的能力。“三位一体”（过程精品，标价分离，CI形象）才能打造出精品工程。耗子药不怕，有解药就行。企业项目管理水平不平衡，特别是文件化管理，不少还在低水平上重复。

三是提升项目管理水平要有所创新。要以集约管理为目标，要加强对项目的调控能力和服务水平。项目以成本为中心，企业以利润为中心。管理模式要创新。培养国际化的人才。行业协会工作也要与国际接轨。

马挺贵会长号召，努力开创与国际接轨的新局面。他借用一位国际预测大师的话：谁把握了未来，谁就拥有现在。

六、我国装饰企业FIDIC意义的实践

1．转变思维方式，养成习惯按FIDIC运作。如北京建工一建装饰公司1999年在3万m^2的北京东方广场W1办公楼5000万元的装修，就是按FIDIC运作。从无知、不懂和吃亏到理解、赞成和执行，并演练成习惯。最重要的发现之一是装饰材料的替代品很难找到并被业主认可。上海市建筑装饰工程有限公司谢建伟总经理强调，企业的调整市场的能力就是企业的核心竞争力，接纳一切市场新需求；放弃一切不符合市场新需求的东西，哪怕是你曾经赖以生存的方式方法。

2．文字来往与文档管理。北京东方广场W1办公楼装修验收前，监理方面送交承包商北京建工一建装饰公司的工程质量缺陷报告有45册、3万多条意见，就连已投入使用的一条玻璃划痕也要扣除5万元，为了“行文签约，文档跟进”，项目经理照像机随身带。重庆海逸酒店西安发记营造建筑有限公司作为装修总承包商，协调业主及相关10个单位全部为文学来往，6个月用坏2台复印机，用纸60多万张，建立了72个文档。海逸酒店85%～90%记录是完整的。

3．建立运作FIDIC的组织架构和项目经理人才机制。如上海市建筑装饰工程有限公司为了实现逐渐向国际惯例靠拢——外资装饰工程三年内占公司工程总额30%（6000万元）的目标，已建立了专门拓展外资装饰工程项目、以设计师为首的“市场发展部”，招聘一批懂业务、会外语、与西方理念和价值观接轨、有独立承包工程能力，并有与外商打交道经验的人才。中银大厦大堂装饰工程项目经理陈远浩，已成为深圳市洪涛装饰工程公司专做“国际装饰工程”的项目经理。

项目经理可分为二类：一类是开拓市场的；另一类是项目管理的。精品工程靠的一是人才；二是技术创新；三是按ISO9000作业。

七、对装饰工程国际化标准的认识

1．精致化。如石材装修。深圳市洪涛装饰工程公司承建的中银大厦大堂、上海大剧院装饰工程均为美国室内设计师设计、美国装修施工标准。48m高、3800m^2的中银大厦大堂石材地面，5m靠尺3mm误差，最长线46m，公差2mm。4000万元、1800 m^2人大会堂国宴厅，最长线条62m，平整度误差0.3mm（国标0.8mm）。上海大剧院95%为进口水晶白1.6万m^2，一个矿点，无色差，1997年竣工现无一块泛黄——施工时工人戴手套，高压水切割用国外胶立即封闭。深圳市文业装饰设计工程有限公司承建的全国80%的法院都来参观过的深圳市中级人民法院，1万m^2石材幕墙平整度与缝隙的误差都小于0.2mm。1.6万m^2、218个房间的南海枫丹白鹭酒店用印尼石材8万块，承包商广州珠江装修工程公司特别编制了《装饰工程维护保养手册》并送给业主。武汉建银大厦2000多万元的石材也是国际采购，施工中逐块选对花纹；一级保护建筑哈尔滨贵宾楼装修改造同样是精致化的产物。

2．算出来的。北京港源建筑装饰工程有限公司董事长王波认为低价位中标，是检验企业项目管理水平提高的标志之一，在一项上万m^2的、甲供材料的装饰工程中，精算到小数点后二位，实现收益20多万元。西安发记营造建筑有限公司董事长刘兆培强调，精品不是靠想像、凭经验打造出来的，而是算出来的；得与失，都是算出来的。他称之为“蚂蚁工作法”，如300t装饰材料只靠一部电梯运输，规定垃圾下电梯只有1分钟，上货3分钟；高水平的文秘管理人员，翻看文件在30秒内应找出，打字速度每分钟100字以上。

3．管理精细化。北京港源建筑装饰工程有限公司董事长王波把项目比做“毒药”，企业若发展则必须具有“有效的解药”——企业核心竞争力集中体现在项目管理的水平上——管理必须由粗放到精细化转变。为此，他制定的“有效的解药”：一是培养职业化的项目经理，并形成企业内部的项目经理人才市场，授予聘人、劳务、材料采购、资金使用等权利，形成精干高效平均27人的项目经理部；二是按照管理型的公司发展，与500多人的劳务分包队伍（能工巧匠）相互依存，长期合作；三是材料采购分为A类（共同控制）和B类（项目经理控制），最终决定权在项目部；四是企业管理长期化，公司总部对项目部既监管又服务。

4．按ISO9000电脑化管理项目。据了解，全国真正按ISO9000管理和不按其管理的企业均占4%。石家庄常宏建筑工程有限公司总经理王跃的体会具有代表性：公司按ISO9000建立内部电脑局域网实现文件化管理，再也不担心

因人的变更而使文档缺失，几千种装饰材料按编号选购，设计有成套的节点、工艺、图例、线条。公司尝到了甜头，在不提高装饰工程成本的前提下，与业主约定的装饰工程质量——优质率逐年有提高：1998 年 34%、1999 年 73%、2000 年 75%、2001 年 75.5%。维修费从 1997 年的 3%降到 2000 年的 0.32%。他建议帮助业主提高层次：细化合同、签证，索赔，加强售后服务，给自己员工交底的东西同时也交给业主，不拖欠员工及供应商款。值得注意的是，目前认证机构竞争激烈，费用 1～3 万元，有一些造假，骗人骗已。

八、成熟市场经济下装饰工程的项目管理——海逸酒店

1．多项建筑装饰行业之最。重庆大都会广场——海逸酒店业主是世界 20 强香港和记黄浦；装修承包商西安发记营造建筑有限公司董事长刘兆培，在香港从事装修 30 多年，是 MASCE 美国工程师学会会员、AACE 美国工程成本工程师、PENG 加拿大特许工程师。这是我国按国际惯例（承发包商、监理、咨询、测量均为香港企业）的典型案例，在我国建筑装饰行业发展史上有重大创新：面积最大 5.5 万 m^2，建筑最高 37 层，档次最高五星级，造价最高 1.12 亿元，速度最快 180 天，准备进场时间最短 7 天，施工上人工最多 2300 人（现场 1800 人、做家具 500 人，1000 多万元），6000 多万元、300t 全部为进口的装饰材料（如墙纸 10 万 m^2）管理人员最少 9 人，项目部最精干高效 45 位管理人员和 60 个管工，结算最快一天半大部分完毕，保留索赔权利，但没实施。

2．成熟市场经济下的装饰工程项目管理。刘兆培作为项目总管他没有批过一个单。他每天在上下 37 层楼巡察工程一遍,立即指出质量缺陷。每位员工体重平均轻 5～10kg，但每个人都很有成就感，因为最重要的是你的劳动被承认了，65%的员工加了薪。材料供应商无所谓熟不熟，反正是按合同办事。结算关键是看文件做和好不好，应保证 85%～90%记录是完整的。装饰工程能够成功和秘诀是：高水平的业主需求高水平的承包商。做人和企业的经营宗旨：诚实，讲信用。有困难就去算——理性与感性相结合。

3．履行合同“三要素”。一是要尽量发现业主的错误；二是不给钱不干活行不通；三是建立索赔意识，法制理念。

该装修工程还荣获 2000 年度鲁班奖（国优）。刘兆培先生还有一篇精彩的论文“怎样作装饰企业的一个好员工”，载于 2000 年第 9 期《中国建筑装饰》，业内同仁不妨一读。

九、对本业 FIDIC 和 WTO 实践的初步认识

综上所述，建筑装饰是中国最先实践 FIDIC 和最早进入 WTO 的行业。刚一改革开放，外资酒店和高档公共建筑的装修，那时我们的装饰企业都不会，均为被外商特别是香港企业所承包。香港承包商是 FIDIC 和 WTO 的背景，从此我国建筑装饰行业就开始进入 WTO 并实践 FIDIC。后来居上的是深圳装饰行业，沿袭香港的承包商体制在全国各地承接装饰工程。变更令（洽商单、签证单）、工程量清单（BQ 单）、实际费用法等在装饰工程中使用已有 20 多年，在全国十分普遍，“单价合同，量价分离，验工计价，据实付款”早已成为我国建筑装饰行业遵循的原则，并成为建筑装饰行业与政府计划经济的装饰工程定额矛盾的焦点。

为此，中国建筑装饰协会 1996 年 12 月在深圳召开了“全国建筑装饰工程定额研讨会”，建设部标准定额司领导出席，与会 200 多家装饰企业强烈要求废除计划经济的定额，建设部也意识到这一问题的严重性，经过多方努力，2001 年建设部发布了具有市场经济意义“量价分开”的《全国统一建筑装饰装修工程消耗量定额》（建标[2001]271 号）。

对中国现代建筑装饰行业的形成与发展的贡献，首先是香港，其次是深圳。从 FIDIC 及 WTO 的意义上说，中国建筑装饰行业是“香港体制”，而“香港体制”就是 FIDIC 和 WTO 体制。因此，中国建筑装饰行业实际上已具备了 FIDIC 和 WTO 思维方式和体制的基本形态。我国装饰行业具有良好的实行 FIDIC 体制的基础，只待政府正式实行。面对 FIDIC 和 WTO，我国建筑装饰行业的主要工作是在实际中完善，推行的主要障碍：一是政府还没有足够的动机和动力建立 FIDIC 体制；二是我们装饰企业的制度创新。

值得注意的是，家装企业一家没来，是家装企业对公共建筑装饰工程项目管理的研讨认为对家装工程项目管理无借鉴意义呢，还是家装企业对此问题还没有足够的需求？接下来的问题是：家装工程的项目管理怎么办？

十、结　语

与会代表中有一大批副总经理以上知名装饰企业家，如深圳市新鹏都装饰工程有限公司董事长兼总经理潘育明，深圳市美术装饰工程有限公司副总经理张志林，广东南海市装饰工程有限公司董事长区荣大、副董事长兼副总经理麦志基、董事总经理吴文峰，广州第三装修有限公司副总经理黄源铃，广州第四装修有限公司总经理何星、副总经理姚平东，苏州金螳螂建筑装饰有限公司副总经理姚润华，苏州工业园区美瑞德建筑装饰有限公司副总经理毛国平、浦伯龙，上海东尼建筑装饰有限公司董事长兼总经理马炯骥，上海市建筑装饰工程有限公司副总经理朱金生，辽宁荣昌装饰装修工程有限公司副总经理周利，重庆皇城装饰工程公司董事长王金山、副总经理屈原忠，福建天华建筑装饰工程有限公司副总经理李国豪，福建喜来登设计装饰工程有限公司总经理陈德飞，厦门龙港装修工程有限公司总经理张安龙，厦门市华盟装修工程有限公司副总经理雷静风、张立新，江西建装潢公司总经理徐锦刚、副总经理李长秋，江西圳昌装饰工程有限

公司副总经理陶建国、梁耀科，赣州银盛装饰工程有限公司副总经理郭益萍，南昌昌福建筑装饰工程有限公司副总经理李建国，江西南铁智新装饰有限公司总经理雷露发，江西建华装潢有限公司总经理彭忠凯、副总经理熊晓林，江西华亨广告装饰实业有限公司总经理支军、副总经理支强，赣州跨世纪装饰有限责任公司副总经理刘铭章，吉安第一装饰有限公司总经理杨辉章，中国天诚集团新雅建筑工程设计装饰有限公司副总经理文勇，天津市建设装饰工程公司副总经理张名宪，重庆金梭装饰设计工程有限公司总经理黄琦，陕西金华龙设计装饰工程有限责任公司总经理秦中力，西安市蓝码克装修工程（集团）有限公司副总经理高润平，西安西航祥和铝业装饰工程有限公司副总经理赵仕奎，哈尔滨亚泰装饰工程有限公司总经理赵国华，吉林吉化天一装饰工程有限公司总经理张明山，吉林市云瀚装饰工程有限公司总经理姜学勤，浙江中南建设集团有限公司副总经理王铁民，四川华西装饰工程有限公司总经理赵平，宁夏爱华建筑装饰工程有限公司总经理黄燕强、副总经理吴晓岚，新疆新海建筑装饰工程有限公司总经理杨永旺、副总经理孙瑞民、欧阳亮，湖南六建装饰设计工程有限责任公司副总经理李贻农等。

还不乏一批成功装饰公司的女企业家，如江西省美华建筑装饰工程有限公司总经理许莺、发记营造建筑（天津）有限公司常务副总经理赵丽枫、西安市鑫龙建筑装饰工程（集团）有限公司常务副总经理姚伍利、南昌金昌装饰设计工程有限公司总经理助理卢玲、广州市美术公司总经理助理黄立、中国建筑装饰工程公司总工程师谷晓峰、江西圳昌装饰工程有限公司总工程师傅安安等。特别是南海枫丹白鹭酒店装饰工程项目经理——广州珠江装修工程公司一级项目经理卓菁，是我国装饰企业女项目经理的杰出代表。

中国建筑装饰协会有关部门、有关专业委员会的负责人也参加了会议：综合管理部主任王毅强、杜桂玲，行业发展部主任王本明、熊翔，信息部主任兼《中国建筑装饰》主编黄白、张熳红，信息咨询委员会秘书长田万良、专家组办公室主任鲁心源，培训中心副主任杨建伟，电气委员会副秘书长崔家勤，五金委员会顾问张庆维，住宅装饰装修委员会（筹）张仁、张振路，设计委员会（筹）张爱宁，《中华建筑报》主编邓千、《装饰名品》副主编郎志春等。

此会由中国建筑装饰协会工程委员会承办，秘书长顾国华负责统筹，副秘书长沈绶章及杨天军、陈京明、胡翠珍、杨晓三、付欣岳等实施。与会代表对会务工作表示满意。

会议代表普遍反映这是一次务实的会——难得；我国建筑装饰是一个非常有希望的行业——难得。希望建筑装饰协会多组织一些得行业人心、事实求是的活动。

与时俱进　顺势应变
开创WTO背景下的中国建筑装饰业的新局面

中国建筑装饰协会　会　长　**马挺贵**

同志们：很高兴在我国加入世界贸易组织一周年之际，和大家坐到一起共同探讨如何加强项目管理及应对入世问题。

中国加入世贸组织，标志着我国的经济建设与世界经济更加紧密地联系在一起。在入世第一年里，我国政府遵守入世承诺，清理了大量的法规，积极与世贸组织的相关规定进行对接。这其中就包含了对建设领域相应法规的清理及对建筑市场环境的整肃。今天在座的各位应该已经感受到了我们身边的市场氛围所发生的变化。

如果说入世第一年主要的是解决“政府入世”问题，那么，明年“企业入世”问题就会提到议事日程上来。所以，在这样的一个特殊时间点上召开这个会议就具有了特别重要的意义。这次会议就是要告诉大家，如何以积极的态度看待企业面临入世的现实。我希望通过这次专题研讨解决两个方面的问题：一是以项目为载体提升与国际接轨的能力，促使接轨的具体化、可操作化。二是入世后装饰企业如何调整工程项目管理的思路，为企业发展创立品牌、提高核心竞争力与国际市场接轨做理论和实践上的准备。

同时，我希望这次大会能够开成一个装饰工程与国际惯例接轨的经验交流会、国际工程项目管理规则的学习会和积极备战应对入世挑战的动员会。希望大家能够满怀希望而来、满载收获而归。下面，我代表中装协讲以下几个问题：

一、提高项目管理水平应对入世的现实意义

我们这次会议是2001年“全国建筑工程装饰奖”评比工作的延续。我一直在讲，全国建筑装饰奖工程即是精品工程又是典范工程,更当之无愧地代表了当今我国建筑装饰水平。我们的装饰企业在创造精品工程的同时，积累下宝贵的项目施工管理经验。要通过交流会，报告会、观摩会，加大精品工程的展示，加大创造精品工程的企业、项目的宣传力度。这次会议提供给大家的即有对入世装饰市场形势的认识，也有工程管理理论的提高、工程项目经验的总结、交流，现场学习观摩，这对推动装饰行业项目管理整体水平的提高是一项有益的举措。

装饰工程项目是装饰企业与市场的结合点、公司管理的

着力点、企业形象的展示点、也是与国际同行比拼的舞台。项目是企业生存的基础，项目管理能够充分体现企业的管理水平和与国际接轨的能力。迎接入世挑战，装饰企业要与国际接轨，就要创造以项目为标志的企业品牌。装饰企业品牌的创立，离开了具体的施工项目就无从谈起。

加入 WTO 后，我国的建筑市场已经或将要出现以下三个方面的变化：

第一是市场环境的变化。市场将向规范化、法制化方面发展，市场环境将进一步同国际接轨；在各级政府加大清理整顿和规范建筑业市场力度的形势下，我国建筑装饰市场的公平、公开、透明性会大大加强，地方保护将被打破，行业保护也将被削弱，全国将形成统一的大市场；行业法制化进程也会大大加快，各种法规、标准会逐步完善。大家都知道，仅去年一年，我国建筑装饰行业就有《建筑装饰装修工程验收规范》等十项国家强制性标准出台，十种主要装饰材料有害物质控制规范已经实施，近期还将实施《住宅装饰装修管理办法》。这表明行业市场的法制化建设已经达到了一个新的阶段。装饰市场容量将进一步扩大，市场竞争将会更加激烈。

第二是政府职能的转化，即由行业管理转变为建筑产品管理，由对行业负责转变为对社会公众负责。同时，政府管理经济的手段和内容也随之发生变化，并与国际接轨。即政府回归监管单位，通过法规、政策，建立完善的市场经济秩序和市场竞争环境，另一方面，协会作为行业管理的主体，企业利益的代表，在行业管理中将发挥越来越大的作用。

第三是加入 WTO 后，对行业和企业带来影响，从我国建筑装饰行业及企业的特点分析，入世后的主要影响将表现在以下几个方面：从行业看专业横向分割，从企业看单纯的设计、施工、纵向分割的局面将被打破。行业、企业的组织结构将形成工程总承包、施工总承包、专业施工承包和劳务承包几个层次。每个层次的利润空间不一样。而建筑装饰行业处于专业施工层次，这一层次的企业将重新洗牌，有一部分企业退出行业。企业要想不被淘汰，就必须提高企业的竞争力，打造装饰专业层次的精品工程。

加入 WTO 后我国建筑装饰市场的进一步开放，规范化、法制化水平的进一步提高，市场容量的继续扩大，一批具有先进设计理念，拥有先进技术、管理优势，雄厚资金和良好信誉的大公司到中国参与竞争、开拓市场，对我国建筑装饰市场必将形成强烈的冲击。必然导致市场竞争的国际化、竞争对手的多元化、竞争内容的多样化。这种竞争首先体现在具体的工程项目上，而且是设计、技术、管理、服务质量的竞争，特别是在技术含量高的大项目上竞争会更加激烈。

随着入世过渡时间逼近的紧迫形势，和国际接轨、按国际规则管理、运作已不是遥远的事，而是迫在眼前的事了。而我们相当多的企业还麻木不仁。这不禁让我想起渐温煮蛙的故事。在上个世纪早期，西方科学家曾做过对比试验。将一只青蛙放进盛满温水的锅里，然后在下面缓慢加热。开始，这只青蛙还自由自在地游着。慢慢地随着水温的升高，逐渐失去了游动的能力。最后骨软筋酥死在锅里。科学家们将另只青蛙直接丢进滚沸水锅中，在青蛙的脚趾接触到开水的一霎那，它奋力一登，跳出水锅，逃生而去。面对我国加入 WTO 后的新形势，想想这个故事，不无裨益。那些现在还沉缅于“春眠不觉晓”中的企业领导者们，现在是该清醒的时候了。入世后，中国的建筑装饰业全面开放，将形成统一的国际市场。迫使我们必须提高我们的竞争能力，创立我们自己的品牌工程，从而确立有利的市场地位。外商开拓中国市场所带来经验、工程管理低成本的一系列优势，将成为创造中国装饰业在中国市场上与国际接轨的条件。入世后工程承包具备了国际承包的特点，从引入国际工程承包概念的角度谈，这次会议所介绍和交流的经验、知识对提高项目管理水平、与国际惯例对接是非常具有现实意义的。

二、当前建筑装饰工程管理的现状

我国的当代建筑装饰行业，可以说是伴随着改革开放的起步而出现，伴着改革的深化而发展的。虽然起步晚，起点低，但在我国宏观经济高速发展的拉动下，显示出强劲的增长势头。去年工程产值达 6600 多亿元，并且每年以递增 20% 的速度高速发展，远远高出国家国民经济增长速度。成为我国同期发展最快的行业之一。

我国建筑装饰企业总数约为 25 万家，其中专业主营建筑装饰施工、有资质的企业 2 万多家；兼营装饰施工、有资质的企业近 5 万家；有营业执照、没有资质、从事家庭装饰小型工程的企业近 18 万家。

20 年来，我们的装饰企业创造了一大批优质的装饰工程。从近 2001 年的“全国建筑工程装饰奖”评奖情况来看，有一些工程已经具有了相当高的水准。或者说，有些装饰工程已经具有了国际水平。

20 年高速发展的中国经济，并不是在封闭的经济孤岛上运作的，而是不断扩大的开放状态下进行的。一批又一批外资工程、合资工程、世行及亚行贷款工程出现在中国大地上，一批又一批境外建筑及建筑装饰企业来到了中国。这为后发的中国建筑装饰业提供了学习、借鉴的机会，也为中国建筑装饰企业提供了与国际知名建筑装饰企业同台比拼的竞技舞台。

中国建筑装饰行业 20 年的高速发展过程中，一大批优秀的装饰企业领导者、企业家、项目经理成长、成熟起来，一大批装饰行业职业项目经理人才脱颖而出，构成了施工企业发展的中坚力量。项目经理的出现，体现了施工企业适应市场经济的新要求。国家对建筑施工企业实行资质管理之后，企业按照资质等级进入市场承包工程，项目经理职业化的发展，必须造就一批懂技术、会管理、善经营的项目管理队伍。

目前装饰行业大约有30万人的项目经理队伍，这不仅适应了项目管理新水准的需要，而且适应了当今时代项目管理国际化的趋势，为工程建设领域项目管理的新发展奠定了人才基础。在这次会上与大家交流经验的原中建中银工程项目经理、现中建国际建设公司副总经理李健，刚刚被国际工程项目管理合作联盟授予“国际杰出项目经理”。我们也希望不断地能有这样一些具有国际水准的优秀项目经理涌现出来。

建筑企业与国际接轨首先是与项目管理的接轨，一个精品工程是企业管理水平的综合反映。我们面临投标报价、合同、工程索赔、质量管理、工期、塑造精品工程等诸多方面的水平和能力的挑战。通过十几年的实践，我国项目管理已经达到一定的水平，从今天十几个人的发言中我们感到，我们的项目经理已经把握住项目管理的命脉，已经了解国际装饰市场的通用规则，使我们的装饰企业面对激烈的竞争有了充足的准备和初步的应对措施。针对十几人的交流情况，我从几个方面谈一谈建筑装饰行业项目管理对接国际市场所做的努力。

1．注重项目合同管理。项目管理与国际接轨最主要的内容是合同管理，合同管理是项目管理的核心，国际承包商视合同为“圣经”，一律按照国际惯例来执行。不深刻地了解FDIC通用规则，就很难与国际市场对接。北京市一建工程有限公司装饰公司通过东方广场的项目管理的实践，就得到了合同管理的真正“要义”。他们深刻研习东方广场所实行的国际管理模式，也就是菲迪克条款管理模式，真正掌握了这一与国际市场接轨的管理工具。在此工程项目两年的碰撞、探索中，他们跳出了陈旧的思维定式，开拓了自己的眼界，学习借鉴了先进管理经验，创出了精品工程。在项目管理的实践中提升了企业竞争力，塑造了企业品牌，从而提高了应对入世的能力。

2．注重质量管理。由国际标准化组织颁布的ISO9000族质量管理体系的国际标准，总结当代世界质量管理领域的成功经验，应用当前先进的管理理论，是一种行之有效的管理模式。采用这种系统的和透明的质量管理体系，不仅使我们的工程项目管理有了体系制度方面的保证，同时也促进了我们的组织不断完善、持续改进，为创造更多的精品工程提供了可靠的保证。石家庄常宏建筑装饰工程有限公司就充分认识到了建立ISO9000系列管理体系的重要性。他们健全了质量保证体系，保证工程质量处于受控状态，以此作为与国际接轨的良好尝试。

3．注重精品工程的打造。创精品工程几乎成为此次研讨会的主题，几位企业家都谈的是塑造精品的话题，通过一些精品工程的打造，我们装饰企业在精品工程塑造中得到了锻炼，已具备与国际接轨的能力。塑造精品工程在管理上比较集中而鲜明的表述就是“三位一体”的新概括，即“过程精品、标价分离、CI形象”的管理方式。它可以用三条线来形象地表述：第一条线是“过程精品、动态管理、节点考核、严格奖罚”质量线；第二条线是“标价分离、分层负责、精耕细作、集约增效”成本线；第三条线是“CI形象、文明施工、安全生产、立体标化”文明线。由此可见，“三位一体”是以项目为中心的质量、工期、成本、现场文明施工的全面要求，是以“过程管理”打造精品工程、全面提升项目经营质量的科学管理方法。

4．注重成本控制。企业的竞争力最终要体现在项目上。项目管理最基本之点就是紧紧抓住“成本”两个字。把“成本”作为经济杠杆的支点，这就抓住了项目管理的“牛鼻子”。上海市建筑装饰工程有限公司总经理谢建伟、武汉华达建筑装饰设计工程有限公司总经理潘耀生就降低成本降低工程造价问题谈了体会和经验。

强化成本意识，打紧成本预算，严格成本控制，今天我们用一句话来说就是“低成本竞争，高品质管理”。

总之，正是这种“低成本竞争，高品质管理”的理念，才破除了工程施工中盲目扩大工程量，追求工作量，不计工本的落后管理思想；才使施工技术不断创新，管理水平不断提高；才能有效地在中国大地上支撑起了项目管理的国际化新水准。

在看到成绩的同时，我们还必须清醒地意识到：由于中国建筑装饰行业起步晚、起点低、发展超常，企业素质参差不齐，加之中国建筑市场不规范，使一些装饰工程质量较差。从中消协公布的统计情况来看，近年来的家装工程投诉率居高不下。还要清醒地看到我们装饰工程项目管理的发展还很不平衡，与国际工程的运作相比还存在很大的差距。这些差距主要表现在：

1．缺乏对合同的内容和要求的真正理解。国际工程的商务运作规范、严谨、操作性强。尤其是招标书和合同文本制订的非常精细。一个工程的招标书就把工程的规模、内容专业、工序、工艺、材料、人工及业主的要求等，表述得十分细致清楚，并与设计图纸吻合。尽管我们装饰企业承接了一些国际工程，但是否能真正地熟悉、吃透合同、真正理解合同的“要义”，相当一部分人还不能做肯定回答。在国际工程中因对合同不了解而对效益产生具大影响的事并不少见。

2．缺乏国外工程项目的文件化的管理制度和运作体系。虽然我们在施工中已重视了文件化管理，但很不完善，执行不力。不能真正从合同文件管理、内部施工过程文件管理和索赔文件的管理上全方位地进行控制。

3．出现高资质企业，低素质项目经理的现象。由于建筑装饰行业发展迅速，装饰装修市场扩大，企业领导忙于跑市场，不注重项目经理的素质的培养，具体的工程项目管理班子的素质不一定能够反映企业的资质水平，往往发生“高资质企业，低素质项目班子”的现象。许多建设单位在选择施工承包企业时，不但要求具有相应的资质，而且更关心承担组织施工的项目经理的素质。

三、在提升项目管理水平方面要有所创新

装饰施工企业的项目管理水平正面临着再提升、再发展的任务。因此，我们需要与时俱进，不断创新，才能永立时代潮头。

首先，要强化企业层次对项目层次的服务调控能力。许多企业都有这样的经验和体会，项目管理水平的实质是企业管理水平的体现，提高项目管理水平的任务不只在项目，更在企业。企业要以集约管理为目标，一方面增强法人层次的调控能力，强化对生产要素的动态管理；另一方面提高服务项目的能力。在这方面要建立各类资源库，包括分包单位资源库、生产资料价格资源库、项目管理人才资源库、技术工法资源库等等。这样可以随时运用这些资源服务项目的需求。一些发展好的企业在坚持企业为利润中心、项目为成本中心的运行机制中，创造了控制企业成本和项目成本的"双控"经验。而目前又逐步向"两心合一"的方向转变。确立一个决策管理中心，构造更为强大的企业总部功能。

其次，从全行业来看，项目管理已是国有企业和民营企业普遍采用的方式。但由于投资主体的多元化，和工程项目类别的多样化必然会导致项目管理方式的多样化。例如，装饰行业中新兴的民营企业，也存在如何优化社会施工生产条件和生产要素来提高自身的项目管理水平问题。而境外企业又必然存在如何选择合作伙伴和管理人才来提高管理水平的问题。比如，国外工程项目管理实行建筑师责任制，简称"则师制"，由业主聘请一家专业的建筑师事务所作为本工程的总体调度，担负工程的设计与策划。"责师负责制"为直线职能制的组织形式，特点是实行现场全面管理、专业职能单位管理、施工项目管理和施工部位管理的四级管理体系。即有纵向管理职能层次，又有横向专业管理职能分工体系，兼顾了专业化分工协作和集中统一指挥的优点。根据装饰企业（大多数设计、施工一体化）和装饰工程的特点，完全可以学习、借鉴国外的这种管理模式。因此，不论项目主体如何多元，工程项目如何多样，实行项目管理的规范化则是共性的，就是要将施工项目管理发展成为适应市场经济的、与国际惯例接轨的、适用于各种主体的现代化生产方式。因此要在规范中提升，在提升中完善。

三是，一定要抓住项目"过程性"的特征，把项目管理中的质量、工期、成本和安全等基础管理纳入过程管理。从事企业管理的同志都有这样的体会，真正把每一个过程作为管理对象来展开，是一条最基本的管理经验。抓"过程"是点到了管理的"穴位"。任何事物的形成都在于过程之中，所有的工作都是通过"过程"来完成的。我们每个人的岗位，从事的每件工作都处于一环一环的过程之中。过程在我们的手中，过程在我们的脚下，过程在我们的身边。过程评价着每个岗位，过程贯穿于每一个瞬间。只有在过程之中既开花又结果，才能把项目管理真正落到实处。

第四，在培养国际化人才方面要有所创新。走向国际市场需要国际化的人才，国内市场国际化竞争也需要国际化人才，中国的装饰企业（大多数）立足国内，面向世界，但无论国内、国际都要按国际化运作，所以我们现在就必须着眼全球化的时代特点，考虑项目管理尤其是项目经理人才与国际惯例接轨的问题。在建筑装饰行业中，真正熟悉国际工程承包，又懂外语的管理人才是相当短缺的。所以，提高国际化人才的水平，已成为当前培训的迫切任务。

培养国际化人才，要从两个方面加强工作。一是加强职业资格制度建设的国际化。推进我国现有项目经理资质认证管理制度的国际化是一项重要内容。当前200多所高校已建立了工程管理专业。天津大学等院校还建立了国际工程项目管理学院，这是十分有市场前景的重要举措。我们应与国际上的有影响的机构合作开展装饰行业的国际项目经理资质的认证工作。二是加强项目管理人才的继续教育，特别是外语和国际工程承包业务知识的培训，以引导和推动项目经理的国际化。

第五，在推进装饰协会国际化建设方面要有所创新。装饰协会既要为装饰企业"走出去"服务，又要为境外企业进入中国建筑市场服务。这样中国建筑装饰协会自身就首先要实现国际化，在国际舞台上占有一席之地。随着经济全球化的发展，各国行业协会之间的交往日渐增多，作用不断增大，已显示出组织国际化的趋势。推进行业协会国际化建设，一是政府机关在职能转变过程中，要根据加入世贸组织的新形势，大力加强行业协会建设。二是行业协会应该向国际化的方向发展，积极参与国际组织的分工，以提升国际地位，扩大国际影响，保护本国企业的利益。三是广泛开展国际交流合作，为企业"走出去"服务。

大家都知道对整个中国建筑行业来讲，项目法施工是个泊来品，从其在云南鲁布革水电站工地荡起冲击波到现在，也只有15年的历史。但一经推广，项目法施工便显现出强大的生命力，快速为广大的中国建筑企业所普遍接受，并创造出了辉煌的成就。但是，我们还必须清醒地认识到，我们的项目管理与通用的国际规则的要求还有差距，应对我国加入WTO所带来的挑战任重道远。

可以说，积极推进与国际接轨的国际建筑装饰工程的项目管理，是中国建筑装饰企业别无选择的选择。入世有开放时间的承诺，应当成为部署改革进程的底线，但绝不可变成加快改革进程的束缚。我们必须面对现实积极地迎接挑战，与时俱进，顺势应变，全面开创我国建筑装饰企业与国际惯例、国际市场游戏规则接轨的新局面。

预测大师托夫勒断言：谁把握了未来，谁就拥有了现在！愿我们的装饰企业能够积极地把握未来，共同开拓出中国建筑装行业具有光明前景的新天地。

外资工程的实践与认识

中国建筑装饰协会副会长　上海市建筑装饰工程有限公司总经理　**谢建伟**

有幸能与各位聚集一堂，就中国加入世贸组织后，本土建筑装饰企业如何应对挑战作些深入探讨，希望通过探讨，进一步拓宽企业发展思路。以下将我们在近两年的外资工程实践中遇到的一些新问题，谈谈我们的作法和体会。

一、问题的提出

目前上海已初步成为国际化的大都市，世界 500 强企业，有 300 余家已入驻上海。随着中国经济继续利好，转而投资中国的企业越来越多，装饰市场伴随境外投资增长而相应扩大。大量外资入驻，采用国际惯例运作模式，客观上已经使上海装饰市场越来越具有国际化市场的性质。

同时，原有国内市场受到外资市场运作方式的影响，大量高级办公楼、高级公寓、高级酒店工程的运作都在逐渐向国际惯例靠拢。

不管你已经意识到，还是尚未意识到上海市场性质的演化，目前，客观上我们已经正在面对一个中国境内的“国际市场”。

作为前瞻性预测的一项跟进措施，我们在酝酿多年之后，于一年前组建了市场发展部。市场发展部集聚了一批年轻、高学历具有良好的英语能力和国外生活经历或外资企业工作经历的员工，它的中心任务就是拓展外资市场。

一年来，市场发展部虽然承接了一些项目，有了最初的突破，但是总体效果不显著。没有形成完整的经营理念，有效的应对策略、系统的管理程序，相对于公司整个拓展外资工程的计划，仅仅是初步形成了一个构架，下一步的发展还有相当的困难。

究其原因最关键的问题是客户对象变了，我们建立在中国文化背景基础上的观念，运作方式与客户的这些方面存在严重的差异。

我们现在所面对的是一批生活背景、经济背景截然不同的客户。他们有自身的观念、行为准则、价值取向、文明观。作为出资方，自然而然他们希望选择与自身文化背景接近的承包商。尽管我们思想上早有准备，各个方面尽量减少磨擦，但是，客观上长期本土生活的积淀，往往会在投手之间，自然而然地表现出来，与之产生碰撞。

二、观念——思维方式的转变

根据实践中出现的种种问题，我认为，这块市场我们一定要加入。但是，要参与进去重要的是我们必须适应客户。作为一个服务行业，要真正确立以客户为中心的观念，而且观念的转变必须渗透进各个环节。

服务方面：要树立服务是整个合同实施的过程的观念，明确完成合同包括完成整个过程服务。要适应业主出资，不仅要买产品，而且要获取满意服务的要求。

服务方面还要确立所有的服务都是有偿服务的观念。因此，既要学会在合同中确定服务的价值，又要树立必须给业主等价服务回报的观念。与西方的价值观接轨。

质量方面：要确立业主的要求，业主的评判才是真正的质量标准、质量评价。要转变只重视规范的质量要求，不重视客户的质量要求的错误观念。真正体现客户为中心的意识。

设计方面：要树立项目设计贯穿工程始终的设计观念，工程未完，设计永远未完。改变将设计局限于制作一套图纸而已的传统观念。

设计方面还要确立以客户为中心的观念。体现在具体工作上，要重视全方位，多角度探索客户内在需要，为真正高质量服务业主作铺垫。

文明观方面：要树立工程实施过程的文明是综合概念，它包括现场环境文明、人员行为举止、礼仪服装文明的整体观念。要特别重视施工作业人员行为举止、礼仪、服装等，与业主较高的文明观相吻合。

其次，在转换观念的同时，要着意解决运作过程中的问题，真正全方位同客户的习惯方式接轨。

项目管理方面：首先要提升项目部一对一服务能力，要具备全面的综合的管理协调能力，包括设计、机电、弱电、软装饰包罗万象的内容，独立完成项目全过程所有管理内容的能力。在外资项目中，这种能力具备与否决定了你能否进入这个领域的关键，而传统的装饰公司经常是分包作业，很少具有这种全面的能力的。

三、组建以设计师为项目经理的项目部

要组建以设计师为项目经理的项目部，力求与国际装饰工程惯例相接轨。

设计方面：要由熟悉业主生活环境，具有外国文化背景，能提供符合客户真正需要的设计方案的设计师担纲。进一步促进与客户的沟通，能真正受到他们的信任。

材料方面：不但要拥有广泛的国际采购渠道，而且要对外资项目常用的高档材料进行商务、技术等方面的全方位研究，促使这方面的沟通更为顺畅。

施工方式方面：要加速推进工厂化生产、现场装配的生产方式，迅速与国际先进生产方式接轨，同时尽快实现环保化施工，使产品层次与发达国家看齐。

一年多的实践再次验证了一条基本规律：适者生存，只有被市场认同，才能真正跨入市场。

我认为，外资市场的各种运作方式，起源于市场发育程度最高的西方国家，代表着市场未来走向。适应它，意味着适应未来。因此，无论从单纯的经营角度，还是从企业发展的战略角度，本公司有必要，也必须坚定不移地步入这片市场。

四、实现目标的措施

我们的目标是：用三年时间将这一市场扩展到公司总营业额的15%。每年正在逐步推进，考虑到市场未来发展趋势，我们所有的工程管理需要有计划地逐步向外资工程运作模式靠拢。为此，公司将加大力度，采取各种措施，调整、发展自己，最终被外资市场所认同，成为外资市场的真正对象。

1．开展培训，转变观念，为被外资市场所认同作好铺垫。培训的对象不局限于参与外资市场的人员，要普及到公司各个层次。重点培训中级以上管理人员，首先解决领导层、管理层的观念更新问题。

2．市场发展部继续负责探索适应外资市场管理模式。探索不设禁区，以适应市场为原则，公司内的所有资源，可以充分利用，也可以大胆采用合适的全新做法。

3．重点采取四项配套措施

（1）加速培育设计师负责制项目管理新模式

培育管理新模式关键需要有合适的设计师。考虑到时间的紧迫性，培养和引进双管齐下，着手招聘和物色具有类似岗位工作经历的设计师。通过培训考察，凡是符合要求的，创造条件让他担纲，争取加速启动新模式。

（2）构筑高级材料信息平台

为了解决高级材料“瓶颈”问题，公司开始引进具有境外工作经历的专职人员，专门从事高级材料信息平台的搭建工作，并设法充分利用长期合作的境外企业，为公司提供更多的信息渠道。

我们还将充分利用广泛接触外资企业的机会，尽力拓展材料采购渠道，并收集信息。

（3）全面推广装配式施工

为了整体改变生产方式，本公司已启动装配式施工中长期发展计划。

目前的进程：

A．初步完成木饰面、石材饰面装配式施工基本技术准备，正在进一步构建覆盖面更广、深度更深、适应度更大的装配式施工技术基础。

B．已经实现了木饰面、石材饰面100%装配式施工的试点，取得了质量、进度、环保方面的巨大进步，为进一步全面推广打下基础。

C．正在构建层次丰富的工厂化加工体系，以适应各种不同工程的加工需要。

从技术角度已实现全面推广装配式施工的能力。为此，外资工程中将全面实施装配式施工。

（4）加速产品环保化进程

21世纪，环保已成为世界发展的主题，室内装饰环保化已是发达国家装饰产品必备的品质。

以国内现状而言，短期内全面实现装饰工程环保化困难重重，可能性不大。

为了尽早获得突破，本公司专门成立室内环境实验中心，在前两年研究基础上，专门从事装饰室内环境监测、控制、处理研究工作。

为了配合市场发展部的工作，公司要求实验中心加快研究进程，尽早提供针对外资工程的环保控制方法，帮助类似项目，早日实现环保施工。

上述种种调整措施是否完全到位？只有通过实践的检验才能找到答案，但是，我们已经有充分的思想准备：调整将伴随外资市场拓展的整个进程。

由此，我获得一个重要的启示，面对中国加入世贸组织后市场新的发展格局，企业的调整能力将是核心竞争力的重要内涵，我们谁都无法左右市场的发展趋势，我们只有老老实实地顺应市场。所谓顺应市场意味着接纳一切符合市场要求的观念、经验、做法等等。所谓顺应市场又意味着必须放弃或者在某些局部放弃一切不符合市场要求的观念、经验、做法等等。哪怕曾经是企业赖以生存、发展的基石，因为舍此，别无他途。

传承历史　巧绘新篇

——哈尔滨龙门大厦贵宾楼装饰工程改造体会

中国建筑装饰协会常务理事　黑龙江国光建筑装饰工程有限公司总经理　高级工艺美术师　**魏　光**

一、历史沿革

这是一座国家一级保护建筑——始建于1901年，1903年落成，为中东铁路宾馆，也是当时最豪华的宾馆。1904年日俄战争爆发，一度改作临时野战医院。1905年为沙皇俄国护路军司令部。1906年为沙皇俄国驻哈尔滨领事馆。1907年改为沙皇俄国军官俱乐部。1921年成为中东铁路公司理事会办公楼。1926年5月开始第一次大修改造，由中东铁路管理局工务处承建，1927年11月竣工。

1935年满铁接收中东铁路后，于1936年6月对这座建筑进行了第二次大修改造，于1937年改名“大和旅馆”并正式开业（当时东三省有沈阳、大连、长春、哈尔滨四处均称“大和旅馆”的建筑）。张学良将军，爱新觉罗•溥杰等政要曾下榻此处。1946年4月东北民主联军解放哈尔滨，接收东北铁路的干部大部分住在这里。1950年该建筑划归哈尔滨军事工程学院，成为接待来华苏联军事专家的专家楼。1968年归还哈尔滨铁路局，初期为铁路医院，同年末改为铁路局招待所，并被哈尔滨市人民政府确认为一类保护建筑。1983年10月改称哈局第一招待所。1989年恢复哈局招待所名称。1995年6月并入龙门大厦。

1996年9月开始历史上第三次大修改造，由我公司负责设计、承建任务，同时哈尔滨铁路局招待所也改名为龙门大厦“贵宾楼”。我们本着保护历史，继承文脉、创造时代精品的原则，让这座哈尔滨最早的豪华宾馆恢复原貌溶入抢救城市文化遗产的主旋律之中，让这一行为成为哈尔滨市政府拯救重点文物（索菲亚教堂修复，中央大街改造后）的又一重大举措。

二、设计思想

人类社会的发展，不论是物质技术的，还是精神文化的，都具有历史的延续性。追踪时代和尊重历史，就其社会发展的本质讲是有机统一的。19世纪末至20世纪初在欧洲正当学院派复古主义、折衷主义盛行之际，一个试图摆脱旧传统束缚创造新形式的新建筑运动已经兴起，哈尔滨出现的新艺术派运动处理手法几乎遍及当时哈尔滨的各类建筑物，故哈尔滨享有“东方莫斯科”、“东方小巴黎”的美誉。

龙门大厦“贵宾楼”就是20世纪初哈尔滨出现的一批具有新艺术派建筑风格的大型公共建筑之一。楼高两层，地下一层，砖木结构。黄色粉饰墙面，仿石粉饰的壁柱、阳台、檐口、门窗套等带有新艺术派建筑特征的曲线轮廓和纹样，篷架檐部铸铁纹样，钢架彩色玻璃的入口雨篷，尤其是铸铁支柱顶端与蓬架连成一体的树枝形支撑，更显见新艺术派建筑处理的特色和装饰手法。在这种环境背景下诞生的这座建筑，经历了历史的沧桑，几经变迁，功能异变，有些已面目皆非了。

由于该建筑的原始技术资料已荡然无存，因此我们组织专家对该建筑进行了整体全面的鉴定，做出了测绘图集和结构检测报告，结论意见是：“该建筑已使用90余年，由于使用单位对房屋维护较好，目前基本保持完好，不存在致命损伤，在今后的装修工程中，除局部需对其加固修缮外，主体结构基本不需要做较大的翻修，预期今后在40～50年内，仍可安全使用。”据此结论意见，我们在对原建筑认识的基础上，经过反复研究探讨，并请有关专家论证，认为此次改造装修要十分慎重，应本着尊重历史，完善功能，努力保持原建筑的艺术风貌这一原则，认真发掘蕴藏的文化内涵，体现“风格修复”的设计思想，使其再现历史辉煌。

这次工程设计本着科学性与艺术性结合，时代感与历史文脉并重的原则，在解决老建筑中增添中央空调、消防、计算机管理等系统的现代化设备设施的同时，着重解决各系统所占有的空间和保持原有风貌及各类艺术造型的矛盾，充分发挥设计人员的智慧，使这次难度相当大的改造装修工程能比较成功地实现技术与艺术的结合。

在查阅大量的历史档案资料和对为数不多的历史见证人了解不同历史时期的情况下，我们决定在主要的公共空间恢复第二次大修改造时的平面布局（即1935年满铁接收中东铁路改为“大和旅馆”），室外建筑保持原有风貌，对已经残损部分加以修复、粉饰。

在宾馆的公共空间内，保留了相当一部分带有新艺术派装饰特征的装饰及构件，如铸铜转门，理石壁炉，木结构欧式拱券造型，充满西伯利亚情调的木装饰，具有巴洛克、文艺复兴特征的木门及雕刻精美的木制构件，极具审美价值的石膏浮雕纹样，金属铸造的楼梯扶手和罗马陶立克柱式等。面对这些倾诉着历史沧桑而又意犹未尽的物体，这些人类的共同文化遗产在历史变迁过程中所形成的不同风格，虽各有差异但又魅力不减，令人叹为观止。

三、工程施工

为了达到整体设计思想，在施工中对已经残损的部分及新调整布局而需贯穿连续的部分采用按原风格手法复制，严格按尺度比例制作；对雕刻精美的石膏纹样采用拓版的方法，尽最大努力恢复本来面目，从而达到逼真的视觉效果。在施工中所遇到的难题是如何修旧如旧，不露痕迹，这也是我们首先要解决的技术问题。在几十年的使用过程中，龙门大厦“贵宾楼”几易其主，年年维修。过去的维修方法就是反复涂刷油漆，在我们清洗表面油漆时发现，各色油漆厚达7～8mm，用普通的退漆剂根本无法去除，经过多次实验，最终采用喷灯烘烤，将多层漆膜烤软、剔除，然后用退漆剂清洗、补漆，效果很好，但修复和复制的构件与原有的质感和颜色差距很大，不易衔接，于是经过反复搓色做旧，终于达到了统一的视觉效果。

在修复残损的护墙板和木制构件的过程中，我们的能工巧匠，精心按比例修整、复制，达到了乱真的效果。原构件与新复制的构件经过打磨、做旧的表面油漆处理，使人很难分出哪些是原物，哪些是新制作的。原有的石膏花饰纹样和线角极富审美价值，但由于施工必须拆除，所以为了保护这些艺术精品，我们采取了玻璃钢拓模技术，将一件件精美的构件翻制下来，从而解决了既能满足拆除，又将艺术品恢复原样的技术难题。

在整体装饰风格统一和谐的设计思想指导下，具有典型特点的金属饰物、木雕造型、灯饰、招牌、铁艺制品、布艺、绿化等均为营造气氛、情调起到了画龙点睛的作用。苏联巡回画派的代表人物列宾、希斯金、列维坦、苏里柯夫等画家的风景、人物肖像的油画点缀其间，更增添了环境的和谐和蕴藏的文化内涵。

这项工程的完成，是对保护建筑技术与艺术的探索，是风格与文化的研讨。作为文化结晶物的文物建筑之所以魅力永存，实因文化价值体系的社会意义和人们心理所产生文化价值的判断和看法。该项工程已引起了有关专家、学者和政府管理部门的关注，对如何促进文物建筑的保护和其产生的历史、人文、文化的作用，推动建筑文化、旅游等诸多行业的发展，产生了积极的社会意义。

全方位贯彻精品意识的施工管理体会

——北京中银大厦、上海大剧院、人大会堂国宴厅重大装饰工程的施工管理

中国建筑装饰协会常务理事　深圳市洪涛装饰工程公司总经理　**刘年新**

意识决定行动，要实现精品工程，首先要有精品意识，而且需要全方位的精品意识：包括精品意识的企业文化，具有精品意识的领导、设计师、项目经理、施工人员。有了精品意识后还需要精品工程管理的全过程控制。

洪涛公司在树立精品意识、实施精品战略的过程中，创造了一大批国际国内一流的精品工程，现选择几项精品代表作，与大家一起交流学习。

北京中银大厦大堂

北京中银大厦是中国银行的总部大楼，建筑面积 18 万 m^2，是世界著名建筑大师贝聿铭的封笔之作。该大厦的特色是在首层设计了一个面积 3600 m^2，高 48m 的大堂，是目前中国最大的现代化中庭，神似中国的四合院，按中国传统做法，把自然山水引入院内。这个大堂气势恢宏，有惊人的震撼力，恰当地体现了中国银行总行的形象，充分显示了中国银行的雄厚实力。竣工后，中银大厦被评为标志中华人民共和国成立 50 年来的五座成就性建筑之一，并获得美国石材建筑协会 2001 年 TUCKER 奖。贝聿铭先生在谈到建成的中银大厦大堂的感受时，高兴地说：施工质量世界一流。

1．创世界一流精品工程的定位

北京中银大厦的档次，无论是国家立项定位，还是设计大师的设计定位都是使其成为世界一流的建筑。洪涛公司中标后，在施工中的定位，就是要实现装饰质量、效果世界一流。

有了创精品的目标，就有了创精品的动力。全公司上下一条心，一是要把中银大厦大堂建成世界建筑的典范，成为洪涛公司的代表作；二是要超过同在大楼施工的德国霍尔斯曼公司的施工质量。通过全公司的共同努力，我们实现了赶超世界一流装饰水平的目标。

2．组织精干队伍，配置精良装备

对于中银大厦大堂这样一个世界级的装饰工程，公司领导高度重视，把本工程列为公司最重要的工程，必须成功，再创精品。总经理亲临现场组织、策划、指挥。经验告诉我们，一支过硬的施工队伍，必须要有一个坚强有力、高素质的指挥部，才能带领大家齐心协力，精心施工，圆满地体现设计的理想效果。

中银大厦的管理班子中，刘年新总经理任总指挥，荣获深圳市优秀项目经理称号、曾担任过上海大剧院项目经理的陈远浩任项目经理，公司的副总工程师舒斯榕担任项目总工程师，由承建过上海大剧院、深圳五洲宾馆的施工人员组成施工队伍。他们有丰富的实践经验，素质高、责任心强、能打硬仗。公司还聘请了世界著名的工程管理公司英国宝维士公司担任管理顾问，强化我们的管理，形成符合国际惯例的规范化管理模式。同时，项目部配备了多台电脑、传真机、彩色打印机、复印机、扫描仪、激光放线仪等现代化设施，在现场配备了先进的经纬仪，水平仪、意大利产的石材切割机、日本产的各类电动工具和先进的质量检测工具。在组织上、技术上、设备上为高效率、高质量地完成任务创造了条件。

3．深化设计，充分地理解设计思想

设计是龙头，图纸的好坏直接影响施工的质量，有了完善可靠的设计施工图才能有序地顺利地展开施工。在中银大厦工程中，我们认真仔细地阅读了由美国贝氏建筑设计事务所设计的图纸，通过图纸交底、图纸会审，吃透设计意图，并按白皮书的要求，结合现场实测数据，在保证原汁原味地反映设计效果的前提下，对一些构造作法进行了深化改进，取得了良好的效果。比如营业厅中的填单台，原设计的环形玻璃板面为四块扇形板组成，放置重心不稳，而且缝宽较难安装一致，我们改为一块环形整板，既安装稳定，又美观大方。一二层营业厅的后墙均为大型木饰面板墙面，原设计采用每相邻两块 19mm 厚的中密度板之间镶嵌一条 6mm×13mm 的实木线条形成竖向凹缝的整体墙面。施工采用工厂预制、现场安装的工艺。我们考虑到每块板为 1150mm×3266mm，尺寸大，整个墙 100m 长，就改为板与板之间采用企口接缝作法，外观与原设计一致，同样采用工厂预制、现场安装的工艺，减少了木线条镶嵌的工艺，提高了工效，而且接缝可以相对滑动，自然消化大面积墙体热胀冷缩的变形，又不会在接缝处产生裂缝，还便于调整现场与设计图之间的误差，墙面整体感觉好，接缝更精美，受到了美方设计人员的赞赏。

另外，铝合金板吊顶、楼梯玻璃栏板、不锈钢门、隔断等均采用工厂预制、现场安装。这种方法可以大大提高建筑装饰的施工精度水平，方便施工，缩短工期，实现手工劳动所达不到的建筑功能要求和艺术效果，使建筑装饰材料可以灵活安装、更换、重组，满足社会不断发展的需要，延长建筑装饰的生命力，与时代同步发展。工厂预制、现场装配化的施工应是今后装饰工程的发展方向。经过我们这样完成的施工图，突出了一个准字，反映在三个方面：

（1）准确表达设计意图；

（2）准确反映现场实际情况；

（3）准确标明相关机电末端的定位。

通过设计师的深化设计，使设计师和技术工程师、管理

人员能充分理解每一个部位，每一根线条，从而使设计精品变成施工精品有了坚实的基础。在整个深化图纸过程中，我公司得到了美方设计师的高度赞扬，认为洪涛公司的图纸深化达到了国际水平。

4．执行超过规范要求的项目标准，组织有序的装饰施工

规范的装饰施工是一个工艺规范、质量标准、进度控制完美地实施过程，是实现精品工程的重要环节。在施工准备阶段，公司在工地举办了所有管理人员参加的 ISO9001 的贯标培训，贯彻全员全过程的工艺、质量、进度的控制和管理。在施工过程中，认真执行公司的“装饰工程施工操作规程”、“施工技术交底”、“施工安全制度”、“岗位责任制”，并根据工程的特点做了大量仔细认真的准备工作，编制了切实可行的各分部分项的施工方案、技术交底等文件，规范每个人的施工行为，使现场的施工有条不紊地展开。例如中银大厦的室内设计中有一个明显的特点：采用模数制，即地面、墙面、吊顶的材料分块都要符合模数，形成严格的地面、墙面、吊顶对缝。由于地面、墙面石材都已由业主到意大利按设计尺寸订货，没有调整余地，这就要求在把握住每一个界面本身精确性的同时，还要控制好界面之间的有机联系，要求施工放线准确无误。经我们三次现场测量发现柱网轴线的距离尺寸有误差，但都小于 3mm，所有我们采取轴线的位置保持不变，把误差消化在每个单位开间中，也就是把误差平均分摊到每个开间的 12 个石材接缝中。

施工前我们对石材进行了认真的选择、试铺。由于施工过程的规范操作，终于做到了同一界面的石材平整，接缝平直、均匀，又保证了地面、墙面的石材与铝合金吊顶一一准确对缝，确保了施工质量。我们施工的 3600m^2 的大堂石材地面，控制平整度采用了增加标准控制点密度的方法，每个单元柱网 6900×6099 均衡布置 9 个控制点，有效解决了大面积石材地面控制平整度的难题。70m 长的大堂地面平整度误差仅 2mm。远远超过了国际标准，超过了设计师“白皮书”的标准，也超过了我们制定的“项目标准”。竣工后的中银大厦大堂成为中国为数不多的世界一流的建筑装饰作品。

上海大剧院

1998 年竣工的上海大剧院坐落于上海市的中心，是上海市的重点工程，也是上海的标志性建筑，是目前国家最高档次的大剧院。该项目建筑设计由法国 ARTE 及华东建筑设计研究院中标；室内设计方案由美国 STUDIOS ATCHITECTURE 和 TEAM7 INTERNATIONAL INC 中标；施工图纸深化设计及公共空间的施工，由深圳市洪涛装饰工程公司中标。在整个施工过程阶段，我们一直坚持以精品意识圆原创设计的梦，要求施工人员克服困难，原汁原味地理解设计，对待施工，按国际的施工标准和方法来做，达到了世界一流的质量。具体做法是：

1．深刻领会原创设计，完善深化施工图

项目开工时，外国设计的施工图还达不到可施工的深度，我们组织了 10 多名经验丰富的设计师，在现场深化图纸。在深化设计中我们有明确的目的，不是单一地追求效益去完善节点，而是为追求完美的设计去深化图纸。

比如天花的铝板，因兼作空调出风口及有背景音乐传音功能的要求，所以规格与尺寸比例特殊，出现了规模加工难度，特别是弧形墙旁边的异形铝板天花模具制作要求的精度很高，必须通过现场放大样才能解决，经过我司的深化设计，使其达到了完善的装饰效果。

又如大堂楼梯，其曲曲弯弯的扶手设计也别出心裁，原创设计的非标准鸭嘴形扶手较之普通圆扶手更能传达出动态的概念及个性特点，但是由于楼梯转弯处鸭嘴形扶手加工的难度大，国内目前的加工水平尚未达到设计要求的质量水准。于是，我们在节点设计时将其改为鸭嘴形与方形结构相接，这样在不改变设计风格的前提下简化了施工工艺，且表述了“结构”这一设计理念。

再如大堂圆柱上的三角形石材灯，原设计上是没有的，但我司根据现场情况深化图纸，这些灯具的外型成了装饰点、线、面的点睛之笔。这些深化设计不仅仅得到了原创设计大师们的称赞，而且也为施工中创精品奠定了基础。

2．材料选择是精品工程的关键

上海大剧院的公共空间有 15000m^2 的水晶白大理石墙面和地面，99 根水晶白柱子，设计师原创目的就是要把大剧院装饰成象水晶宫一样的艺术殿堂。在整个设计、投标、施工期间没人敢承诺这么大面积的石材达到无色差。洪涛公司虽然不是石材商，但是有着丰富的石材施工经验，为了达到国际一流大剧院的装饰效果和实现原创设计的梦，洪涛的技术人员下决心攻下这一难关。公司定下目标，做到 100%无色差，并派出多人到希腊去选矿，制定了严格的控制程序：选矿——采购——编号——切割跟踪——排版——包装监督，创造了世界建筑史上的奇迹。完工后，美国设计师杰克说，世界上没有一座建筑能够达到这么大面积的石材没有色差。

3．监控水晶白石材不反黄不污染是施工质量中又一关键

在 1997 年以前，白色大理石反黄现象比比皆是。洪涛公司为了使永久性的艺术殿堂达到艺术效果并永葆青春，总经理亲自担任攻关组组长，总工程师专职进行研究，认为白色的大理石反黄由几方面的因素造成：一是机械加工时，污染了石材。二是运输堆放时，尘土污染了石材。三是安装时，工人的手和挂件、胶污染了石材。四是安装后墙体释放的潮气污染了石材。针对这些因素，我们制定了一系列防反黄防污染的措施。

从切割大理石开始，常规切割大理石时的冲水是常规水压，此次切割采用较高的水压，以确保锯片遗留的铁屑排出在外。接着就进行防尘的污染监控：一是从锯床上抬下来就用抹布擦干净，立即用尼龙薄膜纸密封，运到工地时，仍保留密封。二是在上墙安装时进行防污染监控。安排安装固定人员和抬大理石的人员分离，防止拿冲击钻和安装挂件的工人污染大理石，抬大理石工人的手要经常清洗，自来水引到工地，用水桶盛清水洗手。除了以上这些监控以外，很重要的一环就是要对大理石六面刷防污剂和防护水。

皇天不负有心人，经过精心的管理和严格的监控，迄今近六年的时间里，还没有一块反黄的大理石，洁白无暇的辉煌空间永远保留着高贵的魅力。

人民大会堂国宴厅

人民大会堂国宴厅装修改造是目前人民大会堂中最高等级的工程，是国家主要领导人用于接待外国元首专用的宴会厅。面积近 2000m^2，投资近 4000 万元，整个工程由我公司总承包，是一项特殊的装饰施工工程，存在着施工环境的特殊、工期的特殊、安全的特殊、质量的特殊。

1．特殊环境下的施工管理

国宴厅是由原西大厅改造的，周围毗邻重要的厅室，施工期间既不能影响大会堂正常的接待工作，又要做好防尘、防破坏的安全工作，所以在管理上显得特别重要。

施工管理的第一项就是做好现场的封闭工作。先是用石膏板封住洞口和原大门的入口处，再用尼龙薄膜密封所有墙面，以确保防尘防噪声。另一方面就是文明施工，材料堆放整齐，通道顺畅，地面无垃圾，每天清扫，定期吸尘，从而确保了良好的施工环境，为工程质量起到了保障作用。

施工管理的第二项重点就是抓安全工作。公司对所有参加该工程的人员进行政审，逐个挑选，每天上班要逐个检查，防止有人乘机破坏。在我们自身的严格管理和人民大会堂保安的严密监控下，工程施工期间未出现任何安全问题。

在施工安全上，公司也采取了特殊措施，每个施工环节都实行“双保险”。在防火问题上，电焊作业除了按国家的标准实施外，还专门制作了特殊的接火罩，地面和脚手架的垫板双面刷防火涂料。在墙面、天花防跌落的施工问题上我们也实施了“万无一失”的措施，天花的每块板都用特殊的黏胶和螺栓加固，每根装饰线条都是用胶黏加螺栓的双保险做法。在墙面的大理石施工上，也是采取干挂件加“麦克博士胶”黏接相结合的措施，防止日久年长松动脱落的隐患。通过严格的监控，整个工程不仅未出现任何事故，而且连险情都未发生过。

2．完成特殊工期的管理

这么一项工艺复杂、高档豪华的装饰工程，对工期也有着相当高的要求，即务必在 100 天内完成，这是人民大会堂对接待任务全盘考虑的需要。国家的工程再困难我们也要迎难而上。我公司是总包，要同时对机电、弱电安装进行管理，并协调好工艺品和其他专业的工作。我们首先在计划管理方面下了功夫，按日进度的细致跟踪法实施，凡是当天未完成的，一定在第二天补上，凡是本周末完成的计划，在下一周补上，做到环环相扣。比如石材的加工计划在前一个月落空了，但在第二个月就赶回来了。对镏金花式方面，由于对泥模稿进行反复修改，前期耽误了时间，后期就通过多种措施把任务赶出来。通过全体员工的努力，克服重重困难，我公司只用了 85 天就完成了任务。

3．质量管理的定位

我们在制定质量目标管理时，有明确的质量定位，要达到中国的最高施工质量，达到世界一流水平。同时我们还有更高的定位，就是要为祖国争光，打出中华的装饰艺术品牌。

有了质量目标，还得有符合质量目标的检测标准。我公司总工办专门针对此项目制定了“人民大会堂国宴厅项目质量检测标准”，此标准远远高出国家标准，甚至超过了国际标准，如大理石的平整度公差≦0.5mm，大理石的线条接口公差≦0.3mm。通过特殊的检测标准，取得了很好的效果，达到了分项质量目标的总的质量目标要求。

我们的质量监控过程也是很严格的。

一是要进行技术交底，质量交底，使每个人都知道所施工范围的质量要求是什么，技术要求是什么，思路清晰，不盲目施工。

二是严格的材料选择。我们对主材料的质量监控是很严咯的：木夹板、木枋的含水率一定控制在 8%以下；石膏板和埃特板每张测量，不能变形；所有螺丝均用不锈钢螺丝。此次工程用量最大的是石材。主要有两种石材，一是月光米黄，二是金碧辉煌，大家都知道金碧辉煌是有很大色差的。在监控色差上，公司与石材商密切配合，调来超过用量 10 倍多的荒料供选择。另外在每个墙面中控制到无色差，采取工厂 1∶1 放样选版的方法。通过努力，终于达到了设计的要求。

三是质量检测控制：就天花而言，隐蔽工程中的吊杆、龙骨要有非常严格的控制，要解决天花不裂逢就是要吊杆、龙骨这个环节做好。同时还采取了连环检测法。先由项目部的质检员检查，再由业主和监理去检查，然后又由公司派驻现场的质检员复核。每部位、每分项都要经过严格的初检、互检、复核等过程的监控。通过严格的把关，使该工程的质量达到了中国最高水平。

该工程竣工后的效果达到了“精雕细刻，金碧辉煌”，人民大会堂管理局的王局长高度评价说：“这是一项精品，达到了三满意”。国家领导人观看后也称赞道：“国宴厅是人民大会堂中最高档次的厅，也是质量最好的厅”。中国建筑装饰协会马挺贵会长在参观后也高度赞扬，认为该项装饰工程是代表行业最高水平的杰作。

以上是选择了我公司众多精品装饰工程中的三项，作粗略的介绍。总而言之，要创造一项精品工程，不是一蹴而就、一朝一夕的事。我们的实践经验就是：实现精品工程，需要具有精品的意识，需要科学的管理，需要领导的重视，需要全过程的不懈努力和全方位的质量体系控制。

广东南海枫丹白鹭酒店装修工程项目管理的体会

广州珠江装修工程公司枫丹白鹭酒店项目经理　**卓　菁**（女）

我公司承建的南海枫丹白鹭酒店装修工程，获得 2001 年（首届）全国建筑工程装饰奖，这是对我司装修施工项目管理水平和装修施工工艺水平的一个肯定。

装修施工项目管理作为工程施工项目管理的一个分支，具有造价高、工期短、工种多、材料繁杂、施工工艺变化大等特点。在南海枫丹白鹭酒店装修工程中，我公司结合一般工程施工项目管理的经验，针对装修工程施工的特点，以目标管理为主导，对项目的工期、质量、成本进行全面地控制，创造了一项质量优良，管理优秀的双优工程。下面我代表公司及项目部，结合在南海枫丹白鹭酒店装修工程施工项目管理中的一些经验谈一点体会。

一、项目管理的思想、目标与方法

装修施工项目管理是对装修施工项目进行计划、组织、领导和控制的系统管理方法，是一门知识密集、技术密集性的专业工作。它既涉及到管理体制、管理思想、管理水平、管理规范、人员素质、组织形式等多方面的问题，又涉及信息学、运筹学、决策科学等多种学科知识的运用。装修施工项目管理还是一项有许多人参加协作的群体行动。要实现装修施工项目管理的目标就必须以先进的管理思想为指导，建立一个综合的、专业化的、相对独立的、严密的项目管理组织，健全各种数据采集、管理制度，采用科学的方法和适宜的技术。同时要统一思想，统一标准，统一步骤，促使领导、技术人员和工人都能在工程项目建设的全过程中自觉地学习并掌握和运用项目管理的原理、方法和技术，齐心协力，共同奋斗，才能达到预期的效果，实现项目管理的目标。

在装修施工项目中引进项目管理的思想是个渐进的过程。在南海枫丹白鹭酒店的工程项目刚开工不久，刚好我们公司进行 ISO9001 的质量认证，借公司进行 ISO 质量认证的机会，从项目的质量管理入手推行项目管理的思想，严格地贯彻公司“尽心尽力，尽善尽美”的质量方针，组织学习公司制定的程序文件、质量手册。经过一段时间后，项目管理的思想在项目部内已经深入人心，大家都认识到原有的工期、成本、技术管理制度已不适应新的质量管理体系，于是，根据工程的实际情况，我们对原来的施工组织方案及质量保证措施作了修改和调整，项目部的全体成员从原来的不适应到后来变成了自觉地执行，提高项目管理水平已成为大家统一的认识和自觉地行动。在项目部的总目标确定后，由项目部的各成员根据总目标的要求，自上而下地对目标进行层层分解落实，使项目部的管理人员都知道自己的责任和权利，形成以项目总目标为中心、上下左右紧密衔接和协调一致的目标体系。

在目标执行过程中，项目部内实行逐级充分的授权，使项目部的管理人员能够自行地确定实现目标的方式、方法，达到有责又有权的自主、自我管理。项目部成员参与管理目标的制订，实现项目部对成员引导、激励和控制的有机统一。

装修工程施工项目管理是一个多目标的复杂系统工程，进度、资金、质量与人、机、料、法、环等单项管理很难都获取最大的经济效益，综合管理是必然之路。在目标分解过程中，由于项目管理人员从各自的岗位出发，其确定的目标也各不相同，甚至互相抵触。在强调业绩考评和激励的目标管理计划中，人们往往倾向于把重点放在短期目标上，由此可能会导致不希望有的管理行为的发生。例如，施工员为了实现成本目标而减少人工、材料的投入，在项目施工期间没有任何不良后果，但可能造成保修期内的维护费用增加，并由此损害项目部及公司的声誉。因此，项目经理必须对项目部的目标体系进行总控制，剔除不利于项目总目标实现的分目标。

二、项目经理在项目经理部的作用

在施工过程中，我们体会到项目经理在项目部中的决定性作用。他必须具备坚定的目标，在推行项目管理制度过程中不能因一时的成败而气馁，能够在所有人员都灰心时让大家重新树立对项目管理的信心，在项目法施工中，项目经理对公司负责，在公司职能部门的监督和协助下，项目部内拥有经济、组织等管理权利。作为项目经理，必须具备三方面的能力：

一是技术技能。装修施工项目经理，虽不一定使自己成为精通所有装修施工工艺的专家，但还是需要和初步掌握与装修有关的基本技能，否则他就很难与项目部内的技术人员进行有效的沟通，也就无法对施工过程中的各项管理工作尤其是技术工作进行具体的指导和决策。

二是人际技能。人际技能不光是领导能力，还有更广泛的内涵。项目经理除了领导项目部的成员外，还得与公司领导、其他部门的成员打交道，力争得到他们的理解和支持，同时还要联络业主、监理以及其他施工单位的人员，以求通过密切的沟通而得到各方面的配合。

三是观察技能。项目经理必须能够综观全局，洞察项目与环境要素间的相互影响和作用关系。项目经理应该能够感知和发现环境中的机会与威胁，理解事物的相互关联并找出关键的影响因素，以及权衡不同方案的优劣和内在风险。

在以上三项技能中，项目经理对后两项技能的要求相对较强，作为项目经理必须高屋建瓴、通观全局，随时把握项目环境条件的变化并相应调整工作计划及有关措施。项目经理的领导活动对项目管理目标能否实现以及实现的绩效具有决定性的影响，体现在以下几个方面。

1．沟通协调的作用（包括内外的协凋）。项目管理目标是通过项目部成员的集体活动来实现的。项目部成员对目标的理解、对技术的掌握和对客观情况的认识因其个人知识、能力观念等方面的差异而不同，项目部的成员在思想上发生分歧、在行动上出现偏离项目管理目标的情况是不可避免的。因此，需要项目经理来协调项目部成员之间的关系和活动，使他们步调一致地朝着共同的目标前进。我们非常清楚，一个优良工程的完成，甲方的得力配合、设计师的密切沟通、监理公司的严格监理、其他工程施工单位的相互协调配合是非常重要的，只有加强沟通，协调好纵横向的关系，建立和谐、信任的合作伙伴关系，才能确保工程能按甲方的要求按时保质地完成。在南海枫丹白鹭酒店工程中我们自始至终贯彻这种良好的协调精神，认真地做好各项沟通协调工作。

负责本工程设计的是香港陈建中设计有限公司，为达到甲方提出的装修风格新颖要求，设计师千方百计地追求完美的设计，故该工程的施工大样图不时地出现滞后于工程施工的情况。为达到整体施工效果而不影响工期，我们抓紧进行各部位饰面的底层工序施工，同时不断地主动配合设计师做好该工程的饰面设计，积极地提出各种用材、工艺建议，其中不少的建议为设计师接纳，使酒店的装修效果更趋完美。该工程的其他专业项目分包单位很多，如外墙的干挂石工程、铝窗工程、防水工程、机电系统安装工程等，众多的施工单位同时相互交叉进行作业，协调处理好互相之间的关系对质量及工期都显得非常关键和重要。我们利用以往工程的配合施工经验，积极地向甲方、监理公司及各分包施工单位提出切实可行的合理化建议，经常主动地与其他专业分包单位进行协调沟通，解决施工过程中程序、工序上的配合问题，确保了工期，同时避免了以往工程因协调不周而出现的重拆、重造、返工等影响相互质量的情况。

2．指挥引导作用。在项目部的集体活动中，项目经理应该通过引导、指挥活动，帮助项目部成员尽力地实现项目管理的目标。项目经理的指挥、引导，不是站在项目部成员的后面去推动、去督促，而是作为带头人来引导项目成员前进。在工程开工前，便建立起健全的组织架构，明确项目部管理人员的岗位职责，定员定岗，配置了工程总监、施工员、质检员、安全员、材料员、设备员、仓管台帐员及各工种工长，实行管理岗位责任制，放手让各管理人员真正地管起来，确保该工程的质量及工期如期完成。组成该项目部的各种技术、行政管理人员共为16人，其中2/3为公司的老员工，1/3为临时聘用的技术人员。如何使新老职工尽快磨合，老职工起带头作用，新职工尽快熟悉项目部的管理程序并以主人翁的态度投入工作，这是项目部成立后需尽快解决的问题。项目经理除建立健全的管理制度并以身作则遵守外，还专门安排技术能力强的老职工帮带新职工，平时多关心、多过问他们的工作，对工作好的职工及时给予肯定和鼓励，充分发挥他们的工作积极性，上下一心地为实现项目管理的目标而不懈努力。

3．激励鼓舞作用。不可否认，项目部也是由具有不同需求、欲望和态度的个人组成，他们个人的目标不可能与项目管理目标完全一致。项目经理就要把项目部成员的个人目标与项目部目标结合起来，调动他们的工作积极性，使其满腔热情地投入工作。如果项目经理不具备激励、鼓舞的能力，那么，即使项目部内拥有再多的优秀人才，也很难发挥其整体作用。

在制定该项目管理目标的同时，结合公司下达的成本控制目标等具体情况，我们相应制定了各种奖惩措施，对于工作积极、任务落实、目标兑现的人员，除在精神上给予肯定外，还按照已定的措施给予物质上的奖励。项目部的人员均离开家庭在外地工作，除关心他们的工作外，还经常关心他们的家庭情况，并定期组织有职工家庭成员参加的集体活动，使家属了解项目部的工作并主动给予支持。这对项目部人员的团结、调动其积极性起到了很好的作用。

三、技术质量的管理

南海枫丹白鹭酒店，位于环境优美、山清水秀的南国桃园度假村内，是南海市最高档次的接待酒店，业主在合同内明确装修质量必须达到优良，要把该工程当作南海市的样板工程来做，反复向我们强调工程质量的重要性。整个工程的施工过程中，公司及项目部都是围绕此目标进行工程管理的，要求各施工人员自觉地以认真负责的态度、精湛的技术去完成每一分部、分项工程。在技术质量管理方面我们主要抓好以下几个环节的工作：

1．把好材料采购及检验关。注意抓好材料质量，绝不以次充好。坚持做到主要的饰面材料必须送样交甲方、设计师、监理确认后才进行采购，材料到场经自检及会同监理公司检验合格后方能投入使用，确保材料质量。如首、二层公共卫生间内墙身的西施红云石薄片，报价时我们预算该石材可在国内生产厂家订货，但订购时发现他们提供的石料质量未能达到该工程的高标准要求，我们立即主动与香港石料供应商联系，在进货价远高于原预算的情况下，为了保证工程质量，我们毅然改用香港购进的石料。又如天花使用的石膏板，供应商送来的石膏板满足不了我们的质量要求，在监理公司没有提出异议的情况下，我们主动要求供应商退货，改选用另外一种质量好，但价格较前一种高的另一品牌的石膏板。

2. 严格要求工艺标准。按照设计要求及施工规范制订可行的工艺、质量标准并对施工班组进行技术交底，必要时还进行样板制作，达到工艺、质量要求后才全面铺开施工。在施工过程中，坚持执行自检、专检、交接检的三检制度及做好分项分部工程检验、隐蔽工程验收工作，真正做到达不到质量标准的项目不能进入下一工序，杜绝影响质量隐患的发生。该工程全部客房卫生间墙、地面均使用进口的印尼米黄云石薄片进行镶贴，该种石料存在纹向、颜色差异的弊病。为克服材料上的差异而达到质量效果上统一的高标准，项目部安排专人对八万多件石料进行分拣，并按每个客房卫生间的四个墙面尺寸进行对纹对色摊铺，合乎要求后才发给施工班组进行镶贴，项目部为此工作投入了相当大的人力。

又如豪华套房及走廊用的其中一种进口墙纸，由于该种墙纸太厚且是较光滑的全纸质墙纸，我们派出经验丰富的墙纸工负责施工，在完全按规范要求进行施工的情况下仍然出现由于纸质问题及物理反应而导致墙纸接口较明显见缝的问题。我们为了对质量负责立即邀请了香港供应商的技术人员抵达工地察看，并与他们共同探讨解决的工艺办法，最终使这种墙纸的施工工艺及质量完全达到要求。如此种种对工艺的严格要求，数不胜数。

3. 认真做好产品保护工作。减少产品完成后受损而影响最终的质量效果，指定专人负责按施工组织设计及质量保证措施内的要求进行此项工作。本工程的原合同工期由于甲方及一些专业分包单位的种种原因而导致拖延，致使总工期延误达半年之久，我公司的施工计划和程序完全被打乱。现场所做的半成品如衣柜，窗帘套、地脚线和已煽好底灰封蔽的墙身，在得不到有效保护的情况下，不同程序地受到现场潮湿天气的损坏。为确保施工质量，我们除花费大量人力、物力进行现场的保护工作，同时主动地对现场的受损半成品进行更换和重新修整。由于工期的后移，在暂时得不到甲方落实准确完工日期的情况下，我们把已加工成产品的家具、门框、门扇租用生产厂家仓库存放，并经常派人员到厂检查存放情况，切实做好各种产品的保护工作，使该工程在完工时能以优良的质量移交甲方验收。

4. 抓好关键工序。酒店由于依山而建，相对湿度大，且该工程的工期刚好横跨广东的霉雨季节，防潮防湿是施工过程中的关键工序，做好防潮处理工作显得非常重要。该工程工期相对宽松，我们从各个细部做起，由材料到工序的处理都十分注意做好该项工作。首先，墙体批荡待充分干透才进行饰面的施工，靠山那一边的墙身都做了防水处理，仔细检查铝窗的密封胶，没有做好的重新打胶，门框及地脚线底部也做了防水处理。同时在工程的后阶段通过建设单位的配合开启空调系统进行送风和抽湿，确保室内的施工环境符合施工条件要求。由于措施得当，所以，完工交付使用的酒店各区域没有发现有发霉和墙纸起泡离层现象。并由此积累了这方面的施工经验。

四、良好满意的保修服务

为客户提供良好满意的保修服务是我公司一贯的优良传统和服务宗旨，也是我项目部制定质量目标的一项主要措施。

该工程完工移交时，项目部及时地向酒店管理方分发公司编制的“装饰工程使用与保养手册”，主动向酒店工程人员介绍各种材料的使用与维护方法。在酒店开业投入使用后，我们积极配合酒店做好各项保修工作，对于酒店方面提出的各种问题，丝毫没有计较是责任内或责任外的区分，尽职尽责地协助进行修缮。特别是酒店在几次重要会议接待工作前提出的协助修缮工作的要求，我公司领导及项目部均给予高度重视，认真地落实各工种人员及材料的及时到位，在不影响酒店正常营业的前提下，如期顺利地完成各项修缮工作，配合酒店圆满地完成各项接待任务。我们在保修期间的负责态度和主动配合精神得到甲方及酒店管理方充分的肯定。

虽然该工程的保修期已届满，但我们仍主动向酒店发函承诺，将向酒店继续提供装修方面日常使用与维护上的技术咨询及援助，保证提供及时与满意的服务。

我们于2001年8月进行了质量回访，了解酒店在投入营业过程中的使用情况，收集反馈的信息，为今后提高质量管理水平积累和总结经验，得到了酒店管理方面满意的回复。

南海枫丹白鹭酒店装修工程的施工管理，项目部严格地贯彻公司“尽心尽力，尽善尽美”的质量方针于全过程之中，使整项工程的施工质量及保修期内的服务达到了优良。这是公司领导重视、各部门的支持及项目部全体管理人员齐心努力的结果。我们的这一努力也得到了社会的认可，使这项工程能够通过2001年度的评比并获取“全国建筑工程装饰奖”的光荣称号。我们将继续不懈地努力，在不断地实践、总结、积累、提高我们的管理水平过程中，创造更多的装修工程精品。

科学运行项目管理体系是化解市场风险的有效途径

中国建筑装饰协会副会长　北京港源建筑装饰工程有限公司董事长　王　波

港源建筑装饰工程有限公司成立10年来，也象其他企业一样，每天都在探索一个同样的问题，那就是怎样才能做好每一个工程项目，不断地向用户交付满意的建筑装饰产品？因为建筑装饰企业生产管理的基本对象就是工程项目，项目管理水平的高低，体现了一个建筑装饰企业的综合实力。从某种意义上讲，企业在市场上的竞争，就是企业项目管理水平的竞争，它是企业核心竞争力高低的集中反映。

我公司在近10年的项目管理实践中，所获得的每一项荣誉、每一个进步都是以出色的项目管理成果为基础的。可以说没有出色的项目管理成果，就没有企业的生存和发展。特别是在我国加入世界贸易组织之后，情况就更是如此。仅仅在过渡期的第一个年头，国内建筑装饰市场对工程项目的竞争就进一步加剧，出现了“三低三高”的局面。即低造价竞争，低成本实施，低利润回报；高标准要求，高投入运作，高密度管理。如果我们的项目管理水平不足以化解市场给我们提出的苛刻要求，我们就无法拿到订单；而要勉强承诺订单的要求，就必然会损伤我们自己。

有人把这种订单比喻成“耗子药”，这种比喻非常形象和贴切。我们在市场上承接的每一份订单都得面对业主提出的诸如让利、甲供主材、指定分包、垫付资金、设计滞后、质量标准过高、合同工期过短等各种苛刻条件，不接受这些条件就接不到订单，我们就没有饭吃。因此，我们承接的每一份订单就象一包包的耗子药，不吃会饿死，吃了则会毒死。要解决不被饿死的惟一办法就是找东西吃，而我们能吃的东西却只有订单，只有“耗子药”。要解决吃下去不被毒死的惟一办法就是吃“解药”。所谓“解药”，就是更科学、更精细的工程项目管理，更先进、更精湛的项目施工技术，更完美、更合理的工程项目设计，等等。其中科学精细的工程项目管理是一种最有效的“解药”。工程项目管理是一个系统工程，必须建立项目管理体系并科学运行。下面就如何科学运行项目管理体系，结合我们的实践谈几点认识。

1．建立健全项目管理体系是科学进行工程项目管理的组织保证

2002年国家建设部与国家质检总局联合发布了《建设工程项目管理规范》推荐性标准，为企业建立项目管理体系提供了依据。我公司认真按照国家标准要求对本企业多年来形成的项目管理体系进行了规范，形成了以项目经理部、业务管理系统和生产要素市场为基本内容的项目管理体系。其中由人才、劳务、技术、质量、安全、预算、财务、物资八大业务系统组成的管理系统，负责对项目经理部实施监控；由项目经理市场、专业人员市场、劳务市场、资金调节市场、物资供应市场组成的生产要素市场，负责向工程项目提供生产要素；项目经理部负责将各种生产要素进行有机组合，实现项目管理目标。为了保证项目管理体系的有效运行，我们还建立了项目管理体系的运行机制，也就是软件系统。

我公司的项目管理体系运行机制是这样设计的：市场营销部门拿到订单后，从公司生产主管领导通过指定或招标两种方式从公司项目经理市场选定项目经理，由项目经理根据工程项目特点，从专业人员市场挑选技术、质量、安全、劳务、预算、财务、物资等专业技术人员组成项目经理部，并由公司总经理与项目经理签订《工程项目管理目标责任书》。项目工程启动后，公司的劳务市场、资金调节市场、物资供应市场根据项目经理制订的人财物需求计划，提供人、财、物支持；八大业务管理系统各司其职，对项目经理部实施监控和指导，确保项目经理部能够实现两个目标：一是与业主签订合同所确定的目标，二是与公司总经理签订的责任书所确定的目标。项目工程竣工结算后，项目经理部即行解体，人、财、物由各业务管理系统收回到所属市场待用。其中，被解除聘任职务的项目经理部人员，在规定的时间内未能应聘新职的，则执行待岗待遇（每月500元的生活费及不与出勤挂钩的福利待遇），并由公司人事部门按“待岗人员培训计划”进行培训。执行待岗待遇三个月后仍未上岗者则解除劳动合同。

2．建立一支高素质的职业项目经理队伍，用竞争机制把那些既能满足订单要求又能为企业创造利润的优秀项目经理，选拔到项目经理岗位上来，是搞好项目管理的关键

项目经理是工程项目管理的核心人物，培养、选拔、使用好项目经理，是实现项目管理有效性的关键因素和首要环节。我公司在多年的项目管理实践中，培养和锻炼了一批项目经理和后备项目经理，形成了本企业的项目经理队伍，或者叫项目经理人才市场。随着市场竞争对项目经理素质提出的新要求，以及政府主管部门对项目经理资质管理的日益规范，我公司按照新的标准不断对项目经理队伍进行筛选和更新，提高了项目经理队伍的整体素质。

在项目经理的选拔方面，我们主要通过业主选定和竞争选定的市场机制，将优秀项目经理选拔上岗。凡是在市场上创出了信誉，被业主认可，由业主指定的项目经理，公司则聘任其出任该工程的项目经理；公司承接的工程项目，业主没有指定项目经理，我们则通过内部招标，选拔能够满足公司对工程质量、工期、成本、安全等经济技术指标控制要求的优胜者担任项目经理。

在项目经理的使用上，我们通过与项目经理签订《工程项目管理目标责任书》，明确项目经理的责任、权力和利益，发挥激励机制的作用。为了保证项目经理有条件履行责任书中明确的责任，完成约定的工程质量、工期、成本、安全等经济技术指标，公司赋予项目经理以法人委托代理人的资格，行使项目管理权。使其拥有对专业技术人员的聘用权、劳务分包企业的选用权、建材质量和价格的选定权、项目专用资金的使用权。工程项目竣工结算后，公司按与项目经理签订的《工程项目管理目标责任书》兑现奖罚。从而充分调动了项目经理的积极性和创造性，有效地实现了项目管理目标。

实践证明，我们实行的项目经理培养、选拔、使用制度是卓有成效的。被选拔上岗的项目经理都能够圆满完成《工程项目管理目标责任书》约定的经济技术指标，做到了在工期、质量、服务上让业主满意，在经济效益和社会效益上让公司满意。80%的项目经理都能够做到后续工程订单不丢失，甚至连续八九年为同一个业主服务。

3．建立一支高素质复合型的专业技术人员队伍，形成内部人才市场，满足项目管理对专业人才的需求

由于项目经理部是随着工程项目的启动而组建，随着工程项目的竣工而解体，所以企业必须建立内部专业人才市场，以确保既能够随时为项目经理部的组建提供必需的专业技术人员，又能够随时接纳因项目经理部解体而退回的专业技术人员。我公司的内部人才市场是由公司总部的技术、质量、安全、预算、财务、物资等业务系统的专业技术人员组成。各业务系统负责本系统专业技术人员的选拔、考核、培训、委派、辞退等工作，根据项目经理部的需要派出合格人员和接收退回人员。

为了最大限度地发挥专业技术人员的才能，有效地使用宝贵的人力资源，公司业务系统一是根据工程项目的不同施工阶段，委派相应水平的人员，确保专业人员的才能不浪费；二是根据一些专业技术工作阶段性忙闲不同的特点，委派一人兼管几个项目经理部的专业技术工作，确保专业人员的工时不浪费；三是培养一些既懂经济专业又懂技术专业的复合型人才委派到项目经理部，确保不同专业工作的有机衔接，大幅度地提高工作效率。派出的专业技术人员必须保证项目经理部满意，所有项目经理部都不接受的人员将被淘汰。我们按照这样的机制配备的项目经理部，除主任工程师为必配人员外，其他人员根据实际情况确定。有的专业工作集中由公司业务系统主管部门承担，如项目经理部的财务核算工作一律由公司财务部门承担；有的专业工作则由公司业务系统主管部门指定一名专业人员承担一个或多个项目经理部的专业工作，如项目经理部的预结算工作、质量管理工作、安全管理工作、物资供应工作等。这样配备的项目经理部具有精干高效的特点，人数一般在2～7人的范围，比传统的正规配置大大缩减。例如我们在承建历史博物馆装修改造工程时与另外三家大公司共同施工，在各家施工面积相当的情况下，我公司的项目经理部人数最少，仅为其他公司的五分之一。项目管理班子的精干高效，使我们的工程项目管理成本被控制在较低水平上。

4．选定一批素质较高且能长期稳定合作的劳务（专业）分包伙伴，是实现工程项目管理目标的必要条件

我国建筑装饰企业经过多年的发展，已经形成了工程总包、专业分包、劳务分包的分层格局。经过企业资质就位，这种格局已成为法定安排。我公司在10年的发展过程中，也与许多建筑装饰企业一样，形成了与劳务分包企业互相依存的格局。我们港源公司是按照管理型公司的模式发展起来的，公司的优势主要体现在管理、设计、技术和品牌上，而工匠操作任务则完全依靠劳务分包企业。实践使我们认识到，优良的建筑装饰产品既是设计出来的，又是管理出来的，更是建造出来的，三者缺一不可。没有一批能工巧匠的精心施工，优质工程是做不出来的。而能工巧匠只能来自于优秀的劳务分包企业。

经过不断的筛选和淘汰，我们优选了一批能够满足我公司设计和管理要求的劳务分包企业与我们长期合作。在使用分包企业过程中，我们十分重视对他们的管理和培训，每年都要有针对性地开办一些培训班，帮助他们持续提高技能和工艺水平。我们始终保有五百多名从事建筑装饰各工种施工的能工巧匠，并通过一些有效制约措施，让这些能工巧匠长期为我所用。有了这些过得硬、靠得住的分包企业，我们就能够应对市场提出的一些难题。例如我们在承建北京会议中心工程时，业主突然接到为北京市第九次党代会准备会议用房的政府指令，要求用一个多月的时间完成5800m^{2}共119套客房的装修改造任务。我们急业主所急，迅速调集施工力量，从进场到交付使用仅用了38天，保证了北京市第九次党代会的会议用房，受到了有关领导的好评。

5．努力搞好采购物资质量和价格的控制，是确保工程项目管理目标的重要环节

物资采购供应权是集中在公司物资部门，还是下放到各项目经理部，始终是建筑装饰企业不断探索的问题。项目经理是公司在工程项目上的法人委托代理人，代表公司法人履行与业主签订的工程承包合同，应该拥有完成工程项目所需的生产要素支配权，有权选择在质量和价格上能够满足实现工程项目管理目标的物资。但由于我国建材市场交易不能完全遵循诚信原则，建材厂商良莠不齐，劣势厂商往往通过不正当竞争手段，瓦解我们的防范措施，使不符合标准要求的物资进入施工现场。对此，一个只有数人组成的项目经理部无论在人手上，还是在意识和能力上都不足以解决这一难题。只有用全公司的综合防范能力才可应付。

因此，我们采取的作法是：对采购物资分为A、B两大类，实施分类控制。A类物资由公司物资部门与项目经理部共同控制，B类物资由项目经理部控制。A类物资共同控制的办法是，由公司物资部门选择企业信誉好，产品质量优的供应厂商签订长年供应协议，并将这些厂商提供的产品的品牌、规格、价格等信息，通过内部局域网提供给项目经理部，项目经理通过内部网上查询后与所掌握的市场同类物资信息进行对比，若不能提出更优的产品，则须委托公司物资部门为其供料；若能提出更优的产品，则通知公司物资部门并共同考察，双方确认后再委托公司物资部门为其供料。这样，通过对A类物资采购渠道、质量、价格的双重控制，既能让项目经理对物资采购行使决定权，又能发挥公司的综合防范作用，使进入施工现场的物资品质和价格都得到了有效控制。

6. 充分发挥各业务系统对项目经理部的监控服务作用，是实现工程项目管理行为企业化的基本保证

项目经理部的动态组织特点决定了项目管理机构存续时间的短期化；项目经理部的使命就是完成工程承包合同和项目管理目标责任书所规定的任务和目标，这也就决定了项目经理部管理行为的短期化。而项目经理部所在的企业的管理行为却具有长期化特点。企业管理行为长期化不仅需要在公司总体管理活动中体现出来，而且更需要在工程项目管理活动中体现出来。为了让项目经理部的管理行为能够按照企业的要求表现出长期化的特点来，就需要强化公司各业务系统对项目经理部的监控服务职能。因此，我公司不断研究和改进各业务系统对项目经理部监控和服务的方式和内容。我们通过贯标，建立了ISO9001质量管理体系、ISO14001环境管理体系、工程项目管理体系、经济核算管理体系、行政管理体系等等，并且狠抓各管理体系的有效运行。我们按照ISO9001质量管理体系提供的PDCA运行模式，对工程项目的计划、图纸、方案、预算的实施情况及时进行检查并督促改进。各业务系统除平时进行随机检查外，每月还组成联合检查组对每一个工程项目进行检查，及时处罚和纠正了项目经理部在质量管理、安全管理、环保管理等方面所表现出来的不符合公司管理标准要求、不按程序办事的短期行为，使公司的管理行为在工程项目上得以实现。

通过项目管理体系的有效运行，促使我们的管理由比较粗放型开始向精细型转变，能够按照“低中标、勤签证、高索赔”的思路加强过程控制。过去认为不赚钱甚至赔钱而不敢接的项目订单，现在也敢在低价位上接单了。例如，2002年我们以低价位261万元中标的北京浩鸿园F座的95套商品住宅用房装修工程，条件就十分苛刻：执行2001年定额、让利2%、交5%总包服务费、80天工期、甲方提供主材（而且要承担甲供材料用量超过中标预算的材料用量部分）。在这种条件下，我们科学运行项目管理体系，优选项目经理，要求项目经理实行精细化管理，勤于签证，注重索赔。精细管理促进了“勤签证”，为“高索赔”创造了条件。最终工程不仅以市优质量标准按期竣工，而且还获得了一定的利润。具备低价中标的实力后，使我们承接订单的范围进一步扩大，市场中标率出现了上升的趋势。

当然，我们现在的项目管理还是不够科学，“解药”的解毒功能还不够好，还有中毒的危险。有些方面的管理还比较粗放，比如有的管理制度得不到切实的执行，不能按时按量的吃“解药”；有的管理制度可行性比较差，缺乏有效的“解毒”功能。因此，我们要把管理的科学化、精细化当成关系公司生死存亡的大事，毫不动摇地给予高度重视。在编写和执行项目管理制度上实现持续改进，不断地制“解药”，不停地吃“解药”，用我们高水平的项目管理去化解市场挑战。

ISO9000在工程项目管理中应用的经验和体会

中国建筑装饰协会常务理事　石家庄常宏建筑装饰工程有限公司总经理　王　跃

1999年初，我公司顺利通过了ISO9001质量保证体系认证，成为河北省建筑装饰行业第一家通过ISO9001的企业。1999年在国内同时通过质量保证体系双认证的装饰企业为数不多（共33家，双认证的3家）。为同国际先进质量管理思想接轨，2002年3月，我公司又通过了ISO9000质量体系2000版的转版认证，并得到认证机构的认可与较好评价。回头看我们有些企业也通过了ISO9000质量体系认证，却没有收到预期的成效。而我们之所以能把ISO9000质量管理体系成功地运用到公司的管理中、深入到工程项目管理中，原因也很简单，就是我们把9000的精髓——“言所信，载所言，行所载，证所行”，溶入到工程项目管理的实际当中。

由国际标准化组织（ISO）颁布的ISO9000族质量管理体系国际标准，总结了当代世界质量管理领域的成功经验，应用了先进的管理理论，是一套实用的管理方法模式。采用这种系统的、透明的质量管理体系，不仅使我们的工程项目管理有了体系制度方面的保证，还促使我们的组织不断完善、持续改进，为创造更多的精品工程提供了可靠保证。其中，使我们受益匪浅的就是质量管理的基本方法——“PDCA”循环法，即把质量管理全过程划分为P（计划 Plan）、D(实施 Do)、C（检查 Check）、A（总结处置 Action）4个阶段。在实际运行中，我们具体的做法是：

一、实施ISO9000质量管理体系，明确岗位职责

按ISO9000标准的要求，企业应建立质量管理体系，形成文件，加以实施和保持，并持续改进其有效性。具体应用：

公司严格按照ISO9000的要求，建立了完整的质量管理体系文件，包括质量手册、程序文件及三级作业文件。质量管理体系文件的建立，本身就是一种非常有效的预防措施，因为它确定了职责的分配和活动的程序，是公司的“法规”。公司运作的所有程序都必须严格按照体系文件的要求进行，不允许随心所欲的个人行为，从而规范了全公司的作业活动。

质量手册是公司的纲领性文件，明确了公司组织构架图及各部门在工程项目管理中职责的划分；程序文件的编写由于采用了5W1H法：开展活动的目的（Why）、范围；做什么（What）、何时（When）何地（Where）谁（Who）来做；应采用什么材料、设备和文件，如何对活动进行控制和记录（How）等，对工程项目管理的有关程序作了详细规定；各

部门作业文件中又明确规定了每个具体岗位在工程项目管理中的责任和义务，通过项目的工作流程图的表达，一个工程项目应该按照怎样的程序运作，各部门及每个人在项目中的作业内容在流程中便一目了然了。

有了程序文件的规定，给大家提供了工作的依据。在实施 ISO9000 质量管理体系之前，部门之间的扯皮现象经常发生。没有问题时大家一团和气，一旦工程中出现问题，由于对职责没有明确的界定，各相关部门便开始互相推卸责任，常常是能辩论者胜。但是问题没有得到根本的解决，有时还会因此延误工期。公司会议也常常是各部门经理在争论谁是谁非的问题上，浪费了许多宝贵的时间和精力。实施了 ISO9000 质量管理体系之后，由于在设定岗位时是按照“允许一个人干多件事，不允许多个人干一件事”的原则设定的，因此职责明确，部门之间争论的情况越来越少了，一旦出了问题，只要查到是哪个环节的问题，便找到了责任人，有程序文件在，谁也没什么好争论的。即使有争论的问题，也是在争论程序应该怎样运行才更合理。比如现场材料没有及时到位，可能是现场没有提交材料进场计划，也可能是计划部材料单没有及时下发，也可能是采购部没有及时购料，稍一调查便能发现问题出在哪里,责任人是谁了。

我公司的三级作业文件，包括管理性的三级文件（如各部门作业指导书、各种管理制度）和技术性的三级文件（如分项工程施工作业指导书、公司内部标准图集等）。完善的三级作业文件系统，为工程项目管理提供了技术保障。

设计管理一直是工程项目管理中难以控制的环节，我们制定的“设计管理制度”对设计图纸标识的有关规定、工程设计制图图幅的规定、电脑设计操作规程、初步设计及施工图设计内容、深度及格式、设计审校提纲、设计图纸会审、设计质量评定、设计抽查与复查等方面做了详细的规定。完善的制度保证了设计过程中对图层、线型、尺寸标注、字体等方面的设置统一了，便于资源共享，且设计完成的图纸图面整齐规范，从视觉效果上能给人留下好的印象；严格的设计审校制度“二校三审制”（即设计人的自校和校对人对设计文件进行校对、设计项目负责人、设计部经理的审核，总工的审定），有效地控制了设计质量，杜绝了设计不合格品的出现。

“施工管理制度”是工程项目管理的指导性文件。在施工准备阶段对施工人员准备、施工技术准备、施工材料准备、施工机具准备、施工现场准备等几方面做了规定；施工过程控制对施工人员、施工材料、施工机具、施工工艺、施工环境、施工进度控制、工程洽商、施工检查等过程做了明确阐述；工程竣工验收阶段对验收应具备的条件及对竣工资料的整理要求、内部验收的程序及竣工交付程序给予了解释。

《分项工程施工作业指导书》则是操作人员的指导性文件。施工工艺是决定工程质量的关键，有好的工艺，能使操作人员在施工过程中达到事半功倍的效果。我公司很早就着手做这方面的工作，将我们内部成熟的工艺编成作业指导书，并在实践中不断探索新技术、新材料、新工艺，在加工厂进行反复试验后，补充到作业指导书中，对于改进的工艺，验证后修正作业指导书。

二、用 ISO9000 的“过程方法”原则，有效的使用资源，降低成本，缩短周期

ISO9000 质量管理的原则之一是“过程方法”。通过利用资源和实施管理，将输入转化为输出的一组活动可视为一个过程。系统地识别和管理企业所应用的过程，特别是这些过程之间的相互作用，可称之为“过程方法”。采用过程方法的好处是由于每个过程考虑其具体的要求，所以资源的投入、管理的方式和要求、测量方式和改进活动都能互相有机地结合并做出恰当的考虑与安排，从而可以有效地使用资源、降低成本，缩短周期。而通过系统地识别和管理组织所应用的过程，特别是识别过程之间的相互作用，可以掌握组织内与产品实现有关的全部过程，清楚过程之间的内在关系及相互联结。通过控制活动能获得可预测、具有一致性的改进结果，特别是可使用组织关注并掌握按优先次序改进的机会。

一个工程项目可以看作是一个过程，也可以看作是由许多子过程组成的一个大过程。在工程项目管理中应用“过程方法”原则，我们采取的措施主要有以下几点：

（一）工程项目前期管理

接到一个工程项目，公司依据招标文件及对招标文件的分析研究结果、工程现场情况、发包人提供的信息和资料、有关的市场信息、企业法定代表人的投标决策意见等编制施工组织设计及投标书。施工组织设计内容包括：项目概况、项目实施条件分析、项目投标活动及签订施工合同的策略、项目管理目标、项目组织机构、质量目标和施工方案、工期目标和施工总进度计划、成本目标、项目风险预测和安全目标、项目现场管理和施工平面图、文明施工及环境保护等。中标后签订施工合同。

我们对工程项目管理实行的是项目经理负责制，公司与项目经理签订《项目管理目标责任书》和《工程项目目标责任管理协议》。《项目管理目标责任书》明确了以下内容：企业各职能部门与项目经理部之间的关系；项目经理部使用作业队伍的方式；项目所需材料供应方式和机械设备供应方式；应达到的项目进度目标、项目质量目标、项目安全目标和项目成本目标；在企业制度规定以外的、由法定代表人向项目经理委托的事项；企业对项目经理部人员进行奖惩的依据、标准、办法及应承担的风险；项目经理解职和项目经理部解体的条件及方法，使工程项目中的责、权、利以《项目管理目标责任书》的形式予以明确，并按照《工程项目目标责任管理协议》予以约束。

（二）施工准备阶段

项目经理依据公司编制的施工组织设计及公司质量管理体系文件的规定确定项目经理部的管理任务和组织形式，组建项目经理部，设立职能部门与工作岗位，确定人员、职

责、权限，并根据《项目管理目标责任书》进行质量目标分解，明确规章制度和目标责任考核、奖惩制度。

项目经理部对作业队伍和分包人实行合同管理，对其施工活动统一控制与协调。合同内容包括作业任务、应提供的劳动力人数；进度要求及进场、退场时间；双方的管理责任；劳务费计取及结算方式；奖励与处罚条款等。

项目经理依据公司投标时的施工组织设计、与公司签订的《项目管理目标责任书》，及公司签订的施工合同，编制项目管理实施规划，作为指导整个施工过程的指导性文件，内容包括：工程概况、施工部署、施工方案、施工进度计划、资源供应计划、施工准备工作计划、项目风险管理、信息管理、技术经济指标分析等。

在施工准备阶段，对装饰工程项目的质量控制采取如下措施：

1．索取有效的设计图纸和技术资料，设专人管理，保证文件资料的有效性。

2．依据设计文件和设计技术交底的工程控制点进行复测。当发现问题时，与设计人协调处理，并形成记录。项目经理组织项目部管理人员对工地进行实地勘察，了解施工现场的环境，确定材料堆放地点、施工用水及用电情况，对原有建筑的情况进行摸底，并将实际勘察结果填入《交接备忘录》中。原有结构影响装饰施工质量及效果之处，以及修正措施要及时知会顾客，争取顾客的同意。在特殊环境下要注意允许施工时间及道路运输情况。

3．由项目技术负责人主持图纸会审会议，形成图纸会审记录。

4．项目经理按质量计划中工程分包和物资采购的规定，选择并评价分包商和供应商。

5．对入场工人进行入场前的教育及培训，培训内容涉及技术、质量、安全、进度、现场文明施工等方面，使工人在入场前对工程项目的技术难度、质量要求有所了解，从而保证了在施工过程中，各班组均能全面执行公司的各项施工管理制度，并能够由项目部对其进度、质量进行控制。

（三）施工阶段控制

1．项目人力资源管理

项目经理对进入现场的作业班组进行考核并兑现费用支付和奖惩。对人力资源进行教育培训和思想管理，对劳务人员作业质量和效率进行检查。

项目经理部根据施工进度计划和作业特点优化配置人力资源，制定劳动力需求计划，并对劳动力进行动态管理：对施工现场的劳动力进行跟踪平衡、进行劳动力补充或减员。在移动通信天河营业厅工程施工中，短短40天的时间，完成300万元的产值，在3000平方米的工作面上，为了抢工期，施工后期有150名木工，30名电工操作，在工作安排上，将铝塑板包柱等作业项目划分成许多分项，操作人员进行单项作业，并将班组分成基层、面层下料组、面层粘贴组。使得整个工程有条不紊的进行下来，从而在时间上保证了客户按时开业，赢得了客户的高度赞扬。

2．项目材料管理

公司对所有的材料都按类别进行编号，计划部、采购部、仓库及项目部都用统一的编号，以便于管理。对仓库材料管理编制了一套管理系统软件，实现了对仓库直观化、量化的管理。可以直接打印入库单、出库单、退库单，同时不断更新材料库存信息；可随时生成盘点表、资金占用分析表、某供方的供货记录、某工程项目的需货记录；可随时进行立体库存查询，了解实际库存量。

按照《工程项目目标管理协议》中的约定，对于项目所需的主要材料和基础材料，由库房统一供应。对公司统一指定的材料品牌，项目部必须在指定的品牌中选择使用；对公司未指定品牌，工程使用的其他材料，经公司同意后，项目部可以编制现场采购计划，报公司审核批准之后在现场采购。

装饰材料品种繁杂，质量及档次相差悬殊，装饰工程所用材料又受到业主的客观影响，因此，装饰施工材料控制是个难点。在材料进场前必须先报验，将业主认可的材料样品一式两份封样保存，一份留项目，一份留业主，在材料进场后，依样品及相关检测报告进行报验，报验通过的材料方能使用。采购人员在采购时，也要严格执行材料的检查验收手续，保证采购的材料一次合格。为了便于管理，公司将各种材料的检查方法及检验标准编辑成册，采购人员、质检人员、施工人员全部用同一标准来衡量材料是否合格。在现场材料的管理上，采用限额领料制度，由施工管理员签发限额领料单，库管员按单发货，既能保证质量又能节约成本，对于易碎或贵重材料，在施工现场单独存放，尽量减少人为的搬运次数。对于现场发现的不合格材料，如果不能及时退库，则单独放置并在明显位置标注不合格品字样，这样能够防止错发错拿现象。现场所剩边角余料如不能使用，则及时退回公司辅料库，以便充分利用。

3．项目机械设备管理

库管员要对施工机具妥善保管，分类存放，实行施工机具领用登记制度，以谁领用谁保管谁负责为原则，操作人员在领用工具时要向库管员说明机具的使用目的，库管员按照机具使用要求发放机具，保证机具正常的使用寿命。为了保证正常施工生产，公司对每一台设备都建立了维修档案，从而保证了进场设备都经过检测合格。对于工人手使工具，由工程部按工种不同列出必备工具明细，入场前检查各工种自备工具是否齐全，保养是否良好，如用于打玻璃胶的专用工具，贴防火板专用工具，安装修边角及不锈钢扣条的专用工具等。

4．项目技术管理

单位工程、分部工程和分项工程开工前，项目技术负责人向承担施工的负责人或分包人进行书面技术交底，履行签字手续并归档。技术交底包括工具及材料准备、施工技术要点、质量要求及检查方法、常见问题及预防措施，一般《分项工程施工作业指导书》中都涵盖了这些内容。在工程质量检查中严格按照《分项工程施工作业指导书》及技术交底内容进行检查验收。例如：在进行世贸商场二层内装地面砖铺贴过程中，技术人员针对其面积大，柱子多等特点，制定了相应的工艺做法，从技术上保证了铺贴质量，在施工时先交底后施工，严格执行工艺要求，从而使该工程被评为省单项样板工程。在施工过程中，项目技术负责人对发包人或监理提出的有关施工方案、技术措施及设计变更的要求，应在执行前向执行人员进行书面技术交底。

（四）项目成本控制

我公司对工程项目的成本控制有一套完善的预算及成本控制管理软件，由计划部执行，财务部监督。

工程开工前依据施工图、施工预算和合同等资料，编制企业的计划人工费、计划材料费和机械维修费，计划现场管理费，计划企业管理费等，即为计划成本。计划成本由公司总经理签认后，下发到项目部和采购部、财务部。项目部依此计划人工费、计算实际工程量，如果有变更或增项，提前报告计划制订部门，并填写实际人工费报计划部审批后发放，否则严格按计划工费实施；计划材料费依据计划材料单和指导价做出。采购部严格按计划材料单的数量和报价执行，工地领料严格以计划单为准，如果材料计划不足，可申请补充，如遇设计变更、现场变更、甲方变更均要变更计划材料单和计划人工费，及成本分析，进行预算追加，变更预算由甲方签证认可。成本控制的关键是计划准确和控制有效，工程随时发生的人工和材料费都要进入实际成本，对特殊工艺和做法要及时与项目部沟通，并制订合理的计划费用和预算，计划成本和所发生的费用出入值超出正常范围时，及时控制现场实际发生，并查找差异原因，制订纠正预防措施。通过计划成本与实际发生的对比进行有效控制，可提出合理的利润率，限制报价和成本，提高劳动效率和材料利用率。

（五）竣工验收阶段控制

此阶段采取的质量控制措施主要有以下几项：

项目技术负责人按编制竣工资料的要求收集、整理质量记录。

项目技术负责人组织有关专业技术人员按最终检验和试验规定，根据合同要求进行全面验证。

对查出的施工质量缺陷，按不合格控制程序进行处理。

项目经理部组织有关专业技术人员按合同要求编制工程竣工文件，并做好工程移交准备。

在最终检验和试验合格后，应对装修工程采取防护措施。

工程交工后，项目经理应编制符合文明施工和环境保护要求的撤场计划。

（六）质量管理系统

公司品管部对工程项目管理的分项工程施工、内部验收、竣工验收、售后服务进行全程监督和控制。为确保公司质量方针和本工程质量目标的如期实现，项目部成立以项目经理、项目副经理、技术负责人等为领导的质量管理小组，并配备装修、电气、给排水等各专业的施工员、质检员、技术员，材料员，形成横向到边、纵向到底的质量体系管理机构。

三、用ISO9000中“持续改进”的原则，促使工程质量不断得到提高，同时企业也不断完善

持续改进总体业绩应当是企业的一个永恒目标。事物是在不断发展的，都会经历一个由不完善到完善，直至更新的过程。人们对过程结果的要求也在不断地变化和提高，例如对产品（包括服务）质量水平的要求。这种发展和要求促使企业变革或改进。因此，企业应建立一种适应机制，能适应外界环境的变化要求，增强适应能力并提高竞争力，从而改进企业的整体面貌，让所有的相关方都满意，这种机制就是持续改进，创造更多更大的业绩。持续改进是一个永恒的目标，坚持持续改进，从发展的战略角度，在所有的层次实现变革，就能提高对机遇的快速反应能力，增强竞争实力。

质量管理体系的持续改进图：

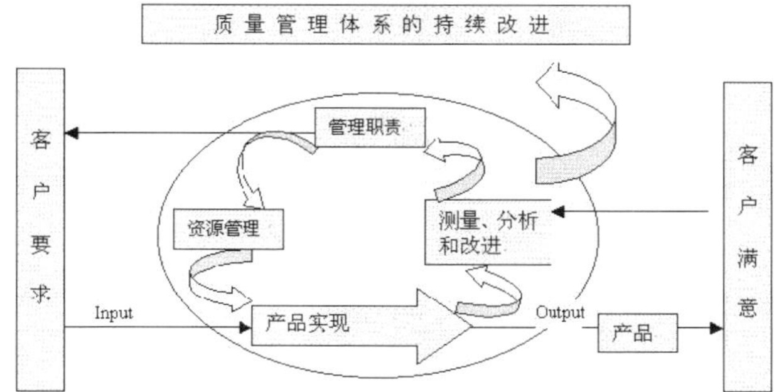

（一）针对工程中出现的质量问题制订预防、纠正措施，并将有代表性的编制成案例

出现的问题各工地及时做出总结，在工程部每周的周会上与其他项目负责人交流，做到互相学习、借鉴，减少了同类问题的再次发生。

（二）利用统计技术进行质量问题分析，采取纠正预防措施

我们在工程项目管理中常用的统计技术是排列图法和因果分析图法，对工程项目管理人员进行培训，让他们掌握这两种常用的统计方法，便于发现主要质量问题及引起质量问题的原因。

工程部及品管部每月召开质量分析会，分析工程中的质量问题。工程部主要针对出现的质量问题进行统计分析，利用排列图法找到本月出现频次最多的一、两种主要问题，然后用因果分析图法，找出导致问题出现的所有可能原因，并据此制定纠正预防措施，以达到有效控制工程质量的目的。

品管部根据质检员在工地上发现的质量问题或质量隐患及投诉的质量问题进行汇总，总结近期工程中的弱点，根据工程部制订的纠正预防措施，督促落实，指导下一步的工作。

（三）基于企业的质量方针、质量目标

通过内部审核和管理评审，评价工程项目管理中存在的不合格，采取纠正措施、预防措施，达到持续改进的目的。1999年、2001年、2002年质量目标完成情况对比表和对比图：

质量目标完成情况对比表

	1998年试运行	1999年	2000年	2001年
合格率	100%（计划100%）	100%（计划100%）	100%（计划100%）	100%（计划100%）
优质率	34.1%（计划50%）	73.59%（计划40%）	75%（计划50%）	75.7%（计划70%）
按期交付率	97.7%（计划100%）	100%（计划100%）	100%（计划100%）	100%（计划100%）

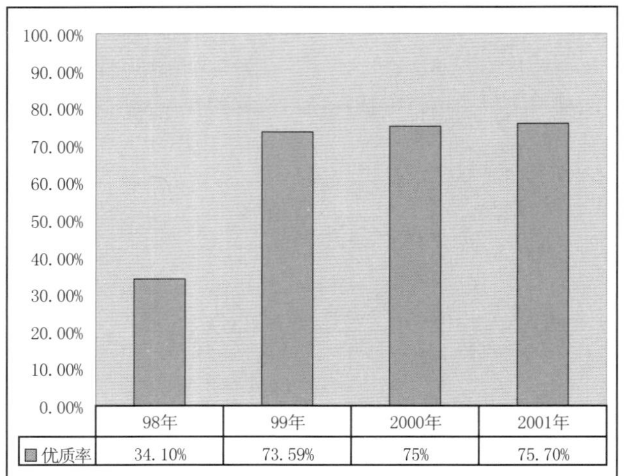

质量目标完成情况对比图

由表中数据不难看出：公司的质量目标这几年在保持合格率和按期交付率均为100%的前提下，优质率在逐年上升，说明我们的工程项目管理过程保持着持续改进的良好状态。1999年、2000年、2001年维修费用对比图：

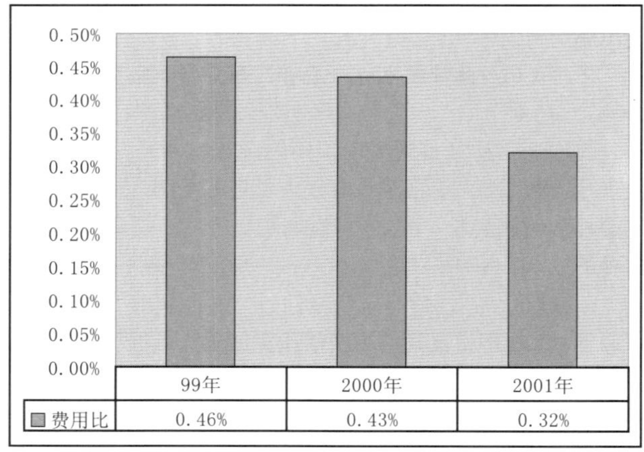

维修费用对比图

（维修费用比=维修费/工程总造价×100%）

工程维修费用比的降低从一方面反映出这几年我公司所做的工程项目的质量在提高，也说明我们实施ISO9000质量管理体系是有效的纠正预防措施，大大降低了维修成本。

让每一位参与工程项目管理的人员深入理解持续改进的思想，将PDCA方法运用到日常工作中，才能做到整体的持续改进。

四、始终贯彻ISO9000标准，满足“以顾客为关注焦点”和“与供方互利的关系”的要求

（一）以顾客为关注焦点

组织依存于顾客。因此，企业应当充分理解和满足顾客当前和未来的需求，并争取超越顾客的期望。以顾客为关注焦点可建立起对市场的快速反应机制，增强顾客的满意度和忠诚度，为企业带来更大的效益。

在工程项目管理中对顾客要求的满足的体现：施工过程中严格履行施工合同的约定，并主动向客户介绍施工情况。当客户提出工程变更的要求时，要充分考虑客户方的利益，明确提示变更后的利与弊，并提供调整后的施工进度计划。项目例会制度及施工日志制度使客户要求在项目管理部内有效沟通，保证了客户要求得以实现。

为实现“以顾客为关注焦点”的质量管理原则，公司成立了售后服务部，专门负责建立顾客档案、工程回访、维修服务。对每个完工的工程项目建立完整的顾客档案，并制订工程回访计划，回访方式可以电话询问、信函、会议座谈、半年或一年一次的例行回访，每次回访后填写回访记录，全部回访结束后编写“回访服务报告”。售后服务部全天候受理顾客投诉，并于24小时内进行投诉回应，完成维修服务。

为了加强对顾客满意度的监控，公司品管部定期对顾客满意度进行调查，并将调查问题汇总，对调查结果统计分析，以了解顾客对工程项目及公司的满意程度，指导公司的持续改进。

（二）与供方互利的关系

与供方互利的关系是质量管理八项原则之一，企业与供方是相互依存的，互利的关系可增强双方创造价值的能力。

对于工程项目中常用的材料，通过公司招标的方式，选择有实力、信誉度好的供方并建立起长期互利的合作关系，一方面为工程提供质量可靠的材料及公司所欠缺的专业技术，另一方面，与供方能够实现资源共享，以“诚信”为原则，以供货合同为约束，互惠互利，共同发展。在合作过程中如发现质量问题或其他问题，我们会协助供方分析原因并制定纠正措施，以达到提高质量的目的。同时对供方的控制也不可忽略，公司每年都要对所有供方从供货质量、价格及服务等方面进行评价，并分为优、良、可、差四级，按照优胜劣汰的规则进行重新选择。企业的发展带动了供方的发展，供方的成熟也为企业提供了再发展的源动力。真正体现了与供方“相辅相成”的互利关系。

我公司的质量管理体系已运行了将近四年，在这四年中，我们有多项装饰工程被评为河北省、石家庄市及国家级优质工程。总结ISO9000质量管理体系在工程项目管理中的作用有以下几点：

1. 明确了职责，理顺了关系。
2. 为创精品工程提供了管理基础。
3. 持续改进的思想使得我们的工程项目管理不断完善。
4. 提高了顾客对公司的信任度。
5. 提高了供方及分包方对企业的信任度，便于加强互利的关系。

金　牌　之　路

——武汉建银大厦装饰工程降低造价及国际采购的体会和经验

中国建筑装饰协会常务理事　武汉华达建筑装饰设计工程有限公司总经理　**潘耀生**

1999年7月18日，一个喜讯从北京传来：华达建筑装饰设计工程有限公司一举摘取建国50周年来第一次评定的建筑装饰金奖（中国建筑装饰协会主办"改革开放20年建筑装饰行业暨优秀建筑装饰工程作品展"），由此跻身于全国建筑装饰金奖企业行列，从而使武汉地区跨过了没有自己的一流建筑装饰企业历史。

金奖带来的喜悦可以让大家分享，而夺取金奖途中的酸甜苦辣，华达人愿把它视为企业发展不可获缺的财富。

一、国际领先水平的设计是中标的关键

1996年7月，国内瞩目的武汉建银大厦室内装饰工程面向国内外公开招标，这项投资估计接近亿元的工程立即吸引国内外大批最具实力的企业云集武汉跃跃欲试。

在此之前，华达公司还从未承接过五星级酒店水平要求的装饰工程。面对强手如林、近乎肉搏的竞争，要花十几万、甚至几十万元搞设计、做标书、参加投标，中标的可能微乎其微；经过再三思量，公司负责人认为：企业要发展，即便这一次只是交了学费，但找出了差距、提高了投标水平，也值！

正式投标开始，经筛选后参与第一轮投标的企业达73家，其中香港、台湾知名的装饰企业4家，内地一级装饰企业23家。73家参投企业中50%以上是承建过各地标志性工程的著名装饰企业。

招标工作严格按国际惯例操作，由武汉市工程招投标中心及市建委共同主持，评审委员会中业主代表所占比率低于40%。

最后开标时，不仅出乎华达人自己的预料，连投标中心和业主都万万没有想到，中标的竟然是华达公司。合作多时后，公司与业主方探究当时华达中标的原因，双方一致认同的主要原因有这么几点：首先是这次招投标中真正贯彻、实现了公开、公平、公正的原则；其次是华达公司投标的设计方案参照了具有国际领先水平的美国KPF公司的先进设计；其三是由于设计合理，使工程概算最接近标底；其四是公司把这项工程作为公司的主打项目，承诺集中最优秀的施工力量。

二、一流工程是成长一流企业的台阶

拿到手的项目成为对华达公司最严峻的考验。成功，企业必然上一个大台阶，失败，公司几年来建立的信誉和积累都将毁于一旦。建银大厦项目只能成功，不能失败！于是华达公司频频拿出"怪招"：

组织集体出游。听说公司安排去上海、深圳"旅游"，不但不准请假，还非在五星级酒店进餐不可，华达公司几十名业务骨干都懵了：工程这么紧，开支这么高，哪来的疯劲儿在这个结骨眼上去旅游？等到了上海大伙儿才发现其实公司一点都不"疯"，走出来的目的是通过现场教学，把五星级的施工水平学回去。从上海到深圳，几十号人跑遍了几乎所有大饭店、大剧院、大写字楼……每一个局部、每一个细节从工艺到质量水平都分解到每一个技术骨干，由他负责"搬"回家。白天看，晚上分析讨论，十几天紧紧张张，哪还顾得上游山玩水？回家的路上，大伙儿心里特别踏实，因为建银大厦这幢曾让他们犯怵的摩天大楼再也不令他们头晕了。

请画家画楼。作为武汉市标志性建筑的建银大厦每种装饰材料都价格不菲，如果选择不当，安装后再返工，其损失不可估量。华达副总、工地项目经理潘俊想出了一个从没有人这么干过的绝招：请来若干个画家，把不同的材质、纹路、色彩画在按一比一的比例制作的模型上，请专家和业主直观地看到装饰完工后的实际效果，以避免可能出现的失误。这些真效果的假东西仅夹板一项耗资达几十万元，然而它却避免了可能出现的700万甚至更多的损失。

"孙悟空"到西天作记号。建银大厦装饰工程所用的石材价值将近2000万元。按设计要求石料必须色泽一致，纹路相接。石材选得好坏，直接关系出材率、关系成本。项目经理潘俊亲自带领一班精明的骨干前往意大利阿尔卑斯山的余脉选择荒料，加工成半成品运回国内加工成成品（经核算，这样选材用材比采购国内进口石材、或到国外直接采购半成品成本都要低）。一行人在石料场转了几座山后终于选定一种石料，这堆荒料足有几百立方米。价格运输都谈定后，潘俊多了个心，他想：如果洋人运来的不是我们现在选的石料怎么办？如果发货装船发错了地方怎么办？即便如期到货，原相接的纹路全乱了套怎么得了？到那时打官司事小，耽误工期事大。他想了个点子，用喷漆逐一喷上字、编上号，这样一来绝对万无一失，二来也方便了回国后逐块选对花纹。在一旁看傻了眼的外国人最后也打趣地说，"这帮中国人太精了。"

三、替业主着想是对自己负责

对于建银大厦工程的装饰质量，华达公司的确把它看得比命还重。许多时候并非业主要求，只要自己感到不是尽善尽美，马上就返工甚至全部拆除。"对业主负责就是对自己负责"是潘总对员工一贯的要求。

建银大厦一、二层大堂无论地面还是墙面石材全部实现连续追纹，这在大面积装饰中是公认的技术难度较大的装饰工艺，追纹出材率比不追纹至少要低20%，许多承包商为控制成本，一般都尽量回避业主的追纹要求。华达公司既要保证工程的最佳效果，又不能不顾成本，几位技术人员因此绞

尽脑汁，在保证大堂地面、墙面连续追纹的情况下，又把裁下的零料尽可能地在次要部位拼出了理想的花纹，他们开玩笑地说，省了钱是事实，费了体力脑力也不假哟！工程装修完工后受到业主、专家一致称赞。

装饰施工中图纸效果与实际效果有距离是谁都明白的事，一般情况下承包商完全可以以业主在施工图上的签字认可而拒绝返工，除非业主另外增加费用。建银大厦会议室原香港设计师采用的是偏深色的墙面处理。为让业主多些选择的可能，华达公司主动装出一间浅色墙面的会议室。后来业主果然认为浅色的墙面比深色的好，华达公司又不惜血本将已完工的深色墙面的会议室全部拆除重新换成浅色，仅此一项自找的“倒霉”，就付出了30多万元代价，但华达公司认为只要没有留下遗憾就值。

华达公司承建武汉建银大厦所创立的企业精神，已成为一项极有价值的财富，在华达公司近几年的发展中，又经过了不断的丰富、升华和发展；在公司已承建和在建的北京和武汉的多项标志性建筑工程中，得到了充分体现。我们深刻体会到工程项目的管理是企业素质和水平的综合体现，是企业的品牌和形象，也是企业生存的基础。华达公司的成功实践已充分证明了这一点。

把握设计要点 精心施工 打造优质样板工程

——深圳市中级人民法院大楼国优装饰工程项目管理心得

中国建筑装饰协会理事 深圳市文业装饰设计工程有限公司总经理 **陈耀福**

中国建筑装饰行业正处在迅猛发展日新月异的时刻，我们来探讨如何规范施工、科学管理，如何节约资源提高效率、创建优质样板工程、打造企业品牌，有着十分重要的意义。这不但是每一个装饰企业所要追求的目标，也是整个装饰行业发展过程中需要不断探索的永久课题。

以下介绍我司在“深圳市人民法院审判大楼”国优装饰工程的施工管理中如何把握设计要点、精心施工。

深圳市中级人民法院大楼，是深圳市政府1999年度投资的重点工程，楼高22层，建筑面积3万多平方米，室内装饰造价2000多万元人民币，有前后2个顶高近10m的大堂，32间审判、立案庭，5间会议室，2间接待厅，1个老干部活动中心，3000多平方米的办公区。其中大型审判庭顶高10多米，单一平面近2000m^2，是一间能容近千人的集大型审判和会议等多功能大型会议场所，其内部设备先进，具有功能完善的无线同声传译系统和电视同步转播系统，消防、空调、灯光音响、投影和各种智能控制系统。目前深圳中级人民法院大楼已成为全国法院系统内的样板工程，据了解现已有全国80%的法院来参观考察过。此工程先后被评为深圳市优、广东省优工程，并获“2001年全国建筑装饰奖”。

一、领导挂帅，组织强有力的施工项目班子

企业的发展灵魂在于企业的上层管理，而项目管理的关键在于项目施工管理机构的整体水平。深圳市人民法院审判大楼的项目，是市属的重点工程之一，施工面积、规模较大，只有我们一家施工，所以一开始，公司领导班子就非常重视。

首先成立项目工程指挥部，由公司总经理担任总指挥，委任能力全面的一级项目经理为项目经理，总工程师任技术负责人，同时还配备了优秀的室内设计师、建筑师、水电工程师、经济师等参与施工，项目指挥部下设技术组、行政组、工程组、材料组、质安组、财务组等相关职能部门。

二、做好施工前的各项准备工作

施工前项目班子与业主、设计单位进行图纸交底，编写施工组织计划、施工人员的组织进场、工地的管理制度、施工工艺流程、施工技术措施、安全制度的落实等工作都是装饰工程施工前的必备工作。

在法院大楼施工进场前，我们首先组织施工人员进场，选派最有办公楼装饰经验的第三工程处全体人员及第三设计部部分技术人员参加工程的施工，然后根据投标时的施工组织计划蓝本重新编写更符合实际的施工组织计划，制定好工程技术人员的岗位责任。根据ISO9001体系文件详细编制好项目质量计划，建立健全质量保证体系，制定了详细的“施工网络控制计划”、“物料采购计划”、“劳动力使用计划”、“安全施工制度”，确立施工工艺流程和施工方法。使项目班子和每个员工对这个工程的施工都有充分的思想准备。

由于法院大楼装饰工程的设计是在土建竣工前完成，建设方在原有设计的情况下提出很多修改和异议，因此我们便按建设方的要求认真研阅图纸，在图纸交底时，向设计单位提出了许多合理化建议，使工程既满足了甲方的要求又方便了施工。工程一开始，总经理就亲临工地现场主持开工动员大会，指导和组织实施施工组织计划，召开施工前的部门协调会，协助项目班子解决好工人的衣食住行，同时也为现场配备了电脑、打印机、车辆等，为实现我们打造优质样板工程提供了坚实的基础。

三、把握设计要点是打造精品的前提

设计是装饰的龙头，深刻理解图纸，按图施工不走样是实现“精品”的关键所在。因此，施工前项目班子、施工设计技术人员对施工图纸必须先用足够的时间去研阅和领会，并在细阅的过程中注意发现问题，如遇有疑问必须书面抄录。在图纸交底过程中，对主要项目必须有书面交底，其内

容应结合本工程实际，提出保证和达到设计的要求、工艺标准等措施，在执行前双方签字，并要求设计方及时释疑，发现错漏要及时提出，在施工过程中，我们的现场配套设计师不断深化、领会、完善原设计单位设计师的设计理念，把图纸变为现实。

当发现设计无法实施时，就马上与原设计师沟通解决，装饰施工的全过程始终和原设计单位保持紧密联系，因为施工现场的设计师、技术管理员和原设计单位是密不可分的。比如：当水、电、风管走向发生矛盾，风道与结构发生矛盾时，一定要原设计人员到现场研究解决。在施工过程中经常会遇到必须的小修小改，如果我们认为对工程有利，要改一定要征得建设方、设计方的同意；如果建设方要改也要与设计方协调，我方设计师从不擅做主张。一般我们每个星期都要求原设计单位设计师到现场一次，参加工程现场会。我们始终认为，要把握好设计要点去施工，一定要施工单位与设计单位有机结合，做到分中有合、合中有分，最终才能打造出优秀作品。

四、加强管理、文明施工

该装饰工程任务重，难度大，工期短，只有加强管理，才能保证质量，按期完工。一开始我们就把管理重点放在施工管理制度的落实上，用制度去管人，并严格采用ISO9001的管理模式，把每项工作落实到专业人员身上，分工明确，各负其责，奖罚分明。成立的质量检查小组、安全消防小组、材料采购小组，经常进行自检、互检、交接检“三检”制度，确保工程进度、工程质量、哪个组出现问题就扣发当月奖金。

“安全为生产，生产必须安全”。该工程施工人员多，高空施工项目就有三个，其中前、后大堂，大型审判庭顶高都达10m，并且都要搭满堂红脚手架。为了保证安全，我们指定项目经理为安全检查小组组长，项目副经理为专职安全员，各班组长为兼职安全员，每天进行安全检查，发现问题及时解决，并做好安全记录，同时对施工人员还经常进行安全教育和考试，管理人员和特殊工种人员坚持持证上岗。

为了防止高层的抛落物和跳板出现探头板，又制定了搭设脚手架的施工方法、施工安排，提出了搭设完毕后必须经有关部门验收合格后方准投入使用，施工时护栏和安全网及脚手架基座坚持每天检查，脚手架上不准集中堆放大量物品，严禁超载，工长做好安全交底，施工人员配戴安全带，穿软底鞋，严禁不能从事高空作业的人员从事高空作业。为了达到文明施工的目的，明确上岗员工必须配带工作证，统一服装，安全帽。做到每天清场，材料堆放整齐，各种制度和标志警示牌上墙，注意环境卫生，提高环保意识，减少噪音和粉尘污染等。

项目经理严格按照项目管理的程序，运用科学管理手段，坚持“过程精品，动态管理，目标考核，严格奖罚”的运行机制，定期检查施工进度，施工质量，施工效果，以保证施工管理切实到位。在施工过程中，我们还注意发挥良好的团队精神，认真做好设计人员、技术人员、施工人员，安全人员的相互配合、相互沟通。

同时我们还做好与业主、监理、设计单位的沟通工作，对施工中遇到的问题耐心进行解释工作及技术反馈。由于管理的到位，这个项目的工作进展顺利。

五、认真执行ISO9001质量标准，抓好质量控制

“深圳法院”装饰工程我们一开始就把它定位为优质样板工程，为了达到工程的目标，项目经理部按照ISO9001的质量标准，具体制定了分项质量优良计划，将实现优良的目标层层分解，坚持施工操作一道工序紧扣一道工序的质量检查方法，实行上道工序为下道工序负责的小组质量制度，并明确规定所有工序都必须先做样板。在业主、监理认可后，才按样板大面积展开施工，例如：在干挂花岗石方面，因这个项目干挂石面积较大，而我们所采用的是用铝型材挂钩以短槽连接方式将铝挂钩和石材粘结装配成一体，再通过机械固定方法将结构装配组件固定于框格构件上从而连接于建筑物结构上，懂这种新技术的技术工人不多，因此我们就先请过硬的技术工人做样板，对准备上岗的工人进行严格的培训，然后才大面积展开，因此我们在干挂石这一道工序上，完成得非常顺利，没有返工的现象。

质量的控制其中重要的一环是对材料的质量控制。材料控制不好，质量无从谈起。所以我们对材料组织手续完全按照ISO9001的规范去运作。对材料、设备的订货、合同的签订和到货的验收以及材料保管都非常认真，而且都制定了一套严格的制度。

“深圳法院”装饰工程石材用量较多有上万平方米，弧形、异形石材很多，其中圆柱、方柱就有20多条，高度都近10m，而且柱子的每块石材的高、宽都大至近3m，这都给现场材料的铺砌施工带来了巨大的困难，搞不好平整度，色差、石材块间的缝隙都会出问题，因此项目技术负责人亲自带领安装石材工人到现场放样，实地分格，并结合电脑测量复核，石材出样整理后，对每块大板材料通过统一分块编号，再根据设计的要求和石材商提供的石材原始数据进行计算，待各种数据、规格都考究准确后才开始施工。做到现场与石材商最大程度的默契。

在石材施工铺切的过程中我们完全根据质量管理的要求，进行PDCA循环，完善施工工艺，板岩大面积施工前，我们仍先约在200m^{2}的面上进行试点，经过试点取得经验，制定了可行的操作措施，并对铺贴要求再次进行操作要点技术交底，通过以上方法，我们的石材施工，无论是墙面干挂、地面铺砌、圆柱、方柱等施工都基本消灭色差，平整度与缝隙的误差都小于0.2mm，整个石材面自然美观，柱身光滑平整，达到预期目的。

搞好施工管理，是创造“精品工程”的保证。而施工管理这门科学需要我们在实践中不断去探索、创新、提高。随着我国加入WTO以后所面临的挑战，更需要我们同行在中国建筑装饰协会的带领下去解决这个重要的课题。

让我们携起手来，探讨好这个课题，共创美好的明天。

重庆大都会广场
——海逸酒店室内装修工程管理方法

MASCE 美国工程师学会会员、AACE 美国工程成本工程师、PENG 加拿大特许工程师
陕西省建装饰协会副会长、西安发记营造建筑有限公司董事长　**刘兆培**

一、重庆大都会广场

重庆大都会广场落座于重庆市最繁华地区——解放碑，由五一路、八一路等四条街环绕，占地约 75 亩，是香港李嘉诚先生属下的和记黄埔有限公司（世界前 20 名的大公司）。于 1994 年投资的，是当年全中国最好的大型综合项目之一。

建筑群总建筑面积约 25 万 m^2，由三部分组成：其一为裙楼商场，共 7 层，约 15 m^2；其二为塔楼一，供海逸酒店用，共 37 层，约 5.5 万 m^2；其三为塔楼二，共 37 层，约 4.5 万 m^2，用作出租甲级写字楼。整个项目由拆迁至 1998 年 9 月份塔楼二完成，共用了 3 年 8 个月而已。

重庆大都会广场是李嘉诚先生当时在国内投资自建的最大项目，它既是集团投资成功的典范，也是施工管理的样板。通过这个庞大项目的运作，为该集团今后在国内投资建立了一整套包括投资、设计、施工管理、出租、物业管理等的标准，两三年以后的昆明海逸酒店、北京东方广场、深圳黄埔雅园乃至李先生的总部——香港长江中心等大项目，均以大都会广场为参照物，重庆项目的主管们也被分派到上述各大项目并取得成功。

二、重庆海逸酒店室内装修工程

（一）工程招标

海逸酒店室内装饰装修工程项目于 1997 年 8 月份在香港招标，香港发记公司及其在国内的分公司西安发记公司（现名）共同参与了投标，并中了标。标价为 1.12 亿人民币，包括部分美元。中标范围为酒店全幢大厦（37 层）内，包括所有功能区域、客房、公寓、办公及后勤区的全方位装饰装修。除电视机、冰箱、洁具、洗衣设备、厨房设备外，所有装饰物料及供应全包了，连装饰画也包了，总面积为 5.5 万 m^2，500 个客房，包括豪华商务套间 4 个楼层共 75 间及总统套间、4 个楼层的服务式公寓（共 28 套）及 7 个楼层的全方位功能及二层地下室后勤区。

（二）重庆首家标准国际五星级酒店

1．客房：标准客房每间约 40～50m^2，豪华设备套间 75～90 m^2，总统套间 250 m^2，另设为套房服务的“贵宾酒廊”，作登记、餐饮休憩用。

2．服务式公寓：占四个楼层，分作 28 套，每套实用面积约 150～200m^2，包括日本、加拿大领事的官邸。标准与豪华商务客房一样。

3．功能区：占七个楼层，功能包括大堂、咖啡室、小卖部、行李室、中餐厅、西餐厅、800 m^2 的多功能厅、豪华住客俱乐部（含游泳池）、400 m^2 以上的大型厨房（包括糕点制作中心）四个，会议室、酒店办公室（一整层，约 2500 m^2）、商务中心、大型贮物室两个等。

4．后勤区：占地下两层，约 1 万 m^2，包括工程部、800 m^2 的洗衣房、花房、冷藏库、干货库、员工餐厅、培训室、更衣室、淋浴间等。

C．物料：除厨房面砖木作辅料、水泥砂、砖是国产，标准客房家具按设计在南方生产外，全部饰面料及供应品，如保险柜、套房家具、装饰画等均为进口。供应商来自香港、意大利、法国、美国。

（三）我司进场前工地现场的状况

1．全部隔断墙未做，原土建结构墙尚未抹灰，共 6 万 m^2，24 砖墙；20 万 m^2 水泥抹灰。

2．外墙完成量不到 1/4（进场后 5 个月才完成）。

3．机电系统之主管网完成量少于 1/5，因机电公司只早于我司一个来月进场，管井未砌。

4．8 台电梯（6 台客用，2 台货用）未安装。

5．地下室两层及大堂均被机电单位占用。

6．外墙升降机只剩一台双笼机，土建单位尚在使用，管理不善，效率极低。

7．工地现场，尽管向着四条街，但无存料地方，惟一能供材料/人员上落的是一层大堂。

8．大都会广场 15 万 m^2 的裙楼商场已开业，不能从商场出入。

（四）我司进场前与甲方及其聘用的专业顾问们的配合情况

1．1997 年 9 月 10 日交标，10 月 2 日开始议标，图纸在修改中，工程量，主要是土建工程，如隔断、抹灰等在增加，10 月 30 日议标完成。

2．1997 年 11 月 17 日通知中标，并指示马上进场开工，11 月 24 日正式进场，合同未签。

3．当时大部分主材料尚未选定。按规定，全部主材须送样板给甲方审批，很大部分样板在香港也没有，须到外国买回来；并规定乙方须在短期内（10 天）制定主材定货计划，说明何时到香港、重庆。

4．合同规定施工期为 180 天，由 11 月 24 日始计，如不计春节假期，须在 5 月 20 日完工，如计春节假期，则在

6月1日完工。

5. 按协议，甲方给乙方20%预付款以用作备料，约2240万元，但该款在11月24日进场后分三次在1月底才付完。（注：进度款另算）

三、发记公司如何组织海逸酒店的装修施工战役

（一）施工期太短

不可想像的施工期，而且现场情况并未能让我们一进场就放手大干，材料很多未定、未审，预付款也不是马上到位(向大公司请款，最少14天)，我们在香港开了个董事会，决定此项目由本人，作为公司的董事长兼董事总经理来总抓。香港部分，由一位董事主持工作，主要是对甲方的外联，包括合同、图纸、材料及人员的组织、文件的处理及对甲方的汇报/会议等。重庆部分，由另一位董事主持日常的施工、行政、财务、外联工作。本人始初两地来回跑，后来长驻重庆5个月,直至交工。

（二）"众志成城"心态的形成

当时，大家都有点担心，除重庆海逸酒店项目因规模极大，工期太短外，尚因我司已于1997年7月份已受李嘉诚先生委托，在沈阳市建设一幢4.5万m^2、25层楼高的四星级酒店，名叫沈阳时代广场，包括全部室内、室外装饰（外幕墙加干挂石材），总量也超过1亿，工期一年。尽管各大主管均具备在香港及国内打大型施工战役的经验，但人手上尚嫌有点不足。我详细地向大家分析了两大项目的性质，它们的难易，各老总们的个性特点及其经验，并做出了详细的工作指示，包括资金的安排，使他们明白了我公司是有能力同时干好李先生这两个大工程的。人手可以招聘，香港的、国内的，何况我们在西安、天津均有公司，历年来也培养了不少干部，由他们作种子队，新聘人员在强大核心的管理下，一定能有效地工作。当然，工作中要注意方法，要注意培训。最后，大家意志统一了，以"众志成城"的心态，为我公司30年名誉而拼搏。大家也明白这两大项目的成功，将大大地促进我司在国内、在香港的业务发展，因为通过该项目，必须培养一批有大战役经验的人才，这是其他公司不容易具备的条件。

（三）筹备期仅7天

重庆海逸酒店的施工战役，就这样，在短短7天内筹备完毕，为此，我写了一份工作指引，分别给香港组、沈阳组及重庆组，共53页，主要是论述人员的编制、职能、管理的方法及须注意的技术问题，并对如何与甲方、甲方的专业顾问们及其他施工单位进行联系、协调、争议提供了一些方法。下列是香港组、重庆组的一些安排：

1. 香港组

a. 董事一名，全面主持两大项目的上述工作，配专职秘书1名。

b. 高级项目经理1名，协助董事工作，主要负责图纸、技术规范的质疑、释疑工作、汇报工作，配秘书一名。

c. 材料组由3人组成：

① 负责与甲方及设计师敲定材料、送审，10天内制定材料采购表并分发给甲方及乙方有关人员。

② 负责重新计算、核实各种材料的数量及质量标准、供应商。

③ 负责与材料供应商洽谈、定货、签合同、并安排支付款项。

④ 负责安排收货、验货、香港至外国、外国至香港、香港至重庆的运输、海关等事宜。保证各类材料按计划到场。

⑤ 负责材料的退货（品质问题）、补货等有关工作。

d. 财务、行政人员共两名，负责协助董事等编制文件、财务收支、与重庆之联络人员的差旅费等。

2. 重庆组：

a. 董事1名，任现场工程总指挥，负责全面工作。（香港派出）

b. 项目经理2名，一位负责17个楼层，另一位负责18个楼层的施工管理，包括与甲方及其他施工单位的协调工作。(香港派出)

c. 材料后勤1名，负责材料、后勤及财务工作。（香港派出）

d. 副项目经理2名，协助上述项目经理工作，并指挥下属人员工作。（香港派出）

e. 设计师2名,制作施工图及与机电单位之图纸配合工作。(香港派出)

f. 预算师2名，负责预算、进度款、变更、合同事宜。香港人员共10名。

g. 驻地工程师3名，负责图纸、技术规范，文件编制等工作。（国内员工）

h. 驻地工程助理3名，协助工程师及项目经理工作。（国内员工）

i. 助理设计师3名，协助设计师工作。（国内员工）

j. 预算员2名，协助预算师工作。（国内员工）

k. 质检员4名。（国内员工）

l. 库管员2名，管理仓库。（国内员工）

m. 办公室主任1名，统筹重庆办公室工作。（国内员工）

n. 行政人员2名，行政工作。（国内员工）

o. 保安工作人员3名，保安工作。（国内员工）

p. 秘书3名。（国内员工）

q. 打字员2名。（国内员工）

r. 文员2名。（国内员工）

s. 计时员2名。（国内员工）

t. 财务人员2名。（国内员工）

国内员工共34名。

以上是编制人员，尚有非编制的、临时调派或聘请的管工（工长）60人、高级管工4人、总管工2人，共66人。

u. 工地写字楼

• 原来分两处，一个在工地的地下室，50 m^2；另一个

在“海逸”对面的“渝都酒店”，租用了一间45 m^2的房间，后因地下室的通讯不好，故都搬到“渝都”（占用了2间房，共90 m^2）。

•因办公室房小，故外勤人员不设专用桌子，在工作台上轮流写文件。

•写字楼的设备为：电话3部、传真机2台、电脑8台(其中一台为香港版,专供甲方预算师用)、复印机2台、手机25部、传呼机35部、对讲机35台、打印机3台、手电50把、卷尺30把、平水尺10把、经纬仪2台、水平仪3台、文档72个。

v．工作时间

•现场管理人员一律每周工作七天,每天工作10～14小时，病假除外；每隔一周可享受4小时睡觉期，以补严重睡眠不足。

•写字楼人员每周工作6天半，每天工作10～12小时。

•香港员工每两个月返港一次，并非完全放假，须回总部汇报工作及解决一些问题；国内员工，每4个月返乡一次，每次七天，飞机往返。

w．额外待遇

•香港员工按原待遇加70%；国内员工不管原聘或新聘，除提供住宿外，一律享受远征费，另加饭费，约合个人工资的70%～150%，春节留守人员发5倍工资，另加伙食补贴。

•每月全体员工聚餐一次，另加节日宴、奖励宴、庆功宴等。

•完工后，全体国内员工均享受公费旅游及个人奖金，老员工获升职的占65%。

•编制员工，每人由公司招待在海逸酒店吃一次饭，住宿一晚，享受一下自己参与过的成果。

四、重庆海逸酒店施工过程所面临的问题与解决方法

（一）技术问题

1．主材料到场时间

a．因主材料（全进口）是否能按进度计划及时进场，是项目的成败关键，而开工前大部分主材尚未被甲方选好，解决的方法是：接到中标通知书后，10天内，在详细研读图纸及材料规范表后，制定了一个包括所有主材的“材料定购表”，约20页，共135项。表内按照进度的要求，规定某材料到达现场的具体时间，反过来，也要求了甲方或他们的专业顾问们必须在哪一天必须对某种材料（包括未定的材料）做出包括规范、审批的决定，如过时未定，责任不在乙方。

b．该表详列了某材料的名称、规格、使用区域、订货量、供应商、厂家、订货日期、出口日期、规定抵达香港及重庆的日期等。

c．我司每周更新该表一次，对上一次的表作增、补。

d．表内同时对图纸、材料规范表中的不明朗地方及明显错、漏估出了修订，并要求甲方确认。

e．结果：主材均无延误，无须用临时代替品（按合同规定，如因乙方原因，主材未到位时，须用临时代替品）。

f．因双方履约意识都很强，特别是甲方，他们也知道，180天的施工期是不太现实的，是正常的一半，所以，他们也很着力地催促他们的工作人员、顾问们作出及时决定，以免延误工期。有了这个，我公司在开工后半个月就开始按计划订材料，共用了两个月左右完成主材的订购工作，而第一批进口材料在1月底已抵达重庆，当时，隔断墙之土建工程尚在进行中，最后一批材料—主要是进口家具在1998年5月中旬，即开始交工（5月22日）的前一星期也到达了。它的订货流程是：香港→法国（面料）—货→香港—转运→美国—生产，加工→香港→深圳→重庆共6个步骤。这些家具能及时到达，才可以交工，因交工是从上至下，而31至37层用的全是进口家具。

2．底框架的平整度问题及开线问题

a．甲方对平整度要求很高，因是五星级，而土建的平整度是达不到要求的，为此，我们在报价中,报出了一个几百万元的修整价。

b．为了平整度，我公司动用了12个开线人员，用了14天时间日夜工作，对现场所有关键部位，如天花、核心筒、外墙之内立面、楼梯、泳池、屋顶花园等作了全方位准确的测量，并向甲方提出了报告。最差的出现在天花，误差由25～100mm，因为土建用的是竹模板，刚度不够。

c．客房之隔断、卫生间、机电管井等，因隔断尚未做（由我公司做），故不存在平整度问题。

d．为了准确地控制好平整度，除使用天花墨线、地墨线等传统开线方法外，对每堵墙之阳角、阴角均用100～150mm的垂直墨线作为基准，称为“借墨”，以使在任何一点，均可藉“借墨”量度泥水工作的准确度，保证了阳、阴角达到95%以上的平整度。走廊的每个阳角，均配一条金属垂直保护角线，藏在泥水抹面之内，以防小车碰花阳角。

e．为了控制好新、旧隔断墙上的电插座及水龙头之Z轴（即深度）位置，凡有插座的墙体，均用“借墨”方式规定了插座及水龙头的三维位置，以便机电单位施工时易于达标，且在施工中易于检查。

f．所有空调出风、回风口、修理活门、消防栓、管井之见光活门、走廊出路灯等机电面板的位置，均在墙上用墨线规定完成尺寸及位置。

g．天花的高度，因有天花墨线的控制，所有施工单位均须遵照执行，因错误而返工的责任自我承担。

h．我公司专门组织了两个人专职不停地用平水尺、称砣、水平仪等方法检查各区域、工种的平整度。

i．结果：全部项目的平整度均完全达到要求，其中客房内卫生间完成面（花岗岩及瓷砖）的平整度误差少于0.2mm，即两张复印纸的厚度。

3．符合重庆市消防规范的方法

a．因设计在香港，甲方及其专业顾问们均是香港专业人士，对国内某些城市的具体消防规范不一定很清楚，故在合同内申明：乙方所用材料及施工方法，除达到业主要求外，须达到重庆市消防部门的要求。

b．为此，我公司现场管理人员中，派一人专门抓消防规范问题，一方面查规范，把各区域不同类型功能的装修，按规范要求的消防等级采购或处理材料或将材料资料送验、送审。有些不太清楚的地方，则直接请示消防局，例如客房通走廊大门的消防要求为0.9小时，并通过他们的友好协助，找到了杭州生产的灯塔牌门心，能达到要求。

c．结果：消防规范全部达标，总验收时无一项目须打开重验。

4．隔断墙用的水泥砖及抹灰问题：

a．为赶工期，甲方选择了由我公司负责砌建24砖墙隔断，含管井、服务区、客房、功能区等，共约6万m^2墙体，20万m^2水泥砂浆抹灰（包括核心筒部分结构墙）。

b．重庆市厂家能供的实心水泥砖不多，存货也太少，故每天运到工地的砖，都是新的，还在冒烟。

c．为保证砖墙的质量，我公司严格规定新砖必须隔一夜，或到现场6个小时，并经过三次淋水后，砖体温度与室温相同时才准砌砖。砌砖过程，派专人不停将未砌的砖浇湿。墙体完成7个小时后，待砖缝之水泥砂浆凝固后，再对墙体两面各淋两次水，每次隔3个小时。按上述方法，墙体完成后，17个小时可以开始水泥砂浆抹灰工作；如抹灰工作并非在第二次淋水之后半小时内进行（例如隔了一夜），则抹灰前，必须再淋水一次，总之，须保持在砖面湿润的情况下进行抹灰。抹灰后12个小时，再淋两次水，隔一天一次，这样，每块砖最少经过3至4次淋水，抹灰后又经过两次护养性的淋水，才可保证砖墙不因温度太高，水份蒸发太大而引至开裂。两次淋水也有时间差，保证了水泥砂浆的凝固。

d．结果：

① 墙体砖无重大裂缝须修补；抹灰也一样。

② 惟因重庆的湿度高，且砌砖期在冬天，墙体完成后两个月左右即须贴墙纸，上述淋水的护养方法使墙体内的水份在某些区域未能有足够的时间散发，对抹灰产生了内、外夹攻的物理现象，对墙纸的腻子产生了一些不良影响，而又选用了外国酒店惯用的胶底墙纸（便于抹擦维修），最终出现局部发毛(黑点)现象，总量约占7%，须在保修期内更换。

③ 为了第二点的问题，甲乙双方作了科学论证，包括在酒店同一房间内做了三个样板，更换抹灰层，用胶底墙纸(原规范)、布底墙纸及乳胶漆，证明原规范的还是有点问题，这是对重庆的湿度认识不足及工期太快引起的后果,值得借鉴。

5．游泳池的防水处理及平台面砖问题

a．游泳池的防水，本来不应该是个问题。问题发生在规范要求使用两种不同美国防水材料，性能是没有问题，但表面太光滑，难于与水泥砂浆保护层结合，必须挂铁丝网。如何把网固定呢？打钉后再在钉之周围涂防水材料是一般人用的方法。可是，海逸酒店的泳池设在第5层，如漏水，则影响以下楼层（均是功能区）。能否不用钉子呢？我们从南方买回来两袋子的白石英粒，棱角很锐，颗料又不大，趁防水涂料未干时，用力把石英粒“洒”入防水层内，以外露之厚度挂网。经用20 m^2面积试验，挂网不脱落，能支撑后续的两层水泥抹灰，经3日、7日、28日的三次敲打试验，铿铿有声，证明附着力很足够，第29天打开一小块，发现并无空鼓现象。按此法成功地完成了泳池的防水问题。

b．游泳池是不规则型，它的垂直面，有90%是规定用一种美国新出品的油漆，只在水面见光之周边砌砖，故上述水泥砂浆抹灰层之表面必须有足够的光滑度，以便油漆的附着，这可办到。

c．承上点，余下10%的见光部位及平台沿泳池周长的水槽边缘均用瓷砖。我们要求施工人员不能有一块砖切割，块块都是原装的，以避免切口不齐。结果做到了，方法是沿周长的弧线用打底抹灰的厚度来将就、调整，当最后一块完整的瓷砖贴上去后，其缝隙与其他砖一样。

d. 泳池大平台是用德国产的浅蓝色400×400方块泳池专用瓷砖,表面带极细的针状颗粒，很好看且防滑性能是世界第一。施工无困难，可惜保养则有意想不到的困难。问题在于针状小颗粒其缝隙收藏了泳者胶拖鞋的遗留物,用尽方法均不能完全清除，数月后，遗垢积小成多，影响了现代化设计的泳池的观感。原因原来是洗地机的毛擦的直径大于砖面针状小颗粒的直径，故无法有效清洗。除非泳者不穿拖鞋（在外国是不穿的，但这是国内），因尚未有更先进的洗地机，只好忍痛把世界第一的地砖换成世界第二、第三的，问题就解决了。这也是一个教训，物尽其用惟须因地制宜。

结论：

1．大胆的尝试，会导致新的成功。

2．勿追求太完美的东西，须考虑实际情况，因材施用、因地制宜。

（二）运输及仓贮、临时工场问题

1．运输问题

a．这是一个庞大的工程项目，5.5万m^2面积，37层楼高，一层大堂是惟一的入口，周边无有放物料地点，都在室内，只有一台公用室外双笼卷扬机，各单位均能用，且土建公司未撤场，外墙正施工中，服务也跟不上，能否有效地解决运输问题，成了项目成败的关键之一。

b．对此，现场指挥部，包括本人均十分重视。我写了一份5张纸的文件，详细分析了战略上的要求，以数据说明了要求的来源，例如：为土建砖墙及批灰，每层须300t重的材料，辅料除按重外尚须按尺寸、面积、体积等计算需求，特别是如家具、洁具等物料体积很大，升降机的使用率将打折扣；还有垃圾的运输、工人的交通问题等。

c．我们派了两个人专管运输问题，包括收货、运入、运出。

d．经甲方同意，给我们一个专用电梯管井，为期四个月，让我们自建专用双笼卷扬机一台，每笼载重两吨，15 天完成。24 小时服务，合同规定承建商专人维修，每天维修 2 次，遇坏机等问题，须在 30 分钟内恢复，否则罚款。维修人员除他们单位的待遇外，我公司另加一倍。

e．规定每个笼如何装放材料，例如土建期，下层 8 箩砖（560 块），上加两层，共 12 箩砂，再上为四包水泥，约重 2t，人则爬上去，站在水泥包上，不准浪费空间，不听指示，不开机并罚款。

f. 创出了“蚂蚁工作方法”，材料车子到达一层大堂（约 4000 m^2），迅速卸下，开走，工人接着把砖砂装箩，并列队摆至距电梯半米处之一边；另一边用于出垃圾，故不准放材料。电梯一下来，用 1 分钟把笼内的箩装垃圾拉出电梯，完后限 3 分钟按“e”点规定把笼装满并即开机。规定每梯一次往返至 22 层只给 15 分钟，包括上去后把已装箩入袋的垃圾放入电梯内。

g．施工队共两大组，第一组管 1～17 层；第二组 18～37 层。使用电梯时间按楼高加权平均，第一组每天使用 10 小时，第二组 14 小时，分时段(结果第一组七层以下多用人力运材料)，上下班时，16 层以下不准用电梯，中午不用电梯下楼吃饭 (卖饭者扛上去) 。

h．工程例会时，甲方如须视察，则派一人以对讲机指挥，以便重要人员的临时升降。

i．结果：

上述办法是成功的，充分保证了材料、垃圾、人员的升降问题。可惜我们花 30 万元设的临时升降机在四个月后已报废。

2．仓贮及临时工场问题

a．因工期紧迫且进口物料须提前到场，我们确实需要大面积仓贮地方。按合同，甲方须在广场内提供 2000 m^2 地方给我公司，结果因大都会广场裙楼之地下停车场多已被其他单位占用作库房及工场、办公，我公司到位时，只能分得 400 m^2，且因水患不能存放干物，我公司只好在距离工地 8km 处租了一个有良好保安的库房，约 1000 m^2。另加露天石材（共 2 万 m^2）存放处约 600 m^2。

b．因本项目绝大部分木工活，如房门（2000 多只）、脚线、装饰木线、衣柜门、家具等均已被安排在我公司南方的家具工厂中生产，包括油漆、成品、半成品。完成后用汽车运往重庆安装，故需要工场的项目相应大大减少，只须为石材、不锈钢提供场地，约需 1000 m^2。我们就在租用库房处的空地及一些临建房解决了石材的问题，不锈钢工场则设在工场内，来回搬迁。

c．因进口材料、物品价值很高，故建立了多层负责的库管制度。

d．租用本地 1.5t 至 5t 货车，每天 3 至 5 次不停地往返于工地与库房之间。

b．结果：

保证了物料的贮存、运输问题，无物料丢失，工场基本上能满足加工要求。

c．垃圾的处理：

1．工程量大，特别是土建工程（隔断墙）必然产生大量施工垃圾。

2．处理垃圾，以每层为单位，每天把施工垃圾存放在靠近电梯的阴角地区，按 B-1-f 点方法，把垃圾用竹箩、袋子装好，配合“蚂蚁工作方法”，每次用电梯搬到一层，再派人运到由甲方指定的垃圾存放处，由土建公司负责运走。

3．全部垃圾清运

在某段时间，特别是土建快将完成期（距开工两个半月），因装饰材料急需运上楼，甚至等不及把垃圾拉入电梯，所以，经研究后决定，7 天内暂时放弃运走垃圾，至使每层垃圾堆积如山，通过时须“爬上、爬下”，在甲方还来不及投诉的情况下，用 48 小时把全部垃圾清走，使工场焕然一新。

（三）其余问题

上面谈的，是这个项目的一些比较特殊的问题，尽管它们也有一般工程面临问题的共通性，但因规模、标准、时间的不同，所以也有它的特殊性。

至于其余问题，就是上述的一般工程所必然面对的各类问题，因主管人员有同类经验，故管理效率较高，方法较好，也就随着工程的进展及管理人员心思策略的合理使用都一一解决了，此处不多谈了。

五、海逸酒店的现场管理方法

（一）公司内部的沟通方法

1．本项目办事机构有三

香港组：负责文件，包括图纸的解释，如有问题，向甲方及其专业顾问找答案，并迅即把结果通知重庆指挥部；同时负责每两周的重庆例会（100 人参加），三天后在香港向甲方再次汇报。此外是材料的订货进度情况（表列）。

西安组：负责财务安排、外汇的处理及外派重庆工作人员的往返安排。

重庆组：即现场指挥部。负责具体施工安排，包括进度、质量、与其他施工单位的现场协调、与甲方及下属乙方的协调、申报并收取进度款、支付工程款，对员工的培训、监督、生活安排等。

2．沟通方法

a．设专用电脑，以电邮（“E-mail”）方式，把文件发至有关组，就事情，提出解决方式或告知对方已完成的事项，特别是当香港组未参加重庆两周例会时，须用“E-mail”方式把会上各方之发言汇总，并把工程纪录照片、录像按系统发给香港，以便三天后在香港会上汇报。

b．传真——各方均有两台传真机。

c．长途电话——每天均通话，费用甚高，超过 30 万元（我一个人在春节 10 天时间就花了 1 万元）。

d．往返交流，协助解决问题——施工期内，除休假飞行外，此类飞行共约 20 人次。

e．为加快进度款的申报/审批，在重庆设一香港版专用电脑，把报价单按页输入。例会前，驻渝预算人员先完成拟申报之工程量及价值，并做好现场签证手续，待甲方聘用的专业测量师（即预算师）抵渝，即派专人与之洽谈、申报、释疑，并把专用电脑供他使用。当他开完了会返港时，他公司的测量师已把付款证书做好，稍经检查即可送甲方支付。

（二）项目财务管理方法

1．现金安排：因大量材料、人工费须以现金支付，经甲方介绍到他们的同一银行并协议一天内可提取百万现金。

2．授权：

a．香港董事及重庆董事每人均予 40 万元授权，超额可交叉联合签署单据，80 万以内无须请示董事长；

b．驻渝办公室之日常开销，办公室主任在 5000 元以内的开销，无须经董事（总监）批准。

3．监督：

a．西安财务部定期飞渝检查帐务。

b．香港财务总监定期飞西安、重庆检查帐务。

c．财务部每周须提交报告详列本周进支，累积进支、应收未收、应付未付账，并抄送香港、西安。

（三）驻渝指挥部的管理方法

1．管理结构参阅第三条之 C-2 点。计高峰期香港员工 10 名，国内员工 34 名，共 44 名。

另：现场技术监督（管工一类）66 名，共 110 名（注：高峰期现场施工人员由开工时的 400 人增加至 1800 人，一班工作制），**见结构图**。

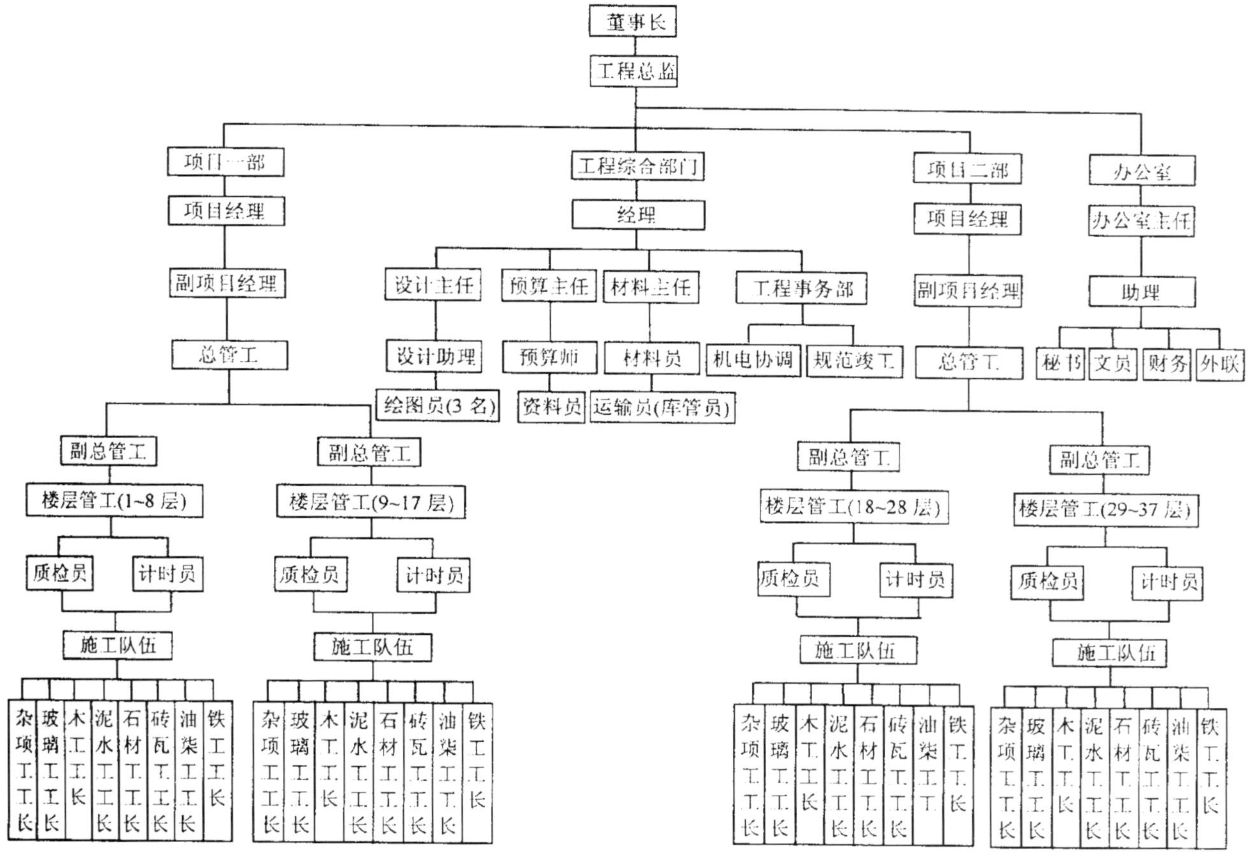

2．37 层楼的工地，分两大组，第一组管理 1～17 楼；第二组管理 18～37 楼。每组均由香港项目经理牵头，配有关人员。与甲方的例会（开始每月一次，后来两周一次）之大会，本人及总监、两位项目经理、一位预算师参加，大会前一天的技术例会由项目经理参加（注：技术例会只讲技术及小规模的协调问题，它为后一天的大例会作预备；大例会只讲与进度、合同有关问题，不讲技术问题，每方发言 3～5 分钟）。

3．每组每天均由副项目经理及设计师参加各方协调会，并把结果报告项目经理；重要事项则由项目经理参加，并报总监。

4．每组之现场管理人员（管工、高级管工、总管工、副项目经理），按上述等级，每天开半小时碰头会，晚饭后，由高级管工、总管工、副项目经理共 4 人与项目经理开会研究明天及 3 至 7 天后的工作安排，及当天工地进展情况、存在问题等，纪录并发至各人执行。这种会有时很长，超过凌晨也不奇怪。

5．第二天早上或午饭时间，由项目经理向总监及本人口头汇报。

6．因项目经理很多时忙于开会，未必能每天视察工地（副项目经理则必须），或视察不全面，总监及本人几乎每天均用半天时间巡视一周，每个角落都看，发现问题回来口授指示发项目经理处理/改善。

7．香港信息、甲方指示，由秘书或有关后勤技术人员把文件交总监后分派各部门执行。

8．其他并不参与直接生产的部门，由工程综合部门统筹，由一位香港经理主管，如预算、工程报表、技术规范、机电协调等，每天均须向总监汇报 5 至 15 分钟，规定报告时不得只提存在困难，而必须提出解决方案，批准后马上付诸实现。

9．材料、运输事宜专人管理，货物出入仓库均须三人签字，即经理、主管预算师、库管员。施工单位申请库存材料，须先经主管预算师审批（各区域主材之数量，早已列表计算清楚），申请数量与表列不符者，申请人须说明理由。材料已交施工单位者，须按图纸完成规定区域的工作，未用材料自行保管。超量申请，折价赔偿。

10．质检人员（非项目经理组员），除每天须按计划巡视、检查施工质量，以便既达到国家标准，也符合甲方标准（稍高）。当天即用规定表格，按国家规定，完成质检报告，并为竣工资料作好相应的准备工作。

11．设计师/绘图员头四个月，须按甲方要求，设计/绘制大量精细的包括机电天花综合图在内的施工图并送审，后三个月施工图少了，则着手准备竣工图，并在交工后两周内完成。

12．竣工资料除由公司专人整理外，为迅速并准确地把资料按国家规定完成，故特聘当地两位顾问指导工作，结果一次成功。

13．文档处理非常重要，分类建档，如甲方指示、建筑师指示、进度款请款、图纸收发记录、对乙方的工程指示、内部行政指示、香港通讯等，共建立了 70 多个专档，同类档案以先后次序再分 1、2、3 等，任何文件均有编码、日期，规定秘书及文职人员须在 30 秒内把有关文件找出来并交各主管使用。当日文件当日一定要归档。此方式甚受甲方欣赏，要求他们的文秘人员来我公司参观学习。

14．因复印数量极其庞大，每份正式文件，均须抄送 10 个单位，故须用两台复印机，每台复印量均超过 30 万张，故由专人管理复印、传真事项，并及时地由通讯员发出。

15．因编制员工有 44 人，外地来渝者过半，经常出差，员工生活亦多繁杂之事，光宿舍就有 7 间（其余住宾馆），由办公室统筹各事，均有条有理，同事融洽。

16．竣工后，一个月内保留 2/3 员工在整理竣工资料的同时，整理各类文件，分类归档编码，装箱，分别送回香港及西安存档。

17．交工后一周，特聘香港专业摄影师共用五天拍摄工程纪录及宣传照片；施工期中及开幕式，均由专业人员三次拍摄录像带，配音后，编辑成项目简介专用光盘，对客户者 10 分钟；工程实况 40 分钟。

18．交工后两个月，建立了维修组，由一副项目经理带领一支 60 人队伍负责维修、整改、加建工程；半年后人数减半，直至一年保修期满，甲方验收合格才撤退，同时把库存材料分装一火车皮运回西安，至此，海逸酒店项目圆满结束。

六、结束语

1．重庆海逸酒店，是当时重庆市最大的非基本建设型的工程项目，也是全国最大项目这一。它发生在重庆成为直辖市之前，完成于直辖市一周年，所以重庆市各级领导非常重视这个李嘉诚先生辖下，由世界前 20 名的大公司“和记黄埔”公司投资的项目，并为项目提供了极大的方便。该项目的总经理安平先生，是革命老前辈安子文先生的公子，对重庆很熟悉。项目进展速度使人瞠目结舌，以 3 年 8 个月就完成了（包括拆迁）。由于项目的影响力非常大，也因为优良的工程质量，它为重庆市拿到了历史上第一个“鲁班奖（国优）”及由中国建筑装饰协会 2001 年主办的首届“中国建筑装饰奖”，这是李嘉诚先生的荣誉，是包括我们中国建筑装饰协会在内的国内装饰工程界的荣誉，也是参与项目的 60 多家国内、香港公司的荣誉。我公司受李先生的委托，忝为领头羊，自知责任重大，故全力以赴，争取成功，在各方支持下侥幸能按时完成任务。

2．依本人浅见，这个项目的难度，主要不在于工程技术，而是速度。因为同类的项目（五星级酒店）我们公司在 33 年的历史中，也干过不少，我们的主要技术骨干都具有丰富的实战经验，解决技术问题，对他们来说是家常饭，老兵是不害怕打仗的。尽管国内员工，特别是新聘来的相对来讲稍微缺乏这种大兵团作战的经验，但我们相信，在主管们的带动下，他们还是能很快跟上的，顺便也给他们，特别是老员工们——他们来自我们西安及天津公司，也已经适应了国外的工作方式，一个极其难得的培养机会。180 天工期是有点超现实（合理工期应在 1 年左右），工期太短，原来的经验，主要是组织、管理的经验就不一定派得上用场，必须强化、创新、因地制宜，这需要勇气、魄力及由此而形成的信心。信心是从事任何事的原动力；缺乏信心就不敢逆流而上。俗语云：两强相遇勇者胜。

3．项目竣工后，我抽空走遍了开业后酒店的每一个角落，回顾开始时候的困难，真是不胜感慨。当我们进入重庆时，一个人也不认识，从西安派 3 人当先头部队，带着 50 万现金，因无本地银行关系，所以钱打不进银行，每天就抱着这些钱折腾地跑来跑去找地方、找人，直至四天后，本人带领香港的项目经理抵渝，情况才稍好。只用一周就把写字楼配置好，并陆续招聘了几个本地员工，其余国内员工亦相继到位。技术人员忙着看工地、找甲方、找材料，根本顾不上其他任何事情，700 张图纸是英文的，还需翻译，因准备期太短，香港来不及翻译，结果是本人在房间里，跪在地毯上用了一天半时间把它完成了（因宾馆的桌子太少，故用床做桌子，只好跪或半躺着来写字）。抵渝第二天就参加例会，被问及：“发记有什么问题？”我们答：“暂无问题。”被误解成“无问题。”不知我们初到贵境，还未来得及了解情况呢。

4．我们面临无数困难，包括被所有人小看，因我公司之投标价低于二标几千万，又是最后一家进场。甲方的人，其他施工单位的人，一个都不认识。尽管我公司已服务了“和记黄埔”有 15 年了，但因新组班子，起初，我们甚有点被视为“局外之人”，一点儿衷心的帮助也没有，只有冷面的追逼。开工、进度、施工图、材料什么的……甚至当时在解放碑（现场附近 200m）附近流传了下列风言风语：“发记迟死、早死，是死定了！”。来源目的当然不知。好啦！你说你的，我们做我们该做、能做的，既无人情，就讲合同吧。本人及工程总监高先生均是加拿大工程成本工程师，对合同是很熟悉的。既讲合同，首先，交场地吧。按合同，先做后勤区，工期 90 天，但因机电单位入场太迟（一般应在我们三个月前进场，现只一个月)，进度肯定也没多少，场地堆满了材料，一个月内无可能搬走，你能交场给我们？我公司致函甲方，第一句话就是：现场情况与合同约定者不符，我方保留索赔权利。请即予以改善，否则无法施工……。结果，甲方更换了项目经理。接任人是一位实干型美籍华人，请我们喝咖啡，并问：能按时完成吗？我们据实指出：原计划无法实现，必须改变，贵方须把机电工程之进度及设备供应情况告知我公司，我公司将在三天重新制订一个现实的，具有可操作性的施工计划，经贵方同意后，所有单位均须严格执行，如甲方未能促使机电单位合作，则延误无可避免且责任不在我方。如此这般，我公司争回了主动权，有理有节地引导各方合作。这是信心、能力、魄力、经验的较量！这是理性、冷静、实事求是的结果。

5．当人们发现我们 10 天就大幅度进入情况，两个半月（含春节 10～15 天假期）就完成了 6 万 m^2 的隔断墙体及 20 万 m^2 的抹灰工作，为酒店成了形后，特别知道我们创出了“蚂蚁工作方式”，从而产生了令人难以相信的效率时，当别的施工单位因无法有效地使用外墙升降机只好找我们协助运料时，人们对我们开始有点另眼相看了，解放碑的谣言不再流传。

6．1998 年 4 月中旬，即隔断墙工程完成后约 2 个月时间，人们发现，所有的底框架包括木工、泥水工、油漆工等均已完成，酒店装修的具体形状已一目了然，并已开始饰面工作且发记的仓库整齐地堆满了编过号的大部分主材后，知道项目将可能在两个月左右竣工。甲方召开临时特别会议，说明成功在望，皆因以发记为主的各施工单位的协同努力、优良策略与管理方式的结果，表扬了发记并鼓动大家为 6 月 18 日，即重庆成为直辖市一周年纪念献礼，争取开幕。这一极具鼓舞性的信息，在我公司的百人庆功宴上迅即引起了亢奋性的陶醉，并将之转化为几尽疯狂的战意。因为表扬证明了怀疑的偏颇。我们的战略战术及能力至此方被人们认同，虽失诸太迟，却也为时未晚。我们只用了 37 天就完成了正常要 4 个月的大堂的工作（7.4m 高），更使各方信心十足。

7．4 月底，包括海逸酒店的 2 位外籍总裁、总经理在内的 7 位最重要的管理人举行了交工前的会议，决定 5 月 22 日起交工，每天交 2 层，要求交至第 23 层；我公司提出交至 16 层。虽经犹豫（因新开业客源不足），甲方也接受了，并决定由 5 月 1 日起，由公我司组织全面专业保安，共 168 人，24 小时巡逻保卫，并加速公共地区摄像机的安装工作。自此之后，人们发觉，工地的饰面工作每天均有重大进展，一天一个样，5 月底交工完毕，6 月 18 日前开业是无可置疑的了。

8．5 月底，我公司按时交工至第 16 层，余下工作将在一个月内彻底完成。6 月 17 日，重庆第一家五星级酒店开业了，当日衣香缤影、高朋满座。全体参与工作的人们，不分甲方、乙方，均陶醉在创记录工程进度成功的兴奋中，久久不能平静，相见时，执手相顾，均眼带泪花，下意识地互相询问：完成啦？咋完的？此刻，以往的恩怨、投诉、合同什么的都置之脑后，只怀着一份同舟共济的兄弟般的亲情。大家心里都非常明白，谁做了些什么，更重要的是，大家对这一“梦幻组合”的亲切与怀念。因分别在即。

9．完工后，“和记地产”的董事总经理周先生专程赴渝答谢。宴会中，一再对我公司及个人极力推崇，说这证明了当时他力排众议，决定选用我公司是深思熟虑的，有根据的。他请我谈谈成功的主要因素与“绝招”，我说：成功由于甲方需要，并派了个干事的，而不是玩儿手段的火车头项目经理来促成之，当然，梦幻组合的协同作战也是很重要的，我有幸参与这个大战役，这是我一生中面临的最严酷的挑战；我没有什么绝招，只秉承着一惯做人、工作的宗旨，即诚、信、敢想敢搏，用“韧的战斗”的方式，用理性的方法把人们的主观能动性充分地发挥出来。如此而已。周先生听后说：真是路遥知马力，日久见人心，今后工期短、要求高的活优先考虑你们。

10．三年后，中国建筑装饰协会的评委们为评审首届“中国建筑装饰奖”来到重庆海逸酒店，会上，问甲方代表江先生：按理说，赶工完成的工程，质量应该相对较差，可酒店使用了三年，看起来，还象新的一样，没有什么缺点，是什么原因？江先生说：第一，发记的施工方法很先进，施工时就想到了维修，并作相关处理，他们的工作质量确实是好；第二是在一年的维修期内，人家留下了 60 多人在一个香港主管领导下，不停地把缺陷维修、整改好，所以有看起来就象是没有多少缺点；第三，是我们的酒店管理得好，评委们听后均点头称是。

·企业家·

为有源头活水来

——访广州市第三装修有限公司董事长兼书记唐同海

广州市建筑装饰协会秘书处

改革开放以来，广州市的建筑装饰业发展很快，广州市第三装修有限公司在经历了改革浪潮的冲击和洗礼后，在公司董事长唐同海和总经理何伟雄的带领下，依靠踏实的作风、勇于探索的精神、严格的管理，在公司成功改制后，连续三年创出了佳绩，成为我市装饰行业发展的一面旗帜。我们通过对该公司董事长唐同海和有关人员的专访，从侧面对唐总的事迹和广州三装公司发展的一些基本情况作了了解，归结如下。

一、敬业爱岗，热情主动

作为广州三建公司副总经理兼广州三装的董事长、书记，唐总是个大忙人，唐总在广州三建和广州三装工作近三十年，以公司为家，为公司立足市场，稳步发展做出了贡献。

据三公司的老员工介绍，几十年来，唐总先后做过政工宣传员、预算结算员、现场施工管理、科长、部门经理、公司副总经理等职，是一位熟悉了解基层情况和业务的老员工，特别是于2000年初兼任广州市三装董事长后，每个星期，除了三建的分管工作外，还要到三装参加有关工程、业务会议，主持并参与有关重大决策事宜。接触唐总比较多的公司办公室梁主任提到：唐总的敬业爱岗，为新三装公司的员工起到了一个很好的表率作用。

为了适应新形势发展的需要，唐总于2000年初考入中央党校函授学院经济管理专业，参加本科班的学习并于本年底毕业。用唐总的话说，活到老，学到老。要不甘落伍，就要不断学习新知识。

二、率先推行经营机制改革，把握企业发展先机

据我们了解，广州市第三装修有限公司（简称新三装）的前身是广州第三装修公司（简称旧三装），旧三装是广州三建的全资子公司，是国有独资企业。早在1992年已成为独立企业法人，在经过十多年发展后，已是广东省内少数同时拥有装饰施工一级、设计甲级等资质的大型综合性企业，先后装修了多项重点及大型工程，但直到改制前还不能完全独立运作，广州三建一直沿袭旧有模式，把旧三装作为内部附属生产单位看待，其后果是使旧三装产生了一定的依赖性，因此，旧三装还不是一个完全的自主经营，自负盈亏的企业法人。由于旧三装与广州三建表面是两个法人，实质上是上下级关系，且后方包袱重，——一个很有发展前途的企业，却被上述障碍所制约，广州第三建筑工程公司领导班子和唐总等人认为：惟一的出路就是改革。

为了给当时的三装公司更大的发展空间，领导班子指定由唐总牵头，负责有关市三装改制的方案制定和具体工作的落实。为了让企业在改制中少走弯路，做到一步到位，他派出专人到上海等地有关单位取经，借鉴人家成功的经验。

新三装由广州三建控股，社会上的企业法人和自然人、企业员工参股组成了有限责任公司，并于2000年4月，旧三装正式改制并挂牌为广州市第三装修有限公司，率先在国有装饰企业中推行经营体制改革。

这在市属装饰企业中属首创。

2000年7月份的某一天，广州市建筑装饰协会有关领导和人员到基层调研，在事先未知会的情况下来到广州市荔湾北的总部参观，看到了这样的一幕：所有的员工穿着整齐，精神面貌良好，设计部的人员正在紧张地探讨方案，办公室接待的人员彬彬有礼，工程部的人员有条不紊地落实有关工作……从一个侧面，他们了解到：改制后的三装，变化最大的是人员精神面貌。

唐董事长作为三装改制的参与者和主要策划人，一方面深感自己肩上的责任重大：如何确保改制后的三装达到预期的效果，如何让员工的积极性和信心更加树立起来。另一方面，他深深明白：改制为企业发展创造了外部条件，应该按改革的路子，抓住时机为企业发展创造机遇；这段时间，他和何总还有三装的领导班子全力投入到了内部机制和建立的健全之中。

三、而今迈步从头越

唐同海认为：企业改制，资产重组，只是完成了企业持续发展的第一步，要保持清醒的头脑，在董事会上，唐总首次提出：一方面要补充新鲜血液，广揽人才；另一方面健全经营机制，加强企业管理和工程质量管理，充分发挥管理人员的积极性，树立讲诚信重服务、创品牌的经营之道，开展创优质工程活动。

从实际出发，首先健全并完善内部机制，实行岗位责任制和项目负责制，董事会还通过了对经营班子分配和考核制度。经营班子包括老总平时每月只拿80%的工资，到年终实现了经营目标才发还余下的20%，完成得好的，按规定由董事会给予奖励。在公司实行竞争上岗，按照“能者上，庸者下”的原则，淘汰不称职的人员，挖掘并补充新人。通过岗位责任制的实施，明确了各人各部门之间的责、权、利，减少了工作失误，提高了办事效率。在工程项目的管理上，公

司由一批具有一二级资格的有经验的项目经理严格把关，并招聘、培养一批年轻的项目管理人员，从工程设计到施工过程进行全面控制，公司于2001年12月通过了ISO9001质量认证体系。严格按有关标准实施质量管理。为全面提高公司的设计技术水平，公司还聘请了日本著名室内空间设计师若松胜喜为设计顾问。在设计师和工程技术人员的共同努力下，伴随时代的发展，装饰装修工程设计有所创新，技术上水平，上档次，得到了社会的广泛赞誉。

改制后的新三装，2000年完成平均年产值约1.10亿元；利税500多万元；

2001年完成1.2亿元；利税600多万元；

2002年全年签定工程合同逾100项，在手任务总额达1.15亿元；

事实证明，改制，既发展了生产，又增强了后劲。在此期间，新三装先后完成了广州艺术博物馆、广州地铁总公司办公楼、颐和山庄、长春长白山宾馆、北京酒店等大型高级装修工程。其中近两年来荣获省市优质装饰工程奖励共5项，为公司的发展打下牢固基础。今年三装公司正发起了向装饰金奖的冲刺。

唐总和三装的领导班子，还看到了入世对中国装饰业的冲击。他要求，在管理体制和经营观念上，要逐步与国际接轨，要提高企业自身的竞争力。

他们除了立足广州市场外，2002年还在北京和长春设立了分公司，积极对外拓展业务。

北京分公司正施工800多万元工程，长春分公司已完成工程超过1000万元。

唐同海于2000年6月当选为中国建筑装饰协会理事，广州市建筑装饰协会副理事长兼协会教育培训部负责人，新三装被选定为教育培训基地。

为了表彰唐总对广州市装饰行业发展和推进企业改革所作的有益尝试，唐总于2000年、2001年连续两年被评为广州市装饰协会积极分子，并于2001年8月，作为大型国有企业改制中的典型代表，应中国建筑装饰协会邀请参加了南京会议，并作了经验介绍和主题发言。

面对成绩和荣誉，唐总谦虚地说：我们的改制虽然是迈出了成功的第一步，但还有不足之处，还要面对市场新的挑战。实践证明，改制后如果没有充分发挥新的经营机制的作用，没有董事会和经营班子的开拓进取精神和严格管理，没有全体员工的同心同德和奋力拼搏，没有广州三建公司的继续支持，再好的改制形式也无用。

是啊，“是渠哪得清如许，为有源头活水来。”唐同海和新三装的领导班子，还有全体员工，将高举改革的旗帜，在“三个代表”重要思想的指引下，乘胜前进，更上一层楼！

棹　歌　中　流

——访陈婵英和她领导的广东省建筑装饰集团公司

广州市建筑装饰协会秘书处

2001年12月25日，北京，人民大会堂小礼堂，这里丝毫不见初冬的凉意，建设部、中国建筑装饰协会的有关领导及600名来自全国各地的建筑装饰行业代表，聚集一堂，参加“2001年首届全国建筑装饰工程奖”的颁奖典礼。广东省建筑装饰集团公司承接施工的广东星海音乐厅建筑装饰工程以其独特、精美的造型、一流的施工而捧得金奖，当该公司董事长兼总经理陈婵英作为同行中的幸运儿和佼佼者，荣幸地参加盛大的颁奖典礼并从建设部有关领导手中接过金灿灿的奖杯时，这位几年来将自己的汗水和心血奉献给省建筑装饰集团的女中豪杰和她的员工们，沉浸在成功的喜悦之中。同时，也预示着今后的日子里，陈婵英和她领导的省建筑装饰集团将在装饰艺术的音符和旋律中奏响更新更美的乐章。

一、陈婵英的魅力

在我们采访她时，陈婵英表示：成绩和荣誉属于大家，正是因为有广东省建工集团领导一直以来的关心和支持，有省建筑装饰集团公司领导班子与广大员工精诚团结，努力拼搏，才取得了今天的成绩。

我们也正是怀着一种敬重、探秘的心情，采访了百忙之中的陈总。我们想了解，究竟是怎样一股神奇的力量和超前的思维，究竟是怎样一个富有朝气和战斗力的、勇于开拓的领导班子令一个濒临绝境的大型装饰企业走出困境，并成为了今天广东建筑装饰界的龙头企业之一的。

问我需要什么？你最好去问赶海人！

问我追求什么？你最好去问冲浪者！

——陈总一开口就巧妙地用了诙谐的语言与我们交谈。

乍听不过是两句绕口令式的语言，却又令我们觉得她的话回答的非常明确。它仿佛是千千万万个搏击商海的企业家的共同心声。人在商海，就像是赶海，就像是冲浪，其价值远不能用一簇鲜花，一盏金杯所能代替。

陈婵英戴着一副金边眼镜，有女同志的细心，又有男子汉的魄力、果断和干练，敏锐的目光露出智慧和灵气，她40来岁，精力旺盛，年轻有为；她谈吐优雅、反应敏捷，幽默诙谐，字字珠玑，包含人生哲理。她既有教授学者的深刻、渊博，又有企业家的精明、务实，从她身上，让人看见了中国当代建筑装饰企业家们的光彩风貌，看到了未来中国建筑装饰行业的希望。她说，公司获全国行业最高奖只是一个开始，未来更需要努力和拼搏。

陈婵英，一个富有英气的名字，一个不俗和勇于接受挑战的人！早年便以优异的成绩毕业于华南理工大学，作为一名高材生，被广东省建工集团录用。先后在广东省建总、广东省建雅室内设计工程有限公司等担任现场实习生、施工员、项目经理、主任工程师、高级工程师、副总经理等，凭着其多年的现场管理经验，熟练的业务能力，稳健的作风，得到了集团领导班子的赏识，于 1997 年 12 月，临危受命，担任处于困境的广东省建筑装饰集团公司董事长兼总经理。

当时，广东的装饰市场日趋成熟，要想立足已属不易，要想重振河山，占有一席之地，难！难！难！

很多同行朋友劝她，以你当前的实力、地位，应该非常不错了，前任都管不好的一个大摊子，一个烫手的山芋，就你能行吗？面对关心自己的亲朋好友，她也犹豫过，但，当她全面接触了公司的一帮员工，望着一双双期待的眼神，她心动了，她似乎想得并没有这么多，她抱着“不撞南墙不回头”的执著，凭着不断超越自我，挑战自我的勇气，靠着心有灵犀一点通的悟性，相信：通过不断的努力和学习，所有的不足都能充实。

是啊，市场能焕发人的聪明才智，点燃人智慧中的热情，触发人欲望的燃点和灵感。创业是艰苦的，但对于陈婵英这样勇于向生活挑战的，不甘于灵魂平庸的人何尝不是生命的奋进呢，陈婵英不怕苦，很快从装饰市场的夹缝中找到了自己的理想和梦想，她似乎已不需要更多的抉择，时刻准备扬帆挺进了！

面对新文明的浪潮。陈总不仅敏感，而且从容自信。

——平时不显山露水的林助理，这里，忍不住插上了一句话。

陈婵英和公司领导班子都有一个共识：一个企业要立足，要成功，一是要建立健全内部机制，做到人才到位，管理到位，责任到位；二是要求公司的经营管理者有敏锐的市场洞察力和解决各种问题的能力。

二、陈婵英所抓的两方面工作

早在 10 年前，陈总已经预测到：随着中国经济的发展和经济全球化进程的加快，中国迟早要融入世界经济圈中，她着手抓了两方面的工作。

1．公司用人制度的改革

“人才是企业之本，用人唯贤，用人唯才，大胆提拔、使用真正的人才。”这是陈总常提到一句话，刚上任伊始，陈总在公司内部实行优胜劣汰上岗制，打破以前国企中论资排辈的用人方式，为保证人才素质，她要求公司员工和业务骨干参加岗位技能培训，同时从大专院校招聘一批好苗子。

陈总说：任何一个成熟的行业，那种靠热情与机遇，靠苦干与捷径取胜的时代已经过去，企业的经营已进入了靠品质和内涵决战，靠人才与文化竞争，靠信息和实力较劲的新时代。三流的企业是人管人，二流的企业是制度管人，一流的企业是文化管人，文化的核心包括企业人才、企业的精神面貌、企业的品牌、声誉等……

陈总说，她和公司有一个好的领导班子，好的领导班子是高质高效完成工作的前提条件。她如数家珍地向我们介绍了公司领导成员和她的助手们：

余国林，公司副总经理，书记。该同志肯干肯学，工作热情，分管政工和党的建设，协助生产管理工作。

林少丽，算得上是集团公司的老员工了，用陈总的话说，该同志办事稳重，有一定的经验，特别是有一股敬业精神，陈总先后提拔其担任办公室主任、总经理助理等要职；分管经营工作。

庄若沐，该同志工作大胆、主动，责任心强，熟悉业务，被公司提拔为总经理助理，分管生产、财务等。

李永臻，是下属设计院院长，早年毕业于广州美术学院，后到德国攻读博士学位，毕业后在公司担任设计工作，该同志基础扎实，设计意念超前，有很强的理论知识和丰富的实践经验，主持过多项大中工程设计，受到了甲方的好评，被提拔为拥有 70 多名专业设计师的所属广美设计院院长。

……像小林、小庄一样凭能力破格提拔的例子在省建筑装饰集团公司举不胜举，有人形容，陈总不仅是一个伯乐，还是一个驯“马”高手，公司原先有个别有一定能量，却不服管、不遵守制度的人，陈总通过黄牌红牌制度的实施，硬是令“暴马”变成“良马”，为公司服务，公司允许员工犯错，也会给机会他们改正错误，对于累计两张黄牌以上，且屡教不改的，当自动离职处理。自从这项制度定下后，由于员工们的觉悟提高了，自律性加强了，几年来，公司很少有人违规违纪，员工队伍保持了较高的稳定性，用陈总的话说：她只是让所有的员工明白了一个基本道理，首先是员工包括陈总自己都要遵从公司的规章，而不是公司制度特殊于某个人存在。

陈总十分注重自身的学习和提高，她本人已是装饰工程方面的专家，多次在有关专业刊物如《南方建筑》上发表有关专业论文，早于 1996 年就被评为高级工程师，成为当时行内较年轻的高工之一，但她常说：逆水行舟，不进则退。在国外经营管理新观念和新学科涌入中国的时候，她最早参加了美国 MBA 工商管理硕士课程的学习，后转入攻读高级 MBA 硕士学位，三年多来，认真参加了各门课程学习，同导师和同班的老总们探讨企业管理方面的心得，连学贯中西的老教授都为陈总的执着和韧劲所折服。

公司建立了再培训制度，请回有关专家来公司给员工上课，或派出员工参加各种技能学习，公司骨干大部分要求参加再培训或再教育学习。以确保员工的思想和能力跟上新形势发展的要求，同时也十分注重企业文化建设，组织旅游、球赛及羽毛球、乒乓球、游泳等集体体育活动，培养职工良好的身体素质。

今天，当你走进省建筑装饰集团的时候，整洁的办公场所、员工良好的精神面貌，定会让你体会到：好一个既严肃又充满活力，既团结又充满竞争的战斗团体！

当然，用我们采访时接触的一位普通员工的话说，陈总未必是一个完人，但她一定是个追求完美的人，她的不断学习的态度，她的超前思维、她的果断与魄力，她的用人方式——一句话：这样的领导，我们服！

2．落实岗位责任制，严把工程质量关

很多企业一直以来，强调岗位责任，也强调工程质量，但真正落到实处的不多，有的公司没活干，就是有活，也干不好，常常出现施工进度跟不上、工程质量没保障、客户不满意等问题。

但近年来，由广东省建筑装饰集团公司承接施工的广东星海音乐厅、内蒙神东宾馆、北京天元大厦、广东奥林匹克体育中心贵宾厅等，经客户和质监部门验收，工程质量均为优良，连续几年来，工程合格率为100%，优良率在95%以上。

据陈总介绍，对每个建筑装饰工程项目，要求做好四方面：一是完善施工组织架构，明确人员职责，在工程项目部做到事事有人负责，避免“大家都在管，大家都没管”的现象发生，项目部岗位明确，信息畅通，提高了工作效率，降低了管理成本。二是严格执行公司质量体系，确保工程优良。公司于2001年通过ISO9001质量认证体系，施工前落实方案的可行性；施工中严格执行工序交接检查，完工后，质检员组织责任工程师、班组长进行自检，再由工程总监向总包、监理申请验收，三是加强沟通，注重协调，集思广益，解决施工难题。在公司承接的广东星海音乐厅、九运会广东奥林匹克中心贵宾室装饰工程中，项目经理部定期组织现场施工会议，发现问题，在不损害公司利益的前提下，尽量直接与相关分包协调解决，减少了问题周转的环节，节约了施工时间。四是加强成本控制，创造良好经济效益。

陈总说，创造良好的经济效益是工程施工的首要目标，没有效益的项目对公司来说是失败的项目，所有这些，都有专业的预算员、施工人员、财务人员通力合作，以保证项目实际成本与规划成本相符。

通过人才战略的实施，确保了公司总体素质的提高；通过严格管理，狠抓质量，明确了责、权、利，创出了精品工程和公司品牌，通过激励机制和竞争机制的实施，发挥了人才的潜力，让所有的员工既有压力又有动力。

有人说，陈总和省建筑装饰集团的崛起和成功，除了陈总的胆识和全面采用现代企业管理手段外，陈总和公司领导班子成员以其对公司对事业真诚而又执着的付出，是不可或缺的因素。

——摘自一位同行对陈婵英的评价

事实上，公司就是陈总的家，她对公司对事业倾注了满腔的热情和精力。

——建筑装饰工程施工现场，处处有她的身影。

广东省奥林匹克体育中心贵宾厅施工期间，为确保重点工程的顺利交付使用，陈总每天上班前必定到现场检查工作，实地解决问题。半年来，风雨无阻，有个施工员说，以前见到的领导都是走马观花，做做样子，但陈总不同，每次都很认真，仔细，并针对现场施工提出独到的见解，例如：考虑到体育中心的贵宾休息厅建在体育场内，空间虽大，但梁太低，因此，要求设计师不能忽视天花吊顶的设计和室内色彩选取与搭配等等。

广州开发区培训中心施工现场，还有三千里外的内蒙古神东宾馆、北京天元大厦等工程，到处都留下了陈总的身影，内蒙和北京的工程，陈总来回往返不下十几次，而且每次都是打折的航班（用陈总的话说，增资节源，降低成本从老总做起），许多人也许不知道，陈总很少能过一个完整的年。她为集团公司，做到了100%的付出——公司办公室，常走在最后。

三、不求最大，但求最好

做一个老总不易，做一个成功的老总更难，陈总明白：员工的思想情绪，精神面貌，她都要了解，了解了人，才能用好人。

她也要把握全局，审时度势，保证公司的发展方向永远超前，永不落伍。

在员工会议上，她说，随着中国加入WTO，外国先进的装饰施工企业、施工管理技术和设计技术势必冲击国内市场，我们现在取得了一定的成绩，但要有危机感，不远的将来，我们的一些优势就会失去，只有不断了解国内外行业发展新动向、新信息，不断学习，汲取新知识新营养，才有可能立于不败之地。

是啊，“事易时易，变法亦易。”工作也好，生活也好，我们不能抱住旧的理念不放，不能守株待兔，应根据不同时期不同条件下，找准自己或企业的定位和目标，“看准了，我就干”。这样，才不至于迷失方向。

也正是这样，她要求公司员工不断上进，要求公司的设计及施工技术走在同行的前列。

不求最大，但求最好。

——这是陈婵英对自己做人的要求，也是对企业新形势下的发展定位和要求。

公司业务发展了，陈婵英和她的同事们不满足于现有的成绩，她将目光放到了更远处，在她的案头，放着一篇刚完稿的“论入世后我国装饰企业的出路”的论文，经陈总本人同意，笔者先睹为快，其中有这么一句话：“不求最大，但求最好”给我留下了深刻的印象，她提出了一个新概念：“要做出省建筑装饰集团自己的特色。”联想近年来国内不少名气大的公司如巨人集团的大起大落、三株集团的一蹶不振，还有爱多的销声匿迹，等等。通过对国内外成功抑或失败的企业了解、分析，她总结出：没有基础的盲目扩大，是危险的，只有一步一个脚印，才能胜券在握。陈婵英时刻提醒自己要稳步发展，通过专业化形成的比较优势增强企业的核心竞争力。

也正是因为这样的指导思想，五年多来，广东省建筑装饰集团公司没有盲目扩大经营规模，而是一步一个脚印，接一项工程，创出一个精品，北京申奥成功后，她和领导班子又看准了新的商机和市场潜力，毅然在北京开设了分部，据了解，目前北京分部的业务开展得顺利，仅办公场地就有500多m^2，初步具备了一定的规模和实力。

多年来，公司业务量连续增长，在同行中的声誉不断提高，发展成为广东装饰界的龙头企业之一，完成大中装饰工程项目近一百项，下面是广东省建筑装饰集团公司承接施工的部分重点工程及获省市级以上优质工程奖的项目：

1998 年，广东星海音乐厅装饰工程（2001 年首届全国建筑装饰工程金奖）、光大石油气公司办公楼。

1999 年，广州数据局办公楼、广州金汇大厦。

2000 年，广州经济技术开发区培训中心、广州骏业阁、珠江帝景苑。

2001 年，广东奥林匹克体育中心贵宾厅（广东省政府特别奖）、滨江路改造工程。

……

当夜幕降临，人们漫步滨江远眺二沙岛上钢琴一样、抑或披纱的少女一样的星海音乐厅，当你白天，乘车经过壮丽无比的奥林匹克体育中心时，有谁知道，我们的建设者，我们的陈总还有省建筑装饰集团的员工们，付出了多少辛勤的汗水！

马克思恩格斯在他们的文艺著述中曾多次论证了美的起源，美的存在，并在长期的实践中总结出："劳动创造了美"，"美，深深植根于现实生活的沃土"。是的，陈婵英和她的员工们就是用美的创造赢得了社会的赞誉，并给人们的生活环境增添情趣，带给人美的享受。

谈到公司今天的成功，陈总十分谦虚地说：广东省建工集团和领导多年来一如既往地给予公司关心和支持，公司领导班子的精诚团结、员工们的敬业爱岗、尽心尽力才是关键之所在。

陈婵英也因其突出的业绩被评为 2001 年广东省建工集团系统突出贡献一等奖，2000～2001 年她和公司连续两年分别被评为广州市建筑装饰行业优秀经理和先进企业。

企业发展了，陈婵英还不忘参与和支持协会工作，陈总认为：对于一个企业，社会效益和经济效益同样重要，为表彰陈总对推进我国建筑装饰行业所作的贡献，2002 年 7 月，中国建筑装饰协会增补陈婵英为常务理事；广州市建筑装饰协会增补陈婵英为协会副理事长，连续两年被评为协会工作积极分子。《中华建筑报》、《中国建筑装饰》、《广州日报》、《信息时报》、《广东建筑装饰》等媒体纷纷报道她的事迹。

展望未来，陈婵英说：青山遮不住，毕竟东流去。成绩，只能证明过去，明天的辉煌，仍要努力和进取，愿陈总和她领导的广东省建筑装饰集团公司，与时俱进，为我国建筑装饰行业可持续发展谱写更新更美的篇章。

追求卓越　谱写青春之歌

——访山东万得福装饰工程有限公司董事长林擘

《山东建筑与装饰》编辑部　**惠铭生　商雪梅**

山东万得福装饰工程有限公司是经山东省人民政府批准成立的中外合资企业。公司于 1993 年 1 月 20 日注册成立，现具有建设部颁发的建筑装饰工程设计甲级资质、建筑装饰一级企业资质，是集生产、销售装饰材料、承接装饰装修、建筑幕墙的制作与安装及各种规模类型的仿古建筑工程于一体的综合性装饰公司。公司于 2001 年通过 ISO9001 国际质量体系认证。公司拥有建筑工程师、装饰设计师、消防工程师、预算师、会计师、审计师、律师等中、高层次的技术管理人员 50 多名，木工、油漆工、电工等各类施工人员逾千名。

提到山东万得福装饰公司就不能不说林擘这位年轻的董事长。该公司从组建到 1997 年，每年装饰工程施工产值保持 1000 万元左右，而 1998 年从林擘主持公司全面工作后，年装饰工程施工产值年年翻番，一年一个新台阶。2002 年公司承揽的装饰工程任务已达 1.2 亿元。目前，山东万得福装饰公司已成为全国知名的装饰企业。

不久前我们专门采访了林擘。36 岁的他戴着眼镜，长得斯斯文文，一副学者派头，但健谈的他思路清晰，说理精辟深刻，举止言谈颇具大家风范。

1．品牌是企业的旗帜，是企业进入省外乃至国外市场的通行证，现在谁能创出行业品牌，谁就能在与同行业的竞争中取胜。

林擘说，品牌是装饰企业长期经营和努力的结晶，是时间的积聚与沉淀，也是衡量企业经营水平和竞争力的重要标志。因此，崇尚品牌、创造品牌已成为企业和社会的共同追求。今天，创造品牌企业，用品牌夺取市场是目前装饰企业发展的一个重要战略，谁忽略它的建设，谁就可能在未来的发展中处于劣势，甚至被淘汰出局。装饰企业的产品是一种特殊的产品，但在市场经济社会，它同样具有商品的特性和本质。多年来，我们在品牌经营上存在认识上的误区，导致装饰行业很少像其他行业的著名企业一样，肯花大力气去培育一个能代表自身理念的名牌，一个最直观的现象是：在中国品牌的星空里，何曾有建筑产品的影子。

林擘说，多年来，我们特别注重企业品牌的打造，制定出明确的品牌战略规划，从形象建设入手，注重以优秀业绩、优良工程和优质服务为支撑，全力打造自己的企业品牌。公司一直秉承"质量就是生命"、"客户就是上帝"的宗旨，本着"对国家负责，对业主负责、对公司负责、对自己负责"的态度，对承揽的工程精心设计、精心施工、诚心服务，高标准，严要求，保质优质完成，并获得许多奖项。

2001 年，公司被中国施工企业管理协会评为"全国优秀施工企业"，是受表彰的 61 家全国优秀施工企业中惟一的一家建筑装饰企业。公司设计、承建的胜利大厦装饰工程和山东计划干部培训中心装饰工程双获首届山东省装饰装修工程质量"泰山杯"奖；山东证券公司齐鲁国际大厦装饰工程荣获优秀装饰工程奖；公司还荣获 2001 年度建筑质量管理先进单位称号等。这些荣誉是汗水的结晶，也是社会对山东万得福装饰公司的认同，更重要的是它体现了公司的综合实力以及在行业中的地位。

谈到外树形象，林擘举例子说，有一次公司去北京参加京海科技大厦工程竞标，会上，公司人员服装整齐统一，携带手提电脑和投影机，现场展示精心设计的 50 多张图片，结果山东万得福装饰公司凭其良好的精神面貌、独具匠心的设计与无可置疑的精彩答辩，一举夺标，充分展现了山东装饰企业的新形象。

“如何在竞争激烈的装饰市场中拥有更多的市场份额，求得最大化经济效益，是关系到每个装饰企业生存与发展的问题，而加强装饰材料招标工作，就是增强企业竞争力的一种有效尝试。”

林擘说，目前在施工工艺和设备基本相同的情况下，最重要的是把握好工程材料这一点，进一步降低成本，节省工程装饰材料费用，以提高企业竞争力，确保工程质量，这是装饰企业必须探索的重要策略。为此，万得福装饰公司从 2002 年 5 月份尝试组织装饰材料定点采购招标，委托山东省三立招标中心组织大型招标活动，参与投标的厂家必须经过严格审查；聘请知名专家评定并请济南市公证处对整个招标活动过程和结果进行监督；在公司内部还专门设立材料调研员职位，对现场材料采购进行动态量化的抽查、把关，对工程材料随时进行质量抽查监督。

装饰材料定点采购招标活动，是林擘加强企业内部管理的一项得意之作。因为它大大提高了工作效率，减少了人力、财力、物力的浪费，有效地防止了“回扣”现象的滋生蔓延，杜绝了假冒伪劣材料进入施工现场，确保了工程质量。

2．不走出山东，就不知道外面市场的广大，不知道自己公司所处的位置。因此，公司应主动出击，多进行市场调研，找准自己的定位，积极开拓装饰市场，争取更大的市场份额。

“不走出去，就不知道外面的市场有多大。”这是林董事长在采访中发出的由衷地感叹。他说，新的资质就位，大大抬高了装饰企业的门槛，无形中给大型装饰企业提供了良好的发展空间，加之近几年我国政府用于建设项目的投资数额较大，每年达数万亿元，其中建筑装饰 2001 年就达 6600 亿，前景广阔，潜力巨大。如果公司仅凭现在的人力与财力，面对无限的市场发展空间，是做不出规模的。因此大力培养、扶持、发展分公司，设立网点——办事处，研究区域发展情况，制定区域发展规划，大力开拓市外、省外市场，成了公司不可回避和忽视的重要问题。只有走出去，开拓外埠市场，公司才能做大做强。他举例说，在北京即将招标、开工的工程特别多，造价高，并且一般要求总承包，所以假如承包上一个工程，有时比在省内承包十几个工程量还要大，且利润丰厚。当然，开拓省外市场，企业必须有良好的社会信誉，较高的知名度。近几年，山东万得福装饰公司在精心打造企业品牌，占有市内、省内市场的同时，积极开拓省外市场，并且成果显著，工程遍及全国各地，还先后在北京、新疆、内蒙古等省市区设立办事处，为公司及时传递信息、招揽工程提供了便利。

林擘认为，装饰装修行业在山东省还属于发展中的行业，管理体制不尽完善，企业规模偏小，整体实力较弱，抗风险能力不强，一般还处于单一的设计和施工。另外，省内各装饰企业几乎各自为战，彼此缺乏沟通，很少能在对外投标中组建联合体，各企业不能在沟通中提高，在联合中发展。因此，目前我省装饰企业的发展，颇需要政府有关部门和协会的领导与支持，着力培育和发展一批实力雄厚，集设计、施工、多元化经营为一体的装饰集团。开拓省外市场也最好由政府协调，强强联合，组建“航母”，共同开拓省外乃至国外建筑装饰市场，提升山东装饰行业的规模和形象。

林擘深有感触地说，过去由于缺乏政府主管部门的支持与协会的指导，公司在开拓外埠市场时走了不少弯路，碰了不少壁。有一次，公司在新疆承揽一项工程，完全靠自己单打独斗。由于两地之间缺乏沟通与协调，再加上公司经验不足，公司在办理各项繁琐手续时，遇到重重阻碍。

3．家装市场前景广阔，这对大型装饰企业来说，无疑提供了一个新的发展契机。谁今天重视它、研究它、发展它，谁就能在未来发展中，收获硕果；否则，就会失去半壁江山。

林擘说，随着住房分配制度的改革和人们收入水平的提高，在我国城镇家庭 1.2 亿户中，有 10%的家庭需要装修。预计到 2005 年，我国家居装修工程量将由目前 1000 亿元增长到 3000～4000 亿元，与公共建筑装饰形成 1：1 的关系。特别是现在建设部已明确提出要加强对住宅装修的管理，大力推广装修一次到位或菜单式装修模式，以避免二次装修造成的破坏结构、浪费和扰民等不良现象。但多年来，家装市场管理混乱，交易不规范，马路游击队盛行，消费者权益无法保障，百姓投诉率特别高，因此大型装饰企业进军家装市场已时不我待。现在山东万得福装饰公司正转变经营观念，适时调整经营方针，大力发展家装这块“大蛋糕”，以增加公司利润增长点，提高企业综合竞争能力。

4．目前企业的竞争就如同百米赛跑，在比赛中，能否超越别人或成为领跑人，关键看这个企业是否有不断的创新能力。

林擘说，创新是一个企业进步的灵魂，惟有富有创新精神、有远见卓识的企业领导才能铸就百年巨企。就看我们周围，改革开放以来，有多少企业转眼便成了昨日黄花？有多少中小企业发展不久就停滞不前？有多少企业典型像走马灯似的更替，昙花一现？究其原因，就是因为这些企业缺乏创新。创新的内容很多，管理、技术、材料等都需要创新。因此，作为企业“一把手”，如果缺乏创新能力，管理没有思路，就无法驾驭市场。而企业创新的关键是要不断地加强自我学习“充电”。林擘这么说也是这么做的，现在他在北京一所大学攻读 MBA 工商管理硕士，2003 年毕业将继续攻读博士。他还鼓励公司职工多学习，提高自身素质，努力在企业营造一种良好的学习氛围，把职工塑造成为“学习型”人才。他承诺凡是考出证件的，公司对其所花学费一律报销。林擘反对闭门造车，主张职工走出去多方学习考察。为此，他每年选派一些职工到新加坡、泰国、上海、深圳等地，学习他们先进的管理经验、施工技术、设计方法，借以提高企业的综合实力。

林擘说，市场如战场，企业在发展中应该不断创新、拼搏、奋争、超越，贪图安逸、抱残守缺、不思进取，注定会被市场所淘汰。采访完毕时，林擘雄心勃勃而又不失浪漫情调地说，目前公司施工市场已覆盖全省，开始走向省外，争取用 3～5 年的时间打入国外装饰市场，向一流企业挺进，把山东万得福装饰公司打造成为一个装备精良、资本雄厚、管理完善、产业结构多元化的综合性知名企业集团。

赢得口碑当“外衣”

——记深圳市新国俊建筑装饰工程有限公司董事长彭国水

中国建筑装饰协会信息部“优秀装饰企业”专题组

一、彭国水在电视连续剧《公安局长Ⅱ》开机仪式上的讲话

2002 年 11 月 12 日，由公安部金盾影视文化中心、中央电视台深圳市新国俊建筑装饰工程有限公司共同主办的电视连续剧《公安局长Ⅱ》开机仪式在北京亚洲大酒店举行。11 月 12 日北京电视台、11 月 13 日中央电视台（第三套）等新闻媒体均作了报道。

《公安局长Ⅱ》（濮存昕主演）作为国家 2003 年公安题材主旋律 20 集大型电视连续剧，主角由担任。深圳市新国俊建筑装饰工程有限公司董事长彭国水在《公安局长》开机仪式上的致辞令人感动。他说：在举国上下热烈欢庆党的十六大召开之际，作为投资方深圳市新国俊建筑装饰设计工程有限公司、深圳市新国出国签证服务有限公司的代表。我今天很高兴来参加电视连续剧“公安局长”的开机仪式。因为工作的原因，我有许许多多的警察朋友，从这些经历平凡或不平凡的警察身上，我真切地感受到他们那种无私奉献、忠贞为民的宽大胸怀，为了国家经济繁荣、社会稳定、家园安宁，他们付出了智慧与艰辛、汗水甚至鲜血。正是因为有了警察的保驾护航，扬善除恶，生活在和平年代的我们，才有今天的一切。

他指出，因此，一直以来我打心眼里是尊重他们，能为警察做点什么，也是我很久以来的心愿。当看到以弘扬主旋律、讴歌公安民警高尚人格的剧本“公安局长”以后，我很快就决定要投资此剧的拍摄，将他们的故事搬上荧屏，让社会上更多的人了解他们，理解他们进而支持公安事业。“公安局长”这部电视连续剧反映了我们警察在改革开放的实践中经受的考验和锻炼，并充分展示了一心为民、具有强烈正义感为代表的公安局长，塑造了众多个性鲜明、爱恨分明、疾恶如仇的公安民警形象。相信此片推出后，使大家对我们警察所从事的神圣公安工作，会有一个更加深刻的认识，对我们的人民警察会有更多的理解。

能喜欢警察的人一定是善良的人。

《公安局长Ⅱ》（濮存昕主演）已于 2003 年 8 月 26 日起每晚 8 时在中央电视台一套节目黄金时段播出。深圳市新国俊建筑装饰设计工程有限公司、深圳市新国出国签证服务有限公司和公安部金盾影视文化中心联合制作的电视连续剧《公安局长Ⅱ》取得圆满成功。

二、《深圳世纪风采》的报道

2001 年 6 月，由新华通讯社深圳特区支社主编、北岳文艺出版社出版发行的《深圳世纪风采》，其中有一篇杨涛对深圳市新国俊建筑装饰设计工程有限公司的报道引起了我们的注意：

最近几年，随着深圳经济突飞猛进的发展，一大批装饰行业纷纷涌入深圳。为了在市场竞争中处于有利地位，许多装饰行业不惜重金大作广告宣传。尤其是家庭装饰行业，花花绿绿的广告让人看了晕头转向，不知所从。好在随着社会主义市场经济的不断深入发展，市场竞争也逐步趋向规范化、法治化和科学化。许多消费者通过不断学习也慢慢由从前的盲从发展到现在的比较理性，通过比较、鉴定，他们大多能选好适合自己的装饰公司。

作为一个建筑装饰企业，它们又是如何开拓市场，做好自己的宣传的呢？最近，我们采访了一级建筑装饰施工、甲级建筑装饰设计企业、ISO9001 通过者、2001 年（首届）中国建设系统信誉 AAA 级单位——深圳市新国俊建筑装饰工程有限公司董事长彭国水。

彭国水说：“作为企业对外宣传问题，我们始终保持比较低调。这并不是说我们不注重企业的宣传，关键的是考虑到企业由谁来宣传的问题。那种王婆卖瓜的宣传，有时不仅对消费者是误导，而且还会影响企业的自身形象。因为他们自己宣传自己时，只说好的，不说坏的。我们现在主要把精力放在为客户服务上，坚持把客户的事情当作自己的事情去做。做好了，做实了，你不去作宣传，客户也会帮你做宣传。新的客户就会自动找上门来。”

深圳新国俊装饰公司注册资本金 1220 万元，净资产 3412 元。自成立之日起，就积极吸收和借鉴国际先进技术和管理模式，建立科学规范的现代企业管理体制和质量监控体系。并于 1999 年获得 ISO9001 国际质量体系认证，这标志着该公司在经营管理，施工管理，设计管理等全方位达到了国际标准。新国俊在市场开拓方面，主要是注重求实创新。根据业主的要求，再灌注新国俊的设计风格，不断的赢得了市场，获得了广大客户的良好口碑。彭国水说：“我们 80% 的客户都是通过从前的老客户推介找上门的。他们通过实地

参观了解，对我们的设计风格，质量标准和收费标准都很满意。他们很信任我们，我们争取最大努力做得让他们称心。虽说装饰行业是业主投诉较多的行业，到目前为止，我们还没有接到任何投诉情况”。

是啊，全新的服务理念，科学的经营战略，必将注定一个优秀企业的腾飞。

记得新国俊公司在完成招商银行总行、国通证券总部的装修后，广东省、深圳市领导和业内人士前来验收时，不禁为那清新高雅的设计风格和精湛的施工工艺而喝彩，新国俊也一举获得深圳市优质样板工程等多项荣誉称号和奖项。为此，国通证券总部的装修也就成为金融证券系统室内装饰典范的代言人。新国俊公司也迎来了一大批新的客户。招商银行先后同他们签了几十个分行、支行及办事处的装饰合同，证券公司及外资金融机构也纷纷找上门来，还有全国各地不少家酒店娱乐场所请他们装饰。

新客户的增多，业务量的加大，新国俊公司目前有管理人员 60 人，他们是如何保证按质按时完成任务的呢？

彭国水说：“我们签的合同，都要通过公司内专业人员反复论证后才能确定。否则，我们宁可延续签约，也不去为拉客户而草率行事。我们始终追求这样的标准——‘承接一项工程，一定要为企业树立一块无形的招牌’！”

创意的设计，精湛的施工，严格的管理和良好的信誉，终于获得了社会的认可和赞同。

新国俊公司在装饰深圳市佳和华强大厦时，获得了深圳市建设局颁发的 1998 年度优质样板工程奖。2000 年，还荣获深圳市质量管理协会颁发的 2000 年度深圳市质量管理小组活动优秀企业称号。2001 年 6 月新国俊公司获得中国资信评价中心和中国调查统计事务所联合举办的“2001 年（首届）中国建设系统企业信誉 AAA 级单位。”公司立足深圳，辐射内地，相继在北京、上海、武汉、成都、西安、沈阳、兰州、厦门等地立有分公司、办事处。足迹遍布全国。

近三年来，公司承担工程造价 1000 万元以上的建筑装饰施工项目 9 项以上，年装饰工程结算收入 5000 万元以上，竣工工程质量均为优良，合格率 100%，且无发生重大质量安全事故。

三、深圳新国俊装饰公司的发展战略

奖杯是成绩的象征，荣誉是企业形象的标志。企业的战略发展也有走什么路的问题。当我们问及新国俊公司今后的打算时，彭董事长说：2000～2002 年是公司开展“以客户为中心，抓管理、占市场、增效益”的三年。三年来，经过公司全体员工的共同努力，公司的经营业绩和质量管理都取得了令人满意的成绩。

2003 年，公司将在巩固原有成绩基础上，结合公司“多、快、好、省”的总体发展目标（“多”——业务多，“快”——速度快、“好”——质量好、“省”——成本省），制定如下战略目标：

1．提高素质上档次

2003 年，公司战略发展的首要目标是提高公司全体员工的业务素质。企业的发展，既有硬件的发展，又有软件的发展。对公司来说，硬件指公司的等级、管理人才、设备资源等，软件指公司的管理水平、服务水平等。这就要求公司全体员工拥有良好的敬业精神，团结一致，共同努力，树企业形象，创更多的装饰精品，为实现公司建筑装饰工程施工资质升级添砖加瓦。软件方面的发展，关键在于培养员工的意识，包括市场意识、竞争意识、质量意识、服务意识、信誉意识、成本意识等。通过建立教育培训制度，组织全体员工针对专业技能、质量意识、服务意识等方面进行有计划、分层次的培训，使员工牢记公司“守法经营、顾客满意、信誉之上”的服务宗旨，深刻领会没有客户的满意，就没有公司的发展，牢固树立“以客户为中心，最大限度满足客户要求”的观念。

2．加强营销占市场

2003 年，公司将建立多渠道、多层次的营销策略，努力扩大市场占有份额，提高公司在装饰市场的知名度。一方面经继续发挥公司在金融、证券领域的优势，巩固原有客户；另一方面又要以金融、证券领域向其他领域辐射，形成以金融、证券领域为主的多元化市场营销网络。具体措施有：一是建立市场营销机构。聘用优秀的市场业务人员开拓市场，扩大市场份额，提高公司知名度。二是完善营销激励机制。通过经济手段鼓励市场业务人员，贯彻“能者多得”的原则，充分调动业务人员的积极性。三是深入开展工程回访保修服务活动，实施“用户满意工程”，争取干一项工程交一方朋友。

3．深化管理创效益

企业发展的最终目的最为获取利益，随着建筑装饰市场日趋规范与成熟，原有的暴利时代已经过去，目前的装饰市场已逐步进入微利时代，企业要想在市场站稳脚跟，获取效益，就必须从项目管理上下功夫，向管理要效益。2003 年，公司深化管理将从以下几个方面入手：

一是深化质量管理，向质量要效益。通过制定质量管理制度，提高施工质量管理水平，苦练内功，争取一次成优，减少因质量问题而导致的返工费用。

二是加强成本分析，严格控制工程实际成本。开工前应做好各项计划安排，保证“先算后干”，杜绝“先干后算”现象；做到实际成本与目标成本一致，实物与报量一致，严防超报漏报。加强盈亏分析，不断总结经验。

三是降低工程成本，争取利润最大化。首先要把好材料价格、材料质量和材料管理关，避免不必要的材料损耗。其次通过优化设计、采用先进施工工序、科学合理安排施工等来达到降低工程成本的目的。

小平同志曾说过：“企业的成败，关键在于企业的领导有没有政治远见，有没有经营的头脑，有没有高屋建瓴洞察事情发展的眼光。”

企业的领导就是企业的灵魂，就是企业的核心竞争力的最重要的组成部分。中国建筑装饰协会名誉会长张恩树 2002 年 7 月为深圳市新国俊建筑装饰工程有限公司成立 8 周年的题词是：“质量精良，信誉卓著。”我们看到了新国俊人充满希望的明天。

·核心竞争力·

企业核心竞争力

中国建筑装饰协会常务理事　深圳市新鹏都装饰工程有限公司董事长　**潘育明**

在市场经济迅猛发展的今天，企业面临的竞争压力越来越大。就装饰企业而言，以往这种压力更多地体现在国内同行业之间的竞争愈来愈激烈；而在中国加入WTO后，企业又面临着与打入中国市场的外资企业的竞争，这无疑又加大了企业间的竞争力度。怎样才能在激烈又复杂的竞争中保持优势地位，这是我们每个企业都必须面临的现实，而塑造优势的企业核心竞争力是我们面对竞争的惟一出路。

一、企业核心竞争力

1．什么是企业核心竞争力。企业的核心竞争力即是企业的核心能力，是企业获取和配置资源，以形成并保持竞争优势的能力，是以知识、技术为基础的综合能力。它表现为两种的能力：一是企业获取信息、知识、技术及相关资源并将其集成，转化为企业核心技术、核心产品并获得竞争优势的能力；二是企业组织、调动各生产要素进行生产，使各职能、各环节、各系统处于协调统一、高效运转并动态适应环境变化的能力。

2．企业的核心竞争力是一个持续动态优化的过程，是企业获得竞争优势的基础前提。从市场定义看，它是“特有竞争力”；从其功能看，它是“资源优化配置模式”；从企业个性特长来看，它是“独一无二”或“难以模仿”的竞争优势。由此可见，企业核心竞争力是能提供企业在特定经营环境中的竞争能力和竞争优势基础的多方面技能、智能、科研成果、互补性资产、运行机制等方面的有机组合；是不同的知识系统、技术系统、经营系统、管理系统、资本营运系统的有机组合；是企业适应环境能力、竞争能力、研究与开发能力、持续创新能力、资本营运能力等的优化组合。

二、企业核心竞争力的构成

1．研究和开发能力。它包括基础研究、应用研究和技术开发。基础研究的目的在于扩大企业的科学知识领域，为新技术的创造发明提供理论依据；应用研究是为获得新的产品而进行的创造性研究；技术开发是指利用从研究和实际经验中获得的知识，或从外部引进的知识、技术，为生产新的产品、建立新的工艺和系统，以及对现有技术、工艺、流程、装备、工具等进行改进的系统工作。就装饰企业的资本和科研实力而言，以上三个部分中，技术开发应是发展企业核心能力的重点，因为它是提高生产效率和产品质量的关键。

2．持续的动态创新能力。创新能力是企业核心能力和旺盛生命力的源泉，具有具备持续的创新能力，才能在激烈的市场竞争中获胜。在这点上，装饰企业人才的培养和积累尤其重要，包括技术型和管理型人才，一支团结、稳定和不断充实的人才队伍是企业持续发展所需创新能力的源泉。

3．转化能力。转化能力是将技术创新、知识创新、发明创造的成果转化为产品、服务或现实生产力的能力。只有这样才能提高企业的经营效率、效益和适应市场的能力。积极主动地把握转化能力的技能和技巧，是使企业在生产过程中始终处于行业领先地位的关键。这些技能技巧有：

（1）组合：把各种有关技术、方法组合起来系统化，形成一个可实施的组合方案。

（2）移植：将其它领域的方法、技术、知识、构思移植到装饰企业相关的技术创新中。

（3）改造：对现有的装饰技术、工艺、流程、工具、设备等用新知识、新技术、新材料等进行改造和创新。

（4）重组：将现有的方法、步骤、技巧、流程、程序、机构、组织等，随发展的不同时期及竞争的需要进行改组、整合，以其达到更有效、更优化。

（5）集成：用现代集成思维模式，供助现代化辅助设备（如办公自动化设备），开展技术集成和管理集成，使企业动作规范化。

4．组织协调能力。这种能力表现为：一是将企业的生产、科技、经营、管理、文化各个部门、各种系统、各种组织机构、各种职能、各个环节、各种流程、各个岗位、各类人员等有机地组织、整合、集成，使企业运转高度协调、统一、高效、优质、安全；二是能随时适应环境的变化，自动协调，实现企业经营、创新的动态优化。装饰企业中如总经理办公室、总工办、工程部、预算部、业务部、材管部、项目部等各部门，它们在完成企业的经营活动中各自承担着不同的任务，从企业得到相应的资源配置（包括人、财、物等），其内部有着各自的工作程序和资源分配。企业加强协调能力就是要将以上说的资源配置达到最优化，在优化的资源配置中取得最优的投入产出。

5．应变能力。它是对客观变化的敏锐感应、反应和对应变化作出的应付策略的能力。对装饰企业来说，一是要有了解市场的能力，包括市场信息的收集、掌握、处理和反馈能力；市场调查研究分析能力；市场预测及对策能力；二是要有一支能攻克难关、应变力强、技术过硬，经营灵活的员工队伍，做到能以变求进，变中求发展。

6．资本营运能力。企业的资产，包括固定资产、流动资产、无形资产一旦投入到企业的经营中来，便充当着资本角色。企业的资本运作就是以它们为对象，将其价值化操作，其目的就是确保资本增值和形成企业核心竞争力。如装饰企业的资质和以往经营活动中产生的企业信誉都是企业的无形资产，我们可将它合理利用，在承揽工程的工作中发挥作用，这就是将无形资产物化的一种资本营运。现代企业时刻都离不开资本的营运，怎样增强企业的资本营运能力，尤其是在工程运作与国际接轨后，对国际资本运营，工程运作中的保函实施，是摆在国内装饰企业面前的不可回避的课题。

上面我们就企业核心竞争力的构成进行了探讨，那么怎样概括装饰企业的核心竞争力呢？首先，我们应该对建筑装饰企业所处的竞争环境加以了解。

7．装饰企业的竞争环境

（1）建筑装饰企业的行业准入条件相对较低，目前装饰企业众多，且公司规模与素质参差不齐，导致行业竞争的白热化和复杂化；

（2）随着社会的发展和人民生活水平、鉴赏水平的提高，现代化的装饰理念和技术正逐步取代传统理念和技术中落后的部分，且随着社会的变化而不断变化发展；

（3）装饰行业的高利润时期即将过去，高质量、微利润的时期已经到来，且将成为今后的主要特征，与过去卖方市场相比，现在装饰行业是买方市场，企业效益的取得更加依赖科学的经营管理。

（4）获取及处理行业信息的速度越来越成为企业生存的关键等。

面对如此的竞争环境，结合以上核心竞争力构成的探讨，我们可以将装饰企业的核心竞争力概括为：先进的信息获取的处理能力；科学完善的管理能力；先进的技术能力和科学合理的资本营运能力。

先进的信息获取和处理能力使企业能在激烈复杂的竞争中先期发现机会，把握机遇，赢得市场。

科学完善的管理能力使企业资源得最优化配置，体现在企业运作的效率和效益的最优上。

先进的技术支持能力是企业经营的坚实基础。

科学合理的资本营运能力是使企业资本增值的必要保障。

三、企业文化与企业核心竞争力

上面我们谈到了企业的核心竞争力以及它的一些组成要素，同时我们也认识到这种核心能力的形成和发挥必须得到企业中各个部门或组织的支持与配合，其中最根本的基础是 该企业的文化。一旦这种文化被融入部门或组织，它便会为全体成员提供行为准则，不管他们在任何地方做任何事，他们都能运用已融入他们心中的价值观指导自己的行动，而企业文化的形成需要更长的时间，才能陶冶出适当的行为模式和员工对工作的正确认识。

企业文化就是为企业成员普遍遵守和奉行的共同价值观和信念。它是在企业在长期实践中逐步形成的，包括价值标准、经营哲学、管理制度、思想教育、行为准则、文化传统、风俗习惯、典礼仪式和组织形式等，其中，共同的价值观是形成企业文化的核心。塑造和培育企业文化的目的就是借以增强企业的内聚力、向心力和能动力、齐心协力实现企业的经营目标，而实现企业经营目标的根本保障是企业的核心竞争力。由此可见，只有建立在有本企业特色企业文化基础上的企业核心竞争力才是可持续发展的、有活力的竞争力。

四、本公司的企业文化与核心竞争力——和

作为一级建筑装饰施工、甲级建筑装饰设计企业，深圳市本行业第一家进行国有股份制改造的企业，公司在长期的经营实践中逐步形成了有本企业特点的企业文化。它的核心可归纳为一个“和”字，即：体现在经营运作上的“和顺”；职能部门配合上的“和谐”；内部人际关系上的“和气”；与政府部门沟通上的“和睦”；与建设方合作上的“和拍”等。

这种融合在管理中的企业文化，提高了企业核心竞争力，增强了企业的凝聚力；减少了部门之间的摩擦，创造了和谐的工作环境；激发了员工的工作热情和进取精神；同时它使员工工作中的行为自觉地与企业经营目标保持一致，在完成公司任务的同时，提高了公司的声誉，扩大了公司的社会知名度和影响力。而我们的企业将保持更有利的优势，立足于全新的市场。

创建优秀的企业文化打造核心竞争力

中国建筑装饰协会常务理事　山东德泰装饰工程有限公司董事长兼总经理　**李晓东**

一、市场细分与企业定位

当前，我国的装饰行业的发展格局很不平衡，全国的装饰公司也是鱼龙混杂。随着中国加入 WTO，我国的装饰公司会越来越多地面临国际上知名企业的竞争，整个装饰行业也面临着重新“洗牌”这一巨大的挑战和机遇。面对这样一种竞争格局，山东德泰装饰公司如何进行市场细分，又如何给自己的企业进行定位，是摆在我们面前的严峻的课题。通过我们对市场冷静的分析，我们提出了要苦练内功，提高装饰产品的科技含量，扩大我们的市场份额的战略思想。

作为战略发展的重要一步，山东德泰装饰公司于 2000 年投资 2000 多万元成立了山东德泰装饰木业公司，将装饰装修的木制作产品实现了工业化、工厂化集成，由于山东德泰装饰木业公司引起的都是德国、意大利当今最先进的机械设备及制作工艺，极大地提高了装饰装修产品的科技含量，

它能大大地提高产品的质量，同时能缩短工期近 2/3，并且所有产品都达到了绿色环保，使产品实现了高附加值，达到了装饰公司与建设单位“双赢”的局面。山东德泰装饰木业公司的成立大幅度提高了德泰装饰公司承揽工程的能力，也提高了建设单位对装饰公司的信任度，成为了公司新的利润增长点。这也增强了公司将自身定位于承接大型公共建筑装饰市场，与国内外知名企业竞争的决心。

但是，是不是一个企业有个好产品就能建立起企业的竞争优势呢？我们认为仅有好产品是不够的，企业要想立于不败之地，还要形成自己的核心竞争力。因为任何产品都有一个从成长到成熟，再到衰落的过程。从长远考虑，具备核心竞争力的企业才能长期生存。

二、优秀的文化是核心竞争力的关键性力量

山东德泰装饰公司认为，当前企业之间的竞争已经到了核心竞争力竞争的时代。核心竞争力是指在外部环境的作用下，使企业保持可持续发展的能力。核心竞争力是不能通过交换、购买得到的，换言之，通过交换能够得到的都不是核心竞争力。核心竞争力也不是仅仅通过学习与模仿就能够取得的，它必须自己建构，具有很强的排他性。核心竞争力不是企业中几个要素的简单组合，还具有很强的整体性。有人描述核心竞争力具有四大特征，即：“偷不去，买不来，拆不开，拿不走”可以讲是十分贴切的。

核心竞争力为企业提供了进入多样化市场的可能性，同时能够为最终产品提供巨大的附加价值，可以讲，哪个企业拥有了核心竞争力，就会赢得在市场上的主动和竞争优势。

对于山东德泰装饰公司来说，打造什么样的核心竞争力一直是公司领导考虑的问题。根据我国装饰行业的特点，结合本公司的实际情况，我们认为，优秀的文化应该是自己公司领先于竞争对手的、一种独一无二的关键性力量，是山东德泰装饰公司企业的核心竞争力。

一提到企业文化，我们往往会想到员工统一的着装，企业独特的仪式、传奇故事、别具一格的装饰、布局，或是几句得到普遍流传记的口号。实际上，它们都只是文化的外在表现。山东德泰装饰公司认为，企业文化是组织的提倡或拥有的共同价值体系，是全体员工所认同的，能予以持续传递和保持的观念和行为方式。它分为三个层次：一是核心价值观，即企业对自身及环境（顾客、员工和社会）的总的看法和根本观点。由此影响到企业对自身使命和根本观点。由此影响到企业对自身使命和根本目标的理解。二是体现在管理制度、系统中的原则及行为依据，它是价值观的具体化，起到行为的主要力量。最后一个层次才是员工（包括管理者）做事的方式、风格、企业特殊的仪式等等，它们是可见的（可感觉到的）文化载体。

我们认为，企业文化的最大价值在于它回答了有关企业经营的根本问题，从而对经营业绩做出重大贡献。企业文化不仅仅是“锦上添花”使事情变得更好，而是成为一种可以有意识运用的宝贵资源。在山东德泰装饰公司，文化作为一种无形的，但却是关键性的力量被有意识地用来推动企业发展。

那么，一个有意识地要推动文化建设的企业，应该如何去做呢？山东德泰装饰公司认为，文化“软”的观念、意识，要建立和实施良好的企业文化，就要使企业文化与“硬”的组织结构、制度相融合。

1．我们看到，领导者的高瞻远瞩和充分重视是文化建设的首要因素。文化的核心反映了组织对客观环境的主观认识，而创业者或领导者的观念、意识则是这一认识的最初来源。

2．文化决不仅仅是几句口号或是理念可以表达的，制度、系统才是推动文化的主要力量。这一作用主要体现在人力资源系统中，事实上，企业文化正是作为“大”人力资源系统的一个主要组成部分而发挥其功能。要使文化为员工所认同，制度必须体现一种“行为导向”的作用。

3．领导者是文化的创立者，但文化的主要推动力量却是企业的中层管理干部，企业经营业绩无一不是源自企业员工对企业基本价值观念的信仰程度，同时源自他们在实际经营中贯彻这些观念的可信程度。因此，必须使中层干部成为文化建设的中坚力量。

4．标识是有意识地建设企业文化的外在“表象”，如企业内部统一的舆论环境，“视觉识别系统”、特殊的仪式、惯例等等。把它放在最后一个层次并不是说山东德泰装饰公司认为它不重要（相反，它是文化的主要外在表现），而是如果没有搞清上面几个层次，就很可能偏离文化建设的根本宗旨。

基于以上对企业核心竞争力和企业文化的理解，以及分析了装饰行业的特点和我们公司自身的具体情况，我们把山东德泰装饰公司的企业文化定义为：“德泰是一个平台，因为有你而精彩；德泰是一个家庭，共同的价值观使我们的工作愉快和谐；德泰是一个学校，一个学习型的团队是德泰可持续发展的保障。”

通过对山东德泰装饰公司的企业文化的分析不难看出，公司非常注重“以人为本”的管理经营理念。这种理念体现在企业管理制度里，体现在经营实践中，体现在员工的行为方式上，由此也形成了一种良好的组织氛围，增加了员工的工作热情和凝聚力。公司认为，正是这些理念和企业文化才能使“客户的利益高于一切”成为现实中的可能，它也正以巨大的力量推动着公司向前发展。在公司的管理上，公司非常重视人力资源的开发，打造一支成熟、稳定、能征善战的管理团队是山东德泰装饰公司的战略目标之一。山东德泰装饰公司致力于成为学习型的组织，通过几年来的不懈努力，公司无论在年龄、学历、经验等方面都形成了良好的梯形结构，为公司的可持续发展奠定了雄厚的基础。

创新力　公信力　整合力

——浅论企业核心竞争力

中国建筑装饰协会常务理事　黑龙江国光建筑装饰工程有限公司总经理　高级工艺美术师　**魏　光**

《天演论》开明宗义讲“物竞天择，适者生存”。

如果说企业是一系列合约的组合，那么市场就是一系列竞争关系的组合。这种组合是动态的，也就是说参与其中的竞争者是不断更迭的。企业因为满足市场需求，创造消费者价值而存在，但这种存在也是动态的，因为有竞争。竞争产生替代，产生淘汰。市场经济是竞争经济，企业靠竞争能力取得市场地位，或高或低，或久或短，竞争力是不断变化的，没有任何一个企业可以依赖一成不变的竞争力而长期取胜。

经济全球化的确给世界各国的发展带来了新的机遇，但对包括中国在内的广大发展中国家来说恐怕更意味着挑战。中国已经加入了世贸组织，勇敢地接受了这种挑战。前一阶段在全国建筑装饰行业开展了加入WTO后我们如何应对的大讨论，取得了概念上的一定认识。那么在新的历史时期如何使建筑装饰这一新兴行业在竞争激烈的市场环境中，把握机遇，保持清醒的头脑，发挥我们自己的比较优势和竞争优势，从而使企业在面临机遇和挑战的同时提高经济效益和创新能力，在发展中推进企业结构优化升级。

尽管大部分中国企业还没有建立起自己的核心竞争力，但我们通过前一阶段的研讨和学习，尝试建立这种能力，根据核心竞争力理论提出：企业的资源要围绕核心能力来配置；企业的业务组合要围绕核心能力来建构；与核心能力无关或不依赖核心能力而建立的业务，没有长远的竞争力，与这些业务相联系的资产，迟早会变成不良资产。经过理性的研究和探讨，全面梳理一遍自己已经拥有或可能拥有的能力和资源，从中识别出核心能力与专长，或者识别出核心能力与专长的生长因子，围绕核心能力的发育、建造和应用，全面重建公司战略，依照核心能力和公司战略的要求，准确的自我定位，找出自己的核心优势，对资源进行重新配置。对此我们提出企业要保持持续健康增长的三个关键要素：即企业的创新力、公信力和整合力。创新是企业的灵魂，信用是企业的根本，整合是企业的血脉。

一、创新力

1．理念创新

在过剩经济时代，最稀缺的资源是创新，而一切创新中最根本的还是观念创新、理念创新。

古人云：“问渠哪得清如水，为有源头活水来。”创新创造差异化，使我们的技术、产品、品牌、制度、理念和战略具备唯一性，排它性和权威性；从而能超越克隆、超越常规、超越行业、超越有形。从一般意义上讲，中国建筑装饰业的发展分为两大阶段，一是克隆阶段。二是创新阶段。创新可分两个层次，一类归于技术和操作层面，如：设计创新、技术创新，材料创新、营销创新、管理创新、服务创新等。但作为一个企业管理者来说，更要关注哲学、思维层面的创新问题，主要指理念创新。理念是统帅、是灵魂，它对其他方面创新具有指导作用。

理念创新要追求的是做正确的事，即确定哪些是对企业最有价值的事情，主张工作流程、组织结构与运行机制的重构，倡导企业文化的变革和企业核心能力的提高，注重新的价值观念的导入，捕捉重大机会点，谋求超常规的发展与跳跃，追求“不战而屈人之兵”的竞争优势与经营境界。

2．设计创新

从设计的职业特点来看，这是个人才聚集的地方，设计师更需要团队精神，所有作品都应是集体智慧的结晶。设计是一个需要广博知识、专业技能、心态平和的咨询服务。由于这种咨询是创造性构思形成的咨询，这种服务是如何实现创意的技术上的服务。所以设计的过程是满足人欲望的过程，是贩卖创意的过程，是与业主共同进入二度创作空间的过程，同时更是不断更新理念和创新的过程。

设计人员是要遵循“肯定——否定——否定之否定”这一“两次否定三个阶段”的哲学原理，赶在别人否定之前否定自己，因为市场和设计理念在不断变化中，创新的成果都是暂时的、相对的，今天的成果不一定是明天的成果。当一个好的设计受到欢迎的时候，就意味着很快被别人超越了，而且别人怎么超越，你永远不会知道，如果你想处在一种领先的地位，那么就得创新，使其先进的设计理念和成果永远走在前面，而别人只得处于模仿，而自己已经走在前面了。

3．管理创新

理念和战略的实施靠的是管理。管理创新是决定我们进步的关键因素。管理上去了，竞争力就有保证；管理抓不上去，竞争力必然衰退。管理是发挥创造力的前提，没有管理，谈创造力发挥就是一句空话；没有管理，就没有事业的积累，总是“终点又回到起点”。

管理首先是一种思维方法，一种全体员工的共识，这就是不唯人，不是人治，而是法制，靠制度办事。制度要清楚透明，成文化、文档化，有章可循。

管理是一种规划，不是临时抱佛脚。没有事先的计划，工作绝对不可能有条不紊，极其被动。我们要在一个模子里工作，一个轨道上工作。

管理是一种分工，分工产生长远的效率。分工就要授权，各负其责。先把任务搞清楚、分清楚，各个岗位做好自己的事情，做好规划中的事情。

管理是一种程序，一种流程，一种手续，不能省略，不能以“简化管理”为借口，省略和忽视管理的过程和步骤。

管理是一种技术，要讲究方法，善于利用科技、软件、工具来提高管理水平。

管理是一种标准，衡量工作的好与坏，工作绩效，需要客观的标准。例如：ISO 9001 国际质量体系认证等一系列质量标准，就是针对制定的质量标准进行过程跟踪管理的。

管理是一种沟通，这需要我们投入时间，更重要的是投入心灵、投入意愿。

管理是一种文化，一个单位，有没有管理？一看一感受，一听员工讲话，接电话就很清楚了。对企业的 CI 设计，员工整体的精神面貌、文明程度、办公环境、文体生活等都能体现企业文化的现状。

管理是一种服务，从上到下，要有一种服务意识，你为别人服务好，每个环节都为别人服务好，整体的效率和效益才能提升。

管理是一种信用，要自我修炼，要从管好自己的事情、时间、信誉做起，“言必信，行必果”。

管理是一种执行，没有严格认真、发自内心的执行，管理是空洞的，没有意义的。

管理创新是很难，但并不神秘，管理之道是可以学习、借鉴的，应根据本企业的具体情况，建立在科学的基础上，逐步完善管理体系，从而增强本企业的核心竞争力。

4．服务创新

建筑装饰是咨询、服务性行业，我国建筑装饰业 20 多年的发展历程充分证明，建筑装饰是在社会分工、专业化发展中崛起的一个焕发活力和生机的行业。

在装饰行业中，把争取客户变成一个服务流程，把留住客户变成一个创新服务价值的系统，把服务精确的度量，发挥人的作用；以新颖独特的设计，精湛细腻的工艺，公平合理的造价，满意周到的售后服务等为客户需求策划、设计项目。在客户导向的时代，企业对客户的满足要从“一次性满足”走向流程性、长期性、个性化的满足，从“表面满足”到“深度满足”，企业要通过对客户价值的量化评估将更多的关注投向“价值客户”。

在建筑装饰领域，没有多少值得固守的东西。一方面人们的兴趣、爱好随着时代在变；另一方面微观的设计、材料、施工、文化品味的体现，个性化的张扬等都处在经常性的变数中。在这个充分竞争的时代，只有跟着变化不断创新，服务意识不断创新，才能生存发展。而且这种创新不是仅局限于设计、施工等一些局部，而是贯穿整个服务的全过程，是为适应市场，引领市场而进行的全面变革，过程精品是基础，服务创新是活力。

“服务创新”我们的理解是从项目的信息到投标设计，材料采购到施工，其中每一个环节都是一种服务，每一个环节到细节都需要创新，从而使服务创新发挥出最高效的产出能力，最好的信誉记录，拥有最理想的市场份额和最佳的经济效益。

二、公信力

“人无信不立”，这是先哲的一句名言。

江泽民总书记在中央经济工作会议上指出“要在全社会强化信用意识，加强诚实守信的道德教育”。诚实守信是一个人立足社会的基础，也是一个人应有的基本道德品质。“言必信，行必果”，这句话说了两千多年，也教育、影响了两千年来我们一代又一代中国人。

然而，在我们这个转型期的社会里，不断重复的失信行为，正疯狂啃噬着人们对诚信原则的敬畏和信仰。一次次背信弃义，正酿成当前社会的信用危机。

1．信用为企业立足之本

诚信是一切道德的基础和根本，是人之为人的最重要的品德，是一个社会赖以生存和发展的基石。一个信用缺失，道德沦丧的国度，必然影响经济社会的快速、持续发展。

何谓“信用”？“信用”在《辞海》中的解释为：诚实、不欺；遵守诺言。信用就是一种信守承诺的责任感，就是行为人对自己行为之后果负责的道德感。信用既是个人的一种品性，同时也是社会的一种德性。由于信用往往与利益息息相关，因而恪守信用也就是既尊重他人利益又维护自身利益，而以牺牲信用为代价攫取利益无异于杀鸡取卵式的自杀行为。

下一步市场竞争的优势不仅在某一项工程做得如何满意，而是来自企业的信用竞争。首先要把强化企业信用意识作为市场发展的道德体系的重要内容，懂得“没有信用，就没有秩序，市场经济就不能健康发展”的道理。“为了利润，必须首先信守道德”，使企业和全体员工都明白这一真理。其次要加强制度建设，把信用意识变为一种法制力量。根据本企业的具体情况，建立起行之有效的信用体系，完善个人的资信档案登记机制，要有严密而灵敏的个人信用风险预警、管理等系统。企业信用制度的日臻完善，信用道德的真正确立，是企业核心竞争力的重要保证，我们要坚持不懈地为促进这种良性发展而努力。

2．品牌是一种公信力

公信力是社会公认的信誉度，需要非常大度的、持之以恒的积累。累计起来的公信力是非同一般的。

品牌是一种生生不息的创新能力。创新能力是品牌的灵魂，丧失创新能力的“品牌”只是一个死的躯壳。

有恒产者有恒心。品牌战略是追求核心竞争力的企业家必然的选择。品牌的市场价值将是无以伦比的。

中国已经进入品牌竞争时代。在激烈的市场竞争中，品牌对于企业的生存与发展有着十分重要的意义，品牌的核心一方面是高质量，另一方面是卓越的服务。这决定了创立品牌及保持品牌是一个长期的艰苦过程，需要做许许多多基础性的管理工作。

3．建立良好的社会信用体系

现代信用形式以创造主体来划分，大致有以下四种：即企业信用、银行信用、政府信用、民间信用。信用是市场关系的基本准则。商品交换是以社会分工为基础的劳动产品的交换，其基本原则为等价交换，即一方为另一方以自己的劳动成果提供一定的使用价值，另一方还以同等量的劳动成果（价值），双方都以信用作为守约条件，构成互相信任的经济关系。假若有一方不守信用，交换关系就会中断。随着交换关系的复杂化，日益扩展的市场关系便逐步构建起彼此相连、互为制约的信用关系链条，以信用的伦理维系着繁杂错综的市场交换关系和正常有序的市场秩序。可见，从最初的交换到扩大了的市场关系，都是以信用为基本准则的。没有信用，就没有交换；没有信用，就没有秩序，没有市场，经济活动就难以健康发展。

建立健全全社会信用制度，培养公民的诚信品德是事关社会主义市场经济能否顺利推进的重大问题，是摆在我们面前的现实任务。中华民族既是礼仪之邦，也是信义之邦，自古就强调“言而有信”，“言必信，行必果”。希望通过全社会的共同努力，使一个更加诚信的社会重新再现！

三、整合力

未来的中国是一个大整合的时代，也是一个强强联合的时代。整合是企业核心竞争力实施创新的一种重要手段和支撑。整合力的强弱决定了一个企业的能量大小和生命力的强弱，整合是各种创新的集成，是各种优势资源的集中互补，是市场要素协调配置与有机重组。整合的原则应是确保三性：惟一性、权威性和排他性，创造双赢甚至多赢的结局。

1．企业资源整合

企业要保持持续健康增长就应全面梳理出自己已经拥有或可能拥有的能力与资源，分析你现有的能力，别人是否很容易获得？你的业务是围绕核心能力展开的，还是一堆大杂烩，一盘散沙？你的能力积累了多久？有没有长期性？你的竞争优势是来自某种独占性政策、自然条件、阶段性机遇，还是来自内在的核心能力？

企业在建立核心竞争力方面，要善于整合内外部资源，将其植入自身，达到核心业务所蕴含的所有潜力。把核心以外的业务清除掉，向与核心业务合乎逻辑的毗邻业务进行扩展。依照核心能力和公司战略的要求对资源进行重新配置。强化、增加、激活、改进、购入与核心能力的形成及利用相关的业务与资产，出售、剥离、萎缩与核心能力无关的业务与资产。最后形成良性循环：从企业的核心能力衍生出良好的业务结构和资产结构，又反过来培育和巩固企业的核心能力。

另一方面，要敢于和善于与国际资本和著名的国际、国内知名企业联合或合作，引进先进的管理模式，解决企业人才发展机制问题，将这些外部资源尽可能地与企业通过原始积累获得的资源（包括客户资源、品牌资源、管理资源、人才资源等）结合起来，将内外资源进行优化组合，变成企业发展真正能够依赖的核心竞争力。

2．整合人才优势，搞好人力资源管理

人才，是企业竞争的根本优势。有了人才，资本才得以向企业集中，企业在竞争中才能取得优胜。

建筑装饰业属知识、管理、劳动密集型的行业，是技术与艺术综合体现的成果。众所周知，建筑装饰行业从事经营生产具有跨地域大而广的特点，人才流动也比其他行业大。如何留住人才，培养人才，发挥人才优势，是每一个企业都面临的重大课题。

全方位整合人才。企业本着“创造品牌，先造人才”，培养高素质的复合人才，通过培训，不断丰富员工的知识结构，提高员工的综合素质和能力，结合管理和激励手段，使人才的创造性和积极性得到最大限度的发挥，共同为企业发展服务。

企业文化是一种价值观，它营造的是一种精神，一种力量。企业文化是企业的灵魂，不仅具有管理中的软约束作用，更具有引导和启发员工行为的作用。“以人为本”的现代人力资源管理战略，从观念上，不分身份、等级、将企业中所有成员均看作待开发利用的资源，从主次关系上，把人力资源的开发、利用和培训视为管理的重心，注重竞争机制和激励机制，利用政策杠杆挖掘人的潜力；从地位上，把人力资源管理者纳入决策层，重视人的存在和人的价值，鼓励全体员工参与管理，企业上下形成尊重人、理解人、关心人、培养人的良好氛围。

人是企业生产力中惟一具有能动性、创造性的主体因素，再好的管理制度也是需要由人来执行与运作的，因此搞活企业首先就要搞活人，能否树立以人为本的管理思想是关系企业长远发展的首要因素。

随着竞争的加剧和与国际经济的接轨、市场的成熟，竞争力的问题还会变得越来越重要，企业必须从“外部机会导向”向“核心能力导向”逐步过渡。正如惠普公司CEO奥菲丽娜所说：“人生是一个不断剔除枝叶，走向主干的过程。”如果把“人生”改为“企业发展”，我想，这条原则也是同样适用的。

WTO 与我国装饰企业的核心竞争力

《新装饰》评论员

现在，一个全新的词语——核心竞争力，套用先哲马克思的名言就是：一个幽灵，一个企业生存于 WTO 的核心竞争力幽灵，正在中国市场徘徊。

春江水暖鸭先知，我们公司敏锐感到了业内正在发生的微妙的变化，公司在系列研讨活动中，提出要形成“胜人一筹的、有特色的、有核心竞争力的”发展空间及量化指标，并将其作为全年乃至是今后相当长时期的努力方向。

核心竞争力，是企业综合力量的体现。公司在 ISO9001：2000 版《质量手册》中写下的“设计新、施工精、管理严、服务全”，就是我们所要求的核心竞争力内涵。

拥有了核心竞争力，就有了不断辉煌的资本。

一、什么是核心竞争力？

一个企业要想成为所在行业的领跑者，应不断保持行业平均水平之上技术管理优势。这种优势的核心内涵，实质上就是在一定时间内、一定空间中绝对运动和相对静止的垄断性竞争能力，这就是我们通常所讲的“核心竞争力”。

核心竞争力可能也可以被业内竞争对手学习、借鉴，乃至模仿抄袭，但由于核心竞争力是动态的、线性的，是以拥有它的企业强大的技术管理源头和扎实的文化氛围为基础的。因此一般来讲，对手尽管可以抄袭（也仅限于抄袭），却只能亦步亦趋，很难超越。

核心竞争力可以通过两类方式，单独地或互通地在市场经济体制中表现出来。一类是高新技术的垄断，突出的如：英特尔（INTEL）的计算机芯片频率技术、微软（MIC）的操作系统源代码技术。另一类是管理品牌的垄断方式，如“可口可乐”品牌的饮料、“杏花楼”品牌的月饼。它们的共性是：一旦为社会所公认，就在公众的心目中具有强大的不可替换性。同时，它们也是互通的，技术垄断一旦成立，就会立即转化为品牌的垄断优势；管理品牌一朝著名，简单的技术也能造就巨大的市场效应。

当然，这种核心竞争力不是静止的，而是在运动中与时俱进的。这里所谓的“时”，指的是市场的需求和企业的战略需要。英特尔芯片频率的周期性提高、微软操作系统版本的不断升级、可口可乐品牌的全球性扩张，就是其核心竞争力与时俱进的范本，因为核心竞争力是以强大的技术研发和储备为后盾的，所以能针对竞争对手的“模仿进度”，有计划、有步骤地淘汰旧技术，推出新产品，不断置“跟风型的对手”于身后。再因为核心竞争力所依托的技术管理，还是一个循序渐进的线性积累过程，与企业特有的精神文化不可分割，只要你不停步，对手仅模仿，没创新，是难以超越的。

二、如何形成核心竞争力？

就现状而言，虽然境内建筑装饰企业在经营生产的规模数量上，具备了一定的国际竞争力，但还未形成自己特有的核心竞争力。

其一，目前在经营生产规模数量上，我们倚仗政府的强力职权，虽较境外同行容易得到大型和重要项目，有行政性垄断竞争优势。但随着中国入世的成功，这一类扩展经营生产规模数量的方法，将受到 WTO 新游戏规则的制约。

其二，在专业上，我们还停留在综合性经营生产构成上，对建筑装饰的各个层面，均能涉及，这无疑对扩大市场有益。但这又是双面刃，由于面面俱到，平均发力，缺乏专长与特色，难以深化市场。

其三，建筑装饰是一种成熟的组合性装配专业，许多技术难点均在原材料半成品阶段已经解决。关键在于设计人员和施工人员能否以文化的品味去对各类材料进行取舍，调节好社会时尚、业主要求、工艺规范的平衡点。境内以民工为主体的从业者综合素质，尚未完全达到此高度。

根据核心竞争力的概念及不足，境内建筑装饰企业近期主要的提高方向是：

1. 以多种方法和手段，加大优秀建筑装饰（室内设计）作品的宣传扩张力度，形成和强化市场品牌核心竞争力。

2. 建立和制定与时俱进的新的激励机制和分配原则，既顾及投资者回报、企业积累、员工利益，还要考虑设计人员、技术人员、项目管理者的经济收入方式和差距的调节，处理好“先富”和“共富”的关系，为核心竞争力营造良好的团队精神。

3. 形成品牌设计师、品牌项目经理脱颖而出的企业氛围。同时，设计师、项目经理的品牌应是多元的，业务上要有各自的专长与特色。这样，集中起来，就是企业的综合性业务能量，有效覆盖市场的广度，具有经营生产的规模效应；分布开来，就是装饰专业的不同风格特色，有效开采市场的深度，具有经营的针对性，有利于精品施工。

最终形成绝对运动和相对静止相结合的、综合能量与专长特色皆有的行业核心竞争力。

WTO与企业竞争

上海凌云股份有限公司董事兼武汉凌云建筑装饰工程有限公司总经理　**曾文涛**

随着中国加入WTO，我国企业不可避免地面临着巨大的挑战和机遇。如何全面提升企业竞争力，将挑战变为发展的机遇，将是中国企业亟待研究的问题。本文将从分析市场与质量的角度来论述WTO与企业国际竞争。

一、企业竞争是国家之间经济实力的较量，更是政治实力的较量

国家之间，尤其是大国之间的综合国力竞争，实质是国际政治斗争中的权利之争，本身就是一种国际政治行为，国际政治日益经济化和国际经济日益政治化成为国际形式的一大特点。冷战结束以后，从全球的范围看，一方面，国家与国家之间、集团与集团之间的军事对抗和军事冲突相对降温；另一方面，国际间包括资本主义国家之间的经济、技术交往和竞争加剧，一场没有硝烟的经济战已经拉开序幕。国际竞争的制高点已经从军事力量转向科技以及由科技实力制约的经济力量之上，使得国际社会的竞争由过去主要集中在政治、思想、军事领域而转向全方位，尤其是西方资本主义国家在对社会主义国家以及广大第三世界国家进行新的冷战斗争中，更是从经济、政治、思想文化、军事等各个方面施加压力，发动攻势。

各个国家特别是世界大国在国际政治的斗争中，把经济较量作为其中的有机组成部分，并且在政治斗争中更多地使用了经济手段，从而使得国际经济关系日益政治化。这方面美国的做法最为典型。冷战结束以后，以美国为首的西方国家为了消化冷战成果，扩大势力范围，夺取世界霸权，对前苏联地区的国家和东欧地区，往往以经济援助为诱饵，同时提出政治条件，迫使受援国就范。对于发展中国家，以美国为首的西方国家利用他们的经济优势，常常在贸易、投资、援助和技术转让等方面附加政治条件，推行它们的价值观念、政治模式。在资本主义国家内部，经济关系的政治化倾向也同样加强。国际经济关系政治化的倾向，是和平与发展这一时代主题深化的重要表现。冷战结束以后，国家与国家之间、集团与集团之间的经济关系的重要性进一步上升，无论是发达国家还是发展中国家都把经济发展作为首要任务，经济竞争越来越激烈，经济成为最大的政治。

为了适应国际政治、经济斗争的需要，多数国家政府把发展经济作为增强国力的重要手段。经济发达的不同程度，把现今世界分为发达国家和发展中国家两个层次。在现代社会，任何一个国家均不可能闭关自守，搞一国经济。这就促进了国际贸易的发展。国际贸易成了经济发展的强有力杠杆。

二、WTO为企业竞争提供了公平而严格的竞争环境

世界贸易组织（WTO）作为全球性的贸易组织，其宗旨是维护贸易自由，促进各国经贸活动的发展，其前身《关税与贸易总协定》（GATT）作为一项多边贸易协定，调节着90%以上的世界贸易额，被国际社会视为同世界银行和国际货币基金组织并列的三大经济支柱，根据关贸总协定的规定，限制贸易自由的关税壁垒的影响已大大削弱，而以繁杂的技术法规和苛刻的技术标准、各种形式的认证制度为由的技术壁垒日益成为国际贸易引人注目的焦点，和关税壁垒一样，技术壁垒也是双刃剑，它以标准为界线，以符合或不符合而给以“通行”或加以“阻碍”。因此，掌握好关贸总协定的有关准则和对质量保证的要求，就能符合WTO的原则，就能使我们在错综复杂的市场竞争中立于不败之地。

产品贸易是经济实力的较量，也是政治实力的较量。从发展经济、提高人民生活水平的角度看，对贸易是不应加以限制的；但由于经济发展的不平衡，存在发达国家和发展中国家的不同程度，不加限制的贸易对发展中国家是不利的；而贸易中也会存在寻求最大利润的欲望，这些，将会导致贸易中实施保护主义。纵观国际贸易发展史，充满了保护贸易与自由贸易的斗争。这一斗争从国际贸易惯例看，主要反映在限入、奖出和限出三方面。所谓限入，就是国家通过关税的手段和非关税手段来限制别国进口；奖出，就是通过出口国的银行信贷或国家信贷担保、变质、补贴、倾销等鼓励出口的措施来推进本国的出口；限出，就是对某些商品，特别是战略物资、先进的技术、高科技产品等实行出口管制，以限制其出口。事实证明，片面地实施保护主义政策，高筑关税与非关税壁垒，以邻为壑，害人不利己，结果将会是两败俱伤，只有实行自由贸易，才能更快促进经济发展，有利社会进步，这一道理已为我们所逐渐认识，在这样的背景下就产生了关贸总协定，并发展成今天的WTO。

三、企业竞争核心是产品质量的较量，利用好“产品质量标准制订”这一环节显得尤为重要

作为一项多边贸易协定，它是以《关税与贸易总协定》为主体，辅之以一系列的补充性的特别协议等法律文件所组成的协议体系。是一项规范各缔约国关税与贸易政策的国际协定。旨在建立一个稳定、透明和统一的国际贸易环境，促进贸易自由化，进而推进世界经济发展。而这一系统工程是通过WTO来实施和实现的。

自关贸协定成立以来，在降低关税方面取得了明显的成就，目前，发达国家平均关税为4.7%，发展中国家约为5%，大大促进了世界贸易的自由化进程，从而为WTO的出现和运行奠定了基础。但正如前述，贸易是经济实力的较量，当发达国家受世界经济危机影响时，纷纷实行以技术壁垒为特点的新贸易保护主义。1988年世界非关税壁垒已达到2500多种。非关税壁垒泛滥，恶化了国际经济和贸易环境，阻碍了国际贸易的日趋自由化的进程。这样，消除贸易中的以技术壁垒为特点的新贸易保护主义的问题就愈来愈突出了。

通过实践，人们已经意识到，加入WTO后企业竞争的特点越来越转向为产品质量的较量，而产品质量是由标准规定的。因此，国际贸易离不开标准化，标准化是国际分工的前提，而国际分工是国际贸易得以进行的充分和必要条件。国际标准化可以为提高生产效率和加速国际贸易的发展以及消除技术壁垒做出事半功倍的贡献，从而认识到标准就是贸易文件，没有标准，贸易不可能进行，当陷入贸易困境时，首先想到的是如何利用标准策略。在此情况下，技术法则和标准能在“通行”或“阻碍”之间施加影响。所谓技术壁垒就是通过制订严格的条例和苛刻的标准，以符合或不符合而给以“通行”加以“阻碍”。如今，标准化已作为加速复杂商品贸易的一种不可缺少的语言和工具。产品要出口，就要求质量好，就要满足入口国的标准。从某种意义上来说，标准就成了入口国贸易保护的工具，而符合这个标准，又可打破其保护而进入。所以，一个国家，尤其是发展中国家，要自由地参与国际贸易（企业也是如此），不能把希望寄托在别国放宽对其进口商品的技术要求和质量保证上，只有提高标准水平，按国际标准实施质量保证，才是打破别国技术壁垒，使产品跻身国际市场的必由之路。

四、全力提升企业的国际竞争力，必须把握好下述关系

中国加入WTO后，企业的本土市场将变成国际竞争的大舞台，企业竞争力的内涵将进一步扩大。

1．企业国际竞争与产品质量标准的国际化

在对国际贸易影响日益突出的各种关税壁垒，特别是贸易技术壁垒中，标准和技术法规带来的障碍将占有更主要的位置，因为它将构成贸易壁垒中最隐蔽，最难以对付的一环。标准不仅影响工艺和产品质量水平，而且也影响到市场结构和产品销售的范围。当今的国际市场，商品不受标准限制或限制不严的市场将越来越少，不注重标准或标准水平偏低的商品很难销售。一般来说，发展中国家标准水平偏低，只有制订水平高的、灵活性大、应变能力强的标准才能适应国际市场的需求。我们搞了几十年，一些出口产品质量不高，总的来说是标准落后问题，在某种程度上讲，商品的质量竞争体现在标准水平竞争上。我们的标准化工作，只有从单纯依据国内法向遵守国际法的转移，即在执行国家现有法律、法规的同时，在国际贸易和对外经济、技术交往中还应遵守WTO/TBT贸易技术壁垒协定，才能使我们的标准化工作与国际法相符，并逐步与国际惯例接轨。

国际标准是全球贸易的语言和工具，离开标准，现代贸易将无法顺利进行。国际标准，是指国际标准化组织（ISO）和国际电工委员会（IEC）所制定的标准，以及国际标准化组织公布的其它国际规定的某些标准。采用国际标准，明显可以消除由于各国各自制定的标准所形成的技术壁垒，有利于贸易的自由往来。由于标准能促进贸易的每一个方面，决定着市场竞争的力量，因而，各发达国家对全面采用国际标准，参与国际标准开发的全过程表现出空前的积极性。美国政府大力支持强化美国在ISO/IEC中的地位和作用，并让别国参与美国标准的开发，以此使美国标准一开始就为别国所接受；日本规定，制订新标准，一开始就应与ISO/IEC标准协调一致。瑞典有80%以上的国家标准采用ISO标准。英、德、法三国花费在国际标准化工作上的力量，占其标准化总投入的75%。自从ISO9000系列标准出台后，无论是发达国家，还是发展中国家，都将该系列标准等同为本国标准。贯彻系列标准已成为大势所趋，形成“ISO热”。

瑞典国家标准化委员会主席说：“没有标准化，就没有贸易，就没有财富，就没有瑞典的繁荣和发展。”这恐怕是贸易与标准关系的最好写照。

贸易中需要标准，贸易中也需要对应用标准结果的评价，这就是合格评定（认证），合格评定是国际上通行的一种科学的质量保证制度。70年代以后，该制度被各国重视并得到迅速发展。现在世界上已有100多个国家开展评定工作，其中包括所有发达国家。但正如标准一样，由于各认证制度之间的差异，它也会成为贸易中的技术壁垒。为了使标准和认证制度不成为技术壁垒，由于意识到技术法规、标准和合格评定程度可能会给国际贸易造成的障碍，GATT早在1970年就成立了特别工作组，着手起草了防止贸易技术壁垒的协议草案，并于1979年东京回合结束时通过，当时被称为标准守则的这个协议规定了起草、采用和实施技术法规、标准和合格评定程序，规则、新WTO/TBT协议明确和强化了东京回合的标准守则，是WTO协议中的一个独立协议，以该协定来加以统一规定，这就是关贸总协定中贸易技术壁垒协议（TBT，简称标准守则）。

2．企业国际竞争与贸易技术壁垒

技术法规、标准和合格评定程序是提高生产效率，保证产品质量和推进国际贸易必不可少的手段和依据。但是，如果制订和实施不当，也可以给国际贸易造成不必要的障碍。这就是所指的贸易技术壁垒（TBT）。世贸组织（WTO）专为此制订

贸易技术壁垒协定（WTO），并给出了一系列重要原则。

TBT 的意义在于，它不仅规定了自由贸易的基础——标准的意义和作用，也规定了自由贸易的手段——合格评定的重要性，这就为自由贸易提供了完整的统一评价的尺度。没有这一尺度，贸易难以自由地进行。因此贸易技术壁垒协议是关贸总协定的极为重要的组成部分。

贸易技术壁垒协议旨在国际标准的基础上，建立一套国际上广泛接受的标准与评定制度的规则和程序，并要求缔约国承诺。实施的标准与证书制度不得对贸易造成障碍，深刻理解 TBT 的规定，以国际标准和证书制度来推进国际贸易是至关重要的。

TBT 分为 7 个部分共 15 条。在序言部分中指明协议是力求促进关贸总协定的各项目标，肯定了国际标准和合格评定制度对开展国际贸易的重要贡献。因此，鼓励制订和采用国际标准和合格评定制度。在第 2 部分中规定了约国中央和地方政府采标和合格评定的责任；采用国际标准，不应对国际贸易造成阻碍。在第 3 部分中规定要以国际标准为依据，建立合格评定制度，实行国民待遇和非歧视原则。在第 4 部分中对质量认证（合格评定）证书制度的程序作了规定，该程序包括制造商就其产品或所用质量保证体系的合格生命，有关产品或所用质量体系的说明或有效性，产品或所用质量保证体系的注册。该协议还对一个国家应有一个统一的合格评定管理机构，合格评定的国际间承认以及合格评定机构和资格依据等做出一系列的规定。

为了有力地推进认证制度的相互认可，以便促进国际贸易的发展，关贸总协定和国际标准化组织以及国际电工委员会的专家进行紧密合作，对贸易技术壁垒协议作进一步的澄清和扩展，使之建立在更加科学和可靠的基础上，以便加强各缔约方合格评定机构之间的信任感，从而有力地推进认证制度的相互认可工作。另一方面，在国际贸易中，国与国之间常常通过签订双边或多边的认证合作协议，取得相互认可。

总之，商品的进出口工作中，除采用进口国际标准、出口国际标准、国际标准和区域性标准四种类型外，在国际贸易中，还可采用买卖双方协商同意的技术要求。事实上，当涉及两国间贸易时，选择一项恰当标准十分重要。当然标准是质量保证的基础，价格竞争优势国际贸易中贸易竞争的另一法宝。非价格竞争（即通过改善商品性能、包装装潢、更新品种、优惠信贷等）又是另一个重要因素。我们只有找出差距，对准目标，有的放矢地进行接口、改造、完善工作，才能使我们的企业和产品高效率、高水准地走出国门、站稳脚跟并蓬勃发展 。

3．企业国际竞争与质量体系认证

质量体系认证是国际贸易中质量保证的一种重要形式，是国际贸易质量保证的客观要求。它起源于产品质量认证中的“企业质量保证能力评定”。独立的质量体系认证是在 70 年代后期出现并发展　起来的，它是产品质量体系认证发展的产物。由于它适用面广、灵活性强，对企业建立和完善体系的促进作用大而受到企业的欢迎。特别是 1987 年国际标准化组织颁发的 ISO9000《质量管理和质量保证》系列标准，为开展国际间的质量体系认证提供了统一的依据。目前，世界上已有 90 多个国家依据该系列标准开展了第三方评定和注册，已发认证证书 25 万多张。特别令人鼓舞的是，经过全世界质量工作者和经贸界人士的共同努力，在合格评定方面，已于 1998 年相继完成了各国质量体系认证机构国际互认方面的国际认可论坛多边承认协议（IAF/MLA）和国际审核员培训和注册协会多边承认协议（LATCA/MLA），为实现一张证书全球通用创造了条件，从而为促进全球贸易质量和自由化铺设了更宽广的道路。

我国的质量认证工作经历了起步、扩大发展、国家认可制度的建立和认可制度加入国际多边互认协议等四个阶段。1978 年加入 ISO 组织，开始了解质量认证是国际通行的质量监督制度；1987 年建立了第一产品认证机构；1991 年国务院颁发了《中华人民共和国产品质量认证管理条例》后，我国的产品质量认证工作全面纳入法制化管理轨道；1993 年《中华人民共和国质量法》颁布，明确了质量认证制度为我国的基本质量监督制度；1994-1995 年间，国家技术监督局分别批准成立了中国质量认证机构国家认可委员会（CNACR）、中国产品质量认证机构国家认可委员会（CNACP）中国认证人员国家注册委员会（CRBA）、中国实验室国家认可委员会（CNACI），全面启动了我国的质量认证和国家认可制度；1998 年 1 月，首批签署国际认可论坛 IAF 和亚太认可合作组织 PAC 的多边互认协议；中国认证人员注册委员会于 1998 年 8 月也首批签署了国际审核员注册培训协会的多边互认协议；产品认证机构国家认可委员会也加入了国际认可论坛和亚太认可合作组织。正等待相应组织启动多边互认计划的实施。届时，也将考虑申请同行评审，争取签署多边互认协议。可以说，经过几年努力，我国的认可制度已达到与西方国家同等水平。

4．企业国际竞争与产品科技创新

从 20 世纪 70 年代末至 90 年代中期，中国经济以“高速增长”，进入“国际竞争”时代。中国政府也开始感受到产业国际竞争的压力。

在市场经济生活中，只有竞争力强的人才能致富，只有竞争力强的企业才能存在和发展。如果说，在 90 年代初，我们还可以依靠种种保护措施使国内企业免受外国竞争者的冲击，但到今天，尤其是在加入 WTO 的情况下，越来越多的保护政策措施都将被取消，我国的大多数企业都将处于同国外的强大竞争对手较量的境地。

根据瑞士洛桑国际管理发展学院 1999 年世界竞争力排名情况，中国国际竞争力综合水平排名第 29，比 1998 年降 5 位，而其中科技国际竞争力排名第 25 名，比 1998 年大幅度倒退了 12 位，这些都说明中国的国际竞争力水平还有待于进一步提高。

综上所述，企业要具备充分国际竞争力，其基础在于企业是社会的一个组成部分，要在激烈的竞争中立于不败之地，就要顺应社会经贸活动的潮流，按照国际惯例运作与国际接轨。这个接轨，就是 WTO 所规定的规则；这个惯例，就是按 ISO9000 族标准运行，提高产品和服务质量。据中国质量体系认证机构国家认可委员会（CNACR）秘书处统计，截止 1999 年 12 月 31 日，全国累计有 15002 家企业持有 15123 张质量体系认证证书（有效证书）。1999 年 7447 家比 1998 年 4318 家，增长了 72.5%，仅 1999 年 12 月份就有 2009 家获得质量体系认证证书。现在越来越多的企业走上了质量保证这条道路，落后将被淘汰，这将是历史的结论。

随着我国加入 WTO，国内企业将置身于国际市场之中，再也不受各种壁垒的保护。在这个意义上说，质量将会是“无国界”的，只有好的质量才能保护企业，才能拓展市场，才能使企业具备参与国际竞争的实力。最近几年，配合加入世贸组织，我国贸易投资自由的程度逐渐提高，外贸出口创汇指标从指令性改为指导性，并基本实现以经济效益为中心的扩大出口取消外贸企业的各种直接或间接的补贴，按世贸组织规范，实行出口产品零税率政策，并严格要求企业公平贸易，不能搞削价竞销，促使企业坚持以质取胜的竞争战略，提高产品质量和技术含量，创立名牌，提高产品附加值，使经济效益大大提高。

综上所述，加入 WTO，有利的竞争环境和更广阔的市场会推动我国企业积极调整竞争策略，企业也应全方位地提升自身的国际竞争力，真正实现以效益为中心的良性发展。

加强装材定点采购招标　提高企业竞争力

中国建筑装饰协会理事　山东万德福装饰工程有限公司　总经理　**林　擘**

我国加入 WTO 后建筑装饰装修行业面临着前所未有的挑战和压力，如何在竞争激烈的装饰市场拥有更多的市场份额，求得最大化的经济效益，关系到每个装饰企业生存与发展。笔者认为，在施工工艺和设备基本相同的情况下，最重要的一点就是要把握好工程材料这一关，进一步降低工程成本，节省工程装饰材料费用，以提高企业竞争能力，确保施工工程质量，这是装饰企业必须积极探索的重要策略。

为此，我公司 2002 年 5 月份尝试搞了“装饰材料定点采购招标”活动，收到了良好的效果，其主要做法是：

——委托山东省三立招标中心组织大型招标活动。参与投标的厂家，都必须经过招标代理中心的严格审查，从而确保了正规厂家的更多参与。

——聘请了济南市公证处有关人员对整个招标活动过程和结果进行了法律监督公证，对整个招标中的优惠条件和合同条款进行了公示，定点采购合同最终由招标代理中心、公司、产品客户三方联签，加强了合同执行的力度。

——邀请了济南市装饰协会领导亲临招标现场进行工作业务指导。

——组织了招标评委会，邀请了省建工学院、省建筑设计研究院、省城乡规划设计院等专家教授及有关装饰企业老总参与评标，客观上确保了“公平、公正、公开、科学、择优、效益”的原则，保证了材料采购的科学性、实用性。

——经公司领导同意，在单位内部设立“材料调研员”一职，并对现场材料采购进行动态量化的抽查、把关，对工程材料随时进行质量监督抽查工作。

通过这次活动的成功举办，我们在装饰工程材料采购方面取得了不少宝贵的经验，归纳起来主要有：

1. 大大减少了人力、物力和财力的浪费，有效地降低了装饰工程材料采购成本。例如我公司曾经在聊城某投资大厦龙骨招标中，某名牌龙骨厂家一下子将价格降了 10 个百分点。在今年公开招标中，由于采购数量比单个工程数量要多的多，该厂家又降低了几个百分点，而且免费送货，如果剩余的材料只要是没有被污染和破损，可以退货，从而降低了运输成本和材料积压费用。

2. 提高了工作效率，进一步减少了工作失误。原来需要几个人组织供货，现在一个电话就解决了，而且厂家对供货的型号、单价等全面负责清点，确保供货万无一失。

3. 供货厂家服务水平大大提高。无论施工生产处于什么季节，厂家总是跟踪服务到底，严格履行材料合同，及时、准确、有力地保证了装饰工程施工的正常进行。

4. 装饰工程材料质量可靠，有效地杜绝了假冒伪劣材料进入施工现场，从而为确保工程质量提供了前提条件。

5. 增加了装饰工程材料采购的透明度，有效地杜绝了“回扣”现象的滋生蔓延。

总之，搞好装饰材料采购招标工作，是目前适应建筑装饰市场的一种尝试性措施之一，也是确保装饰工程施工工程质量必不可少的重要环节，更是我们在新形势下一种管理装饰企业的有效手段。

·企业文化·

用先进文化提升企业竞争力

新疆屯河集团公司党委书记　**裴洪斌**

江泽民总书记在“七·一”重要讲话中指出：“在当代中国，发展先进文化，就是发展具有中国特色社会主义的文化，就是建设社会主义精神文明”。企业文化是代表先进文化前进方向的重要内容。现代企业的发展，不仅要靠资本、技术和物质方面的激励，还要从企业价值观入手，建立具有号召力、凝聚力、导向力的企业精神，以企业文化铸造企业灵魂，培育企业的价值体系，形成企业的核心竞争力。世界著名企业成功的实践经验表明，企业能够久盛不衰，就是有隐含在企业经济力后面的文化力，建立起了明确的企业价值观，以此将广大员工凝聚为一体。以人为本的人文思想，以道德为核心的经营理念，以企业家人格化的企业精神，使企业充满了勃勃生机，具备了巨大的能量和潜力，对内增强凝聚力，对外增强竞争力，成为企业发展永不枯竭的动力。

一、企业文化是人本文化

构建具有中国特色的企业文化，必须坚持“三个代表”的重要思想，培育具有时代特色的企业精神，形成企业特色的文化观念、文化行为，体现企业价值准则。企业文化作为现代企业先进的科学管理思想，把文化融入管理之中，坚持以人为本，去激励人、凝聚人、调动人的积极性，发挥人的主观能动性和创造性，实现人企合一，使企业文化人格化，实现企业与员工共同发展，同生共长，形成企业最持久的驱动力，最长久的约束力，最强劲的凝聚力，为员工实现自我价值创造更大的空间。

企业的成功要靠员工的素质，靠具有凝聚力的团队精神，靠共同的理想信念。人是企业生产力中的第一要素。企业管理是人、财、物的管理，而人永远是财和物的支配者、组织者、创造者。企业即人，人是企业中最具有活力的因素。企业的主体是员工，只有高素质的员工才能生产出高质量的产品。文化产生亲和力，文化亲和力的作用，在于增强企业的凝聚力，发挥人的创造性，帮助每个员工在不同的层面找到自己准确的定位，在竞争中保持良好的心态。企业成功的真正秘密在于人的素质，这种素质体现在文化的连接与组合，理念的认同，道德的共识，行为的规范。一般企业和知名企业的区别就是文化的区别，就是人的素质的区别。

企业文化是任何一个企业都必须存在的管理要素，优秀企业的文化是一种以人为本的管理方式。企业管理，光靠物质的激励已远远不够，还要从员工队伍的价值观入手，抓好对员工的教育，提高职工的思想素质；加强对员工的培训，使员工提高技术技能。素质能力高了，工作积极了，工作效率就能提高。

优秀的企业文化都建立在尊重人才、重视人才之上，为人才提供展示个人才能的机会。现代企业的发展，人才是企业成功的第一资本要素。人力资源是惟一可以连续开发、层次开发和无止境开发的资源。拥有资本和拥有自然资源不一定能够发展强大，但拥有人才、拥有技术才是真正的优势。尊重人、为优秀人才创造一个和谐的、能够释放激情的环境，是企业成功的重要因素。实现企业倡导的敬业精神和事业成就感，是金钱无法代替的。企业发展到一定的程度要靠文化来驱动，靠人才技术来发展。企业应是一个培养人才的地方，企业不仅只着眼于如何用人，更重要的是注重培养人，努力营造人才脱颖而出的良好机制，让每个人在自己的工作岗位上发挥自己的聪明才智。

二、企业文化是道德文化

江泽民同志指出：“加强社会主义思想道德建设，是发展先进文化的重要内容和中心环节。”企业文化是一种道德的力量，以德治企，就是要突出企业竞争中的道德建设，以道德的力量规范员工的行为，使道德对行为软约束与制度对行为的硬管理相配合。企业道德的确立，要顺应市场的规律，适应企业的发展，继承优秀的传统道德。

人无信则不立，企业无信则不长。企业要在市场竞争中讲道德、讲诚信。企业在追求利润的同时，要树立造精品、讲信誉、树形象、创效益的道德观念，以德兴企。道德管理是德治，是企业文化的最高境界，德治是道德的价值观支持经营管理，是从被动变为主动，实现自我约束、自我管理、自觉行动，使员工在追求自我实现的同时注重社会成就感。

提高员工的道德素质，实现人的思想和精神生活的全面发展，就必须重视员工思想和信念的树立，只要有了理想，有了目标，就会产生一种巨大的精神动力，他会靠着一种信念克服困难，勇往直前。现在的员工自立意识不断增强，个人素质大大提高，员工并不满足被动地听命于人，企业仅靠制度约束是不够的，还必须有精神的激励和道德的约束。制度是有一定的度的，不是无边无沿的，还要靠道德的自我约束，使员工从“要我这样做”转变为“我要这样做”。

市场经济是竞争的经济，是法制的经济，也是协作的经济，又是道德的经济。竞争必须是平等、公正、遵循法制轨道的良性竞争。经济学家厉以宁说过，市场经济是法制经济，这说的是市场经济的制度基础；市场经济又是信用经济，这说的是市场经济的道德基础。法律只规定了什么是不应该的、禁止的，而没有指明什么是应该的、要鼓励的。法制的规定只是社会最低文明底线，它要求社会成员不能违背法律条款。道德不仅要求企业遵守法律，而且要高于法律条款的起点。可谓法制是“他律”，道德是“自律”。如果一个企业每一项经营过程都要采取法律的手段，这样经营成本就太高了。用道德的力量去规范自我行为，对维护企业经济的健康发展，保证企业实现成功有着不可估量的作用。

三、企业文化是经营者文化

企业家是企业文化的创造者，又是企业文化的执行者。企业文化反映着企业经营者的素质，体现着企业领导的风格。因此，企业文化是企业经营者道德思想、价值观念、人生追求、事业心和责任感的体现，也是企业经营者观念创新、市场创新、技术创新、制度创新、管理创新的创新精神综合素质的反映。企业家的人文思想，决定了企业文化的特质，从某种意义上说，企业文化就是企业经营者的文化。如果说企业文化是现代企业的灵魂，那么企业家则是灵魂的塑造者。

企业家要重视企业文化的建设。文化力的内涵包括科技和智力的因素，也包括理想、道德和价值观在内的精神力量。经济与文化一体化的发展，使文化力在现代企业的发展和市场经济中的地位和作用更加突出。只有重视和能创造出优秀企业文化的经营者，才能成为卓越的企业家。

企业文化对企业的发展起着特殊的作用。企业文化看起来是虚的，但人与人打交道是实的，企业家在各自不同的文化背景下在经营中体现出其素质。企业家能否成功，关键是为人之道，用人之道和经营之道，这三“道”来自企业家的精神和价值观。企业家精神是企业文化的高度浓缩。现代企业家是具有相对独立的经营责任、经营权和经济利益，并有专业的管理知识、经验和才能的经营者。企业家在长期的经营实践中形成的传统习惯、思想意识、价值观念、人生追求、理想信念、人格风范、道德情操等诸因素上升为企业的精神和理念，成为企业的价值观念和道德观，其直接影响着员工的观念和行为选择、直接影响着企业的形象、企业的竞争力和凝聚力，最终影响着企业的命运和发展。

企业文化的意义与经济学的原理一样，最终要以成本来证实。企业文化改变的是人与人打交道的方式，降低的是企业生产经营中的成本，提高的是企业核力竞争力。企业的竞争力，最终是看企业有无活力，而这个活力，不在于固有的物上，而在于最活跃的人上。企业人气旺就有活力，而企业的活力主要体现在各个岗位上的员工是否能尽职尽责，将各自的积极性、主动性、创造性这“三性”能否淋漓尽致地挖掘和发挥出来，使企业活力永存。

企业文化具有很强的继承性、时代性和层次性。企业家应以适应新经济时代的要求，高起点、高标准、高层次来构建企业文化，提升企业核心竞争力。企业生命维系于文化，文化底蕴越深厚，个性越明显，企业生命力就越强。在瞬息万变的市场中，要成就事业，必须掌握好经营思想和人文思想。经营思想的对象是社会资源和自然资源，如何使自然资源转化出更高的价值。人文思想的对象是人力资源，如何使员工在工作中发挥自己最大的潜能。经营者要承认员工的价值，尊重员工的才能，关心员工，激励员工，与员工坦诚交流，心与心的沟通，促成紧密的互动。如果一个企业领导，一方面要求员工对企业忠诚，另一方面则对员工的发展和未来没有系统的考虑，员工对自己的未来与企业的发展都不清楚，没有憧景和希望，怎能谈得上调动起员工的积极性。

社会发展的历史表明，在经济发展中文化有着明显的导向作用。有远见卓识的企业家，应重视企业文化的建设。谁重视，谁受益；谁先介入，谁先发展。企业发展到现在，已不仅仅是“员工工作的场所”，也不是“挣钱的地方”，应该是员工的事业发展的起点，是一个大有作为的天地。作为一个成功的优秀企业家，不能只考虑自己的经济利益，必须重视员工的利益和社会效益。一个企业要有一种精神，要有一种力量，要有一种团队精神，要使员工有精神的归宿和精神的家园。建立优秀的企业文化，就是为员工构建精神的归宿和精神的家园。从一定意义上说，以企业家精神为核心的企业文化是企业家的人格化。

浅谈建筑装饰文化的发展

中国建筑装饰协会行业发展部　主 任　**王本明**

江泽民同志在七一重要讲话中，指出了中国共产党要始终代表先进文化的发展方向，这对中国建筑装饰行业未来的发展方向，具有极为重要的意义。中国建筑装饰行业经过二十多年的发展，已经初步建立了自己的文化体系，因此，深入总结和研究中国建筑装饰文化的内涵，预测其未来发展方向，将是行业社团的一项重要工作。本文试图通过对建筑装饰文化的探讨与研究，提请社会各界关注中国建筑装饰行业的发展。

一、文化的概念及特点

一般的讲，文化是人类社会在历史发展过程中所创造的精神财富的总和，是人类在征服自然、改造自然过程中，对整个世界的理解、认识的表现，所以，人类的文化来源于人类的生产与生活的实践，文化具有以下几个基本特征：

1. 文化的大众性。文化的实质是要解决人类在社会发展中存在的普遍性问题，文化活动必须要有人民的普遍参与才能产生和发展，它是人们在日常生活中对普遍存在的现象的一种群体的共同认识，因此，文化必须要有广泛的社会基础。

2．文化的创造性。文化的产生和发展，是人类脑力劳动创造的社会财富，是对事物表面现象进行分析后产生出的结论，因此，文化来源于生活，又要高于生活，是对社会进步起到推动作用的一支强大的精神力量。

3．文化的历史性。文化不是僵死的，在人类发展的不同阶段，人类对事物固有的、必然的、本质的特征进行揭示中，不断的沉淀和积累对客观规律的认识，各阶段的认识程度有所不同，因此，文化是发展变化的。随着科学技术的进步，人类对自然的认识不断深化，文化的内容也在不断变化，任何文化都有时代的痕迹，所以，文化必然有先进与落后的区分。

4．文化的指导性。文化虽然是精神方面的产物，但其对人类的所有行为产生重大的影响力，文化可以成为人类一切活动的标准和规范。不同的思想认识就会产生不同的文化，进而产生不同的行为准则，为了达到全社会的一致性，教育就成为文化传播的主要手段和基本途径。

5．文化的差异性。由于人们生活的自然环境、社会条件的局限，社会生产力发展水平和社会发展历程的不同，人们对事物的认识也就不同，因此，文化是一种社会状态的反映，是社会发展到较高阶段后表现出的对社会现象的理解，在全世界范围内，存在着很大的差别。

通过以上分析，可以看出文化具有丰富的内涵，按我们习惯的划分，有从地域上划分的东方文化、西方文化、城市文化、乡土文化等，也有按生活内容划分的服装文化、饮食文化、娱乐文化、旅游文化、装饰文化等，我们要研究的是装饰文化。

二、装饰文化的概念及特点

装饰文化是人类在解决居住需求过程中，为了提高生活质量，进行了装修装饰实践，在装饰装修过程中，创造出来的物质财富和精神财富的总和。从本质上看，装饰文化是人类对居住环境质量优劣的评价、理解及改造活动不断深化的结果，是在长期的工程实践中，人类在装修装饰方面积累的知识、作品、技能等的总和。装饰文化是人类文化最为重要的组成部分，是人类在长期发展中客观存在的一种社会状态，因此，装饰文化除具备文化的一般特征外，还具有以下几个特点。

1．历史久远。装饰活动是人类最早进行的文化活动之一，其历史可以追溯到人类居住在岩洞之时，在古人类居住的山洞内，洞内的岩画就已经具有了文化的特点，所以，人类从有居住开始，就产生了装饰文化，人类早期的岩画，出土的骨、贝化石，都是装饰文化早期的佐证。

2．有强烈的社会性。从社会学角度上看，装修装饰不仅始终是人类最为关注的问题之一，同时反映出强烈的阶段性，不同社会等级、阶层，装修装饰的内容、标准不同，在有阶级的社会中，色彩、造型、装潢等，都能够明确反映出社会地位的不同。

3．限定性。建筑装饰文化要求有载体，就是建筑装饰工程作品，是通过作品反映其艺术价值和文化品味，所以被人们称为凝固的音乐，特定的建筑物体现了装饰文化的限定性特征。

4．多样性。从成就上看，人类在建筑内部的限定空间内，在装修装饰上已经创造出极高的水平，无论是东方还是西方，装修装饰已经深入到建筑物的各个界面，并已达到极高的标准，产生了大量精雕细琢的精品，并已扩展到建筑物的外立面的装修装饰，也同样取得极高的成就，现在进一步还要扩展到周边的环境。但装修装饰不可能脱离建筑物，它只是对建筑物的装修装饰。在人类取得巨大成就的基础上，装修装饰如何进一步发展，全世界范围内形成了不同的认识，产生了多个流派，也为我们的研究提供了新的领域。

三、先进装饰文化的主要特征

通过以上分析我们可以看到，装修装饰活动和装饰文化是社会普遍存在的一种社会现象，装饰文化的发展，要受到自然条件、社会生产力发展水平的制约，人类不可能脱离现有的经济、技术条件来发展和完善装饰活动。在当前社会中，不同阶层、不同社会背景的人，对装饰文化的理解不同，装饰文化客观存在先进与落后的事实。什么是先进装饰文化呢，根据行业的普遍看法，应该具备以下几个条件：

1．装饰的目的上看：装修装饰的目的是提高人们的生活品质，为人类营造舒适、安全、方便、优美的工作、学习、生活环境，无论是公共建筑物的装饰装饰，还是住宅家居的装修装饰，都不能违背装修装饰的根本目的，就是要利用人类科学技术的最新成果，提高人类生活的舒适度，一切违背装修装饰根本目的的活动，都是腐朽、落后文化在装修装饰文化中的表现。

2．从处理人与自然的关系上看：要以建立起人与自然的和谐关系进行装饰活动，要有可持续发展的观念，在不破坏生态环境、不对资源进行掠夺性开发，不对环境造成污染的基础上，实现人类居住环境质量的提高，并将这一思想贯彻到装修装饰活动的全过程。在工程设计、选材等环节，坚持安全、环保、节能的原则，这也是现代先进装饰文化的重要内容和表现形式。

3．在处理人与人的关系上看：要体现以人为本，要有利于建立平等的人际关系，提倡和发扬人类和平、发展的主题，也是先进装饰文化的重要内容。贯彻这一思想，就是要体现人类平等、互惠的原则，在装饰文化层面上，消除人与人之间的等级划分，建立起和谐的人际关系，在工程实践中，要特别关注弱质群体的生活，为老人、儿童、残疾人参加社会活动创造便利的条件。

4．在处理科学技术发展上看： 要与时俱进，不断吸收和应用人类科学技术的最新成果，提高建筑物的智能化水平，在营造舒适居住环境中，把科学技术的发展因素考虑在其活动中，把新材料、新产品、新技术、新工艺应用到装修装饰活动中，提高生活的自动化、智能化水平，使建筑物的内在品质有突破性的升级。如何处理科技成果的应用问题，也是先进与落后装饰文化的重要表现。

5．在处理与其他亚文化的关系上看： 装饰文化必然要受到其他文化的影响，也要适应其他文化的发展要求，体现先进文化的发展要求，这也是先进装饰文化的重要表现。以前一阶段在旅游景点大修阴曹地府为例，就是落后的亚文化对装饰文化侵蚀的重要表现，但愿这种影响能够得到先进装饰文化的强有力的抵制。把体现时代特点，反映其他先进亚文化的健康作品提供给社会，促进其他文化的发展。

四、我国装饰文化的发展方向

我国建筑装饰行业是充满活力的朝阳产业，是整个建筑业中的一颗新星，我国的装饰文化将伴随我国装饰行业的发展而不断发展，在以下几个方面产生变化。

1．在大众中的地位会大幅上升。 我国建筑装饰行业年工程产值已近6000亿元水平，其中家庭装饰每年3000亿元，同千余万个家庭发生关系，每年直接接触装饰文化的人群数量达4000万人，使装饰文化成为重点的学习、掌握的内容之一，到目前，我国城市居民中没有触及装修的人几乎没有，这就为装饰文化的传播提供了广泛、坚实的社会基础。今后一段时期，装修装饰的讲座、课堂将会越办越多，先进的装饰文化将在大范围内得到传播。

2．从装饰文化的内容上看，将更为丰富。 随着我国加入WTO后，各种装饰文化将进入中国，行业中从业者要有紧迫感，在吸收国外装饰文化精髓，抵制国外文化中腐朽、没落成分方面，要提高专业素质，以充实和完善先进装饰文化的内容。在这方面，行业内的社团组织负有重要的职责，对从业者队伍进行装饰文化方面的培训，以保证行业能够得到健康有序的发展。

3．适应装饰文化的发展。 与先进文化配套的行业标准、规范制定和实施更为健全。装饰是工程活动，装饰文化需要在法制层面上提供保证，除由政府主管部门制定出安全、环保、节能、质量等法规标准外，加强行业内的道德规范、行业自律、企业自律的行规、行约的建设也很重要，从而构筑先进装饰文化传播的保证体系。

4．装饰文化的研究会不断深入。 不仅在理论上会更加完整，同时在实践中会产生出大量的精美作品，装饰文化对社会文化的贡献会更大。集我国建筑装饰文化研究的成果，会对我国建筑装饰行业提供新的设计理念、手段，促进建筑装饰工程质量水平的不断提高，作品被社会承认的程度增强，对经济和社会的发展起到的推动作用就会更强烈。

我们要怎样的企业文化

中国建筑装饰协会副会长单位　上海市建筑装饰工程有限公司副董事长　**何培德**

公司要持续发展，一定要有企业文化建设作基础，这是“三个代表”学教活动中，员工代表和公司领导班子的一致认识。

一、企业为什么要文化

我国著名的经济学家于光远说过这样一段话“国家富强靠经济，经济繁荣靠企业，企业兴旺靠管理，管理关键在文化”。这里所讲的文化，不是我们一般理解的文化程度或文化知识、文化娱乐，而是现代管理学中融合了物质和精神文明双重意义的概念，它的基本含义是：企业在自己的历史发展中，逐步形成的，代表了绝大多数员工的信念、经验、道德、技能是他们的共同价值观和群体意识，具有民族性、时代性和本企业的个性。企业文化对工作于这个企业的员工而言，无论是工作多年的，还是新进的员工，都具有强烈的感应力、引导力和约束力，使员工产生对企业的信任感、自豪感和荣誉感，增强企业的凝聚力和向心力，进一步推动企业的发展。

成功的中外企业都十分重视企业文化。如日立公司奉行的哲学是“和、诚、开拓”精神，“和”强调全体员工以和为贵，心心相印。“诚”指对客户的态度以诚相待，诚实信用；“开拓”则要求勇于创新，争取更大成果的一种旺盛的斗志，以“向新领域挑战、百折不挠的精神调动员工的感情。美国的惠普公司以“自己就是企业”作为精神支柱，海尔公司认为自己之所以成功，是观念和思维方式的成功，企业发展的灵魂是企业文化，而企业文化最核心的内容是价值观。只要是企业，就会有企业文化，只不过是先进的还是落后的文化，是自为的还是自觉的差别。企业文化，是随着企业的发展而变化的。

拿我公司来说，企业文化也是经历了从相对的落后到相对的先进，从自为向自觉的转换过程。七八年前，我们同当时一些较先进的同行比，无论是经营意识、经营手段、设计能力还是施工管理实力，都显得落后。领导层和员工有强烈的发展愿望，承认落后，但不甘心落后，这是一种价值观。我们提出了“做大、做精、做强”的目标，制定了改革和管理两个轮子一起转的发展思路，这其实就是我们公司形成先进文化的开端，当然，用现在的眼光看，这种企业文化建设还处于“自为”阶段，是企业生存型的文化，但相对于以前，是进了一步，在这种相对先进文化的影响下，公司的生产力得到了发展。在完成初始积累后，公司必然面对新的发展选择，这还是一个“文化”问题。

二、我们公司要什么样的文化

企业文化好比土壤，在这片土壤中，我们要培育的是说话办事务实的美德，对工作的敬业精神，对社会的责任意识，诚实态度和法制观念，对未来期望的成就感以及对他人的协作精神。

1．培育提炼共同价值观

这是企业文化的核心。就公司员工队伍的现状看，个人的价值观念的差异是客观存在的，有的能够认识没有公司的发展，就没有个人收益的提高。但有的则不以为然，急功近利，金钱至上的观念较深。我们营造文化，就是要树立公司兴则我兴，企业亡则我亡的观念，形成更紧密的利益共同体，使大家认识到恪守企业文化精神是自己的责任；要追求公司和员工的价值共同发展，为公司拼博，为实现新一轮三年发展目标拼搏，就是为自己的生存和发展拼搏。

“追求品质的卓越，我们永无止境”既是公司的精神，也是价值观，这是公司要求和社会要求的结合。我们对社会的承诺、奉献，是要不断创出品质卓越的精品工程，美化现代城市、美化人民生活；对内我们倡导的是工作卓越，员工能力和品质的卓越，有了这一系列的卓越，才能保证工程的卓越。这里有内在的联系。卓越，因为我们专业；卓越，因为我们努力，这是我们的共同价值观。

2．倡导团队精神，共同为公司的发展目标而努力

企业文化具有为企业总目标服务的特性。总目标的实现，依靠组织、指挥、协调、控制来构成。因此，我们的文化必须为优良的管理提供舆论支持，形成良好氛围。比如，拿市场定单是公司生存、发展的首要任务，公司提出大经营的理念，那么，在我们这个团队中，设计、技术、施工，系统内的各子系统以及每个岗位，都要尽力、支持、配合经营部门的工作，发挥积极作用，把工作做好。

3．树立为公司发展服务，作出贡献的典型

我们每年都要评出各类先进，在实现公司三年发展目标的过程中，我们要树立各类先进典型，但评先进的方法要改变，质量要提高，使企业文化人格化，大家能看得见，学有榜样。同时，公司所确定的企业文化的具体内容，如价值观、道德观、信守的诺言，制订的制度，公司领导、部门领导、项目部经理，都要严格遵守，模范带头，使企业文化的推进得以顺利进行。

4．投入一定的物力、财力，保障企业文化建设

企业文化不是哗众取宠的装饰，要扎根于员工，融于全体员工的言行举止。群众性的活动要有载体，如已成公司传统的“五·一”员工运动会、“七·一八”公司庆、“十·一”主题活动、春节团拜会等，还有公司足球队、书画摄影比赛等等。活动需要用钱，但用钱要节约，这本身也属于企业文化倡导的内容。

5．有组织、有计划地进行企业文化建设

（1）制订系统的企业文化建设计划，有计划、有部署地推行。

（2）企业文化的核心是企业员工共同价值观，它的成果必须是全体员工在实践中共同创造的。因此，公司的文化建设要吸引全体员工参与，有员工积极参与的企业文化，才是得人心的文化，才具有强大的生命力。

（3）企业文化是务实而不是务虚，不是单纯的政治宣传，而是公司新三年发展过程中的基础性管理手法。企业文化的推行结果，要为公司发展、员工利益和社会带来物质和精神利益。

对公司来说，目标实现，发展再上新台阶；对员工来说，自我价值得以实现；对社会来说，不断得到我们提供的精品工程，这是检验其绩效的标准，我们要为之而努力。

优秀的企业文化能塑造优秀企业的形象、优秀员工的品质。其内在的作用，是一种推动公司发展的动力，其外在的作用，是一种无形资产。内在的品质、其外在的表现，必然会被人感觉到它的品味，它的高尚，必然会受到业主的青睐。因此，优秀的企业文化，也是一种市场竞争力，是公司核心竞争力的组成部分。

企业文化的力量

深圳《装饰集团报》

张　德（清华大学经济管理学院教授、博士生导师）：**现代企业首选的是企业文化管理模式。**企业经营的成败，很大原因取决于企业文化。因为企业在重大决策、经营方针制定、领导班子建设及企业价值观的取舍上，归根结底都是企业文化这只无形的手在背后作用着。

现代企业制度管理模式由经验管理到科学管理，目前已进入到企业文化管理。经验管理是一种以人为本，实行人大于法的“人治”的人事制度，其弊端早就不言而喻了；而科学管理是“法治”形式下的制度化管理，不管什么人跟制度有矛盾，都要按制度办，这就要求制度要先进。在全球经济一体化的今天，非人性的制度管理已经很难适应企业、特别是跨国企业的管理要求。因此，将制度和人结合起来，用文化价值观来规范企业人行为的企业文化管理模式，就成了现代企业的首选。

中国企业的四种企业文化模式有：最为关心工作的权威模式，以关心人为重的俱乐部模式，而最理想的是两者兼顾的团队模式，但如果团队模式力度不够的话就会沦为中庸模式。企业文化并无绝对的优劣之分，关键是哪种更适合企业的发展状态，企业在做到有特色的企业文化后，方能掌握制胜的法宝。

牛　红（联想集团深圳公司总经理）：**建设一个坚强的斯巴达克方阵。**“人管人累死人，制度管人糊弄人，文化才能管好人”，这就是联想企业文化的内涵。建设一个坚强的斯巴克达方阵，将是联想文化管理建设与推进中的既定目标。

坚强的斯巴达克方阵中拥有的将是一支具有严明的组织纪律、富有朝气的队伍；一支具有极强进取心和崇高的敬业精神的队伍；一支始终保持危机感和责任感的队伍；一支不为小胜而轻狂、不为失败而气馁的队伍；一支能够把个人的追求和事业的成就联系在一起的队伍；一支能够互相协调、配合，相互补充的队伍；一支敢于坦陈自己的观点，公开自己的意见，不断发现问题、解决问题，不断自我完善的队伍，一支具有独特的亲情联系的队伍。这些就是联想文化在取得了巨大辉煌之后，走向新时期所必须具备的。

联想文化包含一种不断进取和创新的精神，完全没有骄傲与自满，放下过去的成就，走向更高的山峰。

我们之所以把 2001 年至今的时期称之为创业文化阶段，其原因就在于联想不愿背上“辉煌”的包袱，力求放下过去的成就，走向二次创业。

如何塑造优秀的企业文化？企业文化建设是“一把手工程”，要培养一支坚持价值观的领导层和管理层，将企业文化作为选拔人才的标准，将价值观文字化等。

段永平（广东步步高电子有限公司董事长兼总经理，硕士）：**企业上不去往往栽在没有好的企业文化。**企业文化不是企业文体活动，也不是喊口号，企业文化是长期经营实践中所凝结起来的一种文化氛围、企业价值观、企业精神、经营境界和广大员工所认同的道德规范和行为方式。中国很多企业上不去或活不长，往往就栽在没有好的企业文化。

我推崇“诚信、本分、寻常心”。有人问我，“小霸王”缘何在我离开后即陷入困境？其实，“小霸王”没有我也完全有能力好好地发展，但后来者却改变了规则，放弃了企业原先遵循的企业精神和企业文化。短视的企业行为，最终害惨了企业。

我早在数年前就认为某品牌走不远，原因很简单，在没有进入 VCD 行业前，我发现供应商都在骂该品牌厂商拿货后不给钱或拖延。当时我想，企业行为如此，它的企业文化也不会好到哪里去，一个没有良好企业准则和文化的品牌，迟早会出问题。

企业要讲究诚信文化，根据不同的行业特点，企业文化可以多样化和独特化，如开放式或保守型等，但万变不离其宗，企业文化的基点必须符合社会道德准则。

徐　源（小天鹅集团副总裁）：**小天鹅奥秘：“一二三”企业文化。**要是理念和文化错了，再好的企业也要失败。英雄型的企业在面临二次创业的家电行业中，已经越来越难以达到当日的辉煌了。

在今天经营成为一个系统工程时，英雄企业却出现了这样那样的问题，垮台的也不在少数。问题的症结在于，这些企业没有适时对经营注入文化内涵。

总经理在制定微观制度时，必须体现公平、公正、公开的原则，总经理更是执行制度的第一人，只有用制度约束企业人，用文化来规范企业人，才能保证企业的延续性，才不会因人的变动而引起企业的雪崩，这就是“制度第一”。

总经理必须是在不断变化的条件下都能够管理好专家的专家，必须是能够管理好团队的领导者，创立更为积极的组织机构，创造性地完成董事会赋予的任务，这也就谓之“总经理第二”了。

当今，企业最宝贵的资源是人才，这不只是指少数几个拔尖的人才和骨干领导，而是广大的第一线普通职工，只要他们的价值观与企业的价值观一致，并在企业在运作中得到充分体现，巨大的创造力就产生了。

因此，我们对员工的激励不仅是物质上的，更重要的是精神上的认同，“激励第三”也正是这个意思。

何士友（中兴通讯高级副总裁）：**产品可以复制但企业文化却无法克隆。**很多产品可以复制，但优秀的企业文化却无法克隆。企业的动力及凝聚力来自企业的文化，技术只是一个平台，没有一套较成功的文化的企业，生命力是有限的。企业文化可改变员工的旧有价值观念，培养他们的认同感和归属感，建立起成员和组织之间的依存关系，形成相对稳固的文化氛围。这正是中兴通讯迅速崛起之道。

中兴通讯所创造的一种文化是“充分授权”，即赋予每个团队足够的自由，信任每一个员工，并给以充分的发挥空间。公司还设立网上“内部人才市场”，允许员工的内部流动，鼓励员工寻找最适合自己的岗位，可根据自己的擅长，选择管理、业务和技术等不同岗位。

中兴通讯一直都在精心打造企业文化。中兴良好的企业文化是不少猎头公司“撬不走”中兴人的主要原因。

一些企业过分看重商业利益，过分注重物质激励，缺乏企业文化氛围的营建，而人才的竞争已日益激烈，尖端人才尤其看重人文关怀，缺乏企业文化的企业是很难长久维持下去的。

风生水起——南利品牌有文化的张力

中国建筑装饰协会常务理事　深圳市南利装饰工程公司总经理　**张玮文**

时下，包括南利公司在内的一些优秀企业CEO，都在思考一个问题：如何保证企业长高长大、长盛不衰，做成百年老店。

其实，麦当劳、可口可乐的含义不止是快餐、饮料本身，它们蕴含并演绎为“勇于冒险不断创新”的美国文化，这种文化底蕴通过产品、品牌等企业要素表现出来，事物都具有多面性，美国的文化培育丰富，造就了麦当劳、可口可乐等属于世界的大品牌。如果一夜之间麦当劳被大火付之一炬，它绝不会衰败下去，有形的实体远远赶不上无形的文化潜力。

品牌与文化的渗透、相互包容是企业营销手段所完成的，并以此形成独具魅力的企业文化体系。

企业文化是何物？企业文化是企业理念、宗旨、价值观、管理制度、工作环境 、员工素质及精神风貌的外化反应。已成为现代企业的第一营销力。

南利公司成立18年来，营销通路已完成了三个嬗变，抑或三个跳跃。即从“游击队”跳上“包工头”，跃上“正规军”，现在是从“正规军”向“儒商”的跳跃。

品牌的积淀需要文化的穿透。

风生水起，南利的品牌有文化的张力。

一、文化主题：听得见远古埙声厚重

在文化的主题下，确定企业理念、企业精神及操守规范，什么文化才是健康的文化？先进的文化？是阳春白雪，还是下里巴人，我认为几千年来厚积的儒学文化是必须继承并为之发扬光大。美国总统布什访问中国，在与清华大学学子交流时，对中国的儒学文化大加赞赏，尤其是对“忠、孝、仁、义、礼、智、信”的哲理，更是顶礼膜拜。外国领袖如此，炎黄子孙不可等闲视之。我们摒弃了常规式的口号，空洞无物的概念词，着重文化基石和精髓。以下是公司通过反复推敲，多方论证，符合司情和市情的企业文化主题：

1．企业目标：立足深圳、面向全国、进军海外、全面发展。

2．企业理念：按先进生产力的发展要求调整战略部署，按先进文化的前进方向深入企业文化营造，依托最广大人民的根本利益为出发点和归宿。

3．企业精神：高标准、严要求、团结进取、务实奉献。

4．质量方针：全员参与、全面管理、全过程监控、树名牌意识、优质高效、持续改进、服务顾客。

5．企业世界观：智者不惑、勇者不惧、诚者有信、仁者无敌。

6．企业团队观：南利团队，因您的参与而精彩；南利团队，因您的奉献显辉煌。

7．企业人才观：德才兼备可成事，有德无才会误事、有才无德要坏事。

8．企业理念观：理念，并不是理论、思想及实践活动本身，而且是蕴藏在这些理论、思想及实践活动背后起决定和支配作用的某种动机和信念。理念不仅是理性思考的过程，而且是实践活动追求的终极目标。

9．企业信誉观：一言九鼎、一诺千金。

10．领导人榜样观：其身正，不令而行；其身不正，虽令不从。

“南利人”修身的14句话

（1）天将降大任于斯人也，必先苦其心志，劳其筋骨。

（2）路漫漫其修远兮，吾将上下而求索。

（3）学而不思则罔，思而不学则殆。

（4）儒家七字：忠、孝、仁、义、礼、智、信。

（5）不以善小而不为，不以恶小而为之。

（6）君子三戒：少戒色、壮戒斗、老戒得。

（7）君子矜而不争，群而不党。

（8）君子不以言举人，不以言废人。

（9）君子周而不比，小人比而不周。

（10）德不孤，必有邻。

（11）君子坦荡荡，小人长戚戚。

（12）不同的乡音，共同的世界。

（13）知识是力量，品牌是卖点。

（14）务实见高效，服务见真章。

二、企业画册：看得见的现代文化风景

建筑装饰企业的营销通路不同于产品的营销通路，消费者对于产品的认知度是通过报纸、电视、户外、口碑获得，所以企业要做通路，开发市场，巩固终端媒体传播，声势巨大。但对建筑装饰市场来说，我们只是做终端，尤其是大型公装企业，花巨资做媒体广告是不划算的，因为我们的目标定位只是极少数白领阶层，只要仔细分析一下差异性，这些人大都有文化、有修养、品味甚高、担任领导职务。他们对市场的认知是非常理性的，有去伪存真的识别能力，看重的是企业领导人的榜样观和价值观，看重的是企业的文化氛围。

第4版“南利画册”一改过去简单的组合方式，从内容结构、版式进行全面整合，突出文化味、雅俗兼备。

“南利画册”全称应予理解为“深圳市南利装饰工程公司企业介绍图文册”，是面向社会、针对客户而系统地介绍企业历史、企业文化，介绍工程业绩的资料性文本。“南利画册”是社会各阶层、各类型客户了解、认知“南利”的第

一道窗口。鉴于此，画册的策划设计颇费心思：

1．以悠久的行业历史介绍南利。

2．以厚重的企业文化包装南利：虚实结合。

3．以过硬的荣誉业绩推广南利：突出主要、重点奖项。

4．以通俗的表现手法诠释南利：力求雅俗共赏。

画册的内容结构上分三大部分：

1．企业文化篇。

2．企业荣誉篇。

3．工程图片篇。

企业文化部分的内容、结构，分为：

1．企业历史。

2．企业世界观。

3．企业目标。

4．企业简介与总经理寄言。

5．企业组织架构。

6．企业理念。

7．企业精神。

8．质量方针。

企业文化篇务虚部分——企业荣誉业绩的内容、结构分为：

1．奖项文字介绍。

（1）鲁班奖项目。

（2）优质样板工程奖项目。

（3）改革开放二十年建筑装饰成就展奖项。

（4）其它奖项：奖匾、奖杯。

2．工程图片部分：

（1）含工程图片上选项目36个，以奖项编排为序，以重点工程为序。

（2）设计图片：以设计获奖作品为代表。

画册一经推出，受到项目经理、业主、上级领导的好评，来自北京、沈阳、福州、大连、昆明、武汉、郑州等地的业主在欣赏画册后，一致认为找对了合作伙伴，其实力和公司文化给业主百倍的信心。我们的初衷是：把文化做成营销力，通过实践，营销通路上一定要有文化的渗透、文化的张扬。

三、南利内刊：文化营销与人文精神的交融

南利是较早创办企业刊物的，在装饰界，南利是坚持不懈地办内刊。企业的内部刊物，不能公开销售，但可以公开赠阅。我在google网站搜索内刊，总共有10000个相关网面，“内刊”这个只有中国人才读得懂的关键词，在英特网上忽然成了时髦，其火爆程度已略见一斑。《万科》、《金地》、《万通》、《华侨城》、《先科电子》等印证一个流行标准：如果企业没有一本内刊，企业文化就值得质疑。

内刊《南利装饰》开始是不定期，2001年是双月刊，今年要发展成为月刊。内刊辟有“视点、前沿报告、理念探讨品牌战略”、企业文化、从业心得、市场营销、域外装饰、设计园地、装饰论坛、人力资源、行业分析、材料商情、政策法规、文学天地等20多个栏目，每期有一个重点，或推出优秀人才，或展示获奖作品，或传播行业动态。但版式不活跃，相关插图太少。

南利装饰既要面对公众，又要面对自己的员工，要对公众、员工承担责任和义务，要及时进行动态沟通，要推广自己的理念和服务，内刊正是发挥了这一功能。企业内刊对文化负有责任。第一，是对企业、对企业人进行教育；第二，企业要发出自己的声音。依靠大众媒体是不够的，要有一个发出声音的地方，我们在行业里倡导“把文化做成营销力”、“关注服务份额”、“新人文关怀”都是通过内刊传播给社会的。60%的文章被社会刊物转载。

企业内刊在倡导企业文化，促进加深企业文化的同时也打破了企业、行业性质的局限，建立了自己特有的文化姿态，并且具有一定的倾向性。诚然，这种文化倾向首先是以弘扬企业文化为倾向，《南利装饰》月刊在探讨经营管理、关注行业经济、传播健康文化方面下足了功夫，而随着知识经济时代的深入，经济必然摆脱赤裸裸的格局，渗入科技、文化、信息、人才等深层因素，从文化、科技的角度去看经济、成为内刊的亮点。

四、VCD、网页、企业之歌，文化路上的“商务通”

“从鹏城到祖国四方，我们营造着永恒的春光。每人都有一颗热诚的心，四海宾客都向往。我们的奉献像诗一样美，让大地更富丽辉煌，响亮的名字叫南利，让你生活充盈希望……”。

这首题为“生活充盈希望”的歌曲是南利的企业歌，由张玮文作词，广州著名作曲家谱曲，著名歌唱家杨鸿基演唱。企业歌曲在公司传唱，在大型活动中播放，近期在与中央台联络，参与企业之歌的评选。企业之歌在公司增强凝聚力和工作热情，在社会上增强企业的文化营销力，在与业主的沟通中，增强亲和力。企业之歌作为营销通路上的一个诉求点，取到了“四两拨千金”的商务功效。

1997年公司酝酿电子商务，1998年与中国最大的讯息网——中华企业网联袂推出“南利专页”，设立了公司简介、辉煌业绩、经营模式、信息反馈、招聘信息、商务洽谈几个专页。全面、公正、实事求是地反映了公司的概况，辅以数百张获奖图片，增加可视性和说服力。点击网页的人数与日俱增，远在新疆的宏大投资集团在访问了网页之后，即与公司取得联系，要求实地考察，经过比较，确定南利为“现代之窗工程”的装修单位，并于2001年底正式签订合同。公司平均三个月更换一次内容，除保留几个主要栏目外，不断地充实新的内容，让合作伙伴能在第一时间看到公司的变化和动向，反复刺激业主的眼球，以增强其信心。

VCD视盘是对外文化交流的另一个途径，用生动的画

面和逼真的现场感赢得社会各界人士的好评，画面切入 30 多个施工工地，时间跨度 1989 年—1998 年，从管理、技术、质量、安全、工程回访等细节，向社会介绍了南利的业绩和经营策略在公司展示厅，业主造访的第一内容就是看 VCD 视盘。富有动感的画面、翔实的解说、动听的配乐，在给业主留下美感的同时，也把品牌、信心扎根于业主心中。

五、公关活动，儒商营造的品牌一言九鼎

经过 10 余年的市场磨砺，南利的锋芒愈放光彩，1989 年在完成了亚运村工程以后，公司抓住活动时机，与中央电视台综艺大观剧组合作，举办了主题为"成功亚运"的综艺节目。人民大会堂万人厅工程完成后，公司在北京举办"南利杯"名人桥牌赛。同时，还举办了第一个全国性行业战略研讨会，并以南利装饰命名。脚下的路在走，身边的水在流。市场在变，人在变，知识融入经济的洪流。应变市场，南利以一种绅士儒商的姿态面对新经济时代的变数。

2001 年 12 月 21 日，南利公司成功地举办了一次公关活动，达到了"以小搏大，抢占商机"的目的。南利公司没有投入巨资去冠名一个球队，也不做铺天盖地的广告，切入点放在一个大型联谊会上，通过高层联谊会的形式来推广企业，展示企业风采。

广州花园酒店国际宴会厅。2000m^2 的大厅灯火辉煌，中外嘉宾云集，舞台上管弦乐队奏出异域风情的旋律，会标上"深圳南利装饰公司"几个大字璨璨生辉，格外醒目。由南利公司独家冠名的"迎九运——广州大都市之夜中外名流大型联谊会"正在有序进行，举办联谊会，搭建了一个不出国门的国际联络平台，这是南利参与国际商业联盟，让世界了解南利，实施"立足深圳、面向全国、走向世界"发展战略的一个极好公关活动。

北京申奥成功，各行业企业家都想方设法在其中占领商机。北京基础建设、体育场馆、宾馆、酒店的扩容之大都为装饰行业带来巨大商机。该活动的时机、性质为"南利"品牌宣扬与在体育运动领域占先机，有着积极的作用。参加联谊会的有广东省委省政府、广州市委市政府的领导，外国使节，中央直属代表，全国各省市驻广州办事机构领导，省市与社会各界精英的参与，活动为南利进一步为国人认同，为日后全国各省市的工程项目信息的来源，埋下了一个很好的伏笔。社会业界精英的参与为南利吸纳优秀项目经理创造了条件。

活动的成功只是品牌推广的第一步，这种潜在的效应随着口碑传向四面八方，未来的收益将是以百倍的速度放大。说来也巧，五星级花园酒店看中了南利，并与南利签订了装修合同，还有很多商家正在和南利洽谈磋商。

极少的投入，换来丰厚的回报，南利的品牌给社会是一种实力，给商家是一种信心，给自己是一种鞭策，那就是智者不惑、勇者无惧、诚者有信、仁者无敌。

时代的音符　明日的交响

——深圳海外装饰工程公司企业品牌建设

深圳海外装饰工程公司　企划部经理　**赵春生**

作为"海外人"，我为海外走过的二十年不平凡的历程、取得的辉煌业绩而自豪。但在半年多的时间里，自己除了加强对企业品牌和企业文化的深入理解之外，还听取了很多员工，包括部分主要管理人员的不同声音，也看到了很多值得深思的现象，内心激发出想写一点东西的冲动，在这里提出自己粗浅的见解，也算作是抛砖引玉吧，希望能为推动深圳海外装饰成为国际名牌企业，建设成名牌文化，尽一点绵薄之力。

古人云："一生二、二生三、三生万物"。企业拥有了品牌，就拥有了巨大的财富来源。

改革开放 20 多年，名牌从梦想走进了现实，并日益深入人心。品牌概念也如陈年佳酿，随时间的推移，凝聚了更加丰富的内涵和迷人的魅力。

联合国的一项调查数据表明，在全球的企业品牌中，名牌不足 3%，却占据了 50%的市场销售份额，这是为什么呢？品牌作为企业的无形资产，它本身就可以作为商品被买卖，具有增值作用。可口可乐公司在世界上的生产线即使全部瘫痪，银行都愿意为其提供 300 亿美元的无偿贷款，所以可口可乐公司曾经宣称"如果一把大火把世界上所有的可口可乐工厂烧毁，可口可乐依然会是饮料界的大王"。所有这一切无不证明了一个至关重要的事实：品牌在企业中发挥着极大的作用，而名牌有助于树立企业形象，扩大企业的影响和市场竞争力，从而提高企业的经济效益和社会效益。打造未来市场竞争中的强势品牌是企业角逐的"锈手锏"，塑造企业品牌形象工程已是企业发展的必然选择！

一、早走一步　海阔天空

当品牌还没有成为企业刻骨铭心、梦寐以求的需求的时候，一切不过是口号、幌子，是附庸风雅，这样造就出来的品牌像是虚假产品，质量太差，所以也就不难理解，中国品牌为什么常有如雷贯耳的名品牌可以顷刻间倒下的怪现象了。

实施名牌战略，是树立名牌企业形象、提高企业竞争力

的必然选择。中国许多优秀企业的实践都无可辩驳地证明了这一点。

前一段全国都在学习海尔，仅我们公司就已经组织了三次外部学习，并购买《海尔中国造》发给员工组织学习。通过多次的学习，我们该从什么样的视角去看，去理解，去思考海尔的成功呢？

1998 年著名的《金融时报》曾报道：亚太地区最具信用的公司里，中国海尔品牌名列第七；在电器、信息技术、电讯行业中，海尔的信用排名第三。在马来西亚最大的连锁家电超市 1998 年底的销售排行榜上，海尔品牌以 38%的份额排在了日本、美国的品牌前面。这些国际殊荣的获得，是海尔集团实施国际名牌战略从而塑造出良好国际形象的关键。

张瑞敏总裁创作的"海尔交响曲"中重要的一个乐章，就是创国际名牌，树国际信誉，塑造名牌企业形象。海尔创立之初的 1985 年，张瑞敏砸冰箱的戏剧化举动象征性地宣告了品牌战略的启动。此后的六七年间，海尔完善了生产过程的全面质量管理，以企业管理者对生产过程和企业员工的权威为前提，结合市场化的用工制度、信赏必罚的激励和约束，以及各种严格的规章制度，形成了一套以人本主义为核心的企业文化。在此基础上，海尔在 90 年代初提出了其特有的 OEC 工作法，即全方位全过程的控制和清理，后来被概括为著名的"日事日毕，日清日高"。海尔从 1990 年开始，采取了"先难后易"的出口战略：首先把目标瞄准用户需求水平最高、也最为挑剔的欧美市场。当时德国人不相信刚刚学会生产家电没有几年的中国，会生产出性能优质的产品，会形成名牌，不允许海尔打自己的品牌参加家电博览会。结果海尔的产品和德国的产品都撕去商标摆在一起，经过检测，没有发现质量问题的多数都是海尔的产品，从此海尔一炮打响，创出了品牌。

海尔在销售方面推出星级服务的概念，并且更多地倾听和了解顾客对产品的使用体验，并将其反馈到产品设计和制造过程中去，在消费者心目中树立起质量超群的国产品牌形象。以星级服务为特色的营销方式和以顾客为导向的产品改进与开发，与 OEC 工作法三位一体，组成了一个高效率、高品质的运营体系。以这样一个系统为基础，并配合以"真诚到永远"一类的广告宣传，品牌的创立和提升是水到渠成的事。更重要的是，此种系统构成了海尔当时企业知识的主要基础或核心能力的基本平台，并在国内企业中处于领先位置。

张瑞敏砸了冰箱以后，就无需再砸彩电和空调了，所以多元化是品牌战略的合乎逻辑的结果。这种多元化的好处不仅在于分散风险，更在于寻求更大的市场空间。同时，正是因为海尔作为一家出类拔萃的企业，在走并购企业之路时，较之被并购企业有着在管理方法、组织制度和企业文化上的优势，它才能较成功地克服企业文化的冲突，实现有效的整合。在这方面，海尔的"企业文化先行"、"激活休克鱼"的故事已经流传甚广。

海尔坚持创国际名牌、树立国际信誉，在国际市场上逐步塑造出良好的企业品牌形象。这也许就是海尔能够在亚太地区最具信用公司的角逐中，战胜许多日韩著名企业晋升十强，为中国民族工业争得荣誉的根本原因。

二、深圳海外装饰名牌战略的实施

20 世纪 80～90 年代，是中国建筑装饰行业发展最快的时期，改革开放前，人们无论 如何想不到，建筑装饰行业会成为我国一个年产值达 6600 亿元的庞大产业。中国的建筑装饰行业的发展同国民经济一样，只用了 23 年，就创造了一个世间奇迹。

（一）风雨兼程　铸就辉煌

深圳海外装饰在 20 年的发展历程中，依靠几代人的艰苦创业、顽强拼搏，已经在中国装饰业中占有一席之地，培养和造就了一批人才，深圳海外装饰品牌也在业内有了一定的知名度。

1．市场份额与布局情况

2000 年全国建筑装饰行业总产值 5500 亿元，公共装饰占 45%，达到 2500 亿元，装饰行业发展速度达 20%。2001 年我国建筑装饰行业仍保持 20%的发展速度，全行业产值达到 6600 亿元，其中公共装饰占 47%，达到 3102 亿元。

2001 年我国装饰工程产值过亿元的一级装饰工程施工企业有 36 家。据有关统计数字显示，深圳市 2001 年完成装饰工程产值过亿元的公司 9 家，按数量依次为海外、洪涛、方大、工业总、瑞和、装饰集团、南利、广田、长城。

截止 2002 年 9 月，深圳海外装饰签订合同额达 4 亿元，完成产值 1.8 亿元。与 2001 年同期相比，实施合同额同比增长 13.5%，完成产值增长 7%。

多年来，深圳海外装饰足迹遍及全国 29 个省、自治区、直辖市的 100 多个大中型城市，承建了一大批在全国有影响的重点工程，尤其是做了很多的高档星级酒店、机场、商场、银行写字楼装饰工程。

在稳固国内市场的同时，作为国内电早到境外承建工程的装饰企业之一，深圳海外装饰一直注重开拓境外市场，具有代表性的境外工程有蒙古乌兰巴托百货大楼和白云格勒宾馆、阿尔及利亚松树俱乐部、新加坡安国酒店、香港新华社办公楼和驻港部队办公楼等工程项目，这些都展示了深圳海外装饰良好的企业形象和整体实力。同时，在长期与境外公司及政府打交道的过程中，深圳海外装饰也积累了大量参与国际市场竞争和项目管理的宝贵经验。

2．装饰行业企业数量及资质对比情况

据《中国建筑业年鉴》，我国建筑装饰企业 2000 年是 30 万家，2001 年为 35 万家，增长了 16%，从事公共建筑装饰的约占 15%，即 5.25 万家，深圳市的公装企业有 200 多家。从资质情况看，拥有装饰工程施工资质等级的企业 3.2 万家，占全国 35 万家装饰施工企业的 9%。从事家庭装饰工程的企业的绝大多数没有资质，从事公共建筑装饰具有资质的企业约占 5.25 万家的 35%， 即 1.8 万家，深圳市具有一级资质的 28 家，国有企业占多数。有装饰工程设计资质等级的单位 900 多家，占全国 2000 多家装饰设计单位的 45%。

据建设部 2002 年资质公告：全国现有建筑装饰一级施工企业 466 家、甲级装饰设计企业 267 家，同时具有一级装饰施工和甲级装饰设计资质的 180 家；建筑幕墙一级资质企业 90 家，甲级幕墙设计企业 90 家，同时具有一级幕墙施工和甲级幕墙设计资质的 63 家。

深圳海外装饰现在拥有建筑装饰甲级设计资质和专业承包一级资质；建筑幕墙设计甲级设计资质和专业承包一级资质、园林古建筑工程专业承包一级资质、机电设备安装工程专业承包二级资质、钢结构工程专业承包三级资质、建筑智能化工程专业承包二级资质、物业管理乙级资质，是国内拥有资质最多的装饰企业之一。这些资质的取得，拓宽了公司经营领域，使企业走上规模化、专业化发展的轨道，为进一步占领市场创造了十分有利的条件。

3．人力资源对比情况

我国建筑装饰工程从业人员 2000 年是 800 万人，2001 年达到 850 万人，占全国 4000 万建筑业从业人员的 21%，所增长的 50 万人主要是家庭装饰从业者。从事公共建筑装饰的约占行业从业人员的 35%即 300 万人。这说明我国装饰工程劳动力市场已经形成。

我国装饰设计从业者约为 20 多万人，多数在非国有企业中供职。经调查，深圳洪涛装饰工程公司现有员工 480 余人，其中中级以上职称人员共 70 人，专业设计师 60 人，一级项目经理 21 人，全国第二多。深圳长城装饰建筑装饰工程公司员工 120 余人，中级以上职称人员 20 余人，一级项目经理 6 人。

在深圳乃至全国同行业相比我公司在人才总量与各专业人才的分布上，我们占有很大的优势。

深圳海外装饰在 20 多年的发展中，培养造就了一大批优秀的市场营销、管理、技术、设计等方面人才。拥有各类管理人员 380 多人，其中教授级高工 1 人，高级职称 12 人，中级职称 74 人；以学历来分类，有硕士研究生 9 人、大学本科生 106 人、大专毕业生 80 人，大专以上学历占总人数的 51%；现有专业设计人员 108 人，其中一级注册建筑师 3 人；英国皇家特许建造师 2 人；国家注册审核员 6 人；一级项目经理 60 多人，占深圳市一级项目经理总数的近 1/3；二、三级项目经理近 70 人；中建总公司优秀项目经理 8 人，全国优秀项目经理 1 人，在 2001 年度获此称号的 360 多人中仅有 3 名是来自装饰企业。强大的人才优势为深圳海外装饰的持续稳健发展提供了强有力的支持。

4．体系建设与主要奖项获得情况

截至 2002 年 9 月底，全国通过 ISO9000 族标准的装饰企业达 267 家，排在前四位的是：广东 70（深圳 58）、北京 24、上海 25、江苏 22。

深圳海外装饰在 1998 年通过 ISO9001—1994 质量保证体系认证，2002 年年初开始着手策划建立符合 ISO9001：2000、ISO14001—1996、OHSAS18001 质量、环境、职业安全健康的管理体系，现已进入试运行阶段，并计划在 2002 年底通过“三合一认证”。现全国已有深圳瑞和装饰工程有限公司、北京市建筑工程装饰公司、中建三局深圳装饰设计工程公司、上海蓝天装饰工程公司四家相继通过“三合一认证”。

从获得“鲁班奖（国优）”的情况看，1990～2001 年，我国共有北京、上海、天津、广东等 17 个省市区的 90 多家装饰企业荣获 125 项“鲁班奖”。获“鲁班奖”前六位的装饰企业依次是：武汉凌云建筑装饰工程有限公司有 13 项；深圳海外装饰工程公司有 11 项；中建三局东方装饰设计工程公司有 7 项；深圳市建筑装饰（集团）有限公司（原深圳市建筑装饰总公司）有 4 项、深圳市深装总装饰工业工程有限公司有 4 项、深圳洪涛装饰工程公司 4 项。

除“鲁班奖（国优）”外，20 世纪 90 年代以来，深圳海外装饰还获得了“1994 年全国信得过建筑装饰企业”、“全国优秀施工企业”、“重合同守信用企业”等 21 项国家级和省市级殊荣；获省、市级以上优质工程奖 50 多项。

我们虽然已经取得了一定的品牌优势，但离大众心目中的名牌的距离还很远，成长为国际驰名品牌的道路还很长。

（二）深圳海外装饰实施名牌战略的思考

进入 21 世纪，我国建筑装饰行业虽然仍然保持 20%以上的发展速度。但是，中国加入 WTO 以后，国外同行先进企业也将大量涌进国内装饰市场，他们的优秀品牌、先进企业文化、管理思想、管理模式、技术、资金、人才、机制等很多方面都会对国内装饰企业产生很大的冲击，国内市场的竞争也会更加激烈。

实施名牌战略已经成为新企业立足与发展、老企业二次创业再铸辉煌的必然选择。那么深圳海外装饰应该怎样实现名牌战略呢？这既是一个重要的理论问题，又是一个重大的实践课题。

1．走出认识的误区　才能先行一步

我们都听说过盲人与大象的故事。当不同的人触摸大象时，得到的是不同的结论。第一个盲人摸到了大象的鼻子，说大象像树藤；另一个盲人摸到了大象的腿，说大象像一个柱子；第三个摸到了大象的尾巴，就说大象像一个绳子；第四个盲人摸了一下大象的身子则说大象像一堵墙。所有的盲人都说得对，但所有的盲人都犯了最本质的错误。对企业品牌的认识也是如此，它的定义远远要比它的解剖部分的总和多得多。

品牌是企业形象的突出反映。品牌不仅仅是商标、广告，对顾客来讲，它体现了产品所拥有的价值，是与产品、服务和企业本身相关的一种持久、可信的价值承诺，并标志着承诺的来源。正如商标的功能在于能够被消费者发现并识别出来一样，品牌的价值承诺也必须明确地体现在公司的商业行为中，并且最终体现在产品和服务中。

如果员工对品牌概念很模糊，是不可能做到对公司品牌有十足信心和激情的，这就将培训提到了一个高度。入职和在职培训，首先保证将品牌理念灌输到所有员工头脑中，让每个员工清楚地了解公司品牌的核心定位是什么、有些什么最新变化；其次让他们知道自己所在的职位能给品牌带来什么样的影响，个人的工作和品牌有什么样的关系，同时，自己能做什么，做到为公司品牌建设各尽其职。与内部培训相结合，走出去学习更是必不可少的。环境是复杂的，竞争也是很无情的，市场不相信眼泪，强势品牌发展之路，就是一个在激烈的竞争中，在“外脑”的帮助下，不断积累学习、滚动发展的过程。今年年初公司选派一批人员赴欧洲考察，并决定2002年底或2003年初奔赴美国考察。而公司“三合一”体系的策划，就是在2001年年底到北京考察之后，才下定决心的。这些都是深刻领悟这一点而做出的重要举措。

2002年初深圳海外装饰顺应时代的变化，适时地提出实施品牌战略，建设国际名牌企业和名牌文化的战略目标。但是，有相当一部分人员甚至是主要管理人员，对企业品牌建设不以为然，只重市场而轻视品牌，认为“现在经营这么好不是品牌的力量是什么？!”，或“对接市场主要靠关系，品牌起不了作用，”不理解品牌建设的重大意义；有些人虽然认为有必要，但理解上不够全面，认为做形象，通过一些方式宣传即可达到品牌建设的目的；更有甚者，缺乏全局观念，站在已经取得的成就上沾沾自喜，盲目乐观，缺乏危机意识和紧迫感。当我们尝遍所有的甜头再摔遍所有的跟头之后再谈品牌，恐怕为时已晚，最终不但会失去市场，甚至会将企业推向毁灭的深渊。

如何把企业品牌战略落在实处，而不仅仅流于空口号呢？应该把公司品牌的长远发展目标与员工个人的职业生涯追求结合起来，并用具体的激励与约束制度作保障。现在大多数员工注重的不是多挣几个钱，而是希望在付出的同时学到新东西、得到个人发展，只有这样，工作才不仅仅是谋生的手段，还能实现个人的价值，给个人带来快乐，员工也才会愿意为公司的目标付出。因此，工作的计划性和考核性就要很严格，并要有可以量化的指标作依据，否则考核就是流于形式，作表面文章，而且也体现不出公平、公正。

2．努力实现科学化管理

质量是品牌的核心，没有好的质量保证，品牌将成为失水的玫瑰、无神的眼睛。

高质量离不开优秀的人才和先进的技术，更离不开科学的管理。科学的管理是质量的保证，也是高效率的前提，只有不断提高企业的劳动生产率，才能创造出更多的优质工程产品。在人们今天庆贺海尔等中国名牌的时候，一定不会忘记十几年前我国企业大举引进国外设备和技术的教训。当时引进的先进的设备，在我们的企业手里却没有成为阿拉丁的神灯。

现在的广告已变得越来越无效，却越来越昂贵。我们必须深刻地认识到，品牌远不只是企业的名称，成功的品牌实际上包括整个业务流程，从原材料的选择到最终的售后服务。而顾客购买的也正是这整个流程，而不仅是单项工程产品。它涉及各个功能步骤，需要在整个业务流程的每个环节做出决策和行动。这是公司整体商业战略的核心。我们要专注的并不是对业务流程上每一环节做静态评价，而要通过新的合作关系、各部门之间的协调以及创新来重组新的业务流程，整体性的公司品牌整合，对现存品牌进行创新，加强与顾客的关系等等，都要求在业务流程的每个环节都做出选择，而不仅仅是市场营销方面。

2002年年初，针对深圳海外装饰缺乏系统管理的弊端，公司适时地提出建立各项管理体系和管理制度，策划并推行质量、环境、职业安全健康“三合一”管理体系，以规范管理，不断提高管理含量。这一举措得到了多数员工的理解和支持。但是，在“三合一”管理体系实施中，困难还很多，原因是还有一部分人对加强管理、实施“三合一”管理体系有抵触情绪，认为这不会带来效益，反而增加了工作量，甚至是增加了负担，于是他们阻碍体系的实施，或者使得体系无法实施。现在体系已经正式颁布有一段时间了，运行的情况究竟怎么样呢？再去实地看一看，我们的项目管理水平究竟是一个什么样的水平，是不是能够真正代表深圳海外装饰的水平？

我们以前施工的项目，出现过吊顶局部脱落、人员伤亡等等一系列的问题，难道是偶然吗？那是一个缺乏管理的企业所产生的必然后果。试想，一个管理缺乏的企业，怎么能够持续地满足客户的要求，怎么能够赢得市场的主动权，又怎么能够保持企业持续稳健地发展呢？

“前事不忘，后事之师”，许多深刻的教训就摆在我们面前，该是我们警醒的时候了。

3．重视企业形象塑造

企业形象主要是企业的经营哲学、价值观、精神、目标等通过对员工的影响，在产品、服务和广告上的综合反映，主要是为通过对提高企业的生产和服务的效率、质量来占领市场的。

深圳海外装饰要想成为国内驰名品牌甚至国际名牌，就必须具备高质量、高品质、高信誉以及完美的设计、独特的技术、优质的服务等条件，但符合这些条件并不表示就一定称得上名牌。名牌没有绝对的标准，而只有相对的标准，这种相对的标准掌握在社会公众心中，只有得到他们的真心认可和大力赞誉才是真正名牌。企业形象的塑造和提升，正是使企业及其产品成为名牌的必由之路。而且，名牌的上述条件本质上是对企业形象从观念层次、行为层次和视觉层次的全方位要求。

只有主动实施企业形象战略，自觉树立良好企业形象，才能够把这些看似复杂的条件有机地结合在一起，成为一个完整的统一体。只有品牌形象达到一定水平，企业才可能跻身名牌的行列。因此，树立和提升名牌，又不可能脱离整个企业形象的塑造。公司重新装修办公楼，对员工仪容仪表和工作作风的规定、重新设计宣传画册等等，都是为了提升企业品牌形象而做出的重要决断。我们只有深刻地认识到企业品牌形象的重要性，才能有意识、有步骤、自觉地从自身做起，从而才能加快企业品牌形象的建设步伐。

4．品牌要有个性

品牌的个性是赋予品牌的内涵。没有个性的品牌容易被人们遗忘。品牌之所以能成为名牌，其根本原因就是品牌深深地打动并影响了众多的消费者。也就是说品牌个性必须迎合消费者的价值追求。“耐克”以运动彰显品牌个性。随着全民运动的普及，“耐克”将产品定位为大众化时，采用在风雨中骑自行车运动员一往无前的形象，阐述一种不屈不挠精神，强调人与自然抗争，顽强战胜自我的精神状态。这个创意打动了消费者的心，让产品与消费者之间建立起一道心灵的桥梁。“耐克”在风雨和动感视觉中，传递了自己的价值观。任何一个成功的品牌，都有它的个性。“IBM”理性、尖端、成熟的蓝色巨人个性，都是品牌立足于不败之地的基石。深圳海外装饰企业形象塑造也要遵循这一原则。

5．加强企业文化建设

创建名牌企业，不是最高管理者对潮流的追随，也不是企业的短期行为或孤立行为，而是企业最高目标统帅下的一个战略选择。

实施名牌战略，最高管理者强烈的名牌意识固然非常关键，但名牌战略的实现却要靠全体员工的共同努力。企业提升品牌形象，提高品牌价值的实践，必须成为每一名员工的自觉意识和行为。而要达到这种“上下同求”的境界，决不是企业领导者的行政命令和重奖重罚就能够奏效的。只有在企业最高目标指引下，建设代表先进文化的企业文化，充分发挥企业哲学、企业精神、企业价值观等文化因素的作用，才可能将良好的愿望变成美好的现实。它可以促使广大员工发自内心地认识到实施名牌战略的巨大意义，看到自身劳动在创造名牌过程中的重要价值，感受到名牌对自身素质、能力的更高要求，从而积极工作、努力进取，在向社会提供优质的产品和服务的过程中去实现人生的价值，并从中真正品尝到作为名牌创造者的巨大快乐。很难想象，没有良好的企业文化的企业可以创造令世人瞩目、生命力长久的名牌来。

在海尔，“真诚到永远”被诠释为包括“用户永远是对的”和“用户的困难，我们的课题”在内的一系列行为准则。对前者，有事例说明，青岛的一个老太太买了海尔的空调，因为打车不当，被出租车拉着空调溜了，在老太太欲哭无泪的时候，海尔主动承担责任免费赔偿了一台空调。宁波毛宗良步行几里地背洗衣机送到用户家中。这样的例子，在海尔还有许多。

同时，名牌战略的实施也会对企业文化建设产生积极的推动作用，在前面的企业实例中能够很清楚地看到这一点。企业文化的发展、良好形象的塑造，必然又会带动企业的产品质量、服务水平的进一步提高，扩大品牌的影响，赢得更好的信誉，从而对名牌的形成、发展和成熟发挥更加巨大的作用。因此可以说，企业实施名牌战略的过程，客观上也是加强企业文化建设的过程。

深圳海外装饰在从 2001 年底开始进行的征集企业理念活动，标志着企业文化建设工程的正式启动。我们提出的企业文化的“十二个定位”，是属于企业文化的精神层范畴，出台的一系列管理制度、“三合一”体系是从制度层出的规定，而编辑出版《深圳海外装饰》的目的就是为推动公司的企业文化和企业品牌建设。但最终只有全体员工真正理解其内涵，成为我们每一个人的行为准则，并通过实践来推动它的不断完善，企业文化和企业品牌的道路才会越走越宽、越走越远。

俗语讲，“桃三杏四，苹五李九”。意思是长成一棵桃树需要 3 年，杏树需要 4 年，苹果树需要 5 年，李子树时间长一点要 9 年，但总归是 10 年以内。而做品牌却不一样，做国际驰名品牌就更不一样，就像做人一样，要年年浇灌年年养，活多少年才算“成才”就全靠内劲。“可口可乐”经历了 100 多年的风雨洗礼，“柯达”等强势品牌的造就也非一朝一夕之功。它们强大的品牌价值是靠长期的产品品质管理和创新，市场经营管理一点一滴积累出来的，并且不断地依据市场反映进行修正，使之不偏离品牌的内涵，才有今天卓越的成就。

“路漫漫其修远兮”，深圳海外装饰品牌建设绝不是一蹴而就的，也不是一两次促销、一两支广告、一两个营销策划方案就能解决问题的。我们期待着，也预祝深圳海外装饰的品牌战略走向更大的成功。

以企业文化为核心　树精品意识　创品牌企业

深圳市美术装饰工程有限公司总经理　中国建筑装饰协会理事　中国建筑学会室内设计分会理事　**李少奎**
深圳市美术装饰工程有限公司总经济师　**张志林**

深圳市美术装饰工程有限公司是深圳装饰行业最早的国有企业之一，1990 年首批被国家建设部批准为建筑装饰工程一级施工企业。1994 首批被国家建设部评为建筑装饰工程甲级设计单位。1994 年被中国建筑装饰协会评为“全国信得过建筑装饰施工企业”。获得 1999～2000 年度中国建筑装饰协会优秀单位。多次被评为深圳市装饰行业优秀企业，并荣获 1999～2000 年度“深圳市守法纳税大户”称号。2000 年被深圳市委市政府评为“深圳市文明企业”，并荣获深圳市“重合同、守信用”企业，连续多年被中国工商银行深圳分行评为“AAA”信誉企业。1999 年公司通过了 ISO9001 质量体系认证。

20 年来，公司一直坚持用“传统与创新相结合，铸造艺术精品”的企业精神和“树空间艺术精品意识，创一流管理品牌企业”的质量方针作为自己的最高追求、价值取向和行为准则。公司从规模较小的设计公司，发展成为今天的建筑装饰行业的知名企业，企业文化的建设起到了重要的作用。

一、设计文化　创作之魂

现代装饰是文化、技术、艺术与现代科技成果不断创新的结合。设计除满足项目的各种功能需要，最重要的就是要充分地展示文化的魅力，也就是既要有其“形”，更要有其“魂”，艺术精品的意义就在这里。美术公司地处深圳，中国改革开放的窗口和前沿，在技术和现代科技成果等方面有着得天独厚的优势，但在文化和艺术方面，如何表达出项目所特有的历史文化意韵、如何具有“美”的特色，如何成为“精品工程”一直是公司的不懈的追求。这些年来，公司始终坚持设计的“四要”原则，即“一要表现文化内涵、二要体现传统与创新、三要铸造艺术精品、四要有‘美’的感召力和认知度”。为增加设计师的文化内涵，公司经常组织设计师在工作之余进行艺术作品创作，这些作品有国画、书法、雕塑、摄影等。一些同志为了设计出优秀的作品，不辞辛劳认真学习当地文化，走访千家万户，跋涉当地的崇山峻岭之中，目的是激发创作灵感，力求通过材料的选择、色彩的对比、造型的语言、以及创新的展示方式，在设计作品中能够最充分表现出具有浓厚文化品位特色的项目作品。

如获得 2001 年度鲁班奖（国优）——我们设计施工的杭州萧山机场航站楼装饰工程，就是设计师在对当地文化及人文历史背景进行深层次理解的基础上，进行大胆创新的结果。该设计充分利用“浅灰色调”体现了江南地区一种柔美、含蓄的人文气质。出发大厅入口处和贵宾厅通过一组反映杭州特有的文化题材与景观的浮雕，艺术的表现了江南的文化遗传，突出了西湖文化的主要象征。在强调历史文化的同时，设计师也与时俱进，强调生态环境，营造绿色空间，充分利用玻璃幕墙的通透特性，将阳光、空气、绿色景观引入室内。

又如我们设计施工的湖南省博物馆，该博物馆是基于出土的马王堆文物地重建的，在出土文物中，最著名的文物之一就是 T 字型“绢画”，设计师注重文化氛围，在装饰设计风格上，大胆地在门厅和电梯厅引入“T”字型设计，充分展示了具有代表意义的古代文明。在这里传统理念得到尊重和发扬，设计思想既汲取了传统文化的语言，又利用现代的手段，创新地表现出历史文化和古代文明。

再如我们设计的深圳波尔卡 NO1 迪斯科广场，通过模仿在海洋中的一条老式军舰，来表达孤独、漂泊充满神秘感的海底兵营。在装饰材料应用上，多种建筑用的钢材旧机械配件及水泥油漆，使其突出一种“酷”的激情。设计师的重金属概念、机械化概念、强权军事概念的反复运用，以及大量超常规装饰尺度的运用手法，营造了一种“要么在压抑中爆发，要么在压抑中消失”的气氛，该项目获得了亚太地区设计方案酒店娱乐类二等奖。

二、形象文化　企业之骸

形象文化是企业文化内部价值观的一种客观表现，是企业文化整体素质的综合反映。要树立良好的企业形象，形成良好的社会影响，其企业文化建设尤为重要。几年来，公司力求通过理念形象，员工形象，品牌形象，服务形象，CI 形象，现场形象来深刻表达与企业文化相统一的内涵和整体素质。“树空间艺术精品意识，创一流管理品牌企业”是公司的质量方针，为强化统一形象，公司将其做成带有 CI 形象的标牌树立在每一位员工的办公桌上，并在公司会议室最明显的地方悬挂,这些形象性的企业文化潜移默化地感染着每名员工，也影响着客户对公司的印象。走进美术公司，虽然装修并不很富丽堂皇，但你能感受到文化的内涵，首先是办公环境，会被那长长的艺术走廊所吸引。它不仅体现了公司的业绩，更是高层次的艺术底蕴的表现。从一个个版面、一张张照片，再加上不可缺少的背景衬托、都折射出公司的实力和艺术的水平。中装协的领导到公司检查工作，认为美术公司是留下最深印象的企业之一。

同时，公司非常重视施工现场形象，把文明施工看成是公司对外塑造品牌的最好途径。公司要求每个施工现场要认真做到标准化和规范化。必须通过施工管理的“四个三”来展示企业文化的内涵。“四个三”即：“三统一、三落实、三把关、三个有”。“三统一”：统一质量规范（ISO9000）、统一CI形象、统一工人服装。“三落实”：管理机构落实、管理人员落实、管理措施落实。“三把关”：原材料质量把关、施工工艺把关、工程质量把关。“三个有”：防火管理有制度、高空作业有措施、安全监督有专人。例如：公司承接的重庆某五星级酒店，严格按照公司的现场规范化要求施工，不仅现场工人服装统一，而且对员工的行为也进行严格的规范。仅举一例，为体现为五星级酒店施工队伍的作风严谨，公司要求工人上下班乘坐电梯均要排队上下，进出工地要井然有序，表现现代工人文明施工的风貌。这些做法，给业主留下了深刻的印象。酒店为此又给公司增加了本工程更多的施工项目。这些年来，公司注重现场文明施工，注重企业形象塑造，通过现场严格的管理，完善的制度，有力的措施，很好的展示了企业形象。

三、服务文化　信誉之本

按照WTO的有关规定，建筑装饰业在国际上被称为服务业，是属于服务贸易范畴。虽然合同关系中甲乙双方是平等的，但服务的概念就是要求施工方要体现业主的意图，服从业主的指挥、为业主提供满意的服务。公司的服务理念叫做“换位思考”、“三负责”、“四个一”和“三个不”。“换位思考”就是要站在业主的位置思考问题，想业主之所想，急业主之所急；“三负责”即要实行对项目建设、业主方、社会三负责；“四个一”即“建一项工程、立一座丰碑、得一致赞赏、占一片市场”。“三个不”：即“不留尾巴、不过河拆桥、不人走茶凉”。要让业主感到这样的合作单位是值得信赖的企业。

如我们在广西施工的某酒店装饰工程，由于工期紧，任务重，连业主自己对按期完工都有所怀疑，但当公司了解到业主的困难后，立即做出决定，不向业主提任何条件，不讲任何价钱，确保项目提前完工。经过周密计划，合理组织，连续加班加点，最后顺利的实现竣工，酒店按期荣膺四星级并恢复营业，对此业主非常满意，他们动情地说，是美术公司帮助我们顺利地实现了荣膺四星级。又如公司施工的江苏省某工程，由于业主对工程项目多次提出现场修改意见，甚至施工后，业主还要求修改，公司本着自己的服务理念，都予以满足。最后业主都为此感动，主动提出要给公司增加合理费用。工程结束后，公司都通过客户回访制度，让业主真正感到服务的延伸，人走茶不凉。许多业主对公司重视质量、重视信誉的服务，给予很高的赞扬，他们说：“美术公司不愧为一级企业，设计、施工、管理是一流的，信誉、服务更是一流的。”公司每到一处都赢得了良好的企业信誉，积累了无形资产，也得到了一片市场。几年来，公司把服务质量看作是参与市场竞争的根本，一直坚持自己的服务理念，视企业信誉为生命，通过经验丰富的施工队伍，先进的设备，优良的工程质量和独有的艺术风格等一系列服务为公司赢得了很高的企业信誉，得到了社会各界的信任和支持。

四、管理文化　业绩之核

“管理是一个企业永恒的主体”，面对竞争激烈的市场环境，针对装饰行业点多、面广、战线长，招标、定额不规范，材料繁多、价格悬殊、资金分散、假冒伪劣充斥整个市场等特点，如何立于不败之地。严格的管理、过硬的作风一直是公司的座右铭，公司始终把管理当作主线来抓，坚持靠管理出质量、靠管理出效益、靠管理创品牌。坚持以ISO9000质量体系为核心的质量管理、以合同管理为核心的过程控制管理、以规范化、标准化为核心的现场管理和以财务管理为核心资金结算管理。

公司于1999年通过了ISO9000质量体系认证，在实际的工作中，我们严格按照ISO9000质量体系文件规定执行，严把质量关，真正的把公司的企业精神和质量方针贯彻到质量的工作中去。在合同管理方面，公司严格遵循合同的审批原则，坚持合同签订程序，杜绝合同的片面性和非规范化，确保按合同的约定全面履行。在财务管理方面，公司实行统一管理，严格监控，费用审批的原则，严格做到专款专用。在长期的工程设计和施工实践中，公司在总结经验的同时，注意吸收行业的先进技术和科学的管理方法，坚持自己的管理理念，大力开拓装饰业务，争创精品工程和名牌企业。公司的经营业绩也取得了很大的发展，多次获得各级主管部门的表扬和好评，公司多次被评为全国优秀装饰企业和深圳市优秀企业。公司承接了许多国家的重点工程，工程项目遍布全国，许多工程被评为国优、省优和市优。仅2001年度公司就获得了“杭州萧山机场航站楼”和“武汉图书馆”两项国家优质工程鲁班奖，公司还有多项工程被评为省级和市级样板工程。

五、以人为本　动力之源

企业的竞争从根本上讲就是人才的竞争，它关系着一个企业的生死存亡，装饰行业是一个无形资产大于有形资产的行业，人才的重要意义更是如此。协调好人与人、人与企业的关系，满足员工的精神需要，调动员工的积极性和创造性，是一个企业的动力之源。公司在具体的工作中，一是用“良好的企业形象吸引人”，公司通过塑造良好的企业形象，采取“试用管理、竞争上岗”等措施，吸引一大批既有文化素质，又有专业知识的人才在这里生根开花结果；二是靠“合理的分配机制留住人”。建筑装饰行业的人才竞争非常激烈，而行业的一个通行的管理方式就是项目经理负责制，这就要求企业在分配机制上要打破大锅饭的传统思想，真正的通过合理的分配机制调动各种人才的积极性，使得他们可以真正的实现个人的人生价值，同时也得以相应的经济回报。在这里能者上，庸者下，形成人员的动态平衡与稳定；三是“舒畅的工作环境融合人”。到过美术公司的人都知道，这里有一个融洽的工作环境，员工与员工，领导与员工之间既有艺术创作的争论，又有管理工作的严谨，也有团结战斗的紧张，还有休闲娱乐的活泼。大家心往一处想，劲往一处用，舒畅的工作环境和气氛使公司充满了活力；四是“管理人员的言传身带培养人”。公司始终把培养人、造就人作为自己的重要目标来抓，不断地用正确的价值观和企业文化引导员工，通过管理人员现场的传、帮、带等措施，培养了许多精通设计、熟悉现场的设计人才。也培养了很多既懂设计、施工、又有丰富现场管理经验的项目经理，在公司，积聚着一大批认同公司企业文化的复合型人才队伍；五是“优异的经营业绩鼓舞人”。公司在装饰行业一年一个新台阶，使公司步入了良性的发展，娇人的业绩，鼓舞着公司的每一名员工实现着公司的最高追求和自己的人生价值。一年一度的公司总结表彰大会，总是把那些常年在外的施工经理召回公司，表彰一年来取得的成绩，总结成功的经验，找出失利的教训。这些年来，公司坚持“以人为本”的管理理念，始终把员工看作是公司的第一资产，把尊重人、理解人、关心人、培养人、用好人，作为自己的追求。

在市场经济条件下，企业的兴衰沉浮有许多各自不同的原因，但长盛不衰的企业却有一个共同的特点，那就是这个企业的文化内涵起了决定性的作用。兰德公司的专家们，花了20年的时间，跟踪了500家世界大公司，最后发现，其中100年不衰的企业一个共同的特点是：这些企业的文化内涵，企业的价值观与众不同。通过多年的努力，使我们感到，一个企业的文化建设，对一个企业的长期稳定的发展至关重要。同时我们也认识到，企业文化的建设不是一朝一夕所解决的问题，他需要企业家们在长期的文化建设中，不断的耕耘、不断的倡导、设计和率先垂范，才能在员工身上得以沉积，好的企业文化可以使一个公司长期发展，经久不衰。

企业文化的核心是让员工满意

北京因特国风网络技术公司　董事长　**周鸿一**

在没有核心技术的时候，企业幻想有自己的核心技术，并且下大力气从事研发。在有了产品之后，企业又非常在意顾客的满意度。企业是由员工组成的，有了好的员工，企业没有产品会有好产品，没有市场会开拓出大的市场，没有技术能慢慢地持有自有核心技术。培养核心技术一是要认准技术的长远走向；二是要意志坚定；三是要不停地完善和更新；四是得耐得住寂寞；五是得有为社会服务的思想。

每一个企业都希望培育自己的企业文化。在这个时候，如何训练、培养好的企业员工，如何让员工帮助企业成长，就是在企业研发和经营中最常见的困难。那么好的员工是怎么产生的呢？好的员工就像优秀人才一样，企业在经营中是可以慢慢培养出来的。在这方面，企业要做的一件最重要的工作，就是如何使员工满意。因为经营到最后，企业真正的产品，其实是人；企业文化的核心内容，是员工满意。

有人说，20世纪是以顾客的满意为创新的核心，那么21世纪将以员工的满意作为创新的核心。人们希望通过工作获得很多东西，包括健康的经营感和安全感。员工随时能意识到自己行动的意义、行动的自由、在与他们相关的事情上能说上几句话、有性情相同的工作同伴、有更好的令人满意的工作条件如：工作简化、工作轮换、工作扩大化、工作丰富化等等。也就是说：只有开心的员工，才可能带来开心的顾客。

员工满意包括很多方面，某些满意是物质方面的，但是大部分满意是非物质的，有些属于制度方面的，有些是属于观念方面的。一般说来，员工满意包括：对薪酬福利的满意度，对工作本身的满意度，对工作环境的满意度，对企业人际关系（尤其是对老总的为人）的满意度，对企业发展前景的满意度等等。

必须认识到：对于员工合理的不满意，企业就要及时更正；而消除员工不合理的不满意，也是企业提升员工满意度的重要内容。专家发现，企业员工（尤其是年轻员工）中至少有以下几种需要帮助提升的认识：

1. 对企业各方面情况的理想化期望和完美主义要求（乌托邦假设）。持有这种观念的人喜欢走极端，希望什么都符合自己的理想，一旦遇到困难，就走向另一极端，变得愤世嫉俗、悲观消极。

2. 将人际关系方面的问题和对工作中的困难挫折全部归因于客观原因或他人（外归因）。这类人往往不能合作，过高看重自己的贡献，人际关系不和谐，觉得自己有意见没有地方说，企业的意见箱只是搞形式，一副所谓看破红尘的消极心态。

3. 只从个人狭隘的角度看问题，只要不符合自己利益的事情就觉得不满意，变成牢骚大王，或是要小聪明，目光短浅，并以为这是“看透了”社会后的“聪明”举动。

大量事实表明，员工的需要和满意不是随便就可以发现的，要有心观察、长期专注。正如人的需要是不断变化一样，顾客和员工的满意度也是不断变化的。管理创新的目标之一，是建立最具竞争力的企业人才机制。最具竞争力的人才机制能够最大限度地发挥人性的优点，最大限度地对人性的弱点进行制约。这些，可能是现代企业管理者最需要用心思考的问题。

论重庆皇城装饰工程公司的品牌战略

重庆皇城装饰工程公司董事长　MBA 工程硕士　**王金山**

一、概　述

重庆皇城装饰工程公司系集建筑装饰设计、施工为一体的装饰企业。公司成立于 1992 年，注册资金 1000 万元。公司是一家股份制私营企业，是金山科技集团公司领导下的独立法人单位。经过 10 年的艰苦创业，公司现已成长为一个拥有 570 名员工，1200 万元固定资产，流动资产近 3000 万元，同时具备建设部核发的建筑装饰工程施工一级资质、设计甲级和重庆市消防局核发的消防甲级防火设计资质的实力型企业。

目前，公司已建立了现代企业制度，按照市场经济模式进行运作，机制灵活，吸取和借鉴了国有企业规范化和制度化的管理经验与模式，同时依靠员工的凝聚力来实现公司的发展与壮大，避免了国有企业产权不明、机制不灵活等的常见弊端。

公司现由 8 个部门、10 个科室组成，分工明确、管理系统化。公司管理层大胆探索、锐意进取，公司现已全面实现办公自动化，建立了从设计、预算、财务到内务管理、人力资源管理以及信息办公处理为轴线的计算机中心系统，配备了专业的图形、图像工作站，在重庆数百家装饰企业中率先进入自动化时代，现已初步形成专业装饰三星级以上酒店、金融、大型商场及办公楼等不同风格和特色，在社会各界具有相当的影响力和知名度。

由于公司健全的管理体制，良好的工程质量及完善的售后服务，公司近年来业务不断拓展，其中由本公司设计、施工的主要装饰工程有数百项。

公司在运作工程中，严格以 IS9001 国际质量认证体系为标准，坚持以质量为中心的宗旨，目前公司已正式取得国家认可批准的认证机构颁发的 ISO9001 国际质量认证证书，在设计、施工的全过程管理中，严格按照程序控制，从未发生过任何质量事故和重大人身伤亡事故，多数工程被评为优良工程。

公司在 10 年的发展过程中，内抓管理，外塑形象，获得了多项荣誉。公司曾荣获“1996 年北京国际室内装饰展览会优秀企业”、“1997 年、1998 年重庆市装饰先进企业”、“1997 年重庆市私营企业五十强、重庆市百户重点私营企业”、“98 年度重庆市十家装饰公司”、“2000 年渝中区先进企业”、“2000 年、2001 年重庆市先进企业”、“2001 年重庆市私营企业 50 强”、重庆市“百户重点企业”等称号。本人被重庆市政府授予“重庆市第二届十大杰出优秀青年厂长（经理）”荣誉称号。公司还被银行授予 AAA 资信企业，2000 年、2002 年连续两届被评为省、市级重合同守信用企业单位，2002 年被授予“青年文明号”称号。这些成绩的取得都得益于公司的领导核心精诚合作的精神和高瞻远瞩的目光，得益于公司明确的发展战略，得益于价值共享、公平公正、鼓励创新的良好氛围。

公司经过 10 年的艰苦创业和迅速发展，已经取得比较丰硕的成果。但公司目前仍处于民营企业的“二次创业”阶段，也面临着如何从粗放型经营转化为大规模集约型经营，如何将企业做强、做大、做出品牌，以及如何在激烈的市场竞争中对公司的发展战略进行分析研究，以利于增强企业的核心竞争力等问题。

本文之所以研究企业在发展战略中的品牌战略，是因为它是企业发展战略中的根本性课题。任何一种产品，一种产业，要生存要发展，都必须走名优之路。品牌战略，也是市场经济发展和行业发展的需要，是应对国际竞争挑战和抵御市场风险的需要。尤其是在市场国际化、贸易自由化的今天，企业拘于现有市场竞争的局限，企业必将失去生存的空间，只有突出专业、突出品牌特色的企业才能在竞争中立于不败之地。

下面从公司战略定位的分析、确立以品牌战略作为战略定位的核心、品牌战略的构建和实施三个方面进行探讨和研究。

二、公司战略定位的分析

从公司面临的外部机遇与威胁来看，主要有以下几点：

机　遇：

1. 国内经济的良好发展势头。国内良好的经济发展势头是企业创造效益、调整和改革的基础，也是皇城装饰业务拓展及资金运用的重要保障。国内经济的恢复增长加快企业投资的步伐，也给皇城装饰带来了拓展市场寻找优质项目的大好机会。

2. 重庆直辖与国家西部大开发战略。重庆直辖与国家西部大开发战略赋予了重庆市极其特殊的重要经济地位，带来了众多招商引资的大好机会，也给皇城装饰公司带来了许多潜在的优质客户，同时带来了改革与发展的又一次历史机遇。目前，全球 500 家大企业中已有 70 多家在成都、重庆落户，越来越多的跨国公司开始把新产品研发和实验机构直接建在西部。可以预见，随着西部投资环境的完善，将会有更多的跨国公司到西部投资。这些科技含量高、收益稳定的优质大型企业纷纷落户重庆，为皇城装饰的业务发展与客户培养提供了良好的机遇。

3. 业主需求层次的提高。随着人们消费水平的逐步提高，人们最基础的衣食得到保证后，开始追求更高层次的需求，使得室内装饰行业的市场潜力很大，这也给皇城装饰的发展带来了巨大的商机。

4. 外资企业的标杆效应。外资企业资金雄厚、管理体制科学、技术水平先进、服务质量高、创新能力强。加入 WTO 后，皇城装饰可以增加与外资企业合作的机会，可以引入跨国公司先进的管理经验和施工模式，培养皇城装饰的国际感觉，促进皇城装饰尽快与国际接轨。

5．入世后跨国经营的门槛降低。入世后，由于跨国经营的门槛会有所降低，今后皇城装饰拓展海外市场的进入壁垒比现在要小，其海外业务网络的创立和延伸有利于国内业务的创新，促进国际国内业务的共同发展。

6．行业正处于高速发展阶段。目前，作为国内新兴的产业，整个装饰行业正处于高速发展的黄金阶段。这给皇城装饰的发展带来了大好的机会。

7．消费者越来越重视品牌。随着行业的发展，消费者观念正在改变，消费者在选择装饰企业时，并不简单地考虑价格，而是更多地考虑工程质量、企业资信，而对工程质量的重要保证就是品牌，所以消费者越来越重视对企业品牌的考察。这一点许多装饰企业的认识还没到一定高度，因此，对经营理念超前的皇城装饰而言是一个发展品牌的大好机会。

威　胁：

1．市场不规范。目前重庆市乃至全国的室内装饰市场竞争很不规范，压级压价，垫资承接工程、拖欠工程款等现象突出；室内装饰领域执法乏力，地方保护行为严重，施工队伍严重失衡，导致工程质量问题屡禁不止。

2．相关政策与法规的非连续性发展过程。由于我国室内装饰市场起步较晚，发展速度又相当迅速，行业管理办法及国家相关政策法规都在不断调整，因此存在着非连续性发展的过程。这使得皇城装饰的经营活动受到一定的政策影响，而市场的信号导向以及价值规律作用尚未真正发挥其完整功能。

3．外资企业的挑战。由于我国的室内装饰行业起步较晚，国外工业化水平远远高于我们，形成了历史上的差距。发达国家由先进的工业化生产引发的新技术、新工艺、新材料、新设备等层出不穷，在工程的商务运作和施工管理上也存在大量优于我们的地方。外资企业具有资金上的优势，加上其先进的经营管理经验和强大的技术装备，外资企业的进入会加大国内装饰行业的市场竞争，增加皇城装饰的经营风险，同时外资银行的进入会加剧人才的争夺，而人才是皇城装饰最为宝贵的财富，这使得皇城装饰在引进和保留高素质人才的竞争中面临巨大的挑战。

4．同业竞争的挑战。皇城装饰正处于与多家装饰企业展开激烈竞争的态势中，整个行业的集中度和行业利润率在经历大幅度增加后也逐渐降低，局部地区恶性竞争，利润降到了底线，甚至报价低于成本价，各企业之间将进行着优秀人才、供应商、市场份额等方面的积极争夺，因此竞争的加剧使皇城装饰面临着挑战。

从企业内部来看，皇城装饰也有着自己的优势和劣势。

优　势：

1．市场适应能力强。皇城装饰从一开始就是在激烈的市场竞争中磨练和发展起来的，是从市场中脱胎而出的一家私营企业，因此皇城装饰对市场变化的适应能力较强。在我国装饰行业普遍面临入世后的巨大压力情况下，有着迅速适应 WTO 规则的优势。

2．管理体制灵活。相对国有大型企业，皇城装饰的包袱轻、产权清晰、管理规范，经营管理体制能迅速适应市场竞争的需要。主要体现在：建立了能上能下的用人制度；根据个人能力及贡献来进行员工的激励；采取目标责任制、目标考核、工作量化等方式来明确权责；公司管理机制灵活，鼓励员工参与对公司发展目标进行讨论，民主制度较为健全；重视质量管理，在全市率先实行 ISO9001 国际质量认证体系；在公司内部全面推行成本控制管理；推行企业文化建设等。这些管理手段使得公司的管理效益非常高，在未来的竞争中形成了自己的竞争优势。

3．具有科学的决策机制。公司管理层认为决策班子就好比是人的十个指头，只有十个指头协调一致，才会弹奏出事业的最佳音乐。因此在遇到问题时，总是召开集团会议，让大家畅所欲言，献计献策。在决策班子中既民主，又集中，每个成员都有明确的分工，同时在总体上决策后，各个领导成员保证有职有权，做到谁主管，谁负责，以集体领导的核心力量带动全公司员工去努力奋斗和拼搏，因此决策机制科学。

4．设计理念处于先进水平。从装饰设计投入的研发力度来看，整个装饰行业存在着重施工、轻设计的问题，许多企业的设计仅仅是依附于施工存在的，因此对设计的投入力度不够。但皇城装饰一直信奉“设计是装饰企业的灵魂”这一经营理念，因此非常重视对设计的投入，并重视设计风格的培养和锻炼，经过 10 年的发展，公司已经积累了宝贵的设计人才资源和设计经验。为了突出特色经营，公司成立了酒店专业设计研究所，做酒店设计、施工的强项工程，走特色经营之路，取得了显著的成效。

5．皇城装饰参与业内竞争具有优势地位。虽然国外的装饰公司具有雄厚的资金实力和先进的设备、技术等优势会冲击国内市场，给国内装饰企业带来一定的压力并构成一定的威胁。但他们远离本土，不熟悉中国的本土文化，在市场占有上存在一定的局限性。皇城装饰是具有“三甲”资质的实力型装饰企业，在参与本土竞争时具有成熟的施工队伍、熟悉国内行业情况及消费者的消费习惯等方面的优势。因此只要把握好机会，皇城装饰公司在短时间内仍是重庆市市场及其他区域地区市场的主要参与者。

6．市场占有率高，客户信誉高。由于与众多效益型的客户建立了良好的合作关系，并且公司在为其提供产品和服务的过程中客户意识强，形成了较为稳定的客户群基础，在客户中享有较高的信誉，因此在重庆市市场占有率高。皇城装饰在整个重庆市装饰行业中属于技术实力强、产品质量高、设计水平先进的优质装饰企业之一，在重庆市及周边地区内的客户中享有很高的信誉，这是皇城装饰拥有众多优质客户的重要因素之一，而公司在优化服务质量方面所做出的真诚努力是赢得客户的直接原因。

劣　势：

1．参与国际工程竞争处于劣势地位。皇城装饰要承建国际工程，必须要懂得国际市场的商务规则和国际工程的运行规则；必须要有雄厚的资金支持；必须要有懂规则、懂工程、会外语的专业人才和项目管理班子；必须按照国际工程的管理模式进行施工管理，而目前公司还不完全具备这方面的经验及实力，因此短期内参与国际竞争还处于不利地位。

2．从全国来看，生产规模不大，抗风险的能力不强。

3．皇城装饰的品牌还没有在全国范围内建立起来。

4．内部管理还有待规范。

企业在市场中所处的不同位置是制定战略的基础。每个企业在制定自身发展战略时，都应该对各种环境和条件进行分析，包括企业的宏观环境分析、行业结构分析，内部环境分析，并在这些内外部环境分析的基础上，结合企业自身条件找出机会及威胁、优势及劣势，这是科学制定企业发展战略的必要基础。因此，应该根据皇城装饰在市场中所处的地位来制定相应的发展战略。

从行业地位来看，企业战略可以分为市场领先者战略、市场跟随者战略、市场分析者战略、市场退出者战略四类。根据分析得出皇城装饰的SWTO分析如表1所列：

皇城装饰的SWOT分析表及战略选择　　**表1**

	优势-S 1．市场适应能力强；2．管理体制灵活（与国有企业相比）；3．科学的决策机制；4．设计理念处于市先进水平；5．市内竞争优势明显；6．客户信誉高	劣势-W 1．竞争国际工程能力较弱；2．生产规模小；3．抗风险的能力弱；4．品牌建立的范围小；5．内部管理还有待改善（与全国及国际先进企业相比）
机遇-O 1．国内经济的良好发展势头；2．重庆直辖与西部大开发；3．业主需求层次的提高；4．外资企业的标杆效应；5．跨国经营的门槛降低；6．行业处于高速发展阶段；7．消费者越来越重视品牌	SO战略 在重庆市内强化自身品牌，保持市内的市场领先地位（S_1，S_4，S_5，S_6，O_2，0_3，0_6，0_7）——市场领先者战略	WO战略 在市内品牌的基础上，走出全国及世界，扩大品牌范围，并挑战全国及全世界先进企业（T_1，T_4，T_5，O_2，O_3，O_4，O_6，O_7）或者迅速扩大自身规模（T_2，T_3）——市场分析者战略
威胁-T 1．市场不规范；2．政策的非连续性；3．外资企业的挑战；4．同业竞争的挑战	ST战略 按部就班，对第一集团的装饰企业持观望态度，以竞争对手的策略为基础相机而行（S_1，S_2，S_3，T_1，T_2，T_4）——市场跟随者战略	WT战略 退出装饰行业，转行（W_1，W_2，W_3，W_4，W_5，T_1，T_2，T_3，T_4）——市场退出者战略

表中，根据皇城装饰的机遇与威胁，优势与劣势的匹配可以选择SO、WO、ST、WT这几种战略。

对皇城装饰而言，目前经营效益比较可观，且从前面的分析可以看出整个装饰行业正处于高速发展的阶段，虽然目前市场还存在一些不规范的地方，但随着中国加入WTO后行业管理逐步与国际接轨，以及整个行业的逐渐成熟，市场的规范程度会有所提高，因此本文认为皇城装饰所面临的机会大于威胁，应在市场领先者战略与市场分析者战略中进行选择。

对于市场领先者与市场分析者战略的选择，本文认为皇城装饰应该采取后者，这主要是因为：

1．企业危机意识

市场化下的企业，竞争是主旋律，有竞争必有淘汰。像我们所熟悉的海尔、联想、华为等国内著名企业，正是因为形成了以危机为核心的经营理念及企业观，才得以打造出国际一流的跨国集团的辉煌。作为2001年就赢利29亿元的深圳华为公司总裁任正非说："十多年来，我每天思考的都是失败，对成功视而不见，也没有什么荣誉感、自豪感、而只有危机感，也许是这样才存活了十年"[1]。就是这样一家处于高速发展或者叫处于春天的企业，却还在研究冬天的问题。

因此，只有具备深刻的危机意识才能敬业、不敢怠慢，才能不断置于死地而后生，才能从被淘汰可能中摆脱出来。皇城装饰也应该树立这种危机意识。虽然公司目前在重庆市处于行业领先地位，但在全国范围甚至是全世界范围看，皇城装饰与全国大型装饰公司及国外先进的跨国集团公司等强大竞争对手之间还存在很大的差距。面对WTO的挑战，皇城装饰应该树立创新意识，采取国际合作和品牌战略的方式，加强内部管理，做到从管理上下功夫，从管理中出效益，从管理、技术、人才等方面去增强自身的创新能力，树立自己的品牌。一方面要在国外建立市场，吸收国外先进的管理经验与技术；另一方面采取国际合作的方式高薪引进人才，通过这种方式来提高公司的管理水平和设计能力。

因此，为实现皇城装饰的二次创业以及应对WTO的挑战，皇城装饰不能将眼光仅仅锁定在重庆市场区域内，而应该面向全国，甚至全世界，应该站在更高的立场来选择自己的竞争对手并确定自己的战略。

2．战略的制定应着眼于企业的长期发展而不是短期利益

目前装饰行业还处于成长阶段，整个行业有一定的利润空间，因此皇城装饰的经营效益较好。装饰行业作为一种新兴产业，具有游戏规则不健全、缺乏完善的技术标准、技术等具有不确定性等特征，目前许多企业的战略都具有不确定性，但随着行业的不断发展，装饰行业最终会逐渐趋于成熟。从皇城装饰的长期发展看，随着市场竞争的加剧，随着室内装饰行业的不断规范和成熟，公司不能一味地依靠价格战来提升获利能力，因为价格战的结果最终会降低行业的利润水平，并抑制企业的技术开发与进步，不利于企业的长期发展。企业必须依靠自身实力的壮大，必须依靠对自我的不断超越和完善一步一步地迈向新台阶。

因此，本文认为：皇城装饰应采取市场分析者战略，其

[1] 孙丽萍、曲春英：我国企业品牌战略实施研究　《东北财经大学学报》2000（5）59-62

目的是认清自身实力和分析行业的市场发展趋势，精心培育企业的核心能力，以保持战略的灵活性，实现自身的长期稳定发展。即立足重庆，面向全国，首先在重庆地区强化自己的品牌，不断开拓国内室内装饰市场，力争在入世5年后冲破国界，走向世界，积极参与国际竞争。

三、确立以品牌战略作为战略定位的核心

皇城装饰市场分析者战略的核心是品牌战略，这是因为：

1．品牌战略是皇城装饰战略分析的必然结果

通过分析皇城装饰所面临的机会与威胁，我们认为，在机会与威胁的比较中，机会大于威胁，因为中国加入WTO有利于规范国内的装饰市场，同时有利于促进政策的逐步完善，因此威胁1与2都将逐渐减小甚至消失；对于威胁3与4，企业通过战略的制定和实施可以弱化这些威胁，因此皇城装饰应在重视这两点威胁的基础上，伺机发展。

在对皇城装饰进行SWOT分析以后，本文认为企业应该扩展自己的品牌。品牌因素是劣势中的关键因素，在树立品牌的过程中，企业的生产规模及抗风险能力的劣势必然随之弱化；同时，品牌也是公司最容易攻破的劣势。因为皇城装饰在10年的发展过程中已经树立了自己的品牌，下一步要做的是强化品牌，将品牌知名范围由重庆逐步向外扩张。皇城装饰的品牌战略见**图1**所示。

品牌战略是一个企业战略发展中的一个根本性课题，任何一种产品、一种产业，要发展，都必须走名优之路。例如，在公司承接的项目中，有许多都是靠着皇城装饰的品牌而中标的，同时由于目前皇城装饰的知名度还仅仅局限于重庆市及其他局部地区，在承接全国性大型项目以及国际工程项目的过程中还存在相当的困难。公司从实践中感悟到企业强大和优秀的品牌在市场竞争中的作用和地位，因此从长期发展来看，应在市场分析的基础上采取品牌战略。

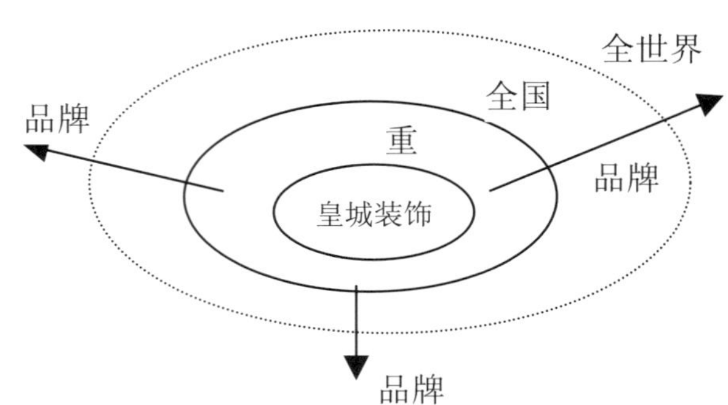

图1 重庆皇城装饰工程公司品牌战略示意图

由于装饰作为一种个性化、差别化的产品生产和服务，客户对装饰产品的评价标准并不是仅仅依靠价格。随着装饰行业的不断规范和成熟，占领装饰市场必须依靠质量、技术与管理。在目前装饰行业中存在许多质量问题，使得消费者在选择设计方及施工方时显得非常谨慎。如果皇城装饰能通过自己过硬的质量保证和技术服务来赢得消费者的信赖，就能很快在市场混乱中树立自己的品牌，从而树立自己的竞争优势，在广阔的装饰市场中获得更好的市场份额。

品牌战略，是市场经济发展和行业发展的需要，是应对国际竞争挑战和抵御风险的需要，尤其是在市场国际化、贸易自由化的今天，仅仅局限于现有市场的“井蛙”企业必将失去生存的空间。只有专业突出、具有品牌特色的企业才能在竞争中树立自己的竞争优势。

2．品牌是皇城装饰核心竞争能力的体现

核心竞争力的形成要经历企业内部资源、知识等的积累、整合过程。正是通过这一系列的有效积累和整合，才形成持续的竞争优势，竞争优势是核心竞争力与企业内部其他资源和能力综合而形成的一种综合最优。核心竞争力与企业资源、能力的关系如**图2**所示。

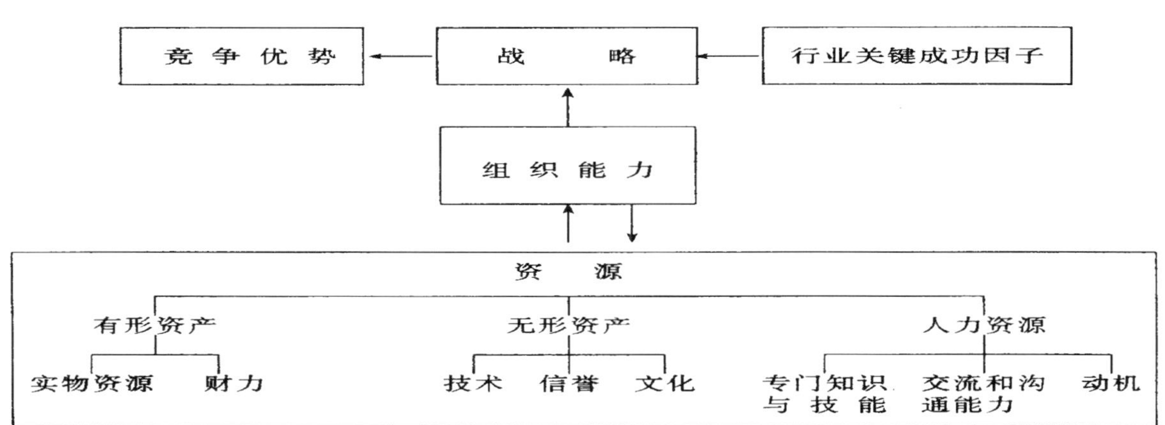

图2 核心竞争力与企业资源、能力的关系

核心竞争力一般表现为两类方式，一类是技术垄断性的核心竞争力，突出的如：英特尔的计算机芯片频率技术、微软的操作系统源代码技术。另一类是企业（或产品）品牌的核心竞争力，如“可口可乐”、“海尔公司”。它们一旦为

社会所公认，就在公众的心目中具有强大的不可替换性。

对我们所处的行业来说，“技术垄断性核心竞争力”不可能会很多，形成有特色的“品牌核心竞争力”应该是一个很好的方向[1]。对皇城装饰而言，企业的品牌是最具有竞争优势条件的，它不仅涵盖了人力资源管理、企业文化、企业形象等内部管理方面的深刻内涵，同时也贯穿了产品的设计、生产、售后服务等全过程，是客户对企业的购买过程的全面体验。品牌是装饰企业价值的源泉，且品牌一旦形成，就有不容易被模仿的特征，因此应该被作为皇城装饰的核心竞争力。公司作为一个重庆市装饰行业的优质企业，保证在政府投资的城市公共室内装饰项目上的规模施工优势，形成在高级商务办公楼项目上的设计施工一体化品牌，拓展高星级酒店的专业设计、施工能量，是我们构想中的核心竞争力特色所在。

从中国企业的发展实际看，20 世纪 90 年代初，海尔、科龙、春兰、长虹、四通、方正、联想等企业的崛起正是由于其能在市场竞争中作好分析，抓住机会，成功地树立了自己的品牌[2]。他们的成功启发我们应该从战略层面上实现皇城装饰的品牌思维模式，创立皇城装饰的名优品牌培育方式，以选择新的发展路径。这其中的关键环节是：在我们基本上认定了眼下问题的情势下，如何真正科学、全面而具体、深入地认识和实施皇城装饰的品牌战略。

品牌战略的基本路径是企业由“强”而“大”。而企业真正的“强”、“强而大”来自其核心竞争力。任何一个能在市场上站得住的企业，都能找到属于“自己的第一”。在总体(或有各项指标总合上)当不了“第一”，可以在某几项(甚至某一项)上当“第一”；在全国当不了“第一”,可在某地区可以当“第一”……。这种“第一”即“惟一”,它都体现着一种“不可取代性”,体现着这个企业的“最强点”。因此，皇城装饰实施品牌战略，就是要树立自己在某方面的“第一”，并依靠“只争一流”的企业精神去强化这种第一，树立自己的竞争优势。

3．品牌经济的带动效应

现代市场经济从某种意义上讲就是“品牌经济”,就是以名牌产品去导向企业的生存与发展，这体现在名牌的市场意义在于名牌对市场的有效占有和长期占有。名牌产品和企业集团的规模联动和对市场的辐射，不仅可以以其自身的优势促进企业的优化组合，还能有效地带动集团相关产品的发展甚至相关地区的经济发展。例如，海尔从最初冰箱品牌的树立延伸到空调、洗衣机、厨具、手机等系列产品品牌的市场占有，就是品牌效应的直接体现；又如，我国广东地区的经济超常发挥，从某种意义上说也得益于一批享誉全国的名牌产品的创立,“康佳”、“美的”、“TCL”、“健力宝”等名牌不仅鼎立于中国市场，还初具规模与外国名牌相抗衡。

树立皇城装饰的品牌，对今后皇城的发展壮大以及多元化经营，甚至对整个金山集团的发展都有巨大的推动作用。因此，皇城装饰应该在市场分析的基础上选择品牌战略。

四、品牌战略的构建和实施

品牌战略的确立，为提升皇城装饰的管理水平，完善企业管理机制以及皇城装饰的可持续发展打下了坚实基础。品牌是皇城装饰战略的核心，企业的所有行为都要有助于树立品牌，而品牌又反过来推动市场的扩张和企业的发展。

皇城装饰要实施品牌战略，必须树立品牌战略的观念。首先要做到领导者尤其是主要领导者思想上重视，把品牌作为实现企业发展目标的主要任务之一，并身体力行，通过自己的工作贯彻这一思想和影响全体员上；其次，要把品牌的观念体现到企业的组织建设中去，使企业的机构设置和人员选拔为树立皇城装饰品牌准备条件；再次，要把品牌观念灌输到每个职工头脑中去，使全体员工把品牌的思想落实到自己的行动上。品牌战略的实施，需要管理、技术、人才、文化等方面的支持。皇城装饰应将品牌战略的观念贯彻到企业的具体管理实践中，只有人人认识到树立企业品牌的重要性，企业的品牌战略才能真正实现。

皇城装饰品牌战略的构建体系见**图 3**。

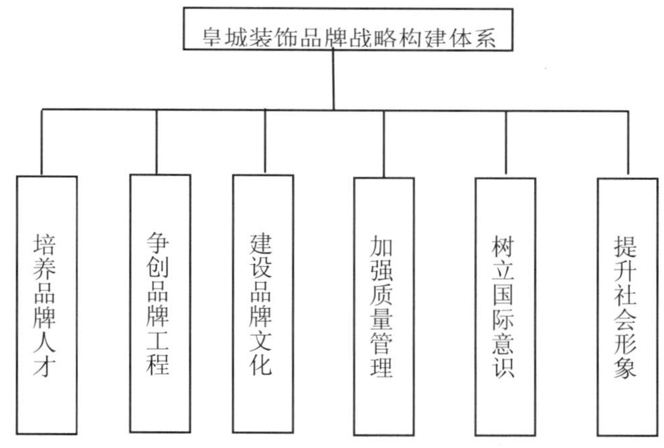

图 3　皇城装饰品牌战略的构建体系

1．培养品牌人才

目前，世界各国在人力资源上的投入力度越来越大，实行“高投入、高产出”的模式；而我国企业目前普遍实行的是一种“低投入、低产出”模式，在人力资源管理方面，是把人当成一种成本看待，注重费用的节约并千方百计地降低人力资源的投入成本，这种现象在中国民营企业中较为普遍。

但是与之不同的是，皇城装饰认为：品牌的背后是人，即人的品质体现。只有人的品质提升了，才会有品牌品质的提升。装饰行业是一个无形资产大于有形资产的行业，协调好人与人、人与企业的关系，满足员工的精神需要，调动员工的积极性和创造性，是企业发展的动力之源；装饰企业的人员分散在设计及施工现场等多领域，而且在项目的承建过程中不确定性

[1] 黄　白．关于对2000年我国建筑装饰行业发展的一点认识．中国建筑装饰，2000（1）18-19

[2] 傅亚洲．加入 WTO 之后我国企业的品牌战略．企业经济．2000（2）44--45

因素多，提高员工的素质是实施品牌战略的重要保证。

为此，公司所提倡的“以人为本”的理念并不仅仅停留在表面上，而是在具体实施过程中，将人作为首要资源放在第一位，力争做到“人人是人才，赛马不相马”。皇城的人才观是：“我们是造就人才的，也是生产装饰艺术的，但首先是造就人才的，首先生产优质的人，然后由优质的人生产优质的产品”。以这一人才观为基础，在人力资源管理上，重视人才的开发及培养，吸取国内优秀企业，如海尔、华为等先进的经验，在建立以人为本的管理基础上，明确现代人力资源管理与传统人事管理的区别，并且公司希望从皇城走出去的人仍然是一流的。皇城装饰以公司作为熔炉，不断造就优质的人才，再由优质的人才去生产优质的产品，树立优质的品牌。

皇城装饰的人力资源管理主要从以下几个方面进行：

（1）注重人才的招聘与引进

招聘是企业与潜在员工接触的第一步，只有对员工招聘环节进行有效的设计和良好的管理，才能得到高质量的员工。

（2）加强员工的培训和教育

要使企业员工转变观念，改变思维方式，自觉自愿地参与品牌战略的建立和实施中，最直接、最有效的办法就是开展全员培训。

皇城装饰员工培训的目的使员工的职业技能得到不断地提高，为员工提供更好的职业发展空间，也为实现公司的品牌战略提供优质的人才。皇城装饰对员工的投资力度非常大。公司规定员工既有接受培训的权利，也有培训他人的义务。公司制定有严格、规范、科学的员工资格认证制度及员工培训制度，通过对员工的素质教育、质量培训及职业教育培训，来提高员工的整体能力和素质。公司做好培训记录与考核，并积极帮助员工制定个人发展计划，以实现员工在为企业做出贡献的同时，得到个人发展的良好机会。

（3）科学考核员工绩效

皇城装饰在实施现代人力资源管理时，力争通过对员工的工作表现与工作业绩进行科学地考核与评估，以改善员工的组织行为，充分发挥员工的潜能与积极性，更好地实现企业的各项经营目标。

皇城装饰在员工绩效评估中主要从“德”、“能”、“勤”、“绩”四个方面进行。“德”，主要是指人的精神境界、道德品质及思想追求等的综合表现；“能”，主要是员工的能力素质，对能力的评价在素质考察的基础上，结合其在实际工作中的种种具体表现来判断，不同职位其能力的要求与考核的侧重点也不同；“勤”，主要指工作态度，如工作的积极性、主动性、创造性、努力程度以及出勤率等方面；“绩”，主要指员工的工作业绩，包括完成工作的数量、质量及经济效益等。

目前，皇城装饰绩效管理的评估方式主要是定量评估与定性评估相结合的方式。

（4）完善员工薪酬体系

目前，皇城装饰公司正在积极探索国外装饰企业实施的3P薪酬模式，即员工的薪酬结构由岗位薪酬（Position）、技能薪酬（Person）、奖励薪酬（Performance）三部分组成。岗位薪酬主要是根据各个岗位的劳动复杂程度、劳动轻重、责任大小及劳动条件等因素决定各工作之间的等级及制定相应的报酬标准，根据工作的性质来向员工支付固定报酬；技能报酬主要是根据员工本人所具有的综合能力确定员工的报酬等级和标准，按照员工承担的工作来确定薪酬，鼓励员工钻研技术、提高技能、不断学习，也是对员工智力投资的补偿；奖励报酬主要是对业绩突出的员工进行鼓励，根据员工的工作绩效来支付薪酬，使报酬更多地与激励机制联系起来。公司目前对员工奖惩办法主要以实现利润为中心，以奖勤罚懒、奖励成本控制为原则，对工程费用控制、营销业绩及项目完成质量等方面进行激励与约束。

2．争创品牌工程

随着中国加入WTO，本土市场将变成国际竞争的大舞台，企业竞争力的内涵将进一步扩大。质量将会是“无国界”的，只有好的质量才能保护企业，才能拓展市场，才能使企业具备参与国际竞争的实力。皇城装饰要参与国际竞争，不能搞削价竞销，而应坚持以质取胜的品牌战略，提高产品质量和技术含量，创立品牌工程，提高产品附加值。

创立品牌工程主要包括设计和施工、服务及质量控制等方面。

（1）设计方面

室内装饰产品水平的高低在很大程度上取决于设计水平。也就是说，没有高水平的设计，就不会有一个高品位的建筑作品。现代装饰是文化、技术、艺术与现代科技成果不断创新的结合。设计除满足项目的各种功能需要，最重要的就是要充分地展示文化的魅力，也就是既要有其“形”，更要有其“魂”，艺术精品的意义就在这里。因此，设计是室内装饰的灵魂。

目前，我国的室内装饰设计单位存在以下问题：一是企业规模小、比较分散，室内装饰设计单位一般挂靠在室内装饰施工企业内，虽然灵活性、专业化较强，但专业化水平较低；二是偏重于技术设计，业务单一，缺乏工程咨询能力；三是设计单位服务面狭窄、单一。设计单位的需求主要来自投资方或业主，因而服务面较为狭窄单一，从而使设计人员的设计思维和视野受到很大的限制，不能自由释放出自己的创作能量，难以提高产品设计水平。

在这种情况下，公司要树立自己的品牌，应加大设计的投入力度，在承接工程中坚持设计的“四要”原则：即“一要表现文化内涵、二要体现传统与创新、三要铸造艺术精品、四要有美的感召力和认知度”。

积极培养设计师，特别是培养自己的设计大师，创造更多的条件和机会，让有才华的设计师脱颖而出，积极投身于设计市场的竞争。为增加设计师的文化内涵，公司经常组织设计师在工作之余进行艺术作品创作，包括国画、书法、雕塑、摄影等，以激发设计师的创作热情。业主一般对重点部位的装饰愿意多投入资金，因此重点部位的装饰设计风格是装饰企业利润的主要来源。如果能结合建筑空间现状和业主的意图，做到创意、功能与造价相结合，就能在让业主满意的同时提高皇城装饰的利润水平。

（2）施工方面

建筑装饰行业的管理较其他行业，特别是制造业有其独特性，我们大部分企业的生产和安装都是在施工现场完成的。所以，对施工现场的管理及对过程的控制也显得尤为重要。装饰企业施工管理可大致分为两个层面，即现场管理和后勤管理。后勤管理包括业务、设计、预决算、资源配置及其他管理和服务；现场管理包括施工准备、施工进度、施工过程控制及施工质量、环保、安全的监视和测量等施工全过程的所有活动。

施工现场管理是皇城装饰的工作重点之一。公司把文明施工看成是对外塑造品牌的最好途径，要求每个施工现场要认真做到标准化和规范化，并主张通过施工管理的“四个三”来展示皇城装饰品牌的内涵。“四个三”即：“三统一、三落实、三把关、三个有”。“三统一”是指统一质量规范（ISO9001）、统一CI形象、统一工人服装；“三落实”是指管理机构落实、管理人员落实、管理措施落实；“三把关”是指原材料质量把关、施工工艺把关、工程质量把关；“三个有”是指防火管理有制度、高空作业有措施、安全监督有专人。例如：公司承接的重庆某星级酒店，严格按照公司的现场规范化要求施工，不仅现场工人服装统一，而且对员工的行为也进行严格的规范。为体现为星级酒店施工队伍的作风严谨，公司要求工人上下班乘坐电梯均要排队上下，进出工地要井然有序，表现现代工人文明施工的风貌。这些做法，给业主留下了深刻的印象。酒店为此又给公司增加了本工程更多的施工项目。这些年来，公司注重现场文明施工，通过现场严格的管理、完善的制度、有力的措施、很好的树立了精品工程的形象。

（3）优质服务方面

实施品牌战略，必须以优质的服务作后盾。WTO有一个很重要的组成部分是“服务贸易总协定”，室内装饰业在国际上被称为服务业，属于服务贸易的范畴。承建完工直到交付使用的过程，就是一个为业主提供服务的过程，交工后的维修，也是合同组成的部分；维修期结束后的服务，又是售后服务的过程。面对入世后参与国际竞争，皇城装饰应该增强服务意识，提高服务水平，提供让业主满意的服务。要不断地提高在商业服务意识和服务水平上同国际接轨的能力。树立一切工作是为业主服务，一切成绩是让业主满意、一切成功是靠业主支持的经营观念。只有良好的服务，良好的信誉才能赢得客户的信任与支持，更好地实现自己的利润。

3．建设品牌文化

21世纪是科技与经济一体化的世纪，是文化与经济一体化的世纪，是信息和经济一体化的世纪。一个企业持有什么样的企业文化，就会产生什么样的企业精神；有什么样的企业精神，就会带出什么样的职工队伍。如果没有文化，企业就缺乏价值、方向和目的，就是一个没有脑袋的躯体；如果企业文化过于强调纪律、制度，就会限制员工创造性的发挥；如果企业文化过于松散、随意，管理层制定的决策就很难高效快速地得到执行。

因此，皇城装饰要实施品牌战略，必须全面、全员和全方位地进行相关的企业文化建设。皇城装饰企业应将品牌战略融合发展为一种企业文化，以使品牌战略的观念深入人心。只有将品牌意识融入企业文化的培养和建设中，员工才都表现出强烈的组织意识和成员意识，用企业品牌的思想来指挥自己的行动。公司进行企业文化建设的核心是鼓励员工树立创“名牌商标”，争做“百年老店”的思想。

皇城装饰的企业文化建设包括三个层次，见**图4**。

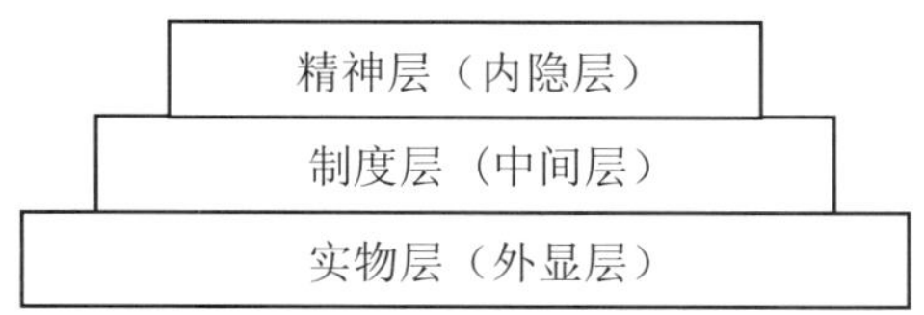

图4　皇城装饰企业文化建设层次图

（1）精神层

精神层是皇城装饰企业文化的内核与主体层面，是企业文化的总体指导思想，包括企业的组织目标、经营哲学、道德、风气、员工精神等方面。

皇城装饰公司在这一层面的主要工作包括：

一是树立“只争一流”的经营理念；二是把“诚信”作为品牌的重要要素；三是注重团队合作精神的培养。

（2）制度层

企业文化还应该通过企业的方针、政策、原则、制度等方式表达出来。制度层面是各种策略、规范和理念的具体体现，是外加的行为规范，以约束企业员工的行为，维持企业活动的正常秩序。

在这一层面，公司建立和健全了各种制度，公司的发展战略、公司的经营目标体系、公司员工的奖惩制度、职业道德与纪律规范等。

公司建立了员工培训制度，重视人品教育与情操教育，通过运用企业精神和企业经营理念把人们团结起来，注重集体合作精神，强调员工对企业的忠诚与归属感；重视和尽量满足员工的心理需求，开展情感投资，挖掘员工内在潜能。

（3）实物层

实物层面是策略和规范的具体体现，是群体价值观的载体。皇城装饰的企业文化在实物层面主要包括公司形象与面貌、建筑风格、公司标志、纪念物等。

形象文化是企业文化内部价值观的一种客观表现，是企业文化整体素质的综合反映。要树立良好的企业形象，形成良好的社会影响，几年来，公司力求通过理念形象、员工形象、品牌形象、服务形象、现场形象等来深刻表达与企业文化相统一的内涵和整体素质。为强化品牌形象，公司将带有CI形象的标牌树立在每一位员工的办公桌上，并在公司会议室最明显的地方悬挂,这些形象性的企业文化潜移默化地影响着每名员工，也影响着客户对公司的印象。一走进皇城装饰，就能从办公环境、人文环境中感受到企业文化的内涵，它不仅体现了公司的业绩，更是高层次的艺术底蕴的表现。从一个个版面、一张张照片，再加上不可缺少的背景衬托，都折射出公司的实力和艺术的水平。同时，公司采用宣传图集、画页、各种媒体宣传、充实网页、员工的礼貌待人、文明用语等多种形式来塑造企业形象。

4. 加强质量管理

品牌竞争的基础是产品的质量。一个品牌之所以成为客户青睐的对象，是因为该品牌的产品质量好，可信度高。品牌意味着良好的信誉，高质量的产品来源于高标准的质量管理。

皇城装饰要适应市场经济发展，就必须规范管理行为，以贯彻和实施 ISO9001 国际质量标准为契机，全面提高企业素质，强化质量管理手段，对生产全过程实行系统管理和严格控制，取得与国际管理接轨的基本条件，以持有进入国际高层竞争的通行证。

ISO9001 标准体系的关键是质量改进，尤其强调质量管理的四个方面的控制:内部质量审核、管理评审、过程控制、纠正和预防措施。内部质量审核是对内部产品、生产过程、体系运行不断进行监控和测评，及时发现故障和缺陷，以便及时修复和改进；管理评审是企业最高管理层全面检查和评价现行的质量体系的长远适宜性和总体有效性；过程控制是确定并策划直接影响质量的生产和服务过程确保这些过程在受控状态下进行，从而达到控制产品质量的目的；纠正和预防措施是及时修复和改进质量体系运行中发现的故障和缺陷。

公司明确提出的质量方针是：

今天的质量——明天的市场、只争一流——顾客满意

公司保证在工程质量达到或超过国家标准的同时，争创优质工程，为用户提供一流的服务。

公司的质量目标是：工程竣工一次交验率为 100%；工程保修服务回访率为 100%；顾客信息反馈处理率为 100%；工程项目优良率为 45%；争创国优工程。

5. 树立国际意识

品牌战略的树立，还必须摒弃满足现状、求稳怕变、止步不前的陈旧观念，WTO 促使了中国市场的国际化，在这种情况下，有国际知觉和没有国际知觉的公司，在水平和能力上就会有很大的区别。对国际惯例理解能力比较强，懂得国际业务知识的企业，在谈判、交换意见和合作过程中就容易达成共识，而没有国际知觉可能在这些方面就会受到牵制。因此，皇城装饰公司领导班子和中层管理干部应统一思想认识，树立放眼全球的大志，要勇于创新、敢于拼搏，敢于到国际市场的大风大浪中去锻炼、提高和发展自己。

皇城装饰应该积极加强与国际大承包公司合资与合作，学习国外先进的经营理念和经营管理经验，提高企业管理水平，在合作中发展壮大。若要参与国际竞争，尚需彻底地更新观念，尽快熟悉和掌握国际市场的游戏规则，迅速调整经营战略，全方位适应和对接市场，自觉融入全球化经营。只有提高标准水平，按国际标准实施质量保证，才是打破别国技术壁垒，使产品跻身国际市场的必由之路。

总之，品牌在经历了艰难的创立阶段后，并不意味着可以高枕无忧，而是需要不断地维持和运作。包括品牌理解，市场分析及针对性都需要扎扎实实；

在中国进入 WTO 之后，外国企业、人才、管理理念进入中国，公司应该将国外装饰企业的先进管理经验。及皇城装饰的品牌战略理念很好地结合起来，依靠企业的实力，依靠皇城的质量、品牌、管理以及服务去开拓市场，通过提高企业和品牌的形象，提高产品的附加值，促进公司的发展，增强公司未来的市场竞争力。

6. 提升社会形象

现在许多企业越来越强调和宣传自己的服务社会性以及社会义务等，以树立良好的社会形象。如 TCL、中国平安保险等企业都在组织的企业使命中增加了回报社会、建设国家等类似的社会责任。的确，企业的成长与发展离不开股东、顾客、员工、供应者、政府、社区及公众等。皇城装饰要实施品牌战略，在面临越来越大的低成本压力下，企业良好的社会形象与商业信誉已成为优秀企业的重要标志。企业的一举一动，无论是好是坏，都传播得极为迅速。企业的任何不道德行为都有可能导致企业付出高昂的代价；企业的任何可能赢得良好的社会形象的活动，如优质的产品、清洁的生产生活环境、安全的劳动保护、更多的员工尊重、更强的环保意识、各种社会公益活动等，都在潜在地为企业的品牌建立起着无形的影响作用。

因此，皇城装饰要实施自己的品牌战略，还必须使企业的目标与社会目标相协调，在决策中更多地考虑价值观、社会准则等方面的规范。如皇城装饰重视对客户的承诺，鼓励员工经常参加社区公益活动等。与一般私营企业不同的是，皇城装饰在企业内部建立了党支部和团支部，通过开展一系列党团活动增强员工的社会责任意识，公司部分员工在今年还参加了“全市青年文明号活动”，赢得了社会各界的好评。

品牌的形成与维护需要从美誉度和知名度两个方面着手进行，美誉度是指公众对品牌的赞赏程度，知名度是指公众对品牌的知晓程度，而两者是相互统一和相互促进的。皇城装饰通过树立和提升自身的社会形象，在增加公众对皇城的美誉度的同时还扩大了其知名度，与传统的广告等促销活动相比对企业品牌的促进效果更为明显。

五、结　语

综上所述，重庆皇城装饰工程公司实施战略管理是企业保持旺盛生命力的源泉，是在日趋激烈的市场竞争中，保持自身竞争优势的必然举措。

通过对战略定位的优势、劣势对比分析，结合皇城装饰工程公司的内部条件，明确得出皇城装饰只有采取市场分析者战略，而且该战略的核心是品牌。战略的基本结论。

品牌战略的构建和实施是一项庞大的系统工程。本文提出了构建实施的基本框架和轮廓，在实施过程中，须夯实基础，求实创新。道路是漫长的，但光辉的彼岸是留给那些不懈奋斗的创业者的。

·企业认证·

关于在装饰企业中推行“三项体系认证”的探讨

中国建筑装饰协会理事单位　深圳瑞和装饰工程有限公司

北京申奥成功，我国顺利加入 WTO，为我国建筑装饰行业赢得了新的发展空间。但是，随着市场的进一步开放，国外先进管理模式和知名企业不断融入国内市场，也给建筑装饰行业带来了前所未有的挑战。我们只有尽快提高企业的管理水平，不断向国际惯例靠拢，增强市场竞争力，才能直接面对国际市场的竞争，且处于不败之地。其中，推行 ISO9000 质量管理、ISO14000 环境管理和 OHSAS18000 职业安全卫生管理——这三项国际标准，建立健全质量/环境/职业安全卫生管理体系，规范企业质量/环境/职业安全卫生行为，是快速提高建筑装饰企业管理水平的有效方法之一。

作为中国建筑装饰协会理事单位、一级建筑装饰工程施工企业、甲级建筑装饰工程设计单位——深圳瑞和装饰工程公司管理层很早就意识到了外部市场环境的变化，对中国加入 WTO 后，对建筑装饰行业的影响也做了认真、深入的研究。

公司于 2001 年初决定，在同行中率先同时推行质量、环境及职业安全卫生管理标准，建立质量/环境/职业安全卫生一体化管理体系，开展三项管理体系认证。经过近一年的努力，2001 年 12 月初，公司的质量/环境/职业安全卫生管理体系终于通过了深圳质量认证中心的第三方审核，并获得了“三项体系认证”证书。

与中国建筑装饰协会理事单位、一级建筑装饰工程施工企业、甲级建筑装饰工程设计单位——北京市建筑工程装饰公司几乎在相同时间，在全国建筑装饰行业中率先获得了“三项体系认证”证书。

一体化管理体系的建立，大幅度提升了企业的管理水平，完善了企业管理机制，为企业的发展打了坚实基础。现将我公司在建立健全质量/环境/职业安全卫生管理体系过程中，取得的一些心得提供给同行参考，以期抛砖引玉，为我国建筑装饰行业的发展略尽微薄之力。

1. 全体培训　全员参与

近年来，在建筑装饰行业中开展质量管理体系认证的越来越多，已大众化，开展环境管理体系认证的，现在也有一些企业的进行，但开展职业安全卫生管理体系认证的却不多，同时开展“三项体系认证”的就更少了。

建立质量管理体系，是为了提高产品质量，满足顾客要求，以赢得更大的市场，这种观念大家都已能明白。

建立环境管理体系，规范企业环境行为，减少和预防环境污染，更多的是企业的一种社会责任，通过企业良好的社会信誉同样也能赢来市场。

建立职业安全卫生管理体系，规范企业的职业安全卫生行为，减少和预防对人的安全和健康危害，体现企业员工及相关人员的生命财产安全的重视，减少和杜绝事故的发生，不但可以节约成本，还能提高劳动生产率，对企业同样有极大的好处。

这些观念就未必每人都能理解。要使企业员工转变观念，改变思维方式，自觉自愿地参与体系的建立和运行，最直接、最有效的办法就是开展全员培训。

我们在年初策划开展“三项体系认证”时，就把培训工作当作第一件大事来抓。我们的培训工作是一个全面的、多层次、多渠道、多方式的网络化的活动：

按层次分，有管理层和操作层面；

按渠道分，有送外培训和内部培训；

按内容分，有标准培训和体系文件培训；

按方式分，有集中授课式和个别培训式等。

我们制定了详细的培训计划，包括培训对象、内容、时间、地点及培训教师等，并按此严格执行。培训的顺利开展，关键是领导的重视。我们公司管理层，特别是总经理李介平都非常重视，他们不但督促和检查培训工作的进行情况，而且还亲自参加培训，不缺课、不早退，为其他员工树立了榜样，大大提高了培训效果。

我们首先选派了一批管理骨干作为将来的内审员和培训教师送到认证机构去培训，待他们获证毕业回公司后，马上组织在公司开展对本标准的培训。这种培训又分几个层次进行，包括管理层领导、管理干部和普通员工等。针对不同的对象，培训内部有所偏重，对领导和普通员工要偏向观念的转变；对管理干部，他们是将来体系建立和运行的主要执行者，就要细化些，偏重对标准条文的理解。

标准培训到位后，就可以组织文件的编写，待体系文件成文后，又要开始组织对体系文件的培训了。体系文件的培训，主要目的是让全体员工理解和熟悉公司体系文件，以便将来的良好运行。这种培训也可以按标准培训的同样程序进行。

在注重培训覆盖面的同时，更要注重培训效果。我们在每次培训后都要组织考试，对考试成绩予以公布并纳入员工年终考评的项目中。通过良好的培训，让每位员工都能理解标准要求，掌握文件的规定，这样，体系运行起来就会顺利得多。

2. 整合文件　统一管理

质量、环境和职业安全卫生管理标准的内容、目的和对象都有所不同，但都是公司全面管理的一部分。如公司在三方面都建立独立的管理体系，虽然能满足标准的要求，但在企业运作起来就很困难。要在公司建立一体化的管理体系，首先要考虑的就是，如何在文件上加以整合。

我们首先重点研究了三项标准的共性和不同点，再针对公司的具体情况，在组织机构和职责权限分配上，进行全盘考虑。设立一套组织机构，把不同标准要求的不同职责合并至相关的职能部门，由一个部门同时落实。避免机构的重叠，职责的分散给运作带来阻力。

体系文件的编写，以质量管理标准为基础，把环境和职业安全卫生管理标准的相关要求合并至质量管理标准的对应条款中，把不能合并的要求，独立成第九章列出。一套管理手册、程序文件和作业指导书，把所有文件都全部整体，避免文件的繁锁、复杂和分散，以利于统一管理和统一操作。

文件的繁简程度，可以根据公司的实际，能简则尽量简单，切不可求多。管理手册能把三个标准的要求描述清楚就行，具体操作可引用程序文件和作业指导。新标准对程序文件的数量要求也大大减少，我们可以利用这点把程序文件尽量做得简化一些，其他未尽事宜都可以归入作业指导。作业指导是一个全面的操作文件，尽可能细化，把需要规范的过程都以文件形式规范下来，要具有良好的可操作性，但文字上也要力求简单明了。

另外，在文件的编码、检索方面也要下一番功夫。三个体系，一套文件，是一个整体，但分开后又能独立成一个体系。这要求文件不但要层次、条理清楚，而且又能明确是哪方面的要求，随便就哪个体系的要求都能随时查询到相关的文件。不同层次、不同体系的文件在编码上都要有所区别，以便于查询和追溯。

3．分层管理　注重现场

建筑装饰行业的管理较其他行业，特别是制造业有其独特性，我们大部分企业的生产和安装都是在施工现场完成的，我们的产品就是整个装饰工程，不会用件数来计量。所以，我们对施工现场的管理及对过程的控制就显得尤为重要，我们装饰企业的管理可大致分为两个层面，即施工现场管理和后勤管理，也可分为“接单”和“做单”。

根据这个思路，我们的体系文件就明显分为两个层次：

后勤管理（包括业务、设计、预决算、资源配置及其他管理和服务）层次，文件尽可能在程序文件中体现，未尽的事宜编制作业指导文件并汇成一个独立的作业手册。

施工现场管理层次，文件尽可能以一个施工作业手册的形式体现，包括施工准备、施工进度、施工过程控制及施工质量/环保/安全的监视和测量等施工全过程的所有活动。这要既避免了文件繁琐，使用起来又极方便，可操作性强。

另外，在环境因素和危害因素识别时，也可以按上述思路分两个层次进行，这样也可以简化思路，避免重叠。

不管是质量管理体系，还是环境或职业安全卫生管理体系，对我们装饰企业来说，施工现场都是一个主要的体系文件执行部门。可以这样说，只要建筑装饰施工现场做好了，体系的运行也就良好了。所以，对施工现场的管理是我们的工作重点，无论在人力、物力及财力上都要有所偏重。

4．统一检查　持续改进

质量、环境及职业安全卫生三个体系都有监视和测量的要求，而且都放在很高的位置。通过监视和测量，发现不足，解决问题，以促进持续改进。三个体系的监视和测量活动完全可以合并一起同时进行。

内部审核及管理评审等对体系的监视的测量活动，肯定要合并同时进行的，且操作起来也不会存在太大的难度。只要把内容增加，包括方方面面，一套人马就行。

对施工过程中的监视和测量，可以设定不同的活动，但职责可以落实到一个部门，做到职能归口管理。不同体系的监视和测量活动，可以同时，也可以分散进行；可以同时开出纠正预防措施要求，也可以分散开出。关键是有专人负责、专人跟踪，专人统计分析，并有统一的组织和领导。

以上是我公司在一体化体系的建立过程中积累的一点点经验，提供给同行参考。如后来者能从中吸取哪怕是一点点东西，那就是我们的希望。以上如有不当之处，请同行专家批评指正。

关于装饰企业贯标认证“三合一”的若干经验

北京市建筑工程装饰公司总经理　**蔡强**　企管部部长　**贺明**

中国建筑装饰协会理事单位、北京市建筑装饰协会副理事长单位、一级建筑装饰工程施工企业、甲级建筑装饰工程设计单位——北京市建筑工程装饰公司（以下简称北京建工装饰公司）是北京建工集团有限责任公司下属的专业公司。自1990年成立至今，企业不断发展壮大，承接了人大会堂东大厅、北京厅、新疆厅，全国政协办公楼，政协礼堂，外交部，北京饭店，京西宾馆，东方广场，北京政协，中银大厦，西客站等高档装饰工程，共获得鲁班奖（国优）2项，全国建筑工程装饰奖1项，北京市优质工程6项，连续7年被评为北京市建筑装饰优秀企业。北京北京建工装饰公司之所以能取得这样的成就，主要在于加强企业自身管理，不断提高技术质量等各方面的实力。

在竞争激烈的环境下，保持并发扬优势，不断扩大市场才能使企业立于不败之地。北京建工装饰公司于2001年底通过了环境管理体系（ISO14001—1996）标准和职业安全卫生管理体系（OSHMS）试行标准认证，加上1996年通过的质量保证体系(ISO9002—1994)标准认证，已经通过目前国内建筑装饰企业可以认证的全部管理体系标准，几乎与深圳瑞和装饰工程有限公司同时在全国建筑装饰行业率先做到贯标认证“三合一”。

北京建工装饰公司取得此项工作成功的经验是：以质量保证体系(ISO9002—1994)标准为基础和范本，按照环境管理体系（ISO14001—1996）标准和职业安全卫生管理体系（OSHMS）试行标准要求建立整合型全面管理体系，以一套体系文件、组织机构、职责分配、运行模式同时贯彻三项标准。

一、企业贯彻两项标准（EMS+OSHMS）的意义

在新世纪的第一年，中国加入WTO、申办2008年奥运会成功等一系列激动人心的好消息不断。作为发展中的政治、经济大国，我国正日益融入国际社会之中。作为企业，如何面临剧烈的国际、国内竞争并不断发展壮大已成为企业生存发展的重要议题。

国际社会日益关注全球经济一体化和经贸关系，其中环境保护、劳工状况等也成为衡量一个国家经济发展和社会文明程度的标志。在此基础上，世界各国对环境和职业安全卫生问题所采取的态度已由自我约束向对外约束转化，将环境和职业安全卫生与贸易联系起来。由于国际贸易发展，使各国环境和职业安全卫生现状的差异造成所谓“不公平”，形成了非关税贸易壁垒——“绿色壁垒”。为消除这一现象，促进世界贸易发展，满足各方面（含发展中国家、中小企业）需要，促进体系改进，环境和职业安全卫生管理体系标准应运而生。企业贯彻两项标准有利于改善环境和职业安全卫生管理体系，与国际标准要求接轨，提高国际市场竞争力。同时，企业贯彻两项标准有利于自身环境和职业安全卫生管理水平的提高，适应建立现代企业制度的需要，促进环境和职业安全卫生管理科学化、现代化。在市场竞争方面，贯彻环境和职业安全卫生管理体系标准，有利于企业向社会、政府、顾客（包含潜在的顾客）提出承诺，增加竞争砝码。

面对入世和成功申奥的大好时机，企业建立整合型全面管理体系，贯彻三项认证标准，不论从自身生存发展还是从适应激烈的市场竞争上考虑，都将大有好处。

二、环境管理体系（ISO14001—1996）标准

1．环境管理体系标准

即国际标准化组织（ISO）制定的ISO14000系列标准（标准编号为ISO14001---ISO14100，目前已颁布六项），该系列标准以ISO14001为核心，包括ISO14001：1996《环境管理体系规范及使用指南》、ISO14004：1996《环境管理体系原则、体系和支持技术通用指南》等。我国已于1996年将ISO14000系列标准等同转化为国家标准（标准编号为GB/T24000---ISO14000）。

2．建立环境管理体系的目的

识别并控制重大环境薄弱环节和影响；识别重要环境机遇；识别有关环境法律法规要求；建立良好的环境方针以指导组织（企业）的环境管理；建立处理环境事项的优先顺序以确定环境目标和管理方案；监测组织（企业）的环境表现、评价体系的有效性，实施体系改进。

3．建立环境管理体系的作用

确定并控制与组织（企业）有关的环境因素、环境影响和风险；实现组织的环境方针、目标和指标，包括遵守环境法律法规；制定一系列基本原则以指导组织（企业）承担保护环境的责任；为环境行动制定短期、中期和长期的目标以确保组织（企业）和其他相关方的利益；确定实现目标所需资源，为其分配环境责任并调配所需资源；规定具体任务、职责、权限和程序以确保组织（企业）内每个员工日常工作有助于减少或消除组织（企业）对环境的消极影响；在整个组织（企业）内部进行交流并对员工进行培训以使其履行自己的职责；根据组织（企业）以前所遵循的标准和目标检查其环境行为，必要时加以修改。

三、职业安全卫生管理体系（OSHMS）试行标准

1．职业安全卫生管理体系试行标准

即我国于1999年10月由国家经贸委颁布的《职业安全卫生管理体系试行标准》，该标准借鉴了国外有关职业安全卫生管理体系的标准、规范和指南，以及ISO9000和ISO14000系列标准，使三项标准之间具有相关性、兼容性。

2．建立职业安全卫生管理体系的目的

以实施组织（企业）职业安全卫生方针为目的，并能够保证该方针得以有效实施；通过周而复始地进行“计划、实施、监测、评审”使体系功能不断加强，实现体系持续改进；实现预防和控制工伤事故、职业病等职业危害和其他损失的目的。

3．建立职业安全卫生管理体系的作用

推动职业安全卫生法规和制度的贯彻执行；使组织（企业）的职业安全卫生管理由被动行为变为主动行为，促进职业安全卫生管理水平的提高；促进我国职业安全卫生管理标准与国际接轨，有利于消除贸易壁垒；有利于提高全民的安全意识。

四、贯标经验

（一）认真学习三项标准，领会标准内涵，掌握三项标准之间的关系

2001年初，北京建工装饰公司领导结合中国入世、申奥、市场竞争等因素，充分考虑企业自身发展需要，确定了启动环境管理体系标准（ISO14001—1996）和职业安全卫生管理体系试行标准（OSHMS）认证工作。为保证贯标工作顺利进行，成立以各职能部室有关人员和质量保证体系贯标人员参加的贯标办，并组织贯标办、各职能部室、项目部主要人员参加两项标准内审员的培训和取证。通过学习，使有关同志掌握了两项标准的主要内容，结合公司质量保证体

系标准(ISO9002—1994)贯标经验，摸索出三项标准之间存在的内在联系。

其内在联系主要包括：

1．标准形成上

ISO9000、ISO14000系列标准与OSHMS标准均遵循共同的管理原则和指导思想，即依据标准在组织（企业）内部建立文件化的管理体系，并按照文件指导组织（企业）的管理行为。

2．基本思想上

ISO9000、ISO14000系列标准与OSHMS标准均通过PDCA循环的管理模式实现管理体系的持续改进。PDCA循环即将组织（企业）的活动划分为：计划（PLAN）、行动（DO）、检查（CHECK）、改进（ACT）四个环节，通过四个环节的不断循环改进，逐步提高组织（企业）质量、环境、职业安全卫生管理、保证能力和水平。

3．基本内容上

ISO9000、ISO14000系列标准与OSHMS标准在以下方面：承诺、方针和目标具有相容性；基本程序具有通用性（如文件资料控制、记录控制、培训、纠正与预防措施、内审、管理评审等）；强调过程控制和生产现场；体系构架和要素内容具有相似性。

4．认证形式上

ISO9000、ISO14000系列标准与OSHMS标准都是推荐采用的管理性标准**（详见表1-1、1-2）**。

ISO9000、ISO14000系列标准与OSHMS标准同时存在差异，表现在目标、供需关系、承诺等几方面**（详见表2）**。

（二）通过整体策划确定适宜装饰公司的管理体系

作为国有建筑装饰企业，北京建工装饰公司有着良好的传统管理体系和一整套管理制度。如何将传统管理体系和现代管理体系标准有机结合并符合装饰公司实际，是新型管理体系建立之初企业最高管理者需要考虑的头等大事。

公司确定贯彻ISO14000系列标准和OSHMS标准后，将企业原有的有关环境、职业安全卫生管理标准、规定、制度进行收集整理和分类，找出适合于装饰公司的法律法规和其他管理规定，作为企业必须遵守的要求加以明确。

根据标准要求管理体系覆盖组织（企业）全部部门和所有活动，根据标准的规定，装饰公司以施工现场场界区分管理区域，将施工现场场界以内确定为公司工程管理部职责范围，由工程管理部负责其环境、职业安全卫生管理；施工现场场界以外确定为公司总务部职责范围，由总务部负责其环境、职业安全卫生管理。这样，既符合标准规定，又明确各职能部门管辖范围和职责，将装饰公司所有管理职能、全部部门和所有活动（包括日常管理、设计、生产经营、装饰施工及其他相关活动）。

为适应两项体系贯标的需要，公司调整了组织机构，成立了环境、职业安全卫生管理体系贯标办，由公司主要职能部门中熟悉公司管理体系和实际情况的人员组成，负责两项体系贯标的日常工作。确定了装饰公司的环境、职业安全卫生管理方针和近期内的目标。同时，联系有关认证中心和咨询机构，指导协助企业贯标。

加大资金投入，为确保贯标顺利进行配备必要的资源。在企业资金紧张的情况下，公司前后共投入71万余元，从规范标准、监测技术手段、环保材料使用、安全防护用品配置、人员培训等各方面为贯标工作的顺利开展提供保证。

（三）按照质量保证体系(ISO9002—1994)标准贯标模式建立整合型全面管理体系，以质量保证体系(ISO9002—1994)标准的体系文件为范本，编制整合型全面管理体系文件并深入进行培训

1．体系建立

北京建工装饰公司自1996年通过ISO9002质量保证体系标准认证后，1999年又通过了认证复评，积累了一定的贯标经验。在确定贯彻ISO14000系列标准和OSHMS标准后，装饰公司结合对两项标准的学习理解和企业贯彻ISO9000标准的实际，并征求了认证中心和咨询机构的意见之后，决定将三项管理体系进行整合,形成“三合一”的贯标模式。整合以公司原有的质量保证体系为基础，将质量、环境、职业安全卫生管理体系中有通用性的有关要素要求进行整合形成文件化程序，对质量、环境、职业安全卫生管理体系中各单一性要素按照各项标准的相关规定形成文件化程序。

在ISO9000、ISO14000系列标准与OSHMS标准要素对比表中可以看出：三项管理体系标准中，管理方针、组织机构和职责、目标指标管理方案/质量计划、文件资料控制、培训、检验和试验/监测和测量、不合格品控制/不符合、记录、纠正与预防措施、内部审核、管理评审等要素的名称、内容、程序要求等基本一致。装饰公司将以上要素进行整合，形成一套适用于三项管理体系标准的文件化程序。

对于环境、职业安全卫生管理体系标准中相同的要素，如：危害辨识和因素识别、法律法规及其他要求、协商和信息交流、应急准备和响应等也进行整合，形成一套适用于两项管理体系标准的文件化程序。以上要素不同于现有的质量保证体系文件，因此按照环境、职业安全卫生管理体系标准要求编制文件化程序。

质量保证体系中原有的要素保持不变。

2．编制整合型全面管理体系文件

装饰公司由贯标办牵头组织，以质量保证体系标准体系文件的模式为范本编制整合型全面管理体系文件。直接引用或修改后引用质量保证体系标准程序文件中管理方针、组织机构和职责、文件资料控制、培训、检验和试验/监测和测量、不合格品控制/不符合、记录、纠正与预防措施、内部审核、管理评审等要素，使环境、职业安全卫生管理体系文件与质量保证体系文件保持协调一致性。

编制环境、职业安全卫生管理体系标准中要求的其他体系文件，使之与质量保证体系文件在形式、格式上保持一致。

将危害辨识和因素识别、法律法规及其他要求、协商和信息交流、应急准备和响应等要素形成文件化程序。

本次共编制了覆盖全部要素要求的管理手册、程序文件（共17项），识别了适用的法律法规200余项，编制年度管理方案和作业指导书等共计700余万字。

3．进行全员、分层次、不间断的培训

为配合装饰公司环境、职业安全卫生贯标工作，自2001年5月开始即进行了公司两项管理体系内审员培训和标准培训，之后分别进行了职能部室、项目部贯标培训、公司体系文件培训、危害识别和因素识别培训、公司目标管理方案培训、应急预案培训、适用法律法规及其他要求培训等共计近200人次的培训教育工作。参加培训人员上至公司总经理，下至一般操作工人，范围覆盖公司所有职能部室、项目部和全部人员的活动，而且培训工作自年初开始一直进行到外审认证审核。培训工作持续进行、覆盖全员、分不同层次进行保证了公司整合型全面管理体系运行和认证审核的需要。

（四）结合企业特点，借鉴质量保证体系标准贯标运行经验，推动整合型全面管理体系贯标工作

北京建工装饰公司贯彻ISO9002标准之所以取得成功，主要得益于领导重视、分工明确、责任到人、全员参与、培训到位、贯标与实际工作相结合、体系文件与企业现状相结合等几项。在贯彻环境、职业安全卫生标准的工作中，装饰公司继续发挥以上优势并加以改进和提高。

1．领导对贯标工作重视程度决定了贯标的成败

装饰公司领导班子对企业贯彻有关国际标准有统一的、明确的认识：作为企业生存发展的必要条件，贯彻有关国际标准势在必行，如果没有三项管理体系标准认证，装饰公司今后将很难在与同行业的竞争中保持优势。获得三项管理体系标准认证后，企业不仅可以在国内市场上具有管理优势，在我国加入WTO之后更能够积极参与国际竞争，汲取国际上的先进管理经验，不断充实完善自己；企业贯彻有关国际标准并与现有管理制度相结合，可促进企业尽快实现向现代企业制度的转化；同时可帮助企业、员工、相关方建立符合国际标准的质量、环境、职业安全卫生管理意识；企业贯彻有关国际标准还可以通过向社会、公众提出有关质量、环境、职业安全卫生承诺，由社会、公众对企业进行监督和控制，确保企业符合有关法律法规和其他要求的规定；企业贯彻有关国际标准有利于我们从自身作起，形成良好的质量、环境、职业安全卫生意识和责任。

2．贯标工作必须分工明确、责任到人、全员参与

质量管理、环境管理、职业安全卫生管理基本覆盖企业的各项管理活动，在贯标工作中如何结合日常管理工作实际，同时又符合认证标准要求，就需要企业将各级各类人员的岗位分工明确，将管理体系的各项要素、程序、工作流程逐层、逐级分解落实，让企业的全体员工明确“干什么？什么时间干？谁来干？为什么干？怎么干？”（即5W1H）以及应形成什么记录等。这样，使企业的各项日常管理活动均能遵循整合型全面管理体系文件化的要求，无论管理人员、操作工人、新进场人员都能自觉贯标。

3．培训工作是否到位直接影响贯标效果

为保证贯标工作取得良好效果，培训工作必须到位。企业建立整合型全面管理体系，需要一大批高素质的工作人员，对现有人员进行贯标培训，可整体提高企业人员素质，通过培训让员工接触新的科学化、规范化、标准化的国际标准，有利于企业整体管理水平的提升，将原有粗放型管理逐步转化为符合现代企业要求的科学化、规范化、标准化管理。

4．贯标工作必须与实际工作相结合

企业贯标工作与日常实际管理工作紧密结合才符合有关标准要求，同时通过贯标工作能有利于规范日常实际管理工作。以前，为迎接认证中心监督审核，企业常会出现临时补记录等情况，让员工产生“贯标工作只是为应付审核才做，与本职工作关系不大”或“临时补一些记录，能应付过去就可以”的思想，造成贯标工作与日常实际管理工作“两层皮”的现象。杜绝“两层皮” 现象的根本作法是将贯标工作与企业日常实际管理工作有机的结合起来，使贯标工作真实地反映企业管理工作的实际。只有这样才能将贯标工作真正融入日常实际管理工作，也就达到贯彻标准的目的。

5．管理体系文件与企业管理现状相结合是保证

建立整合型全面管理体系必须从企业的实际情况出发，编制整合型全面管理体系文件同样必须与企业管理现状相结合。盲目的、不切实际的贯标或体系文件只会加大贯标工作的难度和管理成本，造成人力、物力、财力和精力的浪费，扩大管理成本。而管理体系文件与企业管理现状有机结合能尽可能降低管理成本，取得最大化的管理效益。编制与企业管理现状相结合的整合型全面管理体系文件并遵照执行，既可符合企业日常管理工作的实际，又能够尽可能的减少投入，取得最佳效果。

（五）质量保证体系(ISO9002—1994)标准换版工作的考虑和三项贯标整合前景的展望

目前，国内认证机构只有极少数几家获得三项标准认证资格，国内企业也没有几家进行三项认证标准整合的，装饰公司同样面临这些问题。2002年年底质量保证体系标准（ISO9000—1994）将转化为2000版，为配合换版工作，同时进一步规范企业贯标工作，装饰公司一方面努力加强自身管理体系的建设，同时积极与有关认证机构建立联系，为真正将三项认证标准整合在一起做出努力。

五、企业进步和推广意义

积极推行三项管理体系认证工作将是目前我国建筑装饰行业发展的方向，而建立整合型全面管理体系，开展“三合一”形式的贯标更是建筑装饰企业适应WTO与国际接轨、优化管理的必由之路，意义深刻。

ISO9000、ISO14000 系列标准与 OHSMS 标准要素对比表　　**表 1-1**

0HSMS 标准		ISO14001：1996	
总要求	3．1	4．1	总要求
职业安全卫生方针	3．2	4．2	环境方针
计划			计划
危害辨识、危险评价与控制计划	3．3．1	4．3．1	环境因素
法律和其它要求	3．3．2	4．3．2	法律和其他要求
目标	3．3．3	4．3．3	目标和指标
职业安全卫生管理方案	3．3．4	4．3．4	环境管理方案
实施与运行			实施和运行
机构和职责	3．4．1	4．4．1	组织结构和职责
培训、意识和能力	3．4．2	4．4．2	培训、意识和能力
协商与交流	3．4．3	4．4．3	信息交流
职业安全卫生管理体系文件	3．4．4	4．4．4	环境管理体系文件
文件	3．4．5	4．4．5	文件控制
运行控制	3．4．6	4．4．6	运行控制
应急预案与响应	3．4．7	4．4．7	应急准备与响应
检查和纠正措施			检查和纠正措施
绩效监测和测量	3．5．1	4．5．1	监测和测量
事故、事件、不符合、纠正和预防措施	3．5．2	4．5．2	不符合和纠正措施
记录和记录管理	3．5．3	4．5．3	记录
审核	3．5．4	4．5．4	环境管理体系审核
管理评审	3．6	4．6	管理评审

ISO9000、ISO14000 系列标准与 OHSMS 标准要素对比表　　**表 1-2**

OHSMS 标准		ISO9001：1994	
总要求	3．1	4．2．1	总要求
职业安全卫生方针	3．2	4．1．1	质量方针
计划			
危害辨识、危险评价控制计划	3．3．1	--	
法律和其他要求	3．3．2	-- 1）	
目标	3．3．3	-- 2）	
职业安全卫生管理方案	3．3．4		
	--	4．2．3	质量计划
实施与运行			
机构和职责	3．4．1	4．1．2	组织
培训、意识和能力	3．4．2	4．18	培训
协商与交流	3．4．3	--	
职业安全卫生管理体系文件	3．4．4	4．2．1	总则
文件	3．4．5	4．5	文件和资料控制
运行控制	3．4．6	4．2．2	质量体系程序
		4．3　3)	合同评审
		4．4	设计控制
		4．6	采购
		4．7	顾客提供产品的控制
		4．9	过程控制
		4．15	搬运、贮存、包装、防护和交付
		4．19	服务
应急预案与响应	3．4．7	4．8	产品标识和可追溯性
		--	
检查和纠正措施			
绩效监测和测量	3．5．1	4．10	检验和试验
	--	4．12	检验和试验状态
	--	4．20	统计技术
		4．11	检验、测量和试验设备的控制
事故、事件、不符合、纠正和预防措施	3．5．2	4．13	不合格品的控制
		4．14	纠正和预防措施
记录和记录管理	3．5．3	4．16	质量记录的控制
审核	3．5．4	4．17	内部质量审核
管理评审	3．6	4．1．3	管理评审

1) 关于法规要求的论述在 IS09001，4．4．4；
2) 关于目标的论述在 IS09001，4．4．1；
3) 与质量受益者(顾客)的联络。

ISO9000、ISO14000 系列标准与 OHSMS 标准差异对比表 **表 2**

	ISO9000	ISO14000	OHSMS
目标	产品质量--针对顾客	生产过程和产品对环境之影响--服务于众多相关方	生产过程和环境对人的直接影响--侧重组织内各相关方
供需关系	一对一的经济利益或服务的直接关系	多方面相关方组织之间间接、直接关系	同 ISO14000
承诺持续改进	不必须	必须	同 ISO14000
强制性要求	少数	多数	大多数
组织覆盖内容	指定产品或服务有关的生产阶段	组织所有部门和活动	组织所有部门和活动并分解到每个生产岗位
与外部联系	没有特殊要求	必须征求外部相关方意见	同 ISO14000
特殊要素	质量控制、质量保证	环境因素	危害识别、危险评价和危险控制计划

ISO9000 认证与装饰企业

中国建筑装饰协会信息咨询委员会专家组成员 高级经济师 **陈晋楚**

2002 年 7 月 5 日中国建筑装饰协会信息部在《中国建筑装饰》2002 年第 8 期上公布了全国 223 家通过 ISO9000 国际质量体系认证的建筑装饰企业名单。这对于提高我国装饰装修业的质量管理水平有了新的突破。这个数字对全国 25 万家装饰装修企业来说，显得微不足道。这 223 家企业中，属此次资质定位建设部已经公布的 466 家一级企业中有 103 家通过 ISO9000 认证，其余 120 家为二级以下。公布这一资料，首先对全国建筑装饰行业，特别是一级装饰装修企业是个促进。

一、ISO9000 认证的基本知识

ISO9000 系列标准是国际标准化组织于 1986 年和 1987 年发布的质量管理和质量保证系列标准，有 ISO9000《质量管理和质量保证标准——选择和使用指南》、ISO9001《质量体系——设计开发、生产、安装和服务的质量保证模式》、ISO9002《质量体系——生产和安装的质量保证模式》、ISO9003《质量体系——最终检验和试验的质量保证模式》、ISO9004《质量管理和质量体系要素——指南》，加上 1986 年发布的 ISO8402《质量——术语》共计 6 项国际标准，统称为 ISO9000 系列标准，或称为 1987 版 ISO9000 系列国际标准。

1990 年负责制订 ISO9000 系列标准的 ISO/TC176 质量管理和质量保证技术委员会，决定对 1987 年版 ISO9000 系列的 6 项标准进行了修订。1994 年完成修订工作，并发布了 1994 年版 6 项国际标准，称为 1994 版 ISO9000 族标准，从而取代了 1987 版 6 项标准。

1997 年底 ISO/TC176 提出对标准进行第二阶段修订，根据国际标准修订进度，2000 版 ISO9000 标准于 2000 年底前正式发布并生效。

2000 年 9 月，在我国国家质量技术监督局领导下，成立了 GB/T19000 族国家标准的修订起草工作组，经过一系列工作，2000 年 12 月 28 日国家质量技术监督局正式批准发布了 GB/T19000—2000、GB/T19001—2000 和 GB/T19004—2000 三项国家标准。所以我们现在实施的是 ISO9000—2000 和 GB/T19001—2000 标准。

ISO9000 标准的主要作用是为企业质量管理提供指南，为质量保证提供通用质量要求。指导企业用管理的系统思想来建立完善的质量体系，并对工程质量形成的全过程进行控制；它要求企业的质量体系文件与实践要一一对位，要求企业对所有的质量活动都应有文件规定，所有的规定都应执行，执行情况必须有客观证据加以证实，并有一定的可追溯性。

强调企业应不断地进行质量策划，树立质量改进、质量体系的完善和产品质量改进永无止境思想，把实现持续的质量改进作为企业追求的永恒目标，把顾客满意作为实施质量改进的原动力，尤其强调了各级领导对质量改进环境的形成起表率的领导作用，并强调了应发动全体职工共同参与质量改进活动，还着重强调了通过有计划和连续不断的质量审核来改善质量和质量体系。

二、ISO9000 认证的基本内容

要了解它的内容，我们首先从“术语”入门，ISO8402—1994 版《质量管理和质量保证——术语》中的 67 个术语的定义做了规定，本文只介绍几个对“入门”有关的术语，便于初步了解“认证”的含义。

“质量”（ISO8402—1994）的定义是：反映实体满足明确和隐含需要的能力和特性总和。如何理解这一定义，什么是“实体”，指可单独描述和研究的事物。就我们装饰业来说，它的“实体”应该是“建筑装饰实体”。定义中将满足需要分

两类，一类是明确，一类是隐含。这又是什么意思呢？所谓"明确需要"是指在合同、标准的法规中规定的要求及社会要求，比如我们装饰工程有建设部公布的《建筑装饰装修工程质量验收规范》GB50210-2001等。施工单位在与发包单位签订合同也有明文规定质量要求，这些都属于"明确需要"。"隐含需要"一是指顾客或社会对产品的期望，二是指那些人们公认的不言而喻的，不必做出规定的"需要"，比如我们装饰工程中的"水通""灯亮"门窗安装严密、开启灵活等。所谓"特性"，指"实体"所特有的区别于其他实体的性质。如我们装饰工程"实体"是附着在建筑工程上的，因此，装饰工程实体应该包含被装饰的建筑实体。所以我们在研究装饰工程质量时，必须要同时研究建筑工程的质量。对于产品的"需要"可以归结为6个方面的特性，即：性能、可靠性、安全性、适应性、经济性、时间性。2000版对"质量"的定义有了修正，"一组固有特性满足要求的程度"。所谓"固有的"就是指某事或某物本来就有的，尤其是那种永久的特性。

"要求"是指明示的、通常隐含的或必须履行的需要或期望。"通常隐含"是指组织、顾客和其他相关方面的惯例或一般做法，所考虑的需要或期望是不言而喻的。2000版对"质量"的定义对1994年有明显的改进。一是质量反映为"满足要求的程度"，而不是反映为"特性总和"，"特性"是固有的，与"要求"相比，满足要求的程度才反映为质量的好坏。因此，新定义更科学。二是明确提出固有特性的概念，说明固有特性是产品过程或体系的一部分，而人为赋予的特性不是固有特性，不反映在产品的质量范畴中，使质量的概念更为明确。

"质量体系"按1994版解释为实施质量管理所需的组织结构、程序、过程和资源。2000版将"质量体系"改为"质量管理体系"，即在质量方面指挥和控制组织的管理体系。所谓管理体系，就是"建立方针和目标并实现这些目标的体系"。质量管理体系则是"在质量方面指挥和控制组织的管理体系"。

"认证"是指第三方依据程序对产品过程或服务符合规定的要求给予书面保证(合格证书)。"质量体系认证"是"认证"的一种类型。

三、ISO9000认证的特征

1. 认证的对象是质量体系，更准确地说，是企业质量体系中影响持续按需方的要求提供产品或服务的能力的某些要素，即质量保证能力。

2. 实行质量体系认证的基础是必须有关于质量体系的国家标准。国际标准化组织发布的ISO9000质量管理和质量保证系列标准，为各国开展质量体系认证提供了基础，申请认证的企业应以系列标准为指导，建立适用的质量体系，认证机构则按系列标准中的质量保证要素要求进行检查评定。

3. 鉴定质量体系是否符合标准要求的方法是质量体系审核。由认证机构派注册审核员对申请企业的质量体系进行检查评定，提交审核报告，提出审核结论。

4. 证明取得质量体系认证资格的方式是质量体系认证证书和体系认证标记。证书和标记只证明该企业的质量体系符合某一质量保证标准，不证明该企业生产的任何产品符合产品标准。因此，质量体系认证的证书和标记都不能用于产品，不能使人产生产品质量符合标准规定要求的误解。

5. 质量体系认证是第三方从事的活动，第三方是指独立于第一方（组织）和第二方（需方）之外的一方，他与第一方和第二方既无行政上的隶属关系，又无经济上的利害关系。强调体系认证要由第三方实施是为了确保认证活动的公正性。

四、ISO9000认证对装饰装修企业的作用

装饰装修企业实行质量体系认证有其独特的现实意义，是企业自律的最有效手段。

装饰装修行业形成于改革开放年代，是市场经济的产物，其成员多数为无上级企业；即使是早期的国营企业组建的装饰装修公司，也缺乏专业对口的上级来管理。国营建工、城建、住总等集团下的建筑公司均有上下级对口管理，统一规范，上级主管部门定期对其下属单位进行监督检查，使企业有章可循，装饰装修企业没有对口主管部门。因此，缺乏统一管理，专业监督。虽然国家建设部和各地建设行政主管部门一开始就特别关心装饰装修业发展，但其重点在建筑施工企业，对装饰装修企业监督力度不够。目前全国25万家企业占全行业的90%是无上级企业，他们完全靠自律来规范自身发展。

几年来建设部已经为装饰装修行业分布了一系列专业规范，对促进装饰装修业发展起到了重大作用。规范有：建设部《建筑装修装饰工程专业承包企业资质等级标准》、《建筑装饰装修工程质量验收规范》、《住宅装饰装修工程施工规范》、《室内装饰装饰材料有害物质限量国家标准》、《建筑内部装修设计防火规范》等。还有建筑业通用国家法规，如《建筑法》、《合同法》、《招标投标法》、《建筑施工许可管理办法》、《建筑工程施工发包与承包计价管理办法》等，对装饰装修企业同样起着重要的作用。

法规是规范市场的重要法律依据。有法规还要有人来执行。目前，在执行上述法规中存在严重脱节，首先是这些法规到达企业的渠道不通，国家发布的那些法规，企业得不到信息；得到了信息也没有一个部门将它下发到各个企业，有自律意识的企业自觉到市场去购买。其次，一些规范办法即使到了企业领导或管理人员手中，也没有人来讲解，只能根据各自的理解来实施。尤其是有些法规是建筑工程专业不完全符合装饰装修企业使用。第三，许多装饰装修企业还被隔离在行业管理之外。2001年12月24日《经济日报》提供的资料表明，全国装饰装修企业25万家左右，有资质的企业2万多家，兼营有装饰施工资质的企业近5万家，有营业执照但未取得资质的企业近18万家。由于他们的管理极不规范，所以达不到资质等级标准。这部分企业我们不可能下一道命令全部关闭，所以规范企业的经营管理特别是质量管理，显得特别重要。我们的装饰装修工程质量上不去，恐怕这也是重要原因之一。本文开头提到：全国已有223家装饰

企业通过 ISO9000 认证，其中一级企业 103 家，排在前四名的是：广东省 71 家，北京市 28 家，上海市 20 家，江苏省 23 家。而广东省的深圳市就有 57 家。我们平常总说深圳的装饰公司施工质量优于内地，这是不是与通过 ISO9000 认证从而加强企业自律有点关联。

ISO9000 国际质量体系认证，正是解决企业自律的最好途径。企业有了 ISO9000 国际质量体系认证，可以按照“认证”要求，制订企业质量方针、质量目标、质量手册、程序文件、外来文件、作业指导书、质量计划、质量记录等进行有序运行和有效审核与评审，促使企业走上规范之路；因为通过“认证”，能够在企业内建立健全整套有效的符合国际标准的质量保证体系以及实用的预防和纠正机制，从而确保企业所施工的工程质量稳定，满足顾客的需求，充分利用非价格因素提高竞争力，开拓和占领国际国内市场，从而提高企业的生存能力。

内部审核——企业自律的重要环节。

贯彻 ISO9001 体系的重要工作之一就是审核。按审核方分，有第一方审核（纠正改进），第二方审核（顾客评定标准）和第三方审核（认证注册），这是一个由低到高的审核链，缺一不可。第一方审核是组织（企业）对自身产品、过程或质量管理体系进行的审核。审核人员来自组织（企业）内部，审核员（内审员）的条件有六个：教育（中等教育以上）、培训、经验、个人素质、工作能力、审核经历和语言。

内审的基本要求是：建立并保持组织内部审核书面程序、范围，包括目的、范围、引用标准、定义、审核类别，以及审核的分析与记录、审核报告的处理、跟踪审核等。

审核重点是验证质量活动和有关结果的符合性、确定质量管理体系的有效性，过程的可靠性，产品的适用性，评价达到预期目标的程度，确认质量改进的机会和措施。

内审的动力是什么？最重要的是企业管理者的认识和支持。没有管理者的支持就难以开展；也不会取得应有的效果；但同时也为了达到标准要求在外部（认证机构）审核前纠正不足。因此，内审并非可审可不审的过程。正是这种审核链促使企业按时内审，体现了企业的自律精神。因为外审是在认证后半年内即需进行，如果企业不认真进行内审、及时纠正不足，那么外审时可能不合格而被取消认证（收回合格证书）。

五、怎样申办 ISO9001 认证

1．要选择一家质量认证咨询机构。为什么要聘请质量认证咨询公司？因为 ISO9000 系列标准诞生于西方文化中的理论体系，其表达形式和我国传统的接受框架及操作语言之间，存在一定的差异，只有借助于专家的帮助才能较为准确的掌握它。

2．咨询公司的作用。一是可能帮助你选择适用的标准并完成质量体系的诊断和设计。二是帮助企业实现质量管理体系标准与管理实际的完美结合。三是指导帮助企业编写和整理质量管理体系文件。四是作为外部力量推动企业的认证实施工作。五是参与内部审核，使企业的质量管理体系运作达到审核要求。六是为企业推荐选择权威的认证机构。

3．如何选择质量认证咨询公司。要有按照国家质量监督检验局、国家行政管理局的要求在北京市工商管理局注册的独立法人机构，并具有专业资质。选定咨询公司以后，可索取并填写咨询申请表，提出书面申请，咨询公司接受申请后便可签定咨询合同。

4．企业的准备工作。企业在确立咨询公司以后，应该进行以下工作：一是成立工作领导小组，确定小组成员，确定企业的质量方针和质量目标。二是确定管理者代表。三是画出企业的现行行政组织机构图。四是收集企业现行的管理文体，列出清单。五是收集企业现行的质量记录表格，列出清单。六是提供企业概况的书面文件。七是准备好教室教具。

5．咨询组进入企业以后的工作。一是咨询组进入企业后，咨询人员首先是听取基本情况介绍。企业应该做好准备，并索取有关资料，观察工作现场，制定咨询计划。二是针对重点咨询内容，确定咨询分工、并进行咨询调查。三是对企业中层以上管理人员宣讲标准，培训委托方主要质量管理人员。四是依据企业方实际情况帮助、指导委托方编写和修改质量手册。五是培训企业内部质量审核员，指导内审员进行内部质量审核，指导管理评审。六是在企业按新建立的质量管理体系运行一段时间后，咨询组将检查其质量管理体系运行情况，找出主要问题及原因并提出改进意见。

6．外部审核之前的模拟审核。在正式认证前企业经过咨询机构专家的一系列工作之后，便可以进行模拟审核，以便及时发现问题，再行指导改进，以满足认证的要求。

7．咨询机构的咨询结束后的工作。咨询组应向认证机构提交全部文件、预约“认证日期”。认证机构先看文件，文件合格后再到现场验收，全部合格后即可发证。

六、小型装饰装修企业能否办 ISO9000 认证

可以。新版 ISO9000 的要求适合于小型、中型和大型组织。通过“条款 1.2 应用”，ISO9000：2000 已就特定过程可能不是由组织（企业）实施。然而组织（企业）仍需要证实其满足顾客和适用法律法规对产品要求的能力，并在确定体系的复杂程度时，需要考虑这一问题。

所谓“条款 1.2 应用”指什么呢？它是 ISO9000 标准的内容之一，它的具体条文是：本标准的所有要求是通用的，旨在适用于各种类型、不同规范和提供不同产品的组织。当本标准的某些要求不适用时，组织可以删减。

如果组织要声称符合本标准的要求，则删减是有条件的。条文说，“标准规定的所有要求是通用的”。就是说 ISO9000 标准并不针对某一具体行业。如我们装饰装修企业实施本标准时，“条文”不适合装饰装修企业的内容可以删减。再有，我们装饰装修企业规模有大有小，有的企业可能不包括设计，你可以将“设计和开发”删减。总之，只要删减的内容不影响组织提供满足顾客和适用法律法规要求的产品的能力或责任。

·比较优势·

换位思考：流行说法未必对

清华紫光信息产品事业本部 本部长 裴 嵩

有些流行的说法经常引起我的思考。有些话听起来非常解气，但在现实中却无法兑现；有些“理论”时不时被引用，但如果细细深究，它们也未必站得住脚；有些观点只在某个方面适合，但人们却希望它能够“通用”。

没有技术就没有核心竞争力 这是个非常普遍的说法，有些人说得头头是道，但有些企业却对此不以为然。比如人们认为做代理和分销不是长久之计。这对一个国家来说当然是正确的，但对于不同的企业，却不能一味地如此要求。中国的IT企业往往都是靠分销或者集成国外产品起家，就是现在，分销、代理还是这些IT企业的重要经营手段。分销有什么好处？一是可以在起步时获得相当数量的经营总额，二是可以较快速地学习到国外先进技术和管理思想，三是能够建立起公司在业界的品牌影响力，建设好渠道，从而为发展自有品牌做好相当的铺垫。更重要的是，分销的过程坚定了在本行业持续经营的信心，以及让你有了良好的市场营销方面的经验积累。

企业经营靠的是什么？在社会分工越来越精细的今天，每个行业、每种职业都会得到社会长久的认可。我们不能因为自己的公司钟情于技术或者依靠技术起家，就指责没有技术的行业，没有技术可能是不需要技术。同样，我们也不会因为做分销或者渠道就轻视世界技术潮流的发展。核心技术当然可能形成核心竞争力，但没有技术，你也照样可以有核心竞争力，只要你在这个行业中的定位是准确的，团队是坚定的，经营是有特色的，就完全可以做到。

规模大才能降低成本 这也是通俗的说法之一。但紫光的经营经验表明，未必需要大量采购，也可能降低成本。紫光多年来有一个经营理念，就是“在价格的相同的时候，配置一定比对手好；在配置相同的时候，价格一定比对手低”。要做到这一点，我们的办法就是“小步快跑”。以笔记本电脑为例，比如某个比我们大的企业，一个月进一批CPU，进一次货就进一万套，一卖就得卖很长时间；而我们可能是一星期进一次货，去的时候，只进一千套。由于IT市场的变化特别快，小批量多进货的方法，才能适应这个特点，当我们把一千套卖完的时候，可能CPU的价格正好降下来，新的产品出现在市场上，以之前的价格，可以进到更好的产品，自然就增加了竞争力。同时，由于降低库存，加快现金流的周转，无形之中成本也节省下来了。

经营市场有很多种方法，任何一家企业都会探索出一套适合自己的套路，不必照搬别人，也不能因为企业做得小就自卑。

集团化就得多元化 很多企业在做出成绩之后，账面上有了相当的资金量，就开始做投资。社会一看你有钱了，就会涌上门来要求你投资。一时间以为自己什么都能干，以为集团化就意味着什么都必须做。结果，什么项目都敢投，不管自己有没有这方面的经验，也不对对方的项目进行精细的考察，自然，失败的例子就非常多。由于投资失败，势必连累企业正常经营。

多元化与专业化的经营之争，一直是企业经营者面临的难题。但今天，应当对多元化有一个全新的认识，那就是合作。社会是多元化的，企业却需要专业化。应当说，中国的IT业，还没有一家企业有足够的能力站出来说自己是某方面的绝对权威，也不能要求一家IT企业什么都做。社会分工的细致，要求企业提高合作的精神。IT业的细节非常多，每一个细节你都可以找到做得非常专业、非常出色的企业。你如果“有技术”，也只是在解决某个细节问题上做得比别人好一点，但在其他方面，你仍旧需要相关资源的支持。

除此之外，企业必需具备非常过硬的资源整合能力，别看资源那么丰富，但如何在众多的类别中选择一个适合你的，如何让这些资源为我所用，如何让这些好的资源发挥出好的成效，都是你随时面对的难题。这也许才是很多企业所必须重视的。

建筑装饰企业还是外商的比较优势吗

中国建筑装饰协会信息部主任兼《中国建筑装饰》主编 黄 白

根据最新的一项重要的研究成果——同济大学发表在2002年第2期《中国建筑业》上“中外合资合作建筑企业情况的统计分析”的论文：至2001年9月底，在中国境内注册经营的中外合资合作建筑企业共计756家，外方分别来自29个国家和地区，其中，从事建筑装饰工程承包的企业数量最多，达554家，占合资合作企业建筑企业总数的73.28%。只有3.23%的企业由外方全额投资，其中主要是建筑装饰企业。

按国家和地区分，在所有的建筑装饰企业中，与香港合资合作的占了绝大多数，有347家，占合资合作建筑装饰企业总数的62.64%；位于第二位的是美国，有48家，占8.66%；台湾位居第三，有32家，占5.87%。按国内地区分，北京、上海、江苏分列前三名，分别占该地区中外合资合作建筑装饰企业的总数的31.59%、27.08%和8.66%。

外方来自香港的建筑企业占大多数，如北京，建筑装饰企业占该类企业总数的31.59%，仅次于占第一位的设备安装企业占该类企业总数的53.45%。

根据建设部和国家外经贸部1995年9月18日建建字第533号文件关于设立外商投资建筑业企业的规定，注册资本的要求是：建筑装饰施工企业一级不低于200万美元、二级150万美元、三级60万美元。从企业资质上看，大部分集中在二级施工资质上。二级建筑装饰施工企业为450家，占中外合资合作建筑装饰企业总数的81.23%；一级49家，占10.47%（占未资质就位前全国一级建筑装饰施工企业309家的15.85%）；三级占7.58%。

中外合资合作建筑装饰企业中，注册资本主要集中在150万美元以下。其中，60万美元以下的占40.76%，60～150万美元的占40.94%。200万美元以上的有49家，占总数的8.88%。

我国建筑装饰企业的数量接近达到中外合资合作建筑企业总数的3/4。由此可见，中外合资合作建筑企业的经营范围主要集中在建筑装饰工程承包上。改革开放以后，随着外商投资的增加和我国经济、社会的高速发展，高档商务办公楼、宾馆、大型娱乐场所和商场等公共建筑越来越多，建筑装饰的市场需求很大。而国内建筑企业由于在建筑装饰工程的设计和施工上，尤其是在高档装饰方面，包括管理、材料、技术、工艺和机具等的能力不强，不能满足市场的需要，这给外商投资企业的进入留有很大的市场空间。此外，建筑装饰企业相对而言企业的规模一般不是很大，投资风险相对较小，加之与国内建筑企业合资合作经营，可以做到优势互补，市场的进入与拓展更为便利。这些或许就是中外合资合作建筑装饰企业数量较多的原因。

以上说明，建筑装饰工程领域，特别是高档建筑装饰工程领域——建筑装饰企业是这一时期外商的比较优势。

不难理解，比较优势又称相对优势或比较利益。比较优势来源于专业化。所谓专业化，是指个人和企业集中精力完成一系列特定的任务，这就使得每个人和每个企业能够发挥其特殊技能和资源优势。经济生活的事实之一是，并不是让每个人、每个企业以中等水平去做每一件事。专业化产生了极高的生产率。

目前，业内倾向性认为，在WTO条件下，与高水平（比自己水平高得多）的外商合资合作，特别是室内设计，是提高我国建筑装饰企业比较优势的捷径。那么，我国建筑装饰企业还有与外商的比较优势吗？

推　荐　一　篇　文　章

中国建筑装饰协会　名誉会长　**张恩树**

我国的建筑装饰行业，进入21世纪，仍是大发展的行业。我国加入WTO以后，全行业面临着新的机遇和挑战，面临着国际化的市场，竞争是激烈的。优胜劣汰的规律不可抗拒。

我推荐给我们建筑装饰行业的企业家们，请阅读一下这篇原载于2002年7月27日《经济日报》上的文章，我认为，对我们某些企业家有针对性。思考一下企业战略规划，冷静规划企业行为。巨大的市场，必将涌现“航母”舰队，也需要产生“航母”舰队。

有的企业家在向着做大做强的方面努力；有的企业家在操作着资本经营或拟上市经营；有的企业家在大搞多元化的集团式的经营；有的企业家在运用连锁经营方式，拓展市场布点扩张。这些都是在发展着，运行着。如何又扩张，又良性，这篇文章有可读之处。北京叶之峰装饰有限公司董事长张均在“北京家装座谈会”上的发言，他最后有几句顶尖的话：“专心致志的把企业主营收入做得更多，其实做多元化的企业，很少有成功的，对此我们心里也牢牢记住了。”

要本着解放思想，实事求是，与时俱进，开拓创新的方向，搞好现代化公司机制，把建筑装饰行业的主业核心竞争力做大做强，警惕那些“泡沫”、“水分”的东西。

看了《经济日报》这篇文章会受启迪吧！

我国许多企业的辉煌期为何总是昙花一现？许多企业家在一个行业成功后，自信无往而不胜，结果往往铩羽而归——

企业家：功成再落败原因何在？

——《给企业诊病》系列报道之一

王新屏

北京玫瑰园第二任开发商曾无奈地自称是北京最失败的人。上世纪80年代中期，他靠白手起家创建了香港最大的房地产代理商——利达行；同样是他，在90年代初期进入内地后连续创造了写字楼商铺每平方米售价和日租金的新记录(北京万通新世界广场每3000多美元/m^2的销售天价就出自此人之手)。

商海无情,像他这样在获得巨大成功后又遭遇失败的可谓不少,“太阳神”摔下神殿,“三株”叶干枝枯,“亚细亚”烟消云散……前面的还没有爬起来,后面的又趴下了。难道等待成功企业家的必然是失败吗?成功之后的失败究竟败在哪里呢?

带着这些问题回顾十几年来中国那些曾经辉煌的失败者,我们发觉确实有一些共性的败因值得记取。

对这样的企业可以举出两大共性:

共性之一:企业规模扩张太快,人员、资金、管理三大要素相对落后,企业发展根基脆弱。

这三大要素中的任何一个,在某一局部出现问题时都会引发本不稳固的企业整体基础发生塌方。不少成功者缺少处理危机的意识和经验,以致个别不和谐音符往往会一直发展成四面楚歌,导致全线崩溃。回顾一个三株集团当年对外公布的几组数字,我们就能看出不少问题:1995年三株公布第一个“五个计划”是——销售额:1995年达到16亿至20亿,1996年达到100亿,1997年达到300亿,1998年达到600亿,1999年达到900亿。1997年上半年,三株一口气收购了20多家制药厂,投资超过5亿。鼎盛时期在全国注册了600个子公司,另有2000个办事处,各级销售人员达15万。

如此空前规模的迅速扩张,如同在海滩上盖高楼,即使没有海浪或暴风雨,也难免自然倒塌。类似三株还有当年的马胜利、郑州的“亚细亚”……

共性之二:广告词铺天盖地,知名度高速攀升,企业销售收入短时期内得以大幅增长。但这种依赖媒体和资金极力催肥的增长却有如昙花一现,随着消费者的热情消失,其增长会电梯般的直线下滑。接着就是货款无收,供货商逼债,流动资金短缺,企业无力顾及生产经营,只好坐以待毙。

曾经夺得中央电视台广告标王的孔府宴、秦池、爱多,无一不是在通过媒体广告追求到极度辉煌的光环后慢慢窒息而亡。比如秦池,这个曾一度辉煌的品牌,就在它以3.2亿元中标的那一刻起,其命运就急转直下。相当于当时全年利润6.4倍的巨额广告费更让它背负艰辛,2000年7月,当年家喻户晓的“秦池”商标因300万债务而被拍卖。

除上述表象外,进一步分析败因,成功还会从以下几个方面给成功者个人带来实质性影响:

一、个人英雄主义导致企业决策出现完全的独断

因为获得成功,成功者的个人价值被社会公众所承认,其能力也被高度肯定,自然,个人自信心也快速提升。若不能正确看待个人的作用,自我意识极度膨胀,渐渐丢掉创业时期的风险感和谨慎心理,直接后果是听不进反对意见,甚至有的企业里根本不允许反对声音存在。

个人英雄主义的另一面就是认为自己无所不能。在某一个行业偶然成功,就轻易闯进另一个陌生的行业,以为只要凭自己的智慧同样可以成功,且不说隔行如隔山,就是相似行业,细微差异没有把握好,结局也会相去千里。文头所讲那位老板,做房地产代理时如蛟龙跃海,但做房地产开发时却如身陷沼泽。究其原因就是他对两个行业的资金需求周期认识不够,以致后来把他经营多年的利达行也全赔了进去。

二、经验主义导致经营决策僵化教条

人都喜欢总结成功的经验。多次成功会使成功者形成固定的思维方式,当他碰到类似或表面类似的商业模式,会习惯地使用过去已经成功的方式。企业都有自己的成文和不成文的规矩,而这些规矩因为过去使用成功而在企业内部有着稳固的基础。但当外界环境发生变化时,它的惯性就有可能成为一种新的障碍。如上文所列的秦池,由于初期广告效果良好,秦池酒的销售收入节节上升,1995年底就以6666万元夺取第二届标王,1996年销售额从2.3亿元猛增至9.5亿元。同年第三届标王又被他以3.2亿元夺得。于是悲剧就开始了。

三、浪漫主义使商业行为非商业化,最终因企业偏离目标而衰败

改革初期中国第一批企业家多是敢于冒险者,他们思想解放、个性浪漫、敢作敢为,这种个性使他们在变革时期的商业浪潮中获得了成功。但随着企业规模的增大和实力的增强,个人追求财富欲望的膨胀,再加上市场环境日渐规范和竞争的更加激烈,他们浪漫的个性开始显示出脱离实际的倾向。企业行为也围绕着个人的喜好而波动。

加入世贸把我国的企业家推到了国际化舞台上,跨国公司进入中国进行大量行业并购,引发了国内一些拥有较高知名度的企业跑马圈地的野心;更有一些企业把追求规模、知名度、市场占有率作为首要目标。每当我看到类似的信息,心情总有些矛盾,一方面希望逐步市场化的中国能产生自己的GE和麦当劳,同时又希望某些曾经发生的悲剧不再发生。

步步为营,稳中求进才能保持基业常青。我想起了一位企业倒下的老总说的令人深思的几句话:“你不该挣的钱别挣,天底下黄金铺地,你不能统治。这个世界诱惑太多,但能克制欲望的人却不多。”

把企业做强　做精

深圳市建筑装饰（集团）有限公司《装饰集团报》编辑部

有一段时间，人们热衷于谈论“规模效益”，想方设法把企业做大。企业规模大一点好呢还是小一点好？见仁见智，不同的企业、不同的环境、不同的时间，有不同的意见，不能一概而论，应根据企业实际情况来定，应根据市场实际情况来定。《红楼梦》早有断言：“大有大的难处”。可见，盲目追求企业规模大，一味追求“规模效益”，如不符合实际情况，则可能事与愿违，梦想难成真。当然，确有实力的企业，向跨国公司发展，其规模不能不大，这另当别论了。

我们装饰集团的主业是建筑工程的装饰装修。由于人力、财力的限制，我们不可能去搞房地产，也不能去搞进出口贸易。在具备一定的规模与一定的市场份额的情况下，我们当务之急是要在精与强上做文章——要把住市场大、产品精、前景好，只有这样，企业才能持续发展。

古人云：树业有专攻。这就是说，要搞好你的事业，你应该有一个较专一的主攻方向。做人做事是这样，搞企业也是这样。

对于我们装饰集团来说，把企业做强比把企业做大更为实际，更为重要。首先要加强企业在市场经济中的生存能力与开拓能力。市场是杆称，企业强不强，企业能否在市场中生存与发展是关键。如果一个企业在市场中不能生存，不能发展，无论政策多么宽松、无论政府怎么扶持，这个企业也只能是扶不起来的“阿斗”，无济于事。物竞天择，适者生存，大自然的淘汰规律，对企业也同样适用，只不过，对企业做出抉择的不是“天”，而是市场。能否在市场经济中生存，是企业强与不强的第一个标准，也是最起码的标准。

第二个标准是开拓市场的能力。企业能否可持续发展，取决于企业能否持续开拓市场，能否占有一定的市场份额。把企业做强，这是最为重要的。“863 管理新思路”在分析了当前装饰市场的 8 个特点之后，把立足市场，开拓市场，作为企业发展的重点，其根本原因就在这里。

把企业做强的第三个标准体现为企业的综合实力，包括企业的管理能力、生产能力、资金能力与人力资本能力。这是一个大课题，需要我们付出长期的不懈的努力。

兵不在多，而在精。把企业做精，首先从精简机构开始。计划经济时期，国有企业同行政单位没有多大区别：上级有什么机构，企业就对应有什么部门。党、政、工、青、妇以及各类性质的办公室，机构重叠，人浮于事。而外资企业、民营企业的机构比国有企业精简许多。企业行政化，机构重叠，决策慢、扯皮多；效率低，成本高，效益差。面对市场经济，企业机构重叠是一个沉重的包袱，非精简不可，否则企业是没有出路的。

把企业做精，第二是管理精干，企业经营者要精明。企业必须以经济效益为中心，围绕这个中心的管理层一定要精干，要努力做到决策及时、工作效率高，成本低、效益好。对于具体的经营管理者来说，要努力提高自己的综合素质，成为一个精明的企业家。所谓“精明”，要有符合市场形势的正确思路，要有操作性强而又灵活的具体措施，善于协调指挥；要有“企业一盘棋”的全局观念。市场犹如战场，精明的企业家一定要有风险防范意识，预防企业上当受骗，引导企业在市场的大风大浪中安全向前行驶。

把企业做精，第三也是最为重要的是要创建精品工程。树立品牌意识，多创精品工程，以质量求生存，以质量求发展，是“863 管理新思路”的重要战略。没有精品工程，就没有企业的形象，企业精不精，不靠宣传，而靠作品来说话。我们的作品就是装饰工程，如中华世纪坛，如山东青岛国际会展中心，这一个一个鲁班奖工程就是最有力的说明。好汉不提当年勇，目前，我们更要把力量集中到再创精品工程上来，以精品工程打造企业的特色，树立企业“精”的形象。

把企业做强和把企业做精是相辅相成的，是一个长远目标。中国加入了 WTO，市场竞争更为激烈。把企业做强、做精是我们装饰集团的发展目标，我们要为实现这个目标而努力奋斗！

走专业化之路是我国大部分装饰企业的明智选择

中国建筑装饰协会　理事
西安市彼特装饰工程有限公司　董事长
杨东升

加入 WTO，意味着中国要执行国际经济政策的标准、要求，市场国际化。就建筑业而言，加入 WTO 一年内开始允许外商成立独资企业，在限定的范围内承揽工程。合资合作企业在加入 WTO 后三年内开始享受国民待遇，五年内开始允许外商成立独资企业。勘察设计咨询业、标准定额及其他工程服务业等也大体如此。

按照中国建筑装饰协会常务副会长兼秘书长徐朋的观点，加入 WTO 在中国建筑装饰行业将产生两方面的影响：

1．面对外国大承包商的压力，装饰企业将会采取多种方式扩大自己的规模，提高自己的竞争力，形成一批重量级的建筑装饰企业，否则将无法同首先进入中国市场的外国大承包商相抗衡。

2．企业的专业化，分工将会更快，要形成一批在某些专业领域很有特色和规模优势的企业，WTO 将促进现有建筑装饰企业的结构调整，即所谓“专业化生存”。

所谓装饰企业的专业化，就是指在某一特定的工程细分市场内，企业凭借某些专项技术或技能，使其产品或服务在效率、质量、成本或工艺等方面显著区别于一般企业的情形。专业化企业可以存在于建筑装饰工程建设的各个环节，如项目前期准备、设计、技术、造价咨询、各施工工种、工艺过程、项目管理、设备租赁、材料、成品及半成品加工、施工现场配套服务等等。专业化企业既可直接面向业主提供专业服务，又可为行业内的大型垄断企业提供专业及配套服务。其基本的经营理念，是注重专业领域的规模拓展和品牌形象建设。

WTO 是行业内结构调整的信号。促进建筑装饰企业专业化的真正源泉，一是建筑装饰材料的飞速发展和建材行业企业的延伸服务；二是新工艺、专利、专有技术的带动以及社会技术保护意识的增强；三是项目设计与多方位协作的复杂程度不断提高，对项目管理专业化水平要求日趋严格，向管理要效益的呼声越来越高；四是施工设备的进步；五是装饰行业工厂化进程加快。所有这些因素都迫使装饰企业向专业化方向调整。“一招鲜、吃遍天”将成为装饰企业的普遍准则。

当前，阻碍企业专业化进程的因素复杂多样。首先是“大而全、小而全”的传统观念在业主和企业中根深蒂固。施工企业承揽到一个项目不容易，往往希望把所有的项目自行完成，赚取尽可能多的利润。在业主的意识中也认为“大而全、小而全”的企业是有实力的表现。在建筑装饰行业中，则更重视项目的法律过程、融资过程。评价企业实力时，国际市场更看重企业承担法律责任的能力、工程及融资经验和资金实力，而不在于企业承揽的业务是否全部由公司员工自行完成。

事实上，国内企业所谓的“大而全、小而全”常常是“名全实不全”，很多具体工作实际上都是由专业队伍来完成。由于这些专业队伍在社会上没有明确的地位，难以名正言顺地打出自己的品牌，多数以游击队的形式，为人作嫁。专业队伍这种“二等公民”待遇已经严重限制了建筑装饰企业的专业化进程，为了求生存，不得不采取许多损害自身长远利益的做法，如暗箱操作、低层次竞争、打价格战、消耗战，偷工减料、蒙混过关。这样做的结果无异于饮鸩止渴。使得企业市场信誉下降、技术投入少、专有技术含量低，经营区域狭窄，与非专业公司无差别，所谓“专业公司不专业”。

由此可见，中国建筑装饰企业走好专业化的道路是 WTO 对我们国内企业提出的要求，也是我们三至五年内必须要研究和解决的重要课题。我们认为：

1. 建筑装饰企业要转变观念，在承认“大而全、小而全”的市场存在的合理性的同时，要认清企业的发展方向，敢于走专业化的道路，未雨绸缪，为“专业化生存”时代的到来积极准备。

2. 企业应认真评估自身的专业优势，积极拓展市场、探询适合本企业有足够大的专业市场。制定专业化发展战略和实施步骤，有意识地增大专有技术投入，不断更新观念追求“标新立异”，树立专业品牌。

3. 单一区域的专业市场无法满足企业规模发展的需要，因此，专业化企业往往需要跨区域经营。这就要求企业尽快摸索出一条适应跨地区甚至跨国经营的管理模式。

此外，政府主管部门、行业协会也应积极采取措施，对专业化企业给予必要的扶持、鼓励和宣传。让专业企业能够名正言顺，堂而皇之地进入市场，真正确立其在建筑装饰市场中的基础地位，鼓励企业积极应对 WTO 带来的机遇与挑战。

走专业化之路是大部分中国建筑装饰企业特别是中小企业的明智选择。尽管这条路并不平坦，但它却通向光明的前途。

提高企业核心竞争力

——装饰企业专业化发展方向及公装与家装的优势互补

武汉澳华装饰设计工程有限公司

武汉澳华装饰设计工程有限公司是澳大利亚昆士兰州岑氏建筑机构与武汉博深装饰冷气工程有限公司合资的专业化大型装饰企业，是中国建筑装饰协会理事单位、武汉市装饰十强企业和武汉建筑装饰协会的副会长单位；澳华公司在设计、施工、管理等方面采用国外先进理念与方法，与本土实践相结合，在武汉装饰行业中形成自己独特的风格，并取得骄人的业绩。现就我公司装饰专业化发展方向及公装、家装优势互补的问题谈一些经验和观点。

一、如何走专业化发展方向

（一）我们对专业化的理解

事实上，现存的所有装饰企业及装饰行业的从业人员都应该是专业的。随着市场的发展与完善，对专业的分工就越细，要求也就更高，非专业的企业及人员不仅在装饰行业，在任何行业中都不可能赢得市场。但专业并不等于专业化，首先，专业化是建立在市场的规范化与标准化前提下的。没有这个前提，任何企业无法达到真正意义上的专业化；其次，专业化贯穿于装修业务的全过程，包括专业化的业务洽谈、专业化的设计、专业化的材料供应、专业化的施工监理和专业化的服务；第三，除了市场因素以外，装饰企业能否做到专业化与企业的综合实力并没有直接的关系，起决定因素的一是企业的经营意识，二是企业的管理机制，在这方面我们有一些成功的做法。

（二）我们对专业化的做法

1. 一手抓素质，一手抓机制

我们这里所说的素质，主要是指管理阶层和员工的个人素质及团队的综合素质。根据管理学的理论，在管理的层级组织中，人员的基本素质是首要因素，家装行业当然不能例外，而在家装产业化的进程中，人员的素质是否能够适应行业的变化发展，就显得更为重要。企业优秀的经营意识是必须依靠优秀的、具有相当素质的员工来加以贯彻，其次是与之相适应的管理机制。在这方面，我们一直强调"两手抓、两手都要硬"。

（1）举办家装课堂

在澳华公司的总部，公司拿出专门的会议大厅做常设的家装课堂，平均每周举办一、两次家装培训课。家装课堂不仅针对那些需要了解家装知识的客户，同时面对员工，让全体员工通过听课与公司各相关部门的沟通及与客户的互动，全面了解家装知识，提高服务意识和素质，使全体员工逐渐做到形象专业、作风专业、行为专业、语言专业。

（2）走出去，引进来

作为合资企业，澳华在人才培养方面有着先天的优势。澳华企业常备的设计师有60多名，并有多名外籍设计专家，首席设计师史蒂文是澳大利亚的资深设计大师。澳华还定期邀请昆士兰建筑机构的专家来汉举办讲座，及对个案做特别指导和研讨；定期将优秀的设计人才送往澳洲及欧美等先进地区考察培训，长期以来，澳华公司形成了一支稳定的高水平的专业化设计队伍。这支队伍成为了澳华企业核心竞争力的主体，不仅在客户中获得好评，而且在各类装饰设计大赛中屡屡获奖。

（3）强调服务至上

在所有的专业化中，我们最终强调的是服务的专业化，这是客户和市场的需求，也是我们企业生存和发展的需求。服务的专业化与其他的专业化不同的是，其人性的因素比机制的因素更重要，人性的因素占主导地位。因此，我们在强调服务专业化的时候，首先强调的是服务的人性化。只有充分的人性化，才能达到真正意义上的服务专业化。这样一个简单的辨证关系是澳华企业经过许多次经验教训后得出并验证的。许多企业对这个道理可以理解但做到很难，澳华企业就是强调如何把这个道理自始至终落实到装修的每一个环节中去，使之既符合机制的程序又超越机制，凸显人性化服务的第一性。

（4）建立适应专业化的管理机制

什么是完善的机制，我们的理解是适应企业生存和发展、适应客户和市场。适应不等于最好，因此我们并不是把国外或发达地区装修企业的经验和机制全盘拿来，而是根据自身企业和本土市场的特点，建立和完善相适应的管理机制。因此我们一方面严格机制，另一方面不断完善和调整，使企业任何部门任何环节在任何时候都有相适应的标准可依。

2．逐步走向家装产业化

要做到真正意义上的专业化，从根本上说，有赖于装饰行业整体行业业态的发展和变化，装饰企业在一定专业内无法达到专业化的原因在于该行业的非产业性即装饰产品的非产业性，这是与工厂化企业和工业化产品的最大区别，也就是标准化的难度带来了产业化的难度。我们认为家装行业产业化是为期不远的方向，整个房地产业态及相关业态的发展、市场需求的发展决定了装饰行业产业化进程的加快。在此，澳华企业立志于争当先行者，这包括两个方面，一是澳华企业在完善现有专业化进程的同时，加速走向产业化；二是随着家装行业产业化的到来，澳华企业更上一层楼，达到产业化时代的专业化要求。达到这个目标，澳华有着得天独厚的优势。

（1）企业意识和素质的优势

这包括现有的企业品牌形象、企业文化和企业发展方向上的价值取向，都以被定位在产业专业化方向上。从企业的领导到基层员工，从合资的外方到中方，这种意识已融汇贯通，这种素质正逐步完备。

（2）企业综合实力的优势

这包括企业的品牌优势、规模优势、资金优势、本土优势和资源优势。资源优势包括社会资源和现实及潜在的业务资源。这两类优势是澳华企业长期积累和不可替代的优势。有这两大类优势做基础平台，澳华企业实现向装饰产业专业化进程的飞跃将指日可待。

二、公装与家装如何互补

（一）由公装向家装的转变

澳华企业原本是一家专业做公装的企业，自20世纪80年代中期以来，以其骄好的公装业绩成为武汉市具有相当业务量和知名度的装饰企业。在相当的时期内，企业在发展方向上是拒绝家装的，原因有三：第一澳华企业从一开始就是一个正规化的大型装饰企业，与当时家装行业中盛行的游击队作风不相适应。二是澳华企业的公装式管理机制与当时通行的家装模式不相适应。三是公装的利润点远远高于同业务量的家装。但随着房地产业的迅速发展，使得单位时间内的家装业务量与房地产开发的业务量几乎相等，这样一个巨大市场的迅速扩张同时也对家装市场提出了更新更高的要求，也给澳华这样一个大型的装饰企业带来了新的商机，使得澳华企业有条件迅速的进入并占领相当一部分家装市场。

其转化的条件同样有四：第一，澳华的正规化和标准化可以很大程度赢得客户的信赖；第二，澳华企业的良性机制便于收编和改造装修游击队；第三，家装行业与公装相比，资金流动较快，可以加大企业的造血功能；第四，涉足家装行业对于塑造企业形象、张扬企业品牌有很大帮助。基于这样的原因，澳华企业在20世纪90年代末开始将相当一部分业务方向转向家装，并迅速建立起与家装市场相适应的组织机构和管理机制。

（二）两厢兼顾，优势互补

由于公装和家装是截然不同的两类装修形式，因此，澳华企业从涉足家装开始就有意识的从业务上将家装和公装分成了相互独立的两大组成部分，包括人员和机制。从业务运作上来看，这两类业务是截然分开的，这样做可以保证各自可以按照自身的业务特点和模式正常开展各自业务。当然这并不排除在设计方面、材料供应方面、施工和管理方面必要的临时性调配和互补，而真正的优势互补是指企业在经营方向上优势互补。比如以公装来保证企业的经营大目标，以满足企业的整体发展计划，以家装来填补业务空缺，保证企业的基本规模和日常运作。要做好这一点，关键在于企业对两类业务的总体控制，控制不好可能会造成两头都落空。澳华的控制理念说来很简单，也就是这两类业务该分的要分得很清，该补的要补得到位。通过两年的公装、家装两厢兼顾、优势互补的实践，澳华企业真正做到了两手都抓，两手都硬，也为澳华企业今年的发展储备了强足的启劲。

·人才战略·

“蓝领”是装饰行业一支不可或缺的庞大队伍

中国建筑装饰协会信息咨询委员会专家组成员 高级经济师 **吴承辉**

21 世纪，世界已经进入了一个以知识经济为主流的时代，知识经济中的知识是指化为能力的知识，是创造效益的知识。这就意味着社会科技的进步和生产率的提高。世界经济的发展，社会分工越来越细化，专业化的程度越来越高，忙忙碌碌的无序工作是难以适应岗位需要的。目前，社会生产服务的阶层划分为：

兰领——普通劳动者。

白领——高级打工者。

铜领——高新科技者。

粉领——女性服务者。

金领——信息产业者（操作）。

建筑装饰装修施工企业是劳动密集型的行业，涉及城镇、农村 1200 万剩余劳动力的就业问题。装饰装修行业的发展又会拉动建材、五金、交电、化工、冶金、轻工、机械等 52 个相关产业更上一层台阶。为此，本文谈谈“兰领”这支庞大队伍的建设。

一、行业在国民经济中的地位

建筑装饰装修行业是我国改革开放后的一个新兴行业，装饰装修行业的兴衰是国民经济的温度计。进入 21 世纪，美、日、欧盟三大经济体，步伐放缓，遇上严冬，尤其是“9·11”事件之后，全球的政治、经济、外交、文化全部处于震荡与反思阶段，在经济发展上处于不确定的脆弱时期。而我国在党中央的正确领导下，国民经济促进出口，拉动内需，在财政上，政府采取了：

积极的财政政策——增发国债和稳健的货币政策——不贬值。

与此同时，党中央吹响了西部大开发的号角，使我国国民经济年 GDP 产值比 2000 年增长 7.3%，完成 96500 亿元，继续沿着快速发展的轨迹向前发展。就我们建筑装饰装修行业 2000 年 GDP 产值是 5500 亿元，进入 2001 年 GDP 产值又以 20%增长，达到 6600 亿元。

国家“十五”计划纲要中提出，发展以居民住宅为重点的装修装饰业，关系到调整我国“经济结构”，是新世纪我国装修装饰业可持续发展的纲领性文件，是未来十年行业发展提高的指南。装修装饰业归属“服务业”，按照国际惯例和 WTO 的要求“装修装饰业”归属“面向生活消费”的“服务业”。

建设部制订的“十五”计划，住宅要建 57 亿 m^2，其中城市建 27 亿 m^2，农村建 30 亿 m^2。有建筑就有装修装饰，从国人的不同层面需求，这 57 亿 m^2 有个体或群体的住宅平房、楼房、别墅，从不同层面的经济收入，装修装饰的档次分别有普通型，中档、高档、豪华型，以上住宅的装修装饰工程平均若按 300 元/ m^2 的造价，行业产值就是 17100 亿元人民币，平均年 GDP 产值为 3420 亿元。这算第一大市场。

涉外宾馆饭店、写字楼、商场、文化、体育、娱乐场所等公共设施的配套兴建。北京、上海、广州、深圳等，要建成现代化的大城市，展现出高标准规划城市，高质量建设城市，高效能管理城市，高水平经营城市。“经营城市”是城市管理的新理念，是实现城市资源配置的最优化和效益的最大化。实现城市的自我滚动，自我积累，自我增值的新的城市建设和管理模式。

国门敞开，迎来了世界各国各种民族，各种肤色的外宾，市场广阔，引进了四面八方的外商，政治稳定，经济繁荣，赢得了五湖四海的朋友，为了满足境外不同层次的人士前来我国境内观光、旅游、考察、经商、兴建工厂、企业、科技园所，国人首先要满足国际友人入境工作、生活、购物、娱乐等需求，有的地区，尤其是西部开发的地方，尚有缺口，这将为我国装修装饰行业发展开辟了第二个大市场。

原有住宅及公共建筑设施的更新改造，为了满足不同层面人们物质生活和精神生活的需要，原设功能可能落伍，饰面材料将会老化，退色，需要更新改造，这是随着科技步伐的加快和使用年限的推移而产生的。根据常规，公装 5～7 年，家装 8～10 年为一更新改造周期，这是不可低估的第三个大市场。

综合上述，装修装饰行业，在国民经济中是一个新的亮点，是个向阳行业，是一个常胜不衰的行业，在臻于治至，百业俱兴的历史时代，装饰装修行业不仅是国民经济 GDP 产值的重要产业，而且解决一千多万剩余劳动力的就业问题，为社会稳定和人民物质生活的提高，也是一大贡献。

二、行业在国民经济中的作用

国强民富，老百姓的口袋里有钱了，中国人民银行最近发布的统计数据，止于2002年5月末居民储蓄存款余额首次突破8万亿元人民币，达8.04万亿元。人们手中有钱，首先考虑的是改善自己的生活质量和居住环境，“家装”已经成为我国人民新的消费热点，“装饰”成为我国GDP的亮点。

人类随着时代脉搏与生活节奏的加快，国人或国际友人对生活、工作、环境的要求越来越高，那么；建设的硬件，要充分体现出功能多元化、设施现代化、室内高雅化、装饰个性化、节能环保化、交通顺畅化等，对软件则要求服务规范化。

我国有960万km^2的版图，56个民族，34个省（包括台湾）、自治区、直辖市，特别行政区，区域的发展是不均衡的。有的地区经济以农为主——资产的主要形态是土地，这就有一个科教兴农问题。有的地区经济以工为主——资产的主要形态是工厂，这就有一个产品、设备加大科技含量，更新换代问题。有的地区经济发展较快，已经萌发知识经济的特点——资产的主要形态则是知识。前已叙述知识经济中的知识，是指化为能力的知识，是创造效益的知识，是形成生产力的知识。国人要走向共同富裕，就得取长补短，勾通往来，资源共享，这也需要公共设施的建设和装饰装修，以满足其生活、工作需求。

安全、舒适、典雅、整洁、环保、大方是工作、生活的基本条件。达到这些条件，需要装饰技术与实用美术的结合，施工方法与艺术手法的结合，才能实现的。环境优美安全便捷是国人和国际友人的第一选择。

装饰装修是由数百种上千种材料或机械设备通过技术与艺术的有机结合形成产品。作为预售商品推向市场的装饰装修行业的发展，还会拉动相关产业更上一层台阶，使国民经济沿着良性循环的轨迹稳步前进，况且又会解决相关产业，数百万剩余劳动力的就业问题对社会稳定亦将起到积极的作用。

我国西部大开发的号角已经吹响，2008年申奥已经成功，2001年12月11日我国已经加入世贸组织，成为WTO第143位成员，这将推动我国装饰装修行业，加大步伐发展，装饰装修行业在国民经济中的地位和作用，将会越发显示其重要。工程是人干出来的，机械化程度再高，科技含量再大，施工工艺再复杂，都离不开人去管理去操作，为此“兰领”这支上千万人的庞大队伍的建设是不容忽视的。

三、入世后的思考

“入世”对我国建筑装饰装修行业是冲击、挑战、机遇。面对全面加入WTO，我国的管理体制、经营模式，需要与时俱进，开拓创新，如果仍然依恋传统的思维方式和经营理念，就适应不了WTO的游戏规则，就会在机遇与挑战面前，被淘汰出局，受到冲击。

WTO是具有法人资格的国际机构，他的交易规则是一种市场化规则。政府职能要从对企业的具体管理，转向制定政策、法规、规范，进行宏观调控。由行业协会取代管理职能。协会就成为企业之家和企业与政府之间的桥梁和纽带。协会要充分维护企业的合法权益和最高利益，要全方位的服务于企业，包括：传播专业知识，推广环保建材、传达政策、法规、规范，宣传先进经验，勾通科技信息，强化规范管理，推动岗位培训，落实文明施工，规范市场行为，提高队伍素质等方方面面。使之增强协会的凝聚力，企业的向心力，队伍的战斗力。

建筑装饰行业，是我国深化改革，也就是“七五”计划以后的一个新兴行业。十几年来通过学习、实践，丰富了知识和经验，培养和造就了我们自己的专业技术队伍。但与行业发展的速度相比，还不相适应，与境外的同行业的管理水平、技术水平，经营理念和产品的科技含量等方方面面，还有很大差距，我们这支队伍，当前的整体素质是“大的不强”，“小的不专”，“环保建材产品科技含量不高”我们的企业怎样在市场竞争中立足发展？怎样“立足国内，跨出国境，冲进亚洲，打入世界国际市场”为国创汇，这是业内有识之士需要深思和亟待解决的问题。

我们深知：WTO意味着中国要执行国际经济政策，市场国际化，我们的企业不仅是国内企业与企业相互竞争，还要与境外企业一争高低，况且“入世”前就已经有49家境外企业其中装饰企业15家已经闯入我国的建筑装饰市场，取得了承包工程的合法资格。近期一些发达国家的企业，看到了中国建筑装饰的大市场，组团前来我国提出希望为北京及全国各地的建筑装饰作些贡献。看来外国的一些大企业也瞄上了我国的装饰市场，想方设法进入市场，融入市场，赢得市场，分食这块蛋糕。业内人士有的说：狼来了要与狼共舞，有些恐惧心理。有的喊：浪来了企业就像逆水行船，不进则退，甚至有被大浪掀翻（翻船）的危险。狼来了也好，浪来了也罢，这都是企业不可回避的事实，企业有这种危机感，是可喜可贺的。因为为了企业的生存和发展，为了1200万剩余劳动力的就业问题，会把压力变成动力，鞭策着人们虚心学习，开拓创新，强壮自己的筋骨，以适应市场激烈的竞争，并在竞争中取胜。另外，有一种消极的可怕的想法，则是麻木不仁，认为市场这么大，中国又有廉价的劳动力，怎样也能混口饭吃，更可怕的是夜郎自大，认为自己“回头看没问题”，“左右看差不离”，“向前看不着急”。所谓：

“回头看没问题”：觉得十多年来，企业干的工程，总结起来拿过“国优”，得过“省优”、“市优”，虽然称不上是龙头老大，但还名列前茅，没什么问题，有的企业觉得自己虽然没有得过奖杯，但在质量、安全上，也没有出过大的问题，还算说得过去。

“左右看差不离”：我们国家建筑装饰装修企业，目前有资质的 2 万多家，各类装饰企业有 35 万家，相比之下仅仅是在融资、人才、创优方面有点差异，但管理体制、经营理念与国外相比差不离，起码是比上不足，比下有余吧！

“向前看不着急”：中国建筑装饰市场大，外国企业千里迢迢进驻国内市场，不可能全部把工程拿走，为了赚钱，也不可能整个军团全部进驻中国市场，可能他要采取人才本土化，大量使用国内的廉价劳动力。国内企业，实力较强，融资较丰的企业为数不多，人家吃肉，我们啃啃骨头也饿不着。

以上这些杂念，不思进取，制约着企业深化改革，开拓创新，是非常危险的。“思想是行动的指南”，如果不从根本上转变观念，并立即行动起来，奋发图强，急起直追，那么，在“优胜劣汰”的市场激烈竞争中，失败的将会是自己，这可不是警世恒言，而是一种铁面无私的经济规律。

四、庞大队伍的建设

盲目的乐观，将会导致事业的失败。常胜不衰的建筑装饰行业，既有机遇又有挑战，既有广阔的市场，又有激烈的竞争。企业的竞争在于产品，产品的竞争在于科技，科技的竞争在于人才。归结一句话市场的竞争，实质上就是人才的竞争。创新的科学管理，高素质的技术工人队伍，是占领市场赢得市场的关键。我们这个新兴行业的现状，管理层多数来自原来建筑业的转岗，还有一部分由大专院校毕业后走向岗位的学生。操作层的工人，来自建筑业的木工、油工、抹灰工、焊工、水工、电工等的转岗及少量技校毕业的学生，90%的群体则是来自城镇、农村的剩余劳动力，他们不懂技术，不知操作规程，就连施工现场的文明施工、安全消防知识也不清楚。据资料显示，我们这支队伍，当前技术全面的占 3%，随大群干活的占 17%，不会干的占 80%，我们应该清醒的认识到这一现实的严重性。

随着深化改革，我国的工资政策由过去的级别工资改为岗位工资，很多行业随着工资制度的改革，适时的制定出一线工人熟练工、初级工、中级工、高级工，应知应会的标准，通过培训学习、实践，对工人的应知、应会进行考试，考核合格取证，执证上岗，按岗定酬。而我们建筑装饰行业，由于流动性大的特点（人员流动、工程任务流动、操作环境流动、地点流动）以及发展速度快，这项工作比起固定的产业工人滞后了。去年 11 月下旬建设部委托协会编制建筑装饰行业职业技能岗位标准，鉴定规范，技能鉴定试题库和培训教材，年底前出台。这是行业可喜可贺的一件大事，他将推动和鞭策着企业整体素质的提高和增强市场竞争的实力。

服务阶层“蓝领”队伍的素质，关系到民族的振兴，行业的发展，企业的命运。面对上千万人的庞大群体，岗位职能（技能）的培训，不是一朝一夕就能完成的，工人学徒，学生上技校还得三年呢？出师或毕业还要有一个实习期（试用期），但是组织、实施要只争朝夕，还要准备打持久战。

关于岗位职能（技能）培训如何运作？综合起来是 12 个字或者说是 8 个字。12 个字即“政府出谋，协会出力，企业出资。”为什么又说是 8 个字呢？那就是：“协会搭台，企业唱戏。”协会组织企业，并可与企业结合起来进行岗位职能（技能）的培训工作，因为企业的基层（施工现场）才真正是标准的发源地和检验场。在“蓝领”这支庞大队伍的培训中，首先要规范市场，强化执证上岗，并在普及的基础上拔高，培训出高级管理层和操作层人才，“蓝领”的“金领族”在当今社会备受青睐，“金领族”是在知识经济取代传统经济背景下出现的知识复合性人才。

中华民族是勤劳智慧的民族，回顾人类历史“造纸、印刷、火药、指南针“四大发明，都是始源于中国。近百年来，在自然科学与社会科学领域，世界上，诺贝尔奖获得者，虽然在我国本土没有拿过这一奖项，但是外籍华人，取得成就拿了奖项的大有人在，例美籍华人杨振宁、李正道博士等。况且上个世纪，世界尖端科学，外籍华人科学家参与研发的领域，令世人刮目相看，一些发达国家的有识之士曾经说过：世界上的前沿学科，尖端科学，若向中国人保密是不现实的，也是不可能的，因为均有华人参与。

作为我国建筑装饰工程的“蓝领”阶层，也有他勤劳、智慧的光辉历史，劳动人民兴建的代表民族特色的楼、堂、亭、阁，木结构也好，砖石结构也好，彩绘也好，雕刻也好，经过数百年风风雨雨的考验，其巧夺天宫的技艺，令后人赞美不已。我们 21 世纪的一代新人，一定能够继承、发扬并创新。前人的技艺的。

我们建筑装饰企业，随着市场国际化，竞争越来越激烈，工程利润越来越平均化，盈利的空间越来越小。企业要想立足、发展，赢得市场，就得开拓创新，规范服务，贯彻科学管理，提高劳动生产效率。劳动率的提高是最有竞争力的。它关系到企业的生存、发展，关系到 1200 万剩余劳动力的就业，关系到市场的繁荣，关系到社会的稳定，关系到国家 GDP 的产值。为此，“蓝领”这支庞大队伍的建设和培训，迫在眉睫。“蓝领”是建筑装饰装修行业的一支不可或缺的庞大队伍。

人才观要与时俱进

中国建筑装饰协会副会长单位 上海市建筑装饰工程有限公司 党委书记 **何培德**

谁是人才？我的观点是，凡公司发展需要的，不管是在岗的，还是要引进的，都是人才。面对新形势，我们构筑人才高地的工作要更科学、更实际、更有效，要把传统的以“事”为中心的人事管理模式，转为人力资源管理。人力资源管理包括人力资源的获取与整合、保持与激励、控制与调整、员工潜能的开发等工作，是一项理论性、技术性和实践性很强的工作，适当的时候，公司的人事科要转为人力资源部，不仅仅是名称的更换，重要的是功能转换，合适人选的配备。

我们要运用科学的人力资源管理理论，建立合理的制度和人性化的管理机制，造就公司优秀的职业团队。公司现有员工 165 人，其中 76 人是近些年引进的，占员工数的 46.34%。按公司三年发展纲要提出的资源配置目标，员工总数将在 200 人左右。算上自然减员数，还需引进人才 50 人左右。人才怎么引进？作用怎么发挥好，对公司的发展前景至关重要。对这个课题，我谈四点想法。

一、要比以往任何时候更重视人才

美国钢铁大王卡内基有这样一段话：将我所有的工厂、设备、市场、资金都夺去，但只要保留我的组织人员，4 年以后，我仍将是一个钢铁大王。他死后，碑文上写的是“这里躺着一个善于使用比自己更能干的人来为他服务的人”。

市场经济的竞争，最终是人才的竞争。特别是中国加入 WTO，对外扩大开放后，一些跨国公司对人才的争夺，采用的是高薪聘用本土化人才，如：诺基亚在中国的员工 90% 是本土人才。市场部最近调研了两个外资装饰企业，大部分是本土员工。一些跨国公司确实有眼光、有实力，他们还开始了未来人才之争，从高校生直接选聘学生，以优厚的待遇，用协议的形式和这些学生“私订终身”。一般企业的条件根本不会使这些学生心动。

我们这个行业也是外商紧盯的行业，营业部就有这个感觉。竞标中，以前从没碰到过的外资对手越来越多；我们这个行业也是人才紧缺的行业，人事部也有这个感觉，要招聘公司需要的人才，不管是设计的，还是搞施工的，人才难得，好的人才更难得。

之所以提出要比以往任何时候更重视人才，是因为我们以往重视了人才，这几年来公司引进不少人才，员工队伍结构、专业的程度，比例发生了很大的变化，对公司的发展起了很大的作用，但这方面做得还很不够，在选才的观念，用才的标准，留才的措施上，都有待改进。否则好的人才进不来，以及人才的流失都是可能的。另外，三年规划中许多新举措、新要求，对人才的要求更高了。

二、要有系统地培养人才

我们以往培养人才，急功近利的比较多，工作缺乏理性、持续性和长远性的考虑。因此，有系统地培养人才，就要抓好三项工作：

1. 从三年发展的实际出发，制订系统的“人力资源开发规划”，对公司人力资源的现状，未来的需求，以及招聘、培训、绩效考评、薪酬福利、员工关系管理、发现计划等做出科学的策划，形成人才培养的良性循环机制。

2. 据初步的统计，公司大致有 45 至 50 个分类岗位。进行岗位描述，就是将每类岗位的职责、权力与工作标准，以书面文件的形式，加以描述和确定，使每个员工都明白，有条不紊地各负其职。而且通过设计和综合平衡，避免苦乐不均和部分员工压力过于繁重。通过岗位描述，还可以与在岗员工的现状进行对比，分析该员工按岗位要求还缺什么，便于针对性地补什么，补不出，只能调整岗位。有了岗位描述，今后我们引进需要的人才，也有了标准。

3. 帮助员工制订职业发展计划，提供实现个人专长的机会，铺设职业生涯的阶梯，使员工在了解自己所拥有的技能、兴趣、价值的基础上，尽量使其所长与公司所需一致，有明确的发展方向。我想，如果公司员工，特别是关键岗位的员工，有了个人的职业发展计划，根据需要和可能，通过努力能达到目标的话，就必然会使员工产生成就感，我相信没有人会愿意离开一个能不断使自己获得成功的企业。

三、要全方位的爱护人才

我们选人才、用人才，不按德才标准不行，过分苛求、求全责备也不行，有一句话说：天地无全功，圣人无全能，万物无全用，金无足赤，这是自然现象；人无完人，这是人文学的真理。

在我们的眼睛里，要容得下有短处的长人，所谓样样都是，必然是一无是处，才干越高的人，其缺点也往往越明显，有高峰，必须有深谷，谁也不可能是十全十美。

公司引进的人才中，相当一部分外地籍的，从南到北都有；有的刚刚从学校毕业，有的已有相当的工作经历，他们带来了不同背景的文化。要注意两点，一点是我们的文化要容纳他们的文化，要认识、要理解，另一点是重视他们带来的新文化，最终形成公司更新的文化。

公司的员工对职业的追求因素有两大类，一类是经济因素，如报酬、就业保障等，另一类是精神因素。比如希望得到公司的重用，受到同事的尊重，展示自己的才华，有事业发展的空间等。不同的员工，都有程度不同、强度不同的精神需求，我们只有全面了解他们的就业动机与需求，并创造条件，满足他们的这种需求，就能造就他们的成就感，愿意立足本岗位，做好部门的工作，做好项目的工作，努力为公司服务。

四、要开展全员全面的培训

这个题目，王利雄副总经理在昨天的“员工培训规划框架”报告中，已作了充分说明。我在这里只强调几个观点：

1. 全员，指的是培训覆盖公司全体员工；全面，指的是培训覆盖公司的所有岗位，提高职业技术技能，获得高质量的人力资源，造就优秀职业化团队，提高公司的综合素质。

2．扩充知识，提高技能，是相当一部分员工的愿望，公司在前不久进行的员工需求问卷调查就反映这点，占被调查人数56.9%的成员业余时间大多用于学习充电。89.66%的员工希望接受的培训内容分别是与自己业务岗位有关的占62.07%。

3．从员工的角度看，满足生理需要后，工作成为一个继续学习的过程，是为提高自身价值而进行的投资，他们看重从工作中学习新知识、新技术，实现劳动能力的保值增值。通过培训，公司由于员工技术、技能水平提高而得到发展的保证，员工则从公司发展和自身努力中获得收益，这也是价值实现的一个双赢。

企业家人力资本的产权特征及价值

崔如波

随着知识经济的发展，人力资本越来越成为企业中最有价值的资源，并受到人们的普遍重视。尤其是掌握现代科技知识和管理知识、具有经营能力和创新能力的企业家人力资本，更是决定着股东的价值和公司的命运。因此，正确认识企业家人力资本的价值，建立企业家人力资本激励机制，对于深化马克思主义劳动价值论的认识，培育大批优秀企业家，具有十分重要的意义。

人力资本是与货币资本相对而言的，是指通过教育、培训、卫生保健等投资形成的体现在人身上的健康、知识、经验、技能、智力的总和。舒尔茨指出：人力资本是“体现于劳动者身上，通过投资形式并由劳动者的知识、技能和体力所构成的资本”。按照西方经济学的理解，所谓资本就是能够创造利润的财富。在马克思主义经济学中，资本是指能够带来剩余价值的价值。从本质上讲，人力资本的自然根源在于劳动力，但人力资本又不同于劳动力，正像资本根源于货币但又不同于货币一样。根据马克思的理论，货币就是货币，只有当货币能够带来剩余价值时，货币才转化为资本。同样道理，劳动力就是劳动力，只有在市场经济条件下，知识、技术、信息等与劳动力分离而成为独立的商品，通过交换或使用给所有者带来超过劳动力投入价值，并使其产权主体有权参与企业剩余分享时，劳动力才成为人力资本。20世纪60年代，著名经济学家舒尔茨、贝克尔等用人力资本解释美国经济增长的原因，得出人力资本对经济增长具有重要推动作用的结论，从而掀起了人力资本革命。

人力资本是财产的一种形式，与物质资本一样具有所有权和产权。按照马克思主义经济学的观点，所有权是法律赋予的财产归属的法权关系，而产权则是这种所有权在其实现过程中表现出来的各种权利界定。按照产权经济学，产权是产权所有者拥有的、在一定条件下其他经济行为主体允许他以产权确定的方式行事的一组权利。人力资本所有权是人力资本的归属标志，即人力资本与其拥有者具有“不可分性”，人力资本天然地永远属于拥有者个人，并且是“独一无二的所有权”。人力资本产权是人力资本所有者拥有的一种特殊产权，即人力资本所有者在一定契约关系条件下的行为权。从本质上讲，人力资本产权体现的是一种现实的经济关系，即人力资本产权关系。

从企业所有权的角度看，人力资本产权可以界定为三个部分：

一是人力资本产权权能，即人力资本所有者对其所拥有的人力资本的权力或权能。包括人力资本所有者对其所拥有的人力资本的支配权和占有权、人力资本所有者对经济资源的配置职能。

二是人力资本产权权益，即人力资本所有者对其产权主体的效用或带来的好处，即人力资本产权主体应取得的企业控制权和剩余索取权。

三是人力资本产权权责，即人力资本所有者必须遵守与他人的契约，并承担不遵守这种契约关系的成本。

企业家人力资本是一种异质型人力资本，即具有边际报酬递增生产力形态的人力资本。这种人力资本具有以下的产权特征：

一是私有性，即企业家人力资本只属于企业家个人所有，是企业家长期投资的结果，其他任何人不能分享。

二是人身依附性，企业家异质型人力资本突出地表现为企业家特有的经营能力和创新能力，这种能力作为企业家的精神特质，不可分割地依附在所有者身上，企业家对其自身的人力资本具有不可分离的所有权和控制权。

三是企业家人力资本的使用过程即是企业家人力资本对企业的投资过程。企业家人力资本的使用过程就是企业家从事决策、经营、管理的过程，即企业家的决策劳动、管理劳动、创新劳动和科技劳动过程。这一过程既是企业家人力资本价值的追加和增值过程，又是企业家以自己的人力资本投资于企业而成为企业利益相关者的“抵押”过程。由于企业家人力资本的“专有通用性”和团队化趋势，企业家人力资本正在日益成为企业风险的真正承担者，这是企业家人力资本特殊的产权责任。

四是由于企业家人力资本产权“天然地属于个人”，其人力资本的开发与利用完全决定于产权主体的主观愿望。因而对企业家人力资本必须给予激励，而有效激励制度安排的基础只能是“以剩余索取权来激励企业监管者”，或者以“利润”来回报企业家。

五是由于企业家人力资本本身的隐蔽性、创造利润的潜在性、无限性、动态性和跳跃性，因而他的产权报酬计量具有复杂性特点。

企业家人力资本的产权特征使其所有者成为企业中的“关键角色”，成为企业经济资源中最有价值的资源。大量经济事实说明，不是货币资本的存在才使人力资本所有者“有碗饭吃”。恰恰相反，是企业家人力资本保证了企业货币资本的保值、增值。一个企业的兴旺发达，越来越取决于人力资本。企业家人力资本决定着现代企业尤其是现代知识型企业的命运，这已经成为一个不争的事实。正是企业家人力资本的主动性、创新性和开拓性劳动，才使企业价值呈几何级数递增，社会生产力呈倍数发展。由于企业家人力资本的稀缺性、巨大的增值空间和高回报率，使货币资本疯狂追逐人力资本成为一股世界潮流。在高新科技企业，人力资本产权主体正在成为企业事实上的控制者和所有者。随着新经济的发展，以企业经营者和技术创新者为代表的人力资本登上历史舞台。人力资本激励机制与约束机制的建立和完善，成为公司治理的核心。特别是在软件、生物医药、电子信息等高科技企业，人力资本的“经济价值”不断上升。人力资本所有者持股、技术控股、经营者股票期权等制度安排与创新，使人力资本治理结构得到强化并成为新经济条件下国际公司治理结构的新趋势。而人力资本的竞争，已成为加入WTO后外国企业与中国企业的第一场战役。对此，我们必须有清醒的认识和高度的警觉。

对员工培训体系的若干想法

中国建筑装饰协会副会长单位　上海市建筑装饰工程有限公司副总经理　**王利雄**

要实现公司提出的“三年内形成有特色的核心竞争力，能与境外同行在上海或全国市场同平台竞争”的目标，就必须从资源配置的稳定性和凝聚力着眼，以新的思路和手段，抓好员工培训，为高水平的队伍建设，创造良好的培育期和养成期。

一、培训目的

1. 满足公司三年规划整体目标对人才的需求。

2. 使员工转变观念，树立与现代市场经济要求相一致的企业共同价值观。

3. 向员工灌输新知识，拓宽知识面，形成边缘学科的交叉能力；培训复合型操作人才和各类专门业务人才。

4. 使员工具备上岗所要求的基本技能。

二、基本原则

1. 自发原则。通过岗位描述和工作标准等相关激励机制的建立，造就适度的危机感，激发员工以强烈的自我动力，去改善职业行为，获得知识和技能。

2. 强化原则。通过对企业推崇的职业行为、工作技能的描述和认可，使员工认识到那些行为和技能，会对其职业生命和薪酬待遇有积极的影响。

3. 反馈原则。在培训过程中，对员工的学习效果予以正反两方面的评估，避免走弯路，提高积极性。

4. 实践原则。不单纯依靠课堂的理论训练，而注重通过实际案例和环境模拟操作，使员工能较快的学有所用。

5. 因材施教的原则。对不同的岗位、不同的个性特点，进行有针对性的训练。

6. 全面的原则。对同一种职业技能的训练，或者在周期性的培训过程中，学习方法要多样化，有新鲜感，有利于员工的更多进步。

三、培训程序

为达到科学性和系统性，员工培训应通过以下程序进行。

培训需求分析（人力资源的测评、工作任务分析、培训需求评估）→制定培训计划（确定时间、核定费用、确认培训方式、确定受训人员）→培训的实施→培训效果评估。

四、组织体系

员工培训必须在人力资源组织体系中运行，它存在于企业的组织机构中，但又是一个可成为封闭循环的，相对独立的小组织机构。

高级管理者→人力资源部→各职能部门：培训管理人员（由人力资源部派出）、部门经理、部门培训员。

五、培训职责划分

1. 高级管理者（总训导师）的职责。制定培训策略、审查、批准培训规划和经费预算，参与重大培训活动，亲自授课，签发培训证书等。

2. 人力资源经理的职责（执行训导师）。组织、协调、指导各部门的培训，按培训规划制定培训计划和经费预算，负责管理培训及对训导师的培训。

3. 部门经理的职责（训导师）。组织和指导本部门的专项专业技术、技能培训，对下属主管实施管理培训等。

六、培训的基本方法

1. 在职培训（工作轮换）：员工发展会议、助理方法、解决问题的会议（案例）、特别任务、指导。

2. 脱产培训：无定期课堂讨论或研究会、专业资格培训、专业技术培训、高级管理培训、各类企业外会议（考察、访问）。

七、培训经费预算管理

企业培训预算项目的划分：

1. 场地费。

2. 食宿费。

3. 培训器材、教材费。

4. 培训相关人员工资及外聘教师讲课费。

5. 交通差旅费。

6. 学费。

八、培训费用的审批程序

部门经理提出预算→人力资源部审核→总经理批准。

·企业管理·

加强规范管理 实施品牌战略 迎接市场经济新挑战

——在深装集团项目经理管理工作研讨会上的总结讲话

中国建筑装饰协会副会长
深圳市建筑装饰（集团）有限公司 董事长兼总经理 汪家玉

三年前，即1998年初，我们在这里开了一次重要的会议，研讨装饰集团的发展方向、工作思路，提出了我们的“三变”工作方针，制定了集团公司基本的规章制度，在以经济建设为中心的经营活动中取得了可喜的成绩。那次会议对集团三年多的发展起到了重大的作用。今天，我们又在这里召开“装饰集团项目经理管理工作研讨会”，这是社会主义市场经济新形势下的一次十分重要的会议，会议期间，公司领导、机关部门负责人着重从认真实践“三个代表”的思想、增强法制观念、加强质量与安全工作、工程设计、财务管理等方面进行了重点发言，然后又用半天时间进行了深入的讨论，提出了许多很好的建议。会议开得很成功。

在市场经济中，一个企业即使曾经有过辉煌的业绩，但这也属于历史了，在市场经济的新形势下，他同样将在一条新的起跑线上开始新的竞争，**市场是有风险的，我们一定要树立危机意识，搞不好，企业就可能停滞不前，企业就可能没有饭吃。**市场是无情的，不再有铁饭碗、铁交椅了，**企业只能自己救自己。**企业是全体员工的企业。各位项目经理，过去，我们风雨同舟，共同拼搏，从负债经营中走过来了。今天，我们更要团结一致，荣辱与共、风险同担，为装饰集团的发展担起我们共同的责任。困难是客观存在的，但方法总比困难多，事在人为嘛。我对装饰集团的发展充满信心。为了企业的生存与发展，根据这次会议的精神，根据同志们的研讨与建议，结合企业实际情况，把这次会议上形成的管理思路在实践中一件一件地去落实，在竞争中，一步一步地向前进。

一、认识市场新特点 加强规范管理

在全国范围内，我国国有企业正在深入地进行改制与转制工作。这势必导致国有企业所有制的变化、经营体制的转化、企业重组。我国加入WTO，中国经济发展必然要同世界经济接轨，全球经济一体化已是大势所趋，势所必然。这两项重大举措，必将使我国市场经济发生重大变化，甚至影响到市场份额的重新分配。市场出现了一些新的特点。就建筑装饰市场来说，我认为有以下八个新特点：**一是买方市场的扩大。**装饰工程选择承包商的要求会越来越高，条件越来越严，范围越来越广，也就是说，我们承接工程的难度越来越大。**二是竞争更激烈，更无情。**这种竞争是全方位的竞争，不仅仅只涉及一个工程的是否中标，而且涉及设计、施工、材料供应配套管理的竞争，从而体现为企业综合实力的竞争成本越来越大。**三是品牌人格化，精品意识更强。**不仅要考虑到工程的经济成本，而且要考虑到工程的文化艺术含量，工程的环境价值，也就是说，在今后的竞争中，不是精品工程就很难立足了。**四是市场经济越来越成熟，管理水平越来越高。**我们的一切工作只能按经济规律办事，如果还想搞一些不规范的行为，要想获得成功的可能性就很小了，站不住脚了，随时有淘汰的可能。**五是政府的政策已出台，资质管理已规范。**对建筑业来说，一切按资质范围进行运作，所有这些相关的资质定位，都必须进行严格的报批手续和严格的资质审核，各就各位。企业只能依据自己的资质定位实施运作，不得越位越权，市场管理更为规范、操作更加有序了。**六是国内国外企业在同一市场竞争。**市场准入门坎降低，企业素质、管理水平大幅度提高，决策成本越来越大，更新知识迫在眉睫。**七是人才竞争更激烈。**人才的价值和知识的价值充分体现。市场的竞争就是人才的竞争，知识的价值受到尊重，在分配上必须得到体现，才能留住人才，企业才能发展。**八是国有资本大量退出，混合所有制经济逐步形成。**这是市场经济发展的必然，也是我们装饰行业发展的需要。

认识市场新特点目的在于适应市场、拓展市场，我们认为，适应市场拓展首先要加强以下八项规范管理：**一是企业资质规范管理；二是工程信息规范管理；三是投标过程规范管理；四是法人授权规范管理；五是工程合同规范管理；六是资金运作规范管理；七是ISO9000体系规范管理；八是品牌战略规范管理。**规范管理应有两方面的要求，一是职能到位，不能缺位，要按制度运作；二是不越位，不违规，尽心尽职做好本职工作。

这八项规范管理是集团公司在多年的实践中逐步总结出来行之有效的，包括资金使用上的**“四个到位”**；职业道德上的**“四个负责”**；经营运作中**“四个强化”**，规范管理中的**“四个取胜”**等等，我们应该继承和发扬。当然，随着市场的变化，在这次会议上作了进一步的充实和完善，但其成功的基本方法，基本经验，不能忘了，不能丢了。不规范就会乱套。市场越成熟管理越要规范，这是我们的立足点和出发点，切不可掉以轻心。

二、以经济建设为中心，突出配套管理

企业是一个经济组织，赚钱才是硬道理，必须以经济建设为中心。投资要利润、经营要效益、工作要效率，这是企业活动中的三个基本准则。没有效益的企业是国家的负担、社会的包袱、员工的灾难。**企业只能以经济建设为中心，没有别的中心，也不可能有第二个中心。**企业的一切工作必须，而且只能围绕经济建设这个中心运作，企业各部门的工作目的都是为了经济效益开展工作的，配套单位决不能居高临下

设置门坎，否则就会走弯路、犯大错误，给企业、给员工造成极大的损失。以经济建设为中心，必须突出以下八个方面的配套管理：**一是集团公司与直属法人企业的配套管理；二是所属公司各级领导班子的配套管理；三是机关工作与生产一线的配套管理；四是财务统一配套管理；五是区域配套管理；六是信息、投标、中标全过程的配套管理；七是设计、施工与材料供应的配套管理；八是决策思路与建立相关制度、制定制度与市场的实际操作，有效的结合配套管理。**在这八项配套管理中，每个单位、每个部门、每个人要定好位、尽好职、负起责，以大局为重，树立以经济建设为中心的一盘棋的思想。突出配套管理，就是为了促进配套发展，因此一定要研究经营过程中的**热点和难点**，为提高企业的经济效益保驾护航，使企业争创新优势，更上一层楼。

三、信息就是财富，从源头上管好信息

信息是一种资源，信息是一种重要的生产要素，信息就是财富。信息管理十分重要，首先要做到真实性、规范性、统一性。

我们的市场在全国，工程信息来源于社会，信息五花八门：有真的，也有假的；有及时的，也有过时的；有直接的，也有间接再转手的；有可以直接投标的，也有骗你去陪标的。因此，对于信息一定要认真研究，去伪存真；要认真比较，确定其有无价值和价值大小，这就是信息的真实性。有了这种研究与比较，才不至于上当，才能做出正确的决策。

信息管理必须规范，**索取信息，必须按程序去办理；介绍信息，必须按规定办理**，明确项目经理责任行为，**提倡项目部的信息合作，杜绝项目部的工程挂靠。**不能让中介人自以为是。信息管理尽可能做到档案化：信息的来源要有登记，便于核对查实；信息的去向要有记载，便于跟踪落实，判断其真正价值。从信息规范性上看，我们的工作还有许多不足，还有待于加强与改进。

信息的**统一性应该以集团形象为主，必须以集团相应的规章制度为准，各项目部不能各行其是**，不能为了项目部的利益而损害集团公司利益。如果项目部之间在信息利用上出现矛盾，要由集团公司出面调解，以大局为重，以市场经济为尺度进行统一管理。抓好了信息管理上的真实性、规范性、统一性，我们基本上就从源头上管好了信息。

要珍惜信息。浪费信息就是浪费资源，就是浪费财富。对于项目经理来说，你对这条工程信息有多大把握？有多少成功率？要有一个客观估计。不允许任意地霸占信息。不允许拿信息去陪标，白白浪费掉。一个信息，参与投标，投标不成功，不仅仅只是项目经理个人经济上的损失，更重要的是集团公司在经济与企业形象上的双重损失。有的单位一年发出去上百条信息，而承接到的工程才几千万元，实际是堵了别人的财路，占着茅坑不拉屎。这就是一个很大的浪费，说明我们在信息管理上到了认真研究、认真解决的时候了。

信息是有价值的。为了杜绝浪费信息，为了提高信息的使用价值，信息不能无偿使用。至于如何更合理的有偿使用信息，在大家讨论的基础上，制定出一个大家都可以接受的方案来。

四、生产经营形式与拓展市场要素

每一个企业都有自己的生产经营形式，这种经营形式是根据市场的需求、行业的特点、企业自身的实际情况在长期经营实践中逐步形成的。目前，装饰集团有**三种生产经营形式**：第一种是**单项工程核算承包经营**；第二种是**实行按生产要素价收购自营工程**；第三种是**公司外派管理班子经营，确保企业的两个效益**。这三种经营形式都是十分灵活的，目的是要调动各种生产要素的积极性，争取更大的效益；目的是要拓展市场，力争占有更大的市场份额。

多年来的实践，为我们总结出了拓展市场的六个要素，即同志们常说的“六靠”：一是**闯市场，靠信誉**。信誉是企业巨大的无形资产，企业没有信誉，正如一个人没有人品，谁愿意同你合作呢？你怎么能去闯市场呢？这是拓展市场最基本的要素。二是**接工程靠技巧**。这个技巧是很复杂的，从信息跟踪到各项人际关系的调整；工程预算到招投标技巧，其中任何一个环节出了差错，都有可能导致前功尽弃，拿不到工程。三是**做工程靠实力**。拿到工程并不等于能把工程做好。真正做好一个工程，取决于这个公司的综合实力，包括工人的技巧与素质、管理人员的管理能力，设计、施工、材料供应保障的配套管理能力等等。如果没有这些实力，工程是做不好的。四是**赚钱靠管理**。力求成本控制严谨，合理分工得当，一次性成功率较高。在科学管理过程中增创利润。五是**创精品靠贯标**。严格按 ISO9000 国际标准体系运作，才能确保工程应有质量，有了质量，才能创精品工程。六是**廉政靠守法**。搞歪门邪道，一害自己、二害朋友、三害国家，到头来可能人财两空。企业要赚钱，项目经理要赚钱，但企业和项目经理只能守法经营，只能赚合理合法的钱，企业和项目经理才能平安、稳健的向前发展。在实践中，我们真正做到了这“六靠”，掌握了拓展市场的这六个要素，我们在市场上基本就立于不败之地。

五、提高素质、提高工作效率、对项目经理的六条基本要求，机关工作要从六个方面为项目经理着想

在装饰集团十多年的发展过程中，项目经理的作用是相当重要的。随着国企改制与转制的深入，集团公司同各位项目经理的合作领域更为宽广，从资源共享到优势互补，从工程合作到资本投入，有的项目经理有可能成为集团公司新的股东，有的项目经理会成为股份公司的经营管理人员，关系将更为密切，完全有可能同集团公司成为一个更为紧密的共同体。市场的新特点、新变化为我们的合作提供了舞台，有了更多的合作机遇。在市场经济中，项目经理也要有危机意识，要努力提高自己的素质，例如文化素质，经营能力素质等等，使自己成为一个合格的、优秀的项目经理。对于项目经理来说，我们认为，一定要做到以下六条基本要求：一是**国家税收不能瞒**；二是**工人的工资不能欠**；三是**材料商的钱不能拖**；四是**公司的管理费不能不兑现**；五是**相互债务不能不理**；六是**经营中的矛盾不能上交**。一个人应该坦坦荡荡，光明磊落，是你的钱才是你的，该给国家、该给企业、该给别人的，应做到债务清楚，这也是一个人应有的品德。在资金使用上，在资金回收上市政府已明文规定，要追究责任。

希望大家共同做好这一工作。

把思路变为制度、把制度变为行动、把行动变为效益的工作方针是企业生存和发展的长期任务。在这次项目经理工作会上我们要更上一层楼，要用更高的标准要求自己。在领导层和管理层我们首先要向项目经理承诺，一定要履行好自己的职责：**企业一把手的职责是提出正确的思路，做出企业发展的规划与重大决策不能给企业带来失误；副职的职责是根据自己分管的工作，把思路变为制度，做到制度和市场的一致性和可操作性，并在实践中进行指导、监督；各职能部门及其负责人的职责是把制度变为行动，而把行动变为效益则是全体员工的首要任务，共同责任**。分清了自己的职责，以经济建设为中心，领导班子协同运作，团结奋斗，我们就能战胜各种困难，取得更好的成绩。

根据装饰行业的实际情况，机关工作要提高服务质量，降低服务成本，这首先要努力从六个方面做到为项目经理着想：一是**在珍惜、使用信息上，为项目经理着想**，使信息产生直接的经济效益；二是**在投标过程中所需的各项准备工作上，为项目经理着想**，急项目经理所急，协助他们及时、顺利完成各项准备工作；三是**在合同的把关上，为项目经理着想**，合同受法律保护，一字值千金，不要留下任何隐患；四是**在ISO9000管理上，为项目经理着想**，帮助他们培训专业人才，建立并逐步完善ISO9000管理体制，让项目经理在管理上真正尝到甜头；五是**在资金的合理支配上，为项目经理着想**，尽可能使资金安全、合理、规范运用。六是**在增创利润上，为项目经理着想**，使项目经理有钱可赚，而且是赚合理合法的钱。为项目经理着想，就是为生产一线服务。为此，集团机关工作人员要提高认识，端正态度，努力提高工作效率与工作质量，不允许有延误，甚至“吃拿卡要”的现象出现。机关工作人员工作考评，这是一个主要考核内容，我们将重视听取项目经理的评价和意见。

六、从三个方面做好决策调整工作

市场经济出现了新特点，我们的决策也要有相应的调整。为了迎接市场经济的新挑战，根据大家的研讨和建议，我们采取三项措施，从以下三个方面做好决策调整工作。

第一、经营机制的调整，把过去的“二合一”调整为“三合一”。所谓“二合一”是指装饰集团多年来实施的“一企两制”，通过充分调动各种生产要素的积极性，把项目经理闯市场、开拓市场的能力同公司的资质品牌、管理能力结合起来，促进了公司的发展，取得了可喜的成绩。如今，中国进入WTO之后，外国企业、人才、管理理念进入中国，面对这种新形势，我们应把**公司同项目经理、同国外装饰企业、装饰专业人才管理理念更好地结合起来，形成“三合一”**，实现企业组合与经营多元化的格局，创造更好的利润。

从计划经济过渡到市场经济，用工制度发生了根本的变化，过去是招调用工，然后是协议用工，现在是市场用工。用工已成为全社会的关注，关系到社会稳定的大问题。全国总工会明文规定，哪里有工人，哪里就要有工会。工会是工人的组织，是帮助工人说话的，但它又是在员工和经营者间发生矛盾时能裁决的关键所在。工会的作用将越来越大，工作越来越具体。在“三合一”体制下，用工体制的变化对项目经理提出了更高的要求。市场用工要做好三件事：**一是用工必须为合同制；二是技能岗位必须培训制；三是工资分配必须兑现。**要特别重视专业人才的配备与使用，按生产要素进行合理分配。要加大集体合同工作的推行力度，在企业内部建立集体协商机制，努力维护企业和员工的合法权益。对于市场用工，合同签订要重视观点明确，重视合同的法律作用，不要留下隐患。在管理过程中，手续要完善，资料要完整，要有真实的记载。资料就是金钱、资料就是索赔的依据，切不可大意，切不可到打官司、索赔时没有资料，找不到依据，吃亏的最终是自己。

第二、在承接工程决策方面，在投标报价的技巧上要调整。根据国际惯例是**“合理低价中标、理想高价索赔”，**这是我们必须更新的观念和方法。当前在市场竞争激烈的情况下，在投标过程中，要特别注重研究投标报价技巧。投标报价技巧是指：**在投标报价中采用一定的手法和技巧，使业主可以接受而中标，然后在过程中才能获得利润**。通常投标报价的方法有：（1）**根据投标的不同特点，采用不同的报价**；（2）**不平衡报价法**；（3）**增加建议方案**，修改设计方案，使之对业主更有吸引力，促成自己中标；（4）**突然降价法**；（5）**甚至可以采取无利润报价**。但无论哪一种报价法，要以不亏损为底线，而着重在管理过程中赚钱。对此，认识要到位、人才要到位、管理要到位，在过程中增创利润才是真本事。

第三、单一的追求中标拿到工程，调整为把严格管理创精品放在首位。公司的质量方针明确规定，今天的质量就是明天的市场，因此，我们一定要从创精品工程中争取更大的效益。在承接工程上，不仅要考虑承接工程数量，在市场经济新特点下，更要重视工程质量。品牌人格化，没有品牌就没有市场，也不可能有良好的效益，因此，这个调整也很重要，我们必须实施品牌战略。

七、品牌人格化，实施品牌战略

市场经济要求我们必须树立精品意识，没有精品意识，我们在市场中就无法立足。同样一个项目经理，同样一个工程，有没有精品意识，付出不一样，品牌就不一样，结果也大不一样。**品牌就是形象，品牌就是信誉，品牌就是实力，品牌就是利润，实施品牌战略是企业生存与发展的关键**。未来的品牌都人格化了，有品牌的人才是强者，才有市场。

质量是企业的生命。这句话大家都知道。然而要把这句话落实到行动中，把这句话提高到战略高度来认识，客观上，我们还有不小的距离。有个别项目经理，往往在谈工程时总希望能用大量的品牌推荐给业主，想获得成功，而在做工程时又只重视利润而忽略了质量与品牌。我并不是说利润不重要，钱当然也要赚。然而，没有质量就没有钱赚，没有品牌就没有利润，这个道理大家要明白，这个辨证关系大家一定要理解。千万不能光用别人的品牌为自己赚钱，要用自己的品牌来证明自己。一个企业，没有几个拿得出手的品牌，这个企业的形象就树不起来，这个企业的竞争力就大有问题，在别的有品牌的企业面前，自己气不足胆不壮。对这一点，我们装饰集团深有体会。中华世纪坛是千年等一回的工程，我们做了，我认为，这就是一个响当当的品牌，中华世纪坛在社会效益上远远大于经济效益，这就是品牌效应，这就是品牌带来的更为持久的利润。如果我们再多几个象中华世纪坛、海南金海岸、山东国展中心这样的品牌工程，我们装饰集团的竞争实力就更强，形象更高。如果一个项目经理，做了许多年工程，却拿不出一个品牌工程，怎么介绍自己呢？怎么去参与竞争呢？那么，你的形象和实力就大有折扣了。如果一个项目经理做了一个、二个品牌工程，在承接工程时，可以理直气壮地说：某某工程获得某某奖，这就是我做的工程！这就是你的形象，这就是你的实力的体现，这将为你带来多少利润，恐怕很难计算吧！

小平同志指出：“**产品质量低，企业效益差，仍然是我国经济发展中的一个严重问题。**”江泽民同志也指出：“**提高产品质量、提高经济效益，是实现我国经济发展第二个奋斗目标的一项重要经济发展战略。**”朱总理把质量视为一个民族千秋万载的大事，可见质量是何等重要了！实施品牌战略，重视市场竞争策略，是我们坚定不移的方针，是一个企业，也是一个项目经理生存与发展的关键。

八、自始至终按ISO9000进行管理，与国际惯例接轨

面对国内、国际市场竞争的需要，把国际惯例转化为我国企业的自觉行动已是一项刻不容缓的战略任务。实践证明，我国一大批国有企业通过推行实施ISO9000系列标准后，对提高企业整体素质、稳定并提高产品质量、增强市场竞争力等诸多方面产生了不可估量的效果。但是，有一些同志，对ISO9000管理仍然缺乏正确的认识，贯标的积极性不高。说得严重一点，这不仅是一个认识问题，也同样是一个立场问题。你是要搞现代企业管理呢还是要搞家族管理？你是要同国际质量管理接轨呢还是依然搞单干、游击作风，我行我素？如果是前者，你就必须搞ISO9000管理。对ISO9000，不容质疑，按照公司“四个强化”的要求，认真学习、认真领会、坚决贯彻执行。在工程管理方面要加大力度，要调整机关部门职能。公司经营部、质安部、工程管理公司统称为**工程管理部门**。**经营部负责信息管理到投标的全过程；质安部负责合同签订后的政策管理监控过程；工程管理公司行使集团对施工一线工程管理的职能**。当然，全面贯彻ISO9000是有一点成本的，但这一点成本是值得的，相对于贯彻ISO9000所获得的效益来说，这点成本是很低的。首先，如果你真正能贯彻ISO9000标准，这就说明了你施工管理的水平开始提高了、说明了你的素质不低、说明了你的形象不差。

如果你对ISO9000一点不懂又不能贯彻执行，别人怎么评价你呢？怎么能放心把工程给你呢？项目经理也面临着不断提高自己的问题。如果说，以前个别项目经理虽然文化不高，管理不强，靠别的方法别的途径还能获得工程的话，而今天，则很难行得通了。再这样下去，就有可能被淘汰。项目经理也同样要树立危机意识。可见，我们督促项目经理加强ISO9000管理，是对项目经理的信任、是对项目经理的关心、是对项目经理的培养和提高。我们讲ISO9000管理，不仅是项目经理，集团公司机关、生产一线管理人员都必须严格执行ISO9000管理标准。我们一再强调，在工程施工中，ISO9000是唯一的管理模式，我们自始至终只能按这个模式实施管理，在这个问题上，早做早得益，谁出了差错，就追究谁的责任。

九、以“三个代表”为指导思想，以两个文明建设为目标，以建设配套发展为新起点，迎接市场经济新挑战

江泽民总书记“七一”重要讲话是我国社会主义建设的纲领性文件，我们一定要**以“三个代表”为指导思想**，抓好党风廉政建设和反腐败各项工作的落实，要确保整顿和规范市场经济秩序和责任追究制度。要认真落实好公司的各项规章制度，要联系实际搞好机关的作风建设。努力实践“三个代表”是关系全党、全国人民的大事，是促进社会发展的动力。我们学习“三个代表”就是要联系实际去学，结合实际去做。改革开放二十年来，我们项目经理已成为拓展装饰市场的骨干力量，实践已充分证明了项目经理在市场经济中应有的地位，在发展生产力方面已经走在前面，做出了努力，但在代表先进文化方面，项目经理要努力学习科学技术文化知识，更新观念，提高管理水平，在德治和法制方面要有更大的进步，使自己成为一个有觉悟、有知识、有文化的新人；在代表人民群众根本利益方面，我们的各级领导，包括项目经理，心中一定要装有群众，要尊重群众的地位和作用，要为群众排忧解难，关心群众疾苦，走共同富裕的道路，使自己有机会、有能力发挥更大的作用。从先进生产力、先进文化、人民群众的根本利益这个高度看问题，**项目经理要努力使自己成为在生产一线实践“三个代表”的责任人**。这是一项光荣而艰巨的任务，任重而道远，需要我们努力去奋斗。

项目经理是我们的战友，也是我们市场经济中合作的伙伴。我希望项目经理能赚钱，能发展，这对社会发展有利，对公司发展也有利。科学技术文化发展日新月异，希望项目经理重视自身素质的培训与提高，关注自己的形象，提高自己的综合实力，在更激烈的市场竞争中才能稳健发展。希望项目经理思想解放，在国企改制与转制中，认真想一想自己的身份置换，在同企业资本多元化和成为经营管理高级人才方面有更大的发挥，更大的作用。

这次项目经理管理工作研讨会开得很及时，开得很成功。很多同志进行了深入的探讨研究，提了很多有价值的看法与建议。积思广益，把同志们的这些看法与建议综合起来，概括起来，就是我们的**“863管理思路”**，它的内容体现为“三个八”，“三个六”，“三个三”，即：一是市场经济的八个新特点，公司规范管理的八项内容；企业配套发展的八个方面。二是对项目经理的六条基本要求，拓展市场的六个要素，机关为生产一线、为项目经理的“六个着想”；三是用工制度的三条规定，公司经营的三种形式，公司决策调整的三项措施。

“863管理思路”强调以经济建设为中心，突出配套发展和规范管理，关键是实施品牌战略，重点在加强信息管理和推行ISO9000管理模式，在过程中争创利润。我认为，只要我们认真按“863管理思路”一条一款去落实，在落实过程中实施责任追究制度，那么，我们的各项工作就可能上一个新台阶。为此，让我们团结起来，共同奋斗，迎接市场经济新挑战，托起装饰行业明天的希望！

建筑装饰工程的开工管理和竣工管理

中国建筑装饰协会信息咨询委员会专家组专员　高级经济师　**陈晋楚**

建筑装饰工程的开工管理

装修装饰施工是指为使建筑物、构筑物内外空间达到一定的环境质量要求，使用装饰装修材料，对建筑物、构筑物外表和内部进行装饰处理的工程建筑活动。建筑装修装饰业是建筑业中一个专业。装修装饰施工企业的一切管理应遵循建筑业企业管理标准，包括开工与竣工管理。由于装修装饰工程在施工规模与管理特征上有其自身的特点，因此在具体管理上应有相应的要求。

一项装修装饰工程开工前要准备的资料是多方面的，而且需由不同专业部门审批的，没有一个综合部门可以替代。因此，不论建设单位、施工单位都要到有关部门去办理必要的手续。

装修装饰工程的开工管理集中反映在“施工许可证”的领取上。他是一项装修装饰工程项目前期工作是否齐备的综合体现。

装修装饰工程要不要申请领取“施工许可证”。有些装饰施工企业领导在认识上还不统一。

建设部颁布的《建筑工程施工许可管理办法》（以下简称《办法》）规定：“在中华人民共和国境内从事各类房屋建筑及其附属设施的建造、装修装饰和与其配套的线路、管道、设备的安装以及城镇、市政基础设施工程的施工、建设单位在开工前应当依照本办法的规定，向工程所在地的县级以上人民政府建设行政主管部门申请领取施工许可证。工程投资额 30 万元以下或者建筑面积在 300m^2 以下的建筑工程，可以不申请办理施工许可证”。“本办法规定必须申请领取施工许可证的建筑工程未取得施工许可证的，一律不得开工”。

《办法》明确了各类房屋建筑装修装饰与建筑都应“申请领取施工许可证，未取得施工许可证的，一律不得开工”。因此，装修装饰工程应该办理“施工许可证”。

由于装修装饰有新建、扩建和改建之分，因此在申请领取施工许可证时，在具体做法上有所不同。早在 1995 年，建设部 46 号令《建筑装饰装修管理规定》中规定：“新建设项目的装饰装修工程与主体建筑共同发包的，执行建设部《工程建设报建管理办法》；独立发包的大中型建设项目的装饰装修工程可参照执行建设部《工程建设报建管理办法》。因此，装修装饰工程同样应该严格执行建筑工程施工许可证办法”。虽然《办法》规定施工许可证由“建设单位”办理，但《办法》同时规定“未取得施工许可证，一律不得开工”。建设单位申请领取施工许可证应具备已经确定“施工企业”条件。因此，申请办理施工许可证对装修装饰施工企业来说也是开工前一项十分重要的工作，必须全力配合建设单位办理“施工许可证”。

目前在装修装饰改建工程中，由于建设单位的经济性质不同，对办理施工许可证的态度也不同，施工企业对此也缺乏足够的认识，认为施工许可证反正是建设单位办理，办不办与我无关。

国有资产投资的项目，一般在选择施工企业时，均通过招标投标来确定，同时认真办理施工许可证的一切手续。非国有资产投资的项目、私营企业投资项目以及个体投资项目、独资企业投资项目一般不重视办理施工许可证，有些租赁写字楼的改建工程，由物业管理公司包办，也不办施工许可证。而一些施工企业承揽工程心切，也顾不了许多，只好将错就错，违章施工。

办理施工许可证是发包单位和承包单位在开工前一项重要管理工作。应该引起甲乙双方高度重视。

建筑工程施工许可

申 请 表

编号

中华人民共和国建设部制

申请领取施工许可证，建设单位首先要向发证机关（区县以上人民政府建设行政主管部门）领取《建筑工程施工许可申请表》（此表由中华人民共和国建设部制）并逐项认真填写。申请表的内容正是申请领取施工许可证之前必须准备的各项必要条件。具体填表要求见“填表说明”。

填表说明：

表一：合同价格、合同开工日期、合同竣工日期，在中标通知书及施工合同备案后填写。

施工总包单位，填写中标通知书上的施工企业名称并加盖公章。

施工分包单位，如有分包单位，填写分包单位施工企业名称并加盖公章。

表一　　工程简要情况

建设单位名称		所有制性质	
建设单位地址		电　　话	
法定代表人		领　证　人	
工程名称			
建设地点			
合同价格	万元；其中外币(币种　)　万元。		
建设规模			
结构类型			
合同开工日期		合同竣工日期	
施工总包单位		施工分包单位	
申请单位 法定代表人（签章）　单位(盖章) 年　月　日			

表二　　建设单位提供的文件或证明材料

建设工程用地许可证	
建设工程规划许可证	
拆迁许可证或施工现场是否具备施工条件	
中标通知书及施工合同	
施工图纸及技术资料	
施工组织设计	
监理合同或建设单位工程技术人员情况	
质量、安全监督手续	
资金保函或证明	
其他资料	
审查意见 （发证机关盖章） 经办人：　审查人：　年　月　日	

注：此栏中应填写文件或证明材料的编号，没有编号的，应由经办人审查文件或资料是否完备

表二：建设工程用地许可证、建设工程规划许可证（有外装饰应办理此项规划许可证）填写由规划部门核发的《建设用地规划许可证》的编号。装修装饰工程一般无此项要求。如有扩建项目，应申请用地许可证。

拆迁许可证或施工现场是否具备施工条件，有拆迁许可证的，由中标的施工企业项目技术负责人签署意见。建设行政主管部门认为有必要的，应在审批前勘察现场。

中标通知书及施工合同，在招标管理机构签字盖章后，由建设行政主管部门审验中标通知书是否完备，填写中标施工企业施工合同备案编号。

施工图纸及技术资料，由中标施工企业项目技术负责人签署意见认可施工图纸和技术资料已经满足施工需要。

施工组织设计，由监理单位或建设单位对施工企业的施工组织设计进行审查，有监理单位的由总监工程师签署意见，无监理单位的由建设单位主要技术负责人签署意见。

监理合同或建设单位工程技术人员情况，加盖中标监理单位公章，填写工程建设项目监理合同文本编号。

质量、安全监督手续，加盖质量监督部门的公章，填写建筑工程质量注册登记表编号、安全技术措施由中标的施工企业项目技术负责人签署意见。

资金保函或证明，以工程建设项目报建备案时，银行出具的资金证明为依据，有编号的填写编号，无编号的由建设行政管理部门审验是否备案。

其他资料，填写工程建设项目年度计划批准文号，外地建筑施工企业进京施工许可证副证编号及其他未列入表中的相关文件或证明材料。

以上所填内容有原件的，在申请核发《建筑工程许可证》时，一并报送建设行政主管部门审验。

根据《办法》第五条（三）规定，发证机关在收到建设单位报送的“建筑工程施工许可证申请表”和所附证明文件后，对于符合条件的应当自收到申请之日起十五日内颁发施工许可证；对证明文件不齐备或失效的，应当限日期要求建设单位补证。审批时间可以自证明文件补正齐全后作相应延期；对不符合条件的，应当自受到申请之日起十五日内书面通知建设单位，并说明理由。

建设单位申请领取施工许可证的条件是：

1. 已经办理用地审批手续；
2. 已经取得建设工程规划许可证；
3. 施工场地已经基本具备施工条件；
4. 已经确定施工企业；
5. 施工图纸及技术资料能满足施工需要；
6. 有保证工程质量和安全的具体措施，有施工企业编制的施工组织设计；
7. 已委托监理；
8. 资金已落实；
9. 法律、行政法规规定的其他条件。

作为装修装饰工程，如果没有扩建项目，可以不办“用地审批手续”。如果没有外装饰，可以不办“规划许可证”，如果有外装饰，应向所在地区城市规划管理局办理“装修工程规划许可证”。

关于“施工企业”的确定，一般应通过招标投标程序，由于投资渠道不同，“施工企业”的确定方式也不同。国家计委发布《工程建设项目招标范围和规模标准规定》第四条使用国有资产投资项目的范围包括：

1. 使用各级财政预算资金项目；
2. 使用纳入财政管理的各种政府专项建设基金的项目；
3. 使用国有企事业单位自有资金，并且国有资产投资者实际拥有控制权的项目。

第五条　国家融资项目的范围包括：

1. 使用国家发行债券所筹集资金的项目；
2. 使用国家对外借款或者担保所筹资金的项目；
3. 使用国家政策性贷款的项目；
4. 国家授权投资主体融资的项目；
5. 国家特许的融资项目。

第六条　使用国际组织或者外国政府资金的项目的范围包括：

1. 使用世界银行、亚洲开发银行等国际组织贷款资金的项目；
2. 使用外国政府及机构贷款资金的项目；
3. 使用国际组织或者外国政府援助资金的项目。

以上都是属于必须招标的项目。此外，对于独资企业、私企、个体、集体等企业投资的项目采用什么方式来确定“施工企业”一般由投资者自己选择。但是不管是否招标，只要是造价超过 30 万元的装饰装修工程必须向建设行政主管部门申请领取施工许可证。

装修装饰施工企业参加投标是获得工程任务的主要途径。因此，装修装饰施工企业应该熟悉招标投标业务。

招标投标的基本程序是：

首先，招标单位按规定到市、区（县）招标办办理招标登记。再向市或区县招标办提出招标申请（需带有建委有关部门

签有“同意招标”的“开工审批表、招标申请书及招标文件”）向投标单位发出招标通知书，同时发出投标资格预审通知书。这时，投标单位应认真填写“投标资格预审通知书”。

向投标企业发出经市或区县招标办核准的招标通知书。

向投标单位分发招标文件、图纸、暂估价表并考察现场。

投标单位审图提出疑问报招标单位。

招标单位召开有设计单位及投标单位参加的答疑会。

投标单位编制投标报价书、施工组织设计和投标书，按指定时间送达招标单位。

招标单位召开开标会议，投标单位按规定参加开标会。法人代表或法人代表委托代理人，要有证明个人身份的证件或法人代表委托书、个人证件，如无证件和委托书视为废标。

评标、决标，然后送招投标办审批。

向投标单位发出中标或不中标通知书。

招标单位与中标企业签定承发包合同，并报建委备案。

至此，一项装修装饰工程的施工企业便正式确认下来。

在办理“施工许可证”前，除确定“施工企业”之外，还应该办理“工程质量监督注册登记”。

有了施工许可证还不能算是可以开工了。

中华人民共和国建设部令《城建监察规定》（1996 年修改发布）

第七条　城建队伍的基本职能中规定：

1．实施城市规划方面监察；

2．实施城市市政工程设施方面监察。依据《城市道路管理条例》及有关法律、法规和规章，对占用、挖掘城市道路，损坏城市道路、桥涵、排水设施、防洪提坝等方面违法、违章行为进行监察。

3．实施城市公用事业方面的监察　。

4．实施城市市容环境卫生方面的监察。

5．实施环境城市园林绿化方面监察。

根据以上规定，装修装饰工程开工前在获得“施工许可证”后，还应向城市规划管理局申请办理装修工程规划许可证。如需扩建占地还应办理建设用地规划许可证。向公安交通管理局申请办理临时占用掘动道路许可证。

此外，还应向消防部门办理“建筑内部装修设计防火审核申请表”。这是一项专门针对装修装饰工程设计的申报表（见下表），需如实填报。经消防局监督处审核发给“建筑工程消防设计审核意见书”由建设单位主办。

对施工单位还应办理施工现场消防安全申报表，经消防局监督处审核，发给“工程施工现场消防安全审核意见书”。（附表）

下面我们可以归纳一下开工前应办全的全部工作：

1．申请“建设工程用地许可证”（建设单位主办。如属改建装饰工程，可办理此证）。

建筑内部装饰设计防火审核申请表

申报日期________　　　　编号________

工程名称		工程地址			
工程类别	单位名称	负责人	联系人	电　话	
建设单位	（签章）				
设计单位					
施工单位					
使用功能					
原有功能					
建筑高度	地上：　m^2				
楼梯出口数	最大层人数	出口总宽度	走道疏散指示	出口疏散标志	标准层层高
个	人	m	个	个	m
消防系统	火灾自动报警系统1有2无	自动喷水灭火系统1有2无		消防卷盘数个	
排烟系统	部位	系统方式	开创面积比例开创房间	机械排烟量(m^3/h)	通风空调系统
	走道			风管材料	
	房间			保温材料	
	系统方式：1自然排烟2机械排烟3通风兼排烟			防火阀数	个

装修分类	装修部位	材料名称	数量（m^3）	燃烧性能等级
顶棚装修材料				

装修分类	装修部位	材料名称	数量m^2	燃烧性能等级
墙面装修材料				
装修织物				
地面装修材料				
房间隔断材料				
备注	所适用的图纸及资料 1. 装修楼层建筑的原平面图、原消防设备（电施、水施、风施）平面图 2. 原建筑的《建筑工程消防审核意见》或《建筑工程消防验收意见》 3. 装修楼层的装修平面立面剖面节点详图材料表及说明新设计的消防设备（电施、水施、风施）平面图 4. 施工组织设计放方案现场消防安全措施和甲乙双方签订的防火安全责任书			

2. 向规划局申请办理“建设工程规划许可证”（建设单位主办。改建装饰工程含有部分扩建，如在大门处增建避风阁，应当办理此证）。

3. 申请办理“装修工程规划许可证”（外装饰工程必须办理此证）（建设单位主办）。

4. 向本地区招标办申请办理招标手续由建设单位主办。

5. 招标单位填送“招标资格预审通知表”。

6. 投标单位接到“招标通知书”后，到招标单位领取招标文件、设计图纸及其他资料。

7. 投标单位详细看图，勘察现场，按规定时间向招标单位提出疑问，并参加答疑会。

8. 编制投标报价书、施工组织设计、投标书以及招标单位提出的其他要求。

9. 参加开标会。

10. 获得中标通知书。

11. 签订工程承发包合同，到建委登记。

12. 领取、填写、上报“建筑工程施工许可申请表”。建设单位领取“施工许可证”。

13. 领取、填写、上报“工程质量监督注册登记表”。

14. 向所在地建设行政主管部门申请办理“施工许可证”，建设单位主办。

15. 建设单位向消防部门领取、填写、上报、办理“建筑内部装修设计防火审查申报表”和“审核意见书”。

16. 施工单位向消防部门领取、填写、上报、办理“建设工程施工现场消防审核申报表”。

17. 建设单位向公安交通部门申请“临时占用道路”领取“临时占用、掘动道路许可证”和“审核意见书”。

以上手续全部办齐，一项装修装饰工程才算具备开工条件。

施工企业内部应该办理的有关准备工作，如：组建项目经理部、签定项目承包合同等，这里不再赘述。

施工现场消防安全申报表

北京市建设工程施工现场消防审核申报表

工程名称：________

施工单位：________

施工地址：________

北京市消防局制

工程名称			地址		
施工单位			建设单位		
报审单位： 联系人及电话：　（章）			设计单位：		
施工现场负责人			电话		
消防干部			电话		
建筑面积		占地面积		建筑层数及高度	地上下层米
结构形式		开竣工时间		使用性质	
施工批准单位			施工许可证		
用电情况			消防水源情况		
现场周围环境					
说明					

建筑装饰工程的竣工管理

一项装修装饰工程的竣工，意味着该工程已经按照设计图纸规定的内容和发包人的变更要求全部施工完毕，具备了交付发包人使用的各项条件。在竣工与移交发包人使用的短暂时间内，作为施工单位，仍然有许多工作要做，这就是我们说的竣工管理。

所谓竣工管理也就是整个施工管理的总结，是工程成品的总检验，是施工设施的大转移。

尽管从竣工到交付使用的时间不算长，但其管理工作是极其繁重复杂的，因此，应该引起装修装饰施工企业及项目经理部领导人的高度重视。

竣工管理工作的基本内容有以下几个方面：

施工项目的核查、施工设施的转移、工程成品的清理、工程费用的结算、工程成品的验收、竣工图的绘制、管理资料的汇集、资料移交。

下面分别作具体介绍，以供参考。

一、施工项目的核查

一项装修装饰工程的范围与规模大小没有统一标准。建设规模有大有小，大到投资上亿元，小到几十万元。施工项目有繁有简，有的包括装饰及水电空调安装，施工项目多达上千个，有的只是简单装饰，施工项目仅有几十个。决定一项工程的施工是否达到竣工要求，必须要进行项目核查。通过检查：

1. 可以发现是否有漏项

就是该做的没做。

2. 是否有增项未办洽商的

该做未做的应该及时补做；增项未办洽商的应该及时补办洽商。通过核查可以确定该工程是否真正达到了竣工要求，同时也为工程结算提供了可靠的工程量依据。

怎样进行施工项目核查：

首先根据设计图纸来核查，也可以采用报价清单（概预算书）进行核查。由于装饰工程施工项目繁杂，常常有概预算工程项目与设计图项目不符（漏项）的现象发生。因此用设计图核查比较可靠。其次是根据洽商记录核查，洽商记录是与设计概预算起同样作用的文件，应该认真查对。通过施工项目核查，确定既无漏项也无漏洽商，甲乙双方确认为全部竣工。

二、施工设施的转移

装修装饰工程是一种附着性施工工程，它和建筑工程具有共同之处，产品庞大不能移动，即产品固定，施工队伍流动。因此在一项装修装饰工程竣工后准备向甲方移交之前，必须将施工过程中所使用的一切设施全部撤离现场，这些设施包括以下几个方面：

1．临时设施：有围挡、办公用房、工人宿舍、伙房仓库等；

2．施工设备：有各种机具、水平运输设施、垂直运输设施、手提式电动工具等；

3．剩余材料：工程用剩下的多余材料，包装材料等；

4．渣土清运等。

三、工程成品的清理

在施工过程中，由于各个分项工程完成的时间有先有后，施工过程中必然产生扬尘或其他污染，使已完成的分项工程受到损伤或污染，因此在竣工后交工前必须对各分项工程进行清理，以保持成品的完整洁净。

工程成品的清理是一项十分具体而细致的工作，可以算作装饰施工的一个专业工艺。在分部位清理之前，从整体上讲应该先将楼地面上的块状物拣净，然后再用大功率吸尘器吸尘，切不可洒水清扫。下面分别介绍几项主要部位的清理工艺要点。

1．木制品装饰项目的清理

木制品装饰项目有：门窗及筒子板、贴脸、护墙板、墙裙、窗帘盒、窗台板、窗套、踢脚板、暖气罩、各种线条、木地板以及其他木制品装饰项目。木制装饰品清理实际上是木材表面油漆清理。常用木材表面油漆有两种基本做法，即清漆和混油（调合漆）。

木制品调合漆面的清理：

调合漆施工一般至少要刷四遍。交工前只刷三道，留一道在所有分项工程施工完毕后再刷，这样就可以保持木制品油漆面的洁净。

清漆磨退的清理：

清漆磨退一般在竣工前已全部做完，在竣工清理时，再磨一道水砂纸，用棉丝将表面擦拭干净，上一道蜡，便可交工。

不论是那一种面层油漆，在擦拭表面时，都应该用干净的白毛巾醮水拧干再擦拭，不能在油漆表面留有水痕或水珠。切忌在水中兑草酸。

为保证与油漆面接触部位的洁净，在做油漆施工前应将接触面预先做好分界隔离保护层。如门贴脸与墙面，门和门框与合页，踢脚板与墙面，挂镜线、装饰线与墙面的接触处都要用美纹纸做分界隔离保护层。特别提示，根据实践，铜合页不能用锡纸和普通单面胶带，因为这两种材料会使铜合页表面变黑或撕揭困难而使铜合页表面污染。

2．墙面及顶面涂料面层及壁纸裱糊面层清理

墙面及顶面面层一般均使用乳胶漆，这两种面层在交工前有可能被其他工种（特别是电工）施工时污染。这时可以用洁净白毛巾或白棉丝醮水拧干，轻轻地擦拭污点，直至擦干净，如果是防水立邦漆，可以直接用湿毛巾擦。如果染上不可擦拭的污点，如油漆等，那就必须用小刀刮干净后再刮腻子，待腻子完全干燥后再重新涂刷面层涂料。补刷的涂料必须是与原刷涂料同一品种且必须是同一批号。

3．铝合金（塑钢）门（窗）的清理

先用刀片将铝合金（塑钢）门（窗）的保护膜沿墙面边际处和与窗台板面交接处细心割开，然后撕掉保护膜。用湿毛巾擦掉玻璃和边框上的污渍，然后再用干毛巾擦拭。如有残留痕迹可以用洗衣粉或洗涤剂擦拭，也可用刀片细心的刮掉。禁止用砂纸或砂轮打磨。在擦窗框时要注意不可弄脏墙面的装饰面。

4．瓷砖、石材面的清理

瓷砖和石材属坚硬材料，擦洗时要轻擦细拭。先将表面大面积清扫干净，露出污渍，然后逐点进行清理。瓷砖、石材清理可以用刀片刮去污渍，再用洗衣粉或洗涤剂擦拭，最后用清水毛巾擦干净，不论瓷砖或石材，一是不可用草酸水擦拭，二是不可对不平整处用打磨机打磨。

5．洗手盆、浴缸、大便器的清洗

先要将下水口用软物堵塞，以免清理时将杂物掉入口内，造成下水堵塞，然后逐个进行清洗擦拭。由于各工种交叉施工，难免将砂浆涂料滴溅在洁具上，如果擦洗不掉，可以用刀片慢慢刮掉，再擦洗，切不可重击卫生洁具。

6．五金件清洗

五金件包括卫生间的各种附件，定门器，把手、门锁等。凡属金属件不可用草酸水擦拭，也不可用锐利工具刮蹭五金件表面，只能耐心细致地擦拭。

7．修补

在清洗过程中，可能会遇到损坏装饰物品的情况，有些装饰品必须用新材料替换，如壁纸撕裂缺口，玻璃（镜子）破碎等。另一种情况可以设法修补，如石材台面折断，但不残缺，可以用云石粉兑胶进行黏接，待胶干固后再打磨，并不影响使用。有的实木门框遇到活节疤，可以将活节疤取出，挖出一个洞来，选一块同样的质地的木材进行雕凿镶嵌，然后用胶粘合。做这些修补工艺的技术工人技能一定要很高，才能保证质量。

再如石膏隔断墙不小心被撞出一个洞，也可以进行修补。

这些工作在竣工后交工前是必不可少的。

四、工程成品的验收

在工程项目核对无误又经过对成品的逐项清理以后，便可以进行成品质量检验。首先是项目经理部自检，然后报公司验收。这时的质量检验与平时分项工程检验不同，与建筑结构工程检验也不同，因为装修装饰工程具有艺术特色，在体现设计意图方面不是某分项工程可以单独完成的，各种不同材质的拼接工艺是否过关。这些都要从整体上来检验，下面提出几点关于整体质量要求供参考。

1．功能质量

所谓功能质量，是指诸多的设备及隔声、防火等功能。包括空调、消防、音响、电视、卫生设备，现代通讯设备等，还有隔声要求、防火要求等。我们将这诸多的功能特征概括为“四字”标准，即：“灵”、“通”、“严”、“实”。

“灵”，就是各种专业设备的功能要“灵活”、“灵敏”，以满足使用需要。报警器（烟感）要灵，发生烟火能及时反映到控制室，不致酿成火灾。“自动喷洒”要灵，遇到火灾能及时喷出水来。卷帘门、防火门在发生火灾时能很灵活的、迅速地将火灾区域封闭。调光、调温开关要能在设计范围内可以随意调整光度和温度，特别是“调温”不能失灵。窗帘轨、推拉门轨要灵，要推拉自如。门铃、呼叫器多功能控制开关要灵，这些都是客人经常使用的，如果失灵，会给客人带来不便。

“通”，是指供水和供电系统的畅通。“通”是保证各项设施达到“灵”的必要条件。“灵”是设备自身的质量，但如果水电不通，设备再好也无济于事。上水要畅通，下水要畅通，不但畅通还要保证不漏。截门不漏，地面防水不漏，冷凝水不漏。为保证不漏，水管安装完后要经过打压，通过打压可以检查管道是否漏水。但要注意，试压时不漏，装上设备后又漏了，这是因为打压后可能别的工种施工时挪动了水管，使接头松动，所以不能认为打压完后就万无一失了。电的安装也要经过校线来确定电源是否畅通。比如电话、闭路电视、音响、舞厅灯、水池灯、各种插座都要在安装完后逐个试验，以保证畅通。

“严”，是指各种管道保温要严密，除了保证冷凝水不漏以外，还要考虑不浪费能源。窗要严，浴盆和墙面接角要严，脸盆和台板相叠要严，镜子四周要严，卫生间吊顶以上的隔断要严，管道井的每层楼面要严，防火门关启要严。总之，“严”是保证设备和环境功能灵敏和灵活的重要条件。

“实”，是指各种设备材料与建筑物体连接要实。这是保证质量的重要一环。比如面砖、大理石的粘贴，必须砂浆密实，不得空鼓，各种附件要用塑料涨塞或涨管螺栓固定在墙上或楼板上，此时要注意墙体或楼板是否密实，踢脚板、窗台板、窗帘盒与墙面连接必须着实，不能虚搁。门窗框与墙面接触部位要充填密实。有隔声要求的轻钢龙骨石膏板墙内装的隔声矿棉毡要填实，用木料做龙骨要刷防火剂，要实刷，刷遍，不能虚刷。这些在最后验收时都要严格把关。

2．观感质量

采用观感质量评定工程质量有一个重要的条件，就是不能以分项工程为考核目标，必须以同一个空间为整体来考核。因为只有在同一个空间内的整体观感效果是良好的，那么才算是一项质量优良的工程。如果只是某个单项工程好，而与别的项目交叉后总体质量不好，那就算不了好产品。这是一个评定观感质量的原则。

观感质量的标准首先要看是否达到设计要求，然后看它的施工工艺是否达到国家检验标准。对于观感性质量，根据实践经验提出以下几点供参考。

观感质量总的要求是：点要匀、线要直、面要平，具体部位要求做到：

“接不错位”。在装饰施工中，为了艺术效果的需要，短料接长是经常出现的，窗帘盒、装饰线、踢脚板都要有接头，要求做到“接不错位”，最好要做到不露痕迹。

“拼不乱缝”。壁纸拼缝要做到不露缝，瓷砖大理石拼缝横平竖直，缝隙均匀。

“交不起翘”。两种材料交叉处不能起翘，做到自然接交，严密无隙。

“镶不虚空”。镶嵌是一项要求很高、很细的工艺，既不用钉，又不用胶，要将各种装饰物镶嵌在某物体上，一定要保证严丝合缝，不能活动。

“盖不露底”。在装饰面上，安装各种盖面板是很多的，比如，插座、开关、排风扇空调器篦子、音响口、喷淋头、筒灯、卫生间的附件等，都是加盖在壁纸、瓷砖、大理石、石膏板、金属板上面，要保证安装紧密，不能露出基底。

“边不出斜”。装饰空间的每一个面（六面）在基底处理时要做到平直方正，不可出现斜面，一旦出现，便会在裱糊或饰面时产生斜边，这将严重影响观感。

此外，对分格的处理要考虑材料的规格，非截不可，要将小边贴到隐蔽处。当然，讲观感首先是以牢固为前提的，如果不牢固，再好看也不行。

装饰工程质量的观感特征除了直观部分外（所谓直观指人在站立位置能看到的部位），还有非直观部分，即人在特定位置才能看到的部位，但也是很重要的。非直观质量有梳妆台底面部分，当人躺到浴盆内可以看到。因此必须做到整齐，该油漆、该抹平的都要认真做好，不能因为在底部就马虎从事。

还有一种触觉质量，虽不能看到，但影响使用，如抽屉面板的底边不做油漆、木扶手沙发的扶手底面不做油漆就会直接影响使用。

3．时效质量

装饰工程的质量虽然不象结构工程那样讲究百年大计，但也要保持一定期限的质量，一些具有功能特征的设备，其使用质量更应该保持更长的时间。饰面工程也应保持三至十年（因技术进步而更新者除外）。这就要做到质量稳定。在一定期限内不产生下列情形（常见通病）。

“壁纸”开裂，“瓷砖”脱落。

“窗轨”变形，“天花”塌陷。

"附件"松动，"油漆"起皮。

"管道"堵塞。

保持装饰质量时效的关键是在施工过程中做到连接牢固，粘贴密实，吊挂稳固，为此应在施工过程中加强质量监督。比如贴壁纸的基底处理，应该作为隐蔽工程来验收。

在公司验收的基础上，报请监理部门（或甲方）合验，并报地区供电部门对工程进行"电气防火安全检测"。最后请质检站正式验收。

五、工程费用的结算

工程费用结算对于施工单位来说是竣工管理中一项最为重要的工作，他决定着企业的经济利益，是企业成本核算中收入部分的最终结果。

编制工程结算，应做好以下工作：

1．核对工程量

与监理单位（无监理单位可直接对发包单位）核对实际完成工程量，在竣工管理的一开始我们已经提到了核对工程项目，那只是施工项目部自我核对。在工程费用结算时，应该由工程预算部门与监理部门（或发包部门结算负责人）共同核对，并由监理部门（发包人）负责认可签字，作为编制结算书的工程量依据。

2．材料、设备、市场价的"议定"

北京市装饰工程概算编制办法中明确市场价为工资单价，材料价格按市场价格计算，承发包双方参照开工前《北京工程造价信息》发布的市场价双方议定。因此，在结算时，对于材料市场价的议定是一个十分重要的环节。否则，即使有了统一的工程量，没有甲乙双方认可的市场价，就不可能编制出符合实际的结算书来。市场价的"双方议定"不仅是施工单位编制结算的价格依据，也是监理部门、发包单位和审计部门共同遵守的价格原则。

"双方议定"的做法是，对于定额缺项子目，由施工单位向建设单位提供样品和价格，经双方议定，建设单位签字认可。对属于概预算范围内的子目，只要主材价格基本符合市场价，即可直接套用定额价。在这一议定过程中，监理部门会起到重要作用。因此，材料的选用及选价，必须在施工过程中及时将资料与监理部门沟通，并达到共识，否则在结算时会造成扯皮。

3．整理"洽商记录"

"洽商记录"贯穿于施工全过程，其主要作用是确定工程量。装修装饰工程的洽商是很频繁的，其子目有些工程可能会超过原工程子目的一半以上，所以说整理洽商记录是一件繁重工作。洽商记录靠平时积累，但有时也会漏项，或由于工程进度快，顾不上签字，只是监理或甲方口头承诺，在结算时必须补签，否则，审计单位将不予承认。

4．做好增减账

在施工过程中，洽商记录不仅有增项，同时也会有减项，这就会使原来合同价格发生变化，可增可减。因此必须要做好增减账。即将原核定的工程项目中因洽商而未施工的项目的造价减掉，将合同中不包括的洽商增添项目的造价增加，经过有减有增，重新调整工程总造价。

除洽商记录外，再有就是凭竣工图所示而增加的项目。这部分项目也应加入增加项目中。

5．编制结算书

在做好增减账的基础上，便可以编制结算书。编制结算书的必要资料有：一增减账，二洽商记录，三竣工图。以上三项缺一不可，它是审计部门进行审核的重要依据，虽然审计人员可能到现场勘察，但是许多隐蔽工程已无法核对，因此只能借助洽商和竣工图。

六、竣工图的编制

竣工图是装修装饰工程竣工资料中的重要部分，是工程完成后主要凭证性材料，是装修装饰的真实写照，也是工程竣工验收结算的必备条件和维修、管理的重要依据。

竣工图有三种：

利用施工蓝图改绘的竣工图；

在二底图上修改的竣工图；

重新绘制的竣工图。

以上三种类型的竣工图报送底图、蓝图均可。不过根据实践经验，装修装饰工程修改较多，还是采用重新绘制的竣工图的方法较好。

（一）在施工蓝图上改线的方法

具体的改绘方法可视图面、改动范围和位置、繁简程度等实际情况而定，下面把常见的一些改绘方法举例进行说明。

1．取消的内容

1）尺寸、门窗型号、设备型号、灯具型号、数量、注解说明等数字、文字、符号的取消，可在图上将其数字、文字、符号等采用杠改法。即将取消的数字、文字、符号等用一横杠杠掉（不得涂抹掉），从修改的位置引出带箭头的索引线，在索引线上注明修改依据，即"见╳号洽商╳条"，也可注明，"见╳年╳月╳日洽商╳条"。如无洽商或其他依据性文件，仅按照施工实际情况修改，应注明无洽商。

2）墙、门窗、钢筋、灯具、设备等取消，可用叉改法。即在图上将取消的部分打"╳"，有的在图上描绘取消的部分较长，可视情况打几个"╳"，达到表示清楚为准。并从图上修改处引出箭头索引线，注明修改依据。

2．增加内容

1）在建筑物某一部位增加隔墙、门窗、灯具、设备等，均应在图上的实际位置用正规制图方法绘出，并注明修改依据。

2）增加的内容在原位置绘制不清楚时，应在本图适当位置（空白处）按需要补绘大样图，但要准确清楚，如本图上无位置可绘时，则需另用硫酸纸绘补图，晒成蓝图后附在本专业图纸之后，注意的是，在修改位置和补绘图纸上均要注明修改依据，另绘的补图要有图名、图号。

3．内容变更

1）一些数字、符号、文字的变更，可在图上将取消的内容杠改，在其附近空白处另补更正后的内容，并注明修改依据。

2）设备配置位置、灯具、开关型号等改变引起的表示方法的改变，墙、板、内外装修等变化……均应在原图上改绘。

3）某部位变化较大，或在原位置上改绘有困难，或改绘后杂乱无章，可以采用以下的办法改绘。

画大样改绘：

一般作法先在原图上标出应修改部位的范围，然后在要修改的图纸上绘出这一修改部位的大样图，并在原图改绘范围和改绘的大样图处均要求注明修改依据。

另绘补图修改：

如原图纸无空白处，可把应改绘的部位绘制在一张硫酸纸补图上晒成蓝图后，作为竣工图纸的一部分，补在本专业图纸之后。具体做法为：在原图纸上画出修改范围，并注明修改依据和见某图（图号）及大样图名，在补图上注明图号和图名，在说明中注明是某图（图号）某部位的补图，并注明修改依据。

个别蓝图需重新绘制竣工图：

如果是某张图纸修改不能在蓝图上修改清楚，需重新绘制这张图纸的竣工图。此图应按国家制图标准和绘制竣工图的规定制图。

4．加写说明

凡设计变更、洽商的内容应当在竣工图上修改的，均应用绘图方法改绘在蓝图上，一律不再加写说明。如果修改后的图纸仍有些内容没有表示清楚，可用精炼的语言适当加以说明。

1）一张图上某一种设备、门窗型号的改变，涉及多处，修改时要对所有涉及的地方全部加以改绘，其修改依据可标注在一个修改处，但需在此处加以简单说明。

2）墙、板、内外装修材料的变化，由建设单位自理的部分等在图纸上修改难以用作图方法表达清楚时，可加注或用索引的形式加以说明。

3）凡涉及说明类型的洽商，应在相应的图纸上使用设计规范用语反映洽商内容。

5．修改时应注意的问题

1）原施工图纸目录必须加盖竣工图章，作为竣工图归档，凡有作废的图纸、补充的图纸、修改的图纸，均要在原施工图目录上标注清楚。即作废的图纸在目录上杠掉，补充的图纸在目录上增列出图名、图号。

2）按施工图施工而没有任何变更的图纸，在原施工图上加盖竣工图章，作为竣工图。

3）如某一张施工图由于内容改变较大，设计单位重新绘制了修改图的，应以修改图代替原图，原图不再归档。

4）凡是洽商作为竣工图，必须进行必要的制作。

如洽商图是按正规设计图纸要求进行绘制的可直接作为竣工图，但需统一编写图名图号，并加盖竣工图章，做为补图。并在说明中注明此图是哪张图哪个部位的修改图，还要在原图修改部位标注修改范围，并标明见补图的图号。

如洽商图未按正规设计要求绘制，均应按制图规定另行绘制竣工图，其余要求同上。

5）某一条洽商不可能涉及两张或两张以上图纸，某一局部变化可能引起系统变化……，凡涉及的图纸和部位均应按规定修改，不能只改其一不改其二。再如，一个标高的变动，可能要在平、立、剖、局部大样图上都要涉及，均应改正。

6）不允许将洽商的附图原封不动的贴在或附在竣工图上作为修改，也不允许将洽商的内容抄在蓝图上或用做补图的办法附在本专业图纸之后。

7）某一张图纸，根据规定的要求，需要重新绘制竣工图时，应按绘制竣工图的要求制图。

8）改绘注意事项：

修改时，字、线、墨水使用的规定

字：采用仿宋体，字体的大小要与原图采用字体的大小相协调，严禁用错、别、草字。

线：一律使用绘图工具，不得徒手绘制。

墨水：使用黑色墨水，严禁用圆珠笔、铅笔和非黑色墨水。

施工蓝图的规定：

改绘竣工图所用的施工蓝图应一律为新图，图纸反差要明显，以适应缩微等技术要求。凡旧图、反差不好的图纸不得做为改绘用图。

修改方法的规定：

施工蓝图的改绘不得用刀刮、补贴等方法修改，修改后的竣工图纸不得有污染、涂抹、覆盖等现象。

修改的内容和有关说明均不得超过原图框。

（二）在二底图上修改的要求

在二底图上修改洽商内容，是常用的竣工图的绘制方法。

1．在二底图上修改

要求在图纸上作一修改备考表，以做到修改的内容与洽商变更的内容相对照。可将修改内容简要地注明在此备考表中，应做到不看洽商原件即知道修改的部位和基本内容。

2．修改的部位用语言描述不清楚

也可用细实线在图上画出修改范围。

3．以修改后的二底图或蓝图作为竣工图

要在二底图或蓝图上加盖竣工图章。没有改动的二底图转做竣工图也要加盖竣工图章。

4．二底图修改次数较多

个别图面可能出现模糊不清等技术问题，必须进行技术处理或重新绘制，以期达到图面整洁、字迹清楚等质量要求。

（三）重新绘制竣工图

工程竣工后，按实际工程重新绘制竣工图，虽然工作量大，但能保证质量。重新绘制时，要求原图内容完整无误，修改的内容也能准确、真实地反映在竣工图上。绘制竣工图要按建筑制图规定和要求进行，必须参照原施工图和该专业性的统一图示，并在底图的右下角绘制竣工图图签。

（四）竣工图章（签）

1．竣工图章（签）内容

应具有明显的“竣工图”字样，并包括编制单位名称、制图人、审核人、技术负责人和编制日期等内容。按规程规定的格式与大小制作竣工图图章。竣工图图签也可以参照竣工图图面的内容进行绘制，但要注意需保留原施工图工程号、图号、原图编号等项内容。

2．竣工图章（签）的位置

用蓝图改绘的竣工图将竣工图章加盖在原图签右上方，如果此处有内容，可在原图签附近空白处加盖，如原图签周围均有内容，找一内容较少的位置加盖。

用二底图修改的竣工图，应将竣工图章盖在原图签右上方。

重新绘制的竣工图应绘制竣工图图签，图签位置在图纸右下角。

3．竣工图章（签）是竣工图的标志和依据

要按规定填写图章（签）上各项内容。加盖竣工图章（签）后，原施工图转化为竣工图，编制单位、制图人、审核人、技术负责人要对本竣工图负责。

4．原施工蓝图的封面、图纸目录也要加盖竣工图章

作为竣工图归档，并置于各专业图纸之前。但重新绘制的竣工图的封面、图纸目录，可不绘制竣工图签。

七、施工资料的汇集

2001 年北京市发布了北京市地方性标准。《建筑安装工程资料管理规程》，将原技术资料管理扩大为工程资料管理，使竣工资料更加全面，同时推动着施工企业管理规范化。

作为“工程资料管理”，它是对工程而言的，不仅对施工企业提出要求，同时也对建设单位、监理单位提出各项要求，是一项全方位的资料管理。

这里要介绍的是施工资料管理。所谓“施工资料”就是由施工单位在工程的施工过程中形成并收集汇编的文件或资料的统称，因此它是施工企业的一项重要管理工作。作为施工企业，应当加强施工资料的管理工作，实行技术负责人负责制，逐步建立健全施工资料管理岗位责任制，并配备专职城建档案管理员，负责施工资料的管理工作。工程项目的施工资料应设专人负责收集和整理。

施工企业应当在施工前将施工资料整理汇总完毕并移交建设单位进行工程竣工验收。

（一）施工管理资料的内容

1．工程概况

包括工程的一般情况、构造特征及其他。

一般情况指工程名称、建设性质、建设地点、建设单位、监理单位、施工单位、建筑面积、结构类型和建筑层数等。

构造特征指楼地面面层、内外装饰、屋面面层、门窗油漆等。

其他：关键部位、上级对本工程的重要要求和指示等。

2．施工进度计划分析

合同计划（或建设/监理单位批准的首次总控计划）与实际进度的对比。

3．项目大事记

内容包括项目开、竣工；停、复工；中间验收；质量、安全事故；获得的荣誉；重要会议；分承包工程招投标、合同签署；上级检查指示等的日期及简述。

4．施工日志

以单位工程为记载对象，从工程开始施工起至工程竣工止，由专人逐日记载，内容保持连续和完整。

5．不合格项处置记录

当工程施工或进场物资不合格时，检验部门、建设（监理）单位或总承包单位下达不合格项的整改通知，并要求处置、整改完毕后反馈并复检，整改未达到要求的应如实记录。

6．工程质量事故报告

凡工程发生重大质量事故，应进行记载。其中发生事故时间应记载年、月、日、时、分；估计造成损失，指因质量事故进行返工、加固等而实际损失的金额，包括人工费、材料费和一定数额的管理费。事故情况，包括倒塌情况、损失情况（伤亡人数、损失程度、倒塌面积等）；事故原因包括设计原因（计算错误、构造不合理等）、施工原因（施工粗制滥造、材料、预制构配件或设备质量低劣等）或设计与施工同时有问题以及天灾、人祸等；处理意见，包括现场处理情况、设计和施工的技术措施、主要责任者及处理结果。

7．施工总结

工程竣工后，根据工程特点、性质进行全面施工、组织和管理总结，同时包括新工艺、新材料、新施工方法的采用情况，并应总结施工过程中的各项经验教训。

（二）施工技术资料的内容

1．工程技术文件报审表

包括施工组织设计、施工方案、深化设计等技术文件的报审。在技术文件报审前，施工单位应按内部程序审批，手续齐全。

2．技术交底记录

包括施工组织设计交底、主要分项工程施工技术交底。各项交底应有文字记录，交底的双方应有签认手续。

3．施工组织设计、施工方案

单位工程施工组织设计应在组织施工前编制，并应依据施工组织设计编制部位、阶段和专项施工方案。编制内容应齐全，并有审批手续，发生较大的施工措施和工艺变更时，应有变更审批手续。

4．图纸审查记录、设计交底记录

1）图纸审查记录由参加图纸交底的各单位将图纸审查中的问题整理、汇总，报建设单位，由建设单位提交给设计单位进行设计交底。

2）设计交底记录由施工单位整理、汇总，各单位技术负责人会签，并由建设单位加盖公章，形成正式设计文件。

3）施工图纸会审记录是工程施工的正式设计文件，不得在会审记录上涂改或变更其内容。

5．设计变更、洽商记录

1）设计变更、洽商记录应及时办理，内容必须明确具体，注明原图号，必要时应附图。

2）有关设计变更和技术洽商，应有设计单位、施工单位和建设（监理）单位等有关各方代表签认；设计单位如委托建设（监理）单位办理签认，应办理委托手续；相同工程如需用同一个洽商时，可用复印件或抄件。

3）分承包工程的有关设计变更洽商记录，应通过工程总承包单位后办理。

（三）施工物资资料

1．工程物资

包括主要原材料、成品、半成品、构配件、设备等质量必须合格，并有出厂质量证明文件（包括质量合格证明或检验/试验报告、产品生产许可证、产品合格证等）。

2．质量证明文件的抄件（复印件）应保留原件所有的内容

并注明原件存放单位，还应有抄件人、抄件（复印）单位的签字和盖章。

3．不合格的物资不准使用

并应在“不合格项处置记录”注明去向。需采用技术处理措施的产品，应满足技术要求，并经项目技术负责人批准后方可使用。涉及结构安全的材料需要代换时，应征得设计单位的同意，并符合有关规定方可使用。

4．凡使用新材料、新工艺、新技术

应有具有鉴定资格单位出具的鉴定证书，和北京市建委批准的《新技术、新材料试点工程申报书》，同时应有其产品质量标准、使用说明和工艺要求，使用前应按其质量标准进行检验和试验。

5．按规定实行有见证取样

进行送检的管理并作好见证记录。

6．对国家及当地政府所规定的特定设备和材料

应附有有关文件和法定检测单位的检测证明，如压力容器、消防设备等。

7．工程物资选样送审

如合同或其他文件约定，施工单位在工程物资订货或进场之前应进行工程物资选样审批手续，填报《工程物资选样送审表》。

8．工程物资进场报验

工程物资进场，经施工单位自检合格后，填报《工程物资进场报验表》，向建设/监理单位报请验收，附件应齐全。

9．设备开箱检查

设备进场后，由施工单位、建设/监理单位、供货单位共同开箱检查，并进行记录、填写《设备开箱检查记录》。

10．材料、配件检验

材料、配件进场后，由施工单位进行检验，需进行抽检的材料、配件按规定的比例进行抽检，并进行记录，填写《材料、配件检验记录》。

11．设备及管道附件试验

锅炉及设备、阀类及密封箱罐、风机盘管及成组散热器等安装前均应按规定的抽检比例进行单项强度试验并做记录，填写《设备及管道附件试验记录》。

12．产品复试

对进场后产品，按规定进行复试并进行记录，产品复试记录/报告见表式。

（四）施工记录的内容

包括通用施工记录和专用施工记录。

1．隐蔽工程检查记录

为通用施工记录，适用于各专业。

2．预检工程检查记录

为通用施工记录，适用于各专业。

3．施工通用记录

施工通用记录用于记录专用施工记录不适用的情况下，对工程施工情况的记录。

4．中间检查交接记录

某一工序完成后，移交下道工序时，由移交单位和接收单位进行质量、工序要求、遗留问题、成品保护、注意事项等情况的检查并记录。

（五）施工试验（调试）记录

根据规范和设计要求进行试验，并记录下原始数据和计算结果，得出试验结论。包括各类专用施工试验记录，如有新技术、新工艺及其他特殊工艺时，使用通用施工试验记录。施工试验按规范和设计要求分部位、分系统进行。给排水、消防、空调水管道均应按管道施工试验记录进行试验和记录。

1．施工试验记录（通用）

施工通用试验记录是在专用施工试验记录不适用的情况下，对施工试验方法和试验数据进行记录。

2．设备单机试运转记录

水泵、风机、冷水机组、冷却塔、空调器、空气处理室等设备进行单机试运转并进行记录。

3．调试报告

水处理系统、采暖系统、空调水系统、机械排水系统、压力给水系统、燃气调压系统等全负荷试运行时进行记录。内容包括全过程各种试验数据、控制参数以及运行状况。

安全阀、水位计、减压阀及水处理等附属装置，投入运行前应进行调试，并做好记录。燃气调压装置由燃气管理部门调试。

系统调试前，应完成各项设备的单机（通风机、制冷机、空气处理室等）试运转并进行记录；无生产负荷联合试运转的测定和调试内容应齐全，对其调试效果（系统与风口的风量平衡、总风量及风压系统漏风率等）应有过程及终了记录。设计和使用单位有特殊要求时，可另行增加测定内容，如恒温、恒湿系统、洁净系统等；有特殊要求的重要工程，如恒温、恒湿车间、医院手术室、特殊贮藏室、人防工程等，应按专项规定及要求进行检查并做好记录。

4．砖饰面

现场镶贴的外部砖饰面工程，应按规定进行黏接强度试验，并填写材料试验报告（通用）。

5．防水工程试水检查

厕浴间等有防水要求的房间必须有防火层及装修后的蓄水检验记录。每次蓄水时间不少于24小时。

屋面工程应有全部屋面的淋（蓄）水试验记录，试验时间不得少于2小时。不便做试水试验的工程，要经过一个雨季的考验，并做好观察记录。

6．电气器具通电安全检查

电气工程安装完成后，按层按部位（户）进行电气器具的通电检查，并进行记录。内容包括接线正确、电气器具开关状态正常等，通电安全检查应全数检查。

7．电气照明、动力试运行

建筑电气设备主要包括高压电气装置及其保护系统（如电力变压器、高压开关柜、高压电机等）、发电机组、电池、具有自动控制系统的电机及电加热设备、各种音响讯号、监视系统、楼宇自控综合布线、消防、共用天线、电视、计算机系统等。

建筑电气设备安装调整试验记录应符合国家及有关专业规定的内容：各个系统设备的单项安装调整试验记录，综合系统调整试验记录及调整试运转记录；大型公共建筑一、二类建筑及重要工程的全负荷试验记录；一般民用住宅工程的照明全负荷24小时试验记录。

每个单位工程的建筑电气各系统的安装调整试验记录必须按系统收集齐全归档，分承包的工程由分承包单位按承包范围收集齐全后交给总包单位整理归档。各个系统安装调整试验记录整理齐全后单位工程方可申报竣工核定。

8．综合布线测试

对综合布线系统进行传输性能测试，内容包括线缆长度、衰减、串扰等数据。

9．管道强度、严密性试验

输送各种介质的承压管道、设备、阀门、密闭箱罐、风机盘管、成组散热器等应有单项强度试验记录。系统完成后（也可分区、段）应进行系统强度试压并做记录。

燃气管道、设备和附件以及设计和规范有要求的管道及设备应做好严密性试验。

10．管道通水试验

给水（冷、热）、采暖、消防管道及设计有要求的管道均应在使用前做冲洗试验；介质为气体的管道系统应按有关规范及设计要求做吹洗试验。冲、吹洗试验应分段、分系统进行，设计有要求时还应做脱脂处理。

11．室内排水管道通球试验

排水干、立管应按系统按有关规定进行100%通球试验，并做记录。

12．风管漏风检测

对新型空调系统如变风量系统、洁净系统等必须做漏风量测试，测试记录要求按系统、风压等级及分区段进行漏风测试并作记录。

13．各房间室内风量测量

按设计和规范要求进行的通风空调工程无生产负荷联合试运转时，对各房间内风量进行测量并做记录数据。

14．管网风量平衡

按设计和规范要求进行的通风空调工程无生产负荷联合试运转时，测试和调整管网各系统并做记录。

15．通风系统试运行记录

按设计和规范要求进行的通风空调工程无生产负荷联合试运转时，对通风机、空调器、空气处理室等的风量、风压及转数进行测定并做记录。

16．制冷系统气密性试验

对制冷系统的工作性能进行试验并做记录，内容包括管件及阀门清洗、单机试运转、系统吹污、真空试验、检漏试验及带负荷试运转。

（六）施工验收资料

由公安消防、环保、人防等部门进行验收的应按相应规定要求进行编制和报验。

1．分部/分项工程施工报验表

分部/分项工程施工报验表应附施工记录和施工试验记录等。

2．竣工验收通用记录

在分部工程或某系统施工并调试完成后，建设单位报请专业主管部门，并组织监理单位、设计单位、施工单位进行工程的验收。

3．单位工程验收记录

单位工程完成后，由建设单位、监理单位、设计单位、施工单位进行工程验收并做记录。

4．工程竣工报告

工程竣工后，由施工单位编写工程竣工报告，内容包括：

1）工程概况及实际完成情况

2）企业自评的工程质量情况

3）施工技术资料和施工管理资料情况

4）主要建筑设备调试情况

5）有关检测情况

6）建设行政主管部门及其委托的工程质量监督机构等有关部门责令整改问题的整改情况。

（七）质量评定资料

1．根据标准

按分项工程、分部工程、单位工程顺序进行评定，并分为先评定、后核定两个程序。

2．所有分项工程应有质量评定表

完成后应按分部工程进行汇总，并有监理单位签署的《分部/分项工程施工报验表》。

3．所有分部工程完成后

应进行分部工程汇总核定，其中地基基础、主体结构分部工程质量需由企业质量、技术部门签证。

八、资料移交

资料汇集装订成册后便可办理移交手续。

装修装饰工程施工管理资料移交书

按有关规定向

办理　　工程施工技术资料移交手续。共计　　册。其中图样材料　　册。文字材料　　册，其他材料　　张（）。

附：移交明细表

移交单位（公章）　　　　　　接受单位（公章）

单位负责人：　　　　　　　　单位负责人：

移交人：　　　　　　　　　　接收人：

移交时间　　年　　月　　日

施工管理资料移交明细表

序号	案卷题名	数量						备注
		文字材料		图样材料		其它		
1	原材料、半成品、成品出厂证明和试（检）验报告							
2	施工试验报告							
3	施工记录							
4	预检记录							
5	隐检记录							
6	采暖、卫生与煤气工程							
7	电气安装工程							
8	通风与空调工程							
9	施工组织设计与技术交底							
10	工程质量检验评定							
11	竣工验收资料							
12	设计变更、洽商记录							
13	竣工图							
14	其他							

以上资料除移交给建设单位外，施工企业同时应保留一份。至此，整个工程管理全部结束。

建筑装饰装修施工工程工长（管工、施工员）岗位职责及应具备的素质

中国建筑装饰协会信息咨询委员会专家组成员　高级经济师　**吴承辉**

问题的提出

建筑装饰装修施工企业是劳务密集型的行业，涉及城镇、农村1200万剩余劳动力的就业问题，工长（管工、施工员）的职业职责定位于操作层，又具有承上启下的职能，对上要接受施工项目经理的领导，完成预期的目标，对下要负责组织引导工人班组，在确保安全的情况下按时、按质、按量、全面地完成任务。岗位要求必须具备，组织协调、动态控制、目标管理、信息反馈的能力，以期实现项目工程、最佳的质量，最低的物耗，最短的工期。

工长（管工、施工员）立足一线，并贯彻项目工程施工的始终，岗位职务即全面、繁琐，又要有条不紊，规范有序，为此，谈谈工长（管工、施工员）岗位职责及应具备的素质是很有意义的。

2001年12月11日，我国加入世界贸易组织，成为WTO第143位成员，入世意味着中国要执行国际经济政策，体现出市场国际化，国内的企业、商品可以走出国门，外国的企业、商品也可以进入我们国内的市场，与之公开、公平、公正的平等竞争，具体到劳务市场，劳务的输出与引入也会是不可回避的事实。那么，面对我国数千万的剩余劳力，能否在劳务市场上占领国内的市场，并走出国门，赢得境外市场，去挣外国人的钱，为国创汇，工人的操作技术“应知”“应会”整体素质需要提高以外，工长（管工、施工员）与时俱进，求真务实，开拓创新，全面提高整体素质也是关键的环节。

工长（管工、施工员）新世纪、新时期的岗位职责

一、施工准备工作

（一）技术准备工作

1．熟悉图纸，含效果图，装饰装修设计图纸较粗，有时还不如建筑工程的技术设计图纸详细，有时仅有方案（效果）图，附加简单说明，工艺造型或在招标文件中注明一下，在这种情况下，必须清楚地知道。

（1）设计要求和意图，并绘制大样，处理好节点作法或组织班组工人做出样板（样板项目、样板间、样板单元）。

（2）质量要求，预期达到的工程质量标准，包括：

1）工法（工艺、工序）质量，例选材（材质）、颜色、尺寸造型、接缝等，以期实现国家颁发的质量检验标准，验收规范达到功能质量——“灵”、“通”、“严”、“实”。观感质量——“点要匀”、“线要直”、“面要平”，以及时效特征。

2）环保质量（生态环境质量），当前饰材的“隐形杀手”VOC可挥发性的有机污染，围绕着装饰市场的健康发展和生态环境的质量。例如：芳香杀手“苯”（甲苯、二甲苯）——游离杀手“甲醛”——无孔不入杀手“氨”——慢性杀手“氡”等等，要严格检查饰材产品出厂说明和检测证明，并以保存归档。

（3）细部作法：施工工艺、工程作法（材料作法）。

2．熟悉施工组织设计（标后设计）或施工方案。

（1）生产部署；（2）施工程序；（3）施工方法；（4）平面布置；（5）施工进度；（6）技术措施。

以上六点，对项目工程，采用的新技术、新材料、新工艺、新机械，要参照有关的技术文件和技术资料，领会其精神实质与施工作法、操作程序，并结合施工现场的实际情况，充实和具体化，记录下来以便向班组工人交底。

3．技术交底准备。

（1）一般装饰装修工程：准备简要的操作交底和措施要求，含技术安全、消防、质量、工期、规范、规程。

（2）高档装饰装修工程：准备图纸大样，造型大样，细部作法，节点处理，以及一般装饰装修工程技术交底的内含。

（二）施工准备工作

1．工作面准备，施工现场的七通一平，即水通、电通、路通、通讯通（IDD、DDD）、排污通、燃气管线通、热力管线通和场地平整，以及班组工人操作（作业）面的界定。

2．施工机械准备，接上电源、水源、试运转、安全装置。

3．材料、工具准备，材料、设备按计划采购进场入库及码放整齐，防止停工待料及材料设备丢失损坏，工具、手使机具配齐。

二、施工组织工作

（一）调查班组情况

1．人员配套。

2．技术力量。

3．生产能力。

以上三点，分配班组生产任务，工序搭接有序，工期短。

（二）确立研究工序

1．确定工种之间的搭接次序、时间、部位，含装饰装修与水、电、通风等安装工程的工序衔接。

2．协助班组作好人员安排。

（1）根据工作面计划流水作业，分段作业。

（2）根据流水，分段和技术力量进行人员分档。

（3）根据分档情况配备运输、材料供应力量。

三、班组交底：

（一）计划交底

贯穿于逐月分旬，逐旬分日，或网络为时生产计划中。

1．任务数量、部位。

2．开始、结束时间。

3．该任务在全部工程施工中对其他工序的影响和重要程度。

（二）定额交底

工人最为关心也是确保工期的重要一环。

1. 劳动定额：单位定额用工，每工产量（活劳动定额指数）。

2. 材料消耗定额：生产质量合格产品，材料耗用的最高额度即限额（物化劳动定额指数）。

3. 机械台班产量定额：生产质量合格产品，机械台班产量（物化劳动定额指数）。

（三）技术措施和操作方法交底是确保工程质量的关

1. 施工规范、工艺标准。

2. 施工组织设计中有关规定、要求。

3. 有关设备图纸及细部做法。

（四）技术安全交底（杜绝事故，注意隐患，文明施工）

1. 施工操作运输过程中安全事项。

2. 机械设备安全事项。

3. 消防安全事项及工地用火须知。

（五）科学管理交底

1. 三检制度（自检、互检、专业人员检查）的具体时间，部位（树立质量意识）。

2. 质量评定标准和要求。

3. 场容场貌管理制度要求（贯彻文明施工）。

4. 样板的建立和要求（样板项目，样板间，样板单元）。

四、操作中的具体指导和检查

（一）抄平、放线、实样弹线准备工作是否符合要求，确定饰面及功能设备的坐标、标高。

（二）班组工人能否按交底要求进行施工操作（必要时作示范）。

（三）关键部位是否符合要求，如节点、接缝、留槎、作榫、留洞、加筋、预埋等。

（四）随时提醒安全，开展安全、文明施工活动教育，防止隐患，活完场清。

（五）强化成品保护。

（六）及时进行隐预检、自检、交接检，配合专业人员检查，搞好工程质量评定登单。

五、做好施工日志

（一）当日气候情况。（二）当日工程进度情况。（三）班组工人调动情况。（四）资源供应情况。（五）施工中质量安全情况。（六）设计变更和其他重大决定。（七）技术经济洽商（工程索赔）。（八）经验和教训。

六、施工任务下达与验收

（一）向班组下达施工任务书，限额领料卡，工程完成后根据规范、规章、标准、规定组织有关人员进行质量、工期、耗料验收签认。

（二）验收合格，填表、签字、存档，此外还应与样板比较。

七、工长（管工、施工员）岗位职责综合所述

（一）组织班组在所负责的施工项目范围内进行安全生产按计划完成。

（二）向班组下达任务书，按质量标准和其它要求结算验收。

（三）指导班组安全生产，贯彻落实规程、规范、法令，排除隐患，保证安全文明施工。

（四）作好施工准备，排除障碍，创造施工条件。

（五）按图纸及规程、规范组织施工操作，作好洽商记录（工程索赔）。

（六）技术交底，指导施工，对项目工程质量负责。

（七）贯彻执行施工组织设计、技术措施、节约指标，按时、按质、按量完成合格产品。

（八）贯彻各项生产技术管理制度及场容、场貌各项规定要求。

（九）推广先进经验，参加技术革新各项科研活动。

（十）积累和提供技术档案的原始资料。

（十一）参加月度及逐月分旬、逐旬分日、逐日分时施工生产计划的编制。

（十二）负责组织工程质量评定、填表、签字，含隐检、预检、专业人员检查表。

具体到工长（管工、技术员）应具备的素质简述如下：

知识素质——不断充电，掌握科学的、新的知识。

身体素质——身强体壮，适应工作强度。

敬业素质——爱岗敬业，钻研技术，嘴勤、手勤、眼勤、腿勤。

道德素质——职业道德，规范服务，奉献精神。

思维素质——吐故纳新，开拓创新，理念出新。

结　论

建筑装饰装修施工工程，是我国改革开放以后的一个新兴行业，是在建筑物成型的基础上，对室内外空间进行的设计和施工，是根据装饰装修设计图纸（含效果图、样板间），将饰面材料及功能设备固定到被装饰的物体上。其一切活动要体现和完善设计意图，达到牢固、美观、舒适、典雅、功能完善，是施工技术与操作艺术的有机结合，技术与艺术的兼容与互补。具有附着性、可更换性、可分割性、整体性，在操作活动中又具有短暂性，单一性，工序相互依赖与相互制约性等特点。没有高水平的工长（管工、施工员）以及掌握操作技术的装饰工人，是难以胜任此项工作的。跨进 21 世纪的门槛，面对 WTO 和经济全球化的大市场，我国建筑装饰行业要立足国内，跨出国境，冲进亚洲，打入世界，在国际市场为国创汇。明确岗位职责，提高素质，与时俱进，开拓创新，是企业永恒的主题。

工长（管工、施工员）职业职责定位于操作层，在这个层面上，规范服务，强化科学管理，掌握先进技术是企业面向市场、融入市场、占领市场、赢得市场不可或缺的一个关键。当今世界已经进入了一个以知识经济为主流的时代，知识经济中的知识是指化为能力的知识，是创造效益的知识，工长（管工、施工员）应具有哪些知识，在新时期首先明确其岗位职能职责是很重要的。世界经济的发展，社会分工越来越细化，专业化程度越来越高，忙忙碌碌无序工作是难以适应岗位需要的。既然选择了建筑装饰装修这个职业，就要具有爱岗敬业的职业道德，把岗位职责落实在实践中，为建筑装饰行业的健康发展，做出贡献。

这就是笔者的初衷。

不断学习　挑战自我　挖掘潜能

——关于对装饰企业经营管理的一点认识

中国建筑装饰协会理事　江西省美华建筑装饰工程有限责任公司董事长　高级工程师　**汤瑞兴**

建筑装饰企业经营管理是一项系统工程，是企业管理者竭尽全力一生探求其真谛的学科，它需要企业管理者必须具备满腔热情。只有热爱你的事业，才能在市场竞争中，积极克服困难，勇于承担风险，带领企业全体员工向着理想的目标前进。下面我谈谈自己在经营管理中对几个问题的认识，供参考。

一、让顾客感动

诚实守信能够使企业在市场中享有良好声誉，这种声誉的长期结果，便形成了企业的无形资产，即品牌，并拥用一批对你的品牌忠诚的客户。如果企业信用缺失，将导致企业破产。为什么社会崇尚和倡导名牌效应，正是因为消费大众对不诚信企业的抛弃。随着市场竞争的日益激烈，顾客对装饰企业品牌认知度越来越高，一个企业的各种经营活动均在社会的监控之中，稍有不慎，就会遭到竞争对手的排挤。因此，最高管理者应牢固树立诚实守信这个宗旨。

我们应一切为顾客着想，我们的产品及服务不仅应满足顾客明示及隐含的要求，更应研究顾客的偏好，细致、周到地提供最完善的服务，而且这种服务：“不仅仅是使顾客满意，更应使顾客感动”，我觉得这是保持竞争优势的致胜法宝，也是美华追求的最高境界。

二、学习的组织

所谓学习型组织：就是通过不断学习来改造组织本身的组织,从而创造出我们心里面真正渴望的结果。而这个创造可以实现我们的理想，可以实现我们的梦想，这样的组织就叫学习型组织。

下面是西方著名咨询公司所做的一个投资回报率的比较，从中我们看到，培训投资的回报率远远超过其他投资的回报：

固定资产投资回报率 1：1.1

金融资产投资回报率 1：1.5

科技资产投资回报率 1：3.7

企管培训投资回报率 1：10

在这个“惟一不变的就是变化”的年代，每个企业，每一个人都面临着变革与竞争的巨大挑战。如何应对挑战，适应变革，取得竞争优势，实现持续发展，是摆在企业经营者面前的重大课题。我提出要把企业办成一个学习型的组织，狠抓管理培训，把专家请进来讲课，派经营骨干出去学习、考察；注重对关键岗位员工的培训，提升他的素质、技能。公司每个周末安排培训半天，雷打不动，长期坚持。现在，许多员工向我反映，在美华这几年，进步很大，各方面的管理水平得到了提高。而公司虽然付出了培训成本，但由于员工的素质提高了，效率大大增强，公司得到的收益是十分明显的。

管理大师彼得·圣吉说：未来只有那些懂得如何激发组织内各个层次人员的学习热情和学习能力的组织，才能傲视群雄。

市场竞争就是人才的竞争、学习的竞争、培养人的竞争。“多换思想少换人”是企业家的重要用人原则。一个人在公司工作多年，为了培养他，公司投入很多，再者发现他，也要花许多精力、时间，因此，换下他成本很高。一般情况下，换思想的成本会低于换人的成本，所以在换思想能够解决问题的前提下，尽量不换人。无数事实证明：企业惟一持久的优势，是有能力比你的竞争对手学习得更有效率。

三、明确的企业价值战略

企业文化战略，也可称企业价值战略。我认为一个成功的企业必定有自己明确的价值战略，近年来我一直在研究思考美华的文化宣讲纲领，并在全体员工大会及高层会议上，不断宣讲它。企业的文化纲领是未来的理想蓝图，甚至可以说是一种宗教的信仰，建立价值取向一致的美华高层管理团队，是最高领导者的责任。因为这将有利于增强企业的凝聚力和推进工作的执行力度。

成功的企业都有成功的理由，美华的发展也有自己的可取之处。领导者的任务就是将这些模糊的东西清晰化，形成书面的战略，帮助员工制定职业生涯，有一个明确的目标，激发员工的潜能，培养员工的自信心。毛泽东说：“只有步调一致，才能争取更大的胜利。”如果美华缺乏战略，缺乏优秀的、价值取向一致的高层管理团队，美华的经营目标经常处于变化状态，高层没有归属感，员工不知道自己的工作方向，失去了前进的动力时，美华的士气就会开始下降，军心动摇，有能耐的人就会离开公司，这种情况下，美华就危险了，因为他离垮台已经不远了。

四、管理创新中提升企业的核心竞争力

能否培养出自己的核心竞争力，首先要看公司在生产、经营与管理等方面是否有良好的基础。民营装饰企业要把强

化企业管理、转变公司机制放在第一位。民营装饰企业发展到一定的时期，由于创业者的思想认识水平的局限，导致企业的发展进入一个“瓶颈期”。我觉得当务之急，建立完善的现代企业管理机制，是企业进入发展期的标志性工程，是最高管理者无法回避的一道关隘。建立什么样的企业管理机制取决于企业核心机制。在此我无意贬低家族制企业，世界500强中家族制企业不在少数，它有管理成本低、效率高、忠诚度高的特点，即便发生一些贪占行为也是“肉烂在锅里”。但是由于它人才选择范围狭小（在家族内打转），如果关键岗位上，家族中缺乏有识之士，便会导致嫉贤妒能，任人唯亲，使企业管理水平和竞争力下降 。

所以，民营企业如果不具备李嘉诚的和黄、茅理翔的方太等条件(李嘉诚先生的儿子李哲楷和茅理翔先生的儿子茅忠群均为十分能干的经营人才)，就应积极导入现代企业管理机制。健全法人治理结构，建立和实施授权管理体系是发展期企业走向成熟的外在表现。我在2002年初辞去总经理职务，专事董事长之责，正是为管理的创新铺平道路。每年总经理与我签订绩效合约，总经理专事经营，董事长负责企业文化战略的设计。

授权管理不能脱离企业战略，否则就意味着给控制危机安装了加速器。因此创造核心能力并用文化标准进行审计，是授权成功的关键。这一点也是最高管理者需密切关注的。

五、坚持集中才能形成核心能力

近几年来，一些企业由于不断成功，创业者的认知模式钢性化、救世主心态严重，在某一个领域取得的成功往往助长了企业家的膨胀心理，感觉自己无所不能，常常会因同时涉足太多的事业而陷入窘境，如山东的秦池、广东的爱多等。

企业的核心概念发生了混乱，公司寻找所有看到的机会，因此逐渐丧失了自身的特点，受“不能把鸡蛋放在一个篮子里”的误导，结果没有一个较强的、有核心竞争力的产品。这一点我认为万科的王石先生做得很好，他为了集中精力打好房地产这个品牌，毅然把正在盈利的旗下产业万佳百货转售出去，以集中全部资源投入到主业上。

我在美华的经营思路中，始终坚持装饰主业不动摇，正是基于对上述信息的分析、判断。装饰行业在21世纪的中国是一个朝阳产业，发展的空间巨大，但随着入世进程，开放的逐渐扩大，竞争越加激烈，本地的装饰企业在资金、技术实力不如人的情况下，更应集中有限的资源，做精、做专、做出自己的特色。坚持集中才能形成自己的核心能力，才能在装饰市场分得属于自己的一块蛋糕。

关于深圳南利装饰公司发展的几点建议

——新三大注意、八项纪律、一个建议

深圳市南利装饰工程公司 总经理助理 **洪 宇**

随着公司的换址，南利公司可谓旧貌换新颜，工作环境、企业形象已大为改善。与之相适应的，我们南利人也应该继往开来，以全新的面貌，迎接南利新的未来。

南利公司的品牌正如邝锡鸣副总经理所谈，是装饰行业的“麦当劳”。我们已具有了全面发展的良好局面。创业难，守业更难。要明白一个道理，防守最好的策略就是进攻。何谓进攻，就是指南利人要有进取心，要团结一致，为了南利公司美好的未来，不计较个人暂时的得失，具备勇士一样的牺牲精神。请认真品读发表在《中国建筑装饰》2001年第12期和2002年第1期上的关于南利之路的文章。

振作精神，丢掉各种思想包袱，摒弃私人恩怨，改正各种不利于南利公司发展的作风，做到人人为南利公司。并要有我不可负南利公司，南利公司可负我的思想境界。

我不是在鼓励大家做雷锋一样的伟人。公司利益和个人利益之间难免会发生冲突，但从公司的整体发展而言，个人利益又算得了什么呢？

首先有了这样的思想境界，南利人才有可能做到应该提倡的“新三大注意、八项纪律、一个建议”。

●新三大注意

1. 注意思想改造和调整，具备现代人必备的心理素质

思想指挥你的具体行动。要学会调整心态，改造自己的思想。这也确实是现代人必备的心理素质。

有些人也许觉得不被重用，怀才不遇，满腹委屈。这是好事，说明还有上进心，进取心。但要记住古训：是金子总有发光的时候。不要急功近利，反之则会有拔苗助长的后患。真正受损失却是南利公司。

领导和群众的眼睛是雪亮的，是能者就要多劳，多拿一些回报也是应该的。我们不要和起点比我们高的人比，要学会和自己的历史比，你比从前是否有了更多的才干？你比从前是否有了更好的生活？

各司其职、居安思危、团结奋斗才是我们要不断跟进的

工作态度和处事思想。

所谓的改造思想，其实是指每个人都要摆正自己的位置，岗位可以竞争，但要光明正大，能者为师，今天我不如你，我称你老师，跟你学习，明天我就会超过你。有这样的壮志也是好事情，但要审时度势，始终要把南利的利益放在个人利益之上。道理很浅显，却不容易做到。你能做到吗？

2．注意节俭，有环保意识

江由河汇聚而成。如果南利人不养成节俭的工作作风的习惯，不但对南利公司没有好处，对个人也毫无好处。有的人对自己的东西很爱惜，很节俭，对公家的东西就不那么在意了。

节俭是中国人的传统美德。节俭绝非吝啬。南利人要形成人性化的制度，可以作为公司文化的一个层面。

我说的节俭指的是对公司资源和财物的合理使用，这也是一个中国人应用的素质。应该象不能在大街上随地吐痰一样。我们绝不能浪费资源，这也是环保的要求。

见到浪费的行为要提醒。比如电脑暂时不用时，是否关掉显示屏，省一些电费呢？

从我做起至关重要。

3．注意自身形象，南利人的形象是由每个人形象一起树立而来的

公司的办公形象只是公司形象的一个方面，每个员工的形象及其精神面貌更是公司形象的至关重要的一个环节。

我以为，人没有形象就没有精神。我觉得每个人就好象是一棵树，你什么时候会说一棵树很丑，只是说其很奇。那也是一种另类的个性艺术啊。树是立善的，有向上的精神和勇气。人也要学习树，潜在的审美素质的提升，为人处事的善意，干净的头发和衣服、皮鞋，以及良好的自信心，南利人将个个都具备新生代员工的形象。

注意自身形象，实际是在为南利公司做贡献，是给公司老总面子，也是给自己面子。

注意自身形象还包括谈吐、为人处事许多方面，不是几句话就说得清的。还要多学习，学习文学、美学各种领域的知识，才能树立真正的南利人的形象。不要心比天高，戒掉浮躁，要脚踏实地，干大事业需要精心尽力。

除了静态的形象，还有动态的形象，也极为重要。比如，来了客户，我们要有服务于客人的举止。出电梯门时，让客人先行，这是基本礼节，是由心而生的。

关于礼节，我提议公司要有培训计划。比如，客户参观公司时，员工在走道相遇，该怎样和客户打招呼呢？不搭理也不合适，这需要计划和训练。形成南利独特的企业文化，这是大事。

许多看似不相关联的事情，实际上都是相互关联的。加强自身修养，树立自身良好的形象，树立南利公司的光辉形象。

●八大纪律

1．首当其冲的，员工要善待项目经理的一针一线

这也是为了南利公司的形象。要能将心比心，要给项目经理以诚信和信心，在后方支持、关爱他们，让他们有归属感，并能感受到南利公司家庭般的温暖。尽量为项目经理分忧解难。形成南利公司洁净的工作合作气氛。大家都心安理得，这何乐不为啊。

2．南利人要讲团结

我们应该有意见当面讲，形成有利于公司发展的局面。我们走的是同一条发展之路，只有团结一致，才能共生共存。

不团结危害极大，会极大的影响办事效率和办事效果。大家及各个部门之间要精诚合作，为了南利的快速发展而不懈努力。

一个公司不怕人多，怕的是人多心多，要形成团结一心的局面，还是需要大家以南利公司整体利益为上，牺牲小我，成全大我。

3．不要阳奉阴违

领导安排的事情，要坚决执行。不能当面一套，背后一套，不可阳奉阴违。这其实也是搞好团结的重要环节。

只有诚信的人才能做到光明磊落。诚信是利于个人发展的，是成功人士的处事原则。南利人要懂得这个硬道理。

我们不要因为一点小利而失去了无价的诚信。阳奉阴违是不利于个人健康长寿的，你总会有不安的情绪存在，这又何苦来哉呢？

4．不缺席公司组织的各类培训

建议公司有计划的组织各类培训，比如对市场部人员进行室内设计专业素质的培训；对室内设计师进行市场商业意识的培训等等。

出差在外的，可通过网络的形式、传真的形式参加学习。只有这样，才能不断提升自己的业务水平，发掘自身潜在的价值，成为各个专业的行家里手。

要成为专家是要有艰苦的学习过程的，付出艰辛的学习代价的。

5．不浪费公司的业务信息资源，要学会善用和巧用

市场处员工特别要注意这一现象。有的项目经理蹲着茅坑不拉屎，这是不可原谅的作法。一年投十几个标，才拿回几千万工程，这不单是他自己的损失，也是南利公司形象的损失。

南利人要有战无不胜的决心。

合理地、巧妙地使用业务信息资源要学会掌握一个度，这是一种工作能力的直接体现。要做好跟踪人的思想工作，让他感受到有尺度的尊重。南利的品牌也是他最好的后盾。

6．不泄露商业机密，要做好保密工作，出奇制胜

特别是设计部门和预算部门。员工招聘时要严格审核，做到防患于未然。只有如此，才能出奇制胜。

对于泄露商业机密的行为要不留情面。这是关系到南利人的利益的大事。

7．不要养成争名夺利的习气，而要将自己融于集体利益之中

南利公司的每一项业务的成功，都绝非一个人的功劳，用不着去争名夺利。公司领导为了公司的长远持续发展，自然会有安排。安排了就要坚决照办。

做南利人要有长期发展的准备，不能想象一口气吃个胖子。要学会对自己的欲望减肥。每个人的欲望是无限的，但要适合南利整体的利益发展方向。心比天高，南利公司也养不起。

人活一口气，不要只自私的考虑自己的气是否顺，的确要站在公司整体利益的角度去考虑问题。那样，就会心平气和。

没有气，不生气的人是不存在的，有了气，生着气不怕，讲出来，开诚布公，有理走遍天下，无理寸步难行。

8．不要有了一点功劳就骄傲自大，要养成谦虚的品质，要饮水思源

不能干出一点成绩就自以为是。要知道，今天能做好一个项目，不代表你能做好每一个项目。一个人的能力是有限的，一只拳头再厉害，也难敌四只手的力量。

但我们不能缺少气势，正如毛泽东说过的话："在战略上，我们藐视它，在战术上，我们重视它"。

我想，只有我们从骨子里尊重每一个人，我们才能有谦虚的态度和品质。因为任何一个人的存在，只要他存在着，就是有其必然性和存在的道理的。

很多人的机会是公司给的，要饮水思源。人没有傻瓜和笨蛋，每个人都有你想不到的潜质和某方面的天才，关键是他有没有机会。既然公司给了这样的机会，就要好好珍惜。

不要一味去追求成功的捷径，反而要脚踏实地，认清自己该干什么？不该干什么？只有认清形式，才能在南利前进之路上不掉队，不落伍。

其实，我所谓的三大注意、八大纪律都是关于企业文化的具体体现。正如邝锡鸣副总经理的文章所说：丰富、发展企业文化，按先进文化的前进方向深入企业文化的营造，是企业灵魂确定理念的提升的科学态度。健康的企业文化是一种团队文化，既要讲团结协作，又要突出个人的表率与领导作用，参见《中国建筑装饰》2002年第1期。

南利人不能掉队！更不能趴下！

●一个建议

我有一个关乎南利人整体形象的建议，建议南利人形成学习英语的热潮。大家可以参加由公司统一报名的英语补习班，我们公司甚至可以聘请专业教师来公司给我们上课，让我们具有一定的英语口语能力。这不但有利于南利公司，也十分有利个人的全面发展。

浅谈建筑装饰工程的投标报价和文件编制

深圳市文业装饰设计工程有限公司 **方 铭**

2000年全国装饰工程产值已突破5500亿元，年增长率高达25%，远远超过我国GDP8%的增长率，比1999年增加了5个百分点，且随着国内翻新改造项目的增加，中西部改革开放的深入发展，中国加入WTO，未来，建筑装饰行业依然会保持着较高的增长速度。

随着行业的深入发展，装饰工程投标工作作为企业进入市场的一项重要行为，它直接关系着企业的生存与发展，在企业的日常生产经营活动中也越来越重要。如何保证建筑装饰工程的中标率，提高标书编制质量，作为一名预决算编制工作者，从以下几个方面作一些简略地探讨，以此与业内同行交流。

1．根据不同工程的属性，建立投标档案库，及时进行招投标活动的总结、分析工作。装饰工程招投标活动由于受到多种因素的影响，投标结果往往错综复杂，一个项目的实施从前期跟踪，中期投标立项，再到后期投标报价，都会受到来自于建设方、项目本身情况、竞争对手等多方面因素的干扰。如何在众多复杂的关系中，归纳总结，确定正确的投标报价策略，避免投标风险，保证投标的中标率。笔者认为，建立投标档案库，针对每一次投标活动从前期跟踪开始建立一套完整的资料，投标档案库主要包含以下几方面内容：

（1）业主的行业类别；

（2）业主的企业体制；

（3）建设项目资金的来源；

（4）业主对装饰投资的理念；

（5）装饰项目的功能、用途；

（6）投标项目概况；

（7）竞争对手对此标的态度；

（8）竞争对手以往的业绩；

（9）竞争对手习惯性的报价策略等。

通过对投标情况及时的总结，分析出我方在投标过程中的长处及短处，总结出中标与不中标的原因，一方面能吸收竞争对手的长处，另一方面也为投相似标段积累经验。

2．明确装饰主材品牌、规格、档次及价位。装饰工程的主材占工程总造价70%左右，一直以来是影响投标报价最主要的因素，直接影响工程成本的测算。目前装饰市场上，各类装饰主材五花八门，同样一种材料，少则十几种，多则几十种甚至上百种。即使是同一品牌，由于制作工艺及材料质地、规格不同，也造成价格上的较大出入，不同品牌的进口及国产材料价格更是悬殊巨大，如“欧陆”微孔铝板与“乐斯龙”铝板之间价格相差8、9倍，即使是国产品牌“欧陆”与“金霸”，同一厚度之间，也要相差3、4倍。且目前由于设计图纸的不规范，建设方装饰投资概念的模糊性，造成部分施工图纸无法满足投标报价的需要，甚至对投标产生误导性，如设计图纸上标明墙面采用进口米黄色大理石，而市面上进口米黄色大理石有新米黄、金花米黄、西班牙米黄、金丝米黄、黄室米黄、中东米黄、埃及米黄、莎安娜米黄等十几种，普通米黄石也就400～600元/m^2，而高档莎安娜米黄则能达到900～1000元/m^2左右。如果此项目为大堂、共享空间等场所，这种误差往往会对投标报价造成致命的打击。

3．充分领会招标文件。每一项投标工程，在领到招标文件后，都要充分领会招标文件的内容。招标文件大多规定详细的招标范围、工程工期、工程现场施工条件、投标企业的资质要求、工程承包方式、工程质量、投标书的编制要求、工程造价的编制依据、截标时间、评标定标原则、合同框架等方面的内容。通过熟读招标文件，一方面能够了解招标单位的投资规模、工程建筑面积、投标范围、施工工期、付款方式、质量标准、评标方式等工程概况，确定合理的投标策略；另一方面对投标需要的相关资料作好准备，如是否需要投标保函；是否提供公司以往类似工程的业绩及合同复印件；标书的密封样式；标书文本份数；法人授权委托书；项目经理证书；有无规定的投标格式等等内容，确保不因其他因素影响工程投标的成功率。

4．做好工程成本分析。一方面，根据招标文件的具体要求，详细列出图纸工程量范围之外，投标方需要在投标报价中涉及的内容，如：是否由施工单位承担工程设计费；根据场地条件，是否添加现场开办费；是否有二次运输费；对于多工种同时作业工程，是否有施工配合费；高层施工中是否有施工电梯运输，是否要计算楼层超高增加费；存在物业管理部门，是否需要缴纳一定的施工管理费等。另一方面，仔细领会图纸意图，确定工程设计档次，在计算工程量时，列出主要材料清单，对于标明品牌、质地的材料，通过材料总量的需求，直接通过专业市场进行主材询价，确定主要材料成本价；对于未标明品牌、质地的材料，可依据前述，根据相关材料档次的分类，结合工程档次，业主资金投放实力、投资理念，同时要充分了解竞争对手的竞标策略及类似工程的习惯性报法，尽量做到知己知彼，确定自己的投标策略，将投标过程中的成本分析误差降到最小。

5．完善技术标书的编制。现行的技术标书根据招标文件的要求不同，大抵含有投标说明、投标标函、投标企业概况、施工进度计划、施工组织设计、工程的难重点分析、工程质量安全保证措施、各工种工艺规范及要求、有关规章制度及措施等方面的内容。根据不同的招标文件，如何使投标文件更具有针对性，我认为主要从以下几个方面把握：

（1）熟读招标文件，掌握招标文件中对相关内容的具体要求。

（2）充分了解业主现阶段发展状况及企业理念，只有真正的理解业主，投标方才能根据业主的特色，在投标说明、工程的难重点及投标方本身企业形象的阐述方面才更有针对性，更加专业性。

（3）组织合理的项目领导班子。根据项目特点，抽调具有类似施工经验的项目管理人员，在公司领导的统一领导下，组成适时、高效的项目领导班子，完善施工组织设计中人员的配备。

（4）根据工期要求，编制适时、紧凑的进度计划安排。充分了解项目施工过程的技术特色，根据各分部分项工程量的大小，编制合理、紧凑的施工进度计划，对有特别要求，施工难度较大项目，编制施工网络进度计划，保证材料的及时到位，保证前后工序的一致性，交接工序的紧密性。

（5）针对工程现状，深入剖析施工过程中可能出现的难重点问题。项目施工的难重点主要从施工进度安排、材料采购安排、有无交叉作业情况、是否具备施工条件、设计图纸是否到位、建设资金是否到位等方面考虑，针对目前存在或既将发生的问题，提出相应的解决办法，取得与业主的沟通。

现实中的投标报价是一个错综复杂的过程，它不仅受到来自于技术本身因素的影响，还受到各类不可预见因素的影响。作为一名投标工作者，只有不断提高编制技巧，多方分析，不断积累投标经验，才能增加投标活动的成功率，保证投标中标率。

靠诚信开拓市场讲质量谋求发展

——记武汉凌宏建筑装饰工程有限公司发展之路

中国建筑装饰协会信息部“优秀装饰企业运作”专题组

随着我国建筑装饰行业蓬勃发展之势，在荆楚大地迅速崛起一批有实力的建筑装饰企业，其中，中国建筑装饰协会会员单位、武汉凌宏建筑装饰工程有限公司，就是这一行列中的一员。

武汉凌宏建筑装饰工程有限公司创建于1996年，在董事长兼总经理阳德广的带领下，从湖北汉川里潭铝合金门窗厂逐渐发展起来，当年就被湖北省建设厅批准为二级资质建筑装饰工程施工企业，现持有建设部颁发的建筑装饰二级设计与施工资质（含幕墙）。在武汉市建委、湖北省建设厅组织的年检中，年年顺利通过，现已成为湖北省建筑装饰行业的骨干企业。2002年4月8日，作为湖北省的重点建筑装饰企业参加了中国建筑装饰协会在武汉召开的“全国建筑装饰企业应对WTO战略研讨会”，提交的论文“建筑装饰企业的核心竞争力与WTO”载入会议专题中——2002年第5期《中国建筑装饰》。

1985年湖北建筑装饰市场刚兴起时，号称“建筑装饰之乡”的湖北汉川一批员工，在阳德广的组织下，来到武汉三镇兴业，他们凭借为人忠厚诚实的品德和良好的装饰装修技术，先后设计、施工完成了重庆泰兴科技大厦、四川省都江堰市财政局大楼、武汉沌口银城大厦、武汉市金苑大厦、武昌安华大酒店、武汉发展大厦、武汉华电大厦、武汉市环亚大厦、武汉市中原大酒店、孝感市南巡大酒店、湖南株洲电视塔、胜利油田电视塔、青岛市工商银行四方支行，以及武汉华宫大厦等300余项室内外装饰工程和幕墙工程。

武汉凌宏装饰公司多次受到业主的赞誉，特别是1996年武汉市幕墙工程大检查时，一百多项幕墙工程只有三个被评为优良工程，由阳德广亲自主管施工制作安装的环亚大厦幕墙工程为其中之一；又如安华大酒店湖北省公安厅安华大厦幕墙工程，2001年6月被武汉建筑装饰协会评为“武汉地区2000年度优秀建筑装饰工程三等奖”。胜利油田电视塔建筑装饰工程，2000年10月被胜利石油管理局评为“优良工程”，企业为“优质高效安全施工单位”。

武汉凌宏装饰公司成立七年，在艰苦创业中，注重抓管理，抓人才培养，抓质量信誉，公司由小到大，由弱到强，工程从武汉辐射到湖南、江西、河南、山东、四川省等地。公司注册资本1000万元，拥有各种专用设备400余台，厂房面积达7000m^2，现有职工700人，具有各类专业职称人员102人。

董事长兼总经理阳德广热心行业协会工作，积极参与行业协会的活动，现为湖北省建筑装饰协会理事、武汉建筑装饰协会常务理事。2001年12月被武汉市工商行政管理局评为2001年度“重合同守信用企业”。2001年6月被武汉建筑装饰协会授予“武汉地区2000年度优秀建筑装饰企业”称号。良好的市场评价，为企业树立了良好形象，打下坚实的社会基础。

武汉凌宏装饰公司通过多年的运作，现已形成自己具有个性的企业文化：

企业理念：创造卓越品质，装饰现代生活。

企业宗旨：创造卓越，装点江山。

企业精神：立壮志，创新路，齐努力，创伟绩。

经营方针：重义守信，保质创优，开拓市场，竭诚服务。

质量方针：视质量为生命，视业主为上帝；视信誉为根本，视服务为宗旨。

武汉凌宏建筑装饰工程有限公司面对WTO新的历史机遇和挑战，正与时俱进，以“一流的技术，一流的质量，一流的管理，一流的服务”奉献社会。

我们衷心祝愿阳德广心想事成！

优势：源于自身　显于实力

——记武汉澳华装饰设计工程有限公司

中国建筑装饰协会信息部“优秀装饰企业”专题组

一、澳华被增补为中国建筑装饰协会理事

新近落成的武汉体育中心，外形独特，既有宏大的气势，又独具匠心，内部装饰现代感强，体现出一种简快的运动节奏，与整个体育中心的功能相互映衬。武汉三阳路湖锦酒楼金碧辉煌，大堂气派非凡，充分体现出湖锦酒楼的档次和品味，既提升了酒楼的形象，也使来宾脸上贴金不少。以上两处，都是武汉人耳熟能详的地方，咋看两者没什么联系，而在武汉装饰业

中，行家都知道其中有一个共同点：两者的内装设计工程都是由武汉澳华装饰设计工程有限公司承担的。

武汉澳华装饰设计工程有限公司是武汉博深装饰冷气工程有限公司与澳大利亚昆士兰州岑氏建筑机构有限公司 1998 年合资成立的。二级装饰施工、乙级装饰设计企业。正是这家成立不过五年的企业，在不长的发展时间里，凭借自身企业优势和设计能力，已经发展成为能与深圳、北京众多大型装饰公司比拼实力的武汉装饰业龙头企业。既做公装，也做家装，且两者做得都不错，2001 年产值各达到 3000 多万元。

凡是到过武汉澳华的人，都可看到其墙上琳琅满目的大小奖牌，其中既有设计大奖，也有诸如工程质量、服务质量等各类奖项，武汉装饰企业能获得的奖项，在这面墙上都可能找到。

尤其让澳华人骄傲的是一块"中国建筑装饰协会理事单位"的牌匾，这项国内装饰企业都梦想拥有的荣誉，在澳华看来，获得的却是那么"容易"：2002 年 4 月 10 日，中国建筑装饰协会马挺贵会长到澳华视察指导工作，考察后马会长欣然题词："澳华装饰，精益求精"，以表达对武汉澳华各方面优秀表现的赞赏。还没等澳华人从这一喜悦中平静下来，一行赴京汇报工作的同事，却"意外"的从马会长手中接过了这块"中国建筑装饰协会理事单位"的牌匾，在 2002 年 7 月 16 日中国建筑装饰协会五届二次常务理事会上，武汉澳华装饰设计工程有限公司被增补为理事单位。用马挺贵会长的话说："这种荣誉是许多装饰企业送礼请客我都不给的，这次破例颁给澳华，确实是它太出色了"。

二、澳华装饰公司出色的原因

的确，澳华是出色的，而这种优秀是来自于企业自身的实力和长期良好的运作。作为一家武汉的本地企业，澳华却有着许多大型沿海企业都不具备的优势，就是对国外行业信息的掌握。武汉澳华从成立伊始，就走跨国联合的路子，与澳大利亚著名的昆士兰州建筑联合会主席、昆士兰州岑氏建筑装饰机构主席沃特（Walter H. Sommer）先生合资经营，他在澳大利亚享有很高的声望，曾主持设计了多项澳大利亚标志性建筑，并参与了 2000 年悉尼奥运会主会场游泳馆的工程设计。该机构对国际装饰流行元素掌握和运用的成功经验，为澳华提供了大量学习提高的机会。

联合经营一开始，武汉澳华就定期运派公司员工赴澳学习参观，既学习国外优秀的设计方案和前卫的设计理念，也学习国外企业成功的管理经验，同时澳华还邀请澳洲的优秀设计师来，到公司实地指导设计工作，身为澳华公司董事长的沃特先生更是先后多次亲自来汉指导，使得整个澳华与澳大利亚总是处于同步的位置。能够出国的虽说总是那么一部分较为顶尖的员工，澳华却没有忘记，只有公司整体素质的提升才是公司能力的全面提升，因此澳华充分发挥员工自身能动性，凡是出国学习过的员工在回国后都将被任命为辅导员，将自己在国外学习的心得传授给其他员工。同时，澳华也不断的派员工到全国各地考察学习，知己知彼后再学以致用。公司还自建能容纳一百多人的小教室，每周定期开展内部培训。正是澳华这一整套"国外、国内、自身"的三位一体的学习机制，为澳华的员工提供了一个良好的发展再提高的环境，员工在不断的学习中完善，提高自身水平，而公司的整体实力则因为"水涨船高"也不断的提高。在短短的五年内，澳华从 20 多人的小规模发展到了如今拥有 1500m^2 字间、100 多名管理人员、60 名设计师、50 多支项目施工团队、三大连锁经营机构的品牌装饰企业。

不断的对外学习，使武汉澳华拥有一套完善的管理机制和过人的设计能力。基于国外成功的管理模式，澳华在管理中突出以人为本和注重沟通。澳华将员工视为企业的根本，只有员工进步了，企业才能进步。这也正是澳华立体学习缺席的基本思想。在澳华，没有完全意义上处于"塔尖"的员工，任何员工都有平等的发展空间，正是这种良好的工作氛围，使得整个企业空前的团结，拥有强大的凝聚力，体现在：

如一位从澳大利亚学习归来的管理人员，在总结学习心得后，对公司原有的监理制度作了大胆的改革，使原本较空泛的监理制度具有实际指导意义，将原本不易掌控的工程监理制度作为详细的量化，使得公司工程施工有了更好的监督准则。

又如公司高层通过对澳洲成功装饰企业的考察发现国外的装饰企业越来越注重对整体环境空间的掌握，在反复研究后，武汉澳华在公司设立了自己的环境空间设计研究中心，并下设三个专业组，紧紧围绕国际装饰设计行业新形式、新动向、新技术，从事信息搜索、理念研究、技术革新、实验推广等工作。每个员工都充分发挥自身能力，从而使企业更加完善。

三、澳华装饰公司的丰收

澳华公司历年来均受到政府主管部门和行业协会的表彰，如 2000 年 5 月被湖北省建筑装饰协会评为"1999 年度湖北省建筑装修装修业 50 强企业"。2001 年 3 月当选为武汉建筑装饰协会家庭装饰委员会副会长单位。2001 年 5 月被武汉市工商局评为"2000 年度重合同守信用企业"。2002 年 6 月被武汉市物价局评为"2000—2001 年度价格（收费）信得过单位。"

2002 年是澳华公司丰收的时节，1 月，澳华公司参加了"后湖生态花园杯"武汉首届室内装饰设计比赛，面对众多来自北京、深圳知名装饰公司的设计方案，澳华一举包揽了特等奖、金奖、银奖。4 月举行的武汉地区首届室内装饰设计大奖赛获二等奖、三等奖和优秀作品奖。9 月荣获中国建筑装饰协会"全国居室装饰实例大赛"佳作奖。

作为武汉建筑装饰协会的常务理事，应中国建筑装饰协会之邀，参加了4月8日在武汉举行的“全国建筑装饰企业应对 WTO 战略研讨会”，并在大会作了题为“中外合资企业在就对 WTO 中的作用”的发言。作为中国建筑装饰协会理事，参加了9月10日在武汉召开的“民营装饰企业建立现代企业制度座谈会”。

在装饰设计和实例作品大赛中，澳华强大的设计能力让众多竞争对手胆寒。不少装饰工程竞标时，有的对手一打听到竞标者中有澳华，就干脆退出竞标，这种让人“望而生畏”的设计实力，成为澳华引以为傲的资本。炼就这种实力的，除了其设计师自身都是正规科班出身外，成功的向外学习也是一个重要因素。

与中国的房地产业一样，中国的建筑装饰行业也多以国外欧美的流行装饰为学习的范本。因此，在国际处于领先地位的澳大利亚设计风格为澳华的设计师们提供了与国际时尚设计风格和先进设计理念的“亲密接触”。在澳华，设计师除了能亲自赴澳学习外，还能与澳洲赴汉的设计师面对面交流，而互联网的通联，更为设计师提供随时随地的必要信息。在澳华的许多成功设计中，都体现出了“学习”的成功。

2001 年澳华在武汉体育中心投标成功，设计方案均与澳洲公司反复论证，共同确定，部分设计还参考了澳洲公司设计的澳大利亚奥林匹克体育中心的成功案例，同时请澳洲公司提供国际前沿的发展趋势，结合中国特有的建筑风格，最终的设计方案以浓郁的现代色彩体现出国际水准，充分反映出澳华设计师受训境外的超前理念。

在湖锦酒楼的设计中，澳华设计师采用古典与现代结合的设计风格，率先采用当时国际流行的聚晶玻璃取得了良好的装饰效果。在武汉地区两次设计大赛中，澳华设计师将先进设计思想和对空间平面的感觉、材料工艺的把握发挥得淋漓尽致，在实践中表现出鲜明的现代感。正是这种与澳洲的国外设计思想的不断互动，澳华的设计师在设计理念、新材料、新工艺的运用等方面均有了质的突破。通过与国际前沿的先进专业知识和经验的接触，澳华的设计水平始终能处于国内同行的前列。

有了良好的内部管理和优异的设计能力这两块坚实的基石，澳华在武汉装饰市场的竞争中屡创佳绩。仅2002年8月，武汉澳华就一举承接了包括南湖中央花园、泌园春、城开波光园、佳海名苑在内的武汉数家精品楼盘的十余套样板房的装修工程。如果算上澳华以往装修的数百样板房，“样板房专业户”的称号，澳华是当之无愧的。在武汉房地产界的良好声望成为澳华站稳本地市场的又一法宝。而对客户而言，澳华完善的质量保证和服务体系是他们所欢迎的。

四、澳华装饰公司运作理念

廖林，武汉澳华装饰设计工程有限公司中方董事长，曾留日7年，他认为，澳华公司大专以上学历达80%以上，比一般民企水平要高，其基础是企业文化。澳华公司的理念是：用公装凝聚高层次的设计师，用家装业务的持续性保持市场的稳定性，将公装的严谨性延伸到家装中。他主张不要盲目做大，关键是做品牌。总体发展思路是：尽管可能我不在，但“澳华”品牌还在。

澳华独创“三四五”同心结服务工程。

“三透明”服务：材料品质透明化，绝无伪劣假冒商品；材料品牌透明化，选材用材品牌一致；材料价格透明化，远离价格陷阱。

“四免费”服务：免费咨询、免费量房、免费设计、免费报价。

“五个百分之百”信誉承诺，即百分之百设计师来自专业院校，提供专业设计；百分之百使用优质品牌材料，选材用材品牌一致；百分之百工程不转包；百分之百工人持证上岗；百分之百工程质量达到行业验收标准。同时澳华公司实行工程两年保修、五年防水、终身维护，并为客户提供工程质量保险。好的设计加上贴心的服务，这正是澳华成功的秘诀之一。

五、实干和善良的力量

武汉澳华不好张扬，不喜喧哗，因而澳华略显沉默，但好酒不怕巷子深，作为武汉本地企业，澳华更熟悉武汉人的生活居住习惯。对于日趋讲求生活质量的武汉市民来说，熟悉，可能是自己最好的选择。

凡是到过武汉澳华的人，一进大门首先看到的是一位善良的**澳大利亚老人——沃特**先生——武汉澳华装饰设计工程有限公司外方董事长，眼光中流露出睿智。能与善良的人长期合作得很好的人，想必也是善良的，企业也是善良的。真诚服务——澳华经营永恒的主题。

·民营企业·

会议综述

民营装饰企业建立现代企业制度

《中国建筑装饰》编辑部观察员

大连市　黑龙江省　重庆市
座谈会纪实

为了进一步贯彻和落实江总书记“七一”重要讲话，学习和实践“三个代表”重要思想，中国建筑装饰协会认为，行业协会要“二次创业”并提高“双向服务”的层次，当前应先行解决涉及我国建筑装饰行业25万家企业、850万从业者、2001年产值6600亿元的发展方向和战略问题，以发展建筑装饰行业的先进生产力。

为此，2001年7月，中国建筑装饰协会在全国开展了“建筑装饰行业国有企业改制”课题的调研，9月20日～21日，在南京市召开了“国有建筑装饰企业改制座谈会”。调研表明：建筑装饰属于一般竞争性、国有资本可以全部退出的行业。建筑装饰行业国有企业在数量上和质量上均呈比较劣势。改制后的国有企业已成为建筑装饰行业最有活力的一支重要力量，重新成为建筑装饰行业先进生产力的重要组成部分。

通过调研我们发现，国有建筑装饰企业仅占全国建筑装饰企业总数的1%。也就是说，我国建筑装饰行业经过改革开放20多年的快速发展，现已成为以民营企业为主体的行业。那么，民营装饰企业如何建立现代企业制度，就成为摆在我们面前具有全行业发展方向性的大事。

国企改制建立现代企业制度的目标是：政企分开，产权清晰，责权明确，管理科学。民企呢？除了第一句不存在，其他三句都存在。

2002年7月，中国建筑装饰协会决定在全国开展“民营装饰企业建立现代企业制度”课题的调研，课题组组长为常务副会长兼秘书长徐朋，副组长为信息部主任兼会刊《中国建筑装饰》主编黄白。

8月2日、8月14日和8月16日，课题组在大连、黑龙江、重庆建设行政主管部门的大力支持和当地建筑装饰协会的积极配合下，分别召开了三次座谈会。前两个主要是一级装饰施工/甲级装饰设计企业；后一个主要是家装企业。一方面听取业内意见；另一方面彼此交流；同时调整了课题具体的调研方向；为年底“全国民营装饰企业建立现代企业制度交流会议”打下基础。徐朋、黄白均出席了上述座谈会。协会综合部主任王毅强参加了重庆的座谈会。

三次座谈会一次比一次深入和翔实，课题组听取了大量的真知灼见，认识逐渐深化，深感业内有一大批人士起点高，思维能力强，理念更新快，已有了一些关乎企业发展战略的思考，有了不少的创新能力，特别是家装企业，普遍学历较高，学室内设计或美术专业的人士较多，新鲜的东西较多，企业经营特色比较明显，运作项目的能力有了较大的提高。

现将这三次座谈会的发言要点纪实如下，供业内同仁参考，以利此课题的深入，从而推动我国建筑装饰行业生产力的发展。

大连市座谈会

时间：2002年8月2日

地点：大连华美装修设计工程有限公司

主持：中国建筑装饰协会理事、大连市建筑装饰协会秘书长杨昭富

出席：6家民营装饰企业，11人。

行业简况：大连市现有建委审批有资质的装饰企业300多家，其中一级装饰施工企业5家，占辽宁省的1/3，均为民营企业，2001年全市装饰工程总产值50多亿元，其中公装30亿元，家装20亿元，其行业发达程度和对外影响，辽宁的大连已成为广东的深圳。

姚礼贵（大连通信装修工程有限公司总经理，一级装饰施工企业，2家股份制企业）：民营装饰企业建立现代企业制度，关键是做大做强。

金丽华（女，大连建筑设计装饰工程有限公司董事长兼总经理，一级装饰施工/甲级装饰设计企业，原国有独资改全部民营）：企业建立现代企业制度，是根据市场需求而定。装饰企业在市场上运作很苦，国企改制很苦，因此建立现代企业制度也很难。

张津墚（大连阳光灿烂建筑·室内设计工程有限公司总经理兼设计总监，室内设计专业毕业，主为家装，现有40多位设计师）：大连家装公司老板均由设计师演变而来，95%的家装市场被游击队占领。设计人员人均年跳槽2～3次，动荡过大。人均月收入1.5～1.8万元。不做广告无市场份额，做广告不一定有市场份额，有市场不一定有利润。关键是稳定人才，特别是“金牌”设计师。

赵文广（大连红太装饰工程公司总经理，一级装饰施工企业）：未曾体验过国企。最重要的是思维方式的转变。一是要正确对待挂靠，包括调整经营策略、手段、方式、方法；二是靠品牌，发展个性——专业化比较优势。

高明秋（大连乾豪建筑装饰工程有限公司总经理，二级装饰施工/乙级装饰设计企业）：企业现还没有明显的核心竞争力和特色，主要靠信誉。民企发展方向不明确是主要问题。

周文麟（大连宏光好运来集团、盛大建筑装饰工程有限总公司董事长兼总经理，一级装饰施工/甲级装饰设计企业，市人大代表，中国建筑装饰协会常务理事，集团下属8家企业都是民营，2001年产值5.1亿元，税1400万元，其中盛大装饰和宏大装饰产值3亿元）：诚信于天下，财运滚滚来；提升核心竞争力，突出品牌；高度责任心，奉献精神。

会后，徐朋常务副会长兼秘书长到大连市建筑装饰协会看望了协会领导和全体20位工作人员。经杨昭富秘书长推荐相继会见了部分优秀装饰企业家及其典型装饰工程：大连嘉丽住宅产业配套有限公司董事长罗森麟的U·House装配式一次性装修，大连通信装修工程公司总经理姚礼贵的邮政大楼，大连宏光好运来集团、盛大建筑装饰工程有限总公司董事长兼总经理周文麟的市委办公楼、市人大办公楼、火车站候车大厅，大连建筑设计装饰工程有限公司董事长兼总经理金丽华、深圳南利装饰工程公司副总经理方荣植、大连红太装饰工程公司总经理赵文广合作的大连金石国际会议中心。

黑龙江省座谈会

时间：2002年7月14日

地点：黑龙江锦秀建筑装饰工程有限公司

主持：中国建筑装饰协会理事、黑龙江省建设厅建筑管理处副处长、省建筑装饰协会秘书长吴景阳，中国建筑装饰协会常务理事、黑龙江省建筑装饰协会常务副会长兼副秘书长赵兴斌

出席：16家民营装饰企业，20人。

行业简况：哈尔滨有培养室内设计大专的院校12所，年毕业学生约600人，十分抢手。在市场上比较有名的设计师有近百人。全省有资质的装饰企业300多家，多集中在哈尔滨市，其中一级装饰施工企业12家，居全国第13位（原为第19位），行业发展为全国中上水平。从业者水平高，不互相贬损。企业已走出去，在北京、上海等地承建装饰工程。

王永枫（黑龙江锦秀建筑装饰工程有限公司总经理、黑龙江省建筑装饰协会副会长，二级装饰施工企业）：诚信、优质装饰工程是民营装饰企业发展的动力。

郭俊臣（黑龙江省土木建筑学会副秘书长，原全国第一家被批准的一级装饰施工企业——哈尔滨华艺装饰工程公司总经理）：民营装饰企业多为有限责任公司，形式一为国有企业改制而来；二为合伙人；三为个人全资加若干虚拟董事；四是委托、挂靠、个体。现在很多业主已不计较是否为国企，竞争环境有了很大的改善，对民企发展有利。民企是产权清晰、自主经营、自我发展、机制灵活。需要解决的问题：一是普遍偏小，核心竞争力不强；二是缺乏高素质的人才，高层次的人力资源严重不足，特别是管理层，人员流动性大；二是家族式企业，家长式管理，困扰企业发展；三是设计人才缺乏，特别是顶级人才；四是科技含量不高，抵御风险能力弱；六是外部环境市场不规范、多头管理。对策：一是培养人才；二是建立良性的分配机制，走马灯式的换人不利企业发展；三是企业之间的联合。

孟宪君（哈尔滨君艺建筑装饰有限公司董事长兼总经理，一级装饰施工企业）：民营装饰企业坐着高档车、住着高档房、吃着高档饭，其实苦不堪言。民企最大的优势是年轻、负担少、决策一个人说了算数。但是经受波折的能力差。民企的核心竞争力是诚信、质量、人才、管理。

程义强（哈尔滨恒誉装饰工程有限公司总经理，二级装饰施工企业）：装饰行业尚于初始发展阶段，比机械等行业相差很远。设计人员养不住的原因是工作不饱和。联盟不起来的原因取决于企业一把手的素质。今后行业的领导不是政府而是行业协会。

丁家祥（黑龙江省喜盈门建筑装饰工程有限公司总工程师，一级装饰施工企业）：民企建立现代企业的优势是：管理、人才、诚信、优质服务、规范化管理。

孙　林（黑龙江国光建筑装饰工程有限公司经营副总经理，一级装饰施工/甲级装饰设计企业，中国建筑装饰协会常务理事单位）：关键是保持企业核心经营层的稳定，其次是人才、诚信、建立行规。

冯雪冬（哈尔滨麻雀装饰工程有限公司总经理，中国建筑装饰协会理事，国标《住宅装饰装修工程施工规范》编制组成员，家装企业）：企业核心竞争力来自技术创新，这是企业的积累，团队的财富，能使二流的人才发挥一流人才的作用。应把目标放在基础理论和技术创新的研究中。家装几乎是个纯市场经济的行业，主要靠信誉和技术支持。

仲继珍（黑龙江乔信建筑装饰工程有限公司副总经理，二级装饰施工企业）：挣扎过来的企业家生存越来越困难，应给他们宽松的环境和可持续发展的营养。靠政策和行业引导。

程滨立（哈尔滨世纪千华建筑装饰工程有限公司工程部经理，一级装饰施工企业）：民企无上级主管，只有靠行业协会。

赵兴武（黑龙江省建筑装饰协会副秘书长）：民企要发展，就要如同印刷行业一样细分市场——专门的装订、照像制版，象医院一样细分为专科。

武　杰（双鸭山市黑鸭子装饰有限责任公司副总经理，一级装饰施工企业）：多头管理不但严重制约行业建立现代企业制度，而且危及企业生存，必须尽早解决。

朱方群（哈尔滨市亚泰装饰工程有限公司总经理，一级装饰施工企业，硕士）：今天是黑龙江省建筑装饰行业的节日。建立现代企业制度，首先要明白办企业的目的就是赚钱，有三个指标：一是足够的净利润；二是良好的收益率；三是足够的回款。现在企业是外有压力，内有阻力。面对外界的压力，我们是通过定性定量的制度化管理实现“一个中心两个基本点”：以经济效益为中心，质量和回款为基本点；对待企业的阻力，我们的办法是：复杂的事情简单化，简单的事情重复化，重复的事情习惯化。北京来哈尔滨的一家装饰企业专做医院的手术室，一年做1个多亿。因此要专业化经营。

曹宝兰（黑龙江长城装饰工程有限公司总经理，一级装饰施工企业）：民企最大的优势就是说话算数。行业协会在行业中也应有说话算数的地方。

龚　璞（大庆市华隆建筑装饰公司总经理，一级装饰施工企业，黑龙江省建筑装饰协会副会长、大庆市建筑装饰协会秘书长）：现代企业制度，应以制度建设为本。

尚大伟（黑龙江新巨丰装饰工程有限公司董事长，二级装饰施工企业）：协会应协调行业关系，组织企业联合。这是建立现代企业制度必备的外部条件。

韩秀荣（女，黑龙江龙港装修有限责任公司总经理，二级装饰施工企业，原国企改制全部民营）：人员老化是民企的弊病。企业有“三难”：揽活难，做活难，要钱更难，只有行业协会能调解装饰市场环境。希望协会能专门研究装饰企业的团结、联合问题。

赵月书（女，黑龙江高维企业集团副总裁）：建立现代企业制度内部靠“五个稳定”：经营核心层、人才、管理机制、质量保证、政府政策。外部行业协会是我们民企依靠的对象，当前主要需解决职称评定、人员培训、设计取费、投标协调、拖欠工程款。

会后，徐朋常务副会长兼秘书长在黑龙江省建筑装饰协会秘书长吴景阳、常务副会长兼副秘书长赵兴斌、副秘书长赵兴武的推荐下，考察了哈尔滨君艺建筑装饰有限公司（董事长兼总经理孟宪君）、哈尔滨市亚泰集团（总裁边书平硕士）所属森鹰窗业股份有限公司（总经理吴江全博士）、哈尔滨市亚泰装饰工程有限公司（总经理朱方群硕士）、哈尔滨麻雀装饰工程有限公司（董事长冯雪冬、总经理赵晓鸣）、黑龙江圣龙建筑装饰工程有限公司（总经理李国醌）。

哈尔滨亚泰集团，是由哈尔滨工业大学的三位硕士研究生下海共同出资组建的股份制大型民营装饰企业，主业有两大块：一是装饰工程（包括空调），二是森鹰窗业，2001 年总产值为 1.2 亿元，今年还会增加。前不久，集团决策，为加强比较优势，毅然退出房地产和道桥行业，专心致志提升主业核心竞争力。

1998 年成立的森鹰窗业，引进了世界最先进的德国高档纯木窗、铝包木生产线和技术，特色产品是异型窗，生产车间 2 万 m^2，产品在上海、大连等地供不应求。经营层有博士 2 位、硕士 8 人，产品定位是窗户中的奔驰，由于国产不配套且质量不过关，故坚决不实行国产化。产品制造已通过 ISO9002 认证。

森鹰，英译 Say Yes（都说好）。企业的文化理念有特色。企业目标：设计、制造世界一流的纯木窗产品，创中国一流名牌。企业宗旨：奉献社会，创造人生。企业精神：为森鹰付出今天，为自己储蓄明天。企业作风：迅速反应，马上行动。服务宗旨：客户是我们的衣食父母，服务永不停步；增加客户满意是每一个森鹰人的职责。

森鹰企业的制度化建设有独到之处：车间走道两边悬挂着以员工名字命名并配有员工照片的小发明，墙上的专栏均为“罚款专栏”，每一项违规都有相应的罚款，专栏上书：时间正在为你填写富有转折的生命履历表，如果你没有早间观念，日子便会平静的逝去，且是一去不复返。车间内的墙柱上贴有警句，如看不出问题，就是最大的问题。宠辱不惊，得意不忘形，失意不失态。什么叫不简单，把简单的事情天天做好就是不简单。什么叫不容易，大家公认的非常容易的事情非常认真的做好它就是不容易。

重庆市座谈会

时间：2002 年 8 月 16 日
地点：重庆海逸酒店
主持：重庆市建筑装饰协会秘书长李学荣
　　　常务副秘书长肖能定
出席：9 家家装企业，16 人。

行业简况：2001 年重庆市家装工程量约 40 亿元，正规企业只占家装市场 8%。正规企业负责人大部分是大学室内设计或美术专业毕业，其中不乏硕士研究生。参加此次座谈会的 9 家家装公司负责人均为大学室内设计或相关专业毕业，其中有 4 位硕士研究生，平均年龄 30 岁左右。学历高，年轻化，思想活跃，有深度，有报负，有眼光。重庆现有一万平方米的家装装饰材料市场 7 个，消费者的购物习惯仍是向往市中心的渝中区。全市原只有一级装饰施工企业 1 家，近年来发展神速，现有 13 家，居全国第 12 位，行业发展居全国中上水平。

宋春昊（重庆港庆建筑装饰有限公司·港庆家饰总设计师，工程管理硕士，一级装饰施工/甲级装饰设计企业）：家装企业也存在着产权清晰问题，个人与企业的钱分不开。设计师频繁流动，人财物，责权利均不到位，家装公司多为 50 人以下的企业，一人几岗，专业化不突出，很难形成现代企业制度。

邓宗继（重庆源福米兰装饰有限公司总经理，大学美术专业，重庆大学硕士研究生）：建立现代企业制度的条件：一是家装企业投资少，注册资本少，经营者靠预付款，市场准入门槛低，导致风险低责任低；二是现代企业制度理念未能注入本业，学科结构缺陷，技术断层（民间匠人），装饰是一个很精细的行业，因此要引进制造业——装配化施工；三是无产业政策和严格的技术标准规范；四是仍在传统行业，应借助服装等成熟行业，实现产业化和个性化。本公司现实行“先装修后付款”，旨在与游击队有较大的区别。

袁　强（重庆银月装饰设计工程有限公司总经理）：建立现代企业制度最难是在服务，是哪个层次的服务，贴身、细致入微，是上帝还是下帝。其次是人力资源和通过联合做大做强做精。家装公司是中小企业，其困难：一是资金；二是小而全；三是抗风险能力低；四是多为专业人员出身，不懂经营。对策：整合资源，联合做大。

孔　翔（重庆大鸟装饰设计工程有限公司总经理，美院油画专业）：因行业发展过快，家装市场呈亚铃状，两头大中间小，低端市场是游击队，靠价格主导作用；高端市场人才储备严重不足。制约因素：一是从业者流动过大，素质令人担忧，学专业懂管理的复合型人才太少；二是企业规模均小，由专业到经营靠后天补；三是装饰工程管理链条过长；四是生产方式是否足够的先进，包括生产模式、流程；五是不良竞争对中小企业压力甚大，应有一个良好的行业秩序。由此，短时间很难有成效。对策：建立良好行业秩序，加强从业人员自律。

韩　波（重庆环艺装饰工程有限公司总经理，美术专业）、**韩　亮**（环艺装饰公司首席设计师）：关键是如何提高企业核心竞争力。问题是需要做大，还是为做大而做大。企业核心竞争力，包括企业文化、价值观念、形象，要由经验管理向科学管理再向文化管理迈进，实实在在地提高企业的服务水平和创新能力。

周迓新（重庆中室华西装饰有限公司总经理，经济学毕业，原做房地产）：重要的是投资者和从业者对家装成本收益的预期和点的价值的认识。完善六大链条：营销——设计——材料供应/物流平台——施工——监理——售后服务。最困难的是人。

张　奕（女，重庆真信装饰装修有限公司总经理，美院毕业）：建立现代企业制度很难，因企而宜，因人而宜，重要的是加强装饰工程产品研发的能力。以人为本，企业更应注重人性化管理，包括工作环境和气氛。

王　方（女，重庆丽飞装饰设计工程有限公司总经理，本科学教育，研究生学企业管理）：家装要求团队协作精神很高，企业特色要适应市场需求，提高学习能力。

廖凌沄（重庆恒伟·新视点装饰工程有限公司总经理）：关键是人才，要抓上游人才——营销策划、设计施工；下游人才——工人，行业没注意培养。现在是权利分不清，重要人才串位、重叠，企业发展扭曲变形，从而形成家装行业的特殊性。

宋春昊：不一定一定要做大，应做强做精，否则是三流水平干二流活拿一流报酬。制度化，一是行政的，二是经营的。要利用市场的力量使三合一（设计、施工、监理）的企业进一步细分市场。

会后，中国建筑装饰协会常务副会长兼秘书长徐朋在重庆市建筑装饰协会常务副秘书长肖能定的推荐下考察了重庆建筑装饰行业，察看了部分优秀装饰企业：

位于市中心7万 m^2 的德意装饰市场，1300m^2 既是展示又是办公场地的重庆名望家居设计工程公司（总经理张驰）给人印象颇深，徐朋特地看望了北京业之峰、北京阔达装饰公司的写字间。同时察看了距离德意装饰市场附近、由北京万家灯火输出经营理念并投资5万 m^2 正在招商的重庆家佳玺装饰市场。

徐朋与2001年底自发组建的重庆五星家居企业联盟——神女、银月、金玉庭、真信、恒伟·新视点——进行了座谈，交流了上海、北京、深圳家装行业和协会的作法。

徐朋走访了重庆港庆建筑装饰有限公司，与该公司总经理、中国建筑装饰协会理事丁域庆、总经理助理兼办公室主任庄唯文、港庆家饰总设计师宋春昊进行了关于“走出去”与否——企业发展战略选择的座谈。目前我国有三家建筑设计院国有独资的一级装饰施工、甲级装饰设计企业：中国建筑设计院的北京筑邦、中建东北设计院的澳连、重庆建筑设计院的港庆。目前同时都面临改制但市场化程度最高的是港庆装饰公司，港庆人对此充满信心。

重庆宏图装饰工程有限公司近两年装饰施工面积达 20万 m^2，为提升专业化发展比较优势，砍掉了原有酒店等其他多元化经营项目，专心致志做装修。徐朋对此十分满意，8月17日正好是宏图装饰公司成立10周年，应公司董事长兼总经理、中国建筑装饰协会理事张天宏之邀，徐朋题词道：“风雨历程，春秋十载；与时俱进，再展宏图。”

重庆皇城装饰工程公司是一家民营企业，30多岁的董事长王金山思维能力颇强，向徐朋赠送了他本人99级重庆工商管理学院MBA 7万字的硕士论文“装饰市场分析者战略的建立及实施”，王金山现正上“工程管理硕士”，论文的题目是“投资装饰行业以外产业的理论与实践”，徐朋并对皇城公司设计施工总承包2001年6月竣工，距离重庆200km武隆县境内海拔2000m、1.4万 m^2、1500万元就地取材的神女山酒店装饰工程表示出浓厚的兴趣，同时进行了企业专业化发展的座谈，大家认为：何谓“舍得”——不舍就不得。

中国建筑装饰协会综合部主任王毅强、信息部主任兼会刊《中国建筑装饰》主编黄白陪同考察。

几个理论与实践问题

▲民营企业发展进入“黄金时期”

民营企业研究中心主任张维炯教授称，中国民营企业发展正进入一个非常好的“黄金时期”。他的理由有三：其一，国家允许民营企业介入的行业越来越多，政府也有许多优惠政策鼓励民营企业发展；其二，中国加入世贸组织后，国际市场大门打开，而国有企业尚处调整阶段，民营企业的发展由此机会越来越多，空间越来越大；其三，西部大开发孕育了巨大市场，为民营企业的发展提供了很好的舞台和广阔的天地，尤其沿海一些民企已经具备西进弄潮的条件。

▲要立于不败之地，民营企业须四轮驱动同步发展

在加入WTO后，当前民营企业要想发展得好，在激烈的竞争中立于不败之地，必须做好四大战略性的准备：一是体制战略。民营企业要按照现代企业制度的要求进行改造。二是产业战略。为实现可持续性发展，民营企业要建立适应市场需求的、能动性的产业结构和灵敏的产业运作机制。再次，民营企业不要铺设漫长战线，一定要合理地组织好产业结构和产品结构，不头脑发热地盲目扩张。三是经营战略。民营企业要具备有竞争力的经营特色和随机应变的经营方式。经营特色就是优势和竞争力，它包含了很多技巧。就产品特色而言，可以概括为：人无我有，人有我优，人优我廉，人廉我好，人好我转。四是人才战略。对民营企业家来说，人力资本比财力资本更重要，用好人才比引进人才更重要，物质激励比精神激励更重要。民营企业的董事长一定要注重发挥总经理的作用，作为私营企业经营者，既要双眼向外求贤若渴，也要两眼向内，使手下员工人尽其才。只有自己的人才用好了，外面的凤凰自然会来，构筑一个善于用人的良好环境，造就一个好的人才机制，比喊一百个动听的口号来

得更重要。

▲"十六大"将在确立民营企业经济法律地位有新阐述

据2002年第8期《中国建筑金属结构》报道，中共中央党校经济学部王天义教授指出，"十六大"将在经济和政治方面进行理论创新，其中将确立民营经济的地位，而政治理论的创新与强化主要表现在提升"三个代表"思想。经济理论方面，他认为，"以公有制为主体，多种所有制经济共同发展"的所有制结构将会有新的阐述，包括强化国有资产应在流动中实现保值和增值的观点。加入WTO之后，民营经济应与国有经济享有同等的法律保护，民营企业家和民营企业员工的利益应受法律和制度的保护。他透露，"十六大"和2003年的人大会议将对此做出新的阐述。今后将对民营经济给予高度的重视：首先，在市场准入上一视同仁，取消对民间资本的各项限制；其次，对民营经济发展给予更多的政策支持；再者，对民营企业家的贡献以及社会、政治地位更加重视，"十六大"代表构成上将对民营企业家着重考虑，民营企业家的入党问题也会在党章体现。

武汉市　郑州市　福州市
座谈会纪实

中国建筑装饰协会"民营装饰企业建立现代企业制度"课题组，在8月对大连、黑龙江、重庆三省市进行了调研的基础上，进行了小结，充实了课题组成员，确定了调研提纲，9月10日向会员企业和省、直辖市、自治区建筑装饰协会发送了调研表，得到了业内的积极支持。

9月10日和9月12日，课题组副组长黄白（中国建筑装饰协会信息部主任兼会刊《中国建筑装饰》主编）、成员田万良（中国建筑装饰协会信息咨询委员会秘书长）分别在武汉和福州召开座谈会，9月10日，课题组成员张振路（住宅装饰装修委员会）在郑州召开座谈会，同时并走访了部分典型企业。

现将此过程纪实如下，供同业同仁参考。

武汉市

时间：2002年9月10日

地点：武汉建筑装饰协会

主持：武汉建筑装饰协会秘书长郭伟

特点：均为中型企业。2001年武汉家装市场年工作量约为70亿元，正规企业只占3%。湖北省建筑装饰协会副秘书长何木松、解放军建筑装饰协会秘书长沙启云、武汉建筑装饰协会办公室主任李玲、家装委员会秘书长邓葭芬等业界领导出席。

出席：6家民营装饰企业，14人。

廖　林（武汉澳华装饰设计工程有限公司中方董事长，曾留日7年，公司两大股东股份制，中国建筑装饰协会理事单位，二级装饰施工、乙级装饰设计企业，既做公装也做家装。2002年4月10日中国建筑装饰协会会长马挺贵考察该企业，为其题词："澳华家装，精益求精。"）：本业私有化程度高，原因在于市场准入门槛很低，不需要多少资金，特别适合家族企业。本公司1998年中澳合资，现有员工50多人，大专以上学历达80%以上，比一般民企水平要高，基础是企业文化。我公司理念是用公装凝聚高层次的设计师，用家装业务的持续性保持市场的稳定性，将公装的严谨性延伸到家装中，设计师除外出当老板的几乎没有人走。我主张不要盲目做大，关键是做品牌。总体发展思路是：尽管可能我不在，但"澳华"品牌还在。我们花了很大的力气建立了较严谨的制度和办法。生产对象决定企业制度。

魏偲燕（女，副总经理）：我公司为非家族式的企业。制度建设是——企业制度加企业文化。企业应靠制度和文化运作。目前家装有一种不好的现象，市场炒作大于品牌运作。

钱俊雄（武汉嘉禾装饰工程有限公司总经理，二级装饰施工、乙级装饰设计企业，以家装为主）：原为1996年成立的建材家装市场，1999年注册1000万元成立本企业，4个自然人的股份制，产权清晰，本人占20%。运作理念是把家装做成产品。建立制度的目的，一是形成企业文化，二是增强企业核心竞争力。"嘉禾装饰模式"是整合分散资源，工程专业公司化。家族制，作业层允许，管理层最好不要。从业者流动性以15%/年为宜。

陈志钊（武汉豪强装饰工程有限公司董事长，二级装饰施工、乙级装饰设计企业，专做公装，家族企业，太太为公司设计主管。2002年4月10日中国建筑装饰协会会长马挺贵考察该企业，为其题词："以诚立本，以质取信。"）：1995年成立，一直没有总经理和副总经理，下面设部门经理，现管理层有50多人。公司内部亲情比制度色彩重。我们的制度很简单也很有效，经济的问题就用经济的方法解决，利润的30%员工分享；员工手册与员工合同一齐做；财务制度清晰而严格；但没有懂人力资源管理的人才。本公司人员流动5%/年。

彭栋英（女，湖北当代装饰工程有限公司办公室主任，二级装饰施工、乙级装饰设计企业，以公装为主，家族企业，各部门的最高领导人均家族成员。）：1996年厦门腾达装饰公司堂兄弟到武汉，2000年两人分为当代和科艺两家公司。我公司管理和特点是：人性化管理，人情味浓，工作效率高。

吕　攀（武汉科艺建筑装饰工程有限公司设计部主任，二级装饰施工、乙级装饰设计企业）、**杨　韵**（女，总经理助理）：关键是要引入现代企业管理制度。

曹　昺（武汉东湖设计装饰工程有限公司副总经理，二级装饰施工、乙级装饰设计企业，非家族式私企，3个自然人股份制，主做公装）、**王小平**（设计部主任）：我公司1995年成立。建立现代企业制度关键是看产权，有三种形式：国有控股、家族式、民营股份制。我公司管理非常简单、清晰，主用经济的办法。关键是人才培养和管理，如设计人员，一般而言，大专毕业后5年没法用。

何木松（湖北省建筑装饰协会副秘书长）：我省15家一级装饰施工企业和3家一级幕墙施工企业，国有的只各占一家（武汉建工、武汉凌云），二级以下均为民营企业，民企中大部分为家族的。装饰企业建立现代企业制度的外部条件是：良性竞争。湖北省装饰企业各有特点，可以是家族式的，但不可是家长式管理。

沙启云（中国建筑装饰协会常务理事，中国人民解放军建筑装饰协会秘书长）：参加此次座谈会的企业都很有特色，中型企业，既有公装也有家装，既有民营股份制也有私营家族制。作为我国建筑装饰行业主体的民营装饰企业代表了今后行业先进生产力的发展方向。此课题还需要深入研究下去。

郭　伟（武汉建筑装饰协会秘书长）：我代表武汉、湖北、解放军三家装饰协会向与会的企业表示感谢。通过此课题，我们发现，民营企业在装饰行业中的地位和作用越来越高了。以往说国企是本业的主力军，现在可以说民企已占本业主导地位，这样更有利于行业发展。民营股份制还是家族制究竟哪个更好？我认为，只要有利于企业生产力、行业可持续发展，就都好，发展是硬道理，我们不应该限定某种模式。

座谈会后，课题组在当地装饰协会的安排下，相继走访了四位企业家：武汉东湖设计装饰工程有限公司总经理李重、武汉豪强装饰工程有限公司董事长陈志钊、武汉嘉禾装饰工程有限公司总经理钱俊雄、武汉澳华装饰设计工程有限公司董事长廖林。

郑州市

时间：2002 年 9 月 10 日

地点：郑州市兴亚国际俱乐部酒店

主持：中国建筑装饰协会副秘书长房箴

出席：12 家民营装饰企业，25 人。

张继珠（郑州泰运装饰工程有限公司总经理，一级装饰施工、乙级装饰设计企业，股份制）：公司从 1997 年从公装转到家装，1999 年市场很难做，2000 年有所好转，2001 年后，北京、上海的家装企业进来后，给我们带来了一些好的经验。大规模的生产不可能出精品，精品公司不可能太大，现在是各种经营模式（制度）并存的时代，但经营规模小了不行，每年死一大批。这些外来企业搞免费设计，对我们的影响很大。现在我们在广告方面的投入比较少，作用也没有以前效果好了。设计的流失很严重，行业自杀性经营问题是目前最大的问题，希望中国建筑装饰协会提倡设计收费，在设计师资格认证问题上，要淡化职称，逐步走注册设计师的道路。

建设部出台的 110 号令，家装保修两年不切实际。

刘亚峰（河南省科瑞装饰工程设计有限公司总经理，二级装饰施工、乙级装饰设计企业）：装饰公司和房产公司的合作模式是失败的。装饰公司相对于房地产开发商而言，是一个弱势群体，没有人会保护我们的利益。目前我们进入小区，小区的物业对我们索要高达 5%的“回扣”，大大增加了企业的负担。装饰公司在市场上运作很艰苦，要建立完善的现在企业制度有一定的困难。现在的设计师好多都是造型大师，绘图高手，真正意义上的设计师很少，希望加强这方面的培训。

田培武（焦作高平光仕德铝业安装公司总经理，二级装饰施工、乙级装饰设计企业）：上面的政策在执行过程中得不到落实，在下边建立现代企业制度很难落实。外部环境不好。

胡志光（云南省大理志光装饰有限公司总经理，二级装饰施工、乙级装饰设计企业）：多头管理，政出多门，企业苦不堪言。

杨　蕊（河南蓝色装饰工程有限公司总经理，二级装饰施工、乙级装饰设计企业）：我们这些装饰公司不是不想交税，而是业主不想交，我们也没有办法，但我们一般是在合同上注明的，要是坚持开发票我们就得不到活。我们也想建立现代企业制度，可每年死一大批，我们自己也不知明年会怎样。做家装难，要钱也难。主要是外部条件不行。企业要建立现代企业制度要有一个好的外部环境。

雷茂萱（周口豫深装饰工程有限公司董事长，一级装饰施工、甲级装饰设计企业，有限责任公司）：装饰企业要上档次，上水平，增强核心竞争力。

福州市

时间：2002 年 9 月 12 日

地点：福州市建筑装饰协会

主持：福建省建筑装饰协会常务副会长张福如

特点：闽南金三角民营经济十分发达，泉州就象广东的深圳。主为家族企业。有意思的是会标打的是“福建省民营装饰企业建立现代企业管理制度座谈会”。福建省建筑装饰协会秘书长赖桂华、办公室主任翁凤英、《福建建筑装饰》责任编辑蔡理怀、福州市建筑装饰协会秘书长叶斌等业界领导出席。

出席：7 家民营装饰企业，3 家一级、4 家二级，13 人。

张福如（中国建筑装饰协会常务理事、福建省建筑装饰协会常务副会长）：我省近年来装饰企业国有的不批，民营的占主导。全省 24 家一级装饰施工企业，现只有 2 家国企（省五建、厦门辉煌），二级及其以下的均为民企，且多为家族企业。行业协会将有一个大发展，据 9 月 7 日《福建日报》报道：政府的权力下放了，社会中介组织就突出了，福建省政府 8 月下旬召开了专题会议，要求政府部门与行业协会限期脱钩，把行业协会办成行业内企业自愿参加、以服务为根本宗旨、具有代表性、民间性的行业自律组织。同时，有关部门着手制订《福建省行业协会管理工作条例》，年内将出台。省建设厅领导已同意，我会明年恢复一级行业协会。

叶　斌（中国建筑装饰协会理事、福州市建筑装饰协会秘书长、福州国广一叶建筑装饰工程有限公司董事长，二级装饰施工、乙级装饰设计企业）：民企最大的特点是私有制，私有制的特点是股份制，产权比较清晰，带来了决策有效率，责任感强，老板以身作则，成本核算精细。缺陷是家长式管理。民企要注意积累现代企业制度的建设，要在三个方面提升：技术创新、服务创新，管理创新。最大的问题：人才。

潘雨铮（中国建筑装饰协会理事，福州经济技术开发区时代装修有限公司董事长兼总经理，二级装饰施工、乙级装饰设计企业，太太主管财务）：原为1988年成立的国企，2000年全部改制为民企，2001年挂牌，注册1100万元。3个自然人股东。家族式初期时很好，但到了一定规模就有利益冲突。

赵希平（福建天华建筑装饰工程有限公司副总经理，中国建筑装饰协会理事单位，一级装饰施工、甲级装饰设计企业，家族式）：我们公司非常注意培养人才，对装饰工程质量要求十分严格，靠制度运作，公司高级管理人员均很稳定。

胡文同（福建嘉华装饰工程有限公司行政事务部经理，原在中建五局工作，河南人，中国建筑装饰协会理事单位，一级装饰施工、甲级装饰设计企业，二大股东股份制）：民企比国企具有突出的优势。就产权清晰一条，国企就比不了。

施明晓（泉州嘉禾装饰工程有限公司董事长兼总经理，原为医生，家族式，二级装饰施工、乙级装饰设计企业）：1994年成立，先做装修，后发展了涂料生产和贸易两大专业方向，建立现代企业制度，要靠质量和服务建立的品牌，管理网络化。

江建钦（泉州豪太装饰工程有限公司董事长兼总经理，一级装饰施工、乙级装饰设计企业）：私营企业主为老板制，此制度在企业管理方面的好处是：对内行政管理高效率，对外营销降低成本，最大可能地规避风险。现代企业制度是个方向，肯定要建立比较现代、比较科学的管理制度，但何时建立、怎样建立，视各企业自身情况而定。

赵若兴（福州市兴雅达装饰装修有限公司董事长，一级装饰施工、乙级装饰设计企业，太太主管财务）：兴雅达——兴旺、典雅、共发达之意。1993年成立。企业投资的路线是：装修——酒楼——教育（全额投资福州最有名的民办学校——格光中学，任副董事长）。建立现代企业制度的外部环境很重要，现在是企业不正规拿工程；企业没人管，非常希望行业协会管；有问题没地方投诉。建立行业信用评价的关键指标：一是产值，二是税单；三是质量。行业协会最应建立的部门是投诉、质检、培训。

座谈会后，课题组在当地装饰协会的安排下，相继走访了三位企业家：福建天华建筑装饰工程有限公司副总经理王业、福州市兴雅达装饰装修有限公司董事长赵若兴、福州经济技术开发区时代装修有限公司董事长兼总经理潘雨铮。

业内倾向性认识

1. 均为3个自然人的股份制公司。民企均很少聘请职业经理。

2. 家族式初期时很好，但到了一定规模就有利益冲突。可以是家族式的，但不可是家长式管理。肯定要建立比较现代、比较科学的管理制度，但何时建立、怎样建立，视各企业自身情况而定。

3. 建立现代企业制度是企业对市场的需求，无论什么产权制度的企业。

4. 企业要有一定的发展规模，定量条件是：二级或中型以上企业，特别是二级向升一级过渡；由生存型向发展型过渡；产值至少达到2000万元以上，特别是一二亿元；至少要达到四级管理：总经理——工程部——项目经理——员工班组。

5. 企业建立现代企业制度要与政府及行业协会改善外部环境协调一致，同步发展。

6. 让家族企业改为股份制是不现实的。

7. 中小企业，特别是家装企业，当前适合家族企业。

8. 民营企业无上级主管，最希望行业管，有强烈的归属感。行业协会最应建立的部门是投诉、质检、培训。建立行业信用评价的关键指标：一是产值，二是税单；三是质量。

9. 民企已占本业主导地位更有利于行业发展。民营装饰企业代表了今后行业先进生产力的发展方向。

10. 发展是硬道理，只要有利于促进民营装饰企业生产力、装饰行业的可持续发展，我们都将给予鼓励，而不应该限定某种模式。

今后工作

在2002年9月16日中国建筑装饰协会秘书处部门负责人碰头会上，黄白向会长马挺贵、常务副会长兼秘书长徐朋、副秘书长张京跃、房箴，汇报了武汉、福州座谈会的情况，并根据一个半月来相继对大连、哈尔滨、重庆、武汉、福州、郑州六地调研中的问题，提出了调整本课题调研方向的建议。9月19日、23日，经课题组研究认为，当前要着重进行“提升企业核心竞争力”的调研，同时决定，“装饰企业提升核心竞争力理论与实践研讨会”准备于今年11月下旬举行。

2002年8月20日，建设部副部长郑一军在“推广鲁布革工程管理经验15周年交流会暨国际工程项目管理研讨会”上的讲话中，指出当前应重点做好的六项工作，其中有两项与我们有关，一是“要按照中央确定的以国有经济为主体、多种经济成份共同发展的方针，加强对民营建筑企业发展经验的研究，总结其在经营机制、管理制度、科技创新等方面的经验，促进民营建筑企业快速、健康发展。”二是“大力培育和发展行业协会，继续把行业管理和协调的一些具体工作交给行业协会承担，发挥行业协会的作用。”

中国建筑装饰协会2002年7月组建了“民营装饰企业建立现代企业制度”课题组，研究民营装饰企业的发展经验，符合建设部的当前重点工作安排的精神。建设部领导的指示，为课题组进一步的研究工作指明了方向。

我们要积极贯彻落实建设部的这两项重点工作安排。为本业主体的民营装饰企业的需求就是全行业的需求。最大可能地满足并增加与装饰企业的亲和力和凝聚力，是我们行业协会的本份。借此研究民营装饰企业在经营机制、管理制度、科技创新等方面的经验，促进民营装饰企业快速、健康发展。

民营企业长不大的八个原因

时代集团公司副总裁　王小兰

中国民营企业发生、发展20年了，20年间经历了弱小、挫折和各种非议，逐步从社会不理解到认可，发展到“有益补充”，现在成为中国经济的主力之一。这一总的趋势，是不可改变的，是被社会认同的。在这种大趋势下，有人提出“民营企业为什么不长久，为什么长不大？”的问题，值得我们探讨。

寿命长的企业永远是少数，无论从中国还是世界范围来看，每年倒闭的企业少则20%以上，多则近50%。如果倒闭的企业中有50%是新成立的企业，那么企业的平均寿命也就是5～10年之间，寿命10年以上的企业不会超过10%。

当然有很多环境和人为因素造成企业寿命不长，特别是一些发展到一定规模的较大企业寿命不长。其中的原因，我初步总结了一下，至少有八大方面。

急于求大。很多人急于把企业做大，大企业情结过重，他们大量投入宣传扩大企业知名度，靠大投入打入市场，相信魔法般的飞跃，用大大高于收益的资金去争取“标王”或用大量赊销产品，换取市场份额，投入产出失当，造成巨大入不敷出，使企业很快陷入倒闭的境地。这类的短命企业已经不少见了。

多元化投入。有些企业取得了一定的成就，就感觉到干什么都能成功，干什么都赚钱，盲目地进入许多不相干的领域，有限的精力和资源迅速分散，使自己陷入了困难的境地，一旦感到捉襟见肘时，经营链条已经断裂，人力物力的匮乏引来灭顶之灾。

当然也有理论的误区。认为多元化能规避风险，东方不亮西方亮，这个行业不好另一个行业能好，其实并非如此，多行业多风险，在力量不足时哪方出了问题都会救火不及。

多元化必然导致企业主业不突出，形象不清楚。只有握紧拳头集中优势兵力才能制胜，发达国家的大企业几乎都是专业化突出的公司，并且都在发展到一定程度才扩大到其他产业，这些产业常常还是相关产业，而我们很多企业一个行业还没做到脚跟站稳转而就又干一行。民营企业短暂的发展历史说明，一个产业成功之后又干其他产业同样成功的例子并不多，倒是不少有一定规模的企业在取得一定成功，转入多元化后纷纷带来亏损造成失败，其实多元化的失败也是急于求成，欲速则不达的后果。

盲目投入。有一些企业有了一定资金和较强的融资能力后什么都想投入，执着的理念就是钱要生钱。这个理念是对的，但钱如何生钱，研究得却不深入，听别人说投入什么赚钱、别人干什么赚钱自己就盲目跟入，并不考虑是否有合适的人才，企业的能力，常常是具有理想化的浪漫式的决策，甚至几天之内就能决定几亿的投入。他们不是钱来得太容易，就是拿着钱不当钱，沾染上计划经济时花大价钱买教训又不承担责任的官僚习气。这种浪漫色彩的决策过程，充分暴露了企业家缺乏理性的素质，这是企业失败的重要原因。

追风习气。形象上追风，产业发展上也追风。一段时间内中关村企业似乎不搞网络就要垮台，就要落伍，到处鼓吹“网络就是经济，经济就是网络”的说法。这种指导思想使许多企业陷入烧钱的疯狂中，其结果不到两年大部分企业已经关门完事，如果说新创业的企业没有经验追风尚可，但对于一些有很大影响的企业来讲就难免显得不成熟了。

管理混乱。这是很多企业倒闭的主要原因之一。有些企业尽管发展到一定规模，内部仍然是痞子作风，内部不团结，内哄此起彼伏，违法乱纪，一批蛀虫蚕食了企业，这类关门企业太多了。

个人局限。有些民营企业从无到有白手起家，到一定程度却失败了，是体制问题还是管理者自身品格问题？有的甚至发展到相当规模还是失败了，原因又在哪里？这种事例很多，不是个别现象。这种失败究其根本，是管理者自身的失败，所谓成也萧何，败也萧何，自己把企业干起来了，自己又把企业干垮了，能干起来说明你有能力，干垮了说明你有一定的局限性，有不足之处，这事怨不得别人。现在的局面经常是眼睁睁地看着一些好的企业被领导者个人品格中的缺陷所葬送。

一刀切。这也是短命的原因之一。很多企业人云亦云，喜欢看别人干什么自己也干什么，有人说不玩金融就不是现代企业家！于是很多人就都想当现代企业家，其实金融家是比实业家更少的群体，不可能是大多数人玩金融，也不可能大多数人能玩好，因此蜂拥而至玩资本运营，玩倒了一大批人，不是由此发达而是被此套住，中国股市有限的壳资源又套住一批新型民营企业。这就是盲目追风的恶劣后果。

干企业首先是要研究自身的特点，弄清自己适合干什么，弄清自己是什么样的人，要自知、自胜，把握自己的方向，不要对别人的赚钱本事眼红，否则你就会陷入怪圈。

只懂策划不懂战略，只想轰轰烈烈不想扎扎实实，也是一些企业失败的原因。策划比战略来得快，特别是头脑灵活的管理者，他们长于策划，有时来得快但去得快，策划一个市场占有方案，轰轰烈烈，但可能转瞬即逝，风光一时后又一败涂地。战略却是一个长期东西，是要艰苦而扎实推进的东西，耐不住寂寞，吃不得苦头是不会成功的，但是只有正确的战略才是成功的保证，错误的战略也一样导致失败。

民营企业从诞生到现在历史不长，应该说很多企业发展很快，也有了一定的规模，不少在本行业具有相当影响，但是一定要用微软作为参照物来进行比较，这是不客观的。对于企业的大小问题，我们的领导、舆论界及企业家自己都应该有个平常心。

制度创新是家族企业变迁的方向

中共湖北省委党校 **陶良虎 马跃珍**

家族制这种企业制度安排，在市场经济发展初期的特定条件下，可以充分调动和发挥企业全体员工的主动性、积极性和创造性。但是，随着市场经济的深化、市场环境的某些根本性变化（如买方市场的出现）以及家族制企业规模的扩大，这种企业制度的局限性逐渐显现，已制约了家族企业的快速发展。当前，家族企业难以实现持续发展，固然有技术创新不够和管理创新不够的原因，但更多的是制度创新不够。从制度层面分析，是因为其企业制度没有适时从家族制向股份制变化，没有顺应企业发展的要求。因此，制度创新已成为家族企业变迁的方向。

然而，家族企业的制度创新由于其结构的复杂性，在走向社会化的过程中显得很艰难，面临不少障碍性因素。

企业的成熟程度。变革家族化管理，是一个复杂的综合性问题。一是受规模限制。由于家族企业一般规模比较小，家族式管理还是其有效的形式；二是内部管理问题。伴随着企业的扩张，信息不对称开始产生，伴随着企业团队中忠诚程度的递减，欺骗容易产生，再依靠简单的管理形式已经不适应大中型企业，更不用说跨国集团公司；三是企业主整体素质不高。家族企业不乏有一批高素质的企业家，但从总体上看，业主的素质还不高。正是这样，不少家族企业主或安于现状，原地踏步，或独断专行，盲目发展，使得他们在管理模式上很难突破家族经营。

传统文化障碍。中国的文化是以儒家文化为主导的，所谓“修身、齐家、治国平天下”。国是由家累积而成的。由于血缘关系，家庭事业的兴旺是家庭为单位的社会长期追求的目标。这意味着，个人除了服从家庭的权威和责任义务之外，不再或很少服从外来人员的权威，尤其是商业利益的权威。其结果是超越家庭之外的商业组织难以生存，信任度随着家族关系的亲疏远近而逐次递减，社会成员间的关系比较陌生和淡漠，社会中介组织很不发达。在这种文化背景下，家族成员倾向于把企业看作是自己的财产，不愿把企业的产权拱手让给别人。这一传统的文化背景给家族企业的制度创新带来障碍。

企业家市场滞后。企业家市场滞后阻碍着家族企业的制度创新。我国目前的企业家市场混乱而且不成熟，企业选择对象少，选择余地也不大，谈不上通过竞争获得代理人。如果代理市场建立，使其每个阶段的行为信息公开化，代理人的任何行为对于自己在未来市场中的求职行为都会产生影响，代理人对企业的管理效率与业绩直接关系到未来在代理人市场中求职的可能性和薪金的高低。只有这样，代理人在市场机制的制约下，从保护自身人力资本角度自我约束自身的行为，这种硬约束比任何外在的约束更为有效。而在目前情况下，由于我国缺乏有序竞争的企业家市场，这便为代理人规避风险提供了生存环境，从而不利于家族企业向现代化企业制度的转变。

新制度经济学在研究制度创新时认为，一项新制度只有在创新的预期净收益大于预期的成本时，才会被作出。从以上分析不难看出，家族企业难以持续发展的深层原因是其制度缺陷，即原有的家族企业制度不能适应生产力发展的要求。从这个意义上讲，制度创新是家族企业变迁的方向，也是家族企业持续发展的关键。当前，家族企业的制度创新面临不少的障碍，如何突破这些障碍，建立现代企业制度，是值得认真思考和研究的问题。就当前家族企业的现状来看，其着力点在于：

必须由单一家族产权结构向多元化、流动化产权结构转换。制度经济学认为，最有效、最关键的激励方式是产权，产权的多元化和流动化可构成互相监督又相互支持的风险共担的多元投资主体，有利于企业的迅速壮大和扩张。产权实现多元化，要求家族企业主能够站得高看得远，让管理骨干和技术骨干分享利润，吸纳他们的股份，甚至送给他们一部分股份，使企业由家族投资企业变成绝对控股企业，经过进一步的运作，甚至变成相对控股企业。这既有利于从根本上规范法人治理结构，又可以产生长久的凝聚力。在这个过程中，虽然原始出资人的股权比例会下降，但由于凝聚力的加强、效率的提高，物质资本剩余索取的绝对量会迅速增大。同时，产权流动促使企业活动由生产经营向资本经营升华，这是经济全球化和知识化条件下做大企业的重要途径。

构建合理的法人治理制度以实行科学管理。法人治理制度建设应特别注重权力制衡，必须明确股东大会、董事会、监事会和高级管理层各自的职权。只有在所有权和经营权分离的产权结构下，所有者可以集中精力考虑和处理战略性问题，同时也可以按照企业发展要求从更大范围内选择最有经验的专业经理人员，从而降低企业重大决策失误的概率。家族制对人力资源的负面作用最主要表现在对最高经理人员的排他性上，因此，从长远上看，建立正常的权力转移和传递机制，实现从家族企业制度向法治企业制度的创新，是关系到规模较大的家族企业能否成长为现代企业的关键。

建立与产权制度和治理制度相适应的规章制度体系。企业需要有一个明确的发展方向，需要在整个世界经济一体化的大趋势和国家宏观经济政策走向的基础上考虑这个问题，只满足于一时一地的利益是远远不够的，不可否认，在家族企业的创业时期，由于其一定的优势，得到了较快的发展。但是，随着市场经济体制的逐步完善，市场竞争会越来越激烈，低利润时代已经来临。要使家族企业再上一个新的台阶，必须重视企业发展战略的研究并真正加强内部管理。因为，伴随家族企业规模的扩张，创业初期行之有效的基于信任和感情的家长规律模式必然绩效递减，人盯人的“人治”管理在企业规模迅速扩大面前显得无能为力，这时就必须转向依靠严格的规章制度来约束和规范全体员工的行为。从这个角度上来看，家族企业制度创新也是十分迫切的。

营造有利于企业制度在员工心目中生根的文化氛围。企业文化和企业制度在实现企业总目标中是相辅相成、缺一不可的，只不过企业文化是无形的，企业制度是有形的。前者旨在将每个员工的思想和个人发展目标有机地与企业总目标结合起来，后者则是通过有形文字来约束和引导员工的行为与企业总目标变成一致。家族制企业文化深远，尽管处在变动之中，但其深层的核心结构仍具有顽强的生命力。一是家族企业从家庭成员共有的血缘关系、共有的经历、身份及共同的语言中汲取到特别的力量。二是与西方的个人主义相比较，传统中国有很强的群体意识，中国人心目中的个人是为家庭、为他人而献身。基于这种精神，当家族企业决策和遇到困难时，为了整个家族的利益，甚至可以牺牲自我。三是家庭对企业负责的态度、长期的投资、快速的行动和对企业的爱，这是许多一般企业费尽心机的企业文化建设也难以达到的。因此，家族企业要加强企业文化建设，在员工头脑里灌输符合自身行业、企业特点的经营价值观念，使其成为全体员工的共同行为准则。

（原载 2002 年 5 月 14 日《光明日报》）

从信任看我国民营家族装饰企业发展的优劣及战略选择

中国建筑装饰协会信息部主任兼《中国建筑装饰》主编　黄　白

一、从信任看我国民营家族装饰企业的发展

——中国民营家族装饰企业能用 40 年和两代人的努力建立现代企业制度吗?

■问题的提出

1995 年 12 月 8 日，建设部根据党的十四届三中全会提出的国有企业应建立现代企业制度的要求，公布了《建筑业企业建立现代企业制度试点指导意见》（建法[199512]721 号），1996 年 6 月 1 日～3 日，中国建筑装饰协会会同建设部体改法规司、建筑业司在北京召开了“建筑装饰行业推行现代企业制度工作学习研讨会”。来自全国 20 个省市区的 134 家装饰企业的 155 位代表出席。此会拉开了我国建筑装饰行业建立现代企业制度的序幕。

2002 年 8 月，中国建筑装饰协会决定进行“民营装饰企业建立现代企业制度——加强企业核心竞争力”课题的调研，这是五年来（1996～2002 年）我国建筑装饰行业建立现代企业制度努力的继续。

我亦参与了此课题（执笔），自感责任重大，日常兴趣和关注点也就移向该调研，并看了一些经典书籍和文章。

8 月 2 日～9 月 14 日，课题组在当地建筑装饰协会的安排下，相继到了大连、哈尔滨、重庆、武汉、福州、郑州六市召开了专题座谈会，并走访问了一些典型企业。据了解，辽宁、黑龙江、重庆、湖北、福建、河南六省市，89 家一级装饰施工企业除 5 家为国有且正在改制外，其他均为民营；二级及其以下均为民营，且大部分为家族企业。

以上说明这样一个事实：装饰企业中，绝大部分为民营；民营装饰企业中，大部分为家族。

我们将从国家劳动和社会保障部的预测和调研报告推论出上述的初步结论是有道理的。待本课题进行完全国的统计调研后，将给予进一步的证实。

值得说明的是，国外没有“民营”之说，而用私营企业、家庭企业和家族企业的概念。信任与家族装饰企业之间是什么关系，可作为我们认识我国家族装饰企业的重要依据。

我国提出的“建立现代企业制度”的目标是：政企分开，产权清晰，责权明确，管理科学。原本是 20 世纪 90 年代初国家针对国有企业改革制定的，核心是改制。

那么民营企业建立现代企业制度的目标是不是：产权清晰，责权明确，管理科学？核心是什么？

信任与民营家族装饰企业的关系，引起了我的兴趣。我们可以沿着这样的思路进行分析和论证：从华人企业的一般规律看家族企业的特征——从华人文化中的信任看家族企业的特点——从现代企业制度是看家族企业的利弊得失——同时对中外家族企业制度进行初步的比较研究。

■民营装饰企业为装饰行业主体的宏观就业证明

据国家劳动和社会保障部发表在 2002 年 9 月 10 日、9 月 16 日《光明日报》上的统计报告：2001 年全国劳动者就业 7.3 亿人，其中城镇 2.4 亿人，农村 4.9 亿人。“九五”期间全国共有 4020 万人就业，年均 800 万人。1998 年以来，我国有 1680 万人实现再就业。第三产业成为就业的主渠道，1995～2000 年，第三产业净增 3500 万人，占全部新增就业人员的 87%。国企从 7500 万人降到 5000 万人，减少 2200 万人。全国私营个体就业人员从 1996 年的 7400 万人增加到 2001 年的 1.2 亿人，五年共增加 4300 万人，约占城镇人口的 3/4。实现再就业的国企下岗职工中有 68%从事私营个体经济。

2002 年 9 月 12 日，中共中央、国务院在北京召开“全国再就业工作会议”，江泽民主席指出，当前再就业矛盾突出，扩大再就业，促进再就业，关系改革发展稳定的大局，

关系人民生活水平的提高，关系国家长治久安，不仅是重大的经济问题，也是重大政治问题。强调千方百计促进下岗失业人员再就业，就是贯彻“三个代表”要求的重大实践。要求继续实行“劳动者自主就业，市场调节就业，政府促进就业”的方针。

目前我国需要实现再就业的下岗失业人员有1000多万人，再加上城镇新增劳动力，每年城镇需要安排就业的劳动力高达2200～2300万人。同时还有1.5亿农村剩余劳动力需要向城镇转移。现有8000万农民流动于城乡之间，收入以靠城市为主。这部分人在一定程度上已适应城市的生活，不可能再回到农村稳定下来务工。为此，2002年9月10日《光明日报》呼吁：“降低就业门槛，扩大就业空间。”建筑装饰市场准入和清出的门槛很低，有利于政府的充分就业政策的实施。也有利于家族企业的成长和发展。

据国家计委刊登在2002年第9期《中国市长》上的调研报告，目前服务业新增就业岗位的60%～70%是民营经济创造的。装饰属于服务业，民营企业创造的就业机会约在95%以上。

据国家劳动和社会保障部就业司2002年2月发表的关于对北京、天津、广州、深圳、西安等全国24个大中城市2002年需求招用新民工行业的调研报告：主要集中在四大行业，居第一位的就是“建筑家庭装饰行业”，占48%；其他的为纺织服装行业20%、机械电子行业11%、饮食服务行业8%。其中90%以上的岗位要求达到初中以上文化程度，80%的岗位要求熟练工人。

如按每年新增就业800万人、48%就业在建筑装饰行业计算，2002年建筑装饰行业则能创造就业机会384万个。建筑装饰行业持续创造大量就业机会，积极发展民营装饰企业，完全符合国家充分就业的要求。如此说来，建筑装饰行业已成为了当前我国就业的主渠道。

我们还不难看出，民工进入建筑装饰市场所组成的公司均为家族企业。民工是我国民营装饰企业形成和发展的基础。家族公司已成为我国民营装饰企业的主体。

所以，我国建筑装饰行业中99%以上是民营企业是有道理的。民营装饰企业中，大部分为家族企业也是有道理的。

■我国中小企业地位突出

据国家经贸委在“第九次亚太经合组织中小企业部长级会议”宣布的数字：目前全国有中小企业800万家，占全国总数的99%，中小型工业企业在全国的工业总产值和实现的利润中的比重分别为60%和40%，提供的就业机会占全国城镇就业总人口的75%。

我国的25万家装饰企业，特别是家装企业，绝大部分是中小企业，且以家族企业为主。他们现代企业制度的建立，行业应充分进行研究；他们的利益，行业应充分顾及到。

■信任的基本理念

何谓“信任”？信任：相信而敢于托付。（《现代汉语词典》中国社会科学院语言研究所词典编辑室，商务印书馆，1979年）在福山的《信任》里面，信任的理念是一幅杂技中空中飞人二人在飞翔中交手的一瞬间的画。

信任，是社会生活的基础。没有一个人不懂得什么是信任，没有一个社会不强调和褒奖信任。据中国人民大学社会学系教授郑也夫研究，《论语》中“信”字出现了38次，频次仅低于仁（109次）、礼（74次），却高于描述品德的多数词汇，如善（36次）、义（24次）、敬（21次）、勇（16次）、耻（16次），等等。《圣经》中Trust和Conficence也出现几十次之多。

诺贝尔经济学奖得主肯尼斯·阿罗（Kenneth Arrow）指出：没有任何东西比信任具有重大的实用价值。信任是社会系统的润滑剂。它非常有成效，它为人们省去了许多麻烦。不幸的是，这不是一件可以轻易买到的商品。如果你必须买它，则说明你已经对你所买的那部分心存疑虑。

当一个社会群体分享一套道德价值观，借此建立对彼此的诚实行为的期许后，信任就产生了。

社会可以因为经济组织在交易中彼此信任而节省大量的事务性成本，从而比低信任度社会效率更高——低信任的社会需要周详的契约和执行机制。缺乏信任导致了低劣的经济运作，还带来了潜在的社会问题。

信任可以在一个行为规范、诚实合作的群体中产生，它依赖于人们共同遵守的规则和群体成员的素质。这些规则不仅包含公正的本质这种深层次的“价值”问题，而且还包括世俗的实实在在的规则，如职业规则、行为准则等。我们信任一位医生不会故意伤害病人，是因为我们期望他或她不违背自己的医德誓言，遵守医生的职业准则。同样，人们相信室内设计师，是因为业主期望他或她不违背自己的执业誓言，遵守室内设计师的职业准则。

■家庭

家庭，是人们社会化以形成自己的文化的最初级的手段，也是人们获得技能、得以在更广阔的社会中生存的基本方式，通过它，社会的价值和知识代代相传。

“文明社会”——一种复杂的中间体制，包括各行各业——装饰行业、自发组织、教育机构、工会、媒体等——是建立在家庭基础之上。

■信任与文化

对经济至关重要、攸关其信任的高低的社会资本有着深远的文化根源。据说现至少有160多种文化的定义。“信任”认为：文化是继承而来的伦理习惯。伦理习惯可以由一项观念或价值观形成。

■华人企业的文化特征

华人企业明显的家庭主义有其根深蒂固的中国文化渊源。中国文化有着独一无二的特征。在传统的中国社会中，对外人的无责任无义务感，从农户的自给自足便能窥见一斑。一个农民只会信任自家人，因为外面的人——官员、官僚、地方当局和士绅等等——对他没有对等的责任感。

传统的中国没有集中的财富投资早期的工业，是因为男性均分遗产的原则已经深深地沉淀在中国文化之中。

在封建社会中，华人最首要的忠诚不是对掌权的政治权威而是其家庭。现代中国企业结构的根源在于中国文化中家庭的独一无二的地位。对陌生人普遍的不信任，不愿意把非亲非故之人带入家庭以及继承时均分家产的风俗，使得后工业化的台湾、香港和改革开放后的中国大陆，难以积累庞大的财富，这不啻是阻碍发展大规模企业的社会障碍。

■由家族企业向现代企业演进的时间

一个国家的工业结构可以反映该国的文化背景。家庭结构非常牢固但其成员之间的信任纽带相对较弱的社会充斥的主要是小型家族式企业。如从传统的农业大国向工业化迈进的中国，特别是装饰行业。

美国和日本的家族企业在两国发展史的早期就已经向专业管理和理性组织的企业演进——美国是在19世纪30年代，至今有170多年；日本则是在19世纪最后几十年，至今也有100多年。而我国市场经济才20多年，比美国差150多年，比日本差80多年。我国建筑装饰行业亦如此。

直到19世纪中期，公司形式的组织才出现，首先是美国，然后是德国。到了20世纪的第一个10年——1910年，这种形式才成了美国占主导地位的经济组织形式。

■中美的三个巨大落差

我国现代建筑装饰行业自1978年改革开放开始起步，20世纪80年代末90年代初以年均25%以上的高速发展，家族装饰企业如雨后春笋得到空前的发展，2001年达到25多万家，成为当前中国建筑装饰行业的主导经济组织形式。

美国企业由家族式向公司制演进是在19世纪30年代——约是1830年，到公司形式成为占美国主导地位的经济组织形式是在20世纪的第一个10年——约是1910年，演进用时约80年。

中国从20世纪70年代末80年代初改革开放，90年代初确定实行社会主义市场经济，采取公司形式的经济组织形式，迄今为止才10多年。

中国建筑装饰行业与美国相比的三个巨大落差：

一是，美国企业由家族式向公司制演进是在19世纪30年代——约是1830年。而我国建筑装饰企业则是从20世纪90年代中后期——约是1996年开始的，比美国晚近180年。

1996年6月1日～3日，中国建筑装饰协会会同建设部体改法规司、建筑业司在北京召开了“建筑装饰行业推行现代企业制度工作学习研讨会”，来自全国20个省市区的134家装饰企业的155位代表出席。此会拉开了我国建筑装饰行业建立现代企业制度的序幕。）

二是，美国用了80年（1830～1910年）实现了公司形式成为国家主导地位的经济组织形式——建立了现代企业制度，而我国建筑装饰企业由家族式向公司制演进的时间才6年（1996～2002年），何时能成为建筑装饰行业的主导经济组织形式，尚未推导论证过。

三是，美国公司形式的经济组织形式——现代企业制度发展了90多年（1910～2002年）。我国建筑装饰企业建立现代企业制度才6年（1996～2002年）。

■家族企业的文化背景

中国儒家学说的本质是家庭主义。儒家学说通过道德教育，以及把家庭排在其他社会关系之上而大大加强了家庭的纽带。家庭纽带的牢固意味着毫无关系的个人之间的联系存在着某种弱点：一踏出家庭圈，社会就存在着相对较低的信任度。

华人社会的工业结构是：企业以家族企业为主，因而大多数的规模比较小。他们往往不愿意招进职业的经理，因为这样做需要进入家族界限以外的区域，而那里的信任是比较低的。于是支持大规模组织而不讲人情的企业结构只能以极其缓慢的速度被家族企业采纳。这些家族企业往往很有活力而且能够营利，但是他们想要使公司制度化，成为更为持久的企业，从而不再过分依赖于创业家族的财力和能力时，通常会碰到很大的困难。

■所有的经济体都是从家庭企业起步的

世界上的经济组织有三种形式：一是家族企业；二是专业管理型公司；三是国有或国家资助企业。

实际上，所有的经济体都是从家庭企业起步的：即企业不仅归家庭所有，而且由家庭管理。社会内聚力的基本单位也就是经济企业的基本单位：劳动在配偶、孩子、姻亲等不断扩大的亲戚圈内进行分工。

在发达的经济中，新企业也往往是从小型家庭企业起步的，只是到了后来才采用更客观的公司结构。因为它们的内聚集力是建立在早先存在的社会群体的道德和情感纽带上的，所以即使没有商业法或稳定的产权结构，家庭企业也能兴盛。

契约以及与之相关的责任和处罚制度通过手段得到强制执行，从而填补了家庭以外的无信任区。特别是股份公司，它允许企业通过集中大批投资者的资本而不是仅仅依靠单个的家庭来扩大规模。

稳定的产权制度的建立是关键的进步，它使工业化进程得以开始。

尽管通过法律手段如股份公司和有限责任公司等，无血亲的人可以在商业中相互合作，但是它们不会自动在走向这个结果或结束家庭企业。在许多情况下，家庭企业依照法律组成公司，享受着法律对其产权的保护，但从其他方面来说，公司运作的方式仍是老一套，换汤不换药。

实际上，1830年以前，美国的企业都是家族式企业。虽然那时已经有相当完善的商业法体系和股票市场的萌芽。

■华人企业发展三阶段

华人社会对外人的不信任和对家族管理的偏爱，使华人企业的发展时期分为三个明显的阶段：

第一阶段。一位创业者创建了企业通常是一位很有权威的家长，然后他把亲戚安置在重要的管理位置上，自己以独裁的方式统管着公司。华人家庭的团结并不意味着家庭内部不存在紧张的局面，家庭是以统一的阵线对外界的，内部纷争最后在创业者的权威面前得到解决。由于很多华人创业者都出身卑微，所以整个家庭都会心甘情愿以艰苦奋斗，使企业成功。尽管企业会雇用非家庭成员的雇员，但是企业财务还是牢牢掌握在家庭成员手中。

在第一代创业者的管理下，即使企业兴旺发达，规模发展得很大，也常常不向现代管理系统迈进，没有正规的劳动分工，没有管理等级和一个权力下放的多部门的组织，公司仍然是按高度专制的“我说了算”的体系组织在一起，不同部门都向创业者直接汇报。中国式的管理常常被描述为“人治”——也就是说，人事决定不是依赖客观的工作准则，而是根据老板与下属的关系，即使他们不是亲戚亦如此。

第二阶段。假定这个企业取得了成功——在创业的家长亡故以后开始。男性子嗣的遗产均分原则已经深深地沉积在中国文化之中。根据这个原则，创业者的所有儿子（中国大陆在“只生一个好”的计划生育政策管理下，只有一个孩子，此时女孩也行）发现他们在家族企业中享有均等的权益。尽管内外压力促使儿子都把精力放在家族企业上，但并非每一个人都对此感兴趣。那些对经营感兴趣的儿子之间的合作关系充满了紧张气氛。尽管他们的起点都一样，但并不是都一样能干或感兴趣。如果其中一个儿子能够掌握领导权，那么这应该是企业幸存下去的最好机遇。如果情况不是这样，而是权力分散在各个兄弟手中，通常的后果是纷争，这些纷争有时只能靠权威机构的正式契约才能得到解决。如果责任的分工不能得到温和的解决，继承者们就会陷入争夺公司最终控制权的斗争之中，在许多情况下，这种斗争导致公司的破裂。

第三个阶段。是从控制权传给了创业者的子孙开始。那些能够存在这么久的企业开始倾向于分裂了。由于儿子们往往没有同等数量的孩子，孙子辈的那份财产在数量上就有所不同。在事业非常成功的家庭中，孙子们在非常舒适的环境中长大。与创业先辈不同，他们更容易把拥有财产视为理所当然的事，一般不会那么主动地做出必要的牺牲来保持企业的竞争力，或者他们移情别恋，发展其他事业。

■家族企业以小规模为主

华人社会以小规模企业为主，原因是所有的私营企业都归家族所有，而且也由家族来管理。中国的香港、台湾和新加坡的绝大多数小型企业都是归单一的家族所有。20 世纪 90 年代香港股市资金的 54%控制在 10 大家族手中（7 个华人家族，1 个犹太/英国，2 个英国家族）。

家族企业并非华人社会的特产，几乎所有西方企业的初始阶段时也都是家族企业。中国建筑装饰行业也不例外。中国的现代化最突出的一点是，华人的家族企业在实现从家族向专业型管理转化这一过程时困难重重。

■企业小规模与品牌

华人企业的小规模造成的另一个后果是中国欠缺有实力的品牌。只有那些以规模经济为营销手段的公司才能树立起品牌，拥有品牌的公司其规模必须比较大，而且比较持久，这样消费者才能注意到其产品的品质和与众不同之处。美国的柯达等品牌可以追溯到 19 世纪。日本的品牌三洋、松下虽然在时间上还没有那么久，但是它们都是由制度完善的大型公司建立的。

华人由于不愿意向企业的专业化管理发展，这就使它们不能融身于市场之中，特别是陌生的海外市场。因为占领海外市场需要有卓越的营销技巧，而小型家族企业则很难达到可以生产与众不同的大众市场产品的规模，而且生存的时间不足以长到可以在消费者中树立声誉。

■相对小规模私营企业的解释

一是当地的市场规模；二是社会的经济发展水平；三是后发展（Late development）,后工业化的国家可以借鉴早期发展者的经验教训，因而走一条迥然不同的发展道路；四是缺乏支持大规模经济组织所需要的法律、商业和金融制度，没有适合建立大型、专业化管理型公司的体制和法律结构；五是决定规模的主要因素不是文化而是政府行为。

■企业小型和家族式管理的优点

华人企业的小型和家族式管理模式倾向并不一定是个缺点，在某些市场中还可能是一个优势。它们在劳动密集型领域和快速变化且高度分割的领域中都干得很不错，也因而占据了小市场，如服装、家具、玩具、纸制品、木材、贸易以及金融业等。一个小型、家族管理的企业非常灵活，可以快速地做出决定。华人企业不善于经营的是资金高度集中的领域或生产流程复杂且规模大、回报大的领域——如航空、汽车、石化等。

建筑装饰行业，是一个劳动密集型领域和快速变化且高度分割的领域；建筑装饰市场，是一个分散而高度竞争的市场；建筑装饰企业、特别是低资质等级的公装企业和家装企业，适合于小型与家族式管理。

缺少大规模专业管理型企业是否是阻碍国民经济总产值快速增长的特殊的障碍尚不明朗。认为中国家庭主义阻碍了经济现代化进程的观点显然是错误的。事实是，在企业迅速重组和缩小的时代，小型企业的中国家族公司同样有可能比大型的跨国企业更有前途。如果这些社会的惟一目标是最大限度的增加财富，那么它们根本没有必要抛弃规模较小的家族企业。

■家族企业可以发展很大

美国现代许多著名公司都发迹于 19 世纪的小型家族企业，如杜邦、柯达、洛克菲勒等。家族企业可以发展得非常庞大，雇用上万名工人并采用先进的技术。如美国消费者非常熟悉的坎贝尔肥皂公司，仍然是家族企业。

■家族企业发展的局限性

随着业务的增长，单一家族的经营能力常常赶不上企业增长的规模，即企业经营能力与企业发展规模产生越来越大的矛盾。首先掉队的是家族管理：一个家族，无论有多庞大、多能耐或教育多么良好，只能够在有限的能干的儿子、女儿、配偶和族胞中选择一个来负责快速膨胀的企业的各个部门。家族产权常常存留得较久，但是同时，发展需要融进大量资金，这决非一个家族就能提供得了的。

■非家庭成员的雇员与任人惟亲

非家庭成员的雇员一般不喜欢为他人工作，并且不想终身受雇于同一家公司，往往想中途就出来，开一家自己的公司。比较管理研究已经发现，中国经理与他们雇员之间存在着相当大的社会距离。日本经理与手下人晚上一起喝酒时表现的那种自发的、平等的同事情谊，在中国文化背景下很难见得到。

中国公司显示，外聘经理不能持有公司的大量资产，他们经常报怨与老板打交道缺乏透明度。而且对公司的晋升体系非常不满，因为在重要的位置上，企业主的家庭成员往往被优先考虑。

任人惟亲的问题，是现代化的严重障碍，不但没有从中国的经济生活中消失，反而有越来越严重的趋势。因为与其他文化相比，中国文化更注重家庭，而且他们已经找到许多途径来一步步处理好家庭问题。

许多大型现代中国企业的创始人努力处理好无能后代的问题。一种方法是让他们的孩子接受最好的教育，送他们去美国留学。另一种方法是娶一位才女，给家庭带来管理新人才。

在华人家族企业中，非家庭雇员如果有其他选择的话，通常不愿意在家族企业呆得太长，他们知道自己不可能被完全信任而作为同等的伙伴被吸纳入高层管理阶层，而且在事无巨细都依赖雇主的关系中，他们会感到不自在。因此，中国企业的雇员很容易跳槽，他们的最终目标是积累资金创办自己的企业。

我国国有单位包括装饰企业虽非家族，但任人惟亲、家长式管理却十分严重，很难做到五湖四海，任人唯贤。

■要做没有家族的家族企业

2002 年 8 月 27 日《北京青年报·信息产业报》发表联想集团董事局主席柳传志的高见："诚信是中国企业界很稀缺的资源，联想由于讲诚信，目前坏账率不到万分之五。诚信是日积月累一点一滴地做出来的，联想是先做出来再说，时间长了人家就信。现在有很多公司说了很多，但却做不到，时间长了投资人就不信了。"对于目前很多国际大公司缺乏诚信，柳传志认为国外发生丑闻的企业一般是职业经理人领导的企业，"他们是为了钱才干这家公司，随时都可以走人，而那些创始人经营的企业一般不会发生丑闻。所以让 CEO 把企业当自己的事业是最难的。"柳传志强调指出："这也是我们为何要做没有家族的家族企业，因为家族企业的企业领导人干的是自己的事业。"当然，他心理很清楚，对家族企业而言，最大的问题是如何任人唯贤。

■家族企业创业才能一代不如一代

创业才能一代不如一代并不仅仅出现在中国文化中，它是所有社会家族企业的特点。在美国，据小型工商企业管理局估计，80%的小企业都是归家族所有，其中只有 1/3 的公司幸存下来，传到第二代手中。

华人家族企业与美国家族企业最大的差异是到了第三代，只在少数华人企业在使企业制度化方面取得成功。美国家族企业在引进专业管理方面动作迅速，特别是公司创立者去世后，到了第三代，公司通常已经完全交到专业经理手中。孙子辈们可能作为大股东仍然拥有所有权，但是他们很少参与公司的经营。

美国用了 80 年（1830～1910 年）的时间和四代人的力量，实现了公司形式成为国家主导地位的经济组织形式。

而我国建筑装饰企业由家族式向公司制演进的时间才 6 年（1996～2002 年），创业的一代人还健在，顶多是第二代在第一代的指导下才接手。中国建筑装饰企业能用美国的一半时间——40 年和一半的年代人的努力——二代人，使公司形式成为行业主导地位的经济组织形式——建立现代企业制度吗？

在中国文化中，对外人的不信任通常阻碍了公司的制度化。华人企业家族业主不让专业经理接管公司的经营，而是眼睁睁地看着它四分五裂成几个新的公司或全面解体。

■华人企业成不了大气候的原因

华人企业在制度化方面的步履艰难以及华人的遗产均分原则，就是华人社会的企业规模相对较小而无法做大的原因。这也赋予华人企业另一个特性：公司不断产生、发迹，然后消亡。

如哈尔滨名都建筑装饰工程有限公司，是东北三省装饰行业中最早荣获"鲁班奖（国优）"装饰工程、通过 ISO9001 的二级装饰施工、乙级装饰设计的家族企业，2000～2001 年度中国建筑装饰协会优秀会员，最有可能晋升一级装饰施工、甲级装饰设计资质，企业发展达到一个高峰，年轻有为的总经理姜斌踌躇满志，而正在此时，他于 2001 年初不幸病逝。企业随后一落千丈，不久便解体注销。业内闻听此事者，无不为之动容而深表遗憾。

■家族企业向专业管理转化的困难

华人家族企业向专业管理转化时遇到的困难与华人家庭主义的实质不无关系。华人本身强烈地倾向于只信任与自己有血缘关系的人，而不信任家庭和亲属以外的人。

最主要的特征是你完全信任你的家人，而朋友和熟人，只有建立了相互依赖的关系，共同承担投资的风险才能达到信任的程度。对于每一个人你都不会认为他们心存好意。他们首要考虑的是自己和家人的最大利益。

在中国社会中，即使是小家族企业也常常需要雇用非家庭成员的劳动力，但是这些被雇用者与东家的关系是相当疏远的。在日本人眼中，企业或公司是另一种形式的家庭，华人则没有这种意识。

家族的控制首先通过银行贷款而被削弱，银行在业务运营方面往往借款人提出自己的意见，然后通过公开募股，经营权进一步削弱。在许多情况下，当企业被非家族投资者收购时，家族会从自己创建的企业中撤出或被挤出。有时是因为家庭成员内部因嫉妒、争吵或无能而四分五裂。

这时候，家族企业面临着严峻的选择：或力图让家族内部成员重新获得对企业的控制，这样做往往就等于选择了继续走小规模的老路；或干脆放弃，成为一个被动的股东。如果他们选择后者，家族企业则让位给现代公司形式的组织。

替代创业家族老板的是专业的经理，他们的选拔不是根据血统而是根据他们在某些方面的管理实力。企业逐渐走向制度化，并按照自己的道路发展，不再受任何个人的控制。家族企业的临时决策结构也让位给了严格规定权限的正规组织结构。不再是每个人直接向企业的创始人汇报，而是设立中层管理者这一阶层，将最高决策层与下面传来的超负荷的信息隔离开来。运作大规模企业是一件极为复杂的事，最后必定要引导企业向分散决策的模式演进，最高管理层让每个部门在利润上独立核算，而决策只针对单独的部门制定。

10 多年来，社会科学家相信，从建立在传统道德作用上的家族企业到建立在契约和产权基础上的专业管理型的现代公司之间的一条自然的道路。

随着公司形式的新组织的出现，所有权与管理之间的关系逐渐断裂，从而开启了业主与专业经理之间利益冲突的大门。家庭主义不利于经济发展。如果经济进步，家庭关系就不得不被削弱。

日本的一句谚语反映了日本人早就知道了家庭主义的危害："第一代人辛辛苦苦聚财富，第三代人贪图享乐败家道。"虽然任人惟亲的现象在日本也存在，但是不普遍。许多大型公司都禁止雇用姻亲亲属。日本企业的非家族性可以从本田汽车公司的创始人本田宗一执意不让其子染指企业，以免公司成为家族王朝一事中得到充分反映。

■建立大型企业的三条道路

第一条道路是通过网络组织。华人企业可以通过家庭或个人与其他小型华人企业的关系，来发展对等的规模经济。

第二条道路是引进外国的直接投资。一般来说，华人社会对允许外国人在其经济中扮演有影响的角色持审慎态度。

第三条道路是通过国家扶持或国家拥有大规模的企业。

■信任度低的社会

我们可以这样认为，集体中间组织薄弱、家庭以外信任度低的社会，其经济组织中的企业都呈马鞍型分布，这是一个总法则。我国目前还是一个信任度低的社会。

建筑装饰行业信任度也同样低。

■企业家品质和社会品德

努力工作、节俭、富于理性和开拓精神、敢于冒险，这些都是企业家的品质。社会品德包括诚实、可靠、善于合作、对他人的责任感。我们的装饰企业家尚不完全具备这样的品质和社会品德。

■家族企业的现在将来时

当"小超人"李泽楷的盈科数码动力，在其父李嘉诚的和记黄埔的支持下宣布收购香港电信时，家族企业又跃上经济的舞台，成为世人瞩目的焦点。

近10年蓬勃发展的全球经济、日新月异的高新科技以及波澜壮阔的市场机遇，使家族企业焕发出勃勃生机。家族企业应如何面对21世纪的挑战？如何突破"富不过三代"定律使凝聚了几代人的心血和情感的企业发展壮大？

受儒家学说、中国人家族传统及宗族观念的影响，华人家族企业很看重血缘关系。而西方的家族企业更多地以价值观的认同来维系企业。但无论东西差异，家族企业所共同追求的都是长期的发展。那么家族计划应该扮演什么角色？为了探讨家族希望在将来与企业目的维持何种关系，首先应该确保家庭在投资和企业事务参与方面做出共同的承诺，形成家庭的核心价值观，这也是企业文化的基石。家族计划还需要考虑对下一代家族管理者和领导人的准备。李泽钜和李泽楷八九岁时，其父李嘉诚便专设小椅子，让他们列席公司的董事会，颇有点过去宫廷培养皇子的味道。

为使家族里的人学习和掌握现代企业管理本领，几乎所有的企业家都采用家族优化的方法，将子女送往欧美或当地的名牌大学接受高等教育。最后的问题是建立有效的所有权，避免上演"豪门恩怨"而导致家族和企业分崩离析。

家族企业的独特优势在于长远的投资眼光、灵活机动的组织、对质量的高度承诺、适当的市场定位、人员的较大投资、创新的传统以及鲜明的企业文化。但企业的家族影响可能导致投资过于主观、家庭关系渗入企业而造成企业交接困难。对今天的家族企业来说，不仅是家族盈利的工具，还是实现理想、革新、成就感的载体。例如，家族企业的管理者已经不是第一代创业者了，而创业者个人的价值观、个性、及管理风格影响着企业的公司文化，而新的一代领导人的任务是创建一种新的开放的公司文化，在企业的发展和关键的业务问题上尽可能让更多的家族和非家族成员参与。

▲解决体制性障碍

据2002年9月3日《光明日报》的报道，由民建中央委员会主办、国务院发展研究中心中国企业家调查系统协办的"民营企业发展环境研讨会"在京召开，全国人大副委员长、民建中央主席成思危在会上讲话，国务院体改办副主任邵秉仁及著名经济学家萧灼基、樊纲、钟朋荣、谢平、汤敏分别在会上作专题报告，来自全国各地民营企业家200余人出席了研讨会。非公有制经济在我国国民经济中具有重要的地位，据国家统计局数据，2002年上半年，在规模以上工业企业的增加值结构中，扣除股份制企业中国有控股企业的贡献后，非公有制经济的比重已达37.2%。在出口总额中，三资企业的比重占53.3%，其他非公有制企业的比重是3.3%，总计达到56.6%。2001年底，城镇从业人员中，在非公有制经济从业的人员已达62.7%。

与会者认为，随着经济体制改革的不断深入，民营企业日益成为我国国民经济的一个重要组成部分，其在参与国有企业转制、吸纳下岗职工就业、支持社会公益事业等方面发挥了积极作用。但是，在经济一体化、市场竞争更加激烈的形势下，民营企业的发展环境中既存在着机遇，也存在各种障碍和困难，只有进一步深入探讨改善民营经济的政策和法律环境，着力解决非公有制经济发展的体制性障碍，才能更好地促进民营经济的健康发展，不断提高民营经济的市场竞争力，使民营经济为社会主义经济建设作更大的贡献。

■目标选择——制度创新：现代企业管理制度

综上所述，民营家族装饰企业建立现代企业制度的目标选择是：面对国际化的大市场，家族企业管理模式将被规范化的现代企业管理制度所代替。家族企业要发展，就必须进行体制改革，努力淡化家族色彩，做到所有权与经营权分离，创建新型管理制度，实行规范化管理，打造我国新型家族装饰企业。

其核心也是"改制"。国企改制是改产权制度。民企改制是改管理制度——制度创新——现代企业管理制度。

参考文献：

1. 弗朗西斯·福山. 信任：社会美德与创造经济繁荣. 海南：海南出版社出版，2001

2. 兰德尔·S卡洛克，约翰·L沃德. 家族企业战略计划. 北京：中信出版社，2002

3. 盛 珂. 打造新型家族企业. 北京：中国致公出版社，2002

二、从信任看民营家族装饰企业发展的优劣及战略选择

——我国建筑装饰行业要用心打造新型家族企业吗？

本文思路是从家族企业发展中的一般规律作两方面的探讨：一是其优劣；二是其战略选择。

（一）民营家族装饰企业的优劣

■ 维护信任感

信任感的产生是基于个人对家族和企业事务的体验。当家族围绕棘手问题共同计划或解决问题时，就可以在家族企业内部形成信任感。公平地制定家族企业条约和规定，然后始终一贯地把他们加于所有家族成员，这样可以树立大家的信任感。

信任感是一种特殊的企业资本，它对所有的组织关系都非常关键。在互相猜疑、心怀叵测的环境下，愿意自己处于可能受到伤害的地位或者愿意依赖他人的现象非常罕见。信任感的难于建立和维持对家族公司而言可以是独一无二的竞争优势。

值得重视的是，什么是计划？计划的核心是制定目标，并描述实现这些目标需要采取的行动。

■ 家族企业的七大独特优势

1. 长远的投资眼光

家族企业是着眼于长远发展的企业。如果家族齐心协力，他们可以把眼光放到未来5年或20年后。他们非常有耐心。

2. 灵活机动的组织

大企业的管理层和员工往往把宝贵的业务浪费在争权夺利上面，他们为自己的行为付出双重的成本。在这种矛盾和纷争的情况下，企业效率低下，管理层很难针对变化采取应变措施，因为他们卷入了地盘之争，而不是努力开发新的产品或服务项目。而在共同的前景预期基础上制定计划的家族企业，则通常能迅速对变化了的环境做出反应，之所以能够这样做是因为只有少数人做出决定，没有企业拖沓的官僚作风。

3. 对质量的高度承诺

大企业常常必须通过一系列高昂、耗时费力的人员和管理控制程序等活动建立一流的标准。但是家族企业对自己的产品或服务本身有一种自豪感。他们特别不愿意因为装修做工粗糙或服务欠佳而损害自己的声誉。家族企业把投诉看作个人的事情，因为他们来自邻居。不管业主大小，家族企业都能够提供包括某种“个人意味”的产品或服务，这一点在今天这个通常缺少个性的市场经济时代尤为重要，特别是家装。

4. 适当的市场定位

定位或专卖市场往往比大范围的批发市场提供更多的机会，因为竞争者越少意味着利润越高。首先在这样市场树立声名的企业通常为其他竞争对手的参与设置了障碍。家族企业非常适合利用这样的市场机会。

5. 人员的投资较大

生意场上最老生常谈的教训也是最正确的：好雇员是公司最重要的资产。所以企业无论大小都要投入金钱用于提高员工素质。家族企业可以从这些投资中得到很高的回报，因为他们的员工容易对企业产生长期的忠诚感，成为“家族的组成部分”。在业绩的基础上为员工提供发展、升职或奖励的家族企业，可以从他们与得到鼓励进行自我发展的员工的关系中得到很多好处。

6. 革新的传统

家族企业可以确立专门的制造流程以生产少量高质量的产品。在其他企业寻找其他市场时，他们可以找到发展缓慢的市场而占据利润丰厚的主导地位。这个过程本身具有的利润收入只有那些善于革新的人才能加以开发。

7. 鲜明的企业文化

家族企业通常洋溢着同志式的情谊，并扩展到企业在内部工作的非家族成员身上。何谓“同志”？春秋时左丘明曾作过定义：“同德则同心，同心则同志。”这些明确的标准——企业文化，使确立企业发展方向、所有人齐心协力朝这个方向努力变得更为容易，这样会增加企业成功的可能性。

■ 家族企业五大潜在的劣势

家族企业通常也有一些特殊的不足之处，缺少变化和财务资源有限的小企业很容易因技术进步和市场改变而遭受损失，这些特点同时也往往使他们无法在投机市场或新技术上投资。小企业这样做的风险比规模大、财务状况稳定的企业大得多。

1. 投资决策可能太主观

家族企业在做出投资决策时认识不到真正的财务或机会成本。

2. 家族关系可能过于密切

家族和企业系统和重叠为尚待解决的矛盾或个人生活的不和创造了机会，这些矛盾和不和会扩散到企业事务当中。

3. 企业文化过于僵化或狭隘

鲜明的企业文化易于抵制外界的影响，信任自己的员工，但这可能限制他们了解外界想法和新技术，限制他们认识新的市场机会。

4. 产品太单一

他们长期凭借一种产品或集中在范围很小的市场取得成功减少了他们对新机会的接触，而产品的多样性而市场广泛的大企业却充分享受到这些优势。

5. 企业的交接困难

在所有权交接期间，家族和企业对资本的争夺非常突出，而且管理权的交接完成后往往有一段时间的不稳定。

（二）民营家族装饰企业要注意的几个问题

■ 夫妻店

“夫妻店”是一种自然经济实体。这种经济实体能风雨同舟、精打细算、奋力拼博，经营上既灵活务实，又可信度高，是发家致富的可靠途径。据统计，70%以上白手起家的富豪都是从“夫妻店”起步的。

■ 生命周期对家族企业的影响

家族和他们的企业必须面对生命周期的变化，因为这是不可避免的事物发展规律。在家族企业里，管理者和企业主成年后的影响力最大，大约从30岁开始，直到60岁或70岁达到顶峰。

我一直不理解为什么国企男60岁、女55岁一刀切式的退休？实践表明他们退下来后到行业协会或学会及民营企业做事又焕发了青春。

■ 平衡家族和企业的要求

著名心理学家弗洛伊德（Freud）观察到，家庭和工作关系的紧张是由“爱和工作”之间的矛盾造成。他指出，爱和工作，是自尊和生活乐趣的主要来源，只有把这两者平衡了，我们才能得到满足。

■ 家族企业的女性管理者

虽然男性仍然充当家族企业的领导人并占据主导地位，但是统计数据表明，女性作为第一代和第二代企业领导人的现象越来越多，发展迅速。西方国家大约40%的家族企业的高级管理层有女性成员参加，15%的家族企业的第二任首席执行官（CEO）可能是女性。

■ 家族公司是最普遍的企业组织形式

当代市场经济国家，家族公司仍然是最普遍的企业组织形式。据统计，美国上市公司中的40%由家族控制，一些历史悠久的著名公司，如福特、杜邦、通用、摩托罗拉等均为家族所控制。《财富》500强中，有175家为家族公司。在东南亚地区，不少家族企业都赫赫有名，如台湾王永庆的台塑集团，香港李嘉诚的长实、和记黄埔，马来西亚郭氏兄弟集团等。在中国，未来的家族企业一定也会枝繁叶茂，百年常青。

■ 提升家族企业核心竞争力

企业核心竞争力包括规范化管理、领导群体的科学化、人力资源的管理、资产重组、技术创新、质量管理、优质服务、精诚团结、诚信制度、企业文化等，只有这样才能增强企业的凝聚力和竞争力，而这些对家族企业的发展至关重要。

■ 家族企业要解决的问题

家族企业有它存在的道理和优势，经过市场的磨练，其管理和运作方式也在日渐成熟。“家庭”式的企业管理模式将成为明日黄花，规范化的制度管理将成为现代企业运作的主要特色。这是市场环境成熟的表现，是经济一体化的迫切要求，是企业长远发展的重要基础。

面对国际化的大市场，家族企业要发展，就必须进行体制改革，努力淡化家族色彩，创建新型管理制度，实行规范化管理，做到所有权与经营权的分离。“家庭”式企业管理模式将被规范化的企业管理制度所代替，我国建筑装饰行业要用心打造新型家族企业。

（三）民营家族装饰企业的战略选择

■ 持续发展　产权为先

如何才能实现民营企业的可持续发展？中国社科院工业经济研究所所长吕政指出，民营企业要想持续发展，首先必须解决好产权问题。

吕政认为，首先要解决民营企业的产权形态问题。从资本规律的本身发展来看，民营企业做大以后，要解决资本的来源。一、通过自我积累来形成扩大再生产。二、在较短时间内要想办大事，就要靠资本的社会化。通过兼并、股份制的办法实现资本的集中来办大事，有了资本的集中机制，就必然会出现产权的资本社会化。也就是说，资本的形态要发生变化，一旦出现了资本社会化，这种私人资本就转化为社会资本，就不是原来传统意义上的私人企业。因此，私人资本做强做大必然会走这种资本集中的道路，这种道路主要通过两种渠道：兼并收购和股份制改造。资本社会化的形态就改变了传统意义上的小的私人资本的民营企业的产权组织形态。因此，民营企业的可持续发展要按照资本的运行规律，必然地有相当一部分企业会走向资本社会化。而走向资本社会化以后，又要保持这种私人资本的活力和生命力。根据中国的情况，吕政认为不要轻易地否定“家族控股”的形式。即使资本社会化了，但是要保持私人企业的活力和生命力，最好还是能够保持家族控股。

在中国的社会文化背景下，放弃了私人控股的民营企业很难做大。要么民营企业就做成非常规范的上市公司。民营企业究竟应该如何做呢？这种私人企业的治理结构到底应该是什么样呢？

吕政倾向采取家族控股式的资本社会化的这样一种产权形态。中国的民营企业要想建立现代企业的治理结构，也就是所有权与经营权的分离，就必须聘请专业人才来代理你去运作这个资本，因为资本做大了，出现资本社会化了，你不可能完全事必躬亲。这就产生了所有权与经营权的分离，就产生了委托代理制。而这种委托代理制在美国、日本就能行得通，可在中国就不行。原因有二：其一，有人说激励和约束机制问题，但实际上还有更深层次的文化背景：代理人的伪忠诚度问题。中国人总想自己做老板，尽管有很高的工资待遇，但还是不甘心，总觉得是在打工。为什么会出现家族管理呢？实际上就是解决忠诚度。其次，小企业是靠哥们义气。那么，现在解决忠诚度，就要靠现代企业制度。事先约定企业章程，最后是法律，如果破坏了企业章程，就靠法律解决。

同时，还要解决好企业股份制改造过程中对委托代理人的激励问题，取决于运作的资本额和对资本运作的经营问题，取决于运作的资本额和对资本运作的经营效率。如果资本额运作得很大，而且效率很高，可以给很高的工资，但前提是必须忠于所有者。在我国的历史上，也曾经出现过老板比掌柜的收入要低。

■ 经营要素　人才选择

民营企业是一个非常有活力的群体，但在市场竞争过程中，时常都会有新的民营企业建立、成长和壮大，同样也会有一批企业关闭、倒下。原因何在？中国社科院金融研究中心副主任王国刚提出，民营企业应当特别关注企业的经营要素和人才的选择。

王国刚认为，企业的经营要素包括四大类：第一类是生产要素或者生产力要素。包括生产资料和劳动力、科学技术、管理、信息；第二类要素是政策体制。在中国目前的体制下，一个政策就能救活一批企业；第三类是从市场层面讨论。还有企业的融资制度，把企业的各种权益有效地组合，然后进行买卖；第四类要素是发展。

企业需要的必须人才有五类：第一类是技术人才，第二类是管理人才，第三类是工艺人才，第四类是营销人才，第五类是企业的经营专家。这五类专家是做好一个企业的最基本的人才方面的组合。

王国刚在剖析一些失败的民营企业原因时指出，有的民营企业的创始人最初拿了一笔钱投下去，自己做了三五年后，其中也碰到了许多困难，但都克服了，而且企业迅速扩大。这些企业家感觉非常好，但就是这种良好的感觉可能最后会使他栽跟头，因为作坊式的经营只能做那么大，再往上走一点的时候，需要进入工业化的过程，这时就需要不同的人才进行组合经营。

其次，民营企业在开始运作的时候必须考虑，这些经营要素组合或者融合上，要考虑企业到底该做什么，不该做什么，明白企业的定位，然后讨论市场，讨论其中各种可能的变化，这是民营企业应该认真做的事。因为不是所有的中小企业都会长大成大型企业的，或者说，有相当一部分中小企业是根据市场的需要来定生死的。

王国刚将企业能否生存与长大列举了几种情况，颇有鉴借。一是有一些产业本来就是大型企业的产业门类。这些产业里面如果有中小企业，必须关门。第二类是属于为大型企业配套的企业，这些企业随着大型企业或者某一类产业的大规模发展，这些配套企业也会得到发展，但是，是不是从资产规模到销售规模一定发展到大型企业，也未必。配套企业会有发展，但发展到什么程度是受市场制约的。第三类，本来应该是大型企业，但是因为中国是发展中国家，发展得比较慢，所以目前还是中小企业，这类企业如果有优秀的人才和适应市场发展战略，是能够成长起来的。第四类是在有些专业领域，只能是中小企业或者是以中小企业为主的。这种企业就不可能成为大型企业，如果盲目扩张，必然会受到市场的惩罚。

四轮驱动　同步发展

国务院体改办综合司司长、著名经济学家范恒山在谈到新形势下民营企业可持续发展的体制与政策问题时认为，在加入WTO后，当前民营企业要想发展得好，在激烈的竞争中立于不败之地，必须做好“四大战略性”的准备。

1. 体制战略。民营企业要建立起适合市场经济要求的规范的现代企业制度，按照现代企业制度的要求对民营企业进行改造。所谓规范，首先是制定规范的财产组织形式，其核心是建立产权关系清晰，产权主体多元的财产组织形式，有意识地吸引外部资本加入，不固守产权，尝试多种形式控制股权，通过股权开展多种经营，通过资本运营获取多种收益；其次，建立规范的法人治理结构和市场选拔用人机制。民营企业不应搞家长制、家族制。私营企业在经营中，要把握住董事长与总经理的关系，两者不是简单的上下级，董事长必须尊重总经理的权力，合理实现财力资本对人力资本的制约；再次，建立规范的激励和约束机制，使企业的管理既有活力又有较高的效率，善待员工，充分发挥员工的积极性，才能有利于企业的长远利益。

2. 产业战略。民营企业要实现可持续性发展，要建立适应市场需求的、能动性的产业结构和灵敏的产业运作机制。在产业选择方面，民营企业应注意三个方面：首先，要把企业整个生产建立在务实的基础上，以实业为基础，企业在任何时候产品经营都是基础；其次，审时度势，选择有潜力、能吸纳新技术、有利于转变和调整的产品。善打顺风球，有意识地按照国家政策的走向捕捉发展的商机，扩大和拓展自己的产业。在产业选择上找结合部，抓准有增长点的行业，弥补该领域的薄弱环节。从商业的角度讲，结合部最容易被忽视，其中蕴藏着巨大的商机。再次，民营企业不要铺设漫长战线，一定要合理地组织好产业结构和产品结构，不能头脑发热地盲目扩张，一主多元，以为把一件事情搞好了，就可以把别的事情照样搞好。

3. 经营战略。民营企业要具备有竞争力的经营特色和随机应变的经营方式。经营特色就是优势和竞争力，它包含了很多技巧。就产品特色而言，可以概括为：人无我有，人有我优，人优我廉，人廉我好（服务好），人好我转。

4. 人才战略。对私营企业家来说，人力资本比财力资本更重要，用好人才比引进人才更重要，物质激励比精神激励更重要。民营企业的董事长一定要注重发挥总经理的作用，作为私营企业经营者，既要两眼向外求贤若渴，也要两眼向内，使手下员工人尽其才。自己的人才用好了，外面的凤凰自然会来。构筑一个善于用人的良好环境，造就一个好的人才机制比喊动听的口号更重要。

参考文献

1. 盛珂. 打造新型家族企业. 北京：中国致公出版社，2002

2. 美国兰德尔·S卡洛克，约翰·L沃德. 家庭企业战略计划. 北京：中信出版社，2002

3. 山东省建筑工程管理局. 山东建筑与装饰. 济南，2002第8期

·问题探讨·

建筑防火涂料与火灾自动报警系统

中国建筑装饰协会信息咨询委员会专家组成员
中国建筑科学研究院建筑防火研究所　所长　研究员　李引擎

建筑防火涂料

在建筑设计中常常会出现钢结构、混凝土楼板不能满足防火规范的要求，有些室内装修和家具用材料的可燃性过高而被限制使用的问题。解决这些问题最简单且行之有效的方法之一就是使用防火涂料。防火涂料用于建筑构件可提高其耐火极限等级，涂于可燃性材料表面，可使其满足阻燃性要求，扩大应用的范围。

一、防火涂料的工作原理和分类

防火涂料是一类可降低可燃基材火焰传播速率或阻止热量向可燃基材传递进而推迟或消除基材的引燃过程或者推迟结构构件失稳及力学强度逐渐降低的涂料。即对于不可燃基材，防火涂料能降低基材温度升高的速率，延长结构失稳的过程；对可燃基材，防火涂料能推迟或消除可燃基材的引燃。

防火涂料的防火工作机理表现在以下几个方面：

1. 防火涂料中的硅酸盐类水化产物遇热脱水汽化从而吸收大量的热量，同时涂层中的吸热材料因受热分解或相变，也耗掉一定的热量，从而降低构件温度升高的速率，提高了构件的耐火能力。

2. 防火涂料受高温作用后，自身能分解出一些惰性气体，它们破坏了燃烧必要条件的形成。

3. 涂料受热后出现一层熔融膜并逐渐形成均匀的碳化层进而形成膨胀的发泡层。其膨胀量为涂覆度的100～200倍，膨胀后涂层的导热量可比膨胀前减少1000～2000倍。

防火涂料有多种分类法。按其使用的部位划分，可将其分为钢结构防火涂料、木结构防火涂料、混凝土结构防火涂料等；按其成膜物来分，可分为有机、无机和复合防火涂料；按其可溶性划分，可分为水性防火涂料、油性防火涂料；按其阻燃原理分，可分为膨胀型防火涂料、非膨胀型防火涂料。但根据防火涂料的作用、功能和现行国家标准对防火涂料的要求，最适宜的分类为：结构型防火涂料和饰面型防火涂料。具体的分类示意见图1。

从总体看，防火涂料无论在研制技术，生产过程质量控制方面，还是在施工应用方面都有各种科学的或经验的依据。所以它是一种比较成熟的产品。

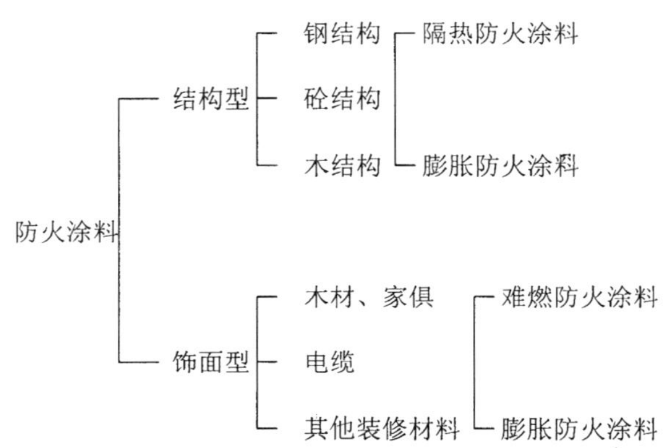

图1　防火涂料分类示意

二、饰面型防火涂料

饰面型防火涂料的主要功能在于施涂于可燃性基材的表面后能有效地降低可燃基材的表面燃烧特性，从而提高建筑材料的防火性能。

1. 物理化学性能

防火涂料作为护层和饰面材料，应具有使用对象所要求的理化性能。

表1

序号	项目	技术指标	
1	在容器中的状态	无结块，搅拌后呈均匀状态	
2	细度（μm）	≤100	
3	干燥时间（h）	表干	≤4
		实干	≤24
4	附着力（级）	≤3	
5	柔韧性（mm）	≤3	

6	耐冲击性（kgcm）	≥20
7	耐水性（h）	24h 无起皱、无剥落，允许轻微失光和变色
8	耐湿热性（h）	48h 不起泡、不脱落，允许轻微失光和变色

注：对于透明防火涂料允许表干≤24h，实干≤72h。

防火涂料在测试其防火性能之前，其理化性能应符合 GB 12441 中 4.2 条的规定，见表 1。

防火涂料应具有适当的使用期，在此期间，防火涂料的涂膜应保持完好，各项理化性能应能有效维持。

2．防火性能

饰面型防火涂料的防火性能按试验测定的结果分为两个级别，每个级别的技术要求指标见表 2 所示。

表 2

序号	项　目		指标与级别	
			一级	二级
1	耐燃时间（min）		≥20	≥10
2	火焰传播比值		≤25	≤75
3	阻火性	质量损失（g）	≤5	≤15
		炭化体积（cm^3）	≤25	≤75

当防火涂料不能同时达到表 2 中某一级别规定的性能指标时，则按最低一级性能数据作为分级的依据。

表 2 中规定的分级仅适用于试验规定的涂覆比值和基材类型。具体的试验方法如下：

（1）大板燃烧法

该方法是在规定基材和特定燃烧条件下，测试涂覆于可燃基材表面的防火涂料耐燃特性，并以此评定防火涂料耐燃性能的优劣。该方法仅适用于各种饰面型防火涂料耐燃性能的测试。

整个试验过程按时间——温度标准曲线的要求升温，从试件受火那一时刻起到试件背火面温度温升达到 180℃和试件背火面出现穿透时止，这段时间即为饰面型防火涂料的耐燃时间。

（2）隧道燃烧法

该方法以小型隧道炉测试涂覆于基材表面的饰面型防火涂料的火焰传播特性，并以此评定防火涂料对可燃基材的防火保护作用及阻止火焰传播性能的优劣。

将处理好的涂覆试件安置在隧道炉试件支架内，涂覆面向下进行燃烧试验，并测得涂覆试件的火焰传播值 L_S（cm）。

（3）小室燃烧法

该方法是在实验室条件下测试涂覆于基材表面的饰面型防火涂料的阻火性能。以其燃烧质量损失，碳化体积来评价防火涂料的优劣。

三、结构型防火涂料

结构型防火涂料包括钢结构防火涂料和混凝土结构防火涂料。一般地说混凝土防火涂料的使用量极少，因此人们遇到的主要是钢结构防火涂料。

建筑物中承重钢结构必需作防火保护。国家现行规范《建筑设计防火规范》和《高层民用建筑设计防火规范》中对建筑物的耐火等级及相应的建筑构件应达到的耐火极限，作了具体规定，详见表 3。

建筑构件的耐火极限要求　　表 3

规范名称 / 构件名称 / 耐火极限(h) / 耐火等级	高层民用建筑设计防火规范			建筑设计防火规范				
	柱	梁	楼板、屋顶承重构件	支承多层的柱	支承单层的柱	梁	楼板	屋顶承重构件
一级	3.0	2.0	1.5	3.0	2.5	2.0	1.5	1.5
二级	2.5	1.5	1.0	2.5	2.0	1.5	1.0	0.5
三级				2.5	2.0	1.0	0.5	

钢结构防火涂料施涂于建筑物和构筑物钢结构构件的表面，以形成耐火隔热保护层，提高钢结构的耐火极限值。根据其涂层的厚度及性能特点可分为薄涂型和厚涂型两类。薄涂型钢结构防火涂料（B 类）的涂层厚度一般为 2～7mm，有一定的装饰效果，高温时膨胀增厚，耐火隔热，耐火极限可达 0.5～1.5h，人们又常称这种涂料为钢结构膨胀型防火涂料。厚涂型钢结构防火涂料（H 类）的涂层厚度一般为 8～50mm，呈粒状面，密度较小，热导率低，耐火极限可达 0.5～3.0h。人们常称这种涂料为钢结构防火隔热涂料。

为了贯彻实施国家的有关建筑防火规范，使用防火涂料保护钢结构，提高其耐火极限，做到安全可靠、技术先进、经济合理，中国工程建设标准化协会组织编制了《钢结构防火涂料应用技术规范》（CECS 24:90）。

该规范规定，钢结构防火涂料均应通过国家检测机构检测合格后，方可使用。其中薄涂型钢结构防火涂料的主要技术性能应符合表 4 的规定。

薄涂型钢结构防火涂料性能　　表 4

项　目		指　标
粘结强度（Mpa）		≥0.15
抗　弯　性		挠曲 L/100，涂层不起层，脱落
抗　振　性		挠曲 L/200，涂层不起层，脱落
耐水性（h）		≥24
耐冻融循环性（次）		≥15
耐火极限	涂层厚度（mm）	3　5.5　7
	耐火时间不低于（h）	0.5　1.0　1.5

而厚涂型钢结构防火涂料的主要技术性能应符合表 5 的规定。

厚涂型钢结构防火料性能　　表 5

项　目		指　标
粘结强度（MPa）		≥0.04
抗压强度(MPa)		≥0.3
干密度(kg/m^3)		≤500
热导率 W/[(m・K)]		≤0.116（0.1kcal/m・h・℃）
耐水性(h)		≥24
耐冻融循环性（次）		≥15
耐火极限	涂层厚度（mm）	15　20　30　40　50
	耐火时间不低于(h)	1.0　1.5　2.0　2.5　3.0

钢结构防火涂料的黏结强度应参照《合成树脂乳液砂壁状建筑涂料》6.12 条黏结强度试验进行。

四、防火涂料的发展

防火涂料作为一种安全防护产品，仍将有很大的发展空间。

1．饰面型防火涂料

饰面型防火涂料目前主体应用于木制装饰和木制家具的表面上。而就装修工程而言，人们希望所装修的物体在安全的基础上，也应体现美观的特征。目前国内市场上销售的饰面防火涂料，基本上是非透明型的，即一旦涂上防火涂料后，被涂物体的原有色泽和花纹将无法显现。这显然不是装修设计者和使用者的本意。为此开发透明型的饰面防火涂料是这类涂料发展的方向。这种透明的防火涂层既可防火又使物体表面美观有光泽。它们可用于各种实木、胶合板、木屑板、三聚层饰面板上。这种涂料还应在涂刷时，无须去除板面上已有油漆或其他装饰面层。透明防火涂料涂刷后的表面应能耐用各种清洗。

2．钢结构防火涂料

钢结构防火涂料的发展主要解决两个问题。

（1）厚型防火涂料的耐久抗冲击

这类涂料又叫无机轻体喷涂材料和耐火喷涂物，属于非膨胀型，有蛭石水泥系、矿纤维水泥系、氯氧化镁水泥系和其他无机轻体系，其基本组成是：

胶结料（硅酸盐水泥、氯氧化镁或无机高温粘接剂等）

骨料（膨胀蛭石、膨胀珍珠岩、矿棉等）

化学助剂（改性剂、硬化剂、防水剂等）

水

涂层厚度视各钢结构耐火极限要求而定，除具有密度小、热导率低、耐火绝热性好等优点外，其最突出的特点是可靠性高，只要涂层不脱落、开裂，其耐火性能就能保持原有的性能。

但是这类涂料在震动和冲击力作用下其黏结力的耐久性就难保证。为此对这类涂料要着重研究其黏结特性，以确保涂层不剥落。

（2）薄型化问题

薄涂型钢结构膨胀防火涂料是相对于厚涂型而言，这类涂料又叫膨胀装饰涂料或膨胀油灰，常分为底层（主涂层）和面层（装饰层）涂料，其基本组成是：黏结剂（有机树脂或有机与无机复合物）、膨胀阻燃剂、绝热增强材料、颜料和化学助剂、溶剂和稀释剂。

涂层厚度一般为 3～7mm，可做成平整光滑的表面，有一定装饰效果，高温时涂层能膨胀增强厚到几十甚至几百毫米，可将钢结构件的耐火极限由 0.25h 提高到 0.5～2.5h。

为了减轻构件的自重，提高涂料的黏结性，更好的装饰钢结构表面，国内外的一些单位都在大力开发超薄型的防火涂料，即涂层厚度在 3mm 以内的防火涂料。德国产的厚度为 2.42mm 的涂料，耐火极限时间已超过 2 个小时。国内现有产品与之相比还有较大差距。薄型化是一个方向，但考虑到化学材料长期性能变化的问题，目前也不应片面的强调。应进行综合的、系统的比较分析，以得出恰当的控制点。

建筑火灾自动报警系统

在人群聚集的场所发生火灾时，完全可以依靠人的器官去发现火灾并向有关部门报警，但在许许多多的情况下建筑空间中是没有人或人处于睡眠状态。这时，火灾自动探测与报警系统便具有了很大的使用价值。

现在有各种各样的火灾探测及报警系统，它们能对各种与火灾有关的现象做出反应，例如探测热能、烟、光等。当然该系统还只是能发出火灾报警，但并不能控制火势的发展。

一、火灾报警控制器

到目前为止，我国火灾自动报警控制器的发展可分为三代。第一代火灾自动报警控制器是以继电器、半导体分立元件为主的，这类机器的特点是体积大、可修复性差、报警线路少。这类机器在1987年以前使用较多。第二代火灾自动报警控制器是以集成电路为主，外围采用少量分立元件，这类机器体积较小，可靠性及可修复性较好，报警点数可达二百多个点。该类产品目前仍有少量在使用。第三代火灾自动报警控制器是以微处理器及外围芯片构成的，具有智能型的，这类机器的体积进一步缩小，可靠性及可修复性进一步提高，报警路数可达一千个点以上，微处理器的使用，使第三代报警控制器具有以下特点：

1. 大量的硬件功能可用软件来实现，使报警控制器的体积进一步缩小，硬件成本降低。
2. 可联打印机、CRT等设备，使结果更直观。
3. 可编程外控。
4. 多台报警控制器联网，使报警控制系统实现集中控制。
5. 可实现二总线制，使系统的连线减少。
6. 与计算机连接，可实现高度智能化管理。
7. 每台机器报警点数可达一千点以上。
8. 系统可修复性好，维护方便。

第三代报警控制器的工作原理是：探测器信号通过转换电路，转换微处理器能接收的信号，微处理器根据此信号，由软件控制实现各个功能。

二、火灾探测器

火灾探测器是处于建筑物火灾监控系统设备前端的设备。即如何及时、准确、可靠地探测出火灾信息，是建筑物火灾监控技术首先要研究解决的问题。

由于探测的原理不同，火灾探测器可以有很多种。常规的火灾探测器一般可以按图所示分类。

每种探测器都适应特定的场合，使用时做具体的选择。

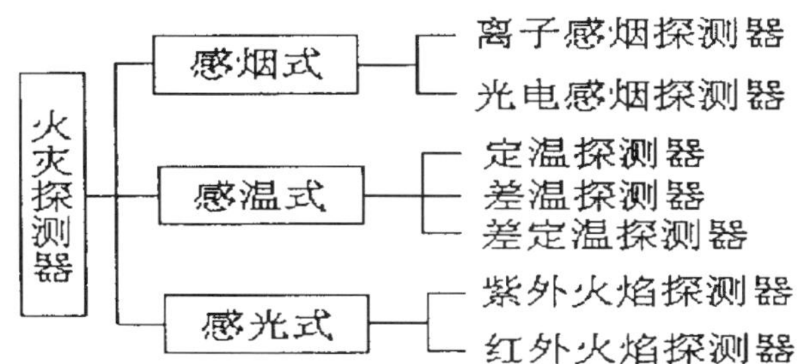

目前，在第三代报警控制器所配的智能探测器其性能优于传统的探测器。智能型探测器的灵敏度根据现场的不同环境，可在报警控制器中用软件逐个设置，这种智能型报警系统对灰尘、温度、湿度等外界非火灾因素的变化可进行自动补偿，以确保所设定的灵敏度稳定，提高报警的准确度。

由于探测器适用的高度常规为6m以下空间，所以有关大空间的探测和探测误报问题仍将是今后要重点解决的问题。

三、新的火灾探测技术

1. 图象火灾智能探测

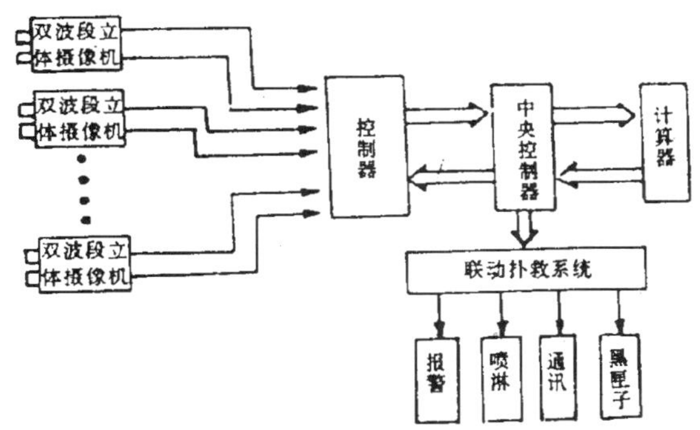

图的说明：

（1）利用红外影像探测有强烈辐射的部位，当发现有强烈辐射部位时，可继续对可疑点进行跟踪摄像；

（2）利用能量增长的变化率对可疑点进行能量发展趋势的判断，当可疑点的能量呈增长趋势时，应进一步对该可疑点跟踪监测；

（3）根据失控燃烧的频谱特性，利用序列影像计算可疑区域频谱特性，根据此特性可以判断该区域是否由燃烧引起的，否则开通彩色摄像系统，利用彩色摄像的多重判据进一步判别火灾是否存在；

（4）根据相机定向规则，利用立体影像对可疑同名点进行计算与判别，在三维空间进一步判断火灾的存在与否；

（5）同时将火灾的色谱特征判据、相对稳定性判据以及火灾燃烧的纹理判据逐个进行判别。

2．空气采样报警器

在正常状态每立方米空气中有几万颗尘粒，其中大小尘粒粒径从0.1～25μm，有一定分布规律，当物体开始发热燃烧时也会产生一定大小的微粒（微粒大小和物体特性有关），这些微粒的产生改变了原来大小尘粒分布的规律，检测大小尘粒变化经计算就可以发现异常，从而决定是否报火警。此设备特点灵敏度高，可比常规烟感探测器高出1千倍，尤其应用在大空间的场合。国内尚无此类产品。

该设备由采样塑料管、抽气泵、过滤器、光学系统、电器分析运算系统、显示系统组成，其中抽气泵和光学系统是技术的关键。

该设备尤其适用大型空间建筑。

3．双波段火焰探测报警系统

它主要适用大空间公共建筑内的火灾探测。该探测器的主要原理：

早期，国际上使用普通式紫外、单波段红外火焰探测器作为保护大空间建筑的手段，但由于其受技术水平及工艺水平的限制，在实际应用中对环境干扰的抵抗能较差，易产生误报警。针对此问题，近年来日本、英国已开发研制并成功使用双波段红外火焰探测器探测早期火灾，用于大空间建筑保护。其在选定的两个红外波长段上接收信号，经信号处理、对比，利用太阳光波长盲区及滤波算法，有效地抑制了环境干扰信号（如太阳光、电弧光、人工照明光线等）的干扰，提高了系统可靠性。同时其探测灵敏度高、保护面积大、安装使用灵活，成为保护地下与大空间建筑的最新产品。

其主要的技术指标为：

●一级灵敏度探测器对两种标准试验火的有效距离大于25m。

●探测器不受阳光及人工照色光等背影光的干扰。

●探测响应时间：≤30s

●探测器视场角：≥70°

●探测器具有防尘、防水、防腐和抗电磁干扰性能。

●报警控制器具有灵活的现场动态编程能力。

4．光纤感温火灾探测报警系统

瑞士Cerberus公司于20世纪90年代初推出了缆式线型光纤感温火灾探测报警系统并成功将其应用于地铁及隧道的保护。其应用光纤受热导致光纤微小形变，使在光纤中传输的光产生附加损耗及相移的原理计算出受热点的温度及用OTDR（Otical time-domain reflectometry）技术确定火灾部位，是世界上首先推出的该类系统。它可探测40～90℃范围内的任何温度，在2000m长感温光缆线上对火灾发生点定位精度为2m。日本于去年开发出新型缆式光纤感温火灾探测报警系统并在工程中试用，其利用光纤某点背向散射的Stokes和反Stokes光比值仅与光纤该点温度有关的原理进行温度探测，用OTDR技术确定火灾部位，在1000m感温光纤长度上定位精度为1或5m，温度探测误差±3℃。线型光纤感温火灾探测系统克服了普通点型火灾探测器在安装使用上的缺陷，抗干扰能力强，已成为国际上推崇的用于地铁站道、隧道、地下电缆沟及大型仓库等建筑保护用火灾探测报警系统。

5．复合火灾探测

复合型火灾探测器可同时探测烟浓度、CO浓度和温度。在探测器中预存火灾发生状态、火灾燃烧状态、热蒸汽状态、烟气状态等项函数，当探测器探得有关信号后，由探测器进行模糊化的处理，并推论结果。为了确保安全，复合探测器还配有人体红外探测装置，通过对人体有、无的探测来进一步认定所做出的推论结果。

6．无线火灾报警系统

无线火灾报警系统是近几年来在国外发展起来的新型火灾报警系统，与传统的火灾报警系统相比有它独特的优势并孕育着巨大的市场潜力。

传统火灾报警系统，通常需要通过布线将系统中的各种部件连接起来，完成这样的安装工程，往往需要花费大量的时间，给客户的正常工作带来不必要的打扰，甚至造成建筑物结构被破坏，且无法弥补。而无线火灾报警系统省去了这些既烦琐又费时的布线工程，给一些特殊建筑或场所提供了一种新的选择，可以有效地避免出现上述问题。

无线火灾报警系统与传统的有线系统的区别在于，前者是通过无线信号而不是用导线将各个装置连成一个系统。两者的主要硬件成分几乎是一致的，包括控制面板、感烟探测器、感温探测器、易碎玻璃管及发声器等。无线火灾报警系统借助于无线电信号而不是导线传输数据，并用电池为系统组件提供工作电源。当感烟探测器监测到烟雾时，短波无线电在1秒之内将所得数据传送到控制面板。该控制面板类似于有线系统的控制面板，有各种控制元件包括与其他设备相联的输入输出装置，由天线完成到系统的主要输入输出，控制面板拥有强大的接受功能，可以同时接收数千条信号。在一个快餐桌大小的控制面板上，还可以安装多达3000个各种处理装置。

火灾探测器选择表

设置场所		火灾探测器类型							备注
					离子式		光电式		
使用环境	举例	差温式	差定温式	定温式	非延时	延时	非延时	延时	
烹调的烟有可能流入，而换气性能不良的场所	配餐室、厨房前室、厨房内的食品库等	◎	◎	○					若使用定温探测器，宜用Ⅰ级灵敏度定温探测器
	食堂、厨房四周的走廊和通道等	◎	◎	×					
由于吸烟烟雾滞留，而换气性能又不好的场所	会议室、接待室、休息室、娱乐室、会场、宴会厅、咖啡馆、饮食店等	△	△	×				◎	
用做就寝设施的场所	饭店的客房、值班室等	×	×	×		◎		◎	
有废气滞留的场所	停车场、车库、发电机室、货物存取处等	◎	◎	×					
除烟以外的微粒悬浮的场所	地下街等	×	×	×		◎		◎	
容易结露的场所	用石板或铁板做屋顶的仓库、厂房、密闭的地下仓库、冷冻库的四周、包装车间、变电室等	△	×	◎					若使用定温探测器，要使用防水型
容易受到风影响的场所	大厅、展览厅、寺庙的大殿、塔屋的机械室等	○	×	×				◎	
烟须经过长距离运动后才能到达探测器的场所	走廊、通道、楼梯、倾斜路、电梯井等	×	×	×			◎		
探测器容易受到腐蚀的场所	温泉地区以及靠近海岸的旅馆、饭店的走廊等	×	×	○			◎		若使用定温探测器，要使用防腐型
	污水泵房等	×	×	◎					
可能有大量虫子的场所	某些动物饲养室等	◎	○	○					探测器要有防虫罩
有可能发生阴燃火灾的场所	通讯机房、电话机房、电子计算机房、机械控制室、电缆井、密闭仓库等	×	×	×			◎	○	
大空间、高顶棚，烟和热容易扩散的场所	体育馆、飞机库、高天棚的厂房和仓库等	△	×	×					
粉尘、细粉末大量滞留的场所	喷漆室、纺织加工车间、木材加工车间、石料加工车间、仓库、垃圾处理场等	×	×	○	×	×	×	×	定温探测器要使用Ⅰ级灵敏度探测器
产生大量水蒸气的场所	开水间、消毒室、浴池的更衣室等	×	×	○	×	×	×	×	定温探测器要使用防水型
有可能产生腐蚀性气体的场所	电镀车间、蓄电池室、污水处理场等	×	×	○	×	×	×	×	定温探测器要使用防腐型
正常时有烟滞留的场所	厨房、烹调室、焊接车间等	×	×	○	×	×	×	×	厨房等高湿度场所要使用防水型探测器
显著高温的场所	干燥室、杀菌室、锅炉房、铸造厂、电影放映室、电视演播室等	×	×	○	×	×	×	×	
不能有效进行维修管理的场所	人不易到达或不便工作的车间，电车车库等有危险的场合	○	×	×	×	×	×	×	

注：◎表示最适于使用；○表示适于使用；△表示根据安装场所等情形，限于能够有效地探测火灾发生的场所使用；×表示不适于使用。

关于对我国建筑装饰行业内一些问题的联想

黄　白

1. 小兔子的故事——成功心理学与比较优势原理

2002年5月27日，全球咨询业巨头美国盖洛普咨询有限公司名誉董事长出席北京大学成功心理研究中心成立仪式，这是继美国哈佛大学等6所世界知名学府后的第七家设立成功心理学基金的著名院校。2002年5月29日《北京晚报》报道了这位曾经从事过教育事业、有着4个子女和9个孙子女的70多岁的长者唐纳德·克利夫顿博士讲的一个有关成功的“小兔子的故事”：

为了和人类一样聪明，森林里的动物们办起了学校。开学第一天，兔子家庭把打扮一新的小兔子送到学校开始上课。动物学校开设了5门课程，跑步、跳高、游泳、爬树和飞翔，而最有跑步天赋的小兔子，一开始在跑步课程中取得了优异的成绩，并得到了教练的指导，所以它热爱学校，并自豪地说：“我能做好我天生就喜欢做的事！”但紧接着的游泳课、爬树课和飞翔课，它的表现却都不尽人意，于是辅导员采用各种手段让小兔子练习它薄弱的科目，比如通过不断跳崖来学习飞翔，可却起不到什么作用。游泳课上，天生恐水、祖上从来没人会游泳，而且打洞安家都要远离水边的小兔子被强迫下水后差点淹死。受到其他同学嘲笑的小兔子羞愧难当地逃回家中，再也不想上学去了。而另外一种能飞会游的鸭子，则因为在跑步中常常以飞代跑，所以老师为了让它真正学会跑步，而强迫它绑上了翅膀。学校的辅导员认为小兔子的跑步成绩很好，可以不用再学，而应将全部时间花费在薄弱科目的学习上，于是，当被家长送回学校的小兔子听说辅导员取消了自己每天的跑步课程，而将游泳课增加了一倍时，当时就晕了过去。

这个故事的意思已经很明白了，其实在我们的教育中就存在这样的误区，老师和家长总是把更多的注意力放在学生薄弱的科目上，说什么只要功夫深，铁杵磨成针，但正是这种思想上的错误妨碍了人们的成功。

唐纳德·克利夫顿博士他们曾在美国对学生家长做过一项调查：如果你的孩子两门功课考A，一门考B，一门考D，在你和孩子讨论学习的时候，会主要把精力放在哪门功课上？结果，有80%的家长都选择了和孩子更多谈论考D的那门功课。大家似乎都认为应该花费更多的力气提高自己较差方面的能力，在唐纳德·克利夫顿博士看来，这就和小兔子学游泳一样，费力而不讨好，不仅无法成功，反而会降低人们的自信。

传统心理学是讨论分裂、变态、抑郁、强迫等病态问题，而成功心理学则是研究成功，强调从积极的角度识别和开发人的积极品质，发挥人的优势和才干。

其实，成功心理学的原理也符合市场经济学的比较优势的原理、细分市场的原则和核心竞争力的道理。

现在大家都在谈论企业的核心竞争力。什么是企业的核心竞争力？在2002年5月北京大学举办的“华凌·中国经济论坛”上，学者和企业家发表了各自的见解。北京大学经济学院院长刘伟教授认为，企业家是企业制度、市场制度人格化的集中体现，是企业的核心竞争力。企业经营失败，企业家的决策失误有一些共性：追求过高的增长率，盲目多元化，企业的政治化，产业空心化，只要沾上一个，企业就搞不好。北京大学经济院教授博士生导师王俊宜认为，经营理念、科学决策是核心竞争力。以1997年美国克莱斯勒濒临破产为例，在20世纪70年代石油危机、油价上涨的背景下，克莱斯勒仍然生产豪华型的大轿车，失去了市场；而日本的企业做出生产节油汽车的决策，冲进了美国市场。经济学家钟朋荣认为，包括约束机制、激励机制、组织机构等在内的管理机制是企业核心竞争，因为企业团队也好，企业家也好，都是制度的产物。国信华凌集团董事长陈小石认为，优秀的管理团队是企业的核心竞争力。一个好的企业，如果因为管理团队的失误，金山、银山也可以败光；而一个亏损的企业，如果有好的管理团队，在竞争中决策正确，可以克服困难由损转盈。

核心竞争力从哪里来的？来自专业化运作。只有有了核心竞争力，才能形成比较优势。而专业化运作，也包括了成功心理学的佐证。

我现在终于明白为什么很多高档公共建筑装饰工程的业主，非要把室内设计委托给比给我们设计费（在3%～5%的基础上增加56%）高得多的外商，而不给少要甚至不要设计费的国内企业，其原由除了欠缺知识、人事均衡、寻租等因素外，重要的是看重的是外商的核心竞争力——专业化，而我们则是“什么都会”。什么都会，其实就是什么都不精，什么都一般化——没有核心竞争力的代名词。因此，我们的建筑装饰企业要根据成功心理学的原理和比较优势的原理，加强专业化的运作，突出自己的强项，不要盲目的“补钙”，更不要什么“一业为主，多种经营”，从而形成自己的核心竞争力，如深圳洪涛装饰工程公司的大堂、上海市大华装饰工程有限公司、上海新丽装饰工程有限公司的高档酒店、武汉凌云建筑装饰工程有限公司的电视塔幕墙等。

最近，中国建筑装饰协会副会长、深圳市建筑装饰（集团）有限公司董事长兼总经理汪家玉提出，根据WTO的精神和国际惯例，企业“做大”恐要舍去，而要着力“做精、做强”。中国建筑装饰协会常务理事、深圳长城家具装饰工程有限公司董事长兼总经理张朝煊则提出，以公司总部创品牌，以项目部创规模效益，从而推动整个企业的可持续发展。

这些在应对WTO新形势下制定的企业发展战略，均符合成功心理学和比较优势的原理，造就企业核心竞争力。

从“小兔子的故事”我们所受到的其他启发呢？

2. 抽烟的经济学分析：均衡原理与装饰企业应对WTO

最近听说深圳、江苏、杭州等地业内反映最强烈的问题是“最低价中标制”，深圳且事先公布工程最低价的标底，弄得一些装饰工程竟然六七折中标；竞标的一级装饰企业未能得逞，反使二级公司抢得先机。业内对此的基本态度：一是批评强烈；二是作为单体企业感到无能为力，市场经济只能适应；三是不禁感到从前的“摇号抓阄中标制”比现在的“最低价中标制”公平得多。

四年前深圳是实行工程“摇号抓阄中标制”最早的地区之一，后在江苏等地推广，当时召来业内批评如潮。现在深圳、南京、杭州又带了个“不好”的头，弄的企业是“怨声载道，苦不堪言”。企业究竟应该怎么办？

最近有两位美国的经济学者出版了一本书，书名叫《抽烟的经济分析》。书里主要的论点刚好和现在世界各地风起云涌、沛然莫之能御的禁烟运动唱反调，这两个人大概神经上有点问题。

然而，既然两位作者都是成名的学者，他们愿意敢冒大不韪地标新立异，到底是基于什么样的奇谈怪论呢？

他们在书里指出，一般人排斥吸烟大概有三个主要的理由。第一，抽烟对自己的健康不好，因此在保健医疗上的花费比较多；既然有些保健医疗支出是由政府以税收来提供，抽烟的人等于是让不抽烟的人负担额外的成本。第二，抽烟对身体不好，因此抽烟的人生产力受影响；这间接地减少了整个经济的产值。第三，二手烟对其他人造成健康上的伤害。因此，基于这三大理由，再加上瘾君子不能洁身自好、自我节制，所以政府就该通过相关法令来约束这些人的行为。

对于这三种论点，两位作者一一提出质疑。第一点：即使抽烟的人“真的”多耗费医疗资源，占了便宜，而让其他的纳税人吃亏，可是政府的税收和支出本来就是一种调和不同利益的“所得重分配”。其他不同特性的人不也得到一些特殊的服务吗？而且，如果抽烟的人真的寿命较短，不是刚好“少用”各种医疗设施几年吗？还有，如果抽烟的人真的医疗支出较多，精明的保险公司不会不有所因应，可是，一般保险公司的“健康保险”对于瘾君子并没有差别待遇。可见，医疗支出的差别并不明显。

针对第二点关于生产力的问题：很多实证研究发现抽烟的人请病假缺席的比例较高。确实如此。不过，影响缺席的因素有很多，包括年龄、所得水准、饮酒量、工作性质等等。如果把这些因素都考虑进来之后，“抽烟”和“缺席”之间并没有什么显著的关系。而且，如果把抽烟人口和经济成长率放在一起，统计上会发现这两者有正向的关系，也就是抽烟的人愈多时，经济成长愈好（这种统计上表象的关联显然就值得作进一步的探讨）。所以，抽烟会降低生产力的观点并没有说服力。

第三点关于“二手烟”的问题最难辩解。既然抽烟确实影响到其他的人，瘾君子当然不应该有旁若无人、自得其乐的特权。不过，即使在这一点上，两位作者也提出了不同的看法：二手烟确实是问题，但是，这种问题可以由受到影响的人“自己”寻求皆大欢喜的安排。或者设置吸烟区和非吸烟区，或者规定某些时段可以吸烟……。无论如何，这因人、因地制宜的安排都可能要比由高高在上的政客和官僚订定的单一法规来得好。政府的介入并不是逻辑上的必然！

台湾著名经济学家熊秉元在其著作《大家都站着》中认为，两位作者的论证当然会引发很多争议，不过他们这种虽千万人吾往矣、知其不可而为之、不怕成为“少数”的勇气确实很令人敬重。而且，由他们的推论里，对禁烟运动的意义远可以作更深刻的一些省思：“如果”将来有更严谨的研究证明，抽烟对健康完全没有影响，那么，就是因抽烟时尼古丁的气味难闻，是不是就可以禁烟呢？或者，“如果”将来烟草公司发明新技术，能把那种气味完全过滤掉，因此对别人在生理和嗅觉上都没有影响，但是，其他的人能不能因为叼着香烟吞云吐雾的那种调调在“视觉上”伤害了其他人，因此而禁烟呢？可是，不管是基于哪一种理由，只要能通过立法的程序，不都是“合法”的禁烟吗！

仔细想想，也许两位作者并不是疯子，也不（只）是在螳臂挡车。那么，他们是什么呢？或许，算是“可敬的傻子”吧！

如此说，美国经济学家的《抽烟的经济分析》，也符合经济学的均衡原理，意即中国的“中庸之道”，或凡事不可过分、不可偏废、不能绝对、物极必反、一分为二。

工程“最低价中标制”良好的愿望可能造成的不好结果：一是更改原设计；二是偷工减料；三是懒账。承包商不得已而为之，最终损害了发包商业主和消费者的根本利益。

其实，正如排队一样，工程中的“摇号抓阄中标制”是一种公平，“最低价中标制”也是一种公平。一级企业中标是一种公平，二级企业有机会参与“竟然意外”中标，也是一种公平。公平，本质上是一种均衡，只有均衡，才符合市场经济和企业、协会、行业发展的大方向。

工程“最低价中标制”问题是，我们要定性定量的分析出投资者和承包商各自“合理中标范围”的成本和收益——寻找出这一制度的设计是否有缺陷，有多少缺陷，解决的办法并加以改正。如香港等地的工程合同非常严谨，如果是这种合同谁敢竞标这个“最低价”呢？还有评标标准和制度——低于成本价的处理等。

我国建筑装饰行业应对WTO，经过中国建筑装饰协会2002年3月1日哈尔滨市的“东北三省大型建筑装饰企业应对WTO座谈会”、4月9日武汉市的“全国建筑装饰企业应对WTO战略研讨会”、6月18日太原市的“东北西北华北地区重点家装企业工作研讨会”、6月24日上海市的“8省市建筑装饰协会应对WTO协会工作研讨会”这四项业内重要活动，已有了一个大概的明目。就像当年我国的改革开放，当今的建筑装饰企业也需求WTO，以获得市场的均衡。国有建筑装饰企业也需求改制，以获得企业产权的均衡。家族建筑装饰企业也需求改革，以获得管理者的均衡。建筑装饰行业协会也需求与国际接轨，以获得代表行业根本利益的均衡。国家的多极化、经济的全球化、环境的保护、生态的平衡、人事的五湖四海、人的优缺点等也都是为了均衡。

“最低价中标制”的问题究竟有哪些，如何解决？

3. 诚实与建立建筑装饰行业信用秩序

最近，中国建筑装饰协会大力贯彻国家标准《住宅装饰装修工程施工规范》（GB50327—2001），因自己曾是规范组副组长，故到一些场合讲学。我常扪心自问，从业者贯标的动机和动力是什么？他们执业的诚实会给自己及企业带来什么好处？

台湾著名经济学家熊秉元在其著作《大家都站着》中有一篇文章叫做“樱桃树的故事——之一”，他写道：如果世界上所有的人都是诚实的，每个人说一是一，说二是二；商人童叟无欺，政客表里如一。那么，这应该是一个很安全、很美好、很令人神往的世界。

当然，问题是：每个人都诚实的世界会不会存在、可能不可能存在？

假想一种情况：在某一个专门卖“建筑装饰工程”的市场里，刚开始时所有的摊贩都是诚实的。他们不会短少斤两，不会以假乱真；他们把装饰材料按品质高下和级别好坏分门别类得一清二楚。顾客无需挑选翻拣，只要根据标示，说出数量，老板自然会分毫不差地把装饰材料秤好包好。顾客也无需担心找的钱会短少不够，因为老板是诚实无欺的。

然而，即使人是诚实的，人却不一定是精确无误、毫厘不失的。一个小贩也许哪一天无心地把几个次级的材料错放在上等材料之间，也许他忙得晕头转向时看错了斤两，也许他找钱时不小心少找了几十块钱，这些完全都是偶然的无心之过。但是，在晚上盘点时，小贩发现他“多赚”了一些钱。一时的差池当然不会改变小贩的作风，可是，接连几次因为意外而尝到甜头之后，小贩“发现”了一个道理：既然无心之过和有意的偏误结果是一样，而且顾客不会察觉、自己又能多赚一些，那么，为什么不干脆“有意地”犯些错。毕竟，偶尔的不精确（不诚实）并不是罪恶。

因此，“不诚实”的小贩会在偶然的情形下出现。而且，因为他赚的钱比较多，所以他的竞争条件变得比较好，生意也就能做得比较大。因此，在这一群诚实的小贩里，不诚实的小贩不仅有容身之处，而且生意可能比别人还兴隆。当然，除了不诚实的小贩自己之外，别人不一定知道事情的原委底细。

当所有的小贩都诚实时，会有不诚实的小贩出现。同样的，当所有的小贩都是不诚实时，会有诚实的小贩出现。刚开始，当所有的小贩都是鱼目混珠，偷斤减两时，顾客必须要花很多的时间心力自己去挑选材料，自己盯着秤锤斤两。在这种情形下，如果哪一天买回家的材料刚好就像小贩所夸称的一样满意，下一次自然比较愿意再光顾这个小贩，比较愿意再相信小贩的话。几次之后，一方面顾客可省下一些时间，不必再锱铢必计地自己挑、自己选、自己秤；另一方面，小贩也“发现”了说实话可以招徕顾客、可以发展出一些老主顾。因此，有些小贩会开始变得（比较）诚实，因为诚实带来好处。

由此可见，不论是由“全部诚实”或“全部不诚实”开始，世界都不会停留在这两个极端上。经过一段时间的发展演变，极端的世界会慢慢消失；世界会变成同时存在着诚实和不诚实这两种人——就像我们所身处的这个世界一样！

因此，世界上会有诚实的人也会有不诚实的人、会有好人也会有坏人、会有高尚的人也会有低劣的人，这可以说是极其自然的。这个世界不可能是单纯的，因为单纯的世界会被复杂的世界所取代；这个世界上也不会只有一类人，因为会有另一类人趁机会出现，而后共存共荣。所以，期望世界上的人都是诚实、都是好人、都很高尚，是不可及的目标——事实上是“不该有”的目标！

可是，如果“希望所有的人都诚实”是不可及的目标，那么，比较实际可及的目标是什么呢？诚实地说，我不知道。如果有人说他知道，我猜他是在说假话！

我国建筑装饰行业最大的问题是缺乏诚实——亟待建立自律机制——行业信用秩序。为什么要贯彻国标《住宅装饰装修工程施工规范》，就是想让执行的从业者（目的是消费者）从中获益，使诚实者得到好处。同理，为什么会有一大批忠实于建筑装饰事业的协会工作者，如同从业者忠实于本企业，也是想从敬业中获益，从诚实中得到好处。不仅是个人的经济利益，重要的还有做人所获得的尊重、价值、快乐和成就感。

近年来一些地方建筑装饰协会在这方面做出了大胆而有益的实践，如深圳装饰行业协会2000年9月实行的“行业除名制”，北京市建筑装饰协会家装委员会2002年3月实行的“行业除名制”上海市装饰装修行业协会2002年5月实行的“行业警示和清除制”，均取得了良好的效果，受到了行业的拥护。我们应该尽己所能，建立我国建筑装饰行业的信用秩序，让所有从业者从诚实中获得的利益比不诚实者所获得的好处还要多得多。

4. 谁会为行业见义勇为

常见报道称有人溺水围观者众而无人施以援手，没人见义勇为，为什么？推而广之，凡是人多的某种场合或一家企业、一个单位内均是这样，为什么？行业中的许多问题，企业多是私下议论，也少见见义勇为，为什么？

经济学家认为，人与人之间的交往在人多的时候的本质和在人少的时候大不相同。交通秩序最乱的地方一定是大城市，车子多只是原因之一。更重要的是当人多的时候，个人的责任感减弱。这包括两个方面：一方面是因为人多，个人不过是沧海之一粟，个人的举止并不会影响大环境的是非善恶，所以勿需斟酌自己的行为，大可以随心所欲。另一方面，个人认识的人有限，其他大多数的人都是不知名的第三者，既然和自己非亲非故，所以行为上对他们也勿需检点自己的行为。

美国心理学家进行了大量的实验和调查，结果发现责任分散效应形成的原因：众多旁观者见死不救这样的现象，不能不仅仅说是众人的冷酷无情或道德沦丧的表现。因为在不同的场合，人们的援助行为确实是不同的。当一个人遇到紧急情形时，如果只有他一个人能提供帮助，他会清醒地意识到自己的责任，对受难者给予帮助。如果他见死不救，他就会产生罪恶感、内疚感，这需要付出很高的心理代价。而如果有许多人在场的话，帮助救助者的责任就由大家来分担，造成责任分散，每个人分担的责任很少，旁观者甚至可能连他自己的那份责任也意识不到，从而产生一种“我不去救，由别人去救”的心理，造成“集体冷漠”的局面。如何打破这种局面，不仅是心理学家研究的一项重要课题，而且是建筑装饰从业者应着力解决的重大问题。

由上可见，为业内问题企业不愿登高一呼，非单个企业之故，而需集体之举。多数企业意见反映的最佳渠道是通过代表本业利益的行业协会。因此说，在市场经济背景、WTO 条件下的现代社会，行业协会的最重要的功能之一就是代表本业企业的利益而挺身而出。否则，这个行业协会只是一个不能代表本业企业利益图有虚名的形式，企业自然远他而走，去寻找能代表他们利益的代表。这就是一些行业协会终年门前冷落车马稀的原因。一家企业、一个单位也一样，如果这个领导人不能代表本企业本单位的利益，他就该被员工炒了。

5. 一分耕耘，一分收获

一分耕耘，一分收获。意思是说种瓜得瓜，种豆得豆。这是大家耳熟能详的谚语，特别是当过农民及做过农事的人。人们对此坚信不移。但有时也不尽然，如竞标装饰工程及日常工作、生活，因并没有得到自己预期的收获，以至越来越怀疑其正确性，反面的例证似乎比比皆是。

经济学有个专有名词叫做“优势几率特性”，说的是农作物每年的收成并不是一成不变的，会受到天气、虫害等因素的影响。可是，虽然收获量出现丰收或歉收的情形都有，但机会较低小；最常出现的还是不多不少的收成。所以，收获物的多少就呈现一种像“钟形”一样的常态分配。有趣的是“人”的因素对这个“钟形分配”的影响。如果耕种者在除草、施肥、灌溉、防虫、驱鸟这些事上花费多一些的力气，那么这个“钟形分配”会慢慢变形，而且会向右边扭曲；也就是说，当耕种者投入更多的气力时，出现好收获的几率会上升，出现坏收成的几率会减少。

读书和考试是一个现成的例子：多花时间在课堂上，考试时虽然还是有可能因为其他，如试题难易、竞技状态等因素而得到“不好”的成绩；但是显然得到“好”成绩的几率会增加。追求异性朋友也是一样，多下功夫不一定会如愿以偿，还是可能被淘汰出局，但下的功夫越多，“成功”的机会显然也越大。

其实，我们日常的工作生活里的几乎每一件事不都是符合“优势几率特性”的吗？投标、求学、事业、婚姻都是如此。你付出的多，并不“保证”你会成功，你还可能是鼻青脸肿，费力不讨好。但是，当你付出的努力越多时，你“赢”的机会自然也越大。由此可见，“优势几率特性”表示，一分耕耘，“不一定”有一分收获；但是，一分耕耘“比较可能”有一分收获。

进一步的想，“优势几率特性”还有另一层的意思：虽然有志者多半事竟成，但是，即使付出的心血再多，还是“有可能”种瓜得豆，欲益反损。因为出现“坏收成”的几率永远存在。

既然投入的心血再多，还是有可能付诸东流，一无所得。这么一联想，是不是表示干脆就随兴所至，无可无不可呢？反正付出的再多还是可能一事无成，所以也不需要特别在意。这也不尽然！“优势几率特性”的意谓是：当你越努力，你得到“好收成”的机会也“越大”。而且，还有一层更深的含意是：付出“多一点”的努力、心血，隐含着一种自我突破和自我超越，这本身就是一种“成就”，是一种心理上的收获。

一分耕耘一分收获的结论是不是谋事在人成事在天呢？

6. 装饰行业社团工作者要让业内信任

中国第一位女性体育节目主持人——中央电视台的宁辛在 2002 年第 28 期《北京电视周刊》上发表感想：“做电视关键的就是人，人提高了，就不怕业务不提高。美国搞电视的人与我们的完全不一样，他们特别有活力，他们的谈吐，那种亲和力，那种人格的魅力，实在撼人。他们在电视上那种自信的表达方式，那种我说的就是对的，让别人信服的能力，中国主持人是没有的。我们没有那种让老百姓信任的感觉。似乎老百姓是否信任我们，对我们来说也并不重要。”

我们呢？

7. 可持续发展与装饰行业

以往，我们对“可持续发展”可能都是顾名思义，没有甚解。2002 年 8 月 26 日“世界可持续发展大会”在南非约翰内斯堡举行，值此机会，知道了“可持续发展”的来源和确切的定义，据 2002 年 8 月 25 日《北京晚报》原引新华社专稿，可持续发展是 20 世纪 80 年代提出的一个概念。

1987 年世界环境与发展委员会在“我们共同的未来”。的报告中，第一次阐述了可持续发展的概念，得到了国际社会的广泛共识。可持续发展是指：既满足现代人的需求又不损害后代人满足需求的能力的发展。换句话说，就是指经济、社会、资源和环境保护协调，它们是一个密不可分的系统，既要达到发展经济的目的，又要保护好人类赖以生存的大气、淡水、海洋、土地和森林等自然资源和环境，使子孙后代能够永续发展和安居乐业。

那么，建筑装饰行业的可持续发展，就可以理解为：在建筑装饰装修方面，既满足现代人的需求又不损害后代人满足需求的能力的发展。

8. 诚信与装饰企业按国际惯例排名

2002 年 8 月 2 日、8 月 14 日和 8 月 16 日，中国建筑装饰协会“民营装饰企业建立现代企业制度”课题组在大连市、黑龙江省、重庆市进行了调研，与会的 31 家民营企业的 46 位代表均提出，民营装饰企业建立现代企业制度的关键之一是：诚信。

2002 年 8 月 16 日，美国政府要求本国年营业额在 12 亿美元以上的 974 家公司的首席执行官和财务官进行“诚信宣誓”，没有（作）假账，8 月 19 日，只剩下 100 多家未在国会签字宣誓。市场经济的国家认为：“诚信是最好的竞争手段”。据 2002 年 8 月 19 日《光明日报》介绍，我国的财政收入为 10000 亿元，而我国每年因不诚信造成的经济损失却占其 58.55%、高达 5855 亿元，因不诚信而被拖垮的企业不计其数，装饰企业亦然。信是立身之本，更是立国之基。个人失信，必害在众人；企业失信，无立足于市；行业失信，被社会歧视。

由此可见，建筑装饰行业也亟待建立诚信机制——行业信用制度。如深圳、北京等地建筑装饰协会实行的“行业除名制”，又如可以建立按国际惯例以营业额（装饰工程产值）、纳税为指标的装饰企业排名，2002 年 6 月 24 日江苏省政府已评出并公布了 2001 年全省十强装饰企业（苏政办发[2002]68 号），深圳、上海、大连等地建筑装饰协会正在考虑，中国建筑装饰协会正在进行可行性研究。

9. 解手、舍得与民营装饰企业建立现代企业制度

2002 年 8 月 17 日到重庆进行“民营装饰企业建立现代企业制度”调研，其中有三个名词上的收获：一是解手；二是舍得；三是痛快。

解手，俗称“上厕所”，文明语言为“如厕”。据重庆业界资深人士讲，重庆原为“南蛮”之地，早年为内地流放犯人及移民之处。如宋末元初，因成吉思汗之故，四川人口从 2000 万人锐减为 85 万人。犯人若想如厕，则要求押解之人放其被捆绑之手，故曰“解手”。据说，现全国只有重庆如厕的代称为“解手”。生活和工作中，有许多事我们原多以为一件事与另一件事无关，或说无因果关系。从“解手”受到的启发是，真要解放思想，方能如何如何。

舍得，顾名思义，不“舍”则不“得”。另有“舍不得”，同解。以前从来没有想到过。当今人多用“有所得必有所失。”用经济学的说法是“成本—收益”。“舍”说就是“机会成本”，中国人爱说“代价”：为了得到某种东西所必须放弃的东西。

何谓“痛快”，先“痛”后“快”谓之“痛快”。

我国民营装饰 建立现代企业制度，需求“解手”与“舍得”，方能“痛快”。

10. “三爷不用”与装饰行业用人制度

2002 年 6 月 18 日在太原参加中国建筑装饰协会主办的“三北地区（东北、西北、华北）重点家装企业工作研讨会”，再次了解到了山西平遥古城“日昌升”票号的“三爷不用”。结合民营装饰企业建立现代企业制度的调研，有些联想。

南有庆余堂，北有同仁堂，它们是中国近代民族企业的两面旗帜。其实，坐落在山西平遥古城的“日昌升”票号，也丝毫不逊色于前两者。“日昌升”是我国第一家专营异地汇兑业务的私人金融机构，如今已辟为中国票号博物馆。“日昌升”的第一任经理雷履泰经过苦心经营，不但使其成为闻名全国的大商号，而且整整兴盛了 100 多年。雷履泰管理手段究竟高明在何处，几句话是说不清楚的。不过“日昌升”用人制度代代相袭的“三爷不用”，无疑是非常重要的一条。

所谓“三爷不用”，指的是主管者家族中的少爷、姑爷、舅爷不能参与票号的内部业务管理，用现在的话说就是实行回避制度，杜绝“任人唯亲”。“三爷不用”的好处是显而易见的。首先，它有助于内部团结。常言道：“神龙多了不下雨，亲戚多了难办事。”在企业经营管理中，如果有过多的家族成员参与，难免导致利益失衡，甚至出现“窝里斗”。其次，由于少了许多束缚与顾忌，主管者可以放开手脚大胆经营，有利于事业的发展。再者，没有家族成员的参与，也可杜绝任人唯亲。

“日昌升”的“三爷不用”，也适用于装饰企业的经营管理和装饰行业协会的工作。我们历来主张任人唯贤，反对任人唯亲。坚持任人唯贤，显然不能只重视选身边人，选与自己有各种关系的人，在小圈子中选人，而应按照德才兼备的原则，选群众公认、实绩突出的人。三国时期的诸葛亮有句名言：“为人择官者乱，为官择人者治。”从一定意义上讲，任人唯亲，就是为人择官，体现的是“以官为本”的思想；任人唯贤，就是为官择人，体现的是“以民为本”的思想。坚持任人唯贤还是搞任人为亲，这是衡量无论是装饰企业家还是装饰行业协会社会活动家（工作者）是否称职的重要标志。

11. 室内设计抄袭之风的新比喻

我国室内设计的抄袭之风二十多年来越刮越甚，久禁不绝，现不仅无减弱之势，而且更无暂停之意。在业内大力提倡原创的同时，越发猛烈抨击抄袭之作，且不亚于痛斥效果图大战——是小人书、连环画、垃圾、废弃物……。我觉得这些都十分贴切，可总想找一个长段子，以抒发心中郁闷不悦，但却一直未果。

不久前偶读 2002 年 8 月 6 日《北京晚报》一小文，初觉可笑，后感爽快：住在北京石景山南里单位宿舍的 6 户人家共用一个厕所一直倒也相安无事，几个月前单位调房，搬来一户新邻居。因他家离厕所最近，搬来后为家装方便，就将厕所也封进了自家“势力范围”，其余几户以为他家是为了临时装修方便，也就克服了。不料等他家装修完毕一看，公用厕所已变成他家的厨房了。街坊们不干了：“你们

不嫌恶心，我们还嫌不方便呢！”此文的题目是“茅坑上边颠勺忙”。

看来，图“方便”是问题的关键。

12. 病人跟着名医走与名装饰人

原来以为医生流动，只有一个走就是了。读2002年《北京青年报·信息产业报——人才时代》方才恍然大悟：“挖人才”名医给医院带来的是明显的经济和社会效益，一个名医除了有可能把自己的助手带来，更会带来一大批病人，而有了病人医院才能生存。

由此，建筑装饰行业也一样，业主跟着名装饰人（企业家、设计师、项目经理）走，而且还有自己的助手，能给建筑装饰企业带来明显的经济和社会效益。

13. 终身学习的四根支柱与装饰行业发展

现代意义的终身学习观念，据说首见于1929年英国易思理(Basil Yeaxlee)的《Lifelong　Education》（终身教育）一书，其定义终身教育为“包括与每日生活密切相关的非正式教育和学习。”并引用杜威（John　Dewey）的看法：“教育是不分年龄、能使我们时时专长、充实生命的事业。”各国都十分重视终身学习，如日本1990年颁布了《终身学习振兴法》，韩国1997年制定了《终身学习法》。1996年联合国科教文组织出版的《Learning :The　Treasure　Within》（学习：内在的财富）指出：“终身学习的概念是人类进入21世纪的一把钥匙。”由此可见，终身学习已成为全球性的理念。

据了解，终身学习有四根支柱：

一是学会认知（Learning to know），要有广博的知识，并不断更新其内容，对问题有深刻的了解、统整的看法和解决的方案；还要区别真、伪、谎言、真理，明辨是非。

二是学会做事（Learning to be）：除职业知能外，要具有应付各种情况的能力，包括处理人际关系、社会行为、合作态度、社交和解决问题的能力，创造革新与勇于冒险的精神；更能欣赏他人的美德。

三是学会共同生活（Learning to live together）：世界是个整体，人和人间相互依赖日深，和平交流、和睦相处的需要日益迫切。尊重多元文化，以理性面对问题，共同面对危机与挑战。

四是学会发展（Learning to be）：未来需要有较强的自主能力、判断能力，承担更多的社会责任；不可因循、不可封闭，勿以已有的成就为满足，力求精进。

建筑装饰更是一个需要终身学习的行业。

14. 装饰行业经济指标与五大服务行业的比较

据自己对与装饰行业密切相关的五大服务行业的不完全统计，以2001年为例，人均产值排序依次为广告、装饰、家具、餐饮、饭店、美容（如下表），装饰仅逊于广告业，位列第二。

说明装饰行业人均生产效率颇高，至少比家具、餐饮、饭店、美容四大行业强，素质高，并非人们以往认为的那种传统的劳动密集型产业，里面有大量的工程科技、文化艺术。我们足应为自己所从事的行业而深感自豪、自信。这是一个多么令人羡慕的行业。

2001年装饰等六大服务行业市场评价

行业	产值（亿元）	企业数（万家）	从业人员数（万人）	企业年均产值（万元）	人均年产值（万元）
广告	820	7	64	117	12.8
装饰	6600	25	850	264	7.7
家具	924	3	200	308	4.6
餐饮	5000	350	1500	14	3.3
饭店	1650	30	800	55	2.1
美容	1680	100	1120	16	1.5

15. 国家将实行注册室内设计师制度与行业的形成

据建设部政策法规司、建筑市场管理司、工程质量安全监督与行业发展司和中国建筑业协会合编的《建筑业动态》2002年9月15日第17期（总第617期）报道：国家将新增专为室内装饰设计的专业人员设置的新职业：注册室内（装饰）设计师，这是从注册建筑师中分列出来的。目前该项职业资格考试制度正由人事部和建设部会同有关部门论证。这是全国建筑装饰行业的一件大喜讯。

中国到底有没有“室内设计行业”？

说没有吧，每年一百所大专院校、二百多所中专中技毕业学生约二万多人，仅哈尔滨市就有院校12所，年毕业学生约600人，且都十分抢手，室内设计教育需求持续旺盛；目前在业内操作的室内设计人员约30多万人，且绝大多数在民营装饰企业；从业者有自己的学术团体，中国建筑学会室内设计分会。

说有吧，绝大多数业主不给设计费，室内设计自改革开放后20多年来就一直依靠着装饰施工生存或说被装饰施工养着，业内戏称好比“小蜜傍大款”。同时由于市场作用的结果，使绝大多数建筑设计院所放弃了“原本应由”自己所从事的室内设计。

室内设计挣不挣钱？

说不挣吧，室内设计人员已被国家税务总局定为当今中国“九大高收入阶层”的自由职业者。是挣钱，主要从装饰施工企业中挣钱。

说挣吧，与国际惯例不同的是，一是并非直接从业主那里承包。二是并非从装饰施工企业中承包，其不是总分包关系。中国的装饰企业为设计施工“二合一体制”，设计只是装饰企业内部的工作分配，而非承包。

这是一个什么行业或说这是一个行业吗？

想到个别家装公司居然公开声称“免费设计”，这不仅是行业的“自杀”行为，而且是行业的“腐败”行为。业主为什么不给设计费？很多情况是业主不是不想给，而是别人都不给，如果自己给了恐怕就涉嫌“腐败”，所以在不少高水平的业主眼中，不得已不给设计费，是由于室内设计业的“腐败”。因此，“免费设计”必须坚决制止。

我国室内设计人员盼了20多年，终于将有了被国家正式承认的职业（职称）。这就意味着室内设计不仅被建筑装饰行业及社会所认可，而且被政府所承认。如果是这样，中国的室内设计就能以此为契机和开端，真正形成一个可持续发展的行业。

16. 心态与行业发展

人们常说，要“心态平衡”、“心态好”等等。何谓“心态”，我一直不太清楚。2002年7月23日应深圳装饰行业协会之邀，去“国标《住宅装饰装修工程施工规范》学习班”讲学，在飞机上翻阅《深圳航空》2002年第7期，发现有一幅吕坤“呻吟语”书法作品——心态，上书：

心术以光明笃实为第一。容貌以正大老成为第一。言语以简重真切为第一。

人是这样，行业若健康发展也是一样。

17. 以人为本和人定胜天

三峡大坝最高点处有一景点——用铝合金做的“大书”，主要叙说为什么要建此浩大工程，其中说明要“人定胜天”。

2002年9月4日中央人民广播电台早间新闻联播播送了一条新闻：9月3日，中国国务院总理朱镕基在南非约翰内斯堡举行的“可持续发展世界首脑会议”上发表演讲，向世界宣告中国坚定不移地走可持续发展道路的决心。其中他强调指出，人类进入21世纪，世界正发生复杂的变化。新形势更加要求我们从人类与自然协调和谐、环境与发展相互促进的高度，以更大的决心、更坚实的步伐，走可持续发展的道路。9月4日的《光明日报》，亦表明如此。

值得重视的是，朱镕基总理和这篇演讲中，提出的是人类应与自然协调和谐，而没有了以往传统的“人定胜天”。9月5日“可持续发展世界首脑会议”闭幕，公布了《约翰内斯堡可持续发展宣言》的承诺：以人为本，人类与自然协调和谐发展。

其实，以人为本，人与自然协调和谐共处，就是对“人定胜天”错误思维方式的否定。我们建筑装饰行业也应树立“以人为本，人类与自然协调和谐发展”的思维方式，走可持续发展的道路。

18. 家装（交易）市场到底是什么性质？

家装（交易）市场到底是什么性质？有人说是代表政府行使行业管理职能。此言差矣。《中国建设报·装饰周刊》执行主编郭辛在2002年9月30日该报题为“家居市场现状有待改进”一文中的分析，比较到位：

绝大多数市场的主办者是以物业出租的形式进行经营运作，市场与商户没有经营上的直接利益，商户与产品的流动性大，市场处于不稳定状态之中，市场的关注点在于租赁商户的多少和租金收入的高低，形成市场内的管理和服务有名无实，因此很难对入驻的各类家居装饰企业、产品及家具进行严格的审查，致使市场内不同程度地存在假冒伪劣产品，并且长期得不到有效遏制，使大量消费者避开市场，到家具专卖店或者家居装饰商店购买。同时，由于多数市场没有做出品牌，从而形成家居装饰知名品牌鲜有入市的局面。即使入市，价格悬殊，出现销售不畅或冷场的局面，挫伤了名牌产品销售商的入驻积极性。同时，市场内家居装饰产品及家具档次各异，以次充好，价格悬殊，使消费者难辨好坏，失去了信任感，导致市场信誉下降。这已引起了家居装饰市场的极大注意。

有的家居装饰市场由于经费和急功近利等各种原因，设施常年失修或者比较落后，市场很难形成良好的经营环境，导致企业销售物流不畅。由于绝大多数家居装饰市场建立在城乡结合部或城市中心，虽然交通比较方便，但设施比较简陋，安全防范差，事故较多，企业丢失、损坏商品的现象时有发生。企业在经营过程中要投入大量的人力、物力、财力，影响了企业的正常经营。同时，市场的租金和费用普遍较高，企业的负担较重，造成企业资金的困难。为了消化这部分租金，一些家居企业不是想办法挖掘企业内部潜力，节能降耗，而是把场租加在消费者购买的家具和家居装饰材料上，形成产品以次充好的恶性循环，到头来的结果是：坑害了消费者，砸了企业的牌子，毁了市场的声誉。

2000年4月1日，大同市建委做出《关于组建“大同市家庭装饰市场”的意见》（同建发[2000]第68号），该文件明确规定家庭装饰市场的性质是：从事家庭装饰的交易场所，由市建筑装饰协会同有关企业共同出资（含技术、场地）组建的有限责任公司性质的经济实体，具有独立承担责任的法人资格。这是我国建设行政主管部门第一次对“家庭装饰市场”性质做出的准确定义。

19. 国有企业确要抓紧改制

2002年8月22日《中国青年报·青年时讯》头版头条以“中国发誓追捕外逃贪官”为题报道，据国家反贪局介绍，2001年被北京市检察机关立案的120名在逃犯罪嫌疑为中，70%为国有企业的总经理、副总经理以及财务人员。目前有4000多名贪污贿赂嫌疑人携公款50多亿元在逃。

由此可见，国企确实要抓紧改制了，包括建筑装饰行业中不到1%的国企。

20. “家装”的称呼一定要改吗？

据最近我们的不完全统计，全国已有11个地方建筑装饰协会成立了“家庭装饰委员会”：北京、上海、重庆、深圳、武汉、河北、江苏、浙江、河南、甘肃、沈阳。有7个地方建筑装饰协会正在筹备：山西、黑龙江、辽宁、福建、广西、贵州。

各地均称“家庭装饰委员会”的原因是有建设部1997年颁布的四个文件：一是4月15日建设部公布的《家庭居室装饰装修管理试行办法》（建建[1997]92号）；二是6月18日建设部公司社团管理办公室给中国建筑装饰协会的《关于成立中国建筑装饰协会家庭装饰委员会的批复》（建社管[1997]25

号)；三是6月26日建设部给中国建筑装饰协会的《关于委托中国建筑装饰协会协助做好家庭居室装饰有关管理工作的通知》(建建[1997]149号)；四是11月3日建设部建筑业司与中国建筑装饰协会共同做出的《关于在部分城市开展家庭居室装饰装修管理试点工作的意见》(建建企[1997]45号)。

家庭居室装饰装修，简称“家装”，建设部从1997年6月到2002年3月，一直叫了近五年。2002年3月5日建设部令110号《住宅室内装饰装修管理办法》。地方建筑装饰协会也一直叫“家庭装饰委员会”。

主张改称“住宅装饰装修”或“住宅装饰装修委员会”的依据是建设部令110号。但是理由并不充分：一是建设部并没有废止1997年曾发布的四个文件；二是“家装”之称，在20世纪90年代的中国不仅已被从中央到地方的政府建设行政主管部门、中国建筑装饰协会以及各地方建筑装饰协会所承认，而且得到全国建筑装饰行业、全社会的肯定；三是到目前为止地方建筑装饰协会均称“家装委员会”，装饰公司也尚未发现叫“住宅装饰公司”的；四是从语法上讲也无问题，已成为一个主谓结构的专用名词；五是便于称呼，“家装”已成为改革开放20多年最流行的50句语言之一，住宅装饰装修简称“住装”、“住饰”或“宅装”、“宅饰”，尚未发现有此叫法。

是不是还是以称“家装”为宜？

21. 上海市信得过建筑装饰企业评了8年

2002年7月26日，上海市装饰装修行业协会举行“’2001上海市信得过建筑装饰企业颁奖大会”，并发布公告，62家企业获此光荣称号。上海市信得过建筑装饰企业评比自1994年以来已评了8个年度，并被上海市建委发文批准成为历年上海建筑装饰行业惟一评比。此策划和实施源于中国建筑装饰协会1994年进行的“全国信得过建筑装饰企业”评比。但中国建筑装饰协会只评了一届，后暂停至今。而上海市建筑装饰协会却坚持了下来，信得过建筑装饰企业在上海的装饰工程的招标投标中是加分的，这在各地均没有。上海评出了信誉，并被政府、行业、社会所广泛认可。

上海是否告诉了我们一个怎样建立建筑装饰行业信用制度的思路和办法？

22. 家装消费——我国居民三大储蓄动机之一

2002年10月10日，国家统计局在《北京晚报》等首都媒体上宣布，截止到2002年5月底，我国城乡居民储蓄存款余额突破8万亿元大关，6月底达到81712亿元，比年初增加8000多亿元，相当于全国每人增加600多元，城市居民家家庭财产平均达到22.38万元。伴随着居民收入和储蓄的增长，我国居民消费水平处于从1万元向10万元跨越的转型期，居民储蓄经历了一个由弱到强的时期，标志是积极储蓄。目前，居民的储蓄动机仍然很强，说明居民更重视未来消费，对自己存起来的钱已经有了一个明确的规划。正如北京市市长刘淇2002年7月在上半年经济形势分析会上所指出的那样，北京将以住房消费为突破口，带动汽车、电脑、家庭装修等万元级商品的消费。10月11日《光明日报》认为，我国城乡居民生活水平基本上实现小康。

与此同时，央行——中国人民银行统计司对全国50座大中小城镇储户的问卷调查显示，在各项储蓄目的中，按选择人数的多少，列前五位的储蓄动机分别是教育费(19.8%)、养老费(13.6%)、买(建)房或装修(11.9%)、防病和失业或意外(11.1%)、购买大件耐用消费品(10%)。

我们可以比较一下央行公布的两次统计：2001年9月24日——家装消费已成为我国与教育、养老相提并论的新的三大储蓄动机之一，且位居第二。2002年10月10日——家装消费位居城镇居民储蓄动机的第三位。不难看出，时隔一年，位居储蓄动机第一位的仍是教育，养老由第三位递增到第二位，家装消费由第二位退到第三位。综上所述，家装消费自2000年开始，已连续两年成为我国城镇居民三大储蓄动机之一。

值得指出的是，一些从业者总是因市场“竞争激烈”在抱怨这个行业不好。一般而言，没有说一个行业不好的，如果谁真是这样认为，只能说明他自己不行。面对前途无量的家装业，还不能令业内精神振奋吗？此外，我国离成熟的市场经济还早着呢，据此，我国装饰市场，包括公装和家装，离充分市场竞争还早着呢，即与标准的市场经济的竞争程度还相距很远——与真正的市场“竞争激烈”还远着呢！

23. 家装行业适合“连锁经营”吗？

2002年11月2日《北京晚报》原引中经网公布的台湾《创业加盟》杂志公布的台湾有关行业专家对26个行业进行调研后所得出的结论——10个最居发展潜力的连锁经营的行业：高价位的咖啡店、搬家公司、音像光盘出租、儿童文化教育、水处理、餐车外卖、日式拉面、连锁洗衣、连锁书局及美容美发。

给人面部头部装饰的美容美发名列第10名，而给居室装饰的家装却名列孙山。所带来的问题是：家装行业适合“连锁经营”吗？是不是不能肯定家装是消费行为就一定适合“连锁经营”？是不是还不如公装从香港引进的“判头制”——包工头——项目经理——挂靠制？

24. 界定责任不依因果而是产值(价值)

诺贝尔奖获得者美国人科斯在1960年发表的经典之作中指出：因果关系往往是双向的，而不是单向的，也就是两者很可能是“互为因果”。既然是互为因果，显然就不容易决定谁是谁非。因此，他认为，界定责任可以不依因果关系，而以另外的指标——产值(价值)高低——来决定。他所举的例子之一是——“炸鱼薯条店(Fish and Chips)”的官司：一家炸鱼薯条店新开张，飘出的味道影响了附近的住家，住宅提出起诉，认为受到妨害。科斯认为，可以说是炸鱼薯条店伤害了附近的住家，但是也可以说是附近的住家伤害了炸鱼薯条店。因此，两者互为因果。

读到这里使我很自然地马上想到装修，“装修扰民”也是互为因果。这使我们有了一个思维方式的调整，凡事不一定一定是因果关系，两者很可能是“互为因果”。诸如错误，不一定就一定是对方的责任，自己也有责任。用另外的指标——产值（价值）来衡量，装修队进场，会使居民受影响，产值下降；居民无端进场，也会使产值下降。

25. 装饰行业继续教育的另一思路

2001 年北京大学百年校庆，请时任美国哈佛大学校长 Rudenstine 来作演讲，他说："最好的教育不仅使我们的职业更加成功，而且使我们成为更能思索、更爱探索、更具洞查力、更加完善和充实的人，使我们的生活更加有趣和有意义。"这应该成为我们建筑装饰行业实施继续教育的另一思路。

26. "投资"诚实有什么好处？

2002 年 11 月 24 日《光明日报》刊载南京艺术学院建校 90 周年、并校 50 周年专题文章，其中有其前身上海美专主席校董蔡元培先生 1936 年给该校题写的校训：诚实。

人为什么要诚实？诚实有什么好处？罗伯·法兰克（R·Frank）认为：如果这个世界上每个人都拥有充分的资讯、都知道别人的葫芦里卖的是什么药、都懂得别人的心的话，那么，"诚实"与否的问题根本就不存在，因为每个人都知道彼此的心事，所以在交往时不可能或不得不诚实。因此，只有当"资讯不完整"时，诚实的特质才有其作用。

当资讯有缺憾，而人际交往变得越来越频繁时，一个诚实的人自然比较容易得到别人的信任。因此，比较不诚实的人，诚实的人就有比较多的缔约获利机会。长此以往，诚实的人就会有比较强的竞争力。诚实也是形成核心竞争力的重要组织部分。

人一但建立了"诚实可靠"的信誉，人就等于为自己积累了一份可贵的资产，一份利己利人的资产。单位里、行业内、社会上这种人越多，大家的日子就越好过。"投资"诚实肯定利润丰厚。

中国建筑装饰协会已逝去的工程委员会理事长宋而千、铝制品委员会理事长兼秘书长彭政国，业内几乎人人都说他们好，其中一个重要的原因是，他们诚实。

27. 家装既是消费也是投资行为吗？

2002 年 12 月 8 日《北京晚报》原引新华社消息，说 2002 年我国经济增长将达 8%，着实令人高兴。另报道联合国贸发会议发布的《世界投资报告》，称中国的汽车、住房等重量级的商品消费创造了历史新高。

《世界投资报告》除了把汽车、住房称为"重量级"的商品消费，引人注意外，我还想到：家装既是消费也是投资行为吗？

我们来看投资与消费的目的。标准的市场经济理论认为：投资的目的是利润最大化，意即其目的不但是要挣钱而且是要最大化。消费的目的是效用最大化，意即其目的不但是要通过消费获得享受和幸福而且要得到最大化。显然，家装是消费行为。

有人认为，如今有一些人买房装修是为了出租或卖房，这是投资行为。因此，家装既是消费也是投资行为。

这样的认识对吗？我们给一种经济行为下定义，首先要看这种经济行为的主流是什么。显然，家装行为的主流是消费。正如我们不能因为汽车交易中有投资行为，而将其认定既是消费也是投资行为一样。否则，人们日常生活中的消费都有可能同时成为投资。

将家装认为既是消费也是投资行为的原因，主要是来自计划经济的习惯称呼或思维惯势。在那时的短缺经济中，人们习惯把购买家具、手表、大衣柜等当时重量级的商品消费称为"投资"。"消费"的字眼很少提及。改革开放之初，大多数人是把家装叫做"投资"，而后逐渐改嘴，经过 20 多年的演变，现多把家装称"消费"。正如市场经济国家少说"需要"而多说"需求"一样，因为市场经济是"需求决定供给"；而计划经济则是"供给决定需求"。计划经济很少说"需求"而多称"需要"。因此，称"需求"还是还说"需要"，别看事小，也是人们转变观念的标志之一。

28. 建筑装饰行业社团代表谁的利益？

2002 年 11 月 19 日，中国建筑装饰协会召开"学习十六大精神座谈会"，信息咨询委员会理事长崔勇等位在发言中指出，十六大召开以后，行业社团的性质也发生一些变化，其中重要的是：建筑装饰协会应该成为行业利益的代表。

我们首先来看，建筑装饰协会的会员单位主体是什么？显然，不但是中国建筑装饰协会，而且是地方建筑装饰协会，其会员单位的主体都是建筑装饰工程公司——装修承包商。

建筑装饰按说是大行业的概念，包括设计、施工、材料制造、材料供应、科研、教育、中介等多方面。但是，一方面在中国目前还是部门管理的情况下，中国建筑装饰协会归建设部业务管理，各地方建筑装饰协会由各级建设行政主管部门业务管理，建筑装饰行业管理的范围实际上主要是建筑装饰工程的设计和施工，主要是装修承包商；另一方面，在海外或国外，根据市场经济专业化分工和细分市场的原则，国际上实际上也没有包罗设计、施工、材料制造、材料供应、科研、教育、中介等多方面的行业组织，反之是更加专业的协会。

由此可见，我们实际上所说的中国的建筑装饰行业，目前的主体是装修承包商，与中国建筑装饰协会的会员单位主体是相辅相成的。

中国建筑装饰协会自 1984 年成立至今，主要是围绕建设部的中心工作研究装修承包商的问题，日常的工作也主要是为装修承包商服务，正如建设部批准中国建筑装饰协会的惟一奖项、已连评二届的"全国建筑工程装饰奖"，主要惠及装修承包商，中国建筑装饰协会 98%以上的理事、常务理事是装修承包商。

如果说中国建筑装饰协会应该代表谁的利益的话，就理所应当地代表装修承包商的利益。正如中国建筑学会室内设计分会，代表的是室内设计从业者的利益，中国建筑装饰装修材料协会，代表的是装饰装修材料制造商的利益一样。

装饰行业的发展、走向与危机

——2002年8月16日在重庆“民营装饰企业建立现代制度座谈会”上的发言

重庆源福米兰装饰有限责任公司　总经理　**邓宗继**

从市场学的角度看，任何行业，只要它具备了一定规模的消费市场，就会有大批的投资者使这个行业升温而走向成熟，其发展的规模、速度及其成熟性完全取决于竞争者的资本投入，以及由投入所推动的市场升级。

让我们首先来看一组市场数据，确认一下本行业的市场级别状况：

时段：2000～2001年　范围：全国

（1）家具业：经营单位3万家左右，从业人员200万，年产值924亿。

（2）广告业：经营单位7万户左右，从业人员64万，年产值820亿。

（3）掌上电脑：年产值50亿。

（4）装饰行业：经营单位25万户左右，从业人员850万，年产值6000亿。

由此可见，装饰行业具有无可比拟的浩浩荡荡的市场规模，令人遗憾的是装饰行业却没有与其规模相应的资本注入，整个行业从诞生到现在，既说不上产业升级，更谈不上行业成熟迄今为止，仍然处于一种“乱砍滥伐”的无序阶段之中，从而拥有世界上最多的消费者投诉群，和最可观的、最易受骗的、难于维权的消费市场。

这是市场“怪胎”！（乃中国特色）

是什么原因造成了这种局面？又是什么原因成就了这番中国特色，这里将从多个角度予以说明。

1．资本投入与市场责任

任何行业没有资本的介入便不会成熟，没有投入便没有责任。既然是无责任性经营，便没有保证质量的必要。装饰工程做好做坏，全部由消费者来“买单”。

消费者的预付款取代了经营者的资本投入，这种投资主体的错位或偷换，便滋养了装饰行业这种市场“怪胎”。

责任是企业存在的基础，责任是通过资本投入来实现自身约束的，没有资本投入，何来行业自律，因此改变目前的投资错位，改变责任主体，就改变了这个行业的市场生命力。

可以相信，装饰行业的投资错位，将有害于整个行业的健康。

2．现代制造理念与学科缺陷

用现代制造技术观念，工艺量化标准，取代现有的装饰装修技术规范（强制性规范除外），以填补现有的，支撑这个行业管理的学科缺陷，使装饰工程质量具有严格制造意义上的可控性。

回顾一下前面所提及的几大行业，这些在规模上远不及本行业的企业，它们拥有一个共同的特征，就是“制造产品”，它们是将产品制造完备后交予市场，而后实现销售，完成预期利润。

产品质量是经过制造过程中严格的工艺标准和数据链来控制的。标准化的量化与制造的精确性，可以将产品置于天南地北，接受一致的考验，所以产品的远征性是其凝聚品牌形象的一个实现过程。联邦家具就是如此，掌上电脑亦不逊色。然而装饰行业所涉及的消费市场却远远没有这么幸运，之所以造成这个局面，在很大程度上是由支持这个行业的学科缺陷造成的。

学科科目如下：

（1）建筑设计与建筑结构

（2）暖通与水电

（3）美术与环艺等等

以上学科似乎什么都含盖了，但是就是没有制造业的位置，事实证明，装饰是一个精细化生产的过程，而以上学科没有一个是在精细化尺度下进行工作的，这些学科的共同特征均表现为尺度上的粗放与不严格，而目前正扮演装饰工程管理者的，正是用这些学科知识武装起来的人——做精加工还能指望他们背弃受到多年培养的方法吗？

从技术规范上看，装饰装修并没少设标准，但它却不提供完成达到这个标准的控制工艺或方式、方法，其可操作性原始而随意，什么“肉眼观察，手感触摸”等等，这种检验标准和检查手段恐怕不扯皮还不正常。装饰工程中的质量冲突，可以相信并不来自于装饰公司的愿望。

建筑学科已经拒绝了精加工的概念，美术是一个没有尺度概念的学科，装饰装修从头至尾是一个精加工要求下的作业，但是这个行业从上到下却在用及其原始的方法和手段进行工作，即便是检验标准，仍然是“目测、手摸”等等方法。来判定质量合格与否，谁都知道感觉的不确定性，肯定会给施工环节、设计环节提供恶性循环的条件，施工图的作用其精确度从来就不打算用于产品生产或异地加工制造产品，现场工人可以做到什么水平算什么水平，随意性极强。

没有尺度，就等于没有准则，没有要求。要做到精细化，就必须有产业技术的介入和管理，这是一个观念上的突破，才有行业的突破。

3．产业化与个性自由

别以为产业化会埋葬个性，这是多余的担忧，服装产业就是最好的例证，产业化技术无非是一个工艺标准和制造准则，这些标准和准则适于生产任何产品。在构成一个产品的料件中，只要将基本料件单元设置于3种以上，其个性表现是可想而知的，让我们用数列来证明。

比如，以整体门为例

规格：4 种　　门套：3 种

门扇：3 种　　表面木质：8 种

4×3×3×8=288 种组合，也就是 288 种个性。可见产业化技术不仅没有埋葬个性，完全有利于个性的完整。

（重庆的快装木门其实就是这个取向的一个雏形）。

4．装饰工程的管理出路与学科关系

只有用产品，才能征服市场，征服消费者。把一个尚未完成的粗制滥造的装饰工地，作为收取各种费用的借口，估计存在下去的理由不会太充分，另一方面，要使市场健康发展，必须有赖于产业制造技术及其工艺标准的建立与配套供应链体系的建立。这种用技术数据链贯彻起来的产品将彻底改变现有装饰行业的业态。

要实现这一点，将有赖于补充这个行业有一个完整的学科结构，人才结构，和各学科知识的互补性。人才素质的单一，对付不了日益综合的装饰行业，这是一个复合学科，需要有复合的知识与人才。按照这样的架构，就等于给消费者建立了一个信用保障体系，使本行业不致陷入信用危机，从意识取向上必须改朝换代，只有这个观念上的突破，才有装饰行业发展上的突破。

建筑装饰术语亟待规范

天津华惠安信装饰工程有限公司　总工程师　**徐振家**

建筑装饰行业，在中国是一个新兴行业。多年来，政出多门、多头管理，形成某些混乱。其中行业术语使用混乱，不仅妨碍业内外、国内外相互交流和理解，而且妨碍建筑装饰行业法规、标准的制定和贯彻执行。随着建筑装饰行业蓬勃发展，立法和管理日臻完善，建筑装饰术语应该尽快加以规范起来。

一、目前建筑装饰术语使用存在的主要问题

1．一些模糊不清的概念随处可见

首先从“建筑装饰”这一术语谈起。建筑装饰是建筑的有机组成部分，是指为使建筑物内外空间达到一定的功能、环境、质量要求，经过设计、施工，对建筑物内部和外表进行修饰美化的工程建筑活动。“中国建筑装饰协会”系全国性法人行业社团，以“建筑装饰”标明了行业类别；《建筑装饰工程施工及验收规范》系中华人民共和国行业标准，以“建筑装饰”明确了适用范围，“建筑装饰设计”、“建筑装饰材料”、“建筑装饰工程”，以及由“建筑装饰”细分出来的“住宅装饰”等一系列术语，均以“建筑装饰”为源头，顺理成章，表达准确。可以说“建筑装饰”是建筑装饰行业第一基本术语。

然而，就在“建筑装饰”、“住宅装饰”这些术语被广泛认同正常使用的同时，有一些模糊不清的概念，如“装修”、“装潢”、“家装”、“家居”、“家庭装饰”、“家居装修”等等，经常与“建筑装饰”、“住宅装饰”混用、并用，甚至取而代之。这些概念在企业名称中，在建材展销会上，在电视生活频道里，在报纸“家居”栏目下随处可见。下面边举实例边指出问题，由此可以看出规范行业术语的必要性。

建筑装饰工程施工企业名称，按说除了冠名不同外，均应叫“建筑装饰工程公司”或简称“装饰工程公司”。但是有的叫“建筑装潢工程公司”；有的叫“装修工程公司”；还有的叫“装饰装修工程公司”……。如此不同是因为业务范围不同？抑或是建筑装饰行业内有“装饰”、“装潢”、“装修”之分？实际上就是一个原因：行业内没有术语标准，概念模糊，使用随意。由于一些企业从名称上就没有纳入“建筑装饰”的轨道，《建筑装饰工程施工及验收规范》等标准和法规，不能得到全面贯彻。许多建筑装饰给结构和消防安全留下隐患，甚至造成危害，其中一个重要的原因就是缺乏有效的、统一的管理，而行业术语使用不规范，是实施统一管理的一大障碍。

在建筑装饰材料展销会上，以及印刷的销售广告上，常看到“装修材料”、“装潢五金”、“装潢配件”等与会标不相一致的概念，难道建筑装饰材料中包含着这许多材料？问题依然是概念模糊，术语使用无章可循。

这些模糊不清的概念，出现最多的地方是报纸以“建筑装饰”、“住宅装饰”为内容的“家居”或“家装”这类专栏。何为“家居”？某日报“美好家居”专栏在征文启事中说：家居，是“一人天地”，是“两人世界”，是“三口之家的乐园”。从使用上看，是指家庭住所或居住环境。可是一翻词典，“家居”的词义竟是“没有就业，在家里闲住”！那么，何为“家装”呢？词典上没有这个词，显然是“家庭装饰”或“家居装修”的简化。“家装”、“家庭装饰”以及“家居装修”都是相对宾馆、饭店、歌舞厅等公共场所装饰而言。其中“家居装修”，因为“家居”概念错误，这个术语不能成立；而“家庭装饰”在概念上也有错误：“家庭”是以婚姻和血统关系为基础的社会单位，包括父母、子女和其他共同生活的亲属在内；“装饰”的载体是建筑，是住宅，是家，而不是“家庭”，所以“家庭装饰”这个术语也讲不通。再看专栏内的文章，有时，同一版面相邻的两篇文章，这篇题目是“家居装饰”，另一篇题目却是“家居装修”；有时文章的题目是“装饰”，内容却是“装修”或“装潢”，或者“装修”、“装潢”交替使用；还有时，文章开头提“装饰装修”，后来变成“装修装饰”……这些概念连作者，编者都莫衷一

是，读者又当如何理解呢？

值得指出的是，某些专业书刊在术语使用上也不够注意，来文照登，没有把住关。例如《装饰名品》1998 年第 3 期中登了一则广告，文字不长，但是将“装饰”、“装潢”、“装修”几个带“装”字的概念都用上了。“北京××装饰有限公司从事室内外的装饰装潢工程……所承担的装饰工程深受广大客户信任……吸取了国外的装饰构思，在装修方面有独特之处……。”企业名称是“装饰”公司，从事的却是“装饰装潢”工程；从事“装饰装潢”工程，却只有“装饰”工程深受广大客户信任；吸取了国外“装饰”构思，却在“装修”方面有独特之处。这本来用“建筑装饰”一个术语就能说明的问题，为何要弄得这样复杂呢？试想以这样的语言或文字进行国际交流，如何翻译？怎样解释？

提出“装修”，原国家标准《建筑安装工程质量检验评定标准》，曾将“门窗及装修工程”划分为一个分部工程。这是“装修工程”的出处，也是过去使用“装修”一词的根由。1988 年《建筑安装工程质量检验评定统一标准》（GBJ300-88），将“门窗工程”划分为一个分部工程，将“装修工程”与“装饰工程”合并为一个分部工程，统称“装饰工程”。自此，“装修”一词随着“装修工程”的取消，已被“装饰”取代。可是，至今“装修”一词仍在使用，不知使用者是沿袭原来的概念，还是将“装修”与“装饰”混为同一概念？

至于“装潢”，原指裱褙字画，对商品、器物外表进行装饰，以及商业美术广告画等等，这个概念至今依然存在。应该看到，“装潢”追求的是纯美学的艺术价值，而建筑装饰注重的是施工技术与建筑艺术的完美统一，两者区别是很大的。因此，将“装潢”的含意扩展到“建筑装饰“是不准确的。

上述种种模糊不清的概念，就象违章建筑，有“官搭”，有“私建”，处在“建筑装饰”这些“正规建筑”周围，给人以杂乱无章的感觉。规范建筑装饰术语，就是要象拆除违章建筑一样，摒除那些似是而非、模糊不清的概念，将“建筑装饰”这样的术语做为法定术语确定下来。

2．将方言、土语当作术语使用

我国地域辽阔，各地语言存在差异。用于建筑装饰上的词汇，存在着同一事物文字表达不同的情况。例如，香港、深圳、广州一些南方建筑装饰设计、施工单位，在文件中常使用“索色”、“批荡”、“扪布”、“地台”、“企身”、“云石”、“清镜”等词汇。北方同行看了，不是“猜谜”，就是得找翻译，否则不敢冒然确认。同样，北方建筑装饰设计、施工单位常使用的一些词汇，南方同行也有难以确认的。

中国建筑装饰行业是中国市场化程度较高的行业之一。南方、北方，管理、设计、施工、材料需要一体化。随着香港回归祖国，香港的装饰市场与内地的装饰市场也需要进一步融通。行业术语应选择那些含义准确、在行业中流行并得到广泛认同的词汇。将某一范围内使用的方言、土语作为术语使用，有碍于交流，有碍于行业发展。

3．将俗语、外来语拿来就当作术语

在现通用的建筑装饰术语中，不乏形象而准确、被人们叫响并认同的俗语，也有一些经过定型的外来语或者是外语的译音。随着建筑装饰设计构思、施工工艺、材料、设备不断更新、引进，一些新的词汇还会不断涌现。

由俗语到术语，要经得起推敲，要经过流行到定型。如果拿来就用，即便叫响了，也难得到广泛认同。例如，“跑马廊”，也称“走马廊”，系由俗语而来，已经使用多年并被写到书上。但是，细琢磨起来，设在现代化大厅内的走廊，明明是为人而设，却说“跑马”、“走马”，实在不妥。再如“玻璃栏河”，有的书籍将它作为一个术语，作为以玻璃做栏板的护栏的统称。可是它只突出了其中一种材料，没有从构造上、功能上加以概括，而且在各种类型的护栏中，它只是其中一种，显然不够准确，也不够通俗。此外，象“筒子口”、“贴脸”、“瓷活”、“磨退”等天津装饰企业常用的术语，也都是由俗语而来，同样经不起推敲，也就是说不够准确，不够科学，不能使所有业内人员一看便知是工程的什么部位，什么工艺，这些术语都需要重新斟酌选用其他词汇。

用外来语或外语译音做术语，有碍于理解和交流。如“马赛克”，叫了多少年，多数人不知道它是什么。现在改叫“陶瓷锦砖”，既标明了材质，又很形象，使人一目了然。这个思路应该肯定下来。近年来由国外引进的一种仿石装饰材料，广告上称“可丽耐”，由于名称生僻，使推广应用受到一定限制。如按“马赛克”改名的思路，将“可丽耐”改成体现材质特点、形象、简练的名称，不仅有利于该产品的推广应用，也有利于设计、施工与建材销售等单位之间的交流。因此，对于进口材料，乃至引进技术不宜把国外的叫法或译音拿来就用，最好要符合中国人的表达方式。

二、规范建筑装饰术语的对策建议

鉴于以上存在的问题，建议建设主管部门、建筑装饰协会尽快组织制定国家建筑装饰术语标准。其中包括基本术语，与建筑装饰分项、分部工程有关的术语，与建筑装饰材料有关的术语，与工具和技术有关的术语，与工程质量有关的术语等等。目的是明确建筑装饰领域中术语的定义，并将其标准化。

有了这个标准，建筑装饰设计、施工、材料、工程招标、投标、监理以及其他有关方面就有了共同语言，有利于口头和书面表达，有利于同行业跨地区交流，有利于我国建筑装饰行业参与国际工程走向世界；今后制定、颁布法规、标准等文件，针对性会更强，在适用范围方面无需作更多的说明或解释，不会再出现顾此失彼的现象。毫无疑问，它将是建筑装饰行业管理和法制建设的又一重大进步。

愿《建筑装饰术语标准》能早日面世。

行业内几个概念的解析

中国建筑装饰协会行业发展部　主　任　王本明

随着我国建筑装修装饰业的不断发展和普及，特别是家庭装修市场的急剧扩大，它与人们日常生活的联系也日益紧密，很多专业词汇已经成为人们日常交流的基本用词，但现在见于书刊、报纸上的有些用词并不准确，其中经常使用的“装修”、“装饰”、“装璜”、“装潢”就往往被混用，为此闹出很多笑话和纠纷。很多人由于不知道各自的含义而使用不当，在丰富的汉语体系中，这几个概念具有很大差别，为了规范这几个常用词的使用，有必要进行分析和讲解，本文仅就个人的认识水平和看法，提出以下的解注。

装修是指对建筑物的内、外进行改造、修理、整复等活动，人类自有建筑就开始了装修活动，是与土木建筑同时存在的工程内容，属于建筑学中的概念。装修的工程内容不仅有对建筑物内、外进行表面的装点、打扮，同时包括对建筑物结构的加固、维护及改变建筑物原有使用功能而进行的结构的改变。其主要的工程手段是进行加、拆、改、换，加就是增加楼层、裙楼等结构构造物，增设建筑物内部的电梯、空调，消防报警等设施；拆就是指将妨碍建筑物新用途的部分旧非承重隔断墙、及门窗等拆除；改就是对建筑物内的布局、用途进行调整、改变隔断墙的位置、门窗的规格及材质，上下水及电路、暖气等的移动和改造；换就是对原有的室内门窗、卫浴设施、电器设备、厨房设备等进行更新、置换。我们现在进行的房屋改造、修缮、维护等，都属于装修的内容。

装饰原指人的装扮、粉饰，现在用于工程则指的是对建筑物内、外部进行的整体空间的包装处理，是工艺技术与艺术的结合，以提高整个生活、工作环境的质量，因此它是环境艺术学中的概念，其工程内容不仅包括对建筑物顶、墙、地的表面处理，同时包括空间的色彩、造型、景观设计及进行室内光、热等环境的设计与施工，其主要工程手段是制做、安装、摆挂、粉刷、裱糊等。制做安装就是要建造永久性的景点、造型，如建筑物内的假山、鱼池、园林及顶部吊顶，安装各种功能的电器及灯具等；摆挂就是将提高环境质量的家具、工艺品、花卉、字画等在空间既定位置进行摆设；粉刷就是对所有空间表面进行处理后涂刷各种涂料，如墙面涂刷乳胶漆、木器饰面涂刷油漆等；裱糊就是对空间表面进行粘贴处理，如墙、顶的壁纸、壁布的粘贴等。现在大量的外墙幕墙、粉刷，建筑物内部的环境改造。

装璜原来指的是表明身份的礼器、祭物等的摆放，表明身份等级饰物的佩带，后用于工程则指的是对建筑物使用者身份、地位的展示与表现，如古代建筑物门外的石雕、门匾等，因此它可属于宣传广告学中的概念。它是建筑物装修装饰工程中的一个局部，其工程内容是表现个性、身份和地位。其工程手段主要是设计制做及安装展示。如建筑物外部的招牌字的制做、安装；霓虹灯、广告的设计、制做及安装等，建筑物内部的迎宾墙、接待台等设计与制做等；在家庭装修装饰工程中表明身份特征的照片，如结婚照、全家福等的展示；传世特色艺术品的摆放；表明身份、职业特点与成就的证书、字画、书籍的布置等。

装潢的潢字在古汉语中指的是染纸工艺，同装字组合成词指的是书籍的装祯，后扩展为装祯书籍、装裱字画、渲染包装等，因此属于包装印刷学中的概念，现在用于装饰工程主要是指对建筑物表面色彩的渲染施工，在古代建筑物中的油漆，在梁、顶等部位做画等，现在与液态材料有关的乳胶漆、油漆的施工及壁纸、壁布的粘裱等都是室内装潢的主要手段，所以它只是装饰工程的一个组成部分，是涂刷、裱糊及粉饰的统称。

装修、装饰、装璜、装潢都是为了提高建筑物的外观及内在质量，但各自的工程内容、实施手段及作用方向却有很大差别，如果以人追求美为例可近似理解为：装修是动手术拉双眼皮、隆胸、垫鼻、抽腹内脂肪等；装饰就是着装打扮，穿衣、帽、鞋；装璜就是戴帽徽及戒指、佩肩章、别胸卡；装潢就是抹大宝增白粉蜜、染头发、抹眼圈等，不知您明白它们之间的区别了吗。

正确的理解和使用以上几个词汇，不仅可以规范社会的文字使用，更为重要的意义是可以正确的实施对建筑装饰行业的市场管理。只有深刻分析各名词的含义才能根据不同的工程内容，选择恰当的管理机构和管理方法。区别不同管理方式方法的基本依据是各名词所包含的工程内容其社会属性有很大的差异。

装修工程是社会性很强的社会活动，不仅投资额大、工程是艰巨、专业技术性强，还会因为工程垃圾的运输、消纳、工程材料的运输与加工及工程改变建筑物内、外表面而长久影响城市环境，资产的使用与管理等问题，产生广泛的社会影响，因此装修必须经过严格的计算、详细的设计和周密的组织才能完成，工程的管理是一个综合性管理，要由建设行政主管部门及金融、资产管理、交通、环保、卫生、市容等机构共同实施，从工程立项、资金、造价审核、施工队伍确定，施工过程中的质量控制及检验、监理等进行全过程进行管理，才能使这部分市场规范的运作。

单纯的**装饰工程**虽然具有社会性，但主要是完工后的使用，其工程的施工过程社会性较弱，对其进行管理的目的主要是对建筑物结构安全的保护，其管理机构应该是由建设行政主管部门及房屋管理机构，从队伍的专业性资格认定，装饰施工队伍的确定及施工的安全性等方面进行管理。目前工程的运作，经常是装修装饰工程一体运作，即施工队伍既完成装修施工，同时进行装饰施工，在管理上就应该使用装修的管理模式。

装璜工程是社会性很强的工程项目，不仅对周边环境、城市容貌等产生持久影响，同时能够对社会产生诱导作用，使公众引发出购买、支付行为，对其的管理除结构上的安全性外，主要是内容的真实性、合法性，因此管理的主要机构应该是工商行政管理部门及市容管理机构，建设行政主管部门配合进行安全性审核，才能保证装璜工程的规范施工。

装潢是一项社会性很小的工程，只是自我兴趣、爱好、情感的表现与展示，随着装潢涂刷材料的不断进步及其它材料施工技术的不断简化，家庭内部就可以自己完成，公共建筑物内部的装潢也可以自己组织完成，社会机构不必要对其进行更多的干涉，因此，单纯的装潢工程的管理应该是从材料的安全性、环保性等进行市场准入的审定，其操作、施工过程可由建筑物使用者自主进行。

关于对“建筑装饰”名称术语的认识

中国建筑装饰协会信息部主任兼《中国建筑装饰》主编 **黄 白**

我自1987年从建设部情报所调至中国建筑装饰协会工作后，一直对“建筑装饰”的名称术语，怀有浓厚兴趣。

从业15年以来，因工作的关系，我有机会几乎参与了建设部所有有关建筑装饰行业和市场管理的政策法规标准的立法工作，每每均碰到此类问题。

兹将这方面心得提供如下，请同业同仁参考，并共同讨论，以达到共识。

一、在国家级立法中，现至少有12种不同提法

▲装修

国标《建筑内部装修设计防火规范》（GB50222—95）1995年3月29日建设部建标[1995]181号。

《中华人民共和国清洁生产促进法》2002年6月29日经九届全国人大常委会第28次会议审议通过，江泽民主席签署72号主席令给予发布，自2003年1月1日起施行。

▲装修工程

《中华人民共和国建筑法》1998年3月 1日起施行。

国务院令第279号《建设工程质量管理条例》2000年1月30日起施行。

▲装饰装修工程

2001年10月31日《国务院办公厅关于进一步全国整顿和规范建筑市场秩序的通知》，要求做好“大力整顿和规范装饰装修工程活动和装饰装修材料市场秩序，加强管理，确保装饰装修工程质量”等六方面专项整治重点工作。

▲室内装饰

《国民经济和社会发展十年规划和“八五”计划纲要》1991年4月9日七届全国大会四次会议批准。

▲室内装修

《中华人民共和国环境噪声污染防治法》1997年3月 1日起行施行。

▲室内装修、装饰或室内装饰装修

《中华人民共和国消防法》1998年9月 1日起施行。

“室内装饰装修材料有害物质限量十个国家强制性标准”国家质量监督检验检疫总局2001年12月10日批准，2002年7月1日施行。

▲装修装饰业

发展以居民住宅为重点的装修装饰业，《国民经济和社会发展“十五”计划纲要》2001年3月15日九届全国人大四次会议批准。

▲建筑装饰装修（或建筑装修装饰）

《建筑装饰装修管理规定》1995年8月7日建设部第46号令。

《建筑装饰装修工程质量验收规范》（GB50210—2001）2001年11月1日建设部建标[2001]221号。

《建筑装修装饰工程专业承包企业资质等级标准》2001年4月20日建设部建建[2001]82号。

《全国建筑装饰装修工程量清单计价暂行办法》2001年12月26日建设部建标[2001]270号。

《全国统一建筑装饰装修工程消耗量定额》2001年12月26日建设部建标[2001]271号。

关于同意创办《中国建筑装饰装修》杂志的函2002年2月6日国家新闻出版署新出报刊[2002]129号。

▲家庭居室装饰装修

《家庭居室装饰装修管理暂行办法》1997年4月15日建设部（建建[1997]92号）。

▲住宅装饰装修

建设部标准定额司给中国建筑装饰协会“关于同意编制《住宅装饰装修施工规范》的函”（建标标[2000]36号）。

▲住宅装饰装修工程

2001年5月9日，建设部《关于进一步整顿和规范建筑市场秩序的意见》（建建[2001]94号），强调“特别要加强对建筑装饰装修工程建设活动的监督管理”。要求“要加强对建筑装饰装修特别是住宅装饰装修工程质量的监督，重点是依法监督在装修工程中不得擅自变动房屋建筑主体和承重结构；对于涉及建筑主体和承重结构变动的，必须在施工前委托原设计单位或者具有相应资质等级的设计单位提出设计方案；在装修施工中，施工企业要严格执行有关防治城市环境污染的规定，控制粉尘、污染物、噪声、振动等对居民区的影响。凡违反这些规定的，要依法对责任单位和责任人做出严厉处罚。”

▲住宅室内装饰装修

《住宅室内装饰装修管理办法》2002年3月5日建设部令第110号，自2002年5月1日起施行。

二、有关装饰装修的国家法律条文

五部国家法律十个条文。

▲涉及建筑主体和承重结构变动的装修工程，建设单位应当在施工前委托原设计单位或者具有相应资质条件的

设计单位提出设计方案；没有设计方案的，不得施工。——《中华人民共和国建筑法》第四十九条，1998年3月1日起施行。

▲违反本法规定，涉及建筑主体和承重结构变动的装修工程擅自施工的，责令改正，处以罚款；造成损失的，承担赔偿责任；构成犯罪的，依法追究刑事责任。——《中华人民共和国建筑法》第七十条。

▲本条例所称建设工程，是指土木工程、建筑工程、线路管道和设备安装工程及装修工程。——《建设工程质量条例》第二条，2000年1月30日起施行。

▲涉及建筑主体和承重结构变动的装修工程，建设单位应当在施工前委托原设计单位或者具有相应资质条件的设计单位提出设计方案；没有设计方案的，不得施工。房屋建筑使用者在装修过程中，不得擅自变动房屋建筑主体和承重结构。——《建设工程质量条例》第十五条。

▲违反本条例规定，涉及建筑主体和承重结构变动的装修工程，没有设计方案擅自施工的，责令改正，处50万元以上100万元以下的罚款；房屋建筑使用者在装修过程中擅自变动房屋建筑主体和承重结构的，责令改正，处5万元以上10万元以下的罚款。有前款所列行为，造成损失的，依法承担赔偿责任。——《建设工程质量条例》第六十九条。

▲公共场所室内装修、装饰根据国家工程建筑消防技术标准的规定，应当使用不燃、难燃材料的，必须选用依照产品质量法的规定确定的检验机构检验合格的材料。——《中华人民共和国消防法》第十一条，1998年9月1日起施行。

▲在已竣工交付使用的住宅楼内进行室内装修活动，应当限制作业时间，并采取其他有效措施，以减轻、避免对周围居民造成环境噪声污染。——《中华人民共和国环境噪声污染防治法》第四十七条，1997年3月1日起行施行。

▲建筑工程应当采取节能、节水等有利于环境与资源保护的建筑设计方案、建筑和装修材料、建筑构配件及设备。

▲建筑和装修材料必须符合国家标准。禁止生产、销售和使用有毒、有害物质超过国家标准的建筑和装修材料。——《中华人民共和国清洁生产促进法》第二十四条，2003年1月1日起施行。

▲违反本法第二十四条第二款规定，生产、销售有毒、有害物质超过国家标准的建筑和装修材料的，依照产品质量法和有关民事、刑事法律的规定，追究行政、民事、刑事法律责任。——《中华人民共和国清洁生产促进法》第三十八条。

三、国标《建筑装饰装修工程质量验收规范》的决定

国家标准《建筑装饰装修工程质量验收规范》（GB50210—2001）编制组（张元勃　孟小平　李爱新编著《学习辅导资料》2002年2月）认为：

建筑业企业和行业协会（如中国建筑装饰协会）的名称采用了“建筑装饰”一词。

《现代汉语词典》对三个名词的释义如下：

▲装饰：在身体或物体的表面加些附属的东西，使美观。

▲装修：在房屋工程上抹灰、粉刷并安装门窗、水电等设备。

▲装潢：装饰物品使美观（原只指书画，今不限）。

从三个名词的含义来看，“装饰”反映面层处理比较贴切；“装修”一词与基层处理、龙骨设置等工程内容更为符合；而“装潢”一词的本意是指裱画，现在也可以用于表示“装饰”。

“装饰装修”一词表达的信息比较全面，不会引起理解上的不一致，在实际使用中越来越广泛，10项有害物质限量标准也已采用。由于上述原因，本规范决定采用“装饰装修”一词并对“建筑装饰装修”加以定义。本条所列“建筑装饰装修”术语的含义包括了目前使用的“建筑装饰”、“建筑装修”和“建筑装潢”。

四、国标《住宅装饰装修工程施工规范》的决定

2001年11月16日，建设部标准定额司与中国建筑装饰协会召开国家标准《住宅装饰装修工程施工规范》规范编制组紧急会议，经研究决定：采用“住宅装饰装修”。质量验收规范等标准也按此定名。报批稿使用“住宅装饰装修工程”。

2001年12月9日，建设部以建标[2001]266号文件批准国标《住宅装饰装修工程施工规范》（GB50327—2001），同日，建设部与国家质量监督检验检疫总局联合发布。

五、装饰装修的英文翻译

主要依据来自中国建筑装饰协会1984年成立时的英文起名，以及最近的国标《建筑装饰装修工程质量验收规范》（GB50210—2001），同时请教了建设部给部机关及直属单位晋升高级职称的有关权威专家的意见。

中国建筑装饰协会：

China　Building　Decoration　Association

住宅装饰装修工程：

Construction of decoration　of　housings

建筑装饰装修工程：

Construction of building　decoration

共性——装饰装修：

Decoration。

装饰装修，英文是一个单词Decoration，而中文却是两个单词，且叠加在一起。

六、家庭装饰装修与住宅装饰装修

关于家庭装饰，提法无误：

一是符合语法，如家庭轿车、家庭电院、家庭消费等。

二是国家也曾使用，如建设部1997年4月15日公布的《家庭居室装饰装修管理暂行办法》（建建[1997]92号）。家庭居室装饰装修，既为简称的“家装”。

三是新闻媒体均用“家装”，如2002年3月25日，中央人民广播电台早间新闻联播：“国家近颁发《住宅室内装饰装修管理办法》，从此，家装有法可依。”

四是企业均称“家装”，现尚未发现有哪家企业叫“住宅装饰装修工程有限公司”。

五是简称“家装”通俗易懂，朗朗上口。还没听说过叫“住装”、“宅装”或“住饰”、“宅饰”。

正式文件称“住宅装饰装修”也不错。

总而言之，称“家庭装饰装修”或“住宅装饰装修”均可。我以为，以叫前者为宜，或说不一定一定要叫后者。

·精品工程·

人民大会堂国宴厅的风范

——人民大会堂国宴厅改造装饰工程设计施工纪实

中国建筑装饰协会常务理事
深圳市洪涛装饰工程公司总经理　刘年新
人民大会堂国宴厅装饰工程总指挥

人民大会堂国宴厅是目前人民大会堂中最高等级的工程，是国家主要领导人用于接待外国元首的宴会厅。

设计定位： 国宴厅的设计方案是由同济大学完成的，设计运用中西结合的手法，装饰造型采用新古典主义风格，材料以现代的建筑材料为主，文化内涵和花式图案、工艺品则是以中式为主，如镏金天花的所有造型线条和花式，均以国花牡丹为元素。石材墙面的壁龛是凤凰与牡丹的图案，定制的手工地毯也是以牡丹图案为主的。主立面的大型绒绣既是中国江淮的传统工艺，又是国画的体裁，内容是长江山水，展现了祖国的大好河山。两座四个面的屏风，一是体现祖国常青和平，二是体现祖国富贵吉祥，三是体现江南婆娑的竹林春景，四是体现塞北的红叶秋景，整个室内都充满了中华文化的内涵，体现了大国风范。

施工写照： 人民大会堂国宴厅的装饰工程由深圳市洪涛装饰工程公司总承包，是一项特殊的装饰施工工程，存在着施工环境的特殊、工期的特殊、安全的特殊、质量的特殊。

在特殊环境下的施工管理： 国宴厅是由原西大厅改造的，周围毗邻重要的厅室，施工期间既不能影响大会堂正常的接待工作，又要做好防尘、防破坏的安全工作，所以在管理上显得特别重要。

施工管理的第一项就是做好现场的封闭工作。先是用石膏板封住洞口和原大门的入口处，再用尼龙薄膜密封所有墙面，以确保防尘防噪声。另一方面就是文明施工，材料堆放整齐，通道顺畅，地面无垃圾，每天清扫，定期吸尘，从而确保了良好的施工环境，为工程质量起到了保障作用。

施工管理的第二项重点就是抓安全工作。公司对所有参加该工程人员进行政审，逐个挑选，每天上班要逐个检查，防止有人乘机破坏。在我们自身的严格管理和人民大会堂保安的严密监控下，工程施工期间未出现任何安全问题。

在施工安全上，公司也采取了特殊措施，每个施工环节都实行“双保险”。在防火问题上，电焊作业除了按国家的标准实施外，还专门制作了特殊的接火罩，地面和脚手架的垫板双面刷防火涂料。在墙面、天花防跌落的施工问题上我们也实施了“十万无一失”的措施，天花的每块板都用特殊的粘胶和螺栓加固，每根装饰线条都是用胶粘加螺栓的双保险做法。在墙面的大理石施工上，也是采取干挂件加“麦克博士胶”粘接相结合的措施，防止日久年长松动脱落的隐患。通过严格的监控，整个工程不仅未出现任何事故，而且连险情都未发生过。

完成特殊工期的管理： 这么一项工艺复杂、高档豪华的装饰工程，对工期也有着相当高的要求，即务必在100天内完成，这是人民大会堂对接待任务的全盘考虑的需要。国家的工程再困难我们也要迎难而上。我公司是总包，要同时对机电、弱电安装进行管理，并协调好工艺品和其他专业的工作。我们首先在计划管理方面下了功夫，按日进度的细致跟踪法实施，凡是当天未完成的，一定在第二天补上，凡是本周未完成的计划，在下一周补上，做到环环相扣。比如石材的加工计划在前一个月落空了，但在第二个月就赶回来了。对镏金花式方面，由于对泥模稿进行反复修改，前期耽误了时间，后期就通过多种措施把任务赶出来。通过全体员工的努力，克服重重困难，我公司只用了85天就完成了任务。

质量管理定位： 首先我们在制定目标管理时，就有明确的定位，要达到中国的最高施工质量，达到世界一流水平。也有明确目标，就是要为祖国争光，打出中华品牌。

我们的质量标准定位参照了美国的施工标准，在公司企业标准的基础上，制定了该项目的质量标准，例如石材墙面的平整度公差控制在±0.3，柱面及门套面按0误差，线条的接口公差按0.2，这些标准远远高出了国际标准。通过层层监控把关，达到了我们的项目标准，实现了我们的质量目标。

竣工验收结果： 达到了国家领导人和人民大会堂管理局100%满意。

该工程竣工后的效果达到了“精雕细琢，金碧辉煌”，人民大会堂管理局的王局长高度评价说：“这是一项精品工程，达到了三满意”。国家领导人观看后也称赞道：“国宴厅是人民大会堂中最高档次的厅，也是质量最好的厅”。中国建筑装饰协会常务副会长兼秘书长徐朋、副秘书长房箴参观后也高度赞扬，认为该建筑装饰工程是代表行业最高水平的杰作。

为“两会”代表创造舒适的环境

——记北京建工装饰公司人民大会堂北京厅装修改造工程

《中国建筑装饰》编辑部

经过北京市建筑工程装饰公司人员三个月的日夜奋战，精心“缝制”，人民大会堂北京厅穿上了端庄、可体的“新衣”。这件“衣装”，倾注了北京建工装饰人不少的心血和精力，在苦苦鏖战、克服了重重困难之后，他们把别人认为不能做的事变为了可能。在2002年3月初“两会”（九届全国人大五次会议、全国九届政协五次会议）召开前夕，2002年1月29日人大会堂北京厅装饰工程改造胜利完工，迎来了共商党和国家大事的会议代表们。

北京厅曾在1991年由北京建工装饰第一次装修，当时是以木作为主。十年过后，北京建工装饰经过不懈的追求和努力，争取到北京厅的二次改造。装饰一新的北京厅，墙面、立柱以石材为主，辅以浮雕、镂空雕、异型弧线镶嵌。高大的木门与悬刻的牡丹花、菊花融为一体。使北京厅效果明快、大方、宁重，时代感强。2月底，工程完工后，经过设计单位、监理单位、天安门管理委员会、人民大会堂及市政府有关部门验收，受到一致好评。

北京厅包括大厅，小厅，南、北过厅和卫生间及服务间，虽说面积不算大，但施工中的工程进度是最难控制的。在这么短的工期中，处于大会堂这个特殊地方，要面对随时停工的可能和春节期间劳动力的调剂。在施工中还要及时解决一些技术难点和大量异型石材的加工、运输与组配，等等，难度很大。在殊多问题面前，北京建工装饰总经理蔡强亲临现场，项目经理杨友清和现场管理人员吃住在工地，合理安排各道工序。

装饰工程施工中最为贵重的是时间，这也是工程进度干扰的主要因素，边干边停是常有的事，在整个工期中，共停工539.5个小时，相当于67个工作日，占工期的45%。每当停工后，管理人员都要仔细计算下一步的工作量，并以小时为计量单位重新安排工序。了解此工程的人都为能不能如期完工捏一把汗。工程项目的挂帅人杨友清不愿意听到“完得了吗？”的疑问句，他下定决心，鼓足士气，要求管理人员和施工人员，顶住一切困难，一道一道工序严格把关，抓紧每一分每一秒，扎扎实实地完成。为了缩短在现场施工的时间，他们尽量采用场外加工物件的形式，再将成品和半成品移入场内，进行组装。全体人员春节期间只休息一天，就一齐上阵，各自完成自己的工作。

在人民大会堂内装饰施工不同其他场合，北京建工装饰在组织施工中，严格实行半军事化的管理，对施工人员进行早点名，分工种排队，整齐入场，强化工程质量、安全、消防、进度、班前教育等各个方面工作。这些部署的进行，给北京厅的按期完工提供了可靠的保证、赢得了多方的称赞。他们还千方百计为用户着想，通过精心设计，将暖气罩安装压力轴承合叶变为活动门，以便使用和维修。一般在做吊顶时不注意事后的维修，但为了今后检修风口、换灯具、维修设备，他们潜心研究，增设了吊顶内的马道，真正做到了服务为先，让用户放心。

在《参考消息》中，美联社发出一张“工人们在人民大会堂外围进行整修施工，以迎接即将召开的全国人民代表大会和中国人民政治协商会议”的照片，照片中的马道就是为了减少施工运输中破坏大会堂地面和周围原貌而临时搭建的，这是由北京建工装饰独自设计从二楼窗户引出的运输通道。这一方案为在大会堂内进行施工保护，解决了一大问题。

让北京建工装饰人最为宽心的是，他们如期地完成了北京厅的装修，保证了“两会”的进行，再一次体现了北京建工装饰创精品的意识和善于向困难挑战的精神。今后，他们会为北京更多的宾馆、饭店的厅、堂做更好、更美丽的“衣裳”。

由于人大会堂的特殊性和业主极高的要求，北京市建筑工程装饰公司副总经理夏书仁四次到东莞环球石材集团挑选石材，最终使业主满意。

北京市建筑工程装饰公司是建设部最早批准的一级建筑装饰工程、甲级建筑装饰设计企业，已通过了质量保证体系（ISO9002—1994）、环境管理体系（ISO14001—1996）标准和职业安全卫生管理体系（OSHMS）试行标准认证。自1990年成立至今，企业不断发展壮大，曾承接了人大会堂东大厅、北京厅和新疆厅，是在人大会堂承建装饰工程最多的建筑装饰企业。总经理蔡强为中国建筑装饰协会理事、北京市建筑装饰协会副理事长。

我们期望北京市建筑工程装饰公司在WTO的条件下，更加突出自己的核心竞争力，奉献更多的建筑装饰工程精品。

日照香炉生紫烟

——记辽宁日林建设（集团）有限公司“走出去”

中国建筑装饰协会

日林企业精神“三老四严”

当老实人，说老实话，做老实事。

严格的要求，严密的组织，严肃的态度，严明的纪律。

不久前，经辽宁省装饰协会常务副秘书长刘国军的推荐，辽宁省丹东市第一家进入建筑装饰工程领域，从1997年起先后承担了中国驻朝鲜、日本、古巴、阿根廷、墨西哥大使馆设计与施工。目前正在施工中国驻美国纽约总领事馆、驻朝鲜大使馆、美国别墅小区等近10个国家和地区装饰工程，可能是我国承建国外装饰工程最多“走出去”的企业——辽宁日林建设（集团）有限公司，引起了我们的关注。

2001年10月13日，我们在丹东市建筑装饰协会秘书长高忠宝的陪同下，对辽宁日林建设（集团）有限公司进行了专访，因日林公司总经理王文良正带领上百名工人在中国驻美国纽约总领事馆进行装饰工程施工，我们与副总经理隋伟丰、张晖，人事部经理谭丕有等日林公司主要经营管理者进行了座谈，并察看了正在施工的丹东市中级人民法院装饰工程。2002年3月2日，辽宁省装饰协会向正在沈阳考察行业的中国建筑装饰协会常务副会长兼秘书长徐朋作了汇报，再次引起了我们的重视。

“走出去”，是我国新世纪的发展战略，总结日林建设（集团）有限公司等一批“走出去”的企业及其取得的装饰工程业绩，对我国建筑装饰行业发展，具有十分重要的意义。

一、辽宁日林建设（集团）有限公司简况

日林建设（集团）有限公司，中国建筑装饰协会会员单位，被辽宁省装饰协会评为“1999～2000年度辽宁省优秀装饰企业”，始建于1993年5月，国有控股企业，集建筑、设计、开发、施工、装饰、安装和物业管理为一体的综合性专业化集团公司，具有建设部批准的工民建施工总承包一级资质（已公示）、国际工程承包及对外劳务出口经营权，并已通过ISO9001国际质量体系认证。

公司组织机构健全，专业技术人员齐备，设计装备优良，现设置16个管理部门，22个紧密型企业实体，高中级科技人员占职工总数的36%。

公司成立以来，为国家和地区的经济建设做出了显著贡献。先后承担了近百项的建筑、设计、工程施工、装饰等工程。2000年施工、装饰工程能力达到5亿元，固定资产总值达1.6亿多元。

为适应市场经济发展的需要，公司重视人才培养，先后选派技术骨干赴上海、深圳、香港以及日本、美国学习，培养了许多能工巧匠，形成了建筑设计、工程施工、装饰的技术骨干队伍，其技术水平和能力正走向全国同行业的前列。

近几年，开发建设和装饰的辽宁省丹东市温泉别墅小区，风格典雅、别具一格，可谓“世外桃源”。在国内装饰设计施工的同时，努力开拓国际市场，先后承担了中国驻朝鲜、日本、古巴、阿根廷、墨西哥大使馆设计与施工，并正在施工中国驻美国纽约总领事馆、驻朝鲜大使馆、美国别墅小区等近10个国家和地区的装饰设计工程。其中，为中国驻朝鲜大使馆设计、装饰的大门，国防部长迟浩田出访朝鲜时，赞不绝口，称之谓“平壤第一门”。宴会楼的优美和典雅，震慑了众多国际友人的心，一些联合国、欧洲驻朝鲜外交官和朝鲜国家领导人意味深长地说：“这是中国改革开放20年成就的缩影”。

公司严密地质量管理、控制体系，向顾客提供了较强的质量保证能力，特别是与国际标准化接轨，从制度上确保向顾客提供高效率、高质量、高水平的产品，形成了“当老实人，说老实话，做老实事；严格的要求，严密的组织，严肃的态度，严明的纪律”的日林精神，力求建一处工程，创一项精品，树一块品牌。

二、以高新优的装饰，为人类创造美

日林公司是怎样在国际、国内装饰市场上不断发展企业、壮大企业的呢？他们有如下体会：

1．要有高强项产业，才能不断地发展企业、壮大企业

高强项产业是企业的支柱，指的是企业的强项，它具有的市场份额大小，对企业的生存和发展密切联系。随着现代科学的发展和人们对周围环境的追求、渴望，装饰业越来越受到重视。在这种改革的浪潮下，公司审时度势，从过去单一的房地产开发，转向于工程施工和装饰业的发展，期间走过了充满荆刺、艰难的创业之路。1997年、2000年两年，分别承担了中国驻朝鲜大使馆改造装饰工程，赢得600多万美元的工程造价，从此装饰工程一炮打响，其装饰的水平和质量一鸣惊人。仅用短短的时间，实现了从弱到强，由量到质的飞跃，成为驰骋在承包中国驻外使、领馆改造装饰工程上的一支劲旅。

从以上发展实践看，具有独特专长和特长的高强项产业，一旦在市场中处于核心竞争力的地位，对企业的经济发

展作用是不可估量的。

2．要有新颖的装饰设计，才能提供温馨舒适的环境，创造美

新颖的装饰设计，是赢得顾客欢迎和青睐的必要前提，是提高竞争力，发展生产的核心和重要途径，大凡成功的企业均看重创新。

中国驻朝鲜使馆的宴会楼，是国际友人经常光顾的地方。正因如此，在设计风格上有所创新，注意把握民族特色与现代装饰手法的融合，在宴会楼迎宾大厅正面，设计了以清明上河图为主题的金漆木雕大型屏风，地面及墙面用金丝米黄大理石烘托，既体现了民族特色，又表现了时代风格。该项装饰工程交付使用后，先后接待了数十个国家和地区的官员和友好人士，受到一致好评。

坚持不断地设计创新，使我们的优势充分得到体现，既得到了顾客的信任和欢迎，又赢得了市场。从正在施工中的中国驻纽约总领事馆装饰工程和中标的中国驻阿根廷大使馆改造装饰工程就足以说明，新颖的装饰设计，才能提供温馨舒适的环境，创造美。

3．要以优良工程，才能贴进顾客，赢得市场

优良工程可使企业名声大振，劣质工程必然使企业名声扫地，工程的质量优劣是顾客认定的，是顾客比较和鉴别的结果。中国驻朝鲜大使馆改造装饰工程竣工验收时，中国外交部官员对装饰设计和施工质量惊叹不已，十分满意，所建工程被评为优良工程。

优良工程是企业名牌形象，是靠企业的名牌工程来换取的，常常听说“名牌形象制胜”一说，可见名牌形象是企业的无形资产和无价之宝，也是企业参与市场竞争的一张名片。是企业谋生存，求发展的重要条件，树立较好的名牌形象，这不但可以树立顾客对企业的消费信心和精神信仰，也可以营造适宜的外部经营环境，说远一点，还可以有效地吸引人才招商引资。更有效地寻找合作伙伴，赢得更多的承包。

4．加强员工培训，才能培养高素质的装饰队伍

装饰的各道工序，最终都是员工完成的，无论是一砖一瓦、一草一木，都离不开员工不懈努力和全力付出，员工的素质、技术水平、操作熟练程度，都会影响装饰工程的质量和效果。为此，公司对员工实行了岗前培训制度，通过办班学习，持证上岗。还通过走出去培训的办法，选派技术骨干赴上海、深圳、香港以及日本、美国学习，培养了许多的能工巧匠，形成了从事装饰行业的技术骨干队伍。

近几年，日林参加外派培训班 11 期，自办瓦工、木工、电工及各技术工种的培训班 23 期。投入培训学习经费近 20 万元。通过对员工的培训，提高了员工的操作水平和技术能力，使我们更加懂得培养高素质的员工，没有成功的培训，就难以有成功的管理这个道理。

5．加强制度建设，才能严细进行管理

为了提高企业整体的素质和水平，日林公司加强制度建设，完成了四项任务：

第一，全面质量管理。选择了国际标准化 ISO9001 作为质量标准，进行了建立和有效运行。2001 年 4 月经深圳质量认证中心认证审核，顺利通过了 ISO9001 国际质量标准认证。从制度上确保向顾客提供高质量、高效率、高水平的装饰装修工程。这是丹东地区建筑业企业首家领取进入国际市场入场券，标志着公司质量管理及员工素质水平，又有了一个全新的飞跃。公司制定的质量手册和程序文件，以及在运行过程中，员工的质量意识，严密的质量控制体系，现代化的设备和检测仪器，施工的优良工程，先后赢得深圳质量认证中心专家的一致好评。

第二，管理上标准化。对每个岗位都制定了标准，每个部门都制定了职责，做到工作不推诿、不扯皮、不保守，做到事事有人管，人人有事干，事事有标准，人人有责任，员工都能在各自岗位上各司其职，各负其责，把各项工作落到实处。

第三，遵章守则。在日常管理中，十分注重全体员工的遵守规章制度，使员工的行为都约束在制度的管理之下，做到规范化、现代化、制度化。

第四，优质服务。日林公司开展了优质服务教育，有人说：“现代企业的生存哲学就是优质服务”。的确，优质服务可以产生意想不到的神奇效应，形式看，优质服务就是微笑、准确、迅速，就是无差错、无事故，就是想顾客之所想，急顾客之所急。几年来，公司杜绝了三无发生（无质量投诉，无主管部门处罚，无安全事故）。

6．开展企业文化建设，培养公司企业精神，才能增强企业凝聚力

进行理想和爱岗敬业教育，是我们开展企业文化建设的一项内容，目的是培养公司“三老，四严”新人——“当老实人，说老实话，做老实事；严格的要求，严密的组织，严肃的态度，严明的纪律”，已形成日林精神。对出国施工的员工，临行前进行理想和爱国主义教育，使员工无论在异国他乡也好，还是在物质生活环境艰苦的情况下，都能情系祖国，脚踏实地，忘我劳动，塑造了许多的装饰典范和精品之作。

除此之外，日林公司在开展企业文化建设的同时，注意满足员工物质生活的要求。公司重视人才，爱护人才，对贡献较大的科技人才，实行重奖，增强了员工们为企业多做贡献的积极性。例如：设计院副总工程师宋强，他少言寡语，但干起活来雷厉风行，勤勤恳恳，任劳任怨。2001 年 5 月，他响应公司大干“红五月”的号召，仅 5 月 1 日休息了一天，其余时间全部投入到他主持设计的丹东市中级人民法院办公楼的装饰工程上，12 层楼，200 多个房间的工作量，他仅用一个月的时间就出色的完成了，出图 500 张，受到全院上下一致的好评。还有的科技人员，在住院期间一边打针吃药，一边坚持工作，表现了科技人员的高尚品质。

实践证明，企业有了凝聚力，员工积极性高、干劲足，企业充满生机和活力，形成强大的向心作用。

7．扬理想的风帆，寻灿烂的星辉，创美好的未来

日林人正遵循着这一信念，走过了八年的风雨历程。在王文良总经理的带领下，从小到大，从无到有，工作伸展到跨国施工，走出国门。这不能不说明“日林”已经完成了由弱到强、由量到质的飞跃。

贴近顾客，赢得市场。在日益求精的今天，依旧是日林不变的承诺。市场经济的大潮，使日林公司如鱼得水，向市场要效益，以质量求生存，以信誉求发展，是“日林”追求的目标。事业上要当老实人，说老实话，做老实事，工作上严格的要求，严密的组织，严肃的态度，严明的纪律，形成了“日林”企业精神。不可否认，“日林”已经成为承担中国驻外使、领馆装饰工程的一支劲旅。

昔日创业之苦，倍感今日甘甜。这些成绩的取得，无疑是王文良总经理审时度势，运筹帷幄，正确决策结果，是广大员工辛勤和汗水的结晶。

8．“兵马未动，粮草先行”

“兵马未动，粮草先行”，这是兵家常识，日林建设（集团）有限公司供应部的全体员工，在王国玉经理的带领下，为使朝鲜使馆装饰工程能顺利施工，在出征的员工还未赴朝之前，已经做好了各种材料和生活必需品的采购准备工作。他们从工程施工入手，坚持把好材料关，由专人负责原材料的采购。决不允许不合格原材料进入施工现场，采购中比价采购，货比三家，选择价格低、质量好的材料进货，保证施工质量。

为了做好后勤保障工作，他们夜以继日。有时加班加点，忘却了休息，2001 年 5 月 1 日一打早，王国玉经理就来到公司，组织人员，把九道仓库的钢板，装了满满一汽车，当海关的大门刚刚开，公司满载着物资材料的卡车第一个驰过边境出口，及时把朝鲜工程需要的材料送到工地。目前，中国驻朝鲜使馆装饰工程在周忠海经理的指挥下，正在紧张施工，工程进展顺利。

三、以装饰施工为中心，提高施工质量和效率

以丹东市军地培训中心装饰工程作为生产施工的要求：

1．破除“少慢差费”，树立“拼争抢”观念

设计图纸要提前做好，要细，要准，要及时。因为图纸是指导施工的依据和方向。这项工作搞不好影响全局。设计院要重视图纸的质量，深刻理解工程建设不等人，不争不抢的庸人，错过时机是罪人，设计不准对不起人的道理。

2．要统一思想，统一步调，统一行动

各部门要全力配合，工程调度部门要做好人、料资源的合理配置，同时要协调好部门之间联系。哪个部门出问题，哪个部门负责。各部门，将每天分担的工作任务，以日报形式，详细向公司汇报。

3．要脚踏实地，讲究实效，技术、质量、安全

工程等部门要深入施工现场，检查督促，不能坐在办公室，要深入实际指导工作，解决问题要及时果断，发现质量问题要立即整改，安全要抓好预防为主，搞好安全教育，开展安全检查，落实安全措施，消灭事故隐患，坚决杜绝重大安全事故的发生，保证员工身体安全。

4．团体协作，勤俭节约

材料供应一定要及时，作到提前供应，决不允许不合格原材料进入施工现场。要选择价格低，质量好的材料进货，保证施工质量。允许乙方自购的材料，要先定好价，事先通知，防止停工待料现象发生。

四、标准—参照物—严谨的工作态度

标准问题

一切工作都要有标准，有标准才能形成方圆。这是前进的方向。质量有质量标准，管理有管理标准，人们在这些行为的约束下。去追求去奋斗，才能达到理想的彼岸。日林的标准，就是通过 ISO9001 国际质量标准有效运行。发展企业，壮大企业，获取最大利润，达到这个标准，依靠科技人才，满足顾客，赢得市场，只有这样企业才能在激烈的市场竞争中立于不败之地。

参照物问题

一切工作都要有参照物，但参照物不是一尘不变的，不要照办照抄人家的东西，一定要有创新，才能否定之否定，企业已经选择了 ISO9001 质量体系，作为企业的参照物，但工作不要墨守成规，跟着人家屁股后面跑，永远不会前进，要去伪存真，去其糟粕，要不断的创新，正确认识和选择参照物，并通过准确的把握，找到开启企业希望之门的钥匙，把企业的经济带进阳光之地。

严谨的工作态度问题

一切工作都要有严谨的工作态度。作为完成各项工作的保证，再好的标准和再好的参照物，必须由人来完成。靠严谨的工作态度和严密的工作制度，最大程度调动人的积极性，发挥员工的聪明才智，使员工在各自的工作岗位上，尽职尽责，求真务实，雷厉风行，形成一种奋发向上的企业精神，创造出人间奇迹来。

五、加强企业管理　唤醒员工才智

任何一家公司或企业都离不开管理，管理水平高低决定着利润的大小。对此，很多人都深信不疑。

同样地，任何一家公司或企业人员素质水平的高低也取决管理水平的高低。

其中的道理显而易见，俗话说“大雁离不开领头雁，群羊离不开领头羊”，不仅是动物如此，作为高级动物的人类

也是如此。然而，在企业中，很多经营管理者都忽视了管理的重要作用，有些企业因为人员少，事多不多，管不管一样。其实，此种想法是万万要不得。管与不管所产生的效果是不一样的，尤其是管理对于提高员工素质是具有十分重要的作用，优秀的管理水平，必然培养出高水平的员工素质，这是确定无疑的。

象美国麦当劳、希尔顿，他们为什么能不断发展壮大，一个重要的原因，员工有较高的商业素质，之所以具有较高的素质，秘密就是实施了高水平的管理。

古人云“人非生而知之”。这就是说，每一个人都不是生下来就拥有知识和智慧的。员工也不是天生就具有高水平的素质，从那里得来的呢——重要途径——培训。

加强和改善对员工的培训，是提高员工素质的一条必由之路。只有培训，才能使员工学习更多的知识和技能。培训要有针对性，不要“眉毛胡子一把抓，犹如八宝粥一般”。缺什么，补什么。分类排队，办班培训。使员工在各自岗位上，成为能工巧匠。

比较优势的确立，是企业应对 WTO 的核心竞争力。

长风破浪会有时，直挂云帆济沧海。在日林公司的两个文明建设中，谁是逆风踏浪的英雄，谁是平庸无奇的人物，都不是固定不变的，只有加强企业管理，调动员工的才智，贴近顾客，赢得市场，企业最终才能获取最大的利益。

唐朝大诗人李白《望庐山瀑布》曰：

日照香炉生紫烟，遥看瀑布挂前川，

飞流直下三千尺，疑是银河落九天。

日林公司有诗曰：

日林企业员工，胸怀崇高理想。

内外上下和谐，企业精神发扬。

对内严于律己，对外宽厚谦让。

天时地利人和，事业日兴月旺。

创造一流企业，树立优秀形象。

展现时代风采，争当强中之强。

双龙打造北京饭店皇帝套

——记北京饭店皇帝套房装饰工程设计施工

北京西城双龙建筑装饰工程有限公司　董事长　**晋永昶**

北京饭店在改造装修中增设了皇帝套房，据了解，在中外酒店前所未有。此项目是由北京西城双龙建筑装饰工程有限公司与北京市骧跃有限公司合作设计施工的。皇帝套房使北京饭店进一步提高了档次，体现了中国古老建筑文化韵味儿和特色，博得了饭店领导和各界的好评。

双龙公司总工程师刘训礼应邀参观北京饭店装修改造工地时，与饭店领导共同研究，中楼已设总统套房，主楼再建总统套有些重复。

于是想到中国古老建筑文化，由刘训礼建议，业主决定：在主楼增设皇帝套房，由刘训礼主持室内设计装饰施工。

皇帝套房在主楼 18 层，总面积 428m^2，其中有门厅、会客厅、书房、主卧室、贵人卧室、餐厅、随员房、健身房、厨房、洗浴桑纳，还设两部专用电梯。竣工后的皇帝套房，雕龙走凤，闪金滴翠，从门厅到会客厅，书房至卧室，金丝楠木，透雕博古架，花罩、灯笼柜等 14 架。牙玉雕壁画花屏。壁挂 10 幅，灯池银钳楠木透雕，配以镀金卡子花等。皇帝套房的装修工艺博采众长。所用工艺如仿故宫养心殿楠木透雕竹纹隔心，仿葆中殿楠木透雕蝙蝠流云八宝落地罩，仿乾隆文书案、书柜，仿符望阁回纹嵌玉灯笼柜等，似皇宫胜似皇宫。有人看了说：“皇帝套比乾隆爷的养心殿有过之而不及。”

北京饭店改造工程规模之大，有 13 家大公司同时施工，垂直运输电梯忙不过来。为了与其他改造项目同步交工，他们采取了对拆凿下来的 80 多吨碴土、废料和 40 多吨砂、石、灰木及装饰配件，均用人背、肩扛从地面到工地垂直高达 64m，408 个踏步，每袋碴土 40kg 往返要上下 816 个踏步，128m。在这项工程中工人要直上直下步行 384km。244.8 万个台阶。鞋磨破一双又一双，工作服磨成碎片。为了使一个部位保持整体效果，必须一气哈成，项目经理张庆良和工人一熬就是几天几夜，就这样在 2001 年 9 月 28 日提前一个月通过了验收。

皇帝套房属超标准装修，不存在误差。必须严丝合缝，一丝不苟。在安装透雕缠枝葡萄八时，一个葡萄珠不见了，工人们从地面找到了楼梯，又跟踪到垃圾堆 2 个人扒拉了将近一天才找了回来。

在装饰工程施工中北京双龙和骧跃两公司，紧密配合，融为一体，做到了优势互补，信息共享。

北京饭店皇帝套房装饰工程完工后，引起京城轰动，新闻媒体竞相报道。

北京西城双龙建筑装饰工程有限公司在激烈竞争环境下，恪守本公司“道德赢市场，质量求发展”的经营理念。把道德、市场、质量、信誉、发展。有机结合，在建筑装饰工程设计施工中迈上了一个新台阶。

从深圳五洲宾馆国际会议中心装修谈工程项目管理

中国建筑装饰协会理事　深圳市晶宫设计装饰工程公司　总经理　**沈俊强**

五洲宾馆是深圳市的一座标志性建筑，也是我国改革开放的窗口——深圳经济特区政府接待国内外首脑、政界、商界要人的唯一一座五星级宾馆。

五洲宾馆一期 A 座工程竣工使用后，二期工程 B 座于 1999 年开始扩建。

B 座国际会议中心总建筑面积 3000 ㎡，是一座具有国际专业水平，拥有 500 个坐席的多功能会议中心，由休息大厅、贵宾休息厅、国际会议厅及附属用房组成。其中会议厅主体为椭圆形，层高 9m，屋顶为球形网架结构，内部设备先进，具有功能完善的无线同声传译系统，消防、空调、灯光音响系统和智能控制系统，是政府重大事件的新闻发布地，装修要求为五星级标准。

深圳市五洲宾馆领导在装饰工程总结中有一段评语：晶宫装饰公司本次工程是成功的，他们对工程质量的精益求精，对装饰工程选材的几近苛刻，对现场管理的严谨态度和对工程工期的科学控制，都给我们留下了深刻的印象。

一级装饰施工、甲级装饰设计企业、ISO9001 认证通过者——深圳市晶宫设计装饰工程公司作为五洲宾馆二期重点项目“国际会议中心装饰工程”的建设者，不仅能为承接如此重要的工程感到自豪，同时通过五洲宾馆工程的施工，更加深了对装饰工程项目管理的认识。

兹提供如下，愿与同业同仁交流切磋。

一、组织强有力的项目管理班子是确保工程顺利进行的前提

如何组织项目班子是至关重要的。我们知道装饰工程是一项由技术与艺术相结合的多工种的综合学科，新技术、新材料更新快，涉及学科广，因而装饰工程管理是一项复杂多变、门类繁多的综合性管理学科。

五洲宾馆 B 座国际会议中心作为“2001 年第三届中国国际高新技术成果交易会”的重要会场，要求全部装饰工程务必于 2001 年 9 月初全部完成。而装饰工程进场之时已是 7 月 15 日，其他基础设施工程仍未完成，甚至尚未开工；大量的进口石材、面材需由国外定购，而工期安排中材料的定货时间不能多于 15 天；椭圆形的会议厅，极易产生声学聚焦，建筑声学结构工程量很大，而且施工工艺要求极高，稍有偏差就会前功尽弃；宾馆照常营业，休息时间绝不可扰宾；无法使用垂直运输，上百吨材料全靠人抬肩扛……。

诸多不利的因素使工程几乎无法实施。然而，就在这种严峻的困难面前，我们组织了一个强有力的项目管理班子，由总经理任项目总指挥，2 名一级项目经理任项目副经理，1 名高级工程师任技术负责人，同时还配备了室内设计师、水电空调工程师等，并根据具体情况设有设计组、行政组、工程组、材料组、质安组、财务组等相关职能管理部门。正是这个素质高、经验丰富、责任心强的综合性项目经理班子，决定并保证了装饰施工过程中的每一个细节的实施，调整了质量控制点的力度，同样也决定了工程的优劣，为胜利完成五洲宾馆 B 座国际会议中心装饰工程打下了坚实的基础。

二、全面细致的施工准备是项目管理的有力保障

施工前项目班子对施工图纸的审核与补充、施工组织设计的编写、施工工艺、施工技术措施、施工技术管理等进行确认，这是施工准备阶段的必备技术工作，也是装饰工程施工技术管理的一个基本任务之一。

在五洲宾馆工程进场前，我们认真地研阅由设计单位提供的施工图纸，并通过图纸进行技术交底、现场勘测，根据现场实际及公司作业指导书（ISO9001 体系文件），详细编制项目质量计划，建立健全质量保证体系，制定了详细的“施工网络控制计划”、“劳动力使用计划”、“物料采购计划”，确定施工工序流程和施工方法，做到项目班子成员心中有工程。其中“施工网络控制计划”更是涵盖了会议厅装饰施工的 14 个专业，并根据工期划分了 15 个控制段和 101 个关键控制点。

由于国际会议中心装饰工程的图纸是在土建工程竣工前完成的，造成了装饰工程施工图与现场不符的情况。为此，我们在保持设计意图的前提下，做了大量细化图纸的工作，并向设计单位提出了许多合理化建议，使工程既满足了设计的要求，又方便了施工。国际会议厅的天花球形网架设计荷载为下弦 50kg/㎡，而我们根据装修设计单位提供的天花装修图计算出装修荷载天花自重 65kg/㎡，加之其他设备的重量已远远超过设计负荷，我们与监理等相关单位密切沟通，并积极配合设计院等单位制定改变措施，消除了一场安全隐患事故。

三、施工质量控制是项目管理的关键所在

在施工质量控制中，我们制定了层层承担的质量指标，一是坚持从材料使用到组织施工一环扣一环的材料检测方法，做到不合格，不使用；二是坚持施工操作一道工序紧扣一道工序的质量检查方法，实行上道工序为下道工序负责的

小组个人质量制；三是坚持做到施工质量标准同工资挂勾，不合格、不验收、不计资、返工自理，影响进度做相应的经济制裁。

在五洲宾馆B座国际会议中心的装饰施工过程中，我们通过国家标准、公司ISO9001体系文件和各级管理责任制的手段，对工程总体质量、进度和安全进行了全方面的控制。

国际会议中心工程中的弧形、异性石材、木材较多，加之会议中心墙身为椭圆形，这给现场材料放样带来了巨大的困难。为此，项目施工总监带领大理石工人现场放样，实地分格，并结合电脑测量复核。石材出样整理后，对每块大板材料通过统一分块编号，再根据石材商提供的石材原始数据进行计算，做到现场与石材商最大程度的默契，提高石材的出材率，减小天然石材的损耗。通过以上方法，最终双曲面石材门套线的平整度误差小于0.2mm，整个石材面层自然美观。柱身面层采用24K金箔装饰，这种工艺要求底层施工精准、坚固，否则面层一上，损失巨大。原设计采用玻璃钢成形拼装方法，但始终不能解决竖面接缝问题，经过我们现场试拼，调整工艺，最后采用混凝土合木基层工艺解决了这一难题。

国际会议厅中心内墙面的建筑声学结构为木龙骨消声空腔，结构复杂，施工要求精细，否则很容易造成椭圆形会议厅的声聚焦。为此，我们专门组织了一个木工班，施工员也具体研究施工控制方案。首先将木方用防火涂料浸泡、晾干，再将30×30、30×10架空平排，每条间距仅20mm，而会议中心墙面有100余米长，工作量之大，可想而知。为了不影响面层施工的时间要求，我们积极同其他专业队伍协调，既不能影响隐蔽工程，又要满足自身要求，最后采取分片制造、统一安装的方法，在分项工程验收中，消防声学指标一次通过。

四、项目协调进度控制

在该项目施工过程中，业主、设计单位、各专业施工队伍之间的协调是非常重要的，应有专人负责。一个成功的装饰工程项目管理，不仅是要靠项目管理班子对装饰部分的控制，如何协调水、电、空调及其他配套专业的技术和现场问题也是至关重要的。

会议中心工程中同一部位经常是10多个专业队伍在同时施工，尤其是会议中心内墙隐蔽在吸声层下面的复杂的机电管线就多达20多种，而吸声结构龙骨非常密。在这种情况下，我们在墙面精确标出各专业线管位置、设备末端出口位置，并向各工序进行书面交底，解决了矛盾，防止了返工现象的发生。

施工进度控制，严格执行网络控制计划，个别工序例排计划,集中赶工，并在每次例会进行检查，发现问题马上制定补救措施，防止计划落空。

五、合同资料管理

在五洲宾馆B座国际会议厅中心工程中，我们将施工过程的全部文件、信函、记录等资料管理也纳入了管理目标。公司工程管理部开工前专门对工地人员进行了资料归档的培训，并定期到现场指导，ISO9001办的同志也派员把工程相关资料分类、标识、归档。

六、现场安全、文明施工

认真执行各项安全施工条例，专人负责现场管理，做到整洁有序。

会议厅中心天花内隐蔽项目繁多，而且根据设计院的设计方案，各单位的荷载吊点都已明确位置，造成同时施工的不便，也增加了不安全隐患，为此，我们总体安排各专业施工时间，明确封闭时间，并加设保安人员现场巡视，以防火情、险情发生。

为了使施工不影响宾馆日常营业，我们在施工及环境管理的控制上做了大量的工作。首先在进场前，我们制定了工地总体平面分布计划。明确施工员与进场材料通道，并将上、下班时间尽量避开宾客进出的高峰期。另外，为了减小施工噪音对正常营业的影响，工地一些常开机械，如空压机、电锯等都做了消声处理。我们还调整传统工序，尽量避开休息时间扰宾。这一切的努力，最终取得甲方营业部门的认可和一致好评。

五洲宾馆国际会议厅中心装饰工程已顺利完工，工期比计划工期提前了3天，工程质量优良，整个装饰工程施工受到了业主、监理公司和设计单位的一致好评，并在随后召开的中央、广东省、深圳市高交会等会议中发挥了应有作用，受到各级领导的高度赞扬。

中国银行总行行长层精装修工程回顾

中国建筑装饰协会

位于北京西单的中国银行总行办公大楼——北京中银大厦，于2001年5月落成并正式起用。这是世界著名建筑设计大师贝聿铭先生在中国完成的又一杰作，是21世纪增添在首都长安街上的又一标志性建筑，也是中国和美国在装修工程中成功合作的范例。

外形庄重且室内大堂拥有宏大空间的中国银行总行总建筑面积为17万m^2，由中建建筑承包公司总承包建设。其精装修工程采取国际招标，共有来自世界各国共140多家装修工程公司报名，经过多轮的考察、筛选、投标、解标，最终由广州珠江装修工程公司和另外分别来自香港、德国、深圳的4家公司中标。

广州珠江装修工程公司承接了施工难度最大、最复杂、质量要求最高、标的最大的行长层精装修施工标段，装修面积约为15000 m^2，合同造价为5500万元人民币。

在整个装修施工过程中，广州珠江装修工程公司精湛细腻的施工工艺、严谨踏实的管理作风以及准确清晰的深化设计能力给工程总包方、业主和设计方都留下了深刻的印象。设计方美国贝氏设计师事务所高度赞扬广州珠江装修工程公司的施工工艺已完全达到美国的质量标准。

中国银行总行办公大楼装修是国内首家装修施工全程引入“模数”概念的项目，即要求所有装修尺寸均为模数的整数倍，不允许出现任何的补差现象，同时要求所有的饰面必须在工厂完成生产，现场进行安装，且木作饰面要做到不得出现钉眼的高标准要求。广州珠江装修工程公司全体技术人员努力攻克，研制出许多先进的施工工艺，解决了各种各样的施工难题，其中不少的先进工艺被总包方和设计方要求向其他兄弟单位传授。由广州珠江装修工程公司负责施工的行长层精装修工程被业内人士赞许为国内精装修工程的典范之一。

由于采用了建筑模数概念，任何土建结构的误差都会直接影响后续的装修工程，为此广州珠江装修工程公司仅用于行长层走廊的放线时间长达两个多月，不仅要采用各种办法弥补土建施工的误差，还要按照模数要求标识出每一项施工环节的精确位置。与此同时，广州珠江装修工程公司还提出并着手引用了“装修工厂化”的理论和做法，大量装饰的饰面由基地工厂按照二次设计图和现场复核的尺寸进行加工生产，现场对号安装。行长层四周走廊设计长度均各为50m，完工后，所有施工误差仅为正负1mm。

中国银行总行行长层的装修采用了大量的木饰面，工程上所用约14000 m^2的红榉木木皮和约16000 m^2的红影木木皮，均取自向德国订购的三棵红榉木树和三棵红影木树。设计师要求所有饰面不得出现钉眼及任何修补痕迹，这是对传统施工工艺的又一挑战。广州珠江装修工程公司的工程技术人员制定了明确的加工木饰面板的技术标准，要求生产厂家确保做到木饰面颜色、纹向在同一区域内必须统一，同时通过不断的钻研，针对本项工程开发研制了合金铝挂件，用此挂件安装的木作饰面不仅牢固而且施工工艺简单，其完成面的观感一致、光滑平整是一般传统工艺无法比拟的。

中国银行行长层的普通会议室用活动屏风可间隔成不同类型的会议室，满足各种规格会议的需要。为了使活动屏风的包布饰面安装达到平整、不易变形的效果，广州珠江装修工程公司经多次试验加工了一种暗藏式的专用挂钩，不仅解决了施工安装上的难题，还被其他分包单位争相购买和采用。会议室天花安装的进口阿拉巴斯石材吊灯每盏自身重量就达200kg，如何使经中方进行二次设计的灯架结构牢固耐用和易于安装，还要方便日后的维修及更换光源却非一件易事。广州珠江装修工程公司的工程技术人员反复多次地与加工厂家的专业人员进行研究、试制，最终成功地解决了外观、承重、安装、维修等的一系列问题，200多组安装在会议室内闪闪生辉的吊灯得到美方设计师的高度评价，解决了美方设计人员也认为是一大难点的问题。

董事会议室，是装修施工难度最大和最为复杂的空间，莫过于拱型吸音天花的制造和安装了。拱型吸声天花板均委托加拿大的专业厂家直接生产，而其结构部分由我公司在国内制造和安装。每块天花板的规格、间隙要完全一致，并要提供尺寸给厂家在工厂内完成喷淋头、音响喇叭、8m多长大型石材灯20多个吊点的准确开孔，要达到美方设计师的要求和确保两地生产、安装尺寸的一致，存在着较大的配合难度。为此，广州珠江装修工程公司工程技术人员通过不断摸索研究和现场的多次放样，设计了精确的天花板加工尺寸图和结构施工安装图，经过多次与加拿大厂家的沟通，使两地分别加工的天花板和底部结构在安装时真正做到一次成型，丝毫无误，成功攻克了又一施工难题。

北京中银大厦能够成为长安街乃至全国著名的建筑物，得益于业主选择了建筑大师贝聿铭先生进行主笔设计，同时广州珠江装修工程公司全体工程技术人员以其高度的责任心、高素质的管理、精确的二次设计和精湛的施工技艺，为这幢宏伟的建筑添上了亮丽的砖瓦。

广州珠江装修工程公司是我国最早一批组建的建筑装饰企业，是最早一批被建设部审定的一级建筑装饰工程施工、甲级建筑装饰工程设计企业，在全国最早一批通过ISO9001国际质量体系认证。广州市建筑装饰协会首届会长单位，协会秘书处最早就设在该公司。广州珠江装修工程公司业绩突出，是荣获鲁班奖（国优）最多的装饰企业之一：三项——广州世界贸易中心（1995年）、广州东山广场主楼（1997年）、广州好世界大厦（1999年）；广东南海枫丹白鹭酒店荣获2001年度中国建筑工程装饰奖（首届）。公司总经理、高级建筑师林芷珊，现为中国建筑装饰协会常务理事，是目前全国15位一级建筑装饰工程施工、甲级建筑装饰工程设计企业女企业家的突出代表。

祝愿广州珠江装修工程公司“尽心尽力，尽善尽美”的服务宗旨在日后装饰工程的设计施工中继续得到不断地体现。

·技术创新·

一种石材地面施工新工艺的探索

——现场整体磨光施工技术简介

北京洪涛石材保护（工程）有限公司　王京江
深圳市洪涛装饰工程公司　唐曾烈

一、生产实践中提出的问题

随着我国国民经济的持续高速发展和国家经济实力的不断提高，在许多新建的大型公共建筑中，天然石材地面由于具有豪华的装饰特点和经久耐用的实用性，虽然造价昂贵，但仍被广大业主所选用。仅北京洪涛石材保护（工程）有限公司每年都要承接数万平方米的地面石材铺砌任务。

为了确保石材地面的铺砌质量，我们不仅对铺砌石材每一道工序作了详细的规定，也派人到石材加工厂监督生产，这些措施在有些工程中取得了良好的效果，如北京的中国人寿大厦大堂1～5层地面工程，地面为半径10.5m的同心圆，石材最大分块弧长为1570mm，宽度1000mm，进口花岗石板材厚20mm，整个大堂地面铺砌拼缝准确，接缝高低差小于0.3mm。地面石材全部用数控加工中心加工，在施工中不允许有人工磨削。但在许多工程中，石材地面接缝高低差超标始终是一项质量通病。尤其在石材分块尺寸超过900mm后格外明显。有的工地采用人工局部磨平再水磨抛光，但因人工工具的能力限制，往往在接缝处形成棱边，影响整体地面的美观。有的工地采用重物局部加压，但调整量很小，耗费人工很多。针对上述质量通病，我们做了一些现场检测工作，发现所有铺砌好的石材，在四个角部位都能与相邻石材相平，说明石材本身平面度不高是造成接缝高低差较大的主要原因。

造成成品板材平面度不高的原因有两：

1．工厂设备加工精度仍不能满足工程要求

目前许多大型石材加工企业都装备了进口数控大板磨光机，在技术性能上在世界上是先进的。通常每台磨光机有18个磨头，每个磨头安装4～6个磨块。根据石材的特性和加工要求，将不同数目的磨块分别安装在各组磨头上，使石板从进料口送入后，经过粗磨、细磨、精磨和抛光几次研磨，从机床后部送出成品。各组磨头在旋转的同时，还沿横轴移动，以达到全面积研磨大板的目的。各个磨头的高低可在控制板上调节，但是这种构造仍造成大板中间部位研磨偏重。花岗石材质均匀性稍差，切割毛板时也容易发生板厚不均匀现象。所以，花岗石板材的平面度一般比大理石板材的平面度差。使用这类数控磨光机生产的板材，一般能达到建材行业标准（见下表）。

天然大理石建筑板面度允许极限公差（mm）

板材长度范围	允许极限公差值		
	优等品	一等品	合格品
≤400	0.20	0.30	0.50
＞400～＜800	0.50	0.60	0.80
≥800～＜1000	0.70	0.80	1.00
≥1000	0.80	1.00	1.20

天然花岗石建筑板材平面度允许极限公差（mm）

板材长度范围	细面和镜面板材			粗面板材		
	优等品	一等品	合格品	优等品	一等品	合格品
≤400	0.20	0.40	0.60	0.80	1.00	1.20
＞400～＜1000	0.50	0.70	0.90	1.50	2.00	2.20
≥1000	0.80	1.00	1.20	2.00	2.50	2.80

*注：新颁布的建材行业标准《天然大理石建筑板材》和国家标准《天然花岗石建筑板材》中平面度允许极限公差比旧建材行业标准略有提高。

从目前地面石材尺寸为800～1000mm为例，可见优等品石材的平面度也不能满足装饰行业施工标准的要求。何况优等品中还允许有不超过5%的一等品。实际上石材厂商为提高生产率，都不降低磨光机车速，如无特殊要求，基本上按一等品供货。国产石材荒料的尺寸小，大部分企业都采用普通磨光机加工，所以平面度就更差，一般只能达到行业合格品的标准。

由上可见，石材加工行业标准与装饰行业质量验收标准之间还存在一定差距。

2．石材的性能不统一

不同品种的石材其化学成分含量、孔隙度、吸水率等化学物理性能有很大差异，同一矿源的石材荒料埋置深度不同，荒料的内应力也差别很大，石材工厂根据市场需要购买荒料，很快又投入加工，石材内凝聚的内应力还没有得到释放，大板材在加工完毕后堆放和运输中也会产生变形。所以综合石材的成分差异、吸水受潮引起变形等诸多原因，要使建筑板材达到很高的平面度也是不现实的，不是目前石材行业完全能够解决的问题。

二、机械设备的选择

1．大理石/花岗岩通用型石材研磨机

PANTERA

PANTERA T.2000
大理石/花岗岩通用

经过对国外几种品牌的比较，最后选择意大利 PANTERA 系列产品（见图）。PANTERA 单头研磨机空机重 245kg，7.5 马力，采用 380V 三相电源，机头上有冷却用水贮水箱，可贮水，同时增加磨头压力，提高工作效率和研磨质量。机身中央有简易操作的轮盘和圆形水准气泡，在作业中可准确地调整机体的水平度。在安装和更换磨块时，可操作液压千斤顶使机体升降。磨头外有尼龙防溅罩。上部橡胶防护圈可保证在作业时不会碰坏墙面。PENTERA T.2000 具有 2 个磨头，可提高工效约一倍，10 马力，空机重 310kg。CICALA 台阶打磨机，2 马力，220V 双相电源，空机重约 40kg，水箱容积 8L。是专门为石材台阶磨光翻新设计。

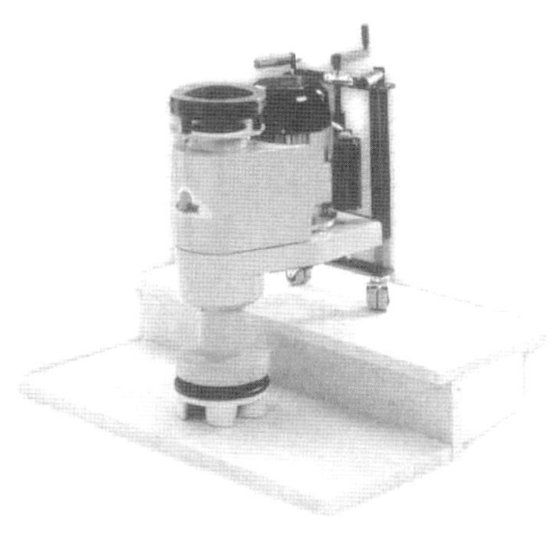
CICALA-台阶打磨机

2．吸水吸尘器

配合石材研磨机使用，将石材研磨机的冷却用水随时吸去，以免污染地面。最好两台研磨机配一台吸水吸尘器。

3．轻型石材翻新和水晶硬化机

这是一种多用途机器，安装上磨片也可以研磨石材地面，但因自重轻，研磨效率不如石材研磨机。我们主要用作水晶硬化处理，使用两种专用水剂。在已经研磨好的清洁地面上，磨盘带动细钢丝垫快速旋转产生高温，使石材地面表面在专用水剂作用上，形成二氧化硅晶体和抛光上蜡。

4．电动打锤机

选用德国 FLEX 轻型三头打锤机，可在镜面石材表面按设计要求凿毛表面，单人手持操作，十分轻便。

5．喷砂机

选用德国 CEPE 机，该机形似吸尘器，但其软管是内外双层套管，金刚砂从内管中喷出凿击石材表面，外层套管可将金刚砂吸回。该机可按设计要求，选用不同粒径的金刚砂，刻出不同粗糙面的任意图形，现工程中用于凿毛阳角部位。

三、施工工序和注意事项

1．石材地面整体磨光施工工序

（1）现场勘察，了解设计选用的石材品种、拼花图案和地面面积，现场铺砌质量情况。如有空鼓、缝隙太大、色差明显、石纹不通顺等明显质量问题，必须先作更换。

（2）检测地面石材是否已刷防水防护剂，必要时应补刷。

（3）拟定施工计划报总包和业主审批。

（4）对作业面内的墙面、柱面和门框扇等用保鲜膜进行保护，保护高度宜在 500mm 以上。

（5）在施工前还应用 2.0m 直尺和塞尺普查原施工地面的平面度情况，并作好记录。

（6）用石材研磨机由内向外磨，根据地材的品种选用合适的磨块，由粗到细逐次更换磨块，花岗石地面用 800 目磨块磨。在研磨过程中检验员要用 2m 直尺和塞尺随时检查研磨后地面的平面度，并指导施工人员注意。

（7）对磨后地面的拼缝缝隙、缺棱等进行修补。

（8）精磨和抛光。

（9）水晶硬化处理。

（10）质量检测光泽度和平面度，写出质量验收报告报监理工程师。

2．在施工过程中应注意下列几点

（1）对原铺砌地面石材是否已刷石材防水保护剂必须了解清楚和进行检测，以免施工时污染地面。

（2）如石材地面铺砌后接缝高低差值较大，切勿用手磨机磨削。因为用手磨机磨削时容易磨出凹坑，使机磨量增加。

（3）施工围挡一定要仔细做好，尤其对木门和木踢脚线，防止受潮变形。

（4）如石材拼缝较大，应先进行嵌补，修补处必须经 24 小时后才能进行研磨。

四、工程实例简介

1．北京国家电力调度中心大厦

该工程位于北京西单东南角，面临长安街，是一幢高智能化现代办公大楼。由上海华东建筑设计研究院设计，大堂和楼层休息厅地面主要采用进口凝灰岩（黄窿石），基本尺寸为 1400mm×700mm×25mm。该种石材孔隙率很大，有许多气孔，经加工切片和研磨后，表面会有许多不规则孔洞，必须用石灰拼胶进行修补，然后再研磨。大厦首层大堂和公共休息及走道黄窿石地面面积约 5000m^2，分别由四家装饰公司施工。在地面铺砌完毕后，发现石材表面修补痕迹十分明显，原因是工期过紧，石材供货商对板材修补后，没有再研磨。另外，石材长向拼缝高低超标部位较多。我们针对上述情况，先做约 10m^2 的样板。最后承接楼内所有石材地面的研磨和水晶硬化处理。新完工的地面平整如镜，实际上我们做 3、4 次修补和研磨，因为有的气孔外露表面孔径小，填胶不易密实，研磨后会出现新的孔洞，最后再作水晶硬化处理。

2．北京钓鱼台国宾馆芳菲苑中庭大堂

新建的芳菲苑位于钓鱼台国宾馆中心，由中庭大堂、大宴会厅、多功能厅和宾馆等部分组成，由美国汉斯公司和上海同济大学建筑设计院设计。中庭大堂石材地面约 1000m^2，采用 900mm×600mm×20mm 国产锈石和珍珠红亚光板铺砌，其间用 150mm 宽烧毛板组成线条图案，地面石材铺砌后，接缝高低差大，有的大于 1.0mm，表面光泽度不均匀。烧毛板因单面受热有变形，烧毛面高低差大于 3.0mm。由于以上材料缺陷，使烧毛板的观感不是直线，亚光板的光泽度不一致，这样整个地面完工后观感很差。经征得设计单位同意后，采用现场整体机械研磨，并加做水晶硬化处理。烧毛饰条部分经研磨后与亚光板拼缝平齐，然后用电动打锤机和喷砂机凿毛，凿毛深度和粒度均匀。磨光部分的光法度达到 80 度，完全达到同样材料工厂生产水平。

五、初步体会和小结

地面石材研磨机引入国内已多年，但以往只作为翻新设备使用，应用面不广。我公司自 2000 年引进设备后，已完成北京东方广场、北京国家电力调度中心、钓鱼台国宾馆芳菲苑等重大项目石材地面整新工程，有的已签约长期维护合约，施工总面积已达 10000m^2。但因石材品种繁多，质地和性能各异，针对不同的石材和铺砌情况，还需要更多的施工实践来积累经验。现根据有限的实践，初步体会和小结如下：

1．目前石材行业的质量标准不能满足装饰精品地面的质量要求，所以精品石材地面必须增加地面整体精磨和水晶硬化工序，因为接缝高低差 0.5mm 在观感上仍很差，经现场精磨工序后可达到观感上无高差的效果。即使施工优良的地面，侧视地面仍有鱼鳞状起伏的感觉。水晶硬化处理比一般清清打蜡对石材光泽的效果更明显。

2．设计可以适当加大地面石材尺寸，而不需增加石材板厚，尤其对大面积的大堂会起到更好的效果。

3．要进一步研究施工操作细则和规定，提高工效，尤其在如何控制整体地面平整度方面摸索经验，并列入施工标准。

4．探索用毛板铺砌现场磨光的新施工法。

5．石材的防水防护措施必须严格到位，要刷 6 个面。因为现场研磨会有大量的污水，如果石材未刷防水防护剂，就会使地面形成“水渍”污染。

6．石材加工尺寸必须精确，否则现场磨削会破坏防水防护层。

7．经水晶硬化处理后，石材表面硬度增加，可提高石材的光泽度，也方便地面维护。

8．使用单位必须注意合理使用和正常维护，如要防止硬物划伤和撞击，切忌用清水拖布保洁。

测量放线在精装修施工中的重要作用

深圳市洪涛装饰工程公司　许雪峰

测量放线工作作为一个重要施工工序在以往多年的建筑精装修施工中没有被引起足够的重视。具体表现在两个方面：一是没有进行综合、统一的测量放线；二是测量放线的精度不高。这两种情况的存在主要是由于施工人员对整体协调作用的认识不够和装修设计的非标准化。但是，随着社会的不断发展进步，人们对精装修的质量要求会不断提高；装饰材料产成品的工业化、标准化生产逐步扩大。这些客观现实就必然要求精装工程要有综合统一和精确的测量放线来保证。

一、综合统一的测量放线是精装修的首要条件

建筑物进入精装修阶段，内装分包单位往往有多家，这些施工单位以往常常是各自测量放线，以满足自身施工的需要。最终就有可能导致在相交接的工作面上出现偏差而无法收口。经常表现在以下几个方面：

1．电梯门框定位和标高偏差

一般情况下，大楼的电梯安装是由专业公司先行施工的，由于安装公司只进行局部放线没有按精装地面主轴线回放，待装修单位进场放线时，常会发现电梯门框露出装饰门套的量是一边多，一边少。有的电梯不锈钢门框定位和装饰墙面无法收口。另外电梯公司安装门框是依据土建施工的50线，在不少情况下，由于土建提供的50线精度不够，加上安装公司的施工误差，有的工程同层两处电梯厅电梯门框标高相差20mm以上。造成问题的主要原因是土建施工的允许误差大于精装修施工允许误差，安装公司施工中往往不使用水平仪测量校核。提供给监理工程师的检验依据就不可靠。在这种情况下，就会造成返工或影响装饰效果。

2．内外装修在门窗洞口处出现偏差

建筑物的内外装修一般不会同时进行，外墙施工是按外立面布局和土建尺寸进行测量放线的，而内装修是按室内基准轴线进行测量放线的，由于多数工程土建总包未能提供建筑物的基准轴线，内外装饰施工单位分别测量放线也会存在测量误差。这样就会导致内装和外装在门窗洞口处交接不上。特别是首层地面中心线与外幕墙大门的中线对不齐，这使人看起来极不协调。

3．多层共享空间的栏杆安装与环廊偏差

现在许多大型公共建筑设计有多层共享空间，其中不少是以圆形，其环廊的栏杆安装和栏河墙面施工不是一个单位来施工。如果栏杆安装单位和装饰施工单位放出的共享空间平面形状不能重合，这就导致栏杆安装后突出环廊装饰面有多有少，极大地影响了装饰效果。北京某著名圆形建筑物的不锈钢栏杆和玻璃栏板安装定位参差不齐，便是实例之一 。

二、精确的测量放线是做好精装修工程的重要保证

过去的装饰施工特别是室内精装修施工中很少有借助精密仪器进行测量放线的。施工人员或是借助于原土建施工时的各种控制线，或者凭借自身的施工经验利用一些土办法来进行测量放线，导致测量放线的精度普遍不高。进而直接影响到装饰的质量标准。

1．墙、地面分格对缝

高级装修设计中有许多都是墙、地面块材分格是对缝设计的，这就需要测量的平面轴线间距尺寸要非常准确。如果稍有偏差，则墙面块材施工后，地面在施工时就很难和墙面对缝。特别是圆柱石材拼缝和地面石材拼缝对缝时，如果圆柱的圆测量放线不精确，或轴线距不准，将导致圆柱石材拼不上。当然，圆柱的拼缝与地面石材的拼缝就不能对齐。

2．旋转楼梯、弧形墙、异形石材施工

旋转楼梯、弧形墙、同心圆石材地面都属于异形石材施工。这对现场的测量放线提出了更高的要求，旋转楼梯需要把内外圆弧和各级踏步标高准确地放线，因为现在异形石材都要采用数控加工中心加工，加工精度很高，如果现场测量放线不准将导致精确加工的旋转楼梯石材部件无法准确安装，所以必须使测量放线要按石材加工图纸尺寸进行，误差必须控制在1.0mm以内。石材加工精度不应有负误差，而应稍有富余量。重要工程应按设计部位实际情况制定专项石材加工技术标准，以控制石材加工精度。

3．图案、花饰的安装

对于图案、花饰墙地面的施工，由于这些材料大多用数控加工中心或水刀切割成型，加工精度极高，所以施工时首先要将图案或花饰块的尺寸、形状精确地测量、放样到施工部位，施工时应特别注意花饰、图案的轴线或控制点位，应首先施工花饰、图案，再施工邻近的石材，这样才能消除一些施工误差。如能在设计中采用错缝联接就更好了。现在有些多边形花饰地面，其中尖角部位与四边环形石材拼缝对不上，还与矩形地面石材分格拼缝对不上，造成该精的没有精，视觉效果就不够好。

三、建材工业化程度的日益提高需要有精确的测量放线来保证

随着大量新型建筑材料的不断涌现，建筑材料的工业化和标准化程度也日益提高。如单铝板或铝型板墙板、蜂窝铝板天花板、大型单铝板天花板、成品木饰面挂板等。这些材料是按设计加图纸在工厂加工成型，运抵现场按编号安装就位，在现场是不允许再重新切割加工。所以要求现场能提供

精确详细的装饰面内净尺寸的测量详图，才能给加工厂提供准确的尺寸依据。

另外，安装这些部件的骨架制作或安装也相应要求很高。对设备安装还需提供精确的位置，才能使先期安装的风口和消防喷淋头的位置能与工业成品大型天花板配合准确。应该指出，只有综合测量放线，才能给设备安装标注精确的安装位置，就可避免一些不必要的扯皮和返工。虽然承担内装主导施工的装饰公司，可能会付出更多的测量放线工作，但只有这样才能解决原来各自测量、各自施工带来的许多矛盾。

四、精装修工程测量放线需达到的测量精度及仪器选用

精装修工程施工测量放线应该借助于精密的仪器和科学的测量放线方法，测量放线的精度一般为允许施工误差的1/2～1/3，具体要求如下：

1．对垂直度的控制

室内垂直度精度应高于 1/3000。在全高范围内应小于2mm。按此要求可选用“北光”生产的 J2 型经纬仪以及比其精度更高的仪器。

2．对水平度的控制

水平线每 3m 两端高差小于 1mm 同一条水准线的标高允许误差为 2mm（此线长大于 3m 小于 50m）。根据此要求可选用“北光”生产的 S2 型水准仪或更高精度的仪器。

五、装饰工程应用实例

1．中国人寿大厦（原北京世界金融中心）

该工程首层由直径约 20m 的圆形大堂、自动扶梯厅和圆形四季厅等部分组成，设计以大堂和四季厅的圆心联线为主轴线，大堂墙面为弧形墙面，内有 8 个扇形墙体和四根纺锤形异形大柱，半圆形玻璃幕外墙。施工主要由三家施工单位承包。在施工中三家公司共同确定好连接两圆心的主轴线和两圆心位置。并以此作为基准轴线分别进行测量放线，确保交接处准确无误。

大堂地面为同心圆拼花岗石地面（**见图**），外圈地面为 8 等分，地面石材均用数控加工中心切割成型。要求在工厂预拼装，拼缝宽度小于 0.3mm。先用国产石材试生产，检测合格。说明数控机床有足够的加工精度，这就要求人工测量放线也必须达到足够的精度。为此，我们拟定了专门的测量放线方案。首先以 OM 主轴线为基准轴线顺时针方向做出 16 等分基线。理论上每个圆心角应为 22.5°。每个角度的测量按规定测完一个侧面，取平均点。最后一个角测完后与 OM 轴线有 25”的差距，再将这 25”按 16 等分平均分摊到 16 个圆心角中，即可得到了准确的 16 等分基准线，然后在这 16 条基准线上分别测量出 R1=2.5m、R2=5m、R3=7.5m…。5 道圆弧半径控制点（两点之间距离 2.5m，以保证 3m 的靠尺能使用）。铺石材时即以这些点和线为基准，还拟定了专项施工工艺铺砌石材，严格控制每一圈石材的施工，使径向误差均小于 0.5mm。最后做到在未磨切任何一块石材的情况下完成大堂地面铺砌，并收到了很好的效果。石材缝隙小于 0.3mm，平面度达到<0.3mm，达到了质量验收标准中的优良标准。

2．中国银行大堂

北京中国银行大厦是世界著名华裔建筑师贝聿铭先生的大作，我公司承建首层大堂及二层营业厅等部分。大堂由四季厅、贵宾厅和营业厅组成，建筑面积 3400 ㎡，建筑柱网为 6900mm×6900mm，室内精装地面分格以 1150mm 为基本模数，设计要求墙面分缝和地面分缝完全对齐，而且厅内门洞和栏杆立柱的定位、保安台、营业柜台、书写台、休息长凳等的拼缝和阳角等均需严格按此模数定位。所有墙地面和异型石材均在意大利加工，现场按编号安装就位，由此可见现场的测量放线必须要有足够的精度，才能保证施工安装的准确。现场采用北光 J2E 经纬仪和 DS3 型水平仪，根据总包提供的基准轴线，在纵横方向各平移 1.0m，放出 6900mm×6900mm 网格，并用钢卷尺丈量对角线校正，两对角线误差应小于 2.0mm，然后再将校核后的柱网返回轴线位置，再进一步弹出 1150mm×1150mm 分格网。

在施工中，先铺砌 2 条纵横控制轴线上的石材，并用经纬仪随时监测，由于各专业施工队伍均采用统一测定的柱网来施工，加上石材加工精度很好。虽然大堂和二层营业厅、地下一层营业厅都有台阶和平台相联，整体空间有几个不同标高，但地面石材分缝笔直，最长一条达 80m，用经纬仪检测误差为零。所有缝隙均匀一致。完全达到了设计预期的要求，成为近年来室内装修的精品。

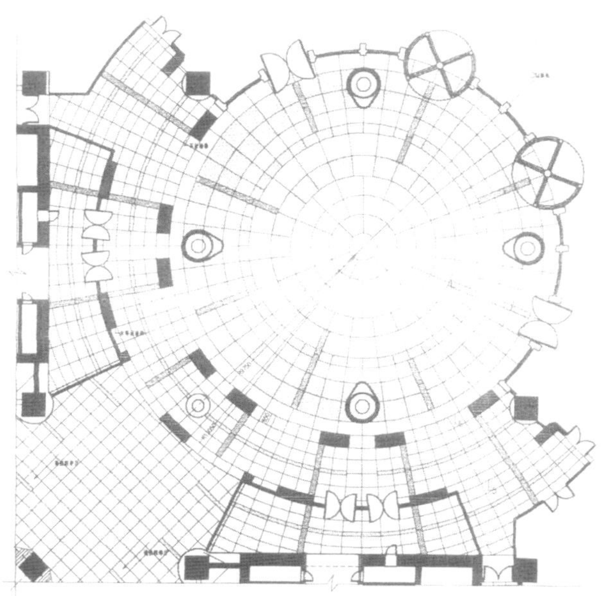

中国人寿大厦——首层大堂地面图

贴金、扫金与台柜混合结构配置体施工工艺

上海市建筑装饰工程有限公司技术部

贴金与扫金施工工艺四要点

金箔是我国特有的手工艺产品，江浙两省产之。金箔除用于古建筑外，还用于工艺美术制品和农村的老式家具，如花饰床、花饰橱、梳桩台和圆件等。

金箔有98与74之分，前者又名库金，后者又名大赤金。每10张为一贴，每10贴为一把，每10把为一具，即每一具为1000张。库金质量最好，色泽经久不变，适用于外檐彩画用金。大赤金质量较次，耐候性稍差，经风吹日晒易于变色。金箔的规格有：100×100mm、50×50mm、93.3×93.3mm、83.3×83.3mm等多种。它是由金银制成，是珍贵的贴金材料。目前市场上出售的贴金材料是铜箔或铝箔，铜箔是黄方，铝箔是白方，是以铜、铝材料压制成象竹衣一样薄膜，涂装在金脚上，然后涂上广漆渐渐转色，色如黄金，光亮夺目，可与金箔媲美，但它是假金而不是真金。

贴金有两种操作方法：一是古建筑作法，二是农村传统作法。

1. 古建筑贴金操作程序

刷金胶油→贴金→扣油→罩油

2. 操作要点

2.1　刷金胶油：金胶油是由浓光油加酌量“糊粉”（定儿粉经炒后除潮为名糊粉）配成，专作贴金底油之用。以筷子笔（用筷子削成）蘸金胶油涂布于贴金处，油质要好，涂布宽狭要整齐，厚薄要均匀、不流挂、不皱皮。彩画贴金宜涂两道金胶油，框线、云盘线、三花寿带、挂落、套环等贴金，均涂一道金胶油。

2.2　贴金

当金胶油将干未干时，将金箔撕成或剪成需要尺寸，以金夹子（竹片制成）夹起金箔，轻轻粘贴于金胶油上，再以棉花揉压平伏。如遇花活，可用“金肘子（用柔软羊毛制成的羊毛刷子，也可用大羊毛笔剪成平头形）肘金，即在花活的线脚凹陷处，细心地将金箔粘贴密实。

2.3　扣油

金贴好后，用油拴扣原色油一道（金上不着油，称之扣油）。如金钱不直时，可用色油找直（镶直），称为“齐金”。

2.4　罩油

扣油干后，通刷一遍清油（金上着油，谓之罩油）。清油罩不与不罩，以设计要求为准。

3. 传统贴金操作程序

基层处理→做金脚→贴金→盖金→盖金漆

4. 传统贴金操作要点

4.1　基层处理

先将要贴金的花板、线脚等部位用漆灰嵌补密实、平整，砂磨光滑，出净灰尘，用细嫩豆腐或生血料加色涂刷一遍，用旧棉絮收净（贴金是最后一道装饰工艺，其它不贴金的部位早已成活完好）。

4.2　做金脚

也称打金垫，选取优质广漆，漆头要重一些，一般做金脚的广漆配比为棉漆（生漆）1：坯油0.5～0.6为宜，用特制的小漆刷（称金脚帚或用画花笔）蘸取广漆仔细地将要贴金的花板，线脚等处描涂广漆。描涂时，要防止花纹或线脚低凹处涂漆过多而起皱皮。一般金脚作两遍为宜，但也有作三遍的，其目的是使漆膜肉头丰满饱和。

4.3　贴金

在最后一遍金脚作好后，在其将干未干时，将金箔或铝箔精心敷于金脚上，具体作法与古建筑贴金同。贴金时，金脚的干燥程度，是一个关键问题，金脚过老，则金箔与金脚局部或全部粘贴不牢；金脚过嫩则表干内不干。贴金箔或铝箔时，操作要轻快细致，因金箔或铝箔薄而嫩，容易破碎损坏，必须细心操作。如发现有漏贴之处，要立即补金。

贴金的质量好坏，除金脚的丰满度外，主要还是取决于金脚的老嫩。因此，在施工中要认真观察金脚的干燥程度，因为生漆的干燥是一个复杂的过程，需要不断地从实践中积累和总结经验。

4.4　盖金

贴金干后，在上面涂刷广漆一道，称为“盖金”，盖金用的广漆，最好选用漆色金黄的黄皮漆，或者是漆色较浅、肉头厚、底板好的毛坝漆、严州漆等。盖金用的漆刷，应选用毛细而软的小号漆刷（可用头发自制），涂刷方法与广漆施工相同。

4.5　盖金漆

在白方（铝箔）上盖金漆，可事先刷一遍黄色虫胶清漆，在虫胶漆中，加少许铁黄，碱性嫩黄或盐基金黄，目的是使白方呈金黄色，同时又可防止因盖漆时不慎而破坏白方露出金脚，影响质量。

4.6　扫金工艺

扫金是在金胶油上涂上金粉的一种施工工艺。扫金不像贴金有一方块一方块的细小痕迹，扫金适用于大面积施工，可成

为一个整体，但用金量较大。

（1）扫金操作程序：刷金胶油→扫金

（2）扫金操作要点

① 刷金胶油：（与贴金工艺相同，此处略）

② 扫金：将金箔用特制的金筒子揉成金粉，然后用羊毛笔将金粉扫于金胶油表面，厚薄要均匀一致，再用棉花揉压，使金粉与金胶油粘结牢固，再将浮金粉扫净回收即可。

台柜混合结构配置体装修施工工艺详解

在宾馆服务台、接待台、餐厅酒吧台、快餐操作台、银行储蓄柜台等配置工程中，虽然其混合结构的形式不同，但其施工方法却都有共性之处。

1. 操作程序

弹线→基础骨架安装→木结构组合→电路安装→饰面安装

2. 操作要点

2.1　弹线

弹线是指在地面和墙面上，把固定配置的位置、高度、宽度、长度确定下来。

在弹线开始时，第一步工作是检查施工图上标注的尺寸位置与实际位置之间有否差异；此位置与建筑体之间、与其他装饰之间的关系。主要检查有否相互阻碍，操作是否方便，行走是否顺畅。总之，要考虑今后的使用功能问题。在各种情况都弄清楚之后，再正式进行弹线。

2.2　基础骨架施工

（1）钢骨架：在悬挑结构较长的台、架中，常用钢骨架结构。

A. 钢骨架通常是用角铁焊制，先焊制成框架，后再进行定位安装固定。

B. 钢架与地面、墙面的固定一般是用膨胀螺栓直接固定，也可用预埋铁件与钢架焊接固定。

C. 安装钢骨架应平整垂直，不得有倾斜扭曲现象。

D. 安装固定后，涂刷防锈漆两遍。

（2）混凝土、砖石骨架

A. 在悬挑不大的各种台架中，常用混凝土或砖石结构作为基础骨架。在混凝土或砖石结构的骨架上，可直接镶贴大理石或花岗岩装饰面板。而与木结构结合处则需预埋木块，并且用水泥砂浆将该面抹平修理，木块平面与水泥砂浆面一样平。

B. 如有不锈钢管需要侧面与骨架连接，也应预埋连接件或将不锈钢管事先埋入骨架中。

2.3　木结构组合

A. 木结构与混凝土连接。在混凝土骨架内预埋的木块，应不小于 40mm×40mm，并斜锯成梯形。木板或木方条与预埋件可用木螺钉固定。台、柜、架类的功能性木结构件，可单独制作，再用木螺钉在背面直接拧入预埋件内。

B. 木结构与钢骨架连接。在钢骨架上通常用平头螺栓固定木方条或厚木板，而平头螺栓头必须沉入木料中，其他木结构再与固定在钢骨架上的木方条或厚木夹板连接。

2.4　电器安装

在服务台、酒吧台、售票台、柜台等固定配置体中，通常需安装照明灯具、装饰灯具，并安装电源插座以供使用。为了保证用电安全和防火安全，在安装电器时应按下列要求进行：

A. 由于安装在各种固定配置体内的灯具，通风散热条件差。所以，应尽量采用发热量少的灯具，如日光灯、节能灯等，安装处应有铁壳护罩。

B. 如采用白炽灯，应有金属筒形灯罩，而且灯泡应小于 60W。

C. 电源线路应用铁管保护，并尽量减少接线头，如有接线头应用铁制接线盒。电源线路的走向应隐蔽。

D. 电源插座侧向安装在配置体上，并应远离有水或带水操作的位置。电源不可水平安装在配置体上，以免万一有水漏进插座发生事故。

2.5　饰面安装

在一个固定配置体上，往往要用几种不同的饰面材料进行饰面。各饰面安装程序合理与否，将关系到装饰的整体性和装饰效果。如果安装工序的先后次序安排不当，将会在不同的饰面施工中产生干扰，给饰面工作增加麻烦。

通常的施工程序如下：

A. 首先进行石板类镶贴。

B. 石板类饰面完成后，再进行金属类的饰面或玻璃镜的镶贴。

C. 木结构的装饰应在各木结构连接后统一进行，以防止产生饰面色调的误差。

D. 如木结构饰面中有镶贴塑料板面和油漆饰面，应先进行油漆饰面，然后进行镶贴饰面。需要调色的油漆，最好一次调足所需用量，不可用一点调一点。

E. 随后镶贴一些软质材料的饰面，如皮革、人造革、丝绒布等。

F. 各饰面完成后，进行衔接对缝的收口工作。

装配式木装修施工方法展望

上海市建筑装饰工程有限公司　**程志平**

木装修是室内装饰历史比较悠久的一项内容，也是发展十分缓慢的内容之一。如果将目前木装修的生产方式，放在整个社会生产方式大背景上对比考察，就会发现，目前以原木材料和手工制作为标志的生产方式相当的落后，与迅猛发展的工业现代化不相一致，而且这种落后的生产方式已经制约了木装饰质量、进度、成本、施工环境和管理方式的进一步提高。

本着发展的实际需要，公司已将推进装配式木装修施工方式，列入 2002 年重点发展的内容之一，对东锦江装饰工程进行了开拓，最近徐汇区财政局办公楼改建工程又作了全方位的演绎。初步结果：木装修达到完全装配化后，质量明显提高，施工工期显著缩短。那么，透视已有的实践，装配式木装修究竟会带来哪些发展或变化呢？依据目前的尝试，结合最新研究成果分析，可以初步看到，它将带来以下显著的进步。

一、产品质量有望跨上一个新台阶

总体分析，木装修产品质量可概括为内在质量和外观质量两个部分。

1．内在质量：要求变形小、稳定性高。一般来说，影响木装修内在质量的因素，主要是材料的密度及与密度密切相关的空隙率和吸水率。木装修传统施工一般以原木为结构基材。虽然各种不同类型的原木密度相差很多，它们之间也有密度较大的材料，但是，目前普遍使用于结构基材的原木一般密度低、吸水率高，进一步控制产品的变形，稳定性困难较大。就目前看到的国内外装配式木装修实例，其结构基材大多采用人造板，由于人造板的密度较高，相对于原木吸水率低，变形相对容易得到控制。而且，人工材料各类技术指标改进的可能性很大，因而工厂化制品不但目前稳定性优于原木和手工制作产品，而且提高的潜力更大。

2．外观质量：外观质量的要点要求精度高。木装修传统制作方法虽然涌现了许多能工巧匠，生产了一大批高质量的产品，但是就平整、垂直的精度而言，误差基本上以毫米为单位，如果要普遍提升一个误差级别，可以说完全不现实；相反，装配式木装修，由于采用机器制作，只要操作人员保持正常工作，便能达到 0.1mm 的精度范围，精度最起码可以提高 10 倍以上。同时，由于采用了整体薄皮封盖技术，可以真正实现整个饰面无拼接，浑然一体的程度。

综上所述，采用装配式施工方法，将使木装修产品质量达到更高的水准。

二、施工工期有望进一步缩短

据统计现场手工制作木装修工程的工期一般平均占总工期 80%，而且需要两班制工作时间作保证，要缩短工期的空间已经很小。徐汇区财政局办公楼改建工程，木装修采用 100%装配式，经初步统计，木装修工期只占总工期的 23.53%。其根本原因是构件制作，已经完全不占用现场施工工期，真正占用现场总工期的仅仅是木制品的安装时间。因此，采用装配式施工方法，施工工期将有进一步缩短的空间。

三、产品成本有望进一步降低

最近，工程部的一份研究报告对清水油漆胡桃木平板门现场制作实际消耗成本和工厂定制的价格作了对比分析。前者为 1965 元/扇，后者为 2200 元/扇。初看似乎工厂制作是现场制作的 1.12 倍。增加了 12%。但如果剔除厂家的税金和利润（估计总数在 15%～20%之间甚至更大），那么实际成本应该低于现场手工制作的门。按照目前掌握的比较先进的工厂制品的构造和用材分析，其实际成本可能远远低于他们的报价。如果我们进一步根据最新掌握的工厂化制作技术信息分析，机械施工的木饰面油漆降低成本的幅度相当可观。工厂化制作的木制品基材，成本也有下降空间。因此，可以预测，随着先进技术的普及和进一步发展，未来总体工厂化木制品产品的成本，有望进一步降低，而且降低幅度极为可观。

四、施工现场环境有望大幅度改善

目前木装修大约在以下三个方面影响施工现场环境：

1．木屑和下料对现场卫生的影响；

2. 木制品机械对操作安全以及噪声对周围环境的影响；

3．油漆施工对现场空气的污染。

采用现场装配式施工，基本上不产生木屑和下料，也无需进驻中型加工机械。因此，前两项影响因素基本上可以排除。虽然，工厂化油漆未能彻底改变油漆饰面中残留的甲醛、苯之类的化学物质，但是，由于油漆饰面已在工厂完成，无疑这类物质在现场的挥发量将大幅度下降，对工人产生严重刺激性的气味显然可以避免。因此，施工现场环境有望极大幅度的改善，为深层次的文明施工开辟了道路。

五、现场项目管理的内涵将有大的转变

传统方法施工现场项目部管理的对象为木工、油漆劳务队伍。管理内容以进度为主。因为，现场的误差可以在施工过程中弥补前期的细化工作较少，技术含量较低。采用装配式方法施工，管理的对象主要以带现场装配的工厂，管理中的技术含量显著增加，需要对图纸的加工尺寸，加工方式与基层连接节点等等进行事先的深化，而且，对现场前期的测量等工作必须加强，测量精度显得尤为重要，要求项目管理人员更注重技术的积累、发挥、研究。否则很容易造成错误，影响工程正常进行。因此，现场项目管理的内涵将向技术、向前期细化管理方面转化。

总之，展望装配式木装修的发展趋势，其意义远非仅仅对质量、进度、成本、环境、管理的促进。如果我们将上述几个方面综合起来，而不是孤立地进行考察就会发现，这种转变实际上将促成对目前装饰行业总体落后于社会生产方式的革命，将促进装饰行业的现代化，其意义非同一般。

纤维混凝土(GRC)与雕塑

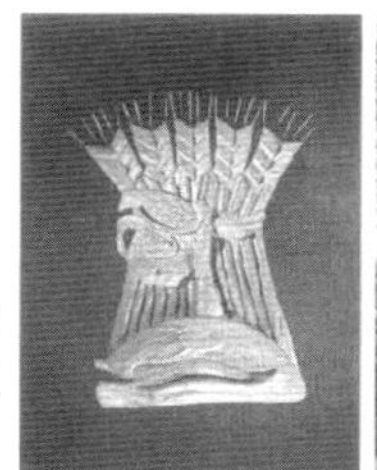

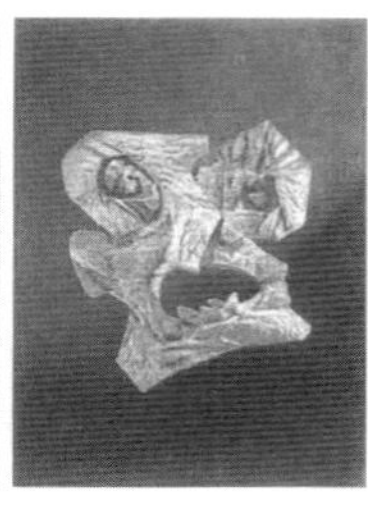
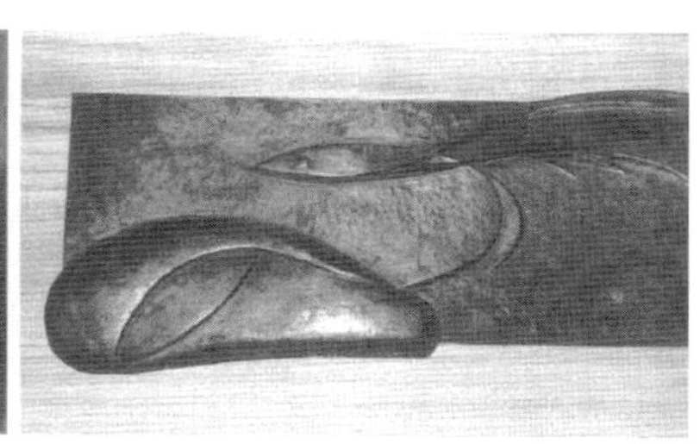

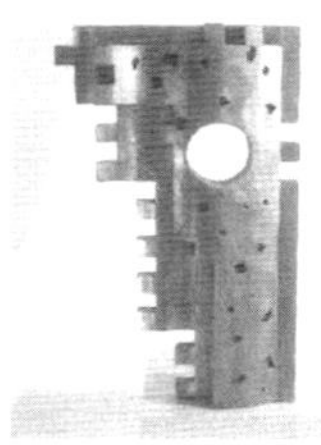

中国建筑装饰协会信息咨询委员会专家组成员
北京宝贵石艺科技有限公司总经理　张宝贵

从洞穴到高楼大厦，人类经过漫长的历史。在建筑材料发展的过程中，“GRC”脱颖而出。值得指出的是，提起“GRC”就会联想到欧式装饰构件，这种联想具有一定的局限性，“GRC”不是某一项产品的称谓，它是一种方兴未艾的新型材料。

“GRC”具有轻质高强、取材方便、经济耐久、可塑性强等诸多优势。随着时间的推移将在环境应用中展示出丰富多彩的语言。

2001年5月参加国际GRC研讨会，会议期间参观了爱尔兰的外墙GRC挂板，整幢楼的挂板多为十几米长，具有石材一样的质感，精密细致的钢结构安装骨架。如果不是有人介绍，很难相信这是GRC制品。由此，我们领略了什么是GRC制品的规模化、工业化，也似乎明白了GRC大产品的概念。

GRC是一种新材料，它的生命力不仅表现在建材工业化方面，在环境艺术方面存在令人不可低估的优势。

也是在2001年国际GRC年会上，再造石装饰品的论文发言引起了与会代表的兴趣。石头一样的质感，具有东方文化特征的艺术造型展示了GRC制品的另一种魅力。

用GRC搞雕塑，这几年在我们国家发展很快。前不久，在大连海之韵广场等处，看到了用GRC材料塑造的被夸张放大了的海洋生物，还有人物、有动物。特别是那一排排的小木屋，远看近看都可以乱真，真似木质制品一样。还有许许多多的围栏，地面和台阶都是木质一样的材料。在那么长的海岸线上，前边是海，背后是山，在过度的车行道和为游人提供的广场、绿地上出现了许多装饰性的雕塑。五颜六色的，真美！仿木质效果让人感到亲切，木质一样的GRC雕塑比起真的木制品来耐水耐腐蚀效果要好的多。山坡上巨大的海螃蟹和海螺吸引了游人。路过此处人们纷纷将车停下留影，更有甚者干脆爬到海螺里留个影。还大呼小叫的一定要把他人唤上来。海边的山坡上由此热闹了起来，走了一拨儿又来一拨儿，真热闹。雕塑真的开始为人民服务，任由人去摸、去蹬踩。“以人为本”不再是口号，在现实中成为了自然而然的行为。由此人们和雕塑接近了，沟通了，雕塑不再仅仅是寺庙里的和尚或菩萨等待人们去跪拜，也不仅仅是艺术家作为作品等待被收藏，期盼出名和挣钱的物件儿了。社会真的进步了，真的应该感谢这些有创造行为的艺术家。据说由于采用GRC，雕塑的制作非常经济，推广很迅速。大连的朋友还带我们去看了金石滩的大榕树和海边很多巨大的石头，都是GRC的。这些都是依据地形地貌，根据环境需要，或打个简单的水泥基础，或者焊接个金属网架就可以往上铺设GRC材料了，然后再做细部和色彩处理。这种做法在雕塑行当中一般称为塑形。或许，也还会有所谓的专家议论某个造型不够准确，但是为大众所喜闻乐见的环境艺术展示了强大生命力。由此，我想到了1997年曾在清华大学召开的雕塑论坛上讲到，假如把长城也作为一种特殊景观，看作一个可以变化的雕塑，每时每刻游人的攀登改变着它的造型，季节改变着它的色彩。被人关注的，有人参与的环境景观，充满了生机与活力，这也将成为现阶段城市雕塑的一大特色。

所谓的雕塑艺术，最初都不是把艺术美作为第一需要而出现的，更多的是源于生存的自然流露或者其他的需要。大家知道陶器上的绳纹，据说是由于最初造型时是用绳子裹住，留下了痕迹，席纹的纹样产生也大体类似。只是后来人们喜欢侧重研究它的形式美，就忽略了它的工艺过程，忽略了材料美，很少研究雕塑艺术产生的时代背景和文化倾向，因此，也就走上了舍本求末的方向，雕塑圈子里圈子外几乎异口同声的认为美就是一切。其实很多雕塑更重要的作用在于传达了那个时代的社会话题、技术话题、材料话题。雕塑的历史由来已久，最早的雕塑据说有公元前三万年的奥地利旧石器时代母系社会的一件石雕，这件石雕只有10cm高，充分夸张了女性的胸部、腹部和腰部，通过她人们了解了历史、了解了那个时期的一种精神指向。GRC做雕塑是时代的产物，无论如何认识，它都无法回避社会的烙印，用GRC搞雕塑又是一种使命，因为社会需要它。提起雕塑，人们容易想到人物造像，象云岗石窟、龙门石窟等处雕像，或者是人民英雄纪念碑上栩栩如生的大型浮雕。其实，雕塑的概念是广义的。在快速发展、信息多元，提倡融合的现代社会，对雕塑的理解就更不一样了。除了人物雕塑以外，还有许多现代的、传统的各式各样的装饰性雕塑，像青铜器时代一些器物造型，原始人使用过的陶器等。当然，现代的抽象雕塑发展就更迅速了。

很多艺术家非常聪明的借鉴传统造型，向传统文化吸取营养，经过提炼、夸张、变形、组合，成为新的造型，长此以往，形成了一种能力。在中国美术馆的一次展览中，一名艺术家把传统中青铜器上凤的纹样放大，而且不断重复出现，组成了一个立体的大型雕塑。既有现代感，又传达了传统的艺术信息，挺好看的。

一些园林景观设计师在做北京元大都遗址公园的设计时，提示雕塑家可以把元朝的一些小的石雕、绘画中的某个有趣部分、陶瓷上的符号等进行超体量放大，使之成为一个符合景观需要的新造型，这样的处理与整体环境是统一的，雕塑也就由拼命展出个人魅力回归到服务环境，成为环境中有灵气的一部分。再造石装饰品在十几年前曾在钓鱼台国宾馆十五号楼的浮雕上做过类似尝试，取画像砖、青铜器上的个别图形经过取舍和变化组织在一个现代构图中，进行环境装饰，取得了令人满意的效果。上述做法是用现代的环境意识，用变化集合的手法、从传统中找元素、探索新的创作形式。实践证明，这种创作形式符合城市环境美化的需要，也符合现代人的审美取向，因而是有发展前景的。例如，耸立在北京西单广场的雕塑“风筝”，安放在北京长安街长安大戏院门前的雕塑“京剧脸谱”，类似的城市雕塑是积极的，是值得思考的。

雕塑的材料是多样化的，有木雕、石雕、金属铸造、也有玻璃钢等合成材料，用水泥做雕塑也有近一个世纪的历史了。前苏联的雕塑“祖国母亲”高达一百多米，就是用水泥塑造的。北京毛主席纪念堂室外的人物群雕也是水泥塑造的。今年夏季，四川美术学院在重庆沙平坝创作了一座长达几百米的巨型水泥GRC雕塑，用现代的手法微缩长江三峡，山体的变化为艺术的，在错落转折的山体上恰如其分的布满了浮雕，这种气势宏大的雕塑不但美化了环境，而且充分显示了GRC这种新材料的优势。雕塑家需要新的材料，GRC由此也找到了新的用武之地。GRC不断的以艺术语言与社会对话的结果，将大大提高身价，“傻、大、黑、粗”这种对水泥制品的评价必将成为历史。

人类对保护资源的意识越来越强，选择真材实料的做法受到了来自方方面面的制约。用GRC进行仿石效果处理来做雕塑这也就自然而然成为了一条重要途径。这已经在雕塑界得到了初步的共识。关键在于如何接近石材效果和确保材质的延年。

接近石材质感的方法很多。有的在作品表面喷涂料，不过这种方法仿真效果弱，且不够耐久，容易剥落。比较好的方法是把石粉、石渣与水泥搅在一起。然后通过震捣或喷射方式成型，脱模后用剁毛或抛光的方法进行处理。充分暴露骨料，借以实现石材效果。

GRC制品的延年问题，关键在于水灰比和密实度，坦率讲，提高抗冻融性能要比提高抗压抗折性能更为重要。因为一般的GRC雕塑多为非承重制品。表层如果使用“杜拉纤维”将有效的达到阻裂目的。

选择混合式的制造方法是比较合理的。金属铆固件的数量和方式应能确保安装受力合理，再好的制品安装节点不牢固都将留下隐患。

一件好的GRC雕塑，不仅要造型有特点，与环境语言相协调，在环境美化中起到提神的作用。同时，它自身的理化特点以及安装后的抗风载、抗冻融等性能也非常重要。

雕塑一般分为纪念性的，如领袖雕像、英雄人物等。有装饰性的，比如北京东四十条立交桥附近的铜雕和各大城市风起云涌般冒出来的不锈钢雕塑。还有图腾式的，例如非洲木雕和西藏地区的一些石雕等。值得注意的是，许多环境中的景观或小品，甚至不以艺术形式称谓的制品，有时也具有雕塑的特征，而且很有时代感，风格各异，人们笼统的称之为雕塑也是有道理的，细说起来又很难一下子区分清楚它该属于哪一类雕塑。

其实，雕塑区别于绘画等其他艺术的特征在于充分显示材料的厚实、体积、起伏、通透，通过与空间交融实现一种美。特别是雕塑的空间感、体积感、灵动感尤为重要。越来越多的新材料试图在环境中探索出雕塑语言的表述形式，著名建筑大师崔凯力求他的建筑设计能有雕塑感，像北京外研社的建筑设计、北京八达岭建筑师特异的单体设计等。还有一些本不是常规意义的雕塑造型，人们也往往联想到雕塑，比如自然界的太湖石和其他的怪石，那漏透瘦皱的形式让人浮想联翩。一些其他艺术方式也以不同的姿态表述雕塑语言。比如人们受大自然启发用GRC堆山、造景，也希望追求一种自然的美，象北京香山植物园大温室的假山、北京奇石馆的假山、天津芳水园的假山都是GRC制品，面幅都在2000m^{2}以上，而且起伏错落丰富，多有通透转折，仔细体会不难发现雕塑语言。当然这样的堆山叠石还显得缺少足够的神韵。如果形式更简洁，转折错落更讲究，形式变化更丰富，也许会使现代的假山真的可以成为雕塑。有些问题讨论一下是有好处的，在小区的绿地中做的山就一定要山峦迭起吗？可否设计成卧在草丛中很开阔、很平缓、很有体积感的一块顽石，许许多多南方的文人墨客吃饱了饭想消遣，想舒发一下内心的学问，不计工期不怕返工，认真讲究的指导工匠堆山，这种把玩很有味道，不过把这种风格延续到快节奏、大体量的现代需求显得不够合拍，起码不会全部是一种叠石法了。GRC可以选取自然界非常整体的有特点的山石拷贝回来，并且可以任意拼装，省工经济，对建筑环境不会构成重力的矛盾。可以想象，在不久的将来会有更多更美更壮观的用 GRC 的方法制作的巨石矗立在城市环境之中。

近代社会，许多做工精细、材质罕见的宫廷艺术品十分受青睐，这在艺术界也形成了一种风气。评论雕塑要看材质是否高贵，看是否出自名人之手，看是否用了足够长的时间，往往没有把创造性看成最重要的。其实雕塑艺术与其他艺术一样关键在于创造性。

用水泥做雕塑本来是登不了大雅之堂的。想不到的是 GRC 雕塑也在中国美术馆办了展览，并且被中国美术馆收藏，被世界银行收藏，还在北京钓鱼台国宾馆等上千个工程中应用。社会已经重视创造性的语言。

谈了半天，什么是雕塑呢？

雕塑是人们用工具在某种材料上通过减法（雕）或加法（塑）的一项造型行为。在造型的完成过程中人们充分展示了自我的情绪、经验和技能。人们的社会经历，社会处境和社会能力不同，因而创造出了千姿百态的雕塑作品。

以上为狭义的雕塑。

从广义上讲，“盘古开天地”也可以看作是一种雕塑，社会的变革和城市的改造与建设都可以雕塑的语言去诠释。

那么我们如何认识雕塑和我们的行业呢？

我们不一定都是雕塑家，但是都可能具有一定的艺术想象力。用丰富的创造力去面对 GRC 行业。

“GRC”前途无限好，雕塑大有文章可做。

*本文为 2002 年 10 月 20 日召开的“中国纤维砼协会 2002 年年会” 宣读论文

洁净手术室的室内装修及构造

重庆市建筑城规学院　**杨志伟**
奥维纳工程咨询公司深圳办事处　**王　珊**

洁净手术室是通过正压净化送风气流控制洁净度，从而达到净化无菌等级标准的新型手术室。它与依赖紫外线或药物进行室内消毒的传统式手术室相比，更能稳定、持久地维持室内环境的高度洁净化，使术后感染率大为降低。故自从 1966 年在美国阿罗巴克基市巴顿医院建成第一个生物洁净手术室以来，洁净手术室在世界各地的开发和建造异常迅猛，日本已普及到最末级医院，我国也正在大力推广和应用。洁净手术室的新建或改建已成为我国各级医院建设的新热点。

洁净装修及构造是洁净手术室建造的重要配套技术。但是，纵观我国医院洁净手术室的建造，由于相关的建筑技术规范和建设标准尚未正式发布，设计人员和医院主管领导无所适从，常常陷入追求高档化的误区，装修材料和构造做法按所谓国外标准搞，不管什么场合一律采用高级饰面、进口材料，不仅资金浪费大，而且还不一定符合洁净度要求。再加上许多装饰施工企业不熟悉洁净手术室的特点，按工业洁净厂房的技术规范进行装修，忽视了手术室的自身特点，使手术室建成后并不能很好地满足使用要求。有鉴及此，笔者借鉴了国内的成功实例，就我国洁净手术室的内部装修及构造提出了一点粗浅的见解，希望对日后的设计和施工能起到一定的参考作用。

1．建筑装饰材料的一般要求

对洁净手术室内部装修的建筑装饰材料有以下共性要求（或称一般要求）：

一是表面平滑，没有会使尘粒渗入的裂缝、凹陷、孔隙和气孔；

二是表面有耐磨性；

三是表面不易附着灰尘及容易除去附着的灰尘；

四是良好的热绝缘性；

五是不吸湿、不透湿；

六是不易产生及积聚静电；

七是避免产生眩光；

八是易于同其他材料结合和镶接；

九是具有设计所需的尺寸和形状（即使老化也不改变）；

十是在使用中易于修理和更换。

前三点是出于方便清洁，易于达到洁净度要求的考虑，四、五两点有利于保持室内温湿度，减轻空调系统负担，第六可以消除由静电引起挥发性麻醉药品爆炸的危险，第七可以防止对术中人员产生视觉干扰，最后三点则考虑了材料在设计和施工中的可行性。

常被用于洁净手术室装修的材料有不锈钢、铝合金、塑料、瓷类板材、水磨石、稳定漆料等。应引起设计人员注意的是，在民用建筑中常用的木材和石膏板（包括所谓的防水石膏板）不宜用于洁净手术室的装修。由于洁净手术室在使用中相对湿度低（45%～60%），术后又经常清洗，干湿交替对木材非常不利，故不宜使用，即使要用也宜局部采用，且不得外露使用。同样原因，在洁净手术室中不宜使用易受潮变形、不耐冲洗的石膏板作为罩面材料。

2．洁净装修及构造

手术室，特别是高级别的洁净手术室对于室内装饰有特殊的要求，使其在满足功能要求的前提下，减少因材料和构造而产生或积聚的尘菌，这对预防污染、降低术后感染率是至关重要的。

2.1　地面装修

由于地面的污染度比墙和吊顶要高得多，大量尘粒由于医护人员在地板上的走动和各种设备的移动而产生，故地面装修应引起设计人员的重视。地面装修应做到平整、光滑、耐磨、耐侵蚀（酸、碱、药）、易清洁。国内常采用现浇水磨石，取其光滑、耐磨、不起尘、防静电、易清洗之长，但不宜采用过氧乙酸稀释液洗消，否则会与碱性的水泥起反应导致麻面。另外，建议水泥采用强度等级 425 或以上，石子粒径 d=6～15mm，以防止开裂、掉石子及起砂。在我校设计的浙江省乐清市人民医院洁净手术室中，就采用了防静电水磨石地面。瓷砖、马赛克（陶瓷锦砖）等接缝较明显的材料在某些低级别的洁净手术室中也有应用，但一般不推荐。

较高档的地面装修可选用橡胶、聚胺脂涂料、树脂类板材等，如在欧美、日本的许多医疗手术环境中，都采用了弹性塑胶卷材作地面材料。它最显著的优点，就是少接缝（通常采用热熔焊接进行卷材间的连接，焊条由与卷材相同的塑胶材料制成），可避免污物及细菌的堆积，另外，它还具有耐污易洁、脚感舒适、花纹款式多样、安装及更换简便等水磨石无法比拟的优点。上海华山医院、上海东方医院的洁净手术室选用了塑胶卷材地面。

在垂直层手术室，如采用地面或地沟回风，回风部位面板应选用块状活动隔栅地板。

地面不宜设地漏，否则应设高水封地漏，以防透气污染洁净室内空气。

2.2　墙面装修

现在新建的洁净手术室，墙体一般都采用轻钢龙骨隔墙构造，方便手术室所用的各种管线及墙上固定设备的暗装。面层装修则要求采用硬度较大、整体性好、拼缝少、缝隙严密的材料，常用的有不锈钢板、铝合金平板（均应作成亚光面）或其他复合型板材，背面可根据需要加贴提高抗撞击性及保温、隔热性能的背板。面板拼缝处采用密封胶或专用填料填充，并结合送、回风口及观察窗、墙上固定式器械柜、药品柜等，将墙面组合成整体，尽量减少凹凸面和缝隙。

墙面一般要求垂直地面，但也有专家建议，墙面可做成内倾 3°，不仅可以减少积尘，并且可使光线反射的角度有利于医护人员的操作。

另外，在我国许多中小医院低级别洁净手术室的新建或改建工程中，可因地制宜，采用砌筑墙，面层装修选用瓷砖到顶方法，但宜使用直角形瓷砖，避免通常瓷砖小圆角拼缝处易积灰的不足；还可采用不易剥落、防霉的各种高档涂料。

如果要做踢脚板或墙裙，在构造上应使其表面缩到墙表面之后，至少也应与墙取平。

2.3　吊顶装修

顶棚底面需布置与安装高效过滤器送风口、照明灯具、烟感灭火器等，各种管线均需隐蔽在顶棚内，故顶棚部分是洁净手术室内部装修的重点部位。顶棚以轻钢龙骨及大块面板材料做吊顶为宜（作墙面用的板材基本上都可作为吊顶罩面板，具体见前述）。吊顶上风管等振动影响较多，故控制振动脱落比控制材料表面硬度更重要。吊顶罩面材料宜采用密封胶灌缝或压条密封，使之形成整体，防止吊顶上部空间的灰尘通过缝隙污染洁净手术室的气流。

另外还有一种硬吊顶的做法，即直接在钢筋混凝土楼板底面按洁净度要求进行装修，较适合在层高较低的手术室建造工程中应用。如解放军 301 医院洁净手术室，采用硬顶做法，钢筋混凝土顶板下用硬塑料板贴面处理（在现浇钢筋混凝土楼板时，作为模板一次打入板底）。硬顶做法的特点是强度高，上人和安装检修均方便，但自重大，送风口和灯具在安装时需打孔，施工较复杂，并且不易变更。

洁净手术室的墙面与平顶、墙面与地面及不同的墙面与墙面相交处的阴（阳）角，宜做成小圆角构造（R≥50mm），以避免积尘，方便清扫。也有许多洁净手术室把墙面与平顶、墙面与墙面相交处用斜板方式连接，更有利于减少积尘，消除气流涡流区。

2.4　门窗

以前，一般认为室外尘菌可能通过窗的缝隙潜入手术室内，而且手术室又不依赖天然采用，故在洁净手术室设计中一般不设窗户。但近年心理学研究表明，在无窗的洁净手术室中，医护人员及病患者因与外界完全隔绝，都容易产生抑郁、“被监禁”等不良感觉，不利于手术顺利进行（尤其是时间较长的大型手术）。因而笔者认为，洁净手术室可根据实际情况，适当设置窗户，改善手术室内的环境气氛，同时利于室外医护人员及时了解手术情况，不必入内即可与室内人员进行沟通。窗户宜选用防尘密闭性能好的双层窗，窗应与内墙表面平。

手术室门位设置与气流流向和手术床有很大关系，在水平层流手术室，门位设在下风向，在其他手术室，门设在病人脚的方向，可以防止进出人流对病人的影响。为避免因门扇的开、关而影响气流的组织，洁净手术室各门均宜采用自动感应式或脚触开关式电动推拉门；同时，各门应具有延时装置，避免术中人员频繁出入而出现“开着门做手术”的现象。

2.5　色调处理

各类手术室的色调处理以绿色系为最理想，因绿色与血液的红色互为补色，能减轻医护人员的用眼疲劳，并有促进病者心理平静的作用。另外，应注意墙壁上的附属装嵌部件与墙板颜色的协调。地板颜色应避免与墙面雷同，可有所变化，起到区分界面，丰富室内色彩的作用。

3．结束语

诚然，维持洁净手术室室内的高洁净度，降低术后感染率应是一个全过程控制的系统工程，除本文所及外，还应从手术部的洁污分区、流线控制、净化空调设计等方面全面考虑。本文仅就洁净手术室装修材料和构造做法的选择提出了一点意见，祈望能对日后的设计和施工有所裨益，而其他控制环节在这里就难以顾及了。

目前，高科技产品不断涌现，建造技术日新月异，笔者收集掌握的信息和资料毕竟有限，疏漏和不足在所难免，期待同业专家不吝赐教。

第九部分
WTO与装饰

·行业发展·

WTO背景下的中国建筑业

——2002年5月26日在第五届北京国际科博会“2002中国建筑业国际高层论坛”上的演讲

建设部　总工程师　**金德钧**

2001年12月11日，经过了长达15年的艰苦努力，我国成功的成为世界贸易组织成员。加入世贸组织，标志着我国改革开放和社会主义现代化建设进入了一个新的历史阶段。建筑业是国民经济重要的支柱产业，加入WTO后，对于建筑的发展也将产生重要影响。

一、建筑业对外开放的基本状况

建筑业是我国20世纪80年代初率先进入市场的行业，至今已经20多年。在这20年里，我国建筑业得到了持续健康快速的发展，建筑技术装备水平进一步改善，建筑科技不断创新，建设工程质量不断提高，较好地完成了国家重点工程、城市基础设施和城乡住宅建设的任务，为国民经济的持续快速发展、城乡面貌的改观和人民生活条件的改善做出了重要贡献。

80年代初，我国第一个利用世行贷款项目云南鲁布革水电站引水隧洞工程实施的国际招投标，使建筑业成为对外开放的先行行业。自此以后，外国承包商开始进入中国市场承包工程。到了90年代初期，境外承包商数量快速上升，同时也出现了大量外商投资勘察设计单位及建筑施工企业，面对这种局面，建设部开始酝酿出台有关建筑业的对外开放政策。1992年建设部同对外贸易合作部联合出台了《成立中外合营设计机构审批管理的规定》，1994年出台了《在中国境内承包工程的外国企业管理暂行办法》以及《关于设立外商投资建筑业企业的若干规定》等配套文件，开始了建筑业对外开放的法制建设。根据以上我国对外开放政策，目前建筑业对外开放的基本原则是：允许设立中外合营设计机构、中外合资建筑业企业、中外合作监理单位，暂不允许设立外商独资勘察设计机构、建筑业企业，但允许外国企业（包括港、澳、台企业）以境外法人的身份直接在中国境内承包工程，承包工程范围受到限制。

经过多年在国内市场上的竞争，外国企业以及外商投资企业在中国建筑市场中占有了一席之地。但由于我国建筑业实行的是有限制的开放，因此，中外合资、合作企业以及外国企业在国内市场所占有的份额并不大。以外国企业为例，据建设部2000年的初步统计，1998年和1999年两年间，在中国境内承包工程的境外企业共有138家，分别来自香港、日本、美国、德国、韩国、法国等十几个国家和地区，承包工程总数为383个，工程承包合同总额为46亿美元，占国内建筑市场的比例分别为1.01%和1.02%。

建筑业对外开放政策，改善了外商投资环境，为国际金融组织的贷款项目以及国外投资项目在中国的建设实施提供了条件。外国企业的进入，促进了国内企业的改革，为我国企业了解和掌握国际惯例，参与国际市场的竞争提供了锻炼的舞台。更重要的是，十几年来建筑业对外开放，为我国加入WTO的谈判提供了实践和政策基础。

二、我国建筑业的对外承诺

在加入WTO有关建筑业的谈判中，从我国是发展中国家这一基本点出发，我方坚持的基本原则是：互惠互利、争取双赢，既承诺我方应当履行的义务，同时又最大限度的保护我国建筑业的发展。谈判结果，我国建筑业实行了逐步的、有限制的开放承诺。

（一）关于勘察设计咨询业的承诺

1．关于市场准入的限制

（1）对于方案设计的跨境交付没有限制，除此之外的跨境交付，要求与中国专业设计机构合作的方式进行。

（2）允许设立合营企业，允许外资拥有多数股权。中国加入WTO后5年后，允许设立外商独资企业。

2．关于国民待遇的限制：

外国服务提供者必须是在本国从事建筑设计、工程、城市规划服务的注册建筑师、工程师或企业。

（二）关于建筑施工的承诺

1．关于市场准入的限制

仅限于合资企业形式，允许外资拥有多数股权。中国加入WTO后3年后，允许设立外商独资企业。外商独资企业只能承揽下列四种类型的建筑项目。

A．全部由外国投资、赠款或外国投资和赠款的建设项目；

B．由国际金融机构贷款并采取国际招标的建设项目；

C．外资等于或超过50%的中外联合建设项目；及外资少于50%、但因技术困难而不能由中国建筑企业独立实施的中外联合建设项目；

D．国内投资，但中国建筑企业难以独立实施的建设项目，经省级政府批准，可由中外建筑企业联合承揽。

2．关于国民待遇的限制

对现行合资建筑企业注册资本要求与国内企业的要求略有不同。

中国加入WTO后3年后，取消以上限制。

3．对有关国家的承诺

除以上两方面承诺内容外，我国同日本代表团在《关于中国加入世界贸易组织双边谈判纪要》中的承诺同样适用于所有WTO成员国：

（1）中方将按照国民待遇原则，尽力降低外商独资建筑业企业以及中外合资、中外合作建筑业企业的最低注册资本金额要求标准。

（2）在新规定中（加入WTO后3年内出台的规定），中方在确定新设立的外商独资建筑业企业的资质等级时，将尽力考虑其母公司的承包业绩。

（3）中方将保留允许外国建筑业企业不需要在华设立商业存在即可承包工程的现行规定，直到允许设立外商独资建筑业企业的新规定开始实施。

（4）在现行规定被取消之前，中方将提前发布有关的公告。即使现行规定被取消，按照现行规定已得到批准的工程合同仍可以继续完成。

三、加入WTO后我国建筑业面临的机遇和挑战

（一）加入WTO，总体建设投资规模扩大，为建筑业的发展带来机遇

建筑业属于服务行业，建筑业需求旺盛与否根本上取决于投资规模的增减。中国加入WTO后，将逐步形成整体范围内的开放格局，不仅沿海、沿江和沿边地区扩大对外开放，中西部地区也将加快开放的进程。外商投资的法制和政策环境将大为改善，绝大多数投资领域将取消或放宽外商投资股份比例的限制，外商投资将进入一个新的快速增长时期。同时，随着产业结构的调整，大批农村剩余劳动力将转向其他产业，农业人口大量地转向城市，加快了城市化的进程，城市化的快速发展必然刺激城市住房、小城镇建设、城市基础设施建设的大发展，必将带动建设投资的进一步增长。因此，入世以后，受各方面因素的影响，中国经济将呈现快速增长的态势，建筑业无疑将是受益的行业。因此，加入WTO，将会为建筑业创造一个良好的发展机遇。

（二）加入WTO，为进一步开拓国际工程承包市场提供了机遇

我国对外工程承包事业在改革开放以后20多年间得到了迅速发展，对外承包工程和劳务合作的范围扩大到180多个国家和地区，我国对外工程承包合同额从20世纪80年代初的几千万美元扩大到2001年的130亿美元。涉及建筑、石油化工、电力、交通、通讯、水利、冶金、有色金属等多个领域，承包工程方式也从最初的单纯劳务承包发展到勘察设计、施工、设备采购、材料进口的工程总承包以及项目管理。但我国对外工程承包占国际市场的份额仍然很小。据英国一家研究机构报告，目前全世界的国际工程承包总额在1万亿美元左右，但2001年我国对外承包合同额为130亿美元，仅占3.5%。2000年美国《工程新闻记录》杂志入选的世界225家承包商中，中国的34家承包商营业额为48亿美元，仅占225家企业国际市场总营业额的4%，仅为世界排名第一的德国霍克蒂夫公司国际承包营业额（91亿美元）的52.7%，还不及排名第五的法国布依格一家的国际承包营业额（56.6亿美元）。我国对外工程承包业务发展还很不充分，存在着业务发展不稳定，地区发展没有突破（大部分业务的发展仍然局限在亚洲地区），工程承包范围局限，防范工程风险能力低，融资能力差等问题。

加入WTO后，中国可以享受WTO正式成员的权利，我国企业进入国际工程承包市场的环境和条件将大为改善，更多的国家和地区的建筑市场将对中国建筑业企业开放，我国对外承包市场将相对扩大；关税壁垒的减少将使我国对外承包工程成本降低并可带动更多的材料、设备和机电产品的出口；WTO成员间的资源互享可使我们获得更多的国际工程信息；国内市场的进一步开放，我国企业可以在国内学习和积累国际工程承包经验，政府实行的鼓励企业“走出去”的发展战略，也将为我国企业开展对外承包创造良好的政策保障。因此，加入WTO，将为我国对外工程承包工作带来发展机遇。

（三）加入WTO，对于建筑业管理不符合WTO规则的方面提出了挑战

建筑业是向市场经济过渡较早的行业，但在建筑业管理方面仍然存在着许多与WTO规则不相适应的地方，主要表现在：在政府管理方面，存在着法律法规不健全，政府部门之间职能界定不清晰，多头管理、管理信息化程度低等问题，同WTO要求的透明度原则有一定的差距；在市场监督管理方面，存在着过多的资格许可、审批程序、市场准入限制等问题，同WTO要求的减少壁垒、自由竞争的原则相违背；一些地区和部门存在的地方保护和行业保护的问题，同WTO要求的非歧视性原则、公平性原则相违背。加入WTO后，将对我国目前的这种管理方式带来挑战。

（四）加入WTO，对现行的建筑业法规、标准提出了挑战

WTO所规定的一系列原则体现了市场经济和法制社会的基本准则。从我国目前建筑业法制建设情况看，建筑法规体系框架已经基本形成，《建筑法》以及相继出台的《招标投标法》、《合同法》构成了规范建筑活动的三大法律支柱。《建设工程质量管理条例》、《建设工程勘察设计管理条例》以及大量部门规章的出台，作为配套法规完善了建筑法规的内容。但我们同时也应当看到，虽然建筑业法规标准建设取得了一定的成绩，但同市场经济发展要求的法规体系仍有差距。主要表现在，法规体系规范内容不健全，一些建筑业发展过程中形成的新问题没有法律规范调整，有些专业名词概念较混乱，没有明确的法律界定标准，实践中难以执行；一些法规设置的处罚条款不尽合理，对于一些违法行为无法处罚或者处罚无力；工程建设中的强制性标准规范、推荐性标准规范在制定、实施及修改方面透明度差、范围过宽、数量过多、标准滞后等等。加入WTO后，我们必然要面对这些方面的挑战。

（五）加入WTO，外商投资企业的进入，对国内建筑业企业提出了挑战

按照我国的承诺，将在三年后允许在中国境内设立外商独资建筑业企业，五年后允许设立外商独资勘察设计企业以及建设监理单位、招投标代理机构，合资、合作企业在设立条件上以及承包工程范围方面将不受限制，实行国民待遇。因此，在我国加入WTO后的过渡期结束后，外商独资企业将同中外合资、合作企业一起，以中国企业法

人的身份在中国建筑市场开展工程承包活动，这将对长期以来国有建筑业企业占主导地位的国内建筑市场竞争格局提出严峻的挑战。

从目前已经在中国市场上承包工程的外国企业以及外商投资企业来看，外国企业在以下几个主要方面具有竞争优势：一是技术力量，二是管理水平，三是融资能力。凭借这些优势，外商投资企业承包工程的范围将主要在工程规模大、技术水平高的大型水利、电站、厂房、设备安装等项目上，承包工程方式也将以利润水平较高的项目管理、工程总承包为主，这将对同样看中这一部分市场的大型国有建筑业企业带来挑战。

（六）加入WTO，对我国企业的人才机制提出了挑战

市场竞争说到底是知识和人才的竞争，人员的素质是企业竞争力的主要因素。加入WTO后，争夺人才的竞争将是各行业面临的共同问题。从我国建筑业企业来看，既懂管理又懂技术的复合型人才本来就严重不足，尤其是智力密集型的勘察设计企业这种高素质的复合型人才缺乏。建筑业企业的施工作业队伍大部分来自于农村的劳动力，受教育的程度较低，从技校毕业，受过正规训练的技术工人严重不足。国有建筑业企业的用人机制很不合理，对于高素质人才缺乏有效的激励机制。加入WTO后，外商投资企业的高待遇和灵活的用人机制将吸引一批高素质的人才，这对本来就人才优势不足的国内企业特别是国有建筑业企业无疑是雪上加霜，是最为严峻的挑战。

四、转变观念，沉着应对，争取双赢

加入WTO对于建筑业来讲，机遇和挑战并存，但在相当一个时期，挑战大于机遇，而且，机遇稍纵即逝，挑战迫在眉睫。因此，我们一定要进一步解放思想，转变观念，沉着应对，开拓进取，善于抓住机遇而不是丧失机遇，勇于应对挑战而不是畏缩不前，只有这样，才能争取一个双赢的结果。从大的角度来讲，WTO规则即是政府行为准则，要迎接挑战的首先是政府，作为建设行政主管部门，要重点在以下几个方面作好工作：

一是进一步规范行政行为，转变政府职能。

要按照WTO原则的要求，提高公务员依法行政的意识，规范行政权力，避免政府行政行为的主观性和随意性。积极促进各部门之间、中央和地方之间建筑活动管理职能的协调，避免多头管理，重复管理，以及从部门和地方利益出发形成的人为制约，增加政府管理的透明度。要进一步转变政府职能，强化宏观经济调控职能，弱化微观经济管理职能，实现政府职能与管理手段的战略性调整和转变，彻底改变政府直接参与企业经济管理的状况，将有关行业管理职能逐步向协会和社会中介机构转移。完善符合市场经济发展要求的竞争机制，保证各方主体在规范有序的市场中竞争，切实维护各方主体的合法权益，严肃执法。

二是按照我国有关建筑业的承诺，积极修订现行建筑行业的对外开放政策，健全完善建筑业法规体系，为依法行政创造有利的条件。

要及时清理与WTO规则不符的现行法规，凡是违反WTO规则和我国对外承诺的，都应废止或通过修改使其一致；凡是没有相关法规的，要根据承诺制定相关法规，要出台《外商投资勘察设计企业管理规定》、《外商投资建筑业企业管理规定》；要注意中央立法同地方立法的统一性，各地方制定的地方法规和规章也要符合WTO规则并同国家法规内容相一致。形成上下统一、健全完善的建筑市场准入法规、招标投标活动法规、工程监理法规、工程质量和安全监督管理法规等建筑法规体系，依法保证建筑市场的有效运行。

三是充分发挥优势，积极组织企业开拓国际承包市场。

利用我国加入WTO带来的发展机遇，政府部门要积极采取各种手段支持对外承包工程的发展。目前我们拟采取的政策措施主要有以下几方面：

（1）向我国驻外使馆派遣建设官员，以解决我国企业国际工程信息不灵、各自为战等问题，派遣的官员主要集中在我国对外工程承包业务相对比较集中的国家和地区以及具有较大市场开拓潜力的国家和地区；

（2）研究制定我国企业境外承包工程业绩与国内企业资质管理挂钩的办法，防止个别企业对外工程承包中损害国家利益的行为发生；

（3）培育和扶持发展一批具有国际竞争实力的工程总承包或项目管理公司，鼓励其按照国际承包方式开展工程总承包或项目管理。

除以上措施外，我们还要充分利用WTO成员的权利，努力消除有关国家和地区对我国企业的不合理壁垒，加快国际工程信息网建设，努力使我国的工程项目管理与国际惯例接轨。

设计行业如何应对WTO

建设部工程质量安全监督与行业发展司司长　中国建筑装饰协会副会长　**王素卿**

工程设计领域属服务贸易范畴，加入WTO以后我们对外的承诺是：1。允许国外企业在中国成立合资、合作企业；2。加入WTO后5年后开始允许外商设立独资的设计企业；3。进入中国从事设计的建筑师及企业必须是在其本国从事设计工作的注册建筑师、工程师及注册企业。在建筑业中，勘察设计行业是对外开放最彻底的一个行业，外国设计公司的进入，对我们直接了解国外工程设计咨询企业的经营机制和企业管理制度，直接了解市场运作机制和制度是一个很好的机会，会促使我们企业的改革和创新，提高我们的水平和竞争力。但国外企业的进入，将使设计行业面临巨大的压力和挑战。

如何应对挑战，如何利用3～5年的过渡期尽快提高设计行业和企业的竞争力，加快政府在管理体制和行政方式方面的改革，完善法规体系以适应加入 WTO 后的需求，是我们必须面对的重要课题。

本文重点要研究的是建筑设计企业的问题。

我国建筑设计企业与行业管理面临的主要问题和差距

（一）建筑设计企业面临的主要问题和差距

1．技术差距。

无庸讳言，我们与国外先进设计水平有一定的差距。国外重视技术开发与技术积累是其主要原因。国外建筑设计单位十分重视技术开发和技术积累。比如日本的一些建筑工程公司，通常集设计、科研、施工于一体，设计对科研提出要求，科研为设计提供技术支撑和难题攻关，工程细部问题再通过施工加以解决。技术开发、研究和应用结合得很好，成为有机整体。

在美国，合伙人制的设计事务所占主流。设计事务所有综合型的，如所内设有包括建筑、结构、设备等在内的多种专业；也有专业型的，如专门从事建筑设计的建筑师事务所和专门从事结构设计的结构事务所。事务所在设计中遇到技术难题，通常委托其他专业事务所或通过聘请研发、咨询机构（如大学、科研所）进行技术支持获得解决。而在我国，建筑设计单位对研究的重视程度和研究成果的社会化程度都不是很高，设计与科研存在着脱节现象。

2．质量差距。

就一般项目而言，国内建筑师与国外建筑师比较，设计精细程度以及对建筑功能等的处理把握上存在较为明显的差异。其中的原因一是建筑师本身文化修养的差距，建筑师的文化修养与自身学习、社会文明发展程度的差异有着直接的联系。二是设计周期和设计收费的差异。中国建筑师在低收费、“赶”出图以及其他恶劣的市场环境困扰下比较艰难成长，相比之下，国外建筑师却在享有充沛时间和相对优厚设计费的情况下从容创作。

3．外部环境差距。

国内某些业主认为国外设计公司水平高、技术高，因而委托时所给予的设计费高，设计周期长。认为国内设计单位技不如人，因而所给予的工程设计费明显偏低，设计周期也较短。这主要是由体制差异所带来的认同差异。因为国内业主在委托国外公司做设计时，有的仅凭其有一定的知名度就行，即使他对该事务所并不是很了解，包括不了解它的规模，也不管它是专业事务所还是综合事务所。但鉴于国外成熟的市场机制，即使它只是一个专业建筑事务所，业主也相信它有能力去组织最好的结构工程师、设备工程师来完成项目全过程设计。而国内显然没有这样的市场机制。

4．体制差距。

国外设计公司的体制形式主要有：

个人事务所。这种事务所一般是以某个专家名人为核心组成，人数在 20～30 人左右。典型的如贝聿铭事务所。

政府创办的设计公司。如法国的安德鲁公司。美国一些地方市政府建立的以承接政府公用性项目为主的设计公司。

大公司创办或附设的设计公司，如日本一些大型建筑工程公司创办的以设计、研发为主要职能的设计公司。

合伙人制公司，这也是国外存在数量最多，发展最为稳健的设计公司。其中的一部分业务和规模已经发展得很大了，成为跨地区的庞大系统组织，如美国的 SOM，分支机构已遍布世界几大洲，分公司（分部）数量已达 20～30 个之多。分部与分公司构成一种层次合作关系。分部以总部的品牌在市场上承揽任务，总部对分部的设计品质、设计质量提出要求和进行指导、把关。这种合伙人制鉴于它的稳定性、灵活性和管理的完善性成为目前国外事务所采用最普遍的一种形式。合伙人制设计公司业主明确、业务发展也始终围绕主业。合伙人制公司的领导人由合伙人推举产生，领导者的思路、行为与合伙人保持一致。

国内建筑设计机构模式。一种是成立时间较长的国有独资性质的大中型建筑设计院。目前这部分设计企业也是国内设计市场上的主力。另一种就是最近几年雨后春笋般发展起来的、产权不清的小公司。

加入 WTO 后，国外事务所进入中国市场后的第一步将主要是在一些大型项目（目前也是国有大型设计单位的主流业务）上开展竞争，以目前国有设计单位承担的业务面和在国内所占的市场份额来看，首先受到冲击的将是国有大中型建筑设计单位。

国有大中型设计单位与国外主流设计事务所相比，国内大中型设计企业的优势是：有较长的历史，在长期实践中积累了一定的经验，形成了一些好的传统，如重视质量、重视功能；有一定的知名度。但弊病也较为突出，其中主要是机制、体制问题以及由此引发的一系列问题。

国有企业的领导人由上级任命，因此企业在一定时间内的发展规划、经营策略、业务重点往往会因领导人经营理念、个人见解或兴趣的不同而发生改变。中国现有体制下的建筑设计院，其实是将具有不同思想、不同理念的自由职业者捆绑在一起进行生产、创作。这种“捆绑”式体制必然带来人员队伍的不稳定。当领导人的思想行动与建筑师本人的思想不合拍时，就造成人心浮动，一有风吹草动就有可能改换门庭或另立门户。加入 WTO 后，外企优厚的待遇、灵活的机制，为国内设计单位建筑师的外流制造了“引力”和契机。

体制上的第二个不同就是人才流动机制。

（二）政府和行业管理面临的主要问题和差距

一是工程咨询业完整概念尚未形成，与国际作法不接轨。二是法律、法规不健全，特别是建筑设计招投标、承发包规则不健全，国外的设计机构和设计人员准入及在我国开展执业活动的法规不健全。三是执法监督力量薄弱，违法违规现象得不到及时的处罚与纠正，执法水平不高。四是政府管理部门之间仍存在职能交叉问题，政府职能转移不到位的情况比较普遍。五是行业协会不发育，其职能和作用与国外行业协会有较大的差距。

加入 WTO 后我国建筑设计企业与行业管理的对策和建议

（一）加入 WTO 后我国建筑设计企业的对策和建议

对建筑设计单位来讲，应对加入世贸组织，最根本的是按照市场规律，参照国外成功经验，结合自身特点加快企业体制、机制改革，具体包括以下几方面：

一是要提高认识，增强加入世贸组织后的危机感，把我国建筑设计业放在国际竞争的大环境中去思考，研究对策；二是要加快体制改革的步伐，尽快建立现代企业制度，实现产权多元化，形成一种能留住支撑企业核心竞争力的高级人才的机制；三是努力改革生产经营模式，建立灵活、应变能力强的机制或由单一设计业务向为业主提供多功能、全过程服务延伸，增强企业竞争力；四是加大技术开发、技术创新和技术基础工作的投入，形成有自主知识产权的专利和专有技术，完善计算机辅助设计系统，实现企业的可持续发展；五是加强企业内部管理，提倡以人为本和精细管理的理念，建立一套完整、科学的企业内部管理制度，缩短管理链条，提高管理效力，从而建立一支既有实力雄百的综合大院，又具备专、精、特、新设计能力的设计事务所，互为补充和依托，有较强竞争能力的建筑设计队伍。

国外建筑事务所和设计大师进入我国，主要抢占的是大型公共建筑和高档商品房的设计和建设市场，有实力与国外企业竞争一比高下的主要是我国大型建筑设计院，因此搞好大型建筑院的改革尤其重要。大院改革除了要从以上五个方面进行全面的体制和机制改革外，重点要解决好两个方面的问题：一是在不削弱本企业整体实力的情况下，如何更好地发挥本单位院士、设计大师和名建筑师的作用，充分调动两个积极性多出精品的问题。二是如何建立起技术创新的机制，与科研机构、大专院校和大型承包商建立长期合作共同开发新技术的技术创新体制，以高新技术不断提高我国大型建筑设计院的市场竞争能力。

（二）加入WTO后政府及行业管理的对策和建议

1．完善资质管理、优化队伍结构。

对一些实力很强的工业院，要实施“综合设计资质”，实际上放开这些单位的经营范围，培育一批面向国际市场，全功能的国际型工程公司。

支持现有国有建筑院大院改革，鼓励、培育建立一些大师级“名人”、“明星”设计事务所。目前我国国内设计体制和有关法规规定，客观上限制了名人事务所的产生，其中最核心的一条规定是：建立设计事务所的发起人，必须从原单位辞职或离职，这从根本上限制了一些名家大师、院士申办个人事务所的可能性。这些人在行业和单位大多是学术带头人，他们中不少人也有追求有特色的创作风格的愿望，想自己能办个事务所，但又不想离开原单位，原单位也不愿放走这些代表人物。我们的政策应扶优扶强，充分发挥设计大院的综合实力和发挥名人大师的作用，采取“特批”的方式，允许他们不脱离原单位，同时申请以个人命名挂牌的设计事务所，资质要求可以放宽，不强求人数。现有国有设计院主要在内部机制上进行改革，调整内部结构，做精做强主业，走为建筑工程全过程提供服务的设计咨询顾问公司的路子。

在建筑设计资质方面，放开专业设计事务所的指标限制，鼓励成立一批专业事务所，对建筑专业设计公司（事务所）包括建筑专业设计咨询公司的经营范围适当放宽，即允许建筑专业设计公司，可以有设计总包的经营资质，而不像现在规定，只能做方案设计和前期工作。这也有利于与国际设计市场接轨。否则，外国的建筑专业设计公司（事务所）来中国参与投标中标后，以总包方式承接设计任务，而国内的专业建筑事务所（公司）反而不能自己总包，体现建筑师的牵头，负总责的作用。这也意味着国内外设计单位的不对等、不公平。深圳陈世民事务所在这方面的试点可以借鉴。

2．改革建设项目组织实施方式，提高固定资产投资效益。

建议制订《政府投资项目组织建设管理办法》，明确一是凡政府投资项目必须由专门机构（目前可由具备条件的甲级设计单位、甲级监理单位、施工总承包单位等承担，今后可培育发展专门的项目管理公司。）负责组织建设；二是工艺性强的专业工程提倡实行建设项目总承包，其他建设项目提倡项目管理承包；三是建设项目总承包或项目管理承包应当通过招标选择有能力的专业机构和专业人士组织实施，也可以由政府设置的专门机构组织实施。

建议完善项目经理持证上岗制度。建立协调并指挥设计经理、施工经理和采购经理的高级项目管理人员的持证上岗制度，加强FIDIC条款的培训，为工程项目组织实施方式改革提供人才和法制保障。

3．完善市场规则，强化市场监管。

建议分别制订《建筑设计招标投标实施细则》和《专业工程设计招标投标实施细则》。明确一是建筑工程可试行概念设计招投标《即简化的方案设计招标》，重要、大型建筑工程实行方案设计招标；二是专业工程设计招标重在选单位、选人和选择工艺技术方案，提倡可行性研究阶段招标，不宜搞初步设计招标；三是无论是建筑工程还是专业工程，其设计招标均不得以设计费高低作为评标的主要依据；四是经批准对一些有纪念意义的建筑物可直接委托有名望的大师、知名人士进行方案设计；五是“政府采购”不在WTO的多边协议之列，因此可以参照其他成员的经验，给予本土行业适当保护。可制定相关政策限制这类项目的国际招标和境外公司投标。

建议制定《外国（包括港、澳、台地区）建筑师、工程师及相应设计、咨询机构进入我国设计市场管理规定》。按照WTO的原则进行管理。

委托境外设计公司进行设计总承包时，应对境外设计公司进行设计总包的严格条件审查。

建议调查研究、统筹规划为业主提供技术性、管理性服务的工程设计咨询业资质改革目标与框架、待条件成熟时逐步调整、归并工程咨询、工程设计、工程监理、造价咨询、招标代理、工程总承包等资质，促进我国工程咨询业的形成和发展。

建议政府和协会密切配合，加强对设计市场的监督管理。

4．审慎开展资格互认，依法保护行业利益。

加快技术进步 应对WTO挑战

建设部科学技术司 司 长 **赖 明**

一、加入WTO后，建设领域存在的问题与挑战

分析我国建设领域各行业在加入WTO后受到冲击的原因，除因为资金方面处于劣势外，根本的原因是我们“技不如人”。

我们在技术进步方面面临的挑战和存在的问题是：建设领域技术创新体系尚未有效建立，以国家、地方和企业为有机整体的技术创新体制和运行机制还没有形成，不能在加入WTO后对来自国外的挑战做出快速和全面且形成合力的有效反应。

1. 国家及行业鼓励和引导技术进步的政策和法规制定不及时，宏观调控手段有限；缺乏对发展建设领域高技术的整体规划。

2. 国家及行业及时制订和调整技术法规、技术标准，以及为此而需要的技术创新体制和运行机制尚不完善；同时对抢占技术制高点参与国际竞争和保护自主知识产权认识不足。

3. 建设企业对即将面临的挑战认识不足，缺乏应有的准备和应对挑战的技术能力及快速反应机制。我国建设企业尚处于劳动密集型、粗放式经营以及缺乏内在技术进步动力的状况，这种状况不改变，我国建设企业技术创新能力将无法增强。

4. 建筑材料及产品生产企业规模小、产品品种单一，产品质量总体水平不高。加入WTO以后，国外新型建筑材料及产品甚至新型建筑体系会大量进入中国市场，他们会凭其技术优势，并通过大量聘用中国人才等方式提高适应中国技术标准的能力，从而更多地占领市场份额，使中国建筑材料及产品生产企业面临巨大的挑战。

5. 建设领域对WTO涉及的技术、知识产权等方面的规则研究和重视不够，对行业及其相关企业缺乏相应的指导。加入WTO后，我们应将建设专有技术、建设工业产品商标及外观设计、建设领域计算机程序版权和未公开的建设专有技术秘密等知识产权的保护问题，提上重要日程。

6. 建设领域信息化水平低，也极大地影响了政府的监管能力、决策水平以及对公众的服务水平。

二、加入WTO后，我国建设事业科技进步所面临的机遇

由于国外企业进入中国市场，加入WTO后，我们的企业在国内市场就面临国际水平的竞争，必然会带动和扩大市场对技术创新的需求，本土企业的发展对资本和劳动投入的依赖比例将会逐渐降低，企业技术创新能力和技术水平将在竞争中得以提高，国家之间、企业之间会出现既竞争又相互合作的局面。

1. 有利于实现技术跨越式发展

加入WTO将使我国更深层次地融入经济和科技全球化进程，促使我国建设领域各行业必须站在行业发展的高度，充分考虑利用好国内外两个市场，两种资源，找准高新技术和优势技术发展的突破口，实施技术跨越战略，占领科技制高点，谋求在市场竞争中的局部优势。加入WTO后，国外企业大量进入中国市场，我国建设行业的企业也会逐渐走向国外市场，市场的竞争和政府的政策扶持与引导，对实施技术跨越式发展提供了新的机遇。

2. 有利于促进科技体制和运行机制的创新

科技要为建设事业发展服务。为适应加WTO后的新形势，加快提升科技对建设事业的贡献率，提高建设领域各行业的技术水平，增强建设企业运用新技术参与市场竞争的能力，是建设科技领域必须统筹规划和急需开展的工作。解决好这些问题，必须从体制和机制上取得突破。所以，加入WTO将进一步带动和深化我国建设科技体制和运行机制的改革，促进适应市场竞争的建设技术创新体系的形成。

3. 有利于建设企业技术进步，促进自主知识产权的发展

加入WTO后，我国建设领域各类企业将面对拥有雄厚技术实力及专有技术的外国公司的涌入和市场竞争，从一开始就处于弱势的本土企业，必然会在激烈的市场竞争中逐渐认识到科技的重要性，必然会加大科技投入，加强技术创新能力建设，通过自主创新和与国内外相关单位合作、合资，提高企业技术能力和水平。同时，我国建设企业会愈来愈清楚地认识自主知识产权在市场竞争中的重要性，这对于发展我国建设领域技术知识产权，提高建设事业的整体竞争力和抵御风险能力，具有重要意义。

4. 有利于参与国际科技合作和竞争

加入WTO后，为了分享中国市场，外国会比以往更乐意向中国输出技术或与我国开展国际科技合作与交流。同时也促使我国建设企业（尤其是科技型企业）加快自身的调整和改革，参与争夺国际市场的竞争，在激烈的竞争中锻炼成长，并在竞争中占领技术制高点。

三、对策建议

指导思想和目标：建立和完善具有可持续发展能力并能积极有效应对WTO挑战的技术创新体系，提升建设领域各行业技术创新能力，尽快提高行业整体技术水平，提高建设企业，应对国内市场挑战，参与国际市场竞争。

1. 充分考虑WTO对建设事业的技术性规则要求，深入分析国内科研院所和高校与行业主管部门脱钩的新形势，研究在社会主义市场经济条件下，如何尽快建立和完善我国建设事业技术创新体系，形成适合国情的技术创新体制和高效的运行机制。

通过规则建设事业技术创新体系，建立包括以企业为主的技术研究、开发和应用系统；以相关大专院校和专业科研机构为主的基础研究和应用基础研究系统；以政府决策机构、执行机构为主的支持、引导、调控系统；以行业中介服务机构和其他相关的教育、咨询、培训机构为主的中介服务系统。科学规划，合理布局，深化科技体制改革，形成适合国情的技术创新体制和高效的运行机制。

2. 建立《建设领域高新技术及优势技术重点发展规划指南》发布与实施制度，加强国际科技合作，促进建设技术跨越式发展。

加强对国外建设领域新技术现状及发展情况调研，通过对比研究和科学评价，找准我国建设领域高新技术及优势技术重点发展的突破口，制定发展规划，组织重点科研院所、大专院校和骨干企业联合攻关，创造出高水平的科技成果，加大产业化力度，不断提升我国建设技术法规和标准的技术含量，促进我国优势技术成为国际标准，逐步创造有利于我国建设企业在国内、国际两个市场竞争的技术环境。

通过规划和政策引导，鼓励建设企业发展、掌握和应用建设领域高新技术及优势技术，逐渐确立我国建设领域骨干企业在市场竞争中的局部优势地位。

根据发展规则，加强国际科技合作与交流，加快建设事业高新技术引进步伐，强化消化、吸收工作，促进建设技术跨越式发展。

3. 全面启动《建设领域推广应用新技术和限制、禁止使用落后技术公告》编制工作。加强对国内建设领域技术现状的调研，通过对我国建设技术发展现状分析，与进入我国的国外技术水平比较，明确建设领域各行业需限制使用和禁用的落后技术，以及应推广应用予以引导和扶持的高新技术和先进适用技术，通过技术公告形式予以公布，促进企业技术进步，提升行业整体技术水平。

4. 探索建立建设领域新技术评估认证制度。

改革科技成果鉴定评估制度，建立符合WTO规则的新技术评估认证制度。对国内外新技术进入我国建设领域的可行性进行技术评价，保障建设技术应用的安全性和可靠性。

对通过评估认证的先进技术与产品，通过专项公告等各种形式发布，建立公开的信息传播机制。促进国内外企业在中国建设领域应用我国先进技术与产品，促进国内企业承揽国际建设工程时选用我国优势技术与产品，促进我国建设领域先进技术与产品进入国际市场，拉动国民经济发展。

5. 加强建设企业技术创新能力建设，逐步确立企业技术创新的主体地位。

在通过规划、政策和技术公告等方式引导企业技术进步的同时，应该积极引导和鼓励大型骨干企业建立技术中心，中小型企业建立产学研相结合的技术创新机制，形成并不断增强企业技术创新能力。初步想法是：制定行业先进的企业技术创新能力、水平和模式标准，以行业学（协）会为操作主体，建立建设领域各个行业的企业技术中心、新技术产业化基地和产学研创新基地，并随着技术创新能力及水平标准的提升和模式的优化，实施动态管理。

6. 提高企业保护专有优势技术与自主知识产权的意识，确立市场竞争的技术优势。加强企业拥有专有优势技术重要作用的宣传和引导，选择典型案例分析，提高认识，促进企业加大技术投入，开发专有优势技术；提高企业对自主知识产权保护的认识，对行业知名企业的著名商标、专有技术版权及专利、建筑部品及其他建设工业产品商标与外观设计以及建设企业未公开的技术商业秘密建立保护意识，树立品牌意识，做好服务工作。

7. 加快建设事业信息化步伐，提升建设领域各行业的监管能力、决策水平和公众服务水平，提高建设企业管理水平，增强竞争能力。并重视做好信息安全工作和建设领域计算机程序版权保护工作。

8. 加强科技中介机构和行业学（协）会科技服务能力建设，使其具备：对国内外行业技术发展的跟踪评价能力；技术评估能力；对行业技术发展的引导和服务能力。

入世对我国建筑装饰行业影响与对策的初步思考

中国建筑装饰协会　常务副会长兼秘书长　**徐　朋**

经过十五年的艰苦谈判，中国终于加入了世贸组织，这对于中国的经济发展和社会进步将产生重大影响。“世贸组织”是国际经济一体化的产物，人们称之为“经济联合国”，有的同志讲，中国成为这个国际大家庭的一员，其历史意义不亚于1978年中国实行改革开放的决策。入世，将翻开我国改革开放的新篇章。同其他行业一样、对于建筑装饰行业来讲，既是机遇又是挑战，认真研究对行业及企业发展的影响和对策，是摆在我们面前十分严肃的课题。

下面仅就个人体会，从行业和企业的角度谈一些初步思考，重点是微观经济的思考。

一、关于影响

我国对加入世界贸易组织做出的最重要的承诺基本是两项：一是遵守WTO的规则，二是开放市场。遵守规则，开放市场，这八个字的份量是很重的，都是有实质内容的。它要求对我国的现行政策环境、管理体制、法律机制进行调整和改革，通过进一步完善市场经济体系，使得我国经济环境能够同以市场经济为基础的国际规范接轨。

在世贸组织中，建筑业属于服务贸易的范畴，由“服务行业总协定”管理，该协定的基本原则有：最惠国待遇原则、国民待遇原则、透明度原则、法制客观合理性原则、国际支付和转移、市场开放原则等，具体到建筑业、以及建筑装饰行业，真正落实这些原则，可能会有以下影响：

（一）市场环境逐步净化、市场运作日趋规范

其一，加入WTO后，将加快建筑业市场开放进程。有利于冲击当前建筑市场存在的某些弊端，诸如：部门垄断、地区封锁等等，在加快对外开放的同时，也加快了对内的开放，有助于全国统一大市场的形成。入世后，将大大弱化行政力量对竞争机制的控制，在推动政府职能转换中解决改革的深层次问题。市场运作主体将逐步让位于企业。WTO的规则将成为推动改革的外部力量。

其二，入世后，政府管理透明度将会增加。法规建设日趋完善。诸如：投资法规、产业政策、注册要求、资质标准、招投标程序、环境保护规定等一系列属于政府管理职能的政策和规定，都将要遵守WTO的透明度原则。这将有利于解决当前行业管理透明度低、操作的随意性大、且不稳定，以及政出多门的问题，有利于建立法规健全且有透明度的法律环境。

其三，按照WTO的非歧视原则。外国企业也将享受中国的国民待遇，某些行业及某些国有企业享受的特殊待遇和特殊身份将逐步消失。政府和企业的利益关系、人事关系将由小到无。非歧视原则将会推进中国政企分开的改革。这将有利于改革开放后早已形成的多种所有制结构并存的中国建筑装饰业提供公平的竞争环境。

其四，对我国现行的资格制度、许可制度将是一个冲击。WTO要求减少市场准入壁垒。我国目前现行的市场准入制度，将面临适应WTO的改革。

目前，我国建筑装饰市场是一个不完备的市场，WTO规则的逐步现实化，将会使市场环境发生重大变化，突出的表现在平等竞争机制的逐步完善，人们自然会对寻求保护和市场的暗箱操作失去信心。优胜劣汰的市场功能将推动企业规范自己的行为，减少浮躁与投机，增加靠提高素质寻求发展空间。不断完善的市场将会促进中国建筑装饰行业和企业的发展。

（二）有利于建筑装饰企业的体制改革、规模及组织结构的调整

入世后，我国建筑装饰企业面临几个方面的压力：

其一，为体制不活、机制不健全、效率不高的压力。

其二，为规模偏小、实力较弱，抗风险能力不强的压力。

其三，企业功能大而全、小而全，专业化方向不明确、经营特色不突出的压力。面对上述压力，我国建筑装饰企业的产权制度改革将会更加活跃，改革的主动性升温、政府对企业改革的支持力度会加大，对改革的不同认识趋于一致，压力转化为改革的动力。包括外资在内的行业多种所有制结构并存的局面将进一步发展。企业之间的兼并、破产、重组，以及实现低成本扩张的速度将会加快，原有企业的无形资产逐步会在产权交易的过程中得到承认，并且受到政策的保护。企业组织结构和经营特色将发生较大变化。

来源于竞争的压力、将有力的促进中国公司的社会化和专业化分工，由万能的公司向有特色的公司发展，有助于结束什么都能干、什么也不精的历史。总之，入世对装饰企业改革、建全企业功能、促进企业战略性的结构调整将产生积极影响。

（三）对建筑装饰企业的技术和管理进步将产生积极地推动作用

二十几年来，我国建筑装饰企业在技术进步上发生很大变化，取得了有目共睹的成绩。但与世界先进水平比，差距仍然很大，表现在：

1．施工企业绝大多数技术仍停留在传统工艺上。反映在装饰装修工程上，仍然是一个劳动密集型行业，尚未形成一整套的技术进步体系，没有形成明显的具有国际竞争力的技术优势，缺乏用自己的专业优势覆盖市场的能力。

2．中国公司的技术投入严重不足，成果转化十分缓慢。国内比较好的中建公司，技术投入只相当于外国公司的十几分之一到几十分之一。没有一定的技术投入，创造领先技术很困难。

3．缺乏全过程的技术与管理服务能力，经营方式过于单一。中国的建筑业基本停留在施工总承包的水平上。外国公司实行全过程的项目管理，外国公司以全过程的技术与管理服务的能力和技术含量高的服务项目所获取的收益与中国公司的吃大苦、流大汗劳务密集型、资源消耗型、管理粗放型的生产和管理过程形成了极大反差。即用自己软投入的能力和通过提高技术含量获得收益的能力十分微弱。由于外国公司的全过程服务能力很强，入世后，通过与外国公司合作交流，会推动我们的技术进步。来源于竞争的压力，会自动增加技术投入，这有助于提高我们的技术创新能力，提高技术水平和管理水平。

（四）有利于中外建筑装饰企业合作与交流，扩大中国公司的市场空间、推动中国公司实现国际化的发展战略

WTO以后，由于投资环境的改善，外商对中国的投资将会有较大幅度的增加，市场规模的扩大，建筑装饰工程项目档次的提高都会给中国公司带来新的商业机会。

外商开拓中国市场需要中国公司的合作，中国公司也将会以对中国市场的经验、管理成本较低等一系列优势，提高合作过程中的地位。中国市场的国际化，创造中国公司在中国市场上与国际接轨的条件。有了一个风险小、成本低的学习国际化商业运作机会。加入WTO以后，利用WTO的市场准入原则，有助于我国建筑装饰企业开拓国际市场，推动企业走国际化的发展道路，扩大中国公司的生存空间，同时也为带动中国建筑装饰装修材料出口创造了条件。总之，通过平等的市场准入，不仅促进中国公司在中国市场的国际合作，也有助于推进同外国合作方本土合作和第三国合作，有利于中国公司参与国际大循环。

人们通常讲，加入世贸有利有弊，但利大于弊。的确，入世不完全都是有利的方面，但究竟什么是弊，在我看到的材料里，我认为有的讲的不完全准确。譬如说：竞争更加激烈，中国企业压力过大，市场份额将会减少；又譬如说：人才外流；又譬如说：中国政府和企业均缺乏对WTO的规则的了解，特别是政府缺乏对处理WTO争端的经验，早期可能使我们受到损失等等。这些现象是存在的，但利与弊是一个转化的过程，短期的不利将有利于长期的发展。

我感到，有些冲击是一种好现象，譬如对过去有垄断经营权利的行业有些冲击是一种进步，否则这些行业的服务缺短，客户不满意的状况永远改变不了。总之，要辨证的看待弊与利，要从长期的经济发展和社会进步来看待入世的影响，包括我们建筑装饰行业。

二、关于对策

入世后将会加大建筑装饰市场开放的进程，外国公司的涌入，以及合资企业的增加，导致市场竞争的更加激烈。外国公司凭借自己技术、管理和资金优势、国际联动的业主关系，以及国际化的品牌，并通过公司本地化的战略，缩短对中国市场的熟悉期，逐步提高自己的竞争能力，加快市场占有和延伸。

初步预测，竞争的初期首先表现为人才的争夺战、进而竞争将比较集中的反映在大项目、大公司的层面上，设计竞争的激烈程度将高于施工，但也不排除外国公司凭借自己工业化生产能力，以及通过成套的配送系统和连锁经营进入中国的家装市场。中国公司将面临外国公司规模与实力的挑战，商业信誉与服务能力的挑战。我们不必过高的估计外国公司的能力，但必须从战略及战术上对未来的竞争趋势做出判断，采取正确的对策，在抓住机遇中发展和壮大自己。面对入世，我国企业有着不同的表现和反映。

其一，主动应战，研究大思路、寻求大发展。

其二，被动的等待上级安排，寄希望于新一轮的国家保护措施，期待其他的单位为自己创造经验。

其三，不敏感，甚至表现为麻木。有的还心存误解：

第一种误解是认为WTO规则是管政府的，与企业关系不大。的确WTO的规则是规范政府行为的，它要求政府通过对贸易政策的调整，创造一个公开、公正、透明的市场经济环境。但是企业是市场运行的主体，最终受影响的是企业。

第二种误解是还有五年宽限期，不必着急、缺乏紧迫感。一定要清楚，任何机遇都将给有准备的人。

第三种误解是很希望能看到的文章，听到的报告，都应该是面对入世的灵丹妙药，不能光讲点道理，很希望来于外部的指点，代替自己的研究。所有这些误解都将贻误战机。什么是对策？全面提高我们的竞争能力是最大的对策。只要是市场经济就要研究竞争力的问题，研究竞争力，主要研究核心竞争力。入世后，中国市场的国际化，就要研究国际竞争力问题。从体制、机制、思想解放与观念更新、技术创新与人力资源开发等提高和形成持久的竞争力是最大的对策。实质上是逐步形成自己的比较优势的过程，入世后，我们要采取一系列对策，最大限度的减少对中国市场冲击、最大限度的分享贸易自由化的利益。谈以下几点初步思考：

（一）加快建立现代企业制度的步伐，从体制机制上解决提高竞争力问题

企业改革的目标是实现“产权清晰、政企分开、责权明确、管理科学”。前不久，“中装协”在南京召开了“国有建筑装饰企业改制座谈会”。改制是实现产权清晰的重要途径，不改制就无法建立现代企业制度，就无法实现科学管理目标。当前，较大的装饰企业要创造上市的条件，中小型装饰企业要研究符合中国国情的企业管理制度，尽可能从纯家族式的管理模式中解放出来，实现符合实际情况的制度创新。改制本身决不是目的，更重要是完善企业经营机制，提高企业管理水平。

在企业经营机制方面，突出的问题是要解决好分配机制问题。入世以后，我们首先面临的是人才争夺，无论政府还是企业，都面临这方面压力。企业不创造留住人才的机制，就很难适应入世后的需要。要真正理解和重视人才资本概念，21世纪人力资本已超过任何资本，并上升到了第一位。企业竞争是知识和人才的竞争。对人才的开发管理已成为现代企业发展的重要环节。企业一定要创造人才发展的环境，搭建人才发展的阶梯，既要给人才创造发展的动力，又要使人才有市场压力，形成人才的价值评价体系和利益分配体系，让人才处于激活的状态。这些方面绝不能停留在认识上，要变成实际行动。

目前，外国猎头公司已进入中国市场，并控制了一些国内人力资源。他们用全新的人才理念和顺应时代发展的管理办法，提高控制和吸纳社会人才的能力。这对中国公司是一个极大的威胁。市场的国际化必然导致用人的国际化，武汉凌云公司已雇用了美国职员，这是一个很好的开端。尽管目前中国公司在机制转换和待遇处理上都有一定困难，但一定要花大力气解决这方面的问题。

（二）从思想解放和观念更新上适应入世后的需要

世贸组织的核心思想是鼓励和支持平等竞争，这种竞争不仅是价格、技术的竞争，它将包括服务的竞争；企业之间的竞争又体现了为实力的竞争，它需要我们树立起竞争中联合，联合中竞争的理念，每一个竞争者，都不会是永远的胜利者，树立起居安思危的思想，才会使自己不断增强新的竞争活力。谈三点和上述内容相关联的观念更新问题：

其一，增强服务意识。WTO有一个很重要的进步就是有了“服务贸易总协定”建筑业在国际上被称为服务业，是属于服务贸易的范畴。但它同商业服务又是有区别的。建筑业的服务不仅是活劳动的过程，而且还是一个物化劳动的过程。商业服务是生产和消费同时发生的，而建筑业的服务周期要长一些。承包商的服务过程可能起源于合同签定之时，也可能表现在尚未签定合同之前。工程全部建造的过程都是服务的过程。交工后的维修，也是合同的组成部份。维修期结束后的服务，又是售后服务的过程。要不断提高在商业服务意识和服务水平上同国际接轨能力。

今后在国内搞工程也将具备了国际工程承包的某些特点。一般讲，国际承包的过程，以合同条件为业主提供规定产品，并获得业主的支付，是承包商和业主的交易的过程。承包商和业主虽然在法律上是平等的，但在国际工程承包合同条件中，承包商的责任在于维护业主的利益，服从业主的指挥，体现业主的意图，为业主提供满意的产品，目的在于获得业主对工程内容的全部支付。在某种程度上，承包商和商业服务人员具有同等的社会地位。在这种定位上，一定要调整好心态，为业主服务是我们的工作，让业主满意是我们

的成绩，获得业主的支付越多越是我们商业上的成功。这几乎是国际承包商的哲学思想。

商业的服务可能主要表现于供货及对货物的理解和服务态度，而承包商的服务则更多的表现为知识、技术、承担风险等，也表现在接受业主无端苛求和挑剔的忍耐能力上。例如中建在北非建造了一个五星级饭店，合同规定这个饭店五年内在地中海沿岸饭店中不落后，不接受条件签定不了合同，接受了风险又大，只有在争取业主满意中实施合同，才能既拿到项目，又规避风险。

通过二十几年的改革和市场经济体制的建立，中国建筑业以及装饰行业的服务意识、服务能力逐步提高。加入WTO后，更要在提高服务水平上引起高度重视，这是对我们在观念更新上的重要考验。中国人弱点是缺乏侍候人的心态和习惯。在国外，商店里不管是什么原因，只要售货员与顾客吵架，完全是售货员的不对。医院里只要护士与患者吵架，全都是护士的责任。国际上的商业行为不是斗气，不是争精神高低的过程，而是争商业利益的过程。在这一点上，中国人与外国人的思维方式不完全一致。强化思维方式上的接轨，提高商业服务意识是提高竞争能力的重要组成部分。

其二，是增强合作意识，在竞争中合作，在合作中竞争。是一般的商业规律。特别是在当今世界，强强联合、优势互补是提高竞争力的重要源泉。积极主动的同外国公司合作、同中国公司合作，是入世后的战略性对策。从某种意义上看，我们一些企业不善于合作，一谈到合作，首先想到的是谁吃掉了谁，谁管谁，谁说了算。外国企业合作的理念是事业的发展，竞争能力的提高，而不是在谁当董事长、总经理上兜圈子。谁当董事长、谁当总经理，在合作时是要进行讨论的，甚至是合作的条件，但这些内容要让位于事业的发展。我们某些同志的理念是宁肯不发展，也要保持在自己的小天地里说了算。这种意识也体现在国内企业的改组上，为什么我国旗舰式的企业很难建立起来，可能同联合的意识没有建立起来有一定的关系。入世后，中国公司应有两忌：一是忌内部恶性竞争；二是忌低价与外商合作。

要注意学习外国公司在合作中发展自己和保护行业利益的经验。如日本的工程项目，都是由几家公司组成联合体完成的。面对WTO的挑战，中国公司决不能在行业内部继续扩大恶性竞争了，说的严重一点这种自杀性竞争泛滥，就等于全行业向外国公司投降。是没有民族气节的行为，协会正在研究如何加强行业自律问题，虽然这件事情难度很大，但也要起步，协会争取发挥力所能及的作用，但需会员企业支持。要提醒这样做的企业，如果仍然在互相贬低的过程实现自己的中标，外商对你的行为和品德也会表示反感。在逐步成熟的商业社会中这种企业没有前途。

外商进入中国市场，一定要寻求中国的合作伙伴，一定会实施公司本土化的战略，我们的建筑装饰企业一定要看到自己在中国市场的优势。诸如包括资质、工程经历在内的无形资产，对于中国市场的经验和公共关系，低廉的管理成本和人工费等等，决不能在同外商合作中形成新领域的中国公司的恶性竞争。要维护企业、行业、国家利益。

其三是增强居安思危意识。张瑞敏讲是 “居危思进”。改革开放以后，我国的建筑业以及建筑企业都有了长足的进步，但我们还有很多差距，这里我引用江苏省建筑装饰设计研究院院长李宁同志在一篇文章中的一段话：“随着WTO进入，国际市场的介入，带来了全新的市场概念，应充分认识境外设计队伍的逐步涌入对中国室内设计师的挑战。他们有成熟的国际市场经营理念，有国际性联动的业主关系，有规划与建筑设计等多学科合作配合的实践基础，他们有在世界范围内对审美情趣、材料、技术信息的最新感悟，无一不是对刚刚起步的，既分散又幼稚的中国室内设计师的严峻考验。”这段话是一段很有国际感觉的话，她讲的决不是单单指室内设计师、可以延伸到我们整个建筑装饰业。

入世后，一些大的建筑装饰企业，一定要以国际市场为背景，以国际同类型知名公司为坐标，重新调整自己发展目标的参照系，要从五个方面进行优势、劣势的比较研究：即：①在体制和机制；②核心竞争力；③专业技术优势领域，以及是否拥有自主知识产权和技术创新能力；④国际商务经验；⑤企业可持续发展能力。

通过以上五个方面的比较，会找到自己的优势和差距，以居安思危的领悟，确定自己新的战略目标。

这里我着重讲一下核心竞争力，对这一个名词我们使用虽然较多，但在经济学界，还没有一个权威的解释，人们一般把它理解成为：能够使企业在竞争中获以长期稳定竞争优势的能力，也理解成为企业能够保持活力和持久生存发展的能力。它包括市场力、人才力、技术力、资金力、组织力、形象力六个要素。市场力是企业的营销能力和与其关联的市场占有率，人才力是指企业领导和管理层以及员工的素质，包括员工在内的职业道德，资金力为资金实力、盈利能力，融资能力再投入能力；组织力：指公司规模体制、机制、决策及规范化管理能力；形象力：指企业经营理念、文化、企业品牌，工程经历、CI形象等。入世后，要加强核心竞争力的研究和创造。

（三）贯彻扶优、扶大、扶强的行业发展战略，推动企业积极开拓国际市场

建造中国建筑装饰行业的旗舰型的公司，不仅是行业发展的需要，也是迎接国际竞争挑战的需要，特别是在影响国计民生的行业上形成一批有国际竞争力的大公司是综合国力的象征。这已经成为中国经济发展的一大课题。我想举一个例子，中国经济发展总量已排在世界第七位，尽管有的企业已进入500强，但没有一个可以在某一领域处于领导潮流的顶尖级的企业。中建在美国权威机构“国际工程新闻记录”的统计排名上，前年列为全世界225家知名国际承包商的第20名，实事求是的讲，排在后面的欧美公司无论是管理水平、技术水平、人力资源、资金实力等都比中建有竞争力。没有一批有规模、有实力、有抗风险能力的公司，很难反映行业的实力，很难在国际竞争中形成优势。面对入世，协会从行业发展的角度将实施扶优扶大扶强的战略。支持具备条件的企业努力走这条道路。

中国的建筑企业进入国际市场已经二十三年了，目前有3000多家企业有了对外经营权，通过在国外承包工程，在为国家创外汇、推动国内企业改革、促进了管理水平提高等方面，产生了积极的作用。进入国际市场的公司与没有进入国际市场的公司，曾在国际市场工作过的技术管理人员和没有在国际市场工作过的技术管理人员，是有区别的。外国公司评价这种区别是：一部分人有国际感觉，一部份人没有国际感觉。

什么叫国际感觉呢？既抽象又不抽象，可否这样理解：国际感觉是指对国际惯例理解能力，国际业务知识的把握，由于对国际商业的共同理解，在谈判、交换意见和合作过程中容易达成共识。入世后，有国际感觉和没有国际感觉的公司，在水平和能力上就会有一定的区别了。加大开拓国际市场的力度，是提高国内竞争能力的重要条件。有一定规模的企业，一定要把开拓国际市场列入议事日程，列入自己的发展战略。

关于进入国际市场问题讲3点建议：

1．要有强烈的参与国际竞争的愿望。经过二十多年的锻炼，我国建筑装饰技术水平和管理水平有了很大的提高，在某些国际市场是有竞争能力的，加上中国建筑装饰材料质量和生产能力的进步，以及价格优势，我们已经具备了开拓国际市场的能力，已经进入国际市场公司的实践也证明了这一点。但当前某些装饰企业对开拓国际市场积极性不高，表现为满足于小农意识，小作坊式经营规模和小富即安的目标。应该承认：建筑业最赚钱的市场是中国，房地产业最赚钱的市场是中国，经济发展速度最快，成为一枝独秀，也是中国，最熟悉的市场还是中国，为什么还要走出去呢？只要把企业的长期发展定位国际化的坐标上，就会感到这样的认识局限性太大了。

2．要选准切入点，打成功率，低成本开拓国际市场。要坚持以项目成交为主，开拓国别市场为辅。推动以投资为先导的战略，低成本的开拓国际市场。

3．要做好人员、资金、管理等业务准备。假如在国内搞工程是生产过程的话，是一个成本、质量、工期控制过程的话，在国外搞工程则是法律的过程，货币金融过程，公共关系过程。进入国际市场，不能无准备的蛮干，也不能迈不开步子。在国际上没有一个没有风险的项目，关键是承包商有没有处理风险的措施，有没有消化、转移风险的能力。所以要有这方面知识的准备，特别是注意提高自己的国际商务能力。

（四）坚持走技术创新的道路

江泽民同志指出：创新是一个民族的灵魂。在知识经济时代，创新是生存和发展的保障，建筑装饰行业一定要从战略的高度认识走技术创新和科技进步道路的重要性，建议从以下四个方面考虑：

其一，一定要有自己的创新目标，和实现其目标的保证体系。

其二，一定要形成企业的技术特色，形成自己的优势技术领域。特别是具有知识产权的专利。

其三，企业的技术创新要以项目为载体，降低创新成本，加快成果转化，使创新同生产经营紧密结合起来。

其四，在推进技术进步的过程中，要下大力气加强员工的培训。完善员工的培训体系，加大培训的力度和投入，以及完善实现培训目标的机制，从而达到全面提高员工素质的目的。有些国家根本不认为大学教育是职业教育，而是社会教育、基础教育，进入本企业才真正是专业技能教育、社会就职教育。市场经济条件下的员工培训，有些是企业行为，有些是员工个人提高技能适应市场需求的一项个人教育投资。要加大这些方面的宣传，并形成就业要求。

（五）要提高项目管理水平

要创造以项目为标志的企业品牌。这是WTO后人们对企业判断的一个重要标志。项目是企业生存的基础，没有项目的企业没有生存的可能。如何判断一个公司的水准，考察其写字楼仅仅是一个方面，重点是看它干了什么项目，有过什么工程经历和资格等。一个公司的品牌，是通过工程项目体现出来的。迎接入世后挑战，整个公司的管理要与国际接轨，项目管理更要体现出接轨的能力。入世后，中国的建筑工程承包，已具备了国际承包的特点，从引入国际工程承包概念的角度谈，在做好常规的项目管理基础上，要抓好四个环节。

一是，提高合同意识。作为双方合作的法律文件，国际工程承包合同对未来双方的责任和义务的描述是十分详尽的，语言是十分规范的，既要吃透合同、严格按合同办事、又要学会用合同保护自己。合同不仅是建立合作关系的需要，又是规范双方行为和利益的需要。不断深入研究合同，更不能用自己的理解代替合同的未来含义。要培养自己的合同专家是国际承包的重要特点。

二是，要提高合同的风险意识。在国际承包中没有没有风险的项目，要强化项目的风险分析，研究排险措施。提高履约过程中的抗风险能力。

三是，一定要有索赔意识。中国企业进入国际市场最大的弱点是不懂索赔。国际市场上低价竞标索赔赚钱，已成为惯例，只有低价才能中标，这是一种惯例，索赔赚钱是重要的手段。中国公司进入国际市场初期，没有这种商业感觉，更没有这些专业知识。要善于利用设计咨询公司和业主的错误所造成的损失创造赚钱的机会。有水准的国际承包商都是有这方面经验，它同为业主服务是不矛盾的。

四是，加快职业项目经理的培养。提高他们在法律、货币金融、公共关系等方面的能力，使项目经理的实际水平同公司的品牌相匹配。

（六）要善于发挥协会的作用

入世以后，商会、协会有了政府不可替代的作用，并成为政府间谈判的缓冲地带。同时，只有商会、协会才能公开的代表企业利益。协会的一个重要的任务是学习好WTO规则，并把它具体化、结合行业实际研究规则，形成保护自己会员企业的技巧。保护本国企业的利益是各国都在做的工作。世贸组织的规则是管政府的，中国正在进行政府职能的转换，这就为协会利用WTO规则保护本国企业利益创造了空间。这方面日本、韩国的经验要比我们丰富的多。当前在中国，既要提高协会素质、又要增加协会的权威性才能搞好这项工作，这也是我们努力的方向。

关于入世后中国建筑装饰企业发展的思考

上海市建筑装饰工程有限公司

20 多年的改革实践，带给上海开埠以来最大的建设高潮，历史的机遇使建筑装饰业有了现代意义上的蓬勃发展。如今，随着我国加入世贸组织，上海将进一步成为跨国投资的热土，它作为世界级的市场，为了更好的吸引国际资本，就要继续加大城市设施建设的数量，进一步提高城市建筑艺术的质量。而随着各国资本的不断进入，又将带来更丰富的文化观念、更先进的技术和更高的管理标准，促使上海的城市建设水平不断上台阶，这就为我们提供了更广阔的运作空间和众多的商业机遇，从一定意义上说，上海就是国际高标准的市场。

下面，我们从企业的角度谈发展的三大问题。

一、市场格局的变化

入世带来的市场机遇，无疑是巨大的，当然更多的市场洗牌，更高层面的竞争，更严峻的企业淘汰，也不可避免。在全球市场格局下，作为中国建筑装饰企业，由于传统体制形成的专业僵化，边缘学科观念淡薄，复合型人才缺乏等根本性矛盾，使我们在装饰设计理念，施工工艺水平，新型材料的把握，以及观念、技能、装备和管理等方面，与国际先进水平有相当的差距。而我们原来熟悉的、具有公有制优势的经营生产方法，如政府包办、定额资质、关联投标、低价劳动等保护性政策，又将受到国际规范的制约。

我们认为，入世后的 3～5 年内，无孔不入的外资市场和壁垒森严的内资市场，将完成平台对接，其格局将呈四大变化：

一是优秀外资公司挟设计、技术、材料和管理优势，凭借其全球化加工能力和商业品牌，在大项目、高技术、精装修方面切割原有的市场份额。

二是专业性很强、运作规范的新型企业将大量出现，这一方面是外资公司出于中国化的战略考虑，另一方面是因为装饰装修的风格特点所决定，不同的国家，不同的文化背景，对装饰设计施工的要求不尽相同。

三是市场竞争不仅取决于价格，外资或新型公司将从信用、服务、品牌等境内传统企业的弱项着手，挤压市场空间和定额水份。

四是设计原创人才的争夺将全面展开，这在极大程度上，将冲击我们将设计视为施工的附庸，把设计服务当成“免费午餐”的设计施工一体化的企业运行模式。

二、市场发展的研判

面对国际化竞争和全球经济游戏规则，作为中国建筑装饰企业对市场的研判，主要来自两个基本点：

1. 依托的平台。主要是在上海这个国际级的市场中，或者包括沿海发达地区、北京地区、港澳地区等范围内，与国际优秀建筑装饰企业展开符合国际惯例的、同一国民待遇的竞争。如果走出国门，到发达国家拓展业务，我们主要集中在中国风格的建筑装饰和传统手工技艺方面，寻求突破口，发挥竞争优势。

2. 选择的手段。主要是发挥设计施工一体化的作用，在产业链上谋取尽可能大的边际利润。境外企业最大的优势是设计原创过程，特别是他们的方案概念设计，是土生土长的国内设计人员短期内无法比拟的。当然这绝非只是技术的因素，更多的是文化阅历及人文修养的积累。因此，我们只有先凭借熟悉国内技术规范的有利地位，在施工图扩初深化和现场施工展开方面，形成与国际同行的优势互补。如果全面放弃设计资源（随之也放弃了材料选择资源），单纯靠现场施工展开，来维持企业竞争力，对我们这样规模的企业，是不可取的。

从上述两个基本点出发，我们与外资或合资公司的竞争，要面对四个突出的问题：

1. 企业体制的不同。我们在产权清晰程度、职业经理人的激励制约方面，明显不适应国际化市场的要求。在高度开放，没有政策倾斜的公平竞争中，国有企业的运作还没有成功经验。

2. 经营理念的不同。强化专业方向，以品牌带动经营，形成和维护特定客户群的观念和做法，将对我们原有的无差异经营，样样都抢着干，一样都做不精的非专业习惯，形成冲击。

3. 管理模式的不同。由设计师担负工程的设计与策划，并对现场施工计划、方案、进度、质量、安全等要素进行全面管理，是国际通行的做法，这与我们习惯的项目经理责任制，形成了矛盾。

4. 作业程序的不同。国外公司实行的层层分包、专业承做、工厂化加工、普遍推广先进机械设备的施工组织形式，与我们一揽子在现场手工制做相比，具有分工明、职责清、质量好、效率高、成本低的优点。

三、十项战略性思考

我们作为国有控股体制的企业，要想以更灵活机动的方法应对入世，实现“惊险一跳”，现有的条件肯定不成熟。在稳定的前提下，一步步“摸石头过河”，不犯原则性错误，是我们的指导思想。基于这一认识，目前能做的事情，主要有十项。

1. 明晰专业理念。建筑装饰涉及建筑学、社会学、民俗学、心理学、美学、人体工程学、结构力学、材料物理学等，也涉及了家具、纺织品、园林绿化、工艺美术制作等专业领域。是与建筑结构、环境空间、设备系统密切配合，多方协调，卓有成效解决科学与艺术之间复杂矛盾的产物。对国内大多数从土建施工转换过来的装饰企业而言，关键要有“跳出建筑搞装饰”的勇气，不要把自己的竞争力局限于“农业社会的秦砖汉瓦”和“民工泥水匠”的层面上，要用现代大工业的组织管理和技术手段，充实调整队伍构成，形成分层次服务能力，选择和争取优质的客户资源。

2．熟悉国际商务。随着国际资本的进入，中国民间资本的壮大和政府采购模式的全面推行，市场将日趋规范和透明，极易滋生腐败现象的招投标过程，将被“无标底方法”所取代。我们的服务对象由于根本利益发生了变化，商务谈判的内容就更健康有序。运作规范、操作严谨的国际工程招投标程序势在必行。因此，原来“功夫在合同谈判之外”的经营管理，必然进化到被规范标准文本约束，即前期按承受成本投标竞争，过程按实际进度寻找索赔机会，竣工按合同约定实施结算。换句话讲，原来我们习惯的酒桌关系型风险小了，但是谈判桌上白纸黑字的法律型责任就大了。这就需要培养理解和熟悉国际工程合同的经营人员，形成合同内容至高无上的管理意识，提高履约过程中的抗风险能力。

3．整合设计配置。对国内设计施工一体化的装饰企业来说，要像专业设计院或境外专业设计公司，网罗齐备能力优异，有大师潜质设计人才，是不现实的。这倒不是经济的原因，主要是设计施工的一体化，无法给予设计师全面管理的责任（国外称为“责师制”）。针对这一特点，我们要在兼顾设计资源合理配置，施工能力充分发挥的原则下，吸引一批紧密型（合同聘用制）的成熟设计人员，主要对方案设计进行配合和施工深化；团结一批松散型（短期工作制或项目聘用制）的境内外优秀设计人才，主要应对重要项目投标策划和关键的设计创意，形成品牌化、多元化的工作氛围。设计风格的多元化，将有效覆盖市场的广度，具有经营生产的规模效应；设计风格的品牌化，会有效开采市场的深度，满足高端客户的需求，有利于创造精致的作品和高额的效益。

4．完善施工表达。装饰施工本身，是对设计质量进行检验和完善的过程，由于设计图形成于施工之前，对最终的总体装饰效果缺乏实际感觉，施工过程中的每一道工序，就必然担负起检测设计的合理性，用实践来证明装饰效果优劣的任务。这就要求在施工过程中，有熟练的技术、完善的工艺、专业化的分工和一定的文化艺术修养作保证，无条件地尊重设计意图，以符合建筑装饰规范的管理方法，将设计图纸变成产品现实。在组织项目管理班子时，将强调三方面的能力，一是对设计理念（包括技术和艺术）的理解；二具备实际施工中合理运用工艺；三是当设计意图与施工能力相冲突时的协调应变。要杜绝随意改变设计要求，无故采用替代材料，把精品工程视为与设计无关的“泥水匠”作业习惯。

5．形成技术优势。建筑装饰（或者说是室内设计）是组合装配型（OEM）的产业，进入中国市场的企业带来了国际上先进的工具设备和施工工艺，迫使中国传统“锯刨凿锤”的手工操作退为其次，我们习惯的现场原料加工方式，已完全赶不上工厂标准化半成品、成品构件制做和现场组合的速度。考虑到这点，我们要组建专业的工厂化加工体系，解决好工厂加工与施工现场前期翻样、后期安装的工艺问题，使产品制作精致化。在巩固木制品工厂化生产，石材工厂化生产的同时，深入探索金属制品工厂化制作的出路与方向，切实解决精品工程中金属制品的难点，使工程项目施工达到国际标准。

6．环境保护承诺。构筑“绿色壁垒”，是当今国际贸易保护主义最常用手段，也是发达国家应对不发达国家低廉劳动产品输出的重要防线。我们要想突破“绿色壁垒”，进入国际市场或国内（上海）的高端市场，就必须改变“粗放型、污染型的前工业装修模式”，按国际卫生组织章程，围绕环保设计、环保材料、环保技术、环保设备、环保施工等国际厂商关注的问题，收集信息资料，提炼技术资源，形成整体共享，完善和充实工艺储备。加强施工技术与施工实践的融汇，将用途相同、操作方法不同的操作技术，固定技术等等进行专项汇总，形成系统性的技术文件，最终以ISO14000国际环境标准予以界定。

7．材料信息掌握。装饰材料是工程的物质基础，类别品种非常复杂，装饰设计的总体效果和功能的实现，无不通过运用装饰材料及其室内配套产品的质感、形体、图案、色彩、功能等体现出来。对国内设计师和施工人员而言，开阔眼界，熟悉装饰材料的种类、性质和特点，掌握其工艺变化规律，善于在不同的工程条件下，服从于空间总体环境构思，正确合理地使用材料，选用室内装饰用品和配套设备，在功能和审美的统一中，完整表达设计意图，成为必须掌握的专业技能。因此，建立国际化的材料信息资料库，组织材料合作供应商网络平台，是当务之急。

8．特殊技能培养。这包含两个方面，第一，不断更新机具设备，适应设计施工要求。除了工厂加工设备的投入外，设计器材、现场机具都应当有适时投入、强制更新的计划安排，确保以最先进的工具，胜任高标准的工程施工。第二，拥有一批“身怀绝技”的工匠技师，满足常规机具设备无法达到的、需用精细的手工方法修葺完成的工艺过程。在关键工艺操作时，他们既可以是一般民工的技术带头人，又可兼顾该分部分项的技术质量监督工作。

9．扩展质量控制点。装饰工程的质量，不一定与材料选择成正比，但一定取决于设计施工水平的高低。要突破从土建行业衍化的检定标准，从“横平竖直”、“头角平整”等方面更进一步。具体说有迭进的四层意思：一是严格按设计要求的空间尺寸、平面布局、材质标准、色泽配比施工，满足整体效果；二是检查督导施工人员按材料的功效、特性和工艺要求规范操作，保证内外质量；三是当工艺流程无法满足原始设计意图时，能与设计师协调变更；四是有能力在理解设计的基础上，进行风格情调和使用价值的整合性检验，观察和感受各类造型体，经现场组合后，是否达到了设计说明的预期效果。

10．用品牌定位客户。在国际化的规范市场中，品牌运作其实是企业与客户双向选择的过程，对客户来讲，性能、质量、价格、名声、服务等多因素造成的心理感觉，是认识和忠诚某种品牌的依据；对企业而言，充分发挥专业长处，在成本控制、经营地位、市场策略的综合考量下，有条件、分层次地选择适合于自己服务的客户，是品牌定位和长期维护的基本点。因此，品牌与客户之间，具有同等的选择权利，是你情我愿的契约关系。按以上思路，我们的品牌定位原则是：保证在政策投资的城市公共建筑项目上规模施工的优势，提升在高级商办楼项目上的设计施工一体化素质，拓展在高星级酒店项目的专业施工能量。在有所为，有所不为的过程中，细分市场、差别对待、错位经营、比较竞争、力避相煎，争取能带给我们更多利润的优质客户，当然，前提是我们先要有良好的品牌感染力。

以上所述，是我们在调研国际优秀同行所做所为的基础上，对发展方向的定性化思考。这既是我们的差距，也是我们要努力做的事。可以这样去认识：在走向国际化的时候，我们的心态要调整，习惯的做法要改变。

十个方面不是孤立的，是相互牵连，相互作用的，将定性的思考，转变为定量的做法，每个企业的着重点肯定是不同的，关键是如何正确摆正自己的市场位置，夯实自己的专业能力，量力而为，诚信竞争，形成比较优势。不要抱“统吃市场，全面出击”的幻想。否则，行业的无序内耗，只会导致整体利润下降，进而影响到所有企业的可持续发展。在这方面，一个具备成熟国际眼光，按市场规律运作的行业协会，应当并且可以起到会员企业的“自律调节器”作用。这由于超越了本文关注的范畴，在此不予展开。

入世后建筑装饰行业机遇与挑战的应对

中国建筑装饰协会信息咨询委员会专家组　成员　高级经济师　**吴承辉**

经过 15 年的艰辛谈判历程，2001 年 12 月 11 日中国正式成为世界贸易组织（WTO）第 143 位成员。WTO 是具有法人资格的国际机构。其组成包括法律、法规条款，贸易行为，知识产权，经济活动运作手段和尺度。WTO 的交易规则，是一种市场化规则，它具有一套完整的多边贸易规划契约，主要原则（规则）：

一是以市场经济为基础，自由竞争为基本原则。二是互惠原则（对等原则）。三是非歧视原则。四是关税为惟一的保护手段。五是贸易壁垒递减原则（关税减让办法）。六是公平贸易原则（反倾销、反出口补贴）。七是一般禁止数量限制原则。八是贸易政策，法规全国统一实施和透明原则等。

“入世”意味着中国要执行国际经济政策，市场国际化。国内的企业、商品，可以走出国门，外国的企业、商品，也可以进入我们国内的市场，与之公开、公正、公平的平等竞争。业内人士，有的说：“狼来了”要与狼共舞，有些恐惧心理。有的喊：“浪来了”企业像似逆水行舟，不进则退，甚至有被大浪掀翻（翻船）的危险。狼来了也好，浪来了也摆，这是企业不可回避的事实。

一、对我国装饰行业的认识与应对 WTO 的思考

我国年轻的建筑装饰装修行业，是我国改革开放以后的一个新兴行业，22 年来通过学习，实践，以及大专院校输送的一些毕业学生，丰富了知识和经验，培养和造就了我们自己的专业技术队伍。但与我国建筑装饰装修行业的发展速度相比，还不相适应。与境外的同行业的管理水平，技术水平，经营理念和产品的科技含量等方方面面，还有很大的差距。

我们这只队伍的整体素质，当前是“大的不强”，“小的不专”，“环保建材产品的科技含量不高”。“入世”对我国建筑装饰装修行业是一个冲击和挑战。我们这只年轻的行业如何应对全面加入 WTO？这是业内有识之士不得不深思和亟待正确解决的关键问题。

首先我国的管理体制，经营机制，需要与时俱进。如果仍然依恋传统的思维方式和经营理念，就适应不了 WTO 的游戏规则，就会在机遇与挑战面前，受到冲击，甚至被淘汰出局，这个问题的有序落实和解决，涉及到深层次的国家的政策、方针，有关的法律、法规、规章的制定，修改和废止工作的加快。

第二是企业应以“三个代表”的重要思想，落实到我们的事业上，体现在我们每一项具体工作中。为了企业的健康发展，并以“优质”、“高效”、“低耗”、“创新”、“规范服务”的建筑装饰产品，立足市场。国人就应该虚心地学习经验，客观地看待差异，冷静的分析问题，积极地联系实际。并以经济为中心，放开手脚，在商品经济海洋中学会游泳，披荆斩棘。

虚心的学习经验：为行业的振兴，我们只有正确利用，而不是完全排斥，批判吸收而不是一概拒绝，大胆引进，吸收和借鉴人类社会创造的一切文明成果，先进的经营方法和科学的管理机制，结合我们的实际情况，敢破、敢立、敢闯、敢冒，才能开创新的局面。不怕落后失利，就怕思想封闭。

客观地看待差异：改革开放的 22 年来，我国兴建，扩建整体改造那么多的涉外星级宾馆饭店、写字楼等文化娱乐建筑装饰工程，回顾起来，有多少个项目是我们自己的设计和施工的呢？很多工程我们的设计院承担着外商承包的，制图、翻样、完整节点大样的工作，我们的行业施工企业充当着组织队伍给外商打工，外商赚的是大钱，我们挣的是小钱。即便是有的项目是我们自己设计和施工的工程，一些人总是挂在嘴边上，沾沾自喜自己的一得之功，一孔之见。这是非常可怕的，我们应该正视差异，奋发图强，急起直追。

冷静的分析问题：如果说，入世前是我国建筑装饰行业“一次创业”的历史阶段，入世后是行业的“二次创业”历史时期。“一次创业”我国的建筑装饰行业，在政府的扶持下，从无到有，从小到大，从弱到强，组建了我们自己的专业技术队伍，而且以每年增长 25%的速度，完成国民经济 GDP 产值，2000 年的年产值是 5500 亿元人民币占我国 GDP 生产总值的 6.2%，行业的发展，还会拉动我国建材、五金、交电、化工、轻工、纺织、冶金、家具等 52 个产业更上一层台阶。解决城镇农村 1200 万剩余劳动力的就业问题。

应该肯定，我国的建筑装饰行业，是我国国民经济中的一个新的亮点，是我国 GDP 产值中不可低估的产业。“二次创业”我国全面加入了 WTO，入世后，我国获得了难得的

机遇，又面临严峻的挑战，建设廉洁、勤政、务实、高效的服务型政府成为紧迫的任务。作为企业要加强行业自律，以科学的精神求真务实，开拓创新，不仅是守土有责，而且要走出国门参与国际化竞争，赢得战绩，为国创汇。不回头欣赏自己的脚印，而是要强壮自己的筋骨，一往直前。我们说的守土有责，不是地方保护，贸易壁垒，而是在平等竞争中扬长避短，发挥我们的优势，战胜“狼”或“浪”。

积极地联系实际：迈进21世纪的门槛，2001年世界上美、日、欧盟三大经济体，步伐放缓，遇上严冬，而我国GDP比上年增长7.3%，完成96500亿元，固定资产增12%左右，财政收入突破2000亿元，外汇储备达到2174亿美元，居民储蓄存款余额达到7.4万亿元，我国“十五”计划的开局，党中央提出西部大开发的战略，吹响了进军西部开发的号角，2001年7月13日，北京“申办2008年奥运成功”，8月至9月北京举办了“最出色”的“世界大运会”，用数字展示魅力，用科技作为动力，用行动证明能力，用智慧显示实力，10月上海“APEC会议”完美落幕，11月10日中国昂首进入WTO，并于12月11日中国成为世界贸易组织的第143位成员。以上充分说明在党中央正确领导下，社稷稳定，市场繁荣，臻于郅治，百业俱兴，尤其是“9·11”在美国恐怖事件发生以后，越发显得风景这边独好——(中国)。以上引起了外国财团的兴趣——来华投资办厂创业，也引来了境外建筑装饰企业，闯入国内的市场，分食这块蛋糕。

二、“二次创业” 与适应WTO的需求

以会长马挺贵、常务副会长兼秘书长徐朋为领导核心的中国建筑装饰协会第五届理事会于2001年底提出的协会“二次创业”，正值我国加入WTO。

入世是挑战，更是机遇，目前，国际形势风云变幻无穷，但是和平和发展仍然是时代的主题，政治多极化，经济全球化的发展趋势不会改变，我们面临的国际形势，依然是机遇大于挑战，应该说：市场无情，机遇无限。机会永远眷顾聪明和勤奋的人。在千载难逢的机遇面前，在竞争激烈的时代，有问题不正视是头脑不清醒，有机遇抓不住更是头脑不清醒，即要抓着机遇发展经济，又不能失去冷静，盲目蛮干。树立主动出击意识，发挥团队合力，扬长避短，奋力拼搏。如果说入世后狼来了，我们的企业，首先要使自己成为猎人或变成狼，或组合团队防止自行厮杀，变成一致对外的群狼。如果说，入世后浪来了，组合团队就好似旗舰，船大才能压住风浪，经得起市场风浪的颠簸。“二次创业”的主题就是开拓思路，开拓创新，把企业做大做强，做出品牌，做出形象，这不仅是市场经济发展的需要，也是企业增强竞争力和抵御风险的需要，以及全面加入WTO的客观需求。

一个成功的企业及一位成功的企业家，都是抓住机遇锲而不舍，把事业做得从小到大，从弱到强的过程发展壮大起来的，在新形势下，企业要树立“两种意识”、“两种精神”：

两种意识：紧迫、开拓意识，竞争意识。

两种精神：刻苦、钻研精神，创新精神。

在思维观念，经营理念上，吐故纳新有一个全新的转变。在这个思想上，要做到：

眼睛向内：把立足点转到自身主观努力上来，做到人尽其才，物尽其用，为了提高企业的整体素质，在岗在职人员除了在实践中学习提高以外，还要考虑充电轮训，通过培训，让业内管理层的在职人员，把多年实践中积累的经验升华到理论，再去指导实践。我们要充分利用入世后3～5年的过渡期，使我们管理层人员，培养成为理论和实践兼能，技术和经济兼通，管理与组织兼行的人才。

另一方面要对业内操作层的工人培训，随着改革的深化，我国工人的工资由级别工资改为岗位工资，装饰装修行业的工人队伍，一小部分是由建筑业里的木工、油工、抹灰工等转为装饰装修行业，绝大部分工人是来自农村的剩余劳动力，这些工人上岗前没有经过培训，上岗后忙于生产，没有经过考核，没有上岗证，这是当前一块空白。为此，普遍素质不高，他们不会技术，不懂安全、法规，不知操作规程、规范。据有关资料显示，建筑装饰施工一线从业人员，技术全面的占3%，随大群干活的占17%，不会干的占80%，这样的队伍素质怎打硬仗呢？又怎么参与竞争占领市场呢？为此，工人的培训持证上岗迫在眉捷。

国家“十五”计划纲要和建设部制定的“十五”计划，我国的装饰装修业，需要就业人数（农村剩余劳动力）800万～1000万人左右，面对这么大的市场，这么多人的群体，不经过教育培训，持证上岗，怎么适应市场需求呢？对一线工人操作层群体的培训可分为基础技术知识和操作技能两个部分，也就是工人上岗“应知”和“应会”分为初级、中级、高级三个档次，采取“政府出谋”“协会出力”“企业出资”。

紧盯市场：企业要面向市场，融入市场，研究市场，以市场为先导。企业是市场活动的主体，市场是企业活动的空间。进入21世纪尤其是去年“9·11”事件之后，世界经济发展处于不确定的脆弱时期，而我国GDP产值，一枝独秀，在党中央正确领导下，仍在沿着快速轨迹向前发展，就建筑装饰装修行业而言：建设部制订的“十五”计划，住宅要建57亿㎡，其中城市建27亿m^2，农村建30亿m^2，况且西部开发与之配套的涉外宾馆、饭店、写字楼等公共设施建设需要上马，北京、上海、深圳、广州等要建成世界一流的现代化大城市，原建设施要更新改造、扩建，新建的宾馆、酒楼、文化、体育场馆，金融大厦，商务中心、贸易大楼等不胜枚举，难以数计，北京申奥成功，中国入世鞭策着建设的提前和加快，建筑装饰行业，市场广阔前景光明，蛋糕会越做越大。境外的企业家，早已看清了当前世界经济形势，盯住了中国的市场。入世3年后，外企就可以独自经营，享受国民待遇，外国的企业财团，融资充裕，财大气粗，经验丰富，操作规范，人员素质高极具竞争力，他们瞄准国内的房地产业和高、精、尖的工程项目，要与国人争夺市场。国内企业，应该看清形势，强强联合或连锁经营，组成团队，优势互补，资源共享，打出拳头与之竞争，如果我们伸出五指，有长有短，互相厮杀，就会让渔翁得利。强强联合、合并、合作，企业法人要克服“私”字，为了民族的振兴，国家的富强，人民的利益，站得高些，看得远些，不要斤斤计较，谁是董

事长，谁是总经理，谁算第一把手，谁说了算。要克服这个“私”字，首先要清除“拧当鸡头，不作凤尾”的经营理念。因为这种理念，不适应经济全球化大市场，把企业做大做强。

竞争与协作：当今世界，竞争无处不在，无时不有。无论升学，求职，做买卖，办企业，没有竞争意识，缺乏竞争实力，不敢主动竞争，就难获得胜利。要立足就得参与竞争。然而不是竞争可以解决一切问题，可以赢得市场。成功并不是竞争的必然结果，仅有竞争，远远不够，如果不看对象，四处竞争，八方出战，就会整日紧张，力不从心，穷于应付，落个身败名裂。竞争与协作，是两种不同的交往态度，协作与竞争相对，又与竞争互补，许多竞争需要协作，一个人的力量，毕竟有限，要想竞争取胜，往往没有别人帮助不行，许多时候，为了共同利益，携手作战，是制胜的秘诀，刘备联吴抗曹是竞争求协作的典范。具体到我国建筑装饰装修行业，在僧多粥少，狼多肉少，强手如林的市场上，“洋企”又挤进来了，参与竞争。在这个节骨眼上，强强联合，资源共享，优势互补，争取协作，落实人流、物流、信息流，是占领市场竞争取胜的上策。靠创新、靠品牌、靠产品质量、价格和规范服务取胜。

吸纳人才：21 世纪，已经进入了一个以知识经济成为主流的世纪，人与自然协调可持续发展的世纪，东西方文化激荡融合的世纪，科学精神与人文精神交流统一的世纪。新的经济模式是求人才，而不是单纯的求资本。国力的竞争，企业的竞争，商品的竞争，呼唤新型的人才。为了适应 WTO 和经济全球化的大市场，随时需要更新知识结构，掌握创新能力，急需吸纳文化精华。知识经济中的知识，是指化为能力的知识，是创造效益的知识。经济的竞争，说到底是人才的竞争，智力的竞争，大脑的竞争。以知识为本智力入世是经济入世的基础。这是一项意义深远的战略。因为，智力推动着社会的进步，智力让人摆脱愚昧，智力让人赢得成功。企业的生命在于产品，产品的生命在于科技，科技的生命在于人才。企业的竞争，产品的竞争，实际上是人才的竞争。企业在市场经济强手如林的激烈竞争中，要“以财求才”“以才发财”。一位成功的企业家，要具有“求才之心，识才之眼，爱才之德，用才之胆，育才之心，容才之量”。吸纳人才，给其创造宽松的工作环境和生活环境。辩证的认识：面对人才，金钱具有诱惑力，但是事业更有凝聚力。目前，企业需要两类人才，一是短期的技术性人才，把从业多年，具有一定知识和实践经验的群体组织起来，通过轮训，提高其技术素质。二是长期的战略性人才，是经过良好的教育背景，具有丰富的工作经验尽快融入新的环境，和顽强的敬业精神，以及创新的能力，高学位，高职位，高价位，金领族是在知识经济取代传统经济背景下，出现的知识型复合人才。我们要走科教兴国，质量兴业，规范服务之路占领市场，赢得市场，不可或缺的是“人才”。吸纳人才是行业兴旺发展永保活力的唯一途径。

学好 WTO 知识：入世了我们首先要学好，世贸组织的知识，掌握了 WTO 的游戏规则，才能提出入世后“机遇与挑战”的应对策略。WTO（世界贸易组织）与 GATT（国际关税和贸易总协定）最大的不同，关贸总协定不是法律机构而是类似于国内的协会机构，最后过渡到 WTO 变成具有法人资格的国际机构。其组成前已叙述，包括法律、法规条款，贸易行为，知识产权，经济活动运作手段和尺度。WTO 的交易规则，是一种市场化规则。它具有一套完整的多边贸易规划契约。推行的是市场经济，由市场形成价格。如果我们仍然提高关税、贸易壁垒、地区保护、压级压价、政府定价，甚至暗箱操作等就违犯了 WTO 的交易规则、规划契约。尤其是暗箱操作，他是社会上贪污、腐败的温床，是人民深恶痛绝的。当然行贿受贿，贪污腐败，不是改革开放，社会主义市场经济的专利，资本主义国家以及其他发展中国家也是存在的。

入世后，企业如何应对“机遇与挑战”？WTO 是多国跨国际的国际互惠法律体系，全面加入 WTO 后，中国内地经济运行大环境，发生了深刻的变化。当务之急是修订经济法规，更新观念，深入了解各项国际规则，应对的关键取决于做好我们的工作。政府该做的事，政府部门去做，企业该做的工作，企业去做。正如国务院朱镕基总理所说：

一是要充分用好过渡期。二是要充分利用加入世贸组织后我国享有的权利。三是要加快有关法律、法规、规章的制定，修改和废止工作。四是要以提高国际竞争力为核心，加快科技进步和创新，推动产业技术升级，推动产业结构调整。五是要加快转变政府职能。六是要善于运用世贸组织规则，保护发展自己，保护产业安全和国家经济安全。七是要抓紧建立健全行业中介组织，充分发挥其作用。八是要继续组织好世贸组织知识的学习培训工作，培养一支高素质的人才队伍。

入世对每一个企业，每一位人，都是一次机遇和挑战。对于具备应战能力的企业或人来说，这是一次机遇，而对于不具备应战能力的企业或人，便是一种痛苦。入世不可避免地会带来国际化竞争，带来更大的风险，面对挑战，我们别无选择，只能是抬起头正视现实，坚定信心，勇敢地迎接挑战。我们要以平常心，脚踏实地的一抓发展路子，二抓领导班子，三抓发展经济点子，四抓各种才子，五搞活金融抓票子。不把资金、金融搞活，经济就活不了，金融是血液，是经济发展的关键，企业靠金融起家，金融靠企业发展，在“五子登科”的基础上，开展规范服务，树立成功意识，创建一流企业，造就一流人才。建筑装饰装修企业要以设计为龙头走自己的路。即；产品创新之路、技术革新之路、质量兴业之路、创造名牌之路、利用对手之路、改变面貌之路、顺应市场之路、杰出服务之路、抢占技术制高点、应用网络科技先行之路，以及遵法守信之路。

“市场国际化”竞争会更加激烈，商场是没有硝烟的战场，很多人把“第三次世界大战”比做商战，在有死有活的商战中是不相信眼泪的，更不怜悯弱者。在这个形势下，我们要有准备的应对入世后“机遇与挑战”，挺起腰杆抓住机遇，迎接挑战并在竞争中取胜。

愿中国建筑装饰装修行业在执行国际经济政策 WTO 的过程中可持续发展。

入世后建筑装饰市场的研判和对策

上海市建筑装饰工程有限公司《新装饰》编委会

中国已经入世，市场面临洗牌，建筑装饰企业该如何应对？

随着我国加入世贸组织，从2002年起的若干年内，国内建筑装饰业将面对国际同行的无壁垒进入，市场“洗牌”不可避免。如果说上个世纪80年代港台装饰公司进入大陆，促进了沿海发达城市现代建筑装饰业的启蒙，那现在的新机遇和挑战，其实对境内外装饰企业都是一视同仁的，对此我们应充满信心。

集团总公司在发展规划中明确提出，要以入世的契机，借势而上，用5年的时间，形成国际知名的工程建设集团，这是一个鼓舞人心的目标，我们作为集团旗下的专业公司，经过了10多年现代装饰设计施工实践，在与境外企业的竞争时，有自己的人力成本和营运关系等一系列优势，并不害怕竞争，相反希望通过国际化的竞争，与时俱进，不断做大、做精、做强，以适应集团在国内外日益提高的地位。

我们研判，在WTO新市场中，建筑装饰业的国际化竞争，将会从三个方面进行，一是人力资源，主要是优秀设计人才的争夺；二是要紧跟新材料、新工艺的发展，优化施工队伍的技能素质，提高产品档次；三是要按效益第一的原则，进行理性投标，提高中标率，降低经营成本。

为了达到3年内与境外同行在上海或全国市场同平台竞争的目标，在“提高产品档次，不断拓展市场”方面，我们要抓紧、抓好、抓出成效的策略性工作有三项。

第一、形成工厂化加工体系，使产品制作精致化。我们投资60万元的木业加工厂已正常运行，今年装饰工程中的木制品工厂化制作，要求解决好工厂化加工点与前期翻样、后期安装中的工艺问题，加工覆盖面必须达到全部工程项目的80%以上，并逐步地向木制品油漆工厂化制作推进。在巩固木制品工厂化生产，石材工厂化生产的同时，深入探索金属制品工厂化制作的出路与方向，切实解决精品工程中金属制品的难点，使全部工程项目达到精品标准，形成一定数量，类型广泛的、经得起客户考察的样板经典。

第二、设立市场发展部，拓展高端产品份额。该部门作为公司的经营触角，在入世后外商机构频繁进入期内，重点以上海为基地，开拓外商在华投资企业、金融证券及高级商务办公楼的精装修工程，为公司在新业务领域中的发展，积累经验和客户资源。在保持现有经营生产动态平衡的前提下，为公司的市场调整提供参考坐标和改进依据。

第三、针对市场需求，研发专有工艺技术。重点是围绕环保设计、环保材料、环保技术、环保设备、环保施工等国际厂商关注的问题，收集信息资料，提炼技术资源，形成整体共享，重点是提炼有特色，水准较高的设计、施工技术，完善和充实公司的工艺储备。二是要加强施工技术与施工实践的融会，将用途相同、操作方法不同的各种操作技术，固定技术等等进行专项汇总，分析和指出各项技术的优缺点，各自适应范围，并进行对比性综合评价，年内形成具有新内涵的基础工作体系，3年内形成整套的专项技术汇总文件。三是加强对项目工程师的业务指导，要求做好技术总结、论文撰写、施工难题课题的研究，把提高项目工程师的素质水平，作为公司质量技术水平的重要突破口，为拓展外商市场打好基础。

安徽装饰企业在加入WTO缓冲期内应有的策略

安徽华誉装饰工程有限公司　**杨海波**

入世缓冲期是我国政府为减缓入世对国内企业生存状态的冲击，而与世贸组织达成的保护国内企业的期限，即是国内企业的调整期、适应期、过渡期。入世后，政府及行业主管部门对企业的管理职能将弱化，逐渐演变成行业协会的管理、服务与协调职能。由于中国经济的迅猛发展，中国成为世贸组织以外最大的、未被分割的市场，蕴藏着巨大的商机。外国企业必然以各种形式，纷纷登陆中国，抢占中国市场，扩大在中国市场的份额。对于建筑装饰业来说，外国企业五年后取得国民待遇，而中外合资、合作企业3年后即取得国民待遇。所以，真正的缓冲期只会有大约不足5年左右的时间。

安徽省经济发展相对落后，除了面临外强的冲击，首先面临京、沪、杭、宁、汉、粤及经济特区等内强的竞争。留给我省建筑装饰企业用于调整、准备的时间十分有限。我省建筑装饰企业必须利用好缓冲期，未雨绸缪，防患未然，方能立于不败之地。

一、学习入世知识，端正入世态度，树立入世观念，确立入世策略

尽管我国已经为入世作了15年艰苦努力，但是，我省建筑装饰业内不少人仍然认为，入世是政府倡导的，是政府行为，政府的事；或者认为，企业是政府的，政府有义务辅导企业入世，政府会有相关政策或对策，企业自身无需调整；或者“车到山前必有路”、“船到桥头自然直”等等，不一而足。所以，缓冲期内，对我省建筑装饰企业来说，最大的风险不是国外企业的冲击，而是对入世的麻木、无知、无备。实际上，入世后，政府的经济管理职能主要在宏观上运行，而且是辅助性与引导性的。政府须在世贸规则和国家法律的框架内运作，并承诺只执行公开的法律，而且要提前公布，地方性法规须与国家法律

协调一致。政府过去行之有效的如“红头文件”等行政手段，运作的范围、力度、效力将越来越小。入世后的10年内，世贸组织有权对中国法律进行多达九次的审议，其中前8年每年一次，我国凡与世贸组织规则相抵触、冲突的法律、法规将被修订、调整和废止。政府对行业的保护措施与手段及对国外企业的限制与约束也会逐渐减少。由于WTO的透明度原则要求及国外企业逐步享受国民待遇，政府到时对国内、外企业将一视同仁，国内、外企业的经济、法律地位也完全平等，大家都将在同一条起跑线上竞争。

还有人则乐观地认为，入世后，我们将迎来国外巨大的市场，尤其是欠发达国家的市场。且不说这些国家由于政治、经济、文化、民族、宗教等因素，对中国及中国企业心存芥蒂，由于这些国家经济欠发达、政治也不稳定，往往社会治安混乱，民族矛盾激化，行政效率低下，保障系统薄弱等等。在经营上存在极大的变数和非系统风险。如黑龙江国光建筑装饰公司，在前苏联克拉斯亚尔斯克市的叶尼塞宾馆和喜剧院装饰工程中，由于遭遇苏联解体和“8·19”政变的冲击，工程被迫中止，致使该公司没有完成利润计划。此外，我们还要面临外国事实上的贸易歧视、贸易保护、贸易壁垒，国外企业花样翻新的不正当竞争以及我们的国际应变知识少、能力差，远征施工费用高等不利因素。所以，我省从业者应当加强学习世贸规则，认清形势，面对事实，丢掉幻想，放下包袱，抓住机遇，迎接挑战。树立正确的入世观，冷静、客观地分析国际、国内建筑装饰市场形势，确定明确的竞争策略，灵活应对。

二、确产权，明责利，抓管理，练内功，建立完善的现代企业制度

入世后，由于我国政治、经济体制将在多层次、全方位、宽领域发生深刻、彻底的变革，企业的内、外部环境也将发生巨大的变化。企业面临国际、国内政治形势、经济政策、法律规则、环境气候、市场竞争等诸多风险因素多重、复杂、动态、易变、交互、深刻的影响。我省建筑装饰企业上下，必须有敏锐的反映、冷静的分析、高效的体制、灵活的机制、科学的决策。目前，我省建筑装饰企业有许多脱胎于国有企业，往往产权不清，从而导致政企不分，体制不顺，责任、权力、利益不明，管理混乱，效益低下等现象。我省的建筑装饰企业应该抓紧目前短暂的缓冲期，完成对企业产权的界定，使企业真正成为独立核算，自负盈亏，自我约束、自我发展的市场运营主体。避免市场反映迟钝、拖拉扯皮、不负责任的现象，以减少摩擦和内耗，提高公司的运作效率。

入世后，随着市场化加剧，作为市场竞争的主体，社会对企业要求更高，企业的经营风险更大，企业间的竞争更趋势激烈，所以，应当根据本企业的特点、市场规律和世贸组织规则，重新设置和调整公司内部组织机构及其职能，把公司相关职能部门改造成既能满足本企业的运转需要，也能成为独立的市场经营主体。如企业的技术部、设计部可以相应改制成为独立的技术咨询公司、工程设计公司等等。四川华西建筑装饰工程公司即是将其公司的设计部剥离，成立工程设计公司，设计公司除优先完成原公司的设计任务外，还承接其他设计业务，每年为原公司上缴利润，成为公司新的利润增长点和独立的市场经营主体，使原公司可以集中精力做主业。

建筑装饰业作为20世纪80年代才在我国得到确认的产业，其基础薄弱可想而知。过去，企业的信息、策划、研究工作皆委诸政府，企业对此无计划、无投入、无作为、不关心。入世后，企业应加强信息、策划、研究以及售后服务工作，摆脱过去信息轻于策划，策划轻于设计，设计、服务轻于施工等现象，把企业从重施工、轻研发和服务的“橄榄型”模式，向重研发和服务、轻施工的“哑铃型”模式转变，设立和加强信息，策划、研究、服务等部门，使企业成为功能完善、机制健全的、封闭的系统和有机的整体。保障公司管理的层次简练，政令畅达，反应快捷，运转高效，从而建立起完善、科学的现代企业制度。

三、加强同国内、国际同行、专业公司及科研院所的了解、交流与合作

由于市场的日益细分，社会分工的深化，使行业、企业联合与协作成为市场经济的趋势和必然，协会使不同企业、组织、团体的优势得以发挥与共享，形成互利、互补、互惠的关系。当前，我省建筑装饰企业，经营理念相近，竞争手段雷同，往往不顾实际，竞相压价，以低价格取胜，这是建筑装饰业的内伤和顽症。入世后，面对相对强悍的国外竞争对手，国内的企业再也不能各自为战，拼消耗了，应当分工协作，在竞标过程中，联手出击，实事求是，发挥自身特长，提高中标率，以分散自身与业主的经营风险，获得共赢。我省建筑装饰企业，由于发展经历的不同，各自在施工方面都积累了一些独到的经验，这为同行合作提供了前提。过去“同行是冤家”，现在，应转变观念、捐弃前嫌、增进了解，增加合作与交流，使“同行是亲家”，“同行成一家”，优势互补，共同发展。

此外，还应加强与国外建筑装饰企业的联系、交流与合作，以开阔眼界，增进了解，尽快熟悉与掌握国际工程招投标规则、工程承包方式、施工管理程序、施工组织方法以及资金运作方式，学习新的设计理念和设计思想，应用新技术、新材料、新工艺、新设备，针对本企业实际，引进关键性人才。在这方面，武汉凌云建筑装饰工程有限公司不惜重金，聘用美国的工程设计人员，以期以设计带动新材料、新工艺的引入，以设计带入外资工程，作了有益的尝试。我省同类公司也应发挥想象力、创造力，在资金、技术、工程、人才、设备、服务、品牌等领域，与国外同行进行深入、广泛、便捷地的交流与合作。国外企业由于地域因素和中国在入世前的缓冲期内的限制，在介入中国市场时，往往会寻求与国内建筑装饰企业进行合作的策略，以逐步适应中国的“水土”。我省建筑装饰企业应该抓紧当前的有利时机，与国外同类企业成立合资、合作企业，以期引进先进的技术和管理，尽快融入国际建筑装饰市场。

专业公司及科研院所在专业技术方面，具有建筑装饰企业自身不可比拟的优势，与其进行广泛、深入的协作与联合，具有成本低、运用广、见效快、效益高等优势。我省行业协会也应该组织企业，对国内、外先进的装饰企业进行观摩、

考察、调研，以促进国内、外企业的交流与融合。在业内倡导和推动企业的协作与联合，启发业内规模较小的中、小企业，自发改组、改制、改建，进行整合，建立股份制形式的、具有总承包性质的公司，增强抵御风险的能力，提高企业整体竞争力。

四、弘扬企业文化，注重企业品牌形象，提高国际竞争能力

在缓冲期内，我省建筑装饰企业将在逐步开放和不断完善的市场化条件下运作，应大力提高企业的国际竞争能力，包括核心竞争力、技术创新能力、全球化参与能力。国外竞争对手最大优势在技术，当今世界谁掌握了最新技术，谁就居领先地位，就在经济全球化进程中获益最大。英国在第一次产业革命后的强大和美国在上世纪中叶的崛起，无一不是受惠于技术创新和技术进步。我省建筑装饰企业应分析本企业的特点、发展前景及市场需求，分析自己的优、劣势，确定自己的定位，做好企业的技术定型、转型工作。对工程有所选择、有所侧重，不必面面俱到，不必施工、设计兼顾。应该放弃多元化经营模式，实行专业化经营策略。上世纪后期，英特尔公司即放弃了公司的其他业务，全力以赴投入电脑芯片的研发，从而确立了其在芯片业的领先地位。微软公司更是心无旁骛，专注于电脑软件的开发，才使其雄眉行业之首。要有所为，有所不为，集中精力做好自己擅长的，做到“大强小专”。这样才有利于设计人员、技术工人的技术水平的提高，有利于工程质量的提高，有利于形成本企业比较优势。追求“独、特、精、优、专”，培育自己核心竞争力，使自己在未来的市场竞争中，处于优势地位。

入世后，我省建筑装饰企业以前所熟悉的行业标准、定额、规范将被替代，应尽快学习、熟悉、应用国际法律、制度、标准、定额、规则、规范，尽快了解、熟悉与掌握世贸组织对经济纠纷、贸易争端的解决机制。合理地利用我国作为发展中国家入世所享受的普惠制待遇和行业的保护政策、措施，运用国际惯例来进行企业管理、招标投标管理。行业协会及行业主管部门也应该尽快收集、整理、出版、发行相关的标准、定额、规范、法律、法规体系等，使之既方便实用，又与国际通行的规范、标准、定额相适应。入世后，国内、外企业将普遍应用世界上通行的、被世贸成员国普遍接受的标准体系。ISO 标准体系是目前被国内企业所普遍熟悉与采用的体系，又是国际通行的标准系统，我省建筑装饰企业应当尽快学习、掌握并通过 ISO9000：2000 质量管理体系的认证工作。由于经济壁垒、贸易壁垒正日益被限制、取缔，国外又利用技术壁垒、绿色壁垒为手段来制约我们。所以，尽快通过 ISO14001：1996 环境管理体系认证和职业健康安全 OHSAS18000 同时被提上议事日程。

在当今的知识经济时代，随着世界经济的全球化，信息已经与矿藏、资金、人力一样成为企业赖以生存的资源，谁能及时、准确地获取和利用信息资源，谁便在市场竞争中运筹帷幄，取得致胜先机。在硬件方面应加大投入，加强企业的信息化、办公自动化水平建设，提高企业电脑使用覆盖面。有条件的企业还应该建立自己的局域网，使公司内部的信息、设备等资源得以及时、准确、高效、迅速地传递、利用与共享，防止企业信息传递的失真，减少低效、重复性劳动，提高工作效率，以利公司员工的了解与沟通，便于对员工业绩的考核，加强员工的责任心。2001 年部分欧美商务采购团来华采购时曾规定：没有网上主页的企业，没有资格参加采购交易。所以，企业应尽快建立和完善自己的网页或网站，开展自己的电子商务，不仅通过传统媒体宣传介绍自己，还要通过国际互联网这种迅捷、广泛、生动的多媒体来宣传自己。同时，在国际互联网上了解相关国家、企业的相关资料与世贸组织的相关规则，了解掌握国际、国内的行业信息、政策、法律、法规与工程招标信息。入世后，我们要直接面对国外几十年，甚至上百年享誉全球的品牌企业。我省的建筑装饰企业应该注重企业的形象，珍惜自己在地区、行业内所积累的经验、声望，强化品牌意识，壮大企业的无形资产。

五、以人为本，选拔、培训、引进、信任、使用人才，增强企业的凝聚力

对公司员工进行大范围、深层次、多形式的岗位培训，合理调整员工的待遇，激发员工的积极性和创造性，稳定公司的骨干队伍，积极选拔、培训、引进一批熟悉世贸规则运作和国际法律体系的专门人才。既引进国内人才，也引进国际人才；既选拔、信任人才，也淘汰、放弃庸人，吐故纳新，使企业成为人才良性循环的有机体。入世后，由于外国企业的大举进入中国，必须会利用中国低廉、高质的人力资源，实行“人才本土化，员工本地化”战略，必然会利用高薪聘用、委以重任、出国培训等种种手段和待遇，与国内企业进行人才竞争。由于我省经济相对落后，企业员工的工资待遇低于国内、外同类企业，因此，人才的流动和流失将不可避免。为此，我省建筑装饰业应该从现在起，调整人才的经济待遇、政治地位及工作条件等，尽快出台相关的措施，增加企业的凝聚力与向心力，以留住人才。企业人才熟悉本企业、本行业和本地区相关情况，了解企业的技术特点和商业秘密，将是外资企业竞相延揽和重点争夺的对象，企业对此若掉以轻心，损失的将不仅仅是人才本身，还有与之相关的综合利益及企业的声誉。因此，重视人才，信任人才，尊重人才，为人才成长创造必要条件，将是企业领导人的必修课。人是最活跃的因素，是创造力的源泉，是竞争力的核心。企业应强调以人为本的理念，充分发掘人才潜能，建立合理的人才选拔、竞争、激励、约束机制，运用中国传统文化和新的人才观，真正做到感情留人、待遇留人、事业留人。

结束语：其实，市场经济并没有强制企业的行为，也无一帖包医百病的良方妙药和现成的经验可循，每个企业应当充分利用缓冲期这一仅有的、最后的时间与机会，针对本地区、本行业、本企业的实际，认真分析，以确定应对 WTO 策略，有的放矢，在市场经济的舞台上，接受考验，迎接挑战，不断总结经验，吸取教训，在经济全球化的大潮中搏击和发展。

从WTO看装饰工程组价与投标报价

中国建筑装饰协会信息咨询委员会专家组成员
中国建筑装饰协会培训中心教授 高级经济师
吴承辉

2001年11月10日，经过15年的艰辛谈判历程，我国昂首进入世贸组织，并于2001年12月11日正式成为WTO的第143位成员。WTO是具有法人资格的国际机构，他的交易规则是一种市场化规则。主要体现在降低门槛、关税减让、市场准入、自由竞争以及贸易政策、法规透明原则。跨进21世纪的门槛，面对我国全面加入WTO面对市场国际化以后，国人的经营理念、经营模式、经营手段需要与时俱进，从新洗牌。如果仍然依恋传统的思维方式和经营手段，就适应不了WTO的游戏规则，就会在机遇与挑战面前被淘汰出局，现就建筑装饰装修工程组价与投标报价的思维理念与国际市场接轨的运作方法做一简述。

社会主义市场经济的工程造价管理改革，是从过去的定额量、价、法定费用，动态管理模式，转变为政府宏观调控，市场形成工程造价的机制。也就是由过去的、长期的政府对工程造价的具体管理，转化为宏观调控，企业自主报价，促进企业公平竞争，社会全面监督，市场形成价格（合理定价）。

从对过渡期近阶段改革目标的观察，地方政府陆续出台，首先是通过改革具体的计价依据和办法，理顺费用构成，为工程招投标中推行国际通行的“工程量清单”计价提供依据。再一方面就是定额的项目划分，计量单位、计算规则，向国际惯例靠拢做到三统一，以适应WTO的需要。这就打破了过去长期延用的所谓“死定额、活市场”，使施工企业处于微利乃至亏损的局面。装饰施工企业拿到招标文件，根据标书提供的“工程量清单”，结合市场行情进行组价，作为投标报价的依据和基础，那么，装饰装修工程组价，就成为编制工程概预算最为关键的工作，工程造价管理的改革，不仅鞭策着专业技术人员素质的提高，而且关系着企业在市场经济激烈竞争中的兴、衰、成、败。

一、组价的要点

1．组合单价的组成

根据选用定额工具书中的定额实体性消耗量，即完成单位工程合格产品活劳动——人，物化劳动——材料，机械台班用量，结合施工工程所在地区的市场行情，用货币形式反映出的价格，组价中必须包括人工费、材料费、机械台班使用费。

2．定额的项目划分

计量单位，计算规划，不仅要与国际市场接轨，做到三统一，而且要与设计图纸含效果图或做的样板间完全一致。

3．组合单价对具体的项目工程对象编制

不仅具有时效特征，而且不能泛泛取而代之。

4．工程项目的施工“工法”

或主材的材质、色调、规格与定额不相吻合时，不能生搬硬套，需要做出补充（缺项）定额再行组价。

5．市场行情的确定

（1）工资单价：根据装饰工程设计的“档次”、“星级”、难易操作程度以及装饰施工企业选用哪支相对稳定的工人队伍（江、浙、深、广、川、鄂、皖等），结合市场行情，议定工资单价。北京等地区《工程造价信息》（季刊），每期均刊登市场人工价格信息，但信息价下不保底，上不封顶。

（2）材料、设备价格：按照投标期的市场行情议定，分期分批采购进货，以及在施工周期的价格浮动，建设单位与装饰施工单位，根据工期长短和市场价格浮动预测，双方议定风险费用包干系数，或另行补偿差价。

（3）定额中以“元”形式出现的费用，建、施双方根据市场价格行情协商调整或参考相关定额，把其他材料费（元）换算成工程实体性消耗，结合市场行情组成新的价格。

（4）定额中以砂浆体积出现的价格，市场上没有半成品砂浆产品，施工单位只能在市场上采购水泥、石灰、砂子等材料运到施工现场，根据设计图纸要求的标号、配比，计算出各种材料耗量，再结合其市场行情表示其价格。

（5）其他材料费、现场管理费、间接费及其他费用，可参考相关定额，结合企业的组织机构、成本分析以及竞争对手实力，自行浮动。

二、组价编制的步骤与方法

1．施工设计图纸（含效果图）

样板间实样的项目划分、计算规则、计量单位，要与定额子目对号入座，例如：楼地面现浇美术水磨石，组价时，其编制范围应包括全部工序的工作内容；含清扫→刮底→弹线→嵌条→扫浆→配色→找平→滚压→抹面→磨光→擦浆→补砂眼→理光→上草酸打蜡→擦光等15道工序的全部过程。

2．计算材料数量

主材按理论计算法，次要材料（副料）参照类似定额用量比例计算。以现浇美术水磨石为例，主材用水泥、砂、石渣等按照设计图纸确定的比例、颜色乘以各种主材的单位比重求出单位主材用量，次要材料如磨石用金钢石、助磨剂草酸、打蜡用的硬蜡等可参考类似定额用量。

3．计算人工数量，其方法有两种

（1）根据劳动定额累加计算，这种方法比较复杂，工作量大。首先要按定额的施工范围、操作工序及内容分别列出后，再按定额查找出每一道工序所需的工种用量（工时），累加计算出所需人工数量，以美术水磨石为例的工序包括：

1）运水泥，按定额规定运距计算；

2）运色石渣，按定额规定运距计算；

3）搅拌水泥石子浆及抹面，包括洗石渣和嵌条（玻璃条、铜条）；

4）磨面，手磨或机磨；

5）打蜡、擦光。

6）成品保护。

按照上述工序查劳动定额，逐项计算人工数量后相加得出所需全部人工数量。

（2）比照参考类似定额计算方法，这种方法比较简单，在实际工作中是个捷径，其优点是工作量小，且不致因工序不熟悉而漏项以致少算人工数量，使用这种方法的前提其设计图纸要求的“工法”与所选用的定额范围相互吻合，否则准确性很差。

4．计算机械台班数量，方法亦有两种

（1）以劳动定额的机械台班确定所需台班数量。

（2）以类似概、预算定额项目中的机械台班数量对比确定。

上述谈到定额中以“元”或以“体积”出现的费用，如何换算呢？举例叙述一下：

例 1：楼地面浆铺通体砖，执行北京市建委编制颁发的[1996]概算定额其定额实体性消耗，单位（m^2）用工用料，定额编号9-66人工0.23工日，水泥9kg，砂33kg，通体砖1.03m^2，副料定额中未做实体性消耗分析，而是注明为其他材料费并以元出现的即0.22元，根据北京市建委京造定[1996]5号文件精神，工资单价、材料价格按市场行情计算价格，定额中以“元”形式出现的费用，建、施双方根据市场行情自行调整，这就需要首先弄清以“元”出现的副料包括什么？可以参考相关定额单方耗料，确定副料的实体性消耗。

第一，知道定额中以“元”出现的副料，包括擦缝用的白水泥、棉纱头、通体砖的切割锯片消耗量。

第二，相关定额的工程量计算方法与选用定额的量化方法，是否一致，如果计算方法不同，还得按房间尺寸大小换算，譬如（96概）量化方法是轴线（中心线）内包水平投影面积，参考相关定额的量化方法是净面积，其副料实体性消耗，就要乘以相对应的系数，如下表所示。

执行定额名称	定额编号	工程项目	计量单位	定额实体性消耗量						
				人工（工日）	水泥（kg）	砂（kg）	白水泥（kg）	通体砖（m^2）	副料（元）	注
北京市[1996]概算定额	9-66	地面铺通体砖	m^2	0.23	9	33	—	1.03	0.22	
北京市[1999]房修预算定额	17-108	地面铺通体砖		0.25	10.81	35.31	5	1.04	0.30	

为什么同样的装饰工程项目，同样的计量单位，其定额的（实体性）消耗量不同呢？这主要原于选用定额的施工条件和工程量的计算方法不同以及编制确定专业技术的定额人员计算数据不同所致。

例 2：磨光花岗石（麻石）楼地面，执行北京市[1999]房修预算定额17-95，其定额实体性消耗中水泥砂子用量是以素水泥浆0.001m^3，1：3水泥砂浆0.033m^3出现的，施工单位只能采购水泥，砂子运到施工现场，经过加水搅拌才能制成水泥浆或1：3水泥砂浆。组价前报价人员首先要把水泥浆和水泥砂浆的体积量（m^3）换算为水泥、砂子的重量（kg），可在定额相关的砂浆配合比表中，查出每1m^3素水泥浆用水泥1479kg，1：3水泥砂浆每1m^3用水泥350kg，砂子1605 kg。因此，计算出楼地面铺花岗石每1m^2用水泥0.001×1479kg+0.033×350kg=1.48+11.55=13.03kg，用砂子0.033×1605kg=52.97kg，这样定额实体性消耗用量就换算出来了，再根据市场价格行情用货币形成表示出价格，才能进入组价。

三、补充（缺项）项目工程组价

建筑装饰装修工程是高附加值的产业，系指采用高新技术，走资源节约，环境保护，优质优价的道路。装修装饰业归属于“服务业”，按照国际惯例和WTO的要求，“装饰装修业”归属“面向生活消费”的“服务业”。行业的兴衰是国民经济的温度计，在臻于治至，百业俱兴，社会稳定，市场繁荣，GDP快速增长的历史时期，我国的建筑装饰装修行业，延着高速轨迹向前发展。新技术、新材料、新工艺、新设备、新理念不断涌现，装饰装修水平不断提高，增强环保意识。国家、地方、企业原编定额的项目内容，随着科学的进步，技术含量的增大，经济的发展，人们对精神文明和物质文明（两个文明）需求的提高，有些项目和工艺，伴随时代的步伐和生活节奏的加快而会淘汰，新技术、新材料、新工艺就会取而代之。因此，补充（缺项）工程定额组价，屡见不鲜，那么如何确定项目工程补充定额活劳动——人、物化劳动——材料、机械台班的实体性消耗呢？简述如下：

1．人工定额的制定方法

制定人工定额的方法主要有经验估工法、统计分析法、比较类推法和技术测定法等，简述如下：

（1）经验估工法。经验估工法是由定额专业人员、工程技术人员和工人三结合共同参与，根据以往的实践经验，结合对设计图纸的分析和现场勘察，了解施工（生产）的生产技术组织条件以及操作方法的难易情况，进行综合评估，通过座谈、讨论而制定定额的方法。

运用经验估工法制定定额，应以工序或单项产品为对象，将工序分为操作（动作），分别做出操作（动作）的基本时间，然后考虑辅助工作时间、准备时间、结束时间和休息时间，经过综合整理，并对整理结果予以优化，即得出该工序或单项产品的时间定额或产量定额。

这种方法的优点是方法简单、速度快，缺点是缺乏科学资料依据，容易出现定额偏高或偏低的现象，因此，只适用于企业作为某些局部项目的补充（缺项）定额的应用。

（2）统计分析法。这种方法是把过去施工中同类工程项目产品的工时消耗统计资料结合当前的技术，组织条件变化因素，进行研究，制定的定额。这种方法适用于施工条件正常，产品稳定，统计制度健全，统计资料真实可信的情况，它比经验估工法更真实反映实际生产水平，因其统计分析资料是工人过去已经达到的水平。它的缺点是不易剔除过去施工过程中不合理的时间消耗因素。

（3）比较类推法。比较类推法又叫典型定额法，是以同类或相似型的产品或工序的典型定额项目的定额水平为标准，经过分析比较，类推出同一组定额中相邻项目的定额水平的方法。

这种方法简便，工作量小，只要典型定额选择得当，切合实际，具有代表性，类推出的定额一般比较合理。随着施工机械化、标准化、装配化程度不断提高和普及，这种方法的适用范围还会逐步扩大。采用比较类推法要特别注意掌握装饰装修工序、产品的施工工艺和劳动组织类似的特征，细致分析装饰施工过程的各种影响因素，防止将因素变化大的项目作为典型定额比较类推。

比较类推法常用的有比例数示法和坐标图示法。

（4）技术测定法。技术测定法是通过现场深入调查，根据先进合理的装饰装修施工技术、操作工艺，合理的劳动组织和正常的施工条件，经过严格的技术测定和科学的数据处理，进行优化，获得项目工程的人工时间消耗资料，从而制定人工定额的方法。这种方法有较高的准确性和科学性，是制定新定额和典型定额的主要方法。

技术测定法，通常采用的方法有测时法、写实记录法、工作日写实法和简易测定法四种。

1）测时法，研究施工活动过程中各循环组成部分定额工作时间的消耗，即主要研究基本工作时间。

2）写实记录法，研究所有性质的工作时间消耗，包括基本工作时间、辅助工作时间、不可避免中断时间、准备与结束时间、休息时间以及各种损失时间。

3）工作日写实法，研究工人全部工作中各类工时的消耗，运用这种方法分析哪些工时消耗是有效的，哪些消耗是无效的。进而找出工时损失的原因，并拟定改进的技术，组织措施。

4）简易测定法，是保持现场实地观察记录的原则，对前几种测定方法予以简化。

2．材料消耗定额的制定方法

装饰装修材料消耗，是指在节约与合理使用材料的条件下，生产出合格产品所必须消耗的一定品种、规格的原材料、燃料、半成品，配件等资源数量标准，材料消耗定额是企业考核材料消耗的重要指标。在工程施工活动中，材料消耗量的多少，材料的节约与浪费，对产品的价格和工程成本有着直接的影响。为此，材料消耗定额的正确制定是很关键的。

材料消耗定额的制定，是在正常劳动条件下，完成合格产品的净耗量，以及不可避免的施工损耗量或称为正常的生产性损耗。损耗包括：场内搬运的合理损耗，成品加工制作的正常损耗，施工过程中的正常损耗确定材料损耗的前提应该是采用规定的材质和先进的操作方法，正常的施工条件。

材料消耗定额的消耗量=材料净耗量+材料损耗量=材料净耗量+材料净耗量×材料损耗率

材料损耗率=（材料损耗量/材料消耗量）×100%

材料消耗量=材料净耗量/1-材料损耗量

材料消耗定额的编制，主要有观测法、试验法、统计法和计算法等。

（1）观测（察）法亦称施工实验法。即在施工现场，对某项装饰产品的材料消耗量进行实际测算，进而确定该产品的材料消耗量及损耗率。

观测（察）对象的选择，是观测法的首要任务，所选装饰工程项目应具有代表性，施工技术施工条件应符合操作规范要求，材质要符合设计要求，被观测的技术操作水平、工作质量和节约用料情况合理。即：

1）建筑装饰装修项目结构是典型的。

2）项目施工符合安全技术规范要求。

3）产品质量符合设计要求。

4）被测定的工人在用材和保证产品质量方面有较好的成绩。

观测法主要适用于编制材料损耗定额，因为只有通过现场观察，才能测出材料损耗数量，区别出哪些是可避免的损耗，在确定材料消耗量中予以剔除。

（2）试验法。试验法是在试验室内通过专门的仪器仪表设备确定材料消耗定额的一种方法。这种方法主要研究材料强度与各种材料消耗的关系，以获得多种配合比，以及塑性材料和液性材料，如水溶性、溶解性涂料的原材料耗量，以此为基础计算出各种材料的消耗量。

这种方法的优点是能更深入、细致地研究各种因素对材料消耗量的影响，保证原始资料的准确性，但无法估计到在施工中某些因素对材料消耗的影响，往往要用观测法进行校核和修正。

（3）统计法。它是以现场积累的分部分项工程拨付材料，完成产品数量后材料剩余数量的统计资料为基础，经过分析，计算出单位合格产品的材料消耗量的方法。

例，某一分项工程施工时共领料 N_0. 项目完成退回材料的数量 N_1，则用于产品上的材料数量 N 为 $N=N_0-N_1$，若所完成的产品数量为 n,则产品的材料消耗量 $m=N/n=N_0-N_1/n$。

此法比较简单易行，但准确度受统计资料和实际使用材料的局限，统计资料的真实性和系统性再好，也难以剔除。不合理的材料损耗因素，获得的单位工程项目材料消耗量的准确性不高。

（4）计算法。这种方法是根据设计施工图纸和装饰效果图的要求，用理论公式计算出装饰装修产品的净耗数量，再加上合理损耗，从而制定出材料的消耗定额。

计算法，主要用于块板类建筑装饰材料，如石材、瓷片、钢材、玻璃、多层胶合板等材料消耗定额的编制。

例，某厅堂地面 180 m^2 预铺石材，缝隙 1.5mm，损耗率 1% 石材规格（600×600）mm，试求石材消耗定额。

石材消耗定额数量=[地面预铺面积/（块长+缝隙）×（块宽+缝隙）]×（1+损耗率）=[180/（0.60+0.0015）×(0.60+0.0015)] × (1+1%)=(180/0.6015 × 0.6015) ×(1+0.01)=(180/0.36180225) ×1.01=502.48 块

3．周转性材料消耗定额的制定

在建筑装饰装修工程施工中，除了构成装饰产品的直接性材料消耗外，还有另一类周转性材料，这类材料是指在施工过程中不是一次性消耗的材料，而是随着多次反复使用而逐渐消耗的材料，并在使用过程中不断补充多次重复使用。如搭折架子的钢管扣件、脚手板、各种造型的装饰产品的成品、半成品的模具等，因此，周转性材料的消耗量，应按照多次使用，分次摊销的方法计算。

周转性材料每使用一次，在单位装饰产品上的消耗量，称为摊销量，周转性材料摊销量与周转次数有直接关系。

（1）周转使用量=[（一次使用量）+（一次使用量）(周转次数-1）×损耗率]/周转次数=（一次使用量）×[1+（周转次数-1）×损耗率/周转次数]

（2）回收量=[（一次使用量）-（一次使用量×损耗率）]/周转次数=一次使用量×[（1-损耗率）/周转次数]

（3）摊销量=周转使用量-（回收量×回收折价率/1+间接费率）

注：一次使用量，是指周转材料为完成装饰产品每一次生产时所需用的材料数量。

损耗率，指周转性材料使用一次后因损坏不能重复使用的数量占一次使用量的损耗百分率。

周转次数，指新的周转材料从第一次使用起到不能再使用时的使用次数。

4．机械台班产量定额的编制

在建筑装饰装修工程施工中，完成合格产品项目，有些是人工完成的，有些是机械完成的，有些是由人工机械共同完成的。跨进 21 世纪的门槛，人类已经进入网络时代。知识产权化的知识经济时代，新经济意味着科技的进步和生产率的提高，企业在经济全球化的大市场的激烈竞争中，要想占有一席之地，提高生产率是很重要的一个环节。生产率的提高，靠的是机械化、半机械化代替繁重的体力劳动。

例如，城市为了美化环境建筑物的外墙，按照城市规划的要求，涂刷不同颜色的水溶性涂料，人们走到大街小巷，经常看到蜘蛛人连在缆绳上操作，墙涂什么颜色，蜘蛛人的脸上、身上，就溅满了什么色点，劳累一天一人也就涂刷 60m^2 左右，况且绳断摔死人的恶性事故时有发生，一不卫生，二效率低，三容易发生安全事故，如果采用 ST395 或 495 小型喷涂机械每小时效率即可达到 500～800 m^2，一天按 8 小时工作，效率即可达到 6000 m^2 左右。即省料又安全，效率则是人工操作的 100 倍。建筑装饰装修企业，完成单位合格产品，以机械化半机械化取代繁重的体力劳动，迫不及待，势在必行。机械台班产量定额，在产品说明书中均有详细介绍，制定机械台班产量定额时可以参考、借鉴、调整。

建筑装饰装修工程施工中，常用机械种类很多，制定机械台班产量定额的基本方法和要求是一致的，下面以砂浆搅拌机台班产量定额的编制为例。

砂浆搅拌机是装饰工程常用机械之一，按其动作性质可分为周期式和连续式两类，连续式用的不多，一般是用周期式砂浆搅拌机。

在一定的后台上料设备及合理人工组织条件下，周期式砂浆搅拌机净工作 1h 生产率可按下式计算：

$N_h=[3600(s)/t] \times m \times K_A$

式中 m——搅拌机的设计容积（m^3）；

K_A——砂浆出料系数（砂浆出料体积与搅拌机的设计容积之比）；

t——砂浆搅拌机每一工作周期的工作延续时间（s）。

编制定额时应注意在每一周期中，应扣除交叠动作的延续时间，例如，用周期式搅拌机搅拌砂浆，其中砂、水泥等的运输时间 t_1 秒，进料时间为 t_2 秒，搅拌时间为 t_3 秒，搅拌后出料时间为 t_4 秒，去 $t_1 \leqslant t_2+t_3+t_4$ 时，即原料的运输是在搅拌机工作的同时进行，搅拌机得以连续工作，这时每一周期的延续时间不应包括 t_1，即 $t=t_2+t_3+t_4$ 若 $t_1<t_2+t_3+t_4$ 时，即砂、水泥等运输时间较长，搅拌机将出现中断时间 t_5 秒即 $t_5=t_1-(t_2+t_3+t_4)$在这种情况下，搅拌机每一工作周期的延续时间应为 $t=t_2+t_3+t_4+t_5$。

为了保证搅拌机本身的最大生产能力，应尽量减少中断时间 t_5，一般可采用机械运输代替人力运输，或通过改善劳动组织，合理配备运输人数来解决。

周期式砂浆搅拌机的台班产量定额可用下式确定（工作延续时间为8h）

$$N_{台班}=N_h \cdot 8 \cdot K_B$$

式中 $N_{台班}$——周期式砂浆搅拌机的台班产量定额（m^3）；

N_h——砂浆搅拌机1h净工作生产量（m^3）；

8——工作延续时间；

K_B——搅拌机时间利用系数。

建筑装饰装修工程投标报价：

编制建筑装饰装修工程概预算是投标报价的基础，也是编制投标标书的核心，入世后，国外一些建筑装饰企业走进我们的国门，进入我国的市场。为承揽工程与国内企业展开了激烈的竞争，国人应该清醒的看到早在我国全面加入WTO之前，已有49家境外企业其中装饰企业15家取得准入资格，闯进国内的建筑装饰市场承接了一些大、中型工程，与国人分吃这块市场蛋糕，遗憾的是国内装饰企业面对境外企业的挤入，缺乏危机感，走出国门，去赚外国人的钱，为国创汇，缺乏勇气和理念。我们应该解放思想，开拓思路，勇于创新，规范服务，推动发展，占领国内市场并走出国门进行国际化竞争，赢得战绩，赢得青睐。这样，投标报价工作，就成为工程中标占领建筑装饰装修市场的重要环节。

一份投标标书能否取得投资者（消费者）评标审标者的欣赏与接受，关键在于管理是科学的，质量是优良的，工期是快速的，造价是低廉的，即“优质、高效、低耗”。由于建筑装饰装修工程是预售商品，并作为预售商品推向市场“价格”就成为最为敏感的一桩事情。

如何降低工程造价：企业还是要从科学管理着手，从人力、物力、财力消耗着眼。

一是管理。企业要从过去“粗犷型”的管理走向“节约型”的科学管理，用16个字概括，就是“溶于事业，取信于民，人尽其才，物尽其用”。企业是市场活动的主体，市场是企业活动的空间，企业要“面向市场，研究市场，融入市场”用科学的经营观念，创新的服务理念“赢得市场”。

二是消耗。一份完整的投标报价是由四个部分组成的，即工程实体性消耗、施工措施性消耗、间接消耗和间接费。降低工程造价就要从这四个部分提高效率，减少物耗，杜绝浪费。

1. 提高劳动效率

提高工作效率和劳动效率在市场经济活动中，是最有挑战性和竞争力的，企业要用电脑、网络实现人流、物流、信息流，提高工作效率，克服和杜绝人浮于事，机构臃肿，工作人员所谓的“一杯茶水，一包烟，一张报纸看半天”。一线劳动的人员要用机械化、半机械化替代繁重的体力劳动，提高劳动效率解放生产力。这就需要打破过去固守的劳动组织形式，劳动方法“以土代洋”的思维理念。在组织、调配劳力时要防止停工、窝工。

2. 物耗与价格成本

建筑装饰装修材料费用要占整个工程造价的55%左右，原材料的节约与浪费直接影响到企业中标和工程中标，签定承包合同以后的经济效益。首先要组织工人拟定降低材料消耗的技术措施，充分考虑在确保工程质量，完成合格产品的前提下，降低工程成本。要求选材合理，防止大材小用，长材短用，优材劣用，下脚料要充分利用。尤其对周转性材料（一次使用，多次摊销），要加强保管，码放整齐，轻拿轻放，不可摔砸、踩踏，提高周转次数。其次，是材料采购的价位，传统经济中，经济的着力点是如何降低制造成本。而新经济则是着重如何降低交换成本。在服务业中70%成本为交换成本。那么在采购材料时，企业要尽量减少流通领域中的环节，多一个流能领域就多一层留利，如果是批量采购，可以采取竞标方式“货比三家”或者直接与生产厂家订货。企业如果能在以上几个方面的工作作细，回过头来调整投标报价，就会在市场国际化，强手如林的工程投标竞争中，占有优势，直至中标取胜。

WTO对建筑装饰行业的工程组价与投标报价的规则，WTO的游戏规则，推行的是市场经济或称为法制经济，信誉经济、市场经济的价格组成，是由劳动生产率水平，产品质量优劣，技术含量多少，供求关系变化，环境保护，利润水平，税收指数等因素构成。这是我们所使用的定额无法全部综合得了的。装饰企业要想在市场上立足、发展，就要根据企业自身的优势，制定富有竞争力的定额标准，进行组价参与竞标，市场经济的客观要求，就是实现企业自主定价，形成自我约束的价格机制。

建筑装饰装修工程质量、造价、工期是施工企业管理的三大主轴，加强管理，改善经营，提高素质是建筑装饰装修企业永恒的主题。

为了适应社会主义市场经济和WTO的游戏规则，我们企业，要在大海中学会游泳，在实践中摸索和总结经验，掌握组价和竞标知识，早日编制出适应竞争，并在竞争中取胜的企业定额，让我们的企业占领国内市场，并走出国门到国际建筑装饰市场上去竞争。全面加入WTO后中国建筑装饰行业承包工程的定价机制要尽快与国际接轨——企业定价，价格充分市场化，由市场形成价格，合理定价。

这就是笔者提出“从WTO看装饰工程组价与投标报价”这一课题的初衷。

注：ST395　495　595为高压无气喷涂（机）设备。（单人操作）。

ST695　795（双人操作）

ST1095（三人操作）

·社团工作·

会议综述

总结上海做法　交流从业经验

8省市建筑装饰协会应对WTO协会工作研讨会在沪举行

《中国建筑装饰》编辑部观察员

一、会议背景及简况

为了应对WTO，最近出现一件令人瞩目的新鲜事物：为适应上海作为中国改革开放的前沿和发展国际大都市的需求，上海市政府在今年年初做出一项战略决策，成立上海市政府行业协会发展署，按国际惯例改革调整发展上海市行业协会。1989年成立的上海市建筑装饰协会和2001年3月由原上海市建筑装饰协会家装委员会与原上海市室内装饰协会家装委员会合并的上海市家庭装饰行业协会，2002年4月重组为“上海市装饰装修行业协会”，成为上海市建委第一个改革调整的试点协会，上海市政府四个改革调整试点的协会之一。2002年4月25日成立之时，上海市市长陈良宇出席挂牌仪式，电视直播。上海的行动引起了北京、深圳等地政府的注意并赴沪调研学习。

上海的行动同样引起了建设部有关部门和中国建筑装饰协会的关注。为此，2002年6月24日，中国建筑装饰协会在上海建工锦江大酒店召开“8省市建筑装饰协会应对WTO协会工作研讨会”，旨在总结上海做法，交流彼此经验。这也是2001年11月中国建筑装饰协会在深圳召开的“全国建筑装饰协会秘书长工作经验交流会”、2002年5月在武汉举行的“全国建筑装饰企业应对WTO战略研讨会”的继续。

本次会议得到建设部人事教育司、社团管理办公室、上海市政府行业协会发展署、市建委、市建管办及市装饰装修行业协会的大力支持。

出席此会的有关方面领导有中国建筑装饰协会名誉会长张恩树、会长马挺贵、常务副会长兼秘书长徐朋，建设部人事教育司副司长杨忠诚、直属干部处处长兼社团办负责人初天斌、综合处陈少鹏，上海市建委秘书长孙建平、上海市建管办主任马自强、副主任朱建纲。

出席会议的8省市建筑装饰协会领导人是：上海市装饰装修行业协会会长李洪鑫、常务副会长兼秘书长忻国樑、常务副秘书长赵海、薛德兴以及幕墙委员会理事长刘海韵、家装委员会理事长陈国宏、设计委员会理事长来增祥、北京市建筑装饰协会理事长朱希斌、江苏省建筑装饰协会会长毛家泉、浙江省建筑装饰协会会长董宜君、安徽省建筑装饰协会会长王金平、秘书长李增堂、河南省建筑装饰协会副秘书长金世雄、吉林省建筑装饰业协会副会长袁大陆、四川省建筑装饰协会办公室主任傅可嘉。

孙建平、马自强、张恩树、徐朋在会上分别作了讲话，马挺贵作了总结讲话。忻国樑作了主题发言，刘海韵、陈国宏、来增祥也分别作了辅助发言。与会代表围绕领导讲话和上海装饰装修行业协会的发言，交流了各自的心得体会。

中国建筑装饰协会有关部门负责人也参加了会议：副秘书长房箴、行业发展部主任兼会刊《中国建筑装饰》主编黄白、办公室主任兼行业自律委员会办公室主任王本明、信息咨询委员会秘书长田万良、培训管理部主任兼培训中心中任王燕鸣、会长秘书张效平、秘书王毅强。《中华建筑报》副总编华敬友、《建筑时报》记者孟溟捷等媒体到会做了采访。

会议由中国建筑装饰协会常务副会长兼秘书长徐朋主持。

会议期间，中国建筑装饰协会领导会见了上海市政府行业发展署副署长刘庆，并看望了中国建筑装饰协会化学建材委员会的负责人，上海市装饰装修行业协会总顾问、原上海市建筑装饰协会秘书长潘志昌，原上海市家庭装饰行业协会副秘书长高志萍，中国建筑装饰协会理事：上海市新丽装饰工程有限公司董事长兼总经理陈丽、上海建筑装饰（集团）有限公司董事长张洪星、上海海直工程公司总经理唐海金、上海蓝天装饰工程公司总经理洪兆雄、上海康宇铜门设计工程有限公司董事长兼总经理施森彬，以及上海全筑建筑装饰工程有限公司董事长朱斌、上海申峰装饰工程有限公司总经理简国鹏等当地骨干建筑装饰企业家。

会后，6月25日～26日，中国建筑装饰协会会长马挺贵考察了苏州建筑装饰业，在苏州市建筑装饰协会会长陆浩生的陪同下，会见了苏州市建设局副局长顾国华、调研员孔全林，中国建筑装饰协会常务理事、苏州金螳螂建筑装饰有限公司董事长朱兴良，以及公司总经理倪林、苏州美瑞德装饰工程有限公司董事长马朝明、北京建谊建筑工程有限公司（苏州）总经理叶永茂、苏州贝特装饰工程有限公司总经理尤东明、金鼎建筑装饰工程有限公司常务副总经理杨志刚、苏州国际国发装饰工程有限公司董事总经理刘耀、中建一局二公司（苏州）总经理郭永龙等当地优秀建筑装饰企业家，并考察了五星级苏州吴宫喜来登大酒店等当地富有苏州园林特色的优秀建筑装饰工程。

二、领导讲话

上海市建委秘书长孙建平指出，上海市装饰协会于

2002年4月进行了重大的改组，是行业协会一次很大的行动。上海市装饰装修行业协会是上海市所有行业社团第一个政府转移职能、委托职能、购买服务的行业协会。上海市市长陈良宇要求今年完成协会的改革，上海市建委所属的协会有40多个，今年要改50%。他认为，装饰行业在上海发展很快，装饰协会作用越来越被行业和社会所认可。今年上海市人大决定整顿三大市场：鲜活品、家装建材、医疗器械。其中家装建材市场的工作就由上海市装饰装修行业协会承担。上海建委正与市政管委、交通委合并为大建委。上海住宅对GDP的拉动为8%，今年投资在600亿元以上，家装肯定会有大发展。他强调，我们希望在整个建筑业内装饰协会走在前列，为今年下半年协会的改革打好基础。

上海市建管办主任马自强认为，本次会议既是对我们工作的肯定，又是对我们工作的鞭策。我们的做法有四个要点：

一是还权为本。所谓“转移政府职能”——这不对，因为政府管了不少本不应该管的事，如企业的资质、从业人员的资格评定、评优等，应该统统交还给行业协会。

二是授权协会部分政府职能。所谓授权——只是传统意义上的权力。目的是提升协会的作用，协会自律起步很难，政府应当支持一下，如专业预审等。我们对协会资源的配置有三个层次：首先是行业协会，原则是一业一会；其次是五金等专业协会；第三是学会或专业委员会。政府授权只给行业协会。行业协会最大的特点是熟悉企业、熟悉行业。

三是装饰设计师的地方注册。市建委和市人事局已向建设部和人事部呈送了报告。对此行业协会可能比政府对企业资质的管理发挥更大的作用。我们的方针是企业资质和从业人员资格（项目经理、注册设计师）管理并重。

四是市场准入的管理。行业协会首先维护的就是行业的利益，在WTO条件下，外商进来没有具体的市场准入规定，政府不便于出面，设置非贸易壁垒，只有靠行业协会。国外企业可以作为“临时会员”入会。

中国建筑装饰协会名誉会长张恩树表示，本次会议可以载入中国建筑装饰协会发展的史册。参加这次会议的8省市建筑装饰协会，都是工作先进的协会和工作积极的协会工作者，在WTO条件下，政府、协会、企业均在变化之中，肯定是“小政府大社会”，协会处于大社会之中。我们要自己解放自己，从行业发展的大局出发，不能等、靠、要。他认为，上海走在了协会工作的前列，上海是协会改革的一个很好范例。对协会工作感到最为困惑的是——政府转移职能不到位。因此，协会工作的主动性很重要。中国建筑装饰协会自2001年6月换届一年多工作以来进步较大，做协会工作就是要有责任心、勇气、韧劲，需要做出非常辛勤的努力，有时还有斗争。协会主要是为企业服务，也有某种程度的“双向服务”，我们要登高一望，自己解放自己。

中国建筑装饰协会常务副会长兼秘书长徐朋指出，上海市装饰装修行业协会介绍了自己改造、改组的做法，工作是全面的，是行业协会发展的方向，我们要使上海的做法有效地推广到全国各地方建筑装饰协会中去。他说，协会工作要不等不靠，要有耐力，光着急不行。前些天，我与马会长一同向建设部部长汪光焘、副部长郑一军汇报协会工作，得到了部领导的大力支持。装饰行业已成为我国扩大内需的重要组成部分，提供了大量的就业机会，在国民经济和社会发展中的地位越来越重要。我们准备在过去课题的基础上再开个课题，研究家装消费发展的特点和规律，从而使我们这个行业更好贯彻中央扩大和培育内需的经济方针。为此最近我们向国务院呈送了一份报告，现已批复到国务院发展研究中心领导处，拟请国务院发展研究中心指导并参与，我会也愿意同上海等地方建筑装饰协会共同完成此课题。

他表示，本会现虽然没有任何行政职能，我们对自己的社会存在非常有信心，我们有为会员服务的广阔空间，努力策划项目，创造工作，营造协会，经营协会。协会有很大的发展前景。策划项目，决不是策划收钱的项目，而是为会员服务的项目。我们已连续在《中华建筑报》上刊登了三期招聘协会人才的广告，希望更多有志于协会工作的优秀人才来协会工作。

中国建筑装饰协会会长马挺贵表示，本次会议是中国建筑装饰协会继今年5月装饰企业应对WTO研讨会后，协会应对WTO的首次研讨。他讲了二大方面的问题：一是当前协会面临的问题；二是加强协会工作的几点意见。他强调，本次会议的介绍很宝贵，具有重要指导意义，其核心和本质是：不等不靠向前看，发挥自身优势，主动创造工作。我们将把上海的做法推广至全行业。（全文另发）

三、上海装饰协会的做法

2002年4月25日重组后的上海市装饰装修行业协会，由计划经济的协会到市场经济的协会，运作理念是创造一个能与国际接轨并与其公平对话的行业协会，做大做强，其工作现有如下特点：

1. 协会的行业覆盖面。上海市装饰市场的总量约在年均580亿元以上，包括公装——内装250亿元、幕墙80亿元；家装240亿元（年竣工住宅1500万m^2，改造1300万m^2，合计2800万m^2，约40～50万套，若700元/m^2，共200～240亿元）。全市现有有营业执照的装饰企业3182家，其中包括有资质的公装企业1100家，家装企业2082家——有资质的500家，以装饰材料为主带动家装的占30%，从业人员70万人。重组后的协会现有会员单位1700家，争取年底达到1800家。增大行业覆盖面，且到少在20%以上，既是上海市政府的规定，又是协会主攻的方向。

2. 秘书处人员构成。原上海市建筑装饰协会为8个老同志，平均年龄65岁。新机构30人，平均年龄45岁，学历最低为大专，有3人为硕士研究生，如忻国樑、赵海，除专职人员外，还有业内骨干企业的骨干分子来协会挂职锻炼者。人员除秘书长为政府任命外，其余均为招聘，人员来自五湖四海，吸收新生力量，形成精兵强将。专业委员会领导机构由企业家或专家组成，如设计委员会理事长来增祥，为同济大学名教授，博士生导师；家装委员会理事长陈国宏，是2001年产值3亿元的民营企业上海荣欣家庭装潢有限公司总经理；幕墙委员会理事长刘海韵，为民营企业上海杰思工程实业有限公司董事长。

3. 秘书处组织构成。秘书处下设“四部、四委、五个小组”。四部是：行业管理、宣传企划、培训、办公室。四委是：家装、幕墙、设计、材料。五个小组是：顾问——30多人，均为市属各区县建设行政主管部门的负责人；专家——10多人，主为各大专院校的学者；媒体——30多人，包括上海主流媒体的三报二台，每季度召开一次新闻通气会，法律顾问——7人，后面有200多人的律师团队支承，为协会和会员服务；市民监督员——1000多人，监督行业的质量、服务和诚信。

4. 秘书处工作机制。现已有11项制度规定，如专业委员会设第一副理事长，秘书处人员由第一副理事长选择，理事长每届一年，最多两年，轮换制。又如常务理事会召开之前提前一星期通知，不能顶替，一次不到会者，由其他与会者给其一份签名的会议记要，二次未到者，将被免除。总会制定制度，由专业委员会具体实施。协会内部工作气氛好，没有人搞事搞人的。工作人员待遇从优。初步建立了市场经济条件下协会的激励和约束机制，机制一变满盘皆活。协会决不能办成退休人员的俱乐部。

5. 协会职能和自律机制。一是受市建委委托，进行建筑装饰工程施工、设计企业资质的初审；二是评审中级职称；三是建立警示制度，对工程违规、投诉、事故进行不同程度的警示；四是建立清除制度，每个月进行专项检查，采取末位淘汰制，劝其退会；五是综合考评，依国际惯例以产值、利润为指标、以税单为证明，对装饰企业进行排名，今年年底将按这种方式评出“上海市百强建筑装饰企业”；六是评“信得过建筑装饰企业”，自1995年评比至今每年一次，深得承发包商认可。如幕墙委员会针对市场上严重的互相压价——超低价竞争问题，采取协会内部公开分析会议的形式解决，如全隐框中空玻璃700元/m^2，协会召开有当事者企业的理事会大家共同分析，若合理大家向其学习，若不合理则为不正当竞争；在协会内部将幕墙市场协调为二个平台，14家一级企业竞争大项目，50多家二三级企业竞争中小项目。在自律中形成协会的威慑力量。立法是根。

6. 家装。家装委员会现实行三个重点：一是协会要思考家装区别于公装和家具行业、正规区别于民工的发展战略，认为个性化、艺术化是本业的核心竞争力，全装修对行业是个严峻考验——家装若复制、模式化将走入死胡同，建筑企业的一体化将长驱直入；二是思考行业发展的业态，认为上海的超市、汽车行业的“联盟” 形式值得引进本业，以形成规模化、连锁化、品牌化；三是制定行业发展规划，包括四年规划、两年发展计划和一年工作计划。树立三个重点工作目标：一是做大，着力培育20家年产值5～20亿元的家装联盟企业，2003年先形成3个，市场占有率在90%；二是做强，关键是设计、设备和管理水平；三是做精，细分市场，培育核心竞争力，使上海家装走向全国。为此，协会采取了三项措施：一是公布家装行业营销排行榜，先内部后外部，一二年过渡期；二是公布家装用户满意度指数，委托专业机构操作；三是家装企业需求度指数，以解决企业最困难、最需求协会解决的问题。

7. 室内设计。设计委员会认为，设计与国外相差较大，有如中国足球在世纪杯，面对WTO，挑战来自三方面：一是境外，如设计费台湾的设计师200元/ m^2，而我们顶多才50元/ m^2；二是设计市场需求量巨大，但竞争不规范，特别是免收设计费；三是自身，应互相融通，而不要互相排斥，千万不能自以为是，自我感觉太好，虚心一些，向外商顶尖设计师学习，与他们合作。为此协会要进行三方面服务：一是信息，大量的信息能产生好的观念，专业素质好实际上是观念好；二是交流，设计与施工、材料、管理、法律、境外设计师；三是培训，评定设计师为年轻人为主，先分初、中级和上岗。设计委员会几位副理事长均是年轻有为的设计师。

8. 下步工作重点。一个主题：诚信为本，操守为重（朱总理在全国人大会议上报告）；二个重点：一是以综合考评为主的行业排行榜；二是以专项检查为主的行业警示榜。

9. 从业心得。一是协会能否发展，就要看能否代表企业的根本利益，企业的根本利益就是行业的根本利益。二是按照市场经济的思路，行业协会既不是政府——政治家——官员，也不是企业——企业家——商人，而是社团——社会活动家——行业工作者。因此，协会既不能象政府又不能象企业那样运作——既不能做成“二政府”又不能办成企业。协会要讲感情讲自律，方能创造性的工作。三是协会千万不要官气太重，而应脸好看，门好进，事好办；四是协会与国际接轨，说话不灵不行，在业内声音微弱不行。

四、会议成果

与会代表均兴奋地作了发言，表示上海的做法令人耳目一新，要积极向上海学习。认为此会很重要、很关键、很及时。上海走在了全国的前列，争取到了市政府、建设行政主管部门和企业三方面的支持，有思路、有力度、有目标，效果明显，是行业协会的发展方向，收获很大，深受震动、启发和教育，回去后要认真研究加以改革，如协会工作者总想从退休的人员中找，观念太陈旧了，应年轻化专业化职业化。

会议强调行业协会工作的两大突破口：一是政府的职能转移；二是协会的自身建设。

2002年6月29日《中华建筑报》以“学习‘上海经验’推动协会建设——聚首沪上：中装协前瞻未来”为题、6月27日《建筑时报》以“把握行业特点，主动迎接挑战”为题，在醒目位置作了报道。

在8省市建筑装饰协会应对WTO协会工作研讨会上讲话

中国建筑装饰协会　会长　**马挺贵**

（二〇〇二年六月二十四日）

今天我们召开8省市建筑装饰协会应对入世协会工作研讨会，这是我们继全国建筑装饰企业应对入世战略研讨会以后，专门针对协会工作的又一次研讨会，上海市装饰装修行业协会介绍了他们在入世新形势下开创协会工作新局面及如何整顿装饰市场、规范家装市场、加强设计队伍建设等方面的经验，大家又进行了交流和讨论，这些经验都非常宝贵，对协会工作的改革和应对入世后如何搞好协会工作都有很重要的指导意义。

下面我主要讲两个问题：

一、当前协会工作面临的主要问题

近些年随着我国对外开放和政府职能的转换，各地各业都成立了很多协会，也包括我们建筑装饰协会。由于这是新发展起来的新事物、新组织，因此协会工作也存在着很多问题。这里既有职能不到位、不明确、协会重叠、交叉的问题，又有协会自身在思想、组织，业务建设上存在的问题。这也就是说我们协会外部环境和内部条件都有很大的改革空间，才能够适应入世后新形势的要求。

协会面临的主要问题，表现在三个方面：

第一是行业管理职能没有完全到位，还不能适应市场经济的要求，行业协会的运作也没有和国际接轨，同国际行业协会的职能和运行方式都有很大的差距。协会作为行业的社团组织，是行业管理的主体和企业利益的代表。要参与行业的管理和引导，是需要一些管理职能的。有了一定的职能才能发挥协会的作用。对这个问题，国家和政府都很重视，改革也在不断的深入，特别是对协会工作，朱镕基总理在九届人大五次会议的“政府工作报告”中就强调指出：要充分发挥行业协会和中介机构的作用。最近在一份外经工作报告上批示：我国的各种协会要能象美国大豆协会那样就好了。后来又补充了一句：你们就拿我这句话来，推动工作。这充分说明我们国家政府都非常重视协会的工作。建设部早在1994年就把中国建筑装饰协会作为行业管理中政府职能转换的试点单位，并授权协会8项职能。

由于我国市场经济的建立是一个渐进的过程，政府职能的转换，不仅涉及原有部门权利、利益的调整，涉及各层人士对市场经济观念的认识更新，又涉及协会自身建设等诸多问题，全国各地的情况又不相同，因此，政府职能转换，也需要有一个过程。

由于目前协会行业管理的职能尚不能完全到位，因此协会工作力度受到一定的影响和制约。在加入世贸组织后，行业管理与国际接轨的问题就更显突出。这是当前协会工作存在的一个突出的问题。

第二是协会过多、过滥，交叉、重叠，造成协会之间的矛盾和工作的不协调、不规范。近年来成立了很多协会，由于协会原来的隶属关系不同，因此就造成了协会机构重叠、交叉，过多、过滥。政出多门、多头管理这样一个问题，在装饰行业也是比较突出的，这给我们建筑装饰行业的工作造成了很多困难。如有的协会擅自印制有关规定和意见，甚至是与国家行业标准相矛盾的规定，乱定职称、乱发资质证书，致使整个行业缺少资质管理和市场准入控制，缺少企业违规行为的控制，缺少对从业人员技能培训和安全道德的教育，因而，工程转包、挂靠，使用不合格材料造成不合格装饰工程相当多，装饰行业投诉率居高不下。

目前全国已有22个省市由建设行政主管部门负责统一归口管理装饰装修市场，但内蒙古、陕西等8省市机构重叠的问题还没解决。由于各个协会的职责范围的不确定性，什么事情都有很多协会介入插手，这不仅造成了行业资源的浪费，也造成了协会深入开展工作的阻力和障碍，这也是协会工作当前存在的一个很重要的问题。

第三是我们协会自身建设存在的问题。到目前为止有的省市还没有建筑装饰协会，有的协会存在着人手少，人员素质、能力不高，办公条件差，工作开展不力等问题。在加入世贸组织，特别是政府职能更多地转移后，协会工作的担子更加繁重，要开展的工作内容很多，按目前协会自身的能力和水平，不要说和国际接轨、承担更多的政府职能，就是按现有职能开展工作也都有很多的困难。这些协会组织能力差，自养自立水平不高。协会的号召力、影响力、权威性都很弱，这就很难形成协会工作的良性循环。特别是真正代表企业利益，为企业提供高层次服务方面的工作就更差了。所以我们极迫切地需要从思想上、组织上、业务上、制度建设上加大改革力度，加强自身的建设。

二、关于加强协会工作的几点意见

以上存在的问题，需要我们通过对协会的改革、调整来加以解决，有的更需要政府给予更多的支持和重视。这次会议上海建筑装饰装修行业协会介绍的经验，很可贵，很有针对性，对指导当前协会的工作，有很重要的意义。这些经验的实质核心，就是要不等不靠，不怨天忧人，而是按照协会的宗旨、职能，发挥协会自身的优势，主动地、创造性地开展工作。这就是该争的争，该斗的斗，该抓的抓，没人做的工作早介入、早做，并且争取得到政府的支持，给协会工作创造一个更多更大的空间。

根据协会存在的问题，我们要认真做好以下几方面的工作：

第一是争取政府的支持。这是我们搞好协会工作的重要基础。没有行政主管部门和各级政府的支持协会就很难打开工作局面，上海市装饰装修行业协会的经验，很重要的一点，就是政府的重视和支持。

首先是政府职能的有序到位。如果职能不到位，有很多工作是不可能做到的。职能转移，实质上是一个权利和利益的调整，这取决于各级政府甚至于个人观念的转变，及对入世后适应市场经济要求紧迫感的认识程度。对这个问题各地方不可能一致，认识上的差异必然导致工作上的差异。上海市政府对这个问题是非常重视的，他们站的高，认识深，行动快。从今年1月开始，对上海市的协会进行整合，把行业管理职能交给协会，放权多，让协会职能到位多，加上协会的努力和各方面的支持，所以上海市装饰装修行业协会的工作就有起色，成效就显著，上海在这方面起了一个很好的带头作用。再有除了职能有序的到位，就是我们现在的工作也需得到政府信任和支持。但要得到政府的支持就要把协会该抓的事抓好，该办的事办好，在履行政府整顿规范市场，加大监管力度，协助政府制定行业规范标准等各方面的工作取得了一定的成效，才能得到政府的信任，政府的部分职能才能够转到协会，这就叫“有为才能有位”。这样才能使我们协会的工作逐步深入，逐步达到同国际接轨的目标。

第二是解决协会之间的矛盾。装饰装修行业统一归口管理已是刻不容缓了。无论从产业分类、企业需要、市场变化，以及应对入世的角度来看都需要强化行业管理，整合市场资源。搞好协会外部环境和内部体制的改革，一方面需要政府组织进行，也就是说要通过政府利用行政等手段从根本上解决当前协会过多过滥的问题，解决装饰行业多头管理的问题，另一方面协会工作者也需要从行业大局和行业整体利益出发，相互理解支持，通过整合，建立一个和行业发展要求相适应的、能够和国际接轨的协会组织。

第三是协会要加强自身建设。协会要积极主动地开展工作，形成协会工作局面的良性循环把协会工作推向一个新的高度。虽然现在政府职能转换还未完全到位，协会间存在着诸多矛盾和问题，但是协会工作的空间仍很大。我们提出要营造协会、经营协会的目的，就是要开创协会工作良性循环的局面，在更高层次上为会员企业提供优质服务，这样的协会凝聚力、号召力就强，开展工作的力度就大。上海市装饰装修行业协会在居住小区规范化管理、建立监理制度、开展投诉工作、实现行业专业化管理等很多方面都是该抓的工作主动抓了，而且抓得很好。在资质审批、培训、职称评定方面该争的争了，在同消协关于发展装饰企业会员方面，在不切实际的曝光方面该斗的斗了，充分发挥了协会的职能，所以他们的工作得到了多方面的肯定和认可。

加强协会自身建设：首先是加强协会的思想、组织、业务建设。协会工作弹性大，要靠每个协会工作者发挥主动性、创造性，协会要吸收水平、高素质的人才，要有个好点儿的办公条件，要建立长远的工作规划和必要的规章制度。有的协会只有两三个人，那你怎么适应政府职能转换和入世后对协会工作的要求呢？因此我们每个协会都要把加强自身建设放在首位，这是基础。

其次是要开创协会为企业服务的新途径。

再者还要加大协会各项工作改革的力度。协会改革有一个很重要的问题就是企业家办会。今天介绍经验的上海市装饰装修行业协会幕墙、家装、设计三个专业委员会的几位理事长就都是企业家和专家，他们的工作很出色，很有成效，经验也非常丰富，这是因为企业家对行业最了解，对企业的一些迫切要求也最了解。企业家办会是国际上的通行做法。上海是一个率先改革开放的城市，也是同国际率先接轨的城市，在协会工作改革方面也是带了头的，这不仅是协会改革的内容，也是我们适应加入世贸组织提高竞争力的重要内容。

中国建筑装饰协会7月份召开五届二次常务理事会，其中一项议程就是研究增加几位民营装饰企业家担任协会副会长的问题。这是加强协会自身建设的一个重要内容。同时我会还要加强与地方协会间的沟通和交流。共同推动行业的发展。各地方装饰协会在加强协会自身建设和开展工作方面都有很多宝贵的经验，以后我们可以多开展这方面的交流。

协会作为行业的社团组织，在加入世贸组织后的地位和作用将越来越重要。装饰协会是一个前景非常广阔，但问题也很多的协会，我们面临的是一个新型的，但又是一个很不成熟的市场，依然是困难和机遇同时存在。新形势下协会工作如何定位，如何开创协会工作的新局面，这是摆在我们协会工作者面前的一个新课题。我们要大胆探索、努力工作，把我们的协会建设好，使协会能够同国际接轨，能够胜任中国市场国际化的运作，为推动中国建筑装饰行业的发展做更多、更好的服务。

关于建筑装饰行业协会应对WTO的启示

黄　白

一、国务院朱镕基总理的指示

国务院朱镕基总理在2001年国家机关党的第十三次会议上讲到，中央国家机关要抓三个转变：一是转变政府职能；二是转变工作作风；三是转变工作方式。如果这三个转变不进行，政府机构改革成果将付之东流；如果人减了、庙撤了、职能不变，人员随时就会膨胀起来。改革逼迫我们尽快培育和发展行业协会，使行业协会的作用真正得到发挥，并承担起政府转移出去的一些职能。这实际上是政府机构改革后对行业协会的培育和发展提出的一个新的迫切要求。

目前行业协会的培育和发展还没有纳入经济和社会发展的规划当中来，各级政府部门还没有把协会建设当作长期的工作来抓。现有行业组织培育和发展的好坏都与各地政府领导的重视程度密不可分，这种现象存在的主要原因还是体制，这是体制改革过程中需要解决的问题。

现在中介组织种类繁多，行业协会与其他中介组织承担的职能、作用、性质不同，应当区分开来。我们要根据经济发展和改革开放当中行业管理体系建设需要的情况，着重地支持和发展行业组织。

会费收取的依据应按销售额的比例，效益好多交、效益差少交。但会员应该承担这种义务。行业协会是由企事业单位自愿参加组成的非营利性组织，不以营利为目的。所以在税收上应该体现减免政策，这符合国际惯例。

我国行业组织的编制有两种形式：一是事业编制，二是社团编制。无论哪种形式，编制的配套问题是直接影响行业组织健康发展的因素之一。诸如人才吸收、医疗、养老、住房、职称等等，在过渡期应该有一个办法来解决这些问题，这样才能促进行业组织的健康发展。

目前，我国的行业组织受业务主管单位和登记管理机关双重管理，这是我们国家的国情决定的，但是政府与协会之间到底是什么样的关系，这个问题应当好好研究。市场经济条件下，社团组织应独立开展工作，从职能上定好位，找准自己的工作点，但在工作作风上应该区别于政府机关。行业协会的培育与发展是一个综合问题，其与行业管理密不可分，政府、协会、企业三者要各有其位，相辅相成。

党的十五大明确提出要培育和发展社会中介组织。根据党的十四届三中、五中全会精神，行业协会应定位在自律性行业管理组织上，其应以服务为宗旨，同时做好自律、协调、监督工作。行业协会要反映企业意愿，为本行业企业提供信息和人才培训等方面的服务，协调行业内部企业之间的竞争与合作关系，指导企业的健康发展。

行业协会要把服务作为惟一的宗旨，一切工作都要围绕这一宗旨进行。行业协会要民主办会，独立开展工作，会员企业不分大小，一律以协商、公平、公正的原则来处理行业内部的事情；行业协会在为行业企业服务的同时，必须拓展自己的会员覆盖面。

二、建设部汪光焘部长的要求

2002年1月7日，建设部在北京召开“全国建设工作会议”，汪光焘部长在题为“贯彻扩大内需方针加快建设事业发展”的报告中指出：行业管理职能要逐步转移，在这种情况下，建设行政主管部门必须转变观念，从管理行业转向管理市场，不直接干涉企业运作、不直接管理行业具体事物。要通过加强和改进市场管理，更好地履行相关职责，实现更有效的管理和调控。凡是通过市场机制能够解决的，应当由市场机制去解决；通过市场机制难以解决，但通过公正、规范的中介组织、行业自律能够解决的，应当通过中介组织和行业自律去解决。

在职能转变过程中，要充分发挥行业协会等社团组织的作用。但发挥行业协会等社团组织的作用，并不是简单地将原来由政府管理的事务转移到社团组织。一些该由企业、公民自行解决的事务，政府不管，社团组织也不应干预。社团组织应当做到自立、自强、自律，决不能借变相的审批生存发展。

三、上海市政府的意见

上海市人民政府办公厅《上海市促进行业协会发展的指导意见》（沪府办发[2002]1号）。

行业协会基本职能：行业服务、行业自律、行业代表、行业协调。

行业协会具体职能：

1. 组织行业培训、技术咨询、信息交流、会展招商以及产品推介等活动；

2. 参与有关行业发展、行业改革以及与行业利益相关的政府决策论证，提出有关经济政策和立法的建议，参加政府举办的有关听证会；

3. 代表行业企业进行反倾销、反垄断、反补贴等调查，或者向政府提出调查申请；

4. 依据协会章程或者行规行约，制定本行业质量规范、服务标准；

5. 参与地方或者国家有关行业产品标准的制定；

6. 通过法律法规授权、政府委托，开展行业统计、行业调查、发布行业信息、公信证明、价格协调、行业准入资格资质审核等工作；

7. 监督会员单位依法经营，对于违反协会章程和行规行约，达不到质量规范、服务标准、损害消费者合法权益、参与不正当竞争，致使行业集体形象受损的会员，行业协会可采取警告、业内批评、通告批评、开除会员资格等惩戒措施，也可以建议有关行政机关依法对非会员单位的违法活动进行处理；

8. 协调会员与会员，会员与行业内非会员，会员与其它行业经营者、消费者及其他社会组织的关系；

9. 开展国内外经济技术交流和合作；

10. 承担法律法规授权、政府委托及章程规定的其他职能。

四、什么是行业协会

在不同的国家有不同的说法。美国的《经济学百科全书》中说，行业协会“是一些为达到共同目标而自愿组织起来的同行或商人的团体”。日本经济界人士认为，行业协会是“以增进共同利益为目的而组织起来的事业者的联合体”。英国权威人士指出，“行业协会是由独立的经营单位所组成，是为保护和增进全体成员的合理合法利益的组织”。

行业协会是社会中介组织，它的产生和发展是社会分工和市场竞争日益加剧的结果，反映了各行业的企业自我服务、自我协调、自我监督、自我保护的意识和要求。具体说来，行业协会的形成及其作用应该包含以下内容：

一是必须以同行业的企业为主体；二是必须建立在自愿原则的基础上；三是必须以谋取和增进全体会员企业的共同利益为宗旨；四是一种具有法人资格的经济社团。

五、国外的行业协会

1. 美国、日本的行业协会

据美国1985年版的《美国协会百科全书》记载，全美约有18000多个协会组织，仅属于工商企业方面的企业协会组织就有3600多个。美国的协会组织都是民间的，由参加者自愿组织起来，在官方机构注册后展开活动的。绝大多数是非营利组织，极少数协会组织是以公司形式经营的。美国企业协会组织的一个重要职能特点是，它们都注意为会员企业提供政府事务帮助，另一个重要任务就是为企业提供这方面的服务。另外企业协会组织在立法和政府机构面前讲话时，往往不以个人或整个组织名义讲话，而是以具体的定量的数据反映本协会会员中有多少赞成或反对某项法案，其理由如何如何。美国企业协会组织的经费来源，主要是会费、举办各种训练班和开展各种学术活动的收入、政府机构和某些企业的赞助。

在日本，其经济社团从法律角度可以分为三类：一是法定组织，这种组织是必须成立的；二是依法成立的组织，这种组织成立必须在政府有关部门注册；三是任意组织，这种组织属于俱乐部性质，无需注册登记。日本有四大经济团体：日本经营者团体联合会（简称日经联）、日本经济同友会（简称经同会）、日本经济团体联盟（简称经团联）和日本商工会议所（简称商工所）。日本经济社团的主要业务活动分工比较明确，各社团的服务对象与主要服务内容特色很突出，这一点很值得我国的一些协会借鉴。虽然经济社团都会面对企业，但其活动内容的专业化分工与服务的高质量，却不使企业感到厌烦。日本经济社团的领导人主要由企业负责人担任，部门负责人特别是专门委员会的负责人由企业人士担任，使其更具民间性和代表性。就这一点，企业会员就相信它们的意见和利益会通过协会反映给政府与社会。

2. 行业协会组织与性质

国外行业协会组织总的看基本上分为两类：一类是企业在注册时必须加入的行业协会组织；另一类是企业自由选择加入的行业协会，此类行业协会占大多数。

国外行业协会是为达到共同目标而自愿组织起来的同行或商人团体。其特性是民间性、广泛性、自愿性、服务性及中介性。国外行业协会不具有任何政府管理职能，只发挥中介作用，是沟通企业和政府的桥梁。

3. 行业协会自律

国外各种行业协会在相关法律法规的前提下，制定了本行业的行规或基本规则，供企业按照统一要求自觉约束自己的行为。

4. 行业协会职责

概括起来，国外的行业协会主要以四种角色尽到四种职责：

一是沟通企业与政府的中介者：代表本行业与政府和立法机构处好关系，疏通企业与政府之间、企业与金融机构之间的渠道。

二是多功能服务企业的勤务员：向会员企业提供业务指导、技术培训、市场咨询、经验交流、促进销售等多功能服务，还尽心尽力帮助改善企业经营和解决企业（特别是中小企业）经营管理中的难题。

三是调研和技术推广组织者：重视和从事行业内外经济调研、数据统计、情报搜集、出版行业刊物、推广技术成果，其形式多种多样。

四是开展对外交流的联络者：联络组织对外技术考察、国际学术会议，以及开展双边、多边合作研究项目等。

5. 行业协会经费

国外行业协会都是非盈利机构，其活动经费主要来源于成员交纳的会费，以及章程规定范围内的事业收入。例如从组织的各种活动中收取一定费用，即有偿服务。各国政府不承担给行业协会拨款资助的义务。

国外行业协会是企业利益的忠实代表；企业与政府沟通的桥梁；企业的服务者与协调人；为企业提供多功能服务；为企业发展提供方便；协助政府制定行业政策。

六、我国行业协会的现状

大多是伴随政府机构改革而产生的，这也同时决定了它的发展总是受到政府职能转变不到位的制约，难免成为政府的附属物。同时，不少协会对市场经济还不很适应，带有一定计划经济遗痕和行政色彩，市场经济观念和世界贸易知识都比较缺乏，人员和知识结构都显老化，企业认同度比较低。

行业协会的性质是为行业与企业提供服务，成为行业与政府间的中介组织。目前，随着我国市场的逐步开放，市场经济的完善和政府职能转变步伐的加快，行业协会的发展面临着良好的机遇。反映企业在市场发展中的最新呼声、要求、建议，为决策部门当参谋，为企业的长远发展提供最新政策、信息、资讯服务协调企业行为，规范市场秩序等，行业协会都大有可为。企业需要行业协会，政府需要行业协会，市场需要行业协会。关键是行业协会自身要转变观念、摆正位置、真诚服务，向民间性、服务性、自律性和国际化方向发展。

七、应对WTO与国际接轨的行业协会

1. 行业协会面临严峻挑战

形形色色的全球贸易大战尽管理由不尽相同，但其中或多或少带有贸易壁垒的成分。其中，通过反倾销是国外企业最擅长使用的战术。《北京晚报》记者王军华在2002年4月9日该报中指出，迄今为止，我国企业遭遇的国外反倾销调查已达480多起，给出口带来的损失超过100亿美元。专家认为，当国外产品对我国有倾销行为或国内企业产品在国外销售遭遇不公平竞争和待遇时，企业应毫不犹豫地向政府和行业协会提出申诉。

中国加入WTO，意味着中国的建筑装饰企业必须面对全球性竞争，竞争的成败很大程度上取决于行业协会的发展状况等“外部因素”。让众多企业担心的是，国内的行业协会能否在关键时刻承担起保护企业正当利益的重任呢？2002年3月20日北京富亚涂料公司宣布退出相关行业协会的举动，再次验证了企业的顾虑并非空穴来风。

专家认为，目前国内行业协会中的大多数还是政府机构的外延，在人员、经费、职能方面依赖于政府主管部门，缺乏公信力，没有起到跨行业、跨系统、跨地区的沟通和监督作用。专家指出，在行业协会发育不良的条件下，中国企业必须付出数倍于对手的能力，才能取得和国外公司同样的业绩。毫无疑问，对于中国企业来说，这是一种不平等竞争。

2. 行业协会大有可为

中国加入WTO后，企业自己出来应对力单势薄，政府出来干预又不妥当，不符合国际惯例。有的问题通过行业协会去解决，其效果就要好得多。《光明日报》记者张玉玲在2002年5月13日该报中认为，现代社会中，行业协会应成为为行业和会员服务的中心，也应成为行业与政府沟通的桥梁，在某种程度上说还是稳定社会的润滑剂。

行业社团是社会组织结构中重要的构成，它关系到社会的运行效率、效能和有序。长期以来，我们对行业协会的作用、地位认识得不够全面、充分，行业协会的作用还不够强，运行能力较弱。

以往行业协会是某一职能部门的附属机构，是“二政府”，其运行方式也像政府部门。这与行业协会应有的功能不符，行业协会是“两不像”，既不是职能部门，也不是社会公共服务的社团，只是配合工作的点缀而已。其实行业协会的工作不应局限于政府职能部门，它应有广阔的运行空间。行业协会的运行方式应和政府部门有区别，政府部门是靠法律法规去履行其权威职能，而行业协会应根据其对会员单位的良好服务去立足，去得到凝聚力。

一是了解国内外法律法规，特别是WTO中涉及本行业的法律法规。帮助会员在全球竞争中提高竞争力；二是培训功能增强，要为提高行业素质，进行人员培训，为国际交流提供服务；三是行业协会的活力还需要焕发，功能还需尽快加强，专业化程度有待提高。了解行业内外各方面的情况，把困难和需求提出来，在政府和企业之间的沟通中做出自己的贡献。

今后行业协会的生存不靠政府养，经费来源一靠会费，二靠开展受会员欢迎的收费活动。全国政协委员、中国广告协会会长杨培青认为，行业协会收费有的是行业协会垄断的结果，这对行业和行业协会的发展均不利。发达国家中，一个国家和一个城市中有好几个同类协会存在，这样有竞争，协会靠服务取胜，行业协会在竞争中优胜劣汰，这种市场化的运作优化了行业协会的发展。她所了解的法国广告协会就是在竞争中，把自己变成行业中有威望的组织核心，真正为行业服务，其主席是会员们选举出的在行业中德高望重、又能和政府沟通的人士。

3. 行业协会应当与国际接轨

如果说加入WTO后第一个要转变职能的是政府，那么加入WTO后第二个要转变职能的就是行业协会。中国社会科学院工业经济研究所研究员余晖指出，目前影响国内行业协会发展的主要因素是行业协会的地位不明确、作用空间有限以及有关立法滞后。地位不明确主要表现在大多数行业协会总爱把自己摆在“二政府”的位置，去组织和管理其会员企业，而忽视了它应该首先代表企业的利益。

专家认为，加入WTO后，行业协会迎来发展良机，政府机构有一些职能要转给行业组织。行业组织应当充分发挥企业和政府间的桥梁作用，充分发挥行业组织在行业协调、行业自律、国际交流、国际合作以及维护企业合法权益、维护市场公平竞争、反映企业实际问题、推动行业健康发展等方面的作用。

2002年5月22日《光明日报》以“中国公证员协会明确非营利性质，协会领导均从执业公证员中选举产生”为题报道：为期两天的中国公证员协会第四次会员代表大会今天在京落幕，大会从职业公证员中选举产生了协会新一届领导成员，实现了中国公证行业历史上新的突破。本次代表大会通过的《中国公证员协会章程》，明确肯定中国公证员协会是非营利性社团组织，不得从事营利性经营活动。会上，部分公证处发起倡议，订立了行业内的《自律公约》。会议决定，从本届中国公证员协会起，中国公证员协会的所有常务理事、会长、副会长均从执业公证员中选举产生。国家司法部部长张福森高度评价改制的公证处成

为执行国家公证职能、自主开展业务、独立承担责任、按市场规律和自律机制运行的公益性非营利事业法人并指出，新形势迫切要求加强公证制度建设。他要求各地继续推进公证工作改革，不断提高公证的公信力，加快公证立法进程，不断提高公证工作的管理水平。

八、WTO条件下行业协会的五大功能

2002年3月16日中国金属结构协会会长杜宗翰在有1500位代表出席的“2002年全国铝门窗幕墙行业年会”上讲话，认为WTO后协会的职能和任务应逐步和国际接轨，按照国际惯例，协会应有五大功能：一是会员的广泛性，协会应当真正代表全行业大部分企业意志和感情，不能只代表少数企业的利益；二是产生的组织性，现在协会的成立是由上而下，这是中国特色的国情决定的，将来应该是由下而上，协会的领导机构真正由企业民主选举产生；三是标准规范性，这是行业协会的关键职能，国外行业协会的主要职能就是通过全行业的调查，根据市场的需求，制定与发布一系列行业标准、技术标准、从业人员职业标准和市场准入标准。我国的行业协会还做不到这一点，但应朝着这个方向努力。四是周全服务性，为企业服务是行业协会的天职，服务的内容很多，如国内外市场的开拓、协调经营秩序、保护企业利益、协会成员的国际贸易诉讼活动，还有信息、统计、资讯、培训、展览、评比、评优，甚至广告的统一策划、商标注册和统一等等；五是相对抗性（又称自治性或独立性），这种对抗性，一方面表现为代表本行业的广大企业与政府沟通、联系；另一方面在反映企业的困难与问题时，协会有合理的对抗性的对话权利。

九、大办发展自营化行业协会

大力发展与我国现存行业协会完全不同的独立的自营化行业协会是当务之急。要使行业协会在WTO条件下充分发挥其职能，必须改变现行行业协会中存在的六种“身份”。

1. 变放不下架子的“行政者”为主动参与的“沟通者”

本质上行业协会属“社会中介机构”。而社会中介机构的特点，在于它的独立性，这种独立性的首要表现，就是它的“民间化”，或者叫“非政府化”。对政府，它不是附属物，而是独立的社团组织，是企业利益的代表者；对企业，它不是管理者，而是服务者，是国家利益的维护者。它就是要在许多政府部门不应管又不便管，管不了也管不好的事情上，发挥监督、协调和信息服务作用。在企业与社会的有关方面发生矛盾时，行业协会代表企业与有关方面进行求同存异的友好协商，以维系社会经济的稳定发展。

2. 变无所作为的“旁观者”为积极转型的“服务者”

转型之后的行业协会最重要的是树立其服务功能。即行业协会为本行业中的企业提供各种有关经营方面的服务，包括咨询服务、员工培训服务、市场调研服务、信息服务、产品展览服务、国际商务联络服务等。

3. 变市场经济的“淘金者”为代表企业的“维利者”

行业协会实际上是本行业中的所有企业根本利益与整体利益的代言者，应是维护行业内企业获得更好发展的“维利者”。

行业协会可以通过各种方式向立法机构或政府反映本行业企业的总体利益要求及愿望，并以民间组织的身份参与国家有关法律及政策的讨论和制定，甚至应参与到政府同别国政府所进行的双边及多边贸易协定的谈判等活动中去。

4. 变单一经济的“遗传者”为最广泛利益的“代言者”

转型期我国行业协会面临的一个严重问题是所含行业覆盖面过窄而产生社会合法性不足。而社会合法性不足，是我国目前大多数体制内“脱胎”而产生的官民不分的行业协会作为一种治理机制缺乏有效需求的根本原因所在。

之所以说大部分体制内产生的行业协会缺乏社会合法性，主要理由是它们的覆盖面过窄，其会员企业一般不超过全行业企业总数的40%，大多局限在原部门系统内，而且绝大多数是国有企业。覆盖面窄，意味着协会所能掌握的企业和行业的信息不充分，难以发挥综合性的协调功能。

5. 变发展不平衡的“畸形者”为全面发展的“健康者”

我国转型期行业协会发展的不平衡状况，目前从行业纵向的角度还很难观察到。但行业协会横向发展的不平衡状况则相对容易观察一些。我国转型期市场经济的发展，在区域格局上大致体现为由东向西、由南向北的梯度减弱趋势。东南沿海无疑是市场经济最为发达的区域，相应地其行业协会也应有较大程度的发展。所以1997年国家经贸委进行行业协会的城市试点，所选择的四个试点城市——上海、温州、广州、厦门——都分布在这一区域。

通过比较我们惊讶地发现，土地面积最小的温州市行业协会的发展反而最发达。作为我国主要工业城市的上海，近十几年来行业协会也得到了富有创新意义的长足发展。而改革以来经济发展速度较快的广州、厦门两地，行业协会的发展程度却很不足，确实让人难以理解。

6. 变价格垄断者的“维护者”为市场竞争的“协调者”

在成熟的市场中，行业协会具有不可替代的协调、指导功能。然而对于中国目前的有些行业协会的性质，专家却认为它不过是兼有政府管理和行业协调的“二政府”。而这种定位不准的直接后果是，行业协会在行使功能时，往往过多地维护政府和企业的利益，忽视市场和消费者的利益。

企业之间的相互关系是以竞争为基础的，竞争离不开协商，行会的协商作用是有效竞争的重要前提和条件。行业内各企业之间发生各种利益冲突时，行业协会应从行业整体与根本利益出发，通过各种手段协调企业间的矛盾，以保证行业内部企业的协调发展。

十、行业协会面临严峻挑战

形形色色的全球贸易大战尽管理由不尽相同，但其中或多或少带有贸易壁垒的成分。其中，通过反倾销是国外企业最擅长使用的战术。《北京晚报》记者王军华在 2002 年 4 月 9 日该报中指出，迄今为止，我国企业遭遇的国外反倾销调查已达 480 多起，给出口带来的损失超过 100 亿美元。专家认为，当国外产品对我国有倾销行为或国内企业产品在国外销售遭遇不公平竞争和待遇时，企业应毫不犹豫地向政府和行业协会提出申诉。

中国加入 WTO，意味着中国的建筑装饰企业必须面对全球性竞争，竞争的成败很大程度上取决于行业协会的发展状况等“外部因素”。让众多企业担心的是，国内的行业协会能否在关键时刻承担起保护企业正当利益的重任呢？2002 年 3 月 20 日北京富亚涂料公司宣布退出相关行业协会的举动，再次验证了企业的顾虑并非空穴来风。

专家认为，目前国内行业协会中的大多数还是政府机构的外延，在人员、经费、职能方面依赖于政府主管部门，缺乏公信力，没有起到跨行业、跨系统、跨地区的沟通和监督作用。专家指出，在行业协会发育不良的条件下，中国企业必须付出数倍于对手的能力，才能取得和国外公司同样的业绩。毫无疑问，对于中国企业来说，这是一种不平等竞争。

十一、行业协会大有可为

中国加入 WTO 后，企业自己出来应对力单势薄，政府出来干预又不妥当、不符合国际惯例。有的问题通过行业协会去解决，其效果就要好得多。《光明日报》记者张玉玲在 2002 年 5 月 13 日该报中认为，现代社会中，行业协会应成为为行业和会员服务的中心，也应成为行业与政府沟通的桥梁，在某种程度上说还是稳定社会的润滑剂。

行业社团是社会组织结构中重要的构成，它关系到社会的运行效率、效能和有序。长期以来，我们对行业协会的作用、地位认识得不够全面、充分，行业协会的作用还不够强，运行能力较弱。

以往行业协会是某一职能部门的附属机构，是“二政府”，其运行方式也像政府部门。这与行业协会应有的功能不符，行业协会是“两不像”，既不是职能部门，也不是社会公共服务的社团，只是配合工作的点缀而已。其实行业协会的工作不应局限于政府职能部门，它应有广阔的运行空间。行业协会的运行方式应和政府部门有区别，政府部门是靠法律法规去履行其权威职能，而行业协会应根据其对会员单位的良好服务去立足，去得到凝聚力。

一是了解国内外法律法规，特别是 WTO 中涉及本行业的法律法规。帮助会员在全球竞争中提高竞争力。二是培训功能增强，要为提高行业素质，进行人员培训，为国际交流提供服务。三是行业协会的活力还需要焕发，功能还需尽快加强，专业化程度有待提高。了解行业内外各方面的情况，把困难和需求提出来，在政府和企业之间的沟通中做出自己的贡献。

今后行业协会的生存不靠政府养，经费来源一靠会费，二靠开展受会员欢迎的收费活动。全国政协委员、中国广告协会会长杨培青认为，行业协会收费有的是行业协会垄断的结果，这对行业和行业协会的发展均不利。发达国家中，一个国家和一个城市中有好几个同类协会存在，这样有竞争，协会靠服务取胜，行业协会在竞争中优胜劣汰，这种市场化的运作优化了行业协会的发展。她所了解的法国广告协会就是在竞争中，把自己变成行业中有威望的组织核心，真正为行业服务，其主席是会员们选举出的在行业中德高望重、又能和政府沟通的人。

十二、行业协会应当与国际接轨

如果说加入 WTO 后第一个要转变职能的是政府，那么加入 WTO 后第二个要转变职能的就是行业协会。中国社会科学院工业经济研究所研究员余晖指出，目前影响国内行业协会发展的主要因素是行业协会的地位不明确、作用空间有限以及有关立法滞后。地位不明确主要表现在大多数行业协会总爱把自己摆在“二政府”的位置，去组织和管理其会员企业，而忽视了它应该首先代表企业的利益。

专家认为，加入 WTO 后，行业协会迎来发展良机，政府机构有一些职能要转给行业组织。行业组织应当充分发挥企业和政府间的桥梁作用，充分发挥行业组织在行业协调、行业自律、国际交流、国际合作以及维护企业合法权益、维护市场公平竞争、反映企业实际问题、推动行业健康发展等方面的作用。

2002 年 5 月 22 日《光明日报》以“中国公证员协会明确非营利性质，协会领导均从执业公证员中选举产生”为题报道：为期两天的中国公证员协会第四次会员代表大会今天在京落幕，大会从职业公证员中选举产生了协会新一届领导成员，实现了中国公证行业历史上新的突破。大会还表彰了 17 家部级文明公证处。本次代表大会通过的《中国公证员协会章程》，明确肯定中国公证员协会是非营利性社团组织，不得从事营利性经营活动。会上，部分公证处发起倡议，订立了行业内的《自律公约》。会议决定，从本届中国公证员协会起，中国公证员协会的所有常务理事、会长、副会长均从执业公证员中选举产生。国家司法部部长张福森高度评价改制的公证处成为执行国家公证职能、自主开展业务、独立承担责任、按市场规律和自律机制运行的公益性非营利事业法人并指出，新形势迫切要求加强公证制度建设。他要求各地继续推进公证工作改革，不断提高公证的公信力，加快公证立法进程，不断提高公证工作的管理水平。

应对WTO 开拓装饰行业协会工作新局面

中国建筑装饰协会常务理事 上海市装饰装修行业协会常务副会长兼秘书长 忻国樑

我们上海市装饰装修行业协会是由原上海市建筑装饰协会和上海市家庭装饰行业协会合并组建而成的。是上海市目前惟一一家实施归并改造的新协会，并由陈良宇市长亲自揭牌。

下面我向大会介绍我们协会归并改造的有关情况及应对加入WTO后新形势，探索行业协会改革发展方向的一些想法。

一、归并改造前两家协会的基本情况

上海市建筑装饰协会成立于1989年4月，原有会员单位500余家，秘书处工作人员8人，平均年龄60多岁。协会在促进行业发展、评选信得过企业、提供咨询服务、交流信息方面做了不少工作，具有熟悉业内情况、工作经验丰富、凝聚力强的特点，但人员结构较为老化，需要通过改造赋予新的活力。

上海市家庭装饰行业协会成立于2001年3月，是根据市政府关于本市家庭装饰行业实行归口统一管理的有关文件精神成立的。协会原有会员单位800多家，个人会员306人，秘书处工作人员22人，平均年龄39岁，大多具有大专以上学历，并有3人拥有硕士学位。协会成立伊始，市建委把协会建设作为转变政府职能的试验田，将部分管理行业的职能有序地转给协会，使行业协会具备了管理行业的功能和手段，明确转移的职能有：有关行业和市场的管理文件，协会有发文权；对违规、违约的处罚，协会有建议权；有关资质和资格的申报，协会有预审权。成立后的一年时间里，协会积极履行市建委委托授权的部分行业管理职能，在探索建设新型协会、加强行业管理、规范家庭装饰市场、促进行业健康发展方面取得了一定的成效，受到会员单位和社会各界的好评。

二、实施协会归并改造的必要性

从产业分类来看，装饰装修业是建筑业的重要组成部分。随着上海城市大规模建设的开展和居民住房条件的改善，上海装饰装修业得到迅猛发展，如今已成为年工程产值500亿左右、直接从业人员达50万人的重要产业。其中，公共建筑装饰和居民家庭装饰，各占近250亿的工程产值。根据现行法规要求，无论是公共建筑装饰还是居室装饰，从业企业都必须具备相应的资质条件，取得建筑装饰装修企业资质证书，因此，行业管理具有政策的一致性和内容的相通性，如果人为分割为两个板块，多头管理，不利于整个行业的发展。

从企业需要来看，企业从自身发展和开拓市场考虑，已不单纯把自己只限定于某一市场领域。相当多的大型建筑装饰企业已开始进入家庭装饰市场，而原来从事家庭装饰类小型工程的企业，在发展壮大的过程，也在开拓公共建筑装饰市场。特别是大型建筑装饰企业进入家装市场，有利于提升整个装饰装修行业的水准，对于规范家装市场，压缩“马路装修队”的市场份额，引导居民消费具有十分重要的作用。因此，组建覆盖全市装饰装修行业的新协会得到了业内会员企业的积极响应和拥护。

从市场变化来看，家庭装饰由于居民装饰要求的个性化及二次装修的存在始终不会消亡，但住宅的全装修市场的发展趋势也同样不可阻挡。住宅全装修工程建设的推进，使公共建筑装饰和家庭装饰的特点进一步模糊，这就要求我们对公共建筑装饰企业和家庭装饰企业进行整合，以适应住宅装饰装修市场的变化。

从应对入世来看，整个装饰装修业将是我国加入世贸组织后受到一定冲击的行业，特别是在装饰设计、装饰工艺、装饰建材方面，我们与世界发达国家还存在一定的差距，需要我们尽快建立统一的行业协会，整合行业企业的资源，应对挑战，提高素质，有效地保护本国装饰行业的利益。

综上所述，公共建筑装饰和居民家庭装饰，作为装饰装修业的组成因素，有工程大小之别，但在行业特性上并无本质不同。装饰装修业作为大类行业，归并改造与之相关行业协会，组建统一的装饰装修行业协会，是优化行业协会布局和结构的需要，是转变政府管理职能，服务装饰装修企业，应对入世挑战的需要。

三、新协会的改革发展方向和目标

我国加入WTO以后，政府管理经济的角度从微观管理转向宏观管理，从直接管理转向间接管理，从部分管理转向行业管理。对行业管理而言，行业协会作用将凸现出来，由“跑龙套”而转为主角，形成“政府——行业协会——企业”组成的新的管理体制，其中行业协会处于中介的地位，起到下情上达、承上启下的作用。作为协会，应该主要做好三个方面的服务工作：

1. 为政府管理服务

对政府而言，行业协会是其宏观政策的贯彻者，是其宏观经济管理的参谋和助手。对协会而言，政府是其权力的授予者，也是其履行职能的监督者，行业协会理应为政府管理服务。首先要认真履行有关政府部门转移的管理职能，把政府宏观管理的政策在行业内贯彻好、执行好。其次，要积极参与政府有关行业经济政策、法规的制订工作，协助政府搞好市场整顿、行业调查等工作，协调社会与行业的利益冲突，成为政府与企业之间沟通的桥梁。近期，我们就在市建委的部署下，开始了对住宅装修、装潢材料市场的整顿工作。

2．为企业发展服务

企业与行业的关系简单地说就是：企业好，行业好；行业好，企业更好。行业协会作为同业经济组织自愿组成自律性团体组织，为企业的服务工作的好坏，是行业协会成败兴衰的关键。首先，行业协会要推动行业发展，致力于解决行业生存、发展中依靠个别企业力量无法解决的普遍性问题，为行业内企业的发展创造良好的环境；其次，行业协会要维护行业利益，处理好行业整体利益与个别企业利益的关系，处理好大企业利益与中、小企业利益的关系，处理好生产者与消费者的利益关系；再次，行业协会要不断开拓新的服务途径，只要企业需要的，不触犯国家政策、法律的，行业协会都应积极去做。

3．为装饰用户服务

由于装饰装修是建筑业的最后一道工序，特别是，由于住宅装饰装修行业是住宅产业链上的最后一个环节，直接面向广大消费者，装饰质量和水平关系到消费者的切身利益。协会应该是装饰供给者与消费者之间联系的纽带，切实维护双方的利益，是行业协会的职责。对消费者而言，协会是企业的代表，是与企业联系的渠道；对协会而言，消费者是企业的"衣食父母"，也是我们服务的对象。

四、我们的体会

1．要提高协会指导能力，必须构筑人才高地

由于我会承担着管理行业的部分职能，又要对数千家企业进行指导，还要做好消费者的投诉接待工作，原先的行业机构和人员结构已不相适应。在市建委和各会员单位的大力支持下，在原两家协会人员的基础上，各方的精兵强将组成了协会秘书处，筑就了行业内的人才高地。30个工作人员中有企业老总、机关干部、研究人员、管理人员，大数具有大专以上学历，并有两位MBA，一位硕士研究生，平均年龄45岁。这支精干的朝气蓬勃的队伍，在为政府提供政策建议、为企业提供咨询服务、提高协会指导行业发展等方面发挥了主要作用。目前，协会有家庭装潢、装饰设计、装饰材料、建筑幕墙四个专业委员会。秘书处设行业管理部、质量监督部、宣传企划部、技术培训部、综合办公室，基本满足了协会日常运作的组织构架。

2．要提高协会工作效率，必须借助先进手段

面对巨大的工作重负，如果仍然按照传统的办公方式、管理模式，即便是再增添人手，再超负荷工作，仍不能解决问题。于是，我们依托先进的网络技术，采用全新的管理模式，实行办公电子化、管理网络化、企业信息化。我们在2001年9月，整合了上海与家庭装饰有关的网站，组建了"上海家庭装饰网——我爱我家"，网站以先进的技术手段为后盾，以新颖的网站策划为支持，以周到的客户服务为纽带，让协会、企业、客户等多方信息在网上形成互动局面。

协会的公告、管理文件、通知等均在网站发布，使许多业内动态在第一时间上网，减少了繁杂开信封、邮寄等事务，不仅大大提高了工作效率，还节约了办公成本。有近百家装企业在网上拥有了宣传自己的网页，并享受了网上发布信息、获得了装修客户信息、推荐自己的设计师、展示样板房、与公众进行网上讨论等服务。这些形象展示和服务内容直接或间接地给企业带来了经济效益，真正让企业尝到了电子化、信息化的甜头。

目前网站的"装饰百科、设计中心、装潢预算、装饰企业，我要装修"栏目成为消费者点击的热点，日点击率已接近18万点，访问者中有20%是回头客，平均游览时间超过15min。

3．要提高协会权威力度，必须增强服务意识

目前，权威性较强的协会，大多具有政府行政执法部门的背景，如工商局的消费者协会、广告协会、技监局的分析测试协会等，而一般的行业协会要提高权威力度必须进一步增强服务意识。我们应该及时了解行业内的动态，尊重企业的权力，知晓企业的需求，充当行业代言人，维护企业的正当权益。说企业想说的话，做企业想做的事。当会员单位自发组织活动时，只要对企业有利，对消费者有利，对行业发展有利，协会就积极支持。如沪上二十家知名家庭装饰企业倡仪实行"质量保证金办法"，自愿交纳20万元委托行业协会进行质量理赔。此举有利于塑造企业诚实守信的形象和提高家庭装饰的社会信誉度，虽然给协会增加了许多工作量，但我们还是欣然接受委托，积极帮助企业出主意、想办法，完善管理措施。这一办法一经出台，得到社会的广泛认同。同时，也提高了协会的权威性和凝聚能力。

各位领导、各位同仁：

我们虽然做了一些工作，但与政府、企业、用户的要求还有一段距离，我们要积极争取中装协的指导，虚心向各兄弟协会学习，在今后的工作中，我们要继续贯彻"为政府管理服务、为企业发展服务，为客户装饰服务"的协会工作宗旨，以行业服务、行业自律、行业代表、行业协调为基本职能，继续探索我国加入WTO以后、政府转移管理职能背景下，行业协会工作的新思路，并针对存在问题进一步做好改进工作，把行业协会办成能够承担行业管理的协会，能与国际行业协会平等对话的新型行业协会，为上海装饰装修行业的发展做出我们应有的贡献。

天生我材必有用　任重道远越从头

——试论中国入世后行业社团的地位、作用及其应对

江西省装饰行业协会　副秘书长　**曾凡珩**

中国入世了。"WTO"这一词语一时席卷神州大地。我们这长达15年的执着追求为的是什么呢？它对行业社团有什么影响呢？

入世的目的说复杂也简单：融入经济全球化大潮，加速复兴中华的进程，真正自立于世界民族之林。

在这个总战略目标下，中国的入世，向行业社团提出了全新的课题，使其既有着巨大的发展机遇，也面临空前的严峻挑战。社团工作者必须充分而清醒地认识这时代的需要，尽快适应这一历史性的变化。

权·位·双刃剑

此刻想描述中国加入WTO后的影响及其效应尚为时过早。但是，入世后对中国"两个根本转变"将产生巨大的推动和深刻影响是毫无疑义的。这种推动及影响作用同样也"与时俱进"。

如果说"长—2捆"火箭能迅速准确将一个空间装置送入预定轨道；那么，加入WTO就是我国实现社会主义现代化的"推进器"和"加速剂"。就是取得一张"世界经济奥林匹克"的"入场券"。中国的入世，必然加快改革开放向纵深、向更广阔领域的发展步伐。在"适者生存"这一铁的规律支配下，我们的国家、民族赖以生存发展的经济基础也将产生巨大而深刻的变化。

马克思主义经典政治经济学告诉我们，一定的经济基础决定并产生一定的上层建筑；上层建筑可以能动地反作用于经济基础。在两者作用与反作用的交替互动中，推动社会不断向前发展并导入良性循环。我们的社会主义建设事业正是沿着这一规律胜利向前。

在国内市场国际化、国际市场规则化这样一个恢宏壮阔的时代背景下，我国的行业社团作为上层建筑的一个组成部分，将因我国经济融入世界经济"游戏规则"而登上舞台，获得历史性的转变。主要表现在以下三个方面：

1．行业社团的地位愈显重要

在逐步完善社会主义市场经济体制及政府不再直接管理企业的新形势下，行业社团有幸能登上历史舞台，构筑"政府——行业协会——企业"管理格局中的重要一环，成为发挥独特的桥梁与纽带作用的中介组织。

2．行业社团职责大大加强

随着政府机构改革和一些职能的转变，一部分原来由政府管理的某些事务，将以权力回归或政府授权和委托的方式，交由行业协会处理。除了行业调研、信息交流、评比表彰、培训教育、规范企业行为、预测行业前景，减少企业和政府的交易成本，从而实现社会资源的最优配置外，行业的产品质量标准、环保要求、价格协调等非关税手段，包括反倾销、应诉等事情也都要由行业社团来承担。所有这些以服务为宗旨的活动，无疑都是行业社团责无旁贷的首要之务。

3．行业社团将实行严格的自律机制

严格的自律机制，将是保证相关行业健康、有序发展和行业社团的这一历史性转变也同步稳定发展的重要前提。

行业社团走向社会舞台充当正剧角色，伴而随之的是它也将在一定程度上拥有某种行业管理的实务性权力。实践表明，在一个"权力"林立而又缺乏某些有效民主监督的氛围里，"权力"的"双刃剑"不可避免地在造福于社会的同时，不经意间也会成为腐败的温床，自毁的"陷阱"。当前，严重的时弊之一就是某些握有行政审批权、执法权的部门个人"腐风如虎"。但是，党和人民群众"反腐倡廉"的坚强意志和恒久决心是毋庸置疑的。"手莫伸，伸手必被捉"。行业社团与国际接轨，走向前台虽属"好事"，比之过去也可说是"位高权重"；但辩证法的无情又告诉我们："福兮祸所伏"。作为社团工作者，我们决不能陶醉在"权力"和掌声之中，必须深刻记取胡长清、成克杰之流的惨痛教训。对所面临的历史性转变保持清醒的头脑，以严格的自律和监督机制来避免重蹈历史的覆辙。这是需要警钟长鸣的。

行业社团上述历史性转变的三个方面，是相辅相成的一个整体。在以服务为宗旨，定位在自律性行业管理组织上的行业协会培育发展过程中，必然要经历一系列整合、磨合的过程。使社团真正成为行业社会活动的组织者、指导者；行业标准、行业法规、行业规划的制订者、执行的监督者；行业自律、发展的管理者以及行业合法权益的维护者。总而言之，行业协会应该成为"三个代表"重要思想在该行业实际贯彻落实的忠实实践者。只有这样，行业社团的社会地位才能获得空前提高，成为在某一行业经济活动的具体实施中政府与企业之间的坚实桥梁和纽带，最终完成由从属地位到主导地位的转换，由被动性向主动性转换和由"官方"、"半官方"向纯民间组织的转换。从而实现本来意义上行业社团的本质回归以及与WTO的国际接轨。

以另类"WTO"应对世贸"WTO"

"WTO"是世界经济秩序的一个象征，一种"游戏规则"。它不是"普遍友爱"的慈善机构。本质上，它是"不断扩大产品销路的需要，驱使资产阶级奔走于全球各地。它必须到处落户，到处创业，到处建立联系。……由于开拓了世界市场，使一切国家的生产和消费者已成为世界性的了。""过去那种地方的和民族的自给自足和闭关自守状态，被各民族的各方面的互相往来和各方面的互相依赖所代替了。物质的生产是如此，精神的生产也是如此。"(《共产党宣言》)

马克思和恩格斯这两位伟人在130年前的描述，几乎就

是当今 WTO 的真实写照。毫无疑问，这种世界经济的“游戏规则”也必然带有资本的原始积累的“胎记”，是以“剩余价值”的占有为前提。只不过它也“与时俱进”地赋予了“双赢”色彩，戴上了“温情脉脉的面纱”。WTO 并不温柔，它不相信眼泪。

了解这一点，对于我们理解和运作 WTO 规则是有好处的。

“任何领域的发展不可能不否定自己从前的存在形式。”（马克思语）我们原来熟悉的计划经济及其“官办”、“半官办”的行业社团将要成为历史。我们不熟悉的世界市场经济和纯民间组织的行业社团，迫使我们要尽快地去认识它，运用它，为行业的振兴发展服务，这是我们社团工作者迫在眉睫的头等大事。

我想从以下三个方面来探讨。

1．正视面临严峻挑战的现实

当我们欢庆“入世”的焰火硝烟还未散尽，一场以技术壁垒和反倾销为主要内容的没有硝烟的全球贸易大战却逐步升温。既然是“大战”，不妨套用军事上一句名言：“知己知彼，百战不殆”来看一看“敌我态势”。据 2002 年 4 月 9 日《北京晚报》披露，迄今为止，我国企业遭遇的国外反倾销调查已达 480 多起，给出口带来的损失超过 100 亿美元。

2002 年 3 月 5 日，美国单方面宣布对中国、欧盟、日本、韩国等几个主要钢铁出口国实施高达 30%的高关税制裁。尽管我国政府对此已向世贸组织提出申诉，但从世界反倾销实践来看，政府或单个企业为提诉人的情况很少，而由本行业利益代言人的行业社团作为提诉人的案件占了绝大多数，而且行业协会出面更为有利。面对全球性竞争，处理国际贸易纠纷的得失成败很大程度上取决于行业社团的发展状况、整体素质和应对技巧。让众多企业担心的是，国内的行业社团能否在关键时刻承担起保护企业正当利益的责任？这个硕大的问号摆在面前已是不争的事实。

专家认为，目前国内大多数行业社团实质是政府机构的外延。它自上而下的“钦定”成立，先天不足缺乏公信力；“三化”式（老龄化、贫困化、官办化）地似有若无，后天失调又缺乏战斗力；由于政策法规不完善（据说一部《社团法》酝酿了十多年还没“酿”出来），行业社团的职能不清，定位不准，使许多行业协会的生存尚难以为继，遑论有所作为？行业社团的活动更缺乏保障力。我们不难想象，一个缺乏公信力、战斗力、保障力的行业社团，要想去与“武装到牙齿”的世界级对手较量，来维护本国、本行业的合法权益该是多么的力不从心，勉为其难。

古人云，“工欲善其事，必先利其器。”在市场经济发达的国家，行业社团具有不可替代的协调、指导功能，它以一种有效的工商管理方式显示出其特有的商业文化传统，呈现出民间组织性、开放性、平等性和互益性等特征。它在国家一些政策和法律的制定、劳资和贸易纠纷的谈判解决，以及行业标准的制定方面，都发挥着极其重要的作用。反观国内行业社团与之相比，几近天壤之别。

在同属市场经济的同一起跑线上，一个地区、一个行业的社团其社会法律地位、处理事务的功能实力以及在全行业的凝聚力、公信力、与那个地区、那个行业的政府主管部门及其领导人对于行业社团的认识和重视程度成正比。改革开放 23 年的现成例子有目共睹：深圳市装饰行业协会早已参与了资质预审、员工培训、工程评优等行业管理工作，率先成立了工会，协会的社会、经济地位大大提高。在业界是公认的排头兵；如今上海市的装饰装修行业协会，前不久又成为上海市的四个调整试点的协会之一。2002 年 4 月 25 日该会成立时，上海市市长陈良宇亲自出席挂牌仪式，电视直播。上海毕竟是老资格的国际大都会，那里的党政府领导对行业协会优宠有加，令人刮目相看。原因就在于上海的领导人深知加速培育发展行业协会对于应对 WTO 规则的紧迫性和重要性。这一重大举措使许多地区行业社团惊煞，羡煞，自愧弗如，但从中可以看到自己命运的走向和希望。

行业社团如何应对 WTO？我以为当务之急是政府与社团要通力合作，联手从内因和外因两个方面来整顿、培育、发展行业社团，加强党对行业社团的领导，充实其有生力量，提升其法律地位，赋予其应有职能，强化其可持续发展的综合素质。这是行业社团应对 WTO 诸多举措中的前提。

2．学习“规则”为我所用

前面谈了“知己”，现在谈“知彼”。不熟悉“游戏规则”茫然上阵，没有不碰壁的。行业社团要想承担好入世后时代赋予自己的重大而光荣的使命，就必须了解、掌握国内外法律法规，特别是 WTO 中涉及本行业的法律法规。帮助会员在全球竞争中提高竞争力，增强对于风险的洞察力和前瞻性的预防能力，建立行业预警机制。尽量减少或避免外国企业利用 WTO 规则给本行业造成各种损害。

专家认为，加入 WTO 后，行业社团面对新的形势，充分发挥行业社团的利益协调机制和加强信息功能至关重要。按照世贸组织的规定，行业社团完全应该充当、也能够充当好企业的代言人及价格协调和应（提）诉组织人，利用世贸组织条款，依法维护国内本行业的利益。政府不可能也不应该永远为企业在国际贸易中充当提诉人。这既不符合改革的大方向，也是与 WTO 规则相悖的。

2002 年 4 月 26 日，《人民日报·东方新闻周刊》以《温州打火机向欧盟讨说法》为题的长篇报道，就是行业社团运用 WTO 规则，维护本行业利益的成功范例。由于事件本身对于揭示并支持我这篇论文的论题极具代表性，请允许我稍稍多占用各位一点宝贵时间。

事件的背景是这样的：2001 年 10 月 2 日，温州打火机协会副会长、温州日丰打火机公司董事长黄发静突然收到贸易合作伙伴、欧洲打火机进口协会会长克劳斯·邱博的一份电子邮件，告知欧盟正在拟定进口打火机的 CR 法规草案。“CR 法规”这几个熟悉的字眼使黄发静大吃一惊：“狼来了！”这份文本的核心内容是：进口价在 2 欧元以下的打火机必须设有防止儿童开启的装置，即须带“安全锁”。1994 年美国出台了针对进口打火机的 CR 法规后，温州打火机在美国市场节节败退，现在出口量只相当于欧洲市场的十分之一。欧盟这份 CR 法规几乎是美国 CR 法规的“克隆”版本。它对于温州打火机的危害简直是致命的。黄发静明白，欧盟的法案实际上是专冲着中国来的，因为惟独中国打火机在2欧元以下。

目前温州拥有打火机企业300多家，年产销金属打火机5亿只，占国内市场的95%，全国出口总量的80%，全球金属打火机市场的70%。欧盟CR法规付诸实施之日，便是温州打火机被“驱逐”出境之时。毫无疑问，欧盟的CR法案目的是抵制中国及远东地区打火机进口，保护欧洲本地产业。这是我国加入WTO后，在国际贸易方面第一次遭遇来自WTO成员方面的技术壁垒。

摆在温州打火机企业面前的路有两条：一是任人宰割，束手待毙；二是奋起抵制，争夺生机。温州打火机协会作为300多家企业利益的代表，毅然选择后者，展开了迎击CR法规的“白刃战”。

于是，打火机协会立马起草了抗辩理由书和报告，对内，逐级上报反映，对外，邀请欧洲打火机进口商协会考察温州打火机企业，结成阻抗CR法规的“欧亚同盟”，并向欧盟标准化委员会以及卫生和消费者保护委员会递交了反对意见书，陈述抗辩理由。与此呼应，还联络欧洲有关媒体，开展舆论攻势。

2002年3月，由打火机协会会长、副会长、秘书长等3人组成协会交涉团，请外经贸部专家带队，组团奔赴欧洲，向有关机构面对面陈述、抗辩。交涉团表示：对欧盟各国保护消费者利益及制定合理、科学的安全标准予以理解，但反对CR法规设置贸易技术壁垒。抗辩理由：一是该法规用价格标准来决定安全标准，不合理，不科学；二是用对自己有利而对他人不利的特定价格（2欧元以下）强制他人履行安全责任，不公平，有违WTO公平竞争原则；三是中国几乎是惟一生产进口价格低于2欧元打火机的国家，CR法规实质上是专门针对中国产品，是一项歧视性措施，违背了WTO的非歧视性原则。交涉团强调指出，温州打火机十分重视安全问题，出口前均已通过国际公认的ISO9994安全标准检测，一些国家因儿童玩打火机造成伤害的案例，均与温州生产的打火机无关，强烈要求取消CR法规草案中对2欧元以下产品的规定。幽默风趣而又语义双关地说：“我们不希望打火机成为双方贸易战的点火器”。

交涉团这种摆事实、讲道理，不卑不亢，援引WTO规则的抗辩、游说，争取广泛的同情与支持，产生了积极效果。欧盟有关组织的官员表示，双方开展沟通，就包含友好的协商性，能更好地促使问题得到解决。假如经投票CR法规获得通过，那么欧盟愿意启动修正立法的程序，修正CR法规，但这需要时间。

交涉团访欧，本身也深受教育，受到震动。到了欧洲才知道，早在1998年，欧盟就制定了CR法规草案。而我们获知此信息整整晚了4年！等到我们走出国门抵制，人家的表决程序已进入倒计时！在这样短促的时间夹缝中，我们还能有多少抵制的回旋余地？无怪法国经济财政工业部工业司一位司长说：“你们来得太迟了！”

温州打火机协会会长李坚说：国内许多外向型中小企业信息闭塞，对国际贸易的新动态、新法规两眼一抹黑。如果4年前得知信息就做出交涉、抗辩反应，我们现在就主动多了。这件事从反面告诉我们，在国际贸易舞台上，熟悉并掌握WTO运行机制和规则是及时掌握主动权的有效武器。

《人民日报》还以《“民间第一团”的勇气》为题评论了此事，称它是中国加入WTO后，我国企业抵制世贸组织成员的贸易技术壁垒“第一仗”。文章盛赞了温州打火机协会维护企业利益的胆识和勇气。

在这一大段的引述中，我想已基本上形象、直观和准确地勾画了中国入世后行业社团的地位、作用及其应对WTO的战略、策略等等，给予我们很大的启发，很深的感触。

3. 练好内功，谋求行业整体利益和发展，是行业社团生存发展的必要前提

“发展是硬道理”。这句至理名言用在行业社团应对WTO的战略来说，一个强大、高效的行业社团是建立在强大的行业——企业群体基础上的，是以全行业中代表先进生产力的那部分最活跃、最富创造力和高效能的力量为坚强后盾的。唯物辩证法告诉我们：事物发展外因是条件，内因是根据，外因通过内因而起作用。在政府和社团这对矛盾着的事物中，如果说政府对行业社团的培育发展是外因，那么行业社团的自立自强则是内因。作为企业代言人、维权者的行业社团，它来自行业、服务于行业，它引导行业，又受制于行业。行业社团的智慧、勇敢和力量是深深植根于全行业的。社团之于行业完全是鱼水关系，相辅相成。温州打火机协会如果没有300多家打火机制企业为坚强后盾（当然还有政府有关部门），它是难以有那么出色表现的。明白这个道理，中国入世后的行业社团就应该以服务为宗旨，把主要精力放在提升全行业综合素质、增强整体竞争力上。在职能上要定位于自律性行业组织管理，做好自律、协调、监督工作。要改善和端正工作作风，以公正、协商的态度赢得企业尊重，以优质服务求得生命力和信誉，以及时有效的协调增强凝聚力和活力，为行业社团营造良好的生存空间和可持续发展的条件。

行业社团要不断进行自我完善。社团主要负责人要有敏锐的政治眼光，坚持正确的政治方向，认真贯彻执行党的方针、路线、政策和国家有关法律法规，以创新精神开创工作新局面；要坚持民主办会，走群众路线，坚持按章程规定的民主程序发挥组织机构的作用，各司其职。使会员企业真切感受到社团给予的帮助和受益，激发参与支持行业社团的内在驱动力，视社团为“会员之家”。

只有行业整体发展壮大了，行业社团才能扎根于深厚基础，树立起良好形象，说话底气足，办事腰杆硬。这和我们国家只有在国力强盛、民族兴旺、团结统一、经济增长的今天，才能在外交、外贸、文化、科研等国际舞台获得话语权一样是一个道理。

* * * * * * * * * * * * * * * *

现在，我想简要说明一下“以‘另类’WTO应对世贸WTO”这个小命题的内涵。众所周知，通常我们说的“WTO”是世界贸易组织的英文缩写。在研讨行业社团如何应对WTO这个问题时，我想用另一种“WTO”来作概括的描述：

（或者说玩点“文字游戏”）

Warlike，意思是挑战的。中国入世将面临严峻的挑战。

Thinking，意指深思熟虑。经过一番冷静、理性、务实的思考，我们将平添信心和勇气，也有了办法。“狼来了”并不可怕，我们敢“与狼共舞”。

Odds—on，意指很有希望赢的。当我们对于世贸的 WTO 有了 Warlike 和 Thinking 的认识，经过全行业同仁的共同努力，通过与政府通力合作，我们在世贸舞台上也将立于不败之地，产生第三个单词——Odds—on。如果一定要把这“另类 WTO”冠以什么复合词组或句子的话，借用一位伟人的名言，叫做“在战略上藐视敌人，在战术上重视敌人。”

Warlike Thinking Odds—on，这就是我所说的“另类”WTO，用以应对多哈城的 WTO 的“秘密武器”。

我们行业社团有幸生逢改革开放和中国入世的年代。在江西，更有幸赶上江西决心突出“不东不西”、踟蹰彷徨的重围，而果敢实施“中部崛起”方略。我们社团工作者应该在江西省委、省政府领导下，遵循江总书记“三个代表”重要思想，身体力行的贯彻省委“开拓进取，开明开放，诚实守信，善谋实干”十六字方针，为实现“江西中部崛起”这一伟大战略而高水平、高质量的做好本职工作。一个以服务为本质特色的行业管理模式将在我们手中诞生，这是一项全新的创造性的事业。

天生我材必有用，任重道远越从头。在新世纪的广阔天地里，江西的行业社团大有可为，将使本行业成为革命老区“旧貌换新颜”的红色列车的组成部分一道高歌猛进。

道路是曲折的，前途是光明的！我们要不懈地努力！

参考文献：

1. 黄白：关于建筑装饰行业协会应对 WTO 的启示。中国建筑装饰，2002 第 7 期

2. 加入 WTO 后企业如何应战，中国建设报

WTO 对建筑装饰五金业的影响

《中国建筑装饰》编辑部　《装饰与五金》编辑部

一、有利的因素

1．有利于扩大对外贸易

根据 WTO 规定的原则，中国加入 WTO 以后，可以享受多边的、无条件的最惠国待遇。这有利于我国扩大建筑装饰五金商品的对外贸易，参与国际分工合作，在国际上争取更大的合作空间，进一步改善我国建筑装饰五金的出口环境，为行业提供新的市场机遇，从而促进我国建筑装饰行业的发展和扩大建筑装饰五金产品的出口量。

2．有利于更多吸引外资

目前建筑装饰五金行业仍属于劳动密集型产业，工业发达的国家有意将建筑装饰五金企业转移到发展中国家。我国建筑装饰五金生产资源丰富，劳动力低廉，生产成本低于发达国家。中国加入 WTO 以后，国外知名的建筑装饰五金企业会利用他们的资金和技术更多地进入中国建立独资的或者合资的企业。他们利用中国的资源和廉价的劳动力，在中国的土地上生产外国的名牌产品，然后占领一部分中国市场并出口到其他国家。客观上看，外资的进入有利于我国建筑装饰五金行业尽快实现现代化，另一方面也有利于一部分建筑装饰五金企业利用外资和国外的先进技术装备发展壮大自己，创出国产的名牌产品，一部分内销，一部分出口到国际市场上。

3．有利于引进和消化吸收国外最先进的技术、装备和管理经验（包括软技术）。

加入 WTO 以后，按照透明度原则，我国建筑装饰五金企业可以与世界各国、各地区进行更直接、更广泛的贸易往来，从而可以快速获得有关的情报信息资料。由于信息灵通，对国际市场行情了如指掌，就可以及时地引进和消化吸收国外最先进的技术、装备和管理经验（包括软技术），增强自身独立创新发展的能力，增强进入国际市场的竞争力，由于掌握准确的信息，还可避免引进过时的技术、装备，防止盲目重复引进。另外，由于加入 WTO 以后进口关税得到削减，企业引进技术、装备和管理经验的成本降低。这对建筑装饰五金企业是十分有利的。

4．有利于加快我国建筑装饰五金行业的结构调整，有利于加快企业优胜劣汰的步伐，有利于加快企业技术改造的步伐。

我国建筑装饰五金行业目前具备出口能力的企业只占少数，能够生产优质的中高档产品的企业也只占少数，多数企业仍生产内销的中低档产品。加入 WTO 以后，建筑装饰五金行业要面对来自国内和国外两个方面的竞争对手，市场竞争必然更加激烈。企业为了生存和发展，必须加快结构调整，比如一部分企业向外型企业转化，一些企业联合起来重组向大公司大集团方向发展，另外一些企业向小而专、小而强的方向转变，多数企业的产品结构要从以中低档产品为主调整到以中高档产品为主。这又有利于加快用高新技术和先进适用技术改造传统的建筑装饰五金产业的步伐。

加入 WTO 以后，形势逼人，有利于加快我国建筑装饰五金行业的结构调整。为了控制总量必须淘汰一大批落后的企业，将一大批劣质低档产品淘汰出局。从全行业来看，加入 WTO 以后，有利于加快企业优胜劣汰的步伐，有利于加快企业技术改造的步伐。这对整个行业向由大变强的方向发展是有利的。经过更加激烈的市场竞争。肯定能涌现出一大批优胜企业，也肯定要淘汰一大批落后企业。

5．有利于促进我国建筑装饰五金行业建立自己的独立的技术创新体系

加入 WTO 以后，面对国外竞争对手的挑战，我国先进

的建筑装饰五金企业将会认识到必须跨越模仿外国产品的阶段，只有独立开发出国内外没有的新产品才是真正的产品创新，才能去占领国际市场。这有利于促进我国建筑装饰五金行业逐步建立自己的独立的技术创新体系。这需要建筑装饰五金企业与科研单位、高等院校进行联合，共同开发新产品项目，努力开拓国内外市场。

二、不利的因素

1．建筑装饰五金企业面临生死存亡的严峻挑战，一部分企业可能产生恐惧心理

加入 WTO 以后，企业就要遵守世界贸易的规则。WTO 强调自由贸易、公平的自由竞争、反低价倾销等等。我国建筑装饰五金企业大多数属于中小企业，目前还存在生产规模小、产品档次低、技术水平落后，企业资金短缺、开工不足等问题，在今后更加激烈的市场竞争中面临生死存亡的严峻挑战。一部分企业可能产生恐惧心理。这是加入 WTO 后对建筑装饰五金企业的负面影响。

优胜劣汰是市场经济的客观规律，不以人的意志为转移。该淘汰的企业就让它淘汰，失业的职工可以重新去寻找工作。不过优胜劣汰不是一朝一夕的事。根据我国的国情分析，有相当一部分条件比较好的中小企业，虽然不生产出口产品，在一段时间内在国内市场上仍然有销路，还能活下去，暂时不会与外国企业发生正面的竞争，没有必要产生恐惧心理。因为国外知名的建筑装饰五金企业首先瞄准了中国中高档建筑装饰五金产品的市场，因此目前国内能够生产中高档产品的大企业首先不可避免要遇到外国对手的竞争。这些大企业也不必害怕，要充分发挥自己的优势去战胜对手，比如原料较便宜，劳动力比较低廉，总的生产成本比国外同类产品低，同类产品市场价格比进口产品低等等。在市场竞争中同等质量同类产品价格低的企业就能占到优势。只有那些本该淘汰的落后企业才会感到恐惧。这些企业的老板应趁早安排好职工的出路。

2．与五金行业相关的配套企业也会受到较大的冲击

加入 WTO 以后，随着进口关税的降低，国外优质、低价的材料、机械装备更容易进入中国市场，并被更多的国内企业采用，因此国内与五金行业相关的配套企业也会受到较大的冲击。这些相关企业也面临着在竞争中优胜劣汰。

3．建筑装饰五金行业严重缺乏懂得国际贸易的管理人才，这对企业参与国际市场竞争很不利

我国建筑装饰五金行业有一部分企业的厂长、经理文化素质不高，管理水平低，根本不懂国际贸易，很难适应加入 WTO 以后的市场竞争。有关部门应组织厂长、经理培训班，给他们传授有关国际贸易的知识。

进一步适应 WTO 需求　开拓国内外石材市场

——记 2002 年厦门国际石材业及技术装备展览会暨石材业发展研讨会

中国建筑装饰协会常务理事　石材委员会理事长兼秘书长　**严克明**

2002 年 3 月 20 日～23 日，由中国建筑装饰协会和厦门市人民政府共同支持、中国建筑装饰协会石材委员会和贸促会厦门分会区同主办、北京伟业达展览有限公司及其代理公司厦门盈拓展览有限公司共同承办的“2002 年厦门国际石材业及技术装备展览会暨石材业发展研讨会”在厦门会展中心举办的。本届展会共有 200 多家国内外厂商参加，近 300 个展位；共接待专业人士 3.5 万人次，境外客商 6221 人次，成交额人民币 3.6 亿元，美元 5600 万元（折合人民币 8 亿多元）。在石材业发展研讨会上，我作了题为“总结过去，开拓未来，抓住机遇，迎接挑战”的专题报告。日本石材商、万里石材集团负责人等也有相关专题报告。此届展会十分成功。

我国自改革开放二十多年来，石材工业在资源开发、加工制造和市场开拓等方面都有了突飞猛进的发展，其标志：一是目前我国建筑与建筑装饰石材储量居世界第一位；二是年消耗石材 6100 万 m^2 以上，消耗量居世界第一；三是建材行业中石材（单项产品）出口创汇第一；四是石材产品产量居世界第一；五是石材产品 2001 年总贸易额近 14 亿美元，其中出口额为近 10 亿美元，约 780 万 t，占世界第二位（仅次于意大利）；六是进口额为 4 亿美元，排在世界第五位（于日本、德国、意大利、美国之后）；七是全国石材企业，包括矿山开采、石材加工和石材经销商已近 2 万家。

我国石材业的飞速发展受益于改革开放政策，以及建筑业和建筑装饰业的快速发展和人民生活水平的总体提高。但是由于我国石材工业发展过快、过猛，也带来了一系列问题和不足。一是行业小、土、散、乱的状况依然严重；二是开采与加工设备与技术，就整体而言，与石材先进国比较仍然落后；三是石材产品贸易渠道还没有形成良性循环的格局；四是国内尚缺少一些能与进口石材相抗衡的高档品种。如果不重视这些问题，不加以调整和科学规划，就难以走集约化的道路，我国石材工业势必后劲无力，不利于我国加入 WTO 后，在新形势下，中国石材工业的生存与发展。

福建省厦门市及其周边地区，包括惠安、泉州、南安、水头等地，是我国石材产品生产与贸易的重要基地，集中了各类石材企业 4000 多家。荒料、板材、墓碑石、石雕刻、石工艺品配套齐全。厦门的石材产品进出口贸易占全国的 70%。选择在厦门举办国际石材展，就是充分利用厦门这个重要窗口，展示中国石材的魅力，吸引更多的国外石材商到中国投资、贸易，进一步起到改变落后，促进先进的作用。

厦门市政府和业内人士对展览十分重视。厦门主流新闻媒体均作了专题报导：

3 月 21 日《厦门日报》以“天下美石云集鹭岛——主办者说，展览会今后将一直在厦举办并使之成为国际品牌”

为题报道：昨日，来自巴西、南非、意大利等16个国家的精美石材、石材加工机械及其他相关服务设施，云集厦门国际会展中心。

中国建筑装饰协会石材委员会理事长严克明在展会开幕式上致辞中说，我国石材工业近20年来有了飞速发展，中国国际石材展选址厦门，是因为厦门对于石材行业有着得天独厚的优势，今后将在厦门一直办下去，办成石材会展的国际品牌。严克明说，我国石材产品的总产量已跃居世界第一，石材进出口总额也是世界排名第一。但是，石材大国不等于石材强国，我们的开采与加工技术设备与先进国家相比，仍有较大差距，产品的贸易渠道还没有形成良性循环的格局。激烈竞争、优胜劣汰，是我国石材业今后的发展方向。他说，厦门港常年堆放着来自世界各地的优质石材100多种，从这里进出口的石材占中国石材进出口总额的75%以上，厦门已成为我国最大的石材贸易基地。不仅如此，在厦门及其周边地区、如惠安、泉州、南安、水头，占尽天时地利，有石材生产企业4000多家，也是我国最大的石材生产基地之一。严克明透露，厦门石材工业区将选址同安区洪塘镇，规划面积3km^2，总投资4亿多元人民币，预计用3年时间建成全国最大的石材加工区。

3月20日《厦门晚报》报道：国际石材展今日开幕，厦门是我国最大的石材贸易与加工基地，厦门港石材进出口占中国石材进出口总值2/3以上。有关专家建言，厦门完全有理由建成中国最具特色的石头城。“作为中国目前最大的石材贸易与加工的城市，厦门完全有理由建成中国最具特色的石头城”。福建省石材协会会长、厦门非矿进出口公司总经理王超展在接受记者采访时如是说。他告诉记者，厦门是我国最大的石材贸易基地，厦门港石材进出口占中国石材进出口总值2/3以上，常年在厦门港堆放来自世界各地优质石材100多种，因此厦门已经是中国名副其实的石头之城了。

然而，知道自己生活在一座石头城里面的市民并不多，更不要说游客了。因为在厦门的城市建设中，用石材来表现城市特色的建筑等，与厦门在中国石材上的重要地位还不相称。譬如雕塑艺术品，王超展先生说：真正的雕塑都应该是石头的。比起用钢材制造的雕塑而言，石材更自然，更具有生命力，历经风雨而难以腐蚀。石头雕塑出来的艺术品，更具有历史的沉淀意味和展现一个民族的性格。

在国外，王超展说，很多雕塑都是用石头来表现的，并且，国外的很多雕塑甚至都是在厦门及周边地区加工后，从厦门港运出去的。他所在的非矿进出口公司，就主要做国际间的石材业务，包括每年为数不菲的石雕艺术品。每年，有许多做石材生意的外国友人来到厦门，对厦门尽管作为石材之城却少有石材之城形象的现象，曾表达过不解。据了解，厦门市目前已经在很多公共场所使用石材，譬如白鹭洲、中山公园、轮渡、国际会展中心等。还有专门的石雕博物馆。但是这还不够。王超展建议，厦门要在街头、公园等地方更多地使用石雕艺术品，甚至可以在城市的规划上考虑到这一点。比如，在道路旁边的市坡上，不是让它空着或者炸掉，而是就势做几个石雕，这样，花费不大，却可以体现出我市浓浓的石头城味道。

3月21日《厦门晚报》以“石材展迎来开门红——厦门石材展已成为展示世界石材业的重要窗口”为题报道：用长江后浪推前浪来形容从“国内”升格到“国际”的今年石材展是最恰当不过的字眼了。从石材展组委会传来的消息称，今年的石材展首日成交量达到了2000万美金，预计总成交量会大大高于去年的石材展。主办单位之一的厦门盈拓展览公司总经理赖国香告诉记者，昨日，前来参展的专业观众就达到了6000多人。组委会事先准备了4000张专业观众票，结果到昨日下午就发现远远不够了。展会现场到中午时分十分拥挤，会展中心的停车场，也是车满为患。

组委会预计，到明天展会结束的时候，专业观众将超过3万人次。据组委会的负责人告诉记者，有厦门周边的石材厂商、做石材贸易的进出口公司，以及来自日本、德国、挪威、意大利等国的厂商。由于福建目前已经成为中国最大的石材生产、加工与贸易地区，因此，这次石材展就成为了展示世界石材业的一个重要窗口。本次石材展共有200多家国内外厂商参加，近300个展位。除室内的展厅外，在会展中心的大门口，还布置了近1000m^{2}的露天展场，堆放了各种石材荒料以备参观交易。

在各种石材产品中，依然是墓碑石成交量最高，其中的约2/3，都把定单给了日本客商。来自南京的某工艺机械厂的厂长拉着组委会负责人的手，连声道谢。他们所展示的一种先进的石雕设备，被观众与厂家围得水泄不通。他说：这个展览比他的预想好几十倍。组委会负责人向记者透露，鉴于厦门在世界石材业上重要地位与本次展会的火热，今后，中国国际石材展都将固定在厦门召开。不过，应日本商家的要求，明年的石材展将推后几天，将在3月底举行。因为日本客商说，3月20日、21日刚好是日本的清明节，他们想鱼和熊掌兼得。

《厦门晚报》19日精心策划的石材展特刊《精美的石头会唱歌》，1000份报纸在现场被一抢而空。成为本次展会的一道风景。记者现场看到，尽管参展商很忙，他们依然抽出时间阅读本报的石头专刊。一参展商告诉记者，晚报的专刊是一份丰富的“套餐”，让大家从多方面了解石头，“听石头唱歌”。石材专刊也传播了一个准确信息——厦门（闽南）确实已经成为了世界石材的加工场。

3月24日《厦门商报》以“国际石材展昨圆满落幕”为题报道：为期4天的2002年中国国际石材工业及技术装备展览会昨天在厦门国际会展中心圆满落幕。据不完全统计，本届展览会接待专业人士近3.3万人次，境外客商6221人次；成交额人民币36529万元、美元5684万，共折合人民币8.37亿元。本届展览会吸引了来自意大利、德国、巴西、印度、希腊、西班牙、日本、台湾、香港等国家和地区的客商参展。会展期间举办的中国石材工业发展研讨会上，来自外经贸部、建设部、中国贸促会、台湾石矿制品同业公会、香港云石商会、日本石材进口商会的有关专家，就加入WTO后的中国石材工业的展望、台湾及香港石材业与祖国大陆合作探讨，日本石材需求及与中国石材工业等热点问题进行了深入探讨。

提高大连装饰行业应对入世能力逐步把行业做强做大参与世界竞争

大连市建筑装饰协会
（二〇〇二年四月十日）

尊敬的大连市建委孙吉春主任、王忠国主任：

现将我会关于“提高大连装饰行业应对入世能力，逐步把行业做强做大参与世界竞争”的报告呈送于您阅，请指示。

大连市建筑装饰协会

二〇〇二年四月十二日

大连市建委主任孙吉春、副主任王忠国的批示

装饰行业前景很广阔，服务领域也很大，这项工作应很好地搞下去，成为大连市建筑业的亮点，请多支持协会工作。

孙吉春

二〇〇二年四月十五日

请建管处、招标处、设计处阅办，按吉春主任意见全力支持。

王忠国

二〇〇二年四月十五日

我国加入世贸组织以后，迎来了我国各行各业发展的机遇和挑战。大连装饰行业如何应对，并落实好省、市政府有关对装饰行业的要求和期望，成为我们装饰协会研究的主要课题，现就一些主要想法提供市建委领导参考。

一、对大连装饰行业的分析

大连装饰行业启始于 1984 年，这一年香港装饰队伍进入我市，对市五金交电、秋林公司、儿童妇女门市装修开始了我市现代装饰的里程，同年我市装饰企业建立。

1．队伍分析

截止目前市建委资源的装饰队伍有 220 家左右，其中一级 3 家，二级 30 家，三级 157 家，还有四级和专业级；市轻工 1996 年成立室内装饰协会，并开展装饰企业资质工作，经资审的企业 600 余家。装饰行业从业人员约 3 万人（不含外来劳务）。

（1）设计队伍。全市从事装饰（室内）设计的人员大约在千人左右，目前加入市装协室内设计研究分会的会员 260 余人。专业的设计企业不多，大部分是设计、施工合一的企业。甲级设计单位 5 家（大装、盛大、设计研究院、壹阁、中信），乙级的 18 家，丙级 3 家。经过十几年涌现了任文东、唐建、刘士海、陈晓蔓、张虎等一批优秀的设计师，但没有形成大牌的设计师。

（2）管理队伍。施工管理方面比较薄弱。虽然通过培训培养了一批项目经理、专业技术人员，但数量不够，质量不高，高层次的管理人才不多，真正能领导大项目的管理者屈指可数。

（3）施工队伍。大连装饰企业经过磨炼在各自的专业范围内有所进展，但真正能担当高层次装修的队伍不多。大连的队伍没有一家做过五星级酒店，虽然有些队伍一段时间也冲出了国门，但都没有占住市场很快退了回来。

2．市场分析

大连装饰市场年公建装饰工程量约在 30 亿人民币，主要以政府项目为主，其次为外资企业项目，集中在酒店、饭店一类工程上。家庭装饰按每年竣工住宅 300 万 m^2（约 3.5～4 万套），加上旧房装修大约每年工程量为 20 个亿。

大连队伍在市场中占有的份额较少，公建约占 20%～30%，其余部分为外省市或境外企业施工。大连工程量完成最多的企业也仅能达到 1.3～〇1.4 亿人民币，年完成 5000 万以上的企业为数不多。为此大连装饰企业有半数经营不景气，部分企业处于半倒闭状态。

1998 年我会组建了家装中心，下辖 4 个家装市场，每个市场家装业务在 15～25 家之间，最多的市场一年仅能完成家装工程量 700～800 万人民币，4 个市场一共也只能完成不到 3000 万，约占全市工程量 0.6%，其余为马路队伍所完成。

装饰行业是个新兴的、劳务密集性行业，按理这个行业对推动经济发展、扩大就业十分有利，为什么大连的情况这样不理想呢？

一是重视这个行业的发展，解决管理上的混乱。说大连对装饰行业不重视谁都会说“不”，但事实上没有真正重视起来。目前行业多头管理愈演愈烈，多年来没有解决，对这个行业怎么管研究的不多。

二是支持行业的发展，为企业创造发展的条件。我市一级企业只有 3 家，深圳有 33 家，全国各地几乎都有深圳的施工队伍，一个企业一年完成几个亿是正常的事，每年给深圳带回了大量税收。我们如何培养、支持行业的发展是应该研究一下了。

大连的队伍不是不想打出去，但一到了评标场上，我们还没靠边已经为资质被淘汰出局了。

二、落实辽宁省领导对大连装饰行业的要求，为应对入世制订策略

最近薄熙来省长对大连城建工作提出了一系列要求，其中第一条就是装饰装修。大连在我国入世、省领导提出高水平要求、市政府提出建立十大装饰企业的思路中如何应对，我们考虑了一个不成熟的想法。

1．行业组合，树立大企业形象

入世是加入世界经济一体化大循环之中，经济一体化是以行业来划分的，其特征是行业的专业化，其运行是资本运行的模式。要达到这个层次，我们大连现有装饰企业能立得住的不多。建筑业、装饰业是国家承诺给国外公司国民待遇最早的行业之一。所谓的机遇就是竞争，这种竞争必须以规模为前提。重新组合大连装饰队伍是当务之计。

（1）以较大企业为主，组织股份联合体。抗风险能力、

解风险能力是企业今后发展必须具备的能力。小企业根本不具备这种能力。以一个较大企业为龙头，把一些小公司靠到一起，利用大企业的资质、信誉、资金等能力扩展业务，把企业做大。其实过去叫挂靠，现在叫股份组合，就是要从形式上确定一下模式，发挥“名牌”效应。

（2）以专业为核心的组合。

行业专业化是必然的趋势，将来一个企业小而全、大而全都会加大成本，减弱竞争能力。专业化的组合有利于企业专业化的发展。将与装饰相关的企业进行联合，比如一个装饰公司，他必须要有空调、消防、幕墙、弱电等等方面的工程进行配套，把这种松散的关系采用股份制的形式固定下来，你中有我，我中有你，把公司做大，即专业化了，防风险能力也加强了。将来工程实行抵押金（或银行保函）是必然的趋势，对资本运营也会有一定的实力。

通过这种组合企业的能力提高了，形象也突出了，在竞争中是团体的力量。这也符合国际当前合理兼并的趋势。

2．加快标准化建设，为参与竞争打基础

加入世贸组织参与竞争实际上是要有个准入的规格，一个标准来进行的，你不符合这个规则你就不能参与竞争。标准化是推动行业发展的杠杆。

装饰行业必须有符合国际质量认证、环保认证、安全生产认证的一系列标准，将来我们在同一个舞台上竞标，没有这些标准化的认证是不能参与的。大连目前已取得其中质量认证的不多。大家还没有这种紧迫感。对一些重点企业进行一系列贯标成为燃眉之急。必须在年底或来年上半年对重点企业首先进行质量贯标，然后再开展其他方面的标准化工作。

3．吸收外部力量，为加快大连装饰队伍水平的提高提供条件

吸收国内外有名的装饰设计师、施工队伍参与大连重点装饰工程的策划、设计、施工对大连队伍的提高是十分有益的，按照省领导的要求立即建立装饰盟友网络，建立信息沟通，即吸收国外的先进理念，又将大连的信息传递给他们，使过境设计这种形式能畅通。同时邀请世界著名室内设计大师对大连设计人员开展培训，提高设计素质。

4．加强信息平台的建立，为企业参与竞争提供方便

没有企业自己的信息平台参与竞争十分困难，因为在竞争中有否企业自己的信息平台是决定你是否可以参与竞争的条件之一。“大连建筑装饰网”已开通，动员企业设立自己的终端，设立自己的网页十分重要，我们将向会员单位发出信息，讲明道理，尽快使主要企业能够与主网联网，建立自己的信息平台。

5．推行“两个分开”的模式，建立相应的劳务市场

所谓推行“两个分开”即：管理与劳务分开，设计与施工分开。企业的重点是管理层，提高管理层的水平是企业发展的关键，劳务实行社会化，劳务层又可分为技术劳务和体力劳务之分。建立专业性设计劳务市场、工人劳务市场。实际上社会上这种市场已形成，只是怎么加强管理。建立劳务市场签订劳务合同，实行统一管理，统一缴税，集中培训，持证上岗，使劳务进入规范化流程。

设计与施工分开，对提高设计水平、发展专业的设计行业十分有利。一批专业性的设计企业有发展的空间。

6．加大培训力度，尽快使装饰行业进入竞争角色

目前大部分装饰企业对入世后企业怎么应对还不是十分清楚，其实入关以后政府谈判的防御战已经结束，各种条款已确定，马上进入了阵地战，这是需要企业直接参与的较量，尤其大连这个开放的前沿城市，各种挑战会从这里开始，装饰行业不会例外。

（1）开展入世知识、规则等方面的培训，让企业领导者掌握相关的知识。

（2）开展各种专业性的培训，提高业务能力。主要包括项目经理、设计师、各专业人员、技术工人持证上岗等等。将做一个详细的计划组织实施。

7．加强家装市场建设，使装饰企业有一个较好的退路

家装是个大市场，是中小企业施展能力的好战场。当前要加强家装市场的管理，核心是完好的服务氛围，从制度上、方法上逐步完善，把质量检查、回修回访、环保检测等各项工作建立健全起来，创造一个良好的阵地，为中小企业在这方面开展工作奠定基础，如果这种诚信形象不能很好建立，将来我们的队伍连退路也没有了。

同时推行嘉丽公司有关小区家装一体化的经验，加快住宅产业化的发展，为家装提供一个好的模式。

8．建立装饰材料物流配送体系，为装饰企业竞争提供保证

降低材料造价是首要项目，高质、高速、合理、安全的配送系统是降低成本、加快工程进度的保证条件。建立物流配送体系是解决上述条件最好的途径。协会拟与相关部门协商逐步建立材料超市，发挥协会“材料价格信息”季刊和网站的作用。尽快组织信息的传递，使配送工作能很快启动。

三、协会的责任与义务

市装协成立 15 年来，在市建委、中装协的领导和支持下开展了各项工作，进入新形势下，协会的工作压力会越来越大，调整思路，跟上时代的要求，会同全行业不断进步是协会工作者的责任。

1．协会必须代表企业的利益

入世后，协会这种行业组织可能越来越专业化，越来越具体化，他必须反映企业的呼声，保护会员的利益，尤其在这种世界经济活动中运行。保护会员的正当利益就是维护民族利益，维护国家利益。

我会已设法律总顾问，尽快组织法律顾问团，必要时吸收国外律师参与，以解决外国法律的解释。

2．为树立企业形象做好基础工作

协会除按常规通过各个渠道对企业形象做必要的工作外，今后将按照国际惯例开展企业排序活动，不能搞评先进活动。通过排序使企业形象更明确，力度更大，更有可信性，这种排序必须建立在真实的基础上，排序工作不应收费。评市建筑工程装饰奖活动等将正常开展。

3．做好组织准备，为协会开展工作奠定基础

在新形势下，协会是行业服务的平台，这个平台必须运行有效而有力，为此加大、加强协会基础建设是根本。在组织上做好准备是前提。

协会目前工作人员 22 人，从素质上看、从数量上看都满足不了新形势的要求，协会拟从社会上招聘具有能力的人参与协会工作。

以上建议供领导参考。

·其 他·

台湾室内设计装修管理办法草案

台湾室内设计装修商业同业公会

第一章 总 则

第一条 本办法依建筑法（以下简称本法）第九十七条之三规定之。

本办法未规定者，适用其他相关法令规定。

为有效辅导与管理室内设计装修业，维护建筑物公共安全，确保建筑物使用品质，特订定本办法。

第二条 本办法之主管机关为主管建筑机关。

第三条 本办法用语定义如下：

一、室内设计装修业：系指经向中央主管机关办理登记及营利事业登记，始得从事建筑物室内设计装修业务之厂商。

二、室内设计师：系指通地室内设计装修技能检定，取得证照，从事室内装修之设计或监造之人员为本业专业人员。

三、专业人员：需具国内大专以上室内设计、建筑、美工、舞台设计、室内布置等相关科系毕业者。及具十年以上经验经验复合格者。

第四条 室内设计装修业得接受委托从事建筑物本体结体以外室内空间之色彩计划、造型设计、动线安排、环保控制、家具布置及装修工程之业务。

第二章 室内设计装修之申请设立

第五条 室内设计装修向中央主管机关申请登记接受管理辅导，应具下列条件：

一、公会会员。

二、资本额新台币叁佰万元以上。

三、室内设计师一人以上。

四、专业监工人员一人以上。

前项登记事项，中央主管机关得委托地方主管机关办理。

前项第二款最低资本额，内政部得视实际需要调整之。

室内设计师资格及考训规定由内政部及相关部会另订之。

室内装修业登记许可者，应发给登记证书，并接受本办法之管理辅导。

第六条 室内设计装修业应于完成公司登记三十日内具备登记申请书，连同下列证件一份，向主管机关申请登记：

一、经济部公司登记证明文件。

二、公会会员证书。

三、资本额证明文件。

四、室内设计师学经历证明文件。

第七条 前条登记申请书，应载明下列事项备查，变更时亦同。

一、公司名称及所在地。

二、公司及负责人印鉴。

三、公司组织及章程。

四、负责人、室内设计师、专业监工人员之姓名、年龄、身份证字号、住址、学经历。

五、其他必要事项。

第三章 室内设计装修之经营

第八条 室内设计装修业经营范围不受登记地域之限制。

第九条 室内设计装修业接受委托办理业务，其工作范围及应收酬金，应订定书面契约，本诚信原则履行义务。

第十条 室内设计师应负工程设计责任；其受委托监造者应负监督该工程之责任。

第十一条 从事供公众使用建筑物及公众得出入场所室内设计装修，应于施工前，依本法有关建筑许可规定，检具申请书、权利证明文件及工程图说向地方主管建筑机关申报核可后施工。

前项审查许可规定，主管建筑机关得委托公会办理，并予建档备查。

第十二条 前条申请书应载明下列事项：

一、建筑物所有权人之姓名、年龄、住址。

所有权人为法人者，其名称及事务所及代表人。

二、室内设计师之姓名、住址、证书字号及签章。

三、建筑物之地址及用途。

四、工程概算。

五、装修期限。

前项第四款工程概算包括室内设计及装修工程，应分别计价。

第十三条 第十一条工程图说包括下列各款：

一、建筑物位置图。

二、建筑物装修空间之平面、立面、剖面图，其比例不得小于百分之一。

三、室内空间各部之尺寸构造及材料，其比例不得小于三十分之一。

四、装修设备图说。

五、施工说明书。

第十四条 室内设计装修业者之负责人及室内设计师不得为其他公司室内设计业之负责人及室内设计师。

第四章 室内设计装修之管理

第十五条 室内设计装修业者有下列情形之一者，应重新办理登记，原领之登记证书应予注销。

一、变更组织。

二、改易名称。

三、更换负责人。

第十六条 室内设计装修业者有下列情形之一者，由所在地主管机关注销登记，层报中央主管机关备查。

一、申请登记不实者。

二、丧失营业能力者。

三、登记证书借与他人使用或冒用他人登记证书者。

四、无正当理由停止营业六个月以上者。

五、停业时，不将登记证书缴存者。

六、违反第十一条规定者。

七、设计或装修行为有重大违失者。

八、连续三年内违反本案或建筑法规规定达三次以上者。

第十七条 室内设计装修业者有下列情事之一者，应向地方主管机关申请核转中央主管机关备查。

一、变更室内设计装修技术人员者。

二、变更公司地址者。

第十八条 室内设计装修业撤销登记或停业处分者，自处分受达日起，不得再行受理委托业务，但已受理委托者，得准其继续至竣工为止。

自行停业者，准用前项规定。

第十九条 主管机关得视需要随时派员检查室内设计装修之业务及财务状况，如有发现不当情事，得限期改善。

室内设计装修业对前项要求不得拒绝。

第二十条 主管机关为辅导室内设计装修业经营，得视需要召集室内设计装修业从业人员办理讲习。

第二十一条 地方主管建筑机关依本办法受理申报案件应予建档，以为建筑管理之依据。

第五章 公会

第二十二条 室内设计装修业应在省（市）、县（市）成立同业公会，并成立全国联合会，

除商业团体法赋予任务外，应执行下列任务：

一、室内设计装修业功能之宣导。

二、与主管机关之沟通协调。

三、办理从业人员之在职进修。

四、业者业务纠纷之协调处理。

五、业界之辅导，纪律维持及法规讲习。

六、受理执行主管建筑机关及其他机关委办事项。

七、其他法令应办理事项。

第二十三条 室内设计装修业之省（市）、县（市）及全国联合会成立仲裁委员会，调解业务营运纠纷。

前项所发生之纠纷，经仲裁后，若归责业者过失，应负损害赔偿之责，并依情节轻重受该主管机关惩戒。

第二十四条 有关室内设计装修业之辅导管理、纪律维持、法规讲习等，由公会研拟具体职业章则条规，经由大会通过后，报请主管机关核定后实施。

第六章 奖惩

第二十五条 室内设计装修业之奖惩办法如下：

一、嘉奖。

二、颁发奖状。

三、公共建筑物室内设计装修优先受领权。

四、其他相关奖励事项。

第二十六条 室内设计装修业者有下列情事之一者，省（市）主管建筑机关得予奖励；特别优异者，呈报内政部奖励之。

一、对建筑法规、室内设计装修技法、防火材料襄助研究及建议，有重大贡献者。

二、对襄助办理公共或灾害预防等有关室内设计装修事项，成绩卓著者。

三、对室内设计装修、国际竞图或学术研究有卓越表现者。

四、对协助进行室内装修实务卓有贡献者。

第二十七条 室内设计装修业之惩戒处分如下：

一、警告。

二、申诫。

三、三个月以上两年以下之停业。

四、吊销营业证照。

第二十八条 室内设计装修业违反本办法规定，经撤销其登记，倘归责于负责人、室内设计师之行为者，视情节轻重，得限制其担任本办法登记之负责人、室内设计师。

第七章 附则

第二十九条 本办法发布日前，已领有登记证书之室内设计装修业者，应于三年内重新办理登记，符合本办法规定者，发给登记证书，逾期未申办者，注销其营业资格。

第三十条 本办法自发布日施行。

台北市室内设计装修商业同业公会章程

台北市室内设计装修商业同业公会

第一章 总则

第一条：本章程依据商业团体法、商业团体法施行细则及其他有关法令订定之。

第二条：本会定名为“台北市室内设计装修商业同业公会”。

第三条：本会以谋划室内设计业务与装修工程之改进，协调同业关系，增进共同利益为宗旨。

第四条：本会以台北市行政区域为组织范围，会址设于台北市。

第二章 任务

第五条：本会之任务如下：

关于“政府”经济政策与商业法令之协助推行及研究，建议事项。

关于会员商品原料、器材之协办、陈列、展览等事项。

关于会员委托证照之申请变更、换领及其他服务事项。

关于接受机关、团体委托服务事项。

关于会员营业上之调查、统计及研究发展事项。

关于同业员工，技能训练及业务讲习之举办事项。

关于同业纠纷之调处事项。

关于会员合法权益之维护，及公益事业之举办事项。

关于国内外同业之联系访问，以提高作业水准事项。

关于社会运动之参加事项。

依其他法令规定应办理之事项。

第三章 会 员

第六条：凡在本会组织区域内经营室内设计装修业依法取得登记证照之公营或民营之公司行号，均应于开业一个月内申请加入本会为会员。

第七条：本业公司、行号申请加入本会时，须填送入会申请书一份及有关证照影印本各两份，并缴纳入会费及一年常年会费，经理事会审查合格后，始得为本会会员。

第八条：本会每一会员应派代表一人出席本会，称为会员代表。前项会员代表以公司行号之负责人、经理人或该公司行号之现任职员年满20岁以上者为限。会员代表得由本会理监事联席会议之决议，推派为出席上级团体之会员代表，代表本会行使职权。

第九条：凡在本市区域内经营室内设计装修工程之业者，经加入本会取得会员资格后，始得发给会员资格证明，以参加上项工程之投标比价。

第十条：会员代表之任期为3年，连派得连任，其有下列情事之一者，不得为之：

犯罪经判决确定尚在执行中者。

褫夺公权尚未复权者。

受禁治产之宣告，尚未撤销者。

受破产之宣告，尚未复权者。

会员代表发生前项各款情事之一而丧资格时，原派之会员，应另派代表补充之。

第十一条：会员推派代表时，应将其履历填写，以书面通知本会，经本会理事会审查合格后，始得出席本会，撤换时亦同。但已当选为本会理、监事者，非有依法解任之理由，不得撤换。

第十二条：会员代表有表决权、选举权、被选举权及罢免权，每一代表为一权。会员代表不能亲自出席会员大会时，得以书面委托其他会员代表代理，但每一会员代表以代理人一人为限，代理人数不得超过出席人数之半数。

第十三条：会员非因公司、行号废业或迁出本组织区域，或受永久停业处分者，不得退会。

第十四条：会员如有变更登记或变更地址时，须实时通知本会。

第十五条：会员代表有不正常之言行，致妨害名誉信用者，经会员大会决议通过后，通知原派之会员撤换之。

第十六条：会员不按照章程规定缴纳会费者，由本会依左列程序处分之：

劝告：欠缴会费满3个月者。

警告：欠缴会费满6个月，经劝告而不履行者。

停权：欠缴会费满9个月，经警告仍不履行者，不得参加各种会议、当选为理、监事及享受一切权益。

第十七条：会员违反章程公约或决议，经本会予以警告无效时，得予停权处分。

第十八条：公司行号不依法加入本会为会员者，应以书面通知，限期3个月内入会，逾期不入会者，报请主管机关通知其于 3 个月内入会，逾期再不入会者，由主管机关处1500元以上10000元以下罚款。

第十九条：会员欠缴会费满一年，经停权仍不履行者，得报请主管机关，处 1500 元以上。10000 元以下罚款。公司行号停业满一年尚未复业者，经查明属实，提经理事会通过注销其会籍，报请主管机关备查，并分送发证机关。

第四章 组织及职权

第二十条：本会置理事27人，监事9人。均于会员大会时，由会员代表互选之，并分别成立理事会、监事会。选举前项理、监事时，应同时选出候补理事9人，候补监事3人，遇有缺额时依次递补，以补足本任期为限。

第二十一条：当选理事、监事及候补理、监事之名次，依得票多寡为序，票数相同时，以抽签定之。如一人同时当选理、监事或候补理、监事时，应由当选人当场择一担任，否则以得票较多之职位为当选，票数相同时以抽签定之。

第二十二条：理事以无记名连记法互选常务理事9人，并应由理事就常务理事中，以无记名单记法选举1人为理事长。由理事就常务理事中，以无记名连记法选举1～2人为副理事长，以协助理事长会务运作。

第二十三条：理事长综理一切会务，并对外代表本会，理事长因故不能执行职务时，由常务理事互推一人代理之。

第二十四条：监事会设常务监事3人，由监事中用无记名单记法互选之，并互推1人为召集人，监察日常会务，财务帐务。如监事会召集人因故不能执行职务时，得由常务监事依序行使职权。

第二十五条：会员大会之职权如下：

选举及罢免理、监事。

通过及修正章程。

通过年度工作计划、经费预算及事业计划。

审议理事会、监事会及会员——会员代表——提议事项。

会员之处分。

财产之处分。

会员营业之统筹。

清算人之选任及关于清算事项之决议。

第二十六条：理事会之职权如下：

选举及罢免常务理事及理事长。

执行会员大会之决议案。

召开会员大会。

通过会员入会及出会。

拟订年度工作计划，经费预算决算及事业计划。

通过聘用或解聘会务工作人员及考核其工作勤惰。

遇有紧急重大事项，不及召开会员大会时，得先为必要之措施，于会员大会时，报请追认之。执行法令及章程所规定之任务。理事会得提名次届理监事候选人选举参考名单。

第二十七条：常务理事之职权如下：

执行理事会之决议。

襄助理事长处理日常会务。

第二十八条：监事会之职权如下：

监察理事会执行会员大会之决议案。

监察理事会会务执行情形。

审核理事会各种报告书类。

稽核理事会财务收支之状况。

第二十九条：理、监事之任期均为3年，其连选连任者，不得超过1/2，理事长之连任以一次为限。理、监事任期届满召开会员大会改选前，应造具印信、档案、业务、财务、财产及人事等清册，俟下届理事长选出后15日内，不论理事长是否连任或新任，均应办竣，新旧任交接手续，并将各该清册，报请主管机关核备。理事长及常务监事应具台湾籍，并在台湾境内有住所者。

第三十条：理、监事有下列情事之一者，应即辞职，其缺额由候补理、监事依次递补：

丧失会员代表资格；

因故辞职，经理事或监事会决议通过者；

连续缺席理、监事会两次，除公假外、连续请假两次视同缺席一次；

有重大不当或不法行为，经会员大会解职、罢免或由主管官署令其退职者；

其所代表之公司行号，依规定退会或经停权或注销会籍者。

第三十一条：本会理、监事为非专职。

第三十二条：本会聘总干事1人、秘书1人、办事员3人，承理事长之命办理会务，由理事长提报理事会通过任免之，并报请主管机关核备。上项会务人员服务规则及办事细则另订之。

第三十三条：本会视业务实际需要，得设置各种委员会，委员会不得对外及另立经费预算，其组织规定另订之。

第五章　会　议

第三十四条：本会会员大会分下列会议，均经理事会之决议，由理事长召集之：定期会议，每年定于3月至4月之间召开，但遇有特殊情况或实际需要时得调整之。临时会议于理事会认为必要或经会员代表1/5之请求或监事会函请召集时召集之。前项会议，不能依法召集时，得由主管机关指定理事1人召集之。

第三十五条：本会会员大会之召集，应于15日前通知，但因紧急事故召集临时会议，经送达通知能适时到会时，得不受此限制，并均应报请主管机关派员指导监选。

第三十六条：本会会员大会之决议，以会员代表过半数之出席，出席代表过半数之同意行之。但下列各款事项之决议，应以会员代表2/3以上之出席，出席代表2/3以上之同意行之。

章程之变更。

会员及会员代表之处分。

理事、监事之解职。

清算之决议及清算人之选派。

第三十七条：本会会员大会之决议，以会员代表过半数之出席，出席代表过半数之同意行之，出席代表不满过半数者，得以出席代表过半数之同意，进行表决，在3日内将其结果通知各代表，于一星期后两星期内重行召集会员大会，以出席代表过半数之同意，对其进行表决。

第三十八条：理事会、监事会应分别举行会议，每3个月至少举行一次，候补理事候补监事均得列席。

第三十九条：理事会、监事会之决议，各以理事、监事过半数之出席，出席过半数之同意行之。但理、监事之辞职应以理事或监事过半数出席，出席人数2/3以上同意行之。

第四十条：理事、监事开会时，不得委托代表出席。

第六章　经费会计

第四十一条：本会之经费收入如下：

入会费新台币3000元会员入会时一次缴纳。

常年会费每月500元，全年6000一次缴纳，并于每年第一个月缴清，但遇有购置会所增加设备或举办展览等工作时，得经主管机关核准，由会员按其等级或其它方式酌增缴纳之。事业费，由会员大会筹集之。

委托收益。

基金孳。

第四十二条：会员退会时，所缴会费概不退还。

第四十三条：本会之预算、决算，每年应编造报告书，送监事会审核后，提报会员大会通过，并报主管机关备查。

第四十四条：会计年度，每年1月1日始至同年12月31日止。

第四十五条：本会解散时得以会员大会之决议，选派清算人，不能选派时，由本会或利害关系人，声请所在地之地方法院推定之。

第七章　附　则

第四十六条：本会解散或撤销时，其剩余财产，应依法处理，不得以任何方式归属个人或私人企业所有，应归属自治团体或“政府”所有。

第四十七条：本章程未规定事项，悉依商业团体法施行细则及其它有关法令办理之。

第四十八条：本章程如有未尽事宜，经会员大会决议，呈准“台北市政府社会局”修改之。

第四十九条：本章程经会员大会决议，呈准“台北市政府社会局”备案施行。

市场经济 WTO与 装饰协会 装饰行业

——2002年春节读保罗·萨缪尔森和威廉·诺德豪斯合著的《经济学》(第16版)笔记及有感

黄 白

保罗·萨缪尔森是美国第一个诺贝尔经济学奖获得者(1970年),曾任美国总统肯尼迪的经济顾问;威廉·诺德豪斯也是美国杰出的经济学家之一,曾任美国总统卡特的经济顾问。萨缪尔森的这部经济学教科书是1998年的第16版,是学习市场经济必读的经典著作。

人们都说重要的是转变观念。所谓转变观念,我认为其实就是转变思维方式。

在市场经济条件下,需求决定供给。WTO的规则,就是市场经济条件下世界贸易——整个经济运行的规则。中国已加入WTO,中国建筑装饰协会和建筑装饰行业如何适应WTO的需求或说怎样应对,现在大家都在进行研究。

我认为,适应WTO的需求就是进一步提高市场化的程度,或说更为接近市场经济。我们应该一边学习WTO的规则,一边研究市场经济,一边探求建筑装饰协会的运作规律,一边促进建筑装饰行业的可持续发展;互相补充,互为参照,他乡之石,学以致用。

读保罗·萨缪尔森和威廉·诺德豪斯合著的《经济学》(第16版),同时也是根据中国建筑装饰协会第五届理事会提出的"二次创业"的工作思路,所进行的一点思考。

何谓建筑装饰市场与协会代表谁的利益

市场经济是一部复杂而精良的机器,它通过价格和市场体系对个人和企业的各种经济活动进行协调。它也是一部传递信息的机器,能将成千上万的各不相同的个人的知识和活动汇集在一起。在没有集中的智慧或计算机的情况下,它解决了一个连当今最快的超级计算机也无能为力的涉及亿万个未知变量或相关关系的生产和分配问题。并没有人去刻意地加以管理,但是市场却一直相当成功地运行着。

市场经济中,没有一个单独的人或组织专门负责生产、消费、分配和定价等问题。因此说,政府就不应对建筑装饰工程产品进行定价。但行业社团却可以根据WTO的规则,协调建筑装饰工程产品的行业价格。同理,政府也不应对建筑装饰工程设计定价。

市场(market)应被理解成:是买者和卖者相互作用并共同决定商品或劳务的价格和交易数量的机制。市场的关键特征是将买者和卖者汇集在一起,共同决定商品的价格和成交的数量。市场是一种机制。行业协会是代表买者或卖者的利益,去实现行业利益最大化。

如此,建筑装饰市场就可以被理解为:是建筑装饰工程的买者和卖者相互作用并共同决定这种商品或劳务的价格和交易数量的机制。

建筑装饰工程的买者,包括公共建筑装饰工程的投资者和家庭装饰的消费者。建筑装饰工程的卖者,即生产建筑装饰工程的厂商,其主体是建筑装饰工程设计和施工的承包商,还包括建筑装饰材料的制造商和销售商,是一个以建筑装饰工程承包商为主体的社会利益集团,并以此构成建筑装饰行业。

建筑装饰的行业社团组织,代表的是建筑装饰工程的卖者——生产厂商的利益,去实现建筑装饰行业利益的最大化;既不能代表公共建筑装饰工程的投资者的利益,也不能代表家庭装饰的消费者的利益,而只能代表生产厂商。旅游饭店业协会代表旅游饭店投资者的利益,消费者协会代表家庭装饰的消费者的利益。

中国建筑装饰协会代表的是全国建筑装饰工程生产厂商的利益,去实现全国建筑装饰行业利益的最大化。地方建筑装饰协会代表的是本地方建筑装饰工程生产厂商的利益,去实现本区域建筑装饰行业利益的最大化。

故此建筑装饰行业自律才说得通,自的是建筑装饰工程生产厂商的律。

比较优势与走出去、多元经营、WTO的对策

比较优势(comparative advantage),又称相对优势或比较利益,是指:根据机会成本比较一种物品的生产者。机会成本是指:为了得到某种东西所必须放弃的东西。我国很少讲究机会成本,更少谈比较优势。

比较优势原则认为,如果各国专门生产和出口其生产成本相对低的产品,就会从贸易中获利。或者反过来说,如果各国进口其生产成本相对高的产品,将从贸易中获利。这一简单的原理为国际贸易提供了不可动摇的基础。是经济学中最深刻的真理之一。

比较优势的逻辑是:考虑到这样一种情况,本地最好的室内设计师同时也是当地最好的打字员。那么这位室内设计怎样分配他的时间呢?他应起草自己的设计投标文件并自己打字吗?或者他把打字的工作交给秘书去做?显然,这位室内设计师应将自己的主要精力集中在装饰工程的设计竞标活动中。因为在这种工作中,他的相对或比较优势的技能能够被最有效地利用,尽管他同时在打字和室内设计工作上都有着比别人绝对出色的技能。我们也可以从秘书的角度看这件事。她是一位好打字员,但她的设计投标文件可能缺少坚实的室内设计基础且错误很多。在制定设计投标文件和打

字两方面，她的效率都绝对地比那位设计师要低。但就她本人而言，她在打字方面具有相对或比较高的效率。

在这个例子中，我们可以看出，当室内设计师专门从事设计投标工作，而秘书专门负责打字时，就会带来最高的效率。比较优势来源于专业化。

因此，最有效率和最富生产性的专业化模式，是个人、企业或国家都集中精力从事相对或比较而言比其他的人、企业或国家效率更高的活动。这也意味着，某些人、企业或国家也许会被专业分工在某些领域，虽然这些人、企业或国家的绝对效率或许比其他的人、企业或国家低。即使一个人、企业或国家的绝对效率比其他的人、企业或国家都高或都低，每个人、企业或国家也仍然在某些产品上拥有相对的优势，而在另外一些产品上处于相对的劣势。

如公装和家装、室内装饰工程和幕墙工程、承包商与材料制造商与销售商等，各自均拥有相对的优势和相对的劣势。问题的关键，一是集中精力，二是做比别人更有效率的事。

这也是建筑装饰工程生产厂商再也不能搞什么"一业为主，多种经营"、"多元化经营战略"的最具有说服力的劝解。

贸易生财的思想是经济学的核心见解之一。我国近年来倡导的"走出去"就是根据比较优势原则。由此我们可以推断，建筑装饰工程生产厂商若想从本地"走出去"，无论是国内还是国外，一定是其生产成本相对低的产品，才会从贸易中获利。否则这不是找赔吗。反过来说"请进来"，建筑装饰企业若想采购材料，一定是其生产成本相对高的产品，将从贸易中获利。

企业如此，人也是这样，如调动工作、招聘雇员、作报告、听讲座、学习、调研、交友、婚姻、转会等。

我们不能简单地说"走出去"，而应针对特定的地区或国家具体地找出自己的比较优势，才能行动；也不能经验式的"请进来"，也应具体地找出自己的比较优势，才能运作。

研究中国建筑装饰行业面临WTO的对策，探求建筑装饰生产厂商提高核心竞争力的措施，制定中国建筑装饰协会"二次创业"的量化指标，策划项目，实施步骤，都就是要找出自己的比较优势。一个部门、一个家庭、一个人，也是如此。

需要是发明之母与激烈竞争是创新最基本的动力

什么是创新的最基本的动力？市场经济国家最主要的经验是"需要是发明之母"（中国的另一项经验是"失败是成功之母"。）换句话说，企业间和行业间的激烈竞争是确保创新的最基本的动力。正如运动员试图超过其竞争者时能取得最好成绩一样，当竞争优胜者获得名誉和财富，而落后者则可能破产时，企业就会受到刺激去改进它们的产品和工艺流程。

这就澄清了以往关于创新与竞争关系的一个误区，嫌建筑装饰行业内竞争太激烈了，企图用行政或人为的手段减轻业内竞争的激烈程度，如用资质限制建筑装饰企业成立的数量等。因此，鼓励和维护这种"激烈竞争"，就是表彰和推动创新。

建筑装饰企业改进设计和施工，争创优质建筑装饰工程最基本的动力，是来自业内激烈竞争有可能导致破产的刺激。因此，创新是企业生存的需求，激烈竞争是创新最基本的动力，就解释得通了。

激烈的竞争既涉及国内也包括国外的竞争对手。就技术落后的国家而言，来自国外的竞争对于采用先进技术，确保市场的竞争活力是十分关键的。因此，WTO"机遇大于挑战"之说就解释得通了。

政府要转换给社团的是什么职能协会为何要"二次创业"

在包罗万象的政府职能中，政府对于市场经济主要存在四项职能：提高效率、增进平等、促进宏观经济的稳定与增长、执行国际经济政策。

一是政府通过促进竞争、控制诸如污染这类外部性问题以及提供公共物品等来提高效率。公共物品是指既无排他性又无竞争性的物品。

二是政府通过税收和支出项目等手段，向某些团体进行有倾斜的收入再分配，从而增进平等。如向贫困、受灾地区人民的转移支付。

三是政府通过财政政策和货币政策保证宏观经济的稳定和增长——在鼓励经济增长的同时减少失业，降低通货膨胀。

四是执行国际经济政策。如对WTO的承诺。

除此之外，均不属于政府经济职能之内。政府所谓转换的职能，即不属于上述四项职能的职能——原本就不属于政府的职能。行业协会所接收的政府职能，即原本属于协会的职能。政府转换职能与协会接收职能，是同样需要制度创新的事情，或说政府有多难社团就有多难。做一名出色的社会活动家不比当一个优秀的政府官员容易。

政府职能，即对社会的服务，我国叫做管理，市场经济国家多称为管制，即管理市场不灵或市场缺陷。政府转换职能，一方面是现在国务院要求政府部门退出行业管理，而进行市场管理，如原国家工商局升格为正部级的国家工商总局，建设部已由专业经济部门转为综合经济部门；另一方面是原政府行业管理的职能，转交给行业社团承担。

服务市场和服务行业的社会资源进行了符合市场化进程和WTO要求的重新配置：政府服务市场，社团服务行业。正如2002年2月6日国家新闻出版总署致建设部的批复"关于同意创办《中国建筑装饰装修》杂志的函"（新出报刊[2002]129号）中所指出的中国建筑装饰协会的办刊宗旨是："坚持四项基本原则，贯彻江泽民同志'三个代表'重要思想，指导全国建筑装饰装修行业健康发展及企业管理，规范建筑装饰装修市场。”这也可以视作中国建筑装饰协会服务行业的主要任务。

在新形势下，协会如何接收政府转换的职能并进行高层次的行业服务，是我们亟待认真研究和解决的首要问题。

所以，中国建筑装饰协会第五届理事会领导会长马挺贵、常务副会长兼秘书长徐朋根据中国加入WTO和政府转换职能新形势发展的需求，在2001年6月协会换届后不久就提出了“二次创业”的工作思路，实为远见卓识之举。

他们到任半年多就创办了协会公开出版发行的刊物《中国建筑装饰装修》，实现了协会成立17年来的理想，为行业办了一件大好事，可谓马年开门红——马到功成。

资本（资本品）与装饰装修产权

我们知道，经济资源的三大生产要素是土地、劳动和资本。前两大生产要素通常称为基本或初级、初始生产要素。

资本（或资本品）(capital or capital goods)，是一种被生产出来的要素，一种本身就是由经济过程产出的耐用投入品。资本品的基本特征是，它既是一种投入又是一种产出。资本品主要有三类：一是建筑，如住宅、工厂；二是设备，包括耐用消费品，如汽车，耐用生产设备，如装饰装修施工机器工具、计算机；三是投入和产出的存货，如经销商推销过程中的汽车、装饰装修材料。资本品也有市场价值，人们能够以物品的任何出售价格购买和出售资本品。资本品在资本品市场上买卖。

如此说来，既然建筑是资本品，那么同理，装饰装修——建筑装饰工程这种物品也是。建筑装饰工程属于资本品，是三大生产要素中的资本——耐用投入品——建筑物的产权所有者权利行为生产出来的物品，是建筑物产权所有者的资本财产。

有时我们想，业主装饰装修的权利是哪里来的？产权与装饰装修是什么关系？在保罗·萨缪尔森和威廉·诺德豪斯合著的《经济学》（第16版）中，目前我发现惟一有“装修”字样的地方正是对资本（资本品）的刻画：“产权赋予资本所有者使用、交换、装修、挖掘、钻孔或利用其资本品的权利。”

产权，是指个人或企业所拥有、购买、出售和使用资本品及市场经济中其他财产的能力。这些权力通过法律制度予以实施，法律制度使经济得以在一定范围内运行。

产权，也可以理解为是一种对资本品或资本财产所拥有、购买、出售和使用的能力，即人们对自己拥有的资源行使权利的能力。以此类推，知识产权，是指个人或企业所拥有、购买、出售和使用知识的能力。房屋产权，是指个人或企业所拥有、购买、出售和使用房屋的能力。装饰装修产权，则是指个人或企业所拥有、购买、出售和使用装饰装修的能力。室内设计产权，则是指个人或企业所拥有、购买、出售和使用室内设计的能力。

业主即资本财产所有者。装饰装修的业主即装饰装修资本财产的所有者。装饰装修产权，即个人或企业所拥有、购买、出售和使用装饰装修的能力，赋予业主装饰装修的权利。我们说尊重业主，就是指尊重业主装饰装修的权利。我们要求业主尊重我们室内设计的产权，就是指尊重我们室内设计的权利。

尽管家装是以私有财产为基础，但产权还是有限的。你的家也不是你的堡垒，家装并非可以为所欲为，你必须遵守相应的法律。

有意思的是，保罗·萨缪尔森和威廉·诺德豪斯在《经济学》（第16版）中指出：个人占有资本并能从中获取利润，是资本主义的实质所在。

赚钱能力与出租自己

我们常说，要尊重劳动，究竟尊重什么？作为三大生产要素的劳动是商品吗？

非常有趣的是，最有价值的经济资源，即劳动，不能像私人财产那样成为可以买卖的商品。自从废除奴隶制以来，将人的赚钱能力视为一种其他的资本财产，这是违法的。你并不能自由地卖出你自己；你必须在某个工资价位将自己出租出去。

劳动能够创造财富，即人的赚钱能力。尊重劳动，即尊重人的赚钱能力——人创造财富的能力。你不能将你的雇员的赚钱能力像装饰装修那样作为资本品，即像私人资本财产那样作为商品去拥有、购买、出售和使用。劳动不能买卖，劳动力可以买卖。赚钱能力属于三大生产要素中的劳动，既不属于商品，也不能无偿使用，也不是“一颗永不生锈的螺丝钉”。最重要道理的是：雇主对自己雇员的劳动——赚钱能力不拥有产权。

由于有了符合《劳动法》的劳动合同的存在，契约使你不能将自己的劳动力自由地卖出去。工资报酬是什么？是你劳动的收入，是你出租自己的租金，是你自己价值的体现，是你出卖自己劳动力的价格。这就是为什么市场经济的国家和地区以及我国的“三资”、民营企业叫“雇员”而不称“职工”、叫“解雇”而不说“解聘”的解释。

雇员，包括政府雇员、社团雇员、企业雇员。从老百姓到军人，从政府雇员到协会雇员，从企业雇员到协会雇员，既不是万里长城，也不是一蹴而就。你必须在某个工资价位将自己出租出去，此言含义十分深刻。

从服务是商品看协会发展会员收取会费有高层次服务的意义

改革开放后最大的成就之一，就是人们认识到“服务也是一种商品”。这在保罗·萨缪尔森和威廉·诺德豪斯在《经济学》（第16版）关于货币历史的描述中（378页）得到了证实。这使我产生了一些联想，欲作几点探讨。

一是社会团体的“双向服务”功能。我一直不明白，既然政府是为全社会服务的，那怎么又出来一个为政府服务的社会组织？政府和社团究竟是应该谁为谁服务？或是互相服务的关系？或是委托与被委托的关系？

二是社团为政府服务，政府要不要给付服务费？如建设部委托中国建筑装饰协会主编制定国家标准《住宅装饰装修施工规范》、对晋升建筑装饰甲级设计资质的企业进行行业（专家）审查，均曾拨款。制定标准规范、审查企业资质，现在都还是政府行为，政府委托协会并拨款，体现了社团为政府服务，政府给付社团服务费的制度，说明政府要付服务费。

政府委托的事宜，就是当然的为政府服务吗？其实应该是政府委托协会为社会服务吧——协会为社会服务？如此说来，就不存在协会为政府的服务了吧？

政府委托协会或协会协助政府的其他服务呢？如制定政策法规、行业调研、提供行业信息咨询服务等。

三是政府服务。社会付给政府的服务费已通过税收转化为政府的行政开支。如在政府职能范围内的服务则不应该收费。那么政府有时候为什么还要收服务费或管理费呢？如证书费等。这是否应属于政府的采购范畴？

四是政府转换职能。政府职能，对社会的服务叫做管理，市场经济国家多称管制。政府转换职能，一方面是现在国务院要求的政府退出行业管理，而进行的市场管理，如原国家工商局升格为正部级的国家工商总局，建设部已由专业经济部门转为综合经济部门；另一方面原政府行业管理的职能，转交行业社团承担。

政府向社团转换的政府职能——服务项目，是否应向协会支付服务费用？因为协会是靠会员缴纳的会费，而不象政府是靠纳税人养活。

五是社团向会员收会费。既然协会向会员提供了服务，就理所当然的要收会费，会费可以视作会员用于向社团给付或购买协会向会员提供服务的费用。反之，若会员不交会费，协会则理所当然的不为其提供服务。市场经济条件下，天下没有免费的午餐。

当然，会费的意义还不止于此，尚包括协会运作的多项成本：自养的基本生活费，营造、经营协会的损耗，为政府服务的开支，真情实意的感情投入，为会员、为行业、为社会提供高层次公共物品的制作费用等，还有其中的劳务成本。只有当社团运作的收益大于成本时，协会才能良性发展，企业、行业才能良性发展。在这点上，与企业、与个人也一样。

收会费难。一是收难，但为什么有的地方协会就能在95%以上，如北京、深圳、上海建筑装饰协会；二是收全额会费难（按协会章程规定每家会员每年1500元），但为什么有的专业委员会就能在100%，如信息咨询委员会（2001年发展会员200多家）。

与其说是收会费难，不如说是你发展会员难，更不如说是你为会员服务难；也许不仅是提供高层次的服务难，而且就连一般性的服务也难。试想一个常年仅为会员提供几本甚至没有几本会刊的协会是做的何等层次的服务；会员对这样服务层次的协会交会费或全额会费，能认为值当，会心甘情愿吗？如果协会不能提供高层次的“双向服务”，就发展不了预期的会员，就收不到预期的会费。

你所能收到的会费，应恰好等于会员对你所提供的服务层次的满意度。正如有的业内企业说装饰行业不行，讲这话的人与其说我们行业不行，不如说你自己不行，哪有说行业不行之理，况且本业年均发展速度仍高达20%以上，这样的行业哪找去。

所以，中国建筑装饰协会新一届理事会领导会长马挺贵、常务副会长兼秘书长徐朋提出的新时期协会工作的思路：以“三个代表”为指导思想，“二次创业”为指针，研究协会工作规律，提供高层次的“双向服务”，提高企业、行业应对WTO的核心竞争力，促进行业大发展大提高，切中了上述问题的要害，是十分深刻和正确的。

所以，信息咨询委员会秘书长田万良在2002年2月1日“中国建筑装饰协会专业委员会秘书长联席会议”上指出的：争取有数量、有质量的发展会员并全额收取会费，办好会刊，应作为新一年衡量协会及其专业委员会服务层次的客观标准和依据之一，是很有见地的论断，体现了发展才是硬道理。

约翰·梅纳德·凯恩斯早期的一句名言在今天仍然没有过时：“是企业创造并增进了世界财富。当企业顺利运作时，无论是否节俭，社会财富都会积聚起来；而当企业停滞不前时，无论如何节俭，财富都会逐渐耗竭。”所以，我们的政府和协会真应为建筑装饰生产厂商好好服务才是。

建筑装饰行业劳工人力资源特点与行业培训、技术进步要点

研究经济增长的经济学家已经发现，经济增长的发动机必定安装在相同的四个轮子上，无论是穷国还是富国。这四个轮子：一是人力资源（劳动力的供给、教育、纪律、激励）；二是自然资源（土地、矿产、燃料、环境质量）；三是资本（建筑、装饰装修、机器、道路）；四是技术（科学、工程、管理、企业家才能）。

随着资本、劳动力、资源等投入要素的增加，我们可以预计产出也会增加。不知怎的，市场经济国家和地区多叫“劳工”——劳动工人的简称吧。我国过去也叫，现在不了。

中国建筑装饰协会发表在2001年12月24日《光明日报》上的一项研究表明，我国建筑装饰行业从业者现已约达850万人。我国从事建筑装饰工程劳工的人力资源供给十分充沛，除20多万为室内设计人员外，施工者多为从农村不断向城市转移进来的剩余劳动力——民工。据国家劳动和社会保障部就业司在2002年2月24日《北京晚报》上发表的关于对北京、天津、广州、深圳、西安等全国24个大中城市今年需求招用新民工行业的调研报告，称主要集中在四大行业，居第一位的就是“建筑家庭装饰行业”，占48%；其他的为纺织服装行业20%、机械电子行业11%、饮食服务

行业 8%。其中 90%以上的岗位要求达到初中以上文化程度，80%的岗位要求熟练工人。中国建筑装饰协会办公室主任兼行业自律委员会办公室主任王本明在不久前一篇有关家装的论文中精辟的指出：建筑装饰行业面临的这一问题，是如何将农民转变成为城市的产业工人。

劳动力投入，包括劳动力数量和劳动大军的技术水平。很多经济学家认为，所投入的劳动力的质量，如劳工的技术、知识和纪律性，是一国经济增长的最重要的因素。一个国家、一家企业可以购买最先进的室内设计软件、装饰装修施工机具，但是这些资本品只有那些有技术的、受过训练的劳工才能使用并使它们充分发挥作用。提高劳工的阅读能力、健康程度和纪律意识，以及电脑操作技能，都将极大地提高劳动生产率。

由此可见，面对我国建筑装饰工程劳工多为农村剩余劳动力——前农民的特点，当前行业的培训要点建议是：以提高建筑装饰工程劳动力的质量为目标激励模式，着重提高劳工的技术、知识、阅读能力、健康程度和纪律意识，以及电脑操作技能，包括室内设计从业者。

技术进步更主要的是以一种无声的、不为人察觉的方式，不断以微小的改进来提高产品质量和产出数量。偶尔也会有些技术变革产生划时代的影响，给人们留下难以磨变的印象。如我国 20 世纪 80 年代出现并形成的现代建筑装饰装修，特别是玻璃幕墙。建筑装饰行业技术进步经过 20 多年的潜移默化，使建筑设计院的能力远落后于建筑装饰企业，以至现在多数建筑设计院仍不做室内设计，特别是幕墙施工图。

我们总结建筑装饰行业的技术进步，如果从“以一种无声的、不为人察觉的方式，不断以微小的改进来提高建筑装饰工程产品质量和产出数量”入手，将不是一件难度特别大的事。同理，关于企业的技术进步、人的技术进步也一样。

政府与协会的比较优势

发展经济学家根据几十年、几十国的经验，就政府如何推动经济迅速发展问题，得出如下结论：要建立和维护一个健康的经济环境，政府的作用至为重要。政府必须推崇法治，强调合同的有效性，并使其管理制有利于竞争和创新。通过对教育、医疗、交通设施的投资，政府在开发人力资源过程中可起到重要作用。但在政府没有比较优势的部门，政府干预必须尽可能的小。在那些市场不灵信号明显的领域，政府应当集中精力加以管理；而在那些政府具有相对劣势的部门，政府应当取消管制和解除干预。

长期以来，协会工作的突出特点是：干多也行干少也行或干多干少一个样，政府既没什么表扬也没什么批评。造成这种情况的原因是多方面的。其中之一是：协会，是一个政府没有比较优势的部门。

我国是一个在计划经济方面有着 30 多年经验的国家，由计划经济向市场经济过渡才 10 多年的历史，此时，政府的比较优势可能在计划经济而不在市场经济，在管理而不在服务，在微观操作而不在宏观调控，在管行业而不在管市场，在管企业而不在管协会。因此，政府对协会既没什么表扬也没什么批评，协会自然也就没有什么来自政府服务的激励和监督的压力。既然政府没有对协会支出什么服务和监督的成本，所以就没有什么管理的收益。若长期成本大于收益，政府则更没有什么动机和动力管协会的事了。

“干多干少一个样”是典型的计划经济，中国决心走市场经济之路，就是要破除“大锅饭”。如今政府、国企都不能吃“大锅饭”了，但协会却几乎成了当今全国实行市场经济的真空。中国加入 WTO 和政府转换职能，中国建筑装饰协会第五届理事会提出的“二次创业”，就是从外部和内部打破协会这种仍实行“大锅饭”的真空状态。

中国建筑装饰协会新领导会长马挺贵、常务副会长兼秘书长徐朋在 2001 年 6 月换届后不久，就惊人的发现了协会这一规律。同时被发现的还有：如果没有很好的政治责任感，就干不好协会工作；如果没有敬业精神，就完不成协会任务；如果没有一定的工作能力，就实现不了高层次的“双向服务”目的。无论是中国建筑装饰协会还是地方建筑装饰协会，目前都有一批忠诚于协会工作的干部，这是行业最宝贵的财富。做协会工作就是凭借着对我国建筑装饰事业、行业、企业的忠诚。这就是新时期中国建筑装饰协会的比较优势。

协会“二次创业”的工作思路，就是提高新时期中国建筑装饰协会比较优势的有效途径。

会长马挺贵、常务副会长兼秘书长徐朋最近指出，当前，我们要认真研究如何营造和经营协会。营造协会，包括营造协会的品牌、与会员企业的和谐气氛、与地方建筑装饰协会的合作精神、提供高层次“双向服务”的能力；经营协会，包括在市场经济条件下，协会的竞争和策划能力，策划项目，创造工作，自养自立，定性定量，在提高面向社会有偿服务的能力的同时，提高面向行业为会员企业更多无偿服务的能力。这就是新时期中国建筑装饰协会提高比较优势所采取的有力措施。

短短半年，中国建筑装饰协会第五届理事会就找出了协会本身的比较优势，以及提高协会比较优势的有效途径和有力措施，这是极富制度创新的举措。

需要防止的另一个倾向是，在政府没有比较优势的协会，政府干预必须尽可能的小。

什么是政府该管的：在那些市场不灵信号明显的领域，政府应当集中精力加以管理，如建筑装饰工程环境质量、不公平竞争、地方保护、室内设计收费等不符合 WTO 的领域。

什么是政府不该管的：在那些政府具有相对劣势的部门，政府应当取消管制和解除干预，如建筑装饰工程定额造价、质量验收、企业资质审查、标准规范制定等符合 WTO 的领域。

·全国建筑装饰企业应对WTO战略研讨会·

会议综述

对全行业具有重要指导意义的大会

——全国建筑装饰企业应对WTO战略研讨会综述

《中国建筑装饰》编辑部 观察员

一、会议简况

为了贯彻“三个代表”重要思想，分析WTO给我国建筑装饰市场、行业、企业带来的挑战和机遇，提出今后的工作方向和应对措施，增强了全行业可持续发展的能力，2002年4月8日～9日，由中国建筑装饰协会主办，湖北省建筑装饰协会、武汉建筑装饰协会、中国人民解放军建筑装饰协会共同承办的“全国建筑装饰企业应对WTO战略研讨会”在九省通衢的历史文化名城——武汉市滨湖大厦举行。

会议同时召开了中国建筑装饰协会会长办公会议和全国建筑装饰协会秘书长工作会议。

会议得到中国建筑装饰协会、湖北省、武汉市建设行政主管部门、建筑装饰行业社团领导及相关专家、学者的高度重视，出席会议的有中国建筑装饰协会名誉会长张恩树、会长马挺贵、常务副会长兼秘书长徐朋，湖北省建设厅副厅长武孟灵、建管处处长徐武建、武汉市建委副主任李永平、唐昌海、建管办副主任陈邂馨；中国建筑装饰协会副会长：深圳市建筑装饰（集团）有限公司董事长兼总经理汪家玉、凌云科技集团有限责任公司董事长陈木林、北京港源建筑装饰工程有限公司董事长王波、上海市建筑装饰工程有限公司总经理谢建伟；国家对外贸易经济合作部国际经济贸易研究院跨国经营研究部主任邢厚媛研究员、清华大学经济管理学院企业管理系经济学博士胡左浩副教授；中国建筑装饰协会副秘书长张京跃、房箴；湖北省建筑装饰协会副秘书长何木松、武汉建筑装饰协会会长彭国云、秘书长郭伟、中国人民解放军建筑装饰协会秘书长沙启云等。

大会分别由中国建筑装饰协会副会长汪家玉、王波、副秘书长房箴、武汉建筑装饰协会理事长彭国云主持。

参加会议的200位代表来自北京、天津、上海、重庆、湖北、河北、山西、黑龙江、吉林、辽宁、山东、江苏、安徽、浙江、江西、福建、河南、广东、四川、贵州、陕西、甘肃等22个省直辖市的建筑装饰协会和重点建筑装饰企业。中国建筑装饰协会行业发展部、会刊《中国建筑装饰》编辑部、办公室、组织联络部、培训管理部、培训中心，信息咨询、铝制品、五金、工程、化学建材专业委员会等11个部门的负责人。

参会代表的积极性是空前的，如会议召开时间，正值北方地区沙尘暴再次肆虐，长春市出现历史上从未有过的强沙尘暴，飞机既降不下来，也起飞不了，吉林省建筑装饰业协会秘书长张文学、吉林建工学院建筑装饰学院董事长孙爱东、吉林省鑫源装饰装修有限公司总经理鲁奎章等一行人在长春机场滞留了11个小时后，于开会当天8日中午才赶到会场，其精神感人至深。

新华社通讯社国内新闻编辑部记者刘红灿、《经济日报》总编室编辑陈学慧、《中华建筑报》总编邓千、记者姚锋、建设部信息中心《中国建设动态》记者李燕赤、《中国改革报·管理周刊》记者白明星、《中国建设报·装饰天地》记者杨洁，以及武汉电视台、《湖北日报》、《长江日报》、《武汉晚报》等10多家新闻媒体到会采访。

在会议开幕式上，马挺贵会长、武孟灵副厅长、唐昌海副主任相继讲话。在闭幕式上，张恩树名誉会长做了重要讲话，马挺贵会长做了重要报告。

在大会上，徐朋常务副会长兼秘书长、胡左浩副教授、邢厚媛研究员相继作了具有指导性的主题报告。来自北京、上海、湖北、深圳、黑龙江、吉林、辽宁、江苏等8省市的代表提交高质量的论文25篇，因时间之故其中有16人在大会上进行了主题发言，既有企业的，也有协会的；既有公装的，也有家装的；既有室内装饰的，也有外装幕墙的；既有民营、合资的，也有国企的，代表了业内各主要方面的意见。

会议期间，武汉市主管城建的常务副市长涂勇会见了中国建筑装饰协会的领导。湖北省建设厅副厅长武孟灵、建管处处长徐武建、武汉市建委副主任李永平、唐昌海、办公室主任唐汛、建管办副主任陈邂馨等当地建设行政主管部门的负责人与中国建筑装饰协会领导交流了工作意见。

4月9日武汉电视台作了专题报道。会后，中国建筑装饰协会领导考察了部分武汉地区知名重点建筑装饰企业。

二、开幕式上领导讲话

中国建筑装饰协会会长马挺贵首先讲话，他说，今天我们在美丽的东湖湖畔，滨湖大厦召开全国建筑装饰企业加入WTO以后的战略研讨会。首先我代表中国建筑装饰协会对行业的同志们，在座的各位在装饰行业的发展中所作的贡献表示衷心的感谢，对大家在百忙中出席今天的会议表示热烈的欢迎。

他指出，经过15年的艰苦谈判，我们加入了世贸组织，标志着我国的经济溶于了世界的经济，进入了一个全方位对外开放，我国的经济和国际接轨这一新的时期。入世对我国经济生活的各方面都产生了深刻的影响，对我们建筑装饰行业也是全方位的十分巨大的影响，带来了巨大的挑战和机遇。如何应对入世后的挑战，是我们全行业所有企业、所有做从业人员当前都在思考的重要事情。各地方的建设行政主管部门、各地协会都在以各种形式、召开各种会议来探讨入世后的应对战略，一些有远见的企业也在结合自身的情况，研讨自己的发展战略。中国建筑装饰协会一直注视着中国入世的过程，也在思考着我们全行业如何应对入世后对全行业的要求。今天大家聚集在一起，参加会议的有22个省直辖市的近200名代表，就是要共同探讨和研究入世后给我们企业和行业带来和影响和变化，结合我们建筑装饰行业的发展趋势和中国建筑装饰协会提出的“二次创业”的目标，研讨我们所面临的新形势，认识WTO的规则，提出我们行业应对的策略。

他指出，为了开好这次会议，湖北省建设厅、省建筑装饰协会、武汉市建委、市建筑装饰协会和中国人民解放军建筑装饰协会都为这次会议作了大量细致的工作，不仅领导重视，而且从会议的安排，会场的选择、接待、筹备等方面做了大量的工作。让我代表中国建筑装饰协会和与会的代表对湖北省建设厅、武汉市建委、湖北省和武汉市建筑装饰协会和解放军建筑装饰协会表示衷心地感谢！在这次会议上，湖北省建设厅的武孟灵副厅长和武汉市建委的唐昌海副主任还要为我们作专题介绍。为了开好这次会议，我们还专门邀请了外经贸部邢厚媛研究员和清华大学胡左浩教授等专家作入世后的发展战略报告，对此我们表示热烈的欢迎。为了开好这次会议，我们的企业也作了一系列准备，很多大企业从战略上作了认真的思考，提交大会论文25篇，16位将在会上介绍他们的经验，对他们的工作我们也表示衷心地感谢。我们希望通过这次高峰论坛，能给全行业的同仁们以新的认识和启迪，共同推动中国建筑装饰行业入世后能取得新的发展。最后，我预祝会议取得圆满成功！预祝大家的事业兴旺发达！

湖北省建设厅副厅长武孟灵接着讲话，她说，此次各位领导、各位专家、全国重点建筑装饰企业的企业家来我们湖北进行建筑装饰企业应对WTO的战略研讨，我代表湖北省建设厅，向大家表示热烈的欢迎，并祝参会的各位代表在湖北工作顺利，身体健康！

她指出，经过15年的艰苦谈判，中国终于加入了世贸组织。这对于中国的经济发展和社会进步将产生重大影响。“世界贸易组织”是国际经济一体化的产物，人们称之为“经济联合国”。中国成为这个国际大家庭的一员，其历史意义不亚于1978年中国实行改革开放的决策。入世，将翻开我国改革开放的新篇章。同其他行业一样，对于建筑装饰行业来讲，既是机遇又是挑战。建筑装饰业有它的特殊性，今天，我们有幸请到国内有造诣的有关专家和一些重点建筑装饰企业的企业家就此开展一些有益的探索，这对于入世后我国建筑装饰业的健康发展有着重要的意义，必将促进我们湖北建筑装饰业的发展。改革开放以来，同全国各地一样，湖北省建筑装饰业得到了突飞猛进的发展。到2001年，湖北省有建筑装饰装修企业1500多家。全省完成建筑装饰产值150多亿元。近几年，湖北省建筑装饰的发展速度远远高于全省同期国民经济的发展速度。全省建筑装饰业的从业人员近三年来稳定在20万人左右，占整个建筑业从业人员的1/6。建筑装饰业的发展，为城乡待业人员创造了大量的就业机会，为扩大内需，促进国民经济持续、稳定、健康向前发展做出了重要贡献。

她表示，湖北省建筑装饰业的进步，不仅表现为量的扩张，更重要的是表现在质的进步。这主要表现在一级企业增多，优质工程不断涌现。2001年，湖北省创省优装饰工程30项，在全国建筑工程装饰奖的评选中，经过激烈的角逐，湖北省武汉建银大厦室内建筑装饰工程，华中电管局综合楼幕墙工程等7项工程荣获“全国建筑工程装饰奖”，以往由港澳等地的装饰队伍垄断湖北高级装饰市场的局面已得到了根本的改变。经过几年的努力，我们逐步形成了自己独特的装饰风格，这就是把现代装饰科技同浓郁的楚文化相结合，如湖北剧场的“琴台觅知音”的造型设计、湖北省委洪山礼堂的黄鹤编钟造型设计等，别具一格。而武汉凌云建筑装饰工程有限公司，以精湛的技术，优良的工作作风，对用户高度负责的精神，使装饰精品不断涌现，其中“凌云 18 幕墙”已成为国内著名的品牌。他们巧用“外脑”，已成功地跻身国际市场，在美国匹兹堡中标一幕墙工程。这说明我们的企业已有了进军国际建筑装饰市场的实力。

她强调，但我们也应清醒地看到，同国内先进地区，如广东、深圳等地相比，湖北省建筑装饰业的整体素质还有较大的差距，需要在实践中不断提高。这次到湖北来开会，欢迎大家给我们湖北传经送宝，以促进我们湖北装饰业更加健康、稳定、持续地向前发展，促使我们的建筑装饰企业提高核心竞争力，提高建筑装饰业的整体素质，从容面对入世挑战。在此，让我代表湖北省建设厅及湖北建筑装饰业的同仁再次向大家表示衷心地感谢。

武汉市建委副主任唐昌海表示，今天全国建筑装饰企业应对 WTO 战略研讨会在武汉东湖之滨隆重开幕了，我代表武汉市建委向会议表示热烈的祝贺！向中国建筑装饰协会的各位领导，向来自全国 20 多个省市的装饰协会、中国人民解放军建筑装饰协会以及行业精英、建筑装饰专家表示热烈的欢迎和诚挚的问候！

他认为，中国已正式加入 WTO，建筑装饰行业也随之溶入国际市场。市场的开放必然给我们的企业、行业带来冲击。入世后，我们建筑装饰行业将会有什么变化，国际性的行业竞争有什么规律和特点，我们如何适应入世后的新形势的要求，在思想和行动上应作好什么准备，进行哪些调整，这些都是实实在在必须应对的重大课题。今天来自全国有关 WTO 的权威人士、资深专家、以及各地协会、重点建筑装饰企业的领导共同研究和交流应对 WTO 的战略，必将给我们建筑装饰行业提高整体竞争能力，占领国际市场带来深远的影响。武汉市是湖北省的省会，是全国中部的特大城市，改革开放以来，特别是近十年来我市的建筑装饰有了快速的发展，整体水平有了明显的提高，并逐步向全国的先进行业看齐。武汉地区获得鲁班奖、装饰参建奖、全国建筑工程装饰奖的工程总数有 21 项，在全国同类城市在位居前列，装饰行业已成为我市经济发展的一个新的经济增长点。随着人们生活水平的提高，住宅装饰装修也成为我市广大居民消费的新热点。去年，我市住宅建筑竣工面积是 600 万 m^2，可是住宅销售的面积超过这个总数，住宅建设的快速发展同时促进了住宅装饰装修的快速发展。武汉同全国其他兄弟城市一样，建筑装饰的快速发展必将拉动整个经济的发展。

他强调，这次战略研讨会在武汉召开，对我们是一个鼓励和鞭策，也是我们的极好学习机会。希望我们武汉的企业要利用这次会议的机会虚心地向兄弟城市和兄弟企业学习，抓住机遇，大胆探索，积极进取，提高我们的市场竞争能力，为建筑行业的发展而努力。武汉市是一个有 800 万人口、滨江滨湖有山有水的美丽繁华的城市，基础设施建设、环境建设、小区建设、旧城改造这几年也有很大发展。我真诚地邀请各位领导、会议代表在会议期间能多住几天，走一走，看一看，给我们多提宝贵意见。最后，我祝大家生活愉快，身体健康，事业成功。祝会议圆满成功！

三、大会主题报告

徐朋常务副会长兼秘书长运用他 2001 年 6 月到中国建筑装饰协会前，在中国最大的建筑业企业——中国建筑工程总公司任副总经理并主管海外工程十多年的丰富经验，以及 9 个月来对我国建筑装饰行业的认知，提出了“入世后建筑装饰业市场环境的变化和几点战略性思考”。为时两小时的主题报告，引起大家关注。

胡左浩副教授，主要从一个程序管理上阐述了制定企业战略的程序和步骤，以及企业成功的实施企业战略的关键因素有哪些方面。在理论上论证了“制定企业发展战略的程序、步骤和实施的关键因素”，使人更加理解到，企业发展战略是有一整套先进理论支持的，理论指导实践的意义。

邢厚媛研究员主讲的题目是“加入世贸组织对我国建筑装饰企业的影响和对策思考”，她知识广博，占有大量的信息资源及亲自参加谈判的经历，使二小时的演讲引人入胜。

四、大会主题发言及论文

因时间关系，25 篇论文得以在大会上进行**主题发言的相继有 16 位：**

中国建筑装饰协会副会长、深圳市建筑装饰（集团）有限公司董事长兼总经理汪家玉：明确思路，加强管理，应对 WTO 新挑战。

中国建筑装饰协会副会长单位、武汉凌云建筑装饰工程有限公司总经理曾文涛：WTO 与幕墙企业创新。

中国建筑装饰协会副会长、上海市建筑装饰工程有限公司总经理谢建伟：以有特色的核心竞争力来应对入世。

武汉建筑装饰协会副会长、武汉旺轩建筑装饰有限公司董事长高健：中国加入 WTO 与装饰行业的发展。

中国建筑装饰协会副会长、北京港源建筑装饰工程有限公司董事长王波：加入 WTO 后 建筑装饰企业必须及时调整人才策略。

湖北省建筑装饰协会副会长、中建三局装饰设计工程公司总经理毛国强：转变观念，加快调整，全面应对 WTO 挑战。

中国建筑装饰协会常务理事、吉林建筑工程学院建筑装饰学院董事长孙爱东：以人为本，加速人才培育，是中国建筑装饰行业应对 WTO 战略的根本举措。

湖北省建筑装饰协会副会长、湖北龙泰建筑装饰工程有限公司董事长许春建：不断提高企业自身素质，从容面对入世挑战。

中国建筑装饰协会常务理事、黑龙江国光建筑装饰工程有限公司总经理魏光：从国际装饰工程承包看应对 WTO。

中国建筑装饰协会常务理事单位、武汉华达建筑装饰工程有限公司副总经理潘俊：抓住机遇，把华达装饰公司做强做大。

中国建筑装饰协会理事、澳连建筑装饰工程有限公司副总经理张颖：通过与国外设计高手合作，提升中国建筑装饰设计应对WTO水平。

武汉建筑装饰协会家装委员会副会长、武汉天立装饰工程有限公司总经理汪玲：诚信经营，迎接挑战。

武汉建筑装饰协会常务理事、武汉澳华装饰工程有限公司总经理张智勇：中外合资企业在应对WTO中的作用。

江苏省建筑装饰协会常务理事、江苏香江华建工程有限公司董事长倪影辉：与时俱进，诚信发展。

中国建筑装饰协会常务理事、深圳洪涛装饰工程公司总经理刘年新：提高装饰企业核心竞争力，是应对WTO的生存法宝。

中国建筑装饰协会常务理事单位、深圳海外装饰工程公司总经理高岗：认清形势，转变观念，主动应对，勇于竞争。

书面发言的有9位：

中国建筑装饰协会培训管理部主任兼培训中心主任王燕鸣：入世将加速人力资源的开发和建设。

湖北省建筑装饰协会副秘书长何木松：学习熟悉WTO规则，提高企业核心竞争力。

中国建筑装饰协会副会长单位、深圳市建筑装饰（集团）有限公司设计研究院院长姜峰：我国装饰设计如何应对WTO。

湖北省建筑装饰协会常务理事、湖北省珠江龙装饰设计工程有限公司董事长李兴儒：中国入世与装饰设计的发展。

中国建筑装饰协会理事、武汉建工集团装饰工程有限公司董事长严振华：加强企业自身改造，迎接入世挑战。

湖北省建装饰协会理事、武汉凌宏建筑装饰工程有限公司董事长兼总经理阳德广：装饰企业的核心竞争力与WTO。

吉林省建筑装饰业协会常务理事、吉林省鑫源装饰装修有限公司总经理鲁奎章：参加“东北三省大型装饰企业应对WTO座谈会”的思考。

中国建筑装饰协会理事、湖北鼎元建筑装饰工程有限公司董事长兼总经理程新明：加入WTO，中国建筑装饰领域新较量。

中国建筑装饰协会理事、沈阳飞机制造公司铝合金结构工程公司总经理冯玉良：实现“四个接轨”，应对入世挑战。

五、闭幕式领导讲话报告

大会闭幕式上，中国建筑装饰协会名誉会长张恩树首先讲话，他认为，此次研讨会是一次学习、促进和动员的会议，开得很好。他主张，参加WTO以后，这个应对，不应当采取消极的防守，而是应当以进攻的姿态，以进攻的姿态去打这个阵地战。他告诫，从全行业来出发有两种倾向需要注意：一是盲目乐观，二是盲目悲观。发挥我们成本的比较优势，一定要采取非常积极的姿态走出去。这方面，建筑装饰协会责任重大。我们熟悉的东西有的过去了，不熟悉的东西逼着我们去学习，这就是充电，所以人才竞争，就以人为本，吸纳人，培养人，包括培养我们自己。

中国建筑装饰协会会长马挺贵作了题为“关于建筑装饰行业应对WTO的几点意见”的报告。他评价，两天的战略研讨会开的非常有成效，大会发言和经验介绍内容丰富、内涵深刻、非常宝贵，有高度、有深度，即有前瞻性、又具有实用性、可操作性，这些经验和建议，不仅使我们在加入WTO后的国际意识有了很大的提高，而且使全行业的思想认识水平和应对WTO的操作水平有了较大的提高。所以，我们这次研讨会，是一个积极探索的大会，是对行业具有指导性的大会，也是一次成功的大会。他的报告分三大部分：一是提高全行业的WTO意识，积极应对建筑装饰行业面临的挑战和机遇；二是应对入世挑战当前要做的主要工作；三加强协会的自身建设，提高协会应对WTO的能力。他强调，我相信，通过我们努力工作，我国建筑装饰行业一定能够排除阻力和困难，迎来光辉灿烂的明天。

六、会议筹备的成果

本次大会是中国建筑装饰协会主办、地方建筑装饰协会承办组织得最好的行业重大活动之一。湖北省建筑装饰协会、武汉建筑装饰协会、中国人民解放军建筑装饰协会作为此会议的承办单位，为会议的成功举行付出了很大的努力，进行了为时半年的精心筹备工作。武汉建筑装饰协会会长彭国云、秘书长郭伟、副秘书长吴淑敏、秘书李光华、家装委员会主任邓葭芬、湖北省建筑装饰协会副秘书长何木松、中国人民解放军建筑装饰协会秘书长沙启云、组织委员会主任梁亚平等协会领导及全体工作者全力以赴，具体策划、组织、落实、运作。

武汉地区20多家知名重点建筑装饰企业为会议保障给予了积极、坚定的支持，体现了难能可贵的行业公益心，如武汉华达建筑装饰设计工程有限公司、武汉凌云建筑装饰工程有限公司、中建三局深圳装饰设计工程公司、武汉旺轩建筑装饰有限公司、德信物业发展（武汉）有限公司、湖北龙泰建筑装饰工程有限公司、武汉中洲装饰工程有限公司、武汉天立家庭装饰工程有限公司、普时（武汉）建筑安装工程有限公司、武汉高鹏装饰工程有限公司、武汉澳华装饰设计工程有限公司、湖北珠江龙装饰设计工程有限公司、武汉恒华装饰工程有限公司，以及湖北高艺装饰工程有限公司、武汉建工集团装饰工程有限公司、武汉凌宏建筑装饰工程有限公司、豪强装饰工程（武汉）有限公司、湖北凌志装饰工程有限公司、湖北鼎元建筑装饰工程有限公司等。

七、会长办公会议

2002年4月8日晚，中国建筑装饰协会会长办公会议在武汉滨湖大厦召开。会议由中国建筑装饰协会会长马挺贵主持。出席会议的有名誉会长张恩树、常务副会长兼秘书长徐朋、副会长汪家玉、陈木林、王波、谢建伟，副秘书长张京跃、房箴，行业发展部主任兼会刊《中国建筑装饰》主编黄白、办公室主任兼行业自律委员会办公室主任王本明列席了会议。徐朋通报了中国建筑装饰协会近期的主要工作：

1. 三个文件：一是《关于贯彻民政部、建设部有关加强协会分支机构建设的若干意见》（中装协[2002]016 号），二是《关于使用中国建筑装饰协会名义举办各类活动的管理办法》（中装协[2002]017 号），三是《中国建筑装饰协会各专业委员会发展会员及收取会费的管理办法》（中装协[2002]018 号）。强调协会秘书处内部实行全员合同、岗位聘任制度。专业委员会秘书长必须是专职人员。

2. 原协会副秘书长谢少宁 2002 年 3 月 1 日请辞，另有任职，不再介入中国建筑装饰协会的工作。

3. 将于今年 7 月召开协会五届二次常务理事会。会议内容和文件事先征求副会长意见。

4. 关于协会内部机构的整合。原协会陶瓷卫生洁具委员会由西安迁京，现正筹备。

会议商量研究的工作：

1. 为使会费收取体现会员在行业协会中的地位和作用，根据国际惯例和国家民政部的有关规定，对会费收取进行改革。

2. 关于 2002 年由中国建筑装饰协会组织的“全国建筑工程装饰（设计）奖”、“全国建筑工程（家装）奖”的可行性、评选办法、工作细则等相关工作事宜。应充分多听取各方面的意见，特别是全国建筑装饰协会秘书长工作会议的意见，不急于定，少而精，成熟一个搞一个。

3. 关于报刊问题。《中国建筑装饰装修》月刊已于 2 月 26 日由国家新闻出版总署批准公开发行，为办成中国建筑装饰行业最权威的媒体，需要深入研究，认真寻找市场定位，积极进行营销策划，今年三季度试刊。中国建筑装饰协会有一本公开发行的刊物《中国建筑装饰装修》；另有一本则是面向行业的会刊，原属中建总公司的《中华建筑报》将由中国建筑装饰协会主管、主办。协会将集中精力筹备办好一刊《中国建筑装饰装修》、一报《中华建筑报》。

4. 尽快成立中国建筑装饰协会设计委员会。

八、全国建筑装饰协会秘书长工作会议

2002 年 4 月 10 日上午全国建筑装饰协会秘书长工作会议在武汉滨湖大厦召开。会议主题是对“全国建筑工程装饰（设计）奖”、“全国建筑工程（家装）奖”进行研究。

出席会议的有北京、天津、重庆、湖北、武汉、宜昌、福建、福州、江西、江苏、无锡、深圳、顺德、黑龙江、吉林、辽宁、大连、安徽、成都、陕西、西安、河南、浙江、山西、太原、贵州、甘肃等 27 个地方建筑装饰协会和中国人民解放军建筑装饰协会的秘书长。中国建筑装饰协会部门负责人也参加了会议。会议由副秘书长张京跃、房箴共同主持。

九、出席培训中心活动，考察武汉装饰行业

4 月 10 日，中国建筑装饰协会领导还出席了中国建筑装饰协会培训中心武汉工作站隆重的挂牌仪式，武汉市建委副主任李永平、唐昌海、湖北省建筑装饰协会、武汉建筑装饰协会、全军建筑装饰协会、中国建筑装饰协会秘书处及各部门参加“武汉研讨会”的负责人等有关方面领导，以及武汉城建学校的领导和教师 100 多人出席。

挂牌仪式由武汉市建委副主任唐昌海主持，中国建筑装饰协会会长马挺贵、武汉市建委副主任李永平分别祝词。中国建筑装饰协会培训管理部主任兼培训中心主任王燕鸣宣读了协会批准成立培训中心武汉工作站的决定。为武汉工作站成立，名誉会长张恩树的题词是：“加强培训，多出人才。”会长马挺贵的题词是：“强化培训工作，迎接入世挑战。”

出席挂牌仪式的领导和 100 多位代表合影，气氛热烈。

4 月 10 日～11 日，中国建筑装饰协会名誉会长张恩树、会长马挺贵在副秘书长房箴、行业发展部主任兼会刊《中国建筑装饰》主编黄白、办公室主任兼自律委员会办公室主任王本明、组织联络部主任杜桂玲、信息咨询委员会秘书长田万良、湖北省建筑装饰协会副秘书长何木松、武汉建筑装饰协会会长彭国云、秘书长郭伟、全军建筑装饰协会秘书长沙启云的陪同下，重点考察了武汉凌云建筑装饰工程有限公司、湖北高艺装饰工程有限公司、武汉旺轩建筑装饰有限公司、德信物业发展（武汉）有限公司、武汉澳华装饰设计工程有限公司、豪强装饰工程（武汉）有限公司、武汉天立家庭装饰工程有限公司、湖北龙泰建筑装饰工程有限公司等当地的优秀建筑装饰企业。

全国建筑装饰企业应对 WTO 战略研讨会，定性、定量、理性地分析了建筑装饰企业、协会、行业在设计、施工、管理、材料等方面应对 WTO 的机遇与挑战，有利与不利的影响，大量地引入比较优势等先进的市场经济理论，认为核心竞争力来自比较优势，比较优势来自专业化生产。领导讲话、报告、主题报告、论文起点高，层次高，有质量、有水平。会议经过半年精心的策划，期间还于 3 月 1 日在长春市召开了“东北三省大型建筑装饰企业应对 WTO 座谈会”，会务组织、运作工作比预期的还要成功，筹备充分，内容翔实，规模大，档次高，与会领导和代表均十分满意。这是 2002 年中国建筑装饰行业的第一次重大活动，不仅在我国建筑装饰行业是第一次，而且在全国建筑业内也是首次，建筑装饰行业走在了建筑业的前列。充分体现了中国建筑装饰协会和地方建筑装饰协会合作，并与全行业一道，落实“三个代表”重要思想，“二次创业”，与时俱进。

如果说中国建筑装饰协会为此会的预习——3 月 1 日东北三省大型建筑装饰企业应对 WTO 座谈会的总体评价是“有了应对 WTO 的国际感觉”的话，那么我们认为，本次研讨会基本上形成了我国建筑装饰行业在战略上应对 WTO 的态势，是一次对全国建筑装饰行业具有重要指导意义的大会。

建筑装饰行业应以进攻的姿态应对WTO

——在全国建筑装饰企业应对WTO战略研讨会闭幕式上的讲话

中国建筑装饰协会 名誉会长 **张恩树**

（二〇〇二年四月九日）

马挺贵同志要作一个全面的报告，我即席说一点意见，发表点感想，这个会议开得很好，对我也是一个很好的学习机会。

第一，这次研讨会是一个学习的会议，除掉一些主题的报告之外，各个单位从不同的角度，面对我国加入WTO后，迎接机遇与挑战提出举措，在会上进行交流、互相沟通，也是学习怎样应对WTO，这个学习的机会非常难得，大学从实践经验当中，总结出来的理念，来之不易。所以我认为这是一个很好的学习机会。

第二，这次研讨会是一个促进的会议，促进我们全行业认真地对待参加WTO之后的工作全面提高，与时俱进，大力创新，也就是中国建筑装饰协会这届理事会提出的“二次创业”，就是把全行业的水平提到一个国际化水平上来，我们所有各个方面的工作，都用国际化水平来衡量，加快国际化的步伐。

第三，这次研讨会是动员起来的会议，立即行动，加快调整，研讨会的目的就是我们认清形势，时不我待，虽然有个3～5年暂短的过渡时期，但是时间实在是十分紧迫。因为建筑业和建筑装饰行业加入WTO来讲是一个大开放的形势。在乌拉圭会合谈判当中，发达的国家承诺在市场准入和国民经济待遇在建筑业的消费和订单当中，是不多限制的行业。这种态势，对于我国来讲，在世界上可以说是首屈一指的最大的一个市场，有一个外国人讲，上海浦东的吊车，比他们全国还多，中国是一个非常巨大的建筑市场，当然，我们装饰市场也是建筑市场最重要的组成部分。

“十五”期间，房地产业、建筑业是国民经济重点的增长点。最近的报导，说是我们有6600亿元年产值的建筑装饰量，这个数字，中共中央党校信息服务中心办的《政治经济要闻》上登了，我相信中央领导同志和各部门、各地方领导会看到。这么大的市场，外国公司也是刮目相看。最近德国一个州的建筑代表团，向北京市老建委主任谈，他说他们这个州有几百家建筑公司都希望到北京做贡献，后来我给我们这位主任讲，谈什么贡献，是想来吃肥肉。

参加WTO后说一个简单的话，我形容一下八国联军来瓜分我们的市场，我们应当以积极的态度对待，我很欣赏邢研究员在会上讲的，政府打防预战的时代已经过去了，15年的谈判，针锋相对，非常艰巨。现在的情况，是要来打阵地战，这就需要企业来打了。

参加WTO以后，这个应对，不应当采取消极的防守，应当是以进攻的姿态，以进攻的姿态去打这个阵地战，企业要到国际水平上来拼搏，要走出去，我不是说我们2万家有资质的企业都到国际上去，不是每个企业都到国外去，也不是说我们2万家有资质的企业都能在一个等级线上再去拼搏，我认为我们要考虑的是从我们全行业走向国际，就是建筑装饰行业应当在中国建筑市场应要占相当的份额。我们建筑装饰行业走到海外市场去，应当有它相当的地位，这是我们的目标。

从全行业出发，有两种倾向需要注意：

一是盲目乐观，无所谓，反正你外国公司进到中国来，也得靠我们中国人来做，好像WTO离我们很远，采取等待、观望的或者是说思想还非常麻痹的情况，无所谓，也用不着学习什么规则，等着随大流，等待国家有什么政策，昨天我想大家听了报告很清楚了，政府越来越弱化对企业保护的作用，企业只有自己解放自己，在这种情况下，你等待什么，这个问题我觉得现在是企业应当立即行动，重新掂量自己的份量，找到自己的定位，应该调整的也不是一蹴而就，应当积极的行动起来，人才不够你就解决人才的问题，你的机制有问题，立即解决你的机制，比如国家对国营企业改革要采取一些大的措施、改革，特别是我们国有的独资的装饰行业，装饰协会马挺贵会长在南京开会时有番讲话，你改得越快越好，所以不能有等待、观望的这种情绪，就应该立即行动起来，找你的不足。

二是更不能有盲目悲观，缺乏信心，把自己看成一无是处，反正比国际水平差，都不行，这也不行，那也不行，不是这样吧，我们在北京开会的时候，清华大学王炜钰教授就认为我们有许多的优势，我们这次会上大家都分析了优势和劣势。总之，对于入世，既不能低估影响，也不要夸大冲击。现在也不要再议论利与弊的问题，没有用，因为已经加入WTO，到眼前了，我相信在我们这么多年的基础上，有自己的优势，今天的会大家都谈论很好，有志气，有信心，有能力，可以和外国公司来拼搏，会上已有单位介绍在国际市场上所取得的成绩、竞争的经验，当然，大家都在注意商业利润。

我们从行业来讲，从一个企业来讲，这会的标题是战略的研讨，就是要有战略思想，不能搞近视眼，也不能搞短视，短期行为好像我到海外去马上就赚一批大钱回来，不可能，所以我觉得这个会议之后，根据各自方面的情况，从实际出发，实事求是，要做出企业、地区、行业的战略性的规划来。

我们各地的装饰协会责任重大，比方说，我很赞成我们装饰行业参加WTO以后，为跟外国公司拼搏，要进行大联合，这种联合，有行业之间的联合，有企业之间的联合，有行业和金融的联合，有中国公司外国公司联合，有跨地区的联合，当然我们感到很多联合有难度，一说联合，就是谁做董事长、谁做总经理，我主张也可从项目联合开始，搞项目共同体，即是竞争对手，又是合作伙伴，比如北京奥运的场馆近30个，还有配套公共建设。正在进行的国家大剧院，还有其他地方，这些重大的项目，能不能中国公司联合起来干，发挥优势，在联合竞争中取胜，是不是非要落入外国公司之手。我们联合的障碍在哪里，一是，非常计较名位，谁做老大、谁做老二；二是非常计较商业利益，利益怎么分。北京正在策划一个新的飞机场，现在的飞机场到2005年饱和不行了，饱和了不适应2008年的奥运会，老机场就提倡过联合，深圳海外装饰公司、深圳长城装饰公司、福建天华装饰公司各干一块，能不能联合起来搞，是不是我们中国这么大一个市场一定叫外国占大的份额，我看不一定，这问题就是我们要做组织工作。我向各地行业协会提个建议，你们应当把企业分分类，定位，你这个地方的企业可以作哪个工程，北京市场的大开放，广东去了，上海去了，广东的建设厅厅长带队，因为北京的工程多，上海要在北京建机构，将来上海的申办世博会成功，也是大市场，有大项目，肯定要出现一些行业的航空母舰出来，徐朋同志讲，还看不清，我们必须要出现这么一批。

我们装饰协会的领导班子也都在采取一些措施，比如设立国际部，搞设计委员会等，如何加强协会自身建设，适应新形势，就是我们对现有的企业心中有数，要扶强扶大，扶谁，要把谁组织起来，联合起来，要不然号称我们850万建筑装饰队伍，说有资质的装饰企业是2万家，各类装饰企业有35万家装饰公司，这一塌糊，好像在一个平台上竞争，这不行，和搞对外承包一样，外经贸部已批准近1000家对外了。哪么一个小纳米尼亚国家，去了几家中国公司，中国公司互相残杀，外国公司坐收渔翁之利。我这里不想展开讲，一定走联合的道路。这一点日本人比我们做得好，即是竞争对手，又是联合伙伴，他们搞项目联合体，东京市政府，几家最大公司联合的。将来北京国家歌剧院，装饰工程是否落入中国人之手来干。我们要有进攻的姿态，积极的姿态就是我们去努力争取几家公司搞联合的方案，多搞几个方案去竞争。不能消极等待，等着外国公司，否则，将来中国公司都当外国公司的二包、小包，当人家的伙计，北京国贸中心叫法国SAE赚了大钱了，我们一局四公司赚了点儿设备，干活是中国人，这种状态不行，我们装饰行业可不能这么搞，所以我讲一个联合。

关于走出去。一定要采取非常积极的姿态走出去，这是中央的大的战略，江泽民总书记、朱镕基总理，都是多次讲走出去，最近国家采取一些措施，要设立对外承包基金，叫金融资本来支持，我们装饰行业有它的优势，你们各地，比如：湖北在阿联酋搞过承包工程，在中东搞过，还在其他地方搞过。海外装饰公司在新加坡，深圳洪涛装饰公司在阿尔及利亚，魏光同志也讲，他们在俄罗斯搞过，有条件走出去，不要贬低自己，我们是劳动密集型行业，我们可以工厂化，我们可以装配化，减少现场的湿作业，进行干作业都可以，但是，你到外国看它的装饰，也有许多手工劳动，劳动密集型是中国的长处，当然不是说吃大苦、流大汗、拼体力，要有很巧的工艺，我们在国外去搞承包工程，搞劳务合作，也是从劳动密集型开始，国外有些装饰工程，我也看过一些还有相当一些是靠手工劳动，这是一。

第二，我们毕竟有成本的优势。外国公司包括金融保险，为什么挖中国人，他给年薪80万，比他本国来的人还便宜得多，而且还熟悉中国本土的情况，有个德国公司，他派在中国的老板是德国人，他一家人的开支，公司负担，他找了个台湾夫人，在中国工作时生了两个孩子，全是德国公司开支。要找一个中国人当代理比他便宜得多已不乏事例，将来外国公司多了，找中国人当代理也会多了，我们办国际展览会，不少外国公司参展，老百姓讲：怎么一个大鼻子都见不着，我见的很少，都是中国代理人面目出现，我就碰到了一个浙江的女孩，她是德国某涂料公司的代表，她讲的德国涂料怎么好，可以保期10年不变。我说你是哪儿人，她说我是浙江人，我是代理德国公司就得宣传德国的好，将来可能出现很多这种情况。

国际上也一样，我们在国外承包，一般我们的劳务价格都低，成本有优势，有优势条件，加入WTO后，在市场准入国民待遇都对等的是积极走出去是非常有利的条件，过去有很多基础，马挺贵、徐朋同志，他们有这方面的资源，因为中建公司在国外各地区有60多个驻外机构，有经验。定个位，我的公司瞄准的是欧美发达国家市场，我的公司瞄准的是中东或非洲国家市场，我的公司瞄准的是亚洲周边国家的市场，你瞄准哪个地方你积极做，出去考察，建立联系，找关系，立足之后求发展，当然也不是很平坦的道路，把走出去当成公司的一个战略目标，特别是重点公司，是可以获取商业利润的。

我就不多讲了，因为其他的同志讲得都很好，都很确切，都是实践当中来的，希望发扬我们这种精神，现在我们的企业老板，就是要有这么一个时代的名词，叫做充电，包括我们大家在内都要再充电，再学习，总书记的话就是：学习、学习再学习，我们熟悉的东西有的过去了，不熟悉的东西逼着我们去学习，这就是充电，所以人才竞争，就以人为本，吸纳人，培养人，包括培养我们自己，这个会我听了以后非常受教育，我口头即席讲话，没有系统准备，没写文稿，不妥之处请指正。

关于建筑装饰行业应对WTO的几点意见

——在全国建筑装饰企业应对WTO战略研讨会闭幕式上的报告

中国建筑装饰协会　会　长　**马挺贵**

（二〇〇二年四月九日）

各位代表、各位企业家、同志们：

中国加入世贸组织，标志着我国经济融入世界经济，走向全方位对外开放，完善市场经济体制并与国际规则全面接轨的新时期，入世对我国经济生活的各个方面，对我国建筑装饰行业都产生了重要的影响。如何应对入世的挑战，这是摆在我们全行业，每个企业和全体从业人员面前的大事。当前各地方建筑主管部门和协会都以各种方式，认真研究对策。一些有远见的企业，也在结合自身的状况，研究和制定入世后的发展战略和实现手段。

中国建筑装饰协会也在深入探讨入世后给我们行业和企业带来的影响，研究如何结合建筑装饰行业的发展和协会“二次创业”的目标，抓住机遇，迎接挑战。这次把大家聚在一起，就是要共同研究我国加入WTO后行业市场的变化，行业面临的新形势，认识和掌握WTO的运行规则，结合我们行业的情况和特点，提出我们的应对措施。

两天的战略研讨会开的非常有成效，大会发言和经验介绍内容丰富、内涵深刻、非常宝贵，有高度、有深度，即有前瞻性、又具有实用性、可操作性，这些经验和建议，不仅使我们在加入WTO后的国际意识有了很大的提高，而且使全行业的思想认识水平和应对WTO的操作水平有了较大的提高。所以，我们这次研讨会，是一个积极探索的大会，是对行业具有指导性的大会，也是一次成功的大会。

这次研讨会是中国建筑装饰协会组织的第一次全国性的有关WTO的专题会议，今后我们还将举办各种培训、研讨和国际交流活动，使全行业的WTO意识有明显的提高，给会员单位以更高层次的服务。下面，我想就全行业应对WTO，协会如何开展工作，谈几点意见。

一、提高全行业的WTO意识，积极应对建筑装饰行业面临的挑战和机遇

加入世贸组织，对我国建筑装饰市场环境，行业、企业以及政府职能都将带来深刻的影响，协会工作也将随之发生变化。

1. 加入WTO，对建筑装饰市场带来的变化

加入WTO后，我国建筑装饰市场将有以下三个方面的变化。

第一是市场环境的变化。市场将向规范化、法制化方向发展，市场环境将进一步同国际接轨；在各级政府加大清理、整顿和规范建筑业市场力度的形势下，我国建筑装饰市场的公平、公开、透明性会大大加强，地方保护将被打破，行业保护也将被消弱，全国将会形成同国际接轨的统一市场；行业的法制化进程也会大大加快，各种法规、标准会逐步配套。大家都知道，仅过去一年，我国建筑装饰行业就有《建筑装饰装修工程验收规范》等十余项国家强制性标准出台，十种主要装饰材料有害物质控制规范已经实施，今年5月还将实施《住宅装饰装修管理办法》。这表明行业市场的法制化建设已经达到了一个新的阶段。我国建筑装饰市场环境将得以净化，全方位的市场环境将得到根本的改善。弄虚作假、暗箱操作、行贿受贿、假冒伪劣等违法、不法行为和不规范的运作将受到市场及行政的处罚。市场净化的结果，将有利于市场运作规范，商业信誉高，品牌好的企业和产品扩大市场占有率，有利于我们行业资源的优化配置，有利于行业的可持续发展。

第二是市场容量的扩大。随着我国国民经济持续增长，综合国力不断加强，再加上加入WTO后，国际交往的增加和国际资本大量进入我国，将促进我国经济总量的增长和质量的提高。房地产业、旅游业、商业、制造业的发展，也会为建筑装饰行业的发展提供更大的市场空间，再加上我们行业本身具有更新改造周期短，多次投资的技术，经济特点，我国建筑装饰业市场容量还将会进一步扩张，行业发展还将保持较高的增长速度。同时，由于中国加入WTO后，在境外承接工程，参与国际市场竞争的壁垒也会消失，也为我国建筑装饰工程企业和材料厂商跨出国门，到境外发展提供了机会。还有就有新材料、新工艺、新技术进入装饰装修行业，人们文化、审美情趣的变化与发展，对建筑装饰工程的文化品位和质量水平要求将提高，也将给我们行业发展带来机遇，给我们工作带来新的课题。

第三是市场竞争会更为激烈。加入WTO后，我国建筑装饰市场进一步开放，规范化、法制化水平进一步提高，市场容量继续扩大，必然导致市场竞争的国际化，竞争对手的多元化、竞争内容的多样化。这种竞争不仅仅是价格的竞争，而且是设计、技术、管理、服务质量的竞争，特别是在技术含量高的大项目上竞争会更加激烈。应该看到，在当前这种竞争对我国建筑装饰行业的压力要大于机遇，我国现代建筑装饰行业发展的历史不长，企业数量虽然很多，但规模偏小，经营实力不强，企业素质不高是普遍现象。入世后，一批具有先进设计理念，拥有先进技术、管理优势，雄厚资金和良

好信誉的国际大公司到中国参与竞争、开拓市场，对我国建筑装饰市场必将形成强烈的冲击。尤其是在大型，国际型项目设计，施工方面的竞争更为激烈。

2. 加入WTO，对政府职能带来的变化

加入WTO，不仅对市场环境带来巨大变化，同时对政府管理职能，带来更大的影响。这种影响也会使协会在行业中的地位和作用产生重大变化，这种变化突出表现在以下几个方面。

第一是政府职能由行业管理转化为建筑产品管理，从对行业负责转化为对社会公众负责。这种转化，将形成经济体制的新格局。即政府行政主管部门（主要负责市场经济的宏观调控）；协会负责行业管理（发挥桥梁和纽带作用）；多种所有制形式的企业（面向市场自主经营、自我发展）。政府职能转化的结果，将使行业协会的体制定位——处于政府与企业的中间层次，是市场经济条件下的行业管理与服务组织。协会性质——自律性行业管理组织，是行业、企业利益的代表，是政府的参谋。协会功能——为企业服务、政府服务，更加明确。协会作为行业管理的主体，企业利益的代表要对行业的发展负责，因此，协会的工作范围和内容会更为广泛和丰富，协会的责任会更加重大。

第二是政府管理经济的手段和内容发生变化并要与国际接轨。政府不再直接管理企业和行业，从而摆脱了行业保姆和市场主体的角色，回归到监管本位。政府管理经济的手段由直接管理转化为通过制定法律、法规来监督市场。

政府管理手段与内容的变化，一方面要求政府通过法规、政策，建立完善的市场经济秩序，为企业发展提供公平的市场竞争环境。另一方面协会在行业管理中将发挥越来越大的作用。同时要为政府制定法律、法规，政策服务。要引导企业按照国家的产业政策和WTO规则，合法经营。

协会在政府职能转化后，要使行业内所有企业都能感觉到协会的存在，并自觉的参加在协会组织内，主动寻求协会的帮助和支援、支持，这是加入WTO后要形成的行业基本状况。对这一即将变化的情况，各地方协会，协会都应该有清醒的认识，开创协会在加入WTO后工作的新局面。

3. 加入WTO后，对行业和企业带来的影响

加入WTO后对我国建筑装饰行业和企业的影响，不仅来自于外部市场环境的变化，也来自于我们行业、企业的现状。从我国建筑装饰行业及企业的特点分析，入世后的主要影响将表现在以下几个方面。

第一是从行业看专业横向分割。从企业看单纯的设计、施工、纵向分割的局面将被打破，行业、企业的组织结构将面临调整。取而代之的是以核心竞争力大小和专长技术强弱而形成的金字塔型的组织结构，建筑业企业结构将形成工程总承包、施工总承包、专业施工承包和劳务承包几个层次，每个层次的利润空间不一样，在金字塔底层的利润空间最小，就是吃大苦，流大汗，但挣钱不多，利润很薄的打工队伍。而建筑装饰行业仅处于专业施工层，调整的依据就是你能为业主提供什么层次的服务，即企业核心竞争力的大小。在这个调整过程中，也就是换档升级的过程中，必然会有一部分企业提升档次，也会有一部分企业降低层次，有些可能还会退出行业市场，这是残酷的不争的现实。

第二是从我国建筑装饰行业整体水平看。我国建筑装饰行业企业数量多，除少数企业具备科研、设计、施工、产销一体化经营实力外，大部分企业具有规模小，实力弱，经营、技术特色不突出，市场运作模式单一的特点。同国外先进企业相比较，在资金、技术、人才、管理、品牌、经营者素质和能力方面以及企业体制、机制方面还存有一定差距。加入WTO后，在市场竞争中，将有一部分企业向智力型、技术型、资金密集型转化，或以专业产品和工艺研发为核心，形成工艺研发、工程设计、施工安装一条龙的企业转化。当然，形成这种模式的企业数量不可能很多，而有相当一部分企业会成为单纯的施工安装企业，部分企业，特别是靠“关系”混资质的，内部管理混乱，素质极差的企业将会被市场淘汰，这是入世后的客观必然。

第三是我们在经营管理体制和机制上还有相当的差距。从体制上看，国有建筑装饰企业是行业的主体、骨干，但国有产权主体不清，责任不落实，管理体系不完整，监管不力依然是加入WTO后国企的主要体制障碍；从机制上看无论是国有企业还是民营企业，主要是国有企业在联合发展战略的观念更新方面，在留、用、育人分配机制方面还存在较大差距。必须加快改革步伐，使企业具有活力，并实现同国际的接轨。

二、应对入世挑战当前要做的主要工作

加入WTO对我国建筑装饰行业影响的有利因素和不利因素，大家在经验介绍和发言中分析归纳了很多。如何应对加入WTO的挑战，是摆在全行业、所有企业面前的一项重要工作。结合协会“二次创业”的奋斗目标，今年我们提出了“一个主线两个重点（轮子）”的工作思路，“一条主线”就是要研究加入WTO后协会工作的规律，积极做好入世的应对工作，“两个重点”就是：第一要抓行业自律，第二要抓行业的技术进步，提高企业的核心竞争能力，具体要重点抓住以下的工作内容。

1. 学习规则，提高认识

加入WTO带来了发展的空间和机遇，也带来了强烈的挑战。但可能带来的机遇并不等于企业发展本身，关键是我们要在变化了的环境中，在为时不多的3～5年的过渡期内，认真做好各种应对的准备。在企业发展的方方面面进行改革、创新，依靠自身的努力，创出一条属于自己的路。入世对我们行业全体从业者都是新的事物，其涉及的范围最终要

包括所有的从业者，包括所有的业主和中介组织，因此，学习和掌握 WTO 规则，是我们能够应对 WTO 的最基础的条件，具体要抓好以下几种实事。

第一是开展各种形式、多种层次的培训、论坛、研讨、宣传。一是使所有企业从业者人人皆知。遗憾的是现在还有一些企业麻木不仁，缺少这种危机感、紧迫感。二是使行业对入世后的具体要求，运行规则，处理程序等有一个系统完整的认识，这不仅要对企业的经营管理者和决策者进行 WTO 的培训，同时要对设计人员、项目经理、施工技术工人等进行相关的知识教育，逐步掌握和运用 WTO 有关规则，为行业、企业发展服务。

第二是深入研讨，分析比较。包括加入 WTO 的有利、不利因素，对行业的影响，本企业行业中的定位，自身的优劣势等，同时要对我国装饰企业同外国装饰企业有一个正确的分析和比较，既要看到我们同 WTO 的差距，同国际公司的差距，也要正确的分析出我们的比较优势和可持续发展的空间。这样才能既有紧迫感和危机感，又有赶超国际先进水平的信心，做到知己知彼，心中有数。并以此制定自己的发展战略、应对措施。这种研讨应该在全行业深入、持久、全面的进行，公装企业要搞，家装企业也要搞，协会要积极组织，积极应对，切实把机遇和挑战转化为现实。

第三是加强中外交流。行业协会及企业都要加强与国际同行的交流与合作，学习借鉴国际先进的管理体制、经验、做法。协会的信息工作、咨询工作、培训、展览也都要与国际接轨，融入国际体系，办成高质量、大规模、国际型、竞争力强的活动。协会秘书处将增设国际部，积极组织国际交流，今年协会要组织中、日、韩三国室内设计师方面的技术交流，并将组织企业赴境外考察。总之，利用协会民间组织的特点和身份，积极组织国际交流，吸收别人的经验，借鉴别人的教训，提高我们的认识，使我们的各项工作更广泛、更好地同国际接轨，同时在国际交流中，捕捉国际市场机会。

2. 要根据行业特点，采取有效的应对措施。

今后一个时期，协会要抓好以下几项工作。

第一是协助政府。按照平等、互利、共盈、共存的方针规则，维护公正、公平的竞争环境和秩序，即协助政府制定、修改、适应 WTO 要求的有关规则和法律，也要制定和完善行业标准和行规、行约。在这方面，我们以前做了很多工作，加入 WTO 后，协会在这方面承担的工作任务会更多、更重，因此我们要进一步发挥好专家组的作用，利用我们熟悉企业，掌握行业发展中的难点与热点的优势，做好政府的参谋和助手。各地方协会，也要根据当地行业发展的需要，积极协助政府搞好行业的管理。

第二是开拓市场。入世后，意味着国内市场国际化、国际市场国内化，协会要大力实施“走出去”、“引进来”的战略。协助企业开拓市场，“走出去”就是利用 WTO 对等开放的原则，组建跨国公司打出国门。“引进来”就是要提高利用外资、外智和吸收国外先进管理水平的能力，通过专家论坛、互访、举办培训、国际展览、介绍合作伙伴等交流与合作掌握信息，提升自己，加强合作，开拓市场，共享市场。

第三是坚定不移的实行“扶大、扶优、扶强”的方针。为地区及全国的骨干、重点企业做好高层次的服务，包括采取特殊的政策，培育建筑装饰行业的“旗舰”或“联合舰队”。在这方面主要是抓住两点，一是要促使管理规范，工程质量高，信誉好的企业实现低成本的扩张，扩大其市场占有率，使其做大、做强；二是实施联合发展战略，促进行业内的联合，重组，形成新的有国际竞争实力的集团。这种联盟可以是装饰设计、施工企业的联合；也可以是设计、承包、供应商（供销企业）之间的联合；还可以是资本、技术、品牌、人才的联合。这种联合即可以是国内跨地区、跨所有制、跨行业的联合，也可以中外企业的联合。总之，联合要形成新的生产力，高的国际竞争力。即促进装饰行业整体素质的提高，又推动装饰水平的提高。我们设想，在全国各大城市，尤其是装饰业发展较快较好，水平较高的城市，在某些专业领域（如幕墙行业），都能有几家实力雄厚，能够同国际大公司进行竞争的中国公司，中国的装饰水平还将有新的提升。在实行“扶大、扶优、扶强”的工作中，我们要正确选择培育的对象，采取政策倾斜，积极争取各级政府主管部门的支持，把这项工作推向深入。当然联合经营的主体是企业，企业也要破除“固步自封”、“小富即安”的思想，树立“联合发展”、“联合中竞争，竞争中联合”的观念。我相信有远见卓识的企业会捷足先登，双向选择，越做越大、越强。

第四是要加快技术进步，提高专业服务水平，提高企业核心竞争力。核心竞争能力的实质就是为业主提供服务的能力，内容非常丰富，包括特有的设计能力，专业施工能力，极强的融资能力，服务于业主的全面采购能力等。建筑装饰工程项目不同于工业、土木工程项目……，建筑装饰企业规模、层次也不相同，提高核心竞争能力，最主要的是企业的专有技术，因此产品开展和技术创新能力将成为企业核心竞争力。我们同国际大公司的差距，更多的是表现在自有技术上的差距。因此，企业要把推进技术进步作为提高核心竞争力的重要途径。协会要把加大骨干、龙头企业的技术创新力度作为重要的工作内容，同时通过引导，推动企业的优势联合，强强联合，使大型建筑装饰企业能有符合我国文化、经济、政治要求的设计、施工专有技术。中小企业也要有自己的技术水平和优势。这就不仅能够在国内市场占住脚跟，同时能够依据这些技术专长开拓国际市场。

当然，管理创新、用人机制的创新也是建筑装饰企业提高竞争力的途径。

第五是要积极推进企业的体制、机制改革，尽快建立

现代企业制度。建立现代企业制度是我们适应市场经济要求，与国际接轨，特别是加入WTO后行业发展的重要基础，也是我们摆脱原有体制顽疾，解放生产力的根本途径。2001年9月，我们在调研的基础上，在南京召开了国有建筑企业改革座谈会，对全国建筑装饰企业改制的现状、特点、成果，如何加快改制步伐，改制的模式和需解决的问题都作了详细的论证，提出了要求。总之，早改早主动，晚改就被动，不改死胡同。企业的体制改革必须与机制改革同步进行，在企业经营机制上，要加快改革的步伐，特别是企业的用人、分配制度，这一点我们企业体会很深，也提出了很多好的改革建议。企业的用人机制不改革，就无法留住人才，而加入WTO，首先是人才的竞争，外国企业同国内企业争夺人才的竞争在加入WTO后将会十分激烈，要求我们在用人机制上要有创新，要同国际接轨，要能够体现人才的价值，要有非常有效、灵活的奖惩机制，才能实现同国际在人才使用及管理方面的对接。

第六是要加强行业自律和企业自律，形成行业的诚信体系。入世后对企业的形象、品牌、诚信要求更高。把诚信作为企业的经营理念，用优质工程和可靠的信誉，去产生联动的业主关系，把企业带入良性发展的轨道，这也是企业能够做大、做强的基础。应该看到，当前我们行业确实存在着粗制滥造，以次充好的现象，也存在着恶性竞争，相互贬损的现象，这些都损害了行业的信誉，企业的形象。如何根除这一毒瘤，就要靠行业自律、企业自律，要建立行业的诚信体系去争取行业的信誉，给行业以更大发展空间，中国建筑装饰协会今年在行业自律方面要有所作为，我们将通过必要的自律手段，包括对行业企业的奖罚体系争取在行业自律方面有新的突破。

三、加强协会的自身建设，提高协会应对WTO的能力

随着加入WTO后政府职能的转变，协会工作的范围更广，职责，要求将更高。如果协会自身素质不高，能力不强，就很难胜任工作。因此，加强协会的自身建设，是行业应对WTO的重要组织保障，在提高认识的基础上，应重点抓好以下几项工作。

第一是抓好协会的组织建设和业务建设。这是应对WTO的组织保障。根据民政部、建设部的要求，结合协会的实际情况及工作发展需要，协会准备对内部机构和专业委员会的设置进行整合，理顺关系、明确职责、团结协作，并引入人才的竞争机制和激励机制，提高协会的整体素质、政策水平和工作能力，以适应加入WTO后政府职能转换、市场环境变化、各项工作与国际接轨，对协会工作的要求。

在业务建设方面，一是要抓好网络建设，积极组织行业内的信息交流和供需沟通，使行业的信息资源能够得到共享。二是积极开展行业调研，根据行业发展的要求和会员单位的需要，进行入世后行业内重点和难点问题的调查研究，为政府部门制定法规、政策，为会员单位经营决策提供参考。为行业、企业制定发展战略，提高协会为会员单位服务的层次和能力。同时树立协会在社会中的品牌。三是加强培训工作。加大培训力度、扩大培训范围，为行业提供各方面的人才。四是加强业内的法律信息经验交流（2002年将出版公开发行的装饰装修期刊，并争取公开发行装饰行业报）。

第二是要走联合的路子，提高协会工作的力度。我国现有国家级协会近300家，由于协会的成立有一个历史的原因，因此，目前存在着过细过乱的现象，不少协会的工作范围也都是各管一部分，存在着矛盾和交叉。加入WTO后，市场是统一的、国际化的，也要求协会工作要成为系统工程。因此，仅靠一个协会就很难把行业的事情完全办好，需要多方面的支持和配合，这也就提出协会工作走联合之路，加强同相关协会的沟通，配合，协作的必要性。只有走联合的路子，才能把行业内的活动举办的具有权威性和广泛的号召力，协会工作的力度才能体现出来。在这个问题上，中国建筑装饰协会有自己的优势，但要认识到，在我国现阶段，要能够抵抗WTO后的风险，只能是联合起来才能成一个整体，才有力量把行业的事情办好，共同发展，壮大行业实力。在联合合作上，不仅要加强与地方协会合作，也要加强同相关协会组织的合作（建筑师协会、建筑业协会、金属结构协会、建材协会和众多中介组织），不仅要同国内的协会联合，同时也要与国际协会合作，提高我们协会的工作力度，提高协会的凝聚力、号召力，提高协会应对入世挑战的能力。

第三是要加紧工作，落实我们行业应对WTO的各项措施。这次会议对全行业如何应对WTO的挑战作了有益的探讨，并交流了很多好的作法和经验。这些作法和经验都是各企业观念创新的结果，是宝贵财富。我们希望这些作法和经验能在今后的工作中抓紧落实，在落实中继续深化发展。我们也准备将大家的经验以各种方式在行业内宣传，交流，互相借鉴。包括推动中小企业发展目标，战略的制定。因此，落实本次会议，研讨的对策，加强行业及企业的应对措施的实施，是今后一个时期我们行业的一项重要工作。

同志们，我们这次开了一个很好的会议，大家既分析了入世给市场、行业、企业带来的影响，利弊、差距和机遇，又提出了今后的工作方向，应对措施，增强了全行业发展的信心。在这里我代表中国建筑装饰协会对各地方建筑装饰协会的重视、支持，对与会企业大家辛勤的工作和成果，表示衷心的感谢和敬意。对湖北省建设厅，省建筑装饰协会，武汉市建委，市建筑装饰协会及解放军建筑装饰协会给予的支持、帮助表示感谢！我相信，通过我们努力工作，我国建筑装饰行业一定能够排除阻力和困难，迎来光辉灿烂的明天。

入世后建筑装饰业市场环境的变化和几点战略性思考

——在全国建筑装饰企业应对WTO战略研讨会上的主题报告

中国建筑装饰协会 常务副会长兼秘书长 **徐 朋**

（二〇〇二年四月八日）

一、市场环境

（一）较为完善的市场经济体系逐步形成

——对外开放的同时会加快对内开放，弱化行业分割、地区封锁，有助于全国统一建筑市场的形成

——法规体系的逐步完善和透明度增加，依法办事的水平提高

逐步完善的法律体系，以及透明度的增加，减少政出多门，红头文件打架和执法的随意性、随机性，有力于企业更好地把握市场环境、市场信息，掌握国家宏观调控措施和手段。

——非歧视性原则使竞争日趋平等

公正、公开、公平竞争环境逐步形成

提示：上述市场环境的变化，有利于企业发展，也将有助于规范企业行为，提高素质、依靠实力，用真本事竞争，而不是过多依靠商务能力获得项目的趋势日渐明显。一方面反对市场机制不健全，一方面又希望利用市场漏洞为自己提供商业机会的双重心态要有所调整，交易过程的“暗箱操作”会越来越少，企业将逐步成为市场主体。企业家要以清醒的头脑和足够的心理准备对待上述变化。

（二）竞争对手多元化，竞争内容多样性

——外国公司登陆中国，竞争对手国际化

已经进入中国市场的跨国公司将最早的成为中国公司的竞争对手。初期竞争层面为表现于大公司、大项目，技术含量高的项目上，人才的竞争先于项目的竞争，设计的竞争先于施工的竞争，材料也将成为竞争的重要内容。

——合资企业将成为新的竞争力量

本土化战略是外国公司通行做法，内、外嫁接将使一批合资企业闪亮登场，并成为新的竞争力量。

——竞争不仅取决于价格，竞争将比较集中体现在技术、管理、资金等方面、信用、服务、品牌作为中国公司弱项，将成为竞争的重要组成部分，观念更新又成为竞争取胜的重要条件

竞争的内容有主有次，但竞争的内容的多样性将表现的更加具体，并分别表现在不同项目上。

提示：竞争对手和内容的变化，导致中国企业的重新定位，要以竞争对手的国际化，确定自己新的发展目标的参照系，逐步形成在中国本土竞争的比较优势。

（三）国内工程承包等同于或接近于国际工程承包

——历史上中国对外商投资的项目，国际金融组织贷款项目已实行国际招标，中国市场已部分国际化。按照开放市场原则，中国政府及民间投资的工程，将允许外国公司介入，外国公司将成为跨越本土的外来承包者，在中国承包工程市场上将有更多工程成为跨国的经济活动，国际工程承包的管理原则将更广泛地应用于国内工程项目上

——项目管理将首先按国际通行的规则办事，老生常谈的与国际接轨，将以项目为载体，促进接轨的具体化

项目管理将首先同国际接轨，中国公司将面临投标报价、合同、法律、货币金融、外贸、保险、财务、国际商务经验和国际工程项目管理等多方面能力和水平的考验。

——市场风险相对加大，抗风险能力强、弱将成为承包商成败的关键

在国际工程承包中，没有没有风险的项目。承包商要有承担风险的能力，要有排险措施，同时要有能力运用符合国际商业合作原则的转嫁风险能力。

——国际化市场的服务需求同中国公司经营方式和服务过程单一化形成很大反差

建筑装饰行业是服务业，WTO后将加速服务模式的转变，承包商将要以多种经营方式实现对业主服务的多元化，全过程化，以及服务质量的优化。

提示：树立国际承包商的理念，强化国际承包商的服务意识，学习和运用国际工程承包原理从事国内业务将是中国承包商一项重要任务。

（四）价格形成机制逐步市场化

——改变现行的行政性的产品定价的定价模式，计价逐步市场化。价格机制，计价依据、计价方式、投标报价方法逐步国际化

价格的市场化体现了企业是市场主体和自由竞争的原则。建筑业市场日趋规范，从而使按照同国际通行的投标报价方法和竞价原则逐步现实化。

提示：价格形成机制的变革、增加了企业竞争的价格压力，增加了价格确定的市场风险，投标报价不仅更加专业化、更加强调其技巧，更加强调其企业负责人对价格判断的决策能力。协会机构及中介服务机构应更主动地为企业提供市场参考价的服务。

（五）中国公司压力与转变

压力：

——体制不活，机制不健全，效率不高的压力

这是相当一部分国企通病，也是某些家族式企业逐步暴露出来的弊端。

——规模偏小，实力较弱，抗风险能力不强的压力

这也是中国企业普遍性问题。中国经济总量占世界第七位，但在世界500强中缺少能控制行业竞争局面的企业。企业是国际经济大循环的载体，是一个国家在经济全球化后竞争能力的象征。这些弱点同样或更突出的表现在中国建筑装饰行业上。

——企业功能大而全、小而全，经营特色不突出的压力

这是计划经济的产物，又是改革开放后没有解决的问题。企业趋同，竞争平台一致。这种差异性不强的状态很容易形成以价格为主要竞争内容的混战。

转变：

——企业发展目标参照系的转变（盘点核心竞争力）

有一定规模和实力的中国企业，要从国际化的市场出发，以国际大公司为坐标，调整发展目标参照系。通过五个方面的比较研究，寻求自己新的定位。（即：体制机制、核心竞争力、专业技术优势领域、国际商务经验，公司可持续发展能力）。

——强化服务能力和提高信用形象的转变（在成熟的市场经济中，一个失去信用的企业将会走投无路）

更新服务观念，强化服务意识，提高服务质量，促进全过程服务能力。逐步把信用的说教变成刚性约束，无论是企业信用、职业信用、处事信用、以及金融信用都要提高到一个新水平。要善于通过服务争取更多商业利益。

——国内、外经营结合，开拓两个市场利用两种资源的转变（让自己成为入世后的受益者）

尽力减少WTO后对国内市场冲击，最大限度享受国际贸易自由化的利益，形成国内、外市场双向支持、支援的经营格局。

——面向市场、注重发挥协会作用的转变（协会要认识新的历史使命）

WTO后，协会将更加明确了企业利益代表者的身份，探讨入世后的协会工作规律是协会面临的一大任务。

提示：市场环境的变化，导致每个企业都要对自己做出重新评价。WTO后中国企业重新洗牌是一个不过避免的过程。有的发展壮大了，有的销声匿迹了，这将是不争的事实。认识市场变化，抓住市场机遇，迎接市场挑战，是对企业家的历史性考验。

二、关于几点战略性思考

（一）关于人才发展战略

——双向选择，人才流动是社会进步的表现

随着改革的深入，限制人才流动的政策逐步被取消了，人们在观念上已逐步接受了这个现实。面对人才流动，要把握住两点：其一，要承认它是市场经济条件下不可回避的现象；其二，当人才外流较多的时候要做必要的反省；其三，人才流动有其规律性，反规律的流动，并不被社会认可。

——知识经济时代下的人力资本观念

货币、机器和设备是资本，这是公认的事实，知识经济的一个重要特点是人力资源具有了资本的属性，形成人才资本价值观念是实施人才发展战略的基本观点，成为留住人才的激励机制的政策出发点。要注意激励内容的两个方面，即物质待遇和精神待遇。要相信感情留人在中国传统文化基础上的现实性，它可以填补一些国内企业物质激励机制难以一步到位的实际困难。

——从机制上提高选、训、用、留几个环节的人才管理质量

注意学习外国猎头公司的经验，形成新的人事管理、评价、交流的理念和作法，承认人事管理是科学，提高人事管理水平。

——市场的国际化导致用人的国际化

外国人用中国人，有条件的中国公司也要学会用外国人，人力资源的包容性可能是促进企业快速适应入世形势的捷径。

提示：当人们普遍承认企业之间的竞争是人才的竞争的同时，对人才重要性的认识和所采取的政策性做法却差距很大。不同企业有不同困难这是事实，但不同企业有不同企业克服困难的办法也是事实，关键在于企业负责人的决心，从人才理念上适应入世要求，从人才战略实践上体现新经济时代特点，在具体管理措施中留住人才，别无它法。

（二）关于联合发展战略

——组建中国建筑装饰业的甲A，扩大国际竞争力

目前，谁家是中国建筑装饰业的排头兵？家装企业已崭露头脚，而公装企业尚不明显。有远见卓识的企业家要勇于承担这一历史任务。“宁为鸡头，不做凤尾”，抱残夺缺，前途渺茫；在竞争中联合，在联合中竞争这是一般的商业法则。更新观念，加快购并、重组，用资本经营实现低成本扩张，是尽快形成中国建筑装饰行业旗舰的基本思路。建筑装饰行业作为一个简单的制造业，在供求失衡的情况下，必然走向微利，甚至在低价格平台上生打硬拼。联合产生新的生产力，资源共享有利于提高综合服务能力，适度规模经营有利于降低成本，有实力才有抗风险能力。入世后中国企业的分化瓦解中，这是最大的出路和生机。

——运用市场机制的原则，在做大的过程中逐步做强

无论是以资产为纽带的资产重组，还是无资产关系的战略联盟都不应该是行政力量的结果。优势互补、资本扩张、紧密或松散的合作，包括它的合作方式和操作方法，以及企业内部组织结构的调整，提高资产集中度等，都应符合市场的原则。要注意合作中的符合国际惯例的资产评估，特别注意在与外商合作中对中方资质、资历、中国市场经验、中国市场品牌影响的评估。注意，不要低价同外商合作，从工程的价格战打到对外合作的价格战。

——从实际出发，注意发挥战略联盟的作用

有人讲本世纪不同历史时期五次大的战略联盟活动，都对推动经济合作和进步产生过积极作用。建筑装饰工程产品的综合性决定设计、施工、材料。以及科研的综合组织、协调、攻关才能创造一个好的工程。从发展战备联盟的角度，以下途径可供选择：

1．积极发展承包商的项目合作；

2．建立相对稳定的承包商和供应商的关系；

3．建立起同业主的长期合作关系；

4．产业资本和金融资本的联合。

提示：发展是硬道理，联合是为了发展、是迎接入世挑战的重要战略性对策。通过联合促进生产经营、资本经营、品牌经营、人才经营的协调发展。联合目的取决于形成新的核心竞争力，联合成败取决于观念更新和是否符合市场经济规律。切实加强行业自律是联合的基本条件，要注意在资产重组过程中加快国有资产的相对退出。

（三）特色经营发展战略

——强化专业化发展方向，形成和巩固优势专业技术领域

个性不足是目前企业典型通病，无差异性导致谁都能干，谁都干不精。要注意调整产品结构的专业化发展方向。并形成自己的绝活，形成具有致高点地位的专业技术特长。

——知识经济时代重要的核心竞争力来源于拥有自主知识产权和专利技术。一旦这些技术具有市场覆盖能力，别人短期又难以模仿，很可能形成一定时期具有垄断能力的竞争力。

人们对知识经济的讨论已不如过去热烈，但它是客观存在。人们对核心竞争力的讨论，则在不断深入。可不必在概念上咬文嚼字，要把功夫下在研究自己有没有核心竞争力，怎样形成核心竞争力上。要强调研究工作的实际效果。

——造就公司有特点的社会形象（品牌、服务、文化等）

公司特色是多方面的，无形资产特色也是经营特色的重要组成部分。大家都在讨论特色的同时，有的公司决定以改革经营方式为主形成特色，有的公司则以改进服务为特色，有的公司又以企业文化为主形成自己的特色，从实际出发，各显其能，但要真正形成有实际价值的特色。

提示：一个企业没有特色，往往会长期陷入没有特点的低水平竞争环境中，一个有特色的企业，往往靠技术附加值，靠社会形象和公众认可程度进入一个新的竞争层次，竞争对手会少，效益会好，风险会小，特色是重要的竞争力。

三、结束语

——入世后挑战是现实的，机遇是潜在的，入世不会自动带来财富，只会带来平等的机会，有准备的人利大于弊，无准备的人弊大于利，机遇只会给有准备的人

——入世了，狼来了，不必惊慌，要头脑清醒，即要看到不利，又要看到在本土同外国企业竞争的优势，要以平常心对待这次较量。

——理解WTO是个历史过程，有关文章及专题报告，充其量对我们有一定的启发，但决不会替代从实际出发自己对本企业的研究，完成符合实际情况的机遇对策分析，有待于企业负责人集中员工集体智慧。

明确思路　加强管理　应对WTO新挑战

中国建筑装饰协会　副会长　深圳市建筑装饰（集团）有限公司　董事长兼总经理　**汪家玉**

中国有一位知名的企业家说，2001年10月10日应该是中国的国家纪念日，因为这一天，中国入世了。我认为，这句话有相当深刻的意义。中国入世，加入了WTO，这是中国“闭关自守”种种反映、种种思想与实际情况的彻底结束；这是邓小平理论、改革开放的伟大成功；这是中国进入世界经济一体化的战略举措，从这一天起，揭开了新的历史的篇章。从这三个角度看问题，中国入世，对国家的发展与强大都有着十分重要的意义，因此，2001年10月10日，具有国家纪念日的价值是十分明显的。

人们常说，中国加入WTO，是“机遇与挑战同在”，而且“机遇大于挑战”。然而，如果我们不作认真具体的分析，不结合行业与企业的实际情况拿出正确的思路与切实可行的举措，只是把这些话说说而已，那么，它就成了“空话”、“套话”。“空话”空谈误国，“套话”是官僚主义、教条主义、形式主义的高度概括与典型表现形式。“空话”、“套话”不可能成为生产力，有害无益。

面对WTO的新形势、新挑战，作为一个企业的负责人，应该有一个明确的立场，这就是要树立危机感和使命感。朱镕基总理一再告诫我们，他说，中国加入WTO，对于一些管理不善、改革不力的企业将是一个很大的冲击，甚至很难生存下去。我认为，对于相当多的企业，特别是一些改革不力的国有企业，这个冲击是客观存在的，这种被淘汰的可能性也是客观存在的。靠政府照顾度难关、靠银行贷款过日子、靠地方保护拿工程，今后都是不可能的了。21世纪，全球企业之间的竞争，可以说是以科技含量、企业文化为基础的综合实力的竞争，一个缺乏企业的独特、优秀的企业文化、科技含量的企业是很难有所作为的。因此，我们必须面对市场，必须按国际惯例经营。国有企业破产是国家的负担，社会的包袱，员工的灾难，这就是危机感。

大家都说国有企业问题多，难搞，这已是客观事实。然而，作为一个国有企业的负责人，既然在这个岗位上，就应该努力深化国有企业改革，努力促进国有企业可持续发展，这就是使命感，我们责无旁贷。我想，有了这个立场与态度，国有企业和国有企业的负责人，才会经得起WTO形势的考

验，才能够应对WTO的新挑战！

根据装饰行业的特点，结合我们企业的实际情况，中国加入WTO之后，与国外装饰企业相比，我们有自己的优势，当然也有自己的不足，对我们的优势与不足，应有一个客观的分析与清醒的认识。看到优势，才有信心，看到不足才能有针对性地进行改革。

经过20年的发展，我国已经有了一批在社会上有一定知名度、有一定影响的装饰企业，创建了一大批装饰精品工程，具备了与外商竞争的基本条件。

装饰是一种文化。如何继承与发扬我国源远流长的传统装饰文化，我们有一定的优势。

外商缺乏对中国装饰市场的了解，刚进入中国装饰市场，他需要与中国装饰企业合作。我们有了解中国装饰市场的优势。我们要利用这个合作的机会，学习许多新的东西，在合作中成长起来，壮大自己。

相对而言，我们的管理成本低、设计成本低，有低成本竞争的优势。

建筑装饰不是高科技行业，是劳务密集型行业，我们在劳务与组织施工上有一定的优势。

同国外发达国家的企业相比，我国企业与企业家的意识上相对落后，差距较大。不要低估了这种陈旧观念、落后意识的危害性，它往往造成了一些不规范、不合法的行为，使创新精神难以发扬，计划经济的思维方式难以冲破。我认为，主要有以下三种意识，我们是有明显差距的。

一是市场意识。有位著名的经济学家说："中国人由于从来没有在真正意义的市场经济环境下生存发展，因而在市场意识方面也存在自身致命的弱点。"这话也许比较偏激，但基本上还是实事求是的。长期的计划经济、严重的政企不分，行政命令与权钱交换在运作中影响市场，这都是人所共知的事实。现代市场竞争的最终手段是人力资源、技术创新；现代市场经济的最高原则是以人为本，消费者至上，而中国企业离这个要求还有相当距离，很多企业宁肯花巨大人力物力去找"市长"，而不是努力去找"市场"。在装饰行业，项目经理队伍建设显得极为突出，从业务信息到完整的作品全过程，项目经理始终处在主导地位。装饰行业的发展，与他们开拓市场的贡献是分不开的。中国企业只有真正树立了市场意识，我们才能真正重视人的作用，才能真正提高我们的技术创新能力，市场作用也才能真正体现出来。

二是诚信意识。搞商业，搞市场经济，诚信最为重要，这是企业最为重要的"资本"！如果不讲诚信，抱着坑蒙拐骗、"杀人放血"的心态搞企业，谁敢同你打交道？目前假冒伪劣产品泛滥，三角债严重，可见缺乏诚信意识的危害性了。当然国外也有不讲诚信的企业，商业欺诈行为也时有发生，但相比之下，我国企业的诚信问题更为严重。

三是质量意识。我国不少企业对质量抱着得过且过的态度，缺乏精益求精的精神。不少"精品工程"是"评"出来的，其实际质量颇让人怀疑。质量是企业的生命线，这话人人会说，要真正落实到行动上，我们还有许多艰苦的工作要做。全国人大常委会副委员长成思危在"谈21世纪知识经济三大特征"一文中说："21世纪企业最宝贵的资本是知识工人"。装饰行业的特点体现在艺术价值、精品价值上，它的操作者都是能工巧匠。随着科技发展，知识工人是我们企业的宝贵资本，因为质量在很大程度上是由他们来体现的。尊重知识，尊重人才，大胆创新是提高质量的关键。

涉及到装饰工程中一些高科技、现代化的技术上，同国外企业相比，我们也还有不少的差距。例如在幕墙装修上，我们远远落后于美国、日本、德国等国家。

我们的装饰企业体量不大，抗风险能力较差，很难经得起"大风大浪"。一方面，装饰企业规模不大；另一方面又"小而全"，什么工程都敢做，都能做，而很难做细、做精、做专。

不熟悉国际惯例，管理与操作上存在不少不规范的行为。

缺乏复合型管理人才，缺少高水平的设计人才与高新技术人才。在人力资源管理、机制创新与分配创新等方面，比较落后。

当然，优势与不足是可能互相转化的，关键是看我们如何去运作。

进入WTO之后，我国装饰市场已进一步国际化了，竞争必然是很激烈的。面对这个新形势，新挑战，我们要做的最基本的工作是明确思路，加强管理，以管理求效益，靠管理促发展。

关于如何应对WTO新挑战，我们集团在不同的层面做过几次研讨。在我国被批准入世之时，2001年10月，特地召开了一次集团公司项目经理工作研讨会，研讨目前的形势和我们的任务。在这次研讨会的基础上，形成了2002年我们的管理新思路。

首先，经过认真分析，我们认识了目前装饰市场有以下八个新特点：

一是买方市场的扩大。装饰工程选择承包商的要求会越来越高，条件越来越严，范围越来越广，也就是说，我们承接工程的难度越来越大。

二是竞争更激烈。这种竞争是全方位的竞争，不仅仅只涉及一个工程的是否中标，而且涉及设计、施工、材料供应配套管理的竞争，从而体现为企业综合实力的竞争，成本越来越大。

三是品牌人格化。在项目工程上，不仅要考虑到工程的经济成本，而且要考虑到工程的文化艺术含量，工程的环境价值，创造品牌的责任人，也就是说，在今后的竞争中，不是精品工程就很难立足了，没有品牌的项目经理也难以立足。人们的精品意识更强，品牌已成为企业的强势标志。

四是市场经济越来越成熟。我们的一切工作只能按市场经济规律办事，如果还想搞一些不规范的行为，要想获得成功的可能性就很小，站不住脚了，随时有被淘汰的可能。著名企业家，华为老总任正非说，改革不力，就有可能出现“华为的冬天”。

五是资质管理已规范。对建筑业来说，一切按资质范围进行运作，所有这些相当的资质定位，都必须进行严格的报批手续和严格的资质审批程序，才能各就各位。企业只能依据自己的资质定位实施运作，不得越位，市场管理更加规范，操作更加有序了。

六是国内国外企业同在一个市场竞争。市场门坎降低，企业素质管理水平要求大幅度提高，决策成本越来越大，更新知识迫在眉睫。只有在管理过程中赚钱，才是企业的生财之道。

七是人才竞争更为激烈。人才的价值和知识的价值充分体现。市场的竞争就是人才的竞争，知识的价值受到尊重，在分配上必须得到体现，才能留住人才，企业才能发展。

八是国有资本的大量退出，混合所有制经济逐步形成。股本是混合的，经营是平等的，要改变计划经济的种种思维方式。股份制是市场经济发展的必须，也是我们装饰行业发展的需要。

进入WTO之后，必须与国际惯例接轨，按国际惯例运作，因之，企业规范管理是关键，为此，我们强调在八个方面要加强规范管理：一是企业资质规范管理；二是工程信息规范管理；三是投标过程规范管理；四是法人授权规范管理；五是工程合同规范管理；六是资金运作规范管理；七是ISO9000体系规范管理；八是品牌战略规范管理。这些都是企业迫在眉睫的事，我们是在酸甜苦辣中逐步完善了这些管理细则的。在规范管理的同时，还针对市场的需要提出了两项要求：一是职能到位，不能缺位，要按制度运作；二是不越位，不违规，尽心尽职做好本职工作。

回顾我们装饰集团十五年的发展过程，基本上是“二合一”的运作机制。这也是在改革开放中创出来的。所谓“二合一”机制是指通过充分调动各种生产要素的积极性，把项目经理闯市场、开拓市场的能力同集团公司的资质品牌、管理能力结合起来，促进了公司的发展，取得了可喜的成绩。我们也从实践中逐渐认识到，项目经理也是生产力。中国加入WTO之后，仅靠这种“二合一”运作机制肯定是不能适应新形势的要求了，因之，我们提出，必须把“二合一”调整，转变为“三合一”，即在原“二合一”的基础上，必须把国外先进的管理理念、资本、国外的专业人才引进国内，引进企业，形成“三合一”的运作机制，从而实现企业经营与产权主体多元化的格局，创造更好的利润。

应对WTO的新形势、新挑战，我们的管理思路突出以经济建设为中心，立足市场，向管理要效益。要在制度上、观念上、精神上、技术上、质量上来一次认真的改革。为了贯彻落实这些管理思路，我们制定了一些相应的措施。企业不是学术机构，我们不能“坐而论道”，最重要的是要干，先干起来再说，在干中不断完善。有了危机感，使命感，冷静地分析形势，强调一个“干”字，我相信，我们的企业是能够发展壮大的，我们装饰行业的前景是美好的。

转变观念 加快调整 全面应对WTO挑战

湖北省建筑装饰协会 副会长 中建三局深圳装饰设计工程公司 总经理 **毛国强**

2001年12月11日，中国正式成为WTO的成员国，对国内企业而言，无疑是一种挑战！作为一个国有大中型骨干建筑装饰企业——中建三局深圳装饰设计工程公司，如何主动应对这种挑战，抓机遇，变挑战为动力，努力增强自己的国际竞争实力，促进企业的更大发展？借此次研讨会的机会，我想代表公司就企业改革与发展过程中的一些主要做法和具体体会谈一谈国内建筑装饰企业在现在和未来一段时期内如何转变观念，加快企业自身调整，全面应对WTO挑战这一课题，以期与广大同仁们共勉，共同促进国内建筑装饰企业健康发展。

一、WTO对我国建筑装饰市场和国内建筑装饰企业的影响

中国入世，对国内建筑装饰市场而言，客观地说，既有有利影响，也有不利影响，这主要表现在以下几个方面：

（一）入世的有利影响

中国入世对国内建筑装饰市场的有利影响主要集中体现在建筑装饰市场及其竞争机制的规范和建立上。随着我国正式纳入世界经济一体化范围的进程，市场的开放会突破封闭条件下需求和资源的制约，极大地提高我国的建筑和装饰资源配置效率，带动相关产业的发展。

1．WTO逐渐影响到我国的政治体制改革进程。应该说，WTO除了会对我国经济产生较大影响之外，它甚至会对我国的政治体制产生影响，最有利的特征是将促进我国经济体系和政治体制的变革，促进我国政府调整现行管理体制，从外至内地推动我国各方面的市场规范化运作进程，包括建筑装饰市场的规范化进程。比如WTO对我国的经济管理体制、政企分开，提高政府决策和行为地透明度、法制、部门垄断等提出了相应要求，我国政府在这些方面也作了一定程度地承诺，这必将会对我国经济的良性发展起到积极地作用。加入WTO，最重要的是企业将会得到一个公平的竞争环境，一个灵活的市场和特别的法制秩序，从而使其能够真正利用市场机会发挥出各种可能的竞争优势，这就是入世带给我们的最大机遇。

2．WTO在一定程度上进一步增强外资信心。我国加入世贸将会在相当程度上进一步增强外资的信心，有利于我

国国内建筑装饰市场的发展和活跃。国际承包商先进的管理理念和技术应用也会进入中国，对国内建筑装饰企业起到一定的带动作用，不仅促进国内建筑装饰企业向技术密集型转变和向国际化发展，而且将大大促进国内建筑装饰企业走向国际市场，扩大市场份额。

3．WTO也在一定程度上增加内资企业走向世界的机会。入世对我国建筑装饰企业在国际建筑装饰市场的影响程度是相互渗透的。由于成本优势，建筑装饰工程是我国服务贸易中国际竞争力最强的项目，其国际收支一直处于顺差。作为发展中国家，中国已具备了在国际建筑市场上竞争的能力，加入WTO后，能从服务贸易自由化中获益，中国建筑装饰企业在海外市场上不仅能获得国际金融机构投资项目的机会，使我国的国际建筑装饰工程服务在世界贸易市场上所占的比重有所增强。加入WTO后，国际建筑市场将会变得相对宽松，机会逐步增多。

（二）入世的不利影响

这主要体现在以下几个方面：

1．与我国建筑业的历史与行业定位有关。建筑业作为产业的概念直到20世纪80年代才被认可，而建筑装饰业在80年代才刚刚起步，虽然现在建筑业正在成为我国的支柱产业之一，但并没有改变经济效益低下的局面，建筑装饰业的产值利润率也呈现逐年下降的趋势，整体水平仍然较低，国际竞争能力只能说初步具备，与国外一流建筑装饰企业相比还有很大差距。更为严重的是我国长期受计划经济影响，未按照国际惯例建立以工程咨询为核心的建筑业管理体制，国内外市场长期隔离，不了解国际竞争规则，缺乏与国际大承包商在同一环境和条件下竞争的经验。

2．与企业的市场竞争力有关。入世后，国外的各大承包商将加入我国的国内市场，无疑会在新的层面上加剧建筑装饰企业的竞争与淘汰。作为市场竞争主体的国内建筑装饰企业，目前的综合竞争能力普遍低于国外同行的水平，具体表现在：

（1）内在综合机制不顺，竞争力不足；

（2）管理水平低下，管理模式落后；

（3）技术应用层次不高，技术含量较低；

（4）国际经营承包经验欠缺，相应人才不足；

（5）习惯于寻找保护，竞争意识淡薄。

除此之外，我国国内建筑装饰企业在自我改进和自我完善的发展潜力上更是难以于国外大企业进行抗衡，入世以后国内建筑装饰企业势必面临更大的竞争压力。

3．与企业"走出去"的决策有关。国内建筑企业在国外的工程承包、设计咨询和劳务使用中，比较缺乏理性，在决策等问题上还不够成熟，带来的主要问题如国内企业的恶性竞争，缺乏长远的国际发展目标和规划。不仅国内企业的管理模式和运作机制均与国际同行存在较大差距，而且在科技进步及技术应用中也明显落后于国外同行。虽然在工程建筑业的优势主要来源于我们的人力资源的廉价，短期看，我国人力资源的比较优势会比较大，但从长远看，入世的资源配置效应会增加我国的人力资源成本，使人力资源的比较优势下降。我国建筑装饰企业在国际市场上的管理和技术优势的基础仍然是廉价，且只能体现在与第三世界国家的合作中，一旦成本低廉的优势被均化，我国建筑装饰业的发展仍然保留低水平和靠价廉赢得竞争的心态，就很难在国际市场的竞争中赢取入世后应得的份额。

入世之际，审视我们企业的素质，所处的市场环境及国家政府对经济活动的"游戏规则"和监管力度质量，我们面临的挑战很严峻。如建筑装饰市场竞争不规范、压级压价、垫资承接工程、拖欠工程款成了架在企业脖子上的"三把刀"（垫资和拖、欠款）；建筑领域执法乏力，地方保护、行业保护严重，施工队伍供需严重失衡，导致工程质量问题屡禁不止等。

二、转变观念，加快调整，全面应对WTO挑战的对策及建议

从上述有利和不利因素的分析中，可以看出，中国加入WTO对于建筑装饰行业来说是机遇与挑战并存。挑战是实在的，而机遇是潜在的，潜在的机遇只有经过努力，才能变为现实机会。

1．转变经营观念，调整经营策略，积极拓展良好的生存空间。面对激烈的装饰市场竞争，我们要实现规模经营，以经营工作的"提速"来带动企业发展的"提速"，追求经济效益最大化，没有一定的任务储备是不行的，而加强对市场的规范和管理是至关重要的。

我们对市场的规范和管理主要体现在四个方面，一是公司必须树立良好的市场意识和经营理念；二是公司对整个市场的宏观调整能力；三是对市场的分析和市场策略的制定；四是对顾客服务的管理。

根据我公司所处的环境和面临的形势，我们对公司全体员工提出要强化市场意识，树立"市场唯大，经营唯先"的先进经营理念。这就要求各方面的工作都要进入中心，服务经营；经营工作，无大小、无你我之分，在自身从事的本职岗位上，以优质的工作质量服从和服务于企业经营大局。2001年，我司实现合同承交额2.568亿元，中标率达到70%以上。

规范对市场的管理，必须进一步加大公司对市场的宏观调控能力，市场的布局、取舍、市场进入的时机，对象的选择，总体市场策略的制定等，必须在公司统一的规划和调整中进行，保证公司整体市场开拓的良性秩序，保证公司总体市场策略的针对性和有效性，以此为指导，公司要"有所为，有所不为"的原则，进一步优化区域性经营结构。根据国家近几年来政策和方向的调整，以及企业自身的经营状况，我公司提出要巩固深圳、上海、武汉市场，重点拓展北京、广州、西安、南宁等市场，适时瞄向国际装饰市场，将这些地区作为我司经营生产的主战场，集中优势兵力，抢占更大市场份额；加强与国外大承包商合作。此外，公司将积极探索多种灵活的联营和合作方式，结成利益联盟，共谋发展，以提高适应国外承包商的经营模式，熟悉竞争规则，及时调整

经营策略，全面对接国际装饰市场，尽快构筑适应国际竞争环境的国内建筑装饰企业的构架。

我们面对的是一个广大的顾客群，我们必须对他们有充分的了解和分析，根据顾客群的不同要求对整个市场进行细分，从中寻找适合公司市场策略的目标市场，然后制定与之相适应的营销策略。这要求我们必须做好每件事，一是对顾客群进行分析和归类；二是对公司面对的市场环境进行分析，制定有针对性的市场策略。

规范市场必须要规范对顾客的服务，一是要强化服务意识，树立“业主的满意就是我们最大的满意”的理念，既要强化内部服务，更要强化外部服务，尤其对总包，对业主的服务，要适应业主，承诺业主，满意业主；二是保证所提供的服务与众不同；三是要充分考虑到顾客的“要求”；四是所有涉及本公司所提供的服务应保持一致。我公司在承接广州万国广场、恒宝华庭、芳草园等项目的一期工程后，为什么在众多的竞争对手中脱颖而出，相继继续承接到二期、三期甚至四期工程，就是因为我们贯彻了这种过程服务的统一意识。

2．转变革新观念，调整创新机制，努力提高企业的技术创新能力。多年来，我国建筑装饰业鼓励科技进步的政策不足，企业经营生产缺乏推动科技进步和技术创新的动力和机制，一直是粗放式经营、外延式发展，产出的提高基本上靠增加各种资源的投入来实现。这不仅影响了建筑装饰业竞争力的提高，同时也与“整个经济由粗放式向集约式经营转变”的改革思路和要求相悖。因此，抓紧抓好技术创新，成了在中国加入WTO和国际市场不断融合的崭新环境中，建筑装饰业迎接挑战，谋生存求发展的紧迫要求。

推动企业技术创新，首先要树立正确的创新观念，明确创新内容、方式和手段。企业创新应包括三个方面：一是开放创新。在经营全球化、一体化过程中，关起门来搞创新是不会成功的，也不会有真正的创新，可加大与大专院校、科研机构、设计院等单位的合作，以发展自己的总包装饰能力及技术开发实力；二是自主创新。在开放创新基础上，要通过技术创新形成自己的核心能力、核心业务；三是系统创新。技术创新必须同企业的战略定位和管理创新、制度创新、结构创新结合起来。针对企业现状，当前建筑装饰企业技术创新首先应加大推广、应用“四新”力度，即通过技术研究在项目设计上大力使用和推广新技术、新材料、新工艺、新设备。我公司2001年经过反复的设计论证，在上海正大、东莞国际会展中心等项目上广泛采用工厂化加工制作，现场拼装作业的施工工艺改革，将传统做法变为现代化工艺，提高了施工精度，加快了施工进度，为大面积、短期限地施工闯出了一条新路。并以此为契机，初步带动了我公司技术创新体系地建立和运作。

创新是一个民族进步的灵魂，是国家兴旺发达的不竭动力。我们必须发挥自己在技术、人才和管理上的相对优势，建立自己企业的技术开发中心，重视技术创新的人才培养和信息储备，增加技术创新资金投入，建立多层次的资金支持体系，建立和完善有利于企业技术创新的社会化服务体系。我们相信，在迎接WTO带来的挑战中，通过技术创新，一定会抢抓到发展的良机。

3．转变用人观念，调整用人机制，积极发挥人力资源的整体优势。必须建立和完善企业人力资源信息库，对公司现有的人才进行动态管理及时掌握公司现有人力资源的状况，以随时为公司的人事决策提供依据。

加强人力资源管理，必须抓好两个关键层次的管理，一个是分公司管理层，一个是项目管理层。这两个环节是公司整个管理体系的主要环节，抓住了这两个环节，公司的整个管理就有了基础。因此，对这两个层次的选拔和任命，必须建立规范的程序，必须进行严格的考核，必须有完整的决策依据。必须加强对这两个层次的规范和管理，逐步在企业内部建立规范的职业经理市场，公司将逐步取消公司领导或分公司经理兼任项目经理的做法，逐步从观念上、行为上、能力上促进经理层的职业化。

加强人力资源管理，还必须进一步搞好人事制度改革，进一步净化公司内部的用人环境，进一步完善人尽其才的良好机制，要进一步加强事业留人、感情留人、待遇留人的人员保全机制。积极推进岗位竞争和末位淘汰制，积极创造竞争和淘汰的机会，使优秀人才能尽快脱颖而出。

4．转变管理理念，调整企业机制，积极创造良好的发展空间。任何时候，都是思想指导行动，没有正确的思想，便不可能有正确而富有成果的实践。在这深刻变化时期，不断自觉的转变管理观念，进行自我调整，适应变化形势，就显得格外重要。

一是要强化大局观念。根据国际国内大形势和我们企业本身内外环境的变化而调整我们的思维观念，牢固树立“全公司上下一盘棋”的思想，合理优化配置资源，充分发挥企业人、财、物集中的整体优势，抵御各种市场风险，壮大企业的核心竞争力。

二是树立危机观念。市场化下的企业，竞争是主旋律，有竞争必有淘汰。像我们所熟悉的海尔、联想、华为等国内著名企业，正是因为形成了以危机为核心的经营理念及企业观，才得以打造出国际一流的跨国集团的辉煌。海尔老总张瑞敏坦言：“我每天的心情如履薄冰，如临深渊”；联想集团柳传忘说：“我们一直设立一个机制，特让我们的经营者不打盹，你一打盹，对手的机会就来了”；作为2001年就赢利29亿元的深圳华为公司总裁任正非却说：“十多年来，我每天思考的都是失败，对成功视而不见，也没有什么荣誉感、自豪感，而只有危机感，也许是这样才存活了十年”。就是这样处于高速抑或叫处于春天的企业，却还在研究冬天的问题。因此，只有具备深刻的危机意识，才能敬业，不敢怠慢，才能不断置于死地而后生，才能从被淘汰可能中摆脱出来。

三是建立“诚信”为本的观念。竞争不是垄断，竞争更是一种向市场、向社会的一种郑重承诺——“履行承诺”，这也是入世的基本准则。只有100%地诚信履行，才能立足市场，获得社会的广泛支持。

四是坚持效益最大化的正确理念。一般说来，办企业容易为规模所驱动，尤其是国有企业的领导，很多带有政治家的色彩，以搞群众运动的思维来抓企业发展。因为规模是显性的，最能即时表现自己的业绩；而效益是隐性的，表现较为滞后，往往被忽略。因此，我们企业就要坚持一个正确的理念，追求效益最大化，以经济效益作为衡量我们企业经营成果的基本标准。

目前，全国正出现“万大调整”的局面。调整就是变革，调整就是适应，调整就是重新配置资源，就是重新组合生产力，调整也是更好变动利益关系和调动广大员工的积极性和创造性。因此，推动企业结构调整和运行机制的调整，对于企业管理的创新是尤为重要的。具体说来，我们要在以“五化”即结构公司化、经营职业化、管理结构化、决策科学化、运作规范化等的实施方面重点突破，使企业的基础管理更加科学化、规范化和法制化。

（1）结构公司化。“结构公司化”的核心就是要解决管理体制问题，而体制决定机制，机制决定效率，效率决定效益。我公司在实施“结构公司化”工作中，注意把握好以下几个要点：

一是要把握好企业的基本组织结构，按集团结构“扁平化”原则，设置公司——分公司（片区）——项目三个基本组织层次，严格控制新分公司的设置，以北京片区为典型，重点发展片区项目经理部，精干机构和人员，实行一人多岗，身兼数职，提高岗薪标准，充分调动员工的工作积极性。

二是按照公司制的要求完成公司总部机构调整和企业改制实施方案并报上级主管单位审批，并选择设计部组建股份制的装饰设计院，尽快调整和建立一套符合国际装饰市场竞争特点的企业管理机制。

三是把握好人力资源、品牌资本和货币资本是否延伸问题。为充分发挥公司的集团优势，扩大市场份额，可设立非资本性、合作制等灵活的方式进行运作，使公司的人力资源、品牌资本得到延伸，但货币资本链条不得再延伸续长。

四是处理好适度集权工作。本着“优胜劣汰”和“权利要集中，权利要提升”的原则，对所属单位要进行清理整顿，下决心分期分批将“人、财、物”的管理权按功能要求集中到公司法人层次上，逐步从根本上解决“诸侯经济”问题。

（2）经理职业化。这里所说的“经理”应包括企业法人代表、部门经理、项目经理、经营经理等在内的职业经理人队伍。我公司在实施“经理职业化”管理创新中，首先任务是做好宣传教育工作，使广大员工树立“经理”是职位的概念，是要一生精力追求的职业的概念；其次是要用适应其经理职业化的管理体制来支持这一管理更新，当务之急是要在决策体制上改革，逐渐做到决策核心层的人员不与执行层人员交叉任职；第三是启用市场机制，培养、锻炼、招聘一批思想素质好，业务能力强的职业经理队伍；第四是制定科学的晋升机制，规范各种职位关系、各种职位等次、各个等次的薪酬，以“职业化”激发大家在各自职位上，安身立命，创造性地开展工作。

（3）管理法制化。我公司要建立现代企业制度，就必须是“管理法制化”之路：

一是大力制订严谨的管理制度。根据企业发展目标和市场发展趋势以及国家政策导向，借鉴国内外一些成功企业的现代化企业制度，对公司的各项管理规章制度进行重新审视和全面设计，尽快编制出一套既具前瞻性、指导性，又具科学性、操作性的《公司管理典则》，同时，通过ISO9000、ISO14000、OHSAS18000等的贯标认证，建立起一整套同国际标准接轨的管理文件，以此来规范企业的运作和个人行为。

二是大力建设严格的执法体系。我们期望通过投资机构、决策机构、执法机构和监督机构的分工合作，来促使公司各项规章制度的有效落实；充分运用市场监督、社会监督和群众监督来保证我们规章制度的有力执行；同时，发挥各级党组织和工会、职代会等监督系统的作用，动员全体员工以“法”监督企业领导人带头遵守和执行各项规章制度。

三是大力营造企业管理法治化氛围。我们尤其要强调在内部工程分包劳务队伍选择、材料的采购以及招投标过程中的法治化管理，以严谨的态度，科学的方案、法治的手段来保护自己、保护企业利益不受损害，培养各级领导者和广大员工学法、懂法、守法、用法的意识，逐步形成企业管理法治化的氛围。

（4）决策科学化。古人云：“谋立而后动”，“预后则立”，都是强调科学决策的重要性。作为一家国有建筑装饰企业而言，科学决策既包含了改制模式上的决策，也包含了企业市场布局、结构调整、投资领域乃至内部改革方面、人才培养使用等诸多方面的决策。因此，公司首先必须要建立领导班子“议事规则”、“决策程序”、“工作纪律”等基本制度，以“决策民主集中化”杜绝“决策独断化”，最终达到“决策科学化”；其次，要实行严格的决策责任追究制度，对决策而导致损失的，要追求决策者的责任。

（5）运作规范化。2002年的市场经济虽然是无序的，但我们的企业管理应当是有序的，特别是在资产管理、资金管理、项目管理以及信息化管理方面狠下苦功，规范其具体运作程序，提高企业集约化管理水平。

①资产管理规范化。一是坚持主要领导管资产、抓资产，强化各级领导投资理财意识，把国有资产是否保值增值作为企业领导者经营业绩的重要内容加以考核；二是必须树立产权意识，逐步根治多种“项目制约分公司，分公司制约公司”的产权关系错位现象，以“上交定奖罚”来根治“诸侯经济”、“部落经济”的蔓延，确保“投资效益”的政治与经济责任。

②资金管理的规范化。企业管理的核心是财务管理，财务管理的核心是资金管理，而资金管理的核心则是现金流量管理。所以，资金管理要以资金融通和调控为重点，以现金流量管理为中心，以资金结算管理为基础，多渠道多方式地筹资和调剂资金，以保证资金的供应和回收。一是公司、分公司（片区项目经理部）必须按全年发展目标编制资金流量预算，严格按此预算管理现金流量；二是严格实施“收支两

条线”规定，尽快把资金从项目部集中到法人单位或委托法人单位上来，除一些特殊情况外，原则上项目一律不准设立帐户，分公司也要减少账户与现金存量，以此加强公司对资金的统一调配和管理，提高资金的整体使用效能。

③项目管理的规范化。工程项目是企业利润和现金流量的重要来源，项目管理是企业资产经营和生产经营的基础。项目经理部要在“CI形象、量价分离、过程精品”的前提下抓好项目的进度、质量、安全、环保及成本控制，即参与有关成本构成投标报价，以及业主进行履约。通过项目管理规范化的运作，达到项目负责“管理风险”与“技术风险”的要求，从而坚决消灭项目成本亏损，彻底扭转项目经理部掌握人、财、物和经营大权的畸形发展势头。

④信息化管理的规范化。企业要实现运作规范化，信息化建设是其重要手段。针对我公司施工点多、面广，比较分散的特点，网络化管理必须提到重要的议事日程上：一是实际工作的需要，通过网络化管理可减少管理链条，提高管理效率；二是可精减部分机构和人员，提高工作人员工作质量和效率；三是可实行全公司系统信息资源共享及分析研究工作信息化，降低管理成本，提高企业科学管理水平。

各位领导、各位代表同仁，让我们携起手来，开拓创新、奋发有为、与时俱进，共同开创中国建筑装饰业的美好明天！

实现“四个接轨”　应对入世挑战

中国建筑装饰协会 理　事　沈阳飞机制造公司铝合金结构工程公司　总经理　冯玉良

跨进21世纪的门槛，我国昂首进入世贸组织，面对加入WTO市场国际化的挑战，我国建筑装饰企业在经营机制、经营模式、经营理念和经营手段等方面，都需要与时俱进，重新洗牌。如果继续抱着传统的思维方式与经营模式不放，就会被无情的市场竞争淘汰出局。应对WTO，应该努力实现“四个接轨”。

一、在企业运行机制上与国际惯例接轨

我国建筑装饰行业，各种所有制企业都有，但无论是哪一种所有制企业，在运行机制上都存在着与国际惯例接轨的问题。特别是国有企业，这方面的问题更为突出，必须加快建立现代企业制度的步伐，从体制、机制上解决提高竞争力问题。改制的目标就是实现“产权清晰、责权明确、政企分开、科学管理”。首先，在产权关系上，必须改变国有独资的模式，通过实行股份制改造，实现企业投资主体多元化。其次，在企业内部经营机制上，突出解决好分配机制和用人机制问题。因为入世以后，企业首先面临的是人才争夺。如果企业不创造留住人才的机制，就很难适应入世后的需要。要充分树立人力资本的观念，把人才作为企业最大的资本去开发、去挖掘，发挥其潜能作用。再次，通过企业改制，解决自身的经营战略定位问题，使企业的运营在方式、方法和规则等方面与国际惯例接轨。

二、在企业设计理念和技术水平上与国际惯例接轨

22年的改革开放，使我国建筑装饰业有了长足的发展。但与世界先进水平比，我们的差距仍然很大，绝大多数施工企业的技术水平仍停留在传统工艺上，尚未形成一整套技术进步体系，没有形成明显的具有国际竞争力的技术优势，并且对国际上先进的设计思想接触的也很少，特别是内地的装饰企业设计理念更为传统和落后。要适应国际化的市场竞争，必须尽快地通过中外的技术交流，不断把国际上先进的设计理念，先进的技术引进来，学到手，并不断加以创新，从而形成既具有中国特色、又符合世界潮流的技术体系，增强本企业的核心竞争力。

三、在企业工程项目管理上与国际惯例接轨

在工程项目管理上，我国建筑装饰业一直是粗放型的，基本上是“吃大苦、流大汗”的劳务密集型、资源消耗型、管理粗放型的，工程运作的规则很不规范，随意性强，并没形成一个先进、科学的项目管理体系。而国外企业实行的是全过程的项目管理，往往以其全过程的技术与管理服务来获得所必须的收益与利益，而且管理的程序与规则相当规范。如果我国的建筑装饰业不提高自身的项目管理水平，不逐步引入国际工程承包的概念，是很难适应WTO的要求的。其中包括提高合同意识，善于用合同来规范双方的行为和利益；增强索赔意识，按照“低价竞标，索赔赚钱”这一国际惯例来运作工程；加速培养专业的、高素质的项目经理队伍等等。

四、在招投标机制上与国际惯例接轨

我国建筑装饰业在招投标机制上尚不健全，招投标的规则也尚不完善，工程招投标缺乏公正、公平、公开的环境与氛围，在商务报价方面也与国际通行的规则与理念相差甚远。比如，在工程招标文件的制定上，一个业主一个样，一个工程一个样，处处是“开关”和“悬念”，没有一个规范的文本。而政府招标的管理部门往往热衷于具体项目招标上，忽视了对招标文件的科学性、规范性与公正性的评判与审核，这就为下一步的工程具有招投标埋下了“暗箱操作”的隐患。这种状况不改变，就难于形成公平竞争的环境，这与WTO的要求是非常相悖的。因此，规范我国建筑装饰市场的当务之急就是建立科学的、公正的工程招投标机制，使之与国际惯例接轨，最终形成一个政府把住源头、协会全面监督、企业守法自律的规范的、良好的招投标环境，进而推进建筑装饰行业健康、有序地向前发展。

以有特色的核心竞争力来应对入世

中国建筑装饰协会　副会长　上海市建筑装饰工程有限公司　总经理　**谢建伟**

很高兴能参加协会举办的这次研讨会，借此机会，我想沿着“入世带来的机遇和挑战、两种状态交织下的企业转型，形成有特色的核心竞争力”这条主线，谈一些思考和探索，抛砖引玉，与各位专家、同仁切磋交流。

一、入世带来的机遇和挑战

上海是中国最具现代意识的城市之一，随着世界各国，尤其是发达国家的政府和知名企业，对中国巨大的发展机会和商业利益的深入认同，更多的投资眼光将瞄向上海。我相信，如果地球上不发生难以预测的变故，那在很长的一段年月里，上海将成为跨国商业巨头的投资热土，是世界上进入标的最高的市场。在这样的期望中，“马太效应”将会非常明显：上海为了更好的吸引国际资本，就要继续加大城市设施建设的数量，进一步提高城市建筑艺术的质量。而随着各国外商的不断进入，又将为上海带来更丰富的文化观念、更先进的技术和更高的管理标准，促使上海的城市建设水平不断上台阶，这就为我们提供了更广阔的运作空间和无限的商业机遇，从一定意义上说，上海就是一个国际化的、高标准的市场。

但是，在这个巨大的市场机会中，不可能再有超出国际惯例的国家保护或地方保护政策，这是一个惟一选题，也是一个公平的游戏规则，城市要发展，就必须融入全球经济中，就要开放市场，人人进入。随着我国加入世贸组织，使原本高度竞争的国内建筑装饰行业，又面临国际优秀同行的挑战。因此，更多的市场洗牌，更高层面的竞争，更严酷的企业淘汰，将不可避免。

所以，我们研判：建筑装饰业的国际化竞争，将会从三个方面进行，一是人力资源的挑战，主要是最优秀的原创设计人才，懂得国际惯例和规范的管理人才的争夺问题；二是全球化新材料、新工艺的挑战，关键是施工管理和现场操作人员的技能素质，是否符合国际工程承包要求的问题；三是理性投标方式的挑战，这就是如何扩大品牌影响力，了解国际社会的投标方式、报价方法，以良好的判断能力和风险抉择能力，来提高中标率的问题。

二、两种状态交织下的企业转型

我们公司作为国有控股企业，直接上级是国内知名的上海建工集团，这是我们立足上海，面向国际市场竞争的强大实力后盾。当然，作为集团旗下的专业龙头和支柱产业，集团对我们的期望很大，我们面对的国际挑战也将更快、更直接、层次也更高。

因此，入世后的3～5年内，我们公司必须，也必将完成又一次新的转型。这与1995年至1997年我们从传统的国营体制，向较新型的国有控股（上市公司）企业的转型不同，它是一种非常主动积极的，寻求国际更高标准发展模式的，最终是要形成有特色核心竞争力的转型。

麦肯锡战略咨询公司将企业转型分成两种：“危机状态下的”和“非危机状态下的”。它的结论是，前者尽管消极被动，但导致的转型成功率，远大于积极主动的后者，原因是“背水一战”要比“居安思危”更容易激发企业管理者的斗志。借鉴这个理论，我在思索一个问题，我们公司作为一个相对新型的企业，在跨越式发展到达同行业的一定高度后，如何克服“相对停滞期”（或者称之为“瓶颈阶段”）的弊病。

入世，给了我们“背水一战”，进行“危机状态下的”企业转型机遇。这些年，由于我们对国际先进的设计概念和行业标准，大多还停留在主观感觉上，没有收集整理出有操作性的赶超目标和措施。在一些外资高级装修项目上，虽然与境外企业有过竞争，也的确感到了差距，但总感到我们还有很多其他项目可做，没必要一定去争这一块。现在境外企业进来了，很快将与我们同享国民待遇，这就逼使我们必须全面提高竞争能力，否则就有可能成为其产业链上的下游分包，无法得到利润的最大化。认清了这一利害关系，企业转型的目标也就明确了。

同时，我们公司由于经营合同额、营业收入、利润率、企业积累等方面的状况不错，因此企业转型又是“非危机状态下的”，如何真正居安思危，使员工、顾客和投资方感到雄心勃勃的“转型”，是必要的，是不可避免的，是为了创造更有活力，更符合国际标准的全新的企业，而且肯定会比当前的现实更好，这是我们考虑问题的另一方面。去年下半年，我们组织的“发展再上新台阶”系列研讨会，2002年刚结束的领导班子“三个代表”学教活动，都围绕找出差距，积极变革的企业发展战略进行了积极主动的探索。

所以，我们公司要进行的转型，是“危机”和“非危机”交织形式的，也可以说是内因和外因在共同起作用，是主动与被动的连锁反应，直接的动因是要应对入世的挑战，直接的目标就是要形成“有特色的核心竞争力”。

三、形成有特色的核心竞争力

什么是有特色的核心竞争力？我的理解是，一个企业要想成为行业的领先者，就应不断形成行业平均水平之上的技术管理优势。这种优势的内涵，实质上就是在一定时间、一定空间的相对垄断性竞争能力。它的外在形式，可能、也可以被竞争对手学习、借鉴，或者模仿抄袭，但由于核心竞争力是循序渐进的线性积累过程，是以企业特有的技术管理和文化精神为基础的，只要你不停步，对手仅模仿，没创新，是难以超越的。

核心竞争力一般表现为两类方式，一类是技术垄断性的核心竞争力，突出的如：英特尔的计算机芯片频率技术、微软的操作系统源代码技术。另一类是企业（或产品）品牌的核心竞争力，如“可口可乐”、“海尔公司”。它们一旦为社会所公认，就在公众的心目中具有强大的不可替换性。

对我们所处的行业来说，"技术垄断性核心竞争力"不可能会很多，形成有特色的"品牌核心竞争力"应该是一个很好的方向。我们公司作为一个大型建设集团的专业龙头，保证在政府投资的城市公共建筑装饰项目上规模施工的优势，形成在高级商办楼项目上的设计施工一体化品牌，拓展高星级酒店项目的专业施工能量，是我们构想中的核心竞争力特色所在。为达到这个目标，在入世后的头 3 年，我们主要的战略发展思路有以下 6 项：

1. 吸引和团结一批紧密型的或松散型的境内外优秀设计和管理人才，形成品牌化、多元化的工作氛围。设计风格的多元化，将有效覆盖市场的广度，具有经营生产的规模效应；设计风格的品牌化，会有效开采市场的深度，满足高端客户的需求，有利于创造精致的作品和高额的效益。

2. 把企业品牌战略作为工作重点之一，用树立品牌、推广品牌为主线，促进中标率、占有量、产值、设计、精品工程的全面发展。以稳步发展的企业规模，作为创新的基础，以多种方法和手段，加大优秀作品的宣传力度，强化品牌竞争力。

3. 从国有企业特点出发，在稳定大局、有情操作的前提下，针对市场变化和企业发展需要，继续有计划、有目标地调整队伍结构，优化资源配置，探索符合国际惯例的、更有激励性的管理模式和运营机制，适应市场形成"承前启后，后来居上，能者多劳，能者多得"的企业氛围。

4. 形成工厂化加工体系，解决好工厂加工与施工现场前期翻样、后期安装的工艺问题，使产品制作精致化。在巩固木制品工厂化生产，石材工厂化生产的同时，深入探索金属制品工厂化制作的出路与方向，切实解决精品工程中金属制品的难点，使全部工程项目达到样板经典标准。

5. 重点围绕环保设计、环保材料、环保技术、环保设备、环保施工等国际厂商关注的问题，收集信息资料，提炼技术资源，形成整体共享，完善和充实公司的工艺储备。加强施工技术与施工实践的融汇，将用途相同、操作方法不同的各种操作技术、固定技术等等进行专项汇总，3 年内形成系统性的技术文件。

6. 设立市场发展部，拓展高端产品份额。该部门作为公司的经营触角，在入世后头 3 年外商机构频繁进入期内，重点以上海为基地，开拓外商在华投资企业、金融证券及高级商务办公楼的精装修工程，为公司在新业务领域中的发展，积累经验和客户资源。在保持现有经营生产动态平衡的前提下，为公司的市场调整提供参考坐标和改进依据。

上述战略思路的关键，是要强化"追求品质的卓越，我们永无止境"的企业文化内核，形成努力创造和努力奋斗的工作机制，使员工们在为企业服务时，有出自内心的"三个自豪"（即全体员工为我们的公司成为本行业最强大的公司而自豪；为自己在成为最强大公司过程中做出的贡献而自豪；为自己对公司做出的有效劳动中实现了自我价值而自豪）。全面优化团队精神和企业机制，以高质量的经营、设计、技术、施工综合素质为后盾，通过 3 年的努力，逐步形成与境外同行在上海或全国市场同平台竞争的能力。

这是我目前对入世后如何尽快形成有特色核心竞争力的初步认识，如有不当之处，请指正，谢谢大家。

提高装饰企业的核心竞争力 是应对 WTO 的生存法宝

中国建筑装饰协会　常务理事　　深圳市洪涛装饰工程公司　总经理　**刘年新**

中国加入 WTO 后，建筑装饰行业将受到前所未有的冲击，理论界人士分析机遇和挑战并存，我们洪涛公司却认为挑战大于机遇。一是因为引来了狼，增加了强大的对手；二是因为世界的建筑装饰业较为萧条，中国庞大的市场将吸引众多的建筑商来中国抢滩；三是因为我们的管理水平与国际先进水平相比还有较大的差距，技不如人。我们洪涛公司已有这种忧患意识，也有一定的应对措施。下面的一些探讨性意见，希望能够抛砖引玉，接受大家的指导和批评。

我们洪涛公司从2001年初开始就把WTO防患措施列入我公司的重要议事日程，不仅在公司的大小会议上给员工灌输 WTO 的忧患意识，并且派出不下于 100 人次去参加各种论坛研讨会，同时多次请来高级管理顾问在公司授课。让全体员工深刻认识到：加入 WTO 后，我们将面临的是成功与失败的十字路口，何去何从，将成为企业生存发展的关键所在。通过多方位、多层次的研讨，我们出台了应对 WTO 的措施：提高企业自身的核心竞争力，迎接外来的冲击和挑战。

企业核心竞争力是指企业独具的、支撑企业可持续性发展、保持竞争优势的核心能力。那么建筑装饰企业如何达到具备核心竞争力呢？

1. 提高企业自身价值

企业的价值包括有形资产和无形资产。有形资产支撑着企业的正常运作，无形资产是促使企业持续发展、取之不尽的源泉，也是企业核心竞争力的基础。

我们装饰企业的无形资产就是人才、品牌、信誉。企业拥有的人力资源越丰富，精品工程越多，信用和荣誉越高，无形资产就越大，企业发展的潜力和空间就越大。

2. 招揽人才，爱惜人才，留住人才

企业核心竞争力的形成，最关键的就是人才的聚集。中国建筑装饰业与发达国家的建筑装饰业的差距就是人才的差距，我们的设计落后管理落后，都源于人才的落后。加入 WTO 后的市场竞争其实质就是人才的竞争。

对此，我们洪涛公司是深有体会的。如上海大剧院是法国 ARTE 和美国 STUDIOS ARCHITECTURE 设计的艺术殿堂，完工后引起了世界的轰动。中国的设计公司包括我们也设计过不少的大剧院、歌剧院，但都做不出理想的效果，达不到轰动效应。又如北京中银大厦精装修部分，有两家外国的公司施工，他们的管理井井有条，进度管理能达到日进度的要求，同时他们对国际运作很熟练，索赔能力很强。最后他们的工程能达到效率高、效益好。我们却是效率低、效益差。分析个别原因就是人才的差距。

所以我公司近几年就特别注重人才的积累。一是人才的联合：如我公司与英国宝维士上海分公司对大型的国际工程进行联合投标、联合施工。在上海大剧院的施工中获得了较大的成功，同时又培养了我们自己的人才。现在我公司做的标书和施工中的资料管理都基本上能达到国际水准。第二是人才的招揽和培养：我公司的设计师和项目经理都有机会派往国外考察，入住高档宾馆，增长见识。同时公司制定了培养人才的计划和奖励措施：凡是参加再续教育、符合岗位专业的员工拿到硕士学位，公司报销全部学费，拿到博士学位的，除报销所有学杂费外，还奖励5万元，从而使我公司参加再续教育蔚然成风，人才素质不断提高。仅是设计部就有20多人能达到独立完成四星级以上设计的水平。今年我公司又一次性录用了中央工艺美术学院学生6人，其他学校的硕士生8人。三是留住人才：经统计，10年来，我公司只有3个人自动离职。现有100多个本科以上的设计师、100多个本科以上的各专业工程师，都在洪涛安居乐业，精神非常振奋。这都源于公司为他们创造了良好的环境：

一是有发展事业的空间。

二是收入稳定，多劳多得。

三是和谐的人际关系，全公司的员工都重视人才，爱护人才。

四是善于解决他们的后顾之忧，调户口、分房论才排队。

在今年深圳的人才双向选择会上，有100多名硕士以上的高材生要求到洪涛公司，有几百名本科以上的大学生点击了我公司的装饰网。

3．加大品牌战略

工程品牌也是装饰企业是否具备核心竞争力的主要因素。在甲方的招标考察中，一个公司有无实力，就看企业做了多少著名的精品工程。洪涛公司有今天的成绩，就是靠品牌工程换来的。如果没有上海大剧院、北京世界金融中心、北京中银大厦、北京人民大会堂国宴厅、深圳五洲宾馆等精品工程，洪涛就没有今天。洪涛公司具备一定的核心竞争力，它的主要特点就是著名工程加精品工程。要与进入中国市场的外国公司抗衡，我们除了积累人才外，就是要多创品牌。

洪涛公司早在1993年就在装饰行业中首次提出了“精品意识”，在2000年打出了“重新再造精品”的口号，2002年我们又制定了要象“皮尔卡丹品牌”一样，实现件件是精品的目标。此项目标就是为了公司持续发展的需要，为了应对WTO后的市场需要。

外国的著名建筑企业都是积累了大批的著名精品工程，所以他们的企业就拥有很强的核心竞争力。

4．不断提高诚信度

诚信是一个企业在市场竞争中的立足之本，中国每年由于缺乏诚信造成的损失达5000亿元之巨。在世人的眼光中，中国的装饰队伍素质是较低下的，装饰业进入WTO给企业带来的冲击，实际上也就是外国公司与中国企业诚信度的差距，我们公司也采取了一些措施以提高企业诚信度：

一是加强思想教育工作，以德治企。

二是增强法律意识，重合同守信用，按规律办事。

三是增强服务意识，以顾客满意为中心，实现无投诉工程。以良好的道德风尚和服务意识去赢得顾客和市场。

5．走出国门与世界相融、与国际接轨

加入WTO后，洪涛公司是深圳装饰行业中第一个走出国门的公司，我们今年在中东卡塔尔正式设立分公司，第一批赴卡塔尔的10名员工已于3月25日启程。我们的认识是，中国入世后，整个世界就是一个大市场，外国企业打入我们的市场，我们也要占据外国的市场。要争取市场，首先就应培养一批懂国际市场运作的人才、去锻炼与国际著名企业争饭吃的本领，去汲取与国际接轨的经验。

洪涛公司的做法是：

一是在国内凡是按国际市场运作的项目，找外国著名公司进行合作，从中学习他们的先进技术和管理经验。北京中银大厦和上海大剧院都是我公司和外国公司联手的工程。

二是对国外市场采取循序渐进的办法，先在一些小的国家去锻炼，了解各个国家的法律法规，熟悉各个国家的管理体系，学习各个国家的投标惯例和索赔技巧。由于1992年我们参加了援外工程阿尔及利亚机场宾馆的施工，熟悉了一些国际运作体系和伊斯兰教的风土人情，才有今天这个胆量去卡塔尔办公司。有了人才，有了经验，下一步我们将再到美国、欧洲的大国去争取市场。

三是招聘外国的设计师、施工管理工程师，加强我们的设计水平和施工项目管理，引进他们的先进理念和技术，达到与世界的理念相融，与先进的技术相近。

6．企业应有自己的特征和创新技术

德国的大型建筑商沃尔斯漫公司，因建造超大型的金属网架和大型桥梁建设而著名，中建三局也因建造大型钢结构大厦而扬名，而我们洪涛就因装饰大堂及石材工艺而形成自己品牌，所以洪涛公司在竞争中就是碰到外国公司也会棋先一着。北京中银大厦，我们战胜了对手日本的“熊谷组”，获得了胜利，业主看中的就是洪涛大堂装饰的石材工艺。洪涛公司还有一项优点就是善于抢工期、打硬仗。深圳20周年庆典活动的主会场装修，4000万的工程，我公司只用了22天就施工完毕，达到了挑战极限的装饰速度。又如2001年春节前，东阳的白云广厦会议中心，40天完成了3000万的工程量，达到了业主局部开业使用的要求。为了迎接国家50周年大庆，当年的中银大厦大堂施工，我们也只用了30天就完成了。由于我们洪涛有这种信誉和特点，才使我公司在市场竞争中立于不败之地，这是形成了核心竞争力的功劳。

企业核心竞争力的形成是一项非常复杂、种类繁多的合成，在这里不能一一枚举。只有根据建筑装饰行业的特点，去抓住主要矛盾，摸清市场变化，努力提高企业核心竞争力，才能应对WTO后的挑战，才能在风云变幻的国际市场中，站稳脚跟，乘风破浪，永立潮头。

学习熟悉WTO规则 提高企业核心竞争力

湖北省建筑装饰协会 副秘书长 **何木松**

我国加入世贸组织对我们建筑业企业来说，既是机遇，又是挑战。为此，我们必须学习和熟悉WTO规则，提高我们建筑企业的素质，关键是要提高我国建筑企业的核心竞争力。不然，我们会在我们自己的家门口败下阵来。

WTO中关键的是对外国企业要实行同等国民待遇和开放市场。这两条看起来很简单，但真正实行起来，对我们建筑业企业来说，不能不说是一个严峻的考验，因为无论是从管理水平还是科技新技术的应用程度，我们都和境外企业有一定的差距。这迫切需要我们提高企业的核心竞争力，才能在“与狼共舞”中取胜。

所谓企业核心竞争力，就是在一定时间内，一定空间内绝对运动和相对静止的垄断性竞争能力，这就是我们平常所说的核心竞争力。它的外在表现形式是这个企业应成为该行业的领跑者，具有不断保持行业水平之上的技术管理优势，它在市场上可以通过两类形式表现出来。一类是高新技术的垄断，如微软公司的计算机芯片频率技术、计算机操作系统软件。另一类是管理品牌的垄断方式，如“可口可乐”品牌的饮料、海尔的空调等。而我国无论是建筑业还是建筑装饰行业都缺少核心竞争力。

为此，我们要以加入WTO为契机，下大力气来提高我国建筑业企业的核心竞争力。近期的主要努力方向是：

1. 以多种方式和手段，加大优秀建筑装饰设计和施工作品的宣传扩张力度，形成和强化市场品牌核心竞争力。

2. 建立和制定与时俱进的新的激励机制和分配原则，既顾及投资者回报、企业积累、员工利益、项目管理者的经济收入方式和差距的调节，处理好“先富”和“共富”的关系，为核心竞争力营造良好的团体精神。

3. 形成品牌设计师、品牌项目经理脱颖而出的企业氛围。同时，设计师、项目经理的品牌应是多元的，业务上要有各自的专长和特色。这样集中起来，就是企业的综合性业务能量，有效覆盖市场的广度，具有生产的规模效应；分布开来，就是建筑业专业的不同风格特色，有效开采市场的深度，具有经营的针对性，有利于创精品工程。这样经过不断的努力，就可以逐步形成绝对运动和相对静止相结合的、综合能量与专业特色皆有的行业核心竞争力。再加上我们有本地企业的优势，我们定可以在竞争中取胜，就可以走向国际市场。

装饰企业的核心竞争力与WTO

湖北省建筑装饰协会 理 事 武汉凌宏建筑装饰工程有限公司 董事长兼总经理 **阳德广**

企业核心竞争力是指企业赖以生存和发展的关键要素，比如某些技术、技能和管理机制，它包括“软”的或“硬”的方面，也可能是无形的，不可测度的。一个连续成功的企业必定有其核心能力，这种能力需要开发、培养、不断巩固以及更新，因为即使建立了核心竞争力，也还有可能再瓦解。如何保持企业的竞争力就成了企业经营管理中的重要问题。

核心竞争力的概念是由布罗哈德和哈默在1990年的“哈佛商业评论”一篇论文中提出的。关于更一般的竞争力理论的贡献应当归属于麦克·波特。最初关于这一理论的讨论都是定性的。经过学术界、众多的管理咨询公司和企业界的努力，有关核心竞争力的模型已经走向定量化，变成一种问题解决方法。分析企业核心竞争力，要运用以价值为焦点的思维，考虑什么是公司的目标，以及如何将之最大化。最大化企业的价值是一个动态的而不是静态概念。例如许多人认为企业的目标是最大化利润，问题是最大化哪一年的利润呢？能否以下一年的利润为代价最大化今年的利润呢？显然这样做是不对的。因此企业的目标应该最大化利润的净现值，这就是一个动态的概念。更何况许多企业管理者实际上追求的是企业规模最大化、企业增长速度最大化、市场份额最大化等目标，这样就更会将企业引入歧途！

和我们一般人的想法不同，企业核心竞争力并非什么人都可以随便就总结出来。核心竞争力是一个严谨的管理科学的概念，它完全可以用动态方程计算出来。这在国外已经是很成熟的了。

中国如愿进入WTO大家庭后，市场化程度、开放程度相对较大的建筑装饰行业，如何既不自负，也不自卑，把握好自我定位，是一个重要问题。

我们会自负些什么？目前的倾向是：外商管理成本高，我们有低价竞争的比较优势。这话初听不错，细想却很有问题，价廉物美毕竟是市场的理想主义，在现实市场中，单纯以低价作为品牌战略，走进低成本、低质量、低效率、低品牌、低价格怪圈，肯定会断送潜质优异企业的国际化前途，这也正是WTO章程反倾销制裁条款的核心。

进一步讲，低价企业在人才素养、产品质量、售后服务上总无法让客户彻底放心。因此，低价格竞争，可以作为阶段性的企业战术，但决不能成为长期的战略方针，更不能以牺牲人力资源和品牌质量为代价。

当然，自卑也不足取，从自己的基点上，再起跑的话。要先学些什么？这倒是要认真思考的。我们认为，外资进入中国，决不会搞“泥水匠”式的低廉较量，而是从高端市场切入，以品牌设计为先导，铸就高星级酒店、高档会馆和办公楼等高端客户的认同感，是他们的优势。二十年前的港台装饰向境内的扩张，走的就是这条路子。

仅仅满足对建筑立面、空间六面体的泥水匠装饰装修，没有以人文关爱思想，环境设计理念、现场装配工艺为核心，理解和延续建筑文脉，造就城市生活空间——这就是我们与国际标准的最大不同。

找到比较优势，正确定位，不断进取。要实现3年内与国内外优秀同行平等竞技的目标，从现在起，既要思考，更要行动。

入世将加速人力资源的开发和建设

中国建筑装饰协会培训管理部主任兼培训中心主任　王燕鸣

入世，加速了经济全球化的进程；入世，导致了国内和国际市场日益激烈的竞争。这种竞争是多方面、多层次的，但归根结底，都将集中表现为人才的竞争。这就迫使我们必须在人力资源的开发和管理上加大力度，加快速度。要学习、研究和运用WTO规则，借鉴国际上先进的理念和模式，通过对人才的开发管理、教育培训，迅速缩小国际竞争需要与现有人才素质之间的差距。

著名学者清华大学魏杰教授最近指出：“中外企业的竞争可能在5年后才会全面展开，但是对于人力资本的争夺却从中国打开国门的那一刻就开始了。这种争夺今后只会更加激烈。”加入WTO以后，用人机制也要与国际接轨，过去的人事工作主要是凭印象，而如今叫人力资源管理了，那就要把人当成资源来利用，只有这样，才能把人力资源变成人力资本，而人力资本与土地资本、货币资本比起来，它是第一位的。

加速人才培育是“科教兴国”战略的具体落实与实施。“科教兴国”战略的核心是以人为本，基础是教育。抓好教育，培养人才，推动科技进步与社会经济发展，是实现兴国战略目标的根本举措与必由之路。

作为在国民经济和社会发展中占有日益重要的地位的建筑装饰行业，其从业人员的素质与发展的速度、规模和水平之间的不适应越来越突出，越来越成为社会关注的焦点，也越来越受到政府建设行政主管部门和行业协会的高度重视。

对此，建设部郑一军副部长在2001年6月份中国建筑装饰协会第五届会员代表大会上的讲话中指出：我们建筑行业操作层面工人的培训和管理，是当前全行业工作中一个十分薄弱的环节。所谓持证上岗喊了多少年，贯彻得仍很不好。这是一个全行业的事。提高装修工人的素质是急迫要求解决的问题，希望引起大家的高度重视。

2001年7月17日中国建筑装饰协会常务副会长兼秘书长徐朋在视察协会培训中心并听取汇报后提出了培训工作是协会工作的重要组成部分，要“加强培训力度、加快培训速度、扩大培训对象、扩大培训规模”的要求。

同年8月25日，中国建筑装饰协会马挺贵会长在协会培训中心的一次项目经理培训班开学典礼上专门为学员作了“强化培训工作，提高建筑装饰行业整体素质”的重要讲话，强调“必须把培训工作提上重要日程”，“要通过培训使行业整体水平有一个大的提高”。

事实证明，建设主管部门和中国建筑装饰协会新一届协会领导都非常重视培训工作，各地方建筑装饰协会也越来越把培训工作摆上重要日程，很多建筑装饰企业都在根据自身需要进行自培、外培。从2002年初我们开展的行业培训资源调查中反映出企业未来巨大的、急迫的培训需求和企业领导对培训工作的重视程度。

一、当前培训工作亟待解决的一些问题和困难

1. 培训管理——政府化强，市场化弱

长期以来，受计划经济体制影响，由政府部门指定培训机构，由政府部门决定培训内容。培训机构等上面安排培训计划，各企业不根据自身经营和发展需要而是根据主管部门的要求安排培训工作，缺少主动性和自主性，缺少公平竞争，而且，由于政出多门，多头管理，形成了走过场、表面化的应付培训，重复培训，而且互不承认。

2. 培训行为——盲目性强，实效性差

在政府行政命令作用下，无论是培训者还是被培训者，都不同程度地带有盲目性。其培训行为不是为了提高自身素质和能力，而是为了应对主管部门的某项规定。比如，为了资质就位进行项目经理培训；为了持证上岗，进行上岗资格培训等。因此造成了培训的临时性、突击性、应急性，而缺少自觉性、实效性、针对性。

3. 培训效果——重结果（证书）、轻过程（学习），重学历、轻技能

由于培训的功利色彩太重，导致了很多学员总处于“要我学”而不是“我要学”的被动状态，在培训过程中，轻学习，重取证，有些培训的组织者迎和这种倾向，举办短期高价取证班，更有甚者，干脆花钱买证两方便。

此外，还有一些诸如培训内容与生产实践脱节、培训教材相对滞后、培训方式手段落后、培训管理和师资队伍素质有待提高等问题。

那么，如何使目前的行业培训尽快适应社会主义市场经济体制的要求，形成以市场需求为导向、合理配置教育资源、主动适应建筑装饰行业发展要求的培训机制呢？我们提出如下思路与大家共同探讨。

二、转变思想观念，强化培训意识

要把培训人才作为一切发展的根本。将人力资源的开发

和建设融入经济全球化、融入经济目标化、融入团队精神、融入个人发展。

1. 培训观念市场化

《国民经济和社会发展第十个五年计划纲要》提出，要“大力发展职业教育和培训，发展成人教育和其他继续教育，逐步形成大众化、社会化的终身教育体系。”在“十五”期间，要积极推进社会化培训工作，进一步引导和规范培训市场。我国加入WTO后对成人教育的人才培训提出了更高的要求，技术应用型人才需求增大，规格增多，培训需求由原来的政府行政命令转变为企业和个人的自觉、自主、自愿、理智性需要，因此，政府行为将逐渐弱化，随之而来的，是不同企业、不同受训者根据自我发展的需要，自主提出多样化的培训需求，表现为细化、专题化、和个性化，而且对培训内容的针对性、培训质量的保证性提出更严格的要求。

因此，我们的培训机构和培训工作者必须转变培训观念，充分认识到，教育培训已成为经济社会发展全局性、先导型、基础性的关键领域，是落实“科教兴国”和“可持续发展”战略、实现“十五”计划各项目标的必由之路。从这个前提出发，我们的培训工作就必须从依靠政府转变为依靠市场，从按政府要求培训转变为根据企业需求培训，从垄断型转变为公平竞争型。切实培训出多规格、多层次、多类型、高水平、高素质的实用性人才。

2. 培训运作市场化

从发展趋势看，培训机构要从计划经济下的附属机构或部门转变为独立承担民事责任和市场风险的经济实体，要按照企业化的方式构建培训机构的管理体制和经营体制，使培训机构真正成为面向培训市场的法人实体和竞争主体，要营造公平竞争的环境，营造有序规范的培训市场，特别是加入WTO后国外培训机构的逐步进入，更加加速了培训运作的市场化进程，能否开发出适销对路的培训项目，能否提供满足差异化、个性化的、有效的培训需求的培训服务，成为培训机构生存和发展的关键。因此，我们的培训运作，必须面向社会，面向市场，面向需求，培育品牌，增强实力，根据市场需求，自主地确定培训内容和培训方式，满足立体化、多元化的培训市场需求。

3. 培训资源市场化

开发培训项目，开展培训活动，都离不开师资、教材、设施、场地等培训资源，而且这些资源的有无、多少、优劣，直接关系和影响到培训效果和质量。对于成人教育，对于刚刚起步的社会力量培训机构，很难在较短时间内拥有全部的培训资源，也不可能在拥有了全部资源后再去开展培训活动。而且，当投入和产出不成正比时，培训机构就会出现生存问题。因此，我们的培训工作者，应该根据自身实际情况，因地制宜，树立优势互补、合作互利、资源共享的思想，充分挖掘和合理利用社会资源，降低培训成本，提高培训效益，在为社会、为行业培训人才的同时实现培训机构自身良性的滚动发展。

4. 培训评估市场化

在市场经济条件下，培训质量高低，培训效果好坏，决定了培训机构能否生存和发展。传统的培训效果的评估往往是通过对学员的考核及考试成绩来表现，这种评估方法已不适应培训市场化的要求，更不适应成人在职培训。培训要市场化，培训评估也要市场化。也就是说，检测培训机构的培训效果，要根据被培训者返岗后是否胜任工作要求而定，要根据用人单位的满意度而定。应该说，这种评估方法是客观的，结果是真实的，而评估后的改进措施也会是既有根据，又有针对性；而这种评估方法也让被培训者看到了培训后的实际作用和效果，尤其是能够激活培训者学习的主动性和积极性，同时也减轻了培训管理者的工作强度。

三、应对WTO实施培训战略

在完成培训观念转变后，我们的培训机构和培训工作者就应该结合装饰行业的特点，从以下方面实施培训战略。

1. 研究培训市场和培训需求，科学设计培训项目和培训内容，强化培训的针对性和实用性。

2. 充分发挥行业协会作用，逐步建立行业培训体系和从业资格制度。

3. 各级政府和有关部门要通过制定政策、规章，规范培训机构、规范培训市场、规范培训行为，建立竞争机制，培育骨干型和示范型职业培训机构，营造优胜劣汰的培训环境。

4. 面对现实，探索联合互补、资源共享的合作培训模式，建立和完善有效的、通畅的培训网络。

5. 创新培训思路、培训方法、培训内容和培训手段，开展多层次、多领域、多形式的培训。特别是要加强对培训者的培训，加强师资队伍的建设。

总之，入世必将加速建筑装饰行业人力资源的开发和建设，必将为我们的培训工作提供巨大的空间。所以，只要是符合江总书记“三个代表”重要思想，有利于提高从业人员素质，有利于建筑装饰行业发展，我们就应该把培训工作做好、做大、做强。

以人为本　加速人才培育是中国建筑装饰行业应对WTO战略的根本举措

中国建筑装饰协会常务理事　吉林省建筑装饰集团有限公司董事长　吉林建筑工程学院建筑装饰学院董事长　孙爱东

加入WTO，中国社会的诸多领域将面临无可回避的东西方差异的巨烈碰撞。即在政治、经济、文化、教育以及意识形态等领域，在思维方式、价值取向、审美标准、伦理规范、行为准则等范畴，形成立体交锋的局面。这将是一段兴奋与痛苦、压抑与希望并存的过程，对企业乃至行业则是商机与危机、成败存亡交织及转化的艰难的历史时期。

加入WTO，面对遵守规则，开放市场这一新的经济形势，全国重点建筑装饰企业代表聚集一堂，进行应对战略研讨，无疑具有重大的现实意义和深远的历史意义。

一、建筑装饰行业具有独立的产业地位和独特的个性与历史文化内涵

建筑装饰行业是从其母体——建筑产业中逐渐分离出来，特别是近些年形成的独立产业，并已占据社会经济发展中支柱产业的重要地位，被经济界人士确定为与旅游、教育同属拉动经济发展的三大热点之一。据有关资料显示，2000年完成产值5500亿元，占国内生产总值的6.2%，从业人员约为850万人，而且带动一批相关企业发展。这是制定建筑装饰行业发展战略及发展目标的重要依托与责任所在。

建筑装饰是人类社会生活的实用性与审美观的有机组合，是物质文明与精神文明发展与提高的重要标志之一。如果说建筑是凝固的音乐，那么装饰就是这音乐中激发美感享受与联想空间的华彩，也可以说装饰艺术为建筑艺术画卷的点睛之笔！此乃人类文明发展赋予装饰艺术必须达到且能够达到的至高境界。

由此昭示：建筑装饰蕴含着深厚的民族历史文化内涵，并定位建筑装饰行业是承载人类历史文化成果，担负将文明推至更高层次的使命的大文化产业。这就要求我们在承传民族的传统文化与艺术风格的同时，融合世界不同民族、不同地域的文化艺术精华，因为只有民族的才是世界的，世界是民族的荟萃与综合。这也是建筑装饰人才培养教育设计与实施的重要参数之一。

二、加入WTO后中国建筑装饰行业发展的态势

1. 商机与危机并存是不可回避且必须应对的现实。 加入WTO，对我国的经济发展和社会发展具有跨时代的意义，标志着我国经济环境能够而且必须与以市场经济为主的国际规范接轨。这给我国的建筑装饰行业的发展提供了广阔的商机，同时也造成严重的危机，并且危机要大于商机。如此强调危机，目的不外乎是保持清醒的头脑与明确的认识，增强居安思危、临危求进的意识，站在行业兴衰、企业存亡的高度冷静应对，研究制定可行的战略与对策，以期完成国际发展战略学关于“在危机中实现惊险的跳越”的设计，踏上迅猛发展的宽广旅途。

商机扩大竞争，危机促进自强，后者更为重要。加入WTO，迎来的是一种全新的市场概念，逐渐涌入的境外同行企业，在资金、设备、技术、观念等方面较我们有明显的优势，等于说在起点并非平等的条件下，展开激烈的平等竞争，而竞争的核心是人才力的竞争，即所谓的“核心竞争力”。因此，提高“核心竞争力”是我们应对WTO的长远战略与近期对策的切入口。

2. 更新传统资本概念的内涵，理解人才力是当代资本核心要素的新理论观点。 人才力是当代资本核心要素的观点，绝非抽象逻辑的演绎推理，而是可量化分析归纳的数理统计。二战结束时，苏联从德国搬运机器设备、物资，而美国却从德国接收科学技术人才，由此对两国科技与经济发展于数年后产生的巨大差异的结果，便是一个具有现实意义的历史例证。时至21世纪，知识经济、信息经济已为不争的现实，但其根本则是教育经济，而人才是其核心。

加入WTO，人才的激烈竞争是我们首先迎接的最大挑战，当然也是长久的根本性挑战。因此，高度重视人才，竭力留住人才可为近期对策，而长远的战略则是加速人才培育，这是应对WTO战略及其目标实现的坚实基础。

三、以人为本，加速人才培养是应对WTO战略的根本举措

1. 加入WTO，应急人才的培育刻不容缓。 加入WTO，拉启了我国经济环境与以市场经济为主的国际规范接轨的大幕，新经济形势的舞台，准许统一规范的角色登场。对此，众多的企业，当然也包括我们建筑装饰企业，大都处于宏观认识明白，而微观操作茫然的状态，这无疑是一道险情。因此说，应急人才的培育已刻不容缓。

具体的举措是抓紧开始对企业中层以上管理人才，尤其是职业项目经理与高级经理的培训。对其进行WTO的基本理论、基本知识、基本规则，尤其是与装饰业联系密

切的相关知识的学习，诸如产业政策、环保规定、服务理念、国际工程管理等。企业中层以上管理人员是加入WTO应急人才的主体。抓紧这一类人员的培育是应对WTO战略实施和先期对策之一。此项工作应引起行业的高度重视，宜尽早实施。可采取不同形式的报告会、研讨会了解相关规则，更应该与相关高校合作，开办一至两年期的专修班。最近，我们的装饰学院已着手会同有关单位开展对应急人才培训的准备工作。

2．建立各级培训机构，加速在职人员的岗位技能培训。在职人员的岗位技能培训是提高行业整体素质与技术水平的重要举措，是增强企业核心竞争力的有效途径，事关行业的发展与企业的存亡。或者说，一支管理到位、训练有素，技术高超的施工队伍是一个行业，一个企业发展的基础。

面对WTO的新经济形势，我们必须清醒地认识到，我国建筑装饰行业在全员素质等许多方面较境外同业存在很多不足：其一，全国绝大部分省市装饰项目经理培训在延用土建项目经理培训教材，而且往往在取得项目经理证书后，很少再有专业针对性较强的继续教育；其二，从业的技术工人绝大部分是从非装饰行业改行而来，更严重的是大批装饰工人属进城打工的农民。

根据建筑装饰行业的现状与特点，培训工作可以多种形式开展，如协会与各级行业主管部门联办，协会、行业主管部门与专业院校联办等。

我们装饰学院现已与吉林省建设厅继续教育中心合作，承担全省装饰人才的培训任务，同时正积极与中国装饰协会培训中心探讨教育资源共享，为区域性行业人员培训做准备。

3．主动与专业高校接触，扩大交流与合作，拓展人才培育的深度与广度。高等院校是高级人才培育的摇篮，同时也是科学研究的基地，其代表着专业发展的方向和专业的最高水准，对我们建筑装饰业尤为突出。主动与专业高校接触，扩大交流与合作，在人才培育方面，能促进相互优势的发挥与利用。（1）聘请专业的学者、教师来企业讲学，如专题讲座、专题报告等，将其掌握的国内外最新的行业动态、设计理念、新技术、新材料以及最新的科研成果等传授给我们，指导企业的经营、管理朝最佳方向发展。（2）企业将自己在生产实践中遇到的技术难题以及在经营过程中所体会到的对专业人才类型的渴求反馈给院校，为其教学内容实施、育人类型的设计提供调整与修正的参数。这些皆有利于人才培育的深度与广度的拓展。这是人才培育的一个新理念、新举措。因为教育不属于个人，不属于企业，是属于全社会的。

4．人才流动是人才培育的一种补充形式。加入WTO，人才流动是人才竞争最直接的表现形式，这对企业乃至行业无疑是最大的挑战，且具有不可回避性。人才流动对具体的企业来讲，首先表现的是一种损失，对企业经理来讲无疑也是既伤脑筋又伤感情的事情。但我本人认为，应变换角度思考，理性地分析对待。

首先WTO不需要眼泪，WTO不医治心痛，理智是情感的灵魂。这是理性地认识人才流动是人才培育的一种补充形式的前提。

其次人才流动的培育作用在于培育高级人才。此论理由有两：一是流动者已是较优秀的人才，接纳的企业用其所长，实现了利益的增长，流动者本身也实现了自己的价值，同时又将所服务的企业的一些长处、优点吸收，增长了自己的才干；二是人才流动的企业同样接纳从其他企业流出的人才，流动者将其原在企业的长处、优点带入本企业，创造新的优势，产生新的价值，同样利于企业提高与发展。

流动的过程增强流动者自身的能力与才干，这是任何形式的培育都不可起到的作用。因此说，站在全局的高度、站在全行业的高度分析思考，人才流动是打造高级人才的一种培育方式。

5．创办建筑装饰学院，扩大与加强本科教育。实施本科教育的高等院校是各类高级人才产出的基地和摇篮。对建筑装饰行业来讲，专业的本科毕业生更是行业发展的基础人才和提高核心竞争力的中坚力量。因此，创办以环境艺术和室内设计为龙头专业，水、电、暖、结构、管理、建筑经济为辅的专门的建筑装饰学院，扩大与加强行业本科教育，是建筑装饰行业应对危机与挑战，步入可持续发展轨道的重要前提与长远战略之一。

吉林省建筑装饰集团已创办的吉林建筑工程学院建筑装饰学院就是此类院校创办的大胆尝试。也是“回报教育，回报社会”理念的具体物化。在此，我也呼吁业内的企业家们投资，多创办几所装饰类专业本科高等院校。

四、建筑装饰院校教育创新的几点构想

下面，结合建筑装饰学院的创办及教育与教学设计、实施与管理等方面，简单阐述一下我个人对建筑装饰院校教育创新的几点构想。

1．可持续发展战略及“综合就是创造”的理论是构想的思维平台。21世纪是知识与信息多元化发展的时代，同时更是教育与人才多元化发展的时代。发展中的中国与发达的西方国家在许多方面，自然也包括建筑装饰行业，仅就教育与人才而论，存在着很大差距。面对这种现实，认清优势，分析利弊，进行有效有益的综合，是提出构想实现创造价值的基本前提。

2．市场变化是构想的现实依据。有需求产生，就有供应相随，这是市场经济的基本法则。满足需求的供应，是企

业创业与实现价值的最佳商机。建筑装饰业的快速发展，造成了专业人才短缺和专业人才培养供不应求的局面，使得创办专门的建筑装饰学院成为可能。加入WTO，加速专业人才培养更显得迫在眉睫，刻不容缓。

3．优势互补，是创办建筑装饰学院的基础条件。吉林省建筑装饰集团有限公司多年积累的资金实力及其“双一级企业”提供的生产实践基地的优势与吉林建筑工程学院师资力量和办学经验的优势，使得双方有条件有能力合作，遂于2000年联合创办了吉林建筑工程学院建筑装饰学院，为吉林省首批实施本科教育的新制二级学院。

目前，建筑装饰学院除环境艺术、室内设计龙头专业外，还设有电气工程及自动化、建筑环境与设备工程、计算机科学与技术、工程管理、工商管理、社会工作、土木工程、无机非金属材料工程、交通工程等专业，并正在努力建设完善和特色鲜明的学科体系，即以环境艺术、室内设计为龙头专业，以其他专业为辅的学科体系，为建筑装饰行业培养急需的装饰专业技术人才。

4．办学理念导航，确定培养模式，保证教育设计与实施的规范且有效的运行。办学理念是学院创办及建设发展的纲领与灵魂，由此制导培养模式及相关的教育设计与实施。

建筑装饰学院的办学理念是：服务于社会经济和建筑装饰行业，坚持规模、质量、效益相统一，创百年学府。

培养模式为：坚持“从严培育，突出特色”的办学思路；坚持“因材施教”的基本教学方法；坚持“产、学、研一体化”的办学途径；坚持“双基地”、“双证书”的教学方式。把学生培养成为知识面宽，实践能力、适应能力强，综合素质较高的，为建筑装饰业服务的高级应用型技术人才和复合型管理人才。

5．软硬环境高标准定位，打造优秀人才培育的最佳平台。软环境高起点运行，硬环境高标准就位，是院校正规持续发展的重要条件和标志，是保证人才培养高质量的坚实基础。建筑装饰学院自建校开始，就极为重视软硬环境的设计与建设，且不断地完善与提高，使之达到育人的最佳状态。

软环境：包括用人机制、用人标准、管理模式、教育方法以及理念、观念、校风校貌、文化氛围等。

硬环境：包括校区、校园建设、教学、办公、宿舍、餐厅建设、教学设施设备、文体娱乐、购物等辅助性设施设备等。至今，集团已投入1.2亿元，并仍在继续扩大投资，使其不断完善，现已初具规模，形成特色，在校生800人，今年计划招生800人，最终建成可容纳4000人规模的培养建筑装饰专门人才的高等学府。

以上关于装饰类高等院校创办及其教育实施的构想，已在吉林建筑工程学院建筑装饰学院的创办与运行中逐渐物化，并在不断的完善，以期达到规范科学、体系完整。对于刚刚创办仅两年的建筑装饰学院，自然存在着诸多困难与不足，但本人有信心，一定能将其办成中国建筑装饰行业的百年学府，不负领导与同行的厚爱与期望！.

总之，面对加入WTO的新形势，根据经济结构、产业结构调整与人才需求结构的变化，人才的培育应形成主动适应社会需求、行业需求，并为之服务的机制，推进中国建筑装饰行业继续教育、成人教育和远程教育的发展，使之形成完整的体系，融入终身教育这一现代教育的潮流之中。

理论探讨为行为的先导，行为的跟进乃理论的物化，两者同行方创造价值。面对WTO的严峻挑战，今后的任务是在不断研讨的同时如何去做，怎样做好。其决定事业的成败乃至企业的存亡。本人坚信的理念是：发展即硬道理。我们有能力应对，有条件发展，一定能创造中国建筑装饰产业的辉煌，为民族的明天和华夏子孙馈赠一卷用精神与才智在艰难的时空书写自豪的历史篇章！

加入WTO后建筑装饰企业必须及时调整人才策略

中国建筑装饰协会副会长　北京港源建筑装饰工程有限公司董事长　**王　波**

中国加入世贸组织后，将对我国现实经济社会产生全面的影响。在深刻影响中国政府的同时，也将对企业产生重大的影响。毫无疑问，入世首先是政府入世，WTO的一整套规则主要是约束政府的。但是中国政府在按照世贸组织的原则进一步开放市场，遵守国际经贸准则，逐步降低和消除各种贸易壁垒，建立公平竞争的市场秩序的直接后果，就是使国外竞争力很强的企业、产品和服务进入中国市场与我们国内企业进行竞争。作为发展中国家的企业，我们在很多方面落后于发达国家，竞争的劣势多于优势，特别是在技术创新和人力资源方面。

在抗日战争时期，毛泽东同志就曾经研究和回答了如何在敌强我弱的情况下，用劣势装备打败优势装备，最终取得全面胜利的问题，并总结出了“决定胜负的因素是人不是物”的著名论断。在今天，我们与国外强手即将展开的市场竞争，其决定胜负的因素仍然是人，也就是人才的较量。

江泽民同志指出，做好加入世贸组织后的各项对应工作，人才是关键，要大力培养各方面的高素质人才，在普遍提高国民教育文化水平的同时，加强专业人才的培养，特别是要抓紧培养精通世贸组织规则的人才。培养专门人才的工作，一定要紧迫地抓起来。外国公司进入中国市场必然走本土化的道路，其首要策略是在中国建筑装饰业内争夺我们的人才。这就构成了我国建筑装饰行业内人才的争夺战，成为入世后反映在这一层面上的竞争。有专家预测，入世后必将导致外商涌入，竞争激烈，争夺人才，工资上扬，跳槽频密。据报道，世界500强企业已经有100多家在中国大陆建立了研究机构，开始争夺中国的现成人才。随着时间的推移，中外企业间展开的人才争夺战必然会愈演愈烈。因此面对加入WTO后的形势，中国建筑装饰企业必须调整人才策略，千方百计的把人才争到我们这边来，防止人才流到竞争对手那边去。对此，我公司进行了一些分析，并制订了相应的对策，在此提出来与各位同行交流。

我们认为，企业要调整人才策略，首先必须检讨现行的人才策略和人事制度存在的缺陷，了解竞争对手人才策略和人事制度的优势，以便做到取人之长补己之短。国内企业现行的人才策略是由计划经济时代逐渐转变过来的，是建立在国有企业管理意识基础之上的。计划经济时代在“高就业低工资”的总策略指导下，企业自己不能决定选用什么样的人才，也不能决定用什么样的待遇去吸引和留住有用人才，基本上处于被动状态；企业里培养的是具有“主人翁”意识的职工，从参加工作到退休服务于一个企业，没有危机意识；企业的培训工作流于形式，职工素质提高缓慢；企业办社会，包揽了职工的各种福利。在那种情况下，企业既不可能也没必要制定人才策略。

经过20多年改革的洗礼，企业的人才策略已经发生了很大变化。我公司虽然也形成了自己的人才策略，但是在政府的职能没有完全转变到位的情况下，我们作为一个由国有股控股，骨干人员和60%的员工都来自国有企业的中外合资企业，公司的人才策略的制定和实施仍然受政府人事、分配、福利政策和制度的制约。仍然存在着分配差距不能完全反映人才的能力和绩效的差异；企业领导集体的人才策略意识也难以完全转变到位。因此，我们的人才策略很容易给外国公司以可乘之机，如果不迅速进行调整，3～5年过渡期之后，国外企业大量进入我国，我们培养出来的人才将会大量流入外资企业。我们的成熟人才流失的直接后果就是减弱了我们自己的竞争力，增强了对手的竞争力，给我们的企业造成现实的危机。也是发展我国建筑装饰行业，提高行业整体水平的最大障碍。

中国建筑装饰行业起步比较晚，规模普遍较小，技术、资金实力不强，绝大多数企业是从建筑施工企业分离出来的，与国内建筑业企业相比就不具有人才优势。加入WTO，我们面对的将是有成熟的市场运作经验，有很长的经营历史，有雄厚的资金和专利技术的国际大公司与我们进行人才的竞争，给我们这个行业带来的人才危机和挑战更加严峻。因此，我们必须制定正确的人才策略，以化解危机，迎接挑战，变被动为主动。我认为，我们建筑装饰企业应该在转变观念、吸引招聘、开发培养、留住人才几个方面做文章。

一、用国际通行的人才招聘观念，积极地从人才市场吸引和招聘人才

人才社会化，人才市场化，使人才从不适宜的企业流出，并向适宜的企业流动。这是国外市场经济条件下，人力资源基本的配置方式。我国的人才市场经过多年的培育已经初步形成，现在已可以通过人才招聘会、人才网站、各种媒体等人才市场途径使人才供需双方进行双向选择。问题的关键是我们以什么样的观念在人才市场上进行运作。现在一般认为，从人才市场上招聘来的人才，对企业的忠诚度和稳定性较差。对此我们应该用新的观念来认识，要把人才的进出当成“雁来雁去随气候”的自然现象，来的欢迎，走的欢送。近年来，我公司把从人才市场招聘现成人才作为基本的人才策略，公司40%的员工是从人才市场招聘来的，其中有的是从其他企业吸引过来的，也有的来自境外（如美国和香港的设计师）。同时，每年都有小部分人员流动出去。招聘使用市场人才使我们体会到，如果企业形成了自己的核心竞争力（核心竞争力是指在企业内互补性的技能和知识基础上建立的一种可持续的，难以模仿的，能造成产品或服务差异的能力）、管理模式和企业文化，就可以形成“铁打的营盘”，用不着担心“流水的兵”造成的负面影响。

一个具有很强吸纳能力的“铁打营盘”，能够不断地将优秀员工带来和创造出来的各种成功作法变成公司的工作程序、工作标准、工法，变成企业的制度。从我公司流出去的人员都或多或少地给公司留下了一些宝贵的无形资产，做到了“人走才留”。因此我们不断地强化公司能进能出的用人机制，使“流水的兵”能够常流不息，不断地把各种人才的才能沉淀在企业，转化成本企业的核心竞争力。今后我们要继续在这种观念的支配下，大胆地到社会人才市场上去招聘企业所需要的各类人才。

当然，流动在市场上的真正人才一般都是待价而沽，择

主而事。企业必须把自己的品牌做亮，把知名度做高，把声誉做好，并且能够开出适宜的价格，才能把企业所需要的人才吸引到自己的企业里来。因此，能够运用好市场人才的关键在于企业自身条件，把企业做优、做大、做强，不断提升企业的核心竞争力，扩大企业市场占有率，成为行业的领头羊，这是聚集行业人才的基础。

二、用全新的观念和方法开发企业的人力资源，培养有用之才

中国最过剩的是人，最短缺的则是人力资源。企业所需的人力资源是指具有体质、智力、知识和技能综合优势的，能够实现企业目标的劳动者群体。现在，人力资源的概念已经被国内企业所接受。人力资源开发与管理不同于传统意义上的劳动人事管理，传统的企业劳动人事管理是企业按照国家的劳动人事政策和管理制度，开展企业的劳动人事工作；而人力资源开发与管理则是企业根据企业生存发展的需要，招聘、培养和管理具有体质、智力、知识和技能综合优势的员工，使员工的潜力得以充分发挥，为实现企业的市场目标服务。

在充分发挥员工潜力方面，我们认为需要从培训和激励两个方面开展工作。在培训方面，我们应该努力营造学习型的企业，改变过去那种按上级布置的培训任务开展针对性不强的员工培训，利用好宝贵的培训经费和培训时间，并提倡和鼓励员工自学。在职人员必须干什么学什么，缺什么补什么，有的放矢，避免学非所做。员工进入企业的不同阶段应进行不同内容的培训。如对新进员工要进行职前培训；工作一段时间后要针对其暴露出来的不足，随时进行补缺培训；对于有培养前途的员工要进行提高培训；特别是在加入WTO后我国建筑装饰行业面临投资多元化、国际化的新形势下，对企业员工的能力要求将是复合型、实用型的，要重点对现有中、高级管理人员和专业技术人员进行国际通用商贸规则、外语和计算机知识以及国际审美情趣发展变化趋势的培训，使之尽快具备在现代商业环境中企业依法经营所应具备的商业道德和商业信用意识，有同国际业主沟通与交流的手段与技巧，以及与国外企业打交道的能力等等。培训前应该对培训对象是否具有培养价值和提高的空间做出评价，然后制订培训计划和实施方案，并严格执行，要舍得资金和人力的投入，把人才的培养抓实，抓出成效来。

在激励方面，要实行精神激励与物质激励的有机结合，双管齐下，既给人才以实现自身价值的经济实惠，又能满足其社会荣誉要求，人才的潜能才能得到最大程度的发挥。有效的激励必须依据正确的考核结果，要想使激励达到预期的目的，必须认真做好员工考核工作。员工考核的重要性已经被越来越多的企业领导人所认识，但在实施过程中方法常常过于简单，甚至仅凭领导人的好恶轻率决定。如果考核结果不能准确反映员工的实绩和能力，奖惩的结果就会适得其反，很容易回到不考核的老路上去。不通过科学的考核结果而实施的激励，很可能达不到预期的目的。对员工考核的主要内容是员工绩效，必须有定性和定量的考核指标，这是外国企业的基本原则，也是我们实行激励机制的基本原则。因此必须通过科学的考核进行有效的激励，才能使人才更好地发挥其潜力。

三、采取多种手段，把关键人才留在企业

《三国志》中有一句名言："功以才成，业由才广"，人才是成就事业的关键因素。特别是关键人才十分难得，俗话说"千军易得，一将难求"。人才争夺战的主要目标就是那些关键人才。我们一定要想方设法把招聘来的和自己培养出来的关键人才留在自己的企业里。很多企业在留住人才方面都总结出不少成功的经验。比如感情留人，事业留人，待遇留人等等，都是非常有效的办法。国际知名企业在事业留人、待遇留人方面比我们有绝对优势，美国及其他西方发达国家，采取期股的方式达到资本所有权的泛化，使职工与企业结成经济利益的共同体，产生利益的趋同效应，把关键人才牢牢地留在自己的企业里。当前我国不少企业也在仿效国外的作法，试行了股票期权和期股制，让企业核心人员持有股票期权和期股。我公司针对中外合资企业的实际，对企业核心人员持有公司股份的问题进行了积极的探索，并且已经取得了中外股东的同意，正在实施股权留人的策略。同时对企业核心人员的待遇也在逐步提高，拉大了与一般人才的待遇档次，逐步向国际通行作法靠拢。

对有些"社会共享型人才"，我本着"不求所有，只求所用"的原则，使其才能为我所用。我们通过开办分公司、设立子公司的方式，使一些高学历、高素质的人才加盟到我们这个团队中来；还通过策略互动，优势互补的松散联盟形式，吸引一些社会人才为我公司服务。从而壮大了我们的人才队伍。

总之，我们要密切注意入世后人才争夺的新情况、新特点，与时俱进，冲破封闭落后的人才观念的束缚，从经济全球化的高度来认识和把握企业人力资源的开发和人才策略的及时调整，化劣势为优势，变被动为主动，力争在与强手竞争中立于不败之地。

从国际装饰工程承包 看应对WTO

中国建筑装饰协会常务理事 黑龙江省建筑装饰协会副会长 黑龙江国光建筑工程有限公司总经理 **魏 光**

中国已经加入了世贸组织，这表明我国将继续奉行对外开放的政策，在更广阔的范围内融入世界经济体系，使外国投资者对中国的投资环境和市场前景充满信心。国内建筑市场向国外开放，将有助于吸引更多的国外公司来中国投资，也可以更多地吸引国际金融机构和外国政府的贷款，而这些资金正是我国经济持续、稳步发展所必须的。

WTO一个重要的原则就是法制建设和增加法律的透明度。加入世贸组织，我国需要承担的义务首先是完善有关的法律法规，尽快与国际惯例接轨，按照国际建筑业的行业规范来管理我国的建筑业市场和建筑企业，同时给来自国外的工程公司国民待遇。这将有利于改善投资环境，更多地吸引外资，有利于促进我国建筑业法律、法规的建设和健全，有利于规范国内建筑市场运作方式。由于市场规模扩大，特别是申奥成功，西部大开发和加速城镇建设及扩大内需的政策等，给我们建筑装饰业带来了巨大商机，同时引入国际上先进的管理和施工模式，促进建筑装饰业尽快与国际接轨。

十年前，我公司参与了前苏联克拉斯诺亚尔斯克市叶尼塞宾馆和喜剧院装饰工程的国际投标，我们赢得了总承包权，两项装饰工程的建筑面积为5.7万m^2、总造价1.6亿元人民币。在经历了设计投标、概预算、合同文件等一系列工程的前期准备和国际采购、运输、施工组织、协调等大量工作，同时又遭遇了苏联的解体和经济崩溃的全过程，所遇到的困难是可想而知的。

在当时我们没有国际施工经验，又遇到了很多不可抗力因素，给本来极其复杂的工程雪上加霜。我们克服了重重困难，完成了喜剧院的改造装饰工程，赢得了专家和各界人士的好评和尊重。由于政治和经济环境继续恶化，叶尼塞宾馆工程在完成了总进度的60%时，不得不被迫终止合同。

在这次国际工程的实践中，我们最大的收获是锻炼和造就了一批设计和施工管理队伍，熟悉了从投标到施工组织的全过程，提高了对国际工程履约责任和义务的认识，积累了国际工程的经验，同时锻炼了意志和克服困难，摆脱困境的应变能力。

通过十年前所经历的国际工程和今日加入世贸组织如何应对的问题，我们认为中国已经成为国际大家庭的一员，是一个充满活力又竞争激烈的国际市场，我们积累了国际工程的经验，找到了国际市场的感觉。作为中国的建筑装饰企业，面对当前和今后的前景，应抓住机遇，迎接挑战，理性的分析企业的现状和发展思路，调整战略，更新理念，尽快地从思维、行为与国际接轨。在应对入世的挑战应采取的措施的思考如下：

一、加强法律建设，规范行业管理

1. 法律建设要根据世贸组织的原则和要求，使国内法规与国际惯例接轨，更加规范化，更具有透明度，使国内建筑装饰业管理有章可循，进一步强调和明确各方的权力和义务。加紧培养一大批相关的法律人才。

2. 改革建筑业管理体制，在公开、公正、公平竞争的原则下认真实行项目招标投标制度，并进一步加强项目监理制度，促进建筑装饰业健康发展。

3. 改革国内建筑装饰业的管理体制，加快向现代企业制度转变，以资本为纽带，通过多种途径，推进强强联合。

4. 加强行业协会的作用，维护市场经营秩序。

二、苦练内功，提高企业竞争能力

1. 加大企业的科技投入，提高工程的技术含量，增强公司的设计能力，学习国际先进的管理经验，赶上时代发展步伐，争取领先地位。

2. 提高企业的设备供应和采购能力，扩大国内、国际采购网络，减少中间环节，降低成本。

3. 增强企业融资能力，融资能力大小将成为衡量建筑装饰企业实力的重要因素，也是提高企业竞争能力和取得项目的坚强后盾。

4. 积极加强与国际大承包公司合资与合作，学习国外先进的经营理念和经营管理经验，提高企业管理水平，在合作中发展壮大。

5. 建立科学的用人机制，加强人才培训，培养懂技术，会外语，精通国际商务的复合型人才。

三、加强自律，树立诚信意识

1. 树立企业的诚信意识，保持良好的信誉纪录。

2. 建立全社会的信誉体系，保持业主与承包方的信誉，政府与企业的信誉，企业与金融机构的信誉，企业与企业之间的信誉，企业与合作方的信誉，人与人之间的信誉等等。

3．树立创精品、创品牌的意识，每一项设计，每一项工程都应在诚信的基础上创出精品，打造企业的品牌。

4．加强企业自律，避免和杜绝恶性竞争，压低造价、相互抵毁等不利于项目的现象发生，同时在资源、信息方面，尽可能实现互动和联合，抵消不利因素，避免两败俱伤，渔翁得利。

四、把握国际市场机遇，走出国门

1．市场互换，在外国公司进入中国市场的同时，世贸组织的成员方也将向中国开放市场，从而在一些国家消除市场准入方面的障碍。

2．中国产品出口关税壁垒减少，有利于企业增强竞争力，带动更多的国产建筑设备和材料出口。

3．享受最惠国待遇，作为WTO成员国，我国的建筑装饰企业可以与其他的成员国一样拥有同等的权力，并享有同等的关税减免。

五、政府的支持是必要的

1．在积极扩大开放的同时，通过各种方式合理保护国内企业利益。

2．促进以有价合同抵押方式贷款，建立工程项目的金融服务体系，提高企业竞争力。

3．建立国际一流的国际工程管理学院，培养国际工程管理人才。

总之，中国加入世贸组织给中国建筑装饰业带来的机遇大于挑战，从短期来看，可能是竞争大于机遇，但从长期看，将有助于中国建筑装饰市场的规范，有利于企业的发展和壮大，无论是企业还是政府部门，行业协会应面对现实，积极应战，促进我国的建筑装饰行业健康、稳健的发展。

我国装饰设计如何应对WTO

深圳市建筑装饰（集团）有限公司设计研究院　院　长　**姜　峰**

加入WTO从指日可待到正式入关，我们也从“机遇与挑战并存”的口号中，进入到了如何抓住机遇迎接挑战的实质性战略研讨中。加入WTO，对于我国的装饰企业来说，是一次重大的变革，其深度前所未有，而我们能否顺利实现这种变革，能否在新的条件下生存和发展，是一次不可回避的考验。装饰设计对于装饰行业来说有着举足轻重的龙头作用。因此，装饰设计如何适应入世所带来的各种影响，对于整个行业有着深刻的意义。

中国加入WTO，对装饰企业来说，其有利影响集中体现在装饰市场及竞争机制的规范和建立上。随着我国已正式纳入世界经济一体化范围，市场的开放会突破封闭条件下需求和资源的制约，从外至内地推动我国各方面的市场化进程，包括装饰设计市场的规范化进程，并且在一定的程度上，加入世贸将会从相当的程度增强外资信心。国外装饰设计公司先进的管理理念和技术应用也会进入中国，对国内装饰设计起到一定的带动作用，促进国内装饰企业自身水平的快速提高，有利于更快地走向国际市场，扩大市场份额。

一、我国装饰设计面临着三个方面新的挑战

1．我国建筑装饰设计起步较晚。改革开放前，我国装饰设计只是国家计划经济的附属品，没有自己独立的地位。20世纪70年代末到80年代中期，室内设计与装饰作为一个新兴的行业才被认可，但与国外先进的水平相比，还存在着很大的差距，竞争能力只能说初步具备。因此，入世后国外的各大装饰设计公司进入我国的国内市场，无疑将在新的层面上加剧企业的竞争与淘汰。

2．狼真的来了。根据中国加入WTO法律文件中参考译文，在建筑及相关工程服务方面，中国入世3年内，外资进入中国限于合资企业形式，允许外资拥有多数股权。中国入世3年后允许设立外商独资企业。这就意味着“狼真的来了”。外国的装饰设计企业将依靠他们先进的技术和管理，优厚的待遇冲击我们的设计人才市场，争取我们的人才，加强人才的竞争。

3.改革设计方式。21世纪知识经济的氛围越来越浓，技术和管理的各种新理论、新方法、新模式不断出现，网络技术、电子商务等新事物发展迅猛，让人目不暇接。在设计领域，图形技术、仿真技术、多媒体技术、网络技术得到了迅速发展，这就要求我们不断改革设计方式，以适应这一变革。而我国设计师在此方面还有待于进一步提高。

俗话说，知己知彼方能百战百胜，我们只有认清形势，找出与国外装饰企业的差距，寻找出相应的对策，才能立于

不败之地。

二、应对WTO的措施

作为一名装饰设计的管理者，我认为要提高我国装饰设计的整体水平，真正发挥设计的龙头作用，带动整个行业的发展，应对WTO所带来的挑战，应当着重于以下几个方面：

1.建立沟通平台，培养语言环境。中国正式加入WTO后，与国际的学术交往和合作将日益频繁，看懂英文图纸、资料，了解国际最新建筑资讯，与国外设计师自如沟通交流，这将会对装饰设计人才提出越来越多的要求，培养会外语、懂技术、精通国际商务的复合型人才成为装饰企业的发展趋势。而建立一个互通的语言环境，是我们走向国际市场所必须的基础。国内的设计师面对境外公司进入国内市场，或国内设计走向国际，不应让语言成为我们的一道屏障。作为一名21世纪的设计师，一定努力学习英语，融入国际化的语言环境，建立起良好的沟通平台，为走向经济一体化做好铺垫。

2.强调学术氛围，提高整体素质。在当前社会经济发展迅猛，科学技术日新月异，竞争日益激烈的条件下，我们能否以高水平作品占有市场，归根到底，取决于设计人员的素质。因此，强调学术氛围，以良好的创作环境和学术环境，提高设计师的专业素质，使其在设计运作过程和服务模式上紧跟时代发展的步伐。

多年来，我们只是一味倡导“请进来”，也就是引进国外先进的设计理念和先进的管理模式。现在，我们在“请进来”的同时，也应该大力推行“走出去”。即要举办国际性设计竞赛，与国外高水平的设计师事务所合作设计；也要结合设计任务，组织设计人员出国参观考察进修等多种形式，努力进入国外设计市场，让对方了解我们，我们也逐渐了解对方，能够从找出的差距中不断改进人才使用和优化设计的机制，也使得中国的室内设计师在与国外设计师的合作交流、竞争的过程中，通过学习形成整体水平的提升和超越。

3、转变思维模式，寻求创新提高。市场的转变，需求的转变，迫切的需要设计观念的转变。在科技发展日新月异的形势下，新技术、新材料、新的管理模式、新的运行机制在不断发生变化。中国的建筑装饰设计在融入世界的过程中，向世界开放，也意味着更大的机遇与挑战，更艰巨的竞争与风险。因此，观念、理论、规则、思维方式都面临着调整。

应当承认，目前我们的设计水平与国外的先进水平相比还存在很大的差距，其原因归根结底是由于我们传统的思维模式。如果我们怀着积极的心态，从基础教育入手，改变过去封闭式的思维模式，创造良好的社会氛围，加强个人的修养，在设计上提倡创新，寻求设计理念与方法的进一步提高，培养世界式的审美情趣，就能够适应新的游戏规则，创作出国际性的优秀作品。

4.熟悉国际惯例，接轨国际市场。当前国际经济界最热门的话题就是“全球化”，中国加入WTO，毫无例外的将卷入到这个全球化的潮流中去，也必将毫无例外的遵循世界贸易的规则。作为装饰企业来说，当务之急，应当立即引进国际标准，如装修构件、制图标准、色彩标准、投标文件、评标法规以及相应的建筑法律法规等，否则，将无法与国际市场接轨。

在这一重大变革的过程中，如果我们只是一味的固守陈规，不进行变革，不主动出击，我们的企业将逐渐失去竞争力，直至最终淘汰出市场。

5.保持自我特色，弘扬民族文化。国外的设计师通过比较新颖的设计手法、新材料和新技术的运用，通过纯熟的商业性运作，迎合了业主求新、求洋的心理，带来了新鲜感和新奇感。如何应对这一冲击，我认为，只有拥有自己的特色，才是竞争获胜的法宝。21世纪是高速发展的信息时代，其特征表现在设计领域主要是“竞争”和“全球化”。在这个竞争的时代，无论是物质或精神，要想存在就非得有自己的特色。在设计领域，要想在国际上有一席之地，我们的室内设计必须具有中国特色，体现中华文明的精髓。

中国是具有悠久历史的大国，其建筑艺术、园林艺术、工艺美术等等都形成了自己独特的体系。中国的室内设计师应当运用这些建筑装饰文化的瑰宝和五千年历史文化的积淀，结合时代特色，立足于国内市场应占有的地位并尽快地走向世界。

目前，装饰设计在我国还未受到应有重视，过低的设计收费、过短的设计周期以及参差不齐的设计水平，严重制约了我国装饰行业的发展。我们真的很担心中国装饰设计——这如此脆弱的生命能否经得起全球经济一体化大潮的冲击。但现实终究是现实，我们只有快速的提升自己的专业素质，用我们的文化优势、价格优势等比较优势，来作为争取平等竞争的缓冲。要真正的沉下心去学习和吸收，在竞争中生存，在竞争中成长，为我国装饰行业真正走向世界尽一份力量。

中国入世与装饰设计的发展

湖北省建筑装饰协会常务理事　湖北珠江龙装饰设计工程有限公司董事长　**李兴儒**

中国现代建筑装饰行业起步较晚,虽然近年来得到了较快的发展,但相对于国际同行业来说,仍然处于较低的水平,而建筑装饰工程的灵魂——建筑装饰设计得到人们的重视还是近十年来的事。加入WTO后，根据中国政府的承诺，3～5年内将逐步开放建筑市场。随着市场的进一步开放和国外建筑装饰企业的进入，国外建筑装饰企业在带来先进技术和设计理念的同时，也会给国内的建筑装饰企业带来冲击。我国的建筑装饰业如何加快进步，应对加入WTO后所面临的挑战，是一个迫在眉睫的课题，应该引起我们的广泛关注和探讨。

一、中国建筑装饰设计的兴起

装饰设计（广义的角度又称环境艺术设计）是通过对包括建筑外观、室内空间、环境的再创造处理及家具、布艺、灯光、装饰品的统一布置等，在满足使用功能的前提下，使建筑室内空间和室外环境达到和谐的艺术效果。它以原建筑和设备为依托，又对建筑进行再创造，装饰设计是对建筑设计的延伸和深化，应是建筑设计不可分割的组成部分，装饰设计具有艺术与技术的双重特性，应遵循预见性、系统性、特色性和创造性的原则。

中国建筑装饰自古以来就存在，改革开放以后，它得到了新生。新的建筑装饰由沿海开放城市兴起，并逐渐向内地普及。在建筑装饰发展的前期，建筑装饰设计师主要由建筑师和工艺美术师担任。我国经济的高速发展为建筑装饰业的发展提供了一个前所未有的良好发展空间。由于文化教育的普及和人民生活水平的提高，人们对自己所居住的工作和生活环境提出了更高的要求，这就为建筑装饰业的发展提供了生存的土壤。随着对外开放的深入，国外的先进技术和设计理念给处于起步阶段的中国现代建筑装饰业带来了许多崭新的理论和指导，各大专院校培养的一批批设计人才也先后走上了工作岗位，在经过多年的实践后，诞生了大批的优秀装饰作品。中国建筑装饰业掀起了发展的高潮。行业管理和分工正在逐步走上规范化、专业化的轨道。随着住房分配制度改革的深入，装饰设计的概念正逐步“飞入寻常百姓家”。2000年，我国建筑装饰业的产值已达到5500亿元,为建筑业的发展提供了重要的支撑。建筑装饰行业因为有着良好的发展前景，有人形容它为“21世纪的朝阳产业”。装饰设计也从无到有，以至逐渐成熟，在发展中改变和美化我们的生活环境，中国正经历着从对环境的美化处理向创造美好的环境方面转化。

但是我们也应看到，我国的建筑装饰设计起步晚，发展时间短，建筑装饰行业还很不规范，行业管理的力度还不够，装饰企业的技术含量还比较低，还有不少企业存在着重施工、轻设计的现象，设计工作中照抄照搬的现象还比较普遍。设计人员的理论功底还比较低，专业素质和设计水平与国外同行相比还有很大的差距，在装饰设计中缺乏创造性、新颖性。在一些大型的复杂的装饰工程设计投标中往往败北，以致被外国的设计师占了我们的高级装饰设计市场的不少份额。装饰施工和装饰设计走出国门的还不多。参与国际装饰市场的竞争，应该说，我们的装饰企业还处在初级阶段。我们只有发现和正视自己的不足，找出差距，不断提高行业的素质和水平，抓住入世的机遇，主动与国际接轨，才能迎接WTO的挑战。

二、当前建筑装饰设计存在的主要问题和不足

我国建筑装饰设计还存在不少问题。从我们湖北省来看，我们和国内的先进水平还有一定的差距，更不用说同外国的企业相比。从这几年建筑装饰市场的投标实际看，我认为存在以下的主要问题：

1. 设计从业人员的素质还有待于提高。现在建筑装饰设计界许多有经验的设计师多是由建筑师和工艺美术师改行，经过几年的磨练和刻苦的学习，他们往往积累了较丰富的经验，但是受其专业的影响，不可避免地存在一些局限性，设计功底还不够深厚。如建筑专业的设计师把握建筑空间和使用功能的能力强，对于建筑装饰技术和规范掌握得熟练，但驾驭色彩、艺术的能力则相对的要弱一些；美术专业的设计师则思维灵活、手法独特、色彩感和艺术感强,但对于建筑空间和使用功能方面则要相对的弱一些。加之装饰专业教育在我国许多院校本身就是一门新兴的学科，师资力量还比较缺乏，教育手段、教育方法还有待于在实践中摸索提高。所以设计人才和设计后备力量的培养应当引起我们业内的重视。

2. 缺乏系统的理论指导和形成民族特色的人文设计思想。在当前的装饰设计市场中，一些老的观念和手法，在一些装饰工程设计中重复搬用，来回抄袭，以至许多项目的设计投标似曾相识，追逐流行，赶时髦，流行什么，就设计什么，有的一味迎合业主的心态，不分场合地点，你搞隐框玻璃幕墙，我也搞隐框玻璃幕墙，你搞点式玻璃幕墙，我也搞点式玻璃幕墙；欧陆风情不分场合漫天飞舞；过分追求豪华、档次，在设计中不能体现以人为本的思想，因而有的业主花费较多，但并不实用。在国外的建筑装饰设计中，是很讲究以人为本的思想。我们不能总是跟在别人后面，必须要有自己的创新，要开展具有民族特色创新装饰设计的研究，要开展装饰设计理论的探索，有理论的创新，才会有装饰设计作品的创新，不开展自己的研究，我们会在同外商的竞争中总是处于劣势。

3. 来自传统机制的束缚。我们在设计理念上与西方的差别是东西方对传统的看法不同。西方设计师在有些建筑装饰设计上完全摆脱传统的束缚，面向未来，不断突破已有的模式，在继承的基础上又不断地予以创新。而我们的设计师在继承上有余，而在创新上则显得不足，以致不敢去创新，去开拓新的思路，实际上是被传统束缚了自己的手脚。在设计工作中，我们很重视房屋的装饰，而忽略其他如家具、室内设备的陈设布置等。

另一方面是来自运行机制的束缚。我们的建筑装饰行业还不够规范，分工不细，多数装饰公司是设计和施工一体的。这样做也有好处，就是设计师在设计中比较注重同施工的结合。但也使设计师会更多地去考虑用户的需要，考虑经济效益；用户要什么，就画什么，因为设计中标往往会为公司带来施工任务；设计上过多地考虑公司的传统工艺能否完成，公司能否多赢利，这些都束缚了设计师在装饰设计上的创新。

4. 来自业主认识上的误区。 装饰设计应与建筑设计一脉相承，又能在各种条件限制下满足使用要求，对建筑空间进行再创造。而现在很多项目的操作是建筑师与装饰设计师缺乏沟通；往往是建筑已基本完成，再搞一次设计招标，装饰设计也只能在原建筑的基础上进行。而且有很多业主任凭自己的个人爱好，随心所欲地指挥设计师构筑方案；或者由于工期的需要压缩设计时间，使得设计人员只能进行“快速设计”，把各种能找到的元素拼凑到一起成了设计方案，这样使得设计人员成了用户的设计机器。所以我们在提高设计人员水平的同时，也需要不断地在社会上普及一般的设计知识，使用户对设计有所了解，这样对设计人员的要求和指挥就不会过于盲目。

三、中国入世与装饰设计的发展

在中国入世的约定中，中国就开放建筑市场和给予进入中国的工程承包商、投资商给予国民待遇做出了承诺。其中建筑设计就包括建筑物、民用工程的勘察设计、施工、安装及装修在内的工程服务。因此，入世必然会对中国的建筑装饰行业和装饰设计界带来很大的影响。一方面，入世后由于市场进一步开放和给进入中国的国外、境外建筑公司、安装公司和设计公司及设计事务所以同等国民待遇，将使建筑装饰业面临严酷的国际竞争；但是另一方面，将有利于加快中国建筑装饰行业的设计领域与国际接轨的步伐，国外境外的设计企业将会带来先进的设计理念和设计方法，促使国内建筑装饰行业设计市场规范化，有利于国内建筑装饰设计水平的提高。

面对WTO的机遇和挑战，我们要勇于面对自身的差距和不足，并致力于去完善，提高自我。为适应入世后的竞争，国内装饰设计业应从规范建筑装饰设计市场和提高设计从业人员的水平入手。

1. 参照借鉴国内外建筑业的运行机制，真正实行设计、施工分离。这样有利于提高专业水平，提高企业的技术含量，做到“术业有专攻”。

2. 致力于提高行业水平，加强专业素质培养。学习接纳国内外先进的设计观念、方法和内容，加强对新材料、新工艺、新设备的了解，寻求现代技术、工艺和现代设计思想的有机结合，增强设计的技术含量。

3. 立足于民族文化，致力于创新。在设计上，我们要像同济大学戴复东教授所提出的“现代骨、传统魂、自然衣”的设计理念，吸取民族文化的精髓，寻求现代文明、传统思想和当地特色文化相结合的途径，创造丰富多彩的设计作品。

4. 建筑设计与装饰设计一体化。在机制上增强建筑设计与装饰设计的融合沟通，装饰设计在建筑设计中早期介入，让两者真正一脉相承，共同创造完善和谐的建筑空间。

5. 加强管理部门的行业管理力度。普及提高全民的装饰设计水平，减少行政干预、长官意识，做好行业宣传和从业人员的再教育培训工作，真正做到服务于市场，服务于大众。

6. 高等院校把提高建筑装饰设计教育水平提到重要的议事日程上。增强师资力量，借鉴国外先进的教育方法，为建筑装饰提供高素质的人才。

四、在建筑装饰设计实践中，努力提高企业的竞争力

1. 努力探索现代设计思想、新材料、新工艺在建筑装饰工程中的应用。以前，我们公司在这方面作过一些探索和努力，并取得了一定的成效，受到了用户和有关单位的好评。在今后的设计工作中，我们将努力立足于现代设计思想，注重智能设计、无障碍设计、可持续发展设计和绿色环保设计。在设计工作中要增强环保意识，多采用复合材料、再生材料、无污染环保材料（如采用人造石材、优秀复合地板、水溶性环保漆等）。注重新材料、新工艺的运用（如适用于现代办公楼的平铺型网络地板、施工更快捷的组合式轻质墙体、新型石材干挂法和使用高级黏结剂的瓷砖施工新工艺等）。我们要努力向同行业的先进水平学习和靠拢，特别是要向深圳的同行学习，不断地推陈出新，使我们的装饰设计作品洋溢着蓬勃的生机和活力。

2. 在设计中寻求现代文明、民族传统和地域特色文化相结合的途径。近两年来，我们在省政府办公大楼、东湖宾馆、帅府饭店等许多工程项目的设计中，作了一些努力，取得了喜人的成绩和独特的设计效果。如在湖北省政府办公大楼的装饰设计中，我们本着“以人为本，环境创新，荆楚文化”的设计宗旨，以简洁的现代风格为主，在荆楚文化传统器物纹样提炼的基础上，整理出最具性格的人文特质元素运用在装饰设计中，如以编钟抽象化的形象中以透光石材制成的大型透光造型天棚、背景墙面的楚文化抽象铜雕、大型壁挂边饰的砂岩石浮雕等，充分体现了政府部门庄严、稳重、现代的办公氛围，又赋予其丰富的传统文化内涵和荆楚地域文化特色，得到了有关方面专家和领导的一致肯定。

3. 公司要高度关注设计师的再教育和培训，在管理中遵循“以设计为龙头”的经营思想。在今后的设计工作中，我们要十分注重提高设计师的综合素质，并大量采用新的设计软件，提高设计工作的科技含量。一是在采用电脑运用全景动画设计的同时，注重强调设计师的手绘能力和文化涵养；二是定期组织设计人员学习国内外的设计新思想，分析讨论国内外优秀的设计案例；三是组织设计人员学习外国有关设计论文；四是组织参观学习国内各地的优秀工程设计的成果；五是积极参与有关学术讨论，参观优秀工程展览；六是组织促进学术交流等。通过这些手段促进公司设计整体水平的提高，凭借自身的实力迎接WTO的挑战。

通过与国外设计高手合作
提升中国建筑装饰设计应对WTO的水平

中国建筑装饰协会理事 中国建筑东北设计研究院建筑师 澳连建筑装饰工程有限公司副总经理 张 颖

一、前 言

我国的建筑装饰业从20世纪80年代开始兴起，90年代发展壮大，近20年来的发展取得了令人瞩目的成就。但目前还处于起步成长阶段，无论在技术上、管理上都比较落后，虽然企业数量多，从业人员多，但是真正高水平、高素质、有实力的企业还比较少，而且，多数企业尚未真正建立现代企业制度，管理体制存在弊端，竞争力较弱。加入WTO、中国西部的大开发及北京申奥成功等诸多因素的刺激下，中国大陆的市场将会出现一段经济快速发展的时期。国内已注册的专业设计师以市场规模及人口比例，远远落后于发达国家的人数，以室内建筑装饰市场发展的潜力来说，尚缺少大量的专业注册设计师，这种情形给予了国外及香港、台湾等地的设计机构有了发展的空间，中国建筑装饰业迎来了机遇与挑战并存、利益与风险共在的崭新时代。

装饰行业是个多元而多变的行业，它并不仅仅限于地域或区域的地缘概念，更是国际间一种时尚的共融空间，只有把握住时代脉搏求实创新，不断推出具有代表性的作品，才会在市场中立于不败之地，而且中国入世后，装饰行业市场将日益规范，因此，招投标体制也将更加完善，企业必须凭借真正的实力去与别人竞争。中国尚处于发展中国家的位置，如果说入世前尚有国家政策对装饰等相关行业的保护，那随着入世后，这把大伞的永久取消，外潮汹涌，中国装饰行业是否支撑得住外来的冲击，中国装饰行业该如何发展，是进是退已成为业界所关心的焦点。我们企业必须在技术与管理上创出国际化的水平，真正做到贯彻国际质量体系的认证工作，才能逐步适应大市场与国际化竞争的要求，把我国的装饰企业向规模化、多元化、实力化的方向发展。而且在竞争中应当重视人才，明白规则、规范，既要请进来，搞联合、搞重组，也要走出去，全方位、多渠道、多形式的挤占海外市场，提高企业的国际地位。

二、公司简历

澳连建筑装饰工程有限公司系中国建筑工程总公司主管，由中国建筑东北设计研究院与中建澳门工程有限公司合资成立的中外合资企业，1987年7月注册在美丽的滨海城市大连，经建设部核准为建筑设计甲级单位、建筑幕墙设计甲级单位、室内设计甲级单位、国家一级装饰施工企业，国家一级建筑幕墙施工企业，多年来，承担了多项城市重点工程项目的设计与施工，赢得了社会的广泛赞誉，先后荣获了中国建筑工程鲁班奖两项，金杯工程奖一项及多项优质工程奖，成为中国装饰行业的名牌企业。公司于2001年通过ISO9001质量体系认证，成为与国际接轨的装饰企业。

三、公司经营特色

无论入世与否，企业要生存、要发展，就必须要有企业特色和企业优势，人才必将是构成这一元素的主体。澳连公司自创业十年来，始终在持续的储备和完善自己的人才库，公司以国家甲级设计单位——中国建筑东北设计研究院雄厚的技术力量为依托，设有澳连建筑沈阳设计事务所，拥有一支既能承担大中型公共、民用建筑设计和室内外环境艺术装饰设计，又能承担各类建筑室内外装饰工程施工的骨干人才队伍，拥有一级注册建筑师、一级结构工程师、室内环艺师多名，分别来自全国多所著名高校，初步形成了老中青人才梯队，为企业的成长壮大提供了有利的保障，也形成了其他内装饰企业难以比拟的人才优势，这种优势在许多“急、难、险、重”的工程中得到充分发挥。入世后伴随国际间竞争日益激烈的竞争，这种人才积累的优势体现也会愈加明显。

四、合作历程

我公司早在数年前就依托自身中外合资企业的外联优势，积极探索与境外装饰企业合作的方式与途径，不断引入新的设计理念，融入国内设计人员的思维中，引入新工艺，新材料，新做法，走科技创新的道路，大大提升了企业的综合实力。1996年我公司首度与日本建筑第一株式会社进行技术合作，引进了日本先进的石材幕墙干挂技术，并率先在中国建设银行长春金融培训中心大厦与甘肃省邮电网管中心大厦这两座高层建筑幕墙施工中，进行实际运用，在施工当地引起了极大的社会反响，每天的参观学习者络绎不绝，国外先进的技术为我们的企业带来了巨大的荣誉，这两项工程的装饰施工，双荣获了我国建筑业的最高奖项——鲁班奖。我公司通过以往与国际间的广泛合作为入世后企业更好的参与国际竞争，进军国际装饰市场打下了良好的基础。

入世代表着机遇与挑战并存，中国装饰市场将变成一个国际化大市场，企业的国际经验显得犹为重要，在日益激烈的市场商战中，我们清醒的认识到，达不到真正的与国际接轨，就要在竞争中被淘汰出局。就如何真正“接轨”的问题，我们进行了深入实质的分析——来自境外的知名设计机构，虽然在专业领域中技高一筹，但对中国刚刚开放的装饰市场环境与中国的国情、民风、复杂的行业管理规范等都缺乏了解，再加之语言、地域的不同，与行业信息的缺乏，使这种种的“不了解”与“不适应”交织在一起，形成了境外设计机构在中国搞项目高成本、低效益、长周期、长战线的困难局面，这使得他们在实践中总结出要想在中国的装饰行业中，进行长足而有益的发展，就必须与中国优秀装饰企业进行合作。而我们国内的企业可以以此借助自身低成本与地域上的优势与境外机构进行强强联合，各自发挥自身优势，本着“友好合作、求同存异、互惠互利”的原则，形成实力强大的联合体抢占市场，达到“双盈”。通过与境外高手的合作过程，快速提高自身的设计水平，学习境外企业先进的管理模式与国外设计师不断的创新精神。

2001 年我国的装饰市场在入世大潮的猛烈冲击下已愈加的国际化与规范化，我公司面对市场形式的挑战，借助以往成功的国际合作经验，与良好的企业形象，在沈阳首座五星级商厦——金厦广场与千禧酒店两项大型装饰工程的招标中，与境外知名设计事务所进行了紧密的投标合作，并取得了圆满成功，积累了国际经验，提高了企业的国际形象，并在双方长期的深入合作中，找到了自身与对方的差距所在。

金厦广场工程项目建筑面积 37000m^2，是沈阳市 2001 年十大重点工程项目之一，建筑设计由台湾李祖原设计事务所完成，装饰设计由澳连沈阳设计事务所与香港简裕明事务所合作完成，装饰施工由我公司承担。可以说金厦广场项目是综合了国际多位设计大师的产物，具有鲜明的国际风格，简洁、大气、卓而不凡。现今已成为具有代表性的沈阳市地标性建筑。这个项目的中标取得了公司史上与境外设计师事务所合作竞标成功的例证，也标志着企业迈向国际化的脚步进一步加大。

香港简裕明设计事务所成立于 1980 年，是一家专门从事室内空间设计的专业化公司，作品遍及亚洲各国，设计风格现代、清新，深受众多业主好评，在竞争日益激烈的今天，简裕明设计事务所依靠先进的设计理念和务实的工作态度，赢得了亚洲市场的认可。

简裕明先生是一位开朗、幽默、又富有个性的室内设计师，蜚名海内外，其设计观独特而富有远见。初见简裕明先生是在金厦广场设计碰头会上，看似一个很朴素的人，但他一开口，智慧的泉水便喷涌而出，他的幽默、他的质朴更是扑面而来，整个人立即成为会议的焦点，这就是境外设计师成功的法宝——设计师的人格魅力。在项目的全程合作中，香港同行良好的团队精神、严谨诚实的工作作风及对业主的高度责任感，极大的感染了我们每一位员工，让我们看到了“诚信”的真正含义。金厦广场建筑装饰工程于当年便荣获沈、长、哈三省、三市优质工程金杯奖，沈阳市优质工程奖等多项殊荣，并且积极准备材料，为参评中国建筑工程鲁班奖做准备。这项工程从某种意义上讲已经成为国内与境外设计师合作的典范，其间快乐与甘苦的合作历程必将对每一位参与者今后的职业生涯产生深远的影响。

千禧酒店室内装饰工程，建筑面积 26000 m^2，是一家四星级涉外酒店，其建筑设计由新加坡康加陆设计事务所完成。装饰设计由美国谭荣泽 Team7 设计事务所与我公司合作完成，室内装饰施工由我公司承担，目前正在施工中。

建筑装饰工程于 2001 年初开始招标，经过激烈的竞争，谭荣泽 Team7 事务所与我公司所属设计事务所组合而成的投标联合体，以绝对的优势一举中标，这是我公司与世界著名设计师又一次成功的合作。

谭荣泽的 Team7 设计事务所是一家在欧美及东南亚享有较高声誉的世界著名的设计公司。谭荣泽先生毕业于美国哈佛大学，主修建筑学，后又进修室内设计并获得了硕士学位，是一位极富灵感的天才设计师，其工作涉及高层建筑、公共建筑室内设计内部装修、家具设计等领域，曾在各种世界大赛中多次获奖。近几年 Team7 事务所曾多次承担国内重点项目的室内设计工作，其完成的主要代表工程有上海大剧院室内装饰工程、中国工商银行上海分行室内装饰工程及北京恒基中心等。他简约超前的欧美风格，得到了国内外业内人士的好评与关注，他的作品在中国取得了巨大的成功。

在千禧酒店的工程招标中，谭荣泽先生总结了以往在中国做项目耗费精力大、中美往返费用高，最终经济效益不理想的经验，本着“友好合作、求同存异、互惠互利”的原则，与我公司进行了全面大胆的技术合作，这次合作打破了以往境外事务所在做出全套设计方案与材料样板后来我方进行图纸交底，在由我方参照设计方案，深化设计再做出全套施工图的惯例，而改为由谭荣泽先生在美国的公司酝酿出整体的设计思路，重点部位勾出手绘的草图，并广泛收集欧美时下流行的装饰材料小样、家具、洁具的图片小样，带着他的两位助手亲临我公司，由他亲自向我公司的设计人员讲解他的设计思路，再由我公司的设计人员在谭荣泽及其助手的亲自指导下，完成该项目的全部设计工作，大大节省了 TEAM7 公司昂贵的人力、物力、才力与合作双方宝贵的时间，同时这种高水平的合作对我公司来说是一次对自身水平飞跃性提高的难得良机。谭荣泽先生为我们带来了世界装饰业最前沿的设计理念，他过人的设计天赋与容雅的大师魅力令所有人折服。在合作的同时美国同行对我公司的设计人员高度的理解能力与设计水平及对世界顶级装饰材料产品在以往工程中的广泛运用和我公司施工水平的精良程度深表惊讶，在美国同行惊异的目光中，我们再一次坚定了自信心，感觉与世界的距离在不断的国际合作中逐渐的缩小。基于以往多次与境外事务合作的经验，此次的合作取得空前的成功，美国设计师对我们快速、优质、高效的工作给予了高度的评价。

五、找寻差距，开拓进取

在去年短短的一年里，通过与境外东、西方两位优秀设计师的紧密合作，使我真正找到了与国外高手间差距所在——即“创新”问题、解决“创新”问题是我国装饰设计行业在应对 WTO 中急需解决的首要问题，国外设计高手的设计重点不在过多的人为装饰上，而立于突出建筑与建筑结构本身的美，注重内外装饰环境的和谐性、环保性与长久性。如海滨城市的海派风格，山区城市的自然风格、平原城市的现代风格，同时注重以人为本的设计原则，强调经济、适用与使用功能的合理性。例如在酒店大堂的设计中，国内设计师以大为美，而国外设计师注重实用性，走小而精的趋势。总的说来，国内和国际的设计差异在逐渐的缩小，都在强调各国、各民族传统的同时，强调以简约的现代风格为主，其中国外设计师对作品不断创新的精神，尤其值得国内同行学习，其中给人以最突出的感觉是“设计师”这个名词在不同文化的地域里竟扮演着完全不一样的角色。

在东南亚及西方，之所以层出不穷的不断涌现出多位优秀设计师，每位设计师都拥有自己独特的设计风格，因为在那里，业主要以设计师的理念为主导，设计本身是一种专业性极强的工作领域，全社会都要尊重设计师的劳动，每位设计师的创业口号都是打造自身的个性化品牌。设计师在这种良好的社会环境与良好的行业风气下工作，不断的为社会打造一个又一个的建筑精品。与之相反，国内装饰设计的风气是大多数项目，设计师要以业主的思路为转移，强行采纳业主的多项非专业化建议，造成业主喜欢什么风格，我们就设计什么风格，即使这种风格早已被社会淘汰，为了拿到项目，也要投其所好，形成国内的设计业照抄、照搬普遍成风的现象，设计师拿不出属于自己的东西，没有创新，就得不到发展，导致社会上建筑垃圾的泛滥。早在 20 世纪 50 年代，著名建筑学家梁思成就建筑风格提出论点："'新而中'是上品，'西而新'为次，'古而中'再次，'西而古'是下品之下，不可取。"更深入的说，思维创新、体制创新与科技创新是国内装饰企业减小与世界差距的惟一途径。

伴随着 WTO 的不断深入，国内越来越多的业主将目光投向了国际装饰市场，对项目的建设提出了具备国际水准的要求，中国的设计师，只有通过国际间的广泛合作，寻找出自身的差距，不断打造自身的设计师品牌，走科技创新道路，才能在日渐国际化的市场中站稳脚跟。

六、学到手、出成果，进军国际舞台

面对中国新一轮经济发展的浪潮，中国装饰业迎来了挑战与机遇并存的时代，伴随着加入 WTO，国际间的竞争日益加剧，无论从观念上，体制上，还是在社会客观环境上，中国目前的装饰设计水平都与我们要应对的 WTO 有一定的差距。审时度势，居安思危，企业应当从多个侧面，多个角度认清形势，重新调整自身的定位，勇于借鉴和吸收国外先进经验和管理模式，适应国际运作规则，发挥民族企业成本、文化、地域的优势，形成内外互补的行业合作规则，努力培养和吸纳高水平的国际化人才，积极参与国际市场的竞争，打造企业品牌提升企业在国际装饰行业领域中的形象与地位。

随着关税的降低，进口装饰材料价格的下降，国内装饰设计的实用水平也将在短时间内快速与国际水平进行接轨。WTO 之后，中国的经济将迈入另一个高峰期，尤其在全球经济发展逐渐迟缓的今天，身为火车头工业的中国建筑业一定会有一番作为，中国的建筑装饰业机遇大于挑战，抓住机遇，发挥优势，化解弱势，主动迎接挑战，通过不断的创新与国际间的广泛合作，中国的建筑装饰行业必将走向国际经济的大舞台。

WTO 与幕墙企业创新

武汉凌云建筑装饰工程有限公司　总经理　**曾文涛**

加入 WTO 后,我国经济将呈总体增长态势，幕墙企业应该如何抓住机遇，规避风险，提高实力，迎接竞争，是摆在我们面前的重要课题。下面本人就结合当前中国加入 WTO 所面临的形势，从分析幕墙行业特点、发展现状、幕墙企业竞争的特点谈谈幕墙企业如何创新的问题。

一、我国幕墙行业的主要特点

每个行业有每个行业的特点与国际地位，由于特点与地位的差异，致使各行业在面对加入 WTO 后所面临的机遇与挑战各不相同。幕墙行业从管理要素来分析，我认为主要有四个方面的特点：

1. 产业关联性

幕墙是介于建筑装饰产品和机械产品之间的产品，除了具备建筑产品的特征外，愈来愈拥有机械产品的个性，表现在如下几方面：

（1）产品工厂化程度高于建筑业。

（2）加工精度高于建筑业，低于机械制造业。

（3）质量检验标准相似于机械产品标准。

（4）产品生产横跨多个区域，如加工、组装、安装均不同区域。

（5）与建筑产品相比，它愈来愈趋向于技术密集型；但与机械产品相比它仍是劳务密集型。

2. 产品功能丰富性

（1）实用性：一是遮风挡雨；二是满足一定的建筑造型。

（2）安全性：满足抗风压、抗雷击、抗震、防火等要求。

（3）功能性：气密性、水密性、隔热保温、环保。

（4）装饰性：实现建筑物不同风格。

3. 市场营销特征

与建筑行业一般特征相近，即：

（1）接单式：以销定产，定单数量少，每单产值大。因而往往一个投标项目的胜负决定一个企业的成败。

（2）直销式：厂家直接上门推销，业主采用招投标形式定标，市场营销活动要求技术、供应、加工、安装等全方位配合与保证，体现的是企业整体实力。

4. 管理模式特征

分析国内大部分幕墙企业的管理模式，我认为基本上处于如下状况：

（1）在资源状况较低的情况下，企业采用承包制。

（2）在资源状况较高的情况下，企业主要采用区域事业部制。

（3）在资源状况很高的情况下，企业大多采用统一运作的一体化模式。

以上这些特征有些是国内幕墙行业及产品所固有的，有些是随着国内市场的发展以及国家对建筑市场的管理政策的引导与发展而逐步形成的。加入 WTO 后各种特征及趋势都将发生较大的变化。

二、国内幕墙产品的发展特点及现状

1. 国内幕墙产品发展。

（1）产品技术水平提升快：中国幕墙发展近二十多年来，新技术、新材料引进推广步伐逐步加大，产品规格、品种日益增加。

（2）产品成本领先趋势大：低价位产品需求量大。

（3）产品个性化发展快：幕墙产品的发展比其他建筑产品更加注重艺术风格和文化潮流，如仿古派、现代派、超现代派（如光电幕墙、动态幕墙）、抽象派等。

（4）产品结构形式变化快：框架式，半单元式，单元式，点驳接式。

（5）市场重心的转移：幕墙市场区域逐步分散，市场重心下移。具体来说上海、天津及经济发达地区的市场呈下降趋势，仅北京、西北受加入WTO及国家西部开发政策的影响而呈上升趋势；行业系统性群体市场规模（银行、保险、电力、电信系统内幕墙工程）明显减弱；市场重心由上而下逐步向中小城市转移。

分析以上这些特点，我认为中国幕墙产品由于前些年的快速发展，本身就要经历一次稳定与巩固的时期，同时又面临加入WTO后，国外产品的大规模进入，必然会迎来一次巨大的冲击，这一点是我们必须认识到的。

2. 国内幕墙产品发展现状

我国建筑幕墙产品自20世纪80年代初开始，通过学习、模仿到创新等过程，从中低级水平发展到中高档幕墙产品，基本上具备了国外幕墙市场上的结构形式，当前国内幕墙产品有如下发展趋势：

（1）普通结构幕墙仍是市场主流；

（2）单元式幕墙已进入稳健发展时期；

（3）点式幕墙进入高速发展时期；

（4）石材幕墙、玻璃幕墙在高层建筑市场中受到制约；

（5）双层幕墙开始进入市场；

（6）光电、保安等智能幕墙开始进入应用研发阶段；

（7）在同一建筑中同时装饰多种幕墙材料及结构形式已成为市场新时尚。

国内幕墙产品与国外幕墙产品总体来比较还存在着一定的差别，主要反映在产品技术含量小和质量等级相对较低；这些都将对国内幕墙企业今后的发展有着巨大的影响。

三、加入WTO国内幕墙行业发展趋势分析

加入WTO使国内幕墙市场发生了多方面变化，一方面随着整体经济增长，幕墙市场总量将有较大的增长；另一方面由于各种壁垒逐步取消，国外企业更大规模进入国内市场，将在较大层面上改变原有的竞争格局。由于目前国内行业秩序仍达不到规范、公平、稳定的国际市场状况，加入WTO则会使行业内企业经过一次痛苦的过程，国内企业最终将会以巨大代价来促进市场规范进程。但如果我们企业能够预见到入世后幕墙行业发展趋势，从而顺势更新自我，就可以免受过多的磨难。

1. 市场容量仍趋增大：随着西部大开发和中国加入WTO，我国经济总体有明显的增长态势，建筑需求空间扩展。这样巨大的建筑市场，必然需要大量的幕墙产品。

2. 产品本身的差异性增大：这样将促使由于低成本低价位竞争占主导地位的现象有所缓解。

3. 竞争环境将会逐步规范与公平：受WTO规则的影响与限制，一些恶性化竞争的局面必然会有根本性改变。

4. 竞争区域将逐步放开：各种竞争壁垒将逐步取消，区域市场、全国市场、国际市场将成为一体。

5. 竞争内容将多极化发展：成本竞争、技术竞争、融资能力竞争、服务手段竞争以及人才竞争、管理的竞争将全面展开。

6. 产品开发和技术创新能力将成为核心的竞争力。

7. 形象竞争逐渐突出。行业内企业必须要把企业市场形象作为竞争的一大要素。

8. 竞争主体必然会迎来一次空前的调整：不同企业面对WTO,不可避免地要受到不同层面、不同角度的市场冲击，这样必然会使企业根据自身资源状况进行一次内外部资源优化配置。一部分企业可以走联合化发展趋势，主要有两种形态，一是前向一体化：原材料生产厂家向幕墙生产安装方向发展；二是后向一体化，幕墙安装企业向材料加工方向拓展。另一部分企业可以在做精做专上下工夫，可以充分培育自身在行业内的某项优势。如幕墙产品专项制作、专项设计、专项施工、专项组装等。

9. 国外市场竞争条件有较大改善：国外市场对我国的限制将逐步减少，国内幕墙企业也可以利用成本较低的优势全力拓展国外市场空间。

四、我国幕墙企业竞争力分析

国内企业与国外企业比较存在的许多弱势，主要表现在以下几个方面：

1. 管理模式落后，内在运作机制不顺，综合实力难以体现。

2. 管理水平低下，网络化技术及工程项目施工等多项管理水平尚处于低级阶段。

3. 技术创新能力弱，产品技术含量较低，产品利润空间小。

4. 竞争意识淡薄，核心竞争力难以形成。

5. 国际经营承包经验欠缺，相应人才不足。

加入WTO，市场环境及条件将发生巨大的变化；国内企业也将不可避免地接受一次全新的挑战。以上这些都需要我们作进一步地创新工作，创新是我们企业应对入世挑战最根本的出路。

五、国内幕墙企业如何创新

WTO倡导的是全球一体化的市场经济，市场发展的过程实质上就是行业内企业之间市场关系的发展与调整的过程，创新是企业发展的动力。只有不断创新，永保优势，才能在市场竞争中处于主动地位。“不创新，即死亡”，但不求实效的创新，可能死亡更快，必须要在把握好环境的变化特点并在规范管理基础上寻求创新。创新不仅包括产品创新、技术创新等实物创新，也包括体制创新、组织创新、管理创新等综合管理资源的创新。

1. 体制创新是基础

体制创新是国内企业应对WTO所必须完成的基础工作。企业只有塑造起适合市场经济发展要求的组织制度，才能营造出关注市场需求动向、不断追求发展、追求技术进步、努力提高盈利水平的生存与发展的基础。

国内幕墙企业，70%属民营企业，30%为国有企业，但国有企业从市场、规模、技术诸方面来说，在行业中仍占有很大的比重。总体来分析不论是民营企业还是国有企业，都面临着建立适应市场经济体系的问题。加入WTO后，国有

幕墙企业的所有权制度、分配制度、人事制度等基本制度已无法适宜日趋规范且激烈的市场竞争环境，必须加以彻底变革。民营幕墙企业的粗放型、个性化的管理体制也不再适应规范的市场竞争秩序的要求，也非常需要作进一步地完善与提升。在体制创新方面可以考虑如下途径：

（1）投资主体实现多元化。国有企业要加快建立现代企业制度的步伐，进一步深化企业内部改革。有条件的国有企业应立即实行主辅分离，转岗分流，创办独立核算、自负盈亏的经济实体。同时要改变过去企业投资主体过分单一的状况，通过吸收多种经济成分入股，形成控股、参股等多种体制并存的格局。使企业真正对自己所经营资产享有占有、使用、处理和受益的权利，从而真正成为自主经营、自负盈亏、自我约束、自我发展的法人实体。

（2）在用工制度上形成双向化。从目前国内的用工制度来看，无论是国有企业还是民营企业都摆脱不了“员工终身制”的惯性，这一方面国有企业更加明显一些，所以企业要从劳动用工制度的改革入手，着眼于建立一种“企业自主用工，职工自主择业”的规范化劳动用工制度，员工通过竞聘，采取合同工、季节工或计时工相结合的用工形式，这种有差别、动态化的劳动用工制度，既有利于企业发展和员工就业需要，又有利于员工竞争上岗和提高员工的素质。

（3）分配制度可追求双轨化。即鼓励员工参股，使企业员工从身份上既是公司的员工又是公司股东。在分配形式上，既要实行按劳分配，又要实行按资分配，双管齐下，相互衔接，从而形成一种与市场经济相接轨，有利于增强企业内部凝聚力的新型分配制度。

（4）资产管理要做到法人化。投资主体依法享有资产受益、选择管理者和参与重大决策的权利。也有利于企业转换经营机制和实行真正意义上的自主经营和自负盈亏。民营企业在此方面要加大力度，克服经营管理过程中的随意性、临时性的现象。

用马克思主义原理来分析，体制就是生产关系；生产关系又是由生产力决定的；一个企业的资源状况不一样，它的体制也不一定相同；所以，我认为国有企业与民营企业在应对WTO形势时面对体制创新方面的考虑是不尽相同的。

2. 组织创新是保证

加入WTO，国内幕墙企业既要能在国内建筑市场上与外国企业相抗衡，又要开拓境外市场，必须要根据新环境的要求进行企业内外部资源整合，这就是组织创新。组织创新是保证。企业没有适应市场需要的组织结构，就无法实现内部资源的优化配置，更难以形成公司整体竞争优势。公司若沿袭长期以来形成的传统建筑施工的企业模式，绝对不再适应加入WTO的市场需求。不用谈市场竞争，就连生存的能力都很难保证。产品创新、技术创新更无从谈起。

我认为组织创新的目标是提高企业管理水平，直接地讲就是提高企业运行效率与效能，其重点在于创新适应于WTO后全球经济一体化的市场经济新秩序的组织结构。各个企业可根据各自资源状况及发展战略目标，创新出具有特色的组织模式，如大型幕墙企业可进一步走联合化发展道路拓宽职能，向工程综合管理方向发展，力求做“大”做“强”，最终做出国际性品牌；而中小型幕墙企业可以走专业化发展道路，在做“特”上下功夫，可以考虑以幕墙加工业等为主导发展方向等。

3. 管理创新是核心

体制创新与管理创新是一个事物的两个方面，是推动企业发展的两个“轮子”。一般来说，体制创新的成果需要通过管理创新加以巩固提高，而管理则需要体制创新的不断深入赋予新的内容与活力。两者互为前提，相互促进。既不能重改制而轻管理，也不能重管理而轻改制。必须坚持“两手抓”，做到改制与管理并举。许多企业也犯过类似错误，他们过分注重产权、股权、公司化，而忽视内部管理，结果创新结果不尽如人意。在此方面企业应力求做到三个同步，即：在制定企业改制方案时，同步制定加强企业管理的方案；在实施企业改制方案时，同步实施企业管理的方案；在总结完善企业改制情况时，同步总结完善企业管理的情况，管理是一门艺术，不同企业，不同环境下的管理创新也不尽相同，下面列举几个方面的管理创新的范例，仅供参考：

（1）基础管理走向规范化：企业应从责权利入手，建立和完善基础管理制度，理顺管理机制，提高企业的运转效率和经济效益，激发员工创新意识和企业活力。

（2）营销管理实现网络化：营销网络的建立是公司扩大经营规模、提高经营水平的有力手段，以市场为导向，以五项原则（合理分布原则、信息收集有利原则、弹性发展原则、低成本原则）为指导，建立了以客户为中心的营销体系。

（3）内部环节转向市场化：为适应市场要求，公司在内部模拟市场运作，让市场这只无形的手来调节、规范企业内部行为，在生产经营各环节和配合协调中，以内部和约、协议、责任书等形式确立相互责任关系，把企业真正推向市场，即保证了产品的质量，缩短了产品供货周期，缓解了供需矛盾和生产压力，又有利于资金、资源的优化配置，提高企业经济效益。

（4）质量管理趋向程序化：可以通过贯彻ISO9000质量体系和ISO14000、OHSAS18000环保、职业健康安全认证为手段，积极与国际惯例接轨，适应国际市场的竞争。我们应通过国际标准规范企业自身的生产和管理行为，将各部门、各级岗位职责、工作标准、工作制度、流转环节、行为规范以全面优质管理文件体系的形式反映出来，以此规范指导各职能部门及每个员工的行为，使每个员工的工作制度化，程序化。

（5）人事管理进入资源化：即把单纯的人事管理扩大为人力资源管理，把各种人才作为一种资源进行管理。首先是在配置上予以优化，采取大力引进与盘活现有人力资源相结合的原则，加强现有人员潜能开发和利用，在专业结构上、档次配备上、岗位安置上、提拔使用上予以优化、调整，解决人才闲置、积压和浪费问题，对人才实行动态管理，使人力资源源源不断流入企业生产经营各环节和部门。其次在考核上予以量化，注重员工的绩效考评工作，制定各类人员的岗位职责和考核方法，突出量化指标，既从激励，又从约束机制上用好人力，用活人力。再次在激励上实行多元化，采取精神与物资并重的方法，大力开展评先评优活动，在报酬分配上大胆探索智力资本和知识技术要素参与分配、技术入股、期权奖励等多种形式，重视员工生活质量改善，营造良好的用人环境，激活创新因素，最大限度地凝聚和使用好各类人才。

（6）营销队伍达到职业化：根据市场的发展需求，与专业管理配套，加强队伍职业化的建设，按照现代企业家的要求，培养和造就一大批在市场经济中“能踢善打”的企业家队伍，形成一支职业化的经营者阶层。对董事长和董事人员，着重于经营思路、决策水平和市场驾驭能力的提高。对经理人员，着重于日常生产经营的组织、指挥和营销、公关能力的提高。如建立相对稳定的中层以上职业经理队伍，对其培训学习、使用、分配都有具体管理办法和政策。通过系统的专业人员管理，达到提升专业人员管理素质，建立职业化的经营队伍的目标。

（7）资金管理实施银行化：即按照银行操作模式，坚持资金高度集中使用，建立企业政绩财务等级评价制度，严肃财经纪律，防止资金体外循环，严格执行成本费用否决制，有效杜绝成本和费用超支现象的发生。

4. 技术创新是重点

作为国际竞争最根本要素之一的技术进步和技术创新，已经成为当今世界各国迎接经济全球化挑战的重要选择。从产业的特点来看，竞争的核心和企业发展的空间在于技术、产品的持续改良和创新。技术创新与传统的科研成果转化的不同之处，在于以市场为导向，以效益为中心；而不是以成果为导向，以水平为中心。

增强企业技术创新能力是提高企业核心竞争力的关键。据有关资料显示，国外幕墙产业的总体技术水平要领先国内10年左右。加入WTO后，国外厂商的开发技术优势突出，这是对幕墙行业的最大冲击之一。我们要从战略的高度去认识技术创新，如何面对WTO新形势实施企业技术创新，在此提出几点建议：

（1）强化五种意识，推进技术创新

一是增强市场意识。技术创新是企业适应市场经济的必然产物。技术创新的两头都在市场，市场需求（包括潜在市场需求）是技术创新项目的决策前提，市场实现程度是检验成功与否的最终标准。

二是增强市场竞争意识。要善于把握市场机会和技术机会，加大产品和技术开发力度，不断向用户提供更新更好的产品和服务。市场观念的根本是要树立竞争意识。市场有需求并不等于就需要你这个企业生产的产品，这主要体现在产品的性能、质量、价格等方面。

三是增强效益意识。企业可以依靠技术进步，改善现有设备的技术构成，提高效率与产品性能，全面降低成本，并通过技术创新，拥有企业核心技术，提高产品的附加值，全面提高营利能力，即经济效益。

四是增强系统意识。把新产品、新工艺、新装备的研究开发、生产以及实现商业利润作为系统工程，以产品为龙头带动企业组织结构调整和生产资源的优化配置，尤其是存量资产的合理流动和重组。

五是增强人本管理意识。构建技术创新的人才支撑体系。人才是技术创新的主体，企业一方面要着力营造人才的引进机制、培养机制和使用机制以及尊重知识、尊重人才，建立良好的环境，吸引人才，建立内部人才市场，规范合理的人才流动制度，另一方面要加大人力资源培训力度。

（2）注重实施落实，把握关键措施

一是以市场为导向确定创新目标。要瞄准国际先进企业，准确把握国内外市场变化趋势和主导技术发展方向，找出与国际先进企业的差距，制定科学、合理的发展战略和技术创新规划，明确赶超的目标和方向。

二是要在建立技术创新机制方面大胆探索，勇于实践，跨出实质性的步伐。具体有三种模式，即自主、模仿、合作创新。

自主创新——主要依靠自身的技术力量进行研究开发，并在此基础上，实现科技成果的商品化，最终获得市场的承认。模仿创新——指在率先创新的示范影响和利益诱导下，通过引进技术，并以此为基础进行改进的一种创新形式。合作创新——以企业为主体，企业与企业，企业与研究机构合作推动创新的一种创新形式。多个单位进行合作，发挥各自优势，实现资源互补，从而缩短创新周期，降低创新风险，提高创新成功率。尤其好的办法是要走“产学研”相结合的道路。有条件的企业，可以与国外厂商联合，走合作开发的路子。

三是合理投入创新资金，企业要加大技术开发资金投入，逐步建立以企业为主体，多渠道的资金投入保障体系，采取加速折旧等有效途径，提高企业的技装水平和劳动生产率。要以市场为导向，下大气力做好把资金转化为技术，又把技术转化为资金这篇大文章，促进资金——技术——资金的良性循环，使企业科技创新能力持续提高，竞争力不断增强。有条件的企业还可以和金融、证券、保险行业进行合作，建立创新融资风险机制，解决资金短缺，化解风险。

四是建立创新人才激励机制。在产权制度改革中，可以增设技术期股，也可以为高新技术持有者设立技术股，鼓励和推进技术、人才等生产要素参与分配。可借鉴西方公司的经验，科技人才以技术成果为资产投入，或予以股份期权红利奖励突出贡献人员，更好地留住人才，使科技人才与企业利益共享，患难与共。

五是建立与企业组织结构和发展规模相适应的技术开发体系和生产与市场紧密结合的运行机制，加快企业技术创新和产业升级。企业要强化技术创新主体意识，积极与国内外先进施工企业、高校、设计、科研机构建立以课题、攻关项目为纽带的科研联合体，加速形成以企业为中心的技术创新体系和技术储备。建立立项程序，或立课题组，开展决策咨询和项目论证，进行合作交流，组建培训和试生产及服务推广工作。

六是营造有利于技术创新的环境和条件。要切实运用计算机网络等现代化手段来加强信息化建设。运用计算机网络和多媒体技术等现代科技手段进行工程设计和管理。

七是要注重人才的培养和利用，真正做到“以人为本”。建立多层次、多渠道的人才选拔机制，从经营的角度来培养人才，通过岗位的“轮换”方式，走复合型和专业型结合的人才道路。从技术职称评定、内部业务等级评聘等方面制定适合企业创新发展的制度，在分配上积极探索有利于稳定人才、促进人力资源进步的制度，尽快满足技术创新的要求。

加入WTO 中国建筑装饰领域新较量

中国建筑装饰协会理事 湖北省鼎元建筑装饰工程有限公司董事长兼总经理 **程新明**

经过15年的艰苦谈判，中国终于加入了世贸组织，这对于中国的经济发展和社会进步将产生重大影响。同其他行业一样，对于建筑装饰行业来讲，既是机遇又是挑战。入世后将会加快建筑装饰市场开放的进程，外国公司的涌入以及合资企业的增加，将会导致建筑装饰市场的竞争更加激烈。而中小建筑装饰企业，目前的综合竞争能力不仅普遍低于国外建筑装饰企业的水平，而且与国内先进企业相比，也存在很大差距。特别是在建筑装饰企业的自我改进和自我完善的发展潜力上，中小建筑装饰企业更是难以与国内外大企业抗衡。

作为中国建筑装饰行业的重点企业，面对机遇和挑战，我们除了存有忧患意识外，更重要的是如何在这场新的较量中取胜。关于这一问题，我个人认为应从以下几个方面做起：

以质量求生存 增强企业实力

目前，我国建筑装饰行业在技术进步上发生很大变化，取得了有目共睹的成绩，但也存在一些问题和矛盾，这些问题和矛盾不仅与WTO的运行规则和机制不吻合，而且还制约着建筑装饰行业的进一步发展。归纳起来，主要有三个方面：材料质量、设计水平、施工技术及管理水平。要增强企业实力就必须从这几个方面着手。

一、提高建筑装饰设计水平

建筑装饰产品水平的高低取决于设计水平。也就是说，没有高水平的设计，就不会有一个高品位的建筑装饰作品。目前，我国的建筑装饰设计单位存在以下问题：

1．企业规模小、比较分散，建筑装饰设计单位一般挂靠在建筑装饰施工企业内。虽然灵活性、专业化较强，但专业化水平较低。

2．偏重于技术设计，业务单一，缺乏工程咨询能力。

3．设计单位服务面狭窄、单一。设计单位的需求主要来自投资方或业主，因而服务面较为狭窄单一，从而使设计人员的设计思维和视野受到很大的限制，不能自由释放出自己的创作能量，难以提高产品设计水平。

为此，我建议采用以下对策：

1．增加建筑装饰设计的科技含量。要以市场为导向，大胆采用新颖装饰材料，大力推广和应用国内外新技术、新工艺、新材料，特别是纳米技术在材料中的运用。例如：在玻璃中加入某些材料的纳米粒子后，玻璃韧性变好、强度提高、不影响透光性，并具有屏蔽紫外线和短波辐射功能，有可能替代传统的钢化玻璃和某些镀膜玻璃。在发展组合建筑幕墙体系中，我国应大力采用玻璃、铝板和石才等材料的组合，既可以减少光污染的影响，又能体现出大楼的特色和艺术感；在室内装饰材料方面，我们应该采用环保性材料、绿色材料，禁用有毒、辐射性较强等一些对人体有损害的材料。

2．建立建筑装饰设计的专业化模式，以形成比较优势。比较优势原则认为，如果各国专门生产和出口其生产成本相对低的产品，就会从贸易中获利。或者反过来说，如果各国进口其生产成本相对高的产品，将从贸易中亏损。这一简单的原理为国际贸易提供了不可动摇的基础。是经济学中最深刻的真理之一。同样，对于建筑装饰行业来说，我们要强化自己的专业化水平比较优势，即提高装饰设计水平，形成装饰设计特色，才能在这一轮新的较量中取胜。

3．创建集团化模式，加大建筑装饰设计队伍力度。建议采用西方托拉斯模式，走集团化道路，把处于散沙状态的中小型建筑装饰企业集合起来，打造成航空母舰，这样不仅可以使设计人力资源集约成优势竞争力，而且可使人力资源得到最佳配置。建议把湖北省的重点建筑装饰行业集合起来，形成一个比较大的建筑装饰集团，这样，加入WTO以后，我们就可以在国内外的工程招投标活动中，凭借集团化的优势取胜。

4．提高设计人才的理论水平和综合素质。要加强公司设计人才的培训工作，组织他们不定期到国外参观学习，学习国外先进的设计方法和设计技术。另外，还要培养设计人员的创新意识，创造出创意新颖、美观大方、色彩和造型都比较独特的设计作品。

二、提高施工人员技术素质和施工管理水平

我国的建筑装饰施工企业现状：一是施工企业的技术投入严重不足，大多数的技术仍停留在传统工艺上。装饰行业仍然是一个劳动密集型行业，尚未形成一整套的技术进步体系，没有形成明显的具有国际竞争力的技术优势。二是缺乏全过程的技术与管理服务能力，即用自己软投入的能力和通过提高技术含量获得收益的能力十分微弱。因此，加入WTO后，建筑装饰施工企业挑战大于机遇。欲要在国内外建筑装饰市场的较量中取胜，就必须尽快剥离辅业，做强主业，着力提高企业的核心竞争力。

1．加大施工技术含量的投入。改变过去吃大苦、流大汗、劳动密集型、资源消耗型的生产和管理模式，逐步形成一整套先进的管理体系，引进先进工艺、先进机械，提高施工企业机械化水平，加强对施工现场的技术管理和技术监督力度。

2．加强对施工企业全过程的质量控制。实行工程项目的目标管理，使每个分项操作都处在严格的质量控制之下。

（1）把好质量关。在材料采购方面，要采购优质的材料，施工时要杜绝偷工减料的情况发生；

（2）施工要规范化，施工时要严格按照国家要求的标准规范施工；

（3）要提高施工人员的技术水平和综合素质。一项工程主要靠施工人员来完成，如果施工人员的技术水平较低、责任意识不强，即使公司的设计水平较高，也不可能生产出高质量的工程。因此，我们要加大对施工人员的培训和教育工作。

3．增强合作意识，实行强强联合。这种做法是一般的商业规律。特别是在当今世界，强强联合、优势互补是提高竞争力的重要源泉。面对WTO的挑战，中国公司决不能在行业内部继续扩大恶性竞争，我们应该树立合作意识。中小型建筑企业应加强与国内外企业合作，以实力强、信誉好的一级骨干企业为母体，以其他企业为紧密层打造成一艘战斗力更强的航空母舰，增强企业的市场竞争力，挤进国际市场，只有这样才可能在新一轮的较量中取胜。

三、加强装饰材料质量的管理

“万丈高楼平地起”，建筑装饰材料是提升装饰工程质量的基础。没有高质量的装饰材料，就不可能有高质量的装饰产品。目前，我国建筑装饰材料行业的生产规模普遍较小，而且装机水平、技术含量以及生产人员的素质都比较低，处在发展生存还是淘汰出局的十字路口上。况且，中国建材市场还不规范，大量不合格的建材流入建筑装饰材料市场，这就严重影响了国产建筑装饰材料的质量，制约了我国建筑装饰行业为社会提供质优价廉的产品。

在装饰材料的采购方面，装饰行业要形成一整套材料采购体系，实行“谁采购、谁负责”的管理方式，促使采购员采购符合标准的装饰材料，同时，还要加强对采购员的培训工作，让他们更好的了解材料市场，以便采购到价格低廉品质优良的材料。

实施品牌战略　形成品牌效应

品牌就是形象，品牌就是信誉，品牌就是实力，品牌就是利润，实施品牌战略是企业生存与发展的关键。企业实力增强了，如果没有形成品牌效应，那么企业的实力就不能得到最大程度的发挥，企业的目标也就不能得到很好的实现。对于建筑市场来说，实施品牌战略尤为重要，如何建立品牌，如何使品牌在国内站稳、走向国外是一个非常重要的问题。面对这一问题，我个人认为应从以下几个方面着手提高公司知名度，形成企业的品牌效应。

一、提高项目管理水平

要创造以项目为标志的企业品牌。这是WTO后人们对企业判断的一个重要标志。项目是企业生存的基础，没有项目的企业就没有生存的可能。如何判断一个公司的水平，观察其写字楼仅仅是一个方面，重要的是有过什么工程业绩、作品或是说其工程质量得到的认可程度以及企业在社会上的知名度。一个公司的品牌，主要是通过工程项目体现出来的。迎接入世后的挑战，整个公司的管理要与国际接轨，项目管理更要体现出接轨的能力。

二、增强服务意识

WTO一个很重要的进步就是《服务贸易总协定》，建筑业在国际上被称为服务业，是属于服务贸易的范畴。承包商的服务过程可能起源于合同签订之时，也可能表现在尚未签订合同之前。工程全部建造的过程都是服务的过程。交工后的维修，也是合同组成的部分。维修期结束后的服务，又是售后服务的过程。要不断地提高在商业服务意识和服务水平上同国际接轨的能力。

总之，中国已经加入WTO，这对于我国的政治和经济发展来说，既是机遇又是挑战。而对于建筑装饰行业来说，挑战大于机遇，面对WTO的挑战，我们不仅仅要认识到这一问题的紧迫性，更重要的是，我们应该在实践中积极地做出应对措施，做好各项准备工作，才能在国内和国际的竞争中立于不败之地！

加强企业自身改造　迎接入世挑战

中国建筑装饰协会理事　武汉建工集团装饰工程有限公司董事长　**严振华**

我国加入WTO，向缔约国所做的基本承诺是两项：一是遵守WTO的规则，二是开放市场。这两项基本承诺都具有实质性内容，它要求我国的经济体制从目前的转型时期迅速过渡到以市场规则为基础的多边贸易体制，通过进一步完善市场经济体系，使得我国经济环境能够同以市场经济为基础的国际规则接轨。

建筑业在世界贸易组织中被界定为第三产业（服务业）。1994年4月乌拉圭回合《服务贸易总协定》对国际服务贸易作了权威性定义，现被各国普遍接受。该协定的基本原则有：最惠国待遇原则、国民待遇原则、透明度原则、市场开放原则等，这些原则具体落实到建筑装饰行业，必将对建筑装饰企业的生存和发展环境产生深远的影响。

一、WTO对建筑装饰行业的影响

1．全国统一有序的大市场形成，市场环境得以净化

在计划经济向市场经济转轨的过渡时期，我国市场的突出特点是部门垄断和地区封锁。要素和资源在跨地区、跨部门流动中遇到各种行政体制障碍。加入世贸组织，必须遵循世界贸易的基本原则，凡与世贸原则相违背的各种地方行业性法规，都将被清理和废止，这将大大弱化行政力量对竞争机制的控制。在对外开放的同时，也加快了对内的开放，加速了全国统一大市场的形成。

2．市场准入门槛降低，竞争将更趋激烈

WTO要求减少市场准入壁垒，我国目前的市场准入制度将面临改革，政府依靠行政审批权利行使管理职能的权限将被弱化，这将导致国内一批新的竞争者进入装饰领域，同时，按照 WTO的非歧视性原则，外国企业也将享受中国的国民待遇。某些国外大公司必将利用自己在国际市场上长期积累的技术、管理和品牌优势，在国内和国际两个市场上同中国企业搏杀，国内企业将面临更加激烈的竞争。优胜劣汰，适者生存，一批企业将在竞争中成长壮大，一批企业的生存空间将受到打压，市场主体在竞争中的地位将呈现两极分化的趋向。

3．市场运行的透明度增加，企业寻求保护的可能性降低

入世后，政府行使管理职能的方式和手段都将发生变化，与政府行政管理职能相关的政策和法规，诸如：投资法规、产业政策、市场准入制度、招投标法、环境保护规定等，都要遵守WTO的透明度原则。这将有利于解决当前行业管理透明度低、操作随意性大、政出多门的问题。传统国有装饰企业再试图依靠地方政府和行业部门的保护巩固市场的可能性降低。这是因为：第一，国家能够申请保护的只是少数幼稚产业，而不是所有产业。我国装饰业经过十几年发展，已日渐成熟，受保护的可能性不大。第二，即使对幼稚产业进行保护也只是保护整个产业，而不是保护具体企业。况且国际上一些通行的市场监管、保护本国产业的手段还很缺乏，不熟悉，尤其是建筑业入世后保护政策的研究远远落后于农业、金融业、制造业等；第三，保护只是暂时的，不会超过5年。

目前，我国建筑装饰市场还是一个不完备的市场，WTO规则的逐步现实化，将会使市场环境发生重大变化。建筑业虽然是我国改革进行较早的行业之一，但是开放程度很小，国有建筑装饰企业仍面临很多困难。一是外向型企业很少，规模有限，国际竞争力有限；二是建筑装饰企业既没有经历充分的国内市场竞争，更谈不上国际竞争经验和能力；三是企业结构不全理，没有形成竞争有序的企业层次；四是企业组织结构不合理，传统国有产权制度从根本上限制了企业发展动力和空间。大而不强，小而不专，核心竞争力不强是我国建筑装饰企业的普遍特征。

建筑装饰企业如何充分利用 5 年的过渡缓冲期熟悉规则，创新机制，苦练内功，提高竞争力，更好地适应入世后市场环境的变化，把企业做强做大，这是业内同行当前面临的一项最为紧迫的任务。

二、当前应对WTO迫切的任务

1．深化产权制度改革，推动企业彻底改制

现代市场经济要求企业具有独立的主体资格，能够自主经营、自负盈亏、自我发展、自我约束。市场经济自身的内在要求和中国融入国际经济体系，要求国有装饰企业按照现代企业制度的特征，深化产权制度改革，推动企业彻底改制，使企业真正成为独立的市场竞争主体，适应现代市场经济发展的客观要求。

以前，伴随改革开放的历程，我们企业也进行各式各样的改革，这些改革都是在国有的框框内，对企业制度进行局部改良，并没有触及传统的国有产权关系，事实已经证明，在一般性竞争领域，国有资产不退出控股地位，企业职工不改变身份，国有企业的种种弊端就依然无法改变，就不能从根本上解决制约企业发展的根本问题，就不能为企业发展注入实质性动力。企业改制的核心是治理结构的优化和重组，目标是建立一套激励与约束机制并存的制衡机制，为科学地管理企业提供组织保证，进而改变过去决策随意、制度不严、纪律松弛的状况，保证企业科学决策、民主决策，使企业步入持续、快速、健康的轨道。

2．适应入世形势，树立新的企业经营理念

（1）外向经营理念。入世意味着我国对外开放市场，短期内可能会给国内装饰企业造成一定的冲击。根据世贸组织原则，我们也可以利用自身的比较优势，冲破小富即安、小农经济意识的约束，积极开拓国外市场，大胆实行“走出去”战略，在复杂多变的国际市场中锻炼成长。发展外向经济，目前比较现实的做法是：国内大型装饰企业要优势互补，实行强强联合，组建以外向型经济为主的企业集团，提高竞争力，共同开发海外市场，同时要积极主动的同国外知名公司合作，虚心学习国外公司开拓海外市场的成功经验，缩短国内装饰企业与国际装饰市场的接轨时间。

（2）苦练内功，以质取胜理念。入世后，我国传统经济体制会加速向市场经济体制过渡，同时市场规则与市场运行也逐渐向国际惯例靠拢，这将会形成一个客观的公平竞争环境。企业在入世后能否在这样的公平环境中生存和发展，关键还在于企业自身的实力。因此，企业必须摆脱依赖保护的思想，敢于面对国内国外竞争者的冲击，苦练内功，自立自强，迎接外来挑战。

（3）遵从国际惯例，依法经营理念。入世后，随着国内市场与国际市场的对接，国际惯例将成为约束与规范企业行为的重要依据。在国际市场上，各国经济法律以及通行国际惯例是规范企业行为的基础原则，遵守国际惯例不仅是装饰企业进入国际市场的前提，与国外同行公平竞争的基础，也是规范企业自身行为，获得国际市场利益的保证，因此企业必须牢固树立依法经营理念，不仅要遵守本国法律，而且要遵守相关国家法律，要善于运用法律保护自己的正当权益。必须迅速熟悉和掌握国际惯例，组织好学习培训，储备一批具有国际市场经验的人才。

要继续深入扎实地做好 ISO9000 族质量管理体系的认证工作，特别是要进一步扩大认证范围，推进 ISO14000 国际环保标准认证，获取国际通行“绿卡”，要进一步借鉴国际通用的 EPC、PM、CM 和 BOT 等承包方式完善项目管理，冲破他国在质量、环保、安全等方面设置的非关税壁垒障碍。

3．培育竞争优势，提高核心竞争力

加入 WTO，将使我国的市场环境逐步净化，市场运作日趋规范。在这样一个透明度高，竞争公平的市场环境里，优胜劣汰的原理将迫使企业规范自己的行为，摒弃投机与浮躁的心态，将心思集中到通过靠提高企业综合素质，提高市场竞争力来寻求发展空间的道路上来。

提高企业竞争力，要求企业对自己在装饰行业所处的地位，从优势和劣势两方面进行分析，在国内外的竞争中，不断巩固和扩大已有的优势，发展和弥补自身的劣势，形成优势明显，核心竞争力强的企业特色。

核心竞争力即能够使企业在竞争中获得长期稳定的竞争优势的能力，也理解为企业能够保持活力和持久生存发展的能力。它包括市场力、技术力、资金力、组织力、人才力、形象力六个要素。市场力是企业的营销能力和市场的占有和扩张能力。技术力是指企业的技术开发和技术创新能力，资金力是指企业的资金实力、盈利能力、融资能力；组织力是指公司规模、运行机制、决策及规范管理的能力；形象力是指企业品牌、经营理念、企业文化、形象工程等。入世后，要重视核心竞争力的培养和研究，使企业在国内外两个市场立于不败之地。

4．适应外向经营需要，调整国际国内市场发展战略

企业在选择发展战略时，必须认真研究企业的资金、技术、人力、管理等要素，认真分析企业对自身资源的应用能力，在分析、预测企业外部经营环境和发展前景的基础上，根据自身实力制订不同的国际国内市场发展战略，选择好市场开拓的突破口。欧美等发达国家非关税壁垒的障碍，使得其它国家开拓市场的空间很小。因此，欧美市场并不能成为建筑装饰企业今后一段时期开拓重点，但是这个市场是真正检验我国建筑装饰企业水平的试金石，有实力的装饰企业必须进入这一市场。拉美市场是韩国建筑业的天下，我国装饰企业应有实力与之一较高低，应积极开拓。我国建筑业对外开拓的重点地区在东南亚、中亚、中东和非洲地区。这些地区经济相对落后，国内政局不稳，市场风险相应较大，因此应慎重选择开拓国外工程项目。

在竞争策略上，存在多种选择途径：一是独立地开拓国际国内市场；二是通过与国际、国内知名承包商合作，共同开拓国际国内市场，这是现阶段我国装饰企业的必然选择。目前，我国建筑装饰企业特别要加强同国内大型总承包公司的合作，走强强联合之路，以降低交易成本和市场风险。三是要发展自己的核心竞争力，利用比较优势的原理，开展国际国内贸易和国际经济技术合作。对发达国家，要利用自己劳动力成本低廉的优势，对发展中国家，要把输出技术和管理与输出劳务相结合。

5．重视人力资源的开发和管理，储备一批国际型人才

在国际市场上，一个企业竞争力的强弱，很重要的是取决于企业人才的数量、质量及其才能的发挥。国际经济的竞争，归根到底是科技和人才的竞争。培养和选用人才，必须把眼光放在国际经济环境。今后企业的人才结构，应包括三个方面的层次：一是要有一批富有创新和开拓精神，具有国际化经营头脑，熟悉国际规则，通晓各国法律的企业家队伍；二是要造就一批技术专家和从事国际工程承包的项目经理；三是要造就一批熟悉各国国情和法律，具有国际商务活动能力和资历的专业管理人才和法律专业人才。因此，企业必须树立新的人才观，重视人才，大量培养人才，大力启用引进人才，放手使用人才，充分发挥各种人才在国际舞台中的巨大作用。

总之，入世对我国装饰企业来说既是机遇，又是挑战。我们必须审时度势，充分认识入世对我国装饰企业可能造成的有利和不利影响，适应形势，抓住机遇，迎接挑战，努力做好与国际接轨的大文章！

认清形势　转变观念　主动应对　勇于竞争

——关于入世后如何面对激烈的国际竞争加快企业发展的初步认识

深圳海外装饰工程公司总经理　**高　岗**

我公司是国内成立最早的一家专业建筑装饰公司。长期以来，我公司坚持以市场为导向，致力于打造海外装饰优秀品牌，曾先后荣获省、部级以上优质工程奖50多项，其中国家优质工程奖（鲁班奖）10项、“全国建筑工程装饰奖”1项。在企业发展的历程中，我们注重了建筑装饰科技的研究、推广和应用，通过承建国外工程和与国外公司的合作，不断引进吸收国外先进的设计理念及新工艺、新技术、新材料、新机具。同时，加快了自主创新的步伐，缩短与国外同行的差距。早在1990年我们就走出国门，承建了蒙古人民共和国乌兰巴托百货大楼和白云格勒宾馆等高档室内装饰工程。近几年又先后承建了阿尔及利亚松树俱乐部、新加坡安国大酒店，以及香港驻港部队办公楼和中央人民政府驻香港特别行政区联络办公室新办公楼（香港西港中心工程）的精装修工程等项目。

20多年的辛勤耕耘，我们虽创取了一定的业绩，尤其是在国际工程的承建中，总结积累了一定的经验，但面对中国加入WTO，国际市场竞争更加激烈的今天，我们仍感差距很大。若要参与国际竞争，尚须彻底更新观念，尽快熟悉和掌握国际市场新的游戏规则，从速调整经营战略，全方位适应和对接市场，自觉融入全球化经营。这不仅是历史发展的必然，也是我们必须面对和深思的一个严肃课题。下面我从两个方面谈谈面对入世后如何应对国际市场的激烈竞争，加快企业发展的初步思路及认识。

一、认清形势，转变观念，在国际竞争中掌握主动，在国际竞争中寻求发展

入世后，对装饰行业来说，和其它行业一样，既有机遇，也有挑战。但从整个装饰行业来讲，在国内市场参与国际竞争，我认为仍然利大于弊，机遇大于挑战。加入WTO后，虽然国外的装饰、设计公司要进来，他们带来的雄厚资金和先进设备、先进技术、先进材料、先进机具等优势必然会冲击我们的市场，会给我们造成一定的压力或构成一定的威胁。但他们远离本土的区域性差异等多方面劣势，会形成市场占有的局限性。而我们因国家日益强盛、国民经济持续增长，装饰市场的潜力很大。

尤其是北京申奥成功，国际政治、商务活动连连在中国举办，外商投资的大幅度增加，都给我们带来了无限商机，加之我们立足本土参与竞争的优势和价格、施工队伍、人力资源等方面的优势，只要把握的好，我们仍是国内市场装饰的主体。但若要走出国门参与国际工程的竞争，对我们来说却是极大的挑战，我们还有很多很多不具备的准入条件。从我公司承建国际工程的感受来看，要进入国际市场，必须要懂得国际市场的商务规则和国际工程的运作规则；必须要有雄厚的资金支撑；必须要有懂规则、懂工程、会外语的专业人才和由专业人才配套的项目管理班子；必须按国际工程的管理模式进行施工管理；必须要有一套满足于国际质检程序和标准的质量管理体系；必须要有敢于承担风险的勇气和诚信务实的工作作风。为此，转变观念，创造条件，已是我们步入国际市场、参与国际竞争的当务之急。

1．正确认识形势，树立做大、做强、做出品牌的战略观念

江泽民总书记讲：“任何时代的国际竞争，都是以实力为基础的。”我们装饰企业的实力就是要做大、做强、做出品牌。这不仅是市场经济发展和行业发展的需要，也是企业增强竞争力，应对国际竞争挑战和抵御风险的需要。尤其是面对市场国际化、贸易自由化的今天，过去那种“小而全”，“什么都会干，什么都不精；”的“井蛙”企业已失去了生存的空间。而健全功能，突出专业，独辟特色，做大、做强、做出品牌、最大限度的占有市场才是现代企业发展的最终目标。在这方面，我们已尝到了甜头。从1995年我公司年装饰产值突破亿元大关后，近几年产值连连上升，2001年产值接近5亿元，增长了好几倍，取胜的原因就是海外装饰工程公司是中央企业、中建总公司的直属专业公司，是装饰行业的领先企业；是靠海外装饰工程公司成立早（1981年7月成立），规模大，业绩丰硕，品牌亮丽，实力很强，这些品牌的支撑。

在承接海外工程时，我们更深切地感受到大和强及品牌的作用，如香港驻港部队和原新华社香港分社的装修工程，让我们公司做，就是冲“海外装饰”这个品牌和公司综合实力抢来的。驻港部队副司令员亲自来我公司考察时说，有你们这样大而强和品牌响亮的公司来做我们的工程，我们就放心了。另如我公司承接的新加坡安国大酒店装饰工程，造价不到3000万，而我方先行办理工程保函和进场开工的流动资金就付出1000万。在国内工程中，我公司连续独家承建了哈尔滨新加坡大酒店和北京国宾酒店两项装饰造价过亿元的大型装饰工程，这对弱小企业来说是无法承受的。我们虽然从实践中感悟到企业强大和品牌优秀在市场竞争中的作用和地位，但从我公司的实际情况看距此目标还相差很远。我认为要达到此目标，首先要摒除满足现状、求稳怕变、

优柔寡断、止步不前等陈旧观念，树立胸怀大志、放眼全球、勇于创新、敢于拼搏，到国际市场的大风大浪中去锻炼，提高和发展自己的新观念。尤其要在统一和提高企业领导班子和中层管理干部的思想认识上下功夫，达成共识，形成合力。其次要制订一个实事求实是、可供运作，起点高、见效快，能和国际市场接轨的经营战略规划。使大家奋斗有目标、发展有方向、行动有举措、工作有信心。我公司的经营战略规划正在紧张的制订之中，可望近期出台。第三是要切实树立“以人为本”的经营理念，大胆改革人事管理，积极优化人力资源的配置，广聚精纳优秀人才，使企业上下形成一个浓郁厚重的“能人管理”氛围。第四是要在现有管理的基础上，勇于改革创新，请系统管理出台，让制度管理扎根，使企业各项管理真正步入科学合理的规范管理轨道。第五是强化品牌意识，塑造形象工程，多出精品工程，使企业品牌更加亮丽。第六是要强化资金管理，集中现金流量，提高资信等级，加强融资能力，只有这样，才能真正把企业做大、做强，做出品牌。

2. 强化服务意识，树立业主至上，用户至上的经营观念

我们建筑装饰业属于服务行业，承建完成工程，直至交付使用的过程，就是一个为业主和用户提供服务的过程，只有最好的服务，才能得到最大的回报。面对入世，参与国际竞争，我们更要增强服务意识，提高服务水平，做到维护业主利益，尊重业主意见，体现业主意图，提供业主满意的产品。真正树立我们的一切工作是为业主服务，我们的一切成绩是让业主满意，我们的一切成功是获得业主的最多支付的新的经营观念。

3. 增强合作意识，树立资源共享和强化管理，用智慧竞争的务实观念

勇于合作，互补共进，应是我们民族美德；资源共享，用智慧竞争应是我们开拓市场的最好选择。但目前困扰我们装饰行业经营发展的主要问题则是各企业自立门户，封锁信息，互相防范，互相抵毁，甚至降级压价，搞恶性竞争。各自的优势谈不上交流、发挥、共享、并进，劣势又得不到纠正和排除，如果这种现象蔓延下去得不到根治，不仅损害了企业自身的利益，也将损害行业和国家利益，同时也将大大削弱市场竞争的能力。当今世界，强强联合，优势互补是提高竞争力的重要源泉。我公司在与国外设计公司的合作中，由外国的设计师出方案，我们做施工图的设计和施工，就合作得很愉快。像我公司承建的哈尔滨新加坡大酒店、北京国宾酒店、深圳市少年宫等许多工程项目都合作得十分成功。合作可使我们优势互补，互学共进。使我们从中领悟到，在国际市场竞争中，要拓宽市场，占有市场份额，就必须善于和国外同行合作，在合作中竞争，在竞争中合作。

现在影响我们经营发展的另一个主要问题是只注重了吃大苦、流大汗的干工程，而忽视了怎样搞好策划设计、信息攻关，市场研究、强化管理，去多接工程、管好工程。出现了操作层人员过剩，管理层人才紧缺的极大反差，造成了干活容易接活难的被动局面。尤应值得注意的是，在装饰行业已摆脱工匠水平，手工工艺为主，实行工厂化生产，新材料新艺术组合，现场拼装完成的今天，我们却只重视单一的从施工中找效益，显然就会步入误区，走向失败。应把主要精力集中到抓信息、接任务、搞策划、强管理上来，使企业不断上规模、上水平。而有些能让别人干的，比我们自己干还要效益好的，就应该大胆地寻求合作对象，分包、转包给他们去干。现在一说起干工程好像就是事事自己干，一说分包、转包就犯忌讳。但我认为企业发展到一定的规模，就应以特许经营的模式去看待分包和转包。我认为只要统一标准，统一质量，统一管理，就可以一试。从我们在国外承建工程的情况看，国外承包商承接到工程后，是按专业层层分包给各专业公司，各专业公司又细化分包给那些精通专业，技术过硬的专业人才去完成。这样做的好处是工程做的又快又好，又降低了成本。现国际上一些知名跨国公司不是靠单一的生产加工赚钱，而是靠专利、品牌、管理、技术及规模赚大钱。如美国的GE公司、沃尔玛以及麦当劳、肯德基等公司在全世界办了那么多的分公司、连锁店，决不会都是由他们自己干的。为此，我们一定要树立靠智慧竞争，靠管理赚钱的新观念。

4. 以人为本，树立人是企业生产力第一要素的人才观念

入世以后，我们首先面临的是人才的竞争，企业不聚集和留住优秀人才，就很难适应国际竞争的需要。因此更新用人观念，把企业发展、人才第一作为我们的头等大事。在这方面，我们的做法是，首先坚持“以人为本，能人治企”的人才观，把“有知识、有专业、思进、创新、能干、肯干”作为用人的第一标准，其次是用新的用人观和用人标准对企业人员进行排队筛选，对号入座，下决心让那些能干肯干的人上去，让那些不能干的闲人、懒人、是非人下来，并制定了一个符合国家政策的疏导安置办法，使他们各得其所。对有些人宁肯花钱养起来，也不再让他们占着职位，影响和干扰工作运行质量，增加无效益消费。第三是根据企业经营和发展的需要制订外引内培的人才发展规划，积极引进和培养装饰设计、经营管理、策划宣传、信息攻关、职业项目经理等优秀专业人才，以加强全方位对接市场的力度，对引进那些熟悉国际商务规则，又懂工程、懂管理、会外语的复合型人才，更要千方百计、不惜代价。我公司清水设计室已引进了两名外国设计师，给我们的设计增添了活力。第四是对“亲族或家族式管理”现象引起了足够重视。依靠亲族管理是一种唯我、封闭、无政府状态的封建落后的管理模式。这种管理模式的参与和渗透，必将严重削弱企业的调控能力，损害企业根本利益。若放松和忽视了对这一现象的管理，必将滋生腐败，导致出现“肥了和尚穷了庙”经营恶果。“亲族管理”现象在企业已经存在，负面效应已显端倪。对此，我们采取了一是通过学习，提高大家对其危害性的认识，走合法、合规、公正、健康的用人之路；二是责成人事部门对这一现象进行专题调查摸底，做到心中有数，为领导决策提供准确的信息；三是对已在重要岗位任职的，尤其是涉嫌财务工作的管理人员，采取调整回避等几项举措，使这一现象得到了控制。四是制定和实施能充分体现“人才价值”的分配和奖励机制，使付出和回报成正比例发展。激励全体员工积极向上，勤奋工作，以自己的真才实学奉献企业，回报自己。

5. 技术创新，树立靠科技进步领先的观念

重视技术创新，靠科技进步取胜是企业得以长足发展的根本保障。我公司一贯对建筑装饰科技的研究、推广和应用十分重视，并取得了一定的成果。如在承建深圳五洲宾馆千人宴会厅工程时，就成功地靠自己的技术人员，设计研制完成了大面积无柱支撑钢网架的吊顶工程，又完成了哈尔滨辰龙康乐宫嘻水大厅大面积的人工植景和磁砖、大理石贴砌工程，受到了各界赞誉，分别荣获深圳市优质工程奖和国家优质工程（鲁班奖）。两个工程的技术创新成果还专题撰文被载入由中国建筑出版社出版的《建筑施工实例应用手册》之中。我们还根据20多年的施工经验组织编撰了具有海外装饰特色的建筑装饰施工工法一书，下发各项目应用，收到了良好的效果。同时我们还引进了一批先进的施工机械和加工工具，使我们的工效和质量都产生了一个新的飞跃，实践使我们认识到，要在行业中领先，要和国际同行竞争，就必须坚持走技术创新的道路。

二、承认差距，积极调整，拓展竞争空间，参与国际市场竞争

参与国际市场竞争不仅要形成共识，树立信心，更重要的是要权衡利弊，研究对策，付诸行动，俗语说：“知己知彼，百战百胜。”在建筑装饰上，我国虽然历史悠久，但当历史步入工业化生产的时代，由于我们起步晚，国外的工业化水平远远高于我们，形成了历史的差距。在发达国家由先进的工业化生产引发的新技术、新工艺、新材料、新设备、新机具层出不穷，在工程的商务运作和施工管理上也有很多优于我们的地方。若不清醒地看到这些差距，不认真研究应对举措，就无法参与国际市场的竞争。

我们在承建国外工程时就有很深的感触。下面就谈谈我们所感触到的差距和如何应对的几点举措。

1. 差距

和国外海外比，主要可归纳为六个方面差距：

一是设计方面。由于国外室内装饰设计起步早，设计师眼界开阔，见多识广，设计理念、设计思路、设计手法新颖，另外对世界上的新工艺、新材料发现早，接触多，设计上就有独到之处。尤其是方案设计上胜我们一筹，虽然我们的设计理论水平不差，但实际设计水平与国外的优秀设计师还有一定的差距，关键是国内设计师头脑中新工艺、新材料的数据库还无法与国外同行相比。加入WTO后，对我们装饰行业来说，设计会是一个主要方面的挑战和冲击。

二是国际工程的商务运作规范、严谨、操作性强。尤其是招标书和合同文本，制订的非常精细。一个工程的招标书，就把工程的规模、内容、专业、工序、工艺、材料、人工及业主的要求等等，表述的十分细致清楚，并和设计图纸紧紧吻合，大一点的工程仅招标书就几百页厚，若参加竞标，不重视熟悉和吃透招标书，就无法报价，无法做标，稍有疏忽，就会造成损失。如我们在新加坡安国大酒店装饰工程的投标中，招标书工程内容中装修客房300套，但在材料配置上又出现了客房360间，有家机电专业公司就因未能认真阅标，按300套报价而蒙受了损失。施工合同更是规范、标准。它把工程制作完成全过程中双方的权利、义务、职责都分款、分条制订的十分明晰清楚，操作性很强。不象国内，承建一个工程，虽然有合同，但在实际运作中，却要事事找业主，件件去协调。

三是国外施工管理实行建筑师责任制，简称“则师制”。即由业主聘请一家专业的建筑师事务所作为本项工程的总体调度，担负工程的设计与策划，而且负责对现场施工计划、方案、进度、质量、安全及各类生产要素的全方位的管理和综合协调，该事务所出任的建筑师为整个工程的总负责人。“则师负责制”为直线职能制的组织形式，特点是实行现场全面管理、专业职能单位管理、施工项目管理和施工部位管理的四级管理体系。即有纵向管理职能层次体系，又有横向专业管理职能分工体系，兼顾了专业化分工协作和集中统一指挥的优点。各专业职能单位和承建商都受到则师的直接领导，专业职能单位对承建商负责专业指导和监督的任务，由则师向业主负责。管理层次分明，责任明确，运转起来紧张有序，很少推诿扯皮。

四是工程施工实行层层分包，专业承做。即承建商作为总包，将工程承接后按专业分包给各专业公司，各专业公司又将工程分解成单一内容的工程项目，也就是各个施工部位，再分包给精通专业技术的工头，由工头选配技术工人或劳务人员组织施工。由于层层实行专业、专项分包，责利明确，承做施工的又都是精通专业的技术人才，加之分工细，要求高，不穿插，不干扰，施工质量好，效率高，成本低。不象国内施工，只要工程接下来，全由自己一揽子承做，结果是什么都会干，什么都不精，影响企业用专业化优势占领市场的能力。

五是国外工程施工严格实行文件、报表化管理。用完善严咯的文件、报表把整个管理系统连接起来，使整个管理体系有条不紊地正常运转。如我公司承建的香港西港中心工程的施工管理就严格实行了文件报表管理制度。运作程序大致分三类进行。第一类是按合同文件规定的必须填报给驻地建

筑师及驻地工程师签字认可的各种报表、检查单、计量单等。如“质检单”要详细记载每项单项工程的周期、施工的范围，检验标准的依据和参检人员等情况。驻地建筑师和工程师通过对这些报表的签字来认可承包商单项工程的质量和数量；第二类是内部管理报表，对施工生产中人力资源、材料消耗、设备使用等情况进行填报。如“施工进展的日报、周报”等，详细记载了每天至每周工作的内容、施工的范围及进度、参加人员的数量及工种分布情况等，汇总后供驻地建筑师和工程师用以了解工程的进度、人力资源的使用等情况，并及时提供给地盘进行成本的控制；第三类是对施工生产中遇到因自然条件、工程变更或由第三方引发的事件等原因造成的施工延误、工程量清单中未规定的额外工程或附加工程进行记录，以“工程备忘录”的文式，报经驻地建筑师或驻地工程师签字认可后交合约部用于工程索赔。

六是国外施工中的工厂化生产和先进的机具。已大大的提升了施工质量和施工效率，降低了施工成本。如装饰工程中工程量最大的木做部分，国外已基本实现了工厂化生产，现场拼装，其它工种方面的工厂化生产也已达到70%以上。施工机械和工具也十分先进。如意大利生产的大理石切割机，各种角度和造型都可以切，而且没有什么误差。大理石打磨机不仅在平整的地面打磨的又快又好，就是在不太平整的地面也照样打磨的又快又好。一些小的机具如地毯撑、激光水平尺、异物检测器都十分先进好用。这是我们国内暂无法比的。

2．举措

找出了差距，就会有应对的举措，我们计划从以下几个方面调整和强化自己，以适应WTO国际市场竞争的需要。

一是提高合约意识，严格按合同办事。首先要在管理层组织学习，提高对合同重要性的认识，养成自觉履约和遵守合同的习惯。其次要请专家讲解国际工程标准合同的内容和执行程序，选学有代表性的国际工程合同范本，让每个管理人员都能看懂、理解、熟识国际工程合同。第三是要培养自己的合同专家，提高履约中的抗风险能力，学会用合同保护自己。

二是优化设计队伍，培养自己的设计人才。在这方面一是要积极培养自己的设计师，特别是培养自己的设计大师，创造更多的条件和机会，让有才华的设计师脱颖而出，积极投身于国际市场的竞争；二是要认真学习国外的先进设计理念和优秀设计大师经典工程的设计范例，大胆引进国外优秀设计人才，优化我们的设计队伍，使我们的设计理念和设计水平能尽快和国外同行看齐；三是要发挥我们优势，积极寻求与国外设计公司或优秀设计大师的合作机会，做到优势互补，在合作中竞争。

三是重视人才资本，创建人才基地，为企业培养在国际市场竞争的精英。我们的计划是首先要营造一个人人重视人才，个个成为人才的氛围。使人才就是企业财富的“人才资本”概念深深扎根在全体员工的心中。今年我们在工作安排中提出，机关工作人员要人人学会使用电脑，40岁以下的人员学会一门外语的要求，并制订了机关工作人员绩优的考核办法，在全体员工中引起了极大地震动和反响；其次是建立一个有利于人才发展、能引起人才和留住人才的机制。在职称评定、工资、奖金分配、出国学习考察、直至调转户口及享有的各种福利待遇，都向专业人才倾斜，使公司成为培养和造就人才的基地。今年3月初我们已组织了一个由主管生产经营的领导、设计室主任和业务骨干组成的考察团，赴欧洲法国、英国、意大利等几个发达国家进行了专业考察调研；第三是制订了一个引进、培训专业人才的人力发展规划。我们已责成公司人力资源部正在抓紧制订。采取外引内培的办法，把企业急需和短缺的专业人才引进来，使企业现有员工的专业知识得到全面提升。经过不断的充实和优化，使企业员工的综合素质和企业的整体实力有一个全面的提高，成为企业进入国际市场的持久竞争力。

四是建立工程施工文件管理制度和运作体系，严格在工程施工中实行文件管理。虽然我们在施工中已重视了文件管理，但很不完善，执行不力。今后则要把这项工作作为一项施工管理的重大改革去推行，作为考核项目经理的一项重要内容来贯彻。并要结合9000贯标一并检查和落实。我们已安排公司总承包部开始筹划和完善施工文件管理体系的工作。

五是引进国外先进机具，走工厂化生产的道路，全面提高工程施工效率和工程质量水平。在这方面，因为我们承建过多国多项国际工程，早已引起了重视。在工程承建中，国外产品使用的多，并也注重提高自己产品的工厂化生产水平。如我公司在北京就有一个规模可观的材料加工厂、批量加工生产木作、石材和家具等，尤其是木做部分的成品、半成品及家具已成标准化批量生产，由该厂生产用于哈尔滨新加坡大酒店的上万件家具就受到了美国设计公司和业主的一致好评。同时我们还从法国、美国、日本、意大利引进了一批先进的施工机械和加工工具，使我们的工程质量在同行中略胜一筹。这也是我们与国内外同行竞争的必备条件。

六是建立系统的装饰规范，使企业生产经营有遵循的标准。中国的装饰市场是一个庞大的市场，装饰企业的数量也相当庞大，但是目前由于装饰行业无系统完整的统一规范和标准，困扰和阻碍着装饰行业的向前发展。因为没有完整统一的标准规范，无法可依，设计和施工就没有明确的参照系，常常造成甲乙双方互相扯皮，发生纠纷。在装饰行业已自立门户，发展迅速，新工艺、新材料不断涌现的今天，装饰行业建立完整统一的规范标准已势在必行。我们目前正在制定企业标准，以规范和约束我们的经营行为。希望国家能尽快制定出台行业性的标准，以利于推动整个装饰行业的发展，也有利于对进入我国市场的国外装饰企业的管理，创造一个平等、公平的竞争。

中国加入WTO与装饰行业的发展

——浅谈WTO与旺轩装饰的发展机遇

武汉建筑装饰协会副会长 武汉旺轩建筑装饰有限公司 董事长 **高 健**

加入WTO是中国人十几年来孜孜以求的梦想,也是中国经济发展的一个重要里程碑,中国经济只有融入世界经济大家庭,才能真正地接受市场的考验。同时,在全球经济一体化的运行中,构成我国国民经济的各行各业,也将首先受到国际市场的检验,计划经济时代所固有的一些陈旧的经营理念和一切不符合国际市场"游戏规则"的条条框框,必将被迅速淘汰,国内各行各业新的经济秩序也将在不断打破中重新建立。

面对新的经济格局的新竞争平台,无论是企业、商家、还是政府职能部门,都必须亲身经历这场阵痛与变革。中国建筑装饰行业,作为国民经济的组成部分,无疑也会在这种新的经济格局中遇到新的问题、新的挑战和新的机遇。

面对全新的国际化大市场,我们建筑装饰行业今天在这里开这样的一个研讨会,确实很有必要。作为一个装饰企业的领导,必须迅速做出反应,以不断适应和完善新的市场竞争机制为核心任务,不断调整自身状态,一方面要加速自身优势资源的开发,在新的国际化竞争市场的发育期,铸就自身的"金"字品牌,以绝对的优势迎接国际对手的碰撞;另一方面,在新的格局下,注重扬长避短,从发掘市场上下功夫,把握市场细分的动态,改变传统的"小而全"模式,在"专而精"上形成自己的优势,避开国际竞争对手的正面冲击,用专业优势来打拼市场份额,寻找新的发展空间。

下面,就加入WTO对我们装饰行业带来的机遇与挑战,以及我们旺轩装饰公司围绕这一机遇所做出的战略反应,谈一点粗浅的意见。

一、WTO给中国装饰行业带来的机遇与挑战

1. 中国装饰行业的特点

中国装饰行业的起步较晚,这是在改革开放后,随着我国房地产业、旅游业的发展而应运而生的一新型"朝阳产业"。其巨大的市场潜力和诱人的利润空间,曾一度使众多的投资人趋之若骛,从大型的楼、堂、馆、所装修到老百姓的家居装饰,可谓一浪高过一浪,方兴未艾,整个市场的发展速度是国内其他市场所不及,其鲜明的特点可从如下几个方面作一概括:

(1)整个行业市场化程度高,中外合资比率高,整个产业无论是引进先进施工技术、先进文化思想,还是现代化工具的推广速度均高于其他产业。

(2)从业人员年轻化、知识化程度高于传统的建筑施工企业,因而新事物接受快,知识更新快,信息更新快,其"新兴"的特色十分鲜明。

(3)装饰行业要求的服务性越来越高,传统的管理体系和行业要求已不适应新的市场需求。

(4)市场的细分化、专业化需求越来越明显,对专业人才的要求越来越高。

2. 加入WTO有利于提高施工企业的整体综合素质

加入WTO后,中国将享受一系列的优惠条件,国门放开,国外大量的资本和优质低价的材料必将迅速涌入国内市场,这样一来,国内施工企业要么实现强强联合,共同壮大;要么淘汰出局,改换门庭,目前这种低水平,低素质的竞争将不复存在,整个行业队伍的综合素质得以提升,同时,我们可以引进国外先进的管理经验和施工工艺,可以更自由地招纳国外优秀人才,可以共享全球最先进的管理资源,可以寻找真正外向型多方位经济合作。在这种多方位多层面的交流中,无论是我们的装饰设计理念,还是我们的经营竞争思想,都将是一次大溶合,一批既有民族特色,又具有国际现代化水平的装饰施工企业,必将在国际化舞台上脱颖而出。

3. 加入WTO有利于装饰行业市场的规范化

由于建国后我国一直实行的是计划经济,因此,近年来政府在行业管理工作中,很难摆脱计划经济的模式,这主要表现在:

一是少数部门为本部门利益出发,造成行业管理职权不明晰,建筑装饰与室内装饰的模糊划分,使市场准入制度出现混乱,管理体制的多头管理,出现了政令不一、政出多门的怪现象,也使得装饰企业和消费者无所适从。

二是地方保护主义和行业保护主义严重。有的地方甚至明文禁止外地施工企业参加本地工程投标,地方保护和行业保护虽可解一时之困,却阻碍了竞争市场的形成,最终出现的只能是低水平的恶性循环。加入WTO后,国际市场的竞争规则,必将打破目前的固有模式,政府主管部门的管理职能必须有重大转变,各项保护性法律、法规更加完善,政府的各项管理都必须围绕着培育和保护市场来做文章。规范市场,重视质量,崇尚诚信,注重服务意识等必将是市场竞争的核心内容,政府职能部分更多的义务是行业指导和共同维护国际化市场程序,加速国内统一市场的形成,尽快实现与国际市场的顺利并轨。

4. 加入WTO对我国装饰企业带来的挑战

入世就象一把双刃剑,如果使用不当,不但不能给自己带来利益,反而会伤害自身。就目前我们国内的装饰行业而言,由于多种历史因素,普遍存在如下问题:

(1)装饰设计普遍缺乏创意,设计理念陈旧,很多高精尖的项目被国外企业占领,设计竞争的水平不高,而大部分企业只能涉足中低档工程。

（2）装饰企业数量多，但大部分却规模较小，小而全的模式无法抵挡入世冲击。强强联合、共同打拼市场、互相整合优势资源的经营思想尚未形成，习惯于传统的封闭式经营。

（3）对市场的变化不够敏感，不愿在市场的细分中找出路，未能打造专而精的个性化品牌。

（4）部分大型国企机构臃肿，决策缓慢，不能适应入世后的市场竞争。

（5）普遍缺乏对专业人才和管理人才的培养，企业素质提高缓慢。

（6）普遍缺乏服务意识，售后服务和定期维护保养的管理体系尚未在装饰行业形成。

二、面对加入WTO，旺轩装饰公司创建品牌的应变战略

1．不断学习创新，增强企业核心竞争力

旺轩成立以来，不断在发展和完善自己，已经建立起一套以总经理为核心的管理制度和以顾客为中心的企业组织机构和业务流程。近几年来，我们进一步完善了企业的经营机制，提高了企业自身的管理水平，增加了对技术装备的投入，加强了对管理人员和技术人员的培训，提高了办公自动化水平，提高了工作效率和工作质量。增加了各类管理人员、工程技术人员，提高了企业管理水平。首先，我们在企业内部提出了“四新”目标的工作要求，即“新技术、新材料、新工艺、新设备”。“新技术”是指对国外和国内先进的装饰施工技术和设计技术都要积极的引进，可以建立与研究所、高科技公司等单位的联系，随时可以获得关于高新技术的信息。“新材料”不仅仅是指引进国外污染小、环保和优质的材料，而且对国内的材料供应商要实现经常性的选择，对有实力、信誉好的材料供应商要保持良好的关系，并让其随时提供新的材料信息以供选择；对信誉不好的材料商坚决杜绝来往，做到不用次品、不用危害健康和破坏环保的产品、不用有瑕疵的产品，不能为节约成本而损害消费者的利益。“新工艺”是指在提高现有的施工工艺水平的基础上，探索和寻找新的可以节约成本、提高质量的新型工艺，有些工艺可以走工厂化的生产路子，可以借鉴国外同行业的先进经验，但最终提高工艺水平依然要靠自身的努力。“新设备”是指对施工设备要逐步进行更新，采用世界先进的机械设备。有了好的设备和机械，才能够使施工更加细腻，做出的工程才能更加的吸引消费者。

通过“四新目标”的贯彻，不仅提高了工程质量，降低了项目成本，而且基本达到材料健康、环保，设计风格个性化，施工工艺专业化。

2．建立现代企业制度，提高项目管理水平

旺轩成立于1993年，时至今日，已建立起一套完整的总经理核心制的现代企业管理制度。在实际工作中，我们以顾客为关注焦点，以领导作用、全员参与，管理系统的方法，结合旺轩的特点，制定了“安全生产、保证质量、确保进度、文明施工、搞好售后服务”的质量方针，我们要求全体员工严格按照质量方针办事，做好质量纪录，做到每项工作环环相扣，责任到人。

旺轩把管理制度的重点放在项目管理上。首先，项目管理要适应国际化的需求。现场管理要趋于程序化，建立完善的管理秩序，现场的施工和材料管理都要按照施工计划和管理程序进行。比如建立图纸会审制度、项目经理负责制、安全管理制、质量监督制、成本控制制度等等。其次，材料的管理也是必须严格按照程序进行的。以前的材料管理属于粗放型。没有进行细致的分类和整理，在施工过程中往往造成大量材料的浪费，现在材料管理由粗放型转变为集约型，建立有序、高效、集中的管理模式，大大地节约成本，为公司间接创造效益。

3．恪守诚信，尊重市场规则，积极参与公平竞争

在参与招投标中，我们坚持诚信为本，信誉至上。重合同，守信誉，曾经被认为是我国企业的经营美德，但中国加入WTO，诚实信用不再被称为美德，而是每个企业都要恪守的原则，诚实信用不再仅仅是道德范畴，而是被正式写入了法律条文之中，企业的经营行为要受法律规范和制度的制约。旺轩将提高每一个员工的法律意识，恪守“企业信誉是旺轩人最精美的名片”的司训。严格按工程承包合同和国家工程质量标准进行施工，确保工程质量和企业信誉。对违背公司规章制度、国家有关政策而对公司信誉造成有害影响的员工必须进行严厉的处罚，在招投标中自觉遵守市场规则，参与建筑装饰市场的公开、公正、公平的竞争。近年来，我们在参与各类公开的大型投标活动中，取得了相当的成果。仅在2001年参加的公开竞标工程中，中标率就高达67%。这些为旺轩人在中国加入世界贸易组织后提高企业管理质量，开辟国际市场、承接各种大型国际工程奠定了一定的基础。

4．注重人才培训，树立以人为本的企业文化理念

以人为本的企业文化强调以人为中心的管理，即尊重人、理解人、关心人、依靠和服务人。通过对人的有效激励来充分发挥人的主动性、积极性和创造性，以最大限度挖掘人的潜能，从而更好的实现个人目标和组织目标的契合。旺轩经常性地对员工进行各种培训，并定期聘请装饰行业的专家到公司讲授材料知识，施工工艺，提高员工对国际规则的了解、熟悉国际争端解决的机制和程序。这样，以优厚的待遇和广阔的培训、发展机会来吸引人才、留住人才，在企业内树立以人为本的企业文化理念，营造人文关怀的氛围。21世纪是人才竞争的世纪，加入WTO必然导致人才竞争的国际化，我们在选拔人才时将不仅仅从国内，而且要从国际上挑选、吸纳人才，充实我们的队伍，让企业从中、西文化的合璧中不断提高，并逐步形成自身的特色。

5．完善服务管理体系，塑造企业品牌

装饰是一种服务，也是一种消费，装饰要给消费者营造的是一个美观、舒适、适用的人文空间，是服务的一个高层次的境界。服务讲究的是细节，于细微之处见真情，因而要求我们

企业在设计、施工过程中，认真细致地处理问题，及时和消费者沟通，在材料的使用上，积极使用绿色、安全、无污染的环保材料，注意对成品的保护，特别要注重工程完工验收后的保修服务。我国的建筑装饰企业普遍缺乏服务意识，而在提到国外知名品牌时，人们的第一反应往往是其完善的售后服务和良好的服务态度，售后服务既是一种质量保证，也是赢得市场的一种手段。旺轩正以此来建立装饰品牌形象，树立客户至上的观念，对于消费者反映的问题，高度重视，有效的采取措施，认真解决，并以此逐步形成自身的质量服务体系，定期或者不定期的进行消费者回访，处处体现对消费者的关爱，从而赢得消费者的信赖，使其感受到旺轩真诚的服务。旺轩公司从成立之初便建立了维修部，主要负责跟踪竣工项目的后期服务和定期保养，在处理维修事故中，与建立的项目经理业绩档案相挂钩，发现的维修问题，都要在公司工作会议上向全体项目负责人通报，避免出现同样的问题。

6．把握市场动态，寻找市场细分的切合点，积极拓展新的发展空间

中国加入WTO，随着经济的发展，行业分工也会越来越细，装饰行业也不例外，今后，装饰的全能型企业将会承受更多的考验，将会更多地出现有特色的专业公司，如最近几年蓬勃发展的家庭装饰市场，就出现了很多专业的家庭装饰公司，今后还会出现专业幕墙装饰公司，专业的金融机构的装饰公司，专业承接宾馆饭店的装饰公司，专业的汽车、火车装饰公司。从内部分工看，目前正在形成专业设计公司、总承包公司和专业劳务公司。装饰行业中介组织的发展也是风起云涌，装饰中介组织的信息咨询、造价预算、审核评估、施工监理等，逐步在走向市场，中国加入WTO后，将更加成熟，所以旺轩非常注意时势的发展，根据我国的国情和自身的状况，积极调整思路，把握市场细分的动态，从“专”和“精”上下功夫，发挥市场潜力，创建优势品牌。

我相信中国加入WTO，国内的装饰企业将会更加成熟和理性，将会出现更多的名牌企业。强强联合，专业细分必将是新世纪装饰市场的主流；一批既具有民族特色又具有国际先进水平的装饰企业必将是中国装饰市场的生力军；崇尚诚信，注重质量，讲求服务的企业经营理念必将是维护和培育市场的根本，开放的国门和蓬勃发展的装饰市场必定是国民经济中一道耀眼的风景线。

与时俱进 诚信发展

江苏省建筑装饰协会常务理事 江苏香江华建工程有限公司董事长 **倪影辉**

中外合资南京香江华建工程有限公司（原宁纬装饰工程有限公司）创建于1984年，注册资本216万美元。2002年1月16日被国家建设部审定为建筑装修装饰工程专业承包一级企业。2001年10月13日通过了ISO9001：2000版国际质量体系认证。

公司成立18年来，长期与境外，尤其是港方进行合作。成功地合作承建了南京中山大厦商场、南京古南都饭店（五星级）、苏州凯莱酒店（四星级）、上海金茂大厦君悦大酒店（五星级、中国第一高楼）、海南亚龙湾海景国际大酒店（四星级）以及海口银谷苑八栋高层高级公寓等项目。下面我把我们认识到的境外装饰企业在履约合同、工程过程管理、服务意识上的差异以及我公司如何面对和解决这些差异做如下介绍。

一、提高合同履约意识，增强风险防范意识

合同是现代社会经济活动中明确双方权利义务的基本法律形式，在现代国际商事交往中，国际商事合同是必不可少的。国内外装饰工程合同的差异主要体现在两个方面：第一，针对性的差异。国内装饰工程合同采用的是国家工商行政管理局和建设部统一编印的标准合同，既然是标准合同，就必然造成各个装饰工程合同的雷同，无论工作量大小、要求高低、用材差别，都是一个模子做出来的相似面孔，针对个体工程的描述和约定不够充分。而国外的装饰工程合同则不同，它针对某一具体工程专门编制，充分考虑双方就此工程达成的各种约定，特别是对工程的特殊之处，通常有大篇幅的针对性描述。第二，细致程度的差异。由于东西方文化的差别，中国人习惯于在合同中对某些方面，例如一些可能因违约而造成损失的计算和赔偿，做模糊处理，按中国人的老话叫“留有余地”，而国外的合同则恰恰相反，总是尽可能地把所有可能性一一描述，把所有的违约责任规定得清清楚楚，并且严格按此执行。国际上的合同在法律形式上体现着双方的平等，在内涵上存在着不平等，充分体现了买方市场的游戏规则。

国内企业与国外企业对合同的理解上也存在着分歧。1992年由我公司负责管理的海南省海口市当时最大的高档住宅楼——银谷苑工程，建筑面积136000m^2，合同价9230万元，分包给国内一家公司，合同期395个有效日历天。由于该公司服务意识、工程管理上的问题工程施工到300天时，眼看工期不能如期完工，这家公司明显知道合同的签订包含工期及风险，仍以不可抗力条款如：法定假日、市政性停电、停水、主管部门频繁检查、领导视察、台风影响等等理由和我方扯皮，要求工期顺延。如我方坚持按合同原定工期完工，他们提出增加赶工费。我方坚持认为：合同约定在先，作为承包商应充分考虑各种风险因素的存在。双方达不

成共识，承包方以停工相逼。我方考虑到投资方熊谷组集团与我方的长期合作关系，考虑到时间的紧迫，被迫做出让步，付出了不应有的损失。此纠纷如发生在今天或者明天甚至将来，这家分包公司必定是经济赔偿，信誉受损。

进入WTO之后，合同签订逐渐与国际接轨已成必然，我们必须尽快改变惯性思维模式，及时学习国际合同规则，认真对待每份合同。在合同签订前，我们要有针对合同的风险进行分析的能力，研究规避风险的措施。在合同履行过程中，我们要严格按合同办事。

二、夯实企业基础，注重过程管理

国内装饰企业实力的衡量带有很深的计划经济的痕迹，由国家各级建设主管部门对企业的实力进行评估和审核，给出最后级别，就是我们常说的企业资质等级。以前，社会对装饰企业的评价标准、招投标过程中业主对企业的入门要求，通常都是根据资质等级来确定。按国际惯例除资质外，还要看你项目经理的业绩，看你的企业在银行的信用度及融资能力等等。我认为，一个工程一旦合同签订，应把全部精力集中在执行上。在施工管理的过程中，管理是贯穿始终的。国内装饰企业在合同签订后往往出现松懈心态，这就要求我们严格履行合同，前后一致，始终如一地做好各项工作。

1993年苏州友谊商店与台湾“中兴”百货合资组建苏州中兴百货。中兴是台湾四大百货公司之一，其装修和橱窗设计在台湾历年评比中都名列第一，我公司与台湾、上海和苏州等地的几家企业一起竞争，尽管我们获得的信息为时已晚，但公司凭借信誉和优势与“中兴”长期合作伙伴，与台湾一家装饰公司同时中标。我公司承担三、四层装修。合同签订一周内，我们的设计、施工人员、各种机械设备、材料提前进场，展开了立体、平行、流水交叉施工。承担一、二层和外墙面装修的台湾公司因故迟迟开不了工，由于工期紧迫，该公司主动找到业主方中兴公司总经理提出：香江华建公司施工操作规范，管理有序，请求无条件将他们的中标标段让给我们，请中兴公司总经理台方鲍小姐做我公司工作，以帮助他们解脱困境。经过公司上下不懈的努力，工程如期完工。中兴公司总经理鲍小姐十分满意，说：“这样的装饰管理水平，质量和速度，即使在境外也不多见”。

三、强化服务意识，维护业主利益

诚信、敬业、服务，这是我们香江华建从国外企业学到的宝贵财富之一，也是我们18年来取得长足进步的根本保证。放眼建筑装饰市场和其他市场没有什么区别，买方市场占据着统治地位。面对激烈的市场竞争，企业必须牢固树立以业主为中心，视业主为企业资源，不断关注业主满意度的理念。国内装饰企业也都知道，要拿业务就要让业主满意，但是怎样才能让业主满意呢？没有诀窍，只有两个字——服务。而服务恰恰是大多数国内企业的不足之处。国内企业花大力气前期攻关，花大力气参加投标、搞设计。但是，一旦合同签订，就有了落袋为安的想法。其实在国外企业眼中，合同签订才刚刚是工作的开始，服务工作也才刚刚展开。1991年，我们依据国际惯例与南京古南都饭店签订了施工面积3万多平方米，合同价1712万美元的合同，除土建外，装饰、机电、配套全部由我们管理和施工。由于当时日方已把饭店的全部客房预订出去，按期完工的难度非常大。如不能按期限完工，其后果可想而知。我们组织了一支由数百名工程管理、技术施工人员组成的能打硬仗的队伍，紧张有序、日夜奋战，在施工过程中，要求项目部做到业主至上，服务第一，质量第一。我们认真细致地研究业主的各项要求，在施工过程中不断与业主交流，从工艺到材料，各种各样的变更签证多达近千页，只要我们能想到的最好的方案，我们都向业主一一提出，不仅达到了合同的每一项要求，许多地方还超出了业主的想象。同时，我们组成专门班子，与土建、机电、设备方及时沟通、协调、配合，按期优质完成了此项工程，赢得了业主（中日双方）的高度评价。

服务不仅表现在知识、技术、承担风险上，还要表现在接受客户近似无端苛求和挑剔的忍耐能力上。1999年我公司承接的由美国一家著名设计公司（SOM）公司设计的中国第一高楼上海金茂大厦君悦大酒店会员俱乐部及酒廊装饰工程。当时，设计工作已全部完成，在施工过程中，业主方提出修改部分图纸，我方委婉的向业主方提出：根据国际惯例，施工方无权也无义务修改图纸，筹备处负责人不以为然，由于业主方机构层次特殊，我们依据国际惯例请求设计公司给予指导、理解（事实上设计公司不可能与我方应对），同时，我们再次请求业主方与设计公司联系。业主方筹备处人员指出：在这施工现场境外公司有十几家，为什么偏偏选择你们，是对你们的信任，贵公司总部在香港是上市公司，在国内是一级施工资质，又有设计能力，完全能做好此项工作。如执意要求修改部分原设计方案，投资方必然要与外方设计公司谈判。考虑到工期的紧迫，本着“以服务求发展、以服务体现诚信”的精神，我们将修改的图纸报设计公司备案，再报顾问公司及业主方，要求3日内回复，寻求业主方的确认。工程完工后，美国SOM公司设计师来金茂时，对我们的修改效果表示满意，赞赏手法新颖，与他的总体设计一致、贴近，设计师破例在修改图上补签了字。此例说明，服务有着比技术、价格等更为重要的意义。业主可以从中享受到更多、更便利、更周到的服务，企业从而会得到由业主满意度转化为业主忠诚度所带来的效益。综观公司18年的发展历程，我们清醒的认识到，诚实、信用，贯穿于国际商事合同履行的全过程。尊重业主、服务业主、质量第一、精益求精是企业文化重塑的结果，只有时刻牢记“诚信、敬业、服务”这项经营宗旨，企业才能在当今的挑战与机遇并存的市场中发展。

随着中国迈入WTO，国际市场竞争已迫在眉睫，我们应认真查找自己的优势和差距，居安思危，确定自己新的战略目标。

抓住机遇　把华达装饰公司做强做大

武汉华达建筑装饰设计工程有限公司　副总经理　**潘　俊**

经过15年的艰苦谈判，我国已在新世纪的第一年加入了WTO。这对我国的建筑装饰市场将产生深远而巨大的影响。建筑装饰业正面临着一场不可避免的严重挑战，同时，也孕育着重要的机遇。

一、入世后国内建筑装饰业在竞争中所面临的不利形势

加入WTO后，由于我国政府将逐步开放建筑装饰市场，给外国公司和公民以国民待遇。由于外资企业有相对强的世界范围内的竞争经验和较雄厚的资金技术实力，而我们的建筑装饰企业虽然和外界有些接触，但不够充分，因而缺少在国际市场上竞争的经验。再加上本身的经济技术实力和外国公司尚有一定的差距，因而其竞争力不强。差距具体表现在以下几个方面：

1．竞争意识淡薄，缺乏竞争经验。改革开放后，我们的建筑装饰业获得了突飞猛进的发展，技术水平和管理水平得到了很大程度的提高。就拿我们湖北、武汉来说，前些年，高级装饰市场基本上被港澳的队伍所占领，我们本地的建筑装饰企业只能承担一些小的和简单的中、低级装饰工程。几年来，经历痛苦的磨炼，我们的队伍成长起来了，这种局面有了根本的改观。这当然是竞争给我们带来的好处。即使如此，但还有不少企业害怕竞争。加上这几年建筑装饰队伍发展过快、过猛，再者由于多头管理的影响，使建筑装饰业的队伍发展失控，建筑装饰市场僧多粥少的局面愈演愈烈，竞争达到了惨烈的程度。这种局面在入世后遇到国外、境外有实力企业的竞争，竞争将会更趋激烈，一些实力较弱的企业的日子会更难过。

过去，我国许多企业都是封闭式的，尤其是一些国有企业，长期受计划经济的影响，靠政府的“奶瓶子”过日子，更加害怕竞争，总希望政府能够保护他们；而我国的现代建筑装饰业也是在20世纪80年代才起步，大多不了解国际竞争规则，不知道国际竞争为何物，更谈不上什么竞争经验，一旦市场开放，竞争局面加剧，就可能会陷入束手无策的状态。因而不少企业一谈到竞争，有点谈虎色变，也不奇怪。

2．部分企业管理模式落后,不适应现代企业制度的要求。入世后，在市场竞争的情况下,企业的管理制度和管理方法受到的冲击将是最直接的。特别是一些国有企业，“长官意志”、“政企不分”的现象根深蒂固，经营机制不灵活，“大锅饭”的思想还比较浓厚，职工的积极性难以充分调动起来，企业缺少活力。我们的民营企业虽然基本上建立了现代企业管理制度，但有的仍沿袭家族式的管理方法，这种“家长制”的经营管理模式对企业的运作将产生不利的影响，它使现代企业制度的管理机制运行不规范，影响企业活力的发挥。我国建筑装饰企业的管理体制，从总体上来说，还处于比较落后的状态。

3．法制建设滞后，法制观念模糊。在国际市场上，各国的经济法律及有关的国际惯例乃是规范企业行为的基础。而我国有关建筑装饰方面的法制建设却显得有些滞后，一些法律、法规对业主的约束不够，而对施工企业的约束又过于苛刻，压价、压级、拖欠工程款等问题屡禁不止，而且这些问题的严重性与危害性仍未引起政府有关部门的足够重视。企业对有关法律、法规学习不够，特别是利用法律、法规来相应维护自己的合法权益还很不熟练，以前在同外商打交道中，很多情况下，我们有理反而打输了官司，就是不善于利用法律、法规维护自己的合法权益造成的，这不适应WTO的竞争规则。

4．技术层次低下，竞争力较弱。过去，国内建筑装饰企业的优势主要来源于廉价的人力资源，而在综合技术层次方面普遍低于国外同行，尤其是先进的、科技含量高的装饰材料的生产，更是如此。在工程设计方面，我们的设计不新颖，照抄照搬比较多，这方面有的专家、企业家已经作了阐述，我在这里就不多讲了。我在这里想再强调一下，就是我们的施工工艺还不能同外国的建筑装饰企业相抗衡，施工设备更新不快，装饰工程施工的工厂化生产才刚起步，这些问题需要引起我们的充分注意。

二、加入WTO后对我国建筑装饰企业的促进作用

以上是我们建筑装饰企业在竞争中的不利因素。但是，事物都有它的两重性。加入WTO后，我们在面临挑战的同时，也面临着重要的机遇：

1．有利于建筑装饰业的技术进步。在当今世界上，有一条重要的原则，这就是竞争能促进行业进步。对我们建筑装饰行业来讲，也应该如此。我们记得，当初深圳创办经济特区时，大量的香港建筑装饰企业到深圳承接工程，深圳的装饰业不仅没有被挤跨，而是在竞争中发展起来了，并逐渐占领了全国各地的建筑装饰市场。这其中关键的一条就是他们很快就掌握了海外的先进技术。因此，我们没有理由害怕竞争。有了深圳的经验，我相信一旦国外的先进建筑装饰企业涌进国内市场，也同样会促进我们的技术进步，使我们的建筑装饰企业在竞争中不断成长壮大起来。

2．将带来先进的企业管理方法和新型的设计理念以及先进的施工技术和设备。入世后，随着各行各业市场的对外开放，外国企业要占领中国的建筑装饰市场，就必须以新技

术、新材料、新工艺来参与竞争。这是因为我国的建筑装饰业已经有了一定的基础，不以先进的技术和设备来参与竞争，他们就不一定能占领我国的市场，这对我们的建筑装饰业来说，是一个极好的学习机会，我们可以在竞争中学习，在竞争中提高，在竞争中不断壮大自己。

3．有利于开拓国际建筑装饰市场。入世后，开放市场是对等的。我国的建筑装饰市场对外开放，国外的、境外的市场也将对我们的企业开放。这就给我们建筑装饰业大举开拓国外市场提供了广阔的天地。同时，为了增强企业自身的竞争能力，我们也会主动进入国际市场，在复杂多变的国际市场中成长壮大。到了那个时候，我们就会摆脱墨守成规、消极被动的不利局面，确立主动出击的态势，同时也就能在国际市场的浪潮中游刃有余。

4．有利于形成公平的市场竞争环境。目前，我国在工程招、投标中的地方保护主义以及不正当竞争等方面表现仍很突出。公开、公正、公平的竞争环境还没有真正形成，离建成全国统一的大市场还有较远的距离。入世后，我国传统的经济体制会加快向市场经济体制过渡，同时市场规划与市场运行也逐渐向国际惯例靠拢接轨。这对形成一个公平的市场竞争环境是有利的，有利于企业的成长和进步。

三、入世后建筑装饰企业的应对策略

我们公司的进步不仅表现在量的扩张上，更重要的是表现在质的进步上。几年来，我们的精品工程不断涌现，2001年，我们有2项工程荣获“全国建筑工程装饰奖”，2项工程荣获“湖北省优质建筑装饰工程楚天杯”奖，一批工程荣获“武汉市装饰工程金奖”，企业有了较好的社会信誉。根据我们公司所走过的道路，我认为我们的建筑装饰企业应从以下几方面做起：

1．用精品工程来塑造企业形象。这几年，我们武汉华达公司创造了不少精品工程。但是还不够，还要向更高的目标努力。一是要继续提高工程质量，提高工程质量要在两方面下功夫。设计要新颖、科学，要在满足建筑物的使用功能的前提下，美化建筑物，还要在提高施工质量上下功夫。这些年，我们武汉湖北建筑装饰的质量通病是细部不细，很多装饰工程，从大面上看，还不错，但对一些细部的处理就缺乏精雕细刻的精神。二是用这些精品工程来塑造企业的形象。要加强企业精品工程的宣传工作，要在社会上形成这样一种印象，一说到武汉华达建筑装饰设计工程有限公司，就想到这个公司有哪些代表工程，就想到这个公司的施工水平。就像一提到微软，就会联想到计算机芯片、XP操作系统，是当今世界上领先级的水平。要利用精品工程来做好企业CI形象的策划工作。这件工作，不但我们华达公司注意不够，有很多的企业都注意不够，酒好还要会吆喝。

2．增强服务意识，提高服务质量。“业主第一、用户至上”，历来是企业的宗旨。我们建筑装饰企业也不例外，与社会上各种各样的企业一样，都把客户视为上帝。也只有这样，我们才能自觉地拓展服务领域，加大服务力度，提高服务质量。每个工程项目，从最初的管理施工，直至竣工后的保修与回访，都要把优质服务贯穿于全过程，服务工作体现着一个企业的形象。我们只有不断追求服务的高水平、高层次，为客户奉献最优异的服务质量，才能赢得广大客户的支持与信赖，这应作为我们建筑装饰企业的又一生存立足之本。

3．加强法制观念，运用法律武器维护企业自身利益。加入WTO以后，企业管理，市场竞争，经营行为都将纳入法制轨道。任何违背WTO规则或国际惯例的行为，则随时都有可能引发国际争端。所以我们必须加强法制观念，牢固树立依法经营观念，学习规则，熟悉规则，熟悉我国和涉外经济活动中相关国家的法律、法规，并且懂得运用这些规则、法律约束和保护自己。

4．提高企业综合素质和竞争实力。我们清楚，要迎接挑战，要想与国际上大的建筑装饰工程承包商相抗衡，企业自身必须具备一定的实力。所谓“实力”，主要体现在管理水平和设计施工能力两个方面。民营企业也必须引进现代管理机制，改变“家长制”经营管理模式，提高管理水平；企业竞争，说到底，是人才的竞争。管理水平取决于人才，施工能力和水平也取决于人才。所以我们要重视人才的培养，贯彻以人为本的企业精神，特别要培养造就一批有远见卓识、有把握市场能力、有创新精神、懂外语、善经营、通晓法律的企业家和复合型人才；培养造就一批技术和管理专家；培养造就一批从事国际工程承包的项目经理和其他国际商务活动人才。就我们华达公司而言，创建十年来，从小到大，虽然现在初具规模和实力，但要想在当今强手如林的市场竞争中不断发展壮大，就必须根据WTO的基本规则，有针对性的研究制定应对策略，拓宽经营理念，改变公司单一的经营局面，尽快组建集团公司，提高整体竞争水平。

5．大力推进科技创新，实施品牌战略。现代社会是高科技的社会。我们与国外企业相比，仍然有一定的差距。那么，就需要我们加大对高新技术的投入，加大对建筑智能化技术和信息网络技术建设的投入。入世后，国际市场的竞争主要是产品质量的竞争，产品质量好的企业将得到不断发展，产品质量差的企业将被淘汰。企业要想赢得国际市场，赢得经济效益，就必须牢固树立以质量取胜的观念，把产品质量放在首位，用良好的工程质量来提高企业的社会信誉。

优胜劣汰，适者生存，这是万古不灭的自然规律。二十多年改革开放的经验告诉我们，在挑战与机遇并存的时机面前，只有抓住机遇，扬长避短，大胆探索，积极进取，就会在竞争中取胜，在竞争中求得生存和发展，我们一定要抢抓机遇，把我们武汉华达建筑装饰设计工程有限公司做强做大，我们就不怕国外、境外企业的竞争，我们就能为湖北、武汉的经济振兴，为中国建筑装饰业的健康发展做出应有的贡献。

不断提高企业自身素质　从容面对入世挑战

湖北省建筑装饰协会副会长　武汉建筑装饰协会副会长　湖北龙泰建筑装饰工程有限公司董事长兼总经理　**许春建**

今天我作为湖北省建筑装饰行业的代表来到这里，与大家相互学习，共同分享建筑装饰行业发展的成果，共同研讨如何应对加入WTO所面临的形势和挑战，这是我们公司向大家学习的极好机会。

经过15年的艰苦谈判，我国已加入WTO。按照我国政府的承诺，我国将在3～5年内开放国内建筑市场，包括装饰装修市场；届时国外的建筑市场，包括装饰装修市场，也将会向我国的企业开放。加入WTO后，建筑装饰市场的竞争将日趋激烈，这既给我们带来了良好的发展机遇，同时也给我们带来了严峻的挑战。

从宏观上讲，加入世界贸易组织，是不可逆转的历史进程。全球经济一体化，是当今世界发展总的趋势。从我们企业微观上讲，入世是一柄催生催死的双刃剑，它既可以使我们企业在激烈的竞争中破产，也可以使我们的企业在激烈的竞争中得到新生。问题是要看我们自己如何运用WTO规则，使企业在激烈的竞争中不断发展壮大。

一、加入WTO后建筑装饰行业所面临的形势

入世对政府、对企业都面临着不同的管理方式、不同经营理念的碰撞。就政府及各级主管部门而言，入世，既要转变思想观念，熟悉国际规则，又要制订与之相容或废止与之相悖的法律、法规及管理办法，简化减少行政审批过程，作好宏观控制与协调。同时还要保证社会的稳定与安全。从某种意义上讲，入世是政府首先要入世。作为企业而言，入世所感受到的冲击将更加直接，表现在国内建筑装饰市场的国际化及市场竞争的加剧，企业人才的流失，弄得不好，将是市场的丢失。原因大多是对WTO规则认识的肤浅、产业结构不合理，思想观念陈旧、资金短缺及技术落后等。

入世后，现在的企业制度和管理办法也将受到一定程度的冲击。应当承认，虽然我们现在已经建立起现代企业制度，但运作尚不够规范，我们的经营理念和管理方法与外国的公司相比，尚有一定的差距。

但从另一方面看，象我们这些从市场中脱胎而出的民营企业，也有适应WTO规则的优势。我们包袱轻，决策相对集中，产权可交易性强。俗话说，船小好调头，我们对资产重组、资金运营等有较好的适应性。但民营企业的弱点是资金少，产品的科技含量较低，企业管理还比较落后，需要引起我们的充分注意。所以只要我们充分认识自己的特点，采取相应的措施，就不怕入世，相反，可以借助WTO规则来发展壮大自己。

二、加入WTO后，努力提高自身素质，迅速适应国内外市场的需要

入世后，就我们公司的实际情况看，感觉压力甚大，觉得无论是在资金、还是在技术、或在管理水平上都与外国的先进企业有较大的差距，总之，就是企业素质还不能完全适应加入世贸组织后的新形势。为此，我们准备从以下几个方面来努力提高自身素质。

1．学习规则，规范行为。“开放市场，遵循规则”是我国政府入世的基本承诺。因此，首要的问题是学习规则，遵守规则。不仅要熟悉世贸组织规则的基本构架，还要熟知与本行业相关的协议、附则，明了基本权利、义务及国际上通行的承包合同，同时还要在诸多细节上与国际惯例接轨。我们的立足点应放在努力熟悉规则、自觉遵守规则、充分利用规则来保护本企业的利益。这样才能在激烈的竞争中不断发展壮大自己。入世后，不论是外资直接进入，还是以合资或者以投资者的身份进入，都会带来一些新的技术和新的管理方法，这是我们学习的极好机会，我们应该在技术管理方面“见贤思齐”，“师夷之长技以制夷”。

2．与时俱进，转变观念。加入WTO后，我们必须进一步转变观念。当前，在我们公司有的同志的紧迫感、危机感不强。有的同志认为，我们目前日子还过得去，入世后政府不会让我们国内的企业都垮掉，更何况还有五年的缓冲期。这说明大家还不太了解当前的形势，目前有的外资企业已经在开始在挖我们的人才，他们有的利用自己较雄厚的资金，利用收购等办法来控制我们的企业，很多外国企业认为中国的市场大，钱好赚，对此我们必须有清醒的认识。我们不能用计划经济的传统观念来看待入世后我国的市场形势。

在当前的形势下，我们必须居安思危。从我个人讲，就时刻感到竞争的压力。怕自己的公司设计不新颖，怕投标时中不了标，怕施工质量达不到用户的要求，怕完工后的服务满足不了用户的要求……这种怕，是我搞好企业管理、搞好创新的动力。可以这样说，没有这种竞争压力，就没有我们龙泰公司的今天。世界上任何成功的企业不管是普通员工，还是管理人员，亦或决策层，都是时时处在怕自己的企业被别人挤垮，这正是企业能够前进的动力。

在转变思想观念中，其中重要的一条是要增强全体员工的服务意识。在WTO中，建筑业属于服务贸易的范畴。现在，我们员工的服务意识还不强，要使大家明白，工程全部建造的过程都是服务的过程。交工后的维修，也是合同的组

成部分。维修期结束后的服务，又是售后服务的过程。我们要在不断提高商业服务意识和服务水平上同国际接轨的能力。在今后的实际工作中，我们的口号是：体现业主的意图，为业主提供满意的产品，全心全意为用户服务。

3．实事求是，正确定位。企业要发展壮大，必须对自己有一个清醒的认识，认真分析自己的长处和短处，在市场上正确定位。经过分析，我们认为，我们湖北龙泰建筑装饰工程有限公司经过几年的发展，目前已经有了一定的实力，我们的实力主要在室内装饰装修方面。我们是一个民营企业，人员比较精干，机制比较灵活，负担比较轻，这些都为下一步的发展奠定了基础。

（1）市场地域的定位。加入WTO后，国内的建筑装饰市场将更加开放，但市场开放不等于我们企业就打开了市场，更不会自动地占有市场。从当前我们的管理和施工经验来看，还暂不具备向国外、海外承揽施工任务的条件。因此，我们是立足武汉，面向湖北，开拓国内建筑装饰市场。目前我们在巩固武汉市场占有率的同时，向各市州开拓占领市场，并且已经取得了一定的成效，在各市州承揽的工程量正在上升。在开拓占领省外市场方面，也已经取得了进展。待条件具备时，再向海外市场进军。目前还不能好高骛远，我们要稳扎稳打，逐步积蓄力量。

（2）经营目标的定位。从市场竞争的态势看，一个企业要想在市场竞争中发展壮大，必须拥有自己的品牌。我们的目标是用精品工程来塑造"龙泰品牌"。这几年，我们在塑造"龙泰品牌"上取得了一定的成绩。创精品工程就是我们的目标。2001年，我公司施工的省农行东湖花园幕墙及室内装饰工程和华夏银行武昌支行幕墙及室内装饰工程荣获湖北省装饰工程楚天杯奖。1998年和2000年连续两届荣获湖北省"全省信得过建筑装饰企业"的荣誉称号。2001年，湖北省无线电管理委员会综合楼装饰工程和中共湖北省委党校地厅级学员培训综合楼两工地被评为"武汉市文明样板工程"。2002年，我们的目标是：争创两项"湖北省装饰工程楚天杯"，并向中国建筑装饰协会提出申报"全国建筑工程装饰奖"。我们的目标是用优质建筑装饰工程提升企业形象，提高企业的知名度，塑造龙泰品牌。用龙泰品牌来开拓和占领国内乃至国际建筑装饰市场。

（3）业务领域的定位。从我们公司的实际情况看，我们决心向室内建筑装饰工程的制高点发出冲击，开拓占领室内高级装饰市场。我们要把室内装饰做精、做细、做专，以形成自己的技术特色。在做好室内装饰主业的同时，其业务范围逐渐向建筑幕墙延伸，不断提高幕墙的施工水平。在发展装饰主业的同时，逐渐走集团化的发展道路。2002年，我们已兼并一家二级工民建总承包企业，我们将以它为依托，不断提高工民建的管理水平和施工质量，形成一个新的企业集团，把公司做大、做强，形成一定规模与实力的企业，在这方面要循序渐进，紧紧抓住装饰主业不放，这是我们的强项。只有这样，才能逐步积蓄力量，与外资企业相抗衡。

4．吸纳人才，提高素质，增强实力。人才的意义是不言自明的。入世后，人才的争夺将会更加激烈。可以预见，入世后，外资将会利用他们比较雄厚的实力和较高的待遇来挖我们的"墙角"。所以我们要形成留住人才，让人才充分发挥才能的激励机制。前几年，为了抓好设计队伍的建设，公司非常注重不拘一格选拔人才，从社会上网罗人才，并注重对他们的培养学习，让他们增长才干。目前，我公司30多名设计人员，他们全部具有大学本科以上的学历，且有一定的实践经验。在我们湖北龙泰建筑装饰工程有限公司，对设计人员的政策比较宽松，他们可以完成本公司的设计，也可以自行承接公司外的设计业务，其收入和公司实行六四分成，即设计人员自己得六成，公司得四成，实行这一政策，使有的设计人员年收入达到近十万元。几年来，龙泰公司不仅在工资待遇上给予员工以丰厚的回报，而且还为许多人解决了武汉市户口和养老保险及医疗保险。有的员工在解决住房问题时也得到了公司的大力支持，使他们感受到公司的温暖，全身心地投入到工作中去，增加了企业的凝聚力。

在提高工程设计人员素质的同时，我们还十分注重提高劳务作业工人的素质。为了保证施工质量，公司十分重视对作业工人的考核。工程部的员工说："工程质量是靠工人在现场一点一滴做出来的，光有严格的管理，没有一支技术过硬的施工队伍，是创不出优质工程的。"我们公司到社会上聘用劳务作业工人，不靠关系，而是看他们的实力。因此在聘用工人时，坚持做到：

一是同劳务作业队伍建立比较固定的关系，做到双方互相信任，互相协作，长期合作，平等互利；

二是坚持标准，按技术要求进行考核，达不到技术标准的，一律不准上岗，施工作业现场不是技术培训基地，对技术要求严格的工艺，项目经理和工程部的负责同志亲自进行考核，只有看到合格的施工样品才允许上岗；

三是坚持按合同付酬，决不无故拖欠一线作业工人的工资，不管工程是否盈利都要确保作业工人的工资，并且实行优质优价的政策，工程创优时给予适当奖励。从几年的施工实践中，我们体会到，人才的观念要延伸，人才不仅是指高级管理人员、工程技术人员，优秀的劳务作业工人也是人才，在考虑人才的激励机制时，必须充分考虑劳务作业工人的利益。今后，我们仍然致力于提高全体员工的素质，只有这样，才能形成"龙泰品牌"。

5．加强信息化建设。有人把当今的年代称为“信息时代”。这主要表现在计算机大量应用于工程管理和设计。目前建设部在资质申报、工程信息发布、政策法规公告等方面开始在网上应用。我们必须跟上时代的潮流，加强计算机在工程管理和设计上的应用。当前，我们公司在建筑装饰设计方面已经全部使用计算机设计。今年，我们打算再添置和更新一批电脑，加入中国建设信息网，并加强计算机应用知识和网络知识的培训，使全体管理人员都会使用电脑，扩大计算机的应用范围，提高计算机的使用水平，不断提高工作效率、工作质量和管理水平。

6．增强合作意识，加强业内团结。通过这几年的市场竞争，我们深刻地感到，我们业内有的建筑装饰企业团结意识不强，有窝里斗的现象。这主要表现在，几个企业在一起投标，有个别的企业喜欢贬低其他企业而抬高自己。更有的人有这种思想，我中不了标，也不让你中标，你的价格比我低，我比你更低，互相低价竞争，这不利于我们装饰行业的发展。说得严重一点，这等于我们全行业向外国的装饰企业举白旗。在这里，我郑重向省内外的各位同仁承诺：以前我们龙泰公司没有这样做过，今后我们也决不会这样做。有时一个项目参加投标的企业有几十家之多，但中标的企业只有一家，任何一个企业不可能每次投标都成功，要学会容忍失败。我们要走联合之路，对有的重点工程可以联合投标，利益分享。有时可以当别人的分包商，有钱大家赚。在今后同外商的竞争中更要如此。当前，建筑装饰市场竞争激烈，每个企业都有自己的长处，不然就不会在激烈的市场竞争中生存下来。如有的公司以设计新颖见长，有的以公关能力强见长，有的以工艺精湛施工质量优良见长，有的以热情为用户服务见长……我们要努力学习别人的长处，在这方面，深圳的装饰企业给我们作出了榜样。

一个深圳市的一级建筑装饰企业有30多家，这不是偶然的，他们在竞争中联合，在联合中竞争，真正实现了双赢，大家都得到了发展。我们要向深圳的装饰企业学习，增强业内的团结。低价竞争是一柄双刃剑，它既伤害了别人，同时，对自己的企业来说，也是一种自杀性的竞争行为，做赔本的买卖，企业怎么能够生存。低价竞争不利于我们整个行业的健康发展。我们要自觉遵守行业公约，教育员工在竞争中讲究职业道德，我们愿意在此方面尽些微薄之力。

三、抓好管理创新和技术创新，推进企业不断向前发展

进入WTO，对我们企业来讲，就需要不断地开拓创新，企业才能保持青春永驻，才能形成自己的核心竞争力，才能在激烈的市场竞争中取胜，而我省的建筑装饰行业目前还都缺少核心竞争力。2002年，我们打算从以下几个方面实行制度创新：

企业体制，我们目前实行的是股份合作制。下一步，我们要适当提高管理层的参股比例，董事会成员的参股比例要达到公司总股本的51%以上，董事长的参股比例要达到董事会成员51%以上，即占公司整个股份的26%以上。在普通员工中不搞人人持股，如果人人持股，股金数额又不大的话，容易形成人人不关心企业的局面。提高公司决策层的持股比例，容易形成企业的核心层。

分配机制，我们开始尝试试行岗位股份制。所谓岗位股份制，就是把公司盈利后年终分配的那一部分，按公司目前划定的工作岗位，按责任大小，分成若干相应的股份，然后按相应的股份进行分配。你一个人完成两个人的工作岗位，这两个岗位的股份就都属于你了。这样可以使分配相对透明化，只要公司的盈利提高，大家收入的提高自然是心中有数，有利于提高公司的凝聚力。当然这是一种新的分配尝试，具体方案还在策划之中。

管理机制，我们要进一步优化企业内部的资源配置，成立一个班子，专门研究企业成本。降低工程成本应该作为我们今年在管理工作上的一个侧重点。随着外资企业的进入，我们预计，价格竞争将会更加激烈，从长远的发展上看，国家定额的作用将会不断地弱化，最后会过渡到只有指导作用，这是当前世界工程建设界通行的做法。而企业的定额在市场上的作用将会越来越大。我们要在加强成本核算的基础上，形成自己的定额，应该说，这项工作有一定的难度，定额太低，可能会造成低价竞争，这是我们不愿意的，定额高了，将会丢失部分市场。尽管这样，但这项工作不可不为之。

一个企业要想在激烈的市场竞争中占有一席之地，必须要有自己的技术优势和不断进行技术创新，这样才能形成核心竞争力。这两年，我公司在室内装饰施工方面，受到用户、施工监理、工程质量监督方面的好评。在室内装饰施工方面，我们有自己的独到之处。今年，我们要继续抓好技术创新，力争在室内施工的方面形成自己的技术特色，做精、做专、做特，形成一支技术过硬的骨干施工队伍，要形成别人会做，我要比他做得好，别人不会做的，或做不好的，我们会做，而且要做好。在设计方面，也要形成自己的技术风格，不能总是抄袭别人的设计式样。建筑装饰设计要同整个建筑物和建筑环境相协调，并且要有民族地域文化特色，这样的设计才会有生命力。

我觉得，中国建筑装饰协会在武汉召开这次研讨会，是一件很有意义的工作，它将对我们行业的发展起到较好的促进作用。从我们企业的实际情况看，确实很有必要加强应对WTO的研究工作。提高我们建筑装饰企业的竞争力。我们决心把这次研讨会的成果创造性地应用在我们的实际工作中，促进我们企业在管理水平和技术水平迈上一个新的台阶，从而提高我们整个建筑装饰业的整体素质，从容面对入世挑战。

中外合资企业在应对WTO中的作用

武汉建筑装饰协会常务理事　武汉澳华装饰设计工程有限公司总经理　**张智勇**

武汉澳华装饰设计工程有限公司是武汉博深装饰冷气工程有限公司与澳大利亚昆士兰州岑氏建筑装饰机构的合资企业。合资的出发点就是以此构筑一条与国际接轨的便捷通道，通过人才培训、信息互通、资源共享、项目合作等多种方式达到引进吸纳国外先进理念、现代管理和运作模式，从而实现提升企业整体素质的目的，达到高起点、高标准、规模化、国际化和可持续发展的要求。通过5年的不懈实践，我们的构想基本实现：公司的整体素质，国际认知能力，市场整体驾驭水平和经营质量，经营规模都得到明显提高。5年中澳华的经营规模平均每年以80%的速度递增，从最初的20多人发展到拥有100多名管理人员、50名设计师、38支施工队伍、3个连锁机构、1个环境空间设计研究中心，在公装、家装两方面均取得了长足发展并成功打造出了澳华品牌。

超速优质的发展经历，促使我们加深了对导入国际先进经验重要性的认识，更意识到积极应对入世挑战的迫切感。在此愿将我们的点滴体会与大家沟通交流，共同探讨。

一、对行业特征、状况的看法

国内建筑装饰企业在技术进步、管理水平等方面与世界先进水平差距仍然很大，表现在：

1．施工企业绝大多数技术仍停留在传统工艺上。反映在装饰装修工程上，仍然是一个劳动密集型行业，尚未形成一整套的技术进步体系，没有形成明显的具有国际竞争力的技术优势，缺乏用自己的专业优势覆盖市场的能力。

2．技术投入严重不足，成果转化十分缓慢。技术投入只相当于外国公司的十几分之一到几十分之一。

3．国际装饰业信息通路不畅。业态封闭使我们的发展受到制约，通路建设一直成为发展的瓶颈。

4．缺乏全过程的管理能力。外国公司实行全过程的项目管理，以全过程的技术与管理服务的能力和技术含量高的服务项目所获取的收益与中国公司的吃大苦、流大汗劳务密集型、资源消耗型、管理粗放型的生产和管理过程形成了极大的反差，即用自己的软投入的能力和通过提高技术含量获得收益的能力十分微弱。

家装行业在我国大体经历了三个发展阶段：

一是始于20世纪80年代初的“游击队”一统天下的时代。

二是90年代正规家装公司开始了其原始而稚嫩的业态。

三是90年代中后期至今家装行业实现了质的超越。主要体现在：一是从固定的“小作坊”进化到规模化、超大型的业态，二是从“做关系”进化到做市场，驾驭市场的能力明显提高；三是从单纯盈利的短期行为进化到重视品牌塑造，提升企业整体素质。

随着经济的发展，人民生活水平的提高，居室装饰形成了一个行业。但无论怎样，我国的家装业发展规模、运作模式还处在一个初期阶段，并表现出以下特征：

一是手工操作为主，机械化程度低，工艺比较落后。

二是管理模式不成熟，手段落后，难以适应分散生产特征的要求。

三是设计理念较陈旧，在装饰风格上和使用功能上尚欠缺国际现代意识。

四是工人来自农村，缺乏系统规范的培训，素质不高，流动性大。

五是国内装饰材料和建筑业标准化的滞后对家装业的现代发展要求亦形成了制约。

基于上述认识，我们公司针对装饰如何进行规范化、专业化，如何学习借鉴国际先进经验，如何不断提升企业整体素质、提高企业的创新能力及核心竞争力等问题始终高度重视，把它们列为管理目标，未敢须臾懈怠。

二、加入WTO后与国际惯例接轨，挑战与机遇共存

我国加入WTO后，我们将在两个层面面临严峻挑战：

一是理念层面。企业的运作质量成败得失，首先取决于其决策管理层和企业团队的理念优劣。国外先进的企业理念，往往代表先进生产力的要求，反映出产业运作的规律，最大限度的满足市场需要。因此，这些先进的设计理念、管理理念、市场理念、服务理念必将对国内的装饰业产生巨大的冲击，其结果必然是市场属于不断进取的创新者，代表行业进步和市场需求发展者将取得更大的市场空间。反之，则会被无情淘汰。

二是运作层面。国际装饰业历史悠久、工艺先进、材料先进、管理成熟、设计超前，这就要求我们以超越自我的精神，将挑战转化为机遇，潜心学习和运用发达国家的先进经验，不断提升企业整体素质和竞争能力，从而以积极而从容的态度，应对加入WTO。

我们以合资作为契机，在融入国际现代装饰运作中作了一些有益的尝试与探索。

1．开通国际信息通路，掌握现代装饰发展潮流

公司环境空间设计研究中心下设3个专业组，紧紧围绕国际装饰设计行业新形式、新动态、新技术，从事信息搜索、理念研究、技术革新、实验推广等工作。主要内容包括：一是设计理念和手段研究；二是材料和工艺做法研究；三是创新的理论研究和实践探索。研究活动的方法：一是通过“因特网”和澳洲公司随时点击沟通；二是确定阶段性专题进行网上研讨；三是澳洲公司派员到公司面对面的沟通。

通过长期的持续研究活动，澳华公司得到了满意的回报。首先，技术管理人员获取了大量国际前沿的先进经验，开阔了眼界，提高了水平，吸取了专业养分；其二，对公司的设计、施工和管理水平提高推动力度大，效果显著。2001年公司设计人员在武汉地区首届居室装饰设计和实例作品大赛、“后湖生态花园杯”武汉首届室内装饰比赛中均获得金奖。澳华的设计师在别墅豪宅的设计中表现出从容的驾驭能力，他们从澳洲所吸纳的先进设计思想和对空间平面的感觉，材料工艺的把握，在实践中表现出鲜明的现代感而大获

成功。公司一位副总在澳洲培训学习后对公司工程监理日志制度大胆进行改革完善，工程监理由概念转变为可量化、可控制的科学规范，不仅改变了家装监理形同虚设的状况，并使公司的监理规范化水平与澳洲同步，处在行业先进水平。其三，公司的工程管理水平每年都有明显提升，企业运作水平、运作质量逐年提高，内功强了，底气足了。

2. 加强与澳洲公司合作，通过业务互动，促进与国际接轨

2001 年我们在武汉体育中心投标成功，设计方案均与澳洲公司反复论证，共同确定，部分设计还参考了澳洲公司设计的澳大利亚奥林匹克体育中心的成功案例，很具现代色彩和国际水准，反映出澳华设计师受训境外的超前理念。在方案设计之前，我们通过网上点击查找世界各地著名建筑的设计资料，并请澳洲公司提供国际前沿的流行趋势，同时结合中国特色以最新的设计理念规范设计方案。公司一位员工在参与了澳洲公司一家酒店项目设计工作之后深受启发，在我们湖锦酒楼公装项目设计中采用古典与现代结合的设计风格，率先采用当时国际流行的聚晶玻璃，成功打造了湖锦酒楼的金碧辉煌，在当时欧陆风情盛行的武汉市形成一种强烈的冲击。同时我们还组织公司三维动画高级设计师参与澳洲公司在悉尼的一家酒店装饰方案的设计，经过澳洲公司资深设计师的指点，公司的组织保证及实力支撑一举获得成功，并受到澳洲公司和甲方的高度好评。

通过与国外的业务互动，我们的设计师在设计理念、新材料、新工艺的运用等方面层次有了质的突破。设计师普遍感到在澳华从业不再是单纯的受雇概念，澳华所提供的工作和学习平台，使他们有机会接触学习国际前沿的先进专业知识和经验，并始终站在同行的前列。

3. 注重员工培训与国际接轨，确保公司竞争优势的源动力

市场竞争的核心是人才的竞争，谁掌握了具有先进理念、先进技术和先进管理的人才，就会具备先胜人一畴的应对策略。澳华的员工培训立足于国际高起点，与澳华发展的要求同步，从而保证我们的现代运作有高素质的人才团队去高效的实施。

4. 注重高层塔尖人员的深度培训

作为中小型企业的博深公司，前几年由于各方面因素的制约，运作模式、设计理念、人才培训、企业文化等都只能在一个较低的层面上下浮动，在与澳洲公司成功合资之后，充分抓住合资的契机，以高层塔尖人员培训为切入点，开展深度培训。公司每年两次选派优秀的设计师、监理和高层管理人员赴澳洲培训学习。外派培训人员的选拔条件、选拔程序公开、公平、公正；外派培训人员的学习内容包括设计理念、设计风格、国内外市场竞争态势，特别是中国入世后装饰行业面临的挑战与机遇。同时学习内容具有鲜明的时代性和系统性，如市场竞争意识、用户至上意识、灵活经营意识等。他们相互联系、相互依赖、相互作用，从而具有很强的整体性、结构性、目的性。培训方式、效果评价都有量化、细化的考核办法与标准，并将培训的成绩作为任用人才的重要标准之一。

受训员工在国外通过浏览悉尼歌剧院、奥林匹克中心和众多的酒店、别墅等著名建筑，通过现场示范培训和多媒体演示讲解等学习方式，层次一跃则上，专业水平，综合素质的提升均达到在国内多年无法攀越的高度。在武汉首届室内装饰“后湖生态花园杯”比赛中，我们的设计师充分运用在澳洲培训期间设计风格的启发，成功运用中西合璧的设计理念和前瞻性的设计风格，避开由于信息通路狭窄而存在的设计缺陷，成功夺得比赛最高奖。这些优秀人才理念前卫、专业领先，是澳华不断进取发展的中流砥柱。

5. 加强全员综合能力培训，整体全面提升

澳华在注重塔尖人员培训的同时，狠抓全员国际理念和专业水准培训。外派培训员工回国后都指定为培训教员，将他们在国外的学习成果，传达灌输给其他员工。澳洲公司每年也派员到公司对员工进行课堂和现场培训。双向的培训制度，使国际化的装饰前沿知识与理念在澳华的受训面达到85%以上，为澳华品牌建设奠定了牢固的人力基础，并将得天独厚的澳洲资源转化为先进的生产力。

6. 做好“外援”引进工作，从根本上缩短与国际水平差距

我们计划从 2002 年 5 月开始引进“洋监理”、“洋设计师”对澳华 1000m^2 1:1 样板房项目进行设计、监理，同时推出澳洲大师级设计师坐台设计服务，并对公司设计、监理、管理人员实施全方位多层次面对面培训。真正做到“让澳华做得更好，让客户获得更多”。

7. 把握时代脉搏，构建公司发展技术平台

澳华公司紧随时代脉搏，采用 DDN 专线高速宽带连接 internet，建立了澳华装饰国际互联网站，能了解最新的动态，各装饰典型案例，装饰基础知识，可供客户在线查询。公司资深的设计师能为客户做在线设计，可与客户保持互动性在线交流，掌握第一手资料。

三、入世后家装市场要按国际规则迎接几方面的变化

1. 家装工厂化。我们体会家装公司的运作将发生巨大变化：任务是构筑设计平台，按大生产专业化的原则，组装市场。即卫生间、厨房、防水、地板铺设、家具等由各专业公司完成。功能要求、整体风格、价格预算则由家装公司把握。材料、工艺效率、质量由于专业化协作生产的优越性而得到最大程度的满足。

2. 主张功能至上，舒适为美。设计上表现出明显的简约特征，个性化主要由装饰完成。繁琐夸张的造型因现代先进的家居观而逐渐被摒弃。现代、健康、人文、科技的设计理念将进一步与国际接轨。

3. 工业化在未来几年的发展成熟。将使家装规模化，告别毛坯房成为可能。因此，必须对现存的家装产业链进行细化分析，家装公司以 OEM 方式进入工厂化过程亦成为一种较普遍的现象。

4. 智能化。随着科技的发展，智能化将逐步进入人们家居生活，居家作为人们重要的生活场所，功能性上的智能化要求已成为人们考虑的重要因素。

“希望与困难同在，机遇与挑战并存”，新的世纪已经到来，世界经济一体化格局正逐步形成，伴随着中国加入 WTO，我们将在社会各界的关心支持下，在广大客户的殷切期盼下，高标准、高起点、严要求，与时俱进，将澳华做得更好。

谨愿我们一道携手，共迎世界经济一体化的挑战，心连心共创装饰业你我美好的明天！

诚信经营　迎接挑战

武汉建筑装饰协会常务理事　武汉天立装饰工程有限公司　汪　玲

随着我国国民经济的持续发展，房地产业的不断升温，建筑装饰行业迎来了巨大的市场机遇。据统计，2001年全国建筑装饰行业总产值达到6600亿元，其中家装产值超过了公装，达到3600亿元，比2000年增长了20个百分点，家装消费已成为新的市场热点。

在当今经济条件下，市场需求必将伴随着市场竞争。由于经济全球化的必然，中国进入了WTO，市场越来越开放，国外企业正从各行各业纷纷进入。洋快餐、洋百货之后，洋装饰品牌、洋建材超市也进来了，并正在逐步向各地渗透，对全国家装行业的冲击已切实摆在了每一个企业面前。面对新形式下的竞争，首先应从市场角度深入了解家装。

1．家装的特点和发展。家装是从工程装饰中细分出来的，它既具有装饰工程的特点——它是生产工艺型产品，是多工序的现场制作，有大量的手工工艺，具有工程的不可逆性；同时，它又具有个人消费的特点，是每一个家庭的一笔不小的投资、花费，因此，它具有更强的市场性。每一个客户都希望用最少的钱，达到最好的装饰效果，寻求最可靠的服务保障。

家装的发展是一个无序到有序的，零散到相对集中的过程。初期，由于家装工程量小，技术要求相对较低，门槛好进，又缺乏统一的质量验收标准和取费定额，一时间，马路队伍、零散班子充斥市场，以劣充优、偷工减料、野蛮施工、欺瞒哄骗现象不断发生，消费者权益受到极大的侵害。

2．家装市场的现状。家装市场经过初期的阵痛，人们的消费观念逐渐成熟，消费水平和鉴赏力不断提高，行业管理也在逐步规范，理性消费意识正在形成，一部分消费者已开始理解优质优价和合理性价比，开始寻求更有利的投资权益保障，更体现完善的服务。

另一方面，住房制度改革，住房私有化进程使房市需求不断扩大，给家装市场提供了巨大的消费潜力，提供广阔的市场前景。

3．现在家装行业的市场竞争形式。中国加入WTO以后，国外企业的不断进入，国内大批的中小家装企业，面临着一边是“马路游击队”，一边是国外正规军团，“前有堵截，后有追兵”的竞争形式。

从趋势看来，虽然以低价为号召的“马路队伍”还有一定市场，但它粗糙的不规范施工和缺乏基本的服务保障，使它必将随着消费者观念的改变，市场的规范而淘汰。所以，今后的竞争还是归结到国内、外正规装饰企业的竞争，并且竞争的形式已不仅仅限于产品、价格，它更包括了企业的经营观念、企业品牌、企业文化、企业定位、人才、服务等各个方面。

家装的特点、市场现状、竞争态势决定着企业应对WTO的生存和发展。

武汉天立装饰工程有限公司是武汉市最早的专业化家装公司，是武汉装饰协会家装委员会的副会长单位。出于对家装市场的充分了解和市场远景期待，对满足消费者需求的社会责任，我们投入了大资金，凭借大型公装锻炼出的有较高管理水平和技术过硬的队伍，运用现代企业的经营模式和运行机制，积极倡导诚信、规范、品牌、专业化服务，通过规模化的品牌连锁经营，逐渐获得了良好的信誉，成为武汉家装行业的知名品牌，是武汉家装市场的一支主力军。

作为专业企业，我们有较好的人才优势，有高素质的从业人员和施工队伍。我们80%以上人员有大专以上学历或专业技术职称，有一大批项目经理，中高级技术人才占到40%以上，这保证了企业的持续发展。

作为本地企业，我们有极好的地缘优势，数年的经营实践，使我们的品牌得到消费者极大的认同，培育了一大批忠实的消费群体，使我们的市场营销有更坚实的基础，我们更了解本地消费习惯和消费倾向，较好的社会资源和较低的管理成本，让我们有更大的市场运作空间。

面对新形式下的竞争，企业必须转变对待家装经营的观念：

首先，要认识到家装企业不仅仅是“施工型”企业，它更是“服务型”企业。家装的客户，大多数是外行，既不太懂施工工艺，又不太懂美学理念，它要求的只是一个个性化、舒适、美观的家庭环境。从业人员必须通过销售前的引导、沟通，销售中的规范化施工，销售后的保障完善服务，用专业服务于非专业获取应得的经济效益和社会效益，而不是利用“信息”的不对等，欺瞒、误导而获取暴利。

其次，要注重市场的培育，引导消费，增强企业的社会责任感，而不能一味追求短期利益，用不正当的竞争手段去攫取市场，掠夺客户，给市场的规范造成伤害，并最终给企业自身造成伤害。这样的企业注定将是短命的。

然后，家装企业还应有正确的利益意识。每一个客户的家装资金都是点滴长期积累的，来之不易。只有通过提供优质服务，优质优价，深化服务，提高产品的附加值来满意于客户，获取更大的价值认同而获取收益，才是企业的长远之路。面对竞争，天立装饰进行了深刻思考，我们始终认为：

（1）要坚持诚信经营。“创天外天，立人中人”是天立企业的宗旨，它诠释了天立企业的规模发展和天立人的品格追求。

诚信不是赶潮流，它反映了天立人对家装个人消费特点的深刻认识，对客户消费权益保障的社会责任。天立把诚信作为品牌的第一要素，作为企业文化的基石，贯穿在施工的每一个环节，落实到企业的每一个员工。“诚信做人，规范做事”成为了每一个天立人的行为规范。

诚信反应在价格体系上。天立装饰的定额是参照公装定额2000版和家装市场行情制定，是透明的，是让客户明白消费、清楚装饰，它清楚的告诉客户那些是工程成本，那些是企业服务费用，那些是代缴国家的税金。

诚信反应在质量管理上。天立装饰一开始就严格按照公装的高标准要求每一个家装工程，并在2001年初通过了ISO9001质量管理体系国际认证，成为武汉首家通过贯标的家装企业，实施流程管理、过程控制，建立了一整套工序作业规范和质量检验程序。由高级工程师带队进行高强度的巡回检查，实践了对客户的承诺。

诚信反应在材料配送上。天立装饰由客户选定材料，集中配送，材料供应价格构成是进价加采保费，材料的配送还明确了每一项退、换材料数量和金额，决不允许欺骗客户。

（2）要坚持规范服务。保障诚信必须规范服务，规范服务是诚信的具体体现。天立装饰将企业置于市场规范，将质量置于控制规范，将人的行为置于道德和管理规范，将竞争置于良性规范。规范服务包括：

销售前规范服务。天立装饰一直致力于引导理性消费，培育家装市场，利用电视、报刊、广播等媒体的服务热线，宣传家装知识，家装潮流、家装鉴赏、家装误区，切实为消费者服务。

销售中规范服务。为满足客户安心、放心、省心的需求，从接谈开始，天立人根据客户的具体要求，精心设计方案，专业指导，决不为取悦客户而违章破坏结构；天立人要求材料单注明每一项材料品名、规格、价格、数量，同等级材料首先从低价位推荐，材料送到现场必须通知客户审验、做记录，并将其作为合同附件；天立人采取图纸会审制，施工技术交底，切实为客户把关；对施工队实行全面管理，施工进度、施工工序、安全文明规定上墙，指导和约束规范施工；实行内部监理制，专班巡检，实施过程控制，水路安装工程超压检验等，将不合格现象控制在过程中；天立装饰严格按标准竣工验收，实行优良工程评比，奖优罚劣。2001年天立家装实现工程质量零投诉，使品质成为企业的核心竞争力。

销售后规范服务。完善的售后服务体现了一个品牌企业的客户意识，又是一个服务质量反馈提高的循环过程。天立人通过深入了解客户的潜在需求，提供了含保修承诺、家装保险、家装保洁的“三保套餐”发放保修卡、保险卡和保洁卡，实行定期回访、环保检测、装修贷款等多项售后服务措施，客户的需求，就是企业的责任。

（3）要培养超前的市场意识。“未雨绸缪”，人有远虑，方无近忧。天立人早在数年前就开始了对家装发展和竞争应对的研究。通过信息管理，认真了解市场动态、行业信息、政策导向、装饰潮流和未来趋势；每年组织人员到北京、上海、深圳等先进城市考察国内外先进家装企业的管理模式和市场运作方式，学经验、找差距、不断完善自身，逐步形成了反应迅速、结构合理、运行稳定的经营管理体系，提高了市场应变的抗冲击力。

4．要积极引入现代企业管理理念。注重科学的营销管理使天立一开始就采用规模化的品牌连锁经营战略，以满足客户潜在的需求为经营指导，导入CI战略，企业定位明确在工薪消费阶层，数年的努力使天立品牌以“诚信、责任、品质、专业化服务”获得良好的市场信誉，抢占了市场先机。

注重人力资源管理，通过选人、育人、用人、留人，定期和不定期的进行职业道德培训、专业技能培训，积极引进人才，引入了包括香港设计师在内的高素质的骨干力量，储备了应对未来竞争的人才。

5．要立足大市场。鉴于21世纪信息时代的特点，电子商务的飞速发展，天立人已计划并正在实施对公司实现全面“E”化，实现计算机网络化管理，提高管理效率和反应速度，探索新形式下的家装在线营销，为客户提供远程的便捷服务。同时，积极准备利用WTO打开的全球市场之门，依托集团的境外企业、资源和成本优势，民族化特色的经营，国际认证的质量管理体系，将天立提升成为全国乃至世界性的优质品牌。

6．要着眼于未来。家装的发展将越来越注重个性化的整体风格的完美结合，注重装饰的品位和家居文化内涵。新材料、新工艺的不断出现，新潮流、新观念的不断更迭，将使家装从劳动密集型向智力密集型逐渐转化，谁把握了未来，谁就将抢占市场先机。

为此，天立专门组织了市场研发群体，研究中外家居文化特点，研究古典和现代的建筑装饰风格，研究中国传统的唐、宋、元、明、清家具和建筑文化特点，研究IT业、文艺界、知识分子等各类消费群体的亚文化特点，研究新材料的运用，传统施工工艺的改进等等，并适时地运用到生产实践中去。

WTO已实实在在地到来了，它也具有两面性：一方面在引入竞争的同时，也丰富了特定消费者需求选择，这必将促进家装行业的发展；另一方面，也使我们国内家装企业，能够更好地学习和借鉴国际先进的经验，充分发挥自身的优势，赶上甚至超越他们。很多事例已经证明了这一点。“海尔空调”走出了国门，“青岛啤酒”也走出去了，新疆的一家家具企业甚至将数亿的松木家具卖到了森林密集的北欧。

国内的建筑企业早已开始了向国际市场的进军，家装企业如何利用WTO开启的市场之门，向国际市场进行“反冲击”，将是大型家装企业所要考虑的课题。

最后，我真诚的希望，所有的同行企业，在行业管理部门的支持和帮助下，共同遵守行业公约，加强行业间的联合和交流，是对手，也是朋友，共同发展，共同探索出一条新形式下的企业发展之路。

·座谈会·

会议综述

应对WTO的国际感觉

——记东北三省大型装饰企业应对WTO座谈会
及本会常务副会长兼秘书长徐朋考察行业发展

《中国建筑装饰》编辑部观察员

2002年3月1日，中国建筑装饰协会在长春市紫荆花饭店召开有政府、协会和企业共同参加的“东北三省大型装饰企业应对WTO座谈会”。本次座谈会不但是中国建筑装饰协会马年春节刚刚过后的第一个重要活动，而且是全国建筑装饰行业马年应对WTO的第一个理性反应，更是被会议主持人中国建筑装饰协会常务副会长兼秘书长徐朋在总结讲话中评价为“有了国际感觉”，遂成为中国建筑装饰行业应对WTO的良好开端；同时也是中国建筑装饰协会落实“二次创业”，将在4月召开的“全国建筑装饰行业应对WTO发展战略研讨会”的预习。

常务副会长兼秘书长徐朋2月27日～3月3日，还考察了吉林省和辽宁省建筑装饰行业的发展。

一、东北三省大型装饰企业应对WTO座谈会

“东北三省大型装饰企业应对WTO座谈会”引起了东北建筑装饰行业的高度关注和强烈兴趣，出席座谈会的有政府建设行政主管部门的领导——吉林省建设厅厅长朱廷士、建筑管理处处长金育辉博士。东北三省建筑装饰界的领导——吉林省建筑装饰业协会秘书长张文学、副秘书长黄云玲，辽宁省装饰协会会长杨帅邦、常务副秘书长刘国军，黑龙江省建筑装饰协会副秘书长赵兴斌。参加此会的多为东北三省建筑装饰行业的精英，均为一级建筑装饰、幕墙工程施工和甲级建筑装饰、幕墙设计企业，ISO9000国际质量体系认证通过者，首届“全国建筑工程装饰奖”获得者，且多为中国建筑装饰协会常务理事、理事，当地建筑装饰协会副会长等，共36人。

以下的发言是颇有见地的：

朱廷士（吉林省建设厅厅长）：中国建筑装饰协会能够策划组织召开这样一个有东北三省建筑装饰界人士参加的应对WTO的座谈会，非常及时和重要。建筑装饰行业将继续起到拉动内需的重要作用，最近著名经济学家温元凯到吉林作报告，称建筑装饰为拉动经济8大热点之一，家装如同家电，市场潜力甚大。欢迎骨干建筑装饰企业通过公平竞争到吉林市场。

魏光（中国建筑装饰协会常务理事、黑龙江省建筑装饰

协会副会长、黑龙江国光建筑装饰工程有限公司总经理)：中国建筑装饰市场一改革开放就进入了国际市场，经过 20 多年的快速发展，施工完全能够达当今国际水准，对此信心十足。中国建筑装饰行业应对 WTO，一是要加强全社会的信誉意识，包括政府、协会、承发包商、个人从业者，协会要提高调控行业的能力、行业凝聚力，保护企业利益。二是要加强企业之间的联合意识，包括主动地与国外高水平的室内设计事务所和装饰工程企业寻求合作，欢迎并接受这种“剥削”，目的是创造学习的机会，这是迅速提高自己水平的一种积极的办法，协会要发挥协调的作用，维护行业秩序，为企业提供高层次的服务，这是最实在的服务，应成为协会的头等大事。

赵铁利（沈阳市政协委员、辽宁省装饰协会副会长、沈阳黎东幕墙装饰有限公司董事长)：内外装相比，外装幕墙远落后于美国、日本、德国等国家，我们企业应对国外大企业的好办法，一要“做细、做精、做专、做强”；二要提高产品质量意识；三要与外国的先进公司合作；四要养住几个高新技术人才，关键是工艺设计。

冯玉良（辽宁省装饰协会副会长、沈阳飞机制造公司铝合金结构公司总经理)：应对 WTO，我们要做到“四个接轨”：一是运行机制，无论何种所有制企业；二是设计理念与技术水平；三是项目管理，施工网络化；四是招标投标机制。协会要发挥“三个桥梁纽带作用”：一是企业与企业；二是企业与政府；三是中资企业与外商。

孙爱东（中国建筑装饰协会常务理事、吉林省建筑装饰业协会副会长、吉林省建筑装饰集团有限公司董事长、吉林建筑工程学院建筑装饰学院董事长)：首先要解决的是认识问题，WTO 与我们有无关系、有何关系。不同规模的企业制定不同的企业发展战略。然后是做出应对准备：一是机制和体制，包括国企、家族式企业的改制及对人力资源的看法；二是企业管理，加强成本—收益意识；三是教育和人力培养，人力储备不仅是企业的问题，也是行业长治久安的问题。

赵兴斌（黑龙江省建筑装饰协会副秘书长)：我省建设厅史殿臣厅长委托我代表省建设厅参加会议。我省欢迎吉林、辽宁两省的装饰企业来黑龙江市场。此会我们十分关心，因为研究的是我们企业自己的当务之急，黑江省来的四家都是荣获“首届建筑装饰工程奖”的企业，国光公司总经理魏光刚到北京出差就回长春，表现出了对 WTO 的敏感。

此会体现了中国建筑装饰协会“二次创业”的指导思想。应对 WTO 我们要做到“四句话”：知己知彼，不等不靠，争取主动，做些实事。改革开放为第一次机遇，加入 WTO 为第二次机遇。中国现代建筑装饰行业经过 20 多年的长足发展，已掌握了基本的东西。现在的重点工作：一要加强政策法规的建设，装饰多沿用土建，自己的东西很少，对国外了解也很少，协会尽快把国外先进的引进来；二要提高行业综合实力，设计理念差距很大，各省能拿得出手的就这么几家，重点在人才。值得重视的是，我们常把国外公司带来先进技术附带的文化，误以为也是先进的，有先进的生产力不一定就有先进的文化；三是政府、协会、企业都应动起来，现大家都比较朦胧，协会现在比政府主动性强，这次座谈会就是一例。

张继甫（理事单位、辽宁省装饰协会副会长、中建澳连建筑装饰工程有限公司总经理)：我们与国外跨国公司的差距主要表现在：一是国际法规，既国际市场运行规则；二是设计、施工技术、机具落后；三是资金实力。我们要完成“三个转变”：一是在国际市场竞争；二是要培养国际性人才，某设计院院长近就被外商年薪 80 万元挖走；三是创新，我公司曾荣获 1999 年度两个鲁班奖，这就是科技创新的收益。为比，我们一要打造能与跨国公司竞争的企业集团；二要积极与国外高水平公司合作。

张乙明（黑龙江省建筑装饰协会副会长、黑龙江高维建筑装饰工程有限公司总经理)：我们处于劣势的主要为：一是资金；二是管理理念与方法；三是设计施工技术。从综合实力看，我公司与加拿大合作的一家设计事务所年产值达几十亿美元，我们上亿元装饰工程产值的企业与他们相比好比小船对战舰。

王魏（黑龙江省建筑装饰协会副会长、哈尔滨亚泰装饰工程有限公司总经理)、**李野**（黑龙江省建筑装饰协会副会长、哈尔滨新长城建筑装饰设计工程有限公司总经理)：现有两大不安：一是人才，我们面对跨国公司，好比婴儿对成人，是对具有国际化水准的人才的竞争；二是先进管理技术，特别是我们对国外的先进技术了解得还不多；三是政府、协会该怎么办？因此，我们应当虚心学习外国的先进经验，做强、做专、做大。

袁大陆（中国建筑装饰协会常务理事、吉林省建筑装饰业协会副会长、长春东方装璜有限公司董事长兼总经理)：中国建筑装饰协会第五届理事会在会长马挺贵、常务副会长兼秘书长徐朋的领导下，全力以赴工作，是一个在“二次创业”中为会员单位提供高层次服务的领导集体，此会适应了企业、行业的需求。WTO 也打破了中国建筑装饰行业的“生态平衡”，我们应对的是高薪(高人力资源投资)、高产值(高产出)、高利润（高回报）国际竞争的强大压力，当前重要的是亟需了解国际建筑装饰市场的竞争规则。

杨霁野（女，长春东方装璜有限公司董事副总经理)：面对 WTO 我们有“四个机遇”：一是有机会与国外先进企业较量，有助于提高自己；二是在竞争中熟悉国际市场规则，有助于“走出去”；招投标与国际接轨，有助于约束腐败；四是优胜劣汰，有利于有远见有实力的企业发展。迎接挑战，我们有“两大劣势”：一是行业仍比较弱小，相当于婴孩，WTO 是提高行业水平的必由之路；二是高层次人才的竞争，要用先进的文化吸引他们。有“两大应对措施”：一是打铁还得自身硬，加快自身建设，积极与国际接轨；二是各种形式的联合。

于立军（女，黑龙江国光建筑装饰工程有限公司副董事长)：应对 WTO 我们要重新进行自己的系统设计——个人、企业、协会、政府、行业、市场，其中设计理念最为重要。不虚此行，换脑筋，受益匪浅，充分显示出中国建筑装饰协会蛇年提出的“二次创业”理念的作用，为适应WTO的需求，企业、行业也要“二次创业”。为此即兴作对联一副：蛇乘瑞雪腾云飞，马踏飞燕呼啸来。

冯晓刚（长春市人大代表、吉林省建筑装饰业协会常务理事、长春市建筑装饰协会副会长、吉林省浩昌装饰工程有限公司董事长）、**杜伯阳**（吉林省建筑装饰业协会常务理事、吉林百洋装饰集团有限公司董事长）、**鲁章奎**（吉林省建筑装饰业协会常务理事、吉林省鑫源装饰装修有限公司总经理）：要专而精，抛弃大而全，建立现代企业制度，向高水平外商“三借”：借脑子、借牌子、借票子。发挥我们自己的比较优势。与高水平外商合作具有“撑杆跳”意义。多举办这类区域性专题活动。建议成立专门研究建筑装饰行业发展应对WTO的机构。

金育辉（吉林省建设厅建筑管理处处长）：此座谈会十分好，是中国建筑装饰协会为企业、行业办的一件大好事。WTO一是对政府冲击最大，二是对人才冲击最大。政府必须转换职能，充分发挥协会作用，这方面省建设厅已有这种意识，我们将有计划地转换，装饰协会也应充实力量。WTO迫使我们多了一些思考，认真地研究国家政策，全心全意为企业、协会服务。

杨帅邦（辽宁省装饰协会会长）：常务副会长兼秘书长徐朋在中国最大的建筑业企业——中建总公司任副总经理，并长期主管海外业务，具有丰富的国际经验，现就任中国建筑装饰协会领导，与马挺贵会长率领全行业应对WTO正逢时。此会非常及时，题目准确，深受教育，非常成功，协会和企业都要应对WTO做准备。欢迎吉林、黑龙江两省装饰企业到辽宁施展才能。

参加座谈会的还有中国建筑装饰协会行业发展部主任兼会刊《中国建筑装饰》主编黄白，吉林省建筑装饰集团有限公司副总经理吕鋆、办公室主任李岩岩，吉林建工学院建筑装饰学院党委书记兼副院长苟志民副教授，黑龙江国光建筑装饰工程有限公司总经理助理于立伟、部门经理任立平，哈尔滨亚泰装饰工程有限公司副总经理陈小波，长春建工集团建筑装潢有限公司董事长吕丰日、副总经理赵永杰，吉林省太阳神建筑装饰工程有限公司副董事长西志学，吉林省百洋建筑装饰集团有限公司副总经理李大军，吉林省鑫源装饰装修有限公司副总经理杜旭等。

二、常务副会长兼秘书长徐朋在“东北三省大型装饰企业应对WTO座谈会”上的总结讲话

中国建筑装饰协会常务副会长兼秘书长徐朋代表名誉会长张恩树、会长马挺贵向与会的东北建筑装饰界人士问候，并慰问全行业从业者。

他认为，座谈会上的发言有一定高度、有一定的深度，对WTO有了一定的思考，对机遇和挑战理解逐步具体化，对WTO有感觉了。我曾在2001年11月“中国建筑装饰协会培训工作座谈会”上指出，不少人对WTO现仍无感觉，也不准备讨论。我们老会长恩树同志认为：麻木。本次座谈会对于研究WTO有了一个良好的开端，对WTO对策的考虑需要有一个较长的过程。

无论是企业还是协会都面临着WTO的考验。为此我们提出协会当前工作的重点：一条主线：面对WTO和政府转换职能，研究协会工作规律，提高企业、行业的核心竞争力；两只轮子：一是强化自律；二是提高创新能力。

为什么要强化自律？面对WTO，我们首先要提高信用意识，提高中国企业的联合意识。如果入世后，价格的恶性竞争不止，特别是有可能出现低价位的与外商合作，就有可能影响行业发展。做自律工作难度极大，但不破此题，就找不到应对WTO的切入点。

为什么要强调创新？特别是体制、机制创新，管理创新，技术创新，人才理念创新，主要来源于入世后面临的压力。

这些压力为：

1. 目前企业体制、机制缺乏活力。

2. 人才的竞争。市场国际化，人才也国际化了。人才流动是社会的进步，对自己企业可能是一个损失，但对行业、对社会却有进步意义。我们要创造符合市场经济要求的人力资源环境，WTO首先是人才竞争。

3. 我们的建筑装饰企业大多偏小，实力较弱，抗风险的能力较低。

4. 我们的建筑装饰企业小而全、大而全，经营特色不突出。

5. 经营方式单一，综合服务能力较差，特别是融资能力弱。

6. 技术投入严重不足，技术创新能力不强。

但也要看到我们应对WTO我们的优势：

1. 经过20多年的发展，我们已有了一批在社会上有影响的装饰工程，反映出中国装饰企业具备了与外商竞争的基本条件。

2. 外商缺乏对中国装饰市场的了解，他们需要与中国企业合作。

3. 我们管理的成本低，有低成本的比较优势。

4. 建筑装饰为劳务密集型行业，外商占施工市场难，使我们有一定时间上的储备。

应对WTO我们需要考虑的问题：

1. 要有一批一定规模的企业，以外国知名装饰企业为参照系，把自己放在国际市场上调整企业发展的战略，包括企业组织结构、体制机制、管理制度、人才培养、经营方式。我们的企业与外商的比较，主要是比较五个方面：一是机制体制；二是核心竞争力；三是专业技术的优势领域，即绝活；四是国际商务能力；五是企业可持续发展的能力。

2. 积极推动以设计为龙头的行业技术进步，包括理念、创意、技巧、空间处理等。设计师若没有世界式的审美情趣就做不出具有世界水平的作品。我们鼓励有能力的企业成立专门的研究所，协会将努力创造条件共同组织些交流活动。

3．企业要向专业化方向发展，实施特色经营发展战略。什么都能干，就是什么都干不精，很难形成技术优势和核心竞争力。

4．协会要实施“扶大扶强扶优”的政策，通过市场的、经济的行为，形成一批我们自己行业的“航空母舰”和“旗舰”。

5．从项目管理做起，促进同国际接轨的能力，即以项目为载体，促使接轨的具体化、可操作化。

6．切实加强行业自律，强化信用秩序。

7．研究入世后协会的工作规律，中国建筑装饰协会将与地方建筑装饰协会合作，进一步提高协会“双向服务”的层次。

我相信，只要我们具有正确的对WTO的思维，居安思危，居危思进，我们就一定能够迎接好WTO的挑战。我本人最大的感受，就是我们这次会议有了对WTO的国际感觉。

徐朋秘书长的重要讲话引起了与会人士的强烈反响，认为这是对建筑装饰行业应对WTO问题具有启示性的论述。

值得特别指出的是，此次座谈会是2月27日上午制订的，会议筹备仅用了一天半，得到了东北三省建设厅、建筑装饰协会和骨干装饰、幕墙企业的积极响应和大力支持，吉林省建设厅、省建筑装饰业协会十分有效率的工作，为多年业内所罕见，这也是一种行业应对WTO不同凡响的表现。徐朋秘书长的重要讲话和吉林建筑装饰业协会的出色工作，得到与会全体代表的高度评价。

我们注意到，东北三省建筑装饰行业有的代表性企业，能够运用市场经济最重要的比较优势的理念，去研究WTO的对策，在走出朦胧与彷徨中，产生了新的感觉。在这样一批有识之士的运作下，东北三省建筑装饰行业完全有可能由“第一次改革开放”居全国之中而在“第二次改革开放”——随着WTO的进程走到全国的前列。

三、常务副会长兼秘书长徐朋
对吉林、辽宁建筑装饰行业的考察

中国建筑装饰协会常务副会长兼秘书长徐朋在吉林期间，还会见了吉林省建设厅副厅长、省建筑装饰业协会会长邱久才，省建设厅副厅长柳青、总工程师赵世才，原省建设厅副厅长尹永谊、人事处处长左淑霞，中建吉林分公司原经理蓝清先、现任经理张洪义、左斌等当地业界人士。在辽宁期间，还会见了辽宁省建设厅副厅长周宏煜、建筑管理处处长于秋生，原中建东北设计研究院院长、澳连建筑装饰工程有限公司董事长、沈阳市副市长邢凯，中建东北设计研究院院长周文连等，就行业发展沟通了情况并交换了意见。

2月28日，常务副会长兼秘书长徐朋、副秘书长房箴、行业发展部主任兼会刊《中国建筑装饰》主编黄白，在吉林省建筑装饰业协会秘书长张文学、副秘书长黄云玲陪同下对吉林建筑工程学院建筑装饰学院进行了考察。

这是一所经国家教委批准、吉林建工学院下属的二级民办学院，由吉林省建筑装饰集团有限公司全额投资，吉林建工学院负责师资力量的大学，学院建设规划10万m^2，已有正规校舍5万m^2。自2000年全省招生、已有12个专业的800多名学生，三年规划招生2400人。以环境艺术专业为主体，教学特色是在完成教学大纲的基础上，加入一定量提高实践能力的内容，装饰集团为设计和施工的教学基地。

中国建筑装饰协会领导认真听取了协会常务理事、学院董事长孙爱东、院长孙雷教授、党委书记兼副院长苟志民副教授、装饰集团副总经理吕鋆等位的汇报，详细察看了学院的语音教室、设计创作室、教研室、公寓式学生宿舍、网球场、游泳池、绿化广场等设施。全国虽有100多所大专院校开有环境艺术或室内设计专业或系，但是为“学院”的仅此一家，吉林建筑装饰集团能有此举，实属不易。孙爱东“得益于教育，回报给教育，为行业培养人才”的运作理念值得充分肯定，企业很有特色，学院也很有特色。当前，装饰专业学生仍为行业稀缺资源，市场需求旺盛，要应对WTO，就要有适应国际化竞争的人才。徐朋希望把建筑装饰办成龙头专业，把建筑装饰学院办成品牌院校。并指出，中国建筑装饰协会将全力支持把学院办好。

常务副会长兼秘书长还考察了吉林省太阳神建筑装饰工程有限公司投资长春大学旅游学院，对学院董事长、太阳神公司董事长、中国建筑装饰协会理事西志敏表示赞赏。

3月3日，常务副会长兼秘书长徐朋到辽宁省装饰协会迁新迁的125 m^2的办公室，会见了辽宁装饰界人士并座谈，有辽宁省装饰协会会长杨帅邦，副会长，省建设厅建筑管理处处长于秋生，秘书长王志杰、常务副秘书长刘国军，组织协调部主任杨东新、行业发展部主任孙东翔、办公室主任李晓波以及李平、李伟芬等同志，副会长、中建澳连建筑装饰工程有限公司总经理张继甫、副总经理、中国建筑装饰协会理事张颖，副会长、沈阳黎东幕墙装饰有限公司董事长赵铁利、总经理赵佳、总质量师于成业、总工程师包维东副会长，沈阳飞机制造公司铝合金结构公司总经理冯玉良等。

杨帅邦会长指出，辽宁幕墙在全国是拳头——具有比较优势的产业，省建设厅十分重视装饰行业。中国建筑装饰协会提出的“二次创业”和提供高层次的“双向服务”也符合辽宁的实际。常务副会长兼秘书长徐朋表示，辽宁省装饰协会工作基础比较好，工作潜力很大。我们为能在很有市场前景的行业、很有干头的协会工作感到荣幸。大家还就行业培训、企业“走出去”等问题交换了意见。

常务副会长兼秘书长徐朋还考察了黑龙江国光建筑装饰工程有限公司在长春设计施工的吉林省政协四星级同馨宾馆、中建澳连建筑装饰工程有限公司在沈阳施工的五星级水准的金厦广场（房地产大厦）装饰工程，沈阳飞机制造公司铝合金结构公司施工的五星级沈阳万豪酒店5个金帽子、沈阳黎东幕墙装饰有限公司施工的四星级水准的沈阳方圆大厦平面幕墙工程及其生产线。

中国建筑装饰协会黄白陪同了考察。

参加“东北三省大型装饰企业应对WTO座谈会”的思考

吉林省鑫源装饰装修有限公司总经理 鲁章奎

中国建筑装饰协会于2002年3月1日在长春召开了“东北三省大型建筑装饰企业应对WTO座谈会”，非常及时和重要。这次会议集中了东北三省大型骨干建筑装饰企业，进行了一次有针对性并结合我们行业特点的专题会议，对加入WTO后中国年轻的建筑装饰行业来说，是“二次创业”、进一步解放思想、与时俱进，对国际惯例新规则的学习、研讨，对新的机遇主动出击、敢于应战的探讨对策的会议，将对全国建筑装饰行业发展具有指导性的意义。

我们有幸参加了“座谈会”，感到十分受鼓舞，也大大增强了挑战的信心，同时也带来了几点思考：

一、应对WTO，作好思想和心理准备

应对“入世”挑战，首先要解决思想上的问题，深入地学习和研究WTO规则，是企业当前所面临的重要学习内容。为了加深公司员工对WTO相关知识的了解，提高对加入WTO后有关规则及企业面临的机遇、挑战和对策的理解，我公司于2002年3月27日邀请吉林省著名专家——国家经贸委培训中心客座教授，举办了应对WTO学习有关规则，结合我公司特点分析研究专题报告会。通过学习、讨论，更进一步加深了对加入WTO后行业发展的认知，明确了只有转变观念，适应市场经济国际化的需要，逐步建立起牢固的规则意识，按规则办事，才能掌握和正确运用规则。

我国加入WTO，必然打破国内装饰市场相对稳定的格局，竞争将进一步加剧。加入WTO其实不可怕，关键要清醒的认识到装饰行业所处的位置，正确认识、分析由于加入WTO带来的各种利弊，用理性的头脑来应对市场国际化给我们带来的冲击。要有危机感、紧迫感，要审时度势，采取积极的应对办法和策略，合理运用国际游戏规则，才不会被激烈的市场竞争淘汰出局。

二、自觉贯彻落实ISO9001质量认证，打造名牌企业

我国加入WTO，市场经济走向全球化，针对由此而来的冲击所产生的新形势、新环境、新变化，就必须建立迎接挑战的企业平台。我们企业在2001年10月获得了ISO9001国际质量管理体系认证，把“认证”作为应对WTO挑战的平台，严格按国际通行的先进科学管理手段，管理规范实施项目施工，确保质量，打造品牌。

2001年我们承建的辽宁省丹东市供电公司通讯大楼装饰工程，是首次跨省试行ISO9001体系管理的工程项目，经济效益和社会效益都取得了显著的成果，同时也为2002年工程全面实施ISO9001国际质量管理奠定了基础。

在九届全国人大五次会议上，部分企业代表提出：“全民信用意识”。把质量信誉提到了一个新高度去认识，特别是应对WTO所带来的冲击，作为服务型的建筑装饰企业，更要视质量信用为生命，在激烈的市场竞争面前，“有信者昌，无信者亡”，只有诚实守信，才能以品牌战略占有市场份额。

企业品牌是靠优良工程打造出来的，它是企业的无形资产，也是最真实有效的名片，是参与竞争谋求生存发展的重要条件。

三、提高企业核心竞争力

我们要抓住加入WTO五年过渡期的有利时机，逐步加快改革步伐，增强参与国际竞争的实力。主要应体现在以下几个方面：

一是强化设计创新意识，不断创新是设计的永恒的主题，装饰设计的先进性、审美性、艺术性是用户择企的首选，其重要性不能低估。

二是管理标准化，对项目施工的各个环节要按照ISO9001国际质量管理体系标准和行业法律法规进行标准化、规范化管理，采用国际同行业先进科学管理对工程质量、进度、资金、人员、技术等方面进行严格的标准化管理，以项目为载体实现精品工程和企业的最大效益。

三是转换经营机制，合理布局，调整企业发展战略。企业现行体制和机制以及管理制度、人才培养、经营方式等都要适应加入WTO经营运作的需要，下大气力，调整到最佳状态。以项目为中心实施激励机制和约束机制，奖罚分明，最大限度地激发员工的工作积极热情，使企业经营行为纳入国际市场竞争的轨道上来，持续发展企业核心竞争力。

通过参加“东北三省大型装饰企业应对WTO座谈会”，受益匪浅，真正地感到了企业与国际市场更近了，应对WTO的一种责任感、使命感更加强烈，我们有责任带领企业全体员工勇敢迎接WTO的考验和挑战，与时俱进，不断地提高企业参与国际市场竞争综合实力，分享全球经济一体化、贸易自由化带来的收益。

第十部分

家庭装饰

·社团工作·

关于上海市家庭装饰行业和市场状况的调查报告

上海市装饰装修行业协会　常务副会长兼秘书长　工商管理硕士　**忻国樑**
上海市装饰装修行业协会　常务副秘书长　法学硕士　**赵　海**

摘要： 上海市家庭装饰行业协会成立以后，花了半年多时间，对上海家庭装饰行业进行全面地调查，基本上摸清了整个行业的“家底”。本报告以中国加入 WTO 和政府转变职能为背景，在如何把握行业的特点、揭示行业的主要矛盾和问题、发挥行业协会的作用等方面作了阐述，并提出了解决目前存在问题的对策、措施和办法。

前　言

上海的家庭装饰行业起步于 20 世纪 90 年代初,随着上海房地产业的发展而蓬勃兴起。特别是 90 年代后半期,上海经济跨越式发展和住房制度改革取得实质性突破，上海市民住房消费能力迅速提高，家庭装饰业迅猛发展，正规装潢企业与“马路装潢队”同时并起，装潢建材市场丰富多彩，市场十分繁荣。经过 10 年的发展，特别是房地产业作为上海支柱产业地位的确定，上海住宅建设、消费呈现出了良好的上升态势，家庭装饰行业迎来了历史上最好的、不可多得的发展机遇。根据上海房产消费与装潢消费的正相关关系推算，上海的家庭装潢市场年产值已达 200 亿元以上，从业人员 35 万左右，正常从事家庭装饰业务的企业有 3182 家（不包括“马路装潢队”）。 在市场竞争中，涌现出一批具有一定品牌效应的著名家装企业。家庭装饰业已成为促进上海经济增长的重要产业。与此同时，量大面广的家庭装潢又成为居民消费投诉的热点，引起了全社会的广泛关注。

本报告在中国加入 WTO 和政府转变职能的前景下，试图通过对行业的调查研究，以把握行业的特点、行业的主要矛盾和问题，找出加强行业管理和市场管理的对策、措施、办法。

一、上海家庭装饰行业的主要特点

1. 从服务对象上来看，家庭装饰行业具有广泛的社会性。家庭装潢作为一种大宗消费，涉及千家万户，和人民群众的利益紧密相关，具有广泛的社会影响。家庭装饰水平的高低是衡量人民群众生活质量的一个重要标志。规范家庭装饰行业，繁荣家庭装饰市场，对于落实江泽民总书记“三个代表”的思想，对于切实维护人民群众的切身利益，对于提高人民群众的生活质量，对于美化人民群众的生活环境都具有十分重要的意义。

2. 从市场主体角度来看，从业企业以私营企业居多。从目前上海家庭装饰行业的情况看，私营企业占到从业企业的 90%以上，就积极的一方面来说，私营企业适应市场经济的运作方式，机制灵活，充满活力，发展迅速。就消极的一面看，由于家庭装饰行业是一个新兴行业，家庭装饰市场是一个新兴市场，市场“游戏规则”尚未完全建立，家庭装饰的市场准入“门槛”较低，家庭装饰私营企业的规模普遍偏小，多数处于资本的原始积累阶段，经营活动唯利是图，侵害消费者权益的事件屡屡发生。正规工商登记的私营企业如此，更不要说由散兵游勇组成的“马路装潢队”了。

3. 从经济活动的特征角度看，具有委托加工行业的鲜明特点。在家庭装饰业主要表现为：（1）先成交、后生产。家庭装潢属于大宗消费，消费者由于事先无法确知商品的品质和性能状况，在委托生产过程中承担着较大的消费风险；（2）委托加工中的相当部分工序依赖手工操作，对操作人员的职业道德素质、技术技能和水平有很高的要求；（3）委托加工活动中，涉及的材料多样，施工标准和程序复杂，施工周期较长。消费者在精力上难以应付，在知识占有上与装潢商相比处于弱势地位，缺乏自我保护能力。

4. 从经营行为的特点来看，对广告宣传的依赖性很强。广告成为大多数家庭装饰企业招徕客户、承揽业务的主要手段。装潢广告自吹自擂，“一流企业”满天飞，消费者信任度低。由于家庭装饰广告业务量大，新闻媒体及广告公司展开激烈竞争，广告专栏不断开设，广告铺天盖地，把关不严。同时，各类大奖赛、展览会眼花缭乱，各种评优、颁奖、授牌、发证不一而足，各种渠道产生了不少的“一流企业”，使人真假难辨，严重干扰了正常的市场秩序。

上海家庭装饰行业的上述主要特点，决定了上海的家庭装饰行业发展的内在规律。上海家庭装饰行业的问题，主要的是由这些特点衍生出来的。找出解决家庭装饰行业和市场管理的对策、措施，一定离不开对矛盾特殊性的认识，离不开对这些特点的把握和分析。

二、上海家庭装饰行业主要矛盾和存在的主要问题

上海家庭装饰业的主要矛盾概括起来说就是市民不断增长的家庭装饰需求与当前装饰行业总体水平不高之间的矛盾。从家庭装饰市场的角度看,就是市场需求快速增长与市场准备不足、不成熟之间的矛盾。从上海家庭装饰业的主要矛盾出发，结合家庭装饰业的主要特点，目前上海家庭装饰市场存在的主要问题表现在以下几个方面：

1．作为市场运行主体的家庭装饰从业者不成熟

（1）正规公司市场竞争能力不强

据2001年底工商部门的统计资料，上海把“家庭装潢”、“室内装饰”列为经营范围的企业有近17000家，其中真正从业的有3182家。根据测算，在每年200亿元左右的市场中，正规的家庭装潢公司只占有50亿元左右的市场份额，大部分市民的家庭装潢业务被“马路装潢队”所承揽，这部分装潢业务游离于管理视线之外，成为造成市场混乱、消费者权益无法保证这一顽症的主要根源。

同时，在现有的正规家装企业中，民营企业多，小企业多，经营规模普遍不大。如规模较大的“百姓装潢”公司，2001年的营业额可望达到2亿元，但也只占全部市场份额的1%，其他企业的情况可想而知。大多数企业为接定单疲于奔命，对家装领域新工艺、新技术、新材料的开发运用，对企业管理、项目经营等，都缺乏研究和思考，企业发展缺少底气和后劲。

企业之间大打“广告战”，“小企业大广告”已经成为家装行业的显著特色，企业广告费少则几十万，多则几百万，支出十分惊人。费用降不下来，在价格上就无法与“马路装潢队”竞争。如此种种，造成企业成本越来越高，而市场份额却难以扩大的恶性循环。

（2）企业经营服务意识不强

家装行业经营活动，是一项面向社会、面向百姓的服务活动，其产品的生产过程，包含了很多服务内容，具有服务行业的许多特征。从现实情况看，大部分企业经营方式比较原始，以出卖劳动力为主，主要提供施工服务。虽然有一些设计，但大都又难免简单粗糙。同时，服务意识、履约意识、服务态度差强人意。在经营理念上，与提供“最终产品”的意识相距甚远，从设计、施工到后期的配饰，乃至售后服务都跟不上，导致预期的装饰效果与居民的期望不协调，不统一。在营销模式上，除了广告投入，摆摊设点，及各种变相的让利销售外，似乎没有更好的办法。

（3）从业人员素质总体偏低

企业资质普遍偏低，专业技术人员更是严重不足，这是家装行业的又一先天不足之处。由于是近几年才迅猛发展起来的新兴行业，高素质的人才对这个行业还缺乏认识，因此企业也很难引进和聘请到理想的经营管理人才，导致目前企业普遍存在管理水平低、不到位、不系统、不科学的问题。加之设计人才稀缺，目前在第一线搞设计的大多数是刚刚毕业没几年的大学生；在第一线的近30万生产作业人员大多是没有经过必要教育和培训的农民工（这在上海的各行各业中恐怕是绝无仅有的）。因此，企业的管理水平，设计和施工质量都难以取得大的提高。

2．作为市场管理主体的家庭装饰管理者不成熟

（1）市场管理法制建设尚不健全

从全国看，家装市场的管理、监督、约束机制还未完全建立，法律、法规体系从国家到地方都有待进一步补充和完善。每年产值200亿元的上海家装市场，却仍没有一部相应的地方法规。尽管本市以地方标准出台了《住宅装饰装修验收标准》，制订了《上海市家庭居室装饰装修施工示范合同》，但这仅仅是开了个头。由于“游戏规则”尚未完全建立，管理工作缺乏权威性的法律依据，管理工作的力度大打折扣。同时，行业内部的管理制度、规章制订工作滞后，不能适应行业发展的需要。

（2）市场管理关系尚未完全理顺

1997年以来，上海的家庭装饰行业和市场由市建委、市经委两家政府部门管理，政出多门，标准不一。直到2000年年底，在上海市政府机构改革的大背景下，根据“精简、统一、效能”的原则，市政府明确本市的家庭装饰行业和市场归口市建委管理，走出了政府机构改革在“理顺关系”上的第一步。2001年年初，市建委加大政府机构改革力度，在家装行业管理问题上迈出了“转变政府职能”的第二步，将本市家装行业和市场的管理职能委托授权给新成立的上海市家庭装饰行业协会(下称市家装协会)承担。

市家装协会作为归口统一管理和政府转变管理职能的产物,作为行使本市家装行业和市场管理的新型行业协会,得到了市建委、市社团局等政府管理部门的大力支持。同时，由于是新生事物，某些政府部门、组织仍以老的眼光看待协会，以“政府老大”的心态，鄙薄行业协会的作用。

有的管理部门、组织面对错综复杂的市场情况，却简单地以“曝光”知名家装企业来彰显工作成绩，全然不顾本市大部分家庭装潢工程为“马路装潢队”承揽的事实。如有媒体追求轰动效应，报道说：经市技术监督局抽测的29家企业300多个家装工程都是“豆腐渣”，而事实并非如此。几次大规模“曝光”下来，其结果是正规企业业务下降，市民被推向了“马路装潢队”，市场发扬正常的优胜劣汰进程被人为延缓。市家装协会成立以来，大量的精力都在“协调”各方关系中所消耗，正常的管理工作受到很大干扰。

（3）市场管理体制机制尚待完善

由于上海市场规模大，地域广阔，致使有些地方的家居市场还处于无人管理，无人过问的状况，“马路装潢队”、“三无企业”占据了相当大的市场份额，距离有序、规范的市场要求差距甚远。

市家装协会成立后，管理力量有所加强，但作为管理主体，要管好全市的家装行业，除了应加快研究应用市场准入、资质管理、金融保险等手段实现市场宏观调控外，必须动员市、区两级的管理力量，建立分级管理的体制，实行分层次的有效管理。同时，还需要加强同市居民物业小区管理部门、市技术质量监督部门、市消费者权益保护部门的分工合作，并充分发挥社会舆论的监督功能，建立各方力量形成合力的合作机制，为加强家装行业管理创造良好的体制、机制条件。

3．作为市场消费主体的家庭装饰消费者不成熟

作为家装市场的消费主体，家庭装饰消费者自身就是一个主观和客观的矛盾体。一般来说，大部分市民在大宗的住房消费后，家庭装潢实际消费能力已大为减弱，但家庭装潢消费的主观愿望却随之增长。市民在家庭装潢过程中的种种行为表现就是这种矛盾的体现。

（1）市民家庭装潢总体消费能力不高

根据2001年上半年的一次抽样调查显示，上海市民家庭装潢平均预算在3～5万，10万元以上的所谓中高档装修只占总调查人数的20%。客观地说，在目前家装市场的激烈竞争中，价格排在质量、服务之前，成为老百姓选择家装公司的一个刚性指标。在正规装潢公司大量占领中高档装修市场的同时，低价格的装修工程自然流入“马路装潢队”手中。由于大量低价工程的存在，助长了“三无企业”的非法经营活动。

（2）部分消费者消费心态产生偏差

一方面，要追求装修的豪华、舒适效果，一方面贪图省钱，部分消费者在“贪小便宜”的心理作用下，在选择装修队伍时，盲目听信低价广告宣传，用“最低标中标”的方法确定施工队，到头来后患无穷。而在选好装修队伍后，个别消费者为省钱，不请监理公司进行质量监督，而是自己担任“质量员”，千方百计找施工队的“瑕疵”，以此来拖延或拒付工程款，甚至有的提出索要高额的精神损失费。

（3）大多数消费者家庭装饰消费知识缺乏

家庭装饰施工，目前作为一项手工作业，出现对施工质量评价的不同看法在所难免。有的消费者不了解有关知识和标准，有时把正常允许的误差，看成是很大的质量问题，由此也发生一定比例的无效投诉和索赔。

三、规范上海家庭装饰市场的主要对策

面对行业中存在的问题和面临的形势、任务，我们认为，加快家庭装饰市场管理法制建设，尽快完善家庭装饰市场的运作体制、机制，是加强市场管理，保障消费者权益，推动市场健康发展的根本途径。首先必须在管理模式上进行改革，并在管理的内容上找准切入点。概括地说，就是“一个服务、两个重点、三个工程、四个板块、五支队伍”。

1. 一个服务

就是做好对消费者投诉处理的服务。家装行业如何保护好消费者的合法权益，是检验我们是否真正实践江泽民总书记提出的“三个代表”的要求，代表最广大人民群众的利益。投诉、接待、调解是协会当前的一项重要工作，也是行政主管部门十分关心的一件事。事关人民安居，社会稳定，万不可掉以轻心。这项工作带有很强的政策性、政治性和责任性，一定要做好。

——要建立起接待记录制度，建立完整的投诉接待程序。对所有来信、来访，要有统一的记录，对调解处理结果要有反馈，定期作出统计，及时反映带有普遍性、倾向性的情况，提出存在的疑难问题、政策性的问题，及时研究解决办法。

——协调投诉接待关系。家装工程矛盾涉及面很广，投诉渠道也比较多。要通过实际接待，理顺与区、县建设主管部门、工商、市消费者协会、会员和非会员企业等的接待关系，并逐步形成规范模式，使协会的接待工作更合理，更有效，更权威。

2. 两个重点

一个是加快立法的步伐，一个是研究实施家装工程质量的担保。

依法管理，是规范家庭装饰市场的根本。《中华人民共和国建筑法》于1997年颁行，上海市人大同年颁布了《上海市建筑市场管理条例》，对建设市场的运作起到了良好的指导、规范作用。但对家庭装饰市场的管理、规范的条文涉及不多。上海市建委自1995年以来，针对迅速发展的家庭装饰市场，会同市技监局、工商局等，制订了一系列规章制度，如《住宅建筑装饰工程技术规程》、《住宅装饰装修验收标准》以及《上海市家庭居室装饰装修施工合同文本》等，但从法律效力及监管内容上看，尚不适应快速发展的家庭装饰装修市场的管理需求。下一步应尽快对家庭装饰市场管理条例进行细化、完善，对家庭装饰装修的定义适用范围、企业资质条件以及相应的交易、定价、检测、投诉、纠纷处理，以及处罚赔偿等内容，均应做出详尽的规定。只有这样，消费者和企业才能做到依法行使权利，保护自身利益。同时，行政主管部门也可以此为据，加大对家庭装饰市场的监管力度。此外，对于相应的检测、监理部门等与家庭装饰相关机构的管理，也要有法可依。因此，尽快出台、完善监管家庭装饰相关机构的规章、制度，是推动家庭装饰市场规范、有序运作的另一项重要举措。

二是探索家庭装饰企业保证担保制度，建立业主受损赔偿机制。信用，是市场经济的基本原则之一。家庭装饰行业要在市场上站住脚，并得到不断发展，必须建立信用机制。我们设想通过探索建立企业保证担保制度，使业主家庭装修过程中，因施工质量问题所受到的损失，能得到一定的赔偿。2002年1月上海荣欣、百姓等20家业内知名企业发起，实行“家庭装饰工程质量保证金制度”，即每个企业交纳20万保证金，委托行业协会进行质量前置赔付。这一制度一经推出，受到社会各界的认可。

企业保险、担保制度的探索和建立，需要相关规章、制度的制订和完善，也需要其它管理机构、中介机构的密切配合。其中，建立经建设行政主管部门批准，并经市技术监督部门计量认证的，具有独立法人资格、能独立承担民事责任的，规范运作、公平公正的质量检测机构是至关重要的一环。

3. 三项工程

一是宣传、二是培训、三是实行月报年审制度。这三项工程相对独立，但又是一个整体，是使我们行业能健康、迅速发展的十分重要的基础性工程。

——宣传工作。由家装行业的性质、服务对象，决定了我们的工作必须公开和透明。因此，报刊、广播、电视、网络等各类媒体上，都要有行业的形象，行业的声音。到一定的时候，要排出并公布行业的“排行榜”，并开展年度的“评优”工作。每个企业都应该清楚自己在市场竞争中所处的位置，同样，老百姓也有权知道每个企业真正的实力，做出自己的判断和选择。

——培训工作。通过建立并完善家庭装饰从业人员的培训机制，保证我们的服务质量。要运用市场经济运作的方式，确定合格的，具有办学许可的培训机构，由行业协会监督该机构的教学质量，确保教学水平。然后由市主管部门或行业协会定期组织经过培训的人员进行技能等级考试，合格者发给等级证书，作为上岗作业的依据。在资质问题上，我们要逐步与国际惯例接轨，淡化整体的资质，强调个体的资格，进行资格认证和管理，对我们行业来说，目前有“三师一证”：设计师、工程师、监理工程师和技术工种操作上岗证。

——实行月报年审制。通过这项工作，引导企业积极提高工程质量。同时结合年度的企业资质审核制度，设立“最低产值”控制线（达不到“最低产值”线的自动出局），建立企业的升、降级制度，扶优治劣，对劣质企业予以淘汰、除名，促进市场竞争。同时，也为推行“家庭装饰企业排行榜”做好基础工作。这项工作做好了，也可为推行小区住宅装饰的招投标制度，开发商择优选择家装企业进行成片、整体装修，奠定一个坚实的基础。

4. 四个板块

属地化、小区化、专业化和自律化，是我们行业管理创新的主要举措。

——属地化管理，是把家庭装饰市场的规范管理落到实处的必然措施。按照市建委对协会的要求，全面管理家装行业和市场，单靠市级协会管理是不现实的。我们要实行市、区两级管理，推行“市区联手，以区为主”的管理模式试点，倡导建立以区、县建设行政主管部门为主导的、区域性的家庭装饰市场直接管理部门。机构的设立、人员的调集和编制、机构的管理职能、权限的界定等等重要问题，通过试点，取得经验，再经过广泛征求意见后，制订出属地化管理办法。

——小区化管理，是属地化管理的延伸，是家庭装饰市场管理的具体手段。就是通过小区的物业管理部门，加强对家庭装饰过程的管理。比如，通过物业管理部门把好“进口关”，对进入小区的家装队伍审核“两证”（营业执照，资质证书），对施工操作人员审核“三证”（身份证、暂住证、培训上岗证）等等。如果业主坚持使用无证队伍，业主必须签下“承诺书”，对可能造成的房屋结构、物业环境等的损害，对可能发生的治安问题负责。协会已经和市房地局、住宅办等部门多次研究协商，达成共识。目前，小区规范化管理办法已经趋于成熟，不久将通过一定的程序颁布。

——专业化管理，是提高家庭装饰设计、施工、建材和中介机构的专业化水平的保障条件。行业协会将通过专业化管理的模式，不断提高对行业发展的指导力度，规范、约束各会员单位的规范经营。企业要按照专业化管理的要求，及时调整经营思路，优化人力资源，规范企业行为。

——自律化管理，是企业规范运作，适应市场发展的自觉行动。企业要在激烈的市场竞争中求得生存和发展必须自律，在运作中应该做到“持证经营”、“依法经营”、“合理收费”、“确保质量”、“售后服务”、“接受监督”等等。

5. 五支队伍

为保证、监督、促进上述各项工作的顺利展开，我们觉得光靠行业自己的力量是不够的，需要借助社会力量的支持。为此协会计划成立五个专业小组。

——顾问组。拟聘用以区、县建设、工商、税务等管理部门有关人员，组成顾问组，帮助解决工作中的难点问题。

——专家组。拟聘用本行业的专家、教授及人大、政协有关人士，组成专家组，协助制定有关的管理规定，帮助解决管理上的技术性问题。

——律师组。拟聘用法律专家，行业律师等，组成律师组，帮助指导和解决投诉纠纷等法律问题。

——媒体组。拟聘请有关媒体的领导、记者等，组成媒体组，参与协会的宣传报道，扩大行业的影响和知名度，把握好行业的舆论走向。

——监督组。拟在社会上聘请一批热心的市民，担任义务的市民监督员，对家庭装饰的质量、服务态度等进行跟踪监督。

总之，我们希望通过实施上述的各项管理，来整顿家装市场，扶优治劣，使市场混乱的状况逐步得到改善，达到促进家庭装饰市场稳步健康发展的目的。

结　束　语

上海的家庭装饰市场既是一个新兴的市场，有着广阔的发展空间和前景，又是一个问题较多、不成熟的市场。这在给我们的行业管理带来较大困难的同时，也为行业协会发展提供了机遇。在中国加入 WTO 和政府转变职能下放部分权力的形势下，行业协会如何定位，如何开展工作，如何做到既不成为“二政府”，又把行业管理寓于服务之中，也是我们面临的新课题。为了应对这些挑战，我们唯有大胆探索、脚踏实地、努力工作。我们清醒地认识到，加强和完善家庭装饰市场、行业的管理，是一项非常复杂的系统工程，不可能一蹴而就。我们要通过把握行业特点，抓住主要矛盾，有重点、有计划、分步骤地推进各项工作，才有可能符合政府、社会、市民对我们的要求。我们坚信，在社会各方的支持努力下，经过我们一年接一年的努力，一届连一届的奋斗，上海的家庭装饰行业一定会出现规范有序、兴旺发达、政府放心、民众满意的新局面。

上海市家庭装饰行业专业化管理办法

上海市装饰装修行业协会

第一章　总　则

上海市装饰装修行业协会（以下简称行业协会）是包括家庭装饰装修企业的行业自律性、民间性、权威性组织机构，在拓展企业的市场意识、提高家庭装饰水平和调解业务纠纷等方面负责对会员单位进行指导、帮助和管理。

行业协会采用专业化管理方式，不断提高对行业发展的推动力度，修改补充各类行业管理的文件，约束各会员单位规范经营，树立行业和企业的社会信誉。

第二章　家庭装饰设计专业化管理

第一条　行业协会成立设计专业委员会，对从事家庭装饰设计业务的单位和人员进行指导、监督和管理。

第二条　家庭装饰设计专业委员会成员应具备下列条件：

（一）设计人员受过室内设计或相关专业院校的正规教育或培训的；

（二）单位获得家庭设计资质证书的。

第三条　家庭装饰设计推行规范服务，设计服务规范应符合以下要求：

（一）向客户公开设计服务内容和标准，提高服务透明度。

（二）设计服务主要包括：初次洽谈、现场勘测、初步方案设计、详细图纸绘制、材料选定、现场跟踪指导和软装潢布置等流程。其中详细图纸绘制和材料选定必须由客户书面认可才能生效。

（三）每套设计方案应包括平面、立面、顶面布置图、原始房形图、水电线路图、现场制作家具图和局部效果图等。

第四条　在设计收费尚无标准规定的情况下，可根据企业品牌、设计师的等级和服务内容与客户商定计费标准，并签订合同。

第五条　设计专业委员会定期对会员单位的设计岗位进行抽查，检查设计服务是否公开、规范，设计收费是否合理。

第六条　设计专业委员会定期组织会员单位和会员个人举办优秀设计作品比赛，对优秀作品进行表彰并向社会公布宣传。设计专业委员会组织开展设计标准的研究和制订。

第三章　家庭装饰施工专业化管理

第七条　行业协会组织各会员单位的施工管理人员进行培训，并要求主要管理人员具备项目经理资格，在家庭装饰行业中推行项目经理管理制。

第八条　水电安装、油漆涂装和泥水施工逐步由专业班组完成，鼓励会员单位组建水电安装公司和涂饰公司，引导企业走施工专业化道路。

第九条　分析研究普遍存在的施工质量问题，会同有关部门逐步制定和完善施工规范和验收标准，并要求会员单位接受培训，贯彻实施。

第十条　定期会同质检部门对会员单位的施工现场随机抽查，对不合格单位出具整改报告，限期改进。评定优秀施工单位并在行业内通报，按照“创建无渗漏工程”中的技术要求，提高装修质量水平。

第四章　家庭装饰材料专业化管理

第十一条　行业协会对装饰材料质量进行调查分析，提出禁用和淘汰落后产品的资料，供会员单位参考。并要求会员单位尽量选用经政府部门认定的部品和绿色环保、节能型材料。

第十二条　行业协会推广工厂化、半成品的装潢产品，吸收家具等其他相关企业加入协会。鼓励会员单位采用工厂化生产的住宅部品件。

第十三条　行业协会鼓励材料生产、供应企业加入协会，协会负责向会员单位推荐合作对象。行业协会鼓励数个会员单位共同成立专业材料配送公司，并制订相应的管理办法，指导和扶植企业合理运作。

第十四条　材料供应商和会员单位发生材料质量纠纷，由协会组织进行材料质量鉴定，作为调解的依据。

第五章　家庭装饰中介专业化管理

第十五条　行业协会成立质检专业化管理小组，定期对会员单位的施工现场随机抽查质检，出具质检报告，对达不到质量规范的限期整改。

第十六条　客户自聘的监理公司或监理人员，应具备监理资质，遵守行业协会的各项规定，否则，在发生纠纷时，可认定其监理行为无效，该监理项目的证明资料不作为调解依据。

第十七条　行业协会聘请资深律师担任长期法律顾问，受理会员单位与客户、材料商、新闻媒体、监理公司的纠纷，负责咨询、调解和诉讼代理。

第十八条　会员单位进行重大广告宣传和大型商业活动前，应报行业协会备案。

第六章　罚　则

第十九条　会员单位有以下行为之一的，行业协会可以根据情节予以警告、经济制裁和行业内部通报批评，直至取消会员资格。

（一）违反《上海市家庭装饰行业公约》的。

（二）拒绝社会监督，不处理客户投诉的。

（三）在广告媒体上刊登使用不实荣誉称号误导消费者的。

（四）具有明显的不正当竞争的广告宣传，违反广告法行为的。

第七章　附　则

第二十条　本办法由上海市装饰装修行业协会解释。

第二十一条　本办法自发布之日起实施。

重庆市住宅装饰工程合同（试行版）

重庆市建筑装饰协会

发包方（以下简称甲方）：____________________

委托代理人（或甲方代表：）__________　单位：__________

住所地址：____________________

联系电话：____________________

承包方（以下简称乙方）：____________________

单位名称：__________开户银行：__________

营业执照号：__________银行帐号：__________

委托代理人（或乙方代表：）__________联系电话：__________

本工程设计人：__________联系电话：__________

施工负责人：__________联系电话：__________

签订时间：____________________

根据《中华人民共和国合同法》及其它有关法律、法规，结合本市住宅装饰装修的特点，甲、乙双方在平等、自愿的基础上协商一致，就乙方承包甲方的住宅装饰装修工程（以下简称工程）的有关事宜，达成如下协议：

第一条　工程概况

1.1　工程地点：____________________

1.2　工程承包方式，双方商定采取下列第__________种承包方式。

（1）乙方包工、包全部材料（见附表二：乙方提供装饰材料明细表）；

（2）乙方包工、包部分材料，甲方提供部分材料（见附表一：甲方提供装饰材料明细表，见附表二：乙方提供装饰材料明细表）；

（3）乙方包工、甲方提供全部材料（见附表一：甲方提供装饰材料明细表）。

1.3　工程期限________天

开工日期________年________月________日

竣工日期________年________月________日

1.4　合同价款：本合同工程造价为（人民币）______元。

金额大写：____________________。

（详见附表三：工程报价表）

第二条　工程设计

见重庆市住宅装饰设计合同书（附后）。

第三条　甲方工作

3.1　委派_______为甲方代表，负责合同履行及与乙方接洽，对工程质量、进度进行监督检查，办理施工所涉及的各种申请批件及工程验收、变更登记手续和其它事宜。甲方其他家庭成员对工程的意见均需通过甲方代表与乙方接洽。

3.2　开工前_____天，向乙方提供经物业管理部门确认的施工图纸或作法说明____份，并向乙方进行现场交底，为乙方入场施工创造条件。包括：搬清室内家具、陈设或将室内不易搬动的家具、陈设归堆、遮盖，以不影响施工为原则。

3.3　负责提供水源、电源为乙方使用。

3.4　负责协调装饰公司与邻里之间的关系；协助乙方做好现场保卫、消防、垃圾处理等工作，并承担相应费用。

3.5　如确需改造原建筑物或设备管线，负责到有关部门办理相应的审批手续，并承担有关费用。

3.6　施工期间甲方仍需部分使用该居室的，负责做好施工现场的保卫及消防工作。

第四条　乙方工作

4.1　委派_______为乙方代表，负责合同履行，按要求组织施工，保质、保量的按期完成施工任务，解决由乙方负责的各项事宜。

4.2　严格执行施工规范、安全操作规程，防火、安全、环境保护规定。做好施工现场管理，施工现场应配备干粉灭火器。

4.3　保护好原居室内的家具和陈设，保证居室内上、下水管道的畅通，处理好由于施工带来的扰民问题及与周围单位（居民）的关系。

4.4　保证施工现场的清洁，做好施工现场保卫、垃圾处理工作。

4.5　工程竣工未移交甲方之前负责对现场的一切设施和工程成品进行保护。

第五条　工程变更

工程项目及做法如需变动，双方应协商一致，由甲方代表与乙方签定书面变更单，支付增减项目差价后再施工，同时调整相关费用及工期（见附件五：工程变更单）。凡甲方私自与乙方工人商定更改施工内容所引起的一切后果，甲方自负；给乙方造成损失的，甲方应予赔偿。

第六条　材料供应

6.1 按合同约定由甲方提供的材料、设备应为符合设计要求的合格产品，并应按时供应到现场（见附表一：甲方提供装饰材料明细表），双方共同验收并办理交接手续；由甲方供应的材料、设备发生了质量问题的损失，责任由甲方承担。

6.2 按合同约定由乙方提供的材料、设备（见附表二：乙方提供装饰材料明细表），双方共同验收；如不符合质量要求或规格有差异，应禁止使用，若已使用，对工程造成损失的由乙方负责。

第七条 工 期

7.1 因下列原因造成工期延期，经甲方确认，工期相应顺延：

1）工程量变化或设计变更；

2）不可抗力；

3）甲方同意工期顺延的其它情况。

7.2 甲方要求比合同约定的工期提前竣工时，应征得乙方同意，支付乙方赶工费并签定工期变更协议。

7.3 因甲方未按合同完成其应负责的工作而影响工期的，工期顺延。因甲方未按期支付工程价款，合同工期相应顺延。

7.4 因乙方责任不能按期开工或无故中途停工而影响工期的，工期不顺延；因乙方原因造成工程质量存在问题的，返工费由乙方承担，工期不顺延。

第八条 质量标准

本工程施工质量按下列第____项标准执行。

1）以施工图纸、设计变更的内容和《重庆市住宅装饰工程质量验收标准》；

2）双方约定：________________________________。

① 施工过程中双方对工程质量发生争议，申请由____部门对工程质量予以认证，认证所需费用采取“谁提出谁垫付”的原则。经认证，工程质量不符合合同约定标准的，认证所需费用由责任方承担；工程质量符合合同约定标准的，认证所需费用由甲方承担。

② 木材、石材为天然物品，允许有自然色差与纹理，乙方有义务提醒甲方。

第九条 工程验收、工程价款结算及保修

9.1 甲乙双方应及时办理隐蔽工程和中间工程的检查与验收手续，甲方不按时参加隐蔽工程和中间工程，乙方可自行验收，甲方应予承认。若甲方要求复验，乙方应按要求办理复验，若复验合格，甲方应承担复验费用，若造成停工，工期顺延，若复验不合格，其验收返工费用由乙方承担，但工期应予顺延。

9.2 双方约定在施工过程中分为下列几个阶段对工程质量验收。

1）________________________________

2）________________________________

3）________________________________

乙方应提前二天通知甲方参加验收，阶段验收合格后应填写工程验收单（见附表六：工程验收单）。

9.3 工程竣工后，乙方应通知甲方验收，甲方自接到验收通知后三天内组织验收，并办理验收、移交手续。如果甲方在规定时间内未组织验收，需及时通知乙方，另定验收日期，但甲方应承认竣工日期，并承担乙方的看管费用和相关费用。

9.4 工程竣工验收后，乙方应提交工程结算单及有关资料给甲方，甲方自接到上述资料三天内审查完毕，到期未提出异议，视为同意，并在三天内结清尾款。

9.5 本工程自验收合格双方签字之日起保修期为壹年。验收合格签字并结清尾款后，填写工程保修单（见附件八：工程保修单）。

9.6 验收不合格，乙方负责返工，甲方不得使用，否则使用房屋视为合格。

9.7 因甲方购买材料未达到国家标准而出现的工程质量问题，乙方不负责保修。

9.8 因甲方原因工程价款未结清，乙方不负责保修。

第十条 安全生产和防火

10.1 甲方或乙方提供的施工图或做法说明，应符合《中华人民共和国消防条例》和有关防火设计规范，主要包括电气线路、管道、自来水和其它线路管道畅通、合格。

10.2 乙方在施工期内应严格遵守《建筑安装工人安全技术规范》和《建筑安装工人安全操作规范》，注意施工安全。

10.3 由于甲方提供的图纸或作法说明，违反有关安全操作规程、消防条例和防火设计规范导致发生火灾事故，甲方应承担由此产生的一切经济损失。

10.4 由于乙方在施工生产过程中违反有关安全操作规程、消防条例，导致发生安全或火灾事故，乙方应承担由此产生的一切经济损失。

第十一条 工程价款支付方式

1. 合同生效后，甲方按下列表中的约定向乙方支付工程款：

支付次数	支付时间	支付金额（元）	占总金额的%
第一次	合同签定		40%
第二次	客厅、餐厅吊顶，厨房墙砖，水管，线管，布线完工。		40%
第三次	木工和泥工全部完工		15%
第四次	双方验收合格五日内		5%

2. 其他方式：________________________________

____

____

第十二条 违约责任

12.1 合同双方当事人中的任一方因未履行合同的约定或违反国家法律、法规，受到罚款或给对方造成损失均由责任方承担责任。

12.2 因一方原因，造成合同无法继续履行时，应及时通知对方，办理合同终止协议，并由责任方赔偿对方由此造成的经济损失。

12.3 本合同生效后甲乙双方应严格履行合同所规定的各项条款，不得擅自变更或解除合同，否则违约方将支付对方工程价款 10%的违约金，并承担因此造成的经济损失。

甲方责任

1. 未办理任何手续，乙方有权拒绝改造原有建筑结构及设备管线，甲方强行要求乙方改造原有建筑结构及设备管线，由此发生的损失或事故（包括罚款）由甲方负责并承担损失。

2. 未按合同规定的时间和要求提供原材料、设备、场地、资金、技术资料以及由甲方引起的其他原因等，除工期得予顺延外，还应偿付乙方因此造成停工、误工的实际损失。每停工或误工一天，甲方支付乙方______元。

3. 工程未经验收，甲方提前使用，出现质量问题，甲方承担责任。

4. 甲方未按期支付或未按期完全支付合同约定款项，每逾期一天，按未付款额的_____%支付违约金或向乙方支付违约金_______元。

乙方责任

1. 应妥善保护甲方提供的设备及现场堆放的家具、陈设和其他物品，如有损坏，应照价赔偿。

2. 未经甲方同意，乙方擅自改造原有建筑结构及设备管线，由此发生的损失或事故（包括罚款）由乙方负责并承担损失。

3. 由于乙方原因，工程质量达不到约定的质量标准，乙方负责返工，工期不得顺延。

4. 由于乙方原因致使工期延误，每延误一天向对方支付违约金_________元 。

第十三条 争议解决方式

双方发生争议协商解决不成时，按下列第______种方式解决：

1. 向_________________仲裁委员会申请仲裁。

2. 向_________________人民法院起诉。

第十四条 几项具体规定

14.1 因工程而产生的垃圾，由乙方负责运出施工现场，并负责将垃圾立即运到指定的___________地点，甲方负责支付垃圾清运费用（人民币）____________元（此费用不在工程价款内）。

14.2 施工期内，甲方将进户门钥匙________把交给乙方代表___________负责保管。工程竣工验收后，甲方负责提供新锁_______把，由乙方负责安装交付使用。

14.3 乙方按合同约定和规范施工，如甲方有特殊要求，需在施工前以书面形式通知乙方，事后要求，乙方不予办理。

第十五条 附 则

15.1 本合同经甲、乙双方代表签字盖章后生效。

15.2 本合同签定后工程不得转包。

15.3 甲、乙双方直接签定合同的，本合同一式两份，甲乙双方各执一份。

合同附件：

附表一：

附表二：

附表三：

附表四：

附表五：

附表六：

附表七：

附表八：

第十六条 其它约定条款

____

甲方提供装饰装修材料明细表

金额单位：元

材料名称	单 位	品牌型号	规格等级	产 地	数 量	单 价	金 额	供应时间	供应至的地点

甲方代表（签字）： 乙方代表（签字）：

乙方提供装饰装修材料明细表

金额单位：元

材料名称	单 位	品牌型号	规格等级	产 地	数 量	单 价	金 额	供应时间	供应至的地点

甲方代表（签字）： 乙方代表（签字）：

工程变更单

编　号：

变更内容	原设计	新设计	增减费用（+-）

详细说明

甲方代表（签字）：　　　　　　　　　乙方代表（签字）：

______年___月___日　　　　　　　　　______年___月___日

家居装饰委员会审核、见章：

意见：

工程验收单

序　号	验收项目名称	验收时间	验收结果
整体工程验收结果			

年___月___日

全部验收合格后双方签字盖章：

甲方代表（签字）：　　　　　　　　　乙方代表（签字）：

工程结算单

年　　月　　日

1	合同原金额	
2	变更增加值	
3	变更减少值	
4	甲方已付金额	
5	甲方结算应付余额	

甲方代表（签字）：　　　　　　　　　乙方代表（签字）：

工程保修单

公司名称		联系电话	
用户姓名		登记编号	
装修房屋地址			
设计负责人		施工负责人	
进场施工日期		竣工验收日期	
保修期限	________年______月______日至________年______月______日		

甲方代表（签字）：　　　　　　　　　乙方代表（签字）：

备　注：

①从竣工验收之日计算，保修期为壹年。

②保修期内由于乙方施工不当造成质量问题，乙方无条件进行维修。

③保修期内如属甲方使用不当造成装饰面损坏，或不能正常使用，乙方酌情收费。

④本保修单在甲、乙双方签章后生效。

保修联系电话：

关于抓好住宅小区装饰管理的几点体会

武汉市建筑装饰协会

（二OO二年六月二十日）

随着我国加入 WTO，建筑装饰业将受到新的机遇和挑战，同时政府职能也将不断转化，行业协会所起到的政府与企业的桥梁纽带作用将显得愈来愈重要。也就是说，对装饰协会而言，一方面肩上的担子重了，另一方面面临的困难与挑战也多了。因此，如何在新的形势下，把握机遇，将压力转化为动力，是我们不得不做出思索和回答的问题。

古话云“凡事预则立，不预则废”，几年前，武汉市住宅室内装饰装修市场可以用一个“乱”字来形容——市场乱、队伍乱、施工乱，投诉多，引起了政府和社会的高度关注，根据市建委就如何加强家装管理进行探索的要求，我们不断总结经验，吸取教训，结合武汉市的实际，我们提出了将新建住宅小区家装作为重点，并以此为突破口带动整个住宅室内装饰装修业健康发展的思路，在市建委的直接领导与支持下，通过几年的实践努力，最后证明，我们的想法是对的，也是切合实际的。

这几年我们的小区家装管理工作取得了可喜的成绩，同时带动了整个住宅室内装饰装修的迅速发展，赢得了社会各界的赞誉与好评，下面就是我们的一些做法与体会，在此提出来与大家共同探讨。

一、充分认识住宅室内装饰装修工作的重要性

住宅室内装饰装修就是家装，以前大家普遍存在这么一种看法：认为家装是老百姓私人的事情，消费少、规模小、分布零散，没必要去管，也管不好。但是通过近几年的发展，尤其是随着人民生活水平的普遍提高和住房制度改革的深入，家装已取得了飞速的发展，其规模与地位已非昔日所能相比。

1。家装规模占整个装饰产业的比重越来越大。据中国建筑装饰协会统计，2001 年全国建筑装饰业实现产值 6600 亿元（其增加值已超过汽车工业），其中家装工程产值达 3600 亿元，已超过了公用建筑装饰。其迅速发展同时极大地促进了各种建筑装饰材料的生产与消费，创造了大量的就业机会，有力地拉动了社会消费需求；它已由昔日不为人所重视的“小角色”发展成为一门重要的产业。可以说，将家装工作搞好了，整个建筑装饰工作就做好了一大半。

2。家装体现“三个代表”是民心工程。家装涉及千家万户，与广大百姓生活密切相关。对广大百姓而言，买房、装修可以说是终身大事，但大部分人对装修都不是很精通，对其中的专业、技术知识知之甚少，甚至一无所知；加之目前装饰市场还不规范，故广大百姓迫切需要对家装市场、施工企业有一个规范严格的管理约束机制，确保家装工程质量与安全，切实维护其合法权益，因此，搞好家装管理是关系千家万户，维护广大百姓切身利益，造福于民的一项重要工作。从大的方面来说，它也是体现“三个代表”中代表人民群众根本利益的一项民心工程。

3。解决持续高投诉刻不容缓。由于家装起步较晚，但发展非常迅猛，一些配套制度、法规还不是很完善；在家装市场上，安全与质量问题还十分严重，如破坏房屋结构、危害房屋安全、渗漏、噪音扰民、环境污染等时有发生，由此引发的纠纷、矛盾不断，给广大百姓和社会造成了很大的危害，成为近几年来投诉的热点，也引起了社会各界的高度重视，因此，抓好家装市场管理已是迫在眉睫、刻不容缓的事情了。

4。公装企业已开始进入家装市场。由于国家提倡住宅装修一次到位，倡导工厂化装修，要求房屋装修全部完工后再出售，使得家装与公装又有更多的共同之处，目前不少公装企业已开始进入家装市场，使二者相互渗透，搞好家装管理也就是显得更加重要了。

二、 我们所做的主要工作

针对武汉市家装工程数量大、分布广泛以及“马路装修队”充斥市场、缺乏统一有效管理的现状，从 1999 年初开始我们经过认真调查分析，有针对性地开展了一系列工作。

1。将住宅小区的家装管理作为工作重点。由于我市每年新建住宅数量较大且一般以小区形式出现，小区的建筑面积及装修工程量占到了总量的 80%。加上我们人力、财力有限，不可能一下子将所有家装工程纳入管理，故我们选择了以小区为切入点，集中抓好小区家装管理的模式，突出重点、以点带面。也就是说，只要小区的家装活动得到了规范，那么全市的家装管理工作就完成了 80%，可以起到事半功倍的效果。

2。从市场准入抓起，把好家装管理工作的第一关。我们在各小区物业公司的配合下，设立了驻小区家装管理站。凡在小区内进行家装施工，必须到管理站办理申

报手续，施工队应持有资质证书、营业执照、消防许可证和施工图纸、家装合同等文件，否则就不发放施工许可证、材料出入证和施工人员出入证，即使是业主请亲戚朋友帮忙自行装修，施工人员也要其出示上岗资格证。这样就把好了市场准入关，缩小了马路游击队的市场空间与活动范围。为确保装饰工程质量与安全打下了良好的基础。

3。狠抓房屋结构安全与工程质量，始终将安全与质量放在首要位置。在小区从事家装管理，我们始终强调安全第一。在施工前要求施工企业必须拿出图纸方案，得到准许后方能施工。几年来，我们在各小区制止违章施工四百多起，如擅自拆除砖混结构住房的整面墙、在楼板上捣筑混凝土加重荷载、用水管加接煤气管道埋入墙内等，由于我们的严格管理，这些安全隐患都消除了，保证了房屋结构安全。同时，我们严格按建设工程质量管理条例，把好每项家装工程质量关，当好“兼职监理”，每承接一项家装申报，工作人员都作好档案记载，并实施跟踪检查管理，做好施工日志，发现不规范的施工行为，即口头提出整改措施，对严重违规、影响质量安全的施工，发放停工整改通知书，责令改正。由于我们工作的出发点和目的是为了业主和施工企业的根本利益，因此也得到了他们的理解与支持。通过严格的管理和细致的工作使我市家装工程的安全和质量水平得到了显著的提高。

4。倡导环境检测，注重环保装修。随着科技的发展、社会的进步，人们不仅要求住得舒适，还要住得健康，注重环境保护，已越来越被人们所重视并成为追求的时尚。我们采用多种渠道向装修业主宣传，不要贪图便宜购买劣质的装修材料。各小区的工作人员在进行质量巡查时也随时督促施工队注意减少环境污染；今年，我会与市环境保护检测中心签定了协议，共同负责全市家装居室环保的检测工作。我们通过媒体和在家装管理过程中大力宣传后，许多装修业主纷纷打来电话，要求进行检测。一些装饰企业也看出其中的商业契机，以此为卖点、扩大影响和知名度。如武汉嘉禾装饰公司就承诺，凡公司承接的家装工程，均由公司出资，请环保检测站对装修的新房进行污染检测，让业主放心入住。

5。积极开展培训活动，提高家装从业人员的整体素质。家装管理进小区，使我市的家装市场得到初步规范，但仍有许多未形成群体的新建住宅装修和旧房二次装修暂时无法纳入管理范围。我们认为，只有逐步改变家装施工队伍散、乱、差的现状，提高所有施工企业和从业者的素质，整个家装市场才能得到最大程度的规范。为此我们采用“堵”、“疏”结合的办法来引导改造那些非正规、无资质的施工队伍。

堵：就是严把市场准入关，把那些完全不具备家装施工条件的马路游击队挤出市场。

疏：就是积极引导、动员那些在我市从事经营多年，有一定规模，信誉较好的工程队加入协会的家装委员会，纳入管理范围，并帮助做好资质就位工作。

为了使那些暂时不具备资质条件的个体工程队能在经营中逐渐发展壮大，我会还积极组织各种培训，提高家装从业者的理论知识和专业技能。按建设部“注册登记、培训学习、持证上岗”的要求，去年我会在培训基地举办了一次木工培训班，使一批家装从业者通过学习、考试获得了上岗证。今年还准备兴办泥、水、电、油漆等各种的培训班，全面提高家装从业人员的整体素质。

6。采取丰富多彩的形式、通过各种渠道，大力开展宣传活动，规范家装市场。我们充分发挥协会的桥梁作用，组织我市信誉好、实力强的装饰公司通过参加赶集会，在报上刊登专栏文章和举办家装讲座等方式，向广大市民普及家装专业知识，传播环保装修经验，推荐优秀家装企业。我们还通过办宣传栏，出简报等方式，在各小区向业主介绍家装专业知识。此外，家装委员会还与深圳《居家与装饰》杂志社合作，出版了《居家与装饰》杂志（武汉版）月刊，作为家装委员会的会刊，既向武汉百姓普及装修知识，又刊登优秀作品照片，扩大企业知名度。另外我们还举办了家装设计大赛等活动，通过这些形式，增加了广大市民的专业知识，扩大了优秀家装企业的影响，同时也提高了协会的形象和地位。

通过上述几方面工作，使我市家装市场得到了明显的规范，广大消费者的观念有了很大转变，质量意识、安全意识有了普遍提高，装饰找正规公司的比例由几年前不到 10%提高到目前接近 40%；同时家装企业的行为得到了有效制约和规范，施工质量、服务意识有了很大提高，家装从业人员整体素质有了显著的进步。同时，通过狠抓家装管理工作，促使全市建筑装饰业出现了一个崭新的局面。协会的工作也得到了社会各界的广泛好评与赞誉。

三、我们取得的主要经验与体会

家装管理工作面对的是广大施工企业、物业管理部门及千家万户，涉及面广、面临矛盾多。尤其是我们工作开展初期遇到了各种各样的麻烦和阻力，其艰难可想而知；但我们最终还是克服了重重困难，在较短的时间内打开了工作局面，我们的体会是：

1。协会的工作必须紧紧围绕建设行政主管部门的中心工作，取得和接受主管部门的领导和支持。几年来，我们所取得的成绩，都与市建委的领导和支持分不开，特别是住宅室内装饰装修管理工作，从1998年以来，市建委先后制订和下发了《市建委关于委托武汉建筑装饰协会协助做好家庭居室装饰有关管理的通知》、《武汉市家庭居室装饰装修管理暂行规定》以及《市建委关于加强住宅小区家装管理的通知》等文件。对规范小区住宅室内装饰装修管理工作起到了重要的作用。

2. 为企业着想，为他们解决实际困难，维护其切身利益，才能取得他们的理解与支持。

由于协会人力、财力有限，从事大量繁琐的家装管理肯定会有一定的成本，势必要收取一定的管理服务费，最初各方的抵触情绪非常大，但通过我们认真细致的工作，真诚、周到的服务，使他们逐渐觉得我们的服务物有所值，切实为他们解决了实际问题。最后广大施工企业、装饰业主都给予了积极支持与配合。我们的体会就是以真诚换真诚、以诚感人，我们要求员工每天对家装工程巡回检查，协助业主对施工质量进行监管，并做好检查记录；配合业主进行工程竣工验收等。我们要求家装管理工作人员要做到“三勤”（即口勤、手勤、腿勤）、“三坚持”（即坚持每天检查，坚持每次检查做好记录，坚持节假日、双休日上班），达到“三无”的工作目标（即工作无差错，无质量、安全事故，无业主投诉）。我们深切体会到，只要真心为业主、为施工企业提供服务就一定会得到他们的支持，自己的工作就能顺利开展；否则不转变观念，仍以管理者自居，是不可能将工作做好、也是根本打不开工作局面的。

3。正确处理好规范施工企业行为与维护业主利益的关系。我们搞好家装管理工作的最终目的就是为了确保工程安全与质量，维护业主切身利益，同时规范施工企业行为，促进其大力发展。但在实际操作过程中，有些业主并不理解，觉得我们的要求太过苛刻，甚至是多管闲事，这就要求我们必须耐心做好服务、劝说工作，让业主充分认识到只顾眼前方便或自家利益而忽视安全与公共利益的危害性。另一方面协会作为广大施工企业的组织也应积极为施工企业着想，为其作好服务，规范其行为的同时也要促进其发展；尤其是当业主与施工企业发生利益冲突与矛盾时我们一定要站在公正的立场，以事实法规为依据，尽力做好说服、调解工作，减少纠纷、化解矛盾，不能只偏袒一方，只有这样才能得到双方的认同与支持、才能树立协会自身的威信。

4．正确处理好与物业公司的关系，作好各自职能定位。由于目前小区物业管理已基本普及，开展小区家装管理就不可避免地要与物业管理部门打交道，建设部最新颁布的《住宅室内装饰装修管理办法》也明确规定了物业管理部门在住宅装饰管理中的重要作用。通过长期实践，我们体会到物业部门在家装管理中的确有其独到的优势，但由于装饰工程有较强的专业性及政策性，许多工作并不是物业公司单独所能完成的，在此方面协会有其不可替代的作用；在处理好与物业公司的关系方面，既不能大包大揽，忽视物业公司的作用，又不能畏手畏脚，怕产生矛盾而对该抓的工作不敢放手去抓，正确的态度是应该明确各自的职能范围，各司其职、各尽其责，同时加强协作、密切配合，共同将家装管理工作做好。

5。从家装工作中认真总结、积累经验、培养锻炼人才，促进整个建筑装饰业的大力发展。家装工作虽然规模较小、分布零散，但“麻雀虽小、五脏俱全”，在施工管理程序、工艺及对质量、安全的要求上与公用建筑装饰基本一样，因此我们充分利用家装数量多、分布广、运作相对独立的特点，加强对员工的培训锻炼，要求员工认真学习，多总结多探索，不断提高自身业务素质和管理能力，培养造就了一批综合素质较高的家装管理人员，为搞好整个建筑装饰工作奠定了良好的基础。

四、存在的主要问题与不足

尽管这几年我们的工作做出了一些特色，取得了一些成绩，但还存在着许多不足、还有许多急需解决的问题。

1。装饰业的多头管理仍然存在。虽然国家已明确装饰业归口建设部门主管，但许多地方并未真正执行，多头管理仍然存在，令行不一、政出多门，让广大企业无所适从，对协会工作也极为不利，当然这并不是我们自身所能解决的问题，这需要各级政府主管部门及全社会的共同努力，我们呼吁尽早解决这一问题，为广大施工企业、为协会的工作创造一个良好的外部环境。

2。协会自身工作人员的素质还需进一步提高。人的因素是最关键的，社会的竞争最关键的还是人才的竞争，尽管我们十分注重人才的培养，协会工作人员的业务水平、管理能力相比前几年有了较大的提高，但和装饰业飞速发展的形势相比还存在很大的差距，我们将尽全力搞好现有人员的培训、学习；同时创造良好的用人环境，吸引人才、留住人才，只有首先提高协会自身工作人员的思想素质、业务素质，才可能使我市装饰行业从业人员的整体素质得到全面提高。

回顾这几年的工作，尽管我们取得了一些成绩，得到了社会的认可，但和加入WTO之后国家对建筑装饰行业及协会的要求相比，和其他走在前面的兄弟省市装饰协会相比，我们还有很大的差距，前面还有很长的路要走。我们愿与同业同仁共勉。

·行业发展·

关于对当前我国家庭装饰行业发展的几点认识

黄　白

当前，建设部正把整顿和规范家装市场作为市场管理工作中最薄弱的环节来抓。

在2002年1月18日《建设部2002年整顿和规范建筑市场工作安排》中要求：整顿和规范建筑装饰装修特别是住宅装饰装修活动，确保装饰装修工程质量，重点解决住宅装饰装修活动中擅自变动房屋建筑主体和承重结构，以及使用对人体有害的装饰装修材料等问题。对于违法违规的责任单位和责任人，要依法做出处罚。

2002年2月23日，建设部副部长郑一军在“全国工程质量安全监督工作会议”上讲话中指出，要狠抓最薄弱环节，开展专项治理，一是勘察设计，二是装饰装修，特别是家庭居室的装饰，以解决居室污染为主要内容的装修质量问题。前一阶段做了大量工作，建设部和国家质检总局、环保总局对于居室环境的卫生标准，对于居室装修使用材料和卫生标准做了一系列的工作，陆续出台，希望大家把这项工作抓紧。

2002年4月28日，建设部工程质量安全监督与行业发展司做出《关于印发王素卿副司长在“全国工程建设质量安全与行业发展工作会议”上讲话的通知》（建质综函[2002]21号）。王素卿副司长也是中国建筑装饰协会副会长。她指出：城市住宅装修中擅自变动承重结构，任意成倍增加楼面荷载等现象普遍，给住宅结构埋下安全隐患；建筑工程室内环境污染严重，引起社会关注。近年来随着人民生活水平的提高，住宅建设和装修不断采用多种新型材料，因建筑材料不达标或施工工艺选用不科学而引发的建筑工程室内环境污染问题也越来越引起社会的关注，建筑工程室内环境污染已经成为制约，建筑工程使用功能充分发挥的因素之一，国务院领导对此也分别做出批示。

加大对室内污染和住宅装修擅自变动承重结构问题的治理也是住宅质量工作内容之一，目前我部《建筑工程室内环境污染控制规范》已经发布，同时，我部正在起草《加强建筑工程室内环境质量管理若干意见》，这次也作为会议待议文件提交大家讨论，提出意见。各地要尽快开展这项工作，加快对室内环境质量检测机构资格的认定，加强对建筑工程室内环境质量竣工验收的监督检查，交付使用的工程室内环境质量必须符合《规范》的规定。正式委托实行二次装修的住宅也要符合《规范》规定，即将颁布的《住宅室内装饰装修管理办法》也对此做出明确规定，对在住宅装修中擅自变动承重结构的，在即将颁发的办法里都做出了明确规定。在住宅装修中，禁止使用污染物释放量超标的装修材料，以使住宅室内有一个清新洁净的环境。

一、我国家庭装饰业的发展

1. 基本评估

《黄帝内经》云：“宅者，人之本。人因宅而立，宅因人而存。人宅相扶，感通天地。”有建筑，就有装饰；有住宅，就有装饰。我国家庭装饰历史悠久，源远流长，改革开放后，重新焕发出青春活力。我国现代家庭装饰约比公共建筑装饰起步晚10年，兴起于20世纪80年代末90年代初，形成于90年代中后期，是我国改革开放和市场经济的产物。

新中国成立以来，特别是改革开放后，尤其是20世纪90年代，发生在我国家庭消费领域内最重大的事件之一就是“家庭装饰”。正如1999年2月7日上海卫视台公布的一项民意调查结果，改革开放20年全国最流行的50句语言，其中之一就是“装饰装修”。国家统计局2000年12月30日所作的国民经济年度报告中指出，住宅装饰装修已成为我国新的三大消费热点之一。中国人民银行2001年9月24日公布的一项最新调查显示，家装已成为我国与教育、养老相提并论的新的三大储蓄目的之一，位居第二。2002年10月10日中国人民银行统计司公布的对全国50座大中小城镇储户的问卷调查显示，在各项储蓄目的中，按选择人数的多少，列前五位的储蓄动机分别是教育费（19.8%）、养老费（13.6%）、买（建）房或装修（11.9%）、防病、失业或意外（11.1%）、购买大件耐用消费品（10%）。

到2001年底，我国城乡居民储蓄存款余额达8万亿元，相当于我国国民经济生产总值的83%。到2002年5月底，我国城乡居民储蓄存款余额突破8万亿元大关，6月底达到81712亿元，比年初增加8000多亿元，相当于全国每人增加600多元，城市居民家庭财产平均达到22.38万元。伴随着居民收入和储蓄的增长，我国居民消费水平处于从1万元向10万元跨越的转型期，居民储蓄经历了一个由弱到强的时期，标志是积极储蓄。目前，居民的储蓄动机仍然很强，说明居民更重视未来消费，对自己存起来的钱已经有了一个明确的规划。正如北京市市长刘淇2002年7月在上半年经济形势分析会上所指出的那样，北京将以住房消费为突破口，带动汽车、电脑、家庭装修等万元级商品的消费。2002年10月11日的《光明日报》认为，我国城乡居民生活水平基本上实现小康。

从整个建筑业不同类型房屋竣工面积的比例来看，依次是：住宅 38.1%、办公用房 20.1%、商业和居民服务业用房 18.7%、厂房 8.7%、文化教育用房 3.3%、医疗用房 0.9%、科研用房 0.3%、其他用房 9.9%。（国家统计局固定资产投资统计司，1998 年《中国建筑业统计年鉴》，中国统计出版社）由此可见，住宅占整个建筑竣工面积的第一位。

据中国建筑装饰协会的不完全统计及估测，以每年城镇新建住宅为计算口径，1990～1999 年，10 年间我国家庭装饰工程产值累计达 4000 亿元，年均 400 亿元，年均工程产值占全国建筑装饰工程产值 40%，年均行业发展速度 45%。1999 年，我国家庭装饰工程产值达 1200 亿元，占全国建筑装饰工程产值 50%，家庭装饰与公共建筑装饰工程各自拥有一半的市场份额。

进入 21 世纪，我国家庭装饰业仍以 20%以上的高速发展。2001 年下半年，中国建筑装饰协会组织的《建筑装饰行业在我国国民经济和社会发展中的地位和作用》课题组，对 2000 年我国建筑装饰行业的发展进行了重新的评估，加入了 40 万 m^2 已建城镇住宅装修改造的部分，结论认为 2000 年我国家庭装饰工程产值高达 3000 亿元，占当年全国建筑装饰行业总产值 5500 亿元的 55%，是 1978 年 30 亿元的 180 倍；其中家庭装饰达 3000 亿元，是 1990 年 30 亿元的 100 倍。

2000 年我国建筑装饰行业总产值占当年我国 GDP 的 6.2%，其中，家庭装饰对 GDP 的贡献率是 3.3%。2000 年，城乡住宅投资 7594 亿元（其中城镇 5435 亿元、农村 2159 亿元），占 GDP 的 8.49%，占全社会固定资产投资的 23.28%。2001 年我国建筑装饰行业仍保持 20%的发展速度，全行业产值达到 6600 亿元，其中家庭装饰占 55%、3630 亿元。

20 世纪 90 年代我国家庭装饰行业发展一览表

年度	家庭装饰工程产值（亿元）	家庭装饰工程产值占全国建筑装饰工程产值（%）	家庭装饰行业发展速度（%）
1990	30	37	33
1991	60	40	50
1992	80	32	33
1993	120	30	50
1994	180	30	50
1995	300	35	66
1996	450	40	50
1997	700	46	56
1998	950	47	36
1999	1200	50	26
年均	407	40	45

2. 现代服务业、经济新增长点、生活时尚和消费热点

2002 年 5 月 17 日召开的中共北京市第九次党代会决定，要努力发展北京的现代服务业。现代服务业是指，工业产品的大规模消费阶段以后出现快速增长的服务业，主要包括两大类。一类是伴随工业化的展开而加速发展的服务业，也称为补充性服务业，包括装饰装修。

1999 年，全国城镇住宅装饰率达 98%，装饰住宅 2.7 亿 m^2，540 万户，户均装饰装修消费 2.2 万元，450 元/ m^2，其中，大中城市及沿海发达地区户均装饰装修消费 4 万元，800 元/ m^2，比 1998 年增长 28%。家庭装饰，已成为我国一般的家庭继购买住宅后的最大一项消费。

2000 年 2 月 23 日，原建设部部长俞正声在国务院新闻办举行的“当前住房制度改革和住宅建设基本情况”新闻发布会上说，房地产对 GDP 的拉动在 1.5 个百分点以上，未来几年内还将是拉动经济增长的重要因素，2000 年将进一步调动城镇居民的买房积极性。1999 年，我国住宅投资继续保持 20%以上的增长速度，带动了建材、装修、家具、家电等行业的发展，其中，每户大城市居民的新房装修费就平均达 4 万元。

2000 年 10 月 7 日，《光明日报》以“‘九五’期间我国居民实现由温饱向小康跨越”为题，报道国家统计局报告“住宅装饰成为时尚”：“九五”期间我国城乡居民生活质量进一步改善，整体上实现了由温饱向小康的跨越，主要表现在四个方面，其一是“居民住宅面积不断扩大，生活环境明显改善。预计 2000 年城镇居民人均居住面积将达 10m^2，比 1999 年扩大近 2m^2，住宅装饰成为时尚。

3. 行业人力资源配置

到 2001 年底，我国有建筑装饰企业 35 万家，比 2000 年的 30 万家增长 16%，所增长的 5 万家主要是家庭装饰企业。全国 35 万家建筑装饰企业，其中，从事公共建筑装饰的约占 15%，5 万家；从事家庭装饰的约占 85%，30 万家。经建设行政主管部门资质认证的企业，从事公共建筑装饰的约占 7 万家的 35%，2.5 万家；从事家庭装饰工程的企业绝大多数没有资质。

到 2002 年 7 月，全国已有 223 家建筑装饰企业通过 ISO9000 国际质量体系认证，其中包括家庭装饰企业，如苏州市贝特装饰设计工程有限公司、武汉天立家庭装饰工程有限公司、上海百姓家庭装潢有限公司等。

到 2001 年底，我国建筑装饰工程从业人员达 850 万人，比 2000 年的 800 万人增长 6%，所增长的 50 万人主要是家庭装饰从业者，全国 850 万建筑装饰工程从业人员，其中，从事公共建筑装饰的约占 35%，300 万人；从事家庭装饰的约占 65%、550 万人。家庭装饰从业者的主体是来自农村富裕劳动力工匠。

据国家劳动和社会保障部就业司 2002 年 2 月发表的关于对北京、天津、广州、深圳、西安等全国 24 个大中城市今年需求招用新民工行业的调研报告，称主要集中在四大行业，居第一位的就是“建筑家庭装饰行业”，占 48%；其他的为纺织服装行业 20%、机械电子行业 11%、饮食服务行业 8%。其中 90%以上的岗位要求达到初中以上文化程度，

80%的岗位要求熟练工人。（2002 年 2 月 24 日《北京晚报》）

我国装饰设计从业者占全国 97 万勘察设计从业人员的 20%，主要来自建筑学和美术专业，其中 90%在非国有经济的装饰企业中供职，其余 10%在建筑设计院及院校。

全国已有 100 多所高等院校和 200 多所中等学校开有装饰设计专业，年均毕业生 1 万多人，其中，前者占 30%、3000 多人，后者占 70%、8000 多人。

我国装饰设计教育消费需求仍大于供给。仅在 2000 年 4 月《光明日报》等新闻媒体上刊登广告招聘“环境艺术设计或艺术设计、装饰艺术设计”教师、招收学生的部分高等院校就有：清华大学美术学院、中国人民大学徐悲鸿艺术学院、北京民族大学、北京林业大学、中国矿业大学、沈阳工业大学、天津大学、天津美术学院、武汉科技大学、西安市艺术学校、西安外事学院、西安欧业学院、大庆艺术学校、徐州建筑职业技术学院、南京艺术学院尚美学院、广州市工艺美术职业高级学校、华东师范大学、杭州工艺美术学校、温州大学艺术学院、西北轻工业学院、北方工业大学、无锡轻工业大学、华侨大学、黄河科技学院、淄博学院、海南大学、潮汕职业技术学院、宿迁职业技术学院、华南农业大学、安阳师范学院、南阳理工学院等 32 所。

家庭装饰业的发展，对于拉动国内有效需求，扩大消费，增加就业，推动国民经济增长和社会发展具有突出作用，不仅已成为我国建筑业新的增长点，而且已成为我国国民经济新的增长点。

2000 年 8 月 31 日，由中国建筑装饰协会、北京市建筑装饰协会与 e 家家居网站（www.e-jia.com）联合组成的调研小组在《中国建筑装饰》第 9 期上发表《北京市家装设计师资源市场配置调研报告》，这是全国第一次对家装设计师资源市场配置的刻画。

4. 市场份额划分

我国现代建筑装饰行业自改革开放后即国际化，我国装饰企业和从业人员经过 22 年的艰苦创业和不懈努力，装饰工程市场占有率有了根本性的变化。公共建筑装饰与家庭装饰的市场份额，前者占 95%，后者占 100%；公共建筑装饰的设计与施工，前者占 85%，后者占 95%，外商所占 15%的装饰设计和 5%的装饰施工，主要为大型、高档，特别是外资、合资装饰工程。装饰企业与建筑设计院及院校所占的公共建筑装饰市场份额，前者为 80%，后者为 20%。目前家装工程的毛利约 25%，纯利约 7%～9%。

5. 持续成为消费投诉热点

在家庭装饰成为我国持续的消费热点的同时，也成为居高不下的投诉热点，据中国消费者协会的统计，20 世纪 90 年代中后期有关家庭装饰的投诉约占全社会投诉的 20%。1996 年以来，连续四年处于全国消费者投诉的热点之中——1996 年居第 13 位，1997 年猛增至第 2 位，1998 年仍为第 2 位。

1999 年，名列第 9 位。2000 年 1 月 25 日，中国消费者协会公布 1999 年消费者投诉的 10 大热点问题，其中第 9 大热点问题是家装：房屋装修不规范，“游击队”问题解决难。1999 年消费者对装修方面的投诉 16923 件，比 1998 年增加 1959 件,增幅 13.1%。主要：一是，家装市场对属下公司重收费轻管理，该对装修质量进行监督的却不履行职责；二是，由家装公司自制的装修合同内容不完整，有的内容有失公平；三是，家装公司资质能力参差不齐，偷工减料，做工粗糙，后期服务无保证；四是，一些装修“游击队”拿到钱就走人，出了问题找不到被投诉方，消费者投诉解决难。3 月 2 日，北京市质量技术监督局宣布，1999 年家装投诉居北京市四大投诉热点首位。

2000 年 1 月 2 日，中国消费者协会公布 2000 年第一号消费警示与忠告：家庭装饰，安全比美更重要。2000 年消费主题是：明明白白消费。1 月份消费主题是：明明白白装修。2 月 19 日，北京市政协九届三次会议结束，7 位委员递交了 4 份有关家装立法加强行业管理的提案，这在全国十分罕见。

2001 年家装投诉有增无减，国家工商总局公布了 2001 年全国消费者申诉举报的 10 大热点，商品房纠纷成为热点之首，其中包括“不按合同施工装修房屋，使用劣质木材和电料，油漆、涂料含有毒有害物质超标。”装饰装修出现在商品房纠纷中，这是家装业发展新特点（2002 年 3 月 14 日《北京青年报》）。

家装成为 2001 年北京 10 大申诉投诉热点之五。据北京市工商局 12315 消费者投诉中心的统计报告，2001 年北京市消费者 10 大申诉投诉热点，家装位居第五，占总投诉量的 2.92%，集中在“目前使用的合同多是各家装公司自拟的，其中陷阱颇多。”申诉投诉对象七成为游击队。（2002 年 3 月 10 日《北京晚报》）

饰材成为 2001 年北京申诉投诉 8 大热点 5 大烦恼。北京市质监局开通“12365”投诉举报电话一年来共接收投诉 10300 件，装饰装修材料成为 2001 年 8 大投诉热点且位居第六位；在 5 大烦恼中，位居第三位。（2002 年 3 月 15 日《北京晚报》）

2002 年中国消费者协会年主题：科学消费，含 4 大消费热点家装。中消协公布了《中国城镇消费者消费状况调查报告》，该会对上海等全国 19 个大中城市的四大消费热点——饮食、衣着、医疗保健、家庭装修进行消费习惯、行为以及有悖科学消费的商品和服务的认知状况的调查，结果发现：部分家装消费者消费态度不科学，特别是家装。为此，中消协副会长兼秘书长宁望鲁指出，协会为 2002 年“科学消费”年宣传主题确定的一个基本目标是：以保护消费者安全权和知情权为核心，以监督食品、药品和装饰材料等热点消费领域为重点，全面提高消费者素质适应 WTO 需求（2002 年 3 月 18 日《光明日报》）。

2002 年上半年北京市的 5 大投诉是：手机、食品、美容、家装、商品房，家装名列第四位。

投诉对象大部分为“游击队”。 投诉消费额热点：2000年3万元以下；2001年为5万元以下。

6. 媒体发展与文化消费

家装不仅已成为中国人最大的经济生活的消费热点，而且已成为文化生活的消费热点。由此引发了对家装类报刊的投资热潮。

杂志类：历史最长的如西安的《新居室》（原《家具与生活》），比较长的如北京市家具协会的《家具与环境》、深圳的《现代装饰》、原国家建材局的《装饰装修天地》，1999年4月创刊的《时尚·家居》，1999年9月创刊的《世界家苑》，2000年上半年中国文联创办的《缤纷》、天津社会科学院的《室内风景》、天津科技出版社的《家饰》，以及《瑞丽家居》等40多种。

报纸类：如《中国建设报·装饰天地》、《中国建材报·装饰世界》、《建筑时报·家》等。

综合类：几乎所有的社科类报刊、地方报刊都有装饰类的专刊、专栏等，如广东的《家庭》、《北京晚报》等。

二、我国家庭装饰业的立法及行业管理

改革开放前，我国实行的是“高积累，低消费”的国民收入分配政策，人们在“平均化，低工资”的收入分配制度下生活了30多年。改革开放后，家庭装饰得到了党和国家以及各级政府的重视。

我国家庭装饰业对GDP的拉动在3.3个百分点以上，比房地产对GDP的拉动高1.8个百分点。

2001年12月9日，建设部以建标[2001]266号文件批准国标《住宅装饰装修工程施工规范》（GB50327—2001），同日，建设部与国家质量监督检验检疫局联合发布。这一由中国建筑装饰协会主编的规范的颁布，从而与“发展以居民住宅为重点的装修装饰业”的国策（2001年3月15日九届全国人大四次会议批准《国民经济和社会发展“十五”计划纲要》）、《民用建筑工程室内环境污染控制规范》（GB50325—2001）（2001年11月26日建设部批准并与国家质量监督检验检疫总局联合发布）、“室内装饰装修材料有害物质限量10个国家强制性标准”（国家质量监督检验检疫总局2001年12月10日发布）、《住宅室内装饰装修管理办法》（2002年3月5日建设部令第110号），《商品住宅装修一次到位实施导则》（建设部2002年7月18日建住房[2002]190号），共同构筑了新时期我国家庭装饰行业管理法制的基本框架。

2002年5月27日，江西省建设厅做出“关于转发建设部《住宅室内装饰装修管理办法》的通知”（赣建房[2002]16号），要求制定统一的《住宅室内装饰装修管理服务协议》、《住宅室内装饰装修登记单》和《住宅室内装饰装修完工单》。

1. 家庭装饰被列为国策

（1）发展以居民住宅为重点的装修装饰业

1991年4月9日，七届全国大会四次会议批准的《中华人民共和国国民经济和社会发展十年规划和第八个五年计划纲要》，其中提出的“加快住宅建设，发展室内装饰业和新型建筑材料”是当时我国为调整居民收入和消费结构而制定的一项消费政策，是我国20世纪90年代提高人民消费水平的主要政策和措施之一。明确提出把“加快住宅建设，发展装饰业和新型建材”，作为“八五”期间提高人民消费水平的主要政策和措施之一，借以调整居民收入和消费结构。

1998年，我国提出“扩大内需，扩大消费”政策。建国以来，我国包括家庭装饰的消费政策，由1989年以前的“适度”向此后的“合理”，接着向1997年后的“扩大”转变。

2001年3月15日，九届全国人大四次会议批准的《中华人民共和国国民经济和社会发展第十个五年计划纲要》，在第二篇“经济结构”，第五章“发展服务业，提高供给能力和水平”，第一节“发展面向生活消费和服务业”中指出：“深化城镇住房制度改革，落实住房分配货币化政策，发展以居民住宅为重点的房地产业和装修装饰业，规范发展物业管理业。”

“十五计划纲要”中提出的发展以居民住宅为重点的装修装饰业，关系到调整我国“经济结构”，是新世纪我国装修装饰业可持续发展的纲领性文件，是到2005年我国装修装饰业发展提高的指南。

（2）发展装修装饰业的新思路

根据“十五计划纲要”的精神，发展装修装饰业的新思路，应着眼于“经济结构”的调整（第二篇），要点是：“提高供给能力和水平”（第二篇第五章），指导思想是：“要以市场化、产业化和社会化为方向，增加供给，优化结构，拓宽领域，扩大就业，加快发展服务业。”（第二篇第五章第一节）。以发展居民住宅装修装饰为重点，兼顾公共建筑装修装饰。

（3）装修装饰业归属“服务业”及其政策演变

按国际惯例和WTO的要求，“装修装饰业”归属“面向生活消费”的“服务业”。

我国10多年发展装修装饰业政策的演变是：从1991年的“调整居民收入和消费结构”，到2001年的调整“经济结构”；由我国20世纪90年代“提高人民消费水平的主要政策和措施”，到21世纪前10年的“发展服务业，提高供给能力和水平”；从“加快住宅建设，发展室内装饰业和新型建筑材料。”到“发展以居民住宅为重点装修装饰业”。

（4）由“室内装饰业”改为“装修装饰业”

舍去了“室内”，增加了“装修”，不仅是名称提法字句的改变，而且是指导思想的更正；既是对我国法律法规规章

制度统一的肯定，也是对装修装饰行业多头管理的否定。

始于1986年的我国建设与轻工之间有关装修装饰行业归口管理之争，建设方面提法一般均是“建筑装修装饰”，沿革的轨迹是：如1995年8月7日建设部第46号令颁发的《建筑装饰装修管理规定》——1997年4月15日建设部公布的《家庭居室装饰装修管理暂行办法》（建建[1997]92号）——1998年3月1日起施行的《中华人民共和国建筑法》和2000年1月30日起施行的《建设工程质量管理条例》中均为“装修”。而轻工方面提法一般均是“室内装饰”。此次既无“建筑”也无“室内”，说明“装修装饰业”必须统一在《建筑法》的框架中管理。

2000年各省市区根据国务院批准的“三定方案”，大多数原有多头管理的地方均统一由建设行政主管部门管理，现全国多头管理的地方仅为少数，也是明证。

多头管理从地方到中央的彻底解决，已为时不远。

（5）“装修装饰业”可作为我国正式统一名称

不论以前叫“建筑装饰业”也好，叫“室内装饰业”也罢，今后可正式统一称呼为“装修装饰业”。1984年9月10日成立的“中国建筑装饰协会”，既可沿用16年来的名称，也可更名为“中国装修装饰行业协会”。

2. 中央领导重视

1999年3月26日，中共中央政治局常委、中央纪委书记蔚健行在上海市委副书记孟建柱及市建委等有关方面负责人的陪同下，察看了由上海市建委指导的“长宁区家庭居室装饰工程交易市场”，着重了解百姓是否满意，要求建设行政主管部门加强家庭装饰的行业管理。国务院副总理李岚清、温家宝、国务委员吴仪等党和国家领导人曾考察过上海好美家装璜建材超市。

北京市政府把家庭装饰列为1999年为民办60件实事中的第45件。1999年8月20日，国务院办公厅做出《关于转发建设部等部门关于推进住宅产业化提高住宅质量若干意见的通知》，要求“加强对住宅装修的管理，积极推广一次性装修或装修模式，避免二次装修造成的破坏结构、浪费和扰民现象。”

原上海市常务副市长、现上海市市长陈良宇1996年春节给上海建材集团百姓家装公司 “为民办实事，让民得实惠” 的题词，已成为我国家庭装饰从业者努力的目标。

2000年6月30日《光明日报·经济周刊》头版刊发建设部原常务副部长叶如棠题为“家装市场必须加强管理”的文章，8月11日中央人民广播电台早间新闻联播用异乎寻常的 5 分钟时间播放了实为叶如棠常务副部长此文的题要。

3. 地方政府立法

（1）地方政府。2000年11月19日，深圳市政府颁布第90号令《深圳市家庭居室装饰装修管理规定》，浙江、温州、南京、扬州、江都、鞍山等6个省市的政府均颁布了相应的法规。

（2）地方政府建设行政主管部门。目前，已有北京、上海、天津、重庆、江苏、无锡、广东、深圳、河南、辽宁、沈阳、鞍山、浙江、杭州、吉林、成都、武汉、合肥、西安、福建、江西、大同、山东、江西、苏州等25个省市的建设行政主管部门或与工商、技监部门联合颁布了家庭装饰市场管理、合同、施工质量标准等三大类法规规范。

（3）省级人大立法

1995年12月26日经浙江省八届人大常委会第25次会议通过的《 浙江省实施〈中华人民共和国消费者权益保护法〉办法》，2000年10月29日经浙江省九届人大常委会第23次会议修订并公布，从2001年 1 月1日起施行。其中：

第一章第三十一条：从事住宅装修的经营者，应当和消费者当面约定施工期限、施工质量、施工费用、质量保证方式、违约责任等内容；由经营者提供装修材料的，应当当面约定材料的名称、规格、等级、价格等。经营者对装修部位应当在一年内予以保修。

这是我国第一部保护家装消费者的省一级地方立法。

第二章第十八条：行业主管部门、行业协会应当加强行业管理和行业自律，根据保护消费者权益的要求，规范经营者的行为，明确经营者的责任。行业主管部门或行业协会可以和消费者协会达成有关保护消费者权益行业规范的约定。

这应当成为我们建设行政主管部门和建筑装饰协会从事家装行业管理运作框架的重要补充。

（4）家装税收管理

2000年7月1日，深圳市税务局制定的《深圳市家庭居室装饰装修税收暂行办法》开始实施，规定家装公司在开工前须先办理纳税登记，完工后按综合代征率5.75%全额征收地方各种税，由各征收分局（所）委托家装所在地物业单位代征。此为全国第一部家装税收规章。

4. 家庭装饰行业管理实践

中国建筑装饰协会在20世纪90年代作了大量呼吁性和具体性的基础工作。

（1）试点工作。我国政府主管部门对家庭装饰的行业管理始于1997年，4月15日建设部颁发了《家庭居室装饰装修管理暂行办法》，6月26日，建设部做出了《关于委托中国建筑装饰协会协助做好家庭居室装饰有关管理工作的通知》，11月3日建设部原建筑业司和中国建筑装饰协会公布了《关于在部分城市开展家庭居室装饰装修管理试点工作的意见》，确定了北京、上海、天津、沈阳、大连、鞍山、太原、郑州、西安、成都、济南、合肥、南京、武汉和深圳等15个城市为家庭装饰管理试点城市。

2000年4月1日，大同市建委做出《关于组建“大同市家庭装饰市场”的意见》（同建发[2000]第 68 号），该文件明确规定家庭装饰市场的性质是：从事家庭装饰的交易场所，由市建筑装饰协会同有关企业共同出资（含技术、场地）

组建的有限责任公司性质的经济实体，具有独立承担责任的法人资格。这是我国建设行政主管部门第一次对“家庭装饰市场”性质做出的准确定义。

（2）向行业协会转移政府职能。已有北京、上海、天津、湖北、武汉、河南、福建、安徽、深圳、温州、大同等 11 个省市的建设行政主管部门向当地建筑装饰协会转移了部分家庭装饰行业管理的职能。2000 年 4 月 4 日，大同市建委做出《关于加强我市家庭装饰市场管理的规定》（同建发[2000]第 69 号），明确规定：委托授权大同市建筑装饰协会为全市家庭装饰行业管理单位，协助市建委管理有关家庭装饰市场的具体工作。这是我国建设行政主管部门第一次明确用“委托授权”向建筑装饰行业社团组织转移政府职能。

5. 多头管理问题得到突破性解决

2000 年 6 月 7 日，建设部致河南省建设厅《关于建筑装饰装修归口管理问题的复函》（建建函[2000]181 号），针对河南省建设厅《关于明确建筑装饰装修归口管理的紧急请示》（豫建建[2000]20 号）批示：国务院批准的建设部三定方案（国办发[1998]86 号）提到：“住宅建成后住户室内装饰的指导职能，下放给地方人民政府”，其中的“住宅建成后住户室内装饰”是指家庭居室的装修装饰，其主要属性是建筑装修装饰。这部分家庭居室装修装饰由地方建设行政主管部门管理，会更有利于保障建筑工程的质量和住户生命财产的安全。我们认为地方人民政府应该把家庭居室装修装饰的管理职能定给地方建设行政主管部门。

源自 1986 年、世界上独一无二的中国建筑装饰行业的多头管理问题，在 2000 年后得到了突破性解决，与原来欲先中央后地方的解决思路相反，是先地方后中央——上海、湖北、河南、江苏、山东、福建、河北、安徽、江西、河北等大部分原不同程度存在多头管理的 10 个地区得到了突破性地解决，尚存者仅为陕西等少数，契机是 2000 年全国各省市区政府机构改革“三定方案”。

6. 成立地方装饰协会家装委员会

全国已有 11 个地方建筑装饰协会成立了“家庭装饰委员会”：北京、上海、重庆、深圳、武汉、河北、江苏、浙江、河南、甘肃、沈阳。有 7 个地方建筑装饰协会正在筹备：山西、黑龙江、辽宁、福建、广西、贵州。各地均称“家庭装饰委员会”的原因是，1997 年建设部批准中国建筑装饰协会成立的是“家庭装饰委员会”，但一起未能在民政部注册登记，故从 2002 年 8 月改为“住宅装修装修委员会”，筹备成立，在民政部注册登记。

7. 关系公共利益的施工人员培训管理

2000 年 7 月 1 日，国家劳动和社会保障部第 6 号令《招用技术工种从业人员规定》施行，其中包括“装饰装修工”，定为应持职业资格证书就业的工种。4 月 3 日，上海市建委发出《关于对装饰施工员等关键岗位实施持证上岗及继续教育的通知》[沪建教（2000）第 0177 号]，文中说明，根据建设部、国家计委、人事部《持证上岗管理规定》[建教（1991）522 号]，为提高“关系着工程质量、产品质量、服务质量、经济效益、生产安全和人民生命财产安全的重要岗位从业人员的素质，”要求从 2000 年起对装饰装修工程施工员等 23 个关键岗位实施持证上岗及继续教育。

2001 年 11 月 22 日，建设部人事教育司致中国建筑装饰协会“关于委托编制建筑装饰行业职业技能岗位标准、鉴定规范、技能鉴定试题库和培训教材的函”，函中指出：“为不断提高建筑装饰行业操作层队伍素质，满足行业职工开展职业技能岗位培训与鉴定工作的需要，考虑到你单位的实际情况，拟委托你们编制建筑装饰行业职业技能岗位标准、鉴定规范、技能鉴定试题库和培训教材。请你单位认真组织好调研工作，广泛听取行业专家的意见，结合行业特点，组织落实好编写工作。我们将根据编写工作的实际完成情况，组织行业有关专家进行审定。编写工作中遇到的有关情况和问题，请告建设部人事教育司。”中国建筑装饰协会培训中心现正组织编写。编制组已经成立。

2002 年 6 月 24 日《北京晚报》公布国家经贸委等单位组织的“安全生产与经济发展关系‘课题报告，报告指出，近年来我国发生的各类安全事故所造成的直接经济损失近 1000 亿元，加上间接损失则高达 2000 亿元。安全事故已成为我国职工意外死亡的“头号杀手”，2001 年平均每天 3000 人丧生。当前我国安全形势十分严峻，中国地质大学工程技术院院长、我国知名安全生产专家罗云教授指出，按危险行业排列，一类是矿山和建筑业；其次是化工、电力、石油等；第三类是机械、电子等。建筑业包括建筑装饰行业，建筑装饰行业包括家装业。

因此，建筑装饰，特别是家装属于一类危险行业。

2001 年 11 月 14 日，公安部部长贾春旺签署公安部令第 61 号《机关、团体、企业、事业单位消防安全管理规定》，第十二条：“对建筑进行局部改建、扩建和装修的工程，建设单位应当与施工单位在订立的合同中明确各方对施工现场的消防安全责任。”

2002 年 5 月 22 日，建设部副部长傅雯娟在“中国建设教育协会 2002 年会员代表大会暨第三届理事会全体会议”上讲话指出：从现实情况看，建筑业已经成为吸纳农村剩余劳动力的一个重要领域。如何把庞大的农民工的从业压力，转变为现实的人力资源优势，对建设教育而言，这既是机遇又是挑战，看似经济领域的工作，又是贯彻落实“三个代表”解决“三农”问题的政治领域的工作。这就要求我们既要把住“市场准入”这道关，又不能把大量农民工挡在门外，事实上挡也挡不住，目前在施工一线工人中农民工已占半数以上。唯一的办法就是加强培训，按照国家劳动预备制度和职业资格制度的要求，“先培训后就业，先培训后输出，先培训后上岗”。可见，培训任务任重道远。

三、环境保护与绿色家装

据国际有关组织调查，世界上30%的新建和重建的建筑物有空气污染，空气污染已成为对公众健康危害最大的五种环境因素之一。国际上一些环境专家认为，在经历了工业革命带来的煤烟型污染、光化学烟雾后，现正进入以“室内空气污染”为标志的第三期污染。世界银行的一份报告指出，1995年我国因建筑、装饰装修、家具等形成的室内环境危害健康所导致的经济损失，如果按照支持意愿价值估计，约为106亿美元，折合800多亿人民币（2002年4月4日《北京晚报》）。

据中央电视台二频道“经济信息联播”2002年7月30日晚间9：30播报：原引《科技日报》的消息，我国每年室内装修污染案达400起，致使1.5万人健康受损。

中国预防疾病控制中心有关专家2002年7月19日宣布，根据该单位最近对北京100户新装修的家庭调研，三个月内仍有甲醛。

我国室内环境监测机构对大量单位和个人装修后的房屋的空气监测发现，80%的房屋室内都有空气污染，其中80%属于中度和重度污染，即污染物超过国家标准2～3倍。据统计，发展中国家目前有近200万例超额死亡，可能是由于室内空气污染所致。全球约4%的疾病与室内环境有关。我国每年由于室内空气污染引进的超额死亡人数达11.1万人，超额门诊可达22万人次，超额急诊可达430万人次（2002年8月27日《北京晚报》）。

2000年《美国周末》上发表了一篇封面文章，讲述了一位住在美国德克萨斯州的梅林达·B受到有毒装饰材料侵害患病的故事，其后梅林达·B因受到有毒装饰材料侵害问题起诉美国农夫保险公司，从而赢得了具有里程碑意义的3200万美元的巨额索赔。法院裁决在整个保险业中产生了连锁反应，并引起全国的不安，相关报道的保险索赔从德克萨斯州和加利福尼亚州到路易斯安那州和纽约州，有如流星焰火，此起彼伏，大量家庭放弃了被装饰材料染上瘟疫的房屋，受到影响的学校已经关闭，孩子们不得不另找学校上学。华盛顿月亮小区的人很快撕下162套公寓中1/3的壁纸，以消除铅泄露造成的危险。美国住房理事会认为：“它已成为商业财产所有者面临的下一个环境沼泽。”哈佛大学公共健康学院调查了美国和加拿大1000个家庭，其中有一半的家庭因装饰材料发霉呼吸症状问题增加了50%—100%。美国的研究表明，装饰材料与最近20年哮喘发病率增加了三倍有关。3700万美国人苦于慢性鼻窦炎几乎都与装饰材料有关。

2001年美国用于室内装饰装修环境污染致病的保险赔偿达8亿美元，今年又有大幅度上升，其中某好莱乌明星因此获赔2000万美元，2004年美国将不允许含有铜、铅、锌、钛的涂料出现，最大限度的限制很可怕的致癌物质VOC的含量。

环保成了人们第一需求。近在中国记协与美国使馆文化处举办的“环境新闻学的调查报道”讨论会上，美国在环境报道学方面授予的惟一教授、密执安大学环境新闻学中心主任、美国环境新闻记者协会的创始会长詹姆斯·戴臣的讲座，引起关注。据2002年5月29日《北京日报》介绍，他列举了三项调查：之一是美国报纸调查读者最关注的问题，环境排在治安、健康之后，位第三，妇女和青年人尤为关注；之二是美国发行量最大的新闻杂志《时代周刊》询问读者：“21世纪最关心什么问题”，环境居首位；之三是美国有线电视网对亚洲包括印、韩、日、中等国在内的27000名观众电话采访，关注点上升最快的是健康，或健康·环境（影响健康的重要因素是空气、水源等环境问题）。詹姆斯认为，这些调查表明：环保成了人们第一需求，环境至关世界生存大事。

目前社会对家装最大的误区是：“装修能导致小儿白血病”之说。

事情的起因是：2001年2月，北京有媒体报道，据北京儿童医院有关医师调查，前来医院就诊的白血病患儿十分之九家里曾经装修过，家装污染严重可能导致儿童白血病。这一情况也引起社会各界的广泛关注。

事实是，人平均有90%的时间在室内，65%的时间在家里。如果室内空气受到污染，得病的机会将会增加，首先受害的是那些儿童、孕妇、老人和慢性病人。这些人体质差，最容易受到损害，特别是儿童，正在长身体过程中，按体重计算呼吸量比成人高50%，他们80%的时间是生活在室内，因此，受损首当其冲。2002年5月31日，中央人民广播电台早间新闻联播播出，要注意儿童房的装修，否则将危及儿童的身体健康。

据在北京最有影响的新闻媒体《北京晚报》2002年6月3日报道，北京儿童医院血液中心主任吴敏媛的证实，由装修引起的室内环境污染，会增加儿童哮喘病的发病率和过敏性鼻炎，导致儿童铅中毒。至于装修是否会导致儿童白血病，儿童医院还没有做过这方面的调查，因为白血病病因非常复杂，到目前为止，国内外科学家还没有弄清白血病发病的真正病因。吴敏媛教授介绍，白血病的发生与以下因素有关：一是放射性因素。如母亲在怀孕期多次接受过X线照射，父亲接触X射线超过10次，或孩子出生后接触X射线大于3次，儿童患有白血病的可能性就高于正常人群；二是化学因素。如母亲的职业经常接触苯、甲醛等化学物质；母亲在怀孕期间吸烟；孩子在室内室外接触杀虫剂、除草剂；三是遗传因素。染色体畸变人群的白血病发病率高于正常人群。

另据在北京同样颇有影响的《京华日报》2002年7月17日原引新华社的报道“家装污染导致儿童白血病没有科

学依据”。中国疾病预防控制中心环境所戴自祝研究员近日指出，到目前为止，我国没有对白血病的病例进行调查统计和分析，白血病致病原因是国际医学界未攻克的难题。家装污染会导致儿童患白血病的说法没有任何科学依据。戴自祝研究员强调，装修引起的室内空气不良会对人造成一些刺激，出现头痛、眼、鼻、咽喉刺激等现象，这叫做不良建筑综合征。出现这种情况并不是一种病，而是一种反应，人离开房间就会消失。对于人对装修引起的室内空气不良的反应，既然还不能叫做病症，也就不会到致癌的程度。从就诊的已患病儿童中调查家中装修情况，再得出装修引发白血病的结论，这种推断的方法是不科学的。

关于“石材放射性导致白血病”之说。

1994 年从四川健康的到北京从事石材加工的小伙潘川 2002 年 7 月 14 日在解放军 307 医院检查出得了急性淋巴细胞白血病，再次引起京城关注。据当天《北京晚报》报道，潘川的主治大夫余医生讲，就目前医院的这些体检结果来看，很难说大理石就是致病原因，但也不排除其中一些危害人体健康的元素会导致患病。已从事放射性研究近 50 年的核工业北京地质研究院的吴慧山教授认为，人造大理石可能存在高放射性和有害气体，其放射性的高低取决于花岗岩填料的多少和本身的放射性，以及作为黏结剂的水泥、石膏的放射性，因为水泥烧制后要虽入一定的灰渣，劣质的灰渣会有较高的放射性，而有些石膏是用一般放射性较高的磷块岩的渣子加工的。

为查清石材究竟是不是致癌症祸根，经该报提议，在中国石材工业协会的全力支持下，2002 年 8 月 19 日，国家建材工业质量监督检验测试中心和中国地质大学（北京）辐射与环境实验室的专业人员，联合突击检测了那位四川小伙工作过的石材仓库，检测结果证明，四川小伙患血癌，绝对不是石材惹的祸。在场专家肯定地得出结论，石材与癌症无关。2002 年 8 月 20 日《北京晚报》对此作了报道。

另据香港环球石材集团助理总经理肖建平指出，早几年甚嚣尘上的有关石材放射性之说，一是源于陶瓷与石材的不正当竞争；二是新闻的炒作；三是无知。现只有颜色深的几种石材放射性超出 C 标，但并非颜色深就一定是超标的，如人们喜爱的印度红。

据中国环境科学研究院副院长兼总工程师、中国环境标志产品认证证书签发人夏青教授研究证实：“绿色”是有标准的，不讲标准，谈“绿色”无意义。社会上流传的什么装修导致小儿白血病、装修等于污染，太过分，必须有大量的科学依据，否则只能被认为是一种炒作。

以上是到目前为止对“装修导致小儿白血病”、“石材放射性导致白血病”之说的最权威的解释。

“绿色”是当前人们追求环保的俗称。“绿色”关键是理念和标准。

1. 现代环境的基本理念

一是人与自然的和谐共处。2002 年 9 月 4 日中央人民广播电台早间新闻联播播送了一条新闻：9 月 3 日，中国国务院总理朱镕基在南非约翰内斯堡举行的“可持续发展世界首脑会议”上发表演讲，向世界宣告中国坚定不移地走可持续发展道路的决心。其中他强调指出，人类进入 21 世纪，世界正发生复杂的变化。新形势更加要求我们从人类与自然协调和谐、环境与发展相互促进的高度，以更大的决心、更坚实的步伐，走可持续发展的道路。

值得重视的是，朱镕基总理在这篇演讲中，提出的是人类应与自然协调和谐，而没有了以往传统的“人定胜天”。9 月 5 日“可持续发展世界首脑会议”闭幕，公布了《约翰内斯堡可持续发展宣言》的承诺：以人为本，人类与自然协调和谐发展。

其实，以人为本，人与自然协调和谐共处，就是对“人定胜天”错误思维方式的否定。我们建筑装饰行业也应树立“以人为本，人类与自然协调和谐发展”的思维方式，走可持续发展的道路。

人类的发展活动，不仅要关心其使用价值，更要关心生态环境。这是全世界 20 世纪 80 年代以来主要努力的方向。起因主要是氟利昂，当时被认为制冷效果很好，但没想到它会破坏臭氧层。上届美国总统克林顿入主白宫后第一件事就是将所有的百页窗换下，争取自然光，草坪换水。要警惕“生态难民”在中国的出现。

二是发展要有环境目标。要解决的是发展的外部不经济问题，可持续发展，可持续消费。近年来我国 GDP 是 7%，但环境损失却高达 12%，其结果是越干越穷。美国驻华使馆给其工作人员每人每年 2 万美元的环保补贴。法国法律规定，人只要闻到装修的气味就可以报警，含苯系列的溶剂一律不能使用。

三是国家环境安全。联合国认为，如果一国 GDP 有 1% 的损失就可以称为“灾”，而中国高达 12%。我国 10%的粮食、12%的农畜、40%的蔬菜不符合美国 20 世纪 70 年代的标准。

四是以人为本。这是中共中央十五大提出的“提高人民生活质量”，以及“三个代表”的要求。

2001 年 11 月 15 日，在我国加入世界贸易组织 WTO（12 月 11 日）前夕，另一个 WTO——世界公共厕所组织（World Toilet Organisation）在有 200 多名来自美国、中国、芬兰、日本、韩国、澳大利亚、印度、马来西亚等国的专家出席的、在新加坡举行的首届全球厕所峰会上宣告成立，厕所问题像食品、保健和贸易问题一样，登上了国际议事大堂。2004 年，下一届峰会将在我国举办。

与此同时，2001 年 11 月，国家旅游局在广西桂林市召开了“新世纪旅游厕所建设与管理研讨会”。

据2002年5月17日《北京青年报·生活时代》报道，美国38岁的普通女性玛丽·安娜·拉辛创办了“洗手间日记网站”（www.thebathroomdiaries.com），收集了全球70多个国家及地区的清洁公厕信息，在论坛区可以就世界各地公厕的清洁度、安全性、舒适度及如厕明星人数等多项指标发表意见，以发展洗手间文化，将文化特色与经济价值相结合。

文明社会的标志之一是，将传统中禁忌的话题公开化、透明化。目前，公共厕所建设的理念是：从设计（室内设计）、装修、卫生出发，如何使厕所感到舒适，乃至幸福。

2. 绿色的基本标准

香港“绿色房地产”就有两条标准：一是阳台不算面积；二是公共过道放宽，以利垃圾分类处理。我们要“明明白白享受科学，清清楚楚购买绿色。”

建设部原副部长、中国房地产业协会杨慎提出“绿色住宅”六条标准：一是规划设计合理，建筑物与环境协调，房间光照充足，通风良好，厨房、卫生间异味气体能在瞬间散发；二是房屋围护结构御寒隔热，门窗密封性能、隔声效果符合规范标准，供热、制冷及炊烧等，尽量利用清洁能源、自然能源或再生能源；三是全年日照在2500小时以上的地区，普遍要装太阳能设备，饮用水符合国家标准；四是排水深度净化，达到可循环利用标准，是新建小区须铺设中水系统；五是室内装修简洁适用，化学污染低于环保规定指标；六是有足够的户外活动空间，小区绿化覆盖率不低于40%，无裸露地面（2002年5月30日《中华建筑报》）。

从2002年7月1日起，不符合国家对室内装饰装修材料10个限量强制性标准的将不准上市。这10个标准，基本上与国际接轨了。涂料对人身健康的影响，是气味而不是肠胃，而北京有家涂料公司竟然说什么“健康涂料为您喝为您造”，真是可笑荒唐。TVOC（总挥发性有机化合物）与装饰装修有关。全国90%以上的板材达不到标准。对室内环境产生污染的主要载体为：一是家具；二是气味。

我国的环境保护标准分两大类：

一是强制性的，包括《住宅装饰装修工程施工规范》（GB50327—2001）、《民用建筑工程室内环境污染控制规范》（GB50325—2001）、室内装饰装修材料有害物质限量10个国家强制性标准、建设部令第110号《住宅室内装饰装修管理办法》，是标准的下限，是市场准入。

二是推荐性的，“绿色”——中国环境标志产品认证，是标准的上限，倡导性，自愿性。

值得注意的是：强制性标准不是绿色标准。

据中国环境科学研究院副院长兼总工程师、中国环境标志产品认证证书签发人夏青教授在2002年7月21日《北京晚报》上指出，这里面存在一个误区。《室内装饰装修材料有害物限量》标准只是室内装饰装修材料进入市场的“准入标准”，是最基本的质量要求，达不到这个标准就没有进入市场的资格，而非绿色环保产品的要求。以内墙涂料为例，国家质监总局颁布的标准对内墙涂料VOC（有机挥发物）含量的要求是≤200g/L，指的是不扣水分时1L涂料中所含VOC量，表面上看接近欧洲水平，而实际上，各国VOC计量都是以每L涂料扣水分后的干重中VOC的含量，这一差别导致国际的200g/L只相当于国外的400g/L以上。而中国环境标志的标准是≤100g/L，限值与美国标准相同，是真正的绿色标准。

3. 环保的实施

实施的要点：一是标准；二是保障体系；三是年度的复检、市场抽检。具体为：

一是难点。我国现有的经济发展水平还难以一下子达到。在市场经济条件下，政府并不是不干预市场，只是干预的是市场的外部不经济或说市场失灵、市场缺陷，标准就是其一。同时，由标准引导出来市场的力量。

二是要研究标准。如检测方法，用的是气雾法。

三是要守法。应有保证体系，李岚清、温家宝副总理等党和国家领导人多次强调要抓装饰装修行业。整顿和规范装饰装修市场，重点是材料。

四是中国环境标志产品认证，是受国家环境保护总局领导的中国唯一的环境标志产品认证机构，现已认证了300多个。

4. 室内装饰装修材料有害物质限量10个国家强制性标准

2001年12月10日，国家质量监督检验检疫总局发布，2002年7月1日施行。2002年6月25日，国家质量监督检验检疫总局做出《关于实施室内装饰装修材料有害物质限量10项强制性国家标准的通知》（国质检标函[2002]392号）。

这10个国家标准基本上与国际标准接轨，标准中有害物限量大多与美国及欧洲共同体的限量值一致。如涂料，10个强制性标准中，其中有2个是关于涂料的，内墙涂料有害物质限量和溶剂型木器涂料有害物质限量。据参与制定标准的中国建筑材料科学研究院测试技术研究所所长马振珠介绍，这是由全国涂料标准化委员会、建设部、卫生部及10多家优秀涂料厂商的几十位专家研究、分析、试验，并参照国际上相关标准制定出来的。目前国际上还没有一个关于涂料有害限量的标准。内墙涂料有害物质中的VOC限量值和溶剂型木器涂料有害物质中苯的限量值，参考了欧共体色漆和清漆生态标准；可溶性重金属限量值参考了英国、法国、德国及欧洲经济委员会对儿童玩具的材料中有毒金属的要求。

5. 加强室内环境质量管理

2002年6月29日，《中华人民共和国清洁生产促进法》经九届全国人大常委会第28次会议审议通过，江泽民主席签署72号主席令给予发布，自2003年1月1日起施行。规定装修材料必须符合国家标准，禁止生产、销售和使用有毒、有害物质超过国家标准的建筑和装修材料，违反这一规定，将被追究行政、民事、刑事法律责任。

2002 年 3 月 5 日，建设部令第 110 号《住宅室内装饰装修管理办法》，有专门的章节——第五章室内环境质量，共四条：

第二十六条　装饰装修企业从事住宅室内装饰装修活动，应当严格遵守规定的装饰装修施工时间，降低施工噪音，减少环境污染。

第二十七条　住宅室内装饰装修过程中所形成的各种固体、可燃液体等废物，应当按照规定的位置、方式和时间堆放和清运。严禁违反规定将各种固体、可燃液体等废物堆放于住宅垃圾道、楼道或者其他地方。

第二十八条　住宅室内装饰装修工程使用的材料和设备必须符合国家标准，有质量检验合格证明和有中文标识的产品名称、规格、型号、生产厂厂名、厂址等。禁止使用国家明令淘汰的建筑装饰装修材料和设备。

第二十九条　装修人委托企业对住宅室内进行装饰装修的，装饰装修工程竣工后，空气质量应当符合国家有关标准。装修人可以委托有资格的检测单位对空气质量进行检测。检测不合格的，装饰装修企业应当返工，并由责任人承担相应损失。

2002 年 3 月 1 日，建设部办公厅印发《关于加强建筑工程室内环境质量管理的若干意见》（建办质[2002]17 号），要求贯彻《民用建筑工程室内环境污染控制规范》（GB50325—2001）。

6. 环境污染致人伤害的民事诉讼举证责任倒置

最高人民法院 2001 年底制定的《关于民事诉讼证据的若干规定》的司法解释，从 2002 年 4 月 1 日起施行，环境污染致人伤害等 8 类民事诉讼举证责任由加害人承担，新规则采用举证责任倒置的原则，将举证责任划给了加害人一方。如装饰装修造成的环境污染致人伤害，不由业主来证明装饰装修公司或厂商有过错，而要由装饰装修公司或厂商来证明自己的行为无过错，用 2002 年 4 月 1 日《北京晚报》的话说就是：“想说自己没犯错？拿证据来。”

其他 7 类民事诉讼举证责任由加害人承担的有：医疗纠纷、专利侵害、高度危险作业致人损害、共同危险行为致人损害、缺陷产品致人损害、搁置物或悬挂物致人损害、饲养动物致人损害。

7. 贯彻执行情况

▲2002 年 3 月 5 日，经建设部建标函[2002]46 号文件批准，国家建筑工程室内环境污染检测中心在郑州成立，业务上受建设部标准定额司领导，设立在河南省建筑科学研究院。该院是国家标准《民用建筑室内环境污染规范》（GB50325-2001）的主编单位。

现已有山西、杭州、天津、青海、北京、河南广州、上海等地相继做出了贯彻建设部建办质[2002]17 号文件的措施。

▲2002 年 3 月 13 日，山西省人民政府办公厅发出《关于进一步加强整顿和规范建筑市场秩序工作的通知》（晋政办发[2002]8 号），要求突出的整治重点包括：在建筑装饰装修中擅自变动主体可承重结构的行为以及使用不符合环保要求、对人体有害的装饰装修材料的行为。

▲2002 年 3 月 22 日，杭州市建委做出《杭州市 2002 年整顿和规范建筑市场秩序工作意见》[杭建工通知（2002）50 号]，通知要求：加强对建筑装饰装修特别是住宅装饰装修工程的质量监督。重点是依法监督应招标的装饰装修工程必须招标和在装饰装修工程中擅自变动房屋建筑主体和承重结构问题。施工企业要严格执行有关防治环境污染的规定，严格禁止使用对人体有害的装饰装修材料，房管部门要切实加强对住宅装饰装修的管理，进一步规范整顿家庭装修市场。对违法违规单位和责任人，要依法做出处罚。

▲2002 年 3 月 28 日，天津市建委发出“关于转发建设部《关于印发〈关于加强建筑工程室内环境质量管理的若干意见〉的通知》的通知”（建质管[2002]232 号），要求材料必须有出厂环境指标检验报告，有害物质限量超标的产品不得在工程上使用；建设单位必须委托由市建委认证备案的检测机构进行检测验收，否则不得交付使用；各级工程质量监督机构应将室内环境质量作为工作很需要内容之一；各级工程竣工验收备案部门应验证由市建委认证备案的检测机构出具的合格报告作为备案内容之一。8 月 4 日，天津市建委发出《关于在我市实行建筑工程室内环境质量验收的通知》（建质管[2002]611 号），自 2002 年 10 月 1 日起施行。

▲2002 年 4 月 3 日，青海省建设厅发布《青海省 2002 年整顿和规范建筑市场秩序实施意见》，要求各级建设行政主管部门要切实加强对建筑装饰装修，特别是住宅室内装饰装修工程质量的监督，重点是依法监督和查处在装修工程中擅自变动房屋建筑主体和承重结构、在建筑装饰装修中使用假冒伪劣的装饰装修材料问题，如有发现，对违法违规的责任单位和责任人，要坚决依法做出严厉处罚。

▲2002 年 4 月 18 日，北京市建委做出“关于贯彻建设部《关于加强建筑工程室内环境质量管理的若干意见》的通知”（京建质[2002]197 号），要求：一是大力加强对《民用建筑工程室内环境污染控制规范》的学习；二是加强对民用建筑工程室内环境竣工验收管理，2002 年 7 月 1 日以后开工的民用建筑工程完工后，建设单位必须委托由市建委认证备案的检测机构进行检测验收，否则不得交付使用；三是室内环境检测单位资格认定，本市从事建筑工程室内环境质量检测的单位必须通过市建委的考核、认可，并通过质量技术监督部门认证，未通过者检测报告不能作为室内环境验收的依据；四是加强建材进场质量管理。

▲2002年5月21日，河南省建设厅做出《转发建设部建办质[2002]17 号关于加强建筑工程室内环境质量管理的若干意见的通知》（豫建建[2002]66 号）。规定自2002年7月1日以后开工的民用建筑工程完工后，建设单位必须委托由市建委认证备案的检测机构进行检测验收，否则不得交付使用，并按法律法规严肃查处。

▲2002年6月28日，上海市建筑业管理办公室做出“关于贯彻执行建设部《关于加强建筑工程室内环境质量管理的若干意见的通知》的通知”（沪建建管[2002]第007号）。要求自2002年8月1日起全装修住宅必须按《民用建筑工程室内环境污染控制规范》验收；11月1日起医院、饭店、宾馆等民用建筑工程及装饰装修工程必须按《规范》验收；自2003年2月1日起所有民用建筑必须按《规范》验收；自2003年3月1日起所有民用建筑必须按《规范》进行材料进场验收。

▲广州市建委发出《关于开展建筑工程室内环境质量管理工作的通知》，要求2002年7月1日以后开工的民用建筑工程完工后，建设单位必须委托由市建委认证备案的检测机构进行检测验收，否则不得交付使用。

▲上海市建委和市监察委以沪建建（2002）第0254号文件公布《关于贯彻落实建设部2002年整顿和规范建筑市场秩序工作安排的实施意见》，在9个整顿和规范重点中，特别强调了家装。上海市整顿和规范建筑市场秩序工作领导小组确定了2002年整顿规范家装建材市场秩序。

工作重点：

（1）查处不执行国家标准、规范和以次充好、弄虚作假的行为，特别是地板假冒树种、木制品甲醛等有害物质限量超标和管道接头渗漏三大类家装材料问题。

（2）查处擅自使用和销售不符合国家标准和规范产品的行为。

（3）查处虚假广告和打着“绿色”、“环保”等旗号坑害百姓的行为。

（4）严格执行今年1月1日起实施的室内装饰装修材料有害物质限量的10项强制性国家标准，并从7月1日起禁止销售不符合国家标准的产品。

职责分工：

（1）上海市整顿和规范建筑市场秩序工作领导小组负责家装建材市场秩序整顿规范工作。

（2）上海市建材业质量监督管理中心和市装饰装修行业协会负责整顿规范家装建材市场秩序的具体组织实施工作。

步骤和时间安排：

整顿规范家装建材市场秩序工作分为企业自查、区县互查、市整顿和规范建筑市场秩序工作领导小组办公室组织复查三个阶段，包括生产和销售两部分。

工作要求：

（1）全面动员部署。召开全市家装会议，下发有关文件，明确责任部门和责任人，做到组织、思想、人员三落实，确保完成各项任务。

（2）大力开展宣传教育活动。通过广播电视和报刊杂志等媒体开展专题报道，引导消费者科学选材、合理装饰。倡导诚信经营、有序竞争。

（3）6月底前，组织生产、经销、使用和管理等各类人员，开展室内环境污染控制标准规范业务培训，提高相关企业和人员专业知识水平，有效防止污染产生。

（4）加强执法与监督。建立单位和个人诚信档案，向社会公布达标产品和诚信单位，对不良行为和不合格产品加大曝光力度。监察、质监、工商等部门要形成合力，加强执法监督，决不姑息违规违法行为。整顿工作后期，要做到“曝光一批、清除一批、销毁一批、停关一批”。营造违法违规行为“人人监督”的良好社会氛围，增强本市家装建材企业的综合竞争能力。

（5）推进建立有效管理机制。结合本市建筑建材业机构改革，完善政府监督指导，行政事务执行机构执行管理、行业协会和中介组织操作实施的管理格局，充分发挥协会在行业自律、市场准入、质量监测、投诉处理和从业单位自身建设等方面的积极作用。完善家装建材市场法规体系，确保市场规范管理和有序竞争。

8. 国家认可检测机构

2002年6月，国家认证认可监督管理委员会批准第一批29家检测机构有资格检测室内装饰装修材料有害物质限量（带 * 者可检测涂料）：北京市建筑材料质量监督检验站、北京市木材家具质量监督检验站、国家建筑材料测试中心（*）、国家建筑装饰装修材料质量监督检验中心（*）、国家人造板质量监督检验中心、国家建筑工程质量监督检验中心、山东省产品质量监督检验所（*）、安徽省产品质量监督检验所（*）、武汉产品质量监督检验建材站、南昌市产品质量监督检验所、浙江省方圆检测股份有限公司（*）、河北省环保产品质量监督检验站（*）、内蒙古自治区产品质量检验所（*）、湖南省商品质量监督检验所（*）、中非人工晶体研究院检验测试中心、青岛市产品质量监督检验所（*）、宁波市产品质量监督检验所、大连市产品质量监督检验所、武汉产品质量检验所（*）、杭州市质量计量监测中心（*）、温州市质量技术监督检测研究院（*）、绍兴市质量技术监督检测研究院、丽水市质量技术监督检测院监督检验站（*）、台州市质量技术监督检测研究院（*）、金华市第一建材产品质量监督检验站（*）、湖南省化工产品质量监督检验站（*）、长沙市产商品质量监督检验所（*）、张家界市有害物质监督检测站（*）、山东省黄金珠宝玉器产品质量监督检验中心。

中外住宅装饰装修的比较

中国建筑装饰协会行业发展部　主 任　**王本明**

最早思考这个问题是在两年以前，当时受建设部的委托，由协会编制《住宅装饰装修工程施工规范》，当时很想借鉴国外发达国家的相关资料作为参考，结果是在国外根本找不到住宅装饰装修专业的法规和标准，都是住宅建设的标准、规范，换句话说，就是绝大多数国家不存在着专门的住宅装饰装修行业，那么这个在中国格外红火的行业在国外跑到哪里去了呢，国外又是如何进行住宅装饰装修的呢，这个问题将影响我国住宅装饰装修的未来发展方向，带着这个问题，进行了调查研究，并形成了一点体会。

一、中外住宅装饰装修的区别

要进行中外住宅装饰装修的比较，首先要对中、外住宅装饰装修的形式进行分析。

1．国外住宅装饰装修的基本形式

国外的范围很大，各国的发展水平极不相同，但在住宅开发建设与装饰装修这个领域内却比较一致，其基本形式大体如下：

对于新建住宅，无论是集合式群体住宅楼，还是独立式小住宅的装饰装修，全部由房地产开发商委托的工程承建商完成的，也就是我们所说的一次性精装修到位，其程度比我国的精装修标准要高，涵盖的范围要广，除对建筑物各表面进行处理外，配套的家用电器，必备的日常家具都是齐全有效的，人们购买到住房后，只需经过简单的挂摆、陈设就可以居住生活，在发达国家个别独立式住宅，也有由业主直接找承建商完成，如美国的独立式木结构住宅，其中业主也有需要自己动手，协助完成的住宅建设工程。

对于二手房（旧房）的装饰装修，这在国外，特别是发达国家，是构成房地产市场的主体，在不需要结构的改动及大量更新设备时，基本是由家庭成员自己完成，通过家庭成员的集体劳动，进行室内的装修、装饰，包括清理旧表面，重新涂刷裱糊等，如果工程量较大，也有聘请一、二名专业临时工帮助完成的情况。

对于住宅家居环境的日常装饰装修，完全由家庭内部自己完成，不论是由于家庭生命周期阶段不同引起的较大规模的装饰装修，还是为迎接节日等进行的局部装饰，都是由家庭成员自己完成。

2．中国住宅装饰装修的基本形式

中国住宅装饰装修可根据住宅的使用阶段及性质，划分为三种类型：

第一类是新建住宅的装饰，即由房地产开发、销售的新建集合式住宅，目前有两种状态，一种是自 1995 年开始的二次装饰，即开发商销售的是未经装修，不能居住使用的“毛坯房”，要由购房者或使用者自己组织装饰装修，其投资额对家庭来讲十分庞大，一般有包工包料和包工，部分包料两种具体形式。总造价占购房价的 1/4 左右。另一类是自 2001 年开始的住宅一次精装修，即由开发商组织住宅装饰装修。

第二类是二手房（旧房）的装饰装修，即通过置换，购买到的已经有人居住使用过的住宅，我国百姓一定要请专业的装饰工程企业进行设计、施工，目前有三种具体形式，第一种是包工包料，全权委托装饰公司进行设计，选材和施工，除装饰公司在组织采购材料时，必须由家庭业主确认之外，一段不参与工程过程，第二种是包工包辅料，住宅装修中的主料（即墙地砖，木地板、卫生洁具、厨具、门窗主料等）由业主采购，其余完全由专业装饰公司完成，第三种是只包工、材料完全由家庭业主负责，这种形式主要是有专业知识和一定装修经验的家庭采用。

第三类是家庭自住房的阶段性装修，我国一般也是请专业的装饰工程企业进行，同二手房装修形式基本相同，差的只是工程量，这种装修一般仅是进行表面的更新，由于家庭已经居住使用了很长时间，对原房缺陷理解较深，对装修装饰也具有一定经验，对装饰装修改造把握准确，所以工程量较小，工期也较短。

3．中外住宅装饰装修的主要区别

通过分析中外住宅装饰装修的基本情况，我们可以总结出以下几个主要区别。

第一是从总体上看，国外住宅建设中就包括了装饰装修，其新建住宅普遍实行的是一次装修，因此，住宅装饰装修专业市场的工程量很小，根本无法形成一个独立的行业，而中国住宅装饰装修市场的工程量很大，从事住宅装饰装修的企业很多，已经形成了一个具有特殊工程特点，相对独立的行业，成为建筑装饰行业中的一个重要组成部分。

第二是从专业化要求上看，国外住宅装饰装修主要是室内的陈设、布置，对建筑物基础结构的处理与施工很少，技术发展比较简单，特别是墙、地面的处理很简洁，是通过地毯、挂物等进行修饰，而中国住宅装修专业性很强，处理很复杂，特别是墙，地面的处理，不仅材质多样，而且已经形成了专业性很强的细部处理手法，如电视墙、文化墙等。

第三是从实施的方式上看，国外住宅装饰装修主要是由家庭自己完成，视家庭装修是家庭的隐私，很少让外人插手，因此，国外也有专业从事住宅装饰装修的企业，但主要是设计，在住宅装饰设计完成之后，家庭自己在市场上采购材料，按设计施工，而中国住宅装饰装修都是由请来的专业公司进行，很少有家庭自己动手的情况。

第四是投资量上看，国外专门用于住宅装饰装修的投资额普遍不高，豪宅装修的比例很小，因此从全社会看投资规模不大，从每个家庭看，住宅装饰装修的支出占收入的比重不高，主要的支出是通过购房的渠道，购房与装修的分界不明显，而中国的购房与装饰装修是两个界线分明的支出项目，分别由两个不同的商人收取，由于装饰装修的投资额度很大，由于更新的周期短，其周期性投资明显高于购房。

第五是社会关注程度上看，由于中国住宅装饰装修规模大，对社会经济、政治影响大，所以全社会关注的程度极高，不论是各级政府还是新闻媒体，都把此作为一项重要的内容，从管理、宣传力度上看十分强猛。而国外对家庭住宅装饰装修也有些指导性的刊物，但比中国这样的关注程度要低的多。

二、中外住宅装修产生差异的原因

1. 从消费者的角度

消费者是形成市场的主体，也是差异的根本所在，分析中外消费者在住宅装修方面的差异，主要有以下几点：

第一，从消费心理上看，我国消费者在消费中有从众心理及攀比心理，所以很容易形成潮流，在住宅装饰装修方面表现的就尤为突出，特别是自20世纪90年代中期房地产开发采取二次装饰的形式，人们必须进行装饰装修，在社会舆论的作用下，住宅装饰装修很快就成为人们主要的消费话题，以至在央行的调查中，住宅装修列在储畜目的第一位，第二位是子女教育，第三位是养老，这同国外消费者自主意识很强，消费心理十分成熟有很大差别。

第二，从消费习惯上看，虽然中国历来提倡简朴，但对待住宅却从不吝啬，历来就对住宅的环境给予高度重视，农民有了钱，第一件事就是翻盖新房，以至有“小康不小康，关键看住房”的理论，人们普遍把住房看成是地位、身份和财富的象征，所以格外的讲究，而国外普遍存在着浓厚的实用消费习惯，在住宅方面也是实用占支配地位，特别看重的是日用品的配置，因此装修得不到普遍重视。

第三，从消费能力上看，中国自改革开放后，经济发展十分迅速，人们的消费支付能力普遍大幅度提高，希望在经济条件允许的情况下，把自己的居家环境搞得好一些，特别是在住房私有化改革之后，对绝大多数人来说，是第一次拥有了自己的房产，就更希望自己的家庭环境档次高些，这是住宅装饰装修普及化的经济原因，据统计，我国私人金融已达11万亿元以上，其中有超过8万亿元是以银行存款形式表现的，而国外大多数国家，住宅私有化是始终存在的客观事实，人们早已习惯，并对此有较完整的理解，因此，也缺乏住宅装饰装修的热情，家居环境的质量水平已经比较满意，没有必要进行装饰装修。

第四，从装修消费的目的上看，当前我国购房有二种主要情况，一是为了居住，二是投资，通过购房置业，使自己的资本增值，特别是在大城市中，由于流动人口数量很大，这种情况相当普遍，在银行利率不断调低的情况下，很多通过购房置业，依靠租房回收投资的业主，必须要使自己的财产通过装饰装修保值、增值。

第五，从消费者的动手能力上看，中国消费者自己动手的能力差，中国有隔行如隔山之说，消费者对住宅装饰装修还普遍存在着神秘感，对自己的住宅装饰往往是一知半解或根本无知，所以很难自己动手，同时由于工作压力较大，人们在闲暇时间，不愿出大力气搞家庭装饰装修，结果就会推给专业施工企业。而国外人对人生活讲求情调，把自己动手装饰装修看成是一种家庭生活乐趣，从小就有相关训练，有一定的经验，自己成家立业后就会遵循这个习惯，自己动手完成家庭环境的装饰装修。

2. 从房地产市场上看

房地产开发商是构成住宅装饰装修业的另一主要成份，我国房地产市场，同国外有重大区别，主要包括以下几个方面：

第一，从供求关系上分析，我国房地产市场长期处于供不应求状态，特别是近几年随着我国经济的持续增长和城市化水平的不断提高，城市住宅建设速度赶不上需求的增长，形成房地产市场的火爆，呈现什么样的房子都能卖的奇特局面，甚至出现了卖楼花等现象，使房价不断升高。大规模的建设就形成了施工力量的不足，如果全部采用精装修的形式，同老百姓的需求有较大差距，为了全面适应市场需求，产生了二次装修房地产开发模式，把住宅建设分为结构施工和装饰装修施工两个区别鲜明的阶段，形成了巨大的住宅装饰市场。而国外房地产市场供求很长时间处于供过于求的现象，要求房地产商必须建造高质量的住宅才能销售，自然就排斥了专业住宅装饰公司。

第二，从行业发展阶段上分析，我国房地产业起步时间很短，前一阶段还带有很强的补偿性质，自20世纪90年代后期才得以正常运转，因此我国房地产市场处于初级阶段，房地产开发商从事经营的时间短，一般还处在资本原始积累的阶段，整个市场管理又不规范，再加上供不应求的市场，使我国房地产业处于高速发展的阶段，在行业高速发展时期，重视的是开发数量，忽视了开发质量是个规律性的问题，户型设计不合理，室内配置过低，也就形成了购房者为更能适应自己居住使用的功能要求，对住宅进行较全面的装修改造的局面，为专业装饰公司提供了市场，这同国外发达国家房地产业已进入成熟，稳定时期有极大的差异。

第三，从房地产开发商的素质上分析，在我国真正系统学习，深入研究和规范从事开发的房地产商的人数很少，行业整体素质不高，在市场急速扩张时，受利润的引诱，房地产商很难以打造自己的品牌作为根本目标，企业的短期行为强烈，诚信程度低，房地产市场上也普遍存在着欺诈购房消费者的现象，使得房地产商失去了消费者的信任，产生了极强的戒备心，不管是一次装修还是二次装修，只要开发商的素质不提高，不建立房地产市场的诚信自律体系，消费者就宁可自己多出力，也不能把装修交给房地产开发商，也是当前一个极为普遍的思想认识。这同国际大开发商具有良好的品牌，有极高的知名度和极强的自律意识，诚信经营，视客户为上帝有极大的区别。

第四，从房地产开发商的实力上分析，我国房地产商的资金、技术、人才实力普遍不强，特别是我国房地产商数量众多，市场存在着竞争，由于档次拉得不大，竞争主要体现在售价上和地段上，增加了房地产开发的风险，绝大多数开发商又是负债经营，企业压力很大，也需要尽快收回资金，加速房地产开发和资金周转的最好形式就是销售毛坯层，既可减少资本的占压，又有利于资本循环，减少市场风险，所以房地产商也乐于把装修交给消费者，既使不交给消费者，开发商自己在市场上寻找的装饰公司的标准就是能给多大的利润空间或项目负责人多少回扣，包括三无游击队也能进入房地产商的合作伙伴，其实力也很难满足购房者的要求。这同国际大公司资本实力雄厚，抵抗市场风险能力强存在极大的差距，也成为我国住宅装饰形成行业市场的一个重要原因。

3．从相关市场分析

形成住宅装饰装修行业，除消费者和开发商之外，还有其他的相关联市场的存在与发挥作用，也对住宅装饰市场产生影响，对比中外相关市场状况，也能分析出产生差异的原因。

第一是从建筑装饰材料市场上看，一方面我国装饰材料市场管理非常混乱，我国建筑装饰材料市场数量多，品种丰富，但存在着大量假冒伪劣产品和有毒有害材料，而且价格相当混乱，使消费者极易上当受骗，所以消费者愿意把采购材料交给有专业知识和识别技能的装饰公司完成。同时另一方面，我国材料市场上的材料施工性能差，专业要求高，缺乏消费者能够自己动手的半成品、成品组合安装施工式材料，材料、部品的模数、规格与住宅设计不配套，施工很复杂，也与国外材料的发展水平和市场的管理水平有很大差别。

第二是从住宅建设设计市场上看，我国住宅设计水平低的矛盾很突出，特别是在20世纪90年代末期以前设计的住宅，布局、流程极不合理，往往需要居住消费者进行调整和改动，这种现象目前虽然有了一定程度的改进，但距离发达国家“以人为本”，尊重使用者的权益，处处为使用者的舒适、安全、健康考虑的设计理念仍有较大的差距，特别是我国建筑设计师在工程中的地位比较低下，其要取决于房地产商，甚至是工程承建商的意志，很难实现设计意图，这同国外建筑设计师对工程承担的责任和发挥的作用相比，有质的差别，这也是形成住宅装饰装修市场的一个重要原因。

第三是从社会中介机构的作用上看，我国中介组织对房地产开发的监督、引导力度不足，介入的深度不够，使房地产市场不能得到有效的控制，以致造成市场的混乱，严重影响了房地产开发及住宅建设的质量，行业社会团体、金融保险机构等，没有在市场中发挥应有的作用，造成对购房消费者合法权益的侵害，也是消费者不愿购买精装修住宅，而要自己进行装饰，从而形成巨大的住宅装饰市场的一个重要原因，这同国际上有一个强有力的中介组织体系，保证建立起行业的诚信体系和公平、公正、公开的市场运行体系有很大差距。

4．从行业管理上分析

应该说我国住宅装饰装修很长时间以来就是行业管理的重点，但由于这个行业发展很快，相关的法规不健全，很多方面还显得十分滞后，加上国家指导政策的不稳定，在房地产行业管理方面，同国际水平有很大差别，这主要体现在以下几个方面：

第一是在房地开发策略的变化，我国房地产开发的第一阶段是实行精装修的住宅，但由于管理不力，使住宅开发的用料低劣，配置的设备、设施档次过低，人们要先进行精装修的拆除，然后再自主装饰装修，造成大量的社会和百姓财富的浪费，行业内反响很大，为此实行了二次装修的住宅开发策略，但由于没有配套的法规、标准，庞大的市场很快就失去了控制，拆改结构，野蛮装修等随之即来，又造成新的社会不满，引起了行业管理方面的注意，又再次提出一次精装修的住宅开发策略，如果管不住市场，不制定健全、配套的法规、标准，这个策略的推广也会走样，这与国际通行的以市场经济手段管理房地产行业，以一整套的市场运行规则操作市场，有相当大的差距。

第二是在管理部门上的混乱，长期以来，我国住宅装饰装修就由建设部门和轻工部门两家实施管理，多头管理造成了市场混乱，而且这个问题长期得不到解决，现在在建设部门内部，又将住宅装饰装修管理交给了房管部门，这就更引起了混乱，市场上流通着多种资质，都在市场运作上发挥作用，在住宅装饰装修施工企业中鱼目混杂，这就迫使购房装修者必须过多的参与，也就形成强大的社会舆论，推动了这个市场在社会上认知度的提高，也就形成了中外在住宅装饰装修上的差别。

三、关于住宅装饰装修业发展的几点意见

我国住宅装饰行业还在发展，并要逐步与国际接轨，我们在深入分析了中外住宅装饰方面产生差异的原因之后，可以看出，无论是从政治经济学、科学技术还是社会学角度上看，住宅一次性精装修将是我国房地产市场与住宅装饰市场的发展方向，也是同国际接轨的必然结果。为了保证其健康发展，对我国住宅装饰业的发展提出以下建议。

1．住宅装饰施工企业必须同房地产开发商联合

随着我国人民生活水平的提高和对住宅质量需求的变

化，住宅内部的装饰装修将成为专业性更强的行业，单靠房地产开发商或住宅装饰公司都很难实现这些需求，因此，根据我国的具体情况，必须走联合的路子，共同实现人民大众对住宅环境质量的需求。

第一是技术上的合作，住宅装饰装修要在结构的基础上施工，结构施工质量，为装饰装修所做的预埋件等的数量及质量，都会影响到住宅装饰装修的质量、工期和成本，因此在住宅建设的住宅设计、结构施工阶段就应该加强合作。

第二是资金上的合作，住宅装饰装修在不同的房地产开发楼盘有不同的资金运作形式，加强资金上的支持与合作，能够保证各方的资金正常循环与运转，从而推动合作的深度。

第三是服务上的合作，无论是房地产开发商还是装饰公司，都需要向购房消费者提供后期服务，很多服务内容具有很强的交叉性，因此，也必须加强双方的配合，才能为消费者提供满意的服务。

2. 必须用法规、标准保证住宅装饰市场各方主体的利益

随着我国住宅开发一次性精装修的推广，必须要靠配套的法规来约束各方的市场行为，靠标准来保证工程质量，使房地产开发商、住宅装饰公司和购房装饰装修业主的合法权益都得以维护，主要包括：

第一，市场运作的法规，标准，这主要包括管理方面的法规、标准。市场主体各方，如房地产开发商的管理、装饰公司的市场准入的标准及管理，工程的规范化运作与管理，各项经济利益维护与实现的标准与管理办法等方面的规范与标准。

第二，工程质量控制的法规、标准。这主要包括工程的技术质量与环境质量标准，包括设计标准、材料的选用与采购标准、工程的施工规范及验收规范等。

3. 必须建立起完善的住宅装饰装修市场运作体系

随着我国住宅建设的规模不断扩大，社会关注的程度会越来越高，必须建立起完善的市场运作体系，保证工程能够公开、公正、公平的通过竞争，使优势的住宅装饰公司能够扩大在一次精装修的市场份额，重点建立，以下三个方面的体系。

第一是工程的招、投标体系，这是市场运作中最主要的游戏规则，是防止暗箱操作，提高工程透明度，保证资源优化配置，推动市场有序发展的重要体系。

第二是工程的社会监督体系，这里包括社会团体、金融机构以及购房消费者等，这是保证工程规范化、科学化运作的保证条件。

第三是工程的质量检测、验评体系，这是对房地产商、装饰公司给予评定、审核、表彰的体系，也是促进行业健康发展，使优秀企业、工程和项目经理、工程技术人员能够提高知名度，扩大市场占有率的重要条件。

对于旧住宅（存量房）的装饰装修，也要采取对消费者给予教育、指导、消除在住宅装饰装修方向的愚昧和无知，扫除美盲，加强市场管理，规范准入制度，加大市场监控力度。

家庭装饰行业的产业化

重庆大鸟设计有限公司　首席设计师　**孔　翔**

一、重庆家装市场现状

近10年是重庆本地建筑装饰业迅速发展的10年，其中，特别是家庭装饰业，短短几年间，行业从无到有，日渐壮大成熟。首先，装饰企业总数达2000多家，直接从业人员高达10万左右，其中主营家装施工，有资质的企业100多家，兼营家庭装修有资质的企业500多家，有营业执照，未有资质、但从事家庭装修的企业近200家；其次，行业年工程产值在40亿元左右；行业年增加值为20%以上。这就是说，我市的家庭建筑装饰业已经是一个产值稳定，从业人员众多的庞大行业。

重庆直辖以来，本地整体经济水平的持续发展以及市民生活水平的提高，尤其是建筑业和房地产业的迅猛发展，使装饰装修的需求日益扩大，给家庭装饰业提供了持续、良好的市场前景。

据最新资料，我市城镇居民人均住房面积突破20㎡，达到中等收入国家水平。市民的住房已经基本告别了短缺时代，正由生存型向舒适型发展。家庭建筑装饰业正是这一转型的主要推动力量。同时，自2002年7月起，建设毛坯房的项目已不再批准，房地产开发与装修装饰业愈发密切。国内有部分城市已在尝试推广“房地产开发商与专业家庭装修公司联合开发”这一新的住宅开发建筑模式。

综上所述，无论从现状还是发展趋势来看，家庭建筑装饰业不仅是我市经济持续发展的生力军，而且有着良好的中、远期市场前景。

二、重庆家装行业面对的几大问题

家装业是近10年内在市场经济体制下发展起来的新行业，它的市场化程度极高，所有制格局体现为以民营和个体企业为主，多种所有制并存。因此在企业管理制度、质量控制体系等方面，家装业没有现存的模式可以参照，能够借鉴的多是公共装修管理中的部分经验。可以说完整的家装业营运模式尚在发展和完善之中。

另外，家装业又是典型的劳务密集型行业。特别对于农村剩余劳动人口，家装业是其实现城市化的重要途径。大量低教育水平人口的集中，必然使得从业人员素质参差不齐。

其次，家装施工中的成品化率低，手工制作所占比重仍然偏高。单项工程间的品质差异现象较突出。

目前，本地家装业的几个突出问题如下：

1. 施工管理水平低下，工程质量、完工时间难以保证；

2. 对客户的装修报价不合理，缺乏透明度。部分企业的报价中普遍存在欺骗行为；

3. 售后服务不及时，用户较难享受到完善、周到的维修服务。

三、家装产业化发展道路

家庭装饰服务是一种商品，它具有从研发设计、制造生产到推广销售的完全过程。如何向消费者提供合格的商品，我们在总结多年从事家装服务业的经验教训后认为，只有走产业化发展的道路，才是有效控制风险，使家装行业朝规模化、品质化发展的必由之路。

所谓产业化是指能够高效提供合格家装服务的一种科学管理模式。它包含以下程序：

1. 快速认识的沟通程序。

2. 专业的设计程序。

3. 透明、合理的报价程序。

4. 标准规范的施工管理程序。

5. 强大的物资供应程序。

6. 及时、周到的售后服务程序。

目前有很多相对规模较大的家装公司，在经营模式上、管理流程上都做了非常有益的探索，有效的在短时间内扩大了经营规模，取得了商业上的极大成功；同时，这些企业中很多也以通过产业化实现规模化经营作为宣传点，但是我们认为，其中真正能够实现产业化或者具备实现产业化的基础和基本架构、理念的企业还很少。当然，实现产业化也有多种途径，但目前很多专业从事住宅装饰的企业（包括一些商业运作非常成功的大公司）在经营管理中的手段和行为，有着非常明显的短期性和功利性，使我们不得不为之担忧。事实上，产业化是规模经营的前提，而不是结果，过度追逐商业利益使部分企业本末倒置，在规模化的表面下，隐含的是破坏性使用市场资源，对行业公信力的损害、对专业人才过于功利的不当使用造成优秀人才整体储备不足、行业技术进步停滞等后果，最终影响行业的整体可持续发展。

而要真正找到产业化发展之路的通途，必须解决以下几个行业核心问题。

四、必须解决的几个行业核心问题

1. 资源分散

目前的住宅装修业企业绝大部分都属于民营、私营企业，经营规模小、管理粗放，大多是从设计、工程管理、施工、材料供应到服务通吃的小而全的格局。其结果是不论人才、资本还是市场资源都处于极为分散的状态，效率低下且抵御风险的能力极差。只有实现横向的紧密联合，最大程度的整合各种资源，才能实现行业内部资源的优化配置，产生一批能带动行业发展、推动技术进步的骨干企业。而这一目标的实现，除了同业的自觉，政府在政策上的支持，行业管理部门和行业协会的引导也是不可或缺的条件。

2. 产业价值链条缺损和断裂

应该认识到，住宅室内装饰业作为住宅房地产业的下游行业，在其上游行业高速成长的时期与之紧密相关。同时，“住宅”甚至“家居”这一概念，从完整的意义上来讲，应是涵盖了建筑、景观、装修、家具、家居用品等多个环节的综合产品，对消费者而言，其终极消费目的是购买一个“家”，而不是一套“房子”。但目前这一产业链条的各个环节均严重脱节，除了各环节自身的成熟度——特别是装饰业——不够的因素外，观念的保守也是阻碍行业融合、链接的主要原因，更多的企业倾向于更稳健、消极的策略，即不愿轻易涉足非本专业领域以规避潜在风险，但却使整个住宅产业的宏观结构缺乏完整性，不仅造成资源浪费，同时也使产业整体发展面临阻碍，滞后行业（如装饰、配套服务等）的产业化道路变得更加漫长。

我们很清楚知道，服务业经济入侵制造业经济、产业界限整合等力量同时强迫公司进行激烈改变，并成为当前这一行业变革的主流方向。但是否同业都能意识到这一趋势对自身企业的含义，并放弃专业优越感积极顺应，则成为行业变革、发展的至关重要的前提。毕竟，占行业多数的民营企业的“老板”们，既是代表行业精英的宝贵的人才财富，同时也控制着众多分散资源。

同时，上游行业——房地产开发、建筑业——的积极态度，也是不可或缺的要素，而融合的终极目的，仍然应该是顺应市场需求。

3. 行业内的专业分工紊乱，产业内部结构不合理

大多数的装饰企业仍然是小而全的组织结构，7、8 个人的小公司同样需要覆盖营销、设计或研发、施工或制造、服务等多个专业领域的作业能力，其各环节的专业程度和平均实力可想而知。

作为成熟的传统行业，建筑业的设计、施工及工程管理、配套制造等领域分工非常明确，而与其极为相似的装饰业，合理健康的业态也应该是如此。只有实现行业内的资源整合、专业细分，行业的整体水平才有进步的可能。这就要求有远见、有魄力的同业精英，能学会放弃，而这种放弃，包括了对过往成就的放弃、对既得的短期利益的放弃，甚至包括对自身企业的绝对控制权的放弃，的确是需要莫大的勇气和决心的。

只有我们的行业真正涌现一批具有超强实力的专业设计

机构、专业施工企业、专业监理机构、专业配套制造企业，同时实现纵向的紧密合作，放弃小而全的落后作业模式，甚至是大而全的行业霸权主义理想，“产业化”才不会仅仅停留在愿望阶段。当然，这一必然趋势也是经过欧美、港台等行业成熟地区的事实反复证明的，人家的昨天就是我们的明天，不容置疑。

4．技术思想保守，工艺流程严重落后

在前面我们提到过，装饰行业的从业人员素质参差不齐、整体素质低下是我们必须面对的现实，这也是导致技术思想保守的重要原因。我们所能利用的人力资源极为有限，特别是在中层管理人员和一线技术工人的层面，每一个企业都感受到巨大的压力。大部分的一线技术工人都是来自于农村的“工匠”，受教育程度低，习惯于传统保守的作业手段，通常都比较抗拒先进技术和懒于学习。而大部分的企业领导在推行新技术、新工艺的过程中都会受到来自这一层面的重重阻力，并且多数选择妥协。因为，在这种状态下的变革必然会付出阶段性的代价，而实现变革所必须的对员工的教育成本不仅意味着金钱，同时也意味着时间成本和机会成本的付出。我们公司在2001年开始全面推行成品化的“整体家居”施工工艺模式，以及流程化、标准化的施工管理模式，但遇到来自公司内部甚至包括部分高阶管理人员的巨大阻力，同时遇到非常多的具体困难。我们付出的代价是：整体服务水平下滑、业务规模停滞不前、利润率明显下降，等等，一度我们也动摇过，但是最终还是坚持下来了，但付出的代价与回报显然是不成比例的。

那么，在每一个企业的体量、规模和绝对实力都不足以消解这种变革所带来的压力和风险、不足以抗拒当前的商业机会的诱惑的时候，这种变革当然的变得犹豫和迟缓。基于同样的原因，目前涌现的一些较大规模的企业，出于商业利益的考虑竭泽而渔，使中、小同业感受到空前的经营压力而更加无暇顾及长远。这种状态，无论在前面贯以多少个“产业化”，也同样对行业的真正可持续发展毫无价值，反而使急功近利成为普遍的行业心态。

5．缺乏行业标准和行业自律机制

不可否认，行业标准的缺乏是造成无序竞争、阻碍行业良性发展的原因之一。以设计为例，至尽为止都没有人事部门、劳动部门认可的、与室内设计相对应的技术职称，设计资质的审核仍然只能以相关专业如建筑、安装、工艺美术等专业的技术职称为依据，这对于室内设计业的独立、发展的现状而言显然是不合理的。其他方面也普遍存在相似情况。而这一状况直接导致行业秩序紊乱，因为缺乏一个相对客观的评介标准，从业人员、执业公司的水平泥沙俱下、鱼目混珠，许多企业凭借强势的媒体炒作、高速的规模扩张获得知名度及获取极大商业利益，甚至还未毕业、基本的见习期都没有的专科学生也堂而皇之的以“设计师”的头衔执业。最终结果是：服务水平差距惊人，消费者无法形成对行业准确的理性认知，对市场的消费信心造成打击，同时也对行业公信力造成损害，阻碍行业的良性发展。

而行业的自律机制更是亟待完善。根据国家的宏观政策：政府宏观控制、行业自律管理、企业自主经营，健康的行业秩序的建立和维护必然会成为行业协会的基本使命。怎样建立真正能做到扶优限劣、创造公平的良性竞争环境、避免恶性竞争的自律机制，并建立行之有效的约束、惩戒办法，将是行管部门和行业协会今后的重要工作。我们期待行管部门领导和协会领导能为大多数愿意在装饰行业长期经营、发展的企业创造一个公平的竞争环境。

五. 多向联合的创新经营战略及多赢局面的形成

除了行业内的资源整合、技术变革、流程改造、分工细化、结构调整等几个先决条件以外，多向的、跨行业的联合也是住宅装饰行业产业化发展不可忽视的推动力。

近两年来，我们一直积极地寻求金融业对住宅装饰产业的支持，试图通过对银行、保险公司及装饰企业、地产商的多向链接，促成真正的住宅装饰分期付款业务的推出，从而加快装饰行业内部的整合，拉动住宅装饰市场的增长，推动住宅产业的整体融合。

家庭装饰按揭贷款的推出，将给地产业、银行、保险公司、材料供应商、消费者以及家装企业自身带来非常大的利益。

首先受益的是消费者。银行的按揭贷款和正规家装公司的服务，使他们真正能够提前享受到快速、优质家装产品。

其次是材料商。家装业的产业化发展促使材料市场有序发展，抵制不合格产品。

第三个受益的是家装企业。他们的业务拓展得到银行的支持而变得前景广阔。自身的专业化程度在这一过程中也不断加强。

以银行和保险公司为代表的金融企业也是受益者。选择正规化的家装企业，使银行和保险公司对整个家装行业的评估有了可量化的依据，增强了开拓新业务的可能性。一旦家庭装饰消费纳入国家银行按揭服务的体系，势必使银行和保险公司的客户数增加，提高银行存款使用率，增加保费收入，在金融业的竞争中居于领先地位。

地产业也是受益者。装修企业的介入提高了开发商的竞争实力，减少了物管公司在售后维修方面的压力，使楼盘销量上升，加快投资回收速度。

综上所述，住宅装饰行业的产业化进程，在装饰企业具备基本的条件和愿望，市场需求具备基本的规模后，仍然有赖于政府和众多相关环节的积极参与、推动。

我们坚信，在有众多的装饰行业的企业家具备了迎接变革、长远发展的胆识，经济发展持续稳定，政府及行管部门高度重视、大力支持的当下，住宅装饰行业的产业化时代将很快到来。

加强家装市场管理 规范家装市场运行

中国建筑装饰协会常务理事　上海市家庭装饰行业协会副会长兼秘书长　**忻国樑**

上海市家庭装饰装修市场起步于20世纪80年代末，在90年代得到了蓬勃发展，近几年家装市场每年总产值120～150亿元，极大地促进了相关行业的发展。家装既是市民的消费热点，也成为促进上海经济增长的重要产业。近期来看，2001年1～10月份本市住宅建设总量呈上升趋势，住宅销售状况良好，住宅二级及三级市场交易面积呈大幅上涨态势，客观上更加大了对家装市场的需求。

可以说，家装既是消费的热点，新的经济增长点，又是目前消费者投诉的焦点。因此，加快家装市场管理体制的建设，尽快完善家装市场的运作机制，是加强家装市场管理，保障消费者权益，推动市场进一步发展的根本途径。

我认为，当前改革家装市场管理模式应实行管理的"四化"，即属地化、小区化、自律化和专业化。从管理内容来看，需要从完善法律法规、加强对施工企业的监管和家装中介服务市场的建设，以及有效引导业主等几方面着手。

1．改革家庭装饰市场管理模式

（1）属地化管理——市区联手，以区为主

长期以来，本市家装市场管理工作一直由市有关部门直接负责，各区、县建设行政主管部门的作用未得到充分发挥，各项规章制度不能落到实处，管理的力度、深度不够，使消费者和企业的合法权益无法保障。为此，根据家装企业分散、面广、量大的特点，积极探索建立"市区联手，以区为主"的新的管理模式，实行家装属地化管理，可充分发挥区、县建设行政主管部门的作用。将包括资质初审、投诉接待处理、资质年检、从业人员培训等在内的日常管理工作交由公司注册所在区负责，形成市、区两级管理网络。可通过成立各区县家装分会，配合建设行政主管部门负责辖区内相关管理工作。

（2）小区化管理——通过小区物业管理部门加强对企业的指导、监督

中国的大众住宅，过去是，现在是，将来也是以公寓式的集合住宅为主体。即使是完全个人购买的商品住宅，也只是整栋住宅楼中的一小部分。发达国家允许给私宅户主的极大自主权，在中国，这种自主权不能完全没有制约。家装时的结构安全、管线布局、住户隔声，以及影响住宅楼外观的阳台装饰、防盗铁栅、外挂物件等，都属于建设装饰的范畴，如听任各住户随意做主，就可能有损于公众利益。因此，我们在承认家装产品个性化的同时，还要看到家装行为有社会性的另一侧面。家装市场小区化管理的切入点正在于此。因此，在清理整顿市场的基础上，要根据《上海市居住物业管理条例》与房地产管理部门共同研究建立家装工程申报制度，使物业管理公司成为家装市场管理的基础单位。通过物业管理公司对进入小区的家装施工队伍的审核，把好进口关。如对进入居住小区的施工企业审核"两证"（营业执照、资质证书），对施工操作人员审核"三证"（身份证、暂住证、培训证）。另外物业管理公司在业主的报建过程中，要加强对业主的家装承诺条款的监督，特别是对自称由乡下亲戚、朋友等非正式家装施工企业进行家装的业主，应要求其订立家装承诺书。严禁业主破坏房屋结构等行为的发生。

（3）自律化管理——通过加强行业管理，强化企业的自律化管理

在对家庭装饰市场的"四化"管理过程中，加强行业协会建设是其中的关键一环。要在行政主管部门的统一领导下，以行业协会为直接协调部门，加强对施工企业的管理及组织工作。新的家庭装饰协会组建要有不同于以前的观念，要树立新的工作思路，如通过"行业公约"、"施工企业排行榜"、"信得过企业"等企业评选活动和对违规企业进行公开通报等办法，提高行业协会的管理力度，加强行业的自律管理。

（4）专业化管理——形成专业的家装市场管理队伍

随着管理工作的深化，应通过行业协会及各区、县行政主管部门合作，建设一批专业的家装市场管理队伍，要专门在行业协会内部设立三个委员会。

顾问委员会：将各区、县建设管理部门的相关人员及市有关部门的工商、税务等部门有关人员吸引进来，作为成员，帮助解决日常工作难点。

专家委员会：将本市从事家装研究的各院校著名专家、教授及人大、政协的有关人士吸引进来，就一段时间内的典型问题和市场上带倾向性的问题作为研究课题，找出问题及产生这些问题的原因及解决的对策（以利于协会决策的民主化、科学化）。协助制度先进的家装市场管理制度和相适应的行业公约及条例。

律师委员会：将有关家装行业的律师组织起来，学习业务，了解市场并发给相关证书，作为解决此方面投诉及司法工作。

在家装市场管理上，可任命一批（如1000名）社会监督员，发给任命书及监督证，专门举报违规现象等等。

2．加强家装市场法律、法规建设

依法管理是规范家装市场的根本。上海市建委自1995年以来，针对迅速发展的家装市场，会同市技监局、市工商局等制订了一系列规章制度，如《住宅建筑装饰工程技术规程》、《住宅装饰装修验收标准》以及《上海市家庭居室装饰装修施工合同文本》等，但从法律效力及监管内容上看，尚不适应快速发展的家装市场的管理需求。

目前，上海市已确定了家装市场统一归口管理的方针，这为进一步加强家装市场法律、法规建设奠定了基础。下一步应尽快对家装市场管理条例进行细化、完善，对家装的定义适用范围、企业资质条件以及相应的交易、定价、检测、投诉纠纷处理以及处罚赔偿等内容均应作详尽的规定。只有这样，消费者和企业才能做到依法行使权利，保护自身利益，同时行政主管部门也以此为据，加大对家装市场的监管力度。

另外，对于相应的检测、监理部门等家装相关机构的管理也要有法可依。因此，尽快出台、完善监管家装相关机构的规章、制度，是推动家庭装饰市场规范、有序运作的另一重要举措。

3. 加大对施工企业资质的监管力度

目前家装市场投诉及纠纷主要集中在施工企业的施工质量及建材质量等，为此必须加大对施工企业资质的监管力度，取缔企业挂靠现象，通过企业资质审核，对施工企业进行清理整顿，发现违规、违法现象予以处罚或取缔，以整顿市场秩序，规范市场运作机制，逐步恢复业主对家庭装饰市场及施工企业的信任度，促使行业健康发展。具体实施应着重以下内容：

（1）实行家装施工企业的资质审查与年检制度

要在条例中明确规定新办企业须持有《建筑业企业资质证书》、"立项书"才能申领工商营业执照，即把资质作为工商登记的前置审批条件，以杜绝市场中钻资质管理漏洞的不规范行为。

同时，针对现有的家装企业进行清理整顿。对已有"营业执照"无施工资质的企业，限期申领；逾期无资质企业，建议工商管理部门收回"营业执照"。对持有资质证书的施工企业定期审核，并推行企业资质年检制度，对企业的审核要与企业的质量纠纷及业主的投诉相联系，加强对施工企业的监管力度。具体企业资质审查建议由有关行业协会主持进行，年检则应由行政主管部门主持，以保证审核的独立性、公正性。

（2）推行企业操作人员的持证上岗制度

为提高操作人员的职业道德、理论知识和操作技能，促进家庭装饰工程质量的提高，应加强对家装企业操作人员的培训及考核管理工作，严格执行操作人员持证上岗制度，并建议将此列入审核施工企业资质的必备条件。

（3）制定施工企业的排行榜和定期资质审核及升级制度

针对当前家装企业发展不平衡的现状，着力培育若干个市场信誉好，经营业绩佳，且有一定规模和影响力的企业作为示范，通过推行"家装企业排行榜"引导企业积极提高工程质量同时结合定期的企业资质审核制度，建立企业的升、降级制度，即在资质审核的基础上，对施工企业评定不同等级，并确立相应的升、降级制度，对信誉好、质量佳、连续位列排行榜的施工企业可在年检中"晋级"，以不断激励企业提高施工质量，促使行业健康发展。

（4）建立违规施工企业通报及资质清理制度

首先，通过抓住违法典型，在本市建立违规家装企业通报制度，对经查实有违法违规行为的企业，通过新闻媒体或业内刊物定期予以曝光，告知消费者，保障业主权益，惩戒相关企业。其次，结合企业的资质等级升、降制度，对于违法、违规企业予以降低等级的处罚。最后，经多次处罚仍无明显改进，经有关主管部门批准，果断予以清理出局，取缔施工企业资质。

4. 进一步加强家装中介服务市场建设

（1）完善家装施工质量检测机构的职能

建立独立运作的质量检测机构，出具公正、公平的检测报告，作为施工企业依法赔偿以及对其实施奖、惩的依据。

（2）进一步发挥家装监理机构的作用

家装监理是规范家装市场、保证家装工程质量的有效中间环节。发挥好家装监理的作用，将极大地降低工程质量纠纷及施工企业的违规、违法行为，进一步促使家装市场有序运行。

首先必须加强家装监理机构或个人的资质管理，确保监理机构具有相应的技术力量；其次要加强家装监理机构或个人的独立地位的管理，家装监理机构不得从事相应的家装工程，以确保监理机构的公平性；最后通过对监理机构违规行为的惩处及清理制度，发挥监理机构对家装市场有序运作的监督、检验作用。

（3）完善家装操作人员培训机制

要确立合格的家装操作人员培训机构作为长期合作对象。该培训机构必须具备相应的教育主管部门颁发的办学许可证，由行业协会选中的合格的合作对象，经市建委等主管部门审批，并由行业协会监督该培训机构的教学质量，确保教学水平。

其次，在备选家装操作人员培训机构中通过试点及不断的教学质量检验，建立合理有效的培训机构挑选及替换机制，一方面促使教学质量不断提高，另一方面为培训机构提供长期、固定的培训生源。

最后，由市主管部门或行业协会组织家装操作人员技能等级考试，并定期举行。考试合格者由市主管部门颁发家装操作人员技能等级证书，作为上岗施工的依据。

5. 通过对业主利益的保护措施，引导业主进入正规、专业的家庭装饰市场

由于家装具有用户的公众性、经营的分散性、需求的多样性以及市场多元化的特点，而上海的家装饰市场一直是市场经济发展的产物，在这个市场上，客观存在着高中低档、青中老家庭、新建小区与老社区等众多的细分市场。不同的细分市场，存在着不同的市场交易成本。而另一方面，从事家装的服务组织也有“游击队”和“正规军”之分，其内部交易成本也有很大的差别，因此上海家装服务市场上的资源配置明显表现出“自觉地”按照市场交易成本与企业内部交易成本均衡原则进行着组合的特点。组合的结果，已经形成了多种交易形式并存的态势，并将随着市场容量、结构、消费偏好等多种因素变化的影响而互有消长。但是，应该看到，家庭装饰市场的发展方向是日益正规化、专业化，因此，要积极引导业主进入正规、专业的家庭装饰市场，具体可通过以下措施：

（1）进一步完善推荐合同文本及相关条款，促使业主对保障自身权益有章可循

上海市工商局、市建委 1997 年下达了《关于使用民用住房装饰施工合同推荐文本的通知》，并于 1999 年进行了修订，对相关条款进行了调整。但是从家庭装饰市场的发展来看，相当多的条款还需进一步修订和完善，以尽可能通过合同的法律效力保障双方权益，促使业主进入管理规范、专业的家庭装饰市场，摒弃“街头游击队”的不负法律责任的家装行为，利用完善的合同文本保障自身权益。

（2）加大对施工企业违禁行为的处罚力度，有效保障业主的权益

上海市建委 1998 年发布了《上海市家庭居室装饰装修管理暂行规定》，从具体条款来看，尚有部分条款要进一步细化，适应管理、监督市场的需要。在管理规定的修订过程中要逐步加大行业协会对施工企业的监管力度，同时针对暂行规定的条款中的施工企业的禁止行为，明确规定相应的处罚措施，以进一步保障业主权益。

（3）完善家装有形市场建设，为业主提供广泛选择、服务齐全的快捷沟通方式

家装有形市场是集咨询、设计、选材、价格指导、施工服务、质量监督、纠纷处理为一体的交易管理方式。从 1997 年以来，上海建立了 8 个家装有形市场，为业主寻找施工企业提供了方便和保障。为此要在吸取外地有形市场建设经验的基础上，进一步完善上海市家饰有形市场的建设，在对进驻市场的企业资质、质量担保等方面建立机制，为保障业主权益，提高施工质量提供制度保障。

同时，家装有形市场的建设和完善要进一步吸收新技术、新方法，如利用互联网技术为业主和企业牵线搭桥，形成有形和无形市场相结合的信息、服务沟通渠道，为企业和业主建立方便、快捷的信息、服务传递载体。

（4）探索家装企业保证担保制度，建立业主受损赔偿机制

通过探索建立企业保证担保制度，使业主家装过程中因施工质量受损得到一定的赔偿，为化解风险，维护业主的合法权益探索新的运行机制。如每年家装企业通过资质审查后，可实行到相关行业协会递交一定数额的企业保证金（具体数额可依据企业的注册资金及资质等级按一定比例提取），此项资金在行业协会中专款专用，作为企业与业主发生纠纷时赔偿业主损失的专项资金。随着企业资质等级的提高，可逐步减少企业保证金的提取比例，以鼓励企业提高施工质量，减少与业主的质量纠纷。同时可减少业主对施工质量的后顾之忧，不断进入专业、规范的家装市场。

企业保证担保制度的探索和建立，需要相关规章、制度的制订和完善，也需要其他管理机构、中介机构的密切配合。如企业与业主发生纠纷，须由质量检测机构出具相应的质量检测报告，以确定业主的受损程度及赔偿金额等。

试论家装企业的经营与管理

中国建筑装饰协会信息咨询委员会专家组成员　北京阔达建筑装饰工程有限责任公司董事长　**曹安闽**

第一部分　序

谈企业的经营与管理，这是一个很大的题目，如果再谈到策略题目就更大更广泛了，抛开教科书、讲义和那些经典论著，剩下的就仅仅是个人的看法与体会了。

今天在座的都是家装行业的业内人士，有行业的领导，有企业的经营者或管理者，也就是说，家装企业和家装行业的存在已是不争的事实。但是，家装作为企业来经营和管理就全国而言，时间还不是很长，就北京而言也不过四五年。家装企业从它诞生的那天起所面对的就是——没有现成的路可走，没有现成的规律可循，没有现成的经验可照搬，没有专门为家装企业如何经营与管理而进行的理论研究与论著。最初的家装企业的经营者或管理者，或曾经搞公装；或曾经搞设计；或曾经搞别的什么，但没有人知道家装企业该如何经营与管理。

小小的家装却包含了设计、施工、服务三大业务领域。如果说设计是家装的龙头，我们找不到专门针对家装设计的设计理论或针对家装设计理论的论著，设计标准、图纸规范一片空白。家装工程施工的队伍绝大部分是从游击队收编过来的，施工管理、施工组织、工艺规范、施工质量、材料、价格等等，既没有企业标准又没有行业规范，而我们所习惯的公装的施工管理和规范在家装的施工管理中又都碰了壁。甲方对造价和质量的挑剔无以复加，一年保修不再是拖欠工程款的借口，而是实实在在的服务保证。

是市场经济孕育了家装企业，它作为一种新的经济生活领域的经济组织，其经营与管理必然有其自身的特点和规律。家装业的开拓者们，一直在不断的摸索和研究家装企业的经营与管理策略，开拓家装发展的道路，我们只有也必须在找出家装企业的特点的基础上才能谈到探讨家装企业的经营与管理。

第二部分　从家装业的特点看家装企业的经营与管理

一、从家装的规模化、产业化看家装企业的经营与管理

家装是伴随着我国住宅产业发展和人民生活水平的普遍提高而产生和发展起来的。中国的家装业在国外任何一个国家也找不到相同或者类似的模式。最早从事家装的公司，相对于规模化家装企业而言，是以一种作坊式或沙龙式经营运作模式而存在的，它可以满足少量的或少部分消费者家装需求。当大量的商品住宅在短时间内集中的投放市场，造成家居装饰装修的需求量在较短的时间内呈级数递增时，作坊式或沙龙式企业远远满足不了市场的需求，要想克服供需矛盾，使更多普通人的家装能够享受到更规范、更便捷的设计、施工、服务，解决的办法只有使家装企业向规模化、产业化方向发展，规模化、产业化的家装企业以及支撑这种规模经营的规范化管理对于家装企业来说是生存和发展的关键。

家装企业要发展，需要规模经营和规范化管理。

二、从家装与公装的区别看家装企业的经营与管理

家装与公装同样都是进行室内装饰装修，现在我们已经习惯地把它们理解为非常不同的两个行业。但是起初我们对这个问题认识很模糊，很多人认为公装与家装的区别不过是工程造价的高低不同、工程数量多少不同等这样的简单区别。我们看到由正规的公装公司转为经营家装公司的企业似乎成功的范例不多，既不是项目问题又不是资金问题，更不是人员素质问题；我们又看到或切身感受到由公装公司转到家装企业的管理人员、设计人员和工程人员也很难适应家装公司的运作，这是什么原因呢？问题究竟出在什么地方？我们只能从家装与公装的区别和各自的特点中去寻找答案了。公装与家装有许多共同的东西，又有许多不同的东西，共同的东西模糊了我们的视线，不同的东西需要我们找到他们最根本的不同。

什么是家装与公装最根本的不同呢？从工程本身和最终产品上看他们有很多是相通的，从设计的角度看都是为了改变和创造环境，从工程的管理上看有相对的集中和分散，工程量的大和小，还有各种标准问题等等的不同，但这些都不是根本的问题，那么根本的区别应该是什么呢？我们认为有两点：

第一点，公装与家装的服务对象不同。

公装是对公共建筑——楼、堂、馆、所进行的装饰装修，服务的对象是集体、单位、团体、机构等；家装是对家庭居住空间进行的装饰装修，服务对象是个人或家庭。

第二点，资金投入性质不同。

公装的项目大多属于投资性的，是以满足经营和公共需求为目的的；家装是由个人或家庭自主进行的、以改变家庭居住环境、提高生活品质为目的的消费行为。

由于以上两点不同，派生出一系列的不同，如公共建筑的装饰装修由来已久，设计、施工标准齐全，规则、法规完备，甲方基本上是由内行人组成的班子；而家装既无标准又无规则，作为业主的消费者基本都是外行。公装甲方的投资心理和家装甲方的消费心理两种心理状况又有着巨大的不同。

如果家装是消费者个人或家庭的消费行为的话，至少我们要搞清楚这样两点：

第一，我们要搞清楚家装的甲方消费了什么；

第二，我们要搞清家装消费者的消费心态。

实际上家装的甲方是希望通过花钱来改变自己的家庭生活环境，提高生活品质，以达到使用、观赏和心理上的满足。其消费心态是希望这种满足感趋向于最大值，而消费支出又趋向于最小值。由于我国家庭住宅商品化时间不长，就普遍而言，购房者大多是首次置业且倾其所有，加之对装修及装修可能产生的支出的陌生，可能出现两个问题：

一是理想家居的梦想是什么样的不清楚，通过谁来实现也不清楚；

二是一个美好家居环境的梦想和费用产生了矛盾。既然家装是消费者改变家居环境的消费行为，目的是使家居环境具备使用和观赏功能并达到心理上的满足，那么作为家装公司的乙方就要有提供这种服务、满足这种需求的能力和水平，这种能力和水平是通过家装企业的经营和管理来实现的。

三、从家装企业的三大业务——设计、施工、服务，看家装企业的经营与管理

家装企业应该说是纯市场的产物，它具备着市场经济的一切特征，就目前家装企业的主流模式，又是十分彰显中国特色，很多业内专家都在说，发达国家几乎没有这样的模式，我们现在的家装公司包罗了家装的全过程，从设计到施工到维修，我们现在就从家装的三大业务来谈谈家装企业的经营与管理。

1. 设计

设计是家装的龙头，谈到设计，就要谈到设计师、设计风格等问题。

设计的标准化、规范化，设计师数量的规模化、作用的多样化是家装企业规模化的重要方面。

家装设计有很大的艺术成分在其中，具有很强的个性化，所以它必然是以作坊式或沙龙式的形式开始，即便是家装企业规模化的今天，也必然有这种形式存在的土壤。但是要想使更多的普通人能够享受到设计含量更高、功能性更强的设计服务，并满足社会化生产的要求，恐怕就不是一个个性化能够解决的了。社会化、工业化的生产，是以强调共性为基础的，但

是如何在一个个性化非常强的领域去寻找共性，也就是如何解决设计的个性与共性相融的问题，是使家装企业向产业化方向发展，使产业化的家装企业成为行业主流的关键。

其实这个问题从时代的角度、从社会需求的角度、从社会化生产要求的角度去考虑，我们是能够想通的，也是有办法解决的。环顾四周有类似问题的行业有许多，如服装业、建筑业、汽车业等等，都存在设计的个性和共性的问题，但这既没有阻碍设计艺术含量的提升，更没有制约他们产业化的发展。

要想在产业化的家装企业中解决设计的个性和共性的问题，首先要解决的是谁主导设计的问题。如服装业，是量体裁衣、为个体设计，还是在个体中抽出共性的东西，再根据时代的特点形成不同层面的风格，批量生产出来并销售供大多数人选择。也就是说设计的焦点是我为你设计，还是你来挑选我成熟的设计，表面看起来只是设计的原主张者的简单换位，实质却是它决定了企业是作坊式、沙龙式还是产业化的。但是由于家庭生活是一个非常私人化的问题，所以你来挑选我的成熟设计也绝非是一般概念的你来挑选我的设计。看看这些年家装企业设计的轨迹，展现在我们面前的是这样一些现象：某种风格在相当长的一段时间内一统天下，某种装饰也可以在某个时期内盛行一时；中式、欧式、现代化简约式等等，变来变去也跳不出这几个圈圈：一会儿说重装修轻装饰，一会儿又说重装饰轻装修。当我们慢慢体味的时候，可以发现这些变化是在一种无序的状态下凭着对市场的一种感觉跟着走，但是我们现在是想找到一个产业化家装企业的设计之道，如果说T型台加时装表演的出现是服装业解决个性和共性、艺术的私人性和生产的社会化、产业化的革命性标志的话，那么我们家庭生活的私人化与家装行业的产业化问题也是同样可以解决的，解决设计的个性与共性的相融问题也就找到了解决设计的产业化问题。

阔达公司经历了在设计上跟着感觉走的过程，在对产业化的家装企业的设计理论研究后，提出以人为本、功能为先；装修以共性为主、装饰以个性为主的家装设计理论，这个理论区别沙龙式的设计工作室的设计理念，也区别某些人的重装饰轻装修理论，它是产业化家装企业设计的根本理念，遵循这样的设计方针，才有可能使绝大多数设计师适应、并自如应对家装设计量的需求。如果不明白这些，家装三大业务的第一环，就可能制约企业的发展，也根本谈不上经营管理。既便是这样，阔达公司仍然认为这样的设计理论也只能针对现在这个过渡阶段，这个过渡阶段不会太长，家装产业一定要向着家居产业的方向发展，简约装修、个性装饰、品味家居应该是家居产业的设计理论。

2. 施工

工程质量是家装企业的生命，施工管理就是家装公司管理中最重要的一环。

一个公装公司的项目经理，可以胜任一个家装公司的工程部经理吗？我们以为不一定。从工程的数量上看，管理一二个工程和管理七八个工程可能没有太大区别，但是如果同时管理几百个在施工程，几千个保修工程，就不仅仅是量的不同了，量变到这样的程度已经发生了质的变化，也就是说管理的性质已经改变了。

一个规模化、产业化的家装公司的施工管理，不仅涉及施工组织、工艺管理、材料控制、工期控制、质量控制等几方面的问题，重要的是施工流程繁复、工程数量庞大、施工队伍水平参差不齐，如何保证工艺标准的一致性、施工程序的一致性、质量标准的一致性，甲方满意度的一致性，这些都是家装企业经营与管理的重要方面。解决的方法就是管理的标准化、信息化、数字化，把施工的每一个环节，严格明确程序、标准、考核指标，责任落实到每一个岗位，减少人为因素对施工管理的影响，建立严格的检查、监督、考核、培训制度，这是产业化家装企业施工管理的关键。

把工程质量看作企业的生命不能只作为一个口号，每一个劣质工程都是企业的一个负面广告。把企业的经营渗透到每一个工程中，无疑是开辟了第二个经营战场。

3. 服务

在谈到服务对于家装企业的重要性时，有人把家装企业喻为服务业，不错。我们的甲方是消费者，我们对甲方的服务过程，不是一次性消费过程，从设计服务到施工服务，再到保修服务，时间跨度十几个月，在这样一个时间跨度内完成对消费者的服务的确是一个复杂的过程。家装行业服务的内涵究竟是什么？应该怎么做？标准是什么？我想是我们每一个企业都在摸索的问题。

家装企业是纯市场经济的产物，具备市场经济的一切特征，它的服务就是消费者的需求，服务优劣的标准就是消费者满意度。遵循这样的原则，在服务的每一个环节，满足消费者的需求，周到、体贴、及时；高标准、高质量、高效率，让消费者的家装消费能够物有所值，甚至物超所值这恐怕就是家装企业经营管理的真谛。

每一个家装消费者都是带着构筑美好家居环境的梦想选择家装公司的，家装公司有没有满足消费者这种需求的设计能力、施工能力、服务能力，是需要练内功的，广告策划、营销手段、炒作等等，只可能有一时的效应，但是绝不可能成为企业发展的根本。家装公司的水平和能力，集中体现在家装企业的三大业务——设计、施工、服务上，即从设计水平、施工水平、服务水平上，从行业的层面上看，家装企业的这三个业务的水平都不太高，从家装企业纵向看，企业间水平差异较大，从地域看消费者的观念、标准和要求也不尽相同，因而家装企业如何经营、怎样经营、运用什么样的策略就必须因地而异，因企业而异，因时而异了。

现阶段中国家装企业的模式是中国特色的，一个家装企业的业务涵盖设计、施工、服务等诸多领域，我们的人员，包括从设计师到工人到各类管理人员，但是，这种模式是不正常的，这只是个过渡期，最终还是要象先进国家一样，设计和工程分立，建立专业化的设计公司和工程公司，甚至工程维修公司。

企业的经营者，在经营中首先考虑的应该是市场需求问题，有需求就会有供给，有供给就必然存在着经营与管理，经营与管理是企业运营的核心内容，这个核心内容之一就是战略目标的确定和策略的运用。但是一般经营者想的和做的最多的是策略问题，但是就策略论策略是很荒唐的，即使是几个绝妙的策略如果不是源于战略构想和战略需要，其结果也往往是昙花一现，最多也就是各领风骚二三年。

认清市场需求，明白企业自身现状，确定阶段性目标，是企业经营与管理的前提，也是运用经营策略的基础。经营是企业的根本，管理是对经营的支持，策略是经营的手段。同样的经营策略，不同的企业，不同的地域，不同的时机，就可能有不同的结果，所以经营者的策略运用必须审时度势，但是这也只是一个方面。重要的是要有管理的支持，没有管理的支持，任何经营和策略都无法达到预期效果。

简单意义上的管理，它的基点是对工作流程的控制，工作流程各个企业是不一样的，家装企业的工作流程繁复，繁复的工作流程只有一个目的，就是对经营的支持。由于企业间、地域间、发展程度间存在的差异，企业经营者就必须制定出阶段性的在某种工作标准和服务标准下的工作流程，目标就是最大的经营效果和最小的运营成本，这就是经营与管理所要追求的根本。经营不善的直接原因就是管理不善。

那么家装企业的经营和管理策略怎样制定呢？简单地讲，首先认清本行业发展的阶段，找出本行业的特点，明确本企业在业内的状况，再确定一个通过自己努力可以达到的阶段性目标，一个清晰而又简单的经营策略和管理程序就可以制定出来了，剩下的就是真诚、勤奋地去做，一丝不苟地把握好控制点，企业就没有不成功的道理了。

第三部分　从阔达公司的发展看家装企业的经营与管理

我前面说过，关于家装企业的经营和管理是一个很大的题目，以上我只是从一个侧面粗线条谈了谈自己的感受和看法。用一个偏方、一个公式或者一个什么灵丹妙药是搞不好一个企业的。企业的经营和管理一定是有法则的，是有规律可循的，我们家装企业也不例外。下面我就把我们阔达装饰公司几年来在不同时期采取的不同经营和管理策略简单地谈一谈，以供大家批评、指导。

一、选择家装，找准切入点

我们北京阔达建筑装饰工程有限责任公司是 1997 年元月注册成立的。当时的名称是北京阔达科技发展有限责任公司，主要经营项目是安全防范工程。这种工程属于公建项目中的单项专业工程，由于工程涉及安全问题，专业技术性很强，服务对象都是企业法人。大部分工程不是关系工程就是戴帽工程，而我们最不擅长的又恰恰是“公共关系”，因而极大的制约了公司的发展。

我们擅长什么？我们的优势在哪里？经过分析，我们认为我们的优势是管理，我们需要找到一个最终服务对象是消费者的项目。

1997 年 5 月，北京出现了第一个有形的家装市场。经过两个多月的实地考察和分析后，我们认为家装这个项目，市场需求量极大。虽然有几家公司已经做了几年，但没有进入家装市场，属沙龙式做法，不规范的游击队占了 95%以上的市场份额；进入家装市场的家装公司刚刚起步，各种标准和规范几乎还是空白，服务的概念和内容几乎为零，还没有出现品牌家装企业；客户对家庭环境的改变认识模糊，对家装市场和家装企业缺乏信任。当时流传这样的话：搞家装灰头土脸，能人不愿做，怂人做不来。

我们阔达公司自身的情况是人员只有三个，全部都是外行，外行到什么是大芯板都不知道。优势是我们都是学企业管理的，而且有一定的经验，擅长研究客户心理，服务理念和服务意识极强，更有着强烈的敬业精神和埋头苦干的作风。虽然到 1997 年的下半年北京已有几百家公司进入了家装行业，北京的强势家装市场已是店满谢客，但是机遇和挑战充满诱惑地摆在我们面前。

干！抓住机遇，迎接挑战。

在北京北郊四环路外的一个小型建材市场里，我们租下了 26 ㎡的摊位，于 1997 年 10 月 1 日开业了。

创业初期的艰辛自不必说。在经营上，我们经过认真分析，认为当时客户最关心的是工程质量和材料质量，最担心的也是工程质量和材料质量，因而我们提出了“永远以我们的真诚尽心地保护客户应有的权益”，这样一个经营方针。招聘专业人员，制定各种规范，一方面狠抓工程质量，严格把控材料质量，一方面把文明施工、安全施工的概念，用制度强制实行，落实在家装工地上。所有工地配置灭火器，垃圾装袋日产日清，禁止在工地食宿，工人统一着装，首先从形象上彻底改变了人们对家装公司的认识，工地不再脏乱差，材料有严格的标准，让我们的客户一到工地现场眼睛为之一亮，信心大增。一时间在我们的市场流传这样一句话：“门里的活找阔达”，这句话也成了阔达公司 1998 年的广告形象语。事实证明当时的经营方针是正确的。到了 1999 年初，阔达公司在北京市家装业的排名已经是京城“四小龙之一”。

创业之初最难的还不是经营策略问题，而是管理如何支持这种经营策略的问题。最突出的是改造农民工的观念问题。这里有一个故事，在装修我们的第一个营业场所时，由于我们是外行，算不清材料，就采取了包清工的形式。我们天天在工地上看，发现有经验的农民工用各种方式磨洋工。让他们去买料的时候，他们先是谈价钱，然后买回来的料又多、且质价不符。包清工不行，就改为包工包料，问题就更多了，农民工不但偷工而且减料，搞得我们哭笑不得。在后来与他们不断的接触中，有些农民工语重心长地对我们说：你们是外行，你们不懂家装，不懂我们手艺人的历史。做这种手艺活，不偷工减料怎么可以挣到钱呢。后来我们终于意识到，工程质量要抓上去，仅靠规定、监督、罚款等等是不能从根本上解决问题的，重要的是要改变他们的观念，要把企业怎样能赚到钱的道理和他们算清楚。于是我们很快在公司里特别是在施工队中展开了“不偷工减料能不能挣到钱”的大讨论。这场讨论历时五个月，结论是不言而喻的：家装公司，不偷工减料，靠严格的管理，靠精打细算，靠高质量的施工和服务，同样可以挣到钱，而且能挣到更多的钱。这批工人中的优秀者，开始明白了这个道理，他们真的开始在和自己的传统观念反反复复地抗争中去这么做了，而且做得一天比一天好。当年的50多位工人，现在已经发展到了几千名工人的庞大队伍，最早的50多位工人中如今有半数从工人到工地领班、到施工队长、直到如今的阔达公司工程部的工程监督。他们通过学习和考核拿到了市建委颁发的各工种的上岗证。家搬到了北京，孩子在北京上了学，大多数人买了汽车；手下少则几十人的队伍，多则几百人的队伍。是的，他们挣到钱了，阔达公司的工程质量一年一年的直线上升，如今被誉为京城家装质量第一品牌。

阔达公司是靠质量起家的。在当时京城百姓最担心家装质量的时候，经营方针和管理策略及时地打出了质量牌，竖立了良好的形象，铸造了真诚的信誉。

二、功能主义设计理念及其产生的根源

1999年下半年到2000年，特别是2000年，是北京家装企业关键性的一年。各个家装公司普遍展开了广告攻势，塑造企业形象，扩大企业的知名度。一些企业也在不断寻找企业经营与管理的新策略。阔达公司也同样遇到了经营中的许多新问题。

家装工程和公装工程一样也是设计领先，但是家装公司的“设计领先”又多了两层含义。

首先，家装公司的设计师是多种角色的集合体，它的第一角色不是设计师，而是业务员或推销员，设计过程实质上是工程的推销过程，那么设计的含量就直接表现为业务量的大小，这不仅和公司的产值有直接关系，而且和设计师本人的收入有着更直接的关系。几年来家装设计中那些繁复的设计，毫无道理的装饰堆砌大行其道，有几分是艺术的需要，又有几分是经济利益的趋使呢？我想恐怕是后者多于前者吧。

其次，家装公司的设计水平靠什么体现呢？或者说用什么标准衡量一个家装公司的设计水平呢？我们在前面已经说过，家装行业是中国所独有的，在我们投身家装事业的时候，确实找不到指导家装设计的理论，也没有衡量家装设计的标准。也就是说，当家装设计理论的研究还无人关注时，当绝大多数家装公司和消费者都搞不清设计水平高低、设计好坏的标准时，设计的繁复、装饰的堆砌，在某种意义上就成了设计好、水平高的标志。追求繁复的设计，尽力在家装设计中增加似是而非的这样或那样的装饰装修，也就成了几乎每一个设计师和家装公司的追求了。

可是对于家装消费者来说，应该得到什么样的家居环境？我们的设计师为消费者所设计的家居，就是他们所需要的吗？他们为那样的设计而支付的工程费用真的是物有所值吗？很多次我在验收的工地上看着令人眼花缭乱的家居，不能肯定的告诉我自己这就是消费者需要的。

当然，造成家装设计的繁复和堆砌，除了家装公司和家装公司设计师的利益趋使外，还有以下因素：

一方面是设计师主观原因。家装公司设计师学历低，专业水平及艺术修养贫乏，年轻幼稚，缺乏有一定品味的生活的体验，对于家居环境可能给生活方式带来什么改变没有任何意识，难免造成在设计上抄袭仿效和装饰的堆砌。

另一方面是来自客户的客观原因。我们的消费者在住了几辈子、几十年小平房和筒子楼后，突然一下子有了厅、厨、卫齐全的大房子，一下子还不知道它应该是什么样，他们能够仿效的就是楼、堂、馆、所的装饰，豪华、时尚可能是他们用的最多的形容词。我们的家装公司和家装公司的设计师们正好迎合了消费者的这种心理。

但是，几年下来，当家装消费者看腻了满屋的榉木，看烦了千家一面的背景墙、玄关、吊顶等等当时让他们和别人羡慕的装修后；当他们越来越多的了解家装知识和设计与家居生活的关系后；当各种媒介和宣传让他们不断提高欣赏品味后，家装消费逐渐发生了变化：

消费者的消费心理越来越成熟，家装的知识逐渐丰富，装修的品味越来越高，流行风格越来越模糊，消费者不再盲目追求繁复装修。但是我们的家装公司是否意识到了这一点呢？是否意识到这些可能给经营造成什么影响吗？

这里我还想说一件给我很深记忆的事。

也是在我们公司的一个竣工工地上，同楼里的一个邻居来参观，里里外外看了一遍后一边赞不绝口，一边询问造价，当得知是4万多元时，愣住了，少倾居然流下了眼泪，细问之下才知，她的房子是同一户型的，找了另一家装饰公司也刚刚装修完，造价是7万多元。相比之下，她觉得差距太大，做了许多根本没什么用的东西，做完了效果并不好，钱花得太冤枉。而当时接受这个设计，完全是在一种虚荣心理下迫于设计师的压力。

我们的家装太需要一个设计理论给予指导了。

我们需要知道家居装修的根本目的是什么，是单纯的美化环境，还是通过环境设计创造舒适、便捷的家居生活？我们究竟要使我们的客户通过装修得到什么？是花了大钱，得到一些不知道做什么用的东西，还是为他们提供一种家居环境，让家居使用者自己去感知和创造家居生活？2000年阔达公司家居艺术研究院提出了“功能主义”的全新家居设计理念。

家居设计的功能主义理论，主要是围绕家居生活的物理环境设计、功能环境设计、装饰环境设计和心理环境设计四个方面展开，使家装的消费者从华而不实、缺乏实用功能的家装模式中解脱出来，在有限的空间里充分享受到家的温馨和舒适，其精髓是“以人为本，功能为先”，特征是“简约实用，舒适便捷”。

功能主义的家装设计理论，不仅仅只是对家装设计理念的一种定位，对这个理论的诠释，可以解决家装企业产业化中关键一环，即个性化的家装设计如何适应家装企业的产业化问题，也就是我们在前面说过的，让家装的消费者来选择我们的成熟设计，有了理论指导。

以上我们谈了许多设计问题，所有这些，表面看起来是设计问题，实质是家装企业的经营问题。

三、质量控制的关键是解决观念问题

创造一个美好家居环境，仅靠一个巧妙的设计是远远不够的，它还需要高质量的施工才能得以实现。优良的施工工艺和科学的质量控制是功能主义家居设计理论中的重要一环。

阔达公司在进入家装行业之初，就是把狠抓质量作为切入点。

提高工程质量，或者说进行工程质量管理，可以有各种方式方法，有各种管理制度，有各种程序控制，这些都是必要的和必须的。但是任何一个规定、制度、办法都是靠人来执行、操作的，所以人是管理中最重要的因素，因而解决人的问题是工程管理的首要问题。对于家装企业来说，解决人的问题，不是解决人的数量问题而是解决人的观念的问题，是解决企业经营者、管理者的观念的问题。为什么这么说呢？其一、建筑业内历来就有一个说法：十个工程九个病，工程想没有质量问题是不可能的；其二，我们家装企业的工程质量管理人员，监理也罢、巡检也罢，都是企业的管理人员，那么他们代表谁？代表家装公司、代表施工队、还是代表消费者？

我们认为解决观念问题就是要从观念上解决两方面的问题。

第一、家装工程质量的控制，必须标准化、数字化、程序化、制度化，工艺质量标准规范，材料品牌质量严格统一，施工工人专业化，严格培训、严格管理，按统一质量标准进行竣工验收，而不是以客户满意为验收标准。

第二、家装公司的质量管理人员，应该是客户利益的代表，只有他们站在消费者的立场上，真正为消费者利益着想时，为消费者利益负责时，才能把住质量关。

解决观念问题是解决质量问题的根本。

第四部分　从利润空间看家装企业的未来走向

随着北京家装企业的规模化发展和市场竞争的日益激烈，各个家装企业的形象塑造投入不断加大，施工工艺标准不断提高，材料品质不断提升，服务向深度和广度上不断延伸，人力资源投入不断加大，所有这些使运营成本迅速提高，企业的利润空间在迅速缩小。在这种情况下家装企业必须重新审视家装企业的利润组成，找到新的经营策略和管理模式，否则势必被市场所淘汰。

首先，目前的家装企业，是设计、材料、施工、售后服务为一体的经营模式，剖析这种经营业务链条后，我们发现实际上绝大多数家装企业毛利的实现，仅仅来源于收取的施工管理费。随着企业正规化程度的提高，管理费用大大增加，利润空间必然被压缩。家装行业的三大业务领域——设计、施工、服务，我们只掘取了其中一项施工管理的费用。设计是龙头，设计环节的成本极高，劳动创造的价值也极大，但是我们却分文未取，当然这种现象的形成也有其深刻的社会背景和历史原因。如果家装企业认识不到这是一个极大的损失，没有改变这种状况的策略，企业的竞争力将受到限制，将继续损失很大一块利润空间。但是收取设计费目前还存在着一些困难：一是从家装诞生起，我们就把免收设计费作为一种优惠，把免费设计作为一种吸引客户的服务手段，几年的这种经营方式做下来，免费设计对消费者来说已经成为根深蒂固的消费观念，我们首先需要解决的是扭转消费者的观念，通过宣传和舆论导向让消费者逐步认识设计的价值和有偿设计对家装设计的重要意义。二是我们应逐步调整和完善家装企业内部经营和管理机制，建立收费设计所需要的工作程序和设计标准，让消费者所得到的家装设计真正能够体现出设计的价值。当然家装公司现行的经营和管理模式，设计标准，服务内容及标准，均不能满足收费设计的要求，家装企业的经营者在让消费者转变观念之前先要改变自己的观念。

家装企业能够实行有偿设计，它的真正意义不仅仅是增加了企业的利润空间。家装的收费设计对企业形象、工程质量、服务水平都将有全面的提升。企业也将进入一个更高的经营层面。在这个层面上实现家装工程价格的回归，让质价相符。

其次，已具规模的家装企业，材料的组合和配置，在保证材料的品质、降低材料成本的前提下，形成有一定规模的物流配送，在占工程总额 35%～40%的材料费中，可以获取一定份额的材料利润。

再次，规模化和产业化的家装企业，还有一个显著的特点，这就是分工更细，专业化程度更高。在过渡阶段，就需要整合家装相关行业的资源，搭建有效的资源配置的合作平台，不但能够提高施工过程的服务品质，深层次挖掘服务内容，而且还可以在合理配置和经营过程中形成新的利润点。

最后，我们前面谈到，当家装工程过渡到家居工程时，家装的共性与个性的相融的问题将得到解决。私人化的品位空间和生活方式，取决于家居产品的整体设计，个体设计产品的高制作费用和定向生产总量的最大化，不但解决了风格独有，而且也降低了费用，从而解决了私人化虽风格精到，但费用不高的问题，生产的社会化问题也就迎刃而解了。换句话说，家居产品的整体设计，订单式制作，定向式供货，将是家装企业的未来走向，在这样的工作链条中，家装企业将再形成一个经济增长点，这就是定制产品的商业利润。

总起来说，家装企业的利润空间是可以延伸和扩展的。目前我们能看到的就有 5 类：施工管理取费、设计取费、材料取费、相关资源整合所产生的利润以及定制产品的商业利润。但首先要做到的是家装企业的规模化，而且设计要成为家装企业的主导和龙头，才能由家装工程过渡到家居工程，这种利润组合才能实现。

家庭装饰误区探讨

陈晋楚

10 年前，家装只是少数人的一项高档消费，今天已经成为城镇居民的普及性消费。

10 年前，人们对家装处于朦胧观望状态，政府采取的手段是引导消费。如今虽已进入千家万户，但对百姓来说却仍处于扑朔迷离状态，少数经营者有意无意对居民进行误导消费。

10 年前，材料市场与劳务市场分离，劳务大军被称为“马路游击队”，存在不安全因素，曾经出现过骇人听闻的恶性事件。如今，有了所谓“有形市场”，材料与劳务合一，劳务大军被有形市场包装成市场施工队。此举虽说是给居民增加了经济负担，但愿从此可以保证质量，保证安全，保证合理价格。不过近年来，消费投诉家庭装饰仍然排在第二位。

于是乎，一计不成再生一计。如今家装市场又抛新招。他们已经感到“有形市场”并不能真正做到“明明白白做家装”，并不能真正做到保证质量，价格合理。过去所谓的“马路游击队”，虽然被有形市场包装起来，但仍然改不了“游击”习气。殊不知这种有形家装市场也是一种商业行为，难免良莠不齐，鱼龙混杂。所以，粗制滥造，偷工减料在所难免。

如今有家庭装饰监理公司的举措。此举一出，恐怕受害的仍是消费者——要不就交出占总造价 5%的监理费，否则，一旦出了家装纠纷，将投诉无门——谁叫你不请监理公司！

其实，今天的城镇居民为了装饰自己的居室，已经是苦不堪言。找“马路游击队”，怕不安全；找家装市场，所谓的设计人员喋喋不休的向你推荐各种高档材料，展示眼花缭乱的设计图纸，最后成了他们的俘虏，任其摆布。此外，如果住在小区，还要受物业管理公司的约束，写各式各样的保证书，交各种各样的押金……真是花钱找罪受。

家装是居民自己的事，装好装坏，装成什么样，只要用户自己满意，旁人无须指手画脚。不过在市场经济大潮中，为了防止一些家装经营者在利益驱使下伤害消费者权利，对当今家装市场出现的一些不健康现象作一剖析，以供正需要做家装的居民参考，并与业内人士探讨，应该是有益无害的。

目前家装存在的普遍不健康现象大致有以下 8 种：

包、套、罩、吊、凿、照、要、冒。

“包”是建筑装饰的手段之一，许多公共装饰工程，设计师为了装饰风格对称，采取包假柱、包假梁等措施。“包”要做到恰如其分，恰倒好处，不是什么部位都要包起来。不恰当的包会造成经济上的损失，装饰风格上的不协调，使用上的不方便。目前家庭居室装饰流行一种见“管”就包的风气。厨房的上水管、下水管、煤气管包了起来，卫生间的上下水管包了起来，房间的暖气管也包了起来。这些功能性的管子是不应该包起来的。水管、煤气管需要经常维修、检修。特别是公用下水管，是几层房子共用的，只要有一家或一个部位堵塞，就会殃及这一条线上居民的生活，就要一层一层检查。如果其中有几户将下水管包了起来，为了检修，就只能拆除。这种情况在生活中经常发生。暖气管一般是上行下供热，主管通往顶层，再逐层往下供暖。这根主管道通往各家各户，同样起散热作用。如果把它包了起来，这一部分热量被包住了，散不出来，而且会因热胀冷缩引起包裹材料的变形、开裂、起翘，反而影响美观，真是得不偿失。

管道的作用主要是发挥功能作用，达到水通、灯亮、气顺、供暖足。安装管道也很讲究横平竖直，并非杂乱无章。在装饰中，凡是属于有存在价值的东西，可以说本身就是艺术品，一律用石膏板或胶合板包起来，反倒显得呆板。

装饰应该提倡该露则露，该掩则掩。柜子是用不透明的材料做门掩饰的，多宝阁、博古架是敞开的，如果也做门，就不成为多宝阁了。

建筑本来就有各种流派，有装饰派——认为“建筑就是装饰起来的遮掩物”；高技派——主张反映最新材料的“机器美”。

“套”是指门套、窗套。做门窗套除了增加装饰性，还起到保护窗口和门口阳角的作用。这是一项有价值的举措，目前在包门窗套方面也出现了一种不合理现象——“以套代框”。什么是以套代框呢？就是将已经做好的门框拆除掉，重新用大约 2cm 厚 3cm 宽的木板条做龙骨，上面加一层密度板或细木工板（大芯板），表面再贴一层 2.7mm 厚的装饰胶合板，在另一侧加一条三合板或五合板做的“止口线”。这种做法从外表看很有整体性，可它的内在质量已经遭到破坏。

“门框”是房屋建筑固有的部件，它用合页与门扇相连，与墙体紧密结合。一般在墙体上都预埋经过防腐处理的木砖。木框用 10cm 长钉子固定，显得特别牢固。门框一般用实木（松木或硬杂木）50mm×90mm 的方子做成。止口线是在整块方子上刨出来的（俗称起线），不是另加的，整体性特别强。

现在一些装饰工程队把原来属于门框、筒子板和贴脸三个不同的项目合并为一个项目统称为“门套”。这种做法在公共装饰工程上无可非议，因为公共装饰工程更新改造周期短，一般三年五年更新一次，是属于投资行为。家庭装饰是一种个人消费行为，不可能三五年改造一次，因此应该按规范施工，即门框、筒子板和贴脸三个部分来做。那种破坏原来门框，改作“门套”的做法是不妥的。对于用户来说简直是被愚弄，花钱买破坏。

“罩”指暖气罩。暖气罩的作用是将暖气炉片罩起来，不让金属暖气片暴露在外。暖气片该不该罩起来也是值得探讨的事。暖气片的作用是将热源通过金属柱散发出来，起到室内取暖的作用。暖气片设置多少是设计人员精心计算出来的。房屋面积的大小，日照长短，墙体的保温性能与暖气片设置的多少是有直接关系的。因此暖气片安装应该符合设计要求才能达到设计规定的散热量。做暖气罩把暖气片罩起来，尽管留有一部分散热口，散热量至少减低 25%～32%，尤其是暖气罩不开对流口的，截热量更大。

例如一个房间标准设计的散热器数量为 16 片，由于安装特性不同，散热量也就不同。所谓“安装特性”，即安装方式与暖气罩制作形式的差别。散热器安装在墙面上，双面加暖气罩，暖气罩子前面、上下两端有空气流动口，流动口是敞开的，那么，由于加了暖气罩而减少热量 25%，如果要达到原设计要求，需增加 4 片暖气片。如果在流动口上加格栅式网状物，则热量减少 32%，需增加 7.5 片暖气片。如果不留对流口，那么截热量会更高。所以说设计本身没有考虑安装暖气罩，在装饰的时候就不应该安装暖气罩。

不想把暖气片暴露是考虑到它不美观，认为破坏了室内装饰气氛，其实这是一种偏见。暖气片的作用是供暖，首先应该考虑的是其功能发挥的如何。减弱了它的供暖效果，就达不到供暖的作用。暖气片的设计并非不雅，市场供应的电暖气就依照四柱暖气片形式设计的，人们并不厌恶它的形象。历史上西方国家贵族人家在客厅砌壁炉以取暖，现在没有了。可我们有少数家庭仿造壁炉以示欧式风格。这种做法也不宜人人攀比。

“吊”就是吊顶，也叫吊天花。公共装饰吊天花很讲究，因为它的室内空间相对较高，一般超过 3m，大堂就更高，可达 4m 以上。家庭居室的层高在 2.5m 左右，身材高的人举手可以触及天花板。这样的房间如果再吊顶，就会使本来就不高的房间显得更加压抑，因为吊顶一般都在 10～20cm 左右。

有一种不被人们注意的现象需要给大家提示一下。我们购买的商品房有一个共同的特点，就是它们不是独立的房屋。意思就是，你所购买的房子的地板只有一半属于你，另一半是下面一层的房顶；而你的房顶上面的一半是上一层的地板。同样道理，你和邻居相连的墙壁也是只有一半是你的。另外，各种管道、供暖设备也是相互连通的。所以你买的住房并不是一个独立的房屋，而是真正的意义上“不动产”——只能使用，不能变移。了解这一特点，就会知道我们在对自己的房屋装修时会有许多限制条件。就拿吊顶来说，要在天花板上打眼，预埋金属胀管螺栓（4cm 深）或用射钉将铁件钉在混凝土楼顶板上（3cm）作为龙骨吊挂件的固定点。高层楼板是现浇的，楼板厚度 8～12cm，金属胀管螺栓可以深入楼板的一半。如果楼上住户在地板上安装双层木地板，也要用水泥钉固定龙骨或是铺地砖，这样，楼板的强度将大大减弱。所以说，不论从保护建筑物还是改善生活环境来说，吊顶都是值得斟酌的事。

“凿”现在做家装都要求电线是暗装的。老房子灯位都为明线，新房子基本是暗线。但从用户的使用功能要求，原有灯位、插座、开关都不够使用，因此要增加、改装。于是便凿墙、凿地。有的施工人员图省事，在墙上薄薄开一条槽，将电线直接铺进槽内抹灰找平。这是严重违反电器安装规范的。非做暗线，必须将电线穿入金属管内。

电线是否一定要暗装？20 世纪 80 年代，北京饭店客房改造，我参加了来自世界多个国家的样板间制作。其中有一家当时西德公司就不做暗线，而是在客房内装一条 40mm×80mm 的金属腰线，灯具、开关、插座都装在腰线上，既实用又美观。有的线管走在踢脚线内，也很隐蔽。如果要在天花上走电线，也可以用木线或石膏线来装饰成浮雕图案。总之，装电线不一定非要凿墙凿地，要知道任何一种剔凿对建筑体都是有害无益。特别是大板墙，绝对不允许破坏保护层，这是有严格规定的。

有一种圆孔轻质墙板，我曾亲眼目睹工人在上面开一条斜槽，把圆孔斜切一刀，好象切藕片把一排圆孔全部切断，连一层玻璃布骨料也切断。尽管不是承重墙，但这种做法也很危险。

“照”如今的灯具已经不再单纯的起照明作用，而是一种装饰，称为灯饰。城市现在讲究亮起来，有些家庭也讲究亮起来。市场上也为居民们提供了千姿百态的灯饰，有人还嫌市场供应的灯饰不够新颖，自己动手制作别具一格的灯饰，这些都对改善居住环境起到一定作用。

灯饰再华丽它的基本功能仍是照明，可有些灯饰已经发挥不了照明作用，只剩下了好看。各种不同功能的房间安装多大照度的灯具，这是有科学要求的。有些家庭的耗电量远远超过了使用要求，可照度却达不到使用要求。一般住宅建筑照度推荐值为：

房间或场所	推荐照度（Lx）
厕所、洗浴室、电视室	5
卧室	10
厨房、浴室	20
客厅	50
书房阅读室	75
学生学习室	100

什么是照度（Lx）呢？就是所装灯具的瓦数，除以距离地面以上 0.75m 之间的高度的平方数得出的数字。比如所装荧光灯为 60W，灯管与桌面（一般为 75cm）之间的距离为 2m，则 $60W\div2^2=15$（Lx）。以上是直射照度，如果是斜射，则灯管与照面之间的距离会比直射距离长，因此照度相应减小。

现在许多家庭安装装饰灯具数量很多，还有的安装吊灯，很华丽，但不明亮。特别是有学生的家庭，常常在昏暗的灯光下学习，天长日久，发展成近视眼。

从事家装设计的设计人员应该对用户负责，除装饰设计外，还应按科学要求设计照明布置，这样才是一个完整的设计作品。

“要” 实际就是装修的定位，要什么不要什么，有舍有取。住户对自己的家用物品，不管有价值无价值不加选择的什么都保留，一味增设橱柜，造成居室家具拥塞，相对减少了人的活动范围，违背了以人为本的装饰原则。

装饰是为了改善人们日益提高的生活、工作环境所做的必要投入和有效活动。而这一切无不是与人发生直接关系。可是有些家庭偏偏忘掉了这一根本原则，走两个极端，把家装变成了杂品库或展览室、陈列室，使人的活动受到了限制。比如为了把常年不用的杂物，过时的衣服还有一些自己认为可能有用但从未用过的东西保存下来，无限制的增设橱柜。一个大墙面做一面组合柜，顶柜、壁柜、角柜、再加上电视柜、酒柜、吧台、书柜、多宝阁，入门处的鞋柜，甚至阳台上也要做柜子装杂物；连暖气罩两边也不放过，延长做成杂品柜。更有甚者，床头做成书柜，床下作储藏柜，等等。如此一来不光占用了空间，还造成室内空气流通不畅，不利于人体健康。这样的装饰完成违背了以人为本的原则。

橱柜不可没有，但要因人而宜，酒柜、多宝阁不是家家都合适。再好的东西，也要有选择的使用、放置，不可多多益善。

“冒” 这个冒字带有冒险意味，体现在对阳台的使用上。“阳台”也称之为“晒台”，顾名思义是晾晒衣裳的地方，现在人们将其作为盆栽绿色的小天地。有些住户不适当的将阳台扩大为使用区，有的将门联窗下的矮墙拆除，改装哑巴口，扩大房间或门厅。更有甚者，将阳台改为厨房，连带煤气、上下水、照明都随之改装，增加阳台的荷载。

特别指出对阳台门联窗下的矮墙拆除应该严格禁止。因为这是阳台挑梁的配重墙，对挑梁阳台起平衡作用。一旦拆除，就会使阳台的承重能力下降，可能造成阳台下坠。

阳台的超负荷使用也应引起重视。一般阳台设计荷载规范为 250kg/m^2 均匀分布。有些人家使用豆石混凝土将阳台地面垫高至室内地面，再加上贴墙砖、铺地砖、封阳台窗，做防护罩。这样一来，给阳台又增加了许多重量，如果再设置书柜藏书，那使阳台处于更加危险的境地。

室内的砖砌隔断墙，本来它不是承重墙，一般认为既然不是承重墙，自己可以拆除，但要提醒一点，这种室内隔断墙虽然不承重，却有自重，所以称为自承重墙。这种墙一般在一栋楼内从上到下都在同一位置上，每一层自承重墙对下层地板增加荷载，对上起到支撑作用。如果底层将此墙拆除，上面各层的自承重墙都将压到底层的顶板上，这也是很危险的。所以说自承重墙也不应该拆除。

请不要以损害原建筑为代价来满足不切实际的装饰效果。

建设部对家装有明文规定：“进行家庭居室装饰装修，不得随意在承重墙上穿洞，拆除连接阳台门窗的墙体，扩大原有门窗尺寸，或者另建门窗；不得随意增加楼地面静荷载，在室内砌墙或者超负荷吊顶，安装大型吊灯及吊扇；不得任意剔凿顶板，不经穿管直接埋设电线或者改线；不得破坏或者改拆厨房，厕所的地面防水层以及水、暖、电、煤气配套设施；不得大量使用易燃装饰材料等。”

对新建工程国家实行强制性标准进行监督验收，以保证工程质量。凡是房地产公司出售的住宅都是经过国家强制性标准检查鉴定合格后才上市的。可是到了居民和家装施工队手中，便任意拆改，这是对强制性标准的否定和嘲讽。

家装发展新特点、新趋势与老年人住宅

中国建筑装饰协会信息咨询委员会专家组办公室主任　高级经济师　**鲁心源**

我国住宅装饰装修随着国民经济的发展，人民物质生活和精神生活的提高，科技的进步，近 10 年以年均 30%以上的速度在增长，据中国建筑装饰协会调研，2000 年已达到 3000 亿元以上，占全国建筑装饰装修工程总产值 5500 亿元的 55%。

在 20 世纪 80 年代初进行了装饰装修的住宅部分现已进入了第三次更新改造阶段。随着人们可支配收入和文化水平的不断提高，住宅装饰装修的形式和与内容也在不断变化。

一、住宅装饰装修的四个新特点

1. 个性化消费。 住宅装饰装修与人们的年龄、文化、职业、性别、经济、个人爱好紧密相关，体现“以人为本”的个性更为突出。

2. 舒适性消费。 住宅现已从生活温饱型向舒适型转变，住宅装饰装修开始是从实用出发，但目前不仅如此，而且要求舒适、多功能、科学、先进、环保、简洁和具有一定品位。

3. 高效型消费。 人们通过住宅装饰装修改善环境条件，提高休闲质量，这是进一步提高生活质量的一个关键，当今人们越来越重视休闲，因此，生活节奏正从低效型向高效型发展，不断改进休闲环境，增加休闲时间，在保证满足自己生活需要的前提下更为紧凑高效的缩短劳动时间的绝对量，提高休假时间的相对量，从而提高休闲质量。

4. 发展型消费。 住宅装饰装修在满足人们的基本需求后，随着科技的发展、物质文明的改进，新材料、新工艺、新设备的产生，人们随之要使自己住宅的环境向高品位发展，达到文化消费获得精神上的享受和性情上的陶冶，它是具有知识型、智力开发型和创造型的一种建设活动。

住宅装饰装修的特点，决定了其发展方向。

二、住宅装饰装修发展十方面新趋势

1. 提倡简洁清新的设计。过去有的住宅宾馆化，装饰豪华、装修烦琐。现在人们的观念发生了变化，简洁、清新、优雅、大方是人们新的追求。简洁并不是简单，而是需要设计上有更高造诣，“简洁”的设计思想有着其深刻的美学根源，随着人们生活节奏的加快，对周围的事物便产生了简洁、轻松的需求。简洁装修的基本目的是为了把生活环境（物质空间）与心理环境（精神空间）统一起来，简洁的现代风格被鲍豪斯学派强调为：突破旧传统，创造新建筑，重视功能和空间组织，注意发挥结构构成本身的形式美，造型简洁，反对多余装饰，崇尚合理的构成工艺，尊重材料的性能，讲究材料自身的质地和色彩的配置效果，发展非传统的以功能布局为依据的不对称的构图手法。也就是说以高设计用一般材料创出高水平。“简洁”不是削弱装饰，更不是毫无目的堆砌材料和装饰品，而要真正掌握尺度，让成果具有真正的内在的简洁，使人们精神上得到清新的优雅的享受。

2. 要求一体化室内设计。住宅装饰装修开始起步于厨房和卫生间，逐步扩大到门厅、卧室及每个空间，一般都是从实用出发，缺乏整体设计。最近开始要求从门厅、厨房、卫生间、卧室等要有一个一体化的整体设计。虽然各个功能不同，但要求设计风格、造型、材料、线条、色彩应协调一致，营造出相互呼应，落落大方，细致优雅，具有一定品位的环境。

3. 开始注意色彩的选择与运用。住宅装饰装修过去曾一度多采用多种色彩或混合色，后期偏重于白色。人们对色彩的选择和运用往往把握不准。入室后第一感觉是舒适豁亮还是沉闷阴郁，都与选用的色彩有关。不同的色彩会给人们不同的美感。色彩的选择要结合部位，色彩与室内用途及年龄、性别、文化水平、修养相关，与室内环境与陈设的色彩相关，显示独特的个性。选色不仅能增加美的感受，而且增强装饰效果，以此衬托并提高陈设的品位。

4. 开始重视光的运用。光一般分为自然光和人工光，具有照明、造型和调色功能。过去人们对光的功能没有充分发挥，主要是对光在装饰当中的作用欠缺知识，不仅是对自然光的照明功能运用不够充分，而且对造型功能更是忽略，对人工光的理解也仅停留在照明这一层次上。现在人们越来越关注室内环境，要求通过光不仅起到照明作用，而且起到变动空间，改变视野环境，提高装饰的效果。

光在空间中的情感意象是由它投射方向及透射的媒介物所决定的，即便在同一空间中改变其投光部分的角度、位置和大小，空间中的“情感 ”也会相应得以改变，使人产生完全不同的空间印象。例如落地窗使室内明亮，人们的视野开阔，产生干净的感觉；天窗使内部空间显得安静；侧光使空间轻快；而地面发出的光则显得神秘。

光时刻都在我们身边，只要我们细心加以运用，才能使空间更有生命力，使生活更有活力，正如达芬奇所说：“请看亮光，并思量它的美吧”。

5. 走向多功能型。过去对住宅装饰装修主要功能要求是：实用、安全、经济、美观，如今在逐步扩大。大家现都很重视环保，要求绿色材料。为了隔热保温，不仅要求结构严密，而且从材料加以保证，如临街窗采用双层玻璃和中空玻璃。目前开始注意到装饰装修的防火、防水、防腐、防滑的安全性和隔热、隔声、环保、节能等功能。

6. 室内活动路线趋向科学合理。路线是住宅室内设计的基础，过去人们不够重视。应根据人们行为方式，组织一定空间，通过流线设计分割空间，从而划分不同功能区域，特别是一些较大或较小的厅。一般室内流线可划分为家务流线、家人流线和访客流线，主要是家务流线。储藏柜、冰箱、水槽台面、炉具等的顺序安排，决定了厨房的操作流线，要以储存、清洗料理的程序进行规划，尽量避免迂回，浪费时间和体力。一般厨房比较狭窄，如流线合理，在使用当中就会更方便。对家人流线应在卧室、卫生间、书房等私密性较强的空间，应尊重主人的生活格调，满足生活习惯。访客流线主要在进入客厅区域的行动路线，要注意的是访客流线不应与家人流线和家务流线交叉，要创造通畅方便的环境。

7. 注意到陈设的重要性。现在人们需要一个简洁、清新的家，希望住宅的装饰装修尽量不做或少做，一些人们普遍认为实际上用途不大的装修项目，简洁为室内陈设留出了空间。室内陈设是装饰公司的职责，不仅在于完成硬件的装修，更在于软件家具、布艺、艺术品等的选配和陈设。陈设关系到室内设计的整体效果，家具是陈设中的主体，在装饰中有举足轻重的作用。布艺包括窗帘，桌布、沙发面料、床罩等，烘托着室内气氛。字画等艺术品等能充分体现艺术氛围。一切被认为能创造美感的陈设都是具有装饰价值的。

住宅内部陈设要与室内装饰整体风格协调，不要造成凌乱的感觉。选择陈设品应服从艺术效果，充分发挥各自的优势。共同创造一个高文化品位的室内环境，关键在于其与室内整体相协调一致，搭配得当，通过陈设使室内生辉，而选择不当，即便是高贵陈设也只能是一种堆砌。因此，适合环境艺术的陈设才能体现高品位的装饰装修。

8. 装饰装修又好又快。根据国外的经验，近年来我国开始推广住宅装饰装修向工厂生产、配件配套、现场组装标准化、系列化发展。现在国内部分木制品部件配套已进入市场，包括成品门、门附件、木线、木墙裙、木地板、木踢角、家具和固定家具等，及部分石膏制品：如天花、线条等。工厂生产提高了机械化程度、产品的精密度，缩小了产品配件的规格公差，大量劳动在工厂完成，大大节约了现场制作的时间，提高了施工效率，减少了现场污染和噪音，从而达到高质、高效的目标，是目前住宅装饰装修的需要和发展的方向。

9. 装饰装修产品的配套、品牌、名牌化。随着人们对装饰装修的成熟，不仅注意到要防止假冒伪劣产品，而且注意到并选择名牌产品，以及产品和部件的配套，例如卫生间坐便器、洗手器和浴缸应当在档次、材质、造型、色调都取得一致，水暖件、五金件也应当配套而不是拼凑，不仅包括水嘴而且包括肥皂盒、浴帘杆、手纸盒、毛巾环、毛巾架等。造型、外观、材料、规格一致方能观感好，使用效果好。

10. 采用新品种、新材料。例如过去的门框基本是 1.9m 高，门贴脸 10cm 宽，视觉上矮而胖。现在门高一般有 2m 和 2.10m。门贴脸不超过 6cm，显得高雅大方简洁耐看，新潮踢角线由原来 10cm 变为 6cm，浅色，与门框边连为一体。墙面一改几年前的一片白，开始又有了一些新材料如梦幻涂料等。以往装修都做暖气罩，现在有了美丽的暖气管，圆滑光亮，色彩丰富，既保暖又具有装饰效果。最近市场上推出了经过特殊处理的纸灯，做工精细、设计巧妙，给住宅增添了一些特有的和谐与宁静，成为年轻人喜欢的新品，。随着我国国民经济的发展，文化水平、科技水平的提高，住宅装饰装修中还会不断出现新产品、新材料、新花色，逐步受到人们的青睐。

中国建筑装饰协会信息咨询委员会专家组成员、教授级高级工程师李怀之为本文提供了市场信号，特此致谢。有关保障老年人生活和权利的问题，已成为世界性的话题。20 多年来由于我国经济的飞速发展，科学技术的进步，人们文化生活和物质生活的不断提高，以及医疗条件的改进，我国老年人口正处于增长最快的阶段。

由于老年人可支配收入的增长，消费观念的变化，居住条件的改善，近年来老年人的住宅装饰装修，引起了人们的普遍关心。

当前我国老年人的住宅可概括为以下三种形式：一种是共居型，存在着传统观念，喜欢几代同堂，但由于计划生育往往是一对青年瞻养和照顾双方老人；第二种就是相邻型，两代人中居住相邻既是分居又能照顾；另外一种就是分居型分别居住。

老年人的住宅装饰装修必须与老年人的生理和心理特点相适应，除了按国家有关规定作到安全、防火、环保以外，还应当充分体现“以人为本”的原则，营造舒适优雅、简洁方便、个性突出的生活环境。

老年人是社会的弱势群体。中国已进入老龄化社会。我们应当积极研究中国老年人住宅装饰装修的特殊性，结合科学技术进步生产发展，采用相应的新材料、新工艺，针对老人爱好，与时共进。为老年人创造追求物质生活和精神生活效用最大化的条件。老年人住宅装饰装修，应成为我国住宅装饰装修中的一门专门的学问。

我认为，老年人住宅装饰装修，需注意以下几点：

1. 居室的格调和布局要符合老年人的生理和心理特点。室内外进行无障碍设计，减少地面层的高差，以利行走方便，也为轮椅进出创造条件。室内地面应采用防滑材料，例如：厨卫应采用防滑磁砖，其他地面可采用木地板、塑料地板、橡胶地板或地毯。卫生间的洁具不宜用蹲坑，可选用专供才老人久坐起身困难之用的能升降的马桶盖。浴缸不宜过高，较高应加垫，为老人坐立方便，浴缸要安装扶手，浴缸底面要有防滑，以确保安全。老年人在室内活动路线必须畅通无阻。

2. 家具应从实用出发，宜少不宜多。家具外露部分应尽量减少棱角，老人用的双人床应两面上下，有条件的应有手扶之处，床与沙发稍硬不宜过软，沙发家具应体现人体工程学，沙发不宜过软、过深和过矮，更不要坐下去站不起来。

3. 室内灯光应进行特殊设计。有弱有强，夜间最好有低度照明，便于老人起夜如厕。因老年人视力衰退，写字看书灯光应强一些。室内电灯开关安装部位，夜间使用要方便。家用电器设备应尽量采用智能型，如电锅、电壶有饭熟、水开、水干自动保温等功能。

4. 要因人而宜，符合老人需要。老年人社会阅历较深，具有自己的独特生活习惯和个人爱好，有的追求怀旧情感，有的追求时尚。室内设计格调上有的喜欢中国传统式，有的喜欢欧美式，也有的习惯于乡村风格。因此，室内设计要把老人爱好体现到室内环境中。在简洁优雅的前提下，使室内家具、饰品配套。在室内设备和环境上与老人的爱好相结合，例如对从事学术研究的要多存书与资料，对喜好书法、绘画爱好要有相应的设备。

5. 装饰材料的选择，应协调配套，符合老年人的心情。注重简洁、典雅，不求华丽，例如墙面、地面除了注意安全外要便于清洗。

6. 室内装饰的色彩要有利于老年人的心理与健康。老年人一般喜爱典雅、洁净、安宁、稳重，加之体弱、心律减缓、视力减弱，一般宜采用浅色，如浅米黄、浅灰、浅蓝等。忌用红、橙、黄，因为红色会引起心律加速，血压升高，不利于健康。浅蓝则给人以安宁感，适合减缓心律，消除紧张。浅米黄给人以温馨感觉，有利于休息，消除疲劳。

7. 加强室内绿化。不仅给室内带来大自然气息，而且能清洁室内空气，有利于健康。但在花木品种选择上，既适应老人爱好，又要注意对环境的影响，如白玉兰、合欢花、仙人掌类等花木的气体具有杀菌作用。一些花木还能吸收空气中的二氧化碳，静化室内空气，是适用居室绿化的理想花木。而对有一些挥发浓烈气味的花木，如夜来香等则不宜放在高血压或心脑血管病的老人居室中。

养花也会致癌？近来一些媒体炒作此事，令人不安。2002 年 7 月 7 日《北京晚报》原引中国预防医学科学院病毒所曾毅院士指出，致癌和促癌是两个完全不同的概念，促癌物质本身并不会直接导致癌症，人们不必太紧张。经研究，52 种促癌物质的花草中，只有铁海棠等不多的几种是观赏性植物。铁海棠本身以及它的叶、花、果，到种植的土壤里，都含有促癌物质，这些物质很容易被人体吸收。曾毅院士建议，家中最好不要养这些植物。

关于参加家装工程质量评选中的几点体会

中国建筑装饰协会信息咨询委员会专家组　成员　高级工程师　**梁家斑**

近两年我受北京市建筑装饰协会华老之托，参与了几次家庭装饰工程质量评选活动，其中有协会组织的年度评选，也有家装市场组织的竞赛评比。

协会组织的年度评选活动入围企业每年都有几十家、上百个项目工程。由于数量大、时间紧，评选活动主要是通过企业报送的项目管理资料为依据，包括合同文本、设计图纸、工艺说明、施工过程的质量检验资料、竣工验收资料和实物照片等，概括为制图质量、设计说明、设计水平、工程工艺说明、工程质量水平等五项评选指标。

家装市场组织的竞赛评比是 2001 年 10 月份，主要是通过实物观感，我参与的是决赛阶段，所看到的工程的确让人赏心悦目，也听到业主的感激言词。通过时间跨度的对比，用一句比较形象的比喻词："芝麻开花节节高"。就以企业报送的评选资料的包装而言，2000 年是各行其事，甚至有散装，实物照片大小不齐，甚至有四寸小照片，2001 年的参加评选资料统一尺寸，内容比较完整，排列有序，装订成册，外形精美。

在评选、评比的过程中感受到新兴的家庭装饰领域，在市场经济的大潮中迅速发展，整体水平不断提高，同时也体会到迫切需要规范管理，加快应用科学技术进入家庭。为满足百姓现代生活发展的需要，也为家庭装饰的设计、施工整体实力持续稳定的发展，将评选和评比过程中遇到的一些问题提出探讨。

一、绘图质量

图是设计师的语言，绘图是设计师的基本功。无论是庞大的建筑还是一个居室的装饰，都要通过一套完整而规范的语言绘制成图形，表达设计师的思想和理念，并将其完整的传达给制作的工程师。

送来参加评选的图纸恰恰就在绘图质量上出现了不少问题。首先是 2000 年有 40%多的设计图没有设计人签字。2001 年虽然只有少数图纸没有设计人签字，但是在"审图人"一栏中仍然百分之百是空白。

平面图：一般分为平面布置和吊顶平面，现存的普遍问题是：绝大部分不注标高，（无论是二、三层的别墅、公寓或复式以及吊顶图）。无层高、无吊顶高度，所以有的大开间的房间，面积与高度比例失调，感到很压抑。吊顶造型无尺寸。

立面图：有的家庭装饰设计图中仅有二、三个立面图，也有很大一部分用透视图代替立面图，缺少必要的尺寸。

设备图：普遍无水电设备图，只在吊顶图中反映出顶部灯位，其他部位的灯位、绝大部分的插座、开关电盒等，没有位置图和线路图。

其他问题：拆改墙体位置及墙体开洞、管线移位等问题，仅在预算报价中发现，但在图上找不到。缺少构造图、大样图。图例使用不规范，而且尺寸错误也时有发现。

由于以上问题的存在，设计图必然无法指导施工，最终的产品肯定无法完整的体现设计者的意图，相对于需求者精神文化和经济层次的不断提高，目前粗犷的设计图就很难满足需要。

二、设计说明

设计师应当首先以人为本，业主是装饰设计的重要主体，业主代表了家庭的需要，反映了经济、文化、观念、性格、情趣和思维，渗透到建筑物的内外环境中。

与设计师的设计思想、艺术修养、美学观念、生活经验和智慧及规范标准融为一体，形成设计理念，用简练的文字、清晰的层次，向业主表达自己的构思，确立独有的视别形象，也带来新的文化。

据统计，在 2000 年家装企业报送的评选资料近 30%没有设计说明，到 2001 年绝大部分都有了设计说明，有的洋洋大篇，有的三言两语，抽几份用简洁、明快、自然，以人为本的设计理念为例：

第一份："设计师与客户多次交流之后以简洁明快、自然的设计风格，以实用为主导，为三口之家营造一个温馨和谐的生活空间……；"

第二份："业主是一对年轻夫妇，热情好客，性格外向，他们希望他们的家也和他们的性格一样，灿烂热情，所以家庭装饰的颜色选择上大胆的使用绚丽对比。同时因为他们是教师，所以我们注意在活泼、跳跃中使用了深色理石的电视台面和铁艺花饰，显示出沉稳的内涵……。"

在赞美两篇佳作之余我们立即会想到是什么户型，然而他们全篇都没有告诉我们。再举一例："该套居室是复式结构，业主夫妇均是白领阶层，性格含蓄而不张扬，对居室设计要求豪华而不落入俗套，体现浓郁的文化韵味。为了体现业主的个性……，大胆采用了简洁的直线勾画的设计思路……，在每个细节处理上，深浅的搭配打破了平直线条容易产生的呆板感觉……。"比前两例完整了些，但仍缺少功能性。

再举一个："大篇空话的例子：在繁华喧闹的都市中，人们无时不向往一块惬意悠然、古韵荡漾的净土。家——无疑成为人们宣泄自己个性的最佳场所，正像人们在不同的季节、不同社区、场所……"读完后茫然，设计师把智慧都用在了描述，读完后既不知道业主的个性和要求，不知道房屋的自然状况，就连业主几口人都不知道，以人为本和满足实用要求都没落到实处。

三、设计水平

以人为本的设计理念已经基本上融入设计师的设计思想。前几年的比富贵、比豪华，盲目的追求“高档化”、“贵族化”的设计作品，已经很少见到。当前家庭装饰的时尚是抛弃了繁琐装饰，在满足实用性的基础上遵循简洁、明快、典雅、温馨，设计师以住宅的舒适化、多样化，并以满足业主多元化的生活方式为设计依据，而且已经不再是唯欧陆风格，吸收民族文化营造自己的“家园”已经成为当前家庭装饰的主要倾向。一位在外企工作的先生，由于家里经常有国际友人坐客，设计师为他的家庭装饰选用民族风格，在户门对面墙的两端镶嵌了一对檐柱顶着一榀托架，与客厅之间用一扇雕花屏壁分隔，全部都是木质本色，淡雅平和，受到外国朋友的称赞。再举一例：“为了避免当前诸多的空气混浊和污染及气氛的压抑等弊端，设计师独具匠心，用一座假山盆景引入循环水即增加室内湿度又清新了空气，多方面创造了良好的生态环境，透过中国传统屏风，创造园林氛围……。

但是参加评选的资料绝大部分仍然是：局部石膏板吊顶、长方型灯槽或藻井、乳白色涂料，淡黄色涂料墙面，居室是实木地板，公用部分是地砖、用青石板铺阳台地面等等，几乎是千人一面、大同小异、缺乏创新，很难满足丰富多彩的生活。

在实用性方面基本上有效的利用了空间功能，分区合理，减少了相互的穿越和干扰，客厅、餐厅是连接各功能区的中介空间，等等。但是设计图往往没有洗衣机的位置、没有杂物间或储存间。厨房、卫生间缺少设计图，档次不高，没有窗户，在设计图上也没有增加通风设施。通风、采光、音响、弱电系统都缺少设计，敞开式的客厅也缺乏音响的协调，无法满足家庭影视的要求等等问题。家有老人但是设计仍然是普通地砖，卫生间也是通用设备，楼梯缺少防滑设施，……。

随着科学技术的进步，家庭的信息化、自动化以至人与自然环境之间的动态平衡，直接关系到快捷生活和身体健康。

以上情况说明新兴的家庭装饰行业，虽然发展迅速，但是设计方面潜在的问题很多，与科学技术的发展速度还不匹配。设计师还缺少生活、缺少经验、缺少创意上的独具匠心和表现上的新颖独到。

四、工艺说明

编制“工艺说明”目的是在一个项目工程范围内获得最佳的施工秩序。在设计与施工之间起着承前与启后的作用。无论是传统风格还是现代风格的家庭装饰工程，都要求施工工艺精雕细刻、精益求精。每个项目施工之前都应当为满足设计要求，以科学、技术和经验的综合成果为基础，制定通过人、机、料、法、（人工、机具、材料、方法、环境）环达到精品的工艺标准。但是直到2001年的评选材料仍然很少见到完整的工艺说明，选评的资料虽然有此栏目，但实质是报价单。如铺地砖一项：“人工＋辅料，108胶＋425水泥，砖由业主供应。”再如一般抹灰工艺：“清理基底、抹底灰、抹面层，如清除原有底灰，每平米应增加××元。”等等。

五、工程质量

就“质量”而言，2000版的ISO9000族标准的术语：质量quality“一组固有特性，满足要求的程度”，其中特性characteristic 即“可区分的特征”，要求 requirement“明示的通常隐含的或必需履行的需求或期望”。2000年的评选是通过大小不整齐的照片寻找质量问题。2001 年是通过统一规格的大照片和部分实物的观感及阶段性验收资料。说明2001年家庭装饰的质量管理已经开始步入程序化、规范化、标准化，是管理体系的初形，有的放矢的提高了工程质量，有的业主不仅在竣工验收单上签“满意”，而且补充热情的感谢词汇。当然也有的业主在竣工验收单签注“基本满意”或“整体满意”表示出不同程度的满足。

有一位电脑销售的老板说：“我的岳父、岳母常年居住加拿大，在那里有一套很好的别墅，这次回国看到我的新家，称赞我们的设计和工艺的精细超过了他们的别墅。”再举一例：一位电视台节目主持人说：“我的家庭装饰质量还算可以，发现问题时他们（指装饰公司）做到了随叫随到，用起来也挺放心的。”以上两例表达了两种不同程度的满足。

通过照片或实物我们也确实发现了一些质量问题以至通病，例如在不同色彩或不同材料的交接处分界不清晰，墙面涂料不均匀、瓷砖墙面首层砖不是整砖，竖向有3分窄条，个别砖不套裁或是裁的口过大，木百页变形、门变形、楼梯起步过高、踏步高度不一致、楼梯扶手恍动、顶板不平、阴阳角不通顺、厨房卫生间使用普通电插座等等。

目前虽然有了施工过程的质量检验和隐蔽验收的表格，有的从开工到竣工，一张分项验收表包涵了全部内容。在进场材料验收表中只有数量没有质量栏目，在分阶段验收往往不填写验收时间和验收人，24小时的防水试验只填日期不填时间，拆墙往往只在报价单上有这个项目，没有其他任何资料。隐蔽验收有的是质量员签字，有的是业主签字。保修单不填保修项目的工程名称，以至不填保修日期，监督电话空白。有的填表用词很不规范，从来就没有发现防腐、防火处理记录或验收记录，以及电器线路竣工图移交记录等等。

总之，家庭装饰行业在近几年的发展过程中确实已经向前迈出了极为可喜的一步。通过评选也清楚的看到不足，特别是在“智能”、“生态”、“节能”、“环境”、“高效”等相关的高科技争先恐后进入家庭的时代，刚刚起步的家庭装饰需要首先着眼于本行业或本企业自身的具体情况，从现状和实际条件入手，然后结合国际、国内同行业以及相关行业情况，考虑业主和相关方等不同之需求，建立和实施适宜于自身特色和发展需要的质量管理体系，促使家庭装饰行业得到更大的发展，提高整体实力。

家装工程程序和作业要点

河南省建筑装饰协会　王晓惠　张　项　赵峰伟

不论是久住多年的爱屋，还是即将入住的新居，当您要为住宅进行装修时，就会遇到如何入手装修这个重要的问题。那么，家装的程序或步骤有哪些呢？我们在近年来的家装质量管理的过程中，接触了家装的具体事宜，有许多感受，也有很多想法，愿与大家谈谈。

一、家装基本程序流程

确定装修→装修设计→装修设计图审查→选择装饰材料→选择装饰施工队伍→签定合同（装修设计、装修材料、装饰施工、物业管理）→装修材料→装饰施工→物业管理→装饰装修过程中的质量监控→室内环境质量污染控制→竣工验收→通风后再入住

二、确定装修

每一位进行家装的住户，在装饰前都要按各自的经济条件、文化素养、个人品位、家庭人员兴趣、爱好等诸多因素，来考虑住宅的装修。

家装要表现自我个性，每个人的性格都不尽相同，这就导致了对室内装饰审美意识及功能要求有所不同。因此，住宅装饰设计就要结合个人的性格特点，加上装与修的文化，以显示其艺术魅力。按其性质的不同可分为：

1．地方特点：即根据当地的特色，比如气温、人文环境等作为设计的思路。

2．性格特点：根据个人的性格，有针对性地进行设计，来迎合个人的爱好。

3．爱好特点：如果爱好读书，每个房间都要有书架；如果喜欢音乐，音响的陈列台就要作为设计的重点。喜欢收藏，就要设计博古架等等。这样，室内个人爱好特征一定会表现得淋漓尽致。

4．民族特点：尊重民族文化使其在室内装饰中得以体现。另外，各民族之间也可以相互借鉴，以创造新颖的风格。

5．职业特点：社会分工不同造成人们不同的审美要求。脑力劳动者希望居室能充分体现宁静，使大脑得到放松、休息。而体力劳动者则更希望居室充满暖意，能使自己得到充分的休息。

6．年龄特点：不同的年龄段对装饰要求也不同，如少女居室活泼浪漫、青年居室清新典雅、成人居室华丽高贵、老人居室古朴庄重。综上所述，家庭装饰设计应注重弥补人们日常工作中缺少的美感成分，来恢复原有的真情实感及自然形态，而不应沿袭他人的设计方式。

三、家装要注意的几个的误区

1．盲目攀比。同一栋楼里，张家用柚木、李家用榉木；张家用10万元、李家用去20万元，结果是走进张家和李家如同是一家，材料有所差别。形态并无分别，花了钱和精力而忘记了自我。

2．东搬西抄。许多居民为了装修可谓呕心沥血，专门到书店花几百元买来一堆国内外装饰图集，然后告诉装修队，客厅按第几页装修，卧室按第几页装修。书上的图片确实很美，但他们忘了由于缺乏统一格调，很多美的东西放在一起的结果是不美，愿望是好的，结果是东施效颦。

3．高档材料堆砌。许多居民把高档、豪华理解为装饰材料的贵贱，一味追求最好的品牌和最贵的材料，一套居室装修下来，耗去几十万，但由于缺乏总体设计，缺少用材对比，缺少画龙点睛等手法，反而弄巧成拙，钱没有用在“刀刃”上。

4．功能错位。居室异化成娱乐场所。好多居民把宾馆、餐厅、舞厅的豪华装修搬到自己家里来了，房间里吊上刻花玻璃，客厅里装上五彩跳灯，顶上再圈上红、蓝霓虹灯。居室的特性完全被异化，主人在这样的环境里能得到温馨舒适，安静休息吗？

四、家装设计的主要内容

住宅的室内装饰设计是根据人们对家居生活要求的各功能特点、住宅所处的区域环境特点以及不同时期人们的整体生活水准和认知观念来进行的意向综合性人居空间规划工作。它是建筑设计的深化和继续。住宅的室内装修设计是家装工程的首脑和第一要素。家装设计包括以下内容：

1．空间组织：实质如何进行室内空间环境的衔接、过渡以及运用躲避、统一和虚实变化的设计手法，创造一个合理的室内空间环境，即平面设计在先。

2．界面处理：是指构成室内空间三大要素：墙、地、顶的色彩、图案配置以及材料纹理和施工做法。

3．内含物：是指构成室内的家具、陈设以及标志设计。内置物是点缀室内环境的重要组成部分。

4．声环境：是指为满足室内空间之间的隔声要求以及对有视听要求的空间在声学上的处理。

5．光环境：是指为满足室内采光和照明方面在装饰设计上的要求和考虑，以满足使用要求。

6．热环境：是指对室内空间在保温、隔热、空气温度、湿度调节上的要求与考虑，以创造舒适的室内环境。

五、装修设计图审查，确定装修造价

这是签定合同前的必经环节。图纸是设计与施工两者之间的交流语言，不齐全，施工就很难表达设计的最终意图。设计师为您出具的最终图纸简单的室内设计图应该包括这样几个部分：平面图、立面图、吊顶图、节点图、水电图等。尤其是需要改装的线路图，您在审验的时候马虎不得。电源插头、电话线插头、电视天线插头等的插孔设计位置考虑不周，都会造成日后生活中的不便，当然，也有设计师没有完全领会您的意见或图纸画得不准确所导致的误差，您要是没

有审验的话，就会造成图纸误导施工。

家居装修的造价每个业主都非常重视，造价的高低直接影响业主的经济。那么，影响家居装修造价的因素有哪些？大概分为以下几种：

1．要看选用装饰材料的品牌、型号、产地、质量确定材料价格。

2．要看工人的技术水平高低确定人工费用。

3．要看装饰公司的资质等级，等级高收费就高。

4．要看施工工艺的难易程度，施工难度大的造价就高。

5．要看施工地点的远近和条件的好坏，地点近、条件好的费用就低，反之，费用就高一些。

根据以上的几种因素，再结合市场价格的现况，业主可以依据自己的实际情况确定一下您的装修造价高低。

六、选择装饰装修材料

家装工程使用的材料和设备必须符合国家标准，有质量检验合格证明和有中文标示的产品名称、规格、型号生产厂名、厂址等。禁止使用国家明令淘汰的建筑装饰装修材料和设备。

七、选择装饰装修施工队伍

家装是门艺术性很强的专业，绝大多数居民不具备自己动手的技能，因此，选择好施工队伍是至关重要的。近年来，本不具备综合施工能力的“街头装修队”进入了千家万户，其装饰工程质量给用户带来了无尽的烦恼。那么如何选择施工队伍呢？

1．要检查施工单位是否是经过工商注册的正式装饰施工单位。目前从事装饰施工的单位必须具有国家有关部门颁发的《建筑装饰企业资质证书》。

2．有条件的要实地考察一下装饰施工单位的状况，包括公司是否有固定办公地点，是否规范化管理，是否有训练有素的施工队伍。

3．考察施工单位以往的工程业绩，包括图片、荣誉证书及工程实例。

4．服务质量承诺和保修情况等。

5．价格比较，在满足上述条件的基础上。选择报价符合要求的施工单位。

八、签订家装合同

当用户——业主与装饰设计、装饰施工、装饰材料、物业管理等部门接触，认为满意后，就可以签订一定的合同。如：对装修公司提供的设计和报价满意之后，就可进入签约确认的阶段。合约一般包括下列内容：

签约双方名称、（设计、装修、材料、物业等）费用、付款办法（分期或一次性）、期限，以及双方的责任义务等。

附件包括：分列项目的价单、图纸和材料样品等。合约及副件一般一式三份，如果用户想知道，可向有关部门了解。

施工期间，用户与装修公司一同检查工程质量，就地当面解决。

九、家装过程中的质量监督控制

除正常政府规定的质量监控外，住户也要经常去工地看看。看的主要任务：

1．到现场看施工的状况，了解工人做活的精细程度。如有不满意的，及时向施工负责人提出，改进或换人。

2．跟随施工进度及时交换当初的设计不足不妥之处，修改想象与实际不符的地方。

3．避免施工人员偷工减料现象。

4．无论是包工包料还是只包清工，都要经常把好装饰材料进场关口，防止以劣充好，影响装饰效果。

5．做好中期结算，为终结打好基础。

十、室内环境质量污染监测控制

依据“河南省建设厅转发建设部建办字[2002]17号《关于加强建筑工程室内环境质量管理的若干意见》的通知”，遵照“室内装饰装修材料有害物质限量十个国家强制性标准”，以及《民用建筑工程室内环境污染控制规范（GB50325—2001）》要求进行控制。现将目前国家已有的室内环境质量相关标准综合列表如下：

中国室内环境质量相关标准

物质名称	最高允许	浓度检测标准
甲醛	0.8mg/m^3	GB/T16127
氡	100Bq/m^3	GB/T16146
	200Bq/m^3	GB/T16146
苯	2.4Bq/m^3	居住区
二氧化碳	0.10%（200mg/m^3）	GB/T17094
细菌总数	4000CFU/m^2	GB/T17093
可吸入颗粒物	0.15mg/m^3	GB/T17095
氨	0.5mg/m^3	GB9666...1996
	20mg	GB/T14688
二甲苯	0.3mg/m^3	居住区
噪音	50/40dB（分贝）	GB/T3222…94
石材	A 类	JC518-93

十一、竣工验收

家装工程竣工验收时应当具备：

1．完成了装饰工程设计和合同约定的各项内容；

2．有完整的装饰技术资料档案和装饰施工管理资料，特别是上下水及洁具配电以及照明、接地等隐蔽工程的装饰验收；

3．有主要装饰装修材料、器具等构配件的质量合格证及检验报告；

4．由主要装饰材料、装饰施工、管理等单位分别签署的质量合格单；

5．有装饰施工按规定签署的装饰质量保修书。

十二、通风后再入住

整个家装结束后，最好先把新家具搬进室内，打开门窗通风15天左右后再入住，以免装饰装修材料、家具等造成的有害气体存留室内对人体的健康造成威胁和侵害。

·一次性装修·

推行住宅装修一次到位　提高住宅品质

建设部住宅产业化促进中心　副主任　梁小青

2002年7月18日，建设部下发了《商品住宅装修一次到位实施导则》（建住房[2002]190号）的文件，将在全国新建的商品住宅建设中推行，可以说，这是住宅建设体制改革的一项重要内容，将进一步引导住宅建设质量的提高，改善住宅的供应，促进住宅市场的健康发展。

一、推行住宅装修一次到位，以适应住宅产业和住房市场发展的需要

1. 住宅装修已成为住房需求的一部分。在计划经济体制下，住宅由国家投资、建设、然后以福利方式分配，每年的住宅投资、建设量难以满足城镇家庭对住房的需要，国家和单位不可能将投资用在住宅的装修上。作为职工家庭，个人的最大愿望就是能得到住房，有个住的地方就行了。在这样的情况下，住宅的建设水平和对住宅的要求都比较低。随着我国经济体制的变革，社会主义市场经济的发展，住房制度改革的深化，住房成为个人资产的一部分，同时，我国已经全面进入小康社会，人们的生活水平有了很大的提高。购房者愿意花钱装修住房，改善自己的居住环境。把住房装修一下，有一个好的居住环境，成为普通家庭住房需求的一部分。

住宅的装修问题，已经成为绝大多数购房家庭不得不操心、不得不做的事。推行住宅装修一次到位，可以更好完善住宅的供应方式，适应住宅市场发展新的需求。

2. 规范住宅装修，促进住房市场的健康发展。我国住宅装修市场发展很快。据有关方面统计，目前，一年的城市家庭用在住宅装修方面的资金达6000多亿。但由于住宅装修大多是通过购房者“二次装修”完成的，因装修行为的不规范，住宅装修存在的问题也比较多，质量得不到保证，造成住宅装修的质量、安全、资源浪费、居住区的管理混乱等一系列的问题，成为消费者投诉的热点。不仅给装修市场带来混乱，也影响到住宅市场的健康发展。逐步取消毛坯房，规范和引导住宅装修市场，直接由开发商向消费者提供全装修成品房，促使住宅装修从无序走向有序，已成为住宅建设中需要解决的一个重要问题。这也是推行《导则》一次装修到位的重要意义所在。

3. 推行一次装修到位，以装修产业化的方式，通过成套技术及产品的集成，提高住房品质。目前影响到住宅装修质量，比较突出的问题，一方面是装修方式的落后，另一方面是装修的材料、部品、部件的质量、标准化、系列化、配套性的问题。因此需要通过推广一次装修到位，以住宅装修工业化方式，减少手工作业，克服住宅装修的一些问题，提高现场装配化的程度，改善和提高住宅的品质。

现在，住宅装修已经形成一个比较大的市场，通过推行住宅装修一次到位，对住宅装修市场加以规范和引导，不仅有益于调动个人购房需求，减少住宅装修中的一些问题及纠纷，而且也有益于住宅产业和住宅市场的健康发展。

二、有关《导则》的主要内容和适用范围的问题

《导则》中所指“住宅装修一次到位”的住宅，是指新建的集合式商品住宅。这是因为，基于中国经济发展的特点，中国的住房形式，主要还是以集合住宅为主，其中家庭装修的矛盾和产生的纠纷也比较多。针对集合住宅中装修的突出问题，《导则》提出了住宅一次性装修的技术要求。

“住宅装修一次到位”是指在房屋交钥匙前，所有功能空间的固定面全部铺装或粉刷完成，厨房和卫生间的基本设备全部安装完成。购房者不需再装修，只是购买自己所需家具搬进便可居住，也称为全装修住宅。按照《导则》要求，住宅的装修工程也将成为住宅的建筑工程的一部分，将其全部完成，才予以交付使用。

“住宅装修一次到位”，相对过去的初装修、毛坯房、家庭“二次装修”是个进步，《导则》中，也提出了一些具体操作的意见，但毕竟是市场经济发展的新事物，还涉及建设体制改革的一系列问题，如工程、价格等等管理方面，还需配套和完善。全国的经济发展、住房市场成熟的程度也不一样，加之过去传统的习惯做法，开发商和消费者对“住宅装修一次到位”都有个接受和调整的过程，尤其开发商要研究和考虑，如何面向市场，面向消费需要，将住宅装修一次到位的事情做好。因此，建设部的《导则》并没有对住宅一次装修到位实行强制性的要求，而是希望各地结合实际，积极引导推行一次装修模式，加强住宅装修的管理，规范住宅装修市场行为，提高住宅装修集约化水平。同时，给购房者以方便。

三、实施《导则》中需要注意的几个问题

实施住宅装修一次到位，有人也担心，质量是否得以保证，是否满足个性化的需要，装修价格能否接受等等。因此，住宅全装修也必须向住宅小区开发建设一样，要面向市场，适应消费者的需要，在推行和实施住宅装修一次到位中，应该注意以下几个问题。

1．明确住宅全装修的责任，把好装修质量关。住宅全装修真正让市场接受，质量第一。住宅装修一次到位与过去家庭装修，或者说“二次装修”最大的区别在于，把装修的过程与住宅主体的工程结合。为此，要把好一次性装修的质量关，《导则》确定了开发企业和施工企业同为一次性装修住宅的责任人，开发单位作为第一责任人。按照《导则》的要求，开发单位对住宅装修的全过程要负责。不仅要对住宅的建筑工程负责。同时也要对装修工程负责。《导则》在“质量保证”的条款“确立开发单位为住宅装修质量的第一责任人，承担住宅装修工程质量责任，负责相应的售后服务。建筑装饰施工单位，装修材料和部品生产厂家负责相应施工和产品的质量责任。”因此，开发企业在实施全装修时，要对装修的设计、材料的选择，工程施工、工程的监理等等把关。《导则》对这几个方面都提出了技术要求。同时，开发企业要建立住宅全装修的质量保证体系，并与有关单位签订合同、明确分级责任。

2．住宅全装修要注重其功能性、适用性。要通过装修，使住宅的居住、使用等功能更加完善。装修简洁、大方、美观、适用。同时给住户留有装饰、体现个性的空间。避免一味追求豪华，过度装修，适得其反。装修的方式，可采取菜单式、样板间等给购房者以选择。

3．住宅全装修成本和价格要合理，同时要有多档次。全装修的价格，能不能让市场接受，既是购房者担心的问题，也是开发商担心的问题。对购房者来说，开发商提供的全装修住宅的价格，至少是比家庭同品质住宅装修的成本和价格要低。因此，开发商全装修的住宅价格要让市场接受，有三个关键问题要解决好：首先是装修的设计要合理。装修的设计要和住宅建筑结构、空间布局衔接好，使住宅的功能、性能更加完善。其次是装修的材料品质要有保证，装修的多档次能够适应不同收入的消费群体的需要。第三，开发商可以通过装修的规模化、产业化的装配方式降低成本，合理定价。

关于商品住宅装修一次到位的几个问题

中国房地产及住宅研究会　副会长　**包宗华**

2002年5月21日，建设部住宅产业化促进中心公布了《商品住宅装修一次到位实施细则》(试行稿)。7月19日，建设部又以建住房[2002]190号文发出了关于印发《商品住宅装修一次到位实施导则》的通知。一些同志和媒体就此提出了几个问题。作为一家之言发表一下看法，供同仁们参考。

一、推广“毛坯房”的来由

建国以后，我国推行了公房低租金的住房分配供应制度，简称为住房实物分配制度。当时供应的住房，也是一种全装修的住房。准确地说，是一种低水平的全装修住房。一般的装修是：油漆门窗、白灰刷墙、混凝土抹平地面、厕所是蹲坑，厨房是一个水龙头加混凝土洗手池。对于这种低水平的全装修，当时人们一般不会去再装修。除了产权属于公有和人们经济收入低外，最主要的还是“极左”思想的影响。如果有人擅自作了较为漂亮的装修，很可能成为“资产阶级思想”的典型而受到批判。

到20世纪80年代末和90年代初，随着国民经济发展、人民收入水平提高以及“房改”的推进，居民进行住房装修的不断增加。当时曾经有过三种考虑：一是，公家提供精装修的公房，由于经济力量有限，加上房改已经起步，这一条行不通；二是，在出售公房时，先由公家出钱装修再出售，也限于经济力量而行不通；三是，供应未经装修的毛坏房，由居民按自己的经济承受能力和喜好去装修。

经过分析认为，由于当时多数新房还在实行实物分配，供应“毛坯房”是能够行得通的办法。当时还加了两条理由：一是，供应低水平的装修，居民在再装修时，还得先刨平墙面和改造地面，与供应“毛坯房”相比，是多此一举，“劳民伤财”；二是，让居民自己装修，可以做到住房装修个性化。与此同时，主管部门和有些城市公布的商品住宅交付使用的标准，也包括了供应“毛坯房”的内容，从而表明了对“毛坯房”的支持态度。于是，在20世纪90年代，供应“毛坯房”让居民自己装修住房的办法，就在全国各城市逐步地得到比较广泛的推广。

二、居民自行装修住房产生的问题

经过这些年的实践，发现居民自行装修住房存在着不少问题，归纳起来主要有以下三个方面。

1．行政管理没有跟上。我国城镇居民有 4.6 亿，1.5

亿户，哪怕是每年有百分之几的居民进行住房装修，就是一个巨大的数量。最近十多来年，每年完成的住宅装修产值都以40%以上的幅度增长，到2000年住宅装修产值达到1500亿，等于当年住宅投资的30%。在住宅装修迅猛发展的形势下，由于种种原因，特别是数量很大的居民分散装修，行政管理很难介入，使得行政管理没有跟上，导致市场行为不规范。突出的表现是：有的城市没有认真审查专业装修队伍的资质，对装修质量标准没有实行规范和有效的监督，对装修价格没有实行有效的调控。由于上述管理问题，使得许多不够条件的装修队进入了市场，装修质量低劣、要价过高，甚至欺诈行为等时有发生。

2．广大居民缺乏委托并监督装修的能力。自行装修住房，要求广大居民自行进行装修设计、购买装修材料（或监督购料）、自行委托并监督装修施工和验收。而我国的情况是，懂得住房装修业务的居民“凤毛麟角”，对广大居民来说，缺乏委托并监督装修的能力。

3．居民自行装修住房产生了以下主要弊端

（1）居民要为装修住房耗费大量的时间和精力；

（2）居民缺乏挑选装修单位并进行监督的能力，出现了许多低质量的装修，而且售后服务得不到保障；

（3）装修价格没有得到调控，许多居民多花了冤枉钱；

（4）装修时间长、噪声大，吵得四邻不安。再加上由装修而产生的粉尘、污水、垃圾、有害挥发物和放射性物质等环境污染，被广大居民称之为“装修公害”；

（5）你装你的，我装我的，容易破坏建筑物的统一协调风格；

（6）有的装修乱拆乱改，破坏了建筑结构的稳定性，并容易发生其他事故。

（7）造成了大量的资源和能源浪费；

（8）税务部门很难对分散装修收税，造成了税费流失；

（9）分散装修不利于建筑业、装修业的工业化、规模化、现代化发展；

（10）赠送豪华装修已成了某些别有用心的人腐蚀干部的手段之一，分散装修存在着滋生腐败的因素。

由于居民自己装修住房的弊端日益显露，到2000年底又在全国范围内截断了住房实物分配制度，要求采取各种有效措施克服住房装修存在弊端的时机，已逐步成熟。

三、实行住宅商品成品供应的理论根据

《导则》提出商品住宅装修一次到位的要求，是克服住宅装修存在弊端的一条重大措施。其所含的深远意义还在于：在新建的住宅中用商品成品住宅代替半成品的毛坯房，用社会化大生产代替手工生产，符合时代进步的要求。

社会经济越发展，科学技术越进步，社会分工越细，人民生活越提高，供应成品商品占的比重就会越大，这是社会发展的必然规律。

以服装为例，在封建社会里，农民自己种棉花、纺纱、织布、做衣裳自家人穿，是最为普遍的供应方式。后来，资本主义的工业化纱厂、织布厂产生后，工业生产提供了优于手工的布料，人们就逐步变成了买布自己做衣裳，或者请裁缝做衣裳。当现代化的服装业发展起来以后，以高科技为基础的现代化、规模化生产的服装，在质量、水平、花色品种和成本等各个方面，都远远优于小农经济方式生产出来的服装，加上人们收入的提高，买成品服装的人就会越来越多，这是历史发展的规律。这个道理，同样适用于商品住房的生产和装修。毫于疑义，对商品住房实行工业化、规模化、现代化生产和装修，不断提高优质成品住房供应的比重，是不可阻挡的历史发展潮流。

这些年来，广大居民对住宅装修存在的弊端提出过大量意见，许多业内人士为改革住宅装修方式曾经大声疾呼。可见，实行商品住宅装修一次到位，是顺应潮流、符合民心之举。

四、实行商品住宅装修一次到位的优越性

所谓优越性，是相比较而言的。商品住宅装修一次到位的优越性，是与居民自己装修住宅相比较而分析出来的。

1．从总体上进行分析。商品住宅装修一次到位，可以推行工业化、规模化、现代化装修，提供价廉物美、花色品种较多的成品住宅。这是实行住宅产业现代化的重要组成部分，是不断提高住宅质量和水平的重要保证。而居民自己装修是办不到的。

2．从设计水平上进行分析。进行规模化住宅装修，就有条件、也必须委托有实力、有信誉的设计单位和设计师，进行各种住房套型的精装修设计，进行多种多样花色品种的住宅装修“菜单”设计，而且可以妥善地考虑土建设计与装修设计的有机衔接。而居民自己装修，就不具备这样的条件。

3．从材料设备选购上进行分析。进行规模化住宅装修，可以成批选购材料和设备，从而降低成本。更重要的是，批量进货，有条件投入必要的力量进行材料和设备的检测，包括清除有害挥发物和放射性超标的材料，保证材料和设备的质量。而居民自己装修，就很难进行质量检测。例如，有的居民在发现装修材料的有害挥发物可能超标时，就感觉到委托检测的费用太高，难以承受。

4．从委托施工上分析。进行规模化住房装修，可以通过招标投标，择优选择装修的施工单位。一些实力强的 施工单位或装修企业，也乐意承担上规模的装修任务。而居民自己装修，就很容易请一些条件差、素质低的装修队。

5．从质量监督和验收上进行分析。进行规模化住房装

修，会委托合格的监理单位进行全过程的监理，完工后还要进行严格的验收，从而保证装修质量，并有可靠的保修期。而居民自己装修，很难进行有效的质量监督、验收和获得售后服务。

五、规模化装修是否有碍个性化

在推行市场经济过程中，“炒概念”成风。由于“炒概念”服从于商业操作的需要，许多炒出来的“新概念”，或者对某些老概念作的新解释，都使人很难理解，至少是与人们原有的理解大不相同。“个性化”就是被炒得很火的一个概念。按一般人的理解，个性应该是一个人的性格、脾气、道德、风格、爱好等各方面的综合表现。在爱好上，又包括个人对文化、体育、娱乐以及衣食住行用等各方面的爱好。对于数字，有许多人就没有偏爱，如果有人偏爱某一个数字，也只占个人爱好总和的一个很小的比重。众所周知，“化”者彻头彻尾、彻里彻外之谓也。个性化，应该包括个性涉及的各个方面，至少是各个主要方面，而不宜把人们一点细微的喜好，例如喜好某一个数字，也称之为“个性化”。

《导则》指出，商品住宅装修一次到位，是指房屋交钥匙前，所有功能空间的固定面全部铺装和粉刷完成，厨房和卫生间的基本设备安装完成，简称全装修住宅。近来，我询问了许多进行了住房装修的同志，他们异口同声回答，装修很难反映他们的个性。有个同志说：墙壁用涂料涂白，人皆一样；在商店能买到的地板材料就是那几种，只能选一种经济上能承受又相对好看一些的材料；厨房卫生间装的设施，只能代表生产厂家的水平，不能代表自己的个性。因此，在住房内部结构确定以后，住宅装修就很难体现个性，更难达到“化”的境界。至于家具陈设、灯具和布艺装饰，在购买有关的商品时，选择的空间大一些，布置可以多种多样一些。但因主要是购买现成的商品来布置，也不能说表达了个性化。何况，家具陈设、灯具和布艺装饰，已超越了我们讲的住宅装修的范围。

在实行规模化装修中，十分强调要委托有实力的设计单位和设计师，设计出多种室内装修方案，并分项设计出多种可供选择的装修菜单。如果说爱美是人的天性，由于规模化装修拿出的设计方案和菜单，远比个人装修的设计优美，而且居民还可根据自己的喜好对各种装修方案和菜单进行选择。如果硬要认为人们对装修的喜好可以表达一些“个性”，那么，居民从规模化装修中选择自己喜爱的装修方案和菜单。由于美好程度优于自行设计，倒是能够相对地、较好地反映居民的“个性”喜好。还要指出的是，在这次公布的“导则”中，只针对新建集合住宅，未包括存量住宅，又给住宅装修体现个人喜好留有了一定空间。

六、需要做好的几项工作

1．要加强宣传工作和舆论导向。说明推行商品住宅装修一次到位的优越性和必要性。

2．要把优越性变成现实，需要付出艰苦的努力。诸如做出多种优秀的装修设计方案和菜单，选购高质量的材料设备，实行高质量、高水平的施工，都要经过精心设计、精心施工、科学管理和严格监督。这些年，我们一直强调提高住宅质量和水平，但总有一些开发商仍然搞出了一些质量低下的住宅。虽然只是一小部分，但已在社会上造成了房地产业“贡献很大，口碑不佳”的不良影响。这次公布的《导则》，给予开发商更重的责任，更大的信任。希望开发商加强自律要求，讲究诚信，在住房建设和装修的全过程上精益求精，为广大居民提供优质的住宅产品。

3．相应的管理工作要更加完善。特别是要在装修企业的资质审查，装修质量的监督和价格的调控等方面狠下功夫。

4．税收。实行商品住宅装修一次到位，必然会提高住房的造价，并会增加建筑装修企业、房地产业企业和买房居民的税收。例如，居民缴纳的契税和财产税，都会因为增加了装修价格而有较多的提高。因此希望主管部门要适当地降低税收，以支持商品住宅装修一次到位的顺利发展。

5．两个文件的协调。从2002年5月1日起，我国已正式实行《住宅室内装饰装修管理办法》，这一办法的调整范围，包括新建住宅和存量住宅，是全面规范住宅装修市场的一项具有法律效力的规章。而《导则》主要是针对新建商品住房的装修。因此，把《管理办法》和《导则》的施行有机地结合起来，将会有力地推进我国的住宅装修进入全方位的有序发展的理性阶段。

·业内活动·

河南省第二届居室装饰设计　居室装饰实例大赛纪　要

河南省第二届居室装饰设计　居室装饰实例大赛组委会

（二OO二年四月二十一日）

为了提高河南省居室装饰行业的整体设计水平，改善居民家居的装饰质量，提倡家居装饰“实用、经济、美观、安全、舒适”的现代时尚理念，由河南省建筑装饰协会主办，河南省建筑装饰协会家装委员会承办的“河南省第二届居室装饰设计、实例大赛”评审工作于2002年4月18日结束。

4月21日，河南省建筑装饰协会做出《关于公布“河南省第二届居室装饰设计大赛、居室装饰实例大赛”评比结果的通知》（豫建装字[2002]17号）。通知指出，经评委会评定，评出设计大赛作品奖：一等奖1名，二等奖3名，三等奖6名；实例大赛作品奖：一等奖1名，二等奖3名，三等奖5名；优秀作品奖：7名。共26名。

4月18日，河南省建筑装饰协会在郑州市召开了“居室装饰设计和实例两类作品的评审工作会议”，由协会家装委员会金世雄秘书长主持，王晓惠副理事长兼秘书长到会讲了话。应邀担任评审工作这次省内外评委有：盛养源（郑州大学建筑系教授、国家一级注册建筑师、中国建筑学会室内设计分会第十五专业委员会主任）、洪涛（《新居室》杂志社社长兼总编、副编审、中国建筑装饰协会理事）、吴云龙(河南省建筑科学研究院副院长、国家级专家、教授级高级工程师)、何福林(机械工业部第六设计研究院副总工程师、国家一级注册建筑师、研究员级高级工程师)、郑志宏(河南省建筑设计研究院总建筑师、国家一级注册建筑师、教授级高级工程师)、许玺玉(郑州市建筑设计研究院总建筑师、国家一级注册建筑师、教授级高级工程师)、张健(省建设厅设计处副处长)。

本次比赛的参赛者普遍较为重视，有些作品可谓上乘。整个评审经过审阅→讨论→初评→量化打分→再比较→终评等评审步骤，整个评审过程体现了严格、公正，评定的结果令人满意。

一、评选原则

1．按照“河南省第二届居室装饰设计大赛、居室装饰实例大赛的通知”（豫建装字[2002]07号文）要求为基础。

2．作品按A（设计）、B（实例）两类参赛作品编号。

3．作品分别按十二项标准评分，满分为100分。

4．分项计评分标准：印象（5分）、总体布局（10分）、空间（10分）、家具（10分）、照明（10分）、装修（10分）、色调（10分）、管线、照片代表性（10分）、陈设（10分）、实用（10分）、文字说明（3分）、其他（2分）。

5．作品总分以每位评委对每个作品打出的分数、分项累计后除以评委人数，得出的平均分为最后得分。

6．获奖名次，原则上按照平均的积分多少排列，个别有争议的作品，经评委再议后做出结论。

7．A12和A08积分相同，故居室装饰设计奖增为6名。

二、存在问题

1．由于征稿宣传力度不够，作品不够普及。

2．设计作品中对有关设备管线布置图（如电气、采暖、室内中央空调和各类型新型设备），普遍不够重视。

3．设计作品中手绘图是国际上比较流行的手段，参赛作品普遍不够重视，如果参加国家级别的比赛望重视。

4．设计师不能单单考虑设计的视觉效果，因为是家居设计，所以更要注意功能的作用。

5．居室装饰不应盲目追求豪华复杂，设计的宗旨应该是：实用、经济、美观、安全、舒适。

三、评选结果

居室装饰设计大赛奖（10名）

一等奖：河南云爵装饰设计工程公司

二等奖：河南省科瑞装饰工程设计有限公司
　　　　郑州铁路局郑州勘测设计院
　　　　河南蓝色实业有限公司

三等奖：郑州工业大学装饰工程有限公司
　　　　郑州泰运装饰设计工程有限公司
　　　　河南省大鹏装饰设计工程有限公司
　　　　河南省建达装饰设计工程有限公司
　　　　河南旭辉装饰工程有限公司
　　　　河南新大地装饰工程有限公司

居室装饰实例大赛奖（9名）

一等奖：河南云爵装饰设计工程公司

二等奖：刘世尧（个人）

河南省科瑞装饰工程设计有限公司
河南省科瑞装饰工程设计有限公司
三等奖：郑州泰运装饰设计工程有限公司
河南银龙装饰有限责任公司
郑州泰运装饰设计工程有限公司
郑州泰运装饰设计工程有限公司
河南超凡装璜设计工程有限公司

居室装饰优秀作品奖（7名）
河南丰源装饰安装工程有限公司
河南旭辉装饰工程有限公司
郑州市太平洋工程有限公司
河南银龙装饰有限责任公司
郑州市星星装饰有限公司
河南省建达装饰设计工程有限公司
郑州大地装饰装饰设计工程有限公司

中国建筑装饰协会召开
三北地区重点住宅装饰装修企业工作研讨会

《中国建筑装饰》编辑部特约观察员

一、会议简况

“三北地区”即东北地区、华北地区、西北地区。2002年6月18日～19日，中国建筑装饰协会在太原市三晋国际酒店召开有130多人参加的“三北地区重点住宅装饰装修企业研讨会”。此会的背景是：随着人民生活水平的提高，住宅装饰装修日益成为百姓消费和投诉的热点，中国加入WTO后，住宅装饰装修业如何应对新的机遇与挑战，需要业内认真研讨，以推动我国住宅装饰装修业的可持续发展。会议的主题是：管理、技术、机制、人才。

会议得到有关方面的关注，出席会议的有中国建筑装饰协会名誉会长张恩树，山西省建设厅厅长马骏、副厅长夏志朴、李俊明，建管处处长张新民、副处长吕安峥、郝竹清，中国建筑装饰协会常务理事、山西省建筑装饰协会会长史应标、秘书长赵劲杉、副会长陈瑞明，太原市建筑装饰协会会长姚吉生，中国建筑装饰协会理事、太原市建委建管处副处长兼太原市建筑装饰协会秘书长杨凯、副秘书长王振琪等。

会议由中国建筑装饰协会副秘书长张京跃、房箴分别主持。张恩树、夏志朴、史应标、姚吉生分别在会议开幕式上作了讲话。14位代表在会议上作了重点发言。张恩树、房箴分别作了会议讲话和总结。

参加会议的还有中国建筑装饰协会行业发展部主任兼会刊《中国建筑装饰》主编黄白、组织联络部主任杜桂玲、技术推广部熊翔、工程委员会秘书长顾国华、培训管理部主任兼培训中心主任王燕鸣，中国建筑装饰协会常务理事、**北京市**建筑装饰协会会长兼家装委员会理事长朱希斌、家装委员会秘书长崔世海，北京市家装业“四小龙”中的“三小龙”（年家装产值均在一二亿元）、国标《住宅装饰装修工程施工规范》（GB50327—2001）规范组成员、北京市建筑装饰协会家装委员会副理事长：北京龙发装饰工程有限公司董事长王显，北京阔达建筑装饰工程有限责任公司董事长曹安闽，北京东易日盛装饰工程有限公司总经理陈辉，《住宅装饰装修工程施工规范》审查会议成员、**沈阳市**建筑装饰协会家装委员会副理事长，沈阳市富恒装饰工程有限公司董事长李耀庚，《住宅装饰装修工程施工规范》审查会议成员，沈阳市建筑装饰协会家装委员会秘书长，沈阳海天家庭装修有限公司董事长肖碧富，中国建筑装饰协会常务理事、**甘肃省**建筑装饰协会常务副会长韩学政，**陕西省**建筑装饰协会秘书长王卫国，《住宅装饰装修工程施工规范》征求意见稿吉林座谈会主持人、**吉林省**建筑装饰业协会家装委员会理事长、长春市建筑装饰协会家装委员会理事长、长春星宇大厦总经理郎伟，《住宅装饰装修工程施工规范》征求意见稿吉林座谈会参加者、**长春市**建筑装饰协会家装委员会副理事长、长春市自由空间设计有限公司总经理劳丽丽等。

地处中南地区的**武汉**建筑装饰协会秘书长郭伟、家装委员会秘书长邓葭芬应邀参加了会议。

会议引起部分大中型公装企业的兴趣，并得到了他们的大力支持，如中国建筑装饰协会理事、信息咨询委员会常务理事、山西省建筑装饰协会副秘书长、山西宏德建筑装潢工程有限公司总经理周仁德，中国建筑装饰协会理事、太原市建筑装饰协会副会长、山西五一广告设计装饰工程有限公司总经理马凤祥，山西省建筑装饰协会副会长、香港神采设计装饰工程山西有限公司董事长霍小强，西安鑫龙建筑装饰工程（集团）有限公司常务副总经理姚伍利、山西润晋装饰工程有限公司总经理郭欣等。

会议同时引起一些相关企业的重视，如北京家和家美家居商城经理张俊雄、黑龙江华鹤集团华鹤家居经营有限公司木制装修品事业部经理迟匡夷等。

会议期间，与会领导和代表参观了山西森永建筑装饰工程有限公司的家装作品展示、太原市春天·时尚家居广场、联合国人居环境范例奖汾河公园。《中国建设报》、《中华建筑报》和山西当地新闻媒体的记者到会做了采访。

二、领导讲话

中国建筑装饰协会名誉会长张恩树首先讲话，他指出，现在全国都在学习江泽民总书记“5·31讲话”，家装涉及千家万户百姓的切身利益，更应积极落实“三个代表”重要思想和“5·31”重要讲话。党中央、国务院十分重视家装工作，李岚清、温家宝副总理、吴仪国务委员均对家装工作有多次批示和指示。建设部公布了部令110号《住宅室内装饰装修管理办法》和国家标准《住宅装饰装修工程施工规范》，以及《商品住宅装修一次到位实施细则》。因此，我们在这里研讨我国家装业和发展方向问题，十分重要。2001年中国建筑装饰协会成立了专门的课题组“建筑装饰行业在我国国民经济和社会发展中的地位和作用”，其成果发表在12月24日的《经济日报》上，报告认为，2000年我国建筑装饰行业的产值是5500亿元，其中家装占55%。今年中共中央党校出版的《政治经济要闻》报道，2001年全国建筑装饰行业产值是6600亿元，其中家装占55%，行业发展速度为25%。家装一些误区应该解决，如“装修导致小儿白血病”无科学依据。要研究WTO条件下家装的应对措施，总体来看，家装比公装好一些。我们这次会议要认真交流经验，相互沟通，并提出对政府、协会应做工作的建议。

山西省建设厅副厅长夏志朴表示，家装业越来越引起社会的广泛关注和百姓的需求，中国建筑装饰协会在太原召开此会，是对山西省和经济欠发达地区家装业的很大促进，非常及时和必要。作为分管家装管理工作的副厅长，他指出，山西省家装业与全国相比尚处于初级发展阶段，有三个不适应：一是政府职能与现行管理体制的不适应；二是百姓越来越高的需求与家装队伍素质低下的不适应；三是家装市场容量越来越大与家装低水平重复的不适应。他提出，家装已成为我国建筑业、建筑装饰行业中有特色、形成相对独立的行业，影响着社会的需求与稳定，我们应着重研究解决家装投诉逐年上升的问题。我们山西晋中的乔家大院、王家大院等，这是我国近代家装的典范，欢迎大家参观考察。

山西省建筑装饰协会会长史应标说，山西省家装业规模小、技术含量低、市场行为乱，业界还没有一个长远的发展规划和很好的宏观调控措施。作为建筑装饰行业协会，我们有责任、有义务把家装业搞好。他强调，实践表明，家装业用管理计划经济、建筑业、公装、乡镇企业的思维方式都不行，必须用市场经济的思维方式。市场经济认为，需求决定供给，需求决定存在，占家装市场绝对值的游击队，说明百姓对他们有需求，他们就有存在的必要。问题是我们要进行行业指导。我们不仅要关心城镇的家装，也要关注农村的家装。家装是一个万岁的事业。

太原市建筑装饰协会会长姚吉生表示，家装企业有其特点，规模不需要很大，技术不需要很高精尖，因此，资质就位要照顾一下。此外，职称是一个很大的问题，这些都是家装企业的利益所在。我们建筑装饰行业协会要为家装企业实实在在地做几件好事。

以上四位领导的讲话，均体现了市场经济的思维方式和实在的工作作风。

三、会议交流成果

14位代表围绕着会议主题，相继在会议上作了发言：山西森永建筑装饰工程有限公司总经理石磊、北京市建筑装饰协会家装委员会秘书长崔世海、北京东易日盛装饰工程有限公司总经理陈辉、设计总监张平、石家庄市常宏装饰工程有限公司经理莫旭东、香港神采设计装饰工程山西有限公司董事长霍小强、武汉建筑装饰协会秘书长郭伟、北京业之峰装饰有限公司董事长张钧、沈阳辰星装饰装修工程有限公司总经理赵国涛、北京龙发装饰工程有限公司董事长王显、吉林艺典环境设计工程有限公司总经理刘广军、陕西家信装饰市场总经理程静、沈阳统代装饰工程有限公司董事长王充波、沈阳市富恒装饰工程有限公司董事长李耀庚、北京阔达建筑装饰工程有限责任公司董事长曹安闽。

代表们反映的当前家装业发展的如下一些问题，值得业内重视和商榷：

1．北方家装企业运作模式已基本形成

特点是以北方模式为主，又具地方特色，如包工包辅料，一些设计风格和施工工艺总是由南向北传播，比较符合北方消费者心理特点，均有过“不靠偷工减料能不能挣到钱”的经历。

2．应建立从业资格认定和有偿设计的行业自律机制

北京市现有在正规家装企业的设计人员5000多人，自2001年进行从业资格认定，培训了50%、2500多人，现有从业资格证书的1735人，效果良好，值得推广。

家装设计同所有其他设计一样也是龙头，随着家装业主消费水平和要求的逐渐提高，设计成本越来越高，劳动创造的价值越来越大。分文不取的家装使企业损失巨大，竞争力受到极大的限制，只能自毁企业和行业。免费设计不能再出现了，要象北京市建筑装饰协会家装委员会实行的设计人员“除名制”和企业“清除制”那样，对家装设计要有严格的行业自律机制。

3．建筑装饰行业协会家装工作经验

一是主管部门和上级领导的支持是关键；二是用制度整顿规范家装市场是前提；三是以促进家装企业团队作战为核心；四是加强行业自律为百姓服务为目的；五是加强培训提高从业者素质是基础。

家装行业协会最好民办，家装协会要代表家装企业的根本利益。如沈阳市建筑装饰协会家装委员会就不带官方色彩，协会领导集体民主选举产生，现会员数占沈阳家装企业的80%。

4．正规家装企业市场份额仍很小

目前，正规家装企业经过10多年的艰苦奋斗，家装市场份额有了一些改观，如北京，1997～2001年分别为0.67亿元、3亿元、6亿元、13.2亿元、21亿元，五年中每年均翻番，预计2002年可达30亿元。但是，正规军现顶多占家装市场份额的一二成，就是北京2001年也仅占不及二成，其余仍为游击队所为。沈阳2001年家装市场30亿元，近百家正规家装企业才做了3亿元，仅占10%。

讲信誉质量好的家装企业，工程1/3来自市场，1/3来自工地，1/3来自以往的业主。

5. 发挥协会作用制止不正当价格竞争

几乎所有的家装企业，无论大小均认为家装越来越不好干了，感到似乎有灭顶至灾的危机，特别是当前越来越突出的不正当价格竞争。目前全国家装工程的毛利平均约25%，纯利约7%～9%。但个别家装企业在正常的报价上竟打七折，发包六折，取10%的毛利。10%的毛利，利润从何而来？人都养不住，更不用说发展了，更谈不上保证家装工程质量了。某外地家装企业在沈阳，竟然说什么今年让利3000万元，明年再让利3000万元，大有挤垮沈阳当地家装企业之势。连可口可乐等著名跨国公司都不敢这么说，这是根本违反经济规律的作法，典型的不正当竞争。

与会代表给予不正当价格竞争强烈抨击，认为家装业靠的是服务，而不是什么邪门歪道。同时呼吁：家装行业亟待制止不正当价格竞争。指出小企业如何在激烈的市场竞争中脱颖而出，靠的是专业特长——比较优势，而非靠打折，如沈阳家装企业六大户，没有一家是靠打折发展起来的。

代表们指出，中国建筑装饰行业协会应为家装市场公平竞争多做协调工作，多帮助企业。为此，协会首先要做到公平。家装业报价系统的多样化，导致企业的市场信誉度降低，建议中国建筑装饰协会制定一套家装报价示范系统。坚持职业道德，不但包括坚持工程质量，而且也包括坚持市场平均利润。

6. 暂不宜提“绿色装修”

当前，来自家装环保的压力越来越大：一是来自政府——建设部令110号《住宅内部装饰装修管理办法》、国标《住宅装饰装修工程施工规范》以及10个装饰装修材料污染限量强制性标准；二是来自市场——九成装饰材料不符合规定，材料大多不环保，何来“绿色装修”，现在选用最好的装饰材料都不能保证能装修出“绿色”；三是担心有关新闻媒体过分炒作；四是百姓投诉仍居各地消费者投诉热点之中，且位前列。为此，与会家装企业均感到家装行业可能有灭顶至灾之险。

代表们认为，现暂不宜提“绿色装修”。如何适应日益高涨的百姓对于环保的需求，全国同业应共同积极想办法，下大力量，做出实实在在的工作，真正走出一条家装业发展的健康之路。

7. 家装企业的出路在于创新

家装业创新的思路在于由粗放型到“精耕细作”：一是要提高自主研发能力；二是实施品牌战略；三是要加快正规化步伐；四是企业发展不要数量要质量，不要超额利润要信誉；五是质量要争第一，税收也要争第一；六是以保证业主的利益为前提，找出市场最需求的东西和自己的比较优势；七是造就家装行业领军式的企业家。

8. 民营家装企业的改制成为当务之急

我国家装企业几乎均为民营、私营、个体企业，且家族式居多。面对WTO，家装企业也有一个按现代企业制度改制的问题，一些企业已做出了有益的探索，如北京龙发装饰工程有限公司实行了股份制，董事长王显占股份51%。家装企业内部、家装市场、家装协会都要讲五湖四海。我国民营装饰企业的改制比占全国装饰企业万分之五的国有装饰企业的改制显得更重要、更必要、更迫切。

9. 强力解决高增长的投诉乃得人心之举

自1996年，家装投诉便进入全国消费者投诉热点之内，且位居前列，占投诉量的20%，目前有增无减，投诉对象七成为“游击队”。投诉消费额热点：2000年3万元以下；2001年为5万元以下。中国建筑装饰协会应及时采取强力措施加以解决，多做得人心——百姓之心、行业之心、企业之心的事。

10. 会议用语均为“家装”

本次会议用语有一个共性，那就是均用“家装”而不用“住宅装饰装修”。其原因：一是用“家装”没有语病，如家庭轿车、家庭影院、家庭消费；二是习惯用语，已叫了10多年了，得到了社会和新闻媒体的广泛认同，如2002年3月25日，中央人民广播电台早间新闻联播：“国家近颁发《住宅室内装饰装修管理办法》，从此，家装有法可依。”三叫“家装”已得到民政部门承认，如2002年5月14日江苏省民政厅批准成立“江苏省建筑装饰协会家庭装饰委员会”，并颁发“社会团体分支（代表）机构登证书”；四是“住宅装饰装修”太长，不便于简化，若称“住装”或“宅装”尚需时日。

四、有争议的问题

会议反映出的几个有争议的问题，值得业内注意：

1.“家装特许连锁经营”要慎重

会议认为，家装企业“联盟”是行业发展趋势，但是如北京东易日盛装饰工程有限公司总经理陈辉介绍的该企业的“中国优质家装检定系统”、北京业之峰装饰有限公司董事长张钧的“家装特许连锁经营”——塑造百万元“贵族”等，引起与会代表不同意见：

“中国优质家装检定系统”，“中国”，口气太大，名为“家装检定系统”，实为“家装特许连锁经营”，说这是“中小家装企业的发展模式”，未免言过其实。“家装特许连锁经营”，每家收50～80万元，且不要业内人士，不符合家装业发展规律。建筑装饰行业，特别是家装业，历来是以满足业主需求、服务百姓为宗旨，从来没有企业提倡过什么从业是为了个人发财，如北京阔达装饰公司提出的“两个永远”：永远以我们的服务满足客户不断增长的需求；永远以我们的真诚保护我们的客户。提倡塑造百万元“贵族”，有点象“传销”。与会代表指出，将商业中的“特许连锁经营”引入家装业是一种有益的尝试，但不可过分炒作概念，是否适应家装业，还有待于实践证明。当前“家装特许连锁经营”泡沫成分过多，要慎重行事。

2. 不切实际的“做大”值得商榷

正当一些公装企业积极应对 WTO 舍弃"做大"追求"做精、做强"时，一些家装企业却不切实际地强调"做大"，如有的家装企业得出"今年争取家装一万户，望 4（亿元）争 5（亿元）"，公装企业都不敢这么提这么干，口气太大。发展了 20 多年的公装企业的经验教训值得只有 10 多年历史的家装企业重视。"家装特许连锁经营"中就包括了这种不切实际"做大"思想指导的产物。IT 行业几乎与家装行业同时发展，但 IT 行业的泡沫决不能在家装业重蹈覆辙。家装企业需要"做大"，但怎样既符合市场经济规律，又遵从家装行业发展规律？

3．家装广告大战要适可而止

这两年来家装企业大规模的广告，一方面宣传了家装企业和行业，另一方面过度的广告竞争将会自毁行业。广告大战起了一定的负面作用，似乎装饰企业赚了很多的钱，利润率很高，其实不然，特别是公装企业已进入微利时代。深圳市装饰行业协会已于 2001 年初发现并指出广告大战的严重后果，要求家装企业适可而止。现在的问题是：广告在家装企业经营过程中能否起到决定性的作用？

4．游击队为何占市场绝对优势

游击队现占据 90%以上的家装市场份额这一事实，值得认真检讨正规家装企业的运作。如果正规军和游击队的家装产品质量差不多，且后者若比前者价格低、麻烦少的话，百姓为什么要用正规军？问题的关键是：正规军究竟与游击队有何区别？正规军的比较优势究竟在何处？

五、业内舆论

此间业内舆论认为，本次会议开得十分成功，充分体现了中国建筑装饰协会落实江总书记"三个代表"重要思想和"5·31"重要讲话，"二次创业"的实践。会议的突出特点是：民主协商、实事求是、气氛活跃，欢快热烈，是类似活动中所少见的。

我国家装业无论在产值（55%），还是在从业人员（65%）、企业数量（85%）、新增就业（48%）这四大指标上看，进行入 21 世纪后都比公装占优。因此，家装现已成为我国建筑业三大产业之一装饰装修业的支柱行业。家庭装饰业的发展，对于拉动国内有效需求，扩大消费，增加就业，推动国民经济增长和社会发展具有突出作用，不仅已成为我国建筑业新的增长点，而且已成为我国国民经济新的增长点。

2001 年 3 月 15 日，九届全国人大四次会议批准的《中华人民共和国国民经济和社会发展第十个五年计划纲要》提出的"发展以居民住宅为重点的装修装饰业"，关系到调整我国"经济结构"，是新世纪我国装修装饰业可持续发展的纲领性文件，是到 2005 年我国装修装饰业发展提高的指南。

2000 年 10 月 29 日经浙江省九届人大常委会第 23 次会议修订并公布的《浙江省实施〈中华人民共和国消费者权益保护法〉办法》中第二章第十八条："行业主管部门、行业协会应当加强行业管理和行业自律，根据保护消费者权益的要求，规范经营者的行为，明确经营者的责任。行业主管部门或行业协会可以和消费者协会达成有关保护消费者权益行业规范的约定。"应当成为我们建设行政主管部门和建筑装饰协会从事家装行业管理运作框架的重要补充。

首届中国住宅装饰产业发展论坛在杭州举行

王本明

2002 年 9 月 26 日，由中国建筑装饰协会主办、浙江省建筑装饰协会承办的"首届中国住宅装饰产业发展论坛"在杭州萧山国际酒店召开。中国建筑装饰协会名誉会长张恩树、会长马挺贵、常务副会长兼秘书长徐朋，浙江省建设厅副厅长赵如龙，中国房地产协会秘书长顾云昌，中国建筑装饰协会副秘书长房箴，浙江省建筑装饰协会秘书长崔承毅，杭州市建筑装饰协会秘书长傅祖华等有关方面领导，以及来自北京、上海、天津、重庆、江苏等地建筑装饰行业的专家、学者、企业家共 150 余人参加了本届论坛。

本次会议得到了业内的高度重视，上海同济大学来增祥教授等在国内外享有盛誉的专家、学者，以及很多成功的企业家，就房地产业发展与住宅装饰产业合作的前景、什么是健康的生活空间、住宅装饰的设计理念等问题进行了研讨。

浙江省建筑装饰协会会长董宜君主持开幕式，并致了题为"抓住机遇　迎接挑战　走向辉煌"的欢迎词。中国建筑装饰协会会长马挺贵致贺词，他代表中国建筑装饰协会对本届论坛的召开表示热烈的祝贺，向出席论坛的浙江省建设厅的领导和各位专家表示衷心的感谢，向与会的各位来宾、同仁表示热烈的欢迎！

中国建筑装饰协会马挺贵会长指出：改革开放以来，我国的建筑业蓬勃发展，人民生活水平不断提高，特别是在我国已告别了住房短缺的情况下，人们对居住环境质量的要求也越来越高，使装饰行业，特别是住宅装饰业得到了广阔的市场发展空间。据协会调查，我国住宅装饰业 2001 年完成工程产值达 3600 亿元，占全国建筑装饰产业的 55%。住宅装饰已经成为中国建筑装饰行业的重要组成部分，成为具有相对独立的市场特点和对国民经济发展，对满足人民物质与文化需求具有特殊地位与作用的新兴行业。

但是，由于装饰行业法制建设相对滞后；市场运作和管理上不规范；企业组建时间短，规模普遍偏小，从业人员水平素质参差不齐，装修施工中穿墙凿洞，破坏结构，使用对人体健康有害的装饰材料，假冒伪劣、粗制滥造等现象时有发生，已经成为行业的公害，严重影响到行业的声誉和形象，成为行业持续发展的重大障碍。行业发展中出现的问题，已成为社会关注的热点和焦点，引起了国家领导和各级建设行政主管部门的高度重视。为规范市场，推动装饰业的健康发展，满足人们的广泛需求，国家采取了一系列措施，并制定和颁布实施了《建筑法》、市场准入制度、住宅室内施工规范和管理办法等一系列法规和制度。从7月1日起强制性执行的《民用建筑室内污染环境控制规范》和“10类主要装饰材料有害物质限量规范”等都旨在进一步加强住宅装饰市场的管理。

为了更好的贯彻执行国家有关住宅装饰的法律、规定，认真总结交流行业及企业发展的经验、教训，处理好在新形势下与房地产开发商、材料经销商的关系，解决在执行中已经遇到和可能遇到的问题，加强住宅装饰装修市场的管理，为百姓创建健康的生活空间，中国建筑装饰协会与浙江省建筑装饰协会共同举办了本次论坛，请行业精英聚首杭州，共同为我国住宅装饰业的发展献计献策。

浙江省建设厅副厅长赵如龙做了题为‘住宅装饰行业在规范中发展“的讲话，赵厅长指出：在省委、省政府的领导下，在建设部的正确指导下，得益于经济建设的飞速发展，我省建筑业也获得了良好的发展机遇。2001年，全省建筑业完成总产值1768亿元，列全国第一位；实现利税100.9亿元，为全国第一；建筑业增加值达377亿元，占全省国内生产总值的5.4%。建筑业已被省委、省政府确定为我省增势强劲的优势产业。与此同时，房地产业发展迅速，2001年完成投资536亿，高出全国平均水平22.7个百分点，居华东首位、全国第四，其中，商品房建设投资额达382亿元，房屋施工面积6242万m^2，竣工面积1973万m^2，全省住宅产业化程度进一步提高。总之，建筑业与房地产业的迅猛发展，为全省经济和社会发展与人民生活水平的提高提供了基础性保证。

从1998年起，浙江省提出了城市化发展的宏伟蓝图。近几年，城市化进程加快，城市建设日新月异。2001年，全省城镇人口已达到2207万，城市化水平已达48.67%，列全国第八位；全省城镇居民人均居住面积达到15.2m^2，为全国各省市自治区第一。随着城市化进程的日益加快和人民生活水平的不断提高，我省在住宅建设总量不断扩大的同时住宅建设中住宅环境质量、功能质量、工程质量、生活质量也得到了提升。开发出象湖州东白鱼潭小区、杭州新金都小区、南都花苑等一批国家级示范小区。

住宅建设的发展，带动了家庭装修行业的迅速崛起。由于我省城市居民人均收入较高，大部分市民把房屋装修视为改善生活环境，提高生活质量的最主要标志，因此，各大城市家庭装修之风可谓是蔚然成风。据估计，我省每年家庭装修总工作量在150亿元左右，涉及家庭在30万户左右。

家庭装修不仅是每户家庭的个性问题，它涉及城市环境的综合理论，工程结构的安全，也涉及人民生命财产安全。面对迅速形成的家庭装修市场和行业管理问题，省政府于1996年6月适时颁布实施了《浙江省城镇房屋装修管理办法》（省政府令第60号）。根据60号令和《建筑装饰装修管理规定》（建设部第46号令，1995年8月实施），近年来，各地建设行政主管部门都十分重视加强对这一领域的管理，建立机构，落实人员，制定管理办法，努力使家庭装修行业纳入各级建设行政主管部门的管理范畴。杭州市政府颁布实施了《杭州市城镇住宅装修管理规定》（市政府令第141号，1999年9月10日起实施），宁波市人大颁布实施了《宁波市城市房屋使用安全管理条例》（今年7月1日起实施），温州、嘉兴、衢州等市也都以市政府规范性文件的形式出台了相关规定，将住宅装修纳入了依法管理的轨道。总的看，我省家庭装修行业的市场正在逐步规范，管理力度正在不断加大，工程质量也基本能够得到保证，尚未发生因违法乱装修导致的重大结构质量事故。

但是，我们也清醒地看到，我省家庭装修行业的管理还属起步阶段，管理还不够规范，力度也不够，存在的问题还比较多。一是从地域上看，城市之间的管理力度不平衡。有的市地对此比较重视，执法力度较大，管理的覆盖面较广。而有的市地，特别是一些县市，对此不够重视，没有采取必要的管理措施，机构、人员、责任都不落实，个别地区甚至还处在空白阶段，没有有效地履行建设行政主管部门的管理职能。二是制度建设和执法队伍建设跟不上市场管理的需要。家庭装修行业管理的特点是量大面广，直接面对百姓，由于人力、财力的限制，对大量违法装修住户的查处十分困难。因此，总的来看，这方面的执法力度还很不够。三是家庭装饰队伍资质管理与住户装饰行业管理两者的关系尚未理顺。即家居装饰资质管理是否纳入建筑业，企业资质管理的范畴的问题等。上述问题的存在一定程度上影响了家居市场的发展。

今年建设部制定出了有关家庭装修管理的规章，这是根据现阶段家庭装修市场管理的实际需要做出的正确决策，也是我们加强这方面管理的一个良好契机。我们将在建设部的正确指导下，按照出台的有关规章，认真研究我省家庭装修业管理的实际情况，制定相应的实施办法，扎扎实实把这项工作抓起来，努力规范家庭装修市场，杜绝因违章装修引起恶性事故的发生。

中国房地产协会秘书长顾云昌做了题为《住宅产业现代呼唤住宅装饰产业化快速发展》的报告，报告内容分三个部分：

第一，发展状况与前景预测。当今中国的住宅产业已呈现良好的发展势头。其发展速度之快，规模之大已举世瞩目。住宅产业作为一项优雅的高档艺术产业，其目标是从居者忧其居发展到使百姓有其居，最后达到优其居，从而使住宅产业成为更新换代的新型产业。住宅产业不断的发展，让我们意识到制度创新而带来的能量的创造。调动个人买房的积极性，把住房的实质很形象地体现出来，即让老百姓自己掏钱买房。住宅产业在如今的中国拥有着一片广阔的发展市场，它几乎成为中国经济发展的支柱产业，促进了消费升级，并逐渐形成不可或缺、有效控制宏观调控的现代化产业。

第二，产业形势与主要任务。房地产作为当代一项正在发展的重要产业，无论是在规划、设计、装修方面，都有其自身的重要性。目前，据分析，我国的住房产业正处于健康、理性的发展阶段，应该说这是一个良好的发展趋势。因此，在目前我们的主要任务是：调整楼式结构，大大挤掉套面积泡沫；逐步发展并形成现房市场；大力发展二手房市场和租赁市场，促进市场容量的扩大。在整顿房市上应该力求改善消费环境，减少住房消费障碍。同时，大力发展服务产业。

第三，住宅装修与家装产业。俗话说："住得好不好，健康最重要。"住房产业在当前已被视为一项可持续发展行动，是发展住宅装修的切入点。具体可概括为四个方面的行动，即健康行动、规范行动、节约行动、接轨行动。据分析，目前在家装产业化发展这项产业上更需要考虑的主要是：口味的不同、质量是否保证、风险的加大以及如何提高效率等方面。

中国建筑装饰协会常务副会长兼秘书长徐朋做了题为"住宅一次装修到位和推进住宅装饰装修产业化发展问题"的报告。他指出：研究住宅一次装修到位和住宅装饰装修的产业化发展问题，要考虑这样几个背景：

一是住宅装饰装修的投资规模已超过公建，一次性装修到位为住宅产业化提供了前所未有的机遇。

二是住宅的装饰装修越来越专业化，且生产水平不断提高。

三是住宅装饰装修产品的特殊消费功能越来越明显。它即是一个物质产品的消费过程，又是一个文化产品的消费过程。功能适用性、文化品味的艺术性、制作工艺的精确性、环保功能的健康性，从而使住宅装饰装修产品进入一个新的历史发展时期。

四是我国的住宅装饰装修行业的发展得益于二次装修的形成。它造就了家装发展的历史空间。住宅一次装修到位将为住宅装饰装修企业生产的规模化、工厂化和技术水平的提高创造了新的发展机会，装饰装修企业要善于捉住机会发展和壮大自己，十分敏感的注意市场投资主体的变化，并积极的配合开发商，促进住宅消费状态的转型。在新建综合式住宅中，一次装修逐步替代二次装修需要一个过程，二种装修模式的竞争是不可避免的。只有一次装修到位能够替代二次装修的优势才有生命力。

五是随着住宅产业化和装饰装修行业规模的发展，国家不断的出台一系列规定，诸如："装饰装修工程施工规范"、"住宅一次装修到位实施细则"、"关于十项有害物质限量"的国家强制性标准、"民用建筑室内空气污染控制规范"等，加快住宅装饰装修产业化，特别是利用一次装修到位的市场时机是当前行业发展的一个重要课题。

住宅一次装修到位对住宅装饰装修产业化带来的机遇和挑战。入世之后，外商不会建毛坯房，发展住宅一次装修到位将成为市场国际化后的住宅商品的游戏规则。

一是为了共同利益、创造成品房的新卖点，增加附加值，将会推进开发商同装饰装修企业的合作。

二是批量生产有助于改进工艺和推动工厂化生产方式的变革，促进住宅装饰装修的产业化进程。

三是有利于净化市场，缩小马路游击队的竞争能力，更好地体现了专业装饰装修企业的竞争优势。

关于个性化问题。菜单式装修模式为解决从功能、格调、价位上解决个性化问题包括以下三个内容：

一是住宅开发商或住宅建设单位委托设计单位做出每一种户型的几个可供住宅选择的室内装饰方案，每个方案包括一系列可供住户选择的装饰分项（如地面、墙面、顶棚、灯饰等）。由小区开发商或建设单位优选几家有资质、有实力、有信誉的装饰企业提供装饰样板房，标出综合报价及分项单价，供户主选择或参考。户主参与设计。即挑选装饰方案，并在结构安全允许和管线布局合理的前提下，对方案作局部修改，并汇总成一份装饰定单。

二是提倡个性化的过程中要对消费者进行必要的宣传和引导，从而使对个性化的需求纳入一个科学轨道。业主的消费水平和消费习惯、审美情趣，装饰装修取向，从而所形成的个性化需求，将直接决定一次性装修的推广速度。加强对消费行为的指导，用科学合理、规范标准、符合时代要求的消费意识和消费习惯引导消费者，把对个性化的需求控制在一个符合社会化大生产的范围内。开发商和装饰装修企业义不容辞的责任。

加强对消费者的引导，已经成为加快一次性装修的重要课题。在引导消费方面，要做以下几点工作：

一是要适当抑制消费者的参与意识过强的问题。要通过宣传、教育，使购房消费者明确什么是个性化。

二是要引导消费者正确理解住宅装饰装修的标准，克服盲目的从众心理和过分的攀比。不切实际的高标准、高档次，是住宅装饰装修的一个很大的误区。任何一个住宅的装修都不可能十全十美，人们判断的依据只能看是否符合国家的相关规范、标准。

三是要引导消费者正确理解住宅的实用性，并认识美观同品味的差异。

关于工厂化生产问题：工厂化的生产将使住宅部品制作、加工精细，质量稳定，现场仅做组装，省时省料，不仅大幅度提高了劳动生产率，更提高了装饰装修的工艺水平，通过扩大生产规模将有利于集中采购和降低生产成本，减少现场家装过程中的污染和扰民。工厂化生产不仅要打破陈旧的住宅装饰装修体制，更重要的是把整个住宅装饰装修产业引向集约化发展轨道。

积极推进住宅的专业化发展方向：当前，家庭生活中现代技术和设备的引入导致智能化水准的提高，设计更为复杂，人们越来越按艺术品要求家装工艺水准，越来越重视环保。对材料的环保注意力远远超过了工装。坚持专业化的发展方向，不断的培养专业化人才，走以专业技术优势形成核心竞争力之路是推进住宅装饰装修产业化发展的重要条件。

积极推进住宅开发商和住宅装饰装修企业合作：对于住宅装饰装修企业来讲，要看到一次装修的发展趋势，主动争取同有实力、有信誉的开发商合作，不断探讨有利一次装修到位顺利进行的合作方式。开发商买房子，装饰装修企业卖装修，风险对等，利益均摊。这些创造性的合作方法为推进住宅一次性装修到位起到很大推动作用。

徐朋相信，通过今后一段时期的努力，住宅一次性装修在推动行业产业化发展中将表现出越来越突出的作用。

北京阔达建筑装饰工程有限公司董事长曹安闽做了题为“家装企业如何抑制“高增长、低效益”的恶性循环”的报告。结合自己公司的经验，谈了对这个问题的认识及解决途径。

第一，高增长、低效益的趋势是行业发展的初级阶段的必然结果：

一是就全国而言，家装行业作为一个有形市场和一个企业来运作，是市场经济下的自发过程，其特点是：起点低、标准低、竞争无序，但市场需求巨大——首先，由于行业进入门槛低，什么人都可以进入，鱼目混珠，所以企业实力参差不齐；其次，家装行业仍处于原始阶段，政府的各职能部门也未完全介入，客观上造成整个行业暂无任何规范可言；第三，人民生活水平的提高，房地产行业的飞速发展，造成整个家装市场处于供不应求的状态，事实上是属于卖方市场。凡此种种，造成整个行业的毛利自然就不低。

二是随着行业的形成、完善和企业化运作的开始，一批有着先进理念的优秀企业脱颖而出，打出了知名度，迅速扩大了市场占有率，形成了高增长态势。

三是由于利润丰厚，一批优秀人才及企业的加入，在发达城市形成激烈的竞争态势。企业打形象、打知名度易于效仿；低的上来了，高的就要更高——各企业不断加大投入，在各个方面展开激烈竞争的同时，也逐步进促进了行业的规范；并且，市场也在不断的进行细分。

四是劳动密集型企业在生产价值链上不可能有较高的利润空间。

五是随着行业的逐步规范，消费者的不断成熟，在日益激烈的市场竞争中，在行业税务及劳务制度不断规范的情形下，任何企业要想保持优势地位，则其人才、企业形象、品牌等企业运营成本将激烈升高。故而，在企业及行业发展的初级阶段，利润回吐是必然趋势。

第二，规范企业自身，寻找理性价值的利润空间：

一是有偿设计：各地情况有所不同。

二是施工收费的细分——施工现场的文明和安全规范、机具规范等要体现在产品价格上。

三是风险规避——保险公司介入。

四是建立材料和半成品平台，形成规模化的物流配送体系——在方便和实惠客户的情况下，可从占工程总额35%～40%的基础材料中获取一定份额的利润；在半成品平台的建设中，集成产品的品质将大大提高，设计师的灰色收入将大大减少，企业也将获得不菲的利润；并且，可为装饰行业与其他行业的全方位、深层次合作，为装饰行业的可持续化发展探索出一条道路，可谓一举四得。

五是后期配饰方面：一是可满足客户的需要；二是在后期配饰的过程中，这种有偿服务同样会带来一定的利润。

六当家装企业形成规模化和产业化的时候，还有一个显著的特点，就是分工更细，专业化程度更高。

理性价值的利润体现了行业的未来走向，就是：家居产品的整体设计、定单式制作、定向式供货。在这样的企业链中，定制产品的商业利润将是家装企业的新的经济增长点；而这，恰恰契合国家建设部提倡的“精装修交房”的行业发展趋势。

第三，注重品牌建设，创造感性价值的品牌天堂：

首先，他引用美国著名经济学家杰斯帕•昆德的三句话：

一是业内外部的一体化创造了内部文化与外部定位之间的联系，并巩固了其已有的市场地位。

二是国际市场上的竞争已不再仅仅是产品的竞争，而是转化成为企业理念与观念的竞争，企业品牌及其价值的作用显得至关重要，并成为决定公司成败的决定性因素；

三是为什么会有品牌？品牌在市场条件下产生，竞争是产品化的结果。当产品性价比一致时，就要赋予产品新的东西——情感，而情感是无法计算的。

新经济时代最重要的是从产品到理念的转换，销售的目的是为了建立能够区别于对手的品牌。市场经济的特点和历史决定了，市场竞争就是质量和价格的竞争；而占据市场领导地位的品牌专家和高手，则是用系统化的营销理念和知识观念超越产品层面而构筑起品牌情感价值的意识。

由此看来，高增长和低效益是初级阶段市场竞争的必然结果，也是家装行业发展的必经阶段。在品牌建设的过程中，我们一些行业的排头兵都还处在第二阶段，即概念化品牌阶段；我们必须向第三阶段挺进，即建立起有着公司理念的品牌；并向第四阶段冲击，即建立品牌文化；你的产品能明显地区别于其他公司的同类产品，能在一流性价比的基础上，创造了产品独特的文化和精神，你建立了能极大地提高企业利润的产品的情感附加值——这是更高一级的企业经营和管理，也理抑制企业间恶性竞争和行业内恶性循环的最终出路和最有效的手段，而这，也正是消费者个性化需求的最终体现。

上海同济大学来增祥教授做了“家庭装饰装修设计理念的变化”、**中国建筑装饰协会行业发展部主任王本明**做了“中外住宅装饰装修的比较”、**企划专家孔繁任**做了“关于企业市场策划”的报告，**浙江省家装企业诚信联盟**介绍了他们的运作经验。

本届会议可以说这是一次高质量、高品位、高水平的论坛。相信本次会议将对住宅装饰产业与时俱时、创新发展起到积极的推动作用。

"欧典杯"全国居室设计大赛颁奖暨研讨会在郑州召开

《中国建筑装饰》编辑部

为了提高我国家装行业水平，迎接中国加入WTO后给我国家装市场带来的机遇和挑战，加强家装室内设计领域的交流，发掘并褒奖设计人才，2002年9月9日～10日，由中国建筑装饰协会主办，河南省建筑装饰协会和《新居室》杂志社共同承办，北京欧德装饰材料有限公司冠名的"2002年第二届'欧典杯'全国居室装饰大赛颁奖大会及居室装饰设计研讨会"在河南省郑州市召开。参加会议的200多位代表分别来自北京、上海、重庆、河南、湖北、陕西、四川、辽宁、湖南、广东、江苏、浙江、云南、广西、宁夏等15个省市区的家装企业。

出席大会有中国建筑装饰协会常务副会长兼秘书长徐朋，原河南建设厅厅长、河南省人大常委会法制委员会主任委员、中国建筑装饰协会常务理事、河南省建筑装饰协会会长洪盈，河南省建设厅副厅长刘洪涛、建管处处长张达，中国建筑装饰协会常务理事、《新居室》杂志社总编辑洪涛，河南省建筑装饰协会秘书长王晓惠、副秘书长金世雄、杨东洲，中国建筑学会室内设计分会副会长饶良修、李书才，北京欧德装饰材料有限公司总裁闫培金等有关方面负责人。

大会由中国建筑装饰协会副秘书长房箴主持。中国建筑装饰协会行业综合部主任王毅强、发展部熊翔、住宅装饰装修委员会（筹）张仁、张振路，中华建筑报、郑州日报、郑州晚报、郑州电视台、郑州电台等媒体对大会进行了报道。

本次组委会共收到22个省、直辖市的参赛作品411套，其中设计作品185套，实例作品226套。这次参赛的大部分作品内容完备，表达充分，装帧精美。这次参赛作品评选工作2002年7月在京进行，经过评委会专家的认真评选，共评出金、银、铜奖，佳作奖，最佳单项配置奖，最佳组织奖等116个奖项。其中大赛金奖原设5名，实际评出3名(空缺2名)；实例大赛金奖10名，实际评出9名（空缺1名）；实例大赛佳作奖11名，最佳绿化配置奖空缺。

徐朋常务副会长兼秘书长代表中国建筑装饰协会向参加大会的领导、专家和各地代表表示热烈欢迎，向获奖单位和个人表示了祝贺。他说，非常高兴在金秋时节来到作为华夏民族摇篮的河南郑州并参加"欧典杯全国居室装饰设计和实例大赛"的颁奖盛典。首先，感谢河南省建设厅和河南省建筑装饰协会的盛情邀请。也非常感谢河南省各级领导以及各位专家、学者出席本次设计界的交流活动。

他指出，"欧典杯"居室大赛，今年是第二次举办，收到了全国400多套精心设计完成的居室设计及实例作品。这说明此类活动是深受室内设计师欢迎的。在这里我也代表中国建筑装饰协会对参与此项活动的各位设计师和积极支持并组织该项工作的各地装饰协会表示衷心的谢意。并向获奖的同志表示衷心的祝贺。

随着建筑装饰行业十多年来的飞速发展，室内装饰设计工作也不断拓展了设计师们的创作的空间。如果说现代装饰装修起步于大型公共工程的设计，近年来已经随着住宅建设的普遍升温，而深入到了百姓的居室设计中去，住宅装饰装修在全国已形成了热点。

根据不完全统计，中国室内设计人员，从业数达到30万人，绝大多数设计人员都参与过设计与施工的实际锻炼。从整体看，我们的室内设计队伍的素质水平在不断提高。从此次欧典杯居室设计竞赛中，不仅看到了设计工作者的热情，并涌现了不少较成熟的作品，也发现了不少的新人。相当多的参加这次设计竞赛的作品较以前有了更大的进步，无论是设计理念、设计技巧，以及对审美情趣和家装设计功能的理解，都反映了室内设计师对住宅装饰装修的理解和实际工作能力的提高。

但是徐朋认为我们在肯定成绩的同时，也要看到，装饰设计界人员的组成结构随着住宅装饰热点的形成，设计人员的需求膨胀，设计队伍中也出现了层次上的差距。

首先，在倡导加强设计人员的政治素质的锻炼的同时，要加强提高业务水平和知识更新的力度，要加深对我们建筑装饰设计的理论研究，尤其是对装饰设计工作中的人民性、民族性、个性化及现代家居生活和文化相适应的设计水平的研究。任何一个设计师不树立起面向大众的思想，脱离国情的照搬、照抄的行为都是不足取的。

第二，我们装饰设计界历经几十年的发展，逐渐在成熟。有关高等院校，都设立了装饰设计的专业，专门培养装饰装修工程和设计的院校也不断增加，这是非常可喜的现象。但是，这门新的学科中，目前真正具有系统研究的著作，或使大家公认的权威教材，还是不多的。因此，希望大家注意在装饰装修行业中的重大课题的研究，在创造出一大批群众喜闻乐见的作品的同时，涌现一批符合时代要求的系统专著，为我们行业发展留下一批宝贵的财富。

第三，装饰装修设计工作是建筑设计工作的延伸。因此，我们一定要加强对建筑专业设计的学习和知识更新。尤其是住宅装饰设计中，无论你是否系统的学习过建筑学或结构专业，也无论你是建设行政部门批发的资质或其他行业批准的资质，都要执行建设部有关建筑工程的有关政策、法规、规范标准或管理办法等。忽视法规政策的学习是设计人员不称职的体现。

住宅装饰设计工作得到了百姓的关注，设计工作更贴近于社会，体现文化，服务百姓，也是贯彻江泽民总书记"三个代表"思想的具体实践。党的十六大既将召开，在新的历史时期，我们的企业将面临新的挑战。

家庭装饰装修既是一个物质消费过程，又是一个文化消费过程，既是一个物质文明建设过程，又是一个精神文明建设过程。住宅装饰装修行业要以最广大人民群众的切身利益为出发点，广大的室内设计师要成为代表先进文化方向的实践者，要为人民群众创造一个功能完整、并具有良好文化品味的高质量的人居生活环境而努力。这是我们从住宅装饰装修的同志义不容辞的责任。

装饰装修设计是我们行业的龙头。中国建筑装饰协会一贯重视设计工作的发展，关心设计人员的教育培训和提高室内装饰的总体水平。为达到推动行业发展的目的，我们将要把由我会主管、主办的《中华建筑报》逐步办成建筑装饰装修的专业报，并准备把今年10月试刊，2003年1月正式国内外发行的《中国建筑装饰装修》变为主要面对室内设计师的刊物，力争使其成为室内设计师的园地，造就中国室内设计大师的摇篮，成为建筑装饰装修的国际交流平台。在今年的“全国建筑工程装饰奖”的评比中，将把设计列入评比范围，其中包括量大面广的住宅装饰装修工程，期望设计师们有出色的作品供大家交流学习。

家庭装饰行业一贯得到党和政府的重视，当前，建设部把整顿和规范家装市场管理工作作为市场管理的重要工作来抓。今年2月，建设部领导同志在“全国工程质量安全监督工作会议”上强调：“要狠抓薄弱环节，开展专项治理。一是勘察设计；二是装饰装修，特别是家庭居室的装饰，以解决居室污染为主要内容的装修质量问题。”今年7月，中国建筑装饰协会，在人民大会堂召开了全国百家企业实施新国标、承诺环保装饰的“北京宣言”。这对设计师在设计中的材料、环保、节能等各方面是一个考验，我们要身先士卒，为了全民的健康做出我们的努力。

徐朋强调，应对入世的挑战我们将努力发挥行业设计的龙头作用，增加设计者的交流机会，为繁荣包括家装设计在内建筑装饰创作，推进行业的发展，生产出更多的政府放心、民众满意的住宅装饰装修工程而努力。他再一次表示对河南省建设厅及河南装饰协会的感谢，再一次表示对出席会议的专家、学者和参赛同志的感谢。

饶良修等专家对获奖作品进行了点评。

会议期间，中国建筑装饰协会领导会见了河南省建设厅厅长查敏、副厅长刘洪涛，就建筑装饰行业管理工作交换了意见。

会议召开了专题研讨会，就应对WTO家装设计如何与国际市场接轨、有关家装设计市场政策法规方面存在的问题及改进的意见、民营家装企业如何做好市场营销和品牌经营、中国加入WTO后家装的消费热点与特点、民营装饰企业如何建立现代化企业制度、如何开发设计人员的潜能、工艺设计和施工技术进步等问题进行了探讨。

本次颁奖暨研讨会对促进我国家装行业的发展，提高我国家装室内设计水平具有重要的指导意义。

第二届“欧典杯”全国居室装饰设计大赛 全国居室装饰实例大赛评选结果

中国建筑装饰协会

（二OO二年九月九日）

全国居室装饰设计大赛

（排名不分先后）

金 奖：共3名（空缺2名）

1. 郑州泰运装饰设计工程有限公司
2. 河南云爵装饰工程有限公司
3. 上海百安居建材超市有限公司装潢中心

银 奖：共10名

1. 成都五仁联盟设计装饰公司
2. 河南云爵装饰工程有限公司
3. 河南科瑞装饰工程有限公司
4. 宁夏黄小荣
5. 西安海继平、李建勇、王凛
6. 沈阳刘东明
7. 杭州正楷装饰工程有限公司
8. 杭州九鼎装饰工程有限公司
9. 重庆大鸟装饰设计工程有限公司
10. 重庆港庆建筑装饰有限公司

铜 奖：共15名

1. 成都五仁联盟设计装饰公司
2. 江苏南通纺织职业技术学院设计艺术系
3. 宁夏毛万才
4. 上海雅庭装饰设计工程有限公司
5. 上海雅庭装饰设计工程有限公司
6. 上海申瑞室内装潢有限公司
7. 上海申瑞室内装潢有限公司
8. 上海今典设计装饰有限公司
9. 上海新生代室内设计有限公司
10. 上海欧坊装饰设计工程有限公司
11. 上海金峰室内装潢有限公司
12. 沈阳常山林
13. 杭州名师装饰设计工程有限公司
14. 杭州康盛装饰工程有限公司
15. 杭州国盛装饰工程有限公司

佳作奖：共10名

1. 成都五仁联盟设计装饰公司
2. 广西张斌
3. 湖北青骑士装饰设计工程有限公司
4. 上海雅庭装饰设计工程有限公司

5. 上海申英室内装潢有限公司
6. 上海李冰
7. 沈阳杨野
8. 云南大理志光装饰有限公司
9. 杭州正楷装饰工程有限公司
10. 杭州中冠建筑装潢工程有限公司

全国居室装饰实例大赛

（排名不分先后）

金　奖：共9名（空缺1名）

1. 北京东易日盛装饰集团
2. 郑州泰运装饰设计工程有限公司
3. 河南科瑞装饰工程有限公司
4. 长沙艺筑装饰设计有限公司
5. 西安吴昊　张莉
6. 上海百安居建材超市有限公司装潢中心
7. 深圳熊华阳
8. 成都上林设计装饰工程有限责任公司
9. 杭州南鸿装饰工程有限公司

银　奖：共20名

1. 北京东易日盛装饰集团
2. 北京王鹏
3. 成都田园装饰工程有限公司
4. 郑州泰运装饰设计工程有限公司
5. 河南云爵装饰工程有限公司
6. 武汉大明设计装饰工程有限公司
7. 武汉天韵装饰设计工程有限公司
8. 长沙艺筑装饰设计有限公司
9. 湖南自在天装饰设计公司株州分公司
10. 湖南自在天装饰设计公司株州分公司
11. 长沙异品装饰工程公司
12. 湖南魏春雨
13. 上海崔骏
14. 深圳熊华阳
15. 深圳熊华阳
16. 深圳孙士哲
17. 成都华森建筑装修工程公司
18. 成都华森建筑装修工程公司
19. 成都佳明装饰公司
20. 杭州名师装饰设计工程有限公司

铜　奖：共30名

1. 北京东易日盛集团
2. 北京元洲装饰有限责任公司
3. 北京王鹏
4. 河南科瑞装饰工程有限公司
5. 湖北地龙装饰工程公司
6. 湖南郴州三维装潢工程有限公司
7. 湖南自在天装饰设计公司株州分公司
8. 湖南自在天装饰设计公司株州分公司
9. 湖南鸿扬家庭装饰设计工程有限公司
10. 湖南鸿扬家庭装饰设计工程有限公司
11. 长沙江南美景居家装饰设计公司
12. 长沙自在天装饰设计工程公司
13. 长沙自在天装饰设计工程公司
14. 湖南高雪雪
15. 西安海继平、李建勇、王凛
16. 上海盛亚建筑装潢工程有限公司
17. 上海盛亚建筑装潢工程有限公司
18. 上海王栋室内设计工作室
19. 上海聚通建筑装潢材料有限公司
20. 上海欧坊装饰设计工程有限公司
21. 上海欧坊装饰设计工程有限公司
22. 上海三石室内装饰有限公司
23. 上海双翎家庭装潢有限公司
24. 深圳袁静
25. 沈阳海天家庭装修有限公司
26. 杭州名居室内装饰服务有限公司
27. 杭州南鸿装饰工程有限公司
28. 杭州九鼎装饰工程有限公司
29. 浙江张一良
30. 重庆大鸟装饰设计工程有限公司

佳作奖：共11名

1. 广东冯功乐
2. 长沙自在天装饰设计工程公司
3. 长沙自在天装饰设计工程公司
4. 上海菱海建筑装潢有限公司
5. 沈阳海天家庭装修有限公司
6. 成都佳明装饰公司
7. 乌鲁木齐李德军
8. 厦门曾冠伟
9. 杭州名师装饰设计工程有限公司
10. 杭州正源室内装饰公司
11. 武汉澳华装饰工程有限公司

最佳家具配置奖：

成都上林设计装饰工程有限责任公司

最佳陈设配置奖：

长沙艺筑装饰设计有限公司

最佳织物配置奖：

西安吴昊、张莉

最佳绿化配置奖：

（空缺）

最佳灯光配置奖：

武汉大明设计装饰工程有限公司

全国居室装饰设计大赛暨实例大赛

（排名不分先后）

最佳组织奖：

1. 上海市建筑装饰装修行业协会
2. 浙江省建筑装饰协会
3. 河南省建筑装饰协会
4. 武汉建筑装饰协会

第十一部分

幕墙工程

关于2002年度硅酮结构密封胶产品检测结果和有关要求的通知

国经贸胶办文[2002]48号

海关总署、国家质量监督检验检疫总局、各省级经贸委(经委),中国远望(集团)总公司、中国深圳对外贸易(集团)公司:

根据国家有关规定,最近,国家经贸委结构胶领导小组办公室对全国已认定的硅酮结构密封胶产品进行了抽样检测,现将检测结果和有关要求通知如下:

一、下列企业和产品是截至目前国家认定的全部硅酮结构密封胶企业和产品,其他非认定企业和产品以及检测不合格被废止产品不得生产、进口、销售和使用。所有使用硅酮结构密封胶的幕墙建设单位必须采用国家认定产品。

二、下列产品认定的合格有效期自即日起至2002年12月31日止。其间如有变化另行通知。凡以前相关文件有与本文抵触者以本文为准。

三、下列产品符合国家建筑用硅酮结构密封胶(GB16776-1997)标准,可按国家有关规定继续生产、进口、销售和使用。

1. 广州市白云黏胶厂白云牌SS621(单组分),国经贸胶6号内认定字19980720-2

2. 广州市白云黏胶厂白云牌SS622(双组分),国经贸胶6号内认定字19980720-3

3. 杭州之江有机硅化工有限公司、金鼠牌JS6000(单组分),国经贸胶7号内认定字19980730-4

4. 郑州市中原应用技术研究所思蓝得MF881(双组分),国经贸胶8号内认定字19980730-5

5. 郑州市中原应用技术研究所思蓝得MF899(单组分),国经贸胶11号内认定字19981118-6

6. 杭州之江有机硅化工有限公司、金鼠牌JS8000(双组分),国经贸胶12号内认定字19981207-7

7. 浙江凌志精细化工有限公司凌志牌LZ990(单组分),国经贸胶20号内认定字19990412-8

8. 北京西令胶粘密封材料有限公司西令牌XL2218(双组分),国经贸胶43号内认定字20010308-9

9. 浙江凌志精细化工有限公司凌志牌LZ992(双组分),国经贸胶44号内认定字20010426-10

10. 北京西令胶粘密封材料有限公司西令牌XL1218(单组分),国经贸胶45号内认定字20010608-11

11. 美国GE公司SSG4400(双组分),国经贸胶3号外认定字19980629-2

12. 美国GE公司SSG4800J(单组分),国经贸胶36号外认定字20000618-8

13. 美国道康宁公司、DC993(双组分),国经贸胶42号外认定字20010308-3

14. 美国道康宁公司DC995(单组分),国经贸胶3号外认定字19980629-4

15. 法国罗纳公司VEC70(单组分),国经贸胶3号外认定字19980629-6

16. 德国威凯公司、SG18(单组分),国经贸胶23号外认定字19990618-9

17. 德国威凯公司SG500(双组分),国经贸胶33号外认定字20000218-10

以上共17个认定的合格产品。

四、下列产品为不合格产品,或企业申请退出中国市场产品。自通知之日起,停止进口、销售和使用。

1. 美国道康宁公司DC983(双组分),国经贸胶3号外认定字19980629-3

2. 美国创高公司SP2(单组分),国经贸胶3号外认定字19980629-5

3. 美国创高公司PG2(双组分),国经贸胶37号外认定字20000618-11

4. 德国汉高公司IG21(双组分),国经贸胶3号外认定字19980629-7

国家经贸委硅酮结构密封胶工作领导小组办公室

二〇〇二年二月二十八日

关于批准硅酮结构密封胶企业和产品认定的批复

国经贸胶办文[2002]49号

广东省经贸委:

你委2001年9月25日《关于申请江门精细化工厂国家认定为硅酮结构密封胶生产和销售企业的请示》(粤经贸外经[2001]821号)收悉。经研究,现批复如下:

根据国家有关规定,经现场生产条件考核和国家指定的检测中心抽样检测,如下已批准认定的企业生产条件和产品性能符合建筑用硅酮结构密封胶（GB16776-1997）国家标准，现批准予以认定，发给国家认定证书和标牌。即日起，该企业可持证书开展业务，该产品经国家指定的检测中心批检合格，允许在境内生产、销售、使用。未批准认定的硅酮结构密封胶产品不得生产、销售、使用。

批准认定生产硅酮结构密封胶的企业及产品名称和认定序号为：

1. 广东省江门市精细化工厂（江门市江会路69号），国经贸胶49号内企认定字20020306-7

2. 广东省江门市精细化工厂大光明牌DGM—6018（单组分），国经贸胶49号内认定字20020306-12

3. 广东省江门市精细化工厂大光明牌DGM—6028（双组分），国经贸胶49号内认定字20020306-13

上述批准认定的企业，认定有效期自即日起至2003年底止，期满前半年内按规定申请复查续认。上述批准认定的产品，认定有效期自即日起至本年底止，每年年检合格续认有效期。有效期内，允许批准认定的产品按规定使用硅酮结构密封胶国家认定标识，授予标识图样及要求附后。

国家经贸委硅酮结构密封胶工作领导小组办公室

二〇〇二年三月六日

附：授予标识图样及要求

使用标识要求：

一、标识必须标至产品最小包装单位。

二、标识图案可按比例缩放。

三、标识图案为白底，图形和文字为天蓝色，不得更改。

四、标识内审批编号，一品一号，不得更改。

授予：1. 广东省江门市精细化工厂大光明牌 DGM—6018（单组分）国经贸胶49号内认定字20020306-12

2. 广东省江门市精细化工厂　大光明牌 DGM—6028（双组分）国经贸胶49号内认定字20020306-13　硅酮结构密封胶产品标识图样如下：

关于批准硅酮结构密封胶企业和产品认定的批复

国经贸胶办文[2002]50号

广东省经贸委：

你委2002年2月7日《关于申请发放广州市新展黏胶厂硅酮结构密封胶生产认定证书的请示》（粤经贸外经[2002]80号）收悉。经研究，现批复如下：

根据国家有关规定，经现场生产条件考核和国家指定的检测中心抽样检测，如下已批准认定的企业生产条件和产品性能符合建筑用硅酮结构密封胶（GB16776-1997）国家标准，现批准予以认定，发给国家认定证书和标牌。即日起，该企业可持证书开展业务，该产品经国家指定的检测中心批检合格，允许在境内生产、销售、使用。未批准认定的硅酮结构密封胶产品不得生产、销售、使用。

批准认定生产硅酮结构密封胶的企业及产品名称和认定序号为：

1. 广东省广州市新展黏胶厂　（广州市芳村区东朗东沙开发区）　国经贸胶50号内企认定字20020308-8

2. 广东省广州市新展黏胶厂新展牌 SJS—4200（单组分），国经贸胶50号内认定字20020308-14

上述批准认定的企业，认定有效期自即日起至2003年底止，期满前半年内按规定申请复查续认。上述批准认定的产品，认定有效期自即日起至本年底止。每年年检合格续认有效期。有效期内，允许批准认定的产品按规定使用硅酮结构密封胶国家认定标识，授予标识图样及要求附后。

国家经贸委硅酮结构密封胶工作领导小组办公室

二〇〇二年三月八日

附：授予标识图样及要求

使用标识要求：

一、标识必须标至产品最小包装单位。

二、标识图案可按比例缩放。

三、标识图案为白底，图形和文字为天蓝色，不得更改。

四、标识内审批编号，一品一号，不得更改。

授予：1. 广东省广州市新展黏胶厂新展牌 SJS—4200（单组分），国经贸胶50号内认定字20020308-14

硅酮结构密封胶产品标识图样如下：

首都幕墙门窗行业自律公约

北京市建筑装饰协会幕墙门窗委员会

（二〇〇二年九月六日通过）

为更好的贯彻执行《中华人民共和国建筑法》，规范建筑幕墙施工企业和相关材料生产供应企业的经营行为，维护业主和会员单位的合法权益，特制订本行业自律公约，共同遵守。

一、认真执行国家有关法律、法规，依法经营、照章纳税。

二、坚持公开、公平、公正的市场交易原则，积极参加工程招投标活动，维护幕墙门窗市场正常秩序。

三、重合同、守信誉、讲质量、重安全，精心设计、精心施工，杜绝使用假冒伪劣产品和偷工减料行为，维护行业的职业道德，树立首都幕墙门窗行业的良好形象。

四、促进企业体制、机制改革，不断加强企业管理，逐步建立、完善国际质量认证体系，提高员工素质，争创优质工程，争创名牌企业。

五、加强行业的团结、协作，提倡行业公益行为，积极参与行业活动，务实创新，不互相压价、不贬低他人，推动行业健康有序地发展。

关于对当前幕墙行业发展的若干意见

中国建筑装饰协会常务理事　铝制品委员会理事长兼秘书长　彭政国

关于对规范JGJ133—2001中铝合金挂件不妥之处的建议

《金属与石材幕墙工程技术规范》（JGJ133—2001）规定石材幕墙的高度可到100m，一般外墙用石材为3cm厚的花岗岩石板，重量为75kg/m^{2}左右，根据该规范用钢销式安装石板加工。该规范第6.3.3通槽式安装的石板加工，可用不锈钢支撑板，也可以用铝合金支撑板，但对用什么牌号、什么状态的铝合金支撑板没有明确写出。

在JGJ133—2001规范第3.3.6幕墙采用的铝合金型材应符合现行国家标准《铝合金建筑型材》（GB/T 5237.1）中有关高精级的规定：

第6.3.3通槽式安装的石板加工应符合下列规定：

1. 石板的通槽宽度宜为6mm或7mm，不锈钢支撑板厚度不宜小于3.0mm，**铝合金支撑板厚度不宜小于4.0mm。**

第6.3.5石板的转角宜采用不锈钢支撑件或铝合金型材专用件组装，并应符合下列规定：

2. **当采用铝合金型材专用件组装时，铝合金型材壁厚不应小于4.5mm，连接部位的壁厚不应小于5mm。**

什么叫铝合金，只要在纯铝中加入任何元素均称为铝合金，按国家规定，从1000、2000一直到8000系列均为铝合金，而每个系列中又分十种到几十种合金，国家规定常用的铝合金有100多种，其性能强度由十几MPa到几百MPa，如做锅碗的叫铝合金，做门窗的也叫铝合金，一直到飞机、火箭用的铝材都叫铝合金，要标明合金牌号和什么状态。

如有2004、2214、3003、5005、6061、6063、6067、7075，8011等等。《建筑铝合金型材标准》GB/T 5237，只包括6063、6063A、6061主要用于门窗幕墙的竖挺和横挺，全国常用的6063铝合金抗拉强度为160～205Mpa，很少用的6061铝合金，它的抗拉强度也只有180～265 MPa。而常用的一般不锈钢的抗拉强度为530 MPa，7075铝合金的抗拉强度才能达到540～560 MPa。

在JGJ133—2001规范中，只提GB/T5237.1，而不指明5237标准中什么牌号，显然是不恰当的，企业可以采用6063T5铝合金做干挂件，它的抗拉强度为160 MPa，还达不到不锈钢材1/3的强度，但也符合133规范的要求，在这样的铝合金上加1mm厚度，能达到不锈钢挂件的强度吗？如出现严重的事故，规范是否应负责任？用这种材料做的石板挂件，挂75kg/m^{2}的石板，挂上百米高空，危险性真是太大了。

施工规范，就是法律。施工规范，应严肃、认真写明材料名称、牌号、状态，不管有意无意的用了强度不够的铝合金做大石板的干挂件，我们做的石材幕墙将会给我们子孙后代带来多么大的危害。

我国已加入WTO，外商到中国施工，也必须按JGJ133—2001规范执行，一来国外同行业会对该规范铝合金材料牌号不清，会认为我们对铝合金概念不清，二来可以利用该规范提出异议，钻规范的空子，索取索赔，给我国造成损失。

《金属与石材幕墙工程技术规范》（JGJ133—2001）关于对铝合金挂件存在概念不清，为了人身安全，为了不影响我国国誉，建议应尽快对该标准进行认真修改和补充。

希望幕墙工程企业，在石材幕墙施工中，使用不锈钢支撑板，如使用铝合金支撑板，则要注意铝合金牌号、状态和强度。

中空玻璃及低辐射玻璃

——谈节能窗之三

节能窗最重要的是窗的结构，其次是窗的大面积玻璃，除阳光镀膜玻璃，可以节能外，中空玻璃及低辐射玻璃同样可以节能。现将节能的中空玻璃及低辐射玻璃简单介绍如下：

一、中空玻璃

中空玻璃是以两片或多片玻璃，以有效的支撑均匀隔开，周边黏结密封，使玻璃层间形成干燥气体空间的产品。这种产品具有隔声、隔热、防结露和降低能耗的作用，被广泛应用于建筑门窗和玻璃幕墙、交通、冷藏等行业。

19 世纪末，中空玻璃生产技术最早发明于美国，在欧洲得到了推广和应用，产品经历了焊接中空玻璃、熔接中空玻璃、胶接中空玻璃和几种中空玻璃并存的一段时期，发展到以胶接中空玻璃为主的生产形式。

作为中空玻璃，其隔热性能主要因其内部气体处于一个封闭的空间，气体不产生对流，而且空气的导热系数为 0.028W/m^2.k，是玻璃的导热系数为 0.77W/m^2.k 的 1/27，除中空玻璃四边的密封胶导热，对流传热和传导传热在中空玻璃的能量传递中，占较小的比例。要提高中空玻璃的隔热性能，一般来讲是增大空间的厚度，和使用导热系数低的气体置换中空玻璃内部的空气，这样可减少传导传热，但空间层不易过大，合理的空间层间隙应该是 12mm 左右；要降低辐射传热，一般是通过使用镀膜玻璃或低辐射玻璃，来控制各种射线透过，达到降低辐射传热的目的。

中空玻璃的制作一般常用槽铝式（胶接法），用这种方法制作中空玻璃均应二次密封。一次密封用丁基胶，填缝性能好，但强度极差。二道密封，如用于窗或有框玻璃幕墙，则用聚硫胶，聚硫胶怕长期强裂的紫外线照射，用于窗和有框幕墙，有铝框可以遮住太阳，以免直接照射胶缝。用于隐框玻璃幕墙的中空玻璃，二道密封必须要用结构胶。结构胶一是不怕太阳紫外线，二是强度高于聚硫胶。

衡量中空玻璃性能好坏的指标为隔声、隔热性能，耐老化性能和产品使用寿命的长短。中空玻璃的性能取决于选用的原材料性能和中空玻璃结构形式，尤其是密封剂和干燥剂的性能好坏是关键的因素，密封剂的性能好，干燥剂的吸潮能力强，都能提高中空玻璃的性能和延长中空玻璃的使用寿命，而空间层及其内部气体的合理选用，能够提高中空玻璃的隔音、隔热性能。

决定密封剂性能好坏的指标有两个，即水气渗透系数和密封剂的耐老化性能。如果密封剂的渗透系数高，通过密封剂进入中空玻璃内部的水蒸气的量就大，中空玻璃就容易失效，同样的道理也适用于内部充气的中空玻璃，因为水气渗透系数高，充入气体的渗漏量就高，产品的质量就很难保证。

除槽铝式（胶接法）制作中空玻璃以外，美国有一种叫暖边中空玻璃。用一种特殊的胶条，放在两片清洁干净玻璃的四周，热压成中空玻璃。这种特殊胶条的名称叫实唯高胶条（Swiggle®Seal）。实唯高胶条是一种经过验证、由 100% 固体挤压成型的高质量热塑性连续带状材料，由密封剂、干燥剂和整体波浪形铝隔片组成；密封剂采用湿气透过率极低的丁基胶，并加入其他化学成分，可很好的保持中空玻璃内部气体不泄露和不被湿气侵蚀；干燥剂采用定向吸附水及挥发气体的专用分子筛，保证中空玻璃内部干燥，延长中空玻璃的使用寿命；整体波浪形铝隔片嵌入到密封剂和干燥剂组成的制剂中，以控制两片玻璃间的距离，保持规定的空隙厚度和对湿气完全阻挡，隔片的波浪形或凹槽也会增加与玻璃的有效接触面积控制中空玻璃的空隙尺寸。

实唯高胶条是一种柔性材料，在拐角处容易成型和弯曲成任意形状，因而不需要弯角栓、铝条、干燥剂和密封胶等材料，可使生产者用一种材料完成中空玻璃生产的全部工作，因而减少了因人为因素出现误差的可能性，提高了生产效率，加快了生产速度，简化了生产程序，更适合于工业化生产。

实唯高胶条一般适用做窗的中空玻璃或制作有框幕墙的中空玻璃，原片玻璃厚度为 5mm 左右，最大尺寸为 1500mm ×1800mm，超过这一尺寸，就要进行二次密封。制作隐框幕墙中空玻璃时，必须双道密封，二道密封必须用硅酮结构胶。

我国中空玻璃市场从 1999 年开始，有了较大的发展。据不完全统计，1998 年以前，年产中空玻璃不足 500 万 m^2，到 1999 年，年产量已经接近 1000 万 m^2，2001 年已达到 1500 万 m^2，预计到 2005 年，中空玻璃年产量达到 5000 万 m^2。中空玻璃产业已经成为了深加工玻璃的支柱产业。随着经济的发展，建筑向节能要求，因而中空玻璃近几年来有了长足的发展，今后将有广阔的发展前景。

二、低辐射镀膜玻璃

低辐射镀膜玻璃（LOW-E 译称娄义玻璃），欧洲的制造商是在 20 世纪 60 年代末开始实验室研究 Low-E 玻璃的。1978 年，美国的英特佩(interqane)成功地将 Low-E 玻璃应用到建筑物上。

Low-E 玻璃由于它独特的优越性，从 1990 年开始在欧洲、美洲得到一些业主和铝门窗公司的重视，尤其在节能门窗上使用。Low-E 玻璃的生产方法分为：

1、在线高温热解沉积法（在线 LOW-E 玻璃）

在线高温热解沉积法 Low-E 玻璃在美国有多家公司的产品，如 PPG 公司的 Surgate200；福特公司的 Sunglas H. R“P”。这些产品是在浮法玻璃冷却工艺过程中完成的。气体液体金属直接喷射到熔融的玻璃表面上，随着玻璃的冷却，金属膜层成为玻璃的一部分，一般把锡的气体喷在玻璃表面。固此，该膜层坚硬耐用。这种方法生产的 Low-E 玻璃具有许多优点：它可以热弯，钢化，不必在中空状态下使用，可以长期储存。它的缺点是热学性能比较差，除非膜层非常厚，否则其“u”值只是溅射法 Low-E 镀膜玻璃的一半。如果想通过增加膜厚来改善其热学性能，那么其透明性就受到明显影响。

成品浮法玻璃放在高温中加热，使玻璃温度达到熔融状态，再把金属锡气体直接喷射到玻璃表面，随着玻璃的冷却，形成玻璃的膜层。这种方法玻璃虽已离开浮法生产线，但仍用在线高温热解沉积法生产 LOW-E 玻璃，是有和在线 LOW-E 玻璃基本相同的性能。如果和真正在线 LOW-E 玻璃分开，是否可以称其为“再加工在线 LOW-E 玻璃”。

2、离线真空溅射法

用溅射法可以生产 Low-E 玻璃的厂家及产品有北美的英特佩公司的“LnplusNetetralR”，PPG 公司的 Sungate100，福特公司的 SunglasHRS 等。和高温热解沉积法不同，溅射法是离线的，且据玻璃传输位置的不同有水平及垂直之分。

溅射法工艺生产 Low-E 玻璃，需一层纯银薄膜作为功能膜。纯银膜在两层金属氧化物膜之间，金属氧化物膜对纯银膜提供保护，且作为膜层之间的中间层增加颜色的纯度及光透射度。

垂直式生产工艺中，玻璃垂直放置在架子上，送入大的真空室内。真空室内的压力将随之减小。垂直安装的阴极靶溅射出金属原子，沉积到玻璃基片上，形成膜层。为了形成均匀一致的膜层，阴极靶靠近玻璃表面来回移动。为了取得多层膜，必须使用多个阴极，每一个阴极均是在玻璃表面来回移动，形成一定的膜厚。

玻璃由水平排列的轮子传输，通过阴极，玻璃通过一系列锁定阀门之后，真空度也随之减小，当玻璃到达主要溅射室时，阴极靶溅射出银金属原子，沉积到玻璃基片上，玻璃移动，在玻璃通过阴极过程中，膜层形成，镀银层分一层、二层甚至三层，国内均为此种生产方法。

溅射法生产 Low-E 玻璃的特点

由于有多种金属靶材选择，及多种金属靶材组合，因此，溅射法生产 Low-E 玻璃可有多种配置。在颜色及纯度方面，溅射镀也优于热喷镀，而且，由于是离线法，在新产品开发方面也较灵活。最主要的优点还在于溅射生产的 Low-E 中空玻璃其“u”值优于热解法产品的“u”值，生产方法是把氧溅射在玻璃表面，但是它的缺点是银膜层非常脆弱，所以它不可能象普通玻璃一样使用。它必须要做成中空玻璃，且在未做成中空产品以前，也不适宜长期保存和运输。

对于住宅用中空玻璃，总是希望采光性能好， 同时能阻挡全部紫外线及部分红外线。所幸的是 Low-E 玻璃具有这样的功能：

太阳辐射能量的97%集中在波长为 0.3～2.5um 范围内，这部分能量来自室外；100℃以下物体的辐射能量集中在 2.5um 以上的长波段，这部分能量主要来自室内。

若以室窗为界的话，冬季或在高纬度地区我们希望室外的辐射能量进来，而室内的辐射能量不要外泄。若以辐射的波长为界的话，室内、室外辐射能的分界点就在 2.5um 这个波长处。因此，选择具有一定功能的室窗就成为关键。

3mm 厚的普通透明玻璃对太阳辐射能具有 87%的透过率，白天来自室外的辐射能量可大部分透过；但夜晚或阴雨天气，来自室内物体热辐射能量的 89%被其吸收，使玻璃温度升高，然后再通过向室内、外辐射和对流交换散发其热量，故无法有效地阻挡室内热量泄向室外。

Low-E 中空玻璃对 0.3～2.5um 的太阳能辐射具有 60%以上的透过率，白天来自室外辐射能量可大部分透过，但夜晚和阴雨天气，来自室内物体的热辐射约有 50%以上被其反射回室内，仅有少于 15%的热幅射被其吸收后通过再辐射和对流交换散失，故可有效地阻止室内的热量泄向室外。Low-E 玻璃的这一特性，使其控制热能单向流向室内的作用。

太阳光短波透过窗玻璃后，照射到室内的物品上，这些物品被加热后，将以长波的形式再次辐射。这些长波被 Low-E 窗玻璃阻挡，返回到室内。事实上通过窗玻璃再次辐射被减少到 85%，极大地改善了窗玻璃绝热性能。

窗玻璃的绝热性能一般是用“u”值来表示的，而“u”值和玻璃的辐射率有直接的关系，“u”值越低，通过玻璃的传热量也越低，窗玻璃的绝热性能越好。

通常，浮法白玻璃的辐射率为 0.84，而大多数在线热聚合 Low-E 镀膜玻璃的辐射率在 0.35 到 0.5 之间。磁控真空溅射 Low-E 镀膜玻璃的辐射率在 0.08 到 0.15 之间。值得注意的是低的辐射率直接对应着低的“u”值。玻璃的辐射率越低，其绝热性能就越好。

Low-E 镀膜中空玻璃是一种较好的节能采光材料。它具有较高的太阳能透射 ，非常低的“u” 值，并且，由于镀膜的效果，Low-E 玻璃反射的热量回到室内。所以应用 Low-E 窗玻璃的建筑其室内温度相对较高，因此在冬季可以保持相对高的室内温度，这样在室内的人也会倍感舒适。Low-E 玻璃也能够阻挡大量的紫外线透射，防止室内的物品退色。国外一般仅用于高寒地区。

LOW-E 玻璃虽有节能效果，但也有它的缺点，这表现在玻璃的反射率低，没有光泽，光亮性差，玻璃基本没有颜色，装饰效果也不好。如要想再有好的装饰效果，则要在 LOW-E 中空玻璃的另一面玻璃则要选用合适的阳光镀膜玻璃，这样 LOW-E 中空玻璃造价将会明显提高。国外正在研制阳光 LOW-E 玻璃，来弥补 LOW-E 玻璃的不足之处。

国内现生产的 LOW-E 镀膜玻璃为单层镀银，它和双层镀银 u 值相差很大，双层镀银成本又太高。单层镀银 LOW-E 中空玻璃比一般热反射镀膜制成的中空玻璃节能效果也只是略有提高。

LOW-E 中空玻璃寿命长短和中空玻璃一样，一是取决于镀膜的质量，二是取决于中空玻璃透气率，在长期使用中如中空玻璃内进入空气，则会在镀膜玻璃表面生成氧化银，不仅破坏了镀银层而且使玻璃不透光。LOW-E 中空玻璃是否起码能保证十年，现在还没有看到可靠依据，保证 LOW-E 中空玻璃十年不变质尚无依据。

中空玻璃和 LOW-E 中空玻璃，以及阳光镀膜玻璃都有不同程度的节能效果。如何选用，这要根据建筑整体设计要求，用于不同的部位，要达到什么样的效果，来选用不同类型的节能玻璃，并非只选“u”值越低的越好，要综合考虑，尤其用于幕墙时，要考虑质量、使用寿命、装饰效果、成本和确切要求的节能效果。

三谈《金属工程与石材幕墙工程技术规范》(JGJ133)单层铝板幕墙基材选用不妥之处的几点建议

中国建筑装饰协会铝制品委员会　彭政国　　重庆西南铝加工厂　刘静安

单层铝合金板材的材质选择的特点和基本要求是：壁薄、幅宽、高精、高表面、平直光滑、有一定的强度、易于接合加工成型等。因此，所选用的铝合金的基本特性应该：一是塑性高，易于在大型高速冷轧机上用大压下量轧制成壁薄宽幅的高性能薄板带材；二是具有中强度的非热处理铝合金通过冷加工变形率来控制提高力学性能；三是具有良好的可焊性接合性和机加工性能及冲剪性能；四是具有良好的抗腐蚀性，易于表面处理，美观耐用等。

根据以上要求，中华人民共和国有色金属行业标准YS/T429.1—2-2000和YS/T429.2—2-2000对铝幕墙板板基和铝单层板的合金状态、尺寸规格、力学性能和技术质量等作了具体的规定。铝幕墙板板基和单层板的合金可选用1050、1060、1100、8A06、3003、3004、5005、5052等，状态为O、H_{14}、H_{24}。这是因为这些合金和状态的板材质量可满足铝幕墙板的基本技术质量要求。力学性能中的σ为85～215 Mpa，也可满足不同用途和功能的铝板幕墙的要求。经过长期的国内外大批量的使用和考验，用户和市场都非常满意。

一、国内多年来均用3mm厚1000系列纯铝板。2.5mm厚LF21（3003)、3000系列合金板。一部分用2mm厚5754、5000系列德国、法国、美国等进口的预辊涂氟碳单板。不仅国内，国外同样如此。自JGJ133规范公布以后，我委员会经常接到全国各地监理公司、质检站电话询问，JGJ133-2001规范规定单层铝板只能用2A11、7A09系列，正好和中国有色金属标准YS/T429—2000规定铝幕墙板所用铝合金牌号相反。若按JGJ133规定全国几年来上千万平方米铝板幕墙，均不符合该规范要求，均应拆除，这是为什么？

1. JGJ133-2001标准中规定的2A11、2A12、7A04、7A09合金和T_{42}、T_{62}等状态材料属于高强和超高强铝合金材料，主要用作飞机、桥梁、机械制造中的重载结构件，显然不适于制作铝幕墙板材料。主要原因是：

（1）这些合金经淬火和自然时效或人工时效后，强度可高达550 Mpa以上，成形性能较差，弯曲加工易断裂。

（2）这些合金的热塑性和冷塑性较差，在轧制时容易开裂，不能采用较大的压下量，不易轧制成大幅、薄壁的高性能薄板带材。

（3）这些合金的变形抗力大，弹性大，不能保证幕墙板所要求的平整度和公差精度。

（4）这些合金的抗腐蚀性能差，易产生表面腐蚀，晶间腐蚀和应力腐蚀，在室外，特别在恶劣环境下很容易腐蚀穿孔或改变颜色，这些合金的表面处理性能差，得不到理想的氧化膜和均匀协调的颜色。

（5）对各种颜色防腐喷涂的树脂和氟碳表面附着能力差。

（6）这些合金的焊接性能和接合性能都差。

2. 从铝合金成份，状态与力学性能看2000、7000系列合金不适易做铝板幕墙的基板。

（1）2×××合金属Al-Cu-Mg系合金，主要成分是，2A11为：Cu（3.8%～4.8%），Mg（0.4%～0.8%），Mu（0.4%～0.8%)，余为Al；2A12为Cu（3.8%～4.9%），Mg（1.2%～1.8%），Mu（0.3%～0.9%)，余为Al。2×××系合金可热处理强化，T_{42}（淬火＋自然时效）状态后可达450-500Mpa，属高强度铝合金，主要强化相为：Q（$CuAl_2$），S（$CuMgAl_2$），B′（Mg_2Si），S′（$Cu_2Mg_8SiAl_5$）等，这些相呈针状不均匀分布时，可大大降低该类合金耐腐蚀性能和疲劳性能，该合金的成形性较差，焊接性能也较低。但在合金成分和轧制工艺与热处理工艺合理时，可获得较高的力学性能，常用该合金制造负荷较重的飞机结构件，因此，也称为飞机合金。

由于这类合金的变形抗力和弹性力大，很难用高速冷轧机轧制成宽幅薄壁的高性能薄板带板，而且耐蚀性差，表面处理性又很差，因此，用它们来制造铝幕墙板是十分危险的，价格也昂贵，世界上避免采用。

（2）7×××合金属Al-Zn-Mg-Cu系合金，主要成分为：Zn（5.0%～7.0%），Mg（1.8%～2.8%），Cu（1.4%～2.0%），Mn(0.2%～0.8%)，余量为Al。7×××系合金可热处理强化，T_{62}（淬火＋人工＋时效）状态后强度可达550～600Mpa，属超高强度合金，主要强化相为：M（$MgZn_2$），T（$Mg_3Zn_3Al_2$）等。该类合金有很高的力学性能，主要用作飞机骨架、蒙皮、肋条、大骨等重载零件，是重要的飞机合金。这类合金的耐蚀性、疲劳性、表面处理性能和焊接性能都比较差，工艺复杂，价格也昂贵，因此不宜于用作幕墙铝板。

规范5.3幕墙材料力学性能中表5.3.2单层铝合金板强度“设计”值（Mpa)，以2A11合金为例，T42状态“设计”抗拉强度，厚度大于2.9～10.0mm的铝板为136.5 Mpa，而2A11合金，T42状态同样厚度的力学性能的实际抗拉强度值为372 Mpa，同样合金强度“设计”值，比原合金强度值减少一半还多，同样2A12、7A04、7A09等均达不到原材料力学性能强度的一半，该“设计”值是JGJ133自己订的，这是选用2A11、7A04等的症结所在。板材强度设计值不能单纯以合金牌号、厚度为标准，还应考虑幕墙铝单板块的平方米大小，铝单板背后加强劲的安置位置和数量的多少，以及加强劲的尺寸大小等因素。

二、规范中3.3.9根据防腐，装饰及建筑物的耐久年限的要求，对铝合金板材（单层铝板、铝塑复合板、蜂窝铝板）表面进行氟碳树脂处理时，应符合下列规定。

氟碳树脂含量不应低于75%，……

但在国际上最知名生产氟碳树脂品牌的为Kynar500和Hylar5000的公司，如美国PPG公司、阿克苏诺贝尔公司（AKZO NOBEL）、瓦斯帕·丽丽公司（Vaispar.Lilly）氟碳树脂含量均为70%。但国内甲方按133规范，一定要含75%氟碳的树脂为喷涂材料。为此含量我会专门致函上述国外公司求教，得到答复综合如下：

国内外用于外墙铝板氟碳涂料Kynar500或Hylar5000在化学结构上是同一物质，Vaispar和Lilly公司在1965得到认证，允许生产氟碳涂料。氟碳树脂有良好的耐候性，有突出抵抗紫外线的能力，其本身没有附着力。丙烯树脂主要提供油漆的附着力和硬度，两者成分比，经过多年严格试验应用，确定为70 ：30。

70%的氟碳树脂含量的涂料正如黄金分割一样，氟碳含量过高过低均不能成为合格的氟碳涂料，这正是世界各国生产氟碳涂料氟碳含量为70%的原因。世界各国几十年来几千万平米铝板幕墙表面喷涂均用含量为70%的氟碳树脂涂料。由于规范133中要求氟碳树脂含量不应低于75%，给我国铝板表面处理企业，带来很大的困难和损失。

综上所述，我们建议：规范规定铝板幕墙的基板时，要从多方面，从其主要化学成分、组织和性能，全面的了解，要多参考各专业的标准和规范，要多虚心的向各有关行业专家征求意见。以免规范中出现脱离实际的规定，给工程带来混乱。JGJ133规范对我们提出的铝合金干挂件、硅酮结构胶、铝单板基材及其表面处理等几个方面均出现明显的严重差错。要建立标准、规范就是法律的思想，希望认真对JGJ133规范进行迅速、认真、负责的修改和补充，以保证我国金属与石材幕墙的安全性。

自从JGJ133规范公布以后，全国各地的监理公司，质检站和甲方，制作安装企业矛盾突出。中国建筑装饰协会铝制品委员会每天不断接到全国各地电话，做了大量的解释和调节工作，在此公开观点，以利行业咨询服务工作。

幕墙、采光顶设计与施工要点及遮阳板设计

中国建筑科学研究院研究员　中国建筑装饰协会铝制品委员会专家组成员　**赵西安**

一、建筑幕墙和采光顶设计与施工要点

建筑幕墙不仅是外装饰，而且更是结构的一部分，它直接承受荷载和地震作用，其设计和施工关系到人们生命和财产安全，应予充分重视。我国《玻璃幕墙工程技术规范》（JGJ102-96）已于1996年施行，《金属与石材幕墙工程技术规范》（JGJ133-2001）也已经颁布，这两本规范是幕墙工程设计与施工的技术依据。本文将规范中必须遵守的强制性内容和工程中的关键技术同时列出，便于幕墙工程技术人员应用。

1　幕墙材料

1.1　一般规定

幕墙材料的质量与幕墙的功能、安全性紧密相关，所以幕墙和采光顶所采用的材料，必须符合以下要求：材料必须符合现行国家标准规定；材料必须有出厂合格证；材料的物理力学性能、化学成分、耐候性能应符合设计要求。

1.2　铝合金型材

铝合金型材的要求在《玻玻幕墙工程技术规范》（JGJ102-96）第3.2.1条～3.2.2条已作规定。铝材应有化学成分检测报告、力学性能试验报告和出厂合格证。

（1）铝型材的壁厚：横梁跨度不大于1.2m时，截面主要受力部分的厚度不应小于2.5mm；横梁跨度大于1.2m时，不应小于3.0mm，立柱截面主要受力部分厚度不应小于3mm。横梁和立柱在有螺纹连接部位，局部壁厚不小于螺钉的直径。为此，尽量采用带螺帽的螺栓连接，避免采用自攻螺钉连接。

（2）铝型材表面应做氧化镀膜层，一般情况下膜厚不小于15μm；在海滨和污染严重地区，膜厚为20μm，不宜大于25μm，否则容易脱落。

1.3　钢型材

（1）碳素钢材应有力学性能试验报告和出厂合格证。钢型材厚度不应小于3.5mm，在海滨、污染严重地区宜预留腐蚀厚度。钢型材宜进行热镀锌处理，也可以涂船用防锈漆或富锌防锈漆。焊条和焊接参数应符合《钢结构设计规范》（GBJ17-88）的要求。

（2）不锈钢型材的化学成分应符合国家标准《不锈钢棒》（GB/T1220-92）的要求，应有化学成分和力学性能检测报告，有出厂合格证，焊接应采用不锈钢焊条，采用气体保护焊。

（3）耐候钢应符合国家标准《焊接结构用耐候钢》（GB/T4172-84）、《高耐候性结构钢》（GB/T4171-84）的要求。耐候钢应刷防腐涂层。

1.4　玻璃

《玻璃幕墙工程技术规范》（JGJ102-96）第3.3.1～3.3.7条对玻璃的性能要求已做出明确规定。

（1）幕墙和采光顶应采用安全玻璃，防止玻璃开裂时伤人。安全玻璃通常指钢化玻璃和夹层玻璃。半钢化玻璃不属于安全玻璃，但因破碎时具有放射形裂缝，不易脱落，所以仍允许使用。采光顶宜采用夹层玻璃，采用钢化玻璃时，下面应设安全网；采用夹层中空玻璃时，夹层玻璃应放底面。厚度为12mm以上的全玻幕墙，允许采用浮法玻璃。点支幕墙应采用钢化玻璃。

（2）镀膜反射玻璃的反射率宜控制在15%～25%，以免反光过强形成干扰。有保温要求时可采用低辐射（Low-E）玻璃。镀膜反射玻璃的质量标准应符合《玻璃幕墙工程技术规范》（JGJ102-96）第3.3.2和3.3.3条的规定。

（3）夹层玻璃应采用胶膜干法加工，竖法合片的夹层玻璃具有较好的平直度。夹层玻璃内外片宜厚度相近、品种相近，不宜用钢化玻璃与普通玻璃合片，否则内外片承载力相差悬殊容易使较弱片开裂。在气温高、阳光直射处采用有色胶片合片时，应考虑因热量聚集，容易产生玻璃开裂的问题。

（4）中空玻璃质量应符合《玻璃幕墙工程技术规范》（JGJ102-96）第3.3.4条要求，采用双道密封。中空玻璃内外片厚度差不宜超过2mm，空气层厚度宜在9mm以上。

（5）幕墙和采光顶的玻璃边缘必须进行倒棱和磨边，第3.3.7条“边缘处理”一词，应理解为机械倒棱加上机械磨边，不能仅仅用手工磨石倒棱。玻璃运输过程中要严防边棱碰损。工程经验表明：未经磨边及边棱缺损的玻璃往往是开裂的主要原因，不应安装到幕墙和采光顶上。

1.5　铝板

幕墙铝板可采用蜂窝铝板、单层铝板和复合铝板。蜂窝铝板有良好的性能，但由于价格较高，所以目前较多采用单层铝板。复合铝板由于价格低、易加工、平整度好，应用也不少。

（1）单层铝板的性能、质量应符合国家标准《铝及铝合金轧制板材》GB/T3880-1997的要求。应有学就成分和力学性能检测报告及出厂合格证，单层铝板厚度不应小于2.5mm。

（2）蜂窝铝板厚度不宜于小9mm。正面铝板和背面铝板厚度不应小于1.0mm。

（3）铝塑复合板应符合国家标准（GB/T17748）的要求，正背面板厚度不应小于0.5mm，总厚度不应小于4mm，剥离强度标准值应大于7N/mm^2。用于18m高度以上的复合铝板，其芯材必须采用不燃性材料。普通聚乙烯芯材（PE）在火灾时容易产生烟雾，不宜在高层采用。

（4）铝板应进行表面氟碳树脂处理，喷涂或滚涂应在正规的喷涂厂或原生产厂进行，原粉含量不应低于75%，涂装厂应有原粉生产厂的授权证书。一般涂层厚度不小于25μm，在海滨和严重污染地区不小于40μm。

1.6　石板

幕墙应采用耐久性较好的花岗岩板。板厚不应小于25mm。石板面积一般不大于1.5m^2。

花岗岩是脆性天然材料，性能十分分散，应进行材料性能试验。首先要进行抗折强度试验，以确定其强度计算指标，任一试件的试验值小于8N/mm^{2}时，该批石材不得用于幕墙。石材吸水率不宜大于1%；Fe_2O_3含量不宜大于2%；SiO_2含量不宜小于70%，以保证其耐久性能。

石材的放射性关系到人身安全，应符合现行标准《天然石材产品放射防护分类控制标准》（JC518-1993）的规定。

1.7　硅酮结构密封胶

结构胶性能必须符合国家标准《建筑用硅酮结构密封胶》（GB16776-1997）的要求。结构胶的品牌应经过国家认定。结构胶的使用必须符合《硅酮结构密封胶使用管理暂行办法》（国经贸外经[2000]583号）的规定。

1.7.1　结构胶的采购

（1）采购硅酮结构密封胶（以下简称结构胶），必须到国家认定的销售企业购买国家认定产品，同时索取正规销售发票和认定证书复印件，进口产品还必须有进口商检合格证明复印件。

（2）在采购结构胶时，使用者要向销售企业提供工程项目名称、地址、幕墙面积和需用结构胶数量，销售企业要登记存档。

（3）采购结构胶时，包装上须有国家认定标识、中文说明、批号、出厂及使用有效日期。采购的进口结构胶，包装上须有商检标志、国家认定标识、中文说明、批号、出厂及使用有效日期。

（4）凡在城镇临街建筑物距地面10m以上安装玻璃幕墙前，建设单位（或按合同约定的其他相关单位）必须将所用结构胶、双面胶条、泡沫棒、铝材、玻璃和相关材料送国家指定的检测中心做相容性试验和粘结性能检测。相容性试验和黏结性能检测要符合国家标准《建筑用硅酮结构密封胶》（GB16776-1997）；项目不全、试验日期与施工日期不符、检测报告与检测中心存档报告不符者等均为无效报告。

1.7.2　结构胶的使用

（1）使用结构胶的建设单位或施工单位必须取得合格的结构检测报告及国家认定产品的有关文件、证书复印件方可施工。

（2）从事玻璃幕墙制作、施工安装企业，必须具备相应的生产条件和技术力量，并建立健全技术质量管理体系。

（3）制作玻璃幕墙单元构件时，必须符合《建筑幕墙》（JG3035-1996）和《玻璃幕墙工程技术规范》（JGJ102-96）

的要求。

（4）结构胶要在有效期内使用，过期结构胶不准销售和使用。

（5）玻璃幕墙同一组单元构件，只准用同一牌号和同一批号的结构胶。

1.7.3 结构胶的技术档案管理

（1）玻璃幕墙工程竣工验收时，玻璃幕墙施工安装企业必须提供下列资料，并作为建筑档案长期保存。

国家经贸委结构胶工作领导小组办公室出具的境内外结构胶生产企业、产品的认定证书复印件；

生产企业的结构胶产品合格证；

结构胶的购销合同原件；

国家指定的检测中心出具的合格的结构胶相容性试验和粘结性能检测报告；

注胶记录和工艺过程质量控制检测记录。

（2）国家指定的结构胶检测中心、生产及销售企业必须对用于玻璃幕墙工程的结构胶进行相容性试验和粘结性能检测，试验、检测结果和原始记录应长期保存。

1.8 硅酮耐候密封胶

幕墙和采光顶应采用中性硅酮耐候密封胶，其使用和管理要求参照硅酮结构密封胶的要求。

石板是多孔质材料，硅酮密封胶含有硅油，如果使用不当，打胶后石材会有渗油现象，所以石材的密封胶必须采用专门产品，并宜在使用前进行试验，观察是否出现石材表面油印。目前国内采用较多的石材耐候密封胶是国产白云602胶和美国DC791N胶。

2 幕墙和采光顶建筑功能、防火和防雷

2.1 幕墙和采光顶的建筑功能

幕墙和采光顶作为围护结构，应考虑以下的建筑功能：（1）风压变形；（2）雨水渗漏；（3）空气渗透；（4）平面内变形能力；（5）隔声；（6）保温隔热；（7）抗冲击。

各项功能按其要求分为Ⅰ—Ⅴ（Ⅳ）等4～5个等级，Ⅰ级最高，Ⅴ（Ⅳ）级最低，详见国家标准《建筑幕墙物理性能分级》（GB/T15225-94）。等级的选用由幕墙所处的自然条件、气候条件、周边环境和使用要求决定，一般不应低于Ⅲ级。

面积较大、要求较高的幕墙；采用新材料、新构造的幕墙；设计有重大变更的幕墙应在国家认可的单位进行性能试验，试验方法应符合国家标准《建筑幕墙风压变形性能检测方法》（GB/T15227-94）、《建筑幕墙空气渗透性能检测方法》（GB/T15226-94）、《建筑幕墙雨水渗漏性能检测方法》（GB/T15228-94）的要求，其中（1）～（4）项为必测项目。（1）、（4）两项保证幕墙抗风和抗震的安全；（2）、（3）两项则维持幕墙的正常使用功能。

体育馆、娱乐场所、托幼设施所采用的玻璃幕墙，要求有足够的抗冲击能力，以防在外力作用下玻璃破碎伤人。

2.2 幕墙的防火要求

（1）幕墙的材料应采用不燃烧材料和难燃烧材料，而且在火灾中不应产生大量烟雾和有毒气体。目前幕墙所采用的玻璃、石材、金属材料、防火保温材料都是不可燃烧的，符合防火规范的要求。采用普通聚乙烯芯的铝塑复合板在火灾时产生烟雾，只能在18m高度以下采用；采用不燃性夹芯材料的铝塑复合板可用于较高的幕墙。

（2）幕墙防火设计必须符合国家标准《高层民用建筑设计防火规范》（GB50045-95）、《建筑设计防火规范》（GBJ16-87）的规定。

1）窗间墙、窗槛墙的填充材料应采用不燃烧材料。当其外墙面为耐火极限不低于1h的不燃烧体时，其墙内填充材料可采用难燃烧材料。

2）无窗槛墙的幕墙，应在每层楼板外檐设置耐火极限不低于1h、高度不低于0.8m的不燃烧实体裙墙（楼面板和边梁的总高度可以计入不燃烧实体裙墙的高度）。

3）幕墙与每层楼板、隔墙处的缝隙，应采用不燃烧材料严密填实。

（3）在幕墙防火设计和施工时，应特别注意以下几点。

1）幕墙的横梁应处于楼层标高附近的实体墙面（楼面边梁和板）范围内，以便设置层间防火措施。

2）墙面划分不应出现一块玻璃跨越两个防火分区的情况，即玻璃和铝板划分应与防火墙一致，与楼面标高一致。否则火灾时，一块板材的破坏就可能导致火焰由一个防火分区向另一个防火分区蔓延。

3）层间水平防火带用厚度不小于50mm的防火棉充填密实；防火棉应由厚度不小于1.5mm的薄钢板承托，薄钢板镀锌或涂防火漆。

4）在大面积实体墙面上不便于设置层间水平防火带时，可以将门窗洞口四周边缘的墙面缝隙用防火材料严密填塞，予以封闭，防止烟雾通过门窗洞口进入室内。

2.3 防雷设计与施工

（1）建筑幕墙和采光顶的防雷设计应符合国家标准《建筑防雷设计规范》（GB50057-94）的有关规定。幕墙和采光顶应形成自身的防雷体系，并与主体结构的防雷体系可靠地连接。

（2）建筑幕墙顶部女儿墙盖板可作为接闪器，接受雷电流并传送到主体结构防雷网。金属盖板厚度不宜小于3mm，截面不宜小于70mm^2（当房屋高度150m以上）和50mm^2（房屋高度小于150m）；每隔10m宜与主体结构均压环连接一次。

屋顶采光棚、四角锥可用金属杆作为接闪器。

（3）幕墙的横梁与立柱构成防侧击雷的防雷网，立柱有芯柱和螺栓连接，一般可以不作专门的上下柱连接措施。必要时也可以隔3～5m将立柱的上下柱连通，连接可以在上下柱之间用螺栓固定一根铝排。

有均压环的楼层，幕墙柱应通过预埋件、连接件与主体

建筑均压环连接。与均压环的连接导线可采用 5mm×40mm 钢带，也可用直径 12mm 以上的圆钢，连线应焊接牢固可靠，涂刷防锈涂料。

（4）在防雷设施施工过程中，应随时用摇表检查幕墙与主体防雷网的通路情况，保持接地电阻小于 5Ω（150m 以上高度的建筑物）和 10Ω（150m 以下高度的建筑物）。

3 幕墙的结构设计

3.1 设计基本原则

（1）幕墙应按维护结构设计，它只承受直接作用于其上的风力、地震作用、结构自重和温度作用。它不分担主体结构承受的风力和地震作用。

建筑幕墙在正常情况下应能维持其建筑功能；在 50 年一遇的大风作用下幕墙不应破损。抗震设计的幕墙，在设防烈度下会有轻微破坏，但经修理后仍可使用；在罕遇地震作用下（比设防烈度高 1～1.5 度），幕墙不会整体掉落，不会由此产生人员伤亡。

（2）幕墙一般应悬挂在主体结构上，斜幕墙有时允许在主体结构上支承。主体结构在风力和地震作用下会产生位移，幕墙要能在主体结构位移时不破坏、不掉落，则必须能相对于主体结构有一定的活动能力。

为便于施工时调整幕墙位置、保证幕墙相对于主体结构有一定的位移能力，立柱与主体结构之间应采用螺栓等机械方式连接，不应采用受力焊缝将立柱脚码与预埋钢板焊死。采用螺栓连接时，脚码与预埋件表面间要有齿缝等防滑措施，也可以用非受力的短焊缝做位置固定。

（3）作用于幕墙上的外力和作用有：自重、风荷载、地震作用和温度作用。设计时应考虑它们共同出现的可能性，因而由上述四方面作用产生的内力与位移，应以一定的方式进行组合。

幕墙自重是经常作用的恒载，所以各种组合都予以考虑。风力是幕墙设计的控制性因素，所以应全部参与组合。温度作用产生的最大应力区在板边，它错开了风和地震在板中央产生的最大应力，所以可以不与其他荷载和作用进行组合，单独予以考虑。进行组合时要考虑组合的分项系数：自重为力 1.2；风力为 1.4；地震作用为 1.3（组合系数取 0.6）；温度作用为 1.2（单独组合）。分项系数是考虑荷载的作用变动和第一个安全系数。

（4）幕墙和采光顶构件内力采用弹性方法计算，截面最大应力设计值不应超过材料强度的设计值：

$\sigma \leqslant f$

式中 σ 为截面最大应力设计值，由各荷载和作用产生的应力值进行组合后产生[《玻璃幕墙工程技术规范》（JGJ102-96）第 5.1.8 条]，已包含了第一个安全系数 K_1；f 为材料强度设计值，由材料强度标准值 f_k 除以第二个安全系数 K_2（$K_2>1$）产生，即：

$K_1\sigma_k \leqslant f_k/K_2$

总安全系数：$K=K_1 \cdot K_2$

3.2 荷载和作用

3.2.1 恒荷载和活荷载

（1）材料的重力体积密度按实际数值采用。

（2）竖向和斜向（与地面夹角大于 75°）幕墙不考虑活荷载作用。擦窗机对幕墙产生较大压力时应考虑。

（3）采光顶的活荷载考虑：雪荷载、积雨荷载和检修荷载。雪荷载按荷载规范取用；积雨荷载按当地气象台站资料确定；检修荷载可按 1.5kN 的集中荷载作用于玻璃中央计取。

3.2.2 风荷载

（1）风荷载按下列公式计算：

$w=\beta_D \mu_s \mu_z w_0$

（2）基本风压 w_0 应考虑 50 年一遇的数值，按原《建筑结构荷载规范》（GBJ9-87）取用时，应乘以系数 1.1；按新修订的《建筑结构荷载规范》（GBJ50009-2001）取用时，不必再乘系数，因新版本已改为按 50 年一遇给出基本风压。

（3）高度系数 μ_z 按荷载规范查取。（GBJ50009-2001）增加了地面粗糙度为 D 类的 μ_z 值。D 类指大城市中心，建筑密集和平均高度较高的地区。

（4）体形系数 μ_s 反映风荷载在建筑物表面分布的不均匀性，竖直幕墙在侧风面和背风面的两侧边竖条，近屋顶的水平条范围内，μ_s 可达正负 1.5；其余大面上约为 1.0。水平悬挑构件负风压可达－2.0。采光顶的体形系数可参照荷载规范的规定执行。

（5）阵风系数 β_D 反映了风力在时间上的不均性。基本风压 w_0 是 10min 的平均风压，适用于主体结构的设计；幕墙直接承受风力，应按 3s 的瞬时风压值考虑。β_D 通常取 2.25，新规范（GBJ50009-2001）已修改为按高度查表。

3.2.3 地震作用

地震作用对竖向幕墙影响很小，也可以在计算时不单独考虑。但大跨度采光顶则对竖向地震作用比较敏感。在计算时应加考虑。7、8 度抗震设计时，可以分别将采光顶的重力荷载附加 10%和 15%予以等效处理。

不同材料的总安全度和材料强度系数　　表 1

材料	总安全度 K	材料强度系数 K_2
钢材	1.5	1.071
铝型材	1.8	1.285
玻璃	2.5	1786
铝板	2.0	1.429
石材	3.0(一般) 3.5(重要)	2.143(一般) 2.500(重要)
结构胶	5(短期荷载) 100(长期荷载)	*

注：*为采用单一安全系数 K 的设计方法。

3.2.4 温度作用

幕墙和采光顶在阳光照射下的温度远远高于当地气温，

所以不能只按气象台站的年温差考虑。国内几个机场的采光顶夹层玻璃曾经开裂，都直接与阳光照射有关。年温差至少取 80℃是合理的。由于玻璃本身温度分布不均匀而产生热裂应力，计算时需考虑玻璃中央部分和边缘部分的温差 ΔT，可根据热工计算确定，一般不超过 30℃。

3.3　幕墙材料的强度设计值

3.3.1　强度设计表达式

如同在 3.1（4）条所述，幕墙材料强度控制为：$\sigma \leqslant f$，式中 σ 为截面最大应力设计值，为标准值 σ_k（不带安全系数）乘以安全系数 K_1 产生；f 为材料强度设计值，为材料强度标准值 f_k（不带安全系数）除以材料强度系数 K_2 得出：

$K_1 \sigma_k \leq f_k / K_2$

即总安全系数 $K = K_1 \cdot K_2$，K_1 基本上由风荷载的分项系数 $\gamma_w=1.4$ 决定，所以 $K_2=K/K_1=K/1.4$。

3.3.2　总安全度和材料强度系数

幕墙材料的总安全度 K 是参照国内外有关规范和工程经验确定的，K 值确定后，相应 K_2 的数值也可以确定。具体数值如表 1 所示。

用各种材料的 K_2 值除材料强度标准值，就得到《玻璃幕墙工程技术规范》（JGJ102-96）中表 5.3.1、表 5.3.2 的强度设计值和《金属与石材幕墙工程技术规范》（JGJ133-2001）中表 5.3.1～表 5.3.6 的强度设计值。

3.4　面板设计

3.4.1　面板最小厚度

玻璃：6mm；单层铝板：2.5 mm；复合铝板：4.0 mm；不锈钢板：2.0 mm；蜂窝铝板：9.0 mm；石板：25.0 mm。

3.4.2　面板计算的支承条件

有框玻璃板：四边简支板；全玻幕墙玻璃板：两边简支板（肋为支承边）；点支幕墙玻璃板：多点支承板；金属板：外边缘为简支边，加肋边缘为连续边；石板：多点支承板（钢销式、背栓式、短槽式）、两边简支板（全槽式）或四边简支板（加框复合连接）。

3.4.3　面板计算方法

按弹性薄板理论计算。玻璃板和金属板应考虑大挠度影响的修正。目前采用的弹性薄板计算理论只适用于小挠度情况（即挠度小于板厚时），而金属板和玻璃板的挠度都远大于板厚，此时板内薄膜应力起主要作用，大大减小了板的弯曲应力，使板真正的应力和挠度比计算应力和挠度小得多，所以应当根据挠度的大小，把计算出来的应力和挠度加以折减。挠度越大，折减得越多。

规范采用折减系数 η 来折减计算出来的应力和挠度，η 取值取决于参数 θ，而参数 $\theta=q_k a^4/Et^4$ 正是反映了挠度的大小。石板不必进行大挠度的修正。

3.4.4　面板的计算厚度

单层玻璃板、单层铝板和钢板、石板：取其实际厚度。

复合铝板、蜂窝铝板：取其总厚度。

夹层玻璃：当内外板等厚度、等强度时，计算厚度可取为单板的 1.25 倍。

中空玻璃：当内外板等厚度、等强度时，计算厚度可取为单板的 1.2 倍。

3.4.5　面板的构造要求

（1）玻璃板

隐框、半隐框玻璃板，其结构胶的宽度和厚度应按《玻璃幕墙工程技术规范》（JGJ102—96）第 5.6 节的规定进行计算，且其宽度不应小于 7mm，厚度不应小于 6mm，也不应大于 12mm。

隐框、半隐框玻璃板的下缘应设金属托板或托条，两个托条长度均不小于 100mm。托板、托条的高度不凸出板面。设置托板或托条，可以避免结构胶承受玻璃自重等长期荷载。

明框玻璃板与周边铝框间必须留有足够的间隙，玻璃不得触及铝框，间隙用弹性材料或密封胶嵌缝。玻璃下边缘应设两个垫块，垫块长度为 60～100mm，厚度不小于 6mm。

（2）铝板及钢板

金属板太薄，要采用折边和加肋作为提高其刚度的措施。单层铝板、复合铝板和钢板应折边并加肋，复合铝板还必须加边肋。蜂窝铝板宜折边。铝板折边后角部应加以封闭。

（3）花岗岩板

钢销式连接的石板只能用于 20m 高度以下，非抗震设计或 6、7 度抗震设计的幕墙，且石板面积不应大于 $1.0m^2$。钢销直径不应小于 5mm，连接板截面尺寸不小于 40mm×4mm，均采用不锈钢制造。钢销孔内注满大力胶或环氧树脂胶。钢销、挂板、销孔强度应进行计算。

短槽式或通槽式连接时，铝挂板厚度不应小于 4mm，不锈钢挂板厚度不应小于 3mm。短槽有效长度不应小于 100mm。槽宽应比挂板厚度大 2mm，挂板入槽深度至少 15mm。槽内宜注满大力胶。

背栓式固定应按厂家规定设计。

3.5　横梁和立柱设计

3.5.1 横梁设计

（1）横梁截面最小厚度：跨度不大于 1.2m，铝型材为 2.5mm；跨度大于 1.2m，铝型材为 3.0mm。钢型材为 3.5mm。

有螺纹连接的部位，厚度不小于螺钉公称直径。

（2）铝横梁与立柱采用铝角码连接，铝角码与立柱的连接螺栓不少于 2 个，直径不小于 5mm，横梁端部与立柱间应留 1mm 空隙。

钢横梁与立柱间采用螺栓连接。

（3）横梁按简支梁计算，考虑幕墙平面内和垂直于幕墙平面双向弯曲作用。

（4）横梁应有足够刚度，其挠度应符合下列规定。

铝横梁：不大于跨度的 1/180，也不大于 20mm。

钢横梁：跨度不大于 7.5m 时，不大于跨度的 1/300，也不大于 15mm；跨度大于 7.5m 时，不大于跨度的 1/500。

3.5.2 立柱设计

（1）截面最小厚度：铝型材不小于 3mm，钢型材不小于 3.5mm；有螺纹连接部位不小于螺钉公称直径。

（2）上下柱之间每层留有 15mm 间隙，用芯柱连接，芯柱长度不应小于 400mm，并与下柱用不锈钢螺栓固定，芯柱应与立柱紧密接触。在实体墙面处的钢立柱可只留空隙，不设芯柱。留出空隙是适应温度变化和主体结构变形的需要。

（3）立柱应在每层设 1 或 2 个支点悬挂在主体结构上，立柱宜设计成偏心受拉结构，防止其在受压下丧失稳定。

（4）立柱受由幕墙自重产生的轴向拉力（压力），由地震作用和风力产生的弯矩，应按偏心受拉（压）构件设计。

立柱弯矩和挠度宜按多跨铰支梁计算，也可按简支梁（每层 1 个支点时）或双跨梁（每层 2 个支点时）计算。立柱一般不可能成为连续梁，因为芯柱尺寸较小，其刚度远小于立柱刚度，且在立柱内的嵌固长度也不大于立柱截面尺寸的 2 倍。

（5）立柱的挠度应符合下列规定。

铝立柱：不大于跨度的 1/180，也不大于 20mm。

钢立柱：当跨度不大于 7.5m 时，不大于跨度的 1/300，也不大于 15mm；当跨度大于 7.5m 时，不大于跨度的 1/500。

采用拉杆桁架或拉索桁架作为立柱时，挠度可分别按不大于跨度的 1/400 和 1/300 控制。

3.6 幕墙与主体结构的连接

3.6.1 一般规定

（1）所有连接件都进行承载力计算，受力铆钉和螺栓每处不得少于 2 个。

（2）与幕墙相连接的主体结构混凝土强度等级不宜低于 C30。幕墙不应连接在砖石砌体上，更不得与轻质墙连接。

（3）幕墙与钢结构的连接，应按《钢结构设计规范》（GBJ17-88）规定进行设计。

（4）幕墙的立柱应用不锈钢螺栓（直径不小于 12mm）与角码连接，角码应通过螺栓与预埋件、钢结构构件连接。为防止滑动，可在角码与钢材表面刻有锯齿纹，必要时也可以用非受力短焊缝来固定位置，即要求立柱有三维移动能力，不允许角码与主体结构之间焊死。

3.6.2 预埋件

（1）预埋件（预埋钢板、预埋槽等）应在主体结构浇筑混凝土时埋人，应采取措施防止预埋件偏离设计位置，注意预埋件周边混凝土浇筑密实。

（2）预埋槽应事先通过试验确定其极限承载力，在设计时，预埋槽所受内力设计值不应大于预埋槽试验平均值的 60%。

（3）预埋钢板厚度不宜小于 8mm，宜采用 Q235 碳素钢板。锚筋应采用Ⅰ级或Ⅱ级钢筋，不得采用冷加工钢筋，锚筋直径不宜小于 8mm，不少于 4 根。锚筋间距不宜大于锚板厚度 12 倍。

锚筋长度不小于 250mm，当锚筋配置较多，超过计算所需面积 1.4 倍时，锚固长度可不小于 180mm。光圆钢筋端部应做弯钩。

锚筋与锚板之间应采用 T 形焊，焊缝高度不宜小于 6mm 及 0.6d（d 为锚筋直径）。

锚板宜采用热镀锌。施工完毕对镀锌层损坏部位应补涂防锈涂料。

（4）预埋钢板计算应按《玻璃幕墙工程技术规范》（JGJ102-96）第 5.7.10 条～5.7.15 条规定或《金属与石材幕墙工程技术规范》（JGJ133-2001）附录 D 的规定进行。

3.6.3 后加螺栓

（1）后加螺栓（化学螺栓、膨胀螺栓）主要用于旧建筑加装幕墙和预埋件偏位后的补救措施，不应作为幕墙的常规连接手段。

（2）后加螺栓的材质要求如下。

后加螺栓应采用不锈钢或镀锌碳素钢，直径不得小于 10mm。

后加螺栓必须为正规厂家出品，有钢材化学成分和力学性能试验报告，有设计方法资料和出厂合格证。

（3）后加螺栓必须在现场进行单体拉拔试验，必要时进行节点（群体）拉拔试验，试验所加荷载应为荷载设计值的 1.5 倍而无明显滑移，必要时应在检测单位进行极限拉拔试验。

（4）后加螺栓每个节点不得少于 2 个，螺栓间距和螺栓到构件边缘的距离不应小于 70mm。宜设计成螺栓受剪的节点。

（5）螺栓的受力应按厂家规定的方法计算，并考虑间距、深度、混凝土强度等修正因素。螺栓的荷载设计值不宜超过其极限拉拔力的 40%。

4 幕墙构件的制作和装配

4.1 一般规定

（1）构件制作装配质量对幕墙的安全性和适用性关系重大，必须从严把关。在下料制作之前，必须核对建筑设计施工图和实际建筑物的尺寸，按复测结果调整下料尺寸。

（2）幕墙、采光顶所用的一切原材料、零附件应符合规范要求，具有必须的质量保证文件和出厂合格证。

（3）加工制作的设备、机具、量具应达到加工精度要求，并且要定期检修和检测。

4.2 金属构件下料和加工

（1）铝型材和钢型材下料前要进行校直、调整。

（2）型材下料长度、端头角度、孔洞、螺纹、铣槽、铣榫、铣豁的精度要求，应符合《玻璃幕墙工程技术规范》（JGJ102-96）第 6.2 节的有关规定。

（3）隐框幕墙的铝框装配应规整，对边尺寸和对角线偏差、平面高低差应符合《玻璃幕墙工程技术规范》（JGJ102-96）第 6.2.3 条的要求。

（4）单元式幕墙的横梁、立柱宜采用加工中心进行机械加工。

4.3 玻璃加工

（1）玻璃板切割后，要对切割边进行检查，有过大的崩边、缺角不应采用。

（2）玻璃应进行倒棱和磨边等边缘处理，磨边应采用机械进行，消除板边较小的微裂缝和V形缺口。

（3）应先进行磨边、钻孔、挖缺口等加工之后才能进行钢化和夹胶处理，钢化玻璃和夹层玻璃不应在现场进行加工。

（4）明框幕墙的玻璃装配时，玻璃与铝框的三个内表面应留有足够的空隙，玻璃不得触及铝框表面，此装配空隙的要求应符合《玻璃幕墙工程技术规范》（JGJ102-96）第6.2.5条的规定。

4.4 铝板的加工

（1）铝板品种、规格和色泽应符合设计要求，表面涂层厚度应有出厂证明。

（2）单层铝板应弯折，折边的外圆弧半径不应小于板厚的1.5倍，周边连接耳子可直接由铝板冲出，也可用焊接、铆接与铝板连接牢固。

（3）复合铝板应采用机械刻槽，并留有0.3mm厚的芯材，以避免伤及面板的内表面。复合铝板应设边肋和中肋，肋可用电栓钉、结构胶或双面胶带与铝板相连接。切口和钻孔的外露面应采用中性耐候胶密封。

（4）蜂窝铝板弯折时应用机械开槽，开槽时应保留0.3～0.5mm 厚铝芯，不得伤及面板的内表面。铝板的外露切口用耐候胶密封。

4.5 石板加工要求

（1）石材连接部位不得崩坏、暗裂，其他部位小的崩边、崩角应修补后才可使用。

（2）钢销孔应居板厚之中，孔径比钢销大2mm，孔深宜为22～23mm。钻孔内应光滑、洁净。

（3）短槽长度不应小于100mm，有效长度内槽深不小于15mm，槽宽为6mm或7mm。开槽后不得有崩裂和损坏现象。

（4）通槽槽宽为6mm或7mm，槽应位于板厚中部，槽深至少为15mm，槽口边45°倒角。

4.6 隐框和半隐框幕墙板材的打胶

（1）打胶前必须检查结构胶的认可证明、厂家、型号、有效日期，不得使用过期结构胶。

（2）必须采用机械注胶，单组分胶用空气压缩机推动的注胶枪，双组分胶要采用打胶机。

（3）打胶必须在工厂或现场设置的专用打胶车间内进行。车间必须密封防尘，地面光滑耐磨，不起灰尘，设空调机，保证温度在15～25℃范围内，严禁在无封闭的露天进行打胶。

（4）双组分打胶机须严格按配合比混胶至均匀方可注胶，每次混胶应留蝴蝶试件和胶杯试件备查。每班完毕，胶桶内余胶须清掉，不得留作下一班使用。

（5）注胶前必须在一块棉布上倒入有机溶剂清洁玻璃和铝框表面，随即用另一块干布单方向擦试干净。清洁后必须在30min内合框、注胶，否则应重新清洁。

（6）注胶后应在专用台架上静置3d；无专用台架时叠放不应超过7块板材。静置15d后方可运至现场安装。

5　幕墙的安装和施工

5.1 安装准备

（1）安装前必须对主体结构的施工验收进行确认，主体结构必须符合施工及验收规范的要求。

（2）对主体结构进行复测及放基准线，如主体结构偏差太大，应制定相应补救措施，补救措施应经甲方、监理和质检部门认可。

（3）对预埋件的质量、位置偏差进行全面检查，记录其缺陷，制定预埋件缺陷解决方案，此方案应经甲方、监理和质检部门认可。

（4）幕墙设计计算书和施工图的相关部分应经建筑设计部门审核并盖章认可。

（5）检查进场构件和材料的出厂合格证，无合格证不得使用。

（6）使用后加螺栓应在施工前进行现场拉拔试验。

5.2 单元式幕墙构件安装施工

（1）检查单元式幕墙构件的吊挂件、支撑件，吊挂件与支撑件宜用铝合金或不锈钢制造。铝合金柱连接部位的局部壁厚不得小于5mm。

（2）采用穿透螺栓将单元式构件的吊挂件与预埋件连接。

5.3 构件式幕墙安装施工

（1）立柱安装施工先用不锈钢螺栓连接角码，再将角码用螺栓与预埋件连接。如果接触面未用刻纹等防滑措施，调节定位后可以用短焊缝予以防滑定位，但不得采用连接焊缝形成受力连接。

立柱与角码间应放防腐蚀垫片。

（2）横梁应通过铝角码与立柱连接，铝角码应优先采用螺栓固定在立柱上，连接螺栓和螺钉直径不应小于5mm，至少2个。

横梁端部与立柱间留1mm空隙，也可以安装防噪声垫片。

（3）板材与横梁、立柱的连接必须到位、稳妥可靠，达到设计要求。石板的挂板、钢销至少伸入孔槽15mm，并注入大力胶、环氧树脂或结构胶。铝板的挂耳必须用螺栓、螺钉与横梁、立柱固定，螺钉的螺纹必须咬合而无松动。玻璃板材的铝框应与横梁、立柱可靠固定，压条、压块的固定螺栓要紧密而无滑动。挂钩式连接，铝框应进入到横梁、立柱挂钩的内部，并用胶条密封。

检查玻璃板材下部垫块、托板、托条，不得有遗漏。

（4）防雷连线应逐一检查，做到连接可靠，焊缝严密，钢材防雷连线和焊缝应采用防锈涂料涂刷。

（5）层间防火棉应填塞密实，不留空隙；托板固定可靠，并涂有防火涂料或镀锌。施工中采取措施，防止垃圾、污物落在防火棉上，污染防火棉。在规定用防火材料封闭的门窗洞口，四侧防火棉必须填塞密实，固定可靠，不得遗漏。

5.4 施工过程中的隐蔽验收

幕墙许多部位在工程结束后已加封闭，如果质量有问题将留下隐患，产生不安全因素。因此下列部位应在施工过程中及时进行隐蔽验收：

（1）各连接部位安装和防腐处理；

（2）防火、保温材料安装；

（3）伸缩缝、沉降缝、防震缝和阴阳角安装；

（4）防雷节点安装和防腐措施；

（5）封口安装。

隐蔽验收应由施工方会同业主、监理、质检部门共同进行，并做好隐蔽验收记录。

6 全玻幕墙

（1）全玻幕墙宜采用夹层玻璃和钢化玻璃。面板按支承于玻璃肋的简支板计算，玻璃肋按简支梁计算。面板荷载通过结构胶传至玻璃肋，结构胶应进行抗剪计算；当抗剪承载力不足时，应在板、肋交会处加设不锈钢或玻璃贴角条，以增加结构胶厚度。

面板和玻璃肋厚度不应小于 12mm，肋宽不应小于 100mm。

（2）高度小于 4.5m 的全玻幕墙可以支承在下部不锈钢地槽内，高度超过 4.5m 的全玻幕墙应通过吊夹吊挂在上部吊架上。吊架可以采用钢梁或钢桁架。在自重作用下，钢梁或钢桁架的挠度不应大于跨度的 1/500。

（3）吊夹应有足够的夹持力，应通过试验验证。两副吊夹安装时必须位于同一平面，避免对玻璃产生平面外的附加受力。

玻璃板和助下端放入不锈钢地槽，每块玻璃必须由两块橡胶垫块支承，垫块长度不小于 100mm，厚度不小于 20mm，玻璃与不锈钢槽用密封胶填充，玻璃不得与钢槽接触。

（4）玻璃面板与主体建筑装饰的槽口边不得接触，应留有足够空隙，不妨碍玻璃面板的平面内温度膨胀和平面外转角。

（5）玻璃肋一般为单块，但当高度过大时，可以通过金属板和螺栓连接，连接部位应能承受玻璃肋所受的弯矩。

7 点支幕墙

7.1 面板

（1）点支幕墙必须采用钢化玻璃或钢化夹胶玻璃，必要时也可采用钢化中空玻璃，采用沉头式支承头时，板厚度不得小于 10mm。

（2）支承头宜带球铰以适应板的变形，在玻璃开孔处应加尼龙或铝衬圈，支承头与面板间应加尼龙垫或橡胶垫。

（3）面板按多点支承板计算并考虑大挠度的影响。对夹层玻璃，可以先将外荷载按 t_1^3 与 t_2^3 比例分配给两块玻璃（t_1、t_2 分别为两块玻璃的厚度），然后分别进行两块玻璃的承载力计算。计算板的挠度时，其等效厚度 t_e 可取为 $\sqrt[3]{t_1^3+t_2^3}$。

7.2 支承结构

（1）梁式和桁架式支承结构宜采用碳素钢、耐候钢或不锈刚型材，碳素钢和耐候钢应进行表面处理（镀锌、防腐涂层等）。

梁和桁架的挠度不应大于跨度的 1/400。

竖向支承结构上下端采用铰支；当屋盖或楼盖可能产生较大竖向位移时，上端应采用双铰摇臂支承；当屋盖可能产生较大水平位移时，尚应考虑上部支承点可以水平滑动。

（2）拉杆桁架的拉杆应采用不锈钢圆棒，杆件端部螺丝端杆应连接可靠。拉杆桁架杆件不承受轴向压力，应注意在正反向荷载作用下结构保持稳定，不产生机动位移。

拉杆桁架平面外应有可靠拉结，组成稳定的空间结构。拉杆桁架杆件应施加预应力。决定初始预应力应考虑扣除预应力损失。

拉杆桁架内力分析时应考虑几何非线性影响。

拉杆桁架的挠度不应超过其跨度的 1/300。

（3）拉索桁架的受压腹杆宜采用不锈钢棒材或管材；拉索宜采用不锈钢丝或高强钢丝组成的钢绞线（钢丝直径不小于 1mm，7 股、19 股或 37 股），也可以采用钢芯铝绞线。钢丝绳的弹性模量低，轴向伸长大，尽量避免使用。不得采用麻芯钢丝绳。由高强钢丝组成的钢索应进行表面防腐处理。

应通过试验确定钢索的屈服拉力、破断拉力和弹性模量。当缺少试验数据时，设计中可采用钢绞线弹性模量 $1.1\times10^5\sim1.2\times10^5\text{N/mm}^2$，钢丝绳弹性模量 $0.8\times10^5\sim1.0\times10^5\text{N/mm}^2$。

钢索应施加预应力，预应力度可在极限拉力 15%～20% 范围内。有效预应力应扣除锚头滑动、松弛、温度变化和曲线张拉摩擦产生的应力损失。在施加预应力前，应对钢索进行超张拉，以调直钢索。

拉索桁架应考虑几何非线性进行内力计算。拉索桁架的挠度不应超过跨度的 1/300。

参考文献

1　玻璃幕墙工程技术规范（JGJ102-96）

2　金属与石材幕墙工程技术规范（JGJ133-2001）

3　赵西安．幕墙工程手册．北京：中国建筑工业出版社，1996

4　赵西安．玻璃幕墙设计、施工和监理．北京：中国建筑科学研究院，1995

5　赵西安．铝板及石板幕墙结构设计的建议．建筑技术，1998（7）

6　赵西安．点支式玻璃幕墙设计．建筑技术，1999（9）

二、玻璃幕墙遮阳板设计

一、概　述

1．遮阳板及其应用

目前，国内公共建筑的玻璃幕墙大量采用透明清玻璃，它虽然通透明亮，满足建筑艺术的要求，但是在夏热的南方地区，阳光辐射过强会影响建筑使用，因而广泛采用遮阳板来遮挡过强的阳光。

图 1 齐鲁软件

图 2 中山大学珠海校园

济南齐鲁软件园，采用固定式铝遮阳板 27000m^2(**图 1**)。中山大学珠海校园，铝遮阳板的面积达 28000m^2（**图 2**）。

遮阳板除采用铝型材外，还可以采用不锈钢板、镀膜反射玻璃板或多孔铝板，按其活动性可分为固定式遮阳板和电动遮阳板。电动遮阳板可根据阳光的情况，由人工或计算机控制遮阳板的开启角度，从而调节射入室内的阳光。

遮阳板可采用水平、垂直、综合和挡板等布置方式（**图 3**），它们各自有适宜的应用朝向（**图 4**）。

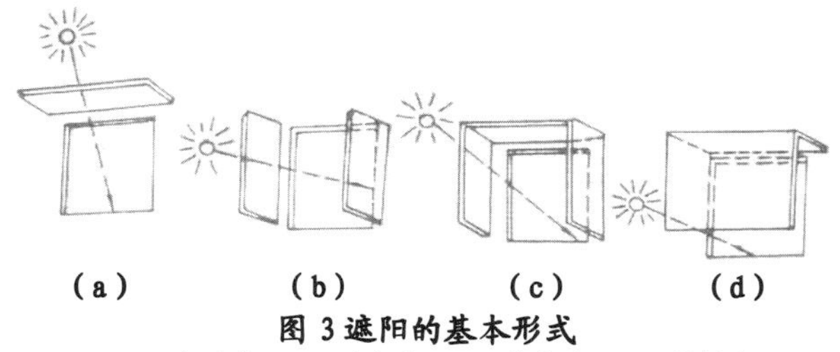

图 3 遮阳的基本形式

(a) 水平式；(b) 垂直式；(c) 综合式；(d) 挡板式

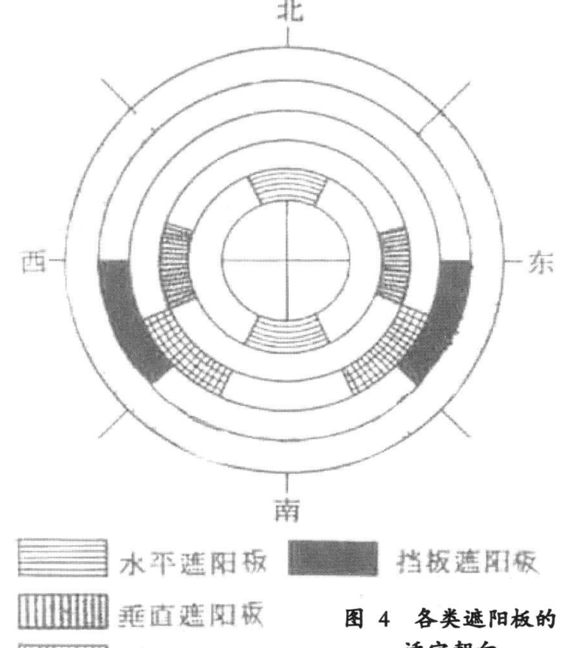

图 4　各类遮阳板的适宜朝向

2．遮阳板设计的目的和要求

设置遮阳板的目的是要防止直射日光透过幕墙射入室内，减少透射的太阳辐射，防止夏季室内温度过高和光线太强，达到良好的使用条件和降低制冷能耗。因此，设计遮阳板要考虑以下要求：

阻挡夏季直射日光进入室内；冬季应保有必要的日照；应能导风入室，保持通风；不影响室内向外眺望的视线；构造简单；经久耐用；造型美观。

二、确定遮阳的季节和时间

1．阳光的辐射强度

阳光的辐射强度取决于该地点的纬度、被辐射面的朝向、季节（月份）和每日的时间，国内许多单位已经进行了当地的太阳辐射强度实例。**图 5** 表示在不同纬度地区最热月份水平面上的太阳辐射强度（1 千卡/m^2 · 时=4.186KJ/m^2)。**图 6、图 7** 则为代表性的两个城市（广州、武汉），各朝向在最热月份的太阳辐射强度。

2．需要遮阳的条件

在同时具备以下条件时，应当进行遮阳：

（1）室外气温达到和超过 29℃；

（2）太阳辐射强度大于 240 千卡/m^2 · h（1004.6KJ/m^2 · h)；

（3）阳光射入室内深度超过 0.5m；

（4）阳光射入室内时间超过 1h。

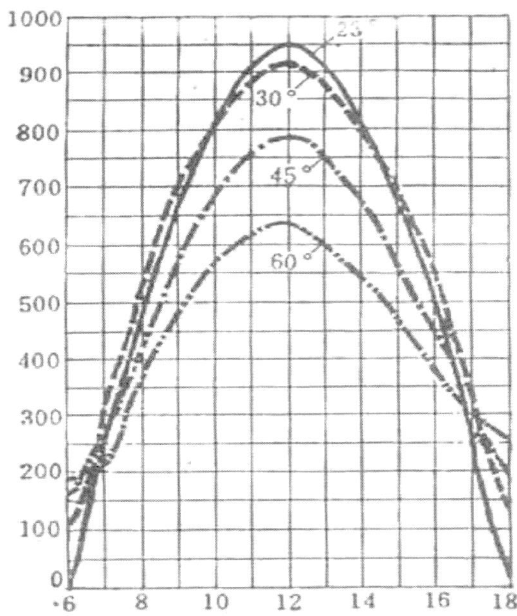

图 5 不同纬度不平面上太阳辐射强度

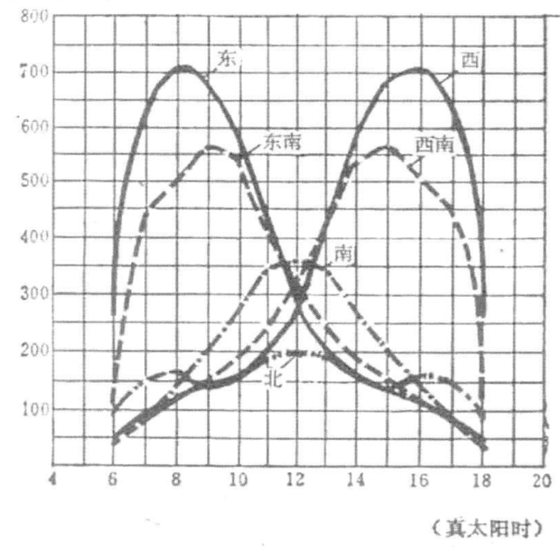

图 6 广州地区主要朝向太阳辐射强度(纬度 23°)

其中，前两项是主要的考虑因素，由它决定遮阳的月份和每日遮阳时间。

3. 确定需要遮阳的月份

首先根据当地气象资料，统计出十年来最热三年的室外气温，将最热月份各旬平均气温（从日出至日落，按小时计），画成方格表（**图 8**）

从气温统计中画出气温达到 29℃及以上的月份、时间范围，做成遮阳气温图，这一范围处于条件（1）的要求内。

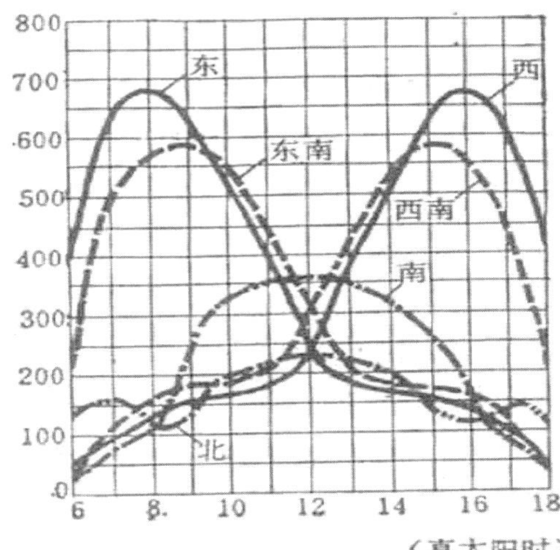

图 7 武汉地区各朝向太阳副射强度(纬度 30° 38′)

时间	五月			六月			七月			八月			九月		
	上	中	下	上	中	下	上	中	下	上	中	下	上	中	下
5				23	日出线										
6				23	24	26	27	29	27	26	25	24			
7				24	25	27	27	28	28	27	26	24			
8				25	26	27	28	29	29	28	27	26			
9				26	27	28	29	30	30	29	28	27			
10				27	28	29	30			30	29	28			
11				28	29	30					30	28			
12				28	29	30					30	29			
13				28	29	30					30	29			
14				28	29	30					30	29			
15				28	29	30					30	29			
16				28	29	30					30	29			
17				28	29	29	30			30	29	28			
18				27	28	29	30	31	31	30	29				
19							日没线								

图 8 遮阳气温图

4. 确定需要遮阳的时间

在图 8 中选出各月、各旬超过 29℃的每日起止时间，然后对照当地的阳光辐射强度分布（**例如图 6、图 7**），确定辐射强度超过 240Kcal/m^2·h（1004.6Kcal/m^2·h）的范围。各朝向同时满足两个条件的起止时间，就是遮阳的起止时间。

5. 根据日期、时间计算太阳的位置，进行遮阳板设计。

三、太阳的高度角和方向角

1. 赤纬

地球绕太阳公转，由于地轴倾斜，不同日期太阳直射地球的纬度不断在变化，阳光直射的纬度形成的圆心角 δ 称为赤纬角，简称赤纬（**图 9**）。一般地说，春分、秋分赤纬为 0º，夏至为 23º26´，冬至为-23º26´。

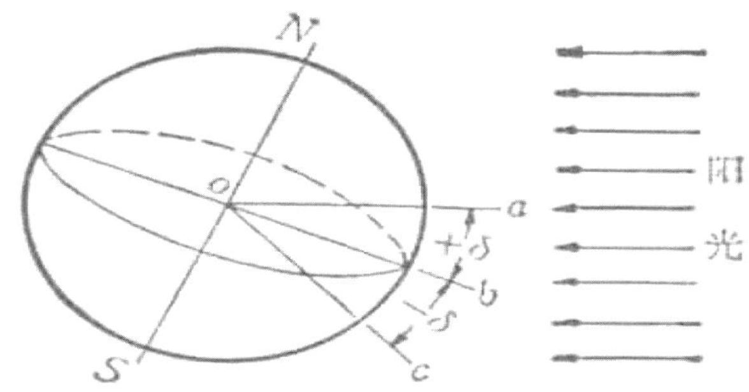

图 9　太阳赤纬角

由于地球每日运行自转速度会稍有变化，与平均的自转时间稍有偏差，称之为时差，在工程设计中可不予考虑，**表 1** 为一年中各节气的赤纬及时差。

赤纬及平均时差表　　表 1

节气	日 期	平均时差	赤纬（δ）
立春	2 月 4 日	-13 分 53 秒	-16° 23′
雨水	2 月 19 日	-13 分 57 秒	-11° 29′
惊蛰	3 月 6 日	-11 分 28 秒	-5° 53′
春分	3 月 21 日	-7 分 26 秒	±0° 00′
清明	4 月 5 日	-2 分 55 秒	+5° 51′
谷雨	4 月 20 日	+0 分 57 秒	+11° 19′
立夏	5 月 6 日	+3 分 23 秒	+16° 22′
小满	5 月 21 日	+3 分 33 秒	+20° 04′
芒种	6 月 6 日	+1 分 34 秒	+22° 35′
夏至	6 月 22 日	-1 分 43 秒	+23° 26′
小暑	7 月 7 日	-4 分 42 秒	+22° 39′
大暑	7 月 23 日	-6 分 23 秒	+20° 12′
立秋	8 月 8 日	-5 分 42 秒	+16° 18′
处暑	8 月 23 日	-2 分 47 秒	+11° 38′
白露	9 月 8 日	+2 分 04 秒	+5° 55′
秋分	9 月 23 日	+7 分 22 秒	+0° 09′
寒露	10 月 8 日	+12 分 13 秒	-5° 40′
霜降	10 月 24 日	+15 分 41 秒	-11° 33′
立冬	11 月 8 日	+16 分 16 秒	-16° 24′
小雪	11 月 23 日	+13 分 47 秒	-20° 13′
大雪	12 月 7 日	+8 分 50 秒	-22° 32′
冬至	12 月 22 日	+1 分 46 秒	-23° 26′
小寒	1 月 6 日	-5 分 34 秒	-22° 34′
大寒	1 月 20 日	-10 分 52 秒	-20° 14′

注：1、本表录自 1978 年天文年历（中国科学院紫金山天文台编）。

2、赤纬每年同日期都有微差，可略而不计，一般夏至取 δ=23° 27′，春秋分取 δ=0°，冬至取 δ=-23° 27′。

在遮阳板设计时，可由下式近似计算每日的赤纬：

δ=23.45×sin[（N-80/370）×360]　　（1）

式中　δ——赤纬（度）；

N——从元旦开始计算的天数。

2．太阳的位置

对于某一观察点而言，太阳在天空的位置由高度角 α、方向角 β 决定（**图 10**）。

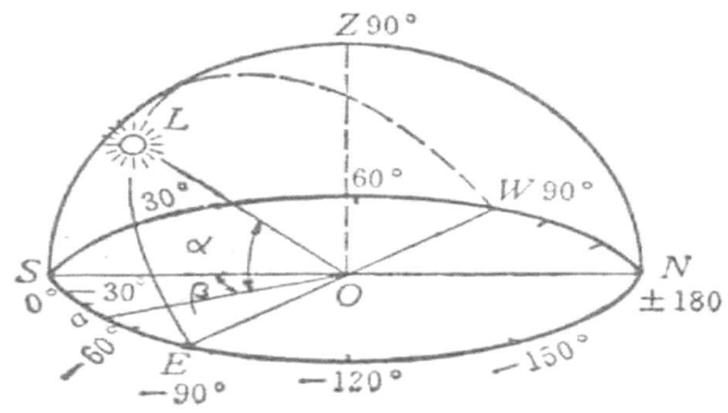

图 10　太阳位置示意图

地球每 24h 自转一周，每小时旋转 15°，所以在某一时间 n，太阳的时角 Ω，可按下式计算：

Ω=15（n-12）　　（2）

式中　Ω——时角（度），正南为 0°；

n——按 24h 计算的观测时间。

3．太阳的高度角

太阳高度角可按下式计算：

一般：$\sin\alpha=\sin\phi\sin\delta+\cos\phi\cos\delta\cos\Omega$（3）

正午：$\alpha_0=90°-(\delta-\phi)$　　（$\phi<\delta$）

$\alpha_0=90°+(\phi-\delta)$　　（$\phi>\delta$）　　（4）

春分、秋分的正午：$\alpha_0=90°+\phi$　　（$\phi<\delta$）

$\alpha_0=90°-\phi$　　（$\phi>\delta$）　　（5）

式中　α——高度角（度）；

δ——赤纬（度），可按（1）式计算；

ϕ——该处的纬度（度）；

Ω——时角（度），可按（2）式计算。

4．太阳的方位角

太阳方位角可按下式计算：

（1）一般时间：$\sin\beta=\cos\delta\cdot\sin\Omega/\cos\alpha$　　（6）

（2）日出、日落：$\sin\beta_0=\cos\delta\cdot\sin\Omega$　　（7）

日出、日落时的时角 Ω 可按下式计算：

$\cos\Omega=-\mathrm{tg}\,\phi\cdot\mathrm{tg}\,\delta$　　（8）

Ω 在日出时取负值；在日落时取正值。

由时角可查出时间 n：

$n=\Omega/15+12$　　（9）

式中　β、β_0——太阳方位角（度）；

δ——赤纬（°），可按（1）式计算；

ϕ——纬度（°）；

Ω——时角（°），可按式（2）计算；日出、日落时角可按（8）式计算；

n——通常的时间（时）。

四、遮阳板的设计

1．水平式遮阳板

太阳照在南墙面时高度角大，所以在南向、接近南向的幕墙上以及在北回归线以南地区的北向、接近北向幕墙，可采用水平遮阳板（**图 11**）。

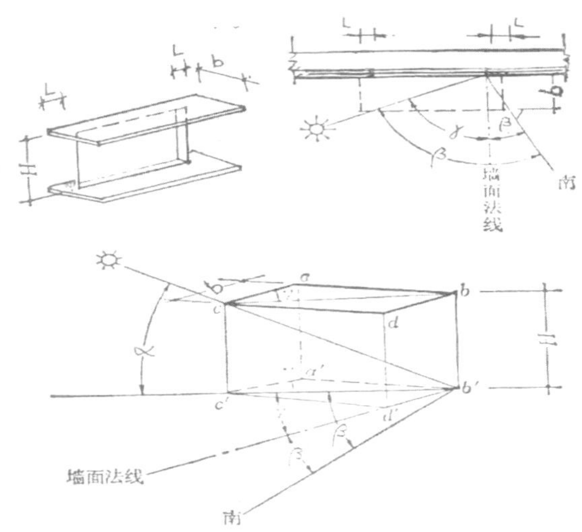

图 11　水平式遮阳板

遮阳板进深 b 与遮阳板的间距 H 之间应符合以下关系：

$b \geq H \cdot \text{ctg}\,\alpha \cdot \cos\gamma$　（10）

式中　α——太阳高度角；

γ——墙面法线与太阳方位所夹的角，可按（11）式计算；

b——遮阳板的进深，可包括幕墙厚度。

$\gamma=\beta$　（当 $\beta'=0$ 时）

$\gamma=\beta-\beta'$　（当 $\beta'<\beta$ 时）

$\gamma=\beta'-\beta$　（当 $\beta'>\beta$ 时）

$\gamma=\beta'+\beta$（当 β' 与 β 在正南方向各一侧时）　（11）

式中　β——太阳方位角；

β'——墙面法线与正南方向夹角。

大面积幕墙上，水平遮阳板宜连续设置，如果在间断洞口处设置，则间断水平遮阳板应向洞口外侧延伸一段长度 L：

$L=H\,\text{ctg}\,\alpha \cdot \sin\gamma$　（12）

2．垂直式遮阳板

太阳照射东、西、东北、西北方向墙面时，高度角较小，水平式遮阳板效果小，宜采用垂直式遮阳板（**图 12**）。

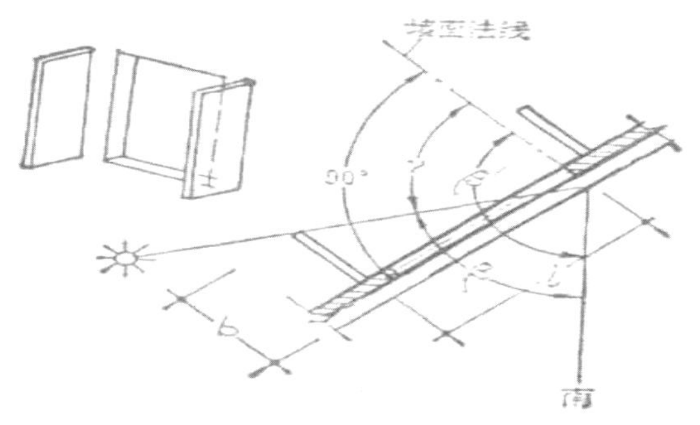

图 12　垂直式遮阳板

垂直式遮阳板外伸宽度 b 与遮挡宽度 l 之间的关系为：

$b \geq l \cdot \text{ctg}\,\gamma$　（13）

式中　l——遮挡宽度；

b——外伸长度，可包括幕墙的厚度；

γ——墙面法线与太阳方位所夹的角，按式（11）计算。

3．挡板式遮阳板

挡板式遮阳板有较好的遮阳效果，而且对视线影响较小（**图 13**）。

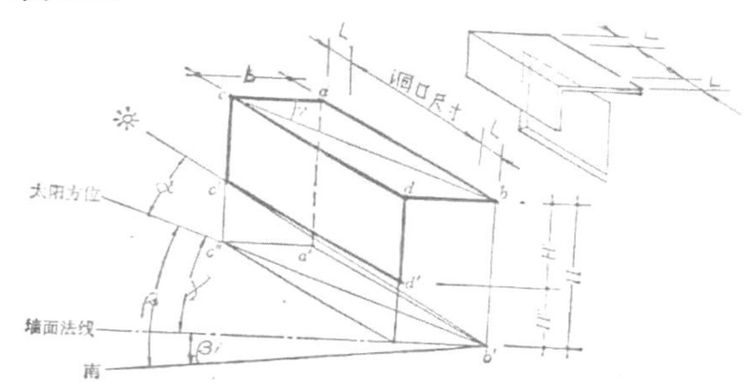

图 13　挡板式遮阳

挡板高度 H' 由遮档高度 H 和留空高度 H'' 求出：

$H'=H-H''$

$H''=b\text{tg}\,\alpha \cdot \sec\gamma$　（14）

两侧向洞口外延伸宽度 L 由下式计算：

$L=H''\,\text{ctg}\,\alpha \cdot \sin\gamma$　（15）

（14）、（15）式中

b——挡板外伸宽度，可包括幕墙厚度；

α——太阳高度角，可按（3）～（5）式计算；

γ——幕墙法线与太阳方向夹角，可按（11）式计算。

如果是大面积幕墙，则遮阳挡板应连续布置，无须间断设置，这时 L 不必计算。

4．水平遮阳板和挡板遮阳板尺寸的扣除

由设置遮阳板的条件（3），如果该工程允许太阳照射入室内 0.5m 以内（在透光窗台标高上），则可以相应减小外伸宽度 b 和挡板下伸高度 H'（**图 14**）。

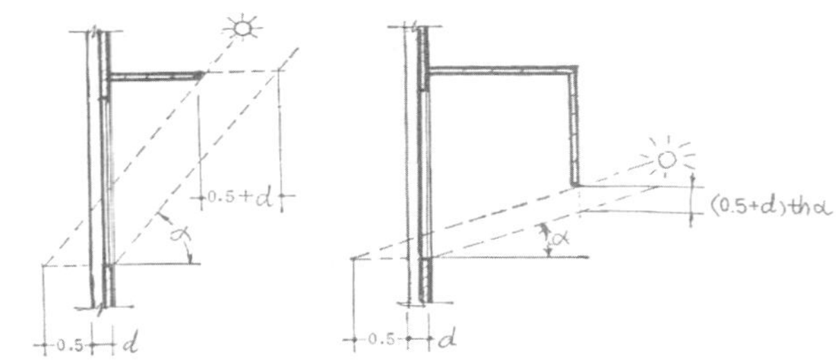

图 14　遮阳尺寸的扣除

对于水平遮阳板，可扣除宽度 0.5m+d（d 为墙厚或幕墙厚度）；

对于挡板遮阳板，可扣除下伸长度（0.5m+d）tg α（α 为高度角）。

参考文献：

1．吉林省建筑设计院.建筑日照设计，中国建筑工业出版社，1979

2．中国建筑科学研究院.建筑设计资料集，中国建筑工业出版社，1978

3．赵西安.玻璃幕墙的遮阳技术.建筑技术 2002

浅析现阶段点支式玻璃幕墙设计中存在的几个问题

中国建筑装饰协会铝制品委员会常务理事　深圳市南铝建筑装饰材料有限公司总经理　**白宝鲲**

开放与交流、舒适与自然已成为公共建筑的发展趋势。点支式玻璃幕墙是支承体系最为简单的一种幕墙，这一体系最大的特点是最大限度的表现了玻璃的通透性，其特点迎合了公共建筑发展的趋势。近几年，越来越多的应用到公共建筑上。虽然这项技术在国外已很成熟，在国内的采用还是近几年的事。随着国内建筑业的繁荣发展，点支式玻璃幕墙技术已受到国内建筑业的关注，一些企业已经较为全面地掌握了这一体系的设计、加工和安装技术，并已在国内有了一些工程实例。但是在设计中也出现了一些不合理的现象和问题。现浅析一下这些问题，希望对大家设计幕墙时有所帮助和启发。

一、对遮阳体系的设计不完善

点支式玻璃幕墙技术国内很多企业已经掌握，但对于点支式幕墙随之产生的其他技术和相关领域，还没有研究或者说还没有深入研究。通常点支式玻璃幕墙体系采用的都是大面积的透明玻璃，只有透明才能体现建筑物的开放，从而使室内和室外的景观完成沟通和交流。人们在室内可以真切的看蓝天、白云，真切的感受大自然的变化，人们可以毫无遮挡的享受阳光。回归自然是人们对舒适的重新理解。然而普通透明玻璃的透光率最大，带来的太阳辐射热很多。也就是说，采用这种体系的建筑必须采用相关的技术手段进行遮阳。而现阶段的很多点支式玻璃幕墙的设计，没有考虑遮阳这块内容。工程完工投入使用后，才发现，当太阳直射的时候，太阳光带来的太阳辐射热很大，室内非常的热。再去补加遮阳措施，也会非常麻烦。所以在做点支式幕墙方案设计时，要预先考虑其相关配套的遮阳方案，更重要的是，遮阳体系存在着和点支式幕墙体系互相协调、配套的问题。点支式幕墙完工后再去补加遮阳体系，会产生和原结构的不协调，不配套问题。

点支式幕墙的遮阳系统最常用的是电动垂卷式遮阳帘，这种遮阳系统，与点支式幕墙的设计结合在一起，其电动机构性能稳定，体积小，帘幕全部收回时，完全隐藏，几乎感觉不到它的存在。这种电动机构具有自动调平功能，特别适用于大面积整体联动遮阳系统，这种功能保证了同一水平线上的每个帘幕每次收回时自动对齐，以使每次下落时各帘幕之间的整齐联动。其帘幕也是一种高技术产品，由织物经过特殊处理，耐候且避免积灰，即使帘幕完全下落，也不会完全遮挡视线，通过它的微孔人们可以朦胧地感受室外的景色。

这种遮阳体系，与传统的遮阳体系和窗帘有着本质上的区别。实现节能的目的，主要靠它的智能控制系统，这种智能化控制系统是一套较为复杂的工程，在需要阳光的时候收起遮阳，使在建筑内部的人能够享受阳光。根据法国 Eletric de france 对此类建筑的研究，对一座具有 32% 直接受光面的建筑物，从太阳所获得的热量，占其所吸收各种热量总和的 28%左右。而采用遮阳装置对于缓解太阳负荷十分有效。简单地说，内遮阳系统可减少这种热负荷的 50%左右，而外遮阳系统可减少这种热负荷的 75%左右,可以看出外遮阳比内遮阳有效的多。这是由于内遮阳在玻璃窗内所引起温室效应,不可避免的使室内热量积聚，而外遮阳则不受这种效应的制约，因为欧洲建筑界的认识，已经把外遮阳系统作为一种活跃的立面元素，加以利用，甚至称之为双层立面形式。一层是建筑物本身的立面，另一层则是动态的遮阳状态的立面形式。这是现代技术解决人类对建筑节能和享受自然需求而产生的一种新的现代建筑形态。

二、点支式幕墙配件要选用适用的不锈钢

点支式幕墙的主要配件，驳接爪，驳接螺栓，现主要选用不锈钢材质，但现阶段对不锈钢的选用比较混乱，很多工程设计没有明确不锈钢的型号，选用了不适当的不锈钢，导制很多工程出现了不锈钢的生锈现象。不锈钢的家族有二百多个品种，不是都可以用来做点支式幕墙配件，点支式幕墙配件是裸露在外面的，对抗腐蚀的要求比较高。

我们认为，选用不锈钢时，最适合的品种应选用含铬 18%、含镍 8%的不锈钢。所有的金属与空气发生氧化作用时，在其表面会形成一层氧化膜。在普通钢上形成的氧化物会继续氧化形成生锈的表面。但是由于不锈钢中含有至少 11%的铬，因为氧化层的性质发生了改变，可阻止进一步的氧化，并且如果氧化膜偶然被去掉，新的氧化膜又会形成，继续起保护作用。通常选用的是奥氏体型不锈钢 304 和 316，其典型化学成分如下：

牌号			
304L	18% Cr	10．0%Ni	0．03%C
304	18% Cr	10．0% Ni	0．06%C

316L　17%Cr　　12．0% Ni　　0．03%C　　2．5Mo

316　　17%Cr　　12．0% Ni　　0．06%C　　2．5Mo

304 不锈钢的应用历史已超过 60 年。其优良的抗腐蚀性能得到了人们的认可。但近年来，随着大气的污染不断加剧，暴露在室外的 304 不锈钢表面上会出现轻微生锈，特别是在中等程度以上污染的城市，这种情况会更严重。近年来，对于暴露在室外的不锈钢，更多的选用 316 不锈钢。316 不锈钢含铬 18%，含镍 12%，又加入了钼元素。其抗腐蚀能力提高了一大截，用在室外，可抵挡大气氯化物的腐蚀。特别在距海岸线比较近的地区，不锈钢配件会受到盐雾的影响，316 不锈钢的防腐性能会更突出。而 304 不锈钢一般选择用在室内，室内环境干燥，污染小，304 不锈钢完全可以满足要求。在一些没有工业污染不受海洋大气影响的市郊、乡村，也可以选用 304 不锈钢。

另外，还有一种少见的情况是恶劣的重工业污染与海洋气候相结合的地区，316 不锈钢也会出现生锈现象。因此，要选用氟碳树脂（PCF2）涂层的不锈钢才能避免生锈现象。氟碳树脂涂层有优异的耐候性能，有透明及多种颜色，可抵挡恶劣环境的腐蚀。为保证氟碳树脂良好的黏附力，不锈钢配件表面在涂覆树脂前应先通过喷丸处理。

所以，在设计点支式幕墙时，设计师需把握工程所在地不同的环境，选用适当的不锈钢，才能避免生锈现象。

三、玻璃肋支承点支式幕墙的驳接金属板与玻璃的连接设计不合理

玻璃肋支承的点支式幕墙克服了传统的全玻璃幕墙的一些缺点，近年来应用越来越多。传统的全玻璃幕墙，当高度超过 6m 时，已无法选用钢化玻璃。因为国内目前的钢化炉最长可以钢化 6m 长的玻璃，高度超过 6m 的全玻璃幕墙，只能选用非钢化玻璃。非钢化玻璃破碎后会伤人，而且强度比较低。钢化玻璃强度是非钢化玻璃的 3～5 倍，所以，要选用比较厚的玻璃才能满足强度。超长的厚玻璃价格比较贵，安装也比较复杂，那么，玻璃肋支承的点支式幕墙克服了上述缺点。肋支承玻璃是把玻璃分为比较小的板块，用较薄的钢化玻璃，可满足强度，价格便宜，强度高，破碎后不会伤人。玻璃肋一般都用不锈板连接起来。在实际应用中发现设计师一般都会选择多个螺栓固定玻璃肋和不锈钢板。玻璃是脆性材料，多孔固定，不能提高玻璃的承载能力。因为在试验中发现，我们无法做到，每个孔的受力都一样，所以，有一个玻璃孔破碎了，整个玻璃都碎了。所以孔的数量多不能提高玻璃的承载能力。一般截面高度小的玻璃肋一端选择 2 个螺栓固定就可以了。截面高度较大的玻璃肋一端最多选用 3 个螺栓固定就可以了。

四、夹胶、中空玻璃的开孔要注意叠差

夹胶、中空玻璃在点支式玻璃幕墙中应用越来越多。实际工程中，玻璃的开孔容易出现一些问题，导致驳接螺栓装不进玻璃孔。最主要的问题是夹胶、中空玻璃都是两层以上的玻璃合成的，很多工程内外两层玻璃都采用一样的孔径。加工过程都是先钻孔、钢化处理，再合成夹胶或中空玻璃。玻璃钻孔后，孔距会出现一些允许的偏差。如偏差方向相反，合成夹胶、中空玻璃后，会出现孔的直径不能满足设计要求，出现玻璃孔叠差。所以，为避免以上情况，里面玻璃孔的直径要比外层玻璃大一些，以消化玻璃孔的叠差。常见的玻璃开孔尺寸如下：

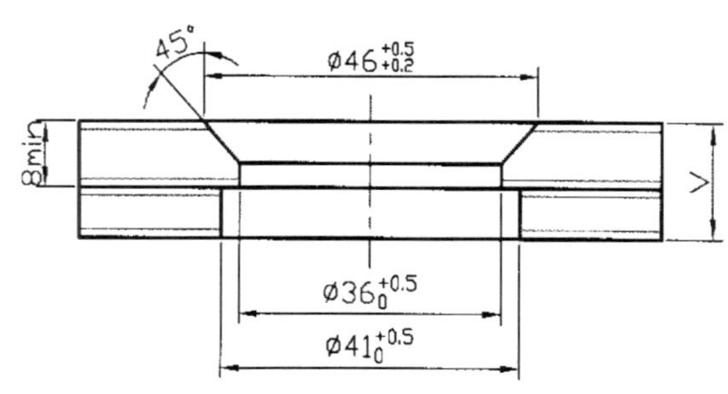

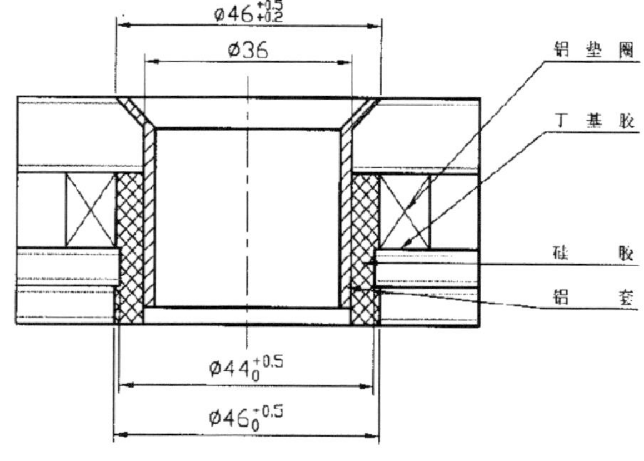

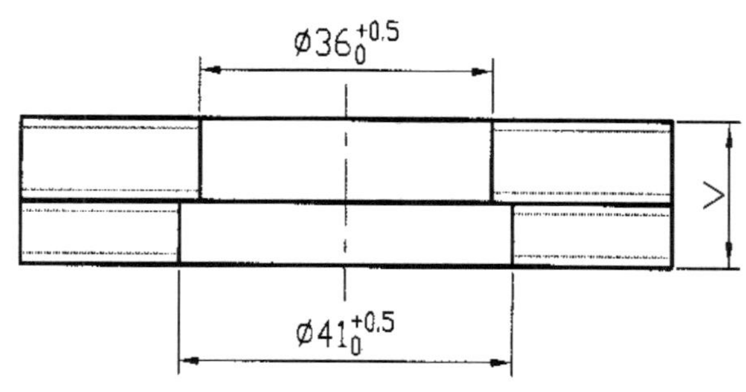

点支式玻璃幕墙的安装施工

深圳市南利装饰工程公司　总经理助理　**吴智坚**

玻璃幕墙在我国的兴起始于80年代，各种色彩的玻璃幕墙给城市增添了一道道亮丽的风景，也给城市文化注入了新的活力。玻璃幕墙的流行类型最初是明框，后来是隐框，到现在流行点支式玻璃幕墙。笔者从事建筑装饰工作多年，现将点支式玻璃幕墙安装施工技术整理成文，和大家共同探讨。

桁架驳接点支式玻璃幕墙

点支式玻璃幕墙一般分为玻璃肋驳接点支式玻璃幕墙和钢结构点支式玻璃幕墙两大类。玻璃肋驳接点支式玻璃幕墙是指上下两片玻璃肋通过钢板和螺栓连接，面玻和肋板又通过驳接件联为一体的玻璃幕墙，驳接爪主要起联接上下左右面玻的作用，面玻所承受的风荷载和水平地震作用主要通过肋板传到主体结构上。钢结构点支式玻璃幕墙是指采用钢结构作为面玻的支撑受力体系，在钢结构上伸出驳接件固定面玻的玻璃幕墙，支撑结构分为驳接式、桁架驳接式、拉杆驳接式、网索驳接式，玻璃四角的驳接件承受着风荷载和水平地震作用，钢结构可以是钢管、钢杆、方通，也可以采用拉杆或拉索组成。

玻璃肋驳接点支式玻璃幕墙

当跨度较小时，可采用单杆式支承结构，在跨度较大时，应采用空腹桁架支承结构，桁架的受拉杆件可用钢绞线或圆钢代替，形成拉索或拉杆桁架。

拉索桁架驳接点支式玻璃幕墙

点支式玻璃幕墙面玻的支承头通常有沉头和浮头两种形式。沉头式的连接沉入玻璃表面之内，表面平整、美观，但玻璃开锥形孔时，加工复杂，而且玻璃厚度不少于10mm，不仅增加了造价，而且加大了幕墙重量。相反，浮头式的金属外板凸出在玻璃平面外，玻璃无需开锥形孔，对玻璃无特殊要求。此外，中空玻璃的支承点有两种形式，一种是支承头穿过两块玻璃，直接连结内、外两片玻璃，另一种方式是只连结内侧玻璃，外侧玻璃仍由结构胶黏结。支承头的支承现多用钢爪支承，钢爪的形式有吊挂钢爪、H形钢爪、X形钢爪等。

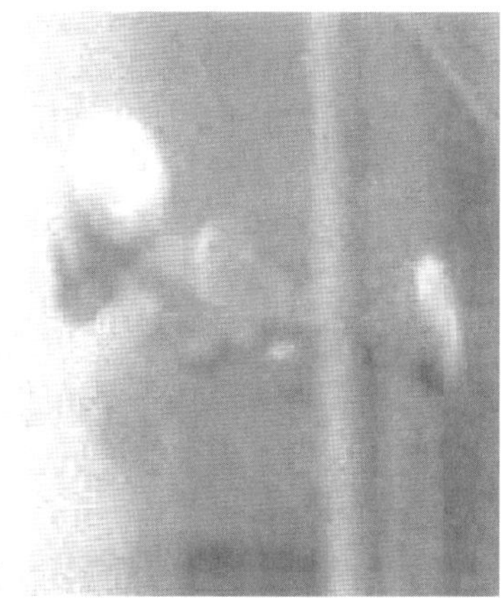
I型爪

X型爪

点支式玻璃幕墙的玻璃面板由支撑点支撑，钢制支撑点通过玻璃上的园洞与玻璃连结。支撑点钢轴与玻璃园孔之间有一空隙并用尼龙套管内衬，与玻璃间有弹性垫片，使玻璃有一定活动余地，而且不与金属直接接触，防止受力后局部应力过大而损坏。由于玻璃孔洞边应力集中，所以面玻采用钢化和匀质处理，当面玻采用夹胶玻璃时，也应先钢化后夹胶。玻璃的孔洞应在钢化前进行，钢化前对玻璃的边缘和孔洞要求加工细磨至少200目以上。浮头式支承头的玻璃厚度一般不少于6mm，沉头式支承头的玻璃厚度不应少于10mm，如采用夹胶玻璃，则外片厚度不应小于10mm，内片厚度不宜小于8mm。

点支式玻璃幕墙构件制作及施工技术要求，玻璃幕墙主要包括两部分，即玻璃及钢结构：

1. 玻璃的制作及施工技术要求

（1）玻璃的磨边、开孔等加工必须在钢化前进行，钻孔直径要大于玻璃板厚。玻璃尺寸的允许偏差见表：

	边长	对角线	钻孔位	孔轴垂直度
尺寸允许偏差	±1.0mm	±2.0mm	±0.8mm	±0.2°

孔洞边缘距板边大于或等于板厚的2倍。

（2）中空玻璃钻孔后，为防止惰性气体外泄，在玻璃孔周围垫入一环形金属垫圈，并在金属垫圈与玻璃交接处用聚乙丁烯胶片保证密封。

（3）单片玻璃的磨边垂直度偏差不宜超过玻璃厚度的20%。

（4）在施工现场，特别注意玻璃的固定孔不能作为搬动玻璃的把手，起吊玻璃在玻璃重量允许的前提下，最好使用真空吸盘。

2．钢结构的制作及施工技术要求

钢结构组合构件应尽可能在工厂完成合理的划分拼接：

（1）钢结构的尺寸允许偏差见表：

	拼接单元节点	长度	垂直度
尺寸允许偏差	±2.0mm	≤1/2000	±1/1200（绝对误差≤5.0mm）

（2）驳接件的尺寸允许偏差见表：

	水平间距差	水平高度差	相邻驳接件的水平度差	同层的高度差
尺寸允许偏差	±1.5mm	±1.5mm	±1.5mm	1/1000（L≤20m） 1/700（L≤35m） 1/600（L≤50m） 1/500（L≤100m）

（3）拉杆及拉索桁架结构体系的拉杆宜采用不锈钢。

点支式玻璃幕墙的安装施工

1．施工前的准备工作

为了保证玻璃幕墙安装施工的质量，要求安装幕墙的钢结构、钢筋混凝土结构及砖混结构的主体工程，应符合有关结构施工及验收规范的要求。主体结构因施工、层间移位、沉降等因素造成建筑物的实际尺寸与设计尺寸不符，因此，在幕墙制作安装前应对建筑物进行测量，测量的误差应及时调整，不得累积，使其符合幕墙的构造要求。

2．结构的安装施工

（1）安装前，应根据甲方提供的基础验收资料复核各项数据，并标注在检测资料上。预埋件、支座面和地脚螺栓的位置、标高的尺寸偏差应符合相关的技术规定及验收规范，钢柱脚下的支撑预埋件应符合设计要求，需填垫钢板时，每叠不得多于3块。

（2）钢结构在装卸、运输、堆放的过程中，不得损坏构件并要防止变形，钢结构运送到安装地点的顺序，尚应满足安装程序的要求。

（3）施工单位要保证施工脚手架的承载能力，要满足施工堆载的需要，还要考虑到：

① 幕墙面、作业面与轴线之间的距离；

② 对照参考面找出控制点的间距与位置，注意通视性；

③ 对照参考面找出安装角的间距；

④ 与控制标高之间的水平差；

⑤ 与建筑物竖向的间距及与各楼层的间距。

（4）钢结构的复核定位应使用轴线控制点和测量的标高的基准点，保证幕墙主要竖向及横向构件的尺寸允许偏差符合有关规范及行业标准。

（5）构件安装应按现场实际情况及结构形式采用扩大拼装时，对容易变形的构件应作强度和稳定性验算，必要时应采取加固措施。采用综合安装方法时，要保证结构能划分成若干个独立单元，安装后，均应具有足够的强度和刚度。

（6）确定几何位置的主要构件，如柱、桁架等应吊装在设计位置上，在松开吊挂设备后应做初步校正，构件的连接接头必须经过检查合格后，方可紧固和焊接。

（7）对焊缝要进行打磨，消除棱角和夹角，达到光滑过度。钢结构表面应根据设计要求喷涂防锈、防火漆。

（8）对拉杆及拉索驳接结构体系，应保证驳接件位置的准确，一般允许偏差在±1mm，紧固拉杆（索）或调整尺寸偏差时，宜采用先左后右，由上至下的顺序，逐步固定驳接件位置，以单元控制的方法调整校核，消除尺寸偏差，避免误差积累。

（9）驳接爪安装时，要保证安装位置公差在±1mm内，驳接爪在玻璃重量作用下，驳接系统会有位移，可用以下两种方法进行调整：

① 如果位移量较小，可以通过驳接件自行适应，则要考虑驳接件有一个适当的位移能力；

② 如果位移量大，可在结构上加上等同于玻璃重量的预加荷载，待钢结构位移后再逐渐安装玻璃。无论何时，都要防止在玻璃重量下，驳接件安装点发生位移，所以，驳接件必须能通过高抗张力螺栓、销钉、契销固定不掉，驳接件固定孔、点和驳接爪间的连接方式不能阻碍两板件之间的自由移动。

3．拉索点支式玻璃幕墙的施工

（1）放线：以确定好的控制点为基准将每对水平控制点用拉线连接。连接后的拉线在空中形成网面，用笔将每个交叉点作上标记以确保在施工过程中拉线的交叉点不变。

（2）拉索及悬空杆的定位、安装与检测：悬空杆的安装定位准确度直接影响到玻璃能否按设计图纸进行安装，影响到玻璃幕墙在安装后的平整度，胶缝宽度及玻璃幕墙的稳定性，所以对悬空拉杆的安装顺序、调整精确度、预应力值的大小必须按严格的规定才能有效的控制玻璃幕墙的安装质量。

① 安装顺序：在拉索与悬空杆的安装过程中要掌握好施工顺序，安装必须按“形式先上后下，先竖后横”的原则进行安装。

ⅰ.竖向拉索的安装：根据图纸设计的拉索长度加 1～3mm 从顶部结构开始拉索呈自由状态，待全部竖向拉索安装结束后进行调整，调整顺序也是先上后下，按尺寸控制单元逐层将悬空杆调整到位。

ⅱ.横向拉索的安装：待竖向拉索安装调整到位后连接横向拉索，横向拉索在安装前应先按图纸设计的长度尺寸加长 1～3mm，呈自由状态，先上后下按控制单元逐层安装，待全部安装结束后调整到位。

② 悬空杆的定位、调整：在悬空杆的安装过程中必须对杆件的安装定位几何尺寸进行校核，前后索长度尺寸严格按图纸尺寸调整才能保证悬空连接杆与玻璃平面的垂直度。调整以单元控制点为基准对每一个悬空杆的中心位置进行核准，确保每个悬空杆的前端与玻璃平面保持一致，整个平面平整度的误差控制在≤5mm/3m。

在悬空杆调整时要采用“定位头”来保证悬空杆与玻璃的距离和中心位置的准确。

③ 拉索的预应力设定与检测：用于固定悬空杆的横向和竖向拉索在安装和调整过程中必须提前设置合理的内应力值，才能保证在玻璃安装后受自重荷载的作用下结构变形在允许的范围内。

ⅰ. 竖向拉索内应力值的设定主要考虑：一是玻璃与驳接系统的自重；二是拉索螺纹的摩擦阻力；三是拉索、锁头、销头所允许承受拉力的范围；四是支承结构所允许承受的拉力范围。

ⅱ. 横向拉索内应力值的设定主要考虑：一是校准竖向拉索偏拉所需的力；二是校准竖向桁架偏差所需的力；三是拉索螺纹的摩擦阻力；四是拉索、锁头、销头、耳板所允许承受拉力的范围；五是支承结构所允许承受的拉力范围。

ⅲ.索的内力设置是采用扭矩通过螺纹产生力，用扭矩来控制拉杆内应力的大小。

ⅳ.在安装调整拉索结束后用扭力扳手进行设定和检测，通过对扭力表的读数来校核扭矩值。

（3）配重检测：由于玻璃幕墙的自重荷载和所承受的其他荷载都是通过悬空杆结构传递到主支撑结构上的，为确保结构安装后在玻璃安装是拉杆系统的变形在允许范围内，必须对悬空杆进行配重检测。

① 配重检测应按控制单元设置，配重的重量为玻璃在悬空杆上所产生的重力荷载乘 1～1.2 的系数，配重后的结构变形量应小于 2mm。

② 配重检测时，配重物的施加应逐步进行，每加一级要对悬空杆的变形量进行一次检测，一直到全部配重物施加在悬空杆上，测出其变形值和卸载后复位情况，并详细记录。

4．玻璃的安装施工

（1）玻璃安装的准备工作

① 玻璃安装前应检查校对钢结构主支撑的垂直度、标高、横梁的高度和水平度是否符合设计要求，特别要注意安装孔位的复查。

② 安装前必须用钢刷局部清洁钢槽表面及槽底，驳接玻璃底部的 U 型钢槽应加氯丁橡胶垫块于距玻璃边缘 1/4 宽度处。

③ 安装前，应清洁玻璃及吸盘，根据玻璃重量及吸盘规格确定吸盘个数。

④ 安装前，应先检查驳接爪的安装位置是否准确。

（2）现场安装玻璃时，应先将驳接头与玻璃在安装平台上装配好，然后再与驳接爪进行安装。为确保驳接头处的气密性和水密性，必须使用扭矩扳手。根据驳接系统的具体规格尺寸来确定扭矩大小，按标准安装玻璃时，应始终保持悬挂在两个驳接头上。

（3）现场安装后，应调整上下左右的位置，保证玻璃水平偏差在允许范围内。

（4）玻璃全部调整后，应进行整体立面的平整度的检查。

（5）玻璃打胶

① 打胶前应用“二甲苯”或工业乙醇和干净的毛巾擦净玻璃及钢槽打胶的部位。

② 驳接玻璃底部与钢槽的缝隙用泡沫胶条塞紧，保证平直，并预留净高 8～12mm 的打胶厚度。

③ 打胶前，在需打胶的部分粘贴保护胶纸，注意胶纸与胶缝要平直。

④ 打胶时要持续均匀，操作顺序一般是：先打横向缝后打竖向缝；竖向胶缝宜自上而下进行，胶注满后，应检查里面是否有气泡、空、断缝、夹杂，若有应及时处理。

⑤ 隔日打胶时，胶缝连接处应清理打好的胶头，切除前次时打胶的胶尾，以保证两次打胶的连接紧密。

⑥ 玻璃胶修饰好后，应迅速将粘贴在玻璃上的胶带撤掉，玻璃胶固化后，应清洁内外玻璃，做好防护标志。

点支式玻璃幕墙索杆体系结构形式内力分析方法预拉力值挠度计算方法的探讨

深圳三鑫特种玻璃技术股份有限公司北京分公司总工程师　李耀庭

《点支式玻璃幕墙工程技术规程》(CECS127：2001)5.2.4 条规定，幕墙支承结构的内力可采用弹性方法计算。对于杆件体系，可采用线性结构力学方法计算结构的内力和位移；对于索杆体系，拉索和拉杆应只受拉，宜采用几何非线性方法计算结构的内力和位移。本条规定无疑是正确的。但是，对于索杆体系中大部分结构形式是可以采用线性结构力学方法计算其内力和位移的，其精确程度完全满足工程设计的要求。或许是规程中用“宜”字的原因。

一、结构形式及内力分析方法

当前出现的单向承力索杆体系的结构形式见图 1：

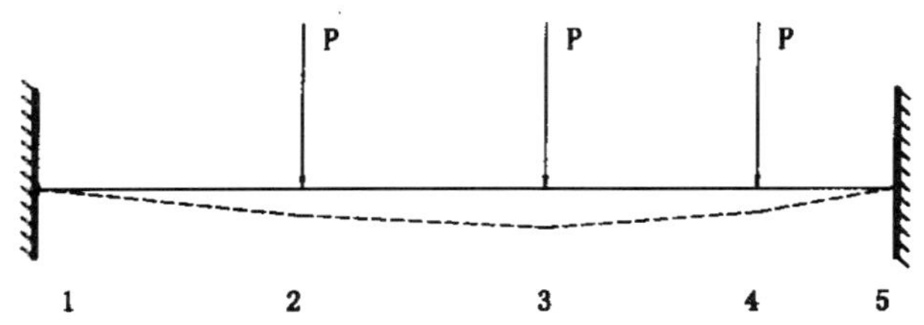

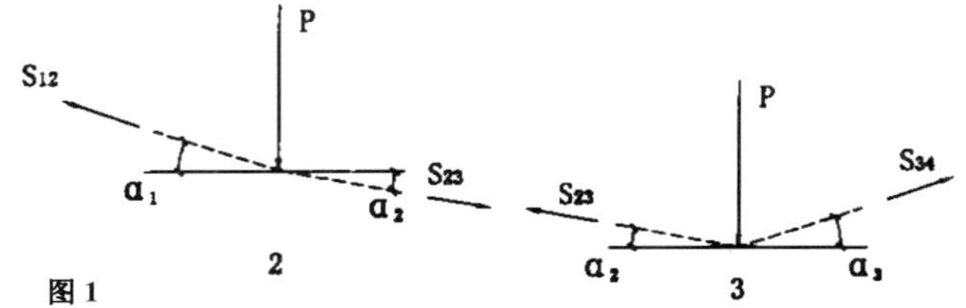

图 1

在使用的单向索杆体系内力分析和位移计算方法，据笔者所知有四类方法，“代梁”法、静定结构分析法、线性结构力学法有关计算程序、专用索杆体系几何非线性计算程序。前三种属于线性结构力学方法。图 2 单索的静力平衡分析如下：

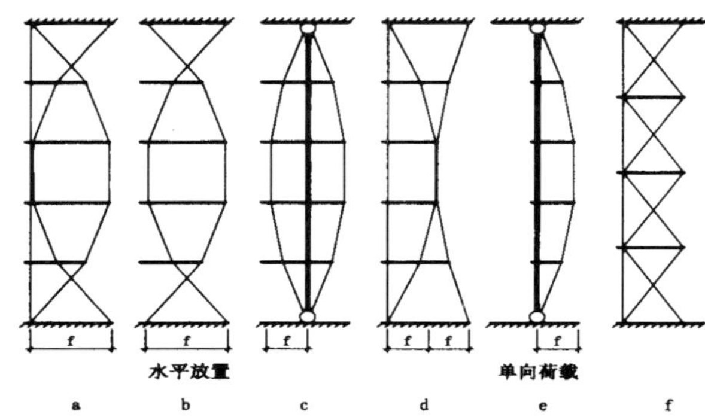

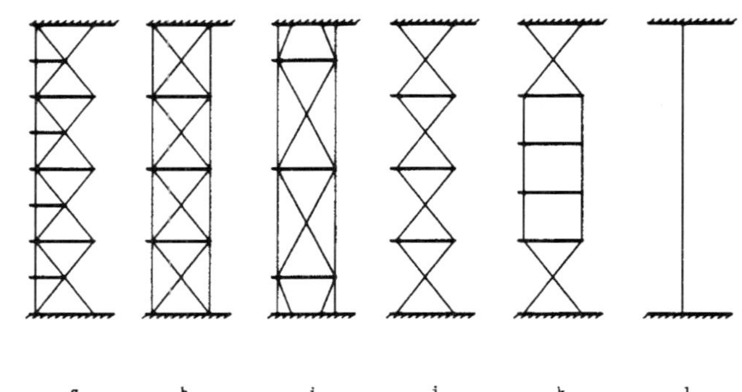

图 2

节点 2 平衡条件

$S_{12}\cdot \mathrm{Sin}\,\alpha_1 - S_{23}\cdot \mathrm{Sin}\,\alpha_2 = P$

$S_{12}\cdot \mathrm{Cos}\,\alpha_1 = S_{23}\cdot \mathrm{Cos}\,\alpha_2$

节点 3 平衡条件

$S_{23}\cdot \mathrm{Sin}\,\alpha_2 + S_{34}\cdot \mathrm{Sin}\,\alpha_3 = P$

$S_{23}\cdot \mathrm{Cos}\,\alpha_2 = S_{34}\cdot \mathrm{Cos}\,\alpha_3$

节点 4 平衡条件

$S_{34}\cdot \mathrm{Sin}\,\alpha_3 + S_{45}\cdot \mathrm{Sin}\,\alpha_4 = P$

$S_{34}\cdot \mathrm{Cos}\,\alpha_3 = S_{45}\cdot \mathrm{Cos}\,\alpha_4$

从以上平衡条件可以看出，当 P 为定值，若要 S_{ij} 值比较小，必使 α_i 值大；反之，若要 α_i 值比较小，内力 S_{ij} 值必然很大。就是说，直索受力后(如果按线性结构力学方法分析，索的内力必为 α 才能达到静力“平衡”状态)受拉伸长(在弹性变形范围内)产生位移，形成倾角 α_i，索内力为有限值而达到静力平衡状态。当索的寝状态有一定的矢高，索受拉伸长(在弹性变形范围内)产生挠度，即矢高加大，若矢高加大的量远小于寝状态的矢高时，在满足工程设计精度的情况下，为简化计算，便可以按线性结构力学方法求解这类索杆体系。这就是前三种方法分析索杆体系内力和位移的理论根据。

索杆体系四类分析法的适用范围

方法	适用范围	不适用
1. 代梁法	a,b,c,d,e	f,g,h,i,j,k
2. 静定法	a,b,c,d,e,f,g,h,i	j,k
3. 线性法	a,b,c,d,e,f,g,h,i	j,k
4. 非线性法	全部	程序中未包括 e,h,i

注意：1、2 法分析 c、e 时没有考虑自平衡刚性杆的抗弯刚度。

（一）代梁法

所谓“代梁”就是与拉索式桁架具有同样跨度、同样荷载分布的简支梁，我们把它叫做拉索式桁架的“代梁”。

当采用均布荷载计算简图时

$M^0_{(L/2)}=q_{线}L^2/8$

当采用集中荷载计算简图时

$P_0=abq_{面}$

$M^0_{(L/2)}=n/8 \times P_0L$

$M^0_{(L/2)}=(n^2-1)/8n \times P_0L$

实际上“代梁”法给出的仅是均布荷载，集中荷载是对称、等距、等值，与均布荷载是等效的。

代梁法是从单索的平衡方程引深的，因为“两层索所加预应力是相同的；且索的矢高是已知的；且始态和终态基本一致”，因此推得双层索杆可做为单索求解。对这个结论如理解为是图 4a 或图 4b 所示的“点划线”表示的单索，无疑是对的。但矢高绝非是节点 2 与 6 的距离(这个索杆体系的高度)，而应是图 4b 所示的 f，即图 4a 索杆体系受 P 力作用后产生的挠度 f，这已是几何非线性问题。但从参考文献 1 中的 4 个例题看，结论中的单索不是“点划线”表示的代替单索，而是 1638 或 52764，不难看出，这两个单索的矢高不是一个方向，是一正一负，不能用代梁法、采用已知矢高(节点 2 与 6 的距离)求解图 4a 索杆体系的内力。对于双层的鱼腹型索杆体系则是可以的，因为，在正负风压作用下的鱼腹型索杆体系，实际上是单索受拉。矢高只能取一侧单索的矢高，如图 1 所示。(两节间折线型索杆体系(图 3)是鱼腹型索杆体系的特例。

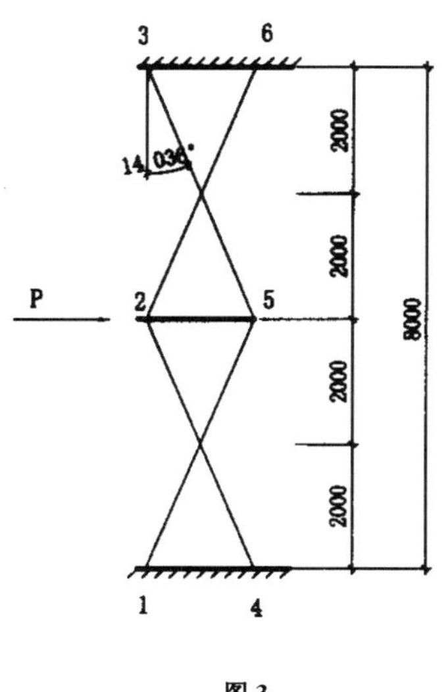

图 3

任何一结构体系，不管是线性弹性力学问题，还是几何非线性弹性力学问题，只要它是稳定结构，任何荷载作用下，不管用什么内力分析方法，求出的相应内力都是静力平衡的，索杆体系当然不例外，单索也不例外。

参考文献 1 中 4 个例题的静力平衡情况是：例 6-4 是静力平衡的，而例 6-5.6.7 均是不能静力平衡的。

例 6-4 给出的节点荷载及索内力(自重不计)为：

节点荷载　P=1791 N/m × 4m=7164N

索内力　S35=14328N/Cos14.036^0=14769N+P 作用，节点 5 平衡条件得：

$S_{15}=S_{35}=14769$

$2S_{15}\cdot Sin14.036^0+S_{25}=0$

$S_{25}=-7164$

节点 2 平衡条件得：

$S_{24}=S_{26}=0$

$2S_{24}\cdot Sin14.036^0+S_{25}+P=0$

-P 作用，同理得：

$S_{24}=S_{26}=0$

$S_{15}=S_{35}=S_{25}=0$

通过静力平衡条件的验算，各节点均静力平衡。

例 6-5 给出的节点荷载及索内力(自重不计)为：

节点荷载　P=2 ×2870=5740

索内力　$S_{16}=S_{36}=S_{38}=12915/COS26.565^0=14439$+P 作用　节点 6 平衡条件得：

$S_{16}=S_{36}=14439$

$2S_{16}\cdot Sin26.565^0+S_{26}=0$

$S_{26}=-2\times 14439\times Sin26.565^0=-12915$

节点 2 平衡条件得：

$S_{25}=S_{27}$

$2S_{25}\cdot Sin26.565^0+S_{26}+P=0$

$S_{37}=-2\times 8022\times Sin26.565^0=-7175$

节点 3 平衡条件得：

$S_{36}=S_{38}$

$2S_{36}\cdot Sin25.565^0+S_{37}+P=0$

$S_{36}=(7175-5740)/2Sin26.565^0=1604$

显然，由节点 6 平衡条件得出的 S_{36}=14439N 与推算到节点 3 所求得的 S_{36}=1604N 大相径庭，从这个索杆体系和处荷载同样是对称的。索杆体系内力理应是对称的。这点也可判断其错。反复引进节点平衡推算，索杆体系各杆件内务趋向α，当然也就“平衡”了。

同理，例 6-7 也是如上的结果 。

“代梁法”中关键是索的矢高 f 有取值，当 f 值接近零时，即索接近直线进，索的内力则接近α。所以真正的半日，在垂直索轴的外荷载作用下，矢高 f 的设计取值，取决于荷载类型、大洲、支座的承载能力，正常使用对变形的要求，索的合理断面等因素。目前尚少见单索和图一。J、K 所示的点支玻璃幕墙，如果有，其合理的设计必将是：在挠度满足正常使用要求时，索的直径会很大；或挠度较大，而索的直径会小些。

图 4a 索杆体系，在横向荷载作用下，不产生α内力措施有：1. 当 f>0 进，索杆体系的索内力随 f 的加大而减小（f 要相当大，才不会使索内力相当大)，实际工程中不可能允许 f 达到“索桁架的矢高”—节点 2 与 6 的距离，而且幕墙的主要横向荷载—风荷载是有正负的，不可能 f 的正或负中的一种，这种索杆体系在风荷载作用下必内外摆动相当大；2. 当 f=0 时，但这种形双层索杆体系必须按图 4c、d、e 增加虚线所示的索才引用。例 6－6 是 9 节间的双层索杆体系，只有在节点 7.15 和节点 2、10 上作用有节点荷载才是合理的。如果每个节点上都有荷载，节点 2、3、4、5、6、7 之间必定有一定的相对位移差，当节点荷载相等，节点 2－7 的位移曲线应是与抛物线相接的折线形，如果节点位移

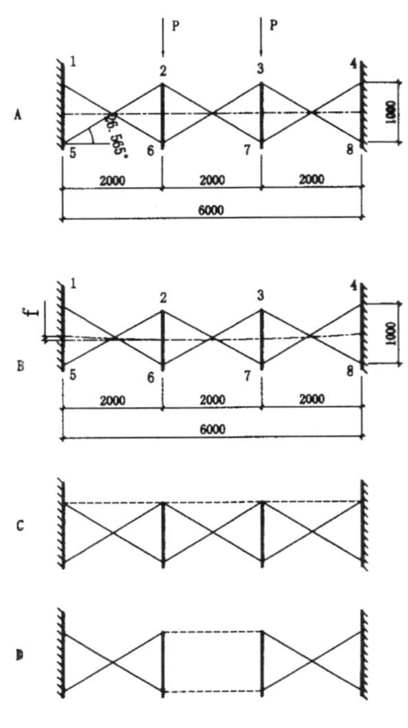

图 4

差相当小，则索内力就相当大，位移差接近零，索的内力接近α。显然，这种索杆体系形式是不合理的，宜采用图一的 a、b 等形式。

（二）静定结构分析法

本法主要是针对索杆体系（鱼腹型、折线型、折线再分型）中，索不能承压，亦不能抗弯抗剪的特点提出的，基本属于线性结构力学方法，对鱼腹型索杆体系而言可以考虑因索的受力伸长造成结构形状的改变而引起索内力的改变，即用渐近的方法达到几何非线性方法的结果。一般鱼腹型索杆体系受力后的位移远小于本体系的矢高，故对内力的改变不大，不会减少 5%，对于工程设计没有实际意义。

鱼腹型索杆体系基本预拉力等于本法求出索内力的 1/2，折线型索杆体系基本预拉力为本法求出索内力最大值的 2/3。经过施加预拉力后，索的设计内力应为本法计算结果加预拉力损失值。

本法不适用于图 2 的 J、K，对于图 2 的 H、I，可用静定结构分析法另引求解，而对于单根直索，可以先设定变位，即矢高（要在弹性变形范围内），采用试算法求解。

（三）线性结构力学方法计算程序

这类计算程序主要用于杆件体系的内力和位移计算。经过适当处理亦可用来分析索杆体系的内力和位移，即在进引分析时把索杆体系的所有杆和索都按既能抗拉也能抗压对待，而后将索施加预拉力，达到所有的索都不受压，使计算结果中受最大压力的索内力等于零的预拉力称为基本预拉力，总预拉力等于基本预拉力加预拉力损失值。经过施加预拉力后，索的设计内力应为计算结果中最大拉力值加总预拉力值。但不能求解图 2 中的 J、K、L，因为是几何非线性结构。

（四）几何非线性方法计算程序

几何非线性方法，主要是考虑结构体系受荷载作用后，因为受力变形使结构形状改变，进而引起内力与线性结构方法求得内力的不同。正如图二所示的一直索受垂直于索轴线的荷载作用，用线性结构力学方法求出索内力为α；而用几何非线性方法求出的索内力是有限值。因此适用于图一所示的所有索杆体系的结构形式。但是对于图 2 的 J、K、L 的索杆体系，其位移会很大，要达到 5.2、7 条规定的支承结构的相对挠度不应大于 L/300 是比较困难的，除外索的直径很大，这种结构形式不是经济合理的。

二、关于索杆体系的预拉力及挠度

索杆体系要施加预拉力，可说原因有三：一是安装需要，索不易安装紧，必预以情拉绷紧；二是加大索杆体系的刚度，以减小索杆体系的挠度；三是使索杆体系中索都受拉而不会松弛。施加预拉力是必要的，但预拉力加到什么程度，刚度会如何提高是值得讨论的。

施加预拉力方式见图 6 所示，图中→表示情拉索，——表示索情拉后索杆体系的变形趋势。

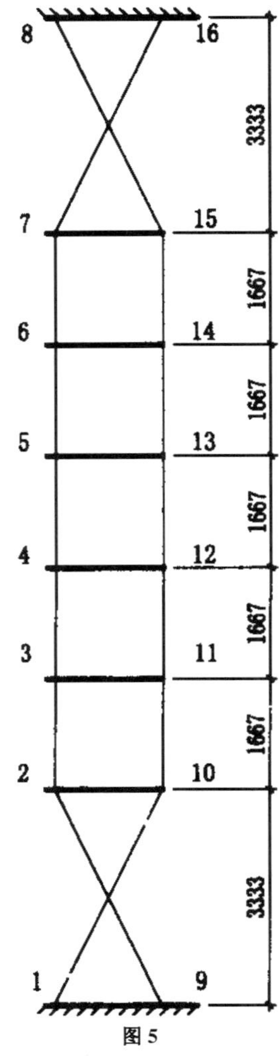

图 5

一般宜采用图 6b 方案施加预拉力，根据设计的预拉力计算出每根索的伸长量$\triangle L_{ij}$，下料时将索 15、24 缩短$\triangle L_{15}$。拉索 35、26 后，使杆 25 在设计的正确位置。当然采用图 6c 方案施加预拉力也可以，只是把索 15、24、26 均缩短$\triangle L_{15}$，拉索 35 后，也会使杆 25 在设计的正确位置。由于点支玻璃幕墙承受的主要荷载是风荷载，它有正负，施加预拉力后，索杆体系一定要满足设计的正确位置。不像应力钢筋混凝土梁那样，预拉力筋情拉后可以产生反挠度。从图 6 中可以看出，必须根据情拉方法，预应力的大小来调节索的下料长度，以保证安装和拉伸后达到设计的正确位置。

预拉力值应如何选取，以图 3 示两节间鱼腹型双层索杆体系为例进引分析。

杆 25 的压缩变形很小，可以略而不计，索的受拉力均在弹性范围之内，即变形与内力正比，支座是固定的。

节点 2 平衡条件有：

$S_{24}\cdot\cos\alpha+S_{26}\cdot\cos\alpha=0$ $S_{24}=S_{26}$

$S_{24}\cdot\sin\alpha+S_{26}\cdot\sin\alpha+S_{25}+P=0$

$2S_{24}\cdot\sin\alpha+S_{25}+P=0$

节点 5 平衡条件有：

$S_{15}\cdot\cos\alpha+S_{35}\cdot\cos\alpha=0$ $S_{15}=S_{35}$

$S_{15}\cdot\sin\alpha+S_{35}\cdot\sin\alpha+S_{25}+P=0$

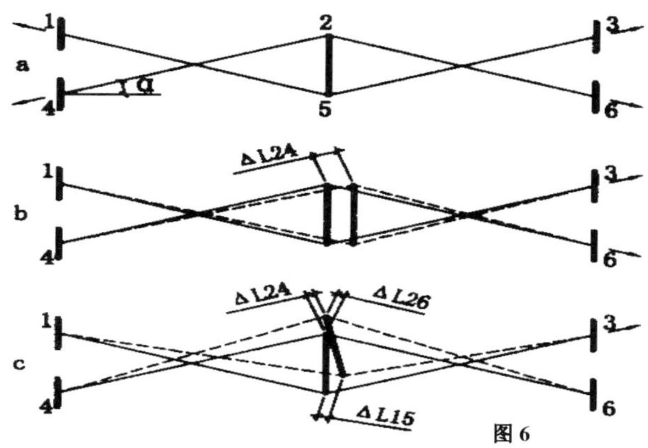

图 6

$2S_{15}•Sin\alpha+S_{25}=0$

得：$2S_{24}•Sin\alpha+S_{25}+P=2S_{15}•Sin\alpha+S_{25}$

$P=2S_{15}•Sin\alpha-2S_{24}•Sin\alpha=2Sin\alpha(S_{15}-S_{24})$

$$\frac{P}{2Sin\alpha}=S_{15}-S_{24}\qquad(1)$$

每根索施加的预拉力值为 S_e,当＋P 作用在节点 2 时，节点 2、5 将向下位移，且数值相等，内力 S_{15}、S_{35} 增加值与内力 S_{24}、S_{26} 减小值相等，记为 S_P，代入式（1）

$$\frac{P}{2\,Sin\,\alpha}=(S_e+S_p)-(S_e-S_p)\qquad(2)$$

$$S_p=\frac{1}{2}\times\frac{P}{2Sin\alpha}\qquad(3)$$

当 S_e-S_p<0 时，即 $S_e<\frac{1}{2}\times\frac{P}{2\,Sin\,\alpha}$，$S_{24}=S_{26}<0$ 为压力，索 24、26 将退出受力，式（2）变为：

$$\frac{P}{2Sin\alpha}=(S_e+S_p)\qquad(4)$$

$$S_p=\frac{P}{2Sin\alpha}-S_e\qquad(5)$$

可以看出，当索的预拉力

$$S_e=0\sim\frac{1}{2}\times\frac{P}{2Sin\alpha}$$

$$S_{15}=S_{35}=\frac{P}{2Sin\alpha}\qquad(6)$$

$S_{24}=S_{26}<0$ 受压　　（7）

$$S_e>\frac{1}{2}\times\frac{P}{2Sin\alpha}$$

$$S_{15}=S_{35}=S_e+\frac{1}{2}\times\frac{P}{2Sin\alpha}\qquad(8)$$

$$S_{24}=S_{26}=S_e-\frac{1}{2}\times\frac{P}{2Sin\alpha}\qquad(9)$$

$$S_e=\frac{1}{2}\times\frac{P}{2Sin\alpha}$$

$$S_{15}=S_{35}=\frac{P}{2Sin\alpha}\qquad(10)$$

$$S_{24}=S_{26}=0\qquad(11)$$

$\frac{P}{2\,Sin\,\alpha}$ 是图 3 索杆体系在＋P 作用下的索内力，记为 S，当索预拉力 $S_e<\frac{1}{2}S$ 时，P 作用在经过情拉后的过杆体系的索内力 S_{ij}，是在预拉力 S_e 上增加定值 S/2，此时 $S_{ij}>S$［(8)式］；当预拉力 $S_e<S/2$ 时，S_{ij} 是在预拉力 S_e 上增加 S-S_e，使 $S_{ij}=S$［见(6)式］。因为变形与应力成正比，当预拉力 $S_e>\frac{1}{2}S$ 时，变形增加值为定值 S/2EA，当预拉力 $S_e<S/2$ 时，变形增加值为(S-S_e)/EA。

以上分析得出，索的基本预拉力 $S_e=S/2$ 为最好。因为索杆体系预拉力作用下索的伸和长已在荷载作用之前完成，且不会使索杆体系产生挠度变形。当 $S_e=S/2$ 时，索杆体系中索的伸长值，仅为未加预拉力的。在 P 作用下索伸长值的一半，索杆体系挠度也减小约一半，而索的内力又与未加预拉力的。在 P 作用下索内力相等。实际工程的预拉力总值中，除基本预拉力 S_e 外还应包括预拉力损失值。可以看出，基本预拉力 S_e 与索的直径不直接有关，只与设计中索的实际使用内力有关，即是荷载作用下索内力的一半。当为了减小挠度而加大索的直径时，不要因为索直径加大而加大预拉力，增加对索支座的抗拉力的要求。显然，这个结论适用于多间的鱼腹型索杆体系，而不适用于大于两个节间的折线型索杆体系。

预拉力损失值包括钢索锚具变形，钢索的松驰，索杆体系支座变位(本榀张拉，其他榀张拉，支座结构受荷等因素此起本榀支座变位)等原因造成的预拉力损失，应针对具体工程具体分析计算，不预详述。

对比钢材 Q235，索(钢芯钢铰线)的强度高。弹性模量小，强度模量比是 Q235 的 4 倍左右。就是说，索和 Q235 都达到各自的强度设计值，索的变形将是 Q235 的 4 倍左右。所以，索杆体系必对索施加预拉力，减小其挠度变形，满足正常使用要求。参考文献 3 分析研究了鱼腹型索杆体系“变形与拉索预应力及直径的关系”，增大索的断面，减小索的使用应力，对加大索杆体系刚度，减小挠度变形很有效。

限于水平，谬误之处，敬请指正。

参考文献

1．张芹主编．幕墙技术手册(玻璃金属板• 石材• 点式)

2．李耀庭．点支玻璃幕墙的钢索杆结构内力分析预拉力设定及挠度计．门窗幕墙信息，2001.12 特刊

3．李耀庭．点支玻璃幕墙的钢索杆结构内力分析及挠度计算．建筑结构，2000.12

4．荆军等．点式支承玻璃建筑的轻型与柔性支承结构体系研究．工业建筑，2000.10

5．王喆等．清华大学游泳馆点式玻璃幕墙柔性支承体第设计研究．建筑结构，2000.12

坚持一切从实际出发　促进幕墙行业健康发展

崔永峰

马克思主义的哲学告诉我们，要全面、准确地观察、分析一切客观事物，切忌主观性、片面性。任何事物都是由相互矛盾着的几个方面组成的，正确认识和准确把握他们之间的相互关系和作用，既不夸大，也不缩小，就能引导事物不断地向前发展。否则的话，就会走向其反面，因为事物无不具有两重性，既有积极的作用，也有消极作用。如果我们只看到了事物的一个方面，忽视了另一个方面，就会产生片面性，造成顾此失彼和由一个矛盾掩盖了另一个矛盾，犯所谓的“真理再前进一步就是谬误”的错误。

正确的行动来源于正确的认识，学习、运用马克思主义的哲学原理，在我们的幕墙技术领域中同样需要，在此愿与大家共同探讨。

一、正确认识和合理应用国外的产品和技术

1．应用国外产品和技术，必须顾虑我们的国情

为了加快幕墙行业技术的发展，学习、引进国外先进技术和产品是必要的，这是大家一致公认的事实。

纵观我国当前行业总体技术发展水平，与先进国家相比，还不尽人意，尚有一定的差距。

前一时期，幕墙市场秩序比较混乱，曾经一度是劣质产品充斥市场，给国家和投资者、消费者带来了一定的损失，也给行业造成了负面影响。

急切盼望扭转这种局面，尽快地把我们的产品质量和档次搞上去，尽快赶上发达国家，是全体业内人士的共同心声和一致愿望。

基于上述情况，我们有的同仁急于求成，想让我们的产品即刻达到世界先进水平，在评论我们的产品时，总是言必称国外，国外言必称最发达的国家，用最发达国家产品的水平来衡量和要求我们的产品和工程，动辄就要求用进口产品。尤其是一些对幕墙行业实际发展状况尚不十分了解和缺乏工程实践的人，更愿意津津乐道，把国外的一些产品说得天花乱坠，把我们的产品说成这也不行，那也不行，给人一种“做秀”的感觉，本人并不赞同这种倾向。

2．我国行业技术水平与发达国家的差距

近几年以来，已经明显缩小，绝大多数门窗、幕墙技术，我们都已掌握，有些企业的生产规模、设备水平，已不比国外的差。现在除极少数的特殊工程外，我们的产品完全可以满足工程实际需要。近几年，全国每年完成约 1000 万 m^2 的幕墙工程，绝大多数都是由我们国内企业设计和施工的，其中包括许多国际型大型和高水平的幕墙工程。实践证明，其工程质量是可靠的。2000 年 10 月厦门市遭受 40 年以来最强的台风袭击，最大阵风达 14 级，台风持续时间长达 8h，厦门市的幕墙工程基本完好，经受住了严峻考验，尤其是建设部 1996 年 7 月颁布《玻璃幕墙工程技术规范》(JGJ102—96)之后的工程，更比较好。我们的石材幕墙已在 200 余米高的建筑上应用，我们单元式幕墙的性能有的已高于外国。诚然有些产品质量现在还不如国外，但并不等于不能满足工程使用，也不等于我们的企业完全生产不了这些产品，这里还有个市场接受能力问题。

大家都清楚，奔驰汽车性能优越、豪华，但如果现在要全国企业都来生产奔驰车，让所有消费者都必须购买奔驰车，我们的汽车工业非夭折不可，因为发展需要有一个过程，现在我们的绝大多数购车者也承受不了奔驰车的价格。企图一朝一夕就达到发达国家的要求是不客观的，“拔苗助长”的结果，必然是事与愿违，欲速则不达。

建筑门窗、幕墙也应该归属于投资和消费的范畴。一个国家的总体投资和消费水平，总是与其经济发展水平相适应的。而投资和消费水平又决定了一个国家的产品生产水平，在实施市场经济的今天，尤其是这样。国外的一些产品档次是高，但其价格也高得惊人，比如铝门窗价格达 4000 元/m^2，每套五金配件要几百元。我国现在有多少投资者和消费者能用起这些产品？我们的企业要都生产这些高档产品去卖给谁？我国现在是发展中国家，人均 GDP 在世界排名 100 余位，人民生活刚刚达到小康水平，要到本世纪中叶才能达到中等发达国家水平，现在就去与最发达国家攀比投资和消费，用最发达国家的标准来要求我们的企业，未免过于超越我们的国情了。对我们的产品需要有一个正确的定位，定位太高，操之过急，并不一定是件好事情。

3．正确认识国外新产品

有些国外新产品性能是很好，对于它的技术，我们应该尽快地学习，但是对于其推广和应用，必须全面和客观地作评估和介绍，才能正确引导投资者和消费者合理应用。因为有些产品价格昂贵，但是它的性能价格比不一定就高，投资者和消费者应该全面权衡考虑，应提防炒作和误导。

还有一些国外的所谓新产品，在其国内适用性和市场并不看好，也可能有局部少量应用，但一些商人也把它拿到中国来大肆推销，有些人如获至宝般的为其宣传。一些企业出于急于找项目而没有全面考查清楚，从而盲目投资开发，结果是前途渺茫，进退维谷。望广大企业汲取此类教训。

4．国外产品不一定都比国内好

过去我们的幕墙产品质量大多数都落后于发达国家，但近些年来，已经发生了很大变化，有些过去我们不能生产的产品，现在可以自己生产了，有些过去落后的产品，现在已经赶上或超过了先进国家。

如硅酮结构胶，过去我们不能生产，更没有标准可言，全靠进口，质量好坏全听外国人的。外国人对我们搞封锁，搞神秘化，连一个简单的相容性试验也得拿到外国去做。再加上国内隐框幕墙“定时炸弹”论的炒作，把结构胶搞得神乎其神。后来我们的工程技术人员揭开了这个谜，发现结构胶的生产技术并不那么复杂，生产出了自己的结构胶，国家有关部门也制定出了硅酮结构胶标准。经国家经贸委对国产及进口结构胶全面检测，我们自己生产的结构胶，有些性能指标高出标准1倍，而进口结构胶有不少品种未达标。同时我们也发现，过去国外的结构胶标准原来是硅酮耐候密封胶的标准。现在国产硅酮结构胶已经过了多年的大量的工程实践验证，其中包括许多大型重要工程，质量完全可靠，且价格便宜，服务方便。

但是，时至今日，有人尚不了解国产结构胶，且只凭老的印象出发，仍然只相信进口结构胶，说国产胶不可靠，并向用户宣传和推荐。有些企业，为了工程中标，也只好迎合这种心里，从而选用进口胶。我认为这是一种由于不了解真实情况而造成的扭曲现象。希望我们的业内人士应多进行如实地宣传、解释，也希望一些有关的人士多做一些调查研究后再发言，可能对工作，对国家都更为有利。

本人并非否认国外产品的先进性，也不是排斥引进国外先进技术和产品。但是，不管是对国内产品，还是国外产品，均应做客观地和全面地评价和介绍，切忌主观片面性。我认为对于一些非特殊性的和国内产品完全能够满足使用要求的工程项目，建议大家提倡和借鉴韩国人上下全用国产汽车的精神，这对于我国刚刚加入WTO的今天，更是需要和可贵的。

二、理论研究，要讲求应用性和可操作性

建筑幕墙是一门比较新、技术面比较广的综合性工程技术，有些问题，单纯依靠理论方法去解决，是相当复杂的，短时间内也难以解决，国外也尚无成熟的理论和公式。但建筑幕墙毕竟是一种建筑型产品，幕墙技术是属于理论与经验相结合型的技术，对于它的精度要求，不需要象高技术产品那么严，许多问题可以通过试验或经验总结来加以解决，没有必要过分追求纯理论化，更不要把一些连自己也说不清楚的问题也要求别人去做，其结果是把一些本来比较简单的问题搞复杂化了，使企业无所适从。建议从事行业有关专家和业内人士，请多注意一下理论的可应用性和可操作性。

又比如对于幕墙风洞试验问题，对于一些把握性不大的新技术和大型的重要工程，是非常有必要的，它可以进行有关参数测试，也可以验证一下有关方面的理论。但对于一般性技术已比较成熟的工程，我认为就没有必要都要求去做了。一个是技术必要性不大，同时需耗用较多经费。另一方面，风洞试验结果的准确性与对建筑物、环境、荷载等各方面模拟的精度密切相关，其要求也比较高，也不可过分依赖于它，而大量的工程实践才是更确切的结果。

三、正确认识节能原理，实现有效节能

门窗、幕墙节能，必须从传热的三种方式着手：一是控制通过框材、玻璃或其他板材的热传导作用；二是控制缝隙漏气形成的对流传热作用；三是控制玻璃光（热）辐射作用。对这三个方面必须全面综合考虑，才能达到有效节能，如果只考虑了其中的某一个方面，如有的地区只强调控制热传导作用（导热系数），是不会达到良好的节能效果的。因为在严寒地区，室内外温差大，漏气热损失非常严重，故有“针大的孔，斗大的风”之说，同时室内辐射热损失也比较大。在炎热地区，主要是控制室外热量传入室内，但其室内外温差不大，故热传导已不是节能的关键问题，而光（热）辐射将是主要的矛盾。

还有一些地区，判断是否是节能窗，仅以框料材质为标准。故有人讲，只有塑料窗是节能窗，并且只倡导用塑料窗，甚至不准用其它窗。实际上在窗户中，玻璃所占面积在2/3以上，只控制框料导热是起不到多大作用的。同时，导热系数低的框材，也绝非仅塑料型材一种。这种认识问题的方法，恐怕也具有一定的片面性，希望大家能全面认识节能原理，从而真正做到有效节能。

四、全面认识，合理应用热反射镀膜玻璃

在大面积使用高反射率热反射镀膜玻璃时，在特定的时间（因太阳位置的变化其光线照射方向在变化）；特定的场合（玻璃幕墙所在位置、方向、高度等）；在一定的距离范围内，反射光线会造成刺眼，甚至可能形成一定的辐射热，有人称之为“光污染”。这一问题，曾在媒体上热炒一时。据此，有的地方下令限制、甚至禁止使用热反射镀膜玻璃。

本人认为，所谓的“光污染”是在五个特定条件下，即使用大面积镀膜玻璃、使用高反射率镀膜玻璃、在特定的地点、在有限距离范围内和在某一时间内发生的，改变其中的任何一个因素，这个问题可能就不会发生。同时它也是由于使用者不了解，这种情况，不合理地使用造成的，因而它不是一种普遍存在的必然问题（也就说它不是普遍性和必然性事物），是属于一种可以克服的个别现象。要因此就不敢用、不准用镀膜玻璃，我认为也并不是一种完全正确之举，因为热反射镀膜玻璃尚有较好的节能、改善室内居住环境和美化建筑物等方面功能。

又如有些建筑师追求建筑的通透感，大面积使用点支式白玻璃幕墙，在炎热季节，由于太阳光照射形成温室效应，造成室内温度显著升高，会增加很多空调费用，同时又形成了强光刺眼，使人避而远之，最后不得不安装窗帘，这不仅又需增加许多经费，还会遮挡了视线，完全违背了实现通透的初衷。如果窗帘是安装在室内的话，既会影响大片玻璃的美观效果，太阳光的辐射热量仍留在室内，照样解决不了室内升温的问题。因此，综合全面考虑并恰当地使用一定种类的镀膜玻璃，也许更具实用性。

纳米材料在建筑幕墙领域的应用

中国建筑金属结构协会铝门窗幕墙委员会专家组　成　员　**龙文志**

已成为历史的 20 世纪，中国建筑幕墙行业发展迅猛，面临 21 世纪，步入 WTO 大门的中国建筑幕墙向哪旦去？这是建筑幕墙领域每个企业和每个企业家面临的重大课题。

答案只有一个：这就是朱总理在 2001 年年 3 月九届全国人大四次会议上所作的“十五计划纲要”说明中指出的那样，我国产业结构的调整和升级，要突出高新技术和先进适用的技术改造和提升传统产业。

针对建筑幕墙行业来讲，传统产业就是当前的明框、隐框、金属板、石材、单元式和点式等建筑幕墙及其相关的建材、配件等产业。目前能够突出应用于建筑幕墙的高新技术是计算机智能控制技术和纳米技术。本文仅展望纳米材料在建筑幕墙领域内的应用。

纳米是长度单位，1 纳米是一米的十亿分之一，相当 10 个氢原子紧挨着排列起来的长度。

人类对客观世界的认识是不断发展的，从认识直接用肉眼能看到事物开始，逐渐发展到以原子、分子为对象的微观领域的认识，然而在宏观和微观之间，存在着一块近年来才引起人们极大兴趣的处女地，即所谓“介观”领域。物质在纳米“介观”领域内，由于小尺寸，量子隧道、比表面、界面四大效应，在电、磁、光、热、力学、催化和生物等方面产生了许多奇异的崭新特性，从而使纳米技术在电子、机械、生物、医药、材料等领域都得到了应用。纳米技术已成为 21 世纪的基础技术，它在高技术发展中的影响深度和广度，要超过计算机技术，可以说是一场新的技术革命。

纳米技术受到了世界各国，尤其是发达国家的高度重视，例如 2000 年元月美国政府宣布正式实施国家纳米技术发展计划（NNI），我国于 2000 年将纳米技术列入国家重大研发科技项目，是国家重点扶持的高新技术。

纳米技术的基础是纳米材料，其中比较成熟、产业化和商品化程度较高的是纳米粒子和一些传统材料复合（杂化）而成的纳米材料，它们在建筑幕墙领域内的应用可展望如下：

1．在玻璃中加入某些材料的纳米粒子后，玻璃韧性变好、强度提高、不影响透光性，并具有屏蔽紫外线和短波辐射功能，有可能替代传统的钢化玻璃和某些镀膜玻璃。

2．某些材料的纳米粉可以做成耐磨、耐腐蚀、耐老化，并且具有疏水、疏油、抗脏的自清洁涂层。1 克纳米粉比表面积可达 250m^2，它将是建筑幕墙当前的氟碳、聚胺脂、电泳、静电粉末等涂层的改良升级换代产品。

3．传统陶瓷的脆性，是工业应用的障碍，添加某些材料纳米粉到微米或次微米陶瓷粉中，所复合而成的纳米结构陶瓷，其强度和韧性比传统陶瓷高数倍，而且具有耐磨、耐腐蚀、耐高温的特殊性能，密度仅为钢的 2/5，国外已在工业中应用。纳米结构陶瓷和纳米微晶玻璃在建筑幕墙领域，将是天然石材的替代产品。

4．在铝中加入某些材料纳米粒子，会使铝的强度和韧性提高一倍，是建筑幕墙铝型材和铝板生产企业提高产品性能的重要技术。

5．纳米复合塑料的强度和韧性可与钢媲美，而且易于加工、有抗静电、抗紫外线、不易老化等性能。纳米复合塑料在国内外相关领域已广泛应用。纳米塑料型材的建筑门窗和幕墙，很有可能是传统塑料门窗和铝型材门窗、幕墙的替代产品。

6．纳米绝热材料、纳米硅酮结构胶、纳米密封胶等材料的应用，将会使建筑幕墙的相关性能得到提高。

纳米材料已从理论可能性变为实际可能性，国内不少的大专院校和科研机构都有可喜的科研成果。我国拥有自主知识产权的纳米复合材料不少企业开始生产，不少的领域开始应用，纳米复合材料及纳米技术，在建筑幕墙的应用，将深层次地波及铝型材、铝板、玻璃、塑料型材、天然石材、陶瓷、密封胶、结构胶等生产企业，从而也将深层次地波及建筑门窗、塑料门窗、建筑幕墙的生产和施工企业。

纳米技术和纳米材料的推广应用，将会给传统的建筑幕墙带来一场深层次的技术革命，因此建议：建筑幕墙行业及主管部门，对其战略地位要有足够的认识，尽快制定发展规划，把握好总体发展方向，做好引导和协调工作，避免脱离市场实际的低水平的重复开发和建设，缩短产业化周期，提高研究开发的经济效益。抓好纳米材料及其相关产品的标准、检测和认证工作，加强国内外信息交流，使纳米技术和纳米材料在我国建筑幕墙等领域内的应用，得到快速健康的发展。

干挂石材幕墙的应用

吴应强　宋雨丰　杨碎柽

温州市建设的房开大厦位于温州市车站大道与学院路交岔路口，该工程建筑面积 49290m^2，地下室 2 层，总高 97.7m。整个石材幕墙工程外墙面均采用干挂石材幕墙装饰，其面积为 22000 m^2。

该工程的干挂石材幕墙为无应力锚固式石材幕墙，是一种新型石材幕墙，与传统干挂石材幕墙施工工艺比较，具有寿命长、牢度高、可拆换等优点；并且采用了在结构完成后安装化学锚栓的方法代替通常在结构混凝土中预埋铁件的方法，方便了施工，确保了幕墙安装的牢固和平整。

一、施工准备

1．精选材料确保质量

石材幕墙使用的铝合金型材、型钢、樱花红花岗石机剁板、耐候密封胶、结构胶、化学锚栓及各种连接件等材料均应进行认真挑选，选择正规厂家的产品。使用前必须进行现场检验和复试，符合要求方可使用。

现场配备精度高的石材拓孔机和足够数量的电锤。

2．外脚手架符合安装操作要求

根据干挂石材幕墙的施工要求，普通外脚手架的离墙距离不能满足龙骨及石材的安装要求，搭设时要求内立杆距墙为 320～350mm，裙房正大门造型板处外架内立杆距墙为 500mm，立杆横距为 1m，步高为 1.8m。架体拉结尽可能利用窗洞口进行固定，在外墙表面少用埋件，以利于幕墙安装。脚手架必须搭设牢固，安全围护措施到位，确保施工安全。

3．外墙面基层符合安装要求

先对外墙面进行清理，如结构表面凹凸不平，还要进行修凿、补平，但不得破坏结构钢筋。在用防水砂浆刷外墙面时，应在化学锚栓安装处留出原结构混凝土表面，确保化学锚栓的锚固长度准确。在化学锚栓安装完毕并达到规定强度后，再用防水砂浆补平。

二、施工工艺

1．材料加工

（1）石材在厂家进行定型加工时，应严格按设计及有关标准把好质量关，要求选料精细、色泽统一、花纹协调。

（2）定型加工完成的石材运至施工现场后，应分类堆放，准备在板背面进行拓孔，并安装背栓式锚栓。

（3）铝合金型材及型钢龙骨的加工应根据设计准备下料，下料前应进行校直调整，以确保龙骨安装准确无误。横梁（副龙骨）允许偏差为±0.5mm，立柱（主龙骨）允许偏差为±1.00mm，端头斜度允许偏差为－15′，截料端头不得因加工而变形。孔位、孔距允许偏差为±0.5mm，累计不得超过±1.00mm。

（4）化学锚栓及其与主龙骨的连接件、主龙骨与副龙骨连接的封闭锚钉、副龙骨与背栓式锚栓的连接件等均为厂家定型产品。

2．化学锚栓安装

采用化学锚栓固定的方法，是在结构完成后在外墙砼内安装化学锚栓，避免了结构施工中因预埋件位置不准确或设计修改等给幕墙安装带来不便，方便了施工，提高了幕墙安装质量，取得了较好的效益。

化学锚栓由高强化学胶管、螺杆、垫片及螺母组成，其螺杆、螺母、垫片为高强不锈钢材料，化学胶管含有反应树脂、固化剂和石英颗粒。本工程使用的化学锚栓有 R12 和 R16 两种规格，适用于不同厚度的石材。

化学锚栓在安装前，先根据设计图纸在外墙面弹线，确定其位置，然后用电锤钻孔，R12 锚栓用Φ14 钻头钻孔，最小钻孔深度及锚固长度为 110mm，R16 锚栓用Φ18mm 钻头钻孔，最小钻孔深度及锚固长度为 125mm。钻孔完成后，用气泵彻底清除孔内粉尘，再将化学胶管插入钻孔内。插入胶管前，先检查胶管里的树脂，当树脂手感像蜂蜜一样稠度时方可使用。接着用电动工具（冲击钻或手锤，钻速≤750r/min）边击打边将螺杆旋入钻孔，并控制螺杆旋至规定深度，这时胶管破碎、树脂、固化剂和石英颗粒充分混合均匀，并完全填满锚栓与钻孔壁之间的空隙。待树脂硬化后，即可将螺杆牢固地固定在墙体上。锚栓也可以打入潮湿的孔内，但要将残留的水从孔中排出，此时树脂硬化的等待时间必须加倍。在树脂完成硬化前、严禁碰撞已安装的锚栓。树脂的硬化时间与温度有关，如下表所示：

温度（℃）	硬化等待时间（min）
20	20
10	30
0	60
−5	300

化学锚栓安装完毕并完全硬化后，由当地质检部门对其拉拔强度进行现场测试，其拉拔强度均大于 30MPa，符合设计及规范要求。

3．龙骨安装

铝合金龙骨安装通过定型连接件进行固定。首先对已加工完的龙骨尺寸进行复核，再将主龙骨（立柱）与化学锚栓进行固定，其连接通过定型连接件 1 以螺栓固定**（详见图 1）**。

在安装连接件 1 前，应在其背部先粉上防水砂浆，再

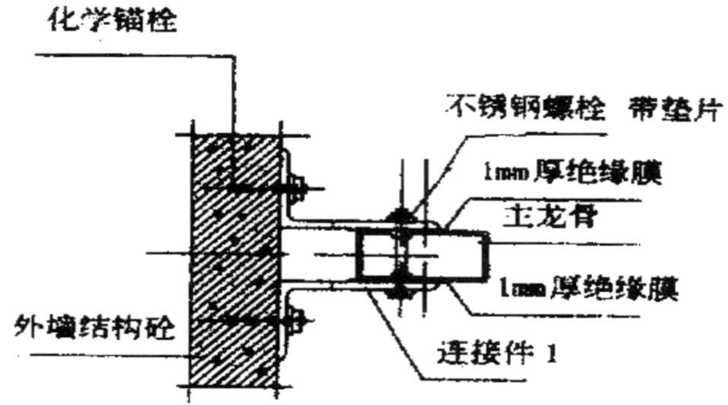

图 1 主龙骨与外墙结构连接节点

与化学锚栓连接固定，以确保连接件与锚栓及外墙面之间连接紧密可靠。其次按石材面板的规格，在立柱上弹出水平线并打孔，用不锈钢封闭锚钉固定副龙骨（横梁），将横梁两侧的连接件 2 及垫片安装在立柱上（**详见图 2**）。

安装时要连接严密、牢固。同一层的横梁安装应自下而上进行，当完成一层横梁安装后，应随时进行检查、复核、调整、固定，使龙骨支架的牢度、尺寸、平整度均达到设计及规范要求。

型钢龙骨安装采用电焊连接，所有搭接部位均应满焊，并清除焊渣等杂物，补刷四遍防锈漆。

4．石材面板安装

在已校正固定的横梁上安装连接件 3，再将已安装背栓式锚柱的石材面板与连接件 3 连接固定（**详见图 2**）。

在安装石材面板前，应根据设计图先弹线，并按弹线尺寸及石材图案进行预拼和编号，如有表面不平或色差较大等现象，可加以调整和修整，确保板材表面平整，色泽均匀，缝隙宽度一致。石材面板不得有缺边掉角和裂缝及严重划伤等缺陷，颜色、质地均匀一致，无大块色斑及明显色差。石材规格、

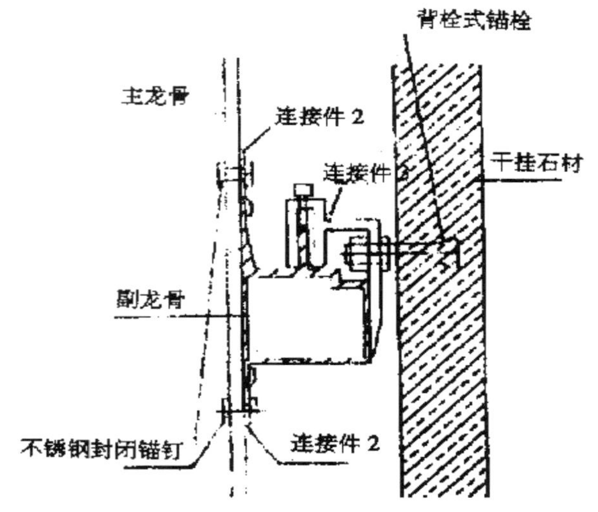

图 2 龙骨及板材干挂节点

图案、花纹及位置排列必须准确无误，且固定牢固、准确。

石材面板安装，主要是把握好细部的处理，对于墙顶、门窗洞口、墙角等特殊部位以及顶层浮雕、底层粗犷花岗石，应根据实际尺寸认真先进行预拼，然后挂板，力求达到接缝横平竖直、阴阳角通顺、外表美观。安装完成后，分段对石材表面进行观感验收。

三、小　结

该石材幕墙工程完工后经当地质检部门及有关单位验收，达到设计及有关标准要求。通过本工程的施工实践，使我们体会到无应力锚固式石材幕墙及化学锚栓在干挂石材幕墙中，与传统干挂石材幕墙相比具有施工方便、安全牢固、准确度高、耐久性好、拆换方便等优点，是一种质量可靠、值得推广的干挂石材幕墙施工工艺。

抓好装修“亮点”　规范石材操作

上海市建筑装饰工程有限公司上海外贸学院项目部

我们在松江大学城上海外贸学院一期装修施工的主要“闪光点”，是大堂墙面石材干挂、白水晶立柱和地坪铺贴工艺。

大堂圆弧吊顶标高 7.95m，中间 6 根直径达 1.05m 的水晶白大理石圆柱，四周墙面以圣保罗白砂石大理石为主，局部采用黄洞石大理石镶嵌，平台部位采用不锈钢钢化玻璃栏杆，地面大面积采用进口水晶白大理石与美国灰麻及啡网纹花岗石镶拼，局部采用不锈钢装饰片点缀。主楼梯以美国灰麻花岗石为主，两边辅以水晶白大理石。

大理石加工时，我们派专人到广东东莞东成石材有限公司进行选料编号，以减少色差，并对单片石材作六面防护处理，涂刷大理石保护剂 DREMAX 石材防污剂，以确保大理石具有防水、防碱、不变色。并多次陪同校方、总包及监理到东莞东成石材有限公司进行检查验收。进场后，再次按编号进行预排，根据国家有关规定对石材进行逐块检查，对有裂缝、色斑较大的，退回石材加工场重新加工。

大堂墙面及圆柱铺贴前需搭设满堂脚手架，并在三层搭

设斜道，斜道坡度不得大于 1/3，并铺设特殊竹笆或加设防滑措施，脚手架应在验收合格后挂牌使用。

墙面大理石和圆柱圆弧石板，均采用干挂法施工，采用黑色铝合金干挂码件与钢支架相连接。墙面石材竖向不留缝，横向留 6 厘缝，圆柱则采用竖向不留缝，横向倒 6 厘斜角。

根据设计图以及墙柱校核实测的规格尺寸，并将大理石面板的缝宽度包括在内，计算出板块的排档，并按安装顺序编号，绘制墙、柱面各分块大样图以及节点大样图，作为加工订货的依据和基层弹线安装钢架的依据。

基层弹线时，水平线我们根据总包提供的 1000 标高线为起点，四周连通，尤其注意接缝必须与窗洞的水平线连通。

墙面钢架采用 12 号槽钢与上中下三道 250mm×250mm×10mm 钢板相连接（大堂两侧 7.4m 出增加两道钢板固定件），槽钢横向间距为 900～1000mm 不等，槽钢间采用 50mm×50mm×5mm 角钢焊接，50mm×50mm×5mm 角钢根据大理石板材设计高度 600mm（300mm）焊接，电焊焊缝长度、厚度按设计要求进行。

圆柱钢架采用四根 12#槽钢与上中下共六道 250mm×250mm×10mm 钢板相连接（钢板固定于混凝土结构柱上）固定于柱四面，槽钢间采用 50mm×50mm×5mm 角钢连接，50mm×50mm×5mm 角钢严格按大理石板材设计高度 1100 焊接，电焊焊缝长度、厚度按设计要求进行。

由于结构柱与填充墙之间存在误差为保证墙面石材面保持同在一平面，12 号槽钢与 250mm×250mm×10mm 钢板之间采用 12 号槽钢连接。

石材安装前按翻样图进行预排，并通知校方及监理对于排石材进行检查验收，合格后再施工。石材安装时应保持上下左右颜色、花纹一致，纹理通顺，接缝严密吻合，遇有不合格的石材，必须剔除，安置于阴角底部不明显的部位，但应保持往上的石材与相邻石材色泽、纹路一致。

由于墙面白砂大理石干挂墙面横向留缝，所以铝合金干挂码件位置必须准确，安装必须牢固。挂板时，我们为了保证离缝的准确性，安装时在每条缝中安放两片厚度与缝宽要求相一致的塑料垫块。

嵌缝同时要做好横向缝的清理，清除施工时的临时塑料垫块及多余的大理石胶，并对大理石板材的边缘进行修补完善。大理石施工结束后，我们用塑料薄膜覆盖大理石板材表面，并在阳角处用细木工板做护角以保护石材。

在本工程墙面大理石施工中，我们觉得有以下几点值得总结，首先由于本工程选用的是白砂石大理石，其材质较疏松，表面斑疤的修补较多。所以石材加工中边缘易爆边，石材表面做过保护后仍极易污染，且不易清理，我们觉得今后在使用同种石材时边缘最好倒角并见光处理。其次由于设计在干挂石材采用横向留缝不打胶的处理，在实际施工中，用于横缝中的大理石码件及施工中的大理石胶较难清理，所以横缝较难处理，虽然我们在后期派人逐个清理码件上的余胶，并用黑色油漆涂刷，但总体效果仍未尽如人意。我们觉得在今后施工中，遇到此类问题是否采用异型码件施工。

由于大堂地坪采用水晶白大理石，主楼梯采用中间为美国灰麻大理石两侧为白水晶大理石镶边。考虑到地坪如果采用一般的水泥与黄沙进行铺贴，会产生反色、污染、发暗等现象，为保证保持白水晶大理石的原有风貌，地坪及主楼梯踏步板，采用白水泥与白石砂进行铺贴，而主楼梯白水晶大理石侧板及底板，则采用干挂法施工。

在大堂地面上弹出柱网中心线，并在中心线两侧弹出美国灰麻大理石控制线，来控制白水晶大理石的累积误差。在主楼梯每个踏步上弹出中心线并在踏步侧面弹出立面板的完成面控制线。

铺前根据设计图纸及石材加工图进行试拼，经项目部专人检查后，调整颜色、花纹，使之协调美观。试拼后编号分堆安放，而且在地面纵横方向各铺一条以及检查板块之间的缝隙，试排后以便控制缝隙或找出二次加工的尺寸。

镶铺前，必须清扫基层干净，再洒水湿润（不留明水），均匀的刮掺 JCTA-400 的白水泥素浆批一道（2～3mm）。安放标准块是控制整个大堂水平标高、标准和横缝的依据，在十字线交点处及大堂四周各放一块，以便拉通线、控制标高及纵横线。镶铺顺序，先由中部往两侧退步法铺贴，铺贴采用 1∶3 干硬性白砂白水泥砂浆，并在石材背面刮 3～5mm 白水泥素浆。镶铺踏步板时，由上而下退步法铺贴，要根据不锈钢扶手的布置图的立杆位置留出预留孔。

为了保证地坪内水分的排放，我们要求在铺后 1 周左右，待石材及砂浆干透后再进行灌浆擦缝。当砂浆强度达 70%以上时，清洗石材表面，待石材表面干燥且无污物（灰尘、油污、锈斑等）后，将 DREMAX 石材防污剂涂刷至大理石板材表面，使表面彻底湿润，5min 后，涂刷第二遍，待防污剂稍干后，用布将光面残留液体擦去，晾干。再将地面保养剂刷与大理石板材面上，5～10min 后，用抛光机抛光，然后打水腊。最后用胶合板和塑料薄膜保护，不得上人和堆置物件。

玻璃幕墙渗水原因分析及防治措施

广州铝质装饰工程有限公司　吴颂荣

由于现代建筑设计日益多样化和复杂化，促进了玻璃幕墙的广泛应用。20 世纪 80 年代中期以来，玻璃幕墙在我国发展和应用十分广泛，但设计水平、加工技术、安装质量和原材料生产水平，与国际先进国家相比，仍有一定的差距。

我国一些地区特别是沿海地区，属台风高发区，常年雨水充沛，加上近年新材料、新配件的大量使用，而对玻璃幕墙防水研究和治水措施跟不上，玻璃幕墙渗水问题较为普遍，严重影响了建筑物的使用功能和寿命，降低了建筑物的安全性和耐久性。虽然国家在 1996 年底施行了《玻璃幕墙工程技术规范》(JGJ102—96)，但有部分设计人员在图纸上没有按该规范对幕墙作防水设计，幕墙防治渗水问题也没有引起施工单位的足够重视。

玻璃幕墙渗水原因非常复杂，涉及设计、材料应用、施工和管理等各个方面，应尽快加强研究，制定有效的措施，综合治理，防患于未然。

一、幕墙渗水原因分析

1. 设计

（1）主要受力构件铝型材立柱不按规范设置 20mm 伸缩缝，铝型材热胀冷缩、主体结构压缩变形产生的应力会使玻璃开裂，产生渗水现象。

（2）设计时没有采用伸缩量较大的密封胶，也没有进行必要的计算。例如耐候硅酮密封胶其位移能力达±25%，为普通密封胶的 2 倍，必须按此数据计算预留注胶位置尺寸，否则密封胶适应变形能力差，受温度变化会自行拉裂或鼓起，失去防水功能。

（3）开启窗防水密封处理失效或密封层数不足（一般要求二至三道密封），导致雨水沿幕墙流淌时，直接进入开启窗内，出现倒泛水。

（4）与建筑物接合收口处理时，没有与土建单位共同研究和配合，而是各自施工，各管一面，导致出现渗水通道。特别是幕墙顶部与女儿墙之间的幕墙压顶连接不牢固，封闭不严，如螺丝孔、压顶搭接处不打胶或打胶不严密、遗漏等，都会形成渗水通道。

2. 铝型材

（1）铝型材表面处理不符合国家标准，表面涂层附着力不强，氧化膜太薄或过厚（规范规定阳极氧化膜厚度不应低于 AA15 级），导致密封胶黏接失效。

（2）主要受力构件铝型材立柱和横梁的强度不足，刚度不够，其截面受力部分的壁厚小于 3mm，在风荷载标准值作用下，相对挠度大于 $L/180$ 或绝对挠度大于 20mm，幕墙严重变形，出现移位和雨水渗漏。

（3）没有采用优质高精度等级铝型材（其中幕墙立柱应采用超高精度等级），铝型材不合格，其弯曲度、扭拧度、波浪度等严重超标，造成整幅幕墙的平面度、垂直度不能达到要求。

3. 密封胶

（1）为节约成本，采用普通密封胶而没有采用耐候硅酮密封胶进行室外嵌缝，在幕墙上经太阳光紫外线照射，胶缝过早老化，造成开裂。

（2）没有注意工程所采用的结构硅酮密封胶、耐候硅酮密封胶、墙边胶的有效使用期，过期使用，胶缝起泡、开裂或不凝固，导致幕墙渗水。

（3）没有按规范进行结构硅酮密封胶接触材料相容性试验，结果结构硅酮密封胶与铝型材、玻璃、胶条等材料不相容，发生影响黏结性的化学变化，同时影响密封作用。

4. 玻璃

（1）玻璃强度没有进行验算，玻璃没有足够的承载力，在台风暴雨下开裂破碎，导致进水。

（2）玻璃没有作热应力验算，大面积的玻璃吸收日照，热应力超过其容许应力，引起热断裂，幕墙漏水。

（3）玻璃尺寸公差超标，玻璃两力嵌入量及空隙不符合设计要求，安装到明框玻璃幕墙上时；玻璃偏小，则槽口嵌入深度不足，胶缝宽度达不到要求，玻璃容易从边缘破裂；玻璃偏大，则槽口嵌入位置过深，玻璃受热膨胀容易被铝型材挤爆导致渗水。尺寸不准确的玻璃安装于隐框玻璃幕墙上时，胶缝宽度不均匀，难以控制注胶质量。规范规定，隐框玻璃幕墙玻璃拼缝宽度不宜小于 15mm，这样才能保证拼缝间隙满足幕墙因地震、温度变化产生层间位移的要求，不会挤坏玻璃。

（4）玻璃没有进行边缘倒棱倒角处理，用作幕墙面材时玻璃容易产生应力集中，导致暗裂或自爆，存在隐患。

5. 施工

（1）铝框架安装时，不按规范操作，没有抓好质量，水平度、垂直度、对角线差和直线度超标，直接影响幕墙的物理性能。一般来说，接缝处的水流量远远大于玻璃墙面上的平均水流量，接缝是主要渗漏部位，如果各构件连接处的缝隙不进行密封处理，安装玻璃后必然渗水。

（2）耐候硅酮密封胶施工不密实，封堵不严或长宽比不符合规范。规范规定施工厚度应大于 3.5mm 小于 4.5mm，高度不应小于厚度的 2 倍，且不得三面黏结。耐候硅酮密封胶施工厚度太薄则不能保证密封质量，对型材温度变化产生的拉应力不利；太厚又反而容易被拉断，使密封和防渗漏失效，雨水从填嵌的空隙和裂隙渗入室内。

（3）对密封胶施工条件不重视。南方地区雨水较多，如在雨季强行露天施工耐候密封胶，无法保证密封质量。结构胶施工也有一定的温度、湿度条件，必须注意。

（4）密封胶条尺寸不符或采用劣质材料，很快松脱或老化，失去密封防水功能。

（5）没有采用弹性定位垫块，玻璃与构件直接接触。当建筑变形或温度变化时，构件对玻璃产生较大应力，往往从玻璃底部开始挤裂玻璃。

6．使用

（1）没有提供详细的竣工资料及使用说明书给使用单位，用户入住后，不明白幕墙的使用方法，造成对幕墙的损坏、碰撞变形、污染等，导致渗水。

（2）外墙清洁时，操作不当容易对幕墙造成损坏，例如清洁公司的吊篮挂绳，往往直接挂在幕墙顶部胶缝上，来回摩擦拉裂胶缝，造成渗水。玻璃清洁剂如不采用中性清洁剂，或清洁后未用清水冲洗干净，会产生腐蚀，损坏密封性能。

（3）住户擅自进行改造，对破坏的部位没有进行认真填塞、防水处理。

二、幕墙渗水防治措施

导致幕墙渗水与漏水的基本条件有三个：有孔隙存在；有水的存在；有渗水裂缝的压力差存在。消除一个或更多的这些基本条件是防治水渗漏的途径：一是尽量减少孔隙；二是遮挡雨水，使之尽量不浸湿缝隙；三是减少被浸湿缝隙处的风压差。

1．设计时首先考虑幕墙防水装置设计构造，运用“等压原理”，在幕墙铝型材上设置等压腔和特别压力引入孔，这样，等压腔内部压力通过特别压力引入孔与外部压力平衡，将压力差移至接触不到雨水的室内一侧，于是有水处没有风压力差而有压差的部位又没有水，达到防止外部水利用压力差渗入幕墙的目的，这是积极防水的措施。

2．在幕墙铝型材上开设流向室外的泄水小孔，把通过细小缝隙进入幕墙内部的水收集排出幕墙外，同时排去玻璃、铝型材与铝扣条之间的等压腔内的少量积水，这是行之有效的治水方法之一。

3．设计时也可以考虑在玻璃幕墙上设置收集管道和排水管道，将渗入裂隙进入幕墙内部的水收集在一起，通过排水管道通畅地排往室内某一指定的排水孔，这是另一种可靠的治水措施。

4．选用优质结构硅酮密封胶、耐候硅酮密封胶、墙边胶，而且要加强检验，防止过期使用。选用优质浮法玻璃，玻璃必须经边缘处理，玻璃规格尺寸误差符合标准要求。

5．注意控制密封胶的使用环境，严禁下雨天露天进行耐候硅酮密封胶施工。结构胶的施工车间要求清洁无尘土，室内温度不宜高于27℃（不同品牌的结构胶其使用性能不同，对室内温度的要求也略有不同），相对湿度不宜低于50%。

6．结构硅酮密封胶、耐候硅酮密封胶、墙边胶注胶前，应先将铝框、玻璃或缝隙上的尘埃、油渍、松散物和其他脏物清除干净，注胶后应嵌填密实、表面平整，加强养护，防止手摸、水冲等。

7．按规范要求，玻璃幕墙施工过程中应分层进行抗雨水渗漏性能检查，以便修补，中间控制幕墙质量。

8．玻璃幕墙的质量检查，分隐蔽验收和工程验收两类。隐蔽验收是在铝型材框架安装完毕后进行，主要检验连接钢码的牢固安全程度，检验幕墙与主体结构的间隙节点安装、伸缩缝安装等。工程验收在玻璃幕墙工程完工后进行，为玻璃幕墙的竣工验收，是分项工程的中间验收。

9．开启窗应认真检查是否达到密封程度，配件是否材质优良、功能可靠，开启、关闭是否灵活。

10．清洁幕墙时，采用大楼自身的擦窗机。如果由专业清洁公司清洁，必须有详细的施工组织方案，不能对幕墙有任何损坏。

11．完善竣工验收资料，移交给有关部门，使用单位应根据使用说明书及时制订幕墙的保养、维修计划与制度。

一个现代化大型专业幕墙企业成长的历程

中国建筑装饰协会理事单位　沈阳黎东幕墙装饰有限公司　总质量师　**于成业**

在中国东方的大地上，具有建城2300年悠久历史的重工业城市沈阳的东部，坐落着一个现代化的大型专业建筑幕墙工程企业——沈阳黎东幕墙装饰有限公司。

沈阳黎东幕墙装饰有限公司，是建设部第一批授予“建筑幕墙工程一级施工资质证书”的企业，第一批获得国家颁发的“建筑幕墙”和“铝门窗”生产许可证的单位，是在同行业中率先通过了ISO9001质量体系认证的企业，也是首批取得建设部审批发放“建筑幕墙专项工程甲级设计资质证书”的企业。

回顾过去，看看现在，展望未来，沈阳黎东幕墙装饰有限公司，可以说是从无到有，从小到大，从弱到强。1985年1月公司董事长赵铁利带着几名装饰装修行业的朋友，用仅有的20万元注册资金，成立了沈阳黎东航空铝窗厂，即公司的前身。真可以说是从一把单头锯起家，从承揽几万元工程额的任务做起，从聘用兼职的技术人才开头，从在一座简陋的厂房内开始加工，从由仅有几个人的安装队伍进行安装。

开始承揽做铝货架、铝卷柜，逐渐到能设计、加工、制作、安装铝门窗、明框玻璃幕墙、半隐框玻璃幕墙、全隐框玻璃幕墙、全玻璃幕墙、金属幕墙、石材幕墙、彩光天幕等大型的外装饰装修建筑幕墙等工程。从一个简陋的小工厂发展到目前这样一个现代化的大型专业建筑幕墙施工企业，真不知凝聚着公司董事长赵铁利多少汗水！耗费了赵铁利多少心血！赵铁利渡过了多少个艰难的岁月和不眠之夜。

20 世纪 80 年代，黎东幕墙公司是稳定前进阶段，90 年代初是黎东幕墙公司向前发展阶段，从 1995 年起黎东幕墙公司是起步拔高阶段。黎东幕墙公司就是这样一步一个脚印、一步一个台阶、一年一个目标、一年一个成效发展壮大成长起来的。

现在，沈阳黎东幕墙装饰有限公司是中国建筑装饰协会和中国建筑金属结构协会理事单位，辽宁省装饰协会和沈阳市建筑装饰协会副会长单位，是中国建筑装饰行业质量管理先进企业、辽宁省产品质量监督检验所质量信誉保证单位、辽宁省和沈阳市（AAA）特级信誉单位、辽宁省和沈阳市重点保护企业、辽宁省和沈阳市建筑装饰行业先进企业、沈阳市重合同守信用单位、沈阳市质量效益型先进企业、沈阳市百强民营科技企业，黎东牌幕墙系列产品被评为沈阳市名牌产品。公司董事长赵铁利为辽宁省先进企业家、沈阳市劳动模范、沈阳市政协委员。

那么，沈阳黎东幕墙装饰有限公司，是怎么样发展壮大成长起来的呢？

一、人才是黎东幕墙公司发展的动力

世间一切事物中人是最宝贵的财富。企业兴旺靠人才，事业成败靠人才，有人才有一切，有能人事业才会有成。公司董事长赵铁利，特别重视人才，不惜任何代价，多年来聘请了同行业的一些高级技术和管理人才，为董事长的智囊团，成为黎东幕墙公司各个部门各个环节的顶梁柱。从产品销售、方案制定、工程设计、采购供应、生产加工、安装施工、到产品质量验收和质量管理、乃至到行政管理，均有一批业务能力强、敬业精神好、工作实效高的人。

公司每年都面向社会公开招聘员工，广纳英才，充分利用市场机制配置经营管理人才资源，拓宽选拔渠道，聘用装饰装修建筑幕墙行业的精英，提高黎东幕墙公司的设计技术水平和增强管理层的领导实力。目前黎东幕墙公司已有占员工 1/2 的人员具有大专以上学历，占员工 1/4 的中高级技术管理人员。知人善任、人尽其才，公司董事长赵铁利，本着唯才是举、量才重用的原则，大胆提拔了一批年轻干部充实到有关部门，做骨干起纽带、层层发挥桥梁作用。黎东幕墙公司领导层真可谓聚四方英才，担创业大任的老、中、青三结合，为公司赤胆忠心，努力拼搏。

二、先进的技术装备和生产设备是黎东幕墙公司发展的基础

先进的技术装置是黎东幕墙公司实现现代化建筑幕墙装饰设计技术过程的先决条件。公司董事长赵铁利，非常重视设计、技术部门的技术装备。公司每年均拨出一部分盈利用在购买添置技术装备上，用性能先进的微机、打印机、晒图机、笔记本电脑、效果图彩色打印机等技术装备，从工程方案制定、制作效果图、到施工图纸设计全部通过操作微机来完成。

加工设备的先进性是现代化建筑幕墙装饰企业发展壮大的重要保证。公司董事长赵铁利，用他锐利的现代化企业家的目光，胸怀企业、放眼祖国、展望世界建代化的建设，多方筹款，在 1996 年新建原厂区的基础上，分别在 1999 年和 2001 年又扩建了东院和南院新厂区。公司总部占地 2.8 万 m^2、建筑 1.6 万 m^2。在原有设备的基础上，近年来又从德国、意大利进口了单头切割机、单头自动送料切割机、端面多角度切割机、组角机、双头锯、数控全自动加工中心，从奥地利进口了金属板切割刨槽机，从美国进口了双组分注胶机，以及仿形铣、剪板机、弯板机、卷筒机、多工位冲床、玻璃清洗和烘干机、中空玻璃合片机等。加工设备的先进、加强了加工过程的控制，保证了加工组装的质量，为工程安装质量优良打下了良好的基础。

三、研制开发工作才是黎东幕墙公司继续生存的重要标志

科学是生产力，发展是硬道理，技术指导生产。企业进一步发展，靠的是什么？靠的是技术。没有先进的技术，企业就不会进步，只能是停滞不前，就更谈不上发展。

公司董事长赵铁利，非常重视企业的先进技术，成立了公司研究所，主管公司的技术开发工作。几年来，黎东幕墙公司在计算机程序和开发新产品等方面做了大量工作：

一是编制了黎东幕墙设计计算系统，含材料计算系统、材料优化系统、材料管理系统和幕墙设计计算系统；二是研制开发了单元式幕墙；三是研制开发了吊挂式全玻璃幕墙、驳接式幕墙；四是研制开发了断桥隔热明框幕墙和断桥隔热半隐框幕墙。

1999 年，黎东幕墙公司与德国旭格集团公司合作，采用了新型断桥隔热型材，应用了德国 20 世纪 90 年代先进的幕墙技术，在北京和上海承建了三个奥迪汽车展销中心的外装工程，设计、加工和安装质量均受到顾客（用户）的好评，为黎东幕墙公司研究新技术、开发新产品开了个好头。

2000 年，黎东幕墙公司根据顾客的需求，在多家投标情况下，一举中标，承建了沈阳科委的沈阳科学宫宇宙天象馆的球幕外装工程，该铝单板球幕直径为 30m，是东北三省第一个大的球体幕墙工程，在全国也是可数的球体幕墙工程之一。在工程的设计、加工、安装过程中，吸取了中国前者的经验教训，应用了可靠的方法，彻底解决了我国球体幕墙存在着的雨漏问题，受到了沈阳市科委、沈阳市和辽宁省党政领导的好评。之后，河北等中原的顾客主动找上门来，要求黎东幕墙公司来承建科委球体幕墙外装工程。时代在前进，科学在发展，

黎东幕墙公司将跟随着建筑装饰市场发展的需要，不断地研制开发新技术，设计制作出新产品，为中国建筑装饰行业做出更大的贡献。

四、有管理才有市场，有质量才有效益

没有市场就没有企业，没有企业也就没有市场。有了市场才有管理。管理是一门科学，有管理才有质量，有质量才有市场，有质量才有信誉，有质量才有效益。

没有规矩，不成方圆。黎东幕墙公司的规矩，就是按ISO9001质量标准制定的质量手册和程序文件及制定的有关制度。程序和制度需靠管理方能实施，管理得靠机构设置来实现。

黎东幕墙公司在总经理直接领导下，设置了行政部门、销售部门、方案部门、设计部门、供应部门、生产部门、安装部门、质检部门、经营部门和财会部门等机构，可谓机构健全，管理完善。按ISO9001质量管理标准，确定各部门人员质量职能，明确了领导层及部门的质量责任制，做到质量有人管，施工有人查，问题有人抓。

黎东幕墙公司建立了完善的质量保证体系，在总经理领导下任命了总质量师，领导质检部，下设车间检验室和工程质量监检室，成立了以总经理为主任的公司全面质量管理委员会，以总质量师为主任的公司不合格品审理委员会，以总工程师为主任的公司纠正措施委员会，做好各自的质量管理工作。

按ISO9001质量管理标准，认真做好方案设计，严格合同审查，实施对供方（分承包方）质量保证能力的考核，经过评价确定供方（分承包方）单位名单，按其确定的名单进行采购物质，对材料进厂进行检查验收合格后方可使用。产品加工过程中，严格过程控制，认真执行三检制度，做好检验记录和检验状态标识，加强不合格品管理，确保产品出厂合格率达到100%。编筐编篓，全在收口，建筑装饰质量是体现企业产品质量最重要的环节，黎东人把装饰工程质量视为黎东幕墙公司的脸，将幕墙胶缝的质量视为黎东幕墙公司的眉毛。因此，工程安装过程严格执行有关标准、规范和设计要求，做完一个工序检查验收一个工序，必须经过施工队伍有关人员自检合格后，向黎东幕墙公司质检部报验复检，再经工程监理工程师验收确定达到标准要求后再进行下道工序的工作，确保工程安装的安全性和外观质量，工程质量全部达到优良工程的标准。

按照ISO9001质量管理标准的要求，黎东幕墙公司每年进行两次内部质量体系审核和管理评审，并请认证机构进行一次外部质量体系评审，对于内外部质量体系审核中发现的不合格项，及时采取纠正措施，使公司各个环节，各项质量要求均处于受控状态，达到黎东幕墙公司质量体系运行有效的目的，受到质量体系认证机构的好评和顾客称赞。特别是在2001年，公司按照2000新版质量管理标准要求率先顺利地取得了ISO9001：2000版质量管理体系认证证书，使公司的质量管理又上了一个新台阶。

五、黎东幕墙公司承建的幕墙工程遍及祖国大地

十几年来，黎东幕墙公司设计、安装的幕墙工程遍及沈阳、大连、鞍山、辽阳、丹东、锦州、葫芦岛、阜新、北票、朝阳和辽宁、吉林、黑龙江、内蒙古、北京、天津、上海、南京、河南、河北、山东、山西、四川等二十余省四十多个城市。辽宁彩电塔、丹东电视台、辽宁省防疫站、锦西火车站、鞍山保险大厦、白山工商银行、鹤岗人民银行、内蒙古烟草总公司、太原迎西大厦、济南龙都国际大酒店、沈阳嘉环大厦、沈阳北方贸易大厦、沈阳商贸金融培训中心、辽宁邮政枢纽、沈阳桃仙国际机场、沈阳科学宫宇宙天象馆球形幕墙、沈阳中兴大厦、沈阳电力调度大楼、沈阳方圆大厦、辽宁省文化艺术中心、沈阳华利广场、新城子房屋开发公司大楼、大连华丰家具有限公司综合楼、黄骅电信枢纽大楼、邢台电业调度大楼、清河邮政大楼、保定电业局大楼、阜新邮政枢纽大厦、辽宁工程技术大学、阜电体育中心、鞍山体育馆、北京月新大厦、北京汇置通大厦、北京通产大厦、北京叶鲁番餐厅改造工程、北京中润发奥迪汽车销售中心、吉林465医院、吉林电信枢纽大厦、吉林交警大楼、吉林物贸中心、吉林宏宇、伊春中植科技中心、上海开隆汽车贸易有限公司奥迪销售中心、上海永达汽车发展有限公司奥迪销售中心等幕墙外装工程，都是由沈阳黎东幕墙装饰有限公司员工精心设计、精密加工、规范安装的精品，深受顾客的欢迎和称赞。

其中，吉林电信枢纽幕墙工程被中国建筑业协会评为“2001年度鲁班奖（国优）”，沈阳商贸金融培训中心幕墙工程被中国建筑装饰协会评为“首届（2001年度）全国建筑工程装饰奖”，部分工程还分别被评为省优、东北三省优质工程和市优等。采用德国专利背栓式幕墙建造的110m沈阳电力大厦为东北最高幕墙建筑，近承接吉林大学7万m^2幕墙。

六、黎东幕墙公司将永远拼搏在建筑装饰市场上

沈阳黎东幕墙装饰有限公司近年来业绩突出，引起了业界领导的关注，2002年3月3日中国建筑装饰协会常务副会长兼秘书长徐朋在辽宁省装饰协会会长杨帅邦、秘书长王志杰、常务副秘书长刘国军陪同下考察了我们企业，并题词：“黎东产业报国志，企业腾飞宏图展。”

沈阳黎东幕墙装饰有限公司已在建筑装饰市场上拼搏了十几个春秋，应该说小有名气，为中国建筑装饰行业做出了一定的贡献。但我们还有不足，我们将不断向同行兄弟企业学习，取其之长，补己之短。沈阳黎东幕墙装饰有限公司将遵循着“高质创新、产业报国、不求最大、但求最精”的企业宗旨，迈着矫健的步伐，继续前进，为中国建筑装饰行业做出应有的贡献！

中国建筑装饰协会所属机构和地方建筑装饰协会一览表

	名称	地址	邮编	电话	传真	网址或 E-Mail	负责人	
1	本会综合部	北京市海淀区三里河路 21 号甘家口大厦 10 层	100037	010-88382988、88382788	88382988		王毅强	杜桂玲
2	本会信息部/会刊编辑部	北京市海淀区三里河路 21 号甘家口大厦 10 层	100037	010-88389178、88399179	88389178	2002cbd@sina.com.cn		黄　白
3	本会行业发展部	北京市海淀区三里河路 21 号甘家口大厦 10 层	100037	010-88389181				王本明
4	本会国际部	北京市海淀区三里河路 21 号甘家口大厦 10 层	100037	010-88389166		fsl@ccd.com.cn		樊淑玲
5	本会质量技术部	北京市海淀区三里河路 21 号甘家口大厦 10 层	100037	010-88389190			熊　翔	张振路
6	本会培训管理部/培训中心	北京市朝阳区劲松中街 405 号（朝阳社区服务中心四层）	100021	010-87719751/87719752	87719753	www.cbdatraining.org.cn jiaowu@cbdatrainin.org.cn		王燕鸣
							理事长	**秘书长**
7	本会工程委员会	北京市西城区阜城门内大街 93 号	100034	010-66162770			傅　鹏	顾国华
8	本会石材委员会	北京市西城区百万庄路 26 号中国地科院地质所	100037	010-68328128	68327979	Victory@chinavictory.com	严克明	严克明
9	本会暖通空调委员会	北京市海淀区北三环东路 30 号中国建研院空调所	100013	84272233-2331/2268			吴元炜	赵文德
10	本会铝制品委员会	北京市丰台区六里桥北里 5 号院内	100073	010-63403540/63266038	63403540	wympzg@163bj.com	张京跃	邱建辉
11	本会五金委员会	北京市东城区东四四条 78 号	100010	010-64057419/64047544	64063940	www.cbh-jj.com cbh_jinjian@sohu.com	郑纪文	张仲玲
12	本会信息咨询委员会	北京市西城区德胜里一区 11 号楼三层	100011	010-62063379/62063380	62362321	Http://www.ccd.com.cn ccd@ccdinfo.com	崔　勇	田万良
13	本会化学材料委员会	上海市宛平南路 75 号上海建筑科学研究院	200032	021-64390809-393	64873061		何星华	汪　维
14	本会建筑电气委员会	西安市莲湖路 109 号益秦大厦 10 楼	710003	029-7340180/7312443	7312443	www.chinaCEEnet.com	花恒久	花恒久
15	本会设计委员会（筹）	北京市海淀区三里河路 21 号甘家口大厦 10 层	100037	010-88389165				田德昌
16	本会住宅装饰装修委员会（筹）	北京市海淀区三里河路 21 号甘家口大厦 10 层	100037	010-88389017			张爱宁	张　仁
17	本会河南培训中心	郑州市金水路 103 号附 2 号海景商务 316 室	450003	0371-6283082/6229939			王晓惠	
18	本会大连培训中心	大连市五四路 66-2 号万益大厦 505 室	116011	0411-3679081/3679082	3679082		杨昭富	
19	本会深圳培训中心	深圳市上步南路锦峰大厦 14 楼 B	518031	0755-82078238/82078768	82078768		何文祥	
20	本会西安培训中心	西安市莲湖路 109 号益秦大厦 10 楼	710003	029-7340180/7312443	7312443		花恒久	
21	本会烟台培训中心	烟台市迎宾路 26 号	264001	0535-6882211-2923	6888950		丁运礼	
22	本会丹东培训中心	丹东市沿江开发 L 区房坝 70 号丹东画院	118800	0415-3128158	212609		赵仁选	于　兵
23	本会辽宁培训中心	沈阳市沈河区十三纬路 58 号有色大厦 1305 室	110014	024-22702672/22822393			李晓波	李　平
24	中华建筑报社	北京市海淀区阜成路 81 号院 2 号楼	100036	010-88118138	88111476	jzbs@public.bta.net.cn	徐　朋	邓　千
25	中国建筑装饰装修杂志社	北京市海淀区三里河路 21 号甘家口大厦 8 层	100037	010-88392912-14			徐　朋	王永强
							理事长	**秘书长**
1	北京市建筑装饰协会	北京市西城区二七剧场路 19 号楼 203/204 室	100045	010-68012297/68016279		bjzsxh@263.neg	朱希斌	西广智
2	天津市环境装饰协会	天津市河西区南京路 52 号 404 室	300042	022-23304795			毛昌五	王文焕
3	上海市装饰装修行业协会	上海市金陵东路 531 号美丽华装饰城 501 室	200021	021-63743786	63743786		李洪鑫	忻国樑

4	重庆市建筑装饰协会	重庆市渝中区国际村 30 号	400014	023-63614052	63614052		喻上沛	李学荣
5	中国人民解放军建筑装饰协会	武汉市汉口建设大道 417 号凌云科技集团	430040	027-83634852	83628170		王京玲	沙启云
6	河北省建筑装饰协会	石家庄市长丰路 4 号办公楼 3 层 315 室	050051	0311-7904077	7904201		兰英富	赵春旺
7	石家庄市装饰协会	石家庄市建设北大街 34 号市建管局	050011	0311-6975342			刘亚东	赵秀民
8	秦皇岛市建筑装饰协会	秦皇岛市建设大街 303 号	066000	0335-3048848	3030064		景银森	赵永全
9	山西省建筑装饰协会	太原市建设北路 235 号省建委建筑业处	030013	0351-3070271/3280271			史应标	赵劲彬
10	太原市建筑装饰协会	太原市新建路 171 号	030002	0351-4220797			姚吉生	杨　凯
11	大同市建筑装饰协会	大同市新建北路 28 号市建委办公楼四层	037008	0352-5100551			郭　荣	张广礼
12	内蒙古建筑装饰协会	呼和浩特市东风路内蒙古展览馆中央大厅	010010	0471-4932909/4932846			甄小兵	杨志凌
13	黑龙江省建筑装饰协会	哈尔滨市南岗区东大直街 308 号省建设厅	150001	0451-3679364			史殿臣	吴景阳
14	鸡西市建筑装饰协会	鸡西市中心大街 68 号市建委装饰办	158100	0467-2379303	2379303		王世德	付进仁
15	大庆市建筑装饰协会	黑龙江省大庆市开发区建设大厦	163003	0459-6293630			孙东伟	龚　璞
16	吉林省建筑装饰业协会	长春市南关区民康路 18 号吉林省建设厅招待所 306 室	130041	0431-8953845	8953844	www.jlde.com	邱久才	张文学
17	长春市建筑装饰装修协会	长春市吉顺街 8 号	130022	0431-8635402		www.ccbd.org msz@ccbd.org	杨洪斌	从廷才
18	延边建筑业协会装饰委员会	吉林省延吉市新兴街 162 号	133000	0433-2515186/2610928	2655566		宫世玉	刘　侃
19	辽宁省装饰协会	沈阳市沈和区十三纬路 58 号中国有色大厦 1305 室	110005	024-22702672/22822393	22702672	Lnszsxh@fm365.com	杨帅邦	王志杰
20	沈阳市建筑装饰协会	沈阳市沈河区热闹路 8 号甲市建委装饰装修业管理办	110014	024-22930510/22933530	22933530		侯　俊	丁玉松
21	大连市建筑装饰协会	大连市五四路 66-2 号万益大厦 505 室	116011	0411-3679081/3679082	3679082	sunpu@dlbuilding.com	魏作全	杨昭富
22	丹东市建筑装饰协会	丹东市沿江开发 L 区房坝 70 号丹东画院	118800	0415-3128158	212609		许传林	赵仁选
23	山东省建筑装饰协会	济南市朝山街 42 号省建管局装饰装修处	250011	0531-6916963/6905264	6910675			程曾惠
24	济南装饰协会	济南市历下区山大南路 64 号市建管局一楼 113 房间	250013	0531-6401877	6401877	zsxh@sohu.com	赵世忠	王建森
25	青岛市建筑装饰协会	青岛市延安三路 133 号市建委	266071	0532-3868211-3177			杨清斗	林纪国
26	泰安市装饰装修行业协会	泰安市东岳大街 40 号市建委装饰装修管理处	271000	0538-8252988	8252988		张广银	陈建英
27	潍坊市装饰装修协会	潍坊市东风东街 251 号市建设局装饰装修管理办公室	261041	0536-8221087/8217997			陈爱文	徐小朋
28	江苏省建筑装饰协会	南京市三元巷 7 号建筑大厦省建管局 607-608 室	210005	025-4208718	4202752		毛家泉	朱志明
29	南京市建筑装饰协会	南京市玄武区大石桥 19 号 812 室市建管局装饰办	210008	025-3601871/3223671			余信祥	吴祖林
30	扬州市装饰行业协会	扬州市梅岭东路 20 号	225002	0514-7368441			陈秋铭	陈毓秀
31	常州市建筑业协会装饰分会	常州市健身路 9 号市建设局大楼 511 室	213003	0519-6613345			何亚光	许　艇
32	无锡市装饰协会	无锡市梁清路 16 号建工大厦 7 楼	214061	0510-5802032			彭杏林	朱镇修
33	苏州市装修装饰行业协会	苏州市竹辉路养蚕里建设工程有形市场 4F409-410 室	215007	0512-65185782/65187570	65187981	www.szjs.net	孔全林	陈　丰
34	徐州市装饰装修行业协会	徐州市大同街 91 号市建设局装饰管理办公室	221003	0516-3723344/3755301			张俊生	严孝友
35	镇江市建筑装饰协会	镇江市解放路 265 号二楼	212001	0511-5019288			邓学才	沈殿祥
36	江都市建筑装饰协会	江都市舜天路建工大厦	225202	0514-6977187			王　健	雷锋太
37	淮安市建筑装饰协会	淮安市北京北路 112 号建设大厦 7007 室	223001	0517-3673263/3661653			鲁国本	佘明龙
38	连云港市装饰装修行业协会	连云港市新浦通灌南路 69 号市建设局装饰管理办	222002	0518-5412076			徐维宏	梁　刚
39	宿迁市建筑装饰协会	宿迁市平安大道 9 号市建设局建筑装饰管理办公室	223800	0527-4363171			徐业愚	王朝晖

40	安徽省建筑装饰协会	合肥市芜湖路 347 号省建设厅招待所东楼三层	230001	0551-2886523	2886523		王金平	李增堂
41	合肥市建筑装饰协会	合肥市阜南路 56 号市建管局建筑装饰装修管理处	230001	0551-3171845	2651544		谢发明	罗伟民
42	浙江省建筑装饰协会	杭州市天目山路 18 号二楼	310007	0571-88800759	88800762	www.zsol.com.cn	董宜君	陈孟坡
43	杭州市建筑装饰协会	杭州市浣沙路 347 号 6 楼	310006	0571-87011350/87035965	87011350		陆乔秀	楼志武
44	温州市建筑装饰协会	温州市飞霞南路 210 号建设大楼十四楼	325027	0577-88821015/88810332	88810332		林　毅	吴　坚
45	湖南省建筑装饰协会	长沙市解放中路 92 号	410011	0731-2213533			匡彦博	唐道明
46	株洲市建筑装饰协会	株洲市新华西路 4 号市建委装饰办	412000	0733-82200402	8223286		肖和卿	谭玉兰
47	江西省装饰行业协会	南昌市省政府大院省建设厅	330046	0791-6235376	6229054	13913907915808Vip.163.com	王儒明	章雪儿
48	福建省建筑装饰协会	福州市华林路 100 号茶叶大楼 8 层 802 室	350003	0591-7806346	7806346	www.fjzs.org	钟昌辉	赖桂华
49	福州市建筑装饰协会	福州市六一北路 382 号瑞云花园 1 号写字楼二层	350011	0591-7567666/7598406		www.ggyiye.com	邓　捷	叶　斌
50	厦门市建筑装饰协会	厦门市禾祥西路 68 号光华大厦 18F	361004	0592-2203725/2229531	2229521		刘伟可	连俩进
51	莆田市建筑装饰协会	莆田市学园路 333 号市建设局	351100	0594-2692210/2362966			林其周	郑俊喜
52	河南省建筑装饰协会	郑州市金水路 103 号附 2 号海景商务 316 室	450003	0371-6283082/6229939			洪　赢	王晓惠
53	洛阳市建筑装饰协会	洛阳市凯旋西路 29 号建设大厦 14 楼	471009	0379-3268315	3267985		陈士倩	赵安敏
54	湖北省建筑装饰协会	武昌中南路 14 号省建设厅四楼	430071	027-87126645	87831084		傅梦飞	张兆鹏
55	武汉建筑装饰协会	武汉市江汉区新华西路马场角小路 36 号华西公寓 C 栋 4 单元 201、202 室	430015	027-85880105/85883041	85871926		彭国云	郭　伟
56	宜昌建筑装饰协会	宜昌市夷陵大道 41 号	443000	0717-6465728	8602738		肖汉光	李建新
57	广州市建筑装饰协会	广州市府前路 11 号九楼	510030	020-83304557			许和铁	易自华
58	深圳市装饰行业协会	深圳市上步南路锦峰大厦 14 楼 B	518031	0755-82078238/82078768	82078768	www.szzs.com	何文祥	冯贵兰
59	佛山市顺德区建筑装饰协会	顺德大良新城区德民路行政服务中心西座二楼	528333	0765-2836690/2836696	2836647		李碧辉	陈栋玮
60	东莞市建筑装饰协会	东莞市新兴北路新兴装饰材料城四楼	523000	0769-2650315	2697446		刘应逢	赵家梁
61	汕头市装饰协会	汕头市龙湖区榕江路金华大厦二楼	515041	0754-8469294	8261629	xin@houseABC.com	陈展辉	辛　忠
62	海南省建筑装饰协会	海口市海府路 59 号省建设厅建筑业处	570004	0898-5330433/5334066	5342504		吴乾武	潘文雄
63	广西建筑装饰协会	南宁市鲤湾路 10 号柳沙大厦 11 楼	530022	0771-5840413/5840331	2814832		张家炳	王世园
64	四川省建筑装饰协会	成都市人民南路四段 36 号省建委	610041	028-5568342/5568172	5568193		杨乾芳	常　健
65	成都市建筑装饰协会	成都市东城根上街 78 号建设大厦 3 楼	610015	028-86643697/86273832	86643697		李家松	张桂芳
66	绵阳市建筑装饰协会	绵阳市涪城路 76 号	621000	0816--2232021			石风珍	姜玉平
67	贵州省建筑装饰协会	贵阳市延安西路 1 号省建设厅内 6 楼	550003	0851-5952925			罗醒民	钟建华
68	遵义市装饰协会	贵州省遵义市法院街大井坎 5 号市建设局装璜所	563000	0852-8255867	8260230		周江华	陆大勇
69	云南省建筑装饰行业协会	昆明市西昌路 129 号五楼	650032	0871-4102038/4162691	4162691		朱葆荣	李　健
70	青海省建筑装饰协会	西宁市五四大街 5 号省建设厅后五楼	810001	0971-6150345	6145781		丁振华	师　健
71	宁夏建筑装饰协会	银川市文化西街 7 号自治区建设厅建管处	750001	0951-6411154/5019460			史是伟	王东河
72	陕西省建筑装饰协会	西安市东新街 486 号新城国际 A 座一层 D 户	710004	029-7449694	7449694		孔祥清	王卫国
73	西安建筑装饰装修业协会	西安市西七路 143 号（铁六中院内）	710003	029-7257195/7241077			田自力	白　磊
74	甘肃省建筑装饰协会	兰州市庆阳路 258 号国贸大厦 18 楼	730030	0931-8477642			续　庸	韩学政
75	乌鲁木齐市建筑装饰协会	乌鲁木齐市新民西街 88 号市建委	830002	0991-4625743	4619200		冯　旗	陈　果